NOTICE

« *C'est le plus obscur des météores ; obscur dans tous les sens du mot. C'est* ̤ ̤ ̤ ̤rait aujourd'hui réécrire l'un de nos poètes (Hugo). Ou bien : « *Brume, t̤ ̤ ̤ ̤ ̤ans tous les sens, aucun point d'appui, aucun lieu de repère, aucun temps d'arrêt, un perpétuel recommen̤ ̤ ̤ ̤ ̤rouee après l'autre, nul horizon visible, profond recul noir [...]*. » Ou bien encore : « *Il considérait ces magnifiques rencontres des atomes qui donnent des aspects à la matière, révèlent les forces en les constatant, créent des individualités dans l'unité, les proportions dans l'étendue, l'innombrable dans l'infini, et par la lumière produisent la beauté. Ces rencontres se nouent et se dénouent sans cesse ; de là la vie et la mort.* » Ou bien, pour ce travail qui apparaît à l'esprit « *comme une mer* » et qu'il faudrait aussi publier sous le titre d'*Océan* : « *C'est tout un immense horizon d'idées entrevues, d'ouvrages commencés, d'ébauches, de plans, d'épures à demi éclairées, de linéaments vagues, drames, comédies, histoires, poésie, philosophie, socialisme, naturalisme, entassement d'œuvres flottantes où [la] pensée s'enfonce sans savoir si elle en reviendra.* » Un dénominateur commun : cela va sans *dans tous les sens*… Un autre poète, tout aussi célèbre, parlerait quant à lui de « *dérèglement* ». Disons que c'est un « *dérèglement de* tous les sens », non pas pour « *arriver à l'inconnu* », mais pour *en partir* ; un dérèglement *de* tous les sens *et* un dérèglement *dans* tous les sens (directions, sensations, compréhensions, et tout ce que l'on désire y voir). Un dérèglement ou un règlement ? Et puis d'autres questions tourbillonnent dans un brouillard… Ce livre peut-il se faire passer pour un roman ? Peut-être, mais un roman sans héros. Une thèse ? Peut-être, mais délirante, antiacadémique. Une autobiographie ? Peut-être, mais diluée. Un poème ? Peut-être, mais farfelu. Un livre didactique ? Peut-être, mais inopérant. Un journal ? Peut-être, mais clairsemé. Un dictionnaire ? Peut-être, mais d'un alphabet oublié. Ce sont surtout, à défaut d'un genre reconnaissable, des *miscellanea*. Quel est l'objet du livre ? De quoi parle-t-il ? *Ça* parle. C'est un livre-parloir où le condamné reçoit ses visiteurs à la tombée de la nuit… C'est un livre qui vole… *Et c'est un livre qui n'a aucun équivalent.*

Quel qu'il soit, *La Perte de Sens (entre parenthèses)* a bien failli ne jamais être publié. Ceci, me direz-vous, est le sort banal de beaucoup de livres. C'est exact. Mais laissez-moi vous raconter en quelques mots son histoire telle que je la connais et y apporter quelques éléments d'information. On sortira du banal.

Le tapuscrit, composé de 3210 feuilles format A4 imprimées sur le recto, non reliées, a été déposé un matin de septembre 2015 par une personne inconnue. Tous les ans, nous recevons près de deux mille paquets provenant de tous les coins de la France, et une infime partie seulement d'entre eux, après une sélection minutieuse, échoue sur mon bureau. Dont celui-ci. Les neuf dixièmes des livres que nous recevons ne font guère plus de deux cents pages. Le titre et l'épaisseur de *La Perte de Sens* avaient tout d'abord intrigué le comité de lecture et avaient semblé mériter une attention particulière. Ce ne fut pas le point le plus remarquable. Nous ne disposions que de deux indices sur l'identité de l'auteur : « Julien Pichavant » (si ce nom, qui figure sur la page de garde et réapparaît à plusieurs reprises dans le livre, en tant que narrateur présumé, est effectivement le sien), ainsi qu'un bristol rédigé à la main, de la taille d'une carte postale, dont nous dévoilons ici même le contenu : « *Madame, Monsieur, — Ce manuscrit qui semble achevé m'a été confié par mon ami Julien Pichavant. Il ne souhaitait pas le proposer à la publication et c'est de ma propre initiative que je vous l'ai apporté. Selon ses dires, ce livre est impubliable et n'a été écrit que dans un but personnel. Toujours selon ses dires, c'était un projet qui ne devait connaître aucune fin (sinon, malheureusement, la sienne). Lorsque je lui avais soumis l'idée de — tout de même — tenter la publication, il avait haussé les épaules, ri et répliqué que ce serait peine perdue. (Ce que vous avez là, malgré la taille imposante, est le résultat d'un travail d'un peu plus de cinq ans.) Voici son plan, que je recopie.* — *Madame, Monsieur, — V euillez —* etc. » Suivait cette liste de chapitres : « *Prologue / Introduction / Tabac / Langage / Être au monde / Mélancolie / Suicide / Relations / Écriture / Lecture / Art / Alcool / Philosophie / Sciences / Psychanalyse / Sagesse / Passé / Conclusion / Épilogue* »

C'est tout ce que nous avons (et savons). Il est inutile de préciser que, exceptés les chapitres sur la *Psychanalyse* et sur le *Passé*, et celui sur la *Religion*, auquel il manque des feuillets, tous accompagnaient le manuscrit (les six plus gros chapitres auraient éventuellement pu, en *membra disjecta*, faire l'objet de six livres distincts, ou même l'étude sur *Hamlet* du chapitre sur la *Mélancolie*). Colophon de misère.

Cette présentation énigmatique est-elle de l'auteur lui-même ? Nous n'en savons rien. Il était néanmoins de notre responsabilité de lancer une recherche. Le nom de famille Pichavant étant relativement rare, nous avions bon espoir de trouver des renseignements sur le fameux Julien en question, surtout dans la région nantaise, où il est né et a vécu. Ce fut en vain : les quelques Pichavant auxquels nous avons eu affaire n'ont semblé n'avoir aucun lien avec l'auteur. Tout porte à croire, de toute façon, qu'il s'est suicidé (selon les mots de son ami et d'après la fin du livre). S'il avoue être né en 1978, quel âge avait-il en commençant ce projet ? (Trente-et-un ans, lit-on en « Introduction ». Ajoutons-y les 6 ans dont il est question vers la fin et cela ferait un total avoisinant les 37 ans, ce qui serait arithmétiquement valable.) De même, la personne à qui est dédié le livre, Clémence Martinet, n'a donné aucun résultat (trop de Martinet disséminés dans toute la France). Vous verrez que l'implication de cette personne a été funeste.

Il est en outre hautement probable que Monsieur Pichavant ait écrit bien d'autres choses si l'on se réfère, en quelques endroits, aux diverses mentions et citations d'anciennes créations. À moins que cela ne soit qu'une invention.

Et le titre ? Umberto Eco n'énonçait-il pas qu'« *un titre doit embrouiller les idées, non les embrigader* » (*Apostille au* Nom de la rose) ? Pourquoi *La Perte de Sens* ? Ceci peut se deviner. Avant même la conclusion, l'auteur nous en propose une explication (qui est lacunaire) : « *À réfléchir sur le Moi, sur le sens du Moi, la perte est immanquable : la perte du Moi, la perte du sens du Moi, la perte du monde, la perte du sens du monde, en bref, la perte de sens (j'insiste doublement sur la préposition "de").* » En un autre endroit, citant Lacan, il écrit : « *La perte de sens ou, dirais-je, "*la recherche des limites de la signification*"* », aveu qui en rejoint un autre disant que « *la perte de sens revêt malgré tout un sens approximatif* ». Mais comment comprendre *(entre parenthèses)* ?... Nous renvoyons le lecteur à la fin de l'ouvrage, où cela est expliqué en quelques lignes, sans être absolument clarifié. Un jour, qui sait ? l'énigme sera résolue. En attendant, pensons-en ce que l'on veut (ou peut).

Et puis, ce n'est pas tant une affaire de « sens » au singulier que de « sens » au pluriel. Quand, par une « *théologie positive* » (c'est ainsi qu'il nomme sa méthode), la Mélancolie est définie à l'aide d'une liste de participes passés qui n'en finissent plus, chaque éclaircissement du terme, lapidaire et *entre parenthèses*, demanderait une page entière d'éclaircissements complémentaires. En deux ou trois mots, mille mondes s'offrent à nous. Un sens n'est bien souvent qu'un double sens qu'il ne prend pas la peine d'expliciter, voire un triple sens, un quadruple sens, et c'est comme s'il laissait au lecteur des clés qui ouvrent des portes s'ouvrant elles-mêmes sur d'autres dimensions qui enrichissent le texte et ses sens selon notre degré de perspicacité. En somme, ce livre est beaucoup plus épais qu'il ne le paraît (!).

Quant au texte initial, nous n'avons eu qu'à retoucher un petit nombre de scories. Bien qu'elle soit pour le moins atypique, la mise en forme a été strictement inchangée, et l'auteur s'en défend. Il faut l'avouer, ces très longs paragraphes rendent la lecture coriace. Nous avons donc suivi les suggestions de Milan Kundera qui se trouvent dans *Les testaments trahis*, en adoptant une police de caractères plus grande qu'à l'ordinaire. Cela vaut la peine que nous nous en expliquions. Que dit Kundera dans son livre ? En parlant du *Château* de Kafka, il regrette qu'Alexandre Vialatte, dans sa traduction, ait scindé le troisième chapitre en quatre-vingt-dix paragraphes, alors que le manuscrit n'en comportait que deux. De même, il insiste sur le fait que Kafka avait toujours souhaité que ses livres fussent imprimés en très grands caractères. Selon Kundera, ce choix « *était justifié, logique, sérieux, lié à son esthétique, ou, plus concrètement, à sa façon d'articuler la prose* », et il développe ensuite : « *le texte qui s'écoule en un paragraphe infini est très peu lisible. L'œil ne trouve pas d'endroits où s'arrêter, où se reposer, les lignes* "*se perdent*" *facilement. Un tel texte, pour être lu avec plaisir (c'est-à-dire sans fatigue oculaire), exige des lettres relativement grandes qui rendent la lecture aisée et permettent de s'arrêter à n'importe quel moment pour savourer la beauté des phrases.* » Toujours dans *Les testaments trahis*, il prend l'exemple de Nietzsche et de ses chapitres écrits en un seul paragraphe « *pour qu'une pensée soit dite d'une seule haleine* ». Et quand on y regarde de plus près, on ne voit pas que Gracq, Chamfort ou Cioran, aient disposé leurs réflexions autrement... Au moins, en respectant cet aspect de la mise en page, nous n'aurons pas trahi Monsieur Pichavant.

D'autre part, nous ne dissimulerons pas la difficulté de certains passages des chapitres intitulés « Langage » et « Être au monde », véritablement ardus. Mais ils sont à l'évidence le socle sur lequel repose toute la trame du volume, et ce qui en matérialise l'intention. De notre point de vue, le lecteur peut sans risque, parfois, sauter un ou deux paragraphes (voire davantage) s'il bute sur certaines notions. En revanche, il nous fut impensable de supprimer la moindre ligne. Car en supprimant telle ou telle ligne, nous aurions craint d'aller trop loin, et le texte est d'un bloc, ou n'est rien.

Encore un mot sur l'enchaînement supposé et la « technique » de lecture. L'ordre des chapitres a son importance et respecte la logique de la progression menant à la mélancolie, qui est le thème central. Par exemple, le chapitre sur le « Tabac ». Le « Prologue » témoigne du fait que l'auteur semblait avoir perdu la faculté d'écrire, et c'est justement le tabac qui lui aurait permis de la recouvrer et de commencer son livre. Mais il est loisible au lecteur de picorer des phrases ou des paragraphes au hasard des pages... *Le lecteur est libre !* (Pour un lecteur qui se sentirait perdu avant même d'avoir commencé, nous conseillerions de lire le chapitre « Écriture » juste après « Prologue » et « Introduction », puis de revenir directement à « Mélancolie ».)

Le premier grand choc que je connus en parcourant mécaniquement toutes ces feuilles, fut d'y rencontrer des formules mathématiques ! (Des formules qui ont d'ailleurs posé des problèmes typographiques...) Que venaient-elles faire dans cette galère ? Je retrouvai instantanément la même sensation qui m'avait assailli lorsque, tout jeune, j'étais tombé sur le quatrième chapitre du roman de Jules Verne, *Autour de la Lune* (seconde partie amorcée avec *De la Terre à la Lune*) : un mélange de cauchemar et de fascination, et j'étais horrifié et intrigué par cette algèbre venue de nulle part, et surtout (je m'en souviens parfaitement) par son « *intégrale de l'équation des forces vives* »... Je n'oublierai pas non plus cette page de Georges Perec dans *La vie mode d'emploi*... Tous ces signes incompréhensibles ! Le chapitre intitulé « Sciences » effraie avec toute sa cabalistique ! (Sans avoir jamais fait de mathématiques d'un haut niveau, avec un peu d'efforts, on peut comprendre ! On peut même aimer ce qui se déploie sous nos yeux !) Le rapprochement des genres est surprenant : peut-on affirmer en cela que Monsieur Pichavant est un mathématicien de la Mélancolie ? Ou un adepte de la gématrie du verbe ? C'est *L'Art et la Science* de Hugo ! Dans *L'Immortalité*, Kundera regrette qu'il n'y ait pas de « *mathématique existentielle* ». Expression qui est, selon Avenarius, son interlocuteur, une « *excellente trouvaille* ». C'est mon opinion. Et l'une des maximes de Novalis, auteur si cher à Pichavant, ne dit-elle pas que « *l'algèbre c'est la poésie* » ? Il me semble que Pichavant a essayé, en maniant les mathématiques et l'existence, d'arriver à cela. Cela séduirait-il Kundera ? La mathématique de l'existence ! Cette immixtion des mathématiques dans la littérature, cela ressemble fort à la découverte faite par Thomas Bernhard après la mort de son grand-père, la « *découverte que la littérature peut amener la solution mathématique de votre vie et, à chaque instant également de votre propre existence, quand on la met en mouvement et qu'on la pratique en tant que mathématicien donc, avec le temps, comme un art supérieur, finalement comme l'art mathématique suprême qu'il faut d'abord posséder complètement pour pouvoir la qualifier d'acte de lecture* » (*Le Souffle*). N'est-il pas ? Mais d'où lui vient donc, à cet étrange et inclassable Pichavant, cette volonté d'*avancer*, de comprendre par tous les moyens (surtout les plus originaux) ? Quel atavisme à dépouiller le sens ! Et que dire du rapprochement des individus ? Dans un même creuset sont mêlés, parmi les plus célèbres, Emmanuel Kant, Albert Einstein, Victor Hugo, Bouddha, Jésus-Christ, Sigmund Freud, Anton Tchékhov, Pierre Desproges, Edgar Poe, Ludwig van Beethoven, Stephen King, Michael Jordan, Vincent van Gogh…

Le lecteur attentif et expert remarquera peut-être quelques variations de style, quelques inégalités dans la langue qui vont de la plus soutenue à la plus simple, de la plus étouffante à la plus aérée, de la plus angoissante à la plus légère. Sans doute des accalmies en sont-elles la cause. Comment un esprit peut-il cavalcader sans cesse accompagné de la mélancolie sans se perdre tout à fait (« *La Perte de sens, ce livre qui donne libre cours à la Mélancolie et qui m'achemine vers un inconnu mortifère* ») ? À moins qu'il ne se soit *réellement* perdu, qu'il ne se soit sacrifié en offrande, solidement accroché au sens vacant… Passée la première moitié de l'ouvrage, le style se soutient de moins en moins.

En somme, notre principale difficulté dans l'affaire s'est bornée à vérifier l'exactitude des citations et à nous occuper des ayants droit qui s'y rattachent. *La Perte de Sens (entre parenthèses)* contient en effet une quantité prodigieuse de citations. Personne n'a jamais vu cela dans l'histoire du monde de l'édition. Certaines citations sont d'ailleurs d'une longueur qui n'est pas banale. Cette façon de faire n'est pas sans rappeler les *Essais* de Montaigne, mais le sujet qui nous occupe ici est, comparé à ceux-ci, indéniablement plus *sombre*. Un Montaigne schopenhauerien, un Burton futuriste (et passéiste). C'est le livre du désespoir le plus noir, l'œuvre d'un homme qui cherche le *sens* de l'existence tout en sachant qu'il ne le trouvera pas, si ce n'est dans son acte d'écriture, et qui, pour autant, de-ci de-là, ne se départit pas d'un sens de l'humour *noir*. Pour en revenir aux citations, j'oserai émettre deux jugements sans conséquence, qui n'engagent que moi (que les propos de l'« Introduction », vous le constaterez, récusent) : nous pensons que les citations ornent le texte de l'auteur plus souvent qu'elles n'ornent le texte de l'auteur ne le orne, et que leur grand nombre, s'il est un grand atout et la preuve d'un travail énorme, n'en noie pas moins le texte à certains moments. C'est pourquoi l'auteur se cache plus qu'il ne se dévoile, mais c'est aussi sa manière de se dévoiler : en se cachant. Voyez, dès les citations placées en début d'ouvrage : un auteur en mit-il jamais autant en exergue ? Oui, il y aurait bien Herman Melville avec son *Moby Dick*… Julien Pichavant ou le cachalot — sans grosse tête ? (N'est-ce pas Walter Benjamin qui formait le vœu d'écrire un texte — *Le Livre des passages* — uniquement composé de citations ? Guy Debord ne s'y essaya-t-il pas avec ses *Mémoires* ? Plus près de nous, en 1989, Yak Rivais tenta l'expérience avec ses *Demoiselles d'A.*, que je n'ai pas lu. L'art du « centon » est vieux comme le monde. En tout cas, il ne date pas d'hier : il avait déjà le vent en poupe au XVIème siècle (on l'appelait également « pasquil » ou « pasquin »), et Juste Lipse, avec ses *Politiques*, en est un digne représentant. En remontant plus loin encore, on trouve les *Homerici Centones de Christo*, une vie de Jésus entièrement écrite en empruntant des vers à *L'Iliade* et de *L'Odyssée* ! On doit cet exploit à Eudoxie, épouse de l'empereur Théodose II, qui vécut au Vème siècle. En 1679 parut un remarquable centon, œuvre de Théodore Desjardins, d'une longueur de 4333 vers issus de 163 auteurs différents… Notons tout de même qu'un grand nombre de « centonistes » ne renseignent pas leurs sources…)

Enfin, je ne doute pas qu'il convienne de bien respecter la « règle » tirée du très ésotérique « Appel-avertissement », qui recommande de lire *très lentement*. Insatiable arrangeur de mots, Julien Pichavant est à prendre à la lettre, ou, pour mieux m'exprimer (comme il le ferait ?), il est à prendre *jusqu'*à la lettre. — « *Tel en l'alunissage* » : dès les premiers mots, des notes, une sonorité d'un nouveau monde ! Était-ce prémédité ? Nous ne le saurons jamais… *Tel en l'alu… Tel en l'alu…*

J'ai certainement été trop long. Et je m'aperçois que Julien Pichavant m'a inoculé le virus de la citation ! Je referme donc la *parenthèse* de cette notice et vous laisse à la lecture de ce que j'appellerais un *essai autobiographique* si je n'avais pas la certitude que l'auteur n'approuverait pas cette dénomination. Je rectifie donc : un *voyage mélancolique dans les contrées obscures d'un homme délirant entouré de ses livres ténébreux*.

Que les ténèbres soient affectueuses avec lui, où qu'il soit.

Joseph Cetia-Lessec

À Clémence Martinet
— et à tous les amoureux des livres

« *Ce livre ne sera peut-être compris que par celui qui a déjà eu lui-même l'occasion de penser les pensées — ou du moins des pensées similaires — qui y sont exprimées. [...] Son but serait atteint s'il faisait plaisir à celui qui le lit en le comprenant.* »
Ludwig Wittgenstein (*Tractatus Logico-Philosophicus* (*Avant-Propos*))

« *Ce livre doit être lu comme on lirait le livre d'un mort.* »
Victor Hugo (*Les Contemplations* (*Préface*))

« *Et qu'est-ce maintenant que ce livre, traduit
Du passé, du tombeau, du gouffre et de la nuit ?* »
Victor Hugo (*La Légende des siècles* (*La vision d'où est sorti ce livre*))

« *Mon livre doit devenir une bible scientifique — un modèle à la fois réel et idéal — le germe de tous les livres.* »
Novalis (*Das Allgemeine Brouillon*)

« *This thought is a death which cannot choose
But weep to have that which it fears to lose.* »
(« *Penser tel que la mort : Nulle espérance ouverte
Sinon pleurer d'avoir ce dont on craint la perte.* »)
William Shakespeare (*Sonnets* (*LXIV*))

« *Je tâcherai de trouver et de suivre [...] le fil qui conduit mathématiquement d'un homme à un autre homme.* »
Émile Zola (*La Fortune des Rougon* (*Préface*))

« *Ici, j'éprouve le besoin d'ouvrir une parenthèse. S'il m'arrivait, dans le salon de Madame T. ou dans un autre, de dire des choses justes sur le calcul différentiel, je passerais pour un pédant et pour un monsieur très ennuyeux. Mais, si je parlais des femmes, des Allemands, de la guerre ou de l'immortalité de l'âme, je pourrais débiter les pires insanités sans nuire à ma réputation. Je serais même chaudement approuvé par quelques-uns des assistants. C'est triste. Je referme ma parenthèse.* »
Henri Roorda (*Le Roseau pensotant*)

« *À qui ne se satisfait pas des images, des métaphores, des symboles, il est naturel que ne viennent que des idées incomplètes (comme si elles étaient à chaque instant inhibées (dans le cours de leur formulation) non tellement par une impuissance du sujet (de l'auteur), que par une opposition (« a minima » (par ex.)) de l'objet (et donc par un scrupule du sujet).* »
Francis Ponge (*Nioque de l'Avant-Printemps*)

« *Il faut que j'écrive mes ultime lettre. Si tout homme ayant beaucoup senti et pensé, mourant avant la dégradation de ses facultés par l'âge, laissait ainsi son* Testament philosophique, *c'est-à-dire une profession de foi sincère et hardie, écrite sur la planche du cercueil, il y aurait plus de vérités reconnues et soustraites à l'empire de la sottise et de la méprisable opinion du vulgaire.
J'ai pour exécuter ce dessein d'autres motifs : il est de par le monde quelques hommes intéressants que j'ai eus pour amis ; je veux qu'ils sachent comment j'ai fini. — Je souhaite même que les indifférents, c'est-à-dire que la masse du public pour qui je serai l'objet d'une conversation de dix minutes (supposition peut-être exagérée) sache, quelque peu de cas que je fasse de l'opinion du grand nombre —, sache, dis-je, que je n'ai point cédé en lâche ; et que la mesure de mes ennuis était comble quand de nouvelles atteintes sont venues la faire verser ; que je n'ai fait qu'user avec tranquillité et dignité du privilège, que tout homme tient de la nature, de disposer de soi.
Voilà tout ce qui peut m'intéresser encore de ce côté-ci du tombeau : au-delà de lui sont toutes mes espérances, si toutefois il y a lieu.* »
Alphonse Rabbe (*Album d'un pessimiste*)

« *Ces œuvres hasardées qui vous semblent souvent le produit d'un esprit non encore en possession de lui-même, et qui ne se possédera peut-être jamais, qui sait quel cerveau elles cachent, quelle puissance de vie, quelle fièvre pensante que les circonstances seules ont réduits. Assez parlé de moi et de mes œuvres à naître, je ne demande plus qu'à sentir mon cerveau.* »
Antonin Artaud (*Lettre à Jacques Rivière, 6 juin 1924*)

« *Cela ne m'a été possible, dit-il, que parce que c'était nécessaire. Je devais bien écrire le livre, ou bien désespérer ; c'était la seule chance de me sauver du néant, du chaos, du suicide. C'est sous cette pression que le livre a été écrit, et il m'a apporté le secours attendu, simplement parce qu'il a été écrit, peu importe qu'il soit bon ou mauvais. C'était le principal. Et aussi : quand j'écrivais, je n'ai pu penser un instant à d'autres lecteurs que moi-même, ou tout au plus, de temps en temps, à l'un de mes camarades de combat, et jamais je ne pensais alors à des survivants, mais toujours à des hommes qui sont morts à la guerre. Pendant tout le temps que j'écrivais, j'étais comme possédé par la fièvre ou la folie et entouré de trois, quatre morts aux corps déchiquetés — voilà comment le livre s'est fait.* »
Hermann Hesse (*Le Voyage en Orient*)

« *Je suis bizarrement malade, presque en permanence, avec une indifférence absolue. Je veux finir mon livre. C'est tout. Je m'échange là contre. Je crois que ça tient maintenant à moi, comme une ancre de fond. [...] Ça paraîtra à ma mort, car je n'aurai jamais fini. J'ai sept cent pages. Si je les travaillais comme un simple article, ces sept cents pages de gangue, il me faudrait déjà dix ans, rien que de mise au point. Je les travaillerai simplement jusqu'au bout de mes forces. Je ne ferai plus rien d'autre au monde. Je n'ai plus*

aucun sens par moi-même [...]. Je me sens menacé, vulnérable, limité dans le temps, je veux finir mon arbre. [...] Je me trompe peut-être sur mon livre, ce sera peut-être un médiocre gros livre : ça m'est bien égal, c'est ce que je puis devenir de mieux. »
Antoine de Saint-Exupéry (*Lettre à Pierre Chevrier [Hélène de Vogüé], 8 septembre 1941*)

« *Il est évident que si l'on a la conscience du néant, il est absurde d'écrire un livre, c'est ridicule même. Pourquoi écrire et pour qui ? Mais il y a des nécessités intérieures qui échappent à cette vision, elles sont d'une autre nature, plus intimes et plus mystérieuses, irrationnelles ; la conscience du néant poussée au bout n'est compatible avec rien, avec aucun geste ; l'idée de fidélité, d'authenticité, etc. — tout fout le camp. Mais il y a quand même cette vitalité mystérieuse qui vous pousse à faire quelque chose. Et peut-être c'est ça la vie, sans vouloir employer de grands mots, c'est que l'on fait des choses auxquelles on adhère sans y croire, oui, c'est à peu près ça. »*
Emil Cioran (*Entretien avec Michael Jakob, 1994*)

« *Je suis arrivé à l'âge où l'on atteint la maîtrise parfaite de ses propres qualités et où l'intelligence a le maximum de force et de dextérité possibles. Il est donc temps de réaliser mon œuvre littéraire, en achevant certaines choses, en regroupant certaines autres, en écrivant celles qui sont à écrire. Pour finir cette œuvre j'ai besoin de tranquillité et d'un certain isolement. [...] — Toute ma vie future dépend de ce que je puisse ou non le faire et le faire vite. Du reste, ma vie tourne autour de mon œuvre littéraire — qu'elle soit ou qu'elle puisse être bonne ou mauvaise. Tout le reste a pour moi un intérêt secondaire ; il y a des choses, bien sûr, que j'aimerais avoir, d'autres dont il m'est égal qu'elles arrivent ou n'arrivent pas. Il faut que tous ceux qui ont affaire à moi soient persuadés que je suis comme cela, et exiger de moi les sentiments, par ailleurs très dignes, d'un homme vulgaire et banal, c'est tout comme exiger de moi que j'aie des yeux bleus et des cheveux blonds. Et me traiter comme si j'étais un autre n'est pas la meilleure façon de garder mon affection. Il vaut mieux, dans ce cas, traiter un autre qui soit comme ça, et dans ce cas il faut "s'adresser à quelqu'un d'autre" ou quelque chose dans ce genre. »*
Fernando Pessoa (*Lettre à Ophélia, 29 septembre 1929*)

« *Plus je relis cette liste, plus je me convaincs qu'elle est l'effet du hasard et ne contient aucun message. Mais ces pages incomplètes m'ont accompagné pendant toute la vie qui depuis lors m'est restée à vivre, je les ai souvent consultées comme un oracle, et j'ai presque l'impression que tout ce que j'ai écrit sur ces feuillets, que tu vas lire à présent, lecteur inconnu, n'est rien d'autre qu'un centon, un poème figuré, un immense acrostiche qui ne dit et ne répète rien d'autre que ce que ces fragments m'ont suggéré, et je ne sais plus si c'est moi qui ai parlé d'eux jusqu'à présent ou si ce sont eux qui ont parlé par ma bouche. Mais que ce soit l'un ou l'autre cas, plus je me récite l'histoire qui en est sortie, moins je réussis à comprendre si elle recèle une trame allant au-delà de la séquence naturelle des événements et des temps qui les relient. Et c'est dur pour un vieux moine, au seuil de la mort, que de ne point savoir si la lettre qu'il a écrite contient un certain sens caché, et si elle en contient plus d'un, beaucoup, ou point du tout. [...] Il fait froid dans le scriptorium, j'ai mal au pouce. Je laisse cet écrit, je ne sais pour qui, je ne sais plus à propos de quoi : stat rosa pristina nomine, nomina nuda tenemus. »*
Umberto Eco (*Le Nom de la rose*)

« *Enfin, si par hasard quelque main malheureuse venait à découvrir ces lignes, qu'elle se garde d'y toucher. — Car elles brûlent et dessèchent la main qui les touche, — usent les yeux qui les lisent, assassinent l'âme qui les comprend.*
— Non, si quelqu'un vient à découvrir ceci, qu'il se garde de le lire — ou bien, si son malheur l'y pousse, qu'il ne dise pas après : c'est l'œuvre d'un insensé, d'un fou. Mais qu'il dise : il a souffert quoique son front fût calme, quoique le sourire fût sur ses lèvres et le bonheur dans ses yeux. Qu'il lui sache gré si c'est un de ses proches de lui avoir caché tout cela — de ne point s'être tué de désespoir avant d'écrire et enfin d'avoir réuni dans quelques pages tout un abîme immense de scepticisme et de désespoir. »
Gustave Flaubert (*Agonies*)

« *L'écriture me maintient, mais n'est-il pas plus juste de dire que c'est cette forme de vie qui me maintient ? Je ne veux bien sûr pas dire par là que ma vie est meilleure quand je n'écris pas. C'est au contraire bien pire encore et même totalement insupportable et ça ne peut finir que dans la folie. Mais alors seulement à la condition que, comme c'est effectivement le cas, même si je n'écris pas, je sois un écrivain, et un écrivain qui n'écrit pas est en effet une monstruosité qui suscite la folie. »*
Franz Kafka (*Lettre à Max Brod, 6 juillet 1922*)

« *Sans même tenir compte de tous les autres obstacles (état physique, parents, caractère), j'arrive à trouver une très bonne excuse au fait que je ne limite pas mon activité à la littérature envers et contre tout, en faisant bifurquer les choses de la façon suivante : je ne puis rien risquer pour moi, tant que je n'aurai pas accompli un travail d'une certaine importance capable de me satisfaire pleinement. Ce qui est assurément irréfutable.*
J'ai en ce moment, et je l'ai déjà eu cet après-midi, un grand besoin d'extirper mon anxiété en la décrivant entièrement et, de même qu'elle vient des profondeurs de mon être, de la faire passer dans la profondeur du papier ou de la décrire de telle sorte que ce que j'aurais écrit pût être entièrement compris dans mes limites. Ce n'est pas un besoin artistique. »
Franz Kafka (*Journal, 8 décembre 1911*)

« *Vraiment, quand j'y songe, la littérature n'a qu'une raison d'être, sauver celui qui la fait du dégoût de vivre !*
— Et, charitablement, alléger la détresse des quelques-uns qui aiment encore l'art. »
Joris-Karl Huysmans (*Là-Bas*)

« *On n'écrit vraiment que sur la planche de son cercueil. [...] Écrire quand on n'a pas atteint le degré zéro du dégoût devrait être passible d'une peine de prison. »*
Roland Jaccard (*La Tentation nihiliste*)

« *Le point de départ est une question.*
Hors la théologie et la littérature fantastique, il ne fait guère de doute que les traits principaux de notre univers sont la pénurie et l'absence de tout objectif discernable. Et cependant, pleins d'un optimisme stupéfiant, nous continuons d'assembler sous forme de rouleaux, de livres et de microprocesseurs, sur les étagères des bibliothèques matérielles, virtuelles ou autres, les moindres fragments d'information que nous pouvons récolter, avec l'intention pathétique de prêter au monde un semblant de sens et d'ordre, tout en sachant très bien, si fort que nous désirions croire le contraire, que nos entreprises sont hélas vouées à l'échec.
Alors pourquoi le faire ? Bien que j'aie su depuis le début que la question resterait fort probablement sans réponse, il m'a semblé que la quête était valable en elle-même. Ce livre est l'histoire de cette quête. »
Alberto Manguel (La bibliothèque, la nuit)

« *Je regardai, et voici, une main était étendue vers moi, et elle tenait un livre en rouleau. Il le déploya devant moi, et il était écrit en dedans et en dehors ; des lamentations, des plaintes et des gémissements y étaient écrits.* »
La Bible (*Ez 2,10*)

« *Je pense à ces temps futurs où le travail sera oublié et où les livres prendront leur véritable place dans la vie, et où peut-être il n'y aura plus* des *livres, mais un seul livre immense — une Bible. Pour moi, le livre, c'est l'homme, et mon livre est l'homme que je suis, l'homme confus, négligent, téméraire, ardent, obscène, turbulent, scrupuleux, menteur, et diaboliquement sincère que je suis.* »
Henry Miller (*Troisième ou quatrième jour de printemps*, in Printemps noir)

« *Ce livre se dressait devant moi et fermait ma vue, au point que je ne supposais pas que je pusse jamais passer outre. Je ne parvenais pas à le considérer comme le premier de ma carrière, mais comme un livre unique, et n'imaginais rien au-delà ; il me semblait qu'il devait consumer ma substance ; après, c'était la mort, la folie, je ne sais quoi de vide et d'affreux vers quoi je précipitais avec moi mon héros.* »
André Gide (Si le grain ne meurt)

« *Il parlait quelquefois d'un livre qu'il voulait faire : œuvre étrange, "scientifique et passionnée", disait-il.* »
André Gide (Les Cahiers d'André Walter)

« *… C'est pourquoi j'aimerais enfin, dans ce livre, crier ce que j'ai dans mon cœur — pour moi tout seul, — ou bien peut-être, s'il en est, pour ceux qui souffrent les angoisses que j'ai souffertes et qui comme moi se désespèrent, en croyant qu'ils sont seuls à souffrir.* »
André Gide (Les Cahiers d'André Walter)

« *Aussi bien est-ce une folie sans doute de grouper dans un seul roman tout ce que me présente et m'enseigne la vie. Si touffu que je souhaite ce livre, je ne puis songer à tout y faire entrer. Et c'est pourtant ce désir qui m'embarrasse encore. Je suis comme un musicien qui cherche à juxtaposer et imbriquer, à la manière de César Franck, un motif d'andante et un motif d'allegro. [...] Il me faut, pour écrire bien ce livre, me persuader que c'est le seul roman et dernier livre que j'écrirai. J'y veux tout verser sans réserve. [...] Celui-ci s'achèvera brusquement, non point par épuisement du sujet, qui doit donner l'impression de l'inépuisable, mais au contraire, par son élargissement et par une sorte d'évasion de son contour. Il ne doit pas se boucler, mais s'éparpiller, se défaire...* »
André Gide (Journal des Faux-Monnayeurs)

« *Pour juger ces poésies, nous sommes trop favorablement disposés, on ne nous croirait pas impartiaux ; or, nous dirons seulement qu'elles nous semblent abruptes, souffertes, senties, pleines de feu, et, qu'on nous passe l'expression, quelquefois* fleurette, *mais bien plus souvent* barre de fer *; c'est un livret empreigné de fiel et de douleur, c'est le prélude du drame qui le suivit, et que les plus simples avaient pressenti ; une œuvre comme celle-là n'a pas de second tome : son épilogue, c'est la mort. [...] Mais nous croyons qu'il est de notre politesse de prévenir les lecteurs, qui cherchent et aiment la littérature* lymphatique, *de refermer ce livre et de passer outre. Si, cependant, ils désiraient avoir quelques notions sur l'allure d'esprit de Champavert, il leur suffirait de lire ce qui suit.* »
Petrus Borel (Champavert (Notice))

« *Ce livre n'est point fait pour circuler dans le monde, et convient à très peu de lecteurs.* »
Jean-Jacques Rousseau (Julie ou La Nouvelle Héloïse)

« *La réalité est cette chose qui ne peut en aucun cas nous satisfaire et qui ne peut être implorée ni révérée en aucune circonstance, car elle n'est que le résultat d'un hasard, le déchet de l'existence.* »
Hermann Hesse (Esquisse d'une autobiographie)

« *Une œuvre de refus, de désespoir, que peut-elle apporter ? A-t-on le droit de l'offrir à autrui ? Mais il est vrai, cette question ne se pose pas. Je ne choisis pas. Ne peux que subir.* »
Charles Juliet (Journal, 2 Octobre 1959)

« *Parmi tous ces demi-grands hommes que j'ai connus dans cette terrible vie parisienne, Samuel fut, plus que tout autre, l'homme des belles œuvres ratées ; — créature maladive et fantastique, dont la poésie brille bien plus dans sa personne que dans ses œuvres, et qui, vers une heure du matin, entre l'éblouissement d'un feu de charbon de terre et le tic tac d'une horloge, m'est toujours apparu comme le Dieu de l'impuissance, — Dieu moderne et hermaphrodite, — impuissance si colossale et si énorme qu'elle en est épique ! [...] Il était à la fois tous les artistes qu'il avait étudiés et tous les livres qu'il avait lus, et cependant, en dépit de cette faculté comédienne, il restait profondément original. [...] Il possédait la logique de tous les bons sentiments et la science de toutes les roueries,*

« et néanmoins il n'a jamais réussi à rien, parce qu'il croyait trop à l'impossible. — Quoi d'étonnant ? il était toujours en train de le concevoir. »
Charles Baudelaire (*La Fanfarlo*)

« Persévérant en l'obstination
D'un, qui se veult recouvrer en sa perte,
Je suy tousjours la declination
De ma ruyne evidamment apperte. »
Maurice Scève (*Délie*)

« Comment guérir mon âme ? Car si elle est guérie, que veut-on de plus ? »
Pétrarque (*Mon Secret*)

« On entend souvent dire de certains auteurs qu'ils font mousser leur sujet et qu'ils le gonflent. Qu'en est-il alors de moi qui écris sur le léviathan ? Malgré moi, mon écriture s'enfle en caractères d'affiches. Qu'on me donne une plume de condor et le cratère du Vésuve pour l'y tremper ! Amis, retenez mes bras ! car le seul fait d'écrire mes pensées sur le léviathan m'accable de fatigue et me fait défaillir dès que je songe à l'envergure de mon étude, comme s'il fallait y faire entrer toutes les sciences, toutes les générations de baleines, d'hommes, de mastodontes passés, présents et à venir, de tous les panoramas des empires terrestres, à travers l'univers entier et ses banlieues aussi. Un thème si vaste et si généreux est exaltant ! On se dilate à sa dimension. Pour faire un livre puissant il convient de choisir un sujet puissant. On ne pourra jamais écrire une œuvre grande ni durable sur la puce, si nombreux que soient ceux qui s'y sont essayés. »
Herman Melville (*Moby Dick*)

« *Va, Livre, tu n'es que trop beau
Pour estre né dans le tombeau
Duquel mon exil te délivre ;
Seul pour nous deux je veux périr :
Commence, mon enfant à vivre
Quand ton père s'en va mourir.
[...]
Mais c'est ton but invariable
De plaire aux bons et plaire à peu.* »
Agrippa d'Aubigné (*Les Tragiques*)

« Malheur aux pécheurs qui prennent la Torah pour de simples fables concernant les choses du monde, ne voyant que le vêtement extérieur. Heureux les justes dont le regard pénètre jusqu'à la Torah même. Tout comme le vin doit être mis dans une cruche pour se conserver, la Torah doit être enveloppée dans un vêtement extérieur. Ce vêtement est fait de fables et de récits. Mais nous, nous devons pénétrer au-delà. »
(*Le Zohar*)

« J'ai bien des fois commencé, et bien des fois abandonné cet ouvrage ; j'ai mille fois envoyé aux vents les feuilles que j'avais écrites, je sentais tous les jours les mains paternelles tomber ; je suivais mon objet sans former de dessein ; je ne connaissais ni les règles ni les exceptions ; je ne trouvais la vérité que pour la perdre. Mais, quand j'ai découvert mes principes, tout ce que je cherchais est venu à moi ; et, dans le cours de vingt années, j'ai vu mon ouvrage commencer, croître, s'avancer et finir. »
Montesquieu (*De l'esprit des lois* (*Préface*))

« Connaître, c'est donner un sens, mais ne pas donner un sens, ne pas donner de signification, c'est quelquefois encore lui en donner une [...]. Des êtres noyés dans l'absence de sens ne peuvent être que grotesques, leur souffrance ne peut être que dérisoirement tragique. [...] Ne sachant donc pas quel est le but de l'existence, je ne sais pas non plus tout à fait exactement pourquoi j'écris. [...] Par ailleurs, j'ai toujours eu l'impression d'une impossibilité de communiquer, d'un isolement, d'un écartement ; j'écris pour lutter contre cet encerclement ; j'écris aussi pour crier ma peur de mourir, mon humiliation de mourir. [...] Je n'ai jamais réussi à m'habituer, tout à fait, à l'existence, ni à celle du monde, celle des autres, ni surtout, à la mienne. [...] Cependant, je suis là, entouré du halo de la création, ne pouvant étreindre ces fumées, n'y comprenant rien, dépaysé, arraché à je ne sais quoi qui fait que tout me manque. [...] Aucun événement, aucune magie particulière ne m'étonnent, aucun enchaînement de la pensée ne m'entraîne (pas d'intérêt pour la culture), aucune chose ne peut me paraître plus insolite qu'une autre, car tout est nivelé, noyé dans l'invraisemblance, l'insolite universels. C'est d'exister, de se servir d'un langage, qui me semble inadmissible. »
Eugène Ionesco (*Notes et contre-notes*)

« Mais parce que les hommes aux lectures plus abondantes, au discours actif et au jugement plus concluants trouveront sans mal d'autres raisons et exemples à cette fin, je me contenterai de les avoir éclairés jusque-là et de leur avoir indiqué une marque pour diriger leur méditation. »
John Donne (*Biathanatos*)

« Comte, reprit Morrel, vous êtes le résumé de toutes les connaissances humaines, et vous me faites l'effet d'être descendu d'un monde plus avancé et plus savant que le nôtre.

« — Il y a quelque chose de vrai là-dedans, Morrel, dit le comte avec ce sourire mélancolique qui le rendait si beau ; je suis descendu d'une planète qu'on appelle la douleur. »
Alexandre Dumas (*Le Comte de Monte-Cristo*)

« Je n'aurais pas dû écrire : si le monde était clair, l'art ne serait pas — mais si le monde me paraissait avoir un sens je n'écrirais pas. »
Albert Camus (*Carnets*)

« Non : dans l'insinuant circuit du signal ici dit, il n'y a aucun salut. [...] Nous avons connu, nous connaîtrons la Mort, sans jamais pouvoir la fuir, sans jamais savoir pourquoi ; nous mourrons, car, issus d'un Tabou dont nous nommons l'Autour sans jamais l'approfondir jusqu'au bout (souhait vain, puisqu'aussitôt dit, aussitôt transcrit, il abolirait l'ambigu pouvoir du discours où nous survivons), nous tairons toujours la Loi qui nous agit, nous laissant croupir, nous laissant mourir dans l'Indivulgation qui nourrit sa propagation. »
Georges Perec (*La disparition*)

« [...] je vous le demande, si par hasard ce livre obscur vient à tomber entre vos mains, ne souriez pas d'un noble dédain, ne haussez pas trop les épaules ; ne vous dites pas avec trop de sécurité que je me plains d'un mal imaginaire [...]. »
Alfred de Musset (*La Confession d'un enfant du siècle*)

« Cela étant, il n'y a évidemment qu'un conseil à donner à qui voudra pénétrer dans la pensée ici proposée : c'est de lire le livre deux fois, la première avec beaucoup de patience, une patience qu'on trouvera si l'on veut bien croire bonnement que le commencement suppose la fin, à peu près comme la fin suppose le commencement, et même que chaque partie suppose chacune des suivantes, à peu près comme celles-ci la supposent à leur tour. »
Arthur Schopenhauer (*Le Monde comme Volonté et comme Représentation (Première Préface)*)

« Que celui qui pourrait écrire un tel livre serait heureux, pensais-je ; quel labeur devant lui ! Pour en donner une idée, c'est aux arts les plus élevés et les plus différents qu'il faudrait emprunter des comparaisons ; car cet écrivain, qui, d'ailleurs, pour chaque caractère, aurait à en faire apparaître les faces les plus opposées, pour faire sentir son volume comme celui d'un solide devrait préparer son livre minutieusement, avec de perpétuels regroupements de forces, comme pour une offensive, le supporter comme une fatigue, l'accepter comme une règle, le construire comme une église, le suivre comme un régime, le vaincre comme un obstacle, le conquérir comme une amitié, le suralimenter comme un enfant, le créer comme un monde, sans laisser de côté ces mystères qui n'ont probablement leur explication que dans d'autres mondes et dont le pressentiment est ce qui nous émeut le plus dans la vie et dans l'art. Et dans ces grands livres-là, il y a des parties qui n'ont eu le temps que d'être esquissées, et qui ne seront sans doute jamais finies, à cause de l'ampleur même du plan de l'architecte. Combien de grandes cathédrales restent inachevées. Longtemps, un tel livre, on le nourrit, on fortifie ses parties faibles, on le préserve, mais ensuite c'est lui qui grandit, qui désigne notre tombe, la protège contre les rumeurs et quelque peu contre l'oubli. »
Marcel Proust (*Le Temps retrouvé*)

« Cependant, l'œuvre — l'œuvre d'art, l'œuvre littéraire — n'est ni achevée ni inachevée : elle est. Ce qu'elle dit, c'est exclusivement cela : qu'elle est — et rien de plus. En dehors de cela, elle n'est rien. Qui veut lui faire exprimer davantage, ne trouve rien, trouve qu'elle n'exprime rien. »
Maurice Blanchot (*L'espace littéraire*)

« Dans une certaine mesure, cela est vrai de tout livre que nous aimons. Nous pensons l'approcher de loin, voir s'ouvrir sa couverture protectrice et observer, bien installés à notre place dans l'auditoire, le déploiement de sa narration, et nous oublions à quel point la survie des personnages, la vie même du récit dépendent de notre présence en tant que lecteurs, de notre curiosité, de notre désir de nous rappeler un détail ou de nous étonner d'une absence, comme si notre capacité d'aimer avait créé à partir d'un fouillis de mots la personne qui est l'objet de l'amour. »
Alberto Manguel (*Journal d'un lecteur*)

« En fait de désespoir, tout est vrai. »
Honoré de Balzac (*Ferragus*)

« Il ne t'incombe pas d'achever l'ouvrage mais tu n'es pas libre (pour autant) de t'y soustraire [...]. »
(*Pirké Avot*)

APPEL-AVERTISSEMENT
A MON *HYPOCRITE — FRERE*

Entre tes mains tu détiens là, Lecteur, ce non-Livre —
Que j'ai non-écrit ; ainsi le non-lire est à toi ;
Non-lire n'est nullement ne pas lire, mais dé-lire ;
Il est écrit — que ceci existe en tant que pur en-lisant ;
Mes lyres pour des mots crus, résonnent à l'ana-page ;
TU DOIS, Lecteur, LIRE LENTEMENT, tel en l'alunissage ;
La phrase est infinie pesanteur, pose dont tu es la gravité ;
Tu seras docte Lectorant (Prosodiste), non plus simple Lecteur,
Pource que ta lecture, pausée, exige d'être mon écrivant ;
L'œil-alambic repasse de coin en coin, l'esprit recule en ligne, relit ;
Le sens s'élonge et l'élan statue, — tant, — et tu suivras les pas ;
Je te serai présent, car je te suis déjà présent et tu me l'es, —
Lors accroche-toi à moi, au dé-livre-moi, — car je déc(r)oche…

Prologue

« GARCIN, *il entre et regarde autour de lui.* — *Alors voilà.*
LE GARÇON — *Voilà.*
GARCIN — *C'est comme ça...*
LE GARÇON — *C'est comme ça.* »

Jean-Paul Sartre, *Huis Clos*

Nul *incipit* — pour un livre inchoatif ; — lancement préambulatoire ! Au commencement, il n'y avait *rien*.

* * * * *

L'angoisse de la page blanche me disciplinera. Je m'interdis de ne plus relativiser quand je suis seul, déchu d'un titre que j'osais, jadis, me promettre. Ô férocité de la vie, n'es-tu qu'un balancement entre ce qui me tient à cœur et ce qui m'extermine ? Les bas-fonds, je les connais, j'apprends à les connaître chaque jour qui passe et me rapproche de la mort.

* * * * *

Je dois par conséquent reprendre la cigarette, le tabac décisif, succédané, succès damné de la prose à regagner. Des répétitions, des réponses, des attentes, des prolongations, des recouvrements. — « *Von einem gewissen Punkt gibt es keine Rückkehr mehr. Dieser Punkt ist zu erreichen* », telle est la messe (noire) basse de Franz Kafka (« *À un certain point il n'est plus de retour. C'est ce point qu'il faut atteindre* »).

* * * * *

Je ne suis plus aussi entreprenant, car le temps a rugi et décaractérisé mes abandons successifs.

* * * * *

Pensée sans verbe, phrase nominale : la ruée vers l'ordre de la perte.

* * * * *

J'ai réaménagé mon appartement en tâchant de faire coïncider la sombre activité qui va être la mienne à partir d'aujourd'hui, et… la reprise addictive. L'un ne va pas sans l'autre, c'est une échappée retrouvée, un visage que je vais revêtir à nouveau, accompagné de l'angoisse mesurée des effets dévastateurs de la drogue (mais en supprimant, si possible, l'alcool), et de l'espoir que le talent est là, — rattrapé s'il fut jamais mien. Ô création ! ô création ! ô vestiges de mon existence… *Je suis là.*

* * * * *

Écris, écris et émarge en toi ; délivre-toi, puise dans l'abandon, pars à la recherche de tes ambitions, ramène ton vouloir-créer. — *Prie.* — Prie, tel Platon, car il faut qu'une prière précède l'entreprise. — Fais le serment du précaire : en prenant Dieu à témoin (« *sacramentum* »), obtiens ce que tu désires et conserve-le par la prière (« *precarius* »).

* * * * *

Je suis là. — Je suis là, ô faconde. — Recouvre tes espaces, malheureux humain, malheureux scribouilleur, recouvre-les, quitte à mourir de tes mots et pensées.

* * * * *

J'ai pensé, d'année — en année. J'ai vécu — d'instants. J'ai souffert de vivre et de penser. Que maintenant ma « *pensée se juge à ce qu'elle [a su] tirer de la souffrance* » (Camus).

* * * * *

Je suis Ulysse qui confie à Calypso : « *Si quelque Dieu m'accable encore de maux sur la sombre mer, je les subirai avec un cœur patient. J'ai déjà beaucoup souffert sur les flots et dans la guerre ; que de nouvelles misères m'arrivent, s'il le faut.* »

* * * * *

Prendre (sans le perdre) son temps — parce que le temps est compté, je marche sur lui, je le rapatrie sans concession. Rappelle-toi les paroles de Sénèque : « *Voici que ce jour est le dernier ; qu'il ne le soit pas, il est proche du dernier.* » — Oublie Jean-Jacques ; n'entreprends pas « *avec ardeur un travail de dix ans* » si c'est pour « *l'abandonner sans regret au bout de dix minutes* ». — Tout doux... Regarde, tu vas courir un marathon, et tu t'élances dans des *starting-blocks* !

* * * * *

Rappelle-toi aussi les deux mots de l'Empereur Auguste (« *Festina lente* ») ; — et les mêmes de Nicolas Boileau (« *Hâtez-vous lentement, et, sans perdre courage, / Vingt fois sur le métier remettez votre ouvrage : / Polissez-le sans cesse et le repolissez ; / Ajoutez quelquefois, et souvent effacez* »). — Après tout, ta vie est *en jeu*. Arme-toi de patience, sinon tu regagneras les rives de Nulle Part. — Voudrais-tu qu'en commençant *ton* ouvrage, quelque David te prît pour son fils Salomon et te dît, comme cela est rapporté au Premier Livre des Chroniques (*22,13*) : « *Fortifie-toi et prends courage, ne crains point et ne t'effraie point* » ? — « *Confortare, et viriliter age: ne timeas, neque paveas.* » — Ah ! y aller, radieux...

* * * * *

Ces larmes s'épuisaient en imagination, bercées par une mélancolie qui était entravée par la retenue ; ces larmes sont réelles, je peux les sentir sur ma joue, elles ruissellent — ô coquilles fendues libérant l'adéquation —, elles s'échappent enfin et défont ma vue normale : mais je les aime, elles éparpillent sur chaque note leur charge nouvelle d'appétit sur le qui-vive. Serai-je le penseur empreint de poésie — ou le poète épris de raisonnements ? Mêle-les, cœur fragile, mêle-les, démêle-les. Ton départ est une fin qui se termine, un début qui recommence. Aime, pleure, aime, cherche, trouve ou ne trouve pas. Sache parler à ton cœur, à ton art personnel. Si tu peux parler à autrui, parle encore, débite ton engouement prosaïque.

* * * * *

Quel bonheur que cette épaule, lancinante en des temps lointains, te tracasse de nouveau en ce moment ; quel bonheur : continue, épaule gauche, au bord du cou, vers le dos, à émettre tes sons diffus, la douleur : cela signifie que j'écris, que je tente de recouvrer cette passion sans laquelle la vie serait insuffisante, incomplète, pleine de ressentiments, de regrets, de pertes ajournées. Farid-Ud-Din' Attar : « *Ami, ne sois pas né pour rien. Laisse le monde à ses fadaises et marche droitement au but.* »

* * * * *

Te reprenant, ta verve rejaillira, sois-en sûr ; mais fais attention, tu as changé (ni en bien — ni en mal) en vieillissant. Ton imagination primesautière a basculé : le contenu est formalisé, les atours de la prose seront ténébreux, façonnés de vers invisibles, d'hermétisme celé. Après les premières séances, contemple le travail défini et mesure les intérêts. Si les contraintes qui te rallient ne t'empêchent pas de culpabiliser ou de plonger dans la détresse, si elles ne te désarment pas, — ce sera préférable. Ne sois pas contraint, sois libéré de tout ce dont tu es capable d'être libéré sans en être meurtri.

* * * * *

Ah ! t'habitues-tu ? la rengaine t'assouvit-elle ? Oh ! oh, mon Dieu : oui ! mille fois oui ! Ces sensations, mille fois espérées, fourmillent mille fois en un instant. Profite, écrivain plein de maux. Décharge-toi. Que cela ne s'éteigne pas demain ou la semaine prochaine. Tu vois bien, ô mon ami, que cela n'a jamais été qu'une remise spatio-temporelle. — Ne rature pas, n'efface rien ; économise tes forces ; ravitaille-toi en cours de route ; épouse la demoiselle Assiduité et sa sœur Persévérance.

* * * * *

Je tremble et cela me fait peur. Dès que les phrases seront amples, non plus spasmodiques, je me réjouirai complètement ; dès que le vocabulaire renaîtra, je me frapperai de plaisir.

* * * * *

Tu vas à l'écriture comme Gide allait au Congo. Quand on lui demanda ce qu'il allait chercher là-bas, il répondit : « *J'attends d'être là-bas pour le savoir.* » — Dans ce voyage, tu attendras… sans jamais le savoir.

* * * * *

Gidien : n'écris « *que pour être* relu ».

* * * * *

Ce café méritera d'être délecté : pas de balzacination. Ha ! N'abuse pas, même si ce sera délicat. Prends sur toi. Ni trop, ni trop peu, ni rien.

* * * * *

Musique, musique-muse, hé ! je t'entends ourler mes tympans ; — m'entends-tu ? Nous ne sommes qu'un. Un unanime.

* * * * *

Deux mouvances antilogiques : recouvrer et abolir le temps perdu en le regagnant par tous ces jours de lectures, d'apprentissages ininterrompus. Tu te préparais, dis-toi cela. Ce n'était qu'une préparation, car tu n'étais pas fin prêt, tu te gavais pour ton futur œuvre.

* * * * *

Évite l'alcool quand ta poésie n'en veut pas absolument. — Fais courir les mots, en corps, en enveloppe. Acharne-toi, l'exercice est nécessaire, qui que tu sois. Rien n'est inné, rien n'est facile, tu le sais mieux que quiconque. À mort tu fus proclamé, à mort tu rétabliras ton style. Si tu es (ou hais) les autres, tu n'es rien. Si tu es cri (écris) pour les autres, tu n'es rien. Sois d'abord homme devant toi-même, le reste suivra de soi-même.

* * * * *

L'An Soi, la Vie Toi, — de retour, amorcés, remis.

* * * * *

La vie n'est pas tout. — Ce n'est rien, comme tout. — C'est tout — *pour moi* —, rien — pour les autres. — L'écriture m'a construit : *je suis l'homme de mon écriture.* — *Je mourrai avec elle.*

* * * * *

Vernis tes lignes ; repose-toi en réfléchissant à ce que tu vas écrire, pèse tes paragraphes ; ne va pas trop vite, tu risquerais de ne pas réaliser ce qu'il convient de réaliser, c'est-à-dire de *te* réaliser. Peut-on se lancer dans la fabrication d'une maison sans en bâtir les plans ? Non, l'érection est précédée de la recherche mesurée, forte de ton imagination suscitée par elles (la recherche, — et l'érection).

* * * * *

J'ai mal, j'ai mal, j'ai mal (épaule, moi, écriture, avenir, présent, — passé également, si l'introspection doit expliquer).

* * * * *

Nulla dies sine linea.

* * * * *

Un mot, ne serait-ce qu'un mot, et c'est une pierre, rien qu'une pierre, une pierre qui est essentielle pour la maison en construction. Rappelle-t'en. — *Cohérence.*

* * * * *

Si une page, pour la parfaire, la faire naître, vaut cinq cigarettes, — écris-la sans discussion. — Et puis, enchérit Charles Juliet, « *pour une seule phrase, tant d'être se consume* »… — Être un feu qui court dans les champs, nourri et entretenu par les germes du sol. — Car c'est là, dit Zola, « *l'âpre désir, prendre la terre, la posséder dans une étreinte, tout voir, tout savoir, tout dire* ». — Humidité qui fait pousser, mais qui éteint ; humilité qui étreint, mais qu'il faut repousser : « *Je voudrais coucher l'humanité sur une page blanche, tous les êtres, toutes les choses ; une œuvre qui serait l'arche immense.* »

* * * * *

Il est envisageable que tu sois plongé dans un état d'amertume dans les jours à venir. Tu as oublié l'habitude. Ne te tracasse pas. Ne t'apitoie pas. Tu ne peux plus reculer, *rien faire d'autre*.

* * * * *

Ô écriture de plaisance insoutenable, d'attente, de souffrance proleptique, ô plume de renoncement qui gratte à cloche-pied et qui rengrège le mal-être !... L'heure de la riposte sonne-t-elle ? Il n'est plus temps de s'arriérer…

* * * * *

« *Vas-tu renaître encor dans un oubli nouveau ?* » Non, pas de cette *immortalité* !

* * * * *

Il va sans dire que *la création sera autodestructrice*. Tu y as réfléchi, suffisamment d'ailleurs, et tu n'es pas sans l'avoir retenu et prévu. Veux-tu mourir sain et vide ou malade et plein ? Tu le sais, brisons là. Toute tentative visant un hors-propos sera hors de propos. — Mourir achevé : qu'y a-t-il de plus méritant, beau ? — *Épigénèse*.

* * * * *

Tenant ton plectre, cette inutile arme pour ton « *art débonnaire* », péris en écrivant, orphique Julien, tel, par l'épée de Lycornas, Lampétidès : « *Tombant, ses doigts mourants grattent sa lyre encor, / Tombé, il chante encor un douloureux poème.* »

* * * * *

Ce sera ta *saison en enfer* — avant — avant quoi ?

* * * * *

Je sens mon cœur battre : c'est l'excitation (le retour à l'écriture totalisante conjointe au retour du tabac). C'était sevré que tu espérais ; c'est en ne renonçant plus que tu matérialises cet espoir.

* * * * *

C'est être que se réaliser ; c'est végéter et vieillir avant l'heure que renoncer à cette réalisation. Si tu ne peux plus créer, c'est que tu es condamné. Ta vie n'est que ce que tu as décidé qu'elle serait depuis cette entorse à la cheville au lycée : — écrire, écrire, écrire. Ton évolution est parvenue à son stade le plus élevé et abouti : il ne te reste plus qu'à accomplir ton rêve, ta vie rêvée, ton rêve encore en vie, et lorsque tu auras terminé (ce jour devant être repoussé et survenir à la dernière rature sur le parchemin divin), tu tomberas de cette hauteur gravie.

* * * * *

L'effronté renaît de ses cendres. — Imbibe le calame d'apaisement…

* * * * *

Une heure par jour, une demi-journée, une minute, seront le terreau sacrificiel.

* * * * *

Sors et marche tranquillement si tu satures. Ne pas surchauffer ; ne pas s'alentir.

* * * * *

Dresse un plan. — Le froid ne doit pas t'arrêter, la fatigue non plus ; mais ne t'enterre pas. — *Ne dresse pas de plan.*

* * * * *

Je faiblis déjà. Je vais sortir et marcher.

* * * * *

J'ai peur, j'ai *très* peur.

* * * * *

Et si tout cela n'avait aucune valeur ? Et si tu sautais dans le vide ? — Qui te rassurera si ce n'est pas toi-même ? — Amères délices.

* * * * *

Avance avec assurance — ou n'avance pas. — Tu remarques que tu as trop fumé et bu de café. Que crois-tu que cela donne ? Mesure-toi. Si tu es de trop, invoque ton autre, s'il existe. Julien Pichavant ou Franck Dénær, qu'importe ? Allez, vieux démons, sortez — ou recueille-toi. Qui sont ce « tu » et ce « je » ? Ce sont toi, je suis eux.

* * * * *

Tu as la vie sauve, car l'aurore se lève et tu te bats encore contre toi-même : יִשְׂרָאֵל au פְּנוּאֵל, — Israël au Peniel, — *Dieu-lutte* à la *Face-de-Dieu*.

* * * * *

Ralentir ne doit pas t'effrayer. L'effroi ne doit pas te ralentir.

* * * * *

Jette cet écrit, *Nathanaël*, si tu y consens — ou même l'approuves, *mais* écris, tant et plus. Si cet écrit est brûlé, il *aura été* écrit. Tu t'y seras donné ; tu te seras donné ; car des parties de ton être se seront perdues. Rien n'est perdu, pas même ce que tu auras effacé. Ton écriture n'est qu'un suicide maquillé : tu ne te perds pas. Si l'écrit ne meurt, tu ne verras rien au-delà de ce livre ; ta vie te paraîtra devoir s'y achever, s'y conclure : ce sera ta « *Somme* ». — Attrape « *ce livre saturnien, / Orgiaque et mélancolique* » ! — Et toi, lecteur lointain, si telle sera ton intention, « *quand tu auras achevé la lecture de ce livre, tu y attacheras une pierre, et tu le jetteras dans l'Euphrate* » (*Jr 51,63*) — et tu ne diras rien.

* * * * *

Jette cet écrit, *lecteur paisible et bucolique*, si tu y consens ; jette ce livre, *lecteur sobre et naïf*, car tu n'y comprendrais rien (ou me croirais hystérique).

* * * * *

Ose les questions : *on est par elles*.

* * * * *

Les jours seront écourtés si tu bois. Je ne te veux égoïste, — ni narcissique, — jamais. Deux pages merveilleuses, — pour quoi ? Alors mille pages, sans y penser. — Ne ressasse pas l'ancien qui alors te tuerait. Tu ne corrigerais qu'amèrement. Tu reposerais une pierre là où tu en aurais enlevé une. On ne voit rien, rien. À force, tu n'y verrais plus rien.

* * * * *

As-tu assez introduit ? À toi de voir, de te sentir.

* * * * *

Même si celui-ci n'énonce rien, j'en *appelle* à « *l'appel de la conscience* », cet appel qui « *vient de moi* » et qui pourtant « *me* dépasse », qui me « *parle sur le mode étrange du faire-silence* ». Ce chemin heideggérien ne me mène nulle part ailleurs qu'ici.

* * * * *

Aime.

* * * * *

Tu ne sais plus écrire, mais tu ne sais plus penser ou parler depuis des années (à moins que ce ne soit plutôt une régression de ces facultés, c'est-à-dire que tu saches de moins en moins parler, et penser, et écrire, ou seulement et parler et écrire). Tu réfléchis ainsi que tu le veux, penses-tu (penses-tu !). Mais crois-tu que, *vraiment*, tu réfléchis *comme tu le veux* ? Car de parler ou d'écrire, tu notes sans erreur possible tes difficultés depuis quelques mois (ou années). Mais de réfléchir ? Ne serait-ce qu'une impossibilité de la mise en équation sur le papier ou dans les airs ? (J'avais écrit : « *dans les aires.* » Serait-ce la surface imaginable ? ou suis-je effrayé d'avoir « l'air de » ? ou cela sonne-t-il le « désert » ? ou cela caractérise-t-il une « ère » perdue à tout jamais ?... À voir.)

* * * * *

J'ai peur. L'environnement est propice à… mais quelque chose a changé pour de bon. Quoi ? Moi ? Ma façon de faire ceci ? Je dois me faire croire que rien n'est mort, que seul l'exercice libérera les facultés de jadis. Cela, il n'y a pas à en démordre ni à le mettre en doute : *j'ai peur*. (J'avais écrit, en vitesse : « *j'ai pu.* » Comme : « *j'ai peur* », — ou : « *j'ai peu de chance* » ?…) — Te trompes-tu ?... — Rappelle-toi les mots de Friedrich Hölderlin : « *Pour peu qu'un homme œuvre de toute son âme, il ne se trompera jamais.* »

* * * * *

Oui, mon épaule, oui, oui. Mais non, ma tête, non, non. (À la Prévert ?)

* * * * *

Point d'épitomé, — mais un Tout multiple ; — point de toile de Pénélope, de sot cardage.

* * * * *

Quand tu lis le livre d'un philosophe, tu dois toujours présupposer l'existence d'un adversaire. — Dans ce livre, l'adversaire, c'est toi.

* * * * *

Parsème, dissémine les universels vers de Dante Alighieri, le « porteur d'ailes » ; prélève, des *Cantos* de l'*Inferno*, du *Purgatorio* et du *Paradiso* réunis, ces pépites de la langue italienne, — et, à l'aide d'un fil de suture que le tissu de l'existence élimine avec le temps (*vita nova* !), soigne-toi (fais le point !) ; — car *La Divina Commedia* détresse… — Ö Dante, séraphique et byronien corbeau, toi qui mourus à Ravenne… — Octroie-moi, ô William Shakespeare — le Très-Grand (« l'épieu de l'ébranlement », ou la « lance » des armoiries) —, tes anglaises saveurs, tes immortelles phrases, tes incunables casemates de la pensée (qui ne craignent ni les abus — ni les réprobations), que j'en passemente délicieusement mon livre… — Ensemence-moi, ô Victor, homme océan que je hugolâtre à l'infini, ensemence-moi d'odes, de ballades, d'orientales, de feuilles d'automne, de chants du crépuscule, de voix intérieures, de rayons et d'ombres, de châtiments, de contemplations, de légendes séculaires, de chansons, d'années terribles, — déverse-toi en moi, agite, anime et le Seigneur et le Satan que je renferme, — fertilise les terres de ma prose, ô grand Père, ô Sphinx du gouffre, abreuve-moi, épands dans mon cœur, comme des graines, les mots, le sombre peuple des mots, « *les passants mystérieux de l'âme* ». « *Fouillant le bas, creusant le haut* », en moi ; — que le mot, cet être vivant, s'éprenne et dispose de mon être, aille et vienne, « *Fouillant le bas, creusant le haut* », en moi ; — que le mot m'asperge de son sens, comme le Seigneur aspergeait de sa pluie (serein) sainte Thérèse d'Ávila ! « *Oui, tout-puissant ! tel est le mot.* »

* * * * *

Ce livre devant être le « *livre d'un mort* », « *je le donne à la tombe* ».

* * * * *

« *My life hath in this line some interest, / Which for memorial still with thee shall stay. […] The worth of that is that which it contains, / And that is this, and this with thee remains.* » (« Comme un mémorial, ce livre qui te reste / Aura du moins donné quelque sens à mes jours. […] Que vaut cela ? Le peu de que cela peut enclore, / Et cela, c'est ceci qui te demeure encore. »)

* * * * *

Je dois replonger dans mes cahiers pour essayer de comprendre ce qu'il y aurait à comprendre, je dois écrire et démêler les raisons de l'écriture. Cette écriture de ma raison — et de ma mélancolie ! — « [09/05/00 :] *Ce que je* peux écrire, quand je suis seul, à l'abandon !... C'est fructifiant pour ce Journal... Ça l'est moins, en revanche, pour mon état d'esprit... — Spleen... Oui : spleen... »

* * * * *

Un plan structurant, non pas structuré. Ne plus partir dans le vague, l'à-venir imprécis. Calculer avec toutes les variables qui te sont constantes.

* * * * *

J'ai besoin d'une âme accompagnatrice. Marie Scordia ? Clémence Martinet ? Aurélie Picard, peut-être. Carole Rousseaux, non. Qui est proche ? Une femme ? Et localement, il n'y a rien. Ce doit être une effervescence artistique, donc aidé par une âme supérieure, consentante, connaisseuse (Marie, Aurélie, Clémence), je m'aiderai. Muse, muse. Penser à Muse.

* * * * *

Telle, à l'égard de John Milton en son *Paradis perdu*, « *Préside toujours à mes chants, Uranie ! et trouve un auditoire convenable, quoique peu nombreux* »... — Nous sommes demandés, ô Lyre, allons !... — « *Poscimur* », clames-tu, cher Horace !

* * * * *

Je dois me décharger pour avancer librement. Il y a un poids, un fardeau dans l'élaboration de ces premiers écrits. Soit mes ambitions sont encore trop fortes, ou trop loin de ce que je me sens apte à accomplir, soit je suis perclus d'une façon pour l'instant difficile à pointer.

* * * * *

Quoi ? mais les supposés ? les doutes transmués en « si » ? Il ne doit plus en subsister, sinon tu bâtiras des châteaux en Espagne. Si tu marches dans l'écriture, bien *assis*, oublie les « ah ! si ». — Dévoie après que tu auras vu.

* * * * *

La nature chiffre le sens à déchiffrer : défriche ! — « *Audi, vide, tace* » (« *écoute, vois, tais-toi* »), nous dit cette devise franc-maçonne. Toi, après avoir écouté, vu et t'être tu, — « *scribe* » (« *écris* »).

* * * * *

D'épigraphes senties envoie les couleurs, — ouvre et clos.

* * * * *

Pense au poète Hugo, à l'ingénieur Léonard, à l'ingénieux Platon : « *Le nombre est dans l'art comme dans la science. L'algèbre est dans l'astronomie, et l'astronomie touche à la poésie ; l'algèbre est dans la musique, et la musique touche à la poésie* » ; — « *Non mi legga, chi non è matematico, nelli mia principi* » (« *Que nul ne me lise dans mes principes s'il n'est pas mathématicien* ») ; — « *Ἀγεωμέτρητος μηδεὶς εἰσίτω* » (« *Que nul n'entre ici s'il n'est géomètre* »). — (Et arrête-toi à la page *5040* !)

* * * * *

Nul n'entrera dans mon livre, mais nul n'en sortira ; — nul mot ne se lira, nul mot ne s'effacera.

* * * * *

Chacun de mes mots, chacune de mes phrases, chacun de mes paragraphes, chacun de mes chapitres, — mon livre enfin sera une « *légende* » (du latin « *legenda* » : « *ce qui doit être lu* »). — Une légende, un qeré et un kétib pour moi seul. Le silence.

* * * * *

Ce livre ? *Vivat !*

* * * * *

Le Nolain Giordano Bruno (*L'infini, l'univers et les mondes*) : « *Et tandis que de ce globe je m'élève vers d'autres globes et pénètre au-delà par le champ éthéré, je laisse derrière moi ce que d'autres voient de loin.* » (Ce que *je voyais de loin*.)

* * * * *

Le « κόσμος » n'est pas uniquement le « *cosmos* » en tant que « *monde* » ; il est aussi la « *conduite bien réglée* », l'« *ordre* », la « *construction* », le « *régulateur* » et — surtout — la « *parure* »… — Mon *cosmos*, ma *charachka*.

* * * * *

Toi… — « *Wilt thou know the effect of what I wrote?* » — Moi… — « *Veux-tu connaître le sens de ce que j'ai écrit ?* » — De ce que j'écris et écrirai ?

* * * * *

« *Et maintenant, mes fils, écoutez-moi, et ne vous écartez pas des paroles de ma bouche.* » (Prov 5,7) — À vingt-trois ans, je ne connaissais pas ce Proverbe, mais j'étais semblablement inspiré en écrivant, dans ce que j'ai appelé *La parole de non-Dieu* : « *Voici* : / *À toi, ces lignes ;* — *à toi, ces pages ;* — *à toi, tout cela ;* — *à toi, ô Lecteur, ô terrible Miroir de ce qui est, ô Femme, ô Homme, ô Amant de la sagesse, ô Philosophe, ô Artiste.* / *À l'amour de la sagesse, à toi.* / *Écoute ces paroles de non-Dieu, écoute chaque parole, car je suis l'Être éternel, car je suis celui qui est,* — *celui qui te parle, ô Toi.* / *Je suis tout,* — *et tu n'es rien.* / *Tu seras tout quand je ne serai rien.* / *Tu ne comprendras pas la parole de non-Dieu, car je suis non-Dieu.* / *Non-Dieu a dit.* / *Voilà.* »

* * * * *

Ainsi soit-il.

« *Puis un roman, tout d'analyses et de notules psychologiques. Un personnage et quelques comparses. C'est une autobiographie de mon organisme, de ma pensée transportée à un peintre, à une vie, à des ambitions de peintre, mais un peintre penseur, Chenavard pessimiste et macabre. Un raté de génie. Et vierge, qui rêve quatre grandes fresques : l'épopée de l'humanité, la danse macabre des derniers temps de la planète, les trois stades de L'Illusion. Vie malheureuse, pauvre, sans amour, spleen, tristesse incurable de la vie et de ses saletés, s'analyse pour se trouver des symptômes de folie et finit par le suicide.* »

Jules Laforgue, *Pensées et paradoxes*

Introduction

« *Miserere mei Deus: secundum magnam misericordiam tuam. [...]*
ecce enim veritatem dilexisti: incerta et occulta sapientiae tuae manifestasti mihi.
Asparges me hysopo et mundabor [...]
Cor mundum crea in me, Deus: et spiritum rectum innova in visceribus meis. [...]
Domine, labia mea aperies: et os meum annuntiabit laudem tuam. »

(« Ô Dieu ! aie pitié de moi dans ta bonté. *[...]*
Mais tu veux que la vérité soit au fond du cœur : fais donc pénétrer la sagesse au dedans de moi !
Purifie-moi avec l'hysope, et je serai pur [...]
Ô Dieu ! *crée en moi un cœur pur, renouvelle en moi un esprit bien disposé. [...]*
Seigneur ! *ouvre mes lèvres, et ma bouche publiera ta louange.* »)

David, Psaume 51 (sur une musique de Gregorio Allegri)

Je fus l'écrivain de plusieurs livres que d'indéfectibles démons auront amené à n'être élaborés que dans mon cerveau, m'obligeant à n'écrire, d'entre tous, que celui que vous tenez entre vos mains. Quelle étrangeté de supposer que celui-ci, n'existant pas encore *maintenant que je l'écris*, sera l'unique — relique — matérialisant les tourbillons de pensées qui furent les miennes ! La question amèrement définie de l'achèvement se trouvait éternellement ajournée — jusqu'à *ce* jour, crucial, qui me paralyse déjà. À l'heure où j'écris, je ne connais pas l'heure à laquelle je n'écrirai plus ; — et j'angoisse… — Ce livre devrait être l'histoire d'un homme qui ne parvient jamais à écrire de livres, qui se croit perdu, coincé entre des idéaux évanescents qu'une procrastination interdit tacitement, de peur de se découvrir *incapable*, de livrer au monde. Quel homme suis-je pour n'avoir de sujet que moi-même ? quel homme dois-je révéler pour exister encore ? — Il y a, parmi tous ces livres écrits en rêves, réels à mes yeux, indéniablement créés et faisant partie de mon être, un livre qui est au-dessus des autres, qui représente le sommet et la preuve de mon cheminement, un livre qui ne sera jamais écrit sur le papier, car il sera devenu *celui-ci*, qui n'est pas — ou n'est plus — *celui-là*. La tentative de projection de l'œuvre à réaliser est transmuée avant que je m'apprête à la transcrire, comme si un filtre privatif interagissait entre l'idée et l'objet, entre l'écriture en puissance et l'écriture en acte. — Quelle raison finale légitimerait la construction d'un livre dont la préoccupation principale serait de circonscrire cette même raison invoquée ? Un furieux personnage apode s'expliquerait-il au mieux sa vision en commençant par admirer sa queue, puis en la mangeant pour se retrouver face à son visage retourné ? Je le crois : le paradoxe de l'être s'approche par le néant, qui est son pernicieux avers (« *L'être et le non-être dépendent l'un de l'autre, c'est ça l'être* », disait le maître du Tch'an Houei-hai), et l'orbe dessiné par celui qui se cherche en commençant par ses extrémités fondatrices (physiques et mentales), n'est que le syncrétisme des formes de l'univers les plus stables. Si je veux traduire le monde en orbitant autour de lui, je dois lui permettre d'orbiter autour de moi ; — et c'est pourquoi, comme Dominique de Bray, — le *Dominique* d'Eugène Fromentin, qui « *était arrivé à ce degré de démission de lui-même et d'obscurité qui semblait lui donner tout à fait raison* », — je crois pouvoir dire que juste avant de commencer à écrire ce livre, « *je me suis mis d'accord avec moi-même, ce qui est bien la plus grande victoire que nous puissions remporter sur l'impossible* ».

* * * * *

Dès la rugueuse entrée dans *ma* matière, dès les premières marches (de marbre) gravies, dès le seuil franchi enclenchant la persévérance de mon être-qui-écrit (ma joie-tristesse, mon tout-en-un), il me semble que je suis « *com' om che va, né sa dove rïesca* » (« *comme un homme qui va, et ne sait où* »), que je commence — *déjà* — à tourner autour de mon centre, à *me* tourner autour, et que c'est « *per tornar altra volta là dov' io son, fo io questo viaggio* » (« *pour revenir là où je suis, que je fais ce voyage* »)… Tourner mène au retournement ; ne plus tourner, au détournement…
— Je me roule en boule. — L'in(*tro*)spection, l'ex(*im*)ploration (racines communes), l'arrêt-flexion (et l'arrêt-solution — ou l'inverse), l'auto-psy, le code-ex, le compte (à moi) rendu, la comme-union (auto-risée)…

* * * * *

Mon langage, qui est tout, tend chaque jour à se décliner en allusions hermétiques, et cela (pré)figure la preuve indubitable que je dois m'empresser de finir avant qu'il ne soit trop tard, tant pour être compris des autres que pour me comprendre moi-même. Si le fond s'évapore au détriment de la forme, je suis voué à l'échec : la forme délimitera les dernières ébauches d'exploration de mon intimité en pans dissociés et je ne pourrai que me taire (et ne pas savoir que je me tais puisque ma langue, qui est mon outil d'intellectualisation, sera morte). Mon langage, qui est tout, tend chaque jour à me paraître superflu, et la difficulté s'énonce dans et par ce *fait*. Tel Hypérion, « *j'ai du mal à prendre la parole* » (« *ich bringe mich mit Mühe zu Worten* »). — Parce que tout nous dépasse, ne pas pouvoir (se) parler, ne plus pouvoir (s')énoncer, — jusqu'à la fin. « *Über die letzten Dinge kann man nicht sprechen* » (« *Des choses ultimes, on ne peut pas parler* »), écrivait, dans son *Manuscrit de 1942*, Werner Heisenberg. De quoi parlerais-je ? Et comment Wittgenstein, vingt ans plus tôt, après avoir eu l'intuition de la fin du *Tractatus* (« *sur ce dont on ne peut parler, il faut garder le silence* »), parvint-il à apposer les premiers mots de la première assertion (« *le monde est tout ce qui a lieu* ») ? S'il avait cru cette conclusion nécessaire, il eût pu ne pas commencer, et son explication du monde, y compris du sien, se fût évanouie à tout jamais en dehors de lui. — Sera-t-il utile de dire quelque chose d'utile ? « *Mais si ce que l'on va dire doit n'être ni utile pour celui qui parle, ni nécessaire pour celui qui écoute, s'il n'y a ni charme ni plaisir, à quoi bon parler ?* » Plutarque, qui s'y connaissait sur le bavardage (le trop parler), se posait la question. Celle que je me pose est la suivante : pour qui tout cela sera-t-il utile et nécessaire ? C'est simple : pour moi. — Ma parole sera déréalisatrice. — Oui, comme mon langage, je décline. À vrai dire, je décline par sa faute, parce que je sers sa cause (en ne déclinant pas ma mission qui est d'écrire). — Je jugerai si, au terme de mon errance, je puis affirmer, à l'instar de Jacques Rigaut, que « *ce verbe orgueilleux, je n'en comprends plus le sens* »… — Je me console comme je le peux de l'*enfer* de cette *plume qui griffonne*, qui me condamne à ne plus faire *que griffonner*, en me laissant habiter par l'esprit de Friedrich (Wilhelm) Nietzsche et de son *Gai savoir* : si, « *sans doute, l'écriture manque de clarté* », ne nous renfrognons pas : « *Quelle importance ? Qui donc lit ce que j'écris ?* » Oui, cher Nietzsche, en un sens il faut *écrire pour vaincre* : cette écriture, quand bien même je serais humain, trop humain, — *parce que* je suis *trop* humain, — *doit* annoncer une victoire, une victoire remportée *sur moi-même*… Tout comme la religieuse des *Lettres portugaises*, « *j'écris plus pour moi que pour vous, je ne cherche qu'à me soulager* », et, tel Socrate devant ses juges, je vous conjure « *de me laisser maître de la forme de mon discours, bonne ou mauvaise, et de considérer seulement, mais avec attention, si ce que je dis est juste ou non* ».

* * * * *

Je m'interroge déjà comme s'interrogeait Jean-Bertrand Pontalis dans *Fenêtres* : « *En viendrais-je à trouver un sens au vide de sens ? Un commencement de sens. Je me dis que je dois chercher plus loin, ne pas me satisfaire de ces quelques images, je dois impérativement poursuivre une longue, patiente route vers toujours plus de sens. — À mon tour, me voici pris dans la quête de sens ! Si elle allait se révéler interminable ?* » — On en jugera.

* * * * *

Pour l'instant, je n'ai pas perdu le sens du jeu avec les mots ; mais je subodore que les mots, à être joués, se joueront de moi. Tenez : des mots, un je, des mots, un je, des mots, un je : tels ils se succèdent, dans l'univers noir complet de ma solitude d'écrivain, dans le principe même de mon être-au-monde, et je suis comme un Hamlet qui craint de devenir orphelin en perdant son Horatio, puis de voir sa raison le quitter. Si je commence à perdre l'intuition du langage, l'« *oratio* », cette noble *faculté de parler*, je perdrai inévitablement la « *ratio* », la « *faculté de calculer* » qui n'est autre que la « *raison* ». — Je ne sais lequel des deux, du monde ou de moi-même, finira par me déshériter de la parole et du raisonnement : l'état d'achèvement de mon livre fournira la réponse.

* * * * *

Comme aurait pu le dire Lao-tseu, mon livre « *est la forme sans forme et l'image sans image* » ; et « *il est fuyant et insaisissable* » : « *l'accueillant, on ne voit pas sa tête, le suivant, on ne voit pas son dos.* » Il ne peut être nommé. Je dirais : en le lisant, on ne le lit pas. — En le relisant cent fois, le sens se dégagera spontanément.

* * * * *

Inferno. — Tel August Strindberg, « *arrivé à moitié chemin de ma vie, je m'assis pour me reposer et réfléchir* ». Sur quoi ? « *Tout ce que j'avais audacieusement désiré et rêvé, je l'avais eu. Abreuvé de honte et d'honneur, de jouissance et de souffrance, je me demandai : "Et après ?"* » Après ? Ce livre, que j'écris. Et après ?...

* * * * *

À seulement trente-et-un ans, — le tournant climatérique, presque le mitan de la vie, — je suis déjà loin de toute nubilité. Tel Paul, dans *Pères et fils*, je suis déjà un « *vieux garçon solitaire* », j'aborde « *un âge de la vie trouble et crépusculaire — âge des regrets qui ressemblent à des espoirs et des espoirs qui ressemblent à des regrets —, cet âge où l'on n'est plus un jeune homme et où l'on n'est pas encore un vieillard* ». Ma conscience est épuisée ; je perds, dirait Alfred de Musset, « *le talent de vivre* ». Les déblaiements interruptifs résultant de ces trop-pleins de pensées (pensées à écrire, pensées non dites, pensées *pensées*) ont évidé de part en part mon être, « *I am old now, and these same crosses spoil me* » (« *Je suis vieux maintenant et toutes ces épreuves me ruinent* »). J'écris, mais « *déjà ma lyre est en deuil* ». L'imposant fleuve de vie a conflué en une rivière délétère qui m'offre, depuis que la barque me conduisant est devenue squelettique à force d'accuser les houles cassantes, le spectacle médusant des limons ignominieux qu'ont déposés mes désillusions (alluvions pourrissantes). J'appréhende le moment où cette barque ne me fera plus voguer contre le courant tumultueux et me condamnera à emprunter celle que le Passeur, — le Nocher criminel, — le vieillard Charon qui dissimule sous sa cagoule ses crocs et ses yeux que lèchent les flammes de l'enfer, — me destinera sardoniquement, après une rétribution qui ne sera pas de trois oboles, mais ma chair nue. Cette créature revêche, qui se délectait de ce qu'« *aucun ne fait la traversée sans verser des larmes* » (Lucien de Samosate), je l'ai en point de mire ; il saura, des planches de mon radeau, — ô le traître ! me faire crapoussin ! — fabriquer une croix sur laquelle il clouera mes poignets et mes chevilles, et, tout en se frottant les paumes, sera appété de ma souffrance sans s'en sentir féru. Il oublie que j'ai tout à gagner si je me crois perdu, que la grenouille sous tension se débattra tant que ses muscles seront aptes à se contracter et à se convulser, de concert avec ses emportements logorrhéiques. Je suis malade en commençant, mais, sur le « *fleuve mélancolique* » (« *melancholy flood* ») que je dois franchir sur mon rafiot, je mourrai en achevant — mes *desiderata*.

* * * * *

À seulement trente-et-un ans, — la jeunesse passée, la vieillesse engagée, — je suis déjà las. Pas encore tout à fait mort, mais plus tout à fait en vie (envie). Je suis las (pardonnez-moi cette prétention) d'avoir déjà trop vécu et d'avoir fait le tour du monde et de moi-même. — Je comprends Jack London quand son héros (qui est un peu son image) embarque sur l'*Elseneur* : « *Qualifiez-moi de "blasé"* — ça m'est égal si dans ce mot vous incluez toute la lassitude intellectuelle, artistique et émotive du monde, qu'un homme encore jeune, de trente ans, peut avoir accumulée. Car j'ai trente ans et je suis las de toutes choses, las et rempli de doutes. C'est pour cela que j'ai entrepris ce long voyage : j'ai voulu me fuir moi-même, mettre de la distance entre tout cela et moi et remuer ces idées dans une perspective plus lointaine et plus sereine.* » Comme des mutinés en peine…

* * * * *

(Un jour, je saurai peut-être, comme André Gide, si *La Perte de Sens* aura été « le livre, sinon d'un malade, du moins d'un convalescent, d'un guéri — de quelqu'un qui a été malade ». Je voudrais croire qu'« il y a, dans son lyrisme même, l'excès de celui qui embrasse la vie comme quelque chose qu'il a failli perdre ». Peut-être aussi que, si je l'achève en ce jour lointain, mon livre m'aura-t-il enseigné à m'intéresser plus à moi-même qu'à lui-même, — puis à tout le reste plutôt qu'à moi-même… « Ne t'attache en toi qu'à ce que tu sens qui n'est nulle part ailleurs qu'en toi-même, et crée de toi, impatiemment ou patiemment, ah ! le plus irremplaçable des êtres. »)

* * * * *

Je suis à la fois l'archéologue de la Mélancolie, l'historien du Suicide et le logographe de la Souffrance ; — je fouille le *tell* des sens perdus ou enfouis ; — j'écris, voudrais dire ce que je ne puis raconter…

* * * * *

Moi qui ai l'honneur de souffrir dans la perte de moi-même et du sens que j'accole à ma vie, moi qui ne me départis point de l'universalité idéable de mon mal-être en relisant les vers de la Comtesse de Noailles : « *Chaque être souffrant seul croit qu'il a l'apanage / D'un mal plus singulier, plus sombre et plus cuisant* », — je surajoute à mes états d'âme douloureux la nourriture que je crée en écrivant ce livre, j'épaissis par la grâce d'un *sfumato* les contours noirs pastellistes de ce diptyque (un mot, une image pointillée, — une phrase, un tableautin brossé, — un alinéa, une galerie d'appoint, — un chapitre, une collection éparpillée), de ce manuel personnel (trop gros pour prétendre au titre d'*enchiridion*) que régule une improbable épistémologie de l'existence centrée sur mon improbable moi, je m'opiniâtre à buriner, quitte à me défigurer et ne plus reconnaître les traits parcellaires de mon tout, la logique présidant à mon être-las, je crayonne la sphère modale de mes parties à l'aide du stylet d'un chambellan existentialiste, je délire, valétudinaire, dans ma cellule d'isolement capitonnée pour me soustraire au badaud que je serais dehors, prisonnier des rues, des tours, des gambades des passants affairés, des grouillements multipolaires, des preuves d'une reviviscence diffuse qu'il m'est impossible d'élucider : à quoi bon courir dans le vent si la ligne d'arrivée est invisible ? si finalement la course à l'espérance et à la délivrance doit se faire à rebours ? L'inconnu, je l'aime, mais ce n'est pas l'inconnu du commun des mortels, mon inconnu n'est pas fait d'angoisses, mais de nouveautés, c'est l'inconnu baudelairien, je tiens à l'affronter en connaisseur désabusé pour qui l'embuscade n'a pas de secrets verrouillés, car affronter le monde inconnu, c'est s'affronter soi-même, mettre le moi à feu et à sang, il faut faire montre d'abnégation et s'oublier pour se retrouver, escalader en cordées délicates les cimes rocheuses et glacées pour se contempler debout, réchauffé par les rayons du soleil, risquer l'embolie et apercevoir la vallée en soufflant sur les nuages, baiser la vérité et répondre, sans se lancer dans des calculs grandiloquents, à l'interrogation définie par l'ascension. La raison pour laquelle les monts ceinturés de la pâteuse mélancolie s'annoncent inaccessibles au voyageur inexpérimenté, n'est pas celle de l'atterrant escarpement ou de la visibilité réduite par l'éloignement de l'altitude, réservés à l'hypsométrie, mais celle de la difficulté à continuer de serpenter dans les lisières scabreuses de ces rémoras que figurent le *spleen* et sa clique (parce que leur présence s'efface en même temps que notre attention s'affaiblit, et que l'on doit pourtant les étançonner). Le lecteur lâcherait-il prise dans les méandres de mes allégories ? Je m'explique devant son obligeance de ne pas capituler (qu'il ne se laisse pas séduire par les aguichants capitales). La mélancolie ne se laisse pas de confondre sa victime : tantôt elle déguerpit, toujours aux aguets, et offre un répit avantageux et thérapeutique, engageant, mais enclave toute volonté d'écrire sur elle (car elle demande pour la faire ressentir qu'on la ressente) ; tantôt, tel un boa constrictor, elle enveloppe tout l'espace disponible et jugule la créativité (car on réclame, pour libérer sa significativité, qu'elle nous libère). J'aime à me rassurer en conjecturant qu'il existe certainement, dans ce genre de dualisme (la peste en soit, je hais tous les dualismes, toutes les dichotomies rigidifiantes), un dépassement providentiel. Je n'en vois pas un ici (la peste en soit encore !). Je ne renoncerai pas à écrire sur ce sujet, quand bien même, avec toute la sincérité dont je me prévaux d'être pétri, *je préférerais savoir que je l'écris, à l'écrire*. Ô terribles sables mouvants ! s'enliser à son escient et garder la tête à l'air libre ! De ces miroitements lypémaniaques des ciels paradisiaques et de l'*underground* de la géhenne, *nous* en apprécierons l'aboutissement incessamment. (En marquant le « *nous* », — car *je vous* parle, — j'use du subterfuge phatique. Le « *nous* » n'est, dirait Emil Cioran, qu'un « *truc littéraire* » qui permet de *varier les tournures* » (quant à moi, j'ajouterai en prime qu'il me rapproche de « vous »).) — « *J'ai donc ce grand ouvrage en tête, qui doit finalement me débarrasser tout à fait de moi-même, duquel je suis déjà si détaché… Je veux finir léger, délié à jamais de tout ce qui ressemble à quelque chose…* » Moi aussi, tel le Faust de Paul Valéry, je proclame devant Méphistophélès que je désire m'alléger et me délivrer…

* * * * *

« *Qu'est-ce que* La Guerre et la Paix *?* » Telle est la question que (se) pose Tolstoï dans sa préface. « *Ce n'est pas un roman, moins encore un poème, moins encore une chronique historique* », (se) répond-il. Alors, qu'est-ce ? « *La Guerre et la Paix est ce qu'a voulu et a pu exprimer l'auteur dans la forme où cela s'est exprimé. Cette indifférence de l'auteur à l'égard des formes conventionnelles des œuvres littéraires en prose pourrait paraître présomptueuse si elle avait été délibérée et n'avait pas eu de précédent.* » Il en va de même pour *La Perte de Sens*… — Ce livre, *for et fort*, juge de lui-même, non de moi-même, dont la somme des parties sera inférieure au tout et qui, par conséquent, sera quasi holistique, ne s'apparentera ni à une autobiographie, ni à un *curriculum* tourné épiquement, ni à un roman ; — il sera par trop arythmique, découpé, morcelé, pour mériter ces étiquettes ; il sera l'épigenèse effleurée lors du prologue, mais traduite en broussailles effusées ; il sera le chantre de l'amertume, le spectre (composantes réparties sur l'étendue de mes qualités distinctives) d'un spectre (mon Moi fantastique et sinistre, chosifié). Parce qu'il sera pire qu'un roman, il sublimera cette catégorie de la vie romancée, et je pare d'emblée toute méprise à son endroit (« *Pour être égale à la vie, la littérature devrait être mille fois plus atroce, plus terrible* », écrivit Eugène Ionesco) : nul plan figé à fouiller, car nulle préconception définitoire, et nulle architectonique à révéler *a priori*, car nul dessein à découvrir *a posteriori* ; — et nul épitomé pour borner le sujet (le « mauvais ouvrage » valérien !). Mon orgueil me marmotte évasivement que j'ai *quelque chose à dire*, quelque chose dont je ne connais pas encore l'aboutissement, mais formant une œuvre dont je serai le chef (qui file). Aussi bien, à fin de m'être profitable, et de l'être aux autres qui me liraient, ne parlerai-je pas dans le vide, ni n'écrirai-je, tel Sénèque le proscrivant de même, « *combien l'hiver qui a été clément et court, s'est comporté humainement avec nous, combien le printemps est mauvais, combien le froid vient à contre-temps, ainsi que les autres bêtises de ceux qui cherchent quoi dire* », — les fadaises du quotidien commun… — Nul plan figé, donc. — Ce qui ne signifie pas que l'écriture se joue littéralement sur un coup de dé, c'est-à-dire se fasse au hasard. Pour reprendre Blaise Pascal (qui, sur ses feuillets, écrivait *en tous sens*) : « *J'écrirai ici mes pensées sans ordre et non pas peut-être dans une confusion sans dessein. C'est le véritable ordre et qui marquera toujours mon objet par le désordre même. — Je ferais trop d'honneur à mon sujet si je le traitais avec ordre puisque je veux montrer qu'il n'en est incapable.* » (Ce fragment a été référencé par Pascal *via* une abréviation géniale : « *Pyrr.* » Au nom du « *Pyrr.* » — et pour le meilleur…) — Le prologue, *fébricitant*, met assez bien en évidence la peine que je dus, dois et devrai surmonter, l'effort incessant de la *pensée* qui n'attend maintenant que sa *réalité écrite*, la concrétisation d'un idéal ramassé. Cependant, un trop-plein de pensées serait critique vis-à-vis d'un « retour » si décisif pour moi, aussi nourrirai-je, dans un premier temps, — et la lecture n'en rendra pas compte, — une certaine méfiance à l'égard du vaste sujet que j'ai à explorer, une méfiance qui est liée, sans nul doute, à la crainte d'avoir rapidement à tout arrêter, — à *avorter*, — et d'être obligé de me dire, désabusé par un trop brusque *impedimenta* : « *perché, pensando, consumai la 'mpresa che fu nel cominciar cotanto tosta* » (« *car en pensant je consumai toute l'entreprise qui fut si dure en son commencement* »)… Ah, l'anomie…

* * * * *

À l'évidence, je n'enfante à mes dépens que des monstres, je mets bas des progénitures issues de ma moelle débitée et débilitée ; une collusion naît, qu'adoube l'écriture et que je conteste mollement : ne réside-t-il pas dans cette humeur noire quelque régression puérile, quelque neurasthénie dont sont faussement atteints les adolescents rebelles épris de gothisme ? Je me suis posé la question à plusieurs reprises et j'ai décidé, après le décompte du laps de l'influence et les mesures qualitatives des affects, d'apostasier sous forme de fin de non-recevoir. Je suis ce que je suis, ma liberté de penser est inattaquable, je n'appartiens à aucun clan aux idéologies partagées et mises en exergue, et pas davantage, cela va de soi, à un clan dont les membres voudraient n'adhérer à aucun clan. (Aussitôt rapplique la dérision de Groucho Marx qui dédramatise mon ton : « *Jamais je ne voudrais faire partie d'un club qui accepterait de m'avoir pour membre.* ») — J'avancerai un argument qui ajoutera prétentieusement à ce narcissisme latent (confinant à l'égoïsme, — mais je reparlerai de tout cela en son temps), qui prévaut également pour mon métier (être le professeur que j'aurais voulu avoir), c'est-à-dire celui d'espérer écrire le livre que j'aimerais lire, — de fabriquer, en paraphrasant Francis Ponge, pour me le fournir à moi-même, le livre que j'ai envie de lire, les paroles dont j'ai besoin, « *sans y perdre toute raison* »…

* * * * *

De tout ce que j'ai pensé, il n'y a que ce que j'ai écrit ; de tout ce que j'ai écrit, il ne subsiste que ce qui sera pensé (ou compris). Il serait bon, ou que le temps me fût donné d'insérer des didascalies, ou que le lecteur fût disposé à le faire : celles-ci aiguilleraient selon, ou l'écriture, ou la lecture. Au Dieu des Arts ne plaise, étant présentement l'un de Ses pieux et piteux missionnés, à la fois l'unique acteur, l'unique spectateur et l'unique entrepreneur de mon (*Son* ? suis-je l'ouaille *et* le pantin ?) œuvre, j'en serai jusqu'à nouvel ordre le premier législateur. — Arthur Rimbaud me morigénerait : « *Tais-toi, mais tais-toi !*... » Ô Arthur, toi que j'idolâtre, tu partis, une saison en Enfer, pour l'Abyssinie, en sacrifiant ta verve grandiose et ta patrie ; ô Arthur, à dix-huit ans, si jeune, si vieux, tu voulus « *[ensevelir] les morts dans [ton] ventre* », tu avais « *reçu au cœur le coup de grâce* », tu lorgnais — ô Poète affligé — une autre existence, moins joyeuse que sépulcrale ; ô Arthur, ne vois-tu pas, moi qui pourtant ne puis plus croire, ce jour, en une vie vénusiaque, que tu avais une bonne d'avance sur moi, sur tous nos confrères, et que mes forces doivent encore me soumettre à ma tâche avant d'écrire à l'agonie : « *Plus de mots* » ? Qui ne peut sentir sa peccabilité en continuant à un âge où tu avais prouvé depuis longtemps que cela n'avait plus de sens, qu'aucune congruité ne pouvait remettre d'aplomb, toi qui avais écrit « *des silences, des nuits* », noté « *l'inexprimable* », « *essayé d'inventer de nouvelles fleurs, de nouveaux astres, de nouvelles chairs, de nouvelles langues.* » Si tu n'as pas réussi, qui réussira ? Personne, Arthur : les autres font des « *Tas d'œufs frits dans de vieux chapeaux* » quand toi tu inventes des « *fleurs arctiques* » qui, entre parenthèses, « *n'existent pas* » (au moins, elles existent sur la page et ont imprimé ton cerveau, puis les nôtres !). Après toi, Arthur, nous ne faisons que chicaner. Si tu n'as pas réussi, personne ne réussira ; — *personne*. La lueur de l'échappée possible, la lueur divine que Prométhée, né d'un viol, *comme nous tous*, déroba et nous donna, — qui en sera le sauveur et la gardera neuve ? Elle est pâlotte, sache-le, ô Prométhée ! Le début d'un impromptu qu'*attroupa* à ce sujet Pessoa (« *Personne* » en portugais) ne brasille point dans l'invention déclinante et vespérale : « *Celui qui a entendu mes vers m'a dit : "Qu'y a-t-il là de nouveau ?" / Tout le monde sait qu'une fleur est une fleur et qu'un arbre est un arbre. / Mais moi j'ai répondu : "Tout le monde ? voire…"* » Autant étudier, avec Martin Heidegger et son *Principe de raison*, la « *sentence mystique* » d'Angelus Silesius : « *La rose est sans pourquoi, fleurit parce qu'elle fleurit, / N'a souci d'elle-même, ne désire être vue* »… Ô lueur, c'est du mont Caucase que je te contemple amèrement, livide et terrible, tandis que chaque jour l'aigle becquette avec acharnement mon foie... — « *Ce que nous voyons des choses, ce sont les choses.* » Ô lueur, et si je ne te vois plus, — et chose ?... — Ô « *vague lueur sombre dont l'eau resplendit / tout en bas, dans l'inutilité du fond* »…

* * * * *

Je ne saurais me résoudre, encore moins prétendre dans cette introduction et ce qui s'ensuivra, à exhorter qui que ce fût à quoi que ce fût. La méthode usitée, s'il en émargeât une quelconque miette, ne viserait à rien autre chose que m'adresser, de loin en loin, à mes semblables, où qu'ils nichassent, et que l'humble Destinée eût pu manigancer de me promettre. — Da ! une bifurcation de nécessiteux s'impose à moi (une bifurcation que l'on voudra peut-être de bonne guerre amender, ou nuer de grisonnements ironiques, qui me permet de convoquer séance tenante une assemblée de pointures littéraires). Sans conteste, — il n'y a qu'à tourner les pages pour s'en garantir, — il est vrai qu'aisément je me pique d'entrelarder mes paragraphes de blasons que je ne possède point, d'aliénater mes dires avec ce que l'on serait autorisé à dénommer des « rescousses », mais qu'il me soit donné la licence de plaider contre l'idée que je les exhumerais dans l'intention de suppléer chez moi un manque de bravoure ou d'imagination. D'une part, je ne suis pas un regrattier ; d'autre part, je ne m'illusionne guère face à ce que Heidegger appelait la « *dictature* » du « *On* » (« *Chacun est l'autre et nul n'est lui-même* ») ou l'« *inauthenticité* » (« *Tout ce qui est original est aussitôt aplati en passant pour bien connu depuis longtemps* »)… J'agrée vivement les centons quand ils ne sont pas indigestes (tout juste contagieux), comme un dictionnaire de citations le deviendrait inévitablement. Les citations sont toujours les bienvenues lorsqu'il s'agit, intratextuellement, d'illustrer par des anecdotes, ou de prolonger les pensées d'un auteur qui rêve — présomptueusement (c'est un rêve, et les rêves sont tous beaux) — d'appâter la concision. Je me rappelle l'anecdote que rapporte Jorge Luis Borges, grand citateur devant l'Éternel, admirable et féerisant copiste, à propos de Ben Jonson, qui, « *occupé à rédiger son testament littéraire et à formuler les jugements favorables ou contraires que méritaient à ses yeux ses contemporains, se borna à assembler des fragments de Sénèque, de Quintilien, de Juste Lipse, de Vivès, d'Érasme, de Machiavel, de Bacon et des deux Scaliger* ». Cette façon de faire, qui était aussi celle de Chrysippe, de Plutarque et de tant d'autres, est, je ne le cache pas, l'un de mes péchés mignons… (Je reconnais d'ailleurs avec bon sens la dangerosité de cet exercice — et surtout les jugements menaçants que l'on pourrait faire à l'encontre de cette *érudition* « déballée » (érudition souvent signe d'*imposture*, disait Héraclite d'Éphèse à propos de Pythagore, la réflexion étant préférable à la connaissance), — mais j'en prends la responsabilité et ne demande au lecteur que son indulgence. Qu'il veuille bien seulement comprendre que je ne plastronne pas et que mon monde est celui des livres (ils sont ma nourriture, j'ouvre les pages, les secoue passionnément, et les lettres se détachent du papier pour atterrir sur mes lèvres, puis descendre dans ma gorge et remplir mon cœur). Et si — par extraordinaire — cet édifice, fortifié à l'aide de pierres provenant de carrières dont je ne suis pas le bailleur, put jusqu'à présent lui faire penser à un projet d'un détraqué (en l'occurrence *aliéné*), cependant qu'en même temps il fût du genre à s'en contenter volontiers, — comme un Cioran qui avouait ne retenir, « *dans un ouvrage de psychiatrie* », « *que les propos des malades* », et, « *dans un livre de critique, que les citations* », — alors je gage et promets que le lecteur-ci sera hautement comblé. Je jure sur l'honneur, s'il s'avère nécessaire de jurer, que, comme Montaigne, je ne suis pas un esprit qui se fait voir ou qui cherche les louanges : « *De ma part il n'est rien que je vueille moins faire. Je ne dis les autres, sinon pour d'autant plus me dire.* ») Ainsi, les références indiscutées que je mandaterai de-ci, de-là, serviront à cet effet, — cette *concision*, — et ne devront d'aucune sorte alléguer un thuriférariat ou bien ourdir une sanction contre mon projet, que j'estime par ailleurs louable, — en plus d'être mon propre factotum, d'être également le serviteur dévoué à ces auteurs (la mallarméenne constatation qu'« *une approche contient l'hommage* »), ayant pour mission de les (faire) découvrir, dans un panorama géant protéiforme qui se voudrait éclectique, non pas effrayant, tels qu'ils furent, c'est-à-dire de grands hommes devant l'éternel. (Je ne cherche pas d'excuse toute faite, mais, selon ce qu'il affirme lui-même, Pline l'Ancien aurait lu deux mille volumes, provenant de cent auteurs de choix, pour fabriquer son encyclopédique *Naturalis historia*…) Je suis un peu la cuisinière dont parle Claude Gagnière dans son merveilleux *Pour tout l'or des mots* : « *Comme une cuisinière inspirée qui compose un plat nouveau et succulent à partir de restes de la veille, le centon permet de réaliser d'amusants montages tout en redonnant de bonnes couleurs à quelques classiques pâlichons.* — *Il serait dommage de considérer comme un sacrilège ce qui est, en fait, le plus vivant des hommages.* » Sénèque disait à Lucilius : « *Les remèdes de l'âme ont été trouvés par les anciens ; quand et comment les appliquer, c'est la notre tâche, notre étude à nous. Ils ont fait beaucoup, ceux qui nous ont précédés, mais ils n'ont pas tout fait : ils n'en méritent pas moins notre admiration et un culte analogue à celui des Dieux. Pourquoi n'aurais-je pas les portraits de ces grands hommes comme des encouragements à bien faire, et ne fêterais-je pas les jours où ils sont nés ? Pourquoi ne prononcerais-je pas leurs noms avec un sentiment de vénération ? Celle que je dois aux maîtres de mon enfance, je la porte à ces précepteurs du genre humain, par qui les sources du bien suprême ont découlé sur nous.* » Il est nécessaire, voire urgent, de s'alimenter des *autorités* (*auctoritas*) sans crainte de s'étouffer ou de s'éparpiller (« *Souvent un trait, un mot, une action, dit plus que tout un livre : mais il vaut mieux trop que pas assez* », reconnaissait Jean-Jacques Rousseau) : là est la source de l'intelligence et de la pertinence qui permet de multiplier les sens, d'ouvrir le texte au sens, le sens au texte, le texte au lecteur, le lecteur au sens, et ainsi de suite. Cette méthode fut la première motivation d'Émile Littré pour la constitution de son *Dictionnaire de la langue française*, et il l'expliqua longuement dans sa préface (après avoir repris la célèbre phrase de Voltaire qui fait observer qu'« *un dictionnaire sans citation est un squelette* ») : « *L'emploi divers et vivant par un auteur qui à la fois pense et écrit, donne lieu à des acceptions et à des nuances qui échappent quand on forme des exemples pour les cadres tout faits. Sous les doigts qui le manient impérieusement, le mot fléchit tantôt vers une signification, tantôt vers une autre ; et, sans qu'il perde rien de sa valeur propre et de son vrai caractère, on y voit apparaître des propriétés qu'on n'y aurait pas soupçonnées. L'on sent que le mot qui paraît le plus simple et, si je puis parler ainsi, le plus homogène, renferme en soi des affinités multiples que les contacts mettent en jeu et dont la langue profite.* » Un siècle plus tôt, une même motivation pour un même projet était née chez Samuel Johnson et son *Dictionary of the English Language*, et une même préface avait servi en vue d'un même plaidoyer : « *La multiplicité des exemples se risque davantage à la critique que leur pénurie ; les exemples faisant autorité sembleront parfois avoir été accumulés sans que cela fût nécessaire ou utile, et certains d'entre eux, probablement, eussent pu être omis sans qu'on y vît là une perte. Mais une telle entreprise ne devrait cependant pas être jugée trop hâtivement comme étant excessive : ces citations qui, pour le lecteur peu attentif ou malhabile, ne paraissent répéter qu'une seule et même signification, mettent souvent en valeur, pour un examinateur plus affirmé, une diversité d'acceptations, ou, à tout le moins, proposent différentes nuances pour un sens donné [...].* » Et Johnson de souligner que « *chaque citation contribue à affermir et à enrichir la langue* ». Il y a d'ailleurs une anecdote rapportée dans l'ouvrage de James Boswell (*Life of Johnson*), — *anecdote qui, pour l'anecdote, deviendra* — jusqu'à l'indigestion, avouons-le, — la *citation* la plus populaire *sur les citations*, — où Samuel Johnson et John Wilkes débattent de la question des citations, ce dernier condamnant cette manie de « *pédanterie* » et provoquant aussitôt chez son ami la repartie suivante : « *No, Sir, it is a good thing; there is a community of mind in it. Classical quotation is* the parole *of literary men all over the world.* » (Dans la traduction de Gérard Joulié : « *Non, Monsieur, c'est une bonne chose, et qui dénote une communauté d'esprit. Les citations classiques sont les mots de passe des hommes de lettres.* » Je préfère ne pas m'immiscer dans la difficulté de rendre le mot « parole », des plus subtil — et dont le sens oscille entre celui de « *bonne parole* » (connotation biblique), de « *parole de confiance* », de « *bon mot* », de « *sésame* » et de « *voix* », apportant pour chacun un léger décalage d'interprétation…) À l'intersection de ces deux grandes pensées se trouve l'aveu de Camille Desmoulins, révolutionnaire guillotiné quelques mois plus tard (mais sans lien de cause à effet), qui s'excusa un jour de sa manie en ces termes : « *Je vous demande pardon de mes citations, mon cher lecteur. Je n'ignore pas que c'est pédanterie aux yeux de bien des gens ; mais j'ai un faible pour les Grecs et les Romains. Il me semble que rien ne répand de la clarté dans les idées d'un auteur, comme les rapprochements, les images.* » De toute façon, ma « citomanie » fait davantage de moi un illustrateur, un glossateur, un recueilleur, voire un fondé de pouvoir, qu'un lexicographe ou un lexicologue. *La Perte de Sens* n'est pas un thésaurus, et ce n'est pas mon métier que de l'écrire : c'est mon *existence*… *La Perte de Sens (entre parenthèses)* est le symposium de mon existence. Je ne suis pas créateur de dictionnaires (des « *alphadécédets* », comme les nomment Raymond Queneau) ; je suis créateur de mots. Pour reprendre une nouvelle fois Samuel Johnson, je suis un « *harmless drudge* », un bûcheron inoffensif du vain, et mes citations (« *dictionaries* » dans le texte) sont « *comme les montres : la plus mauvaise est mieux que rien et on ne peut attendre que la meilleure soit toujours juste.* » Ce qui n'empêche pas mon travail citatoire d'être sérieux : le « *citateur* » (ou « *citeur* »), du latin « *cito* », ne signifiait pas seulement « *mentionner, citer* », mais également « *chanter, citer en justice, invoquer comme témoin, secouer, pousser, exciter, mettre en mouvement, faire sortir* », et la « *citatio* », c'était la « *proclamation* », le « *commandement militaire* » (en dirigeant mon escadron, je suis un classificateur doublé d'un artilleur)… Citateur — ou consolateur, tel le « *grand philosophe Citophile* » inventé par Voltaire, si je n'avais pas peur de me ridiculiser… Le parémiographe du cœur, si l'on veut ! (Une chose encore : reprendre *dans le texte*, même en traduction, même hors contexte, a l'avantage de corrompre le moins possible les sonorités propres de l'original et de ne pas égratigner le sens. De plus, qui pourrait bien croire, sans citer les livres qu'il a lus, qui l'ont *instruit*, que son parcours intellectuel, son écriture ne sont pas influencés par eux ?... Socrate lui-même, au sujet d'idées sur l'amour qu'il aurait déjà entendues *quelque part*, n'avoue-t-il pas à Phèdre : « *Or je sais bien, en tout cas, qu'aucune de ces idées ne vient de moi, car je suis conscient de mon ignorance. Reste donc, je suppose,*

cette explication : par les oreilles, je me suis quelque part rempli à des sources étrangères, à la façon d'une cruche » ? Et si je cite en « étranger », c'est-à-dire dans l'acception quadruple de quelqu'un qui n'a pas écrit ce qu'il écrit, qui écrit dans la langue originale, qui répand sur tout une certaine étrangeté et qui parfois s'étrange, c'est pour à la fois être au plus près de l'autre et de moi-même, et pour aller au plus loin. Je ne parle d'ordinaire jamais qu'en français, et je rejoins Sacha Guitry qui « *aime tellement la langue française [qu'il] considère un peu comme une trahison le fait d'apprendre une langue étrangère.* ».) Oui, je plaide coupable : j'ai la manie du « deux-points-ouvrez-les-guillemets » ! Paradoxalement (dans le cas présent), j'aimerais dire qu'on n'est jamais mieux servi que par soi-même : « *Et comment diable ! je ne ferais pas mieux, moi qui m'en pique »*, comme dirait Figaro ! (Au IIIème siècle avant J.-C., aussitôt qu'il avait cité quelqu'un, le philosophe confucianiste Xun Zi ne pouvait s'empêcher d'ajouter, avec le regard innocent de celui qui n'a rien à se reprocher : « *Cela exprime fort bien ce que j'ai voulu dire.* » C'est exactement ce que je pense, et ce que Xun Zi dit là… « *exprime fort bien ce que j'ai voulu dire* » !...) Une large part de ce livre sera donc, non pas un pillage (je prie pour qu'il en soit jugé ainsi, sans toutefois en craindre les lazzis), mais une remise au goût du jour de l'essentiel legs de notre littérature qui, d'année en année, se fait bousculer par les nouveaux écumants, et n'occupe plus, pour ainsi dire et pour les plus malchanceuses des œuvres qui ne seraient pas sélectionnées par les programmes scolaires, que la miséreuse ombre accordée par les gloutonnes rangées contemporaines. Tandis que chez moi, les livres trônent, ils tapissent, ils pavoisent, enluminés, les murs, ils sont un spectacle majestueux, alléchant, car ils sont désirables et désirés, tels des proscynèmes ; — car en me délivrant moi-même dans ces pages, je les délivre eux aussi, tous ces amis, *mes* amis — *stellaires*, dirait Nietzsche, — et j'entretiens par cette libération des *correspondances* au sens baudelairien (« *Comme de longs échos qui de loin se confondent / Dans une ténébreuse et profonde unité, […] Les parfums, les couleurs et les sons se répondent* »), afin que les œuvres effectivement *se répondent entre elles*, je leur réponde, qu'elles me répondent, je leur réponde d'elles, que les fréquences entrent en résonance, comme la syntonisation d'autant de circuits électriques, et que nous vibrions à l'unisson… En remontant aux sources et en s'y abreuvant, une marée gonfle les cœurs et les réunit dans un océan d'affections réciproques. Mon livre est un flot pyramidé, un océan où les molécules d'eau se parlent à des milles de distance ; mon livre est un champ dont toutes les forces concordent et s'alignent pour former un dessin intelligible ; mon livre est ondulatoire et corpusculaire ; mon livre est un croisement entre l'Hydre de Lerne et son frère Cerbère ; mon livre est un séquoia géant… Un arbre ! un arbre dont sont faites les feuilles où s'inscrivent ces mots. Et j'écris ton nom, arbre, car ton nom est le branchage que j'écris et par lequel j'écris. Et j'écris ton nom, livre, — ô livre qui me donnes la force d'écrire tous les noms. « *Sur mes cahiers d'écolier / Sur mon pupitre et les arbres / Sur le sable de neige / J'écris ton nom […] Sur les pages lues / Sur toutes les pages blanches / Pierre sang papier ou cendre / J'écris ton nom […] Et par le pouvoir d'un mot / Je recommence ma vie / Je suis né pour te connaître / Pour te nommer* » : livre des livres : βιβλίον ! Et Paul Éluard s'envolant telle une colombe, John Donne, maître du βίος et du θάνατος, réplique à point nommé pour liguer et ligaturer : « *Chaque branche, qui est extraite d'autres auteurs et greffée ici, n'est pas écrite pour la foi des lecteurs, mais à des fins d'illustration et de comparaison. Parce que j'ai entrepris d'exposer cette proposition, que beaucoup m'ont apporté la contradiction et que j'ai donc été obligé à citer maintes autorités, c'est volontiers que j'ai cheminé en compagnie pour recevoir la lumière des autres en voyages, alors que celui-ci s'achève. Si donc, dans la multiplicité des citations inutiles, transparaissent vanité, ostentation ou digression, que ma sincérité soit mon excuse et une compensation […].* » — Ô livres… — Eux, moi, nous sommes entre nous ; c'est un grand « *inter nos* », un « *INTER NOS* » spirituel. Chacun de ces échos, chacune de ces voix transitent de ma bibliothèque vers ce livre, mon cerveau les aiguille et leur trouve une place. Le monde de mes livres devient le livre de mes mondes, ces petits univers que je porte continuellement sur moi. Si j'étais aussi fou que Cyrano de Bergerac (le vrai, Hercule Savinien Cyrano, l'auteur visionnaire de *L'Autre Monde*), je comparerais chacun des livres qui logent dans mon esprit à un « *je ne sais quoi de métal quasi tout semblable à nos horloges, plein d'un nombre infini de petits ressorts et de machines imperceptibles »*, à « *un livre miraculeux qui n'a ni feuillets ni caractères »*, « *un livre où, pour apprendre, les yeux sont inutiles ; on n'a besoin que d'oreilles »*. Je m'auto-approvisionne en permanence, quand je le veux, où je le veux, et ne suis jamais sans lecture, tels ces jeunes hommes habitants de la Lune décrits par l'imagination débridée de Cyrano : « *dans la chambre, à la promenade, en ville, en voyage, à pied, à cheval, ils peuvent avoir dans la poche, ou pendus à l'arçon de leurs selles, une trentaine de ces livres dont ils n'ont qu'à bander un ressort pour en ouïr un chapitre seulement, ou bien plusieurs, s'ils sont en humeur d'écouter tout un livre : ainsi vous avez éternellement autour de vous tous les grands hommes et vivants qui vous entretiennent de vive voix.* » Tous m'écrivent, s'écrivent — entre eux, en moi… Etty Hillesum se disait « *entourée de [ses] livres familiers* » en ajoutant que chacun avait « *un rapport particulier »* avec elle. Ma famille est là aussi. Sa famille n'était pas ma famille, mais elles sont *notre* famille…
— Un *recueil de correspondances*, voilà à quoi se résumerait mon livre (ou *leur* livre), si j'avais l'audace de le croire. Je dirai même mieux, en bon *mathématicien bouquetier* : un *recueil de textes utiles*, une « *chrestomathie »* (de « χρηστομαθέω », « *être désireux d'apprendre »*, si proche de « μαθηματικός », « *qui aime apprendre »*), — une « *anthologie* » (de « ἀνθολογία », fondé sur « ἄνθος », « *fleur »*, et « λόγος », « *discours »*, et si proche de « ἀνθολογέω », « *cueillir des fleurs »*)… Quel trésor à la Stobée, quel florilège ! J'en profite pour réhabiliter « ἐκλεγή », d'où provient notre « *églogue »*, qui désignait dans l'ancien temps, chanté par des bergers, mais « *un choix de pièces »* d'auteurs divers. Les Italiens ont la chance de disposer d'un fort joli mot (passé à la postérité grâce à Giacomo Leopardi et vraisemblablement d'origine culinaire) : le « *zibaldone »*, à l'origine « *mélange »*, puis « *mélange hétéroclite »*, « *amalgame »*, « *carnet »*, « *méli-mélo »*, « *ramassis »*. Il est vrai que le Français peut mitonner ce mélange à sa sauce à l'aide de non moins jolis mots, parmi lesquels, issues du latin, figurent les « *miscellanées »* (si elles ne tournent pas au vinaigre et n'empuantissent pas la « *fatrasie »* de « *salmigondis »*, ni ne ressemblent à une « *marqueterie »* saturée et immonde), et je ne compte pas ses concurrents tant il y a de prétendants dans le domaine du « *recueil »* : « *spicilège »*, « *ana »*, « *paralipomènes »*, « *album »*, « *varia »*, « *beautés »*, « *catalectes »*, « *excerpta »*, « *sylves »* ou « *collectanées »* (j'ai inventé ce dernier)… Quelle ménagerie ! Allons, je dirai encore mieux, en fin surenchérisseur, en exagérateur : mon livre — qui festonne — est une *Correspondance de correspondances*… Reconnaître « *ces longs*

échos » dans la « *ténébreuse et profonde unité* » des livres, sentir les « *parfums* », voir les « *couleurs* », entendre les « *sons* », effleurer les pages par des baisemains xénophiles, c'est vouloir répondre à la question de l'existence en jouant au limier, c'est résoudre une enquête policière, et je ne puis que tenir le même discours que celui de frère Guillaume de Baskerville (*Il nome della rosa*) : « *nous sommes ici en train de chercher à comprendre ce qui s'est passé entre des hommes qui vivent parmi les livres, avec les livres, des livres, et donc même les mots écrits dans les livres sont importants.* » À cette réflexion j'ajoute la volonté de comprendre qui *je* suis, ce que *je* suis (et ce que *je* recherche *en écrivant* ce livre, *en lisant* les livres qui composent ce livre, *en existant* à travers *ce* livre et *ces* livres). Car « *souvent les livres parlent d'autres livres* », continue d'argumenter l'ancien inquisiteur Guillaume, et la sentence laisse pantois et admiratif Adso de Melk, le narrateur moinillon, qui songe aussitôt : « *Jusqu'alors j'avais pensé que chaque livre parlait des choses, humaines ou divines, qui se trouvent hors des livres. Or je m'apercevais qu'il n'est pas rare que les livres parlent de livres, autrement dit qu'ils parlent entre eux. À la lumière de cette réflexion, la bibliothèque m'apparut encore plus inquiétante. Elle était donc le lieu d'un long et séculaire murmure, d'un dialogue imperceptible entre parchemin et parchemin, une chose vivante, un réceptacle de puissances qu'un esprit humain ne pouvait dominer, trésor de secrets émanés de tant d'esprits, et survivant après la mort de ceux qui les avaient produits, ou s'en étaient fait les messagers.* » (Dans son *Apostille*, Umberto Eco, entre parenthèses, ressasse et remartèle l'idée que l'« *on ne fait des livres que sur d'autres livres et autour d'autres livres* ».) Il y a, comme dirait Nietzsche, « *une énorme courbe invisible, une route stellaire* » qui relie les œuvres de cime en cime, de distance en distance, de siècle en siècle, de clocher d'église en clocher d'église, de parchemin en parchemin, — et c'est, *en haut lieu*, dans les nues des sommités, la route que j'emprunterai, solidement cramponné parmi les *hauteurs*… Rimbaldiennement, « *J'ai tendu des cordes de clocher à clocher ; des guirlandes de fenêtre à fenêtre ; des chaînes d'or d'étoile à étoile* » ; mais sans danser… — « *A great poem is a fountain for ever overflowing with the waters of wisdom and delight* » (« *Un grand poème est une source à jamais débordante des eaux de la sagesse et de l'enchantement* »), écrivait Shelley ; « *and after one person and one age has exhausted all its divine effluence which their peculiar relations enable them to share, another and yet another succeeds, and new relations are ever developed, the source of an unforeseen and an unconceived delight* » (« *et quand un homme et une époque ont puisé à ce divin courant tout ce que leurs relations particulières les rendent capables de s'approprier, d'autres, puis d'autres se succèdent et de nouvelles relations ne cessent de se développer, éternelle source de délices imprévues et inconcevables* »). — *Fusion* — intime, universelle… — Que tout s'emmêle, hugolique ! « *Ah ! n'en doutons pas, à travers les temps et les espaces, les âmes ont quelquefois des correspondances mystérieuses.* » — Mencius ne disait-il pas qu'il fallait « *fréquenter les anciens, pouvoir réciter leurs poèmes, connaître par cœur leurs livres* », et remonter « *le temps pour se lier d'amitié avec eux* » ? Ô mes amis, j'inverse la marche des pendules et, d'un bond charmé sur le trampoline des ères, m'élance au-devant de vous !... D'ailleurs, notre sage confucéen n'ajoutait-il pas : « *Chercher ne saurait servir à rien, si ce que l'on cherche n'est pas en nous* » ? Car ce que je cherche est en moi, en vous qui êtes en moi, en moi qui suis en vous, — ô mes amis, — ô mes patrons ! En vous voyant, moi aussi « *je me dis : Vis dans les sages* ». Administrez-moi !... — Montag, dans *Fahrenheit 451*, découvrit lors d'une nuit sans sommeil que « *derrière chacun de ces livres, il y avait un homme* ». Derrière chacun de ces hommes, il y a d'autres hommes ; le livre est un *témoin*. En lisant, nous sommes tous ces hommes-livres ou « *couvre-livres* » imaginés par Ray Bradbury, « *nous sommes tous ces morceaux d'histoire, de littérature et de droit international ; Byron, Tom Paine, Machiavel ou le Christ, tout est là* ». Mon premier roman racontait l'histoire d'un homme qui, suite à des migraines et à des évanouissements, se retrouvait catapulté dans une bibliothèque infinie. Là, il lui était loisible de prendre et de lire un livre qu'il n'avait jamais lu. « *Le Maître des Livres lui parle d'un auteur qu'il n'a jamais lu ! Et tout sort de son cerveau ! C'est insensé ! Autant de livres en lui, ce n'est pas concevable… Mais alors : d'où sortent-ils ? Suis-je vraiment en train de rêver ? se demanda-t-il anxieusement. Ne serait-ce pas une autre réalité, comme dans les romans de Philip K. Dick ? Comme dans Ubik ? Jérôme est-il mort dans un autre monde qui serait parallèle à celui-ci ? Non, non… Ces choses n'existent que dans nos cerveaux farfelus d'écrivains… Non, vraiment, ce serait inconcevable… — Je voudrais vous demander : suis-je en train de rêver*, maintenant ? — *Le Maître des Livres pouffa.* — *Bien sûr que oui !* — *Donc, tout ce qui est autour de nous, tous ces livres, proviennent directement de mon imagination, c'est-à-dire de mon cerveau. C'est cela ?* — *Parfaitement. Comment voulez-vous qu'il en soit autrement ? Je ne suis qu'un produit de votre imagination. C'est vous qui me dirigez.* — *Antoine vacilla.* — *Ce n'est pas pensable ! Cela voudrait dire que tous ces livres existent dans mon cerveau ? Que je les connais tous par cœur ? C'est impossible, avouez-le !* » Sans connaître Platon, j'appliquais à dix-sept ans l'art conjugué de la maïeutique et de la réminiscence tel que Socrate le décrivait à Théétète et à Ménon, et j'y croyais dur comme fer (du point de vue des *livres*). Je voulais être l'homme de tous les livres, une bibliothèque sur pattes, et je le désire encore aujourd'hui. Socrate exposait le problème ainsi : « *Il n'est pas possible à l'homme de chercher ni ce qu'il sait ni ce qu'il ne sait pas ; car il ne cherchera point ce qu'il sait parce qu'il le sait et que cela n'a point besoin de recherche, ni ce qu'il ne sait point par la raison qu'il ne sait pas ce qu'il doit chercher.* » N'ayant pas assez d'une vie pour tout lire, il est plus simple d'imaginer que notre âme immortelle en a vécu d'innombrables et a eu le temps de le faire (« *si toujours la vérité de l'être existe dans notre âme, cette âme ne doit-elle pas être immortelle ?* »). Ce que l'on cherche et ce que l'on apprend « *n'est absolument que se ressouvenir* » de ce que l'on croyait ignorer. « *Celui qui ignore a donc en lui-même sur ce qu'il ignore des opinions vraies* », et « *ces opinions viennent […] se réveiller en lui comme un songe* », car « *si on l'interroge souvent et de diverses façons sur les mêmes objets* », il en aura à la fin « *une connaissance aussi exacte que qui que ce soit* ». Dans un roman de jeunesse inachevé, j'écrivais déjà à propos des livres ou des auteurs : « *Je ne les considère pas comme des hommes, sûrement pas, mais je les considère comme mes plus grands amis — les plus grands amis que je connaisse : je les visite tous les jours.* » Les livres sont (et ont toujours été) mon lien nuptial avec le monde ; les livres sont mes amis, mes amours, mes amants ; chacun d'entre eux est déjà en moi et je suis déjà en chacun d'entre eux… Comme pour le grand-père de Thomas Bernhard (qui aimait tant la compagnie des livres, ses « *amis les plus proches et les plus intimes* »), ma famille, ce sont les grands penseurs, chez lesquels je me sens à l'abri, « *en lieu sûr comme nulle part ailleurs* ». Aux livres, je me livre et *nous délivre*. Par conséquent, citer m'est nécessaire, ô mes amis, car je ne (vous) parle que si vous (me) parlez. Alberto Manguel, bercé — surtout la nuit — par les quelque trente mille livres de sa bibliothèque, nous assure qu'en citant, on continue « *une conversation du passé afin de donner un contexte au présent* », que citer, « *c'est faire usage de la bibliothèque de Babel* », « *c'est réfléchir à ce qui a déjà été dit* », et que « *si nous ne le faisons pas, nous parlons dans un vide où nulle voix humaine ne peut produire un son* ». Alberto est doublement mon ami : nous avons des dizaines et des dizaines d'amis en commun — et je le cite au milieu d'eux… — Jacques-Henri Bernardin de Saint-Pierre ne dit-il pas, dans son *Paul et Virginie*, qu'« *un bon livre est un bon ami* » ? (De fait, les meilleurs livres sont les meilleurs amis, et je range ce dernier parmi les « plus-que-médiocres ».) — Une bibliothèque est une vaste congrégation, une synode laïque, le *contemptus mundi* des amoureux des livres, ceux que l'on pourrait appeler les soldats pacifistes de « *la Grande Armée des Lettres* », expression utilisée par un personnage de Jules Verne (*Paris au XXe siècle*), l'oncle Huguenin, devant son neveu Michel qui, admirant les rangées de livres dans l'appartement, « *respira ce parfum littéraire qui lui montait au cerveau comme une chaude émanation des siècles écoulés, [et] serra la main à tous ces amis du passé qu'il eût connus et aimés, s'il avait eu l'esprit de naître plus tôt !* » Michel, comme en transe, allait jusqu'à penser « *que cette petite chambre [renfermait] de quoi rendre un homme heureux pour toute sa vie !* » L'autosuffisance littéraire, la sustentation du bibliophile, l'amour paginé, qu'apportent ces arbres parfois centenaires, voire millénaires, et dont l'éternel automne souffle les feuilles imprimées du plaisir infini… — Marcel Proust, au détour d'une préface accordée au livre de John Ruskin (*Sésame et les Lys*) et qu'il a intitulée *Sur la lecture*, parle du « *miracle fécond d'une communication au sein de la solitude* », de la lecture qui est une « *amitié sincère* » (« *et le fait qu'elle s'adresse à un mort, à un absent, lui donne quelque chose de désintéressé, de presque touchant* », et la débarrasse « *de tout ce qui fait la laideur des autres* », la rend plus solide, moins frivole). Il note « *que ce qui diffère essentiellement entre un livre et un ami, ce n'est pas leur plus ou moins grande sagesse, mais la manière dont on communique avec eux, la lecture, au rebours de la conversation, consistant pour chacun de nous à recevoir communication d'une autre pensée, mais tout en restant seul, c'est-à-dire en continuant à jouir de la puissance intellectuelle qu'on a dans la solitude et que la conversation dissipe immédiatement, en continuant à pouvoir être inspiré, à rester en plein travail fécond de l'esprit sur lui-même* ». Car il n'y a pas de pure passivité dans l'acte de lire : on retient, on ingurgite, on réfléchit, on s'inspire. « *Ce qu'il faut donc, c'est une intervention qui, tout en venant d'un autre, se produise au fond de nous-mêmes, c'est bien l'impulsion d'un autre esprit, mais reçu au sein de la solitude.* » C'est l'une des raisons pour lesquelles « *la capacité de lecture profitable, si l'on peut ainsi dire, est beaucoup plus grande chez les penseurs que chez les écrivains d'imagination* », et il prend aussitôt comme chef de file de cette capacité et de son usage pratique, non pas Montaigne, mais Schopenhauer : « *Schopenhauer, par exemple, nous offre l'image d'un esprit dont la vitalité porte légèrement la plus énorme lecture, chaque connaissance nouvelle étant immédiatement réduite à la part de réalité, à la portion vivante qu'elle contient. — Schopenhauer n'avance jamais une opinion sans l'appuyer aussitôt sur plusieurs citations, mais on sent que les textes cités ne sont pour lui que des exemples, des allusions inconscientes et anticipées où il aime à retrouver quelques traits de sa propre pensée, mais qui ne l'ont nullement inspirée. Je me rappelle une page du* Monde comme Représentation et comme Volonté *où il y a peut-être vingt citations à la file.* » Un Schopenhauer qui, fait malignement remarquer Proust, ne se sentit pas gêné d'écrire dans l'introduction de ses *Aphorismes sur la Sagesse dans la Vie* : « *Compiler n'est pas mon fait* » !... Peut-on supposer que Schopenhauer a eu l'occasion de lire Johann Heinrich Füssli, dont l'un des *Aphorismes, principalement relatifs aux beaux-arts*, prétend que « *la compilation est le plus bas degré de l'art* », et qu'il a voulu se dédouaner ?... Cela me fait penser à Alain-René Lesage qui, dans *Le diable boiteux*, écrit : « *Considérez dans la maison un auteur qui travaille dans son cabinet. Il est entouré de mille volumes, et il en compose un où il ne met rien du sien. Il pille dans tous ces livres ; et, quoiqu'il ne fasse que mettre en ordre et lier ses larcins, il ne laisse pas d'avoir plus de vanité qu'un véritable auteur.* » Ce jugement est un peu osé de sa part : il y a toutes les chances de croire que Lesage a copié Paul Scarron dans sa façon d'arranger ses livres… — Je *cambriole* moins les auteurs que je ne *cabriole* de page en page : je les *aime*. — D'analectes en analectes, je me délecte, et je jubile en pensant que mon livre peut tout accueillir, recueillir (« πανδέκται »)… Tel Érasme pour ses *Adagiorum collectanea*, « *j'ai vagabondé [...] au milieu des jardinets bigarrés des auteurs, et j'ai cueilli, chemin faisant, comme autant de fleurettes de toute variété, pour en faire une sorte de guirlande* ». De fleur en fleur, je butine et je compose mon bouquet, mon « ἀνθολογία » ; je veux butiner comme les abeilles de Montaigne, qui « *pillotent deçà delà les fleurs* », mais qui font après un miel « *qui est tout leur* », qui « *n'est plus thin ny marjolaine* », de sorte qu'en transformant et confondant « *les pieces empruntées d'autruy* », j'en ferai un ouvrage tout mien : « *à sçavoir [mon] jugement.* » Montaigne avait-il donc lu cette belle image dans Sénèque ? À la même page, il cite la trente-troisième lettre à Lucilius, mais c'est à la quatre-vingt-quatrième que je songe, puisque Sénèque conseille d'imiter « *les abeilles, qui voltigent çà et là, picorant les fleurs propres à faire le miel, qui ensuite disposent et répartissent tout le butin par rayons* », et, à leur exemple, de « *classer tout ce que nous avons rapporté de nos différentes lectures* ». En tout cas, comme Montaigne et Sénèque, je ne quitte jamais mes lectures : « *La lecture, à mon sens, est nécessaire, d'abord en ce qu'elle prévient l'exclusif contentement de moi-même ; ensuite, m'initiant aux recherches des autres, elle me fait juger leurs découvertes et méditer sur ce qui reste à découvrir. Elle est l'aliment de l'esprit, qu'elle délasse de l'étude, sans cesser d'être une étude aussi. Il ne faut ni se borner à écrire, ni se borner à lire : car l'un amène la tristesse et l'épuisement (je parle de la composition) ; l'autre énerve et dissipe. Il faut passer de l'un à l'autre, et qu'ils se servent mutuellement de correctif : ce qu'aura glané la lecture, que la composition y mette quelque ensemble. [...] Puis employons la sagacité et les ressources de notre esprit à fondre en une saveur unique ces extraits divers, de telle sorte que, s'aperçoit-on d'où ils furent pris, on s'aperçoive aussi qu'ils ne sont pas tels qu'on les a pris : ainsi voit-on opérer la nature dans le corps de l'homme sans que l'homme s'y mêle aucunement. Tant que nos aliments conservent leur substance première et nagent inaltérés dans l'estomac, c'est un poids pour nous ; mais ont-ils achevé de subir leur métamorphose, alors enfin ce sont des forces, c'est un sang nouveau. Suivons le même procédé pour les aliments de l'esprit. À mesure que nous les prenons, ne leur laissons pas leur forme primitive, leur nature d'emprunt. Digérons-les : sans quoi ils s'arrêtent à la mémoire et ne vont pas à l'intelligence. Adoptons-les franchement et qu'ils deviennent nôtres, et transformons en unité ces mille parties, tout comme un total se compose de nombres plus petits et inégaux entre eux, compris un à un dans une seule addition. De même il faut que notre esprit, absorbant tout ce qu'il puise ailleurs, ne laisse voir que le produit obtenu. Si même on retrouve en toi les traits reproduits de quelque modèle profondément gravé dans ton âme par l'admiration, ressemble-lui, j'y consens, mais comme le fils au père, non comme le portrait à l'original : un portrait est une chose morte. "Comment ! on ne reconnaîtra pas de qui sont imités le style, l'argumentation, les pensées ?" La chose, je crois, sera même parfois impossible, si c'est un esprit supérieur qui, prenant de qui il veut les idées premières, fait son œuvre à lui, y met son type, son cachet, et fait tout tendre à l'unité. Ne vois-tu pas de quel grand nombre de voix un chœur est composé ? Toutes cependant ne forment qu'un son, voix aiguës, voix graves, voix moyennes ; aux chants des femmes se marient ceux des hommes et l'accompagnement des flûtes ; aucun effet n'est distinct, l'ensemble seul te frappe.* » Ici, c'est encore Sénèque qui s'exprime, mais rien n'eût empêché que ce fût Montaigne. Lire (butiner), écrire (faire son miel) : je passe de l'un à l'autre, sans que jamais l'un puisse se passer de l'autre, et inversement. Il faut employer « *la sagacité et les ressources de notre esprit à fondre en une saveur unique ces extraits divers, de telle sorte que, s'aperçût-on d'où ils furent pris, on s'aperçoive aussi qu'ils ne sont pas tels qu'on les a pris* ». Cependant, pour en revenir à Montaigne, j'essaierai de ne pas être de ces pilleurs ou de ces emprunteurs qui « *mettent en parade leurs bastiments, leurs achapts, non pas ce qu'ils tirent d'autruy* », ni de ne suivre rien en suivant les autres ; je ne perdrai pas de vue que « *le guain de nostre estude, c'est en estre devenu meilleur et plus sage* ». Je mettrai à profit le contact rapproché que j'entretiens avec mes auteurs depuis tant d'années, et pour moi, il ne fait aucun doute que si je pense leur génie, je compense l'absence du mien. Si je devais emprunter à Marc-Aurèle l'une de ses si profondes pensées, je dirais que je fais en sorte que mon âme raisonnable se voie elle-même, s'analyse, fasse d'elle ce qu'elle veut en cueillant le fruit qu'elle porte, qu'elle se dise enfin : « *Je recueille le fruit de ce qui m'appartient.* » (Sachant que « *la douleur est un fruit* » et que « *la joie est le fruit du grand arbre douleur* »...) Je possède, et je retiens ce qui est maintenant bien à moi. « Ἐγὼ ἀπέχω τὰ ἐμά. » En retenant tous ces auteurs qui sont en moi, ils m'appartiennent et je leur appartiens ; je leur dois tout — et ils me le redoivent. M'emparant de la belle image de Bernard de Chartres citée par Jean de Salisbury (« *nos esse quasi nanos, gigantium humeris incidentes* »), je ne suis qu'un nain juché « *sur des épaules de géants* », ce qui me permet de voir mieux et plus loin, non que ma vue soit plus perçante ou ma taille plus élevée, mais parce que je suis soulevé en l'air et porté « *par leur hauteur gigantesque* ». Je souhaite, en imaginant que Socrate me surveille de là-haut, qu'il ne me prenne pas à la lettre pour un Protagoras, même si ce dernier et moi-même avons en commun ce souci de l'exactitude et de la précision, que les Grecs nommaient l'« *acribologie* » (« ἀκριβολογία »), et que nous faisons valoir par la citation des poètes (que Socrate/Platon n'estime pas autant qu'il le devrait). Socrate se fiche en effet que l'on *s'épaule* : « *À mon avis, ces conversations sur la poésie ressemblent fort aux banquets des gens médiocres et communs. Incapables, à cause de leur ignorance, de faire les frais de la conversation d'un banquet avec leur propre voix et leurs propres discours, ils font renchérir les joueuses de flûte en louant bien cher une voix étrangère, la voix des flûtes, et c'est par la voix des flûtes qu'ils conversent ensemble ; mais dans les banquets de gens distingués et cultivés, on ne voit ni joueuses de flûte, ni danseuses, ni joueuses de luth ; les convives, ayant assez de ressources en eux-mêmes pour s'entretenir ensemble sans ces bagatelles et ces amusements avec leur propre voix, parlent et écoutent tour à tour dans un ordre réglé, lors même qu'ils ont pris beaucoup de vin.* » Moi, je veux les voix des flûtes, je veux les entendre toutes, car c'est d'elles que l'harmonie naîtra (mon harmonie, l'harmonie du monde) ; je veux danser au son de mes auteurs chéris… Ce n'est pas ma faute ; je veux lire ces « *ces prophètes, Dante, ou Shakespeare, ou Corneille* », je veux que ces âmes en moi s'éveillent, que je sente dans mon esprit « *tous ces grands hommes croître* », que « *mon âme interrogée* » soit prête à leur répondre, car chacun est mon médecin, mon guide, mon gardien. — Dans toute cette « *contaminatio* », il sera difficile de départager le monologue du dialogue. Et puis, le monologue est un dialogue, un dialogue avec soi-même où le Moi se définit et se trouve « *au travers du langage* », comme l'indique le « διάλογος ». La continuité du monologue est un dialogue. À travers les livres et les auteurs, le « λόγος » circule dans une « *communauté* » et établit une « *communication* » (dont les racines sont identiques, composées de « *co* », « *ensemble* », et de « *munus* », « *devoir* », « *charge* »), car si je ne pense pas par moi-même, du moins pensé-je leur pensée, la repensé-je, et ainsi de suite. Je *m'oriente* d'après eux et, telle une sonde en partance vers une planète lointaine, je tourne d'abord autour d'eux (la Terre) en profitant de leur gravité afin qu'ils me donnent l'impulsion et la bonne trajectoire. Je *m'oriente dans leur pensée*, comme dirait Kant. Mais qu'est-ce que s'orienter dans la pensée ? (*Was heißt: sich im Denken orientieren?*) C'est penser en communauté : « *On dit, à la vérité, que la liberté de parler ou d'écrire peut sans doute nous être enlevée par un pouvoir supérieur, mais non la liberté de penser. Mais penserions-nous beaucoup et penserions-nous bien si nous ne pensions pour ainsi dire pas en commun avec d'autres auxquels nous communiquons nos pensées, et qui nous font part des leurs ?* » S'orienter de cette façon se distingue de girouetter, car il faut fournir l'effort de penser par soi-même. Et qu'est-ce que penser par soi-même ? Kant répond simplement, dans une note de bas de page à la fin de son article : « *Penser par soi-même c'est chercher en soi-même (c'est-à-dire dans sa propre raison) la pierre de touche suprême de la vérité ; et la maxime de penser toujours par soi-même est la* culture de l'esprit. » Dialoguer seul, ou monologuer, c'est-à-dire penser, juger (« *l'art de juger et l'art de raisonner sont exactement le même* », *dixit* Rousseau), avoir des sentiments (penser de relation sentimentale en relation sentimentale avec les Maîtres), tout cela dans la posture d'un lecteur qui ensuite écrit le fruit de ses lectures. Selon la belle formule de Platon dans le *Théétète*, l'âme, « *quand elle pense, ne fait autre chose que s'entretenir avec elle-même* ». Socrate ajoute : « *Ainsi, juger, selon moi, c'est parler, et le jugement est un discours prononcé, non à un autre, ni de vive voix, mais en silence et à soi-même.* » Alors oui, j'aime et savoure l'idée *abeillère* de Montaigne (mon apiculteur préféré). Je suis une abeille qui va et vient de la fleur à la ruche ; et vous, lecteurs, vous êtes aussi des abeilles qui suivez ma danse en forme de 8 (ou de ∞, c'est vous qui voyez) qui vous mènera au lieu où dort le pollen ensoleillé, le divin nectar… Cultivons notre esprit en jouant à l'Hamlet butineur : *To bee, or not to bee !* — Comme Montaigne encore, flânant dans sa « *librairie* », « *là je feuillette à cette heure un livre, à cette heure un autre, sans ordre et sans dessein, à pieces descousues : Tantost je resve, tantost j'enregistre et dicte, en me promenant, mes songes que voicy* ». — Ô mes amis, ô mes maîtres, ô mes compagnons, ô mes instituteurs, je vous chante et vous célèbre comme Proclus chantait et célébrait en son hymne les neuf Muses qui, à l'aide de l'incorruptible vertu des livres qui élèvent l'esprit, protègent mon âme perdue dans le gouffre de l'existence contre les malencontreuses douleurs inhérentes à la terre ! Ô chers amis, apaisez en moi ces penchants impétueux ; ô doux sages, enivrez-moi de votre langage intellectuel ; ô nobles prophètes, imprégnez mon âme errante de vos livres qui nourrissent la pensée ; ô divins accompagnateurs, écoutez-moi ; ô sauveurs sublimes, montrez-moi, à la faveur de vos livres divins, la sainte clarté ; ô vous tous, philosophes et poètes, révélez-moi les perfections et les mystères de vos paroles sacrées !… — Ô mes amis, même si j'étais vous, n'étais que vous, je ne serais pas rien ; vous êtes en moi, vous vivez des battements de mon cœur, mais votre sang circule dans mes veines. J'ai au fond de moi tous les livres que j'ai lus et écrits — et j'y sens tous ceux que je n'ai pas encore lus ou écrits... — Ces amis conciliants, depuis le premier instant, sont mon tout : aussitôt que je les eus admirés, ils m'*admirent*... La somme des parties semble plus grande que le tout, elles s'imbriquent de loin, s'aimantent. « *De multis grandis acervus erit* » (« *de la multiplicité naîtra une masse importante* »), écrivait Ovide. Toujours dans ses *Remèdes à l'amour*, il ajoutait : « *Et quæ non prosunt singula, multa juvant.* » (« *Les choses inutiles, parce qu'isolées, deviennent efficaces si elles sont réunies.* ») Je les réunis, selon la parole du Christ, « *ut unum sunt* » (« *pour qu'ils soient un* ») ; je les réunis comme des parties qui s'aiment, et je peux respirer : car elles sont mon thorax, et je suis leurs poumons. — En citant, mon mérite n'est pas si grand : les mots des autres, dont je suis le serviteur, le débiteur, le légataire, le dépositaire et le concessionnaire, sont aussi un peu les miens. Je suis d'abord un particulier qui, après les avoir collectionnés, les glisse dans une enveloppe, y colle le timbre sans prix de la reconnaissance, et les dépose dans la boite-aux-belles-lettres ; puis, en habit de facteur, coiffé d'une casquette *La Postérité*, j'entame ma tournée de distribution. Je suis la nurse qui emmaillote son illustre et ancestral bébé avant de le promener dans son landau pour un voyage inconnu ; je suis le papa poulet qui picore des graines de caviar et qui les recrache propres, en ligne ; je suis un viticulteur intransigeant qui, sur des milliers d'arpents de pieds de vignes, sélectionne les dix grappes du plus beau raisin nécessaires pour remplir une bouteille de vin divin qu'il versera aux fidèles en disant : « *Buvez-en tous* » ; je suis le disciple du Dieu des Mots qui recueille les pains et les donne aux méritants en prononçant : « *Prenez, mangez* » ; je suis le fou recueilleur et recueilli...

* * * * *

Je sais que Sénèque désapprouverait quelque peu ma démarche, comme le prouve la lettre XXXIII envoyée à Lucilius : « *Aussi n'avons-nous point d'étalage qui frappe les yeux ; nous n'abusons point l'acheteur pour ne lui offrir, une fois entré, rien de plus que la montre suspendue au dehors. Nous laissons chacun prendre à son choix ses échantillons. Quand nous voudrions, dans cette multitude de pensées heureuses, en trier quelques-unes, à qui les attribuerions-nous ? À Zénon, à Cléanthe, à Chrysippe, à Panætius, à Posidonius. Nous ne sommes pas sujets d'un roi : chacun relève de soi seul. Chez nos rivaux, tout ce qu'a dit Hermachus, tout ce qu'a dit Métrodore s'impute au même maître. Tout ce qui fut traité par le moindre disciple sous la tente épicurienne l'a été par l'inspiration et sous les auspices du chef. Nous ne pouvons, je le répète, quand nous l'essaierions, extraire rien d'un si grand nombre de beautés toutes égales. — Pauvre est celui dont le troupeau se compte. — N'importe où tu jetterais les yeux, tu tomberais sur des traits dignes de remarque, s'ils ne se lisaient pêle-mêle avec d'autres semblables. Ainsi ne compte plus pouvoir en l'effleurant goûter le génie des grands hommes : il faut le sonder dans toute sa profondeur, le manier tout entier. Ils font une œuvre de conscience : chaque fil tient sa place dans la contexture du dessin : ôtes-en un seul, toute l'ordonnance est détruite. Je ne te défends point d'analyser tel ou tel membre, mais que ce soit sur l'homme lui-même. Une belle femme n'est point celle dont on vante le bras ou la jambe, mais bien celle chez qui les perfections de l'ensemble absorbent l'admiration que mériteraient les détails. Si toutefois tu l'exiges, je ne serai pas chiche avec toi, je te servirai à pleine main. La matière est riche et s'offre à chaque pas : on n'a qu'à prendre, sans choisir. Là tout coule non pas goutte à goutte, mais à flots : tout est continu, tout se lie. Je ne doute pas qu'un tel recueil ne profite beaucoup aux âmes encore novices et aux auditeurs non initiés, vu qu'on retient plus aisément des préceptes concis et comme enfermés dans un vers. Si l'on fait apprendre même aux enfants des sentences et de ces apophtegmes que les grecs appellent* χοιας*, c'est que tout cela est à portée de leur naissante intelligence qui ne peut rien saisir au delà dont l'utilité soit certaine. — Il est peu digne d'un homme d'aller cueillant de menues fleurs, de s'appuyer d'un petit nombre d'adages rebattus, de se guinder sur des citations. Qu'il s'appuie sur lui-même, que ce soit lui qui parle, non ses souvenirs. Honte au vieillard et à l'homme arrivé en vue de la vieillesse qui n'a pour sagesse que de remémorer celle d'autrui. Zénon a dit ceci ; — et toi ? Cléanthe a dit cela ; — et toi ? Ne t'ébranleras-tu jamais qu'à la voix d'un autre ? Chef à ton tour, dis-nous des choses qui se retiennent, tire de ton propre fonds. Oui, tous ces hommes, jamais autorités, toujours interprètes, tapis à l'ombre d'un grand nom, selon moi n'ont rien de généreux dans l'âme, n'osant jamais faire une fois ce qu'ils ont appris mille. Ils ont exercé sur l'œuvre d'autrui leur mémoire ; mais autre chose est le souvenir, autre chose la science. Se souvenir, c'est garder le dépôt commis à la mémoire ; savoir, au contraire, c'est l'avoir fait sien, ne pas être en face de son modèle un écho, ni tourner chaque fois les yeux vers le maître. Tu me cites Zénon, puis Cléanthe. Eh ! mets donc quelque différence entre toi et le livre. Quoi ! toujours disciple ! il est temps que tu fasses la leçon. Ai-je besoin qu'on me récite ce que je puis lire ?* — *Mais la parole fait beaucoup.* — *Non pas quand je la prête aux phrases qui ne sont pas de moi et que je joue le rôle de greffier. Ajoute que ces hommes, toujours en tutelle, d'abord suivent des anciens dans une étude où pas un ne s'est risqué, qui ne s'écartera du devancier, étude où l'on cherche encore la vraie voie ; or jamais on ne la trouvera si l'on se borne aux découvertes connues. Et d'ailleurs qui se fait suivant ne découvre, ne cherche même plus rien. Pourquoi donc n'irais-je pas sur les traces de mes prédécesseurs ? Oui, prenons la route frayée ; mais si j'en trouve une plus proche et plus unie, je me l'ouvrirai. Ceux qui avant nous ont remué le sol de la science ne sont pas nos maîtres, mais nos guides. Ouverte à tous, la vérité n'a point jusqu'ici d'occupant : elle garde pour nos neveux une grande part de son domaine.* » Qu'importe ce que dit Sénèque ? J'illustre, je partage, je recueille et me recueille. Oui, je suis un disciple.

* * * * *

(Sans la manie qu'avait Diogène Laërce de recopier de longs passages des philosophes de l'Antiquité, qu'aurions-nous sauvé d'Épicure ? Mais ces trois *Lettres*, mais ces *Maximes capitales*, c'est quasiment tout ce que l'on a — et c'est un trésor ! — Si mon livre devait survivre à d'hypothétiques (sait-on jamais) et malheureux autodafés commandés par de futurs gouvernants sans scrupule, du moins y aurait-il ici quelques miettes à picorer...)

* * * * *

(Fureur du « *name dropping* » approprié, déversement de noms propres : *in situ.*)

* * * * *

Point de gageure en entamant ma bifurcation en compagnie du docteur ès *armoiries* (contrairement à Victor Hugo qui, en confidence dans sa préface à *Cromwell*, disait leur préférer les *armes*), le sceptique Michel Eyquem de Montaigne, — dont personne n'ignore plus que chacun des *Essais* est parsemé de paroles antiques, et qui était, à égalité avec moi, friand de ces bifurcations. Ses avertissements dans l'édition de 1580, élaguant à l'abord des trois épais volumes mille anaphores rébarbatives, me disposent en tous points, car ils épousent à la virgule près les limites que je me suis réservées : « *C'est icy un livre de bonne foy, lecteur. Il t'advertit dés l'entree, que je ne m'y suis proposé aucune fin, que domestique et privee : je n'y ay eu nulle consideration de ton service, ny de ma gloire : mes forces ne sont pas capables d'un tel dessein. [...] Ainsi, Lecteur, je suis moy-mesme la matiere de mon livre : ce n'est pas raison que tu employes ton loisir en un subject si frivole et si vain. À Dieu donq.* » — Dans l'hésitation dont découlent les grands sentiments de tout visionnaire affecté, voire de tout mégalomane, — sentiments nourris par l'étude des sciences et de la philosophie, cohabitant avec les poussées de mélancolie, — je revêtirai, perplexe, l'habit d'inventeur de la *Pascaline* et dégoiserai dans le vide de mon dialogue que je veux « *faire voir là-dedans un abîme nouveau* », que je veux « *peindre non seulement l'univers visible, mais l'immensité qu'on peut concevoir de la nature dans l'enceinte de ce raccourci d'atome* », afin que l'on y voie « *une infinité d'univers, dont chacun a son firmament, ses planètes, sa terre* »… Témérité insensée ! Les citations, s'entre-questionnant, s'entre-répondant, seront les *didascalies* de mon cheminement, la feuille de route de mes envolées existentielles : mon livre est plus qu'un simple « διδασκαλεῖον », un « *lieu où l'on enseigne* » : c'est le lieu où *je* m'enseigne… Les citations font de moi un *pédagogue* particulier. Je suis l'esclave des auteurs que j'accompagne ; ils sont mes enfants ; nous allons à l'école du monde ; je suis un « παιδαγωγός »… — Contiguës à ces injonctions hachées, j'en appellerai, certes sans originalité, pour souscrire au forfait que mes tours de phrases et de réflexions commettent parfois, à celles proférées par Jean-Jacques Rousseau dans son préambule du manuscrit, dit « de Neufchâtel », des *Confessions* : « *Je ne m'attacherai point à rendre [le style] uniforme ; j'aurai toujours celui qui me viendra, j'en changerai selon mon humeur sans scrupule, je dirai chaque chose comme je la sens, comme je la vois, sans recherche, sans gêne, sans m'embarrasser de la bigarrure. [...] Mon style inégal et naturel, tantôt rapide et tantôt diffus, tantôt sage et tantôt fou, tantôt grave et tantôt gai fera lui-même partie de mon histoire.* » (À comparer, s'il besoin était, à cet autre avis dû à l'âme sincère et sentimentale de Stendhal rédigeant sa *Vie de Henry Brulard* : « *Aurai-je le courage d'écrire ces confessions d'une façon intelligible ? Il faut narrer et j'écris des* considérations *sur des événements bien petits, mais qui, précisément à cause de leur taille microscopique, ont besoin d'être contés très distinctement. Quelle patience il vous faudra, ô mon lecteur !* ») J'admire le philosophe et le promeneur solitaire, mais mes connivences avec Jean-Jacques s'arrêtent malheureusement là, le manuscrit choisi par lui comme exorde pour l'édition finale que la postérité sera à même de lire, est trop pompeux à mon goût, et ma modestie (affectée, dont acte) me conjure de n'en pas briguer une ligne. Les convolutions psychotiques qui brassent sporadiquement mon esprit sont, je l'ose croire, en deçà des siennes. On décortiquerait à l'infini les nuances de prétention qui imprègnent son préambule, comment n'en fronceraiton pas les sourcils quand on le voit attaquer, de but en blanc : « *Je forme une entreprise qui n'eut jamais d'exemple et dont l'exécution n'aura point d'imitateur* » ? Lui qui s'était toujours cru « *le meilleur des hommes* », lui qui, sentant en lui toute la franchise dont il était capable, résolut de faire des *Confessions* « *un ouvrage unique par une véracité sans exemple, afin qu'au moins une fois on pût voir un homme tel qu'il était en dedans* », il poussa l'affront jusqu'à dire qu'il avait « *toujours ri de la fausse naïveté de Montaigne, qui, faisant semblant d'avouer ses défauts, a grand soin de ne s'en donner que d'aimables* »… Devant tant de fausse modestie, il ne lui restait lors qu'à patienter que « *la trompette du jugement dernier* » sonnât… « *Sed hæc hactenus !* » (« *Mais arrêtons-nous là !* ») Car quelle belle entreprise, néanmoins, que de *s'acharner* à se connaître « *intimement* », « *intus et in cute* », « *intérieurement et dans la peau* »… — Entre Montaigne et Rousseau, justement, s'immisce, de son nom francisé à l'occasion de la publication en douze tomes d'*Histoire de ma vie*, écrite en français (sur huit mille pages !), Jacques Casanova de Seingalt, qui se serait offusqué de la profusion des idées reçues émises à son encontre. *Libertin*, il le fut, mais surtout en tant que libre-penseur refusant les dogmatismes avilissants (au surplus, le nom « *libertin* », rappelle Émile Littré dans ses *Pathologies verbales ou Lésions de certains mots dans le cours de l'usage*, désignait, lorsque déjà déformé au début du dix-huitième siècle, celui qui « *ne se soumet pas aux croyances de la foi* »). Le peuple ignare ne retient du personnage que le nombre de ses conquêtes féminines et en fait un intrigant, un coquet, un débauché aux mœurs déréglées, — un sagouin, pourquoi pas ? Il ne suffit que de le lire, cela a l'heur de faire taire les préjugés, comme il en va pour se faire une opinion réaliste des œuvres les plus controversées, et l'on se rendra facilement compte qu'il était le plus souvent un galant homme, et des plus recommandables, plutôt qu'un escroc sans foi ni loi. Les gens que le Vénitien a pu bluffer grâce à sa hardiesse ne devaient s'en prendre qu'à leur mièvrerie. À sa lecture, je fus époustouflé par ses dons de mémoration, inouïs devant la justesse d'évocation des faits, et que des sources éparses pouvaient transversalement confirmer pour les moins menus d'entre eux. Allons, trêve de parlotes, laissons-le commenter : « *Le lecteur verra dans ces Mémoires que, n'ayant jamais visé à un point fixe, le seul système que j'aie eu, si toutefois c'en est un, fut celui de me laisser aller au gré du vent qui me poussait. Que de vicissitudes dans cette indépendance de méthode ! [...] Non, je sais que je fais une folie ; mais, quand je sens le besoin de m'occuper et de rire, pourquoi m'abstiendrai-je de la faire ? [...] Je sais que j'ai existé, car j'ai senti ; et, le sentiment me donnant cette connaissance, je sais aussi que je n'existerai plus quand j'aurai cessé de sentir. [...] Si avant ma mort je deviens sage et que j'en aie le temps, je brûlerai tout : maintenant je n'en ai pas le courage.* » Mes sentiments s'y reflétant, j'ai jugé opportun de donner ces extraits qui m'épargnent, à juste titre, de répéter l'Histoire. — Mon livre, qui pour l'heure s'éclot à peine, sera donc le *soliloque* de mon âme, un soliloque collectif. Saint Augustin, dans ses *Soliloquiorum libri duo*, ce dialogue intérieur avec sa Raison (« *Augustinus ipse cum Augustino* »), prit une merveilleuse résolution en forgeant ce mot (qui résonne si bizarrement en français avec son « *loque* » dont on sait ce qu'il recouvre dans cette vie qui nous *chiffonne*). Comme son nom l'indique (« *soliloquium* », de « *solus* » (« *seul* »), et « *loqui* » (« *parler* »)), le « *soliloque* » est le « *discours d'un homme qui s'entretient avec lui-même* », et la Raison s'en recommande ainsi à Augustin : « *Puisque nous ne parlons qu'entre nous, je veux qu'ils portent le nom de Soliloques ; ce nom est nouveau, peut-être dur, mais assez propre à indiquer la chose. En effet, la vérité ne peut guère être recherchée avec plus de succès qu'en interrogeant et qu'en répondant* » (« *quae quoniam cum solis nobis loquimur, Soliloquia vocari et inscribi volo; novo quidem et fortasse duro nomine, sed ad rem demonstrandam satis idoneo. Cum enim neque melius quaeri veritas possit, quam interrogando et respondendo* »). L'origine de la motivation qui poussa saint Augustin à écrire son soliloque est identique à la mienne, et il la développe mieux que je ne saurais le faire : « *Je cherchais depuis plusieurs jours à me connaître, ce qui pouvait faire mon bien, le mal que je devais éviter : j'avais agité longtemps dans mon esprit et avec moi-même, un grand nombre de pensées diverses ; tout à coup une voix me dit (cette voix, était-ce moi, était-ce quelque chose d'étranger, quelque chose d'intérieur ? je ne sais, et c'est surtout ce que je cherche à savoir), cette voix me dit donc :* — La Raison. — *Allons, tâche de trouver quelque chose ; mais à qui confieras-tu tes découvertes, afin de pouvoir en faire d'autres ?* — Augustin. — *Sans doute à la mémoire.* — R. — *Est-elle assez vaste pour conserver fidèlement toutes tes pensées ?* — A. — *Cela est difficile ou plutôt impossible.* — R. — *Il faut donc écrire ; mais comment puisque ta santé se refuse à cette fatigue ? d'ailleurs, ces idées ne peuvent être dictées, elles exigent une profonde solitude.* — A. — *Tu dis vrai, aussi je ne sais que faire.* — R. — *Demande vie et santé pour parvenir à ce que tu désires ; écris tes idées, afin que cette création de ton esprit t'inspire plus d'ardeur pour le bien. Résume ensuite brièvement ce que tu auras aperçu, sans travailler à attirer une foule de lecteurs pour le moment : tes idées seront suffisamment développées pour le petit nombre de tes concitoyens.* — A. — *C'est ce que je ferai.* » — Oui, je souscris de tout mon cœur à ces paroles : « *ergo scribendum est* », — « *il faut donc écrire* » ; — et « *ita faciam* », — « *c'est ce que je ferai* »… — Ô mon livre… qui pour l'heure *s'éclot* à peine… Ô mon non-Livre… Faux livre de fol ivre, — *folivre*… — Mais avant qu'il ne *s'éclose*, il faut que je *close* cet « appendice » — et j'emprunterai de René de Chateaubriand le pessimisme tout de prudence et de sobriété, grandiose : « *J'ignore si ce mélange, auquel je ne puis apporter remède, plaira ou déplaira ; il est le fruit des inconstances de mon sort : les tempêtes ne m'ont laissé souvent de table pour écrire que l'écueil de mon naufrage. […] Si j'ai assez souffert en ce monde pour être dans l'autre une ombre heureuse, un rayon échappé des Champs-Élysées répandra sur mes derniers tableaux une lumière protectrice : la vie me sied mal ; la mort m'ira peut-être mieux.* » Et, enfin, pour donner une idée (est-ce nécessaire ?) de l'ampleur de mon « projet » (qui, vous le voyez, n'en finit jamais de vouloir finir), et parce que j'ai lâché le mot « *pessimisme* », je réquisitionnerai (humblement, veuillez me croire sur parole) Arthur Schopenhauer qui, dans une lettre à son disciple Julius Frauenstädt, écrivait : « *Je suis vraiment peu exigeant pour un ouvrage qui m'a coûté six ans de travail quotidien (les deux premières heures de la matinée), sans compter les études préparatoires qui se sont accumulées pendant trente ans, car des choses comme celles que j'écris ne s'improvisent pas. Où y a-t-il dans la littérature allemande un livre comme le second volume du* Monde comme Volonté et comme Représentation*, qu'on peut ouvrir à n'importe quelle page, étant sûr d'y trouver toujours plus de pensées qu'on n'en peut saisir à la fois ?* » — Vous saisissez ?...

* * * * *

Que tout ce texte soit un hors-texte ! que tout ce livre soit un non-livre, un hors-livre !... et que son recouvrement, au plat et au dos, soit en peau de chèvre ou d'âne, car je veux que vive le *chagrin*…

* * * * *

Je suis une lettre sans destinataire, un livre sans pages, un cri dans le vide, un oiseau sans ailes, un poème sans rimes.

* * * * *

« [07/09/98 :] *J'ai découpé les photographies d'écrivains dans le catalogue de la Pléiade et j'ai plaqué contre le mur : Kafka, Hugo, Nerval, Flaubert, Mallarmé, Green, Colette, Proust, Baudelaire et Gide.* [26/10/98 :] *Aahh… Rousseau, Gide, Baudelaire, Harrison, Woolf (Virginia, Virginia, Virginia), Hugo… Hugo… Hugo… Hugo… Hugo… Hugo… Flaubert… Flaubert… Flaubert… Dumas… Balzac… Balzac… Que ne vous connais-je ? Que ne vous connais-je ? Rencontrer… Toi, Virginia ; toi, Henry ; toi, Conan ; toi, Jules…* [27/07/98 :] *Puissé-je rester l'homme-enfant que je suis quand j'écris ces lignes… Puissé-je rester en-dehors de l'absurdité humaine, de l'idiotie, de la bêtise, de l'abrutissement qu'occasionne la proximité de certains — presque tous — êtres. Mon dieu. Mon dieu. Mon dieu, mon dieu. Virginia, Henry, vous tous. Vous tous, qui me faites pleurer parce que les hommes sont nuls.* »

* * * * *

Et comment invoquerai-je mon *Livre*, mon Dieu et Seigneur ?... — « *Mais pourtant laissez-moi parler à votre miséricorde, moi, terre et cendre. Laissez-moi pourtant parler, puisque c'est à votre miséricorde et non à l'homme moqueur que je parle. Et vous aussi, peut-être, vous riez-vous de moi ? mais vous aurez bientôt pitié. Qu'est-ce donc que je veux dire, Seigneur mon Dieu, sinon que j'ignore d'où je suis venu ici, en cette mourante vie, ou peut-être cette mort vivante ? […] Et voici dès longtemps mon enfance est morte, et je suis vivant.* » (Saint Augustin, *Les Confessions*)

* * * * *

Point n'est besoin de maîtriser la langue espagnole pour deviner ce que recèle le titre d'*El Ingenioso Hidalgo Don Quijote de la Mancha* : qu'en pensez-vous, Monsieur de Cervantes Saavedra ?... Voyez-vous quelque inconvénient à ce que je reprenne votre *Prologue* et l'assaisonne à ma sauce ? — « *Lecteur oisif, tu pourras bien me croire sans serment : j'aurais voulu que ce livre, comme fils de mon entendement, fût le plus beau, le plus hardi et le plus subtil qui se puisse imaginer. [...] J'aurais voulu seulement te l'offrir* net et nu, *sans l'ornement d'un prologue* ou d'une introduction, *sans le catalogue infini* d'auteurs variés. *Car je puis te dire que, s'il m'a coûté quelque effort pour le composer, aucun ne m'a paru plus grand que de faire cette* introduction *que tu es en train de lire.* » — Sache, lecteur « *oisif* », que je n'ai pas sous la main d'abécédaire qui mentionne tous les auteurs que je cite, « *de A à Z* », et que tout ce que j'ai mis dans mon livre provient de mes lectures personnelles, « *sans fard, ni sans ruses* » (Scarron). — « *Vale.* »

* * * * *

Ma vie, je la sens maladivement, par le langage, par l'art, par l'être, par le savoir... — Paradoxalement, quand leur heure viendra, je deviserai sur l'impossibilité d'écrire et l'impossibilité d'être. Comment est-il possible d'écrire sur l'impossibilité d'écrire ? comment écrire sur l'impossibilité d'être tout en étant ? comment ne pas paraître un jongleur de mots, un mystificateur en dégoisant *cela* ? Voilà, qui résume ma condition, une revancharde catachrèse oxymorique dont je déchiffrerai plus avant la trame où se déplieront les condiments facticés de mes sempiternelles interrogations (précédant l'aphonie rimbaldienne ?). Seule la poésie sublime ces désaccords : elle les guette puis elle s'en empare, les enroule, les repolit en les dépolissant, les exubère, les canalise, les versifie en les diversifiant, les sophistique (altère et raffine). C'est la Muse de la Poésie qui, loin de muser, déclenche le *fiat lux* dans les impénétrables voies du langage ! — On rabâche à qui veut l'entendre dans les milieux polyglottes, que la langue allemande est la plus riche entre toutes les modernes, la plus apte à signifier le monde, et je n'en doute pas en épluchant le nobiliaire culturel de cette nation, tant philosophique que littéraire et scientifique, et en apprenant les embûches tendues aux traducteurs pour le rendu des idiomes germaniques (c'est une inconséquence et un sacrilège, s'indigne-t-on, de ne pas lire dans le texte *Sein und Zeit* de Martin Heidegger), mais notre langue n'a pas à rougir d'une incurie en comparaison, elle aussi n'est pas avare en polysémies, et s'il faut forger des mots nouveaux pour démultiplier les signifiants, qu'à cela ne tienne ! Les mots-valises, par exemple, très pratiques, révèlent, telle l'inscription de la vapeur de mercure sur une plaque d'iodure d'argent (procédé mis au point par Daguerre), des couleurs inédites qui n'eussent pas si intensément chatoyé avant qu'on n'en eût regroupé, entrelacé les termes, et envergueren la notion de poétique : la *poéthétique*, — pathétique, éthérique, ététhique, étatique ; la *poesthétique* — esthétique, poéïque, despotique ; la *poététhique*, — éthique, thétique, anthétique ; la *poésiétique*, — poïétique ; la *poérétique*, — porétique, aporétique, hérétique, prothétique ; *et cætera*. Barbarismes symphoniques ou néologismes idiots ? Si cette appellation en chante... Selon moi : métonymies révélatrices ! ostensions raisonnantes par résonnance !... La raison poétisée, poétisante, « *ce tant pudique sein* » (François de Malherbe) vital !... — Inspiré, j'arpente et recrée le *sens* de mon *être-là* grâce à la ποίησις, — au Kâvya. — « *In piede : la via è lunga e 'l cammino è malvagio.* » (« Debout : la voie est longue, et le chemin mauvais. ») — « *You heavens, give me that patience, patience I need!* » (« Ô Cieux, donnez-moi cette patience, la patience dont j'ai besoin ! »)

* * * * *

« [18/02/99 :] *Ces temps-ci [...], en prenant du recul, je m'aperçois que je vis dans un tout autre monde encore que celui que je connais... Je ne vis que de littérature... Et c'est formidable... Il n'y a personne autour de moi... Et ce sentiment est renforcé parce que je suis, justement, fatigué — donc perdu...* [09/03/99 :] *Comment lire tout ce que je veux lire ?... Comment écrire tout ce que je voudrais écrire ?... Ah !... Mon dieu... Je ne serais donc que littérature...* — Borges : je me vois en lui. — [11/03/99 :] *En lisant Balzac, je commence à avoir cette certitude en sentant comment les choses sont (non pas : paraissent) et pourront être (seront) en ce qui me concerne : la littérature m'a ouvert ses portes : je n'ai jamais été aussi proche de ce monde que ce soir... C'est démentiel : plus rien ne semble m'échapper : j'aurai tout : la littérature sera ma vie. Je ne peux voir les choses autrement. Certes, il est tard (2H15), j'ai fumé, etc., mais je suis assez lucide pour comprendre que cela* sera : *il ne peut en être autrement.* Je le sens. [...] *Oh !... Oh !... Je deviens fou ! je deviens écrivain !...* [15/10/00 :] *La vie vue comme art. L'art vu comme vie.* [...] *Quel malin plaisir je prends à lire les lettres entre Schiller et Goethe... Quel malin plaisir !... J'aimerais avoir plus tard de tels interlocuteurs... Mais où les trouver ? je vous le demande... C'est face à eux que l'on s'efforce de grandir. Je me ferais que grandir avec eux.* [...] *Ha !... Comme je suis bien, comme je suis heureux... Je lis, j'écris... Qu'y a-t-il encore ? de plus grand ? de plus formateur ?... La réflexion, la philosophie, tout ce que contiennent les livres !... Je suis béni. Oui : béni.* [...] *Mais il est vrai qu'à rester dans cet espace exigu on devient quelque peu en dehors du monde... C'est un tout petit univers qui n'existe nulle part ailleurs et qui peut devenir dangereux... Attention donc !...* [...] *Quand je sors un moment, ces impressions de vide se font plus fortes ; je les reconnais, les ayant éprouvées durement...* [...] *Je vais m'arrêter un peu. C'est mauvais. Il faut sortir, ne pas rester cloîtré.* [...] *Être Chateaubriand ou rien !... Je pourrais clamer de la même manière : Être écrivain ou rien !...* [...] *Il règne dehors quelque aspect mélancolique et hivernal...* [...] *Je suis dans un autre monde, un monde particulier en ce qu'il est de moi* — éventuellement *à moi... Étrange, oui ; très étrange...* [...] *Pour réfléchir, être aussi bien, il ne faut pas se frotter aux Autres. C'est comme lorsque j'écris un roman : je n'existe, à peu de choses près, que pour lui.* [...] *Je n'ai pas encore 23 ans, ai assez vécu ou lu ou écrit, mais ce n'est pas assez.* [24/10/00 :] *Je veux vivre* de, dans *et pour* la littérature *!... Bon sang !... Je dois y arriver — ou je mourrai avant l'heure... Qui me comprend (ra) ?...* [06/11/00 :] *Ai-je vraiment à écrire dans ce cahier ?... Je ne fais que paveser, quillardiser, spleener, remuer le couteau dans la plaie... À quoi bon ?... À quoi bon souffrir quand tout est à demi perdu ? quand tout se désagrège contre notre volonté ?... À quoi bon ?... — J'en ai marre.* (Leitmotiv.) [...] *Jubilation corrosive. Quelle haine ligote mon cœur... Quelle fraîcheur maléfique dans ces lignes. En lisant* entre *les lignes, on y verrait le Diable.* [...] *M'acheter un coffre-fort !... Pour y garder en sécurité tous mes cahiers, toutes mes disputes... Tous mes écrits. La seule chose qui (me) soit impérissable. La seule chose à laquelle je tienne plus qu'à ma vie... Oui :* Et *tous mes bouquins !... comme neufs, je les ai pris avec* *moi affectueusement… amoureusement… Mon deuxième moi-même. Ma seconde partie ?… Mon double. Toute la littérature qui m'a fait et que j'ai faite. C'est tout. Adieu au reste. Rien n'existe hormis ces "choses"* — choses… »

* * * * *

(J'ouvre (ce qui est faux, elle a été appliquée avant que je l'eusse pu dire, donc : « j'ouvre ») une *parenthèse* pour trois raisons (que j'espère méliorations) qui m'apparaissent urgentes à expliciter. — 1. — Mon emploi intempestif des susdites *parenthèses* est très certainement contraignant pour la lecture lente recommandée, car elle oblige bien souvent à revenir sur ce qui les précède pour ne pas perdre le fil de la réflexion ; mais pour ma « défense », j'argumenterai en trois points. — a. — Le titre du présent livre, que je critiquerai à la toute fin, en prévient suffisamment et s'en voit légitimé. — b. — Cela évite les notes de bas de page (*apparats*), trop pompeuses pour cette ambition expérimentale, et légèrement contrariantes pour les yeux (laissons au sommeil le privilège du *Rapid Eye Movement*), surtout si elles sont nombreuses (l'humoriste Robert Benchley, dans son *Shakespeare expliqué*, a le mieux démontré, en trois pages truculentes, le danger couru d'en abuser) ; et, bien qu'il faille dans les deux cas revenir à l'endroit exact où la lecture a été interrompue, les parenthèses, étant placées *dans les phrases*, obligent qu'on en lise le contenu, contrairement aux notes, parfois évincées, car *linéairement en retrait*. — c. — La précision y gagne, quoi qu'on en pense, et elle a pour fonction soit d'émailler, soit de renforcer le propos (j'éprouve des difficultés à *finir*, à contenir ma *rage de l'expression* qui est *encore* positive), soit de perdre le lecteur afin qu'il *s'identifie malgré lui à ma perdition*. (« Ne vous tourmentez pas pour mes parenthèses », a dit, dans une note de bas de page, l'ange qui ne se fait pas plumer, le commissaire San-Antonio. « *Aussi longues que soient les phrases comprises entre, je ne perds jamais de vue l'idée initiale. C'est pour cette raison que certains critiques aussi éminents qu'un économiste est distingué m'ont surnommé "le roi du suspense grammatical"*. » Je referme la parenthèse humoristique.) — 2. — Mon orthotypographie personnelle m'amène à caractériser trois autres constantes syntaxiques remarquables, notamment isotopiques (au sens entendu en sémiotique) : je recours fréquemment aux lettres *italiques* afin de mettre les mots en *valeur*, de sublimer leur *sens*, de les auréoler de *crédit* et de *poids* ; j'abuse du *tiret d'incise*, — chez moi de la longueur du cadratin, que je nomme volontiers « *flaubertien* », — qui, quoiqu'il donne parfois un effet pansu tout en aérant en retour de ses espaces fines (et malmène le « gris typographique » — dont je me contrefiche), est une option diacritique très utile pour la *complétude* ou le *repli de ma réflexion*, et la *pause* qu'il instaure à l'intérieur d'un alinéa est plus svelte que celle d'un retour à la ligne ; j'écharpe (divise les brins, ceins d'une écharpe, « mets en pièces ») à l'aide de *points-virgules* (immanquablement et exagérément perçus comme l'étalon, et revendiqués ainsi, de la dextérité des excellents « manieurs ») un grand nombre de phrases en vue de *séparer/relier/équilibrer/pauser* des propositions indépendantes ou logiquement dérivées, — sans parler (*trop tard*) de l'énumération. La ponctuation est le socle du style et du rythme, et « *se méprendre sur le rythme d'une phrase* », rappelait Nietzsche aux Allemands dans *Par-delà bien et mal*, « *c'est se méprendre sur le sens même de la phrase* ». — 3. — L'arduité de la lisibilité « structurale » de mon livre est due au *nombre restreint de dimensions* qui me sont offertes et que je dois, de surcroît, prévoir. Je m'explique : mon ambition est si grande que les possibilités factuelles de l'écriture ne conviennent pas. Je m'explique à nouveau en prenant l'exemple de l'utilisation des guillemets et des différents niveaux qu'ils autorisent. « Julien s'indigna : "Le lecteur m'a traité de 'mandarin.'" » Pour citer cette phrase, j'ai dû recourir aux guillemets français doubles, puis, à l'intérieur de ces chevrons classiques, j'ai différencié la parole de Julien en optant pour les guillemets anglais doubles, avant de différencier à nouveau l'expression « *mandarin* » par des guillemets simples qui ressemblent à des apostrophes. Il y a donc trois degrés de liberté : que faire si je veux en imbriquer un quatrième ? Or, pour le dire succinctement, mon livre, à tous égards (les guillemets ne sont eux-mêmes *qu'un niveau*), est totalement dénivelé et requiert une dénivellation rémanente qui complique la linéarité de la lecture. Si je reprends le problème des guillemets, je suis par exemple obligé de distinguer, au premier niveau, entre la citation et l'expression particulière (entre *guillemets ironiques*) : pour la citation, le texte est en italique, même si elle est en français ; pour le reste, je laisse en romain. (Ô parenthèses, tirets, guillemets, — vous tous, signes de ma puissance impuissante, vous dictez vos lois !… Que ne suis-je libre ?… Mon esclavage, c'est l'illisibilité !…) — Je referme la *parenthèse* (ce qui est moins absurde, bien qu'elles soient *deux*, que de dire que je l'ouvre, mais cela ne l'eût point été si j'avais écrit : « *Je vais refermer…* »).) — Amputer mon style ? Je n'y consentirais pas. En revanche, que mon style ampute, pourquoi pas ? Un vieil ami d'Emmanuel Kant osa lui dire, un jour que l'occasion se présentait : « *Eh bien, cher ami, ton style est si riche en parenthèses et en conditions préalables qu'il me faut avoir en permanence sous les yeux, que je dois placer un doigt sur un mot, puis un deuxième, un troisième, un quatrième, de telle sorte que avant même d'avoir tourné la page, je n'ai plus de doigts.* » L'alcoolo-poète Malcolm Lowry, de sa dive prose, se serait fendu d'une longue lettre défendant Kant : les parenthèses, les tirets, les incises, il en saoulait son texte, et le lecteur, lui aussi, comatait devant cet amas de « *commas* »… — (Ah ! j'avais oublié ! Que les pointilleux surtout ne m'en veuillent ni ne me rembarrent, car j'enjambe à ma guise : les retours à la ligne, y compris en poésie, seront *traités, tirés obliquement* — à la suite. « *Ne vous chaille* », comme on disait du temps de Clément Marot…)

* * * * *

« *Heureux celui qui lit et ceux qui entendent les paroles de la prophétie, et qui gardent les choses qui y sont écrites ! Car le temps est proche.* » (*Ap 1,3*) — Moi, j'ai pré-dit (« ἐγὼ πρὸ-ἔφην ») et je me découvre (« ἐγὼ ἀποκαλύπτομαι »), — car l'introduction est terminée.

« *Gloria in excelsis Deo*
Et in terra pax hominibus bonae voluntatis. »
(« *Gloire à Dieu dans les lieux très hauts*
Et paix sur la terre parmi les hommes qu'il agrée ! »)

Luc 2,14 (sur une musique de Giovanni Pierluigi da Palestrina)

Tabac

« *Não sou nada.*
Nunca serei nada.
Não posso querer ser nada.
À parte isso, tenho em mim todos os sonhos do mundo. »

(« *Je ne suis rien.*
Jamais je ne serai rien.
Je ne puis vouloir être rien.
Cela dit, je porte en moi tous les rêves du monde. »)

Fernando Pessoa, *Tabacaria* (Bureau de tabac)

Toute destinée, considérée formellement, est frappée d'anathèmes contradictoires auxquels on ne peut échapper sans y mettre le prix. Si l'on admet que chaque linéament existential qui reflète la répartition et la préservation des forces de chaque substance vivante contient, résumées, les pulsions de vie et de mort, alors on est inextricablement voués à avancer, tels des *êtres pour la mort*, vers notre propre anéantissement. L'agglomération de toutes les parties d'un corps humain porte en elle tout à la fois les signes d'une formation qu'a perpétrée une quelconque Volonté inconnaissable, chère à Arthur Schopenhauer, et radicalement contraire à toute idée d'une évolution simpliste, et les signes d'une déformation, plus proche quant à elle de la déshérence entropique de tout système isolé. Volonté et Entropie sont les deux pôles d'un aimant métaphysique qui représenterait le sens ultime de l'origine et de la fin. Dans la première approche d'un œil inexercé, incapable de s'imaginer deux concepts dynamiques se subsumant tour à tour, elles paraissent déliées à cause de la *répulsion* réciproque qu'elles s'*opposent* ; cependant elles ne peuvent être satisfaites sans concomitance préétablie. C'est sur la base d'une certaine harmonie que la Volonté et l'Entropie délibèrent de leurs dictats : l'une prend la direction des racines les plus profondes tandis que l'autre se profile aux extrémités des branches les plus aériennes, et si l'une devait s'arrêter sur son chemin, l'autre serait condamnée. Ce que l'une construit, l'autre le déconstruit par le biais d'un mécanisme de générations qui s'annihilent l'une autre à l'infini, car ne peut être déconstruit que le construit, ne peut être construit que le déconstruit. — « Ô Poussières de nous-mêmes », *chantent les Étoiles*, « ô Poussières, vaines et belles scories de nos âtres nourriciers, que ne tardez-vous de revenir bien au chaud en nous ? Nous étoufferons sans vous. Ô Poussières ! ô Cendres, vous fûtes notre comburant ; ô Cendres, vous créâtes la vie ailleurs ; ô Cendres, vous mourûtes à nouveau ; ô Cendres, vous revîntes nourrir nos sœurs chétives. »

* * * * *

« *Je suis ainsi fait, ou perverti, que je n'aime absolument pas songer à une vie sans vin rouge sur la table ni tabac, avec son adorable petit foyer incandescent. Même de loin, cela ne m'amuse pas* », écrivait, à Henry James, Robert Louis Stevenson (qui pensait aussi que « *tobacco is an admirable sedative* »). Je suis ainsi fait… — Je regarde les cendres de ma cigarette se consumant, elles qui sont à l'origine de mon écriture, qui sont la condition nécessaire et préalable à ma création présente (« *Cinerem tamquam panem manducabam, et potum meum cum fletu miscebam* », peut-on lire dans les *Psaumes* de la Vulgate *(101,10)*, — « *La cendre est le pain que je mange, je mêle à ma boisson les larmes* »). Elles déterminent ma mort plus rapidement que l'abstinence ne l'eût fait seule et je brûle les jours qu'il me reste à vivre, j'hypothèque mon avenir en mettant au monde quelques lignes sans vouloir qu'elles éclosent quelque part. Çà ! qu'importe que ce singulier plaisir s'en aille avec nous en fumée ! D'un côté, Gustave Flaubert, le métronome des phrases ciselées, ne *gueulait*-il pas dans une lettre qu'on lui dit « *si les plus beaux spasmes des adolescents, si les plus larges baisers des Italiennes, si les plus grands coups d'épée des héros [avaient] laissé autre chose dans le monde que n'en [avait] laissé [sa] dernière pipe* » ? D'un autre côté, Mallarmé ne reliait-il point l'âme *soûle* et *cerclée* : « *Tout l'âme résumée / Quand lente nous l'expirons / Dans plusieurs ronds de fumée / Abolis en autres ronds* » ?... L'esthétique de la cigarette se confond avec son éthique, ce qui la rend à la fois objet de contemplation, de conversation, de contempération, de contention, de confusion, de contristation et de contradiction… Francis Ponge, en vériste accompli, et aux antipodes de l'utilitarisme, par une splendide exérèse, la réduit à l'état de pur objet : « *Rendons d'abord l'atmosphère à la fois brumeuse et sèche, échevelée, où la cigarette est toujours posée de travers depuis que continûment elle la crée.* / *Puis sa personne : une petite torche beaucoup moins lumineuse que parfumée, d'où se détachent et choient selon un rythme à déterminer un nombre calculable de petites masses de cendres.* / *Sa passion enfin : ce bouton embrasé, desquamant en pellicules argentées, qu'un manchon immédiat formé des plus récentes entoure.* » — Je ne pense qu'à une chose : je reviens, — *je reviens à l'écriture*. Depuis le début du retour, je pourrais emprunter les paroles d'un certain Adrien Giffard qu'évoque André Gide dans *Si le grain ne meurt* : « *Ce qui m'a fait revenir, [...] c'est le tabac. Tout le reste, je m'en passe.* »

* * * * *

Pourquoi fumer ? — Mais pourquoi pas, en changeant le référentiel habituel, s'interroger ainsi : *pourquoi ne pas fumer ?* Cette question me fait subitement penser au Milanof des *Âmes mortes*, qui, demandant à Tchitchikof la permission de lui offrir une pipe, se la voit refuser par ce dernier : « *Non, car je ne fume pas* », — et s'en étonne aussitôt : « *Et pourquoi donc cela ?* » Tchitchikof répond qu'il a « *évité d'en prendre l'habitude* » en s'en remettant à l'opinion qui affirme que « *cela dessèche la poitrine* ». Milanof fait observer que ce n'est qu'un préjugé et, en vue de lui en apporter la preuve, il lui raconte l'une de ses expériences : « *Dans le régiment où j'ai servi, il y avait un lieutenant, un homme très agréable et très bien élevé, qui ne se séparait jamais de sa pipe ; il fumait à table, au lit et ailleurs, et partout et toujours ; il a aujourd'hui plus de quarante ans, il se porte, Dieu merci, à faire envie aux plus gaillards.* » — C'est une morale comme une autre ! Et, à défaut d'en fumer, on ne craint pas d'enfumer le cerveau de « *pourquoi* » brumeux…

* * * * *

À l'âge de l'adolescence fraîchement abolie qui découpe l'insouciance en petits morceaux, longtemps après la fréquentation de Sherlock Holmes, je me mis, suite à la lecture de son *Journal* (en Pléiade), à m'identifier aux habitudes d'André Gide, non pas en m'attachant particulièrement à celles déployées admirablement dans *Paludes*, que j'avais lu peu de temps auparavant et que je mettrais plusieurs mois à comprendre lors des tentatives avortées d'écriture sur l'écriture (j'invoque tout de go les ectoplasmes maléfiques qui m'accablent impétueusement pour qu'il n'en soit pas ainsi dans mon entreprise actuelle — et au détour de l'examen des répétitions dérisoires qui criblent la succession affable des jours), — mais en faisant mien son usage de la pipe (« *l'antichambre* » de la cigarette, écrivis-je un jour). L'objet était sommaire, d'un marron de faux acajou rutilant, acheté au meilleur prix chez un vendeur que ma jeunesse — ajoutée à la rareté contemporaine des *aficionados* — n'étonna point. J'y goûtais le soir de préférence, assis dans un canapé rembourré récupéré dans le couloir de la résidence estudiantine, et déjà l'attente excitait ce moment de sérénité retrouvée après une journée d'exercices abstraits éreintants. Je garde de cette époque les vestiges odoriférants du cuir de la couverture du livre de Gide et des volutes d'un tabac hollandais très noir (Black Luxury), fermenté plusieurs fois, et propice aux pensées les plus enchanteresses et douces (« *la pipe m'aura apporté tant et tant de plaisirs, quand je lisais ou écrivais dans ma chambre, à l'abri des regards indiscrets* », écrivis-je encore). C'est dire si ces premiers contacts avec la létale nicotine et ses autres substances compagnonnes furent euphoriques, moins pour le tabac que pour le cérémonial, — à l'opposé de la servitude de mon *habitus* qu'induirait inéluctablement, sous d'autres facettes davantage pernicieuses, la reprise quotidienne accoutumante. — Si j'osais prendre le raccourci le plus grossier, je dirais que Gide fut *la cause première* de mon tabagisme. (L'ironie de l'histoire veut que ce soit donc la pipe — gidienne — qui m'ait tenté plus que tout… Mais il y en a une seconde, assez nébuleuse, qui me laisse à penser qu'Oscar Wilde fut l'un des promoteurs de mon usage — à venir — de la cigarette. Ainsi, la « sur-ironie » mêle Gide et Wilde… Je n'y ajouterai pour le moment aucun corollaire, et n'écrirai, sur la partition de mon cœur fragile, qu'un timide « *tacet* »…) — « [05/09/98 :] *Ô Gide… ô Gide… Le fait — rien que le fait — de penser à toi me réjouit… André Gide…* [24/09/99 :] *J'ai terminé Paludes ! Mais quel livre, quel livre !... Oh !... C'est l'un des plus beaux… Faut-il qu'ils soient parfois courts pour qu'ils égalent ou dépassent les gros ?... C'est formidable : il faudrait le lire et le relire à l'infini… Gide, mon Maître… — Paludes… Oh !... Paludes !...* » — La seconde amorce me fut proposée par un camarade et je devins, plutôt timidement, et c'en est heureux, un *assassin*, au sens étymologique exact que Baudelaire rappela dans ses *Paradis artificiels*. Je m'exécutais sans que je sentisse d'effets notoires autres qu'un mal de tête et des lourdeurs au niveau du ventre, ce qui me fit abandonner, presque entièrement, et jusqu'à aujourd'hui, l'emploi de ces chanvres toxiques. — La dernière intromission aux vapeurs infectantes, radicale celle-là, qui m'a contraint à cette recherche aliène des besoins inassouvissables, car assouvis (et c'est la démonstration de l'un des ces multiples points paradoxaux qui va me retenir dans les prochaines lignes), se définit en percevant les éclats du soleil à son zénith : j'étais en vacances, j'écrivais un roman, quand je voulus, en égarant mes yeux par-delà la fenêtre, tenter l'expérience refusée (quoique impensée) : fumer une cigarette du paquet qui me servait à la chiche conception que j'incriminais aux lignes antérieures. Elle démantela les fibres musculaires de mon corps et plongea mes connexions neuronales dans un marasme souffreteux. Je me tins avachi pour la première fois de ma vie, sans réellement concevoir *a priori* qu'elle dévirginiserait ma contemplation du monde et imbriquerait nos relations de la plus indésirable des façons. Bien que les premières prises fussent légères (mais à quel prix ?) et espacées dans la journée, le lien machiavélique se noua — à la gorge. Il n'était nullement question encore de devoir fumer pour pouvoir écrire, mais c'en était fait de moi, d'autant plus que le souvenir de la découverte resterait attaché à jamais à l'écriture, le comble pour un homme dont l'existence est indissolublement réduite à elle. Ainsi il en alla de ce qui devait devenir un plaisir, puis un cauchemar, au gré des états d'âme, jusqu'au besoin matinal, jusqu'à la possibilité, plus tard, quelques mois à vrai dire, d'en fumer deux coup sur coup, de ne me coucher qu'après avoir gonflé et enfumé mes poumons pris au piège.

* * * * *

Le tabac fit autorité et je perdis le plaisir des origines bancales, je me livrai entier à l'addiction, m'affublai sans hésitation du titre morbide de fumeur inconditionnel. Ô combien maligne fut cette dépendance, car je ne la compris qu'après maintes joutes, excessives, où se jouaient ma santé, ma capacité volitionnelle, mon aperception habituelle des événements. Je ne la compris qu'en analysant étroitement les tenants, en en dressant l'étiologie la plus scientifique qui fût. C'est en opérant une réduction phénoménologique que le moi se reconsidère transcendentalement et se saisit purement. Un long sevrage m'aida à repenser ce moi atrophié par l'ignorance, voire le récompenser, c'est-à-dire m'expliquer le processus et passer de la contemption du contentement (comblement du manque) au contentement (satisfaction exclusive) de la contemption, sans toutefois m'abuser, l'ἐποχή n'officiant qu'en tant que rédemption. La vérité eidétique, tel est mon but. — Je n'ergoterai pas comme Ivan Ivanvitch Nioukhine, ce personnage qu'Anton Tchékhov met en scène, jeté littéralement dans l'arène, fort sympathique au demeurant, mais confinant à la jocrisserie, et qui tient une conférence sur les méfaits du tabac sans jamais en approcher la matière d'un pouce. Sa parabase fortuite resserre impeccablement la bizarrerie de toute discussion liée au tabac : quand on en parle, on n'en parle pas, un barrage irréductible à ce problème se dresse, que les fumeurs semblent incapables, tout en l'éprouvant de front, de décrire à satiété. Ce barrage est une translation mentale de la relation de Heisenberg où l'objet quantique n'est pas localisable tant que sa position n'est pas mesurée ; or n'importe quel instrument de mesure, du fait qu'il interagit avec la particule observée, influera sur cette localisation présumable, ce qui annulera, sauf statistiquement, toute représentation exacte de sa position, — et *le tabac*, de cette manière que j'image peut-être indûment, se dérobe à celui qui, droit dans les yeux, veut l'observer *tel qu'en lui-même*.

* * * * *

Honoré de Balzac, spectateur du développement « *excessif* » du tabagisme en France où la prise nasale fut détrônée par la prise buccale (« *on ne s'était jamais douté des jouissances que devait procurer l'état de cheminée* »), commit un court *Traité des excitants modernes* dans lequel il énumérait les propriétés de l'alcool, du sucre, du thé, du café et du tabac, qui « *triomphe de tous les autres* ». (Balzac buvait du reste une centaine de tasses de café chaque jour et ne rechignait pas à y verser de la liqueur pour hausser d'un degré l'excitation que la seule caféine, par l'accoutumance, ne devait plus maintenir. Notre écrivain Faiseur d'Études se fût rangé à l'avis de Georg Christoph Lichtenberg qui avançait que « *nous avons érigé toutes nos meilleures idées sur une sorte de fièvre issue du tabac et du café* »… Jean-René Huguenin croyait également aux vertus combinées du café et du tabac pour *mettre en branle la machine* : « *Voilà 3 grands jours que je passe, de 8 h du matin à 11 h du soir, à tourner dans mon atelier, sans avoir écrit une ligne que je n'aie jetée dans la cheminée. Je sens mon imagination pauvre, ma conviction, nulle. Je grille 30 cigarettes par jour, j'avale 4 à 5 tasses de café, je crois parfois sentir que ça va marcher, que le ton soit là, dans un fourré, qu'il suffit d'écarter le feuillage et de le saisir […].* ») Selon Balzac, le « *tabacolâtre* » (ou le « *pyroscaphe* ») persiste et s'habitue malgré des « *vertiges sensibles […], une salivation excessive, et souvent des nausées qui produisent des vomissements* ». Puis le bâtisseur de la *Comédie humaine* signe son opuscule de cet axiome tonitruant : « *Tout excès qui atteint les muqueuses abrège la vie.* » — C'est lui, Balzac, le « *simple docteur en médecine sociale, le vétérinaire des maux incurables* », qui, dans *La Cousine Bette*, compare l'« *occupation délicieuse* » qui consiste à « *penser, rêver, concevoir de belles œuvres* », à « *fumer des cigares enchantés* » ; — c'est lui qui, dans les *Illusions perdues*, fait dire au prêtre espagnol venant de sauver *in extremis* Lucien Chardon du suicide : « *Dieu nous a donné le tabac pour endormir nos passions et nos douleurs…* », — alors qu'une autre phrase de ce roman initiatique (innocence et insouciance de la jeunesse intrépide) et tantalien (vouloir, assoiffé, boire de l'eau d'un étang qui se rétracte en s'approchant, vouloir, affamé, attraper les fruits d'un arbre qui se dérobent aux mains tendues), telle une réponse insupportable et perverse, claquemure l'existence de l'homme : « *Dans une vie tiède le souvenir des souffrances est comme une jouissance indéfinissable* », — et contraindrait le fumeur à apaiser ses douleurs en les rappelant à lui… Dans son *Traité*, Balzac ne dit-il point que le tabac est « *le plaisir des malheureux* » ? — Mais chaque clope éclope davantage… — On peut en savoir gré à Balzac d'avoir été un précurseur en mentionnant les dérèglements du corps, mais il serait aujourd'hui le premier abasourdi de constater qu'il était encore loin du compte si l'on avise les avancées de la recherche médicale : irritation de la muqueuse bronchique qui va subir une transformation métaplastique, bronchite chronique obstructive, augmentation des macrophages alvéolaires, accélération du rythme cardiaque, atteintes vasculaires, dépôts d'athérome, œsophage abîmé, actions sur le cerveau, la vessie, la peau, impuissance sexuelle, altération des paramètres spermiologiques classiques et de la qualité nucléaire des spermatozoïdes, — je ne continue pas la liste des affections biologiques, et, quand bien même je ne pourrais les passer sous silence et les oublier, cette sémiologie n'est en aucun cas mon propos (les médecins en parleront mieux que moi, dont une grande proportion fume !). Je pourrais m'appesantir sur le monoxyde de carbone, l'arsenic, les cyanides, l'acétone, le formaldéhyde, le goudron, l'ammoniac. Je ne le ferai pas, un chimiste en biologie s'en chargera. Les inconvénients divers tels que la mauvaise haleine (l'autognose en est impossible), la perte conjuguée de l'odorat et du goût (révélée *a posteriori*, lors du sevrage), la toux (la matutinale est la plus révélatrice, le motif récurrent de la décision d'arrêter), le manque de souffle (air dans la gorge semblant obstruée, exercice léger ressenti comme exercice lourd), l'excitation (grandissante dans l'espacement entre deux cigarettes) et les perturbations du sommeil (certains se lèvent la nuit armés de leur briquet), le jaunissement des dents (le miroir renvoie l'image de la denture peu séraphique et le dentiste nous le rappelle avec son détartrage désagréable), — tous ces inconvénients, dis-je, j'en fais fi. Ni apologie du tabac à la Sganarelle (« *qui vit sans tabac n'est pas digne de vivre* »), ni glorification hédoniste à la Lord Henry devant Dorian Gray (« *La cigarette est le parfait exemple d'un parfait plaisir. C'est une chose exquise et qui nous laisse inassouvis. Que désirer de plus ?…* ») ou à la Gilbert devant

Ernest dans la bibliothèque d'une maison de Picadilly (« *Je ne veux plus rien connaître que la volupté divine, que l'éphémère* μονοχρονος ηδονη *d'une cigarette. Les cigarettes ont au moins le charme de laisser le désir intact* »), ni préconisation, telle la prescription de ce drôle de médecin à Erik Satie (« *Fumez, mon ami : sans cela, un autre fumera à votre place* »), ou celle du vieil indien Ebbits dans *La manière des Blancs* de Jack London (« *Il rend plus fort l'homme fort, et l'homme en colère oublie son courroux. Le tabac a ainsi une valeur, une grande valeur* »), ni consignes d'éradication de ma part, tel le *Misocapnie* (« καπνός », « *fumée* ») du roi Jacques 1ᵉʳ, ni même un semblant d'adjuration ou d'imploration que motive une certaine consécration de l'usage, comme le fait, devant son cousin, le convalescent Hans Castorp de *La Montagne magique*, qui n'arrive pas à comprendre que l'on puisse ne pas fumer (« *C'est se priver de toute façon de la meilleure part de l'existence et en tout cas d'un plaisir tout à fait éminent. Lorsque je m'éveille, je me réjouis déjà de pouvoir fumer pendant la journée, et pendant que je mange, j'ai la même pensée, oui, je peux dire qu'en somme je mange seulement pour pouvoir ensuite fumer, et je crois que j'exagère à peine. Mais un jour sans tabac, ce serait pour moi le comble de la fadeur, ce serait une journée absolument vide et insipide, et si, le matin, je devais me dire : "aujourd'hui je n'aurai rien à fumer", je crois que je n'aurais pas le courage de me lever, je te jure que je resterais couché* »). Non, rien de tout cela. Même, à l'extrême rigueur et dans l'absolu, je ne suis, comme le poète oublié Joséphin Soulary, « *ni pour ni contre le tabac* » : « *Il m'a trop fait de mal pour en dire du bien, il m'a fait trop de bien pour en dire du mal.* » Ce n'est pas une éthique encore moins une meilleure conduite morale que je propose, mais une éthique pour tirer des valeurs normatives de cette occupation dont beaucoup n'évaluent pas, en toute connaissance du symptôme, les prémisses attenantes au rôle incursif et récursif de la cigarette dans leurs pérégrinations journalières, et prétextent, parmi ceux qui s'arrêtent quelques instants sur la question, des lieux communs évasifs qui les rassurent bon an, mal an. Une frange de la population des fumeurs avoue aimer fumer ; une autre culpabilise en estimant les risques ; une autre répond que cela l'aide à supporter des moments délicats plus ou moins graves. On ne peut nier cette évidence aux allures apodictiques : la majorité des fumeurs caresse l'espoir de supprimer l'assuétude au tabac tandis qu'une partie non négligeable des anciens fumeurs reprendrait bien. La fumée liminaire à travers l'ajour rime-t-elle avec toujours ? Pour celui qui décide de cesser de fumer, le sevrage est une souffrance incoercible, et mentale (privation du comburant que l'on croit à la base de tous le gestes — d'où la plainte de certains quant au geste supprimé qui leur donnait de la « contenance » —, concentration dérangée, dépression, et j'en passe qui sont l'apanage d'une décharge motrice permettant de relâcher l'activité du corps perclus) et physique (engourdissement du corps, vision rabougrie par une sorte d'étau au niveau des tempes). (Quoique cela ne soit pas comparable, il suffit de lire le *Journal d'un morphinomane* où l'auteur, anonyme, répète inlassablement dans son journal, tous les jours, pendant plus d'une quinzaine d'années, qu'il va enfin diminuer les doses de morphine qu'il s'injecte, et bientôt arrêter... Dès demain... dès demain...) Mais pourquoi les rechutes sont-elles prévisibles et si courantes ? pourquoi, outre tout ce que l'on sent agir en nous, ne parvient-on pas à se défaire de cette chose qu'à la condition d'un effort surhumain ? Pourquoi être obligé de se dompter ? pourquoi parle-t-on de *volonté* ?

* * * * *

(Arrêtons-nous et « amusons-nous », sous forme de délire, avec Baruch Spinoza, plus particulièrement à la quatrième partie de l'*Éthique*, Proposition I : « *Rien de ce qu'une idée fausse a de positif n'est ôté par la présence du vrai, en tant que vrai.* » L'idée fausse que je ne puisse écrire qu'à la lueur du tabac, autrement dit l'idée fausse que ledit tabac soit salvateur, est positive à cause de cette idée même, et rien de ce que la notion de nocivité recouvre ne saurait me faire changer d'avis. Cependant cette idée, fausse parce qu'*inadéquate*, est vraie en tant qu'elle se rapporte à Dieu, — et je fume et écris devant Dieu. À la proposition XVII, on peut également lire : « *Un Désir qui naît de la connaissance vraie du bon et du mauvais, en tant qu'elle a trait à des choses contingentes, peut encore bien plus facilement être réduit par le Désir des choses qui sont présentes* », — dont le Scolie rapporte les propos d'Ovide : « *Je vois le meilleur et je l'approuve, je fais le pire.* » Le Désir né/présent : écrire ; le bon : écrire ; le mauvais : fumer ; la contingence : tomber malade. C'est en sachant tout en voulant oublier ce savoir (qui accroît la douleur) que je connais « *tant l'impuissance que la puissance* » de ma nature... — « *O ! glücklich ! wer noch hoffen kann / Aus diesem Meer des Irrthums aufzutauchen. / Was man nicht weiß das eben brauchte man, / Und was man weiß kann man nicht brauchen.* » (« Ô bienheureux qui peut encore espérer de surnager dans cet océan d'erreurs ! on use de ce qu'on ne sait point, et ce qu'on sait, on n'en peut faire aucun usage. ») Point.)

* * * * *

Je ne prétendrai pas élucider le problème, mais avant que d'élaborer un essai d'explication, — car enfin, les hordes maladroitement coalisées des prêcheurs componctueux (braquant, *à l'index*, avec force les « *Tu ne dois pas* », icônes du Père), rétrogrades par-dessus le marché, sont pléthores à juger en diffamation quiconque leur est inconnu, et renforcent bêtement une discrimination qui touche à la vie privée (j'ajouterai plus tard à la vie même, mais je décline toute prolongation d'une diatribe chargée de dédain, je serais le juge que je viens de condamner), — j'arguerai que l'avis d'une personne qui n'a de sa vie touché, de près ou de loin, à une cigarette, ou n'a fumé qu'occasionnellement, ou n'est pas confrontée au besoin irrépressible qui surgit dès la couette soulevée, dès l'heure écoulée, ne nous servira de rien ; elle ne sera capable que de légiférer sur la *faiblesse* du fumeur qui est prisonnier de son inclination. Certes, la faiblesse du premier épanchement est déraisonnable, il eût suffi de ne jamais commencer ; cependant je suis persuadé qu'une addiction, sous toute autre forme de drogue, qu'elle soit dangereuse pour la santé ou non, est en mesure de se développer chez *tout* individu, en premier lieu pour *contrer l'ennui*. — Le lunaire et complaignant poète Jules Laforgue avait l'art de lyriser l'ennui, j'en veux pour exemple ce fameux quatrain : « *Oui, ce monde est bien plat ; quant à l'autre, sornettes. / Moi, je vais résigné, sans espoir, à mon sort, / Et pour tuer le temps, en attendant la mort, / Je fume au nez des dieux de fines cigarettes.* » — L'une des premières surprises du fumeur chez qui les perturbations du sevrage sont atténuées, c'est l'impression d'un temps regagné, d'un espace temporel rallongé qu'il est loisible de réoccuper et dont la cigarette avait, en compartimentant de ses impératifs toute la durée d'une journée, décimé l'idée de liberté du *loisir* continu. Afin de bien comprendre cette notion, il me faut, n'en déplaise aux âmes les plus réticentes aux aspects obscurs de l'existence et qui conspuent le nihilisme sans y avoir réfléchi, ramener au premier plan la critique philosophique de Schopenhauer, à qui je me rallie sans peine quand l'occasion se présente. Celui-ci n'aimait guère que l'on tirât des extraits de sa grande œuvre, *Le monde comme Volonté et comme Représentation*, sans l'avoir lue d'un bout à l'autre (« *D'une façon générale, qui veut se familiariser avec ma philosophie doit lire jusqu'à la moindre ligne de moi* »), voire de l'avoir lue *deux fois*, mais dès maintenant, je dérogerai à cette recommandation en citant cet aphorisme avec lequel on a voulu hâtivement tout résumer : « *La vie donc oscille, comme un pendule, de droite à gauche, de la souffrance à l'ennui.* » Supposons que nous ne souffrions pas, nous nous ennuyons, et l'ennui, ce « *monstre délicat* » célébré par Baudelaire (« *Il en est un plus laid, plus méchant, plus immonde ! / Quoiqu'il ne pousse ni grands gestes, ni grands cris, / Il ferait volontiers de la terre un débris / Et dans un bâillement avalerait le monde. / C'est l'Ennui !* ») en guise de prologue aux *Fleurs du Mal*, est l'adjuvant de nos vies malingres. Au paragraphe 57 de l'ouvrage principal de notre philosophe est estampillé : « *Ce qui fait l'occupation de tout être vivant, ce qui le tient en mouvement, c'est le désir de vivre. Eh bien, cette existence, une fois assurée, nous ne savons qu'en faire, ni à quoi l'employer ! Alors intervient le second ressort qui nous met en mouvement, le désir de nous délivrer du fardeau de l'existence, de le rendre insensible, "de tuer le temps", ce qui veut dire de fuir l'ennui.* » J'entends les contestations qui poignent des gens qui clament en se croyant sûrs d'eux que leur vie est « remplie », qu'ils ne s'ennuient jamais, qu'ils vaquent du matin au soir à des occupations variées — toutes honnêtes ? —, et c'est justement appuyer ce qu'exprime Schopenhauer : ce n'est pas qu'ils puissent s'imaginer s'ennuyer, mais qu'ils fassent en sorte de s'acquitter de cet ennui en se dispersant dans des activités surnuméraires. L'ennui n'est pas aboli, il sous-tend l'occupation du temps imparti : le sport, le travail, la lecture, la télévision, les jeux en tous genres, les *hobbies*, les rapports humains, l'écriture, démontrent ce fait, aussi terrible soit-il. L'ennui — et l'oubli, dont l'oubli de l'ennui !... Ô malheureux ! malheureux !... D'un côté, chez Tristan Corbière, la Pipe du poète est là pour endormir la « *Bête* », l'horreur de vivre, l'Ennui… De l'autre, chez Alphonse Rabbe (ô toi que je comprends plus qu'il ne le faudrait), elle est là, dit-il, « *pour que je chasse un peu l'ennui de vivre ; […] que je me livre à l'oubli de toutes choses* », — et longuement, longuement, *très longuement*, le malheureux s'interroge, explore, dissèque la pipe, pétri d'amertume : « *Que cherché-je moi-même au fond de ton petit fourneau, ô ma pipe ? Je cherche, comme un alchimiste, à transmuer les chagrins du présent en passagers délices. Je pompe ta vapeur à coups pressés, pour porter dans mon cerveau une heureuse confusion, un rapide délire préférable à la froide réflexion. Je cherche le doux oubli de ce qui est, le rêve de ce qui n'est pas, et même de ce qui ne peut pas être. / Tu me fais payer tes consolations faciles : le cerveau s'use et s'alanguit peut-être, par le retour journalier de ces mouvements désordonnés. La pensée devient paresseuse, et l'imagination se fait vagabonde, par l'habitude d'ébaucher en vacillant d'agréables fictions. […] Fumez, au contraire, amants malheureux, esprits ardents et inquiets, obsédés du poids de vos pensées. […] Ô ma pipe, que je te dois de biens ! Qu'un importun, un sot discoureur, un méprisable fanatique vienne à m'aborder, soudain je tire un cigare de mon étui ; je commence à fumer, et dès lors si je suis condamné au déplaisir de l'entendre, j'échappe du moins au supplice de lui répondre. […] Ô ma Pipe ! chasse, bannis ce désir ambitieux et funeste de l'inconnu, de l'impénétrable.* » Quoique je doute qu'il en soit rigoureusement la figure opposée, Albert Einstein (le rapprochement, j'en suis certain, est inédit !), qui fut un grand amateur de la pipe et qui, dit-on, lors d'un accident de bateau, ne la quitta même pas des lèvres en tombant à l'eau, avait eu ces paroles : « *Fumer la pipe aide à porter un jugement plutôt serein et objectif sur les affaires humaines.* » Et Jacques Drillon, à qui l'on doit un *Traité de la ponctuation française* faisant référence, affirme que « *le tabac est un refus de la vie telle qu'elle est* », et que, « *parce que la vie est imparfaite, le tabac est* ». Mais il ne s'arrête pas là et parle du sevrage de cette façon : « *On est gagné par un ennui majuscule, on n'a plus de raison d'agir, on se laisse pousser par le vent des circonstances. Mettre un pied devant l'autre, pour quoi faire ? Et pour aller où ? Il n'est de lieu sur la terre où l'on puisse trouver le repos, il n'est d'être au monde qui n'ait perdu son nom.* » Le fumeur est un mélancolique. S'il ne le savait pas, c'est en oubliant la cigarette qu'il en prendra conscience : l'ennui de l'existence l'accablera. C'est dans ce sens que l'on peut prendre cet avis de Tolstoï dans *Résurrection* : « *Les gens ne vivaient que pour eux, pour leur propre satisfaction et tout ce qu'ils disaient de Dieu et du Bien n'était que mensonges. Et si par aventure quelqu'un demandait pourquoi sur terre tout est organisé de telle façon que les hommes se font du mal les uns aux autres, il n'y avait pas lieu d'y réfléchir. Vienne le cafard ! — une cigarette, un verre d'eau-de-vie ou mieux encore, un peu d'amour, et tout s'efface !* » Le cafard/ennui, dont on n'avait jusqu'alors pas réellement conscience, et qui se trouve miraculeusement soulagé grâce à la cigarette, deviendra pleinement conscient si l'on se prive de cette dernière. — En conséquence de toutes ces remarques, ma première affirmation sur les raisons nosologiques du tabagisme peut être ainsi retranscrite : *l'ennui enjoint, sans effort insurmontable ni rémission démobilisatrice, tout fumeur à passer le temps à sa façon, à donner une substance à sa subsistance, à assouvir son besoin de faire, de fumer, et à oublier, s'oublier.* Ceci va au-delà de la notion de « contenance » souvent rebattue chez les concernés, dont témoignent le maintien particulier de la main ou la posture assurée générale, prestance avant tout signe de l'*occupé*. De toute façon, l'ennui est omniprésent, je ne cherche pas à donner la clef de son expulsion du domaine des consciences puisqu'elle leur est intrinsèque.

* * * * *

Bref, cette assertion de l'ennui au sujet de la persévérance du fumeur dans sa compulsion est selon moi primordiale, nonobstant la remarquable absence, à ma connaissance, de toute tentative répertoriée d'approche du tabagisme actif. Je ne marcherai pas sur les plates-bandes de Thomas de Quincey dont le mangeur d'opium prétend que « *tout ce qui a été écrit sur ce sujet* » n'est que « *mensonge* », mais enfin, où sont les argumentations convaincantes ? Je n'en vois aucune, exceptées les brèches ouvertes par les théories et les modèles psychologiques et psychanalytiques, que je vais incidemment expliciter. — Introduire une psychopathologie du fumeur est périlleux. L'addiciton du fumeur a des points communs avec celle des drogues dures, mais également avec les addictions ambivalentes que sont la boulimie, la masturbation — l'obsession sexuelle — ou celles, moins ressenties somatiquement, énumérées pour l'ennui (le philatéliste ou le pianiste par exemple, méritent de se targuer de posséder, selon les *manies*, les attributs des *addicts*). — Les syndromes comportementaux décrivant une activité avilissante telle que fumer, ne surprennent que le néophyte, mais la distance à parcourir entre l'état de fait et la résolution de cet état est grande et douloureuse, il faut au cœur l'abnégation suffisante pour se retrouver face-à-face avec sa pratique déstructurante sans craindre de perdre l'estime que l'on pourrait se porter. Empruntons un raccourci : d'une part, il y a ceux qui veulent s'autodétruire et se servent mécaniquement de ce moyen aisé, à portée de main, et qui n'égratigne qu'à petit feu (si c'est la mort leur but avoué, ils la contournent en trajectoires concentriques lointaines, sans la quitter des yeux néanmoins, mais la projection expéditive du suicide est éludée sommairement) ; d'autre part, il y a ceux qui se refusent en toute conscience, tels des aménomanes, de penser qu'ils contribuent à l'écourtement de leur vie en la sacrifiant par le cigarette (ici, c'est la projection de la mort naturelle qui est éludée). Ces deux groupes sont *dépressifs* (de fait, si tous les fumeurs ne sont pas des dépressifs *diagnostiqués*, une grande proportion des dépressifs sont des fumeurs) : les premiers baignent dans l'océan de la mort, font quelques mouvements pour nager en surface, coulent de-ci, de-là, sans péril, le fond est fangeux et désagréable ; pour les autres, ils se leurrent, savent très bien nager, boivent la tasse, font une grimace sans baisser la tête dirigée vers le plafond insipide du ciel. Ils assurent leur survie vaille que vaille et pérennisent leur difficulté de vivre, leur névrose. Le conflit inconscient entre les désirs et les interdits est le soubassement de la morbidité de ces agissements, la réalisation de la mort que leur susurre sans retenue Thanatos n'est que l'un des deux pendants pulsionnels, à contre-courant vis-à-vis d'Éros, pour la persistance, la préservation d'un être-au-monde. L'envers du décor, c'est la mort, c'est l'*identification* à elle, non pas une identification similaire à celle de ses balbutiements où les jeunes adolescents « *Qui, crânement, / fument* » et imitent en crapotant leurs parents fumeurs, se veulent l'égal des grandes personnes et cherchent à débouter l'autorité en affirmant leur propre liberté, leur virilité, cette « *vanité des jeunes gens* » qui, d'après Nietzsche, deviendra « *une mauvaise accoutumance* », mais une identification à l'état de repos absolu, *là-bas*, pas *ici*, en ce bas monde, mais en ce bas-fond, là où le moi *repose en paix*. La *contrainte* que se crée le fumeur sert à supprimer *toute contrainte* et lui ordonne de vivre pour mourir, de vivre pour plonger dans un sommeil proche de la mort, — ce que Hypérion formule dans un désespoir cotonneux : « *Mon cher frère ! je console mon cœur par toutes sortes de chimères, me verse mainte potion somnifère [...].* » Les tracas — amers — de la psyché y trouvent une compensation notoire, telle la *pipe* personnifiée du poème de Baudelaire, dont le rôle, explique-t-*elle*, est de fumer « *comme la chaumine* » quand son « *maître* » (ou l'« *auteur* ») est « *comblé de douleur* », et de rouler « *un puissant dictame / Qui charme son cœur et guérit / De ses fatigues son esprit* » : — la dépression a trouvé son prétexte en une automédication et elle enlève son masque dès que son *esclave* doit s'abstenir de fumer.

* * * * *

La première cigarette ne laisse guère de souvenir doux, le cortège de sensations qu'elle produit — l'odeur, le goût amer et très grossier du fumet, de surcroît tussif (on peut « remercier » l'ammoniac qui permet de limiter cette irritation), la langue et le palais râpeux — est le contraire d'une invitation cordiale, c'est le fumier du fumivore novice. En revanche, les jambes qui flageolent, les membres qui s'engourdissent, le cerveau qui s'enivre (la nicotine l'atteint en quelques secondes), ne sont pas dépourvus d'attraits. Qui s'évertuerait à abonder dans la recherche de sensations s'il n'y avait que les premières ? Le fumeur se désengagera, s'il est lucide, de l'idée que le goût du tabac est la cause de son assujettissement considéré sous l'aune du contact sensoriel appréciatif, et il devra admettre que c'est l'aspect somatique qui l'attire primairement et qui finit, étant donné que le fumeur oublie de goûter (il en perd d'ailleurs les moyens, ses facultés de sentir diminuant avec l'usage permanent), par forclore les degrés de distinction des sens et ne fait plus ainsi intervenir leur agrément éventuel, leur emprise subjective. (Il ne mésestime pas la première prise des aurores qui, complaisamment, en affaiblissant tous les degrés de perception négative du fumeur, escamote le transissement qui l'eût tenaillé avant d'embrayer sur une journée de travail et l'immanquable cohorte de soucis.) L'appétence est essentiellement physiologique et ceci marque une nouvelle avancée dans l'analyse ontologique de notre expédient (utilité qui préserve) qu'on voudrait expédier (se débarrasser d'un nuisible). Le fumeur est actif dans la recherche d'un apaisement du corps, d'une exaltation sourde, d'un repli fébrile : ce que la cigarette lui prête, c'est une commotion tranquille, un onguent aux pouvoirs désinhibiteurs rendant le corps et la pensée larvaires, elle l'aide à achopper à la réalité et ses épines meurtrissantes. *Le fumeur se retire, il ne veut pas sentir la réalité telle qu'elle est.*

* * * * *

(Je me revois, aux Onchères, dans notre petite maison à Basse-Goulaine, fouiller dans l'un des tiroirs. Il y a un paquet de cigarettes qui date du temps où mes parents fumaient. J'en vole une, ainsi qu'un briquet, puis vais me cacher dans un coin du jardin… Mais je ne me souviens de rien d'autre… — Je me revois, à La Turballe, après le repas, en compagnie de mes grands-parents. Mon grand-père se confectionne son habituelle cigarette roulée avec du tabac Clan (paquet de couleur verte aux motifs de kilt irlandais). Je lui en demande une. Il m'en roule une aussi fine qu'une allumette, au grand dam de ma grand-mère. Nous la fumons derrière la maison, silencieusement. Je me sens fier de faire partie des grands. — Quel âge avais-je ? L'âge de sucer mon pouce…)

* * * * *

(Je me revois, peu de temps après l'annonce du divorce, à la table d'une pizzéria, avec mon père. C'était l'époque où la Loi Évin n'existait pas encore. Nous fumons l'un devant l'autre pour la première fois. Le stress l'a fait reprendre. Ce sont des mentholées — et il mâche un chewing-gum. On dirait qu'il fume contre sa volonté.)

* * * * *

(Je me revois choisir des cigares chez un buraliste dont la cave est réputée. J'emporte toutes sortes de marques et les enferme délicatement dans une boite où j'ai placé une éponge à peine humide. Dans ma chambre, à l'ICAM, je l'ouvre de temps en temps sans même en prendre un, juste pour le plaisir de humer cette belle odeur.)

* * * * *

Insatiable corporéité ! Avide d'avaler la nourriture, la nature vivante, en accroissant sa frondaison, devient la proie de ce qu'elle ingurgite. L'introjection du fumeur est double : incorporation de la vitalité et incorporation à son moi d'un modèle salutaire. Quelle puissance hétéronome peut-elle pousser à ingurgiter un brouillard méphitique ? À tout le moins, boire ou manger s'entendent, — mais *fumer* ? La consommation est une appropriation d'objets extérieurs, celle du tabac en particulier est une substitution à notre appétit normal et l'alimentation régénératrice se voit reléguée en tant que vacuité. L'ennui n'est pas étranger à ce phénomène de comblement du moi. C'est comme si l'esprit désespérait d'être trop contenu et que l'unique solution était de se faire *contenant* (nous retrouvons ce terme sous une acception différente), par le corps, — inévitablement. La bouche est originellement l'orifice de l'auto-érotisme par excellence (mais je n'omets ni l'anus ni le phallus) et rappelle les premières tétées se substituant d'un coup brutal au cordon ombilical. Le bébé pleurait pour se nourrir et vivre, grandir ; le fumeur pleure de vivre, comble les failles de son être vacillant, se nourrit de mort, et se fourvoie en un retour à la fantasmatique œdipienne. À quoi veut-il se rattacher, cet homme ? Il a peur de rompre avec la première *inspiration*, il régresse — grâce à cet amour ancillaire. Karl Abraham, dans un article dont le titre se passe de commentaire (*Examen de l'étape prégénitale la plus précoce du développement de la libido*), affirme que « *fumer devient une condition pour travailler* » aussi longtemps que l'autoérotisme continue à ne tolérer le travail « *que s'il reçoit une satisfaction en partage* ». — Ces objets introjectés subissent, au préalable à la possession, une transition, aussi bien représentative d'un changement d'affects que d'une substitution. Donald Woods Winnicott décrivit les objets transitionnels afférant au désinvestissement non conclu formellement — d'un deuil non digéré — lors de la séparation des obligations maternelles (le sein donné, l'ablactation fatidique) à l'égard de l'enfant. L'objet privilégié, devenu indépendant de la mère, extrapole le non-moi et lance le début d'objectivation du monde extérieur qui permet d'adoucir la désillusion de la séparation. La cigarette est l'une de ces protections contre l'angoisse de perdre l'objet maternel. L'ob-jet (jaillissement) du désir, l'objet *a*, de Jacques Lacan, l'instant où le symbole se matérialise, est la pierre (angulaire) de Rosette indispensable au déchiffrement du langage, par lui du monde. L'angoisse détermine sa propre compréhension ; d'où la réapparition de l'angoisse, *etc.*, — et le cycle se referme. À partir du moment où le nourrisson aura éprouvé une satisfaction, il n'aura de cesse de reproduire, adulte, ce plaisir en réinvestissant l'image mnésique de l'allaitement prodigué par la maman. Cette demande, surgie du manque, de la frustration, de la *castration*, sera exaucée par le truchement d'une transitionalité — motivée, pour notre propos, par l'agent tabagique et l'objet de cet agent, la cigarette (ou la pipe, le cigare). — Le narcissisme, vu négativement, commun à un grand nombre, bouleverse les affects durant les différents stades de son déploiement, et peut, dans les pires cas, enfermer l'individu dans un épuisement libidinal de son moi. Le fumeur est parfois un contemplateur de lui-même. Que peut-il faire d'autre ? Le tabac est pour lui, il se regarde fumer, il se donne du plaisir.

* * * * *

Pas de fumée sans Freud (le jeu de mots m'invite à surenchérir en « pas de fumée sans *feu le fumeur* »), ouvrage de Philippe Grimbert, m'a ouvert une dimension riche en enseignements. Dans cet essai sous-titré *Psychanalyse du fumeur*, on y rencontre un Sigmund Freud qui, au fil des lettres finement sélectionnées par l'auteur, se dévoile comme rarement il l'a été. Le rôle du tabac dans la vie du grand médecin fut gigantesque et la menace de mort omniprésente qui planait au-dessus de lui fut évincée, même dans ses dernières années, alors qu'il était lourdement condamné — et amoché — par un cancer de la mâchoire qui fut décelé en 1923 (Freud meurt en 1935, soit douze années de sursis), peu de temps avant la mort de son petit-fils favori (« *je suis désormais indifférent à tout* ») : trente-trois opérations, des souffrances épouvantables, une prothèse qui sépare la bouche de la cavité nasale, et malgré tout cela une incapacité criante à arrêter définitivement le cigare, au sujet duquel il dira que sans lui il n'aurait pu constituer son œuvre et inventer la psychanalyse. Ainsi *Herr* Freud, — qui, en parallèle d'une étude scientifique (et apologétique) qu'il avait eu l'occasion de réaliser lorsqu'il travaillait sous les ordres de Jean-Martin Charcot, avait succombé au charme de la *cocaïne* (qui lui déliait si bien la langue), dont il avait cependant su se défaire, mais progressivement, — fut-il *addict* au tabac ! Qu'en pensait-il ? À vrai dire, aussi invraisemblable que cela paraisse, peu de choses relatives au tabagisme dans ses écrits, — ou nous soient parvenues. Ce qui m'intéresse, c'est ce qu'il en dit dans ce passage : « *J'en suis venu à penser que la masturbation était l'essentielle grande habitude, le "besoin primitif" et que les autres besoins, tels ceux d'alcool, de morphine, de tabac, n'en sont que les substituts, les produits de remplacement.* » Le suçotement, selon Freud, est remplacé par la masturbation, qui elle-même est remplacée par le besoin de fumer. Il est inconcevable, à notre époque où le complexe d'Œdipe est soit ignoré, soit rejeté comme affabulation, de débattre de ce thème tabou sans provoquer un malaise que beaucoup ne voudront pas examiner. Ah ! heurter la sensibilité des hommes… La vanité de l'homme est infinie, on ne peut essayer de lui inculquer ce qu'il ne veut pas essayer de considérer. La peur ! la peur !… alors que tant de signes si ostensibles devraient éveiller les soupçons, nous, les Sioux qui appelons quelque chose en nous, clamons : « *Fumer est une chose pleine de rusticité et de nature. Cette transformation d'une herbe sèche en une fumée odorante, vivante, fertilisante, n'est pas sans signification* » (Cesare Pavese).

* * * * *

À la fin de l'extraordinaire épopée racontée par J. R. R. (John Ronald Reuel) Tolkien, le magicien Gandalf dit au Hobbit Bilbo Baggins qu'il est « *une personne très bien* » et qu'il l'« *aime beaucoup* », mais qu'il n'est, « *après tout, qu'un minuscule individu dans le vaste monde* ». Bilbo répond en riant : « *Dieu merci !* » Que fait alors Gandalf, machinalement, *candidement* ? « *Et il lui tendit le pot à tabac.* » — Quel que soit le point de vue que l'on adopte, avec ou sans légèreté, la difficulté de vivre, la complexion invivable de l'homme — être mortel — face à son individuation, tout est affaire de *névrose*. Vivre est pathogène, et ce qui est pathogène fait mourir. La maladie et sa cause se confondent ; il existe un néant où la vie et la mort attendent et ne sont qu'un. Nous ne voulions pas le quitter ; nous voulons le retrouver, mais nous n'en avons pas la force — *et nous fumons.* — La question à se poser n'est pas : « Comment arrêter ? » — mais : « *Pourquoi* avoir commencé ? »

* * * * *

On rencontre toute une échelle de variétés de fumeurs que l'on peut classer, disséquer à l'envi. J'en connais en plein *stade oral*, dont les joues se creusent, la bouche esquisse un étonnant *cul*-de-poule, en aspirant à fond par le filtre, à croire qu'ils veulent *manger* la cigarette, *se manger* ; — des *nerveux*, qui tirent par petites bouffées, soit avec la cigarette cloîtrée près de la bouche — le bras fait office de pendule dont la période est courte —, soit par des gestes amples, le bras agit comme un ascenseur à propulsion rapide, tendu en position basse sous la ceinture, comme pour l'éloigner au maximum (ceux-là avalent très peu) ; — *en difficulté* devant la lourdeur du bras, qui le tiennent au coude à l'aide de l'autre placé à la perpendiculaire contre le ventre ; — des *ogres*, qui enchaînent clope sur clope ; — que l'*alcool* provoque ; — qui fument *sporadiquement*, les moins drogués ; — qui sont *inhibés* socialement sans le tabac (pour téléphoner, parler, entreprendre une démarche) ; — dont la *patience* se dévoile dans la *désinvolture* apparente avec laquelle ils frottent les cendres du bout incandescent contre les bords du cendrier, qui prend une forme conique ; — des *maladroits* qui ne savent comment tenir la cigarette ou qui témoignent de leur anxiété en la tapotant à maintes reprises, et brusquement, pour détacher les cendres, même s'il n'en peut plus tomber (parfois, un morceau est emporté et il faut la rallumer) ; — qui positionnent la cigarette entre l'index et le majeur (si la morphologie des doigts les a façonnés longs, c'en est gracieux et certains s'en servent) ou l'intercalent entre le pouce et l'index (plus rare, cela concerne les timides qui en sont au *stade du paraître*, — ou les *expérimentés lassés*) ; — qui ne parlent qu'en recrachant la fumée ; — qui expirent principalement par le nez ; — *etc.* Autant de façons de faire que de façons d'être, autant de « troubles » du comportement. La cigarette comme occupation : dites-moi comment vous fumez… (Ou dites-moi que vous fumez, comme dans cette pièce d'Oscar Wilde, où Lady Bracknell, après avoir demandé à Jack « Ernest » Worthing s'il fumait, et qu'il l'eut admis, se réjouit de l'entendre, car « *a man should always have an occupation of some kind* » (« *un homme devrait toujours avoir une occupation de ce genre* »).)

* * * * *

Mégoter, pétuner, griller : ce petit bout du paradoxe, dont l'un des deux est igné, flambant d'érubescence, attisé à chaque absorption du smog capiteux, se grisant et grisant, et l'autre est mouillé d'une bave rendue sèche, — ce petit bout s'installe dans un fauteuil, nous avachit, se pose sur nous avec sa lourdeur, nous pause dans une gravité, une pesanteur, un silence démesurés, et fait de nous des cacochymes ; car ce petit bout, qui nous impose une gestuelle au ralenti, masque un principe universel : la vie n'est pas vivable sans quelque additif, sans quelque auxiliaire qui la repose, nous la repose : la vie est une drogue vitale que l'on ne peut accepter sans une contre-drogue létale… — Aux aurores, le tiraillement du thorax et des parois organiques nous réveille en tant qu'impatient (rattraper la nuit sevreuse) et patient (pulmonique) ! — *S*'il existait (j'appuie sur la conjonction : c'est une *hypothèse*) des drogues *gratuites*, de surcroît *non nocives* pour le corps, *tout le monde en prendrait*, ou peu s'en faudrait (de la même manière que *s*'il existait une « machine à suicide » qui permettrait, en appuyant sur un bouton, de quitter le monde *sans souffrance, la population serait décimée*).

* * * * *

Est-il cependant indispensable d'aller aussi loin dans l'historique de l'accoutumance ? J'aimerais ouvrir une parenthèse (« *Alphonse Allais aurait ajouté : "Si vous avez un peu trop d'air, je la fermerai tout de suite !"* » (Sacha Guitry)) et dire, à l'instar du médecin à qui le narrateur de *La conscience de Zeno* parlait d'un travail sur le thème du tabac : « *Écrivez ! Écrivez ! Vous verrez comme vous arriverez à vous voir en entier !* » (Similairement, Baudelaire pouvait témoigner : « *[…] le haschisch ne révèle à l'individu rien que l'individu lui-même.* ») Notre présence sur la Terre est chose merveilleuse et éphémère, tirons parti de cet échouage inespéré, de ce que notre entendement nous permette d'éclaircir un tantinet nos agissements. Le « *Connais-toi toi-même* » gravé sur le fronton de l'entrée du temple de

Delphes, n'est-il pas le commandement ultime et imprescriptible auquel nous devions obéir ? Celui qui en est convaincu se soumet de plein gré à la bonne parole du médecin inventé par Italo Svevo et à l'initiative du protagoniste tourmenté du roman. Svevo, avec le discernement d'un homme bardé d'un humour décalé délicieux, écrivait dans un article (*Il Fumero*) pour l'*Indépendente* : « *[…] mais lire un roman sans fumer, ce n'est pas possible, et en lire un contre le tabac, c'est peu agréable en fumant.* » De la part de quelqu'un qui lutta toute sa vie contre le tabac, et qui se pencha sur la question *en littéraire* surtout, cette envolée est cocasse et réjouit le fumeur que terrasse sa propension à l'indiscipline. À titre de preuves pseudo-pathétiques, mais touchantes, voici quelques extraits des innombrables lettres écrites à sa femme, où culminent son irrésolution et ses déboires : « *chaque plaisir et chaque déplaisir que tu me donnes augmentent ma pharyngite* » ; « *et pour toi, je viens de fumer la dernière cigarette* » ; « *il y a un instant, j'ai fumé la dernière cigarette* » ; « *je suis en train de fumer la dernière cigarette pour me récompenser d'être resté jusqu'ici sans fumer* » ; « *je ne fume plus* » ; « *aujourd'hui, à quatre heures de l'après-midi, j'arrête de fumer* » ; *etc.*, il y en a une palanquée, étalée sur des années, que l'on pourrait marquer d'*ibidem*. — À mille lieues de ce type de lecture, repose, sur un trône gagné par une sorte de mesquinerie, Allen Carr — et ses avatars — avec sa *Méthode simple pour en finir avec la cigarette*. Une montagne spécieuse de mots pour dire peu, grouillante de répétitions indigestes, une marchandise bas de gamme, garnie de conseils dignes d'une nounou où pullulent les références aux « *petits démons* » (« *les petits démons du cerveau n'attendent qu'une seule chose : que vous fumiez* »). L'auteur, osant imiter (pourfendeur !) Lawrence Sterne dans *Tristram Shandy*, laisse vide le chapitre XXI intitulé « *Les avantages de la cigarette* ». Je brise là le libelle ; je ne suis pas aigri, loin s'en faut, mais cet *ethos* de benêt, — de faraud, — n'est pas sérieux et ne décrit que la partie visible de l'iceberg, — et je referme, en la claquant, la parenthèse.

* * * * *

L'une des images de l'écrivain que l'inconscient collectif a su consacrer et méjuger, est celle du fumeur, alcoolique, débraillé, mal rasé, en proie aux doutes, calfeutré derrière sa machine à écrire, exorcisant ses peurs des pages blanches, des trames à renouveler, et l'archétype en est, drolatiquement, l'auteur de polar. Pour élargir ces appréciations stochastiques que je ne cautionne qu'à demi, je ne sais si Francis Scott Fitzgerald, William Faulkner ou Ernest Hemingway (ces trois noms me viennent immédiatement à l'esprit), qui étaient très portés sur l'alcool, étaient des fumeurs patents ou non. Si un livre est un drame, qui retroussera ses manches pour faire éprouver au lecteur, avec une acuité mordante, un plaisir cathartique ? Éventuellement celui dont la vie est un drame et qui, en s'en inspirant, se libérerait de ses traumatismes refoulés en frôlant cette catharsis de l'autre côté du miroir. Et parmi les malades de la vie figurent en bon nombre les *addicts* du tabac. Puisque je l'ai cité, reprenons le fil en sa compagnie : Hemingway, qui était fort bien placé en la matière avec ses aventures d'ambulancier sur le front en Italie durant la Seconde Guerre Mondiale, enchérissait sur le fait que l'écrivain ne saurait exercer son métier qu'à la *conditio sine qua non* de prétendre avoir la maturité que prête l'expérience — qui offre son lot de misères. (Je constate que le fil que je suis, m'éloigne : ce n'est pas Ariane qui me guide, c'est mon imagination, et elle m'égare dans les arcanes d'un autre labyrinthe.) — *Quid* de l'image de l'écrivain que je crois incarner, — que je décrirai, pourvu que je ne l'infatue pas, en long et en large ultérieurement dans ces pages, —, de l'écriture corrélative au besoin de tabac ? Je ne me rangerai pas aux côtés de Svevo qui, — et je pioche derechef dans son article *Fumer*, — lance : « *C'est à coup sûr une observation erronée que de dire que fumer facilite le travail. Au contraire cela l'interrompt. Il se peut que cela le facilite pour qui n'est pas un vrai fumeur, mais un vrai fumeur, quand il fume, ne fait rien d'autre.* » Je devine bien que le « *travail* » que pointe Svevo n'est pas restreint à l'écriture, mais je puis jurer, sous le couvert de l'affirmation péremptoire que j'appartiens au clan des « *vrais fumeurs* », qu'aujourd'hui l'un ne va pas sans l'autre. Je veux dire qu'écrire est impossible sans la cigarette, — et l'écriture étant, je le sais, le contraire d'une somascétique, j'infirme mon pauvret corps (« *Si je n'avais rien d'intellectuel à produire, comme je serais rigoureux avec mon corps !* » lançait Jean Paul). L'un de mes personnages de fiction préférés, l'émérite Sherlock Holmes, recourait volontiers aux pipes d'opium sans lesquelles la concentration, nécessaire pour démêler les écheveaux compliqués de ses énigmes policières, le délaissait malignement, — et je comprends ce *blocage*. Les vertus du tabac ne sont pas comparables à celles des opiacés, mais elles n'en sont pas moins à l'origine de tractations chimico-neuronales peu sibyllines que Baudelaire, sans allusion aucune au gestuaire, résume si judicieusement : « *Celui qui aura recours au poison pour penser, ne pourra bientôt plus penser sans poison.* » Je ne caviarderai pas la suite, car je ne voudrais pas faire accroire à mon lecteur que notre Poète, dans ce passage des *Paradis*, s'intéressât au tabac et servît, par une fallacieuse procuration, de cause préceptorale à mes raisonnements personnels : « *Se figure-t-on le sort affreux d'un homme dont l'imagination paralysée ne saurait plus fonctionner sans le secours du haschisch ou de l'opium ?* » Quelque transmutation de la volonté opère invariablement, de façon si subreptice que l'individu l'endure sans la voir, exactement comme la mainmise qu'a le tabac peut faire basculer sans crier gare le fumeur modéré à l'état incurable du fumeur atavique, avide de nourrir son manque en manque, qui le lui ordonne méchamment, évacuant toute demande de sustentation. La volonté s'affirme dans le travail avec le concours du tabac, puis se nie si elle n'est plus aidée ; le travail implique le tabac, qui implique le travail ; le cycle est incorruptible : on peut allègrement se passer de travail en fumant, mais la rigueur de la dépendance qui accompagne les moindres gestes ne permet pas de se passer de fumer en travaillant, et on tombe dans une *dépendance de la dépendance*, de celles que l'on subit machinalement et qui jouent un rôle prépondérant dans la réduplication des jalons émotifs de notre vie, — non automatisée, et *via* une nostalgie ou un passéisme adéquatement dosés afin qu'elle soit à peu près indiscernable (elle se complète, dans les cas extrêmes, de synesthésies). Le tiraillement incessant est inhibiteur, suscite à l'envi chez l'écrivain l'angoisse réputée de la page blanche, et seule la cigarette, s'il y a été habitué, désinhibe et fait rejaillir la velléité à la source de l'inspiration. Ce qu'il est intéressant de relever, c'est que l'inspiration n'a pas tari en soi (elle est toujours *quelque part*, muette), elle a simplement été cloisonnée à son insu, éradiquée tant que l'élan libérateur n'a pas été accordé par le poison. En résorbant la nicotine dans le sang, on conclut un pacte diabolique. Ce profil de fumeur, — et c'est encore un point sur lequel je m'éloigne des avis que d'aucuns véhiculent sur ce thème devenu générique, — s'il s'attend anxieusement, dans ces moments spécifiques d'*envie de trouver une aide* à la motricité et à la réflexion, de retirer quelque bénéfice sédatif — indéniablement offert par le tabac, — ne manquera pas de tomber dans une ingérence fatale en essayant de s'atteler à la tâche qu'il se promet : ce serait encourager l'irrésolution et sombrer dans l'aporie de la *volition qui veut*, se faire Pyrrhonien *via* un trope surfait. En résorbant la nicotine dans le sang, perfusée en continu, qui soumet l'habitué à un rêve dont il ne se réveille que par sursauts mesurés, on conclut un pacte diabolique inviolable dont la clause première est la *copropriété* des signataires, savoir l'Écrivain et Méphistophélès/Tabac : « Tu écriras à la condition que tu te donnes à moi. » Je tremble de cette damnation et m'en accommode subversivement, à mon grand regret, avec la bénédiction de l'Étranger, mais sans celle de Hugo (*Promontorium somnii*) : « *Chose triste quand l'homme en vient à se contenter de la liberté de la fumée !* » Combien Cioran a-t-il raison, et combien le rejoins-je quand, dans *Histoire et Utopie*, il revient sur son apprentissage du français après avoir quitté la Roumanie : « *Quelle consommation de café, de cigarettes et de dictionnaires pour écrire une phrase tant soit peu correcte dans cette langue inabordable, trop noble et trop distinguée à mon gré !* » De l'écriture — ou de l'intraveineuse… — Il faut souligner qu'une substance telle que le tabac (toute autre drogue fait néanmoins l'affaire) n'est pas ingérée dans la recherche du *plaisir* (volonté tenant de l'hédonisme), mais dans la recherche de *l'absence de déplaisir* (volonté tenant de l'ataraxie) ; que c'est moins un plaisir qu'un *soulagement* (certaines techniques de sevrage sont réalisées par le biais d'un substitut possédant des effets similaires !) et que cela situe le problème de son recours dans une *difficulté d'être* à l'ampleur *universelle* (la « *difficulté d'être* », si belle expression, soit dit en passant, que Fontenelle en son temps utilisa et que Jean Cocteau choisit pour le titre de l'un de ses livres). — En ce qui me concerne, on peut dire que j'assouvis le désir de combler un manque que j'ai préalablement *créé*, et j'aime mieux savoir qu'ignorer que je peux combler un manque, car celui-ci étant un manque ciblé, l'angoisse est moindre, et je n'ai pas à chercher ce « *qui donc vide à la fois et ma coupe et mon cœur* ». Je *crée* et le *manque* et la *perte* de ce *manque*. Puisque toujours, tout, dans la vie, se ramène au « *deest aliquid* » (« *il manque quelque chose* »), — puisque, d'après Sénèque, « *il nous semble toujours qu'il nous manque quelque chose, et [qu']il en sera de même jusqu'à la fin* », quand même la vie serait suffisamment approvisionnée, — « *Puisque la vie est comme un vase / Qu'on ne peut emplir ni vider* », — j'en crée l'illusion !...

* * * * *

(Plus loin, je serai partiellement d'accord avec Svevo, et en indiquant pourquoi, quand il dit que le travail est interrompu — mais par l'entremise de l'*alcool*, et par son effet de *rétrospection narcissique*. Tout en écrivant, je m'allume des cigarettes *et je continue d'écrire*, qu'elles soient posées sur le cendrier ou clouées à mon bec. (La question incompréhensible que je me pose, c'est comment j'ai pu écrire, par le passé, sans cette béquille ?...) — En écho à Svevo, Stéphane Mallarmé divaguait, en fumant *la pipe* : « *[…] à peine eus-je tiré la première bouffée, j'oubliai mes grands livres à faire, émerveillé, attendri, je respirai l'hiver dernier qui revenait.* »)

* * * * *

Des deux substantifs du verbe « *renoncer* » qui définissent la gangue (reine chez soi ?) volitionnelle, je ne sais quelle acception choisir en pensant à l'arrêt du tabac, car ils s'appliquent également à la poursuite du travail créateur qui est le mien en cet instant précis : la *renonciation* vaut l'abandon de la jouissance ou de la possession d'une chose, la prétention à se détacher de soi-même ; le *renoncement*, c'est cesser de revendiquer un droit, casser l'effort, sacrifier ce à quoi l'on tient et parvenir à une plus grande satisfaction morale. Se déprendre de l'écriture ? — de la cigarette ? Ces deux options révéleraient une abstraction de ma faiblesse à laquelle je refuse de me plier : je ne pourrais en effet y entr'apercevoir qu'une tautologie ou, pis, qu'une antinomie.

* * * * *

Vint une ère débilitante de perte de sens où mon moi s'évanouissait ; je m'anémiais existentialement, je suffoquais comme lors d'un orage couvant, une migraine me lancinait atrocement sans que je susse d'où elle émanait. Ce fut à l'occasion de mon dernier sevrage en date, prégnant (il m'a fait — je recopie et modifie l'expression linguistique — *interpréter par anticipation* un manque *en lui donnant un sens qui n'est pas énoncé*), que je remis en cause cette dualité écriture/tabac. Comment en suis-je arrivé *là* ? Depuis une dizaine d'années, je connaissais alternativement des phases d'accalmies, d'intoxications exagérées, et de sevrages, brutaux dans leur établissement. Pas une année ne passait sans que, clopin-clopant (« *la vie est une chose trop importante pour être prise au sérieux* », serinait doucereusement Gilbert Keith Chesterton), je ne me plaçasse sous l'angle de la suppression définitive et drastique de la cigarette. Cette récurrence résurgente fut certainement à l'origine de l'essoufflement (*ibidem et bis repetita placent*) de mes plurielles tentatives — infructueuses dans l'absolu puisque je suis comme un terme. Ainsi, je me lançai à nouveau un défi, le plus grand d'entre tous, avec la gravité réductible à ce genre de démarche, celui d'étendre au maximum de mes capacités le temps de la privation, et stoppai net la cigarette. Non sans la fierté qui accorde au pénitent un *satisfecit* d'encouragement, je ne m'arrimai, sinon quelquefois à des comprimés anxiolytiques, à aucune aide extérieure promulguée par les patches, odieux injecteurs de nicotine, ni aux aiguilles salvatrices des acupuncteurs, ni encore aux succédanés que le folklore vante à tous vents (*uti, non abuti*). Il me fallut soigneusement éviter tous les excitants tels que l'alcool (que nous retrouverons dans un autre chapitre et qui, si son absorption enjoint à fumer, ne pas fumer peut, à la longue, amener à rechercher en lui un palliatif), le

café (du matin, en particulier), les gestes ou situations rappelant l'accointance avec le fléau à éliminer : téléphone, soirées entre amis, bars, *écriture*, lectures compliquées (« *Quand il lut quelque part que fumer pouvait provoquer un cancer, il arrêta de lire* »). Je ne souffris que le repos forcé — afin de jouir de la journée par pans succincts restreignant, tant que faire se peut, les envies délictueuses. Les trois premiers jours sont toujours demeurés emplis d'une gageure coriace, car on peut dire que l'échappatoire du *leitmotiv* s'inscrit dans une brisure de la volonté et que l'obsolescence des moyens laisse sceptique devant l'idée d'une réussite parfaite. Je me propulsai aux confins de la léthargie et m'en sortis assez bien. Ne manquait plus que la routine des jours pour m'autosuffire dans cette acclimatation surnaturelle. Mon Dieu ! que celle-ci fut déroutante durant les trois ou quatre semaines de sevrage… La dynamique circadienne s'étriqua, le temps sembla s'éterniser, je ne vis du sablier que quelques grains couler misérablement, ralentis par un goulot micrométrique. Car celui qui s'entête à ne plus focaliser sa pensée sur un sujet déterminé, n'about pas sa présence — factuelle —, quand bien même il serait d'arrache-pied destiné aux oubliettes, et ne connaît point de repos. Des reliquats de cette pensée adviennent à tout moment, que la volonté volcanienne régurgite malgré elle en laves ténues et captieuses, de la même manière qu'un racisme est entretenu quand on exige de le proscrire (refuser une différence, c'est trop souvent sa qualifier par ce déni gourd). Penser est ressasser ; et ressasser rend la pensée indocile, *l'absence est omniprésente*. Le décès d'un proche qui survient sans que l'on y soit préparé ne plonge pas l'esprit dans des affres tellement différentes : l'on fait sans cesse rejaillir, obnubilés, l'image du défunt et sa résurrection fantasmée nous déchire. La présentification de la cigarette pendant l'abstinence ne nous arrache pas des larmes comparables, pas même une seule (l'enjeu est tout autre pour se débarrasser de l'empire de la pensée au tabac), j'en conviens volontiers, mais, comme pour la disparition de l'être cher, elle ne lénifie pas la conscience — qui s'amourache d'elle avec dégoût. — L'ambivalence absence/présence délimite un archipel de vécus dépersonnalisants, un ensemble de sphères sociales qui sont autant de havres de paix/lutte, où la forme relationnelle évolue sourdement (une sourdine critique) selon un décalage (vers le rouge) et un désaccord (les états dissonent) permanents. Entre l'ex-fumeur défiant *la présence de l'absence* et le fumeur déchargé de l'idée de la présence par *l'absence de la présence* (je ne parle pas du non-fumeur qui, faute d'objet absent ou manquant, n'estime ni l'« absence *de* » ni la « présence *de* »), rien ne saurait définir et être le support d'une quelconque interférence, interposition positive, chacun des deux *promoteurs* s'isolant, l'un mettant en œuvre son projet de *l'absence à continuer*, l'autre œuvrant — sans la projeter — à *la présence continuée*, — et seul le premier, quand même le second adopterait une position attentiste ou compassionnelle (un boni de conscience), doit endosser le rôle d'émissaire frustré en portant la croix qu'est la connaissance de cet isolement. Deux volontés s'affrontent en un combat irrégulier, car le non-fumeur, rétiaire de la sienne par son choix à assumer, supporte, flagellé, en plus de sa vision de soi en manque et sa vision de l'autre en absence de manque, la non-vision de l'autre, le fumeur, de son manque à lui, non-fumeur… Ainsi, c'est à la fois la présence de l'absence chez lui, et l'absence de l'absence chez n'importe lequel de ses congénères, que le fumeur en « arrêt pour maladie » a la tâche de contrer : l'autre est très loin du compte en ce qui concerne l'affection du (*remettant ? jeûneur ?*) *remis*. — Nous retombons dans les mouvances baudelairiennes tant que cette absence ne s'absente pas définitivement. N'y a-t-il pas d'ailleurs une foule d'anciens fumeurs qui furtivement laissent à entendre qu'ils ne seront jamais libérés ? que l'envie, lointaine et fugace, ne sera jamais éradiquée ? Ceci prouve largement qu'il faut tenir bon et ne pas lâcher les rênes. Qui a été un vrai fumeur réfrénera tout de suite ses pensées dès qu'il sera question, même de façon détournée, de cigarette ; il devra refuser toute bouffée s'il ne veut pas se faire captiver une énième fois : l'envoûte — inique, la peste ! — de la rechute ne tient qu'à un égarement minime, voire involontaire : « *Per me si va ne la città dolente, per me si va ne l'etterno dolore […] Lasciate ogne speranza, voi che intrate* » (« Par moi on va dans la cité dolente, par moi on va dans l'éternelle douleur […] Vous qui entrez, laissez toute espérance »). — Cependant la pugnacité l'emporta sur cette crispation intellectuelle qui finit par s'amenuiser, la pensée redondante de l'envie se fit évanescente et la vie suivit son cours sans être entravée intempestivement comme elle l'avait été. Je courus tous les jours pendant deux ou trois mois sur une distance d'une huitaine de kilomètres pour purger mon corps des immondices accumulés, et je me sentis plus léger (je perdis plusieurs kilogrammes), — mais je savais très bien que cette emphase ne serait que provisoire : j'alterne les engouements sains avec les viciés, sans jamais connaître de milieu ataraxique entre ces deux points extrêmes qui, arrivés à échéance (*je ne tiens pas*), me laissent dans l'état le plus insatisfait, — maltraité dans mon être, — *vide*. — Je crus, après plusieurs saisons, être fin rétabli, frôlant l'euphorie du gladiateur après le combat gagné (le pouce vers le sol est pour toi, lionne immonde !), sans me douter que mes lectures, accaparant une part considérable de mes loisirs, feraient remonter à la surface la fièvre de la création. Tous ces livres lus, oui ! à foison, — mais écriture ? *l'écriture* ?… Le miroir abscons qu'ils imitèrent peu à peu refléta soudain ma transparence, me renvoya à la futilité de l'existence que je menais depuis le début de ce sevrage, et me convia sans sommation, moi, enseveli dans la lice sans merveilles, à aller de son autre côté. Je voulus agir, quitter cette passivité relative de l'homme couché tourneur de pages ; mes lèvres s'humectèrent d'une salive rageuse qui n'avait que faire de mouiller l'encornure des feuilles imprimées : ce qu'elle mattait, c'était la Parole fougueuse, la Rhétorique annonciatrice de la *Reprise*. Sus à l'emmagasinage des mots tus ! vive la verve !
Mon apprentissage était révolu, j'étais comme Wilhelm Meister qui avait fui l'art du théâtre et qui sentait refluer en son cœur l'ardent désir de reprendre le jeu qui n'avait jamais cessé de le poursuivre dans ses années d'abstinence ; j'avais répondu aux deux conditions prévalentes de l'écrivain mûr délivré après une maïeutique harassante : atteindre à un semblant d'érudition grâce à des myriades et des myriades de livres ; — prendre le temps de comprendre, d'assagir la portée des bouillonnements pubéraux qui avaient maculé et biffé des milliers et des milliers de pages (que l'on *traitera intraitablement* dans un autre chapitre). Cela coïncida spontanément avec le retour du tabac que je ne devais plus dès lors exécrer, mais voir comme une « chance » de recouvrement de mon être hypostasié (ce que d'aucuns, embarrassés, s'échineraient en vain à comprendre, quand même je le leur expliquerais, et je répondrais : « non pas », s'ils s'avisaient de me poser la question : « Pourquoi as-tu repris à

fumer ? Que cela est regrettable… », — mais tant qu'ils ne sauraient employer l'expression répugnante : « Quelle *déprédation* », — je m'en accommoderais…).

* * * * *

Pour la première fois parmi l'infinité de mes essais d'arrêt du tabac (rien de plus aisé, plaisantait Mark Twain, puisqu'il y parvenait au moins vingt fois par jour), il n'y eut aucun signe d'appréhension dans ma résolution, la démarche m'apparut objectivement assurée et claire. Il ne me fallut, pour arriver à mes fins, que la volonté adéquate — moins résistante dans ce sens-ci — pour réattaquer complètement et me retrouver dans l'état le plus addictif que j'eusse connu. Ne pas transiger et redevenir l'esclave d'antan qui ne ressent plus la cigarette à force de l'inviter partout, là était la clé du succès. Ha ! quelle incongruité me faut-il encore vivre — empiriquement — et faire vivre — intelligiblement, en la couchant ici, incongruité dont on ne peut réchapper finalement ! Nulle compromission, nul entre-deux discernable : le néant transcendé (du sevré dubitatif) *ou* l'immanence transcendant (du drogué motivé) ! Les trois premiers jours de reprise me causèrent quelques malaises à la tête et au ventre, de petits vertiges, et furent eux aussi très difficiles à assimiler. Tout n'était pourtant pas ficelé, car la cigarette, c'était une étape hypothétique dans la capacité créatrice, réécrire en acte en était une autre. Ou bien l'adoption de l'idée que l'écriture serait consécutive de la réadaptation tabagique devait se transsubstantier, se muer en effectuation, *ou bien*…

* * * * *

… ou bien le sort en était jeté et ma seule raison de vivre devait s'éteindre — avec moi. Pourquoi ce choix draconien s'ancrait-il au plus profond de ma *personne* ? Parce qu'une angoisse me désagrégeait à petit feu, que la crainte de la voir me maîtriser, et fit de moi une *persona*, un soi vulgaire, dérangea les combles non encore amorphes de ma conscience. Fumer ou ne pas fumer ? — écrire ou ne pas écrire ? — être ou ne pas être ? Ces trois questions existentielles ne revêtent pas le caractère d'un syllogisme acceptable : les prémisses mineure et majeure, véridiques, donnent une conclusion pour le moins farfelue : fumer me fait écrire, or écrire me fait être, *donc fumer me fait être*. Elles ne peuvent non plus être résolues par une transitivité mathématique qui induirait le même paradoxe : l'unique solution logique doit affirmer le mécanisme en disjoignant les deux propositions de départ, ce que l'on pourrait autrement résumer en : *la relation binaire de départ est non-transitive*. Fumer *n'est pas vivifiant*, fumer *c'est approcher la mort*, tous les faits en témoignent et offrent l'opportunité d'accuser le fumeur d'abréger sciemment sa vie en maintenant viscéralement sa manie (si celui-ci n'en est pas convaincu, c'est un fieffé fourbe, un ignorant abject que l'honnête homme doit gratifier du sobriquet d'*animal*). Va-t-on utiliser la notion de *suicide* à l'égard d'une telle attitude ? Le fumeur sait qu'il nuit à sa santé, il en est conscient, mais l'échéance funeste lui semble comme un mirage pour sa vision rétrécie tant qu'il n'est pas souffrant (les jeunes bravent les conseils des aînés en jouant de leur croyance puérile en l'immortalité), et d'aucuns, peut-être unis dans un pourcentage colossal, confesseront n'avoir jamais songé au suicide alors qu'ils halènent pertinemment la mort — putride. Il appert que je me meurs chaque jour davantage sans que le suicide ne gâte ma réflexion sur la cigarette, et, de fait, je préférerais à ce vocable celui d'*autodestruction*. Je ricane de l'antilogie désobligeante qui se glisse une fois de plus entre les lignes de mon discours : *fumer pour créer en s'autodétruisant. La création est autodestructive !* Ce schéma me sied mieux que le raisonnement — rejeté — précédent, car il me fournira l'occasion d'une nouvelle *disputatio* enflammée, d'une autocritique quant aux intentions de l'écrivain qui s'exprime avec son sang. Je n'ai pas peur de mourir, je n'ai plus peur depuis que je me suis fixé un but à atteindre : celui de la réalisation par l'écriture. *Fumons !* Ne craignons pas de quitter la terre, de mirer le reflet de notre crâne sous le coup de pinceau ensorien de Van Gogh, ne nous raffermissons pas dans une expectative infertile, aucune vie n'est ou trop courte ou trop longue et, de toute façon, comme le constate le stoïque Pessoa, « *il fait nuit avant et après / Le peu que nous durons* ». Alors fumons — à la lie — à l'unisson, à Dieu ! « *Je suis aujourd'hui un ascète dans ma religion de moi-même. Une tasse de café, une cigarette, et mes rêves peuvent parfaitement remplacer le ciel et ses étoiles, le travail, l'amour, et même la beauté ou la gloire.* » — Fumons… Paul Valéry ne contre-indiquera pas cette fumosité, lui qui aura « *roulé et consumé quelque huit cent mille cigarettes* » (pas moins !). — (La sensibilité s'accroît en ne fumant pas, tout est ressenti, — surtout spirituellement, — *à fleur de peau*, — et cela *fait mal*. Sans résistance, je préfère à ce mal inactif *l'autre*, actif et activant.) — Réfugions-nous un instant chez le vénérable Sénèque qui a si souvent dans ma vie su me revigorer et me réconforter avec ses précieux préceptes : « *Nous n'avons pas véritablement une existence courte, mais nous en gaspillons une part considérable. La vie nous a été donnée assez longue et avec une libéralité propre à l'achèvement des plus grandes choses, pour peu qu'elle soit bien gérée de bout en bout ; en revanche, […] dès lors qu'elle n'est dépensée pour aucune œuvre de qualité, finalement acculés par l'ultime et fatal décret, sans avoir réalisé qu'elle s'en allait, nous sentons qu'elle a passé.* » Tel Achille, à qui sa mère Thétis proposa, ou bien d'avoir une vie courte et glorieuse, ou bien de mener une existence longue et obscure, répondit : la première alternative, *sans hésitation*.

* * * * *

Le mot « *cigarette* », diminutif de « *cigare* » (de l'espagnol « *cigarro* »), a une origine douteuse : on le rapproche du maya « *zicar* » (« *fumer* »), qui paraît la plus probable, mais il en figure une autre, beaucoup plus séduisante, qui est l'espagnol « *cigarra* » (« *cigale* »). Homère louait les cigales « *qui, sur la cime d'un arbre, font entendre dans les forêts une voix mélodieuse* », et il ne fut pas le seul à les apprécier (Mnasalque, Méléagre, Pamphile, Archias). L'Aristophane de Platon rappelait que les anciens, en vue d'exciter l'appétit, en avalaient (ainsi que des cercopes) sans rechigner, et aujourd'hui encore, la pharmacopée des Chinois propose des mixtures cicadaires pour guérir furoncles, cataractes, urticaires et autres rougeoles. Le comble pour le fumeur qui songerait à une cigale en fumant, c'est que, selon Pline l'Ancien, « *de tous les animaux, c'est le seul qui n'ait pas de bouche* » ! En son honneur, Anacréon composa une ode pour le moins dithyrambique : « *Heureuse cigale, sur la cime des arbres tu bois un peu de rosée et tu chantes comme la reine de la lyre. […] tu es chère aux Muses ; tu es chère à Apollon lui-même : il t'a donné une voix harmonieuse […]. Sage enfant de la terre, amante des chants joyeux, exempte de maux, n'ayant ni chair ni sang, tu es semblable aux dieux.* » Ô Cigale, claquette ! bruis doucement, crisse gentiment, inspire-moi langoureusement, accompagne-moi gentiment, prête-moi ta lyre ! Féconde-moi de ton chant, que je m'autoféconde ! « *Un homme qui fume n'est jamais perdu* », écrit Iouri Tynianov dans *Le lieutenant Kijé*, — et il n'a pas tort ! — Une cigale !...

* * * * *

Quand j'eus eu décidé, après avoir jugé le pour et le contre à l'aune d'un couperet reluisant, de reprendre le tabac, le tourment mortifère se réduisit d'abord à ceci, que plus une ramification ne pût contourner : mourir lentement, contrit, en n'agissant pas devant l'écoulement des ans, — ou mourir si l'écriture débouchait sur une impasse. Je ne me cachai pas l'éventualité d'une impéritie en misant tous mes jetons sur une seule case, et priai, au sens figuré, pour qu'impair ne passât pas, tout en repensant au pari pascalien — remodelé si je ne voulais pas employer la méthode Coué et me mentir à peu de frais : je pèse le gain et la perte, en prenant le choix que l'Écriture *est* ma seule raison de vivre, et j'estime les deux cas : si je gagne, je gagne tout ; si je perds, je perds tout (ratiboisé). Ma conclusion n'en demeure pas moins identique à celle de Blaise Pascal : je gage donc qu'Elle *est* tout, sans hésiter. Encore faudrait-il que je crusse en un jeu où m'oser perdre me fit me trouver, un jeu pour lequel je suivisse avec intérêt le dénouement, car, comme le fait remarquer Baudelaire dans ses *Fusées*, il y a le goût et l'attente du résultat, — le lucre, — ou il n'y a rien : « *La vie n'a qu'un charme vrai : c'est le charme du Jeu. Mais s'il nous est indifférent de gagner ou de perdre ?* » À la fin du compte, outre l'attrait qui se mourait, il ne faudrait pas que le gain se muât en perte et que je fusse « *qual è quei che volentieri acquista, e giugne 'l tempo che perder lo face, che 'n tutti suoi pensier piange e s'attrista* » (« *pareil à celui qui se plaît à gagner, mais vient le temps qui le fait perdre, alors il pleure et se désole en chaque pensée* »). J'étais au bord d'un précipice que j'avais sédimenté à ma guise, m'exhaussant en strates hétérogénéisées par les suggestions et les objections branlantes du point de chute de ma finitude. En contrebas : *L'écriture ou la mort.* Ce faisant, je ne paraphrase pas le titre du livre de Jorge Semprún, *L'écriture ou la vie*, car, bien que l'ayant lu — et vivement apprécié —, je ne saurais trancher sur la valeur de la conjonction « *ou* » : ce « *ou* » est-il inclusif ? Si tel est le cas, et je n'en fais, Dieu m'en garde, aucun grief à l'auteur, — les circonstances n'avaient pas de mesure équivalente, nos enfers différaient en ce que lui, la contingence de l'Histoire l'avait frappé par derrière, tandis que moi, j'avais eu le choix mûrement prémédité, — si tel est le cas, reprends-je, de l'inclusivité du « *ou* », nous empruntons lui et moi des voies qui s'écartent, car ce que j'affecte de souligner, c'est la préséance de l'une ou de l'autre des possibilités : soit l'écriture, soit la vie, — soit l'écriture, soit la mort, — la vie et la mort étant dans ce cas de figure homologues, puisque la vie sans l'écriture signifie à mes yeux une demi-mort (et en utilisant le terme « *homologue* », je pense même à l'« ὁμολογία » des Stoïciens, la « *convenientia* », l'« *accord* »). Je n'exagère pas, car je pense comme le jeune Charles Juliet qui écrivait dans son *Journal* : « *Au début, l'alternative était celle-ci : écrire ou me suicider.* » Connaissant les risques quand j'abuse du tabac (et de l'écriture), je ferai à ceux qui me le rappellent en précisant que *je me tue*, la même réponse que, d'après une anecdote de Chamfort, Voltaire fit un jour (à son habitude, *voltairiennement*) : « *Je suis né tué* » (que l'on comparera profitablement avec Rousseau qui disait être « *né mourant* »). Peut-être sommes-nous de ces impies dont parle le Livre de la Sagesse, qui, à peine nés, n'ont cessé d'être, qui *appellent la mort du geste et de la voix*, la tiennent pour amie, se consument pour elle et lui appartiennent par un pacte, qui se disent que « *courte et triste est notre vie* », que « *nous sommes nés du hasard* », et que « *nous serons comme si nous n'avions pas existé* » ?... Quand j'écris, ce n'est pas contre la mort, mais pour elle, à côté d'elle, en elle, comme si ma vie n'était rattachée qu'à la dernière lettre composant chacun des mots que j'écris les uns à la suite des autres, comme si je devais à moitié mourir à chaque finale — et risquer le tout pour le tout. Je travaille, pour reprendre une expression de Beethoven, ce qui semble « *être plus pour la mort que pour l'immortalité* ». — Je m'imagine (il ne m'en chaut guère d'employer le présent de l'indicatif ou le passé, ils s'interfèrent à tour de rôle) agrippé au sommet de ce précipice, une moitié du corps suspendue au-dessus du vide, les jambes flageolantes par l'émotion, sans fonction, presque paraplégique, l'autre moitié sur la terre ferme, retenue par mes bras tendus, mes mains accrochées à une machine-à-écrire. D'un côté, le vertige me prend et je manque glisser à tout moment, happé par le gouffre réel, ce barathre ; d'un autre côté, le vertige me nargue sur la page blanche et je manque sombrer dans l'abîme des rames surplombant la machine. Ah ! mon imagination surenchérit, la folle, dans sa peur de l'ineffable « *et* » de « l'écriture *et* la mort », qui, sans équilibre, pourrait être troqué pour un « *puis* ». Zarathoustra apprécierait que désormais je ne susse « *vivre qu'à condition de périr* », que mon vouloir fût de créer ce qui me dépasse et d'en périr (ou d'en *dépérir*). Maurice Blanchot ne parlait-il pas de « *la préoccupation de l'écrivain qui écrit pour mourir* » ? (« *Que la tâche de l'écrivain prenne fin avec sa vie* », ajoutait-il, « *c'est ce qui dissimule que, par cette tâche, sa vie glisse au malheur de l'infini.* ») — (Je me console de tout ceci en détextualisant, je suppose, la maxime d'Einstein : « *S'il n'y a pas de prix à payer, c'est que cela ne vaut rien.* » En revanche, je m'en console sans détextualiser cette autre d'Antoine de Saint-Exupéry (*Citadelle*) : « *Ce pour quoi tu acceptes de mourir, c'est cela seul dont tu peux vivre.* » De même, je puise dans Albert Camus (*Cahiers*) : « *Je n'ai pas trouvé d'autre justification à ma vie que cet effort de création. Pour presque tout le reste, j'ai failli. Et si ceci ne me justifie pas, ma vie ne méritera pas qu'on l'absolve.* » Je ne saurais être dans la posture désinvolte de Françoise Sagan en cure de désintoxication : « *J'adore écrire, je viens de me surprendre allongée à demi sur ma chaise, les bras derrière la tête, la cigarette pensive, dans la position désinvolte de l'écrivain en bonne santé réfléchissant (à) (sur) ses dernières lignes.* » Je réfléchis à mes dernières lignes, la cigarette à la main, dans l'état d'esprit du *mourant*. Était-elle *shootée* ?... Ah ! j'allais refermer la parenthèse lorsque j'ai repensé à Saccard, à la toute fin de *L'Argent*, qui est en prison et qui s'adresse à Mme Caroline. (Je l'imagine tel le Saturne de Francisco de Goya dévorant son fils, un fils qui ne serait autre que lui-même !) « *Et il faut ajouter que, si ma passion me tue, c'est aussi ma passion qui me fait vivre. Oui, elle m'emporte, elle me grandit, me pousse très haut, et puis elle m'abat, elle détruit d'un coup toute son œuvre. Jouir n'est peut-être que se dévorer... Certainement, quand je songe à ces quatre ans de lutte, je vois bien que tout ce qui m'a trahi, c'est tout ce que j'ai désiré, tout ce que j'ai possédé... Ça doit être incurable, ça. Je suis fichu.* ») — De ce dilemme en surgit un autre qui — celui-ci — proscrit, de mes deux prémisses sans nulle concession, mes rapports urbains : ou je ne fume pas et *bannis* les sorties « d'homme du monde », de peur de succomber à la tentation (seulement succomber à son idée qui m'obséderait !), — ou je fume (*et écris*) et *ne peux* sortir, tout affairé à l'œuvre, qui ne permet pas les concessions « festives », ni ne doit se risquer à la corruption probable instillée par les entourages (devenant miasmes), voire au dur constat de l'étrangeté de l'acte d'écrire si ce dernier se confronte à l'ordinaire de la vie. C'est que l'écrivain vit — et le doit — de solitude, ce que Mallarmé ne contredira pas, qui écrivit : « *L'existence littéraire, hors une, vraie, qui se passe à réveiller la présence, au dedans, des accords et significations, a-t-elle lieu, avec le monde ; que comme inconvénient —* » (absence de point final dans le texte). — De ces dilemmes surgit encore, vilaine, l'échéance redoutée du livre achevé : à y ruiner ma santé, saurai-je attendre la mort, par mon écriture précipitée, — ou rebondir (pour quoi ?), — sans me poser la question de la *finalité* ?... Angoisse ! angoisse du « *Cela en valait-il... ?* »... Ma raison de vivre, l'écriture ; l'écriture, ma raison de mourir ?... Tel Patrice Mersault, le personnage d'Albert Camus dans *La mort heureuse* (remodelé en le Meursault de *L'étranger*), assuré « *qu'il trouverait une raison de mourir dans ce qui avait été toute sa raison de vivre* » ?... — Les dilemmes exposés ci-dessus ne sont pas tout jeunes : de vieilles résonnances se font jour à la relecture de mon *Journal* et d'*Au premier songe*. « [05/01/00 :] *Il est tard, je suis fatigué, et il m'est venu cette idée d'écrire, comme cela, subitement, comme pour me soulager, après avoir fumé une cigarette. J'arrivais dans la chambre pour prendre mes lunettes. Agnès :* "*Ça va pas ?...*", *quand je lui ai dit que je voulais écrire.* "*Ouais. Je veux écrire... Ça me vient comme ça...*" — *Un besoin du genre* "*écrire ou mourir*"... *C'est étrange, tout de même...* » — « *La solitude du fumeur est un* "*succédané de repos fertilisant*" *pour qui est en perpétuelle cogitation. Elle est le remède impénétrable qui soulage sans soulager la perte d'éléments qui sont constitutifs de la compréhension des choses. J'entends bien que cela puisse paraître obscur à certains, mais ceux qui, comme moi, se servent de l'apaisement étrange qu'apporte la cigarette lorsqu'on est seul, savent ce que je ressens.* [...] *Je fumais seul près de cette aubette de bus ; j'évacuais... Il appert que fumer me paralyse, et si je devais me défaire de cet acte, je pourrais en faire autant avec l'écriture. L'écriture est pour moi nécessairement paralysante ; je me coupe du monde et l'écrivain et l'écrit s'isolent ensemble, unis par ma pensée. Je crache les mots (je suis l'écrivain), je les touche (je suis l'écrit) et je les avale (je suis le lecteur).* »

* * * * *

Semprún me permet une digression peu accorte, étayée par l'atrocité des faits autobiographiques rapportés par Primo Levi, Imre Kertész ou encore Jean Améry : dans les camps de concentration, les cigarettes sont importantes et des trafics s'organisent, les transactions vont bon train et on échange un quignon de pain vital contre du tabac anesthésiant. Les captifs ne sont pas les seuls à éprouver ce besoin en dépit des souffrances que cela peut causer (privation de nourriture ou d'effets personnels en contrepartie, privation du pouvoir stupéfiant), et il me souvient de ce que le membre de la Schutzstaffel et fou à lier Otto Riemer, assurant l'intérim du commandement du camp d'Enbensee, ne fournissait quotidiennement ses sentinelles que sous la condition pour eux de massacrer un certain *quota* de prisonniers. Le tabac tue ses consommateurs et la bête humaine, sanguinaire, qui aime à s'abreuver du sang des innocents, pousse le vice jusqu'à l'aider, en un détournement ironique, à tuer ! L'Histoire humaine foisonne d'aberrations morales : « *Tu tueras pour fumer* », « *tu fumeras en attendant d'être tué* ». — *Idem* dans les milieux carcéraux en général, et davantage, en suivant la ligne verte du corridor où se trouve à la fin le dispositif assassin, puisqu'on y peut fumer la « cigarette du condamné », ce dernier vœu, consenti par des autorités finassières, parachevant la — devenue mesquine — existence d'un semblable ! Prisonniers de nous-mêmes avant que d'être prisonniers d'un système, nous le sommes tous, pauvres êtres humains, si l'adage « *nul n'est méchant volontairement* » contient une once de vérité. À propos d'emprisonnement et d'attente de jugement, de torture ou de potence, les deux récits d'Arthur Koestler, *Le Zéro et l'infini* et *Le testament espagnol*, pullulent de références à la cigarette, et je n'en choisirai qu'une, assez représentative : « *Je souffre terriblement du manque de tabac. Il me semble que tout serait plus supportable si j'avais une cigarette.* » — Et que dire de tous ces mégots de tabac à rouler, ramassés dans la rue, jonchant le bitume sale, qui servent aux clochards, en les raccommodant avec les moyens du bord, de simulacre de cigarette vierge ? À divers moments de *Down and Out in London and Paris*, son livre poignant d'investigation sur la lutte à laquelle se livrent les sans-abris, les mendiants et autres rejetés sociaux, George Orwell décrit, en journaliste professionnel accoutré comme eux, après avoir pris le parti — ô combien méritoire — de s'immiscer dans ce monde apocalyptique, leur besoin quotidien de survivre et se délectant des rares moments de trêve offerts par le doux remède, qui de surcroît avait le don de proroger le supplice de la faim au ventre (« *Il scrutait inlassablement le trottoir et aucun mégot n'échappait à sa vigilance, ni même aucun paquet vide car il se servait du papier de soie de l'emballage pour rouler ses cigarettes* »). Trois ans après la publication de ce livre, en 1936, il réitérera avec *Keep the Aspidistra Flying* la jonction terrible entre le tabac et la pauvreté. Le roman relate l'histoire de Gordon Comstock, un homme privé de tout, sans argent, dont l'unique espoir repose dans la poésie qu'il tente, dans le dénuement infernal de son quotidien de survie, d'écrire, et la première page s'ouvre sur cette situation poignante : « *Il mourait d'envie de fumer. Mais ne lui restait que quatre cigarettes. On était mercredi et il ne toucherait pas d'argent avant vendredi. Ce serait trop embêtant de n'avoir pas de tabac du tout ce soir, ainsi que toute la journée, demain. / Empoisonné par avance à l'idée de toutes ces heures sans tabac du lendemain, il se leva* », — et vogue la galère !... L'Enfer du mendiant clopin-clopant sans clope dans l'Est de Londres, Jack London l'avait déjà raconté trente ans plus tôt, en 1903 (à croire que rien ne changera jamais), lorsqu'il s'était introduit dans le monde du *Peuple d'en bas* (*The People of the Abyss*). Dans les asiles insalubres mis à la disposition des plus « chanceux » des habitants de la rue, on interdisait le tabac, ce qui avait fait écrire à London : « *Quarante heures sans tabac est un supplice intolérable, tous les fumeurs de tabac en conviendront.* » Quand on est tout près du précipice, et qu'on n'a que la cigarette... et qu'on vous la refuse... sera-t-on étonné que certains fassent le dernier saut ?... — En mes veines, en mes pages, coulent le sang et l'encre *léthéens* ; — et en toutes contrées, par-delà les frontières, la triade vie/mort/cigarette suborne l'homme. En mon œuvre, l'art, la mort et la cigarette sont indémêlables, — *trinitaires*.

* * * * *

De tout ce que l'on a pu écrire sur le tabac, il y a beaucoup de *fumée*. L'auteur, dont le cerveau est *enfumé*, enfume le nôtre : ou bien il parle de ce qu'il ne connaît pas, ou bien il parle de ce qu'il ne comprend pas, mais, dans tous les cas, il croit connaître et il croit comprendre. Résoudre le problème du tabac, c'est résoudre en partie le problème de la vie. De tout ce que j'ai pu lire sur le tabac, il n'y a guère que Léon Tolstoï qui vise à peu près juste. Loin d'être un *fumiste*, Tolstoï essayait le plus souvent d'avoir une approche scientifique des phénomènes dont il parlait. Comme il l'indiquait à un endroit de *La Guerre et la Paix*, « *ce n'est qu'en étudiant les quantités différentielles de l'histoire, c'est-à-dire les courants homogènes qui entraînent les hommes, et après en avoir trouvé l'intégrale, que nous pouvons espérer d'en comprendre les lois* ». Laplace n'aurait su dire mieux. En publiant un livre intitulé *Plaisirs vicieux*, et en s'intéressant de près à l'addiction dans le chapitre *L'alcool et le tabac*, Tolstoï eut le mérite d'attaquer cette question de l'addiction d'une manière pour le moins originale, et put, on l'espère, ouvrir les yeux à quelques-uns de ses lecteurs (furent-ils nombreux ?). L'essai démarre ainsi : « *Quelle est la véritable cause de la consommation énorme que font les hommes de toute sorte d'excitants et narcotiques, tels que l'eau-de-vie, le vin, le hachich, l'opium et quelques produits moins répandus, comme la morphine, l'éther et autres substances analogues ? Quelle est l'origine de cette habitude qu'ils ont prise, et pourquoi cette habitude s'est-elle répandue si rapidement et maintenue avec tant de persistance chez les gens de toutes les classes et de toutes positions, aussi bien chez les sauvages que chez les civilisés ? À quoi attribuer ce fait indiscutable que là où le vin, l'eau-de-vie et la bière sont inconnus, on consomme l'opium, le hachich, etc., tandis que l'usage de fumer est répandu dans le monde entier ? — D'où peut venir ce besoin qu'éprouvent les hommes de se plonger dans un état de torpeur et d'ivresse ?* » Immédiatement, on remarque au ton que, quand bien même les questions sembleraient aller de soi, leur formulation concise laisse espérer une étude intelligente et sans concession sur le tabac, « *qui est le narcotique le plus répandu et le plus pernicieux* ». Tolstoï n'accepte pas les explications d'usage à propos de « *ce phénomène étrange* » et « *nuisible* » : c'est agréable, tout le monde le fait, ça m'excite cérébralement, ça dissipe la tristesse et les pensées noires... Pourquoi les gens chercheraient-ils « *à endormir la conscience elle-même* » en empoisonnant leur cerveau à l'aide de narcotiques ? Tolstoï répond : « *L'explication de cette habitude, aujourd'hui répandue dans l'univers entier, de fumer et de s'alcooliser, ne nous est fournie ni par un penchant naturel, ni par le plaisir et la distraction que cela donne, mais par la nécessité de se dissimuler à soi-même la manifestations de la conscience.* » Il faut préciser ce qu'entend Tolstoï par « *manifestations de la conscience* » : ici, « *conscience* » est équivalent à « *mauvaise conscience* » ou à « *remords* ». Pour lui, « *le besoin de cet excitant est d'autant plus pressant que le désir d'étouffer le remords augmente* », c'est-à-dire qu'il le considère négativement au sens moral et le voit comme une espèce d'« *empêcheur de pensée vicieuse* ». Il s'agit donc de l'homme aux prises avec ses problèmes moraux, et qui, tel un Hamlet drogué, ferait tout pour retarder sa confrontation avec eux. « *[...] s'il était dépourvu de moyens propres à engourdir ses facultés intellectuelles, il lui serait impossible d'effacer des tables de sa conscience les questions du jour, et, bon gré mal gré, il se trouverait dans des conditions qui exigeraient une réponse et qui n'admettent ni refus ni délai. Mais voilà qu'il trouve le bon moyen de retarder la solution de ces questions urgentes chaque fois qu'elles se dressent devant lui et en profite. Dès que la vie lui demande une solution avec insistance et le harcèle pour l'obtenir, il a recours à ce moyen artificiel et se débarrasse ainsi de l'ennui qu'il en éprouve.* » Tolstoï, qui croit en la perfectibilité de l'être humain pour atteindre le Bien, dit que, grâce à un « *changement imperceptible dans la conscience* », « *la guérison de cette terrible maladie de l'humanité marquera une nouvelle ère dans l'existence de notre race* » et amènera « *à sa suite la délivrance de l'humanité* ». (Pour mieux comprendre toutes les idées qu'énonce Tolstoï, rappelons que dans un autre essai, *Du sens de la vie*, il dit « *que l'homme, outre les organes qui ont été donnés à tout animal, a reçu une raison qui lui demande compte de tous ses actes* », et qu'« *il faut que cette raison soit satisfaite et que toute l'action de l'homme conforme sa conduite aux indications qu'elle lui fournit* ».) Nous n'irons pas jusque-là. Tolstoï eut plus que raison de souligner l'importance de la conscience. Tout part de là (ou y aboutit). Mais la restreindre presque partout à la « *mauvaise conscience* », cela ne fait que la circonscrire uniquement à la *morale*. Je ne prétendrai certainement pas dépasser le génie de Tolstoï. Moi-même, après ces dizaines de pages consacrées au tabac, n'aurai-je peut-être fait qu'effleurer le sujet, voire raconté des balivernes d'un bout à l'autre. Cependant je ne crois pas que cela soit vain. Quoi qu'il en soit, et sans vouloir chipoter, si Tolstoï distingue bien « *conscience* » de « *mauvaise conscience* », alors nous ne sommes pas exactement sur la même longueur d'onde. Là où Tolstoï pousse le malaise de la conscience jusqu'au remords, moi je m'arrête au malaise de la conscience tout court, c'est-à-dire au malaise existentiel, et, à moins que l'on puisse éprouver le remords à exister (en allant, si l'on veut, jusqu'à remonter à Adam et Ève), nos deux points de vue ne sont pas similaires. Vivre n'est pas *ma* faute. Ne pas supporter la vie, dans l'absolu, n'est pas *ma* faute. Et dans l'absolu, fumer n'est pas *ma* faute non plus. Je n'ai rien fait de mal pour avoir une conscience. Dans toute ma réflexion sur le tabac, il ne saurait jamais être question de bien ou de mal. On trouve un écho de ceci (que je souligne) dans la bouche du prince André (*La Guerre et la Paix*) : « Si je vis, ce n'est pas ma faute, *et je tâche de végéter ainsi jusqu'à la mort... sans gêner personne.* » Ce n'est pas ma faute. Mais à qui est-ce ma faute ? Serais-je comme cet homme, connaissance de la marquise de Merteuil, qui *« passait ainsi sa vie, ne cessant de faire des sottises, & ne cessant de dire après :* Ce n'est pas ma faute » ? En me défendant d'être coupable, mon ridicule augmente-t-il ? Si Dieu pouvait me parler, dirait-il : « Ce n'est pas ta faute » ? Dirait-il, en son nom : « Ce n'est pas ma faute ? » Ou risquerait-il un : « C'est ma faute » ? Ce n'est la faute de personne... — En rapport à l'écriture, un autre point soulevé par Tolstoï est d'une extrême importance, car il rebondit sur la sur « rechute » nécessaire à l'élaboration de mon livre : « *"Si je ne fume pas, je ne puis travailler ; je ne puis exposer mes pensées sur un sujet, et si même j'arrive à pouvoir commencer, je ne puis continuer sans fumer."* — Ainsi raisonnent généralement les hommes, et c'est aussi ce que je faisais moi-même autrefois. Mais quel est le sens véritable de ces paroles ? Cela signifie, ou bien que vous n'avez rien à dire, ou bien que les idées que vous cherchez à exprimer ne sont pas encore mûres dans votre cerveau : elles ne sont qu'à l'état naissant, et le sentiment critique qui est en vous et qui n'est pas étouffé par l'action du tabac vous l'indique très nettement. » Quoique la problématique soit redoutablement complexe, je ne puis totalement souscrire à ces paroles, sans toutefois les contredire. Comment critiquer un honnête homme qui a bien voulu y réfléchir avec autant de perspicacité, et qui, en outre, était beaucoup plus expérimenté que moi au moment où il composait cet essai ? Certes, le tabac devait faire naître l'impulsion créatrice, m'aider à me lancer dans cette entreprise, et — qui sait ? — il est possible que je me fourvoie. Mais je ne crois pas que le « mûrissement » y soit pour quelque chose. C'est tout l'inverse dans mon cas : tout me semblait tellement « mûr » que le poids de tout ce que je portais en moi m'oppressait. J'étais effrayé par la tâche à accomplir. Je stressais. Je craignais de ne pas pouvoir tout cracher, comme si cela avait été au-dessus de mes forces. (Et je ne vois pas, d'ailleurs, où viendrait se loger l'idée d'une faute dans tout ça.) En somme, tout se passait comme si j'allais accoucher d'un éléphant. Attendre, c'était pour moi mourir, c'était un suicide. (Sachant que l'accouchement a commencé, mais qu'il est loin d'être fini, je ne suis pas à l'abri de la mort. Et puis, que se passera-t-il si jamais j'accouche tout à fait ? N'en mourrai-je pas, vidé ?) Fumer permet de faire abstraction du monde environnant pour ne se concentrer que sur l'écriture, pour être seul avec soi-même. Le tabac est à mon livre ce que l'antidépresseur est à l'ouverture au monde sans souci du malade. Je puis m'y replier et y être tout entier. Je dois écrire sur les mystères du monde — et le besoin de fumer étant l'un de ces mystères, je rentre encore plus profondément au cœur de mon sujet. J'expérimente en m'expérimentant.

* * * * *

Tel l'ermite Youssef Al Fakhri imaginé par Khalil Gibran (il s'y est peint), je ne demande rien d'autre qu'un peu de vin, un peu de tabac et un peu de café... — Et un peu de papier et un peu d'encre, — si ce n'est pas *trop demander*.

* * * * *

En partie grâce à leur *mémoire*, les meilleurs des œnologues savent reconnaître et déterminer l'identité d'un vin (appellation, cépage, domaine, millésime) : ils se souviennent d'avoir bu *ce même vin* en telle année et à tel endroit. Bien que les tabacs se ressemblent tous (à l'exclusion des cigares et de la pipe, plus riches en parfums), je parviens, de façon similaire, par identification et par « nostalgie », à rapatrier des images : cérémonials, lieux, époques, émotions, dispositions, personnages, et *cætera*. — Le tabac fut un besoin, une ressource, une drogue, et son impact se révèle assez bien dans ces extraits pris au hasard dans mon *Journal* (qui égaieront, éclaireront et personnifieront tout ce que j'ai pu écrire dans ce chapitre) : « [10/09/98 :] *J'ai tellement envie de m'évaporer sous les coups d'analgésiques, de drogues... je veux que ce soit plus fort qu'un bon cigare...* [18/02/99 :] *Quelle puissance que possède le tabac aux apparences si douces !... Est-ce parce que je le fume si longtemps, jusqu'à ce qu'il ne reste plus que de microscopiques cendres d'un noir épouvantable ? [...] Le tabac me fait chanceler... Ajouté à ma fatigue, il me serre contre... contre... Moi-même ?...* [08/03/99 :] *Je flotte et je suis assommé... Je n'en ai pas mis beaucoup et pourtant, je suis dans les vapes... Quel plaisir que de tirer de petites bouffées de cette plante !... Oh !... Quelles belles pensées vous rejoignent ou naissent !...* [22/03/99 :] *J'ai fumé : après avoir fumé, il est démoralisant de constater que je veux tout faire et que je ne peux rien faire... À la fin, j'ai fermé les yeux et j'ai cru que j'étais poussé contre le dossier de mon fauteuil...* [23/03/99 :] *Je viens donc de fumer ; je fermais les yeux et j'étais propulsé vers l'arrière, puis je tombais quasi à pic... Je tombais très vite (rapidement) dans le vide — mais pas à la vitesse d'une chute libre... Sensation désagréable, par contre, quand j'ouvrais les yeux : le monde, ce que je fixais (ou non), voguait de la gauche vers la droite, etc. [...] Ah !... Sensations dures de la drogue : là, on ne peut en douter : la drogue fait son effet : ce n'est pas un jeu et c'est ce qui fait peur... Mais c'est la seule chose qui fasse peur... Tout est si beau... Il manque des couleurs mais tout le reste y est... Suspendu au-dessus, en dessous, à côté, en moi...* [23/04/99 :] *J'ai fumé une cigarette et la pipe... Cela devient problématique, je trouve, mais cela me stimule...* [26/09/99 :] *Je fume... — L'orage gronde au dehors... — Ce stylo m'agace déjà... — Un verre de jus de pamplemousse... — La musique de Smith... — Le mal de ventre dû à la cigarette... — Le mépris... — Nietzsche... — La pluie qui s'abat avec vacarme sur la vitre... — Les éclairs qui sont comme des flashes... — Mon esprit qui va... qui vient... — Mon envie de me coucher... Mon envie de ne pas me coucher... — Mes soucis... Mes bonheurs... — Intimité... — Tout cela fond en moi, par moi, en moi, en dehors de moi... L'orage est-il en moi ?... — Je tiens une seule chose... Moi... Et je ne tiens qu'à une seule chose : mon journal et moi...* [01/05/00 :] *Je me suis roulé un joint... Cela faisait longtemps... J'y ai repensé comme ça, en lisant Dostoïevski... Quelqu'un boit parce qu'il n'est pas bien... Moi, je* fume *pour les mêmes raisons...* [22/04/01 :] *Écrire un peu... je fume de plus en plus lorsque j'écris...* [05/01/02 :] *Ma mère qui me dit, tout à l'heure : "Ne jette plus les cigarettes contre le muret... Je les ai ramassées... Il y en avait 74..." Ha !...* [21/12/02 :] *Le café m'est un ami... et la cigarette... et l'alcool, quand il y en a...* [16/01/03 :] *Fume, si ça ne va pas...* [28/05/03 :] *Je ne me sens pas au mieux... Trop de cigarettes ?... (Cancer ?...)* » — Vanité !...

* * * * *

Au-delà du *Journal* figure *Au premier songe*, ce roman que j'ai écrit à la fin de l'été 99 (au retour d'un voyage aux États-Unis) et que j'ai déjà hâtivement cité. Le tabac, qui y joue l'un des rôles principaux, est à la fois cause et effet de la rencontre qui y est décrite, donc cause et effet de son écriture. (Je me demande, aujourd'hui, si je ne m'étais pas fait, en l'écrivant, l'*apologiste* de la cigarette… Un vague souvenir vient du reste corroborer cette interrogation : je crois que mon père, ayant eu l'occasion de lire ce livre pseudo-autobiographique, m'avait reproché cette tendance.) — « *À la faveur de quelque projection bénigne que m'impose en ce moment même mon imagination, je puis concevoir que, sans nul doute, l'obligation explicite de ne pas fumer pendant plus de sept heures avait accru en moi le dégoût que m'inspirait la totalité des gens présents sur le vol, Antoine y compris. Et pour qu'Antoine fût compté parmi eux… il est foncièrement évident que tout cela ne résultait que d'une impression créée par un malaise que je ne connaissais pas — à peine —, et cette impression désormais se surimpose catégoriquement comme étant la conséquence d'un besoin refoulé anormalement ; un besoin qui ne se rattachait qu'au tabac. C'est qu'à force d'observer mes mauvaises habitudes, je sais reconnaître ce qui est susceptible d'être à mon préjudice ; les habitudes dangereuses à échéance, comme fumer, me mettent dans l'embarras : je me focalise sur le plaisir et ne cherche pas à courir après la honte que déchaînerait en moi l'idée — et le refus pitoyable qu'elle engendrerait — d'une détérioration progressive et irrévocable de certains de mes organes vitaux. — Je ne peux me soustraire aux reproches que je me fais, d'une part de me masquer la réalité, d'autre part de me reprocher que mon entourage me le reproche. Il n'y a rien de mal à s'inquiéter de ma santé, je le concède, mais je ne peux pas admettre qu'on impute vulgairement cette dépendance à une faiblesse de ma personnalité. Dégradant, le recours au tabac ? Dans bien des cas, il l'est, mais dans le mien il s'apparente à une défense contre l'invariance maladive des sensations* ordinaires *du quotidien, et c'est ici qu'est fracturée la perversion à laquelle m'affilient tous ces êtres vivotant dans la monotonie suggérée par la suffisance de ce qui n'est pas mauvais. Ou bien plutôt : qu'ils m'accolent à cette perversion — c'en est effectivement une : je me fie à mes envies. Qui pourra jamais me prouver que* ceci *est bon et que* cela *est mauvais ?… Je préfère mille fois croquer dans la pomme et goûter à tout — tout ? — à arpenter tragiquement les couloirs luxuriants qui composent le paradis d'où ne jaillira jamais l'onguent maléfique qui fait l'homme homme. Aussi n'écouté-je que moi-même, délimitant sans aide et noblement les espaces que je me sens bien aise de visiter. — Courage ! — La distance s'annonce grande, pénible, et le chemin est sinueux, sans arbres pour le longer, pas plus que de hautes futaies ; mais un chemin, aussi tordu qu'il soit, nous conditionne telle une voie vénérable, serpentant entre la vertu, l'abnégation, la tentation, la sagesse, l'estime et tout ce qui ennoblit l'âme, d'une façon ou d'une autre. Ce qui nous pousse, ce qui ne nous retranche nulle part, c'est l'assurance de parvenir à comprendre ce chemin, et grand bien nous fasse de constater que cela ne nous mène à rien. À tout le moins éducateur, il évolue selon l'individu : s'il ne mène à rien, on ne peut que reculer, mais pas pour autant renoncer. La distance… — Et moi, moi, je ne voyais, en tout et pour tout, qu'une tentation qui, une fois que je m'y serais soumis et qu'elle serait parvenue à me rassasier, redistribuerait à parts égales les plus et les moins de mon corps. La cigarette.* — La cigarette. »

* * * * *

Quant aux débats qui agitent l'État (d'abord sous la houlette de la Régie, créée par Napoléon en 1811, puis tel qu'il est aujourd'hui) et l'opinion de la masse (qu'abhorrait le grand historien Tite-Live et dont Sénèque disait que l'appréciation « *est toujours douteuse et partagée en pour et contre* »), il s'agit de manœuvres consensuelles du pire acabit sur lesquelles je ne souhaite pas polémiquer à outrance (les questions d'ordre politique sont éminemment trop abstruses et je ne pourrais me vanter de les régler en un tournemain). Dans ses discours, gouvernés prioritairement par l'aspect pécuniaire — déguisé en principe de précaution sanitaire —, l'État démagogue (contaminé de satrapes, de caciques puciers) jette des apophtegmes moralisateurs que déboutera tôt ou tard la dangereuse prohibition qu'il aura fomentée. Que sont ces rectangles bordés d'un trait noir épais et ces inscriptions en gras sur leur fond blanc : « *Fumer tue* », « *Fumer nuit gravement à votre santé et à celle de votre entourage* », « *Fumer peut entraîner une mort lente et douloureuse* », « *Les fumeurs meurent prématurément* », « *Fumer peut diminuer l'afflux sanguin et provoquer l'impuissance* » ? Tous du même tabac… une « *ingénieuse plaisanterie* » ! Que sont-ils censés représenter, ces rectangles, sinon, par ce qui a tout l'air d'un appel lancé (calotte sur le chef) à des *minus habens*, une invitation à la *culpabilisation* et au *repentir* ? N'est-ce pas un *commandement* proscriptif de l'État qui se prend pour Dieu, un « Tu ne fumeras point » envoyé à des Moïse modernes qui n'ont rien demandé ?… Si tel est le cas, il faudrait suivre la logique jusqu'au bout et imprimer sur le front de chaque bébé ce *titulus* : « Vivre tue. » Mieux : imprimer sur le front de chaque humain en âge de procréer : « Engendrer tue. » (Tout en chantant, gaiement, exquisément, la comptine que l'on martèle avec une dangereuse innocence aux enfants : « *J'ai du bon tabac dans ma tabatière, / J'ai du bon tabac, tu n'en auras pas.* » Ne serait-ce pas charmant ?…) De surcroît, c'est prendre les gens pour des cons. Franchement, quel fumeur serait assez con pour croire que le tabac est sans danger ? Ce n'est pas l'amour du prochain qui incite le gouvernement à avertir le fumeur avec ce « *Fumer tue* ». Son intérêt est aussi de protéger ses arrières, ainsi que ceux des fabricants : la peur des procès… De toute façon, à force de marteler ces avertissements, le fumeur n'y porte plus aucune attention, ce que George Orwell, dans *1984*, résumait par un : « *La guerre, c'est la paix.* » (L'attention est dirigée par autrui qui ne manquera pas de titiller la culpabilité du fumeur en pointant du doigt le message.) Il y aura bientôt des images répugnantes, tout droit sorties de foires où sont exhibés femme à barbe et géants de deux mètres quarante, censées *faire passer un message* qu'un enfant de cinq ans devrait être capable de comprendre sans même réfléchir : un poumon sain, un poumon malade ; une denture cariée (comme on n'en voit jamais !) ; un fœtus dans le ventre de sa mère… Les Cerveaux(-Têtes-d'Œuf) de l'État ont-ils lu Roland Barthes et son article sur les *Photos-chocs* ? Le sémiologue analyse le fait que, presque toujours, le photographe « *surconstruit l'horreur qu'il nous propose, ajoutant au fait, par des contrastes ou des rapprochements, le langage intentionnel de l'horreur* », tant et si bien que — déjà — « *on a frémi pour nous, on a réfléchi pour nous, on a jugé pour nous ; le photographe ne nous a rien laissé — qu'un simple droit d'acquiescement intellectuel : nous ne sommes liés à ces images que par un intérêt technique ; chargées de surindications par l'artiste lui-même, elles n'ont pour nous aucune histoire, nous ne pouvons plus inventer notre propre accueil à cette nourriture synthétique, déjà parfaitement assimilée par son créateur* » ; *tant et si bien* qu'en devinant l'intention, la mascarade, la mythologie qui se cache derrière ces menaces, l'effet recherché s'inverse : l'exquis essayiste et Bruxellois Simon Leys, lors d'une chronique intitulée *Les cigarettes sont sublimes* (sorte de provocation sobre digne d'un Oscar Wilde), conclut : « *Chaque fois que j'aperçois une de ces menaçantes étiquettes sur un paquet de cigarettes, je me sens sérieusement tenté de me remettre à fumer.* » Ce genre de remarque émane toujours, contrairement à la première intuition qu'elle en donne, d'un personnage réfléchi et pertinent ; et, de surcroît, elle ne peut s'adresser qu'à des personnages eux-mêmes réfléchis et pertinents, habitués, dirais-je, à une certaine conception de la vanité de l'existence. Malgré tout, je ne suis plus d'accord avec Leys quand il expose ceci : « *D'un certain point de vue, les fumeurs bénéficient d'une sorte de supériorité spirituelle sur les non-fumeurs : ils ont une conscience plus aiguë de notre commune mortalité.* » Sans vouloir jouer les misanthropes, c'est surévaluer les capacités de la nature humaine ordinaire… (Cette remarque me permet d'en placer une autre à caractère anecdotique. Vers 1891, à l'initiative du journal *Le Tabac*, une centaine de personnalités françaises ont bien voulu répondre à la question : *Pour ou contre le tabac ?* Outre le fait que la grande majorité a passé son temps à évoquer la santé, l'effet énergisant, apaisant, la contenance, le goût, l'odeur, *etc.*, un seul, je dis bien *un seul*, a répondu en disant ce que je tente de dire depuis le début, c'est-à-dire que l'usage du tabac doit être considéré sous l'angle du souci existentiel, de la mélancolie cachée inhérente à l'existence, et cette personnalité n'est autre que Mallarmé : « *[…] et d'ordinaire fume quand je me sens trop près de moi, ou si je subis l'approche de quelqu'un, pour voiler un même néant.* » Rappelons au passage qu'à cette époque, les dangers encourus n'étaient pas connus. Certes, les fabricants de cigarettes ou de cigares n'ajoutaient pas ces centaines de produits chimiques qui n'arrangent rien aujourd'hui, mais lisez donc ce que le préfacier de ce recueil d'impressions, Aurélien Scholl, osait écrire : « Quant au soi-disant cancer des fumeurs, c'est un conte de nourrice. Cancer des fumeurs n'est pas une dénomination scientifique ; on a constaté le cancer des fumeurs chez des femmes qui n'avaient jamais fumé. » Et il conclut avec des mots proches de ceux de Leys : « *Des consultations qui suivent, il n'y a qu'une moralité à tirer. Il manque un sens aux malheureux qui ne fument pas. C'est une race inférieure — qu'il faut plaindre.* » Étonnant, non ?) (Non content d'alourdir encore mes propos et de perdre mon lecteur en rouvrant une parenthèse après en avoir fermé une, je me permettrai d'illustrer les deux attitudes citées un peu plus haut (braver hardiment l'interdit et être aveugle à un message objurgatoire) en comparaissant de moi-même et en personne. Depuis bientôt trois ans, j'ai constamment au-dessus de ma tête une feuille sur laquelle j'avais recopié une pensée de Monsieur de Vauvenargues : « *Nous sommes consternés de nos rechutes, et de voir que nos malheurs mêmes n'ont pu nous corriger de nos défauts.* » Après un coma éthylique dont je suis peu fier — et que j'ai honte d'avouer ici —, j'avais eu l'idée de placarder cette phrase à un endroit d'où elle pût quotidiennement m'adresser sa harangue, même subconsciemment. Eh bien, tel un mauvais élève qui n'a pas appris sa leçon, outre que cela ne m'a pas empêché de récidiver dans les semaines qui ont suivi, j'en ai aujourd'hui oublié sa présence et sa prévenante sagesse…) — J'adjuge en revanche à mes concitoyens le pouvoir de revendiquer — avec justice — deux maux (qui sont comme des anomalies imputées « démocratiquement ») pour lesquels ils pourraient payer les pots cassés : 1) les soins apportés, et comptabilisés dans les impôts de *tous* les contribuables, à ceux qu'un cancer, en toute connaissance de cause, a frappé (et malheureusement condamnés) ; 2) la promiscuité des fumées inhalées, sans leur consentement, par les non-fumeurs, qui sont nuisibles et pour la salubrité de l'air qu'ils aimeraient respirer, et pour l'hygiène publique ou personnelle qu'ils sont en droit de choisir. — (En forçant le calembour, — quoique cela ne fût pas tout à fait vrai, car les dépenses de santé sont à l'euro près amorties par les taxes appliquées sur le tabac, — nous pourrions dire que fumer remplit deux caisses, celle de l'État — et le cercueil !) — Soyons concis et brisons ensuite avec cela : s'il y avait une véritable « affaire d'État », celui-ci enraierait son laxisme en interdisant une bonne fois pour toutes la vente de tabac (ou en interdisant — *tout au moins* — aux fabricants d'ajouter les additifs qui sont le premier vecteur des cancers). Ce qu'il fallait démontrer, savoir que le tabac est nécessaire pour soulager le citoyen — qui, s'il était subitement privé de sa drogue, pourrait grièvement fragiliser la *Res publica* (essayez, par exemple, en pleine guerre, de priver les militaires de leur tabac !), — et le psychiatre spécialiste en toxicologie Claude Olievenstein avait doublement raison d'inciter à davantage tenir compte du *sens de la transgression* sous-jacent, trop souvent oblitéré dans ces contentions. En voulant que les jeunes ne commencent pas à fumer (puisque 95% d'entre eux continueront), la *Res publica* pose un problème : par quel calmant la cigarette sera-t-elle remplacée pour gérer la fadeur existentielle (inconsciente) ? — Vive les *réprouvés*, — vive la *Res privata* !... Que l'on me passe le tabac !...

« *Acendo um cigarro ao pensar em escrevê-los [estes versos]*
E saboreio no cigarro a libertação de todos os pensamentos.
Sigo o fumo como uma rota própria,
E gozo, num momento sensitivo e competente,
À libertação de todas as especulações
E a consciência de que a metafísica é uma consequência de estar mal disposto.

Depois deito-me para trás na cadeira
E continuo fumando.
Enquanto o Destino mo conceder, continuarei fumando. »

(« *J'allume une cigarette en méditant de les [ces vers] écrire*
et je savoure dans la cigarette une libération de toutes les pensées.
Je suis la fumée comme un itinéraire autonome,

et je goûte, en un moment sensible et compétent,
la libération en moi de tout le spéculatif
et la conscience de ce que la métaphysique est l'effet d'un malaise passager.

Ensuite je me renverse sur ma chaise
et je continue à fumer.
Tant que le destin me l'accordera je continuerai à fumer. »)

Fernando Pessoa, *Tabacaria* (*Bureau de tabac*)

Langage

« 无名天地之始.
有名万物之母. »

« 正言若反. »

(« *Vide de nom est l'origine du ciel et de la terre.
Avec nom est la mère des multitudes d'êtres.* »

« *Les paroles vraies paraissent paradoxales.* »)

Lao-tseu, 道 德 經 (*Tao Te King*)

Ex nihilo, l'infinité du monde se défit de la densité et de la fournaise encapsulées, et épandit brutalement sa matière dans une éternelle expansion, silencieusement, si silencieusement que du vacarme de la nucléosynthèse pyrotechnique ne parvenaient que des feux versicolores larmoyants ; *ad infinitum*, l'Univers goûtait ses aises pour sa ixième décompression, ignorant que sa nature inconditionnée était née après une vieillesse repliée, et sa route inexhaustible, suivie aveuglément vers les quatre coins cardinaux, et que cinglait la fougue de l'argonaute immature, se clairsemait d'espaces arides qu'humait seul le néant. Régnait céans « *une confusion, une masse sans forme, / un désordre, un chaos, une cohue énorme* » ; — les indivises billes expulsées s'étaient recombinées, et l'apeiron guerrier, vainqueur immémorial de ses combats titanesques contre l'antimatière durant la guerre de la baryogénèse, avait pu se former, puis, par des grumeaux pondéreux disséminés, s'épanouir sans entrave et accéder au pouvoir. Cette Substance thaumaturge, régnant sans partage sur des étendues sans fins, fixa çà et là ses milliards de milliards de chrysalides chéries que le temps développerait finement. Mais se formant, elle ne s'en informait pas, et cela la rongea, elle pleura, inconsolable, des foudres qui transpercèrent les conques innocentes. Elle aimait ses filles, les fruits de ses entrailles, sans savoir pourquoi elle les aimait, et sa furie la poussait indéfectiblement à les anéantir en les empêchant, impavide, sans accorder ni grâces ni faveurs, de procréer à leur tour, les stigmatisant en coconnières désertiques, telles des compagnes de spermogonies en jachère. Elle s'accablait de se sentir marâtre, car il lui manquait la science de sa naissance, de son évolution créatrice, — la *Cosmogonie*. Elle était une force muette qui se languissait : elle voulait se connaître enfin, s'écouter et parler. Mais elle était sa propre connaissance, elle était l'Œil caméléonien qui ne trouvait aucune surface réflexive, qui voyait tout, c'est-à-dire elle-même, sans rien voir, c'est-à-dire ce qu'elle était ; elle était même « *Un œil qui dans un œil ne se réfléchit pas* » (Alphonse de Lamartine). Quelle existence incommode ! être invisible à soi-même, se dire, comme Socrate l'aimait faire : « *Je ne sais qu'une chose, c'est que je ne sais rien* » (« ἓν οἶδα ὅτι οὐδὲν οἶδα »), être impuissante à saisir l'injonction du « γνῶθι σεαυτόν », que voilaient les phénomènes qu'elle tissait frénétiquement pour s'agrandir et prospérer, telle une araignée inconsciente de ses agissements ou de la nature nouménale de ses intentions. De sa solitude abyssale, dont elle avait le pressentiment qu'elle fût immortelle, la Substance inféra le *vacuum* dont elle était irréfragablement issue — et qu'elle répétait de façon différente, selon une parthénogénèse angoissée, avec des saillies corpusculaires peu amènes, rédhibitoires (à quoi bon ? que signifiaient-elles ?) —, puis elle comprit, résignée, qu'elle n'était qu'un virus s'autoreproduisant. Les révélations de son inanité identitaire et de sa vétusté autoréalisante l'emplirent d'un chagrin durant des millions et des millions d'années. Oui, elle en vint, — la Substance — qui, d'après Baruch Spinoza, « *est en soi et conçue par soi : c'est-à-dire ce dont le concept n'a pas besoin du concept d'une autre chose duquel il doive être formé* », — à atermoyer la connaissance de ses raisons d'être en poursuivant son effusion inefficiente. Toujours dans la première partie de l'*Éthique*, Spinoza posait ensuite en axiome que « *la connaissance de l'effet dépend de la connaissance de la cause et l'enveloppe* » ; mais si sous la Substance est subsumée la connaissance, que la Substance ne peut qu'avoir créée puisqu'elle englobe tout, et si cette connaissance devait être connue de la Substance par ses effets, autrement dit si elle était la connaissance effective de la connaissance, elle deviendrait la Substance et par conséquent serait cause d'elle-même en l'enveloppant. En se projetant objet de son objet, la Substance archétypique ne recelait aucun moyen de se connaître objectivement, car la connaissance, c'était elle : l'Œil ne se verrait jamais œil par lui-même, — toute méthode heuristique se volatilisait au moindre branle (« *je ne puis asseurer mon object : il va trouble et chancelant, d'une yvresse naturelle* », écrivait, dans son essai

Du repentir, Montaigne — qui ne s'amusait à peindre que « *le passage* » et non « *l'estre* »). Cependant c'était sans compter sur le *conatus* immanent à sa survie, donc à celle de sa création, et elle put, à la longue, suite à une mégarde contraire à ses attributs, fonder ses espoirs sur le langage quasi adventice que l'une de ses engeances inventa. La connaissance lui vint de l'Homme, — du Langage, — du Langage de l'Homme. Ô Langage, miracle syncrétique de la Substance ! transsubstantiation inopinée ! Le langage décrivit l'œil qui put se voir œil, penser l'œil qui put se penser œil. — (La tradition judaïque explique dans le *Sefer Yetsirah* — ou *Livre de la Création* — que l'écriture précéda la création du monde et que les trois lettres formant le trigramme « *YHW* » (le Nom que l'on ne prononce pas, car Dieu est innommable) suffirent pour former « *du néant le réel* » et faire « *de son néant son étant* », c'est-à-dire suffirent pour qu'il y eût ce qui est : la totalité du réel fut établie par l'ensemble des combinaisons permises par les vingt-deux lettres de l'alphabet hébraïque (auxquelles s'ajoutent celles des dix chiffres), ce qui, en somme, fait du monde un monde *littéré* : « *Voici les vingt-deux lettres avec lesquelles a fondé [l'univers] le Nom, béni soit-il, habitant l'éternité, et dont le nom est saint.* ») — Dans sa préface à la première édition des *Châtiments*, Victor Hugo écrivait que « *la conscience de l'homme, c'est la pensée de Dieu* ». Dans *Suite* (des *Contemplations*), il avait déjà pointé, du verbe, la déité : « *Et, de même que l'homme est l'animal où vit / L'âme, clarté d'en haut par le corps possédée, / C'est que Dieu fait du mot la bête de l'idée. […] Oui, tout-puissant ! tel est le mot. Fou qui s'en joue ! […] Car le mot, c'est le Verbe, et le Verbe, c'est Dieu* » ; — tandis que Jacques Rigaut, pour sa part, ironisait, sans être imbu de ses capacités, sur la pandémie divine des mots : « *Ne vous effrayez pas, il y a du Dieu dans chaque ligne* »…

* * * * *

« *Au commencement était la Parole, et la Parole était avec Dieu, et la Parole était Dieu. Elle était au commencement avec Dieu. Toutes choses ont été faites par elle, et rien de ce qui a été fait n'a été fait sans elle. […] Et la parole a été faite chair, et elle a habité parmi nous, pleine de grâce et de vérité ; et nous avons contemplé sa gloire, une gloire comme la gloire du Fils unique venu du Père.* » (*Jn 1, 1-3.14*) — « Ἐν ἀρχῇ ἦν ὁ λόγος » : « *Au commencement était le* logos », — le père-langage, le perchoir du Sens et de sa future chute…

* * * * *

L'Idéaliste allemand Georg Wilhelm Friedrich Hegel, que Schopenhauer qualifiait de « *philosophastre* » aux « *gribouillis* » servant de « *vomitif psychique* », considère que le sujet qui se pense lui-même et pense le monde, synthétise par cette pensée sa consubstantialité au monde, et il unifie la connaissance et du Dieu-Substance (concept que je fabrique, qu'il ne faudrait pas imputer à Hegel) et de l'homme par une réciprocité infrangible, immuable, qui assure que l'homme ne connaît Dieu que dans la mesure où Dieu se connaît lui-même en l'homme. Puissante perspective phénoménologique aux teintes malebranchiennes qui, du Dieu inconscient, fait naître en une chaîne autoconsciente l'homme dans le monde, au monde, le langage (« *vouloir penser sans les mots, c'est une tentative insensée* »), et de là, successivement, l'homme pensant, conscient de lui-même, conscient du monde, conscient d'être au monde, conscient de Dieu, — puis Dieu conscient de l'homme qui le pense par le langage, Dieu conscient de soi, — voire, toujours en conjecturant grossièrement les visées hégéliennes, Dieu conscient de sa conscience. La transmission conscientisante et l'échange dialectisant, pérennes dès que le langage sourd et lie (réunion *et* cohésion) les causes et les effets, s'avèrent pléniers : *Dieu et l'homme sont interdépendants dans, par et pour le langage*. S'instaure une religion aux préludes exempts de dévotion, qui se veut libre, qui sait « *relier* » (« *religare* »), une communion pure entre un Dieu concrétisé et un homme se concrétisant au divin, indifféremment, s'appuiant l'un l'autre et l'un sur l'autre, avec un Dieu-Étant réaffirmé dans son Être-pour-soi, et un homme qui se débat dans le désir brimbale d'une ambition herméneutique (soutenue par des textes jaillis de l'interprétation thétique de son *Dasein,* le claustrant dans un anthropomorphisme malencontreux) à l'observation d'un principe cosmologique (occultant familièrement l'homme et Dieu dans un matérialisme un peu exagéré). Ce clivage, naturel et inné, mais dénonciateur des mesures de consciences incomparables propres aux deux entités Homme-limité et Dieu-illimité (d'où la venue du Christ, Verbe fait chair, médiation supportable du sensible et du divin), fut *en même temps perpétré et tempéré* par le langage : tour à tour sage-femme (obstétrique, phase *post-partum*) et souffre-douleur (intermission des contacts, statut de la « *conscience malheureuse* » — de l'autoconscience doublée — de l'humain), le *langage* se fit, à ce compte, la propédeutique de lui-même et de ses téléologies, — il obéra la compréhension mutuelle (Dieu, qui est tout, sursume l'homme que la structure catégorielle de l'entendement fait dévier de l'approche de la chose en soi), — tout en se faisant l'instituteur et l'instigateur de l'alliance communicationnelle qui actualise l'Être dans son aperception, l'entremetteur impérieux des instances étantes. L'Alliance spirituelle et suprasensible se contracte par un élément supérieur : « *Cet élément supérieur ainsi exigé, c'est le langage, — un être-là qui est immédiatement une existence consciente de soi* » (*Phénoménologie de l'esprit*). Le savoir absolu infinisant, du promontoire infinisé du langage, enclenche sa marche en avant, il participe de la possibilité de l'(mon)Histoire historiée : « *C'est seulement après que cette conscience a abandonné l'espoir de supprimer d'une manière extérieure, c'est-à-dire étrangère, qu'elle se tourne — parce que la manière étrangère supprimée est le retour en la conscience de soi — vers elle-même, vers son monde et présent propre, qu'elle le découvre comme sa propriété et qu'elle a, par là, accompli le premier pas la faisant descendre du monde de l'intellect ou, bien plutôt, lui faisant spiritualiser l'élément abstrait de ce monde avec le Soi effectivement réel. Par l'observation, d'un côté, elle trouve l'être-là comme de la pensée et elle le conçoit ; et, inversement, elle trouve dans sa pensée l'être-là.* » — Nous ne sommes tous qu'en le Langage.

* * * * *

Sans néanmoins assentir à une expurgation, je ne résilie pas l'impression que ces considérations outrepassent les frontières lisibles de mon livre. De ce qui touche à l'avènement langagier, je n'alourdirai pas mes évasions d'illuminé — dont je m'entiche (elles me sont nécessaires, les brides me glissent des mains dans un ravissement) — d'une mystagogie profonde, je n'en suis ni un exégète ni un philologue assermenté, tout juste un pseudo-poète que la science égaie. Les prémices du langage, on les retrouvera échafaudées dans des ouvrages spécialisés (glossologie, phonologie, philologie, protolangue et langue adamique...), et je ne puis que délaisser certaines propositions fort intéressantes, en particulier de Rousseau, sorties de son *Essai sur l'origine des langues* (« *On ne commença pas par raisonner, mais par sentir* », et l'origine des langues provient « *des besoins moraux, des passions* »), ou de certains autres auteurs aguerris dans la question génétique. (Le langage, c'est en quelque sorte le paradoxe de la forêt dans l'allégorie de Francis Ponge : « *Elle voulait nous montrer son cœur, jamais elle ne nous l'a mieux caché. Jamais il ne nous a paru plus impénétrable. Allons, bon, voilà un beau résultat ! Chacun de ses efforts pour s'exprimer a abouti à une feuille, à un petit écran supplémentaire, à une superposition d'écrans qui la cachent de mieux en mieux.* » Gare aux cohortes touffues et feuillues, au brasier viride des rameaux, aux foisonnements chlorophylliens !...) — Désormais, concédons — *tolérons* —, guillerets (c'est l'évidence pléonastique ! en vérité je vous l'écris, il est, il s'exprime en moi, par suite en vous), que le Langage principiel survint de telle ou telle manière et qu'il est tel que nous le connaissons aujourd'hui...

* * * * *

Cela étant considéré et admis, il n'en demeure pas moins qu'une double phylogénie du langage œuvre en arrière-plan, l'une s'inscrivant supposément dans les temps babéliques (lorsque Nemrod, premier roi après le Déluge, conçut la Tour), un cran au-dessus de mes remarques précédentes, car elle est strictement anthropologique, et l'autre, qui ne l'est pas moins, ressortissant à l'apprentissage individuel de la langue, allant du bébé encore animal qui s'exerce au paralangage et acquiert les facultés énonciatrices, à l'adulte qui affine continuellement son lexique et la structure syntaxique de ses pensées. Je bisse ma mise en garde en précisant que la généricité du langage anatomisé dans ces lignes, s'évaluera tant par la forme écrite qu'orale, visuelle que pensée, *et cætera*, et tout ce que j'en pourrai dire ou dédire sera inclus dans cette ordonnance. Le langage est tout ; *tout est langage* (n'est-ce pas, Françoise Dolto ?). Oui, tout est langage, quand nous communiquons et nous exprimons (significations intra et interlinguistiques), quand nous pensons et nous sentons (une guêpe nous pique de son dard et nous nous écrions « aïe ! » en français ou « *ouch* ! » en anglo-saxon, nous apposons des mots sur l'imprononçable, en l'occurrence drolatiques pour cette interjection multiforme). Notre existence ne peut être *extralangagière* dans notre acception conceptualiste du langage, ce qui est extralangagier n'entre pas dans la sphère de notre être-au-monde et n'a aucune valeur signifiante ou signifiée, si ce n'est celle d'être édictée par le langage à qui elle appartient et qu'elle édite lexicalement, car l'extralangagier est langagier ou n'est rien (motus !), — alors que les spéculations, sous égide kantienne, même si elles ne signifient peut-être rien (antinomies), nous signifient paradoxalement qu'elles ne signifient peut-être rien (progression de la dialectique et du sens à donner au monde). Si seulement cela pouvait être aussi simple, de penser qu'il y a une signification ou une non-signification (qui est une signification) !... Mais il n'est qu'à me rappeler les préceptes de Houei-hai (*L'Éveil subit*), — qui sont une construction dans le vide, une destruction de la « noèse » et du « noème », — pour que je ne sache plus *comment* trouver un sens ni aux paroles, ni au monde, ni à la réalité : « *Les paroles ont un sens, donc, lorsqu'on a le sens, la parole est coupée. Le sens, c'est le vide ; le vide, c'est la Voie et la Voie coupe la parole. Voilà pourquoi on dit que "des paroles et la Voie sont coupées". [...] Lorsqu'on obtient la Réalité du Sens, on ne suscite plus la contemplation. Parce qu'on ne suscite pas la contemplation, c'est le non-né. Parce que c'est le non-né, l'essence de toutes les formes est vide. Parce que l'essence de toutes les formes est vide, les milliers de conditions sont toutes anéanties ensemble.* » — Aïe ! ai ! hélas...

* * * * *

(« *Si les noms ne conviennent pas aux choses, il y a confusion dans le langage* », avertissait Confucius, et je dois m'interrompre un instant sur le vocabulaire et le sens optés par moi-même pour « *signifiant* » et « *signifié* ». Sous la responsabilité de la *sémiotique* se trouve le *signifiant* : il est le *signe* (écrit, oral) utilisé pour signifier, la condition de la *signifiance* ; — sous la responsabilité de la *sémantique* se trouve le *signifié* : il est l'*idée* (concept, objet) que détermine ce signifiant, toujours liée à une *référence* objectale et par là objectivée (idée, entité matérielle). Si j'écris : « L'âne libre broute un chardon », les signifiants *âne* et *chardon* visent les *objets du monde*, l'âne et le *chardon*, qui sont leurs signifiés ; « broute » a pour signifié *le fait qu'il broute* ; « libre » renvoie au *concept* de liberté, pure idée qui est vérifiée si l'objet *âne* n'est pas « contraint » dans son acte.)

* * * * *

« *Comment la parole* », s'interroge Lacan (*Fonction et champ de la parole et du langage*), « *épuiserait-elle le sens de la parole ou [...] le sens du sens, — sinon dans l'acte qui l'engendre ?* » Le langage détermine la pensée qui le détermine en retour, tout tient à une machinerie-motion dont les rouages seraient immanents (« *les frontières de mon langage sont les frontières de mon monde* » (*Tractatus*, 5.6). — Je ne sous-entends pas que le lien entre signifiant et signifié soit inaltérable, intrinsèque, que le signifiant *soit* le signifié, qu'ils ne fassent qu'un, mais nous devons organiser et stabiliser ce lien afin de ne pas appâter le désordre et ainsi garantir une objectivité « aristotélicienne », — nominaliste, — du monde signifié : si les signifiants isolés (noms, verbes), « *en eux-mêmes [...] semblables au concept qui n'est ni composé, ni divisé* », sont des conditions nécessaires, mais non suffisantes, à la conceptualisation, « *la composition et la division* », autrement dit la structure sujet/prédicat et la signification qui lui est accordée par les catégories, sont quant à elles « *des conditions essentielles pour pouvoir parler de vrai et de faux* » (*De l'interprétation*). J'ajoute que le projet de la *caractéristique universelle* rêvée par Gottfried Wilhelm Leibniz, sorte de langue entièrement élaborée à partir du calcul formel (*calculus ratiocinator*), qui participait d'un prolongement de cette logique linguistique instaurée par Aristote, et qui allait être reprise avant la fin du XIXème siècle par Gottlob Frege (*l'idéographie*), prouve la volonté des philosophes, et leur croyance tenace en cette idée qui serait de pouvoir un jour établir parfaitement le système des signifiants et dévoiler grâce à eux, par un lien assuré, car défini, la réalité des signifiés, synonymes de vérité (scientifique, métaphysique, voire politique ou éthique) ; — sans que, je le répète, l'être du signifiant soit l'être du signifié (tout au plus sont-ils dans une espèce de rapport d'égalité)…

* * * * *

« *Souvent il nous semble que le monde est tout, et le monde rien* », écrivait Hölderlin dans un projet de préface pour *Hypérion* (Hölderlin qui se demandait si nous n'étions pas là « *que pour rêver un moment et devenir ensuite le rêve d'un autre* »). De même, un mot peut n'être rien, l'élément vide, comme il peut être tout, le signe infini ; un mot est *monde* (adjectif) ou *monde* (nom) ; un mot dit parfois moins qu'il ne veut dire, parfois davantage ; un mot, désarticulé en lui-même, n'est qu'un signe (*confer* le « *ptyx* » mallarméen, dont nous reparlerons), — ou, non pas signe, mais, disait Lacan, « *nœud de signification* » : « *Et que je dise le mot "rideau" par exemple, ce n'est pas seulement par convention désigner l'usage d'un objet que peuvent diversifier de mille manières les intentions sous lesquelles il est perçu par l'ouvrier, par le marchand, par le peintre ou par le psychologue gestaltiste, comme travail, valeur d'échange, physionomie colorée ou structure spatiale. C'est par métaphore un rideau d'arbres ; par calembour les rides et les ris de l'eau, et mon ami Leiris dominant mieux que moi ces jeux glossolaliques. C'est par décret la limite de mon domaine ou par occasion l'écran de ma méditation dans la chambre que je partage. C'est par miracle l'espace ouvert sur l'infini, l'inconnu sur le seuil, ou le départ dans le matin du solitaire. C'est par hantise le mouvement où se trahit la présence d'Agrippine au Conseil de l'Empire ou le regard de Madame de Chasteller sur le passage de Lucien Leuwen. C'est par méprise Polonius que je frappe : "Un rat ! un rat ! un gros rat !". C'est par interjection, à l'entr'acte du drame, le cri de mon impatience ou le mot de ma lassitude. Rideau ! C'est une image enfin du sens en tant que sens, qui pour se découvrir doit être dévoilé.* » — Comment le signifiant, d'un signe (« *signum* »), se met-il en forme et signale-t-il (« *signalis* ») ou signifie-t-il (« *significare* ») ? Comment le mot se régularise-t-il, se légitime-t-il ?... (Et quand je parle du « *mot* », faisons attention : « *qu'on ne parle donc pas du nom, mais que l'on examine la chose qu'il désigne* », comme dirait Socrate dans le *Théétète* (« μὴ γὰρ λεγέτω τὸ ὄνομα, ἀλλὰ τὸ πρᾶγμα τὸ ὀνομαζόμενον θεωρείτω »).)

* * * * *

Juliette ne crie-t-elle point sous la plume de Shakespeare : « *Roméo, défais-toi de ton nom, qui n'est rien de ton être* » (« *Romeo, doff thy name […] that name which is no part of thee* ») ? La légitimité des signifiants est purement formelle, il suffit de s'entendre sur les mots, sur les signes, tomber d'accord universellement et les rendre idoines dans l'intention de les employer. Ô nouveaux mystères des primats ! Comment décider d'un signifiant si l'acte de décision requiert en amont d'autres signifiants ? *Quid* de l'œuf et de la poule ? *quid* d'une génération spontanée de signifiants ? Le langage dut partir de quelques borborygmes que pointait l'index pour désigner des objets, puis il s'étoffa lentement grâce aux assises étymologiques, plus volumineuses à mesure que les combinaisons, les arrangements, les variations, les variétés se créaient, conjointement avec les pouvoirs d'abstraction qui d'autre part se perfectionnaient. La volonté de communiquer avec les autres de son espèce développa le langage : la communication est l'un des prédicats de celui-ci, qui n'en est que le support, et la sémiologie devient à l'occasion pénétrante quand elle se fait l'étude non pas d'un système de codes ou de codifications conventionnels, acquis, mais du lien intime entre le signifié et le signifiant, de la pratique signifiante en général. La jointure entre le signifiant et le signifié est suffisante pour signifier, mais il y a deux subtilités qui se dégagent : 1) le signifié, qu'il soit réel, irréel ou idéel, étant le préalable du signifiant, est immuable et indépendant du signifiant, qui ne lui est corrélatif qu'arbitrairement ; 2) le signifié, privé du signifiant, ne saurait exister (extralangage) et nous retrouvons la proposition d'un monde inexistant s'il n'est pas signifié. Je puis comprendre que cela paraisse impensable à l'âme sensible qui me lirait et que les préjugés engorgeraient. Je le vois opiner du chef et m'octroyer la première subtilité, à vrai dire facilement assimilable (appeler « *chien* » un « *chat* », si l'on a l'idée d'un « *chien* » signifiant le signifié « *chat* », n'est en soi pas préjudiciable à *sa* compréhension du monde, mais *sa* communicabilité ne serait en rien plausible — à moins de posséder la clef de cette translittération). Quant à la seconde insinuation, c'est une autre paire de manches. Choisissons une circonstance insolite (adjectif qui atteste déjà de la chimère de l'exemplification) et imaginons qu'un objet extérieur n'ait pas de signifiant : ou bien on lui en concocte un et alors il est signifié ; ou bien on ne le fait pas, mais alors comment est-ce envisageable puisqu'on l'a visé ? Cet objet insignifié devient signifié par la raison qu'on l'a visé en tant qu'objet, et cette visée intentionnelle — phénoménologique — est signifiante : la noèse détermine le noème — qui est signifiance, *connaissance*. Il se peut bien que je ne sache pas signifier telle fleur vivant sur la ligne équatoriale puisqu'elle m'est inconnue *de visu*, en revanche ce n'est pas parce que je ne la connais pas qu'elle n'existe pas *si d'autres savent qu'elle existe et l'ont signifiée*, telle la fleur du Petit Prince, « *unique au monde, qui n'existe nulle part, sauf dans [sa] planète* », ou telle la fleur de Théophile Gautier, « *versant son parfum modeste / Pour la solitude et pour Dieu* ». À la rigueur, peu importerait qu'elle existât ou non à l'Équateur, elle existerait par ma cognition présente qui la signifierait. Poussons une dernière fois le raisonnement : cette fleur, si elle n'était connue de personne, ne pourrait préfigurer aucun signifiant, elle serait insignifiable et ne pourrait être un signifié, donc elle n'existerait pas, — en conférant avec l'ébauche de la *chaîne autoconsciente* dont je viens de parler. (La fleur, immarcescible beauté du vivant, est un thème très courtisé des Poètes, — non sans raison : « *Je dis : une fleur ! et, hors de l'oubli où ma voix relègue aucun contour, en tant que quelque chose d'autre que les calices sus, musicalement se lève, idée même et suave, l'absente de tous bouquets* » (Stéphane Mallarmé, *Crise de vers*). — Il y a tant de plantes, tant de *fleurs* terrestres, — quelle exubérance ! quelle richesse ! quelle poésie ! quelle munificence ! quelle magnificence !... Répertoire herborisé et divin ! Corbeille mirifique ! Nommons-les « *comme eût fait une abeille* » ! Sentez !... et « *lend me the flourish of all gentle tongues* » (« *prêtez-moi les fleurs du plus sublime langage* ») !... Achillée, actée, adénostyle à feuilles d'Alliaire, adonide, agapanthe, agrostis élégante, aigremoine eupatoire, alchémille à folioles soudées, alysse, amarantine, ancolie, androsace velue, antennaire, anthurie, aralie, argyrolobe de Linné, aristoloche clématite, armérie à feuilles de buplèvre, armoise des glaciers, asclépiade, aspérule, asphodèle blanche, aster fausse-pâquerette, astérocarpe faux-sésame, astilbe, astragale queue de renard, astrantie, balsamine ne-me-touchez-pas, bergénie, bryone dioïque, campanule gantelée, capucine, catalpa, célosie, centaurée rude, centranthe de Lecoq, céphalanthère rouge, céraiste à quatre étamines, cerinthe glabre, chondrille joncée, cicendie fluette, cirse des marais, clandestine, claytonie, cléome, cobée, coquelicot douteux, coquelourde, coronille à stipules engainantes, corydale à bulbe plein, cosmos, crapaudine à feuilles d'Hysope, crocus, cynoglosse des dunes, cytise à folioles sessiles, dahlia, digitale, dimorphotéca, dionée, doronic, échinacée, edelweiss, épervière lactucelle, érythrée délicate, euphorbe réveil-matin, filipendule, gaillet croisette, gazanie, gypsophile des murs, hélianthème en ombelle, héliopsis, hémérocalle, heuchère, houttuynia, impatientes, impératoire à feuilles d'Astrante, iris fétide, ixora, joubarbe à toile d'araignée, laîche tachetée, lampourde épineuse, lavatère, liatride, lilas, lobélie, lotus, lupin, lycope, lysimaque, magnolia, marguerite, marrube noire, mauve royale, mélampyre des champs, millepertuis à quatre ailes, molène pulvérulente, monarde, muguet, myosotis, œillet des Chartreux, œnothère, orchidée, ophrys sillonné, oxalide, oxytropis, passerage diffus, pelargonium, pennisetum, pensée, penstémon, perce-neige, périlla, pervenche, pied d'oiseau à feuilles pennées, physocarpe, pissenlit, platanthère verdâtre, polygala, potentille tormentille, primevère acaule, pulsatille soufrée, renouée bistorte, rudbeckie, sabline ciliée, sagine, sagittaire, salicaire, sanguinaire, sarracène, sauge, sceau-de-salomon, scille d'automne, scirpe en touffe, séneçon à grosses soies, seslérie bleue, sidalcée, silène prostrée, soldanelle, souci, spirée, statice, stellaire holostée, symphorine, tanaisie, thalictrelle faux-pigamon, tiarelle, tofieldie à calicule, trille, trolle, tulipe œil de soleil, uvulaire, verge d'or, vergerette à un capitule, véronique nummulaire, verveine, violette lactée, vipérine, viorne mancienne, vulpin des dunes, weigela, xatardie scabre, yèble, zinnia… Des milliers, vous dis-je ! Cueillez-les aujourd'hui dans les champs plantureux et songez à toutes celles auxquelles vous ne songez pas, ne pourrez songer… « *La fleur est le symbole du mystère de notre esprit* » (« *die Blüte ist das Symbol des Geheimnisses unsers Geistes* »), signe si bellement Novalis…) Ne glosé-je que sur des mots ? J'aurais le courage de répondre par l'affirmative si l'on pouvait concevoir que le monde est monde et existe sans conscience ; mais cela m'est impossible, car le concept « exister » dérive d'une conscience et ne « *signifie* » rien hors d'elle, les guillemets connotant *a fortiori* l'absurdité d'utiliser un terme qui dans ce cas de figure serait pur néant.

* * * * *

D'un autre côté, les religions hindouistes, bouddhistes, védistes, confucianistes, taoïstes, et beaucoup d'autres encore, promeuvent chacune à leur façon et à des degrés divers un dépouillement du langage en vue d'un épanouissement spirituel, d'une conscience totalisante, panthéiste, qui fait quitter le samsāra et accompagne le sujet vers la paix suprême du nirvāṇa destructeur de l'ego autonome. Lao-tseu, le partisan du non-agir, parle du sage qui doit parvenir à s'oublier lui-même pour atteindre le vivant, il s'ouvre à la Voie « *par le détachement [et] il réalise sa perfection* » ; l'éveil se réalise en revenant à sa propre racine, la source du sans-nom, la connaissance ultime, et cela équivaut à « *atteindre le silence* », « *celui qui sait ne parle pas / celui qui parle ne sait pas* » ; il faut se libérer du danger des signifiants : « *Dès [qu'ils] existent / la séparation existe* », car « *la différence crée les noms* ». Lors de ses derniers enseignements (*Uddhava Gītā*), Krishna invite à briser le rapport phénoménal entre le signifiant et le signifié pour se fondre en lui, âme du monde : « *Poser sa pensée sur les objets provoque / un lien avec les objets, / mais pour qui me garde sans cesse / présent dans sa conscience, / sa pensée finit par se dissoudre en moi.* » Quant au Maître Confucius, dont la doctrine est l'une des plus humanistes que l'Orient ait produites, il ne sacralise pas le langage devant ses disciples et en fait une vertu qui « *n'a d'autre fonction que de communiquer* ». — L'une des singularités de quelques-uns de ces courants de pensées, c'est qu'il y a un désir de se détourner du langage cependant que pour arriver à cette fin on fraie un chemin qui s'empare du langage, car penser à ne plus penser, — c'est de la pensée. Une autre singularité est le renoncement aux désignations trompeuses qui éloignent de la vérité (mais l'acte de ne plus désigner, c'est désigner cet acte). La réclusion ascétique des saints ou des sages détache du monde par lequel on est et la conscience de soi (le Soi, l'*Ātman*, que nie Bouddha), qui est née de la conscience du monde, aboutit, dans sa solitude, à la négation de ce dernier : l'abnégation du vouloir-vivre induit une béatitude désintéressée puisque tout objet visé (objectal), désinvesti, est confondu avec Dieu visé (idéal), que l'on ne peut par sa nature transcendante investir.

* * * * *

Toute théologie étant en premier lieu une ontothéologie, partant une théologie philosophique, les croyances relatives aux religions ne sont que l'effectuation des besoins de la compréhension de l'Être, palliant ainsi la discordance des signifiés qui percent dans l'intangibilité. Aristote différenciait la théologie philosophique d'une théogonie, ce que je confute bassement, car en soutènement à toute explication du monde, il se trouve, certes, l'étude d'une métaphysique, mais également une mythologie rationnelle figurant une approximation qui la corrobore tant soit peu. La démarche mythologique s'appuie sur un langage particulier et malléable, comme le font les religions ou les fables, à renfort de paraboles, d'allégories ou de métaphores. Que l'on décrive une eschatologie orphique, musulmane, chrétienne, judaïque, grecque, romaine ou égyptienne, on n'en est pas moins sous le joug des thèmes mythologiques qui en appellent à l'imagination créatrice de signifiants. La destinée remarquablement tragique d'Œdipe, qui tua son père et épousa sa mère, est peu crédible. Toutefois, la fantasmagorie de l'homme, qui lui a permis d'écrire ce conte, a su hisser cette destinée au rang de légende signifiante : dans une analogie spectaculaire, Freud s'en est emparé pour adorner la réalité analytique du complexe du même nom. « *Comme tous les mots abstraits, le mot* métaphore *est une métaphore* », écrivait Jorge Luis Borges dans ses *Neuf essais sur Dante*, et, en extrapolant, le langage, sans perdre de son sens ni dégénérer en un capharnaüm, est *métaphorisation* de la part de l'homme. (Novalis alla jusqu'à noter dans un fragment : « *L'homme — une métaphore* » ; lequel écrivait néanmoins, dans *Les Disciples à Saïs* : « *On ne comprend pas le langage parce que le langage lui-même ne se comprend pas, ou ne veut pas se comprendre.* ») La vie, la vie vécue cognitivement, n'est qu'une vaste métaphore aux yeux du contemplateur, un masque appliqué en contrechamp des signifiés. La perspective des signifiants recoupe tous les possibles que le langage crée sans qu'aucun angle de compréhension puisse être privilégié par rapport à un autre (ce qui peut faire de la métaphore une chose dangereuse avec laquelle on ne saurait badiner, comme l'écrivait quelque part Milan Kundera). La métaphore, — *possible*, selon Wittgenstein, en tant qu'elle « *repose sur la logique de la représentation* », et, selon Lacan, l'effet du renvoi « *ailleurs* » d'un signifiant « *chassé* » par un autre signifiant, — est un jeu d'initiés, elle est le contour signifiant du signifié jamais pris — compris — en tant que chose en soi (« *une proposition peut seulement dire* comment *est une chose, non* ce qu'*elle est* »), et fait glisser le langage de transfert en transfert, de genres comparatifs en associations psychologiques, cependant qu'elle permet, par interpolations dichotomiques successives, telle une méthode de Newton-Raphson dans la courbe des horizons de nos signifiants aux décimales flottantes, de converger quadratiquement vers l'essence du signifié, la substance de l'être, la révélation entéléchique. Et d'ailleurs Aristote (*Poétique*, chapitre XXII) souligne « *qu'il est plus important encore — et de beaucoup — de savoir créer des métaphores [car] c'est en effet la seule chose qu'on ne puisse emprunter à autrui, et c'est une preuve de bonnes dispositions naturelles : créer de bonnes métaphores, c'est observer les ressemblances* ». La vie symbolise l'intellect, l'intellect symbolise le langage, la métaphore symbolise la nature, la nature symbolise la vie. Pour Ralph Emerson, « *le monde est symbolique* » : « *Une grande part du discours est métaphorique, parce que la totalité de la nature est une métaphore de l'esprit humain.* » (Cette phrase est tirée de son premier livre, *Nature*. La philosophie emersonienne, entre nous soit dit, me semble toujours mièvre et simpliste. En reprenant les propres mots d'Emerson, je la résumerais en disant que « *her yea is yea, and her nay, nay* ».) — Si je prends mon aptitude personnelle à fabriquer des métaphores, j'avouerai, sans peur de me rabaisser, qu'elle est *nulle*. Ce n'est pas dû à quelque carence imaginative puisque je retrouve ce même « défaut » dans mes écrits d'enfance. Je crois que la raison réside dans ma relative fainéantise ou dans le fait que je ne sois pas assez *poète*. Car quel est le mode d'action signifiant le plus élémentaire et le plus puissant de la *poésie* ? Sans ambages discursifs : *la métaphore* ! Ce n'est pas pour enjoliver cette remarque, que d'aucuns taxeraient de superfétatoire (à cause des lapalissades ou de l'ignorance de mes dires ?), que je l'agrémente d'un point exclamation, mais pour mettre en parallèle le langage explicatif et la compréhension universelle qu'entrecroise la fonction poético-métaphorique (je ne puis résister à symboliser plus fortement cette formulation par une autre, — ô Métaphore sibylline —, en mentionnant les travaux de Nicolaï Lobatchevsky sur la géométrie non-euclidienne qui modifie le cinquième postulat des *Éléments* : par un point de l'entendement passent une infinité de droites poétiques parallèles à une droite langagière — ou aucune, m'improuverait Bernhard Riemann, sarcastique). En reprenant les termes de Hegel dans sa *Poétique*, la métaphore, qui est une « *comparaison* », une idée pourtant privée d'un « *comme* », possède un « *champ [...] infini* », des « *formes [...] innombrables* ». Hegel, à la question du *pourquoi*, dit que « *le véritable sens de la diction métaphorique [...] doit être cherché dans le besoin qu'éprouvent l'imagination et la sensibilité, l'une de déployer sa puissance, l'autre de ne pas se contenter de l'expression simple, vulgaire ou triviale* », avant de conclure : « *L'intelligence se place sur un autre terrain pour s'élever plus haut, pour se jouer dans la diversité des idées et combiner plusieurs éléments en un seul.* » Que la poésie soit pure forme ou pur message, concrète ou abstraite, musicalité ou lyrisme, intentionnelle ou accidentelle, elle *informe et consolide*, ses ressources illimitées sont l'engrais de la conscience et nous poétisons sans cesse sans que nous en soyons instruits (ce qui n'est pas plus mal, le poète dont ce n'est pas la « profession », s'il en était avisé, se trouverait interloqué et perdrait ses moyens, car la poésie réfléchie est une malédiction — positive), l'acuité musclée par l'inspiration dénonce dans un même couplet la beauté et les ténèbres environnantes, difficiles à supporter tant elles atteignent au paroxysme. Le néophyte s'étonnerait tel Monsieur Jourdain pendant les leçons du Maître de Philosophie : « *Par ma foi ! il y a plus de quarante ans que je dis de la prose sans que j'en susse rien.* » Qu'y gagne-t-il, le freluquet bourgeois, à savoir cela ? Il n'y voyait goutte, quel intérêt à ce qu'il y goûtât ? — Continuons notre promenade et enfonçons-nous dans ces sentiers aristotéliciens abordés fugacement lors de la question théologique : je ne croirais pas que la « κάθαρσις » évoquée par le Stagirite fût réservée aux seules représentations théâtrales, et je prendrais volontiers l'initiative d'élargir ce concept de l'épuration-purgation des passions jusqu'au grand Drame de l'existence *essayée*, Drame *essuyé* année après année (ce qu'Aristote eût éventuellement (ou avait) pu écrire, mais que nous ne saurons sans doute jamais puisque le deuxième livre de la *Poétique*, où il devait s'étendre sur le problème et l'éclaircir, ne nous est jamais parvenu, et qu'une unique phrase renvoyant à l'effet cathartique a réussi à traverser les âges, pas assez lapidaire pour ne pas susciter d'équivoque). C'est de l'inquiétante tragédie de l'homme qu'il s'agit ici, celle qu'endure le comédien passionné — affublé de son paradoxe presque diderotien, en ce sens que le rôle attribué par la *natura naturans* est joué avec les émotions et travaillé avec un *sang-froid involontaire* qui s'articule selon la préservation de son être, et le même comédien peut alors défouler ses pulsions en esthète, s'il en connaît les règles du jeu. Oh, je ne dis pas que « *c'est le Diable qui tient les fils qui nous remuent* » (l'*universel lieur* giordano-brunonien), mais, en changeant l'alexandrin de Baudelaire, je dis que c'est le Langage qui les tient aussi longtemps qu'on ne Le domestique pas. Le langage tient le monde, on se doit de le tenir pour tenir le monde à notre tour, et le manier (le langage, le monde), et sur cette condition hybride, Wittgenstein enfonce le clou : « *Les frontières de mon langage sont les frontières de mon monde.* » Pour ce faire, on doit comprendre la *Gestalt* du langage, ressasser ses atouts, ses faiblesses, sa marge de manœuvre, sa vocation… Le Poète (*soucieux*), le maillon-échelon le plus élevé de l'espèce animale intelligente, sait que l'on recourt à la métaphore, qui n'est pas un pis-aller, mais une représentabilité obligatoire pour extrapoler *ad hoc* et donner du sens aux signifiés. L'affaire est délicate au possible et, sans épiloguer, scrutons quelques instants l'emploi de la métaphore en citant Friedrich Nietzsche, coutumier du genre : « *Tout cet éternel n'est plus qu'une métaphore* » (« *und alles das "Unvergängliche" — das ist auch nur ein Gleichniß* »), faisait-il prophétiser à son Zarathoustra à propos de l'esprit (*Des poètes*, — deuxième partie de ce « *livre pour tout le monde et personne* », « *le livre le plus haut qui soit* », « *le plus profond* » que « *l'humanité [...] possède* »). Tout d'abord, le mot « *métaphore* » utilisé ici, « *Gleichniß* » en allemand, qui devrait théoriquement être transposé en « *comparaison* » (*Ainsi parlait Zarathoustra* est un ouvrage avant tout didactique), est selon les traducteurs remplacé par « *image* » ou « *symbole* », et peut également vouloir signifier « *parabole* » ou « *allégorie* » (l'embarras du choix pour un choix de l'embarras !). Ensuite, l'esprit est exposé à la Descartes, c'est-à-dire dans sa dualité avec le corps, mais avec une âme surélevant celle des premiers moments du *cogito*. (Je souhaite sur ces lignes porter l'attention sur l'ambiguïté de toute représentation factuelle, donc métaphorique. Mon dessein ne consiste pas à ébranler les paroles de notre penseur, — surtout dans le *Zarathoustra*, qui est sciemment hétérogène et dont trop de personnes essaient d'extraire des principes capitaux de la philosophie nietzschéenne ou d'en reconstituer sa démarche analytique. Autant chercher ses théories dans ses poèmes ! Ce livre est didactique, je l'ai dit, mais davantage galvanisant et amphigourique que pédagogiquement viable (les sermons pourraient servir à une ochlocratie de surhommes (les « *vrais hommes* ») qui n'ont pas encore échoué sur la Terre).) — *Premier point* de notre discussion : l'esprit « *impérissable* » (traduit en « *éternel* » dans notre citation), l'âme immortelle, l'est moins quand on considère le corps (qui lui n'est pas un symbole, n'illusionne pas, ne ment pas, reste terre à terre). N'a-t-on pas sous le nez une métaphore, tue par Nietzsche, forcément, de la périssabilité du corps, en sus de celle qu'endosse l'esprit et qu'il revendique ? Opposer la métaphore à ce qui ne l'est pas, c'est user de la métaphore ; parler du corps, c'est parler de l'esprit qui pense et définit ce corps. Nietzsche, dans les entrelacs du langage, fut souvent obligé de se contredire, car ses assertions n'étaient pas consistantes au sens de Kurt Gödel (j'y reviendrai), il eût eu besoin d'un métalangage, ce qui est utopique. Si bien que, comme un *mea culpa* concédé en filigrane, il confronte Zarathoustra à sa contradiction lorsque celui-ci prononce : « *Les poètes mentent trop* » — et qu'on lui réplique finaudement : « *Mais toi aussi tu es un poète.* » Il retourne la question en justifiant que « *nous savons trop peu de choses et nous apprenons trop mal : donc il faut que nous mentions* ». Il reproche au poète ne n'être pas spéculaire, mais spéculateur, et de décrire « illégalement » l'indescriptible en le réalisant. Mais comment *sait*-il que c'est *indescriptible* ? Il s'insurge de ce que le poète tente de décrire l'indescriptible, mais ne décrit-il pas que l'indescriptible ne peut être décrit et, à cette occasion, ne décrit-il pas l'indescriptible ? Zarathoustra s'empêtra dans ses métaphores en ajoutant, dépité, l'invective suivante : « *Hélas ! il y tant de choses entre ciel et la terre que les poètes sont les seuls à avoir rêvées !* [une autre traduction nous en fait perdre notre latin en adoucissant rondement : « *Ah ! qu'entre Ciel et Terre il est de choses dont les poètes seuls purent quelque peu rêver !* »] / *Et surtout au-dessus du ciel : car tous les dieux sont des symboles et des artifices des poètes* [alle Götter sind Dichter-Gleichniß]. » L'Empyrée est-il inaccessible au poète ? Dieu est-il mort s'il est né de l'imagination ? C'est en tout cas une théologie d'expression négativiste que Zarathoustra ose en niant Dieu, et il faut la démarquer d'une théologie négative (aphairétique), qui délimite Dieu en ne précisant pas ce qu'Il est, mais ce qu'Il n'est pas. Ceux qui répandent la thèse d'une théologie négative zarathoustréenne se trompent d'objet et attisent les malentendus en châtrant le vocabulaire. — J'en arrive enfin à mon *second point* : Zarathoustra discrédite le poète de deux manières partiales quand il semonce : « *Pour moi ils sont tous superficiels et tous des mers desséchées* [seichte Meere]. / *Ils n'ont pas assez pensé en profondeur* [Sie dachten nicht genug in die Tiefe] » — puis : « *L'esprit des poètes veut des spectateurs. [...] J'ai vu venir des expiateurs de l'esprit : c'est parmi les poètes qu'ils sont nés.* » Quelles vindictes envers les Inspirés ! Le Poète, à mon humble avis, n'a que faire des spectateurs, il est le Spectateur incarné ; et expiateur, il l'est, — d'entre les hominidés, par sa plume cathartique, — *mais de lui-même* ! Tel le Démocrite du tableau de Salvator Rosa entreposé au Statens Museum de Copenhague, il expie en lui la naissance du monde, — *à moins que ce ne soit l'inverse*. (Il me souvient d'avoir lu « *pénitents* » pour « *Büßer* » (« *expiateurs* » dans notre exemple), et c'est encore la preuve que les traductions des métaphores sont à part entière. Nous sommes de plain-pied exposés à la lourde tâche interprétative et amphibologique du traducteur. Porter une peine ? regretter un péché ? réparer une faute ? être mortifié ? être châtié en contrepartie d'un comportement ? ou être condamné à l'austérité ?) Le « *paon* », la « *mer de vanité* » incriminés ne font pas partie des purs Poètes, ce ne sont que des poètes de pacotille, des fats, à eux la superficialité ! Ceci dit, la métaphore des « *mers desséchées* » me convient tout à fait, dans une autre acception : l'épuisement du langage est le talon du faiseur de mots, du donneur de sens. En épuisant la forme du monde, le Poète s'épuise, c'est inéluctable. En allant au fond des choses, on y reste, mais on y est ! on y est allé ! on a voulu y aller !... — (Giordano Bruno plongea corps et âme au-delà des océans académiques de son époque et augura en cosmologiste doué d'une poésie visionnaire l'approche divine infinitiste, à supputer l'existence d'autres créatures extraterrestres à l'image de Dieu — et l'Église lui intenta un procès de huit filandreuses années, à la suite de quoi, en 1600, elle le somma de se taire à l'aide d'un mors en bois et le brûla vif dans la foulée.) — Splendide et terrifiante, évocatrice et assombrissante, inespérée et désespérante, telle peut aussi être l'image de la métaphore, Janus aux deux visages contraires (y a-t-il un masque ?). Et, tout en le prolongeant, nous allons terminer ces réflexions pour les liens redoutables et non moins paradoxaux qui unissent la métaphore à la connaissance, à la vérité, à l'interprétation et à l'imitation. « *Tout ce qui est profond aime le masque ; les choses les plus profondes haïssent même l'image et le symbole* » (« *Maske* », « *Bild* », « *Gleichniß* »), nous met en garde Nietzsche dans *Par-delà bien et mal*, — mais notre méfiance s'étant durcie depuis quelque temps déjà, nous ne sommes guère étonnés (et puis, le masque fait le *faussaire* (argentin) — ou le *fossaire*). Afin de rendre clairs ces *liens*, aidons-nous d'un livre posthume édité sous le nom de *Das Philosophenbuch* (*Le livre du philosophe*), recueil de fragments s'échelonnant de 1872 à 1875, plus exactement des *études théorétiques* (vraisemblablement destinées à la composition d'un unique livre que la démence de Nietzsche aura empêché d'achever), et concentrons-nous sur les paragraphes 140 et 149, dont voici un extrait du premier : « *Temps, espace et causalité ne sont que des métaphores de la connaissance par lesquelles nous interprétons les choses.* […] *Toute souffrance provoque une action, toute action une souffrance — ce sentiment le plus général est déjà une* métaphore. » Les deux emplois du mot « *métaphore* », soulignés dans le texte original, sont les traductions de « *Metapher* » (ce qui nous change du « *Gleichniß* » et permet, de fait, une meilleure concision puisque « Metapher » est l'exact pendant de « μεταφορά » (« *porter d'un lieu à l'autre* »)). Tout *sentiment* (« *Gefühl* ») dérive nécessairement d'une *sensation* (dans notre cas, la plus explicite d'entre elles, la « *souffrance* »), et le rapport entre celui-ci et celle-là s'opère selon une *interprétation*, c'est-à-dire une *métaphore* (métaphorisation). Or, que sommes-nous, si ce n'est des créatures capables de *ressentir* et armées de l'*intellection*, — des *interprètes* de ces confrontations au monde ? Le *connaître* n'est qu'une construction, un enfilement de métaphores ; le *connaître*, qui n'est *que* métaphores, est *possible*, mais exclusivement à l'aide des métaphores, c'est-à-dire *qu'il est possible parce que la métaphore est possible*. Nous *ne pouvons pas* aller plus loin, car, comme le scande le Chorus mysticus de la toute fin du *Faust II*, « *Alles Vergängliche / Ist nur ein Gleichniß* » (« Toute chose périssable / Est un symbole seulement »). Tout ce qui passe n'est que symbole : « *Das Unzulängliche / Hier wird's Ereigniß; / Das Unbeschreibliche / Hier ist es gethan; / Das Ewig-Weibliche / Zieht uns hinan.* » (« *L'imparfait, l'irréalisable / Ici devient événement ; / Ce que l'on ne pouvait décrire / Ici s'accomplit enfin / Et l'Éternel Féminin / Toujours plus haut nous attire.* ») La cognoscibilité du monde se réduit au fait que « *Alles Vergängliche / Ist nur ein Gleichniß* » !... En somme, cognitivement, nous *ne pouvons pas* aller plus loin que la métaphorisation, et c'est ce que nous enseigne également Nietzsche avec l'angoissant paragraphe 149 du *Livre du philosophe* : « *Le fait d'*imiter *est le contraire du fait de connaître en ce sens que précisément le fait de connaître ne veut faire valoir aucune transposition mais veut maintenir l'impression sans métaphore et sans conséquence.* […] *Or il n'y a pas d'expression "intrinsèque" et pas de connaissance intrinsèque sans métaphore.* […] *Les métaphores les plus habituelles* […] *ont maintenant valeur de vérités* […] *Le fait de connaître est seulement le fait de travailler sur les métaphores les plus agréées, c'est donc une façon d'imiter qui n'est plus sentie comme imitation. Il ne peut donc naturellement pas pénétrer dans le royaume de la vérité.* » Mon Dieu ! quel besoin aurais-je d'ajouter des commentaires, — quel besoin, n'est-il pas ? Sitôt que je lis de tels propos, ils me semblent si *vrais* qu'ils recouvrent ma volonté d'écrire d'un doute considérable et me freinent immédiatement, comme si je perdais mes mots, comme si mes mots me perdaient parce qu'ils ne feraient que se répondre entre eux, sans avancer ; et pourtant, rétroactivement, dans un même mouvement qui paraît là encore contradictoire (et que dévoile, si je puis m'exprimer ainsi, dans un sens ou dans l'autre, *la connaissance de cette métaphore de la connaissance de la métaphore*), je me sens soudain prêt à repartir à l'attaque parce que j'ai bien *senti*, j'ai bien *compris* que ce langage m'avait *effectivement* freiné, et que, par conséquent, *il y a quelque chose* en lui qui m'apporte une connaissance « solide », une preuve de « non tautologie », un franchissement, une sorte d'accession à une « vérité » provisoire… Gardons ce rêve !... — Ce qu'a accompli Nietzsche, c'est une métaphorisation de la symbolique, une *métaphore de la métaphore* : la métaphore *est* une métaphore, une mise en abyme prodigieuse, et la vérité de l'existence n'est pas le Graal, le Graal est l'*expression* de l'existence, — ou, si l'on veut, l'expression de cette vérité, la connaissance (métaphorique) de cette vérité (métaphorique). — Maintenant que me voilà également pris sur le fait (je ne fais que *filer*), je cuide entendre Zarathoustra me chuchoter avec acrimonie : « *De [me] croire quelle raison as-tu ?* », — et il hoche la tête et me sourit tandis que je balbutie un « je crois… » inaudible. — « *Écoute ! tout se tait* », se rit de moi, en un bonjour, Alfred (de Musset)…

* * * * *

À quelques encablures de la métaphore ouverte, — la térébrante aguicheuse, la transmuante nitescence, — se situe la métaphore fermée, — l'alliciante opacité, l'excavatrice des ténèbres, — appelée l'*hermétisme* : il envoie le chaland dans différentes directions selon les causes qui l'ont produit ou les effets escomptés. — Bien qu'il dise appréhender de parler des dieux, Socrate, dans le *Cratyle*, explique à Hermogène l'étymologie probable du nom Hermès : « Parler (εἴρειν)*, c'est faire usage du discours.* […] *le mot* ἐμήσατο *a le sens d'*inventer […] *c'est en raison de ces deux inventions que le législateur nous prescrit* […] *de lui donner le nom qu'il porte :* "*Ô hommes, nous dit-il,* celui qui a inventé la parole (το εἴρειν ἐμήσατο) *serait bien nommé, si vous l'appeliez* Εἰρέμης.*"* » (Hermogène, qui se sent peu de ressources, confirme alors à Socrate que Cratyle a finalement raison de prétendre qu'il n'est pas « Hermogène ».) Or, les Grecs avaient emprunté le personnage d'Hermès à la divinité égyptienne que nous connaissons sous le nom de *Thot* (fait saisissant, c'est un nom grec), qui, en tant que dieu de la parole créatrice, de l'écriture et du calcul (rappelant le lien si fort entre les mathématiques et le langage (ah ! s'écrit-on avec Novalis, « *s'il était seulement possible de faire comprendre aux gens qu'il en va de la langue comme des formules mathématiques !* »)), était à la fois le scribe des dieux et le dieu des scribes. Selon la légende, Thot, qui parlait de façon hautaine une langue *opaque*, écrivit sur des rouleaux de papyrus un livre (*Le livre de Thot*) qui permettait à celui qui le déchiffrerait de regarder le soleil en face et de surpasser les dieux. Thot, parfois suivi de l'épithète « trois fois très grand » (« Τρισμέγιστος » qui a donné « Trismégiste », est ainsi devenu Hermès Trismégiste (Dante dit de Lucifer que « *sa tête avait trois faces* », — « *tre facce a la sua testa* » !), à l'origine de l'*hermétisme*, dérivé d'*hermétique*, apparu pour la première fois en français dans les années 1550 pour désigner le mode particulier de *fermeture* (qui vise à empêcher tout échange avec le milieu ambiant) des vases réalisés par les alchimistes (ô résonance des *alambics*, des discours *alambiqués* !), avant que, vers le milieu du XVIIIème siècle, ne vînt le tour de la notion de *difficulté d'interprétation*, dont Mallarmé se servit, bouclant l'histoire du langage caché/cachant en un ruban de Möbius. Hermès, qui fabriqua la première lyre de l'histoire en utilisant une *carapace* de tortue, avait également pour mission de faire sortir les âmes des corps mortels pour les conduire aux Enfers, *l'obscur et inaccessible monde souterrain*, ou de les ramener des ténèbres *vers la terre alumineuse…* — Langage ! mystérieux langage ! tu avances masqué ! toi seul apportes, en le couvrant, le mystère ! Ah ! langage, mystère de mystère… « *On entend un langage inconnu et l'on sait pourtant ce qu'il signifie* », aimerais-je écrire, tel Novalis dans sa fabuleuse histoire d'Henri d'Ofterdingen… — L'hermétisme artistique, que je distingue de l'ésotérisme ancien ou renouvelé des *Hermetica*, sans toutefois le distinguer tout à fait si je me confère à mon petit itinéraire diachronique, est une notion si importante que je serais enclin à l'habiller d'une majuscule (l'Hermétisme). Le *compendium* de sa généalogie le place comme la bête redoutée des exordes du langage, en tant qu'il entravait immodérément les premiers liens signifiants/signifiés : il ne fallait pas lésiner sur les mots simples, les hiatus basiques qui favorisaient la compréhension, et se focaliser sur une grammaire intuitive, rustique, transparente et pratique, sans les fioritures des vétilleux propices à la cacophonie ; il fallait désembrouiller, éviter toute difficulté superflue, éloigner l'hermétisme obscurcissant autant qu'il l'était permis, et je gage que ce dut être un labeur inimaginable étalé sur des millénaires, et qu'aucun coup de baguette magique n'eût pu raccourcir. Pensez !... Extirper un langage grégaire de quelques phonèmes barbares qui ne ménageant pas la peine de l'enrichir, c'est une folie puisque pour penser les mots possibles, on est redevable des mots pour pouvoir les penser ! De marchepied en marchepied infinitésimaux, la pensée propulsait un heureux mot éructé providentiellement qui, en ricochant, colmatait la pensée, — et ce cours assimilatoire aux berges appariées se rénovait *ad libitum*. Puis, dans un temps supérieur, une fois que le langage fut planté dans les grandes lignes, affermi et clair (clarifié et clarifiant), l'Hermétisme servit de point d'appui dans la croissance signifiante en se faisant l'intermédiaire de deux brigues honnêtes, l'une descellant les signifiés inconnus ou usurpés en vue d'une concision extrémiste qui n'admet qu'un sens *unique* subordonné au bon vouloir de l'auteur, une *concision complexe* que seuls les initiés sont à même de comprendre, l'autre misant sur une construction occulte, un art pour l'art, dont les signifiés sont délibérément cachés et ne se dévoilent jamais tels quels afin d'inviter le lecteur consentant à découvrir un sens qui le saisirait presque violemment, quand bien même le sens enfoui et le sens déterré seraient différents. Pour être bref et resserrer systémiquement, le premier Hermétisme est hégélien, lacanien, mallarméen, mathématique, musical, cabalistique ; le second est pré-anagogique (religiosité), lautréamontien, hölderlinien, hopkinsien, persien (l'occlusion des persiennes !), mallarméen — encore et toujours Stéphane Mallarmé. Hormis quelques tentatives extérieures à ces systèmes-ci, dont celui de la cabalistique quand elle titube de s'être trop saoulée, ou l'hermétisme pour l'hermétisme, en qui l'on suspecte un surréalisme ou de pharisien ou de gratuité, — hormis elles, tout est enclos à ce système dédoublé. Or donc, le premier Hermétisme a des airs bourrus, tarabiscotés, voire hiéroglyphiques, runiques, démotiques, cunéiformes, mais il est intimement magnanime dès que l'on se nantit de patience, de courage et du savoir correspondant, en un mot : dès que l'on en possède la *clef*. Quelque sémillant qu'il fût, le flâneur des couloirs de bibliothèques qui s'attarderait parmi les livres rayonnés dans le recoin poussiéreux des philosophes, et s'emparerait fébrilement de l'un d'entre eux à la lettre *H*, se trouverait fort dépourvu en feuilletant au hasard des pages de *La phénoménologie de l'esprit*, et croirait, vis-à-vis de cet apparent charabia, tel le Schopenhauer adjurant sa Némésis, à une farce ou une imposture ridicule. Et en effet, ce type d'ouvrage ne se peut lire à brûle-pourpoint par le premier quidam venu hasardeusement parce que celui-ci n'est pas au fait de la technique employée, et il ne sera ni intronisé sur-le-champ, avec sa culture lacunaire, dans le sanctuaire savant, ni même invité à l'être. C'est dans ce souci de préservation que chez les Hindous, la connaissance de l'Absolu, *Brahman*, se trouvait renfermée dans les Védas (textes sacrés), écrits en sanskrit, sans traduction, donc à fonction cryptique, afin que les érudits et eux seuls, c'est-à-dire les brahmanes, pussent en profiter, et certainement pas les gens ordinaires (les serviteurs, *súdra*, habitués à parler le *prākrit*), ni même les castes de la société la plus élevée ; et c'est dans ce même souci qu'Héraclite (dit « l'obscur ») écrivit son livre (perdu) « *en termes obscurs* », nous dit Diogène Laërce, afin que « *seuls des gens capables pussent le lire* » (et « *de peur* », n'est-il pas superflu de préciser, « *qu'un style ordinaire le rendît méprisable* » !). Non moins pareillement figurent les doctrines de Pythagore, à deux niveaux de lecture, l'un vulgaire, l'autre secret (citons la Tetraktys : 1+2+3+4=10). De même, quand Alexandre reprocha à Aristote de divulguer au public certains principes de son enseignement, Aristote, d'après Aulu-Gelle, répondit à son élève : « *Aristote au roi Alexandre, salut. — Tu m'as écrit au sujet de mes Leçons acroatiques. Tu penses que j'aurais dû les tenir secrètes. Sache qu'elles sont publiées, et qu'elles ne le sont pas : car elles ne seront intelligibles que pour ceux qui m'ont entendu. Adieu.* » (Car on n'assistait pas aux leçons akroatika dispensées au Lycée comme on entre dans un moulin ; « *on n'y était pas admis au hasard : il fallait avoir fait preuve d'esprit, de connaissances préalables et du goût pour l'étude* ». Sur l'exigence de la philosophie qui doit se mériter avant qu'on puisse songer à y goûter, Leibniz cite quelque part une lettre de Descartes à Regius qui ne dit pas autre chose : « *Tu fais tort à notre philosophie, si tu la fais connaître à ceux qui ne s'en soucient pas, ou même si tu la communiques à d'autres que ceux qui la demandent avec instance.* ») Pour donner ne serait-ce qu'un exemple encore intelligible et à la portée du grand nombre, je me référerai au merveilleux art héraldique qui préside à la description des emblèmes en tous genres : blasons, écussons, armoiries, armes, armoriaux, bannières, pennons, panonceaux, gonfalons… Tous ces termes, parfois synonymes, évoquent cette science *emblématique* du langage que l'on appelle *blasonnement*, et dont, véritablement, j'admire la condensation, la précision et l'économie. Voici comment l'on blasonne respectivement les armoiries de la région des Pays de la Loire et de l'Espagne : « *Mi-parti, au premier d'azur semé de fleurs de lys d'or à la bordure de gueules chargée en franc-canton d'un lion d'argent, au second d'hermine à la bordure ondée d'azur ; au double cœur vidé, couronné et croiseté de gueules, mis en abîme et brochant sur le tout* » ; — « *Écartelé au 1 de gueules au château d'or ouvert et ajouré d'azur, au 2 d'argent au lion de gueules armé, lampassé et couronné d'or, au 3 d'or au quatre pals de gueules, au 4 de gueules aux chaînes d'or posées en orle, en croix et en sautoir, chargées en cœur d'une émeraude au naturel, enté en pointe d'argent à une grenade de gueules tigée et feuillée de sinople et sur le tout d'azur aux trois fleurs de lys d'or à la bordure de gueules* »… N'est-ce pas *inouï* et *fascinant* ? (Les grandes armes des rois d'Espagne de la dynastie des Bourbons le sont davantage puisqu'elles comptent cinq fois plus de mots !) — N'importe quel individu, s'il n'est pas analphabète, est en mesure de lire des phrases écrites dans sa langue maternelle, car il sait parler et écrire, la grammaire lui est familière ; néanmoins cela ne l'empêchera pas de ne pas saisir le sens des pensées de Hegel (cet auteur est parfois si énigmatique que Søren Kierkegaard, pourtant aguerri en la matière, dira : « *lorsque en dépit de mes efforts il y a certains passages que je ne puis percer, j'ai la naïveté de croire que Hegel ne le pouvait pas non plus* » !), aucune émotion ne l'ébranlera puisqu'il ne comprendra pas la plupart des mots et des concepts, alors qu'un tableau lui parlera, — même le plus abstrait (j'ai si maintes fois surpris d'anodins visiteurs bonimenter à tout-va et à l'emporte-pièce, que c'est un lieu commun que de le constater, et j'en ai une nausée aristocratique), — du moins il croira que le tableau lui parle, parce qu'au-delà de la « grammaire » et des intentions de la peinture, l'aideront dans son « appréciation » les couleurs, les formes, les sujets, les gros fils que son imagination poissarde tire (les plus prétentieux de ces crédules, en groupe, y vont de leurs commentaires de fausse vulgate), en somme tout ce qui ressort de l'objectivité voyante et brutale, le tronc, les branches et les feuillages, non les racines ou la Volonté, et cet observateur naïf n'aura pourtant de sa vie jamais peint ni appris à lire une peinture. Certes, les tableaux sont exposés dans des musées (« μουσεῖον », « *temple des muses* », académie fondée par Ptolémée) libres d'entrée, par conséquent ils sont à la vue de tout le monde, et leurs cadres enluminés pourraient en faire accroire qu'ils fussent des bêtes de foire, des animaux en cage offerts en pâture contre une poignée de pièces de monnaie, ce dont je me récrie (Caspar David Friedrich souhaitait qu'un tableau fût, au pire, exhibé isolément). Paul Valéry se plaignait de ce que « *les idées de classement, de conservation et d'utilité publique, qui sont justes et claires, ont peu de rapports avec les délices* », et de son côté, Mallarmé, grand réfractaire d'une démocratisation banalisante et ramollissante du sacré artistique (« *on gagne de détourner l'oisif, charmé que rien ne l'y concerne, à première vue* »), écrivit dans sa jeunesse, avec une intransigeance telle qu'il ne rééditera pas l'expérience aussi crûment, un pamphlet-manifeste excommunicateur dont l'ambition se trouvait circonscrite à alarmer les trop rares personnes aptes à l'appréhender, du problème de la profanation et de la sécularisation de l'Art (la minorité qui s'exprime en tant que minorité ne touche — ô logique immarcescible de l'élitisme ! —, que la minorité). Retenons notre respiration et immergeons-nous sans délai dans ces *Hérésies artistiques*, sous-titrées, narquoises, *L'art pour tous*, en en prélevant un échantillon (j'en prodigue un large, en l'occurrence tout le début, il est de mon devoir de ressusciter le coup-de-poing qu'allonge cette épître incantatoire) : « *Ouvrons à la légère Mozart, Beethoven ou Wagner, jetons sur la première page de leur œuvre un œil indifférent, nous sommes pris d'un religieux étonnement à la vue de ces processions macabres de signes sévères, chastes, inconnus. Et nous refermons le missel vierge d'aucune pensée profanatrice. / J'ai souvent demandé pourquoi ce caractère nécessaire a été refusé à un seul art, au plus grand. Celui-là est sans mystère contre les curiosités hypocrites, sans terreur contre les impiétés, ou sous le sourire et la grimace de l'ignorance et de l'ennemi. / Je parle de la poésie.* Les Fleurs du Mal, *par exemple, sont imprimés avec des caractères dont l'épanouissement fleurit à chaque aurore les plates-bandes d'une tirade utilitaire, et se vendent dans des livres blancs et noirs, identiquement pareils à ceux qui débitent de la prose du vicomte du Terrail ou des vers de M. Legouvé. / Ainsi les premiers venus entrent de plain-pied dans un chef-d'œuvre, et depuis qu'il y a des poètes, il n'a pas été inventé, pour l'écartement de ces importuns, une langue immaculée, — des formules hiératiques dont l'étude aride aveugle le profane et enguirlande le patient fatal ; — et ces intrus tiennent en façon de carte d'entrée une page de l'alphabet où ils ont appris à lire !* » Il achève ces mots abrupts, auxquels je ne souscris pas vraiment (raison gardons, l'humilité est de mise) : « *Ô poètes, vous avez toujours été orgueilleux ; soyez plus, devenez dédaigneux* », — injonction excitatrice, comme un *tour de force*, à laquelle un poète adversaire de Mallarmé, et dont l'inimitié serait grande, ne saurait trouver de repartie qui ne l'engageât malgré lui dans cet orgueil (il ose contre-attaquer, quel orgueilleux, *et cætera*), et son silence se ferait alors l'apanage de son dédain ! Tel serait pris, qui eût cru prendre ! Remettons ces phrases dans un contexte adapté à l'exigence de l'écriture qui fut celle de Mallarmé sa vie durant, qui le poussa constamment à essayer de signifier suprêmement, par le langage, le Langage de l'existence, la Poésie étant à ses yeux le moyen le plus puissant, le plus profond qui pût dévoiler ce Langage, L'être, — le signifiant substantifiant le signifié pour qu'ils ne formassent qu'un, qu'Une : la Substance. L'existence est hermétique, nul n'en disconvient, surtout pas le métaphysicien : elle sera donc écrite hermétiquement, et, la main dans la main, *écrit* et *être* seront le Livre-Univers, l'Univers-Livre. Quel projet cyclopéen que le Livre ! projet à mener « *avec une patience d'alchimiste* », confessait-il dans une lettre à Verlaine, « *prêt à y sacrifier toute vanité et toute satisfaction, comme on brûlait jadis son mobilier et les poutres de son toit, pour alimenter le fourneau du Grand Œuvre*. « *J'irai plus loin, je dirai :* le Livre *persuadé qu'au fond il n'y en a qu'un, tenté à son insu par quiconque a écrit, même les Génies. L'explication orphique de la Terre, qui est le seul devoir du poëte et le jeu littéraire par excellence : car le rythme même du livre alors impersonnel et vivant, jusque dans sa pagination, se juxtapose aux équations de ce rêve, ou* Ode. » Mallarmé souhaitait « *en montrer un fragment d'exécuté, à en faire scintiller par une place l'authenticité glorieuse, en indiquant le reste tout entier auquel ne suffit pas une vie* ». Comme je te comprends, comme j'entends ta munificente âme, ô Rêveur extatique, cher Igitur ! La pierre philosophale ! « *Un livre, tout bonnement.* » Tout *bonnement* ! L'Aleph borgésien à perte d'encres ! le livre de sable écrit par le stylo d'albâtre ! l'acmé signifiante ! Quel poète exacerbé n'a-t-il pas convoité la *Gémination* cosmique — au risque de l'internement ? Un livre, le Livre, Le Livre — qui résumerait l'Univers ! (N'écrivit-il pas à Octave Mirbeau que « *L'explication de l'univers s'il y en a une [...] atteindrait tout juste les quarante pages d'un article de revue* » ?...) — Oui, Mallarmé rapprocha l'œuvre de l'œuvre, allia à l'« *incubatoire* » moyen âge la « *perplexe* » modernité. Il écrivit dans le petit texte *Magie* : « *Je dis qu'existe entre les vieux procédés et le sortilège, que restera la poésie, une parité secrète [...]. Évoquer, dans une ombre exprès, l'objet tu, par des mots allusifs, jamais directs, se réduisant à du silence égal, comporte tentative proche de créer [...]. Le vers, trait incantatoire ! et, on ne déniera au cercle que perpétuellement ferme, ouvre la rime une similitude avec les ronds, parmi l'herbe, de la fée ou du magicien. [...] Coupable qui, sur cet art, avec cécité opérera un dédoublement : ou en sépare, pour les réaliser dans une magie à côté, les délicieuses, pudiques — pourtant exprimables, métaphores.* » — Cette discussion étant digne d'être prolongée *ad vitam æternam*, le lecteur échaudé par mes infusions — intertextuelles — sans fin — amnistiera, je l'espère, ma ferveur (qu'il m'intimât de lui dessiner un plan d'intentions, je lui renverrais un mutisme de décontenancement tant je m'enjambe moi-même et sais peu d'où je viens, à peine où je vais, seulement *où je suis*), et me proposera, — ce qui assurera mon *pas*, — d'engrener le second genre d'Hermétisme, dont le héraut de la filiation est, — si j'excepte l'auteur de *L'Après-midi d'un faune* (on s'esbaudirait de ma monomanie et on m'imaginerait mal armé), — le poète-soleil Friedrich Hölderlin, pour qui la fin de vie fut diantrement proche de celle de Nietzsche et d'Émile Nelligan : il végéta de 1806 jusqu'à sa mort, en 1843, en rédigeant peu et sous divers pseudonymes, causés vraisemblablement par sa schizophrénie latente. À la filiation susdite appartiennent les écrits qui contournent dans la forme et dans le fond les relations ordinaires par une *réforme du fonds*, en jouant sur des métaphores obscures dont l'interprétation ne peut être arrêtée, en œuvrant *via* une *textualisation* (*travail* des signifiants, des sonorités, des discordances, des difficultés, des imprévus, — *de l'hermétisme*) infinie et génératrice de sens infinis (en cela, l'effort de l'interprétation, s'il doit y en avoir une, n'enlève rien à la faculté de rêver, et l'on pourrait dire, à la suite de Novalis : « *Son chant eut un grand succès, à cause de ses accents si étranges, presque aussi obscurs et incompréhensibles que la musique elle-même, — mais c'est précisément par là qu'il exerçait une si mystérieuse attraction et qu'à l'état de veille il occupait l'esprit comme un rêve* »). Ces constructions multilatères servent de *pré-texte*, pour reprendre la terminologie géniale et astucieuse de Heidegger du *pré-texte à penser* utilisée dans ses essais sur Hölderlin, — que Heidegger lui-même voyait, de par sa puissante parole poïétique, comme le « Poète du poète ». Le *pré-texte* en question (« *Vorwand* », étymologiquement : « *mettre un cache devant* ») est ce qui décache l'être, décachette l'apparence du signifié non perçu, dévoile l'être de l'être (« *des Wesens des Seins* ») en réinterrogeant par une nouvelle métaphysique cet être qui était dissimulé : le *pré-texte à penser* n'est pas la pensée de l'avant-texte ou de l'avant-textualisation. Non, il est au-dessus de tout cela, il est le « *Sacré* », c'est-à-dire « *le Poème antérieur à tout dire, qui a déjà par avance recouvert de son dit tout dire poétique* », il est le *prédire*, il *prédit* le « *Non-encore-accompli* ». Oui, il est le prétexte (en français, le mot « *prétexte* » est seyant et évocateur), mais le prétexte du *pré-texte*, *id est* le prétexte de la pensée d'une vérité prise comme « *a-letheia* » (« *dé-voilement* », de « αληθεια »), qui doit faire sortir de l'oubli la réalité. Ainsi que Jacques Lacan l'interprète dans son séminaire sur *La lettre volée* : « *Aussi bien quand nous nous ouvrons à entendre la façon dont Martin Heidegger nous découvre dans le mot* αληθης *le jeu de la vérité, ne faisons-nous que retrouver un secret où celle-ci a toujours initié ses amants, et d'où ils tiennent que c'est à ce qu'elle se cache, qu'elle s'offre à eux le plus vraiment.* » Le pré-texte du poète, c'est à la fois la Poésie en tant que parole universelle, en tant que « *fondation de l'être par la parole* », et la Poésie en tant qu'« *innocente occupation* » (en n'oubliant pas que « *tout art exige la vie entière d'un homme* »). Le poète est le penseur par excellence, il illumine l'espace de l'étant : « *Le Père, lui, étend sur nos yeux un voile / De nuit sacrée, afin qu'il nous reste un lieu.* » Heidegger le souligne : « *jamais la poésie ne reçoit le langage comme une matière à œuvrer et qui serait à sa disposition, mais c'est au contraire la poésie qui commence par rendre possible le langage. [...] Il faut donc qu'inversement l'essence du langage soit comprise à partir de l'essence de la poésie.* » — La poésie hymnique de Hölderlin s'intègre dans une hétérodoxie (ce que nous pouvons vivre n'est pas ce que devrions vivre, et *vice versa*) en montrant que ce qui est visible ne s'est pas vu, ce qui est dicible ne s'est pas dit, ce qui est licite ne s'est pas autorisé : « *En avant, cependant, en arrière, nous ne désirons point / Voir*, écrit-il dans *Mnémosyne* (qui était la déesse de la mémoire et qui conçut avec Zeus les neuf Muses), éperdu et perdu tout à la fois comme par un vœu d'impuissance. Il semble souhaiter que nous sachions « *nous laisser bercer comme / Dans un vacillant canot de la mer* », — le sous-entendu énigmatique de cette phrase étant peut-être bien que nous ne désirons point nous laisser bercer ou que nous sommes obligés de le faire (mais ça *vacille*) ou de ne pas le faire (mais ça *bouche*), les deux options s'excluant et nous condamnant. Que dire ? que voir ? Hölderlin est profond, très profond, et « *l'Unique vrai chemin pour mener jusqu'à la grandeur du poème hölderlinien, cela n'existe pas* », prévient Heidegger, avant de conclure que « *chacun des multiples chemins, en tant que chemin mortel, est un chemin d'errance* ». Hölderlin dit *le* voir (que nous ne le voyons pas, qu'il le voit) et dit le *voir* (ce qu'est voir, ce que voir n'est pas). C'est un hermétisme qui me désoriente (non pas *stricto sensu*, c'est-à-dire qui cesse de m'orienter, mais qui change l'orientation) lorsque je réfléchis à tout cela, — mais tant mieux, me consolé-je, et je persiste à penser que je sais que je ne sais pas, car ne pas penser que je ne sais pas m'est (en pensée !) affligeant : voir que je ne vois pas, c'est loin de ne pas voir du tout, — « *et il n'y a* », de toute façon, entends-je me solacier Novalis, « *que l'homme qui ne pense pas, l'homme sans imagination, pour rejeter avec mépris les mots illisibles si magnifiquement assemblés* » (ce sont les schibboleths des âmes élevées). Si le doigt me montre la lune, j'aime à regarder le doigt et la lune, le sens à trouver est autant dans le signifiant que dans le signifié. Que voir si le doigt incertain décrit un amas d'étoiles indiscernables ? *Tout bonnement* l'amas, les étoiles, le ciel, une étoile parmi d'autres, l'oiseau qui passe, le doigt, l'homme désignant, — ou soi-même, extérieur à soi, en train de voir la désignation ; — car *voir*, c'est méditer sur l'harmonie de ce *voir*... Se voir... L'hermétisme se fait — et nous fait — *voyant*. Nietzsche dirait qu'il nous raconte « *quelque chose du* possible » ! — Dans la seconde version du poème *Mnémosyne* figurait : « *Ein Zeichen sind wir, deutungslos, / Schmerzlos sind wir und haben fast / Die Sprache in der Fremde verloren* », dont je possède deux traductions de notabilités (quelle besogne saugrenue — cependant indispensable — que de traduire les langues puisque le texte originel est suffisamment nébuleux) : « *Un signe, tels nous sommes, et de sens nul, / Morts à toute souffrance, et nous avons presque / Perdu notre langage en pays étranger* » et : « *Un signe sommes-nous, sans signification / Sans douleur sommes-nous et nous avons presque / Perdu la parole en pays étranger.* » Un signe — un signifié ou un signifiant — ne ralliant aucun sens, c'est triplement angoissant (le fardeau kierkegaardien de l'expérience de l'indéterminé et de ses possibles infinis) : le signe sans le sens n'*est* plus le signe de quelque chose ; la parole ne s'ancre en rien et *devient* stérile ; l'être *devient* apatride, le signifiant s'éteint, entraînant le signifié dans sa déliquescence. Retrouver le sens, être encore, se démener pour que le langage soit toujours langage dans un murmure hermétique dévoilant, transcendant, exister et mourir, après les mots, pour incarner le Verbe, l'unique qui soit, la Substance personnifiée, cela incombe au poète-penseur. Mais la révélation est si proche de la perte de sens que le langage peut s'évanouir dès qu'il est dévoilé, ce dont nous avertit Heidegger en rappelant que « *c'est le langage qui crée d'abord le domaine révélé où menace et erreur pèsent sur l'être, c'est lui qui crée ainsi la possibilité de la perte de l'être, c'est-à-dire le danger* ». — Mes lacunes sont immenses et je ne sais si Mallarmé fut bercé par la poésie du mythique Hölderlin, du moins ma souvenance me lâche sur ce point-là, mais quelle eurythmie entre eux, quel chorus, quelles résonnances claquantes et irécusables, au firmament de leurs sentiments, est-on capable de relever, ébahi ! Admirons cette consonance avec un bout du chapitre II, dévolu à Baudelaire, du petit texte *La symphonie littéraire* pour lequel je devine des échos rimbaldiens de la saison infernale (« *et tout sera fini alors* ») : « Alors je me voile la face, et des sanglots, arrachés à mon âme moins par ce cauchemar que par une amère sensation d'exil, traversent le noir silence. <u>Qu'est-ce donc que la patrie ?</u> / J'ai fermé le livre et les yeux, et je cherche la patrie. Devant moi se dresse l'apparition du poète savant qui me l'indique en un hymne élancé mystiquement comme un lis » (le lys blanc, symbole de pureté, presqu'une injonction si l'on spécule sur le verbe *lire* conjugué à l'impératif et transformé en nom commun). — « *À moi telle la lumière du soleil !* » claironnait Hölderlin dans *Conciliateur*... et, sur le récif du désappointement, dans *L'Aède aveugle* : « *mais où es-tu lumière ?* » Le coup de projecteur astral énergisé par les trop nombreux *lumens* cautérise la rétine et pulvérise la vision photopique de l'œil, & (l'esperluette, — à l'espère, le fluet lucernaire avance) *in absentia luci, tenebrae vincunt*... — Cher Hölderlin, je citerai un verbe que néologisa Dante pour dire que la lumière t'*enciellait*...

* * * * *

À la suite de cette allocution sur Mallarmé et Hölderlin, que j'ai abritée de la déférence qui leur est due, et avant une nouvelle incartade au sujet de l'hermétisme et de la parole perdue, j'ose allouer à mes délinéations irrémittentes quatre autres *excursus* embolismiques qui seront la ligature osseuse de mon canevas autoptique sur le langage : les trois premiers — mathématiques, le quatrième — stylistique et grammatical.

* * * * *

Georg Cantor, Allemand et né à Saint-Pétersbourg, remua de fond en comble la théorie des ensembles et fut un précurseur incompris de son vivant, lacéré par les dépressions qui survinrent de cet isolement dans le milieu des mathématiciens de son époque. (Je me souviens de deux petites démonstrations totalisant cinq feuillets, commises innocemment par mes soins, l'une en classe de terminale, portant sur la physique des référentiels galiléens, l'autre en classe de mathématiques supérieures, portant sur les intervalles des nombres réels ($\mathbb{R}$), concluant crânement que l'univers n'existait pas (!), que j'avais prêtées à mes professeurs respectifs afin qu'ils me donnassent leur avis. Le premier me répondit que c'était vraisemblable, quelque peu osé et marqué d'une relativité synonyme de perte du sens du monde, le second que Cantor avait plus ou moins eu les mêmes idées et qu'il était devenu « *fou* », et les deux étaient en tout cas unanimes pour affirmer que c'était trop mince, « *un peu court, jeune homme* », légèrement simplet, mais *très surprenant* et *très amusant*.) Si nous considérons un ensemble d'entiers naturels en nombre n fini, par conséquent de cardinal n (qui mesure la taille de ces n entiers) fini, nous pouvons construire l'ensemble de tous les ensembles constitués par ces n entiers, qui sera de cardinal fini également, et égal à 2^n. *Exempli gratia* : soit l'ensemble des deux premiers entiers 1 et 2 : {1,2}, — l'ensemble des ensembles formés de ces deux entiers est : {Ø,{1},{2},{1,2}}, qui compte $2^2=4$ éléments, l'ensemble vide appartenant toujours à tous les ensembles, quels qu'ils soient. Cantor inventa la notation $\aleph_0$ (*aleph* est la première lettre de l'alphabet hébraïque) pour désigner le cardinal de l'ensemble infini $\mathbb{N}$ des entiers, qui est un nombre *transfini*. Il put établir une hiérarchie des infinis, inconcevable jusqu'alors, en introduisant le cardinal du continu, égal au cardinal de $\mathbb{R}$ ou, ce qui revient au même, au cardinal des parties de $\mathbb{N}$: $2^{\aleph_0}$. Tout ensemble en bijection avec $\mathbb{N}$ est dit dénombrable, alors que $\mathbb{R}$ est non dénombrable, et il a été prouvé que l'on ne peut pas décider (hypothèse du continu) s'il existe un ensemble dont le cardinal serait compris entre $\aleph_0$ et $2^{\aleph_0}$! Le vertige de l'inapprochable infini entre les deux infinis « approchables »... Pourquoi dégurgité-je ce cours ? Ô périples mondains ! Ô embouchures globalistes et complexes du langage et de la pensée y afférente ! Pourquoi ?... Je vais essayer, — *j'essaie*, pardonnez-moi, moi qui suis un pauvre prêcheur, — en exportant des bribes de cette théorie, de saisir le mystère des mots, d'épingler le sens de la parole, d'élucider le sens de mon être à ce monde que je n'ai pas peur de qualifier d'irrémissible (le sens, mon être, ce monde). Si Wittgenstein nous rejoint, aux propositions *4.27* et *4.42*, sur le nombre de possibilités, d'une part, « *concernant la subsistance ou la non-subsistance de n états de choses* », égal à $K_n=2^n$, d'autre part, « *concernant l'accord et le désaccord d'une proposition avec la possibilité de vérité de n propositions élémentaires* », égal à $L_n=2^{K_n}$, il s'éloigne en revanche, car il a beau me dévoiler, plus loin, la proposition *5.55*, je ne démordrai pas des miennes, frayant obstinément dans le multiple potentiel (« *Il nous faut maintenant répondre a priori à la question concernant toutes les formes possibles de propositions élémentaires. / La proposition élémentaire se compose de noms. Mais puisque nous ne pouvons fixer le nombre de noms ayant des significations, nous ne pouvons de même fixer la composition de la proposition élémentaire* »). En tout cas (j'affronte l'averse !), il semblerait que l'esprit disposât d'une infinité de moyens linguistiques pour communiquer et décrire l'univers des possibles, infini dans son essence ; « *il semblerait* », que je mets au conditionnel, car nos moyens de voir et de faire voir sont-ils inépuisables ? De combien de façons peut-on combiner les éléments du langage, les significations (signifiants et arrangements de ceux-ci), et l'application vers les signifiés est-elle injective (moins d'antécédents que d'images, c'est-à-dire moins de signifiants que de signifiables), surjective (davantage d'antécédents), bijective (en même nombre) ? L'amalgame est impossible, l'évidence *a priori* est l'injection, mais notre nature limitée peut nous la faire paraître une bijection, d'autant plus que, si l'univers des possibles est « *tout infini* », il n'apparaît pas comme (je paraphrase Bruno dans notre contexte) « *totalement infini, parce que chacune des parties que nous pouvons distinguer en lui est finie* ». Nous agençons les éléments-mots selon leur quantité propre à la langue et selon les métaboles intraphrastiques.

La langue française usuelle dispose de plus de trente mille mots. Si elle est complète, elle avoisine les cent mille sans compter le vocabulaire technique (un dictionnaire de chimie peut recenser jusqu'à cent mille occurrences). La langue anglaise, d'une richesse absolue, se vante d'en détenir près d'un million si tout son potentiel est comptabilisé. Il existe ainsi un immense vivier défini par cet ensemble de mots, autorisant, par les ensembles de cet ensemble, — les phrases, — des variations, non pas en nombre infini, mais immensurables, théoriquement, pour le français fourni, de l'ordre de 2^{100000}, un nombre composé de trente mille chiffres, qui dépasse très largement le nombre d'atomes dans l'Univers consenti par les scientifiques. (Pour donner une idée du vertige, rappelez-vous les leçons du cours de français au collège et les traits grammaticaux mis à notre disposition : nature, genre, nombre, personne, temps, mode, fonction, voix, aspect, cas. Dans ce dernier, par exemple, nous pouvons recenser ceux que nous connaissons le mieux : génitif, datif, nominatif, accusatif, vocatif, locatif, possessif, causal, comparatif, — mais il y en a tant d'autres : ablatif, élatif, partitif, comitatif, inessif, datif, sociatif, adessif, illatif, translatif, allatif, instructif, abessif, instrumental, terminatif, obviatif, prolatif, aversif, circumessif, bénéfactif, ergatif, effectual, régime, équatif, prépositionnel, distributif, oblique, absolutif, superessif, délatif, perlatif, sublatif, directif, maléfactif !... Je crois avoir été clair.) Toutefois, n'oublions pas qu'il y a des absurdités logico-syntaxiques — limitant la notion de cardinal à celle d'ordinal qui impose un certain ordre —, des synonymies (les lexèmes en induisent à foison), des hyponymies ou des invariances, telles celles de ce passage du *Bourgeois gentilhomme* lorsque Monsieur Jourdain consulte le Maître de philosophie : « *Je voudrais donc lui mettre dans un billet :* Belle Marquise, vos beaux yeux me font mourir d'amour ; *mais je voudrais que cela fût mis d'une manière galante ; que cela fût tourné gentiment* », — lequel fat répond de son précieux savoir : « *On les peut mettre premièrement comme vous avez dit :* Belle Marquise, vos beaux yeux me font mourir d'amour. *Ou bien :* D'amour mourir me font, belle Marquise, vos beaux yeux. *Ou bien :* Vos yeux beaux d'amour me font, belle Marquise, mourir. *Ou bien :* Mourir vos beaux yeux, belle Marquise, d'amour me font. *Ou bien :* Me font vos yeux beaux mourir, belle Marquise, d'amour. » Non, cette poncivité est à exclure, de même que les phrases contenant plusieurs milliers de mots (James Joyce a refermé les dernières quarante pages d'*Ulysse* en huit phrases, et une fois n'est pas coutume), mais si l'on veut bien rejeter 99,99999% des combinaisons, il en subsistera toujours une banque de données incalculable. M'intéressent davantage, pour explorer une même thématique, ou bien en musique, les *Variations Goldberg* de Jean-Sébastien Bach, ou bien en littérature, la polyonymie des *Exercices de style* de Raymond Queneau. Là, sous l'apparence de psittacismes se décensure une flopée de contrastes signifiés — sensibles, mais trempés. Et de nous réjouir (ô soulagement ! je *créerais* !), avec le détrompant Wittgenstein qui indique qu'« *il est dans la nature de la proposition de pouvoir nous communiquer un sens* nouveau »… C'est dans la même direction que va cette constatation d'André Chénier faite dans son inachevé *Des lettres et des arts*, puisqu'il est certain, y dit-il, « *que beaucoup d'objets de la nature physique et même morale n'ont pas été traités par nos grands poètes, et [...] qu'il y a encore à trouver une infinité d'images nouvelles et de nouvelles combinaisons de mots* ». D'ailleurs, plus longue est la phrase, plus nombreuses sont les possibilités signifiantes (« *elle doit être longue, devant être complexe* », dit le Faust de Paul Valéry), ce qui ne contrarie aucunement la concision et ne converge pas nécessairement vers une prolixité imbitable (rebuts de rébus de phébus ?). C'est l'une des raisons de l'emploi, par ceux *qui ont à dire* et n'en finissent pas de vouloir dire, des phrases à rallonge, qui sont des manières de *sentences* (jeu de mots sur la traduction de « phrase » en anglais) se proposant, avant de préposer au lecteur la découverte des sens mussés, d'être pétries et repétries (une phrase de trois mots est rarement polysémique ; en revanche, quand Paul Éluard écrit en contrapontiste que « *la terre est bleue comme une orange* », expression simple qui n'est guère interchangeable en ses unités, il ouvre une fenêtre sur l'*indicible parlant*, — et le pourri, le faisandé). (Si je devais citer deux exemples, je prendrais en premier lieu celui de Joris-Karl Huysmans qui, à cet égard, utilisait la syntaxe à la perfection, s'emparait, en véritable orfèvre, de la ponctuation juste, et virgulait aussi splendidement que précisément. En second lieu, je prendrais les longs énoncés mathématiques qui ont sans l'ombre d'un doute demandé un minutieux acharnement — que je salue de mon admiration —, dont la concision se doit d'être irréprochable, et où aucune virgule, délimitant chacun des segments du corps de la phrase-formule, n'est à retrancher ou déplacer — si l'on ne souhaite pas voir l'édifice s'écrouler…) Cela dit, Heidegger, qui n'est pas réputé pour débiter de très longues phrases, mais dont les mots-valises inhabituels et ardus compensent et condensent le tout par *concaténation* (privilège de la tendance *agglutinante* de l'allemand), fait remarquer dans l'introduction de *Sein und Zeit* que pour la tâche qu'il se propose, « *ce ne sont pas seulement les mots qui manquent le plus souvent, mais la "grammaire"* », et il prend en exemple les formulations « inouïes » des philosophes grecs avant de prévenir, à sa décharge, que « *le caractère circonstancié de la conceptualité et de la dureté de l'expression ne peuvent que s'accroître* ». Ajoutons à cela la notion de *grammaire générative* qu'a implantée Noam Chomsky au sein de la linguistique, et celle, pour un *locuteur-auditeur idéal*, de sa *compétence* (intuitive, comme s'il préexistait des *universaux* de la langue), qui déploie en nombre infini les formulations possibles en tant que le locuteur-auditeur est capable de produire et d'interpréter des phrases qu'il entend pour la première fois, c'est-à-dire qu'il peut très bien comprendre tous les agencements de mots et les sens qui y sont attachés sans que jamais dans sa vie il n'en ait rencontré deux pareils. D'autre part, le nivellement incessant de l'intelligence et du langage propulse l'intelligence vers une meilleure exploitation du langage et celui-ci, à son tour, dans un jeu de renvoi d'ascenseur, raffermit prodigieusement l'intelligence (combien de fois vérifie-t-on ce fait imparable, savoir que les meilleurs rhétoriciens figurent entre tous parmi les plus perspicaces ?). D'ailleurs, en étendant ces approches, ce serait à notre ridicule échelle violer les lois probabilistes que de croire que l'on pût se compromettre en plagiant par hasard une seule phrase d'un auteur passé (le singe réécrivant *Hamlet* ? incroyable). Devant nous (les soi-disant emmétropes diserts) se dégage la *puissance du continu*, le transfini du langage et de ses signifiants. Comment, de là, perdre la pratique et l'intelligibilité du langage ? perdre la pratique et l'intelligibilité du monde ? C'est le trop-plein, la proximité qui a trop duré et limé, qui sait ? Tant va la cruche à l'eau… Je me sens être l'une des

Danaïdes qui remplit de mots sa jarre… — « *If I became unintelligible I would be understood immediately* », écrivait Henry Miller, croulant sous l'idéation éperdue…

* * * * *

(Que ne s'y reflète, — que n'y se reflète, — qu'y ne se reflète — la combinatoire : d'un — qu'un ; de deux — juste deux ; de trois — que six ; de quatre — déjà vingt-quatre ; de cinq enfin — cent vingt ; mais finalement trois légitimes — et un seul sens : quel ridicule pourcentage ! Pour cent pages, d'une suite de huit mots un remplissage mathématique est envisageable, — qui dit, — qui dit quoi ? Ce que l'on est en mesure d'attendre de l'issue d'un échange (de ce qui échoie)… *Sentir l'unique — qui nous arrange !*)

* * * * *

Sur les traces innovatrices de Cantor, vers le milieu du XXème siècle, un autre bouleversement de la mathématique eut lieu après que le jeune Kurt Gödel eut énoncé en 1931 son *théorème d'incomplétude*. (Je rapporte l'anecdote suivante, signe de la décadence et des prodromes des esprits supérieurs (ah ! le devoir de voir ! ne pas dévoir !) : Gödel, porté et chapitré par ses démons, finit sa vie dans une cachexie motivée par la peur fabulée d'un complot visant à l'empoisonner, et son destin, en fin de compte, ne fut pas très éloigné de celui de Nietzsche, Hölderlin, Cantor *et alii*.) Je passe les démonstrations ardues et les énoncés mathématiques tels que Gödel les a définis avec ses signes logiques dans son écrit révolutionnaire *Sur les propositions formellement indécidables des* Principia Mathematica *et des systèmes apparentés* (tout un programme, ne serait-ce que dans le titre) et livre sur un plateau les deux théorèmes résumés : « *Si la théorie* T *est consistante, il y a un énoncé universel vrai, mais non démontrable dans* T » ; « *si* T *est consistante, alors l'énoncé universel qui énonce la consistance de* T*, n'est pas démontrable dans* T. » Toute l'arithmétique que nous utilisons et qui soutient notre monde des opérations mathématiques, n'est soutenue elle-même que par un ensemble d'axiomes qui sont au nombre de cinq, appelés *axiomes de Peano* : 0 est un entier naturel ; tout entier naturel a un unique successeur ; aucun entier naturel n'a 0 pour successeur ; deux entiers naturels ayant le même successeur sont égaux ; $\mathbb{N}$ est l'ensemble des entiers naturels qui contient 0 et le successeur de chacun de ses éléments. De ce fait, la théorie de l'arithmétique est *récursivement axiomatisée*, c'est-à-dire que ses cinq axiomes fondamentaux la formalisent tout entière. Néanmoins, ils ne sont que des postulats que l'évidence impose, et le résultat « 1+1=2 » découle premièrement de ces définitions (nous avons vu que l'un des axiomes de la géométrie d'Euclide avait été mis en doute, et si, par extraordinaire, « 1+1≠2 », le système arithmétique de Peano serait remis en cause à l'identique et ébranlerait toutes nos conceptions tant qu'une nouvelle axiomatisation ne serait pas trouvée). En clair, selon le second théorème d'incomplétude, on ne peut pas dire *dans* l'arithmétique si cette théorie de l'arithmétique se tient, si elle est vraie, si ses axiomes sont non-contradictoires, — si elle est *consistante* (cohérente), — car pour le démontrer, il faudrait employer des outils qui ne sont pas au même niveau logique qu'elle. Une théorie quelconque n'est pas démontrable *directement* en son sein, car elle ne permet jamais la réflexivité, on ne pourrait tenter de prouver sa véracité qu'en inventant une métamathématique, un ordre explicatif supérieur, et c'est ce que montra magistralement Gödel. Un système est dit *complet* s'il existe un tel processus, un algorithme (métaformalisation), qui permette de prouver qu'un théorème est démontrable ou non en *infra*, — dont le problème de la légitimité formelle est décidable ou indécidable. Si un ensemble d'axiomes est cohérent, alors il est satisfaisable, et le problème de décision lié à notre système de signes linguistiques nous enjoint-il à nous interroger sur la consistance de ce système ? Ma question n'est pas inédite : Wittgenstein, lorsqu'il publia son *Tractatus* en 1921, ne connaissait pas le théorème d'incomplétude de Gödel (publié quelques années plus tard, bien je n'aie pas le souvenir d'avoir jamais lu sous la plume de Wittgenstein, qui mourut en 1951, des références à celui-ci), mais, tout en s'appuyant dans un premier temps sur les travaux de Bertrand Russel, Alfred North Whitehead et Frege, il se démarqua subtilement dans un second temps et étudia furieusement, dans ses désormais illustres carnets, les rapports entre la langue et les mathématiques. Ma question n'est donc pas inédite, et peut-être est-elle même stupide et hors de propos, car toutes les entités (grammaire, axiomes) ne sont-elles pas judicieusement transposables ; cependant le langage, pour décrire un langage, quel qu'il soit, éventuellement lui-même, reste indubitablement un langage : seul un langage peut parler d'un autre langage, — autrement dit, le langage « *parendo inchiuso da quel ch'elli 'nchiude* » (« semble enclos dans ce qu'il enclot »). Kant nous a depuis longtemps prévenus des limites de notre raison et notre finitude indéniable ne doit éternellement nourrir l'espérance de trouver de nouveaux axiomes qui assoiraient confortablement l'ensemble de nos conceptions, duquel on pourrait — à tort — s'enorgueillir d'une complétude rassurante. Parler du langage est une épineuse activité et Wittgenstein s'emparait parfois d'un métalangage spécial pour décrire le langage (« *Ce qui s'exprime dans la langue, nous ne pouvons par elle l'exprimer* »). Je ne parle pas du métalangage que se partagent les grammairiens, qui serait une langue parlant de la langue, par exemple disant que « un » est soit un adjectif numéral, soit un article indéfini » ou que « dans la phrase : "Etienne mange une pomme", "une pomme" est complément d'objet direct ». Ce métalangage-là mérite son préfixe *méta* (μετά : *après, au-delà*) dans la mesure où il est un langage dont le sens est le descriptif de son propre sens à un degré immédiatement au-dessus (ou une *logologie*, philosophème de Novalis), mais son pouvoir est restreint puisque, s'autoformalisant, il est signifié par les règles qu'il signifie et ne peut décider de sa propre cohérence, alors que le métalangage qui m'importe est tout autre, il est mathématisé, d'un niveau d'abstraction plus haut, capable de juger du sens des signifiants en tant que signifiés signifiants, pas seulement du sens des signifiants en tant que signifiants signifiés, agencés. Tout à l'heure, j'ai écrit une opération de l'arithmétique, *entre guillemets* dans le texte, « 1+1=2 » (aussi aurais-je dû rigoureusement *écrire que j'ai écrit* « *"1+1=2"* » (peu importe d'ailleurs la primauté de ces guillemets anglais et français)). Dès lors, qu'avais-je *exactement* écrit ? Absolument rien qui n'ait un sens dans la langue française, car n'entrent dans ses attributions ni de réfuter ni d'accorder, à l'aide de ses principes grammaticaux, la moindre vérité à cette expression *autonyme* : j'eusse écrit que « 1+1=3 », ces cinq signes n'eussent été que des signes cités — et *compris tels quels*. Dans *De la certitude*, ultime ouvrage qui l'accompagna jusqu'aux derniers jours de son cancer, Wittgenstein dit que, « *en chinois, les signes vocaux ou écrits "2×2=4" pourraient avoir une toute autre signification ou être un non-sens patent* ». Dans le *Tractatus*, il appellerait cela la *méthode de réduction à zéro*, et je reprends sa proposition 6.121 en y substituant *logique* à grammaire : « Les propositions de la grammaire démontrent les propriétés grammaticales des propositions, en formant par leur connexion des propositions qui ne disent rien. » Émettons tout de suite deux hypothèses. Supposons que j'écrive « "1+1" est égal à deux », soit, en discours « pseudo » indirect, que « 1+1 » est égal à deux : l'autonyme « 1+1 » est indépendant du prédicat et signifie un signifiant qui, en toute rigueur, se désignerait lui-même, et on tomberait dans le paradoxe, soulevé par Josette Rey-Debove, d'un signe qui se signifierait « *tel qu'il serait s'il ne signifiait pas* » (pourquoi pas, en poussant jusqu'à l'absurde, dire que « 1+1=2 » est égal à deux ?). Supposons maintenant que j'écrive « 1+1=2 » sans les guillemets : 1+1=2, — en d'autres termes (et encore, convenons de ce que ce changement de signes n'est pas à l'abri des objections), en discours « véritablement » indirect, qu'*un ajouté à un est égal à deux*. Je n'ai cure de savoir que « *un* » est un adjectif ou un article, pas davantage de savoir que la phrase est correcte, qu'elle est en « bon français », car est valable sous ce règlement cette autre-ci : *un ajouté à un est égal à trois*. Les deux propositions : « Étienne mange une pomme » — et : « un ajouté à un est égal à deux », ont-elles la même signification ? Toutes les deux sont possibles et adéquates et forment une phrase acceptable logiquement, mais une différence ontologique est nettement visible. « *Une pomme* » est une information non nécessaire, c'est un prédicat qu'il importe peu de savoir s'il est prouvable ou non dans la réalité, et sans cette précision, on se douterait qu'il ne s'agissait pas d'autre chose que d'un aliment, et que dans ce cas « *mange* » était le prédicat de « *Étienne* », ou, si la question se centrait sur l'identité de la personne, qu'« *Étienne* » était le prédicat de « *mange* », et il en va de même pour toute phrase signifiante dans une langue (si, en sus de « *une pomme* », l'on supprimait le sujet « *Étienne* » ou la copule « *mange* », rien n'aurait plus de sens). « Un ajouté à un est égal à deux », en revanche, ne recèle aucun prédicat, car si « *deux* » en était un, il saurait être remplacé par « *trois* », ce qui est absurde — alors que « *une poire* » subrogeant « *une pomme* » ne l'est pas : cette proposition est à la fois sécable (elle est tautologique) et insécable (elle est périssologique) : sécable parce que la proposition « *un ajouté à un* » est « *égale* » à elle-même et sous-entend « *est égal à deux* », insécable parce que « *un ajouté à un* » serait équivalent au sens logique à « *un retranché à trois* », *et cætera*. C'est en partie, je crois, pourquoi Wittgenstein écrivait que la proposition de la mathématique est une *pseudo-proposition* et qu'elle « *n'exprime aucune pensée* » (*6.21*), la pensée étant quant à elle réductible au langage de la pensée, autrement dit à la langue que nous parlons tous. Toute phrase formulée dans une langue a une valeur propositionnelle qui lui donne un sens, mais nombre d'entre elles en acquièrent si elles sont extraites du mode commun linguistique, comme « un ajouté à un est égal à deux ». Ceci rejoint sans conteste les théories de Gödel (positives : elles laissent une grande part à la création) et leur hiérarchie d'entendement, ou le genre de propositions de Wittgenstein (négatives : celui qui les comprend, dit-il tout à la fin du *Tractatus* au point *6.54*, doit les « *dépasser* [...] *pour voir correctement le monde* ») où « *le sens du monde doit être en dehors lui*. » (*6.41*) — Mon approche, puérile si elle en est, est délibérément succincte, elle se veut être un minuscule aperçu, une préconisation exiguë des directions à prendre, une captation du sens où qu'il ait établi son siège, et loin de moi la volonté ni surtout la capacité de résoudre le problème, — *car problème il y a* : la tentative d'objectivité se mue en objection. Je veux écrire, mais *quoi* ? C'est ce *quoi* qui se fait *quoique*, — *couac*.

* * * * *

À la croisée des chemins que nous avons d'ores et déjà survolés, sont implantées les théories du signal et de l'information, figurant l'essentielle *cybernétique* qui a pour tâche d'élucider les relations de sens entre les émetteurs et les récepteurs, chacun à leur tour signifiants et signifiés selon le référentiel pour lequel on a opté. Indépendamment de Norbert Wiener, Claude Shannon, ingénieur électricien au Massachusetts Institute of Technology, écrivit un article publié en 1948, *A Mathematical Theory of Communications*, où il établissait, au moyen du logarithme du maximum de vraisemblance d'une distribution polynomiale, des opération capables de *quantifier une information* qui serait par conséquent fonction croissante de la réduction d'incertitude qu'elle apporte. Cette fonction très simple, notée I, est décrite par : $I=-\log_2 p$, où p est la probabilité de l'événement informatif et $\log_2$ le logarithme en base 2 (qui permet d'extraire les puissances de 2) et dont la propriété d'additivité s'avère pragmatiquement très utile. L'unité de I, le *bit*, est la quantité d'information réduisant par deux l'incertitude à un problème donné, et I est d'autant moins grand que l'information est de moindre valeur, car un apport d'information réduit cette incertitude. Si je désire connaître l'auteur du livre que lit actuellement un ami dont la bibliothèque comprend mille vingt-quatre volumes, et que celui-ci me concède qu'il est d'Alexandre Dumas, sachant qu'il en possède huit en tout, l'information délivrée par mon ami a une valeur égale à $-\log_2(8/1024)$, soit 7 *bits*. S'il en avait possédé seize, la tâche de retrouver le titre en question eût été plus compliquée puisqu'on retombait à 6 *bits*. S'il m'avait dit que c'était un livre de Dumas *ou* de Fédor Dostoïevski, dont il possède huit livres pour chacun, le calcul eût mené à 6 *bits* également, et non pas à 7+7=14 *bits*, l'information qualitative *Dostoïevski* ne pouvant pas réduire l'incertitude d'une appréciation quantitative. Tous ces résultats mesurent la valeur informationnelle d'un événement et témoignent d'une idée statique *a posteriori*, ils ne prennent pas en compte la potentialité *a priori* de cette information et ne permettent pas ainsi d'évaluer la *capacité* informationnelle d'une source. C'est pourquoi Shannon proposa la notion d'entropie, plus exactement appelée *néguentropie* (à ne pas confondre avec l'entropie thermodynamique, même s'il y a assurément une similitude), définie comme le produit de la quantité d'information et de sa probabilité, et dont la formule est généralisée en : $H=-\sum p_i \log_2 p_i$. Imaginons que mon ami possède soixante-quatre livres dont les titres commencent par la lettre A (la quantité d'information *I* vaut 4 *bits*). Si je fais le calcul portant sur l'ensemble des mille vingt-quatre volumes, l'entropie nous donne le nombre de 0,1627 *bit*, arrondi au dix millième. C'est une information moyenne qui explique la propension d'une source à émettre une quantité d'information. La probabilité d'apparition d'un livre dont le titre commence par la lettre A est de 6,25%, ce qui est trop faible, et cette rareté ne peut pas, en conséquence, être compensée par sa valeur informationnelle de 4 *bits*. Si l'apparition des vingt-six lettres de l'alphabet avait été équiprobable (*I* vaudrait dans ce cas 4,7 *bits*), c'est-à-dire égale à environ 3,8%, l'entropie évaluée par l'information d'un titre commençant par l'une de ces lettres eût diminué en rapport avec l'augmentation de l'incertitude (avec une valeur de 0,1256 *bit*). Si maintenant nous poussons l'exemple à son extrême en émettant l'hypothèse que la bibliothèque de mon ami contient, toujours parmi les mille vingt-quatre, uniquement des ouvrages commençant par A ou par B, et en même proportion, *I* vaudra 1 *bit*, chiffre peu convaincant, et *H*, quant à elle, 1 *bit*, le maximum possible. À chaque fois que mon ami prend l'un de ces livres, la *redondance* de titres commençant par A ou par B est à son paroxysme alors que d'un autre côté, par un paradoxe qui n'est qu'apparent puisqu'il n'y a que deux lettres en jeu, l'entropie réduit l'incertitude (du fait qu'elle est élevée). La *redondance*, dans la théorie de l'information, ne représente pas seulement la *répétition*, comme c'était le cas ci-dessus, mais aussi la *corrélation* qui peut exister entre les apparitions, en particulier dans la langue, que Shannon avait tenté d'examiner. Pour former un mot, on utilise des lettres qui ont un ordre logique, du type : une voyelle sera souvent précédée ou suivie d'une consonne ; ou bien : la lettre *q* est souvent suivie d'un *u*. De même, si je dis : « Le soleil », — il y a peu de prédicats qui soient prompts à accoter cette proposition : « brille », « luit », « se couche », — et quelques autres, mais en nombre relativement restreint comparé à tout le vocabulaire dont nous disposons. Et j'en arrive enfin à mon point essentiel : d'après certains chercheurs, les facultés humaines en traitement de l'information orale impliquent une redondance linguistique qui dépasse les 99,9%, créant une entropie proche de 0,1% en signaux vocaux. Autrement dit, il se dégage deux choses d'une très grande importance : 1) la communication souffre peu les distorsions de sens (résultat positif : la faible entropie évite les malentendus sur les sens) ; 2) le langage est *rigide* (résultat négatif : la faible entropie renseigne sur la restriction d'informations extraordinaires, créatrices de sens). Entendons-nous bien : ces pourcentages sont avant tout statistiques et concernent la langue parlée, qui est assez pauvre, mais ne soyons pas pour autant rassurés des conclusions rapportées par les études sur la langue écrite, qui, tout en minimisant les répercussions déplorables, ne les éliminent pas moins. La langue française aurait une redondance de 50%, l'anglaise, de 46%, et l'allemande, de 55%, — ceci transcrivant la suite plus ou moins évidente des lettres d'un mot quelconque, chacune étant porteuse d'une information de moins de 1 *bit*, — et l'analyse, soulignons-le d'un trait ferme, ne recoupe pas l'idéologie native de la construction des phrases. Pour véhiculer beaucoup d'informations, le langage doit être non redondant, — pas dans les lettres, on n'y comprendrait plus rien, mais dans leur enchaînement, — et faire en sorte que tous les mots soient pratiquement imprévisibles : nous aurions un message *complexe et créatif*, les deux allant de pair. Nous rejoignons les propos déjà tenus plus haut, savoir que la longueur d'une phrase est bénéfique pour alimenter l'idée (le signifié) et l'imaginaire (dans ce cas de figure, je ne tiens pas le vide pour être exploitable légitimement, et que le choix du vocabulaire est prééminent en tant que celui-ci est un agent prédicatif (les signifiants doivent être légion, sinon où serait le signifié ?). — Shannon émailla sa théorie de bien d'autres aspects très intéressants, dont ceux de *bruit* et de *transinformation*, qu'à mon escient j'éluderai, si ce n'est en ajoutant au passage que je n'ai pas pris le temps de décrire les *perturbations du canal* entre émetteur et récepteur, ô combien vernaculaires et idiosyncrasiques, *constitutives de toute langue*, causées par l'*équivoque*, c'est-à-dire la finesse du récepteur (ou *allocutaire*, si le canal est la conversation) qui n'est pas à la hauteur de la finesse de l'émetteur (ou *locuteur*), et l'*ambiguïté*, qui est l'inverse. — Adjacente à la taille d'une phrase, condition signifiante *sine qua non*, est la *modalité* stylistique, — que voici.

* * * * *

Last but not least, le dernier des quatre *excursus* promis s'applique au *style* du langage, dont la signifiance évapore le sens du signifié et le rend, *en apparence seulement*, hermétique. Les façons d'écrire stylistiques, aussi bien le style en lui-même et les assemblages autorisés (tournures, types, formes, constructions) que ses figures (par niveau : du signifiant, syntaxiques, sémantiques, référentielles ; par effets : attentionnel, imitatif, connotatif, catachrétique), s'exonèrent de leur propre plastique en saturant (imprégner complètement une dimension, en ajouter une autre, au sens mathématique, dépendante ou indépendante sans induire de contradiction) et en désaturant (déneutraliser, désengorger, accroître), *ergo* positivement, les sens *pré-textés*. Les variétés des styles sont innumérables et scientifiquement situables dans un repère spatialisé par deux demi-axes infinis linéairement indépendants, tel un demi-plan d'Argand-Cauchy, l'une des coordonnées, les « réels », représentant la partie *in præsentia* (syntagmatique, paramètre du textuel), l'autre, les « imaginaires », la partie *in absentia* (paradigmatique, paramètre du contextuel). L'on doit principalement la notion de ces deux axes linguistiques à Ferdinand de Saussure, fondateur du structuralisme, une branche des sciences humaines qui s'intéresse aux dépendances internes d'un système. Alléguer du sens est chose très sérieuse, mais *jouer* avec celui-ci, c'est-à-dire non seulement « s'amuser », qui est accessoire, mais *manipuler avec habileté*, excipe tout autant de sa sériosité. Écrire hermétiquement, c'est se préoccuper de l'axe paradigmatique que seule la forme affable d'une coordonnée syntagmatique, dérisoire en proportion, mais sans être pour le moins dénuée de force (pensons à Un coup de dés jamais n'abolira le hasard). « *Le soleil brille* » est d'une médiocre profondeur signifiante et spirituelle (c'est une proposition *incomplexe*) ; « *l'astre chaud darde ses rayons dorés* » est mièvre et maniéré, c'est une image d'Épinal éculée ; « *la boule de feu jette de la lumière* », proche du précédent, est opulent et vulgaire, trop visiblement construit selon une substitution invétérée ; « *la toile du toit voile d'huile ailée l'aléa halant et luminescent* » recourt à toutes sortes de figures, dont l'allitération et l'antanaclase, qui, malgré un léger charme dans leur impression poétique, sont gênantes et ampoulées à vau l'ombre (dirait Hugo, mais j'ai exagéré expressément). L'oliban signifiant de ces propositions brûle en nos cerveaux, mais manque de saveur. Afin que le lecteur admire les puissances évocatrices bellement tournées, je choisis pêle-mêle parmi nos poètes des vers héliotropiques (car « *Dans le soleil Dieu se devine* », et le poète habite Héliopolis) : « *le soleil cruel frappe à traits redoublés* » (Charles Baudelaire) ; « *[le soleil verse ses rayons] qui ne sont pas plus doux au front d'un aire auguste, / Qu'au sale front d'une gueuse en haillons* » (Petrus Borel) ; « *la grande auréole solaire* » ou la « *fleur des splendeurs infinies* » ou « *le vase où Dieu conserve la lumière* » (Victor Hugo) ; « *Soleil, qui la terre décore* » (Joachim du Bellay) ; « *le Soleil du soir parcourt les Tuileries / Et jette l'incendie aux vitres du château* » (Gérard de Nerval) ; « *le foyer de tendresse et de vie, / Verse l'amour brûlant à la terre ravie* » (Arthur Rimbaud) ; « *l'astre des désastres* » (Jacques Prévert) ; « *l'Ange du monde* » (Paul Valéry) ; — et *tout* ce qu'en dit, en son long poème travaillé sur vingt-six années, Francis Ponge... Ces choix forment un promptuaire que je referme aussitôt que je l'ai ouvert, « *ché sopra 'l sol non fu occhio ch'andasse* » (« *car jamais œil n'a vu au-delà du soleil* »), et je crains, en outre, que cela ne sente la galéjade. Je prévariquerais en hypertrophiant les obligations que je pense être les miennes dans ce livre... exot(ér)ique ? Si le soleil brille, qu'il brille, mais on en sera fade parce qu'il ne fait que briller, — et le soleil peut-il faire autre chose ? Sa coruscation est intrinsèque à lui-même, le prédicat « *brille* » ne sert de rien, c'est notre « *1+1* » singé, — et, sans que ce nom trivial se démunisse d'une relative clarté (« *brille* » assurément est clair !), il orne néanmoins le texte de sa platitude, ce qui, pour reprendre les termes d'Aristote dans sa *Poétique* (chapitre XXII), ne témoigne pas d'une « *qualité de l'expression* », et il faut recourir, pour échapper à la « *banalité* » et atteindre à l'expression « *noble* », au « *terme étrange* », par quoi il entend « *un nom rare, une métaphore, un allongement et tout ce qui s'écarte de l'usage courant* », mais en n'en abusant pas, au risque d'être une « *énigme* » qui éloignerait le mot et la réalité (signifiant et signifié disloqués). Allez ! Chantons, avec Callimaque, un « Ηλιε χαιρε » (« Je te salue, Soleil ! »)... — L'analyste soucieux de l'interprétation est maté quand il cherche l'exacte signification d'une phrase que les incises invitent au déconcertement. S'il fait preuve d'éclectisme, il explosera, pour le dépasser, le *mur du sens*, et recueillera mille éclats non signifiés qui deviendront signifiants ou signifiés. C'est pourquoi Mallarmé écrit : « *Les abrupts, hauts jeux d'aile, se mireront, aussi : qui les mène, perçoit une extraordinaire appropriation de la structure, limpide, aux primitives foudres de la logique. Un balbutiement, que semble la phrase, ici refoulé dans l'emploi d'incidentes multiple, se compose et s'enlève en quelque équilibre supérieur, à balancement prévu d'inversions.* » (Quelle que soit, — souvent, — l'une de ses pages en prose que j'ouvre au *hazard* », mon esprit *s'immobilise* au milieu d'une phrase. La lecture est *tout à la fois erratique et transie*, il y a un blocage brutal que l'expression, qui dérange et nous *surmène* d'un coup, provoque irrésistiblement. C'est que sa phrase ne se révèle qu'entièrement lue (et nue), pensée (et repensée), — désentrelacée ; *et dès lors que je suis fin pris dans les filets prosodiques, Mallarmé, se matérialisant, me parle de vive voix...*) Jetons un œil (de lynx) sur la phrase suivante — que je viens d'improviser —, et éclatons ce « *mur du sens* » : « Comment écrire, dans une interrogation suscitée par l'acte d'écrire, le sens que l'on peut lui donner, son impossibilité, et en quelques mots, inclure la réponse, le tout en une phrase qui est cette interrogation, la contient, et qui ne se tient pas hors d'elle-même ? » (Ô incises voluptueuses et propitiatoires ! ô délices effrénées des incises gloutonnes ! vous nous égarez dans un dédale — et ce dédale, c'est notre univers, c'est l'éclair aux infinies zébrures ! S'il était une phrase synoptique qui nous fît entendre notre existence, elle serait immense et truffée de votre présence bénie, vous seules ramifieriez sans limite tous les sens assignables !) Les incises dont il est question, ne revendiquent point l'encadrement par des virgules pour montrer que quelqu'un parle, mais pour y déposer de l'information, en particulier sous la forme d'apposition. « *Phrase si profonde / Qu'en vain on la sonde !* » En vain ? La phrase est-elle intelligible ? « *Comment écrire* », quelle est la manière, voire la condition — subodorée — d'écrire, « *écrire* » étant un infinitif délibératif ? L'interpellation est engagée avant que n'arrive déjà la première incidente, « *dans une interrogation suscitée par l'acte d'écrire* », qui insiste sur la première interrogation révélée par le « *comment* ». Un premier malaise s'instaure puisque cette interrogation semble répétée et autoréférentielle : « *interrogation* » désigne-t-il aussi, mis à part « *l'acte d'écrire* » et le « *comment* », le « *comment écrire* » ? « *Le sens que l'on peut lui donner* », dont on ne discerne pas bien si « *donner* » est l'attribut de « *interrogation* » ou de « *acte* » (uniquement que « *le sens* » est le complément d'objet direct de la première occurrence de « *écrire* »), est une incise qui plonge dans l'embarras en induisant deux sens différents qui sont équiprobables. La suite autorise-t-elle la discrimination exempte de doute ? Non, car « *son impossibilité* » renvoie soit au « *sens* », soit à « *donner* », soit à l'« *interrogation* », soit à « *l'acte d'écrire* », soit à « *écrire* » ! L'absence de déictique clairement exprimée, suspend notre avis et multiplie les éventualités : nous sommes confrontés à une asyndète qui ne dévie pas sur une ellipse (bien au contraire — dans notre exemple). De même, « *et en quelques mots* » correspond-il à l'« *impossibilité* » (si celle-ci est contenue dans l'« *écrire* ») ? au « *sens* » ? à l'« *interrogation* » ? au « *comment écrire* » ? Cette incise est elle aussi polysémique, plusieurs signifiants visés sont cooptables en tant que signifiés. Au dam de l'interprète perplexe, la résistance à l'interprétation ne s'arrête pas là, car « *inclure la réponse* » est peut-être le pendant des « *quelques mots* », mais aussi de presque toutes les autres propositions *supra*. « *Le tout en une phrase qui est cette interrogation* » : vertige ! La phrase interrogative pointée du doigt serait-elle *elle-même* ? Le « *comment* » frapperait-il de son sceau, en résonance interne, quelque prétérition, qui ferait que cette phrase se « *contient* » ? Le pronom relatif « *qui* » est-il élidé pour précéder et sous-entendre « *la contient* » ? Mais cette « *phrase* » ou cette « *interrogation* » contiennent-ils, ou est-ce la « *réponse* » qui contient ? Et quoi contenir ? L'« *impossibilité* » ? le « *sens* » ? ou ces mêmes « *phrase* », « *interrogation* » ou « *réponse* » qui seraient alors contenues ? Tel est contenu, qui croyait contenir ! Tout s'imbrique en devenant parataxes, hypallages incertaines, disruptions, — disruptions qui sont, au choix, cause (et/ou effet de la perte de sens ou de l'amoncellement de sens, de la plurivocité. Le petit coup de théâtre de la conclusion, « *et qui ne se tient pas hors d'elle-même ?* », n'aplanit guère l'ensemble. « *Elle-même* » se fait l'écho, grâce à la déclinaison au féminin, de « *phrase* », « *réponse* » ou « *interrogation* », et restreint les sens latents, mais qu'est-ce qui « *ne se tient pas* » ? Cela serait le « *sens* » que la phrase deviendrait autocontradictoire (comment dès lors l'écrire ?) *et non* contradictoire (le sens est inclus en elle et elle le *montre*). Cela serait la « *phrase* » ou l'« *interrogation* » que la phrase deviendrait tautologique. Si c'était la « *réponse* » qui ne se tenait pas hors d'elle-même, ce serait évident ; par contre, si la « *réponse* » ne se tenait pas en dehors de la « *phrase* » ou de l'« *interrogation* », cela soutiendrait un paradoxe, la question ne peut être sa propre réponse, ou alors c'est une boutade (« *combien la main, qui compte cinq doigts, contient-elle de doigts ?* »). — En définitive, — et je laisserai au lecteur, comme j'ai coutume de le faire par mes *ouvertures*, le soin de résoudre *tout cela*, — si les incises, en démettant la phrase, offrent un horizon de possibilités, elles ne sont pas la panacée du sens établi sûrement — cependant qu'elles ne nous résignent pas à penser que cette phrase soit ou bancroche ou incompréhensible : « *Un balbutiement, que semble la phrase, ici refoulée dans l'emploi d'incidentes multiple, se compose et s'enlève en quelque équilibre supérieur, à balancement prévu d'inversions.* » Ma phrase n'est pas cartésienne, elle en appelle à l'imagination planante, elle est pour moi — ô combien ! — signifiante ; son propos est le challenge le plus inénarrable qui se puisse pratiquer, il faut fournir un effort inhumain pour espérer — *fere* vainement, je le sais — le remporter : *écrire sur l'impossibilité d'écrire*. Mon opinion, c'est que mon livre en son entier *est* une prétérition (« *abracadabrantesque* », dixit Rimbaud, un scandale littéraire qui s'apparente à une mauvaise foi de cynique, « *une réalisation réalisant l'irréalisable* » (*dixit* Haklenayaśas, un des patriarches du Tch'an). *Comment écrire sur l'impossibilité d'écrire ?* Le prologue l'annonçait en lettres clinquantes, je n'abuse personne en la demeure, pas même moi. Comment écrire ? tout bonnement. Mes mots sont à la fois mes maux et mes émaux : *je souffre en beauté*. — Je te comprendrais, Lecteur, — ah ! trop bien, et je battrais ma coulpe, — si tout cela te paraissait n'être qu'une confusion innommable, une masse de hoquets nemrodiens, un sabir infect, un bramement mal en point, une lalomanie imbuvable, et tu n'aurais qu'à dire franco ton découragement (ou le taire en n'en pensant pas moins) : « *Lasciànlo stare e non parliamo a vòto ; ché così è a lui ciascun linguaggio come 'l suo ad altrui, ch'a nullo è noto* » (« *Laissons-le là, ne parlons pas en vain, car toute langue est pour lui comme la sienne aux autres, qui n'est comprise par personne* »)…

* * * * *

L'écriture, la parole, les mots, sont à la pensée ce que la partition, la portée, les notes sont à la musique : à la fois tout est figé et se tient par ces unités-graphèmes (« *mot* » est issu du bas latin « *muttum* », « *son* »), réalisées par le support physique (le papier, l'encre, les vibrations de l'air), — tout est en elles, rien n'est plus raccomodable après que leur auteur y a mis sa dernière patte, — et à la fois cet ensemble ne se contient pas lui-même, il possède une autonomie transcendante, de ce que, d'une certaine manière, avait dit un jour Gustav Mahler, « *tout se trouve dans la partition, sauf l'essentiel* », — ou avait dit tel autre jour Kierkegaard, que la musique n'existe pas, « *lorsqu'on la lit, que dans un sens figuré* », mais qu'« *en vérité elle n'existe que lorsqu'elle est exécutée* ». Prolongeons ces similarités : deux mots qui se suivent, et qui forment ainsi une paire-entité harmonieuse, sont à la pensée ce que deux notes qui se suivent, et qui forment ainsi une liaison réjouissante aux oreilles et vont à l'amble, sont à la musique. En musique, à cause des infinités de façons de l'émettre et des fluctuations de l'environnement (le bois, le cuivre, ou toute autre matière, puis l'air, sa pression, ses mouvements, sa « pureté »), une note produite par un instrument ne sera *jamais* identique à elle-même dès que celui-ci la reproduira, et pourtant, l'enchaînement gracieux (pas de *bruit* ici) de deux notes (« *Je cherche deux notes qui s'aiment* », dixit Wolfgang Amadeus Mozart, — et j'en ai souligné la fin) fera autorité auprès d'un large public, dévoilant incidemment l'universalité de l'accouplement et les variations sublimes autour de l'unicité insécable, c'est-à-dire, devant le multiple du *même*, l'objectivité rendue formelle par l'intermédiaire d'une unanime intersubjectivité. Voyons dans ce phénomène musical un aspect dual : il ne s'agit nullement de l'*interprétabilité* (terme maladroitement inscrit par le vulgaire dans la jouabilité d'un morceau) de la part du *musicien*, mais de celle de l'*auditoire*, dans le sens où « *la mélodie des sons dit ce que ne peuvent dire les mots* » (Richard Wagner). D'un côté, le compositeur *crée la musique*, de l'autre, l'instrumentiste (jusqu'à s'en faire l'amphion) *la recrée telle qu'elle a été créée* avant que l'audience ne *la recrée en retour telle qu'elle se crée en elle*, ou, pour transcrire en une image « grossière » : le compositeur (dirigeant) entend la musique avant que de l'écrire, l'instrumentiste (exécutant, prestataire) la joue en l'écrivant et l'audience (« interprète ») l'entend pour la réécrire dans un langage qui dépasse le langage sonore ou écrit (esprit pur). Tout comme les notes, ineffaçables, non interchangeables, et qui offrent dans leur séquence des sonorités toujours renouvelées, les mots, — tels ceux de la phrase analysée plus haut, — sont capables d'offrir, non pas exclusivement des sens refondus, ni des interprétations *excentriques*, mais des pensées chamarrées d'invites à la *concentricité* de l'être qui se fond en toutes choses, à un principe moteur de l'expression qui multiplierait les êtres en un produit d'être. Ce dont parlait en platonicien Schopenhauer au sujet de la musique (« *elle est une objectivité, une copie aussi immédiate de toute la volonté que l'est le monde, que le sont les Idées elles-mêmes dont le phénomène multiple constitue le monde des objets individuels* », elle « *n'exprime de la vie et de ses événements que la quintessence* »), il le transpose de la Poésie étudiée au paragraphe précédent (§51) du *Monde comme Volonté et comme Représentation* : « *Le Poète […] embrasse l'Idée, l'essence de l'humanité, en dehors de toute relation, en dehors du temps ; en un mot, il saisit l'adéquate objectivité de la chose en soi, à son degré le plus haut.* » À l'appui de ces considérations, je voudrais citer à maints endroits Hegel dans son introduction à la *Poétique*, déjà effleurée, où il explique les raisons de la supériorité de la poésie sur les autres arts, et prélever quelques échantillons illustratifs de mes vues et convictions dans trois poèmes de Mallarmé (confection, finition et traduction), qui fut, il n'est pas anodin de le rappeler, bouleversé par les théories hégéliennes, — et qui, pour l'anecdote choyant à point nommé, fut ahuri en écoutant la transcription faite de son poème par Claude Debussy (*Prélude à l'après-midi d'un faune*) : « *Je croyais l'avoir moi-même mis en musique.* » — La gémellité de la poésie (estimée comme le langage le plus grandiose qui soit) et de la musique est encore — irrésistiblement — de mise : « *Comme la musique, elle renferme le principe de la perception immédiate de l'âme par elle-même […]. La poésie est capable d'exposer un événement dans toutes ses parties, la succession des pensées et des mouvements de l'âme, le développement et le conflit des passions et le cours complet d'une action.* » Si « *la poésie a de commun avec [la musique] le son, qui est leur élément physique* », l'universalisme des aptitudes poétiques est indépassable, car « *la poésie peut non seulement embrasser le monde de la pensée dans son ensemble, mais aussi décrire toutes les particularités et les détails de l'existence extérieure avec une richesse à laquelle ne peuvent atteindre ni la musique ni la peinture* ». « *Le fond de l'art qui a pour expression la parole, c'est le monde entier des conceptions de la pensée et de l'imagination ; c'est l'esprit habitant sa propre sphère, et n'en sortant que pour emprunter au monde sensible un signe qui reste distinct de la pensée elle-même* » : ce qui distingue intimement musique et poésie, c'est que le son, « *par ce seul fait de s'empreindre d'une idée, [...] devient parole, et, de but qu'il était pour lui-même, un simple moyen subordonné à la pensée qu'il exprime* », tandis que « *la pensée poétique se dépouille de toute forme matérielle* » en faisant disparaître la « *manifestation sensible* », et « *l'esprit se trouve ainsi en face de lui-même et sur son propre terrain* », car « *le caractère déterminé de son mode d'expression ne peut plus fournir aucun principe pour cette limitation [causée par la prépondérance des matériaux des autres arts] à un fond spécifique et à un cercle restreint de conception et de représentation* », ce qui l'institue, souligné dans le texte, « art universel ». Afin de se réaliser pleinement, Hegel exige de la poésie (ce qui, venant de lui, ne surprend guère) *trois* (ô terne air !) conditions primordiales — abrégées, et dont la première va être soumise à une brève critique : « 1° *[le sujet ne doit être] conçu ni sous la forme de la pensée* rationnelle *ou* spéculative, *ni sous celle du* sentiment *incapable de s'exprimer par des mots, ni avec la précision des objets sensibles ; 2° [...] L'imagination poétique doit [...] maintenir un milieu entre la généralité abstraite de la pensée et les formes concrètes du monde réel [...] ; 3° elle doit [...] être son but à elle-même, rester* libre. *Tout ce qu'elle conçoit, elle doit le façonner dans un but purement artistique et contemplatif, comme un monde indépendant et complet en soi. [...]* » Je ne vois pas qu'il soit dommageable pour ces fins que la forme de pensée rationnelle soit utilisée (Pascal montra, dans ses billets, et à bien des égards, qu'il fut un poète, et les Orientaux également savaient y faire), ni la spéculative (Hölderlin n'en fut-il pas un excellent exemple ?), ni celle du sentiment *a priori* inexprimable (Shakespeare en était un maître, mais Hegel ne le prisait pas follement avec ses quelques formules qui n'étaient pas exemptes — sic — « *de mauvais goût* »), ni celle des objets sensibles (Ponge, avec son « *objeu* » et le « *syl-lab-logisme* », prédomina ce genre et dématérialisa divinement les plus quotidiens d'entre eux en les sublimant et les affranchissant de notre perception habituée, donc aveuglée), — mais cette réunion d'exigences est, du reste, très bien trouvée et presque *mallarméenne*. À plusieurs reprises déjà nous avons aperçu le doux nom de Mallarmé en ces pages (ce n'est pas fini, il réapparaîtra au chapitre suivant lorsque je parlerai de la crise du « Néant » qu'il a traversée). Il m'est si cher, chez ce Poète « *mordant au citron d'or de l'idéal amer* », de chercher, de trouver, de rechercher, de retrouver, que je *controuverais*, en les taisant, ma dépendance à ses idées et mon amour pour son personnage atypique. Mallarmé, qu'inspiraient tant la *blancheur* et l'*azur*, répétés de nombreuses fois, comme des antiennes lancinantes, ne naquit pas subitement Poète symboliste, et n'eût pu être associé plus tôt aux parnassiens : la plupart de ses poèmes de jeunesse (que j'eusse préféré ne point connaître, si ce ne fût pour pouvoir, en un arpège chronologique, les comparer dans l'évolution complète des gammes) témoignent franchement d'une « simplicité » qui ne lui fait pas honneur. Qu'importe ! qu'importe le flacon juvénile « simplet », pourvu qu'on ait l'ivresse des vapeurs mûres à point !... (Vapeurs mûres à souhaits !) Dans le poème « *en -yx* », sonnet primitivement soustitré « *allégorique de lui-même* », Mallarmé est le héraut de ce que Hegel prônait pour la poésie, c'est-à-dire qu'elle dût « *être son but à elle-même, rester* libre ». Quelle sensation auditive quand survient ce « *ptyx* », cet *hapax* désarmant ! Je recopie son apparition (en recommandant au lecteur de le lire en entier) : « *nul ptyx, / Insolite vaisseau d'inanité sonore* » (version de 1868), — ou : « *nul ptyx, / Aboli bibelot d'inanité sonore* » (version de 1887). Écrivant à Eugène Lefébure, égyptologue et ami, il avoue l'*invention intentionnelle* de « *ptyx* » afin de ne pas percher le reste de guingois : « *On m'assure qu'il n'existe dans aucune langue, ce que je préférerais de beaucoup à fin de me donner le charme de créer par la magie de la rime.* » J'ai dit qu'il *avouait* ceci *dans sa lettre*, mais il *l'avoue dans le vers* (incisé) qui le suit ! Il le dit, l'assène, qu'il n'y a *rien à en dire*, — *il le dit*, — l'objet est le non-objet, l'objet est à l'objet son propre prétexte d'être objet sans objet ! « *Aboli bibelot d'inanité sonore* » : le « *ptyx* » monosyllabique et phonétiquement proche du vide, aphone, rejaillit dans les vers comme une sonorité plurielle avec l'« *aboli bibelot* » et l'« *inanité* », gros d'allitérations saisissantes et rebondissantes que doit scander « babebibobutement » le liseur ! Le signifiant sans signifié se voit « presque signifié » par son « presque signifiant » ! (Le « *bibelot* », aussi bien objet sans valeur que texte en prose ou en vers : c'est dire !) L'ambition de notre Poète (« *J'ai pris ce sujet d'un sonnet nul* », ainsi qu'on va le découvrir instamment) est surprenante, grisante, inaccoutumée, sidérante, pleine de sens dans le non-sens, de sens en tant qu'« extra-sens » ou « méta-sens », dans ce poème qui est le miroir de lui-même tout en s'informant par des images qui n'ont pas de reflet (ou qui ne sont peut-être que le reflet de leur reflet). (« *L'homme croit, en effet, lorsqu'il entend un mot / Qu'une pensée est là pour le suivre aussitôt* », constate Méphisthophélès.) Mallarmé s'en explique en présentant ce sonnet à son ami de toujours, le poète et médecin Henri Cazalis, — de cette façon-ci : « *J'extrais ce sonnet, auquel j'avais une fois songé cet été, d'une étude projetée sur la Parole : il est inverse, je veux dire que le sens, s'il en a un (mais je me consolerais du contraire grâce à la dose de poésie qu'il renferme, ce me semble) est évoqué par un mirage interne des mots mêmes. En se laissant aller à le murmurer plusieurs fois on éprouve une sensation assez cabalistique. [...] il me semble se prêter à une eau-forte pleine de Rêve et de Vide. [...] J'ai pris ce sujet d'un sonnet nul et se réfléchissant de toutes les façons, parce que mon œuvre est si bien préparé et hiérarchisé, représentant comme il le peut l'Univers, que je n'aurais su, sans endommager quelqu'une de mes impressions étagées, rien en enlever,* — *et aucun sonnet ne s'y rencontre.* » Soit le poème atteint à la poésie pure sans support, *à sens unique*, soit il atteint au « mirage interne », *à double-sens* (qui est dédoublé lui-même en l'acception en tant que *figure de style* ou en tant que *circulation*). Du Rêve et du Vide, ou plus exactement un rêve vide de rêve vide, par voie de conséquence un rêve plein de rêve ! Cet extrait de sonnet nous extrait nous-mêmes, de nous-mêmes et de lui-même, telle une déflagration dont les projections de parcelles enrichiraient le matériau originel et les yeux, puis l'esprit, saoul des mots « ptyxiques ». Chez Mallarmé, ce ne sont pas seulement les mots ou les sens directs qui déstabilisent, ce sont aussi les arrangements de ces mots et les sens indirects qui en découlent, comme pour ces deux passages, que nous ne ferons que survoler délicatement, l'un tiré de *L'après-midi d'un faune*, l'autre de *Toast funèbre*, où l'âme s'abîme, qu'elle lise hâtivement ou qu'elle s'efforce de comprendre. — « *Et de faire aussi haut que l'amour se module / Évanouir du songe ordinaire de dos / Ou de flanc pur suivis avec mes regards clos, / Une sonore, vaine et monotone ligne.* » La musique *emmène*, cependant que le peu de virgules (ellipses, hyperbates, inversions, zeugmes, adjonctions, *etc.*), destiné à une lecture soutenue dans l'espace et le temps, sans reprendre haleine, et les mots de contre-rejet (« pré-retour » à la ligne), qu'il faut souvent relire telles des anadiploses, sont autant d'obstacles à la bonne compréhension linéaire, — comme c'est le cas dès (*choix exprès*) le premier vers : « *Et de faire aussi haut que l'amour se module* », où l'on ne manquera pas de placer des virgules imaginaires avant « *aussi* » et après « *module* », — et au second vers : « *Évanouir du songe ordinaire de dos* », dont le « *dos* » n'acquiert son sens que si l'on continue. Les désinences des accords ou des genres sont d'utiles et nécessaires renseignements pour l'affiliation correcte des groupements éclatés internes à la phrase : bien qu'ils soient tous les deux au masculin, « *pur* » est au singulier tandis que « *suivis* » est au pluriel, donc ils ne se réfèrent pas au même mot. Dans ces conditions, « *pur* » qualifie « *flanc* » et « *suivis* » ne peut être rattaché qu'à « *de dos / Ou de flanc pur* », seul groupe sujet pluriel en amont (« *suivis* » remplacé par « *suivie* » eût compliqué l'imbrication puisqu'il se fût transformé en participe passé de la « *ligne* », située après : « *faire évanouir une ligne suivie avec mes regards clos* », combinaison que j'eusse beaucoup aimée). Ainsi, en le remaniant à l'aide de parenthèses oh non seulement des épithètes porteuses de précision, l'ensemble des quatre vers s'écrirait : « *Et de faire (aussi haut que l'amour se module) évanouir, du songe ordinaire (de dos ou de flanc (pur) [qui sont] suivis avec mes regards clos), une sonore, vaine et monotone ligne.* » Ne pas se presser pour ne pas bâcler : l'on comprend mieux pourquoi Mallarmé se lit lentement, puis se relit plusieurs fois afin d'amplifier les « lignes » poétiques et d'éclaircir l'évanouissement qui, en fin de compte, se dessine (notons que « *S'évanouir* », en lieu et place du « *Évanouir* » débutant le vers, n'en eût pas augmenté le nombre de pieds, mais il a préféré à « *faire s'évanouir* » l'expression factitive « *faire évanouir* », qui est « *faire disparaître* », pour appuyer le fait que la ligne ne cesse d'être de « son » initiative). Le mot est une graine qui fait naître une selve, la brièveté est la condition qui fait champignonner les sens (« *Le poème resté bref, se multiplie, en un livre* »)… — En raison notamment de ses six vers et en dépit de ses trois virgules complices, la phrase suivante est plus corsée : « *Afin que le matin de son repos altier / Quand la mort ancienne est comme pour Gautier / De n'ouvrir pas les yeux sacrés et de se taire, / Surgisse, de l'allée ornement tributaire, / Le sépulcre solide où gît tout ce qui nuit / Et l'avare silence et la massive nuit.* » Sans attendre, je vais réécrire la composition selon ce que j'en lis : « *Afin que [durant] le matin (de son repos altier (quand la mort ancienne est, comme pur Gautier, de n'ouvrir pas les yeux sacrés et de se taire)) surgisse (de l'allée [dont il est l'] ornement tributaire) le sépulcre solide (où gît tout ce qui nuit [:] et l'avare silence et la massive nuit).* » En ce qui concerne la toute fin de cet exemple, l'absence de virgule à la suite du premier « *nuit* » me gêne considérablement, mais je ne peux pas croire que « *nuire* » ne soit pas utilisé comme verbe transitif indirect, d'autant plus que « *surgisse* », au singulier, ne saurait inclure, en plus du « *sépulcre* », le « *silence* » et la « *nuit* »…

* * * * *

(Me revisitent à l'instant, en tâtant ces vers qui tintent, les langoureuses explications sur *Brise marine* données en classe de première par mon professeur de français (grâces vous soient rendues, madame Éon). Par un jeu de miroitements délicat, j'accédai vierge à un univers charmeur, mystérieux de mots s'entrechoquant et dont les résonnances (tambourinements) iraient grandissant à mesure que moi-même je grandirais… Que pouvais-je *vraiment* comprendre, si jeune, de la tristesse de la chair, du dépit d'avoir lu tous les livres ? Mallarmé, avec son « *La chair est triste, hélas ! et j'ai lu tous les livres* », me parlait tout aussi peu que « *l'halluciné de la forêt des Nombres* » (Emile Verhaeren) avec son : « *Mon cerveau triste, au bord des livres, / S'est épuisé, de tout son sang* »… Que pouvais-je comprendre de l'Ennui, du « *Je partirai !* », des naufrages ?... Pour paraphraser Hugo (*L'Intervention*), je ne saisissais pas le sens des paroles, mais il me semblait que j'entendais de la musique… Je n'étais pas assez intime avec la littérature pour y prolonger ce que je voyais dans le monde réel, — et inversement. Je ne connaissais pas encore cette « *sensualité littéraire* » que Charles Asselineau appelle la « *libricité* ». — Je vous entends encore, enjouée Maîtresse, — vous qui, un jour que jamais non plus je n'oublierai, vous extasiâtes devant le portrait de « *Jean-Jacques* » (qu'on eût pu parler d'un écrivain par son prénom m'avait d'ailleurs ébranlé), tout en nous le montrant sans le quitter, et m'animâtes en retraçant fiévreusement sa liaison avec la mûre madame de Warens, — oui, vous, je vous entends encore nous (vous) emporter : « *Les oiseaux sont-ils "ivres"* » ? Lisez le vers suivant : sont-ils "ivres d'être" ? Certes, "ivres d'être" ! — et "parmi l'écume", "ivres d'être" et "ivres d'être parmi l'écume" !... ou "ivres" de l'être… ou "ivres" de l'Être… » (Dans Hugo, j'ai pu repérer plus tard un autre cas similaire avec « *L'aigle ivre de soleil* », puis un autre encore marqué par la même ambiguïté mallarméenne : « *Les oiseaux semblent d'air et de lumière fous* », où le « *fous* » relégué en fin de vers tarde à définir le véritable attribut du sujet « *Les oiseaux* »…) Je me souviens parfaitement de la dispute — de haute volée — que vous eûtes, dans la salle des professeurs, avec vos collègues, et que vous nous narrâtes, — au sujet du fameux vers : « *Sur le vide papier que la blancheur défend* », — dont certains crurent, de mémoire (défectueuse), que c'était, non pas l'article défini « *le* », mais le pronom personnel réfléchi « *se* » que Mallarmé avait utilisé. Que n'avaient-ils pas dit là ! Vous les excommuniâtes en esquissant un gentil sourire, ô madame ! alors que vous eussiez pu les tancer et leur dire, en citant Hugo, qu'ils n'étaient que des fantômes ressemblant « *au lys que la blancheur défend* » ! — (Madame Éon, vous *portâtes* si bien votre nom : un « *éon* », terme des systèmes gnostiques, c'est une « *substance divine* », une émanation ou une intelligence éternelle « *sortie du sein de l'un* ». Vous qui fûtes une sensuelle « transmettrice » de la sensualité, eussiez pu, si vous l'aviez voulu, approfondir la notion de *blancheur* chez Mallarmé — qui possédait, rappelons-le, une « *adorable maîtresse, toute blanche, et qui s'appelle Neige* » : son animal de compagnie, « *C'est une chatte de race, jolie, et que j'embrasse tout le jour sur son nez rose. Elle efface mes vers avec sa queue* », écrit-il dans une lettre. Quelle métaphore inadvertante ! Il y a pis, à propos de poèmes (celle-ci est intentionnelle) : « *J'en ai même écrit, mais je ne te les enverrai pas, parce que les pertes nocturnes d'un poète ne devraient être que des voies lactées, et que la mienne n'est qu'une vilaine tache* » ! Quand on pense que l'« *éjaculation* » peut désigner une courte prière fervente qu'on jetterait au ciel… ou qu'écrire, — à l'aide d'un crayon/javelot, — se résume parfois au lancer énergique hors de soi de l'encre…) — Quoi qu'il en soit, vénérable professeur, quel poète couronné me fîtes-vous découvrir, *into the bargain*, — et j'en suis pour l'éternité votre obligé. — Mais rejoignons, s'il en est, et pour qu'il ne s'écaille trop, le présent…)

* * * * *

Lorsque les signes de ponctuation manquent à l'appel (surtout en certains poèmes de Guillaume Apollinaire, Paul Éluard ou Louis Aragon, où il ne s'en trouve *aucun*), attribuer tel ou tel mot à tel ou tel groupe de mots est une délicate entreprise, et je *songe à Ponge* (et ses contours de lèvres boudeusement baudelairiens) dans *La crevette dix fois (pour une) sommée* (où il reprend, en les retournant, les descriptions poétisées de la crevette, qui est le thème *décortiqué*, et en constitue une « somme » éparpillée *et* homogène) : « *[…] une diaphanéité utile autant que ses bords y ôte à sa présence même immobile sous les regards toute continuité* », — qu'il faudrait lire : « *une diaphanéité (utile autant que ses bords) y ôte (à sa présence (même immobile), sous les regards) toute continuité.* » C'est la phrase elle-même qui, diaphane parce que dépouillée des virgules, et sans bords parce que diaphane, est cachée et semble immobile. — Les évocations, on s'en aperçoit, sont exacerbées par les dispositions qui donnent des — et *du* — sens, mais encore faut-il que l'on s'y repère, car si tout un poème est forgé à partir de mots tels que « *ptyx* », ce n'est plus que sonorités pures, formes sans fond, expérimentations surréalistes, — un autre système, une invention de réduction à zéro, un embrouillamini (qu'il ne m'est cependant pas interdit d'écrire) : « *Satigulé, il brémisit une effarolle et déplissoupa cratard, non sans lamilles. L'érijaillon ne l'énimélata point. L'oméropose anabralisait les munimolies de ses lénilutions…* »

* * * * *

L'impossibilité d'écrire *n'est plus une impossibilité* au sens strict *si je l'écris* ; l'écriture préforme et préempte son impossibilité factuelle, elle la contient, la retient ; l'écriture, de même qu'elle est possibilité en acte, implique latéralement l'impossibilité en puissance. Ne pas écrire n'est pas la vérification ou la justification de l'impossibilité d'écrire, celle-ci peut précéder l'écriture si ne pas écrire est vu de façon positive, et ainsi la rendre possible ; ou bien ne pas écrire est-il un état qui est indépendant de sa possibilité ou de son impossibilité parce que l'écriture n'a jamais été une réalité (on pourrait dire de moi que je ne suis pas président de la République, ni un champion olympique au fleuret, ça ne définirait aucune réalité si l'on sait que je ne suis ni l'un ni l'autre). Tel le Raphaël de Lamartine parlant de vers, et qui écrit : « *Les voici ; mais non, je les efface* », je dis à mon tour : « Je viens d'effacer une phrase qui m'a demandé deux heures à l'écrire » (tel un Tibétain avec son mandala), et je demande immédiatement : y a-t-il eu impossibilité à écrire cette phrase ? Nullement, nonobstant le résultat final qui est le même. L'impossibilité d'écrire n'est pas l'acception de l'impossibilité, elle est une *tendance* de cette impossibilité, et j'aimerais colorer cette puissance irréalisée de réalisation possible en convoquant Heidegger quand il parle de la mort et de l'être pour la mort (§ 53 d'*Être et Temps*) : « L'être-ouvert préoccupé à un possible a la tendance à anéantir *la possibilité du possible en le rendant disponible* » — et « *non seulement l'attendre se détourne à l'occasion du possible pour se tourner vers sa réalisation possible, mais encore il* attend *essentiellement* celle-ci ». L'impossibilité se rapporte à l'évidence à une possibilité, un *pouvoir-être*, une projection disponible de la réalisation possible, et c'est en cela qu'elle est impossibilité, parce que la possibilité (de l'effectivité) est sue : « *C'est à partir de l'effectif et en direction de lui que le possible est entraîné par l'attente dans l'effectif.* » Penser l'impossibilité, c'est penser la possibilité, et, « *de par son essence propre, cette possibilité n'offre aucun point d'appui pour être tendu vers quelque chose, pour "se figurer" l'effectif possible et, par le fait même, oublier la possibilité* », donc maintenir l'impossibilité, et cette situation ouvre la porte de l'affection de l'*angoisse*, « qui est en mesure de tenir ouverte la menace constante et pure et simple qui monte de l'être isolé le plus propre du *Dasein* », car « *c'est en elle que le* Dasein *se trouve devant le rien de la possible impossibilité de son existence* » (*existence* entendue, pour nous, en tant qu'*acte de l'écriture*). Le pouvoir-être de l'écriture se manifeste, devant *la page blanche*, quand bien même cette écriture s'effectuerait (il y a toujours du blanc sur la page que l'on noircit), dans l'angoisse qui — et que — dévoile l'impossibilité possible… et je n'aime rien tant, je l'avoue, que ces écrivains qui font mouche en accaparant cette impossibilité *possiblement*, en quémandant aux Muses la grâce de l'inspiration en berne, en soupirant, des soins musagètes, le parfum labile et velouté. Alfred de Musset en est le représentant sublime. Quand, dans la saynète *La nuit de mai*, pleine de bluettes moribondes, — composée à l'âge de vingt-quatre ans, après la rupture définitive de son idylle avec George Sand, — il joue, décharné, son rôle de Poète qui discute avec la Muse, il est le Poète qui, désappointé, furetant désespérément sa verve, fait *malgré tout* parler sa Muse dans la plus pure forme poétique, et ainsi notre savoureux Musset, à la place du Poète, contrefait le muet en imitant le loquace, et la réciproque. La lyre (« *Prends ton luth ! prends ton luth ! je ne peux plus me taire* », s'écrie la Muse, avant de demander au Poète solitaire si tous les deux ils exploreront et chanteront le monde) ventriloque, Alfred s'en tire par des pirouettes favorables en pivotant de lui vers/sur la Muse. « *Je ne chante ni l'espérance, / Ni la gloire, ni le bonheur, / Hélas ! pas même la souffrance. / La bouche garde le silence / Pour écouter parler le cœur* », clame le Poète, et à quoi rétorque plus loin la Muse : « *Mais […] ne crois pas, ô poète, / Que ta voix ici-bas doive rester muette.* » La lamentation du Poète se termine par un irréfutable désarroi : « *Ô Muse ! spectre insatiable, / Ne m'en demande pas si long. / L'homme n'écrit rien sur le sable / À l'heure où passe l'aquilon. / J'ai vu le temps où ma jeunesse / Sur mes lèvres était sans cesse / Prête à chanter comme un oiseau ; / Mais j'ai souffert un dur martyre, / Et le moins que j'en pourrais dire, / Si je l'essayais sur ma lyre, / La briserait comme un roseau.* » Notre Poète est contrarié, et mon esprit pétaradant ne craint pas le calembour en qualifiant cette nuit de « *mais* ». (La vie est un calembour que je prends au sérieux, — ce qui est souvent plus facile que de prendre le sérieux à la rigolade, — elle est pathétique, tout comme l'est ce calembour, tout comme je le suis, tout comme l'est Musset, et la souffrance, en revêtant tous les aspects, s'incruste partout, tel un parasite, puis s'étire, nous vitriole et nous accable. Musset a d'ailleurs raisonnablement fait dire à Fantasio : « *Un calembour console de bien des chagrins ; et jouer avec les mots est un moyen comme un autre de jouer avec les pensées, les actions et les êtres. Tout est calembour ici-bas, et il est aussi difficile de comprendre le regard d'un enfant de quatre ans, que le galimatias de trois drames modernes.* » Que « *le calembour [soit] la fiente de l'esprit qui vole* », comme le dit non moins raisonnablement le misérable Tholomyès, ou qu'il soit une consolation, usons-en !... D'autant plus que le calembour ou le néologisme, comme tous bons jeux de mots, *escorte du sens* et améliore parfois la communication puisqu'il « *représente l'unique point de jonction entre un imbécile et un génie* » (*dixit* San-Antonio) et qu'il peut même se révéler être l'un des moyens formels les plus sûrs pour, disait Pierre Bourdieu, « *produire le sentiment de la relation nécessaire entre deux signifiés* ». C'est l'un des enjeux du style et de l'illusion qui l'accompagne que de mettre en œuvre toutes les ressources potentielles de la langue ordinaire « *pour donner le sentiment qu'il existe un lien nécessaire entre tous les signifiants* ». Peu importe d'ailleurs pour nous le piège que pointe du doigt Bourdieu en analysant Heidegger, qu'il accuse, par la mise en forme de sa philosophie, « *de cumuler tous les profits, le profit de dire et le profit de démentir ce qui est dit par la manière de le dire* », et de porter un masque en dévoilant, via leur expression, des choses et de pouvoir « *les dire, en disant, par la manière de dire, qu'elle ne les dit pas* » (en d'autres termes, de concevoir, avec la manière, un texte théorique où « *la substance signifiée* est *la forme signifiante dans laquelle elle s'est réalisée* »). Je ne joue pas dans la cour de Heidegger, ni dans celle de Bourdieu ; je dois m'adapter au moindre talent qui m'a été donné...) — Sans cabrioler et sans rire, revenons-en *à Musset* : le dialogue reprend pendant *La nuit d'août*, la troisième des quatre *Nuits*, et la Muse gémit son troisième « *hélas !* » dans sa troisième strophe : « *Hélas ! mon bien-aimé, vous n'êtes plus poète. / Rien ne réveille plus votre lyre muette.* » (L'image étant fichtrement sexuelle, cela me donne envie de jouer sur les mots et les expressions : non seulement *impuissance* rime avec *stance* et *semence*, c'est-à-dire que *vit* et *mors* composent et décomposent la verve poétique, mais Alfred manie avec dextérité la pointe de son sexe imbibée d'encre. L'érection permet de tenir la plume, l'excitation de chauffer l'imagination, l'éjaculation de laisser une trace sur le papier. Qui ne se souvient de l'acrostiche envoyé à George Sand : « *Quand* » — « *voulez* » — « *vous* » — « *que* » — « *je* » — « *couche* » — « *avec* » — « *vous* » ? Je ne parle pas de l'art de la stéganographie de Sand qui, dans un autre poème, dévoile sa surexcitation au destinataire malin sachant, tout en lisant, sauter une ligne sur deux, et où elle fait l'éloge d'un membre « *bien long, bien dur et souvent bien* » — « *gros* » — qu'il faut vite lui « *mettre entièrement* ». Quoi qu'il en soit, malheur à celui qui perd de vue les signes rigides de la virilité, malheur à celui qui, à travers de chaudes larmes, contemple les dégâts du dégonflement ! Quelques lignes rectilignes prolongent l'ultime salve de l'extase créative, puis se ramollissent et meurent petitement, tandis que le sommeil apporte l'amnésie des mots qui ont jailli : « *When the lute is broken, — Sweet tones are remembered not* », comme le soufflait Shelley dans l'obscurité, pensif, après que sa lampe s'est brisée... Adieu, dur luth ! Je suis fatigué... *Lyre, cithare : mandore*...) — Et *que dire* de l'impossibilité d'écrire du poète britannique Wystan Hugh (W.H.) Auden, *impossibilité élaborée*, tenez-vous bien, sur *cinquante* couplets en prose ! Je parle de son poème (mais en est-ce un ?) intitulé *Dichtung und Wahrheit* (il a séjourné à Berlin) — et surtout — sous-titré *An Unwritten Poem* (que la traductrice française Béatrice Vierne a préféré réécrire : *Un poème qui ne sera jamais écrit*). Écrire un poème sur un poème qui est « inécrit » ? C'est tout l'effort que fournit Auden en essayant d'écrire (ou de surécrire) ce qu'il ne peut (ou ne parviendra pas à) écrire : « *Expecting your arrival tomorrow, I find myself thinking* I love You: *then comes the thought—I should like to write a poem which would express exactly what I mean when I think these words.* » (« *Dans l'attente de ton arrivée, demain, je me prends à penser* Je T'aime *; puis vient la pensée :* J'aimerais écrire un poème qui exprimerait exactement ce que je veux dire quand je pense ces mots. ») Notons la double forme modale composée de « *should like to* » et « *would* » dans la même phrase, dont les nuances échappent malheureusement à toute traduction viable. En somme, Auden *voudrait écrire* le poème qu'il s'agit de *pouvoir écrire* (« *ce poème que j'aimerais écrire à présent* ») ; mais à la fin nous convainc qu'il n'y parviendra pas : « *Ce poème que je souhaitais écrire devait exprimer exactement ce que je voulais dire quand je pense les mots* Je T'aime*, mais il ne m'est pas possible de savoir exactement ce que je veux dire ; cette vérité devait aller de soi, mais les mots ne peuvent se confirmer eux-mêmes. Donc, ce poème ne sera jamais écrit. Aucune importance.* » Il est question ici de l'une des variations de ce que j'appelle le « *Je ne parviens pas à écrire* » — et que je vais très bientôt tenter de décrypter. L'image qui me vient à l'esprit est la suivante : Auden joue la partition de la prétérition sur ly psaltérion qui décorde. Il n'a cessé d'écrire qu'il penserait écrire que... mais en pensant l'écrire, ne l'écrit-il pas en le pensant ? Que dit-il au juste ? Il dit que... il dirait que... Il veut « *donner une voix à l'impossible* » que cherche sa plume. Deux niveaux d'écriture se superposent et définissent un unique poème qui est à la fois écrit (c'est un fait) et non écrit (la pensée de l'écriture a effacé l'écriture de la pensée). Mais Musset et Auden ne sont pas des cas isolés, car c'est avant tout dans la construction poétique que la prétérition paradoxale est véritablement perceptible, qu'elle est la monstration de l'impossibilité se réalisant intentionnellement et s'infirmant formellement. C'est par un paradoxe affin que les vers s'indéterminent en s'autodéterminant, à l'instar de ceux de John Keats qui, haranguant leurs égéries et usant de la *dénudation rhétorique*, imite le poète apparemment perdu : « *Où est le poète ? Montrez-le ! montrez-le / Vous, les Muses ! que je puisse le reconnaître* » ; et c'est par un autre paradoxe fréquemment utilisé, celui-là davantage cocasse et distrayant, que le Cyrano de Bergerac de la pièce d'Edmond Rostand, tout juste reposé de son épique « tirade du nez » et se préparant à combattre en un duel versifié le vicomte de Valvert qui vient de le provoquer en le traitant de « *bouffon* », s'arrête et dit : « *Attendez !... Je choisis mes rimes... Là, j'y suis* » — après que la foule surexcitée se fut écriée : « *Place ! — Très amusant ! — Rangez-vous ! — Pas de bruits !* » C'est encore par un paradoxe semblable que la poésie parle d'elle-même, tel ce distique d'André Chénier (moyen à cause de la liaison du *e* mué dans « *comme dans* ») : « *Le souffle insinuant, qui frémit sous l'ombrage, / Voltige dans mes vers comme dans le feuillage.* » Ces quatre paradoxes, non exhaustifs, sont très solidement entretenus quand il s'agit de la mise en forme poétique, qui décuple le « malaise » : que le poète poétise son impossibilité de poétiser, qu'il poétise l'absence de poétisation, qu'il tente de poétiser dans ce qui est déjà une poétisation ou qu'il poétise sur la poétisation, cela participe du même genre de dérision émouvante verbalisée par une pièce qui est jouée dans la pièce, ou par un empire qui évolue dans un empire (évolution qui, en un sens, empire l'effet adroitement si elle est dosée). — Lorsque l'impossibilité à venir est perceptible et sensibilise le poète du proche couperet qui tranchera net son inspiration, il y a une urgence rendue possible par cette imminence : vite ! écrire un poème tant qu'il est temps ! tant que c'est possible ! L'impossibilité possible avant la possibilité impossible ! Être encore capable d'écrire avant d'être, non pas incapable d'écrire, mais *incapable d'être capable d'écrire* : la nuance est fine, je suis le premier à en convenir, et j'en devine (Julien l'Aruspice) qui moquent mes distinguos et me confondent avec le casuiste ou le bélître de service, mais c'est cette *espèce* de nuance qui justifie selon moi la possibilité d'écrire sur sa propre impossibilité d'écrire (par la grâce d'une sympathie entre mes propos et les sentiments de Chénier face à ces antilogies, je citerai ce sage prud'homme : « *Toujours vrai, son discours souvent se contredit* »). L'*à-venir* est dépassé par son *intuition*, sa présentification idéelle est une possibilité, et l'impossible langage s'offre un répit *dans* le langage qui se dématérialise, ainsi qu'il en va pour le poète mourant de Lamartine, avant que sa lyre ne se désaccorde puis casse ses cordes, « *ce luth qui n'a plus qu'un son pour répondre à [son] âme* » : en expirant, ses derniers mots sont l'indicible dicible, l'innommable nommé, l'impossibilité possible précédant l'impossibilité du possible, ils sont *là*, ils sont *dits*, donc ils sont *dires* (l'impossible devance-t-il le possible, le possible devance-t-il l'impossible ?) : « *Mais de la mort la main lourde et muette / Vient de toucher la corde : elle se brise, et jette / Un son plaintif et sourd dans le vague des airs. / Mon luth glacé se tait... Amis, prenez le vôtre.* » Il aura accédé à l'un des souhaits les plus chers à Eugène Ionesco : « *Exprimer l'absence.* » (À ce propos, ledit Ionesco, noteur et contre-noteur notoire, a aussi *dit*, sur un ton wittgensteinien : « *On peut formuler ce qui n'est pas encore formulé, mais on ne peut pas arriver à dire ce qui est indicible. Si la littérature ne peut le dire, si la mort ne peut être interprétée, si l'indicible ne peut être dit, à quoi bon, alors, la littérature ?* » Une anecdote à propos des débuts de Ionesco éclairera peut-être davantage cette dernière citation. Pour *La cantatrice chauve*, il avait au préalable étudié, par hasard, l'anglais, où dans les manuels les phrases à apprendre sont d'une banalité incroyable : « *il y a sept jours dans la semaine* », « *le plancher est en bas* », etc. C'est le syndrome du *john-is-in-the-kitchen*. Puis il eut l'idée, « *un beau jour, de mettre, l'une à la suite de l'autre, les phrases les plus banales, faites des mots les plus vides de sens, des clichés les plus éculés* » ; ce qu'il regretta rapidement : « *envahi par la prolifération des cadavres de mots, abruti par les automatismes de la conversation, je faillis succomber au dégoût, à une tristesse innommable, mais on ne peut pas arriver à dire ce qui est indicible, à une dépression nerveuse, à une véritable asphyxie.* » Par un autre hasard, quelqu'un lui proposa d'en faire une pièce, ce qu'il n'avait jamais imaginé. « *J'en fus tout étonné, moi, qui avais cru écrire la "Tragédie du langage"* ! » La tragédie des mots, le détournement du sens, le vide de l'écriture... qui prend forme... et signifie... qu'il n'y a rien... d'autre... que ce rien... — Je reviens à l'impraticable écriture...) — De son côté, Malcolm Lowry, que l'alcool torpillait, osa même comparer l'impossibilité d'écrire à la relégation dans l'inconscient d'un amour autrefois pleinement conscient : « *Un poème à propos d'un poème qui ne peut être écrit / Est comme un sincère amour auquel le cœur a renoncé / Sans l'avoir perdu : dites qu'ils ont tous deux été conquis, / Le vrai poème, et l'authentique amour, englacés.* » L'écriture *est là*, — givrée, à portée de main si l'on regarde bien à travers l'*épaisseur des couches* de la banquise sournoise, — dont on n'*accouche* pas, — et l'amour aussi *est là*, prisonnier, que l'on *découche* à regret de notre présent. — Être rempli d'ardeur (l'« ὀργάω »), ne plus pouvoir contenir l'envie qui s'enfle, provocante ; sentir la fougue des pensées qu'excite le désir de les coucher ; puis retomber, connaître le trouble de l'impuissance, tel Kierkegaard : « *Et voici qu'elles s'offrent, les pensées [...] abondantes, pleines de chaleur, profondes, avec les mots qui apaisent mon besoin de reconnaissance et rafraîchissent l'ardeur de mon désir : il me semble que si j'avais une plume ailée, dix même, je ne pourrais suivre assez vite mes pensées dans la richesse où elles s'offrent. Mais quand je veux prendre la plume, je suis sur le moment incapable de la mouvoir, semblable à celui qui ne peut avancer la jambe ; dans cet état, je ne puis coucher sur le papier une ligne sur cet état de mon âme.* » — Que le mouvement soit impétueux et la parole jaculatoire, que les plaintes soient quinteuses et l'immobilisme le signe d'un coup d'arrêt fataliste, le poète, ne comprenant plus son mode langagier, ne comprend plus le monde et *s'incomprend*, son mode d'être est désormais la poursuite d'une quadrature du cercle qu'il sait être insoluble (songeons au dépit, non rancunier, du jésuite Grégoire de Saint-Vincent qui, après les *mille pages* de son *Opus geometricum quadraturae circuli*, croyant l'avoir enfin démontrée une fois pour toutes, reçut une lettre de Christian Huygens réfutant assez facilement un point de son raisonnement qui détruisait spontanément l'ensemble de l'ouvrage : tel est le sort de l'homme-artiste, conscient du glas sonnant sa fin en tant qu'artiste-homme, et dont le sacerdoce compensatoire de la difficulté de vivre, accordé par les dieux, est repris dans la foulée, sans ménagement, si ce n'est avec la prévenance perfide du conciliateur, — sourd aux supplices, — qui sursoit quelques instants la vision de l'effondrement existentiel en acquittant la palette du malheureux impénitent de deux ou trois noisettes de pâte noire pour les ultimes touches, l'ajustement de l'*in-manus* en une dernière pochade *kôanique*). Le pis-aller de la recrudescence des *tonalités silencieuses* (le clavier n'a que ses monochromatiques *feintes*) ; le souffle zéphyrien informant qui *s'essouffle* à l'approche de l'hégémonie *aspirante* de l'impossibilité (ah, la paperasse issue des ventis) ; le silence par la langue *coupée à ras* du pharynx (glotte en travers) ; les lobes frontaux et le système limbique *écrasés* par la *dure-mère* ratatinée et momifiante (ô grises officines séquestrées et presque closes, *farewell*) : — *tout* m'éloigne allégoriquement de moi-même, le langage n'est plus miscible à moi-même, la parole ne m'est plus miscible au monde ; les mécanismes de l'énonciation, dont j'aimerais parler, se taisent, *ergo* ma parole, *ergo* mon moi, *ergo* l'univers. J'écris ceci, — *je l'écris*, je suis l'écrit, je suis mon « *écris !* », — mais c'est un piètre *faux-fuyant* que cette écriture déferlante, — je le sais, je le sais, je le sais... *Le sais-je ?* — (« *Ô possibles qui sont pour nous impossibles !* » Ou bien, en intervertissant les mots de Hugo, pour qui « *rien n'est plus imminent que l'impossible, et que ce qu'il faut toujours prévoir, c'est l'imprévu* » : « *Ô impossibles qui sont pour nous possibles* » ? Si je voulais poétiser à la Parménide, je dirais que le possible demeure possible et l'impossible impossible, c'est-à-dire que le possible peut être impossible tandis que l'impossible ne peut pas être possible. Kafka, qui, un jour de 1921, écrivit que le possible lui était impossible (« *das Mögliche unmöglich* »), n'eût jamais osé, dans l'éventualité d'une disposition adéquate, écrire le contraire : qu'un impossible fût possible...) Il va *sans dire* que tout ce que j'écris là s'oppose à la logique d'Aristote, lequel expliquait dans sa *Rhétorique* : « *Comme il est inadmissible que des faits impossibles se soient accomplis ou doivent s'accomplir, ce qui n'a lieu que pour les faits possibles, et que l'on ne peut admettre davantage que des faits non accomplis ou ne devant pas s'accomplir se soient accomplis, ou doivent s'accomplir, il est nécessaire que, dans le genre délibératif, le judiciaire et le démonstratif, les propositions portent sur le possible et sur l'impossible, de façon à établir si tel fait a eu lieu, ou non, et s'il devra, ou non, avoir lieu.* » D'accord… Mais Aristote était le type même du philosophe qui reste sérieux en toutes circonstances. A-t-il jamais souri ? Avec lui, pas moyen de sortir des sentiers battus… — Et que penser de ce Floribert, héros d'un conte de Hesse, qui « *ne pouvait plus ni réciter ni chanter ses poésies parce qu'elles étaient sans paroles, mais [qui] les rêvait et les sentait aussi, surtout le soir* » ? Être muet et sentir ce qui ne s'exprime pas… — Écrire, c'est essayer de parler, de se faire parler (parler seul — *soliloquer* — ou parler à un autre — *dialoguer*) ou de faire parler (quelqu'un — *prosopopée* — ou soi-même — *sermocination*), et si de ces états aucune *dialectique* ne transparaît, l'actant est vide, et vide est l'écriture, vide est l'acte d'écrire. La lecture du travail introspectif de Francis Ponge fut pour moi une libération synthétique du sens de « *la rage de l'expression* », et son *Carnet du Bois de Pins*, qu'il a eu le mérite de *publier tel quel*, est la recherche de l'expression d'un poème sur le bois de pins *jamais conclu(e)*, une réflexion sur l'agencement possible et sur la réflexion de cette réflexion — possible. Ponge *se* soumet un état des lieux au détour d'un chapitre, *Tout cela n'est pas sérieux* (auquel je ne puis ne pas ajouter : « *quand on a dix-sept ans* ») qui, s'il n'est pas précisé qu'il l'est, *est pourtant interne au poème*, car la recherche de ce poème *devient* le poème. Il écrit : « *Tout cela n'est pas sérieux. Qu'ai-je gagné pendant ces quinze pages […] et ces dix jours ? / Pas grand-chose pour la peine que je me suis donnée.* » Il énumère les six points « *gagnés* » et enchaîne : « *Si je n'ai gagné que cela en dix jours de travail ininterrompu et* acharné *(je puis bien le dire), c'est donc que j'ai perdu mon temps. Je serais même tenté de dire, le temps du bois de pins. Car après une éternité d'inexpression dans le monde muet, il est pressé d'être exprimé maintenant que je lui en ai donné l'espoir, ou l'avant-goût.* » C'est Ponge qui parle, — se parle, nous parle, — alors qu'il semblerait que ce fût le bois de pins qui parlât ou qui eût besoin de parler, — se parler, parler au poète, nous parler. « *Pourquoi ce dérèglement, ce déraillement, cet égarement ? […] Mais mon dessein n'est pas de faire un poème, mais d'avancer dans la connaissance et l'expression du bois de pins, d'y gagner moi-même quelque chose — au lieu de m'y casser la tête et d'y perdre mon temps comme j'ai fait.* » Le bois de pins, dans son expression, *et* Ponge, dans l'expression de cette expression, doivent y gagner *ensemble*. La connaissance de l'un est tributaire de la connaissance de l'autre, et si l'une des deux s'échappe, l'écriture est impossible, seule la recherche de l'écriture est expressive, « *écrivante* ». C'est pourquoi j'ai utilisé « *jamais conclu(e)* », qui peut être rattaché à « *recherche* », « *expression* », « *poème* » ou « *bois de pins* », car rien n'est plus sclérosé, bien que la « *libération* » susdite prenne des airs incarcérateurs face à la réflexion (précédant l'écriture ou pendant l'écriture) ankylosante… « *Pendant des années, alors que je disposais de tout mon temps, je me suis posé les questions les plus difficiles, j'ai inventé toutes les raisons de ne pas écrire* », dit-il dans son « proême » *Préface aux sapates*, avouant par là *l'irrésolution de l'écrire*, un *écrire* qui préexiste à son irrésolution, que je résumerais par un néologisme : l'« *inécrire* » (oui, je n'oublie pas Hugo pour qui « *le néologisme n'est d'ailleurs qu'une triste ressource pour l'impuissance* »). Encore que, de manière automatique, la parole se puisse faire *présent virtuel* — et sans autre sens que *ce qu'elle dit en train de le dire* —, elle a la possibilité de se dédoubler parfaitement en puisant dans l'interactivité confondante (sujets et lisant et écrivant, — *surpris*) et confondue (objets et lus et écrits, — *pris*) de l'écriture simultanée à la lecture, l'« *enécrire* » : « *Je suis en train d'écrire ces premières lignes. Je n'en suis pas plus loin que vous. Je ne suis pas* plus avancé *que vous. Nous allons* avancer*, nous avançons déjà, ensemble […]* » Ceci se trouve dans *Le Savon*, — que je ne sais où *coincer* dans ma bibliothèque : avec la poésie, les essais ?… (Puisque j'y suis : où ranger, par exemple, *Hypérion* ? Parmi les romans ? les ouvrages de poésie ? Diotima (Suzette Gontard) écrivit justement à Hölderlin : « *En me relisant il me vient à l'esprit que tu appelles roman ton cher Hypérion, mais j'y pense toujours comme à un beau poème.* » Nous reviendrons sur ces dilemmes de bibliophile…) Cette façon de construire l'œuvre et de nous rendre intime, par l'œuvre même, cette même construction, le laboratoire de la confection (souvent étalée sur plusieurs années), fait de ses poèmes des comètes (à la queue léchée par d'« otieux » rayons) sans équivalent dans l'histoire de la poésie : l'objet de l'écriture se confond avec l'écriture de l'objet jusqu'à ce que parfois l'objet de l'écriture devienne l'écriture (ou la parole) elle-même (*L'araignée*, l'ardent et si lucide *Le soleil placé en abîme*, *Le lézard*, *Les mûres*, *Escargots*, *De l'eau*, et tant d'autres…). L'écriture ne s'élabore ni ne s'épuise pas moins que l'objet en question, et c'est pourquoi Ponge a parlé de « *floculation* », d'« *objeu* », ce « *nouveau genre* » que l'on peut nommer « nominaliste *ou* cultiste » en s'expliquant à la première « variation » du *Soleil* : « *C'est celui où l'objet de notre émotion placé d'abord en abîme, l'épaisseur vertigineuse et l'absurdité du langage, considérées seules, sont manipulées de telle façon que, par la manipulation intérieure des rapports, les liaisons formées au niveau des racines et les significations bouclées à double tour, soit créé ce fonctionnement qui seul peut rendre compte de la profondeur substantielle, de la variété et de la rigoureuse harmonie du monde.* » Le langage est imparfait (« *absurdité* ») et opaque (« *épaisseur* »), — et la matière étant à « *profusion* », elle induit la « *confusion* », — mais il est dans ses capacités d'investir, par l'entrelacement de ses fondations les plus viscérales et de celles de l'objet-sujet à dépiauter, l'essence secrète des « *états de choses* », de ce monde, qui sont « *en infinité* ». « *Nous glorifierons-nous donc maintenant de la principale imperfection de ce texte — ou plutôt de sa paradoxale et rédhibitoire perfection ?* » Le bât du paradoxe blesse en effet sévèrement : sitôt que l'on dit ce qui pourrait être dit de l'être à dire, l'être de ce qui est dit pourrait ne plus être ce que l'on en a dit… (Une ouverture se crée dans l'étonnant *Comment une figue de paroles et pourquoi*, genèse de l'aboutissement d'un seul poème remplissant tout un livre, où il est concédé, entre deux expressions ajoutées après coup, que chez l'homme les mots ont pour vocation de « *lancer des appels* », « *ceux qui lui inspirent son angoisse, ou son ravissement* », et que nommer, c'est pouvoir « *exprimer tout de l'homme* ».) — Ce qui à peine est dit, — *la parole sur la lèvre*, dirait Hector de Saint-Denys Garneau, poète canadien mort à trente-et-un ans, ignoré en France, — peut-être un *Ôdire*, une onde sonore aux oreilles de l'altérité, un *parle-être*, — dit au moins la peine de l'avoir dit : celui qui croit qu'on ne pense qu'en parlant, est malheureux de parler, brûle ses lèvres, car la parole, une fois dite, est déduite de soi, elle *altère*, *dédit*, et ne pourra jamais plus revenir dans la matrice qui l'a créée. La pensée se meurt de vivre au-dehors. « *Parole sur ma lèvre* », « *tu es déjà parmi l'inéluctable qui m'encercle / Un des barreaux pour mon étouffement* », reprend Garneau, — qui avait rencontré la douleur muette : « *Un poème a chantonné tout le jour / Et n'est pas venu.* » (Le langage écrit, *a contrario*, semblerait *graver* la pensée qui l'a émis *en s'écrivant*, et celle-ci, *outside*, ne retrancherait aucune partie, *inside*, de notre individu, — *homo linguisticus*, — puisqu'elle peut à loisir y revenir. Mais j'expliciterai cette hypothèse au moment opportun et la titillerai étrangement, sans l'intention de l'égratigner. Que pourrais-je — de toute façon — égratigner par la parole, « *moi qui n'ai pas la parole facile* » (Ex *6,12*), c'est-à-dire, entendu littéralement, « *moi qui suis incirconcis des lèvres* » ?)

* * * * *

Écrire, ou ne pas écrire ? — « *Quand tu n'écris pas, tu écris quand même.* » Qui a écrit *cela* ? Celui qui « *au village sans prétention* » avait « *mauvaise réputation* ».

* * * * *

Pessoa recommanda à Ophélia de lire l'un de ses poèmes « *le soir, dans une chambre sans éclairage* ». Vous aussi, lisez *La Perte de Sens* dans l'obscurité.

* * * * *

(Dégourdir des mains lourdes d'émailler sans arrêt les nappes vierges, les reposer par d'autres florilèges à accoucher, ou dégourdir du cervelet les sinuosités en le détachant des délires que l'inconscience a à cracher ? Ô mère impétueuse qui ne tarit ni ne sait se taire ! Ô fonction phatique ! Ô pauvre de moi, toujours sentir, artilleur, toujours penser, découvreur, les versants prosaïques de mon âme alignés ! Expurger les sentiments inlassables en les enfantant, ô l'invincible purgatoire ! Les rentrées se raréfient, ravalées par les soties ; les sources se désemplissent, je suis une peau de chagrin que la dernière goutte d'encre tuera. Ô féconde écluse m'asséchant, oui, tous les mots seront écrits, coupables d'épurer l'inspiration, et adviendra lors mon soupir léthifère.)

* * * * *

Appendice dépris, rétractable et de crise, dont un éditeur ne voudrait pas même qu'il fût relégué à la fin du livre, et que le lecteur peut jeter aux oubliettes, qu'il meublera. — « *La folie altère ma parole…* » disait — sans rire — un poète qui *ne se montrait pas*. Un jongleur de mots — qui rit — « prologuera » à ma place (Raymond Devos) : « *Mesdames et messieurs… je vous signale tout de suite que je vais parler pour ne rien dire. Oh ! je sais ! Vous pensez : "S'il n'a rien à dire… il ferait mieux de se taire !"* […] *Mais, me direz-vous, si on en parle pour ne rien dire, de quoi allons-nous parler ? Eh bien, de rien ! De rien ! Car rien… ce n'est pas rien !* » Parler pour ne rien dire dans un colloque portant sur « *le parler pour ne rien dire* » paraîtrait pour le moins étrange… Pierre Dac a dit que « *parler pour ne rien dire et ne rien dire pour parler sont les deux principes majeurs et rigoureux de tous ceux qui feraient mieux de la fermer avant de l'ouvrir* ». Musset, accaparé par la paresse et se moquant d'un confrère, s'écrie : « *Plût à Dieu que j'eusse dit si bien, / Et si net, et si court, pourquoi je ne dis rien !* » Le lord Goring de Wilde dit à son père qu'il aime parler de rien et que c'est le seul sujet qu'il maîtrise sur le bout des doigts (dans le texte : « *I love talking about nothing, father. It is the only thing I know anything about* »). Dans sa *Roseraie du Mystère*, Shabestarî ne s'est pas arrêté d'écrire après avoir dit : « *J'ai beaucoup à dire, mais se taire vaut mieux.* » Et moi, vais-je (dois-je) écrire pour ne rien dire ?… (J'aimerais ici répéter les mots d'Elie Wiesel situés dans *La Nuit*, — et qui ont donné le titre à un dialogue entre lui et Jorge Semprún (*Se taire est impossible*), — à savoir qu'« *il est interdit de se taire, alors qu'il est difficile sinon impossible de parler* », et qu'il faut « *parler sans paroles* », s'efforcer de « *dire l'indicible* ». Et moi… Moi… Je voudrais ne pas parler — et me taire…) Vais-je réduire l'information de mon écriture à une écriture sans information, tel le contenu de la carte postale envoyée par Kafka à Max Brod : « *Nichts, Max, nichts* » (« *Rien, Max, rien* ») ? Ne vais-je rien écrire que du rien ? Oui et non, comme vous allez vous en apercevoir. « *La folie altère ma parole…* » — La parole altière de ma folie est un murmure que suivra le *silence* — qui fut le commencement d'avant la naissance et qui sera l'abandon d'avant la mort. De la proposition *4.1212* du *Tractatus* : « *Ce qui peut être montré ne peut être dit* », je circonviendrai le dire de ce qu'il ne peut être, je démontrerai, sinon que ce qui ne peut être dit peut se montrer en tant qu'il se dit qu'il ne peut montrer ce qu'il dit, du moins qu'il est possible de dire et de montrer qu'en montrant, il n'y a rien à dire. En allemand, les sonorités et les symétries sont autres que ce que le *cancan* français en peut dire et montrer : « *Was gezeigt werden kann, kann nicht gesagt werden* » (« *Sur ce dont on ne peut parler, il faut garder le silence* »), dit Wittgenstein. Le langage ne devrait être qu'énonciation de faits. Ce que la proposition *dit*, c'est qu'elle *montre* la forme logique de la réalité : elle ne dit pas la forme logique de la réalité, car pour cela il faudrait un langage qui pût dire ce que la proposition montre, c'est-à-dire un métalangage, ce que Wittgenstein réprouve. Cette proposition est complexe : pourquoi ne *peut*-on dire formellement ce qui *peut* être montré ? Le Polonais Alfred Korzybski nous renseignera sur ces *limites du dicible et de l'indicible* qui sont constitutives des *limites neurologiques* de l'homme. Il fonda ce que l'on nomme la « sémantique générale ». Celle-ci est basée sur une logique non-aristotélicienne dont le *principe de non-identité* est le gouvernail « absolu » qui résume toute sa théorie : « *Quoi que vous disiez qu'une chose est, elle ne l'est pas.* » En s'appuyant sur l'analogie qui existe entre une carte et le territoire qu'elle est censée représenter, Korzybski déduisit les trois affirmations suivantes : 1. Une carte *n'est pas* le territoire ; — 2. Une carte ne représente pas *tout* le territoire ; — 3. Une carte est *autoréflexive*, dans le sens où elle implique l'idée d'une carte de cette carte, *ad infinitum*. Ces trois propositions subordonnées au langage peuvent être grossièrement traduites ainsi : 1. Une proposition *n'est pas* ce qu'elle montre ; — 2. Une proposition ne représente pas *tout* ce qu'elle montre ; — 3. Une proposition est *autoréflexive*, dans le sens où elle implique un langage qui peut dire ce qu'elle dit qu'elle montre, *ad infinitum*. Cette *autoréflexivité* est primordiale, car c'est elle qui, selon la « multiordinalité » propre à certains termes du langage et les divers niveaux d'abstraction qu'amène tout langage qui parle du langage, induira les multiples paradoxes ou contradictions que nous connaissons (le « Je mens » d'Épigénie, pour n'en citer qu'un — sur lequel nous allons revenir). C'est ce dont il va être plus ou moins question à partir de maintenant. — Je vais *jouer* sur l'« écrire qui ne saurait s'écrire » et faire le *procès* de l'écriture : « jouer » parce que tout mon discours n'aura pas valu la peine d'être dit ; « procès » parce que trois raisons soutiennent mon « jeu » : *j'entreprends une démarche réflexive* (ayant pour objet la connaissance de l'inconnaissable) ; *j'évalue la possibilité d'une action* (exprimée verbalement, que ce soit l'évaluation, la possibilité ou l'action en elle-même) ; *je soumets au lecteur l'appréciation du litige* (dont le procès-verbal, s'il me l'adresse, sanctionnera la propre démence qui est à l'origine de l'action que j'intente). Mais de quoi parlé-je ? *De l'impossibilité d'écrire* — qui n'est qu'*apparente* : « *L'impossibilité d'écrire* n'est plus une impossibilité *au sens strict* si je l'écris », écrivais-je plus haut. Comment en rendre compte ? L'exclamation : « *L'impossibilité possible avant la possibilité impossible !* » — est-elle un pur *verbiage* ? La « *nuance* » qui existe dans cette phrase : « *Être incapable d'écrire avant d'être, non pas incapable d'écrire*, mais incapable d'être capable d'écrire », — est-elle si « *fine* » ? —, et, après tout, cette phrase veut-elle même *dire* quelque chose ? « *L'homme n'écrit rien sur le sable / À l'heure où passe l'aquilon* » : cette recommandation d'Alfred de Musset, je ne la suivrai pas : non seulement j'écrirai sur le sable, mais je serai de surcroît l'aquilon ! Gibran, de sa voix de l'éternelle sagesse, me dit : « *Tu écris des chansons à la surface de l'eau, puis tu les effaces. Ainsi fait le poète quand il crée.* » — « *Je ne parviens pas à écrire.* » Les guillemets sont nécessaires, car *mon propos*, c'est *ce que propose* la verbalisation de ce fait : « *Je ne parviens pas à écrire.* » Je veux essayer, par tous les détours et les contours qu'autorisent la logique et la linguistique, de comprendre ce que signifie l'acte d'écrire : « *Je ne parviens pas à écrire.* » Comment peut-on écrire que l'on ne parvient pas à écrire ? *C'est une contradiction*, — une contradiction que je veux comprendre, en l'étudiant sous toutes ses formes, sous tous ses aspects, en montrant ce qu'elle n'est pas, ce qu'elle ne peut être, ce qu'elle est, ce qu'elle peut être. Comment Musset peut-il faire dire à sa Muse, qui n'est que ce qu'*il en écrit* : « *Hélas ! mon bien-aimé, vous n'êtes plus poète. / Rien ne réveille plus votre lyre muette.* » Car ce qu'il faut entendre ici, c'est ce que Musset ne dit pas ouvertement, à savoir la contradiction intrinsèque de ce qu'il puisse écrire qu'il ne puisse pas écrire, tournure que l'on pourrait retranscrire de cette manière : « Ma lyre est muette », — c'est-à-dire : « *Je ne parviens pas à écrire.* » Comment dire que je ne parviens pas à m'exprimer (par le langage) s'il me faut témoigner de cette incapacité, s'il me faut la dire (par le langage) ? Tel Rutebeuf, dans *Le miracle de Théophile*, qui dit : « *Or est bien ma vièle frete* » (« *Ma vielle est bel et bien brisée* »). Car c'est bien pire que ce qui arrive à Joachim du Bellay : « *Heu ! fugiunt Musæ, refugitque aversus Apollo / Et fugiunt digitos mollia pletra meos.* » (« *Hélas ! les Muses me fuient, et Apollon s'enfuit, / Et fuient entre mes doigts les cordes de ma lyre.* ») Ce n'est pas en train de partir : c'est bel et bien parti. Quel paradoxe ! Même si Kant a un jour noté sur un bout de papier que « *ce que nous pensons, nous ne pouvons pas toujours le dire* », j'ai pensé et je vais tenter de le dire en apportant à ce sujet le fruit de mes réflexions *telles qu'elles me sont venues*. Le fait que j'aie pu réfléchir *à ce point* sur une question qui, aux yeux d'un grand nombre d'individus, paraîtra, sinon oiseuse et inintéressante, du moins vide de sens et vaine, voire naïve dans son exposition et sa tentative de résolution, pourra éventuellement fournir à ces mêmes individus une preuve de la perte momentanée de ma raison. Cependant, à ma décharge, j'avancerai *deux arguments* (qui ne tiennent guère, je le concède, devant un tribunal sévère et exigeant) : quoique Descartes me prévienne que « *le bon sens est la chose du monde la mieux partagée* », il me semble d'abord qu'un raisonnement « délirant » tel que celui qui va être le mien dans ces quelques pages, ne peut être réduit à un « complet » délire, car il s'inscrit dans une démarche dont la rationalité ou la scientificité ne peuvent être entièrement niées ; ensuite, il me semble que, dans la littérature, la récurrence de ce thème (et de toutes ses variantes) n'est pas négligeable, bien que les occurrences soient difficilement décelables (il faut pour les déceler savoir s'arrêter sur les contradictions logiques sous-jacentes et dépasser ainsi le stade esthétique). Quant à ce second argument, j'en veux pour exemples, outre ceux précités au paragraphe précédent, et tous jouant sur des registres contigus au problème, tels dires d'un poète portugais (« *Heureusement pour moi, j'ai eu beaucoup à faire. J'ai donc tout juste le temps de vous écrire ces lignes. En somme, je vous écris pour vous dire que je ne peux pas écrire : c'est encore un paradoxe de votre / Fernando Pessoa* » — ou : « *Je n'écris plus depuis bien longtemps.* [...] *Depuis bien longtemps tu n'existes plus* » — ou : « *Je vous écris aujourd'hui poussé par un besoin sentimental — un impérieux désir de vous parler. Il est donc évident que je n'ai rien à vous dire* ») ; tel autre dire d'un Hallâj (« *Je t'ai écrit, sans t'écrire, à toi, car j'ai écrit à mon Esprit, sans rédiger de lettre* ») ; tel autre d'un Hölderlin (« *Mais souvent le besoin d'écrire est tel que l'on n'écrit pas du tout* ») ; tel autre d'un Mallarmé (« *Ma plume seule écrit en ce moment, je m'ennuie à ne plus pouvoir penser* ») ; tel autre d'un Kierkegaard (« *Bref, je n'ai pas le cœur non plus d'écrire ce que j'ai écrit, et je n'ai pas davantage le cœur de l'effacer* ») ; tel autre d'un Nelligan (« *À faire des couplets sur rien / Le sort veut que je me dispose* ») ; tel autre de Pascal (« *Pensée échappée. Je la voulais écrire. J'écris, au lieu, qu'elle m'est échappée* ») ; tel autre d'un Flaubert (« *c'est un besoin d'écrire, de s'épancher et je ne sais quoi écrire ni quoi penser* [...] *je suis un muet qui veut parler* [...] *Depuis que j'écris cette page, je sens que je ne dis pas ce que je veux dire* ») ; tel autre d'un Maupassant (« *Il sentait vaguement des pensées lui venir ; il les aurait dites, peut-être, mais il ne les pouvait point formuler avec des mots écrits* ») ; tel autre d'un Heidegger (« *Faire silence — cela signifie-t-il simplement : ne rien dire, rester muet ? Ou bien ne peut véritablement faire silence que celui qui a quelque chose à dire ? En ce cas, ferait silence dans la plus haute mesure celui qui serait capable de laisser se manifester dans son dire et uniquement à travers son dire ce qui n'est pas dit — et de le laisser se manifester comme tel* ») ; tel autre d'un Coleridge (« *Il ne savait que faire / Il avait le sentiment qu'il devait faire quelque chose / il se leva, tira brusquement son écritoire à lui / s'assit, s'empara d'une plume / et découvrit qu'il ne savait que faire* ») ; tel autre d'un Corneille (« *C'est tout ce que je puis dire que de ne dire rien* ») ; tel autre d'un Valéry (« *Ce langage avait pour sens, son absence de sens* ») ; tel autre d'un Juliet (« *Je ne parviens plus à écrire, mes phrases ont quelque chose de flasque, d'inachevé, car je manque de cette énergie qu'à l'ordinaire accumule en moi la concentration* ») ; tel autre d'un

Dostoïevski (« *En ce moment même, je ne sais plus ce que j'écris, je ne le sais pas, je ne sais plus rien, je ne me relis pas et je ne corrige pas mes phrases. J'écris pour écrire seulement, pour vous parler le plus longtemps possible...* ») ; tel autre d'un Rabindranath Tagore (« *Mon cœur aspire à se joindre à ton chant, mais s'efforce en vain vers la voix. Je parlerais... Mais aucun chant ne se forme de mon langage et je me lamente confus* ») ; tel autre, donc, d'un serviteur (« *Je ne parviens pas à écrire* »)... — On dit que le Tathāgata (Bouddha) disait toujours qu'il n'avait jamais rien dit... — « *Je ne parviens pas à écrire* » est un paradoxe (qui naît du *signe*) que je pourrais résumer en une phrase (évidemment compliquée) : *le pouvoir-être du signifié équivaudrait si ce signifié est le signifié d'un signifiant qui désigne ce signifié qui ne peut pas être donné par ce signifiant*. Le *signifié*, ici, est équivalent à : *celui qui écrit* (c'est-à-dire moi) *ne parvient pas à le faire*. Ce « le faire » désigne l'acte d'écrire, l'écriture, et délimite le support de l'écriture, c'est-à-dire l'écrit, la phrase : c'est l'ensemble du *signifiant*. Or le signifiant (l'écrit) montre un signifié (ne pas pouvoir écrire) qui ne devrait pas avoir de signifiant (l'écrit). Juste avant d'écrire que « *je ne parviens pas à écrire* », je *présupposais* que je *ne pouvais pas écrire*, mais en l'écrivant, je ne fais que *prétendre le contraire*. Où réside cette contradiction, et comment se dénonce-t-elle ? Mon intention est-elle de prouver qu'elle est possible ou impossible, tenable ou intenable ? (Comme le rappelle avec humour une loi de Murphy intitulée *Interdiction de Chaitin* : « *Vous ne devez pas pouvoir prouver A et non-A. Ce pourrait être très embarrassant.* ») Non (à l'impossible nul n'est tenu) ; mon intention est, avant toute chose, d'*explorer* ce que renferme et ce qui soutient cette contradiction, et, en second lieu, d'en profiter pour évacuer une *obsession* qui deviendrait d'autant plus futile qu'elle devrait se prolonger (je crains même qu'elle ne soit déjà si futile que je doive écrire, comme Pascal à propos de saint Augustin, que « *c'est donc plus d'être forcé à le dire, l'occasion s'en offrant, que de l'avoir dit, l'occasion s'en étant offerte* », que je m'obstine dans mon obsession). Car *cette contradiction est,* — et je veux découvrir, en ses manifestations les plus larges, *ce qui fait qu'elle l'est*. Je dois pourtant me méfier, car, à proroger le commencement effectif de mon étude, je me vois faire celui qui, voulant peut-être par là, en ne cessant de donner ses raisons, prévenir celles des autres, finit par perdre lui-même la raison, et à ressembler au bouffon de Shakespeare qui arguait, lorsqu'on lui demandait la raison de son avilissement : « *Troth, sir, I can yield you none without words; and words are grown so false I am loath to prove reason with them* » (« *Ma foi, monsieur, je ne saurais vous en fournir une sans mots et les mots sont devenus si menteurs que je répugne à m'en servir pour démontrer ma raison* »). Méfions-nous des mots et des expressions qui ne mènent nulle part ! (Ceci me fait d'ailleurs penser à un fameux paradoxe pour lequel les sources d'encre des gloseurs (précipités) ne tarissent jamais tant il y a eu — et il y a encore — de commentaires : « *Ô mes amis, il n'y a pas d'amis.* » Cette phrase *aurait été prononcée* par Aristote, — et le conditionnel a son importance puisque mis à part Diogène Laërce, qui la sort tel un lapin de son chapeau, et Phavorinus, qui rapporte qu'il la disait fréquemment, la véracité historique de ce propos est très douteuse, surtout en regard des propres écrits d'Aristote sur l'amitié. On trouve au Livre VII de la *Morale à Eudème* les passages suivants : « *Il n'y a pas d'amitié solide sans confiance ; et la confiance ne se forme qu'avec le temps ; car il faut éprouver les gens pour les bien apprécier* » ; « *Il n'y a pas non plus d'amis sans temps* » ; « *Il n'y a pas d'ami sérieux sans épreuve* » ; — mais de là à batailler pendant des heures sur *ce que voudrait dire ce qu'aurait dit Aristote* !... (Dans son bréviaire, Talleyrand inscrira mot pour mot : « *Mes amis, il n'y a pas d'amis.* » Ce qui est une autre façon dire, comme son homologue Mazarin, dans cet autre bréviaire : « *Les amis n'existent pas. Il n'y a que des gens qui feignent l'amitié.* » Et Rimbaud, dans un sens légèrement différent, dira dans sa *Saison en Enfer* : « *Ô mes amies !... non, pas mes amies...* ») Sans avoir eu connaissance des mots qu'on impute à Aristote, j'avais un jour écrit quelque chose d'approchant, mais dont l'interprétation, aisée, résidait plutôt dans le sarcasme gratuit de l'apprenti misanthrope : « *Dites-moi, mes amis : "Mes amis ?..."* » J'ai déjà pu lire, çà et là, toujours en ce qui concerne Aristote, des avis accréditant cette thèse, mais rien ne saurait la justifier ni aucun fait probant ne viendrait la corroborer ! À ceux qui souhaiteraient comprendre cette parole énigmatique (et autocontradictoire si l'on croit avec Rousseau que le mot d'« *ami* » ne devrait pas avoir « *d'autre corrélatif que lui-même* »), je les renvoie au très joli — et petit — conte de Gibran qui contient ces paroles : « *Mon ami, tu n'es pas mon ami* »...) — Allons-y franchement, de peur de découvrir, comme Pascal, la raison du néant qui s'ignore : « *En écrivant ma pensée, elle m'échappe quelquefois, mais cela me fait souvenir de ma faiblesse que j'oublie à toute heure, ce qui m'instruit autant que ma pensée oubliée, car je ne tiens qu'à connaître mon néant.* » — « *Je ne parviens pas à écrire.* » Le premier critère de méfiance se détermine par le fait que nous soyons en présence d'une chaîne de *signifiants* (ou d'une chaîne du signifiant). Depuis Saussure (le pionnier) et Lacan (le promulgateur et continuateur), nous savons que la discipline linguistique *tient dans le moment constituant d'un algorithme qui la fonde* », et cet algorithme est : S/s (« *signifiant sur signifié, le sur répondant à la barre qui en sépare les deux étages* »). Le signifiant S et le signifié s sont « *d'ordres distincts et séparés initialement par une barrière résistante à la signification* », barrière dont nous avons eu l'occasion de parler *supra* et qui, toujours selon Lacan, crée une faille dans l'univers du discours, « *le propre du signifiant étant de ne pas pouvoir [...], sans engendrer le piège de quelque faute de logique, se signifier lui-même* ». Comme « *le signifiant de sa nature anticipe toujours sur le sens en déployant en quelque sorte au devant de lui sa dimension* », « *on peut dire que c'est dans la chaîne du signifiant que le sens insiste, mais qu'aucun de ses éléments ne consiste dans la signification dont il est capable au moment même* », Cela étant dit, je poursuis l'examen des signifiants et des signifiés de ma phrase de départ en résumant à nouveau, avant de la débroussailler d'abord sommairement et innocemment avec des outils simples, la contradiction primordiale qui s'y enveloppe : *écrire que l'on ne parvient pas à écrire alors qu'on l'écrit*, soit encore, en plus dépouillé : *écrire alors qu'on n'y parvient pas*. Supposons que le signifiant soit équivalent à : « Je n'écris pas. » Dans ce cas, la contradiction serait due au signifié, qui est une antinomie entre son idée et l'idée de son signifiant. Les deux seuls moyens de se défaire de cette contradiction seraient, soit d'adjoindre, par *réticence*, des points de suspensions qui attendraient leur complément d'objet (« Je n'écris pas... »), soit d'insinuer un flottement conditionnel en imaginant une ellipse « *... comme je le veux* ». Le second moyen peut être illustré par une anecdote rapportée par Paul Valéry dans *Poésie et pensée abstraite* (et aussi dans *Degas Danse Dessin*) : Edgard Degas dit un jour à Mallarmé : « *Votre métier est infernal. Je n'arrive pas à faire ce que je veux, et pourtant, je suis plein d'idées...* » Ici, c'est bien un « *Je ne parviens pas à écrire... comme je le veux* ». (Puisque nous y sommes, je donne la réponse de Mallarmé : « *Ce n'est point avec des idées, mon cher Degas, que l'on fait des vers. C'est avec des mots.* ») Dans notre petit tour des variantes, changeons maintenant la phrase d'un point de vue temporel, même si cela nous décale trop de la signification originelle. Si j'écris : « Je ne suis pas parvenu à écrire ce que j'ai écrit », il y a contradiction, à moins qu'aucun texte n'ait précédé, ce qui est douteux. (Mais allons plus loin et supposons que je n'aie pas écrit ce que je viens d'écrire. Je supposerais l'impossible puisque cela a été écrit. Mais supposons que je brûle demain cet *écrit* : alors on pourra supposer que je n'ai rien écrit. CQFD ?) Ceci rejoint — un peu — les mots de Kierkegaard déjà cités (« *Bref, je n'ai pas le cœur non plus d'écrire ce que j'ai écrit* »). Si j'écris : « Je ne parviendrai pas à écrire », c'est rien moins qu'hypothétique et on ne peut rien en dire puisque rien n'a été écrit. De même, au futur antérieur, il n'y a rien de contradictoire : « Je ne serai pas parvenu à écrire. » (En tout cas, il est clair que, dans la rythmique de l'action (nous allons y revenir), il y a l'idée d'une *privation*, voire d'une *déprivation* (terme de psychologie) : on est privé de quelque chose auquel on avait accès auparavant. Mais ce n'est pas tout à fait l'acception de la négation de notre phrase, car il y a une différence entre « ne *pas* parvenir » et « ne *plus* parvenir ».) — Maurice Blanchot eût pris au sérieux tout ce que je raconte dans ce paragraphe. On est au cœur du « métier » d'écrivain. Quand Blanchot *décrit* Joseph Joubert comme un « *auteur sans livre* », un « *écrivain sans écrit* », il ne cherche pas à faire son intéressant. Il sait ce qu'il dit, il le comprend, car il l'a vécu, il le vit. Il a l'expérience du paradoxe de l'écriture qui est une oscillation entre puissance et impossibilité, du sentiment étrange que peut éprouver l'écrivain (ici, Joubert) devant le « *livre suprême qu'il semble qu'il n'écrira jamais, et qu'il écrit comme à son insu, en pensant à l'écrire* », confiné dans son espace de création acréative, dans un « *lieu où rien n'aura lieu que le lieu* ». Pour qui est le livre en gestation ? Quelle est la différence entre un livre écrit que personne ne lira et un livre à venir qui n'est pas encore écrit ? Quel serait le destin d'un livre dans un monde où il n'existe pas de lecteurs ? Quelle est le point commun entre un livre que l'on ne parvient pas à écrire et un livre que personne ne parviendrait à lire ? *Le silence.* Ou *l'absence présente.* Je finirai avec Blanchot sur ce texte intitulé : *La parole secrète sans secret.* « *Cela n'est pas un bruit, quoique, à son approche, tout devienne bruit autour de nous (et il faut se rappeler que nous ignorons aujourd'hui ce que serait un bruit). C'est plutôt une parole : cela parle, cela ne cesse de parler, c'est comme le vide qui parle, un murmure léger, insistant, indifférent, qui sans doute est le même pour tous, qui est sans secret et qui pourtant isole chacun, le sépare des autres, du monde et de lui-même, l'entraînant par des labyrinthes moqueurs, l'attirant sur place toujours plus loin, par une fascinante répulsion, au-dessous du monde commun des paroles quotidiennes.* — *L'étrangeté de cette parole, c'est qu'il semble qu'elle dise quelque chose, alors qu'elle ne dit peut-être rien. Bien plus, il semble qu'en elle la profondeur parle, et l'inouï se fasse entendre. A chacun, quoiqu'elle soit étonnamment froide, sans intimité et sans bonheur, elle semble dire ce qui pourrait lui être le plus proche, si seulement il pouvait la fixer un instant. Elle n'est pas trompeuse, car elle ne promet et ne dit rien, parlant toujours pour un seul, mais impersonnelle, parlant tout au-dedans, mais c'est le dehors même, présente dans le lieu unique où, l'entendant, l'on pourrait tout entendre, mais c'est nulle part, partout ; et silencieuse, car c'est le silence qui parle, qui est devenu cette fausse parole qu'on n'entend pas, cette parole secrète sans secret.* — *Comment la faire taire ? Comment l'entendre, ne pas l'entendre ? Elle transforme les jours en nuit, elle fait des nuits sans sommeil un rêve vide et perçant. Elle est au-dessous de tout ce qu'on dit, derrière chaque pensée familière, submergeant, engloutissant, quoique imperceptible, toutes les honnêtes paroles d'homme, en tiers dans chaque dialogue, en écho face à chaque monologue. Et sa monotonie pourrait faire croire qu'elle règne par la patience, qu'elle écrase par la légèreté, qu'elle dissipe et dissout toutes choses comme le brouillard, détournant les hommes du pouvoir de s'aimer, par la fascination sans objet qu'elle substitue à toute passion. Qu'est-ce donc ? Une parole humaine ? divine ? Une parole qui n'a pas été prononcée et qui demande à être ? Est-ce une parole morte, sorte de fantôme, doux, innocent et tourmenteur, comme le sont les spectres ? Est-ce l'absence même de toute parole qui parle ? Personne n'ose en discuter, ni même y faire allusion. Et chacun, dans la solitude dissimulée, cherche une façon propre de la rendre vaine, elle qui ne demande que cela, être vaine et toujours plus vaine : c'est la forme de sa domination.* — *Un écrivain est celui qui impose silence à cette parole, et une œuvre littéraire est une œuvre, fût-elle quelconque, qui sait y pénétrer, un riche séjour de silence, une défense ferme et une haute muraille contre cette immensité parlante qui s'adresse à nous en nous détournant de nous.* » — Revenons donc à : « Je ne parviens pas à écrire. » Dans cette *alliance* de mots, la contradiction n'est pas interne, c'est-à-dire qu'il n'y a pas d'*oxymore* (assemblage de mots contradictoires) ni de *paradoxisme* (par exemple : « l'inécrivable écriture »). Il ne saurait être question de contradiction « en abyme » : « Je ne parviens pas à écrire… que je ne parviens pas à écrire… que je ne parviens pas à écrire… » D'autre part, on ne saurait y déceler une *ironie* (affirmer le contraire de ce que l'on veut faire entendre), car on ne veut pas le faire entendre, on ne fait que dire, on ne fait que faire (du point de vue pragmatique, il nous semble au contraire que le degré d'adhésion de l'écrivain à son propre énoncé soit total). On ne saurait non plus y déceler une *prétérition* (passer sous silence une chose dont on parle néanmoins), car on dit « *la chose* » ; ni même une *litote* (dire moins pour laisser entendre beaucoup plus qu'il n'est dit), car celui qui écrit devrait logiquement laisser entendre beaucoup moins que ce qu'il dit. Si nous ne trouvons rien sous cet angle, peut-être nous faudrait-il chercher « au-delà », du côté du « μετά » des figures de style (tout en redoublant notre méfiance) ? S'agirait-il d'une « *méta-contradiction* » ou d'une « *méta-alliance* » ? Retournons auparavant la situation : *comment dire* que l'on *ne peut pas écrire* ? Ne rien écrire, ce n'est pas, dirait Pessoa, écrire « *de n'avoir rien à dire* », c'est vraiment *ne rien dire*, et l'absence de tout dire peut prévaloir l'ensemble des possibles, dont celui d'écrire. À l'inverse, ne pouvoir pas le dire, ce n'est pas pouvoir l'écrire : il faut pourtant bien l'écrire, le dire, pour dépasser la contradiction de ne pouvoir le dire. Prenons le cas d'un muet : comment peut-il dire (signifier) qu'il ne peut pas parler (dire) ? Le plus simple, pour lui, est de faire un signe, et quand bien même il n'en ferait pas, l'absence prolongée de signe, *visible*, permettrait de conclure qu'il est muet. Mais moi, qui écris, comment dire que je ne parviens pas à écrire ? Je n'ai que l'écriture pour le dire !… L'absence d'écrit n'autorise pas à en déduire que je suis un « muet de l'écriture » ! — Essayons l'idée d'une « *méta-prétérition* ». De deux choses l'une : ou bien l'énoncé s'apparente à une sorte de « Je n'écris pas que je ne parviens pas à écrire », auquel cas nous aurions affaire à une prétérition « négative » et contradictoire ; ou bien il s'apparente à un « Je n'écris pas que je parviens à écrire », qui n'est pas correct. Dans les deux alternatives, outre l'erreur de moduler imparfaitement et illégitimement la phrase, le sens dévie de celui qui nous occupe. Regardons si une

« *méta-ironie* » serait plus judicieuse. Au regard de ce que nous avons déjà dit de l'ironie, nous nous apercevons immédiatement qu'il vaudrait mieux parler, au risque de créer un sophisme peu élégant, de « *méta-anti-ironie* » (au sens d'une « méta-sériosité », mais pas exactement), car l'« *anti-ironie* », c'est, si l'on veut, affirmer exactement ce que l'on veut faire entendre. Par conséquent, la « *méta-anti-ironie* », ce serait affirmer ce que l'on veut faire entendre tout en sous-entendant *sans ironie* qu'on ne peut le faire sous-entendre, autrement dit ce serait affirmer ce que l'on veut faire entendre tout en sous-entendant qu'on ne peut le faire entendre (ou l'affirmer). Tout cela est excessif ! Une « *méta-antinomie* » ne le serait pas moins, dont je ne pourrais donner de meilleure » définition que celle-ci (où l'on s'y perd) : contradiction entre l'idée du signifiant de son signifié en puissance et l'idée du signifiant de son signifié en acte... Et *quid* de la *métalepse*, qui est la désignation figurée d'un effet par sa cause et qui permet de taire tout en disant ? Là non plus, cela ne marche pas, puisque s'entrecoupent et se contredisent causes (ne pas parvenir à écrire, écrire) et effets (écrire, avoir écrit n'y pas parvenir). Et cela ne marcherait pas davantage par le biais de la métalepse dite *ontologique*, qui s'inscrit dans l'opposition du fictif et du réel, puisque la fiction, pour ce qui nous intéresse, n'est pas acceptable. Serait-il alors possible que la voie de la *métasémiotique* nous fût d'une aide plus favorable ? Oui, si l'on considère que cette métapsychologie sémiotique (qui étudie les signes selon une archogenèse) est, comme je l'ai lu quelque part, un « *processus de pensée qui se pense en pensant* », mais cela ne résout pas pour autant le problème (il y aurait une seule négation que l'édifice s'écroulerait). — Apories partout en ces recherches stylistiques, tant et si bien, lecteur, — et « *vegg' io or chiaro sì, come tu vedi ogni contradizione e falsa e vera* » (« *je le vois à présent aussi clair que tu vois toute contradiction être fausse et vraie* »), — qu'il nous faut engager ces recherches *ailleurs* en délimitant deux axes inédits de l'action : le *sujet* (dans son autoréférence) et le *temps*. En écrivant que « *Je ne parviens pas à écrire* », il est indifférent que je communique avec qui que ce soit en particulier ou que mon discours soit *monologique* (discours adressé à soi-même) ou non. Dans notre *diégèse* (univers spatio-temporel désigné par le récit), la narration est *simultanée* (le temps de l'histoire coïncide avec le temps de la narration) et le narrateur est *intradiégétique* (il est lui-même l'objet dudit récit). Si j'avais écrit : « *Il ne parvient pas à écrire* », la vérification de ce qu'il n'écrit pas serait immédiate et n'engendrerait aucune contradiction, tandis qu'en écrivant : « *Je ne parviens pas à écrire* », l'autoréférence en engendre une. Ceci résulte de la situation bancale du sujet qui est paradoxalement à la fois *actif* (il fait l'action) et *causatif* (il n'est pas celui qui fait l'action, dans la mesure où il ne devrait pas pouvoir la faire), ce qui nous amène à l'inextricable constat qu'il est actif à dire qu'il ne peut être actif et « causatif » en tant qu'actif devant être causatif. Sous l'angle de l'*autopoïèse* (propriété à se définir lui-même), on peut dire que l'écriture autopoïétique à laquelle nous sommes confrontés est néantisée : l'*autogenèse* est équivalente à un être (l'écrit) qui se définit néant ou à un néant qui s'est défini être ! Le renvoi au référent n'a pas de sens, et Frege en rirait assurément. « *Il est interdit d'interdire* » ou « *Je n'ai rien à dire — et c'est ce que je dis* » sont des phrases autoréférentielles dont la ressemblance avec la nôtre serait parfaite si elles n'étaient pas contradictoires *dans les termes* (comme on l'a vu à propos d'oxymore et de paradoxisme), car dans « *Je ne parviens pas à écrire* », la contradiction réside dans l'incompatibilité du couple multiforme signifiant/signifié. L'autoréférenciation n'aboutissant sur nulle explication satisfaisante, j'avais cru découvrir un filon plus riche en me tournant du côté de l'*autonymie* (signe métalinguistique ou métasémiotique qui, pour désigner un autre signe, lui emprunte son signifiant), plus spécialement sur les travaux de deux pionnières en la matière, mesdames Jacqueline Authier-Revuz et Josette Rey-Debove, qui se sont donné la tâche de « *situer et décrire l'autonymie dans une théorie de la signification où les signes sont considérés intrinsèquement dans la relation entre signifiant et signifié* ». Selon elles, les *connotations autonymiques* sont des manifestations spontanées du « dire en train de se faire » qui relèvent d'une modalité *méta-énonciative*. Mais cet alléchant « *dire en train de se faire* » ne vaut malheureusement que pour les termes de la phrase (par exemple, lorsque j'écris que « "Cheval" est un mot de six lettres », le « cheval » en question est un signifiant qui ne renvoie pas à son signifié, mais au signifiant qu'il était de prime abord, et ce qui est signifié n'est autre que le signifiant). Dans la phrase « *Je ne parviens pas à écrire* », le « dire » en train de se faire, c'est au final le signifiant que représente toute la phrase écrite, qui lui-même renvoie à un signifié qui n'aurait pas dû être. Et cet « *en train de se faire* » (que suis-je en train de faire ?) nous invite à parler du *temps* et de l'*aspect* (catégorie grammaticale rattachée à la manière dont se déroule le *procès*). Quatre aspects retiennent mon attention : l'*inaccompli*, le *progressif*, le *perfectif* et l'*inchoatif*. Le premier, l'aspect inaccompli, se révèle sans intérêt puisqu'il vise une action qui se déroule à un moment différent de celui où l'on parle (« il sortit de la maison »). Le deuxième, l'*aspect progressif*, apparaît souvent en langue française par la locution « en train de », mais il ne s'accorde pas plus avec le verbe « *parvenir* » qu'avec « *écrire* », car je ne puis pas dire que « je suis en train d'écrire que je ne parviens pas à écrire », ni que « je suis en train de ne pas parvenir ». Le troisième, l'*aspect perfectif*, ne convient pas non plus puisqu'il est le procès de ce qui ne peut être réalisé qu'une fois parvenu à son terme. Or ici, une fois que l'action d'écrire est parvenue à son terme (on a écrit : « *Je ne parviens pas à écrire* »), l'action de ne pas écrire n'a pas, si j'ose dire, été réalisée. Si l'on se penche sur l'*aspect imperfectif*, qui désigne le procès de ce qui est réalisé dès l'entame de l'action, cela ne convient pas non plus (le flottement du « *Je ne parviens pas* » ne permet pas de statuer sur une quelconque réalisation, encore moins sur une réalisation qui ne devrait pas être !). Enfin, le quatrième, l'aspect (ou *processus*) *inchoatif*, caractérise le commencement d'une action et le passage d'un état initial à un autre. Dans notre exemple, une action commence (sous-jacente), qui est l'écrire (synchrone au lire) : « *Je ne...* » Dans le *même temps*, la locution verbale « *ne parviens pas* » indique qu'une seconde action commence, qui donne le sens à la phrase, mais dont le complément verbal indirect associé (« *à écrire* ») implique l'impossibilité de réaliser l'action que sous-tendait l'affirmation de l'autre (l'écrire du « *Je ne...* »). En somme, on passe d'un état initial à un autre état qui contredit l'état initial qui le fait être. Mon audace me fera illustrer « kierkegaardiennement » les deux derniers aspects décrits ci-dessus : « *si l'on croyait qu'en cessant maintenant, je cesse réellement, on montrerait que l'on n'a pas la moindre idée de la spéculation. Car je ne m'arrête pas maintenant : je me suis arrêté au moment où j'ai commencé* » ! (Je passerai sous silence l'*aktionsart* qui délibère sur des critères sémantiques (morphèmes).) — Aussi bien y a-t-il un « *dire en train de se* faire », aussi bien y a-t-il un « faire en train de se dire », longuement développé par John Langshaw Austin dans sa série de conférences parue sous le titre original *How to do Things with Words*, et traduite en français par *Quand dire, c'est faire*. Que se passe-t-il lorsqu'une personne lance une bouteille de champagne contre la coque d'un navire, ou lorsqu'un prêtre verse de l'eau bénite sur le front, et que tous deux disent qu'ils les baptisent ? Je n'ai pas trouvé dans le livre d'Austin d'éléments intéressants pour mon problème, et je crois qu'il aurait parlé d'« échec » (« *infelicity* »), voire de « question qui ne se pose pas ». Que j'opte pour l'énonciation *constative*, où il semble que je dis sans faire (ce que je dis), je ne fais que dire que je ne peux pas faire, ou pour l'énonciation *expositive*, qui n'est qu'un moyen de montrer par le « dire » quelque « faire », rien de tout cela ne m'aide vraiment à dénouer la difficulté de mon étude. Il faudrait creuser du côté de ce qu'Austin appelle la *perlocution* (acte *perlocutoire* ou *perlocutionnaire*), où, pour le dire brièvement, « *ce qui est produit n'est pas nécessairement cela même que l'on dit que l'on produit* », mais mon cas est plus compliqué puisque je ne devrais pas pouvoir dire que ce qui est produit n'est pas ce que je dis que je ne produis pas. Si je n'avais pas à craindre que l'on pût retourner cette citation contre moi, je m'approprierais bien ces mots de Bourdieu à l'égard de l'œuvre d'Austin, publiés dans *Ce que parler veut dire* : « *Fallait-il employer tant d'ingéniosité pour découvrir que quand mon faire consiste à dire, je fais nécessairement ce que je dis ?* » — Plus facile à dire qu'à faire ? ou plus facile à faire qu'à dire ? à ne faire que dire ? à ne dire que faire ? Et si je n'avais rien à dire de mon faire, ni rien à faire de mon dire ? Mais il faudrait au moins le faire, le dire ! Impossible ? « *È più facile fare che dire, / Ma fare è già impossibile* » (« *Il est plus facile de faire que de dire / Mais faire est déjà impossible* »), me fait dire Tommaso Landolfi, le poète de l'existence du que-faire-que-dire... — « *Je ne parviens pas à écrire...* » Ah ! cette phrase est décidément un véritable casse-tête chinois ! (Cela me fait penser aux questions de Socrate qui requièrent une autre question dont la réponse n'est que l'explicitation de la question de départ. Je veux parler de sa manie de dire : « N'est-ce pas *cela* ? » — sans que l'interlocuteur sache ce qu'est ce « cela » (« quoi ? » est-on censé demander). Si ce dernier s'en tenait à la question posée par Socrate sans rebondir, on n'avancerait jamais puisqu'une partie de la réponse doit plus ou moins précéder la question...) Dans ce « *Je ne parviens pas à écrire* », il y a un *conflit* évident — et cependant la matérialisation dudit conflit nous échappe dès qu'on tente de le circonscrire. On veut s'approcher de sa résolution que la phrase commence à s'entortiller et à se dématérialiser... Un *conflit* ? Très certainement, au sens où deux *forces* (ou deux *tendances*) antagonistes cherchent à s'évincer réciproquement : une force A qui pousse à écrire et une force B qui empêche d'écrire. Si B évince tout à fait A, rien n'est écrit ; si c'est l'inverse, quelque chose est écrit. Ce serait trop simple si l'on s'arrêtait là, car tout se passe comme si une troisième force C apparaissait dans ce dualisme primitif (ou l'on écrit, ou l'on n'écrit pas), *une force qui*, je ne sais comment, *forçât A à montrer B*. — On serait contraint, au vu des obstacles que notre pérégrination linguistique a élevés contre nous, de capituler. On doit notre échec au métalangage utilisé (linguistique), qui « dit le vrai sur le vrai et le faux », auquel on doit maintenant substituer, en dernière instance, le *métalangage logique*, qui « dit le vrai sur le vrai », l'ultime méthode, qui, espérons-le, nous gardera d'échouer (dans ce chant du cygne dont l'écriture se perd dans le chant (champ) du signe). (La logique mathématique, et non pas la *logique déontique* — qui formalise, par des notions d'obligation, d'interdiction, de permission et de facultatif, une loi *morale*, — dont on n'a que faire.) Avant de poursuivre, attardons-nous un instant sur le « paradoxe EPR » (l'acronyme signifiant Einstein Podolsky Rosen) qui agita le monde de la physique quantique et le Cercle de Copenhague emmené par Niel Bohr. Ces derniers affirmaient qu'un état quantique ne peut être décrit qu'*après son observation* (prédit *a posteriori*), ce qui choquait les fervents causalistes qu'étaient Einstein et ses deux acolytes, qui prétendaient pouvoir prédire l'état *avant l'observation*. Je n'entrerai pas dans les détails de la formulation exacte du paradoxe, encore moins dans les disputes qui ont suivi et les expériences menées pour réfuter ou accréditer l'une ou l'autre des théories, car je dois avouer que c'est relativement complexe. Je m'avance peut-être beaucoup en disant qu'il y a *un peu de ce paradoxe* (analogie présomptueuse) dans mon « *Je ne parviens pas à écrire* » (et même un peu de *temps logique* dont parle Lacan : il y a une différence entre l'état de fin d'écriture et l'état d'en-écriture (ou entre l'état de fin de lecture et l'état d'en-lecture) qui débouche sur un problème temporel : 1. Le sens (ou le signifié) de la phrase (ou du signifiant) ne peut être donné *qu'après sa lecture complète* ; 2. Le sens révélé par la phrase s'évanouit (signifié et signifiant s'annihilent) et nous retombons à l'état quasi similaire *d'avant sa lecture*. Ce que l'expérience nous a appris, c'est que nous ne pouvions rien apprendre, si ce n'est de l'avoir appris par l'expérience (encore faut-il qu'il en soit de même pour celui qui l'écrit, ce qui est moins sûr). Cette expérienciation est en fin de compte très proche de celle qui survient à la lecture du panneau sur lequel est écrit : « *Ne pas lire ce panneau.* » — (« *[Le lecteur] peut peut-être penser que j'aurais dû creuser toute la question avant de commencer à écrire et alors ne pas commencer avec une chose qui, après, révèle qu'elle n'est rien du tout* », *dixit* Kierkegaard.) — La phrase « *Je ne parviens pas à écrire* » est en logique une *contradiction performative* : contradiction d'un énoncé par ses propres conditions de possibilité (le contenu de l'énoncé exclut la production de l'énoncé, il est, sinon perlocutoire, du moins « anti-illocutoire »). Entre la proposition p : « ne pas pouvoir écrire », qui n'est pas contradictoire, et la proposition q : « X écrit p », la conjonction p^q est une contradiction performative quel que soit X. Il existe un paradoxe de l'Antiquité très célèbre, dont il importe peu qu'il soit dû à Épigénie ou non, ni qu'il s'énonce « *Je mens* », « *Cette phrase est un mensonge* » ou encore « *Tous les Crétois sont des menteurs* » (si je suis Crétois), ordinairement appelé le *paradoxe du menteur*, et qui est du même acabit que notre « *Je ne parviens pas à écrire* ». Kurt Gödel se sert de ce « ψευδόμενον » (« *menteur* ») pour démontrer le premier théorème d'incomplétude en le remplaçant par l'énoncé : « *Je ne suis pas prouvable* » (et en utilisant l'arithmétique et l'argument diagonal de Cantor). En fait, il ne s'agit nullement d'un paradoxe ! L'énoncé est vrai dans $\mathbb{N}$, mais *il n'est pas prouvable* dans un système formel du premier ordre. En me calquant sur la démonstration du paradoxe du menteur élaborée par Gilles Thierry, je vais tenter de dévoiler le mystère du « *Je ne parviens pas à écrire* » (en rappelant deux choses : si le mensonge implique l'idée de vérité, la non-écriture implique celle d'écriture ; les deux énoncés ne sont pas équivalents, ne serait-ce qu'en vertu de l'aspect inchoatif de la seconde). — Note préliminaire pour la définition des substitutions : $(x \lfloor y) z$

signifie que x est substitué à y dans l'écriture de z. — Je pose que x est *l'idée* et que x est aussi *l'écrit de l'idée*, en tant que c'est *moi* qui ai écrit l'idée (pour plus de commodité et de rigueur, je renonce ici à formaliser *l'écrit de l'idée* par une écriture différente de *l'idée x*, par exemple en employant $f(x)$). Il vient que $(\forall x)x$ signifie que *j'écris* (quelle que soit *l'idée x*, il y a un *écrit de l'idée x* : j'écris x). Par conséquent, $(\forall x)\neg x$ est une façon d'indiquer que *je n'écris pas* (quelle que soit *l'idée*, il n'y a pas d'*écrit de l'idée*). Mais il y aurait une autre façon d'écrire cette négation, plus subtile (la réalité de la situation admet indifféremment que l'on n'écrive pas alors qu'il y a une idée ou bien parce qu'il n'y en a pas !) : $\neg((\forall x)x)$, que l'on peut formuler aussi $(\exists x)\neg x$ (il existe au moins une *idée x* que *je n'écris pas*). Supposons, par un raisonnement par l'absurde, que je ne parvienne pas à écrire (c'est-à-dire que $(\forall x)\neg x$) et utilisons la définition des substitutions : $((\forall x)\neg x \,|\, a)a$. Le *je n'écris pas* (sous-entendu *je n'écris pas x*) est substitué à *l'écrit d'une idée a* dans l'« écriture » de *l'écrit d'une idée a*. (Ce n'est pas pour rien que j'ai choisi le *petit a* et mis l'*x* à l'encan !...) Or $(\alpha\,|\,\beta)\gamma \Rightarrow (\exists \beta)\gamma$ (si je peux substituer α à β dans l'écriture de γ, c'est qu'il existait au moins un β pour écrire γ). On en déduit que $(\exists a)a$ (théorème de l'existence d'un *écrit d'une idée a*), qui permet d'établir l'équivalence $(\exists a)a \Leftrightarrow \neg((\forall a)\neg a)$. Que signifie le membre de droite $\neg((\forall a)\neg a)$? Tout simplement que $(\exists a)a$, autrement dit qu'il existe au moins une *idée a* telle qu'il y ait *l'écrit de cette idée a* : *j'écris* (au moins quelque chose) — donc il y a une contradiction avec l'hypothèse de départ *je n'écris pas* (l'affirmation *je n'écris pas* est fausse). Ceci est la contradiction du premier niveau, la moins forte, car il existe un second niveau si l'on considère, comme on l'a vu précédemment, qu'une idée peut ne pas être écrite, auquel cas $(\exists x)\neg x$, ce qui donne le nouveau membre de droite $\neg((\exists a)\neg a)$ ou encore $\neg(\neg((\forall a)a))$, soit $(\forall a)a$: *j'écris*. En outre, on s'aperçoit qu'une complication telle qu'elle apparaît dans l'écriture $x \mapsto \neg x \mapsto x$, c'est-à-dire que *l'écrit de l'idée* pût découler d'une idée qui eût contredit la possibilité de cet écrit, n'aurait en rien modifié la conclusion. Ce que je peux au moins écrire, c'est que je n'écris pas... Le paradoxe n'est qu'apparent !... (Et fort heureusement, car comment l'eussé-je pu écrire ?...) — Le lecteur qui parviendrait à lire ce début de phrase figurerait parmi les rares fortunés dont le cerveau fût assez courageux pour ne pas craindre la folie qui pût naître de toute cette absconse comédie... et je l'en féliciterais ! Il mériterait grandement de se délasser (sans lâcheté). C'est pourquoi je vais dès maintenant le faire voyager vers quatre continents qui offriront des paysages qui seront autant de variations sur le thème de « la non-écriture qui s'écrit », du « *je ne parviens pas à écrire* » qui s'écrit », de l'acte qui sans un touillage se dissout, et qui démontreront, s'il est encore besoin de le démontrer, que « rien n'est jamais simple » et que c'est en cela que tout voyage est bel et bon : *le sens du voyage n'est que le voyage du sens...* Ce sont des pistes où l'intrigue s'éveille, — lequel éveil, surgi des pistes, dépiste en retour l'intrigue. — Soyons les touristes de ces continents où règnent en maîtres du langage, Ludwig Wittgenstein, Jacques Lacan, Roland Barthes... et — *en personne* — votre scribe de l'indicible !... (Ce qui n'est pas dicible peut-il être compris par l'autre ? Là est *une* question.) — Dans son *Cahier brun*, Wittgenstein s'interroge longuement : « *Considère cet exemple : tu me demandes d'écrire quelques lignes, et pendant que je le fais tu me demandes "Est-ce que tu ressens quelque chose dans ta main pendant que tu écris ?" Je dis "Oui, j'ai un sentiment particulier." — Ne puis-je pas me dire pendant que j'écris "J'ai ce sentiment" ? Je peux bien sûr dire cela, et pendant que je dis "ce sentiment", je me concentre sur le sentiment. — Mais qu'est-ce que je fais de cette phrase ? de quelle utilité m'est-elle ? Il semble que je me montre à moi-même ce que je ressens, — comme si l'acte de me concentrer était un acte de monstration "intérieur", un acte dont je suis seul conscient, mais après tout ce n'est pas le problème. Mais je ne montre pas le sentiment en y prêtant attention. Bien plutôt, prêter attention au sentiment veut dire le produire ou le modifier. (Au contraire observer une chaise ne veut pas dire produire ou modifier la chaise.) — Notre phrase "j'ai ce sentiment pendant que j'écris" est du même genre que la phrase "je vois ceci". Je n'entends pas cette phrase au sens où elle est utilisée pour informer quelqu'un que je suis en train de regarder l'objet que je montre du doigt, ni quand elle est utilisée, comme plus haut, afin de transmettre à quelqu'un que je vois un certain dessin de la manière A et non de la manière B. J'entends la phrase "je vois ceci" au sens où nous la considérons parfois quand nous nous appesantissons sur certains problèmes philosophiques. Nous nous accrochons alors, par exemple, à une impression visuelle particulière en fixant un objet donné et il nous semble qu'il n'y a rien de plus naturel que de nous dire "je vois ceci", bien que nous ne sachions pas à quoi cette phrase pourrait ensuite nous servir.* » Voyez de quelle manière le changement de référentiel modifie la perception (le sentiment) de ce que l'on écrit (et envisage d'écrire en l'écrivant) : la *concentration* (qui pourrait bien être inconsciente, automatique) équivaut à « *un acte de monstration "intérieure"* ». Je me montre à moi-même que je ne parviens pas à écrire, et c'est que l'acte d'écrire (que je n'y parviens pas) que je parviens à rendre tangible mon sentiment (sans le dénaturer en y portant trop d'attention et tout en sachant que la phrase produite n'a pas d'utilité en tant que telle). Pour être plus concis, et en interchangeant les verbes « écrire » et « voir », je ne parle pas vraiment *de* ce que j'écris, mais *à* ce que j'écris (de ne pas parvenir à écrire). — Pour ce qui est de Lacan, notre forgeur d'expressions que répugnait l'idée de la possibilité d'un métalangage, il imagina la *nécessité* comme « *ce qui ne cesse pas de s'écrire* », la *contingence* comme « *ce qui cesse de ne pas s'écrire* » et l'*impossibilité* comme « *ce qui ne cesse pas de ne pas s'écrire* ». Ces définitions lacaniennes sont récurrentes et on peut les retrouver dans divers textes : *Le savoir et la vérité* (Encore), *Le rat dans le labyrinthe* (Encore), *Le moment de conclure* ou — *encore* — celui qui s'intitule inintelligiblement *L'insu que sait de l'une-bévue s'aile a mourre*. D'emblée, de par leur caractère énigmatique, ces interprétations brutes rebutent (« rebrutent », dirait l'autre) le néophyte qui, nullement au bout de ses peines, ne doit pas attendre gaiement quelques éléments d'explications pour comprendre aussitôt, mais au contraire (soit dit sans cynisme) se donner un mal de chien pour, sinon n'y voir que du feu dans ces broussaillements, du moins y voir dans ce pur nectar l'esquisse d'une exquise goutte. Lacan nous dit que le nécessaire *n'est pas* le réel, car c'est l'impossible qui est le Réel ; mais le Réel, c'est aussi « *le possible en attendant qu'il s'écrive* » : « *Nous avons la suggestion que le Réel ne cesse pas de s'écrire. C'est bien par l'écriture que se produit le forçage. Ça s'écrit tout de même, le Réel ; car, il faut le dire, comment le Réel apparaîtrait-il s'il ne s'écrivait pas ? C'est bien en quoi le Réel est là. Il est là par ma façon de l'écrire. L'écriture est un artifice. Le Réel n'apparaît donc que par un artifice, un artifice lié au fait qu'il y a de la parole et même du dire. Et le dire concerne ce qu'on appelle la vérité. C'est bien pourquoi je dis que la vérité, on ne peut pas la dire.* » C'est sur ces entrefaites qu'il a défini sa célèbre formule : « *Il n'y a pas de rapport sexuel* », — car le rapport sexuel est ce qui ne cesse pas de ne pas s'écrire, si bien que rien ne peut le dire : en conclusion, il n'y a pas, dans le dire, d'existence du rapport sexuel ! En quoi tous ces arguments nous intéresseraient-ils quand nous prendrions le parti de ne pas explorer davantage ce qu'avance par là Lacan, quand nous n'analyserions pas le *désir* en ces (ses) termes, quand nous ne commenterions pas la *fonction phallique* (dont l'apparente nécessité n'est que contingence), quand nous éluderions les rapports entre le *Sujet*, le *Sujet barré*, l'*Autre* et le *Signifiant*, quand nous ne nous soucierions pas du *nœud borroméen* du *Réel*, du *Symbolique* et de l'*Imaginaire*, — *et cetera* ? Ces arguments nous intéressent personnellement quant à l'« ininscriptibilité », puisque c'est à cela que l'on s'achoppe, c'est ici que s'inscrit notre pierre d'achoppement : comment se fait-il que « *l'ininscriptible puisse cesser de ne pas s'écrire* » ? Nous allons détourner le sens des magnifiques (parce qu'elles *parlent*) définitions de Lacan et nous en servir dans l'intention qu'il nous plaira d'avoir. (Du reste, comme toujours, Lacan a le don d'intriguer par l'éveil des sens et de susciter la réflexion sans nous prendre par la main : il nous accorde le premier point qui commence l'interrogation, — celui *d'interrogation*, — et affermit l'attrait qui suit l'exclamation… Lacan n'est pas un médium comme les autres, il orne les mystères d'une aura qui s'envole de mots, il embrouillardise l'évidence du sens afin de décupler les possibles qu'il contient, et il fait de nous des prospecteurs persévérants qui espèrent, sans trop prier, prospérer dans leur quête de sens.) « *Je ne parviens pas à écrire* » : « *l'impossibilité possible* » (la phrase démontre qu'il était possible d'écrire l'impossibilité qu'il y a d'écrire) « *avant la possibilité impossible* » (la phrase, en s'écrivant, rendait possible l'écriture, mais cette possibilité est aussitôt contrecarrée par le sens de la phrase et devient impossible). « *Être encore capable d'écrire avant d'être, non pas incapable d'écrire,* mais incapable d'être capable d'écrire » : incapable (littéralement, ce qui ne peut pas contenir), c'est ne pas être en état, ou ne pas être susceptible de faire une chose, comme s'*il n'y avait jamais eu de contenant* ; or, capable, c'est ce qui peut contenir ; donc être « *incapable d'être capable* », c'est supposer qu'*il y a un contenant* qui cependant *ne peut plus contenir*. (Le reproche de « ne pas jouer le jeu » que l'on peut parfois faire à quelqu'un, suppose de celui qui ne le joue pas qu'il connaît le jeu et ses règles, car sinon on lui aurait reproché de « ne rien faire ».) D'un écrivain quelconque qui est en train d'écrire, on dirait le voyant que cette activité lui est nécessaire (et de fait, c'est son statut, sans quoi il ferait ou serait autre chose), car cela ne cesse pas de s'écrire. Mais voilà qu'il sent que cela cesse : c'est le possible, cela cesse de s'écrire (Lacan utilise très rarement cette catégorie puisqu'elle double le possible du contingent : l'une pointerait la possibilité que cela arrivât, l'autre la possibilité que cela n'arrivât pas). Il ne reste pour cet écrivain que deux états (indécidables tant que cela ne s'écrit pas) : ou bien cela ne cesse pas de ne pas s'écrire (l'impossible), ou bien cela cesse de ne pas s'écrire (le contingent). Mais notre écrivain du « *Je ne parviens pas à écrire* » n'est pas seulement celui pour qui cela cesse de s'écrire, il est celui qui, comme en expirant dans un ultime souffle, comme en giclant dans un ultime transport, dénonce cette cessation en la signant. *Pendant que cela cesse, cela ne cesse pas encore* — parce qu'il parvient, reconnaissant le manque, à le précéder en le présentifiant. En adressant son message à l'autre, qui n'est que lui-même (car à qui parle-t-il ?), l'écrivain reconnaît son *symptôme* et il lutte, *en le signifiant*, pour le déchiffrer et y trouver le signifié. Le mot « *symptôme* » est issu de « σύμπτωμα », qui signifie « *ce qui tombe ou arrive ensemble* » : ici, c'est la *coïncidence* de ce qui ne cesse pas encore et de ce qui va instamment cesser, c'est la béance qui se montre aussi infime que le serait un point mathématique dans le temps. (Je ne dirai rien du « sinthome » lacano-joycien, qui reprend l'orthographe ancienne de « *symptôme* ».) Du fait même que l'écrivain a identifié son symptôme en le signifiant, il aura eu le temps de signifier son identification au symptôme, et la jouissance qui s'inscrivait dans la nécessité de l'écriture lui aura été momentanément visible (ce qui n'est pas le cas de l'autre écrivain, dont la jouissance, qui lui dira non, n'a pas de nom — car elle s'ignore). Mais le réel (l'impossibilité) montre ses crocs, la jouissance doit cesser, et c'est alors qu'un désir eût pu la remplacer, qui ouvrirait la voie à la contingence afin que cela cessât au plus vite de ne pas s'écrire. Il n'y a pas à dire, cela va mieux en le disant (ou, ainsi que le prononça le diable boiteux Talleyrand, « *si cela va sans dire, cela ira encore mieux en le disant* ») : l'écrivain se donne du répit et oscille malgré lui entre le signifiant et le signifié, d'où s'érige le paradoxe des signes… « *Qu'est-ce qu'un signe qu'on ne pourrait écrire ? Car ce signe, on l'écrit réellement. […] À la vérité, il n'y a, — nous le sentons bien, — dans tout cela que paradoxes. Les paradoxes sont-ils représentables ? Δόξα, Doxa, c'est l'opinion […]. Il n'y a pas la moindre opinion vraie, puisqu'il y a des paradoxes. C'est la question que je soulève, que les paradoxes soient ou non représentables, je veux dire dessinables.* » — À présent, c'est au tour du japonisant Roland Barthes de nous introduire dans les secrets de *L'Empire des signes* et de *L'exemption du sens* : « *Le Zen tout entier mène la guerre contre la prévarication du sens. On sait que le bouddhisme déjoue la voie fatale de toute assertion (ou de toute négation) en recommandant de n'être jamais pris dans les quatre propositions suivantes : cela est A — cela n'est pas A — c'est à la fois A et non-A — ce n'est ni A ni non-A. Or cette quadruple possibilité correspond au paradigme parfait, tel que l'a construit la linguistique structurale (A — non A — ni A, ni non-A (degré zéro) — A et non-A (degré complexe)) ; autrement dit, la voie bouddhiste est très précisément celle du sens obstrué : l'arcane même de la signification, à savoir le paradigme, est rendu impossible. […] c'est cela que l'on recommande à l'exerçant qui travaille un koan (une anecdote qui lui est proposée par son maître) : non de le résoudre, comme s'il avait un sens, non de percevoir son absurdité (qui est encore un sens), mais de le remâcher "jusqu'à ce que la dent tombe". […] et peut-être ce qu'on appelle, dans le Zen, satori, […] n'est-il qu'une suspension panique du langage, le blanc qui efface en nous le règne des Codes, la cassure de cette récitation intérieure qui constitue notre personne ; et si cet état d'a-langage est une libération, c'est que pour l'expérience bouddhiste, la prolifération des pensées secondes (la pensée de la pensée), ou si l'on préfère, le supplément infini des signifiés surnuméraires — cercle dont le langage lui-même est le dépositaire et le modèle — apparaît comme un blocage : c'est au contraire l'abolition de la seconde pensée qui rompt l'infini vicieux du langage. […] Dans le haïku, la limitation du langage est l'objet d'un soin qui nous est inconcevable, car il ne s'agit pas d'être concis (c'est-à-dire de raccourcir le signifiant sans diminuer la densité du signifié) mais au contraire d'agir sur la racine même du sens, pour obtenir que ce sens ne fuse pas, ne se décroche pas, ne divague pas dans l'infini des métaphores, dans les sphères du symbole. […] La justesse du haïku (qui n'est nullement peinture exacte du réel, mais adéquation du signifiant et du signifié, suppression des marges, bavures et interstices qui d'ordinaire excèdent ou ajoutent le rapport* sémantique), *cette justesse a évidemment quelque chose de musical (musique des sens, et non forcément des sons) : le haïku a la pureté, la sphéricité et le vide même d'une note de musique [...].* » Il serait téméraire de s'approprier le sens d'un texte qui s'approprie le sens du « vide ». Aussi, moins par *incapacité* que par *volonté de laisser parler le texte où se terre la parole*, je serai bref. Le « *Je ne parviens pas à écrire* » est à l'image du *kōan* : il s'agit, non pas de le « *résoudre* », mais de le « *remâcher* » jusqu'au *satori* (l'éveil, le réveil), qui est la suspension du langage, et bien plus dans notre exemple, puisqu'il serait, paradoxalement, la suspension de la suspension du langage… Mais je joue le jeu du signifiant au-delà du raisonnable ! Je me promène sur les pentes abruptes de l'« à-dire » que le vide de l'« *a-langage* » attire… (Les mots, les camés *signataires* s'en abreuvent, les mots qui les fricassent et les fracassent !) Dans *Le degré zéro de l'écriture*, Barthes ne dit-il pas que la langue « *est l'aire d'une action, la définition et l'attente d'un possible* » ? Qu'est-ce que le possible ? Ce qui peut être et n'est pas encore. Par sa propre « *modernité* », *La Perte de Sens* traduit en même temps la « *recherche d'une Littérature impossible* » et la possibilité de cette recherche. En suivant les traces de Mallarmé, — « *sorte de Hamlet de l'écriture* », écrit Barthes, — je cherche, si l'on veut, un langage littéraire qui « *ne se soutient que pour mieux chanter sa nécessité de mourir* »… — Il existe en français un mot d'une beauté qui ne cesse pas d'écrire mon plaisir (de la contempler), un mot aux consonances troubles, équivoques, peu usité (si ce n'est en jurisprudence et seulement au participe passé) : « adirer », — dont la définition extrêmement simple semble n'en faire qu'un synonyme de « *perdre* » ou « *égarer* » (il existe la forme réflexive « *s'adirer* »). Peu volubile en l'espèce, le Littré ne nous aide guère ; non plus que le Dictionnaire de l'Académie françoise ; et même Gilles Ménage, dans son Dictionnaire étymologique (1694), doit avouer que la véritable étymologie lui est inconnue. En revanche, le Trévoux (ou le Furetière) est plus instructif : « *Ancien terme de Palais. Égarer quelque titre ou papier ; ne le pouvoir retrouver. Il vaut mieux se servir d'*égarer. *Dans une ancienne inscription de l'Église du Saint Sépulcre de Rouen, le mot* adirer *signifie* laisser tomber. Ici adira *le Prestre le Cors Nostre Seigneur. Quelques-uns dérivent ce mot de* aderrare, *qui a signifié autrefois* aberrare à via. *Il y a plus d'apparence, disent quelques autres, qu'il vient de* trouver à dire, *qui signifie* manquer. *Mais peut-être* trouver à dire *vient-il lui-même d'*adirer. » Le symptôme du dire, de l'à-dire où le manque se montre en ce point où tout arrive ensemble, tout tombe, tout se trouve à dire, d'où l'on s'égare, mais où l'on va au dire… Ne plus avoir de dire en sa possession, — ne plus « *avoir d'adire* », de « *trouver d'adire* », emplois surprenants qu'a recensés le Trésor de la langue française, dont la signification exacte est : « *Éprouver le manque, souffrir de l'absence de quelqu'un, de quelque chose* » ! Ou quand, s'écrivant, ce qui est à dire se tait… — Quatrième et dernière escapade en ma compagnie, au sujet d'un poème conçu — par votre *avoué* (moi) — où le silence s'écrit : *La nuit, à jour, est perdue*, — tel il est titré. « *L'épaisse obscurité m'empêchait de noter mes vers ; / J'étais terrifié que vous pussiez en être privé, / Et par ressacs successifs la houle cognitive sévère / S'empara de chaque pied et me les en fit prisonniers. / Les hauts points nappés de bleu des lucioles voûtées / Se dispersaient trop discrètement sur ma rétine chétive, / Car le décor, cette nuit-là, était fait de ma conscience térébrante, hâtée / Par le manque ; — la désespérance prenait des teintes votives. / Mes vers noirs, / Ma morte mémoire / Vous les relégua, / De cette nuit-là ; / Vous les lisez-vous ? / "Je me les lis." / Là, ils sont nous, en nous, / À jamais nous lient.* » Ne suis-je pas, cher lecteur, à une folie près — prêt ? n'y es-tu pas préparé ? Car, fou que je demeure, — m'écartant du sillon que je ne suis jamais, ou que je chevauche toujours, — ce poème, je vais linéairement le décortiquer, non pas dans sa forme (périsse le style), mais dans son contenu (convolent les sens), et lui faire dire plus qu'il n'en dit (et plus que d'en dire, il ne le dit). L'avons-nous lu ? Non, puisqu'il faut le *dé-lire* (rappelle-toi, hypocrite, l'*Appel-avertissement* qui ouvrait mon non-Livre) ! Voici, en mode télégraphié, le calepin clopineux des commentaires… « *La nuit, à jour, est perdue* » : la nuit dé-naît (ajournée), est mise à jour, mise à nu, mise à mort, sans être éperdue (le jour est las) : l'acte qui consiste à retranscrire la nuit impossible si déjà la pensée s'évanouit. « *L'épaisse obscurité m'empêchait de noter mes vers* » : tel l'aveugle dont parle Théophile Gautier, dont on ne sait « *quels illisibles grimoires* » s'écriraient dans son cerveau (« *caveau* »), je ne peux pas écrire, tout est trop sombre au-dehors, et par conséquent au-dedans. « *J'étais terrifié que vous pussiez en être privé* » : le « *vous* » désigne celui qui est censé lire le poème (« *censé* » seulement, car, d'une part, le titre indique que « *la nuit, à jour, est perdue* », donc inconnaissable, et d'autre part, je veux que le lecteur lise un poème dans lequel je ne suis pour l'instant parvenu qu'à retranscrire mon incapacité de l'écrire). « *Et par ressacs successifs la houle cognitive sévère / S'empara de chaque pied et me les en fit prisonniers* » : telle une mer qui va et vient en emportant tout, ou tel un vent qui souffle sans reprendre le sien (le zeugme s'imposait), ce distique se lit sans pause possible, de la même façon qu'un cerveau pense (on ne peut le contrôler à l'envi et il est comme stratifié et marqué par les flux et reflux des pensées). Le « *pied* » vaut évidemment pour celui des vers, et vaut davantage : tout comme un paraplégique, j'ai des pieds et ne puis marcher, mais si ceux-ci me sont amputés, cela ne changera rien à ma situation, au contraire des pieds d'un poème qui, s'ils ne « *marchent* » pas (fourbus), le soutiennent encore, certes, mais le font disparaître si eux-mêmes en venaient à disparaître. Je suis prisonnier de ce que je veux créer — et le poème également. En fin de compte, « *je me suis, je me réponds, je me reflète et me répercute, je frémis à l'infini des miroirs — je suis de verre* », écrivait, jusqu'à la « *parole silencieuse* », Paul Valéry. « *Les hauts points nappés de bleu des lucioles voûtées / Se dispersaient trop discrètement sur ma rétine chétive* » : les « *points* » renvoient à mon observation du ciel qui est parsemé d'étoiles chiches, et le « *discrètement* », à la fois entendu comme secret (« *secreto* ») et comme retenue, répond mathématiquement aux dits « *points* » (discrétisation, quantité qui se compose de parties séparées). Les constellations ont des airs de « *lucioles voûtées* », et le mot « *voûtées* », en représentant la posture des « *lucioles* », renforce sans peine le lieu décrit (la *voûte* céleste). Mais, pour peu que l'on soit imaginatif, à quoi les lettres d'un poème peuvent-elles ressembler sous le clair-obscur étoilé ? À des « *lucioles voûtées* » ? Et à quoi celles-ci peuvent-elles également faire songer dans leur rapport avec la rétine ? Aux corps flottants du vitré, les *myodésopsies*, qui sont des filaments recroquevillés en suspension s'interposant dans le champ visuel (mes yeux en sont malheureusement bien pourvus, ce dont je reparlerai au prochain chapitre), — des filaments, ici, *noctiluques*. « *Il en va des soucis comme des mouches qui volent dans nos yeux* », explique Goethe (à point) : « *Quand nous regardons le bel univers, nous apercevons devant nous un voile gris — une toile d'araignée.* » Les pensées *s'impriment* mal, car la vision, anomale, *ne* découvre ni *n'exprime* — presque — rien. « *Car le décor, cette nuit-là, était fait de ma conscience térébrante, hâtée / Par le manque ; — la désespérance prenait des teintes votives* » : la « *conscience* », sentiment de soi-même, est « *térébrante* » (action de percer, telles les étoiles là-haut dans le dôme), et il devient difficile de savoir si le « *décor* », « *fait de* » cette « *conscience* », est celui que la conscience projette, ou si c'est l'inverse, ou encore si les deux projections se confondent (déréalisation). Mais en médecine, « *térébrante* » (très proche de *ténébrante* ou *enténébrante*) se dit aussi de la douleur (Littré : « *quand il semble que la partie souffrante soit percée par un corps qui cherche à s'y introduire* ») : la conscience dolente, migraineuse (mi-graines, mi-trous), se perfore elle-même — et perforerait le ciel ? « *Hâtée* » (que la diction liante permet de prolonger en « *tâtée* », touchée afin de connaître — et le contenu de la conscience (auto-conscience), et le décor, en plus d'être en opposition avec les deux termes « *votives* » et « *manque* », impose un décrochage dans la continuité du poème, un faux rythme, et le lecteur, d'avoir à prolonger la phrase (le vers est cassé), vacille et manque le « *manque* ». La « *désespérance* », c'est la conséquence de l'impossible attente qui verrait se concrétiser le bien convoité (on en fait le vœu), et, par la force des choses, elle se mue ici en *résignation* (vœu vain). Le manque happe la conscience, et cette conscience, que *diligente* ce manque, n'offre qu'un décor péniblement dicible (voire *manquant*). « *Mes vers noirs, / Ma morte mémoire / Vous les relégua, / De cette nuit-là* » : le verbe « *reléguer* » est à comprendre dans les deux acceptions suivantes, l'une positive, l'autre négative : mettre en un lieu sûr, confiner ; — tenir à l'écart (comme la relégation d'un produit non conforme, d'une équipe sportive vers une division inférieure). D'autre part, « *reléguer* » est conjugué au passé alors que le poème, qui se construit dans le présent de ma pensée, n'est pas encore conclu, comme s'il était *déjà* terminé et que la lecture en eût pu *déjà* être faite (« *de cette nuit-là* »). « Sur le noir papier que la noirceur défend », les vers eux-mêmes sont « *noirs* », noirs de la nuit qui occupe le ciel et désormais la conscience (la conscience qui a fait de la « *mémoire* » une mémoire « *morte* » par les vers qui rongent, une mémoire vermifuge qui ne peut plus se faire support réflexif (dévernie) : seul le lecteur, à la faveur d'un paradoxe énorme, semble capable de retenir les vers tout juste déclamés). « *Vous les lisez-vous ? / "Je me les lis."* » : le paradoxe se poursuit, se gonfle même, puisque le lecteur *me répond* — et, de surcroît, s'approprie les vers que j'ai moi-même eu du mal à écrire et à m'approprier. Pis : comment peut-il se les lire alors qu'il ne devrait pas *déjà* être en possession du poème et que je suis en outre dans l'incapacité de les dévoiler (ils me sont noirs, invisibles, et tout ce que je puis dire, c'est que je ne puis rien dire) ? L'une des astuces de ce passage délicat repose sur l'holorime probable avec « élire » : « Vous l'élisez-vous ? / "Je me l'élie." » Oui, mais que s'agit-il d'*élire* ? La nuit ? Les vers ? Quel est le *lien* ? « *Là, ils sont* nous*, en nous* » : Le premier « *nous* » (orthographiable « *noûs* ») est à prononcer avec le « *s* », en tant qu'il définit en grec l'intelligence, la partie plus divine de l'âme (« νοῦς »). Ces vers, qui sont des noèmes autonomes (signifiants produits par l'intelligence) que l'on peut traduire (signifiés intouchables, uniquement réfléchis), définissent l'essence des choses, que seule une divinité peut saisir : Dieu Se pense Lui-même, car l'homme peut Le penser (le poème se pense lui-même, car l'homme peut le penser). « *À jamais nous lient* » : c'est la conclusion eidétique du poème : par l'essence de la poésie, nous sommes liés et nous connaissons, sans savoir au juste comment, comme deux amis qui se comprennent sans se parler, dans une communion du dire qui ne saurait se dire, non pas tant selon les règles d'un art pour l'art, mais selon celles d'un dire pour le dire (quand bien même le dire viserait l'indicible, — le dicible que l'on ne peut déprisonner). — Si le langage, quand il est écrit, semble « graver *la pensée qui l'a émis* en s'écrivant », il n'est en revanche plus rien quand il se « désécrit », car par la parole, la pensée *s'est dite*, et « *la parole, une fois dite, est déduite de soi, elle altère, dédit, et ne pourra jamais plus revenir dans la matrice qui l'a créée* ». C'est à toi, lecteur, qu'il incombe de *retenir cela*… Décris !

* * * * *

Mon Dieu, qu'ai-je écrit ? Le mieux serait peut-être d'écrire sans songer à écrire — ou de ne pas écrire sans songer à ne pas écrire — ou… Ah ! Théophile, tu aurais presque raison : « *Composer un quatrain, sans songer à le faire.* » — Ce serait le moment de réécrire la conclusion d'un essai presque incompréhensible que j'avais composé en école d'ingénieurs (*Mouvement de dépendance*) : « *ce que je viens d'expliquer*, je n'ai pas pu le faire. »

* * * * *

(Si je n'étais à écrire ce que je pense écrire (avant-garde), là, à écrire ce que je ne pense pas encore écrire (car si je pense l'écrire, l'infirmation ne dédit pas l'autre — qui est ?), je n'écrirais certainement pas (sinon, comment ?) que je pense à quelque chose (après-coup), *a fortiori* que je pense à une idée que je pourrais écrire, qui deviendrait un écrit sur (ou de) une idée, voire (vertige !) l'écrit de l'idée d'un écrit (hideux, ces cris). — *Si fait*.)

* * * * *

(Cet élurédin s'atufrula le long des micloudènes, puis paladouvit : « Norismathétique ? Je ne crapourde que les amunosales. Tritorettes-tu prédalilament l'empulivère iglèle ? J'histonne l'alaviers. » — Brassole. — Danablourd. — Varotéquer. — Pristoume. — Chaverdante. — Tatotiéliste. — Ermicinalier. — Muchériser. — Kokiluth.)

* * * * *

Depuis mon tout jeune âge, cela me paraît remonter jusqu'au collège, j'éprouve une hésitation à parler, due, non à une incapacité d'élocution (*lingua hæsitare* ou autre), mais à la crainte du regret double (*deux* et *reflet*) qui s'ensuivrait : avoir trop parlé, trop délivré et *déduit* de ma personne ; n'avoir pas été assez clair (malencontreuses déformations du message émis, peu précis par rapport à ma volonté signifiante, et du message reçu, éloigné du signifié que je visais). Le premier regret, ce sentiment de la perte d'une partie de soi-même, rejoint ce que dit Horace dans ses *Épîtres* (I,18), à savoir que « *le mot une fois lâché n'a plus d'ailes pour revenir* », expression qu'il reprend dans son *Art poétique* : « *le mot une fois parti ne revient plus* » (quand il conseille de renfermer neuf ans un parchemin de poésies dans une cassette avant d'oser le publier, c'est-à-dire avant qu'il ne soit trop tard pour revenir en arrière et de regretter de ne l'avoir pas détruit). (Pardon si je *coupe*, mais je pense à l'instant à une phrase de *Par-delà bien et mal* qui demeure gravée dans un coin de ma tête et que je me répète de temps en temps : « *Man liebt seine Erkenntniss nicht genug mehr, sobald man sie mittheilt* » (« *On n'aime plus assez sa connaissance sitôt qu'on la communique* »).) Quant au second regret, même s'il est le moins pénible des deux, — j'en ai commenté des bribes *ailleurs*, dans ce qui sera un *dé-livre*, — je voudrais me pencher un instant sur ses conséquences : le langage, chez moi, a constamment été l'angoisse de l'intériorisation qui serait différente de l'extériorisation, et il apparaîtrait que ma *langue-pour-moi* fût compréhensible alors que ma *langue-pour-l'autre* ne le fût pas *a priori*, comme si le fait de parler oralement eût conditionné un décalage du sens dans le canal de la transmission, mais cette supposition, loin de me soulager, me terrifie parce qu'elle n'est pas la réalité : ce n'est pas le canal qui est le fautif, c'est ma parole tout juste émise et le décalage entre cette parole et ma pensée qui l'a voulu émettre identique à elle-même. Tout se passe comme si, pour reprendre Hugo, je sentais à chaque fois « *tous les mots dans ma bouche expirer impuissants* ». Si, croyant être incompris, l'interlocuteur me dit qu'il m'a compris, je ne puis comprendre ce qu'il a exactement compris ; si jamais je pouvais croire que j'ai été compris et qu'il me disait ne m'avoir pas compris, je pourrais imaginer que je ne me comprends pas ; et ces deux situations sont intenables parce qu'elles sont les plus courantes entre toutes. Prépondérance de la vacuité communicative ! « *À l'exception des sciences exactes, il n'y a rien qui me paraisse assez clair pour ne pas laisser beaucoup de liberté aux opinions, et presque sur tout on peut dire tout ce qu'on veut* » : telle est la formule que l'on peut lire dans le bréviaire que Talleyrand se constitua, afin qu'il se la rappelât constamment, ainsi que cette autre, du même acabit : « *La parole que tu gardes est ton esclave ; celle que tu as lâchée est ton maître* »... Dans un retournement wittgensteinien, Valéry fore plus loin que notre diplomate en soutenant que, la réalité étant « *absolument incommunicable* », « *tout ce qui peut se dire est nul* » ! Le Christ n'a-t-il pas dit un jour que « *ce qui sort de la bouche, c'est ce qui souille l'homme* » ? (*Mt* 15,11) Ah ! malheur, malheur à moi — si je dois me souiller ! « *Malheur à moi ! je suis perdu, car je suis un homme dont les lèvres sont impures, j'habite au milieu d'un peuple dont les lèvres sont impures* », s'écrie Julien/Ésaïe (*6,5*). Ce peuple qui s'agite et parle, parle, parle, — et ne dit rien, — rien que des mots, des mots, des mots, — des mots aussi vides de sens que le cerveau qui les émet en jacassant. Le Français croira définir sa pensée en multipliant des « *Voilà* » qui sont comme des cailloux jetés au milieu de l'océan du néant dialectique, des « *Tu vois ce que je veux dire* » dont le « *ce que* » est invisible puisque le « *dire* » est absent, éludé (de son côté, l'Anglo-Saxon, qui n'est pas en reste, meublera son discours de « *You know* » sans raison, contraction de « *You know what I mean* »). Je hais ces marqueurs discursifs de la fonction phatique : sémiotiquement, ils sont le signe qui ne signifie rien, ou, à un second degré, le signe qui signifie que rien n'est signifié, le terme final de ce qui n'a jamais commencé, le canal informatif d'une non-information. À l'origine, la locution prépositionnelle « *voilà* » n'était que le raccourci de « *vois là* ». Aujourd'hui, dans le marasme des « *quoi* » et des « *tu vois* » (*en veux-tu, en voilà*) qui servent de *conclusum* corrompu ou falsifié, quel sens puis-je voir là ? Aucun ; je ne vois rien. « *Nous bavardons toujours et ne parlons jamais* », — et le monde est tu. Le Dictionnaire de l'Académie indique que « *voilà* » est une préposition qui marque « *une chose un peu éloignée de celui qui parle* » ou « *des choses qui ne s'aperçoivent point par les sens* » : nous y sommes presque ! Aujourd'hui, la tautologie règne sans partage, abolit le sens (déjà si fragile) en s'autoconsacrant vérité (déjà si dérisoire) : « *La tautologie fonde un monde mort, un monde immobile* », avertissait pourtant Roland Barthes (que les tautologistes ne lisent point). Et Wittgenstein : « *La démonstration des propositions logiques consiste en ce que nous l'engendrons à partir d'autres propositions logiques par applications successives d'opérations déterminées, lesquelles produisent toujours de nouvelles tautologies à partir des premières. (Car d'une tautologie ne suivent que des tautologies.)* » (« *La tautologie suit de toute proposition : elle ne dit rien.* ») — Mon incompréhension ne serait-elle pas alors l'Incompréhension de mon époque (ostrogothique), grignoteuse de terrain ? — Dans mon *Journal*, à la page du 19 juillet 1998, sont tracés ces mots : « *C'est marrant de voir combien j'ai envie d'être seul, mais c'est troublant de constater que j'ai parfois besoin d'autre présence. Le seul problème, c'est qu'en présence d'un tiers, on se doit de parler, de discuter, et j'ai toujours l'impression de dire des âneries (même quand c'est intelligent), comme le disait Gide : "on ne se rend pas compte de toutes les idioties qu'on raconte en parlant, même en faisant des efforts pour ne pas en dire". C'est quelque chose comme ça. Plus les discussions sont longues, plus je suis déprimé.* » Dix jours plus tard, tel un pense-bête injonctif d'écrivain en herbe, je consigne l'idée d'un projet d'« *histoire avec un héros qui ne parle jamais* »... Plus pathologiquement ou pathétiquement, j'ai, un jour d'intense mélancolie, noté sur une feuille égarée : « *Adolescent, quand parler était une perte. Regretter les mots — qui ne révèlent pas ce que l'on voudrait montrer de son être. Ou qui nous dégoûtent de ce que l'on est, si ce que l'on est, est ce que l'on dit. Alors que ce que l'on voudrait, ce serait dire notre être, etc.* » L'horrible ne s'arrête pas là ! Je suis persuadé que cette croyance en une incompréhension fatale a fait naître en moi l'une des raisons du besoin d'écrire, mais je dois me rendre à l'*horrible* évidence : en écrivant, je crois transmettre *sans bruit* ma pensée (*tout est affaire de communication*, — « *l'on ne peut pas ne pas communiquer* ») — et pourtant je sens que personne ne me lira ! (Hé ! *Julien*, prie pour que, si la postérité retient ton solipsisme dévergondé, elle ne dise pas que c'*est* un chant du cygne, mais que c'en *fut* un !) Ô cruelle situation ! ô Silence !... — C'est un dilemme. Comme l'écrivit un jour Jacques Rigaut : « *Dilemme. De deux choses l'une : Ne pas parler, ne pas se taire. Suicide.* » Suicide ?...

* * * * *

Suicide ? Mélancolie ? Tout cela sera dit ici. — « *L'insensé multiplie les paroles. L'homme ne sait point ce qui arrivera, et qui lui dira ce qui sera après lui ?* » (*Qoh 10,14*) — Eh bien, je multiplierai les paroles — *par écrit*. L'écrit est le silence. Écrire, c'est rester silencieux. En écrivant, j'entends la musique (ainsi que *ma* musique). — Je comprends trop bien Etty Hillesum, non pas seulement parce qu'elle pensait que la vie était « *pleine de sens dans son absurdité* », mais parce qu'elle avait « *parfois le sentiment que le grand malentendu s'accroît à chaque parole prononcée, à chaque geste* », que « *chaque mot accroît le malentendu, sur cette terre trop agitée* ». « *Je voudrais m'immerger dans un grand silence et imposer ce silence à tous les autres* », dit-elle, elle qui, en 1943, à l'âge de vingt-neuf ans, décéda au camp de concentration d'Auschwitz, tout comme ses parents et son frère (son autre frère mourra à celui de Bergen-Belsen). — « *Il faut aussi avoir la force de souffrir seul et de ne pas imposer aux autres ses angoisses et ses problèmes. Nous ne l'avons pas encore appris et nous devrions nous y entraîner mutuellement, par la manière forte si la douceur n'y réussit pas. Quand je dis : d'une façon ou d'une autre, j'en ai fini avec cette vie, ce n'est pas de la résignation. "Toute parole est malentendu." Quand je dis cela, on le comprend tout autrement que je ne l'entends. Ce n'est pas de la résignation, certainement pas. Qu'est-ce que je veux dire alors ? Peut-être ceci : j'ai déjà vécu cette vie mille fois et je suis déjà morte mille fois. Que peut-il m'advenir d'autre ? Est-ce que je suis blasée ? Non. Je vis chaque minute de ma vie multipliée par mille et, de surcroît je fais une place à la souffrance.* » — J'ai vécu mille fois le silence.

* * * * *

J'aimerais dire, avec Mohandas Karamchand Gandhi, que « *jadis je cherchais mes mots* » (ce qui est encore le cas *nunc*), et qu'« *aujourd'hui je prends plaisir à en réduire le nombre* » (ce qui n'est pas le cas, puisque je bavarde). Ce n'est pas simple. Si je me tais, que dis-je ? Et si j'exploite « *toutes les possibilités du langage* », sachant qu'« *on ne peut pas exprimer toute la complexité d'une pensée* » ?... — Silence !

* * * * *

Ô Silence !... C'est le silence qui porte ma parole désolée... C'est le silence de ma parole perçue (payée de ma chair), de ma parole inaperçue (nulle part saisie), qui me laissera silencieux à moi-même... Lamartine, introduisant sa vingt-sixième *Méditation*, se désolait comme moi, et mon angoisse putréfiante s'identifie à ses vers : « *Il est une heure de silence / Où la solitude est sans voix, / Où tout dort, même l'Espérance* [...] */ Il est un âge où la lyre / L'âme aussi semble s'endormir.* » — Oui, le *silence*, ne plus avoir à dire ni être capable de se parler, c'est la hantise du créateur qui se veut *encore* contemplateur, si récurrente chez la proie la plus harcelée, le poète chancelant : William Shakespeare, au *Sonnet C* (« *Where art thou, Muse* », « *Return, forgetful Muse* », « *Rise, resty Muse* ») ; Sapphô (« *Allons, lyre divine, dis-moi quelque chose, parle !* ») ; Horace (« *quo, Musa, tendis ?* ») ; Chénier (« *Ô Muses, accourez ; solitaires divines* ») ; Baudelaire (« *Ma pauvre muse, hélas ! qu'as-tu donc ce matin ?* ») — Oui, le *silence*, le silence qui se fait dans l'écriture quotidiennement repoussée, figeant l'impossibilité dans un présent qui s'actualise dans l'espoir d'un futur possible — donc impossible, puisqu'il n'adviendra pas, ou demeurera le présent impossible qui avait été initialement reporté. Tel est le délétère *ajournement* par lequel Pessoa procrastine de jour en jour le moment *tout en s'y projetant*, méditant ainsi sur *ce qui pourrait être si cela était* : « *Après-demain, oui, après-demain seulement... / Je passerai la journée de demain à penser à après-demain, / et ainsi ce sera possible ; mais pas aujourd'hui. / Non, aujourd'hui pas moyen ; impossible aujourd'hui.* [...] *Demain je m'assieds à mon bureau pour conquérir le monde ; / mais, le monde, je ne vais le conquérir qu'après-demain... / J'ai envie de pleurer, / j'ai envie de pleurer tout d'un coup, intérieurement... / Ne cherchez pas à en savoir davantage, c'est secret, je me tais.* » Profitant des sillons creusés par la plume de Pessoa, j'ajourne l'examen approfondi de ce problème de la *remise* (aux calendes grecques ? non : à un chapitre prochain, — la Muse...). — Oui, le *silence*, le silence dont le poète devine, lorsqu'il s'impose à lui, qu'il rejaillira dans le présent à venir, et que les rares esprits qui auront entendu ses frissonnements révolus concluront que rien ne restait d'autre que ce silence présent venant du passé où il est né, et qui dure pour l'éternité. *In silentio...* Lord Byron s'exprimait : « *Ma Lyre, qui n'est touchée, au vent seul résonne — / Est muette : cessent mes efforts immatures ; / Que tel qui l'entendit, à ce passé pardonne, / Qui saura que ne vibreront plus ses murmures.* » — Oui, le *silence*, le silence du Verbe convolant de soi à Dieu ou de Dieu à soi, limitant les profération inutiles en société, évitant le péché libéré par le babillage (*Prov 10-19*), le silence infléchi par la cession de la parole ouverte à la parole fermée. Cette classe de silence vient à point nommé et je suis ravi d'enfin mander ici l'un des quelques poètes qui sommeillent dans mon Panthéon des magiciens des mots, le prêtre jésuite Gerald Manley Hopkins, qui exhortait ardemment ses lecteurs, — infimes en nombre, étant donné qu'il ne fut pas publié de son vivant, — à produire un effort assidu pour déchiffrer chacun de ses poèmes (il faut le « *lire avec les oreilles* », conseille-t-il, « *comme si le papier était en train de déclamer* »). *The habit of perfection* est une gemme finement taillée — à trente-six carats ! « *Elected Silence, sing to me / And beat upon my whorlèd ear, / Pipe me to pastures still and be / The music that I care to hear.* » (La poésie de Hopkins est exceptionnellement réfractaire à toute traduction, à vrai dire l'une des plus ardues. En voici néanmoins un avant-goût dû à Pierre Leyris, qui s'y est dextrement essayé, et d'une admirable fidélité jusque dans les sonorités : « *Silence élu, chante pour moi / Et convie mon oreille en spire / Aux pâtis tranquilles ; oui, sois / Le pipeau qu'il me plaise ouïr.* ») Le deuxième quatrain de *The habit of perfection* est : « *Shape nothing, lips; be lovely-dumb: / It is the shut, the curfew sent / From there where all surrenders come / Which only makes you eloquent.* » (« *Ne formez rien, lèvres : doux-taire ! / Seul le couvre-feu qu'on vous mande / Du lieu de tout renoncement / Vous peut, closes, rendre éloquentes.* ») Quand bien même Dieu « *est tout ce qui est, et n'est rien de ce qui est* » (Denys l'Aréopagite), nul n'ignore, nul n'est censé ignorer que parler à Dieu, Le cerner, être avec Lui, c'est prier, c'est communier dans le silence (le silence plus, d'ailleurs, dans le *Zibaldone*, Leopardi relie au *langage de la passion*), et je voudrais ratiociner ici quelques minutes sur ce qui m'apparaît être une méprise signifiante, — sans grand dommage, *don't worry*, — qu'à ma connaissance personne n'a à ce jour relevée. — Le confinement de la parole, assujetti aux préceptes monacaux, est purement mystique, il s'affranchit en douceur d'une quelconque ordonnance impérieuse puisqu'il s'exalte d'abord par la volonté du novice, mais il prend tout son sens, pour l'explication du poème de Hopkins, — qui possédait très certainement sa Bible *en traduction anglaise* —, au *Psaume 46-10* (ou *46-11* dans la version hébraïque) : « *Be still, and know that I am God.* » Que signifie l'impératif « *be still* » ? « *Still* », en tant que nom, traduit le « *silence* » ou la « *paix* » ; en tant qu'adjectif, « *silencieux, au repos, immobile* » ; en tant que verbe, « *rendre silencieux, calmer* » ; et dans l'expression brute, « *be still* » peut renvoyer de manière très litigieuse à « *soyez encore* », car « *still* » veut également dire « *encore, toujours* », mais j'élimine le sens de cette injonction, *bien qu*'l'homophonie ait son importance dans la diction en anglais). À part les rares exceptions (à l'abri des quiproquos) que sont « *cease striving* » (« *cessez de lutter* »), « *be at peace* » (« *soyez en paix* ») ou « *desist* » (« *renoncez* »), les Bibles anglo-saxonnes écrivent « *be still* », que les anglophones retiennent en grand nombre et dans le sens de « *soyez silencieux (et connaissez-moi)* », qui déforme l'expression originale en hébreu, « הַרְפּוּ » (« *harpou* » en phonétique, c'est-à-dire « *cessez* », « *renoncez* » à vos erreurs), la plupart du temps traduit en français par « *arrêtez* », « *soyez dans le repos* », « *détendez-vous* », voire « *soyez guéris* »). Le climat du *Psaume 46* est la guerre que se livrent entre eux les hommes, et la connotation silencieuse, pourtant admise par la majorité, est difficilement acceptable en l'état (Jean Chrysostome ne me contredira pas). — Bref, je ne critique pas le docte Hopkins, bien trop fin pour que l'on puisse oser disputer aussi vulgairement ses intentions hermétiques, je critique les interprétations abusives de phrases sorties de leur contexte, et leurs corrélations interlopes guère savantes. Ce qui me fait porter aux nues ce poème, c'est la retraite silencieuse qui permet d'entendre et de parler le silence, la majesté d'une combinaison sonore de ce qui est tu et de ce qui est dit, embrassant le tout du sommet singulier du mutisme croyant — et *criant*, — telle une *hypotypose*, dont le rhéteur Quintilien disait qu'elle représente la *parole vue* plutôt qu'entendue. (Ah ! l'ablation des cinq sens, et leur ablution (le chrême calmant), quand, couchés, le court espace temporel précède l'endormissement, là où l'esprit, mi-conscient, mi-inconscient, mi-jour, mi-nuit, s'épanouit et nous dévoile le sublime pensant...) Hopkins nous parle le silence quand il entend Dieu, car en se taisant, notre âme essaie de Le joindre et de Le *comprendre* (prendre ensemble) pour atteindre à la béatification et, qui sait, trouver l'essence de l'existence. Le silence ! Le dernier chapitre du *De Magistro* de Saint Augustin porte un (juste) titre évocateur : *L'Homme parle au dehors, le Christ enseigne au dedans...* — « *Je recourus au silence, mais si les gens comprenaient ce que le silence leur révèle, ils auraient été aussi près de Dieu que les fleurs des vallées.* » Le silence, le silence, le tumultueux silence qui est le fondement de l'être et de l'esprit, le silence tant de fois *écrit* par l'esprit rebelle Khalil Gibran, ce silence qui est « *le seul langage du cœur* », ce silence qui habite avec l'amour, la beauté et la vertu, ce silence de la Selma des *Ailes brisées*, qui « *était une sorte de musique qui vous entraînait dans un monde de rêves, vous faisait écouter les battements de votre cœur et voir les images de vos pensées et de vos sentiments se dessiner devant vous en vous regardant dans les yeux* », ce silence plus grand et plus pur que ce que dit la bouche, qui « *illumine nos âmes, murmure à nos cœurs et les rapproche* », « *nous éloigne de nous, nous fait naviguer sur le firmament de l'esprit et nous rapproche des Cieux* », « *nous fait sentir que les corps ne sont pas autre chose que des prisons et que ce monde n'est qu'une terre d'exil* », ce silence de Dieu, ce silence de l'Amour, ce silence christique et mortuaire de fin du monde... « *Vous croyez ce que vous entendez dire. Croyez dans ce qui n'est pas dit, car le silence des hommes est plus proche de la vérité que leurs mots.* » Le silence est le langage le plus pur. « *Quand l'amour devient immense, il se tait. — Et quand la mémoire est submergée, elle cherche les profondeurs silencieuses.* » — Le Silence, le Verbe du muet, je le fais vivre par les mots que je ne dis pas et que je ne fais qu'écrire. — N'y a-t-il point là, parmi tous les somptueux silences du monde, le *grand silence* que doivent observer, tout au long de leur *Opus Dei* quotidien, les Chartreux, que Dieu a menés au désert pour parler à leur cœur (« *Notre application principale et notre vocation sont de vaquer au silence et à la solitude de la cellule* », lit-on souvent dans les *Statuts de l'Ordre*) ? — et n'y a-t-il point là l'autre *grand silence* qu'observent les Bénédictins ou les Cisterciens (« *En bavardant, tu ne saurais éviter le péché* », est-il inscrit au *De taciturnitate* de la *Règle de saint Benoît*) ? — et n'y a-t-il point là le *silence* le plus profond d'entre tous les silences monastiques, celui qui prévaut à la *Lectio divina* ? — n'y a-t-il point là le *silence* inscrit dans le *Pirké Avot*, dont les Pères jurent qu'il est « *le rempart de la sagesse* » ? — n'y a-t-il point là le *silence* commandé par le dieu Harpocrate, représenté « *le doigt appliqué sur sa bouche, comme un symbole de discrétion et de silence* » (raconte Plutarque) ? — n'y a-t-il point là le *silence* de la tactique du non-agir qui est le Tao, l'enseignement de la Voie que pratique le saint, « *sans parole* » ? — n'y a-t-il point là le *silence de la foi* d'Anne, mère de Samuel, qui paraissais ivre en parlant « *dans son cœur* », qui « *ne faisait que remuer les lèvres* » sans que l'on entendît sa voix ? — n'y a-t-il point là l'autre *silence de la foi* de Thomas a Kempis qui se plie à la règle du silence qu'il impose à toutes les créatures devant le Fils de Dieu : « *Ô Jésus ! splendeur de l'éternelle gloire, consolateur de l'âme exilée ! ma bouche est muette devant vous et mon silence vous parle* » ? — n'y a-t-il point là cet autre *silence de la foi*, magnifiquement élucidé par Kierkegaard (Johannès de *Silentio*), qui commanda Abraham lorsqu'il dut offrir en sacrifice son fils Isaac ? — n'y a-t-il point là le *silence de la nuit* cher au même Kierkegaard, son unique confident « *parce qu'il se tait* » ? — n'y a-t-il point là le haut *silence* du poème de Goethe, le grand « *Ruh* » qui plane « *über allen Gipfeln* » (« *sur tous les sommets* »), le silence que Franz Schubert transposa, pour les voix les plus suaves, dans son *Wanderers Nachtlied* ? — n'y a-t-il point là aussi le *silence de la poésie* de Pavese, présent à chaque strophe, à chaque vers, qui pour toujours *se tait* (« *Per sempre il silenzio / tace* ») ? — n'y a-t-il point là la création du *silence* innommable d'un auteur qui choisirait de s'appeler Frater *Taciturnus* (ô Kierkegaard le silenciaire) ? — n'y a-t-il point là le *silence* de l'homme en peine si, suivant Sénèque, « *l'homme n'apprend à se taire qu'à l'école du malheur* » ? — n'y a-t-il point là un *silence* pareil à celui que devaient garder pendant cinq ans les futurs disciples de Pythagore afin d'être admis dans le cercle de ses mathématiciens ? — n'y a-t-il point là, selon les Évangiles de Matthieu et de Marc, tout le *silence* que Jésus, malgré les persécutions, instaure entre le « *Tu le dis* » lancé à Ponce Pilate et le « *Mon Dieu, mon Dieu, pourquoi m'as-tu abandonné* » sur la Croix ? — n'y a-t-il point là le *silence* du Messie « *maltraité et opprimé* » qui, selon la vision que voit le prophète Isaïe, « *semblable à un agneau qu'on mène à la boucherie* » ou « *à une brebis muette devant ceux qui la tondent* », « *n'a point ouvert la bouche* » *(53,7)* ? — n'y a-t-il point là le *silence* de Jésus qui, entouré des scribes et des pharisiens venus lui apporter la femme surprise en adultère, « *s'étant baissé, écrivait avec le doigt sur la terre* » (*Jn* 8,6) ? — n'y a-t-il point là le *silence* que garde Bouddha, le Béni du Ciel, qui vaut pour un rescrit quand on le questionne ? — n'y a-t-il point là le *silence* exprimé par le sanskrit « *nirvacana* » dont le double sens repose sur ce « *qui ne dit rien* » (« *nir-vacana* », du préfixe « *nir* », « *hors* », et de « *vacaná* », « *parole* »), et sur l'« *interprétation* » (« *nirvac-ana* », de « *nirvac* », « *énoncer* », et du suffixe « *ana* », qui désigne une « *manière de faire* ») ? — n'y a-t-il point là le *silence* claquant que Lamartine assimile à l'« *applaudissement des impressions durables et vraies* » ? — n'y a-t-il point là le *silence*, « *le grand silence de la nature heureuse* », nous dit Hugo, qui emplissait le jardin du Luxembourg dès potron-minet, le 6 juin 1832, ce « *silence céleste compatible avec mille musiques, roucoulements de nids, bourdonnements d'essaims, palpitations du vent* » ? — n'y a-t-il point là le *silence* du « *langage mystérieux des intelligences* » qu'écoutent les corps, le silence des « *émotions qu'on ne saurait exprimer qu'en se taisant* », le silence qui évite de parler avec la voix en parlant avec l'âme ? — n'y a-t-il point là le *silence* du « *solitaire* » qui doit mettre « *sa bouche dans la poussière, sans perdre toute espérance* », et qui prévaut à l'attente du « *secours de l'Éternel* » (*Lam* 3,26;28-29) ? — n'y a-t-il point là le *silence tapageur* — entre *Gloire et Éternité* — d'un réveillon final où Nietzsche déflagre (« *Ô nuit, ô silence, ô bruyant silence de mort !* ») ? — n'y a-t-il point là le *silence* Wittgensteinien de l'ignorance (*comment taire*) ? — n'y a-t-il point là le *silence* similaire d'Alabanda le résigné qui crie : « *taisons-nous quand les mots ne sont plus de secours !* » ? — n'y a-t-il point là le « *non ! plus* » d'Edgar Allan Poe ? — n'y a-t-il point là, du même Poe, succédant aux caractères gravés sur le rocher — « *DÉSOLATION* » — le « *SILENCE* » qui fait fuir l'homme pensif et solitaire ? — n'y a-t-il point là le *silence du Nord* qu'évoque Jack London dans ses nouvelles, le « *Silence blanc* » au milieu duquel « *il n'est pas agréable de se trouver seul, avec d'amères pensées* », un silence qui n'est pas le silence de la nuit où peut percer une sorte de pitié qui « *semble vous protéger et vous murmurer de mille manières sa sympathie intangible* », mais le silence « *lumineux, clair et froid, sous un ciel d'acier* », le silence qui est sans pitié, le silence *trop-blanc* qui accable « *sous le poids de l'infini et de l'irrévocable* », qui pénètre « *les plus obscurs recoins* » de la conscience, qui élimine, « *comme le jus d'un fruit que l'on presse, toutes prétentions et toute vaine exaltation, ces faux-semblants de l'âme humaine* », le silence qui réduit les hommes à ce qu'ils sont réellement : « *des grains de poussière ni très adroits ni très malins, livrés aux déchaînements aveugles des forces naturelles* » ? — n'y a-t-il point là le *silence stellaire* de Virgile dans son *Énéide*, où « *Les étoiles roulaient dans un profond silence* » ? — n'y a-t-il point là le *silence apocalyptique*, le silence du monde qui s'immobilise et se tait après les « *coups de vent* », les « *échos des explosions* », les « *fracas de tonnerre* », un silence, nous dit Ray Bradbury (*Et l'été ne dura qu'un jour…*), « *si immense, si total, si incroyable qu'on croyait avoir les oreilles bouchées, voire même avoir perdu définitivement l'ouïe* » ? — n'y a-t-il point là le *silence chanté*, puisque, d'après Marie Noël, à l'extrême, « *le plus grand chant est celui qui contient le plus grand silence* » ? — n'y a-t-il point là le *long silence* gardé pendant vingt-cinq années par l'ermite du septième récit du *Pèlerin russe*, un silence dont le but véritable est de faire progresser l'âme en agissant « *inlassablement selon les plus hauts degrés de son intelligence* », c'est-à-dire en veillant et méditant (« *L'homme qui vit dans le silence et la solitude, non seulement ne vit pas dans l'inaction et l'oisiveté, mais il est actif au plus haut degré, plus même que celui qui prend part à la vie de société* ») ? — n'y a-t-il point là le *silence* que cache le mot prononcé, si, à en croire János Pilinszky, « *au fond de toute parole habite le silence* », de la même façon qu'après un morceau de Mozart, le silence qui suit semble encore être de Mozart ? — n'y a-t-il point là le *silence de la discrétion* de celui qui ne fait qu'écouter, celui qui est à l'opposé des bavards, les bavards dont Plutarque dit qu'en « *voulant se faire aimer se rendent odieux, qu'en croyant être admirés ils ne sont que ridicules, qu'au lieu de retirer un profit quelconque ils dépensent en pure perte, enfin que, sans être utiles à ceux qu'ils aiment, ils sont inutiles à leurs ennemis et consomment leur propre perte* » ? — n'y a-t-il point là le *silence de la mer*, le silence *de la présence* de l'officier allemand Werner von Ebrennac, « *de plus en plus épais, comme le brouillard du matin* », « *épais et immobile* », « *obscur et tendu* » ? — n'y a-t-il point là, en contre-balancement du silence « *céleste* » du jour, le silence de « *la nuit sur la mer* » qu'aquarelle Victor Hugo, « *silence de l'ombre* », « *plus profond qu'ailleurs* », travailleur de l'amer, ce silence qui « *dit tout* », où « *une résultante s'en dégage majestueusement* », qui n'est autre que « *Dieu* » ? — n'y a-t-il point là le *silence* de cette « *musique du ciel* » qui « *réjouit le cœur sans sons* », nommée *L'Étang céleste*, que vient de jouer l'Empereur Jaune, cette musique que l'on « *écoute sans l'entendre* », « *observe sans la voir* », qui « *remplit l'univers, enveloppe les six limites* », ces sons qui, « *comme la musique des forêts qui n'a pas de forme* », « *se propageaient sans limites, imperceptibles, indiscernables, silencieux* », dont les « *mouvements venaient de nulle part, silencieux* », et « *résidaient dans une obscurité profonde* » ? — n'y a-t-il point là le *silence* qui revient « *hanter* » Julien Gracq en *Les hautes terres du Sertalejo*, « *un silence de haute lande, de planète dévastée et lisse où rien n'effrange plus sur le sol les ombres des nuages, et où la lumière du soleil éclate dans le tonnerre silencieux d'une floraison* » ? — n'y a-t-il point là le silence de l'écran de gouttelettes que fait monter la brume des terres matinales ? — n'y a-t-il point là le *silence incompréhensible* dont sont toujours pleins les souvenirs, ce silence qui, pour Erich Maria Remarque, « *est la raison pour laquelle les images du passé éveillent en nous moins des désirs que de la tristesse, une mélancolie immense et éperdue* », le phénomène silencieux des choses qui ont été, qui ne reviendront plus et qui « *font partie d'un autre monde pour nous révolu* » ? — n'y a-t-il point là ce qu'écrit l'amour *silencieux* qu'il nous faut apprendre à lire (« *O, learn to read what silent love hath writ* ») et à écouter avec les yeux (« *to hear with eyes* ») — au vingt-troisième *Sonnet* (« *sonetto* », de « *sonet* », de « *sonare* » : « *sonner* ») ? — n'y a-t-il point là, aux prémices du monde, le *silence* immémorial de la musique qui n'était, pour Andrew Marvell, qu'« *son solitaire* » (« *All Musick was a solitary sound* ») ? — n'y a-t-il point là le *silence* de la branchille qui casse dans la forêt vierge de toute humanité, et que nul n'entend ? — n'y a-t-il point là un *silence*, « *un silence le plus profond que tous les silences* », celui de « *la vague qui se brise où nulle oreille ne peut l'entendre* », le silence, nous dit en son jardin le Prophète Almustafa, qui délimite ce « *qui n'a pas été entendu en nous* » et « *qui entretient nos peines les plus profondes* » ? — n'y a-t-il point là le *silence* qui seul permet aux êtres attaqués de triompher, sinon de se défendre, ce silence qu'essaya d'observer la Pierrette de Balzac, « *complet* », « *absolu* », qui est l'« *une des manières d'être de l'infini* » ? — n'y a-t-il point là le *silence* de l'amour recherché par les béguines, « *le plus profond* » des silences qui est le chant « *le plus haut* » de l'amour ? — n'y a-t-il point là le *silence* du Sage qui « *s'abstient de toute action* », qui, écrit Lao-tseu (*Tao Te King*), impassable, « *enseigne par son silence* » ? — n'y a-t-il point là le *silence* dans lequel « *il n'est ni crainte ni espoir* », et dont Djalāl ad-Dīn Rūmī, qui recommande sans cesse d'en « *apprendre l'art* » (silence ! silence !), dit qu'il est « *ce qu'il y a de plus précieux au centre de [soi]-même* », qu'il est « *le voile de toute suavité en [soi]* » ? — n'y a-t-il point là le *silence inconnaissable* de « *la rotation perpétuelle d'une masse aussi énorme* » que la Terre, rotation si silencieuse en apparence, peut-être parce que le bruit, infini selon la supposition de Pline l'Ancien, « *échappe à notre ouïe* » (impossible de savoir « *si le son produit par les astres qui se meuvent ensemble dans leurs orbes est un concert d'une harmonie et d'une suavité incroyable* ») ? — n'y a-t-il point là *les silences* dénombrés dans *L'Art de se taire* de l'Abbé Dinouart (« *prudent* », « *artificieux* », « *complaisant* », « *moqueur* », « *spirituel* », « *stupide* », « *d'approbation* », « *de mépris* », « *de politique* », « *d'humeur* », « *de caprice* »), dont le sixième des quatorze *Principes nécessaires pour se taire* déclare que « *jamais l'homme ne se possède plus que dans le silence* » ? — n'y a-t-il point là le *puissant silence* de la peinture, cette « *silencieuse puissance qui ne parle d'abord qu'aux yeux et qui gagne et s'empare de toutes les facultés de l'âme* », telle que l'écrit Delacroix dans son *Journal* ? — n'y a-t-il point là le silence « *spécial aux excavations* » que décrit Jules Verne dans *Le Rayon-Vert*, « *cette sorte de silence sonore — s'il est permis d'accoupler ces deux mots* » ? — n'y a-t-il point là le *silence* du jeune Hölderlin qui l'aidera peut-être « *à de plus virils chants* » ? — n'y a-t-il point là le *silence* (hasardeux, sur « *un coup de dés* ») du « *blanc du papier* » isolant les strophes, le « *significatif silence qu'il n'est pas moins beau de composer, que les vers* », le silence poétique que rechercha fiévreusement Mallarmé ? — n'y a-t-il point là le *silence visuel* que Valéry entendait en découvrant ce même poème de Mallarmé, un Valéry estomaqué dont la « *vue avait affaire à des silences qui auraient pris corps* » (« *Il a essayé, pensai-je*, d'élever enfin une page à la puissance du ciel étoilé ! ») ? — n'y a-t-il point dans ce *silence* la condition du « *secours de l'Éternel* », qu'« *il est bon d'attendre en silence* », puis le commandement de se tenir « *solitaire et silencieux, parce que l'Éternel le lui impose* » (*Lam 3,26.28*) ? — n'y a-t-il point là, « *dans le ciel* », quand on eut ouvert « *le septième sceau* » du Livre cité dans l'*Apocalypse* de Jean (*8,1*), ce « *silence d'environ une demi-heure* » ? — n'y a-t-il point là, à la suite, le témoignage de Boris Schreiber et le long *silence* des cinq années de réécriture de son journal, — *Un silence d'environ une demi-heure* ? — n'y a-t-il point là le *silence* qui règne sur Hugues Viane, parti pour Bruges(-la-Morte) parce qu'« *il avait besoin* », dans son veuvage, — nous conte Georges Rodenbach, — « *de silence infini* » ? — n'y a-t-il point là le *silence* de la mère morte, ce « *Plus rien* » de la mère qui « *est silence* », l'amer silence qu'Albert Cohen digère mal ? — n'y a-t-il point là l'*hymne au silence* que voulait écrire Saint-Exupéry du haut de sa citadelle (au « *sens informulable* »), ce silence dont les hommes ont besoin et dans lequel « *la vérité de chacun se noue et prend des racines* », où tous ne sont « *plus que prière qui se [fond] dans le silence de Dieu* » ? — n'y a-t-il point là le silence génésiaque qui succède à l'engloutissement jupitérien de la terre sous les eaux et à sa réapparition avec ses deux seuls survivants, Deucalion et Pyrrha, — le « *silence effrayant* » qui règne dans cette « *immense solitude* » ? — n'y a-t-il point là, près du pays des Cimmériens, le silence de l'antre du Sommeil, le muet repos qui habite le désert où « *jamais le chant du coq n'y appelle l'aurore* », où l'« *on n'y entend jamais le lion rugissant, l'agneau bêlant, ni l'aquilon sifflant dans le feuillage, ni l'homme et ses clameurs* » ? — n'y a-t-il point là ce « *silence complet* » de l'Antigone de Sophocle, ce silence qui « *ne peut éveiller que l'angoisse* » ? — n'y a-t-il point là « *les silences, tous les silences* » de la « *tranquille* » et « *commode* » tragédie dont le chœur de l'*Antigone* de Jean Anouilh nous fait part, où « *le vainqueur, déjà vaincu* », est « *seul au milieu de son silence* » ? — n'y a-t-il point là le silence, le « *silence intérieur* », précise Joseph Joubert, qui seul permet d'entendre Dieu qui, de sa lumière, « *nous parle tout bas* » ? — n'y a-t-il point là le *silence*, le cher silence de l'écriture et de la lecture ? — n'y a-t-il point là le *silence* qui accompagne, dans son *Voyage à Rodrigues*, Jean-Marie Gustave Le Clézio, lancé sur les traces de son grand-père paternel, « *le silence, cette force qui appuie sur la vallée qui met une menace dans chaque forme, dans chaque ombre* », le silence qui intimide, « *le silence qui exile* » ? — n'y a-t-il point là le « *silence austère* » qui règne chez les Stirl (Paul Gadenne), et ce « *silence à l'intérieur de ce silence* » — « *redoutable* » ? — n'y a-t-il point là le *silence* qui *parle* à Zarathoustra, « *l'heure du suprême silence* » (« *die stillste Stunde* ») ? — n'y a-t-il point là le *silence* de la sagesse que mentionne Farid-Ud-Din' Attar, la sagesse qui ne réside pas dans le « *parler vrai* », mais dans l'acte « *de se taire et d'écouter* » (« *si j'avais su !* ») ? — n'y a-t-il point là le *silence* des poètes évoqués par Rabindranath Tagore, qui se sont tenus, muets, dans l'ombre de la Nuit, afin de se faire les poètes de son « *insondable silence* » ? — n'y a-t-il point là le *silence* de quelque quatre années qui toucha Jean-Sébastien Bach et à la sortie duquel, dans un maintien de l'isolement, il puisa dans le langage ce qui lui était le plus intime et put recomposer la musique la plus approfondie qui fût ? — n'y a-t-il point là le *silence* du « *langage du monde* » dont parle Maurice Blanchot, dans lequel « *le langage se tait comme être du langage et comme langage de l'être* », et forme un « *silence grâce auquel les êtres parlent, en quoi aussi ils trouvent oubli et repos et de l'écriture* », ou le silence que l'on doit imposer à « *ce qui ne peut cesser de parler* » dans l'acte « *d'écrire* » ? — n'y a-t-il point là le *silence* des profondeurs visitées par la Calypso du Commandant Jacques-Yves Cousteau, l'ivresse du *Monde du Silence* ? — n'y a-t-il point là le *silence* de la femme recroquevillée et coupée du monde peinte par Johann Heinrich Füssli, le *silence* du *silenciario* saint Pierre de Fra Angelico, le *signum silentii* de Fernand Khnopff, l'*in silentio* de Paris Nogari ? — n'y a-t-il point là encore le *silence des Sceptiques* (« οἱ Σκεπτικοί », les « *Observateurs* » — qui n'affirment rien) ? — n'y a-t-il point là le *silence* qui suit l'éclair et précède le tonnerre ? — n'y a-t-il point là le *silence* des cimetières, des tombes, des cloîtres, du vide, des prières, du cerveau, des livres, — de *mon* ivre, de *mes* pages, de *mes* mots, — *le silence de mon être* ?... — En compagnie du vaillant et élégant poète — contemporain de Mallarmé —, nous allons refermer ce chapitre (baste ! l'alinéa final croulait) par une proposition conclusive : *le langage ne parle pas et nous sommes voués au silence du langage*, — et par un passage d'une lettre adressée à Robert Bridges : « *Vous savez bien que l'on goûte et que l'on admire parfois des vers que l'on ne comprend pas, comme par exemple* If it were done when it's done *[Shakespeare] qui est aussi obscur que discuté, encore que tout le monde reconnaisse, et que personne ne discute, sa beauté.* »

« *Chut ! Tout est bien, rien ne s'étonne.*

Fleuris, ô Terre d'occasion,
Vers les mirages des Sions !
Et nous, sous l'Art qui nous bâtonne,
Sisyphes par persuasion,
Flûtant des christs les vaines fables,
Au cabestan de l'incurable
Pourquoi ! — Pourquoi ? »

Jules Laforgue, *Complaintes des complaintes*

Être au monde

« Ночь. Город угомонился.
За большим окном
Тихо и торжественно,
Как будто человек умирает.

Но там стоит просто грустный,
Расстроенный неудачей,
С открытым воротом,
И смотрит на звёзды.

"Звёзды, звёзды,
Расскажите причину грусти!"

И на звёзды смотрит.

"Звёзды, звёзды,
Откуда такая тоска?"

И звёзды рассказывают.
Всё рассказывают звёзды. »

(« *La nuit. La ville s'est assagie.*
Derrière la grande fenêtre,
Dans un doux silence solennel,
Comme si quelqu'un allait mourir.

Mais ce n'est qu'un homme simplement triste,
Déçu par la malchance,
Qui, le col ouvert,
Contemple les étoiles.

"Étoiles, étoiles,
Dites-moi pourquoi je suis triste ?"

Et il contemple les étoiles.

"Étoiles, étoiles,
D'où vient cette angoisse ?"

Et les étoiles racontent.
Elles racontent tout, les étoiles. »)

Alexandre Blok, *La Ville*

Les nuages convectifs, intumescents, s'agglutinèrent et se resserrèrent ; — les bourrasques se cotonnèrent, s'épaissirent, surventèrent, s'insinuèrent dans les moindres interstices, délogeant l'être camouflé, brisèrent les verticalités trop rigides, émiettèrent les socles argileux trop fragiles ; — la pâle poussière, escamotée puis ventée, fut remuée, soufflée, expulsée, agrainée et voltigea violemment selon des accélérations, des décélérations et des directions aléatoires. Tout ne fut que touffues pantomimes essaimées, chaos éolien, mouvement brownien d'éther obscurci de ballantes particularies, parmi lesquels des flocons ovoïdes secoués de toutes parts et favorables à l'anémochorie, imperturbables devant les réjections diathésiques de la nature — et cependant réjouis de leur fluctuant voyage inconnu —, percutèrent chaque digue atmosphérique, protégés de leur exine d'airain, reprenant immédiatement et fièrement leur danse avant d'atterrir, essoufflés, qui — rares chanceux — en adhérant à la dérobée sur quelque stigmate bien-aimé, qui — infortunés — en s'affalant sur un parterre infécond et isolé. — Dès la tourbe humide pollinisée, l'éclosion s'activa et dans ce vacarme de granules fouettées l'angiosperme se réveilla et commença d'attendre patiemment les fruits de sa germination déjà commencée. Les racines souterraines, organes vitaux générateurs, s'ancrèrent dans le sol meuble décolmaté, se propagèrent, — abritées des trombes d'air extérieures et coiffées de leur armure de cellules subérifiées, — en un réseau multifiliforme et géotropique immense, et absorbèrent, vacuoles voraces, — par les zones pilifères qu'un cycle intempérant de vie et de mort recrépit sans cesse, — ce que leur course offrit d'eau et de nutriments, accumulant les réserves de survie en cas de récession. La sécrétion des polyosides lubrifiants leur ouvrit toutes les routes pénétrables tandis que les statolithes guidèrent leur descente gravitative. Les associations symbiotiques, signes de la régénérescence des fonctions secondaires, naquirent avec les bactéries et les aidèrent à fossoyer toujours plus profondément. Lors vinrent les anastomoses, échanges racinaires au sein d'une même espèce complice : la communication sylvaine se fit encouragement, réconfort, coopération dans un milieu dantesque et darwinien dépourvu de commisération. — Des bas-fonds sauvages de l'enfer populeux, de ce pandémonium, les mannes hydriques et substantielles remontèrent les xylèmes préformés et composés de cellules mortes, que l'osmose innerva à profusion. Le collet tronconique franchi, puis tout le fût, la sève brute grimpa le plan ligneux recouvrant les cernes dendrochroniques, — recouvert lui-même du rhytidome impérissable qu'assaillent les épicormiques en tous genres ou le lichen inoffensif, — et se sépara à l'arrivée du houppier réticulaire. Le long des branches, la circulation continua jusqu'à la pointe des ramilles, le *terminus* du rameau. — Là, les feuilles vascularisées, dont les limbes, parfois digités, sont le réceptacle photosynthétique, produisirent la sève élaborée (acides aminés, sucres, glycogène stabilisateur) et la redistribuèrent, — à la manière de leurs sœurs hypogées, — au rebours par les nervures, le pétiole et la tige. — La genèse répétée des ramifications, depuis les racines vers la couronne et inversement, accrut l'épanouissement et exploita tout l'espace disponible ; l'écosystème complexe, de sa résilience écologique, surabonda l'essor vitalisant et vitalisé, mais la bataille contre les ennemis en masse fut âpre et acharnée : foudre éventrant, tempête brisant, gelée fissurant, neige rompant ; termite creusant, gui vampirisant, rongeur affouillant ; espèces concurrençant (le triste labeur du bouleau qui disparaît, trahi et étouffé par ceux qu'il aura secourus)… — Tels crurent les *hêtres*, les fayards, arbres dont l'être est multiple, dont les feuilles à bord pubescents et ondulés sont les lettres du charme, dont les branches sont plagiotropes, dont le feuillage dense freine leur propre développement et assombrit l'étant égaré dans l'hêtraie, dont le bois, qui manque de souplesse, est rouge sang lorsqu'il est fraîchement coupé, dont l'essence est sombre, dont les faînes indéhiscents groupés dans leur cupule contiennent un agent toxique, dont les fleurs pédonculées sont jaunes ou smaragdines, dont les racines sont superficielles et vivent en symbiose avec des champignons, dont la combustion dégage une flamme vive et claire, dont le tronc est lisse, dont les cendres lavent, « *dont la sève d'un Dieu gonfle la blanche écorce* » (José-Maria de Heredia), — tels sont les arbres de Jupiter, père des dieux, les *hêtres*, — et tel un hêtre je me semble être, — un Hêtre-onmonde (pas si sûr, explétif, presque ajovien, — mais borné au verbe *monder*, non au malheureux *étron*), une hamadryade auprès de mon être. — Je suis admiratif de la profonde beauté de ce terme : *hêtre*. *Visuellement*, éclate majestueusement l'*être*, surtout écrit en police romaine avec le h en capitale : Hêtre, — comme si l'*être* se reposait sur une double colonne armée, un pont protecteur silencieux (qui est l'*êta* majuscule grec, η en minuscule, — valant 8 dans la numération hellénique, soit le symbole de l'infini à l'envers : ∞). *Oralement*, le h étant aspiré, il impose l'élision (*le* hêtre) et la démarcation avec l'être est signifiante, mais isolé, il ne s'entend pas et jette le trouble homonymique. Ce h se fait même truculent si l'on veut violer les règles usuelles en le déclamant telle une consonne fricative gutturale sourde (le [h] phonétique) : nulle vibration des cordes vocales, mais un flux pulmonaire égressif, une expiration muette — très angoissante — de l'*être*, — aussi terrible que le serait le mot *agonie* si sa prononciation fût : [haɡɔni]. « Hêtre » est étymologiquement issu du latin « *fagus* » qui en ancien français avait d'abord été transformé en « *fouet* » (« *petit hêtre* »), à l'origine de l'objet aux lanières de cuir qui sert à « *fouailler* », — et en « *fol* », — mais c'est surtout du francique *haistr* (de *haisi*, buisson, et *-tr*, suffixant les noms d'arbres) que la forme moderne provient. — Superbes répercussions frontales : *l'être frappe de plein fouet*, — *l'être est frondé*, — ô *l'arbre à l'être* !… à l'opposé du *mélèze*… mais frère de sève du *noyer*… ou du *tremble*… — Ah ! l'être en mode optatif ou désidératif, en sa condition d'être échu, — un hêtre presque *if* !… — Sur les terres anglaises, c'est « *beech* », qui dit ce qu'en son « *hêtre* », être veut dire !… — *Trompe-être* !… — Des quatre espèces de nature (l'*arborescence* !), Sénèque n'y incluait-il pas pour Lucilius Junior, avant la brute, l'homme et Dieu, — l'*arbre* ?… — Arbre ! pas l'arbre ! hêtre !…

* * * * *

Être… ou ne pas être. A-t-on le choix ? demandé-je innocemment. « To be, or not to be » (« *être, ou ne pas être* ») est exactement la question conjuguée au passé composé : « avoir été, ou ne pas avoir été », — c'est-à-dire la possibilité d'avant la possibilité, la prédéfinition d'un être possible. Hamlet, en s'interrogeant, est le passéiste d'une dualité du passé jamais réalisable puisque réalisée en tant qu'être (*été*) circonstancié ; et l'idée parménidienne, qu'Aristote a élevée au rang de vérité logique énonciative dans sa *Métaphysique*, selon laquelle ce qui est, est, et ce qui n'est pas, n'est pas, — l'authenticité avérée et le contraire d'un sophisme, — amoindrit l'intérêt logique du questionnement du héros danois, ce qui n'empêche pas la ponctuation de sa tirade géniale de recueillir des suffrages approbateurs et enthousiastes. Avec humour, Orson Welles esquivait le problème en déplaçant la virgule : « *to be or not, to be* », — car quoi qu'il en « soit », il *faut* être (*faut* doit être entendu comme un *devoir* qui est une nécessité et non une obligation morale, mais si *falloir*, c'est *manquer*…). Et en faisant un bond en arrière dans le temps, Socrate, quant à lui, eût trouvé à y redire. Nul doute qu'à l'« *être, ou ne pas être* », en tant qu'adepte, du moins dans le *Théétète*, du « γίγνομαι », il eût davantage préféré un « devenir, ou ne pas devenir », ou bien un « venir à être, ou ne pas venir à être », ou encore un « varier, ou ne pas varier ». — Être, en tant qu'*être* vécu, n'est qu'*être* et rien autre, qu'on le « doive » ou qu'il le « faille » ; être, en tant qu'être (*étant*), n'est qu'*avoir été qui est encore* (éléments agrégés ou désagrégés depuis les « débuts » de l'être) ; être, c'est être, — *être*, — et « *De l'être éternel éternel est le cours* » (Lamartine)…

* * * * *

(L'arbre des connaissances secoua ses branches et churent sur l'herbe bordant son tronc des gouttelettes matinales, qu'il perdit, ainsi qu'évidemment ses souvenirs, puis s'évanouirent les vents invisibles, laissant seul l'arbre désolé qui avait un instant pensé être maître de son savoir, et dont aussitôt les larmes furent séchées.)

* * * * *

(Dans ce qui suit, la nuance, que la *doxa* ne permet point de distinguer, sera parfois mince entre l'emploi du verbe « être » en tant que verbe d'état et de support, compris avec son attribut, — tel le « sera » du commencement de la phrase, — et l'emploi du verbe « être » considéré comme *concept* menant à l'*ontologie*, — aussi gardons à l'esprit la consigne de Lacan qui est de se méfier du verbe « être » et de « *l'accentuation pleine de risques* » à « *le produire comme tel* » puisqu'il « *n'est même pas, dans le champ complet des langues, d'un usage qu'on puisse qualifier d'universel* ». Le psychanalyste joueur-de-mots enchaîne : « *Pour l'exorciser, il suffirait peut-être d'avancer que, quand on dit de quoi que ce soit que c'est ce que c'est, rien n'oblige d'aucune façon à isoler le verbe* être. *Ça se prononce* c'est ce que c'est, *et ça pourrait aussi bien s'écrire* seskecé. *On ne verrait à cet usage de la copule que du feu.* » — « *Être* » versus « être » : halte-là !... Ô l'être copulatif ! — D'autre part, le verbe « être », si noble d'*apparence* et d'*être*, est *abstrait* et *substantif*, — ce que je vais de ce pas brièvement expliciter : au lieu de dire : « je lis », je puis bien dire : « je suis lisant », et il en va ainsi pour tout, c'est-à-dire que tout est constructible selon la périphrase verbale : « je suis + *participe présent* » (effectivement, l'être participe du présent !). Grâce à cette distinction, le « je suis » pris ontologiquement est équivalent, si l'on veut faire vite en éludant l'aspect ontique, à la forme du « je suis *étant* »… — Goethe *ironiserait* que « *l'Être tourne en rond comme un objet réel* » !...)

* * * * *

L'acception ordinaire, lorsqu'elle n'est pas perdue dans la *quotidienneté* heideggérienne, — qui la rend d'autant plus étrangère qu'elle est oubliée, car trop *évidente* (où sont les frères de Faust, qui « *s'attache aux profondeurs de l'être* » ?), — tend à confondre *l'être* et *l'exister* et ainsi faire de l'être la réalité actuelle d'une chose qui est perçue comme existante, qui est donnée à nos facultés aperceptives comme une connaissance ou une perception conscientisée et objectivée. L'existence n'*est* pas *supposable* pour qui *est* et qui *se révèle* objectité parmi les objectités, puisque l'existence *est* ce qui *est vécu* de l'intérieur (*je pense, donc je suis*, je me *sens* être en pensant : je sens, donc je suis, et si je suis, j'existe) de ce qui *est vécu* à l'extérieur (ce qui est pensé, *est*, et je suis, car cela *est*). (En logique des prédicats, si *penser* implique *être pensant*, — *être*, — nous pouvons écrire que « je » pense, donc « je » est. Et « je » pense la « je », donc « je » se pense, qui pense un « soi », donc son « soi ». Ainsi : *je pense, donc je suis*. — Puisque toute énonciation subjective est incluse dans l'existence, Lacan s'amuserait peut-être à le transcrire : jepense, donc jesuis.) Ce disant, on aurait le droit d'arguer que je dévoie le *cogito* en le colorant d'un idéalisme que la réduction cartésienne n'admettait certainement pas, en tout cas dans le sens extrême qu'il a par exemple pu avoir sous la houlette d'un Berkeley, et je dois en conséquence nuancer ces expressions. En premier lieu, *intérieur* et *extérieur* peuvent viser le même « lieu moïque » conceptuel, que l'intérieur (le moi) soit intrinsèque à l'individu pensant et l'extérieur (le non-moi) — en référence — extrinsèque, ou que l'extérieur soit la réflexivité de l'intérieur (le moi perçu par le moi) et l'intérieur la réflexivité de l'extérieur (le non-moi perçu comme un autre moi). En second lieu, l'existence est ce qui s'offre à moi parce que je l'éprouve, du moins je crois l'éprouver comme une instance, une sollicitation vive (de mon ipséité), et il est important de rappeler que le mot « exister » vient du latin « exsistere », qui se traduit par « sortir de », « s'élever de », — de « ex », « dehors », et « sistere », « se tenir », — ce qui dénote une phénoménalisation du *se tenant*, une prise de ce qui sort de quelque chose : l'existence est un jaillissement, une projection de l'être, — et effectivement « être », forme remaniée d'une fusion entre le latin classique « *esse* », « être », et l'ancien français « *ester* », lui-même dérivé du latin « *stare* », « être debout », dont la flexion se vérifie encore pour *était, été, étant*, récapitule deux fonctions signifiantes : l'essence de l'être et l'état de l'être. L'étant est ce qui *est* et *est là*, se tient là, c'est un *être-là* (sans prétendre, dans cette dénomination, au *Dasein* qui est l'être-là en mesure de se poser la question de son être), tout à la fois *déposition* (formulation et formalisation de l'étant au monde, son immanence) et *constitution* (« principiation » de l'étant, sa transcendance). La déposition (Kant dirait — *du sujet* — l'existence positionnelle ou positive, Heidegger, la facticité) appartient à la « φυσικη », la science de la nature, tandis que la constitution ressortit à la « μετὰ τὰ φυσικά » (après la science de la nature, qui a donné la « *métaphysique* »), plus précisément à l'une de ses sous-parties, l'*ontologie*, l'étude de l'être en tant qu'être, que Parménide fut le premier à débroussailler. Il y a encore une nuance de taille à apporter concernant l'ontologie, qui a été forgée à partir du *participe présent* du verbe être, « οντος », — « *étant* » : l'étant est *déterminé* et *déterminant*, il est cause ou condition de quelque chose dans les rapports au monde réel, et Heidegger avait raison de ranger cet étant selon l'axe de *l'ontique*, qui est *l'ontologie traditionnelle*, et non pas de *l'ontologie normalisée*, qui s'occupe *essentiellement* de l'être. Mais qu'est-ce que le réel ? et peut-on l'approcher ? À cette seconde question, Pascal répondait que « *tout le monde visible* » n'étant « *qu'un trait imperceptible dans l'ample sein de la nature* », « *nulle idée n'en approche* », et que « *nous avons beau enfler nos conceptions au-delà des espaces imaginables, nous n'enfantons que des atomes au prix de la réalité des choses* ». Ne soyons pas intimidés et ébauchons quand même une réponse à la première question : de manière abrégée, la réalité est tout ce qui existe, elle est le monde existant. Ou, pour parler en termes wittgensteiniens reconnectés, « *la totalité de la réalité est le monde* », qui « *est tout ce qui a lieu* », et « *ce qui a lieu, le fait*, est la subsistance d'états de chose » qui sont « *une connexion d'objets (entités, choses)* ». Bien qu'il y ait très peu de transcendance au cœur de ces « affirmations », — il s'agit de *physique*, — celles-ci ont tout l'air d'être transcendantales, — il s'agit de *propositions*. Nous pouvons aller plus loin que ces raisonnements : la réalité (« realitas », « *ce qui existe* », de « *res* », « *chose* ») est *tout ce qui est* — chose. Il n'existe rien d'irréel, car cet irréel *est* pensé (on objectera qu'une licorne n'est pas réelle, qu'elle est *fictive, imaginée*, mais elle est réalisée en soi, c'est une *causa* — ou *cosa* — de l'esprit, — ce qui, dans la bouche de Giordano Bruno, revient à dire que « *la vision fantastique [peut] en effet [avoir] sa vérité* »), toute chose, étant chose, *est* — *réelle : tout réifiable est réel* et *toute réalité est réifiée, réifiante,* — *réification.* « Quelle est en effet », demande à son tour Cicéron dans le *De Divinatione*, « *la forme que l'âme ne puisse imaginer, si extravagante, si peu conforme à la réalité qu'elle soit ?* » Car pour Cicéron, « *il n'est aucun objet auquel nous ne puissions penser* » (« *nihil est enim de quo cogitare nequeamus* »). — (En inventant de toutes pièces le concept de « licorne » pour étayer mes pensées (encore eût-il été plus judicieux que j'entourasse de guillemets le verbe « *inventer* » ou l'expression « *de toutes pièces* » puisque la licorne *existe* depuis longtemps dans notre folklore !), il me revient à l'instant l'idée de « cheval ailé » qu'utilise Spinoza pour étayer ses propres pensées (et les miennes, si bien que je fais d'une pierre deux coups, et nous étayons à l'unisson, ou plutôt nous *chevalons* !). Ce passage se situe dans l'*Éthique* (scolie de la proposition XLIX de la partie II) : « *Celui qui, par exemple, forge un cheval ailé, n'accorde pas pour cela qu'il existe un cheval ailé, c'est-à-dire qu'il ne se trompe pas pour cela, à moins qu'il n'accorde en même temps qu'il existe un cheval ailé ; l'expérience ne semble donc rien enseigner plus clairement, sinon que la volonté, c'est-à-dire la faculté d'assentir, est libre et distincte de la faculté de connaître. [...] Pour le faire mieux connaître concevons un enfant qui imagine un cheval [ailé] et n'imagine rien d'autre. Puisque cette imagination enveloppe l'existence du cheval et que l'enfant ne perçoit rien qui exclue l'existence du cheval, il considérera nécessairement le cheval comme présent et ne pourra douter de son existence, encore qu'il n'en soit pas certain.* » C'est par la faculté d'approuver (« *assentir* ») de la volonté que le cheval ailé se fait présent, et il *existe* parce qu'il est *imaginé*. Plus tôt dans l'argumentation de la partie I de l'*Éthique* (scolie 2 de la proposition VIII), Spinoza expliquait que « *nous pouvons avoir des idées vraies de modifications non existantes* » (« *quocirca modificationum non existentium veras ideas possumus habere* »), puis, un peu plus loin, dans la partie II (corollaire et scolie de la proposition XVII), que « *si le Corps humain a été affecté une fois par des corps extérieurs, l'Âme pourra considérer ces corps, bien qu'ils n'existent pas et ne soient pas présents, comme s'ils étaient présents* », et qu'ainsi « *nous voyons [...] comment il se peut faire que nous considérions ce qui n'est pas comme s'il était présent, ce qui arrive souvent* ». Le lecteur perspicace n'aura peut-être pas manqué de relever la contradiction qui apparaît entre le point de vue spinoziste et le mien quand il est dit dans ces dernières citations que ce qui est par nous considéré *peut ne pas être* — ou ne pas être présent ; mais ce serait oublier ce que sont les *images* des choses : « *Nous nommerons les images des choses les affections du Corps humain dont les idées nous représentent les choses extérieures comme nous étant présentes, même si elles ne reproduisent pas les figures des choses. Et, quand l'Âme contemple les corps en cette condition, nous dirons qu'elle imagine.* » Or, étant donné que ce qui affecte, l'affection, est bien réel ; que, de plus, pour Spinoza, toute chose (aussi bien *Pierre* que *l'idée de Pierre*) appartient aux attributs de Dieu, qui est réel, la réalité ; nous déclarons sans crainte que le cheval ailé, la licorne, sont, en quelque sorte, *réels*.) Ô simulacres ! Le fameux « εἴδωλον » des épicuriens. Qu'est-ce que le centaure aux yeux de Lucrèce ? « *Le centaure n'est pas un calque du réel, / Puisque dans la Nature il n'est pas de centaure ; / Mais quoi ! l'homme au cheval aisément s'incorpore, / Quand un soudain hasard mêle et confond les fils / Des deux spectres, tissus également subtils. / Ainsi naissent dans l'air tous ces doubles fantômes.* » Fantômes de l'esprit... (« *Now I will believe that there are unicorns* », lit-on dans *The Tempest*...) — Nos limites intellectives (jusqu'à l'horizon spéculatif qui dépasse les prétentions de la raison kantienne), réalisées, délimitent l'intelligibilité du monde en son ensemble, et en font sa réalité et sa réalisation — sans que l'aspect transcendantal soit occulté. Il retourne de l'image de la *licorne* une objectivation transcendantale qui est un moyen *a priori* de connaître les conditions de possibilité d'existence de la licorne en tant qu'objet intérieur ou extérieur à soi, et ainsi de connaître, pour celui qui se pose la question de son existence et confronte ces deux « lieux », les limites de son intellection. La transcendantalité de la licorne imaginée et n'ayant *a priori* pas d'existence extérieure n'en induit pas moins une existence intérieure, qui est l'expérience possible de la connaissance d'une licorne, mais la connaissance possible d'une expérience de la licorne rencontrée semble transcendante, donc dépasserait la possibilité d'expérienciation (*faire l'expérience de* —, *expérimenter* le monde extérieur). Je juge opportun d'intercaler ici les paroles tenues par Guillaume de Baskerville dans *Le Nom de la rose* : « *Il ne nous est pas permis de borner l'omnipotence divine, et si Dieu voulait, même les unicornes pourraient exister. Mais console-toi, ils existent dans ces livres, qui, s'ils ne parlent pas de l'être réel, parlent de l'être possible.* » Soyons donc clairs (sans nous confiner à la seule littérature) : la licorne n'est pas *physique*, mais *métaphysique*, et pour l'indépendance (*relative* : métaphysique est le pendant indissociable de physique) de ces deux domaines elle relève d'une connaissance transcendantale. Mais peut-on dire que la licorne, ou son idée, est transcendante purement ? Chez Kant, elle le serait, car est transcendant tout ce qui est au-delà de l'expérience sensible, de même que chez Hume, mais en moins prononcé puisque « *whatever we conceive is possible* », ou chez Sartre, selon lequel toute action purement psychique est transcendante, et qui affirme que l'on peut « *fort bien poser un Centaure comme existant (mais absent)* ». Chez Pascal, elle ne le serait pas, car est transcendant ce qui est supérieur à tout — *Dieu*. Chez Heidegger, elle le serait, car est transcendant ce qui est extérieur à la conscience et que celle-ci vise néanmoins. Chez Jaspers, elle ne le serait pas, car transcendant ce qui n'est pas dans la conscience, ce qui est au-delà de toute forme. Et chez Aristote, elle ne le serait pas non plus, car l'idée est immanente à l'objet, et son exemple du « *bouc-cerf* » (« τραγέλαφος »), animal

« *qui n'est pas* » et « *n'est nulle part* », *être imaginaire* et *sans réalité*, lui sert à définir ce qui est à la fois intelligible et non-être (le non-être est en effet intelligible, mais Aristote met en garde contre tout syllogisme qui aboutirait à la conclusion « *que le bouc-cerf est intelligible en tant que n'étant pas* »). — Alors quid ? « *Transcendere* » (« *franchir* », « *surpasser* »), qui fonctionne pour chacun de ces quatre points de vue, ne nous est d'aucun secours pour trancher, et nous devons essayer d'expliciter le nôtre succinctement, qui est que *seule la transcendance est elle-même transcendante*. Nous entendons souvent dire d'un acte (ou d'une pensée) qu'il (elle) est inhumain(e), mais c'est se méprendre puisque — dans ce sens-là — ce qui est inhumain est humain (pensé ou réalisé par un humain), et c'est ce qu'y entendaient le Marquis de Sade en disant que toutes les « *fantaisies* » de l'homme « *sont dans la nature* », Protagoras en disant que « πάντων χρημάτων μέτρον ἄνθρωπος » (« *l'homme est la mesure de toute chose* »), Marc-Aurèle en disant que « ἀνθρώπῳ οὐδενὶ συμβαίνειν τι δύναται ὃ οὐκ ἔστιν ἀνθρωπικὸν σύμπτωμα » (« *jamais rien ne peut arriver à aucun homme qui ne soit un fait humain* »), et Térence dans *L'Héautontimorouménos* en faisant dire à Chrémès que « *humani nihil a me alienum puto* » (« *il n'est rien d'humain qui me soit étranger* ») (en ne voyant pas dans cette expression une quelconque absence d'indifférence, mais une faculté de sentir, *parce qu'un autre aurait pu le sentir*, ce que cet autre sentirait). Tout aussi bien, ce qui inqualifiable est significativement inopérant puisqu'il est qualifié — d'inqualifiable, il ne saurait être purement inqualifiable s'il n'était l'objet d'aucune qualification « inqualification », ce qui est impossible, sinon il ne serait l'objet de rien ; de même, la transcendance, si elle est ce qui nous échappe, — nous surpasse effectivement, — ne nous échappe pas en tant qu'on vise ce *quoi* qui nous échappe parce que ce *quoi*, *quoi qu'il soit*, devient transcendantal, et parce qu'il est transcendantal, il ne saurait être transcendant. Est transcendant ce dont on ne peut faire l'expérience de la transcendance : la transcendance pure est « méta-transcendance » et vouloir chercher, de près ou de loin, une transcendance, c'est vouer à l'échec cette recherche : je ne peux pas même définir un *être* à la transcendance, transiger de son essence ou lui assigner une vérité quelconque, voire douter radicalement de cette vérité. La transcendance, parce qu'elle est ce qui nous échappe, est sa propre transcendance, la licorne « n'est » que transcendantale, sa transcendance *ne nous existe pas*, elle ne nous est pas co-existante. En fin de compte, sans tomber dans l'idée d'une « nature-machine » pensée par un homme-machine, s'il est des choses qui nous « échappent », elles ne sont pas choses pour nous et nous ne pouvons dès lors pas dire qu'elles nous « échappent », — et je ne devrais d'ailleurs pas le dire ! — Ce qui nous conduit à l'un des paradoxes inhérents à toute recherche ontico-ontologique, paradoxe qui détermine sa difficulté insurmontable et qui est toute le fait qu'elle est une recherche effectuée par un être dont la recherche est orientée par son mode d'être — ou, pis, par son mode d'être *étant* (quasi synonyme de *mode d'étant*). Au Livre III, IIème partie, chapitre VI de la *Recherche de la vérité*, Nicolas Malebranche expose qu'il est certain « *que l'esprit peut voir ce qu'il y a dans Dieu qui représente les êtres créés* » cependant que l'on « *ne peut pas conclure que les esprits voient l'essence de Dieu*, car « *ce qu'ils voient en Dieu est très imparfait, et Dieu est très parfait* » (en y comprenant « Dieu », pour notre cause, telle la substance spinoziste et non pas tel que Malebranche le peint, c'est-à-dire Dieu qui, à ce qu'il lui paraît, « *veut* » bien que la créature pensante découvre « *ce qu'il y a dans lui* »). Spinoza écrit : « *Cela appartient à l'essence de la chose, qui fait que, cela étant posé, la chose est nécessairement posée et que, cela étant ôté, la chose est nécessairement ôtée* », et l'on devine bien, en considérant la permanence de l'être et en vue de soutenir un discours ontologique, fût-il embryonnaire, qu'il faut parler d'*essence*, — *essentia*, — *ce qu'un être est*. Or, notre essence faisant partie de l'essence de Dieu et notre esprit ne pouvant pas s'approprier cette dernière, qui est parfaite, nous sommes incapables de décrire notre essence, ce que notre être est. Pour en être capable, il faudrait que nous fussions Dieu et ainsi être en mesure de nous comprendre nous-mêmes, ce que notre imperfection irréalise : notre essence, parce qu'elle n'est pas le Tout essentiel, ne nous est pas appropriable ; on ne peut être la chose et voir dans un même élan l'être de la chose, ni être le miroir et se voir en lui tel que nous sommes (Dieu serait par conséquent le Miroir infini se mirant Miroir, mais qu'y verrait-il au juste ? il nous est refusé d'y voir). Dans un registre inégalable et d'une complexité voisine, la philosophie bouddhiste de la *vacuité* (*śūnyatā*), — l'affirmation de l'interdépendance des choses, — pose l'inexistence de toute essence (« *[les choses] ne relèvent ni de l'être ni du néant* », lit-on dans un *sūtra* de l'époque du *mahāyāna*, le « *grand véhicule* »), « concept » dont l'utilité repose avant tout dans *prajñā*, la « sagesse transcendantale », perception aiguë qui permet d'atteindre au *jnāna*, la connaissance métaphysique, la libération, l'appréhension de la Réalité. Les Hindouistes pensent que le *jnāna*, c'est la connaissance de *Brahman*, la Réalité ultime, l'Âme cosmique, le Soi suprême, situé au-delà de Dieu et du monde qui ne sont que des illusions : *connaître Brahman, c'est être Brahman*. (Ah ! si j'avais la clef de cette pleine conscience !... Ô mon Salut, noies-y moi ! Je serai tout sans être rien !) Nous rejoignons dans une spirale évanescente ce que nous évoquions à l'instant, et que Leibniz a « poétisé » en introduisant les *monades*, en particulier quand il explique que « *ce n'est pas dans l'objet, mais dans la modification de la connaissance de l'objet, que les monades sont bornées [autrement chaque monade serait une divinité]* » et que « *tout corps se ressent de tout ce qui se fait dans l'univers ; tellement que celui qui voit tout, pourrait lire dans chacun ce qui se fait partout et même ce qui s'est fait ou se fera* » (*Monadologie*, § 60). L'unique qui voit tout, du haut de la « *ville fortifiée* », n'est autre que Dieu — qui sait, pour citer le bucolique Lamartine, que « *chaque atome est un être* ». — Il y a, greffée à ce paradoxe de la cécité *consubstantielle* (dans un sens non théologique), et ajoutant incidemment à la rudesse de la problématique, la conceptualisation *a minima*, parfois « déficiente », de l'auteur ontologiste (qui devrait parfois vaquer à l'*otologie*, — tendre l'oreille !) qui n'est ni alerté ni avisé des percées ou avancées dites « scientifiques » qui ont pour large cadre les connaissances les plus pointues apportées par les diverses sciences de la nature, dont plus strictement la mécanique relativiste et la physique nucléaire. À cette intention, je voudrais, sans l'incriminer plus que de raison — et j'expliquerai pourquoi — citer Heidegger dans *Être et Temps*, — qui lui-même s'appuie sur Descartes, — au sujet de la *substance* au paragraphe 19 (*La détermination du monde comme* res extensa) : « *L'extension est cette constitution d'être de l'étant en question, qui doit "être" avant toutes les autres déterminations d'être afin que celles-ci puissent "être" ce qu'elles sont. [...] Ce qui constitue donc l'être de la* res corporea*, c'est l'*extensio *[...]. Ce qui dans la chose corporelle suffit à assurer une telle demeurance constante, voilà le véritablement étant en elle, voilà ce qui* *par conséquent caractériser la substantialité de cette substance.* » Les déterminations variables (dureté, masse, densité, couleur, viscosité, chaleur, *et cætera*) de l'être ne sont possibles que si la chose corporelle possède d'abord l'extension. Pour pouvoir être ce qu'elle est, un *étant*, la substance doit se tenir, perdurer, *demeurer constante*, et c'est par cette propriété, cette « action », cette substantialité, qu'elle est la substance. Heidegger reprend plus ou moins à sa guise les réflexions et avis de Descartes issus des *Principes de la philosophie* : « *[...] nous saurons que la nature de la matière [...] ne consiste point en ce qu'il est une chose dure, ou pesante, ou colorée, ou qui touche nos sens de quelque autre façon, mais seulement en ce qu'il est une substance étendue en longueur, largeur et profondeur. [...] et cependant nous connaissons clairement et distinctement qu'il a tout ce qui le fait corps, pourvu qu'il ait de l'extension en longueur, largeur et profondeur : d'où il suit aussi que, pour être, il n'a besoin d'elles en aucune façon et que sa nature consiste en cela seul qu'il est une substance qui a de l'extension.* » La substance *est composée de matière* présente sous forme de particules subatomiques et d'atomes qui tous, — hormis le photon, pourtant énergétique, qui doit satisfaire aux propriétés corpusculaires de la lumière, — ont une masse (jusqu'aux neutrinos, dont le modèle standard prévoyait une masse nulle, et que des expériences récentes ont désapprouvé), mais elle *est aussi composée d'énergie*, ces deux notions étant par ailleurs rigoureusement équivalentes depuis que l'on a démontré l'équation, trouvée apparemment de manière indépendante par Albert Einstein et Henri Poincaré, $E=mc^2$, qui relie la quantité d'énergie E en joules, la masse m en kilogrammes et la vitesse de la lumière $c \approx 299792458$ mètres par seconde (*in extenso* : $E=m_0c^2+m_0v^2/2$, l'énergie au repos complétée de l'énergie cinétique si $v \ll c$) : toute particule au repos ou en mouvement ayant une énergie propre, elle a une masse — et inversement —, donc *tout l'univers est énergie*. (J'insère deux points importants : — A. — Pour chaque particule, élément de la matière, il existe une *antiparticule*, élément de l'*antimatière*, de même masse et de signe opposé, et dont la durée de vie est très courte : lorsqu'elles se rencontrent, elles *s'annihilent* et *se transforment en pure énergie*. — B. — En isolant la masse m dans l'expression de $E=mc^2$, on obtient $m=E/c^2$, ce qui veut dire qu'en apportant à un corps de l'énergie, par exemple en le chauffant, sa masse augmente, dont nous ne pouvons pas avoir la moindre idée à notre échelle…) Le même Poincaré (pas le cousin Raymond, ancien président de la IIIème République) avait écrit, dans *La Science et l'Hypothèse*, — livre dont il sera à nouveau question plus loin, qui prouve qu'il sait aussi être un grand écrivain, et que toute âme honnête se doit de lire un jour dans son éphémère vie, — ces quelques bons mots : « *L'attribut essentiel de la matière, c'est sa masse, son inertie. La masse est ce qui partout et toujours demeure constant, ce qui subsiste quand une transformation chimique a altéré toutes ses qualités sensibles de la matière et semble en avoir fait un autre corps. Si donc on venait à démontrer que la masse, l'inertie de la matière ne lui appartiennent pas en réalité, que c'est un luxe d'emprunt dont elle se pare, que cette masse, la constante par excellence, est elle-même susceptible d'altération, on pourrait bien dire que la matière n'existe pas.* » — Si la matière est *étendue spatialement*, alors, toujours selon la théorie de la relativité restreinte, qui indique que la vitesse de la lumière est *la même* dans tout repère inertiel, elle est *étendue temporellement* (le temps et l'espace forment un *continuum* où ils ne sont qu'un). Quelles sont les valeurs limites de l'espace et du temps ? Max Planck avait défini, à partir des trois théories connues (relativité, gravitation et mécanique quantique, réunifiées en une hypothétique théorie fondamentale), quelques constantes, dont celles qui portent les noms de *longueur de Planck* et de *temps de Planck*, l_P et t_P, valant chacune respectivement $1{,}616\times10^{-35}$ m et $5{,}391\times10^{-44}$ s, et fixant *a priori* les limites significatives de notre physique actuelle et de son expérienciation. Ainsi, non seulement il existe une vitesse absolue, mais également une *longueur absolue* (dont le temps absolu se déduit en calculant le temps que met la lumière pour la parcourir) en deçà de laquelle la théorie des supercordes postule qu'une longueur *n'a pas* de sens physique. Or donc, *la substance étant matière* — dans les limites de Planck —, d'un côté elle est étendue, qui est espace, qui est temps, d'un autre côté elle est énergie, qui est masse, et en conséquence *elle est déterminée par ces attributs substantiels*. Kant n'avait pas tort de dire — réductivement — que « *le schème de la substance est [...] la représentation de ce réel comme d'un substratum de la détermination empirique du temps en général* », — bien que cela fût expérimenté par la grâce de la forme du jugement catégorique, — et d'indiquer que la « *quantité* » (matérielle au sens strict) de substance « *n'augmente ni ne diminue dans la nature* », approbation du principe de conservation d'Anaxagore de Clazomènes, repris plus tard par Antoine Lavoisier. Pour leur part, sans être des cas de figure isolés dans cette approche critique, Descartes et Heidegger, ayant sous-estimé ces propriétés intrinsèques en évaluant une étendue perçue à petite échelle, c'est-à-dire à échelle humaine de l'« *à-portée-de-la-main* », — selon des conception euclidiennes et newtoniennes de l'espace (Kant en personne commettra également des erreurs euclidiennes), — ébrèchent, en la discréditant légèrement, leur philosophie de la *res extensa*, et l'adjectif adverbial « *légèrement* » est choisi pour montrer que cette philosophie est adéquate normativement à notre idée constitutive de notre mode d'idéalisation : nos deux philosophes ne prétendent pas, je l'espère, consulter les moindres recoins de l'univers pour dépasser une universalité phénoménale — ou nouménale ! — qui serait « désanthropologisée » (Heidegger est du reste assez cohérent sur ce point puisqu'il va jusqu'à dire que « *les lois de* Newton *[ne sont vraies] qu'autant que le* Dasein *est* »). (Si je puis me permettre une comparaison *badine* et désobligeante, ils développent des croyances nées de notre état d'être au monde de prime abord tridimensionnel comme les habitants de *Flatland* développent les leurs dans leur état d'être au monde de prime abord bidimensionnel, autrement dit, si cette croyance ainsi développée est admissible « ici » à notre horizon proche, mais qu'en est-il « là-bas », dans l'« *extramondain* », sous un horizon(-référentiel) *autre que le nôtre* ? Poincaré reprend d'ailleurs l'idée de ces croyances en supposant un monde renfermé dans une grande sphère et agrémenté de quelques lois particulières : « *des êtres dont l'éducation se ferait dans un milieu où ces lois seraient ainsi bouleversées pourraient avoir une géométrie très différente de la nôtre.* ») Pour mieux comprendre ces *choses subtiles*, penchons-nous à nouveau sur les études « principielles » de Descartes : « *Pour ce qui est de la dureté, nous n'en connaissons pas autre chose, par le moyen de l'attouchement, sinon que les parties des corps durs résistent au mouvement de nos mains lorsqu'elles les rencontrent ; mais si, toutes les fois que nous portons nos mains vers quelque part, les corps qui sont en cet endroit se retiraient aussi vite comme elles en approchent, il est certain que nous ne sentirions jamais de dureté ; et néanmoins nous n'avons aucune raison qui nous puisse faire croire que les corps qui se retireraient de cette sorte perdissent pour cela ce qui les fait corps. D'où il suit que leur nature ne consiste pas en la dureté que nous sentons quelquefois à leur occasion.* » Comme nous l'avons cité *supra*, leur nature ne résiderait qu'en leur « *longueur, largeur et profondeur* ». Cependant, et c'est l'une de ses caractéristiques surprenantes parmi d'autres, la théorie de la relativité restreinte d'Einstein, au moyen des invariances de l'intervalle d'espace-temps entre deux événements et des transformations de Lorentz, prédit (et cela est vérifiable à tout moment avec le bombardement de l'atmosphère par les rayons cosmiques se changeant en muons) une *contractibilité des longueurs*, donc *des volumes*. Supposons que je place deux règles de même longueur orientées dans la même direction, l'une dans un certain référentiel en mouvement selon cette direction et à une vitesse *v* par rapport à un autre référentiel immobile où est placée l'autre règle : que se passe-t-il ? Chaque règle, prise dans le second référentiel, aura une longueur L liée à la longueur L_0 de la règle vue dans notre référentiel par la formule mathématique suivante : $L = L_0 \sqrt{1 - (v/c)^2}$, *id est* L sera plus petite que L_0, et ce en rapport avec la vitesse *v* (qui, si sa limite était égale à *c*, induirait une *longueur nulle*, mais il faudrait pour l'atteindre une énergie infinie !) : *la mesure est relative au référentiel où elle a été validée* (les longueurs perpendiculaires au vecteur de la vitesse ayant la même mesure, les volumes sont contractés dans une seule direction et l'objet est aplati). Évidemment, ces mesures géométrales se ressentant pour des vitesses *v* qui dépassent prodigieusement celles auxquelles nous sommes habitués dans notre expérience quotidienne, elles paraissent superflues à nos yeux, mais leur omission est à mon avis inexcusable dans une description du monde qui se voudrait tant soit peu exhaustive et rigoureuse. Amusons-nous à pasticher le raisonnement de Descartes : « Pour ce qui est de la longueur, nous n'en connaissons pas autre chose, par le moyen de la mesure, sinon que les parties des corps ont une certaine longueur quand nous les mesurons ; mais si, toutes les fois que nous les mesurons en nous déplaçant par rapport à eux, les corps avaient une longueur différente de celle au repos, il est certain que nous ne mesurerions jamais de longueur propre ; et néanmoins nous n'avons aucune raison qui nous puisse faire croire que les corps qui se mesureraient et auraient des longueurs différentes selon le référentiel considéré perdissent pour cela ce qui les fait corps. D'où il suit que leur nature ne consiste pas en la longueur que nous mesurons quelquefois à leur occasion. » On ne conclurait pas à une méfiance lacunaire de la part de Descartes ou Heidegger, qui ne pouvaient pas se servir de ces résultats (encore que la date de publication de la relativité restreinte soit de vingt-deux ans antérieure à celle d'*Être et Temps*), mais la logique de l'argument cartésien de la *longueur*, dérivé de la *dureté*, est implacablement réfutée et tombe à l'eau. Je n'ai pas la prétention, encore moins la compétence, d'apporter une solution meilleure ou définitive, simplement de relever une faille dans la démonstration cartésiano-heideggérienne de l'*extension*. J'avouerais même qu'à mes yeux elle recèle, au fond, si l'on ne ratiocine pas exagérément (c'est pourtant la marque de fabrique de l'étude de la métaphysique, que souvent ratiociner), quelque vérité indéniable. En fait, ce problème de l'*actualisation* de la science était déjà pointé du doigt par Pascal dans sa préface inachevée du *Traité du vide* : « *De même quand les anciens ont assuré que la nature ne souffrait point de vide, ils ont entendu qu'elle n'en souffrait point dans toutes les expériences qu'ils avaient vues, et ils n'auraient pu sans témérité y comprendre celles qui n'étaient pas en leur connaissance. Que si elles y eussent été, sans doute ils auraient tiré les mêmes conséquences que nous, et les auraient par leur aveu autorisées de cette antiquité dont on veut faire aujourd'hui l'unique principe des sciences.* » Les Anciens n'avaient pas toutes les cartes en main ; et c'est ainsi que, poursuit Pascal, « *sans les contredire, nous pouvons assurer le contraire de ce qu'ils disaient* ». — La révolution relativiste, mirobolante comme rarement une théorie en aura été capable dans l'histoire, tout entière inférée de la finitude de la vitesse de la lumière, non contente de refonder le sol de nos connaissances acquises en nous faisant découvrir les concomitances absolues *de la matière et de l'énergie, du volume et de la vitesse*, cousit également en une même étoffe divine *la masse à la vitesse* (*m* diminuant avec l'augmentation de *v*, selon la formule : $m = m_0 \sqrt{1 - (v/c)^2}$, corroborée par des essais dans des accélérateurs de particules) — et *le temps à la vitesse* (par la relation : $\Delta t' = \Delta t / \sqrt{1 - (v/c)^2}$, confirmée à l'aide d'horloges atomiques, qui assure que le temps écoulé $\Delta t'$ pendant un périple à la vitesse *v* sera moindre que le temps Δt écoulé au repos). Devant l'interprète sidéré, quel insondable cosmos s'épanouit-il, quelle admirable et capricieuse substance surgit-elle, dans ce Monde où tout s'interpénètre, dont nous en lui, lui en nous !... — Sans nous arrêter en si « bon » chemin, examinons — sous l'angle de la forme de *toute chose étante* (au-delà des références biologiques ou leibniziennes) — le *principe d'individuation*, qui définit la *singularité* (l'individualité) d'un être-substance (être substantifié) unique, en quelque sorte détaché de la substance commune qui le constitue : comment la réalisation d'une forme individuelle est-elle déterminée dans la forme totalisée — et, à preuve du contraire, totalisante ? C'est chez les scolastiques (John Duns Scot et Saint Thomas d'Aquin) que l'on rencontre les réflexions les plus intéressantes sur l'*eccéité* (« ecceitas », du latin « ecce », « voici ») et l'*hylémorphisme* (du grec « ὕλη », « *matière* », « *bois* » (nous y revoici !), et « μορφή », « *forme* »), doctrine employée par Aristote pour indissocier l'âme et le corps. Je ne m'attarderai pas sur la nature intellective ou l'*anima*-lité et ses syntagmes vitalistes, pas plus que sur la bonté de Dieu qui « *agit avec volonté et intelligence* ». Je survolerai quelques passages marquants du Livre II de la *Somme contre les gentils*, puis j'analyserai, afin de clore la perception « ontologique » du monde, la *figure* (cause formelle, définition de la forme géométrique), la *cohésion* (interaction forte, force nucléaire), le *vide* (quiddité et séparation) et enfin l'*espace* (représentations intelligibles). — Sous ces traits substantiels, feuilletons délicatement la sainte *Somme* en commençant avec : « *Après en avoir terminé avec ce qui regarde la production des choses, il nous reste à étudier leur distinction. Et d'abord il faut montrer que la distinction des choses ne vient pas du hasard.* » Le hasard existant « *dans le domaine des choses qui peuvent être autrement* », on comprend la nécessité que Thomas place dans le principe de l'*individuatio* des choses, contrairement aux « *anciens philosophes* » qu'il vise, dont Épicure, Démocrite et Leucippe, qui avançaient — à peu près — que « *la distinction des choses que nous voyons dans l'univers ne venait pas de l'intention ordonnatrice de quelqu'un mais du mouvement fortuit de la matière* » (rappelons-nous le « clinamen », le « παρέγκλισις » où cela se joue à un rien, à un cheveu). « *[...] or* », poursuit Thomas, « *c'est par leurs substances qu'elles sont distinctes les unes des autres* » et « *les formes ne résultent donc pas de la disposition de la matière comme d'une cause première, mais, au contraire, les matières sont disposées de telle sorte que puissent exister telles et telles formes* ». La matière n'informe pas directement, même si elle est le support premier et nécessaire, car les formes préexistent à la matière ou, d'une certaine manière, la matière est préconçue pour la forme, comme si une cause (Dieu) agissait sur la matière en vue d'une information et en faisait le moule intentionnel — le réceptacle — d'une forme prédéfinie. « *Toute chose, en effet, parvient à l'être dans la mesure même où elle devient une, indivisée en elle-même et divisée des autres. [...] Or la forme est plus noble que la matière, étant sa perfection et son acte. [...] Ce sont les matières qui ont été créées diverses pour qu'elles conviennent à des formes diverses.* » Si la matière avait été seule cause de la forme, la forme eût pu, à la faveur du hasard, être tout et n'importe quoi, ce que l'Aquinate rejette en bloc (la Providence ne va pas de pair avec l'incertitude statistique d'un monde). Il invoque la forme comme cause de la matière dans le but d'établir, d'une cause dédoublée et réciproque, la cause de tout être, la Cause Première, et, séparant sa vision de la matière de l'hylozoïsme, il écrit : « *Or l'être est donné par la forme et non par la matière. Donc surtout la causalité première des formes doit être attribuée à la cause première* », — avant d'expliquer plus loin, au paragraphe 76 (à propos de l'intellect qui fait partie de l'âme et n'est pas une substance séparée), que « *les formes naturelles sont reçues dans la matière première, non par l'action de quelque substance séparée seulement, mais par l'action d'une forme du même genre [comprise en acte], c'est-à-dire engagée dans la matière ; comme cette chair est engendrée par la forme qui est dans ces chairs et dans ces os, ainsi que le prouve Aristote au VIIe livre de la* Métaphysique ». La forme, prise par et dans la matière, est en fait engendrée par la forme qui est par et dans cette matière, donc les formes s'« entreforment » (et l'intellect, partie de l'âme, est, en tant que vertu active de celle-ci, intellect agent, et les « *espèces intelligibles* » thomistes se forment ainsi), autrement dit les formes s'informent par la forme déjà formée par et dans la matière ; la matière est forme et la forme est matière, toutes deux nées de la causalité première, mais c'est la matière en tant que forme, qui est engendrée par la forme engendrée dans la matière, et non pas l'inverse (c'est assez subtil et migraineux, je l'accorde), c'est-à-dire la forme en tant que matière, qui serait engendrée par la matière engendrée pour la forme. Que sommes-nous en mesure de retenir de ces philosophèmes, — compilés selon ma logique de progression, — du canonisé d'Aquin ? À partir du terreau qu'est la substance (magma de matière, informité), se pose un principe d'individuation — de la matière (agrégats distincts), par suite de l'être (choses distinctes, tant et plus qu'il est illusoire de vouloir recenser *« deux feuilles entièrement semblables »*) et de l'être de l'être (essences distinctes). Ce principe est constatable par les formes qui en sont la base et dont l'appui est la matière environnante ; ces formes étant l'unique moyen d'existence partagée possible, la matière dut les précontenir en puissance afin qu'elles fussent possibles, mais *surtout* la matière dut être constituée de telle sorte que cette possibilité fût possible, ce que Thomas attribut à la perfection de Dieu qui n'agit jamais par hasard, et que pour notre part nous ne suivrons pas : si la substance eût dû ne rester qu'à l'état de magma indistinct, cela n'est pas inenvisageable physiquement (c'était le cas au début du *Big Bang*), et si, à tout le moins, « Dieu » avait été encore sous ce magma de matière et qu'il n'eût point voulu créer les formes, tout comme il voulut, selon Descartes, que deux et deux fissent quatre alors qu'il eût pu choisir qu'ils fissent cinq, Thomas n'en eût pas été désobligé pour un sou puisqu'il n'eût pas été là pour parler de la soi-disant perfection divine, et nous sommes voués à l'ignorance ou à l'aporie du « être ou ne pas être », car seul l'être (devant l'être qu'il est) rend sa propre affirmation possible tandis que l'être (sans l'être qui sait l'être) ou néant ne le peuvent pas : que deux et deux fassent quatre ou cinq, cela ne nous dit rien de plus : *cela fait quatre* (constat). Les matières sont bien diverses afin qu'elles conviennent aux formes diverses que nous connaissons et notre connaissance est en conséquence délimitée par les délimitations de la matière, et nous retiendrons que l'être distinct (existential) n'est possible que dans une individuation et que l'individuation *est* (possible) parce que la forme est possible par la matière en tant que cette matière est possible par la forme (la matière *attend* la forme). — Ainsi la matière est divisible, les objets sont divisés, c'est la *divisio* ; l'objet divisé est caractérisé par un ensemble de traits extérieurs, la *forma* ; cet ensemble est la structure, la configuration de l'objet, sa *figura* ; et pour tout objet, animé d'un mouvement (sa quantité est liée à la vitesse et à la masse) ou immobile (donc en mouvement par rapport à un référentiel autre), agi ou agissant (contre-réactions), actif ou inactif (donc, à l'extrême, actif par rapport à l'actif), il y a le *motus*. *Divisio, forma, figura* et *motus* sont les quatre *causes formelles* les plus importantes de l'*aspect* des objets et de leur « aspectabilité » (je reprends ici le terme anglais *aspectable*, mais le *Littré* accepterait sans férir l'expression : « ils s'aspectent l'un l'autre », — et Heidegger parlerait de « *circonspection* » pour la visu(a)bilité de l'objet). Si nous subsumons l'idée générale d'aspect (porter la vue et également conformation objective) sous celle de la *figure* adéquate, nous en déduisons les gouvernes négatives suivantes : sans *divisio*, par définition nulles distinction et aperception ; sans *forma*, nulle caractérisation distinctive, nul *attrait* ; sans *motus*, nulle vie et nulle vue prenable dans un événement (fleuve héracliteén qui serait immuable, parménidien, et qui nous empêcherait de discrétiser les états d'être). Mathématiquement parlant, la géométrie des figures de la matière divise est une iconographie nécessaire à notre compréhension (*com-préhension*) du monde représenté. — La matière est fabriquée par la juxtaposition d'atomes qui possèdent un nuage d'électrons gravitant autour de leur noyau où est localisée la presque totalité de la masse, et qui sont composés de nucléons (protons et neutrons, eux-mêmes composés de trois quarks chacun, appartiennent à la famille des baryons, donc des hadrons). La force qui est responsable de la cohésion des quarks est appelée *interaction forte*, et, par dérivation, elle est également la cause (*force nucléaire*) du maintien des nucléons entre eux grâce à des *énergies de liaison* suffisantes pour assurer sa stabilité (les isotopes, noyaux radioactifs, seuls instables dans la nature, tendent lentement et exponentiellement vers cette stabilité). Au niveau macroscopique, on ne la ressent pas, — on en devine les effets, on mesure des masses, — et c'est pourtant, en proportion, et de loin, la plus puissante de toutes les interactions connues (les trois autres étant les : faible, électromagnétique et gravitationnelle). Au niveau microscopique, en revanche, il se passe en réalité une apparente violation de la conservation, due au « défaut de masse » : les énergies de liaison provenant d'une masse ($E=mc^2$), la masse d'un noyau est inférieure à la somme des masses des nucléons séparés ! (Si tous les élémentaires de la matière étaient séparés, il n'y aurait pas d'atomes, l'univers serait plus lourd… mais il ne tiendrait pas.) Peut-on casser les liaisons nucléoniques dans un atome ? Oui, par la fission nucléaire, telle qu'on l'utilise dans nos centrales ou dans nos bombes, en désagrégeant un noyau lourd en plusieurs noyaux plus légers. Maintenant arrive la question cruciale : peut-on casser les liaisons quarkiennes ? En un sens, non — et heureusement : l'interaction forte étant restreinte très localement, elle est à peu près constante, et il faudra fournir une énergie d'autant plus grande que le sera l'éloignement entre deux quarks, si bien qu'à un certain moment, cette énergie créera de nouveaux quarks qui se mêleront à ceux qu'on essayait de séparer, et nous voilà rassurés de la cohésion de la matière en elle-même, mélange de masse et d'énergie. Ce que j'ai beaucoup de mal à concevoir, c'est que l'on s'aventure souvent (les *disputatio* carnassières !) en philosophie parmi les nombreuses idées de substance, d'individuation, de forme, de matière, *et cætera*, sans accorder la moindre significativité aux forces qui les rendent possibles, ces ἐντελέχειαι (on a tout de même progressé depuis Aristote sur ce chapitre !). — Entre les électrons et le noyau s'enchâsse un vide immense : la matière a une *structure lacunaire* (si le cortège électronique avait la dimension du Stade de France, le noyau placé au centre du terrain serait de la taille d'une bille et un électron serait mille fois plus petit que cette bille !), autrement dit *la matière est principalement « faite » de vide*. L'espace interstellaire, dont chaque mètre cube compte guère plus de deux ou trois atomes d'hydrogène, n'est pas moins lacunaire : entre notre Soleil et l'étoile la plus proche, la naine rouge Proxima du Centaure, située à 4,22 années-lumière, la proportion de vide n'est pas en reste (si les deux astres avaient la dimension d'un pamplemousse, ils seraient espacés de 3000 kilomètres !). Depuis Épicure, le *vide est présent* (le vide n'est pas le *néant* (*étant* renversé !) ou le *rien* (qu'on ne peut *nier* !) puisqu'il *est*, ni l'« éther », fameux fluide subtil aujourd'hui écarté des discussions) dans la représentation de la réalité de l'univers, et le philosophe — éclairé — du Jardin écrivit dans sa *Lettre à Hérodote* : « *L'univers est composé de corps et de vide.* » Qu'est-ce que le vide ? Indistinct en tant que tel, il est absence de forme et permet la séparation d'avec les formes, donc il informe tout autant qu'elles ; immatériel, il est cependant le support d'un champ électromagnétique favorable à la propagation de la lumière (ce pour quoi Einstein refusait la notion d'espace vide — *de champs*) ; au niveau quantique de l'énergie minimale, il est le siège de fluctuations virtuelles (particules et antiparticules se créant spontanément et s'annihilant aussitôt) qui provoque l'effet Casimir, une force attractive — ou pression — entre deux plaques parallèles qui sont censées l'isoler. *Bref*, en épilogue, la question est ultra-complexe : un vide « *absolu* » ne semble pas croyable selon nos catégories conceptuelles ordinaires, surtout d'ordres quantiques, qui se prononcent contextuellement davantage sur un « état » que sur une « substance ». « *Laissons donc là le vide comme quelque chose de vide* » (du moins jusqu'à nouvel ordre), *dixit* saint Augustin. — Enfin, comment construire et représenter intelligiblement l'*espace*, ce « champ de course » (*spatium*) que nous occupons, que toute chose occupe, — et qui, d'une certaine manière évidente, nous occupe également ? (Cette question m'a toujours paru vertigineuse, car l'espace est-il *le même espace* s'il est *occupé* ou s'il est *inoccupé* ? Comment l'espace s'occupe-t-il ? — À ce sujet, lors d'un discours qu'il prononça au vernissage d'une exposition de sculptures, Heidegger se demanda : « *Qu'est-ce que l'espace en tant qu'espace ?* » — et se répondit à lui-même dans la foulée : « *Réponse : l'espace espace* » ! « *L'espace est espace pour autant qu'il espace (essarte), libère le champ pour des alentours, des lieux et des chemins* », précisa-t-il, — mais ces considérations, *subjectives*, demeurent par conséquent réduites à l'aspect humain qui serait actif dans cet espace et l'aménagerait, l'espacerait… *Quid* de l'objectivité de la chose ?...) En critique métaphysique, on peut dire de l'espace qu'il est un « *milieu homogène et illimité, défini par l'extériorité de ses parties ou impénétrabilité (*partes extra partes*), qui contient par conséquent toutes les étendues finies et dans lequel la perception externe situe les objets sensibles et leurs mouvements* ». Nous allons nous servir des pensées de Poincaré, — qui vaudront mieux que les miennes (elles en sont en masse issues !), — et qui est à ma connaissance celui qui est allé le plus loin dans ses considérations spatiales, *via* le fondamental et génial chapitre de *La Science et l'Hypothèse* (1902) intitulé *L'espace et la géométrie*, et qu'il actualisera plus tard, en plus pointu et algébrique, dans son livre *La Valeur de la Science* (1905), puis encore dans *Science et Méthode* (1908). Le dernier des mathématiciens universalistes (1854-1912) se propose dans un premier mouvement de comparer à l'*espace représentatif* (cadre de nos représentations et de nos sensations, subdivisé en espaces visuel, tactile et moteur), l'*espace géométrique* proprement dit, dont les propriétés essentielles sont la *continuité*, l'*infinitude*, la *tridimensionnalité*, l'*homogénéité* et l'*isotropie*. Il apparaît qu'ils sont en réalité très différents : d'abord, « *il n'est ni homogène, ni isotrope* », car tous les points de la rétine ne jouent pas le même rôle et la troisième dimension n'est perçue que par un effort d'accommodation des yeux et d'une convergence à leur imposer ; ensuite, « *on ne peut même pas dire qu'il ait trois dimensions* », car, dans l'espace moteur notamment, l'ensemble des sensations musculaires requièrent autant de variables que de muscles, donc de dimensions (chaque filet nerveux sensitif se distingue d'un autre par des caractères uniquement qualitatifs et indivisibles). Ce qui nous retient plus précisément ici, c'est la *réduction* habituelle de l'espace à *trois* dimensions que nous opérons tous par « habitude invétérée » de notre esprit : Poincaré nous rappelle qu'elle « *n'a aucun caractère de nécessité ; elle ne nous est pas imposée ; l'expérience nous apprend que nous avons* avantage *à la faire ; mais si notre éducation se faisait dans d'autres milieux, l'expérience pourrait nous montrer au contraire que cette réduction nous est incommode et nous ne la ferions pas* ». Le souci vient du fait que « *nous ne nous* représentons *[…] pas les corps extérieurs dans l'espace géométrique ; mais [que] nous* raisonnons *sur ces corps comme s'ils étaient situés dans l'espace géométrique* », alors que primairement « *il nous est aussi impossible de nous représenter les corps extérieurs dans l'espace géométrique, qu'il est impossible à un peintre de peindre, sur un tableau plan, des objets avec leurs trois dimensions* » : tout se passe comme si, pour localiser un point de l'espace, nous ne faisions que nous représenter les mouvements nécessaires pour l'atteindre. Les déplacements d'un état A à un état B que nous sommes en mesure de distinguer laissent fixe au moins un point de l'espace et l'ensemble de ces déplacements (ou *transformations*) constitue, au sens mathématique, un *groupe* (ensemble non vide muni d'une loi de composition interne associative, d'un élément neutre et d'un inverse — selon cette loi — pour chaque entité). Je me permets d'explorer (*en pointillés*, car mon amateurisme ne me compète pas au plus haut point) cette notion en quittant quelques instants Poincaré qui, je l'espère, ne m'en voudra pas, où qu'il soit, de la très légère déformation (extrapolation) que je vais produire à son texte en cet endroit-ci. Nous allons montrer que ces trois dimensions sont trop minimalistes. Considérons un groupe de symétrie d'ordre 6 : il contient trois réflexions et trois rotations par rapport aux trois axes (O*x*), (O*y*) et (O*z*), et un déplacement peut être regardé comme une combinaison de ces six mouvements indépendants : une simple translation d'un objet ayant une symétrie quelconque (non d'un point, qui est invariant) selon l'axe (O*x*), par exemple, et *pour deux points fixes distincts*, est l'affaire soit de deux réflexions successives, — soit d'une réflexion et d'une rotation, — soit de deux rotations (possibilités offertes par le cas limite d'une rotation à 180° qui est alors exactement assimilable à une réflexion), — et, finalement, il nous est permis de représenter tout mouvement dans un espace à *six* dimensions (ce qu'avait imaginé, avec environ six mille ans d'avance, l'auteur anonyme du *Sefer Yetsirah* avec ses sept lettres doubles, Bèt ב, Guimel ג, Dalèt ד, Kaf כ, Pé פ, Rèch ר, Tav ת, « *sept et non six, sept et non huit, qui correspondent aux six côtés appartenant aux six directions, et le saint temple placé juste au milieu* »). Ma foi, je puis même frapper plus fort en essayant témérairement d'augmenter ce nombre. En premier lieu, deux états localisables et discernables ne le sont que par l'adjonction d'une autre dimension, indépendante des trois (ou six) spatiales déjà explicitées, la *temporalité*, qui définit deux états se succédant chronologiquement, ce qui porte l'espace-temps à *sept* dimensions. En second lieu, et en faisant abstraction des rigoureux axiomes mathématiques, développons l'« allure » dimensionnelle physique dans une approche cinématique. Les nombres négatifs n'existent pas tels quels dans la nature. Ils ne datent pas non plus des temps modernes, comme on le présume communément : ils ont très probablement été inventés assez rapidement dans l'histoire humaine (les Chinois les utilisaient déjà avant la première christophanie), — conjointement à l'apparition du zéro-origine qui marque la frontière, — pour, certes, les distinguer des entiers naturels, mais surtout pour des raisons bêtement financières afin de pouvoir modéliser impartialement un compte « débiteur » (l'argent a toujours dirigé la motivation du monde civilisé, n'est-il pas ?). Ce monde des entités négatives s'est ensuite propagé dans toutes sortes de domaines scientifiques pour transcrire des situations particulières (résolution d'équations, modélisation de mouvements), et s'est immiscé dans la vie quotidienne (température, altitude, échelle temporelle). Prenons maintenant le cas d'un bolide qui se déplacerait le long d'un axe orienté par un vecteur de même direction, définissant ainsi la base d'un espace unidimensionnel. Selon le sens du mouvement, la vitesse sera prise positivement ou négativement en référence au sens du vecteur initialement choisi : une marche en arrière, négative par la modélisation, induit-elle empiriquement une vitesse négative ? Non, *stricto sensu* (nul besoin d'être un spécialiste pour le constater), car une distance positive parcourue en un temps positif ne peut qu'être positive : la réalité empirique est chapeautée par la réalité modélisée. Si l'on imaginait que ce bolide fût dans l'incapacité absolue de se déplacer à rebours, la dimension usuelle, de cardinal 1, serait tronquée, son mouvement serait unilatéral et le bolide se trouverait, non plus sur une droite dégagée bilatéralement, mais bien sur l'origine figurant le point-limite d'une demi-droite. De manière analogue, lorsque nous tentons de nous représenter l'écoulement du temps, nous avons une intuition, — intuition reposant sur la distinction d'états sensibles (« géographiques » s'ils sont visuels, « sensitifs » s'ils sont innervés ou innervants, — jusqu'au penser), — d'un *sens unique où* se succèdent indéfiniment passé, présent et futur, *où* le futur est à peine présent qu'il est passé, le présent s'apparentant soit à une réalité temporelle déviée et incomplète à cause de son statut de *jonction* « éphémère » et « discrète », soit à une réalité immanente et totale à cause de son rôle de *sol* « éternel » et « continu ». Les physiciens décrivent par deux moyens l'*écoulement* « roidi » du temps : le *cours du temps*, qui nous est le plus familièrement intelligible et intuitif, et la *flèche du temps*, que proposa *sir* Arthur Eddington (à qui l'on doit la confirmation, lors d'une éclipse en 1919, de la déviation d'un rayon lumineux passant près du Soleil), — le premier *étant* le reflet de la *causalité* (*acta est fabula* : on ne peut, du présent, *revenir dans le passé* ou *aller dans le futur*), le second, orienté par le premier, celui de l'*irréversibilité* (on ne peut, du présent, *refaire le passé ou changer le futur*). En ce qui concerne la première notion de *sens* du temps, nous ne pouvons la percevoir, soit en imaginant l'avenir, soit en revisitant le passé, qu'en agissant mentalement, c'est-à-dire en projetant des images depuis le présent de la pensée, et nous voyons, de surcroît, un simulacre d'inversion de ce sens en passant un film en arrière, mais ce n'est qu'un « en arrière » temporel toujours effectué « en avant ». La seconde notion de *sens* est liée à l'entropie d'un système, dont Ludwig Boltzmann démontra qu'elle était toujours croissante et tendait vers des états de plus en plus probables d'arrangements moléculaires (j'élude le théorème de récurrence de Poincaré), comme lorsque nous mélangeons deux liquides à des températures différentes qui donneront un liquide dont la température sera intermédiaire et ne pourra se séparer à nouveau pour reformer les deux liquides initiaux. Le *cours* et la *flèche* du temps procèdent du même « écoulement » en un *sens unique* : ils sont un et à une dimension, car si le temps était d'une nature telle que certain château de cartes pût, d'un tas désordonné, se construire spontanément, ou qu'un objet pût voyager dans le futur ou le passé, cela impliquerait plusieurs contrées parallèles et, par enchaînement, plus d'une dimension (trois directions pour trois temps *t* à disposition). Il en va « pareillement » pour notre bolide, et pour la vitesse, — et cela dans toutes les directions possibles, autrement dit *une infinité*, — et pour l'accélération à un instant *t* donné, qu'elle soit constante, en augmentation ou en diminution, et ainsi de suite pour les dérivées successives, si toutefois elles ont une signification. Et, de ce fait, si les lignes de ce champ vectoriel sont en nombre infini, le champ l'est également en dimension, et le bolide est certainement descriptible par une équation différentielle (dont l'une des solutions, circonscrivant à l'instant *t* les fonctions de la position, de la vitesse et de l'accélération, est une fonction-position des points), mais il l'est plus adéquatement par une équation aux dérivées partielles (dont les solutions sont des fonctions de fonctions). En tout état de cause, ces réflexions sur les dimensions représentables de l'état possible des objets en mouvement ne doivent pas nous effrayer et il faut les considérer comme des manœuvres représentationnelles : la théorie des supercordes s'intéresse à *dix dimensions*, la théorie des fractales s'inscrit dans des réductions sur *dimensions non entières* (rapports de deux logarithmes)… — Je chapeauterai ce thème en réunissant, aussi baroque que cela paraisse, David Hume (*Enquête sur l'entendement humain*) et Maurice Merleau-Ponty (*L'Œil et l'Esprit*) autour de l'idée du mouvement suggéré par ses causes, ses effets et sa durée. De son côté, Hume, dans un célèbre passage à la section VII, observe ce qu'il en est des connexions imaginées : « *L'impulsion de la première bille de billard s'accompagne du mouvement de la seconde. Voilà tout ce qui apparaît aux sens* externes. *L'esprit ne sent aucun sentiment, aucune impression* interne *de cette succession d'objets ; par suite, il n'y a, dans un cas isolé et particulier de causalité, rien qui puisse suggérer l'idée de pouvoir ou de connexion nécessaire* » ; — et Merleau-Ponty, au chapitre IV, à propos de photographies et de représentations figées, explique l'animation : « *On voit un corps rigide comme une armure qui fait jouer ses articulations, il est ici et il est là, magiquement, mais il ne va pas d'ici à là. [...] Ce qui donne le mouvement, dit Rodin, c'est une image où les bras, les jambes, le tronc, la tête sont pris chacun à un autre instant, qui donc figure le corps dans une attitude qu'il n'a eue à aucun moment, et impose entre ses parties des raccords fictifs, comme si cet affrontement d'incompossibles pouvait et pouvait seul faire sourdre dans le bronze et sur la toile la transition et la durée. [...] Pourquoi le cheval photographié à l'instant où il ne touche pas le sol, en plein mouvement donc, ses jambes presque repliées sous lui, a-t-il l'air de sauter sur place ? Et pourquoi par contre les chevaux de Géricault [Le derby d'Epson] courent-ils sur la toile, dans une posture pourtant qu'aucun cheval au galop n'a jamais prise ?* » (et le philosophe français cite Rodin : « *C'est l'artiste qui est véridique et c'est la photo qui est menteuse, car, dans la réalité, le temps ne s'arrête pas* »). Si j'ai pris la décision d'accoupler ces deux visions géniales, c'est en partie parce que, étant donné que Hume n'évoque jamais la *durée* et que Merleau-Ponty n'évoque jamais la *causalité*, elles se complètent très bien ; ensuite, cela résume admirablement nos réflexions précédentes sur les équations aux dérivées partielles, savoir que le *mouvement général* représenté ne nous est donné que par la représentation et la perception du *mouvement de chaque partie du tout*, dans l'infini des dimensions que libère l'espace-temps (sabots allant vers ici, encolure vers là, avant-bras, reins, jambes, formes des muscles…), et ceci doit pouvoir, dans notre contemplation de ce mouvement *répercuté sur nos impressions externes*, créer l'*illusion interne*, en emprisonnant le tout dans une chaîne *causée par l'idée de la durée*, d'un *avant* de l'événement figuré et d'un *après*. L'exemple de Merleau-Ponty est on ne peut plus clair, car les mouvements peints (ou sculptés, tels les personnages d'Alberto Giacometti qui *marchent*) dénotent un sens, une direction, une progression nécessaires (la flèche du temps, l'occupation de l'espace dans un déplacement qui induit une impossibilité d'imaginer revenir en arrière le cheval sautant par-dessus une haie) que l'on réinterprète temporellement et spatialement sans pouvoir en dévier les connexions, alors que les billes de Hume, s'il nous prenait de les peindre, *ne nous diraient rien de leur mouvement présumé* et elles seraient immobiles que l'on n'y verrait que du feu (à moins de leur adjoindre, comme le font souvent les auteurs de bandes dessinées, une ligne qui n'existe pas dans la réalité, mais qui préciserait leur provenance). Pour comprendre le mouvement, celui-ci doit d'abord être inscrit dans une durée imaginaire, et cette durée doit surtout être inscrite dans une relation de causalité (tout aussi imaginaire, comme le désire Hume). Finalement, il s'agit d'une *subjectivité réaliste* et, si je puis conclure par une image qui se joue d'elle-même, je dirai que la course réelle des chevaux est course sur le champ peinturluré si et seulement si elle est *à la fois* course dans notre champ de vision *et* course dans le hors-champ qui est celui de notre imagination.

* * * * *

Pourquoi ressasser et reconsidérer, sous tous ces (leurs) aspects, l'*être (au monde)* et l'*existence* ? D'une part, pour avoir une vision de l'ensemble qui se voudrait panoptique (c'est ma prétention) ; d'autre part, *tout bonnement* parce que, selon les termes servant d'introduction à *Être et Temps*, « *la question [de l'être] est aujourd'hui tombée dans l'oubli* » (ce devrait être la prétention de tout individu que d'essayer d'y répondre, bien que chacun croie n'avoir pas besoin de la connaître et comprenne de loin la signification de l'*être*, souvent de manière tautologique : « Je suis, donc je suis », ou : « Cela est, donc cela est »). Le « que suis-je ? », puis les « qui suis-je ? », « d'où viens-je ? » et « où vais-je ? » ne persistent comme préoccupations dans la vie d'un homme qu'à quelques moments où sa versatilité appelle et refoule aussi sec, et Pierre Dac résumait bien le problème, — car malheureusement *nous en sommes là* dans notre séjour improbable et vertigineux en l'*être*, — en teignant d'humour la réponse : « *Je suis moi, je viens de chez moi et j'y retourne.* » Cet oubli commun de l'être (pour l'être individué, l'oubli de *son* être en tant qu'être), on le doit à l'« *échéance* » (mot utilisé dans la traduction d'Emmanuel Martineau, qui vient du verbe « *verfallen* », « *échoir* », mais traduit ailleurs par « *déchéance* »), — le débat sur ces choix de vocabulaire ébranlant encore aujourd'hui les petits cercles d'initiés), qui est une confrontation, dans les sens où il va jusqu'à lui, du *Dasein* avec l'étant, et que l'on peut définir en trois phénomènes-types ou modes d'être : le *bavardage*, la *curiosité* et l'*équivoque* (naturellement, il ne s'agit pas des acceptions ordinairement entendues dans le langage courant — ou nous aurions alors affaire à des caricatures de l'intenable Écho). Le bavardage, cela va sans dire, s'articule dans le *parler*, mais un parler évasif, méprenant, perdu de vue, pris comme évanescence tonale, qui ne va pas au cœur des choses, dont le signifié échappe au signifiant : « *On comprend moins l'étant dont il est parlé que l'on n'entend seulement déjà le parlé comme tel. C'est celui-ci qui est compris, tandis que le ce-sur-quoi ne l'est qu'approximativement, et au passage* ; *on vise la* même *chose, c'est parce qu'on comprend le dit en commun dans la* même *médiocrité.* » La médiocrité, c'est l'indifférence quotidienne du *Dasein*, l'attitude de celui dont l'être épars est considéré comme prédonné et qu'il ne vaut pas la peine de réinvestir. Ainsi, le bavardage évite l'effort, il « *est la possibilité de tout comprendre sans appropriation préalable de la chose* », car il « *n'est nullement volonté consciente de faire passer quelque chose pour quelque chose* », il glisse de proche en proche sur le fondamental, il contourne l'être des choses sans s'apercevoir qu'il le contourne, il n'avance pas, il redit à l'identique, il contient *zéro bit* d'information véritable, avec lui sont réprimés « *tout questionnement et tout débat nouveaux* », le *Dasein* se retrouve gravement, ontologiquement, infailliblement « *coupé, en tant qu'être-au-monde, des rapports d'être primaires et originaires au monde, à l'être-*Là*-avec, à l'être-à-lui-même* ». En sus de ce bavardage inopérant, l'échéance est attisée par la curiosité qui, « *en son non-séjour, [...] se préoccupe de la constante possibilité de la* distraction », et n'est pas « *la contemplation admirative de l'étant* », mais la recherche agitée, déracinante, « *d'un savoir simplement pour avoir su* » qui mène partout et nulle part. Le bavardage et la curiosité entraînent fatalement l'équivocité, sorte de leurre qui ne permet plus, contrairement à ce que l'« *on* » croit — si jamais « on » le croit —, de cerner et de comprendre ce qui se dit, et par conséquent de décider de quoi que ce soit : « *Tout a l'air d'être véritablement compris, saisi, dit, et au fond ne l'est pas — à moins qu'il n'ait l'air de ne pas l'être et qu'au fond il le soit.* » Le *Dasein* n'est pas, le plus souvent, *au* monde dont il se préoccupe, mais *auprès* du monde, il a « *toujours déjà pressenti et senti ce que d'autres ont aussi pressenti et flairé* », il est — et se tient — tout simplement dans le « *non-être* », et « *l'échéance dévoile [sa] structure ontologique* essentielle » en tant qu'« *elle constitue [...] tous ses jours dans la quotidienneté* ». — Entre celui qui sait et se trouve perpétuellement, maladivement, dans le questionnement de l'être-là de soi-même et de tout objet, tel le Roquentin de *La Nausée* (« *Maintenant, il y a partout des choses, comme ce verre de bière, là, sur la table. Quand je le vois, j'ai envie de dire : pouce, je ne joue plus* »), et celui qui ignore les fondations ou les fondements de l'existence en général, un gouffre les sépare et définit deux modes de perception totalement antinomiques, dont je ne sais lequel est préférable, si toutefois il s'en figure un qui l'est : selon le premier mode, c'est vivre le désarroi, vivre de lui et pour lui, une fois qu'est connue de l'extérieur l'échéance ; — selon le second, c'est vivoter dans l'abandon inconnu de celle-ci. Le premier *comprend* comme un *vouloir-avoir-conscience* qui est la « *disponibilité à l'angoisse* », et son analyse existentiale a irrémédiablement un « *caractère de* violence », tandis que le second, avec la « *suffisance de l'"évidence" rassurée de l'explicitation quotidienne* », ferme son âme sans en pâtir et existe aveuglément... (Sur ce chemin de l'évidence infidèle, Schopenhauer n'avait pas tout à fait tort de frétiller en songeant à l'homme qui trouve l'existence d'autant moins mystérieuse que son intelligence est inférieure...) Tout cela est si triste ! Être — et ne pas le savoir ! À quoi bon l'être, à quoi bon le monde créé, Seigneur ? Oui, à quoi bon tout cela, « *Si c'est pour que personne enfin, grand ou petit, / Pas même le vieillard que l'âge appesantit, / Personne, du tombeau sondant les avenues, / N'ait l'austère souci des choses inconnues, / Et que, pareil au bœuf par l'instinct assoupi, / Chacun trace un sillon sans songer à l'épi !* » Je suis, donc je ne pense pas — que je suis... Tout cela est si triste ! Quelle ironie de l'être ! Mais à quoi bon penser si cela rend triste ?...

* * * * *

Être sujet dans un monde d'objets (et de sujets), être objet dans un monde de sujets (et d'objets) : quel que soit le mode de connaissance, si l'on veut établir les relations entre soi et les choses, penser les objets, on doit recourir aux catégories qui permettent à l'entendement pur, et de façon *a priori*, de se représenter et de comprendre les concepts qui en dérivent, et de la sorte instituer la connaissance comme science, connaissance dont « *les principes [...] ne doivent jamais être empruntés à l'expérience ; car il faut qu'elle soit une connaissance non pas physique, mais bien métaphysique, c'est-à-dire qui se situe au-delà de l'expérience* » (Kant, *Prolégomènes à toute métaphysique future qui pourra se présenter comme science*). Cette connaissance *a priori* s'appelle la *connaissance pure philosophique*, que Kant décrit, dans ses possibilités, dans l'introduction de la *Critique de la raison pure*. — Qu'il me soit permis, avant de poursuivre, de rendre hommage au penseur de Königsberg, né en 1724 et mort en 1804, non pour sa vie *morne*, mais pour ses *visions universelles*. Kant n'a jamais quitté sa ville natale (et pourtant ! ce fut lui qui, avant tous les autres, en 1755, dans sa *Théorie du ciel*, devina qu'il existait des galaxies, ou « *Univers-îles* » — parce que le terme de « galaxie » n'avait pas encore été inventé, — et que l'homme était situé, au regard de la Voie Lactée, dans l'une d'entre elles), — « *[il] n'a fait que "le petit tour", entre sa maison et son clocher* », résumait Jean-Baptiste Botul (philosophe imaginaire auquel j'avais longtemps cru, inventé par l'impérial Frédéric Pagès) dans sa *Vie sexuelle d'Emmanuel Kant*, — ouvrage, soit dit en passant, que l'un de mes professeurs en classe de licence de philosophie, spécialiste des philosophes modernes allemands et de Kant en particulier, ne voulait pas accréditer, considérant, sans l'avoir lu, que le titre était un « affront » (du point de vue de la légitimité historique dudit ouvrage, il n'avait pas tort), — mais ce monsieur, respectable au demeurant, était un *n'y-touche*, et je me rappelle que mon idée de sujet de mémoire de maîtrise, une sociocritique de l'œuvre de Schopenhauer, l'avait refroidi. Kant ne dérogeait jamais au rythme quotidien instauré depuis sa nomination à l'université en tant que *Privatdozent*, voire depuis son préceptorat auprès de familles aisées : « *Éveillé chaque jour par son valet Lampe cinq minutes avant cinq heures, [...] assis à sa table à cinq heures sonnantes, [...] une ou deux tasses de thé, [...] une pipe, [il] préparait ses cours qu'il donnait toute la matinée jusqu'à midi trois-quarts. Alors il prenait un verre de vin de Hongrie [plutôt du Médoc, selon les sources dues à R.B. Jachmann, ancien disciple de Kant] et se mettait à table à treize heures. Après [...] il marchait [...] en suivant toujours le même chemin [...]. À six heures, après avoir lu les journaux, il se remettait au travail dans son cabinet, où il entretenait constamment une température de quinze degrés. [...] Vers dix heures, [...] il se couchait dans sa chambre dont les fenêtres restaient fermées toute l'année [...].* » — Il était maniaque et méticuleux, comme par exemple dans sa façon de manger (Jachmann écrit qu'il « *mâchait longuement la viande, pour n'avaler que le jus* »). À part une intrigue chaste et uniquement épistolaire avec une certaine Marie-Charlotte Jacobi, on ne lui connaît pas d'aventures galantes, — « *la sexualité kantienne n'est pas dans sa vie mais dans son œuvre* », avait cru démontrer le même Botul-alias-Pagès, lequel mentionnait hasardeusement l'usage supposé de la masturbation par cette saillie — « *Salive, sueur, sperme : il faut tout garder.* » — La philosophie kantienne fut un bouleversement sans précédent dans l'histoire théorétique humaine, et ce fait est deviné et souligné avec prévenance dans la préface aux *Prolégomènes*, — qui sont le substrat accessible de sa *Critique*, et n'ont pas été écrits pour les « *savants qui font de l'histoire de la philosophie [...] leur propre philosophie* » (ces derniers doivent attendre « *que ceux qui travaillent à puiser aux sources de la raison elle-même aient terminé leur tâche* »), — car son « *intention est de convaincre tous ceux qui jugent bon de s'occuper de métaphysique qu'il est absolument nécessaire qu'ils interrompent provisoirement leur travail, qu'ils considèrent tout ce qui s'est fait jusqu'à ce jour comme non avenu et qu'avant tout il commencent par soulever la question de savoir "si décidément une chose telle que la métaphysique est seulement possible"* ». Rendons-nous compte ! La Métaphysique (majuscule !) qui, surtout depuis l'époque d'Aristote, le premier à écrire un livre portant cette dénomination, est la plus grande porte d'entrée en philosophie, la forme la plus obscure de l'existence, l'au-delà, et également la plus prolifique, demande, sous l'imprécation de Kant, à être réexaminée sous tous les angles et notamment sous celui de la constitution de sa possibilité d'approche et de connaissance. Il fallait la force d'Hercule pour relever ce défi sans équivalent et dépoussiérer la sacro-sainte métaphysique, remettre la raison de l'homme à la place qu'elle « n'aurait jamais dû quitter », quitte à le priver de ses rêves les plus absolus en montrant que quelques-unes de ses spéculations rassurantes ne sont que des chimères invérifiables. C'est en effet lors de l'étude des *conflits des idées transcendantales* (les célèbres *antinomies* de la raison pure) que le coup porté à la raison — qui croyait s'autosuffire et avoir tous les droits — fut le plus terrible : que le monde ait un commencement dans le temps et soit limité dans l'espace (l'*infini*), que toute substance soit composée de parties simples (l'*âme*), qu'il y ait une causalité libre (la *liberté*), qu'il y ait un être absolument nécessaire (*Dieu*), — ces thèses, tout autant que leurs antithèses, sont les objets d'une *illusion*, — dont la mathématique elle-même, par ses intuitions *a priori*, « *ne peut nous procurer aucune solution satisfaisante, par rapport aux fins les plus élevées et les plus importantes de l'humanité* ». Il y a de quoi décontenancer n'importe qui (faisant ce terrible constat, Schopenhauer écrivit dans un appendice intitulé *Critique de la philosophie kantienne* : « *Sans doute il opéra dans la philosophie la plus grande révolution qui fut jamais ; il mit fin à la scolastique qui [...] avait duré quatorze siècles [...]. [Tous] sentaient bien que toute la philosophie antérieure n'avait été qu'un songe stérile [...]. C'était dans tous les esprits un grand vide et une grande inquiétude* ») ; — et décontenancer surtout le Poète, dont la pierre de touche imaginative, *via* ses vers, est la réverbération d'un monde qui serait pris dans sa totalité, et à qui Kant envoie un « *Stop !* » — s'il croyait jamais pouvoir cerner et dire la vérité... D'une certaine façon, il ne fait pas *catégoriquement* (et *catégorialement*) bon ménage, en bien des traits, d'être à la fois kantien et Poète, ou seulement d'être un Poète qui lirait la *Critique de la raison pure*, sous peine de voir ses épanchements lyriques pratiquement *paralysés* ou de traverser une *crise* de l'inspiration plus ou moins longue dont la convalescence peut être interminable... L'écrivain romantique Bern Wilhelm Heinrich von Kleist en fera les frais, — les plus effroyables, les plus prodigieusement tentaculaires, que je sache, et qui me font encore trembler aujourd'hui, — lui qui, livré au paradoxe de sa recherche de l'absolu *cadenassée* par la lucidité des limites de ses propres représentations (il écrira un *Essai sur le bonheur* dix années avant celui sur le *Paradoxe de la réflexion*), de l'effort vain de toute expérience du réel, de toute plénitude de la vie, englobée, englobante, désormais impossible, se désespéra progressivement jusqu'au terme de son existence marqué par son suicide collectif sur les bords du Wannsee (il tua au cœur Henriette, cancéreuse, puis, à son tour, se tira une balle dans la bouche à l'âge de trente-quatre ans, — et me reviennent immédiatement ces vers d'Émile Nelligan à : « *Veux-tu mourir, dis-moi ? Tu souffres et je souffre, / Et nos cœurs sont profonds et vides comme un gouffre* »). Alors qu'il a vingt-trois ans, le 23 mars 1801, au détour d'une lettre à sa demi-sœur Ulrike (il ne nous reste que sa correspondance, les écrits intimes ont été perdus), et dont Nietzsche cite un passage lors de sa troisième considération inactuelle (*Schopenhauer éducateur*), Kleist confesse son choc et le désinvestissement qui l'achève : « *Il y a peu, j'ai fait connaissance avec la philosophie de Kant [...] — Nous ne pouvons pas trancher si ce que nous appelons la vérité est vraiment la vérité, ou si cela nous apparaît seulement ainsi. [...] Si la pointe de cette pensée ne touche pas ton cœur, ne souris pas cependant d'un autre qui s'en trouve blessé au plus profond, dans son intérieur le plus sacré. Mon but unique, mon but suprême a sombré et je n'en ai plus aucun.* » Nietzsche s'arrête ici, mais la missive continue : « *Depuis, les livres me dégoûtent, je croise les mains sur mon ventre et cherche un nouveau but. Mais je n'en trouve aucun et une profonde impatience me mène de-ci, de-là ; je vais au café, dans les bistrots, au concert et au théâtre ; je fais pour me distraire et m'étourdir des folies que j'ai honte de noter, et pourtant la seule pensée occupant mon âme dans ce tumulte extérieur est la suivante : Tout but ultime et unique s'est englouti.* » Stefan Zweig, qui disait, dans un vibrant témoignage tiré de son *Combat avec le démon* (où figurent aussi Hölderlin et Nietzsche, justement), qu'« *il a su mieux mourir que vivre* », revenait sur cette perte fatale de la « magie » : « *Subitement, en l'espace d'une nuit, d'une heure, le premier plan de vie de Kleist est détruit, c'est cet état de la raison, de sa croyance en la science. Il a lu Kant [...].* » Kant, que Zweig condamne d'avoir « stérilisé d'une manière permanente les facultés purement poétiques de tout poète qui s'est donné à lui », fit une autre grande victime en la personne de Hölderlin, lequel laissa son Hypérion avouer que « *l'homme est un dieu quand il rêve, et un mendiant quand il réfléchit* », et que « *la science a tout abîmé* » (bien qu'ailleurs, il prononçât que la poésie est « *l'alpha et l'oméga* » de la philosophie). Fort « heureusement », Hölderlin finit par « vaincre » un peu plus tard dans sa vie le danger de l'abstraction en décidant de rejeter définitivement toute philosophie systématique : « *Et Hölderlin aussi, cet esprit essentiellement inspiré et illogique, [...] cet homme en qui tout était sentiment et qui n'avait rien de l'intellectuel, ni de volontaire, se ratatine dans l'étau des concepts abstraits, des analyses philosophiques [...].* » Friedrich von Schiller n'échappera pas aux bouleversements causés par la lecture de Kant, mais positivement, pour y puiser une force incomparable dans ses définitions de l'art et de l'esthétique (et, à tout le moins, qui ne le serait pas) ? (Nietzsche avançait également, toujours dans *Schopenhauer éducateur*, que « *nos Hölderlin, nos Kleist, et combien d'autres ont dépéri du fait de leur caractère insolite et ils n'ont pu supporter le limat de la prétendue culture allemande* ».) Kant modifia chez beaucoup d'individus les perceptions et les habitudes artistiques, tout comme d'autres avant ou après lui ont pu le faire, telle l'influence de « *la grande poésie noire de Schopenhauer* » (Zola) sur Nietzsche, Thomas Mann, Freud, August Strindberg, Wittgenstein, Huysmans, Vassily Kandinsky, Paul Klee, Jean Paul, Guy de Maupassant, Jules Laforgue, Jorge Luis Borges, Oscar Wilde, Anton Tchékhov, Hermann Hesse, Franz Kafka, Albert Einstein, Erwin Schrödinger, Thomas Bernhard, Léon Tolstoï (les noms les plus connus qu'on accouple — trop diligemment — au sien) et tant d'autres. Mais seul Kant a su à ce point indéfinissable, ébranler ce que j'ai désigné plus haut comme étant « *le maillon-échelon le plus élevé de l'espèce animale intelligente* », c'est-à-dire le « *Poète (*soucieux*) »*, celui qui arpente au plus loin, en les magnifiant singulièrement, les terres inconnues et indicibles de l'existence, celui qui est, pour reprendre Novalis, « *sensible comme un fragile fil de verre* » (« *empfindlich, wie ein zerbrechlicher Glasfaden* »). En considérant le destin tragique de Kleist, ou la liste non exhaustive des manies de Kant — qui aura « voyagé » dans sa chambre (et trouvé des résultats « *que tout un chacun aurait pu trouver même sans avoir voyagé dans les montagnes, au milieu de ses concitoyens* »), on serait surpris de ce que j'eusse pu parler d'« *hommage* » rendu au philosophe, mais je ne trouve pas, pour ma part, qu'il y ait quelque contradiction devant susciter l'indignation, et le superbe portrait (dont l'auteur semble malencontreusement anonyme) de son visage baignant sur un fond noir, — peint à moitié d'ombre, — qui s'affiche, fier d'y trôner, sur le mur situé en face de moi, et sous lequel je n'ai pu résister à inscrire l'impératif éthique que je me remémore depuis longtemps déjà : « *Agis de telle sorte que la maxime de ta volonté puisse toujours valoir en même temps comme principe d'une législation universelle* », — ne me fait jamais oublier qu'il est à mes yeux le plus grand génie que la Terre ait porté (« *Immanuel* » de son prénom, dont il aimait tant qu'on lui rappelât la signification en hébreu : « *Immanu'El* », « עִמָּנוּאֵל », « *Dieu avec nous* »), et que son ouvrage principal (je le réécris pour mon plaisir : *Kritik der reinen Vernunft*) est, depuis que je l'ai parcouru la première fois vers mes vingt-quatre ans, — et ce qui suit n'engage que moi, — le plus grand qu'un homme ait jusqu'à ce jour imaginé, organisé et produit. Moi-même, quelques mois auparavant, avais déjà noté dans mon carnet de *Pensées* : « *Ce que réalise Kant dans les* Prolégomènes *est inouï : c'est le clerc qui mérite le respect le plus grand* » (j'étais conquis), je n'en démordis plus jamais par la suite : « *Kant est le plus grand monstre de l'Histoire de la pensée : que peut-on faire — je le demande — après ce qu'il a fait ?... Du Cioran, du Nietzsche, des études plus sélectives… Mais "tout est fini" tant que la science n'aura pas progressé suffisamment (notamment en neurologie)…* » Je rejoins Schopenhauer qui dit que les ouvrages principaux de Kant sont le fait « *le plus considérable qui se soit produit depuis vingt siècles en philosophie* » : « *L'effet qu'ils produisent sur un esprit qui s'en pénètre véritablement ne peut mieux se comparer, je l'ai déjà dit ailleurs, qu'à l'opération de la cataracte.* » Pour lui, « *celui qui ne s'est pas assimilé la doctrine de Kant, quelle que puisse être d'ailleurs sa pratique de la philosophie, est encore dans une sorte d'innocence primitive : il n'est pas sorti de ce réalisme naïf et enfantin que nous apportons tous en naissant ; il peut être propre à tout, hormis à philosopher* ». (Intermède figuratif et pictographique : Ludwig van Beethoven, qui ressentait le besoin d'être entouré de Maîtres, notait dans ses *Carnets intimes* : « *Prenez place dans ma chambre, portraits de Haendel, de Bach, de Gluck, de Mozart, de Haydn ! Vous pouvez m'aider à accepter mes souffrances.* » Sans qu'il soit forcément question de « *souffrances* », c'est pour moi aussi un *besoin*, rassurant et enivrant, exercitant et émulateur, d'être dans ma mesure encadré (après les avoir encadrés !) par ces grands noms des *Arts & des Sciences* qui m'ont éduqué : Kant, bien entendu, Beethoven lui-même, Henry James, Fédor Dostoïevski, André Gide, Charles Baudelaire, Sigmund Freud, Arthur Rimbaud, Samuel Beckett, Jean-Paul Sartre, Albert Einstein, Voltaire, Alphonse Allais, — un tableau de Jean-François Millet (*Le Printemps*) et deux de Caspar David Friedrich (*Abtei im Eichwald* et *Der Mönch am Meer*, — avec son moine au bord de l'infinité, la robe de bure et le capuce engloutis)… Puissent vos images, tournées en dedans de mon esprit d'orant, m'alimenter, m'inspirer et me réconforter ! Vous êtes peut-être morts, mais vous ne l'êtes pas dans mon cœur ; vos images sont peut-être des cercueils, et moi-même votre tombe, mais je vis en vous, vous vivez en moi ! « *Cineres mortales immortalis Kantii* » : ce qui était gravé sur ton cercueil, Immanuel, vaut pour vous tous, car tous, à votre façon, vous représentez les *restes mortels de l'immortalité…*) — Au cours de l'analytique des concepts, Kant construisit, d'après Aristote (« κατηγορία »), une *table des catégories* ou des *concepts de l'entendement* (« *Tafel der Kategorien* » ou « *Verstandesbegriffe* ») répertoriant « *tous les concepts originairement purs de la synthèse, que l'entendement renferme* a priori*, et en vertu desquels, seuls, il est un entendement pur, puisque c'est uniquement grâce à eux qu'il peut comprendre quelque chose dans le divers de l'intuition, c'est-à-dire en penser un objet* », — division en quatre classes forgées à partir du principe du *pouvoir de juger* (ou de penser), qui sont les catégories de : la *quantité* (unité, pluralité, totalité), la *qualité* (réalité, négation, limitation), la *relation* (inhérence et subsistance, causalité et dépendance, communauté) et la *modalité* (possibilité — impossibilité, existence — non-existence, nécessité — contingence). De ce fait, toute représentation étant rapportée à quelque objet par l'entendement, et cet objet étant par conséquent transcendantal, il n'est pas un objet de la connaissance en soi, « *mais seulement la représentation des phénomènes sous le concept d'un objet en général […]. C'est précisément pour cette raison qu'au lieu de représenter un objet particulier donné à l'entendement seul, les catégories ne servent qu'à déterminer l'objet transcendantal (le concept de quelque chose en général) par ce qui est donné dans la sensibilité, et à reconnaître ainsi empiriquement des phénomènes sous des concepts d'objets* » (*Du principe de la distinction des objets en général en phénomènes et noumènes*). Qu'est-ce à dire ? En se référant à Copernic (d'où la nouvelle « *révolution copernicienne* ») qui avait vu que les mouvements des astres s'expliquaient d'autant mieux, non pas par *leur* rotation autour du soleil, mais par *notre* rotation autour d'eux, Kant exprime très bien — et très efficacement (il attise l'appétit et file l'eau à la bouche) — dans la seconde préface à l'édition de 1787 de la *Critique de la raison pure*, le remaniement du point de vue habituel qu'implique logiquement sa philosophie : « *[…] ou bien les* concepts *à l'aide desquels j'opère cette détermination se règlent aussi sur l'objet, mais alors je me retrouve dans le même embarras sur la question de savoir comment je puis en connaître quelque chose* a priori *; ou bien les objets ou, ce qui revient au même, l'expérience dans laquelle seule ils sont connus (comme objets donnés) se règle sur ses concepts, et dans ce cas, j'aperçois aussitôt un moyen plus simple de sortir d'embarras. En effet, l'expérience elle-même est un mode de connaissance qui exige le concours de l'entendement, dont je dois présupposer la règle en moi-même, avant que des objets me soient donnés, par conséquent* a priori *; et cette règle s'exprime en des concepts* a priori*, sur lesquels tous les objets de l'expérience doivent nécessairement se régler, et avec lesquels ils doivent s'accorder.* » Le changement de méthode dans la façon de penser, de la plus haute importance, est radical et captivant : « *Nous ne connaissons* a priori *des choses que ce que nous y mettons nous-mêmes.* » Ha ! divin Emmanuel !... Par ce nouveau terrassement transcendantal, quel retournement formidable et fulgurant n'as-tu pas imaginé ! On ne voit pas l'objet tel qu'en lui-même, ni son être en soi, mais le *cadre* de cet objet, sa *tournure*, l'étant tel qu'il *nous* dévoile sans plus (*la connaissance du monde, c'est le monde de la connaissance*, comme s'il y avait un *cache* déformant entre l'objet et son idée, objet dont on ne peut avoir, semble-t-il, que *l'idée de l'idée*, — qu'interprétera Pessoa en écrivant que « *L'Univers n'est pas une idée pour moi. / C'est mon idée de l'Univers qui est une idée pour moi* »). On aperçoit seulement un objet *cadré* par nos dispositions « naturelles », et ce n'est pas à nous qu'il revient de s'adapter à lui, *mais à lui* de s'adapter *passivement* à nous, — car il ne peut être que tel qu'il est, or nous, nous devons le voir par les moyens qui nous ont été conférés, eux-mêmes accordés selon la table des catégories. Poincaré, assez kantien dans les idées, a remplacé « *table des catégories* » par « *tableau de distribution* », l'usage restant le même : la langue qui nous permet de décrire le monde « *est calquée sur notre tableau de distribution* », lequel a été établi afin de pouvoir vivre dans ce monde : « *Ainsi la propriété caractéristique de l'espace, celle d'avoir trois dimensions, n'est qu'une propriété de notre tableau de distribution, une propriété interne de l'intelligence humaine* *pour ainsi dire.* » Parce que notre intelligence perçoit en trois dimensions, l'objet visé sera perçu en trois dimensions. (Je digresse : l'objet visé, qui constitue la base de l'expérience possible, est par là rendu objectif (indépendamment de la connaissance, il est) grâce à notre objectif conceptuel (système destiné à former l'image, donc subjectif), et il devient *assujetti* à notre capacité « limitée » de le viser en tant qu'objet de notre représentation.) — Si toi (altérité), Objet (nom du savoir), tu ne viens pas (représenté) à moi (sujet pensant), moi (entendement pur) j'irai (muni de ma table) à toi (identité identifiée) ! — Mon esprit discipliné « compute » (j'y entends une évaluation quantitative *et* qualitative) sans cesse, — c'est-à-dire sans ménagement, mais la plupart du temps (heureusement ?) inconsciemment, — les variétés innombrables de mon environnement mental (l'idéal — des yeux clos) et physique (le sensible — des paupières hyalines), direct (se projetant au-devant de moi) et indirect (agissant par-derrière). Le repos est interdit au penseur, à l'analyste des situations, des choses, des états, des changements, des contrées, des sentiments, des lois, des visions, des sensations, mais il l'est également au léthargique-végétatif : c'est l'acuité (ce que l'on y met) qui transige de l'effet (ce qui nous est mis en retour). — Mais je raisonne alambiquement, ma raison s'égare ! Ne vois-je pas Kant pâlir devant ma déraison ?... Pauvre de moi, erreur et damnation !... Alexander Pope, qui fut kantien avant le kantisme, n'assenait-il pas que « *In pride, in reas'ning pride, our error lies* » (« *Notre erreur vient d'une raison orgueilleuse* ») — et que « *All quit their sphere, and rush into the skies* » (« *On sort de sa sphère et l'on s'élance vers les cieux* ») ?... Qu'est-ce que l'homme ? « *Born but to die, and reas'ning but to err; / Alike in ignorance, his reason such, / Whether he thinks too little or too much.* » (« *Seulement né pour mourir, il ne raisonne presque que pour s'égarer ; et telle est cette raison, qu'elle s'égare également pour penser trop et pour penser trop peu.* »)

* * * * *

(« *Canzone, io credo che saranno radi color che tua ragione intendan bene, tanto la parli faticosa e forte.* » (« *Canzone, je crains qu'ils ne soient en petit nombre ceux qui entendront bien le sens de ton discours ; car ce que tu dis paraît obscur et diffus.* ») Je ne le sais que trop bien… mais je dois ici même tripleter le fil de mon discours, — « triponctuer »… — 1. — Bien que je puisse me porter garant de l'appréciation du contraire, la liaison entre mes descriptions kantiennes et mes dernières constatations semble coupée. C'est uniquement pour *lier l'(un)ensemble*, qui n'a pour le moment pas pu être, ni par vous ni par moi, parcouru intégralement ou *temporalisé* adéquatement : il faut *vivre*, « *expériencer* » ce livre comme *une anticipation de ce qui a été dit*, ou, en accaparant le vocabulaire si utile de Heidegger, j'aurai la prétention d'affirmer que mon livre est, dans le plein sens du terme (il doit être pris et lu ainsi), un « *être-été* » (de « *Gewesenheit* », — préférable, en français, à « *être-ayant-été* », qui ne marque pas assez la continuité active de l'être qui est en tant qu'il *est* son été), autrement dit qu'il n'est pas complètement passé, révolu, révoqué, aboli, mais qu'il perpétue son être alors même qu'il l'a été (et le sera). « *One's past is what one is* » (« *Le passé que l'on a est ce que l'on est* »), a écrit Oscar Wilde (*An ideal husband*). — 2. — Le *rapport* au monde, les *conditions* de sa représentation et de sa compréhension, sont dans une large mesure le squelette de ce livre, sa Raison — d'être —, car pour pouvoir prétendre (— à ? —) perdre le monde, il faut l'avoir d'abord trouvé, possédé : la *perte* ne surgit qu'en un *avoir-eu*, — et c'est cette perte qui me possédera. — 3. — Cela introduit l'alinéa suivant.)

* * * * *

Par-derrière les immortelles traces de Kant, et non loin des sentiers ouverts par la phénoménologie husserlienne, est vaillamment posté Wittgenstein (on n'en réchappera pas), devant sa guérite de la Logique, — le jeune Wittgenstein du *Tractatus*, — avec sa vision « imagée » du lien objet/sujet. (Le *Tractatus* est une source d'innombrables interprétations trop souvent détachées des allusions et références mathématiques qui y sont en permanence contenues, ou sous-entendues, et les propositions qu'il *renferme* se révèlent insuffisamment prémunisantes contre les prétendues exégèses d'individus ignorant les bases de cette science, qui ne s'appuient, par défaut, que sur les plus « littéraires » d'entre elles, qu'ils ponctuent de leur unique forme brute, ou qui contiennent, à leur corps défendant, le moins de symboles rebutants, — parmi lesquelles celles qui suivent. Wittgenstein fut, en quelque sorte, à l'instar de Bertrand Russell ou Frege, un philosophe du langage muni d'outils mathématiques, alors que Gödel, sans le caricaturer, fut un mathématicien du langage muni d'outils philosophiques.) À la proposition 2.11, il est mentionné que : « *L'image présente la situation dans l'espace logique, la subsistance et la non-subsistance des états de choses.* » J'aimerais ici faire un point, certes discursif, mais digne d'intérêt, sur le rôle des traductions (acrobatiques, c'est leur « triste » sort de l'être) du *Tractatus*, — qui fut publié pour la première fois en 1921, en allemand, sous le titre *Logisch-Philosophische Abhandlung*, soit un an avant sa traduction anglaise qui portera le titre latin définitif, et dont la préface de Russell sera jugée si mauvaise par Wittgenstein que celui-ci tentera d'en interdire la parution en Allemagne. Je dispose dans ma bibliothèque de deux traductions françaises (aux éditions Gallimard), comportant fatalement chacune leurs défauts (caustique, Jean Paul disait que « *les Français sont aussi fidèles comme traducteurs que comme maris* »), l'une datant de 1993, due à l'épistémologue et philosophe Gilles-Gaston Granger, à laquelle j'emprunte les passages pour mon livre, et l'autre, de 1961, due à Pierre Klossowski, qui eut quelques casquettes éparpillées (romancier, acteur, peintre, essayiste), — qui traduit pour sa part la même proposition 2.11 de cette manière : « *Le tableau présente le fait dans l'espace logique, l'existence et la non-existence des états de choses.* » Tout comme l'on peut reprocher à Granger l'emploi du mot « *subsistance* » pour « *Bestehen* », au lieu de « *existence* », qui siérait mieux pour les raisons que l'on va voir, Klossowski est tout aussi critiquable, avec cependant des nuances, pour avoir choisi « *tableau* » à la place de « *image* » (« *Bild* »). Que l'on utilise indifféremment « *fait* » ou « *situation* » pour « *Sachlage* », dont la première entrée dans un dictionnaire donne « *circonstance* », n'est pas préjudiciable, bien qu'il faille si possible le réserver pour la traduction de « *Tatsache* » (*fait positif*) comme à l'importante 1.11, « *Le monde est la totalité des faits, non des choses* » ; mais que l'on utilise « *subsistance* », évoquant une certaine consistance présupposée, pour « *existence* », est une grossière erreur, car la seconde implique la première et non l'inverse, surtout si l'on remarque que « *non-subsistance* » dénote l'éventualité (qu'un espace logique ne saurait admettre) d'un état de choses existant capable de ne plus exister (l'impermanence, soit ce qui ne subsiste pas, qui n'appartient pas à la substance, donc n'est, selon la 2.025, ni « *forme* » ni « *contenu* »). L'existence, par l'intermédiaire du *quantificateur existentiel* « ∃ », se traduit ainsi : $\exists x.fx$. De même, la non-existence : $\sim(\exists x).fx$ (et non : $\exists x.\sim(fx)$). De même, l'existence ou la non-existence peut s'écrire : $(\exists x.fx) \vee ((\exists x).fx)$. Et en prolongeant, la subsistance ou la non-subsistance devrait pouvoir s'interpréter ainsi : $(\exists x.fx) \vee \sim((\exists x).(\sim fx))$ ou $\exists x.((fx) \vee (\sim fx))$, — ce qui est absurde. Au sujet de « *Bild* », que les Anglais traduisent par « *picture* », parler de « *tableau* » est inconvenant dans le sens où il s'agit de l'*image mathématique*, ici la fonction propositionnelle *fx* correspondant à la variable propositionnelle *x* (« *pseudo-concept* » d'*objet*). Par extension, en appelant *f* une *application*, l'image par *f* d'une partie E est l'ensemble des éléments *fx*, ou *f(x)*, pour lesquels il existe un antécédent *x* dans E, et l'ensemble {*x* ; *fx*} définit le *graphe* de *f*, c'est-à-dire sa *représentation graphique*, par conséquent nous est offerte l'*image* de cette représentation des *antécédents* et des *images*, ou, si l'on veut, son *tableau*, car y est *dépeint* (*illustré*) l'ensemble des états de choses. Il y a deux modélisations de ce *fait* : la présentation de la situation peut signifier qu'elle soit dressée en un tableau représentant les *x* qui pointent ou non vers un *fx* (existence ou non-existence) ; et ce tableau peut être perçu, non comme quelque chose d'extérieur qui serait projeté devant nous et dont on « recevrait » l'image picturale, mais comme quelque chose que nous projetterions de l'intérieur et dont l'image tenterait de recouvrir la réalité, tel un calque, — ou tel le « *quadrillage convenablement fin* » évoqué à la 6.341, que l'on pourrait abusivement coller à la notion de « grille d'interprétation ». (Un mémento s'impose : « *image* » dérive de « *imago* ». C'est ce qui *imite, ressemble*. Carl Gustav Jung a introduit en psychanalyse ce terme latin, antérieur à « *archétype* », en vue de délimiter la *représentation inconsciente* — d'un personnage…) Ce qui explique les propositions du *Tractatus* qui suivent et s'enchaînent (les variantes dans la traduction de Klossowski) : « *L'image est un modèle [une transposition] de la réalité* » (2.12) ; « *L'image est ainsi attachée à la réalité ; elle va jusqu'à atteindre la réalité [elle l'atteint]* » (2.1511) ; « *Ces correspondances [coordinations] sont pour ainsi dire les antennes des éléments de l'image, par le moyen desquelles celle-ci touche [entre en contact avec] la réalité* » (2.1515) ; « *Dans l'image et dans le représenté quelque chose doit se retrouver identiquement [il faut qu'il y ait quelque chose d'identique], pour que l'une soit [puisse être] proprement l'image de l'autre* » (2.161). Nouvelle difficulté pour traduire « *Modell* » : est-ce un « *modèle* » ? une « *transposition* » ? ni l'un ni l'autre ? En langue française, nous entendons par un « *modèle* », un référent (pour le peintre, par exemple), une maquette d'un dispositif réel, un type idéal, une icône transcrivant une idée abstraite ou bien un formalisme qui représente un système, et il se trouve que chacune de ces définitions recèle sa part de justesse analogique, comme de la situation d'une abstraction extraite de la réalité ou tentant de la décrire. En mathématiques, pour le calcul des prédicats par la méthode dite sémantique, un modèle de *M* selon *ω* est une *ω*-assignation pour laquelle tout un ensemble *M* d'expressions est satisfiable, ce qui signifie que, en appliquant l'ensemble des expressions dans l'ensemble des valeurs de vérité {V ; F}, et s'il existe au préalable l'application correspondante, l'on peut renvoyer la valeur de critère de vérité V à une expression donnée. En nous appuyant sur la 2.173 : « *L'image figure son corrélat de l'extérieur [son objet du dehors] (son point de vue est sa forme de figuration [constitue sa forme de représentation]), c'est pourquoi elle présente son corrélat correctement ou incorrectement [justement ou faussement]* », — puis sur la 2.19 : « *L'image logique peut représenter le monde* », — le terme « *Modèle* » nous apparaît rigoureusement idoine ; mais celui de « *transposition* », s'il s'avère plus faible, ne démérite pas pour autant son rôle de signifiant en tant qu'il exprimerait une *décomposition de la réalité en produit de transpositions d'états de choses*. Mieux, en retenant cette occurrence artistique du dictionnaire et en l'agrémentant d'une pincée d'allusions mathématiques : « *Expression du réel par des moyens symboliques relevant de l'analogie [et] de l'image.* » L'*image* (représentation du représenté), qui « *est un modèle de la réalité* » (ou qui, pourrait-on dire, *modèle la réalité*), est, grâce à des « *correspondances* » (« *Zuordnungen* », littéralement : « *classements* »), « *attachée à la réalité* », et ce, dans une réciprocité stricte puisque non seulement l'image est, évidemment, l'image du représenté, mais, — c'est le plus surprenant, — le représenté est également l'image de l'image ! Qu'est-ce alors que ce « *quelque chose* » qui « *doit se retrouver identiquement* » ? Sachant que la structure, que rend possible la forme (2.033), est « *la manière dont les objets se rapportent les uns aux autres dans l'état de choses* » (2.032), ce « *quelque chose* » est une transposition de structures, ce que l'on appelle communément un *morphisme*, une application qui permet de construire des liens entre des éléments appartenant à deux structures différenciées, *mais analogues*, et plus exactement un *isomorphisme* parce que c'est ici le cas d'un *morphisme bijectif* : il y a un morphisme qui va du représenté à l'image, et un autre, réciproque, qui va de l'image au représenté, désignant ainsi deux structures isomorphes, et nous pouvons affirmer, — sans prétendre toutefois le démontrer ni le prouver, si ce n'est en consentant avant toute chose que le monde *n'est pas* illogique, sans quoi « *nous ne pourrions pas* dire *à quoi ressemblerait* » ce monde (3.031), — que la logique, dont chaque ensemble est muni, subit *en apparence* une modification lors de l'application, mais demeure inchangée *en soi*. — Spinoza avait en son temps fait même suggestion d'un tel *parallélisme* (le terme n'est pas de lui) à la proposition VII de la partie II de l'*Éthique* : « *L'ordre et la connexion des idées sont les mêmes que l'ordre et la connexion des choses.* » De sa définition de l'unité de la substance, il en ressort une isomorphie (mêmes structures) et une isonomie (mêmes lois) entre les choses et les idées, comparables à celles de Wittgenstein. — Du reste, si l'on veut affiner ces *idées*, on peut dire qu'elles sont (relativement) à la fois proches et éloignées de celles de Hume : — proches, car, pour l'Edimbourgeois, « *toutes nos idées sont des copies de nos impression* » (« *all our ideas are copyed from our impressions* »), idées qui à leur tour, en tant qu'« *idées secondaires qui sont des images des idées primaires* », peuvent produire « *des images d'elles-mêmes en de nouvelles idées* » ; — éloignées, car l'ordre et la connexion des idées *ne sont pas les mêmes* que l'ordre et la connexion des choses (l'entendement est abusé par l'accoutumance à la régularité qu'il croit déceler dans les choses). — Raisonnons donc : — à la proposition 2.221 du *Tractatus*, nous lisons que « *ce que l'image figure est son sens* » (comprenons : *le sens de la réalité*) ; or, « *la proposition* » étant « *une image de la réalité* », « *un modèle de la réalité, telle que nous nous la figurons [nous la pensons]* »

(4.01), et « *la pensée* » étant elle-même la « *proposition pourvue de sens* » (4), nous sommes en mesure de tirer la conclusion suivante, hymne à l'étonnant isomorphisme de notre représentation du monde : la pensée se trouve être l'image de la réalité dont le sens est donné par l'image (*proposition*) de la pensée. À un objet réel correspond une pensée (ce qu'il faut lire : « il existe une fonction qui à un objet réel associe une pensée ») ; à la pensée correspond une proposition ; à la proposition correspond un sens ; au sens correspond un objet réel. Cette façon de voir est puissante, certes, et des plus majestueuses, mais elle ne nous dit pas *ce que le sens est* !

* * * * *

(Je *coupe* la progression (une énième fois, — et pour longtemps, donc j'aère d'un alinéa), car, à ce point de mon cheminement, et avant que l'on ne voie désespérément, dans un son de glas signalant l'inévitable aporie d'immixtions philosophiques, le *sens* s'envoler pour de bon, il est un autre *parallèle*, à vrai dire troublant, plus que troublant même, — et qui m'a demandé beaucoup de réflexion et causé quelque problème, — sur lequel je voudrais à tout prix m'appesantir, et qui concerne l'un de ce dont il a été question ci-dessus, après l'éclairage apporté, lors de l'un de ses séminaires (inclus dans *Les quatre concepts fondamentaux de la psychanalyse*), par Lacan, qui apparaîtra entre les lignes, — et en particulier par ses fameux « triangles », — un parallèle, écrivais-je, où l'on prouvera, par les jonctions que j'établirai, que la traduction de « *Bild* » dans le *Tractatus* n'était pas si usurpée qu'elle n'en avait l'air. — En peinture, il existe, si l'on tient à condenser (c'est préférable et « *je laisse aux phraseurs le soin de gonfler des pages sur ce sujet* », dirait Sterne), deux *registres* de l'œuvre *a priori* indépendants qui sont la *confection* — par l'artiste — et la *contemplation* — par le spectateur, — autrement dit deux *regards* — *mais qui peuvent se fondre en un*. — Un peintre, placé en face de la toile qu'il réalise et qui repose sur son chevalet, peut, entre autres techniques, peindre point par point un objet qui est situé par-devant lui, le tableau s'intercalant de ce fait entre son regard et l'objet (regardé) à reproduire. Avant l'ébauche, il aura pu s'aider et dessiner les lignes de fuite marquant la perspective inhérente à toute représentation « réaliste » (*mais conventionnelle*), et dont le point de fuite est éventuellement en dehors de la toile, mais il aura également pu utiliser le dispositif inventé par Albrecht Dürer au XVIème siècle, décrit et illustré par une gravure (*Le dessinateur de luth*) dans son manuel de géométrie intitulé *Instructions pour la mesure à la règle et au compas*, qui autorise la construction de la perspective centrale selon une autre méthode. Ce dispositif, le *perspectographe*, appelé aussi *portillon* (mais pas celui du système avec le quadrillage, visible sur la gravure d'une femme nue allongée, qui est légèrement différent), est composé d'un cadre vide au travers duquel passe un fil qui va d'un point en contact avec l'objet à un autre point situé derrière le peintre, dénommé *point géométral*. Ainsi, une extrémité du fil est mobile afin de balayer l'objet en son entier, et une autre est fixe, retenue par une poulie clouée au mur, dont l'allonge permettant le déplacement est donnée par un poids suspendu. Le peintre, par une perspective créée à l'inverse, n'a plus qu'à faire correspondre sur le tableau (l'*image*) le point d'intersection entre le plan du cadre et le fil. De cette manière, le tableau se trouve comme mathématiquement emprisonné à l'intérieur de deux triangles opposés imaginaires : le premier a pour sommet le point géométral et pour base l'objet ; le second a pour sommet le point de fuite et pour base le regard (presque *confondu avec le tableau*). — Maintenant, tournons-nous du côté de l'observateur qui, prostré devant le tableau, le contemple à sa guise — et à ses risques et périls. « *À sa guise* », car il lui est permis, tant que cela est faisable, c'est-à-dire dans un espace proche des cent quatre-vingt degrés, de regarder de l'endroit qu'il désire ; « *à ses risques et périls* » pour la raison suivante, qui va de soi : s'il n'est pas dans l'axe (dans le *champ* direct) qu'avait ordonné le point géométral pendant la conception, il ne verra le sujet représenté que déformé (anamorphosé) par rapport au *représentant original* (lui-même anamorphosé par les contraintes de la perspective, comme par exemple un cercle qui est devenu une ellipse), d'autant biaisé que son angle de vision sera déporté, et dès lors le tableau ne sera plus le tableau en tant que tel, mais fera office d'*écran* dénaturant la réalité du représenté — préalablement dénaturé par le représentant ! (Parfois, l'anamorphose, défigurée et indéfinissable quand on est normalement positionné par rapport à l'œuvre, « renature » le dénaturé de façon presque magique dès que l'on se met en « porte-à-faux » en regardant le tableau selon un axe incongru (un « *angle mort* ») coïncidant avec l'axe originel du point géométral choisi, en un jeu savant et malin, par le peintre, — jeu que l'on rencontre dans *Portraits des ambassadeurs Jean de Dintreville et Georges de Selve* de Hans Holbein le Jeune. Voici ce qu'en dit Lacan : « *Or, dans le tableau des* Ambassadeurs, *[…] que voyez-vous ? Quel est-il, cet objet étrange, suspendu, oblique, au premier plan en avant de ces deux personnages ? […] qu'est-ce donc cet objet, ici volant, ici incliné ? Vous ne pouvez pas le savoir — car vous vous détournez, échappant à la fascination du tableau. / Commencez à sortir de la pièce où sans doute il vous a longuement captivé. C'est alors, vous retournant en partant […] vous saisissez sous cette forme quoi ? — une tête de mort. […] Holbein nous rend ici visible quelque chose qui n'est rien d'autre que le sujet comme néantisé […] Ce tableau n'est rien d'autre que ce que tout tableau est, un piège à regard. Dans quelque tableau que ce soit, c'est précisément à chercher le regard en chacun de ses points que vous le verrez disparaître.* » Là où Lacan y voyait également une signification phallique, une valeur symbolique de la fonction du manque, Daniel Arasse (que j'ai écouté tant de fois, le soir, bercé, avant de m'endormir !), le grand historien de l'art spécialiste de la Renaissance, y percevait de très subtils sens, rapportés dans *Le détail*, dont je ne vais retranscrire que deux passages : « *Pour voir le crâne et l'identifier comme tel, celui qui regarde doit en effet se placer sur la gauche du tableau, plus bas que son cadre, quelque chose comme à genoux de côté ; il doit adopter, dans la profondeur verticale de l'œuvre, un regard presque latéralement rabattu dans le tableau lui-même. Celui qui regarde doit donc venir se placer exactement au pied du petit crucifix qui, de l'angle supérieur gauche, le regard porté vers la configuration obscène* », — et : « *Le dévoilement moral utilise la catastrophe que le détail fait subir au tableau quand le corps du spectateur quitte son tableau et disloque le dispositif de la construction régulière, et sa prétention à une vérité en peinture. Il ruine l'effet du tableau et fait surgir les dessous de la peinture.* »
— Que voit-on, en fin de compte ? *La mort qui ne se voyait pas*. La jouissance de la découverte s'identifie à la petite mort, au chagrin du manque qui, tout juste comblé, se détourne et redevient manque. Il y a *à cet égard* dans *Richard*

Il ce retournant passage : « *Each substance of a grief hath twenty shadows [...] like perspectives, which rightly gazed upon show nothing but confusion, eyed awry distinguish form* » (« *Tout chagrin véritable a vingt reflets [...] tels ces tableaux trompeurs qui, regardés de face, ne montrent que confusion, mais qui, vus de biais, révèlent des formes distinctes* »). Je referme la parenthèse… en m'en excusant : « *Excusez cette longue parenthèse, ô lecteur* », comme dirait Stendhal/Henry Brulard !) — Pascal signalait avec raison qu'avec la perspective, il n'y avait qu'un « *point indivisible* » qui fût le « *véritable lieu* » de l'observation, les autres se trouvant « *trop près, trop loin, trop haut ou trop bas* ». Il n'empêche qu'une possibilité est offerte au spectateur de définir de lui-même son point de vue, et cette possibilité sous-tend implicitement, bien qu'il soit évident, un nouveau paramètre capital : la lumière réfléchie par le tableau se disperse dans toutes les directions de l'espace, il est ce faisant *visible de partout*, et j'ajouterai qu'étant *déjà visible avant que nous ne le voyions*, il est dans la posture du *regard qui nous voit*, même si nous en sommes détournés ; — le tableau nous regarde où que nous soyons, et, explique Lacan, nous « *fait tableau sous le regard* ». Ce n'est pas fini : non seulement je suis un tableau, mais encore je suis *dans le tableau* ! (Cela fait d'ailleurs penser au livre de Daniel Arasse, *Le sujet dans le tableau*…) Tout comme le point géométral fixé au mur, qui fait partie de la modélisation, est *derrière* le peintre, le champ géométral se prolonge *derrière* la peinture, par conséquent *derrière* moi, qui suis l'observateur localisé non loin du secteur occupé auparavant par le peintre, — ce que Lacan résumera par : « *Au fond de mon œil se peint le tableau. Je suis ici dans une entière ambiguïté. Le tableau, certes, est dans mon œil, mais moi, je suis dans le tableau.* » Nous pouvons là aussi dire et recopier en changeant *nûment* les termes, que l'*image* (ou *écran*) du tableau se trouve comme mathématiquement emprisonnée à l'intérieur de deux triangles opposés imaginaires, le premier ayant pour sommet l'œil et pour base le tableau, le second ayant pour sommet le tableau et pour base l'ensemble des regards (possibles selon chaque ligne de placement parallèle au tableau). — (N'est-il pas étourdissant, après toute cette histoire, et celle qui vient, dont elle était l'agrément, de *voir* que Nietzsche, considérant qu'il n'y a pas de forme parce qu'il n'y a ni intérieur ni extérieur, ait pu écrire : « *Tout art repose sur le* miroir *de l'œil* » ?) — Il y aurait, suite à tout cela, — et je ne m'en cache pas, — quantité de choses fascinantes à développer (je pense à la cristallisation scopique — et à la réduction de l'image « totale » à un point « zéro », opérée réellement dans l'œil ou caractérisée abstraitement par le point de fuite et le point géométral), mais je me les épargnerai, — ainsi qu'à vous, — et je m'en vais dès à présent éclaircir le « *Bild* » wittgensteinien dans une métaphore *visuelle* (je souligne fortement ce détail : ne seront considérés que les aspects *colorés* synonymes pour nous de *vision*). Je dois en introduction donner deux consignes pour la compréhension, car, afin de décrire l'« *image* » telle qu'elle nous apparaît, nous allons être obligés de nous élever jusqu'à un niveau supérieur de la description de celle-ci où il s'agira de décrire une image de l'image, une « méta-image ». De plus, il va nous falloir opter pour un « *modèle de la réalité* » qui sera double : l'image de l'objet sera « peinte » dans un cadre fictif (l'image-écran) face à notre regard et « peinte » au fond de nos yeux (sur les photorécepteurs). « *L'image présente [...] l'existence ou la non-existence des états de choses* » : se montre, ou se dévoile dans le cadre l'*image de la réalité*, on voit ce qui y est et on ne voit pas ce qui n'y est pas (nous saluons Parménide au passage), l'*image-tableau dépeint la réalité* et « *est ainsi attachée à la réalité* ». Or, nous avons vu le procédé de représentation qui consiste, pour former le représenté, à relier chaque point de l'objet à l'image, comme une palpation projetée. Souvenons-nous des mots de Wittgenstein : « *Ces correspondances sont pour ainsi dire les antennes des éléments de l'image, par le moyen desquelles celle-ci touche la réalité.* » (Il est aisé de songer aux organes sensoriels des insectes ou à un aveugle tâtonnant, — lequel, d'après Descartes, *voit avec ses mains* (mais soyons tout de même prudents avec la référence à l'aveugle ou à la vue *directement tâtonnante*, car, comme le remarquait Merleau-Ponty dans *L'Œil et l'Esprit*, sous cet aspect, « *un cartésien ne se voit pas dans le miroir* »). Henri Poincaré avait choisi de mieux faire *entendre* ce genre de chose en prenant l'exemple des « *tentacules* » d'un « *polype hydraire* » cloué au sol !) Cependant le point deux difficultés qui sont notre *extériorité* et notre *implantation* par rapport à l'objet. En effet, le tableau peut faire, comme nous l'avons vu, *écran* et déformer la réalité : « *L'image figure son corrélat de l'extérieur (son point de vue est sa forme de figuration, c'est pourquoi elle présente son corrélat correctement ou incorrectement* » ; ensuite, si un point du tableau est *obligatoirement l'image d'un point de l'objet* (le pointé géométral est figé), un point de l'objet (représentable de partout) peut être *l'image d'une infinité de points* (représentés sur une infinité de tableaux possibles). La première difficulté, généralement peu gênante, est tout de même irrémédiable ; quant à la seconde, quand bien même elle ne se corrigerait qu'en *se déplaçant* autour de l'objet dans le but de capter chacun de ses points (« banc de métrologie visuelle » qui, — croyant emprunter l'exemple à Sextus Empiricus ou à Malebranche, — nous aide à distinguer de plus ou moins loin une tour carrée d'une tour ronde et rompre l'illusion ichnographique), ne dérogerait pas à l'exactitude de la proposition : « *Dans l'image et dans le représenté quelque chose doit se retrouver identiquement, pour que l'une soit proprement l'image de l'autre.* » Nous avons en outre la confirmation de ce que nous avancions plus haut, à savoir que le représenté est l'image de l'image, ou plutôt l'image (objet de la pensée subjective) est l'image du tableau en tant que ce tableau est l'image de l'objet (réel, sujet objectif de la représentation). — Ne sont-elles pas invraisemblables, formidables, — *impressionnantes*, — *palpitantes*, — *toutes ces correspondances* ?... — Autant d'images stéréoscopiques, de stéréogrammes imprévus… — Daniel Arasse, dans son livre sur Léonard de Vinci, cite — dans le contexte de la *camera obscura* — cet aphorisme du maître toscan : « *Autrement dit, chaque point de la pupille voit tout l'objet et chaque point de l'objet est vu par la pupille.* » Trouverait-on plus belle illustration de l'« isomorphisme » de l'œil voyant/vu ? Tel est vu qui croyait voir… Ne crions pas victoire pour autant, malheureux que nous sommes : cet *isomorphisme*, parce que nouménal, est ailleurs : « *Le sens du monde doit être en dehors de lui* » (6.41), « *la solution de l'énigme de la vie dans le temps et dans l'espace se trouve en dehors de l'espace et du temps* » (6.4312). — Pour terminer, et éclairer (sans lumières !) pourquoi le « *comment ?* » est possible (révélé par l'image) et comment le « *pourquoi ?* » est hors de portée, recopions la tranchante proposition 6.44 : « *Ce n'est pas comment est le monde qui est le Mystique, mais* qu'il soit. »)

* * * * *

Le cerveau n'enregistre pas réellement tout le flux, l'afflux, l'influx et le reflux continués des sensations périphériques qui l'assaillent ; il est un réservoir qui, si j'ai de la peine à imaginer qu'il n'emmagasine, de par son volume fini, qu'une partie infime de celles-là, est susceptible de les restituer — sous forme de pensées — pourvu que je les sollicite grâce à une *attention* et à une *concentration* de tous les instants, et grâce à une disponibilité de mon acuité, c'est-à-dire de ma lucidité, de ma pénétration intellectuelle afférente. En effet, si je décompte de ces sensations celles que je n'ai pas provoquées, comme par exemple la douleur aiguë d'une pointe de compas piquant mon doigt, ou le vol d'une chauve-souris rasant par surprise ma tête et l'ébouriffant, et toutes ces sortes d'événements sensibles imprévus ou indésirés, je dois être actif, — pour mon *accommodation*, car *je saisis*, — dans la réception et l'interprétation des signaux, aussi bien extérieurs qu'intérieurs, qui sont *a priori* en nombres incalculables, un *infini*, dit Bruno, qu'« *aucun sens ne perçoit* ». Comment faire le tri dans ce torrent d'idées ? Le fait-on véritablement ? peut-on le faire ? a-t-on à le faire ? Y a-t-il un lien avec ce que Spinoza commente dans son scolie (proposition XL de la partie II de l'*Éthique*) : « *le Corps humain, étant limité, est capable seulement de former distinctement en lui-même un certain nombre d'images à la fois* » ? Doit-on à sa suite redouter que « *si ce nombre est dépassé, ces images commencent à se confondre* », et que, « *si le nombre des images distinctes, que le Corps est capable de former à la fois en lui-même, est dépassé de beaucoup, toutes se confondront entièrement entre elles* » ? Dépasser ? confondre ?... Y a-t-il un lien avec ce dont Hume nous fait part (livre I, section VI de la partie IV du *Traité sur la nature humaine*) : « *L'esprit est une sorte de théâtre où différentes perceptions font successivement leur apparition, passent, repassent, glissent et se mêlent en une infinie variété de positions et de situations. Il n'y a en lui proprement ni simplicité en un moment, ni identité en différents moments. La comparaison du théâtre ne doit pas nous induire en erreur. Ce sont seulement les perceptions successives qui constituent l'esprit. Nous n'avons pas la plus lointaine notion du lieu où ces scènes sont représentées ni des matériaux dont il se compose* » ? Le théâtre des opérations — fantomatiques ?... — Chaque minute, chaque heure, chaque jour, je suis submergé, englouti par des pensées décochées de ci, de là, et visant ceci, cela, me touchant comme ceci, comme cela, — *sans interruption*. Ce fonctionnement irrémissible m'atterre et je voudrais, de temps en temps, si ce n'est de manière définitive, suspendre tout ce remue-méninges... Mais vouloir ne plus penser, c'est toujours, par défaut, penser (même la perte) ; cela s'agite telle une sarabande indomptable, et, — quand bien même je saurais que ce que je *pense* n'est rien comparé à ce que je *pourrais penser* (nous ne percevons qu'un millionième de ce que perçoivent nos organes) si je retenais la totalité des flux nerveux m'envahissant, — être sur un interminable qui-vive me déchire à un point ineffable. Vouloir être une passoire — et n'être qu'une écumoire ! Le repos des cogitations n'obvie pas à leur ressac impétueux ; le repos, jamais rassasié ni rassasiant, se nourrit malicieusement de l'écume des réflexions s'oubliant, se voulant oublier (voire oubliée) ou cherchant à se faire oublier (le bonheur, disait Nietzsche, est créé par le pouvoir d'oublier). Toujours l'oubli est *présent*, dirait Saint Augustin ; toujours la solitude cérébrale espérée est rattrapée, où qu'elle se fût crue cloîtrée : « *Étouffant sous le ciel, transi par les abîmes, / Dans les deux éléments, du même exil, victime* », écrivait Adam Mickiewicz, — et Lord Byron, à la suite, de s'indigner dans un chant qui s'élève au-dessus du chœur : « *What exile from himself can flee? / To zones, though more and more remote, / Still, still pursues, where'er I be, / The blight of life — the demon Thought* » (« *Quel Exilé peut-il s'évader de lui-même ? / En des lieux même encore plus lointains, / toujours, toujours me poursuit où je vais — le fléau de la vie, le démon Pensée* »). Encore heureux, pourtant, comme l'observe Alexander Pope, que Dieu nous limitât, car « *Quel serait l'usage d'un toucher plus délicat, si, par un excès de délicatesse, les douleurs et les agonies s'introduisaient par chaque pore ? D'un odorat plus raffiné, si les parties volatiles d'une rose, par leurs vibrations dans le cerveau, nous faisaient mourir de peines aromatiques ? D'une oreille plus fine ?* » En effet, dans une telle situation accablante, « *La nature tonnerait toujours, et nous étourdirait par l'harmonie de ses sphères roulantes* » : « *Qui peut ne pas reconnaître la bonté et la sagesse de la Providence, également dans ce qu'elle donne et dans ce qu'elle refuse ?* » (« *What finds not Providence all good and wise, / Alike in what it gives and what denies?* ») Louons-en le parcimonieux Seigneur !... Dans *Au-delà du principe de plaisir*, Freud évoque cette limitation et remarque (ce sera le sujet de la discussion qui s'ensuivra) que « *ce sont les organes des sens qui renferment essentiellement des dispositifs destinés à recevoir des excitations spécifiques, mais aussi des appareils particuliers, grâce auxquels se trouvent redoublée la protection contre les excitations extérieures et assuré l'amortissement des excitations d'une intensité démesurée* », et que « *ce qui caractérise les organes des sens, c'est que le travail ne porte que sur de petites quantités des excitations extérieures, sur des échantillons pour ainsi dire des énergies extérieures* ». Il conclut en les comparant « *à des antennes qui, après s'être mises en contact avec le monde extérieur, se retirent de nouveau* ». Dans cette traduction de Jankélévitch, « dispositifs » renvoie à « *Einrichtungen* » ; « échantillons », à « *Stichproben* », qui signifie aussi « prélèvement » (avec une connotation de *hasard*), auquel J.-B. Pontalis et Jean Laplanche ont très judicieusement préféré le terme d'« échantillonnage » ; quant à « antennes », assez wittgensteinien, il vaut pour « *Fühlern* », que j'aurais personnellement traduit par « capteurs » ou « sondes ». Retenons bien ces allusions, car elles vont réapparaître sans trop tarder... — Oui, louons, relouons le parcimonieux Seigneur de ces limitations sensorielles, car les possibilités et les potentialités de cette persécution mentale (ô supplices de la colline du Calvaire !) sont colossales : les milliers de synapses reliées à chaque neurone de notre cerveau créent, en un jeu combinatoire énorme, un potentiel d'environ 5.10^{21} interconnexions, les informations étant traitées à la vitesse d'un milliard de milliards d'unités par seconde : les fibres nerveuses tissant le « cervelas » de notre boîte crânienne, mises bout à bout, formeraient une ligne de cinq cent mille à un million de kilomètres !... — Ces chiffres défient l'intuition et l'entendement de façon si ahurissante que je me dois de tenter — à bras-le-corps — de les empoigner : tant d'informations évaluées en une seconde, tant de possibilités dans cet arbre probabiliste, tant d'influx interceptés et perçus, si infimes en proportion des influx reçus, tant de captations continues !... Le Dieu-monde me nargue, il est le semeur de graines au « *geste auguste* », dont je suis le terreau fraîchement retourné et aéré : d'abord, « *il marche dans la plaine immense, / Va, vient, lance la graine au loin, / Rouvre sa main, et recommence* » (Hugo), mais il en lance par brassées infinies qui me recouvrent et forment une couche écrasante ; ensuite, il épie les rares graines qui, à la faveur des pluies, de la lumière et du temps qui passe, auront eu la chance, au détriment des innombrables *gaspillées* par manque d'espace, les *détraquées* (à jamais leur trace est perdue), de germer, pousser et se développer… Oui, c'est une *parabole du semeur* de mon cru propre !… Arrosé ! inondé de la semence divine, tel je suis !… De cette substantielle giclée graineuse, de ces millions de spermatozoïdes dont le Ciel m'asperge, seuls quelques-uns féconderont les ovules qui créeront, eux aussi, les graines (analysables) de mon esprit (l'agraire briguant ?) grainé. Il y a donc ce passage célèbre de l'Évangile selon Marc (*4,3-9*), lorsque Jésus dit : « *Écoutez : voici, un semeur sortit pour semer. Et il arriva qu'en semant, quelques grains tombèrent le long du chemin ; et les oiseaux vinrent et les dévorèrent. Et d'autres tombèrent sur les endroits rocailleux où ils n'avaient pas beaucoup de terre ; et aussitôt ils levèrent, parce qu'ils n'avaient pas une terre profonde ; et quand le soleil se leva, ils furent brûlés, et parce qu'ils n'avaient pas de racine, ils furent séchés. Et d'autres tombèrent dans les épines ; et les épines montèrent et les étouffèrent, et ils ne donnèrent pas de fruit. Et d'autres tombèrent dans la bonne terre, et donnèrent du fruit, montant et croissant, et rapportèrent, l'un trente, et l'un soixante, et l'un cent.* » — À la suite de quoi, il ajouta : « *Qui a des oreilles pour entendre, qu'il entende.* » Nous entendons, nous entendons ! mais *comment* entendons-nous ? *pourquoi* (non pas *pour quoi*, la Raison n'instruit ni n'astique ma science, et ce livre ne serait pas *à écrire* si je devinais la finalité de toutes choses) toutes ces gerbes de graines inexploitées refusées par le grave tamis ? pourquoi (non pas *pour quoi*, et même à le répéter pour insister, ce n'est qu'un — immajusculé — « *je n'en sais rien* ») ? car, si du moins je ne saurais *tout saisir* (de la Parole des instances semeuses du monde emplissant), il faut que je comprenne *pourquoi je ne le saurais*. (Je *t'entends*, Héraclite, dans ton sarcasme ; ne fais pas l'innocent ; tu veux me contrarier, n'est-ce pas ? « *Quand bien même tu parcourrais tous les chemins, tu ne trouverais jamais les limites de l'âme, tant la connaissance qu'elle possède est profonde.* ») Ma petite idée, très sommaire et qu'à coup sûr d'autres (les spécialistes de la *psychophysique*) que moi (et Freud), rompus à ce genre d'étude (je regarde une vieille lune ?), ont fait assavoir depuis longtemps, serait que le cerveau fût une *chaîne de traitement numérique*, doté pour cela de systèmes de conversion, de filtres et d'un processeur, — et je m'exécute, tambour battant, à en dresser la synopsis. Tout signal émis dans et par le monde extérieur est une grandeur *analogique*, une représentation sensible, dans un rapport de « *similitude* » (« αναλογος ») et sur un intervalle quelconque, des variations infinies de toutes les grandeurs physiques (température, mouvement, concentration chimique…), continues et réelles, que l'on souhaite observer, elles-mêmes recueillies par des sondes ou capteurs (instruments de mesures) qui se chargent de les transformer aussitôt en une tension électrique proportionnelle. Ceci figure l'entrée de la chaîne d'acquisition et précède tout un *sensorium*, c'est-à-dire un dispositif très ingénieux composé successivement, en simplifiant, de : un filtre anti-repliement, un échantillonneur-bloqueur, un convertisseur analogique-numérique, une unité de calcul, un convertisseur numérique-analogique et un filtre de sortie. (Cette terminologie savante n'est pas destinée à apeurer le lecteur néophyte, mais, quitte à ce que je vulgarise pour davantage de clarté, autant que je maintienne un soupçon de précision si je souhaite que cela ne devienne, même s'il le sera un peu, un ersatz innommable.) Afin que je n'aie pas à alourdir l'explication de détails superflus, il paraît évident de concéder que les valeurs d'entrée, n'étant jamais discrètes (une température ne saurait gagner subitement un degré Celsius sans avoir parcouru tous les échelons intermédiaires), la tentative de toutes les enregistrer requerrait l'emploi d'une mémoire sans limites (propriété *archimédienne* du corps des nombres réels, ou la *puissance du continu* examinée plus haut), ce qui est irréalisable — et nous met sur la piste d'une impossibilité de tout assimiler de ce que nous « donne » la réalité. De par la faiblesse inévitable de son procédé de fabrication et de ses éléments internes, un capteur est nécessairement imparfait, si bien que toute mesure se trouve contaminée par ce que l'on appelle des *bruits parasites* (fréquence trop élevée) — qu'il va falloir atténuer grâce à la mise en place d'un filtre anti-repliement. Le signal filtré est ensuite acheminé vers l'échantillonneur-bloqueur, qui, comme son nom l'indique, va en prélever des échantillons à des instants déterminés par la période d'échantillonnage et bloquer leurs valeurs afin qu'on puisse avoir le temps de les lire et de les convertir numériquement. La fréquence d'échantillonnage n'est pas programmée arbitrairement et doit absolument, si l'on ne veut pas gâter les informations du signal de départ, satisfaire au théorème de Shannon qui impose de la choisir au moins deux fois supérieure à la fréquence maximale dudit signal (par exemple, un disque audionumérique, échantillonné à une fréquence de 44,1 kHz, restitue un signal de qualité haute-fidélité parce que notre ouïe ou notre crâne sont capables d'entendre les sons les plus aigus avoisinant les 20 kHz). La lecture des échantillons est la mission du convertisseur analogique-numérique, qui va transcrire ces paliers de tension en valeurs numériques dont l'amplitude dépendra de sa résolution (définie en nombre de *bits*), qui atteste de la propension à déceler la plus petite différence de potentiel codable (*quantum*) ; puis un microprocesseur (véritable centrale de l'analyse — et levier indispensable de la manœuvre) complète la numérisation de ces signaux logiques en les quantifiant, avant que ne s'effectue l'opération inverse : un convertisseur numérique-analogique va générer une valeur analogique pondérée par le poids de chaque *bit* d'information numérique, c'est-à-dire qu'à chacun des nombres décimaux qui ont été construits (sur une base en binaire), correspond une grandeur constante. L'ensemble forme un signal en « marches d'escalier » que l'on doit absolument lisser, à l'aide d'un filtre de sortie, et en éliminer les composantes indésirables (fréquences théoriquement infinies). Voyez comme le traitement d'une banale information est laborieux ! Si ma démonstration n'est pas infirmée par les neurologues, comment ne pourrait-on pas accepter l'agénésie de notre outil de compréhension, le cerveau, qui visiblement peine à exploiter l'afflux de données émanant du monde sensible ? Non seulement le prélèvement du signal pur originel est dès le commencement amputé, mais encore les *erreurs* se surajoutent à chaque étape de la reconstitution (gain, *offset*, linéarité, codes manquants, monotonie), et cette dernière ne saurait être fidèle qu'à la condition que les *paramètres* propres au système fussent concluants (plage de conversion, temps de conversion, résolution, précision, quantification)… *Ce que nous percevons de la réalité n'est qu'une pâle copie de ce que la réalité percevable est, — et la réalité percevable n'est qu'une pâle copie de ce que la réalité est.* Gare cependant ! car nous ne saurions nous fourvoyer dans cette interprétation symbolique, — qui repose exclusivement sur un aspect phénoménal des perceptions — et risquer de la réduire à une mésinterprétation. Par conséquent, ne nous méprenons sur mes propos : la réalité telle qu'elle est, ou telle qu'elle se présenterait à nous si nous la pouvions connaître tout à fait, nous crèverait les yeux, les tympans, la peau, en bref, notre corps entier, jusques-y compris le cerveau ; mais ce raisonnement est absurde par sa spéculation : il faudrait être Dieu pour être capable de tout connaître, et nous n'aurions ni yeux, ni tympan, ni peau, ni cerveau… Apagogie elle-même *absurde* ! Kant nous avait démontré les limites de la raison. Les remarques précédentes nous démontrent (moins sérieusement, certes) les limites de nos sens ; et si je résume l'entendement du monde qui est le nôtre, *voici la fatale et inquiétante horreur de ce qu'il appert et en résulte* : ne se montre à nous que l'étant, proportion dérisoire de l'être (en soi). De cet étant n'est accessible à nos sens qu'une infime partie de ce qu'il recèle (mauvaise sensibilité des capteurs et absence de « multiplexeur » qui permettrait d'analyser plusieurs signaux entrants et équivaudrait à la possibilité de suivre plusieurs conversations en même temps). De ce qui parvient jusqu'à nous, une déformation due au système d'acquisition fausse les informations reçues primairement. De ce qui compose l'ensemble des données que nous entassons et préservons, la plus grande part est réservée à notre inconscient (au sens large). Du peu qui appartient à la sphère du conscient, un fragment de ce qui y est pensé est « raisonnable » (sous le contrôle des catégories kantiennes). Et de ce qui est raisonnable… qu'en faisons-nous ?... Je songe aux personnes qui ont la prétention de soutenir mordicus qu'ils *comprennent* le monde ou la vie : c'est le rien d'un rien (de rien) qu'ils croient comprendre !... — Savent-ils, par ailleurs, ces conquérants du vide (qui devraient plutôt croire que tout ce qu'ils « voient » — de l'être — est tout ce qui peut être cru, et non tout ce qui peut *être* — « vu »), qu'un son « parfait », par exemple la note *la* émise par un hautbois, *existe*, mais qu'on *ne peut l'entendre telle qu'elle existe* ? Sa forme d'onde, visualisée sur l'écran d'un oscilloscope, est triangulaire, et, tout comme celle d'un *la* de clarinette serait carrée, pour une note chaque instrument nous témoignerait de la même manière de sa signature identifiable entre toutes. Or, un signal en triangle », comme toute fonction périodique, est, du point de vue mathématique, *décomposable en série de Fourier* (ou *transformée de Fourier*, à coefficients réels ou complexes), — théorie introduite en 1822 et que l'on doit, évidemment, à Joseph Fourier, qui fut savant, préfet et égyptologue sous Napoléon, — à ne pas confondre avec son cousin Charles Fourier, philosophe et auteur, pour l'anecdote, d'une *Hiérarchie du cocuage* ! Joseph Fourier fut d'abord reconnu pour son mémoire sur *La théorie analytique de la chaleur* (à propos de laquelle François Arago, dans un éloge en tant que secrétaire perpétuel de l'Académie des Sciences, énoncera : « *Tel est le privilège du génie : il aperçoit, il saisit des rapports, là où des yeux vulgaires ne voient que des faits isolés* »), par lequel il réalise un petit tour de force (étude strictement analytique, appuyée sur les travaux de Jean-Baptiste Biot, puis vérification expérimentale) conduisant à l'équation différentielle générale de conduction de la chaleur, autrement dit la manière dont la chaleur se propage selon un gradient de températures d'un point à un autre d'une plaque métallique (j'ai encore le souvenir de la démonstration de l'un de mes professeurs de mathématiques et de ma stupéfaction devant le peu d'éléments servant à la réaliser, la simplicité du raisonnement et la beauté sobre du résultat). Mais reprenons le fil des *séries*, l'un des chapitres des mathématiques qui m'enchantent le plus : nous évoquions la décomposition d'une fonction périodique quelconque, c'est-à-dire la définition rigoureuse de celle-ci par une *somme infinie* (d'où le nom de « *série* ») de fonctions *cosinus* et *sinus* (quelque soixante ans plus tard, le grand mathématicien Karl Weierstrass ira plus loin dans le vertige algébrique et affirmera, dans le cadre de ce qu'on appelle aujourd'hui le théorème de Stone-Weierstrass, que toute fonction continue est le « développement illimité » de monômes, ou plus exactement qu'elle est approchable autant qu'on le désire par une fonction polynomiale). Ce non-livre n'étant pas un manuel de mathématiques (ce n'en est pas, d'une part, l'objet, et, d'autre part, mes connaissances en ce domaine extrêmement subtil, exigeant et difficultueux, sont exiguës), je commencerai par la conclusion : une fonction triangulaire f, décomposée en série de Fourier, s'écrit (ô sublime formule que les seules mathématiques savent m'offrir pour me combler jusqu'à la jouissance !) : $f(t) = \sum_{n=0}^{\infty} \frac{1}{(2n+1)} \sin[(2n+1)\pi t]$. Plus la somme contient de termes, — dénommés, pour le premier, le *fondamental* (il donne l'allure et détermine la fréquence générale), pour les suivants, *harmoniques* (ici de rang $2n+1$, donc de fréquences qui sont des multiples de celle du fondamental), jargon identique à celui que l'on rencontre en musique, — plus la fonction sommée résultante « épouse » la forme triangulaire. Ces harmoniques, qui en électricité sont des sources de perturbations qu'il faut se résoudre à éliminer pour n'en garder, si possible, que le fondamental (une tension « carrée » à la sortie d'un onduleur en contient un grand nombre), sont — *autem* — d'un intérêt considérable en acoustique. Pourquoi cette importance sur le terrain musical ? Un instrument émet le son d'une note par vibrations de l'air : ce son est caractérisé par sa *hauteur*, — sa *fréquence fondamentale* (une *octave*, divisée en gammes, étant l'intervalle qui sépare deux sons à une fréquence fondamentale double l'un de l'autre), balayant l'ambitus, par ses différentes valeurs prises, des *graves* et des *aigus*. Pour un *la*, agréé par un diapason, elle est de 440 Hz, et en ce qui concerne le hautbois, ce *la*, car c'est un son *complexe*, contient aussi toutes les fréquences des harmoniques qui lui sont propres et le restituent intégralement (multiples impairs de 440 Hz : 1320 Hz, 2200 Hz, 3080 Hz, et ainsi de suite) : si vous en supprimez quelques-unes, vous perdez de l'information et la note ne sera plus reconnaissable. De cela nous pouvons faire deux remarques reliées : les harmoniques dont la fréquence dépasse les 20 kHz ne seront pas perçues par notre oreille (leur absence ne causerait nulle détérioration dommageable à notre écoute, d'où l'échantillonnage d'un enregistrement circonscrit à cette limite) ; de plus, les harmoniques possèdent chacune leur amplitude, et les plus faibles seront en conséquence presque indiscernables, inaudibles (pour un violon, l'harmonique la plus élevée et que l'on entend en priorité est celle de rang 2, à 880 Hz ; pour un violoncelle, ce sont en revanche plusieurs rangs éparpillés, le dernier se situant à 2200 Hz). Ce (long ?) exposé m'amène au constat suivant : une note est en réalité composée d'une *infinie variété de sons* ! Seule l'oreille de Dieu *entend la note telle qu'elle existe*, l'Oreille absolue ! Notre entendement (merveilleux mot idoine en l'espèce puisqu'il vient du latin « *intendere* », signifiant « *tendre vers* », « *être attentif à* », qui a donné notre verbe « *entendre* ») n'en peut donner qu'une idée approximative… « *Entends-tu ?*... — *Peut-être. J'entends l'inconnu de ce qui est, j'entends ce que je n'entends pas.* » Ah, avoir l'infini à portée de pavillon !... — Avant de reprendre notre route calleuse du *cerebrum*, terminons par un funambulesque et *déconcertant triptyque* — pour une *tierce* expiration — que j'improvise en *trial* (quel *accord* ! quel *ton* !) : volupté/pi/guillotine. *Volupté*, car il est pour moi un plaisir inégalable, maintenant que j'en ai abordé les grandes lignes, où se devine l'être de la mélodie, et dont je ne saurais me priver : planter la formule complète, et en maculer miraculeusement la page, de la série de Fourier d'une fonction f de période 2π :

$$f(t) = a_0 + \sum_{n=1}^{\infty}(a_n \cos nt + b_n \sin nt),$$ avec le fondamental $a_0 = \frac{1}{2\pi}\int_0^{2\pi} f(t)dt$ et les harmoniques de rang n formées par $a_n = \frac{1}{\pi}\int_0^{2\pi} f(t)\cos nt\, dt$ et $b_n = \frac{1}{\pi}\int_0^{2\pi} f(t)\sin nt\, dt$. *Pi*, car une propriété admirable *déduite* de l'œuvre de Fourier permet d'*induire* la valeur du nombre π, connue sous le nom d'« égalité de Parseval » :

$$f_{\it eff}^2 = a_0^2 + \sum_{n=1}^{\infty}\frac{a_n^2 + b_n^2}{2}.$$ Assez trivialement, on montre que d'une fonction périodique triangulaire (comme pour la note du hautbois), on tire la fabuleuse relation : $\pi = \sqrt{8\times\left(1 + \frac{1}{3^2} + \frac{1}{5^2} + \frac{1}{7^2} + ...\right)}$. *Guillotine* (ou *louisette*, devrais-je dire, pour ne pas accabler le malheureux Guillotin), car dans ses *Réflexions* à ce sujet, Camus, en une *exécution* purement littéraire, fait *résonner* (insolites raccords « inter-solistes » !), je trouve, les natures oscillantes de l'homme et de l'instrument : « *C'est que les instincts qui, dans l'homme, se combattent, ne sont pas, comme le veut la loi, des forces constantes en état d'équilibre. Ce sont des forces variables qui meurent et triomphent tour à tour et dont les déséquilibres successifs nourrissent la vie de l'esprit, comme des oscillations électriques, suffisamment rapprochées, établissent un courant. Imaginons la série d'oscillations, du désir à l'inappétence, de la décision au renoncement, par lesquelles nous passons tous dans une seule journée [...].* » (Ces apartés démontrent, si tant est qu'il soit besoin de le démontrer, ou de le faire remarquer, que mon appartenance aux deux régions assez éloignées en apparence que sont la Littérature et la Science, qui me sont tout (avec la douce Philosophie), à la fois jubilation et épanouissement, m'aide certainement à mieux « *lire* » l'univers qui m'entoure, — mais dans un même mouvement complexifie « *malencontreusement* », jusqu'au délire, mes représentations... — Qu'importe ! *Cela* court en moi, *cela* ne se réprime pas. Qu'à les faire partager je m'enhardisse, m'engaillarde, et qu'au flambeau de l'avidité du connaître-sans-fin je m'enflamme !...) *Ecce homo* ! Voici l'*homme*, cette *série de Fourier* — en *dents de scie* !... Interpénétrations faramineuses ! substance révélée ! infini du monde ! être mystérieux !... Je ploie !... Oh ! ce spectacle — incommensurable !... — Fi donc, je boirais la tasse si je ne discontinuais pas, et la note serait salée. Où en étions-nous avant cet *intermède* ? Ah, oui : *le cerveau*.
— Il lui faut de la nourriture matérielle en abondance, à ce glouton, à cette machine inapaisable (que seul le suicide du sujet abattu, marri de subir les déferlements, parviendra à tuer), pour se faire signer (et saigner) des indélébiles traces des contingences perçues (donc archivées à tout jamais), pour s'affairer perpétuellement à un décorticage plus ou moins conscient des affects, pour maintenir au possible, sans accorder de choix, son efficace : vingt pour cent de l'énergie consommée par un corps humain *lambda* (pas forcément parmi les plus percutants neuronalement, c'est une moyenne qui ne connaît l'étau) est réservée à son chef de file, le cerveau, — alors comment ne pas être infligé, *affligé*, par un éreintement incoercible *en pensant* ? comment ne pas se fatiguer l'esprit pour l'entretenir et l'inviter à nous fatiguer en retour ?... Et plus l'on raisonne, plus l'approvisionnement calorifère s'intensifie, plus rude sera la chute que l'on devine au loin. Le cerveau tourne, malgré nous, malgré lui, impunément, en surrégime. On le sent qui va exploser comme un ballon de baudruche trop excité et gonflé, ou que la moindre tête d'épingle caresse d'un avivement pour lequel nulle suture n'existe. — En rêve, la sérénité... la *sérénité ominieuse*... en rêve ! puisque même le sommeil n'enlève pas au malheureux l'oubli, ni ne lui concède une trêve « consolante » (et être consolé, c'est *penser* l'être), ne serait-ce que passagère... Et que dire de l'infortuné qui adhère aux croyances métempsycosistes ou qui, tel Hamlet, se demande, tout en souhaitant « *avec ferveur* » la fin des « *maux du cœur* » et des « *mille tortures naturelles qui sont le legs de la chair* », — anxieusement : « *quels rêves peut-il nous venir dans ce sommeil de la mort, quand nous sommes débarrassés de l'étreinte de cette vie* » ?... (« *Songes-y bien, chez nous la mort n'est pas seulement la mort* », dit Biassou dans *Burg-Jargal*.) Nul arrêt de l'activité synaptique, sinon par celui (*zeugma*) de la mort ; nul intermède en son individuation, l'être du penser persévère tant et plus en nous qu'il nous est omniprésent, qu'il nous remplit jusqu'à la saturation (cognitive), et que j'en viendrais à supplier l'Entité-cause de venir à mon secours, tel Roméo devant son fidèle confident Mercutio : « *Bon, apprends-moi comment on oublie de penser* » ; nulle sortie de soi-même, en soi-même, on ne peut devenir *apatride* que de soi-même, en soi-même, tout ce que l'on perd, on ne gagne en perte, et tout ce que l'on gagne, c'est le déficit de son être qui, à force d'être pensé, dépense l'être (le « *déficit* », en latin, qui veut dire « *il manque* », de « *deficere* », « *manquer* ») ; nulle dé(-a)sensibilisation dans la solitude la plus complète, car, s'il n'y a nul bruit, nous entendons — encore ! toujours ! — ces nuisibles *acouphènes* (sans hyperacousie préalable), s'il n'y a nulle lumière, nous voyons — encore ! toujours ! — à travers les paupières ces *phosphènes* (*les yeux sont infermables,* — infermables !), réseaux filamentaires garancés et papillotants, — flashes flaches, — prolongations récalcitrantes du *vu non vu* ; nul retrait envisageable, ni même en l'art qui, de concert avec les pensées, « *depuis toujours coûtent douleurs* » (« *Schmerzen / Gekostet von Anbeginn* »), écrivait en se promenant l'adamantin Hölderlin dans sa seconde période dite « de la folie », lorsqu'il se prenait parfois à dater de manière fantaisiste (Howard Phillips Lovecraft antidatait également ses lettres) ses poèmes et à les signer, « *avec humilité* », du nom d'emprunt énigmatique *Scardanelli*, tout comme Nietzsche, interné à Iéna, signera ses griffonnages burlesques et lugubres, ses « billets de la folie », de noms démentiels : *Le Crucifié* ou *Dionysos*... — Ah ! cette « incessance » (mot que j'invente du latin « *incessans* ») !... Vraiment, je *pense* comme Ausiàs March, que « *Plût à Dieu que mon penser fût mort / et que passasse ma vie à sommeiller* » (« *Plaguès a déu que mon*

pensar fos mort / e que passàs ma vida en dorment »)… — La connaissance, le connaître, c'est déjà le co-naître (ou con-naître), certes, — un *naître-cum*, — mais c'est surtout le con-être, le con-étant, signes de con-substance aux choses, de l'unité interrelationnelle de l'existence pensante vis-à-vis des objets, qu'ils figurent les matériaux du cerveau ou le matériel du dehors, *tout est contact* avec l'altérité, qui est aussi bien mienne (mon corps est une extracorpéréité que je contemple), et tout me fait *encontre*, tout le temps. Mon être est une bascule, ballé de toutes parts, d'un objet à un autre ; mon être au monde, c'est mon être qui doit faire face au monde, une monade reflétant ce qui est, ce que je suis, ce qui est qui fait ce que je suis, ce que je suis qui fait ce qui est ; mon être est une bille de billard frappant des bandes sur un drap feutré, qui jamais (elle en est à deux doigts) ne tombe dans les poches, mais qui saute parfois hors de l'aire de jeu — et *me disqualifie* sur-le-champ : *c'est la folie.*

* * * * *

La folie n'est pas une dépression, un mal-être, un dégoût, un désenchantement ou une mélancolie, — ce dont nous reparlerons au prochain chapitre, — mais plutôt un *être qui déserte* l'être qui le constituait et érigeait son monde, qui *se* déserte, — un *désêtre*. (Lacan a déjà, lors d'une intervention au congrès de l'École freudienne, et suite à la notion de *destitution subjective*, employé ce terme et expliqué qu'il visait l'état du psychanalyste à la fin d'une analyse, en tant que celui-ci doit supporter ce qu'il en est de la fonction de l'objet *a* jusqu'à ce que l'autre la reconnaisse enfin. Il va de soi que je n'entends rien de tout cela dans mon acception de *désêtre*.) Folie, ici, n'est pas fièvre ; folie, ici, n'est pas non plus celle dont Érasme fit naguère l'éloge (la « moria », — « μωρια »), allaitée « *aux mamelles de deux nymphes très charmantes : l'Ivresse, fille de Bacchus, et l'Ignorance, fille de Pan* » ; folie, ici, n'est pas l'une des « *maladies de la tête* » répertoriées par Kant, qui sont des « *défaillances du pouvoir de connaître* » que la bouffonnerie connaît si bien ; folie, ici, n'est pas « *insania* » (« *défaut de santé* ») ou « *dementia* » (« *privation de l'intelligence, de l'esprit* ») ; folie, ici, est *perte de sens*, perte *du* sens, raison subvertie, raison qui s'émiette, s'ignore et n'identifie plus le raisonnable, — avec cependant une nuance de la plus haute importance : le sujet-proie (j'évite d'employer « fou ») *se voit* gagné par cette folie, il en est *conscient* (la perte de sens revêt malgré tout un sens approximatif), ce qui le distingue de l'hébéphrénie, touchant par définition la puberté, et surtout de la *schizophrénie* où le fractionnement (« σχιζειν ») de l'esprit (« φρήν ») est occulté par la psychose proprement dite. Non, *folie* procède, chez moi, de deux aspects significatifs, l'un d'origine purement *étymologique* (« *folia* »), en espagnol, de l'étymon latin « *follis* », — où nous retrouvons notre baudruche tendue prête à éclater, — qui désigne une « *outre gonflée* » et qui donna « *foloïer* », « *folier* », c'est-à-dire « *devenir fou* », « *s'agiter* », « *folâtrer* », « *s'amuser* »), ou « *affoler* », c'est-à-dire « *blesser* », « *mettre à mal* »), — l'autre déterminé par le phénomène « circoncontraignant » de *déréalisation*. — Avant d'entrer dans les détails, je voudrais m'entretenir de notre appareil aperceptif le plus approfondi et la source native des dérèglements dont le désêtre se gargarise, savoir : *l'œil*, — en lequel se trouvent soixante-dix pour cent des récepteurs sensoriels de notre corps ! L'œil, l'outil qui permet de *voir*, de *réfléchir*, le plus efficace des instruments pour avoir *conscience* du monde, — l'œil mystérieux… « *Oh ! mystère !* » s'exclame Maupassant dans la nouvelle *Un cas de divorce*. « *Quel mystère ? L'œil… Tout l'univers est en lui, puisqu'il le voit, puisqu'il le reflète. Il contient l'univers, les choses et les êtres, les forêts et les océans, les hommes et les bêtes, les couchers de soleil, les étoiles, les arts, tout, tout, il voit, cueille et emporte tout […].* » Si j'excepte les périodes de blépharospasmes bénins, le petit décollement rétinien soigné au laser et sans conséquence, si ce n'est celle d'avoir conduit au privilège d'être réformé du service militaire (« *Où est-elle située, la cicatrice ? — À midi, à l'œil gauche. — Je ne la vois pas… Dites, le service ne vous tente pas ?* »), et la myopie qui m'atteignit en fin de collège, pour laquelle j'ai dernièrement subi, soit une quinzaine d'années plus tard, une intervention chirurgicale afin de la corriger parfaitement et de ne plus avoir à porter de paire de lunettes ou de lentilles, que je ne supportais plus, — excepté cela, j'ai eu l'« honneur » d'éprouver des troubles oculaires en tous genres, dont le plus contrariant fut, sans conteste, la *migraine ophtalmique* (« migraine », de « ημικρανιον », « *moitié du crâne* », mais qui est aussi l'ancien nom de la « grenade » !). Cela commence par un point lumineux exactement placé au centre de la visée qui enfle de minute en minute jusqu'à ce que l'hémianopsie s'installe, c'est-à-dire que toute la moitié du champ visuel soit perdue sous la forme d'un brouillard compact et argenté (une aura de scotomes qui grésillent) perturbant gravement, pendant approximativement une heure (qui en paraît cinq), la localisation des membres, leur motricité, et l'impression globale du milieu ambiant. Ce manège collatéral, qui s'attribue indistinctement les deux yeux et « rassure » — à l'occasion — de sa provenance (le cerveau uniquement), accompagné de paresthésies, se termine en apothéose par une infernale céphalée (« κεφαλή », « *tête* »), à s'en cogner de rage — justement — la *tête* contre les murs et fendre le crâne en (ô bouillie crevarde !) mille morceaux. « *Des éclairs me traversent la tête, / et des secousses déchirent mon cerveau* », comme dirait l'Hippolyte d'Euripide ; ou : « *L'œil est en flammes. Les formes matérielles sont en flammes. La conscience visuelle est en flammes. Le contact de l'œil avec les formes matérielles est en flammes* », comme dirait le Bouddha, qui poursuit : « *Considérant les choses de cette façon, ô moines, le disciple intelligent est dégoûté de l'œil, il est dégoûté des formes matérielles, il est dégoûté de la conscience visuelle, il est dégoûté du contact de l'œil avec les formes matérielles, il est dégoûté de la sensation qui naît du contact avec les formes matérielles, que ce soit plaisir, que ce soit douleur, que ce ne soit ni douleur ni plaisir, cette sensation aussi est en flammes.* » Il m'est un jour arrivé d'écoper de deux migraines consécutivement, une horreur sans nom qui me fit sans plaisanter accroire *que j'allais mourir*. Je m'empresse d'en relater les circonstances que mon *Journal* de l'année de mes vingt ans a sauvegardées : « [13/12/98 :] *Puis, à 19H00, le petit point blanc arrive : migraine ophtalmique (environ une heure !). J'avais un peu mal à la tête et aux yeux, mais sans plus […] et j'ai eu une nouvelle migraine : deux dans la même soirée ! Première fois !... Je suis allé me coucher sans me poser de questions, en éteignant la lumière… Au bout de quelques minutes, toute la moitié gauche de mon cerveau m'a fait souffrir, ainsi que mon œil gauche… Et plus cela allait, plus cela était insupportable… Arrivé à un moment, ce fut la pire douleur que j'eusse jamais connue à la tête (et peut-être partout)… Je croyais que j'allais en mourir : je voyais des méningites*, etc. *Puis un mal au ventre est venu supplanter tout cela : nausée, envie de vomir. Ne pouvant plus tenir, je suis allé aux* toilettes et je suis bien resté trente minutes au-dessus du couvercle, me mettant de temps en temps les doigts dans la bouche pour essayer de tout dégurgiter — sans succès. Cela devenait affreux. Un des pires moments de ma vie. Alors j'ai pris un deuxième comprimé pour calmer les migraines ophtalmiques… Rien… Un Efferalgan… Rien… Mon père, toujours debout, s'inquiète et me demande ce qu'il y a, ce que j'ai pris comme médicament… Je lui montre… Je m'étais trompé ! J'avais pris des comprimés contre la constipation ! Je suis retourné dans mon lit avec une bassine. Le ventre, les yeux, le cerveau me faisaient atrocement mal. Je tremblais, je ne pouvais incliner la tête : j'en souffrais trop… Mon père m'a donné deux comprimés pour dormir [...]. Toujours mal, souffrant, un peu paumé, dans une crise muette, sourde… Puis j'ai vomi à flots et tout est allé mieux… » Ce calvaire, je l'ai également résumé plus tard dans une lettre mal écrite : « *Ces nausées, je les ai connues, de temps en temps, et ces espèces d'hallucinations, je les avais, en quelque sorte, car je suis la proie, quand la malchance plane sur moi, de migraines ophtalmiques. Cela donne un mal de crâne épouvantable et, surtout, cela rend quasi aveugle une bonne demi-heure. Très impressionnant. Laurent, mon oncle de Washington, avait l'habitude d'en faire beaucoup. La première est toujours fatalement affreuse : je croyais que j'allais devenir aveugle. La dernière en date eut lieu il y a un an et demi. J'en subis deux à la suite ; c'était la première fois. Le mal de crâne qui s'ensuivit dura des heures. On me martelait le cerveau. Je n'avais jamais eu aussi mal de ma vie ; je crevais comme un chien ; mon père était là pour me rassurer ; j'avais vomi, tellement la douleur m'avait été puissante. J'avais pris des comprimés à base de caféine qui sont censés réduire le mal de tête. J'en pris deux, mais cela n'alla pas mieux ; et pour cause : je m'étais trompé et j'avais pris des médicaments pour la constipation… (!) Véridique. (Tout cela parce que je viens d'évoquer ce bouquin de Sartre. Décidément.)* » — Bref, ces expériences qui, avec l'âge, se raréfient (ô *casse-tête* de l'existence), sont non seulement épouvantables dans leur agissement et leur emprise, mais elles se font de surcroît redouter (être sur le « qui-meurt » !), car elles sont, mis à part quelques indices avant-coureurs très rapprochés de la crise, dont une sensation d'engourdissement, foncièrement imprévisibles. L'angoisse n'est pas de se demander, lorsqu'elles ont lieu, quand elles se termineront, mais, lorsqu'elles n'ont pas lieu, quand, telle une épée de Damoclès, elles surviendront (« *pourvu que je n'en aie pas, pourvu que je n'en aie pas, pourvu que…* ») : la peur de ne pas voir se convertit en peur de voir. « *Mes yeux ne voyaient plus, je ne pouvais parler* », confie la Phèdre de Racine, amoureuse et « *aorbie* » (« *aveuglée* »)… Ô tribulations !… — La peur de n'avoir plus que les yeux pour pleurer, ou plutôt l'œil, comme le Cyclope (toujours d'Euripide) : « *Malheur, la flamme de mon œil n'est plus qu'un charbon noir !* » — Se profilent également, parmi les dommages du — et pour le — regard, révélés sur les pans uniformément clairs, les *myodésopsies*, ces microscopiques amas de cellules mortes envahissant le liquide vitréen, autrement appelés « corps flottants » ou « mouches volantes », selon les critères de la déclinaison grecque, dont le mouvement est synchrone avec les roulements d'orbite (dans le meilleur des cas, plusieurs coups frénétiques les recalent à la périphérie) et qui sont, pour peu que l'attention leur soit dirigée, ubiquistes. (Parmi les artistes célèbres qui connurent les myodésopsies et les immiscèrent dans leurs œuvres, on peut citer Edvard Munch, qui peignit des tableaux incluant les corps flottants qu'il voyait et qui s'étaient multipliés après une hémorragie du vitré, et Ryūnosuke Akutagawa (dont je reparlerai plus tard), qui, dans un récit largement autobiographique publié en 1927, année de son suicide, intitulé *Engrenage*, décrivait des « *rouages à demi transparents qui tournaient* » dans son champ de vision. Je ne sais si Munch fut migraineux ; Akutagawa, c'est une certitude, le fut : « *Le nombre de rouages augmentait progressivement, finissant par m'empêcher de lire à demi. Mais cela ne durait guère, juste quelques instants, et déjà ils commençaient à s'effacer ; la migraine prenait alors la relève.* » Le mot « *rouage* » est assez surprenant. N'étant pas versé dans la langue japonaise, je ne saurais guère le décortiquer ; mais quant au titre évoquant un « *engrenage* », il prend tout son sens dans un autre passage : « *Et là, des rouages à demi transparents commencèrent à former un engrenage qui peu à peu obscurcissait ma vue.* » À cet instant, Akutagawa croit que sa dernière heure est arrivée, et, de retour dans sa chambre sans s'en être aperçu, il distingue soudain sous ses paupières « *une aile dont les plumes argentées étaient rangées comme des écailles* ». En raison du caractère loufoque de l'histoire, d'aucuns (et je puis le prouver) s'empresseront de douter de mes hallucinations, et je crierai à chacun d'eux, comme don César à don Salluste : « *Halte là ! — sur mon âme, / Mon cousin, en ceci voilà mon sentiment* » : tout cela est vrai, je suis passé par là et j'ai moi aussi été le témoin (la victime), en pleine céphalalgie, à la manière des nuages pommelés où se dessinent des formes variées, de ces scotomes qui s'enchevêtraient en auras savantes et ressemblaient à « *une aile dont les plumes argentées étaient rangées comme des écailles* », comme si les corps flottants s'étaient invités à un carnaval, déguisés en lucioles sémillantes…) Ah ! les yeux ! « *Mon œil me fait souffrir* » ! (*Lam 3,51*) — Il ne fait pas bon de regarder l'œil dans le blanc des yeux : la sclérotique et la conjonctive s'effritent, cassent la tête — et je bigle… — Il serait faux de dire que tous les dérangements oculaires, tous ces tracas visuels ne me perturbèrent pas dès mon plus jeune âge (ces yeux tôt usés firent de moi un Joyce précoce). Je voudrais continuer de développer les soucis ophtalmiques en les illustrant encore une fois à partir des pages de mon *Journal* (l'ayant tenu sans pause de 1998 à 2004, je n'aurai aucune information typiquement autobiographique avant cette période) : « [20/10/98 :] *Je lisais* La Conjuration des imbéciles *et tout d'un coup, je me suis rendu compte que mes yeux étaient fatigués à un point surprenant ; ma maniaquerie m'a poussé à lire une page de plus pour arriver à l'autre page, mais je n'ai pas pu ; c'était trop affreux.* [...] *Et Manu est apparu dans ma chambre. J'avais énormément mal à la tête et je pense le livre sur les étagères. J'ai regardé Manu et là, mon mal de crâne a empiré au quadruple, mes yeux m'ont fait mal telles des pointes d'acier, et j'ai fixé, tant bien que mal, Manu. C'était impossible car — mais comment cela se fait-ce ? comment ? par quelle conspiration ? — tout bougeait de gauche à droite, puis de droite à gauche, puis de gauche à droite… C'était un scroll ininterrompu verticalement avec un retour… Cela est resté près de deux minutes et j'ai franchement eu peur.* [21/10/98 :] *j'ai l'impression que mon mystérieux mal aux yeux peut revenir d'un moment à un autre : j'ai du mal à lire correctement* La Conjuration des imbéciles. [26/10/98 :] *Vu l'état de mes yeux, la migraine ophtalmique sent à plein nez, si je puis dire…* [29/10/98 :] *mes yeux me font souffrir…* [14/12/98 :] *J'ouvre* Les Confessions *et je m'arrête au premier mot : je n'ai pas le courage d'aller plus loin. Je lis une page en anglais d'Agatha Christie : j'arrête. Mes yeux sont comme morts…* [18/02/99 :] *On est souvent baissé et quand je me relève, je suis pris de vertiges inquiétants : je ne vois quasiment plus rien : j'ai l'impression de ne plus exister pendant dix bonnes secondes : je ne sens plus mon corps… C'est comme le héros de* La Nausée… [19/02/99 :] *la salle est d'une blancheur totale : je vois mes phosphènes partout, je vois mes corps flottants qui me cachent la vue parfaite normale* de ce qui m'entoure… et cette blancheur, de plus, m'éblouit comme un soleil ardent… Je n'aime pas le blanc… Dieu ! que je n'aime pas le blanc !... [17/09/99 :] *Quand je lis en pleine lumière, mes yeux me font souffrir avec ces pages blanches : je vois ces choses, ces corps flottants, balayant tout mon champ de vision. C'est éprouvant et cela me fait peur. Et je dois plisser les yeux de plus en plus pour me cacher cette pseudo douleur. Mes yeux sont abîmés. C'est triste, à 21 ans. C'est difficile de lire correctement et de se concentrer devant une telle maladie…* [20/09/99 :] *Et comme je sais comment il en va des migraines, je sais nettement et sûrement que les yeux donnent un bon aperçu du corps dans son ensemble : yeux morts, corps mort.* [24/09/99 :] *Mes yeux me font peur : ils sont éblouis ou s'éblouissent tout seuls… Une migraine approcherait-elle ? Cela me fait peur… Serait-ce la fatigue ? Peut-être ? — Peut-être… Mais j'ai indubitablement peur de ces yeux si pourris… et qui se pourrissent davantage de jour en jour…* [08/12/99 :] *Mais ces yeux… caves… caves… caves… Noirs…* [10/03/00 :] *J'ai une difficulté insoutenable à lire, en ce moment… Je vois comme flou, comme un astigmate… Je ferme un œil et j'ai beaucoup de mal à lire avec un unique œil… J'en ai deux, certes, mais pour combien de temps ?...* [16/08/00 :] *Hier soir, j'ai eu mal à l'œil gauche… Le blanc de l'œil était comme mou ; j'avais l'impression que le cristallin (?) se décollait…* [11/10/00 :] *Je l'ai constaté en fumant : mes yeux sont bousillés… Est-ce le bouquin de Nietzsche ?... la lumière ?... la fatigue ?... les lunettes ?... la journée passée devant un écran ?... Je ne sais pas.* [01/11/00 :] *Mes yeux sont aussi morts que mon corps l'est [...].* [05/11/00 :] *La pluie bat contre les vitres… Violence. [...] Je suis si las, si fatigué — si meurtri ?... — Si absent, peut-être…* — Je ne sais plus… [...] *Mes yeux, ah ! mes satanés yeux !...* — Je me meurs… *Oui.* [...] *Mal à l'âme…* [...] *Il pleut… Gangrène du ciel…* — *Mal au ventre…* — *Mal partout… Mais c'est surtout en moi que je souffre… Je voudrais être libre. C'est l'Autre qui me tue… Je préfère tuer mon prochain comme je m'aime moi-même…* [04/03/01 :] *Je suis mort. Je suis incapable de regarder correctement. Mes yeux sont ailleurs, ils fatiguent en un rien de temps (en un clin d'œil ?)... Demain, je me déciderai peut-être à prendre un rendez-vous chez un ophtalmo…* — *Tout va mal : mon incapacité à réfléchir, etc.* [26/03/01 :] *Je suis littéralement à bout… Ma fatigue me creuse… Mes yeux ont des éclairs à chaque battement du cœur… Mais je résiste, je lis.* [08/05/01 :] *Mon œil droit… Satané œil droit !...* [28/06/01 :] *Je suis pris de vertiges oculaires…* [05/08/01 :] *J'ai un mal de crâne !... Purée !... Pourquoi ?...* [...] *Bon sang : j'ai mal au crâne !... Pourquoi ?...* [28/08/01 :] *Je déprime complètement… Et je suis seul… seul… seul au monde…* — *J'encule le monde… Je voudrais être mort.* [...] *Je me sens seul… seul… seul…* [...] *Ai-je déjà eu aussi mal au crâne depuis cette double migraine ophtalmique ?... Mon dieu…* [...] *Je me sens mélancolique et, ce qui n'arrange rien, je suis malade…* [...] *La solitude me pèse… Elle me PÈSE… Tout cela va mal finir… Le réel se détériore progressivement… Je ne sais plus où je suis, ni où je vais… Je sais seulement d'où je viens…* [17/09/01 :] *L'œil gauche tout "mou", comme une fois à Paris…* [12/01/02 :] *Mal aux yeux… Comme si une migraine arrivait…* [...] *Crâne et yeux et ventre qui me torturent…* [28/01/02 :] *Très mal à l'œil droit…* [18/03/02 :] *Cerveau et yeux bouillis…* [10/04/02 :] *Je me demande si les problèmes visuels que je rencontre depuis hier ne sont pas dus à l'alcool… Comme des migraines ophtalmiques (je les connais si bien !), mais qui ne durent pas et qui ne font pas mal (et qui ne me cachent pas la vue au fur et à mesure : c'est une* impression*)…* [25/04/02 :] *Je fatigue vraiment depuis hier… Et Russell n'est pas toujours facile… Si en plus les yeux ne répondent plus…* — *(Je tremble un peu, aussi…)* [30/04/02 :] *Mes yeux me font souffrir…* [01/05/02 :] *Encore mal au crâne… (Méningite : ce mot traîne en moi…)* [...] *Je croule sous la fatigue et pourtant, je crois que je ne parviendrai pas à m'endormir tout de suite… Mon état physique empire… Depuis une semaine ou presque, je suis tout bizarre… Surtout depuis lundi…* (Nuit courte ?... *Mais j'ai refait le content d'heures…) Mes yeux me paraissent énormes, ils "fonctionnent" difficilement ; mon corps est lourd, insensibilisé…* [14/09/02 :] *Et à l'œil gauche, ramollissement… Rouge, démangeant…* [15/10/02 :] *Vu l'ophtalmo… Bon… (Problème de concordances des deux yeux… D'où ma vue en lecture éreintante ?... Mais verre droit trop fort…)* [18/10/02 :] *Mes yeux fatiguent si rapidement !...* [23/12/02 :] *Une migraine ophtalmique !... (Ça faisait longtemps…) Mal aux yeux — ce qui fait un peu mal au crâne…* [21/01/03 :] *Mes yeux !... (Fatigue ?... Je me vois — encore ! — les symptômes des sidéens…) Satanés yeux !... (Je me dis : "Encore une migraine !"… et non…)* [...] *Vie absurde…* [...] *Pourquoi, presque tout à coup, ne me sens-je pas bien ?... C'est surtout physiologique… Le psychologique n'étant là que comme pseudo conséquence…* [...] *Fait chier !... C'est venu sans crier gare, d'un coup !... Même plus l'envie de lire…* (Peut-être que l'ennui est trop fort… ou le manque de nouveau, etc.) [26/05/03 :] *J'avais la migraine (mal aux yeux) au bout de deux heures… Le sujet : "Pourquoi la poésie peut-elle répondre à la prose du monde ?"* » — Que le lecteur ne craigne pas l'*overdose* des « *oculi dolenti* » (à prendre au sens propre comme au figuré) ! La récurrence de ce mal m'en ayant *fait voir* de toutes les couleurs, tout en attisant l'hypocondrie et la psychosomatisation, il faut donner une idée des affects quotidiens, de leur lourdeur et de leur emprise… La crainte et l'obsession envahissaient tant mon être que, obsédé par ma crainte, j'en arrivais à craindre d'être tout à fait obsédé. Ce n'était plus la migraine que je craignais, mais des signes annonciateurs… car quand elle arrive, comme dirait Flaubert : « *Un froid horrible me glace jusqu'au fond de l'âme. Cela excède la portée de la douleur ! C'est comme une mort plus profonde que la mort. Je roule dans l'immensité des ténèbres. Elles entrent en moi. Ma conscience éclate sous cette dilatation du néant !* » La Tentation — et l'obsession — et la crainte — du Néant… L'une de mes premières nouvelles, écrite vers seize ou dix-sept ans, intitulée *Imaginons…* relate déjà ce jeu entre l'obsession et la crainte. Le héros, après avoir noté quelques réflexions sur son calepin, décide de marcher dans la rue à la recherche d'un restaurant : « *Dans son collimateur, il aperçut des taches noires, comme de petits moucherons écrasés contre un pare-brise de voiture. Il essaya de regarder ailleurs, mais ces point noirs persistèrent.* J'espère ne pas être une migraine ophtalmique… *Il essaya la technique que lui avait conseillée l'ophtalmologiste, consistant à lever les yeux au ciel plusieurs fois, et à légèrement appuyer les doigts contre les globes pour se faire pleurer artificiellement. Il ne se passa rien. Pas de douleurs, en plus de cela.* Ce ne sont donc pas mes yeux qui me jouent un tour. Bien ; mais alors… qu'est-ce que c'est ? » Sans qu'il y soit question expressément de déni, le schéma est intéressant : les taches, objectivées par leur extériorisation, par leur expulsion du corps moïque, suppriment l'angoisse et rassurent. Paradoxalement, Anthony (c'est le prénom du personnage), arrivé dans le restaurant, ne s'inquiète pas. Ce sont les clients présents qui sont pris d'une terreur panique : « *Les mouches noires grossissaient… et elles ne provenaient pas de ses yeux. Il secoua sa tête, sans résultat : toujours ces points, omniprésents, qui augmentaient de taille, s'éparpillaient, se dispersaient…* — *Il se retourna afin de s'assurer si les gens avaient remarqué son comportement bizarre, mais…* — Bon Dieu ! Ils les voient, eux aussi ! Je ne rêve pas ! — *Tous les gens commencèrent à s'affoler ; quelques-uns coururent en tous sens.* — Mon Dieu !... Seigneur !... — *Finalement, comme un* raz-de-marée, tous les clients évacuèrent le restaurant ; la sortie était comble. — Tout le monde s'agitait furieusement, frénétiquement, à la manière de sauterelles folles. C'est amusant, se surprit à penser Anthony. Des sauterelles folles… — Dès que le grand salon se fut vidé, Anthony se mit à marcher mollement vers la porte. Il avait le sourire aux lèvres. » Des « mouches », puis des « sauterelles » : ce champ lexical n'est pas anodin (du moins, aujourd'hui, il est criant, ce qu'il n'était pas à l'époque). Mais la suite de ce récit (et la conclusion, *plaisamment suicidaire*) est suffisamment parlante pour que je puisse m'épargner tout commentaire (et je n'en retrancherai pas un mot, pourvu que l'on pardonne au jeune écrivaillon et le style ingénu de l'inexpérience, et la méditation simplette et banale) : « *Imaginons un monde, se dit Anthony ; l'univers tout entier… Imaginons-le rempli d'individus pensants, comme nous. Ils arrivent à se représenter l'univers parce qu'ils le pensent. Par voie de conséquence, l'univers existe. Maintenant, imaginons que l'univers existe, mais sans individus dotés de la faculté de penser,* — *sans individus ayant une conscience du monde… Dans ce cas, l'univers existe-t-il toujours ? On ne pourra jamais le savoir ; personne ne pourra le constater par lui-même.* — *Pour constater, il faut penser ; pour comprendre, il ne faut pas penser. Donc : c'est impossible.* — *Les gens commençaient à disparaître. Leurs corps se diluaient progressivement. Anthony regarda à l'endroit où devaient se trouver ses mains : elles étaient invisibles, il les sentait, mais elles n'y étaient plus.* — Évaporées… *Le monde, ou l'univers, ne peut exister que par la pensée.* — *"J'avais raison, lança-t-il aux immeubles qui sombraient peu à peu dans le néant. J'avais raison."* — *Il arborait le plus magnifique sourire qu'il avait jamais arboré de toute son existence.* — *Puis, tout d'un coup, la lumière disparut.* — *La pensée d'Anthony disparut avec l'univers.* » Je pense, donc je vois ; mais je ne vois plus, donc je ne pense plus… (Il y aurait quand même un certain profit à rapprocher le contenu du cas donné par Freud, celui de ce petit garçon qui s'amuse à lancer ses jouets pour les faire disparaître (« *fort* »), puis les fait réapparaître à sa guise (« *da* »), à ce détail près qu'il ne s'agit pas dans ma nouvelle et pour mon héros d'une *compulsion de répétition*, sauf si celle-ci est appliquée *à mon endroit*, au travers de *toutes* mes histoires écrites au lycée…) Seulement, cette nouvelle écrite dans ma jeunesse n'est pas un cas littéraire isolé. Une autre, intitulée *Une chose dont personne ne se doute…* confronte le héros (Franck) à un miroir dont le reflet ne lui renvoie plus la réalité telle qu'elle apparaît quand il ne le regarde pas. Il ne s'en aperçoit pas immédiatement : entre la sensation de malaise et la compréhension de ce malaise s'écoule un temps anormalement étiré. Quoi qu'il en soit, l'inquiétude commence avec les yeux : « J'ai mal aux yeux… Mon Dieu ! Mes yeux ! mes yeux ! Satanés yeux. » Dans ces récits, la réduction du problème est légèrement trompeuse : il serait en effet tentant de penser que la déformation du monde provient de la déformation opérée par les yeux, mais, à mon sens, c'est tout le contraire (d'où l'importance de ce thème) : le monde se déforme, si bien que les yeux voient le monde se déformer. La mort du monde est la cause de la mort de mes yeux, et non l'inverse (il n'y a pas de lame de verre déformante entre ma vision et l'objet visé). Ce qui semble le plus irréel au premier abord, et par là le plus dérangeant ou inconvenant, est finalement ce qui est le plus réel : est accrédité ce qui ne devrait pas l'être. Dans une autre nouvelle publiée par le journal du bureau des élèves de l'ICAM, une sorte de petit poème en prose métaphysique, mal compris et nommé *Connivences*, il est proposé ce paragraphe : « *Sylvain sent ses jambes défaillir en essayant de se lever. Ses mains se posent sur quelque chose qui semble dur. Ça semble dur mais ça n'est pas dur. Ce n'est plus le banc de tout à l'heure, le banc où il a passé toutes ces soirées. Il voudrait vérifier, mais c'est impossible. C'est comme s'il était devenu aveugle, d'un seul coup. Il se retourne. Il ne voit pas la maison, bien entendu. Par contre, il peut essayer de toucher le mur qui est là, là.* — Là. » Dans mon lugubre roman *Amer Amen*, écrit vers mes vingt-trois ans, « *je saigne des larmes rouges des yeux, je pleure du sang, tel ce tableau de Magritte* » ; l'inquiétude est comme la charpente invisible du toit ardoisé de ma vision : « *Pourquoi ai-je autant mal aux yeux dès que je m'essaie à la lecture ou à l'écriture ? Cela ne tient pas à la lumière ; je lis dehors et le cas est toujours gênant. S'il n'était pas récurrent, je ne m'en ferais pas. Mais il l'est. […] J'ai mal aux yeux. Que faire ?… Attendre la cécité ?* » Et mon premier roman, *Le Pays perdu*, datant de mes dix-sept ou dix-huit ans, atteste une nouvelle fois la précocité de cette obsession. Le héros, un écrivain de science-fiction atteint d'un cancer à la jambe (référence à Rimbaud ?), connaît des migraines ophtalmiques, des vertiges, *et cætera*, et vit des expériences que je peux bien, aujourd'hui, en connaissance de cause, dénommer « déréalisatrices » (ô prescience de la jeunesse !). À l'époque, la *vue* était déjà synonyme de *mort* ou de *vide* (*voir* quelques pages plus bas) puisque je citais, d'une part, en épilogue, ce vers de Ronsard : « *En essuyant mes yeux par la Mort endormis* », — et, d'autre part, ce passage de *La Nausée* de Sartre : « *Il n'y avait plus rien du tout, j'avais les yeux vides et je m'enchantais de ma délivrance. Et puis, tout d'un coup, ça s'est mis à remuer devant mes yeux, des mouvements légers et incertains : il me secouait la base de l'arbre.* » Quant à mon texte en lui-même, j'en dévoilerai cinq passages et m'en tiendrai là : « *En revenant, il n'avait pas fait trois pas que sa jambe l'élança douloureusement. Sa vision devint floue puis, progressivement, il ne vit que du noir. La douleur disparut comme par enchantement. Il tituba sur quelques mètres et rouvrit grand les yeux.* — *Ses yeux étaient déjà ouverts !* » — « *Il ferma les yeux et les rouvrit doucement, très lentement. Et, comme s'il s'était imaginé qu'une grande expiration pût ramener son reflet, il souffla contre le miroir.* — *Ses mains tremblèrent ; son corps fut envahi de spasmes terribles ; le sang afflua sur son visage ; il vit de petits points brillants trotter devant lui.* — *Des petits points ! se réjouit-il. Mais alors, dans ce cas, il est normal que je ne voie pas mon visage. J'ai une migraine ophtalmique, c'est ça !* Ah… *mon Dieu, j'ai failli ne pas m'en remettre…* — *Soulagé, il voulut reprendre ce rasoir qui était dans le lavabo.* — *Non ! non ! Je vois parfaitement ce… ce rasoir ! Je n'ai pas de migraine ophtalmique… Mon Dieu, je ne comprends plus rien. Mes jambes ne me font pas mal. Je ne souffre pas. Mais je ne vois pas mon visage dans le miroir !* — *Il ouvrit la main, paume tournée vers lui, et la scruta.* — — *C'est à n'y rien comprendre ! Je vois mon corps dans la réalité… enfin, comme ça ! mais je ne me vois pas dans cette fichue glace. À moins que ce ne soit cette glace qui est peut-être cassée !…* » — [Son ami Augustin :] « *En tout cas, je n'ai jamais vu des yeux comme les tiens, avant que tu ne… Bref ! tu m'as fait encore plus peur qu'avec l'histoire de ton reflet qui n'existe pas dans le miroir… Tes yeux, mon Dieu, tes yeux… Ils étaient morts !* » — « *À moins que… à moins que je ne sois devenu un autre homme depuis que je trimbale ce maudit cancer à la jambe. Serait-il la cause de tous mes soucis, de mon évanouissement, du miroir sans mon image ?* » — [À propos de son fils, qu'il croit voir devant lui :] « *Mais une chose demeurait surprenante, que son père remarqua immédiatement en le voyant : ses petits yeux n'étaient plus bleus comme à l'accoutumée : ils étaient d'un blanc virginal et donnaient des frissons dans le dos. C'étaient des yeux sans vie, des yeux tels qu'en ont les morts avant de rendre le dernier souffle.*

Comme chez les vieilles personnes qui sont sur le point de mourir, ou chez les aveugles, ce regard était vide et effrayant. » — Dans une autre nouvelle encore (*Aurons-nous le temps ?*), c'est un scepticisme serein et didactique qui émerge devant le visage qui s'abîme (et fond comme un portrait de Francis Bacon) : « *C'est pourquoi, quand je me regarde dans le miroir, juste avant d'aller dormir et d'oublier momentanément toutes ces pensées extrapolées, je doute de ce que je suis. Je n'ai plus peur de vieillir, car je peux, en quelque sorte, me dire que je suis toujours jeune. Je pourrai toujours me faire croire que, lorsque je serai prêt à rendre le dernier souffle, je serai éternellement vivant, comme je pourrais être éternellement mort. — Et alors, dans ces instants-là, j'inspecte mon visage, en quête de réponses. Mais je sais pertinemment que je ne les trouverai pas. Vous-même ne les trouverez jamais. Seul Celui qui nous a créés sait tout. Il sait qui nous sommes, mais peut-être pas, Lui, qui Il est. — Mon visage prend les aspects que je veux. Un sourire, et je contracte quelques muscles de la bouche. Un clin d'œil, et je contracte la paupière. — Quand je reste dans la même position pendant assez longtemps et que mes yeux fixent un détail de mon visage, j'ai l'impression que toute ma tête se confond et ne devient plus qu'un masque flou et livide. Essayez — et vous verrez que c'est la simple vérité. Vos traits se déferont, se mélangeront et ne deviendront plus rien de signifiant. — Et à ce moment précis, vous commencerez sérieusement à douter de ce que vous êtes réellement, de ce que nous sommes, de ce que l'univers est. — En fait, de ce que tout est.* » — Mais je me suis *cité* trop longuement. Continuons le fil !... — Ajoutée à ces symptômes (mouches, migraines), il y a la *photophobie*, indubitablement due à — et aggravée par — la pratique annuelle du ski alpin sans protection contre les rayons ultraviolets, pour laquelle j'ai toujours cru, et je le crois encore, qu'elle accélérerait le moment de l'« apparition » de la cataracte ou qu'elle m'accablerait d'une cécité précoce (ô Ananias, j'espère que tu viendras me guérir si ce funeste jour doit arriver, que tu poseras tes mains sur ma tête, comme tu le fis pour Saul (Paul) ! (*Ac 9,17-18 ; 22,12-13*)). Depuis l'âge de vingt ans, motivé au départ par la crainte de générer une migraine, je remédie à ce mal en ne me séparant jamais de mes verres solaires, même par un temps maussade, ce qui se révèle être parfois un sujet de moquerie de la part d'imbéciles qui ne comprennent qu'après mes argumentations (diantre ! que cela est agaçant d'avoir à se justifier), qu'un ciel automnal grisâtre peut être cent fois plus éblouissant qu'un soleil d'été imposant. (Cette gêne, davantage une *plaie* qu'un *inconfort*, se glisse jusques aux intérieurs des bâtiments quand les revêtements muraux se trouvent être d'albe éclatante, — quand tout le spectre de la lumière visible rosse la cornée… Combien de fois n'ai-je pas gardé sur le nez ma paire de lunettes de soleil, sans être dehors ! Au *Problème XXXI* (placé juste après le célèbre *Problème* sur la mélancolie !), Aristote, déjà, se demandant pourquoi, « *en face d'une lampe ou du soleil* », on y voyait mieux en mettant « *sa main devant ses yeux, pour les protéger de la lumière* », répondait : « *N'est-ce pas parce que la lumière de la lampe ou du soleil, venant à tomber directement sur nos yeux, les fatigue et les affaiblit par son excès ? Car, les choses les plus conformes à notre nature nous font mal dès qu'elles sont excessives.* » À ce propos, pour ajouter au comble : je suis photophobe le jour *et* héméralope la nuit !... Pauvre Julien, triste en ce monde, accroupi comme Rimbaud, « *un œil à la lucarne / D'où le soleil clair comme un chaudron récuré / Lui darde une migraine* »… Je refermerai la parenthèse par une anecdote enregistrée dans l'un de mes carnets : « Situation. — *Une jeune fille, devant laquelle je passe, me regarde d'un air peu commode (donne-t-elle des cartes ? etc.)… Elle maugrée et dit : "Il est fort, lui, avec ses Ray-Ban ; il n'y a pas de soleil… Pfft…"* (Véridique.) C'était méchant. Je me suis retourné et ai dit, tout cordialement : *"J'ai mal aux yeux."* En mûrissant cela, j'hésitais à faire marche arrière et à dire : *"Vous voyez, j'ai été opéré il y a dix jours d'une cataracte… à vingt-quatre ans !… Vous trouvez cela formidable ?…"* Je ne l'ai pas fait. (À quoi bon ?…) Stupidité des gens. ») L'œil, celui des cinq sens qu'il vaut mieux céder en dernier, est ainsi, — chez moi, — le *foyer* de complications — *invisibles* pour un spectateur extérieur — et le rémora *écaillant* de mes vertiges existentiels, — mais il l'est chez beaucoup d'autres (et des *visionnaires*, en prime !), au nombre desquels se rangent James Joyce et Marcel Proust (selon le biographe de Joyce, George Duncan Painter, ils se rencontrèrent rapidement en 1922 et le premier eut le temps de se plaindre de ses yeux au second), Emmanuel Kant (déjà privé d'un œil dans sa vieillesse, il narre un « *accident maladif de la vue* » pendant lequel il crut voir « *une figure, paraissant en quelque sorte lumineuse, inscrite comme avec du phosphore, dans l'obscurité [...], mais avec un bord dentelé au côté convexe* »), Stendhal (« *migraines horribles pendant six mois* »), Jean-François Millet, Edgar Degas, Gustave Flaubert, George Sand, Alfred de Vigny, André Gide, Giacomo Leopardi (« *une ophtalmie fort obstinée, qui me rend absolument impossible toute espèce d'application* »), Arthur Schopenhauer, Frédéric Chopin, Guy de Maupassant (« *J'ai migraine sur migraine* », « *une maladie nerveuse dont je souffre depuis plusieurs années a pris depuis quelques semaines des proportions inquiétantes, attaquant mes yeux et me faisant souffrir sans cesse de violentes migraines* »), Hildegarde de Bingen, Hippocrate, Lewis Carroll, Sigmund Freud (« *les légers accès de migraine dont je souffre encore aujourd'hui* »), Virginia Woolf, Voltaire, Victor Hugo (« *j'avais des taches obscures dans les yeux. Ces taches allaient s'élargissant et noircissant. Elles semblaient envahir lentement la rétine. Un soir, chez Charles Nodier, je contai mes taches noires, que j'appelais mes papillons* »), Giorgio de Chirico, Gustav Mahler, Ryūnosuke Akutagawa, Alphonse de Lamartine, Blaise Pascal (« *ma douleur de tête a quelque chose de fort extraordinaire* »), Jean-Sébastien Bach (les opérations de la cataracte eurent raison de lui), Ludwig van Beethoven (et l'*ouïe*, le peu fortuné !), Vincent Van Gogh, — et j'en passe, dont, pour le sport, Kareem Abdul-Jabbar, Laurent Sciarra, Dwyane Wade, — mais surtout *Herr* Nietzsche (à qui l'on doit, tiré du *Cas Wagner* : « *On ne réfute pas le christianisme, on ne réfute pas une maladie des yeux* » !), qui en est l'un des fâcheux parangons, victime toute sa vie de poussées migraineuses sévères qui annonçaient malignement, par leurs empreintes, la prééminence de la syphilis cérébrale qui aurait raison de son intégrité intellectuelle au profit de sa « *bêtitude* » (« *Je suis mort parce que je suis bête ; je suis bête parce que je suis mort* »). Quand il arrive que les yeux, indépendamment de notre volonté ou non (« *Veille, étude, ennui, patience, / Travail, cela brûle les yeux* »), auxquels nous sommes si habitués, cet outil si précieux de l'appréhension et du discernement, conditionnant une grande partie de nos représentations, le plus expressif (il n'est d'ailleurs que d'en recenser les expressions dérivées du langage courant) et pénétrant des sens, — quand il arrive, dis-je, que les yeux se dépravent et désajustent nos configurations, le monde coutumier se dérobe tout fait à notre intellection, et nous nous sentons le perdre — avec nous à l'envolée. Quelques retorses gens suggéreront (en saupoudrant d'humour) qu'il reste l'œil pinéal, le *troisième œil*, auxquelles gens je répondrai (en nappant du même) que je ne suis ni un reptile invétéré ni un Hindou indu. Qu'il y ait un œil, deux yeux ou trois, ou plusieurs

(« πολυόφθαλμος », comme l'écrit Diodore pour expliquer l'étymologie du nom du dieu égyptien Osiris), le regard, je ne sais pour quelles raisons, est pour moi synonyme de mort (d'un clin *d'œil* — au *deuil*). Serait-ce parce que « *voir* » *entend* et *comprend* tout, *réunit* tous les *sens* ? Car il suffit de consulter le Littré et de sélectionner parmi les quarante acceptions : « *2° Il se dit par rapport à l'action ou à l'état d'une personne ou d'une chose. — 3° En un sens étendu, être témoin, soit qu'on voie de ses yeux, soit qu'on ne fasse qu'entendre parler. — 7° Remarquer, faire des observations en lisant. — 14° S'informer. — 16° Éprouver, essayer. — 19° Acquérir des connaissances par les voyages ou la fréquentation des hommes. — 20° Il se dit de Dieu. — 22° Comprendre, s'apercevoir. — 23° Juger, apprécier. — 32° Se voir, se regarder soi-même. — 34° Être vu. — 35° Fig. Porter un jugement sur soi-même. — 36° Être jugé, apprécié, en parlant des choses. — 37° Arriver, survenir. Être évident. — 38° Être, se trouver.* » Néanmoins, quoique ces définitions puissent se passer de commentaire, les plus remarquables encore se trouvent dans le *Dictionnaire de l'ancienne langue française et de tous ses dialectes du IXème au XVème siècle*, publié en 1881 par Frédéric Godefroy et formé de dix volumes in-4°, contenant « *les mots de la langue du moyen âge que la langue moderne n'a pas gardés* » » : « *1. voir, adj., vrai, certain, réel, sincère* » ; — « *2. voir, s. m., vérité* » ; — et ses déclinaisons : « *voirableté* », « *voire* », « *voirement* »… Et songeons à la redoutable et seizième lettre de l'alphabet hébreu, « ע », « *ayin* », qui signifie primairement « *œil* » et dont un autre sens, largement revendiqué par les cabalistes, serait « *non-être* », « *néant* », « *rien* »… Mais si « *voir* » est synonyme de mort et de néant, ne serait-ce pas aussi parce que, privé de la vue, je me sentirais anéanti, vide, que *le monde perdrait de son sens, de son être, deviendrait apparence de l'engloutissement, — kénotique* (nous y reviendrons) ? « *L'œil est la lampe du corps. Si ton œil est en bon état, tout ton corps sera éclairé ; mais si ton œil est en mauvais état, tout ton corps sera dans les ténèbres.* » (Mt 6,22-23) Y a-t-il un lien avec l'expression (et ses variantes) qu'Homère emploie dans *L'Iliade* à d'innombrables reprises lorsqu'un héros troyen ou achéen succombe (avec ses quelque deux cents morts, l'épopée est un carnage) : « τὸν δὲ σκότος ὄσσε κάλυψε » ? Voici quelques traductions possibles : « *l'ombre voila ses yeux* », « *ses yeux s'obscurcirent* », « *les ténèbres obscurcirent ses yeux* », « *couvrirent ses yeux* », « *le brouillard de la mort enveloppa ses yeux* », « *les ténèbres de la mort enveloppèrent ses yeux* », « *l'obscurité s'étendit sur ses yeux* », « *une sombre nuit couvrit ses yeux* », « *la nuit voila ses yeux* », « *la nuit du trépas couvrit ses yeux* », « *la mort ferma ses yeux* », « *les ombres de la mort s'étendirent sur ses yeux* », « *ses yeux se fermèrent à la lumière* » ? Regarder la mort — qui vous regarde et vous aveugle : la mort est-elle une *cécité* ? Le moment du trépas, ce passage au-delà (ou péage), est-il équivalent à l'*amaurosité* ? C'est peut-être une « *cataracte* » au sens le plus littéral : « καταράκτης », « *porte qui s'abat* » ou « *herse* », comme quelque chose qui dinguerait et pousserait vers le brumal abîme (vision négative que met en valeur le *κατά* que l'on rencontre dans *cataclysme* », « *catacombe* », « *catastrophe* », « *catafalque* », « *cataplexie* » ou « *catalepsie* »). N'emploie-t-on pas l'expression « tourner de l'œil » (ou « tortiller de l'œil ») lorsqu'il est question de « perdre connaissance », et cette expression, à l'origine, ne signifiait-elle pas tout simplement « mourir » ? Et puis, *voyez* ce hasard qui n'en est pas un, que de retrouver ce vilain et avilissant « σκότος » (« *ténèbres* », « *obscurité* »), le « *scotome* » !… Ô vision des enfers dont le sens crève les yeux, vision madrée par la mort !… Et « σκότος » est si proche du verbe « σκοπέω » (« *observer* », « *regarder* », « *viser à* ») que cela semble renforcer l'idée de l'évanouissement en moi de toute pulsion scopique (ce qui expliquerait en partie l'atrophie de ma libido à l'heure où j'écris, mon *anhédonisme*). *Voire !* Du « *lieu d'où j'observe* » (« σκοπή »), mes *vues* s'entrecroisent et *se télescopent*, à telle enseigne que je suis pris d'un *doute* : je suis comme un « σκεπτικός » dont les *yeux* seraient rivés en *lui-même*, un « αὐτός σκεπτικός », un *sceptique autiste* et *aveugle* au monde à force de *s'observer*… (Le regard en dedans de soi-même, est-ce possible ? Que se passe-t-il quand — ô vertige du pléonasme — *on regarde son regard* ? L'un des mots les plus affolants de la langue française concerne un instrument optique tout simple servant à *observer* le fond de l'œil : l'« *ophtalmoscope* », de « ὀφθαλμός », « *regard* », et, bien sûr, de « *scope* ». Savez-vous comment j'appelle cela ? Une *autopsie* ! Quoique l'on confonde familièrement *autopsie* et *nécropsie*, le registre de la mort (et des yeux) n'est jamais loin : l'« *autopsie* », du grec « αὐτοψία », où apparaît « ὄψις », « *la vue* », offre la définition primaire suivante : « *vue par soi-même* », que j'améliore pronominalement ainsi : « *vue de soi-même par soi-même* » (« *vue de soi-même* » ou « *se voir* » étant synonymes. Je m'égare. D'abord, « qui connaît ses égarements ? » (Ps 19,13) Ensuite, cette nouvelle digression étymologique *me regarde* ! Et qu'est-ce, au fait, que « *regarder* » ? C'est un préfixe commun, « *re* », plus le verbe « *garder* », qui vient de l'ancien haut allemand « *wartên* » : « *prendre garde* » ! Ne suis-je pas prévenu ? À l'évidence, je le suis ; mais je persiste et m'entête : en effet, le terme « *ophtalmoscope* » rappelle à mes souvenirs une nouvelle de Villiers de l'Isle-Adam où il est question de mort des yeux — ou d'yeux de la mort. L'héroïne qui donne son nom au titre de l'histoire, Claire Lenoir, est aveugle — cependant qu'elle continue de voir. Elle *voit* ce que lui présente son *imagination*, mais dans un sens bien plus littéral qu'on ne voudrait le croire au premier *regard* : lorsque le narrateur, au dénouement des dernières pages, inspecte l'œil de Claire qui vient de succomber, la preuve est faite que ce qu'elle disait voir, elle le voyait réellement : cela est incrusté dans sa prunelle, comme si l'image du monde extérieur n'était que la projection d'un faisceau dirigé de l'intérieur. Que l'on me pardonne cet exemple qui facilitera la compréhension du phénomène, je veux parler du Bat-Signal de Batman : la chauve-souris qui se dessine dans le ciel nocturne, c'est l'image du monde que l'on voit ; le projecteur, c'est l'œil ; le motif du projecteur, c'est l'imagination. — « *Tu vivras, tes yeux mourront ; tu ne verras plus rien, si ce n'est en songe* », comme l'écrivit le génial et subversif Apulée dans *L'Âne d'or*, ce conte si insolemment doux… — Je n'ai que trop longtemps dégbré ; rembrayons.) Quelques semaines avant de se suicider, Cesare Pavese composait un poème constitué de ce distique creusé dans le cœur empierré : « *Per tutti la morte ha uno sguardo. / Verrà la morte e avrà i tuoi occhi.* » (« *La mort a pour tous un regard. / La mort viendra et elle aura tes yeux.* ») Doux égard de la Mort qui égare notre regard et, le surinant, nous surine ! (Et, si l'on me passe l'expression, la Mort qui nous *fait chier* et que nous *emmerdons* : « *cæcum* », « *aveugle* », a aussi donné son nom au premier des gros intestins…) — « *Adieu, plaisant soleil ! mon œil est estoupé* », reconnaît un Ronsard qui n'a « *plus que les os* »… (Et à tous ces maux d'yeux, nul remède, nul adjuvant, nul collyre, à moins — n'est-ce pas, Pline ? — de goûter de la moelle de chèvre ou du poumon de lièvre, de les frotter avec de la graisse de loup ou de la moelle de porc, voire de porter « *dans un bracelet une langue de renard* », — ou à moins

— n'est-ce pas, Tobie ? — d'appliquer du fiel de poisson pour enlever les leucomes… — Et à tous ces mots, Dieu ?...) — Mais avant que de céder et décéder, j'inclurai encore, prélevées dans mes carnets, six autres petites notes révélatrices des formes de mon obsession du *sens* de la vue : « *Personne ne pourra jamais décrire la "vision" qu'il a de ce "néant" qui est le champ "hors vision", hors de l'œil. Comment dès lors, décrire le pourquoi de l'existence ?…* » — « *L'œil, simplifié, serait un transformateur (changeur) : du matériel fournit du spirituel.* » — « *Il fait noir, si noir, mon Dieu… Pourriez-Vous allumer ?… Ah !… Mon Dieu… Il me faut des lunettes de soleil…* » — « *Le noir, le sombre, l'obscur sont positifs. La lumière ne l'est pas. Il faut qu'elle lutte. Le noir est omniprésent, il n'a pas à s'essouffler.* » — « *N'est visible pleinement que ce que l'on fixe ; le reste est nébuleux alors qu'il paraît net parce que perçu. C'est affreux, affreux : voir sans voir.* » — « *En ce moment, ce n'est plus l'Autre qui me pose problème. C'est moi-même, moi seul. Ma propre existence, mon propre être me pèse. Si j'ouvre les yeux, je suis obligé de voir ; si j'existe, je suis obligé d'exister.* » (Je parle de « *peser* », équivalent à l'idée de « *poids* » ou de « *lourdeur* ». Or, plus haut, j'avais écrit : « *La solitude me pèse* », mais j'avais recopié : « *La solitude me père* », ce qui, plus que je ne voudrais le croire, est une concession d'ordre psychologique… D'autant plus que j'entends, comme étouffé, que « *mon propre être me baise* »…) — Bien ! Assez tourné de l'œil ! Assez d'œil (du cyclone) tournant ! Revenons-en au sujet primordial et aux désassemblages de la personnalité et/ou de l'univers contractés au cours de la *déréalisation*. Par *dé-réalisation*, formé d'un côté du préfixe « *dé-* » qui indique la privation, de l'autre de « *réalisation* » au sens philosophique de « *rendre réel ce qui s'impose aux sens, puis à l'esprit* », dans une concordance entre les faits objectifs et les pensées, pour lequel il ne saurait évidemment être question de l'acception ordinaire « *accomplir* », nous entendons par conséquent une « *perte de la réalité* » (ou « *sentiment de l'irréalité de ce qui nous entoure* », « *perte du sentiment de la* réalité », comme disait Gide, « *assez sujet à cette singulière illusion* »), — c'est-à-dire, pour reprendre les mots d'Antonin Artaud, une « *décorporisation de la réalité* », une « *espèce de déperdition constante du niveau normal de la réalité* » (mais j'aurais peut-être pu également parler, comme je l'ai déjà croisé chez Jorge Semprún, d'« *irréalisation* »). Rappelons au passage qu'au sens psychologique, où il faut y voir, pour sûr, les fondements de la vérité de cette disposition, le « *principe de réalité* » est complémentaire d'un désinvestissement des pulsions liées à la libido, celle-ci étant capable d'affecter la subjectivité du sujet psychotique ou névrosé, la différence s'exprimant, nous apprend Freud (*La perte de la réalité dans la névrose*), dans le résultat final : « *dans la névrose un fragment de la réalité est évité sur le mode de la fuite, dans la psychose il est reconstruit* », autrement dit, « *la névrose ne dénie pas la réalité, elle veut seulement ne rien savoir d'elle ; la psychose la dénie et cherche à la remplacer* » (révolution kantienne amusante : le psychotique se satisfait de ce qu'il s'adapte à sa façon aux objets alors que le névrosé est navré de ce que les objets s'adaptent à lui ainsi qu'ils le font). C'est pourquoi nous ne retiendrons pas ce sens particulier en psychanalyse, car ici la perte est contiguë à une *substitution*, et nous nous restreindrons de préférence à ceux, *morbides*, puisque c'est une *maladie*, qui sont avancés en clinique psychiatrique : « *Perception modifiée et inhabituelle de la réalité extérieure* » et : « *Le monde environnant n'est plus reconnu par le sujet* ». À la *déréalisation*, c'est-à-dire le sentiment d'*irréalité*, d'*étrangeté* (l'« *étrange* », c'est l'« *extraneus* », « *qui est de l'extérieur* »), de disparition *consciente* du caractère familier de l'environnement (Freud nous avertissait à ce propos que « *mieux un homme se repère dans son environnement, moins il sera sujet à recevoir des choses ou des événements qui s'y produisent une impression d'inquiétante étrangeté* », corollaire d'une « *angoisse infantile qui ne s'éteint jamais tout à fait* »), nous rattacherons celui de la *dépersonnalisation*, le sentiment d'*être détaché de soi*, de quitter corporellement et psychiquement son moi, de ne plus savoir interagir, *d'être désincarné*. Ceux qui doivent à leur bonne fortune d'avoir échappé à cette *fugue* (les voix fuyantes des ténèbres !), la « *déréalité* », ou de n'avoir pas connu les effets *borderline* du cannabis et autres drogues, auront quelque peine à s'en donner une idée probante et signifiante. Qu'ils se rasseyent (mais qu'ils n'oublient pas que cela peut, ainsi qu'il m'en incomba, leur échoir, et les en faire choir à tout instant). Chercher les mots pour retranscrire cette dysphorie (« δύσφορος », « *difficile à supporter* ») est une misère, si bien qu'en guise d'introduction à la symptomatologie de mon accès de déréalisation, je vais recopier deux illustrations éloquentes puisées dans l'œuvre de la poétesse Sylvia Plath, qui souffrit de troubles bipolaires (maniacodépressifs) et se gaza à l'âge de trente ans (son fils l'imita plus tard en se pendant, ainsi que la maîtresse de son mari, le poète Ted Hughes, emportant avec elle l'enfant qu'ils avaient eu ensemble) : « *Les fleurs et les visages deviennent un blanc linceul* [whiten to a sheet] » (*Dernières paroles*) ; — et : « *Il y avait alentour / Beaucoup de pierres compactes et sans aucune expression* [expressionless]. / *Je ne savais pas du tout quoi penser de cela* [what to make of it]. […] *Me déroulais pour me déverser tel un fluide* […]. *L'arbre et la pierre scintillaient, ils n'avaient plus d'ombres.* […] *Maintenant je ressemble à une sorte de dieu / Je flotte à travers l'air, mon âme pour vêtement* [my soul-shift], / *Aussi pure qu'un pain de glace.* »

* * * * *

(Ah ! ces yeux qui s'abîment !… — Peur, — vaccination du monde sur moi, ou de moi sur le monde…)

* * * * *

« *Se tu se' or', lettore, a creder lento ciò ch'io dirò, non sarà maraviglia, ché io che 'l vidi, a pena il mi consento…* » (« *Si maintenant, lecteur, tu es lent à croire ce que je vais dire, ce n'est pas merveille, car moi-même qui le vis j'y crois à peine…* ») — La déréalisation et la dépersonnalisation me vinrent perquisitionner au mois d'avril de l'an 2009, qu'une petite porte entrebâillée par un commencement d'asthénie avait fait guillerettement accueillir, avant qu'elles ne me cueillissent tout de bon, en mon royaume intime. Lors des deux ou trois premiers jours, en constatant mes difficultés pour me mouvoir naturellement, réfléchir sans contradiction, prononcer intelligiblement ne fût-ce qu'une petite phrase ou débrouiller le désordre général occasionné par une *dyslexie* inédite et intense (les lapsus se ramassaient à la pelle), en un mot, une *apraxie* à la fois idéomotrice, constructive et frontale, voire graphique (le souvenir d'une inaptitude à remplir un chèque correctement), je compris que, ôtée de la fatigue banale, *quelque chose* d'extrêmement nocif et préoccupant s'était emparé de moi, comme une ankylosante courbature qui se propagerait et envahirait le corps et l'esprit. Ce fut aux alentours du cinquième jour que cette *chose* (cénesthopathique) dégénéra et me réduisit à l'avilissement : trois jours chevauchant un weekend, qui furent un cauchemar, un pur « mauvais rêve », qui, s'il avait perduré au-delà de cette esquintante semaine, m'eût irrévocablement atomisé en réveillant une *dépression* infinie, un *regrès de l'âme*. Voici une liste cataphonique et désordonnée de tout ce qu'à peu près je ressentis, et que le dimanche, engourdi et en la présence — « tutélaire » — d'une amie (Marie Scordia) stupéfiée et qui fut l'un des rares témoins de cette plongée dans l'*ailleurs*, je notai dans un carnet : « *À l'étroit en moi, dans le monde.* — *Crâne ouvert, dans et en dehors du monde.* — *Détaché, regard par le cerveau.* — *Regard "derrière", sur le néant.* — *Concentration impossible, pensées selon plusieurs directions.* — *Je dois être moi.* — *Déréalisation.* — *Mal-être, mais doux.* — *Le réel ne semble pas tangible.* — *L'espace est occupé d'êtres en mouvements.* — *Crâne énorme au-dessus de moi, partout ailleurs que ce que vise les (mes) regards.* — *Tempes serrées, contractées.* — *Impression d'avoir réalisé mes intuitions : absurdités.* — *Je ne suis plus dans l'objectivation due à l'intersubjectivité.* — *L'existence est courte, je ne suis plus immortel.* — *Le monde tel un bloc.* — *Tout m'est trop connu — et trop inédit.* — *Mourir ne change rien.* — *Trop vu, trop supporté. Trop réel, trop irréel.* — *Je n'entends pas ce que l'on me dit.* — *Ce n'est pas* mon *corps que je vois.* (Dualité.) — *Libido absente.* — *Mélancolie grasse.* — *Impossible de parler en pensant à ce dont je veux parler.* — *Je voudrais mourir, mais je ne peux pas, je suis dans le monde.* — *Avant, je voulais me suicider alors que je voulais encore vivre. Maintenant, je ne veux plus vivre.* — *Je ne supporte plus d'être conscient tout le temps.* — *Mes yeux ne voient pas par deux yeux. Il y en a un troisième ou un en moins.* — *Je ne peux plus m'expliquer.* — *Je fais des efforts pour garder pied.* — *Avant de parler, je ne sais plus ce que je veux dire.* — *Parler est une « torture ».* — *Impossibilité de dire, de re-dire, de se définir, de se redéfinir.* — *Dire ou ne pas dire, cela ne change rien.* — *La réalité s'exprime en moi, m'injecte, mais je ne peux plus la dire, l'exprimer.* — *Je me sens étranger au monde.* — *Mon cerveau pèse une tonne, mais je suis léger.* — *Qu'est-ce que le réel qui me fait être — ou qui m'apparaît ?* — *Les gens ne discernent que le réel et ne peuvent pas comprendre les variations sur ce mot (perdre le réel, etc.).* — *Désintérêt.* — *Mon passé m'est étranger, n'est plus ce que j'ai été.* — *Fatigue intense.* — *Pas envie de parler.* — *31 ans, plus rien à faire.* — *Vieux.* — *À l'étroit, monde exigu.* — *Contraction des paupières, etc.* — *Je ne peux pas échapper au monde. Il existe, il est comme une pièce fermée.* — *La vérité est en soi, non dans le monde.* — *Les perspectives sont inexistantes. 2D dans la 3D.* — *Quand je conduis, je crois n'être pas celui qui conduit.* — *Pas de concentration par les yeux : je vois « flou ».* — *Je ne dis pas ce que je veux dire.* — *Je ne sais plus. Seulement que j'ai su.* — *Mon cerveau ne veut plus analyser. Mais il analyse pour dire cela.* — *Si je ne parle plus au monde, c'est parce qu'il ne me parle (en sens) plus.* — *Le langage renforce le mal-être (j'essaie de l'exprimer).* » — À la question : y avait-il réellement eu des antécédents à cette souffrance ? je réponds : *oui*, si je compulse quelques notes dans mes archives (et cette *asomatognosie* réapparaît de temps en temps, plus ou moins prononcée) : « *J'ai de plus en plus peur de ma potentielle folie. J'ai des moments d'égarement de plus en plus réguliers.* (Égarement : le monde n'existe pas, c'est une illusion, j'ai le vertige, je crois que mes yeux me trompent, je tombe dans une autre dimension… Métaphysique.) » Ou celle-ci : « *Vertige : ma main posée sur la table, la main d'un homme à côté : je vois les deux mains, mais le rapport est extrêmement différent : il y a* ma *main : je vois et je* me sens. *(Idée de vertige, de mon existence.)* » (Tout cela est très wittgensteinien, surtout si l'on pense au livre *De la certitude* et à ses trois premières remarques : « *1. Si tu sais que c'est là une main, alors nous t'accordons tout le reste. — 2. De ce qu'à moi ou à tout le monde, il en semble ainsi, il ne s'ensuit pas qu'il en est ainsi. — Mais ce que l'on peut fort bien se demander, c'est s'il y a sens à en douter. — 3. À quelqu'un qui dirait : "Je ne sais pas s'il y a une main", on pourrait dire : "Regardes-y de plus près." — Cette possibilité de bâtir sa conviction appartient au jeu de langage ; en est un des traits essentiels.* » La première impression qui nous vient ou qui domine en lisant ces quelques lignes, c'est l'étonnement : *pourquoi* s'embête-t-il avec toutes ces considérations ? Il va se faire mal… Je le concède, mais rétorquerai aussitôt : *pourquoi pas ?* pourquoi ne s'embêterait-il pas s'il en a envie ? Les hommes qui *doutent rationnellement*, tels Hume (qu'est-ce qui nous prouve que le soleil se lèvera demain ?) ou Einstein (pourquoi la lune pourrait-elle ne pas exister quand je ne la regarde pas ?), doutent peut-être moins encore que Wittgenstein, puisque celui-ci doute même de l'« allure » de son doute en recentrant la question sur le langage : celui qui, en effet, se permet de douter de l'existence de ses mains ne doit pas perdre de vue « *qu'un doute portant sur l'existence ne prend effet que dans un jeu de langage* ». Mais pourquoi, à mon tour, parlé-je de cela ?… *Je ne le sais trop.* D'autant plus que je me trouve présentement figé : je contemple mes mains qui ne répondent plus… Quelle folie ! Mon Dieu, prenez-moi la main que je ne contrôle plus…) En reposant *maintenant* la question : y avait-il réellement eu des antécédents à cette souffrance ? je réponds également : *non*, si je pense à une conscience égrugée, porphyrisée. C'étaient tout juste des délires hypnotiques que j'appelais volontairement des toquades hypnagogiques, des (ré)créations ludiques, j'exerçais volontairement le jeu de l'*acteur*, je n'étais pas l'observateur *passif* (pâtissant). Et si quelques-uns de mes écrits y sont asymptotiques, il n'y a pas d'équipollence, — et je songe à un feuillet composé à Brive au mois de juillet 2003 (mois durant lequel j'ai parcouru Orléans, Bourges, Saint-Raphaël, Rouen, Bordeaux, Perpignan, Paris), et dont la teneur m'effare encore aujourd'hui (ces « *déréré* », « *la pensée mure* », « *le soleil tout sombre* », « *mis fou chaque minute* »…), mais c'est sans doute qu'il convient de le replacer dans un contexte d'essai « mystique » et surréaliste. (« *Chansons que F. écou. / Le docteur. Déréré. / Musiques — différentes, classiques, autres — ressources. / Sauvé en elles. / La pensée mure. Le feu-petit. / Demande sans lien : pas Dieu, rien. / La solitude d'un sans un ou une. / La chance / Les vies si changeantes — Lui ceci, lui cela. / Rouleau perdu — car je ne sais. / Mouvement au repos. La cogitation. / Pas de livres. Peux ne me livrer. Ni ne veux. / Vouloir et ne pas pouvoir ; pouvoir et ne pas vouloir. / Avoir le revoir. Au revoir l'a-voir. / Été froid. Pluie sans toit. / Dit à eux. Eux me voir ? Cassé. / Solution : ne pas craindre. / Absorber après avoir adoré. / Cycle. Anti-cycle. Cycle. / Vacances. Comment ? / Travail. Pourquoi ? / Mesurer l'affable, cerner le silence. / La parole amène la parole — qui l'éteint. / Je sais — même ce que je ne sais plus. / Courage : tuer toi, tu es toi. / Comprendre chaque particule ; — accepter. / Prendre le tout comme une ligne. / Le commun nier et communier. / Attends, prends, chante. / Confiance et détour. / Pleurer à la fatigue. / Le mot compliqué à dénicher. / Le travail, le travail, le travail. / Penser la sagesse. / Le soleil tout sombre. / La lumière après l'obscurité ? Ordre. / La lumière avant l'obscurité ? Désordre. / La philosophie du philosophe : à philosopher. / Croire Moi : déjà. / Si l'union casse le moi. / Lire ? Écrire ? L'enchaînement. / Re-douter. Finir ? / Seul et soi,*

— seul en soi. / La peur de ses entrailles. / Le silence et les pleurs. / Refrain de fortune. / Heurs chaque heure. / Mis fou chaque minute... ») — Rigaut, dont je n'ai pas fini de mentionner le nom en ces pages (voir le chapitre sur le suicide), et que cependant je ne suivrai pas cette fois-ci, à moins que cela ne devienne mon point de vue *si jamais cela réapparaît*, Rigaut donc, l'irrassasiable par excellence, savait se faire provoquant (et André Breton eût ratifié de bon gré ce qualificatif) : « *Je vais vous dire une bonne chose, la perte de la personnalité, c'est la seule émotion qu'il me reste* », car il avait rencontré cette angoisse — et effectivement s'angoissait : « *Se passer la main sur le visage, la crainte angoissée de n'y plus trouver ni nez, ni bouche, tous traits effacés comme sur un dessin...* » Je ne souscris pas (c'est bien trop terrifiant) à cette impression qui chez moi ne prévaut pas *uniquement*, mais cette soi-disant « *émotion* », de quoi naît-elle, à quel arbre est-elle le fruit vénéneux ? L'abattement physique, le conflit psychique, nous les avons évoqués comme pathologies sous-jacentes. J'y détecte néanmoins deux raisons cardinales. La première, c'est *la fatigue d'être soi* (comme dirait Woody Allen : « *My one regret in life is that I am not someone else* ») : on se couche, on se réveille, rien n'a changé, on *est toujours soi*, il nous faut encore être ce que l'on est, *ce qui* que l'on est chaque jour, il nous faut « *rester* » (« *être de nouveau* »), — et il faut chaque jour entendre la réponse de Méphistophélès à Faust : « *Tu es, au fond, ce que tu es.* » Il faut *subir* l'être. (À notre échelle temporelle de vermisseau, notre vie est *à perpétuité*. Innocemment, chaque jour, en vivant, on *perpètre notre existence*.) Je laisse s'exprimer Sénèque à ce sujet : « *Certains en ont assez de faire et de voir les mêmes choses, les gagne non la haine de la vie mais son ennui, pente où nous glissons, poussés par la philosophie elle-même, en disant : "Jusques à quand les mêmes choses ? Ne vais-je pas me réveiller, dormir, avoir faim, avoir froid, avoir chaud ? Rien n'a de fin, toutes choses s'enchaînent en cercle, fuient et se suivent ; la nuit chasse le jour, le jour la nuit, l'été fait place à l'automne, l'hiver presse l'automne serré de près par le printemps ; toutes choses passent ainsi pour revenir. Je ne fais rien de nouveau, je ne vois rien de nouveau : on en a parfois jusqu'à la nausée."* Nombreux sont-ils pour juger que vivre n'est pas atroce mais *superflu*. » Le seul exil, c'est soi-même, écrivait Pessoa à sa fiancée Ophélia, — et dans un poème relatant la vacuité de l'existence : « *Morts, nous mourrons encore.* / *Nous sommes, Lydia, que pour nous* », — et c'est ce « *que pour nous* » (ou un « *que nous* », ou plus simplement un « *nous* ») qui ressort, intraitable, car nous *ne sommes que nous, nous sommes nous, je suis moi,* — *je ne suis que moi,* — « *je* » *est moi* (le « *je est un autre* » de Rimbaud est renversé, c'est l'*être-autre* hégélien, le « *Je* » « *près de soi-même* », le « *Je=Je* »), *mon moi est mon moi,* — « *moi=moi* », — qui rappelle les théories d'identification du Moi de Johann Gottlieb Fichte dans ses *Principes fondamentaux de la Doctrine de la science* : le sujet se saisit lui-même comme Moi-sujet, l'être, puis, dans un deuxième temps, saisit le Moi-objet, l'étant, différent du Moi-sujet par sa valeur prédicative, pour enfin, dans un troisième temps, poser le Moi-absolu, qui contient cette opposition Moi/Non-Moi et est le principe permettant de l'acheminer à la réalité. (Bref, cette insertion fichtéenne sur la découverte moïque et le solipsisme était-elle nécessaire ? Rien n'est nécessaire, ni ne l'est pas, ou contingent, ou son contraire, — alors, si rien ne compte quand tout compterait, faisons un mince crochet en cet endroit du texte et prouvons, en un pied-de-nez involontaire, car non prévu, et volontaire, car imprimé, qu'une surémission de lignes n'en constitue pas moins un objet littéraire, et parlons, — promptement, dare-dare, compendieusement ! — du *solipsisme*. De source sûre et fiable, nous souffle-t-on tout net, c'est une « *appellation qu'aucun philosophe n'a jamais revendiquée* », — si l'on excepte la position de George Berkeley reprenant la phrase de Jakob Böhme, « *Esse est percipi aut percipere* » (« *Être, c'est être perçu ou percevoir* »), — car l'idéalisme radical n'évite pas de soulever, en l'attisant, la polémique : il n'y aurait pas d'autre réalité pour le sujet pensant que lui-même, le monde de sa représentation n'existerait pas en tant que monde, mais en tant que représentation. J'aime cette idée, sécurisante et détachante (déracinante et lavante), à laquelle nous reviendrons avec Schopenhauer, d'un univers qui n'existe qu'en soi, qui s'arrête en même temps que nous nous arrêtons, que Wittgenstein retranscrit, à la proposition 6.431 : « *Ainsi dans la mort, le monde n'est pas changé, il cesse.* » Et... en refermant ma parenthèse, ce que j'y aurai écrit cessera avec mon écrit.) Être de trop en soi (« *quand on veut un mouton, c'est la preuve qu'on existe* », et je n'en veux pas, la perséité me suffit), être de trop à soi-même (la « *petite vie mélancolique* » ?), devoir être encagé dans un ergastule (la petite planète B 612, même sans baobabs ?) en attente d'un *quoi* indéfini (un quarante-quatrième et malheureux coucher de soleil ?), un *encore*, devoir voir de ses propres yeux, devoir entendre de ses propres oreilles, devoir déambuler avec son propre corps, devoir penser avec son propre cerveau (tout bien pesé, si l'on pensait avec un cerveau autre que le nôtre, on penserait tel que penserait notre hôte et notre transmigration serait invérifiable)... Jamais assiégeant, mais toujours assiégé, assiégé sans reddition... Je connais l'*exil* des habitants de la ville d'Oran que décrit Camus dans *La peste* : l'*exil intérieur* (comme le dit si bien Roland Jaccard), l'exil qui ne permet pas de sortir, qui séquestre, l'exil claustral, l'exil de soi en soi. L'exil *est* l'existence — qui *hait* l'exil. « *Patriae quis exul / se quoque fugit?* » (« *Celui qui s'exile de sa patrie se fuit-il soi-même ?* ») Telle était la lancinante question d'Horace. Dans *La Nausée*, Antoine Roquentin, dont la patrie est l'existence, en fait les frais : « *Ma pensée, c'est moi : voilà pourquoi je ne peux pas m'arrêter. J'existe par ce que je pense... et je ne peux pas m'empêcher de penser. En ce moment même — c'est affreux — si j'existe, c'est parce que j'ai horreur d'exister. C'est moi, c'est moi qui me tire du néant auquel j'aspire : la haine, le dégoût d'exister, ce sont autant de manières de me faire exister, de m'enfoncer dans l'existence.* » Prisonniers du *hic et nunc* ! ainsi nous sommes, dans cette tragédie pessoenne de « *d'ici et de maintenant* »... *Hic et nunc* ! rien — autre... Toujours : *hic et nunc* ! *hic et nunc* !... Tocsin de l'horloge de la folie « innée-fable », de la démence suprême : *hic et nunc* ! *hic et nunc* !... Sonne ! sonne ! sonne, pendule ! « *The sound that tells what hour it is are clamorous groans, which strike upon my heart* » (« *Le son qui indique l'heure c'est la clameur des gémissements qui cognent contre mon cœur* »). Sonne ! sonne ! sonne, horloge ! « *Trois mille six cents fois par heure, la Seconde / Chuchote : Souviens-toi !* » sonnaille Baudelaire. Être à être, *hic et nunc* !... Souviens-toi, — *memento*, — n'oublie point que ton être te rappelle... J'envierais presque Roméo qui prononce ces paroles : « *Bah, je me suis abandonné moi-même, je ne suis pas ici... Ce n'est pas Roméo. Il est quelque autre part...* » — *Hic et nunc* ! Où suis-je ? Où sommes-nous, tous ? « *Nous n'existons plus où nous sommes, nous n'existons qu'où nous ne sommes pas.* » Hourrah, Rousseau ! Merci ! — *Hic et nunc* ! *Hic et nunc* ! (Une centaine de points d'exclamations ne suffirait pas à rendre mon désarroi, mon trouble, ma peine, ma dépressivité !) — *Hic et nunc*, — psalmodions !... *Hic et nunc* à l'autochtone sans pays... —

Fuir ? Ah ! vouloir l'absence, désirer l'abstention, voter pour l'abstentionnisme !... — Fuir ? Quoi ? S'en aller ? Comment ? « *Ah, n'importe comment, n'importe où, s'en aller !* » s'écrie Pessoa. « *Partir, partir, partir, partir une fois pour toutes !* » (« *Ir, ir, ir, ir de vez!* ») — Fuir ? Ah ! Fuir la branche à l'automne, être une feuille qui tombe dans l'imprévu… « *Laissez-moi fuir ! Laissez-moi fuir !* » Vers où ? « *Laissez-moi fuir vers d'autres mondes.* » — Fuir ? Mais il n'existe pas de mandat d'extradition : le réfugié que l'on croit être n'est réclamé par aucun gouvernement étranger, on doit être remis à soi-même, à notre Moi *hiqué* et *nunqué*… — Fuir ? Quand Lucrèce dit que « *l'homme toujours se fuit lui-même* », Sénèque réplique : « *Mais que sert de fuir, s'il ne se quitte pas ? Il est à lui-même son éternel, son insupportable compagnon.* » Colocation on ne peut plus exiguë ! — Fuir ? Celui qui veut être ailleurs ne sera jamais « *all there* », comme disent les Anglais, il n'aura pas toute sa tête… — Fuir ? « *Dans le spleen* », disait Montesquieu, « *on sent de la difficulté à porter son corps comme on en aurait si l'on était obligé de porter le corps d'un autre.* » Apesanteur… — Fuir ? Achevalé entre mille nulle part, semé sans terre, se sentir étiré et toujours n'être qu'un point… — L'ennemi du « *hic* » et du « *nunc* » est en nous : « *voilà le terrible. La fuite n'est pas possible. On s'inquiète, on erre, on se désespère. On s'enferme dans sa chambre ; l'ennemi s'y enferme avec vous.* » Gide/Walter a raison : on est coincé dans la chambre étroite de notre cerveau. Impossible de décamper de cette calanque, impossible de déménager (de) son être : l'être ondule, dodeline et nous empêtre clapoteusement ; il nous corsète horriblement, il nous serre et nous resserre, nous étrangle et nous sangle… Le jusant de cet océan d'être n'en finit jamais, l'être captive toujours l'être qui tente de se faire la malle. — Agrégat d'atomes pourvu de la conscience ou non, l'homme est à la Nature ce que l'insecte fossilisé est à l'ambre : emprisonné. « *Fieri non potest ut homo non sit Naturæ pars* », comme le rappelle Spinoza (« *Il est impossible que l'homme ne soit pas une partie de la Nature* »). — Le licou de l'être, de l'être qui ne connaît pas de relâche… — Toujours être *à l'intérieur* du monde ou de soi, même à l'extérieur ! Avoir un bord sans bords, vouloir déborder sans le pouvoir ! Être assigné à résidence ! Être accoté à soi-même ! Être juché sur soi-même ! S'invétérer dans son être qui s'invétère ! — L'Être ravale l'être, et l'être ravale l'âme, et l'âme ravale l'Être… — Être à tout bout de champ délocalisé dans une même localité… — Moi aussi, je veux composer un chant hassidique comme le *dudele* de Levi Yitshaq de Berditchev, mais en incriminant le Saint-Béni-Soit-Il, perché sur *le toit du monde*, et Sa bassesse ubiquitaire : « *Voilà, où que j'aille, tu t'y trouves — toi ! / Où que je sois, toi ! / Juste toi, seulement toi, encore toi, toujours toi ! / Toi-toi-toi, toi-toi — […] À l'est — toi ! À l'ouest — toi ! / Au nord — toi ! Au sud — toi ! / Toi-toi-toi, / Toi-toi-toi, / Toi-toi-toi !* » La traque de l'être détraque, mon être est partout, rien ne le cache, il est déchiqueté et azimuté, il emplit l'espace grillagé et barbelé, moi qui suis si peu de chose dans le sillage de l'existence, « *un ver et non un homme* » (*Ps 22,7*) !... — Être sur la Terre, *cette* Terre, — être dans un système solaire, — *ce* système solaire, — être dans une galaxie, — *cette* galaxie, — être dans un univers, — *cet* univers, — et ne jamais pouvoir dépasser ce coin d'univers, prisonnier du minuscule *hic et nunc*, condamné à tourniquer dans un petit lot d'espace et dans une petite portion de temps qui sont comme le justaucorps de notre pensée ; — être un individu, — « *cet* » individu, — être un moi, — *ce* moi, — être *cet* être et nul autre, — être et ne pas ne pas être, ou « être ceci, ou ne pas être cela, telle est la question »… Investir l'être, ou en être investi ? Qu'il est rude d'être soi-même ! Le monde, tel qu'on le voit, et par lequel on est, n'est un monde que *pour* — et *par* soi-même. Le monde est *le nôtre* : responsabilité des plus incommodes, des plus lourdes, — des plus accablantes… « *Si je pouvais seulement sortir de ma peau pendant une heure ou deux ! Si je pouvais être ce monsieur qui passe !* » s'exaspère l'étincelant Fantasio de Musset. Se débattre, coincé… « *Je suis LOCALISE par mes termes* », s'affolait Artaud : *hic et nunc* !... Localisé en soi, pour soi, et nulle part ailleurs, « *cloué sur place, enfermé dans cette prison sans verrous* » (*Sag 17,15*)… Le brain drain du surplace… « Hic et nunc », c'est le Réel auquel on est attaché, pieds et poings liés, et surtout son embarassement, car c'est *mon* Réel ; « hic et nunc », c'est le réel, il est *quelque part* Paul Valéry, « *dont on ne peut s'éveiller* », « *dont nul mouvement ne nie, mais que tout mouvement renforce, reproduit, régénère* ». L'enceinte du Réel, le ventre de l'Être insatiable, la geôle de l'Existence : je suis je. « *Ne jamais pouvoir se quitter* », note laconiquement Charles Juliet dans son *Journal*. « *Quel enfer que d'être prisonnier de soi toute une vie.* » Quelles ténèbres du Soi — par qui tout est éclairé ! Où puis-je aller ? Ici. Quand ? *Maintenant*. Quand Hugo s'interroge et se répond : « *Aller où ? — Là. — Là ? Qu'est-ce ? et qu'y a-t-il ?* » — je ne puis que rajouter que je vais là, ici, et que c'est moi, mon moi, mon ici, qu'il n'y a rien que mon moi dans mon ici, et qu'il n'y aura aucun autre moi, aucun autre lieu… « *Je suis né pour être moi, et non pas toi* », écrit un Alphonse Rabbe désabusé. « *Je suis né, pour éprouver les vicissitudes d'une destinée qui doit être la mienne, et non celle d'un autre.* » — Nous sommes fragments d'étoiles et nous sommes dépendants des lois qu'elles ont fixées : « *nous ne pouvons pas nous sauver* », il faut nous soumettre. S'extraire ? non !... Tous les êtres sont sécants dans le vaste espace géométrique de l'existence ! Je ne suis jamais l'étranger du monde : je suis toujours *au monde*, je suis toujours *dans le monde*, — *hic et nunc* ! Malheur à nous, vénérable Tchouang-tseu qui serines sereinement qu'« *un être ne se séparera jamais de l'être dont il est issu* » ! Que ne puissé-je m'« extrai(t)re », — m'« extrêtre » ! — Quand Hugo (ô mon père, « *Lègue à mon luth obscur l'éclat de ton épée* ») fait s'interroger Jean Valjean (« *Mon père, ce héros au sourire si doux* », mon Jean géant, le plus sublime des personnages de fiction) : « *Est-ce que j'ai le droit d'être heureux ?* » il lui fait aussitôt répondre : « *Je suis hors de la vie, monsieur.* » Ah ! monsieur Valjean ! toi qui ne pus te résoudre à cet « *acte irréligieux* » qu'est le suicide et qui, en mourant, confessais que « *ce n'est rien de mourir ; c'est affreux de ne pas vivre* », toi qui dus rester dans le monde hors du monde, tu t'emportas : « *Vous demandez pourquoi je parle ? je ne suis ni dénoncé, ni poursuivi, ni traqué, dites-vous. Si ! je suis dénoncé ! si ! je suis poursuivi ! si ! je suis traqué ! Par qui ? par moi. C'est moi qui me barre à moi-même le passage, et je me traîne, et je me pousse, et je m'arrête, et je m'exécute, et quand on se tient soi-même, on est bien tenu.* » Vivre, c'est être ; être, c'est exister ; exister, c'est investiguer le bagne du « *Hic et nunc* » ! — Que fait l'Homme du Doute, en *son* Lieu parachuté ? que fait-il de son Lieu ou lui n'est pas fait de son Lieu ? Dans *L'Ève future*, Auguste de Villiers de l'Isle-Adam l'esquisse : « *Il s'intéresse à toutes choses et s'oublie en elles. Il regarde plus haut. Il sent que lui seul, dans l'univers, n'est pas fini. Il a l'air d'un dieu qui a oublié. Par un mouvement naturel — et sublime ! — il se demande où il est ; il s'efforce de se rappeler où il commence. Il se tâte l'intelligence, avec ses doutes, comme après ON ne sait quelle chute immémoriale. Tel est l'Homme réel.* » — *Hic et nunc* !... — Quant au héros de Camus, Mersault, errant en plein centre de Prague, indompté puis dompté, il se donne en s'abandonnant, ou s'abandonne en se donnant : « *À vivre ainsi en présence de lui-même, le temps prenait son extension la plus extrême et chacune des heures de la journée lui semblait contenir un monde.* » — La seconde raison cardinale à la dépersonnalisation, c'est *la pensée*, le *penser* (la pensée continue, ruisselante, — le « brain streaming » !), la toxine sécrétée par notre encéphale maladive, la strychnine déréalisatrice, l'intelligence portée à sa non-portée, et c'est Pessoa qui, au gré de ses poèmes, nous guidera dans le souffle marcescent de la vie réfléchissante : « *Nous sommes en trop grand nombre dans ce que nous voyons en qui nous sommes* » ; « *Tout ce que tu penses, emploie-le / À ne pas trop penser* » ; « *Sage, vraiment, celui qui ne recherche rien : / Sinon, il trouvera l'abîme en chaque rose, / Et le doute en lui-même* » ; « *Nous sommes pour moitié ce que nous sommes, et / Pour moitié ce que nous pensons. Dans le torrent / Une moitié parvient / À la rive, l'autre se noie...* » Se mettre *martel* en tête !... Ô pensées bombées... À moins d'être un sage hindou, l'on peut bien se sermonner, se morigéner, s'accrocher à des injonctions, s'invectiver, s'imposer de ne pas penser, — *essayer*, — il n'y a pas moyen d'*en sortir*, de sortir de soi et de sortir de sa faculté de penser, et plus l'intelligence, — l'intelligence qui est, selon Maurice Maeterlinck, la faculté à comprendre qu'il n'y a rien à comprendre, — plus l'intelligence, dis-je, gagne en intensité, plus le doute s'installe et plus la pensée nous grève sans nous prêter quelque dérobade temporaire, quelque esquive face à l'être pensant que l'on est — toujours — en pensant (« *les forges de l'esprit fonctionnent nuit et jour* », nous *allonge Francis*)... Comprendre qu'il n'y a rien à comprendre : qu'en penser ? Que l'on est condamné à penser — qu'il n'y a rien à comprendre ! « *Bien sûr, il faut chercher à comprendre* », écrit Juliet. « *Mais sans jamais perdre de vue qu'on ne peut rien comprendre. Ou qu'il n'y a rien à comprendre.* » Alors comprendre la non-pensée, je n'y pense pas ! « *Ah ! songer est indigne / Puisque c'est pure perte !* » se lamente Rimbaud dans sa *Comédie de la soif*... avant que Saint-Exupéry ne rembraye sèchement : « *J'interdis que l'on interroge, sachant qu'il n'est jamais de réponse qui désaltère. Celui qui interroge, ce qu'il cherche d'abord c'est l'abîme.* » N'est-ce pas Lao-tseu qui dit que « *connaître, c'est ne pas connaître* » ? N'est-ce pas Lao-tseu qui dit de l'univers que « *plus on en parle, moins on le saisit* », et que « *mieux vaut s'insérer en lui* » ? N'est-ce pas Lao-tseu qui dit que « *non-Être et Être sortant d'un fond unique ne se différencient que par leurs noms* », que « *ce fond unique d'appelle Obscurité* », et qu'« *obscurcir l'obscurité, voilà la porte de toute merveille* » ? Quelle merveille ? Ô insatiabilité de la pensée, de l'obscure compréhension ! Dans cette usine à gaz, dans cette brume de vapeur surchauffée qu'aucun brumisateur ne réfrigère, ça cogite, ça turbine outrageusement. Ô parésie des fonctions cérébrales !... Ne pas penser, c'est ne pas être, ne pas être pensant (que l'on est, — et pensant) ; et penser à ne pas penser, activité moins affable que penser tout court, ou penser à penser (rare et inutile, sauf à servir de mnémonique), n'est-ce pas là, comme au moment du coucher, lumière éteinte et corps reposé, que le cours de la pensée se montre le plus violent et inarrachable, féroce et véhément, bouillonnant et agressif ? « *À quoi bon la pensée ? / À quoi bon tant de force obscure dépensée ?* » Un arrêt de la réflexion, par moments, ferait le plus grand bien, — *soulagerait*... Mais cette idée porte un nom, qui résonne comme le « finito de compte » dont parlaient les banquiers : le *suicide*... Le marquis de Vauvenargues (Luc de Clapiers), qui mourut si jeune (trente-deux ans), non sans avoir eu le temps, au plus grand profit du patrimoine des Lettres françaises, de prouver par ses *maximes* la force et la justesse de son esprit, n'avait pas tort de noter, à propos des *réflexions*, que « *quand nous voulons les chasser, elles nous obsèdent et tiennent malgré nous nos yeux ouverts pendant la nuit* »... Oppressant présent ! Ô présent pressant mes entrailles ! Le *borderline* enroulant le monde — ou la *ligne* du « *bored* »... « Je pense, — donc je pense, — donc je suis las de penser... mais je pense, — je pense, — *mais donc* je pense... » Ô solide Sénèque, toi qui dis à Lucilius que « *nul n'est malheureux seulement à cause du présent* », pense à la dépense oppressante qui n'est ni dans un passé ni dans un futur, mais là, là, là !... Les yeux grands ouverts sur le présent, aveuglés tels des Marcus Atilius Regulus, dont les paupières avaient été tranchées ou cousues... Horrible ! Être là, être las, cela revient au même : penser, être celui qui pense qu'il est là et qu'il est las. Je suis un créateur las, je suis ce Dieu qu'a créé Khalil Gibran, qui dit aux deux autres Dieux : « *Mon esprit est las de tout ce qui est / Je ne lèverais pas le doigt pour créer un monde / Ni pour en effacer un. / Je ne voudrais pas vivre si je devais mourir, / Car les siècles pèsent sur moi, / Et la plainte incessante des mers trouble mon sommeil.* » — Penser à ne pas penser !... « *But yet my inward soul persuades me it is otherwise: howe'er it be, I cannot but be sad; so heavy sad as, though on thinking on no thought I think, makes me with heavy nothing faint and shrink.* » (« *Quoi qu'il en soit, je ne puis qu'être triste, si lourdement triste, que, bien que je pense à ne penser à aucune pensée, ce néant si lourd me fait défaillir et m'étioler.* ») Nous voudrions faire le vide dans notre tête, nous voudrions qu'il y ait un trou de (et dans) la pensée, — mais de trou, il n'y en a que *l'absence*, — il n'y a que *l'absence de trou*, celle qui torturait Artaud et lui faisait dire que son être ressemblait à un « *abîme complet* », comme si le trou absent était en réalité un *trou noir* vorace qui accrétait toutes les pensées proches... Le trou de l'absence, l'absence du trou... « *Le temps de l'absence de temps n'est pas dialectique* », écrivait Maurice Blanchot dans *L'espace littéraire*. « *En lui ce qui apparaît, c'est le fait que rien n'apparaît, l'être qui est au fond de l'absence d'être, qui est quand il n'y a rien, qui n'est déjà plus quand il y a quelque chose : comme s'il n'y avait des êtres que par la perte de l'être, quand l'être manque.* » — Mais, ô mes amis, c'est que la pensée est *immanente* ! Si vous êtes seul, vous pensez, et ces pensées ne sont que votre dérisoire compagnie de temps, l'*instantané* de votre être, votre être qui ne serait rien sans ces pensées immédiates. Immanente ! Faites-en l'expérience si vous êtes avec quelqu'un, écoutez cette personne parler, au calme, et répétez-vous ses paroles jusqu'à ce que vous ayez l'impression, en votre esprit, que vous les pensez au même moment où elles sont prononcées. Ce double écho, pour ainsi dire, est troublant et prouve que le cerveau, pour peu qu'on le suive, fonctionne à la vitesse de l'éclair — et nous illusionne : l'autre pense et pourtant, nous pensons l'autre, nous devons penser ses pensées... Heureux celui qui, pensant sans fin ni cesse, ne pense point qu'il pense ! Ah ! et toi, Fernando ! tu sais mieux que moi, délicatement, *eux* qui coulent de source (la source qui, j'en suis sûr, si elle se saisait source, en aurait assez de n'être qu'un flot continu et déborderait jusqu'à ne plus être, — qu'étiage nul), poser les *mots* sur notre nature granitique, et je n'ai pas ton génie, ni ton abnégation, ni ta fraîcheur d'esprit, ni ton recul salutaire, pour mériter un jour d'avoir le don d'imiter ta parole cristalline et si vraie. Ah, toi ! mon frère, — dont l'un de tes traducteurs français, Françoise Laye, dans son avertissement au lecteur du *Livre de l'intranquillité* (j'avais écrit « L'intranquillité de l'être », bel acte manqué), osa adroitement te faire la révérence qui suit : « *Nul peut-être n'est allé aussi loin que Pessoa dans l'exploration de cet "autre" énigmatique ; et lire ce poète, c'est le suivre dans une descente vertigineuse, métaphysique, jusqu'au fond de l'être. Pessoa a sondé l'insondable, exprimé ce qui est à la lisière de l'inexprimable* », — mon sensible (*sans cible*, que l'écriture) *frère*, depuis que je t'ai rencontré, je sens dans une harmonie que je puis désormais mourir tranquille. T'en souviens-tu, du fameux jour ? C'était deux semaines après le *théâtre* (déréalisant, des opérations), chez ce bouquiniste nantais (« *Livre comme l'air* », n'est-ce pas sympathique ?), j'étais accompagné d'Anthony Lagadec, lorsque j'aperçus, en fouillant à mon gré, sous une pile de Pise, *Fragments d'un voyage immobile*, édition française d'un pot-pourri contenant, comme l'indique le titre, des fragments de lettres, de poèmes et de réflexions. Je ne connaissais que vaguement ton nom, et je l'achetai après l'avoir feuilleté une demi-seconde (j'avais *déjà* deviné le *choc* à venir) ; et, sans traîner davantage, je commençai de le lire dès le lendemain : je ne pouvais croire, — non, cela semblait trop beau pour que je le crusse sans m'interroger, interdit que j'étais, sur ce *signe* du ciel (*insigne cygne tombé du ciel*), — je ne pouvais pas croire que la destinée, dont je ne connais aucun des oracles, eût pu de la sorte placer entre mes mains, comme par un enchantement inopiné, inespéré après la récente *épreuve du vertige*, ces lignes peintes du bout de tes doigts angéliques, que je comprenais comme si je les eusse pensées et écrites… Véritables calques de mes impressions maladives, je pus mettre enfin, *conforté*, et je serai éternellement en reste de ta main-forte, du signifiant au signifié indécis que mon cerveau n'avait imprimé que de manière floutée et mosaïquée. Les « extraits d'extraits » suivants, provenant tous de diverses lettres, de poèmes, du *Livre*, de pages intimes, qui furent les exergues de mon sauvetage et qui m'ébranlent encore à l'instant de les recopier, je les ressuscite en grand nombre (nul n'est de trop, le lecteur me le pardonnera) comme autant de perles, — que l'aragonite enduit, indure et nacre, — que ce livre-huître osa, s'ouvrant, m'envoyer afin que je les enfilasse en un collier-bouée que je garde autour du cou en mémoire à ce jour béni : « *Dans la vie, la seule réalité est la sensation. Dans l'art, la seule réalité est la conscience de la sensation* » ; « *Cette tendance à créer autour de moi un autre monde, pareil à celui-ci mais peuplé d'autres habitants, ne m'est jamais sorti de l'imagination* » ; « *Tous les jours la Matière me maltraite. Ma sensibilité est une flamme au vent… Je marche au milieu des fantômes ennemis que mon imagination malade a forgés et qu'elle a fixés sur des personnages réels* » ; « *Qu'il est dur d'être soi-même et de ne voir que le visible !* » ; « *Le Monde ne s'est pas fait pour que nous pensions à lui / (Penser c'est être malade des yeux) / Mais pour que nous le regardions et soyons d'accord…* » ; « *Et parfois — sensation très curieuse — j'ai tout à coup l'impression d'appartenir à autre chose* » ; « *Je sens que je ne suis rien que l'ombre / D'une silhouette invisible qui m'effraie* » ; « *Dans le vertige physique, le monde extérieur tournoie autour de nous ; dans le vertige moral c'est notre monde intérieur qui tournoie. J'eus un instant l'impression de perdre la conscience des véritables rapports entre les choses, de ne plus comprendre, de basculer dans un abîme de vide mental. C'est une sensation horrible, qui frappe d'une peur démesurée. Ces phénomènes deviennent fréquents, ils semblent jalonner ma route vers une nouvelle vie mentale, qui sera la folie* » ; « *Psychiquement, je suis* cerné » ; « *J'ai mal à la tête et à l'univers* » ; « *Il arrive souvent que je me déconnaisse* » ; « *Loin de moi, j'existe en moi. / Hors de qui je suis, / L'ombre et le mouvement en quoi je consiste* ». — Dans une lettre à Armando César Côrtes-Rodrigues, Pessoa résume bien *notre* situation : « *Je retourne à moi. Pendant quelques années j'ai voyagé pour découvrir des façons-de-sentir. Maintenant que j'ai tout vu et tout éprouvé, j'ai le devoir de me replier dans mon esprit, de travailler autant que je pourrai et dans tous les domaines à ma portée pour faire progresser la civilisation et élargir la conscience de l'humanité. Je voudrais n'en pas être détourné par mon dangereux tempérament trop multilatéral, adaptable à tout, toujours étranger à lui-même et incohérent à l'intérieur de lui-même.* » — À propos de « *dépersonnalisation* », — je dois *à tout prix* rétablir sa signification pathologique, non sans avoir discuté auparavant de la confusion des genres qui s'abat sur Pessoa et son hétéronymie (les propres impressions du poète et les interprétations de ses exégètes). — Lors *scindons en deux parties le sujet*.

* * * * *

(1916. — Accent circonflexe superfétatoire. Pessôa en Pessoa. — « *Circumflexus* » : « plier », « courber — « autour ». « *Tourné de côté et d'autre* », dit Littré. — Volonté de se *redresser* ?)

* * * * *

(Aux pépiements accentués de l'au-delà inconscient se réveillent les fibres entremêlées dans le magma intellectuel, s'ouvrent délicatement les orifices que la nuit avaient enclavés, provoquant le frémissement de tout mon corps, et mes volets intérieurs s'écartent et découvrent la lueur de rubans grisâtres composés de deux lignes sans démarcation franche, désunis par les rais que l'astre ardemment impose. Le parallélisme euclidien de ces horizons éclatés encadrant une moitié de la chambre, se rapproche physiquement à la mesure de l'acclimatation de mes visées uniment molles et noétiques ; et commence à naître pour un nouveau jour qu'il faudra vivre et suivre implacablement. L'échappée offerte par la nature, je ne peux la refuser, en tant que contingence immuable elle détruit celle que j'aurais désirée. La renaissance au monde ne s'accompagne pas d'un champ libertaire, l'exposition soumise naturelle me laisse à l'état d'esclave, tout est ordonné, tout était donné avant que j'eusse pu choisir, et ces pauvres traits s'affirment déjà au fond des globes détournés par la lumière. Alors s'enferment les espoirs et se déclenche, comme lors de toute itération due à la rotation de la mère terrée, la mélancolie nécessaire, violente, fondatrice, du matin, qui annonce un retour au même. Je ne veux plus voir, mais on me fait voir que je le dois. Sinon, l'éternelle nuit… — Par un point passe une infinité de vies parallèles à ma vie, et le choix m'est interdit, sinon celui de l'anéantissement progressif débouchant sur l'amer fini.)

* * * * *

À propos de « *dépersonnalisation* », je ne sache pas que de Pessoa on a longuement disputé de son « *hétéronymie* » (de « ἕτερος », « *autre* », et « ὄνομα », « *nom* »), c'est-à-dire des pseudonymes de plusieurs des auteurs qui seraient d'autres « lui-même » et qui se le partageraient (Alberto Caeiro, Ricardo Reis, Álvaro de Campos ou Bernardo Soares, et il y en a des dizaines moins connus), mais je me pose souvent la question de la légitimité de cette qualification quand je lis, ici ou là, des appréciations qui s'en emparent exagérément et côtoient plutôt l'acception plus forte de l'« *hétéronomie* » (cette fois-ci issue du morphème « νόμος », « *loi* »), relevant quant à elle de la condition, pour une personne, de recevoir d'autrui des lois auxquelles elle obéirait. Je doute fort chez Pessoa de l'existence d'une *nature hyperexcitable* (ce genre d'état radical étudié en particulier par Alfred Binet : « *lorsqu'on impose par suggestion à un hypnotique une personnalité d'emprunt, le sujet invité à écrire trace des caractères dont la forme paraît être en harmonie avec sa personnalité nouvelle* »), ou de la possession d'un *pouvoir médiumnique* d'écriture automatique inspirée ou mécanique (il avouait lui-même en avoir un, mais si l'agent s'y plie honnêtement, c'est sans démenti un phénomène idéomoteur très courant), ou encore d'un *dédoublement* (ce trouble excessif s'avère très grave et concerne principalement les sujets qui sont sous l'influence, ou de l'hystérie, — en état « second », — ou de la cyclothymie pathologique, ou de « *dissociations fragmentaires entraînant un manque de contrôle sur une partie de son activité* »), — et, en outre, — me prononcerais-je, — l'œuvre de Pessoa n'est pas, aussi loin qu'on aille, une quelconque conséquence inconsciente d'un jeu du type du *cadavre exquis* (inventé par les surréalistes), ou une espèce d'euphorie maîtrisée et vaincue. En la matière, l'argument le plus convaincant et le plus « sain », c'est tout simplement d'admettre avec lui le fait, comme il le dit si bien dans *Le Livre de l'intranquillité*, que « *chacun de nous est plusieurs à soi tout seul, est nombreux, est une prolifération de soi-mêmes* ». Et à ce titre, si l'on veut davantage se persuader de la « sanité » générale de Pessoa, il écrivait lui-même, dans une nouvelle policière (*L'affaire Vargas*) démontrant, si c'était encore nécessaire, toute sa lucidité, son intelligence et son savoir en psychopathologie, que « *tous les phénomènes qualifiés d'automatisme psychique, de double personnalité, sont des phénomènes épileptiques* ». Ainsi pouvait-il plus ou moins se ranger dans le clan des épileptiques qui sont conscients de leur épilepsie, et davantage, puisqu'en tant que poète et artiste inspiré, il « s'autoproclamait » — discrètement — hystérique dans ladite nouvelle : « *L'inspiration poétique ou artistique est un phénomène de haute hystérie. On y trouve le même caractère de possession que dans l'épilepsie* »… (En toute franchise, et au regard des milliers de papiers manuscrits et dactylographiés qui constituent l'ensemble de son œuvre, l'épilepsie est une hypothèse qui me paraît fort douteuse : se l'imagine-t-on durer aussi longtemps sans que n'éclate celui qu'elle affecte ?… En revanche, le caractère hystérique est hautement probable, et j'ai pu apprendre qu'un jour où on l'avait présenté à quelques admirateurs, il avait fait une crise en se faisant passer pour l'un de ses hétéronymes. Quelle « *intranquillité* », en définitive ! La « *desassossego* » en portugais, je l'entends, en français, comme l'égo désossé, la désassociation…) — Et puis, si Pessoa est plusieurs en un, que dirai-je de Kierkegaard avec ses innombrables pseudonymes (je pense à *In vino veritas* — où, *sous un autre nouveau pseudonyme*, il convoque les précédents) — et Stendhal (plus d'une soixantaine à son actif) ? Ou Pascal, qui va chercher des anagrammes (Amos Dettonville pour répondre aux questions sur la cycloïde, Louis de Montalte pour *Les Provinciales*, Salomon de Tultie pour les *Pensées*) ? Bref, quoi qu'il en soit, par l'entremise de la polyphonie ointe des différentes *personnalités littéraires* (fictives), Pessoa *voyage* en ses parties les plus reculées, et se sert de toutes ses facettes « *alteregotistes* » pour *explorer* à fond son être et l'*exaspérer* (rendre plus *intense*, mais aussi plus *pénible* : « *Sois pluriel comme l'univers !* »). Il voyage, dis-je, et nourrit son odyssée, car Pessoa est un Ulysse à part entière, celui-là même qui ose affirmer au cyclope Polyphème (dans Homère) : « *Mon nom est Personne. Mon père et ma mère et tous mes compagnons me nomment Personne.* » En grec, « *Mon nom est Personne* », s'écrit : « Οὖτις ἐμοί γ᾽ ὄνομα. » (« Οὖτις » *personnifie* « *rien* », « *aucun* », « *nul* », « *neutre* », et il est vraiment regrettable, pour l'harmonie truculente des correspondances, que le portugais le traduise par « *Ninguém* » et non par « *Pessoa* », comme le fait Manuel Odorico Mendes — spécialiste homérique — dans sa traduction versifiée : « *Eu me chamo Ninguém.* » On trouve ailleurs : « *Ninguém é o meu nome.* » Mais en fin de compte, tout ceci est normal : Pessoa, c'est *quelqu'un…*) — « *Où est Personne ?* » demande le Cyclope dans Euripide. « *Nulle part* », répond le Coryphée… — Ma vénération sans bornes (sinon celles-ci ou celles-là) suffira à me disculper, car il me faut conclure par deux mots qui égratigneront un peu notre Lisboète (Lise-poète !) *polypersona*, celui qui, dressant en 1928 sa table bibliographique (son *autobibliographie*), écrivait : « *un drame en êtres, au lieu d'un drame en actes* » ! Ce qui ressort à l'occulte, qui par définition est caché, dont les causes sont inconnues et les effets « constatés », n'est jamais facile à analyser, de même que les phénomènes paranormaux, qui échappent le plus souvent aux explications rationnelles des gens naïfs, et qui ainsi continuent de prospérer et de sévir (malgré le laboratoire de Zététique basé à l'Université de Nice-Sofia Antipolis et dirigé par Henri Broch, qui a pour mission d'éclaircir, par le maniement de l'art du doute, les faits prétendument inexplicables) ; mais quelques éléments d'ordre psychologique, sur lesquels je ne m'éterniserai pas (je n'ai pas la compétence appropriée et, pour se faire entendre, il faudrait se trouver devant un public qui acceptât les fondements du complexe d'Œdipe, ce qui est encore rare), dénouent judicieusement le problème apparent, par exemple au regard de l'hétéronymie/hétéronomie (il y a un conflit entre les trois instances que sont le « *Ça* », le « *Moi* » et le « *Surmoi* »), de la médiumnité (littéralement un « *intermédiaire* » entre l'inconscient et le conscient) ou de la télépathie (« *sensibilité à distance* » de caractère projectif qui répond à un désir inconscient de l'autre et le satisfait). Enfin, Pessoa, en « *subissant* » dans son esprit l'existence de plusieurs congénères-identités, est moins la victime d'une « dépersonnalisation » (même si le Moi perd du terrain par rapport à la place que semblent occuper les Autres assimilés) que d'une « multipersonnalisation » (ou « multidépersonnalisation » si les distinctions entre les permutations s'avèrent indéfinissables), syndrome qu'une encyclopédie médicale dénomme un *trouble dissociatif*, plus exactement un *trouble dissociatif de l'identité* (anciennement répertorié comme *trouble des personnalités multiples*). Pour un tel syndrome (relevant, selon des spécialistes, de la *névrose hystérique*), qui s'étend depuis quelques années dans toutes les parties du monde, le diagnostic psychiatrique prête à la controverse, car il serait rattaché à ce que l'on appelle les « *faux souvenirs induits* » ou bien à la forte *suggestibilité* du « patient » (ma *prudence* est proportionnelle à mon emploi des guillemets — et l'égale de celle du corps médical français, pour preuve sa façon ne pas trop communiquer sur ce trouble et le bénéfice consécutif à cette attitude intentionnelle : il appert que cela « évite » une « épidémie » !). Le DSM-IV (*Diagnostic and Statistical Manual — Revision 4*), publié en 1994 par l'Association américaine de psychiatrie, est un ouvrage-outil qui a pour but de classifier le plus précisément possible les *troubles mentaux* en suivant une méthode qui doit permettre d'abolir toute interprétation fantaisiste. Les quatre critères diagnostiques concernant le « *trouble dissociatif de l'identité* » sont : « A. *Présence de deux ou plusieurs identités ou "états de personnalité" distincts (chacun ayant ses modalités constantes et particulières de perception, de pensée et de relation concernant l'environnement et soi-même).* — B. *Au moins deux de ces identités ou "états de personnalité" prennent tour à tour le contrôle du comportement du sujet.* — C. *Incapacité à évoquer des souvenirs personnels importants, trop marquée pour s'expliquer par une simple "mauvaise mémoire".* — D. *La perturbation n'est pas due aux effets physiologiques directs d'une substance (p. ex., les trous de mémoire ou le comportement chaotique au cours d'une Intoxication alcoolique) ou d'une affection médicale générale (p. ex., les crises comitiales partielles complexes).* » Si le critère A s'applique sans ambiguïté à Pessoa, le B invite déjà à la circonspection si l'on n'y retranche pas l'idée de « démence ». Quant au C, il faut l'exclure, mais peut-être pas le D : ma foi, l'une des solutions que j'apporte à ce débat *pourrait* être attribuée à *son habitude de boire* régulièrement du vin rouge (à certaines périodes, une bouteille par jour, voire davantage) ; car n'oublions pas que cet adepte des terrasses ensoleillées n'a pas, en juxtaposant ses êtres, en multipliant les caresses à l'être *bis*, atterri à Bicêtre, — *non*, — puisqu'il est, selon toute vraisemblance, trois jours après une violente crise de coliques hépatiques, *mort d'une cirrhose...*

* * * * *

La perte d'identité ne serait-elle pas un *fantasme* d'anéantissement ? un suicide finement déguisé ?...

* * * * *

(L'automatique destinée des écritures m'enivre de ses présents et en m'effeuillant me privera bientôt des arômes allés aux vents centrifuges. Le dessein s'efface en un miroir désargenté ; quelques traits sagaces s'isolent, les sentiments se désolent et l'animé se brouille insolement. Qui suis-je ? Je le savais, mais que deviens-je — si l'être se fait autre ? J'étais fidèle, le traître m'abolit. Occis ! occis ! par lettres ! par mots ! par moi-même !...)

* * * * *

Déréaliser le monde ou vivre dans un monde déréalisé : le mélancolique est (on peut le dire) aux premières loges de l'horreur orchestrée sur la vaste scène du théâtre de l'existence. De son point de vue *extrait*, il comprend qu'il ne comprend plus ou bien qu'il n'y a rien à comprendre ; *son* monde n'est plus *le* monde : c'est *la guerre (futile) des mondes*. « *Peut-être suis-je un homme d'humeur exceptionnelle. Je ne sais jusqu'à quel point mes expériences sont celles du commun des mortels. Parfois, je souffre d'une fort étrange sensation de détachement de moi-même et du monde qui m'entoure. Il me semble observer tout cela de l'extérieur, de quelque endroit inconcevablement éloigné, hors du temps, hors de l'espace, hors de la vie et de la tragédie de toutes choses.* » (J'aurais pu l'écrire, mais Wells l'a fait avant moi.)

* * * * *

À propos de « dépersonnalisation », se surajoutant à la « *déréalisation* » (qui, je puis en témoigner, est *différente*), il m'est arrivé, au cours de la rédaction de ce livre, à la fin du mois de mars 2010 pour être précis, d'en faire la *douloureuse* expérience, — « *douloureuse* » parce que je ne me souhaite pas de la revivre, ni ne souhaite à personne — justes dieux — de la vivre. Cette épreuve étant relativement récente, et voyant que, quatre semaines plus tard, bien qu'elle n'agisse plus *réellement*, elle continue malgré tout *en imagination* de me secouer et de me désorienter, j'avoue avoir longuement hésité à en parler aussi rapidement ; mais la volonté d'en rien laisser s'évanouir m'a décidé à prendre le taureau par les cornes, quitte à réveiller le Démon Delaperth qui sommeille en moi, et, de toute façon, j'ai toujours préféré définir des contours à contourner des définitions. Que ces deux *apprentissages* (cette appellation est cohérente) soient survenus à l'arrivée du printemps n'est en soi pas choquant quand on sait, par exemple, que le taux de suicides est plus élevé durant cette époque (qui signale normalement un retour à la vie, une *sustentation*). C'est au contrecoup de l'état hibernal, auquel succède violemment l'effusion des piaillements (les ornithologues sont vernis), des fleurissements (les botanistes sont hilares) et de l'air chaud (les rogerbontemps se découvrent), que j'impute l'apparition d'une telle dysphorie, c'est-à-dire à l'*incapacité* (« *capacitas* », « *faculté de contenir* ») de digérer immédiatement le trop-plein d'animations vitales, l'explosion outrageante séveuse (et séreuse), la surexcitation tellurique et atmosphérique, toute la pétulance exagérée de cette saison qui, étymologiquement, est la première des quatre (la « *primavera* », le « *primevère* ») — et la dernière pour les dépressifs. Ah ! l'ivre hiver d'hier ! l'hiver que « *le printemps maladif a chassé tristement* », comme le disait, avec une pointe d'amertume et d'impuissance, Mallarmé… — L'étiologie profonde m'est étrangère dans les grandes lignes. En revanche, l'étiologie superficielle est simple : le jour précédant la venue des symptômes, un dimanche, j'eus l'occasion de discuter avec Clémence Martinet. Or, au fil de la conversation, elle réussit, par sa perspicacité, et sans que j'y fusse véritablement préparé, à toucher quelques cordes sensibles à mon sujet et au sujet de mon passé — qui se répercute inévitablement dans mon présent (l'*être-été*) et qui affecte ma manière d'être (rapports à l'autre, aux parents, aux événements). D'être obligé de mon confronter à ces aspects-là, que je connais parfaitement et que je ne cherche pas à ressasser (sauf à les écrire, comme ici), et surtout de les voir surgir de l'extérieur par le biais d'un observateur intelligent, cela m'ébranla et j'allai me coucher plus que jamais déconcerté. Arriva l'épisode, incroyable pour celui qui ne l'a pas vécu, de la dépersonnalisation, durant lequel plusieurs transitions se firent : au tout début, je sentis que *je m'étais perdu*, que *j'avais perdu mon Moi* ; ensuite, je voulus le récupérer, d'abord en travaillant sur moi avec le peu de matériaux dont je disposais, puis, comme *je n'y parvenais pas*, en tâchant de me faire une idée de ce que les autres, principalement ceux de mon entourage qui me côtoyaient tous les jours sur mon lieu de travail, pouvaient penser de moi, de *qui* j'étais. Je n'obtins pas d'informations qui eussent un effet salvateur, au contraire : non seulement, de moi-même, *je ne savais plus m'identifier*, mais je concevais clairement qu'il fût *impossible pour quiconque de m'identifier* ! (On aura compris à ce stade de la description que cet état se différencie de la déréalisation : celle-ci, pour résumer, fait disparaître le monde extérieur, tandis que la dépersonnalisation fait disparaître le monde intérieur. Si l'on veut, elles apparaissent comme deux sortes de *traumatisme* qui occasionnent deux lots différents de *sensations*, et, à cet égard, le vocabulaire qu'employait Sándor Ferenczi quand il tentait de définir le *trauma*, s'applique assez bien à la dépersonnalisation (ce qui laisse penser qu'il y a une similarité) : « *clivage* », « *fragmentation* », « *éclatement* », « *décomposition* », « *désagrégation* », « *bipartition* », « *atomisation* » ou encore « *autodéchirure* » (« *Selbstzerreissung* »).) Je me mis à fouiller dans mon passé, mon présent, rien n'y fit, *je n'étais plus personne*, je ne percevais rien qui sût me décrire comme étant moi-même ; toute tentative d'emprisonner mon Moi fut vaine, *mon Moi était parti* ; je *me* sentais, *me* voyais, mais vide d'une identité, de *mon* identité, de *ma* personnalité : *il n'y avait rien*, Julien Pichavant n'existait pas ; Julien Pichavant *n'avait jamais existé* ; ou, s'il avait vraiment existé, il n'était absolument rien, il n'avait jamais rien été ; Julien Pichavant était un néant, un trou, une imposture, une âme sans âme, un esprit bâti à partir de deux grandeurs incommensurables entre elles ; Julien Pichavant n'était qu'un nom, un bruit, un écho, « *un nom et pas même un nom* » (« καὶ ἤτοι ὄνομα ἢ οὐδὲ ὄνομα »), selon l'expression de Marc-Aurèle. Trois ou quatre fois, je faillis demander (sans les sommations d'usage) : « Puis-je te poser une question ? J'aimerais savoir qui je suis, à tout le moins, je voudrais connaître comment tu me définirais, moi, Julien Pichavant ? Qui suis-je, selon toi ? » Toute réponse eût certainement consisté, après un silence gêné, en deux ou trois adjectifs maladroits, de surcroît faux ou hypocrites (ce qui revient au même), et j'eus, après réflexion, de bonnes raisons de tourner sept fois ma langue dans ma bouche et de me dispenser de recueillir ce genre d'informations pour ne pas vaciller davantage et attiser le malaise. « Qui suis-je ? », m'interrogeais-je, affligé, apeuré, affolé. « Je ne sais pas », m'entendais-je *me* répondre. « Qui est-il ? », m'interrogeais-je, à la place des autres. « Nous ne le savons pas », répondaient-ils. Combien il est infernal de sentir son *moi* se *brésiller*, se *vitrifier*, d'avoir le sentiment de n'*être* qu'une *absence*, d'avoir été *extorqué*, d'avoir été *transplanté* ailleurs, de devoir inexprimablement traîner un corps désanimé, de ne trouver aucune *prise* autour de *soi* ? S'il n'y a aucune prise hors de soi, pourquoi y en aurait-il une *en soi* ? Comment se faisait-il que moi, moi qui avais dévolu une si grande partie de ma vie à étudier qui j'étais, comment se faisait-il que je ne me reconnusse plus, que je ne susse plus qui j'étais ? L'une des explications tenait justement à ceci : *j'avais dévolu une trop grande partie de ma vie à étudier qui j'étais*. Ah ! savoir que l'on est ce qui ne se sait pas ! « Connais-toi toi-même ! — *Qui* ?... » On ne se (re)connaît plus. (J'entends la voix du — peu orthodoxe — moine japonais Ikkyū Sōjun : « *Comment pourrait-on parler de ce qu'on ne connaît pas ?* » Si je le savais !...) Trois longues journées à errer autour de moi sans trouver de Moi. Trois autres jours eussent amplement suffi à m'annihiler entièrement et à me conduire droit à l'asile, moi, *éconduit par moi-même… Exproprié…* — Tu ne te reconnais plus, aurait dit Socrate, tu ne sais plus qui tu es « *parce que tu n'es jamais identique à toi-même* » ? Identique, semblable à qui, à quoi ?... — « *Tout ce qui est profond aime le masque* », me rassuré-je comme je peux ; car j'étais cet homme masqué dont parle Nietzsche, un « *homme caché qui, par instinct, a besoin de la parole pour se taire et pour dissimuler, inépuisable dans les moyens de voiler sa pensée* », et qui, jusqu'au péril de son être, jusqu'à la limite de la perte de soi-même, « *veut que ce soit un masque qui emplisse, à sa place, le cœur et l'esprit de ses amis et il s'entend à encourager ce mirage* ». — Je ne sais si ce tableau, qui n'est guère scientifique, acclimate la vision du lecteur sur ce à quoi j'ai survécu ; aussi, pour compenser les écueils d'une description très littéraire (littéralité émotionnelle, qui me fait aussitôt penser à la « *déterritorialisation* » de Gilles Deleuze et du « *Corps-sans-Organes* », le « *CsO* »), je vais sortir l'artillerie proposée par le DSM-IV et un article écrit en duo par Olivier Saladini et Jean-Pierre Luauté, praticiens dans un service de psychiatrie générale. — Les critères diagnostiques, au nombre de quatre, du « F48.1 [300.6] » (« *qu'en termes galants…* »), autrement dit du « *Trouble de dépersonnalisation* », sont textuellement énumérés comme suit (mon livre ne saurait revendiquer le titre de manuel de médecine, mais comment aller au cœur du phénomène par une autre voie ?) : « A. *Expérience prolongée ou récurrente d'un sentiment de détachement et d'une impression d'être devenu un observateur extérieur de son propre fonctionnement mental ou de son propre corps (p. ex., sentiment d'être dans un rêve). — B. Pendant l'expérience de dépersonnalisation, l'appréciation de la réalité demeure intacte. — C. La dépersonnalisation est à l'origine d'une souffrance cliniquement significative ou d'une altération du fonctionnement social ou dans d'autres domaines importants. — D. L'expérience de dépersonnalisation ne survient pas exclusivement au cours de l'évolution d'un autre trouble mental, comme la Schizophrénie, le Trouble de panique, l'État de stress aigu ou un autre Trouble dissociatif, et n'est pas dû aux effets physiologiques directs d'une substance (p. ex., une substance donnant lieu à abus, un médicament) ou d'une affection médicale générale (p. ex., l'épilepsie temporale).* » D'après ce que j'ai ressenti, si le critère A conviendrait mieux à la déréalisation, il est toutefois significatif en ce sens qu'il vient le moment où l'ont *doit* s'observer pour essayer de comprendre ce qu'il nous arrive. La « *réalité* » dont il est question au critère B est certes « *intacte* » pour ce qui est de l'*extérieur*, mais la *réalité intérieure* est atteinte, presque *déréalisée* : le Moi, s'il est présent, et on en doute (quand même on se souviendrait de l'avoir effectivement « *eu* »), n'est plus réel parce qu'on ne parvient plus à le saisir. La « *souffrance* » ou l'« *altération* » qui déclencheraient le trouble, évoquées au critère C, sont incontestables (il ne manque que la « corvée » de les localiser et de les déterminer). Quant au critère D, j'y souscris et atteste que je n'étais pas sous l'emprise d'un « *stress aigu* » ou d'un autre trouble, ni aliéné à cause de substances illicites. — Historiquement, « *le terme et le concept de dépersonnalisation* », — trouble qui « *débute classiquement durant l'adolescence* » et qui « *serait deux fois plus fréquent chez la femme que chez l'homme* » (nous verrons dans le chapitre suivant qu'en ce qui concerne la dépression, la même proportion épidémiologique est vérifiée !), — « *sont apparus à la fin du XIXème siècle* » par l'étude de certaines plaintes émanant de certains sujets *mélancoliques*. (Saladini et Luauté soulignent bien que « *le terme de déréalisation rend compte d'un sentiment d'étrangeté du monde extérieur* », et que cette même déréalisation « *est parfois conçue comme un trouble distinct* » de la dépersonnalisation, quoique cette notion soit discutée. Si la dépersonnalisation « *porte sur l'unité "être soi"* », la déréalisation, d'après mes expériences, porterait sur l'unité « être-au-monde ». La première serait *introspective*, la seconde, « *extraspective* ».) Nos auteurs, dans l'approche neurobiologique de la dépersonnalisation, rapportent que ce phénomène résulte d'un « *processus non spécifique d'adaptation de l'organisme en réaction à un danger imminent ou vital* », d'une « *réponse archaïque du cerveau à des situations de survie* ». Cet avant-dernier point de ce qui m'intéresse dans leur dossier (d'une complétude remarquable), étayé par divers arguments expérimentaux (études neuropsychologiques, en imagerie cérébrale fonctionnelle, électrophysiologiques), mérite que l'on s'y arrête. L'anthropologue Edward Twitchell Hall, reprenant entre autres les conclusions de Konrad Lorenz, biologiste et l'un des pères de l'*éthologie*, avait déjà rassemblé au début des années soixante tout ce qui touche aux dimensions comportementales propres à la psychologie animale, dont la *dimension adaptative* : la *fuite*, par exemple, est un mécanisme fondamental de *survivance*, tout comme l'agressivité est étroitement liée à la protection ou à la préservation de l'individu ou de l'espèce. C'est en 1971, lors de la traduction en français de son livre *La Dimension cachée*, qui était paru aux États-Unis en 1966 chez Doubleday, l'éditeur de Philip K. Dick (les résonances !), que fut vraiment introduit le terme, si répandu aujourd'hui, de « *stress* ». À ce propos, j'aime beaucoup la note de bas de page de la traductrice, Amélie Petita, sur ce mot « *qui signifie en anglais courant "force, contrainte, effort"* », et désigne « *l'agression subie par l'organisme et la réponse de celui-ci* », et qu'elle a voulu conserver, car « *le français n'a pas d'équivalent* » (« *nous avons même risqué les néologismes "stressé" et "stressant"* », annonce-t-elle, comme à regret !). Tout cela pour dire que ce mécanisme de défense (réponse), motivé par la survie (face à l'agression) et dont le corollaire est souvent un « *stress* » (acception moderne d'un déséquilibre émotionnel, d'une tension nerveuse), a de grandes chances d'être l'une des causes des troubles dissociatifs (il suffit de transposer à l'homme le cas exposé par Hall sur ce qu'il advient du comportement des rats qui se trouvent piégés au sein d'une surpopulation). Je ne dirai pas que, au sujet de la déréalisation et de la dépersonnalisation, j'aie été victime d'un « *stress aigu* », mais je ne dirai pas non plus que, un soupçon de fatigue émulsionnant l'esprit, je n'aie pas été effleuré du léger *stress* de tous les jours (le *quotidien souci de l'existence*, l'angoisse profonde et coutumière qui, sans prévenir, refait doucettement surface). Le dernier point est d'ordre *héautoscopique* (de « ἑαυτοῦ », « *de soi-même* », et « σκοπεῖν », « *examiner* »), mais cette dénomination, bien qu'elle soit appropriée (tout comme l'*autoscopie*), évoquant parfois, en milieu psychiatrique, un « *dédoublement* » (quand elle est externe), une vision de ses organes internes (quand elle est autoreprésentationnelle) ou une « *deutéroscopie* » (quand elle est tout à fait hallucinatoire, telle l'aventure de Musset que rapporte Sand, où « *il avait vu passer devant lui, sur la bruyère, un homme qui courait, pâle, les vêtements déchirés, et les cheveux au vent* », qui n'était autre que lui-même !), j'opterai de préférence pour l'*héautognose* (avec le suffixe « γνῶση », « *connaissance* »), qui est plutôt delphique (« γνῶθι σεαυτόν »), donc superbe autant qu'essentielle. L'héautognose, en effet, qui est la connaissance de soi-même, l'analyse, par l'introspection, de notre être intime, de notre identité, est une notion si importante que l'une des raisons de ma survivance dans ce monde absurde, et qui s'exprime par ce livre, est de vouloir l'appliquer journellement. Cependant c'est une activité qui se retourne contre soi, car ce travail est « *à la fois cause et conséquence du phénomène de dépersonnalisation* » : « *cette autoanalyse active approfondirait encore l'intériorisation et par un mécanisme d'autoentretien aggraverait la dépersonnalisation* ». Les « *patients aux traits obsessionnels* », apparemment plus sensibles que la moyenne, seraient les plus enclins à connaître ce trouble « autocultivé » par « *des conduites répétitives de type compulsif sous la forme d'obsessions idéatives dont la thématique est centrée sur les réflexions existentielles concernant le sens du Moi* ». Que pourrais-je ajouter qui n'infléchit pas la macrocosme de mon être, de l'affectivité ? Tout est là, tout est dans le savoir, dans la connaissance. (Le « Réaliste » qui s'exprime dans *Faust* résume tous les *souci* pris au piège : « *L'Être est mon seul éternel souci, / Mais aujourd'hui c'est pire : / Pour la première fois ici, / Sur mes pieds je chavire.* ») Pourquoi croyiez-vous que Dieu eût interdit de manger du fruit de l'arbre de la connaissance ? Ce n'est qu'en tant que connaissance *est* souffrance — et la conséquence de l'autoanalyse, c'est le châtiment ! À réfléchir sur le Moi, sur le *sens* du Moi, la *perte* est immanquable : la perte du Moi, la perte du sens du Moi, la perte du monde, la perte du sens du monde, en bref, *la perte de soi* (j'insiste doublement sur la préposition *de* »). — Albert Einstein, parlant des théories de Freud dans une interview accordée à George Sylvester Viereck (rapportée par Jamie Sayen, puis citée par Denis Brian, et que j'ai reprise dans l'édition Rivages annotée et présentée par Christophe David), disait : « *Il n'est peut-être pas toujours utile de fouiller dans l'inconscient. Nos jambes sont contrôlées par une centaine de muscles différents. Vous croyez que d'analyser nos jambes, de connaître la fonction de chaque muscle et de savoir dans quel ordre ils entrent en action nous aiderait à marcher ?* » (Si Einstein n'acceptait pas toutes les conclusions de Freud, il ne cachait pas que sa contribution à la science du comportement humain était d'une valeur immense. Il le considérait « *encore plus grand comme écrivain que comme psychologue* » et estimait même que l'« *on n'avait pas écrit dans un style aussi brillant depuis Schopenhauer* », ce qui, indéniablement, est un compliment impressionnant.) À trop réfléchir, les résultats seraient équivalents à ceux que l'on obtiendrait : en demandant à un Nijinski-mille-pattes d'expliquer comment il s'y prend pour danser aussi merveilleusement ; en se répétant le même mot une bonne centaine de fois ; en se fixant une heure dans un miroir, sans broncher ; en tournant sur soi-même une minute, telle une toupie (*or not*)... L'être se pétrifie, se « désétrifie » ; l'être, à être l'être qu'il se renvoie et qu'il observe (l'être de l'être), est « désêtré », « désété », déserté (j'ai parlé de tout cela plus haut), voire dégoûté, désappointé de l'« être-haine » (« être-haï ») qu'il a reçu des mains de Dieu-le-Père. Il est en outre inouï et désespérant d'apercevoir avec quelle obsession celui qui souffre de cette *héautose cette obsession* — délétère : *on sait que cela fait mal, mais on persiste, on en jouit* (le « *jouir* », de « *gaudere* », ce sont les errements divins, la tromperie divine, le mensonge divin, c'est le *gaudissement*), — et, « *Quando per dilettanze o ver per doglie, / che alcuna virtù nostra comprenda, / l'anima bene ad essa si raccoglie, / par* ch'a nulla potenza più intenda » (« *Quand par l'effet du plaisir ou de la douleur qui s'empare de l'une de nos facultés, l'âme se recueille bien en elle, il semble qu'elle ne connaisse plus que celle-ci* »). Il y a une jouissance, je ne saurais le nier. Pourquoi ? Parce que, dans ce scindement, dans cette fracturation, si ça chancelle, si ça vacille, si ça papillote, si ça flageole, si ça chavire, si ça dérade, si ça bat en brèche, cela ne reviendrait-il pas à se persuader qu'il y a — peut-être — une force, une raison, une nécessité, — qu'est spécifié *un sens* ?... — Le soir du premier jour de cette dépersonnalisation, je me souviens de m'être regardé dans la glace de ma salle de bains, subjugué, *les yeux dans les yeux*, et de ne m'y être pas reconnu, d'avoir contemplé un visage qui *aurait dû* être le mien et qui ne réfléchissait qu'un non-été, un non-est ; et, tout en sachant pertinemment que ceci était « moi », ce « moi » ne *me* représentait aucun « moi » tangible : plus je soutenais ce regard, c'est-à-dire mon regard, moins je croyais en lui, c'est-à-dire en moi, et le présent de mon moi s'éclipsait (« *ô ciel, m'écriai-je, et toute vie en moi se réveilla et lutta pour retenir le présent en fuite, mais il était parti, parti !* » rugit mon frère Hypérion). Seul réfléchissait l'immonde miroir, me faisant miroiter le vide de ma pensée sans attente. Je n'ignore point, mon cher Victor, que parmi tous ces rayons glaçants et toutes ces ombres miroitantes, « *Il faut bien un corps quelque part / Pour que le miroir ait une ombre* », mais — bon sang ! — comme tu l'eusses diablement écrit, ma figure était dans l'évanouissement, — on avait mis sur moi un faux moi-même, j'avais « *pour face une disparition* », j'étais « *le miroir et l'image* » sans être ni l'un ni l'autre, je me sentais deux et n'étais qu'un, ou me sentais un et n'étais personne. Et je pourrais dire, à la suite de Lacan : « *Quand l'homme cherchant le vide de la pensée s'avance dans la lueur sans ombre de l'espace imaginaire en s'abstenant même d'attendre ce qui va en surgir, un miroir sans éclat lui montre une surface où ne se reflète rien.* » Ah ! une prosopagnosie philosophique ! J'étais le *sujet* au sens où l'entend Schopenhauer, celui qui *connaît* — mais *n'est jamais connu.* — Ce miroir de l'évanescence — de moi-même, donc de lui-même, donc de l'être, perdu entre le miroir et mon Moi, donc un espace vide ne les reliant plus, c'est un peu le « *Je-miroir* » dont parle le théoricien de la littérature et médecin Jean Starobinski, c'est l'« *aspect extrême de la mélancolie : il ne s'appartient pas, il est pure dépossession* ». Ces miroirs-là, les miroirs « *de la vie présente et de l'ici-bas* », « *ce sont nos ombres qu'ils nous renvoient lucidement quand monte en nous la nuit* », conclut-il poétiquement dans ses études sur Baudelaire intitulées *La mélancolie au miroir*... — Ami de Pessoa et suicidé à vingt-six ans, Mário de Sá-Carneiro, dans sa *Dispersion*, savait de quoi il parlait : « *Si je me vois dans un miroir, j'erre — / Et ne me retrouve pas dans ce que je projette.* » Il reconnaît, ailleurs : « *Je ne suis ni moi ni l'autre* », — il dit qu'il flotte entre les deux identités... Sentiment horrible ! Celui qui se perd, perd son reflet, il cherche en vain un symétrique dans l'espace en deux dimensions du miroir, *son* symétrique, un Moi que ne sache Moi. — (Deux mots terribles de l'ancien français me viennent à l'esprit : « despersoner » et « essorber ». « Despersoner » peut tout à la fois signifier « défigurer », « dégrader », « injurier », « outrager », « se désoler », « s'affliger ». Sans conteste, ce verbe provient de « *persone* » (c'est-à-dire « *persona* »), mais cela n'implique pas qu'il veuille — quoiqu'il le puisse — dire « *démasquer* »... « Essorber » est plus violent : « dépouiller », « faire disparaître », « détruire », « aveugler », « arracher les yeux ». Deux étymologies expliquent cette variété, dont l'une est celle du latin « *absorbere* » ou « *exsorbere* » (« engloutir », « avaler », « dévorer ») dont dérive « absorber » en français. N'y a-t-il pas lieu de glisser face à la glace et d'être « despersoné », de se sentir « essorbé » ? Il est difficile d'*avoir à vivre* et d'*avoir à penser* : « Se faire avoir... d'avoir l'être... et de ne savoir qu'en faire... car je suis un être qui n'a rien... donc un être qui n'est qu'être... et je suis mourant, mort... un être-néant... To be, or not to be... Béer, ou ne pas béer... » C'est une *kénose*, mais une kénose négative : qui connaît cet affreux adjectif « κενὸς » (« *vide* », « *vain* », « *futile* ») et cet affreux verbe « κενὸω » (« *rendre vide* », « *rendre désert* », « *faire évacuer* », « *épuiser* », « *rendre vain* », « *rendre inutile* ») ? Oh, s'anéantir, s'écorcer, se dépouiller ! Paul écrit que le Christ (*Phi 2,7-8*), « *en devenant semblable aux hommes* », « *s'est dépouillé lui-même* » (« ἑαυτὸν ἐκένωσεν ») et qu'il s'est rendu « *obéissant jusqu'à la mort, même jusqu'à la mort de la croix* ». Moi, j'écris : jusqu'à la mort — de l'âme — dans le miroir... — « *Kenavo !* » crie le Breton qui sommeille en *moi*... — Le lendemain de « l'expérience au miroir », un mardi, alors que je donnais un cours, je me mis à analyser ce regard sans l'aide de mon propre regard reflété, simplement en fouillant l'espace dans lequel j'étais un être regardant et par lequel ce même espace était regardé, et je fus atterré, comme si ce fût une nouveauté, de m'apercevoir que tout ce qui n'était pas le point exact vers quoi la vision se dirigeait, ne montrait qu'un champ d'objets dédoublés. Il n'est qu'à fermer un œil, puis l'autre, et rouvrir les deux, pour se rendre compte de cet effet stéréoscopique, et, exception faite du minuscule point focalisé vu nettement par la concentration du faisceau regardant, on ne voit rien de ce qui devrait être vu. Le cerveau-subterfuge emploie un artifice (sans lequel nous deviendrions fous) pour nous faire croire que l'on voit ce que l'on voit. — Puisse mon livre, *au regard de l'existence*, pour vous, pour moi, et dans *toutes* les acceptions de ce mot, être un *artifice*.

* * * * *

(Qu'en tentant l'obstacle, saint soumettant au vain soumis, j'avance sans passer outre, cela n'a de cesse d'aller de soi ; mais qu'en m'y attardant, tout d'étain, je m'y réfléchis, ô vertige, et j'accède au moi qui me dépasse à son tour ; s'allume un tiers, au-delà du plan et de moi-même, qu'est cette insipide image sans nom, que personne n'atteste de son existence — car je suis seul, si seul, et seul est l'être sans matière, parti de rien, vers rien — car l'entre-deux, infime, où s'apposent les rayons perdus, est vide ; — qu'en tentant d'y voir, je scinde ma raison et ne sais à qui la céder, ô schizophrénie renvoyant au monde autre qui est le mien — ou mon monde qui est l'autre — l'autre moi.)

* * * * *

Partir en vrille... dans un manège qui ne ménage... — On n'en a jamais fini avec la folie et son *tournis*, on n'en finit pas de *tournioler* et d'*faire le tour* ; cela *tangue*, il y a des coups de roulis sur la *folette*, — et l'étalage de ce qu'en connurent quelques-unes de ses plus illustres victimes — *follettes* — nous convaincra de sa variété. — « *Les plus sages raisonnements / Font bientôt place à la folie* », écrivait Jean de La Fontaine. De l'avis de François de La Rochefoucauld, « *la folie nous suit dans tous les temps de la vie* », et « *qui vit sans folie n'est pas si sage qu'il le croit* » ; — Lacan estimait que « *l'être de l'homme, non seulement ne peut être compris sans la folie, mais il ne serait pas l'être de l'homme s'il ne portait en lui la folie comme la limite de sa liberté* ». Point n'est besoin de façonner un recueil qui contiendrait ne serait-ce que la quintessence de ce que l'homme a exprimé de la folie : quelle folie ! — La folie ? Folie ! La raison ? Folie ! Raison, vésanie, raison : amovibilité parfaite entre ces deux états, même chez le grand penseur qui à chaque idée existentielle tournoie autour de l'axe du *vertigo*, synonyme de *folie consciente et raisonnable*... (Par ceci, en vulgarisant sous un autre angle le syndrome du Nijinski-mille-pattes, je comprends cela : je veux faire du vélo, j'en fais, j'apprends vite, je prends conscience de cet acte, je raisonne, je suis pris de vertige, je tombe, je ne sais plus faire de vélo, *mais je sais comment en faire*. Tel est ce penseur. Kleist faisait remarquer, dans son essai *Sur le théâtre de marionnettes*, que « *dans le monde organique, plus obscure et plus faible est la réflexion, d'autant plus rayonnante et souveraine s'étend la grâce* ». Le coq Chantecler de la pièce d'Edmond Rostand, par exemple, plus chanteur que penseur, mais coquet penseur tout de même, s'afflige d'un mal identique : « *je ne peux plus chanter, moi dont la loi / Fut d'ignorer comment, mais de savoir pourquoi* ! » Tout est tellement plus *facile* lorsque le fond du sujet n'est pas ébranlé, lorsqu'on tourne à la périphérie. Cela ne commence à devenir costaud qu'au moment où l'on touche le pivot légitime des choses, où l'on s'approche du centre, de l'axe du monde, et que, tel un patineur sur glace effectuant sa pirouette debout, on se recroqueville sur soi-même en gagnant en vitesse de rotation (car, quitte à toupiller, à tourbillonner, à tourniller, autant le faire à fond). Que celui qui refuse ce jeu continue de réaliser avec lenteur ses tours de piste, dans les nimbes du superficiel, et qu'il demeure, sinon heureux, du moins satisfait ; mais gare à celui qui, souhaitant jouer à la tornade, ne rabat pas ses bras le long de son corps : il ressemblera au Christ sur sa croix et ralentira ou se démantèlera. Être dans l'axe, diminuer le moment d'inertie, telle est l'ambition d'un haut esprit, telle est la difficulté, telle est la raison de sa folie, telle est l'amorce de sa lourde chute s'il se décontracte un instant. « Toupie, or not toupie », blaguais-je, mais à demi seulement... La folie transit, statufie, « *et pourtant elle tourne* », dirait Galilée : « *e pur si muove* » !... — Ah ! avoir les neurones en torons, le corps torsadé, — l'existence en torsion... — Je tourne sur la Terre (ce « *petit globe terraqué* », ce « *petit tas de boue* », comme l'appelait Voltaire) — qui tourne sur son axe (au sol, ma vitesse est de 320 m.s^{-1}) — qui tourne autour du Soleil (à 30 km.s^{-1}) — qui tourne sur son axe — qui tourne autour du noyau de la Voie Lactée (à 220 km.s^{-1}) — qui tourne sur son axe — qui tourne autour du groupe local (à 620 km.s^{-1}) — qui tourne autour... Giroiement inexorable !... Ô vertige du cosmos ! vertige existentiel sans syndrome vestibulaire... Par Jupiter ! ça s'emballe ! ça tourne — sur Saturne — mélancoliquement... Quel tourniquet ! Ô l'hurricane ! Ô cette balançoire fixée entre deux étoiles, hamac fatal qui s'enroule et se déroule à l'infini... « *Mobilis in mobili* » (« *Mobile dans l'élément mobile* »)... — Ça tourne sur le cochonnet perdu au milieu des boules... — Ça tourne : un petit tour — et puis s'en va, au son des santours et des cymbales qui s'entrechoquent... — Contorsion... Extension ! Contorsion... Extorsion — de l'avertin !... — Ça tourne, ça tourne sans fin sur la roue (quelle infliction !) pour le désespéré vitruvien : Ixion ! Ô roue de l'infortune ! — Ô être désaxé, ô Sisyphe inversé, ô vivant désespéré d'être au monde, sache-le : dès ta naissance, Celui qui séjourne dans les Cieux, « *te lancera d'un jet vigoureux ; il t'enveloppera comme une pelote, il te fera rouler, rouler comme une balle* »... (*Is* 22,17-18) — « Pourquoi », me demanderez-vous, « avoir placé la folie dans ce chapitre-ci, et non dans le précédent, celui du langage, ou dans le suivant, celui de la mélancolie » ? Premièrement, parce qu'il s'agit, à l'instar de la déréalisation et de la dépersonnalisation dont nous avons donné un aperçu, d'un rapport au monde, du statut intrinsèque d'un être-au-monde, voire d'un *être-à-son-monde* ; deuxièmement, parce que la folie naît essentiellement du langage ; et troisièmement, parce que dans le « désêtre », dans la fine désagrégation du sens de l'être, la mélancolie trouve sa justification absolue. Malgré ses mille et une formes, ses mille et une gradations, la folie des prochains paragraphes se caractérisera, en tout et pour tout, par l'intrication et la combinaison de cinq éléments principaux (souvent « intercausaux », comme diraient les médecins) : la *solitude*, la *pensée*, le *langage*, le *silence* — et le *malaise* (la maladie, la souffrance du *cogitatio*) qui, selon notre thèse, coiffe ordinairement les quatre autres, qui eux-mêmes coiffent l'*ennui*, la *nostalgie*, le *divin*, la *recherche de perfection*, *et cætera*, et dont le chef de file est le premier, c'est-à-dire l'*isolement*, le retrait, la *fuite*, le *repli*, le *rejet*, l'*exil*, le *tournement vers l'intérieur* : l'*internement*. — Ici-bas, tout se meurt ou est mort ! Las ! hélas ! — Ici-bas, la figure du père qui est en nous se meurt ou est morte — ou doit mourir. Ici-bas, la figure du père nous meurt. — Ici-bas, nuls garde-fous ! — Los à toi, Folie ! Los à toi, Folie, l'hétaïre paterne !... *Sursum corda !* Los à toi, qui nous rend misérables ! — Los à vous, messieurs Hölderlin, Dostoïevski, Mallarmé, Artaud, Van Gogh, Pessoa, cacochymes divins du décatissement, orfèvres surhumains, *fabricatrix* du sublime, — los à vous... et los à toi, Pichavant ?... — En lice !... — En aliéniste, je *condole*, ô *locura*...

* * * * *

« *Pour la première fois, le soleil embrassa mon propre visage nu et mon âme s'enflamma d'amour pour le soleil, et je ne voulus plus de mes masques. [...] C'est ainsi que je devins un fou. / Et dans ma folie, j'ai retrouvé à la fois ma liberté et ma sécurité ; la liberté d'être seul et la sécurité de n'être pas compris ; car ceux qui nous comprennent nous asservissent de quelque manière.* » (Khalil Gibran, Le Fou.) — À peine âgé de dix-sept ou dix-huit ans, Hölderlin, plus qu'il ne l'eût cru, se fit le prémoniteur de sa destinée en composant deux poèmes d'une incroyable densité, d'une étourdissante fatalité pour nous, qui sommes venus après lui et qui connaissons assez bien ce que fut sa douloureuse vie. Le premier, intitulé *Mein Vorsatz* (*Mon propos*), donne, dans la belle traduction de Philippe Jaccottet : « *Amis ! amis qui si fidèlement m'aimez ! / De quoi se troublent mes yeux solitaires ? / Quelle force refoule ainsi mon cœur / Dans cette mort de nues enténébrées ? / Je fuis la tendre étreinte de vos mains, / Votre fervent et fraternel baiser. / Ne me reprochez point de l'avoir fui ! / Entrez plutôt en moi* pour me juger ! / Est-ce brûlante soif de perfection ? / Ou d'hécatombes sourde avidité ? / Mime boiteux du vol de Pindare ? est-ce / Tourment d'atteindre aussi haut que Klopstock ? / Las mes amis ! Quel recoin de la terre / Me cachera, que pour toujours de nuit voilé / J'y pleure ? Car je ne l'égalerai jamais, / Le prompt vol des génies autour du monde… / Mais non ! Montons le splendide chemin ! / Montons ! pour dans le feu hardi du rêve / Les rejoindre : dussé-je encor, mourant, / Balbutier : amis, oubliez-moi ! » Le questionnement et la stupéfaction, la consultation et la consternation, sont les ressorts à la fois mous et rigides de la pensée versifiée, mais ce sont surtout l'*interrogation* et l'*exclamation*, que la ponctuation vivifie et meurtrit à l'unisson, qui frappent le lecteur autant que le poète est marqué : dans la version originale, on dénombre pas moins de douze points d'exclamation et six d'interrogation ! Le mystère, puis la révolte contre le mystère, puis la révolte dans le mystère, puis le mystère étouffé dans la révolte, puis de nouveau le mystère : ainsi peut commencer, en une succession préréglée, en un cycle fermé, l'existence de celui qui réfléchit, hésite, et veut dépasser — presque par acharnement — sa réflexion et son doute ; — ainsi peut commencer l'existence de Friedrich Hölderlin. Le second poème, *Le laurier* (*Der Lorbeer*), auquel j'ai retranché douze vers, achèvera de nous révéler ce qui s'agitait dans l'âme adolescente (déjà si vieille, encore si juvénile) de notre si céleste ami (combien de fois m'emmena-t-il, lorsque je le lisais, — que ce fussent le grandiose *Hypérion*, toute sa poésie, toute sa correspondance, — *au Ciel*, — les larmes prêtes à se verser sur les pages ?) : « *Merci, ma familière, ô Solitude, / Toi qui m'arraches à la foule criarde / Pour que je chante, en brûlant, le laurier, / L'unique bien auquel mon cœur se voue. / Ô grand esprits ! vous suivre, le pourrai-je ? / Ce chant cadet prendra-t-il force un jour ? / Trouverai-je la voie menant au but / Que mon regard se consume à viser ? […] Non ! je ne voulais rien de cette terre ! / Souffrir les persécutions du monde, / Toute contrainte, et le moindre grief, / Tous les mépris amers de l'envieux… / Ô Dieux ! aussi souvent que j'ai faibli, / Et consolé mon misérable cœur / Dans les veilles chagrines de la nuit, / Aussi souvent, du fond de ma souffrance, / Quand la fierté me toisait, dédaigneuse, / Quand se raillait de moi le vaniteux / Que mes sentences avaient fait trembler, / Quand m'évitait même l'âme plus noble… / Peut-être, me disais-je, ces épreuves / Donneront-elles force à mon esprit, / Et le silence, en rentendant ses cordes, / T'aidera-t-il à de plus virils chants ? / Mais silence ! Les rêves enfantins, / L'avenir en sa nuit ne les entend, / Et des plus belles graines tant de fruits / Déjà m'ont fait essuyer le mensonge !* » — Afin de mieux faire comprendre, d'après nos critères irréductibles, le mécanisme embryonnaire de la folie, relevons ensemble les occurrences de la solitude, volontaire ou non : « *mes yeux solitaires* », « *de l'avoir fui* », « *Quel recoin de la terre / Me cachera* », « *amis, oubliez-moi* », « *ô Solitude, / Toi qui m'arraches à la foule criarde* », « *Quand m'évitait même l'âme plus noble* »… L'un des paradoxes tient en ceci que l'exhortation faite aux amis de l'oublier entre en conflit avec l'amour concret dont ils font preuve et que Hölderlin veut fuir à regret pour rejoindre « là-haut » les « *génies* » abstraits : « *Montons le splendide chemin ! / Montons !* » (« *hinan den herrlichen Ehrenpfad ! / Hinan ! hinan !* » — où l'on voit que le « *montons* » est redoublé dans l'original). À la lumière de seulement deux poèmes, deux poèmes qui sont le point de départ de sa vocation, on devine, outre une fougue démesurée et ambitieuse, un tempérament aux prises avec l'impossibilité de réaliser ses souhaits et voué à la tristesse. Hölderlin avait écrit, dans une lettre de 1794 adressée à son protecteur et adulé Friedrich Schiller : « *Je ne serai jamais heureux.* » C'est une concession très franche et terrible. Le même Schiller, en 1797, ayant reçu par la poste quelques poèmes de la part de son « poulain », les transmit aussitôt à Goethe en fournissant la notice suivante : « *[L'auteur] a une subjectivité violente, à laquelle il allie un certain esprit philosophique non sans profondeur. Son état est dangereux, il est très difficile d'aider de telles natures…* » Et, en effet, personne, — *personne*, et certainement pas Hölderlin lui-même, — n'aura pu l'aider dans son calvaire artistique. Hölderlin, vers la même époque, alors qu'il se promenait, se mit à songer tout d'un coup à son sort futur (activité divinatoire qui était sa lubie favorite) : « *j'eus l'idée, une fois mes années d'université terminées, de me faire ermite, et cette idée m'a tellement plu, que pendant toute une heure, je crois, je fus un ermite en pensée.* » L'« ermite », étymologiquement, signifie « *du désert* » (« ἐρημίτης ») : son pèlerinage spirituel, fondé sur l'isolement, qu'il eût désiré propice à ses exercices d'écriture, deviendra, lors de ses quarante dernières années, une *traversée du désert*. Car ce qui m'effraie radicalement, dans les propos de Hölderlin, ce n'est pas tant qu'il eût convoité la « profession » d'ermite, mais que, visiblement, il prît du plaisir (par procuration) à être « *ermite en pensée* », à vivre, quand bien même cela fût par anticipation, *de l'intérieur*. Ainsi se mure-t-il dans un silence qui, par bien des côtés, est assimilable à un silence de mort, signe avant-coureur de l'anéantissement : « *cette mort de nues enténébrées* », « *de nuit voilé* », « *mourant* », « *les veilles chagrines de la nuit* », « *Et le silence, en retendant ses cordes, / T'aidera-t-il à de plus virils chants ? / Mais silence ! Les rêves enfantins, / L'avenir en sa nuit ne les entend* »… Quand il composa ce poème en l'honneur de Rousseau (éponyme), son *alter ego*, ne visait-il pas son miroir dans la réclusion et la rage des mots silencieux, son *alter ego* : « *Seul un morne silence autour de toi, pauvre homme, / Et tu poursuis, pareil aux morts sans sépulture, / Ta marche errante, et tu cherches le repos et personne / Ne te sait dire ton chemin* » ? Solitude, silence, abandon (bannissement), désœuvrement, mort : qu'espérer dans ces conditions où même le demi-mort, pensif, cherche le repos, cherche à rejoindre les Pindare, les Klopstock, — autrement dit, les morts ou les presque morts ? Qu'espérer ? Trois choses, guère conciliables et dangereusement irréalisables, trois choses illusoires dans le sens où elles s'autodétruisent : le retour inextinguible vers l'enfance (la virginité), l'accession divine (le moi égal au dieu) et la « *brûlante soif de perfection* » (qui est à rapprocher de la reconnaissance de la « *fierté* » attend et qui verrait le front ceint du laurier). À sa sœur, aux alentours de 1799, Hölderlin rapportait : « *et quand je serai un enfant aux cheveux gris, je voudrais que le printemps, l'aurore et le crépuscule me rajeunissent chaque jour un peu davantage, jusqu'à ce que je sente venir la fin et que j'aille m'asseoir dehors pour m'en aller vers la jeunesse éternelle.* » Ce rajeunissement quotidien, ne s'apparente-t-il pas à celui qui touche les personnes âgées que l'on doit, à mesure qu'elles se rapprochent de la fin, considérer comme des bébés ? Il ne faudrait pas analyser la volonté exprimée par Hölderlin comme l'envie d'un rajeunissement qui l'eût ramené vers ce qu'il fut, mais vers ce qu'il escomptait, en tant que *pureté*, avoir pu être, et bien garder à l'esprit que cette régression possède tous les ingrédients qui préparent à la *pulsion de mort*. Relisons l'ultime quatrain du *Laurier* : « *Les rêves enfantins, / L'avenir en sa nuit ne les entend / Et des plus belles graines tant de fruits / Déjà m'ont fait essuyer le mensonge !* » Retrouver l'enfance, mais pas n'importe laquelle, ce dont témoigne ce passage d'une lettre à son ami Immanuel Nast, comme toujours mêlé d'interrogations et d'exclamations, signes d'un étouffant dépit, que rehausse encore l'usage immodéré des tirets, conférant à son style épistolaire une vivacité heureuse, mais aussi un halètement, une anhélation qui apeurent : « *Si seulement je m'étais tu, ces pleurnicheries puériles vont peut-être te fâcher — et pourtant je ne pouvais m'en délivrer qu'auprès de toi. Dernièrement j'ai voulu t'écrire, mais je souffrais d'une horrible rage de dents. Si seulement je pouvais aussi t'écrire un jour quelque chose d'amusant. Mais patience ! Cela viendra, j'espère — ou bien — n'en ai-je pas assez supporté ! N'ai-je pas connu, tout gamin, ce qui ferait gémir un homme ? Est-ce mieux dans l'adolescence ? Et encore, c'est le plus bel âge, disent-ils. Seigneur Dieu ! Suis-je seul à être ainsi ? tous les autres plus heureux que moi ? Et qu'ai-je donc commis ?* » Passons sur la culpabilité ou la contrition, et retenons, en priorité, les idées de malheur et de fatalité, qui contreviennent aux réjouissances supposées de l'enfance, et qui sont une source inépuisable de la « *disposition à la tristesse* ». Qu'a-t-il connu de si horrible, « *qui ferait gémir un homme* » ? Nous ne le savons pas avec précision, mais quelques lignes envoyées à sa mère nous mettront sur la voie la plus intéressante : « *J'ai une vue assez claire de toute ma vie, en remontant presque jusqu'à ma prime jeunesse et je sais bien à quel moment est née cette disposition de mon âme. Peut-être en douterez-vous, mais je m'en souviens fort bien. C'est à la mort de mon second père, dont l'affection m'est inoubliable, quand, dans une incompréhensible douleur, je me suis senti orphelin et que je fus témoin de votre tristesse et de celles que vous versiez chaque jour, c'est alors que mon âme prit pour la première fois ce tour grave qui ne m'a jamais entièrement quitté et n'a fait que s'accentuer à la longue.* » Le poète n'avait que deux ans lorsque son père décéda. Sa mère se remaria en 1774 et fut de nouveau veuve cinq ans plus tard. Hölderlin aura par conséquent perdu deux pères dans l'espace de sept années alors qu'il n'avait pas atteint la dizaine. Destin impitoyable ! Subir deux orphelinages (sans compter la disparition de plusieurs frères et sœurs) — et le chagrin maternel ! Nous sommes ici à un moment crucial de sa vie, nous avons là une première fêlure irrémédiable du « *vase* » hölderlinien (nous allons y revenir), de l'étoilement dramatique et définitif. Nous ne ferons pas de la psychanalyse, du moins de la psychanalyse de haute volée, en affirmant que la compensation de cette perte se dirigea vers le soutien de maîtres tels que Schiller ou Goethe, ou d'inspirateurs « *célestes* » tels que les génies passés (jusques à ceux de l'antiquité, époque que Hölderlin chérissait par-dessus tout) ou, l'évidence suprême, de Dieu. De fait, la jeunesse convoitée étant imprégnée de douleur, il fallut se diriger vers le divin, synonyme de perfection et d'espérance, puisque, comme l'assène l'Empédocle de la deuxième version : « *Être seul / Et sans Dieu, voilà la mort* » (« *Allein zu sein, / Und ohne Götter, ist der Tod* », — mais j'aurais pu, il est vrai, citer la première version, plus accentuée : « *Allein zu sein und ohne Götter, dies, / Dies ist er ! ist der Tod !* »). Aller à Dieu, c'est aller au Père (« *Je veux m'élever jusqu'au haut du ciel, et y prendre la place que mon père m'a promise* », dit l'Hercule de Sénèque) ; aller à Dieu, c'est également aller au Plus-Haut, donc à l'inaccessible, où chaque échelon gravi éloigne de la réalité et d'où la chute se fait plus menaçante… Nous sont parvenus deux fragments de poèmes sans titre, très significatifs vis-à-vis de notre propos. Le premier raconte : « *Un jour j'ai interrogé la Muse, et elle / Me répondit : / À la fin tu vas le trouver. / Aucun mortel ne peut le saisir. / Du Plus-Haut je veux faire silence* » (« *Einst hab ich die Muse gefragt, und sie / Antwortete mir : / Am Ende wirst du es finden. / Kein Sterblicher kann es fassen. / Vom Höchsten will ich schweigen* »). Non pas, en voulant saisir l'insaisissable, qu'il veuille faire taire le « *Plus-Haut* », ni que la Muse veuille ne rien lui en dire, mais il veut, en fantasme, croyant à la foi pouvoir le saisir (par la grâce) et faire partie de cet insaisissable, s'établir en tant que *porte-parole muet* de la Création. Et c'est toute la contradiction qui a sans cesse poursuivi Hölderlin, puis qui l'a consumé : l'ambivalence parole/silence et l'interrogation solitaire dans le vide. Encore un cran au-dessus dans l'hermétisme condensé, se trouvent, dans l'autre fragment, peut-être issu d'un brouillon de *Germanie* et posthumément intitulé *À la madone* (*An die Madonna*), ces quatre vers : « *Et maint chant que / De chanter au Plus-Haut, au Père / J'avais médité, me l'a / Dévoré la mélancolie* » (« *Und manchen Gesang, den ich / Dem höchsten zu singen, dem Vater / Gesonnen war, den hat / Mir weggezehret die Schwermuth* »). Le « *Schwermuth* » (orthographié normalement sans *h*,) « *abattement* » ou, littéralement, le « *lourd abattage* », représente la « *mélancolie* » dans la pleine acception du mot, tel le « *Traurigkeit* », le « *Schwermuth* », dis-je, « *a dévoré* » le « *chant* ». (Mise au point technique sur la traduction : « *weggezehret* » n'existe dans aucun dictionnaire, c'est un hapax hölderlinien ! (En revanche, « *Wegzehrung* » a son « *entrée* » : ce sont les « *provisions* » de type alimentaire.) Si « *weggezehren* » est inconnu au bataillon, on peut néanmoins s'essayer à le « *décortiquer* » : il est construit sur « *weg* », originairement « *chemin* », qui, placé en préfixe, désigne un déplacement vers un autre lieu — avec souvent une connotation privative —, et sur « *zehren* », de même souche que l'anglais « *tear* » (« *déchirer* »), qui peut aussi bien être traduit par « *se nourrir de* », « *consommer* », que par « *user* », « *détruire* » ou « *tirer* ». Ainsi, la mélancolie — safre — lui retire son chant comme on retire le pain de la bouche, elle lui absorbe son chant, elle s'en repaît, elle *le lui arrache*.) Évanoui, donc, le chant qu'il avait médité : non seulement il n'a pas chanté, mais il ne l'a pas pu, tant et si bien que, en jouant sur les mots, on peut estimer qu'il a *déchanté* (et que ce qu'il a tenté, ce dont il a été tenté, la mélancolie l'a brisé en ayant *dé-susténté* le poète). Et pour qui a-t-il voulu chanter ? Pour ce qu'il y a de « *plus éminent* », pour le « *plus haut* » (« *höchsten* »), — pour le « *Père* » (« *Vater* »), — éventuellement pour le « *plus haut Père* ». Si l'allemand ne donnait pas de la majuscule à chaque nom commun, l'ambiguïté eût été levée sans peine ; cependant il est facile d'y reconnaître les images conjointes du père et de Dieu, dont l'on ne parviendra jamais à toucher, ou dont on ne pourra, au mieux, que s'approcher (l'« *alma pater* »), en caressant la douce espérance, dirait Novalis, d'être un jour ce que notre père est (« *einst werden wir sein, was unser Vater ist* »). Mais comment s'en approcher si le chant ne part pas, s'il part ailleurs, s'il revient d'où il est parti ? Impuissance, certes, mais impuissance face au Père (interdicteur), plus exactement face au père (ou aux pères), et l'on comprend mieux le choix de Jaccottet dans la traduction de « *wegzehren* » : « *dévorer* », verbe qui instaure la *castration* et son *angoisse* sous-jacente (qui s'exprime via l'inexprimable : cela, qui ne s'est pas dit, se dit en tant que cela n'a pu être dit). D'habitude, l'angoisse de castration a pour origine l'image du père comme le castrateur qui empêche d'aller vers la mère, ce qui poserait un problème puisque, chez Hölderlin, le père est mort. En fait, la séquence est inversée. La mère de Hölderlin, qui reçut la majorité des rares lettres qu'il écrivit durant sa période de retrait total, n'était pas aussi proche de son fils qu'on aurait tendance à le croire : celui-ci l'évitait autant que possible, car elle voulait à tout prix qu'il trouvât un emploi et qu'il s'abstînt par la même occasion de persévérer dans sa carrière d'homme de lettres (qui ne menait, au vrai, à rien de concret). Cette idée de la « vie active », quand bien même ce fût le préceptorat, désespérait le jeune homme, qui ne lorgnait, en vue d'assouvir sa passion de l'écriture, que la plus absolue des libertés. S'étant intentionnellement séparé de la mère, dépourvu du père (en tant que signifié), il se tourna vers le Père (en tant que signifiant). Ce jeu de signifié et de signifiant, de père et de Père, c'est la place du « *Dieu-le-Père* », c'est celle-là que Lacan a désignée comme le « *Nom-du-Père* », le « *père mort* », qui est « *celui qui signifie, qui autorise le système signifiant à exister, qui en fait la loi* », qui est le « *phallus* » et le « *père nommant* ». Et la mélancolie de Hölderlin, c'est la mélancolie de la perte du père, d'un père érigé en Père qui ne nomme plus, qui ne dit plus rien ou qui renvoie un : « Non. » La négation du père devient la négation du chant du fils, l'effondrement — dans le silence — de son langage (le père, s'il est ou fut trop fort, *perforé*). C'est en quelque sorte une chance que le français autorise la jonction phonétique du « *Nom* » et du « *Non* », car le sens négateur divin, loin d'être pure fantaisie, y gagne en ampleur et en puissance : le « *kiddouch ha-Chem* » (la « *sanctification du Nom* »), cette si grave *mitzvah* de la Torah qui impose de vénérer le Nom, et de ne pas le profaner, c'est l'*impuissance* hölderlinienne face au Père, qui n'est qu'un Nom (donc un Non) qu'il ne peut nommer (donc décrire). *In nomine ! in nomine Patris !* « *Au nom du Père, du Fils et du Saint Esprit* » ! (Mt 28,19) Au Non du Père !... Au Nom sanctifié dans le vide répond plénièrement le Non qui le prive de ses forces. « *Ce chant cadet prendra-t-il force un jour ?* » Y aura-t-il « *de plus virils chants* » ? Comme s'il avait tout oublié, ou voulu réparer un oubli, Hypérion écrit à Diotime : « *Ah, il y a encore quelque chose que je t'ai tu longtemps. Mon père m'a renié solennellement, m'a chassé sans espoir de retour de la maison de ma jeunesse. Il ne veut plus jamais me voir, ni en cette vie, ni dans l'autre, ce sont ses mots.* » On peut mettre ces paroles en parallèle de celles qu'Hypérion écrit à Bellarmin, son ami/miroir : « *et te voici, fils illustre, maudit par ton père ! Et il n'est plus de déserts, plus de cavernes assez sûres pour toi sur cette terre grecque que tu honoras comme un sanctuaire, que tu as plus aimée que tu ne m'aimais moi* » (le père est partout et le « *moi* » nulle part). Le deuil et la mélancolie se suivent de si près (et nous prolongerons ces réflexions au chapitre suivant), nous indique Freud (*Le Moi et le Ça*), que l'on peut faire l'hypothèse que « *l'affection douloureuse de la mélancolie* » naît de ce que « *l'objet perdu est ré-érigé dans le moi* », ce qui signifie, en outre, « *qu'un investissement d'objet est relayé par une identification* ». Le père mort s'est institué comme la cause de la mélancolie ; l'identification a créé un idéal du Moi qui, d'un côté, sert Hölderlin en ce qu'il satisfait « *l'essence supérieure de l'homme* » qu'il souhaite atteindre, mais qui, d'un autre côté, le dessert en ce qu'il est le substitut « *de la passion [la nostalgie] pour le père* », le commencement de la passion religieuse, la vénération de Dieu-le-Père. « *Lorsque le moi se compare à son idéal, le jugement qu'il porte sur sa propre insuffisance engendre le sentiment d'humilité religieuse auquel le croyant en appelle dans sa ferveur nostalgique* », souligne ensuite Freud, ce qui nous permet de conjecturer que l'identification, chez Hölderlin, déjà doté d'une nature frêle, fut beaucoup trop forte, et l'investissement trop lourd à supporter : l'idéal du Moi, primairement le père, s'est déplacé sur le Père (perfection), qui lui a accaparé cet idéal et a accru la mélancolie « dévoreuse », « castratrice » (l'angoisse de castration a été remplacée par l'angoisse réelle et l'impuissance d'écrire, de « chanter »). Il y a une déception christique à l'égard de l'Autre, comme celle que ressentait Jésus devant les Juifs qui lui reprochaient de guérir le jour du sabbat : « *Je suis venu au nom de mon Père, et vous ne me recevez pas* » (Jn 5,43), — mais d'un Autre (le « *vous* ») qui désignerait ledit Père, *son* Père (ou le père absent), ce qui le confronterait fatalement à une impasse. (« *En vérité, en vérité, je vous le dis, le Fils ne peut rien faire de lui-même, il ne fait que ce qu'il voit faire au Père* » (5,19) : que faire, alors, s'il *ne voit rien* ?...) Il n'y a qu'une seule issue : cette déception ne le désarmerait pas tout à fait s'il avait les moyens de se prévaloir d'une existence dédiée *au nom de l'Art*, signifiée esthétiquement (et toujours d'un point de vue christique (10,25)) : « *Je vous l'ai dit, et vous ne croyez pas. Les œuvres que je fais au nom de mon Père rendent témoignage de moi.* » Or donc, il y a la déception, soyons d'accord, mais celle-ci n'empêche pas le *respect*, car nul doute que le respect qu'éprouve Hölderlin à l'égard du père est également l'une des causes de sa perte (le respect mêle toujours à l'amour, la *crainte*). En un sens, ce respect rappelle la notion de *Piété filiale* dont s'entretient Confucius (avec Tcheng-tseu) dans le *Xiao Jing*, où se trouve cette merveilleuse phrase qui sème la perplexité parmi les interprètes : « *Dans le respect du père, rien n'est plus grand que ce qui l'égale au ciel.* » Pierre-Martial Cibot a pris plus de précautions que Roger Pinto en traduisant ainsi : « *et Pei son père avec le Tien, est ce qu'il y a de plus sublime dans le respect filial.* » Les sinogrammes correspondant aux mots « Pei » et « Tien » (« 配 » et « 天 ») n'ont été que partiellement transcrits puisqu'on les a laissés en pinyin. « Tien » (ou « Tian ») n'est pas le plus problématique des deux : cela peut vouloir dire « *le Ciel* », « *le Jour* », « *l'Univers* » ou encore « *le Paradis* » (étymologiquement, « *le Ciel au-dessus de l'homme* », comme on le devine aux quatre traits du caractère) ; en revanche, « Pei », avec son radical « 酉 », est plus subtil, ainsi que tente de le faire comprendre Cibot dans une note : « *Le caractère Pei est composé, 1° de l'image de vase à mettre du vin ; 2° de celle de cachet, ou de celle d'homme, ou du symbole soi-même.* » Cibot ajoute que dans les Dictionnaires, « *Pei signifie être mis vis-à-vis, union, faire compagnie, assortir, couleur de vin, etc.* », et que la plupart des commentaires « *sont fort embarrassés pour déterminer quelle est ici sa vraie signification* ». Selon certains, « Pei » signifie « *honorer son père avec le* Tien, *comme étant déjà dans le Ciel* » ; selon d'autres, « *reconnaître qu'on offre le même sacrifice que son père et avec les mêmes espérances* ». À la rigueur, peu importe que la signification soit chaotique ou que les avis divergent ; nous en extrayons aussi bien le « *lien* » père/fils dans un Ciel abstrait, que celles de « *sacrifice* » et d'« *honneur* », d'« *identité* », ou encore de « *cachet* » (le « *sceau* », l'« *ordre* », le « *règlement* », la « *loi* », la « *distinction* »). J'oubliais (par un fait exprès) l'idée de « *vase à vin* », de « *coupe* », qu'il faut dès maintenant retenir : c'est grâce à lui que je délire présentement — et délirerai d'ici quelques pages... (Avec le chinois, il y a de quoi s'amuser et démultiplier les sens, par exemple avec le « *vase* », que l'on écrit « 缶 », « fǒu » en pinyin ! Ou avec le « *père* », représenté par « 父 » (un autre « fù » !) Outre sa forme de croix qui évoque l'interdiction et la séparation, le sinogramme est issu de la racine « 乂 », deux cisailles qui signifient basiquement « *faucher* » ou « *couper* », et il est, dans l'index des radicaux, situé immédiatement après « 爻 », qui est le verbe « *imiter* » (avec une connotation divine) : vouloir imiter le père revient à porter une (double ou triple) croix ! Mieux vaut le tuer, le Père, et de penser aussitôt à une expression biblique (*Ro 8,15* & *Galates 4,6* & *Marc 14,36*) : « Ἀββα ὁ πατήρ » (« *Abba ! Père !* ») Deux petits aleph qui encadrent un beth (« אבא » en araméen) et qui, à la longue, produisent la consonance « *à bas* » : À bas le père ! Ah ! ne vais-je pas trop loin avec toutes ces idées ? Mais c'est que (doux lecteur) la folie parle à la folie et que je suis un maître à danser fou… « *La, la, la, la, la. Vos deux bras sont estropiés. La, la, la, la, la. Haussez la tête.* » Oui, dansons, dansons, tournons, tournons, perdons la Raison, perdons la raison de tout cela… La, la, la, la, — la coupe qui coupe (la lui la)… Ah, la, la, leï, comme le dit le Seigneur à Paul (*Ac 18,9*) : « ἀλλὰ λάλει » (« *mais parle* »), ou, *in extenso* : « Μὴ φοβοῦ, ἀλλὰ λάλει καὶ μὴ σιωπήσῃς » (« *Ne crains point ; mais parle, et ne te tais point* ») ! In chʼà ἀλλὰ λάλει… — Confucius avait, dit-on, un livre de chevet : le *Shi jing*, connu sous les noms de *Classique des vers* ou de *Livre des Odes*. J'y ai pu trouver ces trois passages surprenants : « *Moi, je suis séparé pour toujours de mes frères ; je donne le nom de père à un étranger. Je donne le nom de père à un étranger, et il ne s'occupe pas de moi. […] Ô ciel qui occupez des régions vastes et inaccessibles, vous que nous appelons notre père […] Celui qui n'a plus de père, en qui mettra-t-il son espoir ?* ») — Mais c'est dans un passage de *Deuil et Mélancolie* que nous voyons se réunir tous les éléments que nous avons (peut-être trop largement et trop audacieusement) considérés jusqu'à présent (*mélancolie, identification, amour, conflit, abandon, schizophrénie, régression, incorporation, dévoration*) : « *L'identification narcissique avec l'objet devient alors le substitut de l'investissement d'amour, ce qui a pour conséquence que, malgré le conflit avec la personne aimée, la relation d'amour n'a pas à être abandonnée. Une telle substitution de l'identification à l'amour d'objet est un mécanisme important dans les affections narcissiques. K. Landauer a pu le découvrir récemment dans le processus de guérison d'un cas de schizophrénie. Elle correspond naturellement à la régression, à partir d'un type de choix d'objet, jusqu'au narcissisme originaire. Nous avons ailleurs émis l'idée que l'identification est le stade préliminaire du choix d'objet et la première manière, ambivalente dans son expression, selon laquelle le moi élit un objet. Il voudrait s'incorporer cet objet et cela, conformément à la phase orale ou cannibalique du développement de la libido, par le moyen de la dévoration.* » — (Ici, j'aimerais insérer un entr'acte badin. Je me flatte de le faire, non pour éblouir, mais parce qu'il y a trois bonnes raisons : la première, c'est d'ouvrir la nécrologie et de désempoussiérer l'illustre nom de Jules-César Scaliger, auteur des *Ænigmata* (*Énigmes*) ; la deuxième, plus tarabiscotée, c'est la proximité de Scaliger et d'Érasme, tous deux contemporains, et l'association logique avec la folie ; la troisième, c'est la sublime « interconnexité » (« emperlante », renvierais-je) : père, dévoration, mort, grandeur, impétuosité, fragilité, démence, inspiration, aspiration, chaleur, avivage des flammes coruscantes qui attisent le « *feu hardi du rêve* ». Mais je tarde ; écoutons Scaliger poser son énigme (je n'en prélève que les deux premiers vers) : « *De ma force naît ma faiblesse ; ingrat, je dévore ma mère. / Mais sa mort entraîne la mienne.* » Réponse : « *Le feu.* » Je regrette tant que Scaliger n'ait pas opté, — à la place du « *matrisque* » rendant le « *ma mère* », — pour un carillonnant « *patrisque* » !… (À cette réserve près que la mère aussi a joué en défaveur du fils : sois précepteur, gagne ta vie, l'écriture n'est pas convenable… Dans un jeu des sept familles revisité, le fils crierait : « Je demande le père », tandis que la mère répliquerait : « Coupe ! ») Ou comment Hölderlin, que nul contre-pas ne ramenait dans le sens de la marche, est *en feu* ! Le corps fumant, l'esprit fumeux, c'est la *déroute*, — la *débandade*. Dans mon élan, je propose une autre énigme éloquente : « *Je courais, je me fige ; et couvre sans couvrir ; / Fertilisante hier, mais aujourd'hui stérile, / Informe jusque-là, j'ai forme et consistance : / Un don de l'âpre hiver, mais à titre précaire. / Pourtant je me dérobe et veut-on me saisir, / Je glisse ou me dissous peu à peu dans ta paume.* » Réponse : « *La glace.* » Ou comment Hölderlin est *résorbé* !) — Ces *Ænigmata* pourront encore servir à merveille si je fais un détour (qui ne sera pas excessif) par le Québec pour en exhumer un autre nom et le ressusciter, celui d'Émile Nelligan, le Jeff Buckley laforguien de la poésie, l'Américain le plus rimbaldien : « *C'est une poésie aussi triste que pure / Qui s'élève de lui dans un tourbillon d'or.* » Le moins que l'on puisse avancer, c'est que Nelligan (à prononcer à la française, selon son propre souhait), qui naquit à Montréal le 24 décembre 1879 et y décéda le 18 novembre 1941, écrivit très peu : quelque cent soixante-dix poèmes. Pourquoi *si peu* ? À peu près tous furent composés entre seize et dix-neuf ans, c'est-à-dire jusqu'en 1899, date de son internement — *qui dura quarante-deux années…* Le père de Hölderlin fut trop absent ; celui de Nelligan, trop présent ; mais la castration les relie et les rallie (un père, un fils, mais pas de sain d'esprit). Avant d'atteindre la trentaine, Hölderlin regrettait son enfance depuis longtemps déjà ; Nelligan fut plus précoce puisqu'il « nostalgisa » avant la vingtaine, — avant son séjour — *usque ad mortem* — à l'asile. (Qu'est-ce que la nostalgie ? L'hier contemplé depuis l'aujourd'hui malheureux.) Hölderlin prophétisait sa déchéance ; de même, Nelligan prophétisa la sienne, il entrevit ce mur qu'il percuterait — et qu'il percuta, le mur des « *Vingt ans* », « *La fuite de l'Enfance au vaisseau des Vingt ans* ». *Exeunt*, les poètes… Afin de gagner une place de choix au Paradis, ils appliqueront à la lettre, sans le savoir, la volonté du Christ : « *Je vous le dis en vérité, si vous ne vous convertissez et si vous ne devenez comme les petits enfants, vous n'entrerez pas dans le royaume des cieux. C'est pourquoi, quiconque se rendra humble comme ce petit enfant sera le plus grand dans le royaume des cieux.* » (*Mt 18,3-4*) Sans le savoir, vraiment ? Voire, — si je dois relire ces deux vers de Nelligan au sujet de l'artiste qui « *est mort en plein combat* » : « *Ô Paradis ! puisqu'il tomba, / Tu pris pitié de sa torture.* » Précoces — et si légers — *récipiendaires…* Il faut dire qu'un *rien* sépare « *Éden* » et « *Ende* » ! — Deux époques, deux continents, deux visions, deux disgrâces, deux infortunes, mais un unique destin, un unique abîme, une unique sur-rogation, un unique contremandement, une unique *Sérénade triste* : « *Comme des larmes d'or qui de mon cœur s'égouttent, / Feuilles de mes bonheurs, vous tombez toutes, toutes.* » N'entendrait-on point, en approchant l'oreille, un clapotis funèbre ? ne sentirait-on pas les friselis du cœur ? Toutes, toutes, *toutes* ! On les entend ! on les sent !…. — Deux poètes, deux serviteurs impuissants, apeurés, pantelants qui doivent obéir « *avec crainte et tremblement* » (*Eph 6,5*) ; deux Anges de l'abîme, deux « Ἀβαδδὼν » (*Ap 9,11*), effroyable nom transcrivant « אבדון » (« *séjour des morts* », puis « *perdition* »), et calqué sur « Ἀπολλύων », mélange de « Ἀπολλύμι » (« *périr* ») et de « Ἀπολλύω » (« *renvoyer absous* », « *répudier* », « *délier* »), — et si ironiquement proche de « Ἀπόλλων » (« *Apollon* »), Dieu de la poésie !… — Deux poètes, deux ressortissants du monde des ténèbres, les putrides *tenebræ*, les sombres σκότος, l'infernal ᾅδης, le fameux שאול (Shéol) où l'on ne ressent plus ni joie ni peine (sépulcre qui est « *le vase où Dieu garde la nuit* »), — deux poètes, deux *larves*, deux *vers* (Is 14,11), — deux *erreurs* dont on dirait : « ἐστὶν καὶ ἐν τῇ σκοτίᾳ περιπατεῖ, καὶ οὐκ οἶδεν ποῦ ὑπάγει, ὅτι ἡ σκοτία ἐτύφλωσεν τοὺς ὀφθαλμοὺς αὐτοῦ » (« *il marche dans les ténèbres, et il ne sait où il va, parce que les ténèbres ont aveuglé ses yeux* » (1 Jn 2,11). — Deux poètes, deux isolements, deux morts, deux césures, deux verrouillages, deux êtres qui n'ont pas su énucléer leur mal et se sont littéralement énucléés, deux êtres qui ont voulu « s'éluder » et se sont « encercueillés » (ce sont des expressions nelliganiennes). Chacun, à sa manière, en tant que poète, a serpé sa raison et *s'est embaumé vivant*. Ce que j'écris n'est pas trop fort ; il suffit d'écouter ce qu'en dirent deux amis, témoins de leur délabrement. Le premier, Louis Dantin, qui avait été aux premières loges pour constater combien « *la Névrose* » avait pu et su broyer Nelligan, ne mâcha pas ses mots dans l'émouvante introduction de la première édition des *Poésies complètes* du poète : « *Émile Nelligan est mort.* » Cette phrase, quoiqu'elle agisse comme un coup de massue, placée en exergue comme elle l'est, n'aurait rien d'extraordinaire si elle n'avait pas été écrite en… *1902* ! Le second observateur, Wilhelm Waiblinger, offrit son point de vue dans une petite étude intitulée *Vie, poésie et folie de Friedrich Hölderlin (Friedrich Hölderlins Leben, Dichtung und Wahnsinn)*, dont l'ambition avait été de « *réaliser l'anatomie de son état psychique actuel* » et de déduire « *la genèse de la déplorable confusion de son âme* » (le résultat de ce précieux document, dont nous allons reparler par la suite, est plus ou moins convainquant). Waiblinger, consterné, y émit l'avis qu'Hölderlin ne pouvait « *quasiment plus être considéré comme faisant partie du monde des vivants* ». Ceci fut publié en *1831* ! (Waiblinger l'avait même terminé deux ans plus tôt, mais il mourut d'une pneumonie au début de l'année 1830, à l'âge de vingt-cinq ans, et ne vit jamais paraître son travail…) — Deux géants, deux méconnus (ne cherchez pas une édition de Nelligan en France) ; — deux explorateurs, deux débarqués ; — deux horizons, deux oraisons ; — deux feux, deux feus ; — deux crécerelles, deux éjointés ; — une unique matière pour une unique antimatière, un unique billot pour une unique décollation, une unique réussite pour une unique malédiction. — Folie ! quand cesseras-tu de prendre les Poètes dans tes *folles* ?... Délire ! quand cesseras-tu de bâillonner les Inspirés ?... Vous complotez, ô Folie, ô Délire, hanteurs des Cieux, puis, de votre ceste puissant, vous frappez âprement ceux qui, sans défense, sans gêner le monde, grelottent dans leur existence : à quoi bon les malmener davantage, ces Voyants, ces Âmes oculées, — ces *Visionnaires* de la Vérité ?... Quel saccage ! quel massacre ! — Avant de quitter Nelligan, je tiens cependant, à l'ombre de vingt-et-un de ses poèmes, à m'acquitter d'un devoir, celui d'exprimer, sous la forme d'un monologue, mon amour pour son œuvre. Je vais me dédoubler et composer un centon (« *centoniser* », ainsi que l'écrit Rousseau dans son *Dictionnaire de Musique*) que, si je ne craignais la composité du terme, j'apparenterais à une « *rhapsodomancie* » (« *Divination qui se pratiquait au moyen de passages pris et tirés au sort dans un poète, dans Homère surtout et dans Virgile* », indique le Littré) : — « *Plein de spleen nostalgique et de rêves étranges* », collé à ma vitre, ce « *jardin de givre* » qui me renvoie « *le froid néant où dorment* » mes nerfs, j'écoute monter du piano, tel un « *Violon d'adieusement* », « *Le rythme somnolent où ma névrose odore / Son spasme funéraire et cherche à s'oublier* », — et je pleure, je pleure comme « *Quelqu'un pleure la somnolence / Longue de son exil* », quelqu'un dont l'« *âme qu'agite un râle, / Sonne de bizarres accords* ». Je suis un voyageur du surplace pour qui « *Le passage d'une vie à l'autre vie* » n'est qu'un retour « *aux landes éternelles* » permettant de « *Trouver enfin l'oubli du monde et des scandales* » ; — oui, — je suis — ou j'étais — un vagabond dont on pourra dire que, « *Fantôme, il disparut dans la nuit, emporté / Par le souffle mortel des brises hivernales* », en proférant un « *riant adieu* » monacal « *Aux liens impurs de cette terre* » ; — oui, — ou non, — je suis dans mon dégel un sculpteur de la glace « *Mort aux pieds de la Mort, son dernier grand chef-d'œuvre* », à qui il eût fallu (s'il vous eût plu) dire : « *Laissez-le vivre ainsi sans lui faire de mal ! / Laissez-le s'en aller ; c'est un rêveur qui passe* », et non point : « *Va "Vers la cellule où tu te meurs"* et mets-toi *"À genoux devant ce trou-là !"* » Bah ! tant pis ! Zut ! fuis, clair déluge ! Fuyez ! fuyons ! S'il n'y a que cela, « *Enfermons-nous mélancoliques / Dans le frisson tiède des chambres* », « *Mon passé n'est qu'un souvenir, / Mais, hélas ! il sera ma tombe* », puisque déjà « *le monde est pour moi comme quelque linceul* ». Ô monde aveugle, regarde-moi et « *Laisse-moi reposer / Dans la langueur* », car « *Ma pensée est couleur de lumières lointaines, / Du fond de quelque crypte aux vagues profondeurs* » ; — ô monde sourd, si tu m'écoutes, sache quand même « *Qu'il est doux de mourir quand notre âme s'afflige* » ; — ô monde muet et tentant, je t'entends, et « *je veux être fou, ne fût-ce que / Pour narguer mes Détresses pires* » ; — ô monde décédant (traître !), sache que « *je suis hanté* », que « *Mon âme est le donjon des mortels péchés noirs* » ; — ô monde oublieux, rappelle-toi que « *J'aurai surgi mal mort dans un vertige fou* » ; — ô monde fatal, « *Veux-tu m'astraliser la nuit* » ?... — Non, cette Névrose-ci ou cette Schizophrénie-là n'ont jamais meurtri la mienne à Saint-Pierre, mais à Érèbe ! Ah ! la poésie est parfois une « psychométastase »… — Et que penser de Henri Heine, grabataire durant ses huit dernières années ?... — Ô Poésie, insondable gouffre !... Oublions-nous-y ! Buvons l'« *obliviale poclum* » de Prudence le poète, la « *coupe d'oubli* » ! — Et Vaslav Nijinski ? À trente ans, lui aussi sombra dans la folie, une folie schizophrénique qui dura trente années, le ballottant de maison de santé en maison de santé, de pavillon en pavillon, de box en box, telle une cocotte de papier en état d'impesanteur qui se plie et se déplie en tous sens sans se déchirer. Son père, qui avait quitté sa famille alors que Vaslav n'avait que six ans, rompit définitivement les ponts lorsque son fils atteignit ses dix-huit ans (et mourut cinq années plus tard). Dans ses *Cahiers*, l'*étoile dansante* disait simuler la folie afin qu'on le conduisît à l'asile : « *simuler* » ? Il affirmait ne pas être fou — et se prenait pourtant — sans simuler — pour « *Dieu* »… — Et Serge Mouret, le célèbre abbé imaginé par Zola ? Il avait vingt-quatre ans quand mourut son père, François Mouret, qui lui-même avait vingt-trois ans quand son père mourut. Après être devenu curé, il canalisa son énergie dans l'adoration dévote de la Vierge jusqu'à sombrer dans une folie hölderlinienne. Après l'extase mystique durant laquelle il frôla la mort, il redevint un enfant dont il fallut s'occuper nuit et jour. Ayant perdu ses forces, il craignait de sortir dans la campagne. — Mais il est temps de revenir à Hölderlin et de citer deux de ces lettres démentes parvenues à la mère, généralement très courtes et dont le prototype pastiché serait : « Chère et obligeante madame ma mère, je vous écris ces quelques mots très brefs en m'excusant qu'ils soient si brefs. Je m'arrête donc. Votre fils affectueux, *etc.* » (Le pastiche inimitable entre tous, que je vais citer grivoisement, est trouvable chez Molière : « *Madame, ce m'est une gloire bien grande de me voir assez fortuné pour être si heureux que d'avoir le bonheur que vous ayez eu la bonté de m'accorder la grâce de me faire l'honneur de m'honorer de la faveur de votre présence ; et si j'avais aussi le mérite pour mériter un mérite comme le vôtre, et que le Ciel, envieux de mon bien, m'eût accordé... l'avantage de me voir digne... des...* » Mais je voudrais déjà me rétracter : l'obséquiosité de Monsieur Jourdain est censée faire rire, celle d'Hölderlin est attristante...) Après ce second entr'acte badin, voyons tout de suite le paradoxe d'Hölderlin qui consiste pour lui à dire qu'il ne peut rien dire : « *Si je suis si peu capable de m'entretenir avec vous, c'est parce que je suis tellement occupé par les pensées que je vous dois.* » En disant ceci, — qu'il redit dans maintes missives, — en disant qu'il pense à ce qu'il devrait lui dire, il ne lui dit qu'une seule chose, à savoir : qu'il ne lui dit rien, — et la conclusion de ce qui est dit, c'est qu'il n'a rien dit. En ces sérénades du laconisme extrême, on entrevoit le degré zéro du dire, du langage qui se fait pur signifiant sans signifié, et qui, à force, se résume à l'incompréhensibilité, comme en témoigne cet autre extrait : « *Vénérable madame ma mère, / Je vous prie de ne pas m'en vouloir de vous importuner toujours par des lettres qui sont très courtes. La manifestation de ce qui est notre état d'esprit et de l'intérêt qu'on prend à d'autres que l'on respecte, et comment la vie des hommes se passe, cette manière de se communiquer est constitué de telle sorte que l'on est obligé de s'excuser de cette manière. Je termine de nouveau la lettre et suis / Votre très obéissant fils* », — délié... Folie ! L'ex(cuse)communication, le (dé)*confiteor*... (Quelle belle et féroce démonstration, *in parenthesis*, de la « *parrhèsia* » (« παρρησία »), qui est la « *liberté de parole* » (ici, liberté assujettie, vérité amorphe, assurance aliénée), mais qui est aussi une figure de rhétorique qui transcrit l'idée de « *parler en s'excusant* »... Et, si je ne craignais de trop inonder le lecteur de références, j'irais puiser aux rives de la notion yogique et purificatrice de *Viśuddha*, le *chakra* de la gorge, du pouvoir de la parole, dont l'élément est l'Éther, Ākāśa : ce *chakra* se soigne et s'équilibre par les chants sacrés, les *mantras*...) Folie ! C'est la dislocation langagière d'un moi qui aura brûlé ses ailes en voulant chercher trop haut, « *au plus haut* », la perfection, la si « *brûlante perfection* » : « *Doch nein ! hinan den herrlichen Ehrenpfad ! / Hinan ! Hinan !* » — oui ! « *montons, montons* », tout feu tout flamme, — vagabondons (en pleine canicule), montons « *dans le feu hardi du rêve* » où tout n'est qu'empyrée, subtilisons nos rémiges et notre âme, désunissons-nous, étincelons et flamboyons, rutilons et brasillons, roussissons et rissolons, consumons-nous dans l'ignescence suprême, calcinons l'improbité, torréfions-nous, immolons-nous, charbonnons-nous, carbonisons nos membres, embrasons notre conscience, ardons notre esprit, incendions-nous, brandissons le tison sur notre fagot/fardeau, faisons crépiter et bouillir notre sang, étoilons-nous, étiolés, comètes comatiques (ô randons de brandons), piquons une tête, folâtres, dans le fol âtre, plongeons depuis l'orle du cratère dans la cheminée de l'Etna, « *élançons-nous dans le bûcher enflammé* », telle Hécube, glorieusement, pour mêler notre cendre aux cendres de notre patrie, plongeons dans « *l'étang ardent de feu et de soufre* » (*Ap 19,20;21,8*), plongeons dans « *l'urne de soufre* », plongeons dans le fleuve de feu, le Phlégéthon, plongeons, tel le petit Hébreu Azarias, dans la fournaise ardente, et chantons le cantique (« *Feux et chaleurs, bénissez le Seigneur ; louez-le et exaltez-le à jamais* »), sacrifions-nous telle Évadné, escarrifions-nous, confondons les transports brûlants, le vénusien et le vésuvien, soyons le « φλόξ » d'un retentissant « *fiat flamma* » (ô phlogistique), soulageons-nous dans l'ecpyrose, cet incendie vaste et violent, — oublions-nous, asphyxions-nous, gazons-nous, oublions le parlage, étreignons celui qui brûle, Ζεύς, métamorphosons-nous en salamandre, cette amoureuse des flammes, laissons-nous encendrir, laissons-nous dévorer par le brasier mortel et les coulées de lave, par l'œstre fuégien, — par les solfatares existentielles, — par la fumeuse et magmatique mélancolie !... Oublions le père dans un deuil infini... pour que le fils soit oublié dans le Shéol : « *C'est en pleurant que je descendrai vers mon fils au séjour des morts !* » (*Gn 37,35*) — *A penny for the* — *Loreleï*... — Tel Rūmī en ses *Odes mystiques*, tu t'enflammes : « *C'est dans le feu et la brûlure que s'écoule pour moi la nuit jusqu'à l'aube.* » — Folie ! folie religieuse ! foyer de la folie entretenu ! folie de la quête ! folie inquisitrice à la Torquemada ! « *Rubis de la fournaise ! ô braises ! pierreries ! / Flambez, tisons ! brûlez, charbons ! feu souverain, / Pétille ! luis, bûcher ! prodigieux écrin / D'étincelles qui vont devenir des étoiles !* [...] *Feu ! lavage / De toutes les noirceurs par la flamme sauvage !* » — Monte « *dans le feu hardi du rêve* », ô Hölderlin, ne dis pas devant ton Dieu, comme le fit, au moment de mourir, le Séraphîtüs de Balzac : « *Si je ne suis pas assez pur, replonge-moi dans la fournaise !* » — Sans embûches, montons, montons *dans le feu hardi du rêve* », et peu nous chaut que tout cela, pour reprendre le bon Siddhārtha Gautama, soit « *enflammé par le feu du désir, par le feu de la haine, par le feu de l'illusion* », « *par la naissance, par la vieillesse, par la maladie, par la mort, par les peines, par les plaintes, par la douleur, par le chagrin, par le désespoir* » !... Ça brûle dans l'âtre et le non-âtre... — Montons, montons « *dans le feu hardi du rêve* », supplions et prosternons-nous au chant du *Dies Iræ*, le poème du Jour de Colère, la Prose des morts, — ô Père ! » « *Oro supplex et acclínis, / cor contrítum quasi cinis, / gere curam mei finis.* » (« *Suppliant et prosterné, je vous prie, le cœur brisé et comme réduit en cendres, / prenez soin de mon heure dernière.* ») Requiem de la Folie, je bats ta mesure ! Et quelle mesure dans le *Dies Iræ* de Charles-Marie Leconte de Lisle, où Hölderlin m'apparaît sans que je puisse effacer son image ! « *Il est un jour, une heure, où dans le chemin rude, / Courbé sous le fardeau des ans multipliés, / L'Esprit humain s'arrête, et, pris de lassitude, / Se retourne pensif vers les jours oubliés. / La vie a fatigué son attente inféconde ; / Désabusé du Dieu qui ne doit point venir, / Il sent renaître en lui la jeunesse du monde ; / Il écoute ta voix, ô sacré Souvenir !* » (Je n'ai pas le courage de recopier les cent huit autres vers, et pourtant ! que d'« *urnes de rosées* » s'y trouvent ruisselantes dans le « *silence étincelant des cieux* » !... « *Ô vents ! emportez-nous vers les Dieux inconnus !* ») Montons ! montons ! montons ! Quoi ? « *Monter, c'est s'immoler. Toute cime est sévère.* » Ha !... — La perfection est une quête sans fin qui permet, grâce à l'*obsession*, de détourner les pensées douloureuses, et Hölderlin le savait en posant sans arrêt la question de la possibilité de trouver « *la voie qui mène au but* », car, à se la poser, on ne la trouvera pas telle qu'on la désire. « *Dévoré de désirs que l'impuissance irrite* », dit joliment André Chénier, grand helléniste, tout comme lui... Tout repose sur l'attente d'une jouissance qui ne se manifeste pas, sur un inassouvissement entretenu : « *mais mon insurmontable mélancolie — provient, sinon entièrement, du moins en grande partie, de mon ambition inassouvie* », expliquait-il à Louise Nast dans une lettre de rupture ; « *une fois qu'elle aura obtenu ce qu'il veut, alors, et pas avant, je serai tout à fait gai, content et bien portant. Tu comprends à présent la véritable raison pour laquelle j'avais pris la décision, trop hâtive sans doute, de donner un autre tour extérieur à nos relations. Je ne voulais pas te lier, car il n'est pas sûr que ce désir éternel puisse jamais se réaliser* »... Hölderlin, en somme, abdique au nom de l'incertitude, il est l'homme qui pense qu'il ne sera « *jamais heureux* » et qui, dans la foulée, sous le poids d'une double contrainte, croit qu'il pourra l'être à la condition que... que quoi ? Qu'il fasse ce qu'il désire. Or, habité du doute et gouverné par l'idéal (le rêve), il ne fait que désirer — ce qu'il ne fait pas... Être — ce que l'on rêve — ou ne pas être... « *Je sais bien que je ne suis rien encore et que peut-être je ne serai jamais rien. Mais est-ce une raison pour perdre confiance ? Est-ce une raison pour croire que ma confiance n'est qu'illusion et vanité ? Je ne le pense pas. Si je ne parviens à rien d'excellent en ce monde, je me dirai que je ne me suis pas bien compris. Se comprendre soi-même ! Voilà ce qui nous grandit* », écrivait-il en 1798 à Neuffer. Encore l'expectative, l'indétermination, la supposition : de celui qui prévoit qu'il ne se sera peut-être pas compris, peut-on croire, tant est grande la méfiance, qu'il s'est jamais tout à fait compris ? J'emploie bien le mot « *méfiance* », bien que le texte contienne son *opposé*, la « *confiance* », car celle-ci est une nouvelle fois un désir, un état situé par-delà les nuages. À sa mère, il confia inconsciemment la nature de cette confiance/méfiance indissociable : « *Quand même ce que je porte en moi ne parviendrait jamais à s'exprimer par un langage clair et précis, ce qui dépend grandement d'un heureux hasard, je sais du moins ce que j'ai voulu, et que cela dépasse de beaucoup ce que laissent pressentir mes pauvres tentatives [...].* » Pour reprendre ce que nous écrivions à l'instant, non seulement « *il ne fait que désirer — ce qu'il ne fait pas* », mais, de surcroît, toujours « *habité du doute* » (l'« *heureux hasard* »), il se rassure à la pensée qu'il aura su qu'il n'aura fait que désirer — ce qu'il n'aura pas fait... Volition contre effectuation, telle se montre l'obscurité ; monde intérieur contre monde extérieur ou monde extérieur contre monde intérieur, telle se montre cette double contrainte... Toujours il balance entre deux tendances contraires, deux idéaux antagonistes qui le détruisent lentement, et qu'il ne parvient pas à surmonter, quand même il leur (ou se) donnerait un coup de fouet. Un autre Friedrich, — Schlegel, — fit cette « saillie » que j'appliquerais volontiers à Hölderlin (en changeant le « *veut* » en « *a voulu* » et le « *pas* » en « *plus* ») : « *Qui veut quelque chose d'infini ne sait pas ce qu'il veut.* » À force d'être communiqué, il ne communique plus ; à force de projeter, il se projette ; à force d'incliner, il s'incline ; à force, à bout de force, l'impotence converge vers la potence... « *Il te suffit d'être / Toi-même, dans ta lutte. Rien ne pourra jamais / Assouvir l'esprit tant que l'esprit restera lui-même, / Au cœur de ce qui l'entoure. Il est fait / Pour osciller* » : cette injonction du Lucifer de Byron (*Caïn*), Hölderlin la repousse, incapable de la soutenir, et cela transparaît dans cet extrait de l'un des essais qu'il écrivit, éloquemment titré *Être et jugement* : « *Comment pourrais-je dire : Moi ! sans conscience du Moi ? Mais comment la conscience de soi est-elle possible ? Elle l'est quand je m'oppose à moi-même, quand je me sépare de moi-même, mais que malgré cette séparation je me reconnais dans l'opposition comme le même. Mais dans quelle mesure le même ? Je peux, je dois poser la question ainsi ; car sous un autre rapport il s'oppose à lui-même. Par conséquent l'identité n'est pas l'union de l'objet et du sujet qui se produirait sans plus, par conséquent l'identité n'est pas = l'Être absolu.* » Il prend position, puis s'oppose, mais jamais ne dépasse. Le texte est pour le moins explicite à cet égard en faisant de la séparation de soi-même la condition de la conscience de soi-même ! Et quelle résonnance avec les paroles de Freud ! L'identification au père, détrônée par l'identification au père absolu, au Père, objet du deuil introjecté, *se désunit*... et s'achemine vers la perte de la conscience. Prenons un autre exemple de cette funeste « double contrainte » : dans une autre lettre à Neuffer (1794), il expose ses idées sur la traduction : « *Tu as raison, la traduction est une gymnastique salutaire pour la langue. [...] Le langage est un organe de notre cerveau, de notre cœur, l'indice de notre imagination, de nos idées, c'est à nous qu'il doit obéir. Or, s'il a vécu trop longtemps au service de l'étranger, on peut craindre, je crois, qu'il ne redevienne plus jamais l'expression parfaitement libre et pure de notre esprit, façonné uniquement par notre moi intime et par lui seul.* » C'est un comble ! On n'ignore pas qu'en dehors de ses activités poétiques, Hölderlin passait un temps non négligeable à traduire Pindare et Sophocle (dont *Œdipe Roi* !). Sans l'ombre d'une hésitation, en cédant à son avertissement, il fut la parfaite illustration de cet asservissement. Du reste, pendant toutes ces années de folie, pendant ces quatre décennies d'internissable internement, ne continuait-il pas à traduire inlassablement les auteurs antiques, et ne balbutiait-il pas, devant certains visiteurs, un langage cacophonique où se mélangeaient latin, grec, français ?... Dans la perte de langage, il y a la perte de la conscience, le brisement d'un Moi supplicié. Nul brise-lames pour endiguer la perte ; la perte, c'est un « brise-l'âme ». Ô pauvre âme, ô pauvre Hölderlin, — toi l'*à-fleur-d'eau*, — est-ce toi donc qui, dans ton *Empédocle*, par les douces lèvres de Panthéa (étymologiquement : « *contemplation du tout* »), prononçais : « *O ewiges Geheimnis ! was wir sind / Und suchen, können wir nicht finden, was / Wir finden, sind wir nicht* » (« *Ô éternel mystère, cela que nous sommes / Et que nous cherchons, nous ne pouvons le trouver ; / Ce que nous trouvons, nous ne le sommes pas* ») ? Oui, je le crains, c'est bien toi, ô mon ami ! Tu recherchais une « *vérité nouvelle* », une vérité qui s'ajustât à l'universel, un absolu irréprochable, un idéal incandescent, mais ta route était parsemée de pièges, de *trébuchets*, et du plus pernicieux (vorace) d'entre tous, l'Esprit-Divisé, dont tu ne t'avisas que trop tardivement. Dès 1797, tu confiais à ton ami Neuffer : « *Ô mon ami, je garde encore et toujours le silence, si bien qu'un fardeau s'accumule en moi qui finira par m'écraser, ou du moins par m'obscurcir irrémédiablement l'esprit* » ; — puis, le 18 juin 1799, à Casimir Ulrich Böhlendorff : « *À présent je crains de subir à la fin le sort de Tantale qui reçut des Dieux plus qu'il n'en put digérer* », ce que je désignerais allégoriquement comme la souffrance du « *vase sacré* ». Te souviens-tu de ces trois vers de ton poème *Bonaparte* ? « *Heilige Gefäße sind die Dichter, / Worin des Lebens Wein, der Geist / Der Helden, sich aufbewahrt* » (« *Vases sacrés, voilà ce que sont les poètes, / Où le vin de vie, où des héros / Se conserve l'esprit* »). Ce « *vase sacré* », ce « *heilige Gefäß* », qui, en allemand, me croiriez-vous, — en sus de la tournure francisée « *sacré pot* » (la chance du bol, à ras), — est le synonyme de « *saint vaisseau sanguin* », ce vase qui conserve l'« *esprit* » des « *héros* » que tu voulais, ô sylphe Hölderlin, étreindre et embrasser, ce vase dans lequel tu voulais boire « *le vin de la vie* », tu t'y noyas, ton esprit, tel un anévrisme, se dilata, s'enivra jusqu'à se casser, y compris le vase. Ce vase est bien un *vaisseau*, car la veine est un réceptacle pour le sang, ou, pour le dire comme Aulu-Gelle en ses *Nuits attiques*, elle « *est un réservoir*, ἀγγεῖον, *comme les médecins l'appellent, de sang mêlé avec l'esprit vital, mais où le sang domine* », ces mêmes « ἀγγείοις » que l'on retrouve soit dans l'Évangile de saint Matthieu (*25,4*), soit dans le Siracide (*21,14*) — où il prend ici une valeur plus que symbolique : « *Le cœur du sot est comme un vase brisé qui ne retient aucune connaissance* » (« *cœur* » en syriaque et en latin, « *entrailles* » en grec), — soit encore dans Platon, où Timée désigne la tête en tant qu'elle entoure le cerveau (à noter que peu de traducteurs français le traduisent par

« *vase* »). (Mais n'étant ni un « angiographe » ni un Athénée de Naucratis, je ne gloserai pas sur toutes les sortes de vases… quoiqu'il y en ait un en particulier qu'il serait intéressant d'étudier, un vase en forme de poire, nommé « δῖνος », et qui, au fil du temps, est devenu le synonyme de « *tournoyant* », « *vertige* », « *tourbillon* » !...) « *Vasa cadunt* », disait Juvénal : « *vase fracassé* », « *vase rompu* », « *débris de vaisselle* », — cette si fragile « vaisselle » que l'ancien français avait repris du bas latin « vascellum » (« urne », « sarcophage », « petit vase », « ruche », « vaisselle »). Épictète, dans ses *Entretiens*, se moqua d'un rhéteur en utilisant une comparaison amusante : « *Toi, ta vaisselle est d'or, mais ta raison, mais tes opinions, tes jugements, tes vouloirs, tes désirs, tout cela est de terre cuite.* » Ô voix intérieures ! Ah ! Friedrich !... Excuse-moi d'amasser citation austère sur citation culottée (ce victorieux et « *triste amas d'anciennes coupes vides, / Vases brisés qui n'ont rien gardé que l'ennui, / Et d'où l'amour, la joie et la candeur ont fui* »)… Qui sait ? peut-être qu'en écrivant toutes ces lignes au sujet de ta folie et de ton incohérence, n'ai-je fabriqué qu'un ensemble fou et incohérent, et suis-je ton compagnon de cellule ?... « *Une maison en ruines, telle est la sagesse du sot, et la science de l'insensé, ce sont des discours incohérents* », dit Ben Sira *(21,18)* — en nous visant ? « *Une maison en ruines* » ou une « *prison* », « *des discours incohérents* » ou « *des charbons ardents* », peu nous chaut de savoir la traduction exacte : ne sommes-nous pas prisonniers de notre ruine et nos paroles ne sont-elles pas brûlées en même temps que nous ?... — « *Le monde, vase spirituel, ne peut être façonné. / Qui le façonne le détruira. / Qui le tient le perdra.* » Pour Lao-tseu, « *Le Tao est comme un vase, / que l'usage ne remplit jamais* » ; « *Il est pareil à un gouffre, / origine de toutes choses du monde* ». Danaïde de toi-même, aimant de toi-même, petit *a* de toi-même… Ô Friedrich, « *vase sans fond, fuyant et perméable, / Dont rien ne peut combler l'abîme insatiable* » (Lucrèce) !... — Je te vois, ô Friedrich, tel le poète d'un tableau de Nicolas Poussin que commente Victor Cousin (soi-disant *L'inspiration du poète*, mais celui-ci ne correspond pas à la description) : « *Le poète à genoux porte à ses lèvres la coupe sacrée que lui tend le dieu de la poésie, Apollon. À mesure qu'il boit, l'improvisation s'empare de lui, son visage se transfigure, et la sainte ivresse se fait sentir dans le mouvement de ses mains et dans tout son corps.* » Apollon ? Peut-être… Ainsi, tu serais comme un roi de Thulé, ta fidèle amante t'aurait légué en souvenir « *une coupe d'or ciselé* » dans laquelle tu boirais, tes yeux se rempliraient de larmes, et un jour ta main lancerait depuis le balcon « *la coupe d'or au flot amer* », ton front pâlirait… et on ne te verrait jamais plus boire… Mais non, Apollon ne convient pas… Tu serais bien plutôt Dionysos, le Dieu de la folie !... ou le fils d'Achille, qui tend une coupe d'or toute pleine et la lève pour libation de son père mort !... Chante ! pleure !... Chante tes nomes comme Terpandre ! pleure le Dieu qui nous fait taire ou pendre ! (« Ha !... » m'exclamé-je — ou plutôt, reprenant le *sacré* québécois dérivé de « *Tabernacle* » : « Tabarnak !... ») Quand il est sacré, le vase porte le nom de « *vase de sang* » ; quand il est à caractère dévotionnel, le vase représente le réceptacle de la grâce divine et porte les différents noms de « *vase d'élection* », « *vase d'élite* », « *vase de miséricorde* », « *vase de colère* ». Dans l'*Apocalypse*, soit les *coupes d'or*, remplies de parfums, sont les *prières des saints* (14,10), soit elles sont les *coupes de la colère de Dieu* (16,1) qui répandent l'ulcère, le feu, les ténèbres, les démons, les tremblements de terre et changent la mer et les fleuves en sang. Dans l'*Épître aux Romains* (9,22), Paul évoque l'imperturbabilité de Dieu qui « *a supporté avec une grande patience des vases de colère formés pour la perdition* ». Toi, Hölderlin, ton (amer) calice splendide, ton vase sacré se nomme « hébétude », « hébéphrénie », « cachexie », tu « *as bu, sucé jusqu'à la lie la coupe d'étourdissement !* » (Is 51,17) Libation fatidique à la palustre saveur ! liquoreuse et somptueuse offrande ! taurobole dégoûtant !... « *Mais je me languis à ma chaîne et arrache avec une joie amère la pitoyable coupelle tendue pour ma soif* », déplorais-tu « hypérioneusement »… Tu ne savais pas « *avec quelle furie cette mer des passions humaines fermente et bouillonne lorsqu'on lui refuse toute issue, comme elle s'amasse, comme elle s'enfle, comme elle déborde, comme elle creuse le cœur, comme elle éclate en sanglots intérieurs et en sourdes convulsions, jusqu'à ce qu'elle ait déchiré ses digues et crevé son lit* », — tu ne savais pas ce que dit la bouche d'ombre, savoir que les monstres — en nous — « *viendront, tremblants, brisés d'extase, / Chacun d'eux débordant de sanglots comme un vase* », — tu ne savais pas que la surpression romprait le barrage que tu avais bâti, que le centre de poussée ne contiendrait pas les forces sans cesse surajoutées et que tu t'épuiserais, et adroitement Schopenhauer, « *comme la pile de Volta s'épuise par des décharges répétées* », — tu ne savais pas que chaque homme est, en puissance, « *Vase parmi les vases de terre !* » (Is 45,9) Empoté ! Entassé dans la poussière… noyé à fond de vase… — Tu lèves la *coupe* au ciel comme dans les *Psaumes* (116,13) : « *J'élèverai la coupe des délivrances, et j'invoquerai le nom de l'Éternel* » ; — en une épiclèse, tu invoques ton père, ton dieu, car *tu reconnais un père dans le Dieu que tu reconnais* (Alexander Pope), et tu rabaisses la *patère* ; puis tu t'oublies, « *oublié des cœurs comme un mort* », tu es « *comme un vase brisé* » (Ps 31,12) ; et, oubliant que « *tout est vanité* » (« *vanité des vanités* »), tu as finalement *tout* oublié, dont ces paroles de l'Ecclésiaste *(12,1-2.6)* : « *Mais souviens-toi de ton créateur pendant les jours de ta jeunesse, avant que les jours mauvais arrivent et que les années s'approchent où tu diras : Je n'y prends point de plaisir ; avant que s'obscurcissent le soleil et la lumière, la lune et les étoiles, et que les nuages reviennent après la pluie [...] avant que le cordon d'argent se détache, que le vase d'or se brise [...].* » « *Vanité des vanités, dit l'Ecclésiaste, tout est vanité.* » Le monde obscur se tait, ô Hölderlin de la nuit noire ! « *Le vase d'or paraît : tous gardent le silence* », récite le Virgile traduit par l'abbé Delille. Tout homme porte en lui un vase fêlé — qu'un rien briserait. Au fond : « *Quid est homo ?* » (« *Qu'est-ce que l'homme ?* ») Sénèque répond : « *quo libet quassu vas et quolibet fragile iactatu.* » Tel est l'homme, « *un je ne sais quoi vase fêlé, que peut briser la moindre secousse* », qu'une petite tempête peut mettre en pièces, que le premier choc dissoudra. Qu'est-ce que l'homme ?... Un vase cabossé, un « *corps débile et frêle, nu, sans défense naturelle, incapable de se passer du secours d'autrui* » : voici ce que dit Sénèque, voilà ce que je pense… L'homme, ce portefaix, — et mis en broc, — et en vain, — et en poussant un saint râle… L'homme, cette coupole sans rotonde, cette coupe suspendue et renversée, ce sacraire… L'homme, ce pécheur, ce fautif, ce coupable : le latin « *culpa* », « *faute* », fut orthographié « *coulpe* » ou « *coupe* », et devint un homonyme de l'habituelle « *coupe* », ce qui donna ce drôle de vers dans *Le Roman de Renart* : « *Or m'en repent, Diex ! moie coupe.* » Le regret qu'exprime le *mea culpa* », fondu un in « *moie coupe* » : ô scission !... Battre sa *coupe*, — sans chercher à se *disculper* ? « *Ne mettez pas, ô mon Créateur, une liqueur si précieuse dans un vase brisé, d'où vous l'avez vue tant de fois se répandre* », se morfondait Thérèse d'Ávila, pénitente (qui se consumait divinement — comme Hölderlin — en croyant sans répit en l'étincelle qui pût « *embraser l'âme d'un très ardent amour de Dieu* », provoquant

« *un véritable incendie jetant au loin des flammes* »). L'homme, si minuscule en son argile, est si friable que la vérité nue le désagrégerait… « *Que deviendrons-nous si, sans mesurer l'onde, / Le Dieu vivant, du haut de son éternité, / Sur l'humaine raison versait la vérité ? / Le vase est trop petit pour la contenir toute.* » L'homme, effondré, en disharmonie avec lui-même, divisé, *coupé*. C'est la « *craquelure dans le luth* », ainsi que disent les Anglais : « *The rift within the lute.* » — Le menuisier qui te recueillit et t'hébergea tout au long de ta maladie mentale, qui te côtoya chaque jour, te fit à manger, te blanchit, te permit de te reposer dans ta retraite du monde, ce bon et charitable Zimmer, dans un entretien avec l'écrivain Gustav Kühne (qui t'avait rendu visite un jour d'été 1816), exprima les raisons de ta folie en ces termes : « *Ce n'est pas le manque d'esprit qui l'a rendu fou […]. C'est toute sa science, croyez-moi. Quand le vase est trop plein, et clos, il ne peut qu'éclater. Et si vous voulez rassembler les morceaux, vous constaterez que tout le contenu s'est perdu.* » (Jusqu'à maintenant, nous avions éludé la rupture de Hölderlin avec Diotima, et le lien éventuel avec sa descente aux enfers ; nous ne l'aborderons que par l'intermédiaire de Zimmer : « *Croyez-m'en, ce n'est pas ça ! Passé la trentaine, personne ne perd la tête pour une histoire d'amour. C'est sa manie de savoir, non sa passion pour la dame de Francfort. Passé la trentaine, il n'y a pas un Souabe qui tombe fou d'amour…* » Ceci explique en partie notre choix de n'en avoir pas développé les conséquences. Cette parenthèse me permet de revenir une avant-dernière fois à Wilhelm Waiblinger, qui évoque, parmi les facteurs cruciaux de ta déchéance, outre la rupture avec Diotima, les études forcées en théologie et l'environnement d'enseignants inaptes à la psychologie, la focalisation sur *Hypérion* qui développa une « *mélancolie noire* » (« *eine schwarze Melancholie* ») et le familiarisa « *brutalement avec la folie* », les désillusions liées à sa vocation (dont la froideur de Goethe) ou encore le métier de précepteur. Enfin, Waiblinger insiste sur l'habitude de la solitude et de l'ennui qui ne font que renforcer la maladie du poète. Mais nulle part, il n'est fait allusion à l'impondérable facteur : le *père* !…) Tu avais raison, malheureux Chantre, en clamant haut et fort : « *Nein ! ich wollte nichts auf dieser Erden !* » — Non ! — « *Nein !* » — « *Non ! je ne voulais rien de cette terre !* » — Tu délimitas ton *lieu*, — le lieu en tant qu'il est, selon Aristote (*Physique*), « *la première limite immobile du contenant* ». Quelle ironie ! Pour définir ce qu'est le *lieu* (début du Livre IV), Aristote se sert du *vase* ! (Le « *vase* » en tant qu'il s'écrit… « ἀγγεῖον » !…) Mais si le vase est brisé, il n'existe pas de telle limite, et le contenu (le corps) n'est plus dans en aucun lieu, pas même dans une *sacristie*… Déborder de ce qui n'a plus de bords, ou l'inverse ; toucher l'intactile ; informer la déformation ; ou — pis — être cette figure topologique appelée la *bouteille de Klein* ou *tore non orientable* (elle n'est pas représentable dans notre espace à trois dimensions, seulement dans $\mathbb{R}^4$, et c'est une *surface à une seule face* qui n'a *ni intérieur ni extérieur*)… La bouteille — ou la fiasque — et le *fiasco*… Si l'on n'*obtempère*, comment ne perdre pas *contenance* ?… ou tourner autour du *pot* ?… Il y a *lieu* de croire — que le croire n'a *plus lieu*, qu'il est évincé (*lock-out*) et qu'il ne *dit* plus rien (nul *loquis* si nul *locus*). Nager enfermé dans le liquide amniotique, n'avoir pour seul lieu que l'enceinte d'origine, l'« ἀμνίον », la « *membrane qui enveloppe tout le fœtus* », l'« ἀμνίον » qui est aussi le « *vase où l'on reçoit le sang des victimes* » !… — Abject ilotisme de l'autisme… N'être qu'ossuaire, reliquaire, châsse ! Et pourtant, tu remues, tu sursautes au moindre bruit, tu continues de t'entretenir avec toi-même jour et nuit, mais tu évolues dans un espace sans lieu, dans un lieu sans espace, tu te distances sans cesse. Je suis d'accord avec Waiblinger lorsqu'il déduit de ton usage immodéré de toutes ces formules de politesse à l'égard de tes visiteurs (ou de ta mère), la volonté de te « *tenir délibérément à bonne distance de chacun* », une « *distance insurmontable* » qui crée « *un gouffre incommensurable* » entre toi-même « *et le reste de l'humanité* ». De là ta petite phrase fréquemment répétée, comme si tu cherchais par là à te « *prémunir* » et à te « *tranquilliser* » : « *Es geschieht mir nichts!* » (« *Cela ne m'atteint pas !* ») — Ô l'Inaccessible, ô l'Inabordable ! Tu eus la foi, une foi inébranlable, une foi trop grande, trop sacrée, une foi destructrice. Savais-tu que Goethe, dans ses *Mémoires*, utilisa une formule aphoristique qui a un rapport avec ce qui *nous* occupe ? Écoute : « *Der Glaube sei ein heiliges Gefäß, in welches ein jeder sein Gefühl, seinen Verstand, seine Einbildungskraft, so gut als er vermöge, zu opfern bereit stehe* » (« *La foi est un vase sacré, dans lequel chacun se tient prêt à verser son sentiment, son intelligence, son imagination* »). À les verser abondamment, tu en fus littéralement inversé… — Ah ! tu fus une voix magnifique, la voix du vrai, du pur Poète, une voix qui s'éteignit, une voix qui vécut en *vase clos*, une voix qui sur la fin répéta sans cesse : « *Il ne m'arrive plus rien* »… Ta vie devint une vie de *potiche* ; elle ne fut plus, dirait Émile, ton frère posthume, qu'« *un vase à pauvre ciselure* », et il ne t'arriva *plus rien*… Dieu seul sait quelle météorite, précipitée de je ne sais quels céruléens et indignes lieux, tomba sur ta tête et fendit ton crâne en deux… Tout ce que tu touchais se transformait en or — et tu avais sans doute, malencontreusement, oublié Midas et la puissance de cet *aurifique* et *horrifiant* sortilège : ta main devint or, ton cerveau, lingot, et ton cerveau, pour ta chrysocale… La gourde n'est-elle pas — *aussi* — une pièce de monnaie en argent (*piastre*) ? et ne faut-il pas, un jour ou l'autre, rendre la monnaie de sa pièce ? — « Ah ! » t'écriais-tu vainement dans ton *Hypérion*, « *que n'est-il encore quelque tâche à accomplir pour moi en ce monde ! un travail, une guerre qui pourrait me redonner le goût de vivre ?* » Une guerre — des nerfs ? « *Quand je regarde, quand j'interroge la vie, quelle est la fin ultime de tout cela ? Rien. Et quand je monte dans les hauteurs de l'esprit, quel est le sommet de tout cela ? Rien.* » — « *Nichts.* » — La folie autorise peu (n'agrée guère) les coïncidences — et il est temps, pour conclure, de plonger au dedans des apparences et d'affronter ces deux visages amis et ennemis que tu arboras (à tort ? à droit ?), ces deux images — que tu détachas (d'un monde entaché — qui t'arracha à toi-même quand tu crus t'*accrocher*), et qui te fit décrocher et te détacher : *Empédocle* et *Hypérion*. Au fond, double langage, double entité, double visage, double vie, double mort, car (ou donc) « *double discours* », — comme dit Empédocle dans l'un des rares fragments qui nous soient parvenus (et qui est censé résumer sa philosophie) : « *À un moment donné, l'Un se forma du Multiple ; en un autre moment, il se divisa et de l'Un sortit le Multiple. Il y a une double naissance des choses périssables et une double destruction. La réunion de toutes choses amène une génération à l'existence et la détruit ; l'autre croît et se dissipe quand les choses se séparent. Et ces choses ne cessent de changer continuellement de place, se réunissant toutes en une à un moment donné par l'effet de l'Amour, et portées à un autre moment dans les directions diverses par la répulsion de la Haine. Ainsi, pour autant qu'il est dans leur nature de passer du Plusieurs à l'Un, et de devenir une fois encore Plusieurs quand l'Un est morcelé, elles entrent à l'existence, et leur vie ne dure pas. Mais, pour autant qu'elles ne cessent jamais d'échanger leurs places, dans cette mesure, elles sont toujours immobiles quand elles parcourent le cercle de l'existence.* » On sait peu de choses d'Empédocle. Chacun de vous deux rêve de pureté et, « *voyageur sans guide, erre autour de son âme, / Comme autour d'un cratère éteint* ». Tu t'épris quand même de lui, tu le fis exister, tu le décrivis à ta manière, tu contas sa chute qui succéda à son bannissement par le peuple, tu voulus retracer les détails de l'incompréhension dont il fut victime. Eh bien, en étudiant scrupuleusement les maigres matériaux dont on dispose et en les mélangeant, on remarque, sidéré, qu'Empédocle, également, à sa manière, près de vingt-cinq siècles plus tôt, s'était épris de toi et t'avait fait exister à travers lui. Écoute ! Empédocle parle… — « *Il était égal en tous sens, et tout à fait infini, sphérique et rond, joyeux dans sa solitude circulaire* », notait le philosophe d'Agrigente en pensant à toi. « Hölderlin était seul, car il n'était pas fait pour "*errer ici sur terre parmi les mortels*", et quand, un jour, après un long voyage, il revint chez lui, il se sentit exilé : "*Je pleurai et je me lamentai quand je vis le pays, qui ne m'était pas familier.*" Et il rebroussa chemin, abattu. Rêvant de la Grèce éteinte ("*La Grèce a été mon premier amour, et je ne sais si je dois dire qu'elle sera mon dernier*", n'est-ce pas ?), il se mit lors à écrire *Hypérion*, à traduire Sophocle et Pindare, car il désirait voguer "*en arrière vers l'Olympe, d'un visage exempt de crainte*", afin de fuir "*la nuit solitaire, aux yeux aveugles*", afin de retrouver le Père, — mais, tel "*le feu qui se précipite en haut*" et finit par retomber glacé, il fut précipité aux confins du "*pays sans joie, où sont la Mort et la Colère*", les "*bandes de Kères et les Fléaux qui dessèchent*", "*la Pourriture et les Flots*" qui "*rôdent dans l'obscurité sur la prairie d'Atè*" (Atè, la déesse de la folie qui, selon Homère, "*égare les hommes*" et "*tous les esprits*"). Hölderlin avait en effet oublié qu'à nous autres humains, "*il ne nous est pas possible de placer Dieu devant nos yeux, ou de le saisir de nos mains*", et il arrive parfois que "*le père soulève son propre fils, qui a changé de forme, et le tue en prononçant une prière*", ou bien l'inverse : "*Pareillement, le fils saisit son père, et les enfants leur mère, leur arrachent la vie et dévorent la chair qui leur est parente.*" » — Ainsi parla — dans mes rêves les plus fous — Empédocle. Hélas ! Soit que tu t'eusses identifié à Empédocle, soit qu'Empédocle t'eût ressemblé comme un frère, soit que ces images s'entremêlent à cause de mes spéculations sans fin (je t'évoque en évoquant Empédocle qui t'évoque), le destin n'en fut pas moins le même, et je t'imagine tel l'Empédocle de Salvator Rosa, qui se jette dans l'Etna, ou mieux, en substituant la coloration virile, telle la Sapphô d'Antoine-Jean Gros, qui se précipite du rocher de Leucade, souple, rêveuse, dans un geste coordonné hors du temps, tout empreint de la gracilité la plus pure, la plus évaporée, ensorcelée, captivante… Empédocle, nous venons de le dire, te fut cher, et il t'en coûta autant, mais parlons à présent de l'autre versant, Hypérion, qui — au nom du ciel ! — alla *trop haut* (au contraire d'Empédocle, qui alla *trop bas*), ainsi que son nom, « Ὑπερίων », l'atteste : « *Qui marche au-dessus de nous* »… L'origine et l'histoire de l'Hypérion mythologique sont incertaines, incertitudes auxquelles s'ajoute encore une méprise qui de nos jours perdure et n'aide pas à réhabiliter le noyau de la légende : par synecdoque ou métonymie, le Soleil est souvent confondu avec Hypérion alors qu'il n'en est que le fils… D'après les *Hymnes homériques*, « *Hypérion épousa la célèbre Euryphaessa [ou Théia, Théa, Basiléa, Basilée], sa sœur, qui mit au monde les enfants les plus beaux : l'Aurore aux doigts de rose, la Lune à la belle chevelure et le Soleil infatigable, semblable aux Immortels […].* » Il faut aller chercher du côté de Diodore de Sicile (*Bibliothèque historique*) pour trouver de plus amples informations sur sa généalogie : « *Uranus [ou Ouranos, Coelus, Cælus, Ciel] eut quarante-cinq enfants de plusieurs femmes ; il en eut dix-huit de Titéa [ou Gaïa, Cybèle, Terre]. Ces derniers, ayant chacun un nom particulier, furent en commun appelés Titans du nom de leur mère. […] Uranus eut aussi plusieurs filles dont les deux aînées furent les plus célèbres, Basiléa et Rhéa, que quelques-uns nomment aussi Pandore. […] Plus tard, pour avoir des enfants qui pussent lui succéder dans la royauté, elle épousa Hypérion, celui de ses frères qu'elle aimait le plus. Elle en eut deux enfants, Hélius et Séléné, tous deux admirables de beauté et de sagesse. Ce bonheur attira à Basiléa la jalousie de ses frères, qui craignant qu'Hypérion ne s'emparât de la royauté, conçurent un dessein exécrable. D'après un complot arrêté entre eux, ils égorgèrent Hypérion et noyèrent dans l'Éridan son fils Hélius, qui n'était encore qu'un enfant.* » La suite ne nous concernerait plus s'il n'y avait quand même cet épisode racontant la douleur qui s'abattit sur Basiléa, dont le rapprochement avec le destin d'Hölderlin est saisissant : « *Après cela, elle tomba dans une espèce de manie. Saisissant les jouets de sa fille, instruments bruyants, elle errait par tout le pays, les cheveux épars, dansant comme au son des tympanons et des cymbales, et devint ainsi pour ceux qui la voyaient un objet de surprise. Tout le monde eut pitié d'elle ; quelques-uns voulurent l'arrêter, lorsqu'il tomba une grande pluie, accompagnée de coups de tonnerre continuels. Dans ce moment, Basiléa disparut.* » Chez Pausanias (*L'Attique*), on découvre un dieu qui apparaît un peu plus humain que les légendes précédentes, mais la notice est trop courte pour en discuter sérieusement : « *Hypérion, fils d'Agamemnon, qui fut le dernier Roi de Mégare, ayant été tué par Sandion à cause de son insolence et de sa cupidité […].* » Ceci étant dit, l'intérêt — tout anecdotique — me porte ailleurs, précisément vers l'*astronomie*, *Hésiode* et *Keats*. L'astronomie, d'abord, parce que, selon la dénomination de William Lassell, Hypérion est un satellite de Saturne (son frère dans la mythologie, Kronos en grec, ou Cronos) et possède des caractéristiques troublantes : *criblé d'impacts* que la force centrifuge *ne permet pas de reboucher*, il est peut-être le plus *irrégulier* et le plus *fantaisiste* de tous les astres du système solaire ; il est principalement composé de *glace* et, par conséquent, sa *densité* est *très faible* (les 40% de *vide le fragilisent*) ; sa rotation et son axe de rotation sont si *chaotiques* que son *orientation dans l'espace* est *imprévisible* ; enfin, l'*excentricité* de son orbite est très importante, due essentiellement à la conjugaison de la proximité de Titan et des immenses forces gravitationnelles de Saturne… Ah ! être satellisé et subir l'influence de la toute-puissante Saturne ! Pour ne rien arranger, Saturne, repérée par son symbole « ♄ » (à la faucille, tel le splendide Saturne figurant parmi les sept planètes de la mosaïque *La Création du monde* peinte par Raphaël, visible dans la Cappella Chigi de la Basilica Santa Maria del Popolo), Saturne, dis-je, pour ne rien arranger, n'a pas bonne réputation auprès des astrologues puisqu'elle est une planète froide (l'astre du renoncement), en particulier dans l'astrologie hindouiste où elle est représentée par Śani (des Navagrahâ), dieu dont l'influence, très néfaste, conduit au silence et à l'isolement… Il n'est en effet pas bon d'être « *sous la domination de Saturne* » ou d'être né « *pendant que Saturne étoit ascendant* », si l'on s'en réfère à l'article de l'Encyclopédie définissant l'adjectif « *saturnien* », utilisé pour décrire une personne « *d'un tempérament triste, chagrin, & mélancolique* ». Peut-être le saturnien regrette-t-il « *l'âge d'or de Saturne* », ainsi que l'énonce la sentence latine consacrée (« *aurea Saturni sæcula* ») ? Ô Saturne !... « *Saturne ! sphère énorme ! astre aux aspects funèbres ! / Bagne du ciel ! prison dont le soupirail luit !*

/ *Monde en proie à la brume, aux souffles, aux ténèbres ! / Enfer fait d'hiver et de nuit !* » (Tel est, non transgressif, le projet de préface pour *Hypérion* : « On trouvera dans ces lettres beaucoup de choses incompréhensibles, ou à moitié vraies, ou fausses. Les contradictions, les égarements, la force et la faiblesse, la colère et l'amour de cet Hypérion agaceront peut-être. Mais l'agacement est nécessaire. — Nous parcourons tous une orbite excentrique, et il n'est pas d'autre chemin possible de l'enfance à l'accomplissement. » Tel un ouragan congelé, un cratère éteint, l'épilepsie de ton monde s'est enrayée, puis tu es tombé « *en catalepsie dans cet indissoluble silence qui plane depuis l'éternité sous l'immuable ténèbre d'un incompréhensible ciel* » (Huysmans). Perdu dans l'espace, erratique, comme Bellérophon, puni des dieux, qui devait éternellement ambuler « *dans les champs d'Aléion, fuyant les traces des hommes et le cœur dévoré de chagrins* » (Homère), tu tournes habité par le Souci (du latin « *solsequia* » : « *qui suit le soleil* »), tu tournes et retournes, tu tournes autour de ta Mélancolie, ton Saturne dévoreur, dans la solitude plutonique la plus absolue, la plus extrême qu'ait connue un être humain, — si j'excepte celle, immense, de Michael Collins, pilote du module de commande de la mission Apollo 11, qui passa derrière la Lune le 21 juillet 1969, et qui fit dire, depuis la base de contrôle terrienne : « *Not since Adam has any human known such solitude as Mike Collins is experiencing during this 47 minutes of each lunar revolution when he's behind the Moon with no one to talk to except his tape recorder aboard Columbia.* » Il existe une solitude au-delà des solitudes, une solitude d'étoiles qui volent dans la nuit silencieuse, qui exprime la liberté la plus inconcevable : celle qui *effeuille* et *aliène*. Ainsi Gibran, par qui nous avions commencé, l'exprime-t-il dans *Le Précurseur* : « *Par-delà ma solitude se trouve une autre solitude, et pour celui qui y demeure ma solitude est une place de marché bondée et mon silence une confusion de bruits. [...] Et comment deviendrais-je mon moi plus libre à moins de tuer mes moi entravés [...] Comment mes feuilles voleront-elles en chantant au vent, à moins que mes racines ne se flétrissent dans l'obscurité ?* » Mais peut-être la solitude la plus *dense* serait-elle à chercher du côté de la *volonté* et/ou de la *fatalité*, une solitude qui serait, quels que soient les moyens, le but à atteindre dans l'existence, une *solitude kafkaïenne*, « kafkaïenne » non pas en tant qu'*absurde* (quoique), mais en tant que composante propre à la personnalité et au caractère de l'écrivain tchèque. Celui-ci, dans une lettre, s'interrogeait — tout en s'autofournissant aussitôt la réponse appropriée : « *Qu'en est-il de la solitude ? Au fond, la solitude est pourtant mon unique but, mon plus grand attrait, ma possibilité [mein einziges Ziel, meine größte Lockung, meine Möglichkeit], et à supposer que l'on puisse dire que j'ai "arrangé" ma vie, c'est toujours dans l'optique que la solitude s'y sente à l'aise.* » (L'arrangement d'Hölderlin, on peut bien le dire, fut conclu avec Dame Folie...) Ce qui, par contre, est ultimement « kafkaïen » — et en même temps le nouveau signe renversant d'une réverbération de réverbérations, d'un *transvasement* incessant des coïncidences, — c'est, pour nous, ce détail littéraire — forcément méconnu, tant il est circonstancié : la première publication de Kafka, qui eut lieu en 1909, le fut dans un magazine allemand portant le nom de... vous ne devinerez jamais... *Hyperion* !) J'en appelle ensuite à Hésiode, car sa *Théogonie* rapporte que, « *irrité contre ses enfants, contre ceux qu'il avait fait naître, Ouranos les appela Titans, exprimant par ce mot leur œuvre coupable, et les menaçant pour l'avenir d'un châtiment* ». De quoi Hypérion, désormais Titan, s'était-il rendu coupable ? En fait, Hypérion ne fut pour rien dans la colère de son père le Ciel, car c'est son frère Kronos qui, pour venger sa mère la Terre, avait coupé (à l'aide d'une serpe) les testicules de son père (qui, depuis quelque temps, exterminait tous les enfants qui naissaient de son union avec son épouse). Ces petites histoires, n'en disconvenons pas, apportent un éclairage original (un peu tordu, admettons-le aussi) sur la nature d'Hölderlin : mi-Hypérion, mi-Kronos, ou bien mi-Ciel, mi-Terre... Maintenant, pourquoi John Keats ? Le « rossignol » anglais écrivit un assez long poème-fragment intitulé *Hyperion* — qui, je m'en souviens parfaitement, longtemps avant que je ne connusse celui d'Hölderlin, m'avait beaucoup impressionné (« [13/10/00 :] *Mon dieu !... Sublime !... et Hypérion !... Quand on pense que ce doit être en vers dans la version originale !... Mon dieu !...* »), et qui aujourd'hui m'en semble être une réponse (ou peut-être bien une question, bien qu'il fût publié vingt-trois ans plus tard), tant à mes yeux les dualités Hypérion/Kronos, c'est-à-dire Hypérion/Saturne, s'y recoupent de façon flagrante (comme d'habitude, je serai disert en citations, et je préluderai par les vers anglais afin d'imposer la rythmique de la splendeur). Le poème s'ouvre sur l'apparition d'un Saturne aux « *melancholy eyes* » : « *Deep in the shady sadness of a vale / Far sunken from the healthy breath of morn, / Far from the fiery noon, and eve's one star, / Sat grayhair'd Saturn, quiet as a stone, / Still as the silence round about his lair [...].* » (« Tout au fond de la tristesse d'une obscure vallée, / Dans une retraite éloignée de la brise vivifiante du matin, / Loin de l'ardent midi et de l'étoile solitaire du soir, / Était assis Saturne aux cheveux gris, immobile comme un roc, / Aussi muet que le silence planant autour de son repaire [...]. ») Théa, épouse d'Hypérion, essaie de le consoler, mais Saturne dit : « *I am smother'd up, / And buried from all godlike exercise [...] And all those acts which Deity supreme / Doth ease its heart of love in.— I am gone / Away from my own bosom: I have left / My strong identity, my real self, / Somewhere between the throne, and where I sit / Here on this spot of earth.* » (« *[...] me voilà anéanti, / Rejeté dans l'ombre, n'exerçant plus aucun pouvoir divin [...] Et privé de faire tout ce qu'une Déité suprême / Accomplit pour soulager la tendresse de son cœur. Je suis chassé / De ma propre poitrine ; j'ai abandonné / Ma forte identité, mon moi véritable, / Quelque part entre le trône et le lieu où je suis assis, / Là à cet endroit de la terre.* ») Transporté de désespérade en désespérance, de désespoir en désespération, il a néanmoins la force de s'écrier : « *But cannot I create? / Cannot I form? Cannot I fashion forth / Another world, another universe, / To overbear and crumble this to nought? / Where is another chaos? Where?* » (« *Ne puis-je pas créer ? / Ne puis-je pas former ? Ne puis-je pas façonner subitement / Un autre monde, un autre univers / Pour écraser et réduire en poussière celui-ci ? / Où y a-t-il un autre chaos ? Où ?* ») Accompagné de Théa, il s'en va voir Hypérion, lequel piteusement s'exclame, faisant comme si en le sort de son frère titanique : « *O dreams of day and night! / O monstrous forms! O effigies of pain! / O spectres busy in a cold, cold gloom! / O lank-eared Phantoms of black-weeded pools! / Why do I know ye? why have I seen ye? Why / Is my eternal essence thus distraught / To see and to behold these horrors new? / Saturn is fallen, am I too to fall?* » (« *Ô rêves du jour et de la nuit ! / Ô formes monstrueuses ! Ô faces de douleur ! / Ô spectres s'agitant dans une froide, froide obscurité ! / Ô fantômes aux longues oreilles, hôtes des étangs aux herbes sombres ! / Pourquoi vous ai-je connus ? pourquoi vous ai-je vus ? pourquoi / Mon éternelle essence est-elle ainsi harcelée / Par la vue et le spectacle de ces nouvelles horreurs ? / Saturne est vaincu, dois-je aussi l'être ?* ») Hypérion ploie sous l'amertume, la fatalité ; pour lui, « *éclat splendeur, symétrie* », tout est « *déserté, abandonné* », il ne distingue plus que « *darkness, death* and darkness ». C'est ce moment fatidique que choisit Cælus, son père, pour murmurer à son oreille ces mots qui résonnent aux nôtres comme l'ironie la plus amère : « *There is sad feud among ye, and rebellion / Of son against his sire.* » (« *Il existe parmi vous une grave dissension, une révolte / Du fils contre son père.* ») Placé sous l'angle d'Hypérion, l'existence d'Hölderlin continue de se délacer ; et, sous l'angle plus obtus de la vaste entrelassure que figurent ces dizaines de pages écrites en pensant à lui, les détails amoncelés amènent à la conclusion d'une idée de *perte* — que je ne saurais, sans *m'y perdre*, prolonger... — Deux visages, deux visages tournés vers les pères, *ad patres*... Deux visages... — Hölderlin et Nelligan formaient une paire de poètes qui subissaient leur folie tout « en retenue », qui vivaient leur souffrance tout en « rétention ». — Deux urnes *d'or* qui sont hors-là, Horla, hors-la-loi, hors-la-vie, hors-service ; deux eunuques qui versent des larmes devant la folie de Nemrod : « *Les autres êtres sont les vases de la vie, / Moi je suis l'urne horrible et vide du néant.* » — Si Hölderlin s'était littérairement lâché, s'il n'avait pas contenu son énergie, il eût été en Allemagne ce que fut Grégoire de Narek en Arménie : un mystique sur la corde raide, tourmenté, en perpétuelle lutte contre lui-même, qui toujours s'abaisse et se rabaisse, un maître de la lamentation forcenée, de l'amour mordu, de la prière enragée, de l'anagogie négative, une espèce de saint Antoine, de Durtal ou d'Ambrosio effrayé par la tentation, même ridiculement vénielle, — un être dont l'âme est, selon son propre jargon, « *dépossédée* », « *exilée, bannie de la Tribu bénie* », un homme qui confie n'être qu'un « *moine cloîtré* », un « *poète dérisoire* », un « *savant de peu de poids* ». Pour dire la vérité, je me surprends à imaginer que les bribes d'élégies sacrées proférées par Grégoire pourraient être celles qu'Hölderlin eût lui-même proférées s'il avait été *démoniaque* (je précise que Grégoire, surnommé après sa mort « l'ange revêtu d'un corps », fut canonisé par l'Église arménienne). « *Précipite-moi dans l'abîme, extirpe de mon corps toute vigueur, anéantis ma parole, brise ma voix, obscurcis la fenêtre de mon œil, aspire mon souffle, coupe-moi les vivres, abrège mes jours, fais pleuvoir sur moi non point la Rosée délectable mais un déluge de feu, prive-moi de l'aliment de ton Verbe, verrouille la porte de mon oreille, retire-moi l'offrande de ta Grâce, ébranle le sol que je foule, dérobe à ma vue la lumière de ton Visage, expulse-moi du monde, terrorise-moi par la foudre, inflige-moi les pires châtiments, livre-moi aux démons* » : n'est-ce pas la virulence religieuse la plus sèche et la plus insoutenable qu'il soit donné de lire ? N'est-on pas le martyr à sa place, ne souffre-t-on pas le martyre au plus haut degré — et ce degré n'est-il cependant pas en deçà de la sienne ? Nous avons du plaisir à le lire, car nous n'avons pas à supporter le même supplice dans la réalité, mais ce supplice, chez Narek, n'est pas lié au plaisir, il va plus loin que cela, il le montre la folie : *il en jouit* (nous y reviendrons le moment venu). Tel Hölderlin, il se coupe de tout et s'enferme, à ce détail près qu'il en est *conscient* et qu'il en est meurtri : « *Un homme, moi ? — inhumain que je suis... Moi, doué de raison ? — bête parmi les bêtes... Moi, lumineux, lucide ? — j'ai moi-même obscurci la lampe de mon être... Sensible, moi ? — j'ai verrouillé la porte de mes sens... Moi, l'image fidèle de la grâce ? — moi, le bourreau, l'assassin de mon âme ! / Inerte, insensible, débile, en vérité. Imitant la pierre des murs.* » Également mort à lui-même (en expiant ses péchés), également mort au monde (en se retirant dans un monastère) : tout pour Dieu : « *Je suis mort, mort à deux reprises !* » Le silence au monde, le cri à lui-même : « *Et maintenant que dire ? que dirai-je ? moi, terrassé, devant ta Force terrifiante, que ferai-je, Seigneur... sinon m'emplir de poussière la bouche, sinon réduire au silence mon cœur...* » L'adieu au monde devient le même à Dieu ; l'esprit, en rupture, se *dédouble* à la limite de la brisure : « *une coupe dans chaque main : l'une de sang, l'autre de lait [...] deux creusets de fonte : l'un brûle et l'autre reste froid [...] double visage : mi-paisible, mi-menaçant. Double reproche : pour l'avenir, pour l'origine [...] deux cris jaillissent ensemble de la même bouche : l'un de douleur, l'autre de guerre ; dans l'antre d'un seul cœur, deux sentiments s'entre-déchirent : l'un, frêle espoir et l'autre, désarroi. [...] Nuit gémissante, nuit de mort ; matin de deuil à deux tranchants ; soleil noir... soleil aveuglant.* » Hölderlin, saint Grégoire (ou même Louis Lambert, dont l'immense cerveau, écrit Balzac, a sans doute « *craqué de toutes parts comme un empire trop vaste* ») : l'issue du combat est différente, certes, mais il s'agit d'un *même combat*, d'une même duplicité, et d'un combat entre l'Homme-Dieu et le Dieu-Homme qu'ils désirent approcher ou unifier — dans la souffrance — jusqu'à ce que leur amour, comme l'écrivait Hadewijch d'Anvers dans ses *Mengeldichten*, « *devienne ce feu / dans lequel s'abîmeront pareillement, / brûlés, engloutis, consumés, / le désir de l'homme et le refus divin* » (parce qu'il y a une part de mysticité dans tout cela, quelle que soit la forme que celle-ci prenne)... — Ô Hölderlin, poète-né qui oublias de verser ton âme dans une coupe neuve !... — Ô Hölderlin (*Hölderlin !*), ô — *par centaines de mille* — Hölderlin !... Ô, ô, ô... Que s'élèvent les *ô* ! Hölderlin, « *si c'est toi, ordonne que j'aille vers toi sur les* » *ô*, fais que le marche sans peur sur les *ô*, « *sauve-moi* », que je ne les perde pas, moi qui doute, moi qui ai si « *peu de foi* » (*Mt 14,28-31*)... — Ô Hölderlin, tu te consumas, mais tes poèmes seront toujours là, intacts, absorbables, font être-là demeurera non consumptible. Tu te présentas à moi, dès la première lecture, tel l'ange de l'Éternel à Moïse dans l'*Exode (3,2)*, — que je corrige pour les besoins de la cause : « Hölderlin *lui apparut dans une flamme de feu, au milieu d'un poème. Julien regarda ; et voici,* le poème *était tout en feu, et* le poème *ne se consumait point.* » — Ô Hölderlin !... Puisses-tu, au terme de ce voyage infernal, échouer sur les μακάρων νῆσοι, les îles des bienheureux... — Ô Hölderlin !... — Ô capitaine Hölderlin, toi qui devins, tel Hatteras après s'être trop approché du cratère du bout du monde, un « *pauvre corps sans âme* » qui a connu le vrai Nord et en a été déboussolé, tu fus atteint de la même « *folie polaire* » : « *Sa folie était douce, mais il ne parlait pas, il ne comprenait plus, et sa parole semblait s'être en allée avec sa raison. [...] Le capitaine, une fois arrivé à l'extrémité de l'allée, revenait à reculons. Quelqu'un l'arrêtait-il ? il montrait du doigt un point fixe dans le ciel. Voulait-on l'obliger à se retourner ? il s'irritait [...].* » — Ô Hölderlin !... Être ange et... — Matthew Arnold, en parlant d'Empédocle, parlait de toi, qui t'écriais : « *Is it but for a moment? / Ah, boil up, ye vapours! / Leap and roar, thou sea of fire! / My soul glows to meet you. / Ere it flag, ere the mists / Of despondency and gloom / Rush over it again, / Receive me! Save me!* » (« *N'est-ce pas pour un court instant ? / Bouillonnez donc, ô vous exhalaisons ! / Écume et rugis, ô toi océan de feu ! / Mon âme brûle de vous rejoindre, / Avant qu'elle ne fléchisse, que les hommes / De la désespérance, que les ténèbres / Ne la gagnent encore ! / Accueillez-moi, volez à mon secours !* ») Seuls devant le trou, « *strangers of the world* »... — Ô Hölderlin !... Capitonné ! — Ô Hölderlin, tu resteras, aux yeux des amoureux de l'Art et de l'Éternel, une étoile, — l'« *Étoile Mélancolie* », que j'emprunte, non pas à Gérard de Nerval et ses « *soleils éteints* » (« *Ma seule étoile est morte — et mon luth constellé / Porte le Soleil noir de la Mélancolie* »), mais à Clemens

Brentano, qui, en 1810, écrivait à ton propos : « *Jamais peut-être la haute tristesse méditante n'a été si magnifiquement exprimée. Parfois ce génie devient obscur et sombre dans le puits amer de son cœur ; mais le plus souvent, son apocalyptique étoile Mélancolie brille, merveilleusement touchante, au-dessus de la vaste mer de ses émotions.* » — *Sic transit gloria mundi*. — « *Aber still !* »

* * * * *

Face à son œuvre, face à l'astreinte du « *Nulla dies sine linea* », l'écrivain n'a guère le choix. Les prolifiques Balzac, Hugo, James, Zola, Sartre, Proust, King, pour ne citer, au hasard, que des écrivains, ont — à grand ahan — produit plus qu'un esprit ordinaire n'en peut produire sans sombrer dans la folie. Chacun connut, ici ou là, des moments pénibles dus à cette suractivité, à ce souci de l'esthète. Balzac le caféïnomane fut souvent malade (névralgie, bronchite, jaunisse, problèmes cardiaques, infections pulmonaires, ophtalmie au lendemain de son mariage, puis cécité, hydropisie, péritonite, gangrène) ; James connut une intense dépression, de même que King, réveillé par son accident, ou Hugo, réveillé par la mort d'Adèle (*Horror IV* : « *Oui, le penseur en vain, dans ses essors funèbres, / Heurte son âme d'ombre au plafond de ténèbres* ») ; Zola était maniacodépressif ; par l'usage immodéré des médicaments (hypnotique, analgésique, sédatif, barbiturique, psycholeptique, coronarodilatateur…), Proust s'intoxiqua, moins pour son asthme que par un besoin d'hypocondrie nerveuse, et fut toute sa vie la proie du moindre bruit (jusqu'à tapisser ses murs de liège pour les insonoriser) ; Sartre, pour se maintenir en forme, abusa du tabac, de l'alcool, des somnifères, de la corydrane (amphétamine) par poignées de quatre comprimés…

* * * * *

Lors, arrêtons-nous sur un autre bourreau de travail, né, selon Otto Kaus (*Dostoïevski et son destin*), « *sous le signe de la tourmente* », le grand Fédor Mikhaïlovitch Dostoïevski, dont la production témoigne de l'omniprésence d'un malaise *morbide* (comment écrire *Notes d'un souterrain* sans être rongé par un minimum de démence, ni les lire sans deviner les *démons* qui s'activent dans l'âme de l'artiste ?), et qui fut très tôt victime de l'« épilepsie », l'« ἐπιληψία » (de « ἐπίληψίς », « *action de surprendre* », d'« *envahir* », mais également « *reproche* », « *censure* »), parfois appelée le « *haut mal* » (d'où l'expression « *tomber de haut mal* », qui m'avait intrigué la première fois que je le rencontrai, chez Casanova), d'autres fois le « *mal sacré* » ou encore le « *mal caduc* », — et, comme un fait exprès, située dans mon dictionnaire des noms grecs immédiatement après l'« ἐπιλησίς » (« *action d'oublier* »). La crise d'épilepsie, qui toucha aussi, paraît-il, Socrate, est un « *dysfonctionnement lié à une décharge paroxystique hypersynchrone d'un groupe de neurones du cortex cérébral* ». Chez Dostoïevski, de ce que j'en juge, ces attaques étaient proches des crises partielles (surtout sensorielles et sémio-complexes, d'ordres cognitif et psychosensoriel). Il consigna dans ses *Carnets*, notamment dans les années 1874-1875 (il avait la cinquantaine), les dates de ses crises, dont celle-ci : « *Je venais de faire une cigarette et je voulais manger, pour écrire au moins deux pages du roman, et je me souviens que je me suis envolé en marchant au milieu de la pièce. Je suis resté étendu quarante minutes. […] Presque une heure s'est écoulée maintenant depuis la crise. J'écris cela et je m'égare encore dans les mots. La peur de la mort commence déjà à passer, mais elle demeure encore extrême, au point que je n'ose pas m'étendre.* » Trouble silencieux qui succède à un moment non moins silencieux, langage chaotique, pensée détériorée par la crise, hallucination, autoscopie, solitude… Sans passer en revue toutes les occurrences de l'épilepsie dans l'œuvre dostoïevskienne, qui sont assez nombreuses, on peut s'en donner une très bonne idée — « romancée » (mais calquée sur la réalité puisque c'est Dostoïevski qui *se décrit*) — en feuilletant *L'idiot* où le personnage principal, le prince Mychkine, est atteint du même syndrome : « *Puis il lui sembla voir tout à coup quelque chose s'entr'ouvrir devant lui : une lumière intérieure extraordinaire éclaira son âme. Cela dura peut-être une demi-seconde ; néanmoins le prince garda un souvenir très-net du commencement, des premiers cris qui s'échappèrent spontanément de sa poitrine et que tous ses efforts eussent été impuissants à contenir. Ensuite la conscience s'éteignit en lui. / C'était un retour de la maladie qui depuis fort longtemps déjà l'avait quitté. On sait avec quelle soudaineté se produisent les attaques d'épilepsie. En un clin d'œil le visage se décompose effroyablement, l'altération du regard est surtout frappante. Des convulsions s'emparent de tout le corps et crispent tous les muscles de la face. De la poitrine sortent des cris horribles, inimaginables, ne ressemblant à rien, — des cris qui n'ont plus aucun rapport avec la voix humaine. En entendant ces hurlements, il est très-difficile, sinon impossible, de se figurer que le malade lui-même les profère ; on croirait plutôt qu'ils proviennent d'un autre être qui se trouve au dedans de ce malheureux. Bref, en présence d'un homme affligé du mal caduc, beaucoup de gens éprouvent une terreur indicible et même quelque peu mystique.* » La « *lumière intérieure* » (« intérieure » est souligné dans le texte), *aura* aveuglante, démobilisatrice et allumée par un « *autre être* », ouvre, pour l'épileptique transformé en pantin pantois, la démonomanie. En 1876, Dostoïevski note encore : « *Engourdissement. […] Tristesse et hypocondrie. […] Avant, je me suis détraqué les nerfs par un long travail et beaucoup d'autres choses.* » La suractivité, le détraquement des « *nerfs* », autrement dit, des *neurones*, fonde le décor parfait du malaise présent et à venir. Cependant ce n'est pas tout. Bien que l'épilepsie, en tant qu'affection neurologique, soit directement répertoriée parmi les pathologies physiologiques et non les maladies mentales, seulement un tiers des cas est d'origine génétique. Favorisée par la fatigue (Dostoïevski en donne la preuve), le sentiment de peur (Mychkine dans la scène précédente), la consommation d'alcool, la *luminosité*, elle opère comme un courtcircuit temporaire dans la psyché. Au cours d'un petit essai intitulé *Dostoïevski et la mise à mort du père*, Freud fit l'hypothèse (très séduisante) d'une autre étiologie réelle, mais camouflée, en s'appuyant sur l'image du père (qui était médecin et fut assassiné alors que l'écrivain avait dix-huit ans) : « *Or il est éminemment vraisemblable que cette soi-disant épilepsie n'était qu'un symptôme de sa névrose, laquelle par conséquent devrait être classée comme hystéro-épilepsie, c'est-à-dire comme hystérie grave. […]* On a souhaité qu'un autre soit mort, maintenant on l'est soi-même ! *Ici, la doctrine psychanalytique affirme que cet autre est pour le garçon, en règle générale, le père, et donc que l'accès — appelé hystérique — est une autopunition pour le souhait de mort envers le père haï. […] Maintenant, il y a danger quand la réalité accomplit de tels souhaits refoulés. La fantaisie est devenue réalité, toutes les mesures de défense sont maintenant renforcées. Maintenant les accès de Dostoïevski prennent un caractère épileptique, ils continuent certainement à signifier l'identification au père sur le mode punitif, mais ils sont devenus terribles, comme l'effroyable mort du père elle-même.* » En y flairant une « *soi-disant épilepsie* », une affaire de pseudo-crises rapportées à l'hystérie, Freud, sûr de lui en déviant le mal vers la névrose, caractérise le phénomène de dédoublement, du conflit entre le Moi et un non-Moi — qui n'est autre que le père. Démon-le-Père pour Dostoïevski, Ange-le-Père pour Hölderlin, la figure paternelle possède tous les atout mystiques de l'identification divine et dolente. Si la thèse de Freud est audacieuse, il en propose une autre qui en est le pendant ; car, que Dostoïevski ait écrit un roman sur le thème de l'aliénation, — *Le Double*, — cela ne peut que nous conforter dans cette idée fixe traduisant sa maladie, et il vaut la peine d'en recopier des bribes des premières pages (les soulignements seront les miens). Quand l'anxieux M. Yakov Petrovich Goliadkine, conseiller titulaire de son métier, « *aux dernières limites du désespoir et de l'*épuisement », marche dans les rues emplies d'un « silence *nocturne* », puis s'arrête un instant, il croit avoir aperçu un être, « *tout près de lui, appuyé comme lui au parapet du quai* ». « *Un frisson convulsif parcourut son corps...* » Il se remet en route, mais un homme vient à sa rencontre. Goliadkine, pris de panique, se dit que cet inconnu a « *peut-être une raison importante pour venir ainsi droit sur moi, me* couper mon chemin et m'accrocher » ; mais l'homme, finalement, s'éloigne… puis réapparaît. Goliadkine lui adresse la parole, en vain. « *Quant à notre héros,* il tremblait *de toutes les fibres de son corps ; ses* genoux vacillaient *: à bout de forces,* il s'effondra, *en geignant, sur une borne en bordure du trottoir. Il faut dire que son émoi était motivé. Il avait, en effet,* l'impression de reconnaître cet inconnu. *Disons plus.* Il le reconnaissait, *oui, il était certain d'avoir reconnu cet homme. Cet homme, il l'avait déjà vu plusieurs fois ;* il l'avait vu dans le passé *et même dernièrement. En quelle occasion ? N'était-ce pas hier ?* » Hébété, déboussolé, Goliadkine prend ses jambes à son cou et fuit au hasard des rues. « *En cet instant, il était dans la situation d'un homme se tenant au bord d'un précipice.* La terre sous ses pieds s'effrite. *Elle tremble, elle bouge, elle roule vers le fond de l'abîme entraînant le malheureux qui n'a même plus la force ni le courage de faire un bond en arrière, de détacher ses yeux du gouffre béant. Le gouffre l'attire ; il y saute, hâtant lui-même le moment de sa perdition. M. Goliadkine, sentait, savait, était absolument certain qu'il allait au-devant de quelque nouveau malheur, de quelque chose de particulièrement néfaste — une nouvelle rencontre avec l'inconnu, par exemple. Et cependant, fait étrange,* il souhaitait cette rencontre, il l'estimait inévitable. Il n'avait qu'un désir : en terminer au plus tôt avec tout cela, *éclaircir enfin cette situation, par n'importe quel moyen, mais le plus vite possible. Et il courait, courait toujours, il courait* comme mû par quelque force invisible, étrangère. *Son propre corps était affaibli,* engourdi. Il ne pouvait penser à rien, *et pourtant ses idées, pareilles à des ronces, s'accrochaient à tout.* » Soudain, Goliadkine aperçoit de nouveau l'inconnu qui se dirige vers la maison où lui-même habite, et s'y engouffre : « *L'inconnu se dirigeait vers l'escalier qui conduisait à l'appartement de M. Goliadkine. Notre héros bondit à sa suite. L'escalier était sombre, humide, sale.* [...] *Mais* l'inconnu semblait être un familier de la maison *: il grimpait allègrement, sans peine, avec une connaissance consommée des lieux.* [...] *L'homme mystérieux s'arrêta devant la porte de l'appartement de M. Goliadkine ; il* [...] *entra* [...]. *Hors de lui, notre héros se rua dans le vestibule* [...]. *Tous ses pressentiments se réalisaient. Tout ce qu'il avait redouté, tout ce qu'il avait prévu en pensée, était en train de s'accomplir en réalité.* Sa respiration s'était arrêtée, sa tête tournait. *Assis devant lui, sur son propre lit, l'inconnu lui souriait, clignait de l'œil, lui adressait des signes amicaux de la tête.* [...] *M. Goliadkine* voulut crier, mais ne put ; *il* voulut protester mais n'en eut pas la force. *Ses cheveux se dressaient sur sa tête ; il s'assit,* sans la moindre conscience de ce qu'il faisait, *mort d'effroi. Il y avait de quoi, d'ailleurs. Il avait enfin reconnu tout à fait son compagnon nocturne. Ce compagnon nocturne n'était autre que lui-même, oui, lui-même, M. Goliadkine en personne, un autre M. Goliadkine mais absolument semblable, absolument identique à lui-même — en un mot, c'était ce qu'on appelle son Double, son Double à tous les points de vue…* » — (J'aimerais continuer à prélever d'autres passages probants, mais je m'y refuse (excepté l'ultime qui suit) : d'une part, je risquerais le pillage, et d'autre part, je ne voudrais pas, conséquence aggravante, dévoiler, à ceux de mes lecteurs qui ne connaîtraient pas ce formidable roman, plus qu'il n'en faut.) Voit-on, à la lueur de ces extraits, le lien extraordinaire qui se noue entre les signes épileptiques et la rencontre du non-Moi ? voit-on, en filigrane, l'autre soi-même qui porte son propre nom ? D'accord, ce point est évident, mais où se trouve alors véritablement le père ? Premièrement, il est admirable, et en cela digne du plus grand intérêt de le rappeler, que, pour les hommes russes, les patronymes soient formés à partir du prénom du père : Fédor *Mikhaïlovitch* (pour Mikhaïl) Dostoïevski… (Un Nom-du-Père au sens propre — et à prendre au pied de la lettre…) Deuxièmement, Goliadkine, désespéré par la situation inextricable dans laquelle il est plongé, s'imagine, vers la fin du récit, qu'il se prosterne devant son Excellence le conseiller d'État Olsoufi Ivanovitch et qu'il lui expose l'affaire en ces termes : « *Voilà ma situation, je remets mon sort entre vos mains, entre les mains de mes supérieurs. Je vous supplie, Excellence, défendez-moi, protégez-moi. Voici de quoi il s'agit… C'est un acte prohibé par la loi. Ne m'abandonnez pas, ne m'accablez pas. Je viens à vous comme à un père… Sauvez la dignité, l'honneur et le nom d'un malheureux… Sauvez-moi de cet homme cruel et dépravé… Lui, et moi, nous sommes deux personnes distinctes, Excellence. Il vit à sa guise, moi de mon côté, je mène une petite vie tranquille, Excellence, sans faire de mal, je vous rassure, vraiment sans faire de mal à personne. Voilà, je ne lui ressemble pas, je ne peux lui ressembler !* » Qu'est-on, qui est-on, — face au père ? Je revendrirai pour la valeur de la *faute du père* au chapitre prochain, mais nous pouvons sans attendre résumer brièvement la genèse psychopathologique : en souhaitant que « *un autre soit mort* », Dostoïevski a symboliquement tué son père ; il l'a ensuite fait renaître, il a déterré cet autre qui est le côté obscur de lui-même, et il s'est identifié à lui, il s'est fait l'être qu'il avait tué, il s'est fait le mort, il a fait le mort. Le mort, c'est le rien et c'est le manque servis sur un même plateau ; le mort, c'est Goliadkine : d'après l'un de ses traducteurs français, Gustave Aucouturier, « *Goliadkine* » évoque l'idée d' « *indigence* », et, en effet, la forme russe de ce nom de famille, « Голядкин », est très proche de « голядь » (« *gueusaille* ») et de « голый » (« *nu* »), ce que ne démentirait pas le héros en personne, lui qui avoue sans fard qu'il est « *un homme insignifiant* ». Mais le plus piquant est à venir : aux yeux de Dostoïevski, Goliadkine était son « *chef-d'œuvre* » ; — et, dans une lettre de 1845 adressée à son frère Michel, où il se plaint en particulier de sa solitude, il concède : « *Je suis maintenant un vrai Goliadkine* » (avant, signalons-le, d'ajouter en *post-scriptum* : « *Goliadkine a gagné à mon spleen* », — trait commun, s'il en est, avec la mélancolie qui « dévore » le chant de Hölderlin). Goliadkine, c'est Dostoïevski. Celui-ci rencontre son double, qui est un autre Dostoïevski, et qui, dès le départ, venant « *peut-être* » à lui pour « *une raison importante* », lui *coupe* son chemin et l'accroche. Ce double, cet « *homme cruel et dépravé* », c'est son père introjecté à qui il ne veut pas, il ne peut pas ressembler (« *nous sommes deux personnes distinctes* », se récrie Goliadkine, à genoux devant l'« autre père »), — son père, reprends-je, qui était médecin, alcoolique et effectivement pourvu d'un tempérament cruel, certainement assassiné à cause de sa maltraitance à l'égard des paysans qui s'occupaient des domaines dont il avait fait l'acquisition, — son père qui, lors de son « *effroyable* » décès, provoqua la première crise d'épilepsie chez Dostoïevski, crise dont les expressions trouvent leur équivalence dans ce qu'éprouvent Goliadkine ou Mychkine, — son père, enfin, qu'il avait tant « *haï* »… — La folie de Dostoïevski s'incrustait dans un combat perdu d'avance, et il eût dû, en bon joueur invétéré qu'il fut, s'imposer cette pensée : « Ce ne fut qu'un père, — et passe… » Mais eût-il réussi à écrire toute son immortelle œuvre ? Quoi qu'il en fût, ce n'est que peu de temps avant de mourir, en 1881, qu'il mit en scène un *parricide* dans *Les frères Karamazov* (à quoi on réduit toujours trop facilement l'idéologie dostoïevskienne par le « *Pas d'immortalité de l'âme, donc pas de vertu, ce qui veut dire que tout est permis* »), et qu'il fit accompagner ce meurtre d'un semblant de *rédemption* en faisant prononcer à Mitia ces paroles devant le juge : « *Voyez-vous, tout me dégoûtait en lui : son extérieur, je ne sais quoi de malhonnête, sa vantardise et son mépris pour tout ce qui est sacré, sa bouffonnerie et son irréligion. Mais maintenant qu'il est mort, je pense autrement. […] C'est-à-dire non, pas autrement, mais je regrette de l'avoir tant détesté. […] Non, pas des remords, ne notez pas cela. Moi-même, messieurs, je ne brille ni par la bonté ni par la beauté ; aussi n'avais-je pas le droit de le trouver répugnant.* » Et comment le père assassiné se prénommait-il ? Je le donne en cent : Fédor Pavlovitch… *Fédor !*… Le cercle se referme par où il avait commencé ! — En affrontant leur père déjà mort, Hölderlin et Dostoïevski connurent des destins jumelés, mais, tandis que le premier n'aura jamais le tuer à nouveau, le second ne le fera qu'à la fin de sa vie, au dernier « À Dieu »… Quant à Freud, il ne commença son auto-analyse qu'à l'âge de quarante ans… après un abattement physique intense qui résulta de « *l'événement le plus significatif, la perte la plus radicale intervenant dans la vie d'un homme* », — *celle de son père*, Jakob, — le même prénom que… Goliadkine. Ah ! Jacob, le rêveur des cieux (*Gn 28*) : « *Il eut un songe. Et voici, une échelle était appuyée sur la terre, et son sommet touchait au ciel. Et voici, les anges de Dieu montaient et descendaient par cette échelle. Et voici, l'Éternel se tenait au-dessus d'elle ; et il dit : Je suis l'Éternel, le Dieu d'Abraham, ton père, et le Dieu d'Isaac. La terre sur laquelle tu es couché, je la donnerai à toi et à ta postérité.* » — Faire, par attelles, comme le pauvre Pélops, la parenthèse de la parentèle et ses parénèses : barrières, ôtez-vous — ou nous irons à Permesse par l'échelle !…

* * * * *

Dans l'*Apologie de Raimond de Sebonde*, Montaigne met en garde en rappelant la ténuité de la frontière qui sépare la folie de son contraire : « *Qui sçait combien est imperceptible le voisinage d'entre la folie avec les gaillardes elevations d'une esprit libre* », et il argumente, ironique : « *Platon dit les melancholiques plus disciplinables et excellens : aussi n'en est-il point qui ayent tant de propension à la folie* ». De tout ce que l'on a invoqué au sujet de la folie, et de tout ce qui va suivre, il ne faut pas méconnaître cet aspect, ni l'éluder (d'autant qu'il est ardu de s'immiscer dans le cerveau d'autrui, qui plus est s'il y a suspicion d'aliénation et si cette suspicion s'accorde en outre sur l'œuvre littéraire léguée à la postérité). — Montaigne m'ayant déchargé de cette prérogative, je vais le garder quelques instants sous le bras, tel un prophylactère, et exhausser la valeur de cet intermède en accentuant le rôle joué par l'*imagination* (l'un des malaises dont les fertiles terreaux sont la solitude, le silence, le langage, la pensée, qui sont les ingrédients de sa sève nourricière). Je dis « *imagination* », mais « imagination » serait plus adéquat, car il s'agit, au choix, de l'action de l'imagination ou de l'action qui n'est qu'imagination. Peu de choses sont comparables à la force de l'imagination. Sous son empire, « *Nous tressuons, nous tremblons, nous pallissons, et rougissons aux secousses de nos imaginations ; et renversez dans la plume sentons nostre corps agité à leur bransle, quelques-fois jusques à en expirer* ». Et au Livre I des *Essais* (*De l'Oysiveté*) : « *Ainsin est-il des esprits, qui si on ne les occupe à certain subject, qui les bride et contraigne, ils se jettent desreiglez, par-cy par là, dans le vague champ des imaginations. […] Et n'est folie ny resverie, qu'ils ne produisent en cette agitation,* / velut ægri somnia, vanæ / Finguntur species. [Ils imaginent de vaines chimères, comme des songes de malade.] / *L'ame qui n'a point de but estably, elle se perd : Car comme on dit, c'est n'estre en aucun lieu, que d'estre par tout.* » Être partout — en pensée — et n'être nulle part — en chair et en os, — c'est l'ubiquité de l'intellectualité et la désincorporation de l'être, la désincarnation au monde qui parfois fait de l'illusion le fondement de réalité, « *Et nous voyons que l'ame en ses passions se pipe plustost elle mesme, se dressant un faux subject et fantastique, voire contre sa propre creance, que de n'agir contre quelque chose* » (*Comme l'ame descharge ses passions sur des objects faux, quand les vrais luy défaillent*). Il en va pour Hölderlin comme il en ira pour l'homme dont il sera question à l'alinéa ci-dessous, qui ont tous deux ménagé trop grandement leur action et pas assez leur imagination ou leur volonté : « *Qui ne peut venir à bout du commencement, ne viendra pas à bout de la fin. Ny n'en soustiendra la cheute, qui n'en a peu soustenir l'esbranslement.* 'Etenim ipsæ se impellunt, ubi semel a ratione discessum est : ipsaque sibi imbecillitas indulget, in altúmque provehitur imprudens : nec reperit locum consistendi.*" ["Car d'elles-mêmes les passions se poussent quand une fois on s'est écarté de la raison ; la faiblesse se fie en elle-même, elle s'avance vers le large et ne trouve plus de refuge où s'abriter.] *Je sens à temps, les petits vents qui me viennent taster et bruire au dedans, avant-coureurs de la tempeste :* "animus, multo antequam opprimatur, quatitur.*" ["L'âme, longtemps avant d'être vaincue, est ébranlée."] » — Sur ce point, on n'avait guère prévenu Hölderlin. Quant à nous, *nous le sommes*.

* * * * *

148

Il est un homme qui batailla ferme contre le Sens, le battit perpétuellement en brèche, cavala à perdre haleine, le chassa sans trêve pour le débusquer ou le faire débucher, et ce même homme passa six ans de sa vie dans une ville où il suivit les cours du lycée et prépara son baccalauréat. Cette ville, sous-préfecture du département de l'Yonne, se nomme *Sens*, — et cet homme, — *Mallarmé*. — De 1862 à 1866, il connaît son premier poste de professeur d'anglais à Tournon, il rencontre sa future femme, Maria Gerhard, devient le papa d'une petite Geneviève, compose de nombreux poèmes (dont *L'Après-Midi d'un faune*), noue quelques amitiés importantes, et, — surtout, syndrome du *vacuum*, — il s'ennuie, — il rêve de perfection. Malade parce qu'il est doté d'une santé fragile et d'une tendance à la dépression que le décourage, freine son activité ; malade parce que sa sensibilité, face à l'œuvre folle qu'il conçoit, s'accroît par l'angoisse de ne pas réussir ni d'avoir le temps d'achever ce projet herculéen ; malade encore parce qu'il se réfugie parfois dans l'excuse, justement, de la maladie, laquelle attitude trahit l'hypocondrie, le masochisme, la tourmente, la fatalité : « *Pour moi, si je n'étais toujours souffrant (un peu), je serais d'une vaillance parfaite.* » L'ennui parce qu'il est seul dans son art qu'il vénère, seul dans son métier qu'il exècre et qui le prive de sa liberté, seul dans sa maladie qu'il repousse et cependant retient, seul (ou seul à seule) dans son couple qu'il chérit, seul dans son oisiveté qu'il a en horreur, seul dans le silence de son langage : « *Elle est triste ici, et s'ennuie. Je suis triste et m'ennuie. De nos deux mélancolies nous pourrons peut-être faire un bonheur* » ; « *Je me hais de ne rien faire, et pourtant je sens que je n'ai pas la force d'agir* » ; « *l'ennui est devenu chez moi une maladie mentale* » ; « *or je m'ennuie parce que je ne travaille pas, et, d'un autre côté, je ne travaille pas parce que je m'ennuie. Sortir de là !* » Tel du Bellay qui n'a trouvé que le moyen de se plaindre par les vers afin de « *désaigrir l'ennui qui [le] tourmente* », ces vers qui « *chassent de [lui] la molle oisiveté* », qui lui « *font aimer la douce liberté* » et qui chantent pour lui ce que dire il n'ose, Mallarmé sait qu'il « *n'est si grande douleur qu'une douleur muette* ». Il rêve de perfection parce qu'il veut, « *par la plus belle synthèse* », créer un monde dont il est Dieu, parce qu'il veut, « *les fondements d'un œuvre magnifique* », trouver le « *Secret* » que tout homme porte en lui (« *beaucoup meurent sans l'avoir trouvé, et ne le trouveront pas parce que, morts, il n'existera plus, ni eux* »). Il rêve de perfection parce qu'il sent qu'il peut « faire de si belles choses !» (« *rêves encore, mais rêvées en moi, et faites de moi, et qui doivent s'épanouir dans la Vie — ou dans la Mort* »). À la vie, à la mort, et, tel Hölderlin et le *vase*, à l'épuisement, à la brisure, — à l'anéantissement du cerveau. Bardé d'appétit, Mallarmé a vécu de malaise en malaise, de souffrance en souffrance, d'excès en excès (travail, langue, idée, pensée, écriture) ; maintes fois désabusé, il croit un moment voir la cause de ses souffrances dans « *une saison de maladie qui, attaquant le "saint des saints", le cerveau même, lui eût fait vingt fois préférer le sanglot définitif de la folie à sa douleur funeste et unique* — spirituelle *à force d'intensité* ». Hölderlin en fit les frais, en goûtant les nectars du pur firmament que les mânes avaient élaborés en cachette, — car, à cet amusement-là, — à côtoyer de trop près les contrées célestes (sans échelle), tel Icare (incité à l'essor par le père), dont les ailes de cire avaient fondu, ou tel Phaéton, qui était monté sur un quadrige qu'il ne maîtrisait pas, et qui ne s'enivra guère longtemps avant d'être piqué par la queue du scorpion, — Mallarmé ne devinait pas sa propre vulnérabilité, pour ne pas dire friabilité. Dans son ambition, il fut un conquérant conquis, il fut vainqueur et vaincu, puis à nouveau vainqueur et vaincu, avec nul autre intermédiaire que la « crise du néant », qu'il définit dans sa célèbre lettre à Cazalis du 28 avril 1866 : « *Malheureusement, en creusant le vers à ce point, j'ai rencontré deux abîmes, qui me désespèrent. L'un est le Néant, auquel je suis arrivé sans connaître le Bouddhisme [...] Car l'autre vide que j'ai trouvé, est celui de ma poitrine.* » De la sorte, se retrouve-t-il dans la peau du *vaincu* ; — cependant, deux mois et demi plus tard, le 13 juillet, il se permet d'écrire, en *vainqueur*, qu'« *après avoir trouvé le Néant* », il a « *trouvé le Beau* ». Comment accède-t-on au Néant, et, du Néant, parvient-on au Beau ? Dans une autre lettre, plus célèbre que les précédentes, envoyée à son ami Cazalis le 14 mai 1867, Mallarmé franchit une étape stylistique et morale qui renverse ses habitudes du passé et qui ressemble, tant par la forme que par le contenu, à la *rupture* rimbaldienne d'*Une Saison en Enfer*, et il lève le mystère sur cette « *année effrayante* » qu'il vient de passer : « *ma Pensée s'est pensée, et est arrivée à une Conception Pure.* » Entre nous soit dit, ladite expression de la « *Conception Pure* », certes grandiloquente en ses majuscules (« *d'une pureté que l'homme n'a pas atteinte* »), est entachée de son plus déifique sens, puisque la manuscription mallarméenne s'est trahie en laissant biffée l'épithète primitivement choisie, qui faisait de la « *Conception* » une « *Conception* Divine »... En somme, la religion est constamment à l'œuvre... Après que son être, « *pendant cette longue agonie* », a souffert dans une proportion qui est « *inénarrable* », après avoir été incapable de se distraire, après avoir lutté avec Dieu, « *ce vieux et méchant plumage, terrassé, heureusement* », après s'être dépensé au sens littéral du terme, sa Pensée s'est dépassée, s'est pensée et il se considère, soulagé, comme étant — *dixit* — « *parfaitement mort* ». « *J'avoue, du reste, mais à toi seul, que j'ai encore besoin, tant ont été grandes les avaries de mon triomphe, de me regarder dans cette glace pour penser, et que si elle n'était pas devant la table où je t'écris cette lettre, je redeviendrais le Néant. C'est t'apprendre que je suis maintenant impersonnel, et non plus Stéphane que tu as connu,* — *mais une aptitude qu'a l'Univers Spirituel à se voir et à se développer, à travers ce qui fut moi.* » Mallarmé n'est pas mort et enterré, il n'est pas non plus mort en attendant une résurrection possible ; il ne s'est pas pensé, il *est* la Pensée qui se pense et qui, s'en dispensant, distance le Néant (le Néant étant le synonyme de la Disparition qui compromettrait la finition de « *l'Œuvre, le Grand-Œuvre, comme disaient les alchimistes, nos ancêtres* », sans laquelle il ne mourrait pas reposé). Un an plus tard, nous trouvons, dans une lettre qu'il a dictée à sa femme pour se réserver et s'épargner tout effort de *pensée*, l'idée d'une « *pensée, qui, délivrée redeviendra elle-même* » : « *elle deviendra la preuve inverse, à la façon des mathématiciens, de mon rêve, qui, m'ayant détruit me reconstruira* », — passage à la formulation plutôt énigmatique, néanmoins éclairé par cet autre, ultérieur, et toujours de la main de Marie : « *J'ai fait un vœu, à toute extrémité, qui est de ne pas toucher à une plume d'ici à Pâques. [...] le simple acte d'écrire installe l'hystérie dans ma tête [...] La première phase de ma vie a été finie. La conscience, excédée d'ombres, se réveille lentement, formant un homme nouveau, et doit retrouver mon Rêve après la création de ce dernier [...].* » Le Rêve a découvert un Néant qui, détruisant la pensée personnelle et l'individu, a détruit ce rêve ; mais cette destruction fut sa délivrance, sa « *Béatrice* », car sa pensée (« *Pensée* ») s'est pensée, elle est devenue impersonnelle (en imposant au cerveau la sensation du vide absolu afin qu'elle se compare au Néant), et elle est désormais capable de faire rejaillir le Rêve du départ. Mais à l'instar d'Hölderlin, ce n'était qu'un Rêve, et cela ne restera qu'un Rêve (le rêve régit le rêve). Souvenons-nous des paroles de Mallarmé : « *L'explication de l'univers s'il y en a une [...] atteindrait tout juste les quarante pages d'un article de revue* », — et posons-nous la question sans crainte d'égratigner ni de blasphémer le poète (puisque nous l'admirons) : est-ce *raisonnable* ? Si son Rêve eût été réalisable, il l'eût, n'en doutons pas, réalisé : les mots sont si faciles, la volonté, si peu coûteuse, et les vœux, si charmants ! En bon espérant, il s'en repaît et s'en contente, et, toujours à l'instar d'Hölderlin, il est, *il se fait* malade avant que d'avoir commencé ; l'*impuissance* l'emmantèle : « *Il me reste la délimitation parfaite et le rêve intérieur de deux livres, à la fois nouveaux et éternels, l'un tout absolu "Beauté", l'autre personnel, les "Allégories somptueuses du Néant" mais, (dérision et torture de Tantale,) l'impuissance de les écrire — d'ici à bien longtemps, si mon cadavre doit ressusciter. Elle est manifestée par un épuisement nerveux, une douleur mauvaise et finie au cerveau qui ne me permettent pas de comprendre la banale conversation d'un visiteur et font de cette simple lettre, tout inepte que je m'efforce de la tracer, un labeur dangereux* », écrit-il dans la même année 1867 à Villiers de l'Isle-Adam. Le miroir qui lui réfléchit « *l'Être* » exprime bien trop souvent « *l'Horreur* » ; car notre homme vise trop haut, il s'élève si haut en pensée, en songe, à la poursuite du Beau et de l'Idée de l'Univers (« *par la seule sensation* »), que le vertige fige et sa Pensée et sa plume : « *J'avais, à la faveur d'une grande sensibilité, compris la corrélation intime de la Poësie avec l'Univers, et, pour qu'elle fût pure, conçu le dessein de la sortir du Rêve et du Hasard et de la juxtaposer à la conception de l'Univers.* » Dans sa folie des grandeurs, il énumère à Lefébure les trois grandes « *scintillations de la Beauté sur cette terre* » : la Vénus de Milo, la Joconde de Vinci et... son Œuvre ! Ne croyons pas qu'il s'enorgueillisse de tout cela ; au contraire, il s'en attriste ! « *Car tout cela n'a pas été trouvé par le développement normal de mes facultés, mais par la voie pécheresse et hâtive, satanique et facile de la Destruction de moi, produisant non la force, mais une sensibilité, qui, fatalement, m'a conduit là. Je n'ai, personnellement, aucun mérite ; et c'est même pour éviter ce remords (d'avoir désobéi à la lenteur des lois naturelles) que j'aime à me réfugier dans l'impersonnalité — qui me semble une consécration.* » Eh bien ! que ceux qui pensent que l'art est un plaisir révisent leur jugement ! C'est par la destruction (de soi) que l'on (se) construit — et c'est d'ailleurs, *personnellement*, ce que je fais... « *Toute naissance est une destruction, et toute vie d'un moment, l'agonie dans laquelle on ressuscite ce qu'on a perdu, pour le voir* », dit-il. Ailleurs, il ajoute que « *pour avoir une vue très-une de l'Univers* », il faut être « *véritablement décomposé* »... Tout porte à croire que sa folie, l'ayant détruit, l'aura rendu sain, que cette illusion l'aura affermie ; et pourtant, tout ce remue-méninge n'étant d'ordinaire, selon moi, qu'une question d'agonie et de complète destruction en sursis, une révélation née d'une illumination attisée par la fatigue spirituelle et l'assurance mystique, je suis le premier stupéfait (et embarrassé) de ce que Mallarmé eût pu survivre trente-et-une années — et sans un internement — après avoir été soufflé par cette immense crise ! Pourquoi n'y sens-je alors qu'un *calame alarmiste* — puisque le *roseau* qui le supportait, à l'évidence, ne cassa pas ? En tout cas, le roseau, s'il ne rompt pas, ne fait pas moins partie de la famille des « *phragmites* », de « φραγμὸς » (« *barrière* », « *clôture* ») !... « *Me sentant un extrême mal au cerveau le jour de Pâques, à force de travailler du seul cerveau (excité par le café, car il ne peut commencer, et, quant à mes nerfs, ils étaient trop fatigués sans doute pour recevoir une impression du dehors) — j'essayai de ne plus penser de la tête, et, par un effort désespéré, je roidis tous mes nerfs (du pectus) de façon à produire une vibration, (en gardant la pensée à laquelle je travaillais alors qui devint le sujet de cette vibration, ou une impression), et j'ébauchai tout un poème longtemps rêvé, de cette façon. Depuis, je me suis dit, aux heures de synthèse nécessaire, "Je vais travailler du cœur" et je sens mon cœur (sans doute que toute ma vie s'y porte) ; et, le reste de mon corps oublié, sauf la main qui écrit et ce cœur qui vit, mon ébauche se fait — se fait.* » Que découvre-t-on ? On découvre des *forces* : la force d'une suggestion, située au-delà de la raison et que le cerveau, privé du langage, ne peut plus assumer, — la force d'un cœur maladif qui ne loge plus dans aucun corps, aucune *poitrine*, et qui seul remue la main, — la force silencieuse d'une création née dans la décomposition solitaire, — la force d'un fou, fou de son art, — la force d'une masse verbale qui délave la poix du néant dont elle est issue, — la force d'un abandon dans la poésie qui se joue sur un coup de dés, et que le hasard n'aura pas fait chavirer... « *chance* » que n'aura pas connue l'auteur qui souhaitait en finir avec le jugement de Dieu, l'auteur de *L'Ombilic des Limbes*...

* * * * *

... *Antonin Artaud*, qui prouvera par A plus B que Mallarmé, en jonglant frénétiquement avec ses neurones, a de justesse manqué de les échauffer jusqu'à la disjonction totale des synapses, — jusqu'à la rompure de la lettre, jusqu'au signe irrévocablement corrompu. — Certes, avec Artaud, nous ne nous éloignons pas des composantes qui fermentent dans la folie et l'enclosent : la *solitude* (la « *connaissance solitaire et unique de cette douleur* » de celui qui s'avoue « *désespéré de solitude* »), — le *silence* (« *Et ces sensations de mort mises bout à bout, cette suffocation, ce désespoir, ces assouplissements, cette désolation, ce silence* »), — le *langage* et la pensée (« *Je souffre d'une effroyable maladie de l'esprit. Ma pensée m'abandonne à tous les degrés. Depuis le fait simple de la pensée jusqu'au fait extérieur de sa matérialisation dans les mots. Mots, formes de phrases, directions intérieures de la pensée, réactions simples de l'esprit, je suis à la poursuite constante de mon être intellectuel* »), — puis, tout autant effet et cause, le *malaise* (l'« *état dans lequel on se trouve au sein d'un délire dû à la fièvre au cours d'une profonde maladie* », « *Une maladie qui affecte l'âme dans sa réalité la plus profonde, et qui en infecte les manifestations. Le poison de l'être. Une véritable paralysie. Une maladie qui vous enlève la parole, le souvenir, qui vous déracine la pensée* »). Certes, rien que de très « normal » dans ces descriptions, hormis le rapport, de ce que laisse déjà deviner cette « paralysie », entre lui-même et Mallarmé, et qui met à jour l'*impuissance* constitutive de leurs natures réciproques (« *Pauvre Antonin Artaud ! C'est bien lui cet impuissant qui escalade les astres* »). Je ne sais si le rapprochement, voire le parallèle, entre ces deux hommes fut un jour établi ; c'est, en tout cas, ce que je vais — sommairement — tenter d'établir. Nous savons l'importance du Rêve chez Mallarmé. Chez Artaud, il n'y a pas la majuscule, mais il y a la même véhémence, la même emphase, le même parti pris, l'évidence, en un mot, que « *Le rêve est vrai* », que « *Tous les rêves sont vrais* », et il confie, décidé et volontaire : « *Je me livre à la fièvre des rêves, mais c'est pour en retirer de nouvelles lois.* » Tout comme Mallarmé qui, sitôt le Néant apparu, partit en quête du Sens, de l'Idée de l'Univers qui devait s'échapper de ce gouffre (ou qu'il devait extraire), Artaud essaya (*médicament*) de démêler le « *Sens* » (qui est « *l'ordre* », « *l'intelligence* ») du « *chaos* » (dont le Sens « *est la signification* »). En même temps, ce chaos, le Sens « *ne l'accepte pas tel quel, il l'interprète, et comme il l'interprète, il le perd* », et c'est encore ici que l'on redécouvre le lien mallarméen entre la construction et la déconstruction, entre la structuration et la déstructuration, entre la destruction et la reconstruction : au départ, « *Il y a donc un quelque chose qui détruit ma pensée* », affirme Antonin Artaud à son correspondant Jacques Rivière, « *un quelque chose qui ne m'empêche pas d'être ce que je pourrais être, mais qui me laisse, si je puis dire, en suspens* ». Mais si, d'un côté, Mallarmé réussit dans une certaine mesure à se reconstruire en se faisant impersonnel, en s'identifiant à l'impersonnalité, à s'extirper de son Rêve pour mieux y revenir, Artaud (Phénix raté) s'embourbe dans ses cendres, dans son *urne cinéraire*, dans son *rêve*, dans son *chaos*, dans son *Néant* à lui : « *Elle pourrait renaître cette âme, cependant elle ne renaît pas ; car bien qu'allégée elle sent qu'elle rêve encore, qu'elle ne s'est pas encore faite à cet état de rêve auquel elle ne parvient pas à s'identifier. — À cet instant de sa rêverie mortelle l'homme vivant parvenu devant la muraille d'une identification impossible retire son âme avec brutalité. — Le voici rejeté sur le plan nu des sens, dans une lumière sans bas-fonds* ». Pourtant, il dispose *a priori* de toutes les cartes qu'utilisait Mallarmé en roidissant tous ses « *nerfs* », en travaillant du « *cœur* » pour « *produire une vibration* » qui aidât « *la main qui écrit* » d'où l'« *ébauche se fait — se fait* ». Mais, si chez Artaud également, « *l'image amenée* » par ses « *nerfs prend la forme de l'intellectualité la plus haute* », de sorte qu'il assiste à « *la formation d'un concept qui porte en lui la fulguration même des choses* » et qui arrive sur lui « *avec un bruit de création* », en revanche il se met à balbutier, il s'embrouille dans cet assaut chaotique de sensations intellectuelles au sujet desquelles il se prend parfois à douter, il se demande avec angoisse si les rêves pourront « *prendre feu* » sur son âme — et pour lui « l'ébauche se fait — se *défait* »… Refait, Mallarmé le fut finalement quelque peu ; défait, en revanche, Artaud l'aura été, et les huit années (sur ses dix dernières) qu'il passa dans divers hôpitaux psychiatriques (où il subit de nombreux électrochocs) sont là pour le démontrer. (« *Chaque application d'électrochoc m'a plongé dans une terreur qui durait chaque fois plusieurs heures. Et je ne voyais pas venir chaque nouvelle application sans désespoir, car je savais qu'une fois de plus je perdrais conscience et que je me verrais pendant une journée entière étouffer au milieu de moi sans parvenir à me reconnaître, sachant parfaitement que j'étais quelque part mais le diable sait où et comme si j'étais* mort. ») Ses dérangements mentaux l'ayant condamné à mort (à bout, mis « *bout à bout* »), on peut estimer qu'ils ne furent nullement feints (contrairement à ceux dont se targuait le guindé et faux dipsomane Henri Michaux, qui n'étaient qu'une supercherie, l'une des plus fameuses escroqueries de l'histoire de l'imprimerie, — un « *humbug* », comme disent les Anglais, — une marque d'ébriété intellectuelle, de l'esbroufe). Le « *vase sacré* » d'Artaud explosa par le trop-plein de pensées, par ce fil ininterrompu de pensées qui *déréalise* le monde et l'être-au-monde, et qu'aucun môle ne freine ni ne protège. La pensée, qu'elle se pense ou qu'elle ne se pense pas, éraflé l'individu que ne soulage aucun trou, elle hirsute l'esprit, elle est une sale épreuve qui atteint les *nerfs*, elle déforme tant le tissu des réflexions que même un expert en histologie ne saurait s'y retrouver : « *On me dit que je pense parce que je n'ai pas cessé tout à fait de penser et parce que, malgré tout, mon esprit se maintient à un certain niveau et donne de temps en temps des preuves de son existence, dont on ne veut pas reconnaître qu'elles sont faibles et qu'elles manquent d'intérêt. Mais penser c'est pour moi autre chose que n'être pas tout à fait mort, c'est se rejoindre à tous les instants, c'est ne cesser à aucun moment de se sentir dans son être interne, dans la masse informulée de sa vie, dans la substance de sa réalité, c'est ne pas sentir en soi de trou capital, c'est sentir toujours sa pensée égale à sa pensée, quelles que soient par ailleurs les insuffisances de la forme qu'on est capable de lui donner.* » Être défait sans réussir à se défaire de cet écoulement purulent de la pensée, croire que l'on n'est plus capable d'aligner des phrases ayant une signification au dehors de soi, se sentir « *hors-là* », « *hors-venu* », ne plus avoir le courage d'impétrer un sursis, un répit, et cependant être capable, au prix d'un effort surhumain, de circonscrire ce mal-être, cette perte de sens, cette « *déperdition* », cette mort-de-l'esprit en devenir, — tel est le *paradoxe artaudien*. Car *une chose* me frappe comme elle avait frappé Jacques Rivière (Artaud lui avait soumis quelques poèmes accompagnés d'une lettre d'introduction) : « *le contraste entre l'extraordinaire précision de votre diagnostic sur vous-même et le vague, ou, tout au moins, l'informité des réalisations que vous tentez* », répondit-il à celui qui se surnommait « *le Mômo* » (« *des mots ! des mots !* »). Je ne crois pas qu'Artaud et moi-même ayons beaucoup de points en commun (*vases communicants*), mais je suis sûr d'*une chose*, à savoir que chacun s'imaginait « convoler » à l'aphasie, qu'un jour ou l'autre la parole se déduirait complètement de la pensée (qui s'atrophierait jusqu'à l'extinction), que nous n'aurions d'autre moyen de témoigner de notre impuissance (*communicante*) qu'*en écrivant que nous sommes incapables d'écrire*… et d'expliquer à nos semblables pourquoi, quand bien même ce serait *absurde*, en disant que nous sommes incapables de dire, que le vide de la parole est le vide du langage — qui vide la pensée — qui vide l'être, — que nous disparaissons à nous-mêmes et au monde… (Les *Œuvres complètes* d'Artaud ne requièrent pas moins de vingt-six volumes chez Gallimard, ce qui est pharaoniquement paradoxal pour un habitué des ravages de la conscience. S'il me venait l'idée de mettre en doute les capacités d'un homme en pleine « *déperdition* », ankylosé par la raréfaction du Sens, on se moquerait de mes prétentions avec mon livre qui fera peut-être des milliers de pages… Disons que l'incapacité est parfois motrice et que, *à plus forte raison*, je suis tout aussi fou que lui. Mon livre est ma drogue, il me fait perdre l'esprit, mais, comme le Peyotl auquel Artaud fut initié par les Tarahumaras, il « *ramène le moi à ses sources vraies* » : « *On a vu d'où l'on vient et qui l'on est, et on ne doute plus de ce que l'on est.* » Il y a de cela, indéniablement…) « *Nos semblables* », écrivais-je, car il faut bien accorder que chacun de nous deux, à notre manière, n'écrivons que pour un certain type de lecteurs, et j'éclairerai mes dernières lignes, qui ainsi se feront peut-être plus explicites, en citant un passage d'un petit texte rédigé par Artaud, que j'avais hésité à placer en exergue de mon livre, dont le titre porte les traces de sa participation (temporaire) au mouvement surréaliste : *L'activité du bureau de recherches surréalistes* : « *Ces notes que les imbéciles jugeront du point de vue du sérieux et les malins du point de vue de la langue sont un des premiers modèles, un des premiers aspects de ce que j'entends par la Confusion de ma langue. Elles s'adressent aux confus de l'esprit, aux aphasiques par arrêt de la langue. Que voilà pourtant bien des notes qui sont au centre de leur objet. Ici la pensée fait défaut, ici l'esprit laisse apercevoir ses membres. Que voilà des notes imbéciles, des notes, primaires comme dit cet autre, "dans les articulations de leur pensée". Mais des notes fines vraiment.* / *Quel esprit bien placé n'y découvrira un redressement perpétuel de la langue, et la tension après le manque, la connaissance du détour, l'acceptation du mal-formulé. Ces notes qui méprisent la langue, qui crachent sur la pensée. / Et toutefois entre les failles d'une pensée humainement mal construite, inégalement cristallisée, brille une volonté de sens. La volonté de mettre au jour les détours d'une chose encore mal faite, une volonté de croyance. / Ici s'installe une certaine Foi, — mais que les coprolaliques m'entendent, les aphasiques, et en général tous les discrédités des mots et du verbe, les parias de la Pensée. / Je ne parle que pour ceux-là.* » Je souhaitais le citer sans en retrancher un mot, et éviter la *confusion*... — Las ! *Nous sommes là pour répandre le rien* — et je n'*en* ai que trop répandu...

* * * * *

D'Artaud à Van Gogh, le peintre qui fit religieusement corps avec sa maladie et sa folie, il n'y a qu'un pas, — ou plutôt l'épaisseur d'un pamphlet, *Van Gogh le suicidé de la société*, dans lequel on peut lire que « *la conscience générale de la société [...] le suicida* ». Mais là n'est pas notre propos. (Je ferai d'emblée deux remarques : *premièrement*, les citations qui suivent, en français dans le texte, proviennent toutes de la correspondance de Vincent. Je préciserai rarement les noms des destinataires, qui vont de son frère Théo à sa sœur Willemien, en passant par Émile Bernard ou encore Paul Gauguin, et je ne corrigerai ni l'orthographe ni la syntaxe. — *Secondement*, il serait légitime de s'interroger sur l'apparition d'un non écrivain dans cette liste de « désêtrifiés », et je défendrai mon choix selon deux axes : d'abord, l'importance qu'ont eue, dans ma vie, et ses *Lettres à son frère Théo* (j'y reviendrai), et ses peintures, et son destin ; ensuite, l'envie de lui faire une place ici, et le plaisir de conter, avec légèreté (sans dialectique enflée), des bribes de ce qu'il lui est arrivé lors de ce voyage nébuleux... Los à toi, Vincent !) — Oui, Van Gogh vécut de *solitude* et de *silence* (« *Si je suis seul ma foi je n'y peux rien* »), il les recherchait plus que pour son travail, mais souvent s'en apitoyait comme d'une fatalité : « *Qui donc à ta douleur imposa le silence — ô Solitaire* », recopia-t-il un jour en fin de lettre (d'un poème de François Coppée, *Douleur bercée*). Oui, Van Gogh, par le surmenage, l'ébranlement des nerfs, l'excitation de la sensibilité, l'abus d'absinthe, la fougue de la création, connut très tôt le *malaise*, la *maladie*, et comprit que la *folie* ne le laisserait pas sain et sauf dans la poursuite de son œuvre : « *je suis si éreinté par le travail que le soir — quoique cela me repose d'écrire — je suis comme une machine détraquée* », dit-il. Ce détraquement, non qu'il soit nécessaire ni salutaire, s'inscrit tout de même dans une bonne cause, pour lui comme pour tous ceux qui, — je reprends son expression, — « travaillent de la tête ». Malgré les signes de mauvais augure, il ose tout miser sur sa peinture, qui est sa raison de vivre, et, admettant qu'il est « *possible que ces grands genies ne soient que des toqués et que pour avoir foi et admiration sans bornes pour eux il faille egalement etre toqué* », il en fait fi et ne s'en inquiète pas (ou s'y résigne, ce qui est équivalent) : « *Cela serait — je prefererais ma folie à la sagesse des autres.* » Notre Néerlandais et Français par « adoption », si féru en reproductions de *vases* de toutes les sortes (ah ! les tournesols !), fut, sans le savoir et à sa manière, l'un des porte-drapeaux (porte-bouquets !) de la caste de ceux qui endurèrent le syndrome de ce que l'on a précédemment appelé la souffrance du « vase sacré » : « *Nous autres artistes dans la société actuelle ne sommes que la cruche cassée.* » Non seulement je ne pouvais guère espérer dénicher une meilleure illustration que celle-ci, mais il s'en trouve au moins deux autres tout aussi explicites : « *plus que je deviens dissipé, malade, crûche cassée, plus moi aussi je deviens artiste créateur dans cette grande renaissance de l'art* » — et : « *Faut seulement pas oublier qu'une cruche cassée est une cruche cassée et donc en aucun cas j'ai droit à entretenir des prétentions* » !... La « cruche », puisque c'est ainsi qu'il se métaphorise lui-même, ne cassa pas tout de suite. Par la succession des jours et des multiples déboires, les lézardes apparurent, se multiplièrent (quelques hallucinations calmées au bromure de potassium) et menacèrent, toujours davantage, la cruche de rompre, et ce qui devait arriver, arriva. Comme le rappelle Lucrèce, « *le corps est pour ainsi dire le vase de l'âme ; s'il ne peut plus le contenir quand un choc le bouleverse, ou quand le retrait du sang hors des veines le rend poreux, comment croire que l'air le puisse contenir un moment, lui dont la matière a moins de consistance que notre corps ?* » — Et l'année de ses trente-cinq ans, plus exactement dans la nuit du 23 au 24 décembre 1888, dans des circonstances non élucidées où Gauguin aurait peut-être joué un rôle, Vincent, dans une crise de démence, se serait volontairement tranché le lobe de l'oreille gauche (voir les deux célèbres autoportraits et le bandage qui enserre la tête). La police fait un rapport et, une semaine plus tard, il essaie de rassurer son frère Théo : « *J'espère que je n'ai eu qu'une simple toquade d'artiste et puis beaucoup de fievre à la suite d'une perte de sang tres considérable, une artère ayant été coupée.* » Une « *simple toquade d'artiste* », se trancher un bout d'oreille ? Cet essorillement est la preuve la plus indubitable qui témoigne en faveur du vase brisé et de la folie ; mais Van Gogh ne s'en préoccupe pas, il a des tableaux à peindre, il a une quantité d'œuvres à produire, et quand bien même son travail serait « *encore une hallucination* », il persiste. À l'instant vaincu, il résiste et a l'intention de vaincre, c'est-à-dire de vaincre le sort et de se vaincre lui-même : « *Laissez moi tranquillement continuer mon travail, si c'est celui d'un fou ma foi tant pis. Je n'y peux rien alors.* » Nous sommes au début de 1889, il habite Arles et il ne semble pourtant pas qu'il se soit assagi ou apaisé, ni qu'il continue son travail si « tranquillement » qu'il le prétend, car des Arlésiens considèrent qu'il est un danger pour la communauté et réclament aux autorités son internement imminent. Dès février, il est envoyé près de Saint-Rémy-de-Provence, dans un hôpital psychiatrique (Saint-Paul-de-Mausole !) où le docteur Rey, qui l'examine, délivre son verdict : il n'est pas question d'aliénation, mais les crises « *sont de nature épileptique* ». (Il est intéressant de rapporter les mots de Van Gogh se référant à son propre alcoolisme, car il me semble, tant cette habitude désagrège et déferle contre la raison, que dans cette sordide affaire, l'implication des hanaps capitaux était loin d'être à négliger... En avril, il avouait, un tantinet soucieux : « *Maintenant tu comprends bien que si l'alcool a ete certainement une des grandes causes de ma folie c'est alors venu tres lentement et s'en irait lentement aussi, mais ce que cela s'en aille bien entendu* » ; tandis qu'en octobre, plus lucide : « *Ce n'est donc pas l'alcool non plus qui fut cause quoique bien entendu cela n'y fasse pas du bien* »... Pourquoi buvait-il ? Comme tout buveur, parce que les turpitudes quotidiennes sont adoucies, mais aussi, en ce qui le concerne, parce que son labeur d'artiste est favorisé : « *M. Rey dit qu'au lieu de manger assez et regulierement je me suis surtout soutenu par le* café et l'alcool. J'admets tout cela mais vrai restera-t-il que pour atteindre la haute note jaune que j'ai atteinte cet été il m'a bien fallu monter le coup un peu. » La couleur ! Il y aurait encore une autre raison, beaucoup moins évidente à première vue, et dont la confidence, glissée inopinément dans une lettre, laisse pantois : « *L'alcool et le tabac ont enfin cela de bon ou de mauvais — c'est un peu relatif cela — que ce sont des anti aphrodisiaques faudrait il nommer cela je crois. / Pas toujours méprisables dans l'exercice des beaux arts.* ») Au mois de mai 1889, il compte quatre grandes « crises » durant lesquelles il ne sait pas « *le moins du monde* » ce qu'il a dit, voulu ou fait, juste qu'il a entendu des sons et des voix étranges et que les choses paraissaient changeantes. Ajouté à cela, il s'est évanoui à trois reprises mais sans en avoir gardé aucun souvenir. À Gauguin, le 21 janvier, comme un contrecoup de la « crise à l'oreille », il avait raconté la « *faiblesse* » le reprenait : « *Dans ma fievre cérébrale ou nerveuse ou folie, je ne sais trop comment dire ou comment nommer ça, ma pensée a naviguée sur bien des mers. J'ai rêvé jusqu'au vaisseau fantôme Hollandais et jusqu'au horla et il parait que j'ai alors chanté, moi qui ne sais pas chanter en d'autres occasions, justement un vieux chant de nourrice en songeant à ce que chantait la berceuse qui berçait les marins et que j'avais cherchée dans un arrangement de couleurs avant de tomber malade.* » Tout à l'heure, il y avait la couleur ; maintenant, il y a le son ! Il était fermement convaincu que la toile qu'il venait de terminer (*Augustine Roulin*), placée « *telle quelle dans un bateau de pêcheurs même d'Islande* », ferait sentir la berceuse… Et ce qu'il avait réalisé l'avait tellement agité, tellement bouleversé, pris dans les rets d'un *syndrome de Stendhal* devant sa propre création, qu'il en avait été commotionné ! L'ambition de Van Gogh se confondait avec son acharnement à saisir la couleur parfaite, à saisir la musique au vol, — à saisir la Tonalité Universelle ! Pauvre Vincent, qui es interné ! Ton séjour à l'asile est une *sinécure* dans son acception la plus négative, tu es un reclus privé de tout, de quelque expédient que ce soit, un captif de la désaise, le locataire d'une geôle qui décapsule le crâne, et, de surcroît, tu es entouré d'individus plus déficients que tu ne l'es, moins déprimés que déprimants, moins compagnons d'infortune qu'importuns sinistrés… Alexandre Pouchkine fait judicieusement remarquer qu'il existe une certaine liberté dans la folie que l'on envierait presque au fou, comme de pouvoir se perdre « *dans les fumées — de beaux rêves confus* », s'oublier « *au chant des vagues* », se sentir tel un « *ouragan qui ravage les champs* ». Toutefois, il ajoute que ces attraits cachent une autre réalité que l'on prend rarement en compte, car « *devenir fou* », « *c'est entendre la nuit non la voix — éclatante du rossignol, — le bruit sourd des grands bois, — mais les cris de ses compagnons* », « *le crissement des chaînes* »… Ô hospice de fâcheux auspice ; ô pénitencier, ton nom n'est pas trop fort : il faut y faire pénitence… « *N'ayant rien d'autre pour me distraire — on me défend même de fumer — ce qui est pourtant permis aux autres malades, n'ayant rien d'autre à faire, je pense à tous ceux que je connais tout le long du jour et de la nuit. Quelle misère — et tout cela pour ainsi dire, pour rien. Je ne te cache pas que j'aurais préféré crever que de causer et de subir tant d'embarras. Que veux-tu, souffrir sans se plaindre est l'unique leçon qu'il s'agit d'apprendre dans cette vie. [...] Si — mettons — je deviendrais aliéné pour de bon, certes je ne dis pas que ce soit impossible, il faudrait dans tous les cas me traiter autrement, me rendre l'air, mon travail, etc.* » Ne rien pouvoir faire de ce que l'on voudrait faire, puis ne rien faire du tout, mais tout en voyant les autres, les plébéiens toqués, dans ce tripot du diable, faire librement ce que l'on voudrait faire, n'est-ce pas aggraver la situation, n'est-ce pas une décision prise à l'étourdie par la direction ? Je pense à un certain Karl-des-Monts, de son vrai nom Ernest de Garay, qui, dans les années 1860, avait dû séjourner à l'asile des aliénés de Pau. Il avait témoigné de cette horrible expérience dans un petit livre intitulé *Un martyre dans une maison de fous*, sorte de harangue écrite contre un système qui ne fait qu'empirer le mal qu'il est censé soigner, contre ces « *fabricants de fous* », bourreaux dont les expédients soi-disant curatifs créent la folie là où elle n'existait pas, qui semblent tout mettre en œuvre pour que les malades n'en réchappent jamais : « *Et puis, est-ce donc vivre que d'être toujours à se demander si les intelligences viciées qui vous entourent ne vont pas communiquer à la vôtre l'infection morale qui les gangrène, que de rester sans cesse sous le coup de cette interrogation terrible : "Vais-je devenir fou ?"* » Mais je pense aussi à Eugène-François Vidocq qui, dans un autre registre, en publiant ses *Considérations sommaires sur les prisons, les bagnes et la peine de mort* (1844), voulait prévenir la contagion possible entre prisonniers et le prosélytisme des voleurs de profession « *qu'une longue habitation dans les bagnes et dans les prisons, a familiarisés avec toutes les idées de désordre* », et qui « *ne sont devenus ce qu'ils sont, que par une cohabitation prolongée avec leurs prédécesseurs dans la carrière* ». Ces deux avis, à quelques mots près, recoupent le témoignage de Vincent : « *Car l'entassement de tous ces aliénés dans ce vieux cloitre, cela devient je crois une chose dangereuse où l'on risque de perdre tout ce qu'on pourrait encore avoir gardé de bon sens* », dit-il *avec bon sens*. N'est-ce pas renforcer la solitude de celui qui, déjà, souffre de la solitude même quand il sort dans les champs, une solitude qui s'empare de lui « *d'une façon si redoutable* » qu'il « *hésite à sortir* » ? « *Quelle misère* » ! Montrez-moi la poterne ! Il ne dispose d'autre refuge que la souffrance sans le sanglot qui aide à se décharger, car c'est « *l'unique leçon qu'il s'agit d'apprendre dans cette vie* »… Toutefois, cette leçon, si l'on y succombe, est pernicieuse, puisque le 2 juillet, dans une lettre où il s'évade en dissertant longuement sur Shakespeare, qu'il admirait, il explique à son frère Théo : « *Apprendre à souffrir sans se plaindre, apprendre à considérer la douleur sans répugnance, c'est justement un peu là qu'on risque le vertige, et cependant se pourrait-il, cependant entrevoit-on même une vague probabilité que dans l'autre côté de la vie nous nous apercevrons des bonnes raisons d'être de la douleur, qui vu d'ici occupe parfois tellement tout l'horizon qu'elle prend des proportions de déluge désespérante.* » Le « *vertige* », et le « *déluge* », être poussé par les borées catabatiques et être coincé dans le maelström de l'existence douloureuse, sans nulle autre issue que la mince idée, devant toutes ces *souffrances impossibles à souffrir*, d'une raison valable, — là-bas, dans l'au-delà, dans un monde peut-être plus souriant, *qui peut être que plus souriant*, — garder l'espoir d'une justice quelconque, — être condamné ici-bas à ne rien pouvoir changer à son sort, c'est pour Van Gogh, emprisonné dans sa « *maladie mentale* », se résigner, — c'est chercher l'unique refuge (la « *fugue de l'enfuite* »), l'unique échappatoire qui lui reste, en puisant parmi les exemples de « *tant d'autres artistes moralement souffrants* » que la folie n'empêche pas d'« *exercer l'état de peintre comme si rien n'était* », c'est sécher dans son âme meurtrie les larmes qui ne coulent plus, et se bercer : « *Ce qui me console est que je commence à considérer la folie comme une maladie comme une autre et accepte la chose comme telle.* » Suis-je fou ? C'est probable, mais j'en ai assez… Un saint — ou insane… Laissez-moi, laissez-moi peindre, laissez-moi avec ma palette, mes couleurs primaires, ma colorine chérie, laissez-moi jasper la toile, laissez-moi empâter avec ma spatule et ma truelle, laissez-moi respirer les effluves térébenthinés, laissez-moi colorer le monde, laissez-moi barbouiller mon monde — en paix… Ô lamento ! cris du cœur et du corps qui transsubstantifiez la déplorable vie ! — Ô Vincent ! ô générosité esseulée, tu manquas cruellement d'amour, — mais à quoi bon ? Les Sylphides que tu rêvas ne furent que les Absentes : Eugénie te rejeta, ta cousine Kee en fit autant ; Sien, la prostituée enceinte, tu dus la quitter sur ordre de ta famille, et Margot, sur ordre de ses sœurs ; Augustina, n'en parlons pas : toutes, d'éphémères amours impraticables. N'avais-tu pas dit à Émile Bernard que *« faire de la peinture et baiser beaucoup est pas compatible »*, que *« le cerveau s'en affaiblit »* et que tout ceci est *« bien emmerdant »* ? Était-ce de la rancœur, de l'animosité censée guérir le dépit ? N'avais-tu pas osé citer à ton frère ce passage de la pièce de Théodore de Banville, *Socrate et sa femme* : « *Tout le mal est venu de la femme [...] Coupes d'or où les vins sont mélangés de lie [...] toute folie / Vient d'elle* » ? — Les coupes ! les coupes ! et leur or coupellé, leur mortel vinate !... La rasade de trop, à s'en faire sauter le carafon !... N'y aura-t-il pas assez de vases étrusques, — cratères, rhytons, kyathos, canthares, plemochoës, oxybaphores, loutrophores, alabastres, skyphos, pyxis, oons, lécythes, célèbes, askos, aryballes, perirrhanterions, hydries, unguentariums, guttus, amphorisques, stamnos, kernos, œnochoés, olpés, prochous, — pour te rendre fin fou de leur vin sanguin ? — « *Ennemi* » ou « *victime* », « *hostis* » ou « *hostia* », que lui importe ? Le ciboire est plein d'hosties et d'hostilités !... — Ô cher Vincent, *vaincu* et éternel enmalheuré, je repense aussi à ta mi-tueuse, mi-pieuse citation d'Ernest Renan concluant une lettre écrite à vingt-deux ans : « *pour agir dans le monde, il faut mourir à soi-même.* » Quinze années plus tard, le 27 juillet 1890, tu te tires une balle dans le cœur qui ricoche ironiquement sur une côte ; le 29, tu meurs, et ton magnanime frère ne te survivra que six petits mois. Dix-sept jours avant de t'éteindre sur cette terre *inhospitalière*, ta main tremblante soupirait : « *ces toiles vous diront ce que je ne sais dire en paroles* »…

* * * * *

« *Tout le monde visible n'est qu'un trait imperceptible dans l'ample sein de la nature. Nulle idée n'en approche, nous avons beau enfler nos conceptions au-delà des espaces imaginables, nous n'enfantons que des atomes au prix de la réalité des choses. C'est une sphère infinie dont le centre est partout, la circonférence nulle part.* » Ces mots sont de Pascal, qui s'y connaissait *rondement* (*Problèmes sur la cycloïde, Traité des sinus du quart de cercle, Traité des arcs de cercle, Traités des solides circulaires*). À croire que l'étude de ce problème *enceignit* quelqu'une Idée basale et universaliste que nous *déclorait*, dans son infinie bonté, la géométrie divine, deux siècles plus tôt, en 1440, « le sphérométrique » Nicolas de Cues en avait déjà, presque mot pour mot, exprimé la forme (*De docta ignorantia*) : « *Et, pour cette raison, que quelqu'un se trouve sur terre, dans le soleil ou une autre étoile, il lui semblera toujours qu'il est sur le centre immobile et que toutes les autres choses sont en mouvement ; toujours, à coup sûr, celui-là se constituera d'autres pôles, autres s'il est dans le soleil, autres s'il est sur la terre, autres dans la lune, à Mars et ainsi de suite. Donc la machine du monde a, pour ainsi dire, son centre partout et sa circonférence nulle part, parce que Dieu est circonférence et centre, lui qui est partout et nulle part.* » (Toutefois, ne nous méprenons pas sur l'intention véritable cachée dans les paroles du Cusain, — pour qui, je le précise, la *docte ignorance* » est équivalente à la *« plus haute perfection de sagesse »* puisque « *l'on sera d'autant plus docte, que l'on saura mieux qu'on est ignorant* », — car celles-ci lui permettent d'annoncer un peu plus tard que « *le Christ est le centre et la circonférence de la nature intellectuelle, et, comme l'entendement embrasse tout, [il] domine toutes choses* », ce qu'il fallait démontrer ! Je décernerai en passant à notre philosophe — et évêque puis cardinal — le titre de précurseur de la topologie mathématique moderne : il transformait un cercle en un triangle, un triangle en une droite, faisait coïncider les pôles d'une sphère avec son centre, *etc.*, tout cela, bien entendu, et sous forme purement dialectique, au service exclusif de Dieu, « *intelligible sans qu'on puisse le saisir, et nommable sans qu'on puisse le nommer* »…) Le privilège de ces majestueuses et mystérieuses sentences est, sans avoir recours au diallèle ni au paralogisme, de pouvoir subir un *retournement* dont le sens ultime, nullement *détourné*, ne pâtit pas : « C'est une sphère infinie dont le centre est nulle part, la circonférence partout. » Paix ! Paix « *À toi, nature, cercle et centre, âme et milieu, / Fourmillement de tout, solitude de Dieu !* » Paix ! — Attention « *au moment où l'on touche le pivot légitime des choses, où l'on s'approche du centre, de l'axe du monde* », — où l'on tourne en rond — sur une planète qui tourne en rond autour d'une étoile — qui tourne en rond dans une galaxie — qui tourne en rond dans un amas — qui tourne en rond dans l'Univers — qui tourne en rond… Quelle *excentricité* !... Entrons dans la ronde du quadrille cosmique, dans la ronde où tout n'est qu'*« ellipse »*, c'est-à-dire « *manque* », « *insuffisance* », « *trop peu* » (du grec « Ἔλλειψις ») ! — Quel démon me glisse-t-il à l'oreille ces jolies tournures de phrase ? C'est Fernando Pessoa, le Lusitain, le cyclographe, le poète-univers auquel il est difficile de ne pas revenir, car elles lui sont tout simplement applicables (« *N'importe quel point est centre de l'infini* », peut-on d'ailleurs lire dans le poème *Itinéraire*). Pessoa ne se *décernait* nulle *couronne*, il n'était le *centre* de rien, il était à la *périphérie* du nulle part, *arqué* par le poids du destin, il était la *tangente* démesurée, l'*asymptote courbe* qui se prenait pour une *droite*, à moins que ce ne fût l'inverse, — et cependant il était *encerclé* de tous côtés, d'un univers qui faisait cercle autour de lui, — et il *décerclait* le monde pour mieux le *cerner*. « *Comme une boule le monde roule* », écrivit-il en français… Car Pessoa, selon la définition pascalienne de l'homme, n'était rien et tout à la fois (« *un milieu entre rien et tout* »), un centre sans cercle, un cercle sans centre, un centre *et* son cercle ; l'*orbe* de ses rêves scintillait dans le *halo* que le soleil de son esprit épaississait et déséquaississait au gré des humeurs, en un *cycle* désespérant. Le Pessoa visible n'est qu'un trait imperceptible dans l'ample sein de son œuvre *rotonde* et de l'histoire littéraire ; « *nulle idée n'en approche, ou si peu, et nous avons beau enfler nos conceptions au-delà des espaces imaginables, nous n'enfantons que des atomes au prix de la réalité des choses* »… S'il était un œil, il devenait l'orbite… S'il était un phaéton, il devenait l'air ; s'il était le nuage, il devenait un vent (« *un rien qui va et puis qui vient* ») ; s'il était un voilier (« *qui n'a pas une voile* »), il devenait l'océan ; s'il était un océan, il devenait l'épave ; s'il était une frégate, il devenait le fou ; s'il était un marin, il devenait la femme qui attendait son retour ; s'il était une quille, il devenait la rame ; s'il était un être, il devenait le néant ; s'il était une molécule d'eau, il devenait l'ode maritime ; s'il était une brume, il devenait le flottement ; s'il était lui-même, il devenait un autre ; s'il était un autre, il devenait l'autre de l'autre ; s'il était un thermomètre, il devenait le zéro absolu ; s'il était un pont, il devenait le suicidé ; s'il était une onde, il devenait « *un homme au cœur sec* » ; s'il était… il devenait… Qui est Fernando Pessoa ? Était-il *fou* ? Ai-je de bonnes raisons de l'inclure dans la liste des écrivains *malaisés* ? Peu dans l'*aisance*, peu *fortuné*, en un sens *difficile d'accès*, *retors* aux interprétations, Pessoa, spectateur *mal à l'aise* de sa propre existence, embarrasse et met *mal à l'aise* ses lecteurs et ses exégètes, qui *peinent* à le délimiter. À vrai dire, il ne remplit pas tous les critères qui feraient de lui un fou en bonne et due forme, car Pessoa (l'impavide, l'un-parti, l'impa(o)ssible) est le plus lucide des fous — ou le plus fou des lucides —, il aime à taquiner la folie qui « *doit procurer un abandon à cela même dont on souffre, un plaisir, astucieusement savouré, des cahots de l'âme* ». « *Impavide* », vraiment ? Oui et non : il est la mesure de sa folie et de sa raison, de la Folie/Raison… Dans sa jeunesse, notamment sous la plume de l'hétéronyme anglo-saxon Alexander Search, ses poèmes sont très noirs et évoquent régulièrement la folie. À vingt ans, il note qu'il en a peur — et « *que la peur de la folie, c'est déjà de la folie* ». Quand il s'examine « *face à face* », il reconnaît qu'il est fou, mais se demande quel est son « *genre de fou* »… À mes yeux, Pessoa, *page de lui-même*, fut un acteur passif, un *acteur fou* dans le jeu de la signification de la vie, un comédien du théâtre qu'il avait conçu *de toutes pièces*, un existentialiste rare, un immense poète métaphysicien, et surtout un *ironiste* dans le sens le plus *humoristique* et le plus *tragique* du terme. À ce sujet, les commentaires les plus perspicaces que j'aie trouvés figurent dans quelques essais d'Antonio Tabucchi, premier traducteur en italien des œuvres pessoennes, pour qui « *il n'y aucun cas clinique à découvrir dans l'hétéronymie de Pessoa* », que celle-ci « *renvoie plutôt à la capacité de vivre l'essence d'un jeu* » et qu'il faut plutôt y voir « *une thérapie de la solitude* ». Le Bernardo Soares du *Livre de l'intranquillité* (qui nous servira d'empennage au cours de ce vol instable) est un mélange poétique de Cioran, Hume, Rabbe, Caraco, un être impénétrable, fuyant (il nous fuit et se fuit). D'ailleurs, qui est Bernardo Soares ? Pessoa dit quelque part que c'est un personnage qui lui est « *miennement étranger* », et dans une note à Adolfo Casais Monteiro, il raconte : « *C'est un semi-hétéronyme, dans la mesure où sa personnalité, sans être la mienne, n'en diffère pas réellement, mais en est une simple mutilation. C'est moi, le raisonnement et l'affectivité en moins.* » Est-ce Pessoa ou est-ce Soares ? Qui est qui ? Pessoa ajoute, à propos de l'expert-comptable Soares, que celui-ci « *ne maîtrise ni émotions ni sentiments, et quand il pense, sa pensée reste subsidiaire de la sensation* », que ce qui le caractérise, c'est son « *inadaptation à la réalité de la vie* » ! N'a-t-on pas l'impression qu'il parle de *quelqu'un d'autre* ? Ce qui me déstabilise chez cet auteur, c'est l'indiscernabilité de sa *sincérité* : sur quel pied danser ? Je sais pertinemment que « *Ce que nous sommes / Ne peut passer ni dans un mot ni dans un livre* », mais lorsque je lis *Le Livre de l'intranquillité*, je ne puis m'empêcher de croire que Soares *est* Pessoa, et il m'est *impensable* (rigoureusement) que ce livre *ait été l'œuvre d'un auteur qui n'en fût pas le narrateur*. Savez-vous à quoi me fait songer l'« insongeable » songeur Pessoa ? À ce que l'on nomme, en électronique de puissance, un *redresseur commandé*, dispositif qui convertit une tension alternative (qui représenterait les sinuosités et les ondulations de la vie) en tension continue (figurée par l'écriture). À chaque alternance du signal d'entrée, Pessoa commute les thyristors de son cerveau et change d'apparence, et le signal de sortie, épuré, lissé par un condensateur, délivré tel quel, éloigné du pont qui l'a redressé, ne permet plus de déchiffrer la forme du signal de départ… Les périodes de « roue libre » pessoennes, même pour le spécialiste, sont indécelables ; rien ne peut décrire les fondements véritables de la pensée de Soares/Pessoa dans ce *Livre* qui rassemble ses « *Confessions* », dans cette *Autobiographie sans événements* » où, *dit-il*, il ne dit rien parce qu'il n'a rien à dire, dans ce livre qui n'est qu'une « *longue plainte* », avec, pour unique horizon spéculatif, l'espoir qu'il puisse laisser au lecteur « *l'impression d'avoir traversé un cauchemar voluptueux* ». Il faut bien comprendre que les quelque cinq cents fragments qui composent *Le Livre de l'intranquillité* sont *la réalisation de l'irréalisation*. Leur *réalisateur déréalisé*, convoitant l'arrivée du jour de la retraite où il pourra vivre paisiblement et jouir du repos, recule sans arrêt dans son œuvre « *inconstruite* » : « *je ne réaliserai pas l'œuvre que je ne réalise pas non plus aujourd'hui, et je me chercherai, pour continuer à ne pas la réaliser, des excuses différentes de celles grâce auxquelles je me dérobe aujourd'hui.* » Comment, dès lors, aborder une œuvre où s'accumulent les paradoxes, qui se fait en se défaisant, qui se défait en se faisant ? Je n'en détiens pas la réponse… — Pessoa (ainsi appellerons-nous Soares) souffrit-il du silence et de la solitude ? Oui et non : il les désirait et les méprisait, il y était forcé et les forçait : « *Suis-je seul ? Je ne veux pas l'être. / Entouré ? Je veux être seul.* » Il écrivait dans un « *silence chargé d'ennui* », « *plein de tristesse* », dans sa « *chambre paisible* » (« seul comme je l'ai toujours été, seul comme je serai toujours », « seul comme jamais nul ne le fut »), — car seule la solitude nous autorise et nous aide à « *sculpter en silence nul tous nos rêves de paroles* ». Pessoa fut-il un parfait solitaire ? Oui et non : s'il passa beaucoup de temps cloîtré dans son bureau d'écrivain, il vécut néanmoins assez souvent avec des membres de sa famille, dont sa mère, et il s'activa également dans l'édition de multiples revues littéraires. On s'aperçoit rapidement que la nuance est toujours de mise si l'on souhaite circonscrire un tel genre d'individu. En parcourant *Le Livre de l'intranquillité*, on sent que l'auteur est sur la brèche ; il laisse régulièrement transparaître les signes qui caractérisent la dépression, mais n'y cède jamais. Dans la « vraie » vie, Pessoa connut de terribles épisodes dépressifs : en 1920, suite à la rupture avec Ophélia ; en 1925, suite au décès de sa mère (la même année, il demande à être interné dans un hôpital psychiatrique) ; en 1933 ; en 1935, suite aux symptômes de la maladie qui l'emportera… L'existence entière de Pessoa ayant été une lutte constante entre la destruction de son être et la construction de ses rêves, il ne faudrait pas en déduire hâtivement qu'il pût rejoindre, par exemple, Mallarmé et Hölderlin ; tout au contraire : peut-être Pessoa était-il d'une fragilité similaire, mais ce qui le distingue des deux autres, c'est, encore une fois, son extrême *lucidité* (non pas que Mallarmé et Hölderlin fussent plus inconscients, ou Pessoa plus conscient ; ce que je veux souligner par là, c'est que ce dernier, dans le manège fatal de la pensée qui se pense, « conscientisait son inconscience », « inconscientisait sa conscience », malléait conscience et inconscience comme un potier mallée sa terre humide pour ensuite la tourner et modeler son *vase*, avant de le cuire au four). Pessoa est un pur penseur (je ne dis pas qu'il est un pur philosophe, je dis bien qu'il est un *pur penseur*) pour qui « *penser revient à détruire* », « *car penser, c'est décomposer* » : « *Une intelligence aiguë utilisée à me détruire, et une puissance de rêve avide de me distraire* », résume-t-il… Des rêveurs, Mallarmé et Hölderlin (et Artaud) en furent indéniablement, mais Pessoa, qui quant à lui *garde les pieds sur terre*, les eût dénommés des « rêveurs romantiques », des victimes du « *mal romantique* » — qui est de « *vouloir la lune tout comme s'il existait un moyen de l'obtenir* ». Mallarmé, Hölderlin, Artaud rêvaient du « *rêve qui nous promet l'impossible* » et qui « *de ce fait même nous en prive déjà* » ; ils rêvaient, ainsi que Van Gogh, d'un paradis auquel ils croyaient, tandis que Pessoa, de son côté, se délecte de « *passer ses jours à méditer sur un paradis auquel on ne croit pas* », il se méfie de l'irrationalité du rêve qui joue à la grenouille qui veut se faire aussi grosse qu'un bœuf, du rêveur qui bâtit sur du sable un château de sable qu'il aimerait habiter (et, ceci valant plus particulièrement pour Hölderlin, il se moque de l'imagination qui ne se bride pas : « *N'importe quel terrain un peu vaste est propre à recevoir un palais, mais où donc sera le palais si on ne le bâtit pas sur ce terrain ?* »). Lui qui n'a « *jamais fait que rêver* » (« *Cela, et cela seulement, a toujours été le sens de ma vie* »), il se qualifierait volontiers de « *réaliste* », car il n'a que « *des rêves sans illusions* » : il est un homme qui n'espère rien (l'espoir est une « *illusion inutile* »), il est un *fou rationnel* ! Pourquoi rêve-t-il autant ? Parce que « *la supériorité du rêveur vient de ce que rêver est infiniment plus pratique que de vivre* », parce que « *rêver, voilà ce dont nul ne se lasse, car c'est oublier* »... Est-ce, comme pour Mallarmé, l'oubli de soi par la Pensée qui s'est pensée et qui mène à l'Impersonnalité ? Quoique chez Mallarmé le phénomène soit pour le moins difficile à appréhender, pour nous qui ne sommes pas lui, c'est, chez Pessoa, encore plus inaccessible, du fait de sa dépersonnalisation mêlée à la multipersonnalisation, et tout cela s'accentue vertigineusement puisque pour pouvoir être le « *centre abstrait de sensations impersonnelles* », il donne « *à chaque émotion une personnalité* ». Certes, à l'instar de Mallarmé, il est parfois touché par une révélation aux allures mystiques : « *se connaître, d'un seul coup, comme en cet instant lustral, c'est avoir soudain la notion de la monade intime, de la parole magique de l'âme. Mais une clarté subite brûle tout, consume tout. Elle nous laisse nus, et de notre être même.* » Cependant la différence est grande : autant, chez l'un, le Néant est la cause d'un recommencement du Rêve, autant, chez l'autre, le Néant est la fin, car rien ne l'importe « *sauf l'espoir que tout ne soit que néant, et par conséquent, que le néant soit tout* ». Les mots « *destruction* », « *personnalité* », « *rêve* », « *émotion* », « *révélation* », « *pensée* », « *esprit* », « *Dieu* »... se retrouvent chez Hölderlin, Mallarmé, Artaud et Pessoa, mais seules, parmi ces manières respectives de les employer, les acceptions pessoennes se détachent sensiblement du reste, d'une part en vertu du grand scepticisme de Pessoa, que les autres n'égalent pas, d'autre part en vertu de la nature de sa folie, qui est (il n'y a pas d'autre adjectif) *raisonnable*. Pessoa, résigné, accepte les limites, quelles qu'elles soient, et, quand bien même il ne comprendrait ni le comment ni le pourquoi de l'être et de la pensée, il l'écrit, le dit, le clame, le confesse, sans la contourner, l'incompréhension ; — et quand bien même il dirait qu'il ne dit rien, il dit au moins qu'il ne dit rien, et dire que l'on ne dit rien, c'est toujours dire quelque chose... « *Les pages où je consigne ma vie, avec une clarté qui subsiste pour elles ; je viens de les relire, et je m'interroge. Qu'est-ce que tout cela, à quoi tout cela sert-il ? Qui suis-je lorsque je sens ? Quelle chose suis-je en train de mourir, lorsque je suis ? [...] Celui qui est dans ces pages, c'est un autre. Je ne comprends déjà plus rien...* » Le constat de la vanité de toutes choses ne le fait pas taire, — loin de là ; il ne connaîtra pas le mutisme hölderlinien du découragement et de l'abandon à soi et au monde ; tel l'Ecclésiaste, il prendra la parole au nom de la vacuité ; tel le scribouilleur de l'indéfini, le tabellion de l'absurde, le César des conquêtes indéterminées ou futiles, sans lauriers à glaner en prime, il noircit les pages de son cœur las, et ne pleure pas de ses yeux rougis par l'insomnie. Mais il est malade, malade de vivre, et s'il ne cède pas à la folie, c'est parce qu'il l'apprivoise comme on apprivoiserait un chiot que l'on aurait recueilli sous un pont, blotti sous des détritus. « *J'ai toujours appartenu à ce qui n'est pas là où je me trouve, et à ce que je n'ai jamais pu être* », « *Je suis autre dans la manière même dont je suis moi* », « *Je suis saturé de tout* », « *J'ai perdu le monde* », écrit, *aux abois*, l'homme amer — d'être seul avec tous, de n'être rien dans le tout, — d'être fou de ne pas être fou. Le *moi*, le sien, il sait plus que quiconque quel il est et quel il n'est pas, car, tout comme je sais que Socrate sait quand il dit qu'il ne sait rien — *parce qu'il le dit*, — je sais que Pessoa est Pessoa quand il dit qu'il ne l'est pas ou n'est rien — *parce qu'il le dit* !... « *Mais le moi, ou personne, n'est pas une impression* », rappelait David Hume (*Traité de la nature humaine*), « *mais c'est ce à quoi sont supposées se rattacher nos différentes impressions et idées. Si une impression donne naissance à l'idée du moi, cette impression doit demeurer invariablement la même durant le cours entier de notre vie, puisque le moi est supposé exister de cette manière. Mais il n'existe aucune impression constante et invariable. Douleur et plaisir, chagrin et joie, passions et sensations se succèdent les uns aux autres, et ils n'existent jamais tous en même temps. Ce ne peut donc être d'aucune de ces impressions ni d'aucune autre que l'idée du moi est dérivée, et, par conséquent, une telle idée n'existe pas* ». — Et l'image du *père* (ou du *Père*) dans tout cela, cette image si traumatisante (on l'a vérifié — à son paroxysme — chez Hölderlin) ? « *Quant à un père, je sais seulement son nom : on m'a dit qu'il s'appelait Dieu, mais ce nom n'évoque rien pour moi. La nuit parfois, quand je me sens trop seul, je l'appelle et je pleure, je tente de me former de lui une idée que je puisse aimer... [...] Si seulement Dieu venait un jour me chercher et m'emmenait chez lui, pour me donner chaleur et affection...* » Où est donc le père ? Il n'est plus là, depuis des siècles : il est mort de la tuberculose alors que Pessoa, désormais « *privé de père dans l'intelligible* », avait tout juste cinq ans. *Dois-je continuer ?...* « *Je me sentais un orphelin. 'Te trouver, Père !...'* » — Ô Fernando, tu fus toujours aux prises avec la « *saudade* », ce rappel des choses disparues, cette absence présente, ce manque, cette nostalgie-mélancolie typiquement portugaise, ce désoubli de l'oubli, cette quête de quelque chose dont on a oublié ce que c'est ou dont on ne sait plus ce que cela a été. Comme Hölderlin, tu regrettas ton enfance, mais lui crut pouvoir retrouver la joie, être joyeux, l'ayant déjà été, alors que toi, tu savais que tu ne serais jamais plus heureux, ayant été autre et t'étant, depuis, oublié. Hölderlin recherchait l'insouciance perdue, tandis que toi, tu recherchais l'inconscience perdue. Ô Fernando, rêveur insatiable, qui rêvas quelque « *dérèglement de tous les sens* » (« *Ah, tout sentir de toutes / Les manières !* ») tout en imaginant, parfois, avec angoisse, ne plus rien sentir, tu tentas douloureusement d'unir l'être et le non-être — en purs poèmes de la perte... Ô Fernando, pour te sentir être, tu rêvas moins d'être qu'*être*. Mais nul ne sait ce qu'est *être*, nul ne peut le dire... « *I have had a most rare vision. I have had a dream, past the wit of man to say what dream it was: man is but an ass, if he go about to expound this dream. Methought I was — there is no man can tell what. Methought I was, — and methought I had, — but man is but a patched fool, if he will offer to say what methought I had.* » (« *J'ai eu une vision extraordinaire. J'ai fait un songe : c'est au-dessus de l'esprit de l'homme de dire ce qu'était ce songe. L'homme qui entreprendra d'expliquer ce songe n'est qu'un âne… Il me semblait que j'étais, nul homme au monde ne pourrait me dire quoi. Il me semblait que j'étais… et il me semblait que j'avais… Il faudrait être un fou à marotte pour essayer de dire ce qu'il me semblait que j'avais.* ») — Avant de conclure, étendu sur les berges basaltiques du bassin de la *Mare Tranquillitatis*, baigné par « *une fraîcheur lunaire* », je réserve au lecteur, finauds et finaux, deux *bouquets* de plantes floribondes, — ou plutôt deux *gerbes* (ô Bérénice ! ô fusées !)… — *De l'art de bien rêver* : Pessoa affirme que « *le stade le plus élevé du rêve est atteint lorsque, ayant créé un tableau et des personnages, nous les vivons tous à la fois* — nous sommes toutes ces âmes de façon conjointe et interactive » (il souligne), et qu'« *une fois éduquée notre imagination, il suffit de vouloir* ». Alors, ces consignes respectées, « *il se produit une dissolution totale de la personnalité. Nous sommes cendre pure, dotée d'une âme, mais sans forme — pas même la forme de l'eau, qui épouse celle du vase qui la contient* » (je souligne). — Annotation : « *Mon âme s'est brisée ainsi qu'un vase vide. […] Dans ma chute j'ai fait le bruit d'un vase qui se brisait. […] Qu'étais-je, moi, ce vase vide ? […] — Mon œuvre ? Mon âme principale ? Ma vie ? — Un débris* » (je suspends mon soulignement, & *quod erat demonstrandum*)…

* * * * *

(J'y pense tout à coup : n'est-il pas admirable que les deux anagrammes complètes de « *folie* » soient « *fiole* » et « *folié* » ?... Les arômes d'un bouquet d'immobiles fleurs — à l'étroit —, debout dans leur petit vase… Si le cerveau végète, les pensées — aux quatre pétales — fanent et finissent par macérer ; si elles grandissent, elles le massacrent et il se casse…)

* * * * *

Il suffit d'observer l'humanité depuis un laboratoire pour estimer, sans mesquinerie, qu'il existe autant de fous (malades) qu'il y a d'hommes, et que chaque homme porte en lui toutes les folies (maladies), tel Van Gogh, dont les raisons de sa maladie ont donné lieu à des dizaines de diagnostics différents, ou tel Strindberg, qui, après avoir visité plusieurs médecins, consigna dans *Inferno* que le premier lui avait appliqué « *l'étiquette neurasthénie, le second angine de poitrine, le troisième paranoïa, maladie mentale, le quatrième emphysème* »… Du moins dérangé au plus atteint, il y a une infinité de degrés de démence, et à tout degré, il y a encore une infinité de possibilités, de variations, de perceptions, de durées, d'états (Mallarmé, dans un temps resserré, connut la folie sans qu'il le sût très bien, et Pessoa ne fit jamais que l'effleurer). Il y a aussi, par exemple (et nous l'avons vu avec Hölderlin), Nietzsche et Baudelaire qui, loin d'être aliénés, furent les prophètes de leur propre avenir, de leur fin de vie végétative (dix années pour le premier, une pour le second). Exceptés quelques indices d'un comportement parfois douteux, aucun des deux ne fut véritablement insensé avant l'« accident », avant la culbute tabétique. (Après m'être longuement et plus particulièrement occupé six figures emblématiques (Hölderlin, Mallarmé, Dostoïevski, Artaud, Van Gogh et Pessoa), la place et la force, mais non l'envie, me manquent pour m'attaquer encore à ces génies que furent Nietzsche et Baudelaire, desquels il y aurait beaucoup à tirer en enseignements… En tout cas, au risque de me répéter, je vois chez eux, comme chez les précédents, le problème radical de *l'image du père* (décédé, vivant, absent, présent, perdu, recherché, castrateur, idéal, banni, adoré, mauvais, bon, puissant, faible) : aucun homme, — *aucun*, — n'en réchappe. Ainsi donc, je me bornerai et serai — à mon grand désespoir — aussi bref que la vie d'un mort-né l'est.) En ce qui concerne Nietzsche, touché tout au long de son existence par des migraines intenses, il pensa qu'il subirait un jour ou l'autre le même sort que son père, mort d'un « *ramollissement du cerveau* » alors qu'il n'avait que cinq ans. Selon Franz Overbeck, l'un de ses plus fidèles amis, « *la fin naturelle d'un tel homme* » qui « *était victime de cette brusque alternance d'états de profonde dépression et d'exaltation euphorique qui dans ce domaine caractérise en général les candidats à la folie* », — « *la fin naturelle d'un tel homme était de "perdre la raison"* ». D'ailleurs, toujours selon lui, « *il est impensable que Nietzsche ait été fou auparavant, quel qu'ait été son degré d'exaltation* ». Le fait est que, le 3 janvier 1889, témoin des coups de fouet que reçoit un cheval, il se rue vers lui, il se jette sur l'encolure de l'animal, l'entoure de ses bras, se met à pleurer et s'évanouit : de cette « *catastrophe* », de cette attaque « *foudroyante* », de cet évènement impénétrable, il ne se remettra jamais. « *Pour étrange que soit cette façon de se conduire* », écrivait Paul-Louis Landsberg dans un séduisant *Essai d'interprétation de la maladie mentale de Nietzsche*, « *il ne reste pas moins possible d'y reconnaître des traits donnés depuis toujours dans le caractère de Nietzsche* ». Toute théorisation — ou presque — a été tentée pour expliquer ce qui avait réduit le philosophe à agir de la sorte et à devenir ce qu'il devint : qu'il avait contracté la syphilis (à deux reprises), qu'il avait hérité génétiquement de la maladie de son père, qu'il s'était surmené, qu'il avait subi un choc psychologique invétéré, *et cætera*. Jamais, jusqu'à présent, je n'ai été pleinement convaincu par les tentatives d'explication. On a dit tout et n'importe quoi à ce sujet et je me méfie de ce qu'on en a dit ou de ce qu'on continuera à en dire. C'est, par exemple, avec une appréhension redoublée que j'ai lu *L'effondrement de Nietzsche*, biographie critique des dernières années du philosophe, écrite par un certain docteur Erich F. Podach, publiée en 1930, aussitôt traduite en français dans la collection Idées chez Gallimard, dont la quatrième de couverture se clôt d'une manière qui appelle à la plus fine circonspection : « *Le récit et l'analyse de E.F. Podach constituent le livre définitif sur cette époque tragique de la vie de Nietzsche.* » Comme d'autres l'ont fait avant lui, il s'est appuyé sur le témoignage de la sœur de Nietzsche, Madame Förster, mais il a eu le mérite de figurer parmi les premiers à oser s'en détacher et à les soumettre à une analyse contradictoire. À tout le moins, Podach, s'appuyant sur les études et conclusions de Kurt Hildebrandt et de Paul Julius Möbius, y balaie-t-il un vaste champ d'investigations et d'hypothèses : abus de somnifères (chloral), stupéfiants (opium, haschisch), rupture avec Lou Andreas-Salomé, tensions avec sa mère et sa sœur, dégoût de la civilisation allemande… Je n'ajouterai donc pas ma pierre à l'édifice étiologique et herméneutique, si ce n'est en citant anecdotiquement quelques passages prémonitoires, en commençant par celui-ci, tiré d'*Aurore* (1881) et le plus nucléaire,

— le nucleus de la capilotade programmée : « *Ah ! Donnez-moi au moins la démence, puissances célestes ! La démence, pour qu'enfin je croie en moi-même ! Donnez-moi le délire et les convulsions, les illuminations et les ténèbres soudaines, terrifiez-moi par des frissons et des ardeurs tels que jamais mortel n'en éprouva, des fracas et des formes errantes, faites-moi hurler et gémir et ramper comme une bête : mais que j'aie foi en moi-même !* » (Pierre Desproges dirait : « *Étonnant, non ?* ») À dix-sept ans, ses poèmes chantaient si *sombrement*... La maladie n'était alors qu'*inspirée*, mais elle commençait à étaler son ombre et ses ténèbres — qui dussent faire expirer. De fait, l'homme né sombre, « *sombre* » bien souvent (que ce soit dans le sens d'« *assombrir* », de « *se renverser tout à fait* », voire, le comble pour un disciple de Dionysos, de « *donner le premier labour aux vignes* »). « *Se noyer — sombrer — la colonnade s'efface, / Expirer — se perdre — tomber vers la terre en mille morceau* », — comme un vase ! Plus tard, vers 1884 ou 1885, d'autres noircissures complètent le tableau des rehauts maléfiques de la déficience en incubation, comme si le Syndrome ultime se faisait l'encomiaste de son règne à venir : « *Immobile, je gis / étendu de tout mon long, / Tel un moribond à qui l'on réchauffe les pieds / — les cafards ont peur de moi* » : ô dépression ! ô folie endogamique, parente d'une chorée de Huntington ! ô projection furieuse de la débilité presque arachnéenne ! ô vision des photographies prises entre juin et août 1899 ! Qu'elle est *sombre*, cette série de photographies de Hans Olde, connue sous le nom de « *Der kranke Nietzsche* », où tu es vitrifié, où tu végètes et somnoles, où tu subsistes, où tu survis vautrement dans l'ombre des bas-côtés, où tu *te survis* ! Le regard claqué — qu'accentue le strabisme convergent — montre que tu *dévies* et *te dévies de toi-même*, — et qu'il ne te reste plus qu'à « *devier* » (« *mourir* » en ancien français, situé avant « *deuil* » dans le Furetière, qui indique également « *devié* », « *forcené* », et « *devie* », « *mort* », que l'on retrouve chez François Villon : « *S'il est mort, force est que devie, / Voire, ou que je vive sans vie* »). Quels yeux hypnotiques, braqués dans le vide, abrégés, mitigés, harassés, neutralisés, bousillés, enkystés, moulinés, dessillés, défaillants, dé(ca)pités, cuirassés, livides, languides, embarrés, écroués, congédiés, marécageux, — et fissiles, — et dissipés, — dispersés, évanouis, distraits, cessés, enfondrés, — et ravis, — béats, décampés, emportés ! (Que lorgne un borgne ? Où est l'œil de l'homme *si avisé* — qui désormais semble *aviné* ? « *Je ne sais si je dois rire, plaisanter, / ou pleurer ici — / mes yeux sont emplis de douleur / mais aussi d'ironie amère* » : moi non plus, je ne sais...) Quelle ténébrosité ! Quelle désertion ! Quel sentiment de disparité ! Quelle insurpassable « imprésence » ! Quelle physionomie de la sénescence, de l'inductilité, de la lésion, de la déliaison ! Quelle complexion laminée ! Quelle personnification de la « *Weltschmerz* » ! Démantibulé, impossible à rapiéceter, coincé dans la Nuit (« *qui dompte les dieux et les hommes* », disait Homère), — partagé, tiraillé entre le « *monde* » et la « *douleur* », la Mélancolie cisaillait encore tes dendrites... Sauve qui (ne) peut (plus) ! À perte de vue, la *perte*. La perte, — la glossotomie (alanguissement !), l'entaille dans l'absorption, l'ablation des yeux qui sont comme les ocelles d'une plume de paon (camouflage raté)... Le baril de poudre, flasque et trempé, n'explosera plus... Que tu sois, dans la maison barricadée, allongé raide comme un serpent écrasé, ou dehors, sur la terrasse, avachi dans le transat du grabataire, acagnardé, fourbu, « *les yeux fixes et ouverts comme dans la folie* » (assurément, Monsieur Dumas fils), le « *regard mourant, à moitié hostile* », faisant « *l'impression d'un fier animal blessé qui s'est replié dans un coin pour y mourir* » (assurément, Monsieur Overbeck), — que tu sois avec ou sans ta sœur Élisabeth à tes côtés qui soutient ta trogne endormie et affalée (affolée), — *partout*, tu n'es *plus là*, tu t'es absenté à la Nuit, *tu t'es abstrait*, ton corps ne tait plus le néant de ton esprit, de même que tes monstrueuses moustaches ne cachent plus ton mutisme. « *Te voilà tombé du ciel, Astre brillant, fils de l'aurore ! Tu es abattu à terre, Toi, le vainqueur des nations !* » (Is 14,12) Dégradé, tu fuis, — et, dirait Alexander Pope, « *In vain thy Reason finer webs shall draw* » (« *En vain ta raison veut tisser des toiles plus délicates* »)... En automne 1888, de qui parlais-tu dans ce fragment de rêve : « *désarmé, comme un cadavre, / déjà mort de son vivant, enseveli* » ?... La maladie et toi, vous fûtes, *entre oiseaux de proie*, l'incarnation du combat d'aigles *au bord de l'abîme* : « *Un malade, désormais, / victime du venin, / un prisonnier, désormais, / qui a tiré le plus dur des sorts : / travaillant courbé / dans son propre puits, / creusant en toi-même ta propre caverne, / ta propre tombe, / désemparé, / engourdi, / cadavre / sur qui s'élève une tour de mille fardeaux / écrasé par toi-même, / un savant !* / Qui se connaît lui-même ! / *Le sage Zarathoustra !...* » L'ironique domine désormais l'onirique — à moins que ce ne soit l'inverse... Rimbaud aurait dit, le voyant, qu'« *Au grand jour, fatigué de briser des idoles / Il ressuscitera, libre de tous ses Dieux* »... — Quant à Baudelaire, syphilitique, il chuta en montant les marches d'une église belge, le 4 février 1866. Une paralysie et une aphasie l'envahirent progressivement, dont il ne se relèvera pas. La dernière lettre écrite de sa main, datée du 20 mars et expédiée depuis Bruxelles, fut destinée à sa mère : « *Ma chère mère, je ne suis ni bien ni mal. Je travaille et j'écris difficilement. Je t'expliquerai pourquoi.* » Dès le 26 mars, tout était déjà fini, et quelqu'un d'autre prit la plume à sa place et, si je puis dire, signa son arrêt de mort cérébrale : « *Puisque tu exige que je te réponde de suite, il faut que tu saches que écrire mon nom de travers est un grand travail de cerveau pour moi.* » De même que je viens de le faire pour Nietzsche, je citerai deux avis prémonitoires (qui ne se veulent point être de quelconques preuves scientifiques, mais qui parent, à leur manière, — *en parallèle-écho*, — la réflexion du poète de prédispositions déroutantes). Le premier est un extrait du Spleen de Paris (*Le vieux saltimbanque*) : « *Partout la joie, le gain, la débauche ; partout la certitude du pain pour les lendemains ; partout l'explosion frénétique de la vitalité. Ici la misère absolue, la misère affublée, pour comble d'horreur, de haillons comiques, où la nécessité, bien plus que l'art, avait introduit le contraste. Il ne riait pas, le misérable ! Il ne pleurait pas, il ne dansait pas, il ne gesticulait pas, il ne criait pas ; il ne chantait aucune chanson, ni gai ni lamentable ; il n'implorait pas. Il était muet et immobile. Il avait renoncé, il avait abdiqué. Sa destinée était faite.* » Le second provient des *Fleurs du Mal* (Châtiment de l'orgueil, — quel hasard) : « *Immédiatement sa raison s'en alla. / L'éclat de ce soleil d'un crêpe se voila ; / Tout le chaos roula dans cette intelligence, / Temple autrefois vivant, plein d'ordre et d'opulence, / Sous les plafonds duquel tant de pompe avait lui. / Le silence et la nuit s'installèrent en lui, / Comme dans un caveau dont la clef est perdue. / Dès lors il fut semblable aux bêtes de la rue, / Et, quand il s'en allait sans rien voir, à travers / Les champs, sans distinguer les étés des hivers, / Sale, inutile et laid comme une chose usée, / Il faisait des enfants la joie et la risée.* » — La souffrance du « *vase sacré* » !...

* * * * *

« *Le vase où meurt cette verveine / D'un coup d'éventail fut fêlé ; / Le coup dut l'effleurer à peine, / Aucun bruit ne l'a révélé. / Mais la légère meurtrissure, / Mordant le cristal chaque jour, / D'une marche invisible et sûre / En a fait lentement le tour. / Son eau fraîche a fui goutte à goutte, / Le suc des fleurs s'est épuisé ; / Personne encore ne s'en doute, / N'y touchez pas, il est brisé. / Souvent aussi la main qu'on aime / Effleurant le cœur, le meurtrit ; / Puis le cœur se fend de lui-même, / La fleur de son amour périt ; / Toujours intact aux yeux du monde, / Il sent croître et pleurer tout bas / Sa blessure fine et profonde : / Il est brisé, n'y touchez pas.* » (Sully Prudhomme, *Le vase brisé*.)

* * * * *

Avant qu'elle ne soit son *mausolée*, l'œuvre d'un artiste est le *mémorial* du père. L'artiste malade, représenté par le « *vase sacré* », porte en lui, dans le sanctuaire de son être le plus profond, son père enfermé dans ces vases égyptiens que l'on nommait « *vases canopes* » et où étaient conservés, embaumés, les viscères des défunts. Le malaise est une perte de repères, une perte en grande partie consécutive, selon mon opinion (qui vaut ce qu'elle vaut), *à la perte* (réelle ou imaginaire) *du père* (réel ou imaginaire), — parfois confondu avec le *Père*. (Je ne sais ce qu'il adviendra de moi quand mon père mourra réellement et cela m'effraie quand me vient cette pensée... Sans doute, sans vraiment savoir ce que cela signifie, « capitulerai-je »...) Au grand dam de mes lecteurs que cela exaspérerait, mais ne sachant réfréner mon besoin de jouer avec les mots, je résumerai en une simple expression l'idée que je me fais de l'homme (malade) qui se consacre à l'art : il me semble être celui qui peint, compose, écrit, sculpte, et tout en créant (et par le biais de sa création), vitupère, — et, plus précisément, vitupère : « *Vis-tu, père ?* » — Lorsque m'est venue l'idée de parler de la folie, outre les cas déjà étudiés ensemble, j'avais eu dans l'intention d'en explorer quelques autres, ô combien intéressants à première vue : Guy de Maupassant, August Strindberg, Novalis, Henri-Frédéric Amiel, Raymond Roussel, Gérard de Nerval, Blaise Pascal, Philip K. Dick... Mais à balayer toutes ces nouvelles formes de « folie » dans des tête-à-tête sans fin, j'ai peur que l'on ne devienne nécessairement fou soi-même (si on ne l'est déjà) ! Je m'arrêterai là, non sans avoir auparavant dressé une liste qui, à sa façon (explicite et sidérante, j'en suis persuadé), corroborera l'influence (*de la perte*) du père dans les destinées des écrivains « maudits ». Cette liste, — cet « orphelinologe », — qui est une *notice* à la fois *nécrologique* et *chronologique* (une notice « néchronologique »), devait dans un premier temps se rapporter exclusivement à la mort du père, mais il m'a semblé plus instructif de l'étoffer en y incluant également la mort de la mère (après réflexion, j'ai décidé de ne pas comptabiliser, en sus, la mort des frères et sœurs, ni celle d'amis, femmes ou autres proches, pourtant loin d'être secondaires dans l'étiologie du mal-être, du chavirement, de la démence). — Je signale dès maintenant que les âges mentionnés sont approximatifs (différence de l'année du décès et de l'année de naissance), qu'ils sont écrits en chiffres arabes pour une meilleure lisibilité et un meilleur contraste), et je préfère prévenir qu'il me chaut peu qu'à certaines époques, l'espérance de vie ait été moindre qu'aujourd'hui, ou que cette interminable collection de noms, dont l'exhaustivité est peu proportionnelle qu'à ma bibliothèque, manque de pertinence ! — *Allons-y* (en battant la mesure en pensée par un « *item !* » qui résonne comme un son de cloche monumental et apocalyptique). — *Friedrich Hölderlin* (à 2 ans, le père meurt, et à 7, le beau-père) ; — *Stéphane Mallarmé* (à 5 ans, la mère, et à 21, le père) ; — *Fédor Dostoïevski* (à 16 ans, la mère, et à 19, le père) ; — *Ivan Aleksandrovitch Gontcharov* (à 7 ans, le père) ; — *Vincent Van Gogh* (à 32 ans, le père) ; — *Fernando Pessoa* (à 5 ans, le père, et à 37, la mère) ; — *Friedrich Nietzsche* (à 5 ans, le père) ; — *Charles Baudelaire* (à 6 ans, le père) ; — *Guy de Maupassant* (à 10 ans, sa mère quitte son père, qu'il ne reverra pas, mort à 30 ans, remplacé par son « père spirituel », Gustave Flaubert, qui fut l'amant de sa mère) ; — *August Strindberg* (à 13 ans, la mère) ; — *Henri-Frédéric Amiel* (à 11 ans, la mère, et à 13, le père, par suicide) ; — *Jean-Baptiste Poquelin (Molière)* (à 10 ans, la mère) ; — *Théodore Agrippa d'Aubigné* (à la naissance, la mère, et à 11, le père) ; — *Alphonse Rabbe* (à 18 ans, le père) ; — *Joseph Conrad* (à 7 ans, la mère, et à 12, le père) ; — *Jean Racine* (à 2 ans, la mère, et à 4, le père) ; — *Raymond Roussel* (à 17 ans, le père) ; — *Léon Tolstoï* (à 2 ans, la mère, et à 9, le père) ; — *Gérard de Nerval* (à 2 ans, la mère, et il ne verra que très rarement son père) ; — *Blaise Pascal* (à 3 ans, la mère, et à 28, le père) ; — *Philip K. Dick* (à 4 ans, ses parents divorcent, son père ne réapparaître jamais) ; — *Ryûnosuke Akutagawa* (à sa naissance, son père l'abandonne au frère de son épouse qui est aliénée) ; — *William Wordsworth* (à 8 ans, la mère, et à 13, le père) ; — *Mário de Sá-Carneiro* (à 2 ans, la mère) ; — *Stig Dagerman* (à la naissance, abandonné par sa mère) ; — *Edgar Allan Poe* (à 1 an, le père, et à 2, la mère) ; — *Charles Perrault* (à 24 ans, le père, et à 29, la mère) ; — *Hans Christian Andersen* (à 11 ans, le père) ; — *Giacomo Casanova* (à 8 ans, le père) ; — *E.T.A. Hoffmann* (à 21 ans, la mère, et à 22, le père) ; — *Nathaniel Hawthorne* (à 4 ans, le père) ; — *Pétrarque* (à 14 ans, la mère, et à 22, le père) ; — *Francisco de Quevedo* (à 6 ans, le père, et à 20, la mère) ; — *Rainer Maria Rilke* (à 31 ans, le père, et il aura très peu vu sa mère) ; — *Jean-Jacques Rousseau* (quelques jours après sa naissance, la mère, et, après l'avoir abandonné à 10, à 35 ans, le père) ; — *François-Marie Arouet de Voltaire* (à 7 ans, la mère, et à 28, le père) ; — *Paul Henri Thiry d'Holbach* (à 20 ans, la mère, et à 32, le père) ; — *Vladimir Vladimirovitch Maïakovski* (à 13 ans, le père) ; — *Émile François Zola* (à 7 ans, le père) ; — *Comte de Lautréamont* (il n'a pas 1 an, la mère) ; — *Germaine de Staël* (à 28 ans, la mère) ; — *Maurice Rollinat* (à 21 ans, le père) ; — *Charles-Augustin Sainte-Beuve* (avant sa naissance, le père) ; — *Georges Perec* (à 4 ans, le père, et à 7, la mère) ; — *Herman Melville* (à 13 ans, le père) ; — *José-Maria de Heredia* (à 7 ans, le père) ; — *Antoine Blondin* (à 26 ans, le père) ; — *Roger Nimier* (à 14 ans, le père) ; — *Alfred Kubin* (à 11 ans, la mère) ; — *Conrad Potter Aiken* (à 11 ans, le père et la mère) ; — *Attila József* (à 14 ans, la mère, et abandonné par son père à 3 ans) ; — *Georges Simenon* (à 18 ans, le père) ; — *William Beckford* (à 10 ans, le père) ; — *Yasunari Kawabata* (à 1 an, le père, et à 3, la mère) ; — *Khalil Gibran* (à 20 ans, la mère) ; — *Matthew Arnold* (à 19 ans, le père) ; — *Antonio Machado* (à 17 ans, le père) ; — *Joseph Roth* (à 16 ans, le père, et à 26, la mère) ; — *Rabindranath Tagore* (à 14 ans, la mère) ; — *Arthur Rimbaud* (à 6 ans, son père s'enfuit pour ne plus jamais réapparaître) ; —

Søren Kierkegaard (à 21 ans, la mère, et à 25, le père) ; — *Marcel Proust* (à 32 ans, le père, et à 34, la mère) ; — *Guy Debord* (à 4 ans, le père) ; — *Dino Buzzati* (à 14 ans, le père) ; — *Romain Gary* (de père inconnu) ; — *Jules Laforgue* (à 17 ans, la mère, et à 21, le père) ; — *H.P.* (!) *Lovecraft* (à 8 ans, le père, qui était placé à l'asile) ; — *Nicolas Vassiliévitch Gogol* (à 16 ans, le père) ; — *Paul Celan* (à 22 ans, la mère et le père) ; — *Guillaume Apollinaire* (né de père inconnu) ; — *Jacob Grimm* (à 11 ans, le père, et à 23, la mère) ; — *Wilhelm Grimm* (à 10 ans, le père, et à 22, la mère) ; — *Jack London* (à la naissance, abandon du père) ; — *Clemens Brentano* (à 15 ans, la mère, et à 19, le père) ; — *Andrew Marvell* (à 17 ans, la mère) ; — *Victor Hugo* (à 19 ans, la mère, et à 26, le père) ; — *Georg Trakl* (à 23 ans, le père) ; — *Confucius* (à 3 ans, le père, et à 24, la mère) ; — *Marc-Aurèle* (à 3 ans, le père) ; — *Aloysius Bertrand* (à 21 ans, le père) ; — *Ludwig Wittgenstein* (à 24 ans, le père) ; — *Emmanuel Kant* (à 13 ans, la mère, et à 22, le père) ; — *Arthur Schopenhauer* (à 17 ans, le père, probablement par suicide) ; — *Aristote* (vers 11 ans, le père, puis la mère) ; — *David Hume* (à 3 ans, le père) ; — *Gottfried Wilhelm Leibniz* (à 6 ans, le père) ; — *Cesare Pavese* (à 6 ans, le père) ; — *Ausiàs March* (à 16 ans, le père) ; — *Alexandre Dumas père* (à 4 ans, le père) ; — *Pierre-Augustin Caron de Beaumarchais* (à 26 ans, la mère) ; — *Charles d'Orléans* (à 13 ans, le père, et à 14, la mère) ; — *René Crevel* (à 14 ans, le père, par suicide, et à 26, la mère) ; — *Heinrich von Kleist* (à 11 ans, le père, et à 16, la mère) ; — *Joris-Karl Huysmans* (à 8 ans, le père, et à 28, la mère) ; — *Roland Barthes* (à 1 an, le père) ; — *Lord Byron* (à 3 ans, le père, et à 23, la mère) ; — *William Somerset Maugham* (à 8 ans, la mère, et à 10, le père) ; — *Mark Twain* (à 12 ans, le père) ; — *Ernest Hemingway* (à 29 ans, le père, par suicide) ; — *William Faulkner* (à 35 ans, le père) ; — *Maxime Gorki* (à 3 ans, le père, et à 10, la mère) ; — *André Gide* (à 11 ans, le père, et à 26, la mère) ; — *Alain-René Lesage* (à 9 ans, la mère, et à 14, le père) ; — *Horacio Quiroga* (après sa naissance, le père, par suicide, et à 17, le beau-père, par suicide) ; — *Thomas Bernhard* (le père ne l'a jamais reconnu, et à 16 ans, la mère meurt) ; — *Henri Roorda* (à 5 ans, la mère, et à 17, le père) ; — *Samuel Coleridge* (à 9 ans, le père) ; — *Alfred de Musset* (à 22 ans, le père) ; — *John Keats* (à 9 ans, le père, et à 15, la mère) ; — *Alexandre Blok* (ses parents divorcent avant qu'il naisse, il ne verra presque pas son père) ; — *Paul Verlaine* (à 21 ans, le père, et Verlaine a tenté plusieurs fois de tuer sa propre mère) ; — *Julien Green* (à 14 ans, la mère) ; — *Alfred de Vigny* (à 19 ans, le père) ; — *Albert Camus* (à 5 ans, le père) ; — *Pedro Calderón* (à 10 ans, la mère, et à 15, le père) ; — *Antoine de Saint-Exupéry* (à 4 ans, le père) ; — *Aurèle Patorni* (à 8 ans, le père) ; — *Thomas Chatterton* (avant sa naissance, le père) ; — *Stendhal* (à 8 ans, la mère) ; — *Tommaso Landolfi* (à 1 an, la mère) ; — *William Blake* (à 26 ans, le père) ; — *Benjamin Constant* (à sa naissance, la mère) ; — *Paul Scarron* (à 3 ans, la mère) ; — *Carlo Collodi* (à 22 ans, le père) ; — *Sully Prudhomme* (quelques mois après sa naissance, le père) ; — *Stephen Crane* (à 9 ans, le père, et à 19, la mère) ; — *Eduard Mörike* (à 14 ans, le père) ; — *Daniel Defoe* (à 13 ans, la mère) ; — *François Villon* (à sa naissance, le père) ; — *Dante* (à 13 ans, la mère, et à 17, le père) ; — *Jules Supervielle* (l'année de sa naissance, la mère et le père) ; — *Francis Jammes* (à 20 ans, le père) ; — *Ralph Waldo Emerson* (à 8 ans, le père) ; — *Edouard Gibbon* (à 10 ans, la mère) ; — *Paul-Jean Toulet* (à la naissance, la mère) ; — *Eugène Ionesco* (à 27 ans, la mère) ; — *Ben Jonson* (avant sa naissance, le père) ; — *Jean-Paul Sartre* (à 1 an, le père) ; — *Maurice Blanchot* (à 29 ans, le père) ; — *Félix Lope de Vega y Carpio* (à 13 ans, le père) ; — *René Descartes* (à 1 an, la mère) ; — *Jean Genet* (père inconnu, abandonné par sa mère quelques mois après la naissance) ; — *John Donne* (à 4 ans, le père, et à 5, le père) ; — *Pierre de Ronsard* (à 20 ans, le père, et à 21, la mère) ; — *Adam Mickiewicz* (à 14 ans, le père) ; — *Mikhaïl Lermontov* (à 3 ans, la mère, et à 17, le père) ; — *Karl Kraus* (à 17 ans, la mère, et à 26, le père) ; — *Taras Hryhorovytch Chevtchenko* (à 9 ans, la mère, et à 11, le père) ; — *Ivan Serguéïevitch Tourgueniev* (à 16 ans, le père, et à 32, la mère) ; — *Charles Juliet* (à 7 ans, la mère, qui était internée depuis sa naissance) ; — *Frédéric Pajak* (à 9 ans, le père) ; — *Pierre Louÿs* (à 9 ans, la mère) ; — *Jean Cocteau* (à 9 ans, le père) ; — *Prince Charles-Joseph de Ligne* (à 4 ans, la mère, et à 31, le père) ; — *Attila József* (à 14 ans, la mère, et à 3 ans, le père s'était enfui) ; — *Montesquieu* (à 5 ans, la mère, et à 24, le père) ; — *Abbé Prévost* (à 14 ans, la mère) ; — *Jonathan Swift* (à sa naissance, le père)... — Il y a aussi, en dehors des écrivains : *Ludwig van Beethoven* (à 17 ans, la mère, et à 22, le père) ; — *Richard Wagner* (à 6 mois, le père) ; — *Alexandre Nikolaïevitch Scriabine* (à 1 an, la mère, et aussitôt, le père s'enfuit) ; — *Francis Poulenc* (à 16 ans, la mère, et à 18, le père) ; — *Sándor Ferenczi* (à 15 ans, le père) ; — *Isaac Newton* (avant la naissance, le père) ; — *Mohandas Karamchand Gandhi* (à 16 ans, le père) ; — *Djalâl ad-Dîn Muḥammad Rûmî* (à 17 ans, la mère, et à 24, le père) ; — *Joseph Fourier* (à 8 ans, la mère, et à 10, le père) ; — *André-Marie Ampère* (à 18 ans, le père) ; — *Charles Darwin* (à 8 ans, la mère) ; — *Johannes Kepler* (à 18 ans, le père) ; — *Nicolas Copernic* (à 10 ans, le père) ; — *Évariste Galois* (à 18 ans, le père) ; — *Edvard Munch* (à 7 ans, la mère, et à 26, le père) ; — *Michel-Ange* (à 6 ans, la mère) ; — *Raphaël* (à 8 ans, la mère, et à 11, le père) ; — *Caspar David Friedrich* (à 6 ans, la mère) ; — *Eugène Delacroix* (à 7 ans, le père, et à 16, la mère) ; — *Théodore Géricault* (à 17 ans, la mère) ; — *Giovanni Segantini* (à 7 ans, la mère, et à 8, le père) ; — *Salvator Rosa* (à 6 ans, le père, puis la mère se remarie et ne redonnera plus aucune nouvelle) ; — *René Magritte* (à 14 ans, la mère) ; — *Nicolas de Staël* (à 8 ans, le père, et à 9, la mère) ; — *Jacques-Louis David* (à 9 ans, le père) ; — *Léonard de Vinci* (vit avec sa mère jusqu'à l'âge de 5 ans, puis est laissé aux soins de son père, remarié, dont l'épouse mourra quand Léonard aura 13 ans)... — Il y a aussi des femmes : *George Sand* (à 5 ans, le père) ; — *Emily Brontë* (à 1 an, la mère) ; — *Virginia Woolf* (à 13 ans, la mère, à 22, le père) ; — *Sylvia Plath* (à 8 ans, le père) ; *Madame de Sévigné* (à 1 an, le père, et 7, la mère) ; — *Marceline Desbordes-Valmore* (à 16 ans, la mère) ; — *Elizabeth Barrett Browning* (à 22 ans, la mère) ; — *Marguerite Yourcenar* (à la naissance, la mère, et à 26, le père) ; — *Lou Andreas-Salomé* (à 17 ans, le père)... — Il y a aussi les saints : *Thérèse d'Ávila* (à 12 ans, la mère, et à 26, le père) ; — *Thomas d'Aquin* (à 19 ans, le père) ; — *Jean de la Croix* (à 3 ans, le père) ; — *Thérèse de Lisieux* (à 4 ans, la mère, et à 19, le père) ; — *Grégoire de Narek* (très jeune, la mère)... ou *Mahomet* (avant la naissance, le père, et à 6 ans, la mère)... — À l'inverse, il y a aussi *Albert Caraco* qui attend patiemment la mort de son père pour, quelques heures plus tard, se suicider ...

* * * * *

« *Los à vous, messieurs Hölderlin, Dostoïevski, Mallarmé, Artaud, Van Gogh, Pessoa* »… « *et los à toi, Pichavant ?*... » Los à moi-même ? Quoi ? ma folie ? *ma folie* ? y croirait-on ? y croirais-je moi-même ?... Los à moi, oui, je l'affirme, car je prévois, d'après quelques signes d'amoindrissement, de faille, qu'une chose s'avance irrémédiablement vers moi. Sur l'échiquier de l'être-au-monde, je suis un *fou* manipulé maladroitement, un fou qui est incapable de mater le roi adverse et qui finira par se faire p(r)endre… Mais ce que je dis est idiot : le « *fou* », aux échecs, provient de l'arabe « *al-fil* », « *l'éléphant* », que le latin a repris en « *alphiles* », qui a donné « *fol* » : rien à voir avec la « *folie* » ! Si, aux échecs, le fou n'est pas fou, peut-être, dans la vie, suis-je un fou qui n'est pas fou. (En anglais, le terme approprié est « *bishop* » (« *évêque* »), ce qui n'est guère mieux…) Serais-je fou ? *serai*-je fou ? Le langage me terrifie, lui qui conditionne ladite folie ; et — oserai-je le répéter ? — ce livre, pur langage, me terrifie davantage. Mon angoisse, quoique je sache qu'elle est *au fond infondée*, serait de me rendre compte, en terminant mon ouvrage, que celui-ci *ne signifiât rien* aux autres : tel Jack Torrance, dans *The Shining*, qui tape sans arrêt à la machine la même phrase, sur des centaines de pages : « *All work and no play makes Jack a dull boy* » (expression que l'on peut traduire en « *Trop de travail abrutit* ») ; — tel maître Frenhofer, dans *Le Chef-d'œuvre inconnu*, qui, après avoir travaillé sans relâche pendant *dix années* à son tableau, fier de l'avoir terminé et d'avoir atteint la perfection, le montre à Porbus et Poussin, qui s'approchent tous deux et aperçoivent *dans un coin de la toile le bout d'un pied nu qui sortait de ce chaos de couleurs* » : « *il n'y a rien sur sa toile* », s'écrie Poussin ; — tel Timothy Archer et son livre *Here, tyrant Death*, au sujet duquel le personnage Barefoot, parlant du destin, émet cette sentence : « *Il consiste à se perdre dans des mots dénués de sens [...]. À devenir un marchand de mots. En perdant tout contact avec la vie, Tim s'était avancé très loin dans ce processus. J'ai lu* Here, tyrant Death *plusieurs fois. Ça ne veut rien dire, absolument rien. Ce ne sont que des mots. Flatus vocis, un bruit vide* » ; — tels ces hommes, qu'aurai-je produit, mon Dieu ?... Lors, los à moi ? Plutôt *lost* à moi-même… Je suis le cavalier Sans-Langue enrôlé dans l'ost des Inexpressifs, je bâtis ma Tour de Babel qui m'élèvera jusqu'à la Confusion, — jusqu'au babil des babines balbutiantes… (La chute de la Tour Babylone a un sens extra-mythique ou méta-mythique, elle est parente de la chute d'Adam et Ève. Les hommes, pour se faire un nom, ont voulu bâtir « *une tour dont le sommet touche au ciel* » (Gn 11,4) et ils se sont attirés les foudres de l'Éternel : « *Allons ! descendons, et là confondons leur langage, afin qu'ils n'entendent plus la langue, les uns des autres.* » (Gn 11,7) Parce que nul ne doit L'atteindre ou désirer L'égaler, Dieu nous a non seulement muselés *entre nous*, mais Il a encore confondu notre propre langage, c'est-à-dire que je suis muselé à *moi-même*. Je ne reconnais plus ma parole et j'en ai honte, à la manière des ancêtres qui eurent honte de leur corps après l'avoir perdu dans sa pureté — et *en connaissance de cause*. La glossolalie jusqu'à la perte de sens ! Que dire si chacun parle sa langue ? Je, tu, il, nous, vous, ils, suis, es, est, sommes, êtes, sont — *sans paroles* — et Pavese *me/ se* répond : « *Tu non dici parole.* ») — Serais-je crédible si je citais, à mon compte, ces mots de Mallarmé : « *Et tu ne saurais croire comme je parle mal, par éclairs, sans suite, et ne finissant pas ma pensée* » ? Je ne le serais pas aux yeux d'un lecteur — exigeant — qui n'aurait jamais connu la difficulté de s'exprimer lorsque la réflexion d'avant le *dire*, trop forte, s'épuise avant que rien ne soit dit, ou lorsque la réflexion sur le *dire* se fait en disant. Celui qui pense, comme Pessoa et moi-même, que *tout a été dit avant qu'on le dise* », est non seulement frustré, mais abattu, quelle que soit la façon de prendre cette sentence : ou bien l'on imagine que tout a déjà été dit (par exemple, depuis les Grecs), et tout dire est vain, — ou bien, étant donné qu'avant de dire quelque chose, on a déjà, fût-ce à la vitesse d'un éclair, pensé à ce que l'on s'apprête à dire, on est fatigué à l'idée d'avoir à redire… Il peut advenir que tout s'emmêle dès lors que l'imagination fait faussement croire que la parole devient réelle, qu'elle l'est ou l'a été (situation problématique et aliénante que l'écriture contourne « heureusement », de telle sorte que, préférant me taire, j'écris). Afin d'en donner une idée plus claire, voici ce que j'en notai dans mes *Carnets* : « *Je n'ose parler, prendre la parole, en cours. Je réfléchis très longuement à ce que je veux (*voudrais*) dire, fais et refais la formulation, tant et si bien qu'après un temps d'incubation, je crois (*croirais*) avoir posé la question en vrai.* » N'importe quel écrivain, tout à ses pensées incessantes, crée dans la solitude la plus totale, dans le silence du monde et du langage le plus parfait : comment voulez-vous que son œuvre, qu'il discipline, ne l'indiscipline pas ? Le délire de la pensée procède du délire du langage. Jour après jour, je m'aperçois que mon oralité se perd, que ma capacité à articuler oralement ma pensée s'effrite, que l'angoisse de ne jamais plus pouvoir m'exprimer, même par écrit, s'agrandit, et inéluctablement surviendra le moment redouté où mon Verbe ne sera plus Verbe d'avant le Verbe et sa verbalisation, c'est-à-dire le Chaos — par lequel je n'entendrai plus ma parole… Connaissez-vous cette sensation de la perte du sens d'un mot que vous vous répétez des dizaines de fois ? Chez moi, ce sont *tous* les mots qui composent *toutes* les phrases de *toutes* mes pensées, qui s'enfuient, qui s'en vont étouffés — telles des notes de musique que l'on jouerait *perdendosi*. Si encore j'écrivais un roman, cela serait moins dangereux ! *Non* ; — je parle de mon *parler*, je dis ce qu'est mon *dire*, j'écris sur mon *écrire*, j'existe en tant que mon livre est mon *exister*, je suis en tant que mon livre est mon *être*. Alors je joue avec les mots, les malaxe, les construis, les dispose, les enchaîne, les lis, — je les écris pour m'appartenir, comme Pessoa disait chanter *pour s'appartenir*. Tant que mon livre (qui représente un monde) et moi-même (que ce monde représente) serons en syntonie, je continuerai à écrire sur ce bureau, dans mon appartement, et je ne craindrai ni la venue des hommes en blanc, ni la fosse… La perte de sens — ou, dirais-je, « *la recherche des limites de la signification* », que Lacan, au cours de ses *Propos sur la causalité psychique*, rattache à la folie. « *Engageons-nous dans cette voie pour étudier les significations de la folie, comme nous y invitent assez les modes originaux qu'y montre le langage : ces allusions verbales, ces relations kabbalistiques, ces jeux d'homonymie, ces calembours, [...] et je dirai : cet accent de singularité dont il nous faut savoir entendre la résonance dans un mot pour détecter le délire, cette transfiguration du terme dans l'intention ineffable, cette fixation de l'idée dans la sémantique (qui précisément ici tend à se dégrader en signe), ces hybrides du vocabulaire, ce cancer verbal du néologisme, cet englûment de la syntaxe, cette duplicité de l'énonciation, mais aussi cette cohérence qui équivaut à une logique, cette caractéristique qui, de l'unité d'un style aux stéréotypes, marque chaque forme de délire, c'est tout cela par quoi l'aliéné, par la parole ou par la plume, se communique à nous.* » — Je ne connais pas d'artiste qui fasse autre chose, en tous sens : *je me communique*, et, à mon humble mesure, j'explore l'être, *je m'explore* (avant que l'« *r* » ne s'« *s* »)…

* * * * *

Errer dans la thébaïde de mes cauchemars…

* * * * *

Explorer l'être et unifier les sens de l'Univers, telle fut la mission de certains habitants de ces terres où le Soleil, chez nous à peine levé, encore tache minuscule à l'horizon, culmine à son zénith, irradie et chauffe doucement l'esprit ; — et, au gré d'un détour *sans cri*, tout de pure ouate tiède agencé, ne sauraient être tues les grandeurs philosophiques hindoues de la connaissance du monde, dont l'un des derniers messagers, le maître spirituel Śaṃkara (ou encore appelé, selon les multiples traductions du sanskrit, Śaṅkara, Shankara, Adi Shankarâchârya), mort, vraisemblablement vers le début du IXème siècle, à seulement trente-deux ans (dire que le Bouddha commença à prêcher à trente-cinq !), commentateur avisé de nombreuses œuvres, dont les Upanishads (ou Upaniṣad) et la Bhagavad Gītā, fonda l'Advaita Vedānta, l'une des écoles du Vedânta (āstika, qui reconnaît l'autorité des Védas) prônant la *non-dualité*. La *méthode de penser* de ces hommes nourris de textes sacrés et mythologiques raccordant la religion et l'humanité comme aucune autre communauté ne l'a fait sur la Terre (Bouddha, l'*éveillé*, à mes yeux mi-homme, mi-dieu, est à ce titre l'incarnation de la part divine incluse en toutes choses), pourtant d'une incomparable beauté, d'une sagesse merveilleuse, d'une intelligente exemplarité, d'une acuité sans failles, semble trop étrangère aux us de notre civilisation, dépendante de la folie moderne du progrès par quoi tout doit aller vite, qui à force prive notre âme de la sérénité dont elle aurait besoin, — et de la *méthode de penser* qu'elle est à l'origine, nous dévions, tant elle nous rebute par sa complexité, sa finalité première en ne faisant que *penser sa méthode* : nous la regardons et essayons de la circonscrire, de la comprendre, mais sans l'appliquer ni la pratiquer, afin de la rendre effective et d'atteindre à la libération « promise ». Je fais partie de ces êtres qui n'auront pas été bercés dès l'enfance par les enseignements védiques, de ces êtres que le bruit du monde sans cesse agité ne repose jamais, de ces êtres pour qui le recueillement est défavorable parce que leur environnement corrupteur l'est à tout instant, du réveil au coucher. (Chaque jour nous vaguons à travers la ville enténébrée, — « *la ville tentaculaire, / La pieuvre ardente et l'ossuaire / Et la carcasse solennelle* », écrivait Émile Verhaeren, — boucanés, salis par les fumées que nous crachent les hauts fourneaux des usines, — où nous courons pour ne pas arriver le dernier, — et qui nous cachent l'activité de l'astre autrefois jaune, réduit à un pâle halo grisé — de notre mort ; chaque jour, nous reniflons les pollutions anesthésiantes, « *Et, quand nous respirons, la Mort dans nos poumons / Descend, fleuve invisible, avec de sourdes plaintes* », avisait sans parader Baudelaire ; chaque jour, nous nous rendons aveugles (ô cécité ! ô siccité !) à cause des suies déposées par notre acharnement à vaquer à d'aliénants travaux rémunérateurs, à sautiller vers l'inconnu bistré de notre existence désespérée, « *Les mains folles, les pas fiévreux, / La haine aux yeux* » ; chaque jour, hiératiquement, « *Dans la hâte, le tumulte* », nous nous levons dans une nuit presque noire, éclairée des lampadaires fuligineux ; « *Chaque jour vers l'Enfer nous descendons d'un pas, / Sans horreur, à travers des ténèbres qui puent* » ; chaque nuit, se fait jour la pauvreté de notre conscience que nous rédimons par notre inconscience ; chaque nuit, nous dormons comme des loirs qui expurgeraient leur être, comme des cadavres qui attendraient le jour mort-vivant… Avant de m'endormir et que Morphée ne m'embrasse et m'étrangle une nouvelle fois, je convoite un lendemain qui ne sera pas le jour qui l'aura précédé, ni tous les autres, et, tel Alexandre Blok, « *À pas lents, pesants, obstinés, / Je mesure les chemins de la nuit : / Empli d'une foi infinie, / J'espère atteindre le matin* ». Allons, très tristes enfants de la Traîtrise ! Allons, enfants de l'Apathie, — allons, enfants de l'Apatrie, — le jour, de boire, est avivé, — contre nous, la litanie, — l'étendard sanglant est avalé… Aux larmes ! et qu'un sang impur abreuve nos visions !…) De Śaṃkara, j'ai pu avoir accès, exposés, résumés et traduits par Michel Angot, védisant et indianiste, à dix des principes cruciaux de la « doctrine », — que je dévoile, d'abord en hommage au brahmane, savant guide de l'irénisme du Tout, de l'Un, ensuite pour le régal de les récrire, de me les amalgamer encore, ce qui n'est jamais trop, et de m'imprégner de ce parfum équilibré, équilibrant, yogique, que vous humerez sans doute comme moi, car *il faut* s'enivrer en lisant ou relisant tous ces textes sacrant l'infini : « *1. Seul est le* Brahman*, à la fois l'absolu, le sacré et le mystère. — 2. La vie et l'univers ne sont pas vraiment, mais existent sur un mode indécis, en tant que pluralité vécue en termes de plaisir et de souffrance. — 3. L'ignorance s'ignore elle-même : elle est fondée sur l'expérience de la pluralité relative captée par nos sens. — 4. Cette ignorance, à la fois personnelle et transpersonnelle, est fonctionnelle : elle crée des distinctions dans le Un indifférencié. — 5. Le propos de la philosophie est de se libérer de ce point de vue duel, lequel est créateur du monde des apparences et reproduit perpétuellement l'ignorance dans l'ignorant. — 6. La "libération", ou "délivrance", est une simple prise de conscience de ce qui est, sans que ce qui est devienne un objet de conscience. En vérité, il n'y ni libération, ni libéré. — 7. Seul le* Véda*, parole éternelle, non humaine autant que non divine, révèle la nature inconditionnée et non duelle du Brahman. — 8. L'absolu (le Brahman) est étance, esprit et infinitude, sans distinctions entre les trois ; il a le monopole de ces propriétés. — 9. Ce que le Brahman est à l'univers, le soi* (Ātman) *l'est au niveau personnel. — 10. Il y a identité pure et simple entre l'absolu impersonnel et l'âme humaine.* » Dépasser le monde physique que la *Mâyâ*, déité de la dualité, voile d'illusions, — l'*Adhyāsa* (« surimposition »), ferment des interprétations erronées des hommes, — dépasser le plaisir et la souffrance et les idées y associées, dépasser l'apparence, c'est combattre et abattre l'ignorance (l'*Avidyā*, nescience, non-reconnaissance) en ne distinguant plus le Soi (l'*Ātman*) de l'Absolu divin (*Brahman*, — qui, puisqu'il est le « *neti-neti* » du *Mantra*, le « *ni ceci ni ceci* », ne peut se définir que dans l'énumération de ce qui ne le définit pas), et accéder, par l'expérience ultime (l'*Anubhava*) à la *Révélation* (le *Veda*, ou *Śruti*), la *libération*, la conscience pure de ce qui est, et, parce qu'elle est non linguistique, à la conscience sans objet autre qu'elle-même — en tant que pure « sensation ontique » (*étance*, de *Sat*, l'« être-té »). Cette délivrance, c'est la fusion parfaite de tous les composants de l'Univers dont la conscience comprend enfin qu'ils n'étaient pas des composants, mais ce qui est, l'Être. En cela, le rapport à l'essence du monde, dont le chemin (la Voie, *Mārga*) est seulement *suggéré* (il n'existe pas réellement de chemin) par les principes védiques, est un cran au-dessus de ce qu'ont été en état de nous enseigner nos philosophies occidentales (isomorphisme à la Wittgenstein, tableau des catégories à la Aristote ou à la Kant, *etc.*) : d'une part, ce rapport est total (*Ātman=Brahman*) ; d'autre part, il ne s'enseigne pas ! La non-altérité, c'est la non-peur ; or j'ai peur… Comment connaîtrai-je la Connaissance-Sagesse, ô *Vidyā* ?... Vérité, ô *Satya*, vérité de l'être ! de l'existence ! En toi, absous veux-je être, ô Absolu ! Mais du vouloir s'exerce la répulsion de ton centre… Que ne suis-je un Brahmane ! Je lis, parmi les « vers du Dharma » (le Dhammapada) : « *Je l'appelle Brahmane celui qui n'a plus d'attachement pour les choses humaines, qui s'est élevé au-dessus des choses célestes, et qui a transcendé tous les liens. — Je l'appelle un Brahmane celui qui connaît le mystère de la naissance et de la mort de tous les êtres ; celui-là est un homme libéré, heureux en lui-même et illuminé.* »

* * * * *

Schopenhauer me rouerait de coups de bâtons pour ce que je vais faire, lui qui appelait son caniche *Ātman* et ne le « prédilectionnait » (dirait Gide) pas, — *mais* l'humble et unique représentant de la philosophie relativement récente qui, de cette conception hindouiste et bouddhiste des « substances unifiées » ou de « la béatitude », — et sur lequel je pose mon regard panthéiste, — s'en approcherait d'assez près sans que l'on puisse cependant parler de copie, — ne pourrait-il pas être Spinoza en personne, le « *béni* » (de l'hébreu « *Baruch* »), — débusqué dans les méandres, et de son *Éthique*, — « démontrée », faut-il le rappeler, « *suivant l'ordre géométrique* », et publiée à sa mort en 1677, — et de quelques autres de ses œuvres, telles que le *Court traité de Dieu, de l'homme et de la santé de son âme* ou l'inachevé *Traité de la réforme de l'entendement et de la meilleure voie à suivre pour parvenir à la connaissance vraie des choses* ? Avec un peu d'*imagination*, de votre part et de la mienne, les concordances que j'y repère ne se montreront (plût au Ciel !) pas si malpropres. Sinon, portons cela au crédit d'un petit divertissement théologique et philosophique… — Ha ! Baruch… Quel choc quand je le lus la première fois ! Mes protections antisismiques furent soumises à rude épreuve lorsque la secousse de l'*Éthique* ébranla les fondations de mon corps et de mon esprit ! Je me revois en lire des bribes avant d'embaucher à la Tour Descartes, dans le quartier de La Défense, qui abritait les locaux d'IBM, ou avant d'éteindre la lumière dans les dix-huit mètres carrés de mon studio situé dans la rue de l'Hôtel de Ville à Neuilly-sur-Seine. « *Je n'arrête pas de dire, depuis tout à l'heure : "C'est monstrueux… Mon dieu… Ha !... monstrueux…" Spinoza est un monstre de génie !... […] Je suis obligé de lire tout doucement… ce qui est chose peu commune pour moi… Mais je m'en délecte !... Ha !... Je serais mort idiot de ne pas avoir lu cela !... Ha !... Monstrueux.* » — Ha ! qu'il portait mal son nom, Baruch !... Son présumé athéisme, qu'il dénia fermement toute sa vie, en fit constamment la proie, parmi d'autres, des autorités religieuses et de la cour de Hollande, qui le considéraient comme un hérétique, et qui tentèrent d'interdire l'impression et la diffusion du *Traité théologico-politique* (*Tractatus theologico-politicus*, auquel le *Tractatus philosophico-logicus* de Wittgenstein doit son titre) ; mais, insoumis, Spinoza ne s'inclina jamais (sauf à faire paraître ses livres anonymement) ; et, de ce fait, n'eut pas, malgré les risques encourus (on raconte qu'il aurait reçu un coup de poignard de la part d'un inconnu haineux), à se replier dans d'ignobles et infamantes déprécations. Quelque soixante années après l'ère où Giordano Bruno connut l'holocauste, la chasse à courre n'était pas calmée (piteuse Humanité aux opinions sacrificielles, tu tombes souvent bien bas, en cycles d'éternels recommencements : et tu vénères dans l'erreur un Dieu anthropomorphique, donc à l'image de la folie exterminatrice) : combien d'œuvres, de philosophes, de scientifiques, d'écrivains, d'innocents, l'Église — et ses religieux hystériques — mit-elle à l'Index ? opprima-t-elle ? musela-t-elle ? corrompit-elle ? détruisit-elle ? assassina-t-elle ?... — En premier lieu, il y a une étape intermédiaire, une sorte de décantation, en vue d'espérer atteindre à la béatitude, que l'on peut retrouver détaillée dans le *Traité de la réforme de l'entendement* (§ 49), et au sujet de laquelle je présume que Descartes ne se serait honnêtement pas opposée : « *Le but est d'avoir des idées claires et distinctes, c'est-à-dire des idées telles qu'elles proviennent de la pensée pure et non des mouvements fortuits du corps. Ensuite, pour ramener toutes ces idées à l'unité, nous nous efforcerons de les enchaîner et de les ordonner de telle façon que notre esprit, autant qu'il se peut faire, reproduise objectivement ce qui est formellement dans la nature, prise dans sa totalité aussi bien que dans ses parties.* » La manière nous est dévoilée au chapitre II de la partie II du *Court traité de Dieu*, dans lequel nous apprenons que la « *Connaissance claire […] s'acquiert, non par une conviction née de raisonnements, mais par sentiment et jouissance de la chose elle-même* », — jouissance que certains commentateurs juxtaposent avec maladresse, car ils la jugent irréductible à lui, à un plaisir physique ou moral, alors qu'il s'agit, par-delà même un bien-être diffus et sensible, de la *possession* de la chose, non au sens exact de l'appropriation, mais de la « co-appartenance », comme si l'on était pourvu de la chose elle-même (j'accorderais volontiers l'image d'un « rapport charnel », d'une chair commune, ou, pour paraphraser les paroles de la Bible, de la chose qui se fait chair — en nous). C'est à partir de cet instant de clarté que « *notre Âme, dans la mesure où elle se connaît elle-même et connaît le Corps comme des choses ayant une sorte d'éternité, a nécessairement la connaissance de Dieu et sait qu'elle est en Dieu et se conçoit par Dieu* » (*Éthique*, partie V, proposition XXX). Et ceci, — tout en ne perdant pas de vue que la béatitude est la *liberté de l'Âme* (préface de la partie V), — traduit le fait que « *la béatitude de l'homme n'est rien d'autre que le contentement intérieur lui-même* » (appendice de la partie IV), où l'on rencontre à nouveau la notion de « *jouissance* », cette nouvelle fois sous le signe du « *contentement* », c'est-à-dire du *comblement de l'être* (action de remplir, et de ne faire, en tant que rempli *accueillant*, qu'un avec le remplissant), non de la satisfaction de quelconques désirs. Cet « accueillir » consubstantiel est en lui-même *désintéressé* : l'Âme n'accueille pas pour accueillir, ni ne se place, en un *accueillir* ou en un *près d'accueillir*, dans une attente de l'accueil ; elle *est* l'accueil, elle n'accueille que parce qu'elle est accueillante. — Nous avons affaire à la dimension *scopique* de l'Âme active (ou réactive) se voyant *l'accueil*, l'être-accueil qu'elle avait toujours été et qu'elle n'avait jamais pu, jusqu'à ce moment fatidique de la cristallisation de la Béatitude, voir, — *apercevoir*, — ce qui nous amène au début de la proposition XLII, qui clôt l'*Éthique* : « *La Béatitude n'est pas le prix de la vertu, mais la vertu elle-même.* » Je songe ici à l'Uddhava Gītā où sont retranscrites les dernières paroles de Krishna (« *bleu-sombre* » en sanskrit), divinité suprême de l'Inde, lorsqu'il dit à son disciple Uddhava qu'il faut suivre comme terme ultime la voie de sa réalité, elle qui est « *au-delà de toute matérialité* », « *pourvu que ce soit sans l'intérêt d'un fruit* ». Krishna dit ailleurs : « *C'est ainsi qu'on prend part à ce que je suis, avec sa propre destinée, sans jamais entrer en rien d'autre, qu'on est ce que je suis parmi tout ce qui est, qu'on trouve sans tarder le chemin de moi-même.* — *C'est par cette ferveur, Uddhava, cette ferveur indomptable, que l'on parvient à moi, qui suis le Souverain de tous les univers, l'origine et la fin de toute chose, Conscience universelle et Cause première.* — *Ainsi l'être purifié par son propre destin, et qui connaît parfaitement ma voie, qui a de vraies clartés sur la connaissance, parvient sans tarder jusqu'à moi.* — *Telle est la réalité, [et] elle conduit, insurpassée, jusqu'au Souverain Bien.* » La Bhagavad Gītā est emplie elle aussi de ces précieux et sages enseignements : « *L'homme de foi baigné dans le savoir absolu, et maître de ses sens, connaît bientôt la plus haute paix spirituelle* » — ou : « *Alors, une fois le mental purifié, il réalise son identité véritable et goûte la joie intérieure. En cet heureux état, il jouit, à travers des sens purifiés, d'un bonheur spirituel infini.* » N'y a-t-il assurément pas quelque réminiscence mystérieuse fondamentale, quelque inconscientisation collective entre le spinozisme et l'hindouisme ? À la démonstration de la proposition XLII, Spinoza nous entretient de la Béatitude : « *La Béatitude consiste dans l'amour envers Dieu, et cet Amour naît lui-même du troisième genre de connaissance ; ainsi cet Amour doit être rapporté à l'Âme en tant qu'elle est active, et par suite, il est la vertu même.* » (Krishna, en résonance, enjoint à « *accomplir toute action avec la conscience qu'elle [lui] est destinée* ».) « *En outre, plus l'Âme s'épanouit en cet Amour divin ou cette Béatitude, plus elle est connaissante, c'est-à-dire plus grand est son pouvoir sur les affections et moins elle pâtit des affections qui sont mauvaises ; par suite donc de ce que l'Âme s'épanouit en Amour divin ou Béatitude, elle a le pouvoir de réduire les appétits sensuels.* » (Krishna : « *Pour le sage qui a part sans cesse à moi-même, par la voie du partage, tous les désirs [qui ont pour nature la douleur] chers à son cœur périssent, car je suis dans son cœur.* ») Au Scolie final, Spinoza conclut : « *Il apparaît par là combien vaut le Sage et combien il l'emporte en pouvoir sur l'ignorant conduit par le seul appétit sensuel. L'ignorant, outre qu'il est de beaucoup de manières ballotté par les causes extérieures et ne possède jamais le vrai contentement intérieur, est dans une inconscience presque complète de lui-même, de Dieu et des choses et, sitôt qu'il cesse de pâtir, il cesse aussi d'être. Le Sage au contraire, considéré en cette qualité, ne connaît guère le trouble intérieur, mais ayant, par une certaine nécessité éternelle conscience de lui-même, de Dieu et des choses, ne cesse jamais d'être et possède le vrai contentement.* » (Krishna expose : « *Quand on est parvenu à pénétrer la connaissance, on connaît le bienheureux séjour qui est le mien, un sage est pour moi ce qu'il y a de plus cher, car, par sa connaissance, c'est en lui qu'il me porte* » ; « *L'ignorance rend éternellement esclave, la connaissance, éternellement libre* ».)

* * * * *

Ici s'arrête mon chapitre, en laissant la parole au philosophe néerlandais et à Sénèque (à son tour, Spinoza me rouerait que j'osasse le lier à un Stoïcien) : « *Si la voie que j'ai montré qui y conduit, paraît être extrêmement ardue, encore y peut-on entrer. Et cela certes doit être ardu qui est trouvé si rarement. Comment serait-il possible, si le salut était sous la main et si l'on y pouvait parvenir sans grand'peine, qu'il fût négligé par presque tous ? Mais tout ce qui est beau est difficile autant que rare* » ; — « *Ainsi le plus souvent nous ne savons où réside le souverain bien, alors que nous sommes tout près* ». — Cette beauté m'est impossible, car trop belle ; m'est belle, car impossible ; — cet absolu m'est inaccessible, car à portée de main, à portée de sens, déjà en moi, en tout ; m'est porteur de perte de sens, car, malgré l'accessible idée d'un sens, inaccessible est le sens absolu de l'idée.

« *No voice from some sublimer world hath ever
To sage or poet these responses given—
Therefore the names of Demon, Ghost, and Heaven,
Remain the records of their vain endeavour,
Frail spells—whose uttered charm might not avail to sever,
From all we hear and all we see,
Doubt, chance, and mutability.
Thy light alone—like mist oe'er the mountains driven,
Or music by the night-wind sent
Through strings of some still instrument,
Or moonlight on a midnight stream,
Gives grace and truth to life's unquiet dream.* »

(« *Nulle voix d'un monde plus sublime jamais
N'a donné ces réponses au sage ou au poète.
Aussi les noms de Dieu, de Spectres et de Ciel
Restent les témoignages de leur vain effort,
Faibles incantations — dont le charme ne peut
Séparer de ce que nous entendons, voyons,
Le doute, le hasard, le changement.
Seule ta clarté, — brume poussée sur les monts,*

Musique apportée par le vent de la nuit entre
Les cordes d'un instrument silencieux
Rayon de lune sur le flot de minuit, —
Confère grâce, et vérité, au rêve inquiet
                    De la vie. »)

Percy Bysshe Shelley, *Hymn to Intellectual Beauty* (*Hymne à la Beauté Intellectuelle*)

Mélancolie

« *In dungeons dark I cannot sing,*
In sorrow's thrall 'tis hard to smile;
What bird can soar with broken wing?
What heart can bleed and joy the while? »

(« *Dans la nuit des donjons je ne puis pas chanter ;*
Dans l'étau de la peine il est dur de sourire :
Quel oiseau prendrait son essor l'aile brisée ?
Quel cœur ensanglanté pourrait se réjouir ? »)

Emily Jane Brontë, U*npublished poems*

Une légère pression de l'air, comme un souffle vague et falot arraché des profondeurs d'une terre humide, m'oppressa malignement. Une moiteur de crachin sourd, fraîche et désagréable, se déposa d'abord sur les replis de ma peau maintenue tiède par la circulation sanguine, s'agrandit telle une tache d'encre sur du papier buvard, et je sentis se former sous mes cheveux quelques gouttes de sueur qui, doucement, par grappes alourdies et déflorées, commencèrent à couler sur mon front, autour du cou, ruisseler de ma nuque vers mon dos, et contourner mes oreilles que le silence extérieur faisait intimement bourdonner. Humide, je frissonnai et me réveillai faible et excédé, extirpé de la torpeur d'un cauchemar que la durée de perception des suées récentes avait déjà effacé de ma mémoire consciente, et dont plus un contour évanescent ne put me restituer un lambeau ou un sens. Je m'ouvris peu à peu à l'espace inconnu dans lequel j'étais plongé, qui ne me rappelait ni l'abord du lit coutumier, ni l'entour encaissé de la chambre quotidienne, ni l'appartement douillet, ni rien de familier ; et, ne réussissant pas encore à soulever mes paupières, qui semblaient scellées par un cachet de cire bouillante et granuleuse, ou cousues par un filin d'eau gelée, j'essayai par défaut de me repérer en humant les parfums disponibles, très épais, et je dus pour cela les décomposer en leurs notes olfactives : la note de tête, d'une fugacité extrême, mais analgésique, glaciale, me laissa l'impression ozonique, salicylée de la naphtaline ou de l'encaustique, et engendra une dyspnée brutale, de courte durée ; la note de cœur, inaltérée depuis la croissance de mon éveil, dégageait des relents cinnamiques et poudrés étouffants, thanatologiques, avec des pointes nidoreuses, qui me paraissaient expulsés par saccades d'une gueule de monstre dont les crocs eussent été des branches de bois mort rongées par des termites saproxylophages, et le segment buccal de la langue, une couche salivaire moquettée de fleurs mâles de châtaignier ; la note de fond, qui en un sillage solide de vapeurs saturant l'atmosphère, s'insinuait progressivement dans tout mon corps, et que je devinais être l'ancestrale marque de ces lieux (moins imprégnés de fétidité que ceints d'une âcreté tendue), équivalait, pour mes narines saisies et alarmées, à l'odeur d'une poussière millénaire, épicée de mandragore et mêlée de cendres (reposant dans un foyer immense éteint depuis toujours ?). Je crus n'avoir, tout ce temps, qu'inspiré les risées viciées qui se faufilaient autoritairement dans mon nez ; mais, sans que je les eusse senties s'agiter, je sus pourtant que mes lèvres avaient remué et s'étaient entrouvertes dans un éclair de frémissement, car, aussi mystérieusement que leur mouvement était apparu, tandis que je différenciais et prisais les arômes fugaces, les fragrances volatiles, mes paupières s'étaient décollées, et je pus voir, dans une obscurité presque totale, s'agglutinant en un *smog* miniature et répété, qui à peine formé s'évanouissait, les petits nuages que matérialisait, sous mon regard encore maintenu précaire par les conditions de revivification lente, la très fine condensation des gouttelettes de mon haleine. Ainsi, et les senteurs, empressantes, qui donnaient au vide de l'air une substance invisible et impalpable, — et la froidure, qui se montrait superficielle en moi cependant qu'elle en manifestait les contrastes du dehors, — et la vue, enveloppée de ténèbres, et les enveloppant, qui s'acclimatait dans l'attente d'une meilleure pénétrabilité, — m'aidèrent graduellement, tout en me relevant, à reprendre connaissance et à réfléchir. Où étais-je ? Par quel sortilège avais-je atterri ici ? Rêvais-je que j'avais rêvé ? ou rêvais-je ? M'avait-on enfermé dans une espèce de cellule de dégrisement ? de pièce capitonnée ? de maisonnée isolée ? de grotte reculée ?... Ces questions, dont l'inflorescence n'en finissait pas de composer un bouquet mortuaire d'inquiétudes sombres, me faisaient trembler d'épouvante quand, soudain, mes sens chancelèrent et mes esprits défaillirent tout à fait. Je sursautai et crus pousser un cri, qui ne sortit pas. J'entendais, étouffés, mais *crescendo*, des chants lamentés, — un thrène effroyable, une cantilène diffuse et traînante, un chœur sanglotant, un répons abbatial, — qui me firent penser aux plus psalmodiques des complaintes grégoriennes, telles celles des *Leçons de Ténèbres* de François Couperin, de la *Missa pro Defunctis* d'Orlande de Lassus (ou Delattre, — le cheminant miné de motets,) — ou tels les *Anthems* de Thomas Weelkes. Il me fallait m'enfuir — avant même qu'un harmonium élégiaque ne surajoutât à la panique —, m'enfuir ! M'enfuir, mais vers où ? « À l'aide ! » Ma bouche s'était agrandie, mes cordes vocales avaient vibré, mais nul son ne s'en était échappé : j'étais aphone ! La sombreur du milieu passant, grâce à un très lointain et inexplicable scintillement alternant le grenat et l'ambre, d'une teinte aile de corbeau au noir d'aniline, me permit enfin de discerner les reliefs. Je dessillai vigoureusement mes yeux, les maintins grand ouverts. Je récoltai, tant qu'ils en furent capables, les maigres émissions de lumière, — *et je compris*. Je me trouvais dans le corridor, placé exactement au centre de sa largeur, mais, en me retournant, je constatai qu'il y avait un mur sans porte : c'était un corridor qui ne comportait qu'une seule entrée, et je n'avais d'autre choix, si je voulais fuir, que d'avancer dans le seul sens praticable. C'est à ce moment que j'aperçus, à l'autre bout, dans l'obscurité dense et terrifiante, une figure noirâtre, une forme d'homme qu'on eût dit en posture assise. Qui était-ce ? « Monsieur ? » appelai-je, — en vain. Je me décidai à marcher, précautionneusement ; je devais rester sur mes gardes, être à l'affût. Le corridor devint, à mesure que ma vue s'habituait, un grand couloir ; un couloir dont le plafond semblait si haut que je n'en pouvais distinguer aucun, — et je tremblai à l'idée de ce qu'il cachait peut-être de suspendu, tapi dans l'ombre. Les murs latéraux étaient recouverts de tentures sans motifs, brunies, dont je ne sus caractériser, si seulement il y en eût une d'origine, la véritable couleur. Je me risquai à en tâtonner la matière, furtivement, de peur qu'elle ne fût empoisonnée (je ne sais pourquoi une telle méfiance me traversa l'esprit, peut-être l'éventualité de quelque écharde maculée de curare ?), et mon doigt heurta une cimaise qui, dans la pénombre, accentua l'effet de profondeur. Les voix d'outre-tombe se turent. — Peu de temps en réalité, mais cela me parut une éternité, — car elles reprirent leur *requiem* et entamèrent un air ineffablement proche de l'*Agnus Dei*. Ô miséricorde ! *Requiescat In Pace*, Julien. Trois larmes tombèrent sur le sol — qui s'ébranla trois fois en produisant un bruit grinçant et grave comme si une parole brève et rauque émanerait des enfers. — Et je tremblai à nouveau. J'approchais, à pas de caméléon, de la silhouette, et la vis nettement, quoique naturellement assombrie : ce n'était qu'une image peinte insérée dans un tableau haut d'environ trois mètres et large de deux. En le détaillant de mon mieux, constamment ondoyé sous les gémissements montant des confins d'un souterrain inaccessible, le vertige m'empoigna et l'angoisse m'envahit. Figé dans une méditation sévère qui alourdissait tous ses membres, l'homme, portant des sandales grecques aux pieds, tout de noir vêtu, dont seules les manches d'une chemise blanche retroussées jusqu'aux avant-bras apâlissaient les tons spectraux, se tenait avachi sur le bord d'une tombe, accoudé par son bras droit dont la main, doigts écartés, fixant la tête désabusée, recouvrait le front baissé, dessinant une ombre au niveau du regard que l'on imaginait infiniment triste, sinon absent : la main gauche, repliée contre le ventre, tenait un livre épais posé sur une cuisse ; dans le coin inférieur gauche, des crânes jonchaient le sol ; sur la droite, un aigle, ailes déployées, semblait ne pas être en mesure de s'envoler, ni de profiter de sa vue perçante et symbolisait la puissance aveugle ; le long d'un obélisque chamois sombre, une amphore gisait, couvercle déplacé, à la même hauteur que le personnage, ainsi qu'une étrange épée à l'opposé, au-dessus de laquelle trônait le buste de Terminus, dieu des bornes ; un cyprès caressant l'épaule de l'homme occupait le tout premier arrière-plan, symbole de l'Enfer, lié au deuil et que la coutume fait planter dans les cimetières ; la moitié supérieure était envahie de quelques troncs rachitiques, dont les maigres branchages et feuillages s'unissaient aux nuages anthracites barrant l'horizon et le ciel, si lourds et ramassés qu'ils ne moutonnaient déjà plus ; à la limite du cadre, une tour escarpée, ne cédant rien à la monotonie du désastre et des ruines, se découpait tel un donjon d'un palais d'ennui, une citadelle sans fonctionnalité, une bâtisse bandant son inhospitalité et écœurant jusqu'aux âmes les plus éprises de solitude ; une chouette hulotte ou effraie se tenait dans l'ombre, immobile, l'œil aux aguets. Quel désert ! quelles terres en friches ! quel désordre, quel chaos ! quel orage grondant ! quels cadavres ! quels vents déracinant tout sauf le méditatif usé, agonisant, contemplateur morne de lui-même et du savoir illusoire, infertile ! La gloire des chimères, l'apogée de l'abandon ! la vie dans la mort, la mort dans la vie ! Pure inconstance humaine ! Pur savoir, ni gai ni réconfortant, mais espiègle, inutile : tout ce qui est su, se meurt ; rien ne dure que le néant, l'absurde, la dépression, le malheur ; rien ne dure dans la désolation totale, dans l'aigre pensée. Ô Mélancolie ! Ô Sens taillé, inculte Sens !... Les « *paysages sombres et sauvages* » (« *paesaggi tenebrosi e selvaggi* ») de l'existence… — Sans prévenir, le rêve s'estompa : ce n'était qu'un rêve ! Guéri par la découverte du fantasme du sommeil, je me levai de mon lit, rassuré, et dirigeai ma tête vers le plafond immaculé : oui, le cauchemar se dissipait !... mais — mon Dieu ! — pour reprendre, plus puissant, plus tumultueux, plus sauvage. La musique des jours fades me refrappait, je succombais encore… Brimé, fouetté par les embruns algiques, secoué par la houle furieuse et les embardées, transporté sans pouvoir prendre barre sur les éléments, ballotté de vague en vague — à l'âme… encore… échoué… — L'Italien Salvator Rosa, — qui fut également poète, — à qui un autre poète, Léon Dierx, demandait : « *Pourquoi dédaignais-tu les calmes paysages [...] et sur de frais visages / L'ombre du vert printemps qui fleurit les gazons ?* », et qui grava au bas de son pseudo-autoportrait (*Philosophie*) exposé à Londres le pythagorique « *Tais-toi, à moins que ce que tu as à dire ne vaille mieux que le silence* » (« *Aut tace, aut loquere meliora silentio* »), — ce satirique Rosa peignit un tableau qui est le tableau que ma vie dépeint, que plaint mon envie !... Encore ! encore la Mélancolie !... — « *As-tu donc oublié qu'il faut savoir souffrir / Afin de mériter avant que de mourir ?* » avait fait dire à Salvator le marquis de La Rochefoucauld-Liancourt, dans une imitation de l'une des satires du peintre-poète… — Rosa, en dévoilant la figure du Philosophe, ne fait que dévoiler celle de la Mélancolie qui s'enracine dans l'Être. Et Hoffmann, dans une nouvelle dont le peintre en est le héros (*Signor Formica*), commente ainsi son œuvre : « *La nature ne se révèle pas à lui dans les charmes riants des vertes prairies, des champs fleuris, des bois odorants, des sources murmurantes, mais dans la terreur des rochers gigantesquement entassés, des arides rivages de la mer, des forêts désertes et inhospitalières. Ce n'est point l'haleine des vents du soir, ni le doux frémissement des feuilles ; c'est le mugissement de l'ouragan, le fracas de la cataracte, qui seuls se sont fait entendre à son oreille. En contemplant dans ses tableaux ces déserts, et les hommes d'un extérieur étrange et sauvage qui se glissent çà et là, tantôt seuls, tantôt en troupe, les pensées sinistres se présentent d'elles-mêmes.* » — En venant au monde, un squelette maléfique enjoint notre main à tracer sur un parchemin ces lignes qui rappellent et sanctionnent « *L'Umana Fragilita* » : « *conceptio culpa, nasci pena, labor vita, necesse mori* » (« *la conception est une faute, la naissance une douleur, la vie une fatigue, la mort une nécessité* »). Est-il besoin d'ajouter qu'un Alphonse Rabbe ou qu'un Arthur Schopenhauer reprendront *vivement* la formule ?... — *Democrito in meditazione* : pleure-t-il de rire, ou rit-il de pleurer ?...

* * * * *

Démocrite. — Comment ne pas ouvrir le bal de la vie, ce bal atrabilaire et fait d'apparence dans lequel, disait Vauvenargues, « *quiconque a vu des masques [...] danser amicalement ensemble, et se tenir par la main sans se connaître, pour se quitter le moment d'après, et ne plus se voir ni se regretter, peut se faire une idée du monde* », — le bal de la vie dans lequel les visages sont remplacés par « *des masques de faiblesse, masques de force, masques de misère, masques de joie, masques d'hypocrisie* », disait sans concession Balzac dans la première partie de *La Fille aux yeux d'or*, — comment ne pas ouvrir le bal de la vie (et pourquoi ne pas le faire ?) en la compagnie de Démocrite, dont la polymathie le fit affubler par ses pairs du surnom « Sophia » (« la Science », « la Sagesse »), mais aussi le premier philosophe matérialiste, — « *che 'l mondo a caso pone* » (« *qui soumet le monde au hasard* »), — père des atomes et du vide, que suivront Épicure et Lucrèce ? (Quoiqu'ayant vécu à la même époque qu'Antisthène, Démocrite ne suivit pas le courant de pensées des Cyniques, mais en un sens il les devança, car, riant allègrement de la vanité des hommes, il était également surnommé « le Rieur », — trait que le poète fescennin Juvénal versifia et immortalisa : « *Perpetuo risu pulmonem agitare solibat* » (« *se tenait les côtes en permanence* »).) « *O mortalem beatum, cui certo scio ludum numquam defuisse !* » s'écria avant lui Cicéron (« *Ó l'heureux homme, certes, il a toujours su plaisanter !* »). Dans les *Essais*, Montaigne, non moins sapient que Démocrite, mais qui, il faut le reconnaître, s'inspire de la *Satire X* de Juvénal à ce sujet, le compare à Héraclite : « *Democritus et Heraclitus ont esté deux philosophes, desquels le premier trouvant vaine et ridicule l'humaine condition, ne sortoit en public, qu'avec un visage moqueur et riant : Heraclitus, ayant pitié et compassion de cette mesme condition nostre, en portoit le visage continuellement triste, et les yeux chargez de larmes.* » Rejoignant Rabelais qui traitait Héraclite de « *melancholicque* », mais surtout de « *pleurart* », « *pleurnicheur* » en moderne (Raphaël ne le peignit-il pas, après coup, mi-boudant, mi-chagrin, sur les marches de l'escalier de *L'École d'Athènes* ?), Montaigne avoue mieux aimer la première humeur, qui fait prendre de la distance, et il enchaîne en disant que « *La plainte et la commiseration sont meslées à quelque estimation de la chose qu'on plaint : les choses dequoy on se moque, on les estime sans prix* », — voulant justifier par ceci qu'un objet d'affliction ne vaut pas la peine qu'on s'en plaigne, car ce serait lui faire trop de crédit et l'ennoblir (« *Nostre propre condition est autant ridicule, que risible* », donc, puisque la vie se rit de nous, mieux vaut que l'on se rie d'elle, et Démocrite ne me tiendra pas rigueur de la devise que j'ai inventée spécialement pour lui : « Rire de la vie pour ne pas qu'elle rie de nous »). Ces armes contre la fatuité de l'existence que sont l'humour et l'ironie, — l'un des rares blancs-seings de la providence dont nous disposions tous et qu'il ne faut pas dédaigner, — possèdent un *double tranchant* : d'une précieuse aide pour combattre « quelque peu » la mélancolie (on ne peut s'en jouer tout à fait, les dés sont pipés), elles sont aussi le paradoxal moyen de nous rendre compte, comme le rappelait Kierkegaard, de notre humaine finitude, — et l'attitude de Démocrite, de façon incontestable, prouve qu'il en vécut pleinement la *cristallisation*. — Démocrite naquit à Abdère, en Thrace, ville dont l'air épais, tel le Fœhn *austère*, était réputé pour étourdir le corps et engourdir la raison. À la fois philosophe, physicien, mathématicien, moraliste, musicologue, théoricien de l'art, nous ne possédons de lui, parmi la cinquantaine d'ouvrages rapportés par Diogène Laërce et qu'il aurait écrits, que quelques fragments, dont cette pensée, qui sera l'un des (arides !) touchaux nous permettant de révéler, par approches et empreintes successives, la nature de la *Mélancolie* : « *En réalité nous ne savons rien, car la vérité est au fond de l'abîme.* » De fait, selon l'une des nombreuses légendes qu'il fit naître dans la littérature, dont celle qui veut qu'il se laissât mourir de faim à cent neuf ans, « *lorsque le poids de l'âge l'avertit que les ressorts de la mémoire faiblissaient en lui* » (Lucrèce, *De Natura Rerum*), Démocrite alla, quitte à devoir regarder l'abîme, jusqu'à se priver de ses yeux (brûlés, pour les uns, en plongeant son regard dans un miroir ou un bouclier réfléchissant les rayons du soleil ; crevés, sans plus de détails, pour les autres), et ainsi mieux méditer en se détournant de toute distraction, « *comme la sottise ou la concupiscence, car, avouait-il, « *désirer violemment une chose, c'est rendre son âme aveugle pour le reste* », — et *cætera*, — et Cicéron, au détour de ses *Tusculanes*, en parle sommairement à la cinquième : « *Démocrite, devenu aveugle, n'était bien sûr même plus capable de discerner le blanc du noir. [...] être privé de la diversité des couleurs ne l'empêchait pas de connaître le bonheur dont l'eût privé la connaissance des réalités.* » Bien que l'on puisse à bon droit émettre des réserves sur la véracité de ces faits, je n'oserais jamais avancer que ce fût le geste d'un fou : la cécité pour cesser de ne plus voir, quelle *ironie*, quelle merveilleuse et tragique preuve, de la part de cet « *inventeur des sciences et des arts* », de l'absurdité de ce que la Vie nous fait contempler au premier coup d'œil ! On comprend maintenant plus profondément la *physionomie* de l'allégorie qu'*envisageait* Salvator Rosa, qui nous intime de *dévisager* le paysage où rien n'est permanent que l'atome, *qui n'a pas de visage*, et de cacher le *visage* de Démocrite, aveugle, et en fin de compte *dévisagé* par la méditation, seul *visage* probant du monde ; — qui est si *seul* et désolé au milieu des éléments apocalyptiques, indifférent à eux, perdu sur le *mausolée* de l'existence (« *Il s'efforçait [...] de mettre à l'épreuve de façon variée ses sensations, se retirant parfois dans la solitude et vivant même dans des tombeaux* », dit Antisthène, que cite Diogène) ; — qui puisait en lui-même les ressources de la survivance, les uniques qui valussent leur prix en ce bas univers dont la finalité, dévorée, est la vanité ; — qui s'éloignait des fracas superficiels de l'extérieur en ne résistant pas au labeur du sens à élucider, qu'il fût au fond d'un puits inatteignable ou qu'il ne le fût pas (« *il était si travailleur qu'il se fit une petite cellule dans le jardin entourant sa maison pour s'y enfermer* », dit Démétrios, que cite, encore lui, Diogène dans l'indispensable témoignage de *Vie, doctrines et sentences des philosophes illustres*). — *Democritus* — ou *Demorictus*... Un rictus qui ressemble à celui du *Démocrite* (ou de l'*Archimède ?)* de José de Ribera... — Lorsque les Abdéritains prièrent Hippocrate d'aller rendre visite à Démocrite et de le soigner, ils pensaient tous que celui-ci (qu'ils révéraient en reconnaissant en lui la « *gloire perpétuelle* » de leur ville) avait perdu la raison parce que, « *oublieux de tout et d'abord de lui-même* », il demeurait « *éveillé de nuit comme de jour, riant de chaque chose grande et petite* », et pensait « *que la vie entière n'est rien* ». Les symptômes de la folie, selon eux, étaient évidents : « *L'un se marie, l'autre fait le commerce, celui-ci harangue, d'autres commandent, vont en ambassade, sont mis dans les emplois, sont ôtés, tombent malades, sont blessés, meurent ; lui rit de tout, voyant les uns tristes et abattus, les autres pleins de joie. Même, il s'inquiète des choses de l'enfer, et il en écrit ; il dit que l'air est plein de simulacres, il écoute les voix des oiseaux, et, maintes fois se levant de nuit, seul il a l'air de chanter doucement des chants ; d'autres fois, il raconte qu'il voyage dans l'espace infini, et qu'il y a d'innombrables Démocrites semblables à lui.* » Hippocrate, en retour, tenta d'abord d'en rassurer quelques-uns (Philopémen, Dionysius ou Damagète). Avant d'aller voir Démocrite, il fit un diagnostic : « *Sans doute il arrive souvent que ceux qui sont tourmentés par la bile noire en font autant ; ils sont parfois taciturnes, solitaires et recherchent les lieux déserts ; ils se détournent des hommes, regardant l'aspect de leurs semblables comme l'aspect d'êtres étrangers ; mais il arrive aussi à ceux que le savoir occupe de perdre toutes les autres pensées devant la seule affection à la sagesse. [...] Quant à moi, je pense que c'est non pas maladie, mais excès de science, non pas excès en réalité, mais excès dans l'idée des gens.* » Enfin, il se décida à prendre la route et à retrouver Démocrite dans son coin perdu. Après avoir discuté avec lui, Hippocrate revint voir le peuple des Abdéritains pour leur dire qu'il avait enfin « *vu le très sage Démocrite, seul capable de rendre sages les hommes* ». Quel était le sentiment du grand Hippocrate ? « *Démocrite ne délirait pas ; mais il méprisait tout, et il nous instruisait, et, par nous, tous les hommes.* » Les Abdéritains se trompaient : ils étaient tristes « *de ce qu'ils croyaient Démocrite fou ; et lui, pendant ce temps, était tout entier livré à une philosophie transcendante* ». Le fou, en quelque sorte, n'était pas celui que l'on croyait ! Mais qu'avait bien pu dire Démocrite le Rieur à Hippocrate le Soigneur ? Écoutons-le, car cela vaut toutes les philosophies : « *Tu penses qu'il y a de mon rire deux causes, les biens et les maux ; mais, au vrai, je ne ris que d'un seul objet, l'homme plein de déraison, vide d'œuvres droites, puéril en tous ses desseins, et souffrant, sans aucune utilité, d'immenses labeurs, allant, au gré d'insatiables désirs, jusqu'aux limites de la terre et en ses abîmes infinis, fondant l'argent et l'or, ne cessant jamais d'en acquérir, et toujours troublé pour en avoir plus, afin de ne pas déchoir. Et il n'a pas honte de se dire heureux, parce qu'il creuse les profondeurs de la terre par les mains d'hommes enchaînés, dont les uns périssent sous les éboulements de terrains trop meubles, et les autres, soumis pendant des années à cette nécessité, demeurent dans le châtiment comme dans une patrie. On cherche l'argent et l'or, on scrute les traces de poussière et les raclures, on amasse un sable d'un côté, un autre sable d'un autre côté, on ouvre les veines de la terre, on brise les mottes pour s'enrichir, on fait de la terre notre mère une terre ennemie, et, elle qui est toujours la même, on l'admire et on la foule aux pieds. Quel rire en voyant ces amoureux de la terre cachée et pleine de labeur outrager la terre qui est sous nos yeux ! Les uns achètent des chiens, les autres des chevaux ; circonscrivant une vaste région, ils la nomment leur, et, voulant être maîtres de grands domaines, ils ne peuvent l'être d'eux-mêmes ; ils se hâtent d'épouser des femmes que bientôt après ils répudient ; ils aiment, puis haïssent ; ils veulent des enfants, puis, adultes, ils les chassent. Quelle est cette diligence vaine et déraisonnable, qui ne diffère en rien de la folie ? Ils font la guerre à leurs propres gens et ne veulent pas le repos ; ils dressent des embûches aux rois qui leur en dressent, ils sont meurtriers ; fouillant la terre, ils cherchent de l'argent ; l'argent trouvé, ils achètent de la terre ; la terre achetée, ils en vendent les fruits ; les fruits vendus, ils refont de l'argent. Dans quels changements ne sont-ils pas et dans quelle méchanceté ? Ne possédant pas la richesse, ils la désirent ; la possédant, ils la cachent, ils la dissipent. Je me ris de leurs échecs, j'éclate de rire sur leurs infortunes, car ils violent les lois de la vérité ; rivalisant de haine les uns contre les autres, ils ont querelle avec frères, parents, concitoyens, et cela pour de telles possessions dont aucun à la mort ne demeure le maître ; ils s'égorgent ; pleins d'iniquité, ils n'ont aucun regard pour l'indigence de leurs amis ou de leur patrie ; ils enrichissent les choses indignes et inanimées ; au prix de tout leur avoir ils achètent des statues, parce que l'œuvre semble parler, mais ils haïssent ceux qui parlent vraiment ; ce qu'ils recherchent, c'est ce qui n'est pas à portée : habitant le continent, ils veulent la mer ; habitant les îles, ils veulent le continent ; ils pervertissent tout pour leur propre passion. On dirait à la guerre qu'ils louent le courage, et pourtant ils sont vaincus journellement par la débauche, par l'amour de l'argent, par toutes les passions dont leur âme est malade. [...] Que n'ai-je le pouvoir de découvrir toutes les maisons, de ne laisser aux choses intérieures aucun voile, et d'apercevoir ce qui se passe entre ces murailles ? Nous y verrions les uns mangeant, les autres vomissant, d'autres infligeant des tortures, d'autres mêlant des poisons, d'autres méditant des embûches, d'autres calculant, d'autres se réjouissant, d'autres se lamentant, d'autres écrivant l'accusation de leurs amis, d'autres fous d'ambition. Et si l'on perçait encore plus profondément, on irait aux actions suggérées par ce qui est caché, dans l'âme, chez les jeunes, chez les vieux, demandant, refusant, mendiant, égorgeant, accablés par la faim, plongés dans les excès du luxe, sales, enchaînés, s'enorgueillissant dans les délices, donnant à manger, égorgeant, ensevelissant, méprisant ce qu'ils ont, se lançant après les possessions espérées, impudents, avaricieux, insatiables, assassinant, battus, arrogants, enflés d'une vaine gloire, passionnés pour les chevaux, pour les hommes, pour les chiens, pour la pierre, pour le bois, pour l'airain, pour les peintures, les uns dans les ambassades, les autres dans les commandements militaires, d'autres dans les sacerdoces, d'autres portant des couronnes, d'autres armés, d'autres tués. Il faut les voir allant, les uns aux combats de mer, les autres à ceux de terre, d'autres à l'agriculture, d'autres aux navires de commerce, d'autres à l'agora, d'autres à l'assemblée, d'autres au théâtre, d'autres à l'exil, en un mot, les uns d'un côté, les autres d'un autre, ceux-ci à l'amour des plaisirs, au bien-être et à l'intempérance, ceux-là à l'oisiveté et à la fainéantise. Comment donc, voyant tant d'âmes indignes et misérables, ne pas prendre en moquerie leur vie livrée à un tel désordre ?* » Rions, car il vaut mieux en rire... — Ainsi, c'était une évidence (et un témoignage) d'ouvrir ce chapitre par la figure de cet homme, un homme qui avait eu le toupet d'ouvrir lui-même son propre livre — *Sur la nature* — avec cette promesse : « *Je vais parler de tout* », — sans se douter que Pascal, dans un écho dépassant les siècles, écrirait : « *Le seul qui connaît la nature ne la connaîtra-t-il que pour être misérable ? — Le seul qui la connaît sera-t-il le seul malheureux ?* » C'était une évidence d'ouvrir ce chapitre par la double image de la vanité : celle, répugnante et dont on se gargarise, de l'homme qui ne sait pas qu'il ne sait pas, et celle, désespérante et risible, de l'homme qui ne sait pas ; — double image qui nous tord les côtes et nous fait trembler, devant laquelle on hésiterait à écrire, avec Strindberg, tant l'existence « *se présente comme une immense plaisanterie* » qu'il faudrait prendre au sérieux : « *Quelle blague, quelle lugubre blague que la vie !* » C'était une évidence d'ouvrir ce chapitre, — méandrique et hanté par d'innombrables références littéraires noires et entées, — par celui qui « *avait à ses pieds maint volume* », par celui qui, d'après les vers de Jean de La Fontaine, « *attaché* [absorbé] », et qu'occupaient « *les labyrinthes* [circonvolutions] *d'un cerveau* », s'asseyait « *près d'un ruisseau* », « *sous un ombrage épais* ». Et c'était encore une évidence d'ouvrir ce chapitre avec, en toile de fond, la représentation qu'en a faite Rosa, car, les deux expressions s'équivalant dans le couloir de l'horreur de vivre, Démocrite *tient la chandelle* ; il est comme les Vestales, ces prêtresses qui rendaient un culte à la déesse Vesta, fille aînée de Saturne et de Rhéa, en veillant à ce que le feu sacré sur l'autel du temple de sa vénération, qui, à l'image de l'univers, était en forme de globe, ne s'éteignît jamais. Surveillons nous aussi le rat-de-cave qui éclairera la nuit noire de ces lignes, et entretenons sa flamme si nous ne voulons pas heurter les Bêtes immondes qui gisent, dissimulées, à chaque tournement de page, — et « *non sanza tema a dicer mi conduco* » (« *non sans frayeur je m'apprête à parler* »)...

* * * * *

Ah, Mélancolie ! Ô Mélancolie, pendue au-dessus de nos têtes telle une tignasse douloureuse racinée d'affects mauvais, désespérants — et atrocement somptueux parfois ; — ô Mélancolie, geyser d'éplorements, canon du discernement d'entre les plaines où l'âme erre, madrigal nauséeux, fleuret du mal-être, fleur du mal ; — d'où viens-tu ? pourquoi es-tu ?... Questions d'enfant — *désenfanté*... « *Ó toi, mon beau souci* », — chante des temps anciens Sapphô, la gracieuse habitante de l'île de Lesbos, — et que j'entends quelquefois rugi en un « *ôte-toi* ». Ô Mélancolie ! suave atonie !... — Ô Mélancolie, qui es-tu ?... « *Je suis ; cela suffit* », sembles-tu répondre, tel le *Souci* qui répond à Faust ; « *Même lorsque nulle oreille / Ne m'entend, au cœur je veille [...] Partout je vous accompagne [...] Non cherché, toujours trouvé... [...] Bien que ses sens ne le leurrent, / En lui les ténèbres demeurent* » ; « *Et ballottant ainsi, sans cesse, / D'amère inaction en devoir qui l'oppresse, / Libéré, puis soudain saisi d'épuisement, / Puis un demi-sommeil, un triste apaisement / Le tient comme cloué sur place, / Présage de l'enfer qui le menace.* » Ô Névrose insouciante !... — Ô Mélancolie, par une homophonie césurée, je me plais à te confondre avec une *ancolie* noire d'ébène, parfois appelée *colombine*, et généralement d'un éclatant bleu turquoise. L'*ancolie* (cadençons-la !), cette renonculacée à la fois vivace et délicate, d'une singulière élégance, qui emprunte son doux nom au latin « *Aquila* » (« *Aigle* »), garnie d'éperons, attifée d'une robe cinq fois pétalée dérobant aux indiscrets ses nectaires que les insectes sucent, rustique au gel, facile à cultiver, dont la pleine floraison, fuyante, dure à peine deux années, — l'*ancolie* est, lourde de sa beauté, continûment courbée vers le sol. L'*ancolie* préfère l'ombre au soleil, laquelle l'enamoure, et, Phœnix nourri de son tas de cendres et resurgi de la mort, se propage grâce aux graines toxiques (non pareilles aux psychotropiques de la volubilis) qu'abandonnent leurs semblables fanées. Je n'ignore pas que d'illustres prédécesseurs l'avaient déjà dénoté : sœur puînée de la Mélancolie, tu conviens parfaitement, gracile *ancolie* qu'épanouit la terre arasée, toi que le langage des fleurs désigne par la folie, la tristesse, la solitude, l'incertitude, toi que l'art héraldique symbolise par l'amour envers Dieu (qui exauça tant), toi qui soignes les plaies et dont la surdose est mortelle (dangereuse ou bienheureuse digitale), toi qui dans un jardin avec l'anémone pousse, écrivait Apollinaire, « *entre l'amour et le dédain* », ou toi « *qui plaisait tant* » au « *cœur désolé* » de Gérard de Nerval, toi dont le « *just* » (« *suc* »), d'après Charles d'Orléans, guérit les « *maulx* » d'amours, toi que je veux être l'écusson de mon livre, de ce qui *atterre* et *repousse*, de ce qui *cristallise* la *florissante* mélancolie, le bourdon bourgeonnant du mal de vivre, l'estuaire où la marée nous noie et nous ronge épisodiquement, la corolle abritant la hargneuse fortune, le calice protecteur du suc amertumant toutes choses, le cilice infernal. Toi, ô chère *ancolie*, prends mon bras galant, et que je vous mêle, toi et les tiennes, en ce pagne de mots... — D'où viens-tu donc, *Mélancolie* ? Avant de t'examiner sous toutes les coutures, et *de près* (ô Létale), par une autopsie, en prenant un scalpel et en t'incisant (ô toi qui nous incise les flancs, nous crante, nous taillade, nous charcute continuellement), en prenant une érigne et en te fouillant, — et *de loin* (ô l'Étoile), par une astroscopie, en braquant une lunette, non pas astrolâtre, mais astronomique, astrosophique (ô toi qui nous désastre, nous désorbite, nous étiole, nous terrifie sans arrêt), — nous allons avant cela avertir le lecteur de quelques points importants. — *Primo*, ainsi que je l'écrivais dans l'introduction du présent livre, il y a une difficulté de l'approche, immense et des plus « sournoises », due au fait que « *la mélancolie ne se laisse pas de confondre sa victime : tantôt elle déguerpit [...] mais enclave toute volonté d'écrire sur elle [...] ; tantôt [...] elle enveloppe tout l'espace disponible et jugule la créativité* ». À ce titre, à propos du « *chagrin réfléchi* », Kierkegaard prévenait qu'il « *ne peut pas être l'objet d'une représentation artistique, c'est que le repos lui fait défaut, qu'il ne peut se mettre d'accord avec lui-même, qu'il ne repose pas dans une seule expression déterminée* ». Si la mélancolie était là sous mes yeux, en moi, paralysante, je ne saurais l'écrire ni la décrire impartialement ; *donc* je dois m'en détacher autant que possible ; *car* si elle n'était pas du tout là, je ne saurais rien en dire ; *mais* à la convier par ici je redoute qu'elle ne reprenne ses aises et ne s'installe tout à fait (« *Allons, morbleu ! il ne faut point engendrer de mélancolie* », chanterais-je de bon cœur avec Sganarelle) ; et aucun vulnéraire, aussi puissant fût-il, ne m'en délivrerait (ma plume avec) ; *or*, ce chapitre est l'une des clés de voûte *cathédrant* mon ouvrage, — si elle n'en est *la* clé, — et en enlever un seul claveau ferait tout s'écrouler : *contre* vents et marées, *je* dois avancer et *me faire mal*. — *Secundo*, cher lecteur, vous vous ferez comme moi violence ; *et* il ne faudra pas craindre d'arpenter ces terres malfaisantes ; *car* ceci n'est pas un cordial ou une sinécure ; *or*, vous risquez quelque thrombose en parcourant ces pages crues, ou la naissance d'une douleur sourde, ou l'alimentation du mal qui peut-être déjà vous guette, vous obsède ; *donc* retenez votre souffle, vérifiez dès maintenant que l'ampoule de votre lampe de chevet est suffisamment lumineuse et endurante, ou allez lire au soleil sur la pelouse d'un parc où s'amasse la foule. (En outre, le chapitre suivant, assurément, *sera pire*, et je conviens, avec Hamlet, que : « *This bad begins, and worse remains behind* » — et il n'y a *rien* à faire.) — *Tertio*, quand bien même écrire sur le *mal*, le *mauvais*, la *souffrance*, le *malheur*, serait en soi chose ardue (et décapante), cela est pourtant, d'un certain point de vue (nous commenterons plus tard cette tromperie), plus facile que d'écrire sur le *bien*, le *bon*, la *joie*, le *bonheur* ; *car* le vocabulaire approprié au mal-être est certainement le plus fourni (nous le constaterons dès que ces indications seront terminées) ; *et* les sentiments ou

33 et cinq versets plus loin (19 à 22), de la bouche de Dieu, une divine transition pour notre sujet ? « *Par la douleur aussi l'homme est repris sur sa couche, quand une lutte continue vient agiter ses os. Alors il prend en dégoût le pain, même les aliments les plus exquis ; sa chair se consume et disparaît, ses os qu'on ne voyait pas sont mis à nu ; son âme s'approche de la fosse, et sa vie des messagers de la mort.* » — Bien !... (Infortuné Job ! nous ne t'oublierons pas !) Qu'est-ce que la Mélancolie ? qu'est-ce donc que cette Mélancolie qui ne s'explore qu'en tant qu'elle nous a exploré, — « *car seul celui qui a été lui-même mordu par des vipères* », écrit Kierkegaard dans *Tracés d'ombre*, « *connaît la souffrance de celui qui a été mordu par des vipères* » ?... — Pour démarrer l'entrevue et l'investigation, avant de voir comment elle se fait l'entregent de la pénible vie, — *l'atterrée incognita*, — désignons-la en recensant *quelques-uns* de ses traits (seulement « quelques-uns », car, « *s'agissant de l'infatigable mélancolie* », nous prévient Starobinski, « *les figures ne seront jamais assez nombreuses, dans leur insuffisance, pour tenter de lui donner corps* », et Robert Burton parlait déjà d'une phénoménale « *variety of symptoms* », plus extravagante que la « *confusion of tongues* » qui était sortie de la tour de Babel). Définissons-la, cette mélancolie, avec les armes d'une *théologie positive*, par ce qu'elle peut être, ce qu'elle est, ce qu'elle produit, *élabore*, — ce qu'elle nous réduit à être... ou à *n'être*... (Dans un premier temps, s'il le souhaite, le lecteur peut sauter toutes les parenthèses et ne lire que les mots en italiques : cela fera un bel épitrochasme, harassant et entêtant, une *ekphrasis* psalmodiée, un *balisage* nébuleux, une litanie de *cause commune*...) — La Mélancolie nous jette dans une existence *sans attrait* (sans cible, sans flèche, sans archet), *pesante* (le fardeau mental où l'on tend l'autre joug), *vaine* (un vaisseau fantôme dont l'itinéraire va de point de départ en point de départ), *d'errance* (le vassal qui navigue sur ce vaisseau), *de déserrance* (ce vassal privé de l'errance dont le terme est le but sans but) ; — la Mélancolie nous rend *malheureux* (parfois heureux dans le mal, mais cela ne dure pas ; l'heur d'être mal, à la male heure), *choqué* (au bon heurt), *angoissé* (le resserrement sans objet qui dégoise sans bruit), *déchiré* (se diviser pour mieux saigner, s'ouvrir et souffrir), *dépité* (le haut regard désaimanté et désormais las, bas), *cafardeux* (converti, par componction, à une religion sans Dieu, mais avec Vermine ; celui qui a le cafard a le pauvre animal en allemand, attrape des grillons en autrichien, a les bleus ou la crête qui tombe en anglais, est dans la fosse en portugais, l'a peint en noir en grec, a le mal du pays en espagnol, est dans le puits en néerlandais), *anéanti* (du néant nanti, le vivant parti), *peiné* (hisse la peine en haut du mât, fidèle étendard des pirates), *auto-fui* (s'éloigner, vers soi, de soi, détisser *texto* l'âme), *dérouté* (dans les venelles de la mendicité saoule), *désagrégé* (assemblée dissoute, cours atomique abrégé, — le désagrément, le *dés-agrément*), *morbide* (contemplation perverse — et souple à l'italienne), *miséreux* (haillonneux découvert), *rongé* (les vers ont sonné), *cadenassé* (voir abouler ce collier, cette chaîne de forçat, sanglé), *dégringolé* (la chausse-trappe du crève-cœur, puis l'austère rigole où l'on fuse, tel un Iblis insoumis et puni), *indifférent* (rien n'est plus tangible, peut chaut l'amarre — et au cou), *dénervé* (le Livre du Destin ne tient plus, pendu à ses cordelettes), *aigri* (pointe sans piquant), *amorphe* (cadavre rigidifié, sans forme), *sombre* (sous l'ombre, toujours), *sombré* (ombré par les profondeurs où l'on repose céans), *désincarné* (le rôle du comédien sans la pièce), *décapité* (décas(qu)é, perdre la tête), *absent* (temps sans passé, futur, présent), *ailleurs* (l'explosion du « *N'importe où ! n'importe où ! pourvu que ce soit hors de ce monde !* »), *isolé* (l'île où les jours manquent), *désolé* (d'être laissé seul, inconsolé), *détruit* (coque démolie que nul port ne réparera), *autodétruit* (le moi mort), *repoussé* (à bout, — collusion de la collision), *dé-présentifié* (ne plus se réfléchir), *déporté* (dessein se déportant, desseigner la perte), *abominé* (envidé de la haine), *acculé* (où, la fuite ?), *vieilli* (une journée, une année), *vieux* (sans tenir la jeunesse, effacée), *ramassé* (sans ferrement, mais les quatre fers en l'air), *calciné* (feu l'être), *racorni* (dans la braise), *déçu* (déprisi), *déchu* (décadence), *défait* (exécuté sans exécution), *prisonnier* (dans une cage sans barreaux !), *cassé* (en deux, en deux), *insensé* (le jugement des derniers), *sans-sensé* (sans direction pour la raison), *désenchanté* (le manège centrifugeur), *pauvre* (n'avoir que des paupières à regarder), *essoré* (lessivé, souffle dégringolant d'un corps anguiforme), *étrillé* (le pied démis, à terre), *résigné* (et remettre son âme à Lucifer), *immobilisé* (être les panneaux de la croisée des routes, au pinacle du chaos), *léthargique* (dormir sans haleter), *encloué* (l'enclouure dans l'accul), *migraineux* (hémicrânie, — commotionné), *opacifié* (jamais pacifié, toujours ne-pas-s'y-fier), *haché* (chaque coup est un craquètement), *noué* (ah ! les cendres l'étranglent, roi frigide), *maussade* (agréable mal, tristimanie d'un conte triste en mots peinés), *découragé* (le cœur en son reliquaire), *alourdi* (de tonnes de pierres aiguisées, — d'où l'aboulie), *écrasé* (compression, étreinte), *endeuillé* (œil dolent), *alangui* (languissamment), *diminué* (l'amoindrie semence), *fatigué* (du bal costumé), *sans force* (effrité, grabataire, fourbu), *épuisé* (de puiser), *faible* (et n'en avoir aucun pour quoi que ce soit), *malade* (et l'hypocondrie), (déjà) *mort*, *condamné* (damné de soi-même), *flétri* (marqué au fer glacé), *soucieux* (en être sollicité), *affaissé* (la tape au vaincu), *mou* (l'éponge engorgée), *blasé* (gonflé de l'abus passé), *dévitalisé* (par la pulpoire, et fraisé), *égaré* (hagard), *plaintif* (les lamentations), *émasculé* (encastré dans le mal, embarré, — la vie empèse), *démobilisé* (militer pour le délimité), *exténué* (futur ténor du Ténare), *étouffé* (étoupé, n'aspire à rien), *étalé* (l'étal corps), *infirmé* (animal instable et enfermé), *fané* (avant d'être fauché, — *reseda alba* châtré), *plumé* (ratissé large), *empoisonné* (potion d'un vert de buis bue trop tôt), *écrémé* (ôté du meilleur), *éprouvé* (avoir, puis l'être), *torturé* (pilori, chaise à clous, élongation, estrapade, tourniquet), *tourmenté* (assailli de mille aléas fantasmés), *désensibilisé* (les ressentis sans glose), *décharné* (si triste, hélas, — et hâve — épave), *inhabité* (dépossédé), *dégrisé* (grisaille du charme, ivre de n'être plus), *écroulé* (le contrebas après s'être tu), *équarri* (rien ne nous remplume), *déshérité* (excédé à force d'exhérédation), *découpé* (per(sé)cuté), *démanché* (chaque jour est dimanché), *enferré* (d'en bas, encore plus bas). — La Mélancolie nous offre, nous montre, nous assène, nous donne, met en travers de notre chemin l'*ennui* (qui me le fait l'écrire), le *bourdon* (la basse continue, l'insecte « *se lamente* »), le *vague* (l'incertain sac multiple !), l'*athymie* (perte d'affectivité), l'*oubli* (de soi s'oubliant), la *fin* (et y rester), le *noir* (nuit éternelle), la *désillusion* (assez joué), la *chute* (choisie par la gravité), le *déclin* (s'il y eut jamais un essor, qu'il eût fallu décliner), la *crise* (la sentence, puis sa manifestation), le *désespoir* (attente, accord), la *désespérance* (notre incroyance en Dieu, l'incroyance de Dieu en nous), la *déprime* (presser de haut en bas), la *dépression* (enfoncement dans le trou — de la dépravation), le *vide* (vacuité, vacance de la matière — à se réjouir), le *pessimisme* (lois d'amorphies réunifiées), le *chagrin* (suintant par les pores), le *malaise* (syncoper les moments de syncope), la *déraison* (rationnel rationné), l'*absurdité* (les raisons

suffisantes pensées *ab hoc et ab hac*), l'*apathie* (passion trépanée), le *blues* (les démons bleus tatoués en ecchymoses, stellés), la *nostalgie* (douleur sur le retour, remembrance avilie, bercail immolé), la *tristesse* (« *Le seul bien qui me reste au monde / Est d'avoir quelquefois pleuré* »), l'*amertume* (pénibilité), l'*abattement* (déductions imposées par l'Être), l'*asthénie* (vigueur qui n'en est plus), le *dégoût* (à déguster l'âme en berne), la *désenvie* (préférable à la meurtrissante envie ?), la *lassitude* (l'assaut du *là* identique), le *désœuvrement* (rien à faire, à être, à avoir), la *perte* (à perte), l'*abandon* (au pouvoir du Rien), la *morosité* (contrée barbare), la *déshérence* (accroché à une branche morte — déliquescente), la *monotonie* (aucune inflexion, l'uniformité de l'espace et du temps), l'*atrophie* (croissance suspendue, brisée d'une trique), le *mutisme* (l'écho muet de l'immuable soi-même), l'*incompréhension* (elle-même incompréhensible), le *manque* (par défaut cédé — et incomblable), la *futilité* (le sens laisse fuir son contenu), la *stérilité* (tant mieux, — « *La solitude bleue et stérile a frémi* »), l'*insignifiance* (signifiée)…

* * * * *

Qui es-tu, Mélancolie ? d'où viens-tu ?... — Le grec « μελανχολία », latinisé en « melancholia » (qui à l'origine était le titre prévu au premier manuscrit de *La Nausée*, que Sartre, à la demande de Gallimard, avait dû modifier, puis remanier pour en « lisser » le texte), signifie « bile noire » (de « μέλας », « noir », et de « χολή », « bile »). On parle également de l'« *atrabile* », formé du latin « *atra bilis* ». Il semblerait que ce fût la médecine de l'Antiquité (d'Hippocrate de Cos à Claude Galien) qui, s'inspirant vraisemblablement de la médecine égyptienne, propagea l'appellation « *bile noire* » en classant théoriquement les *humeurs* (ou *caractères*) en quatre parties cardinales et peccantes (cette discrimination prévaudra jusqu'aux environs du XVIIème siècle) : le *sang*, provenant du cœur et conditionnant l'*humeur sanguine, donc sociable, complaisante, amoureuse, chaleureuse* ; le *phlegme* (ou la *lymphe*, ou encore la *pituite*), localisé dans le cerveau, pour l'*humeur lymphatique, donc flegmatique, douce, posée, froide, nonchalante* ; la *bile jaune*, sécrétée par le foie, censée décrire l'*humeur bilieuse, donc colérique, emportée, anxieuse* ; et enfin la *bile noire* (ou *atrabile*), située dans la rate et dont dépend l'*humeur triste, chagrine, inquiète, sombre, hypocondriaque, mélancolique*. Selon les Anciens, et surtout Hippocrate (« *Notre traité [De la Nature de l'Homme] est destiné [...] à établir la doctrine des quatre humeurs, sang, pituite, bile jaune, bile noire, qui prédominent suivant les quatre saisons de l'année* »), ces quatre éléments formaient un mélange homogène : on était soit en bonne santé lorsqu'ils étaient en quantités égales, soit malade lorsqu'une disproportion naissait à cause du dérèglement de l'un ou de plusieurs d'entre eux. (« *J'ai eu successivement tous les tempéraments : le pituiteux dans mon enfance ; le sanguin dans ma jeunesse ; plus tard le bilieux, et j'ai enfin le mélancolique, qui probablement ne me quittera plus* » : rien de tel que la lecture des mémoires de Casanova pour aborder les quatre d'un seul coup !) Étymologiquement, la *rate* est issue de « σπλήν », « *rayon de miel* », qui a donné « *splen* » en latin (dont témoigne très cocassement, très ironiquement, le terme « *splendeo* », qui à l'origine signifiait simplement « *rendre jaune* », et qui devint « *être éclatant* », « *étinceler* », avant de former en français « *splendeur* », « *splendir* », « *splendide* » !), puis « *spleen* » en anglais. Physiologiquement, elle est un organe lymphoïde mou, de la taille d'un poing, très vascularisé et d'un pourpre foncé. Primordiale pour l'immunité cellulaire, elle est rattachée à l'hypochondre gauche qui entoure l'épigastre et se trouve sous le bord inférieur des côtes. Malheur au malade de la rate et aux « *splénalgie* », « *splénemphraxie* », « *splénification* », « *splénite* », « *splénocèle* », « *splénoncie* » ! Que Thomas Diafoirus, prenant votre pouls comme celui d'Argan, ne croie pas y détecter une « *intempérie* » (« *dans le parenchyme splénique, c'est-à-dire la rate* »), ou bien ce sera le bonheur de la « *splénotomie* » ! (Et dire qu'en gastronome averti, je raffole de ce mets, je veux dire : la rate de porc, dont le goût et la texture sont un compromis entre le foie cuit et la langue fourrée, et que j'achète tous les samedis matins au charcutier du marché. Comble de l'innocuité de la rate ! J'ingère la cause de mon mal et offre à mon propre organe bilieux une greffe dont elle n'aurait pas besoin. La mélancolie entée sur la mélancolie !) Si l'on s'en réfère à l'*Anatomie de la Mélancolie* (*The Anatomy of Melancholy*, — publié en 1621) de Robert Burton, dont il va être question d'ici quelques pages, la bile noire, « *froide, sèche, épaisse, noire et aigre* », « *engendrée dans la rate à partir des aliments les plus épais* », briderait « *les deux autres humeurs chaudes, le sang et la colère, en les maintenant dans le sang et en nourrissant les os* ». Plus poétiquement, Tristan L'Hermite, dans sa pièce *Mariane*, fait dire à Phérore, frère d'Hérode, que « *la mélancolie à la noire vapeur, / Où se logent toujours la tristesse et la peur, / Ne pouvant figurer que des images sombres, / Nous fait voir des tombeaux, des spectres et des ombres* ». — On peut dire que la mélancolie moderne, telle qu'on se l'imagine aujourd'hui hors du domaine psychiatrique, n'est plus guère rattachée aux aspects médicinaux et anatomiques, alors que le terme est apparu dans les ouvrages de physiologie des docteurs de la Grèce. À côté de cela, il suffit de jeter un œil sur les dictionnaires pour s'apercevoir que les Hellènes disposaient d'une réserve inépuisable pour décrire ce qui attient à la μελανχολία : « αθυμία » (« *découragement* », « *inquiétude* », duquel dérive l'« *athymie* », qui est l'« *absence ou perte de l'affectivité* »), « στυγνός » (« *triste* », « *sombre* », — et je me plais à penser, sans l'avoir vérifié, que le « *stagnare* » latin provient de ce « *stugnos* », qui est devenu « *stagner* » en français, c'est-à-dire la tendance, à propos d'un fluide, à « *rester à la même place* », « *ne pas couler* », voire de « *croupir* », « *macérer* », — mais ce rapprochement me paraît aussi douteux qu'il est amusant), « απάθεια » (« *apathie* », « *qui ne se laisse émouvoir à aucune passion* »), « αδιαφορία » (« *adiaphorie* », — que Pyrrhon et les Stoïciens célébraient, — « *indifférence à toutes choses* »), « βαρυφροσύνη » (« *accablement de l'esprit* », racine de « *pusillanime* »), « ἀκηδία » (« *chagrin* », qu'en religion on nomme « *acédie* » pour désigner, avec une touche de péché, la « *désolation spirituelle* », et qu'Augustin, d'après Pétrarque, fait dériver d'« *ægritudo* », le « *malaise moral* » qui accable et épuise), — *et cætera*. — Avant que je ne me focalise sur les deux auteurs qui sont, selon moi, et en exceptant les médecins, les pionniers de ce qui concerne l'étude de la mélancolie, — Aristote et son épigone, Burton, — lisons à l'aide d'une loupe quelques définitions apportées par les dictionnaristes, avec dans l'ordre le Littré, le Furetière et le Richelet (je ne m'intéresserai pas au Dictionnaire de l'Académie françoise, dans la mesure où l'article est trop succinct, et dont l'unique profit semblerait celui de citer la mystérieuse gravure de Dürer, *Melencolia I*, que les plus ingénieuses tentatives d'interprétation ne réussissent pas à enclore). Émile Littré, dans l'édition de 1876, déclare : « *Dans la médecine actuelle, nom d'une lésion des facultés intellectuelles caractérisée par un délire roulant exclusivement sur une série d'idées tristes ; c'est la variété de la monomanie qu'Esquirol a nommée lypémanie. La mélancolie s'observe aussi chez les animaux dont on change brusquement les habitudes, chez ceux qu'on prive des sujets de leur affection* » ; « *Disposition triste provenant d'une cause physique ou morale, dite aussi vulgairement vapeurs du cerveau.* » Deux expressions attirent l'attention : « *lypémanie* » (« λυπημανία », le « *délire* » du « λυπη », « *chagrin* ») est un mot rare introduit par le Français Jean-Etienne Esquirol afin de remplacer celui de « *mélancolie* », tombé en désuétude dans les milieux psychiatriques, et qui traduit une mélancolie profonde, chronique, débouchant sur une folie dépressive ; — et : « *vapeurs du cerveau* », fumigations malsaines, humeurs subtiles que l'on croyait être envoyées par la rate (via la fameuse bile noire) et qui, en comparaison de celles consécutives à l'absorption de vin, devaient troubler les fonctions cérébrales sous la forme d'« *accidents subits* ». Le *Littré*, — qui d'ailleurs comprend une entrée réservée au joli verbe « *mélancoliser* » (dont les sonorités résonnent avec « *alcooliser* »), « *rendre mélancolique* », — emprunte en partie sa définition au Dictionnaire (1727) d'Antoine Furetière, plus complet, dans lequel on trouve en exergue ceci (que j'arrange et modernise) : « *Cause la tristesse, le chagrin* » ; puis, entre autres sous-sections : « *en termes de médecine, est aussi une maladie qui cause une rêverie sans fièvre, accompagnée d'une frayeur et d'une tristesse sans [raison] apparente, qui provient d'une humeur ou vapeur mélancolique, laquelle occupe le cerveau et altère sa température. Cette maladie fait dire ou faire des choses déraisonnables, jusqu'à faire faire des hurlements à ceux qui en sont atteints ; et cette espèce s'appelle* lycanthropie. *La mélancolie vient quelquefois par le propre vice du cerveau ; quelquefois, par la Sympathie [participation] de tout le corps ; et cette dernière s'appelle* hypochondriaque*, autrement* venteuse. *Elle vient des fumées de la rate. La passion mélancolique est au commencement aisée à guérir ; mais quand elle est envieillie et comme naturalisée, elle est du tout incurable, selon Traillan* » ; « *la tristesse même, le chagrin qui vient par quelque fâcheux accident* » ; « *une rêverie agréable, un plaisir qu'on trouve dans la solitude, pour méditer, pour songer à ses affaires, à ses plaisirs ou à ses déplaisirs. Les poètes, les amants, entretiennent leur mélancolie dans la solitude* ». Au passage, nous voyons de nouveau la présence de la « *vapeur* », et celle de « *venteuse* » (« *qui provoque des vents* » et donnant parfois lieu à une colique), — mais figurent également, dignes d'intérêt, deux nouveaux termes ainsi qu'une observation inédite qui a toute son importance : « *lycanthropie* » (illustration exclusive assez étrange puisque c'est un délire, du reste peu courant, je l'espère, qui fait croire au malade qu'il est métamorphosé en loup !) ; « *hypocondriaque* » (« ὑποχονδριακὸς », « *malade des hypocondres* », — l'« *hypocondre* » étant « *sous le cartilage des côtes* » et à l'origine de douleurs abdominales, d'une humeur chagrine, — plus généralement la désignation d'un sujet atteint de souffrances excessives et exagérées) ; et l'idée, que nous rencontrerons plus loin, plutôt inattendue, d'une « *rêverie agréable* », d'un « *plaisir* » liés à la solitude et à la méditation. À noter, la référence dans le Furetière d'une superbe déclinaison verbale, qui n'a malheureusement pas été sauvegardée : « *Se mélancolier* » (« *prendre de la mélancolie* »), — et ailleurs : « *mélancomoyer* », « *mélancolieux* », « *mancolie* », « *mélancolisé* », « *mélie* », — et une autre référence encore, prise dans le Dictionnaire de Richelet (1775), qui décrit, par le hardi « *mélanogogue* », un « *remède propre à purger la bile noire* ». (Au nombre des remèdes, on recense une appétissante mixture d'ail, de poivre et de saumure de garus, une décoction de miel, d'eau de mer et d'eau douce, une autre à base de lait de chèvre tiède mêlé à du vin, du miel et du poivre. — Chez Pline, on guérirait « *en buvant dans de la peau de caméléon le suc de la plante appelée chamaeléon* », ou en usant de « *la bouse de veau cuite dans du vin* ». — Dans l'œuvre de Molière, d'après le même Sganarelle du *Médecin malgré lui*, on apprend que « *la rhubarbe, la casse et le séné* » sont certainement efficaces, et, pareillement, le monsieur Purgon du *Malade imaginaire* propose sur son ordonnance « *une bonne médecine purgative et corroborative, composée de casse récente avec séné levantin* ». — Pis, sur les conseils d'Hippocrate, quand une femme a de la bile noire dans la matrice, il suffit de la traiter comme suit : « *intérieur d'un concombre sauvage, vieux d'une année, bile de taureau, fleur de cuivre, piler avec le baccari* (gnaphalium saaguineum)*, et faire un pessaire* » !...) La première édition de l'Encyclopédie de Diderot et d'Alembert propose en 1765 deux entrées, l'une à « *Mélancolie* », qui « *est le sentiment habituel de notre imperfection* », l'autre à « *Mélancholie* », où l'on peut y lire, après l'évocation curieuse, mais intéressante, d'une « *espece de mélancholie que les arabes ont appellé* kutabuk*, du nom d'un animal qui court toujours de côté & d'autre sur la surface de l'eau* » (« *ceux qui en sont attaqués sont sans cesse errans & vagabons* »), que « *les mélancholiques sont ordinairement tristes, pensifs, rêveurs, inquiets, constans dans l'étude & la méditation, patiens du froid & de la faim* », qu'« *ils ont le visage austere, le sourcil froncé, le teint basané, brun, le ventre constipé* ». Il semblerait que cette dernière caractéristique fût « non négociable » puisqu'il est formellement fait mention d'un malade « *qui resta trois mois sans aller du ventre* » et d'une fille « *qui n'alla pas à la selle de plusieurs mois* ». Encore qu'abjecte, l'idée de la constipation me plaît beaucoup, non pas par son origine (« *constipare* », c'est « *resserrer* », et dieu sait que la mélancolie nous maintient étroitement en exerçant une pression, nous remet à notre place, nous contracte et nous borne sans nous *relaxer*), mais par le rapprochement entre son antonyme, la « *déjection* », et son « faux ami » en anglais, « *dejection* », qui traduit le « *lowness of spirits* » (dictionnaire bilingue d'Alexandre Boniface de 1828), c'est-à-dire, en français, l'« *abattement* », le « *découragement* », la « *tristesse* », l'« *affliction* », la « *consternation* »... et la « *mélancolie* » !... Mais ne nous mettons pas à cabrioler, à danser la gigue, la tarentelle, la carmagnole ou la capucine devant la bête féroce, la Mélancolie, en évoquant la constipation qui est, remarquait Freud, « *si fréquente chez les névropathes* » (ajoutant qu'« *il ne faut pas non plus tourner en dérision l'influence des hémorroïdes, à laquelle l'ancienne médecine attachait tant de poids pour l'explication des états névrotiques* »)... — Si nous revenons au siècle présent et piochons dans le Dictionnaire de Louis-Marie Morfaux, nous tombons sur une définition de pathologie en psychiatrie qui concorderait davantage avec l'acception de la mélancolie telle qu'elle sévit et est entendue à notre époque : « *Affection caractérisée par la dépression, l'insomnie, l'anxiété, un sentiment de pessimisme généralisé pouvant aller jusqu'au dégoût de l'existence et à des idées de suicide, accompagnée parfois d'idées délirantes d'indignité, d'auto-accusation, d'où résulte une totale inaction pouvant aller jusqu'à la stupeur.* » Ce « *dégoût de l'existence* » est à rapprocher des conceptions stoïciennes de la lassitude et de l'ennui, notamment de celle de Sénèque évoquée dans *De la tranquillité de l'âme*, « *tædium vitæ* », auquel on peut échapper en se réfugiant dans l'étude. En poursuivant dans la veine philosophique, notre affectionné Spinoza démontre, à la proposition XLII de la partie IV de l'*Éthique*, que « *La Mélancolie est une Tristesse* *qui, relativement au Corps, consiste, en ce que la puissance d'agir du Corps est absolument diminuée ou réduite ; et, par suite, elle est toujours mauvaise* » (mais méfions-nous de sa vision des choses, car, sept propositions plus tôt, il rangeait les Mélancoliques parmi ceux qui « *louent, tant qu'ils peuvent, une vie inculte et agreste* », et qui « *méprisent les hommes et admirent les bêtes* »), tandis que notre non moins affectionné Descartes, s'il n'use pas explicitement du terme « *mélancolie* » dans son *Traité des passions*, parle également de *tristesse*, — qu'il range parmi les six passions primitives, les autres étant l'admiration, l'amour, la haine, le désir et la joie, — dont il dit d'abord qu'elle est « *une langueur désagréable en laquelle consiste l'incommodité que l'âme reçoit du mal, ou du défaut que les impressions du cerveau lui représentent comme lui appartenant* », puis, au détour d'une sidérante affirmation, qu'elle est « *en quelque façon première et plus nécessaire que la joie [...] à cause qu'il importe davantage de repousser les choses qui nuisent et peuvent détruire que d'acquérir celles qui ajoutent quelque perfection sans laquelle on peut subsister* » ! Plus prosaïquement, et afin de réaliser une impeccable transition non dénuée d'humour, je citerai Flaubert dans son exquis, sardonique (le rire sardonique était provoqué, affirmait-on, par des herbes de Sardaigne, d'où son nom) et très recommandé *Dictionnaire des idées reçues* : « Mélancolie *: Signe de distinction du cœur et d'élévation de l'esprit.* »

* * * * *

À tous seigneurs, tout honneur : j'avais promis de débuter l'étude proprement dite de la mélancolie avec, à ma connaissance, ses deux plus grands défricheurs qui fussent, l'un philosophe grec ayant vécu au IVème siècle avant Jésus-Christ, — *Aristote* de Stagire, — l'autre écrivain anglais, entre la fin du XVIème et le début du XVIIème siècle, — *Robert Burton*. — Il y a, dans le corpus des œuvres aristotéliciennes, un livre étonnant par son interdisciplinarité et qui est présenté comme un recueil de *Problèmes* (que d'aucuns ne lui attribuent pas, ou alors à un « Pseudo-Aristote », car ils les considèrent, malgré les endroits où l'authenticité ne fait pas de doute, comme étant apocryphes), un peu à la manière de ceux de John Donne, et nous allons en particulier feuilleter celui, au demeurant fort court, qui s'adresse à notre chapitre, c'est-à-dire le trentième (*Problème XXX*). (Où l'on voit que la transition était en effet toute légitime, car ce Problème porte, dans une traduction française (Jackie Pigeaud — que je n'ai pas en odeur de sainteté), le titre de *L'homme de génie et la mélancolie*, en quoi cela rejoint parfaitement ce que stipulait Flaubert dans son *Dictionnaire*, ou bien ce qu'avaient pu respectivement écrire Sébastien-Roch Nicolas de Chamfort (*Maximes et pensées*) et Kierkegaard (*L'équilibre entre l'esthétique et l'éthique*) : « *Il y a une mélancolie qui tient à la grandeur de l'esprit* » ; « *en un sens le fait d'être mélancolique n'est pas un mauvais signe, car la mélancolie ne touche généralement que les natures les plus douées* ». — Mais nous reviendrons sur cette thématique.) De fait, Aristote ouvre le Problème sur cette question : « *Pourquoi tous ceux qui furent exceptionnels en philosophie, en politique, en poésie ou dans les arts, étaient-ils de toute évidence mélancoliques, certains au point de contracter des maladies causées par la bile noire, comme Héraclès dans les mythes héroïques ?* » Cependant Hercule ne fut pas le seul à en être flanqué, car « *Bien d'autres héros semblent avoir été atteints par la même affection : parmi eux les plus proches de nous, ce fut le cas d'Empédocle, de Platon, de Socrate et d'un grand nombre de personnages célèbres, ainsi que de la majorité des poètes* ». Aristote s'applique ensuite à circonscrire la maladie à ses constituants physiques, dont nous avons déjà rapidement parlé : « *La bile noire elle aussi, de par sa nature, est froide et n'est pas en surface. Cependant, quand elle se trouve dans l'état que l'on décrit, si elle est en excès dans le corps, elle provoque des apoplexies, des narcoses, des accès de découragement ou peur ; si elle est trop chauffée, elle produit un sentiment d'allégresse accompagné d'une envie de chanter, des égarements de l'esprit, des éruptions de plaies et autres choses semblables* », — mais jamais il ne parvient à proposer une étiologie véritable à tout cela, les causes apparaissant trop vagues, imprenables (« *Il en est ainsi des découragements quotidiens, car souvent nous éprouvons de la tristesse, sans pouvoir être en mesure de dire pourquoi, alors que parfois nous nous sentons confiants, sans que la raison en soit plus évidente* »), et jamais, face à ces germes hésitants, il ne conseille une thérapeutique efficace. En revanche, il fait à maintes reprises (pour ne pas dire tout du long) le parallèle avec le vin et ses actions sur le corps et l'esprit en incitant le prédisposé au mal-être de ne pas en abuser et alimenter celui-ci, par exemple à ce moment du raisonnement : « *Il arrive souvent que l'on se supprime après s'être enivré, mais le fait de boire plonge certains mélancoliques dans un état d'abattement, car la chaleur du vin éteint la chaleur naturelle.* » Avouons-le, si Aristote, de son survol expéditif, nous laisse sur notre faim dans une exploration qu'on eût pu espérer de « sa » part plus aboutie, il n'en posa pas moins, avec ce qui deviendra durant des siècles pour les physiologistes une « Bible profane » des humeurs, les premières pierres de l'édifice, et nous fait en tout cas sous-entendre (nous nous en souviendrons !) que ses victimes notoires se compteraient principalement dans le clan des hommes de « *génie* » (ce qui apparemment consolait le modeste Cicéron, toujours dans les *Tusculanes*, de la médiocrité du sien)... — Évidemment, on ne sera pas surpris d'apprendre que Robert Burton avait lu, outre les nombreux commentaires de l'époque qui ont été publiés à son sujet, ce « petit » *Problème XXX* (il en fait référence à la section 3 de la partie 1 de son *Anatomie de la Mélancolie*, peut-être aussi ailleurs). L'*Anatomie* est un ouvrage très épais, truffé, à la façon d'un Montaigne, de milliers de citations, — il occupe une place à part dans l'histoire littéraire, telle que les *Essais*, — dans une même démarche savant et léger, érudit et éloquent, riche et passionnant, éclectique et espiègle, — et je n'imagine pas de meilleur aperçu que celui qu'en donna, à la première parution d'une édition française intégrale chez José Corti (la mienne, amputée, provient de chez Gallimard), — soit trois cents ans après l'originale, — Monsieur Jean Starobinski (voilà la cocasserie de ma profession de citateur, car je cite quelqu'un — qui cite quelqu'un — qui cite beaucoup !) : « *Ce livre nous apporte l'un des plus beaux ensembles d'un certain style baroque, où la démarche de l'invention est inséparable de celle de la thésaurisation. De là un mélange de fraîcheur et de décrépitude qui, pour nous modernes, fait le charme hybride de ce livre. C'est une somme : toute la "physique", toute la médecine, toutes les opinions morales, une grande partie de l'héritage poétique de la tradition gréco-latine et chrétienne nous sont ici offerts en citations, en allusions, en commentaires cousus bout à bout. Cela dispensera maint lecteur hâtif de retourner aux anciens : une bibliothèque tient en ce livre. Tous ceux qui ont parlé de la mélancolie — de la tristesse et de la joie, du malheur et du bonheur — sont présents ici, engloutis, confondus, pressés les uns contre les autres.* » « Baroque » est le mot qui convient, car, à peine entrouvrons-nous le « monument » que nous sommes immédiatement confrontés à un style extraordinaire, impétueux (proche, à vrai dire, de celui adopté par Giordano Bruno dans son *Banquet des Cendres*), qui ne craint pas de montrer que l'auteur ne craint personne, si ce n'est lui-même, et prouve par là une autonomie de pensée qui rend l'ensemble encore plus intelligent — et d'autant plus savoureux ! C'est un virevoltant poème (*Abrégé de la Mélancolie*), où « *en forme de débat* » alternent les deux visages, doux et atroce, *des mélancolies*, qui sert de prélude à la symphonie des complexions, — dont voici deux extraits (*du visage atroce*) : « *Quand assis, couché, marchant seul, / Je suis chagrin, je soupire et je geins, / Dans une forêt sombre ou un vallon aride, / De déplaisirs et d'assauts des Furies, / Mille malheurs au même instant / Mon âme et mon cœur assombrissent* » ; — « *Douleur incurable, tu m'entraînes en enfer, / Je ne saurais durer dans un tel tourment ! / Je suis désespéré, je déteste ma vie, / Donnez-moi une corde, un couteau* ». Oser ne pas s'arrêter en si bon chemin, « *dans une forêt sombre* », traquer le mal qui nous traque, les « *Furies* », ces Érinyes, chiennes de l'ombre qui flagellent les coupables (d'être venus au monde ?), tel est le défi du lecteur qui, changé par un sortilège en brebis noire, avisé de la battue dans le titre même, se lancera aux trousses d'un Inconnu qui le connaît et qui use de ses pouvoirs lénitifs pour le ralentir (ô ces cauchemars où l'on prend ses jambes à son cou et où l'on n'avance pas d'un pouce ! ô notre corps sans tête et sans pieds, *fusiforme*). Quel est le profil du lecteur qui n'hésite pas à poursuivre sa route dans de tels livres ? Certainement pas le chétif qui voudrait réellement s'assurer des remèdes prodigués ; bien plutôt le téméraire, — de ceux qui font l'effort d'aller acheter, de leur initiative calculée, des ouvrages que la couverture invite à l'horreur : *De l'inconvénient d'être né*... — Quand on excepte la décence qui voudrait que je ravalasse et tusse ma prétention, il est un privilège, que même au travers des âges les grands esprits expérimentent, qui est leur rencontre silencieuse et fraternelle, — car ce n'est, je le jure, qu'en rouvrant cette *Anatomie* que je me suis rappelé que Burton, dans un souci de prédilection similaire (et combien d'autres qui lui ont voué une admiration sans borne), la dédicaçait à Démocrite et prouvait à son ancêtre toute son estime et sa vénération en le signant du pseudonyme « *Democritus Junior* ». Dans un excentrique prodrome d'une centaine de pages intitulé *Démocrite Junior à son lecteur*, Burton, avant de commenter son approche et ses intentions de ce qui s'ensuivra, esquisse comme il se doit un portrait du « Rieur » : « *Démocrite [...] était un petit vieillard grêle, de nature très mélancolique, qui, dans ses vieux jours, répugnait à la société des hommes et se tenait solitaire ; philosophe contemporain de Socrate, célèbre en son temps, tout entier tourné vers l'étude jusqu'à son dernier souffle, et vivant retiré [...] et afin de se livrer à la contemplation, selon certains auteurs que j'ai lus, il devint volontairement aveugle dans sa vieillesse en se crevant les yeux, et cependant il vit plus de choses que toute la Grèce en vit jamais [...] Mais en attendant, en quoi cela me concerne-t-il, ou de quel chef puis-je usurper son apparence ? [...] Toutefois je puis au moins avancer, sans être, je l'espère, soupçonné d'orgueil ou d'outrecuidance, que j'ai mené une vie sédentaire, de silence et de solitude, [...] à la seule fin d'apprendre comme lui la sagesse, confiné la plupart du temps dans mon cabinet de travail.* » Suite à cet apologue aimable et circonstancié, en contre-jour du roi Claudius qui énonce qu'« *aux maux désespérés il faut des remèdes désespérés* », la raison du projet burtonien se démasque *in media res* : « *J'écris sur la mélancolie pour éviter la mélancolie* », — raison qui n'est en vérité que le corollaire (qui nous retiendra ultérieurement) de cette première indication de cause : « *Il n'y a pas plus grande cause de mélancolie que l'oisiveté.* » S'épargner la mélancolie en écrivant sur elle est l'allégation « égoïste » fournie par Burton, mais qu'en est-il de *sa* (notre) lecture ?... Le lecteur étreint par la Mélancolie qui s'aventure parmi les flammes de l'Enfer sait bien qu'il devra souffrir la chaleur, qu'il ne pourra, à un moment ou à un autre, éviter de se brûler la peau ; mais c'est, dit notre anatomiste, en faisant l'inventaire de ce Mal (« *universel* »), en l'affrontant *in vivo* que justement il lui rendra service : « *je voudrais maintenant m'attacher, dans ce qui suit, à faire l'anatomie de cette humeur, la mélancolie, en ses différents constituants et genres, puisqu'il s'agit d'un comportement ou d'une maladie ordinaire, et de montrer les causes, symptômes, et divers traitements, philosophiques et médicaux, afin que l'on puisse facilement s'en prémunir. [...] Cette maladie étant si grave, si courante, je ne vois pas comment rendre un meilleur service ni mieux utiliser mon temps, qu'en prescrivant les antidotes et les remèdes à ce mal universel, cette épidémie, qui, si souvent, et si fortement, crucifie le corps et l'esprit.* » De la même manière « esthétique » que la Mélancolie *partage, démembre, subdivise, sectionne, morcelle* notre être, l'*Anatomie* est construite en *parties, sections, membres* et enfin *subdivisions* ; — et, sans qu'il soit besoin de s'offrir la peine de vaticiner, par quoi pourrait bien s'ouvrir une Bible de l'Humeur Noire ? Palsambleu ! je le donne en mille : la *Genèse* ! Le Mal est relaté des premiers pas de l'humanité, — tels qu'ils sont relatés au début de l'Ancien Testament. Certes, « *Au commencement, Dieu créa le ciel et la terre* » ; certes, « *les ténèbres couvraient l'abîme* » ; certes, « *Dieu dit : "Que la lumière soit" et la lumière fut* » ; certes, « *Dieu créa l'homme à son image* » ; certes, « *Dieu conclut au septième jour l'ouvrage qu'il avait fait* » ; néanmoins, Dieu souffla, — et Il éteignit le feu du jour, car Il « *modela l'homme avec la glaise du sol, il insuffla dans ses narines une haleine de vie et l'homme devint un être vivant* ». Il tua la vie et priva l'homme, à peine échoué au Paradis, du Savoir, car Il lui fit ce commandement : « *Tu peux manger de tous les arbres du jardin. Mais de l'arbre de la connaissance du bien et du mal tu ne mangeras pas, car, le jour où tu en mangeras, tu mourras certainement.* » Dieu se fit le marionnettiste du Serpent rusé et venimeux, « th' *infernal Serpent* » : « *Mais Dieu sait que, le jour où vous en mangerez, vos yeux s'ouvriront et vous serez comme des dieux, qui connaissent le bien et le mal.* » Il advint à l'homme et à la femme que « *leurs yeux à tous deux s'ouvrirent* » et qu'« *ils connurent qu'ils étaient nus* ». Alors Dieu dit au ver : « *Maudit soit le sol à cause de toi ! À force de peines tu en tireras subsistance tous les jours de ta vie. Il produira pour toi épines et chardons et tu mangeras l'herbe des champs.* » Et Il acheva sa réprimande (et l'homme) en ces mots : « *Car tu es glaise et tu retourneras à la glaise.* » Ô manducation calamiteuse du berceau ! glèbe piétinée qu'attend la herse ! Quel étrange Dieu ! un papa poule qui pondit un œuf, fendilla la coquille, délivra le poussin et le châtia aussitôt ! l'assassina parce qu'il voulut connaître ! savoir pourquoi il était là ! comprendre !... Et l'*atterré* Adam, par la plume de Milton, ne peut que se lamenter : « *in mee all / Posteritie stands curst: Fair Patrimonie / That I must leave ye, Sons* » (« en moi toute la postérité est maudite ; beau patrimoine que je vous lègue, mes fils »)... (N'est-il pas ironique qu'il y ait dans les *Psaumes* le « *sperent in te, qui noverunt te* » (« qu'il espèrent en toi, ceux qui te connaissent »), je veux dire qu'à une permutation de lettres près, l'espérance signifiée par ce « *sperent* » soit *muée* en « *serpent* » ?... Ô connaissance qui se repent, ô langue persifleuse, ô sens reptatoire !...) « *C'est une belle allégorie, dans la Bible, que cet Arbre de la Science du Bien et du Mal qui produit la Mort* », se gaussait Chamfort. « *Cet emblème ne veut-il pas dire que lorsqu'on a pénétré le fond des choses, la perte des illusions amène la mort de l'âme, c'est-à-dire, un désintéressement complet sur tout ce qui touche et occupe les autres hommes ?* » Quoique « *purement allégorique* », Schopenhauer reconnaît que « *Le mythe du péché et de la chute [...] est le seul de l'Ancien Testament auquel [il] puisse reconnaître une vérité métaphysique* », et, « *bien plus, il est même le seul qui [le] réconcilie avec l'Ancien Testament* ». Kant reprit cette histoire de la Genèse (*Conjectures sur les débuts de l'humanité*) en déclarant que « *Le premier pas [...], pour sortir de cet état [d'ignorance, d'innocence], aboutit à une chute du point de vue moral* », et que « *la conséquence de cette chute* », « *du point de vue physique* », « *furent une foule de maux jusque-là inconnus de la vie, donc* une punition ». Puis il résuma de la sorte : « *L'histoire de la* nature *commence donc par le Bien, car elle est* l'œuvre de Dieu *; l'histoire de la* liberté *commence par le Mal, car elle est* l'œuvre de l'homme. » L'écho offert par le mot « liberté » m'incite à rappeler la dogmatique de Kierkegaard qui pose le péché originel grâce au concept — assez délicat — de l'*angoisse* : « *L'angoisse n'est pas une catégorie de la nécessité, mais pas davantage de la liberté, c'est une liberté entravée, où la liberté n'est pas libre en elle-même, mais dont l'entrave est non dans la nécessité mais en elle-même.* » Innocent avant le péché, *car ignorant*, Adam, — devant lequel surgit le *possible* de la *liberté*, — qui, en plus d'être lui-même, est le genre humain, se trouve encore dans cet état de « *calme* » et de « *repos* » ; « *mais en même temps, il y a autre chose qui n'est cependant pas trouble et lutte ; car il n'y a rien contre quoi lutter. Mais qu'est-ce alors ? Rien. Mais l'effet de ce rien ? Il enfante l'angoisse. C'est là le mystère profond de l'innocence d'être en même temps de l'angoisse. Rêveur, l'esprit projette sa propre réalité qui n'est rien, mais ce rien voit l'innocence hors de lui-même.* ». « *Le péché* », raconte le Copenhagois, « *est entré dans le monde par un péché* », et c'est Adam qui a opéré le premier saut qualitatif en commettant le premier péché, et non *un* péché (quantitatif). Pour résumer, ce que nous suggère la Bible, c'est que la raison « *commence par broder une histoire sur ce qu'était l'homme avant la chute et peu à peu avec son bavardage cette innocence tourne insensiblement en peccabilité...* » *Et le fruit chut !...* de l'arbre, sur le crâne de l'homme, le *paumant*... (Il suffisait d'attendre la Rédemption du Christ pour que le séjour dans les Limbes cessât enfin et que le Paradis accueillît à nouveau les âmes justes... mais le Mal était fait...) Tout cela est fort intéressant, mais je ne dois pas oublier Burton et sa propre interprétation de la chose : « *À l'origine, l'homme était pur, divin, parfait, heureux, [...] Mais hélas [...] l'homme est devenu [...] l'une des créatures les plus malheureuses du monde, [...] à ce point obscurci par la Chute qu'à l'exception de reliques il est inférieur aux bêtes. [...] La cause première de la misère de l'homme, la privation (ou destruction) de l'image de Dieu, la raison de la mort et des maladies, de tous les châtiments temporels et éternels, c'est le péché de notre premier parent, Adam, qui, séduit et poussé par le diable, a mangé du fruit défendu. [...] Car depuis la chute de notre premier parent, Adam, [toutes les créatures créées par Dieu] ont été transformées, la terre a été maudite, l'influence des étoiles altérée, les quatre éléments, les bêtes, les oiseaux, les plantes sont maintenant prêts à nous nuire. [...] Le plus grand ennemi de l'homme, c'est l'homme, qui, poussé par le diable, toujours cherche à nuire.* » (Dans l'opuscule cité, Kant écrivait : « *L'individu a donc des raisons d'inscrire à son compte comme sa propre faute tous les maux qu'il endure et tout le mal qu'il fait.* ») Une fois que ce décor fut singulièrement planté, Burton put en planter un nouveau en s'affairant à son grand sujet, cette maladie de entre les maladies (combien il en existe, « *c'est une question non encore résolue* »), LA maladie, la Mélancolie, « de plus d'importance que les autres », — dont il narra les deux espèces d'emprise : « *La mélancolie [...] est soit une disposition, soit un état permanent. Lorsqu'il y a disposition, il s'agit de cette mélancolie transitoire qui disparaît puis resurgit sous le moindre prétexte, tristesse, nécessité, maladie, trouble, crainte, chagrin, passion ou perturbation de l'esprit, soucis de toutes espèces, mécontentement, ou réflexion, tout ce qui est susceptible de provoquer angoisse, abattement, accablement et tourment de l'esprit, et qui s'oppose en quoi que ce soit au plaisir, à la gaieté, à la joie, au bonheur, causant un sentiment de malaise et de déplaisir. [...] Et nul vivant n'est à l'abri de ces dispositions à la mélancolie, nul assez stoïque, assez sage, nul assez heureux, assez patient, assez généreux, assez pieux et religieux, pour s'en défendre [...]. La mélancolie, prise en ce sens, est le propre de l'homme mortel. [...] Aucun homme ne trouve de remède en lui-même [...] Il n'est rien de si florissant et agréable qui ne contienne quelque amertume, quelque plainte ou récrimination [...] Cette mélancolie dont nous allons traiter est un état permanent [...] et si elle a été longue à s'établir, de même, à partir du moment où (agréable ou douloureuse), elle a atteint l'état mélancolique, il sera pratiquement impossible de la déraciner.* » Nous n'en sommes qu'aux balbutiements de l'étude et déjà l'arrêt tombe, cruel : « *il sera pratiquement impossible de la déraciner* », — tout au plus pourra-t-on arracher les quelques mauvaises herbes importunes, un *nadica de nada*, — mais de l'éradication complète, nulle promesse, nulle solution ! aucun philtre ! Or donc, par un codicille — frustrant et endêvant —, je décide de quitter Robert Burton, — en ne cachant pas mon espoir d'avoir pu éveiller la curiosité du lecteur qui se procurera son *Anatomie* et y verra de lui-même (ceci n'étant plus de ma compétence) ce qu'il en est des symptômes des mélancolies amoureuse et religieuse, ou des interventions chirurgicales et purgations (hypercatharsies !) possibles, — pour définir le frère de sang de la μελανχολια, l'autre revers, l'autre face de la médaille du travail forcé, — le *Spleen*.

* * * * *

Le représentant suprême et *idéal* du Spleen, l'homme *splénétique* par excellence, celui qui le premier fit définitivement importer ce terme d'Angleterre et le popularisa dans la France du XIXème siècle, qui l'orthographiait autrefois « *Spline* » et en avait vaguement des réminiscences antiques (Voltaire le mentionnait en 1768 dans *Les dialogues entre A, B, C* : « *Pardon de m'être mis en colère, j'avais le* spleen *; mais, en me fâchant, je n'en avais pas moins raison* »), — celui qui lui accorda sa lettre de noblesse, — le colon qui *anglicisa* (*engluer* et *inciser*) l'amertume dans ses *Petits Poëmes en prose* (ou *Le Spleen de Paris*, 1862) et ses *Fleurs du Mal* (1857) — repris en chœur, sous ses formes infinies et poétiques, par Paul Verlaine (« *Le ciel était trop bleu, trop tendre* »), Jules Laforgue (« *Je regarde sans voir fouillant mon vieux cerveau* » ; « *Tâchons de vivre monotone* » ; « *L'Art, le Spleen, la Douleur sont mes seules amours* »), Alfred de Vigny (« *J'ai le soleil en haine et la pluie en horreur* »), Auguste Barbier (« *Hébète tous nos sens, et ferme leurs cinq portes / Aux désirs les plus vifs, aux ardeurs les plus fortes* »), Maurice Rollinat (« *J'ai beau dompter le spleen et l'à-quoi-bon moqueur* »),

Guillaume Apollinaire (« *Et toi mon cœur pourquoi bats-tu* »), ou encore Gérard de Nerval, Fernando Pessoa, Henri Heine, Alphonse de Lamartine, Victor Hugo, les deux Alfred (de Vigny, de Musset), *et alii*, — celui qui, à la suite de Diderot (les *« vapeurs anglaises* »), introisa un mot que nos voisins d'outre-manche ne raccordaient plus qu'archaïquement, « biliairement » à la mélancolie (hormis peut-être Shakespeare qui l'employa d'innombrables fois dans des acceptions plus « modernes »), — j'ai nommé le rhapsode de l'Ennui, le Génie hallucuné, le Poète, le grand Poète Charles Baudelaire ! En vérité il en fut ainsi : le Spleen ne prit pas strictement son envol chez les Anglais, qui retiennent principalement, aujourd'hui encore dans leur *Encyclopædia Britannica*, l'« *organ of the lymphatic system* » (Maupassant dit dans un sarcasme de l'Angleterre qu'elle est « *la nation du spleen, du flegme et du rosbif* » !), mais chez les Français (romantiques ou post-romantiques, dans la mouvance des Goethe, Schiller, Byron, Keats), d'abord comme un synonyme de l'ennui, d'une tristesse souvent vague, puis d'une mélancolie profonde, et c'est chez Baudelaire, qui mérite que nous nous penchions — enfin ! — sur son cas, que son acception actuelle se consolida. — L'existence de Baudelaire ne connut guère l'appui de la sérénité, et chacune de ses œuvres, de la poésie (en prose ou en vers) aux essais (sur les drogues ou sur l'esthétique), de la correspondance au journal intime, en est touchant, vibrant, — mais affligeant, grotesque, — *réquisitoire*. De 1821 à 1867 (mort de la syphilis), sa vie fut sous le signe à la fois d'une *mer démontée* (avec l'art pour constant refuge, bien que sa finalité le fit souventefois douter) et d'une *mère idolâtrée* (avec l'amour réciproque pour unique consolation, pour unique repère, pour unique partage). Il perdit son père alors qu'il n'avait que six ans et sa relation œdipienne avec sa mère dut probablement y gagner, mais ce ne fut sûrement pas sans un désespoir incoercible qu'il apprit l'année suivante le remariage de sa sainte maman, — et le point d'ancrage de sa vie commença, tout jeune, à paraître incertain, organisant lentement les pensées ombrageuses qui l'obséderaient éternellement. (À seulement dix-sept ans, à sa mère, il rédigea ce message « chair-est-triste-hélas-œdipesque » qui se passe de commentaires : « *je m'ennuie tellement que je pleure sans savoir pourquoi. [...] Ainsi je m'ennuie moi-même, les autres m'ennuient encore plus. Tu me diras : lis. Eh, bon Dieu ! je n'ai fait que lire depuis que tu es partie [...] Je suis complètement dégoûté de la littérature ; et c'est qu'en vérité, depuis que je sais lire, je n'ai pas encore trouvé un ouvrage qui me plût entièrement, que je pusse aimer d'un bout à l'autre ; aussi je ne lis plus. [...] au moins toi, tu es un livre perpétuel ; on cause avec toi, on s'occupe à t'aimer ; on n'est pas rassasié comme on l'est des autres plaisirs.* ») Jean-Paul Sartre, dans un magnifique essai dédié au poète, qui m'avait profondément marqué, raconte ce bouleversement qui eut lieu aux aurores de l'enfance : « *Cette brusque rupture et le chagrin qui en est résulté l'ont jeté sans transition dans l'existence personnelle. Tout à l'heure encore il était tout pénétré par la vie unanime et religieuse du couple qu'il formait avec sa mère. Cette vie s'est retirée comme une marée, le laissant seul et sec, il a perdu ses justifications, il découvre dans la honte qu'il est un, que son existence lui est donnée pour rien. À sa fureur d'avoir été chassé se mêle un sentiment de déchéance profonde.* » Ce fut la découverte de l'altérité, la dure altérité — de soi-même —, d'un sujet prenant conscience — de soi-même — et du déchirement — de soi-même —, du besoin de s'évader — de soi-même —, de partir à la recherche d'un Idéal, d'un Nouveau, d'un Inconnu, d'un Dépassement — de soi-même. Furieux d'être l'égal d'un Narcisse qui se regarde dans le miroir des eaux et s'aperçoit maladivement qu'il ne peut toucher son reflet sans l'altérer d'ondelettes répugnantes (« *Quelque monstre s'ébroue au profond du cristal* », prononçait-il sous la férule de Valéry), il se cramponne, le plus solidement qu'il peut, à l'image que lui renvoie la divine, la stable Poésie (dévoué, il travaillera sans cesse aux *Fleurs du mal*, cherchant infatigablement la Beauté dont il n'oubliait pas qu'elle lui rendait « *L'univers moins hideux et les instants moins lourds* », cependant qu'elle incarnait un « *monstre énorme, effrayant, ingénu* », et qu'elle pleurait parce que, « *hélas ! il faudra vivre encore ! / Demain, après-demain et toujours ! comme nous !* »). À la date du 30 décembre 1857, il écrit à sa mère une lettre qui, pour moi, hors ses poèmes, syncrétise les ingrédients du Spleen — qu'à ses frères découragés il colporta, — ses compagnons du futur qui s'identifieraient à lui, qui se reconnaîtraient dans l'affliction : « *Je me demande sans cesse : À quoi bon ceci ? À quoi bon cela ? C'est là la véritable esprit du spleen. — Sans doute, en me rappelant que j'ai déjà subi des états analogues, et que je me suis relevé, je serais porté à ne pas trop m'alarmer ; mais aussi je ne me rappelle pas être tombé jamais si bas, et m'être traîné si longtemps dans l'ennui.* » La réussite de la recette du Spleen est à la portée du moins agile des chefs cuisiniers : prenez une existence ordinaire, battez-la jusqu'à ce qu'elle gonfle et émette des craquements, puis pétrissez-la énergiquement ; mettez-y une pincée de vide, un soupçon d'abandon, et mélangez cette sauce avec la sensation du vain et de l'incertain ; égouttez et retirez la chair ; faites réchauffer en ajoutant de la décrépitude, épicez de sénescence ; broyez du noir et saupoudrez-en sans lésiner sur les proportions ; laissez reposer la nouvelle mixture que vous aurez préalablement versée dans un crâne retourné ; entreposez dans une cave très froide et servez en maudissant les invités dans un rictus satanique et écœurant. — Spleen ! potence ! omniprésente absence ! insondable béance ! naturelle carence ! si proche distance ! odieuse effervescence ! ô Spleen ! désastreuse opulence ! métronomique errance ! infernale jactance et martelant silence ! mortelle et jaculatoire engeance ! ô Spleen ! Spleen ! régente indigence ! déraisonnable démence ! violente accoutumance ! désaccoutumante violence ! ô Spleen ! sombre reluisance ! tance, Spleen ! danse ! élance !... et laisse-nous une énième échéance, une seule et dérisoire chance : de tout — l'*abstinence*... — Dans le recueil des *Fleurs du Mal*, le titre « *Spleen* » est utilisé pour quatre poèmes. C'est au troisième (celui qui est numéroté « LXXVII »), mieux qu'aux trois autres (le premier, un sonnet, décrit une claustration inerte ; le deuxième, une mémoire empoussiérée et faussement avivée d'une immortalité morne ; le quatrième, un espoir vaincu et une angoisse de boucanier chômant), qu'est chantée en dix-huit vers la plus admirable *splénographie* qui soit, retirant de la silhouette brumeuse du Spleen la substantifique moelle : « *Je suis comme le roi d'un pays pluvieux, / Riche, mais impuissant, jeune et pourtant très vieux, / Qui, de ses précepteurs méprisant les courbettes, / S'ennuie avec ses chiens comme avec d'autres bêtes. / Rien ne peut l'égayer, ni gibier, ni faucon, / Ni son peuple mourant en face du balcon. / Du bouffon favori la grotesque ballade / Ne distrait plus le front de ce cruel malade ; / Son lit fleurdelisé se transforme en tombeau, / Et les dames d'atour, pour qui tout prince est beau, / Ne savent plus trouver d'impudique toilette / Pour tirer un souris de ce jeune squelette. / Le savant qui lui fait de l'or n'a jamais pu / De son être extirper l'élément corrompu, / Et dans ces bains de sang qui des Romains nous viennent, / Et dont sur leurs vieux jours les puissants se souviennent, / Il n'a su réchauffer ce cadavre hébété / Où coule au lieu de sang l'eau verte du Léthé.* » Ah, ce vertige, — ce vestige ! — de mon adolescence ! souvenir si loin, si près, — engramme gracile, — émotion si nette à ce moment exact où je recopie sur cette page ce *Spleen* baudelairien ! ce poème dont je me rappelle, comme si ce fût hier, de quelle manière ce mémorable premier vers, bien avant que j'en lusse les suivants, s'incrusta en moi en mille tourbillonnements gigantesques ?... « *Je suis comme le roi d'un pays pluvieux* » ! Ô vers foisonnant à lui tout seul d'une infinité de mondes ! vers qui me transporta *là-bas*, — là-bas au Danemark, — et *ici*, — ici dans ma chambre douillette, — je garderai à jamais les cicatrices que son coup de poignard fit naître à tout jamais ! « *Je suis comme le roi d'un pays pluvieux* »… Je me revois encore, allongé dans mon lit, la petite lampe de chevet éclairant à peine (« *pour l'ambiance* » — me disais-je) mon exemplaire des *Fleurs du Mal*, suspendre ma lecture pour méditer ce vers qui me parlait tant sans sentir le besoin, à cet instant, de poursuivre. (Ah… Cet exemplaire de l'édition du Livre de Poche dont la date du dépôt légal indique 1970, préfacé par Jean-Paul Sartre, avec sa quatrième de couverture toute noire et ses rebords de pages imbibés d'une encre d'un verveine assombri par les années, son odeur boisée et poussiéreuse, si agréable et pour moi si inéluctablement baudelairienne (Sartre évoquait l'« *odeur délavée, éventée d'un flacon débouché, obsédante pourtant, à peine "aperçue" et doucement, terriblement présente* » !), son tableau-vignette de Gustave Courbet (*Les Baigneuses*) et cette femme lascive entièrement nue pâmée sur un drap de soie reposant sur l'herbe, placée entre un bouquet défait et une compagne qui ne cache pas ce sein que je savais voir, — cet exemplaire, qui m'accompagna des mois, à portée de bras depuis *ma couche*, que je lus et relus, — je le caresse et m'en émeus à l'instant où j'écris ces lignes…) *Je suis comme le roi d'un pays pluvieux…* — Il *pluvine…* — *Je suis comme le roi d'un pays pluvieux…* — À cette époque, chose étrange, il m'apparaissait *terrible* d'être un roi ; et le roi d'« *un* » pays, un pays déjà vidé de son sens, de sa particularité, un pays indéfini, ce fut pour moi une *angoissante* image ; — ou le roi de tous les pays, c'est-à-dire le roi de nulle part, le roi vain, le roi de rien, le roi de rien (« *the king is a thing… of nothing* »), « *un Roi qui n'est que Roi* » (Corneille), le « *roi sans royaume* » dont parle Kierkegaard au *sujet du moi* (qui plus est, dans « *le vieux Danemark* » qui « *succombe d'ennui, ce qui est le plus fatal de tout* ») ; — et le roi d'un pays *pluvieux*, du pays de « *la piova etterna, maladetta, fredda e greve* » (« *la pluie éternelle, maudite, froide et lourde* »), quelle horreur ! quelle horreur ! quelle avanie !... Être l'un de « *ces misérables rois, esclaves de tout ce qui leur obéit* », comme les définit Rousseau, ou un roi parmi les esclaves, puisque, d'après Tolstoï, « *les rois sont les esclaves de l'histoire* » ! Un roi, tel le Roi en rade de Huysmans, « *las peut-être de l'inutilité de la toute-puissance et des inaccessibles aspirations qu'elle fait naître* », un roi à l'« *œil pluvieux, couvert tel qu'un ciel bas* », qui connaît « *la disette de toute joie* ». « *Le trône, triste proie !* » concède, écœuré, le duc Gallus. Un roi qui dit : « *je peux tout, mais je ne peux rien* », un tel roi est un roitelet ! « *Moi, le premier de France, en être le dernier !* » s'afflige Louis XIII, tandis que, de Nemrod, Hugo dit que « *Morne, il sentait monter dans son cœur solitaire, / L'immense ennui d'avoir conquis toute la terre* ». Ah, et un roi qui pense ! qui pense à *cela*, à *soi* ! « *Le roi est environné de gens qui ne pensent qu'à divertir le roi et à l'empêcher de penser à lui. Car il est malheureux tout roi qu'il est s'il y pense* », pensait Pascal. Non, à mon grand regret, vous vous trompâtes, Monsieur André Chénier, quand vous dîtes qu'« *Il n'est que d'être roi pour être heureux au monde* » ! Être le pontife du poncif, porter une couronne d'épines et, du haut d'un tertre visqueux, régner — sous la pluie ; régner — sur des gouttelettes, régner — dans une nuée perméable aux lois ; régner — à l'abri ; régner — sur un peuple sans aversion, sur l'inhabité… Trop jeune, je *ne compris pas* ; mais je *sentis tout*, — toute cette humide (et tonnante) existence par laquelle Baudelaire *découvrait* son *Spleen* ; — *et, subitement, je remarquai que chez moi il pleuvait des trombes — de quelque chose — de pourri*. Pourquoi ? En elle-même, isolée, débarrassée de toute *corruption* possible, cette singularité avait de quoi frapper ma pauvre âme innocemment concentrée, mais s'étaient déposées de surcroît, à mon insu, telles des sangsues invisibles agrippées sur un membre frêle, ou du lierre transparent étalé sur un mur croulant, les traces des livres fraîchement lus — qui dans un même tableau me révélèrent par ventriloquie, en ce nouvel ébranlement, la complexité du paysage blafard tout juste imaginé : c'était le Château d'Elseneur ; c'étaient les « *pluvieux crépuscules* » et les « *perpétuelles averses* », « *la plainte perpétuelle du vent* » et les ciels « *en gris souillé* » des crapaudières et lyriques visions de Laforgue (« *Le ciel pleut sans but, sans que rien l'émeuve* ») ; c'était le Roi du Danemark, absent et présent, réel et fantomatique, vivant et mort, réintégré et destitué, triste et vengeur, condamné, la nuit, à errer, le jour, à jeûner dans une « *prison de flammes* » qui doivent le purger de ses « *crimes noirs* » ; c'était le séjour *inopiné* dans un monde dont les descriptions « *ne sont pas faites pour des oreilles de chair et de sang* » ; c'était le « *Oh, how horrible, how horrible, most horrible!* » de la tragique et obsessionnelle éloquence de Shakespeare ; c'était le « *Horrid to think, how horrible to feel!* » de l'Adam miltonien ; c'était tout cela, ce roi d'un pays pluvieux… Les années passent, le royaume « *lividifié* » impose sa routine, et l'univers, « *inextatique* », ne change pas, si ce n'est dans le vieillissant roulement de la morosité : « Je suis le roi d'un pays, plus vieux » ou « Je suis le roi — d'un pays plus vieux », qu'importe. Il est « *riche* », ce roi des déserts, « *mais impuissant* » (son sceptre est flasque) ; « *jeune et pourtant très vieux* » ; il « *s'ennuie* » de tout, certainement de lui-même (car celui que rien n'égaie n'a aucun refuge, il retourne contre lui cet écran de l'ennui qu'il a déposé partout) ; de son « *tombeau* », il s'« *asexualise* » (l'« *impudique toilette* » des dames l'en laisse de marbre) ; il est « *corrompu* » (« *blackbilé* » !) ; il peut tout avoir, et, de ce pouvoir sans limites, il sent qu'il ne peut rien en faire : le spleen est ce fardeau sur lui, le « *ne pas pouvoir* » a succombé, dans une régression infinie, face au « *ne pas pouvoir* — *pouvoir* », a cédé sa place à l'« *absence de pouvoir* ». Le spleen est la liberté réduite à l'esclavage (« *car il était nécessaire que nous fussions libres* », glosait le ballot Pangloss) ; le spleen, c'est aussi, comme il est dit au poème suivant, « *le ciel bas et lourd* » qui « *pèse comme un couvercle / Sur l'esprit gémissant en proie aux longs ennuis* » et « *nous verse un jour noir plus triste que les nuits* », une pluie frisquette qui fait de nous (quand nous ne nous sentons pas ses sujets) de pauvres rois enfermés dans une « *vaste prison* » qu'aucun alchimiste ne sait faire sauter… En l'état pur qu'offrent les plus grandioses descriptions poétiques, je crois, à bien peser les choses, que l'*apothéose* baudelairienne du spleen, — du sens d'une invincibilité qu'auraient les ténèbres à nous pétrifier, — est atteinte dans la pièce intitulée *Le goût du néant*, où il ne s'agirait plus d'une mélancolie vaporeuse qui, malgré tout, portée par une « *dévolution* », se permettrait une *survie* dans ce monde abject, mais d'une fatalité immense, — une abdication résignée et définitive vérifiant tous les terrifiques symptômes de la *dépression*, et dévorant la victime de l'idée projetée (désirée) d'*en finir* : « *Morne esprit, autrefois amoureux de la lutte,* / *L'Espoir, dont l'éperon attisait ton ardeur,* / *Ne veut plus t'enfourcher ! Couche-toi sans pudeur,* / *Vieux cheval dont le pied à chaque obstacle butte.* / *Résigne-toi, mon cœur ; dors ton sommeil de brute.* / *Esprit vaincu, fourbu ! Pour toi, vieux maraudeur,* / *L'amour n'a plus de goût, non plus que la dispute ;* / *Adieu donc, chants du cuivre et soupirs de la flûte !* / *Plaisirs, ne tentez plus un cœur sombre et boudeur !* / *Le Printemps adorable a perdu son odeur !* / *Et le Temps m'engloutit minute par minute,* / *Comme la neige immense un corps pris de roideur ;* / *Je contemple d'en haut le globe en sa rondeur* / *Et je n'y cherche plus l'abri d'une cahute.* / *Avalanche, veux-tu m'emporter dans ta chute ?* » Le splénétique est envahi d'une évidence : il vit l'existence de sa chute dont il souhaite absolument qu'elle devienne une chute de son existence... Ceci n'est pas, comme il en advient au Jean-Baptiste Clamence de *La Chute* de Camus, une conscience *fautive* de sa propre liberté individuelle dans une humanité dégradante, dont on pourrait plus ou moins jouir, mais un sentiment de sa propre captivité qui n'a plus de raison d'être, et qui par conséquent s'oublie dans l'inconscient, se veut oublier dans la mort parce que « *Grande est la faute de qui est né* » (je souligne cette sentence de Trakl). — Ceci est l'interruption des mouvements de la *Reprise* qu'engage Constantin Constantius, le héros du livre de Kierkegaard, car au moment de la « réduction phénoménologique » du malade, de son retour à l'*intériorité* « *à travers la souffrance* », s'engloutit le *conatus* d'un avoir-été s'imaginant encore-à-être, se cassent les rouages du *tempo* ordonné par la *réconciliation* avec la vie (l'amour possible), et le mécanisme de l'envie, du besoin, de l'espoir, de la reconquête, semble irrémédiablement pulvérisé, irréparable, et « *la mort a le dernier mot* ». (J'ai employé l'expression « réduction phénoménologique » intentionnellement et je vais en illustrer la cause en ressortant une phrase de Husserl que j'ai admirée sans relâche depuis ma lecture des *Méditations cartésiennes*, et dont j'arrange, pour mon récit, l'interprétation : « *Que si le tout constitué comme m'appartenant (donc aussi le "monde" "réduit") se révélait appartenir à l'essence concrète du sujet constituant une inséparable détermination interne, l'auto-explicitation du moi trouverait le "monde" qui lui appartient comme lui étant "intérieur" et, d'autre part, en parcourant ce "monde", le moi se trouverait lui-même comme membre de ces "extériorités" et se distinguerait du "monde extérieur".* » L'intériorisation du monde (extérieur), qui possède ses déterminations (externes) et qui avait fait de moi un membre appartenant à celui-ci, fait désormais du monde une entité m'appartenant avec ses déterminations (internes), déterminations qui avaient en premier lieu été calquées sur l'extérieur, puis en sont maintenant déconnectées. Plus clairement, en ce qui concerne le « *pays pluvieux* » et pour établir le parallèle avec mon expérience personnelle lorsque je découvris ce vers de Baudelaire, on peut décomposer la situation en quatre temps : il pleut sur le pays, — le moi visualise cette pluie et se l'approprie, — il pleut en moi et, pour finir, — *il ne pleut qu'en moi*. C'est ainsi que je lis le pseudo-distique du dernier *Spleen*, « *Et qu'un peuple muet d'infâmes araignées* / *Vient tendre ses filets au fond de nos cerveaux* » : comme une invasion du réel dans notre corps et notre esprit qui se résume par la suite à la seule réalité vécue. Cette transmutation du réel, telle une subjectivation ordinaire, serait anodine si elle n'était la représentation de l'infâme, de l'horreur, du vide, de l'ineffable. Quand « *Je suis comme le roi d'un pays pluvieux* », je *suis* le pays pluvieux, je *suis* la pluie, je « *pleus* », « *je* » pleut. — On me pardonnera deux jeux de mots, le tout de mon cru, attachés à la chute et au « Je pense, donc je suis » : « Je pense, donc je *pluie* », — « I *sink*, so I am ».)

* * * * *

S'il est un autre poète qui ne saurait démériter le titre d'Ambassadeur du Spleen, c'est bien l'auteur légendaire des *Complaintes*, — dont l'impavide buste surplombe le jardin Massey de Tarbes, — décédé de la phtisie en 1887 à tout juste vingt-sept ans, et qui manqua peut-être à trois occasions son baccalauréat de philosophie, mais ne manqua pas, en revanche, de laisser à sa postérité des pages fabuleuses toutes de spontanéité et de profondeur. — Oui, s'il en est un autre, tout proche des aspirations parisiennes idéales, c'est bien l'homme aux vers *endimanchés*, le Pierrot dandy (coiffé d'un noir haut-de-forme) aux « *sentences lunaires* », le traducteur de quelques *feuilles d'herbe*, — qui, pour le si peu de temps passé dans le royaume des vivants, dut mener une existence difficile (il perdit sa mère à dix-sept ans, son père à vingt-et-un, et, à un an près, eût pu connaître la mort de sa femme), — celui dont le prénom me plaît tant qu'il me sert en secret de nom de guerre, — celui dont l'œuvre est affectueusement rangée, dans ma bibliothèque, aux côtés de ses « frères de lait » (à mes yeux) comme lui maudits : Lautréamont (avec qui il partage la ville de sa naissance, Montevideo, en Uruguay !), Rimbaud, Verlaine, Musset, Apollinaire, — Baudelaire. *Oui*, — dis-je, s'il est un poète qui sut porter le Spleen à son zénith, dont les poèmes sont des cirrus gris où pleut l'ennui replet qui érode, érode, érode, — dont les « *spleenuosités* » sont des *cris* de lèse-humanité(-souffrante), les fables, les sirventès, les doléances, les sanglots, des chants qui m'apaisent (ô révélation !), c'est bien celui que le spleen, qui « *venait de tout* », « *tenait exilé* », — le forgeur d'exil, l'hétéroclite, le grand — Jules Laforgue ! Ah ! que je l'ai feuilleté, ce Laforgue ! que je l'ai adulé ! que sa langue — nouvelle, osée, spumeuse et provocante — m'a bluffé !... Écoutez *l'ex-calme*, redoutez l'aplatissement, trémulez devant ces *feux d'habileté*, ces *candeurs graves*, ces *sombres lanternes*, ces bougeoirs à *l'anxieux flamboiement*, lisez la gymnique *Complainte d'un certain dimanche*, — et pleurez : « *Que d'yeux, en éventail, en ogive, ou d'inceste,* / *Depuis que l'Être espère, ont réclamé leurs droits !* / *Ô ciels, les yeux pourrissent-ils comme le reste ?* / *Oh ! qu'il fait seul ! oh ! fait-il froid !* / *Oh ! que d'après-midi d'automne à vivre encore !* / *Le Spleen, eunuque à froid, sur nos rêves se vautre !* / *Or, ne pouvant redevenir des madrépores,* / *Ô mes humains, consolons-nous les uns les autres.* / *Et jusqu'à ce que la nature soit bien bonne,* / *Tâchons de vivre monotone.* » N'entend-on pas la voix hongre des *spleenuosités* (cet l'espoir énuqué) ? la mort d'une vision divine (*que d'yeux pourrissent*) ? la ronde monotone de l'effeuillement (aux *sanglots longs des violons de l'automne*) ? la cave de l'être (*spleen vault*) ? le *voyage gelé* vers la solitude du froid absolu (qui, futile, esseule) ? l'infini du temps actuel de l'expectateur (*que d'après à vivre*) ? la régularité, constante issue, qui attache et lasse (monotonement l'ex-spectateur) ?... Charmeur de mots, Laforgue ! De l'air tépide ! de l'air échauffé ! De l'air, beau ministre mélancolique, tu nous en pulvérises — et on étouffe, on est un rien que l'ennui presse, tel en ce *Triste, triste* : « *Je contemple mon feu. J'étouffe un bâillement. / Le vent pleure. La pluie à ma vitre ruisselle. / Un piano voisin joue une ritournelle. / Comme la vie est triste et coule lentement. / Je songe à notre Terre, atome d'un moment, / Dans l'infini criblé d'étoiles éternelles* », — que tu *clos* d'un : « *Comme nous sommes seuls ! Comme la vie est triste !* » Cher Jules, pourquoi tout t'ennuie-t-il dans cette « *brume de suie* » où les « *ombres vont, glissant parmi les flaques d'eau* » ? Chaque jour tu t'ennuies parce que tu n'y vois de « *nouveau* » nulle part, que tu regardes à travers le rideau « *sans voir* », « *machinalement* », que rien ne te « *passionne* » (« *pas de livres parus* » !), qu'il faut aller te coucher seul et ne pas pouvoir dormir, rester là à contempler sur le cadran les heures qui se succèdent sans fin ; tu t'ennuies parce qu'à la fin de cette monotonie héraclitéenne du temps qui passe, tu ne peux que te dire : « *et je m'ennuie encor* » !... Ô fils de madrépore qui fais claquer le drapeau de la désuétude vitale, habitant de la fadeur d'en bas, décadent et sublime hydropathe, participant de la frairie iconoclaste et désormais soporifique, combien te vénéré-je. De la vie heureuse l'« *encor* » te chasse, et dans l'agonie le spleen polynomial t'enchâsse…

* * * * *

« *Montrerons-nous le ciel à la Mélancolie ?* » s'interrogeait Alfred de Musset, — auquel je réponds sans attendre : « Oui, dès ici, mais en escomptant que ce ne soit pas la Mélancolie qui nous montre le ciel. » — Les axiomes synoptiques (ou énoncés définitoires, si je veux rester humble) de la mélancolie ayant été suffisamment posés, je puis à présent m'apprêter à entrer dans le vif du sujet (du sujet à vif !), sans toutefois omettre quelques recommandations d'usage, en sus de celles qui, exposées plus tôt, délimitaient le chapitre, — non que j'aimasse rien tant que « moïser » le lecteur de mes « tables des lois », mais j'estime comme étant une priorité (maniaque) d'aplanir en amont ma tactique d'écriture en vue d'un éventuel « assainissement » (thérapeutique) de mon cerveau. Dans cette intention, voici la propédeutique (ou le prérequis, si je veux toujours paraître humble, — ce dont je doute, à force) nécessaire à la bonne « entente » (« *Ad rem ! ad rem !* passons ces préliminaires, vous n'avez que trop introduit », me récriminera-t-on finement, et à bon droit) : le plan auquel je me tiendrai dorénavant sera *historicisé* et *chronicisé* — et *thématisé* à l'intérieur de ce découpage temporel, — c'est-à-dire que le récit aura l'allure d'une *généalogie de la mélancolie* — et de ses multiples effigies (épouvante, puis ennui, dégoût, dépression, souffrance, pessimisme…) — *bornée à mon parcours*. Ainsi, les sous-parties, tout en déversant leur flot maléfique, se déploieront d'elles-mêmes dans la structure menant de mon passé à mon présent (et mon avenir ?), mais, ne sachant être autonomes à cause des similitudes fonctionnelles (l'ennui et la solitude ; par exemple), des anachronismes conceptuels (moment de leur découverte effective et utilisation dans le déroulement de mon écrit) et des divers degrés d'acuité ou d'intelligence inhérents aux époques (l'innocence de ma jeunesse s'est adultérée avec le temps, ce tueur à tuer, — ou, pour parler *crânement* en termes shakespeariens, cette mort, la dévoreuse, à dévorer), *elles se mélangeront parfois*. C'était la première remarque. La seconde est que *tout* se circonscrira *exclusivement* à la mélancolie (parti pris qui se mesurera à l'aune d'un dégrossissement approximatif et de l'isolement subséquent qui a fréquemment et volontairement été le mien, ou bien accepté volontiers). La troisième et dernière remarque est le rappel (une ritournelle !) de mon habitude à *citer* les grands auteurs qui m'encerclent voluptueusement (je les sens, je les entends qui m'inspirent) et qui ont, en larges doses fortifiantes, fait de moi ce que je suis aujourd'hui, et sans lesquels je n'eusse peut-être pas entrepris la rédaction de ce livre difficile à supporter tout seul… C'est une délectation sans nom de les « débaucher », de leur tendre une main obligée et consacrée — corps et âme — à leur mémoire (qui est logiquement la mienne) ; et si l'on devait un jour complimenter mon travail d'*historiær*, c'est à eux que je le devrai : l'unité de mon être, c'est par leur si prodiguée ; ma stabilité intellectuelle, c'est par la leur qu'ils l'ont établie, m'aidant à surseoir les peines dont la Destinée (ô l'Aléa, la cruelle) m'accable (lorsque, pour reprendre le personnage de la Douleur de Pétrarque, il me semble que « *la Fortune rapace m'a arraché tout ce sur quoi je comptais* », au moins me rassuré-je de ce qu'elle ne me ravira jamais mes livres et puis-je un rare instant oublier, avec mon bon André Chénier (« *rêveur des purs sommets* »), que « *les destins n'ont jamais de faveurs qui soient pures* », — mon pauvre André qui, avant de se faire couper la tête, la pointant du doigt au bourreau, prononça ces dernières paroles : « *Pourtant, j'avais quelque chose là !* »). Mon réconfort, c'est auprès d'eux que je le trouve : ils m'injectent leur bénéfique népenthès dès que je commence à croire que, « *depuis si, si longtemps* » qu'« *ont fui les jeunes heures* », « *j'ai de ce monde-ci mangé tout l'agrément* » (Hölderlin), et revient l'idée excitante d'avoir encore tant à lire, tant à découvrir. La profonde tristesse qui m'assaille durant certaines périodes où je vais jusqu'à me demander, comme Keats, « *pourquoi ai-je ri cette nuit ?* », ce sont eux qui la dissipent de leur repartie démocritéenne : « *Ton "bon Chénier" n'écrivait-il pas que "Souvent le malheureux sourit parmi ses pleurs, — et voit quelque plaisir naître au sein des douleur" ? Il faut bien rire, sinon sourire, Julien !* » (ô vertiges immédiats que l'écrivain seul est à même de connaître : quand j'écris « *Julien* », cela me trouble à un point tel que je ne sais plus très bien si c'est « moi » que je lis, ni si c'est vraiment moi qui lis ceci, voire si c'est moi qui écris que je le lis ce que j'écris, — et d'écrire ce que j'écris dans cette parenthèse me méduse littéralement, *me renverse et renverse l'écriture*, et je pense à Rousseau : je lis en parlant et dis, non pas tel que je l'écrirais, mais *tel qu'en l'écrivant*). — Bref, *mon livre, ce sont aussi mes livres, et mes livres, c'est aussi moi.* — Que l'épopée soit ! Partons pour une « mélancoliadicée », une « mélancolidicée », faisons le « *procès* » (« δίκη ») de la mélancolie, ou encore son « *jugement* », son « *châtiment* », comme Leibniz le fit avec Dieu et sa *Théodicée*. — Ô Perceval, intrépide apprenti, je t'imiterai et m'appellerai *Percemal*… Ô extravagant don Quichotte, j'irai (sans Rossinante) de malaventure en malaventure, et usurperai ta légende en me renommant « *el Caballero de la Triste Cara* » (« le *Chevalier de la Triste Figure* »)… Et je ferai cavalier seul !... — Julien, — dans l'ambiance cuivrée de Dürer et de son *Ritter, Tod und Teufel* (*Le Chevalier, la Mort et le Diable*), le Chevalier qui sait que « *post equitem sedet atra Cura* » (« *sur la croupe de son cheval vient s'installer le noir Souci* »), — Julien, prépare ton offensive dans cette guerre dont l'Ennemi est le double de toi-même ; habille-toi :

gambison, cale, heaume, haubert, tabard, cotte, surcot, baudrier, éperons, cape ; arme-toi : écu (portant le blason du Comte de Barcelone, qui, d'après une légende, était à l'origine tout d'or, mais sans une fleur qui y poussât, — lors blasons-nous), épée bâtarde, bec-de-corbin ; choisis ta monture que tu as soigneusement manégée : un destrier, le plus bel étalon de l'écurie (ni pâle ni froid), noir aux reflets bleu de Prusse, peu rapide et ardent, mais guerrier, très robuste, capable d'endurer de longues distances ; harnache-le : barde, selle et tapis de selle d'orfroi, sangles, rênes, frein, mors, chanfrein, étriers, éperons ; caracole, galope, pars chasser le Dragon de l'Oubli pour lui arracher les yeux et voir clair toi-même, fais honneur à l'ordre des Chevaliers de la Mélancolie et livre ta Croisade — en *sept Temps*, — en sept Batailles, en sept Réveils du monde, en sept Chutes, en sept Campagnes, en sept Typhons, en sept Parties où « *parlar e lagrimar vedrai insieme* » (« *tu me verras parler et pleurer à la fois* »), — en sept Saisons… — Julien, choisis tes sept Saisons et colore-les de sept teintes, comme étaient colorés les Quatre Cavaliers de l'Apocalypse : Blanc, Roux, Noir, Pâle… Fonce droit sur l'Apocalypse, — l'« Ἀποκάλυψις », le « *Dévoilement* » ou la « *Révélation* » (de « καλύπτω », « *cacher* », donc « *dé-caché* »), — regarde le Livre de ta Vie, ta Bible, le « βιβλίον ». « *Puis je vis dans la main droite de celui qui était assis sur le trône un livre écrit en dedans et en dehors, scellé de sept sceaux. Et je vis un ange puissant, qui criait d'une voix forte : "Qui est digne d'ouvrir le livre, et d'en rompre les sceaux ?" Et personne dans le ciel, ni sur la terre, ni sous la terre, ne put ouvrir le livre ni le regarder. Et je pleurai beaucoup de ce que personne ne fut trouvé digne d'ouvrir le livre ni de le regarder.* » (*Ap 5,1-4*) Ainsi, celui qui, assis sur le trône du ciel, « *avait l'aspect d'une pierre de jaspe et de sardoine* » et était entouré de vingt-quatre vieillards portant des « *couronnes d'or* » et « *tenant chacun une harpe et des coupes d'or remplies de parfums* », me dit, tandis que tous « *chantaient un cantique nouveau* » : « *Tu es digne de prendre le livre, et d'en ouvrir les sceaux ; car tu as été immolé, et tu as racheté pour Dieu par ton sang des hommes de toute tribu, de toute langue, de tout peuple, et de toute nation…* » (*5,9*) Au sixième sceau, « *il y eut un grand tremblement de terre, le soleil devint noir comme un sac de crin, la lune entière devint comme du sang, et les étoiles du ciel tombèrent sur la terre* » (*6,12-13*), — et il est temps de chevaucher à travers les Saisons… Vous, les sept anges, soufflez dans les sept trompettes, — sonnez ! Ruons-nous : les Saisons sont ouvertes ! — Hue ! — *Première saison.* (Couleur : *vert.*) — *Deuxième saison.* (Couleur : *jaune.*) — *Troisième saison.* (Couleur : *bleu.*) — *Quatrième saison.* (Couleur : *orange.*) — *Cinquième saison.* (Couleur : *rouge.*) — *Sixième saison.* (Couleur : *violet.*) — *Septième saison.* (Couleur : *indigo.*)

* * * * *

Première saison. (Couleur : *vert.*) — La première difficulté me paraît être celle de remonter aussi loin que je le puisse dans le cours du Temps, de surmonter les pièges que tend l'Inconscient, de contourner les obstacles qu'il place dans la recherche des bribes de souvenirs qui se rattachent aux événements primordiaux, ceux d'avant l'âge des quatorze ou quinze ans, et jamais, — *jamais,* — à mon grand dépit, malgré mes efforts incessants, je n'ai réussi à extraire de ma mémoire (ces neurones tortus) autre chose que des ombres aux contrastes estompés ou sabrés, vraisemblablement censurées ou, désobligeance extrême, sans intérêt, comme des masses flottantes évanouies dont l'Esprit ne souhaitait plus s'encombrer. Où êtes-vous, années passées ? dois-je croire que durant cette moitié de ma vie (une pleine moitié : c'est démesuré, inconséquent, irrationnel !), vous vous écoulâtes dans une caverne creusée par Platon, que tout ce que vous représentâtes ne fut qu'une procession d'images plaquées contre une paroi humide et sombre (chinoiseries d'ombres), aussi éloignées de la réalité que vous l'êtes aujourd'hui de moi ? Je ne peux même pas m'écrier, comme Goethe : « *Ach, wer bringt die schönen Tage, / Jene holde Zeit zurück !* » (« *Ah ! Qui me rendra les heures / Et les jours qui ne sont plus !* ») — puisque ces heures et ces jours semblent n'avoir jamais été… Parmi les débris sauvés par hasard, ces empreintes qu'auront laissées, dans mon existence à demi perdue, les fantômes et leurs contorsions, par un jeu de persistance rétinienne, — ou d'écriture dévoilée par un palimpseste, — ou d'impressions continuées sur la roche, telles des taches rendues indélébiles par la force des rémanences et des ballets assidus (car il dut y en avoir, que diable !), — parmi ces vestiges ridicules, dis-je, sans vivacité, que la Fortune n'aura pas davantage éclatés en mille autres débris microscopiques indécelables, — parmi toutes les traces atomiques de mon être passé, les rognures qui sont l'unique preuve de *ce que je fus*, l'unique preuve que *je fus*, sans lesquelles j'eusse été un spectre qui n'eût jamais su qu'il eût pu voir des spectres, ni même qu'il eût été l'un d'entre eux ou qu'il en eût simplement été un, — parmi ces frêles matérialisations, molles comme de la glaise très aqueuse qui fuit entre les doigts, dures comme des pointes de carreaux que tire, depuis l'arbre du temps qui s'effruite, une arbalète moqueuse, — parmi toutes ces formes avortées par le Démon, l'Inconscient, ces photographies rescapées, gondolées, qui commencent à s'effacer ou à truquer la vérité, il se trouve quelques Idées — placées sous le signe de l'Horreur camouflée. Quand j'écris « *Horreur* », il s'agit moins d'une horreur *vécue* que d'une horreur *contemplée*, moins d'une horreur éprouvée *dans la chair* que d'une horreur éprouvée *esthétiquement* ; et quand je dis « *camouflée* », c'est que l'insouciance de la jeunesse, heureusement, n'y percevait qu'une façade dont la signification réelle, l'enjeu essentiel, la sévérité intime, impalpables, lui échappaient tout à fait. Si d'ailleurs horreur *virginale* il y eut, dont je n'ai nulle souvenance — sauf à en constater la protubérance (le *Stigmate*), qui se remarque à peine, au niveau de la tempe droite, — elle fut certainement la conséquence de mon arrivée sur terre, lors du passage et du modelage dans le bassin de ma mère, qui souffrit peut-être plus que moi (subit-elle une épisiotomie ?). Car je ne voulais — *déjà !* — *pas venir ici* (ô l'indice, la signature de mon existence future ! le pressentiment d'un mal-être incurable !). L'obstétricien dut me frayer un couloir (ce détroit du désarroi) et m'extirper (déjà la traction, la pesanteur, le faix initial et prépotent, l'être déjeté) à l'aide des tenailles destinées à fouiller les obscures entrailles et à en déloger les monstres fermement ventousés, les grosses cuillères métalliques racleuses et cintreuses de crâne, les griffes arquepinçantes, le levier qui devait soulever un monde de ténèbres en prenant appui sur un point de non-retour, — l'*agent*, — si l'humour ne messied pas en cet instant, — de ma *reddition princeps* (sans mon *imprimatur*), — j'ai nommé : les *forceps*. Si horreur *virginale* il y eut, ne fut-elle pas le *traumatisme de la naissance* ? — Carnet de santé : « *Date : le 19 mars 1978 à 13 heures*

50. — *Accouchement eutocique :* [*Rien.*] — *Autres modalités (préciser) :* Forceps. — *Poids : 3,810.* — *Taille : 52.* — *A-t-il fallu le ranimer :* Non. » (J'aurais toutefois cru à des : « Ranimez-le, vite ! il nous lâche… ») — Mieux que je ne saurais le faire, William Blake, en un supernel tableau, borda de rimes ce moment horripilant : « *My mother groaned, my father wept, / Into the dangerous world I leapt; / Helpless, naked, piping loud, / Like a fiend hid in a cloud* » (« *Ma mère gémit, mon père pleura, / J'entrai d'un bond dans le périlleux monde, / Démuni, nu, et je pleurai très fort, / Comme un démon caché dans un nuage* »)… L'enfant qui naît, rappelait Rousseau, « *n'a qu'un langage, parce qu'il n'a, pour ainsi dire, qu'une sorte de mal-être* » : « *Comme le premier état de l'homme est la misère et la faiblesse, ses premières voix sont la plainte et les pleurs.* » L'Ancien Testament le dit (*Sag 7,3*) : « *À ma naissance, moi aussi j'ai aspiré l'air commun, je suis tombé sur la terre qui nous reçoit tous pareillement, et des pleurs, comme pour tous, furent mon premier cri.* » Ô Palladas, tu as raison, notre vie aura été passée à pleurer : on a pleuré en naissant, on mourra en pleurant. « *Ô déplorable humanité ! sans force, et si digne de compassion ! balayée vers la tombe, où elle va s'anéantir !* » Ô Roi Lear, on s'est fait poivrer par le sicaire de Dieu : « *When we are born, we cry that we are come to this great stage of fools* » (« *Dès que nous naissons, nous pleurons d'être venus sur ce grand théâtre de fous* »). — N'est-il pas extraordinaire que le psychanalyste Otto Rank, dans son ouvrage du même nom (à une permutation près), ait opté, en guise d'épigraphe, pour ce texte de Nietzsche (*La naissance de la tragédie*) : « *Ce que tu dois préférer à tout, c'est pour toi l'impossible : c'est de n'être pas né, de ne pas être, d'être néant. Mais après cela, ce que tu peux désirer de mieux, c'est de mourir bientôt* » ? — Faisais-je déjà partie des « *mal nati* » (« *mal nés* ») : nés un jour, maudits toujours ?... (Pour le confirmer, il faudrait appeler un spécialiste de la « *généthlialogie* » (« γενεθλιαλογια »), c'est-à-dire le « *discours sur l'instant de la naissance* », mais cela virerait à l'horoscopie, domaine que je déteste…) Mes premiers mots, dans la salle d'accouchement, tandis que je pleurais, ne furent-ils pas, par hasard, proférés en italien, et les avis partagés du corps médical en anglais ?... « *Vegno del loco ove tornar disio…* » (« *Je viens du lieu où j'ai désir de retourner…* ») « *When we are born, we cry that we are come to this great stage of fools.* » (à toi de re*lire*, Lecteur).
— Ah, maman… Ah, mère, — regarde ce que tu fis, tout cela « *pour avoir oublié l'avenir durant moins d'une minute* » (Senancour)… Maman, vois ce que je fus *obligé* d'écrire, aux *forceps*, à vingt ou vingt-et-un ans : « *Je suis assez vieux maintenant ; je n'ai pas de cheveux blancs ; les matins s'étendent jusqu'au soir, ma vie sera un long matin immuable ; les trois heures de l'après-midi du jour de ma naissance sont révolues et ne restera plus que le souvenir, qui n'en est pas un, de ma mère qui me voit extrait de son ventre, de ma mère qui gémit, qui pleure de douleur de me donner la vie, qui pleure de joie de me l'avoir donnée. Si elle savait que je ne lui en sais pas gré, que le problème de l'être et du non-être est désormais ancré en moi, que ses racines descendent très profond, que l'alternative finale qui se présentera à moi — sur ce qu'on appelle le lit de mort — m'appartiendra totalement, et que, vraisemblablement, elle ne sera pas là pour voir accomplir la fin d'un règne de durée relative, — si elle le savait, — miséricorde, — elle en pleurerait de nouveau ; et si elle m'assistait au pied de mon lit, et que je mourais avant elle, les larmes couleraient à leur façon, pour la quatrième et dernière fois de mon vivant.* » Je me retrouvais dans la peau de Kierkegaard/Climacus qui, n'en doutons pas, « *était, lui semblait-il, un enfant mis au monde dans de grandes douleurs qu'il ne pouvait oublier, comme sa mère avait oubliées dans sa joie de l'avoir enfanté* ». — N'est-il pas tout aussi extraordinaire que, sous l'autorité de l'accumulation répétitive de ses expériences, Rank nous explique dès le premier chapitre (*La situation analytique*) que « *l'analyse a pour effet ultime de délivrer le malade, tardivement, mais d'une façon définitive, de la hantise du traumatisme de la naissance, hantise qui n'avait jamais disparu de son inconscient* » ? Semblerait-il que cette étape fût *da capo* solidaire de notre inconscient, cette partie constitutive de nous-mêmes si impériale, et qu'en remontant le temps on achevât l'analyse par les prémices (antédiluviennes) intra-utérines, ainsi qu'il nous l'est affirmé : « *En se détachant de l'objet libidinal, représenté par le psychanalyste, le malade avait l'illusion de reproduire exactement sa séparation d'avec le premier objet libidinal, autrement dit sa séparation d'avec sa mère, au moment de sa première, de sa véritable naissance* » ? À l'évidence, il le semblerait bien, et j'en veux pour témoignage cette première horreur (camouflée) connue dont je n'ai pas encore ici explicité la figure, — j'entends ma *prédilection* enfantine, — si inhabituelle (quand les autres garçons se cantonnent à jouer à cache-cache), qui me prit dès mes cinq ou six ans, et je crois, jusqu'à ma douzième année, — *pour les cimetières*. Je me rappelle nettement, comme si cela avait eu lieu hier, les virées en voiture avec mes parents et mon frère. À l'abord d'un cimetière, je les priais toujours, expressément, — eux qui étaient habitués et qui, dans un sourire amusé, me content parfois cette manie sans en chercher les causes, — pour que l'on s'arrêtât un instant afin que je pusse déambuler dans les allées en faisant crisser le gravier, flâner entre les tombes, lire les épitaphes et vérifier si les patronymes résonnaient de quelque manière en moi, batifoler en sentant la présence des morts cachés six pieds sous terre. Étais-je donc morbide à la fleur de l'âge ? aimais-je la mort comme on aime une parente ? Mon attitude était grave — mais légère, — recueillie — mais détachée, — craintive — mais accompagnée d'un plaisir primesautier, chaste, — passionnée — mais sans exaltation disproportionnée, — un peu comme ces quelques sages de l'Inde ancienne, les mahāsiddha, dont Abhayadatta raconte les vies, et qui erraient souvent dans les cimetières, — et je suis persuadé qu'en ces moments je n'appréciais rien de ce que la mort devait être, et que le regard curieux et ébaubi de mes parents devait contribuer à la sensation confuse que j'avais d'être « unique » ou « original » (quel us des défunts !). J'étais sûrement devant une énigme dont je n'avais pu faire d'essayer de la résoudre, mêlée qu'elle ne faisait que me plaire — et de loin, sans que je susse précisément que j'en étais loin. J'étais en villégiature, tel Hölderlin : « *Ô lieu paisible où verdit la jeune herbe, / (Là gisent homme et femme et se dressent des croix) / Où des amis s'en vont qu'on accompagne, / Où des fenêtres font briller leurs carreaux clairs. […] Oh ! quel silence au long de la grise muraille…* » J'étais en estivage, tel Hugo, ici (*Les Oiseaux*) : « *Je rêvais dans un grand cimetière désert ; / De mon âme et des morts j'écoutais le concert, / Parmi les fleurs de l'herbe et les croix de la tombe* », ou là (*Dans le cimetière de ****) : « *Moi, c'est là que je vis ! — cueillant les roses blanches, / Consolant les tombeaux délaissés trop longtemps, / Je passe et je reviens, je dérange les branches, / Je fais du bruit dans l'herbe, et les morts sont contents. / Là je rêve* », *rôdant dans le champ léthargique, / Je vois, avec des yeux dans ma pensée ouverts, / Se transformer mon âme en un monde magique, / Miroir mystérieux du visible univers.* » Quoique je me souvienne de ce jour où une petite amie me renvoya avec désinvolture à mon « anormalité » en citant cette lugubre envie de visiter les cimetières, je ne vois pas, chez les personnes qui étaient au courant, d'autres occurrences d'un « reproche », d'une « critique » ou d'un

quelconque « jugement », et, Dieu soit loué, je n'eus jamais à comparaître pour ce que l'on pourrait, en réfléchissant, appeler une « déviance ». En tout cas, cela ne m'a pas empêché, depuis cette époque, de retourner la question dans tous les sens — et de n'en pas trouver une raison satisfaisante, ou alors en suivant les stades ultérieurs et en replaçant les diverses manifestations dans le contexte d'un « tout » (dont je n'ai pas la clef, même présentement, à moins d'émettre l'hypothèse qu'un lien m'attachait déjà à la mélancolie, un lien tissé de mort et d'abandon, c'est-à-dire, pour parler comme Balzac, d'infini : « *Les cimetières font penser à la mort, un village abandonné fait songer aux peines de la vie ; la mort est un malheur prévu, les peines de la vie sont infinies. L'infini n'est-il pas le secret des grandes mélancolies ?* »). Les minces pistes susceptibles de m'y mener, c'est justement du côté des théories d'Otto Rank que plus tard je les obtins, plus particulièrement au deuxième chapitre du livre précité (*L'angoisse infantile*) : « *Toute utilisation, sous forme de jeux, des motifs tragiques primordiaux (utilisation qu'accompagne la conscience de l'irréalité des situations représentées), constitue une source de plaisir, du fait qu'elle implique la négation du traumatisme de la naissance* », — ces jeux comportant « *les mêmes éléments que les symptômes névrotiques correspondants, mais avec le signe positif du plaisir* » : « *La tendance à l'angoisse, inhérente à l'enfant, et qui, découlant du traumatisme de la naissance, se porte volontiers sur tous les objets possibles, se manifeste encore d'une façon directe, biologique pour ainsi dire, dans l'attitude caractéristique, significative au point de vue de l'évolution de la civilisation, de l'enfant à l'égard de la mort. [...] Ce serait commettre une erreur [...] de prétendre que l'enfant ne peut accepter la représentation de la mort en raison de son caractère pénible et désagréable [...] parce que l'enfant repousse cette représentation a priori, sans avoir la moindre idée de son contenu [...] À l'idée de la mort se trouve donc rattaché dès le début un sentiment agréable, intense et inconscient ; et ce sentiment, qui correspond au désir de retourner à la vie intra-utérine, persiste à travers toute l'histoire de l'humanité, depuis les rites qui accompagnent la sépulture chez les primitifs jusqu'au retour dans le corps astral tel que le conçoivent les spirites.* » Je ne saurais dire s'il y avait, à l'égard de mon attrait pour la mort, l'apparence d'un « *rite* » (plutôt un rituel devant la redondance des cimetières que j'avais foulés), mais le rôle de la « *sépulture* » était éminemment au centre du fantasme, et ce parterre ne m'envoûtait pas par une image naturelle des cadavres en décomposition, mais au contraire par l'image enviée qui faisait coïncider la « paix » du mort et le « repos » d'avant la naissance (il est utile d'indiquer que « *cimetière* » vient du grec « κοιμητήριον », « *dortoir* »), ce qu'approuve Rank en situant cette envie sous la prégnance maternelle : par « *l'identification de l'état de mort avec le retour à la vie intra-utérine* », « *l'enfant envie le mort à cause du bonheur qui lui est échu de retourner vers la mère* » (impudent *lapsus* : j'avais écrit « *vers la* mort »). À l'idée de la mort, qui est dans un état de latence et demeure énigmatique pour l'enfant, il n'est pas inepte de rapprocher celle, tout aussi latente, du *sexuel*, et que le complexe d'Œdipe met au goût du jour, en la voilant à l'enfant qui lui-même a déjà commencé « *à chercher d'où viennent les enfants, et, au moyen des indices qui lui sont donnés, [...] devine la réalité plus que les adultes ne le pensent* » (*Cinq leçons sur la psychanalyse*). Freud résume ce complexe (*Ma vie et la psychanalyse*) en tant qu'il est la « *relation [...] au cours de laquelle le petit garçon concentre ses désirs sexuels sur la personne de sa mère et voit se développer en lui des sentiments hostiles contre son père, qui est son rival* », — père qu'il souhaite *tuer* ou, à tout le moins, voir *mort*, — et Freud, d'un ton paterne, prévient qu'il est « *le complexe nucléaire des névroses et constitue l'élément essentiel de leur contenu* », et que « *chaque nouvel arrivant dans le monde humain est mis en devoir de venir à bout du complexe d'Œdipe ; celui qui n'y parvient pas est voué à la névrose* » (*Trois essais sur la théorie sexuelle*). J'en déduis, en raboutant les conclusions ou les affirmations de Rank et Freud, que cette volonté inconsciente d'un retour au giron (matrice) de la pré-naissance, baigné de *sexualité* et de *mort*, — sexualité rattachée à la mère et mort rattachée au père, mais dont ce pourrait être l'inverse (la mère est le lieu de la mort à retrouver, la père est le concurrent sexuel), — est également la source d'une angoisse et d'une névrose, — et cela me conduit, dans un prolongement paroxystique, à extrapoler l'un des sentiments de Rank, exprimé en note de bas de page sous forme de requête, à propos du deuil (« *Il serait intéressant de rechercher dans l'anamnèse des mélancoliques s'ils ont eu dans leur enfance l'expérience d'un cas de mort (survenu dans leur famille)* ») en disant que l'on pourrait substituer, à cette « *expérience d'un cas de mort* », l'expérience d'une mort désirée (le parricide œdipien) et que la *mélancolie*, encore informelle, *se manifestait déjà chez moi* dans ma *complaisance* à errer dans les *cimetières* (aître — ou pas ?)... Je rapprocherai cette observation mélancolique liée au jeu de la mort et de la sexualité se confondant et s'entremêlant (mais sans la connotation plus forte, qui s'étendra chez l'adulte, des *pulsions* de vie et de mort), de celles de Georges Bataille tirées de son livre *Les larmes d'Éros* : « *S'il est vrai qu'essentiellement, "diabolique" signifie la coïncidence de la mort et de l'érotisme, pourrions-nous manquer, si le diable n'est à la fin que notre folie, si nous pleurons, si de longs sanglots nous déchirent — ou bien si le fou rire nous prend —, pourrions-nous manquer d'apercevoir, liée à l'érotisme naissant, la préoccupation, la hantise de la mort.* » L'angoisse infantile de la mort (et du sexe), peu visible, *camouflée*, en vient forcément à préoccuper secrètement le garçon, et se transforme en peur, en *hantise*, en *gêne* (sourde, — une conscience de sa propre conscience et de la conscience qu'en ont les parents) : « *À la vérité, le sentiment de gêne à l'égard de l'activité sexuelle rappelle, en un sens du moins, le sentiment de gêne à l'égard de la mort et des morts* », — et : « *Il n'en est pas moins vrai que l'animal, que le singe, dont parfois la sensualité s'exaspère, ignore l'érotisme. Il l'ignore justement dans la mesure où la connaissance de la mort lui manque.* » Il est certain que l'ingrédient nécessaire à l'apparition pure de la mélancolie, — la connaissance effective, radicale, de la mort et de la sexualité (faisant passer de la vue inconsciente de l'horreur à l'horreur de la vue consciente), — n'attend plus que la révélation qu'aura l'enfant en grandissant, l'adulte en devenir qui est en lui, comme le ver dans la pomme édénique... — Au sujet des années qui s'égrenèrent, accompagnées des sempiternelles escales dans les nécropoles — jusqu'à ce que j'atteignisse l'âge d'aller au collège — dont je ne garde qu'une image déplacée (j'y sens aujourd'hui, rétrospectivement, l'atmosphère gothique des tableaux de Caspar David Friedrich, tel le *Cimetière de monastère sous la neige*, à forte connotation sexuelle, symbole de la frigidité féminine quand on l'examine d'un œil psychanalytique, ou telle l'*Abbaye dans la forêt*), il ne m'est resté de mon enfance presque rien, de fuyantes vagues refluant parfois, défigurées, corrompus, trop fragiles, — une sorte de lavis monochrome (gris) qui aurait travesti la réalité passée (en un syndrome des faux souvenirs que j'aurais *tout seul* engendré par des transferts et contre-transferts) et me décourageait à en gratter les couches déposées par mon inconscient. S'il me paraît n'avoir pas vraiment eu d'existence avant l'âge de quinze ans, ce n'est pas, je pense, en l'imputant à une mémoire qui serait défectueuse en soi. Peut-être même, selon la théorie de Stendhal, « *la violence de la timidité et de la sensation* » a-t-elle « tué absolument le souvenir », du moins un grand nombre de souvenirs, chez un être émotif tel que je l'étais et le suis encore, mais quelles que soient les modalités sensorielles, et en dépit d'une consolidation mnésique souvent chaotique, ma mémoire à très court terme est pourtant relativement bonne, certainement trop bonne au regard de sa façon d'évincer celle qui est à long terme (ma mémoire procédurale n'a elle non plus jamais fait défaut). C'est plutôt du côté de la mémoire dite *déclarative* (qui stocke les faits et événements) que mes tentatives de rappel conscient achoppent à la représentation que je puis espérer me faire de ce que j'ai vécu, y compris ce qui concerne les cours d'histoire, dont je ne me rappelle aucune date et qui m'ont rendu honteusement ignare en la matière malgré les excellentes notes qui m'étaient attribuées à l'époque. (La première raison qui me fit commencer à tenir un journal au moment du lycée était l'horreur de cette conscience d'une *perte* mémorielle qu'il fallait à tout prix enrayer ou limiter : « *J'ai l'impression que de la vie est partie* » ; « *C'est pourquoi je ne veux plus oublier éperdument* ». Tout cela est lointain, mais je ne peux m'empêcher d'avoir un pincement au cœur et un frisson d'angoisse en lisant cet « *éperdument* ». J'ai la mauvaise ou sinistre impression que ce mélange de termes confus tels que « *perdre* », « *perdu* », « *trouble* », « *crainte* », « *désemparé* », « *de toutes ses forces* », reflète la tendance inconsciente et paradoxale que j'avais de *vouloir oublier*…) Les registres sur lesquels — et à partir desquels — travaille la mémoire sont nombreux et complexes à identifier, et je voudrais, après avoir convoqué Rank et Freud, convoquer un autre de leurs confrères, remarquable, dont les œuvres auraient une incidence immense sur ma vie et ma conception de celle-ci, un impact proprement considérable, prodigieux, *fondamental*, — une onde sismique qui me sape encore tout en me restaurant, — un *tremblement de l'être* : Alfred Adler — et en particulier d'après l'un de ses livres, dont je reparlerai (mais, de rudiment en rudiment, ne fais-je pas autre chose, *là-dedans*, que reparler, revenir, *me revenir* ?), qui fut pour mon moi un chamboulement carabiné sans précédent, — qui m'apprit dans les grandes lignes, à « seulement » vingt-quatre ans, comme jamais on ne me l'avait appris auparavant, avant même que je ne consultasse un psychiatre ou un psychanalyste, *qui* j'étais, *pourquoi*, *comment*, à quel point j'étais ce « *qui* » : — *Le sens de la vie*. Le titre ne me trahissait-il pas en lui-même une promesse incalculable, mirifique, démesurée, ensorcelante ? n'était-il pas l'expression condensée (parfaite d'un point d'*interrogation* et de points de *suspension*) de ce qui me poursuit depuis la nuit des temps, le temps ensommeillé de mes nuits ? l'expression à laquelle ma vie est vouée dans une recherche ininterrompue, que la mort seule interrompra ? la recherche inégalable, torturante, structurante, — du *sens*, — *le sens de la vie*, — *le sens de ma vie*, — afin de donner *un sens à* la vie, — *un sens à ma* vie… Ce que m'en proposa cet ouvrage, au gré des quinze chapitres aussi importants les uns que les autres, ce fut une explication littérale du Julien Pichavant que je me figurais être et qui ne savait plus vers quel saint se tourner, — ce fut une aide divine, une réaffirmation par l'éclatement de l'opinion fausse, une révolution décentrée, un soutien œcuménique pour les parcelles désimbriquées d'un être-en-devenir(-quoi), — et je vais en fournir quelques fragments spécifiquement associés à mon propos (l'aspect lacunaire, voire réticent de mes mémorisations) — que polarisent les chapitres IX (*Le monde fictif de l'enfant gâté*) et XII (*Les premiers souvenirs d'enfance*). Ainsi d'Adler, qui n'y cache pas, en tant que dissident des premières heures, son détachement de certains concepts freudiens, peut-on lire dès la deuxième page du chapitre XII : « *On pourrait dire, en employant une expression de cannibale : le travail de la mémoire consiste à dévorer des impressions et à les digérer. [...] Quoi qu'il en soit, le processus de digestion est fonction du style de vie. Ce qui n'est pas à son goût sera rejeté, oublié ou retenu pour servir d'exemple et d'avertissement. C'est le style de vie qui décide. [...] Certaines impressions seront digérées à moitié, au quart, au millième.* » En répudiant toute présence de « sadisme » dans ces faits, il s'en déduit facilement que le degré de difficulté de la correction éventuelle d'une mémoire défaillante est en rapport du « *degré de sentiment social existant* », et, sans cesser de s'appuyer sur les dires d'Adler, j'en arrive à l'hypothèse suivante : sachant que les moyens de s'exprimer du moi ont pour but de maintenir « *le contact avec le monde extérieur* », il est intéressant, sinon primordial, d'analyser la façon dont il s'y prend dans le cadre de son « *style de vie* » et de remonter pour cela aux souvenirs les plus anciens, lors de l'élaboration de celui-ci, et révélateurs de l'idée que le sujet se faisait « *de lui-même et de la vie* », — et vient la question : cela était-il lié, guidé par la « *perfection* », à un « *sentiment d'infériorité* » ou à son pendant, un « *sentiment de supériorité* » (deux lois dynamiques de la psychologie individuelle très utilisées par Adler), en un mot : d'un « *manque de sentiment social* » ? Notre psychanalyste nous dit que l'on apprend beaucoup « *d'après la façon dont il est fait allusion à la mère* », ce qui n'est guère surprenant ni ne fait que rejoindre les points de vue de Rank et de Freud ; mais il prend ensuite l'exemple d'un adulte, ancien enfant gâté, dont le premier souvenir était d'être assis à la fenêtre et d'observer des ouvrier qui construisaient une maison pendant que sa mère réparait des bas dans la même pièce. De ce « choix » de souvenir, Adler tire deux conclusions importantes : « *L'enfant gâté se reconnaît au fait que son souvenir fait appel à un incident au cours duquel la mère pleine de sollicitude est présente à ses côtés. Mais on découvre encore autre chose. Il regarde pendant que les autres travaillent. Sa préparation pour la vie est celle d'un spectateur, et c'est à peu près tout. S'il se hasarde au-delà, il se voit comme en face d'un abîme et il bat en retraite sous l'effet du choc, par peur qu'on ne découvre sa non-valeur.* » Voilà pourquoi la lecture de ce livre fut un choc. Il me montra ce que j'avais occulté si longtemps, il m'envoya en pleine face la nature et la réalité de ce que mon enfance avait été, c'est-à-dire une enfance de gâterie : j'étais un enfant gâté et je ne m'en étais jamais aperçu ! Bien que cela parte d'une bonne intention, être *gâté* (environné de complaisances excessives) n'est pas *positif* ; c'est être *gâté* (affecté d'un mal) qui, malheureusement pour l'avenir, *l*'est. À force d'être pouponné, materné, de voir tous mes besoins assouvis sans lever le petit doigt, d'attendre le bec ouvert, tel l'oisillon dans son nid (becquée de l'assisté), que la nourriture tombât sans que je remuasse un membre (…), à force d'être protégé, tel un bébé manchot, contre le monde réfrigérant, ou d'avoir à traiter, tel un handicapé moteur, avec un fauteuil roulant poussé ou freiné par un couple d'infirmiers tenant chacun une des deux poignées de conduite, je me libérais des moindres efforts à faire pour quoi que ce fût, dont ceux de la recherche de contact social, de contact extra-parental, — *de la pensée par soi-même*, — puisque j'avais tout ce que je désirais, voire plus que je n'en désirais au départ, et de la sauvegarde des événements de toutes sortes, puisqu'ils étaient dépendants de ma relation au jour le jour avec mes parents, dont je n'attendais que ce qu'*eux* me donnaient. De ces deux efforts (qui m'eussent émancipé) dont je me privais (peut-être de bonne grâce) est née la névrose qui, quand bien même j'en connais maintenant la plus grande cause, ne s'est toujours pas volatilisée. Mais du premier effort brisé (rigoureusement, aucun élan effectif de ma part, pourtant comblé, presque *récompensé*, par ma mère et mon père), qui m'évitait de me *confronter* au monde (j'y étais *étanche*), a dû résulter *une peur d'être confronté* un jour ou l'autre à cet inconnu et, en conséquence, dans le doute, a dû aussi résulter un complexe d'infériorité ou de supériorité. Et du second effort a dû résulter un oubli permanent de ne pas oublier, l'absence d'un intérêt quelconque à retenir ce qui se déroulait dans ma vie (je n'élude pas la question des mécanismes névrotiques de défense devant ce qui est pénible et du souvenir-écran freudien). Être habitué à ne rien faire de soi-même, c'est en arriver, tôt ou tard, à ne rien *pouvoir* faire de soi-même. L'irrésolution qui gouverne mon existence est, je l'assure, si aiguë que souvent vouloir, chez moi, c'est ne pas pouvoir, ne serait-ce que vouloir vouloir... Même si, à l'heure où j'écris, je n'ai guère plus de ressentiments, que j'estime avoir « consommé » cette vérité — et l'avoir « reléguée » aux oubliettes, ainsi que toute manifestation intérieure de rancune —, il n'en fut pas de même lorsque je la découvris vers l'an de crasse 2003, et j'en voulus (à la mort) à mes parents de m'avoir trop cajolé, dorloté, choyé, d'avoir assouvi des besoins que je n'avais pas même eu le temps de définir. Mais comment leur en vouloir ? comment souhaiter envoyer aux gémonies des géniteurs qui avaient cru faire ce que le devoir leur intimait de plus charitable, de plus affectueux, qui avaient voulu faire du mieux qu'ils le pouvaient, qui avaient visé un idéal d'éducation (sans toutefois s'imaginer qu'un semblant de *prophylaxie* eût été le bienvenu) et qui n'avaient voulu convoiter que le bonheur de leur progéniture ? Dans son énorme pavé, son manuel d'éducation à l'usage des parents, Rousseau, après nous avoir dit qu'en gâtant leurs enfants, les mères ont sans doute tort, mais qu'elles sont motivées par la volonté qu'ils soient heureux, et « *dès à présent* », ne manque pas de signaler qu'« *à force de plonger leurs enfants dans la mollesse, elles les préparent à la souffrance* », qu'« *elles ouvrent leurs pores aux maux de toute espèce, dont ils ne manqueront pas d'être la proie étant grands* ». Si aujourd'hui mes pores ne sont pas tous rebouchés, je suis encore la proie aux maux de toute espèce, j'estime tout de même que tout cela est pardonné (curieusement, et cela participe probablement du même problème, je considère que je n'aurais pas souhaité d'une autre éducation), mais je ne cache pas que j'avais à cette époque fait mien ce genre d'aphorisme (Cioran) : « *Les enfants se retournent, doivent se retourner contre leurs parents, et les parents n'y peuvent rien, car ils sont soumis à une loi qui régit les rapports des vivants en général, à savoir que chacun engendre son propre ennemi.* » Ce sentiment est terrible (fils indigne et injuste ?), mais je voudrais, comme la *Julie* de Rousseau, m'écrier : « *Mais ma mère, ma tendre mère ! quel mal m'a-t-elle fait ?... Ah ! beaucoup : elle m'a trop aimée, elle m'a perdue.* » L'enfant que l'on gâte, on le tue. — Pour l'heure (avant celle du jugement dernier), revenons un dernier instant, pour renforcer ce qui vient d'être dit et pour conclure ce thème ô combien capital, source majeure de mes difficultés actuelles à vivre d'une manière ou d'une autre, au *Sens de la vie* et au *Monde fictif de l'enfant gâté*, le chapitre IX, qui précède d'ailleurs le non moins terrible *Qu'est-ce en réalité qu'une névrose* ? Gâter un enfant, parce qu'on l'a dépourvu ou désinvesti de *l'effort pour la communauté*, délivré des exigences de la vie, « *entraîner la destruction de la volonté indépendante* », ce qui n'est pas rien, et entraver la bonne marche vers la résolution des « *trois grands problèmes de la vie* » que sont pour un être humain, selon Adler (et beaucoup d'autres), « *les questions de la société, du travail et de l'amour* ». Combien il enfonça profondément le clou en moi (en ma défunte splendeur !) lorsque je « dus » lire la suite et pus voir pour la première fois (qu'elle fut rude !) les traits d'un visage sous le masque du moi (*persona*) que j'arborais alors, je ne saurais le décrire sans risquer une nouvelle fois de retourner dans la chair ce satané et viscéral clou : « *Tantôt s'appuyant sur les autres, tantôt cherchant à les dominer, les enfants gâtés se heurtent bientôt à l'opposition, pour eux insurmontable, d'un monde qui exige un sentiment social et de la collaboration. Une fois dépouillés de leurs illusions, ils accusent les autres et ne voient toujours dans la vie que le principe hostile. Leurs questions sont de nature pessimiste : "La vie a-t-elle un sens ?" — "Pourquoi devrais-je aimer mon prochain ?"* » Ce portrait, à quelques nuances près (je ne suis par exemple ni un égoïste, ni un criminel, ni un profiteur, ni un lâche, ni une nuisance), c'était — mon Dieu ! — mon malheureux *moi*. « *Une tendance à se replier sur lui-même et une circonspection excessive sont des traits d'accompagnement.* » Il faut que je les recopie, ces passages, que je les imprime encore (les caractères typographiques en alliage de plomb et d'antimoine doivent me *marquer*, me *casser*, me *presser*), que je me les impose aux yeux (aiguilles chauffées à blanc : crève-toi les yeux, Œdipe !), que je n'oublie pas ces brûlantes révélations : « *L'allure, pour parler d'une façon imagée, d'une personne gâtée, lorsqu'elle se trouve dans une situation favorable, n'est pas toujours facile à démasquer. Cela devient plus facile lorsqu'elle se trouve dans une situation défavorable, et que son sentiment social est soumis à l'épreuve. Dans cette dernière éventualité on la trouve dans une attitude hésitante ou stoppée à une certaine distance de son problème.* » C'est moi dans toute ma difformité, mon extravagance ; c'est moi, dupé ; c'est moi, soumis aux dures lois de la réalité ; c'est moi, cet étranger qui se (re)connaît enfin ; c'est moi, avec mon ombre implacable des soleils originels ; c'est moi, — ce *que* moi... — Que n'avais-je compris avec Cicéron cette *ipse* « (« *nihil inimicus quam sibi ipse* » (« notre pire ennemi, c'est nous-mêmes ») !... Comme le souligne parfaitement la Bhagavad Gītā : « *C'est par soi-même que l'on se sauve, que l'on échappe à la perdition ; l'homme est à lui-même son ami, à lui-même son ennemi.* » — (Dans des cartons, j'ai retrouvé deux dossiers, l'un intitulé *Admission dans le premier cycle*, l'autre, *Livret scolaire des écoles*. Pour le passage en CP ou en sixième, les résultats montraient ma réussite : je n'avais que des A (douze A sur douze). En ce qui concerne l'école maternelle, à la ligne : « *Adaptation et comportement de l'enfant* », il avait été noté : « *Adaptation satisfaisante.* » Au sujet du « *développement du langage* » et du « *degré de maturité pour l'acquisition de la lecture* », on pouvait lire : « *Excellent.* » Mais ce qui attire mon attention, c'est la suite, à la rubrique « *Autres remarques importantes* ». De quoi s'agit-il ? « *Grande maturité. Devrait n'avoir aucune difficulté en CP. Parfois un peu timide et angoissé dans les moments collectifs.* » Voilà qui m'interpelle, moi qui n'ai aucun souvenir. Étais-je déjà à ce point un angoissé ? Intéressant ! Et à la toute fin du dossier, des croix témoignent de mon comportement scolaire durant toute l'école primaire, du CP au CM2. J'ai apparemment toujours eu une attention concentrée, soutenue, une compréhension rapide et sûre, une mémoire qui retient facilement et intelligemment, j'ai été capable d'un effort suivi, appliqué, mon rythme de travail a été rapide. En revanche, en CP, il est indiqué que j'ai été discipliné par crainte des sanctions (passivité), et que j'ai eu une confiance en moi systématique, excessive. Ce professeur de CP, M. Jusserand, était-il particulier ? Je crois me souvenir qu'il s'endormait en cours… Bref. Il y avait également un *Questionnaire aux familles*. J'y reconnais l'écriture de ma mère. À la question sur mes occupations préférées, elle avait répondu : jeux, dessins, lecture, bicyclette. Entre « *renfermé* » et « *expansif* », elle avait cru bon de choisir le second terme ! Et elle avait précisé que j'étais sensible aux réprimandes. Enfin, j'avais apparemment une idée de la profession que j'aurais voulu exercer plus tard : « *Dessinateur.* » Tout cela, sans toutefois m'étonner, me laisse perplexe et corrobore tout ce que, de loin, j'ai écrit précédemment…) — Nous avons approché les tendances névrotiques et mélancoliques — déjà prononcées — en examinant les premiers signes annonciateurs (*goût des cimetières* sous l'éclairage de la mort et de la sexualité, du traumatisme de la naissance et du complexe d'Œdipe ; *absence de souvenirs* par la perspective d'une l'éducation couvée et coupée du sentiment social). Deux autres versants de l'enfance, classiques et adjacents aux précédents, sont également impliqués dans cette typologie des commencements : le *mauvais temps* et l'*horreur*. Jusqu'à la préadolescence, rien ne me plaisait tant que la sensation laissée par l'hiver, le froid, la pluie, le vent, l'obscurité, l'orage, la tempête, les frimas, la contemplation d'un paysage après que les éléments s'étaient déchaînés, la pluie qui s'égouttait des arbres éreintés et ployés, la neige qui poudrait l'espace d'une pellicule de désolation blême et opaline, et je m'étonnais de ce que les adultes, enclins à discuter pendant des heures sur les oscillations du mercure (je ne savais pas qu'ils manquaient de conversation et que c'était une façon de *passer le temps*), abhorrassent tout ce qui ne ressemblait pas à un temps estival ou printanier. Les mauvaises conditions climatiques, du moins les conditions qui sont universellement *tenues pour mauvaises* (un temps n'est pas mauvais en soi), incitent les gens à ne pas s'aventurer au dehors, à se cloîtrer chez eux, et apparaissent en premier lieu comme une *prise d'otages*. Très tôt dans la vie d'un homme, il y a une répulsion atavique au climat appartenant au genre qui « déprime », il y a une hibernation relative durant l'hiver, où il fait bon de se caler dans un fauteuil près du feu et de ne pas s'inquiéter des événements hors-les-murs. Les basses températures le transissent désagréablement, l'absence de luminosité le déprave, les averses mouillent ses vêtements, il choisit de passer ses vacances sur une plage de sable fin irradiée. En bref, l'homme se départit de toute audace face à la noire atmosphère, il s'abrite et résigné, se livre sans protestation à son retrait du monde et démontre, en se retirant, sa dépendance. Sans s'en préoccuper plus que de raison, il se constitue de son gré en otage d'un ravisseur sans conscience et, de ce fait, non sans amertume, *se ravit lui-même*. Eh bien, quant à moi, j'adorais jouer à l'otage, j'avais beaucoup d'estime pour le temps maussade, j'avais contracté le syndrome de Stockholm, j'étais à son écoute, je ressentais et croyais comprendre sa sombre nature, j'éprouvais de l'*empathie* à son égard, je me mettais à sa place, je m'identifiais doucereusement à lui. Le terme « empathie », fabriqué avec le préfixe « ἐν » (« *à l'intérieur* ») et le suffixe « πάθος » (« *passion* », « *souffrance* »), définit la propension à éprouver en soi ce que l'autre éprouve, mais dans un rapport affectif du « *pathos* », autrement dit à être le spectateur (attitude physique passive) d'un être qui fait résonner notre âme (attitude mentale active) et nous oblige, de manière complexe, à endurer, à supporter, à *souffrir*. Deux petites précisions m'alertent : je n'ai jamais été animiste, et lorsque je parle du temps qu'il fait comme d'une personne, c'est dans l'intention d'imager ; ensuite, dans la naïveté enfantine qui était la mienne, je ne souffrais pas de ce spectacle, bien au contraire : je m'en délectais, mais cette délectation était vague, peu raisonnée, *désintéressée*. Au sujet de mon béguin pour les vents mauvais et les cieux pluvieux — dont je n'étais pas le roi —, l'une de mes suppositions interprétatives concerne le « déni d'une réalité », la préservation contre une (ou des) angoisse(s), une peur indéfinie, insaisissable, sourde, — ou le besoin de me prémunir contre la crainte d'une destruction *possible* et proche, ou simplement de l'idée d'une destruction. Je ne sais si cette supposition tient suffisamment debout pour qu'on puisse s'en porter caution, ni si ses fondements sont légitimes, mais mon idée, en clair, est multiforme, et je vais, en me servant d'allégories et en puisant dans la variété lexicale du langage, l'exposer de ce pas. D'abord, il y a la contemplation rassurante d'être devant un déluge fracassant et inoffensif, dans l'acception même de la description qu'en donnent Lucrèce et Stephen King (couplage on ne peut plus insolite !), respectivement au début du livre deuxième du *De Natura Rerum* et à l'avant-propos du recueil de nouvelles *Danse macabre*. Lucrèce écrit : « *Il est doux, quand la vaste mer est soulevée par les vents, d'assister du rivage à la détresse d'autrui ; non qu'on trouve si grand plaisir à regarder souffrir ; mais on se plaît à voir quels maux vous épargnent. Il est doux aussi d'assister aux grandes luttes de la guerre, de suivre les batailles rangées dans les plaines, sans prendre sa part du danger.* » Le second mouvement de cet incroyable tableau est une règle de conduite que j'essaie d'adopter aujourd'hui : « *Mais la plus grande douceur est d'occuper les hauts lieux fortifiés par la pensée des sages, ces régions sereines d'où s'aperçoit au loin le reste des hommes, qui errent çà et là en cherchant au hasard le chemin de la vie, qui luttent de génie ou se disputent la gloire de la naissance, qui s'épuisent en efforts de jour et de nuit pour s'élever au faîte des richesses ou s'emparer du pouvoir.* » C'est si « *doux* » parce que, dirait Kant, ces spectacles sont si « *sublimes* » (sachant que le sublime, d'après lui, est « *ce qui plaît immédiatement par son opposition à l'intérêt des sens* », et que ces spectacles, « *il faut se les représenter, ainsi que le font les poètes, d'après ce que nous montre la vue* »). Au paragraphe 28 de la *Critique du jugement* (ou *Critique de la faculté de juger*), il tient ces étonnants propos : « *Des rochers audacieux suspendus dans l'air et comme menaçants, des nuages orageux se rassemblant au ciel au milieu des éclairs et du tonnerre, des volcans déchaînant toute leur puissance de destruction, des ouragans semant après eux la dévastation, l'immense océan soulevé par la tempête, la cataracte d'un grand fleuve, etc. ; ce sont là des choses qui réduisent à une insignifiante petitesse notre pouvoir de résistance, comparé avec de telles puissances. Mais l'aspect en est d'autant plus attrayant qu'il est plus terrible, pourvu que nous soyons en sûreté ; et nous nommons volontiers ces choses sublimes, parce qu'elles élèvent les forces de l'âme au-dessus de leur médiocrité ordinaire, et qu'elles nous font découvrir en nous-mêmes un pouvoir de résistance d'une tout autre espèce, qui nous donne le courage de nous mesurer avec l'apparente toute-puissance de la nature.* » Et à la suite du paragraphe 29 (*Remarque générale*), il se répète et mêle *bien-être*, *mélancolie* et *terreur* : « *L'étonnement, voisin de la terreur, le frissonnement, la sainte horreur qu'on éprouve en voyant des montagnes qui s'élèvent jusqu'au ciel, de profonds abîmes où*

les eaux se précipitent en mugissant, une solitude profonde et qui dispose aux méditations mélancoliques, etc., ce sentiment n'est pas, si nous nous savons en sûreté, une crainte réelle, mais seulement un essai que nous tentons sur notre imagination pour sentir la puissance de cette faculté, pour accorder avec le calme de l'esprit le mouvement excité par ce spectacle, et pour nous montrer par là supérieurs à la nature intérieure, et par conséquent à la nature extérieure, en tant qu'elle peut avoir de l'influence sur le sentiment de notre bien-être. » N'est-ce pas tout simplement *sublime* ?... Au paragraphe 39 du *Monde comme Volonté et comme Représentation*, Schopenhauer dit à peu près la même chose : « *Plus forte encore est l'impression, lorsque la lutte des éléments déchaînés s'accomplit en grand sous nos yeux : c'est par exemple une cataracte qui se précipite et qui par son fracas nous enlève jusqu'à la possibilité d'entendre notre propre voix ; — ou bien encore c'est le spectacle de la mer que nous voyons au loin remuée par la tempête : des vagues hautes comme des maisons surgissent et s'effondrent ; elles frappent à coups furieux contre les falaises, elles lancent de l'écume bien loin dans l'air ; la tempête gronde ; la mer mugit ; les éclairs percent les nuages noirs ; le bruit du tonnerre domine celui de la tempête et celui de la mer. C'est devant un pareil spectacle qu'un témoin intrépide constate le plus nettement la double nature de sa conscience : tandis qu'il se perçoit comme individu, comme phénomène éphémère de la volonté, susceptible de périr à la moindre violence des éléments, dépourvu de ressources contre la nature furieuse, sujet à toutes les dépendances, à tous les caprices du hasard, semblable à un néant fugitif devant des forces insurmontables, il a en même temps conscience de lui-même à titre de sujet connaissant, éternel et serein ; il sent qu'il est la condition de l'objet et par suite le support de ce monde tout entier, que le combat redoutable de la nature ne constitue que sa propre représentation et que lui-même demeure, absorbé dans la conception des Idées, libre et indépendant de tout vouloir et de toute misère. Telle est à son comble l'impression du sublime. Elle se produit ici à l'aspect d'un anéantissement qui menace l'individu, à la vue d'une force incomparablement supérieure qui le dépasse.* » (Et au paragraphe 58, il cite les « *beaux vers* » précédents de Lucrèce tout en expliquant « *qu'en raisonnant ainsi, en égoïste (l'égoïsme, au reste, est la forme même de la volonté de vivre), nous goûtons une satisfaction, un plaisir, du même ordre, au spectacle ou à la peinture des douleurs d'autrui* », et que « *cette sorte de joie, cette façon de se rendre sensible à soi-même son bien-être, est bien voisine du principe même de la méchanceté active* » !) Ah ! qu'il est doux d'affronter l'orage quand il laisse présager le retour au nid coconnier : « *Après un vif orage, il est fort agréable / De rentrer au foyer, et d'entendre tomber, / Du fond d'un lit douillet, la pluie épouvantable* », disait si bien Sophocle dans une tragédie perdue... Un proverbe chinois dit : « *Assister aux naufrages depuis le pavillon de la Grue jaune.* » Et quelle est l'image que choisit saint Augustin, dans le dialogue fictif né de l'imagination de Pétrarque (*Mon Secret*), pour (auto)rassurer ce dernier ? « *Debout sur le rivage, bien au sec, tu contempleras sans trembler le naufrage des autres et tu entendras les voix plaintives des naufragés sans avoir le désir d'y mêler la tienne. Plus ce spectacle t'aura rempli de compassion, plus ton sort te semblera heureux, par comparaison avec celui d'autrui.* » Comme par hasard !... Tel est l'homme : conquis de ne pas être englouti, content de ne connaître la tempête que dans son petit verre d'eau, jouissant du malheur de l'Autre Abstrait. Tel est le narrateur de Paul et Virginie : « *Comme un homme sauvé du naufrage sur un rocher, je contemple de ma solitude les orages qui frémissent dans le reste du monde ; mon repos même redouble par le bruit lointain de la tempête.* » Tel est l'homme, pour qui rien n'est inimaginable... Et c'est aux mots non dits qu'il fut, au sein de l'horreur, l'Horreur... Tel est Tibulle qui, dans sa première *Élégie*, se réfugie sous la couette de poète : « *Quam iuuat inmites uentos audire cubantem / Et dominam tenero continuisse sinu / Aut, gelidas hibernus aquas cum fuderit Auster, / Securum somno igne iuuante sequi. / Hoc mihi contingat.* » (« *Quel plaisir, quand on est couché, d'entendre les vents furieux, et de presser contre son sein tendre sa maîtresse, ou, quand l'Auster, l'hiver, verse ses eaux glacées, de s'endormir tranquille à la chaleur du feu ! Puisse ce bonheur être le mien !* ») Tel est l'homme : au chaud quand il fait froid, vivant tant qu'il n'est pas mort ! Tel est l'ami de Joachim du Bellay dans *Les Regrets* : « *Ainsi, mon cher Morel, sur le port arrêté, / Tu regardes la mer, et vois en sûreté / De mille tourbillons son onde renversée [...].* » Tel est l'homme : en sécurité dans ses pantoufles, dans son petit intérieur chauffé, conscient du blizzard glacial. Tel est l'homme : le pinceau à la main, il veut immortaliser la nature déchaînée. Nicolas Gilbert voulait saisir l'éclair : « *Cieux, tonnez contre moi ; vents, armez votre rage ; / Que vide d'aliments, mon vaisseau mutilé / Vole au port sur la foi d'une étoile incertaine, / Et par vous loin du port soit toujours exilé ! / Mon asile est partout où l'orage m'entraîne. / Qu'importe que les flots s'abîment sous mes pieds ; / Que la mort en grondant s'étende sur ma tête ; / Sa présence m'entoure, et, loin d'être effrayés, / Mes yeux avec plaisir regardent la tempête ; / Du sommet de la poupe, armé de mon pinceau, / Tranquille, en l'admirant, j'en trace le tableau.* » — (Je ne résiste pas à recopier les deux échos incroyables qui figurent au deuxième des *Chants de Maldoror*, échos dont on ne saura jamais, vu que Lautréamont mourut à vingt-quatre ans, s'ils furent, oui ou non, intentionnellement dictés en référence à Lucrèce, et dont le second amène si puissamment aux linéatures de l'épouvante dessinées par Stephen King : « *Le navire en détresse tire des coups de canon d'alarme ; mais, il sombre avec lenteur... avec majesté. Celui qui n'a pas vu un vaisseau sombrer au milieu de l'ouragan, de l'intermittence des éclairs et de l'obscurité la plus profonde, pendant que ceux qu'il contient sont accablés de ce désespoir que vous savez, celui-là ne connaît pas les accidents de la vie. Enfin, il s'échappe un cri universel de douleur immense d'entre les flancs du vaisseau, tandis que la mer redouble ses attaques redoutables. C'est le cri qu'a fait pousser l'abandon des forces humaines. Chacun s'enveloppe dans le manteau de la résignation, et remet son sort entre les mains de Dieu. On s'accule comme un troupeau de moutons. Le navire en détresse tire des coups de canon d'alarme ; mais, il sombre avec lenteur... avec majesté. [...] La coquille de noix s'est engouffrée complètement. Ô ciel ! comment peut-on vivre, après avoir éprouvé tant de voluptés ! Il venait de m'être donné d'être témoin des agonies de mort de plusieurs de mes semblables. Minute par minute, je suivais les péripéties de leurs angoisses* » ; « *La foule compacte se rassemble autour du corps. Ceux qui ne peuvent pas voir, parce qu'ils sont derrière, poussent, tant qu'ils peuvent, ceux qui sont devant. Chacun se dit : "Ce n'est pas moi qui me serais noyé." On plaint le jeune homme qui s'est suicidé ; on l'admire ; mais, on ne l'imite pas. [...] La foule paralysée continue de jeter sur lui ses yeux immobiles... Il se fait nuit. Chacun se retire silencieusement. [...] L'un s'en va, en sifflotant aigrement une tyrolienne absurde ; l'autre fait claquer ses doigts comme des castagnettes...* » Je ferme la parenthèse...)
— De son côté, Stephen King, le « maître de l'épouvante » (« *king of horror* ») à qui je rendrai un hommage dans un autre chapitre, l'un de nos contemporains les plus affûtés dans la matière, et aux jugements duquel nous pouvons accorder la plus grande confiance, nous dévoile sa définition de la *peur* (en s'inspirant d'une critique parue dans *Newsweek* à propos d'un film d'horreur « *qui fera les délices de ceux qui ralentissent pour contempler les accidents de la circulation* ») : « *Les pages les plus prestigieuses de la littérature fantastique obéissent souvent à cette loi du "ralentissons pour*

regarder l'accident" [...] *Le fait est* — *et la plupart d'entre nous le savent au fond de leur cœur* — *qu'il nous est bien difficile de ne pas jeter un coup d'œil furtif et un peu honteux sur l'épave que signalent dans la nuit les voitures de police et le clignotement des feux. Le matin, lorsqu'ils ouvrent leur journal, certains de nos aînés se précipitent sur la rubrique nécrologique pour voir* à qui ils ont survécu. » (J'ai souligné ces derniers mots — auxquels j'ajouterai : « et *à quoi* ils ont survécu. ») Quand les journaux ou la radio nous informent d'un événement tragique dans lequel ont péri des individus inconnus, « *nous ressentons tous le même curieux mélange de terreur et de jouissance* » et « *ces horreurs miniatures suscitent aussi bien notre fascination que notre aversion* » (comme si, n'aurait pas manqué d'ironiser Jules Renard, le malheur des autres nous *aidait*). Edgar Poe affirme même, dans la nouvelle intitulée The Premature Burial (non traduite par Baudelaire), qu'en lisant les récits de ces *horreurs réelles*, « *nous tremblons de la plus intense des "douleurs voluptueuses"* » (« with the most intense of 'pleasurable pain' »)… Nous tremblons — et parfois savourons cette horreur, cette douleur. La peur est l'antipyrétique de la vie contre laquelle on lutte depuis la naissance de l'homme. L'homme aime la vie ; il aime sa peur animale (la peur n'est pas civilisée). La peur, « *c'est le sceau indélébile de la vie sauvage, dont chaque animal doit être marqué, sans qu'il puisse jamais s'en débarrasser* », écrit London dans *Croc-Blanc*. On ne peut chasser le naturel. « *Il y a ceux qui mangent et ceux qui sont mangés. Telle est donc la loi : MANGER OU ÊTRE MANGÉ.* » Sans s'en rendre compte, l'homme savoure le fait qu'il mange et le fait qu'il ne soit pas mangé. Toute son existence est là. Pas plus tard qu'hier, j'ai assisté à un attroupement de dizaines et de dizaines de jeunes fixant un autre jeune étendu devant les roues avant d'une voiture. Il venait d'être percuté sur son scooter. Ils étaient tous là, agglutinés, et je pouvais déceler chez certains un *sourire*. Un sourire ! Car il en va ainsi : les gens sont curieux et sans pitié. Le lendemain de la catastrophe de Fukushima, mes élèves prenaient ça à la rigolade. Comme je hais ce monde… Le plaisir de la mort d'autrui, le goût du sang qui n'est pas le sien… Maupassant, dans *Un fou*, décrit aussi ce plaisir de voyeur — quasi sadique — pris à contempler, dans son fauteuil rembourré, l'horreur du monde extérieur : « *C'est alors une débauche de sang, une débauche où s'affolent les armées et dont se grisent encore les bourgeois, les femmes et les enfants qui lisent, le soir, sous la lampe, le récit exalté des massacres.* » (Je ne leur jette pas la pierre. Ne suis-je pas moi-même habité par cette tendance morbide lorsque je lis les témoignages de ceux qui ont vécu le milieu concentrationnaire ?... Ne lis-je que pour apprendre ?...) Si l'on me permet de me citer, je mentionnerai l'une de mes premières nouvelles, *L'aveu*, dans laquelle un thésard interviewe un vieil homme devenu aveugle des suites d'une maladie, et qui parierait que « *tout le monde a déjà essayé* » de se glisser dans la peau d'un aveugle comme lui : « *C'est tout naturel. Et pourquoi essaye-t-on ? Parce qu'on ne voudrait pas que cela nous arrive. On se met à la place du malheureux, on constate que c'est affreux, et on retourne à l'état normal avec la sensation d'avoir évité quelque chose de grave. On est heureux, soulagé. Et ça, savez-vous comment je l'appelle ? La peur volontaire. S'auto-effrayer. C'est bête, mais c'est comme ça. Les gens n'ont pas assez peur comme ça.* » (J'étais à l'époque un peu comme le jeune garçon du conte des frères Grimm, qui était parti en quête de la peur parce qu'il avait voulu savoir ce que c'était qu'avoir la frousse…) — Et toi, je ne t'oublie pas, ô Shakespeare ! Après toi, — ou avec toi, — le déluge… « *O, the most piteous cry of the poor souls! sometimes to see 'em, and not to see 'em; now the ship boring the moon with her main-mast, and anon swallowed with yest and froth, as you'ld thrust a cork into a hogshead.* » (« Oh ! quel pitoyable cri de ces pauvres malheureux ! qu'il était affreux de les voir, et puis de ne plus les voir ; tantôt le vaisseau allait percer la lune avec son grand mât, et retombait aussitôt englouti dans les flots d'écume, comme si vous jetiez un morceau de liège dans un tonneau. ») — Oui, la peur s'immisçant au creux de la douceur « *d'assister du rivage à la détresse d'autrui* » et du plaisir ressenti « *à voir quels maux vous épargnent* », Spinoza n'avait pas tort dans l'*Éthique* (partie III, scolie de la proposition XXXIX) de dire que « *la Peur n'est donc autre chose que* la crainte en tant qu'elle dispose un homme à éviter un mal qu'il juge devoir venir par un mal moindre » : au beau milieu de la tempête et de l'horreur, les grands esprits se rencontrent, debout sur le même rocher saillant, aussi sereins que le voyageur de Caspar David Friedrich, contemplant la mer de brume. — C'est au moment charnière de la prime enfance que s'enracinent en nous les graines de la peur, de l'horreur que nous propose la vie — et de la recherche de cette horreur, transformée en objet distant de contentement morbide, afin de déverser la peur qui en est, selon les circonstances, la cause ou l'effet, — la peur (ce « *sentiment morbifique à demi* ») que nous redoutons d'ordinaire, la peur *dont nous avons peur*, mais qui est volontiers acceptée si elle est une peur qui ne frappe pas *vraiment*, une peur qui ne cause pas de blessures, une peur *inaccessible réellement*, — une peur vécue par procuration et plaisante si nous avons la certitude que nous n'en risquons rien, qu'elle ne nous touchera pas en tant qu'elle est *accessible imaginairement*. Oui, c'est sur le terreau meuble (*malléable*) des affects de l'enfance que sont semées les angoisses primaires qui se développeront plus tard en peurs, — des peurs qui confondront leurs victimes consentantes en les faisant douter de la réalité de leur objet, indistincte de la fiction. Et c'est en songeant à tout cela que King dit par exemple de la peur que « *les enfants la détectent facilement, l'oublient, puis, devenus adultes, la réapprennent* », et que Lucrèce s'indigne : « *Car pareils aux enfants qui tremblent et s'effraient de tout dans les ténèbres aveugles, c'est en pleine lumière que, nous-mêmes, parfois nous craignons des périls aussi peu redoutables que ceux dont s'épouvantent les enfants dans les ténèbres et qu'ils imaginent tout près d'eux. Ces terreurs, ces ténèbres de l'esprit, il faut donc, pour les dissiper, non les rayons du soleil ni les traits lumineux du jour, mais l'étude rationnelle de la nature.* » Ainsi, écrivais-je plus haut, il y a cette douce contemplation d'un « *déluge fracassant et inoffensif* », d'une destruction apparente qui nous est à la fois donnée et épargnée, cette tranquille position de *l'otage de l'orage* ; mais cette assurance de l'otage rompu à son rôle de prisonnier — approbateur — d'un orage automatique, irresponsable, cache *l'orage de l'otage* : regarder le *temps couvert*, c'est *se couvrir* et éviter de *se découvrir* ; regarder le ciel qui *couve l'orage*, puis qui *éclate*, c'est *éclipser* le soleil noir de notre être, sa face sombre, c'est voiler les nuages qui *couvent en nous*, l'orage prêt à éclater. Quand sont rattachées à la mélancolie les scènes de temps pluvieux, d'orages et d'éclairs déchirant l'horizon, d'obscurité ténébreuse de la nuit, de froidure (provoquant les frissons), de vents mugissants et heurtant les cloisons en faisant claquer les volets (contrevents précaires), il s'agit, au fond, du mécanisme le plus pur de la *peur* (ou de l'*angoisse* lorsque nous ne voyons pas la nature furieuse et que nous la ressentons, latente), soit que l'on s'imagine *être plongé dans* ce spectacle hostile (« *Je suis le roi d'un pays pluvieux* » *et je suis dehors*), soit que l'on s'imagine, à l'inverse, ce spectacle *plongé en nous* (« *Je suis le pays pluvieux* », « *je pleus* »). J'affectionne les surprenants échos qui se répondent au travers des idées et des œuvres que l'on n'a pas coutume de placer côte à côte, et Freud, en « pluviomètre », va nous le prouver tout de suite, lui qui, à la quatrième de ses *Cinq leçons sur la psychanalyse*, où il y explique en particulier que les symptômes morbides sont liés à la sexualité, nous raconte que les hommes, dans le domaine de leur vie sexuelle, « *ne se montrent pas tels qu'ils sont : ils portent un épais manteau de mensonges pour se couvrir, comme s'il faisait mauvais temps dans le monde de la sensualité. Et ils n'ont pas tort ; le soleil et le vent ne sont guère favorables à l'activité sexuelle dans notre société* ». Quel temps de chien !... L'angoisse, puis la peur, donc la confrontation à l'horreur, puis encore la mélancolie, donc l'abattement, puis la dépression, — cet ensemble hiérarchique de sentiments ambivalents sont les acrotères qui soutiennent, pour le pire et pour le meilleur, notre existence. En maintes occasions, notre *caractère morbide* se révèle ; on fuit la peur cependant qu'elle nous attire, on se cache les yeux à l'aide de nos mains cependant qu'on écarte nos doigts en détournant légèrement la tête pour y voir un peu ; « *la peur nous rend aveugles et nous examinons chaque expérience qu'elle nous fait vivre avec une intense curiosité, tentant d'en tirer une leçon commune qui nous soit profitable* », argumente Stephen King, toujours dans son avant-propos, — et qui, dans le contexte littéraire, ose aller plus loin sur l'explicitation de ce plaisir ambigu de la morbidité, cette attirance-répulsion de la peur et de ses subdivisions : « *Quand vous lisez des récits d'horreur, vous ne croyez pas vraiment à ce que vous lisez. Vous ne croyez pas aux vampires, aux loups-garous, aux camions qui, de leur propre chef, démarrent et se mettent à rouler. Les horreurs auxquelles nous croyons sont celles dont nous entretiennent Dostoïevski, Albee et MacDonald : la haine, la folie, la misère affective de la vieillesse, les premiers pas vacillants de l'adolescent confronté à un monde hostile. Tout comme les masques de la tragédie et de la comédie, nous avons souvent deux visages : l'un visible, qui sourit, et l'autre, plus secret, qui grimace. Il y a, quelque part en nous, une sorte de commutateur auquel ces deux masques sont reliés et c'est en cet endroit précis que, si souvent, le récit de terreur pique au vif.* » Il reste évident que je ne suis pas un cas unique ou isolé dans l'accoutumance au monde ténébreux de la peur, de l'angoisse et de la terreur, qui a été la mienne durant la jeunesse, que tout le monde a plus ou moins vécu cela dans son coin et à sa façon, et je pouvais effectivement le constater *de visu* lorsque s'amassaient autour de moi mes jeunes cousins et cousines en réclamant que je leur contasse une « *histoire qui fait peur* » improvisée, ce à quoi, ravi, je m'exerçais sur-le-champ, et il m'arrivait très régulièrement de répéter cette activité charmante, — marchant en cela sur les traces de mon père et reprenant le flambeau familial (j'ai parfois essuyé les reproches de la part de quelques-uns de mes oncles et tantes que révoltaient les cauchemars de leurs rejetons). En revanche, continuer, dans l'âge adulte, à raffoler de récits de fantômes ou de morts-vivants et se faire réellement peur à l'aide de ces croquemitaines imaginaires, c'est, je le pense sans fiel, un gage d'attardement. « Mais », s'exclamera-t-on avec une intonation gouailleuse, « n'êtes-vous pas vous-même attardé en visitant les sanctuaires de la Mélancolie ? en vous engonçant sans répugnance dans les méandres de la maladie ?... » — « *Che pur guate ? perché la vista tua pur si soffoga là giù tra l'ombre triste smozzicate ?* » (« *Que regardes-tu ? pourquoi ta vue se fixe-t-elle encore là-bas parmi les tristes ombres mutilées ?* ») — À parler franchement, je me fiche des qu'en-dira-t-on. Ensuite, *la mélancolie*, c'est *la difficulté de vivre*, c'est *l'existence*, ce n'est pas *un monstre inventé* de toutes pièces qui serait barricadé sous un lit, là, qui se tiendrait en embuscade (à moins que l'imagination *complice* ne nous prédisposât à l'ambiance correspondante pour une « *emprise consentante* », pour davantage d'*effet*, afin que nous puissions nous *laisser mener* : « *Le spectacle va bientôt commencer. Nous allons pénétrer dans cette chambre et palper la forme sous le drap* », écrit par exemple Stephen King). Et peu, — pour ne pas dire *prou*, — de personnes ont été acculées au suicide parce qu'elles chimérisaient (ou parce que la *menace* de chimères les effrayait) : se faire peur artificiellement est un jeu et les vicissitudes de la vie n'en sont pas un, car le fait d'exister n'est pas une plaisanterie (ou alors de mauvais goût). L'enfant est par contre tout excusé, lui dont l'angoisse imaginaire est différente, plus ténue pour la raison qu'il ignore le danger correspondant. Comme l'écrit par ailleurs Freud (dans son *Introduction à la psychanalyse*) : « *l'angoisse infantile, qui n'a presque rien de commun avec l'angoisse réelle, s'approche, au contraire, beaucoup de l'angoisse névrotique des adultes ; elle naît, comme celle-ci, d'une libido inemployée.* » — La peur anime *tout le monde*, et quand bien même on placera « *le plus grand philosophe du monde sur une planche plus large qu'il ne faut, s'il y a au-dessous un précipice, quoique sa raison le convainque de sa sûreté, son imagination prévaudra* », imagine Pascal. Pis, car « *plusieurs n'en sauraient soutenir la pensée sans pâlir et suer* » ! La peur est incontestablement le *potentat* de nos esprits précaires et labiles, qui a surgi dès la prime enfance, dès les temps préhistoriques (*la peur de l'inceste* décrite dans *Totem et tabou*), et qui comprime l'être grandissant ; la peur est un *moteur* que nous *rejetons* et *accueillons* dans un même mouvement : nous la rejetons parce qu'elle chambarde notre lucidité, notre bien-être, et nous l'accueillons parce que nous aimons nous cacher derrière elle, nous cacher d'elle, parce qu'elle nous protège d'autre chose encore, peut-être plus apeurant. À la troisième scène de la célèbre pièce de Shakespeare, Laërte s'entretient avec sa sœur Ophélie et la met en garde contre Hamlet en ayant ces mots : « *best safety lies in fear* » (dont une traduction française peut être : « *la meilleure sauvegarde est la peur* », et certains remplacent même « *fear* » par « *crainte* »), — que l'on retranscrit en anglais moderne par l'aseptisé : « *fear will keep you safe.* » Il ne suffit pas seulement de se préserver de l'autre (la menace) en se mettant *en retrait*, « *out of the shots* » (« *hors de portée des tirs* »), mais de le craindre (*fear it, Ophelia, fear it* »), de se retrancher dans la crainte, dans la peur (« *la peur, la crainte, vous laissera sauve* »). L'injonction de Laërte est déjà en soi une façon de représenter ce qui nourrit encore aujourd'hui les phénomènes de racisme et de *xénophobie*, la *peur* (« φόβος ») des *autres* (« ξένος ») ; mais elle est aussi une incitation névrotique causée par le repli et la non résolution du problème... Les *sonorités poétiques*, chez Shakespeare, — et les récurrentes ambiguïtés d'interprétation, — ne sont jamais à dédaigner : quand je lis « *best safety lies in fear* », j'entends « *lies* », « *mensonges* », et je m'amuse à confondre, pour le plaisir, « *to lie in* » (« *résider* », « *siéger* », « *reposer* ») et « *to lie* » (« *mentir* ») : cela multiplie les *sonorités de sens* : s'abriter dans la peur, qu'on le veuille ou non, c'est *se mentir*. — Je vais bientôt boucler cette première « saison » (et dans la suivante nous reparlerons de *Shakespeare* et de *Freud*, — ces explorateurs des souterrains humains, — nous inviterons à notre table *Poe* et *Maupassant*, nous irons plus loin encore dans la forêt obscure de la *peur*), — mais pas avant d'avoir ajouté ces quelques autres mots... — Je fus, on peut bien le dire, un lecteur tardif (je ne commençai de dévorer les livres de Stephen King qu'en classe de troisième), si bien que je lus très peu durant cette période (jusqu'à la quatrième) et que j'ai de très claires résurgences de mes lectures du collège, au nombre desquelles figurent surtout *Bilbo le Hobbit* de Tolkien et *L'île du docteur Moreau* de H. G. (Herbert George) Wells, — ce dernier me hantant encore, certainement à cause de l'apprentissage relatif de la *mort* (et de la peur concomitante) que j'en reçus. Il ne dut — à l'évidence — pas être sans quelque douleur de lire à douze ou treize ans ce genre de littérature fantastique, où la mort et de « *vagues choses noires* » rôdent *à chaque page*, où les deux derniers chapitres portent les titres de *Seul avec les monstres* et *L'homme seul*, — à eux seuls tout un roman ! — mais, comme le rappelle tautologiquement l'adage moins sacré que consacré, dans cette triste vie « *on n'a rien sans rien* » — et il faut bien commencer quelque part (quelque part, *quelque part…*). L'exemplaire en Folio de *L'île du docteur Moreau* que j'ai entre les mains n'est pas celui de l'époque, que j'avais emprunté à la bibliothèque de l'établissement (un Folio également, qui avait été, je m'en souviens parfaitement, renforcé avec une couverture rigide), car c'était bien avant que la folie des livres ne me gagnât (nous reverrons cela), mais j'éprouve tout de même un respect gardé intact (*peur sauvegardée*) en le feuilletant en cet instant pour la matière et l'agencement de *mon livre* (donc de *mon existence*), et ce n'est pas sans un sentiment merveilleux de joie pure que j'y redécouvre ce passage où il est question de la définition de la peur : « *On prétend que la peur est une maladie ; quoi qu'il en soit, je peux certifier que, depuis plusieurs années maintenant, une inquiétude perpétuelle habite mon esprit, pareille à celle qu'un lionceau à demi dompté pourrait ressentir. Mon trouble prend une forme des plus étranges. Je ne pouvais me persuader que les hommes et les femmes que je rencontrais n'étaient pas aussi un autre genre, passablement humain, de monstres, d'animaux à demi formés selon l'apparence extérieure d'une âme humaine, et que bientôt ils allaient revenir à l'animalité première, et laisser voir tour à tour telle ou telle marque de bestialité atavique.* » Ne retrouve-t-on pas un peu de ce shakespearien « *best safety lies in fear* », de cette crainte — dont il faut se prémunir — de ce que recèle l'autre — dont il faut se préserver — de monstrueux, de dangereux, d'imprévisible, d'animal, alors que nous-mêmes faisons partie de ces autres, que nous sommes un autre pour l'autre ?... On a peur de l'autre pour ne pas avoir à s'avouer que l'on peut avoir peur de soi, parce que nous savons ce que nous sommes (ou le croyons mensongèrement) et ne savons pas ce que nous *pouvons* être (ou *devenir*), et ici (ô prodige des résonances !) nous reconnaissons distinctement la déclaration d'Ophélie, sous le coup de l'effarement, que je me serine depuis des années : « *Lord, we know what we are, but know not what we may be.* » Je ne tairai pas la surprise qui me frappa tout à l'heure, — et qui montre l'étendue des ancrages inconscients qui s'effectuent durant la jeunesse, — en relisant la toute fin de *L'île du docteur Moreau* : « *Je me suis éloigné de la confusion des cités et des multitudes, et je passe mes jours entouré de sages livres, claires fenêtres sur cette vie que nous vivons, reflétant les âmes lumineuses des hommes. […] Je consacre mon temps à la lecture […] et je passe la plupart des nuits […] à étudier l'astronomie. Car, bien que je ne sache ni comment ni pourquoi, il me vient des scintillantes multitudes des cieux le sentiment d'une protection et d'une paix infinies. C'est là, je le crois, dans les éternelles et vastes lois de la matière, et non dans les soucis, les crimes et les tourments quotidiens des hommes, que ce qu'il y a de plus qu'animal en nous doit trouver sa consolation et son espoir. J'espère, ou je ne pourrais pas vivre. Et ainsi se termine mon histoire, dans l'espérance et la solitude.* » Comment — mon Dieu — se peut-il faire que ce roman si terrifiant, qui nous confronte à notre animalité refoulée, se termine ainsi et exhorte le narrateur à se retirer du monde, à se protéger, à dédier sa vie à la solitude résignée, à la lecture, — réminiscence de l'image désormais rejetée de l'humanité, — à la consolante et pourtant mystérieuse étude du ciel, à se sommer, dans une espèce d'angoisse, de décider entre l'*espoir*, qu'il entrevoit mal, et la *mort*, qu'il a trop entrevue ? Comment se peut-il faire, à bientôt trente-deux ans, c'est-à-dire vingt ans après cette lecture, *que ce soit ma vie* ? Voilà qui ne laisse de m'étourdir… Quel « *étrange désordre cérébral* » — tellement en ordre depuis tout ce temps, qui aboutit ici et maintenant, par rebonds, par réplications à l'identique… N'est-ce pas moi, qui m'éloigne autant que je le puis, et le veux, du remue-ménage populacier, qui lis autant que je le puis, et le veux, les ouvrages des meilleurs des hommes, — n'est-ce pas moi qui suis décrit là, — *moi*, — moi qui ai toujours recherché dans le monde des étoiles, au-dessus de nos têtes (trop souvent tournées vers le sol), la solution de la grande énigme de notre présence sur cet *îlot* perdu — ou la raison d'y être perdu sans autre consolation boétienne, dans ce cachot, que la Beauté de la Nuit constellée ?... Ô Paraclet, console l'être perdu, intercède auprès du Sens !... Le hasard qui nous a placés là où nous sommes n'a que peu de ressemblance avec le hasard des associations, l'enfilade des affections qui construisent, tout au long de l'existence, l'être que nous sommes (se constituer *être*, c'est être avant toute chose l'*être-été* de Heidegger), la *peur* est l'un des rouages de cette fabrication continuée. Dès lors, personne ne sera étonné que j'eusse eu répondu, fort de mes lectures de Freud et de Jung, au professeur qui nous enseigna la psychanalyse pendant un semestre de la première année d'école d'ingénieur, et qui avait demandé à chacun de définir ce qui était, à peu près, la base sur laquelle reposaient les rapports humains : « *La Peur.* » Trépidante, devant les regards hébétés que j'avais suscités chez mes camarades, elle agréa immédiatement, d'autant plus vivement que son cours était résolument, imparablement, *censé démarrer sur cette notion primitive*… — Ionesco l'avait compris : « *Pour découvrir le problème fondamental commun à tous les hommes, il faut que je me demande quel est mon problème, quelle est ma peur la plus indéracinable. C'est alors que je découvrirai quels sont les peurs et les problèmes de chacun.* » — La peur, si monosyllabique… comme le Moi… — « *C'est cela même* », affirmait Œdipe : « *c'est l'effroi qui me hante.* »

* * * * *

(Avais-je eu peur lorsque Roselyne me fit voir *Link*, ce film d'épouvante avec un orang-outan tueur ? Il me semble que je n'avais que dix ans. Je revois cette bête qui est perchée sur le toit de la maison et qui surveille ceux qui sont à l'intérieur… — Vers mes douze ans, j'eus peur en visionnant *Vendredi 13*. Mes parents avaient cédé devant mon insistance à regarder ce film. Je ne tins qu'une demi-heure. Je fis des cauchemars par la suite…)

*****

La peur d'être ou de ne pas être, l'angoisse de vivre ou de mourir : faut-il s'en débarrasser ? Comment ? Si c'est cette peur qui nous meut… et nous fait regarder derrière le buisson qui frissonne, qui nous fait nous exclamer, comme Hamlet, le « *To be, or not to be* » ? La vie, la mort, le sens de la vie, ne sont-ce pas des questions posées par la peur ou par l'angoisse ? D'où viens-je ? Qui suis-je ? Où vais-je ? Veut-on savoir ? Cela n'angoisse-t-il pas ? — Dans la très belle (et très angoissante) nouvelle d'Hermann Hesse, *Klein et Wagner*, on peut y découvrir une solution : « *Merveilleuse perspective : une vie sans angoisse ! Surmonter l'angoisse, c'était le salut, le bonheur suprême. Toute sa vie, il avait souffert de l'angoisse, et voilà qu'à l'instant où la mort le tenait à la gorge, il en était délivré ; toute peur, toute épouvante avait disparu ; il n'éprouvait que détente, libération, il se sentait en accord avec le monde. Soudain, il découvrait ce qu'est l'angoisse, et qu'elle ne peut être dominée que par l'homme qui en a reconnu la nature. Mille choses pouvaient créer en nous un état d'angoisse : l'idée d'avoir à souffrir, celle de se présenter devant des juges ou d'écouter ce que vous dit votre propre cœur ; on se tourmentait à l'idée de dormir, de se réveiller, de rester seul, d'avoir froid, de succomber à la folie, à la mort. Oui, on avait surtout peur de la mort. Mais tout cela n'était que feinte et déguisement. En réalité, l'angoisse avait une seule cause : la perspective de se laisser aller sans résistance possible, la prévision de l'ultime pas à franchir dans l'inconnu, qui vous ferait lâcher prise et quitter toutes les protections dont on s'était entouré. Celui qui une fois, une seule fois, s'abandonnait et s'en remettait totalement au destin par un acte de confiance absolue, celui-là était libéré. Il n'était plus soumis aux lois terrestres, il s'intégrait à l'espace cosmique et participait aux mouvements des astres. Oui, c'était aussi simple que cela. N'importe quel enfant aurait pu le comprendre.* — *Klein entrevoyait ces vérités, non parce qu'il le concevait comme des pensées, mais parce qu'il les vivait, les sentait, les touchait, en percevait l'odeur et le goût. Par tous les sens, il comprenait ce qu'est la vie. Il voyait le monde jamais achevé, toujours en devenir, se créer puis se détruire, comme deux armées en perpétuel mouvement l'une contre l'autre. Le monde se trouvait continuellement à l'état naissant et sur le penchant de la ruine. Chaque vie était une expiration du souffle divin, chaque mort une inspiration. Celui qui savait se plier à ce rythme et qui ne refusait pas sa propre disparition, celui-là n'éprouvait aucune peine à mourir ni à naître. L'angoisse était réservée à la créature qui se débattait : il lui était difficile de mourir, et il lui coûtait d'être né.* — *À travers la grisaille pluvieuse qui traînait sur le lac nocturne, l'homme s'enfonçait sous les eaux et voyait s'y refléter le spectacle du monde : des soleils et des étoiles gravitaient dans les hauteurs, puis redescendaient ; des êtres humains, des animaux, des esprits et des anges s'affrontaient, chœurs chantants, hurlants ou silencieux ; des êtres accouraient les uns vers les autres en longues files, chacun dans l'ignorance et la haine de soi-même et projetant cette haine sur un autre, sa victime désignée. Tous ils aspiraient à la mort, au repos ; leur but était Dieu, le retour à Dieu, à la demeure du Père. À poursuivre ce but, ils éprouvaient de l'angoisse, car c'était une méprise. Il n'est pas possible de demeurer en Dieu. Il est exclu de se reposer dans son sein. La seule réalité, c'est le rythme éternel, magnifique et sacré de la respiration divine, qui exhale et retire le souffle animateur des êtres, c'est la création continue des formes et leur dissolution, la naissance et la mort, l'échappée et le repli, sans trêve, sans fin. Et c'est pourquoi il n'existe qu'un seul art, une seule sagesse, un seul secret : céder de bon gré à cette puissance, n'opposer aucune résistance à la volonté de Dieu, ne s'agripper à rien, pas même au bien et au mal. Alors seulement on était sauvé, affranchi de la douleur et de l'angoisse.* » — Céder, n'opposer aucune résistance, ne pas s'agripper… *Libera me, Domine, libera me* : angoisse ! Satané *requiem* ! Donne-nous le repos éternel…

*****

(D'amours englouties amèrement du berceau jusques à la tourbe inique, d'abandons engloutissant chèrement du sein jusques à la sape éternelle, notre vie étreint l'illusion, n'enfreint la résignation. Petit défourné, moyen en fournée, grand chariboté. Telles étapes, de recroquevillé aux raccrocs vrillés, échelonnées, de la souricière au chalon, évident les sens. Vils pleurs au judas, vaines larmes à la cessation, l'on monde le legs, en dévots que l'on désosse, assoiffés de perdre les eaux, de la naissance à la mort.)

*****

(*La Grâce et le Commun.* — Fil de grâce tordant son être et ses extrémités au vent invisible et inactif, dont le mouvement ne repose sur aucune base, aucun appui, et qui survole les marques du terrain ennemi, privé des effets communs, — il subjugue les connaisseurs, renvoie aux commencements de la pratique les agissants, dévoile son génie naïvement et fait craindre ses dons comme l'orage fait redouter chez les Terriens la foudre mortelle. Deux mondes opposés s'agitent : l'un — et le tout moins cet un, — dans un enchevêtrement, une mer agitée, et, tandis que de frêles barques luttent lors même que l'eau est calme, un navire étincelant et insubmersible, doté de sa force et de son intelligence, écume et jette un regard désintéressé ou ironique au loin, tout proche, sur les sillons apparents des naufragés.)

*****

Deuxième saison. (Couleur : *jaune*.) — Par cette porte étroite nous entrons dans la période lycéenne qui connaît l'amère puberté, ce réveil établi des sens que les désagréables, inconvenantes, insupportables démangeaisons du corps et de l'esprit émoustillent, et qui émet sa sonnerie aiguë du *devoir* (le tintinnabulement du « *tu dois !* ») naissant et indique qu'une étape nouvelle *doit* être franchie avant le grand saut vers les études supérieures, qu'un choix approximatif *doit* être opéré qui dirigera la destinée approximative, qu'une prise en main nécessaire de l'existence *doit* nous arracher doucement du cocon jusqu'alors tissé par nos soins peu consciencieusement (prélude au futur *mauvais coton à filer*, écrirais-je involontairement — s'il était jamais possible d'écrire involontairement, ce dont je doute), qu'une crise identitaire *doit* remuer en nous les questions existentielles, que l'amour et le sexe *doivent* commencer de répandre lentement leurs venins — que l'on recrachera… S'entrouvre, perce et *s'expose* un monde auquel on s'habitue davantage, — toujours délimité par le carcan *familial*, — qui nous est dorénavant *familier*, ou en tout cas le semble, dans lequel on a « fait nos classes » du mieux qu'on le pouvait, et j'eus, en dehors des activités sportives, deux exutoires, deux refuges, que je décrirai en long et en large quand leur temps viendra : le premier fut la poursuite, plus soutenue, de mes *lectures*, dévolues majoritairement aux domaines du fantastique, de l'épouvante et de la science-fiction, mais évoluant de façon précise vers la littérature dite classique ; le second, inédit, fut l'*écriture*, en particulier celle d'un *journal* qui serait mon confident le plus intime pendant plus d'une dizaine d'années. J'ai jeté un œil rempli d'émotion, qu'une larme compassionnelle n'a pas trahie, sur les lignes maladroites du cahier originaire, sur les balbutiements mal affirmés de ce vieux partenaire, témoin privilégié d'un immense pan de mes expériences passées ; et déjà, à peine la page de garde révélée, vierge de tout regard posé depuis ce moment de l'adolescence, *l'accent*, que module une fracture rémanente, *est donné*, et je me revois décrire cette peinture à l'acrylique de Hans Ruedi Giger qui ornait la couverture : « *Le regard triste, plongé dans les ténèbres affolantes de l'horreur. Ce pauvre visage de femme reste dans l'expectative. Mais pour quelle destinée funèbre ? Les yeux rongés par l'amertume, peut-être, mais inertes de succions implacables et éternelles. Ces crânes pompent son âme et elle n'est presque plus. Mais est-ce si terrible de ne plus rien être ? Le cou tranché, la tête suspendue, les bêtes d'Ys se prennent à cœur joie dans cet univers futur, mais si proche. Un univers de fiction, à l'égard de l'esprit ô combien étrange de Dick qui imagine des mondes de folie. Des mondes réels.* » Rien que de très naïf, cela est concevable et pardonnable (je dirais : *admissible*), — et cela *devait* mûrir, s'endurcir, s'affermir, — mais les amarres étaient « enfin » larguées — sous des auspices — certes ! — *noires…* Les *idées noires…* Ha ! ce passage, touchant, preuve de la quête de soi que rien n'a pu interrompre, de l'individuation en marche, de la « personnalité » (je déteste ce terme) en cours d'assemblage : « *Et je poursuis ma lecture du* Rouge et le Noir*, avec ce Julien Sorel qui décidément, me ressemble sous bien des côtés !* » Tenez ! je n'avais pas tout à fait tort d'employer « *venin* » (l'aspic !) au sujet de l'amour, lorsque je relis l'accaparement qui était le mien en pensant maladivement à une ancienne idylle : « *C'est à ces moments-là que je comprends parfaitement ce terme : mélancolie !* » Mélancolie ! ô toi, Mélancolie ! Mélancolie ! à cette époque où je n'étais qu'assoupi, pas encore impie, tu me choisis dans ton plan de décimation, tu me contondis doucement, mais sûrement ; dès cette entrevue, tu commenças de me consumer à petit feu, tu m'immolais ; tu me tenais, tu tenais à moi ; tu me plaças sous ta tutelle sans me brutaliser, tu m'instrumentalisas, tu me contaminas d'une fièvre hectique (fallait-il si tôt que je me prosternasse ?) ; tu t'ingéniais de, tu serres, moi l'ingénu devenant serf, à domestiquer ! N'es-tu pas, finalement, ô fossile, ô faucille, ô privauté, ô mégère inapprivoisée, ô l'Éperonne, ma plus vieille « amourette », — ô Esprit de ma détresse, — « *a woman colour'd ill* » (« *une sombre maîtresse* »), « *triple-turned whore* » (« *triple putain* ») ? Tu joues peut-être de ta superbe, de ta fierté, — mais si tu es « *superba* », sache que Dante fait aussitôt suivre la rime (du « ah ! ») avec « *putta* » — puis « *distrutta* » !… Mélancolie ! chienne aux babines retroussées d'où s'écoule un réseau de bave batracienne et breneuse, tu me fis ta déclaration des droits de l'omission (du bonheur, de l'extase, de la solennité, de l'hosanna), tu me cochas, — tu griffas l'épiderme fraîchement formé de ma peau, tu empoisonnas sans vergogne le derme par cette estafilade ! tu abîmas le tégument qui me protégeait de l'extérieur et tu t'infiltras en moi sans demander la permission ! tu devins *ma chair, mon acharnée — chérie* ! ô crochue ! tu fus celle qui m'ouvrit les yeux — et tu es celle qui *excellera* à les *refermer* ! tu m'apportas la *corde* qui manquait à ma *harpe* — et qui souvent m'enserre la gorge — et qui marquera le jour de ma mort !… Fille de la Nuit ! Alerte ! alerte ! alerte !… Fille de putrescence ! Ô Nύξ, ô Nyx, ô Nox, ô Nuit ! Toi qui enfantas le triste Sort, la sombre Destinée, la Mort, le Sommeil, les Songes, Momus, la cruelle Douleur, les Hespérides, les sévères Parques, Clotho, Lachésis, Atropos, le fléau Némésis, la Fraude, la Débauche, l'affreuse Vieillesse, l'ardente Discorde, — es-tu, ô Nuit, la mère de la Mélancolie ?… Et toi, Discorde, qui enfantas le pénible Travail, l'Oubli, la Faim, les Douleurs, les Combats, les Meurtres, les Massacres, les Disputes, le Mensonge, l'Équivoque, l'Anarchie, l'Injure, le Serment, — es-tu, ô Discorde, la mère de la Mélancolie ?… De qui es-tu la fille, Mélancolie ? Harpie courroucée qui me mis en charpie ! Effilocheuse !… Tu te *moquas* de moi, tu me *frappas*, tu me *voilas* le visage, tu m'*interrogeas*, en disant : « *Devine qui t'a frappé.* » (*Lc* 22,63-64) Toi ! toi ! toi !… C'est toi, c'est toi, la strige qui me défigures par tes horions — et me fais faire la moue ! Tu garçonnes, empoisonneuse ! Tu me devines pour mieux me supprimer, toi la nécromancienne, toi la mélancolimancienne ! C'est toi, l'offuscation de ma lumière ! Tu m'as commué en hanneton torpide !… En un mot : tu m'amputes !… Oui, vulnérante intimidatrice, tu mens, pute ! Tu mens, coquine ! Tu mens, puissante ! Tu m'endeuilles, ô scabieuse, fleur des veuves ! Tu m'encoches, me secoues, me désœuvres !… Je tressaute quand tu t'infiltres en moi et me ventiles… Ne cesseras-tu d'insuffler drument le funeste et féroce autan qui fait de moi un perpétuel erréné ?… Je gamberge dans le mauvais sens… — Ô mon ex-pulsion… qui as barre sur moi… — Ces blandices… — M'*emmielles*-tu — ou m'*emmêles*-tu ? Ta rosée magnétique perle sur mon âme desséchée et puis ton souffle me refroidit et me gauchit ; tu froues pour m'attirer et puis tu fais tes bamboches et m'embroches et m'enfournes ; tu m'anesthésies et puis tu me tapotes la joue aussitôt pour me réveiller ; tu me tripotes et puis tu m'égratignes ; tu m'excites et puis tu m'*exites* ; tu te connectes à mon âme et puis tu la débites en petits bouts ; tu te ramènes et puis tu me ramones ; tu me lèches, te pourlèches et puis tu me lynches ; tu t'ouvres et puis tu me renfermes ; tu me fais du charme et puis tu me décharnes ; tu brises la glace et puis tu me congèles ; tu te maquilles, te fais belle, et puis tu m'envoies ta poudre (de Perlimpinpin) aux yeux ; tu veux m'épater et puis tu m'aplatis ; tu me fais me dépenser, tu me récompenses et puis tu me débourses ; tu me cajoles et puis tu me mollifies ; tu t'encastres et puis tu me dévirilises ; tu me fais miroiter la lapidification et puis tu me lapides ; tu me remplis et puis je débonde ; tu me pénètres de suavité, de sublimité, et puis tu me corriges de ta verge rigide ; tu minaudes, tu miaules, tu fais ta chatte et puis, en feulant, tu m'inondes dégoûtamment des germes corrompus de la fièvre ; tu m'astiques et puis tu me craches à la figure ; tu me bichonnes languissamment et puis tu me harpones ; tu me fais renifler l'odeur d'orange confite de tes mamelles et puis tu presses mon jus déconfit ; tu me laboures et puis tu me laisses en friche ; tu m'invites à monter boire un verre chez toi et puis tu me déloges ; tu me tends cavalièrement ta belle croupe et puis tu me

refiles le croup ! Ô Terpsichore acribique, ô ribaude, tu me balades, tu me fais danser, tu me réduis à un hypnobate défiguré, désorganisé ! Je suis patemment floué ! Je me sens déliter… Et toi, toi !... Tes coups d'étrivières… Tu m'ébranles, toi l'inébranlable ! Tu me transperces, ô vrille ! Arête doublement ingérable ! J'avale tes traverses ! Tu me ramollis pour mieux me démolir ! Faible, tu me fores ; ductile, tu m'allonges et puis tu me frittes ! Tu me détends et puis tu me tapes sur les nerfs ! Tu te défais de ton kimono et puis tu me défais sur le tatami ! Tu me cuisines et puis tu me mets en capilotade… Tu m'amoches, ô belligérante beauté ! Tu me files, anguille retorse, avant de m'épingler ! Admire ces vergetures ! Quel talent ! Faut-il, en remuant tes mandibules, que tu mentes, même en priant ? Objection, votre Excentricité ! Quel droit de cuissage, ô forniqueuse herpétique ? Cesseras-tu, criminelle, de me faire des misères, de ricaner et de me tracasser, de délicatement me persécuter ? Ton sourire de Joconde est un sourire de morgue qui m'insomnise… Ô dame blanche au tablier maculé, dame noire à la blouse mouchetée de rouge, avec toi, effluente Mélancolie, éprouvante et improuvante, nul sursis, ô mère putative, ô sœur incestueuse, ô raison irrationnelle, ô razzieuse, ô rapineuse, ô rapteuse, ô femelle ladre, ô charmeresse euphuïstique, ô garce irritable, ô busard maboul, ô gouge saprophage, ô saprophyte, ô haquenée vérolée, ô cougar ignoble, ô brucolaque affamé, ô proxénète du Mal, ô fornicatrice pédante, ô piqueuse-au-vif, ô semeuse de zizanie, ô péri prédatrice et impériale, ô cloaque de vénusté, ô vénus cérébroscopique, ô gorgone *inquiétante* et insatiable, ô lamie ennemie, ô valkyrie scalpeuse, ô banshee pontifiante, ô gouine rapine, ô norne anormale, ô camérière endiablée, ô clarisse pas claire, ô goule engueuleuse, ô scolopendre curvicaude, ô mictecacihuatl mixeuse, ô rôdeuse abismale, ô psychopompe rancunière, ô gaupe ossue, ô timonière irrémissible, ô martre martyrisante, ô kobold opiniâtre, ô bayadère scandaleuse, ô cyborg aigre, ô ménade incommutable, ô harengère polypage, ô minette minorative, ô ventouse attritive, ô gueuse râpeuse, ô bellone cotonneuse, ô *cornicularia tristis/aculeata/vulpina*, ô magistère puerpéral, ô virago transgresseuse, ô lycorexique ardat-lilī, ô séditieuse euménide, ô djinn lutineur, ô larve revenante, ô lémure murant, ô phryné frimeuse, ô lilith crevassante, ô pecque leste, ô tarasque rossante, ô démone démolisseuse, érinye rénitente, lyssa vexatrice, fée cabossante, aspiole irréductible, bestiole toxique, contagionniste de la trentaine, chimère chimique, ministre inique, liqueur saumâtre, hibou de la guigne, endriague languide, armide hystérique, aspiole finassier, houri squirrheuse, colérique querelleuse, vulve révulsive, avocate du diable, bombyx satiné de sang, guimbarde crasseuse, crotale crotu, cobra mélanique, élémental vicieux, ogresse agreste, fantôme hommasse, tendron cryptocéphale, chattemite irritante, maritorne despotique, calamity fantoche, émanation morbifique, junon préemptive, répétitrice vitrioleuse, lampyre embrumante, motion libidinale, nodule gangreneux, moloch hétéropathe, cancrelat bourrelant, bouledogue aux jambes de lévrier, capricorne écornifleur, teigne avaleuse, bougresse dégénérée, béatrix bisexuelle, minotauresse conculcatrice, soubrette sourdaude, pimbêche salope, manon maniérée, psylle serpentiforme, carmène abusive, blatte déblatérante, asmodée capiteuse, empuse polycratique, tisiphone acide, alecto jactancieuse, bethsabée jézabélienne, pédicule abrasif, suceuse molestatrice, circé écornante, *orcus* improbe... Oui, copieuse salope, tu me varlopes ! Ah ! et tes yeux aux pupilles de dragon qui sont comme des meurtrières d'où tirent tes mânes escarmoucheuses… — N'y a-t-il pas assez de démons ici-bas pour que l'un d'entre eux au moins soit ton frère ? T'aurais-je par hasard invoquée selon les rites du *Grimorium Verum*, les fameuses *Clavicules de Salomon*, et serais-tu apparue sous les traits de Guland, l'être qui a la puissance d'exciter et de causer toutes sortes de maladies, ou bien, perverse, déguisée en Humots, lui qui a la puissance d'apporter toutes les sortes de livres qui me font plaisir ?... — Regarde, drôlesse, ce qu'à dix-sept ans (Satan !), dans mon *Journal*, tu me faisais *griffonner*, — si jeune, doux Jésus : « *J'en ai plus que marre de cette société, de ce monde absurde ! Tu avais raison, Albert Camus.* Absurdum ! » Mais à vingt (Cupidon !), le processus était pour de bon enclenché, la malédiction circulait — à jamais — dans mes veines : « *J'en ai marre… je suis dans un spleen géant…* » — Ô résection de mon âme, tu fus dans ma vie le moment *adversatif*, le « mais » ruineux, l'élongation du « cependant », le « quoique » punitif… — Imaginez-vous boire l'amère boisson de la mélancolie, un liquide noir, plus noir que mille *espresso* serrés ou qu'une nuit sans étoiles que baisent les ténèbres, si noir qu'il aspire la lumière, et, le cœur malaxé, vous déglutirez d'amertume…
— Tu m'as battu à plate couture !... — Tu m'as roulé ! Ah ! ces pelles au palud ! — Tu m'écœures mon cœur !... De ton doigt rude, tu me rudoies !... (Au bonheur des jeux de mots, pardon ! Tu tuméfies, puis tu me tues… mais /!) — Si j'étais Hamlet, je t'appellerais « *Lady Worm's* » ! (« *Notre-Dame-des-Larves* » ! « *Madame du Ver* » ! « *Milady Vermine* » ! « *Noble Dame du Ver* » ! « *Madame des Asticots* » ! « *Milady de l'Asticot* » !...) — Que veux-tu ? Que j'avale ma chique ? que je calanche ? que je casse ma pipe ? que je claque ? que je cônisse ? que je clamse ? que je dévisse mon billard ?... — Où trouverai-je la rédintégration, quand fuirai-je les souleurs ?... Ô vortex, tu conspires ! Comme ton emprise fut d'abord sourde, ô fourbe, resquilleuse, mijaurée, hypocrite, boiteuse hôte qui ne gracie ni n'exorcise, et refuse l'excusation ; comme tu t'insinuas, par à-coups imperceptibles, tel un amphisbène, telle une hydre inapparente, feignant de frétiller amoureusement pour mieux t'emboîner en moi et m'empaumer, m'enjôler, puis, en abusant de ton pouvoir et de tes blandices, me tromper ! Ô Mélancolie, répulsion de mon âme, tu me veux comme membre — et tu me démembres ! Moi, ton séide ? Moi, ton otage ? Je ne sais même plus si je suis ton territoire — ou si mon territoire, c'est toi. Si j'avance, tu avances avec moi et je dois reculer, et si je recule, tu recules avec moi et… pourtant, telle une sensitive, tu rétractes tes feuilles dès que je te frôle, et… non, je ne sais vraiment plus. Je ne sais qu'une seule chose, c'est qu'en me baisant, tu me persuadas à vie qu'« *Il n'est rien qui n'ait sa mélancolie* »… Ô conviction éternelle d'un éternel moribond, arrière-pensée fantomale, algarade irrévérencieuse ! Je t'insulte — et tu es ma Muse ! Super chérie !... que je veux portraire ! Ah ! qu'argué-je ? Ah ! n'étant pas assez *résistant*, je ne jouerai pas à l'*homme* : envoie tes décharges en série, ô survoltée ; électrocute-moi, et que les courants me fassent derviner, même si j'en perds la vie. — Je te hais, carogne, amoureusement, parce que tu m'aimes, justicière, haineusement ! J'abomine ta bobine, toi qui m'embobines ! À moins que cela ne soit mon reflet que… — Que je n'entende pas l'introït du coït, et qu'un *Dies irae* prononce le divorce !
— Ô mon Paradoxe, ô ma Contradiction ! Tu m'abandonnes à ma mélancolie, ô Mélancolie, et tu oses me

répondre, telle la Cloris de la pièce de Corneille : « *Quoi ! Que je t'abandonne à ta mélancolie ? / Voyons auparavant ce qui te fait mourir, / Et nous aviserons à te laisser courir.* » À quoi cela rime ? À mourir au lit, tous les deux, en amants enlacés. Tu m'as laissé tomber et tu m'as recueilli, moi, l'abandonné, qui me suis abandonné à toi, toi qui me fais courir et mourir... « *O, let me not die yet! O, stay a while!* » Non, tu fais la sourde oreille, toi qui, quoi qu'il arrive, m'enfonceras dans l'anus de la pensée une broche rougie au feu !... — Tu pleures ? ou n'est-ce que moi qui pleure ? Ô terrible Duchesse de Langeais, ô malheureux général de Montriveau... L'amour serre la haine, la haine sert l'amour ! « *Pourquoi pleurez-vous ? Restez fidèle à votre nature. Vous avez contemplé sans émotion les tortures du cœur que vous brisiez. Assez, madame, consolez-vous. Je ne puis plus souffrir. D'autres vous diront que vous leur avez donné la vie, moi je vous dis avec délices que vous m'avez donné le néant. Peut-être devinez-vous que je ne m'appartiens pas, que je dois vivre pour mes amis, et qu'alors j'aurai la froideur de la mort et les chagrins de la vie à supporter ensemble. Auriez-vous tant de bonté ? Seriez-vous comme les tigres du désert, qui font d'abord la plaie, et puis la lèchent ?* » — Pourquoi, dès que j'ouvre la bouche pour prendre la parole, tu pends aussitôt ma langue et joues au dentiste en m'arrachant — ô davier — *molaire* sur *molaire* ? À peine montée, tu hurles, me renverses, brises ma cravache, et à califourchon sur moi, écrabouillé, tu scelles mes lèvres et me désarçonnes... — Quand jo rêve de toi, ô Mélancolie longicorne, sais-tu ce que je vois ? Ô vision pour psychanalyste : tu es une sorcière qui parcourt les cieux en tenant ferme son manche de balai, et qui fonce sur moi... Ah ! cet infâmant bâton orthopédique qui me redresse... — Que fais-je ?... Comment tout cela s'ordonne-t-il ? Suis-je le fils de la Mélancolie, ou son époux, ou son frère ? Pourquoi suis-je un « *mélanconaute* » sur la Via Regia de la souffrance ? Qu'est-ce que toute cette splénologie sans fin — et d'où vient-elle ? La mélancolie, je ne la quitte pas. Pour l'instant, je l'acquitte... — Es-tu la fée envoûtante de Gibran ? « *Mais depuis notre rencontre, / Depuis que je suis empoisonné par tes baisers, / Je traîne mes chaînes vers je ne sais où, / Ivre et assoiffé de plus de vin encore, / De même vin qui anéantit ma volonté, / Et j'embrasse la main qui m'a giflé.* » Es-tu « *la femme que mon cœur a tant aimée* », cette « *créature féerique* » que les dieux ont doté « *de la docilité de la colombe et des tourments du serpent* », en qui ils ont uni « *la vanité du paon et la férocité du loup, / La beauté d'une rose blanche et la terreur d'une nuit noire* », en ajoutant « *une poignée d'écume et une autre de cendre* » ? Es-tu la Vie, ô femme ? Ah !... La vie-mélancolie ! « *La Vie est une femme qui se baigne dans les larmes de ses amoureux, et se parfume du sang de ses victimes. / La Vie est une femme qui s'habille de journées blanches doublées de nuits noires. / La Vie est une femme qui prend le cœur humain en amant et le rejette en époux. / La Vie est une putain, mais elle est belle.* » — Es-tu la cruelle déesse de Nietzsche ? « *Verarge mir es nicht, Melancholie, / Daß ich die Feder, dich zu preisen, spitze, / Und daß ich nicht, den Kopf gebeugt zum Knie, / Einsiedlerisch zu einem Baumstumpf sitze. / So sahst du oft mich, gestern noch zumal, / In heißer Sonne morgendlichem Strahle : / Begehrlich schrie der Geyer in das Thal, / Er träumt vom todten Aas auf todtem Pfahle. [...] Verarge mir es, böse Gottheit, nicht, / Daß ich mit Reimen zierlich dich umflechte. / Der zittert, dem du nahst, ein Schreckgesicht, / Der zuckt, dem du sie reichst, die böse Rechte. / Und zitternd stammle ich hier Lied auf Lied, / Und zucke in rhythmischem Gestalten : / Die Tinte fleußt, die spitze Feder sprüht — / Nun Göttin, Göttin laß mich — laß mich schalten !* » (« *Ne me tiens pas rigueur, ô ma Mélancolie, / D'apprêter ma plume à célébrer ton éloge, / Au lieu de demeurer, le front sur les genoux, / Assis tel un ermite sur le tronc d'un arbre. / Souvent, et hier encore, tu me vis ainsi, / Au rayon matinal d'un soleil enflammé : / Vers la vallée criait le désir du vautour, / Rêvant de chair fichée morte sur un pieu mort. [...] Ne me tiens pas rigueur, ô cruelle déesse, / De te tresser en vers une tendre guirlande, / Il tremble celui que touche ta face horrible, / Il frémit celui qu'atteint ta droite cruelle. / Je tremble en balbutiant ces chants l'un après l'autre, / Mes frissons font jaillir des figures rythmiques : / L'encre coule, et la plume aiguë jette un éclair — / Mais à présent, déesse — oh ! ne me retiens plus !* ») — Ô Mélancolie, suis-je ton tout-venant et feras-tu de moi une solitude ? feras-tu de moi des solitudes éternelles ? Seras-tu en joie ? Faut-il que je m'adonne à toi, la madone des obscurs cieux ? Faut-il que tu me suives, que je te suive, que nous nous entre-suivions, que, « *Me tourmentant de ce qui me contente, / Me contentant de ce qui me tourmente* », comme dit Clément Marot (*Rondeau par contradictions*), nous restions embrassés, que tu m'enlaces, que tu « m'enlasses » ? ... À être en moi, à être en toi, — j'en perds la raison. Si tu es « *heimlich* » (littéralement : « *familière* », « *secrète* »), voire « *unheimlich* » (« *inquiétant* », « *étrange* »), — horreur ! — je ne puis plus le savoir. Je ne te connais pas, je crois me connaître, puis je te connais, je ne te connais plus (*tu es moi*) et je ne me connais plus. Toi, tu me connais, — tu m'as de tout temps connu, — *tu me connaissais*...

* * * * *

« *Tel est le domaine de l'"inquiétante étrangeté". Il ne fait pas de doute qu'il ressortit à l'effrayant, à ce qui suscite l'angoisse et l'épouvante* », écrit Freud dans ce fameux texte (dont le titre d'*Inquiétante étrangeté* (*Das Unheimliche*) — que traduisit en premier Marie Bonaparte — est soumis à la réserve), — ce texte si mémorable, qui aura tant d'incidences sur l'idée contemporaine de la *peur* et de l'*angoisse* (ô *cri* d'Edvard Munch !), — où il essaie de traduire à la fois ce sentiment et l'expression corrélative : « *ce terme de* heimlich *n'est pas univoque, mais [...] appartient à deux ensembles de représentation qui, sans être opposés, n'en sont pas moins fortement étrangers, celui du familier, du confortable, et celui du caché, du dissimulé [...]* Heimlich *est donc un mot dont la signification évolue en direction d'une ambivalence, jusqu'à ce qu'il finisse par coïncider avec son contraire* unheimlich. Unheimlich *est en quelque sorte une espèce de* heimlich. » Tout se passe comme si nous évoluions à l'intérieur d'un cercle connu et reconnu, *auquel on est habitué*, un habitacle dont l'enveloppe en réalité peu solide protégerait, croit-on, des invasions quelconques, et duquel on serait réticent de nous éloigner, comme si le glissement parfois inévitable qui s'effectue du centre vers la périphérie augmentait le sentiment de panique qu'il y aurait à dépasser les limites assignées par le périmètre de ce cercle fictif, à cheminer au-delà de ce qu'il conviendrait de faire pour ne pas être angoissé : le disque circonscrit le « *heimlich* », et le reste, situé en dehors, le « *unheimlich* », les deux se combinant lorsque le premier va sur les terres du second — ou l'inverse. (Durant ces périodes de fatigue où j'oublie jusqu'au code à seulement quatre chiffres de ma carte bancaire ou de la photocopieuse, amnésies assez rares tout de même, ma perception de la position habituelle des objets se modifie en se dégradant. Je constate par exemple que le cordon de douche est entortillé anormalement ou que la station accueillant mon iPod, posée sur ma table de chevet, a bizarrement bougé d'un demi-pouce, et j'essaie de les replacer comme ils étaient *avant*. C'est à ce moment-là que je deviens fébrile et que je doute : le réarrangement — opéré afin de retrouver la configuration initiale — se solde par un échec. Rien ne me satisfait, car la nouvelle disposition de l'objet ne me semble ni convenir ni être probante, *quand bien même ce serait la bonne*. J'ai été alerté d'un changement de mon univers quotidien d'ordinaire parfaitement connu et que je ne m'avise jamais à *reconnaître* (je n'y fais pas — *automatiquement* — attention), mais (comme par une sorte d'agnosie) il m'est impossible de remettre la main sur l'ancien. Tout se passe comme si le milieu dans lequel j'évolue se défossilisait à mesure que je me fossilisais : je ne sais plus où existaient les objets et j'en viens à ne plus savoir *où* j'existe...) Notre imaginaire nous préconise de ne pas nous aventurer trop loin du cercle du *familier*, qui nous semble rassurant, et ainsi de ne pas risquer la possibilité d'inconfortables découvertes, mais il serait présomptueux de croire que le *décentrement* qui a lieu de temps en temps fût involontaire ou plus dangereux que le recentrement. Il serait tout aussi fallacieux de supposer que l'horreur de ce qui se cache là-bas, sous notre regard, derrière la frontière, supposément indéfini et que l'on *se* cache, ne fît intrusion sans que l'on s'en aperçût, et devînt si néfaste que l'on se mît à regretter, devant le fait accompli, de n'y être pas allé de soi-même, « *e 'l duol che truova in su li occhi rintoppo, si volge in entro a far crescer l'ambascia* » (« *et la douleur, qui trouve obstacle sur les yeux, se retourne au-dedans et fait croître l'angoisse* »). Dans ce phénomène apparaissent plusieurs points contradictoires, dont quelques-uns sont : *la peur* de découvrir ce qu'il y a aux alentours de notre cercle intime, ordinaire, apprivoisé, *et la peur* de ce que cet étranger qui rôde ne nous fasse découvrir ce qu'il y a d'étranger en nous ; *l'envie* de ne pas sortir de notre domaine privé, de rester confiné dans cet espace coutumier, sécurisant, arrangé par nos soins, *et l'envie*, suscitée par la curiosité (et la perversion : le plaisir du spectacle et le plaisir de se voir spectateur), de regarder par le judas de ce qui s'agite à l'air libre, là, sous notre fenêtre (voir plus haut les extraits de Stephen King, de Lucrèce et de Lautréamont) ; *la volonté* de faire face à ce qu'il y aurait d'obscur hors des sentiers battus *par la volonté* de ne pas y faire face (et ainsi d'alimenter sérieusement et l'angoisse et la névrose par un refoulement du « *Heimlich-Heimisch* », le « *familier-chez-soi* »). Même s'il est évident, comme le rappelle Wittgenstein dans *Le Cahier brun*, que « *l'étrangeté est vraiment quelque chose dont on fait l'expérience, bien plus que de la familiarité* », ce qu'il est nécessaire de comprendre, ici, c'est qu'il n'existe pas de démarcation franche entre ces deux mondes, ou, pour être plus précis, que cette démarcation, formée d'abord dans la conscience du sujet (qui estime qu'elle est effective), puis exagérée dans son inconscient (exagération qui peut déboucher sur son inconscience même), devient « immatérielle » et indistincte. Cette démarcation s'efface progressivement et fait naître l'*étrange*, le sentiment d'*étrangeté*, sentiment dont on ne sait plus s'il est causé, — étant donné que la ligne de séparation (« *entre fantaisie et réalité* ») est désormais indécelable, — par un mouvement de soi-même vers l'autre, ou de l'autre vers soi-même, et s'installe alors l'*inquiétude* (celui qui est inquiet, « *inquietus* », c'est celui qui n'est pas tranquille, qui vit dans l'intranquillité et n'est pas, dirait Montaigne, exempt de préjugé). (Andreï Stolz, l'ami d'Oblomov, dit à Olga : « *Oui, ta tristesse, tes langueurs sont un signe de force. L'inquiétude déborde parfois les limites de la vie, elle ne trouve pas de réponse, et alors la tristesse vous gagne, une tristesse qui est celle de l'âme interrogeant le mystère de la vie...* ») Du familier du quotidien peut *surgir* le non-familier sous l'apparence d'un sentiment de *déjà-vu*, non seulement vis-à-vis des objets en eux-mêmes, mais également vis-à-vis de la relation (« naguère » paisiblement entretenue) entre ces objets, voire de leur relation à nous : « *tout à coup* », pour reprendre Paul Valéry, il y a « *d'étranges, et brusques arrêts sur une idée, souvenir, coin de meuble* », et l'on « *croit voir pour la première fois, ce que l'on a vu mille fois* » ; et Cesare Pavese, divaguant sur la forme de l'écriture, ne disait pas autre chose quand il prétendait que l'on pouvait apprendre « *à voir le bizarre* » en découvrant « *une strangeness de rapports — de construction* » et que cela montrait de cette façon « *comment le bizarre naît et vit au milieu de la banalité et du sérieux universels* ». L'inquiétante étrangeté est une brisure quasi spontanée de la réalité qui nous frappe de plein fouet, une schize de l'être, une cassure du familier, une sensation à la fois palpable et confuse, un « *dédoublement* », une « *permutation* » et une « *division du moi* », une *fissure infrangible*, ou une répétition intenable, un « *retour permanent du même* », pour lequel Freud donne un exemple personnel : il flânait dans les rues désertes d'une petite ville italienne lorsque tout à coup un invincible doute venu de nulle part l'envahit, notamment en voyant aux fenêtres des « *femmes fardées* ». Il se hâta de fuir cette *scène*, mais, « *après avoir erré un bon moment* », il se retrouva soudain dans la même ruelle. Et il recommença le manège encore une fois (avant de se sentir tout heureux en retrouvant le chemin de la piazza) ! Voici ce qui rend si inquiétant ce qui normalement ne devrait pas l'être, et dont les cinéastes s'empareront (la voiture qui quitte la maison hantée et qui revient au point de départ) : premièrement, l'intuition qu'il y a une force invisible qui agit quelque part, en nous, dans les objets (animisme), dans le monde, et qui, non contente de placer de l'extraordinaire dans notre ordinaire, nous oblige à ne pas pouvoir nous défaire de cet extraordinaire et d'en refaire un ordinaire angoissant (où l'extraordinaire est tapi, est susceptible de surgir à tout instant) ; deuxièmement, l'intuition que ce sentiment n'est pas primitivement dû à l'environnement immédiat, mais à nous-mêmes, qu'il est en nous enfonçant en nous-mêmes que l'on découvre, via le monde extérieur qui *se désassemble sans se désassembler*, que c'est notre moi qui *se désassemble sans se désassembler*. La peur se cache si bien dans l'environnement que l'on ne peut plus se cacher de la peur, et la peur finit par surgir de l'extérieur *parce qu'elle surgit de l'intérieur*. Hugo nous assure que « *l'effroi sacré est propre à l'homme* », que « *l'intelligence trouve dans cette terreur auguste son éclipse et sa preuve* »... Richard Wagner a une façon bien à lui de faire mesurer la Peur (*Siegfried*) : « *N'as-tu jamais senti, dans la forêt obscure, au crépuscule, dans les lieux sombres, lorsqu'au loin tout vibre, bourdonne et murmure, un étrange grondement plus proche se fait entendre, un flamboiement confus autour de toi scintille.* » Dans le roman de Joseph Conrad, *Heart of Darkness* (*Au cœur des ténèbres*), se trouve une puissante allégorie de l'arrière-fond qui s'agite continuellement en nous. Le narrateur, le capitaine Marlow, ayant quitté son pays natal (familier), doit pénétrer chaque jour plus profondément dans une forêt pour y retrouver un homme, Kurtz, et il découvre, au cours du long voyage, l'horreur de ce qui émane de cet univers inviolé — qui n'est autre que la part sombre que chaque homme contient —, le caractère irrationnel, troublant, mais reconnaissable, de ce qui se loge en tout être vivant. Car cette plongée terrible dans les recoins ténébreux de l'inconscient, où ce qui est inquiétant réside moins dans l'objet qui inquiète que dans *ce qui rend* cet objet inquiétant, c'est-à-dire *celui qui pense cet « inquiétant »*, est un retour (par le « *fleuve* ») à ce qui a constitué — et est enfoui dans — l'ensemble du moi : « *Remonter ce fleuve, c'était comme voyager en arrière vers les premiers commencements du monde, quand la végétation couvrait follement la terre et que les grands arbres étaient rois. Un cours d'eau vide, un grand silence, une forêt impénétrable. L'air était chaud, épais, lourd, languide. Il n'y avait pas de joie dans l'éclat du soleil. [...] C'était l'immobilité d'une force implacable appesantie sur une intention inscrutable. Cela vous regardait d'un air vengeur.* » D'ailleurs, tant que nous y sommes, poursuivons une minute l'évocation du livre de Conrad et du tandem Marlow/Kurtz : Marlow, à la fin de son voyage éreintant, rencontre enfin le mystérieux Kurtz dont l'image lui dévoile brutalement, comme par un jeu de miroir maléfique, ce qu'il renferme, lui, Marlow, en lui-même, et quelle n'est pas sa frayeur quand il constate : « *Ses ténèbres étaient impénétrables. Je le regardais comme on regarde d'en haut un homme gisant au fond d'un précipice où le soleil ne brille jamais.* » Il voit ce qui ne peut être vu en l'autre, et, de là, il voit ce qui ne peut être vu en lui ; par conséquent il *voit* quand même les ténèbres (qu'il ne vaudrait mieux pas voir), et c'est quand même le « *précipice* » que tout homme domine, car il voit également que Kurtz voit, il voit les ténèbres que voit Kurtz. Les deux personnages de Conrad sont semblables, à ceci près que Kurtz s'est pleinement habitué aux ténèbres, tandis que Marlow s'y habitue graduellement sans avoir cerné tout ce qu'elles englobaient et reflétaient, et il doit attendre l'appréciation catégorique de l'autre, l'expérimenté qui voyait dans le secret des ombres, avant de consumer l'angoisse en la signifiant : « *Il avait résumé – il avait jugé. "L'Horreur !"* » (L'ambiguïté de l'angoisse, qui est de n'avoir pas d'objet tout en étant sous nos yeux, de se rendre étrangère tout en étant familière, est bien résumée par Kierkegaard : « *Si l'on considère alors les caractères dialectiques dans l'angoisse, on en constatera justement l'ambiguïté psychologique. L'angoisse est une* antipathie sympathisante *et une* sympathie antipathisante. ») Je crois que cette *horreur*, ces ténèbres alternativement présentes et absentes, cette angoisse, cette peur que l'on ressent comme étant réelle ou fictive, font partie de notre territoire propre (les *Territoires de l'inquiétude* chers à Alain Dorémieux, qui sont les lieux de l'*insolite* et de l'*aliénation*), qu'elles ne commencent à nous inquiéter qu'en tant qu'elles se déguisent en étrangères et se montrent dénaturées. L'« inquiétante étrangeté », c'est tout bonnement le *monstre*. Une ébauche, que dis-je ? un *essai* étymologique du mot « *monstre* » se révèle être d'une opulence incomparable (l'incertitude, de surcroît, plane, et suscite l'étonnement, tel le mot « *sacer* », par exemple, qui a le double sens de « *sacré* » ou « *maudit* ») : soit que « *monstre* » provienne de « *monstrum* », qui est lui-même dérivé de « *monere* » (« *avertir* », « *éclairer* », « *inspirer* ») avec des connotations de « *réprimande* », de « *punition* », et qui façonnera « *prémonition* », « *qui avertit d'avance* »), à l'origine véritablement et exclusivement accaparé par le vocabulaire religieux pour désigner un « *miracle* », « *prodige qui avertit de la volonté des dieux* », par suite « *objet surnaturel* » ou « *présage* », — soit qu'il provienne de « *monstranum* », c'est-à-dire probablement de « *monstrare* » (action de « *montrer* », « *faire connaître* », « *exhorter* »), — il a fini, au fil du temps, par représenter toute chose « *contre-nature* », à tendance « *criminelle* », qui s'éloigne des normes habituelles, un corps aux formes composites (je pense aux dieux-léviathans si hostiles de H. P. Lovecraft, tel Cthulhu, qui s'invitent dans la réalité), puis généralement les êtres mythologiques et surtout, dans l'acception la plus moderne, une « *chose dont on s'effraye* », — une « *créature* » (de « *creatura* », « *acte de la création* », lui-même de « *creare* », « *créer* ») qui est « *prodigieuse* » (de « *prodigium* », « *chose merveilleuse* »), un « *prodige* » (phénomène extraordinaire, signe prophétique, dont la cause est surnaturelle) ou, nous y revenons, un « *miracle* » (« *miraculum* », « *chose étonnante* »). Or, qu'est-ce qu'un *présage* lorsqu'il s'annonce lui-même comme obscur, flou, lorsqu'il peut s'avérer menaçant, défavorable, se montrer destructeur, atroce, qu'est-ce, sinon une attente *angoissante* (*angoissée*) du message divin, tout à la fois caché, impérieux, invulnérable, et, finalement, une *appréhension* de ses effets indéterminés, quels qu'ils soient, autrement dit une *crainte*, une *peur* de l'apparition ? (Une crainte dont il faudrait se protéger, — bien que, en l'examinant, elle pût être superflue, — et qui fait appel à la « *superstition* », dont l'équivalent latin est « *superstitio* », qui englobe ces notions de protection et de superflu.) Bien davantage, à la crainte de l'annonce et de ce qui s'ensuivra s'ajoute la perspective cruelle d'un phénomène extraordinaire qui s'inviterait dans l'ordinaire, bouleversant le confort et la sécurité des hommes ; et il est intéressant de remarquer que « *monstrare* » est équivoque dans le sens où il se rattache à quelque chose *qui se fait connaître* ou *que l'on fait connaître*, telles les « bêtes » de foire ou de cirque, qui n'ont par ailleurs aucune fonction *exhortatoire*, mais qui servent « à merveille » d'*exhibition*. Ainsi, et nous ne faisons que rejoindre cette conformation ambivalente déjà explicitée de la peur, du fantastique ou de l'angoisse, le monstre provoque, selon notre position d'acteur (actif parce qu'il est au cœur de la monstruosité, passif parce qu'il est dans l'incapacité d'interférer) ou de spectateur (actif parce qu'il provoque la rencontre avec le monstrueux, passif parce qu'il ne court aucun risque), ou la répulsion, ou la curiosité. C'est pour toutes ces raisons que le *monstre* est au carrefour de toutes les possibilités de l'*inquiétante étrangeté*, qu'il est omniprésent, quoi que l'on fasse, qu'il est la rencontre de la réalité et de l'irréalité, du rationnel et de l'irrationnel, de l'attirance et de l'aversion, du concret et de l'abstrait, de la quiétude et de l'effroi, du déterminé et de l'indéterminé, de la présence et de l'absence, du moi et du non-moi, de la lumière et des ténèbres, du conscient et de l'inconscient, du comique et du tragique, — qu'il est le *clair-obscur* du « *soir charmant* » — et *déplaisant* — que l'homme *voit* tomber en lui et autour de lui, et dont il ne peut vaincre le caractère superstitieux (le « *mauvais œil* » qui me regarde *et* que je regarde) en rabattant un veule et lourd rideau entre lui et la *chose* qui apparaît. Il en va de même pour l'expérience du Freud égaré qui sent une détresse dans son égarement, une monstruosité dans sa situation de répétition, et qui, sans que cela soit intentionnel, commence « *à susciter quelque curiosité* » chez les passants qui ont remarqué l'incroyable manœuvre désespérée, comme si l'inquiétante étrangeté ne s'appliquait pas seulement au monde environnant de Freud, mais aux observateurs qui, dans un renversement du tableau, feraient de Freud la monstruosité ! (Dans *Le délire et les rêves dans la* Gradiva *de W. Jensen*, Freud confesse son expérience personnelle au sujet d'une patiente qu'il *savait morte* et qui pourtant réapparaît dans son cabinet, devant lui, ce qui l'amène, face à cette *surprenante réalité*, à croire que les morts, en définitive, *peuvent revenir*. Au bout du compte, c'était la sœur de sa patiente défunte, qui lui ressemblait comme deux gouttes d'eau...) Si les personnes sujettes à la superstition sont plus facilement touchées par ce sentiment angoissant, celles dont l'esprit est « plus scientifique » n'en sont pas moins à l'abri, comme nous venons de le voir avec le père de la psychanalyse (n'entends-je pas ricaner Voltaire, disant que « *la superstition est à la religion ce que l'astrologie est à l'astronomie, la fille très folle d'une mère très sage* » ?). Les exemples seraient innombrables, mais ma lecture récente des *Mémoires* de l'astrophysicien Hubert Reeves m'incite à exposer l'épisode de panique qu'il connut au cours d'une nuit passée sous une tente posée près d'une « *maison hantée* », et où, de son propre aveu, il fut réveillé au petit matin par des « *bruits sourds* » intenables. Il se demanda anxieusement de quoi il pouvait s'agir, puis, « rassuré », mais encore « troublé », constata que ce n'étaient que de « *grosses gouttes* » qui tombaient des arbres sur les fougères. Et il conclut par ces mots : « *Mes strates fantomatiques ne sont pas très loin.* » Le plus angoissant dans tout cela, ce n'est pas pour moi *ce qui* est inquiétant : *c'est cet inquiétant* — et le fait que quelque chose *puisse être* inquiétant... Inquiétant — et indestructible. Dans une nouvelle (*Un avant-poste du progrès*), Conrad écrit encore que « *la peur persiste toujours* », que tout peut être détruit, sauf elle, qu'elle est, en quelque sorte, le sauf-conduit pour la vie : « *tant qu'il s'accroche à la vie il ne peut détruire la peur ; la peur subtile, indestructible et atroce qui envahit son être, qui colore ses pensées, qui se tapit dans son cœur, et guette sur ses lèvres le passage difficile de son dernier soupir.* » La peur est la vie, et la vie, inquiétude. — La peur est l'ombre de notre vie. « *Hence, horrible shadow! Unreal mockery, hence!* » (« *Loin d'ici, fantôme horrible, insultant mensonge ! loin d'ici !* ») — (Le couronnement de cet *inquiétant* qui s'érige non plus en une *angoisse*, en une pensée qui *déstructure*, mais en une *peur avouée*, en une pensée qui *structure*, autrement dit la conviction que l'objet inquiète alors qu'il ne devrait plus être inquiétant, Leopardi le retranscrit très bien en abordant sa peur panique des explosions « *dont toutes les raisons [lui] démontraient pourtant qu'elle était complètement irraisonnée* » : « *Je ne croyais pas qu'il y avait un danger, et je savais qu'il n'y avait ni danger ni rien à craindre ; mais je n'en éprouvais pas moins de peur que si j'avais su, cru et pensé le contraire.* »)

* * * * *

Le cœur qui bat fort dans l'angoisse : l'angoisse n'est-elle pas augmentée par cette conscience du cœur qui bat fort ?... Le cœur bat plus fort, — *l'angoisse s'angoisse*. L'« *inquiètement* », avec ou sans l'accent grave (*gravis*)...

* * * * *

« *There wasn't any way I could demonstrate that I was myself.* » — Au rayon du temple sacré des histoires d'*inquiétante étrangeté* figurent bon nombre des romans et nouvelles écrits par Philip K. Dick, parmi lesquels *Ubik*, que j'ai longtemps reconnu comme étant, avec *Le Seigneur des Anneaux*, le plus grand livre que j'aie jamais lu. La question posée dans ce livre est très simple, et le seul fait de la poser est des plus dérangeant : qui est vivant et qui est mort ? J'ai encore le souvenir, aujourd'hui, de l'inquiétante étrangeté que j'éprouvai jadis en lisant les épisodes des « pièces de monnaie ». Il y a d'abord celui où le héros, Joe Chip, s'aperçoit qu'il a voulu utiliser une pièce de vingt-cinq *cents* (le profil en relief montre George Washington) *qui a été depuis longtemps retirée de la circulation*... Il y a cet autre où apparaît une pièce de cinquante *cents* qui représente le visage de Glen Runciter et *qui aurait dû être à l'effigie de Walt Disney*... Il y a aussi cet épisode, moins significatif, où Runciter se promène sur la Cinquième Avenue et découvre, sur l'étalage d'une boutique de pièces de monnaie rares, « *un dollar d'or U.S. qui n'avait jamais été mis en circulation* »... Et puis, il y a l'ultime confrontation à la toute fin du roman (qui démontre que Dick s'est intentionnellement servi d'un objet quotidien et sans importance pour magnifier le malaise qui s'empare de nous et asseoir la suprématie de l'étrangeté), où Runciter, encore lui, sort des pièces de cinquante *cents* devant un employé qui lui demande aussitôt ce que c'est. « *Runciter examina longuement les pièces. Il vit tout de suite ce que l'employé voulait dire ; de façon très nette, elles n'étaient pas ce qu'elles auraient dû être [were not as they should be]. Quel est ce profil ? se demanda-t-il. Qui figure sur ces trois pièces ? Ce n'est pas du tout le bon personnage. Et pourtant il m'est familier. [And yet he's familiar.] Je le connais.* — *Alors il reconnut le profil. Je me demande ce que ça signifie, dit-il. C'est la chose la plus bizarre que j'aie jamais vue. [Strangest thing I've ever seen.] La plupart des choses dans la vie finissent par s'expliquer. [Most things in life eventually can be explained.] Mais... Joe Chip sur une pièce de cinquante* cents *? — C'était la première fois qu'il voyait de la monnaie Joe Chip.* — *Il avait l'intuition, avec un frisson, que s'il fouillait ses poches et son portefeuille il en trouverait d'autres spécimens.* — *Tout ne faisait que commencer.* » Je ferai remarquer que les Anglo-Saxons traduisent « *Unheimliche* » par « *uncanny* », qui définit ce qui est « *familiar* » et « *strange* » : tout *Ubik* est délimité par ces sensations. Inexplicabilité, étrangeté, familiarité, tels sont les ingrédients du breuvage qui donne des frissons et *fissure* l'univers... — Je ne lâcherai pas mon Dick aussi facilement, et je vais à nouveau essayer, synoptiquement, donc sommairement (en sept temps), de rendre compte de ce sentiment particulier de « fissuration » en exploitant, d'une part, le début du livre portant l'original et énigmatique titre (on s'attend à tout avec ce genre d'auteur) de *Coulez mes larmes, dit le policier* (*Flow my tears, the policeman said*), et en relatant, d'autre part, le destin assez exceptionnel de son édition française. — Le personnage principal, Jason Taverner, est le présentateur d'une émission de télévision regardée par trente millions de téléspectateurs. (*Temps Un.* — Environnement connu, reconnu : normalité, confort.) Un beau jour, il se réveille dans une chambre d'hôtel qu'il ne reconnaît pas. (*Temps Deux.* — Environnement inconnu : anormalité, étrangeté.) Paniqué, il prend un combiné et décide d'appeler son agent Al Bliss qui, à l'autre bout du fil, lui répond : « *Je ne vous connais pas, monsieur Jason Taverner [...]. Vous êtes sûr de ne pas vous être trompé de numéro ?* » La conversation ne donne rien. (*Temps Trois.* — Environnement renversé, bouleversé : incertitude, inquiétude.) Taverner décide d'appeler son avocat : il tombe sur la secrétaire du cabinet qui, compulsant les fichiers en sa possession, jure que son nom n'y figure pas. (*Temps Quatre.* — Environnement du *Temps Trois* renforcé : l'inquiétude augmente, la folie point.) Il s'aperçoit de la présence d'un exemplaire du *Los Angeles Times* daté du 12 Octobre 1988. « *Pas de trou dans le temps* », réussit-il à se convaincre. (*Temps Cinq*. — Environnement reconnu : répit.) Mais en feuilletant à la page des spectacles et variétés, où sa photo est censée toujours apparaître, il ne la trouve nulle part. À corps perdu, il se jette sur son portefeuille : toutes ses pièces d'identité ont disparu. (*Temps Six*. — Environnement défait : déréalisation, dépersonnalisation.) « *Je suis ce qu'on appelle une NON-PERSONNE.* » Dans un dernier sursaut d'optimisme, il appelle le centre de contrôle de l'état civil de l'Iowa : aucune trace de sa naissance. La sentence s'abat : « *Je n'existe pas.* » (*Temps Sept*. — Environnement néantisé : l'*inquiétante étrangeté* est totale.) — Je laisse au lecteur, s'il en a le loisir et l'envie, de lire la suite de lui-même afin d'en apprendre davantage… (La confrontation de deux mondes parallèles peut parfois être des plus rationnelles, par exemple dans *La transmigration de Timothy Archer* où la narratrice, en rejoignant son véhicule, constate qu'elle a récolté une amende : « *Pendant que nous discutions de Beethoven et de Goethe, la contractuelle faisait son travail. Quel monde étrange, pensai-je. Ou plutôt quels mondes étranges, au pluriel. Leurs trajectoires ne se rencontrent pas.* ») — La première version en français de *Flow my tears, the policeman said* comportait des passages qui semblaient « en trop » par rapport à l'américaine. Personne n'a jamais su d'où ils avaient bien pu provenir. Il fut question d'un manuscrit qui était passé entre les mains de Michel Deutsch et de Gérard Klein, à qui l'on doit, dans l'ordre, les deux versions françaises existantes. Tous deux certifient n'avoir pas « ajouté », à leur guise, de passages de leur cru. Le manuscrit utilisé pour la publication américaine avait-il été coupé par l'éditeur ? par Dick lui-même ? De son côté, l'éditeur rejeta l'accusation ; quant à Dick, il était décédé lorsque le problème fut soulevé… Il en retourne (ô combien étrange ! ô combien inquiétant !) que le texte en français est unique : il contient plus de parties que le texte original sauvegardé, comme si une puissance divine (Dick ?) avait, d'une encre mesquine, fait jaillir du vide une prose clandestine… — « *Si c'est une hallucination* », écrivait Dick dans sa nouvelle *La foi de nos pères*, « *je n'en ai jamais vécu de pire* »…

* * * * *

« *Wer mit Ungeheuern kämpft, mag zusehen, daß er nicht dabei zum Ungeheuer wird. Und wenn du lange in einen Abgrund blickst, blickt der Abgrund auch in dich hinein.* » (« *Celui qui combat des monstres doit prendre garde de ne pas devenir monstre lui-même. Et si tu regardes longtemps un abîme, l'abîme regarde aussi en toi.* ») Je ne me laisserai pas intimider par l'avertissement de Nietzsche : une ultime remarque étymologique, en rapport à tout ce qui vient d'être dit, nous *montrera* la richesse singulière du vocabulaire et les *effrayantes* répercussions que cela occasionne. On connaît le mot anglo-saxon « *borderline* », « *cas-limite* », observé en psychopathologie psychanalytique pour des sujets clivés en deux organisations instables (névrotique et psychotique), mais sait-on que « *border* », en anglais ou en français, était d'abord utilisé en marine pour décrire la limite des coques de vaisseaux, c'est-à-dire des « *planches* » ? Eh bien, c'est au mot « *præxtexo* » qu'il doit son origine, et, *chose étonnante*, le participe passé, « *præxtextus* » (« *bordé* »), est quant à lui, on l'aura deviné, l'ancêtre du « *prétexte* ». Rappellerai-je, pour clore cette parenthèse et cette étude, — et retourner dans le monde *bordé de monstres*, — qu'un *prétexte* est une *raison apparente qui sert à cacher le véritable motif d'un dessein* ?… — Ce thème — *velu* et *capillacé* — de la peur, qui m'a absorbé si longtemps dans ces pages (*hirsutes* ?), n'est cependant pas terminé ; il m'a tant *échevelé* (ébouriffé, hérissé, mis en désordre) pendant toute la période du lycée que depuis ce temps, à divers degrés, toujours il m'*échevèle* (agite mes extrémités) ; et, profitant d'une transition pour mon chapitre actuel, je vais à l'alinéa suivant aborder, en un solennel hommage, — ce livre étant, je le répète une quantième fois, une somme d'hommes, d'hommages, — *la somme d'un homme* (*moi*), — l'œuvre et le personnage de ce qui fut à bien des égards une *transition* dans mon parcours initiatique à travers l'univers réel et angoisseux du quotidien, un agent de fétichisme, et je me souviens de mes premières lectures, des tableaux si vivants (des portraits-miroirs ovales) qui m'arrachaient à la réalité pour mieux m'en humecter ensuite, douloureusement, et (ô prolifique irrigation de l'insoutenable gravité, ô l'irritation) je vais m'y précipiter à nouveau (« *car le premier éclair du flambeau sur cette toile avait dissipé la stupeur rêveuse dont mes sens étaient possédés, et m'avait rappelé tout d'un coup à la vie réelle* ») : qu'en un culte — aussi respectueux que prolongé (sans palabrer) — la *palme* de l'extraordinaire courage, de l'abnégation la plus pure, du sacrifice le plus désarmant, de la générosité et l'humilité les plus éperdues, lui soit décernée, à cet auteur dont la carrière malheureuse n'eut d'égale que les péripéties malheureuses qu'il fit vivre aux héros de ses histoires, et qui voyait en la « *perversité* » (« *faute d'un terme plus caractéristique* ») un « *je ne sais quoi paradoxal* » d'un « *principe primitif et inné de l'action humaine* » qui est, à vraiment parler, « *un mobile sans motif, un motif non motivé* », — un « *démon* »… Un *monstre* ?…

* * * * *

« *Si vous ajoutez à cette vision impeccable du vrai, véritable infirmité dans de certaines circonstances, une délicatesse exquise de sens qu'une note fausse torturait, une finesse de goût que tout, excepté l'exacte proportion, révoltait, un amour insatiable du Beau, qui avait pris la puissance d'une passion morbide, vous ne vous étonnerez pas que pour un pareil homme la vie soit devenue un enfer, et qu'il ait mal fini ; vous admirerez qu'il ait pu* durer *aussi longtemps. […] Aucun homme, je le répète, n'a raconté avec plus de magie les* exceptions *de la vie humaine et de la nature, […] l'absurde s'installant dans l'intelligence et la gouvernant avec une épouvantable logique […] Il analyse ce qu'il y a de plus fugitif, il soupèse l'impondérable et décrit, avec cette manière minutieuse et scientifique dont les effets sont terribles, tout cet imaginaire qui flotte autour de l'homme nerveux et le conduit à mal.* » De qui tient-on cette magnanime dédicace pleine d'adoration et de rigueur ? d'où vient donc ce noble aperçu plein de bonté, de pitié, de reconnaissance, de puissante suggestion ? Nous le tenons de son traducteur et grand admirateur Charles Baudelaire, et il est extrait d'*Edgar Poe, sa vie et ses œuvres*. — Edgar Allan Poe ! (Où l'on verra tristement que la dignité de notre homme requiert pour son *arabesque* appellation (sa dé(ré)signation) l'abandon du nom-particule « Allan », qu'Edgar fut Poe avant d'être Allan ou Allan Poe, qu'il serait prudent — et révérencieux — d'écrire « Edgar A. Poe », « Edgar (Allan) Poe » ou tout simplement « Edgar Poe ».) La fidélité historique rattachée à l'avènement du premier tête-à-tête et de tout ce qui en résulta, appuyée par l'évocation récente du « cœur des ténèbres », me persuade d'introduire (et payer) mon « tribut » à l'aide de la célèbre nouvelle intitulée *La chute de la Maison Usher*, cette *maison-mère* (cette *matrice*, l'*alma mater*) du dévoilement progressif (en sous-couches tout autant ineffables qu'interminables) des bas-fonds de l'âme, — des crevasses de l'enfance à jamais béantes et recouvertes d'une fine toile opaque qu'un souffle anodin déchirerait du coup, — des alarmantes images des malaises que l'être renferme (rend fermes) et tait (fait taire), — l'être, — l'être-été prêt, à tout moment, *imminemment*, à se fendiller (craquelures), à ne plus parvenir à soulager, — jusqu'à la récusation, jusqu'au parjure, — son propre devenir. Sitôt que la Maison surgit du paysage, le narrateur, — dont Roderick Usher, son ami, a sollicité la présence tant l'anxiété le triture, — ressent avec force une présence imparfaite l'assaillir, une répulsion instinctive et mystérieuse, désagréable, presque antipathique, un flot punique d'inquiétante étrangeté. « *Je ne sais comment cela se fit, mais, au premier coup d'œil que je jetai sur le bâtiment, un sentiment d'insupportable tristesse pénétra mon âme.* [...] *C'était une glace au cœur, un abattement, un malaise, une irrémédiable tristesse de pensée qu'aucun aiguillon de l'imagination ne pouvait raviver ni pousser au grand. Qu'était donc — je m'arrêtai pour y penser — qu'était donc ce je ne sais quoi qui m'énervait ainsi en contemplant la Maison Usher ? C'était un mystère tout à fait insoluble, et je ne pouvais pas lutter contre les pensées ténébreuses qui s'amoncelaient sur moi pendant que j'y réfléchissais. Je fus forcé de me rejeter dans cette conclusion peu satisfaisante, qu'il existe des combinaisons d'objets naturels très simples qui ont la puissance de nous affecter de cette sorte, et que l'analyse de cette puissance gît dans des considérations où nous perdrions pied. Il était possible, pensais-je, qu'une simple différence dans l'arrangement des matériaux de la décoration, des détails du tableau, suffît pour modifier, pour annihiler peut-être cette puissance d'impression douloureuse* [...] *Je ne dois pas douter que la conscience de ma superstition croissante, pourquoi ne la définirais-je pas ainsi ? n'ait principalement contribué à accélérer cet accroissement. Telle est, je le savais de vieille date, la loi paradoxale de tous les sentiments qui ont la terreur pour base.* [...] *Un air de mélancolie âpre, profonde, incurable, planait sur tout et pénétrait tout* [...]. » Nous voyons, on ne peut plus clairement dans ce passage, la dextérité minutieuse de Poe et la justesse des notes de Baudelaire qui montre combien il réussit à analyser ce qu'il y a de « *fugitif* », à soupeser « *l'impondérable* » et à décrire cet « *imaginaire qui flotte* », car rien au monde n'est plus ardu que d'accéder, par la description subjective (« *l'absurde s'installant dans l'intelligence* ») et objective (l'œil du « *scientifique* », du chirurgien), à l'indescriptible, — de cerner l'incernable, — de trouver, par le pôle sud de l'écriture-aimant, le pôle nord de l'indicible-aimant ; rien n'est plus terrifiant que d'arpenter les prés des ténèbres et de s'apercevoir que, — malheur, — plus loin on s'avance, plus prégnante s'affirme la « *mélancolie* », la mélancolie « *incurable* ». En définitive, Poe le sait très bien, aussi bien que son narrateur : ce que l'on va chercher, découvrir et comprendre, ce n'est pas la nature du maître des lieux, l'hypersensible et hypocondriaque Usher ; de même, ce que l'officier de la marine marchande, Charlie Marlow, va chercher, découvrir et comprendre au cœur de la jungle et de ses propriétés de « *wilderness* » (littéralement, la « *région sauvage* », « *naturelle* », voire « *désertique* »), ce n'est pas la nature exacte de l'énigmatique Kurtz ; — c'est le Soi transfiguré, le Moi essentiel réfléchi que l'on découvre par un effet de cauchemar réalisé, c'est la peur que nous offre la compréhension de notre être, c'est la coïncidence du Moi enfin révélé, comme dans un *fondu enchaîné*, avec cet (*autre*) univers infâme dont on ne savait pas encore (tant il était redouté évasivement, donc continuellement éludé) qu'il n'était en fait que nous-mêmes ; et c'est, un peu différemment, ce qu'avait magistralement relevé Michel Zéraffa dans son introduction aux *Nouvelles histoires extraordinaires* : « *L'homme ne coïncide pas avec lui-même, dira Dostoïevski. Mais déjà l'œuvre d'Edgar Poe avait montré que cette non-coïncidence, cette impossible identité, engendrent toutes les peurs dont l'homme est l'objet, — qu'elles soient d'ordre affectif, intellectuel, spirituel, métaphysique.* » Lorsque le narrateur (dont Poe, ce qui n'est pas fortuit, ne nous renseigne à aucun endroit du récit le nom propre) fait face à la Maison Usher, puis pénètre — en même temps qu'il *en est pénétré* — à l'intérieur, il est sous l'emprise d'un envoûtement inexpugnable (*The Call of the Wild* ?), les odeurs des objets l'imprègnent si bizarrement qu'il lui semble qu'elles émanent de son passé inéclairé, inéclairci, et qu'elles l'éclaboussent d'un violent rappel de l'oubli qu'il n'est plus temps de désourdir, qu'il nous incombe de ne plus rejeter ni d'en dire, presque à l'emporte-pièce : « *Let us not burthen our remembrance with a heaviness that's gone* » (« N'encombrons plus notre mémoire d'un fardeau qui n'est plus ») ; car ici, aussi affreux que cela paraisse, il s'agit de *notre maison*, — *il s'agit de soi*, — il s'agit de transcender un milieu qui paraît incompréhensif et hostile, dans lequel on a pourtant vécu *entouré* de sa famille, qu'il a fallu quitter sans le vouloir tout à fait, qu'il a fallu *étranger*, dont il a fallu *s'étranger*, — et, logiquement, qu'il aura fallu (ou qu'il faudra) affronter, plus tard, en y revenant, en revenant en arrière, — en tant qu'*étranger* (l'étranger qu'on était, qu'on aurait pu être, qu'on est à soi-même, à l'instar de ce personnage de la nouvelle fantastique de Henry James, *The Jolly Corner*). Il y eut deux cauchemars qui me visitèrent et revisitèrent durant de très nombreuses années et que j'essayai, vainement, malgré maintes tentatives, tant ils me remuaient et m'angoissaient, d'évacuer. Ils étaient tous deux placés *sous le signe* d'une traque : *on me poursuivait*, je devais ou *fuir*, ou *me cacher*. Le premier concernait un monstre (réplique d'un *alien*) aux sens si développés que, quoi que j'eusse pu entreprendre ou échafauder pour qu'il ne me retrouvât pas, il devait, à un moment ou à un autre, me mettre le grappin dessus. N'y a-t-il rien de plus terrible que d'être une *proie* vouée à être dévorée ? n'y a-t-il rien de plus *mortellement humain* ? (À moins, comme dans la nouvelle de Buzzati, que le monstre qui nous poursuit, le squale connu sous le nom de K, ne veuille nous apporter la puissance...) Le second cauchemar, de loin celui qui m'opprimait le plus à cause de sa régulière réapparition, avait irréductiblement pour scène d'action une vaste demeure comportant je ne sais combien d'étages, d'escaliers ou de pièces, où je me voyais être, tout d'un coup, coûte que coûte, l'« homme à abattre », et tous les habitants — sans pitié — de cette infernale maisonnée ne semblaient exister que pour me rechercher et me trouver. Par chance, il se trouvait souvent quelque refuge, quelque espèce de placard « interdit » sous la paillasse d'un escalier dans lequel, *in extremis*, je parvenais à m'engouffrer, plongé dans le noir, et je me sentais, certes, en sécurité pour un temps indéterminé, mais ce répit, qui m'épargnait un sort épouvantable, ne laissait pas de me morfondre, car il ne proposait aucune issue salvatrice, aucune planche de salut autre que la *mort* : ou l'on me dénichait, — ou je sortais de la remise et j'étais repéré, — ou je patientais jusqu'à la consommation totale (les bruits de pas sur les marches n'en finissaient jamais), — et cette fatalité, dans ma réclusion, m'apparentait maléfiquement à celle que connut Gregor Samsa, l'insecte de *La métamorphose* de Kafka, étouffant, pliant sous l'adversité. Je redoutais, *avant chaque nuit*, que ces cauchemars ne me prissent et ne me retournassent encore, mais y penser ne pouvait guère m'aider à les éloigner, si bien qu'ils avaient lieu contre mon gré et que j'en arrivais à appréhender cette appréhension. (Dans l'un des cahiers matinaux qu'il remplissait tous les jours dès le saut du lit, Valéry écrivit cette pure image du cauchemar qui retranscrit parfaitement mon sentiment, et, je n'en doute pas, celui du lecteur : « *Le cauchemar, ce rêve impuissant à rompre l'enchantement, cette image enterrée vive, — s'élève jusqu'à la précision la plus affreuse, à la netteté du réel. — Cette netteté marque l'effort désespéré.* ») Je ne comprenais pas pour quelle raison l'on m'en voulait, ni qui étaient ces créatures qui me pourchassaient sans relâche. Puis vint un jour où une lumière assez vive m'apparut qui me désenvoûta en m'expliquant le pourquoi de ces agissements nocturnes récurrents qui me travaillaient et me faisaient souffrir : l'*alien* indestructible et patibulaire qui était à mes trousses, c'était l'image de l'*autre*, l'autre en tant que la part de moi-même que je ne souhaitais justement pas voir en l'autre, ou la part de l'autre qui m'inquiétait et m'horrifiait — et que je soupçonnais en moi. Le manoir, c'était la maison d'enfance décuplée, emplie des recoins tabous, du familier et de l'infamilier, et les poursuivants, c'étaient les membres de ma famille qui représentaient la condensation de l'attirance et de la répulsion inhérentes au quotidien patriarcal *et* domestique, de la peur de les quitter et de la peur de les côtoyer à jamais… *Dès que cette interprétation fut assez claire dans ma tête, les mauvais rêves s'estompèrent !* En les caractérisant, en renversant l'approche curriculaire de mes tourments, je les avais démystifiés ; en les dessinant, en appuyant mon trait conscientisé sur le contour inconscient préétabli par eux, le processus d'abréaction, de perlaboration se mit en marche, je *pus* oublier et j'en fus, à mon grand « soulagement », immédiatement libéré (« *Car est guéri celui qui a oublié* », répond Nietzsche — à la citation de Shakespeare). On comprend mieux l'angoisse qui peut frapper n'importe qui face à la Maison Usher (face à cet indice qui ne trompe plus, qu'est la lézarde apparente) si celle-ci devient le synonyme d'un affrontement avec un passé trouble, si elle équivaut à la réminiscence (la remémoration platonicienne, le rappel, la re-connaissance, le retour à la surface) de ce qui était, croyait-on, ou feignait-on de croire ou d'oublier, enfoui dans les décombres de l'esprit. Eh ! quoi ! n'entend-on pas dans ce « *Usher* » le « *gardien* » des portes, l'*huissier* » (qui engage des poursuites, qui vous surveille avant de vous étrangler) ? ne conçoit-on pas d'un tenant le « *faire entrer* », l'« *introduire* » ? n'entend-on pas le « *silence* » du « *hush* » (le bruissant sans-bruit) ? n'entend-on pas, en français, la « *chute* » du « *chut* » ? l'« *automne* », par un jeu de miroir phonétique tiré par les cheveux, du « *fall* » — atone ? Est-il si facile de suspendre son mouvement lorsque l'on échoue au seuil de l'antre, au perron de la cachette du monstre qui habite ces lieux, le *même* monstre qui nous habite ? Est-il possible de quitter notre mutisme inquiet quand des deux monstres de l'altérité on ne saura lequel aura parlé le premier, lequel se sera élancé, lequel aura provoqué « *cette puissance d'impression douloureuse* » que n'annihilera pas, une fois que l'on se sera introduit dans la maison-mère, « *une simple différence dans l'arrangement des matériaux de la décoration* » ?... La *peur*, — la peur du revirement, du traumatisme de la naissance et de l'enfance, — *qui la fera taire après l'avoir rappelée à la conscience ?* En l'occurrence, par « *un bruit prolongé, un fracas tumultueux comme la voix de mille cataractes* », le choix (tout empreint d'esthétique) de Poe fut de faire « *s'écrouler en deux* » les « *puissantes murailles* », et de nous laisser le spectacle affligeant de « *l'étang profond et croupi* » qui, *à nos pieds*, se referme « *tristement et silencieusement sur les ruines* » !... *Nolens volens*, l'alternative à la connaissance, qui est douleur (Nietzsche), c'est le repli, et le sentiment de terreur devant la destruction se mêle alors au sentiment de l'allégement, de l'espoir (imprudemment optimiste) d'une cicatrisation — d'une blessure que l'on ne connaît pas *et que l'on s'est infligée*… À quelques minutes près, le narrateur faillit, et pour de bon, y laisser sa *peau* ; mais s'il (s')est allégé en (s'en)fuyant, c'est parce que dans cet *évanouissement* il y a *perdu* de son être, qu'une portion de lui-même s'est écroulée avec la maison (non plus masure, ni épave, ni vétuste enceinte, ni délabrement, mais *disparition*) : en y pénétrant, il sut rapidement, quoique de manière sourde, qu'il devrait pénétrer en son for intérieur, et en cela réside l'un des fondements de la peur, à savoir la confrontation ambiguë du Soi et du Moi, du Moi et de l'autre Moi, et la terrifiante idée du « τί ἔστι » (« *qu'est-ce que c'est* ») amenant le « γνῶθι σεαυτόν » (« *connais-toi toi-même* ») au constat de l'« *ecce homo* », (« *voici l'homme* ») submergé de « φόβος » (« *peur* »). Pour Poe, et surtout le narrateur qui l'ignore, fuir, c'est *se* fuir ; oublier, c'est *s'*oublier ; abandonner, c'est *s'*abandonner ; contempler les ruines, c'est contempler *ses* ruines ; voir ce qui tombe dehors, c'est voir ce qui tombe *en soi*. Ainsi il en va de William Wilson, de la nouvelle du même nom, qui n'apprend au vrai qu'à la fin de sa vie, et à ses dépens, tout comme le lecteur à la fin de sa lecture, ce que signifie cette dépolarisation : la nature paranoïaque de Wilson révèle, non pas tant un délire de persécution de la part de son supposé « double » qui imiterait ses moindres faits et gestes et se présenterait comme une parfaite et immonde « copie », mais une bipolarité d'un Moi qui ne fait jamais coïncider le reflet de l'objet et l'objet du reflet, et il advient de l'objet qu'il devait atteindre, c'est-à-dire qu'épuisé, en croyant le tuer, il *se* tue ; en assassinant, il s'assassine : « *Un masque de soie noire recouvrait entièrement sa face. […] Mais quelle langue humaine peut rendre suffisamment cet étonnement, cette horreur qui s'emparèrent de moi au spectacle que virent alors mes yeux. Le court instant pendant lequel je m'étais détourné avait suffi pour produire, en apparence, un changement matériel dans les dispositions locales à l'autre bout de la chambre. Une vaste glace — dans mon trouble, cela m'apparut d'abord ainsi — se dressait là où je n'en avais pas vu trace auparavant ; et, comme je marchais frappé de terreur vers ce miroir, ma propre image, mais avec une face pâle et barbouillée de sang, s'avança à ma rencontre d'un pas faible et vacillant. […] Pas un fil dans son vêtement, — pas une ligne dans toute sa figure si caractérisée et si singulière, — qui ne fût* mien*, — qui ne fût* mienne *— ; c'était l'absolu dans l'identité !* » — Toujours le thème du double chez Edgar Poe, le maintien incertain d'un Docteur Jekyll et d'un Mister Hyde (« *Hide !* ») au cœur de la psyché, en particulier dans le majestueux poème *Le Corbeau* qui raconte la visite que rend l'« *oiseau d'ébène* » à un homme qui a *perdu* goût à la vie suite à la *perte* « *de la rare et rayonnante jeune fille que les* sensations dérivés de ce dernier, même quand parfois ils apparaissent flous, se nuancent mille fois mieux (la symptomatologie et l'étiologie sont le ciment de la maladie complexe et versatile, contrairement à l'état de réplétion « positive » qui se moque inconsciemment, pourvu qu'il soit ressenti en ne l'analysant pas, de ses attributs, modalités ou caractéristiques propres) ; *mais*, si vous n'êtes pas convaincu, faites-en l'expérience en essayant de dresser une liste des mots qui reflètent le bien-être, et vous apercevrez au maigre nombre d'occurrences trouvées l'iniquité des deux affects opposés ; *donc*, en définitive, et nous y reviendrons avec Schopenhauer, ce n'est pas le bien-être qui est « *positif* », mais le mal-être. — *Quarto*, un pessimisme (parrainé par un nihilisme) naturel imprégnera le récit ; *et* j'illustrerai ce nouveau point par un texte de Hume tiré de *l'Enquête sur l'entendement humain* : « *Si un voyageur, de retour d'une contrée lointaine, nous rapportait le récit d'hommes totalement différents de ceux que nous avons jamais connus ; des hommes entièrement dépourvus d'avarice, d'ambition ou d'esprit de vengeance, qui ne connaissent d'autre plaisir que l'amitié, la générosité et l'esprit public, nous détecterions immédiatement la fausseté [de son propos] et nous prouverions à cet homme qu'il est un menteur, avec la même certitude que s'il avait rempli son récit d'histoires de centaures et de dragons, de miracles et de prodiges* » ; *car*, comme nous pouvons le voir, il siège en l'homme incrédule, chez qui la sentimentalité à l'eau de rose a fort heureusement (?) des limites, une maxime quasi universelle qui est de ne pas honnêtement croire aux contes de fée qui, du début jusqu'à la fin, se dérouleraient paisiblement, sans entraves ni malheurs ; *or*, les Pangloss (nous en reparlerons), qui s'entichent de l'idée d'un monde où tout serait pour le mieux, se révélant soit de véritables benêts, soit de pures fictions, nous ne serons pas surpris de réunir existence et pessimisme ; *donc* gardons en mémoire que ce pessimisme n'est pas une marque d'originalité, mais de réalité. — *Quinto*, incapable de me sentir isolé de tout, ni d'explorer les antres maladifs inaccompagné, je profiterai encore du « secours » (en m'injectant dans les veines leur parole, plaisant, revigorant et inestimable dictame) des Docteurs en mélancolie ; *or*, figureront parmi eux Arthur Schopenhauer, Emil Michel Cioran, Alphonse Rabbe ou Charles Baudelaire, — qui, malgré la beauté ensorcelante de leur style, n'en couvent pas moins les pensées les plus noires ; *et* l'effondrement radical, nous devrons le repousser d'un « *vade retro me* » (*Mc 8,33*), sans toutefois repousser d'un même élan instinctif les repoussantes citations que je disséminerai (dont je minerai les paragraphes) ; *donc* enfilons, vous et moi, la cuirasse que les épines ne transperceront pas, et marchons, humons sans effroi les effluves capiteux ; *et* n'oublie pas, Julien (Lecteur), que « *però che tu trascorri per le tenebre troppo da la lungi, avvien che poi nel maginare abborri* » (« *lorsque ta vue veut pénétrer trop loin dans les ténèbres, il advient qu'en imaginant tu t'égares* »). — *Sexto*, nous aurons ensemble été prévenus et aurons signé le pacte (de lecture pour vous, d'écriture pour moi) ; *et*, tels (*à pic*) Dante et Virgile, — sous l'horizon des flammes de l'Enfer « *che balenò una luce vermiglia* » (« *d'où surgit une lumière vermeille* »), main dans la main sur notre esquif tanguant dangereusement, protégés des damnés qui nous éclaboussent (tableau d'Eugène Delacroix exposé au Louvre), — ou, surveillés par un démon ricanant aux ailes coloriées du rouge de l'incendie proche, et spectateurs horrifiés du combat de deux hommes maudits dont l'un égorge l'autre de ses dents avides de meurtre et de sang (tableau d'Adolphe Bouguereau, collection particulière), — marchons sans reculer (« *guarda e passa* », « *regarde et passe* »), — marchons sur leur trace, — marchons dans les ténèbres de l'existence, dans le cloaque de la vie, — marchons dans la fonderie de l'Esprit, dans le Royaume du Tartare, — marchons dans un désert de cathares — suicidés ; *mais*... *donc*... ne renions l'épouvante en son nid, ne dénions le bagne en son aire... — (« *Ah ! heureux celui qui, après avoir écrit quelques lignes sur cette question-là, n'a plus à s'en occuper ; et plus heureux encore celui qui peut écrire les lignes suivantes* », se crispait Søren — d'effroi — face à la *conscience malheureuse*...) — Non, je n'ai pas choisi la facilité ; *la facilité ne m'intéresse pas*. Prétentieusement, je reprendrai à mon compte les mots du Président John Fitzgerald Kennedy lors de son élocution de 1962 à la Rice University : « *We choose to go to the moon in this decade and do the other things, not because they are easy, but because they are hard* » (« *Nous choisissons d'aller sur la Lune pendant cette décennie et de faire d'autres choses encore, non parce qu'elles sont faciles, mais parce qu'elles sont difficiles* »). — Mes membres grelottèrent et mon esprit bouillonna « *quand' io vidi un foco ch'emispero di tenebre vincia* » (« *lorsque je vis un feu qui vainquait l'hémisphère de ténèbres* ») ; — alors, Lecteur, prends ma main ; et, en vérité je te le dis, ainsi que l'avait dit Virgile à Dante, qui me le répéta à son tour : « *Ond' io per lo tuo me' penso e discerno che tu mi segui, e io sarò tua guida, e trarrotti di qui per loco eterno ; ove udirai le disperate strida, vedrai li antichi spiriti dolenti, ch'a la seconda morte ciascun grida* » (« *Donc pour ton mieux je pense et je dispose que tu me suives, et je serai ton guide, et je te tirerai d'ici vers un lieu éternel, où tu entendras les cris désespérés ; tu verras les antiques esprits dolents qui chacun crient à la seconde mort* »).

* * * * *

(*Je ne suis plus d'ici*. — Temps oh le satané temps qui coule et qui fuit / Sans douleur je le suis seul chaque jour et nuit / Je gémis sur mon sort me maudis je perdure / Dans la conquête futile vers un meilleur futur / Mais que vaut de pleurer là ses défunts amis / Lorsque soi-même on est comme mort enterré / Les murs sont de trop dans ce cloître si fermés / Tout est aboli me dis-je car c'est fini / Constant Kafka Rabbe Kleist sont mes confidents / Valéry Wilde Gracq Wittgenstein mes amis / Schopenhauer Nietzsche Kant Rousseau mes amants / Ils sont presque morts mon présent je le renie / Se faire petit pour que les autres soient grands / Se faire bourreau pour aider les innocents / Savoir s'éteindre pour les armées d'incendies / Mourir fier jeune pour laisser toute *autre* en vie)

* * * * *

Qu'est-ce que la Mélancolie ? *Quid sit ?* — Il est écrit dans *Job* (*33,14*) que Dieu ne se répète pas (« *semel loquitur Deus et secundo id ipsum non repetit* », dans la Vulgate). Je ne suis pas Dieu, et j'aime sans ânonner à me répéter (fonction didactique de la répétition, presque pavlovienne), — et, n'y a-t-il pas pour le moins, au même chapitre *anges nomment Léonore* ». Le corbeau, ne cessant de psittaciser (« *jamais plus !* » — « *nevermore* ! » — croasse-t-il), *présage* funeste *a posteriori* (« *Et de la soie l'incertain et triste bruissement en chaque rideau purpural me traversait — m'emplissait de fantastiques terreurs pas senties encore* »), lui renvoie cruellement l'image de la défunte aimée, la moitié chèrement regrettée. Ce poème, dont on doit la traduction en prose à Stéphane Mallarmé (qui avoua avoir étudié la langue anglaise dans l'unique intention de traduire la poésie de Poe, et ainsi de prendre la succession de l'auteur des *Fleurs du Mal*, « *que la Mort seule empêcha d'achever* » l'audacieuse et inestimable entreprise), atteint à la plus haute *mélancolie* par une technique de *répétition* et d'*inquiétante étrangeté*, que même Baudelaire avait du mal à exprimer intelligiblement au lecteur français (« *Le lecteur comprendra qu'il m'est impossible de lui donner une idée exacte de la sonorité profonde et lugubre, de la puissante monotonie de ces vers, dont les rimes larges et triplées sonnent comme un glas de mélancolie* », concédait-il dans sa présentation de *La genèse d'un poème*), mais qu'il délimita néanmoins avec davantage de nuances dans ses *Notes nouvelles sur Edgar Poe* : « *De même qu'il avait démontré que le refrain est susceptible d'applications infiniment variées, il a aussi cherché à rajeunir, à redoubler le plaisir de la rime en y ajoutant cet élément inattendu*, l'étrangeté, *qui est comme le condiment indispensable de toute beauté* » (c'est notre poète qui souligne). L'écriture *intentionnée* de Poe, intentionnalisée dans la construction, et dans l'effet à produire (qui est « *la première de toutes les considérations* »), allie mélancolie, désespoir, souffrance, rengaine ténébreuse et *plaisir, esthétisme, Beauté* (majusculé). Tout est travaillé dans un souci de perfection, car, selon les propos de Baudelaire, « *il n'y a pas de minutes en matière d'art* », ce dont témoigne *The Raven*, qu'Edgar avait exceptionnellement écrit en vue *de plaire au public*, et il livre un remarquable essai — ô combien *loyal* — sur son *modus operandi* dans *La genèse d'un poème* : « *Mon dessein est de démontrer qu'aucun point de la composition ne peut être attribué au hasard ou à l'intuition, et que l'ouvrage a marché, pas à pas, vers sa solution avec la précision et la rigoureuse logique d'un problème mathématique.* » Ce qu'il y a de vraiment incroyable, ce n'est pas seulement la *logique mathématique* qui ne laisse rien au hasard (il écrira même dans *Le domaine d'Arnheim* : « *Les mathématiques ne fournissent pas de démonstrations plus absolues que celles que l'artiste tire du sentiment de son art* »), ni ce qu'il explique ensuite, à savoir que la Vérité réclame la précision et la Passion, la *familiarité*, mais qu'il faille de surcroît *envelopper* celles-ci pour accéder à la Beauté (la Beauté leur étant en effet réfractaire) ! Le lecteur qui, s'il a bien suivi le raisonnement, s'imagine très certainement où je veux en venir, n'est pas au bout de ses surprises : certes, Baudelaire nous entretenait de l'*étrangeté* ; certes, Poe nous parle maintenant de *familiarité* ; certes, le « *heimlich* » et le « *unheimlich* » de Freud semblent encore intriqués ; mais voici le passage dans le texte : « *Truth, in fact, demands a precision, and Passion, a* homeliness *(the truly passionate will comprehend me)* [...]. » Malgré l'intérêt non négligeable qu'il y aurait à s'attarder sur la parenthèse des « *hommes vraiment passionnés* », je passe délibérément outre et m'arrête une minute sur le terme, souligné dans l'original, de « *homeliness* », c'est-à-dire, d'après l'élection de Baudelaire, de « *familiarité* ». Je ne prétendrai pas infirmer le choix de « *familiarité* », pour lequel je ne subodore honnêtement aucune incongruité (au contraire, c'est la traduction la plus fidèle), mais si l'envie nous prend d'ouvrir un dictionnaire à « *homely* », nous y apercevons d'autres définitions très précieuses : « *not good-looking or handsome* », « *plain or unattractive* », « *unelaborate* », — autrement dit, en exagérant un peu, quelque chose de peu attirant, désagréable d'apparence, sans détails francs, — quelque chose, en somme, de *non familier* ! — L'*infamiliarité familière* — ou *l'infamilière familiarité*... l'angoisse qui se pare, embellie, — nous énamoure, anacréontique... — Continuons de nous délecter de la plume si intelligente, intransigeante, de notre aristarque bostonien : « *Regardant conséquemment le Beau comme ma province, quel est, me dis-je alors, le ton de sa plus haute manifestation ; tel fut l'objet de ma délibération suivante. Or, toute l'expérience humaine confesse que ce ton est celui de la tristesse. Une beauté de n'importe quelle famille, dans son développement suprême, pousse inévitablement aux larmes une âme sensible. La mélancolie est donc le plus légitime de tous les tons poétiques.* [...] *J'ai fait la nuit tempétueuse, d'abord pour expliquer ce corbeau cherchant l'hospitalité, ensuite pour créer l'effet du contraste avec la tranquillité matérielle de la chambre.* [...] *et jusqu'ici rien ne s'est montré qui dépasse les limites de la réalité.* [...] *Deux choses sont éternellement requises : l'une, une certaine somme de complexité, ou, plus proprement, de combinaison ; l'autre, une certaine quantité d'esprit suggestif, quelque chose comme un courant souterrain de pensée, non visible, indéfini.* » Les caractéristiques principales de la composition qui permettent de produire un effet durant la lecture sont, en quelque sorte, un savant mélange — où l'on rencontre divers aspects qui se montrent et se tapissent : le Beau, cette grande impression qui émeut jusqu'aux *larmes*, ce plaisir relevé que donne la forme pure, ces proportions charmantes, si agréables, si nobles, se manifeste le plus hautement par le ton de la *tristesse*, de la *mélancolie* (« *melancholy is thus the most legitimate of all the poetical tones* ») ; — le *réalisme*, la Réalité, ce à quoi l'on s'accroche volontiers, la seule base solide de nos représentations, ne doit pas nous échapper (« *everything is within the limits of the accountable—of the real* »), c'est-à-dire que nous devons envisager comme *possible* et *vraisemblable* l'histoire qui nous est contée (un corbeau qui s'immisce dans une chambre et qui répète sa ritournelle, cela doit paraître plausible au lecteur afin que celui-ci s'imagine que cela *pourrait lui arriver*) ; donc il faut forcer sur la *familiarité*, qui engage le lecteur à accueillir l'histoire (hors du livre inoffensif, il fait mauvais) de la même manière que le narrateur accueille le corbeau et lui offre l'hospitalité (hors de la pièce tranquille, il fait également mauvais) ; mais l'*infamiliarité* est cruciale, car la réalité ne doit pas non plus apparaître comme invariablement rassurante, un malaise est nécessaire pour accroître l'effet angoissant et ce dernier est apporté par une *complexité* (« *complexity* »), — dans le sens d'un ensemble de rapports (qui n'implique pas obligatoirement une difficulté à saisir, ainsi qu'on pourrait d'abord le penser), — ou plutôt une *combinaison* (« *adaptation* »), — dans le sens d'un arrangement et d'une *accommodation* (« *aux yeux* ») à cette complexité (que la traduction ne rend pas), — et par une *suggestivité* propice au vague (« *undercurrent* », littéralement un « *courant sous l'eau* », mais qui indique quelque chose « *qui ne se ressent point à la surface* »), un courant *vague* (« *indéfinie* ») qui agirait souterrainement sans toutefois se départir d'un *sens* (« *meaning* »), d'une signification réelle et positive. Toujours dans *Le domaine d'Arnheim*, Poe établit que la condition ou le signe qui font que la nature nous apparaît comme l'intermédiaire entre l'homme et dieu, — *angélique*, — c'est la « *réunion de la beauté, de la magnificence et de l'*étrangeté » (souligné dans le texte). — Sans aucun doute, je le redis, Edgar A. Poe fut l'Oscar Wilde américain, un très grand esthète, que l'on considère cette appellation sous l'angle de l'intelligence artistique ou tout simplement sous celui de sa façon d'être et d'agir, aux dires de ceux qui l'ont connu, en *parfait gentleman* (par exemple, Annie L. Richmond, dont il s'était entiché vers la fin de sa vie, écrivait : « *Les années passant, je vois d'autres hommes que l'on dit raffinés et élégants, et je me rends compte combien il leur était supérieur* »). Il fut un fabuleux poète et un immense nouvelliste, l'exigence du détail le porta au firmament et il influença bon nombre d'écrivains, mais force est de reconnaître qu'il dut affronter, le long d'une vie qui dura à peine une quarantaine d'années (de 1809 à 1849), la misère dans ses plus terribles et acharnées expressions, et (je n'ajoute pas « *malheureusement* », car ces vicissitudes marquèrent son œuvre et formèrent un tout) il fit partie des artistes souffrant continuellement de leur condition (matérielle ou spirituelle). On peut même dire (ô Fatalité !) qu'il souffrit *après* sa mort, du moins l'image de sa postérité souffrit de la notice nécrologique que répandit le vilain, l'ignoble Rufus Griswold — qui n'aimait pas Edgar, qu'Edgar n'aimait pas non plus, mais qu'il avait néanmoins institué son légataire universel (pour des raisons d'influence dans les milieux littéraires) ! Ainsi l'infâme Griswold écrivit une première biographie de Poe, falsifiée, honteusement frauduleuse et irrespectueuse, et il fallut toute l'énergie de ses proches pour tenter d'éradiquer cette vision qui était le contraire d'un hommage, qui ressemblait à une espèce de ramassis d'inepties motivé par un lâche règlement de compte. Cependant le mal fut perpétré et perdura puisque, sans le savoir, Baudelaire, non sans avoir deviné que Griswold fut un diffamateur, reprit d'une source indirecte la plupart de ces informations grossières et abusives, et une « mythologie » erronée commença d'installer la confusion, notamment par l'exagération de l'alcoolisme de Poe (Baudelaire parle d'« *ivrogne* ») et d'autres traits que dégagent à profusion les hommes maudits, comme celle d'avoir été un véritable reclus, peu apprécié, souvent rejeté, et un insociable, alors que sa *mère* « d'adoption » (il perdit ses parents lorsqu'il n'était qu'un enfant), Maria Clemm, — la mère de Virginia, qu'il épousa âgée de treize ans, — disait, après sa mort : « *Quiconque le connaissait* intimement *l'aimait. Des connaisseurs l'ont déclaré le plus brillant causeur* vivant. » Ce serait mentir que de clamer l'innocence de son existence, de minimiser la malédiction qui pesa sur lui, d'écrire qu'il ne fut pas malheureux, voire le plus malheureux des hommes. S'il fut éminemment attachant, il n'en fut pas moins un être des plus désespérés ; et, en sus d'être *orphelin*, les soucis s'abattirent sur sa nature chétive et sensible dès le moment où il fut recueilli par le couple Allan, habitant dans l'état de Virginie, composé de Frances, l'épouse, et de son mari, le froid, l'ignoble, l'inhumain, le « sans pitié », le machiavélique et révoltant John, qui écrasa constamment le jeune poète et devait lui faire hériter — à jamais — des séquelles de l'affection ratée. En nous emparant du prisme particulier et *révélateur* (du *cœur* !) qu'est la correspondance (les lettres envoyées par Edgar à John), nous pourrons constater quelles affres il dut vivre et subir, nous comprendrons tout l'horreur qu'a reflété ce lien et combien elle a pu par la suite imprégner ses poèmes et ses nouvelles, mais avant cela, et pour donner le ton — de la *tristesse* —, je rappellerai ces mots de Nietzsche à propos de la *Tragédie de l'enfance* : « *Il n'est sans doute pas rare que des hommes aux aspirations nobles et élevées aient à soutenir leur lutte la plus rude pendant leur enfance : par exemple parce qu'ils doivent maintenir leur manière de voir contre un père aux pensées basses, adonné à l'apparence et au mensonge ou bien, comme lord Byron, vivre en lutte continuelle avec une mère puérile et colérique. Si l'on a subi pareille épreuve, on ne se consolera pas, sa vie durant, de savoir quel a été réellement le plus grand, le plus dangereux ennemi qu'on ait eu.* » Tout comme Gordon Comstock, le misérable héros du livre de George Orwell, qui se démène sans un sou en poche, Poe fut régulièrement entravé par le manque d'argent, rongé par le besoin, pour survivre, d'avoir à en réclamer, complètement affolé, à son beau-père ; il fut flétri, déshonoré d'avoir à essuyer en retour ses sempiternels refus, ou pis, de ne pas recevoir de réponse, bien que, goujat ignominieux, puéril et capricieux, John Allan en disposât d'une belle réserve et fît le sourd, entraîné par un incognoscible orgueil. Leur ressemblance s'arrête toutefois là, car dans l'accablement, Poe ne se résigna ni ne se contraignit jamais, pour sa part, à jouer de cette pénurie pécuniaire pour se venger d'une machine économique sans indulgence, qui extermine tout sur son passage (et qui finit malgré tout par broyer l'impuissant Comstock), de même que dans la détresse il ne sacrifia jamais, en conséquence, sa passion de l'écriture, bien au contraire : il sacrifia tout pour elle. Oui, le beau-père John Allan, qui se bandait volontairement et gratuitement les yeux sur la situation inconfortable d'Edgar, — plus par mépris et méchanceté que par retenue, — lui refusa beaucoup, ne fût-ce qu'une quelconque reconnaissance, une once d'estime ou la plus petite preuve de l'amour qu'un père digne de ce nom, habituellement débonnaire, doit avoir à l'égard de son fils, et il ne lui concéda finalement (quel affront !) que l'image d'un tuteur qui honorait l'humiliation, d'un oppresseur, d'un soi-disant protecteur qui n'apportait nul soutien bénéfique et se protégeait égoïstement de lui-même : quand Edgar, qui avait pris la décision de s'enrôler dans l'armée, le supplie, afin qu'il en démissionne au plus tôt et après les *bons et loyaux services* qu'il a rendus, de remplir une simple attestation, d'apposer une ridicule signature, il feint de ne jamais avoir reçu cette urgente missive ; quand Edgar, alors étudiant, demande de l'argent pour qu'il puisse se procurer les livres scolaires nécessaires, il ne l'aide pas et ne paiera sous aucun prétexte l'ardoise que s'est créée Edgar auprès du libraire, ce qui le condamnera (pour des pacotilles !) à arrêter ses études où pourtant il excellait ; quand Edgar essaie de lui soutirer quelques piécettes qui garantiraient le tirage en quelques exemplaires de ses poèmes (et dont la vente renflouerait rapidement le placement), il ne remue pas d'un pouce, le laisse en plan alors qu'un effort très minime assurerait peut-être l'avenir de son beau-fils… Oui, le beau-père, que dis-je ? l'*exécrable-père* John Allan ne rendit que rarement les services qu'attendait Poe et ne facilita pas son épanouissement, — bien plutôt : il l'endigua ! Je le vois d'ailleurs sourire, ce malotru, que dis-je ? ce *monstre sadique*, en se représentant (en s'en repaissant à demi) les souffrances d'un fils qui n'est pas le sien et qui ne mérite pas son respect, qui souille la lignée des Allan. Tu as puni l'innocence et la candeur ! Que ne t'es-tu repenti, que n'as-tu senti la résipiscence, vaurien ! inane crapule ! indigente créature ! Ta cruauté n'avait pas de bornes ! ta compassion était pur néant ! tu allais, vil individu, comme si cela ne suffisait pas, jusqu'à commenter en privé les lettres implorantes d'Edgar en y gribouillant quelques mots acerbes au dos de l'enveloppe ou dans la marge : quand Edgar, angoissé et défait, fait savoir dans une vibrante lamentation qu'il souhaite récupérer sa malle pour s'enfuir de la maison, tu notes, ordure sans foi : « Jolie lettre » ; ou bien tu notes crûment sur une autre (rabroueur !), sans laisser d'autre choix au destinataire que la désespérance : « *Répondu [...] par une forte censure de sa conduite, et en lui refusant toute assistance* » ; ou bien, quand Edgar, sur les rotules, exprime qu'il n'a plus d'autre issue que de fauter pour se faire renvoyer de l'armée, lui qui a toujours été exemplaire dans ses fonctions, tu grimaces : « *Je ne crois pas que le garçon ait une seule bonne qualité. [...] Sa lettre est l'exposé unilatéral le plus effronté qui soit* »… Que je sois vilipendé, traité d'hérétique si ce ne sont pas là les pensées d'un tortionnaire, d'un mécréant, d'une abjecte et stupide charogne ! Le calvaire dont Poe devait pâtir ne se cantonnait pas seulement à ce que ces pâles lueurs nous font glacialement entrevoir. Lorsqu'à vingt-deux ans, c'est-à-dire en 1831, Poe lui reparle de ce refus de signer la lettre de démission, qui lui aurait évité bien des déboires et fait gagner une légère indemnité, il avoue qu'en gagnant New York sans manteau ni aucun vêtement, il a été saisi d'un froid violent et qu'une irruption de fièvre l'a confiné au lit : « *Je n'ai ni argent, ni amis ; j'ai écrit à mon frère mais il ne peut pas me secourir. Je ne me relèverai plus de mon lit : outre un froid très violent aux poumons, de mon oreille s'écoule du sang et de la matière continuellement, et mon mal de tête est atroce, à peine je sais ce que je suis en train d'écrire.* » Que peut-on lire au dos de cette terrible lettre, ajouté de la main de John Allan quelque *deux années plus tard* ? « *J'ai reçu la précieuse relique ci-dessus du cœur le plus noir et de la plus profonde ingratitude, aussi destitué d'honneur que de principe ; chaque jour de sa vie a confirmé la vilenie de sa nature. Qu'il suffise de dire que mon seul regret, c'est la pitié de ses fautes : ses talents sont d'un ordre qui ne donnera jamais un agrément à leur possesseur.* » J'ose espérer que le lecteur n'en croira pas ses yeux — et qu'il eût préféré être aveugle, — car devoir supporter ces allégations imméritées, provenant d'un calomniateur invétéré qui ne se soucie que de son apparente et grotesque « respectabilité », est une épouvantable épreuve (et sans commune mesure à celle que vécut Poe) ! La déchéance *sui generis* s'aggrave, aucun remède ne point à l'horizon — sombre. Fin 1831, *désolé*, il pousse un cri de douleur : « *Je suis dans la plus grande détresse et je n'ai aucun autre ami au monde à qui m'adresser sauf vous* » ; au 29 décembre 1831, de nouveau : « *Rien, sinon la misère extrême et la détresse ne me feraient aventurer à faire de nouveau intrusion dans votre attention. Si vous saviez combien je suis misérable, je suis sûr que vous me soulageriez. Nulle personne au monde, j'en suis sûr, n'aurait pu supporter plus de misère que je n'ai fait depuis un certain temps et je n'ai aucun ami sur qui je puisse compter excepté vous, et aucune chance de m'en tirer sans votre assistance* » ; au 12 avril 1833, après deux ans consécutifs sans assistance, trois ans sans réponse, le même appel déchirant : « *je péris — je péris réellement par manque de secours. [...] je n'ai commis contre la société aucune offense qui me fasse mériter une destinée si rude. Au nom de Dieu, ayez pitié de moi et sauvez-moi de la destruction* ». Avec ce train de vie destructeur, ce rythme démobilisateur, je devine le sort funeste qui, *à six mois près*, l'eût frappé, mais la providence a quelquefois ceci de remarquable, qui est de sauver de peu le miséreux, de réserver une éclaircie momentanée au pénitent et de lui demander du bout des lèvres un pardon presque inaudible en tâchant de rééquilibrer tant soit peu les masses de malheurs et de bonheurs qui l'ont affecté : suite à un concours, un journal littéraire prima sa nouvelle intitulée (cela ne s'invente pas !) *Manuscrit trouvé dans une bouteille* avec une récompense sous la forme d'un chèque de cinquante inespérés dollars, et Poe trouva un sauveur en la personne de John P. Kennedy qui le recueillit et subvint à tous ses besoins (lequel nota dans son journal : « *Je l'ai découvert à Baltimore mourant de faim. [...] en fait, je l'ai ramené des confins du désespoir* »). Et, une « bonne » chose en relayant galamment une autre, six mois plus tard, Allan le Bourreau mourut, — non sans transmettre aux générations futures son portrait, celui d'une âme intestinement fielleuse et malveillante… — Toujours selon le prisme de la correspondance, l'épistolier amoureux n'étancha jamais sa soif d'affection et multiplia les cris de désir passionnés et irréfrénables, les demandes séductrices et enflammées, mais il essuya presque tout le temps des oppositions, comme ce fut le cas dans le passé avec le beau-père, mais cette fois-ci policées et élégantes, car ses interlocutrices, des femmes du monde, avaient la pudeur et la réserve que ne possédait en aucune façon le Nauséeux. J'ai mentionné qu'il s'était marié avec Virginia Clemm, âgée de seulement treize ans (il avait le double) : celle-ci était la demi-sœur de l'épouse de son cousin Neilson Poe, et sa mère, Maria Clemm, sera considérée toute sa vie comme sa propre mère (Edgar ne manquera jamais de l'appeler « mère »). Ce mariage eut lieu en 1835 ; cependant le « bonheur » fut de courte durée : au début de l'année 1842, Virginia se rompit un vaisseau en chantant ; de cette hémoptysie précoce s'ensuivirent cinq ans de déclin chronique avant que la mort ne stoppât ses souffrances. D'aucuns ont glosé sur le prétendu amour qu'avait prodigué Edgar à sa malheureuse épouse, mais aucune preuve formelle n'étaye ces affirmations, et la lettre qu'il lui envoya un an avant son décès témoigne du soutien réciproque nécessaire à leur survie dans ce monde terrible : « *Vous êtes maintenant mon* unique *et ma* plus grande *motivation pour lutter contre cette vie hostile, insatisfaisante et ingrate.* » La rareté des échanges écrits vient de surcroît confirmer un autre aspect des rapports intimes du couple : ils ne se séparaient jamais. (À ce propos, une anecdote dément clairement l'idée, soutenue par Griswold et reprise en partie par Baudelaire, que Poe ait été un perpétuel laissé-pour-compte dans son pays natal, que son génie ait été ignoré : en effet, des gens affectueux, informés de la maladie qui touchait Poe et de l'état de sa femme qui se mourait, passèrent une annonce dans des journaux locaux afin de solliciter des dons sous forme de contributions financières, et cet appel au secours connut un certain succès puisque quelques mécènes répondirent immédiatement à l'appel…) Edgar, devenu veuf en 1847, ne savait pas qu'il n'avait plus que deux ans à vivre. Rapidement en mal de tendresse, il s'enticha de l'infirmière de Virginia, Marie Louise Shew, mais celle-ci fuira devant son « excentricité », son esprit angoissé — et certainement devant son investissement excessif et les réponses en conséquence qu'il en attendait (« *[Vous êtes] un ange pour ma nature sombre et malheureuse — par amour pour vous je ne dirai pas à nouveau "mon âme perdue"* »). Edgar est, en amour surtout, un insatiable, un insatisfait, et il n'y va pas de main morte quand il s'agit de le déclarer ouvertement. Ainsi, dès 1848, il rencontra les deux dernières femmes dont il voulut accaparer les cœurs : la poétesse Sarah Helen Whitman (puis Annie L. Richmond). Mrs. Whitman, à qui il écrivit de ce ton qui nous est dorénavant si familier que « *Dans ce monde froid et lugubre n'est-ce pas quelque chose que d'être aimé ?* ») se résolut après maintes tergiversations à ne pas accepter sa demande (éplorée) en mariage, ce qui lui fit répondre de cet autre ton, lui aussi coutumier, du désabusement : « *Car en vérité mon cœur est brisé, et malgré tous mes efforts je ne puis vous parler le langage calme et froid d'un monde que je déteste, d'un monde pour* lequel je n'ai aucun intérêt, d'un monde qui n'est pas le mien. » De son côté, Annie Richmond, qui était mariée, repoussa également toute idée de relation sentimentale (donc extraconjugale) et l'exhorta même à se marier avec Mrs Whitman. Acculé dans l'impossible résolution, l'irrésolution forcée, Edgar, déprimé au plus haut point, fit une tentative de suicide dont il narra les tristes détails à Annie : « *Je me suis mis au lit et pleurai durant une longue, longue, hideuse nuit de désespoir. Lorsque le jour parut je me levai et essayai d'apaiser mes esprits par une marche rapide dans l'air froid et vif, mais rien n'y aurait pu changer ; le démon me tourmentait toujours. Finalement, je me procurai deux onces de laudanum [...]. Mais j'avais mal estimé la force du laudanum car, avant d'avoir atteint la poste, j'avais entièrement perdu la raison [...] Un ami qui se trouvait là m'apporta son aide et me sauva (si l'on peut appeler cela sauver) [...].* » Oh, comme je le vois, Edgar — l'Égaré —, tel que te représente le daguerréotype de Hartshorn pris en 1848 : ton large front dégarni et encombré de pensées soucieuses, « *ce front, des yeux à une profondeur d'astre nié en seule la distance* », tes sourcils inquiets qui, l'obscurcissant par une impression d'œil de biche, tombent sur ton regard perdu au-dessus de la ligne de l'objectif, scrutant l'ailleurs sombre ; tes cernes lourds et pochés, ta fine bouche, « *que chaque serpent tordit excepté le rire* », surmontée d'une moustache impeccablement taillée, ton nez crispé, son arête plate, ses ailes plissant ta peau au niveau des narines et de la joue. Que tout ce noir et blanc te montre mélancolique, ce « *noir mélange* » ! Tout homme prostré devant ton faciès, s'il se voyait le contemplant, croirait voir le reflet de ton frère jumeau, tant ton expression est empathique ! Aucune photographie en couleurs n'eût pu exister pour rehausser la majestueuse noirceur (« *stellaire, de foudre* ») qu'ont tracée les infinis déboires échelonnant ta vie, les interminables afflictions dont tu fus la victime ! Oui, Mallarmé, qui l'avait respectueusement élu « *le cas littéraire absolu* », avait compris que « *la mort triomphait dans cette voix étrange* » — et dans son *visage*, ajouterait-il ! Si beau, — si serein, si hanté, si malheureux, si entouré de la présence du Mal, tel tu vécus continuellement, — à quoi te réduisit l'implacable main de l'ἀνάγχη (destinée/hasard) sans recours volontiers te poing et pulvérise aussitôt ce qu'elle retient, — comme tu l'évoquas explicitement à Mrs. Whitman : « *Néanmoins, l'Ombre du Mal* me hante *et, quoique serein, je suis malheureux.* » Une lueur d'espoir qu'amène l'entame de la fatale année 1849 le fit aller mieux, des sollicitations pour écrire des articles arrivèrent « *de toutes parts* », rétablirent la confiance qui s'étiolait, ce qui pourtant ne l'empêcha pas, vers les mois d'avril et de mai, de se plaindre derechef à Annie, sa confidente des ultimes semaines, après qu'il eut appris, entre autres, l'incapacité de ses correspondants éditoriaux à honorer les rémunérations qu'il était en droit de toucher : « *J'ai été moins* malade *que déprimé. Je ne puis vous exprimer combien j'ai atrocement souffert de mélancolie... [...] Sans doute, Annie, attribuerez-vous ma '*mélancolie*' à ces événements. Mais vous seriez dans l'erreur. Aucune de ces considérations purement matérielles n'a le pouvoir de me déprimer. Non, ma tristesse est inexplicable, et cela me rend encore plus triste. Je suis assailli de sombres pressentiments. Rien ne m'égaye ni ne me console. Ma vie me semble vaine, l'avenir ressemble à un trou lugubre. Mais je continuerai à lutter et à "espérer contre tout espoir".* » Ces « *sombres pressentiments* » que nourrissait et renforçait une « *inexplicable* » tristesse étaient bien fondés, comme nous le savons aujourd'hui, et il affrontait l'abattement comme étant inéluctable, ce qu'atteste la lettre suivante, datée du 7 juillet, adressée à sa « maman » Maria Clemm : « *Il est inutile de raisonner avec moi* maintenant *; je dois mourir. Je n'ai aucun désir de vivre depuis que j'ai fait* Eureka*. Je ne pourrai rien accomplir de plus.* » Rien n'aurait su le sortir de cette agonie des sens, que cet *Eureka* figurant le cruel testament (encore l'ironique appel de la fortune pour le nom de cet *Essai sur l'univers matériel et spirituel* !), pas même les conférences sur le *Principe poétique* qu'il donna en août et en septembre et qui remportèrent un grand succès, bien que le thème parût l'antagonisme même d'un tel rassemblement (fin 1848, il avait drainé mille huit-cents personnes !) : « *Les journaux d'ici me portent aux nues, et partout j'ai été reçu avec enthousiasme.* » *Applause ! applause !...* « *Hurrah pour Edgard Poe !* » s'écrie l'assemblé électrisée du Gun-Club dans le roman lunaire de Jules Verne (immense admirateur de Poe, Verne écrira *Le Sphinx des glaces*, splendide suite des *Aventures d'Arthur Gordon Pym*, et lui consacrera un livre illustré, *Edgar Poe et ses œuvres*). — *Applause ! applause ! avant qu'il n'implose !...* — Un public qui s'engoue pour le tribun, des clappements frénétiques, des applaudissements mérités, des clameurs assourdissantes et bénissantes — qui vinrent trop tard, modeste Edgar (que le silence de ton propre avenir effrayait), et le 3 Octobre, tu es aperçu gisant sur un trottoir de Baltimore avec des vêtements sales et déchirés qui n'étaient pas à toi. Le docteur Moran, qui s'occupa des derniers instants (frontaliers de l'Oubli), décrivit les tremblements suprêmes, les délires du crépuscule, les conversations dépourvues de sens, les apparitions de spectres sur les murs, puis le calme, la *sérénité*, la soumission tranquille, avant que, le 8, ne s'échappassent ces mots, qu'aucune autre suite de paroles n'accompagnerait plus, — *nevermore, nevermore, nevermore*, — sinon dans les cœurs des lecteurs : « *Seigneur, ayez pitié de ma pauvre âme.* » — La paradoxe qu'incarne Edgar se reflétait sombrement dans son poème *For Annie* (daté de la mortuaire année 1849) : « *Thank Heaven! the crisis — / The danger is past, / And the lingering illness / Is over at last — / And the fever called "Living" / Is conquered at last. [...] The sickness — the nausea — / The pitiless pain — / Have ceased, with the fever / That maddened my brain — / With the fever called "Living" / That burned in my brain.* » (« *Grâce au ciel ! la crise — le danger est passé, et le malaise traînant est loin enfin — et la fièvre appelée "Vivre" est vaincue enfin. [...] Le malaise — la nausée — l'impitoyable douleur — ont cessé, avec la fièvre et sa démence au cerveau, — avec la fièvre appelée "Vivre" qui brûlait dans mon cerveau.* ») La Libération était entre les mains de la Mort... et c'est un Shelley imaginaire qui referme la pierre tombale avant d'y incruster les lettres dorées d'une complainte (*A lament*) : « *O world! O life! O time! — On whose last steps I climb, — Trembling at that where I had stood before; — When will return the glory of your prime? No more—Oh, never more!* » (« *Ô monde ! Ô vie ! Ô temps ! — Je gravis les dernières marches, — Tremblant là où jadis je résistais ; — Quand reviendra la gloire de votre aube ? — Jamais — oh, jamais plus !* ») — Se referme alors le *tombeau* d'Edgar Poe, que la plume de Mallarmé protège et encense — de décence : « *Calme bloc ici-bas chu d'un désastre obscur, / Que ce granit du moins montre à jamais sa borne / Aux noirs vols du Blasphème épars dans le futur.* » — J'avais rencontré Poe à quatorze ans pour ne plus jamais, — *nevermore, nevermore, nevermore*, — l'abandonner. Il sommeille dans mon âme et je le chéris tendrement, le préserve sous mon aile mallarméenne. Mes premières nouvelles, mes tout premiers écrits doivent tout à l'influence de deux hommes : lui — et Stephen King... Quand je pense à cette période du collège et du lycée, je ne sais pourquoi, mais je ne peux m'empêcher de nous voir, Edgar et moi, dans les rues londoniennes embrouillardées, mi-obscures, mi-argentées ; nous sommes là, en train de marcher sans but défini, et nous concluons l'itinéraire hasardé par les quais de la Tamise dont nous observons l'inquiétante et familière *immobilité mouvante* ; et, au pied d'un pont que nous ne franchirons pas, ressassant intérieurement nos aspirations dans un dialogue muet si éloquent, si parlant, nous sourions, et nous pleurons... — « *Edgar Poe personnellement m'apparaît depuis Whistler* » : je suis en totale communion avec Mallarmé. Regardez ce tableau de l'*Old Battersea Bridge* de James Whistler au si doux titre, — *Nocturne in Blue and Gold*... puis plongez dans *Nocturne in Black and Gold*, où transparaissent magnifiquement l'origine et la fin de l'Univers (le *Big Bang* et le *Big Crunch* prédits avant l'heure) imaginés dans *Eureka*, ce poème si fou qui rallie les âmes contraires et les fond dans le creuset de l'Amour, qu'Edgar, en préface, désire offrir à ceux, « *si rares* », qui l'aiment et qu'il aime ; « — *à ceux qui sentent plutôt qu'à ceux qui pensent ; — aux rêveurs et à ceux qui ont mis leur foi dans les rêves comme dans les seules réalités* »... L'homme est une romance à une voix, nocturnement insaisissable, comme l'arpège que façonnerait un astre en pinçant sa propre corde orbitale ; — l'homme est un « *sigh* » à la Frédéric Chopin.

* * * * *

(Les associations de mots et d'idées sont chez moi comme le foulard que le magicien tire avec engouement de la poche de poitrine de son costume, feignant la surprise devant un public pantois, en s'apercevant qu'il en vient d'autres, tous enchaînés par des nœuds sûrs, — et que cela semble sans fin...) — Par-delà l'antique océan, c'est-à-dire en nos occidentales contrées, naquit en 1850 (soit un an après la mort d'Edgar Poe) et mourut quarante-trois années plus tard (contre quarante pour Poe) ce plus *poesque* des écrivains français, son successeur spirituel le plus indéniable, — qui aurait une incidence, par l'intermédiaire de ses contes fantastiques, sur ceux de Henry James (lequel, dans un essai qui lui était réservé, d'une pertinence évidemment très jamesienne, mais assez critique dans l'ensemble, où il reprochait l'alternance entre « *bassesse* » et « *maîtrise* », n'en disait pas moins qu'ils représentaient « *une collection de chefs-d'œuvre* »). Cet homme, qui demeura le disciple le plus fidèle de Gustave Flaubert, compara sans méchanceté, un jour de 1882, dans l'une de ses chroniques du *Gaulois* consacrée à la « Foule », Edgar Poe, E. T. A. (Ernst Theodor Amadeus) Hoffmann « *et autres esprits du même ordre* » à des « *psychologues étranges, à moitié fous, philosophes singulièrement subtils, bien qu'hallucinés* », — et dans une autre de 1883 consacrée au « Fantastique », écrivit : « *L'extraordinaire puissance terrifiante d'Hoffmann et d'Edgar Poe vient de cette habileté savante, de cette façon particulière de coudoyer le fantastique et de troubler, avec des faits naturels où reste pourtant quelque chose d'inexpliqué et de presque impossible.* » Mes émois primordiaux avec cet auteur, dont d'aucuns auront déjà reconnu l'identité — que je vais révéler sous peu —, sont indéfectiblement rattachés à quatre moments ou images de ma vie (que leur prégnance toujours d'actualité marque au fer rouge). Cette lecture me fit progresser dans ce que j'appellerais mon *apprentissage littéraire*, en ce sens que je ne le limitai plus aux ouvrages uniquement *fantastiques* et *contemporains* (c'en fut par exemple terminé avec Stephen King, dont j'avais d'ailleurs tout lu). Ensuite, elle signifie une rupture assez nette avec la recherche du sentiment de la *peur infantile*. Joint à cela, il y a l'imprégnation du souvenir de l'*atmosphère familiale et tchèque*, dans une union que j'aurais bien du mal, en vertu d'une certaine irrationalité, à expliquer clairement. Mes parents, mon frère et moi avions séjourné une semaine à Prague (la Vltava, le pont Charles et sa légende, le métro, le cimetière juif, le crâne acheté au marché, *etc.*), puis une autre dans la campagne proche (le silence, l'isolement « shiningien », l'ambiance à la fois pittoresque et rétrograde des pays de l'est, *etc.*), et j'avais emporté dans ma valise trois des recueils de nouvelles de notre écrivain, que j'avais lus tous les jours, mais de ces séjours il me reste somme toute une impression de je-ne-sais-quoi désagréable qu'avait créé le climat de mésentente entre mon père et ma mère, qu'ils essayaient ridiculement de cacher (mon frère n'en vit rien), et je les avais sentis entre eux si froids, si distants, que j'en ai encore la chair de poule en écrivant (et leurs rapports furent emplis d'une indifférence telle qu'elle ne laissait présager rien de positif pour le retour en France). — Enfin, cette lecture, étant donné qu'elle fut placée sous le signe de la ville aux cent clochers, la ville dorée, — Prague (et du conflit — sourd — parental), elle est éternellement associée à Franz Kafka — et au kafkaïen, — *La métamorphose*... — *Apparition, Solitude, La Chevelure, La Peur, La Tombe, La Nuit, Le Docteur Héraclius Gloss, Suicides, Magnétisme, Rêves, La main d'écorché, Auprès d'un mort* (avec le nom de Schopenhauer que je rencontrai pour la première fois), — *Le Horla*... L'homme qui devait écrire des histoires (parfois aussi brèves, deux ou trois pages, que celles de Dino Buzzati), miné petit à petit par la syphilis contractée durant la jeunesse, né d'une mère dépressive et d'un père mort fou, et qui finirait sa vie dans un état mental sinistre, délirant, soulevé par des crises suicidaires, cet homme qui tomba en inconscience pendant dix-huit longs mois, — c'était Guy de Maupassant ! Ce conte fantastique dont il existe trois versions, *Le Horla*, — c'est-à-dire « *le hors-là* », le monde imaginaire qui s'immisce dans le monde réel, — raconte, nous le savons, le combat d'un homme contre une présence invisible qui s'impose chaque jour davantage dans son existence et pour lequel le seul moyen d'y échapper est de dépasser la folie en brûlant sa maison (seulement, il n'éradique aucunement le mal, car ce Mal, c'est la Solitude du narrateur). Cause de nombreux dégâts, cette lutte inutile, exposée avec beaucoup de minutie dans *Le Horla* (que James n'affectionnait pas plus que cela : « *spécimen qui n'est pas de la meilleure veine de l'auteur — la seule occasion où il a eu la faiblesse de se laisser aller à l'imitation, c'est quand il a voulu rivaliser avec Edgar Poe* »), donne la primeur de ce qui foudroiera Maupassant six ans plus tard, et elle m'intéresse à plus d'un titre pour les descriptions relatives à l'incontournable sentiment d'*inquiétante étrangeté* : « *D'où viennent ces influences mystérieuses qui changent en découragement notre bonheur et notre confiance en détresse ? On dirait que l'air, l'air invisible est plein d'inconnaissables Puissances, dont nous subissons les voisinages mystérieux. Je m'éveille plein de gaîté, avec des envies de chanter dans la gorge. / — Pourquoi ? — Je descends le long de l'eau ; et soudain, après une courte promenade, je rentre désolé, comme si quelque malheur m'attendait chez moi. / — Pourquoi ? — Est-ce un frisson de froid qui, frôlant ma peau, a ébranlé mes nerfs et assombri mon âme ? Est-ce la forme des nuages, ou la couleur du jour, la couleur des choses, si variables, qui, passant par mes yeux, a troublé ma pensée ? Sait-on ? Tout ce qui nous entoure, tout ce que nous voyons sans le regarder, tout ce que nous frôlons sans le connaître, tout ce que nous touchons sans le palper, tout ce que nous rencontrons sans le distinguer, a sur nous, sur nos organes et, par eux, sur nos idées, sur notre cœur lui-même, des effets rapides, surprenants et inexplicables ?* » Le récit du narrateur, écrit sous forme de journal intime, commence à la date du 8 mai, où il est encore plein de tonalités joviales, et l'extrait ci-dessus, qui suit immédiatement ce jour-là (12 mai), caractérise déjà les prémices du flottement qui se transformera en complète démence. Ces prémices se déclinent naturellement en six temps notables : sensation de béatitude qui se passe d'interrogations (on ne se demande jamais pourquoi l'on se sent heureux) ; brisure de cette émotion positive qui laisse place à l'angoisse, au malaise, à la mélancolie ; questionnement à propos de ce retournement d'émotion, recherche de l'origine ; impossibilité de la trouver en examinant l'environnement, de définir les causes exactes (« *Comme il est profond, ce mystère de l'Invisible !* ») ; croyance, par défaut d'identification rationnelle, tangible, en une mystérieuse Puissance agissant en retrait, en un présage qui renforce l'indisposition du narrateur ou plutôt le *dispose* au « bizarre » (« *À mesure qu'approche le soir, une inquiétude incompréhensible m'envahit, comme si la nuit cachait pour moi une menace terrible* ») ; tentative de se rassurer en puisant dans les dernières ressources que recèle la raison (le « *Bizarre idée ! Bizarre ! Bizarre idée !* » et ses airs d'Othello — « *O fool, fool, fool!* ») avant qu'elle ne devienne irraison et ne fasse naître le déraisonnable — jusqu'à la défiance radicale (« *S'il n'était pas mort ? Seul peut-être le temps a prise sur l'Être Invisible et Redoutable* »), l'irrésistible répit et la mort salvatrice, nécessaire (« *Non... non... sans aucun doute, sans aucun doute... il n'est pas mort... Alors... alors... il va donc falloir que je me tue moi !* »). Tel un enfant, le narrateur ne comprend pas que les monstres n'existent pas, et ce trouble, de plus en plus envahissant, ce dérangement qui ne lui permet plus de se détacher de lui-même et de se raisonner en lui faisant admettre que ces visions sont issues de son imagination, le dupe tout à fait : au lieu d'essayer en premier recours d'exterminer le mal à l'extérieur en incendiant sa demeure, et, fatalement, après la consternation de l'inefficacité de l'opération, de le retourner sur soi, il aurait fallu commencer par l'analyse centrée sur son affection psychique (d'après le profil que nous avons du personnage, il était de toute façon pour lui trop tard dès les premiers signes de la crise, tout tenait de la crainte matérialisée — qui conduit à la confusion entre la cause et l'effet — dont parle Leopardi dans le *Zibaldone* : « *La crainte est pour l'homme [...] plus naturelle que l'espérance [...] et, surtout pour les ignorants et les primitifs, les sauvages et les enfants, l'effet d'une cause cachée est presque identique à un effet effrayant* »). — Rien n'est plus riche d'enseignements, de la part des spécialistes d'un art particulier, que leurs commentaires sur les principes qui président à son élaboration ou leurs définitions théoriques qui le motivent. Nous en avons eu un aperçu extratextuel en compagnie de Stephen King, et je voudrais, au sujet de *la peur*, apporter le même type d'éclairage avec Maupassant, mais intratextuel pour cette fois, par le biais de la nouvelle du même nom, publiée dans les *Contes de la bécasse* : « *La peur [...], c'est quelque chose d'effroyable, une sensation atroce, comme une décomposition de l'âme, un spasme affreux de la pensée et du cœur, dont le souvenir seul donne des frissons d'angoisse. Mais cela n'a lieu, quand on est brave, ni devant une attaque, ni devant la mort inévitable, ni devant toutes les formes connues du péril : cela a lieu dans certaines circonstances anormales, sous certaines influences mystérieuses en face de risques vagues. La vraie peur, c'est quelque chose comme une réminiscence des terreurs fantastiques d'autrefois. Un homme qui croit aux revenants, et qui s'imagine apercevoir un spectre dans la nuit, doit éprouver la peur en toute son épouvantable horreur. [...] Alors, pendant une heure, le chien hurla sans bouger ; il hurla comme dans l'angoisse d'un rêve ; et la peur, l'épouvantable peur entrait en moi ; la peur de quoi ? Le sais-je ? C'était la peur, voilà tout.* » D'un côté, il y a la peur qui paraît indistincte, dont on ne sait d'où elle vient, ni comment elle dévore, ni où elle court, entourée de mystère, d'inconnu, d'anormalité, et qui par conséquent aboutit à la peur de la peur, qui n'est rien d'autre que la peur de la peur de la peur... *ad infinitum* (un objet sans objet, telle l'angoisse). D'un autre côté, il y a la peur qui paraît omniprésente parce que l'imagination la sculpte dans la réalité de tous les instants et l'amplifie proportionnellement à la force que libère cette même imagination (si grande chez les enfants, encore captifs de leur naïveté, et chez les véritables primitifs, ou les primitifs modernes et leurs « *réminiscences* »), ce qui signifie une peur non plus sérielle, construite sur une récurrence qui mène au néant, un retardement illogique de l'objet, mais une peur qui se fait peur (une peur apodictique qui se réfléchirait partout, car elle est là, son objet est immanent et finit par pénétrer tous les objets). — *De peur* d'avoir à m'écrier, tel le Roi Lear : « *O, that way madness lies; let me shun that! No more of that* » (« *Ô ! C'est par là que guette la folie ; fuyons cela ; assez* »), — je préfère *sans mentir* mijoter une petite et approximative suite (musicale, de chambre, anamnestique, inquisitrice) de transitions théâtrales (élisabéthaines, cela va sans dire) qui, par un court détour frankensteinien me semblera inévitable à ce point-ci de mon voyage, nous entraînera vers le livre le plus prodigieux qui soit, écrit par le dramaturge le plus exceptionnel (monstrueux ?) qui fût. Enfin ! ô Impatience ! ô Œuvre de longue haleine ! ô Ivresse sans-queue-ni-tête ! ô Élucidation ?... Ô toi, Lecteur « *bénévole et malévole* », « *Piece out our imperfections with your thoughts* » (« *Supplée à nos imperfections par tes pensées* »), — s'il te plaît, — car nous allons dès à présent feuilleter au hasard les sombres et métaphysiques pages qui m'accompagnèrent au lycée et participèrent à faire de moi ce que je suis !... En avant, messieurs Shakespeare, Byron, Goethe et Sartre !... Je vous suis, vous me suivez, — ainsi que celui qui lira ces lignes... Mais aussitôt me perce la question de Perse : « *Quis leget hæc ?* » (« *Qui lira ceci ?* ») Ha !... — « *Why, you shall find that Heaven hath infused them with these spirits, to make them instruments of fear and warning unto some monstrous state.* » (« *Eh bien, vous apprendrez que le ciel a tout pénétré de cette ardeur pour nous donner l'alarme, et que nous sachions voir notre monde aussi monstrueux.* »)

* * * * *

« *What's the matter? Have we devils here?* » (« *Qu'est-ce que c'est ? Y aurait-il des démons ici ?* ») — Depuis les temps immémoriaux, que ce fût sous la considération d'un narcissisme ou bien d'un humanitarisme, d'un primitivisme ou bien d'un enfantillage, d'un sentiment de solitude ou bien d'un ennui, d'un besoin de reconnaissance ou bien de soutien, l'homme a ardemment souhaité se trouver des frères avec lesquels il se sentît suffisamment proche, des individus qui pussent refléter une portion de lui-même, le refléter même en son entier (égocentrisme ou égoïsme), voire qui pussent voir en lui leur propre reflet (altruisme détourné par l'ego *intéressé*), mais, éternel insatisfait, au regret de n'en pas rencontrer l'ombre d'un à des centaines de lieues à la ronde, et pour combler ses goûts ou contenter son idéal, il dut se résigner à s'en faire le *créateur*. Pourquoi, s'il n'en existe aucun dans la nature, ne pas *créer* l'être qui me manque, l'*alter ego* qui me comprendrait, qui répondrait à mes désirs de communion fraternelle ? Observons dans deux situations différentes un enfant qui joue, soit qu'il soit seul avec ses poupées, soit qu'il soit en compagnie de camarades du même âge, et posons-nous la question très simple suivante : quand est-il le plus épanoui, le plus heureux, le *moins contrarié*, le *plus rêveur*, — en clair : quand assouvit-il pleinement ses *fantasmes de jeu* (activité fantasmatique, « *fantasying* ») ? Je me fourvoie peut-être, mais il me semble évident que dans la situation où il est *seul avec ses poupées*, son imagination est désenclavée, libre de toute possibilité, déchargée en tant qu'il la décharge selon ses vœux (conscients ou inconscients, signes de la réalité ou de l'illusion), et il pourra s'attacher à cet objet-frère avec d'autant plus de passion qu'il aura objectivé ses envies les plus intimes (comme il en va, à beaucoup d'exceptions près, avec le maniement d'une poupée vaudou). Pour l'avoir expérimenté jusque très tard (en suçant mon pouce et en *titillant* les coins *durs* d'une serviette ou d'un mouchoir), il est indubitable que l'enfant ne sait pas, et le nourrisson encore moins (le poing, le doigt, le pouce, supports des premières manies auto-érotiques lors du sein absenté), qu'en ayant découvert le non-moi par l'intermédiaire de l'entité d'objet (« *au-dehors, au-dedans, ou à la limite du dehors et du dedans* »), il a dorénavant la capacité de « *créer, d'imaginer, d'inventer, de concevoir, de produire un objet* » et d'instituer « *une relation d'objet de type affectueux* » en remplacement du sein. Je cite ici à escient Donald Winnicott (puis, plus loin, ce sera au tour de Freud et de Béla Grunberger), car il m'apparaît crucial d'étudier quelques instants le *phénomène transitionnel* pour mieux établir les raisons *vitales* qui poussent l'homme à chercher une âme sœur, une « âme frère », une « âme jumelle » (« *twin soul* », comme disent les Américains). Le phénomène transitionnel est la condition préalable à l'utilisation effective d'objets transitionnels. Toutefois, dans l'absolu, on ne les distingue pas formellement, par exemple lorsqu'ils marquent le moment de s'endormir (nous reparlerons de cela dans un autre chapitre) : « *C'est une défense contre l'angoisse, en particulier contre l'angoisse de type dépressif.* » (Il est important de noter qu'encore une fois, le rôle de la *mère* est prépondérant : l'enfant doit faire face, en grandissant, à la désadaptation progressive à ses besoins de la part de sa mère, à ce que Winnicott nomme la « *défaillance maternelle* », et il ne dispose pas de quelques moyens pour contrecarrer le désinvestissement incriminé, dont son expérience d'une « *limite temporelle à la frustration* », son « *appréhension croissante du processus* », son « *activité mentale* » débutante, ses « *satisfactions auto-érotiques* » et tout ce qui est lié à ses facultés de remémoration, ses aptitudes à « *revivre à nouveau, fantasmer, rêver* ». Cette désadaptation est de ce fait aidée par la propension de l'enfant — en besoin — à aimer, et à créer et recréer (introjecter) sans cesse le « *sein* » (et « *toute la technique du maternage* ») grâce à une « *illusion sans laquelle l'être humain n'accorde aucun sens à l'idée d'une relation avec un objet, perçu par les autres comme extérieur à lui* », et cette illusion, c'est tout logiquement l'objet transitionnel qui la matérialise et la sert avant l'acceptation de la réalité.) En amoncelant les objets et les fantasmes qui y sont rattachés (du fantasme à l'objet ou de l'objet au fantasme), l'enfant en arrive peu à peu à se délimiter une aire de jeu et de créativité. Il utilise alors « *sa personnalité tout entière* » et « *découvre le soi* » tout en continuant d'approcher la réalité extérieure, réalité qu'il ne pourra vivre de manière bénéfique qu'aussitôt qu'il se sera aperçu que la *destruction* de l'objet est impossible, et par conséquent que celui-ci est en dehors de soi, en dehors de sa réalité intérieure, et que son omnipotence a des bornes. Il est en outre du plus grand intérêt de faire remarquer que cette relation à l'objet, qui précède son utilisation, est d'abord vécue par le « *sujet en tant qu'*être isolé » (je souligne) — qui projette en quelque sorte son moi sur l'objet. — Cette introduction étant maintenant esquissée, revenons une minute sur le besoin de l'homme de fantasmer un être qui serait à la perfection à l'idéal qu'il s'est ainsi forgé, sur le besoin de *créer* un double de lui-même, et prenons en guise d'illustration ce qui semble être à ma connaissance le premier cas avéré d'une telle *création vivante* dans la littérature mythologique (que l'on doit aux Grecs, et notamment à Ovide par le récit qu'il en a donné dans ses *Métamorphoses*, puis à Clément d'Alexandrie ou à Arnobe), — celle de Pygmalion et de « sa » Galatée, dont je délivre séance tenante un résumé ciselé d'emprunts purement ovidiens (les plus significatifs, et pour le texte, et pour les réflexions à venir). Pygmalion, sculpteur chypriote, « *rejette les lois de l'hymen, et n'a point de compagne qui partage sa couche* ». De son ciseau, il se met à tailler dans un bloc d'ivoire (des variations ultérieures décriront du marbre) une statue qui « *représente une femme si belle que nul objet créé ne saurait l'égaler* ». Immédiatement, il tombe « *éperdument* » amoureux de celle qu'on « *croirait vivante* », mais qui ne se meut pourtant pas, « *tant sous un art admirable l'art lui-même est caché* ». Pygmalion « *est épris des charmes qu'il a faits. Souvent il approche ses mains de la statue qu'il adore. Il doute si c'est un corps qui vit, ou l'ouvrage de son ciseau.* [...] *Il lui parle, l'écoute* [...] *Il la nomme la fidèle compagne de son lit* ». Un peu plus tard, profitant d'une fête célébrée en l'honneur d'Aphrodite, il prie les dieux de lui accorder « *une épouse semblable à [sa] statue* » (car « *il n'ose pour épouse demander sa statue elle-même* »). Aphrodite, qui est présente, exauce ses vœux. Pygmalion retourne à sa statue et « *sous sa main fléchit l'ivoire de son sein* » (le « *sein* », on y revient immanquablement). L'illusion disparaît quand il sent enfin que « *c'est un corps qui respire* » : « *il rend grâces à Vénus. Sa bouche ne presse plus une bouche insensible. Ses baisers sont sentis.* » Ce mythe fondateur du fameux syndrome de la création autoréalisatrice de l'idéal fantasmé (d'un être parfait qui passerait de la subjectivité hallucinante à l'objectivation réalisée), fourmille en seulement quelques lignes de détails qui laissent pour le moins béat dès lors que l'on s'avise de s'y attarder. Ce que j'ai omis de préciser, d'une importance capitale, c'est qu'avant de se *réfugier seul* dans son art, Pygmalion, témoin du crime des Propétides (sorcières et/ou prostituées), est dégoûté des femmes et, nous renseigne Ovide, il « *fuit un sexe enclin par sa nature au vice* », et c'est pourquoi il est fait référence qu'il « *rejette les lois de l'hymen* ». De la sorte, un paradoxe s'est instauré dès le commencement, plus universel qu'il n'y paraît en ce qui concerne l'acte créateur : Pygmalion doit tout à la fois à ces Propétides sa haine à l'égard de la femme et son amour pour l'art — qui s'avérera être, par un retournement de situation, le fil conducteur le réorientant vers son amour pour la femme (qu'il aura créée). Pourquoi a-t-il d'emblée sculpté une femme ? La question n'est pas inintéressante, mais elle n'est pas de nature à nous occuper plus que cela. De toute manière, nous disposons de trop peu d'informations pour trancher en faveur d'une réponse certaine : s'agit-il de défouler sa haine ? de se venger (de qui ? de quoi ?) ou, sans néanmoins ronger son frein, d'occuper inconsciemment son esprit ?... Quoi qu'il en soit, l'interrogation la plus stupéfiante, ce n'est pas qu'il puisse la croire « *vivante* » ou douter « *si c'est un corps qui vit, ou l'ouvrage de son ciseau* » (le mimétisme dont est capable l'art réaliste, — l'art dans l'art, — est chose ordinaire), c'est plutôt : *comment peut-il s'éprendre de son ouvrage*, se représenter la femme produite par son art « *si belle que nul objet créé ne saurait l'égaler* » et lui donner des baisers, lui parler, l'écouter, la toucher, la nommer « *la fidèle compagne de son lit* » et supplier les dieux de lui dégotter une épouse « faite » à l'identique (on imagine qu'à défaut d'exaucement il ne se priverait pas de prendre la *statue en tant que statue comme épouse*) ? Si cette aventure ne provenait pas d'une fable, d'aucuns soutiendraient sans peine que ce personnage est littéralement fou à lier (d'ailleurs, certaines personnes sont vraiment attirées sexuellement par les statues, et on a coutume d'appeler cette déviance l'« *agalmatophilie* » ou le « *pygmalionisme* »). Il y a deux passages dans le récit d'Ovide que je n'ai pas révélés plus haut : tandis que la statue prend lentement vie, « *il interroge encore cette bouche qu'il idolâtre* », puis, étonné, timide, dans la crainte de se tromper, « *il jouit* ». Je crois qu'il est temps, si je ne veux pas que tout cela porte à la confusion (à l'orée de la notion de « jouissance »), de reparcourir succinctement la réalisation du fantasme et de l'interpréter : Pygmalion crée une « femme d'ivoire » dont il devient amoureux tant elle est belle, mais ce critère de beauté est purement subjectif et ne concerne que son appétence à lui, c'est-à-dire que l'amour qu'il porte n'est rien d'autre que la projection idéalisée de ce qu'il y a de beau en lui, et la « *bouche qu'il idolâtre* » et qui le fait jouir en répondant à la pression de ses lèvres n'est autre que la manifestation de son amour pour lui-même (*personnification*, en tant qu'expression, du fantasme)... En somme, en embrassant son œuvre d'art, il embrasse son idéal, — *il s'embrasse* !... (*Jouir*, là est la question, car l'auteur veut jouir de et par son œuvre. En extrapolant, c'est une forme d'autosexualité, une masturbation qui ne stagne pas dans l'intellect, mais qui se matérialise. La pensée lubrique informe la réalité obscène, pour preuve *L'ange incarné* de Léonard : cet ange a le visage qui servira à représenter son Saint Jean-Baptiste, mais son corps est celui d'une *femme* et est pourvu d'un *sexe en érection*. L'artiste, de main de maître, se divulgue son fantasme. Pour ce qui est d'organiser ses petits plaisirs, on dit souvent, dans ce domaine, que l'on n'est jamais mieux servi que par soi-même ! On peut pimenter à loisir un monde jugé tépide en faisant appel au don d'imaginer qui agit comme un aphrodisiaque très bon marché. Mêmement gratifié, je le fis moi-même en composant quelques historiettes largement pornographiques...) Consultons *illico presto* le docteur Freud pour débrouiller ma téméraire allégation (et comprendre ce que j'insinue par là), plus particulièrement à la lumière de son *Introduction à la psychanalyse* : « *En parlant d'égoïsme, on ne pense qu'à ce qui est utile pour l'individu ; mais en parlant de narcissisme, on tient compte de sa satisfaction libidineuse. [...] On peut être absolument égoïste sans cesser pour cela d'attacher de grandes quantités d'énergie libidineuse à certains objets, dans la mesure où la satisfaction libidineuse procurée par ces objets correspond aux besoins du moi. [...] L'objet sexuel attire généralement vers lui une partie du narcissisme, d'où il résulte ce qu'on peut appeler l'*"*exagération de la valeur sexuelle de l'objet*"*.* » Plus loin figure un autre aspect dimensionnel qui ne surprendra pas ceux qui sont versés dans ces théories, mais qui déroutera les autres : « *Primitivement, l'homosexualité dans le choix de l'objet présente avec le narcissisme plus de points de contact que l'hétérosexualité. [Ce choix peut s'effectuer selon]* le type narcissique, *le moi du sujet étant remplacé par un autre moi qui lui ressemble autant que possible* ». (Je voudrais ajouter quelque chose qui s'imbrique dans le thème du chapitre, même si j'y reviendrai amplement quand l'heure sonnera : la mélancolie survient en général chez un homme quand l'objet sexuel est perdu ou tombé dans son estime, ce qui est arrivé à Pygmalion au début du récit ; or, nous apprend Freud, « *si le mélancolique a retiré de l'objet sa libido, cet objet se trouve reporté dans le moi, comme projeté sur lui, à la suite d'un processus auquel on doit donner le nom d*'identification narcissique » ; et Pygmalion, au contraire, sans avoir à aucun moment l'idée d'échapper à la mélancolie, qui ne dura éventuellement — et heureusement pour lui — que le temps de la conception proprement dite, reporte cet objet perdu dans la statue et le projette sur elle. Sans guère plus le deviner, et ce, grâce à la révélation et à la conscience *a posteriori* de son art, sans avoir vraiment combattu, il vainc dans son élan une *contre-manœuvre*, une *résistance*.) Ce qui vient d'être mentionné entre parenthèses fait allusion au *transfert* psychanalytique qui s'opère dans la plupart des traitements thérapeutiques : « *Nous constatons notamment que le malade, qui ne devrait pas chercher autre chose qu'une issue à ses conflits douloureux, manifeste un intérêt particulier pour la personne de son médecin. Tout ce qui concerne celui-ci lui semble avoir plus d'importance que ses propres affaires et détourne son attention de sa maladie* », nous indique Freud, avant d'ajouter que les femmes et les jeunes filles en cure « *prétendent avoir toujours su qu'elles ne pourraient guérir que par l'amour et avoir eu la certitude, dès le début du traitement, que le commerce avec le médecin qui les traitait leur procurerait enfin ce que la vie leur avait toujours refusé* », donc qu'il s'agirait « *d'un transfert de sentiments sur la personne du médecin* ». De la part d'un analysant du sexe féminin confronté à un analyste du sexe opposé, cela semble raisonnable, mais, nous prévient Freud, les hommes « *n'y échappent pas plus que les patientes femmes* » et « *présentent le même attachement pour le médecin* ». Cependant un problème demeure pour une certaine frange de la population qui est réfractaire au transfert — et Pygmalion est bien entendu un membre de celle-ci : « *Aussi l'homme n'est-il en général accessible par son côté intellectuel que dans la mesure où il est capable d'investissement libidineux d'objets, et nous avons de bonnes raisons de croire, et la chose est vraiment à craindre, que c'est du degré de son narcissisme que dépend le degré d'influence que peut exercer sur lui la technique analytique, même la meilleure* », — et « *l'observation montre que les malades atteints de névrose narcissique ne possèdent pas la faculté du transfert ou n'en présentent que des restes insignifiants* »... Notre Pygmalion a la « chance » inouïe, — que seul permet (à vrai dire !) le mythe, — de « voir » sa libido, au lieu de se détacher de l'objet « *femme* » et *de se transformer en libido du moi* », s'est transférée à la statue-femme, l'épargnant du même coup de l'échec. Si j'écris « chance », c'est entre guillemets, car qui, sans se mentir, voudrait assouvir un fantasme qui n'est, en fin de compte, que la projection de ses idéaux narcissiques ? qui n'a jamais, ne serait-ce qu'avec son meilleur ami, vécu et souffert l'étouffement qui se dégage, même pour un court séjour, d'une trop grande promiscuité ? (Pendant toute une longue période de ma vie qui s'étale depuis mes vingt ans jusqu'à récemment, je ne visais d'autre relation amoureuse que celle qui contînt la clause stipulant que ma compagne fût nécessairement une lectrice avide. J'ai mûri cette exigence et ai décidé, non sans mal et assez tardivement, de la rejeter, car elle ne signifiait au fond qu'une possibilité de transfert malsain qui me permît de me reconnaître et de vivre avec moi-même.) Le problème de l'individualisme, de l'égoïsme, de l'égotisme ou du narcissisme, est d'une complexité désarmante, et le danger de son évaluation et de son effectivité est double, d'une part parce qu'il se renforce quand le sujet se soumet à cet état, d'autre part parce qu'il est souvent mal interprété — et de surcroît interprété fort négativement. Je ne sais si le lecteur me suit dans le cheminement de mes pensées, ou encore s'il estime que j'exagère tant soit peu en mettant beaucoup d'application à évoquer tout cela, mais qu'il veuille bien examiner, je l'en prie, en prenant le temps de comparer une définition classique du dictionnaire (hormis celle qui tient de la psychanalyse) avec quelques propos de Béla Grunberger tirés de son épais livre intitulé *Le narcissisme*, combien la notion de « narcissisme » est ordinairement simplifiée et dévaluée. Mon *Littré* ne possède aucune entrée pour ce terme moderne ; en revanche, on déniche ailleurs, dans le *désordre* : « *Amour excessif (de l'image) de soi, associant survalorisation de soi et dévalorisation de l'autre* » ; « *Contemplation de soi-même, admiration de soi, attention exclusive de soi* » ; « *Trouble dans lequel le sujet s'admire lui-même, par contentement excessif de soi et manque d'autocritique* » ; « *Égocentrisme* ». N'endêvons pas à cause de ce goût de lieu commun et de superficialité (il faut bien imager), et faisons volte-face. Dès son introduction, Grunberger parle d'un narcissisme à « *orientation double* », d'un narcissisme à tendance « *éminemment dialectique* », c'est-à-dire d'un narcissisme automatiquement couplé : « *centrifuge et centripète, primaire ou secondaire, positif ou négatif (intégré ou culpabilisé), sain et pathologique, mature ou immature, fondu avec la composante pulsionnelle ou opposé à elle, son antagoniste* » ; puis il définit provisoirement le narcissisme comme étant à la fois : « *Le souvenir d'un état élationnel privilégié et unique.* — *Le bien-être lié à ce souvenir en tant que complétude et toute-puissance.* — *La* fierté *de l'avoir vécu [...].* — Une certaine relation objectale *à la fois négative et positive, "splendid isolation" et quête perdue de liens fusionnels, d'une relation en miroir [...].* — *Le désir de* retrouver le paradis perdu *et le rejet surmoïque de ce désir. [...]* — L'intégration réussie *du facteur narcissique au cours d'un mouvement évolutif de maturation [...].* — L'option *de principe pour le choix de la solution narcissique et la difficulté de la remplacer par d'autres solutions économiquement plus satisfaisantes [...]* », — *et cætera*. Voilà de quoi apaiser notre souci du savoir (et du devoir) scientifique, de l'exactitude indispensable, — au mépris d'une incontournable difficulté, — et je regrette de n'avoir pu lire Freud ou ce genre de livre-ci à l'âge de quinze ans, car j'aurais peut-être cessé de cultiver le narcissisme primaire et indécent qui fut le mien pendant une année, ou du moins j'aurais été tenté de rire de moi. (Je parle de ce narcissisme vulgaire que la majorité des gens prennent comme référence, celui dont est affecté l'homme qui contemple son reflet dans le miroir de sa salle de bains et s'en réjouit des heures durant, et qu'ils vont jusqu'à identifier au héros mythologique Narcisse, dont une version de l'histoire nous fut rapportée — à nouveau dans les *Métamorphoses* (livre troisième) — par Ovide. Là aussi, je ne puis que m'appesantir sur ce personnage tant est décisive son *image* singulière (ternie par l'erreur habituelle qui habite le grossier inconscient collectif), tant est essentielle sa destinée, que ce soit pour mon présent alinéa, pour mon chapitre ou *tout bonnement* pour mon livre, et je suis persuadé que Paul Valéry, que ce thème hanta à maintes reprises, ne me contredira pas, lui qui produisit de si belles pages de poèmes en l'honneur de Narcisse et des Nymphes. Les origines furent placées sous de noirs auspices : selon Ovide, Narcisse naquit du « viol » de la blonde Nymphe Liriope par le *fleuve* divin Céphise (est-il légitime de l'appeler un père ? un taureau ? un dieu ? un fleuve ? une seconde mère ?). Un oracle proclama que Narcisse atteindrait une longue vieillesse *à la condition de ne pas se connaître*. À l'âge de *quinze ans* (âge fatal, voyez-vous !), ses charmes firent l'objet de toutes les convoitises (Nymphes amoureuses ou Béotiens cherchant son amitié), « *mais à des grâces si tendres il joignait tant de fierté, qu'il rejeta tous les vœux qui lui furent adressés* ». Apparut alors Écho, qui « *le vit et l'aima* », et le suivit secrètement où qu'il allât. Narcisse finit par sentir sa présence et engagea la conversation, mais Écho, qui ne put que répéter mot pour mot ceux qu'il avait prononcés, l'exaspéra et il s'écria : « *Que je meure [...] avant que d'être à toi !* » (Écho répondit : « *Être à toi !* ») Écho, frustrée, se consuma et ses os se changèrent en rocher. Peu de temps après, Narcisse voulut boire au bord d'une fontaine d'eau pure et fut aussitôt séduit par son reflet (« *il s'admire, il reste immobile à son aspect, et tel qu'on le prendrait pour une statue de marbre de Paros* »). Ovide écrit ensuite : « *Imprudent ! il est charmé de lui-même : il est à la fois l'amant et l'objet aimé ; il désire, et il est l'objet qu'il a désiré [...] Insensé ! pourquoi suivre ainsi cette image qui sans cesse te fuit ? Tu veux ce qui n'est point. Éloigne-toi, et tu verras s'évanouir le fantastique objet de ton amour. L'image qui s'offre à tes regards n'est que ton ombre réfléchie ; elle n'a rien de réel ; elle vient et demeure avec toi ; elle disparaîtrait si tu pouvais toi-même t'éloigner de ces lieux.* » Narcisse commença à s'apitoyer sur son sort : « *Mais qu'ai-je enfin à demander ? ne suis-je pas le bien que je demande ? Ainsi pour trop posséder je ne possède rien. Que ne puis-je cesser d'être moi-même ! Ô vœu nouveau pour un amant ! je voudrais être séparé de ce que j'aime !* » Des pleurs le déchirèrent — dont les larmes, en tombant sur l'onde, troublèrent son reflet et le firent disparaître (« *je t'en conjure, arrête, et ne quitte point ton amant* »). Il se frappa le sein et son, horrifié, dans l'eau redevenue calme, son visage qui était meurtri. Blessé des nombreux coups portés, il s'éteignit... et l'oracle, quoi qu'on eût pu ourdir afin de le déjouer, fut respecté. — (Que ne puis-je cesser d'être ce reflet, cet autre, mon reflet, ce moi ! Ou : « *Oh ! Pouvoir séparer mon être de mon corps !* » — dans la traduction en vers d'Olivier Sers, aux atours plus dépersonnalisants...) — Le drame que vécut Narcisse, Pygmalion ne le connut point, car celui-ci, en créant son reflet, n'eut pas le temps de s'éprendre de lui-même et de sombrer dans la démence : il put reporter cet amour sur l'objet statufié parce que celui-ci devint une femme vivante. Le drame que vécut Narcisse, l'enfant vu par l'œil de Winnicott ne le connut point, car cet enfant, en constatant que l'objet de son affection (simple objet transitionnel pour lors) résistait à la destruction, contrairement au visage reflété de Narcisse, put s'en détacher sans en pâtir. — L'acception contemporaine du narcissisme ne prévaut, dans sa nature la plus élémentaire, que dans la manière qu'a le sujet narcissique de se mirer et de s'aimer, de s'« auto-convoiter », car elle méconnaît foncièrement ce qui est pourtant la caractéristique fondamentale de Narcisse, à savoir son insouciance (son indifférence) de plaire aux autres, alors que généralement, se plaire à soi, c'est véritablement vouloir *plaire aux autres*, ce qui est, pour celui qui *s'y complaît*, un dessein bien bas, bien sommaire et bien vil...) Je n'ai rien à cacher de si extraordinaire au lecteur qu'il vaille la peine de le taire, et je puis lui confier en toute honnêteté qu'en écrivant la première ligne (comme par hasard : « *What's the matter?* »), je n'avais pas l'intention, encore moins l'ambition, d'en dire autant, mais, comme on dit, *de fil en aiguille*… un ensemble vient à s'amonceler par résonances, par répercussions qui semblent au premier abord originales, et qui, enfilées à l'affilée, donnent l'idée (présomptueuse ?) d'un tout composé de ramifications surprenantes qui s'entrecroisent magiquement (je ne suis pas dupe que cette magie est vraisemblablement déterminée par l'uniformité de mes connaissances) et qui n'en ont pas fini (ce qu'il me reste à raconter nous le prouvera bientôt), — à croire que ces circonvolutions ne sont que des méandres ramenant au point de départ ! — Faisons un dernier *crochet* (détour) en reprenant le *fil* (retour) de la conversation initiée par Béla Grunberger — et que l'on poursuivra à un autre moment — qui s'appuie à présent sur le narcissisme pour approcher le phénomène dépressif, si compliqué à synthétiser et à propos duquel il explique que c'est « *une dysphorie spécifique de tonalité particulière* », laquelle tonalité spécifique « *est pour ainsi dire impossible à saisir et résiste à toute description* ». Le raisonnement de notre psychanalyste (français d'origine hongroise et décédé en 2005) l'amena à conclure qu'il y a une blessure narcissique due à un conflit entre l'Idéal du Moi (l'équivalent du Surmoi) et le Moi. Ce dernier, étant écrasé par le premier, n'aurait plus que le souci de « *récupérer cet idéal narcissique perdu* ». J'agrée opiniâtrement ce schème. Tout de même, je ne me retiens pas d'émettre quelques doutes sur quelques autres affirmations lancées à la cantonade, qui sont comme des sentences qui ne craindraient aucune des contrariétés qu'un adversaire quelconque fût en droit de faire valoir, par exemple la détérioration obligée du *self-esteem*, ou alors la haine de soi ou des autres, qui me semblent probantes, certes, mais certainement pas si *étendues* qu'il ne l'est suggéré dans ce très bel essai… — Eh bien, avant de regrouper et de condenser les « (*semi-*)conséquences » de cette « (*semi-*)enquête », de regrouper les multiples « (*semi-*)branches » et de restituer l'image d'un « (*semi-*)arbre », ressouvenons-nous de la question que je posai premièrement au sujet du besoin de « créer *l'être qui me manque* », d'*animer l'inanimé*, et qui nous a conduits, en passant par Winnicott, Freud et Grunberger, à Pygmalion et à Narcisse, ces êtres, ne l'oublions pas, qui sont *imaginaires*, mais qui, tel Œdipe, révèlent, en un majestueux syncrétisme que C. G. Jung savait apprécier, les passions les plus humaines qui soient (Œdipe, soit dit en passant, apparaissait dans le *Livre des morts tibétain* : « *si tu renais mâle, tu convoites la mère et tu hais le père ; si tu renais femelle, tu convoites le père et tu hais la mère* »). Bien que l'idée remontât assez loin dans le passé et que des expérimentations fussent entreprises dès l'antiquité, c'est surtout au XVIIIème siècle, aux alentours de 1735, par l'intermédiaire de Jacques de Vaucanson, que fut « mis sur pied » le premier « *automate* » digne de ce nom (« αυτόματος », de « *même* » et « *effort* » : « *qui se meut de soi-même* »), un certain « Flûteur » (joueur de flûte traversière), et que s'ouvrit le champ des possibilités offertes par les progrès conjoints de la technologie et de la mécanisation (et de là émergea également l'espérance d'améliorer ces machines afin qu'elles s'humanisassent). (Je digresse une énième fois (cela vaut son pesant d'or) : quelque quarante années plus tard, un Hongrois fit sensation, le baron Johann Wolfgang von Kempelen, en présentant son automate, un joueur d'échecs appelé le « Turc », mais le « truc », justement, fut découvert après bien des décennies : à l'intérieur du mécanisme était dissimulé un homme de petite taille ! L'une des deux remarques cocasses qui succèdent à ce rappel historique, c'est que notre cher Edgar Poe (comme ça résonne !) profita de l'émerveillement que suscitait cette mise en scène pour publier l'explication de la supercherie dans une étude sérieuse, — *Le Joueur d'échecs de Maelzel*, — où il fit montre, comme à son accoutumée, d'une perspicacité, d'une sagacité et d'une lucidité sans égales. La seconde remarque, c'est que Claude Shannon (comme ça re-résonne !), à ses heures perdues, fabriquait des machines biscornues, dont l'une d'entre elles fut, vous l'aurez deviné… un joueur d'échecs ! Je ferme cette parenthèse aussitôt que j'aurai ajouté deux renseignements amusants : il existe un « nombre de Shannon », qui vaut 10^{120}, et qui n'est rien moins qu'une estimation faite par Shannon du nombre de parties d'échecs possibles… Puisque j'en suis aux chiffres, sachez qu'il existe des « nombres narcissiques » — rigoureusement définis comme suit : « *Un nombre narcissique N est un entier naturel pour lequel il existe un entier positif ou nul p tel que la somme de chacun des chiffres de N mis à la puissance p est égale à N* », — et dont voici un spécimen avec dix chiffres : $1887599823 = 1^{10} + 8^{10} + 8^{10} + 7^{10} + 5^{10} + 9^{10} + 9^{10} + 8^{10} + 2^{10} + 3^{10}$. La plus triste — et aussi la plus éblouissante des coïncidences mathématiques, c'est qu'il est démontré qu'ils constituent un ensemble fini qui en comporte — en tout et pour tout… quatre-vingt-huit !...) La littérature de tous les pays, abondante sur ce thème (je ne parle même pas de celui de la peinture avec *Le chef-d'œuvre inconnu*, *Le portrait ovale*, *Le portrait de Dorian Gray*), s'est ainsi beaucoup intéressée à parler de « monstres » que l'homme serait capable de créer à son effigie. Et l'homme qui crée un autre « homme » dans ces ouvrages de fiction, — de *science-fiction*, devrais-je dire, — est la représentation collective du sentiment qui étreint l'Homme, c'est-à-dire le sentiment du *désir* d'un compagnon conçu selon les critères de son idéal ; mais surtout, le *pur créateur* dans l'histoire, *c'est l'écrivain*, qui s'imagine doublement père d'un frère en tant qu'il crée un être qui crée un être : créateur d'un créateur, tel est au sens large le rôle de l'écrivain. Un tour d'horizon des cas les plus célèbres s'impose… Il y a le golem (de l'hébreu biblique « גולם », « *gōlem* », signifiant « *masse informe* »), qui est l'objet de plusieurs récits, traditions, légendes ou interprétations qu'il serait trop long de décliner ici, mais dont on dit de source juive, selon la kabbale, qu'il fut formé de glaise, tout comme Adam (ou l'homme que Prométhée créa !), qu'il commença à s'animer quand fut inscrit « אמת » (« *vérité* ») sur son front et que le seul moyen de le tuer consistait à effacer la lettre « א » (« *aleph* ») de ce mot, ce qui formait « מת » (« *mort* »). Il y a Olympie (dans *L'homme au sable*, nouvelle de E. T. A. Hoffmann parue en 1817), l'automate qu'a fabriqué le physicien Spalanzi et dont tombe amoureux le jeune étudiant Nathanaël, qui croit voir en elle, bien qu'elle ne prononce presque jamais un mot, le seul être qui puisse le comprendre, jusqu'au jour où il veut la demander en mariage et qu'il s'aperçoit qu'elle est en cire, *dépourvue d'yeux*, qu'elle n'est qu'une « *poupée inanimée* ». Cette sordide et amère désillusion, pour faire court, le fait sortir de ses gonds, devenir tout à fait fou (« *belli occhi !* ») et le pousse à se fracasser la tête (c'est en analysant cette histoire que Freud fournira une définition du sentiment d'*inquiétante étrangeté*, de ce côté-ci principalement rattaché « *à la représentation d'être privé de ses yeux* », qui est une « *angoisse infantile effroyable* », un « *substitut de l'angoisse de castration* »). Il y a la créature de Victor Frankenstein (*Frankenstein or The Modern Prometheus*, publié en 1818, écrit par Mary Shelley), haute de huit pieds, assemblage d'os découverts dans des charniers, fruit de profanations de tombes et d'expériences de tortures sur des animaux, qui s'enfuira dès qu'il aura pris vie, découvrira le monde et les humains effrayés par son apparence, suppliera son maître de lui créer une femme et, constatant que celui-ci, craignant une probable reproduction de l'horrible espèce, n'en fera rien, se vengera en assassinant son ami et sa future épouse (son père mourra en apprenant la nouvelle), et dès lors la traque entreprise par les deux protagonistes finira par la mort de Frankenstein (épuisé) et la disparition définitive du monstre. Il y a Pinocchio (*Le avventure di Pinocchio — Storia di un burattino*, écrites en 1881 par Carlo Collodi), *pantin* modelé par Geppetto à partir d'un morceau de bois qui « *pleurait et riait comme un enfant* », qui subira les réprimandes d'autres marionnettes (« *Papa, papa, sauve-moi ! Je ne veux pas mourir ! Je ne veux pas mourir !* »), fera connaissance du Grillon-qui-parle donneur de conseil, sera transformé en âne, et troquera, à la fin du récit, son « costume » de marionnette pour celui d'un « *beau petit garçon à l'air vif et intelligent* » (« *Quel drôle d'air j'avais quand j'étais une marionnette ! Et comme je suis content d'être devenu un vrai et bon petit garçon !* » sont les derniers mots du conte). Il y a *L'Ève future* (de Villiers de l'Isle-Adam, datant de 1886), une certaine Hadaly surnommée « *Andréïde* » (« *Imitation-Humaine* », léguant à la postérité le terme « *Androïde* », première Galatée moderne ultrasophistiquée), qui sera censée remplacer miss Alicia Clary (épouse de Lord Ewald, belle, mais sotte) et suppléer à tous les défauts de la femme et n'en conserver que les avantages, cristallisant la beauté *et* l'intelligence, qui deviendra, aux dire du personnage incarné par Thomas Edison (qui propose l'expérience à son ami, mais qui aurait préféré se brûler la cervelle à la tenter), « *non plus la Réalité, mais l'IDÉAL* », « *multiple, enfin, comme le monde des rêves* », mais dont l'écueil à éviter sera « *que le* fac-similé *ne surpasse*, physiquement, *le modèle* », ce qu'il adviendra inévitablement de cet « *être d'outre-Humanité* » qui n'est qu'une « *œuvre d'art où se centralise, irrévocable, un mystère inimaginé jusqu'à nous* », mais en même temps *davantage* qu'une œuvre d'art, puisque c'est un simulacre auquel une âme a été « *surajoutée* », et Lord Owald, fatalement, en faustien repenti, après que Hadaly aura péri dans un incendie accidentel, n'aura d'autre choix que de se suicider… Il ne faudrait pas oublier, à notre époque de l'« ère spatiale », signe de la volonté de l'homme à repousser les limites de son pouvoir et de son environnement immédiat, l'émergence *concrète* du monde des robots (du tchèque « *robot* », apparu en 1920 sous la plume de Karel Čapek, dérivé du slave ancien « *robota* », « *travail pénible* », « *corvée* »), pour lesquels le perfectionnement de l'intelligence artificielle augure des mystifications réelles, donc infiniment plus effrayantes que les fictions littéraires. Je vais rapidement (je m'égare sans m'égarer) passer en revue deux œuvres qui se rappellent à moi au sujet des robots, nées de l'imagination des deux plus grands auteurs d'anticipation du siècle dernier : Isaac Asimov et Philip K. Dick, le premier avec *I, Robot* (1950), le second avec *Do Androids Dream of Electric Sheep?* (1966), renommé *Blade Runner* à la suite du film réalisé par Ridley Scott en 1982. L'originalité d'Asimov tint à l'idée d'instaurer la première politique législative robotique à l'aide de seulement *trois lois* que doivent « scrupuleusement » (il y a des failles, bien entendu) respecter les robots afin que les êtres humains se protègent de toute menace imprévue : « 1. *Un robot ne peut porter atteinte à un être humain ni, restant passif, laisser cet être humain exposé au danger* » ; « 2. *Un robot doit obéir aux ordres donnés par les êtres humains, sauf si de tels ordres sont en contradiction avec la Première Loi* » ; « 3. *Un robot doit protéger son existence dans la mesure où cette protection n'entre pas en contradiction avec la Première ou la Deuxième Loi* ». Au-delà du titre de son livre, réminiscence efficace de l'expérience que connut le philosophe chinois Tchouang-tseu, qui ne savait plus s'il était l'homme qui avait rêvé du papillon ou si c'était le papillon qui avait rêvé de lui (« *Tchouang-tseu rêva qu'il était papillon, voletant, heureux de son sort, ne sachant pas qu'il était Tchouang-tseu. Il se réveilla soudain et s'aperçut qu'il était Tchouang-tseu. Il ne savait plus s'il était Tchouang-tseu qui venait de rêver qu'il était papillon ou s'il était un papillon qui rêvait qu'il était Tchouang-tseu. La différence entre Tchouang-tseu et un papillon est appelée transformation des êtres* »), au-delà, dis-je, du titre de son livre, la merveilleuse et inquiétante trouvaille de Dick consista à abolir la distinction apparente entre un humain et un androïde (« *répliquant* »). Cette distinction, impossible à effectuer sinon grâce à un test évaluant l'empathie, le « *test de Voigt-Kampff* », plonge quiconque s'aventure dans un tel univers (très « dickien ») dans une paranoïa extrême (le comble paroxystique pour un androïde étant de n'être pas forcément au courant qu'il n'est pas l'humain qu'il pense être !). — En définitive, en collectant ces références, qui ne sont que des variantes du même projet anthropomorphique (que l'on peut taxer indifféremment de prométhéen, de pygmalioniste, de faustien, de narcissique, de despotique, d'eugéniste), arrive nécessairement la confrontation effective de l'homme et de sa progéniture et la conclusion souvent évidente que l'homme ne la maîtrise pas ou plus, qu'elle n'assouvit pas ses désirs et fantasmes, que bien souvent elle se retourne contre lui (il n'y a plus de « *contrôle omnipotent* », dirait Winnicott) et nous interroge sur la position qu'occupe chacun, renversable à tout moment (le cas le plus original étant probablement celui rapporté par Viktor Tausk de la « machine » qui agit à distance sur les schizophrènes) : celui qui s'estimait être le *souverain* n'était-il peut-être depuis le début que l'*esclave* de son inconscient ou de sa création (rappelons que « robot », qui transcrit le « *servage* », l'« *asservissement* », est d'origine slave, et que « *slave* » provient du latin « *slavus* », « *esclave* » !) ; celui qui s'affirmait être le *père* du monstre n'était-il peut-être depuis le début que le *monstre* lui-même, — ou un monstre qui fait partie de son existence (« *Nous dépendons tous, à la fin, / Des créatures que nous fîmes* », reconnaît Méphistophélès). « *Malheur à celui qui dit au bois : Lève-toi ! À une pierre muette : Réveille-toi !* » (Hab 2,19) Car la créature, désespérée de l'absurdité de sa condition, se rebiffe en questionnant l'intérêt de sa conception et, par voie de conséquence, l'intérêt qui a présidé à la préconception divine : « *Tes mains m'ont formé, elles m'ont créé, elles m'ont fait tout entier… Et tu me détruirais ! Souviens-toi que tu m'as façonné comme de l'argile ; voudrais-tu de nouveau me réduire en poussière ?* » (Jb 10,8-9) — « *Dieu créa l'homme à son image* » et l'homme désira l'imiter en se glissant dans la peau d'un thaumaturge (pélagien) ; le Créateur créa des créatures créatrices de créatures. Le créateur — ou le

212

façonneur — se fait l'égal de Dieu et de son pouvoir d'engendrer (l'Incarnation de Jésus-Christ, Dieu qui se fit homme, se « *chairifia* » avant la scarification acharnée, ne traduisit-elle pas en partie l'incarnation surfaite du narcissisme ?) ; le créateur se fait le monstre de lui-même, sans que souvent il s'en aperçoive, à moins de disposer, comme dans le développement photographique, d'un *révélateur* et d'un *fixateur*, — et peut-être (*peut-être*) ne peut-il justement créer que des monstres, le monstre qu'héberge *ataviquement* l'homme (aussi écrivais-je lors du Prologue que « *je n'enfante à mes dépens que des monstres* ») ; le créateur se fait l'ambassadeur de la *sérendipité*, car en cherchant frivolement, il ne trouve pas ce qu'il cherchait : en cherchant au-dehors l'*altérité*, il en vient à connaître sa propre altérité, et en prenant conscience de l'*altération* du *créé*, c'est sa propre altération qu'il braque... Dans une conférence (*Tentative orale*), Ponge (qui d'ailleurs admirait Braque) rappelle cette expérience du miroir altérant (après coup) de la création : « *Jusqu'à présent on ne s'était pas réfléchi, on avait poursuivi son appétence propre comme s'il n'y avait pas de glace.* » De même, l'image trompeuse de lui-même que la photographie lui renvoie (« *il me semble que je ressemble à tout, sauf à cela* »), qui doit finir par détromper si l'on ne veut pas se perdre, cependant qu'elle ne paraît « *correspondre à rien de réel* ». — Deux morales nous sont en outre magnifiquement apportées par Frankenstein et son monstre, en premier lieu celle qui découle de l'ultimatum que se lance le créateur, *créer ou mourir* (« *Parfois, je m'alarmais en voyant quelle épave j'étais devenu. Seul mon acharnement me soutenait encore* »), — puis, après avoir créé, *se résoudre à mourir ou à tuer sa création* (« *je vais moi-même, au péril de ma vie, détruire le monstre !* » s'écrie Victor Frankenstein, assoiffé de vengeance). Enfin, la morale *sadienne* par excellence (*Les infortunes de la vertu*) qui récompense ceux qui commettent le mal et punit ceux qui ne veulent que le bien, car le monstre, *lui aussi*, « *souffre* » (de sa difformité, dont il n'a jamais voulu, et nous pouvons songer à Joseph Carey Merrick, l'*Elephant man*, phénomène de foire), *lui aussi* éprouve des « *remords* » (« *Autrefois, mon imagination tissait des rêves de vertu, de gloire et d'allégresse. Autrefois, j'espérais rencontrer des êtres qui, ne tenant pas compte de ma laideur, m'aimeraient pour toutes ces qualités qui m'animaient. Des pensées d'attachement et de dévotion me nourrissaient. Mais le crime m'a dégradé et m'a rabaissé au rang de l'animal le plus vil* », se renfrogne-t-il à la fin du livre, découragé, devant celui qui avait recueilli Frankenstein sur la banquise, le scientifique Robert Walton). — À ma manière, en suspens, par pistes (souvenez-vous du « *Piece out our imperfections with your thoughts* »), je me décide, en *arias* (choisissez votre définition), à clore l'expédition avec, comme promis, Shakespeare, — *et* avec le monstre de Frankenstein, qui réapparaîtra, cher Lecteur, resurgissant de ses cendres encore tièdes... dès les prochains astérisques !... — « *Je dresserai moi-même mon bûcher funéraire et je réduirai en cendres ce corps misérable, afin que nul vestige ne subsiste pour renseigner un éventuel curieux sur la manière de créer une autre créature semblable à celle que j'aurai été.* » — « *Only in the world I fill up a place, which may be better supplied when I have made it empty.* » (« *Je n'occupe en ce monde qu'une place qui pourra être mieux remplie quand je l'aurai laissée vide.* »)

* * * * *

« *Our remedies oft in ourselves do lie, which we ascribe to heaven.* » (« *Nos remèdes souvent sont au fond de nous-mêmes quand nous les attendons des dieux.* ») — La progéniture de Victor Frankenstein comprit trop tard le sens de ces bonnes paroles prêchées par Shakespeare, car son cœur, devenu résolument hermétique par l'effet des remords et de la déception, fit de sa mort l'unique salut, l'unique remède. Tout se passa comme pour l'allégorie de l'arbre dont causa Francis Ponge lors de la conférence évoquée ci-dessus, de cet arbre qui s'épanouissait sans se poser de questions, jusqu'au jour où il s'aperçut que la cognée de la hache que maniait le bûcheron pour lui couper ses branches était fait de bois, du bois qui le composait, c'est-à-dire de sa chair, de lui-même. Ainsi, le monstre avait voulu trouver un cœur semblable au sien chez les autres, mais leurs cœurs à eux, méchants, lui firent mépriser le sien, qui était fait de la même substance, par un phénomène de rétroaction (*feedback*) négative, voire de contreréaction (réciproque, qui plus est), et c'est un mépris similaire qui attaqua son maître et créateur, qui avait cru que le cœur de sa création fût fait à l'image du sien — et qui dut constater et apprendre à ses dépens que des élans de ce cœur (né de ses envies) jumeau et traître moururent ses proches... — « *Aguzza qui, lettor, ben li occhi al vero, ché 'l velo è ora ben tanto sottile, certo che 'l trapassar dentro è leggero* » (« *Aiguise ici, lecteur, ton regard sur le vrai, car le voile à présent est si mince qu'il devient aisé à traverser* »). — En citant le noble Dante, dont la langue italienne ne dépaysera pas les propos qui suivent, je voulais faire remarquer (« *notare* ») qu'entre deux idées, les liens peuvent être si bien cachés qu'on croirait que le fil conducteur est cassé, soit que la logique de celui qui les émet demeure impénétrable au lecteur, soit qu'il faille attendre la vue d'ensemble, patienter d'avoir entendu du discours pour remettre en place les pièces d'un puzzle qui prend forme (ce qu'ont certainement ressenti les privilégiés qui ont assisté au moins une fois dans leur vie à un séminaire — où « *les non-dupes errent* » — de Lacan). Pourquoi dis-je tout cela ? que combiné-je ? où veux-je en venir ? *Précisément là où j'en viendrai* (tout est écrit, quand tout est à lire, — sinon, que feriez-vous ? qu'eussé-je fait ?). Habitué à lire et surtout à écrire, je puis me vanter d'approcher l'écrivain qui conçut son œuvre, de le comprendre, ce que je suis incapable de faire en ce qui concerne les autres arts, tels que la sculpture, la peinture et la musique ; d'ailleurs, l'un de mes plus grands regrets aura été, à ce jour, de n'avoir pas joué de ce dernier, en particulier de n'avoir pas maîtrisé le piano, l'instrument qui, de loin, a ma préférence, rien que pour la raison suivante : *me mettre dans la peau* de Ludwig van Beethoven, le compositeur pour qui j'ai la plus immense prédilection, dont je n'ai qu'une notice de novice, avec lequel j'aurais tant joui d'occasionnellement canoter... Ah ! avoir senti (dénoté) ce qu'il sentit (dénota), avoir joué (pianoté) ce qu'il joua (pianota), avoir retranscrit (connoté) ce qu'il transcrivit (connota), avoir lu (noté) ce qu'il écrivit (nota)... Malheureusement, « *n'ayant jamais pu mordre au solfège* » (Nerval), cela ne m'est possible, — maigre dédommagement, — qu'en sentant, en « jouant », en retranscrivant, en lisant ses lettres. Pourquoi diable Beethoven fait-il son apparition ? quel fil relie le notoire Frankenstein et l'héroïque compositeur allemand (mort à Vienne, comme Mozart) ? Ici, ce n'est pas la « *vue d'ensemble* » qui *règle l'esprit comme du papier à musique* ; non, c'est la « *logique impénétrable* » qui, si je ne la dévoilais pas, *pis qu'impénétrable*, serait *incongrue*. Les *aléas* de ma vie sont ainsi faits que mes *alinéas* processionnent boucle à boucle (je suis *menotté*), l'une tirant l'autre dans le passé (peut-être est-ce l'inverse), ce même passé étant lui aussi une boucle tirée par mon *présent en boucle* (peut-être est-ce l'inverse), et il ne peut être autrement aujourd'hui ce qu'il ne put être autrement en cette période : je découvris les sonates pour piano de Beethoven en lisant *Frankenstein*, tant et si bien que la plus petite allusion faite à ce roman fait aussitôt résonner en moi un clair de lune, une comptine franchement mélancolique, — d'un autre *cœur*, un cœur mélanique, mélanotique, mais au pouvoir ménalogogue, — me fait entendre une mélodie d'une virtuosité mystérieuse... Mesdames et messieurs, accompagnant le violoniste Albert de la nouvelle de Tolstoï, je crie avec lui : « *Mélancolie en ré majeur !* » Mesdames et messieurs, Beethoven fut un prodige de la création, un champion de la mesure, un extraordinaire tempérament (fougueux), un génie dans le sens strict du terme, et sous serment Aristote nous avait renseignés sur ce point : Beethoven fut aussi un mélancolique hors pair (à seize ans, enrhumé, il écrivait : « *à cela s'ajoute la mélancolie, qui est pour moi un mal presque aussi grand que ma maladie* »), — et j'ajouterai de surcroît qu'il souffrit constamment de diverses maladies qui contrarièrent ses activités (par exemple, parmi d'autres similaires : « *car il me faut encore depuis quelque temps prendre médecine, en sorte que je ne puis me consacrer que quelques heures par jour au plus cher présent du ciel, à mon art, et aux muses* »). Puisqu'il fallait bien qu'il apparût dans ce livre et que ce chapitre y est (*ad hoc*) propice, je m'exécute en explorant les trois sonates qui sont rattachées à Frankenstein (gardons la corrélation et la justesse d'intonation), que nous accorderons sur la *pulsation* qu'exhale et diffuse sa correspondance. — Bien avant que ne me subjuguassent les premier, troisième, quatrième et sixième mouvements du quatuor à cordes n°14 en ut dièse mineur, « *capables de charmer le plus mélancolique* » (Corneille), véritables bijoux de spleen qu'aucun orfèvre n'a jamais plus égalés (au nocturne n°20 de Chopin, également en ut dièse mineur, ce même spleen a bon *dos*), ce sont les œuvres pianistiques qui m'immiscèrent dans son monde divin (plus encore à mes yeux, que celui de Bach, qui n'était pas assez *sombre*), les sonates n°8, n°14 et n°21 — qui « *élèvent l'homme jusqu'à la divinité* ». — Commençons par cette sonate n°14 en mi bémol majeur (opus 27, n°2), la fameuse Mondscheinsonate (« *au clair de lune* »), — évidemment en ut dièse mineur, — qui date de 1801, alors que Beethoven avait trente-et-un ans (à ce propos, celui-ci, né le 16 décembre 1870, retint pourtant toute sa vie l'année 1872, et fut par conséquent la dupe de son père, qui avait manigancé de le rajeunir de deux ans pour renforcer si possible son côté mozartien d'« enfant prodige » !), — cette sonate, reprends-je, découpée en trois mouvements et qu'il n'estimait pas faire partie de ce qu'il avait produit de meilleur (pièce déceptive, mais cela se comprend de la part d'un homme si exigeant qui avouait que « *plus grands sont les progrès qu'il fait dans son art, et moins un artiste est satisfait de ses anciennes œuvres* »), — cette sonate, reprends-je à l'infini, était déjà placée sous le signe de sa surdité grandissante (« *je serais heureux, peut-être un des plus heureux entre les humains, si le démon n'avait sa demeure dans mes oreilles* »). Quoi de pire pour un musicien que d'être privé de l'ouïe ? quoi de pire pour un peintre ou un photographe que d'être privé de la vue ? quoi de pire pour un écrivain ou un sculpteur que d'être privé de ses mains ? quoi de pire pour un historien que d'être atteint de la maladie d'Alzheimer ? quoi de pire pour un philosophe que de connaître un ramollissement du cerveau ? quoi de pire pour un coureur de fond que d'être privé de ses jambes ? Afin de mieux se représenter l'affligeante plaisanterie du Destin et cette chape en mortier qui l'accabla continuellement, en fit malgré lui un reclus forcé qui priait pour que *cela* revînt un jour, j'ai choisi trois extraits de lettres envoyées en 1800 : « *car ton Beethoven vit très malheureux ; sache que la plus noble partie de moi-même, mon ouïe a beaucoup perdu ; déjà lorsque tu étais auprès de moi, j'en sentais des symptômes, mais je le taisais, maintenant cela n'a fait qu'empirer ; une guérison est-elle possible ?* » ; « *Je peux dire que je passe misérablement ma vie ; depuis presque deux ans j'évite toutes les réunions, parce qu'il ne m'est pas possible de dire aux gens : je suis sourd. Si j'avais n'importe quel autre métier, cela irait encore, mais dans le mien, c'est une situation terrible [...] J'ai souvent maudit mon existence et le Créateur ; Plutarque m'a conduit à la résignation. Je veux, si je ne puis faire autrement, braver mon destin, bien qu'il doive y avoir des moments de ma vie, où je serai la créature le plus malheureuse de Dieu* » ; « *Oh ! si j'en étais délivré, j'étreindrais le monde !* »... Ô condamnation du génie ! « *Du coton dans les oreilles* », pendant qu'il est au piano, « *apaise le bruissement pénible* » de son ouïe malade... « *Résignation, résignation profonde à ton sort !* » clame-t-il bouleversé dans ses *Carnets intimes* (Manuscrit Fischoff). « *Sacrifions la Vie à l'Art ! Qu'il soit un sanctuaire : Puissé-je vivre, même à l'aide de remèdes, s'il en existe !* » Qu'eût-il advenu de son génie s'il avait recouvré l'audition parfaite ? eût-il composé ce qu'il composa de manière si *magnifiquement dramatique* ? (Et dire que vers sa trentième année, il faillit même — être à deux doigts de — perdre un doigt !...) La neuvième symphonie est l'œuvre d'un homme qui n'entend plus rien et qui néanmoins écoute ce que son cœur concède en territoires harmoniques et rythmiques inexplorés, d'une cohésion contrapuntique vertigineuse schématisée par la répétition des principaux motifs qu'il dégaine fiévreusement. C'est l'œuvre d'un créateur qui doit s'instituer son propre contre-sujet, résoudre son art grâce à un miroir qui est en lui et qui ne reflète que l'unité (l'unicité) de ses entrailles, ce qu'avait dévoilé quelque vingt années plus tôt l'autre méticuleuse « lunité », la luniforme, la lunatique sonate n°14 dont j'ai dit que je m'entremettrais. Ne traînons pas les pieds et chaussons nos lunettes pour ces ressentiments de mon cru : le premier mouvement, *adagio sostenuto* (posé et parfois soutenu, comme d'un souteneur raffiné hésitant entre *lento* et *andante*, entre *un poco piano* et *un poco forte*, entre la sinistrose élue et le *tempo* recommandé par les croches), est une marche funèbre rappelant le glissement d'une barque sur un lac trop calme piqueté d'étoiles et troué d'une lune (l'expression de « *clair de lune* » ne fut d'ailleurs pas attribuée par Beethoven) ; une marche qui, certes, se dirige vers la mort sans se défiler, mais sans pour autant prendre le pas cadencé, car le chemin est, à l'instar de la lune, flanqué de fines gibbosités, il est pavé de basses caractérielles et entrecoupé d'arrêts imposés par les moments situés aux limites de l'audibilité ; une marche qui s'achève *comme si l'on ne devait plus ensuite entendre quoi que ce fût* (je déclarerais volontiers, si cet antonyme existait, que cette fin est « anti-apothéotique »). Quel n'est pas l'étonnement lorsqu'intervient le deuxième mouvement, *allegretto* (un vif moins vif que vif), où l'on se sent reprendre vie et où l'on croit voir des couleurs via les touches frappées mécaniquement, comme le ferait un pantin qui s'écouterait jouer ; mais l'air (indifféremment fluide ou mélodie) est si mécanique qu'il donne l'impression inquiétante *que l'on s'écoute s'écoutant*.

Enfin, — « *Une gamme monte en fusée, / Comme au clair de lune un jet d'eau...* » (Théophile Gautier), — et, à l'étonnement du retour au monde des vivants succède un autre étonnement, celui de l'*agitation* du troisième mouvement, *presto agitato* (frénésie du tourmenté), d'une violence monumentale comparée aux deux premiers, effrayante, mille fois folle, rageuse, qui me fait imaginer la chevelure en désordre d'un Ludwig qui, en battant la mesure, bascule sauvagement de droite à gauche, d'avant en arrière au-dessus de son clavier, et dont les sourcils se froncent au gré de la transe, un Ludwig échevelé (dépeigné tel qu'il est montré sur ce tableau, accroché au mur du couloir de mon appartement, où il cherche l'inspiration pour la *Missa Solemnis*, qu'il considéra comme son chef-d'œuvre) dont les doigts volent et s'écrasent (avec une impétuosité unguéale) dans une course (le contraire de la marche du départ) presque agogique qui se calme ici ou là pour offrir aux nerfs un « répit » (fatigué, puis perturbé, on épie *on ne sait quoi*, les yeux grand ouverts) — qui est de courte durée, car la machine accélère derechef, détale et trébuche quelquefois tant la volonté de fuir est éperdue (*à se rompre les vaisseaux*), — et, à la finale, soumises à si rude épreuve, *les oreilles sont à bout de souffle*. — Bien que composée deux ans plus tard, j'envisage l'idée que la sonate n°21 en ut majeur (opus 53), dite Waldstein-Sonate en l'honneur de son ami, le comte Ferdinand von Waldstein, ou encore dite l'Aurore, soit un prolongement de la n°14. Dans l'*allegro con brio* se refont les gammes d'un entraînement nécessaire, alternant l'action et le repos, comme si la transe fantasmée au clair de lune pouvait recommencer ou, hypothèse terrible, comme si elle ne s'était jamais interrompue. Puis c'est au tour du second mouvement et du monologue fatigué de l'*introduzione* en *adagio molto* (très lent, requérant seulement trente-deux mesures), dont l'enchaînement simpliste est réalisé par paquets de trois notes qui sont comme des questions dont on n'attend pas de réponses (s'il y en a, elles ne justifient rien d'autre que le fait que des questions ont été posées), qui servent, en s'effaçant progressivement, d'auto-consolation ahanée. C'était sans compter sur le *rondo* inclus dans ce mouvement, que l'*allegretto moderato* annonce plus printanier avec ses fleurs bourgeonnant répétitivement, ses petits lézards se pavanant au soleil, narguant l'ombre (mimant l'essuie-glace). Mais une menace semble peser sur ce printemps, qui devient dès lors répulsif (lourd, lourd, tout cela pour quoi ?) ; l'horrible vie reprend ses droits après avoir marmotté (on ne lutte pas contre la belle saison) ; l'atmosphère *se veut guillerette*, une jeune fille en fleur musarde dans ce paysage verdoyant, puis disparaît obscurément, puis reparaît, et la nature, hostile et irréelle, grommelle : « C'est comme ça... » Vite ! l'automne !... (Dans le registre pianistique, je songe à la deuxième variation du second mouvement de l'ultime sonate, la n°32 (opus 111), en ut mineur, — dédicacée à son éternel élève l'archiduc Rodolphe, — sonate très travaillée que j'adore, si vive, si aérienne, et, bien que devant être jouée *semplice*, si hyperthymique, si *jazzy*, si pleine de *swing* et d'ambiance de *saloon*, et qui offre un contraste si étonnant avec les matériaux beethoveniens habituels (ce moment, presqu'un scherzo, dure deux minutes dans ma version d'Éric Heidsieck, entre la sixième et la huitième)... Les enchaînements annoncent véritablement, comme le souligne Thomas Mann, « *l'adieu à la sonate* » de la part de Beethoven : excitation, suffocation, regret, félicité, puis l'*auf Wiedersehen*, l'*arrivederci*, l'*Abschied*, l'*addio* qui s'éternise dans le roulement d'aigus de la dernière minute, qui clochète et me donne l'*image assourdie* d'une toute jeune fée taciturne dont la tête de cristal s'enliserait mollement dans un oreiller de campanules duvetées et plumetées qui, enneigeant sa chevelure brune en petits sauts de gerboises claquant des dents (*d'or*), et pailletant de mille écailles d'ailes de papillons son doux visage endormi, susurreraient d'une voix de puce : « Renonciation, renonciation, renonciation... » (Une même félicité renonciatrice se retrouvait à l'état embryonnaire dans le rondo de la sonate n°2, opus 2/2, en majeur, et se retrouve aussi chez Chopin dans un superbe *Nocturne*, opus 37, n°2, avec ses tierces et ses sixtes éthérées, ainsi que — peut-être — dans cet autre *Nocturne*, opus 15, n°3...) — Sinon, dans un autre registre, il y a le premier mouvement (*Allegro ma non tanto*) de la sonate en majeur pour violoncelle et piano, la n°3 (opus 69), d'une durée de treize minutes environ, qui comporte deux passages très brefs (dix secondes chacun) où le violoncelliste pince les cordes : ce *pizzicato* accompagnant un piano qui émet une gamme de notes aiguës semblant voler dans l'éther, est un moment magique baigné de joie. Mais cette joie digne d'un ballet baroque (*à la Lully*) est entrecoupée et infestée de morceaux graves d'une tristesse infinie, pendant lesquels le violoncelle pleure depuis la volute jusqu'à la pique tandis que le piano asthmatique agonise en tonalités basses et sporadiques. Ah ! le finale se refreine, les adieux — qui s'accordent des retours — s'enchaînent et s'emmanchent...) — « *Si je n'avais pas lu quelque part que l'homme ne doit pas volontairement renoncer à la vie, tant qu'il n'a pas encore accompli une bonne action, depuis longtemps je ne serais plus, et de mon fait. Oh ! la vie est si belle ! mais pour moi elle est à jamais empoisonnée !* » — Par la sonate pathétique en ut mineur, l'opus n°8 (opus 13), l'automne s'est éclos ! Ah ! réfusion des sentiments de l'arrière-automne ! Ah ! ce premier mouvement grave (*allegro di molto*), lui aussi « clair-de-lunesque », mais en *plus sévère, oppressant*, — *mesto* : c'est une pluie chopinienne, une pluie euphonique et cafardeuse, dont on ne saurait dire si elle est épaisse ou bien fine, mais qui en tout cas tape aux vitres et y roule, insistante (*tristamente largo*), pernicieuse, fausse joueuse, condamnatoire, — telle la pluie à la Ponge : « *Chacune de ses formes a une allure particulière : il y répond un bruit particulier. Le tout vit avec intensité comme un mécanisme compliqué, aussi précis que hasardeux, comme une horlogerie dont le ressort est la pesanteur d'une masse donnée de vapeur en précipitation. / La sonnerie au sol des filets verticaux, le glou-glou des gouttières, les minuscules coups de gong se multiplient et résonnent à la fois en un concert sans monotonie, non sans délicatesse.* » Ce premier mouvement, c'est la montée en puissance vers une certaine folie que suspend de temps en temps l'intermède d'un chant doux (empli de mélancolie désabusée), qui néanmoins finit par s'éteindre dans un dernier soubresaut de démence inconsolée ; ce sont, pour reprendre les mots de Franz Liszt concernant les Mazurkas de Frédéric Chopin, de « *mortelles dépressions de joies étiolées qui naissent mourantes, fleurs de deuil, comme ces roses noires qui attristent par le parfum même des pétales, que le moindre souffle fait tomber de leurs frêles tiges* ». À cet instant s'élève du deuxième mouvement (*adagio*, mais *cantabile*) une plainte, — mais à peine ressuscitée qu'elle semble retomber, — et si lente qu'on y perçoit un retour sur soi, une autoréflexion dont on ne sait deviner la fin, si ce n'est par l'écho sourd de la formulation d'une idée suicidaire. Enfin, le *rondo*, toujours grave, égrène des sons aigus sans qu'aucune intention positive ou palpable ne puisse rassurer l'âme enténébrée, — tel que l'« *aboli bibelot d'inanité sonore* »... — Une pluie euphonique qui tape aux vitres de la poitrine à nu où loge un cœur battu et tiré : « *Continue donc à battre en silence, mon pauvre cœur — c'est tout ce que tu peux faire, rien de plus — pour vous — toujours pour vous — rien que vous — éternellement vous — seulement vous jusqu'à ce que je m'enfonce dans mon tombeau — ma consolation — mon tout* » ; — une pluie où chacune des gouttes ne voit pas les autres, où chacune des gouttes est une larme solitaire : « *Aussi, je vis — seul — seul ! seul ! seul !* » — Beethoven était conscient de puiser au plus profond de son être les ressources que Dieu y avait placées, et il n'était pas moins conscient qu'en contrepartie il dût accepter de mauvais gré l'infirmité qui était livrée en même temps que ce don artistique. « *L'art vrai demeure impérissable, et le vrai artiste trouve un plaisir intime dans les grandes productions de l'esprit* », écrivit-il un jour à Chérubini, — et s'il y eut bien un homme qui produisit *par et dans son esprit*, ce fut lui ! Quoiqu'il eût dit que l'artiste « *sait, hélas ! que l'art n'a point de limites* », et qu'il « *sent obscurément combien il est éloigné du but* », jusqu'à la fin il n'aura de cesse de repousser ses propres limites, comme le prouve l'insatisfaction dont témoigne une lettre écrite trois ans avant sa mort (qui survint en 1827) : « *Apollon et les Muses ne voudront pas déjà me livrer à la mort, car je leur dois encore tant, et il faut qu'avant mon passage aux Champs Élyséens je laisse après moi ce que l'Esprit m'inspire et me dit d'achever. Il me semble que j'ai à peine écrit quelques notes.* » « *Quelques notes* » !... Beethoven était, en plus, l'humilité même !... — Nous reviendrons au chapitre suivant sur le « cas Beethoven » pour parler du surprenant *Testament de Heiligenstadt* (qu'il rédigea sérieusement en 1802, né de son désir de trouver, loin d'ici-bas, un monde meilleur, un monde, comme dit Shelley, « *Where music and moonlight and feeling / Are one* »), mais avant de nous élancer vers l'inconnu d'un nouveau paragraphe, je m'arrêterai sur deux points. Je viens d'écrire « cas Beethoven » en référence au « *cas Wagner* » de Nietzsche, lequel y ose la remarque suivante : « *Le plus grand événement de ma vie fut une guérison. Wagner n'appartient qu'à mes maladies.* » Eh bien, quant à moi, je retourne son assertion en réécrivant, non sans exagérer un tantinet : « *Le plus grand événement de ma vie fut une maladie. Beethoven n'appartient qu'à mes guérisons.* » Deuxièmement, une considération d'ordre étymologique jaillit à point nommé, dont on peut prendre « *note* » : de « *nota* », « *indice* » ou « *indication* », dérivé de « *notus* », qui signifie aussi « *connu* » et surtout ce qui est « *noté* » (peut-être un peu « *sonné* »)... Que le « *notus* » soit la « *note* » d'un « *connu* », passe encore, — mais que la graphie soit si proche de « *motus* » (qui est le « *mot* » latin, c'est-à-dire le « *son* », qui a été francisé en « *motus* », — « *silence* »)... quel « *nœud* », paraboliserait le défunt Shakespeare !... Dingue, dingue ! (Pour Beethoven, dont la correspondance est malheureusement un *livre de comptes*, il s'agissait de survivre financièrement, d'éponger ses dettes, de demander de l'argent à droite et à gauche, en clair : de *régler la note* ! Lui-même — nécessiteux — ne ratait pas l'occasion de faire de l'humour en jouant sur les graphies de « *Noten* » et « *Nöten* »...)

* * * * *

(Venez, venez, petites graines-de-clé, venez dansoter, venez, cerises-pinces sur vos équidistantes cordes, venez, têtards-flagelles, je vous écoute, pâmé ; venez me parler, venez, souris silencieuses, sur la touche émises à mes ouïes, venez, venez... Ô notes écrites qui crurent vivre, et qui chantèrent, alors que moi je décroyais et déchantais...)

* * * * *

« *All the world's a stage, and all the men and women merely players; they have their exits and their entrances.* » (« *Oui, le monde, c'est une scène, dont tous les hommes, toutes les femmes ne sont que les acteurs. C'est là qu'ils font leurs entrées, leurs sorties.* ») — Tel qu'à défaut il nous en plaira, nous les Pantins de la Comédie, de reprendre ce chemin du théâtre de nos vies... — S'il m'est une sensation désagréable, à vouloir survoler et rapatrier les images du passé, ce ne peut être que l'amertume d'une désorganisation d'un spectacle dont je sais qu'il fut joué, puisque j'y fis mon apparition, mais dont je ne puis récolter que des glanures, des fragments réfractaires au bouturage. Les autres acteurs, éparpillés un à un dans le présent dépassé de leurs nouveaux cocons respectifs, ne me sont malheureusement d'aucun secours, et, tout compte fait, en quoi m'aideraient-ils pour me souvenir des impressions subjectives que je connus au lycée à la lecture des premiers livres les plus nécessaires à ma formation d'être-au-monde ? Une quinzaine d'années, est-ce si loin ? *Faust, La nausée, Introduction à la psychanalyse, Les Fleurs du Mal, Les Méditations, Le silence de la mer,* — *Hamlet,* — tous ces livres, et une kyrielle d'autres, qui sont au-devant de moi, calés entre les plis de ma mémoire si pitoyable, forment *un* livre, *le* livre que je devine sous la poussière accumulée par le temps, et *il faut que je le rouvre*. Mais quoi ! Les pages se sont refermées ! Vite, un massicot ! *Il faut les découper à nouveau*... Mais quoi ! Où sont les pages de ce chapitre-ci ? Vite, des défets ! Qu'entends-je, que lis-je ? « *Tir'd with all these, for restful death I cry.* » (« *Lassé de tout, j'aspire à la paix de la mort.* ») Ô William, attends, attends-moi, je t'ai retrouvé, je suis là ! Voilà, tends l'oreille, — « *All's well that ends well* », — car c'est à toi que vont mes prières comblées d'amour...

* * * * *

Hamlet. — Qui goûte, en sa jeunesse, la plus grande, — que dis-je ? — *la plus puissante* œuvre littéraire jamais conçue de main d'homme, expérimente en même temps, sans qu'il l'ait désirée, sans qu'il la comprenne bien non plus, l'œuvre de celle qui est coupable de vénéfice, celle qui se confond avec l'arme de son crime, le poison métaphysique odieux et savoureux, celle qui, « inattrapable », « inincarcérable », ne s'est jamais assise sur le banc des accusés, — la fière Mélancolie ! — Shakespeare, de treize ans l'aîné de Robert Burton, avait ceci de commun avec lui : la « *melancholy* », — et je suis persuadé que Burton, qui cite à foison les plus grands auteurs, ne se fût pas retenu de citer Shakespeare s'ils avaient été moins contemporains l'un de l'autre. En tout cas, si l'on peut supposer que Burton eut vent des pièces de Shakespeare, il est certain, à l'inverse, que celui-ci, mort en 1616, ne put avoir l'honneur de lire *L'Anatomie*, parue en 1621. — Ma fixation obsessionnelle (lubie durable) sur le terme « melancholy » m'a fait compulser les œuvres complètes du poète, au sein desquelles j'ai pu compter approximativement soixante-dix occurrences, ce qui n'est pas rien (et c'est d'ailleurs *Much Ado about Nothing*, pièce peu tragique, qui en recense le plus grand nombre, soit un dixième du total). Dans les *Sonnets*, là où l'empreinte mélancolique est la plus marquée, on ne l'y trouve qu'une seule fois, précisément au quarante-cinquième : « *oppress'd with melancholy* » (j'ai élagué le reste). J'ai le privilège de posséder l'incomparable et admirable traduction *rimée* de Jean Malaplate (qui, aussi insolite que cela soit, a également traduit de l'allemand des poèmes de Hermann Hesse, ou des ballades, ainsi que les *Faust* de Goethe, auxquels nous nous référons dans ce livre, et même de l'arabe, les *Quatrains* d'Omar Khayyām), fruit d'un long travail qui mérite d'être applaudi. Mais voici comment a disparu, tournée en français, l'unique « *melancholy* » : « *perd courage et foi* », est-il écrit. Cette éviction m'invite à faire deux remarques : la « *mélancolie* » eut, selon les époques et les auteurs, un sens plus ou moins négatif ou pathologique, et Malaplate a tenu compte de cet aspect-là (si l'on me permet cette audace qui n'a rien de péjoratif, l'usage de la « *melancholy* » shakespearienne est proche de celui qu'en fit Antoine de Saint-Exupéry dans son *Petit Prince*, où la douce « *mélancolie* » apparaît à plusieurs reprises, ou dans sa correspondance pour dire qu'il *a de la mélancolie*) ; ensuite, le but émérite que s'était assigné Malaplate, à savoir de retranscrire en alexandrins et d'avoir à respecter les règles de la rime, du nombre de pieds et de l'hémistiche, l'a peut-être convaincu de ne pas le retenir (« *mé-lan-co-lie* », quatre syllabes contraignantes). Ceci étant dit, je ne referme pas la parenthèse, il n'y en a pas, mais j'ajouterai que Malaplate, dont j'ai oublié de dire qu'il a traduit le *Beppo* de Byron, s'est aussi essayé, magnifiquement, à « galliciser » *Hamlet*… — Je n'espérais pas de meilleure transition en vue de mon avertissement : des multiples passages de *Hamlet* que je citerai, je préviens le lecteur de ce que leurs traductions sont pour la plus grande part dues à Jean-Michel Déprats, maître de conférences et directeur de l'édition des œuvres de Shakespeare dans la Pléiade, qui s'est, me semble-t-il, rapproché de celle d'Yves Bonnefoy, la plus fluide et la plus limpide que je connaisse (celles de François Maguin, de Henri Suhamy et de André Markowicz, tout aussi belles, peut-être mes préférées, sont celles que je recommanderais pour une première lecture, la première étant la plus exigeante, la seconde la plus fidèle quant au sens, et la troisième la plus poétique), et à François-Victor Hugo, quatrième enfant de Victor. Déprats et Hugo ont eu le mérite d'avoir traduit, chacun de leur côté, *presque tous* les écrits du dramaturge. Mais je dois accompagner cet avertissement d'une mise en garde, sans laquelle on pourrait me diffamer pour déloyauté : j'ai moi-même eu la prétention de m'affairer à la traduction de quelques-uns d'entre ces passages, voire, et je m'en excuse auprès de Déprats et de Hugo, d'avoir arrangé et accordé à ma façon certaines traductions qui sont de leur propre cru. Traduire *Hamlet* est une entreprise de taille. La meilleure preuve qui témoigne en faveur de la complexité terrible de cette œuvre, c'est qu'il ne se trouve pas deux traductions identiques, avec parfois des interprétations radicalement opposées (l'intérêt de continuer à traduire *Hamlet* à notre époque et aux époques plus récentes, étant mince de par le nombre déjà gigantesque de tous ceux qui s'y sont essayés, j'en soupçonne certains d'y aller intentionnellement de leur fausse interprétation personnelle afin de se distinguer des autres et d'aller plus ou moins à contre-courant — pour faire le malin). — (Ce fut dans la traduction de Hugo que je découvris, à seize ou dix-sept ans, cette mémorable œuvre dont l'image du héros, ineffaçable, me hanterait toute la vie. Ce fut même, plus exactement, dans la collection Librio, — que je fuis comme la peste, tant le format et la mise en page m'incommodent, — que je le lus. La couverture reproduisait l'affiche des frères Beggarstaff où Hamlet apparaît tenant fidèlement entre ses mains le crâne de Yorick. Tout ce dont je me souviens, c'est d'en avoir lu des passages afin de les connaître par cœur, tandis que mon père conduisait à mes côtés et nous menait vers je ne sais plus quelle ville pour un match de basket auquel je devais participer. Aujourd'hui encore, sans crainte que ma langue ne fourche, je puis en réciter un certain nombre… Je ne saurais comment exprimer dans quelle exacte mesure Hamlet a réussi à imprimer en moi des sentiments insoupçonnés, combien il a remué mes entrailles et instillé dans mes veines le suc herbacé de la mélancolie, ni quels chemins, avec bonheur et délectation, il m'a fait prendre de force. Je suis « *fou d'*Hamlet », comme dirait Stendhal ! Hormis *Cyrano de Bergerac*, *Hamlet* est le seul livre que j'aie follement désiré d'apprendre par cœur : ah ! jouer seul tous les rôles de la pièce, tel a été mon rêve d'adolescent !... En le lisant pour la première fois, j'avais le même état d'esprit qu'Alexandre Dumas qui, dans *Comment je devins auteur dramatique*, racontait qu'ayant été voir *Hamlet* au théâtre, il fut « *comme un aveugle-né auquel on rend la vue, qui découvre un monde tout entier dont il n'avait aucune idée* ». Lequel Alexandre Dumas, avec l'aide de Paul Meurice, versifia *Hamlet*, dont la première représentation eut lieu en 1847. J'ai réussi à en obtenir le fac-similé (imprimé en pattes de mouche et relié) de l'édition de 1853 grâce aux numérisations de la Bibliothèque Nationale de France. Sans cette initiative, je pouvais bien attendre des années avant d'en trouver un exemplaire où que ce fût, tant cette mise en vers est peu connue, voire inconnue… Et pourtant, quoiqu'elle prenne parfois quelques libertés, en particulier à la fin, elle est très, très plaisante !) J'ai beau, à certaines périodes de ma vie, lire et relire *Hamlet*, archiconnaître l'intrigue et l'épilogue, jamais je ne m'en lasse, et il en va des chefs-d'œuvre qui paraissent infinis comme des miroirs prismatiques : à chaque lecture, bien que je connaisse tous les passages par cœur, dont quelques-uns depuis le lycée, j'y découvre un sentiment inédit, parce que mon angle d'approche et ma disposition ont été imperceptiblement modifiés par rapport à la dernière rencontre. J'y suis tout entier, car *Hamlet* est une pièce tout entière, et Montesquieu, dans son *Essai sur le goût*, ne me contredira pas sur ce point : « *tel est l'effet de notre imagination, que lorsque nous avons vu la pièce mille fois, si elle est belle, notre suspension et, si je l'ose dire, notre ignorance restent encore ; car pour lors nous sommes si fort touchés de ce que nous entendons actuellement, que nous ne sentons plus que ce qu'on nous dit, et que ce qui nous paraît devoir suivre de ce qu'on nous dit, et que ce que nous connaissons d'ailleurs, et seulement par mémoire, ne nous fait plus aucune impression.* » Shakespeare parle à l'âme. Ses pièces, selon Wilhelm Meister (qui pensait qu'il n'y avait jamais eu de plus grand plan que celui de *Hamlet*), « *on les dirait l'œuvre d'un génie céleste, qui s'approche des hommes pour leur apprendre, de la manière* *la plus douée, à se connaître eux-mêmes* », et c'est ce qui a le don de les rendre immortelles aux yeux des adeptes du « γνῶθι σεαυτόν »… Ah ! toujours le « *gnothi seauton* » ! (Au fait, un comble : *connaît-on* l'auteur présumé du « *Connais-toi* » ? Non… Porphyre indique plusieurs filiations : Chilon, Bias, Thalès ? ou bien avant Chilon, comme le croit Aristote ?) Écoutez, maintenant, écoutez les réverbérations textuelles, le polymorphisme du langage de Dieu ! Écoutez Goethe, dans ce bout de poème (extrait de *Sprichwörtlich*) : « *Erkenne dich! / Was soll das heißen? Es heißt: Sei nur! Und sei auch nicht!* » Traduction (on peut éluder le « *nur* » et l'« *auch* » sans dommage en français) : « *Connais-toi toi-même ! / Que veut dire cela ? Cela veut dire : Sois ! Et ne sois pas !* » Être, ou ne pas être : être, et ne pas être. Sois, Hamlet ! et/ou ne sois pas… À Dieu vat ! — On pourrait varier la valeur du « *Connais-toi* » et dire que « *son intelligence est trop développée pour se contenter de ce qu'elle trouve en elle-même* », qu'« *il connaît sa faiblesse* », mais que « *se connaître soi-même, c'est une force* ». C'est du moins ainsi que Tourgueniev voyait les choses dans son *Hamlet et Don Quichotte* (pour lui, Hamlet représentait « *l'esprit d'analyse avant tout, l'égoïsme et l'absence de foi* »). — Oui, *Hamlet* est la plus puissante œuvre littéraire jamais conçue de main d'homme, la gerbe de mots la plus fabuleuse qu'un auteur nous ait transmise : « *Dieu fait l'Océan ; l'homme fait Hamlet.* » (Expression de Hugo, lequel concède d'ailleurs que, si « *d'autres œuvres de l'esprit humain égalent* Hamlet*, aucune ne le surpasse* ».) Hamlet, selon Oscar Wilde, « *has also all the obscurity that belongs to life* » (« *comporte aussi toute l'obscurité propre à la vie* »), et il représente, plus que *la* mélancolie, *toutes* les mélancolies (« *There are as many Hamlets as there are melancholies* »). — Pour parler sincèrement, Hamlet est, non imaginaire, mais *réel* ; non pas un étranger, mais un *ami*. « *Peu d'amis vivants ont eu sur moi une aussi forte influence, en bien, que Hamlet et Rosalinde* », avait un jour confessé Stevenson dans un essai sur les livres qui l'avaient influencé. Et Henri Bergson d'appuyer ce sentiment : « *Rien de plus singulier que le personnage de Hamlet. S'il ressemble par certains côtés à d'autres hommes, ce n'est pas par là qu'il nous intéresse le plus. Mais il est universellement accepté, universellement tenu pour vivant. C'est en ce sens seulement qu'il est d'une vérité universelle.* » Maurice Castelain, dans l'introduction de l'édition bilingue chez Aubier, parlant de Shakespeare, conclut : « *[…] mais comme il avait d'abord vécu lui-même les souffrances de son héros, il n'en est pas de plus vivant.* » Non seulement on se sent proche de Hamlet, mais on devine l'ombre réelle du cher et grand William… — Quoi de plus normal, quand on ouvre pour la première fois *Hamlet*, dont tout lecteur « vierge » a auparavant, soit dit en passant, souvent entendu parler (ce qui n'a fait qu'attiser sa bienveillante curiosité), — quoi de plus normal que d'épier le moment de son entrée en jeu ? N'en déplaise aux âmes impatientes, elle n'intervient qu'à la deuxième scène, — laquelle succède au début (déjà) glacé qui nous plonge « *dans la morte désolation du milieu de la nuit* » : le départ des sentinelles aux douze coups de minuit ; le spectre du roi qui se montre, s'en va, revient, repart, sans un mot, sans répondre sur son apparition, comme une apparition qui « disparaît » et « surapparaît » ; la préparation à un conflit sans contour, sans raison ; — l'ambiance lourde, plantée comme un décor malsain, comme un appel à l'être, dès la première phrase (« *Who's there?* »), l'ambiance qui pèse, tout au long de la pièce, sur les personnages, voilà ce qu'il faut, en tant que lecteur, supporter !... Il s'agit d'une atmosphère apocalyptique et d'éclipse qui présage un « *jour du jugement* » (« *doomsday* »), des « *événements terribles* » (« *fear'd events* »), des « *catastrophes imminentes* » (« *omen coming down* »). Une atmosphère sursaturée d'onirisme, onirodynique, ténébreuse de rêve insupportable… Or, qu'est-ce qu'un rêve, que reflète-t-il si « *Un rêve n'est lui-même qu'une ombre* » ?... L'ombre que nous sommes. — « *Who's there?* » Qui va là ?... *Qui* va — *être* — *là* ?... C'est la première question que l'on se pose — à soi-même ! — Les deux premières répliques de Hamlet, — *deux jeux de mots*, — sont pour le moins mordantes et donnent l'allure de la complexité de son caractère lorsqu'en premier lieu il répond (« *aside* », dans la version originale) à Claudius, qui vient de commettre l'affront de l'appeler « *my cousin Hamlet, and my son* » : « *A little more than kin, and less than kind.* » (Expliquons-nous : « *more than kin* » signifie « *plus que parent* » en tant que Claudius est désormais, en plus d'être son oncle, son beau-père (« *cousin* », pendant la Renaissance anglaise, équivalait à « *neveu* ») ; « *less than kind* » pour la triple interprétation suivante : moins « *parent* » que cela par les liens du sang (« *souche commune* »), moins « *naturelle* » en référence au pacte incestueux et moins « *bienveillant* » ou « *attentionné* » que cela à cause du mariage hâtif avec sa mère veuve depuis peu, — ce qui nourrit davantage sa rancœur avunculaire (Suhamy, qui a toujours de bonnes formules compréhensibles, traduit par : « *Un peu plus neveu que je ne veux* »). Hamlet se moquera plus tard de ces nouveaux nœuds en désignant Claudius comme son « *uncle-father* » et sa mère comme « *aunt-mother* »… Pis : avec une espièglerie prodigieuse, au moment de se mettre en route pour l'Angleterre, il fera ses adieux à Claudius en l'appelant « *dear mother* » ! Ces dénominations filiales, variées, surprennent et ajoutent à l'ambiance incestueuse et adultère. Qui est qui ? pour qui ? C'est la confusion, l'*imbroglio*, c'est Héloïse qui écrit à Abélard : « *À son maître, ou plutôt à son père ; à son époux, ou plutôt à son frère ; sa servante, ou plutôt sa fille ; son épouse, ou plutôt sa sœur ; à Abélard, Héloïse.* » Claudius ne va-t-il pas jusqu'à embrouiller les rapports déjà malsains et sujets à caution en désignant son épouse comme celle qui fut « *naguère notre sœur* » (« *our sometime sister* ») ? Voilà pourquoi le Spectre décrira son frère comme une « *adulterate beast* », et de surcroît « *incestuous* »…) Après cet aparté persifleur, le roi, qui est censé n'avoir rien ouï de cela, lui demande : « *How is it that the clouds still hang on you?* » (« *Pourquoi ces nuages qui planent encore sur votre front ?* »), constatation qui affermit rapidement l'idée que le lecteur se fait de Hamlet, l'idée d'un homme à l'apparence *ennuagée*, au cœur *embrumé*, au regard engrisaillé, aux sens plombés et à l'humeur assombrie. Quelle est sa réponse ? Eh bien, cela dépend formellement de la source ! « *Not so, my lord. I am too much i' th' sun* » provient du fac-similé de la *princeps*, mais il existe les variantes « *i' the sun* », « *i' sun* », « *in the sun* » (anglais modernisé), dont les articulations (« *i' th'* », « *i' the* », « *i'* », « *in the* »), selon qu'on les lit ou qu'on les profère, ne donnent pas un « rendu » identique, — et il se trouve même, dans mon exemplaire publié en Folio, « *in the son* » (à l'époque, il n'y avait pas de distinction orthographique entre « *son* » et « *sun* », cependant ce doit être une coquille) ! L'ambivalence suggérée par les homophones « *soleil* » (qui *perce, transperce, perscrute*) et « *fils* » (qui *perd-se, père-ce*), est la démonstration du plus bel humour noir. Accessoirement, on retrouve à la scène 2 de l'acte II la même expression ambiguë lorsque Hamlet conseille à Polonius de ne pas laisser sa fille « *se promener au soleil* » (qui « *engendre des asticots dans un chien mort* ») : « *Let her not walk i' the sun* » — ou « *i' th' sun* » — ou « *i' the Sunne* » dans le Folio

(Hamlet y parle de « *conception* » et d'aucuns fabriquent à partir de ces quelques répliques cinglantes l'hypothèse qu'Ophélie serait enceinte !). Le plus étonnant, avec ce jeu dans les mots, exactement le même que le premier, et qui montre au passage combien les interprétations sont ardues chez Shakespeare, c'est qu'il n'est presque jamais signalé par les commentateurs... (Cet humour noir m'en rappelle un autre, tout aussi léger et grave, tiré du dialogue *L'accent grave* de Jacques Prévert, lorsque l'élève Hamlet répond au professeur qui lui fait remarquer qu'il est « *encore dans les nuages* » : « *Être ou ne pas être dans les nuages !* » Soit ! mais trêve de *Paroles* :) La mère (autrefois si chère) entend la repartie du « *son* » et intime à sa géniture de ne plus ruminer sans cesse la mort de son père, qu'il n'y a rien de plus commun que la mort, puisque « *all that lives must die* ». Impavide, — avec une pointe d'ironie, — il répond laconiquement qu'en effet, « *it is common* », ce à quoi sa mère rétorque : « *If it be, why seems it so particular with thee?* » Ici, alors que ce n'est que sa quatrième intervention, il commence sa harangue (avec facétie, incrédulité, mais avec retenue) par ce qui définit le trait d'esprit hamletien par excellence, c'est-à-dire la *redéfinition* de ce qui « semble », le *requestionnement* existentiel, la *fulmination* intérieure, la *destruction* des acquis de l'évidence (ici, en tournant en dérision l'*establishment*) : « *Seems, madam? Nay, it is, I know not "seems".* » Hamlet, même flétri par la mort du père et souillé par le nouvel hyménée de sa mère, *est pur* ; — Hamlet, même agacé par les « *do not for ever [...] seek* », recherche la pureté ; — Hamlet, *c'est la probité* (« *Un atome d'impureté souvent corrompt toute la noble substance, pour son plus grand déshonneur* ») ; — Hamlet, c'est l'éternel examen de la conscience *et* de l'inconscience ; — Hamlet, c'est l'humanité dans l'individu (Victor Hugo : « *Et ainsi à part des hommes, Hamlet a pourtant en lui on ne sait quoi qui les représente tous. Agnosco fratrem. À de certaines heures, si nous nous tâtions le pouls, nous nous sentirions sa fièvre. Sa réalité étrange est notre réalité, après tout. Il est l'homme funèbre que nous sommes tous, de certaines situations étant données. Tout maladif qu'il est, Hamlet exprime un état permanent de l'homme. Il représente le malaise de l'âme dans la vie pas assez faite pour elle* ») ; — Hamlet, c'est, selon Ophélie, un noble esprit (« *noble mind* »), la rose d'un beau royaume (« *rose of the fair state* »), le miroir du goût et le modèle des formes (« *the glass of fashion and the mould of form* »), un homme doué d'une noble et souveraine raison (« *noble and most sovereign reason* »), un homme qui a la forme incomparable et la silhouette de jeunesse en sa fleur (« *that unmatch'd form and stature of blown youth* ») ; Hamlet, c'est la folie de la pureté et, « *comme l'or dans un gisement de métaux vulgaires* », la pureté dans la folie ; Hamlet, c'est l'égalité dans la dissemblance, l'identité faite d'altérité, la singularité plurielle : dans la pièce, il est tour à tour sarcastique (cassant *et* juste), délirant (amusant *et* funèbre), piquant (quelques grossièretés, quelques hypocrisies) ou fou (jusqu'à la psychose, jusqu'à la limite de ses forces). Je ne crains pas de radoter en insistant sur la *pureté*, sur la *pureté de ses sentiments*. (Goethe fait dire « *rein fühlend* » (« *pur* » en conscience et sentiments) à Wilhelm Meister pour définir Hamlet tel que celui-ci devait être avant la mort de son père, et qui est pour lui la première clé qui permette de comprendre le personnage, « *à travers l'étrange dédale de ses caprices et de ses excentricités* » (« *durch das seltsame Labyrinth so mancher Launen und Sonderbarkeiten* »).) Quand Hamlet *tue* Polonius, — *comme ça*, distraitement, comme quelqu'un qui s'ennuie, dont le « *royaume n'est pas de ce monde* » (*Jn 18,36*), qui « *n'est pas dans le lieu où est sa vie* », qui est toujours en décalage, qui « *existe en dehors de tout* » parce qu'« *il voit plus loin que la terre* » et que sa « *pensée est un monde errant dans l'infini* », comme un Roméo qui n'est plus Roméo, qui s'est abandonné lui-même, qui n'est pas ici, mais quelque autre part, comme quelqu'un qui veut qu'on le laisse « *rêver seul au désert de [son] être* », qui n'a pas d'autre passe-temps (tel l'Empereur Domitien) qu'abattre le poing sur une chenille qui passe, sans y faire attention (ça remuait), parce qu'« *il semble ne pas toucher même à ce qu'il broie* », — quand Hamlet *tue* Polonius, — *comme ça*, disais-je, sa folie est amoindrie par le jugement que l'on porte à l'encontre de ce personnage déplaisant, et Hamlet n'est pas si fou qu'il n'en a l'air puisqu'il sait analyser la propre folie de sa mère (un psychologue — nimbé de moralité — peut-il être déraisonnable ?) : « *mais sans doute la perception est paralysée en vous, car la folie ne divaguerait pas, ni la perception ne s'asservirait pas au délire à ce point, mais elle garderait assez de discernement pour remarquer une telle différence.* » De même, quand *il a tué* Polonius, il soulève son corps et va le ranger quelque part dans le château, puis fait montre d'un humour *extrêmement macabre* lorsque le roi lui demande où il l'a caché... — (Le lecteur sera-t-il de son côté assez aveuglé par la folie pour n'avoir pas encore entrevu que mon discours peu académique sur *Hamlet* s'éloigne d'une résomption normalisée et s'intègre, au contraire, dans un entortillement de ce que sont le langage, la mélancolie et la philosophie, c'est-à-dire de ce que ces notions feignent, dans un littéralisme de premier degré, de n'être pas ?... *Hamlet*, potion qui est poison et/ou contrepoison, alexitère et/ou vénéfice, requiert une flopée d'ingrédients dont les proportions doivent respecter une certaine stœchiométrie afin que le mélange précipite, et ingrédients, dépendant du préparateur, c'est-à-dire de l'interprète, n'existent pas tous à l'état naturel : doser, *doser* est le fin mot, mais c'est seulement *d'oser* qui sera mon but. Oser écrire un exposé critique sur *Hamlet* et/ou être exposé au contresens, « *that is the question* » ! Les avertissements — à l'égard de ceux qui oseraient explorer et définir Hamlet (et le drame et le personnage) — ne sont pas ce qui manque. Adler, dans *Le tempérament nerveux*, n'échappe pas lui aussi à la tentation d'avertir : « *Le sens de la tragédie de Hamlet n'a jamais été élucidé et reste obscur, même de nos jours. Comme dans beaucoup d'autres de ses drames, Shakespeare semble chercher à tracer la ligne de démarcation qui, dans notre vie civilisée moderne, existe entre le meurtre permis et le meurtre défendu. Aux commentateurs de Hamlet qui s'obstinent à faire ressortir l'indécision du héros, je demanderai volontiers s'ils auraient mis plus de décision qu'Hamlet à tuer leur oncle.* » Gare, alors ! Samuel Taylor Coleridge, somptueux poète et exégète reconnu de *Hamlet*, dont les réflexions font encore autorité de nos jours, décrivait déjà — dans ses *Lectures and notes on Shakspere and other English poets* (1813) — la nature de la difficulté qui attend celui qui s'attaque au caractère de notre héros : « *The seeming inconsistencies in the conduct and character of Hamlet have long exercised the conjectural ingenuity of critics; and, as we are always loth to suppose that the cause of defective apprehension in ourselves* » (« *Les soi-disant incohérences dans la conduite et le caractère de Hamlet ont longtemps donné du fil à retordre à l'ingéniosité conjecturale des critiques, et ce, dans la mesure où nous sommes toujours hostiles à supposer que la raison de toute interprétation défectueuse réside en nous-mêmes* »). Ô mon courage, « *come, and come* » ! Je n'ai pas peur ! Et si, comme le dit François Maguin dans sa bibliographie, « *de toute la littérature mondiale, Hamlet est l'œuvre qui a suscité le plus d'études critiques* », ou Castelain, dans son introduction, qu'elle « *a suscité des discussions infinies* » et qu'« *il n'y a sans doute aucune œuvre littéraire qui ait provoqué tant de controverses et de commentaires, des milliers et des milliers de pages, où les remarques justes et même pénétrantes sont noyées dans un océan de mots superflus* » (ce qui est indéniable, mais le dire n'arrange pas le volume de cet océan !), je ne vois pas d'inconvénient à ce que ma contribution, quoi qu'elle m'en coûte, soit noyée, si elle doit l'être, dans cet océan titanesque ! Je serai le cicerone de ce drame œcuménique que vous pourrez admirer par les instantanés, les photogrammes que j'aurai volontairement prélevés, et si ce tourisme linéaire devait ressembler à un amas désordonné, à une visite sans sens, à une grosse anacoluthe (la vie n'en est-elle pas une ?), j'en porterais la responsabilité sans embarras, — car, jusqu'à preuve du contraire, je n'écris qu'à moi-même, — et si je ne m'écris...) — « *How is it that the clouds still hang on you?* » demande le beau-père. (Pascal eût sans doute répondu : « *J'ai mes brouillards et mon beau temps au-dedans de moi* » !) Ces paroles, qui évoquent d'emblée la *mélancolie* — que Hamlet ne résorbera jamais (« *lost all my mirth* » pourrait être un refrain) —, est quadruplement signifiante : la *morosité* évidente qu'expriment (« *en gris souillé* ») les « *clouds* » qui planent *sur* (visibles) et *en* (devinés) notre héros ; la *prégnance continue* de cette morosité soulignée par le « *still* » (« *toujours* », voire « *encore* », mais ce serait oublier les résonances des « *néanmoins* », « *quand même* » ou, en enfreignant le sens originel, « *immobile* », « *dormant* ») ; la *légitimité* d'un tel état morose traduite par l'interrogation « *how is that* », comme si ça n'allait pas de soi (combat de l'être et de l'apparence) ; enfin, le *déplacement* de la réponse, qui dit sans dire et retourne la question sans ostentation (« la vérité est *ailleurs* », version imprécatrice et implicite de « la vérité est *là* »). Je ne connais pas de meilleur représentant qui puisse davantage dégager une telle « μελαγχολία » (en ses lettres de noblesse grecque), et je n'étonnerai personne en affirmant que Hamlet est, à mes yeux, un (sinon *le*) *pur mélancolique*, — mais un mélancolique d'un genre particulier, un *actif*, un missionnaire, un *militant* de la rémission et de la cénesthésie (non pas parvenu, mais tard-venu, par concrétion), que l'hypertrophie splénique rend *actionné* et *conquérant*, un mélancolique que l'étiolement, en vue d'une ultime *réaction*, épanouit bizarrement (*memento mori !*), un mélancolique qui se dit lui-même mélancolique (« *my melancholy* ») à la scène 2 de l'acte II, et en même temps faible (« *my weakness* »). Hamlet, c'est la Mélancolie la plus vibrante qui soit, la plus paroxystique, le fruit, comme le dit un personnage de Dostoïevski, d'un « *désespoir immense, quelque chose de si profond que nous n'en approchons jamais, même en rêve* » ; et Hugo renchérit en notant que, « *comme la grande larve d'Albert Dürer, Hamlet pourrait se nommer* Melancholia ». Hamlet, c'est le Mélancolique par excellence. Rappelons les mots de Wilde dans *Le déclin du mensonge* : « *Schopenhauer has analysed the pessimism that characterises modern thought, but Hamlet invented it. The world has become sad because a puppet was once melancholy.* » (« *Schopenhauer* [*"*Shakespeare*" dans ma traduction en Livre de Poche !] analyse le pessimisme qui caractérise la vie moderne, mais c'est Hamlet qui l'a inventé. Le monde est devenu triste parce qu'une marionnette fut un jour mélancolique.* ») — Dans son premier monologue, situé peu après l'altercation des « *nuages* », Hamlet répudie l'attitude de sa mère, exactement comme le feront Schopenhauer — qui aimait tant à le citer — et Baudelaire en apprenant le remariage de la leur (et sans épithalame !). « *Si l'Éternel n'avait pas dirigé ses canons contre le suicide !... Ô Dieu ! ô Dieu ! combien pesantes, usées, plates et stériles, me semblent toutes les jouissances de ce monde ! Fi de la vie ! ah ! fi !* » (Combien ces exclamations me remuent en les écrivant ! Doux Joseph, *chacune* des prises de parole de Hamlet me laisse coi. J'ai beau les relire et les relire, elles ont le don de frapper mon cœur encore, et encore, et encore, — car elles sont *si* enflées — de sincérité, de puissance intellectuelle, de vertigineusité, d'amour, de mort !... Y a-t-il plus *universel* dans l'histoire de la littérature ? Non ! Or, quel est le thème du livre ? qu'est-ce qui s'agite dans chaque recoin de phrase, dans chaque sentiment, même le plus futile ? La Mélancolie ! Par conséquent, quelle est la *chose* la plus universelle ? La conclusion du syllogisme tombe : la Mélancolie ! — Victor Hugo, dans son *William Shakespeare*, qui devait servir de préface aux œuvres complètes traduites par son fils, et qui, finalement, fut un énorme « manifeste du parti romantique », s'enflamma sur notre héros : « *Hamlet. On ne sait quel effrayant être complet dans l'incomplet. Tout, pour n'être rien. [Il] interroge l'obscurité, tutoie le mystère. [...] Il épouvante, puis déconcerte. Jamais rien de plus accablant n'a été rêvé.* » Ailleurs : « *Ce drame est sévère. Le vrai y doute. Le sincère y ment. Rien de plus vaste, rien de plus subtil. L'homme y est monde, le monde y est zéro. Hamlet, même en pleine vie, n'est pas sûr d'être. Dans cette tragédie, qui est en même temps une philosophie, tout flotte, hésite, atermoie, chancelle, se décompose, se disperse et se dissipe, la pensée est nuage, la volonté est vapeur, la résolution est crépuscule [...] Hamlet est le chef-d'œuvre de la tragédie rêve.* » Enfin : « *D'autres œuvres de l'esprit humain égalent* Hamlet, *aucune ne le surpasse. Toute la majesté du lugubre est dans* Hamlet. *Une ouverture de tombe d'où sort un drame, ceci est colossal.* ») La vie, pour Hamlet, c'est la mort qui est en nous, — partant, la mort qui est autour de nous, dans un monde âpre, rauque, rigoureux, pénible, accablant, sans pitié (« *harsh world* »), où chaque mole de l'air inspiré est une mole de mélancolie — déjà en surdose — ingérée. « *Fi de la vie ! ah ! fi !* » (« *Fie on't, ah fie!* ») — que Déprats traduit idéalement en un sonnant et trébuchant : « *Pouah ! oh, pouah !* » (Une autre occurrence (II, 2) est : « *Fie upon't* », toujours imagée en « *pouah* ».) On croirait entendre le « *Pouah !* » de Rimbaud (« *Fade amas d'étoiles ratées, / Comblez les coins !* »), le « *Pouah !* » juvénile de celui qui a tout compris avant d'être adulte, l'onomatopée dégoûtante qui marque l'expression du dégoût (« *something is rotten* » ! « *il y a quelque chose de pourri* » !), comme un crachat sans salive (« *Pouah ! mes salives desséchées* », dit Rimbaud, *in extenso*). (Pouah ! on tourne magnifiquement en rond, *tout est dans tout* ; j'ai retrouvé un bout d'une lettre de Louis-Ferdinand Céline qui m'a fait tomber à la renverse : « *Pouah ! Shakespeare prétend que nous sommes faits de la même étoffe que nos rêves. Les miens n'étaient pas d'écrire des romans ! Ah foutre ! Je le fais comme une bourrique qu'on fouette ! Cela me fait mal à la tête — m'empêche de dormir — me fait bourdonner — bref c'est un sale supplice dégoûtant.* ») Si Hamlet est mélancolique et pense au suicide, il n'en éprouve pas moins la beauté du monde, en témoigne cette célèbre réplique (tellement citée, à l'instar de l'« *être, ou ne pas être* », qu'elle est malheureusement déplumée, dépouillée de sa profondeur inégalée) : « *Il y a plus de choses sur la terre et dans le ciel, Horatio, qu'il n'en est rêvé dans votre philosophie.* » Ce n'est pas que *dégoût* et *ravissement* soient compatibles ou incompatibles chez une nature mélancolique ; mais c'est plutôt qu'ils soient — au sens mathématique — strictement *équivalents*, autrement dit que le ravissement *implique* le dégoût *et* que le dégoût *implique* le ravissement : il y a mélancolie *si et seulement si* dégoût *et* ravissement cohabitent (mélancolie ⇔ dégoût ⇔ ravissement). S'il n'y avait *que* le ravissement (qui se ravit lui-même), il n'y aurait qu'une extase gamine (optimisme à la Pangloss) ; — s'il n'y avait *que* le dégoût, il n'y aurait qu'une fixation morbide indigne ; — tant et si bien que la mélancolie, fors l'un ou l'autre, est la preuve d'un esprit borné, de même que l'un ou l'autre, fors la mélancolie. On s'offusquera de ce que je mêle le ravissement au mal-être, ou de ce que je n'en appelle pas à l'isosthénie, mais *Hamlet* est pour moi la cristallisation de ce dualisme réunificateur, le symbole de la joie défaite (« *defeated joy* »), une pièce que l'on regarde d'un œil souriant et de l'autre pleurant (« *with an auspicious, and a dropping eye* »), où le funèbre mariage succède aux allègres funérailles (« *with mirth in funeral, and with dirge in marriage* »), où pèsent également le délice et le deuil (« *in equal scale weighing delight and dole* »), où le destin s'écrit et s'écrie (« *my fate cries out* »). Et puis, si tout cela ne convainc pas, que l'on veuille bien écouter Hamlet *himself* : « Cette superbe voûte, le ciel, voyez-vous, cet éclatant firmament en surplomb, ce toit majestueux sculpté de flammes d'or, oui, tout cela n'est plus pour moi qu'un noir et pestilentiel agrégat de vapeurs. Quel chef-d'œuvre que l'homme ! Si noble en sa raison, si infini dans ses facultés, par ses formes et ses mouvements si bien modelé et si admirable, par l'action si proche d'un ange, par la pensée si proche d'un dieu : la merveille du monde, le parangon des animaux ! Et cependant, pour moi, que vaut cette quintessence de poussière ? L'homme ne m'enchante plus, ni les femmes d'ailleurs. » Et que l'on songe un instant au *printemps démobilisateur* (l'humeur vernale), — ou au *sublime* que décrit merveilleusement le pessimiste Schopenhauer, ou au *sens esthétique et éthique* de l'Univers (celui-ci *n'a pas à être laid et mauvais, ni à être beau et bon*, il n'y a pas d'intention, et que ceci soit entendu par les âmes trop chastes), — ou à la nature qui, plus elle est « *belle* », plus Ugo Foscolo la voudrait « *vêtue de deuil* », — ou à cette femme que décrit Hoffmann, que « *de sombres nuages rembrunissaient* » et que la « *mélancolie [...] rendait encore plus belle* », — ou à la Nuit de *L'Hymne* de Novalis, qui est « *ravissement* » et « *douleur* » (moins « dégoût » que « noirceur », mais ne pinaillons point), — ou encore à « *la sympathie la plus étroite* », toujours du même Novalis, qui existe entre « *mélancolie et volupté, mort et vie* » (« *Wehmuth und Wollust, Tod und Leben / Sind hier in inniger Sympathie* »), — ou à la « *Mélancolie* » souriante incarnée par Cosette (l'Alouette rouge-gorge), qui serait (si elle existait) la « *quatrième Grâce* », — ou à la « *mélancolie* » de Rousseau, *amie de la volupté*, où « *les plus douces jouissances* » et « *l'excessive joie* » s'accompagnent des pleurs et des larmes, — ou à « *l'attendrissement et les larmes [accompagnant] les plus douces jouissances* » dont parle le même Rousseau dans l'*Émile*, qui amène à la conclusion que « *la mélancolie est amie de la volupté* » (« *Ô tristesse enchanteresse !* » rugissait aussi Saint-Preux), — ou à la « *mélancolie* » du défenseur de la poésie, Shelley, dont la « *source* » est « *inséparable de la plus suave mélodie* », — ou à la « *Mélancolie* » de Keats qui « *demeure avec la Beauté — la Beauté qui doit mourir* » (« *dwells with Beauty—Beauty that must die* »), la « *Mélancolie voilée* » (« *Veil'd Melancholy* ») qui, « *dans le temple même de la jouissance* » (« *in the very temple of Delight* »), « *a son autel souverain* » (« *has her sovran shrine* »), — ou à « *la meilleure preuve de la misère de la vie* » qui, d'après Kierkegaard, « *est celle qu'on tire du spectacle de sa magnificence* », — ou à la débâcle imaginée par Zola, quand Silvine, « *inquiète de sentir [...] délassée et heureuse* », se demande comment est donc possible le paisible bonheur des lieux lorsqu'il n'y a pourtant que deuil et souffrance, — ou au « *cœur serré* » de Lamartine dans *Graziella*, « *prêt à éclater de joie intérieure ou de mélancolie* » plus forte que lui en entendant quelques « *notes répandues dans l'air du haut des astricos* », — ou à la « *double teinte mélancolique* » qui accompagne, selon Balzac, ceux qui envisagent gravement les choses humaines, l'une ayant « *la pâleur des crépuscules du soir* » (« *le souvenir presque effacé des joies qui ne [doivent] plus renaître* »), l'autre donnant « *l'espoir d'un beau jour* » (« *comme l'aurore* »), — ou au « *mélancolique séjour plein d'harmonies* », toujours selon Balzac, « *trop graves pour les gens superficiels, chères aux poètes dont l'âme est endolorie* », — ou à *L'insoutenable légèreté de l'être* de Kundera, où « *La tristesse était la forme, et le bonheur le contenu* », où « *Le bonheur emplissait l'espace de la tristesse* », — ou à la « *grâce monstrueuse* » des spectacles maritimes et nocturnes que nous peint Hugo (si bien outillé en oxymores), au milieu desquels on ne peut rien imaginer « *de plus charmant ni rien rencontrer de plus lugubre* », d'où jaillit un flot d'images qui « *ne sont jamais plus saisissantes que lorsqu'elles font subitement sortir l'exquis du terrible* », et qui savent mêler « *le ravissement [...] aux ténèbres* », ou à *L'empire des lumières* de René Magritte, qui plonge dans *l'obscurité de la nuit* une maison et les arbres qui l'entourent alors que le ciel et les nuages démontrent *qu'il fait jour*, — ou à cette espèce de ravissement dans le dégoût de la piété (masochiste) de Job, avant la révolte de mélancolie furieuse, face à son Dieu ingrat et semeur d'ivraie (cette illustration louche nous autorise à pinailler.) « *Il y a plus de choses sur la terre et dans le ciel, Horatio, qu'il n'en est rêvé dans votre philosophie.* » Hamlet qui, à l'évidence et à la lumière d'indices disséminés un peu partout, est largement plus jeune que les trente ans que donne le petit calcul accordé par les paroles des fossoyeurs, Hamlet qui n'est pas à proprement parler un philosophe, je le vois mal, en tant que Prince, même s'il a été jusqu'en Allemagne pour étudier à l'Université de Wittenberg (une lubie tardive de Gide lui fit soupçonner ici l'une des clefs du drame), avoir potassé *tous* les classiques du genre (comme se l'imagine Laforgue dans son pastiche des *Moralités légendaires*), et qui, m'appert-il, n'a véritablement commencé à *durement réfléchir* qu'à la suite du décès de son père et de ce qui, par la force des choses, en est résulté, Hamlet est pourtant, dis-je, *à cause de cela* (non-corruption, conscience sur le tard, événement catalyseur), le plus grand des philosophes — parce qu'il a déjà dépassé la philosophie (que son caractère rêveur prive, paradoxalement, de l'infini) et qu'il la rejette par un « *your* » (« *philosophy* ») terrible. Toutefois, attention, je crie haro ! Le danger de l'interprétation, n'offre en général cette phrase culte hors contexte, est *immense* : cette réponse est faite à un Horatio qui est sous le choc de l'apparition du spectre (« *quel prodige étrange !* »), et Hamlet, sans perplexité, ne dit rien d'autre, — et c'est beaucoup, — que *cela n'est pas si étrange* que cela puisqu'en définitive *cela est*, qu'ils sont devant un *être* qu'aucune philosophie, aussi spéculative qu'elle fût, ne saurait expliquer. Un fantôme rôde, certes, et qui *se fait réel, très réel*, mais il ne faudrait pas pour autant hâtivement ranger Hamlet parmi les adeptes du surnaturel ou du spiritisme (ou parmi ceux que frôle la mythomanie), ni *Hamlet* parmi les ouvrages fantastiques, encore moins ésotériques. Le fantôme, invulnérable comme l'air, est peut-être ici un moyen d'attirer un public qui serait demandeur (voir l'euphorie de Villiers de l'Isle-Adam : « Néron ! Macbeth ! Oreste ! Hamlet ! Érostrate ! — Les spectres !... Oh ! oui ! Je veux voir de vrais spectres, à mon tour ! — comme tous ces gens-là, qui avaient la chance de ne pas pouvoir faire un pas sans spectres »), mais le fantôme est avant tout, — littérairement — le procédé (subterfuge ou licence narrative) nécessaire qui permet d'approcher au plus près la métaphysique, de se représenter le chaînon manquant entre l'être et le non-être, de planer, disait Novalis, au sujet du « *pur poème* », « *comme le font les corps célestes* », à la fois en la Nature et au-dessus d'elle, et de rendre intelligibles les conflits externe et interne dus au complexe d'Œdipe. Le spectre est un « *eidolon* » (« εἴδωλον »), il est tout à la fois un « *fantôme* » et un « *concept* » ; il n'a pas la même fonction pour les acteurs de la pièce et pour les spectateurs. Il se laisse voir à ces derniers (« *spectrum* » et « *spectator* » ont d'ailleurs la même racine, « *specio* », « *regarder* »), mais il ne se montre pas à tous les autres, parmi lesquels figure la Reine, ce qui laisse planer une certaine ambiguïté sur la *réalité apparente* du « *Ghost* » : pure vision ou pure imagination (« *fantasy* ») ? Hamlet délire-t-il ? dort-il ? rêve-t-il ? (Et qui sait quels rêves peut-il lui venir ?...) Mais cette hypothèse ne fonctionne pas puisque les gardes et Horatio sont eux aussi capables de *le* voir. (C'est l'unique point qui ne permet pas au lecteur de s'identifier pleinement au personnage de Hamlet : pour être *comme lui*, il faudrait, comme lui, voir des fantômes…) L'apparition *étant réelle*, on ne peut donc pas en déduire que Hamlet est superstitieux sur ce point, ce qui nous renvoie à la thèse du simple tour de passe-passe narratif… Toutefois, n'entérinons pas la question ! Je n'ai pas dit que Hamlet n'était pas du tout superstitieux : l'appel de l'au-delà revient le hanter à maintes reprises. En même temps, j'aimerais que le lecteur comprît que le sujet est moins futile qu'il n'en a l'air, et qu'à cet égard il me permît d'ajouter des extraits du petit traité de Plutarque sur la « *superstition* » (« δεισιδαιμονίας » en grec), qu'il ne sera pas inutile de confronter avec les idées qui seront développées au cours des pages à venir : « *Toutes les passions, toutes les maladies de l'âme sont mauvaises. Mais quelques-unes, plus vives de leur nature, ont je ne sais quoi de grand et d'élevé. Il n'en est même aucune qui n'ait de l'activité, et c'est un reproche commun à toutes les passions, qu'en agissant sur l'âme avec force, elles lui donnent trop de ressort et d'action. La crainte seule, qui n'est pas moins destituée de raison que de confiance, tient l'âme dans un état de langueur et d'inaction qui enchaîne toutes ses facultés. […] Mais de toutes les craintes, il n'en est point qui nous réduise davantage à cet état de servitude et de trouble que celle qui naît de la superstition. […] C'est ce que la superstition ne dit jamais. Le sommeil même n'est pas pour elle un temps de trêve. Jamais elle ne laisse à l'âme le loisir de respirer, de reprendre courage, et d'écarter les opinions funestes qu'elle a conçues de la divinité. Le repos du superstitieux ressemble au Tartare. Il y voit des spectres effrayants, des supplices affreux qui le réveillent en sursaut. Agité par des songes terribles, il se tourmente, il se punit ; il est pour lui-même un tyran cruel qui le châtie sans cesse. […] En un mot, la mort, qui, pour les hommes, est le terme de toutes choses, ne l'est pas de la superstition. Elle franchit les bornes de la vie, prolonge la crainte du superstitieux au delà de ses jours, attache à la mort la pensée désespérante d'un malheur immortel, et, lorsqu'il est au terme de ses peines, lui persuade qu'il commence un nouveau cours de maux qui n'aura point de fin.* » (L'occasion de raconter tout et n'importe quoi m'ayant été encore une fois offerte, une nouvelle occasion surgit aussitôt, trop bonne pour que je la rate, de spécifier six éléments topiques ne manquant pas de piment et sur lesquels je laisse au lecteur le soin de méditer… (Mon livre me travaille tant que vous vous devez de partager mon labeur ! En reprenant Johann Gottlieb Fichte, philosophe que je n'apprécie pas particulièrement (ses blablas sont trop légers), je dirai, comme à la fin de sa préface à *La destination de l'homme* : « *Le lecteur ne doit pas entendre comme un pur objet d'histoire ce qui est dit ici ; mais il doit effectivement, au cours de la lecture, parler avec lui-même, peser le pour et le contre, tirer des conclusions, prendre des résolutions, comme son représentant dans le livre, et, par son propre travail et sa réflexion personnelle, tirer de son propre fonds, développer et construire en lui-même la façon de penser dont ce livre ne lui présente que l'image.* ») — 1. — Selon la légende, Shakespeare aurait joué, peut-être dès 1599 ou 1600, le rôle du spectre ! 2. — Son fils unique, mort en 1596 à seulement onze ans, s'appelait… Hamnet ! (En hommage au parrain du petit, prénommé Hamnet également.) — 3. — La trame de *Hamlet* (*Amlethus*) remonterait à la légende qui figure dans la *Gesta Danorum* de Saxo Grammaticus, datant du XIIème siècle, adaptée ensuite par François de Belleforest, et il y aurait eu, peu de temps avant la version de Shakespeare, un autre *Hamlet*, aujourd'hui perdu, plus connu sous le nom de *Ur-Hamlet*, et vraisemblablement écrit par Thomas Kyd (duquel a été sauvegardé *The Spanish Tragedie* où apparaissent un spectre, un autre Horatio et le thème de la vengeance…). Que Shakespeare se soit emparé de certaines sources et ait usurpé la paternité de l'œuvre, m'importe peu. — 4. — De même que l'injouable *Cromwell* (celui de Hugo, non de Shakespeare, apocryphe), qui compte six mille quatre cent quatorze vers, chiffre indépassable si l'on ne retient pas *Le Soulier de satin* de Paul Claudel dont la représentation dure une dizaine d'heures, la longueur de *Hamlet* a causé bien des soucis à un grand nombre de metteurs en scène : trois mille sept cent soixante-quatre lignes (avec certains passages d'une difficulté redoutable), voire quatre mille vingt-quatre en raboutant et rapiéçant le tout. — 5. — *Hamlet* est la seule œuvre de Shakespeare pour laquelle il n'existe pas de version définitive certifiée conforme par l'auteur (si *First Quarto*, *Second Quarto*, *First Folio* sont les trois principaux exemplaires, respectivement parus en 1603, 1604 et 1632, on dénombre, jusqu'en 1685, trois autres *Folio* et trois autres *Quarto*). — 6. — L'année de la création de *Hamlet*, le père de Shakespeare décède. Or, qu'est-ce, au fond, que le sujet sous-jacent du drame ? C'est la mort du père et le difficile deuil qui s'ensuit, c'est la loi du ciel, de la nature et de la raison, « *whose common theme is death of fathers* » (« *dont le thème commun est la mort des pères* »), dit Claudius, « *as common as any the most vulgar thing to sense* » (« *aussi commun que la plus familière expérience de nos sens* »), et qui touchera Hamlet, Ophélie, Laërte — et même Fortinbras.) — Hamlet est, rappelons-le, un personnage de fiction qui évolue dans un décor et un environnement fictifs dans le fond, et le lecteur qui naïvement croirait au revenant serait comme les songe-creux qui croient aux apparitions mariales : à côté de l'intention de l'auteur, — à côté de la plaque (de toute façon, ne sommes-nous pas, « *nous tous qui vivons ici, rien de plus que des fantômes ou que des ombres légères* », ainsi que le proclame l'Ulysse de Sophocle ?). La réalité des choses étant *toujours* autrement plus complexe que ce que la surface des jugements nous offre d'explications probantes, ou ce que les émotions basiques nous laissent supposer, je m'appuierai dans cette étude, notamment à cause des limitations subjectives qu'imposerait la stricte observance d'interprétations personnelles, sur les avis et impressions de quelques grands penseurs, dont surtout Sigmund Freud (très préoccupé par les motifs qui sous-tendent l'intrigue) et Søren Kierkegaard (dont la proximité *individuelle* avec Hamlet est frappante, et dont les conceptions sur la mélancolie et l'angoisse sont merveilleusement applicables à notre héros), mais je compterai également, sans les citer tous, sur

Jacques Lacan, Blaise Pascal, Jean-Jacques Rousseau, Emmanuel Kant, Arthur Schopenhauer, Oscar Wilde, Marcus Cicéron, André Gide... (Le résultat sera peut-être un *fouillis*, mais en réfléchissant à Hamlet avant de commencer à écrire, « *novo pensiero dentro a me si mise, del qual più altri nacquero e diversi; e tanto d'uno in altro vaneggiai, che li occhi per vaghezza ricopersi, e 'l pensamento in sogno trasmutai* » (« une pensée nouvelle entra en moi, de qui plusieurs autres naquirent ; et j'ondoyais tant de l'une à l'autre que je fermai les yeux de plaisir, et ma pensée se changea en rêve »). Je ne crains pas d'être, ou trop exhaustif, ou trop pesant ; je ne crains que l'*éparpillement*, « *ché sempre l'omo in cui pensier rampolla sovra pensier, da sé dilunga il segno, perché la foga l'un de l'altro insola* » (« car l'homme en qui germe une pensée sur une autre pensée, s'éloigne de son but ; parce que la fougue de l'une amollit l'autre »).) Je n'en démordrai pas : l'intersubjectivité formée par la réunion intellectuelle d'esprits supérieurs, donc des plus avisés, est en effet d'une aide inappréciable, même nécessaire, lorsqu'il s'agit d'aborder les questions les plus substantielles. Jugeons de la pertinence de cette remarque en fouillant dans *Les quatre concepts fondamentaux de la psychanalyse* de Jacques Lacan (pour qui « *le drame d'Hamlet, c'est la rencontre avec la mort* »), au chapitre *Du sujet de la certitude* : « *le fantôme [porte le poids des péchés du père] dans le mythe d'Hamlet dont Freud a doublé le mythe d'Œdipe. Le père, Nom-du-Père, soutient la structure du désir avec celle de la loi — mais l'héritage du père, c'est celui que nous désigne Kierkegaard, c'est son péché.* » Excellent ! Je prononce à peine le nom de Kierkegaard qu'il bondit-pétille dans la phrase lacanienne ! C'est que Lacan, fin lecteur des plus admirables et délectables philosophes, estimait beaucoup Kierkegaard et disait volontiers de lui qu'il fut, avant que Freud n'entrât en scène, « *le plus aigu des questionneurs de l'âme* ». Reprenons : « *Le fantôme d'Hamlet surgit d'où ? — sinon du lieu d'où il nous dénonce que c'est dans la fleur de son péché qu'il a été surpris, fauché — et loin qu'il donne à Hamlet les interdits de la Loi qui peuvent faire subsister son désir, c'est d'une profonde mise en doute de ce père trop idéal qu'il s'agit à tout instant.* » Le *père*, l'*héritage*, l'*interdit*, la *Loi*, le *péché*, le *désir*, le *doute*, l'*idéal*, — que de mots ! que de mots !... À ce point-ci de mon exposé, je *dois* engager des *parallélismes* qui *alourdiront mathématiquement* mon cheminement : Freud (*Totem et tabou*) et Kierkegaard (*Enten-Eller*) et éléments biographiques) seront, si je puis dire, nos cobelligérants, les satellites qui graviteront avec nous autour de l'astre Hamlet. « *Doubles tortures — celle de ton malheur, et celle de ta conscience !* » s'exclame le Coryphée à l'adresse d'Œdipe... En consultant le *passif* Hamlet qui accuse un tel *passif*, un pathologiste n'aurait gère de mal à estimer qu'il est un « malchanceux » et qu'il n'est pas né sous la meilleure étoile : intelligence, névrose, décès du père (un roi !), remariage de la mère (avec son oncle !), absence de frère et sœur, réclusion... (Ceci dit, parler de bonne ou de mauvaise étoile est dépourvu de sens. Sous une autre étoile, le caractère d'Hamlet eût été autre et son histoire, sans intérêt majeur. Il n'empêche que notre héros pense que la Fortune est une « *catin* », une « *gourgandine* », une « *marie-couche-toi-là* », une « *putain* » : « *O, most true, she is a strumpet.* ») Tout un chacun sait que l'image du père est celle de l'idéal, qu'il incarne la puissance, et du reste, Hamlet compare deux fois son père à Hypérion (I, 2 — et III, 4), l'incarnation du soleil, donc de la divinité. Mais le degré de puissance attribué au père, explique Freud, est, surtout pour le sujet paranoïaque, en rapport direct avec la *méfiance* à son égard. De Hamlet et de son père, on sait si peu de choses sur leur passé ou les liens qui ont pu être les leurs que nous allons revenir aux temps primitifs et les transposer à notre propos pour mieux comprendre le mécanisme « universel » qui est en jeu : « *la bande fraternelle, en état de rébellion, était animée à l'égard du père des sentiments contradictoires qui, d'après ce que nous savons, forment le contenu ambivalent du complexe paternel chez chacun de nos enfants et de nos malades névrosés. Ils haïssaient le père, qui s'opposait si violemment à leur besoin de puissance et à leurs exigences sexuelles, mais tout en le haïssant ils l'aimaient et l'admiraient.* » Inévitablement, ils désirent sa mort : « *Après l'avoir supprimé, après avoir assouvi leur haine et réalisé leur identification avec lui, ils ont dû se livrer à des manifestations affectives d'une tendresse exagérée. Ils le firent sous la forme du repentir ; ils éprouvèrent un sentiment de culpabilité qui se confond avec le sentiment du repentir communément éprouvé. Le mort devenait plus puissant qu'il ne l'avait jamais été de son vivant ; toutes choses que nous constatons encore aujourd'hui dans les destinées humaines.* » Hamlet n'ayant pas tué son père, mais celui-ci de fait décédé, il n'a visiblement pas pu, faute de temps, mûrir la méfiance due ordinairement, ce qui ne l'empêche pas de pouvoir diriger cette *méfiance* vers une autre personne qu'il pourra « *rendre responsable de tous les malheurs imaginaires dont il est victime* », et Hamlet, ayant pu reconnaître « *son "persécuteur" dans une personne de son entourage, il l'a promue, de ce fait, au rang d'un père* ». Cependant ce nouveau père est également le roi ; or : « *Un autre trait de l'attitude de l'homme primitif à l'égard du roi rappelle un processus qui, très fréquent dans la névrose en général, est particulièrement accusé dans la manie dite de la persécution. Ce trait consiste à exagérer à l'excès l'importance d'une personne déterminée, à lui attribuer une puissance incroyablement illimitée, afin de pouvoir avec d'autant plus de droit et de raison lui attribuer la responsabilité de ce qui arrive au malade de pénible et de désagréable.* » La malchance de Hamlet consiste en ce que la coïncidence exacte entre les états de père et de roi est pour lui *la réalité* ! Quel coup du sort ! quelle réalité ! quelle épreuve ! quel imbroglio !... Imaginerait-on plus perfide loi ? Hamlet, avec *droit* et *raison*, peut attribuer la responsabilité de la mort de son père/roi au nouveau roi/père, — et, qui plus est, c'est de son propre père qu'il apprend la responsabilité de son beau-père ! Il faut d'un côté expier les fautes du beau-père (l'assassinat du père, — le *régicide*, — et sa substitution), et de l'autre, *ne les sous-estimons pas*, expier celles, innombrables, du père (le culpabiliser, le faire héritier du péché originel, l'avoir mis au monde, le laisser seul et sans protection, être mort et *eo ipso* avoir rabaissé l'idée de toute-puissance qui prévalait). Aussi ambigu que cela paraisse, la phrase qui est prononcée lors de la nomination d'un nouveau monarque (« Le roi est mort, vive le roi ! ») se métamorphose en : « Le père est mort, vive le père ! » — non pas sous la forme d'un « hourra ! » — mais d'un : « Que le père vive ! » Et quoi de plus normal, à présent, que l'apparition du père en spectre, ce lémure qui, dès le tout début, tressaille « *like a guilty thing upon a fearful summons* » (« comme un coupable qui entend une terrible sommation ») ? D'une part, la résurrection du père est le *moyen de transmettre l'héritage du péché*, et ainsi de léguer à Hamlet le sentiment de *culpabilité*, et d'autre part, elle représente le *totem* qui est susceptible d'apaiser ce même sentiment de culpabilité et le tourmente et de réaliser « *une sorte de réconciliation avec le père* » : « *Le système totémique était comme un contrat conclu avec le père, contrat par lequel celui-ci promettait tout ce que l'imagination infantile pouvait attendre de lui, protection, soins, faveurs, contre l'engagement qu'on prenait envers lui de respecter sa vie, c'est-à-dire de ne pas renouveler sur lui l'acte qui avait coûté la vie au père réel.* » Dans un cas « normal », le père étant mort, il n'y aurait plus rien à faire pratiquement, si ce n'était, en prohibant l'inceste (mère/fils), éradiquer le besoin sexuel, donc les rivalités entre membres d'une même confrérie. Mais ici, il n'y a que deux membres actifs, à savoir : Hamlet et l'homme qui a tué son père et pris sa place. (Victor Hugo ne croyait pas si bien dire, lorsque, dans *Les Châtiments*, il faisait parler « La Loi » : « *J'étais la loi, je suis un spectre. Il m'a tuée* » !) Le double dilemme est le suivant : *comment* respecter inconsciemment l'engagement sur l'interdit qui consiste à ne pas tuer le père, et en même temps satisfaire consciemment le désir de vengeance qui consiste à tuer le nouveau père ? — et *comment* respecter inconsciemment l'engagement sur l'interdit qui consiste à ne pas avoir de rapports sexuels avec la mère, et en même temps satisfaire consciemment le désir de vengeance qui consiste à tuer un rival ? Comment, en fin de compte, quoi que Hamlet entreprenne, ne pas revenir au point départ, c'est-à-dire au travers initial ? comment ne pas désespérer dans l'irrésolution ? comment dénouer l'entrelacement des vagues notions de *père*, d'*héritage*, d'*interdit*, de *Loi*, de *péché*, de *désir*, de *doute*, d'*idéal*?... « *Vagues* », car s'il vous prend de demander à Hamlet, qui à ce moment-là de la pièce a tous les matériaux sous les yeux, ce qu'il comprend, ce qu'il attend, ce qu'il espère, ce qu'il veut, ce qu'il ressent, ce qu'il peut, vous risquez — au mieux (ou au pire) — de vous heurter à un haussement d'épaules. L'autre Danois, j'ai nommé Kierkegaard, dit la même chose dans son monumental *Enten-Eller* (traduit en français par *Ou bien... ou bien...*) : « *Si on demande à un mélancolique la raison de sa mélancolie, ce qui l'oppresse, il répondra qu'il ne le sait pas, qu'il ne peut pas l'expliquer. C'est en cela que consiste l'infini de la mélancolie.* » (Deux mots à propos de ce livre unique qui me remua de fond en comble, et que j'interrogerai beaucoup, mais pas autant qu'il m'interrogea : composé en deux parties comportant respectivement huit et trois chapitres, il est précédé d'un *Avant-propos* soi-disant écrit par un certain Victor Eremita qui nous annonce que ce qu'il a publié ici provient de manuscrits trouvés dans le tiroir d'un secrétaire qu'il avait acheté chez un brocanteur. Cette liasse de feuillets lui avait rapidement semblé former deux groupes distincts écrits par deux auteurs distincts qu'il avait cru bon d'appeler « A » et « B » (« *il est absurde qu'un seul homme puisse être l'auteur de ces deux parties* »). Les papiers de A se révèlent être un ensemble de dissertations qui portent sur l'« Esthétique », tandis que ceux de B sont des lettres qui portent sur l'« Éthique » et répondent apparemment à A, d'où le titre — étrange au demeurant — marquant l'*alternative* du « Ou bien... ou bien... » (« *Ce que le lecteur perd par ce titre ne doit pas être grand-chose, car il a le loisir de l'oublier pendant la lecture* », concède Eremita en vue de justifier son pseudo-choix.) C'est au cours de l'avant-dernier chapitre, *L'équilibre entre l'esthétique et l'éthique*, que Kierkegaard expose que l'« *on doit donc vivre, ou bien esthétiquement, ou bien éthiquement* » : *ou bien* la vie est considérée du point de vue esthétique, celui de A, dans l'*immédiateté* de l'art, du donjuanisme, de la mélancolie, — *ou bien* elle l'est du point de vue éthique, celui de B, qui tente de forclore les conceptions précédentes en privilégiant la *responsabilité du devenir* à l'aide des notions de mariage, de travail, d'amitié et, en extrapolant, de spiritualité. Quelle est la « différence ontologique » entre ces deux « ou bien » ? Elle se traduit en ce que *l'esthétique est dans l'homme ce par quoi il est immédiatement celui qu'il est* » et que *l'éthique est ce par quoi l'homme devient ce qu'il devient* ». (Il serait tentant de penser que le stade éthique est une progression vis-à-vis de son pendant, le stade esthétique, mais à cette question, il n'existe pas de « *solution définitive* » : l'un est dans une certaine monotonie de la jouissance, l'autre dans une certaine jouissance de la monotonie. On peut seulement déduire de l'arrangement des deux stades que l'esthétique se maintient de lui-même tandis que l'éthique présuppose fortement que l'on soit passé par l'esthétique. Dans *Point de vue explicatif de mon œuvre*, Kierkegaard explique que, « *au commencement comme à la fin, on est donc certain de ne pouvoir expliquer le phénomène en disant qu'il s'agit d'un auteur du domaine esthétique qui a changé avec les années et est devenu un auteur religieux* », et que, si le public « *crut la première partie écrite un certain nombre d'années avant la seconde* », ce fut une erreur, car « *la deuxième partie a été écrite la première* » ! La question du *choix* entre les deux termes de l'alternative avait réellement commencé après sa séparation d'avec Régine : « *J'étais si profondément ébranlé [...] il me fallait, ou bien me précipiter dans le désespoir et la sensualité, ou bien choisir absolument le religieux comme l'unique chose nécessaire, ou bien le monde dans une mesure qui s'annonçait cruelle, ou bien le cloître.* ») L'équilibre entre l'esthétique et l'éthique m'a *troublé* pour la simple raison suivante : je me suis *identifié* à A, du moins à ce que B dit de A et de sa mélancolie, — de son désespoir. Il m'a *ébranlé* pour cette autre raison : si en effet il y eut une identification à A, je fus surpris qu'elle ne fût pas totale, par exemple au regard du désir donjuanesque, ce qui me fit, et me fait encore, accroire que je *refoulais*, ou que je *refoule*... Il va désormais paraître présomptueux aux yeux du lecteur que je décrive la mélancolie et le désespoir de Hamlet en les confrontant aux paroles de Kierkegaard/B, me les ayant à l'instant appropriées : « T'imagines-tu être Hamlet ?... » Ha !... Fichtre !...) « *Qu'est-ce donc que la mélancolie ?* » demande Kierkegaard, qui répond aussitôt : « *C'est l'hystérie de l'esprit. Il vient dans la vie d'un homme un moment où l'immédiateté a pour ainsi dire mûri et où l'esprit demande une forme supérieure où il veut se saisir lui-même comme esprit. L'homme, en tant qu'esprit immédiat, est fonction de toute la vie terrestre, et l'esprit, se ramassant pour ainsi dire sur lui-même, veut sortir de toute cette dissipation et se transfigurer en lui-même ; la personnalité veut prendre conscience d'elle-même dans sa validité éternelle.* » La mélancolie est une *prise de conscience* de sa personnalité, un nouveau pas franchi sur l'échelle de la conscience, qui fait basculer l'*immédiateté* vers la volonté prééminente d'atteindre à l'*éternisation*. L'*hystérie* est à entendre sans connotations de théâtralisme ni d'exagération ; elle signale une *excitation* (prise de conscience dans le ramassement), puis une *crise émotionnelle* (phénomène de rupture). C'est ce qui va bientôt arriver à Hamlet... Même si la crise a déjà commencé, elle est retardée par les conflits non encore débrouillés qui entretiennent sa neurasthénie. (Je profite de l'apparition du mot « *hystérie* » pour rappeler ce que dit Lacan à propos de l'hystérie d'Hamlet : ce qu'il est capable de faire, c'est « *de se créer un désir insatisfait* » ; mais en même temps, ajoute Lacan, « *c'est le désir de l'obsessionnel, pour autant que le problème de l'obsessionnel, c'est de se supporter sur un désir impossible* ». (L'insatisfaction le poursuivra jusqu'à la fin de la pièce puisque, avant de mourir, il le demandera à Horatio de rapporter son action et sa cause à ceux qui ont des doutes, aux « *unsatisfied* », comme s'il ne pouvait être satisfait qu'à la condition que le peuple le fût en apprenant son histoire. « *Unsatisfied* » vise aussi bien Hamlet que cet auditoire des décennies à venir, mais il peut viser le public, le lecteur qui cherche encore une raison, une morale, qui — *hystériquement* —

voudrait *plus*. Car l'hystérie s'empare du spectateur, moi y compris (et la « *tendance inconsciente à l'inversion* » qui, selon les mots de Freud, la caractérise, et m'explique mon amour pour Hamlet). Je prendrai un seul exemple, la retentissante phrase de la Reine : « *He's fat, and scant of breath* », où l'on s'est interrogé, sur des rouleaux et des rouleaux de papier, si sous le « *fat* » se déguisait un jeune homme grassouillet. (Déjà, à l'acte I, l'ambiguïté s'était immiscée quand Hamlet s'était retrouvé tout seul et avait dit : « *O, that this too too sullied flesh would melt thaw and resolve itself into a dew!* » (« Oh ! si cette trop trop solide chair pouvait fondre, se liquéfier et se résoudre en rosée ! ») À quoi renvoie cette espèce de « *corps de viande* » qui est « *lourd* » ? À la substance philosophique ?) À l'exception de Pierre Le Tourneur, le premier à avoir traduit Shakespeare, qui a opté pour « *replet* », et de Suhamy ou de Castelain, qui y vont carrément en disant qu'« *Il est tout gras de sueur et a le souffle court* » ou qu'« *Il est gras et vite essoufflé* », ou de Markowicz qui utilise « *corpulent* », puis de Hugo ou Guizot, le problème est peu apparent en français, les Déprats, Bonnefoy, Maguin ou Malaplate traduisant par « *en nage* » ou « *en sueur* », se rattachant à l'idée que « *fat* » était à l'époque un synonyme de « *sweaty* », tandis que d'autres y voient un sens ancien de « *flabby* », « *mou* ». Une école différente interprète tout simplement ce « *fat* » comme une coquille de l'imprimeur qui serait restée, et que ce dût probablement être « *faint* » ou même « *hot* » à l'origine. Une autre encore, que « *fat* » renverrait au comédien qui incarnait le rôle au début et qui avait de l'embonpoint... Il ressort de tout cela une forme hystérique née de l'insatisfaction du savoir et de la représentation, et une cause commune révélatrice, *en gros*, d'une volonté de ne pas accepter un Hamlet avec une bedaine, et de rester sur l'image d'un beau jeune homme efféminé avec ses « *knotted and combined locks* » (« *boucles nouées et tressées* ») flottant au vent...) Pessoa, pour fermer la parenthèse sur cet aspect hystériforme, n'exprima-t-il pas joliment en nous clouant le bec : « *Si vous voulez savoir ce qu'est l'hystéro-neurasthénie, par exemple, ne lisez pas un traité de psychiatrie : lisez Hamlet* » ?). — *Début de l'Intermède I*. Kierkegaard avoue que son « *œuvre a jailli d'un irrésistible besoin intérieur, qu'elle a été la seule possibilité offerte à un mélancolique profondément humilié, l'honnête effort d'un militant en vue de réparer, si possible en faisant un peu de bien au prix de tous les sacrifices dans la discipline au service de la vérité* ». Dans son statut d'auteur, qui n'est rien d'autre que la réalisation du « *devenir chrétien* », il se fait, comme Hamlet, le Réparateur, le talentueux Porteur de la flamme de la Vérité. Mais tous deux ont trop rapidement passé le stade de l'immédiateté, voire, pour Søren, si rapidement qu'il n'advint pour ainsi dire jamais : « *Je n'ai pas connu l'immédiateté ; par suite, à un point de vue strictement humain, je n'ai pas vécu. J'ai tout de suite commencé par la réflexion ; je n'en ai pas acquis un peu avec l'âge ; je suis réflexion du commencement à la fin* » (confession à l'accent très rousseauiste : « *Mon enfance ne fut point d'un enfant ; je sentis, je pensai toujours en homme* », — et très freudien, puisque le psychanalyste viennois, en 1886, écrivait à Martha, sa future femme, qu'il n'avait « *jamais été jeune* »). Et, tout aussi rapidement, tous les deux se retrouvent seuls, Hamlet avec son « père-le-Dieu », Kierkegaard avec son « Dieu-le-Père » — ou le Johannes Climacus d'*Il faut douter de tout*, double de Kierkegaard dont, je cite, le « *père était Dieu* » (« *seul dans les décisions où l'on aurait besoin de ses amis et si possible de toute l'humanité pour vous soutenir ; seul dans des tensions dialectiques qui, sans le secours de Dieu, conduiraient à la démence tout homme doué de mon imagination ; seul dans des angoisses jusqu'à la mort ; seul dans l'absurdité de la vie, sans pouvoir, même si je l'avais voulu, me faire comprendre d'un seul* »). Il me semble que Hamlet ait de tous temps été un mélancolique ; de même pour Kierkegaard : « *J'ai été dès mes jeunes jours sous l'empire d'une immense mélancolie dont la profondeur trouve sa seule expression véritable dans la faculté qui m'a été départie à un égal immense degré de la dissimuler sous l'apparence de la gaîté et de la joie de vivre ; si loin que remontent mes souvenirs, ma seule joie a été que personne ne pût découvrir combien je me sentais malheureux ; cette exacte correspondance (entre ma mélancolie et ma virtuosité à la cacher) montre que j'étais destiné à vivre pour moi-même et pour Dieu. Enfant, j'ai reçu une éducation chrétienne stricte et austère qui fut, à vues humaines, une folie. Dès ma plus tendre enfance, ma confiance en autrui était brisée sous impressions sous lesquelles avait lui-même succombé le mélancolique vieillard qui me les avait imposées : enfant, ô folie ! je reçus le costume d'un mélancolique vieillard. Terrible situation !* » *Fin de l'Intermède I*. — Attention, prenons garde ! Avant qu'il n'eût donné sa définition de la « *charitable* » mélancolie vue *supra*, Kierkegaard/B écrivit deux choses importantes : la première, évidente, qui stipule que « *ce n'est que par sa propre faute qu'un homme devient mélancolique* » (on ne naît pas mélancolique, on choisit de l'être) ; — la seconde, plutôt étonnante, qui, en qualifiant la nature de Néron de mélancolique, fait quasiment de lui le représentant suprême de la mélancolie (mais après tout pas si étonnant au regard de la pièce si l'on songe à cette recommandation que se fera Hamlet avant d'aller voir sa mère : « *let not ever the soul of Nero enter this firm bosom* » (« *jamais ne laisse l'âme de Néron pénétrer cette ferme poitrine* »)...) Néron, rassasié de tous les plaisirs imaginables, en désire de nouveaux. L'angoisse de n'en pas trouver, qui l'anime et le rend sombre, « *ne s'arrête même pas à l'instant de la jouissance* », et il a eu beau brûler la moitié de Rome pour se faire une idée de l'incendie qui détruisit Troie, sa torture mentale ne change pas, sa géhenne ne lui arrache aucun aveu. Néron est comme un vieillard qui agirait en enfant, un impuissant qui sur son trône impérial n'aurait plus d'autre choix que de vouloir « *anéantir le monde entier par un seul coup* » ou se suicider. « *Son âme est languissante, il n'y a que les plaisanteries et les jeux d'esprit qui soient capables de le mettre en haleine pour un instant.* » Un homme mélancolique voudrait-il nécessairement exterminer le monde ou mettre fin à ses jours ? Non, dans l'absolu, ni en ce qui concerne Néron (ni même — chacun en son genre — Gilles de Rais, Adolf Hitler, Tibère, Caligula, le marquis de Sade), ni de surcroît en ce qui concerne Hamlet, mais on peut deviner dans l'âme de ce dernier un je-ne-sais-quoi de volonté de détruire *ceux* qui détruisent le monde, puis, son action accomplie, de ne pas redouter plus que cela l'idée de s'en aller définitivement de la scène (absurde et folle). Le meilleur moyen pour Hamlet de ne pas tomber dans l'une ou l'autre des propositions de l'alternative, c'est le sarcasme démocritéen, le cynisme viscéral, l'humour noir, le second degré rageur, l'ironie insultante, le calembour équivoque... ce que Kierkegaard/A ne désapprouve pas, bien au contraire, puisqu'on lit dans les *Diapsalmata* (Διαψαλματα), — série d'aphorismes « inter-psalmiques » servant d'introduction (désenchantée) à *Enten-Eller*, — que « *le mélancolique a surtout le sens du comique* » ! Cela devient de plus en plus intéressant et hamletien. Écoutons maintenant comment le *péché*, dont nous avons déjà esquissé l'empreinte, résonne dans la *mélancolie* : « *La mélancolie est un péché, elle est au fond un péché* instar omnium, *c'est le péché de ne pas vouloir profondément et sincèrement et c'est donc la mère de tous les péchés.* » La mélancolie semblerait être un péché comme les autres ou, en tout cas, qui vaut autant qu'un autre ; mais Kierkegaard/B va jusqu'à affirmer que non seulement il les vaut tous, mais qu'il est au-dessus de tous. Pourquoi ? Décrire le mélancolique comme une personne qui ne sait pas ce qui l'oppresse, et que cette oppression, « *il ne peut pas l'expliquer* » davantage, c'est une chose ; c'en est une autre, en revanche, très osée, que de le décrire comme quelqu'un qui ne *veut pas* « *profondément et sincèrement* ». Notre philosophe danois vise-t-il le *vouloir* en général (saboté par toute névrose) ou le *vouloir savoir* la cause de la mélancolie ? J'interprète la nature du péché en faveur des deux hypothèses, mais une phrase nous renseigne sur le poids de la seconde hypothèse qui fait légèrement pencher la balance : « *aussitôt qu'il le sait, la mélancolie n'existe plus, tandis que la peine de celui qui est affligé ne cesse pas du fait qu'il sait la raison de sa peine.* » En ne voulant pas connaître l'origine du « mal », le mélancolique se satisfait de l'allure fumeuse de sa mélancolie (à rapprocher du vers de Michel-Ange : « *Mon allégresse à moi, c'est la mélancolie* »). En cela, c'est un péché, parce que le malheureux qui sait la cause de son « mal » en ayant voulu la savoir « *profondément et sincèrement* », fait perdurer son « mal » en tant qu'il est su, et il en souffrirait, pourrait-on croire, deux fois plus (ce dont je doute, mais là n'est pas la question, il suffit de retenir que l'homme de volonté a fait l'effort de se défaire de la mélancolie). Par cette manière de voir, il y aurait le choix entre *ne pas vouloir savoir* et *vouloir savoir*, autrement dit, entre une certaine forme de désespoir et une autre. On revient par conséquent au choix du mélancolique d'être mélancolique, au fait que « *ce n'est que par sa propre faute qu'un homme devient mélancolique* ». Nous reparlerons bientôt de l'imbrication très subtile du désespoir et de son choix (d'ailleurs, quand nous en aurons fini avec le *désespoir* chez Hamlet, nous n'en aurons pas pour autant fini au sujet du *Désespoir* chez Kierkegaard, qui fera l'objet d'un paragraphe à part, et que j'agrémente d'une majuscule pour le distinguer). Nous avons rencontré les termes de « *faute* » et de « *péché* » : *está bien, está bueno*, — mais ils sont utilisés ici dans une acception qui diffère de celle de Freud et Lacan ; alors, allons plus loin dans notre étude, et opérons un détour par l'*amour de Dieu* ! *¿Qué significa esto?* L'amour avec lequel on aime Dieu, explique Kierkegaard/B, « *n'a qu'une expression de la langue : le repentir.* » Si l'on n'aime pas Dieu ainsi, on ne l'aime pas au sens absolu ; « *ce n'est qu'en me choisissant moi-même comme coupable que je me choisis moi-même au sens absolu sans me créer moi-même ; et si c'était la faute du père qui avait été transmise en héritage au fils, il se repentirait de cette faute aussi, car ce n'est qu'ainsi qu'il pourrait se choisir lui-même, se choisir au sens absolu* ». Le seul moyen de *devenir ce que l'on devient* (point de vue éthique) et de ne pas continuer d'*être ce que l'on est* (point de vue esthétique), c'est de *se choisir soi-même* ; ce n'est pas encore suffisant, que l'on *se crée soi-même* (par nécessité ou par intérêt) ; donc il faut *se choisir soi-même comme coupable* afin de *se repentir*. Si je ne me choisis pas moi-même comme coupable et que je me repens pas, je suis en faute (péché) ; mais ce n'est pas encore suffisant, car si mon père est (ou a été) en faute, je suis encore en faute et je dois me repentir pour lui également. Lorsque Kierkegaard/B voit son fils « *si joyeux et si heureux, s'élancer sur le plancher* », et se demande s'il n'a pas « *exercé beaucoup de mauvaises influences sur lui* », il se dit : « *un moment viendra dans sa vie où son esprit mûrira aussi à l'instant du choix, alors il se choisira lui-même, alors il se repentira aussi de la culpabilité, qui, venant de moi, peut peser sur lui. Il est beau qu'un fils puisse se repentir de la faute du père ; cependant, il ne le fera pas à cause de moi, mais parce que ce n'est qu'ainsi qu'il peut se choisir lui-même.* » Nous y voilà enfin : l'héritage du péché du père qui, s'il est trop pesant, ne permet pas qu'on s'en libère, ne résout qu'à moitié notre propre culpabilité. Hamlet lui aussi devait, tout jeune, « *s'élancer sur le plancher* », mais il portait déjà en lui la faute du père qui n'avait jamais dû aimer « *comme il eût dû aimer* », c'est-à-dire dans l'absolu (on ne fait pas d'Hamlet sans casser Dieu). Cela me fait penser à Oscar Wilde qui fait dire à Miss Hester Worsley, dans *Une femme sans importance*, qu'« *il est raisonnable que les péchés des parents doivent être transmis aux enfants* », que c'est là « *une loi juste* », que c'est la « *loi de Dieu* ». Et puisqu'on ne croit plus en Dieu, on peut lire dans Jérémie *(31,29)* et *(18,2* la même expression originale : « *Les pères ont mangé des raisins verts, et les dents des enfants en ont été agacées.* » (Pourtant, dans Ézéchiel *(18,14;17)*, il est écrit que « *si un homme a un fils qui voie tous les péchés que commet son père, qui les voie et n'agisse pas de la même manière ; [...] celui-là ne mourra pas pour l'iniquité de son père ; il vivra* ».) Suivre le père dans son péché serait fatal, serait exactement aller droit au « *scandale* », c'est-à-dire un « *piège placé sur le chemin* », un « *obstacle pour faire tomber* », dans le sens du « σκανδαλον » que l'on croise dans le Nouveau Testament et qui se réfère au terme hébreu « מוקש », « *appât* », « *leurre* », « *piège* », et surtout « *ce qui incite à pécher* » (aujourd'hui, il est entré dans le lexique militaire et signifie « *mine* », « *bombe* »). Ô péché, toujours à l'affût, toujours cause et conséquence ! Il faut vraiment que Hamlet soit méfiant, très méfiant, et j'aimerais, tel Horatio, lui dire, tandis qu'il suit le spectre de son père : « *[...] and there assume some other horrible form, which might deprive your sovereignty of reason and draw you into madness?* » (« *[...] et s'il prenait là une autre forme horrible qui pourrait vous priver de votre raison souveraine et vous entraîner dans la folie ?* ») Après la révélation du meurtre, son père ne dit-il pas : « *O Hamlet, what falling off was there* » (« *Ô Hamlet, quelle chute ce fut là* ») ? À qui incombe désormais la tâche de se relever de la chute ? Ha ! mon Dieu !... Pauvre Hamlet... C'est là, — là, — juste avant le spectral et terrifiant « *Oh, horrible, oh, horrible, most horrible!* » — c'est là, — là, — mon Dieu, satané Dieu, — que le père, en une posthume résipiscence, avoue : « *cut off even in the blossoms of my sin* » (Déprats : « *tranché dans la fleur même de mon péché* », — ou Hugo : « *arraché dans la floraison même de mes péchés* ») ! Le père était un pécheur ! On ne sait rien de ce (ou ces) péché(s) qu'il portait, mais le fait est qu'il a péché et c'est Hamlet de le (ou les) porter ! Pour ne rien arranger, il est fort possible que Hamlet sache de quel(s) péché(s) il s'agit, de quelles « *noires fautes commises* » (« *foul crimes* ») il s'agit, car l'ambiguïté de sa réponse, qui suit le « *Remember me* » de son père, à qui il jure qu'il ne l'oubliera pas, vaut la peine qu'on la signale : « *I'll wipe away all trivial fond records* » (« *j'effacerai toute réminiscence futile et triviale* »). Mon extrapolation demeure cependant douteuse, quoiqu'elle puisse affiner ensemble la *méfiance* (défiance) ou le *péché* freudiens... Et il faudrait interpréter ces autres mots proférés à la scène 3 de l'acte III, qui sont un sublime écho à cette « *fleur* » ou « *floraison* » du péché : « *He took my father grossly, full of bread; with all his crimes broad blown, as flush as May; and how his audit stands who knows save heaven? but in our circumstance and course of thought, 'tis heavy with him* », — soit : « *Il a pris mon père impur, plein de pain, toutes ses fautes en leur fleur, vigoureuses comme mai ; mais selon nos données ici-bas et notre pensée, il est lourd* ».

Qui est le référent du « *him* », qui est ce « *il* » ? Faut-il le décerner au Claudius-Caïn ? au roi découronné ? À première vue, on ne peut pas concevoir que le pronom, qui identifiait clairement Claudius, puisse valoir pour le père. Mais étant donné qu'Hamlet, à ce moment particulier du texte, hésite à tuer Claudius (celui-ci n'est pas en situation de pécheur, il est « *en prières* », et Hamlet a l'excuse de ceux qui remettent à plus tard), craignant que la vengeance ne serve à rien s'il le prend à cet instant même, « *quand il purge son âme* », et ainsi qu'il ait un sort préférable à son père (qui fut « *envoyé rendre [ses] comptes avec toutes [ses] imperfections sur [sa] tête* »), il ne peut s'empêcher de les comparer tous deux, et ce qu'il dit, par le glissement d'un acte manqué, bien que cela paraisse ambigu, pourrait bien valoir pour chacun (ajoutons à tout cela que Claudius doit supporter le poids de sa *conscience mauvaise*, tandis que Hamlet doit supporter le poids de sa *conscience d'exister*). Il y a quelque chose de « *lourd* »… un péché plus grand — peut-être — que celui qui est désigné… et commis par celui qui ne l'est pas… — L'un des ressorts de la *tragédie*, c'est d'introduire le doute, un *doute caséeux*, si vous me passez l'expression, un doute qui ne s'appuie que sur des *présomptions* (d'innocence, de culpabilité), c'est-à-dire, si vous permettez une autre expression, sur des *raisonnements anapodictiques* ; mais la « *véritable signification de la tragédie* », selon les propres mots de Schopenhauer, « *c'est que le héros n'expie pas ses péchés individuels, mais le péché originel, c'est-à-dire le crime de l'existence elle-même* ». Et c'est là qu'on rentre à nouveau de plain-pied dans le drame de Hamlet, car poursuit Schopenhauer, « *la vie apparaît comme un devoir, comme un pensum à remplir, et par là, en règle générale, comme une lutte incessante contre la misère* » ; « *aussi chaque homme cherche-t-il à en être quitte au meilleur marché possible ; il s'acquitte de la vie comme d'une corvée dont il est redevable. Mais qui a contracté cette dette ? Celui qui l'a engendré, dans la jouissance de la volupté* », autrement dit son père. « *La vie d'un homme, avec ses fatigues infinies, ses besoins et ses douleurs, peut être regardée comme l'explication et la paraphrase de l'acte générateur, c'est-à-dire de l'affirmation résolue du vouloir-vivre ; à cette affirmation appartient encore cette dette de la mort contractée envers la nature, et à laquelle l'homme ne pense qu'avec un serrement de cœur. N'est-ce pas la preuve que notre existence renferme une faute ?* » (La « *dette* », la « *faute* », c'est la traduction de l'allemand « *Schuld* », qui, « *selon le contexte* », — nous le rappelle à point nommé une note dans l'édition Gallimard du *MVR*, — « *prend le sens de cause, faute, dette, péché, culpabilité, responsabilité* ».) — En résumé, quoiqu'il ne faille pas faire « *mourir les pères pour les enfants* », ni faire « *mourir les enfants pour les pères* », mais faire « *mourir chacun pour son péché* » (Deut 24,16), il ne reste plus pour Hamlet qu'à expier (« *I will go pray* ») la faute du père et la sienne (en héritier), tout en se lamentant à la façon de Job : « *O cursed spite, that ever I was born to set it right!* » (« *Ô destin maudit, pourquoi suis-je né pour le remettre en place !* »). C'est le choix qui conditionnera sa destinée : *choisir d'agir* — afin qu'il *se choisisse*… C'est mon choix et c'est ma foi » (« אמן », « ἀμήν »). — *Amen* : en revenant à Lacan et à ses pistes de réflexion (le fantôme « *porte le poids des péchés du père* », « *l'héritage du père, c'est celui que nous désigne Kierkegaard, c'est son péché* », la « *profonde mise en doute de ce père trop idéal* »), nous avons achevé, espérons-le, la longue démonstration de l'action du péché… — *Début de l'Intermède II*. Dans son *Point de vue explicatif*, Kierkegaard fait une confidence sur ce qui est à l'origine de son œuvre d'écrivain. Il y aurait eu « *un événement, ou plutôt un fait* » : « *un événement n'eût sans doute pas suffi, c'est à un fait que je dus de passer à l'action. Je ne puis m'en expliquer davantage, dire en quoi il consiste, montrer combien il fut terriblement dosé de dialectique, bien qu'il fût par ailleurs tout ordinaire.* » Cependant sa confidence tourne court, puisqu'il ne peut, ne désire pas « *préciser la nature du conflit* ». Comment savoir ? Que se passa-t-il ? Qu'a-t-il pu faire dans sa vie, qu'a-t-il pu lui arriver ?... L'ironie du mystère de ce « *conflit* » (« *ordinaire* », mais certainement terrible) résonne jusqu'au martèlement entre notre étude et ce passage-ci du *Traité du désespoir* (*La continuation du péché*) : « *Je ne sais, ami lecteur, ce que tu as pu faire dans la vie, mais maintenant efforce ton cerveau, rejette tout faux-semblant, pour une fois avance à découvert, dénude ton sentiment jusque dans ses viscères, abats toutes les murailles qui séparent d'ordinaire le lecteur de son livre et lis alors Shakespeare… tu verras des conflits qui te feront frissonner !* » Tout porte à croire que ce conflit passé sous silence a un rapport avec son père — et les péchés, — l'adultère et l'inceste. La première femme du Luthérien Michael Pedersen Kierkegaard ne fut pas la mère de Søren, car celle-ci mourut sans avoir enfanté : sa mère fut Ane Sørensdatter Lund, la *servante* de la famille, enceinte — donc maîtresse — avant le décès de la précédente, et Søren est le dernier des sept enfants, trois filles et quatre garçons, qu'elle conçut (elle meurt à son tour alors qu'il a vingt-et-un ans). À l'année du « *grand tremblement de terre* », 1835, alors que Søren a vingt-deux ans, ses trois sœurs et deux de ses frères sont déjà morts ; il sent qu'une malédiction pèse sur la famille et qu'il ne dépassera pas l'âge de trente-quatre ans. Certains biographes émettent l'hypothèse qu'il aurait appris une autre faute sexuelle de son père : son père aurait eu un enfant avec une tante. De là, peut-être, le « *conflit* » ; de là, le « *tremblement de terre* », qu'il traduit dans son *Journal* trois ans plus tard (été 1838, alors que son père qui avait quatre-vingt-deux ans) : « *Ce fut alors qu'eut lieu le grand tremblement de terre, l'affreux bouleversement qui soudain m'imposa une nouvelle loi d'interprétation infaillible de tous les phénomènes. C'est alors que je flairai que le grand âge de mon père n'était pas une bénédiction divine, mais plutôt une malédiction ; que les dons intellectuels éminents de notre famille n'étaient que pour leur extirpation mutuelle : c'est alors que je sentis le silence de la mort s'accroître autour de moi à tous, comme une croix sur le tombeau de toutes ses propres espérances. Une faute devait peser sur la famille entière, un châtiment de Dieu planer sur elle ; elle disparaîtrait, rasée par la toute-puissance, effacée comme une tentative manquée, et ce n'est qu'à de rares fois que je trouvais un soulagement dans la pensée que mon père ait eu le lourd devoir de nous rassérener par les consolations de la religion, de nous donner à tous le viatique, de sorte qu'un monde meilleur nous resterait ouvert, dussions-nous perdre tout en celui-ci, dût la peine nous frapper que les Juifs toujours souhaitaient à leurs ennemis : l'entier effacement de notre souvenir, jusqu'aux traces pour nous retrouver.* » Le poids du péché ! Son père, mélancolique (et le propre père d'Hamlet n'apparaît-il pas ainsi ?), introduisit en lui la mélancolie ; son père, pécheur, introduisit en lui le péché. Comme Kierkegaard, encore dans *Point de vue explicatif*, l'écrit : « *J'étais ballotté, tenté de mille façons et presque dans les choses les plus diverses, malheureusement aussi dans des égarements, et encore, hélas ! dans le chemin de la perdition : tel j'étais dans ma vingt-cinquième année ; m'apparaissais à moi-même en mon mystérieux développement comme une extraordinaire possibilité dont le sens et la destination m'échappaient, en dépit de la plus éminente faculté de réflexion qui embrassait autant dire tout ; […] mais à vrai dire je n'avais pas vécu, sauf comme esprit ; je n'avais pas été homme, et surtout, n'avais été ni enfant, ni jeune homme. — Alors mourut mon père.* » Que dit-il vraiment de ses rapports avec son père ? Et comment influencèrent-ils son existence ? « *Dans cette situation intervenaient mes rapports avec mon père, l'homme que j'ai le plus aimé et qu'est-ce à dire ? Qu'il était l'homme qui m'avait rendu malheureux — mais par amour. Son défaut n'était pas de manquer d'amour, mais de confondre le vieillard et l'enfant. Aimer celui qui vous rend heureux, c'est, au regard de la réflexion, donner de l'amour une définition insuffisante ; aimer celui qui par méchanceté, vous a rendu malheureux, c'est la vertu ; mais aimer celui qui, par amour mal compris, mais par amour pourtant, a fait votre malheur, c'est là, autant que je sache, la formule réfléchie que l'on n'a sans doute encore jamais donnée, mais pourtant normale, de l'amour.* — J'allai ainsi dans la vie, favorisé de toute manière sous le rapport de l'esprit et de la vie matérielle ; *tout était donné et tout fut fait pour développer mon esprit et l'enrichir le plus possible. Bien qu'avec une sympathie et une prédilection marquées pour la souffrance et ce qui de manière ou d'autre gémit et pâtit, je peux dire qu'en un sens, j'affrontai hardiment la vie, dressé dans une fierté presque téméraire ; à aucun moment de ma vie, je n'ai perdu cette foi : ce que l'on veut, on le peut, sauf une chose, mais tout le reste absolument, sauf une chose : la suppression de la mélancolie au pouvoir de laquelle je me trouvais.* » C'est ce à quoi Hamlet et Kierkegaard furent réduits : affronter la vie en lavant les péchés du père, être un missionnaire, se faire le martyr, chercher l'absolution, garder la foi : « *ce que l'on veut, on le peut* » : tel est, sous forme interrogative, ce qui doit déterminer la position de Hamlet. La foi, chez Kierkegaard, est apportée, je l'ai déjà indiqué, par « Dieu-le-Père », tandis que chez Hamlet, elle est apportée par le spectre, par ce que j'ai dénommé « père-le-Dieu »... D'une certaine manière, c'est la mort qui anime leur foi (en bien et en mal) et la rend similaire, comme un même miroir lugubre qui leur réfléchit l'image du père mort. — Je te sers, père, et ne suis rien sans toi, « *car je suis ton serviteur et le fils de ta servante [...]* » (*Sag 9,5*), et je sais — ou souhaite — que « *celui qui honore son père expie ses fautes* » (*Sir 3,3*). — Dans un texte de 1845, « *Coupable ?* » — « *Non coupable ?* » (*Étapes sur le chemin de la vie*), Kierkegaard intercala une histoire qui débutait ainsi : « *Il y avait une fois un père et un fils. Un fils est comme un miroir où le père se regarde lui-même, et pour le fils, le père est à son tour comme un miroir où il se voit tel qu'il sera plus tard. [...] Le père se croyait responsable de la mélancolie du fils, et le fils croyait que c'était lui qui avait donné naissance à la douleur du père, mais ils n'échangeaient jamais un mot là-dessus. — Alors le père mourut.* » Fin de l'Intermède II. — Après cette interminable digression kierkegaardo-freudienne, ou, disons-le, après cet entrecroisement de lumières apportées par nos deux éclairagistes, que j'espère avoir négocié de telle sorte que le lecteur ait pu y voir un peu ou ne pas être aveuglé, je reprends le fil de la chronologie là où je l'avais laissé, autrement dit je *reviens* au passage du *revenant*... — « Pour conclure » à ce sujet, et quoi qu'il en soit, je crois qu'il vaut mieux, *avec* Hamlet, se laisser bercer et croire au fantôme de son père, — père-le-Dieu —, dont avons mesuré l'extrême importance, qu'écouter la sophisterie nasillarde de celui qui est son antithèse dans la pièce, le terre-à-terre Polonius, cœur double (« Corambis ») dans la disette en matière d'esprit (cousu de fil blanc), — Polonius (j'y cours, je m'emporte et me récrée ampoulément, tel un Falstaff :) seigneur de la vilenie, homoncule d'égouts, snob gibernant, camelot des dépêches félonnes, maestro de la roublardise, philistin des âmes nobles, janissaire de la couronne, sbire gâteux et frutiqueux, flatteur flatulent, spoliateur de l'innocence, coule-sang sans escopette, épieur casse-pied, sanglotant glutineux, faux drôle, taupe délatrice, chambellan bêlant, chancelier chancelant, amiral mi-rat, mi-râle, colporteur d'iniquités, sommateur assommant, indélicat, lèche-bottes de raccroc, postillon bavant, pousse-cri proscrit, tête de nœud à la noix, aspérité de la platitude, page qui ferait mieux de se tourner, metteur en scène de la doublure, proditeur affété, entremetteur sadique, prosterné consternant, piteux *pater*, courtisan immoral, sous-clerc-obscurci, sous-fifre machiavélique, chercheur de rognes, fieffé combinard, hobereau de l'hypocrisie, frondeur veule, délégué erratique, laboureur des champs du leurre, ruseur rustique, conseiller aulique faraudant, escogriffe buté, ténébrion stipendié, fripon sans diadème, commensal et parasite, mâtin mutin, péroreur sans cœur, planton rétrogradé, butor buté, laquais loqueteux leveur de loquets, maquereau et maquignon, sanhédrin cryptogame, coquin faquin, bateleur indigent, jaboteur panné, fléau puritain, coaliseur des morts, commissionnaire godiche, alguazil irréformable, escarpe en toc, radoteur du trivial, rodomont prostitué, suborneur subordonné, mainteneur du déséquilibre, zeste brocardeur, baladin aux cent pantalonnades, poltron caché, limier bêtifiant, précieux sans majesté, baderne badaude, prêtre biaiseur, chercheur de noises, imposteur postiche, exacteur cauteleux, bayeur matois et m'as-tu-vu, seigneur esbroufeur, cul-terreux creux, cuistre infatué, caqueteur assoti, mouchard tousseur, crapule arrogante, *groom* impertinent, canaille séditieuse, baudet saccageur, spad(*ass*)assin, constable en deux mots, fomentateur des folies, polisson sénile, histrion de l'étron, grimacier de l'honneur, bretteur sans épée, trouvère de brouhahas et de tohu-bohu, intrus obtus et abstrus, discrétionnaire indiscret, vigie scabreuse, nonce de la dénonciation, péronnelle masculine, domestique sans éclat, bécasse gnangnan, sycophante opiniâtre, soupirant tératologique, malandrin malformé, marcassin ignoble, dériseur dérisoire, prosailleur des avaries, maître ès truismes, al(légateur) caponnant, — « *Jephté* » et « *fooling prating knave* » (de la bouche d'Hamlet), — « *perjur'd* », « *false* », « *disloyal man* », « *flesh-monger* », « *coward* », « *clay-brained guts* », « *knotty-pated fool* », « *whoreson obscene greasy tallow-catch* », « *infinite and endless liar* », « *hourly promise breaker* », « *owner of no one good quality* », « *eel-skin* » (et id genus omne de sobriquets d'appoint, n'en jetez plus ! jurons, quolibets, huées, bons mots du répertoire shakespearien, car il n'y a pas d'objection à enfoncer l'abjection)... Oh ! Polonius ! vil politicien ! (Le politicien dans la pure définition qu'en donne Figaro, c'est-à-dire celui qui est passé maître dans l'art de « *feindre d'ignorer ce qu'on sait, de savoir tout ce qu'on ignore ; d'entendre ce qu'on ne comprend pas, de ne point ouïr ce qu'on entend ; surtout de pouvoir au-delà de ses forces ; avoir souvent pour grand secret de cacher qu'il n'y en a point ; s'enfermer pour tailler des plumes, et paraître profond quand on n'est, comme on dit, que vide et creux ; jouer bien ou mal un personnage ; répandre des espions et pensionner des traîtres ; amollir des cachets ; intercepter des lettres ; et tâcher d'anoblir la pauvreté des moyens par l'importance des objets* ».) Oh ! Polonius ! poète de la suffisance et de l'insuffisance !... « *Pourquoi le jour est jour, la nuit la nuit, et le temps le temps*, ne serait que gaspiller *la nuit, le jour et le temps* », tente d'*arguiter* notre bon Polonius (inventons un verbe en son honneur), qui, dans un moment de lucidité, avoue à Reynaldo qu'il fait partie des gens qui trouvent la direction indirectement, « *with windlasses and with assays of bias* » (« *avec des circonlocutions et des attaques de biais* »). Et quel conseil avisé donne-t-il audit Reynaldo ? D'attraper la « *carpe de la vérité* » à l'aide d'un « *appât de mensonges* » (« *your bait of falsehood take this carp of truth* »). Dans la savoureuse scène (II, 2) où il déclare, en compagnie du roi et de la reine, que le jour, c'est le jour, que la nuit, c'est la nuit, que le temps, c'est le temps, il nous apprend « *que parfois plusieurs heures durant* », Hamlet « *marche ici dans la galerie* » ; — et, en effet, quelques lignes plus tard, — « *étranger en tous lieux où il poind* [sic*]* » (Mallarmé), — peut-on voir apparaître Hamlet, un livre à la main, perdu dans ses pensées, *spectral*, — qui « *se promène, pas plus, lisant au livre de lui-même, haut et vivant Signe ; nie du regard les autres* » (Mallarmé bis), — ce qui fait réagir sa mère : « *Mais voyez avec quelle tristesse le malheureux s'avance en lisant.* » (Madame, permettez : par votre double péché (procréation, oubli du défunt mari), vous avez réveillé en votre fils la conscience de l'atrocité de l'existence, et c'est pourquoi il supporte maintenant toute la misère du monde !) Polonius, cavalièrement, engage une conversation vérécondieuse et melliflue : « *Que lisez-vous, mon seigneur ?* » Ce à quoi Hamlet, que j'imagine n'avoir toujours pas détaché son regard des deux pages (écrites par un « *satiriste* »), répond — avec nonchalance ou mépris, sur le ton en boucle du « *And I turn the page, and I turn the page* », de Robert Browning : « *Words, words, words.* » (À vrai dire, ce sont des « *mots* » en lesquels il croit « *très fermement et fortement* », mais qu'il trouve « *malhonnête d'écrire* », — propos volontiers interchangeables avec ceux que l'imagination m'accorde : la folie du monde, indubitable, que Dieu a eu la malhonnêteté de créer, — et Hamlet ne dit-il point, plus loin, que la « *douce religion* » peut être « *une rhapsodie de mots* » ?...) Magnifique ! Des mots, des mots, — ces mots calomnieux qui s'ajoutent, — en la décrivant, comme si cela ne suffisait pas, — à l'existence calomnieuse — d'un *homme de parole* ! Des mots, de tristes mots, — des mots *sad* ! Des mots, rien que des mots (vanité !), davantage que des mots (massues !). Faut-il, en plus de vivre, parler ? en plus d'exister, parler de l'existence ?... « *Mais le mot doit avoir un sens* » ! lit-on dans le *Faust*. Folie, misérable folie ! Démonstration qui s'apocope ! Dépeuplement des mots, des mots, — des mots et des mots, — δαίμων, — « *Des mots, encore des mots, et toujours des mots* », se lamentait le sémillant, l'« hémilémanique » Jean-Jacques, — « *Worten über Worte, Worte, Worte* », soupirait intempestivement Nietzsche, — « *Des vers, des vers, des vers, des vers, des vers* », ressassait intranquillement Pessoa, — qui passent comme « *des flots, des flots, des flots* », ainsi que retriplait Hugo de sa grève… Par-delà les mots qui avortent la pensée, Théodore de Banville en joue : « *Qu'Hamlet, terrible et sombre / Sous les plaintes de l'ombre, / Dise, accablé de maux : / "Des mots ! des mots !"* » — « *Des mots !… Des mots !… de la crotte, oui !… des mots !… Qu'est-ce qu'un mot ?… face à ça ?… — De la merde…* » Consignés dans mon *Journal* et reproduits dans mon essai intitulé *La Lyre*, tels furent aussi mes *mots*, le jour où j'appris le suicide de mon meilleur ami, — *des mots*, — des mots que rien n'exprime, si ce n'est leur expression en soi, brute et brutale (et stercorale)… Saint Augustin ne dit-il pas à son fils Adéodat (*De Magistro*) : « *Par les mots, nous n'apprenons donc que des mots* » ? Alors, imaginez si ces *mots* sont « *des mots* » !… (J'apprécie la repartie de Hamlet lorsque Polonius, excédé par l'humeur sombre et moqueuse de son interlocuteur, annonce qu'il va « *très humblement prendre congé* » de lui : « *Vous ne pourriez, monsieur, rien me prendre dont je fasse plus volontiers l'abandon, excepté ma vie, excepté ma vie, excepté ma vie.* » Ce « *Except my life, except my life, except my life* », — dont Hugo n'a gardé qu'une répétition au lieu des deux (quel dommage qu'il disposât du « second *Hamlet* » et non pas de l'original, qui en compte trois), et que Déprats traduit par un triple « *à part ma vie* », — n'est-il pas le reflet d'une âme désabusée qui s'essouffle jusqu'à ce que les mots péniblement bégayés, qui signe au moins *sa* survie, tombent si bas qu'ils finissent par mourir et *l*'entraîner avec eux ?... Il voudrait volontiers se défaire de tout, mais se débarrasser de sa vie, même s'il en a envie, est au-dessus de ses forces… Vous pouvez tout prendre, veut-il dire, tout, — tout, — sauf ma vie, — malheureusement… Malheureusement… Qui voudrait donc supporter tous les malheurs de la vie quand on pourrait soi-même, d'un coup de dague, s'en rendre quitte, se donner le quitus (« *his quietus make* ») ? Ô suicide, idée accablante… mais qui aide à penser : rien ne compte plus. Il se trouve dans *King Henry IV* une petite envolée divertissante que l'on pourrait délicieusement déposer sur les lèvres de Hamlet qui, ne disant rien de la conversation avec Polonius, n'en pense pas moins : « *I had rather live with cheese and garlic in a windmill, far, than feed on cates and have him talk to me in any summer-house in Christendom* », que Maurice Clavel traduit assez librement : « *J'aimerais mieux manger des gousses d'ail au fromage dans un moulin à vent à tous les diables que des cailles rôties de sa conversation* ».) Folie, misérable folie ! Folie ? Hamlet est-il fou ? ou, au pire, fou dans sa raison, raisonnable dans sa folie ? est-il un fou raisonnable, un raisonneur fou ? Songeons à Pascal qui disait que « *les hommes sont si nécessairement fous que ce serait être fou par un autre tour de folie de n'être pas fou* » ! Songeons à Borges pour qui Hamlet, dans « *le temps ambigu de l'art* », « *est à la fois sain d'esprit et fou* » ! Quoi qu'il en soit, au fort achèvement du premier acte, il semble *fou* aux yeux du roi, de la reine, d'Ophélie (sceptique) et de Polonius (ce paillard abusé par ses souvenirs qui sait bien, « *quand le sang brûle, avec quelle libéralité l'âme prête des serments à la langue* », et qui se leurre en pensant que c'est l'inféodation d'Hamlet à Ophélie qui en est la cause). Il va sans dire que tous sont encore dans l'erreur, qu'ils n'ont pas perçu, dans l'aveuglement œuvrant pour leur refoulement, l'intense *mélancolie* qui habite le jeune homme, et qu'ils modifieraient leur jugement s'ils entendaient de sa bouche l'un des mortels accablements qui l'envahissent si souvent (où nous retrouvons le syndrome du ravissement/dégoût) : « *J'ai depuis peu, je ne sais pourquoi, perdu toute ma gaieté, renoncé à tous mes exercices coutumiers ; et, vraiment, tout pèse si lourdement à mon humeur, que la terre, cette belle création, me semble un promontoire stérile.* » Si tous sont effectivement encore dans l'erreur, le roi, toutefois, ne tardera pas à se rendre à l'évidence : « *Il y a dans son âme quelque chose que couve sa mélancolie […] Peut-être les mers, les pays différents, avec leurs spectacles variés, expulseront-ils cette chose enracinée en son cœur.* » De son côté, Polonius, en subissant continuellement les railleries extravagantes du Prince, restera pour cette raison conforté — à tort — dans son idée d'aliénation. En ce qui concerne Ophélie, la pauvre Ophélie que la folie, *la sienne*, n'épargnera pas, elle ne saura jamais sur quel pied danser. Pourquoi ? Premièrement, c'est par la faute de son père Polonius (encore une faute du père, c'est lui intime de ne pas répondre aux avances d'Hamlet, voire de le *repousser*. Elle doit alors, contre son gré, subir le désespoir de son favori et le voir venir à elle, livide, « *pale as his shirt; his knees knocking each other; and with a look so piteous in purport as if he had been loosed out of hell to speak of horrors* » (« *pâle comme sa chemise, claquant des genoux, et avec un regard si pitoyable qu'on eût dit que l'enfer l'avait relâché pour en dire les terreurs* »). Quelle vision, quel supplice pour une jeune fille ! Et le pire, c'est que la retranscription de cette scène, elle la fait à son père ! « *Cela fait, il me laisse aller, et la tête tournée vers moi par-dessus son épaule, il sembla trouver son chemin sans ses yeux, car il franchit la porte sans leur secours, et jusqu'au bout inclina leur lumière sur moi.* » Être, ou ne pas être — à elle ! Deuxièmement, c'est par la faute d'Hamlet, qui, *par la faute de Polonius*, va effectivement lui-même repousser la douce Ophélie. Au début de la pièce, Hamlet lui dit : « *I did love you once* » ; tout de suite après : « *I loved you not* » ; à la fin de la pièce : « *I lov'd Ophelia* » (son revirement de position est aussi « *bref* » que l'est « *l'amour d'une femme* », qu'il raille plus loin) ; mais malgré tout, ces changements n'en sont pas un, car Hamlet est plus profond, et c'est dans un double souci, fort honorable et altruiste (et terrifiant), de *précaution* et de *préservation* que se fait jour le véritable sentiment de Hamlet, selon Freud « *typiquement hystérique* » à cet instant de l'ouverture des rideaux de l'acte III : « *À quoi bon te faire nourrice de pécheurs ? [...] À quoi sert-il que des gaillards comme moi rampent entre le ciel et la terre ?* » (Ce pressentiment qu'une maladie, moins psychique qu'existentielle, — le *péché*, — se transmette génétiquement, ce dont Hamlet ne souhaite pas accepter l'éventualité ni endosser les risques encourus, ce pressentiment d'une maladie que les Grecs nommaient « μίασμα » (et qui a donné « *miasme* » en français), c'est-à-dire la « *souillure* », la contamination auto-communicante, le crime digne d'expiation, la faute paternelle qui se transmet à la descendance, — ce pressentiment, mon ami François, dont je reparlerai longuement à la prochaine section, en a douloureusement fait l'expérience en constatant la psychose maniaco-dépressive de son père, interné à l'hôpital psychiatrique Saint-Jacques de Nantes, et en se persuadant (idée fixe funeste) qu'il en serait affecté un jour ou l'autre, ou que ses enfants futurs le seraient inévitablement, — pressentiment qui l'a amené, entre autres idées malsaines, au suicide… — On viendrait au monde, on serait malheureux, et on procréerait ? on dupliquerait la mélancolie ? Ha ! l'humanité, parce qu'elle est l'humanité qui s'auto-engendre, est folle !... J'ajouterai qu'au-delà de ce double souci, il y en a un troisième, plus en retrait : la crainte de la répétition, la crainte qu'Ophélie ne fasse elle aussi ce que sa mère a fait à son père...) Quant à la mère de Hamlet, justement, qui en pense plus qu'elle n'ose le faire voir, on en saura davantage dans quelques instants, lors de la scène du crime de Polonius. — Ainsi, Hamlet devient d'autant plus sombre que grandit sa *méfiance*, une méfiance compacte dont il n'arrive cependant pas à dessiner les contours. C'est un moment critique qui le fait douter. Il se néglige et ne sait plus qui il doit croire, ni en quoi il doit croire. Leopardi décrit en 1821 une situation psychologique qui n'est pas sans rappeler celle d'Hamlet à ce moment-là : « *Mais l'amour de soi est l'unique ressort possible des actions et des sentiments humains, qu'il soit appliqué à telle ou telle fin vertueuse ou vicieuse, noble ou vile, etc. Donc, une fois que l'élasticité et la force du ressort ont diminué et ont été réduites à presque rien (ou au minimum requis pour la vie humaine), l'homme n'est plus capable d'agir, ni d'avoir des sentiments vifs, forts, etc., envers lui-même et envers les autres, puisque, même quand il s'agit d'autrui, comme lorsqu'il se sacrifie, etc., il ne peut être poussé que par la force de l'amour de soi appliqué et orienté à cette fin. Ainsi, l'homme qui est devenu par la force des choses indifférent à lui-même devient indifférent à tout et se trouve réduit à l'inaction physique et morale. L'affaiblissement de l'amour de soi, en tant qu'amour de soi radical (c'est-à-dire qui n'est pas orienté vers telle ou telle chose), je veux dire le véritable affaiblissement de cet amour, est responsable de l'affaiblissement de la vertu, de l'enthousiasme, de l'héroïsme, de la magnanimité, de tout ce qui semble à première vue le plus hostile à l'amour de soi, et qui a le plus besoin de sa ruine pour pouvoir triompher et se manifester, enfin le plus contraire et le plus dommageable pour la force de l'amour individuel. Aussi cet affaiblissement assèche-t-il la veine poétique et imaginative, et quand il a peu ou pas d'amour pour lui-même, l'homme n'aime plus la nature ; en ne ressentant plus de sentiment pour lui-même, il ne ressent plus la nature ni l'efficacité de la beauté, etc. Un épais brouillard d'indifférence surgissant immédiatement de l'inaction et de l'insensibilité se répand sur tout son esprit et sur toutes ses facultés dès qu'il devient indifférent ou peu sensible envers cet objet qui est le seul objet capable de l'intéresser et de le mettre en mouvement, moralement ou physiquement, vers tous les autres objets, à savoir lui-même. — Chez l'homme, l'absence d'énergie engendrée par le malheur s'explique aussi par la méfiance envers soi et les choses, affection mortifère, quand la confiance envers le monde et les êtres vivants, et principalement envers soi-même, est, elle, vivifiante et essentielle : telle est l'une des qualités primitives et naturelles de l'homme et du vivant avant l'expérience, etc., etc. De la même façon encore, l'homme qui a perdu l'estime de soi, par bassesse, par vice ou par la force de l'adversité, des contradictions, des avilissements et du mépris endurés, n'est plus capable de grandeur ni de magnanimité. Et quand je parle de l'estime, je distingue cette qualité de la confiance, qui est, à bien la considérer, une chose toute différente.* » Mais Hamlet n'a pas abdiqué : il lui reste suffisamment de force pour être encore capable de grandeur et de magnanimité. — Précurseur des forces que prodigue la psychanalyse, rassemblées autour des notions d'identification, de transfert, de fixation ou de projection, voire de «contre-catharsis» que nous avons une idée de génie (rappelant le « *All the world's a stage, and all the men and women merely players* ») : Hamlet va ourdir un plan pour confondre le roi en mettant sur pied une saynète « *métaphoriquement* » intitulée The Mousetrap (*La Souricière*) : « *Maintenant je suis seul. [...] Or moi, canaille engourdie pétrie de boue, je languis comme un Jean de la Lune, insensible à ma cause, et ne dis rien. [...] Je ferai jouer par ces comédiens quelque chose qui ressemble au meurtre de mon père, devant mon oncle. [...] Le théâtre est la chose où j'attraperai la conscience du roi.* » C'est *dans ce cadre*, et uniquement dans celui-ci, qu'il prononce l'inoubliable « *To be, or not to be, that is the question* », en prenant vigoureusement les choses en main (le langage *l'engage*), et en rompant en visière à son beau-père afin de prouver qu'il est réellement l'assassin de son père : « *Est-il plus noble pour l'esprit de subir la fronde et les flèches de la fortune outrageante, ou bien de prendre les armes contre une mer de tourments, et, en les affrontant, y mettre fin ?* » Telles sont les paroles qui prolongent la plus grandiose des sentences de toute la littérature mondiale, le souverain « *To be, or not to be* » (Heidegger eût choisi « *Being, or not being* », plus grave philosophiquement) — quand on est *mis à la question* : se retirer, ou relever le défi ; dormir, mourir, ou se battre. Tout ceci revient au même *dilemme* de l'être et du *n'être pas*, c'est-à-dire au *devoir* d'accepter le destin qui, malgré les raisonnements, les inconstances de la pensée ou de la fortune, donnent l'impression que rien ne changera, si ce n'est le *savoir* — par le questionnement du *faire* ou du *ne pas faire*, et aboutit au même dénouement tragique : *mettre fin aux souffrances*. — Goethe fit ce juste constat : « *Personne n'a sans doute représenté l'enchevêtrement originaire du vouloir et du «devoir» au niveau du caractère individuel d'une façon plus splendide que Shakespeare.* » Et cela rejoint fantastiquement ce que dit Cléopâtre : « *What should I do, I do not?* » (« *Que devrais-je faire, que je ne fais pas ?* »). Car Hamlet, c'est un peu de : si je sais que je peux oser, je n'ose pas ; — Hamlet, c'est : si je sais que je peux, je ne sais pas si je veux. Un continuel balancement entre le mot (le penser) et l'action (le faire) entrave le projet réparateur, et Hamlet le sait (ce qui en partie l'explique) : « *suit the action to the word, the word to the action* » (« *accordez l'action avec le mot et le mot avec l'action* »). — Le « Roi de la comédie », image de son regretté père dans la pièce que Hamlet a créée pour débusquer le traître, — pour *connaître, reconnaître,* — ne dit pas autre chose : « *Our wills and fates do so contrary run that our devices still are overthrown; our thoughts are ours, their ends none of our own.* » (« *Nos vœux et nos destins ont un cours si contraire que par là nos desseins toujours sont jetés bas ; nos pensées sont à nous, leurs fins ne le sont pas.* ») Arrive le moment où Lucianus, représentant le *neveu* du « Roi », commet son crime (sa « *crapulerie* ») en lui versant du poison dans l'oreille, — « *du poison pour rire* », précise Hamlet, goguenard. (Claudius avait tué son frère de cette singulière façon, *par l'oreille*, comme s'il avait souhaité lui dire, en l'assassinant, qu'il ne devait pas l'entendre l'assassiner. Mais plus singulière encore, et curieuse, dans la pièce de *Hamlet*, est l'implication répétée du rôle de l'« ouïe agressée », — de l'auriscalpe contaminé, — que l'on retrouve à cinq ou six reprises, dont ces quatre-ci : à l'acte III, scène 4, la reine à Hamlet : « *These words, like daggers, enter in mine ears* » (« *Tes mots, comme des poignards, pénètrent mes oreilles* ») ; à l'acte IV, scène 5, le roi à son épouse, sur l'éventualité que Laërte ait eu vent de la mort de son frère : « *and wants not buzzers to infect his ear* » (« *et ne manque pas de bourdons pour infecter son oreille* ») ; à l'acte V, scène 2, l'ambassadeur qui vient annoncer la mort de Rosencrantz et Guildenstern : « *the ears are senseless that should give us hearing* » (« *les oreilles sont sourdes qui devaient nous entendre* ») ; à l'acte I, scène 5, enfin, par un joli rapprochement dont l'effet subtil dépend de l'édition (ponctuation variable : virgule, point, deux points, point-virgule, tiret), le fantôme d'Hamlet père à Hamlet fils : « *a serpent stung me, so the whole ear of Denmark* » (« *un serpent m'a piqué, donc l'oreille entière du Danemark* »)…) Bref, à cette scène dans la scène que figure la *Mousetrap*, reproduction exacte de ce qu'il fit, le roi Claudius se lève (le prétexte sera un « *échauffement* » dû à la « *bile* ») et confesse inconsciemment, parce que geste causé par l'empathie, sa culpabilité (à moins qu'il ne soit indigné qu'un « *neveu* » puisse tuer son oncle, autrement dit lui-même, mais c'est très improbable) : il est *fait comme un rat*. (Claudius n'était manifestement pas aussi hypocritement placide que l'était, d'une part, Argan, le malade imaginaire de Molière, regardant jouer l'« *impertinent opéra* » improvisé par sa fille et son prétendant, reproduisant de façon imagée la réalité de la situation, qu'il juge « *de fort mauvais exemple* » (« *Le berger Tircis est un impertinent, et la bergère Philis, une impudente de parler de la sorte devant son père* », « *Les sottises ne divertissent point* »), et il n'était pas aussi avisé que l'était, d'autre part, l'empereur Dioclétian dans la pièce de Jean Rotrou, qui, louant la virtuosité de l'acteur Genest : « *Avec confusion j'ai vu cent fois tes feintes, / Me livrer malgré moi de sensibles atteintes ; / En cent sujets divers, suivant tes mouvements, / J'ai reçu de tes feux de vrais ressentiments ; / Et l'Empire absolu que tu prends sur une âme, / M'a fait cent fois de glace, et cent autres de flamme […].* ») Cette confirmation de la culpabilité de Claudius affirme la volonté de *vengeance* en Hamlet (qui, remarquons-le pas, n'agit toujours pas, mais, — depuis sa *chatière* ! — actionne les ficelles, « *musarde* », « *fait mine de rien* » (« *I must be idle* »), laisse agir, fait agir). Il dit à un courtisan qu'il ne saurait lui faire de réponse saine, car son esprit est « malade » (« *My wit's diseas'd* »), et cette maladie, c'est le sentiment de *pouvoir* quelque chose, d'être capable même du pire, et la *certitude que ce pouvoir est en lui*. Ainsi, il peut désormais se renfermer dans sa conviction et, avant de braver sans complexe sa mère, envoyer paître, tel un roc repoussant, l'univers de l'insignifiance joué par ce courtisan qui lui demande l'origine de son trouble : « *Eh bien, voyez maintenant quel peu de cas vous faites de moi. Vous voudriez jouer de moi, vous voudriez connaître mes clefs, vous voudriez arracher le cœur de mon mystère, vous voudriez me faire résonner tout entier, depuis la note la plus basse jusqu'au sommet de la gamme ; et alors qu'il y a tant de musique, et une voix si parfaite dans ce petit instrument, vous ne pouvez pas le faire parler. Sang-dieu, croyez-vous qu'il soit plus aisé de jouer de moi que d'une flûte ? Prenez-moi pour l'instrument que vous voudrez, vous pourrez bien me froisser, vous ne pourrez pas jouer de moi.* » Terrible et surpuissant, même quand il paraît équanime, est celui qui n'a plus rien à perdre — parce qu'il a déjà perdu ce qu'il avait de plus cher, ce que l'on ne peut plus jamais recouvrer : *l'existence insouciante*. Il est à craindre, celui à qui la mélancolie donne l'espoir de la Justice ! « *Ce qu'Hamlet fait représenter sur la scène* », résume Lacan, « *c'est donc en fin de compte quoi ? C'est lui-même, accomplissant le crime dont il s'agit. Ce personnage dont […] le désir ne peut s'animer pour accomplir la volonté du ghost, du fantôme de son père, ce personnage tente de donner corps à quelque chose, et ce à quoi il s'agit de donner corps passe par son image véritablement là, spéculaire, son image non pas dans la situation, le mode d'accomplir sa vengeance, mais d'assumer d'abord le crime qu'il s'agira de venger* ». Hamlet a grandi, est grandi. Comme dirait Schopenhauer dans son *Eudémonologie*, il a appris par l'expérience ce qu'il veut et ce qu'il peut : jusque-là, dépourvu du caractère suffisant, il ne le savait pas, et il a fallu qu'il fût rejeté sur son « *propre chemin par de violents corps venus de l'extérieur* ». Rien « *ne saurait être pire que de partir de la réflexion pour vouloir être quelque chose d'autre que ce qu'on est : car c'est une contradiction immédiate de la volonté avec elle-même* », si bien que *seul* celui qui aura appris ce qu'il veut et ce qu'il peut « *sera toujours, de façon pleinement réfléchie, totalement lui-même, et il ne sera pas abandonné par lui-même, car il aura toujours su ce qu'il pouvait s'imposer à lui-même* ». — Et le voilà, le moment propice du *jeu de miroir* de la scène 4 de l'acte III, l'une des épistases les plus importantes de toute la pièce, certainement la plus imposante et la plus électrique (« *une espèce de sommet du théâtre* », dont la *lecture est à la limite du supportable*, *dixit* Lacan) : le choc du face-à-face du fils avec la mère (pour qui l'indication « *Queen* » est *détrônée* par son prénom, « *Gertrude* », ce qui est loin d'être anodin et laisse présager une transformation, sinon une catastrophe *humanisée*). Il s'agit bien d'un *jeu de miroir* vertigineux, d'une mise en abyme où chacun des deux *acteurs* liés par le sang joue à tour de rôle le greffe (bureau du tribunal qui enregistre les actes) et *la* greffe (hétérogreffe anaplastique), — où chacun, en *se* (dédoublement) répondant successivement, *renvoie à l'autre le reflet que l'autre lui renvoie* : lui, c'est elle, — elle, c'est lui ; « *parce que elle, c'est lui, parce que lui, c'est elle* ». *Voyez* le préambule du dialogue : Gertrude : « *Hamlet, tu as gravement offensé ton père* » ; — Hamlet : « *Mère, vous avez gravement offensé mon père* ». Quelle complexité dans ce petit échange judiciaire et brutal, *stichomythique*, où ils sont, comme dirait Kundera (*La vie est ailleurs*), « *comme des vases communicants dans lesquels [s'écoule] le même acide* », où chacun inféode l'offense à l'autre : au premier niveau, nous remarquons le parfait miroir des paroles, identiques en tout point, qui décuplent à la fois les affinités (les idées) et les oppositions (les culpabilités) ; au deuxième niveau, si l'un accuse l'autre du même forfait, parce qu'ils sont leur propre reflet, ou ils sont tous les deux coupables (complicité), ou ils sont tous les deux innocents (hostilité) ; au troisième niveau, le miroir simule un écran qui a non seulement le pouvoir de les séparer, mais qui les isole et les confronte à leurs mois respectifs (ils soliloquent et s'interrogent). C'est pourquoi, quand il dit à Gertrude : « *Venez, venez, et asseyez-vous. Vous ne bougerez pas. Vous ne sortirez pas, que je ne vous aie présenté un miroir où vous puissiez voir la partie la plus intime de vous-même* » (« *inmost part* »), — Hamlet ignore combien sa proposition est lourde de sens, car il ne suffit pas de chercher bien loin pour être convaincu que ce miroir fictif n'est autre que lui-même, un fils dans lequel la mère pourra mesurer sa honte. Celle-ci s'effraie immédiatement, lui demande s'il n'a pas l'intention de l'assassiner, puis se met à crier à l'aide. C'était sans compter sur Polonius, qui épiait, selon les avis des commentateurs, dissimulé derrière un rideau (mais où étaient placés, sur le *proscenium* du théâtre élisabéthain, ce rideau, ou cette tenture, ou cette courtine, ou cette draperie, ou cette tapisserie, « *arras* » dans le texte, c'est une énigme). Vilain personnage que ce Polonius ! Quelle ironie pour celui qui venait de dire à la reine, avant qu'Hamlet n'entrât : « *I'll silence me even here* » ! (Il faut bien reconnaître que *Hamlet* est *aussi* une pièce de l'*espionnage* ; les espions rôdent, même légitimement (« *lawful espials* »), et ils sont le motif dans la tapisserie ; les bruits accusateurs courent « *in ear and ear* » (« *d'oreille en oreille* »). L'atmosphère angoissante du « *seeing unseen* », permanente, devinée, crucifierait le plus fragile des paranoïaques, car chacun, en brisant les confiances (s'il en fut), y va de sa technique du « *caméléon* », et cela au-delà de la représentation de « la mort de Gonzague » : Polonius fait espionner Laërte, il espionne la reine et Hamlet, il confisque (maraudeur !) les lettres qu'Hamlet a adressées à Ophélie ; la reine, le roi et Polonius espionnent Hamlet et Ophélie ; Guildenstern et Rosencrantz espionnent Hamlet à Elseneur et pendant son voyage vers l'Angleterre... Chacun dit à l'autre : « *bear a weary eye* » (« *gardez un œil vigilant* »), oubliant, par excès de méfiance et de vigilance, que si l'autre le dit à son tour à quelqu'un, cela peut se retourner contre lui. Le *fort guetter*, telle est la devise à Elseneur — où, traqué, l'on braconne, — où, pisté, l'on conspire... Surveillances physique *et* morale ! Cela sent la Rome antique, le Conseil des Dix, la CIA, le NSA, le FBI, la DGSE, le KGB, la Stasi, le MI6... C'est la politique du Judas (Iscariote) qui ouvre le judas (œil scrutateur), c'est le jeu de marionnettes inscientes, le jeu des argus, le jeu de l'« *unbeknown* », de l'« à-l'insu », de l'« à-l'affût », de l'« en-tapinois », du « par-derrière », de l'« à-travers-la-jalousie », de l'« en-sous-main », du « qui-reluque-qui », de l'« *in-camera* », de l'« *incognito* », de l'« *in-the-ear* », de l'« *à-l'écoute* », de l'« *on-the-sly* », de l'« *in-secret* », de l'« *on-the-quiet* », de l'« en-douce », de l'« *in-petto* », du « ni-vu-ni-connu », du « *by-stealth* », de l'« *sub-rosa* », de l'« en-sourdine », du « dans-le-dos », de l'« en-coulisse », du « sans-tambour-ni-trompette », du « subrepticement », de l'« en-cati-mini », de l'« *on-the-sneak* »... Dans ce château où l'on vole dans chaque aile l'intimité, et où tout complote, dans ce « *palace full of tongues, of eyes, and ears* », dirait le perfide Aaron de *Titus Andronicus*, les menaces sourdes et plausibles transsudent dans tous les pores — pièces, étages, escaliers, galeries, guettes — que recèle le château-prison d'Elseneur — dont les montants des grilles d'entrée devraient être garnis d'un bas-relief avertissant, selon les mots empruntés à Hamlet, que « *foul deeds will rise, though all the earth o'erwhelm them, to men's eyes* » (« *les trahisons finissent par surgir, même si la terre entière les dissimule aux yeux des hommes* »). Raison ou trahison, *reason* ou *treason* ! Guilde contre guilde, sentinelle contre sentinelle, indicateur contre indicateur : chacun pour soi et contre l'autre. « *Les yeux de l'Éternel sont en tout lieu, observant les méchants et les bons* », prévient l'Ancien Testament, « *car il se trouve parmi [le] peuple des méchants ; ils épient comme l'oiseleur qui dresse des pièges, ils tendent des filets, et prennent des hommes* ».) Polonius, agité, répète mécaniquement le cri de la reine (« *Help!* ») et Hamlet le tue (« *a rat?* » s'étonne-t-il, — que je ne puis m'empêcher de rapprocher du signifiant de la « *Mouse-trap* »). Disons-le tout de suite : Hamlet a eu raison de suivre le précepte de Napoléon : « *Le Prince doit tout soupçonner.* » En tout cas, cet acte imprévu foudroie Gertrude, qui se lamente aussitôt : « *O me, what hast thou done?* » (Hugo : « *Ô mon Dieu* » !) Comment comprendre ce meurtre gratuit ? Hamlet reporte-t-il sur Polonius un geste qui eût dû atteindre sa mère ? lui-même ? a-t-il subitement perdu la raison ? ou assouvit-il sa haine envers cet être qu'il ne supporta jamais ? ou bien, plaisantait Laforgue, se fait-il la main ? Mon avis ne converge vraiment vers aucune de ces possibilités, et la réponse se trouve en réalité contenue dans ma question initiale : « *meurtre* gratuit. » Entends-je donc que le fait de tuer Polonius est l'œuvre de la *gratuité* ? *Tout à fait*, si l'on prend le terme « *gratuit* » dans le sens du « *désintérêt* » (« *gratuités* »), car à qui ce crime non prémédité peut-il rigoureusement *profiter* ? *Pas tout à fait*, si l'on accompagne cette *gratuité* d'une légère *motivation* inconsciente *au regard du jeu de miroir* : la mère, c'est Hamlet ; or, selon Hamlet, la mère a « tué » son père ; *donc Hamlet tue aussi*. D'ailleurs, lorsque sa mère lui demande ce qu'il a fait, il répond sans guère de conviction *qu'il ne sait pas* : « *Is it the king?* » Ainsi, si ce crime ne profite à personne, du moins illustre-t-il sublimement deux aspects qui n'en font qu'un, c'est-à-dire celui d'imiter sa mère (un miroir de lui-même) et celui de montrer à sa mère ce qu'elle a fait (un miroir d'elle-même) : « *Acte sanglant, presque aussi noir, tendre mère, que tuer un roi et épouser son frère.* » Le meurtre de Polonius et le jeu du miroir sont inoffensifs, Hamlet ne « *trame* » rien contre sa mère (à proprement parler). De cette manière, il montre à sa mère ce qu'il pense tout en respectant le jurement fait à son père/spectre de ne pas, grosso modo, lever la main sur elle, et surtout de ne faire que l'abandonner au ciel (« *Leave her to heaven* »). (Il y a dans la littérature, à diverses échelles, quelques crimes « gratuits » célèbres, et en première ligne celui de Raskolnikov dans *Crime et Châtiment*, qui tue avec une hache la prêteuse sur gage *avec préméditation*, mais sans véritable motif, puis, sans qu'il l'ait prévu, la sœur de celle-ci parce qu'elle venait de faire irruption dans la pièce. La *gratuité*, qui est parfois d'une extrême *violence*, est souvent synonyme d'*absurdité*, — et Dostoïevski à ce sujet écrit : « *Notons à ce propos une particularité concernant toutes les décisions qu'il avait déjà prises dans cette affaire. Elle était étrange : plus ces décisions devenaient irrévocables, plus elles lui paraissaient aussitôt monstrueuses, absurdes. Malgré toute la douloureuse lutte qui se livrait en lui, pendant toute cette période il ne put jamais croire un seul instant que ses projets fussent réalisables.* » Le héros du roman de Dostoïevski tentera de sauver son âme par la rédemption : « *Le remords est le châtiment du crime ; le repentir en est l'expiation* », résumait, fort à propos, le moraliste Joubert (et l'on sait peut-être que picturalement, le *repentir* est une trace de ce que l'on a corrigé, la cancellation entachée). Sinon, toujours sur le thème de cette « gratuité » du crime, et pour d'autres raisons non moins saugrenues que celles de Raskolnikov, il y a également Lafcadio, dans *Les caves du Vatican*, qui, dans le train, pousse Amédée Fleurissoire par-dessus bord alors que celui-ci rectifiait la position de sa cravate devant la vitre. La première pensée de Lafcadio, sous la plume de Gide, c'est : « *Il m'a laissé son hideux chapeau plat* » ! Il vient d'assassiner un homme, mais son remords est *déplacé*, et il insiste sur la perte de son chapeau (« *Il regrettait beaucoup son chapeau souple, léger, soyeux, tiède et frais à la fois, infroissable, d'une élégance si discrète* »). Que dire, dans un autre registre encore, de *L'étranger* de Camus ? Quand j'ouvris ce livre — que j'avais emprunté la petite bibliothèque parentale — et commençais de me délasser dans l'eau tiède et mousseuse de la baignoire et j'y tombai (glissai) sur cet *incipit* terrible que je n'oublierais jamais : « *Aujourd'hui, maman est morte. Ou peut-être hier, je ne sais pas.* » (Ce « *je ne sais pas* » de Meursault est à moduler exactement de la même manière que le « *je ne sais pas* » de Hamlet dont il était question à l'instant.) « *C'est alors que tout a vacillé* » : Meursault, à la fin de la première partie du livre, tire sur l'Arabe. Certes, il répond à un *semblant* de légitime défense, — certes, il est gêné par le soleil éblouissant, la lame du couteau, la touffeur, les larmes, la sueur, le sel, le souffle épais de la mer, — certes, son être « *s'est tendu* », il a « *crispé sa main sur le revolver* », — mais c'est un geste absurde, bêtement instinctif, une convulsion brusque privée de réflexion (« *quand l'ardeur compulsive donne l'assaut* », dixit Hamlet) : « *J'ai compris que j'avais détruit l'équilibre du jour, le silence exceptionnel d'une plage où j'avais été heureux.* » Il comprend *après*, et comme il comprend d'un coup la gratuité et la gravité qui ont conféré au geste sa forme irrémédiable et incongrue, il renforce les causes et les effets de ce geste en tirant « *encore quatre fois sur un corps inerte* », quatre coups brefs qu'il frappe « *sur la porte du malheur* » : le destin est désormais gratuitement scellé. Lorsqu'à la partie suivante, Meursault s'entretient avec l'avocat ou le greffier, il est incapable de répondre aux questions, et surtout *de répondre de son acte*… « *[Le juge] m'a seulement demandé […] si je regrettais mon acte. J'ai réfléchi et j'ai dit que, plutôt que du regret véritable, j'éprouvais un certain ennui.* » La transition au cas *fantasmé* de Fritz Zorn, évoqué dans son bouleversant *Mars*, dont nous reparlerons bientôt, se fera avec les mots mêmes qu'avait articulés Meursault à son avocat : « *Sans doute, j'aimais bien maman, mais cela ne voulait rien dire. Tous les êtres sains avaient plus ou moins souhaité la mort de ceux qu'ils aimaient.* » En effet, Zorn avoue avoir jadis beaucoup joué avec l'idée de tuer sa mère, de la jeter dans les escaliers : « *Un acte absurde, assurément — mais pas seulement absurde. Absurde, cet acte sanglant ne le serait que s'il avait lieu concrètement, mais il y a une certaine dimension où il n'est pas absurde et même où il doit avoir lieu. Dans la dimension où ma mère incarne pour moi le mal, il est plein de sens et nécessaire que je lui plonge la tête dans le sang et la mort.* » L'absurdité vaut dans un sens symbolique et non pas concret, à la limite du vouloir en puissance et du pouvoir en acte.) Prolepses occasionnelles : ces parenthèses ont, si j'ose dire, leur importance dans *la circonscription de la circonspection* qu'amène ce meurtre que rien ne permettait *a priori* de deviner, et si le lecteur pensait que cet intermède ne faisait que rallonger une discussion déjà avancée sur *Hamlet*, qu'il gardât toutefois à l'esprit ce que j'indiquais plus haut, à savoir qu'il s'agit — tout de même ! — de « la plus puissante *œuvre littéraire jamais conçue de main d'homme* »… Ce qui n'enlève rien au fait que ces quelques exemples classiques tirés de la littérature, s'ils ne s'avèrent pas des plus originaux, affinent pourtant l'absurdité fatale du comportement de Hamlet, pour laquelle j'appliquerai, en guise de ban « provisoire » à notre cas, l'exclamation d'Edgar dans *Le roi Lear* : « *O, matter and impertinency mix'd! Reason, in madness!* » (« *Ô ! bon sens et délires mêlés ! Raison dans la folie !* ») — L'homicide Hamlet, en deux tirades d'une massiveté folle, mais raisonnée, sermonne vertement Gertrude et la fustige de sentences de fer (comme il l'avait sournoisement déjà fait par le biais de *La souricière*, où la Reine de la comédie s'exclame que ce serait tuer une seconde fois son mari que d'en prendre un autre). À bout, la mère parvient à répondre : « *Oh, Hamlet, ne parle plus ! Tu tournes mes yeux vers l'intérieur de mon âme, et j'y vois des taches si noires et si imprégnées que leur teinture est indélébile.* » Encore le miroir ! mais le miroir de l'intérieur macabre de l'âme : Hamlet, tais-toi ! tais-toi ! Tais-toi, c'est comme une maudite Lady Macbeth qui ne réussira jamais à lessiver ses « *black and grained spots* », il n'y a pas assez de pluie dans les cieux cléments pour rendre mon âme blanche comme neige… Tais-toi, Hamlet, tais-toi ! tais-toi ! Quand tu parles, tu ouvres les yeux, tu m'ouvres les yeux, tu vas dans le fond de ton cœur (le « *deep* »), tu inspectes le mien, que tu bats, et je *dois* ouvrir mes yeux en mon sein ! Ne sens-tu pas que ce que tu vois, je le vois, que je vois que tu le vois ! Tais-toi, maudit que tu es ! tais-toi, maudits que nous sommes ! taisons-nous ! tais-toi !… *Ah ! Œdipe, sors de ce corps !*… Ce n'est pas la déception que Hamlet clame : c'est la *trahison* ; ce n'est pas le jugement qu'il proclame : c'est la *condamnation* ; ce n'est pas le bannissement qu'il prononce : c'est la *malédiction* ; ce n'est pas la complicité qu'il accorde : c'est le *désaveu*. La haine, nous le savons bien, est souvent un déguisement de l'amour inconscient, et si Hamlet sort de ses gonds oralement tout en demeurant austère d'apparence, s'il est *tragique* par le verbe et *angoissé* par l'attitude physique, c'est qu'il craint et aime — ou craint cet amour. C'est l'angoisse décrite par Kierkegaard/A (*Le reflet du tragique ancien sur le tragique moderne*) : « *Mais l'angoisse a en elle un élément […] qui fait qu'elle s'attache plus fortement encore à son objet, car en même temps qu'elle l'aime, elle le craint.* » Notre esthète poursuit : « *Et c'est pourquoi l'angoisse, par essence même, fait partie intégrante du tragique. C'est donc parce qu'il soupçonne le crime de sa mère qu'Hamlet est aussi tragique.* » (Davantage que la recommandation du père de laisser la mère à elle-même, c'est le complexe d'Œdipe qui apparaît dans l'angoisse et le « *tragique* », et il n'y a qu'un pas entre désirer la tuer sans en rien faire parce qu'un sens il la désire en même temps, et tuer Polonius pour refouler le désir de sa mère tout en défoulant son désir de la tuer ! Cette hypothèse n'est pas si farfelue… En tout cas, nous nous inclinons devant la prescience œdipienne de Kierkegaard qui écrivit cela en 1843, soit une cinquantaine d'années avant Freud…) La scène mère/fils perfide, philippique contre la parenté, si harassante, qui semble n'en plus finir dans le *crescendo* de la lutte et des *bottes sanguines*, va atteindre son apogée en même temps que l'apparition de la didascalie « Enter *GHOST* ». Le spectre du mari/père est là, il entre en scène (« à la papa », comme on dit familièrement), il parle à Hamlet, Hamlet lui répond, — *ensangent*, — mais il demeure invisible à la mère qui, croyant son fils « *mad* », interroge : « *Vers quoi regardez-vous ?* » — et Hamlet répond, comme si cela ne souffrait aucune hésitation : « *Vers lui, vers lui.* » Le spectre finalement sort, Hamlet est apaisé et rassure sa mère en affirmant que ce n'est pas l'œuvre de la « *madness* » : « *Mon pouls, comme le vôtre, bat avec calme et fait une musique aussi saine.* » Cependant il révoque immédiatement toute idée de méprise en prévenant gravement sa mère : « *ne versez pas en votre âme le baume de cette illusion que ce n'est pas votre faute qui parle mais ma folie.* » Je ne m'attarderai pas sur la suite de cette scène, mais ferai seulement remarquer que la mère, sans capituler complètement, ose demander à son fils ce qu'elle *doit* faire (toujours l'injonction du *devoir*, le « *faire*, ou ne pas *faire* », et *quoi*) ; et Hamlet, olympien, lui intime de ne *surtout rien faire* de ce qu'il lui a dit — et ainsi de continuer comme si cette altercation n'avait jamais eu lieu... ce que le lecteur, exténué, est dans l'incapacité de faire... Oscar Wilde, en bon lecteur et spécialiste de Shakespeare (je songe notamment à sa connaissance des *Sonnets* dans cette nouvelle-enquête, *The Portrait of Mr W.H.*), s'exclamera : « *Avez-vous un chagrin qui vous ronge le cœur ? Trempez-vous dans le langage du chagrin, empruntez-en les termes au Prince Hamlet et à la Reine Constance* [sic]*, et vous trouverez dans les mots un baume adoucissant, et vous sentirez que la Forme, berceau de la passion, est aussi la tombe de la douleur.* » — J'ai relevé deux autres scènes dans la littérature classique qu'il est intéressant de comparer à celle que l'on vient d'étudier, l'une située précisément dans la pièce de Pierre Corneille intitulée *Nicomède* (III, 7), l'autre dans l'*Électre* de Sophocle (il y aurait également la Clytemnestre et l'Oreste de la trilogie d'Eschyle, l'*Orestie*, mais c'est moins flagrant). Au sujet de la première, je fais d'abord amende honorable, étant donné que je ne puis ici me lancer dans un récapitulatif tant les intrigues conçues ordinairement par Corneille sont d'une complexité qui y est réfractaire. Les trois personnages présents dans le passage dont il est question sont Nicomède, fils aîné, sorti du premier lit du roi de Bithynie Prusias, Arsinoé, seconde femme de Prusias, et Araspe, capitaine des gardes de Prusias. Il suffira d'avoir en tête les permutations suivantes : Nicomède/Hamlet, Arsinoé/Gertrude, Araspe/Polonius. Je laisse le lecteur juger des rapports relationnels, des résonnances de fond et de l'opposition symétrique des répliques qui font de *Nicomède* un miroir de *Hamlet*, et de Nicomède un frère de Hamlet (dans l'art du sarcasme pour notre exemple). « Nicomède : *Qu'ont-ils dit qui vous plaise, et que vous vouliez croire ?* — Arsinoé : *Deux mots de vérité qui vous comblent de gloire.* — Nicomède : *Peut-on savoir de vous ces deux mots importants ?* — Araspe : *Seigneur, le Roi s'ennuie, et vous tardez longtemps.* — Arsinoé : *Vous les saurez de lui, c'est trop le faire attendre.* — Nicomède : *Je commence, Madame, enfin à vous entendre. / Son amour conjugal, chassant le paternel, / Vous fera l'innocente, et moi le criminel, / Mais...* — Arsinoé : *Achevez, Seigneur, ce mais, que veut-il dire ?* — Nicomède : *Deux mots de vérité qui font que je respire.* — Arsinoé : *Peut-on savoir de vous ces deux mots importants ?* — Nicomède : *Vous les saurez du Roi, je tarde trop longtemps.* » Quant à la tragédie de Sophocle, le roi Agamemnon (dans le rôle du père d'Hamlet), père d'Électre (dans le rôle d'Hamlet), ayant osé immoler sa fille Iphigénie aux dieux (sacrifiée à Aulis), a été assassiné par son épouse Clytemnestre (dans le rôle de Gertrude) et gît désormais « *dans les enfers* ». Clytemnestre s'était remariée avec Égisthe, qui l'avait séduite, profitant déloyalement de l'absence d'Agamemnon, parti combattre dans la guerre de Troie. Quand Électre parle de son beau-père et de sa mère, on croirait vraiment, en fermant les yeux, entendre la vilipendaison d'Hamlet ! « *Et que sont mes journées — vous l'imaginez-vous ? — lorsque je vois Égisthe assis au trône de mon père ! lorsque je vois qu'il porte les mêmes vêtements, ou que, devant notre foyer, il répand ses libations à la place où il l'a tué ! lorsque enfin — suprême insolence — je vois l'assassin de mon père dans le lit de sa mère, aux côtés de ma triste mère, si l'on peut appeler mère celle qui couche aux côtés de cet homme !* » (Je ne m'attarde pas sur le « fantôme » d'Agamemnon qui aurait reparu en rêve à Clytemnestre en lui faisant si peur qu'elle veut offrir des offrandes à son époux mort...) — Revenons à Shakespeare et transportons-nous à une autre sorte de « *que dois-je faire ?* » (un « *que dois-je faire ?* » à la Pascal : « *Que dois-je faire ? Je ne vois partout qu'obscurités. Croirai-je que je ne suis rien ? Croirai-je que je suis dieu ?* »), — au passage situé dans la scène 5 de l'acte IV, où Hamlet monologue sur la futilité de la gloire, sur la question de l'honneur, et où prend enfin forme la *résolution*, c'est-à-dire *le passage de l'inhibition à la désinhibition*, thème majeur de presque toute la pièce (vouloir *versus* pouvoir, dire *versus* faire, appétence *versus* assouvissement), autrement dit le dépassement des conflits psychiques, causes et effets de la névrose, qui retardent et endiguent toutes ses actions désirées. Son discours, construit graduellement par interrogations successives, débute par : « *Je vous rejoins tout de suite* », — signe, une nouvelle fois, de *résistance* ; puis il s'enchaîne sur la conscience accablante de son inaction : « *je ne sais pas pourquoi je vis pour dire encore : "Cette chose est à faire", quand j'ai motif, volonté, force et moyens de la faire* », — signe de *résistance à la résistibilité* ; *ultimo*, le sentiment « *décisif* » (« *qui possède une influence déterminante* ») de la prise de « *décision* » (« *délibération* ») : « *Oh, que désormais mes pensées soient sanglantes, ou ne vaillent rien !* » — signe d'*irrésistance*, que j'exprimerai sous la forme d'un *ultimatum* (dans le sens autoritaires, sans appel) alambiqueur : être, ou ne pas être, non pas ; plutôt : être ce que je pense, ou ne plus être celui que je pense être ; être ce que je veux, vouloir ce que je suis, ou ne plus vouloir et ne plus être ; faire ce que je dois pour être, ou devoir défaire mon être ; et *cætera*. (Dans *La Tragédie espagnole*, souvent comparée à *Hamlet*, Hieronimo s'exclamait : « *But wherefore waste I mine unfruitful words, / When naught but blood will satisfy my woes?* » (« *Mais à quoi bon déverser mes paroles stériles, / Quand rien d'autre que le sang n'apaisera mes maux ?* » Que lui arrivera-t-il à la fin ? Il se coupera la langue avec les dents...) « *O, from this time forth, my thoughts be bloody, or be nothing worth!* » n'est pas d'une traduction si aisée qu'elle n'en a l'air à première vue, et si celle que j'ai proposée est effectivement de moi, « *ne croyez pas* », ainsi que le disait Voltaire, « *que j'aie rendu ici l'anglais mot pour mot ; malheur aux faiseurs de traductions littérales, qui en traduisant chaque parole énervent le sens* ». (Voltaire était mitigé, car tantôt il estimait que Shakespeare, qu'il appelait Gilles (pour Will !), était un génie survolant les mœurs et l'esprit du temps, tantôt que *Hamlet* était « *une pièce grossière et barbare* », « *fruit de l'imagination d'un sauvage ivre* » ! Reconnaissons ici que Voltaire eut le mérite d'être l'un des premiers à s'intéresser à Shakespeare et à l'introduire en France. Il fallut ensuite attendre Stendhal qui publia en 1823 un *Racine et Shakespeare* : « *Je sais que cette théorie paraît obscure à la partie la plus âgée du théâtre italien. Je le crois bien, le public sait par cœur Virgile, Racine, Alfieri, et à peine s'il connaît de nom les Richard III, les Othello, les Hamlet, les Walstein, la Conjuration de Fiesque, les Philippe II de Shakspeare et de Schiller.* ») Mon « *ou ne vaillent rien* », que j'aurais pu agrémenter d'un « *de plus* » contestable, est traduit par Hugo en « *pour n'être pas dignes du néant* », par Déprats en « *ou ne soient que néant* », par Suhamy en « *ou de nulle valeur* », par Bonnefoy en « *ou qu'elle avoue son néant* », et par Castelain (toujours en marge) en « *ou dignes de mépris* » (« *C'est bien peu de choses que la vie, mais c'est une chose immense que le mépris de la vie* », avait écrit Sénèque). Bien que cet *ultimatum* arrive très tardivement dans la pièce (ce qu'il fallait démontrer !), il en est *le tournant*, et c'est pourquoi j'insiste sur son importance, importance d'autant plus grande qu'elle rebondit par saut « kantiques », car à l'instar de notre Maître de Königsberg, le « *roi* » (« *König* ») Kant, Hamlet tente de répondre à sa manière aux trois questions fondamentales de la philosophie critique où réside tout l'intérêt de la raison (« *spéculatif aussi bien que pratique* ») : « *1. Que puis-je savoir ? — 2. Que dois-je faire ? — 3. Que m'est-il permis d'espérer ?* » Ces trois questions sont posées par Kant vers la fin de la *Critique de la raison pure*, à la section intitulée *De l'idéal du souverain bien comme principe qui détermine la fin suprême de la raison*. À la première question, purement spéculative et concernant la liberté *transcendantale*, il n'y a rien à faire, ce que Kant a expliqué dans l'antinomie de la raison pure en montrant qu'on ne peut rien savoir sur les deux problèmes de l'existence de Dieu et d'une vie future (« *Il y a plus de choses sur la terre et dans le ciel, Horatio, qu'il n'en est rêvé dans votre philosophie* » — ou : « *Sangdieu, il y a là quelque chose de plus que naturel, si la philosophie pouvait l'élucider* » !) ; à la deuxième, purement pratique, Kant répond : « *Fais ce qui peut te rendre digne d'être heureux* » ; à la troisième, qui « *est de savoir si, en me conduisant de manière à ne pas être indigne du bonheur, je puis espérer y participer* », la réponse est plus délicate à fournir étant donné son caractère à la fois pratique et théorique, puisqu'elle est basée sur une connaissance à la fois empirique et *a priori*. Je ne puis que citer Kant dans les lignes les plus significatives : « *tout espoir tend au bonheur et est à l'ordre pratique et à la loi morale ce que le savoir et la loi naturelle sont à la connaissance théorique des choses. L'espoir aboutit, en définitive, à cette conclusion que quelque chose* est *(qui détermine le dernier but possible), puisque quelque chose doit arriver ; le savoir, à cette conclusion que quelque chose* est *(qui agit comme cause suprême), parce que quelque chose arrive. / Le bonheur est la satisfaction de tous nos penchants [...]. J'appelle pragmatique (règle de prudence) la loi pratique qui a pour motif le bonheur, et morale (ou loi des mœurs), s'il ne s'agit, là, de la loi qui n'a pour mobile que l'indiquer comment on peut se rendre digne d'être heureux. La première conseille ce que nous avons à faire, si nous voulons arriver au bonheur, la seconde commande la manière dont nous devons nous comporter pour nous rendre seulement dignes du bonheur.* » Comme c'est beau ! comme c'est limpide ! Le *bonheur* ou, ce qui revient au même, la *félicité* (« *felix* », « *heureux* ») ; le bonheur — par ce qui *est*, de ce qu'il *doit arriver*, — et qui *sera*, de ce qu'il *devra arriver*. (Encore faudrait-il, au préalable, être en mesure de distinguer, dans les choses, entre celles qui dépendent de nous et celles qui n'en dépendent pas, comme le recommande Épictète…) Que peut savoir Hamlet ? Peu de choses ici-bas : le savoir sans réponse de l'« *être, ou ne pas être* » (il n'y a pas de peut-être » ni d'« à-peu-près-être »), le savoir suspendu et angoisseux du « *ne m'abandonne pas à la brûlure de l'ignorance* ». Que doit faire Hamlet ? Peu de choses ici-bas : ce qu'il le vengera, le libérera, ce dont il pourra se féliciter. Qu'est-il permis à Hamlet d'espérer ? Peu de choses ici-bas : qu'arrive ce qui doit arriver. « *Why, what should be the fear? I do not set my life in a pin's fee* » (« *Pourquoi, qu'ai-je à craindre ? Je ne mets pas ma vie au prix d'une épingle* »), dit-il, inapprivoisable et grave, à Horatio. Que savoir, que faire, qu'espérer ? Ce que *choisit* en réalité Hamlet (qui peut peu), ce n'est pas l'espoir, c'est au contraire le *désespoir*. Kierkegaard/B déclare que « *si seulement on peut mener un homme au carrefour de manière à ce qu'il n'y ait aucune autre issue pour lui que le choix, alors il choisira juste* ». Le désespoir est-il cependant un choix ? La réponse est affirmative : « *le désespoir lui-même est un choix ; car on peut douter sans choisir de douter, mais on ne peut pas désespérer sans le choisir* » ; il faut par conséquent *choisir le désespoir* ; et « *lorsqu'en vérité on a choisi le désespoir, alors on a en vérité choisi ce que le désespoir choisit : soi-même et sa validité éternelle* ». Le doute (l'inaction) ne se choisit pas ; le désespoir, si. « *Désespère donc, et ta frivolité ne te fera jamais plus errer comme un esprit inconstant, comme un fantôme parmi les ruines d'un monde qui est perdu pour toi ; désespère, et ton esprit ne soupirera jamais plus de mélancolie, car le monde sera à nouveau beau et joyeux pour toi, tu le regarderas pourtant avec d'autres yeux qu'auparavant, et ton esprit, libéré, prendra son élan jusqu'au monde de la liberté.* » Désespère donc, Hamlet ! désespère et meurs pas, — désespère encore ! mais choisis de désespérer, *choisis-le* ! Si tu ne le choisis pas, tu perdras ton âme en l'endurcissant dans un désespoir que tu n'auras justement pas osé choisir ; ton âme s'endormira dans le désespoir, tu te réveilleras en choisissant une issue définitive pour en sortir et tu la perdras ; alors tu te fermeras, ton âme raisonnable sera étouffée, tu te transformeras « *en une bête sauvage qui ne recule devant aucun moyen* », car tout te sera « *légitime défense* ». « *La pensée de la perte d'une âme renferme une angoisse terrible et, cependant, tout homme qui a désespéré a soupçonné cette mauvaise route, cette perdition.* » Désespère, noble Hamlet ! choisis-le ! Quel dilemme, à nouveau ! Être, ou ne pas être ? Si tu veux être, ne sois plus celui que tu es, sois celui que tu deviens, deviens celui que tu es, deviens celui que tu deviendras ! Sois critique et agis ! Sers-toi des paroles de Wilde et dépasse-les ensuite : « *la vie contemplative, la vie qui ne tend pas à l'action mais à l'*être, *et moins encore à l'*être *qu'au* devenir, *l'esprit critique nous la donne.* » Dépasse-les afin d'agir grâce au *devenir*, puis, dans une nouvelle vie contemplative où tu te reposeras peut-être, tu te *porteras* comme tu *pourras*… Se porter bien, c'est se *comporter bien*, en bref : *tu dois faire du désespoir ton choix et de ta réflexion une action.* — Talleyrand écrivait que « *l'inertie est une vertu, l'activité est un vice* », et que « *savoir attendre est une habileté en politique* » ; mais cela ne l'empêcha pas d'écrire aussi que « *le sentier de* Tout-à-l'heure *et la route de* Demain *conduisent au Château de* Rien-du-Tout » !… — Avancer, ne pas avancer ; choisir, ne pas choisir ; vouloir, pouvoir, ne pas pouvoir, ne pas vouloir, ne pas pouvoir : *hic et nunc*, Hamlet ne doit plus hésiter, *ne doit plus se dire*, tel Claudius, qui, à la scène 3 de l'acte III, se fait hamletien : « *comme un homme astreint à une double tâche, je marque un temps, ne sachant laquelle commencer, et néglige les deux.* » (Car *Hamlet* est un immense palais des glaces pour le spectateur/lecteur et les personnages de la pièce, où chacun déambule à sa façon dans le labyrinthe et, croyant voir l'autre, ne fait que se voir, ou croyant se voir, ne fait que voir l'autre. Tous sont *différents* et, pourtant, tous, au sens des figures géométriques, sont *semblables*. Ainsi, les paroles de Claudius sont-elles interchangeables avec celles qu'Hamlet n'exprime pas ouvertement, tout en les pensant : « *O limed soul, that struggling to be free art more engag'd!* » (« *Ô âme engluée qui, luttant pour être libre, t'embourbes davantage !* ») Ici, pareillement : « *My words fly up, my thoughts remain below. Words without thoughts never to heaven go.* » (« *Mes paroles s'envolent, mes pensées restent en bas. Paroles sans pensées jamais ne vont au ciel.* »)) Hamlet ne doit plus hésiter, de crainte de n'être « *plus indolent que l'herbe grasse qui prend nonchalamment racine aux berges du Léthé* », et de ne plus pouvoir voler à sa vengeance « *d'une aile aussi vive que la méditation, ou les pensées d'amour* ». Il doit crier haut et fort vengeance, comme Rupert dans la pièce de Kleist (*La famille Schroffenstein*), dont le fils a été assassiné, qui crie : « *Ich schwöre Rache! Rache! auf die Hostie* » (« *Je jure vengeance ! vengeance ! sur l'hostie* »), en écho au chœur des jeunes garçons : « *Rache! Rache! Rache!* » Un vent doit maintenant pousser Hamlet, et peu importe que ce vent soit sacrificiel, il *ne doit plus* continuer d'interpréter le bruissement des feuilles d'un chêne de Dodone ; il *ne doit plus* négliger sa mission, il *ne doit plus* pouvoir dire au spectre : « *Ne venez-vous pas gronder votre fils qui s'attarde, et, laissant fuir temps et passion, néglige l'urgente exécution de votre commandement redoutable ? Oh ! parlez !* » Il *ne doit plus* oublier le « *do not forget* » paternel : « *Cette visite n'est que pour aiguiser ta volonté presque émoussée.* » Il doit prendre exemple sur Fortinbras qui va à la guerre pour un rien, ou seulement pour l'honneur (ce n'est pas un fier-à-bras). Comme le dit si bien, dans le si beau roman de Balzac, le médecin de campagne Benassis, parlant de lui-même du temps où, tout en bouillonnant, il hésitait sur tout, « *le jeune homme est comme le soldat qui marche contre des canons et recule devant des fantômes* ». La formule s'applique à Hamlet, voire s'inverse : il est comme le soldat qui marche contre des fantômes et recule devant des canons ! Alors il faut marcher, ne plus reculer, combattre, foncer ! Oui, désormais, que ses *« pensées soient sanglantes ou ne vaillent rien !* » : « *je ne sais pas pourquoi je vis pour être encore : "Cette chose est à faire", quand j'ai motif, volonté et moyens de la faire.* » Motif ! volonté ! moyens ! Fiat volontas tua ! (*Mt 6,10*) Que ta volonté soit faite ! Vas-y ! vas-y, prince ! Vas-y ! Schopenhauer aurait dit que tu as mûrement médité la chose avant de la mettre en œuvre. Mais ne t'es-tu pas trop inquiété « *en ne cessant d'en peser les risques possibles* » ? n'as-tu pas laissé l'affaire totalement de côté assez longtemps ? ne t'es-tu pas suffisamment rassuré « *avec la conviction que tout a été mûrement réfléchi en temps voulu* » ? n'as-tu pas exclu la réflexion le temps nécessaire ? ne t'es-tu pas largement appesanti sur les vilaines issues possibles, toutes choses étant « *soumises au hasard et à l'erreur* » ? Ah ! que ta volonté soit faite ! (*Sicut in cælo et in terra*, car il y a plus de choses, Hamlet, sur la terre et dans le ciel…) ¡*Viva la voluntad*! Adieu, nolonté ! C'est le *temps* du « *kairos* », le fameux καιρός grec, le « *moment* », l'« *accomplissement du temps* », le « *temps favorable* », l'« *occasion* », l'« *opportunité* », la « *circonstance* » (et aussi la « *modération* », le « *tour imprévu des événements* »). C'est aussi le *temps* du « *kathekon* » (« καθῆκον »), vanté par Zénon de Citium, littéralement « *le devoir* », et, plus particulièrement ici, « *l'action appropriée* », « *convéniente* ». (Et non plus le temps de l'« *adiaphoria* » ou de l'« *adiaphoros* » (« ἀδιάφορος »), cette « *indifférence* » vis-à-vis de l'action jugée ni bonne ni mauvaise…) Il s'agit de ne plus temporiser (*dé-temporisement*), il s'agit — *hic et nunc* — de sacrifier l'instant à l'éternité, de briser toute dilation, de troquer l'« *évasion* » (« *arguments évasifs* », « *fuite de la réalité* ») pour l'« *évasion* » (« *s'échapper d'un lieu où l'on était tenu enfermé* ») ; il s'agit de ne plus « *différer* » (« *remettre à un autre temps* »), il s'agit de « *différer* » (« *être autre* ») sans récalcitrer et en préservant son unité ; il s'agit de ne plus « *remettre* » (« *reporter* »), de ne plus user « *trop de remise* », il s'agit de s'y « *mettre* » ; il s'agit de plus ne plus être un Quiquendonien, il s'agit d'être un New-Yorkais ; il s'agit de ne plus faire la sourde oreille quand Dieu le Père parle, il s'agit d'accomplir « *Sa volonté comme si elle était la tienne, afin qu'Il considère ta volonté comme la Sienne* » (*Pirké Avot*) ; il s'agit de faire « *œuvre nécessaire* », parce que « *l'œuvre vaut mieux que l'inaction* » et que « *sans agir, tu ne pourrais pas même nourrir ton corps* » (*Bhagavad Gītā*) ; il s'agit de ne plus être pris au piège du *ritardando*, il s'agit de « *filare* » ; il s'agit de ne plus « *vouloir ou ne pas vouloir* », comme si rien n'allait tourner comme on le désirerait (*Au bonheur des dames*), il s'agit de se faire à son devoir ; il s'agit de ne plus « *céder au temps* », il s'agit de passer du « *trope à l'occasion* », disait joliment Jankélévitch ; il s'agit de ne plus « *forfaire* » (« *foris facere* », « *faire hors* »), c'est-à-dire faire quelque chose contre le devoir, contre l'honneur, il s'agit de se faire fort ; il s'agit de ne plus être un musard, il s'agit de gronder ; il s'agit de ne plus jacter, il s'agit d'acter et d'activer ; il s'agit de ne plus échafauder un plan complexe que seul Edmond Dantès saurait suivre, il s'agit de pratiquer ; il s'agit de ne plus faire en sorte que « *ces deux passions agitent diversement la volonté, laquelle obéissant tantôt à l'une, tantôt à l'autre, s'oppose continuellement à soi-même, et ainsi rend l'âme esclave et malheureuse* » (Descartes) ; il s'agit de dépasser l'âne de Buridan ; il s'agit de ne plus « *mélancoutourner* » en rond, il s'agit d'éradiquer sa splénopathie par un exercice violent ; il s'agit de ne plus être conciliant, il s'agit de se gifler ; il s'agit de ne plus mettre dans la balance le « *Que sais-je* » des sceptiques ou le « *Que sçais-je* » de Montaigne ; il s'agit de ne plus offrir de libertés à sa langue (« *Give thy thoughts no tongue* »), il s'agit de joindre l'acte à la parole (« *give his saying deed* ») ; il s'agit de ne plus perdre du terrain sur le valet, le roi, la reine, il s'agit d'abattre son jeu en tant qu'as (et de se le bouger) ; il s'agit de ne plus bredouiller son dévouloir, tel Maurice Scève à sa Délie : « *Je le voulus, & ne l'osay vouloir* », il s'agit de jeter son dévolu sur l'acte voulu ; il s'agit de ne plus être l'étourdi moliéresque « *si fertile en pareils contretemps, / Que [ses] écarts d'esprit n'étonnent plus les gens* » ; il s'agit, tel Jim Nolan, de s'engager avec ses tripes dans ce « *combat douteux* » (« *dubious battle* »), et de ne plus parler (« *Too much talk, not enough doing things* ») ; il s'agit de ne plus souffrir comme Agamemnon qui voudrait bien ne pas sacrifier sa fille Iphigénie, mais qui n'a « *pas le droit de le vouloir* » ; il s'agit, prévient Érasme, de surmonter ces deux obstacles principaux « *qui empêchent de réussir aux affaires : l'hésitation, qui trouble la clarté de l'esprit, et la crainte, qui montre le péril et détourne d'agir* » (sachant que « *la Folie en débarrasse à merveille* ») ; il s'agit de ne plus croire avec Térence que, sous prétexte que « *les circonstances l'en empêchent souvent* », « *l'homme ne peut pas toujours être ce qu'il voudrait* » (« *Non licet hominem esse saepe ita ut volt, si res non sinit* ») ; il s'agit de ne plus avoir en vue le distique d'Agrippa : « *Je voy ce que je veux, et non ce que je puis : / Je voy mon entreprise, et non ce que je suis* » ; il s'agit, quoi qu'en dise la Phèdre d'Euripide, de ne plus être l'esclave, même s'il est encore « *conscient de quelque tache sur son père ou sa mère* » ; il s'agit de ne plus glisser vers les « *I would prefer not to* » de Bartleby, ou de se fixer sur les « *à quoi bon* » d'Oblomov (« *Maintenant ou jamais ? Être ou ne pas être ?* ») ; il s'agit de franchir le Rubicon et de ne pas perdre pour attendre ; il s'agit de s'aligner sur le « *quod volumus sanctum est* » (« *ce que nous voulons [entreprenons] est saint* ») de saint Augustin ; il s'agit de calmer la révolte et de conclure, de ne plus craindre l'incertitude, tels Médée avec son « *Tout est dit. D'ici à l'acte les paroles sont vaines* », et Thyeste avec son « *Pourquoi délibérer si longtemps sur une question si simple ?* » En bref, « *will he, nill he* », comme dirait l'un des fossoyeurs (expression qui littéralement signifie « *veut-il, ne veut-il pas* », entendu communément à l'époque comme « *en dépit de tout* », c'est-à-dire comme un équivalent de notre « *bon gré, mal gré* »), en bref, il s'agit de se ressaisir dans le « καιρός », ou, comme disait Plutarque, de « *saisir l'action* » (« καιρὸν αρπαζειν »), — et c'est ce dont Hamlet, dans l'immédiateté, se saisit, comme dans une « *extase* » (« ἔκστασις », dans le sens de « *changement d'état* ») : un *transport* vers l'extérieur, un hors de soi qui se saisit du dedans, non pas parce qu'Hamlet est *hors de soi*, mais parce que le *hors de soi* est, — se fait. Hamlet doit mûrir ces paroles des Pères : « *Si je ne suis pour moi, qui le sera ? Mais quand je suis pour moi, que suis-je ? Et si ce n'est maintenant, quand le ferais-je ?* » Il ne faut plus, pour reprendre les mots de Victor Hugo, que l'« *obstacle* » soit « *intérieur* », que la « *volonté* » soit « *garrottée par la méditation préalable, chaîne sans fin des indécis* » ; « *il faut que Hamlet se brise lui-même et se vainque lui-même* », « *il faut qu'il soulève sa pensée* », « *il faut que Hamlet s'arrache du flanc Hamlet* », il ne faut plus qu'il vive ce « *cauchemar* » éveillé, de l'« *ankylose* » des genoux, la « *pesanteur* » des bras, l'« *horreur* » des mains paralysées, « *l'impossibilité du geste* » ; il ne faut plus qu'il soit soumis à l'indécision ; il ne faut plus qu'il se dise, telle Ophélie : « *Seigneur, nous savons ce que nous sommes, mais nous ne savons pas ce que nous pouvons être* » (« *Lord, we know what we are, but know not what we may be* ») ; il ne faut plus qu'il s'en tienne à être simplement prêt : « *Si c'est maintenant, ce n'est pas à venir ; si ce n'est pas à venir, ce sera maintenant ; si ce n'est pas maintenant, pourtant, cela viendra. Le tout est d'être prêt* » (« *If it be now, 'tis not to come; if it be not to come, it will be now; if it be not now, yet it will come—the readiness is all* ») ; il ne faut plus qu'il soit, tel qu'il le déclame dans la tirade du récit d'Énée à Didon sur le meurtre de Priam, le tyran Pyrrhus immobile, neutre entre son vouloir et son acte, qui ne fait rien (« *So as a painted tyrant Pyrrhus stood / And, like a neutral to his will and matter, / Did nothing* ») ; il ne faut plus qu'il dise, comme lorsqu'il congédie Horatio et Marcellus, que « *tout homme a ses affaires et ses désirs* » (« *every man hath business and desire* »), puis, sitôt dit, qu'il n'aille, pour son humble part, que prier ; il ne faut plus qu'il se contente d'imaginer, tel Properce, que si les forces lui manquent, il sera du moins loué d'avoir voulu oser ; il ne faut plus, comme il est dit dans la Bhagavad Gītā, qu'il se laisse « *séduire par l'inaction* », il ne faut plus qu'il se préoccupe des fruits de l'acte, ni qu'il agisse en vue de ces fruits, mais qu'il se concentre sur l'acte lui-même ; il ne faut plus que la lutte et l'inconstance conduisent son âme à la paresse et à l'agitation, mais il faut, comme le disait Sénèque dans son *De vita beata*, « *que ses décisions, une fois prises, soient définitives, que rien dans ses décrets ne puisse être biffé* », et il faut, de plus, qu'il comprenne, en en renversant la morale, ce que Kempis exposait dans son *Imitation de Jésus-Christ* : « *Nous ne savons souvent ce que nous pouvons, mais la tentation montre ce que nous sommes.* » (Si notre moine allemand avait les moyens de me lire, il s'effraierait de voir de quelle manière je corromps ses paroles. Si, de là-haut, il daigne m'accorder une chance de me rattraper, je citerai un autre passage qui s'insérera avec plus de respect et de courtoisie dans ma logique argumentative : « Pourquoi remettez-vous toujours au lendemain l'accomplissement de vos résolutions ? Levez-vous et commencez à l'instant, et dites : *"Voici le temps d'agir, voici le temps de combattre, voici le temps de me corriger. / Quand la vie vous est pesante et amère, c'est alors le temps de mériter. / Il faut passer par le feu et par l'eau, avant d'entrer dans le lieu de rafraîchissement. / Si vous ne vous faites violence, vous ne vaincrez pas le vice"*. » Réparation est faite !) Il faut donc à Hamlet faire l'apprentissage de l'action qui s'inscrit dans un projet, quand bien même la folie en serait la cause et/ou l'effet, c'est-à-dire, comme l'exprime Henry (*Henry IV*) : « *From a prince to a prentice? a low transformation! that shall be mine; for in every thing the purpose must weigh with the folly* » (« *De prince, devenir apprenti ? et cette métamorphose bien basse ! ce sera la mienne ; car il faut qu'en tout point l'exécution [la cause, l'intention, le but, la finalité] réponde à la folie du projet* »). La fureur qui brûle d'envie de venger le père, la « *furor* », qui est la « *folie de l'inspiration* », et « *furor* », qui est « *ruser* », « *cacher* », s'enlacent dans une même action : « *Car un jour de vengeance était dans mon cœur, et l'année de ma rédemption était venue. J'ai regardé, et personne pour m'aider ; j'étais étonné, et personne pour me soutenir. Alors mon bras m'a sauvé, et ma fureur m'a soutenu* », lit-on au chapitre 63 du *Livre d'Isaïe*. Un autre passage de la Bible (*Ps 119*) est instructif si l'on prend la peine d'interchanger « Yahweh » et « Hamlet père » : « *Je t'invoque, sauve-moi, afin que j'observe tes enseignements. Je devance l'aurore, et je crie vers toi ; j'espère en ta parole. Mes yeux devancent les veilles de la nuit, pour méditer ta parole. Écoute ma voix selon ta bonté ; Yahweh, rends-moi la vie selon ton jugement. Ils s'approchent, ceux qui poursuivent le crime, qui se sont éloignés de la loi. Tu es proche, Yahweh, et tous les commandements sont la vérité. [...] Vois ma misère, et délivre-moi, car je n'oublie pas ta loi. Défends ma cause et sois mon vengeur, rends-moi la vie selon ta parole.* » À ceci près que notre jeune Hamlet modifierait la fin de cette manière : « Laisse-moi défendre ta cause, que je sois ton vengeur, que je te rende la vie », — ou : « que je me rende la vie », — ou encore : « rends-moi la vie, puis laisse-moi ». Tourmenté, Hamlet eut l'honneur de connaître deux déclics : le décès paternel, qui le confronta à sa nature renfermée ; le pouvoir d'agir, l'évasure de son être face à la liberté. Afin d'éclairer ce je sous-entends, je citerai une confidence de Kierkegaard : « *Une chose m'a réconcilié avec ma souffrance et mon destin : prisonnier, hélas ! si malheureux et tourmenté, j'avais reçu la liberté illimitée de pouvoir donner le change [...].* » L'examen de conscience passé, ce petit pas de sa volonté est un grand pas pour sa liberté : qu'il ne paraisse plus qu'il paresse ! Il n'est plus celui qui doute, « *semblable au flot de la mer, agité par le vent et poussé de côté et d'autre* » (*Ja 1,6*) ; la rémission et la fortuité sont bannies de son cerveau ; il ne diffère plus (« *differre* », « *remettre* ») ; il diffère (« *differre* », « *être différent* ») et défère (« *deferre* », « *révéler* ») ; il ne lanterne plus ; il réprouve la dilation ; il ne lambine plus, ne louvoie plus, n'ajourne plus ; il s'est défait de sa pusillanimité ; il condamne l'*attardement* ; il a quitté l'*aporie* aristotélicienne de ses raisonnements (l'apraxie qu'alimentait la procrastination) au profit de l'*assentiment* ; il ne poireaute (« cactuser ») plus, ni ne chancit ; il arrête de jouer à l'« *apoplex'd* » souche qui dort sur son lit de neurasthénique (« *to die, to sleep—no more* », « *to die, to sleep—to sleep* ») ; il ne languit plus dans le *vouloir* stérile qui n'est que *douloir*, il valorise le *pouvoir* fécond qui est le *mouvoir* ; il *veut pouvoir son vouloir* ; il ne vaticine plus, ne spécule plus sans fin sur le *quomodo*, le *modus operandi* ; il a brisé la double force (« *twofold force* ») qui le fait penser et qui l'empêche d'agir ; il a défigé la loi immobiliste de l'action/réaction ; le plan a succédé au planh, le boutoir se change en heurtoir, sa vengeance n'est plus engourdie (« *dull revenge* »), ni tissée dans une veule et molle étoffe (« *made of stuff so flat and dull* ») ; il commande à ses muscles de ne pas vieillir d'un coup et de le soutenir promptement (« *and you, my sinows, grow not instant old, but bear me stiffly up* ») ; sa raison ne se fait plus la maquerelle du désir (« *reason panders will* ») ; il doit s'enflammer et ne plus se doucher d'une fraîche patience (« *sprinkle cool patience* ») ; ses larmes se teintent de sang ; il ne veut plus accréditer ce qu'affirme Térence, à savoir que « *non licet hominem esse saepe ita ut volt* » (« *l'homme ne peut pas toujours être ce qu'il voudrait* ») ; il a compris l'*aséité* de son destin ; son action devient *intentionnelle* ; son mobile *responsabilise* sa décision, et son dessein se trouve lesté de l'*autonomie* au sens propre : il obéit à ses propres règles… Il *obéit*, c'est-à-dire qu'il *doit obéir*, toujours sous l'égide du « *Que dois-je faire ?* » kantien. Dans la deuxième section de ses *Fondements de la métaphysique des mœurs*, Kant explique que « *la représentation d'un principe objectif, en tant que ce principe est contraignant pour une volonté, s'appelle un commandement (de la raison), et la formule du commandement s'appelle un impératif* », puis il ajoute : « *Tous les impératifs sont exprimés par le verbe devoir, et ils indiquent par là le rapport d'une loi objective de la raison à une volonté qui, selon sa constitution subjective, n'est pas nécessairement déterminée par cette loi (une contrainte). Ils disent qu'il serait bon de faire telle chose ou de s'en abstenir ; mais ils le disent à une volonté qui ne fait pas toujours une chose parce qu'il lui est représenté qu'elle est bonne à faire.* » Dans la foulée, Kant discerne deux impératifs, les « hypothétiques » et les « catégoriques » : « *Les impératifs hypothétiques représentent la nécessité pratique d'une action possible, considérée comme un moyen d'arriver à quelque autre chose que l'on veut (ou du moins qu'il est possible que l'on veuille). L'impératif catégorique serait celui qui représenterait une action comme nécessaire pour elle-même, et sans rapport à un autre but, comme nécessaire objectivement.* […] *Or si l'action n'est bonne que comme moyen pour* quelque autre chose*, l'impératif est hypothétique ; si elle est représentée comme bonne en soi, par suite comme étant nécessairement dans une volonté qui est en soi conforme à la raison, alors, l'impératif est* catégorique. » Ce qui renforce l'étendue dramatique et métaphysique de la pièce, et qui fait que l'on passe du domaine du problématique ou de l'assertorique à celui de l'apodictique, c'est que, chez Hamlet, l'impératif n'a jamais commandé *hypothétiquement* (sauf, peut-être, à tendre des pièges), mais *catégoriquement* (sans oublier cette espèce de motivation sourde liée au poids du péché). La tâche n'en est pas plus aisée, car ce n'est pas une question d'*habileté*, mais de *moralité* (rappelons que, selon Kant, la culpabilité rapportée au péché est le fondement de la morale — ou de la loi morale pure). Hamlet, donc, *doit* ; il *doit* et il *agit*. Il agit, — « *car, être ne suffit plus : il faut que l'on se prouve* », comme l'écrivait, dans son *Traité du narcisse*, André Gide. (Pour peu qu'on le *veuille*, on trouve dans toute l'œuvre du jeune André Gide un questionnement latent sur l'être qui est comme une réminiscence incessante, voire une rumination, des thèmes hamletiens. Il faut dire que lui aussi, à ses heures perdues, traduisit *Hamlet* ! À titre d'exemple, *Les nourritures terrestres* en apportent la preuve en mélangeant l'être et la volonté, l'attente ontologique et l'indécision métaphysique, et rien qu'une phrase, à la rigueur, permettrait de relier significativement Hamlet et Gide au stade où l'on est arrivé : « *Obscures opérations de l'être ; travail latent, genèses d'inconnu, parturitions laborieuses ; somnolences, attentes ; comme les chrysalides et les nymphes, je dormais ; je laissais se former en moi le nouvel être que je serais, qui ne me ressemblait déjà plus.* » Mais il y a d'autres passages tout aussi révélateurs ! Au sujet de l'incertitude des voies et du tourment qu'elle occasionne : « *Tout choix est effrayant, quand on y songe : effrayante une liberté que ne guide plus un devoir. C'est une route à élire dans un pays de toutes parts inconnu, où chacun fait* sa *découverte et, remarque-le bien, ne la fait que pour soi* […]. » Sur la liberté (sartrienne) du choix qui n'en est pas une, sur l'intolérable nécessité de l'option où choisir est moins élire que repousser ce que l'on n'élit pas, et du dégoût, du malaise ou de la vanité que ces pensées provoquent : « *Des livres m'avaient montré chaque liberté provisoire et qu'elle n'est jamais que de choisir son esclavage, ou du moins sa dévotion, comme la graine des chardons vole et rôde, cherchant le sol fécond où fixer des racines, — et qu'elle ne fleurit qu'immobile.* » Une chose cependant différencie Gide et Hamlet : quel que fût l'avenir, Hamlet n'eût pas qualifié de « délicieuse » la « perpétuelle attente » dans laquelle il avait la sensation de vivre.) (J'ouvre à la volée une autre parenthèse pour m'expliquer sur un point : toute la licence poétique qui est contenue dans tout ce que j'écris depuis des pages et des pages n'est pas le miroir exact de ce que je pense. Ne croyez pas que j'encourage Hamlet à aller de l'avant… Tout ceci n'est que poursuite de vent, comme il le dit si bien… Il ferait mieux de *faire voile* et de *se barrer*…) Revenons à Kant et à la conduite à adopter… Bien avant Kant, Cicéron, pour qui, d'une part, « *virtutis enim laus omnis in actione consistit* » (« *tout le prix de la vertu est dans l'action* »), et d'autre part, « *bien agir vaut mieux que bien penser* », insistait déjà, dans son *Traité des Devoirs* (*De Officiis*), et sous une autre forme (en citant Panétius), sur l'adéquation morale qui prévaut entre la volonté et l'action : « *l'homme, avant de prendre une résolution, délibère sur trois choses. Il se demande d'abord si ce qu'il s'agit de faire est honnête ou honteux, question qui souvent partage l'âme entre deux sentiments opposés.* » Cicéron ajoute que « *des quatre sources de la moralité* […] *et d'où découle tout ce qui fait la valeur de la conduite, la plus claire est la grandeur d'âme qui regarde de haut les choses humaines* ». Hamlet n'a-t-il pas justement, depuis un certain temps, commencé à les regarder de haut ? N'y a-t-il pas plus de choses sur la terre et dans le ciel que n'en peut rêver la philosophie ? En outre, Cicéron, même s'il ne parle pas explicitement du « καιρός », cite l'« εὐκαιρία » dont l'équivalent latin est l'« *occasio* », c'est-à-dire l'« *occasion* », ou, plus exactement, l'« *à-propos* », base sur laquelle les stoïciens fondèrent « *la science des occasions ou de l'à-propos* », science qui n'est autre que la « *modération* », dénomination de « *l'art de mettre chacune de nos actions et de nos paroles à sa place* » (d'après le mot « εὐταξία », « *ordre des choses* »). — Si l'on en croit Alexander Pope, « *Two principles in Human Nature reign, / Self-love to urge and Reason to restrain* » (« *Deux principes règnent dans l'homme : l'amour-propre qui excite, et la raison qui retient* »), l'amour-propre activant ce que la raison désactivait, l'excitation balayant le refrènement. Maintenant que, premièrement, la « *cause adéquate, celle dont on peut percevoir l'effet clairement et distinctement pour elle-même* », est donnée à Hamlet ; que, deuxièmement, « *quelque chose se fait* » dont il est la « *cause adéquate* » ; que, troisièmement, il est pour lui établi que « *nous ne nous efforçons à rien, ne voulons, n'appétons ni ne désirons aucune chose, parce que nous la jugeons bonne* », mais que, « *au contraire, nous jugeons qu'une chose est bonne parce que nous nous efforçons vers elle, la voulons, appétons et désirons* » ; maintenant que ces trois conditions sont réunies, on peut en déduire que Hamlet est « *actif* », que son âme « *a conscience de son effort* », qui est « *volonté* », qui est elle-même déterminée par son seul « *pouvoir* » : telle est l'une des facettes de l'*éthique*, où bifurquent Spinoza et Kierkegaard (*devenir ce que l'on devient*, — tout en se faisant seul, — ce qui amena Mallarmé à surnommer Hamlet : « *Qui se fait seul* ») ; — telle doit être l'*éthique*, mot dont l'origine semble tributaire du sanskrit « *svadhā* » (le « *pouvoir personnel* », l'« *autorité personnelle* », mais aussi « *offrande d'eau servant aux ancêtres du côté des pitryajña* », « *pitryajña* » signifiant « *sacrifice aux ancêtres* »), à partir duquel fut formé le « *svadharma* » (le « *devoir individuel* », le « *devoir d'état* », l'« *être soi-même* ») : *svadhā pitṛbhyaḥ* », c'est-à-dire : « *hommage aux Pères* ». Dans la Bhagavad Gītā, au chapitre

XVIII (*Yoga du renoncement*), verset 47, il est écrit : « *Mieux vaut [pour chacun] sa propre loi d'action [svadharma], même imparfaite, que la loi d'autrui, même bien appliquée. On n'encourt pas le péché quand on agit selon la loi de sa propre nature.* » La question est : Hamlet est-il encore agité par la *loi du père* ?... — Aille à toi, Prince ! et que ton serment décisoire ne soit pas dérisoire !... Sinon, si tu faisais ce que tu ne voulais pas, ce ne serait plus toi qui le ferais, ce serait le péché qui habiterait en toi (dirai-je, en paraphrasant l'Aigle Jean). — Allons, aille à toi ! Fais s'embrasser ton âme et ton corps ! La volonté t'a mis en branle, alors ne branle plus ta volonté ! Sois les voiles et le vent de ton navire ! Ouvre ton cœur, qui est le fondement de ton être ! « *Ne vois-tu pas* », te déclare Lucrèce, « *qu'au moment où s'ouvre la barrière, les chevaux ne peuvent s'élancer aussi vite que le voudrait leur esprit lui-même ? Il faut que de tout leur corps s'anime la masse de la matière, qui impétueusement portée dans tout l'organisme, s'unisse au désir et en suive l'élan. Tu le vois donc, c'est dans le cœur que le mouvement a son principe ; c'est de la volonté de l'esprit qu'il procède d'abord, pour se communiquer de là à tout l'ensemble du corps et des membres. [...] De là naît une volonté ; car on ne commence à agir que lorsque l'esprit fixé un but et ce but n'apparaît que lorsque l'image de l'acte se présente. Quand donc l'esprit éprouve l'intention d'un mouvement de marche, il heurte aussitôt la substance de l'âme éparse dans tout le corps à travers membres et organes : rien de plus aisé, grâce à l'union intime des deux substances.* » — D'un commun accord avec lui-même, — Hamlet *avec* Hamlet, après Hamlet *contre* Hamlet, — c'est-à-dire d'un commun accord entre celui qui voulait pouvoir et celui qui n'en peut plus de vouloir, le Prince *s'engage* — à ne plus s'enfermer : il suivra, non pas son étoile (elle est morte), mais sa *loi* (pratique, morale). Il agira, seul, avec la force qu'il contient et ne retiendra plus, — il agira, mais il agira *démoniaquement* (le démoniaque, le démon qui appelle, le génie de la résolution qui *souffle à l'oreille*, le « δαίμων » de Socrate). Hamlet agira, mais *angoissé*. Et j'en arrive au dernier volet kierkegaardien, celui du nœud du personnage *conquérant* qu'est devenu Hamlet : *Le concept de l'angoisse* — et l'hermétisme (dont nous reparlerons plus tard en détail). Selon Kierkegaard, « *le démoniaque est l'hermétisme, il est l'angoisse du Bien* » ; plus exactement, il est « *l'hermétisme et l'ouverture involontaire* » : « *Ces deux définitions signifient comme de juste même chose ; car l'hermétisme est précisément le mutisme, et, quand celui-ci doit s'exprimer, il faut que cela se fasse malgré lui, vu que la liberté, qui est au fond de la non-liberté, en entrant en communication avec la liberté du dehors, se révolte et trahit alors la non-liberté : ainsi c'est l'individu même qui se trahit malgré lui dans l'angoisse.* » Le mutisme réside dans le non-agir ; or, si Hamlet désire le Bien, en tant que le désir représente la liberté intérieure, et le Bien, la liberté extérieure, il faut bien qu'il agisse et quitte la non-liberté qui l'oppresse et l'opprime, qu'il s'ouvre, et ce, involontairement (le démoniaque qui le tiraille, le titille). Comment cela peut-il s'exprimer « *malgré lui* » ? Par une sorte de *dédoublement* de lui-même, dans un jeu de personnification de la folie (qui n'est autre que le δαίμων, mais nous y reviendrons plus loin). La question de la liberté qui s'offre à Hamlet est dans un premier temps la question de la non-liberté. « *Le démoniaque ne s'enferme point avec quelque chose, mais s'enferme seul, et c'est là le profond de l'existence que la non-liberté justement se fasse elle-même prisonnière* », dit Kierkegaard, avant d'ajouter, — ce qui instaure le second temps : « *Si maintenant la liberté le touche, l'hermétisme est pris d'angoisse.* » La liberté, la volonté de vengeance qui doit être effective, apparaît angoissante. C'est pourquoi « *la seule force qui puisse réduire l'hermétique à parler est ou un démon supérieur [...] ou le Bien qui peut absolument se taire* » ; mais chez Hamlet, le Bien ne veut plus se taire, il veut se vivre et se faire ; la personnalité *désire parler* (le *parler* qui se confondra avec *l'agir*) et elle attend « *un démon supérieur capable de provoquer l'ouverture* ». (Un « démon », certes, mais suffisamment modéré, afin que Hamlet soit encore « *maître de ses volontés* », comme l'expose Bossuet dans son *Sermon sur l'ambition* : « *Celui-là sera le maître de ses volontés, qui saura modérer son ambition, qui se croira assez puissant pourvu qu'il puisse régler ses désirs, et être assez désabusé des choses humaines pour ne point mesurer sa félicité à l'élévation de sa fortune.* » Dans ce sermon très intéressant du point de vue hamletien, il cite Augustin, « *ce grand homme [qui] pose pour principe une vérité importante, que la félicité demande deux choses : pouvoir ce qu'on veut, vouloir ce qu'il faut : Posse quod velit, velle quod oportet* ».) Hamlet, dans la pièce, parle beaucoup (c'est le moins que l'on puisse dire), mais je ne pense pas qu'il soit le genre d'individu habituellement doué d'une grande loquacité, ni même, pour faire court, qu'il aime jamais à discuter, — si ce n'est à lui-même, ce que l'on montre au théâtre par la forme monologique. « *Quiconque a vécu solitaire sait à quel point le monologue est dans la nature* », avait écrit Victor Hugo dans *L'homme qui rit*. « *La parole intérieure démange. Haranguer l'espace est un exutoire. Parler tout haut et tout seul, cela fait l'effet d'un dialogue avec le dieu qu'on a en soi.* » C'est ainsi que l'on peut comprendre le sens des paroles de Kierkegaard : « *le monologue en effet est justement son mode habituel, et c'est pourquoi l'on dit, pour caractériser un hermétique, qu'il parle avec lui-même. Mais ici je ne tends qu'à donner "allem einen Sinn, aber keine Zunge" comme l'hermétique Hamlet y exhorte ses deux amis.* » — Hé ! Hamlet, quel heureux hasard !... La citation de Kierkegaard se situe à la fin de la scène 2 du premier acte, lorsqu'Hamlet dit à ses *trois* amis, Horatio, Marcellus et Bernardo, qui l'ont averti de l'apparition du fantôme : « *And whatsoever else shall hap to-night, give it an understanding, but no tongue* » (« *Et quoi qu'il arrive cette nuit,* confiez-le à votre entendement, pas à la langue »), car la « *tongue* » est un mal qu'il faut réprimer, « *elle est pleine d'un venin mortel* » (*Ja 3,7-8*), elle est *le mal* de la pièce. Mais à ériger Hamlet en hermétique (ce que je fais franchement), — celui qui ne parle pas, mais pense à son corps défendant, — Kierkegaard a manqué de citer les quelques mots troublants qui précèdent : « *If it assume my noble father's person, I'll speak to it, though hell itself should gape and bid me hold my peace* » (« *S'il se présente sous la figure de mon noble père, je lui parlerai, dût l'enfer, bouche béante, m'ordonner de me tenir en paix* », c'est-à-dire : « m'ordonner de me taire »). Quoi qu'il en soit, quand les trois compères sont sortis, il *monologue* encore et s'intime : « *Till then sit still, my soul* » (« *D'ici là sois calme, mon âme* », ou, si l'on se souvient de ce que j'avais écrit à propos de Hopkins : « *D'ici là tais-toi, mon âme* »). Si le silence, à un moment ou à un autre, prédomine, ne serait-ce point pour cacher quelque chose ? Mais que cherche-t-on, le plus souvent, à cacher ? Hamlet vient de le démontrer : un *secret*... Un secret est-il forcément bon, mauvais ? Il est important que je souligne maintenant le titre du chapitre du *Concept de l'angoisse* qui nous accompagne ici : *L'angoisse du péché ou l'angoisse conséquence du péché dans l'individu*. Toujours le péché, la faute, la faute originelle... Lors, écoutons Kierkegaard : « *Ce que cache l'hermétique sous son hermétisme est parfois si affreux qu'il n'ose l'énoncer, pas même pour lui-même, parce qu'il lui semblerait en l'énonçant commettre un nouveau péché ou être tenté de nouveau. Pour que le cas se produise, il faut qu'il y ait dans l'individu un mélange de pureté et d'impureté d'une rencontre assez rare. Aussi cela se passe-t-il plutôt quand l'individu en accomplissant son acte épouvantable n'était pas maître de lui. Ainsi quelqu'un en état d'ivresse peut avoir fait ce qu'il ne se rappelle qu'obscurément, tout en sachant que la chose a été si violente qu'il lui serait impossible presque de se l'attribuer.* » Que de pureté : la pureté de Kierkegaard, dans le devenir chrétien, son impureté, dans la responsabilité du père, et l'impossibilité, nous l'avons vu, d'énoncer la nature du « *conflit* » ; la pureté d'Ophélie, dans son innocence, son impureté, dans la responsabilité du père et d'on ne sait quoi d'autre de mystérieux, et l'impossibilité de l'énoncer en dehors de la démence ; la pureté d'Hamlet (*sine macula*), dans ce que nous avons déjà relevé de l'antithèse de l'« *atome d'impureté* », son impureté, dans la responsabilité du père, et la volonté, de par son hermétisme coutumier, de garder le secret (dont l'apogée est, nous le verrons, dans son dernier soupir). Pensons à Polonius : en le poignardant, Hamlet n'était visiblement pas maître de lui, et c'eût été le roi qu'on eût pu tirer semblable conclusion, bien que c'eût été ce qu'il *désirait* le plus chèrement. Mais de l'eau a coulé sous les ponts. Aussi, lorsque Kierkegaard explique que, puisqu'il y « *a en effet deux volontés, l'une subordonnée, impuissante, celle qui veut l'ouverture, et l'autre, la plus forte, qui veut l'hermétisme* », « *la simple supériorité de celle-ci montre qu'il reste au fond démoniaque* », je crois que ce n'est plus le cas chez Hamlet depuis qu'il s'est fermement décidé (« *Oh, que désormais mes pensées soient sanglantes, ou ne vaillent rien !* ») : l'hermétisme s'est replié, mais le démoniaque demeure, — et advienne que pourra ! Personne ne demeurera impuni à la fin. Terminée, la lâcheté ! la lâcheté telle qu'Hamlet la définissait à Ophélie au début de l'acte III : « *Ainsi, la conscience fait de nous des lâches, et ainsi la couleur première de la résolution s'étiole au pâle éclat de la pensée, et les entreprises de grand essor et de conséquence se détournent de leurs cours et perdent le nom d'action.* » Que tout ceci soit terminé ! que tout ceci soit le commencement ! Le fantoche fauche les fils ! La méditation, puis l'*action* ! L'*Isha Upanishad* raconte que « *celui qui les connaît ensemble / par l'action devance la mort, / par la méditation gagne l'immortalité* »… Plus que jamais, en entourant sa résolution d'une solidité à toute épreuve, Hamlet le Mélancolique paraît sublime, incarne la magnanimité qui fait aboutir, il est à la croisée de l'esthétique et de l'éthique, il est — enfin — l'homme dont parle majestueusement Kant, il *en* est, il *y* est : « *Un sentiment intime de la beauté et de la dignité de la nature humaine, et une force de conception et de caractère assez grande pour rapporter toutes nos actions à un principe universel, appartiennent à un naturel sérieux, et ne s'associent pas avec les humeurs gaies et volages, avec l'inconstance et la légèreté. Ce naturel se rapproche même de la mélancolie ; je veux parler de cette mélancolie inspirée par le frémissement qu'éprouve l'âme resserrée dans de certaines bornes, lorsque roulant une grande résolution, elle voit devant elle les dangers qu'elle doit surmonter, et lorsque la pénible, mais glorieuse victoire réservée à l'homme qui sait se vaincre lui-même, lui apparaît, et vient se mêler à ses nobles méditations.* » — Les actes ont des conséquences aux ramifications insoupçonnables, tel le meurtre de Polonius, puisque de son côté, Ophélie, désormais orpheline de son père, sombre dans la folie (l'action de Hamlet l'a confinée dans une réflexion qui, se perdant elle-même dans l'inaction, a tout à fait perdu la jeune fille) : « *Sa parole n'est rien, mais l'usage chaotique qu'elle en fait pousse les auditeurs à reconstruire un sens. Ils s'y efforcent, et recousent ses mots avec le fil de leurs propres pensées, et comme des clins d'œil, des hochements de tête, des gestes les accompagnent, en vérité ces mots feraient croire qu'on pourrait deviner, rien de certain assurément, mais beaucoup de propos malheureux.* » Il n'y aurait pas l'ombre d'un fondement légitime que je reproduisisse ici ces paroles qu'un gentilhomme adresse (devant Horatio) à la reine, qui s'épousaient pas à merveille l'atmosphère et la compréhension *floues* de la tragédie ; car tout s'illumine dans l'effort, dans l'invraisemblable qui devient vraisemblable, dans l'imaginaire qui se réalise, dans la perte du sens qui se regagne petit à petit, dans le chaos qui s'harmonise, dans la folie de la raison et la raison de la folie (« *À coup sûr, c'est la folie achetée au prix de la raison, ou c'est la raison vaincue par la folie* », dit un autre gentilhomme de Vérone), — oui, tout s'illumine dans ce drame particulier qui fait connaître l'universel personnifié, — que Hugo sut, quoique simplement, brillamment distinguer dans sa préface à *Marie Tudor* (première mouture d'un passage précédemment cité — et dont Baudelaire, dans une critique des *Misérables*, s'emparera : « *Hamlet, par exemple, est aussi vrai qu'aucun de nous, et plus grand. Hamlet est colossal, et pourtant réel. C'est que Hamlet, ce n'est pas vous, ce n'est pas moi, c'est nous tous. Hamlet, ce n'est pas un homme, c'est l'homme.* » (Ou « *l'Homme* » avec une lettre majuscule, tel que Baudelaire a voulu l'écrire ; ou l'homme, c'est-à-dire le *genre humain*, l'homme *et* la femme…) Oui, des mots, des mots, des mots, mais des mots dont l'agencement donne un sens, même si celui-ci se perd à l'horizon ; des mots, des mots et toujours des mots, dont la tâche *ultime* est de les ragencer… Les mots sont les molécules de la pensée, les pensées sont les molécules de l'être, du *Dasein*, et l'être, c'est le malheur d'être, l'être molécularisé. — J'écrivais, plus haut, que Hamlet avait eu l'honneur de connaître deux déclics, et, pour les besoins de la continuation de l'histoire, j'y reviens un instant. Du premier déclic, la mort de son père, j'ai dit que cela lui avait permis d'être confronté à sa nature renfermée. Ce *renfermement* était double et conjuguait, d'une part, celui de son être (en soi), prisonnier du vouloir, et, d'autre part, celui de son être (au monde), prisonnier du pouvoir. Selon Hamlet, non seulement « *Denmark's a prison* », mais le monde entier est une prison, — « *fort belle* », ironise-t-il, — « *et dans laquelle il y a beaucoup de cachots, de cellules, de culs-de-basse-fosse* ». En bon mélancolique, il se satisfait de cette pensée, et, à l'appui de cette satisfaction, il confirme qu'il pourrait être enfermé dans une coquille de noix et s'y sentir roi d'un espace infini (« *I could be bounded in a nut shell and count myself a king of infinite space* ») ! Du second déclic, le pouvoir d'agir, j'ai dit qu'il représentait la remontée à la conscience de la liberté, l'évasure de son être face à celle-ci, et qu'il était survenu suite à la description de l'entreprise de Fortinbras. Il y a une seconde raison à ce déclic, en lien avec le sauvetage en mer de Hamlet (il filait vers l'Angleterre, Claudius désirant qu'arrivé à destination, on l'exécutât), qui lui permet de réagir doublement (tout se dédouble !) : affirmer sa résolution et pardonner à son irrésolution. « *Affirmer sa résolution* », car en apprenant par un heureux hasard le piège tendu par le Roi, rapide comme l'éclair de l'illumination, une pièce s'élabore dans le cerveau d'Hamlet sans qu'il ait même le temps de lui offrir un prologue (« *or I could make a prologue to my brains, they had begun the play* »). Il commence à expliquer à Horatio le moment crucial par ces mots : « *Does it not, think thee, stand me now upon…* » (« *Ne trouves-tu pas qu'il m'incombe à présent…* » ou : « *Ne crois-tu pas que quelque chose m'est imposé maintenant…* ») Ce capital « *stand me now upon* », d'un poids équivalent au « *from this time forth* », fait trembler la terre de la certitude avec son immense « *now* », ce « *maintenant* » rageur et tant attendu, ce « *désormais* » eschatologique. L'« *occasio* » du « *nunc* » est saisie pleinement : « *the interim's mine, and a man's life's no more than to say "one"* » (« *l'intervalle est à moi, et la vie d'un homme n'est que le temps de dire : "un."* »). Dorénavant, ce qui serait damnable, ce ne serait pas de se venger, mais de ne pas se venger. Si Claudius, qui a peur, qui veut « *entraver cette peur qui marche en ce moment d'un pied trop libre* », cette peur personnifiée par Hamlet ; si Claudius, dis-je, a été capable (et coupable) de vouloir le tuer, lui, en retour, sera *maintenant* capable (et non coupable) de le tuer. (On est dans le cas de la légitime défense évoqué par Alfred Adler dans *Le Sens de la vie* : « *Il n'existe, si loin que nous puissions regarder, qu'un seul cas qui puisse justifier le meurtre, le cas de légitime défense, pour nous-même ou pour les autres. C'est le grand Shakespeare qui dans Hamlet a placé clairement sous les yeux de l'humanité ce problème, sans avoir été compris.* ») Après la réaction qui affirme sa résolution, l'autre réaction d'Hamlet, toujours au moment de la découverte de la lettre qui donne l'ordre qu'on lui coupe la tête à son débarquement, est de « *pardonner à son irrésolution* ». À Horatio, il confie : « *Rashly—and prais'd be rashness for it—let us know our indiscretion sometime serves us well when our deep plots do pall, and that should learn us there's a divinity that shapes our ends, rough-hew them how we will—* » (« *Sans réflexion… Bénie soit en cela l'irréflexion : sachons que parfois l'imprudence nous sert, quand nos desseins calculés avortent, ce qui devrait nous apprendre qu'il y a une divinité pour donner forme aux projets que nous ne faisons qu'ébaucher…* ») Quelle ironie du destin ! Il réfléchissait tant qu'il ne pouvait rien (*no*), et c'est en ne réfléchissant plus qu'il peut tout (*now*) !... — Mais continuons — *presently* — l'histoire… Tandis que Hamlet part pour l'Angleterre et commence d'échafauder son plan en faisant croire au roi qu'il a été attaqué par un pirate et qu'il doit rentrer, Laërte, le frère d'Ophélie, est revenu au château d'Elseneur et, sous l'impulsion de Claudius, conspire contre Hamlet. Shakespeare laissant la folie n'épargner personne, hormis — peut-être — Horatio, c'est sans surprise que l'on apprend à la fin de l'acte IV la triste nouvelle du « suicide » de la plus fragile des créatures, Ophélie, qui vient de se noyer, et qui « *flotte comme un grand lys* », écrira en hommage Rimbaud, « *Sur l'onde calme et noire où dorment les étoiles* ». Pourquoi ai-je écrit « *suicide* » entre guillemets ? L'affaire n'est-elle pas claire — aux yeux des lecteurs, des protagonistes ? De l'aveu d'on ne sait quels témoins, la reine rapporte l'épisode de la mort d'Ophélie comme s'il s'était agi d'un *accident* : « *une branche envieuse cassa* » (« *an envious sliver broke* »), — un *accident*, certes, mais suivi d'inconscience folle : « *cependant qu'elle chantait des bribes de vieux airs* », elle *se laissa couler* jusqu'à ce que ses vêtements, imbibés et lourds, ne l'entraînassent dans la noyade. Le doute est ainsi permis : c'est moins un suicide qu'une *mort consentie*, acceptée de bonne grâce, ce qui fit dire à l'un des fossoyeurs dont il va être question dans quelques lignes, sur le ton de l'amusement : « *Comment est-ce possible qu'elle se soit noyée elle-même par légitime défense ?* » Plus loin, Hamlet, constatant pendant l'enterrement le peu de personnes présentes et le peu de rites qui sont accordés à la défunte, devinera (sans encore savoir que c'est Ophélie) que « *c'est le signe que le corps […] a, d'une main désespérée, détruit sa propre vie* », ce que le prêtre ne démentira pas en rappelant à Laërte que sa mort était « *doubtful* ». Si le suicide d'Ophélie est auréolé de mystère, sa folie l'est tout autant, réveillée non seulement par le décès du père *et* la conduite d'Hamlet, mais par *quelque chose de plus*, assez inexplicable, aussi confus que « *l'usage chaotique* » de sa parole, *quelque chose de plus* que les anciens commentateurs ne pouvaient pas imaginer, et pour cause : dans la majorité des versions qui circulaient, quelques-unes des répliques d'Ophélie avaient été censurées… Avant même qu'Ophélie n'entre tout à fait dans la pièce où se trouve la reine, cette dernière nous intrigue en déclamant quatre vers oraculeux : « *To my sick soul, as sin's true nature is, each toy seems prologue to some great amiss: so full of artless jealousy is guilt, it spills itself in fearing to be spilt.* » Déprats traduit ce passage ainsi : « *À mon âme malade, telle est la vraie nature du péché, la moindre chose paraît le prologue d'une calamité. Si pleine de méfiance naïve est la culpabilité qu'elle se dévoile par peur d'être dévoilée* », — tandis que Malaplate propose : « *Sur mon âme troublée, du péché c'est l'ouvrage : de quelque grand malheur tout semble le présage ; le coupable, inquiet, follement se conduit et, craignant de périr, lui-même se détruit* ». Le péché et la culpabilité se dressent devant la reine et sa conscience, légèrement ternes parce qu'*oraculaires*, mais dont les contours se précisent et préviennent, de loin en loin, de ce que l'histoire *doit* devenir et de la manière dont elle *doit* finir. Les mots de la reine sont allusifs et déconcertants : ils valent pour elle-même, mais ils valent également pour son mari, pour Hamlet, voire pour Polonius, — et surtout pour Ophélie ! (C'est un panier de crabes !) Car c'est sur l'état de la folie de la jeune fille que l'on est venu informer la reine, et que ce soit « dévoilement » (Déprats), « destruction » (Malaplate) ou « divulgation » (Hugo), la folie et la culpabilité *renversent, se répandent, débordent, coulent, vendent la mèche*. Si la reine se permet de viser Ophélie, ainsi que nous nous permettons de le supposer, de quoi celle-ci serait-elle coupable, quelle serait la nature de sa culpabilité pour ainsi dire flanchât et que sa raison se (ou la) brisât. Pourquoi se met-elle à chantonner, d'abord devant la reine, puis devant le roi et plus tard devant son frère, de telles saynètes, et comment les comprendre ? « *Let in the maid, that out a maid never departed more. […] Quoth she "before you tumbled me, you promised me to wed." (He answers:) "So would I ha' done, by yonder sun, and thou hadst not come to my bed."* » (« *Entra la vierge, mais vierge jamais elle n'en sortit. […] "Avant de me trousser, dit-elle, tu promis d'être mon mari." (Il répond :) "C'est ce que j'aurais fait, ma belle, si tu n'étais pas venue dans mon lit."* ») De quoi parle-t-elle exactement ? quel est le sens de sa pensée ? *qui* accuse-t-elle ? quel est l'événement réel ou imaginaire, passé ou fantasmé, qu'elle *dévoile* en le cryptant ? S'il est crypté, pourquoi l'est-il pour l'assistance ou pour elle-même ? Il y a là-dessous une *culpabilité sexuelle* pour laquelle nous ne disposons pas du nombre nécessaire de matériaux capables de nous aiguiller sans erreur. Il y a là, dans le bas-fond des souvenirs, quelque chose de « *rotten* », de « *pourri* » et de « *fichu* », d'« *incestus* » (« *sacrilège* »). Les fantômes de son père et d'Hamlet ne sont pas la cause de la tourmente originelle, du poinçon qui réveille l'horreur. (Je ne crois pas en l'hypothèse d'une perte de la virginité avec Hamlet, qui a pressé Ophélie de son amour « *in honourable fashion* », d'après les termes de la jeune fille. Peu de temps avant le commencement de *La Souricière*, Hamlet, qui fait impétueusement et caustiquement virevolter les expressions, en demandant d'abord s'il peut s'allonger *entre* les genoux d'Ophélie, puis, en rectifiant aussitôt, en demandant s'il peut poser sa tête *sur* ses genoux, — Hamlet le chamailleur ne murmure-t-il pas : « *C'est une belle pensée de s'étendre entre les jambes d'une vierge* » ? Disons que ce n'était qu'une petite note d'humour jouée avec une *viole de gambe*, — de la part d'un gentil effronté qui n'est pas à une grivoiserie près,

d'un bohémien de l'existence qui se permet, le regard fixé sur le lointain, de lancer, *sotto voce*, des familiarités dont il ne rougit pas, d'un *piquant* jeune homme qui serait ravi que dans un petit cri elle lui émoussât sa pointe : « *It would cost you a groaning to take off mine edge* » ! J'ajouterai que, plus tôt, dans le monologue de l'« *Être, ou ne pas être* », quand il lui avait dit, tout à la fin : « *in thy orisons, be all my sins remember'd* » (« *dans tes prières, souviens-toi de tous mes péchés* »), — c'était avec en ligne de mire les conséquences de ses machinations... Néanmoins, l'attitude mi-lourde, mi-légère de Hamlet, c'est-à-dire à la fois taquine et guillerette, frivole et obscène, dégagée et tendue, grave et badine, farceuse et caverneuse, est révélatrice de l'une des facettes de la mélancolie qui est de se rire de la vie avant qu'elle n'ait l'occasion de se rire de nous (l'humour est la politesse du désespoir). En cela, on peut admettre que Hamlet rejoint le tempérament d'un Figaro, non pas uniquement parce que notre « barbier de Séville » pense que « *la difficulté de réussir ne fait qu'ajouter à la nécessité d'entreprendre* », mais surtout parce qu'il répondait, au comte Almaviva qui venait de lui demander ce qui lui avait « *donné une philosophie aussi gaie* » : « *L'habitude du malheur. Je me presse de rire de tout, de peur d'être obligé d'en pleurer.* » Je prolongerai l'idée en décrivant cette attitude *du pitre dépité* comme étant celle, lugubre, d'un mi-mort, mi-vivant, tel le très hamletien Danton vu sous l'œil du très shakespearien Georg Büchner, qui, aspirant *effrénément* au repos, n'imagine plus que la tombe pour y parvenir, et qui de ce fait se permet de confier à Julie ce que Hamlet aurait pu confier à Ophélie : « *Les gens disent que dans la tombe est le repos, que la tombe et le repos sont la même chose. Si cela est vrai, je goûte déjà, ma tête sur tes genoux, au repos de sous la terre. Ô toi, ma douce tombe, tes lèvres sont les cloches du glas funèbre que vient sonner pour moi ta voix, ton sein est le tertre sur ma tombe, et ton cœur est mon cercueil.* » Tout ceci résume la raison pour laquelle Nietzsche, dans *Ecce Homo*, avoue ne rien savoir « *de plus déchirant que la lecture de Shakespeare : que n'a pas dû souffrir un homme pour avoir un tel besoin de faire le pitre ! Comprend-on Hamlet ? Ce n'est pas le doute, c'est la certitude qui rend fou...* ») Je reviens à Ophélie : Ophélie n'est *plus celle* — qu'elle fut, refoulante (car légèrement bégueule) ; la rosière était fanée avant que l'eau de la rivière ne la bassinât — et ne l'emportât, « *le sein gonflé, les yeux de pleurs baignés* », dirait Victor... — En cueillant ses dernières fleurs au bord de l'eau, de « *long purples* », en se contant inconsciemment fleurette, c'est elle, — elle, la prunelle brouie, l'ellébore atonique et boutée à terre, — c'est elle qu'elle déflore pour l'honneur, — adventice ? et sans plantoir ? — car c'est son bouquet de « *violate* » à elle... En son engloutissement, qu'elle les cueille ! Ophélie est une « *violet in the youth of primy nature* » (« *violette dans la jeunesse de sa prime saison* »), comme dirait Laërte à propos d'Hamlet, — mais une violette sur « *le sentier printanier des plaisirs* » que l'on aurait foulé, piétiné, profané, violé... Sentier empiété ! Sentier dans les « *contrées champêtres* » (« *country matters* ») !... Entre les deux prononciations de « *violet* » (['vaɪəlɪt]) et de « *violate* » (['vaɪə‚leɪt]), comme entre deux eaux confluentes, la langue a largement l'occasion de fourcher, et je m'en amuse (comme Rutebeuf à propos de la Vierge Marie, « *Violete non violee* »)... Ophélie, hors de ses gonds, bouquetée de pensées déraisonnées, résume à merveille l'ironie de son naufrage : « *I would give you some violets, but they withered all when my father died: they say he made a good end* » (« *J'aurais voulu vous donner des violettes, mais elles sont toutes fanées quand mon père est mort* »)... Et Laërte, plus tard, quand tout est fini, en rajoute une couche : « *Lay her i' the earth: and from her fair and unpolluted flesh may violets spring!* » (« *Mettez-la en terre, et de sa chair pure et immaculée que naissent des violettes !* ») Je ne puis qu'entendre Luis Mariano, plein de prévenance : « *Violetta, mon amie, / Mon amie si jolie, / Violetta, je t'en prie, / N'aie pas peur de la vie, / Il faut perdre la tête, / Et songe que l'amour / Est comme ces violettes, / Il se fane un beau jour. [...] On te dira parfois : / Prends bien garde au plaisir, / Prends bien garde à l'émoi / D'où naîtra le désir* », — car, comme il le chante si bien, « *L'amour est un bouquet de violettes* » ! — Ô l'eau qui mure, mure... depuis la grève... des sens... Les eaux-mères de l'esprit réduites à rien, telles, dirait Rodenbach, « *des fleurs mortes dans un cercueil de verre* »... Puis se coucher dans l'eau, — car l'eau-fait-lit... — (Se coucher dans l'eau de l'Ouse, les poches lestées de pierre, ce fut, rappelons-le-nous, le destin d'une autre femme que la folie gagnait : Virginia Woolf. Celle-ci, dix ans avant son suicide, faisait dire à la Suzanne de son bizarroïde roman *Les Vagues* : « *Je vais manger de l'herbe et mourir au bord d'une mare, dans l'eau brune où les feuilles mortes ont pourri.* » Brouter ou s'envoyer paître, telle est l'énigmatique question !) — Il semblerait, alors qu'Ophélie est désormais la victime de la totale démence, qu'elle fût la seule qui pût se comprendre, seule dans l'*in pace* de son esprit vacillant ! Terrible, oh, terrible ! puisqu'elle lance notamment : « *It is the false steward, that stole his master's daughter.* » Derechef, les traductions se désaccordent sensiblement : « *C'est l'intendant perfide qui a volé la fille de mon maître* » (Déprats, rejoint par Suhamy, Castelain ou Markowicz) ; « *C'est l'intendant infidèle qui séduisit la fille de son maître* » (Malaplate). Quoi qu'il en soit, en reprenant le titre du livre de Balzac, c'est une *ténébreuse affaire*, et très certainement une sale chose que Hamlet, pour notre plus grande frustration, nous n'éclaircirons pas. « *Leçon de la folie, pensées et souvenirs associés* » (« *A document in madness, thoughts and remembrance fitted* »), dit Laërte en écoutant tout cela : « *remembrance* », — de quoi ?... On entendrait presque Judy la folle, de Thomas Hardy, qui « *fredonnait à nouveau ses chansons. / Ce qu'elle voulait, nous la laissions faire, / Judy était folle, nous le savions.* » « *Nous le savions* », — depuis quand ?... Ah ! La Rochefoucauld était-il tant dans le vrai en écrivant cette maxime : « *L'esprit de la plupart des femmes sert plus à leur folie que leur raison* » ? — Qui chante : « *À la claire fontaine / M'en allant promener, / J'ai trouvé l'eau si belle / Que je m'y suis baignée* » ? Et qui répond : « *Il y a longtemps que je t'aime, / Jamais je ne t'oublierai* » ?...
C'est alors, avec l'acte V dont les rideaux rouge garance s'ouvrent sur le fameux cimetière yorickien et les « rustres » fossoyeurs (ces « *clowns* » pas piqués des vers qui sentent la bière), l'heure du dénouement (d'entre les dénouements), le moment vers lequel convergent tous les fils de l'*improbable* qui ont servi à tisser l'*inéluctable* (ce quelque chose qui *doit arriver*). Hamlet ne sait pas que les gais rustres, qui ne l'ont pas encore vu accompagné de Horatio et qui chantent « *en creusant des tombes* » sans montrer « *le sens de la besogne* », enterrent Ophélie, et d'un air mélancolique il s'étonne de ce que le caisson soit martelé par la bêche du fossoyeur : « *Révolution bien édifiante pour ceux qui sauraient l'observer. Ces os n'ont-ils tant coûté à nourrir que pour servir de jeu de quilles ?* » Vacuité de l'existence ! Ô os os ! Rien que d'y penser, Hamlet sent les siens qui lui font mal ! Pensez, oui : souffrir avant la mort ! souffrir de ce qui vit encore ! souffrir par ce qui doit mourir ! n'être plus que ce qui nous faisait souffrir à l'idée que ce ne fût plus que ce qui nous soutenait — et que nous étions ! Tandis que les fossoyeurs parlent avec lui

sans deviner sa véritable identité (« *celui qui est fou* »), Hamlet déniche un crâne : ô ce crâne ! C'est le crâne du bouffon du roi, c'était Yorick ! Le cœur de Hamlet se soulève à cette nouvelle : quoi ? Yorick, le farceur, réduit à ce *crâne* ? Yorick le bouffon, qui faisait autrefois rire « *toute la table aux éclats* », n'être désormais que *ça* ? C'est lui et ce n'est pas lui, ce crâne puant ; c'est ce qu'il fut, ce qu'il sera, avant de redevenir poussière, tel ce que fut Alexandre le Grand, qui sert peut-être aujourd'hui à « *calfater un fût* » : « *À quels vils usages nous retournons, Horatio !* » s'insurge Hamlet, qui nous fait penser à la scène 3 de l'acte III, où il parle du ver qui mange du roi dans sa tombe, lequel ver est mangé par le poisson, lequel poisson est mangé par un mendiant, lequel mendiant a — logiquement — mangé du roi (et qui nous ferait croire qu'il a aussi lu Marc-Aurèle, lequel soulignait qu'« *Alexandre de Macédoine et le muletier qui le servait, une fois morts, en sont au même point* », puisque « *tous deux également ont été, ou repris dans les mêmes raisons séminales de l'univers, ou également dissous dans les atomes* »). (L'une des grandes erreurs de l'imaginaire collectif, ou le raccourci éculé, est de présenter anachroniquement Hamlet tenant à l'autre bout du bras le crâne de Yorick tout en déclamant son « *To be, or not to be* » : le questionnement est là, mais les paroles sont autres ou ailleurs…) Malgré quelques confusions, dont celle qui vient d'être « parenthésée », cette scène avec le crâne de Yorick est mondialement connue. Pourquoi ? La réponse, de caractère symbolique, mais davantage encore que celui de la *vanité* quand il jouxte des livres, est d'une simplicité déconcertante : c'est le moyen, théâtralement ou non, le plus facile, *si ce n'est le seul*, de *représenter la mort* : c'est le crâne qui *parle* le mieux de *la* mort, de *notre* mort, qui interroge le mieux la mort : être, ou ne pas être (vivant ou mort, ici), le crâne *l'est* tout à la fois, il est ce qui est et n'est plus ce qu'il était. Entendons-nous, car je n'ai ni écrit : « *il est ce qu'il est et n'est plus ce qu'il était* », — ni : « *il est ce qui est et n'est plus ce qui était* », — mais bien : « *il est ce qui est et n'est plus ce qu'il était.* » Ce crâne de mort, en tant qu'objet sans conscience, objet parmi les objets, être parmi l'être, est un *être* au sens *ontologique* (« *ce qui est* ») ; mais il traduit aussi en amont, en tant qu'objet qui fut crâne de « son » vivant, l'*être* au sens de l'*individualité*, de l'ancienne conscience (« *ce qu'il était* »). Au chapitre précédent, je faisais comprendre que : « *"être, ou ne pas être" est exactement la question conjuguée au passé composé : "avoir été, ou ne pas avoir été", — c'est-à-dire la possibilité d'avant la possibilité, la prédéfinition d'un être possible.* » En ce qui concerne Yorick, j'ai dévié de cette question d'ordre purement ontologique pour la connoter d'un sens *ontique* : « *avoir été cet étant, ou ne plus être cet étant* », — *etc*. Que ne trouve-t-on pas à ce sujet, depuis bientôt quatre siècles, dans la littérature ! Parmi les références explicites, cela va de la description au scalpel, aseptique et antipoétique, d'un Hegel (pour qui « *la boîte-cranienne est pour soi une chose tellement anodine, indifférente* »), à l'éveil suprasensible de la prose lyrique d'un Laforgue (« *Comme on croit entendre dans un seul coquillage toute la grande rumeur de l'Océan, il me semble entendre ici toute l'intarissable symphonie de l'âme universelle dont cette boîte fut un carrefour d'échos* ») ; et parmi les occurrences implicites, il y a l'exemple de Goethe qui fait dire à Faust : « *Que veux-tu, crâne vide, avec ce rire horrible ?* » J'évoquais plus haut le crâne qui est en ma possession et ne m'a jamais quitté, plus ou moins placé en *évidence* dans mon salon, selon que le visiteur est attentif ou distrait, et que j'avais acheté sur un marché praguois il y a de cela — au moment où j'écris — une quinzaine d'années. Je renouvelle mon « *pourquoi ?* » précédent avec la même empreinte significative (sans inclure la *raison* de cette acquisition monnayée) : pourquoi disposé-je, chez moi, d'un crâne ? Je ne connais pas *toutes* les réponses (ce serait trop facile), mais celles-là — au nombre de trois, si l'on excepte l'hommage à Hamlet) — me sont claires : *le goût de l'horreur* (que je rapproche de l'époque des cimetières, des lectures autour du thème de l'épouvante) ; *épater et sidérer la galerie* (oser décorer par ce biais la pièce de vie, tromper les hôtes par le réalisme qui les convainc un moment de la réalité de l'objet « décoratif », susciter adroitement et cruellement leur réflexion, le « *crâne* » se faisant le synonyme populaire du « *querelleur* ») ; *me rappeler la mort* (me rappeler que la mort *est*, rappeler à moi la mort). Cette dernière imputation, qui n'est rien d'autre que le « *memento mori* » de mon stoïcisme modernisé, satisfait à deux états *réactifs* en apparence opposés qui sont l'omniprésence de la mort, dont témoigne en permanence ce crâne s'affichant ostensiblement (la *bascule*), que l'habitude entretient (l'*abat-skull*). La mise en demeure du « *memento mori* » rappelle l'autre ukase qu'enseigne la Vulgate, celui du « *memorare novissima tua* », que l'on peut traduire par « *souviens-toi de ta fin dernière* » (d'ailleurs, sans passer du coq à l'âne, « *crâne* » provient du grec « κρανίον », traduit lui-même de l'araméen « *gulgoltâ* » (qui peut aussi signifier *sommet* » ou « *citadelle* »), nom donné à la célèbre colline (le Calvaire) où les Romains crucifiaient à la chaîne)… Dans ses *Entretiens*, Épictète ne nous morigénait-il pas : « *Tu es un homme, c'est-à-dire un animal mortel* » ? — et surtout ne nous avertissait-il pas que « *ce n'est point la mort ni la peine qui sont redoutables, mais la crainte de la peine ou de la mort* » ?... Boire le sang dans le crâne qui est son lieu de coupe, c'est manifester, à l'instar des divinités tibétaines, notre compréhension de la mort : il ne suffit pas de voir le crâne, mais d'y boire à pleines gorgées… Dans les versets essentiels des six mondes intermédiaires du *Livre des morts tibétain* (*Bardo Thödol*), on peut lire : « *L'homme dont l'esprit est distrait et qui ne pense jamais : "La Mort vient", / Qui passe son temps comme esclave des affaires vaines de la vie terrestre, / Et puis en sort sans rien comme une erreur tragique.* » Ici, le lieu du « *tragique* » est dévoyé, renversé… Vivre la mort, c'est nous souvenir des conditions de la vie : « *Respirer, dormir, boire, manger, travailler, rêver, tout ce que nous faisons, c'est mourir. Vivre enfin, c'est mourir !* » Tel est l'enseignement que prodigue Norbert de Varenne au vaniteux Bel-Ami, le fils de paysans Georges Duroy, futur Georges Du Roy de Cantel. Mais le vieux poète a un obsessionnel : « *Et puis, après ? Toujours la mort pour finir. — Moi, maintenant, je la vois de si près que j'ai souvent envie d'étendre les bras pour la repousser. Elle couvre la terre et emplit l'espace. Je la découvre partout. Les petites bêtes écrasées sur les routes, les feuilles qui tombent, le poil blanc aperçu dans la barbe d'un ami me ravagent le cœur et me crient : "La voilà !" — Elle me gâte tout ce que je fais, tout ce que je vois, ce que je mange et ce que je bois, tout ce que j'aime, les clairs de lune, les levers de soleil, la grande mer, les belles rivières, et l'air des soirs d'été, si doux à respirer !* » Vanité ! — Pierre de Ronsard, poète du Temps-qui-passe, n'écrivit pas seulement — en bon Ecclésiaste — que « *le tout de notre vie* / *N'est rien que pure vanité* », car c'est de lui que l'on tient cette stance macabre qui n'y va pas avec le dos de la cuillère : « *Ton test n'aura plus de peau, / Ny ton visage si beau / N'aura veines ny artères : / Tu n'auras plus que les dents, / Telles qu'on les voit dedans / Les testes des cimeteres.* » — Songeons au crâne et son « nœud papillon » de la mosaïque polychrome retrouvée dans les fouilles de Pompéi (1ᵉʳ siècle de notre ère) ; — repensons au tableau de Hans Holbein le Jeune et à son crâne anamorphique (là sans être là) ; — pensons aux tableaux — parfumés à la cire de chandelle — du clair-obscuriste Georges de La Tour, qui a fait de l'homme ténébricole tenant un crâne l'un de ses fonds de commerce : *Marie Madeleine en pénitence, Madeleine à la veilleuse, Saint Jérôme lisant* ou *L'extase de Saint François* (si beau, comme les *Saint François* de Francisco de Zurbarán et du Caravage, tous des allégories bibliques — craniologiques — de la résurrection du Christ, mais si hamletiens, oh ! si hamletiens !) ; — pensons aux *Vanité* de Fanciscus Gysbrechts, Evert Collier, Pietr Claesz, Philippe de Champaigne, Christian von Thumm, pour n'en citer que quelques-uns ; — et repensons, finalement, au *Démocrite* (au milieu des tombeaux), — dont le sol est « πολυκρανίον » (« *polycrâne* », mot que j'invente), — œuvre infinie qui figure dans le corpus des « *Philosophes riant et pleurant* », que je mirai en 2002 et qui me fit noter dans un carnet : « *Vu deux tableaux, dont un au musée de Copenhague, qui m'ont subjugué. Immenses, sombres, déséquilibrés dans le poids du contenu, j'y ai vu une représentation spectaculaire du spleen arrogant, de la mélancolie mi-suicidaire, mi-virevoltante… Le peintre, je crois : SALVATOR ROSA.* » (L'autre tableau était-il le *Diogène* qui jette sa coupe ? je ne m'en souviens plus, mais c'est hautement probable…) Tel Saint François d'Assise qui, à vingt-trois ans, alors qu'il priait pendant une messe, crut entendre la Voix, je crois entendre celle du prédicateur Jacques-Bénigne Bossuet lisant son *Sermon sur la mort et brièveté de la vie*, le coude appuyé sur un crâne (pour quel Lazare ?) : « *C'est une étrange faiblesse de l'esprit humain que jamais la mort ne lui soit présente, quoiqu'elle se mette en vue de tous côtés, et en mille formes diverses. […] Vous serez peut-être étonnés que je vous adresse à la mort pour être instruits de ce que vous êtes ; et vous croirez que ce n'est pas bien représenter l'homme, que de le montrer où il n'est plus. Mais, si vous prenez soin de vouloir entendre ce qui se présente à nous dans le tombeau, vous accorderez aisément qu'il n'est point de plus véritable interprète ni de plus fidèle miroir des choses humaines. […] Maintenant, qu'est-ce que notre être ? Pensons-y bien, chrétiens : qu'est-ce que notre être ? — Dites-le-nous, ô mort ; car les hommes superbes ne m'en croiraient pas. Mais, ô mort, vous êtes muette, et vous ne parlez qu'aux yeux. […] Ô Dieu ! Encore une fois, qu'est-ce que de nous ? Si je jette la vue devant moi, quel espace infini où je ne suis pas ! Si je la retourne en arrière, quelle suite effroyable où je ne suis plus !* » Que penser de ce mystérieux Han d'Islande qui porte continuellement à sa ceinture le crâne de son fils et qui s'en sert de coupe après y avoir versé le sang de ses victimes, si ce n'est qu'il a le désir que la mort de cet être lui soit présente, autrement dit que l'être lui-même lui soit allégoriquement présent ?… La *figuration* de Hamlet empoignant le crâne de Yorick est ancestrale parce qu'elle est l'un des motifs innés de l'énigme de la vie, elle est l'invitation, pour le penseur sur son rocher instable, à l'invincible mélancolie. Lorsque Socrate, — si homme, si mortel, — prend la coupe que le bourreau lui tend, où pataugent les extraits de la ciguë, je discerne une tête de mort qui préforme le calice, ou plutôt un calice qui préforme la tête de mort ; et Socrate ne fait que boire ce qui fait mourir — ou meurt de *ce qui* fait boire… Hamlet au crâne — ou Hamlet fixant l'un des rustres qui, depuis la fosse qu'il est en train de creuser, tient d'une main la bêche, de l'autre le crâne qu'il élève et présente : c'est l'huile sur toile de Delacroix, *Hamlet et Horatio au cimetière*, exposé au Louvre, que George Sand, dans une lettre, loue admirablement : « *Personne n'a senti comme Delacroix le type douloureux de Hamlet. Personne n'a encadré dans une lumière plus poétique, et posé dans une attitude plus réelle, ce héros de la souffrance, de l'indignation, du doute et de l'ironie, qui fut pourtant, avant ses extases, le miroir de la mode et le moule de la forme, c'est-à-dire, en son temps, un homme du monde accompli.* » Le tableau dont Sand parle n'est pas celui de 1835, du Stadel Museum de Francfort (encore qu'il y aurait à en redire), ni celui de 1859 où Hamlet est peint barbu, — ni d'ailleurs l'une des quelques lithographies existantes, — mais celui de 1839 (soit un an après le portrait que Delacroix a fait d'elle). Hamlet y est aussi sombre que dans l'*Autoportrait dit en Ravenswood ou en Hamlet* : les cheveux longs, l'épée ou les sourcils froncés en moins, mais cependant avec la houppelande (ou la mante d'encre, l'« *inky cloak* »), les bas-de-chausses, les souliers à bouffettes et le chapeau à plume d'aigrette (ou d'autruche), tous ensemble d'une noi à miroitements violacés. Ce qui est remarquable de la part d'une femme prénommée George (Aurore Dupin), — une femme qui, de surcroît, s'habillait volontiers en homme, et que Flaubert (cité par Maupassant) appelait ce « *bon grand homme de femme* », — ce qui est remarquable, dis-je, c'est, en s'appuyant sur le tableau de Delacroix, de définir Hamlet comme « *un homme du monde accompli* » (fantasme d'une Cénée ?), alors qu'à l'évidence, la première idée qui vient à l'esprit en contemplant les quatre personnages illustrant la scène, c'est qu'il y a *trois hommes* (Horatio, à la barbe rouge, et les deux fossoyeurs, dont celui qui tend le crâne, musclé, mal rasé, dépoitraillé, éminemment viril) — et *une femme*, — Hamlet ! Une femme, me direz-vous ? (Oui, nous pouvons dûment nous interroger, comme le fit Gautier devant la sculpture callipyge de Le Bernin exposée au Louvre : « *Est-ce un jeune homme ? est-ce une femme ?* » — mélange double auquel il rapprocha la voix du contralto…) À elle seule, la pose d'Hamlet suffirait à énoncer la pure féminité : la main droite — d'un blanc cadavérique — soulève la cape comme on soulèverait une robe pour ne pas la salir, — et la retrousse tant que le geste paraît exhibitionniste… Qu'y a-t-il à voir dans ce galbe jambier, à part les collants et un genou relâché et incliné ? *Rien*, une ombre, un angle obombré. En approchant un œil sagace, — en désossant, — on s'aperçoit que le pesant tissu n'est retenu que par la pression de l'auriculaire contre l'annulaire. En reculant le regard (toujours dirigé vers cette main doucement plaquée contre le haut du ventre), on ne peut que songer à une main de femme aux doigts fins, une main fragile, d'une fragilité que rehausse, sur l'index plié, une bague qui, terminée par deux boules non jointes, ressemble au torque (symbole du guerrier, ce collier celtique accompagnait le défunt jusque dans son tombeau). Et le visage ? *Efféminé*, du menton jusqu'au front (sans refléter aucun soulas) : glabre comme un foulard de soie blanc, une bouche mince, un nez grec dont la pointe imite le bec d'aigle par l'ombre projetée sous les narines, des yeux plongés dans la mélancolie la plus inquiétante, pommettes délicates, joues subtilement creusées, — un long visage fondu par une sorte d'étisie (ne manquent que les veines « *saillantes* » des « *secs* » mélancoliques dont parlait Aristote et dont je suis). N'entendrait-on la Rosalinde d'*As you like it* : « *Do you not know I am a woman?* » — un garçon « *avec des traits de fille* » (« *of female favour* »), un homme qui se fait femme qui se fait homme (joué, comme le voulait la tradition, par un garçon qui se fait femme), et qui conclut la pièce en disant au public (*spectateur*) : « *It is not the fashion to see the lady the epilogue; but it is no more unhandsome than to see the lord* the prologue » (« *Vous n'avez pas coutume de voir l'Épilogue habillé en femme, mais cela n'est pas plus mal séant, que de voir le Prologue en habit d'homme* »). Hamlet en *femme*, — ou Hamlet « *beau comme une femme* », pour reprendre et détourner l'expression d'un Baudelaire enthousiaste devant le Sardanapale peint par Delacroix, — est-ce envisageable ? Que dire du Saint Jean-Baptiste de Léonard, que Lacan compare à la sainte Anne de sa *Vierge à l'Enfant* ? Eh, quoi ! Hamlet en *femme*, un blasphème de la part du peintre ? une hérésie de ma part ? une contre-vérité ? Absolument pas, — et nous en lèverons davantage le voile lors de l'ultime scène (au cinéma, Sarah Bernhardt joua en 1900 le rôle de Hamlet, puis, en 1920, ce fut le tour d'Asta Nielsen, Mme Judith l'avait déjà interprété sur les planches du théâtre de la Gaîté dans la version de Dumas et Meurice, de même que Sarah Siddons en 1875, et il y en eut d'autres)... Mesdames et messieurs, bas les masques ! (Les masques se dissimulent eux-mêmes, comme en témoignent les plis que forme la chemise retroussée du fossoyeur qui se trouve au premier plan...) — Saint François adorait les agneaux ; revenons aux nôtres : à la deuxième scène, l'une des plus longues, sinon la plus longue de la pièce, qui la termine, l'*entêté* Hamlet confie à son ami Horatio que par un ordre du roi qu'il a subtilisé durant son voyage, on devait l'envoyer en Angleterre à dessein de lui faire trancher la *tête* (« *struck off* ») dès son débarquement... — Nous approchons donc de la fin, mais avant que je ne la décrive succinctement, il y a une phrase de Hamlet, édictée à un courtisan lourdaud et encombrant, qui m'a arrêté, et que voici — *verbatim* : « *But to know a man well were to know himself.* » Sublime trait d'esprit ! Je dis qu'il l'*édicta*. Il faudrait nuancer en y ajoutant autant de gravité qu'il y aurait de péremptoire... Dans la traduction qui m'avait fait connaître *Hamlet* au lycée, c'est-à-dire celle de François-Victor Hugo, on trouve ceci : « *Pour bien connaître un homme, il faut le connaître par soi-même.* » Ce sont les termes qui figurent dans les éditions de 1859 et de 1862, mais qui, à ce que j'ai cru vérifier, ne figurent plus dans celle de 1873 (alors pourquoi ai-je la version, pourtant récente, de 1859 ou 1862 ? c'est un mystère). Dans deux autres traductions que je possède, bien plus pratiques puisqu'elle disposent en regard, sur la page de gauche, du texte en anglais, Jean-Michel Déprats et François Mauguin choisissent, pour l'un : « *D'ailleurs, pour bien connaître un homme, il faut se connaître soi-même* », et pour l'autre : « *Mais pour bien connaître un homme, il faudrait se connaître soi-même* ». Ah ! rétiveté de la traduction ! embrouillaminis du sens !... (La définition des « *Langues vivantes* » par Flaubert me revient en mémoire : « *Les malheurs de la France viennent de ce qu'on n'en sait pas assez.* » Serait-ce trop dire qu'on ne *les* sait pas assez ? — Me revient également en mémoire l'*Avis prémonitoire* (au *Satyricon*) de Laurent Tailhade, écrit depuis la Maison de la Santé en 1902, dont l'en-tête — bel exergue en pied de nez — est emprunté à Juste Lipse : « *Auctor purissimæ impuritatis* » (« *Auteur de la pureté de l'impureté* »). L'excentrique Tailhade (dont la correspondance est à l'encre blanche sur papier noir), en rappelant que Pétrone est réfractaire aux traductions, fustige la plupart de ceux qui se sont essayé à le traduire, qui « *ne semblent avoir eu d'autre but que d'abêtir un conteur d'esprit et de fournir une version pudique d'un texte qui l'est si peu* ». Il faut lire ces quatre pages pleines de bastonnades, rien ne ragaillardit davantage en ces temps de déontologie à la guimauve, comme ce savon savoureux : « *Nodot est d'ailleurs si mauvais écrivain qu'il traduit incorrectement jusqu'à son propre texte.* » — Enfin, il est précieux de rappeler la double et *perfide* origine latine de « *traduction* » : celle qui dérive du « *traducere* » judiciaire, qui est l'« *action d'exposer au mépris* », et la seconde de « *traductio* », qui est l'« *action de faire passer d'un point à un autre* », de « *passer de l'autre côté* », de « *mener au-delà* »...) Ainsi, « *pour bien connaître un homme* », il y a une différence *flagrante* selon qu'on y comprend : « *il faut le connaître par soi-même* » — ou : « *il faut se connaître soi-même* » ! Cette dernière est évidemment et rigoureusement la plus judicieuse, celle qui imite au mieux le sens originel. De toute façon, comment peut-on un instant, *ipso facto*, tolérer la banalité, — que dis-je ? la *trivialité*, — que dis-je ? l'aspect *tautologique* de la transcription de Hugo, — que *pour connaître un homme, il faut le connaître* ! (Certes, j'oublie le « *par soi-même* », mais il est tout aussi trivial d'affirmer, et ce serait une franche tarasconnade que d'approuver le contraire, qu'*on ne peut pas mieux connaître un homme qu'en se connaissant par soi-même* !) Hamlet, la fine fleur de la recherche du moi, sait bien que la condition préalable à la connaissance du monde, en particulier à la connaissance d'autrui, est la connaissance de soi. De toute façon, par bonheur, le *consortium* des différents traducteurs suivants abonde dans le choix de Déprats ou de Mauguin (*ergo* du sens choisi par Shakespeare, *ergo* par Hamlet) : Jean Malaplate (« *Car bien connaître un homme serait se connaître soi-même* »), Yves Bonnefoy (« *Pour bien connaître un homme, il faut d'abord se connaître* »), Henri Suhamy (« *mais bien connaître un homme serait se connaître soi-même* »), Maurice Castelain (« *mais pour bien comprendre un autre homme, il faudrait se connaître soi-même* »), André Markowicz (« *Mais pour bien connaître un homme, il faudrait d'abord se connaître soi-même* »), Francisque Michel, Georges Brousse, Georges Duval, Marcel Schwob et Eugène Morand... La traduction la plus farfelue et évaporée qui soit possible, je l'ai débusquée chez Benjamin Laroche : « *Pour connaître un homme à fond, il faut être lui-même* » ! En l'espace de dix secondes, hormis que l'on s'éloigne impudemment de la vérité, j'y ai vu quelque ingéniosité (« *se mettre à la place de* »), mais cela ne tient guère la route plus longtemps, et je souhaite bien du courage à Hamlet l'ubiquitaire si c'est là ce qu'il voulut exprimer ! — Foin de ces billevesées ! Une remarque de Pascal nous remettra dans le « droit » chemin : « *Le dernier acte est sanglant quelque belle que soit la comédie en tout le reste. On jette enfin de la terre sur la tête et en voilà pour jamais* » ! Va pour l'« ἔξοδος » ! — La tauromachie espagnole a consacré dans notre langue l'expression, — souvent victime de contre-sens malheureux, — du « *mano a mano* », lequel désigne une corrida dans laquelle deux matadors (non pas matamores), « *main dans la main* », « *en phalange serrée* », doivent combattre six taureaux. Un peu comme la partition en *tercios* de la *lidia*, le dénouement, après toutes ces passes de *capote* (la *veronica* devenue l'*ophelia*), se décompose en trois étapes de « *mano a mano* » : la première, c'est Hamlet avec Hamlet (contre Laërte et le roi) ; la deuxième, c'est Hamlet avec Laërte (contre le roi) ; la troisième, c'est Hamlet avec Horatio (contre le *Fatum*). — Premier *tercio* (de pique) : avant le duel contre Laërte, qui veut venger sa sœur Ophélie et son père Polonius, Hamlet explique que ce n'est pas « *Hamlet* » qui a offensé « *Laërte* », mais sa « *folie* », — et je préfère recopier le fragment concerné (dans le phrasé de Déprats), tant il est subjuguant (assujettissant et envoûtant) : « *Est-ce Hamlet qui a offensé Laërte ? Jamais Hamlet. Si Hamlet est absent de lui-même, et si, quand il n'est plus lui-même, il offense Laërte, ce n'est pas Hamlet qui le fait, Hamlet le renie. Qui le fait alors ? Sa folie. S'il* en est ainsi, Hamlet est au nombre des offensés, sa folie est du pauvre Hamlet l'ennemie. » Compendieusement : pour expliquer que parmi les conséquences du meurtre de Polonius, celui de blesser Laërte n'était pas voulu, Hamlet, — dans un dédoublement qui n'en est pas véritablement un, et dans un laïus qui ne l'est pas davantage, mais dans une complexité atypique, effrayante et vaste, — si vaste qu'elle frise l'illimitable, — Hamlet, dis-je, se met à parler de lui-même (et de Laërte) à la troisième personne, comme si son corps était devenu une « *machine* » qu'il voyait de l'extérieur, qu'il ne contrôlait pas et qui répétait, comme Claudius à Hamlet, que « *these words are not mine* ». Cette *façon* (ou cette involontaire τεχνικός) oratoire, qui n'est pas tellement exceptionnelle puisqu'on en relève facilement, quoique pour la plupart en moins soutenu, dans toute l'œuvre de Shakespeare (par exemple, Othello : « *Where should Othello go?* » — ou Richard III, démoniaque : « *Richard loves Richard* »), est une figure du discours que le grammairien Pierre Fontanier rangeait dans les figures de construction par révolution et qu'il nommait *énallage*, plus précisément *énallage de personne*. Ici, l'énallage, du grec « ἐναλλαγή » (« *interversion* »), consiste tout simplement à remplacer une personne par une autre personne, autrement dit un « on » par un « tu », un « tu » par un « il » ou bien un « je » par un « il ». Cette dernière énallage marque le plus souvent l'afféterie d'un individu, sa suffisance ou son arrogance, la haute estime qu'il se porte, mais dans le cas qui nous occupe, il ne s'agit pas de cela, — *aucunement*, — et Hamlet n'essaie pas non plus de circonvenir Laërte par ce procédé. Ce procédé de justification et de plaidoyer est, à quelques degrés près (la virulence et la paranoïa en moins), celui dont usa Jean-Jacques Rousseau dans ses *Dialogues* intitulés *Rousseau juge de Jean-Jacques*. Rousseau, avant d'entreprendre le premier d'entre eux, s'explique « *Du sujet & de la forme de cet Écrit* » : « *La forme du dialogue m'ayant paru la plus propre à discuter le pour et le contre, je l'ai choisie pour cette raison. J'ai pris la liberté de reprendre dans ces entretiens mon nom de famille que le public a jugé bon de m'ôter, et je me suis désigné en tiers à son exemple par celui de baptême auquel il lui a plu de me réduire.* » Croyant toujours qu'un complot est dirigé contre lui, il ajoute : « *Mais celui qui se sent digne d'honneur et d'estime et que le public défigure et diffame à plaisir, de quel ton se rendra-t-il seul la justice qui lui est due ?* » — puis il ose avouer : « *Je déclare qu'il ne m'a manqué qu'un peu plus de modestie pour parler de moi beaucoup plus honorablement.* » (Il faut que j'avise le lecteur d'un fait remarquable — qui n'est pas sans rappeler ce qu'il advint de Saint François durant une messe : Rousseau composa ces *Dialogues* entre 1772 et 1776 et résolut, en cette même année 1776, de se « *confier uniquement à la providence et de remettre à elle seule l'entière disposition du dépôt* » du manuscrit en le laissant sur l'autel de l'Église de Notre-Dame. Le manuscrit prêt, il l'enveloppa et y mit une suscription dans laquelle il faisait part, devant l'Éternel, de son habitude, de toute l'injustice dont il était victime, puis il partit pour Notre-Dame. Mais quelle ne fut pas sa surprise de constater qu'il y avait là une grille « *qui séparait de la nef la partie des bas-côtés qui entoure le Chœur* », et qu'il n'avait jamais remarquée ! « *Au moment où j'aperçus cette grille, je fus saisi d'un vertige comme un homme qui tombe en apoplexie, et ce vertige fut suivi d'un bouleversement dans tout mon être, tel que je me souviens pas d'en avoir éprouvé jamais un pareil. [...] Je sortis rapidement de cette église [...] et me livrant à toute mon agitation, je courus tout le reste du jour, errant de toutes parts sans savoir ni où j'étais ni où j'allais [...]* » Dans son premier transport mégalomaniaque, notre Jean-Jacques le Persécuté (ou le Suspicieux) avait cru que le Ciel même concourait « *à l'œuvre d'iniquité des hommes* » ; puis, dans un second transport, « *plus posément* », il se rendit compte (l'auto-consolation rousseauiste) que l'idée d'un écrit pût se retrouver entre les mains de Louis XV avait été folle, « *si folle* » qu'il s'étonna d'avoir pu s'en bercer un moment, et qu'il valait mieux le confier à un homme de lettres des plus compréhensif...) Ainsi, de même que Rousseau se fait le juge de Jean-Jacques, Hamlet se fait le juge de lui-même ; cependant, si Jean-Jacques, dans sa solitude de martyre (qui l'aveugle continuellement), est animé par une *psychose* que la psychopathologie permet de débrouiller sans peine, Hamlet, en revanche, quand bien même il aurait parfois des allures de *psychopathe*, est animé par une *névrose* dont les effets sont *implexes*. Peu importe que Hamlet soit le prince du Danemark, nous sommes bel et bien en présence d'un *Hamlet juge de Hamlet*, et lorsque son discours s'empare de la troisième personne, ce n'est pas une *diversion* que le héros *opère*, — ou, si c'en est une (ne serait-ce que d'un dixième), elle est non calculée, — mais plutôt une sorte de maintien ou d'assurance qu'il recherche pour l'aider à donner un certain poids à ses arguments. C'est avec le *devoir* en ligne de mire, c'est-à-dire l'*impératif de la conscience* qui lui impose (sans nécessairement le contraindre) d'*accomplir* ce qui est prescrit en vertu d'une obligation de caractère moral, que Hamlet instigué par le rôle du juge. C'est *Hamlet juge de Hamlet* — et bien plus encore : *Hamlet juge de ses Actes, Hamlet juge de sa Folie*, et *vice versa* : *les Actes juges de Hamlet, la Folie juge de Hamlet* (et je passe sous silence les nombreuses variantes incluant la famille). Afin de « *donner un certain poids* » à ses propos, il convoque sa folie, — folie qui, *par* lui, parle *pour* lui, mais sans que cela prenne des airs de *prosopopée*, car la folie ne parle pas *d'elle-même*, elle ne fait qu'*agir sur* Hamlet, qui pour lors n'en est que l'interprète, — et sans que cela se réduise non plus à une pure *subjectification abstraite*. En réalité, c'est le trope de la *personnification* (par synecdoque) : la folie est *personnifiée*. (Cela va de soi, mais je préfère préciser qu'elle est personnifiée *par* et *dans* le langage. C'est comme si, durant toute la pièce, les mots avaient pour Hamlet une importance capitale, un pouvoir réel, un sens vraiment lourd, et, en même temps, une existence indépendante de la personne qui les prononce. À l'acte I, scène 5, par exemple, Horatio lui dit que « *ce ne sont là que paroles extravagantes et frénétiques* », et il répond : « *Je regrette qu'elles vous offensent* ». Hamlet ne dit pas : « Je regrette de vous offenser, je regrette que *je* vous offense », où il en irait de *son* être, mais : « Je regrette que *les paroles* vous offensent, que l'air vibre de cette façon », où il en va du *son*. On dirait un musicien qui s'excuserait, non pas d'avoir émis une note — de *son* instrument —, mais qu'une note fût émise — d'*un* instrument... Un « *pouvoir réel* » qui s'exprime parfaitement avant qu'il n'aille rejoindre sa mère. On se rappelle que le spectre lui avait recommandé de laisser sa mère se faire griffer et piquer par « *les épines qui logent dans son cœur* », et ainsi de ne pas toucher à l'un de ses cheveux et de l'abandonner au ciel, mais Hamlet, qui se veut « *cruel* » sans être « *unnatural* », contourne ceci par l'usage des mots : « *I will speak daggers to her, but use none* » (que Déprats traduit en « *Je la poignarderai seulement de paroles* » et Hugo en « *ayons des poignards dans la voix, mais non à la main* »). C'est ce que l'on appelle des paroles assassines ou des mots assassins... À un autre moment (II, 2), il se dégoûte lui-même de l'horreur des phrases qu'il débagoule, il s'insurge de ce qu'il doive, « *like a whore, unpack [his] heart with words and fall a-cursing, like a very drab, a scullion* » (« *telle une putain, déballer [son] cœur avec des mots, et s'abîmer à jurer comme une vraie grue, une souillon* »). Il en perd ses mots — et s'y perd.) Alors pourquoi Hamlet emploie-t-il cette espèce d'artifice et personnifie-t-il sa folie ? Avant de répondre, je rappellerai brièvement la similitude de procédé, de toute importance ici, qu'Érasme mit au point dans son *Éloge de la Folie*, et dont l'ambiguïté, faisait remarquer son biographe Stefan Zweig, le place dans « *une position inattaquable qui lui permet toutes les audaces* ». N'oublions pas que ce merveilleux petit essai est sous-titré, en latin : « *Stultitia loquitur* », puisque, en effet, « *c'est la Folie qui parle* » à la Sagesse, parlant le plus souvent d'elle-même à la troisième personne. « *Quoi de mieux pour la Folie que de claironner elle-même sa gloire et de se chanter elle-même !* » Ceci étant dit et pour en revenir à notre héros, je crois qu'Hamlet personnifie la folie parce qu'il est avant tout, de par sa nature rêveuse et mélancolique, dans un *état second*, qu'il voltige littéralement (sa tête est une « *boule affolée* », un « *distracted globe* »). Mais la première raison, c'est qu'il désire être au même niveau qu'elle (la *folie*) dans le discours : Hamlet, suite à l'énallage, peut se confronter d'égal à égal avec la folie personnifiée (« il » *versus* « elle »). Ensuite, la seconde raison, qui découle de la première, c'est le crédit qu'il peut apporter à sa folie (je pense à Érasme : « *Il faut évidemment que la Folie jouisse d'une grande faveur près des immortels, puisqu'on lui remet tous les jours ses fautes pour lesquelles la sagesse ne trouve pas grâce* » ; — ou à Denys Caton : « *Sachez être fou selon le temps ou les circonstances : la folie à propos affectée prouve une grande sagesse* » ; — ou au vingt-septième des *36 Stratagèmes* : « *Jouer l'idiot sans être fou* » (« 假癡不癲 »)). Il y a *un théâtre dans le théâtre*, une pièce dans la pièce, qui a des incidences cathartiques : tout comme la pièce de *Hamlet* introduit le spectateur dans l'intrigue et le purge, la scène du meurtre de Polonius purge la reine, *La Souricière* purge le roi, la Folie de Hamlet purge Laërte et Hamlet. Imaginons qu'à la place, Hamlet eût dit : « Si je t'ai offensé, Laërte, c'est parce que je suis fou » (sous-entendu : « la faute ne m'est pas directement imputable »). Que se serait-il passé ? Celui qui dit : « Je suis fou », — celui-là est rarement cru. À moins qu'il n'ait *radicalement* perdu la tête, il y a fort à parier, bien que celui qui sache jouer le fou soit un peu fou, qu'il simule la folie, qu'il feint d'être le fou qu'il prétend être, et il en serait de même s'il avait parlé en ces termes : « La folie m'a gagné. » Par contre, de dire à peu près : « La folie l'a gagné » — en se désignant lui-même, c'est troubler l'assistance : quoi ? qui ? qui parle ? de quoi parle-t-il ? de qui parle-t-il ?... « *Ce que je dis, avec l'assurance d'avoir sujet de me glorifier, je ne le dis pas selon le Seigneur, mais comme par folie.* » (2 Co 11,17) C'est comme si *la folie personnifiait Hamlet* ! Rien n'effraie plus que la raison se mêlant à la folie à partir du moment où l'on ne sait plus laquelle contrôle l'autre, et nous retrouvons la pertinence du cri d'Edgar dans le *Roi Lear* : « *O, matter and impertinency mix'd! Reason in madness!* » D'aucuns se demanderaient peut-être pourquoi je rejette le phénomène de dédoublement ? Hamlet et sa folie forment un tout, car parvenir à faire parler la folie qui en retour parvient à faire parler, c'est tout un : « *Si Hamlet est absent de lui-même* », c'est la folie qui le *contient* ; « et *si, quand il n'est plus lui-même, il offense Laërte* », c'est encore la folie qui le *contient*. (En outre, quand je manie ce mot de « *folie* », je vise moins celle de Hamlet que celle de l'Homme, et ceci s'applique au propre maniement du même mot par Hamlet.) Je pourrais m'étendre sur Solon, homme politique et poète du VIème siècle avant J.-C., qui, aux dires de Plutarque (confirmés par ceux de Diogène Laërce), « *imagina [...] de contrefaire le fou, et [...] fit répandre dans la ville, par les gens mêmes de sa maison, qu'il avait perdu l'esprit* ». Mais plutôt que d'étudier le cas de cet homme qui recommandait de vieillir « *en apprenant toujours quelque chose de nouveau* », je vais m'autoriser un détour biblique (*1 Sam 21,12-15*) pour rappeler l'épisode où, David ayant fui loin de Saül (le vrai fou), se présente à Akisch, roi des Philistins, et feint la folie pour échapper aux représailles : « *David prit à cœur ces paroles, et il eut une grande crainte d'Akisch, roi de Gath. Il se montra comme fou à leurs yeux, et fit devant eux des extravagances ; il faisait des marques sur les battants des portes, et il laissait couler sa salive sur sa barbe. Akisch dit à ses serviteurs : Vous voyez bien que cet homme a perdu la raison ; pourquoi me l'amenez-vous ? Est-ce que je manque de fous, pour que vous m'ameniez celui-ci et me rendiez témoin de ses extravagances ? Faut-il qu'il entre dans ma maison ?* » Nul besoin de parcourir davantage les pages de la Bible (voir *Ps 34,1* — où il dit qu'il « *contrefit l'insensé* ») pour s'en convaincre : il est évident que, *parce que la seule échappatoire qui s'offrait à David était de simuler la démence, il dut effectivement la simuler* (magistralement, sans aucun doute, — et pour la salive, bravo !). Or, ce n'est pas la situation du pauvre Hamlet (« *so poor a man as Hamlet is* ») qui, quoi qu'il lui en coûte, devra, sinon tenir la dragée haute à Laërte, du moins bataille contre lui. Je veux dire par là qu'il n'y a pas pour lui d'échappatoire, comme ce fut le cas pour David, et que cette circonstance est une bonne excuse à l'encontre de la « folie feinte » que subodorent maints commentateurs de *Hamlet*. Combien la folie de Hamlet a-t-elle pu faire jaser !... Combien Horace avait raison en disant que « *dulce est desipere in loco* » (« *il est doux d'être fou à l'occasion* »), puisque toutes les occasions sont bonnes pour l'être — fou ! — Le jeu du masque imaginé par Hamlet quand, à la toute fin de l'acte I, il trouvait peut-être bon désormais d'« *affecter une humeur bouffonne* » ou « *fantasque* » (« *to put an antic disposition on* »), ce jeu du masque est, s'il a jamais été effectif, bel et bien révolu. Hamlet se *transformerait*-il tant qu'il ne fût plus, à l'extérieur comme à l'intérieur, l'homme qu'il dût paraître ou être (« *nor th' exterior nor the inward man resembles that it was* ») ? irait-il jusqu'à perdre la connaissance de soi-même (« *th' understanding of himself* ») ? deviendrait-il un fils méconnaissable (« *my too much changed son* ») ? serait-il vraiment « *fou comme la mer et le vent quand ils luttent à qui sera le plus puissant* » (« *mad as the sea and wind when both contend which is the mightier* ») ? Un fait demeure indubitable : Hamlet, devinant très bien qu'il est davantage que lui-même, a en lui ce qui passe le paraître — et dépasse l'acteur (« *but I have that within which passes show* »). Il a très vite compris et noté qu'en étudiant le caractère d'autrui (« *My tables — meet it is I set it down that one may smile, and smile, and be a villain!* »), il pouvait s'incorporer celui-ci, se l'assimiler, se l'amadouer, l'imiter, et qu'ainsi il pouvait non seulement le dépasser, mais avant tout *se surpasser*. Et puis, regardons les choses en face : qui sont ceux qui osent parler de son comportement en le jugeant synonyme de la folie, de l'extravagance, du désordre, du trouble, de la frénésie, du dérèglement, du chavirement, du délire, de la démence (« *lunacy* », « *distemper* », « *lawless* », « *o'erthrown* », « *ecstasy* ») ? Polonius, Claudius, Gertrude, Ophélie... Sont-ce des gens désintéressés, sûrs, fiables, pondérés, probes, *sains d'esprit* ?... Pendant que vous réfléchissez, reprenons quelques passages de la pièce qui sont chacun un point clef de la généalogie et de l'explication de la folie. La première manifestation de la soi-disant folie hamletienne est remarquée par Polonius (acte II, scène 2), qui est persuadé qu'elle est causée par l'amour qu'Hamlet éprouve pour Ophélie, et il soumet cette hypothèse au roi et à la reine : « *Mad let us grant him, then: and now remains that we find out the cause of this effect, or rather say, the cause of this defect, for this effect defective comes by cause: thus it remains, and the remainder thus. Perpend* » (ce que Malaplate traduit par : « *Accordons qu'il soit fou. Il reste maintenant de ce qui est l'effet à découvrir la cause ; ou la cause, plutôt, qui fait qu'il est défait, car de fait, cet effet défectueux a cause. Reste que… L'effet reste et ce reste est ceci ; notez-le bien* »). La reine n'y comprend pas grand-chose (« *plus de matière et moins d'art* »), nous non plus. C'est le premier point : si c'est le discours d'un fou qui doit nous convaincre de la folie de Hamlet, il n'y a guère de chance d'être réellement convaincu. À la même scène, Hamlet fait son entrée et, après le fameux « *words, words, words* », il tient devant Polonius des propos étranges qui font d'abord dire à ce dernier : « *Bien que cela soit de la folie, cela ne manque pas de méthode* », — puis : « *Comme ses répliques sont parfois grosses de sens ! Un bonheur d'expression que souvent trouve la folie, et dont la saine raison ne pourrait accoucher avec autant de prospérité* ». Pour Polonius, raison et folie sont admirablement liées, mais il n'évalue pas à sa juste mesure la haine que Hamlet, exaspéré, nourrit à l'égard de sa personne. C'est le deuxième point : ce n'est point de la folie, c'est de l'ironie. Et c'est encore l'ironie qui le meut, toujours à la même scène, quand il s'entretient avec les deux faux frères Rosencrantz et Guildenstern, les niais désavoués qui vont l'amble, les chenapans futiles, les bons toutous subalternes, les deux estafettes vexatoires : « *I am but mad north-north-west: when the wind is southerly I know a hawk from a handsaw* » (« *Je ne suis fou que par vent de nord-nord-ouest ; par vent du sud, je sais reconnaître un faucon d'un héron* »). Guildenstern, même s'il est un scélérat, n'est pas la dupe de ces rafales de suroît et de noroît, et il le prouve en affirmant au roi et à la reine, à la scène 1 de l'acte III, où il est question de « folie feinte » : « *sa folie rusée prend le large* » (« *crafty madness* », qui rappelle l'expression anglaise, la même que la française : « crafty as a monkey »). Mais à ce jeu de dupe ou de non-dupe, qui erre ? À la scène suivante, en neuf mots, pas un de plus, Hamlet délivre une pensée de la plus haute conséquence : « *They fool me to the top of my bent.* » Cette expression est encore une de ces expressions qui défient l'interprétation évidente. Parmi les traducteurs, Déprats choisit : « *Ils me font jouer le fou à la limite de mes forces* » ; Malaplate : « *Ils se moquent de moi autant qu'il est possible* » ; Hugo : « *Ils tirent sur ma raison presque à casser la corde* » ; Maguin : « *Ils me feront marcher jusqu'au bout* » ; Suhamy : « *Ils se moquent de moi jusqu'à la limite du supportable* » ; Bonnefoy : « *Ces pitreries obligées sont à la limite de mes forces* » ; Markowicz : « *Ils tirent sur la corde de ma folie* » ; Castelain : « *Il est réjouissant de voir comme ils entrent dans mon jeu !* » (C'est un « *fool's bargain* », un « *marché de dupes* » !) Exceptée la dernière, qui n'a rien à voir, ces possibilités sont toutes intéressantes et transcrivent l'idée d'une *rupture* : ils le bernent, le trompent, au-delà de ce qu'il est disposé à encaisser, à supporter. Dans quelle circonstance exacte est-il amené à s'insurger, voire s'inquiéter de la sorte ? C'est au moment où il teste la franchise de Polonius en lui demandant s'il ne trouve pas que le nuage qui est au-dessus d'eux a la forme d'un chameau, à quoi ce dernier répond affirmativement. Hamlet change d'avis et dit ensuite que le nuage ressemble à une belette : Polonius approuve. Hamlet ne se démonte pas et continue en disant cette fois-ci que ce serait plutôt une baleine : Polonius, telle une girouette, acquiesce tout à fait. Pour Hamlet, ce comportement est comme « *la goutte d'eau qui fait déborder le vase* » (« *the straw that broke the* camel's *back* » : « *la paille qui a cassé le dos du* chameau » !). D'où le « *They fool me to the top of my bent* »… (Érasme souligne à juste titre que les princes « *paraissent fort à plaindre d'être privés d'entendre la vérité, et forcés d'écouter des flatteurs et non des amis* »…) Mais l'autre problème qu'il faudrait résoudre, c'est, en substance : *à qui* dit-il *cela* ? Il emploie le « They » comme s'il soliloquait ou pensait à haute voix, mais la version de l'*in-folio* de 1623 n'indique aucun aparté, ce qui signifierait que les personnages présents ont tous entendu (Polonius, certes, et aussi Horatio, Guildenstern et Rosencrantz), ce qui est, non pas improbable, mais aberrant (à mon avis, Hamlet ne serait pas si malavisé de le faire). En outre, Hamlet conclut en rappelant qu'il ira tout à l'heure voir sa mère, et Polonius sort après avoir répondu : « *I will say so* » (« *Je vais le lui dire* »), — alors que dans le deuxième *in-quarto* de 1604, c'était Hamlet lui-même qui prononçait ces paroles, tandis que dans le premier de 1603, c'était à Horatio, et non à Polonius, qu'il les prononçait… Tout cela n'est pas très limpide ! Je crois qu'il vaut mieux garder la réplique de l'*in-folio* et s'imaginer qu'Hamlet énonce *a parte* son « *They fool me to the top of my bent* ». C'est le troisième point de notre « folie-genèse » : la folie propre aux gens de la cour qui l'entourent suffit à provoquer la sienne. Une autre difficulté apparaît à la scène 4 de l'acte III, la scène mère/fils sur laquelle nous nous sommes longuement arrêté, où Hamlet, après le « *Que dois-je faire ?* » si désemparé de Gertrude, avoue un très équivoque : « *I essentially am not in madness, but mad in craft* » (« *je ne suis pas réellement fou mais fou par ruse* »). J'ai écrit « *très équivoque* » comme j'aurais pu écrire « *très ambigu* ». Pourquoi ? Au « *What shall I do ?* » — il lui enjoint de ne surtout rien faire de ce qu'il *va lui dire* (et non pas de ce qu'il *vient de lui dire*, car que lui a-t-il dit au juste ? rien de très concret, cela n'a été qu'un écoulement verbal sans consignes particulières). Une première approche trop rapide pourrait à coup sûr masquer au lecteur ce mode rhétorique d'Hamlet : l'*antiphrase*. En effet, quand il conseille à sa mère de laisser le roi venir à elle et lui « *pincer lascivement la joue* », l'« *appeler sa souris* », lui « *faire dévider l'affaire* », à savoir qu'il n'est « *pas réellement fou mais fou par ruse* », qu'il « *serait bon* », en tant que « *reine, pure, chaste, avisée* », d'apprendre tout cela à son cher mari, il la menace de n'en rien faire, ou de faire tout le contraire, ce qu'elle jure sur sa vie. Sa mère, sans cette restriction expresse faite par son fils, eût-elle deviné toute seule cette « *ruse* » ? Et cette « *ruse* » est-elle fondée — ou Hamlet ruse-t-il en déguisant sa folie sous la ruse ? Mais, à bien y réfléchir, n'est-ce pas ruser que feindre l'absence de ruse ? Souvenons-nous du « *caractère moral* » de sa tâche, de son rôle de « *juge de lui-même* », de la recherche de sa préservation, de son « *maintien* » ou de son « *assurance* ». Victor Hugo, par exemple (*William Shakespeare*), suppose que Hamlet « *couvre* » sa personne, qu'il « *fait le fou pour sa sûreté* », non « *pour cacher sa pensée* », — ce qui est une très bonne remarque. Selon moi, Hamlet, considéré plus ou moins fou aux yeux de tous, est dans la position de Jésus dans ce passage que rapporte Marc dans son Évangile, après qu'il eut monté sur la montagne, appelé et établi les « *douze* » (futurs apôtres) afin qu'il allassent prêcher avec le pouvoir de chasser les démons. « *Les parents de Jésus, ayant appris ce qui se passait, vinrent pour se saisir de lui ; car ils disaient : "Il est hors de sens." Et les scribes, qui étaient descendus de Jérusalem, dirent : "Il est possédé de Béelzébul ; c'est par le prince des démons qu'il chasse les démons"* » *(3,21-22)*. Dire de Jésus qu'il est possédé par Béelzébul, revient à dire qu'il est Satan. « *Jésus les appela, et leur dit sous forme de paraboles* » (et sous forme d'*énallage* !) : « *Comment Satan peut-il chasser Satan ?* » *(3,23)* Je ne raconterai pas le contenu de la parabole, mais je laisserai Marc conclure *(3,30)* : « *Jésus parla ainsi parce qu'ils disaient : "Il est possédé d'un esprit impur."* » À l'identique, « Hamlet parla ainsi parce qu'ils disaient : "Il est fou." » (Et n'oublions pas, à plus forte raison, tant elle est ici significative et renchérisseuse, cette instruction ajoutée par Jésus : « *Mais, quand on vous livrera, ne vous inquiétez ni de la manière dont vous parlerez ni de ce que vous direz : ce que vous aurez à dire vous sera donné à l'heure même ; car ce n'est pas vous qui parlerez, c'est l'Esprit de votre Père qui parlera en vous.* » (Mt 10,19-20) Ne voit-on pas combien l'ironie se fait percutante quand cette parole est directement appliquée à Hamlet ? « Ce n'est pas moi qui parle, c'est l'Esprit de mon Père qui parle en moi. » Mais j'ai gardé sous la main le meilleur, la réplique exacte de ce que je viens d'insinuer, qui se trouve dans Jean, chapitre 24, d'abord au verset 10 : « *Ne crois-tu pas que je suis dans le Père, et que le Père est en moi ? Les paroles que je vous dis, je ne les dis pas de moi-même ; c'est le Père qui demeure en moi, c'est lui qui fait les œuvres.* » Puis au verset 24 : « *Et la parole que vous entendez n'est pas de moi, mais du Père qui m'a envoyé.* » C'est fou, n'est-ce pas ? C'est fou, c'est *fou*… — À ressasser ces équivalences, elles en deviendraient presque aussi solides que du graphène, et nous en arriverions même à certifier les paroles qu'adresse Marie à sa sœur Marthe dans le récit de Khalil Gibran, *Lazare et sa bien-aimée* : « *Quand nous parlons, c'est quelqu'un d'autre qui parle.* ») Hamlet, donc, parla ainsi parce qu'ils disaient : « Il est fou. » Et comment doit-il s'y prendre pour se protéger, pour se préserver, pour se couvrir, pour remplir son devoir dans les meilleures conditions ? « En parlant ainsi. » Kant ne serait pas heureux de me voir me rallier à Benjamin Constant en exhumant un « *prétendu droit de mentir par humanité* » pour disculper Hamlet et sa « folie » : car à l'évidence, quoi qu'on puisse conjecturer sur son attitude, Hamlet ment. J'ajouterai, au risque du paradoxe, qu'il « ment honnêtement », qu'il « ment par devoir ». Loin de feindre la folie, *il feint de feindre la folie* (Wilde dit que « *sa folie est de feindre la folie* ») — et il en abuse auprès de sa mère (qui est déboussolée). Évaluons les différents cas de figure : si Hamlet était vraiment fou, il n'aurait pas l'esprit rationnel de celui qui parle de sa « *folie par ruse* », donc il ne pourrait être question de feindre (et encore moins de feindre de ne l'être pas) ; s'il n'était pas fou, il n'y aurait aucun intérêt à feindre de ne pas être fou, ou à ne pas feindre d'être fou, et ce serait même un contresens que d'imaginer ces deux possibilités ; par conséquent, il ne subsiste — *en apparence* — qu'un unique choix : feindre d'être fou (en tant qu'il ne l'est évidemment pas). « En apparence », car on peut monter d'un cran (en humour, il équivaudrait au troisième degré). C'est pourquoi je remanierai immédiatement mon idée de « la feinte de la feinte de la folie » (formulation qui, j'en rougis, se proposait de faire sensation) : Hamlet feint la « folie-par-ruse », autrement dit : il évoque *par ruse* la « *folie par ruse* ». « Feindre de feindre la folie » ne serait-il pas qu'un tour de passe-passe de sophiste, et ne suffirait-il pas de tout simplement dire : « feindre la folie » ? Ou bien cette double feinte ne s'annulerait-elle pas d'elle-même, telle une double négation ? Non ; en décidant d'*affecter une humeur bouffonne* », il cache une *intention* qui dépasse la pure affectation. Résumons-nous : le premier degré, en rapport au deuil paternel et à l'éconduite amoureuse, c'est qu'il soit pris pour un fou « indépendamment de sa volonté » (surtout par Polonius) ; le deuxième degré, c'est qu'il en vienne à se dire fou par ruse (à sa mère, en l'occurrence) ; le troisième degré, c'est qu'il soit pris pour un fou par ruse *dans son intention de…* Dans quelle intention ? Rappelons-nous les mots d'Hamlet situés quelques lignes plus tôt dans cette scène 4 : « *ne versez pas en votre âme le baume de cette illusion que ce n'est pas votre faute qui parle mais ma folie.* » Hamlet sert deux intérêts : celui de faire comprendre à sa mère, en expliquant bien qu'il n'est pas fou, et en renforçant cette confidence en précisant qu'il est fou par ruse, que celle-ci devrait, face à la logique des arguments, s'imputer cette « *faute* » ; — celui de faire sous-entendre qu'une raison l'agite pour qu'il ait besoin de feindre la folie, une raison qu'elle ne connaît pas, mais qui pourrait, dès lors qu'elle oserait s'y attarder, la faire douter, lui faire sentir qu'il y a quelque chose de pourri, que son fils sait des choses qu'elle ne sait pas. En la convainquant qu'il est fou par ruse, il ruse. « *It is not madness that I have utt'red. Bring me to the test, and I the matter will reword, which madness would gambol from.* » (« *Ce n'est pas folie que j'ai proférée. Mettez-moi à l'épreuve, et je répéterai tout mot pour mot, tandis que la folie irait gambader.* ») Si sa mère respecte son serment, la ruse fonctionne toujours ; mais si jamais elle le cassait et dévoilait l'artifice à son époux, que se passerait-il ? Inutile de débattre de cette issue, puisqu'elle n'en souffla rien ; ce qui, du reste, trahit deux choses : premièrement, la confiance accordée par Hamlet à sa mère lui fut favorable (en rapportant à Claudius que Hamlet pleurait sur ce qu'il avait fait à Polonius, elle le soutint et témoigna à cette occasion de l'intégrité qu'il était en droit d'attendre d'une mère) ; secondement, Gertrude dut nourrir quelques soupçons — certainement confus — à l'égard du roi (« *As kill a king?* » avait réussi à soutirer Hamlet à sa mère). Quant au roi, doute-t-il de l'incrédulité d'Hamlet au sujet du meurtre ? devine-t-il, de près ou de loin, une ruse ? sent-il qu'Hamlet, s'il ne se contenait pas, serait comme saint Jean-Baptiste dénonçant les liens impurs qu'a contractés Hérode : « *Il ne t'est pas permis d'avoir la femme de ton frère* » (Mc 6,17-18) ? (Ce qui, du temps des loi mosaïques, était formulé comme ceci : « *Tu ne découvriras point la nudité de la femme de ton frère. C'est la nudité de ton frère* » (Lev 18,16), — ou comme cela (20,21) : « *Si un homme prend la femme de son frère, c'est une impureté ; il a découvert la nudité de son frère : ils seront sans enfant* ». Il y a toutefois une exception, au Deutéronome (25,5-6), avec la Loi du Lévirat (de « *levir* » en latin, « *beau-frère* ») : « *Lorsque des frères demeureront ensemble, et que l'un d'eux mourra sans laisser de fils, la femme du défunt ne se mariera point au dehors avec un étranger, mais son beau-frère ira vers elle, la prendra pour femme, et l'épousera comme beau-frère.* » La suite est amusante, puisque « *le premier-né qu'elle enfantera succédera au frère mort et portera son nom, afin que ce nom ne soit pas effacé d'Israël* » : Hamlet n'est pas le fils de Claudius, mais il s'appelle Hamlet, comme son père…) D'une part, Claudius ne craint aucune trahison (« *une aura divine protège un roi* » !), d'autre part, une petite phrase lancée innocemment lors de la scène 7 de l'acte IV nous autorise à répondre négativement : « *lui qui est sans méfiance, très généreux, et incapable de rien manigancer, n'examinera pas les fleurets […].* » La conscience de Claudius n'est pas écorchée par la conscience plausiblement suspicieuse de son neveu, et nous rejoignons, en quelque sorte, par cet aveu de sa propre ignorance de ce qui inspire Hamlet (qu'il ne peut donc honnir, puisque mal n'y penserait), le début de notre réflexion sur ce thème, à savoir que la Folie est l'objet de l'inquiétude, l'aria personnifié, et qu'Hamlet, apparemment aliéné (ou décorporé), la combat sans qu'il soit nécessaire de l'accuser de vouloir combattre autre chose… — Il est temps, après ces aspects de la feintise nuancée, cet « éloge de la folie » (Érasme avait également cité le David de la Bible), de continuer la *lidia*… « ¡Olé! » — Deuxième *tercio* (de banderilles) : Laërte est ému par la demande en pardon de Hamlet, si bien que le combat s'engage comme un combat *fraternel* et furieux que désormais seul l'honneur de Laërte légitime encore. Dans la palestre qui clôt la cène guerrière, c'est une lutte fraternelle qui s'engage, ou, devrais-je spécifier, comme on va le voir, une lutte qui manifeste son caractère *sororal*, — *sentimental*. Chacun des duellistes est, avant toute chose, animé par une seule et même cause : la vengeance du père. Si nous revenons en arrière, à la scène 5 de l'acte IV, nous entendons de la bouche de Laërte : « *Only I'll be revenged most thoroughly for my father* » (« Mais je vengerai pleinement mon père »). Ainsi donc saute aux yeux la contiguïté d'une double cause commune où chacun, de son côté, endosse l'habit de justicier, et où deux volontés, telles deux droites parallèles, fixent une même ligne d'horizon qui leur est perpendiculaire. Ce qui, *en revanche*, est moins évident, c'est de constater que ces deux volontés sont mêmement entravées. Nous avons vu que la cogitation d'Hamlet l'avait, par sa faute, retardé dans son action. Laërte aussi n'a pas pu s'activer comme il l'aurait voulu, mais en ce qui le concerne, il en a été empêché par Claudius dont l'intention était motivée par deux points : avoir le temps de s'assurer d'un plan où rien ne serait laissé au hasard, et renforcer la haine bouillante de Laërte en ne libérant pas tout de suite la soupape de sécurité. Malin comme un singe, le Roi avait eu vite fait de remarquer que rien (sauf sa volonté !) n'arrêterait Laërte : « *Who shall stay you? — My will, not all the world's.* » (« Qui t'arrêtera ? — Ma volonté, rien d'autre au monde. ») Avec facilité, par la grâce de petites phrases mesurées, Claudius a impeccablement réussi son projet, et bridé son sujet en freinant ses ardeurs : « *Be you content to lend your patience to us* » (« Contentez-vous de nous prêter votre patience ») ; « *revenge should have no bounds. But, good Laertes, will you do this, keep close within your chamber* » (« vengeance ne doit avoir aucune borne. Mais, bon Laërte, accepterez-vous de faire ceci ? Enfermez-vous dans votre chambre ») ; « *let's further think of this, weigh what convenience both of time and means* » (« réfléchissons-y davantage ; pesons le choix du temps et des moyens ») ; « *strengthen your patience* » (« renforcez votre patience ») ; « *in patience our proceeding be* » (« il nous faut procéder patiemment »). Patience est le mot d'ordre qui, répété jusqu'à en avoir la nausée, doit permettre d'exciter le bon Laërte et l'outrager davantage. Mais Claudius, machiavélique, va plus loin et chatouille sa fierté et son honneur : « *Ce n'est pas que je pense que vous n'aimiez pas votre père ; mais je sais que l'amour est l'œuvre du temps, et j'ai vu, par les exemples de l'expérience, que le temps amoindrit l'étincelle et la chaleur. Il y a à la flamme même de l'amour une sorte de mèche, de lumignon, qui finit par s'éteindre. Rien ne garde à jamais la même perfection. La perfection, poussée à l'excès, meurt de pléthore. Ce que nous voulons faire, faisons-le quand nous le voulons, car la volonté change ; elle a autant de défaillances et d'entraves qu'il y a de langues, de bras, d'accidents ; et alors le devoir à faire n'est plus qu'un soupir épuisant, qui fait du mal à exhaler… Mais allons au vif de l'ulcère : Hamlet revient. Qu'êtes-vous prêt à entreprendre pour vous montrer le fils de votre père en action plus qu'en paroles ?* » Ce sermon n'est pas seulement une merveille d'ingéniosité ; il résonne comme une autocritique inconsciente : mot pour mot, il est applicable à Hamlet ! (Quelle nouvelle démonstration, s'il en fallait une, de l'unité de la pièce et de la cohésion de tous ces jeux de miroir ! Tout en abyme, *Hamlet* est, nous l'avons déjà dit, un immense palais des glaces, un labyrinthe de reflets qui, couloir après couloir, trompent l'œil en renvoyant à chacun l'image qu'il se fait de lui-même ou des autres, en superposant des contraires qui coïncident incroyablement ; *Hamlet* est un dédale d'obscurités où tous les protagonistes sont des caméléons qui, croyant échapper aux autres en se noircissant, ne font que leur ressembler et s'opacifient en eux-mêmes ; *Hamlet* est une guerre où le moi de chaque combattant est un trou noir — de mélancolie — qui veut occuper seul le centre d'une galaxie, et qui, fatalement, en mangeant sans réserve tout ce qui passe à sa portée, s'alourdit, s'effondre toujours un peu plus dans sa mission et finit, trop glouton, par manger ses propres entrailles et par perdre de vue son identité. Ici, par exemple, c'est Claudius qui croit pouvoir manger Hamlet en parlant à Laërte ; mais en parlant à Laërte comme s'il parlait à Hamlet, c'est aussi un peu de Laërte qu'il mange en le ralliant à lui, et un peu de lui-même puisqu'il délivre le fond de sa pensée véridique… Un autre exemple : en abhorrant la hâte perverse, la promptitude criminelle de sa mère à se remarier (« *O most wicked speed* »), Hamlet veut crier sa haine à sa mère, autrement dit, tout en suivant notre raisonnement métaphorique, il veut manger sa mère ; mais ce faisant, de crainte de ne ressembler à sa mère, il contient sa fougue, n'avance pas, prend son temps : il se mange.) Dans la volonté mutuelle de venger un père, le parallèle devient encore plus saisissant quand on se rappelle que le père d'Hamlet a été emporté dans la « floraison de ses péchés » sans avoir eu le temps de recevoir l'absolution, et que Polonius, à la demande de Claudius, qui souhaitait éviter les remous, a été inhumé sans « *rite nobiliaire, ni cérémonie solennelle* » : « tout crie du ciel à la terre et me pousse à exiger une explication », s'était indigné Laërte à cette déshonorante nouvelle. La relation entre Hamlet, l'assassin de son père, et Laërte, qui eût pu devenir son *beau-frère*, ne laissait *a priori* guère de chance à la réconciliation. À l'enterrement d'Ophélie, Hamlet, d'abord à l'abri des regards avec son compagnon Horatio, s'était finalement avancé vers le convoi mortuaire et approché de Laërte qui, ayant tout juste sauté dans la tombe pour prendre une dernière fois sa sœur dans ses bras, et l'apercevant, s'était écrié : « *The devil take thy soul.* » D'un côté, Laërte, écumant de rage, de l'autre, Hamlet, d'un calme olympien, même lorsque le premier l'empoigne : « *prithee, take thy fingers from my throat […] Hold off thy hand* » (« Je te prie, ôte tes doigts de ma gorge […] Ôte ta main »), avait-il très lentement prévenu en articulant, stoïque, inflexible, d'un air décidé, et sur un ton de fatalité résignée. Deux faits remarquables auront surgi après l'apparition d'Hamlet : le mutisme de Laërte qui, tout au long de cette scène, n'aura exprimé que son « *The devil take thy soul* », et le comportement d'Hamlet qui, de la tranquillité du début, se sera changé en colère (et en jalousie déguisée). C'est le moment de la première cause commune défendue par les deux jeunes hommes : l'amour pour Ophélie. « *J'aimais Ophélie. Quarante mille frère ne pourraient avec tout leur amour atteindre la somme du mien* », lance

Hamlet, qui demande aussitôt, par défi, comme si le corps d'Ophélie était encore en vie : « *What wilt thou do for her ?* » (« *Que ferais-tu pour elle ?* ») Exaspéré, il surenchérit : « *Sangdieu, montre-moi ce que tu ferais. [...] Je le ferai* », c'est-à-dire : « Montre-moi ce que tu ferais *pour elle* ». En défiant Laërte par des injonctions morbides (« *Laisse-toi enterrer vif avec elle, j'en fais autant* », *et cætera*), Hamlet se défie lui-même ; en tâtant le terrain, en provoquant, en essayant de voir jusqu'où, par amour, irait Laërte, Hamlet se cherche et cherche la puissance de son amour présumé, il veut savoir jusqu'où il irait à son tour, et, dans un sens, il se fait le double de Laërte, voire érige Laërte en double de lui-même, — il s'unit à l'autre en une exhortation vindicative. Osons aller plus loin : dans cette *affaire d'hommes* et de *corps à corps*, il voudrait, lui, Hamlet, prouver d'une façon ou d'une autre son amour à l'autre, Laërte, de la même manière, racontait Plutarque, que Thiron le Thessalien « *appliqua sur une muraille sa main gauche, tira son épée et se coupa le pouce, en défiant d'un pareil acte celui qui lui disputait l'amour d'un jeune garçon* ». Cependant Laërte continue *à se taire, à se terrer* dans le silence... à s'atterrer en son for intérieur ? « *Écoutez-moi, monsieur, pourquoi me traitez-vous de la sorte ? Je vous ai toujours aimé* », enchaîne Hamlet, dans la solitude de son dialogue désormais morne. « *I lov'd you ever.* » Lutte « *sentimentale* » ? La preuve ! Ce « *I lov'd you ever* » n'est pas sans rappeler le « *I lov'd Ophelia* », et j'imagine que leur diction dut être en tous points semblable. C'est comme si, pour Hamlet, survivaient en Laërte les deux images adorées du père et de l'aimée... et qu'en même temps, s'oubliait en elles, il s'oubliait devant Laërte, — à la fois pour ce que Laërte *reflète* de ces images et pour ce qu'il *reflète*, en fin de compte, de lui-même... Hamlet l'avait auparavant clairement admis devant un courtisan (Osric) : « *But, in the verity of extolment, I take him to be a soul of great article; and his infusion of such dearth and rareness, as, to make true diction of him, his semblable is his mirror; and who else would trace him, his umbrage, nothing more* » (« *Mais pour garder sa vérité à la louange, je le tiens pour une âme de grande valeur, et il y a en lui une infusion de qualités si rares et si précieuses que, pour l'exprimer en termes vrais, il n'a de semblable que son miroir, et qui d'autre que son ombre pourrait l'imiter... rien d'autre* »). Qui est son miroir ? Pourquoi pas Hamlet en personne ? Et s'il ne l'est pas, si le miroir, c'est Laërte, qui y contemple-t-il, en définitive ? Son propre reflet... Flagrance du raisonnement ! Hamlet et Laërte, tous deux *ex æquo*, se confondent à la perfection : « *But I am very sorry, good Horatio, that to Laertes I forgot myself; for, by the image of my cause, I see the portraiture of his* » (« *Mais j'ai grand regret, bon Horatio, de m'être oublié devant Laërte ; car dans l'image de ma cause je vois le portrait de la sienne* »), avouera plus tard Hamlet, en expirant, à Horatio. L'*identification* est grande ; et elle s'amplifiera dans le tournoi des enjeux qui se perdent, dans la vaine bataille, le *close-combat* qui devra sceller leur sort et *les réunir*. Avant qu'ils ne commencent, Laërte n'*accouche*-t-il pas d'un : « *I do receive your offer'd love like love* » ? (Déprats écrit : « *Je prends pour amitié votre offre d'amitié* », — mais je préfère, pour la traduction de « *love* », « *amour* » à « *amitié* », tel Malaplate : « *J'accepte pour amour l'amour que vous m'offrez* ».) Dans ce « *pari entre frères* » (« *brother's wager* »), Hamlet ne se fait pas prier pour accepter cette preuve d'amour. *War in love, peace for love, — peace and love, love in pain,* — qu'importe ! C'est un combat pour l'amour, ou contre l'amour, dans lequel les amours vont ferrailler. Hamlet et Laërte, avant l'*échange* (et pendant — et après), s'échangent des amabilités, font des manières : sont-ils vraiment là pour une mise à mort ?... C'est par une question des plus anodines, posée par Hamlet lors de la présentation des armes, que je vais analyser l'attitude *féminine, sororale*, des deux frères de cœur (un Jésus et un Jean-Baptiste ?). Laërte vient de refuser une épée, qu'il trouvait trop lourde... et Hamlet s'interroge : « *These foils have all a length?* » (« *Ces fleurets ont-ils tous la même longueur ?* ») Mais ce n'est pas tout, le meilleur étant à venir : « *I'll be your foil, Laertes* », ajoute-t-il sans rougir ! (« *Je serai votre fer-valoir* », dans la traduction la plus juste que j'aie trouvée, celle de la *fine mouche* Maguin.) Immédiatement, en lisant les expressions de ce souci et de ce jeu de mots (en un sens légitimes, certes, mais légèrement incongrus dans la forme), s'imposent à moi deux visions : celle d'un Hamlet évaltoné, décontracté (la main pendante, le poignet cassé et l'auriculaire relevé, m'imaginé-je), et celle (excusez du peu) d'un *phallus* ! Sur ce point, Lacan ne me contredirait pas, lui qui nota (*La relation d'objet et les structures freudiennes*) qu'Hamlet est « *un être féminin ambigu qui représente lui-même, et qui incarne en quelque sorte au-delà de la mère, le phallus qui lui manque, et l'incarne d'autant mieux qu'il ne le possède lui-même pas, mais plutôt qu'il est tout entier engagé dans sa représentation* ». Par ailleurs, j'ai relevé dans la pièce deux passages probants : le premier concerne Laërte qui, après avoir pleuré à l'annonce de la mort de sa sœur, déclame : « *When these [tears] are gone, the woman will be out* » (« *Quand ces larmes auront coulé, la femme en moi sera tarie* »). L'avouerai-je ? oui, il le faut : à ma première lecture, je crus qu'il parlait d'Ophélie ; qu'en arrêtant de pleurer, elle s'effacerait de sa pensée et amoindrirait sa tristesse (ni par haine ni par dépit, mais pour accomplir plus facilement le deuil). Cependant, en relisant cette phrase, je rajustai le sens véritable des propos et compris, bien sûr, qu'il désignait par là, de façon sexiste, la nature faible (et ridicule) de la femme qui cède aux émotions et se met à « pleurnicher ». En tout cas, je veux en venir à ceci (qui, sans être solide, est tout de même original) : Laërte ne cache pas qu'il y a (ou qu'il y a eu) une *part de féminité* en lui. Ce qui m'amène au second passage, qui concerne maintenant un aveu d'Hamlet, dont Horatio est le témoin : « *Tu ne saurais imaginer le malaise que je ressens là autour du cœur [...]. Bêtise, sans doute, mais c'est le genre de pressentiment qui troublerait peut-être une femme.* » Hamlet trahit lui aussi sa *part de féminité*, car, si la femme serait troublée, il ne l'est pas moins lui-même, et c'est ce qu'il fallait démontrer ! Bien que Laërte et Hamlet apparaissent comme des êtres androgynes, on mesure à quel point ils résistent inconsciemment contre cette éventualité en protestant « phallocratiquement » contre la Femme, qui n'est autre que la mère et qui se matérialise si bien en Ophélie (ce qui, en passant, nous permet d'ajouter, au « *double souci* » dont nous avons parlé plus haut, celui, pour Hamlet, de se défouler quand il rejette sur Ophélie les défauts de sa mère qui a souillé son père, c'est-à-dire, en somme et en généralisant, de lui imputer les défauts de *la* femme qui souille *l*'homme). Nous reviendrons plus tard sur le concept de l'*androgynéité*, mais illustrons tout de suite nos allégations en nous référant, par exemple, à la misogynie d'Hamlet qui transparaît à la scène 1 de l'acte III, lorsqu'il fulmine contre Ophélie, et par conséquent contre *la Femme*, autrement dit contre *la mère* : « *Or, if thou wilt needs marry, marry a fool; for wise men know well enough what monsters you make of them* » (« *Ou si tu veux absolument te marier, épouse un pitre ; car les sages savent trop bien quels monstres vous faites d'eux* »). Delacroix n'avait donc pas tort de représenter Hamlet sous les traits d'une femme… (Je pense tout à coup à l'un des personnages les plus attachants que la plume d'Henry James ait conçus, une certaine Madame de Mauves, — espèce de Madame Bovary puissance dix, ayant l'intelligence plus raffinée, — et qui aurait fait une « très bonne Hamlet », ces deux-là oscillant constamment — et passionnément — entre une déception vague et la peur, tout aussi vague, d'être déçus, et par conséquent résolus à ne rien entreprendre tant que peut s'immiscer dans leur esprit torturé le moindre des petits doutes sur l'éventualité qu'il y ait, au final, l'imperceptible chance de n'être pas satisfait entièrement. Voici le mode de pensée désabusé d'un être seul au monde qui, n'ayant pas besoin de celle que les autres pourraient lui offrir, trouve sa consolation en lui-même, dont la foi, puissante, vacille quand même, et dont la féminité n'a d'égale que son « hamletité » : « *Je n'aime pas davantage mon "monde" que vous ne le faites, et ce n'est pas pour lui que j'y suis entrée. Mais quel groupe particulier de gens mérite-t-il que l'on place en lui sa foi ? J'avoue que j'ai parfois le sentiment que les hommes et les femmes sont de bien piètres créatures. Je suppose que je suis romantique. J'ai un penchant fort funeste pour l'assonance poétique. La vie est de la prose rugueuse, que l'on doit apprendre à lire sans se plaindre. […] Ce que je pensais, ce que je croyais, ce que j'espérais lorsque j'étais une jeune fille ignorante, fatalement encline à tomber amoureuse de mes propres théories, est plus que je ne peux entreprendre de vous dire à présent. Parfois, lorsque je me souviens de certaines impulsions, de certaines illusions de ces jours-là, j'en reste le souffle coupé et je m'étonne que l'éblouissement de mes visions n'ait pas été pour moi la cause de tourments plus grands que ceux dont je me lamente aujourd'hui. […] C'était pour la foi passionnée une forme bien singulière à prendre, mais elle avait toute la douceur et l'ardeur de la foi passionnée. Elle m'a conduite à franchir un grand pas, et elle me laisse maintenant loin en arrière comme une ombre qui se dissout lentement à la lumière de l'expérience. Elle a pâli mais elle ne s'est pas évanouie. Certains sentiments, j'en suis sûre, ne meurent qu'en même temps que nous ; certaines illusions sont autant la condition de notre vie que nos battements cardiaques. Certains disent que la vie elle-même est une illusion — que ce monde est une ombre dont la réalité reste encore à venir. Quant à mon "isolement", il n'a guère d'importance ; il est, pour une part, la faute de mon obstination. […] Il y a eu des instants où j'ai souhaité être la fille d'un pauvre pasteur de Nouvelle-Angleterre, vivant dans une petite maison blanche à l'ombre d'un couple d'ormes […].* » Fuyant leurs responsabilités sans en avoir l'air, mus par la vision de la folie de l'existence, Hamlet et Madame de Mauves promènent avec eux une même mélancolie, la mélancolie de la résignation prostrée qui succède à la mélancolie de la crispation de la volonté. (On pourrait dire qu'ils ont en commun la même « *frustration* », dont il faudrait en priorité rechercher la racine dans le « *frustra* » latin qui, avant de donner « privé de ce qui est dû, de ce qui est espéré », avait le sens de « *en vain* », et que seul « *frustrané* » (« *qui a lieu en vain* », « *qui est inutile* ») a sauvegardé, même s'il n'est guère plus utilisé qu'en botanique.) Sur le banc de la désolation, Hamlet et Madame de Mauves sont assis, calmes, silencieux, ne font qu'un, ou plutôt qu'une : ils sont comme une « *colombe femelle* » attendant la paix de l'âme, la fin du désir insatisfait, c'est-à-dire la mort.) Chacun de leur côté, Hamlet et Laërte dévoilèrent des réactions qui, quoique finement imperceptibles, étaient pourtant féminines (je ne risquerai pas l'épithète « homosexuelles ») ; et celles-ci se firent plus prononcées, plus tangibles, explosèrent quand ils se retrouvèrent *l'un contre l'autre*… (Comme Shakespeare lui-même et le fameux « Mr. W.H. » à qui étaient dédiés les Sonnets ?...) Pour revenir à Lacan et à son séminaire précédemment cité, où il s'appuyait sur la *Fragoletta* de Henri de Latouche : « *et montrant bien là l'équivalence d'un certain objet féminin avec un rival, le même autre qui est celui dont il s'agit quand Hamlet tue le personnage du frère d'Ophélie.* » Et je ne puis résister à recopier cette autre observation d'un autre séminaire (*L'angoisse*), où se rejoignent l'*ambition* et la *féminité* : « *l'entrée, dans Hamlet, de ce que j'ai appelé ici la fureur de l'âme féminine, c'est ce qui lui donne la force de devenir, à partir de là, ce somnambule qui accepte tout, jusques et y compris […] dans le combat d'être celui qui tient l'enjeu, qui tient la partie pour son ennemi, le roi lui-même, contre son image spéculaire, qui est Laërte.* » Cette ambiguïté de rapports n'est pas sans rappeler (si seulement Hamlet et Laërte se fussent entendus plus tôt) celle qui animait David et Jonathan (ce dernier, fils de Saül, prévint à plusieurs reprises le premier des projets d'assassinat que nourrissait son père) : « *Je suis dans la douleur à cause de toi, Jonathan, mon frère ! Tu faisais tout mon plaisir ; ton amour pour moi était admirable, au-dessus de l'amour des femmes.* » (2 Sam 1,26) (À ce propos, il existe un « *mouvement homosexuel chrétien* » portant le nom de « David & Jonathan », et dont les membres s'appellent des « déjistes » !) La même ambiguïté s'élève chez deux autres ennemis jurés du théâtre shakespearien, j'ai nommé : Caïus Marcius Coriolan et Tullus Aufidius. Ils s'affrontent en rendant haine pour haine, certes, mais leur admiration mutuelle leur fait, en cachette, sans que rien ne trahisse leurs sentiments, rendre amour pour amour. « And were I anything but what I am, I would wish me only he » (« Et si je n'étais moi, c'est lui que je voudrais être »), dit en substance Coriolan, comme Hamlet disait : « *car dans l'image de ma cause je vois le portrait de la sienne.* » Quand Coriolan propose à Aufidius de rejoindre, justement, sa cause (les causes seraient trop longues à expliquer ici, et j'omettrai les circonstances de la trahison à venir d'Aufidius), les serviteurs d'Aufidius ébahis, ahuris, constatent combien l'amitié est venue d'un coup supplanter l'inimitié, faisant l'un de l'autre « *more a friend than e'er an enemy* », et observent la manière stupéfiante dont le général traite son hôte, « *comme une maîtresse* », dont il « *lui touche la main avec adoration et l'écoute les yeux blancs d'extase* ». Écoutez même de la bouche d'Aufidius à quelle hauteur est porté cet amour révélé : « Know thou first, I lov'd the maid I married; never man sighed truer breath; but that I see thee here, thou noble thing! more dances my rapt heart than when I first my wedded mistress saw bestride my threshold » (« *Sache-le, j'aimais la vierge que j'ai épousée ; jamais amoureux ne poussa plus sincères soupirs ; mais à te voir ici, toi, le plus noble des êtres, mon cœur bondit avec plus de ravissement qu'au jour où je vis pour la première fois ma fiancée franchir mon seuil* ») ! — Mais quittons ces deux amants originaux pour revenir à ceux qui nous concernent (« *si vous trouvez que j'ai déraisonné ou trop causé, rappelez-vous que je suis la Folie, et femme qui pis est* », ricane Érasme), du moins pour revenir à ce qui nous concerne à présent : la *catastase*, — le *dénouement* !... Pendant qu'ils en sont à leurs assauts dans cette escrime *valeureuse* et *stérile* à la fois, la reine boit par inadvertance dans la coupe empoisonnée que le roi perfide réservait ultimement à Hamlet, où il avait introduit une « *perle* » (« *onyx* » ou « *union* » selon la version, puis « *pearl* »). À ce moment, Hamlet est touché par la pointe de la rapière de Laërte, qui avait été trempée dans le poison. Aussitôt a lieu un corps à corps où les rapières sont échangées, et Hamlet blesse à son tour Laërte. Ce dernier, pris à son propre piège, se dit tué par sa propre traîtrise et confesse à Hamlet qu'ils vont tous deux mourir par la faute du roi. « *La* pointe est envenimée ? Alors, venin, à l'œuvre », s'exclame Hamlet en pourfendant son beau-père. Dans un dernier souffle, *l'un dans l'autre*, Laërte complimente le geste d'Hamlet et le supplie d'oublier la rancœur : « *Échange ton pardon avec moi, noble Hamlet* » ; et Hamlet de lui répondre : « *Le Ciel t'acquitte ! Je te suis.* » Ainsi, tel un jeu de dominos où chacun entraîne l'autre dans sa chute, ayant bu « *la vie dans la coupe de la mort, et la mort dans la coupe de la vie* » (Gibran), meurent *coup sur coup*, après le décès du père, de Polonius et d'Ophélie, la reine, le roi, Laërte et bientôt Hamlet, et tel un château de cartes qui, d'un affaissement croissant de ses bases, à la fin doit s'écrouler, la (ruineuse) malédiction qui pesait sur la famille royale du Danemark achève sa moisson indécente et mortuaire, *incarnadine*, « *with blood of fathers, mothers, daughters, sons* » (rappel de la scène 2 de l'acte II et de la tirade d'Hamlet, où Énée parle du meurtre de Priam). — Troisième *tercio* (de mise à mort) : Horatio, remarquant qu'il reste « *encore un peu de cette liqueur* », souhaite accompagner Hamlet dans le royaume des trépassés, mais celui-ci l'en défend sèchement afin qu'en témoin principal il puisse raconter au monde le véritable déroulement de toute l'histoire, — une dernière volonté que Rousseau n'eût point désavouée, lui qui écrivait dans l'*opus* déjà cité : « *Que deviendra cet écrit ? [...] Je ne sais quel parti le Ciel me suggérera, mais j'espérerai jusqu'à la fin qu'il n'abandonnera point la cause juste.* » — Bien que les derniers mots que Hamlet prononça avant qu'il n'expirât, fussent : « *Le reste est silence* » (je vais y revenir), — je prolongerai furtivement cette très verbeuse balade par un nouveau point de vue freudien, qui n'est autre que le prolongement de ce qui a été dit plus haut. Freud, en bon rationnel, a constamment tenté de comprendre tout ce qui butait contre toute tentative évidente d'explication. Que l'on se souvienne de son étude du Moïse de Michel-Ange, exposé dans le tombeau de Jules II à la basilique Saint-Pierre-aux-Liens. L'interprétation de la posture et du caractère ce cette statue a défié tous les spécialistes de tous les temps, et Freud, toujours impressionné lors de ses visites à Rome, ne fut pas intimidé pour relever à son tour le challenge et se retrousser les manches pour démystifier cette délicate énigme. C'est pourquoi il s'intéressa très longtemps à *Hamlet*, « *ce chef-d'œuvre de Shakespeare, vieux de plus de trois cents ans* », comme il l'écrivait justement dans *Le Moïse de Michel-Ange*, publié en 1914, où il s'étonne légitimement de la « *surabondance d'interprétations diverses impossibles à concilier que d'opinions sur le caractère du héros et les intentions du poète* » : « *Shakespeare a-t-il voulu éveiller notre sympathie pour un malade, pour un dégénéré incapable d'adaptation ou bien pour un idéaliste, exilé dans notre monde réel ? Et combien de ces interprétations nous laissent tellement froids qu'elles ne peuvent rien nous apprendre sur l'impression produite par l'œuvre, nous réduisant à fonder son prestige plutôt sur le seul effet de la pensée et de la splendeur du style ! Et tous ces efforts ne nous font-ils pas justement voir que la découverte d'une source plus profonde à notre émotion est nécessaire ?* » Voilà pourquoi, de même qu'il s'était vivement intéressé au Faust de Goethe et au Moïse de Michel-Ange, il s'occupa avec beaucoup d'entrain et de volonté au personnage de Hamlet (et j'irai jusqu'à dire que c'est le thème de fiction qui l'a le plus sérieusement enthousiasmé, occupé et travaillé, voire taraudé). Il mit des années avant de comprendre ce qui était vraiment en jeu dans ce drame, et, quand il le comprit enfin, à la lumière du rapprochement avec l'*Œdipe Roi* de Sophocle, il put concevoir le *complexe* si célèbre (et Ernest Jones écrira en 1949 un livre entier à ce sujet, portant sobrement le titre de *Hamlet et Œdipe*). Il existe un petit essai de Freud datant de 1905, *Personnages psychopathiques à la scène*, publié en anglais en 1942 seulement, où il explique le problème fondamental qui est de comprendre « *comment un homme jusque-là normal devient, de par la nature particulière de la tâche qui lui est assignée, un névrosé chez qui une motion jusque-là heureusement refoulée cherche à se faire valoir* ». Selon Freud, c'est la réunion de trois aspects spécifiques à la pièce de Shakespeare qui dessine une ligne de réflexion : « *le héros [...] devient psychopathique* » ; l'identification au héros ; « *l'auditeur est [...] saisi par des sentiments, au lieu de s'expliquer les choses* ». Ce dernier aspect révèle combien « *la masse des êtres humains [est] prête à tenir fermement à ses refoulements infantiles* », — ce que, de nouveau, il fallait démontrer, — car ce qui se détache ici, c'est le *complexe d'Œdipe*. Voici ce que Freud en rapporte dans *Ma vie et la psychanalyse* : « *De la compréhension de cette tragédie du destin, il ne restait qu'un pas à faire jusqu'à l'intelligence de la tragédie de caractère qu'est Hamlet, admirée depuis trois cents ans sans qu'on puisse en indiquer le sens ou comprendre les mobiles du poète. Il est donc remarquable que ce névrosé créé par le poète échoue sur le complexe d'Œdipe, comme ses innombrables confrères du monde réel, car Hamlet est mis en face du devoir de venger sur un autre les deux actes qui constituent l'essence de l'aspiration œdipienne, sur quoi son propre et obscur sentiment de culpabilité vient paralyser son bras.* » Nous avions déjà souligné cette difficulté que Hamlet avait rencontrée avant de *se résoudre à agir* (scène 5 de l'acte IV), difficulté qui n'était autre que l'expression du conflit inconscient entre ses désirs et les interdits sous-jacents qui le rivait au sol et empêchaient leur réalisation. On peut lire dans *L'interprétation des rêves* que « *Hamlet peut tout, sauf accomplir la vengeance sur l'homme qui a éliminé son père et pris sa place auprès de sa mère, cet homme qui lui montre la réalisation de ses souhaits d'enfance refoulés* » (on aura notamment pu sourire, tout en pensant à ce complexe — *œdématique* —, en écoutant Hamlet admonester sa mère : « *Good night: but go not to mine uncle's bed* » !). On peut encore lire, tant cette question est fondamentale chez Freud, tant elle le poinçonne, dans une lettre à Wilhelm Fließ (figurant dans le livre *La naissance de la psychanalyse*), un condensé des deux passages précédents : « *Comment expliquer cette phrase de l'hystérique Hamlet : "C'est ainsi que la conscience fait de nous tous des lâches ?" Comment comprendre son hésitation à venger sur son père le meurtre de son oncle, lui qui n'a aucun scrupule à envoyer ses courtisans à la mort et qui n'hésite pas une seconde à tuer Laërte ? Tout s'éclaire mieux lorsqu'on songe au tourment que provoque en lui le vague souvenir d'avoir souhaité, par passion pour sa mère, de perpétrer envers son père le même forfait. "Si nous étions traités suivant nos mérites, qui pourrait échapper à la fustigation ?" Sa conscience est son sentiment inconscient de culpabilité.* » Marie-Thérèse Jones-Davies, la préfacière du *Hamlet* de Malaplate, réexprime ces commentaires freudiens avec ses propres termes : « *Hamlet est une tragédie de la vengeance certes, mais d'une vengeance qui ne s'accomplit pas* », — et, quoiqu'il emprunte d'autres voies, Coleridge lui aussi ne s'éloigne guère de ce constat de l'inaccomplissement : « *He does not want courage, skill, will, or opportunity; but every incident sets him thinking.* » (Tout ce qui a trait à la *vengeance* est, dans cette pièce, un *leitmotiv* dont on perd la signification à mesure qu'il se répète. Mais qu'est-ce que la vengeance, quel est son *intérêt* ?... Obtenir gain de cause ? Mais laquelle, au juste ? Je me pose la question : vaut-il la peine de faire monter sur l'échafaud celui qui a commis un meurtre ? À quoi bon la Loi du Talion ? à quoi bon les « *life for life, eye for eye, tooth for tooth, hand for hand, foot for foot, burning for burning, wound for wound, stripe for stripe* » (*Ex 21,23-25*) ? Que résout-on ? qui acquitte-t-on et, surtout, de quoi s'acquitte-t-on ?... Hamletienne *insolubilité* !... L'insatisfaction, — toujours elle, — démange et dérange : la vengeance satisfait-elle un désir réel ? Il semble qu'en cette année de deuil, où il aura été permis à Hamlet de naître une seconde fois pour mourir dans la foulée de cette renaissance, le désir se soit volatilisé et l'ait voué à une insatisfaction sans objet, celle de la rétorsion contre l'*être*, son *être-au-monde*. Comme Freud le rappelle, la vengeance se convertit « *par des autoreproches, par des scrupules de conscience, qui lui font observer que, littéralement parlant, [son père] n'est pas meilleur que le pêcheur qu'il doit punir* ». Du reste, la vengeance étant un plat qui se mange froid, elle court le risque, si elle est bornée et si l'on en croit le Satan de Milton, de se geler : « *Revenge, at first though sweet, / Bitter ere long back on it self recoiles* » (« *La vengeance, quoique douce d'abord, amère avant peu, sur elle-même recule* »).) — L'affection psychogène qui touche Hamlet, selon la « *même idée d'un complexe incestueux* » (Œdipe), « *mais mieux voilé* », dit encore Freud dans *Cinq leçons sur la psychanalyse*, est selon moi l'un des *prétextes* du Spectre du père. Ainsi que je le suggérais plus haut, la caractérisation du Spectre « *rend intelligibles* » les conflits liés au complexe d'Œdipe : d'un côté, le parricide, déjà effectué par l'oncle, n'est plus refoulé ; d'un autre, la présence du père ressuscité ne laisse plus dans le cœur de Hamlet que l'amour et le désir de vengeance, en il satisfera sa haine en la reportant sur le nouveau roi. Mais j'ai aussi montré que le Spectre du père rendait intelligible le « *poids du péché* », ce que retraduit Freud dans une lettre expédiée à Wilhelm Fließ où il lui fait part de ce que la *conscience* de Hamlet « *est sa conscience de culpabilité inconsciente* ». Je profiterai de cette même lettre pour aborder un dernier point qui témoigne de l'infini de l'« ironie de l'histoire » de Hamlet : « *Et ne réussit-il pas à la fin, de manière aussi étonnante que mes hystériques, à provoquer son propre châtiment en subissant le même destin que son père, celui d'être empoisonné par le même rival ?* » La cause de Hamlet était *devenue la cause de son père* — et *devenue à cause de lui* !... — Voilà, ici se termine *mon* Hamlet, c'est-à-dire *ma* mélancolie, c'est-à-dire le « non-Hamlet », car comme l'écrit Oscar Wilde dans *La critique est un art* : « *En somme, il n'y a pas d'Hamlet de Shakespeare. Si Hamlet possède un peu de la netteté de l'œuvre d'art, il comporte aussi toute l'obscurité propre à la vie. Il y a autant d'Hamlet que de mélancolies. […] L'art qui naît de la personnalité ne se révèle aussi qu'à la personnalité […].* » Prenons un exemple entre cent en revenant à l'une des conceptions de Goethe (ou de Wilhelm Meister, peu importe) qui est en désaccord avec la mienne : selon lui, la mélancolie d'Hamlet se fait jour à partir du moment où il constate que son oncle a véritablement usurpé son droit de monter sur le trône. Or, je l'ai écrit plus haut, à mon avis, il semble, pour ainsi dire, que Hamlet ait « *de tous temps été un mélancolique* ». En revanche, j'opine tout à fait devant l'idée de faire du « *the time is out of joint* » (« *le temps est hors de ses gonds* ») le moment clef de la pièce. Ici, Wilhelm résume la construction de la pièce à partir d'un simple matériau autour duquel Shakespeare a tout laissé graviter, celui d'« *un grand acte imposé à une âme trop faible pour l'accomplir* » (« *eine große Tat auf eine Seele gelegt, die der Tat nicht gewachsen ist* »), et il illustre cette pensée par la métaphore d'« *un chêne planté dans un vase précieux, qui n'aurait dû recevoir dans son sein que d'aimables fleurs : les racines s'étendent et le vase est brisé* ». Ô combien chère image ! Notre syndrome du « vase sacré », plus tôt appliqué à Hölderlin, se répète avec la figure d'Hamlet : « *das Gefäß wird zernichtet* » ! Que j'aime ces résonances qui n'en finissent jamais ! Serait-ce que l'on pût réellement expliquer l'univers avec ses quarante pages prévues par Mallarmé ?... Ha !... Chut ! (Coupe-hâblerie.) — Blague à part, ici — *donc* — se termine *mon* Hamlet : « *Un Hamlet de moins* », diront les détracteurs en paraphrasant Laforgue, mais : « *La race n'en est pas perdue, qu'on se le dise !* » — Folie, écoute-moi : crache !... — « *The rest is silence.* » — *Rest in peace*… *Rest* !... Repos !... « *This bad begins, and worse remains behind* », avait-il prévenu (III, 4) ! Ô malheur de l'étoile du mal-né ! En un silence, — tel se « *termine le redoutable drame de la vie et de la mort* », écrivait Victor Hugo, — et « *par un gigantesque point d'interrogation* » ! Un mystère demeure, qui rend la pièce encore plus vertigineuse ; car Hamlet s'en est allé — mais peut-être accompagné par un secret, le *Secret* ultime. Quel secret ? Il prend à parti l'assistance, il interpelle le public interdit : « *You that look pale and tremble at this chance, that are but mutes or audience to this act, had I but time—as this fell sergeant, death, is strict in his arrest—O, I could tell you—but let it be* » (« *Vous qui avez l'air blême et frissonnez à cet événement, simples spectateurs ou muets figurants de ce drame, si j'avais le temps, mais ce cruel sergent, la Mort, est rigoureux dans ses arrêts, oh ! je pourrais vous dire… Mais laissons* »). Que voulait-il dire ?... « *Mais laissons.* » Ô terrible ! Dis-le-nous, très noble Hamlet ! dis-nous ton secret — *ineffable* ! Non, ce n'est plus qu'un silence qui répond à notre désir de savoir… — « *The rest is silence.* » — Ses dernières paroles se reportent — et se reposent — sur son autre « frère », Fortinbras, son autre objet d'identification, celui qui, tout autant voulu imiter l'honneur, et qui montera selon toute vraisemblance sur le trône défait : « *He has my dying voice.* » — « *The rest is silence.* » — Telle une flûte enchantée qui serine son « *Nur Stille ! Stille ! Stille ! Stille !* » (« *Chut, silence ! silence ! silence ! silence !* »), son avenir s'évapore dans un chuchotement… — « *The rest is silence.* » Tout à la fin, Fortinbras rend hommage à Hamlet, mais on ne sait sur quoi pourrait bien s'appuyer cet hommage, puisqu'il n'a nullement suivi le cours des événements ; laquelle bizarrerie fera dire à Kafka : « *Comment Fortinbras pouvait-il dire qu'Hamlet avait fait ses preuves d'une manière éminemment royale.* » (Proposition : la mélancolie ayant quitté son hôte Hamlet, elle se réfugiera peut-être dans Fortinbras vieillissant, lequel ainsi finira comme Charles Quint, les hémorroïdes en moins.) — Revenons aux *last words* (*last words, last words*) : le *First Folio*, dont nous avons déjà parlé (*Mr. William Shakespeares Comedies, Histories, & Tragedies*), première compilation éditée en 1623 contenant trente-six pièces, indiquait : « *The rest is silence. O, o, o, o.* » — Ô !... les « *o* » !... Un « *o* » qui ressemble, fulgural, au « *ah !* » râlé par le don Juan de Lorenzo Da Ponte, qui meurt englouti par les flammes… — « *The rest is silence.* » — Ô christique délire ! ironie !... Ô Fol-en-Christ !... Ô croix !... Folie ! La *stultitiam crucis*, l'*ultima verba* — d'avant la résurrection !... « *The rest is silence. O, o, o, o.* » Ô Ciel, ô Terre, je vous implore, je vous sonde ! Qu'y a-t-il sous le Ciel et sur la Terre ? Tous ces « *heaven* » et tous ces « *earth* », toutes ces invocations du ciel et de la terre, au moins une centaine dans la pièce ! « *O all you host of heaven! O earth!* » hurle Hamlet. « *What should such fellows as I do crawling between earth and heaven?* » (« *À quoi bon des êtres tels que moi qui se traînent entre ciel et terre ?* ») Ne peut-on pas interpréter de deux manières ces paroles bibliques : « *Thy will be done in earth, as in heaven* » ?... — Effort, peine, fin : « *endeavour* » ! — Hamlet, qui est à la fois au-dessus des nuages et sous la terre ; Hamlet, qui disait, après le meurtre

254

de Polonius, que le Ciel l'avait désigné comme Son fléau et Son ministre (« *scourge and minister* ») ; Hamlet est déchiré entre deux mondes, entre Platon et Aristote ; Hamlet est comme Jésus, suspendu sur sa Croix, et tous les deux égrènent des « *Ô Dieu ! tu connais ma folie* » (*Ps 69,6*)… Ô Dieu ! ô Dieu ! ô Dieu !... « *O, o, o, o.* » — « *The rest is silence. O, o, o, o.* » — Ô folie ! offense !... « *Père, pardonne-leur, car ils ne savent ce qu'ils font.* » (*Lc 23,34*) — Ô fidèle et lige Horatio !... « *Je te le dis en vérité, aujourd'hui tu seras avec moi dans le paradis.* » (*Lc 23,43*) — Ô mère !... « *Femme, voilà ton fils.* [...] *Voilà ta mère.* » (*Jn 19,26-27*) — Ô père !... « *Éli, Éli, lama sabachthani ?* » « *Mon Dieu, mon Dieu, pourquoi m'as-tu abandonné ?* » (*Mt 27,46*) Ô père !... « *Père, je remets mon esprit entre tes mains.* » (*Lc 23,46*) — Ô coupe empoisonnée !... « *J'ai soif.* » (*Jn 19,28*) — « *Le reste est silence.* » — Ô silence !... — Ô fin !... « *Tout est accompli.* » (*Jn 19,30*) — Mourir ! mourir… ou peut-être rêver !... Hamlet avait soif de je-ne-sais-quoi, nous tous avions soif de je-ne-sais-quoi, et nous avons soif encore dans ce vide et ce silence. Nous devrions boire à l'amère coupe en forme de point d'interrogation de l'« être, ou ne pas être », tel cet inconnu grec : « *D'où vins-je ? Et où irai-je ? Et pourquoi ? Pour partir / Si vite et de nouveau ? Pour apprendre ? Mais quoi ? / Ce moi né du néant, quoi donc apprendra-t-il ? / Sorti de rien, je vais bientôt m'anéantir. / Tout sera comme avant. Ô mal court et subtil, / Inconsistants humains ! Mais le vin que l'on boit / Est l'antidote à tout tourment.* » Moi, c'est ce silence qui me tourmente… Que reste-t-il ? « *Le reste est silence.* » Chute — au cœur de la tempête ! « *To cabin! silence!* » — Lord Byron, qui avait fait dire « *Is silence death ?* » à son Caïn, avait lui-même dit sur son lit de mort : « *Now I shall go to sleep. Goodnight.* » — Quels furent les quatre derniers mots du *Tractatus* ? « *Darüber muß man schweigen* » ! — Et Titus ? Titus qui « feignit » aussi la folie (alarmé), devant le tombeau de sa vingtaine de fils morts au combat (ah, l'armée), tentant de se consoler (ah, larmer) : « *In peace and honour rest you here, my sons* [...] *No noise, but silence and eternal sleep* » ! — « *The rest is silence.* » — *Hark !* — Kierkegaard, dans le symbolisme esthético-éthique : « *Lorsque tout est devenu calme autour de soi, solennel comme une nuit étoilée, lorsque l'âme est seule dans le monde entier, alors apparaît devant elle, non pas un être supérieur, mais la puissance éternelle elle-même, le ciel se disjoint pour ainsi dire, et le moi se choisit lui-même ou, plutôt, se reçoit lui-même. Alors l'âme a vu le bien suprême, ce qu'aucun œil mortel ne peut voir et qui ne peut jamais être oublié, alors la personnalité reçoit l'accolade qui l'ennoblit pour l'éternité. Elle ne devient pas autre que ce qu'elle était déjà, mais elle devient elle-même.* » — « *Silence ! Tout est fait. Tout retombe à l'abîme.* » — « *The rest is silence.* » — …

* * * * *

On entend souvent que « la vie ne tient qu'à un fil », expression qui parle d'elle-même grâce à la multiplicité des images qu'elle renvoie à tout un chacun, telle la marionnette suspendue au-dessus du vide, tels les obstacles de la contingence qui s'évitent d'un rien (d'un « cheveu »), telle la mince ligne sur laquelle marche le funambule ou le fil-de-fériste, — mais de nos jours, combien, pris dans la masse, savent que l'origine de ce « fil » est due aux trois filles de Jupiter et de Thémis, prénommées Clotho, Lachésis et Atropos, — parfois appelées les Filandières, — c'est-à-dire aux Parques ? Elles président à notre destinée en respectant ce que contiennent les écritures des tables d'airain : à l'aide de fils d'or, de soie, de laine blanche et noire, Clotho file l'existence des hommes, tandis que Lachésis, habillée de noir, la plus vieille des trois, ordonne que le sort inscrit soit obéi et qu'Atropos (ou Morta), de ses ciseaux, tranche le fil. C'est en pensant à cette dernière que Pierre de Ronsard écrivit dans ses *Odes* : « *Là je veux que la Parque / Tranche mon fatal fil.* » — La vie ne tient qu'à un fil, et que sait-on de ce qu'il serait advenu de Hamlet si la mort de son père ne l'avait poussé à se venger ? Le temps passant, il serait monté sur le trône et aurait dit en se morfondant, selon les mots de Henry V dans l'autre pièce de Shakespeare, qu'« *il nous faut tout supporter* » : « *What infinite heart's ease must kings neglect, that private men enjoy?* » (« *Que de bonheurs infinis dont les rois sont privés et dont jouissent les particuliers ?* ») — La vie ne tient vraiment qu'à un fil, ou plutôt à une dissymétrie, celle de la matière et de l'antimatière (la *brisure de symétrie CP* découverte par Andreï Sakharov) : à cause d'une misérable petite particule de matière surnuméraire dans un lot d'un milliard de paires de particules matière/antimatière, je suis là à écrire — et vous à lire… — La vie ne tient qu'à un fil, ou, puis-je me permettre, l'ouvrage de broderie que je tisse depuis quelques centaines de pages ne tient qu'à un fil — que je dispose, coupe, redispose, échange ou jette. La trame de ma vie (ou de mon livre, c'est bonnet blanc, blanc bonnet) étant pour moi tout aussi délicate à rappeler et à écrire qu'elle l'est à lire et à reconstituer pour le lecteur, ni lui ni moi ne serons surpris (le plus surprenant serait qu'il y eût du *prévisible*) que je me décide, à la suite de *Hamlet*, à discuter d'un roman que je lus à deux semaines d'intervalle de celui-ci (et *Faust* !) et qui me marqua, pas autant, certes, mais en tout cas très durablement…

* * * * *

La Nausée. — Plus que déraisonnable eût été l'idée, dans un chapitre dédié à la Mélancolie, de faire l'impasse sur ce livre de Jean-Paul Sartre qui, nous l'avons déjà précisé, devait au prime abord s'intituler *Melancholia*. Le titre de *La Nausée* me donne lui-même, je l'avoue, la nausée, et cet aspect négatif (prémédité) est par ailleurs, par un renversement d'affects, le seul aspect positif que je trouve à l'égard de ce choix définitif, et *Melancholia*, plutôt passif qu'actif, méditatif qu'égrotant, noble que vomitif, me plaisait davantage : s'imagine-t-on contempler la *Melencolia* de Dürer ou la *Melancholia* de Giovanni Benedetto Castiglione en réprimant un haut-le-cœur ? s'imagine-t-on, soudainement convulsé, le personnage central lâcher son sextant pour apposer la paume de sa main sur sa bouche ?... À l'évidence, la répétition du mot « *nausée* » dans l'intrigue du roman joue l'effet de l'*argumentum ad nauseam*, et le terme de « *mélancolie* », parfois utilisé par Sartre (avec une connotation très « gentille » ou « coquette », faut-il souligner, ou qui définit une certaine « folie »), est étouffé devant les nombreuses occurrences nauséennes et voit par la même occasion son sens littéral absorbé. Ainsi, face à la menace qui gronde, Antoine Roquentin est-il plus la victime d'une nausée que d'une mélancolie *stricto sensu*, ce que révèle nettement sa première apparition — avec une majuscule — dans le récit : « *Ça ne va pas, ça ne va pas du tout : je l'ai, la saleté, la Nausée. [...] Je flottais, j'étais étourdi par les brumes lumineuses qui m'entraient de partout à la fois. [...] je voyais tourner lentement les couleurs autour de moi, j'avais envie de vomir. Et voilà : depuis, la Nausée ne m'a pas quitté, elle me tient.* » La nausée, ici confondue avec son acception ordinaire, c'est avant tout un mal de mer, une envie de vomir, une sensation de dégoût, — un écœurement incompréhensible (il n'est pas rattaché à une cause évidente et repérable). Mais à cet épisode vague en succède un autre, dont les contours, plus affirmés, sont maintenant révélés par la compréhension du phénomène véritable, un épisode pour lequel l'emploi de la majuscule (la « *Nausée* ») se justifie enfin, et qui enlace, en les substituant à celui d'ordre vulgairement épigastrique, les caractères *intellectuel* et *existentiel* : « *C'est donc ça, la Nausée : cette aveuglante évidence ? Me suis-je creusé la tête ! En ai-je écrit ! Maintenant je sais : J'existe — le monde existe — et je sais que le monde existe. C'est tout. Mais ça m'est égal. C'est étrange que tout me soit aussi égal : ça m'effraie.* » L'approche explicative de cette « *saleté* », on le remarque immédiatement en lisant ces lignes succinctes, est assez rebutante : la notion — simple — d'« *évidence* » est mêlée à la notion — complexe et confuse — de ce que le « *monde existe* », et s'y ajoutent l'*indifférence* (comme une banalité) de l'expérience et la *peur* qui en résulte (une inquiétante étrangeté, *again and again*). Bien que la Nausée s'affirme davantage à mesure que le narrateur évolue, et que celui-ci avoue ne plus la subir, son emprise est toutefois totale, car elle ne le quitte pas et ne le quittera pas « *de sitôt* » : « *ce n'est plus une maladie ni une quinte passagère : c'est moi.* » On pourrait comprendre cette phrase comme celle de Louis XIV quand il affirma que l'État, c'était lui, mais entre l'État et la Nausée, où miroitent la vérité, l'absurdité et leurs effets, il y a justement une différence d'*état* significative qui concerne le *mode d'être* : le roi existe dans l'État en tant que résident, et l'État existe en lui en tant que tous deux *se représentent l'un l'autre* ; Roquentin existe dans la Nausée en tant que malade, et la Nausée existe en lui en tant qu'il *se la représente le rendant malade*. Je vais essayer de clarifier ma pensée : le roi et l'État existent simultanément depuis que l'un ou l'autre a « commencé » d'exister, alors que Roquentin, avant que lui et la Nausée n'existassent ensemble, *lui préexistait*, et l'existence de la Nausée, en retour, devenue pour lui consciente (*sa* Nausée), amenait en prime à sa conscience *l'existence de sa propre existence d'individu*. Par quelle entremise l'existence de l'existence (et de son corollaire, l'inexistence) se porte-t-elle au jour ? Par la Nausée, évidemment, qui en est la source intangible, mais celle-ci étant médiate, c'est surtout par ce qui la provoque dans la réalité : l'*objet*. L'« *objectum* », « *ce qui est placé devant* », est ce dont on ne se préoccupe pas. Il est ce qui jaillit au-devant de nous sans que l'on en vienne à questionner ni ce jaillissement (inconscient à cause de l'habitude) ni sa raison d'être (il est, c'est tout). En somme, il est nécessaire à notre environnement, mais son existence en soi est indépendante de notre connaissance. En revanche, dès lors qu'il *devient objet conscient* à nos yeux, à savoir un existant à part entière, une chose qui existe tout comme nous existons, — de façon absolument *pongienne* (nous allons y revenir), — il est l'« ob-jet », et nous sommes nous aussi « ob-jet » de cet « ob-jet », donc « ob-jet » (de) nous-mêmes. « *Tous ces objets... comment dire ? Ils m'incommodaient : j'aurais souhaité qu'ils existassent moins fort, d'une façon plus sèche, plus abstraite, avec plus de retenue. [...] Je compris qu'il n'y avait pas de milieu entre l'inexistence et cette abondance pâmée. Si l'on existait, il fallait exister jusque-là [...].* » L'existence de ces objets, nous conduisant d'eux à nous, se réduit ensuite à notre propre existence, et c'est pourquoi je joue sur les mots : *l'existence de l'existence*, — car c'est bien ainsi, pour résumer, qu'agit la Nausée. Les objets existent, et il le faut bien puisque je le constate ; or, si je constate que ces objets existent, *il faut bien que j'existe moi aussi* (je ne peux faire autrement), et, de surcroît, non seulement *il le faut*, mais encore *je le dois*, ce qui fait de cette fatalité révélée un moment absurde : « *Et sans rien formuler nettement, je comprenais que j'avais trouvé la clef de l'Existence, la clef de mes Nausées, de ma propre vie. De fait, tout ce que j'ai pu saisir ensuite se ramène à cette absurdité fondamentale.* » Roquentin préexistait à la Nausée sans qu'il le sût avant qu'elle ne surgît. Aussitôt qu'elle eut surgi, il comprit que ce malaise que quelque chose préexistait à la fois à la Nausée et à lui-même, c'est-à-dire *le monde* — et sa nécessité : « *Ça n'avait pas de sens, le monde était partout présent, devant, derrière, Il n'y avait rien eu avant lui. Rien. Il n'y avait pas eu de moment où il aurait pu ne pas exister.* » Être, ou ne pas être ? Cela *devait*-il être, ou ne pas être ? (C'est une « ontopsie » illimitée !) Le monde jaillit et frappe à l'huis de la conscience de l'homme en criant : « L'existence, c'est moi ! » Le monde existe : *l'existence se devait d'exister.* — (À évoquer avec insistance l'existence essentielle, pourquoi, se demandera-t-on, n'avoir pas franchement inclus ce laïus sur la Nausée dans le chapitre sur l'être-au-monde, qui paraîtrait mieux correspondre ? Premièrement, l'ancien titre de *La Nausée* ; deuxièmement, l'attitude mélancolique de Roquentin et de l'Autodidacte ; troisièmement, la difficulté de délier existence et mélancolie ; quatrièmement, pour des raisons chronologiques en rapport à mes lectures et à *Hamlet*.) — Un peu à la manière de Descartes et de son élaboration de l'existence à partir du *cogito*, Antoine Roquentin, à partir de la *chose découverte*, est exposé à son existence. C'est dans un passage pour le moins grandiloquent, trop emphatique à mon goût (mais qui suis-je pour juger notre strabique écrivain ?), que Sartre « cartésianise » son héros, dont je ne citerai qu'un bout (qu'il suffit d'agrémenter en imagination de descriptions généreuses) : « *La chose, qui attendait, s'est alertée, elle a fondu sur moi, elle se coule en moi, j'en suis plein. — Ce n'est rien : la Chose, c'est moi. L'existence, libérée, dégagée, reflue sur moi. J'existe.* » Plus loin, il *réalise* : « *Maintenant je vois ; je me rappelle mieux ce que j'ai senti, l'autre jour, au bord de la mer, quand je tenais ce galet. C'était une espèce d'écœurement douceâtre. Que c'était donc désagréable ! Et cela venait du galet, j'en suis sûr, cela passait du galet dans mes mains. Oui, c'est cela, c'est bien cela : une sorte de nausée dans les mains.* » Réagir à un pauvre « *galet* » ! C'est du Francis Ponge à la lettre ! du Ponge tout craché ! Ponge le sait bien, et il nous en fait part dans *Le parti pris des choses* (des « *choses* »), que « *le galet n'est pas une chose facile à bien définir* » ! Sartre, en choisissant le galet, ne croyait pas si bien dire et était loin de supposer que quelqu'un pût profiter du magnifique rapprochement avec le galet d'un poète (qu'il admirait, soit dit en passant) pour égayer et étayer ses exemples ! Le galet de Ponge a ses raisons et ses impressions qui valent celles de Roquentin : « *La raison ne l'atteint qu'amorphe et répandu parmi les bonds pâteux de l'agonie. Elle s'éveille pour le baptême d'un héros de la grandeur du monde, et découvre le pétrin affreux d'un lit de mort.* » De qui parle-t-on au juste ? Le doute rôde tant que je ne précise pas qu'il s'agit d'un passage tiré du *Galet*. Ce parallèle est *si troublant*, — *si éberluant*, — que l'on pourrait tout d'abord croire que Sartre a rendu hommage à Ponge en le plagiant (ce qui est impossible, *La Nausée* parut en 1938 et *Le parti pris des choses* en 1942), — et ce parallèle est *si inconcevable* que le devoir (ou le plaisir, c'est tout un) m'impose de continuer (sans m'*empêtrer*) à recopier Ponge (pardon, mais c'est *si beau*) : « *Toute la gloire et toute l'existence, tout ce qui fait voir et tout ce qui fait vivre, la source de toute apparence objective s'est retirée de lui.* [...] *Ainsi, après une période de torsions et de plis pareils à ceux d'un corps qui s'agite en dormant sous les couvertures, notre héros, maté (par sa conscience) comme par une monstrueuse camisole de force, n'a plus connu que des explosions intimes, de plus en plus rares, d'un effet brisant sur une enveloppe de plus en plus lourde et froide.* [...] *De ce corps une fois pour toutes ayant perdu avec celle de s'émouvoir celle de se refondre en une personne entière, l'histoire depuis la lente catastrophe du refroidissement ne sera plus que celle d'une perpétuelle désagrégation. Mais c'est à ce moment qu'il advient d'autres choses : la grandeur morte, la vie fait voir aussitôt qu'elle n'a rien de commun avec elle. Aussitôt, à mille ressources.* [...] *En sorte que lorsque la vie, par la bouche des êtres qui en reçoivent successivement et pour une assez courte période le dépôt, laisse croire qu'elle envie la solidité indestructible du décor qu'elle habite, en réalité elle assiste à la désagrégation continue de ce décor.* [...] *toutes les formes de la pierre, qui représentent toutes quelque état de son évolution, existent simultanément au monde.* [...] *Point de conception : tout existe* [...] *Aussi bien, le galet est-il exactement la pierre à l'époque où commence pour elle l'âge de la personne, de l'individu, c'est-à-dire de la parole.* [...] *Mais ces objets du dernier peu* [...] *assistent muets au spectacle de ces forces qui courent en aveugles à leur essoufflement par la chasse de tout hors de toute raison.* » Tout ceci ne laisse pas d'étonner, mais cet étonnement — *si prodigieux* — est à élever au carré quand on se souvient des quelques autres réflexions — *si sartriennes* — que Ponge incorpora dans un autre livre intitulé *Méthodes* (n'hésitons pas, dans ce qui suit, à extrapoler les notions exclusives d'*idée* et d'*objet* en leur adjoignant, en contrepoint, celles d'*objet de l'idée* et d'*idée de l'objet*) : « *Les idées [au contraire des objets] me demandent mon agrément, l'exigent et il m'est trop facile de le leur donner : ce don, cet accord ne me procure aucun plaisir, plutôt un certain écœurement, une nausée.* » Il explique ensuite les objets emportent sa conviction : « *Du seul fait qu'ils n'en ont aucunement besoin. Leur présence, leur évidence concrètes, leur épaisseur, leurs trois dimensions, leur côté palpable, indubitable, leur existence dont je suis beaucoup plus certain que de la mienne propre* [...], *tout cela est ma seule raison d'être* [...] *Mais par rapport à l'une d'elles [choses] seulement, eu égard à chacune d'elles en particulier, si je n'en considère qu'une, je disparais : elle m'annihile.* » (Afin de résoudre le problème de l'annihilation, il faut, selon sa pratique, *créer*.) Je vais revenir à Sartre, mais auparavant je conclurai par ce modeste aveu concédé de la bouche du poète : « *Si les idées* [...] *me procurent quelque écœurement, une sorte de légère nausée* [...], *c'est sans doute que je ne suis pas très intelligent.* » — Le galet, « *Que Vénus fait, dit-on, polir au flot amer* », compléterait Lamartine, — le galet à l'origine de l'ouverture au monde, du goût pâteux de l'existence, est moins celui qui, serein, bien poli et bien arrondi, repose au fond d'un lac paisible que n'atteignent jamais les brisures surfaciques des intempéries, mais celui qui, sans cesse soumis à l'épreuve du ballottement dans le lit des torrents, ne pressent aucune des trajectoires imminentes et doit sa *survie* (son *existence*) non pas à sa robustesse naturelle, *mais à la conscience, rassurante et angoissante, d'être* — robuste. Je ne suppose pas qu'un galet puisse être conscient : en tant que telle, la conscience qu'aurait le galet n'existe que par la projection de la conscience du galet qu'a l'homme, et cette conscience attribuée au galet n'est par conséquent qu'un ersatz de celle de l'homme. Tant que je n'ai pas conscience du galet, le galet n'existe pas vraiment pour moi ; c'est au moment de la prise de conscience du galet dans mon existence que le galet est également pris dans son existence propre. Ma conscience de l'existence du galet scinde la perception existentielle puisque d'un côté, il y a ma conscience, qui est en moi, et d'un autre côté, il y a son existence à lui, qui est hors de moi ; mais, pour prendre un raccourci que je serai peut-être le seul à comprendre, ma conscience, ayant mené de mon existence à la sienne, n'est plus tout à fait la mienne, autrement dit ma conscience, suscitée par l'existence du galet, est en lui. « *La Nausée n'est pas en moi : je la ressens là-bas sur le mur, sur les bretelles, partout autour de moi. Elle ne fait qu'une avec le café, c'est moi qui suis en elle* », — et, dans un même mouvement, pourrait-on ajouter, l'existence du galet devient la mienne dans le sens évoqué plus tôt : je ne dois pas ma *survie* (*existence*) à mon être, mais à la conscience d'être. Cette conscience est rassurante (*négativement*) et angoissante. Rassurante parce que : « *Quand on vit, il n'arrive rien. Les décors changent, les gens entrent et sortent, voilà tout. Il n'y a jamais de commencements. Les jours s'ajoutent aux jours sans rime ni raison, c'est une addition interminable et monotone* » ; — angoissante parce que : « *Je suis rejeté, délaissé dans le présent. Le passé, j'essaie en vain de le rejoindre : je ne peux pas m'échapper* », — ou : « *Je jetai un regard anxieux autour de moi : du présent, rien d'autre que du présent.* » Il n'est dès lors pas étonnant que la Nausée déstabilise à ce point en contrefaisant *une* réalité qui prédominait avant son apparition, qu'elle nous perde ou — surtout — qu'on *s'y perde*, et qu'elle soit même, face au miroir de notre existence et du visage qu'elle renvoie de nous, une sorte de dépersonnalisation se déclenche : « *Souvent dans ces journées perdues, je reste à le contempler. Je n'y comprends rien à ce visage.* » À quoi donc l'existence tient-elle ? *Tout* bonnement au galet, à la chose, à la « res », au rien, à un ensemble qui ne peut déterminer aucune raison, qui ne fait qu'exister, mais qui n'induit pas nécessairement l'idée que la vie soit sans but, ni que la conscience se fasse irréductiblement pessimiste. Simplement, « *il n'y a rien, rien, aucune raison d'exister* ». C'est à la fois pour cette *raison* que Roquentin n'écrit plus son mémoire sur un certain monsieur de Rollebon (« *C'est fini, je ne peux plus l'écrire* ») et qu'il est nauséeux, — et pour cette autre : la révélation de *sa* liberté (« *Je suis libre : il ne me reste aucune raison de vivre, toutes celles que j'ai essayées ont lâché et je ne peux plus en imaginer d'autres* »). Cependant il serait incorrect d'uniquement affirmer que ces raisons l'amènent à être nauséeux, car c'est la Nausée, et rien qu'elle, qui est la raison de tout ce qui — désormais — naît dans la conscience... S'établit, *s'impose*, depuis la Nausée jusqu'à l'Ennui, une existence martiale et creuse, une existence dessinée par la conscience prisonnière d'elle-même, une existence dont le sens est qu'elle « *est conscience d'être de trop* » (et vraisemblablement conscience d'un « trop d'être »), une existence qui fait bâiller si fort que les larmes « *roulent sur les joues* » d'un Roquentin qui tourne en rond, aplati comme une galette, un Roquentin englué dans une tachypsychie du vide qui lui fait penser qu'il ne sait plus à quoi penser, ni comment se dépenser : « *C'est un ennui profond, profond, le cœur profond de l'existence, la matière même dont je suis fait.* » — Exister, c'est aussi être désemparé, être abandonné tout en ne pouvant jamais abandonner cet abandon, être jeté dans le monde de l'existence, cette flore toujours effervescente qui provoque la naupathie ; *exister, c'est exister*, — tout exister. Jamais d'« *exit* » pour ce qui existe... si ce n'est par la perte de conscience... le suicide ? — Sentiment d'exister ! Infinie possession du dépossédé !... D'une part, l'existence, que l'on ne peut réfréner, se montre telle qu'en elle-même, — et d'autre part, l'existence, par la rétorsion de la conscience, se caractérise comme l'existence de l'existence : la Nausée gîte dans l'existence de l'existence de l'existence... *ad infinitum*... Avant l'expérience du galet, j'existais sans exister ; maintenant que le galet a émergé, qu'il m'encombre tel un *pavé*, j'existe dans une régression *in perpetuum*. — *Sans désemparer*, Paul Valéry eut ces mots : « *Une partie du système nerveux est vouée à l'illimité. Horreur, douleur, anxiété, nausée* infinie*, désirs.* »

* * * * *

Bien qu'ici-bas, comme nous venons de l'écrire à propos de l'existence qui s'enveloppe elle-même itérativement et *ricoche* sur sa propre idée, on puisse dire que rien ne touche à un quelconque « *terme* » (le « *terminus* » qui marque la « *cessation* », la « *borne* », et qui, par analogie avec « *ce qui limite le sens* », a signifié « *mot* »), je m'aperçois, du haut du *tertre* sur lequel je suis assis, qu'un cycle, que j'ai appelé « *période jaune* », va bientôt se *terminer*, cycle qui amène encore deux ou trois linéaments récurrents : lecture, écriture, philosophie. — Platon désignait Aristote par la jolie tournure suivante : « ἀναγνώστης » (« *anagnoste* », « *liseur* » — au sens de la réduplication de la connaissance). Je m'approprie intégralement ce *terme* parce qu'il sied bien au rôle que j'ai toujours dévolu au Livre : de manière « passive », c'est un être que je lis et qui me lit, voire que je fais lire (à un autre) ; de manière « active », c'est un être que j'écris et que je m'écris, qui m'écrit, voire que je fais s'écrire (pour l'autre). — Lors de chapitres ultérieurs et distincts, je reviendrai sur les thèmes de l'écriture et de la lecture, mais je soulignerai dès à présent la fonction déterminante et émancipatrice, durant l'époque qui va de mes quinze ans à mes dix-huit, qu'eurent pour ma formation littéraire (et intellectuelle), la *peur*, l'*angoisse* et tout ce qui ressortit au domaine du *fantastique*. Hormis la dimension filmographique, et hormis celle du genre « policier », je me suis pompeusement abreuvé de Stephen King, Robert Bloch, Richard Matheson, J.R.R. Tolkien, Edgar Poe, Guy de Maupassant, Graham Masterton, Peter Straub, James Herbert, H.P. Lovercraft, Philip K. Dick, Isaac Asimov, H.G. Wells, Ray Bradbury, A.E. Van Vogt, E.T.A. Hoffmann, — et j'en passe. Mes premiers écrits, confectionnés grâce à mes capacités imaginatives d'antan, que je trouve assez incroyables en y resongeant, représentaient une centaine de nouvelles d'un format presque aussi bref que celui qu'affectionnaient Dino Buzzati et surtout Fredric Brown, maître des « *short-short stories* ». Tous ces écrits contenaient l'*épouvante* d'un monde sans pitié et avaient pour vocation, en plus de leurs « vertus récréatives », de surprendre de deux façons : l'une par l'imbrication de la *réalité* et de l'*horreur*, comme si la première devait impliquer la seconde ; l'autre par une « chute » qui manipulait le lecteur afin qu'il fût obligé de redéfinir toute la nouvelle et, en conséquence, la vérité implacable du monde angoissant décrit et du monde réel adjacent. *La peur et le réel*, *Visions de l'effroi*, tels étaient les doux titres des deux recueils que je composai ; et ceux des nouvelles, pour les plus explicites (ce qui ne prouve rien, mais cela témoigne de l'obsession — juvénile — d'alors) : *Tout noir*, — *Chute libre*, — *Boire et mourir*, — *Pourquoi, mon Dieu* ? — *La Mort*, — *Meurtres sur meurtres*, — *Souffrances*, — *Le cauchemar*, — *Euthanasie*, — *Le coma*, — *Horreur dans la cave*, — *Amertume*, — *Je ne suis pas, et pourtant, je suis*, — *Jeu sombre*, — *L'homme seul*, — *Présages sanglants*, — *Épouvante*, — *Homme : je te torturerai*, — *Sourdes plaintes*, — *Tristesses du bas-monde*, — *Mourir, mais pas souffrir*, — *L'Antre de la Mort*, — *Vers l'inconnu, vers l'autre monde*, — *Le monde (d'un point de vue onirique)*, — *et cætera*. Ce sont deux citations des *Fleurs du Mal* qui sont placées en exergue de *La peur et le réel*. Le prologue, sous le signe du tutoiement, parle déjà de rêveries, de cauchemars réels, de peurs étouffantes, d'illusions, d'absences d'issues, mise à part la Peur, qui se trouve être synonyme de la vérité. Et à la fin des remerciements, j'écrivais (en un sens, je ne croyais pas si bien dire !) : « *Et vous, monstres et fantômes qui hantez mon esprit depuis que je suis tout petit, je vous demande de ne jamais quitter.* » Quant à *Visions de l'effroi*, je cite à la fin de l'ouvrage un passage de *Les mots* de Jean-Paul Sartre (« *Ce que je viens d'écrire est faux. Vrai. Ni vrai ni faux comme tout ce qu'on écrit sur les fous, sur les hommes. J'ai rapporté les faits avec autant d'exactitude que ma mémoire me le permettait. Mais jusqu'à quel point croyais-je à mon délire ?* »), et au début, le *Frankenstein* de Mary Shelley (« *Les fantômes des êtres que j'ai tant aimés passent devant moi et je me hâte vers leurs bras* »), ainsi que deux extraits de... *Hamlet* !... Le prologue est équivalent au précédent : peut-on qualifier *ceci* ou *cela* d'épouvantable, d'atroce, de terrifiant, de macabre, de sinistre, d'inquiétant, de lugubre, d'horrible, de cauchemardesque ? Non ; « — *mais quoi alors ?...* » ; — de « *réel !* »... — Je suppose aujourd'hui que ce n'était pas un hasard si je parachevais ce recueil d'une notice qui en appelait à la « schizoïdie » de l'écrivain... Quand l'adolescent s'amusait de vérités qu'il ne comprenait pas encore nettement, l'adulte, pour sa part, en considérant d'un regard critique ce même adolescent qu'il a été, ne s'en amuse plus, et il s'effraie au contraire de ce qu'il ait pu être amusé de la sorte, dans un passé, croit-il du reste, « lointain »... — Employer le terme technique de « *schizoïde* » fut sans doute la conséquence de l'immixtion de Freud dans ma vie. J'ai d'ores et déjà maintes fois mentionné ce nom sublime dans les pages précédentes, et, — avouerai-je dans la foulée, — je n'aurai de cesse de le faire, quelles que soient les circonstances, tant chez moi l'importance des idées psychanalytiques gagne du terrain jour après jour, année après année, imprègne mes visions générales, fait mûrir mon être et en même temps ma conscience d'être. Le lecteur se souviendra peut-être du *bain* que je pris un fameux soir et qui accompagna ma découverte de *L'étranger* de Camus (« *Aujourd'hui, maman est morte. Ou peut-être hier, je ne sais pas* »). Eh bien, c'en fut un autre, tout à la fois de *jouvence* et de *vengeance*, qui, vers la même époque, me fit *pénétrer* dans *Introduction à la psychanalyse* (« *Je vous prie de ne pas m'en vouloir si je commence par vous traiter comme des malades névrotiques* », annonce Freud), le livre le plus choquant qu'il me fût permis de lire jusqu'à ce moment fatidique qui me fraya une voie vers un nouveau paradigme vital, des plus vertigineux, et qui, en les réveillant, bouleversa aussitôt mes conceptions philosophiques habituelles (il toucha « *au sommeil du monde* » qui était le mien). Ah ! ce bleu sombre de la tranche, duquel se détache le rose *jurant* des caractères « Sigmund Freud » et « *Introduction à la psychanalyse* » ; — ah ! ce portrait noir et blanc de 1921, photographié par Max Halberstadt, où il pose avec le buste de trois-quarts, un cigare entre l'index et le majeur, la tête fixant sombrement l'objectif, ce portrait d'un homme devant lequel, décrivait Zweig, « *on aurait peur de mentir, qui, de son regard soupçonneux et décoché comme une flèche du fond de l'obscurité, barre la route à tout faux-fuyant et empêche d'avance toute échappatoire* » ; — ah ! ces quelque quatre cent cinquante pages resserrées de l'édition de la Petite Bibliothèque Payot, dont le papier est si laiteux, et la police si malingre, que les yeux, stimulés vivement, bousculent l'esprit qui s'efforce de suivre ; — ah ! la quatrième de couverture, qui souligne que « *l'orgueil humain a reçu trois grands démentis* » : « *Copernic a montré que la terre n'était pas au centre du monde, Darwin que l'homme était un animal parmi d'autres, et maintenant la psychanalyse fait apparaître que le "moi" n'est pas maître chez lui* » (le retentissant « *daß das Ich nicht Herr sei in seinem eigenen Haus* », idée que l'on retrouvait pour la première fois en 1917 dans *Une difficulté de la psychanalyse*, désignant « *la troisième humiliation de l'amour-propre humain* » (« *die dritte Kränkung der Eigenliebe* »), comme étant « *la psychologique* ») ; — ah ! les noms des trois parties, inédits, évocateurs, mais emplis d'un mystère qu'il ne tenait qu'à ma ferveur « perverse » de parcourir et de comprendre, d'assimiler et d'appliquer, ces brèches dont je devinais, par un simple agencement de lettres et de mots, tout comme celui des livres de Stephen King matérialisait l'horreur, qu'elles me feraient découvrir des pans de la réalité inéprouvés, des territoires fantastiques que les concepts nouveaux auraient défrâichis positivement : *Les actes manqués* (quoi ! « manquer » un acte ?), *Le rêve* (qu'ignorais-je encore des monstres qui hantaient chacun des miens ? car *je ne savais pas qu'ils étaient moi-même*), *Théorie générale des névroses* (enfin ! ce mot entendu ici ou là me sera expliqué) ; — ah ! tous ces termes, toutes ces expressions : le lapsus ; la fausse lecture ; la fausse audition ; l'oubli de noms, de mettre à exécution un projet ; la perte d'un objet ; les erreurs diverses ; les conditions et techniques de l'interprétation ; le contenu manifeste et les idées latentes du rêve ; les rêves enfantins ; la censure ; le symbolisme ; les réalisations des désirs ; la psychanalyse et la psychiatrie ; les symptômes ; le rattachement à une action traumatique ; l'inconscient, la résistance et le refoulement ; la vie sexuelle de l'homme ; le développement de la libido et les organisations sexuelles ; le transfert ; — ah ! à moi ! à moi ! à mon *moi* !... Avant que j'en lusse les premières lignes (« toi, le névrotique »), avant même que je n'entrasse dans ce monde aux abords étranges et énigmatiques, et ne me l'appropriasse, j'y vis la marque générale de la *Dépossession* : dépossession du savoir pour lire cet ouvrage, dépossession de la maîtrise du regard sur l'homme pour l'avoir lu. Il en fut comme il en devait être pour mon âme, c'est-à-dire un « *tremblement de terre* » kierkegaardien, une redéfinition des axiomes vitaux (énergie nécessaire à mon existence) et organiques (fonctionnement de mon corps). À cette époque, trop lointaine pour que les détails s'affichent dans ma mémoire, trop proche pour qu'elle ne s'oublie tout à fait, émanant de mes amis ou des membres de ma famille qui connaissaient ma prédilection pour les ouvrages *morbides* (résumons-le ainsi), une question revenait souvent sur le tapis : « Quel est le livre qui t'a *fait* le plus *peur* ? » Ah ! vaste question ! « *Faire peur* » : oh ! quelle belle expression, si *sanguine* (variété *terreuse*), si *atterrante* (à *terre*), si *terrible* (faire *trembler*). Un « *faire peur* », faire-part du livre pour un « *faire acte* » de saisissement (ou de dessaisissement)… Nous qui nous targuons, en déterrant les fondements *étymologiques* des mots, de faire s'entrechoquer les sens (l'« ἔτυμος », c'est le « *vrai* », le « *véritable* », le « *réel* », donc l'« ἐτυμολογία » est aussi l'« *étude du vrai* » par le dépliement du mot) ; nous qui, fiers du langage dont nous disposons, nous embarquons sur l'océan *défriché* des raisons et *sillonnons* l'éther de la pensée sur notre bateau de la peur (va !) ; nous qui jouons avec les mots ; nous, les Συμπαρανεχρωμενοι, les *compagnons de la mort*, les *frères défunts* chers à Kierkegaard, nous « *qui ne croyons pas au jeu de la joie, ni au bonheur des sots, pour nous qui ne croyons à rien, sauf au malheur* », enquérons-nous infatigablement : quelle est, — non pas quadruple, mais infiniment signifiante, — la *racine* de la « *peur* » ? Le latin « *pavorem* », avant l'acception de la « *crainte* », représentait le fait d'« *être frappé* », et surtout, relié à « *pavire* », celui de « *battre la terre pour l'aplanir* » (avec la notion de « *nivellement* »). À n'en pas douter, la peur est *humicole*, enfouie profondément en nous-mêmes, et elle se réveille quand bon lui semble, pour fouir (creuser) notre terre, la retourner, la biner puis le biner, le tercer, l'ameublir ou le tasser, l'émotter, la réduire au « hurler » ou au « taire » (le « *tére* » !). Faire pore et faire terre sans qu'on n'y puisse rien. Car c'est le lot de notre *passage* ici-bas, car c'est nous, cette terre, cette glaise d'où nous provenons, car nous sommes les *Glébeux*, nés sur la *Terre*, l'*Humus*, car nous sommes des *Hommes*, car nous sommes les fils d'*Adam* (de l'hébreu « אדמה », « *Adama* », « *Terre* »), — car nous sommes *adamés* » (« *damnés* », « *perdus* », « *ruinés* », « *détruits* »). Marchons, cadencés, au pas de la peur ! Réfléchissons à la peur et n'ayons pas peur de réfléchir, « *car la peur n'est rien d'autre que l'abandon des secours de la réflexion* » (*Sag 17,11*) ! — Ainsi, quel est le livre qui m'a *fait* le plus *peur* ? Je crois entendre gronder dans les termes et le point d'interrogation le remuant prologue du *Ghost Story* de Peter Straub : « *What's the worst thing you've ever done? — I won't tell you that, but I'll tell you the worst thing that ever happened to me... the most dreadful thing...* » (« *Quelle est la pire chose que tu aies jamais faite ? — Cela, je ne te le dirai pas, mais je te dirai la pire chose qui me soit jamais arrivée... la chose la plus épouvantable…* »), — comme si ce point d'interrogation, prêt à découvrir un abîme insoupçonné et insupportable, dût amener une réponse dont le contenu fût similaire à celui des paroles d'Aaron : « *For I must talk of murders, rapes, and massacres, acts of black night, abominable deeds, complots of mischief, treason, villainies, ruthful to hear, yet piteously perform'd: and this shall all be buried in my death* » (« *car j'ai à te parler de meurtres, de viols, de massacres, d'actes de ténèbres, de forfaits abominables, de complots, de perfidies, de trahisons, de crimes, lamentables à entendre, impitoyablement exécutés* »), — ou similaire au contenu des paroles du père au narrateur de *La mort est mon métier* : « *Et pour que tu comprennes — ma décision — il faut aujourd'hui — il faut — que je te dise — ma faute. Une faute — Rudolf — un péché — si grand — si effroyable — que je ne peux pas — que je ne dois pas — espérer — que Dieu me pardonne — du moins dans cette vie…* » Ne pas dire la première (action), c'est finalement avouer qu'une « *pire chose* » a été faite ; mais dire la seconde (passion), c'est reléguer la première, la plus horrible moralement, aux choses sans importance… En vérité, je répondrais *Ça*, de Stephen King… jusqu'à l'arrivée de Freud, — et, en conséquence, ma réponse définitive sera : *Introduction à la psychanalyse*. L'explication de ce retournement est évidente et est soutenue par le titre de mon premier recueil de nouvelles : *La Peur et le Réel*. La trilogie *Ça* est merveilleusement tournée, cela ne souffre aucune discussion, mais il s'agit d'un être fantastique (Grippe-Sou le Clown) sans réalité extra-littéraire, tandis que l'*Introduction* de Freud est basée et construite sur la réalité tangible. Il y avait belle lurette que je ne croyais plus aux fantômes et aux monstres, aux revenants et aux pouvoirs supranaturels. Je prenais un plaisir indéniable à lire les contes de Lovecraft avec ses dieux extraterrestres, de Maupassant avec ses apparitions, mais c'était une récréation de l'esprit, un accommodement consentant qui n'avait aucune prise sur ma réalité ou sur la réalité immédiate, qui m'était aussi peu crédible que les miracles de la Bible, de même que certains des livres de King, tels *Christine*, *Simetierre*, *La part des ténèbres* ou *Salem*. En revanche, *Misery*, cette histoire d'un écrivain qui, après un accident de voiture survenu pendant une tempête de neige, est recueilli et rapidement retenu prisonnier par l'une de ses premières lectrices et admiratrices, infirmière et mue par la démence, suscite une peur sans nom, car le scénario est hautement plausible (si *Shining, l'enfant lumière* avait été conçu sans inclure les dons médiumniques du petit Danny et s'était concentré sur le caractère instable du père, Jack Torrance, l'ambiance dans l'hôtel isolé eût gagné en profondeur *réelle* et *effrayante*). Et nombre des écrits de Robert Bloch (ses nouvelles, les différents *Psychose*) me hantent encore à ce jour parce qu'ils reposent sur les agissements d'individus qui ont des profils psychologiques effrayants et existants, que l'on peut rencontrer à chaque coin de rue (cet homme, par exemple, qui va boire un verre au comptoir, bien aise, et qui porte un sac de boules de bowling qu'il a soigneusement déposé à ses pieds, et au sujet duquel on apprendra qu'il ne contient pas ce qu'il aurait dû contenir, mais des têtes humaines tranchées). L'une des meilleures illustrations de la peur corrélée au réel, je l'ai trouvée dans une nouvelle de Tchékhov, justement intitulée *La Peur* (ou *L'Effroi*), où l'on peut lire ce bout de dialogue : « *Dites-moi, mon cher, pourquoi, lorsque nous voulons raconter quelque chose d'effrayant, de mystérieux et de fantastique, nous en prenons le sujet non dans la vie, mais, infailliblement, dans le monde des fantômes et des ombres d'outre-tombe ? — Ce qui est incompréhensible est effrayant. — La vie vous est-elle donc compréhensible ? Dites-moi, la comprenez-vous mieux que le monde d'outre-tombe ? [...] Il semble à l'homme normal, bien portant, qu'il comprend tout ce qu'il voit et entend ; mais, moi, j'ai perdu ce "il semble", et, de jour en jour, je m'empoisonne de peur. Il y a une maladie qui est la peur de l'espace ; moi je suis malade de la peur de la vie.* » Je n'ai pas peur des fantômes, que je ne croise jamais ; j'ai peur de la vie, ce qui est bien plus insoutenable, puisqu'elle est là, devant mes yeux, tous les jours, et que je ne la comprends pas… — Là où Freud me frappa très fort, ce ne fut pas seulement dans la réorientation — révolutionnaire — de ma vision du monde extérieur, qu'il sut m'imposer avec tant de maestria, mais, si je puis dire, dans ma *constitution d'iceberg* : mille fois plus abasourdi que par la lecture du plus terrifiant des romans, j'appris que les neuf dixièmes de mon Moi m'avaient été jusqu'alors invisibles, que la connaissance de moi-même s'était bornée à la partie visible, ridiculement petite, de mon être. Que je sois bien clair : je n'appris rien de cette part manquante, *je ne fis qu'apprendre qu'elle manquait*, et qu'il me faudrait cravacher ma conscience pour me risquer sur les chemins qui mènent à l'inconscient… — « Quoi ? » — diriez-vous : « Si jeune et déjà — en rêve — au ponant ?... » Non pas : il faut bien que jeunesse se passe ; et de tout ce que cet alinéa aura pu affouiller et fournir de références, il ne suffirait pas d'alléguer la prédominance d'un certain penchant morbide, voire l'exclusion radicale de tout autre penchant, afin de dépeindre correctement ce que furent ces trois années lycéennes. À charge du contraire, j'y puiserai des souvenirs de l'un des petits bonheurs poétiques les plus émouvants que j'y connusse. « Quoi ? » — me rediriez-vous de suite : « Que savez-vous du bonheur, ô mélancolique âme ?... » « *Cela, je ne te le dirai pas* », répondrais-je sarcastiquement. En outre, j'éluderai — à demi-mot — en citant un apologue de Tchouang-tseu, alias Zhuangzi, qui a donné l'idée à Simon Leys d'intituler un recueil d'essais *Le bonheur des petits poissons* : « *Zhuangzi et Huizi se promenaient sur un pont sur la Hao. — Zhuangzi : Regarde comme ces gardons se promènent à leur aise. C'est la joie des poissons. — Huizi : Tu n'es pas poisson, comment connais-tu la joie des poissons ? — Zhuangzi : Tu n'es pas moi, comment sais-tu que je ne connais pas la joie des poissons ? [...]* » Ce petit « *bonheur poétique* » évoqué à l'instant est *lamartinien*, plus précisément *méditatif* : ce fut en effet, à l'occasion d'un voyage dans le Lot durant lequel je rendis visite, accompagné de mes parents, à mon grand-père Pichavant (que je n'aurai guère connu à cause des conflits intrafamiliaux), le long d'étroites laies aux chapiteaux d'arbres efflorescents, bercé par le vent tiède du matin printanier, que je marchai vers ce petit bonheur au rythme d'un ataraxe, tenant les *Méditations* de Lamartine, le librettiste mélancolique de la Nature, et lisant ses vers tout en baissant régulièrement les yeux vers le sol que je foulais en lévitant par la pensée : « *Voici l'étroit sentier de l'obscure vallée : / Du flanc de ces coteaux pendent des bois épais, / Qui, courbant sur mon front leur ombre entremêlée, / Me couvrent tout entier de silence et de paix.* » Oh ! l'isolement du tout premier quatrain du livre : « *Souvent sur la montagne, à l'ombre du vieux chêne, / Au coucher du soleil, tristement je m'assieds ; / Je promène au hasard mes regards sur la plaine, / Dont le tableau changeant se déroule à mes pieds.* » Ah ! le lacustre quatrain, finissant le thème de la suspension convoitée du vol du temps et du cours des heures propices : « *Que le vent qui gémit, le roseau qui soupire, / Que les parfums légers de ton air embaumé, / Que tout ce qu'on entend, l'on voit ou l'on respire, / Tout dise : Ils ont aimé !* » — Une ultime annexe : plus haut, à propos du « *bain* » provisionnant les lectures bouleversantes, j'ai apparié deux mots qui, à bien des égards, et au-delà de l'idée d'une affaire de jeu de mots gratuit, semblent opposés ou, en tout cas, désunis, désaccordés : « *tout à la fois de jouvence et de vengeance*. » Le terme « *vindicare* », — dérivé de *dicere* » qui provient du sanskrit « *diçati* » (« *il montre* ») et du grec « *deiknumi* » (« *montrer* », « *dire* », d'où « *diké* », « *la règle* »), signifie, au choix, « revendiquer », « réclamer », « s'arroger », « défendre », « garantir » ou « venger », et est basé sur « *vindex* » (« *répondant de quelque chose* »), qui donnera en français « *vindicte* » (« *aigreur* », « *ressentiment* »). Dans le dictionnaire Gaffiot figure cette citation de Cicéron : « *in libertatem aliquem vindicare* » (« *ramener quelqu'un à l'état de liberté* »). « Quoi ? » — me lanceriez-vous : « quelle concordance ? où voulez-vous en venir ? nous croyez-vous adonné à la mantique ?... » Eh ! souhaiteriez-vous vraiment que je vous offrisse quelque palinodie ? imagineriez-vous vraiment que je m'embarquasse aussi loin sans savoir où je voudrais échouer ? ou échouerais-je avant d'embarquer ? Mes raisonnements sont parfois tordus et tortueux ; les tournures de phrase, non moins originales ou réfractaires à la simplicité et à la facilité ; mon intention, indécelable et inaccostable ; ma poursuite, dangereuse et rocambolesque ; l'ensemble, une somme de calembredaines ; mais j'écris ce que j'écris, et mon *honnêteté littéraire*, si cette expression existât, est garante d'une *expérience logique* (je suis, du moins je prie pour qu'il en soit ainsi, à l'opposé de l'imposture artistique et intellectuelle d'un Henri Michaux ou d'un Pascal Quignard). Sommairement, le temps de la jeunesse est celui d'une *revendication*, de telle sorte que si un livre pouvait *montrer*, *dire*, *énoncer* et aguerrir notre sentiment de l'existence, en *répondant de* lui, et de ce fait nous *protéger* de toute violence et *garantir* notre survie et notre savoir dans un monde qui se découvre de plus en plus empli d'*aigreur*, il nous ferait le plus grand bien en nous éloignant du fourvoiement, et nous profiterions, au sens le plus noble et le moins galvaudé du terme, d'un bain de *jouvence*, d'une première « *générescence* » (ce mot, privé des préfixes « ré » ou « dé », est inconnu, ce qui est dommage, et je ne m'abaisserai pas jusqu'à opter pour « *génération* »). C'est ici que les paroles de Cicéron prennent une saveur merveilleuse : puni sans avoir fauté d'avoir méconnu sa propre liberté, on punit en retour l'instance imaginaire qui avait entretenu cette inconscience : désocculter le monde par la vengeance contre le Moi occulte. Ce que Freud, dans mon cas, libéra en moi, ce fut ma liberté ; ce que j'y trouvai, c'est qu'il me montra ma jeunesse en m'en affranchissant ; ce qu'il montra, c'est la possibilité de la compréhension et de la réclamation de cette compréhension ; ce qu'il me dit, en père, c'est : « *omai per te ti ciba* » (« *à présent nourris-toi par toi-même* »). Oui ! il fallait l'audace d'aller regarder en soi-même la part d'ombre que l'on porte ! Aujourd'hui encore, quand j'ouvre la première page d'un essai de Freud, je pense, à l'instar de Kierkegaard évoquant le chapitre de Hegel qui traite de la conscience malheureuse : « *On se livre toujours à la lecture de telles études avec une inquiétude profonde et des battements de cœur, tout en craignant d'apprendre ou trop ou trop peu.* » En ce qui nous concerne présentement (et je pourrais en dire autant avec un essai de Kierkegaard !) : *j'apprends — trop — et j'en suis heureux.*

* * * * *

Guildenstern et Rosencrantz se disaient « *Heureux de ne pas être trop heureux* » (« *Happy, in that we are not overhappy* »). Pour une fois qu'ils visaient juste !...

* * * * *

Incandide ou du contre-optimisme. — *J'apprends — trop — et j'en suis* heureux. — Allons-y gaiement, usons de l'anadiplose et soulignons « *heureux* » à l'occasion. Quoi ! un chapitre sur la Mélancolie dont l'un des alinéas comporterait d'emblée les mots « *heureux* » et « *gaiement* » ? Aurais-je déjà dilapidé les cartouches de la Turpitude ? serais-je enclin à disserter sur le *bonheur* ? oublierais-je que ma mission fût d'essoriller la tignasse de Dame Mélancolie — et non pas de la calamistrer ? aurais-je retiré toutes les esquilles maladives de mes os corrompus ? commencerais-je enfin à créer un *ex-voto* en l'honneur du *bonheur* ? l'espoir aurait-il subtilisé le désespoir de ces pages ? le désespoir, *de bonne grâce*, désespérerait-il ? l'eudémonisme apporterait-il maintenant l'éclaircie ? obtempérerais-je à ce signe et rentrerais-je sous l'obédience de l'*Optimisme* ? Rien de tout cela, car je n'entends pas faire autre chose que me reposer en ingurgitant — pour rire — l'*anodyn* — que prennent *anodinement* les bonnes gens — avant de rejoindre, plus tard, en dévalant les pentes de la Réalité, les douves de la Fatalité, du Pessimisme, du Désespoir et du Nihilisme. — L'optimisme est une doctrine d'origine religieuse, et comme toute doctrine religieuse, il sert d'appui à l'inquiétude humaine (boire dans le *god*et du *rêve bleu*), il apporte au *rêve-creux*, pour le présent et pour l'avenir, la *confiance* dulcifiante et permet de réunir et de confondre en un creuset sentimental (et parfois eschatologique) la *téléologie* (« *qui explique les êtres par le but apparent auquel ils semblent destinés* ») et la *téléonomie* (« *finalité de nature purement mécanique* »). La téléologie suppose une raison, la téléonomie un projet, ou encore : la téléologie suppose une intention divine (disons-le tout de suite : anthropomorphique), la téléonomie un processus d'apparence finaliste, mais inconnaissable (un but sans but). Deux « toises » s'affrontent, que je ne détaillerai pas : d'une conception leibnizienne de l'optimisme qui indique que nous vivrions dans le meilleur des mondes compossibles que l'entendement de Dieu recelait et choisit (s'il n'était le meilleur, Il n'en eût créé aucun), — un monde que raillait Schopenhauer, « *où tout pousserait automatiquement, où les pigeons voleraient tout rôtis, où chacun trouverait immédiatement sa bien-aimée et n'aurait aucune difficulté à la garder* », — de cette conception leibnizienne, donc, nous sommes passés à la définition vulgaire d'une « *tendance générale à ne voir en toutes choses que le bon côté* ». La première toise est avalisée par le latin « *optimum* » (« *le meilleur* »), superlatif de « *optimus* », « *très bon* ») et de « *bonus* » (« *bon* ») : cet optimisme auquel je me réfère précisément ne bannit pas le Mal, et peu importe que l'on y croie ou pas dans ce cas : le Mal est constitutif de notre monde et il n'y a aucune contradiction à ce que le meilleur des mondes possibles en contienne. (Les individus crédules, parmi les athées dont la vision périphérique des choses ne semble pas excéder les quarante-cinq degrés, prétendent à qui veulent les entendre, c'est-à-dire aux fidèles, non moindrement crédules, — d'où le fréquent dialogue de sourds, — que la preuve que Dieu n'existe pas, c'est la présence du Mal, autrement dit des meurtres, des guerres, des maladies, des souffrances, *et cætera*.) Bref, je risquerai le simplisme en arguant que ce premier optimisme prône un monde qui n'est pas le meilleur en soi (pour la considération de l'âme humaine moyenne), mais le meilleur des mondes qui étaient possibles. (Un monde, je me répète, que Schopenhauer raillait plus qu'énergiquement, et dont la « *non-existence serait préférable à son existence* » ; à telle enseigne qu'il s'amusa à démontrer, en deux temps, trois mouvements, que non seulement ce monde n'était pas « *le meilleur* » qui fût, mais qu'il était, vous l'aurez deviné… « *le pire* » ! Une réfutation — ou un coup de balayette ! Le raisonnement vaut le détour et je laisse au lecteur le plaisir de le lire par lui-même (*De la vanité et des souffrances de la vie*, chapitre XLVII des *Suppléments* au livre IV du *Monde comme Volonté comme Représentation*), et d'y trouver le « *C.q.f.d.* » qui clôt la question avec un claquement de porte…) La seconde toise, qu'une conversion d'unités convenable empêche de comparer à la première et ne permet pas de mesurer quoi que ce soit dans la nature, privilégie quant à elle un optimisme grave, négatif et dangereux, et la plupart des êtres qui penchent de ce côté-ci de l'aspect des choses ne sont à mes yeux que des vermicules déviationnistes condamnés par un éréthisme qu'une *méthode Coué* soulage faussement. Cette perception étriquée de la Nature, cette idée présomptueuse dirigée en un point sans autre fondement que celui de la *volonté* s'aveuglant elle-même, provoque chez l'observateur lucrétien (« *il est doux d'assister* » — à la misère humaine) une réjouissance mêlée d'un malaise. Quelle stimulation pousse-t-elle l'homme à abuser ainsi (de) sa raison ? N'est-ce pas suffisant que Kant ait démontré qu'il faut être vigilant ? Quel monde insensé ! Le monde n'ayant aucun sens justifiable, fallait-il que l'homme en *trouvât un pour se sentir bien* ? fallait-il que l'homme *créât un bonheur artificiel* ? Il lui faut espérer l'âge d'or promis par Dieu et décrit dans l'Ancien Testament : « *le loup habitera avec l'agneau, et la panthère se couchera avec le chevreau ; le veau, le lionceau, et le bétail qu'on engraisse, seront ensemble, et un petit enfant les conduira. La vache et l'ourse auront un même pâturage, leurs petits un même gîte ; et le lion, comme le bœuf, mangera de la paille. Le nourrisson s'ébattra sur l'antre de la vipère, et l'enfant sevré mettra sa main dans la caverne du basilic.* » (Is 11,6-8) Divine schizophrénie ! Vivre dans la souffrance et vivre pour l'idylle ! (Soupir d'*idyllique* — ou d'*éthylique* ?...) En premier lieu, bien que j'aie l'air d'être un prétentieux spectateur assis sur le parvis du sarcasme, rien ne m'empêche de respecter les innombrables points de vue qui égaillent les membres de l'humaine condition (j'aime étudier, tour à tour dégoûté et amusé, la proxémie qui sous-tendent les opinions, ces agglomérats de *mots* qui suscitent la haine, l'intolérance, et qui sont par conséquent loin d'être inoffensifs), et je ne suis indifférent à aucun comportement, à aucun peuple, à aucune coutume, à aucun courant de pensée, à aucune politique, mais je voudrais tout simplement pouvoir répondre comme Anaxagore, en montrant moi aussi le ciel, quand on lui demandait s'il ne s'intéressait donc pas à sa patrie (parce qu'il ne participait pas activement aux affaires publiques) : « *Ne blasphème pas, j'ai le plus grand souci de ma patrie* », — ou comme Gilliat, en levant moi aussi la main droite, quand on lui demandait de quelle paroisse il était : « *De celle-ci* »… — « *Tends les bras, / Ô proscrit de l'azur, vers les astres patries !* » — En second lieu, je souhaiterais attaquer le *biaisement de la volonté* dont l'impulsion (*impetus*) — regrettable — est donnée par l'*autosuggestion*, que je dénommerai la *suggestion forcée*. Soyons justes et sachons garder la *mesure* : voir les choses du bon côté n'est pas une mauvaise affaire ; mais *ne voir* les choses *que* du bon côté, convenons-en avec une probité intellectuelle de rigueur, est, *ipso facto*, une astuce malhonnête, un acte de mauvaise foi, une duperie double : on se dupe soi-même et on dupe le monde dans lequel on évolue. Le souci de sa patrie, c'est aussi savoir la reconnaître telle qu'elle est dans son immensité : un univers qui nous échappe, étoilé et sombre. L'optimisme et le pessimisme sont des *notions* — et il est tout aussi vain de regarder le monde avec des lunettes aux verres optimistes qu'avec des lunettes aux verres pessimistes, voire avec des lunettes aux verres « hétérochromes » (les yeux vairons). Appelons Monsieur Lapalisse : *le monde est ce qu'il est*, il ne dévoile pas de raison (finalité morale), du moins de raison qui soit apparente à l'homme. Évidemment, ce constat sera porté au crédit du pessimisme, ce dont je n'ai cure ; et surtout si j'ajoute ceci : si toutefois le monde devait montrer une quelconque raison, ce serait celle qui montre qu'il n'y a pas de raison. Comme, d'un côté, la question peut toujours être dépassée, et que, de l'autre, la réponse se situe au-delà de nos facultés de compréhension, les optimistes ou les pessimistes, *fondamentalement*, n'ont ni tort ni raison. Je me rapproche de Hermann Hesse lorsqu'il dit que, « *naturellement, les deux partis ont raison […], les optimistes comme les pessimistes* », mais qu'il tient « *seulement les premiers pour plus dangereux* ». Moi, ce qui me dérange foncièrement dans la voie dite optimiste, c'est qu'elle doit tout à la volonté de croire, ce que ne fait pas la pessimiste, et qu'elle emprunte sa « méthode » à Émile Coué de la Châtaigneraie, lequel avait résumé son « invention » dans un livre intitulé (sobrement !) *La maîtrise de soi-même par l'autosuggestion consciente*, un livre moins livre de psychologie que brochure à la mode des boni*menteurs* itinérants vantant les vertus de sirops-miracles. De cette « feuille de chou », tirons une phrase « au hasard » : « *Et l'ivrogne et le criminel disent vrai ; ils sont forcés de faire ce qu'ils font, par la seule raison qu'ils s'imaginent ne pas pouvoir s'en empêcher.* » Quelle lutte entre l'« inconscient » et la « volonté », ainsi qu'ils les définit ! Poursuivons : « *si l'inconscient accepte cette suggestion, s'il s'autosuggère, on voit la ou les choses se réaliser de point en point* » ; « *ainsi entendue,* l'autosuggestion *n'est autre chose que l'hypnotisme tel que je le comprends et que je définis par ces simples mots :* Influence de l'imagination sur l'être moral et l'être physique de l'homme ». Avant de couper court à cette *hypocrisie* et de citer un épisode « concret », recopions un dernier passage indiquant *comment il faut pratiquer* cette méthode (*no comment*) : « *Tous les matins au réveil, et tous les soirs, aussitôt au lit, fermer les yeux et, sans chercher à fixer son attention, sur ce que l'on dit, prononcer avec les lèvres, assez haut pour* entendre *ses propres paroles et en comptant sur une ficelle munie de vingt nœuds, la phrase suivante :* "Tous les jours, à tous points de vue, je vais de mieux en mieux." » Coué prend l'exemple d'une hémorragie dentaire qu'il put observer chez une fillette qui venait de se faire arracher une dent, à qui il lui *suggéra* que « *dans deux minutes l'hémorragie s'arrêterait d'elle-même* », ce qui, en effet, arriva, et qu'il explique en ces termes : « *Sous l'influence de l'idée : "l'hémorragie doit s'arrêter", l'inconscient avait envoyé aux artérioles et aux veines l'ordre de ne plus laisser s'échapper du sang et, docilement, elles s'étaient contractées naturellement* » ! Cette méthode qui permettrait « *de vivre relativement heureux, quelles que soient les conditions dans lesquelles nous puissions nous trouver* », peut, et même « *doit être appliquée à la régénération morale de ceux qui sont sortis de la voie du bien* »… Cela ne relève plus du pari de Pascal (« *La volonté propre ne satisfera jamais, quand elle aurait pouvoir de tout ce qu'elle veut ; mais on est satisfait dès l'instant qu'on y renonce. Sans elle on ne peut être malcontent ; par elle on ne peut être content* », notait-il sur un autre feuillet !), — et cela ne relève pas davantage de l'usage du stoïcisme, — mais du *fantasme déformateur*. L'optimisme primaire et la méthode Coué sont une seule et même chose, — blâmables, — et je ne reculerai pas devant le déshonneur qu'il y aurait à citer ce flagorneur de Polonius, homme si perfide, si détestable, et qui ici, miraculeusement, me servira d'appoint : « *Nous sommes souvent à blâmer en ceci : il n'est que trop prouvé qu'avec le visage de la dévotion et de pieuses actions, nous enrobons de sucre le diable lui-même.* » On pourrait croire que celui qui affirme qu'il ne craint pas la mort parce qu'elle n'est rien, suivrait les préceptes de notre pharmacien, et je n'en croirais rien ; ses adeptes diraient plutôt ne pas craindre la mort *parce qu'ils ne la craignent pas*, — ou, — pis, — parce qu'ils *ne doivent pas* la craindre (assertion morale soutenable et suivable uniquement par le *biais* d'un prophétisme qui oserait justement promouvoir cette infâme idée d'une « *régénération morale de ceux qui sont sortis de la voie du bien* » (c'est plat, c'est beau !)). Alain postule que « *la condition humaine est telle que si on ne se donne pas comme* règle des règles un optimisme invincible, aussitôt le plus noir pessimisme est le vrai », tout en reconnaissant que « *si l'on considère ce qui est de soi et sans qu'on y travaille, le pessimisme est le vrai* » (sans qu'on y travaille ?). Il se base sur le fait que « *le pessimisme est d'humeur ; l'optimisme est de volonté* », et que « *celui qui connaît le mal par les causes apprendra à ne point maudire et à ne point désespérer* ». Il reconnaît que « *quelque étrange que cela paraisse d'abord, il faut jurer d'être heureux* » ; puis il nous annonce sans ambiguïté : « *Au rebours la clef des songes donne importance à tout. C'est la clef du malheur.* » Certes, il se trouve beaucoup de sagesse dans ces lignes, à défaut de dire qu'il se trouve beaucoup de « vérité » (je ne sais guère, tel Ponce Pilate, ce que ce mot implique lui-même de vérité : « *Quid est veritas ?* »), et je suis ravi de lire que notre philosophe admet que le pessimisme, *s'il doit être signifié*, soit « naturel », et que l'optimisme, *s'il doit être signifié*, soit « antinaturel ». Malgré tout, trop souvent, une *dichotomie* — maladroite — imprègne ce *jeu de notions* (d'optimisme et de pessimisme), et ce jeu s'en voit logiquement pipé. (C'est dans cette continuité que je notais *supra* que le pessimisme qui teinte mes pages, et que je ne contourne pas, « *n'est pas une marque d'originalité, mais de réalité* ». Sans en changer le sens, je reprendrai cet aphorisme de Kafka : « *Beaucoup nient la détresse en montrant le soleil, il nie le soleil en montrant la détresse.* ») Si nous imaginons, sans adjoindre un effort de notre part, le monde aller tout seul, se régler sur celui des animaux, pourrons-nous alléguer sa perte ? C'est la question qui agite les tenants de la doctrine du *méliorisme*, selon laquelle « *le monde tend à s'améliorer ou peut être amélioré par l'effort de l'Homme* » (d'où en français « *améliorer* », anciennement « *ameillorer* », dérivé du latin « *melior* », « *meilleur* »). Être mélioriste, c'est déjà être impartial et concéder que le monde n'est ni exempt de mal, ni le meilleur, mais c'est faire trop de cas des capacités de justiciabilité de l'homme : comment accorder sa confiance à autrui quand on ne peut être sûr soi-même de la confiance que l'on s'accorde ? Il faudrait que chacun fût capable d'être juste et discipliné, c'est-à-dire que tout le monde se mît d'accord sur le problème de la justice et de la discipline. Au-delà de la difficulté même de se prononcer sur ce que sont et ce que recouvrent exactement ces deux termes, il faudrait appliquer le principe du « tout ou rien », car une demi-mesure équivaudrait au « rien » (le « *Tout Ou Rien* » — ou « *TOR* » — des automaticiens qui ont peut-être raison !). Mais regardez, par exemple, comment les hommes, pourtant avertis par l'impératif moderne du « bien commun », agissent dans le domaine de l'écologie ou des droits de l'homme : ils iront en avion à un congrès sur les émissions de gaz carbonique et sur le réchauffement climatique ; ils couperont l'eau en se brossant les dents avant de prendre un bain ; ils achèteront à bas prix et en toute saison des pommes et des fraises qui proviennent de l'autre côté de la planète ; ils s'habilleront avec des vêtements fabriqués par des ouvriers exploités, parfois mineurs, et qui requièrent pour leur confection que l'on bafoue les règles d'hygiène et de salubrité environnementale ; ils fourniront des armes à des pays qui ne demandent qu'à envahir leurs voisins ; ils mangeront des poissons que l'on devrait préserver au risque d'exterminer l'espèce… La situation critique de nos comportements ne concerne pas tant l'optimisme ou le pessimisme que l'*égoïsme* qui s'incarne plus sûrement dans toute conscience collective faiblarde (*une* brebis galeuse et *tout* le troupeau est décimé), et il est nécessaire, en outre, de nous rappeler, sous l'éclairage freudien, que *tout homme* porte en lui les instincts hérités de *l'homme primitif* — qu'aucune culture ne pourra éradiquer complètement, au risque de perdre le titre d'homme, — et que le principe de conservation est la motivation aveugle de toute espèce vivante. Chez Cicéron (*Des vrais biens et des vrais maux*), on retrouve, sous l'éclairage stoïcien, ces deux idées : 1. La perfectibilité de la moralité n'existe pas puisque la « κατόρθωμα » (l'« *action droite* ») est à elle-même sa propre fin (« *la bonté morale de l'âme, ou encore, l'harmonie de la vie ou le bien lui-même qui consiste à vivre conformément à la nature, ne peut en aucune manière recevoir d'accroissement* ») ; 2. Le principe d'autoconservation, « *le premier principe de toutes nos actions* », qui « *est l'amour de notre propre conservation* » (« *ex quo intellegi debet principium ductum esse a se diligendo* »), provient de la constatation évidente que dès la naissance, l'animal « *est enclin à s'aimer, à chercher la conservation de son être et de sa condition naturelle, et à s'attacher à tout ce qui peut servir ce désir invincible ; et qu'au contraire il éprouve une vive aversion pour la destruction de son être et pour tout ce qui pourrait la causer* ». Dans la même veine, on croise chez Melchior Grimm ces quelques mots écrits en bon schopenhauerien (avant l'heure !) : « *Cependant, si nous voulons voir les choses telles qu'elles sont, nous trouverons que la nature fait tout pour elle-même, et ne fait rien pour nous. Elle songe uniquement au bien-être et à la conservation des espèces, et néglige absolument la conservation des individus. Elle s'inquiète peu de notre bonheur ; elle compte pour rien nos douleurs, nos souffrances, et immole sans cesse l'individu au bien de l'espèce. Voilà pourquoi nous sommes si invinciblement attachés à nous-mêmes, que nous ne saurions jamais renoncer sincèrement au soin de notre conservation, lors même que la non-existence serait un plus grand bien pour nous que l'existence.* » (À l'extrémité de ce « constat », n'oublions pas Sade, provocateur devant Dieu, si j'ose m'exprimer ainsi, qui « faisait vouloir » à Dolmancé que le Code Républicain autorisât calomnie, vol, prostitution, adultère, inceste, viol, sodomie, meurtre, *et cætera*, en alléguant leur nécessité pour le bon fonctionnement de la patrie, et en les vantant comme un droit naturel, un juste retour aux sources ! « *The mind is its own place, and in it self / Can make a Heav'n of Hell, a Hell of Heav'n* » (« *L'esprit est à soi-même sa propre demeure ; il peut faire en soi un Ciel de l'Enfer, un Enfer du Ciel* »), — nous dit Milton, tant nous nous y perdons…) Voici le scénario de la réussite d'un engagement communautaire, d'une entraide universelle où chacun pensera à son prochain et ne privilégiera pas sa propre survie (« *un pour tous, tous pour un* ») : *tous* les hommes se tiennent par la main en formant une gigantesque guirlande que l'on suspend au-dessus du vide : si l'un d'entre eux, *un seul*, lâche, toute la ribambelle s'écroule et tout le monde meurt… Divagations de mon inventivité, faites-moi aller gaiement dans l'extravagance, et déroulez un autre scénario de la réussite : supposons qu'il y ait encore cette guirlande suspendue constituée de *tous les hommes sauf un seul*, et supposons maintenant qu'un des maillons commence à faiblir : croyez-vous, en toute franchise, que celui qui est en sécurité aille le soulager ? Je suis peut-être trop *pessimiste*… Ou peut-être, pour reprendre l'expression de Musset, « *ceci est-il trop noir* » : « *est-ce exagéré ? Qu'en pensez-vous ? Suis-je un misanthrope ?* » Voyons ! En guise d'analogie, lisons (lisons et relisons !) Pascal (qui prétendait que *la nature des hommes est dans la corruption* ») : « *Qu'on s'imagine un nombre d'hommes dans les chaînes, et tous condamnés à la mort, dont les uns étant chaque jour égorgés à la vue des autres, ceux qui restent voient leur propre condition dans celle de leurs semblables, et, se regardant les uns et les autres avec douleur et sans espérance, attendent à leur tour. C'est l'image de la condition des hommes.* »

En même temps, ni lui ni moi ne voulons — dans l'absolu — blâmer *qui* que ce soit. En bons névrosés, à son égal dans la *quête dolente*, du moins le pensé-je, « *je blâme également et ceux qui prennent parti de louer l'homme, et ceux qui le prennent de le blâmer, et ceux qui le prennent de se divertir et je ne puis approuver que ceux qui cherchent en gémissant* ». Tout bien pesé, il ne resterait que la vigueur d'un Chamfort pour *rugir gravement* : « *Les hommes sont si pervers que le seul espoir et même le seul désir de les corriger, de les voir raisonnables et honnêtes, est une absurdité, une idée romanesque qui ne se pardonne qu'à la simplicité de la première jeunesse.* » — « *Forbear to sleep the nights, and fast the days; compare dead happiness with living woe; think that thy babes were fairer than they were, and he that slew them fouler than he is: bettering thy loss makes the bad causer worse: revolving this will teach thee how to curse.* » (« *Abstiens-toi de dormir la nuit, et jeûne le jour ; compare ton bonheur mort à ton malheur vivant ; représente-toi tes enfants plus beaux encore qu'ils n'étaient, et celui qui les a tués plus hideux qu'il n'est : exalter une perte, c'est en empirer l'auteur. N'oublie rien de tout cela, et tu apprendras à maudire.* ») — Le meilleur des mondes possibles ? Il est illusoire de le démontrer — cependant qu'il est plaisant d'en rire ! Chacun y va de son idée du meilleur des mondes possibles, — ce qui, imaginativement parlant, ne gâterait rien… s'il n'y avait pas les idées exposées dans le *Brave new world* d'Aldous Huxley, desquelles on s'approche petit à petit, ou celles qu'avait commencé à appliquer Adolf Hitler, ou encore celles de Platon dans *La République*, le *Politique* ou *Les Lois*, toutes avec pour dénominateur commun l'*eugénisme*… — Le meilleur des mondes possibles ?… Un monde qui finirait par l'ange après avoir commencé par l'hydre ? qui partirait de la matière pour arriver à l'âme ? Un monde qui accomplirait sa « *marche du mal au bien, de l'injuste au juste, du faux au vrai, de la nuit au jour, de l'appétit à la conscience, de la pourriture à la vie, de la bestialité au devoir, de l'enfer au ciel, du néant à Dieu* » ? Hugo l'a tenté — mais dans un roman. — Le meilleur des mondes possibles ?… — Voltaire se moqua souvent de la philosophie de Leibniz et il écrivit en particulier un truculent entretien entre un bachelier et un sauvage sur le ton du *Bourgeois Gentilhomme* : « Le Bachelier. — [...] *savez-vous que ce monde-ci est le meilleur des mondes possibles ?* — Le Sauvage. — *Comment ! il est impossible à l'Être infini de faire quelque chose de mieux que ce que nous voyons ?* — Le Bachelier. — *Assurément, et ce que nous voyons est ce qu'il y a de mieux. Il est bien vrai que les hommes se pillent et s'égorgent ; mais c'est toujours en faisant l'éloge de l'équité et de la douceur. On massacra autrefois une douzaine de millions de vous autres Américains ; mais c'était pour rendre les autres raisonnables. Un calculateur a vérifié que depuis une certaine guerre de Troie* [...] *on a tué au moins* [...] *cinq cent cinquante-cinq millions six cent cinquante mille hommes, sans compter les petits enfants et les femmes écrasées dans des villes mises en cendres ; mais c'est pour le bien public : quatre ou cinq mille maladies cruelles, auxquelles les hommes sont sujets, font connaître le prix de la santé ; et les crimes dont la terre est couverte recèlent merveilleusement le mérite des hommes pieux, du nombre desquels je suis. Vous voyez que tout cela va le mieux du monde, du moins pour moi.* » Le « *tout est bien* », le « *tout est pour le mieux* », — « *du moins pour moi* »… « *Du moins pour moi* » : à chacun ses intérêts, — du moins : la *préservation* des siens !… Nous verrons plus loin le *fatalisme*, qui est encore à démarquer de l'optimisme et du pessimisme, mais l'évocation de Voltaire m'offre l'occasion de m'amuser avec lui de ce qu'il fit conclure au ridicule Pangloss de son *Candide*, le pire optimiste que la littérature ait façonné : « *Il est démontré, disait-il, que les choses ne peuvent être autrement ; car tout étant fait pour une fin, tout est nécessairement pour la meilleure fin. Remarquez bien que les nez ont été faits pour porter des lunettes ; aussi avons-nous des lunettes.* » N'oublions pas que Bernardin de Saint-Pierre, dans ses *Études de la nature*, remarqua sans verser dans l'humour que « *le melon a été divisé en tranches par la nature, afin d'être mangé en famille* » ! — Ô naïveté ! ô le puéril optimisme de l'égoïste anthropomorphisant à tout-va ! Faut-il avoir un nombril assez grand pour oser déclamer de telles absurdités ! Accepter une telle réalité, qui est plus subjective qu'objective sous prétexte qu'elle servirait des préférences personnelles (que n'étaye aucune probité), — balayer en quelque sorte l'immédiat au profit du médiat, — c'est ce que Schopenhauer dénonce dans ce passage des *Suppléments à la doctrine de la souffrance du monde* : « *Le monde n'est qu'un enfer dans lequel les humains sont les âmes torturées, et aussi les diables. Je suppose qu'on va encore me dire que ma philosophie est attristante et inconfortable, simplement parce que je dis la vérité ; les gens veulent entendre dire :* le Seigneur a fait toutes choses bonnes. Allez à l'église et laissez les philosophes en paix. *En tous cas, ne réclamez pas qu'ils taillent leurs doctrines selon votre plan !* » — (Petit aparté : dans la Genèse, lorsque Dieu ordonne et construit, il voit que cela est « *bon* ». Sait-on que le terme hébreu correspondant, « טוב », « *towb* » en translittéré, est plus ou moins polysémique ? « *Pur* », « *bien* », « *heureux* », « *beau* », « *favorable* », « *agréable* », sont autant de possibilités, certes apparentées, mais dont les nuances sont troublantes, et quand il s'agit de *la création du monde*, la précision est de mise ! Tandis que la Septante a retenu « καλόν », qui fonctionne à merveille, la Vulgate a adopté « *bonum* », assez faiblard, sauf à s'en référer à la définition qu'en donne, d'après Cicéron, Diogène de Babylone, c'est-à-dire « *ce qui est parfaitement achevé selon la nature* » (« *quod esset natura absolutum* »).) — Puisque j'en suis à Schopenhauer, il y a un autre passage, du *Welt als Wille und Vorstellung* (§59), que je ne voudrais pas omettre d'insérer (bien qu'il apparaisse, jusqu'à la mépréhension, comme une paraphrase de David Hume à la limite du plagiat) : « *prenez le plus endurci des optimistes, promenez-le à travers les hôpitaux, les lazarets, les cabinets où les chirurgiens font des martyrs ; à travers les prisons, les chambres de torture, les hangars à esclaves ; sur les champs de bataille, et sur les lieux d'exécution ; ouvrez-lui toutes les noires retraites où se cache la misère, fuyant les regards des curieux indifférents ; pour finir, faites-lui jeter un coup d'œil dans la prison d'Ugolin, dans la Tour de la Faim, il verra bien alors ce que c'est que son meilleur des mondes possibles.* » Voici le texte de Hume, à titre de comparaison, extrait des *Dialogues sur la Religion naturelle* : « *Si un être étranger [à notre planète] tombait soudain dans ce monde, je lui montrerais, comme spécimen de ses maux, un hôpital plein de malades, un prison remplie de malfaiteurs et de débiteurs, un champ de bataille jonché de cadavres, une flotte sombrant dans l'océan, une nation languissant sous la tyrannie, la famine ou la peste. Pour qu'il voie le côté plaisant de la vie et qu'il ait une idée de ses plaisirs, où devrais-je le conduire ? Au bal, à l'opéra, à la cour ? Il pourrait à bon droit penser que je lui ai seulement montré d'autres détresses et d'autres chagrins.* » Que dirait notre Poète ? « *Tout est la mort, l'horreur, la guerre ; / L'homme par l'ombre est éclipsé ; / L'Ouragan par toute la terre / Court comme un enfant insensé.* » Ni *plus* — ni *moins*… — En tout état de cause, il est assez clair qu'il existe, telle une échelle des valeurs, plusieurs sortes d'optimismes, autant — vraisemblablement — qu'il y a de sensibilités, et les énumérer me serait une gageure, car même Pascal, au sujet du souverain bien, ne parvint pas à démêler les multiples caractérisations : « *L'un dit que le souverain bien est en la* vertu, l'autre le met en la volupté, l'autre à suivre la nature, l'autre en la vérité — felix qui potuit rerum cognoscere causas —, l'autre à l'ignorance totale, l'autre en l'indolence, d'autres à résister aux apparences, l'autre à n'admirer rien — nihil mirari prope res una quae possit facere et servare beatum —, et les braves pyrrhoniens en leur ataraxie, doute et suspension perpétuelle. Et d'autres plus sages qu'on ne le peut trouver, non pas même par souhait. Nous voilà bien payés. » Oui, nous voilà bien payés ! Optime, je délaisse par conséquent la question de cette pluralité… Quoique ! cette description de Pascal m'interpelle rétroactivement sur ce dont j'ai discuté à l'instant : en partant de la notion d'*optimisme*, j'ai dévié vers la notion de *bonheur*, et en m'engageant dans la notion de *méliorisme*, j'ai inévitablement empiété sur les terres de la *morale*, — la morale, cette science qui traite des règles de la conduite des hommes et de la fin qu'ils se proposent, et qui sanctionne les déviations à coups de rémission, — la morale, cette science qui, *fixée* non pas en vue d'un bonheur, mais d'une (oh !) *pacification*, érigée non pas pour jouir de l'existence, mais pour vivoter, doit satisfaire la vie de tout le monde, autrement dit *ne satisfaire personne* (c'est une forme de *soumission*). J'ai en mémoire l'avertissement de Nietzsche sur le haut degré de moralité qui aboutit à la *détresse* — et je ne courrai pas le risque de pratiquer ces voies *communales* de l'éthique et de passer, à l'égal de mes concitoyens, pour un *imbécile*… D'ailleurs, à l'entrée « Optimiste » de son *Dictionnaire des idées reçues*, Flaubert n'écrit-il pas : « *équivalent d'imbécile* » ? A-t-on la stricte équivalence ? En exagérant expressément et en discriminant bassement : si tout optimiste est un imbécile, tout imbécile serait-il optimiste ? La question est à vrai dire complexe, très complexe, bien plus que ce que l'on préjuge d'ordinaire, et j'ai bien peur d'être à nouveau incapable de circonscrire toute la problématique. Pourquoi ? — Il y a trois grandes raisons que nous analyserons ensuite dans l'ordre : 1. L'imbécile, en tant qu'imbécile, se fera une idée approximative de l'optimisme ; — 2. Pour comprendre le pur optimiste et concevoir son pur optimisme, il faudrait se mettre à sa place ; — 3. Le *concept* d'optimisme le plus souvent colporté, voire imposé (de l'extérieur, de l'intérieur), est, ou trop naïf, ou trop galvaudé (corrompu). — Schématiquement, l'imbécile idéal, *faible*, est par nature innocent, satisfait, heureux (la consécration de l'« imbécile heureux »), il ne cogite guère et ne doutera pas de son optimisme puisque c'est son état naturel, et il est en quelque sorte un optimiste par défaut. Comme il n'est pas réfléchi, — et c'est ce qui renforce l'aspect intellectif de la chose, — c'est un optimisme qui n'en est pas véritablement un, un optimisme « inconscient », un optimisme que l'on pourrait qualifier, sans péjoration, de « bestial » : afin de survivre, l'animal doit manger et il doit « croire » qu'il trouvera son indispensable nourriture. Surgit alors le dilemme célèbre — que tranche net John Stuart Mill dans *L'utilitarisme* : « *Il vaut mieux être un être humain insatisfait qu'un pourceau satisfait, Socrate insatisfait qu'un imbécile satisfait* », — et que Hölderlin, par la bouche de Hypérion, transcrira en ces mots : « *Je les envie parfois les hommes libres de souffrance, les idoles de bois auxquelles rien ne manque, tant leur âme est pauvre, qui ne posent pas de questions sur la pluie et le soleil parce qu'elles n'ont rien qu'elles doivent cultiver* ». — Cette rhétorique, si elle est séduisante, est vérolée, et nous mène tout droit à la situation de l'*identification* (empathie) au pur optimiste, soit qu'on se transporte en lui, soit qu'on le transplante en nous. Dans les deux options, on présuppose nécessairement que l'optimisme nous fait défaut et que notre conformation générale ne se prête pas au fol enthousiasme, et nous allons nous apercevoir que, fatalement, si l'on demeure *intègre*, l'optimisme ne se « gagne » jamais. La seconde option, c'est à peu près celle qui est esquissée dans cet extrait des *Pensées* : « *La nature nous rendant toujours malheureux en tous états, nos désirs nous figurent un état heureux, parce qu'ils joignent à l'état où nous sommes les plaisirs de l'état où nous ne sommes pas ; et, quand nous arriverions à ces plaisirs, nous ne serions pas heureux pour cela, parce que nous aurions d'autres désirs conformes à ce nouvel état.* » Vision pessimiste — qui *est* la *réalité* ! Celui qui *désire* d'être heureux (l'optimiste !), *n'est pas* heureux ; il imagine donc de l'être, car il ne l'est pas ; et s'il le devient, soit sa nature d'insatisfait le pousse à un désir plus grand et le replonge dans le malheur, soit il n'en profite plus, et ne désire plus rien, comme s'il ne pouvait plus le comparer à l'état précédent et concevoir le bonheur convoité auparavant. Ceci rejoint la parole *nostalgique* d'Hypérion : « *L'enfance, l'innocence, nous ne pouvons les concevoir.* » À propos de cette seconde option, cette soi-disant réquisition du temps « béni » de l'enfance « insouciante » et « innocente », je rappellerai au passage que Freud démentit le caractère cru chatoyant de nos premiers pas, et qu'au contraire, cette période, — révolue, que nous avons oubliée, et réceptacle des traumatismes qui nourriront les pathologies en tous genres, — était sans doute, avec nos petits yeux émotifs et fébriles, horrible à vivre. Peu importe, rêvons comme les enfants, repensons à leur monde « magique » (un monde où des hommes mourant de *faim* et s'entre-dévorant est impensable). Regretter cette magie, c'est estimer l'avoir perdue en vieillissant ; l'avoir perdue, c'est être désenvoûté, avoir mûri, être plus lucide, et c'est admettre qu'elle est définitivement perdue, qu'il ne subsiste de son regret de ne plus la vivre *purement*. Si j'excepte cette magie périmée, qu'est-ce qui distingue l'homme du garçon qu'il a été, de telle sorte qu'il veuille à tout prix le redevenir ? Le garçon est plein de promesses et d'illusions ; en grandissant, ces illusions se taisent ou se prennent un mur, ces promesses sont comme des coups d'épée de l'idéal dans l'eau du réel ; l'adulte, nourri de désillusions, désire retrouver l'émotion des *possibles* et *espérer* ou *croire* sans être contrecarré ou contredit : il veut rêver par procuration en retournant au temps où l'espoir n'était pas vain à être pensé… Mais l'enfant sait-il qu'il est « émerveillé » ? Si la réponse est positive, on est en droit de le regretter (mais cela impliquerait éventuellement que l'on fût redevenu un enfant et qu'on n'eût plus la possibilité de l'homme adulte). Dans le cas contraire, tout regret est stérile, car il ne sert à rien, pour pouvoir contempler (en se mettant à la place d'un autre ou de son ancien Moi), d'avoir des lunettes conscientes si les yeux qui contemplent à travers elles ne le sont pas. Il y a longtemps, nous avions parlé de physique quantique et de notre impuissance à étudier une particule telle qu'elle serait si on ne l'étudiait pas, et je rafraîchirai la mémoire du lecteur en lui soumettant une difficulté similaire : *l'observation d'une étoile*. Selon les paroles d'Hypérion, à celui qui se lève « *la nuit pour y contempler les saintes étoiles au-dessus de nous* », il est donné, « *ô l'étrange mélange de félicité et de mélancolie* », de « *les comprendre d'humaine façon* » — dans l'inhumain et intersidéral Espace, — *inhumain*, car aux frontières du pensable, — *intersidéral*, car lorsqu'on regarde un petit point scintillant censé figurer une étoile, le flux lumineux que l'on reçoit a parcouru une très longue distance, de l'ordre de quelques années-lumière pour les proches (un peu plus de quatre pour Proxima du Centaure), jusqu'à environ huit mille pour les plus lointaines encore visibles à l'œil nu. Choisissons la galaxie d'Andromède, située à près de trois millions d'années-lumière (en kilomètres, cela équivaut grossièrement à cent mille milliards) : les photons qui frappent notre rétine ont voyagé pendant trois millions d'années, si bien que nous ne voyons pas la galaxie telle qu'elle est aujourd'hui, mais telle qu'elle était il y a trois millions d'années. Et non seulement elle n'est plus pour nous que ce qu'elle fut il y a trois millions d'années (on regarde sa configuration dans le passé), mais de surcroît, pour compliquer l'affaire, elle n'est plus dans le ciel là où nos yeux nous la font voir parce qu'entre-temps elle a évidemment bougé. Pis ! bien pis ! car ce n'est pas terminé : tout au long de son chemin, le photon a peut-être vu sa trajectoire déportée à cause des attractions gravitationnelles imposées par des corps lourds placés sur sa route (qui, telle la matière noire, provoquent des mirages : arcs, cisaillements, croix d'Einstein)… Pis ! bien pis ! bien pis ! l'espace étant dilaté par l'expansion de l'Univers, la distance spatiale, pour les objets situés au-delà de cinq milliards d'années-lumière, dépasse largement leur distance temporelle… Et pour terminer, malheur ! la Terre se déplaçant durant chaque observation à la lunette, une aberration de la lumière, découverte par James Bradley, se crée automatiquement en dessinant au bout d'un an une ellipse au lieu du point unique que devrait figurer l'étoile visée (on peut comparer ce phénomène avec celui d'un homme qui court sous une pluie tombant verticalement : comme il bouge par rapport à elle, à la vitesse normale des gouttes s'ajoute une vitesse « apparente » dans la direction horizontale). D'où une quadruple erreur d'interprétation — due à l'ignorance de ce quadruple phénomène — puisque la frêle étoile que l'on croit observer est *quadruplement ailleurs !* Eh bien, toutes proportions gardées, quand bien même mon exemple serait tarabiscoté, il me semble que vouloir « se mettre dans la peau de… », c'est rencontrer ce type d'erreurs, et qu'il faut se résigner, dirait Nietzsche, à « *ne jamais pouvoir regarder les choses avec d'autres yeux que* ces yeux-là »… Toute entreprise visant la *concrétion identificatoire* est vouée à l'*incomplétude identitaire*, donc à l'échec. On peut *deviner* (ἐνπάθος), mais dans les limites imparties à celui qui se dédoublerait *en tant qu'il inspecterait l'autre en le comparant à soi-même.* Il me semble, par ailleurs, si l'on imagine la coexistence de deux identités s'interférant dans le même esprit, que Patañjali, au *Kaivalya pāda* de ses Yoga Sūtra, exprime en substance la même chose (quoique je fasse peut-être erreur en l'interprétant ainsi, car le sanskrit est si retors à la traduction que les multiples versions que j'ai étudiées ne se ressemblent parfois pas du tout) : « *Si le mental pouvait être connu par une autre intelligence plus subtile, cela créerait un excès de consciences mentales et une confusion de leurs mémoires.* » — Enfin, la troisième et dernière raison qui détermine la difficulté de *signifier* l'optimisme, je l'englobe sous la catégorie de *« concept »* d'optimisme parce qu'il s'agit, en l'occurrence, d'un *concept, id est* d'une représentation mentale abstraite et générale. Ce concept, précisais-je plus haut, est soit *imposé de l'intérieur* (autosuggestion), soit *imposé de l'extérieur* (hétérosuggestion), et dans les deux types de contexte, c'est du degré de suggestibilité que résulte le degré d'optimisme ou, oserais-je dire, le degré d'hypnoblepsie (fonction de l'intensité pithiatique potentielle). Nous pourrons nous faire une idée de l'autosuggestion à partir de cet échantillon de *L'assolement* de Kierkegaard, qui nous changera du bon-enfantisme de Coué : « *les apôtres de l'enthousiasme vide qui [...] font le voyage de la vie à l'aide d'une interjection, des gens qui partout font métier d'enthousiastes et se trouvent partout, et crient indifféremment qu'il arrive quelque chose d'important ou d'insignifiant : « eh ! » ou « oh ! », car la différence entre ce qui est important et qui est insignifiant s'est effacée pour eux dans le vide de l'enthousiasme aveuglement bruyant.* » Il est beau de s'étonner, je ne le conteste pas, mais il faut garder la mesure, ne pas s'époumoner et claquer des mains à tout bout de champ comme le feraient un petit garçon à qui l'on offrirait une friandise, ou le *bouffon gentilhomme* ponctuant ses découvertes sur la façon de prononcer les voyelles et les consonnes avec force : « *Ah que cela est beau !* », « *Cela est admirable !* », « *Ah les belles choses ! les belles choses !* »… Autant babiller dans le vide ! Tenez : s'imagine-t-on un interne en dermatologie sourire béatement et gringotter des « *"eh !" ou "oh !"* » jubilatoires à son tuteur qui lui présente des diapositives de différentes peaux de malades en expliquant : « Ceci est un fongus, ceci, un orgelet, là, nous avons un abcès, et là, un panaris, un phlegmon, un anthrax, un furoncle, un lipome, un empyème, un bourbillon, un bubon, un épithélioma » ?… « *Ah les belles choses ! les belles choses !* » S'imagine-t-on l'étudiant *en herbe* frétiller quand on lui apprend que le mot « *pus* » vient du latin « *pus* », et que l'on dispose pour en parler des variantes telles que « *ichor* », « *sanie* », « *humeur* », et que la production du pus est également appelée « *purulence* », « *suppuration* », « *pyorrhée* » ou encore « *pyogénèse* » ? Que celui qui est capable de s'en émerveiller reçoive ici mes hommages et toute ma considération, et davantage si l'intensité de son ravissement l'enjoint à en tester la saveur ! Je fanfaronne, je hâble très certainement, mais sans ironie aucune, je parierai que ce genre de prospecteurs du « *mauvais goût* » (Henri Michaux ?) *doit exister* et hanter les couloirs des hôpitaux dans l'attente festive d'un spécimen *horrible*… Ce qui se cache derrière cette sublimation euphorique, — modulé dans l'air du « *Il vaut mieux entendre ça que d'être sourd* », — c'est une arme contre la peur, contre la peur de la peur, c'est une arme de la *volonté* qui agit comme une *prévention* du malaise, de la catathymie, une arme qui rassure, qui soulage avant d'avoir eu mal, une arme qui empêche, retient ou, à défaut, diminue *la possibilité du désespoir.* Comme le dit clairement Cioran dans ses *Syllogismes* : « *Ce qui irrite dans le désespoir, c'est son bien-fondé, son évidence, sa "documentation" : c'est du reportage. Examinez, lui l'espoir, sa générosité dans le faux, sa manière d'affabuler, son refus de l'événement : une aberration, une fiction. Et c'est dans cette aberration que réside la vie, et de cette fiction que celle s'alimente.* » Dès lors que l'on sait que « *obnubiler* » est emprunté à « *obnubilare* », qui traduit le fait de « *couvrir d'un nuage* » ou de « *perdre connaissance* », on comprend tout le danger qui plane quand l'idée d'optimisme ou d'espoir *obnubile* l'esprit. Le collapsus est loin, mais tout près se trouve la déraison (reposant sur une fiction, une feinte, une construction imaginaire masquant ou enjolivant le réel), car je remarque deux causes qui, en se multipliant entre elles chez l'optimiste invétéré, amplifient l'effet de l'autosuggestion : positiver coûte que coûte, sans prendre la peine d'analyser (parti pris du bon, occultation du mauvais) ; croire que positiver est l'observance prédominante (parti pris du « tout est bon », occultation du « il y a parfois du mauvais »). Telle est souvent l'attitude du croyant zélé, du fanatique religieux. Si l'on *veut* du possible (qui arrange parce qu'on l'arrange, qui accommode parce qu'on l'accommode), il ne suffit pas de croire, *il le faut*, et Kierkegaard, moqueur, racontait que « *dans le possible le croyant détient l'éternel et sûr antidote du désespoir ; car Dieu peut tout à tout instant* ». Que peut-on souffrir quand on croit au meilleur ? que peut-on craindre quand on bannit la crainte ? que risque-t-on à parier « pascalement » ? Puisque la volonté est facile *et ne coûte rien*, l'homme optimiste se rassérène *à peu de frais*. Je n'oserai pas affirmer que certaines des pensées de Pascal, parce que je le convoque maintes fois dans ce sous-chapitre, sont des paroles d'Évangile, mais ne dit-il pas que celui « *qui ne voit pas la vanité du monde est bien vain lui-même* » ? et n'enfonce-t-il pas le clou pour les *petits* qui *ne reconnaissent pas* cette vanité : « *En un mot l'homme connaît qu'il est misérable. Il est donc misérable puisqu'il l'est, mais il est bien grand puisqu'il le connaît* » ? De la constatation qu'« *il y a assez de lumière pour ceux qui ne désirent que de voir, et assez d'obscurité pour ceux qui ont une disposition contraire* », on pourrait arriver à la consternante conclusion que les optimistes veulent tirer toute la (couverture-)lumière à eux seuls, tandis que les pessimistes jouissent à la fois d'être dans l'obscurité et de sentir les optimistes boucher le moindre interstice susceptible de laisser passer la lumière ; cependant la méprise sur le sens qu'y entend Pascal serait irrespectueuse si je ne la corrigeais pas, ce que ne font pas la majorité des personnes qui citent ce passage hors contexte, car il vise là un « *Dieu qui se cache* » et ne donne « *des marques de soi visibles* » qu'à « *ceux qui le cherchent* » (il éclaire les « *élus* ») tout en restant suffisamment caché pour les « *humilier* » (ces mêmes « *élus* » !). Et sachant qu'« *il est également dangereux à l'homme de connaître Dieu sans connaître sa misère, et de connaître sa misère sans connaître Dieu* », on convient aisément de ce qu'il peut y avoir de honteux à ne pas décrire parfaitement ce passage énigmatique sous prétexte qu'il sert des opinions peu sûres d'elles-mêmes. De toute façon, que l'homme soit le « *réprouvé* » qui ne sait jouer que la taupe qui creuse profond (pessimiste endurci), ou qu'il soit l'« *élu* » qui au moindre *spot* accourt tel une phalène (optimiste endurci), il s'aveuglera, et officiera, dans ses habits de nuisible, pour une plus grande saugrenuité de l'évolution de l'humanité. Le *pessimiste endurci* ne (re)connaîtra rien tant qu'il ne se dira pas : « *Figliuol di grazia, quest' esser giocondo [...] non ti sarà noto, tenendo li occhi pur qua giù al fondo* » (« *Enfant de grâce, cette vie heureuse [...] ne pourra pas t'être connue si tu tiens tes yeux seulement vers le fond* ») ; — l'optimiste endurci n'ira pas plus loin tant qu'il affabulera et ne méditera pas ces vers de Voltaire (*Le désastre de Lisbonne*) : « Un jour tout sera bien, *voilà notre espérance* ; / Tout est bien aujourd'hui, *voilà l'illusion*. / Les sages me trompaient, et Dieu seul a raison. [...] *Un calife autrefois, à son heure dernière,* / *Au Dieu qu'il adorait dit pour toute prière* : / *"Je t'apporte, ô seul roi, seul être illimité,* / *Tout ce que tu n'as pas dans ton immensité,* / *Les défauts, les regrets, les maux, et l'ignorance."* — Mais il pouvait encore ajouter l'espérance. » (À n'en pas douter, pour oser le citer, Voltaire me querellerait : « *Je n'aime point à citer ; c'est d'ordinaire une besogne épineuse : on néglige ce qui précède et ce qui suit l'endroit qu'on cite, et on s'expose à mille querelles.* ») — L'homme n'aime pas les tristes histoires, encore moins les tristes fins ; il réclame à cor et à cri ce que les Anglo-Saxons nomment un « *happy end* », il attend qu'on lui chante la douceureux final (« *ils se marièrent et eurent beaucoup d'enfants* »), il souhaite que les « méchants » périssent et que les « gentils » remportent la victoire. « *Les illusions se recommandent à nous par le fait qu'elles nous épargnent des sentiments de déplaisir et à leur place nous font jouir de satisfactions* », *dixit* Freud... En y réfléchissant bien, cet optimisme n'appartient pas à proprement parler à l'*autosuggestion* puisque ce n'est pas précisément lui qui raconte l'histoire (sa place est celle du spectateur), mais un écrivain, ou plutôt un conteur : c'est de l'*hétérosuggestion*. Pourquoi cela ? Tout simplement parce que la morale du « *tout est bien qui finit bien* » lui est imposée de l'extérieur, — et ce, dès son plus jeune âge. (Tant et si bien qu'il est difficile, *a posteriori*, dans cette sorte de loi de l'offre et de la demande, de savoir si, à l'origine, la demande de la « vision optimiste » émane du spectateur, auquel cas le conteur la lui offre, ou si la demande, quelle qu'elle soit, est court-circuitée et *commandée* par le conteur, auquel cas le spectateur *subit* l'offre sans rechigner. Le premier type s'apparente au résultat d'une élection au suffrage universel, le second, à un *formatage* ou à une *propagande* ; les deux, à une *corruption*, — une *corruption* que j'aimerais souligner plusieurs fois à l'aide de « suritalités ».) Il est probable que mon style témoigne de ma hargne à l'encontre de cette hétérosuggestion. Cette hargne est vraie, je l'avoue sans rougir, mais elle vaut également pour la suggestibilité de l'opposant de l'optimisme, le pessimiste sérieux qui prend au mot les lois de Murphy, selon lesquelles « *tout est mal qui finit mal* »... « *Eh oui, dans la vie, il y a la chance et la malchance,* — *ou plutôt :* la chance d'avoir la chance *et* la malchance d'avoir la malchance *!...* » — écrivais-je au temps de ma jeunesse, et je suis du genre, je l'avoue encore, à me méfier deux fois plutôt qu'une d'un Créon qui voudrait me rassurer en m'apportant la nouvelle que, « *dans nos malheurs, il se pourrait que tout fût bien qui finît bien* », car je répondrais comme Œdipe : « *Mais la réponse exacte ? Ce que tu dis là, sans être alarmant, ne me rassure pas.* » Si tout finissait bien parce que tout allait bien, nous n'en finirions pas de croire que tout va bien... (N'importe quel procédé incitatif repose sur un simple « *il faut* » : il *faut* aller bien, il *faut* que tout aille bien... Pourquoi le *faut*-il ? *Parce qu'il faut qu'il le faille !...*) — J'y reviendrai, — mais, pour être franc, je ne crois pas que l'homme soit fait pour vivre, encore moins pour vivre heureux. Comme le disait Pascal, « *en voyant l'aveuglement et la misère de l'homme, en regardant tout l'univers muet et l'homme sans lumière abandonné à lui-même, et comme égaré dans ce recoin de l'univers sans savoir qui l'y a mis, ce qu'il y est venu faire, ce qu'il deviendra en mourant, incapable de toute connaissance, j'entre en effroi comme un homme qu'on aurait porté endormi dans une île déserte et effroyable, et qui s'éveillerait sans connaître et sans moyen d'en sortir. Et sur cela j'admire comment on n'entre point en désespoir d'un si misérable état* ». Et, tout comme lui, j'admire celui que le désespoir ne touche pas, et qui ne verse pas dans l'optimisme docile et arriéré. Échoués sur cette Terre, nous le sommes tous. Il n'est pas difficile de voir que « *tous les hommes recherchent d'être heureux* », que « *c'est le motif de toutes les actions de tous les hommes* », rappelle Pascal ; — « *de tous les hommes,* jusqu'à ceux qui vont se pendre » (je souligne)... — À une époque où les atrocités perpétrées durant les deux Guerres Mondiales sont encore fraîches dans toutes les mémoires, où les crises en tous genres pullulent à tous les endroits du globe, la notion d'optimisme revêt une signification à part. (Je me souviens d'avoir eu l'occasion, il y a *fort longtemps*, de visiter avec mes parents le camp de concentration de Natzweiler-Struthof. Outre quelques photographies pénibles qui suscitèrent une horreur sans nom, la vision des fours crématoires, outre le sentiment de malaise en voyant les enfilades *trop alignées* de châlits, puis en circulant dans les blocs et les allées *trop symétriques*, il y avait eu cette inscription (hébreux, français, anglais, allemand, russe) : « לעולם לא עוד — PLUS JAMAIS — NEVER AGAIN — NIE WIEDER — НИКОГДА БОЛЬШЕ »,

— inscription qui m'obséda, particulièrement celle qui est écrite en anglais : je débutais à peine dans cette langue et l'expression littérale d'un « *Jamais, encore* », « *Jamais, à nouveau* », ne cessa de m'intriguer, comme si quelque chose n'ayant jamais eu lieu devait tout de même ne jamais avoir lieu. Le fait est que cela eut lieu, ici, là, partout… Buchenwald, Dachau, Esterwegen, Flossenburg, Neuengamme, Ravensbruck, Sachsenhausen, Mauthausen, Auschwitz-Birkenau, Belzec, Gross-Rosen, Madjanek… Pouah !) À une époque où les technologies battent leur plein et bouleversent les moyens de communication ; à une époque où l'industrie est à son apogée et crée des inégalités croissantes ; à une époque où la surpopulation mène à la ruine de l'espèce ; à une époque, finalement, où il est difficile de trouver des repères, des valeurs, et où l'idée d'optimisme est un refuge ou une aberration, — à une époque turbulente comme celle-ci, il n'est pas surprenant que les rayons des librairies soient envahies de livres qui parlent d'*espoir*, de méthodes pour ne pas « se noyer dans un verre d'eau », de *bonheur* simple et immédiat, ou de *frivolités*. Moi-même, ayant toujours voulu comprendre pourquoi il pouvait y avoir de tels engouements, je participai au succès que rencontra, par exemple, *La première gorgée de bière et autres plaisirs minuscules* (1997), ce petit livre qui décrit des joies faciles, simples, pour ne pas dire niaises, dans le sens où c'est une littérature atonale, englueé dans une nostalgie primaire, déviatrice, voire déviative (et turpide, mais cela n'engage que moi). Je sais bien que l'auteur n'avait pas eu l'intention de faire croire que la réalité était — ou devait être — réduite à ces moments, mais ce n'est pas aider les gens à ouvrir les yeux sur la totalité du monde réel. « *Au début de la partie, on ramassait les boules des autres, à l'occasion. Mais maintenant, on y est. On ramasse les siennes* », « suppure-t-on » à la fin de *La pétanque des néophytes* : est-on grandi en lisant cela ? faut-il suivre cette « morale » gênante ? Et le « *bonheur amer* » de la première gorgée mène à l'action suivante : « *on boit pour oublier la première gorgée* » !... On croirait entendre le buveur qui seul sur sa petite planète avec sa collection de bouteilles vides et de bouteilles pleines (« *on ramasse les siennes* » !) : « *Pourquoi bois-tu ?* lui demanda le petit prince. — *Pour oublier*, répondit le buveur. — *Pour oublier quoi ?* s'enquit le petit prince qui déjà le plaignait. — *Pour oublier que j'ai honte*, avoua le buveur en baissant la tête. — *Honte de quoi ?* s'informa le petit prince qui désirait le secourir. — *Honte de boire !* » Sur ce, « *le petit prince s'en fut, perplexe* », — tout autant que je le fis (m'en aller) et le fus (perplexe)… — *Le petit livre du bonheur* : tel est le titre aguichant (et présomptueux) d'un livre similaire que ma mère, croyant bien faire en me voyant plongé dans une profonde tristesse, m'offrit le jour de mon anniversaire. « *Croyant bien faire* », car ce choix *a priori* judicieux eut une conséquence tout autre que celle escomptée : le *spleen* fut aggravé par la lecture de ces petites pensées ineffables (Sénèque et consorts m'apporteraient un « bonheur » plus juste). Ce recueil pour « imbéciles heureux » contenait des aphorismes vides (« *Il y a dans le lever et le coucher du soleil des rayons de bonheur* »), des images incohérentes (« *Sentir les feuilles brûlées du jardinier de l'automne* »), des évidences encroûtantes (« *Il ne peut y avoir de bonheur dans la violence* »), des sentences mésséantes (« *Apprendre que l'on a un peu plus de temps à vivre qu'on ne le pensait* »), ou encore des axiomes insoutenables, insensés, incorrects, diffamatoires, prostitueurs de la Philosophie, de la Science et de la Connaissance en général (« *La pensée peut nous conduire vers le bonheur ; l'intellect et le savoir, jamais* »). Si l'homme heureux est celui qu'enchantent de telles inepties tendancieuses, alors oui, je désespère et je pleure, et je suis heureux de désespérer et de pleurer, et j'aurais presque envie de trouver, comme Jacopo Ortis, le Werther italien, « *un je ne sais quoi de méchant chez l'homme heureux* »… Frivolité ! « *Que dirons-nous de ces esprits légers, qui s'abandonnent aux transports d'une joie frivole, et qui sont toujours si contents d'eux-mêmes ?* » se demandait un Cicéron ulcéré. « *Plus on les voit infatués de leur bonheur, plus ils font pitié.* » Oui, frivolité ! illusion !... Freud ne dit-il pas que, à sa connaissance, « *il est facile pour le barbare d'être bien-portant, pour l'homme de la culture c'est une tâche difficile* » ? Savez-vous ce que je retrouve dans l'image du bonheur tel qu'il apparaît communément ? Cette idée de *kitsch* qui parsème certains des romans de Milan Kundera (idée typique du XXème siècle austro-germanique, relayée par Thomas Bernhard ou Hermann Broch). Notre auteur franco-tchèque en donne la définition suivante : « *Il s'ensuit d'accord catégorique avec l'être a pour idéal esthétique un monde où la merde est niée et où chacun se comporte comme si elle n'existait pas. Cet idéal esthétique s'appelle le* kitsch. » Le kitsch (qui assure aussi la fonction de « *paravent qui dissimule la mort* ») est donc non seulement un « *accord* » de type « *catégorique* », mais également « tacite » (comme de serrer sur sa droite, en France, quand on gravit ou descend un escalator, et sur sa gauche en Angleterre), un accord qui mène aux puériles et incessantes manifestations gouvernées par une démagogie de *chamallow*, une espérance de bisounours, une orthodoxie de coulis-de-framboise, une obéissance de profiterole, un triomphalisme sans gloire, une insurrection stérile, une liturgie panurgique et léthargique, un cautionnement de carton-pâte, un unanimisme remorqué, une publicité hystérisante, un matraquage domestique, un prosélytisme de l'exaction, une stéréotypie avenante et un conformisme de bas étage, où la foule enrobée et veloutée bat littéralement le pavé en éructant fièrement (sans aucun risque encouru, sinon celui de la déplorable futilité) : « Je suis contre la guerre, je suis pour la paix, je suis contre la souffrance, je suis pour la joie, je suis contre la haine, je suis pour l'amour, je suis contre le crime contre l'humanité », et autres fadaises allant de soi, affirmations codifiées à leur insu, revendications « *kitschifiantes* », vérités lénifiantes débitées en une battologie du truisme aussi impeccable que méprisable… Endoctrinés, ils le sont, mais ils ont oublié leur catéchisme : l'Éternel n'établit-il pas que « *les pensées du cœur de l'homme sont mauvaises dès sa jeunesse* » (*Gn 8,21*) ? (Rappelez-moi à l'ordre, lecteurs, si je parais moi aussi trop endoctriné en citant la Bible comme on cueille des cerises dans un arbre dont les branches plient et craquent…) Je les vois patauger et barboter dans la piscine, ces contestataires et leur giries, et parmi eux je devine « *en grand nombre des malades, des aveugles, des boiteux, des paralytiques, qui [attendent] le mouvement de l'eau* » (*Jn 5,3*) ; je les vois gargouiller et se réjouir à la moindre apparition de quelque vaguelette, pensant que l'ange est enfin là pour les guérir, alors que c'est leur propre illusion qui agite la surface ; je les vois en appeler à l'ange de l'illusion et ils s'offrent en échange, sans le savoir, l'illusion de l'ange : ce sont eux qui vaguent… Ce qui m'agace, c'est cette espèce de pléonasme moralisateur et sentimentaliste, de rectitude de bon aloi qui ne fait qu'épeler les lettres de l'« *amour* » confraternel (œcuménique) jusqu'à ce que le mot se déconceptualise, perde sa valeur pratique à chaque recyclage et devienne *platonique*, cet élan processionnel — communiste et égalitariste — qui voudrait exorbitamment que le soleil se levât à la même heure sur tout le globe et que la mort n'atteignît personne avant l'âge de quinze ans (« la mort, c'est mal », en entendant « caca » pour « mal », ce qui est une belle grécité puisque « κακός » est traduit par « *mauvais* »). De quelle quérulence ces péquins font-ils preuve ! Ce qui m'agace tout autant, c'est que leur confiance en l'avenir *s'appuie* sur son contraire présumé (si l'on ne fait rien ou si l'on ne fait pas comme eux), c'est-à-dire la *non confiance*. Le raisonnement auquel je pense est le même que celui de Sartre lorsqu'il raille, dans *L'être et le néant*, la persuasion d'une liberté qui découlerait d'un choix (quand faire un choix revient à faire une croix) : « *Ne pas choisir, en effet, c'est choisir de ne pas choisir. Il en résulte que le choix est fondement de l'être-choisi, mais non pas fondement du choisir. D'où l'absurdité de la liberté. Là encore, elle nous renvoie à un donné, qui n'est autre que la facticité même du pour-soi.* » Selon moi, avoir confiance (ou croire), c'est aussi ne pas avoir confiance, dans le sens où l'on a confiance en ce en quoi on n'a pas confiance. J'attends — confiant — qu'une bande de Martiens atterrisse sur la Terre pour nous attaquer. Alors, à ce moment-là, je reprendrai les paroles de Wells (*La guerre des mondes*) et dirai qu'« *il est possible que, dans le plan général de l'univers, cette invasion ne soit pas pour l'homme sans utilité finale* ». Pourquoi ? Parce qu'elle nous aura « *enlevé cette sereine confiance en l'avenir, qui est la plus féconde source de la décadence* »… Il faut savoir douter, — mais douter dans le bon sens (avec du bon sens) : « *Devenir adulte, c'est reconnaître, ayant trop souffert, que le "Père Noël" n'existe pas. C'est apprendre à vivre dans le doute et l'incertitude.* » Ainsi parle Hubert Reeves, dont l'espace prend la forme de son regard… — Ô plèbe braillante qui trimbale ses convictions guenilleuses de bureaucrates ! Ô ventripotent troupeau tempêtant, ô piétaille protestante, ô tripotée pétulante de trompettistes rouspéteurs protestant au nom du lard renommé, ô palanquée d'émeutiers rigolos ! Ô frondipares famulus rêvant d'ochlocratie, souverains de la « doxadoxie » ! Ô *vox populi* sans *vox Dei* ! Ô cheptel abâtardi enrégimenté dans l'attentatoire et fleurant le pharisaïsme ! Ô basse-cour de zélateurs gobe-mouches ! Ô flots d'invalides invasifs ! Ô dévoiement cosmopolite du progrès de l'humanité ! À ces hétéries, je déclare : *Nescio vos* ! Pour ces gens-là qui préjugent et surjouent en même temps, dont la crédulité génère en moi l'incrédulité et dont le diktat kantien se change en un « Agis de telle sorte… que tu n'agisses pas » (dis-le-leur, Jean, à ces « *petits enfants* », que nous ne devrions pas aimer « *en paroles et avec la langue, mais en actions et avec vérité* »), pour ces gens-là qui ne se rendent pas compte qu'ils ne sont, sur ce lopin de terre, que de pauvres « petits hommes » (« ἀνθρωπαρίων ») qui mourront très vite. Pour ces gens-là, le bonheur est un ersatz du désœuvrement, il leur faut, pour y barboter la bave aux lèvres, assister au spectacle d'enfants qui courent dans l'herbe (dans un ralenti cinématographique), et il suffit, pour les attendrir tout en suscitant leur indignation, de leur présenter quelques poupées ou quelques oursons en peluche qui gisent sur les décombres occasionnées par le passage d'un tsunami… (Je les vois, ces gens-là, comme je vois tous ceux qui protestent contre le travail des très jeunes enfants en Chine, et qui manifestent accoutrés à bon marché, dans des vêtements justement — ô dérision ! ô vanité ! — confectionnés par les petites mains potelées qu'ils sont censés protéger ! Ils veulent en découdre et font étalage de ce qu'ils contestent… Par bien des côtés, ils sont des séides qui tuent au nom de la paix. Ils veulent la paix, encore et toujours la paix ! Qu'ils nous la fichent ! Que Khalil Gibran, plus subtil que ce *vulgum pecus*, leur donne la leçon, lui qui, revenant d'une conférence, écrivit aussitôt, le 16 mai 1912, à sa protectrice Mary Haskell : « *La Paix ! La Paix mondiale ! La Paix universelle ! C'était lassant, illogique, creux et insipide. […] Pourquoi l'homme doit-il parler de paix quand son système est tellement malade qu'inévitablement il va exploser ?* ») Oui, frivolité (des mœurs) ! fiction ! insipidité ! superfluité navrante ! bienséance insipide ! facilité ! craques à l'eau de rose ! clairons de sornettes ! privauté vulgaire ! kitsch ! illusion ! sucrerie ! spéculation !… Le kitsch — contagieux — se niche partout, jusqu'aux présentateurs du journal télévisé qui, d'une mine compassée (sur commande) à la suite d'une grave et sérieuse information, enchaînent (sans transition) sur l'ébaudissement suscité par le résultat d'un match de football… Dans son *Manifeste du Parti communiste*, Karl Marx (aidé de Friedrich Engels), tout en évoquant les *vérités éternelles*, des socialistes allemands, compara lesdites vérités à un doux vêtement « *tout imprégné d'une chaude rosée sentimentale* » (« durchtränkt von liebesschwülem Gemüthsthau »). Le très ironique « *liebesschwülem* », impossible à traduire correctement, est construit sur « *schwül* », aussi bien « *chaleur étouffante* » que « *sensualité* », et qui, sans l'Umlaut, c'est-à-dire en tant que « schwul », signifie… « kitsch » ! — (Plût à Dieu que je versasse le moins possible dans le kitsch !… Pas de bon ton dans le mauvais goût ? de la mesure en toutes choses ? rappeler à la décence les prostitutions morales ?…) — Illusion ?… — Illusion !… — « *Ah ! ne vous faites pas d'illusions, vivants !* » — Je ne vais pas discourir sur l'« *illusion* » telle qu'elle apparaîtra plus loin, quand nous parlerons de l'Ecclésiaste, mais je voudrais ici placer l'« *illusion* » telle que l'entendait Freud, et son « *avenir* »… Il faut une grande dose d'*illusion* pour se laisser bercer dans une *passion* — ou dans une *foi*, quelles qu'elles soient, — et, sans contredit, j'en suis, en écrivant ce livre, — *la preuve* ! Qu'est-ce que *ce livre* ? C'est *mon* livre ; c'est ma vie, mon activité la plus vitale, ma raison d'exister : il agit sur moi et j'agis sur lui, mais sans lui, je ne suis rien, de même qu'il n'est rien sans moi. Grâce à ce livre, ou par sa faute, je suis un « *autosite* », nom biscornu dont Littré donne la définition qui suit : « *Monstre simple, capable de vivre par le jeu de ses propres organes, c'est-à-dire de subsister plus ou moins longtemps hors du sein de la mère.* » Oui, je me procure à moi-même ma propre subsistance ! De là, on comprend mieux que je cite tant, voire que je m'« auto-cite » !… Mais arrêtons de parler de « moi » et parlons de Freud (si jamais parler de Freud, quand c'est moi qui parle, n'est pas, en un sens, parler de moi !). Un jour, Kierkegaard écrivit, en guise de titre de chapitre : *Que « la chrétienté » est une immense illusion*. L'ouvrage de Freud dont il va être question à présent, — *L'avenir d'une illusion* (Die Zukunft einer Illusion, peut-être suggéré par Romain Rolland), — eût tout aussi bien pu s'intituler : *Que « la religiosité » est une immense illusion*. (Le psychanalyste autrichien et le philosophe danois sont décidément plus proches qu'on ne le croit !) J'ai choisi le terme de « religiosité » pour souligner les idées de *pratique* et d'*adhésion* que le terme voisin de « religion », trop doctrinal et abstrait, ne traduit pas assez. De quoi traite le court essai de Freud ? De religion avant tout. Mais avant de pouvoir discuter de religion, il est important de définir l'homme en tant qu'il vit dans une *société*, et de définir cette société en tant qu'elle possède une *culture*, en un mot : de définir les rapports qui s'établissent entre eux et qui modèlent la *civilisation*. Est-ce si simple pour un homme de vivre en société, au sein d'une culture, autrement dit : est-il *fait pour cela* ? Et l'homme a-t-il inventé la société et la culture, ou bien sont-ce la société et la culture qui ont inventé l'homme ? Et d'où proviendrait la religiosité que l'on vient d'évoquer ? D'un besoin, d'une nécessité, d'une vérité, ou que sais-je encore ? Pourquoi ou comment Freud et ses théories s'intercalent-ils dans ce paragraphe du contre-optimisme ? Patience ! « *La patience est l'art d'espérer* », nous dit — fort à propos ! — Vauvenargues. La parole est à l'accusateur ! Monsieur Freud, si vous voulez bien monter à la barre et, à votre manière, dresser l'inventaire psychique et « contre-méliorer »… « *Il faut selon moi compter avec le fait que, chez tous les hommes, sont présentes des tendances destructives, donc antisociales et anticulturelles, et qu'elles sont, dans un grand nombre de personnes, suffisamment fortes pour déterminer leur comportement dans la société humaine.* » (Cette pensée n'est pas nouvelle chez Freud, et, pour ne choisir que deux exemples, il avait déjà écrit, quinze ans plus tôt (1912), dans un petit article intitulé *Du rabaissement le plus commun de la vie amoureuse*, que l'« *on devrait donc peut-être se faire à l'idée qu'un équilibre entre les revendications de la pulsion sexuelle et les exigences de la culture est tout simplement impossible* », — et, sept ans plus tôt (1920), de façon plus radicale, dans *Au-delà du principe de plaisir*, ceci : « *Beaucoup d'entre nous se résigneront difficilement à renoncer à la croyance qu'il existe, inhérente à l'homme même, une tendance à la perfection à laquelle il serait redevable du niveau actuel de ses facultés intellectuelles et de sa sublimation morale et dont on serait en droit d'attendre la transformation progressive de l'homme actuel en un surhomme. Je dois avouer que je ne crois pas à l'existence d'une pareille tendance interne et que je ne vois aucune raison de ménager cette illusion bienfaisante.* » Relativement à cette idée, on n'éprouve aucune surprise, tant la concomitance est grande, en lisant chez le plus prodigieux des philosophes qu'« *il ne faut jamais perdre de vue qu'en général on ne doit pas fonder de trop brillantes espérances sur le bonheur de la vie, ni sur le degré de perfectibilité de l'espèce humaine, qui a ses bornes* ». Cette phrase est tirée de l'*Essai sur le sentiment du beau et du sublime*… Qui, à votre avis, pourrait parler des *bornes* ou des *limites* de l'homme, à part le grand Kant ? Il n'aura pas plus ménagé les « *droits* » de la raison que de la possibilité de la perfectibilité, notamment dans la deuxième section du *Conflit des facultés*, dont le sujet — *à résoudre* — est présenté sous la problématique suivante : *Le genre humain est-il en constant progrès vers le mieux* ? Pour Kant, il y a trois intercurrences : ou bien le genre humain se trouve en perpétuelle régression vers le pire (« *terrorisme moral* »), ou bien il est en constante progression (« *eudémonisme* » ou « *chiliasme* »), ou bien il demeure éternellement au degré actuel (« *abdéritisme* »). Sa conclusion par rapport à l'eudémonisme est directe, puisque celui-ci, « *avec ses espérances vaines, paraît […] insoutenable et semble laisser peu d'espoir en faveur d'une histoire prophétique de l'humanité, au point de vue d'un constant progrès dans la voie du Bien* ». Les prophétiseurs font doucement rire Kant parce qu'en faisant croire que celle-ci ira mieux, ils passent sous silence la nature réelle de la situation présente, qui peut difficilement être pire ! Cela s'appelle la rhétorique de la synonymie à connotation méliorative. Encore faut-il distinguer les vrais prophètes des faux : lorsque Dieu est énervé (*furia !*) et qu'Il veut envoyer « *à la mort ceux qui sont pour la mort, à l'épée ceux qui sont pour l'épée, à la famine ceux qui sont pour la famine, à la captivité ceux qui sont pour la captivité* » (Jr 15,2), lorsque Dieu veut punir, en l'éprouvant, Son peuple (de peine) qu'Il considère infidèle, voire le décimer en lui larguant Ses fléaux, lorsqu'Il ne connaît plus la pitié, Il répudie le faux prophétisme, c'est-à-dire les prophètes *optimistes* (!), ceux qui *osent* rassurer en vaticinant : « *Vous aurez la paix* » ou « *Il ne vous arrivera aucun mal* » (Jr 23,17). C'est pourquoi Jérémie, de par ses attributions, a la mission de porter ce message à un prophète concurrent : « *Écoute, Hanania ! L'Éternel ne t'a point envoyé, et tu inspires à ce peuple une fausse confiance.* » (*28,15*) — Bien ! j'extravague encore… Je vois que là-côté dépasse la longueur d'une page et que je dois revenir à ces belles tendances *destructives*, *antisociales* et *anticulturelles* dont parlait Freud…) Bigre ! Ces tendances, qui, pour résumer, expriment les pulsions contenues dans le Ça, sont une entrave à la constitution d'une société stable si elles ne sont pas dépassées par l'éducation, et c'est « *pourquoi les limites dans lesquelles un homme est éducable déterminent celles dans lesquelles une telle modification de la culture est possible* ». Freud complète son point de vue en reconnaissant qu'un « *certain pourcentage de l'humanité — en vertu d'une disposition pathologique ou d'une force excessive de l'instinct —, restera sans doute toujours asociale* », ce qui n'est pas sans nous rappeler les pensées de Pascal ou de Chamfort précitées. Ainsi, une frange de la population est rétive et semble vouée à la demeurer. Si, par la grâce d'un patrimoine génétique équivalent, nous pouvons estimer que nous naissons tous plus ou moins égaux, pourquoi assiste-t-on alors à l'insertion « réussie » de l'autre *pourcentage de l'humanité* ? Parce que « *toute culture repose sur la contrainte au travail et le renoncement aux instincts* ». D'un côté, la « *contrainte au travail* » apporte, comme le pensait prioritairement Napoléon, qui va nous accompagner un instant, une *occupation* préservant de « la mère de tous les vices », l'*oisiveté*, qui, à l'image des ces Chevaliers de la Désœuvrance dont parle Balzac dans *La Rabouilleuse*, serait une source inépuisable de troubles comportementaux. (L'oisiveté est pour une bonne part créatrice de la criminalité, ainsi que le soulignaient Dostoïevski, Hugo et Rigaut, l'un dans ses *Carnets de la maison morte* : « *Sans travail et sans propriété normale, légale, l'homme ne peut pas vivre, il se déprave, se transforme en bête* », l'autre dans ses *Misérables* : « *l'oisiveté d'un pauvre, c'est le crime* », le dernier dans ses feuillets de pensées : « *Le suicide et toutes les corruptions ne tirent pas leur origine d'ailleurs que de l'ennui.* » Et puis, d'un autre côté, le « *renoncement aux instincts* » apporte l'équilibre que détermine surtout l'*instruction* (« *ce sera mon premier soin à la paix, car c'est la garantie de l'avenir* », annonçait Bonaparte en 1812).) Freud continue : « *On observe alors, avec surprise et souci, que la majorité des hommes obéit aux défenses culturelles s'y rattachant sous la seule pression de la contrainte externe, par conséquent là seulement où cette contrainte peut se faire sentir et tant qu'elle est à redouter.* » C'est par la *contrainte* que l'homme civilisé suivra le protocole des bonnes règles préétablies qui régissent l'harmonie culturelle, et c'est à la fois par la crainte des sanctions, s'il les bafoue, et par le profit qu'il s'imagine malgré tout pouvoir en tirer, qu'il s'y soumet (de concert avec les autres) ; car, au fond, « *il n'y a que deux leviers pour remuer les hommes : la crainte et l'intérêt* », pensait Napoléon. Mais face aux interdits prônés par la loi, par le décalogue laïque, l'homme est hypocrite et fourbe : « *Il est d'innombrables civilisés qui reculeraient épouvantés à l'idée du meurtre ou de l'inceste, mais qui ne se refusent pas la satisfaction de leur cupidité, de leur agressivité, de leurs convoitises sexuelles, qui n'hésitent pas à nuire à leur prochain par le mensonge, la tromperie, la calomnie, s'ils peuvent le faire avec impunité. Et il en fut sans doute ainsi de temps culturels immémoriaux.* » C'est aussi pourquoi il ne se passe pas un jour qui ne voie la publication d'un nouveau décret qui ait pour mission d'anticiper tout ce que l'imagination humaine « s'autorise » de délits qui ne sont pas explicitement écrits sur les tables de la loi… Il faut s'attaquer à la part sombre : « *On gouverne mieux les hommes par leurs vices que par leurs vertus* », dixit Napoléon, dans le sens où il est plus important de s'intéresser aux capacités de nuisance de l'homme qu'à sa bienfaisance (qu'en dites-vous, Donatien-Alphonse-François ?). Il va sans dire que tout système législatif produit des « *classes lésées* » et des « *privilégiés* », et que les premières feront « *tout ce qui sera en leur pouvoir pour se libérer de leur fardeau de privations supplémentaires* ». En même temps, lesdites « *classes lésées* » peuvent toujours se rattraper sur d'autres aspects de la culture où les disparités s'effacent, par exemple l'art, qui est susceptible de représenter un idéal culturel et d'engendrer une « *satisfaction narcissique* », satisfaction qui est l'« *une des forces qui contrebalance le plus efficacement l'hostilité contre la civilisation à l'intérieur même du groupe culturel* ». C'est ici que nous en arrivons enfin au sujet central de la thèse de Freud, « *la partie la plus importante de l'inventaire psychique d'une civilisation* » : ses « *idées religieuses* », — ou, pour les désigner autrement : ses « *illusions* ». Soit ! Le raisonnement freudien est motivé par une formule axiomatique, que nous ne critiquerons pas : « *Pour l'individu comme pour l'humanité en général, la vie est difficile à supporter.* » Ma mère m'a souvent répété une expression, assez usée il est vrai, mais qui a le don, encore aujourd'hui, de s'interposer entre l'extérieur et moi-même dès qu'il s'agit d'affronter les affaires du monde : « La vie est une jungle. » Un combat ! Un jeu « *infamous* », pour reprendre le mot de sir Robert Chiltern, ou, pour reprendre celui de Mrs Cheveley, « *the game of life as we all have to play it* », « *sooner or later* » ! Un jeu malsain, mauvais, dangereux, impitoyable. Un univers de requins ! C'est le « *vivere […] militare est* » de Sénèque : vivre, c'est combattre, la vie est un état de guerre ! (« *Eh bien, la vie, Lucilius, c'est la guerre.* ») Résiste et souffre, mon fils, ou bien tu souffriras encore plus !... Le pire est que l'on ne peut rien y faire : que vous vous remuiez ou pas, les lianes de la jungle vous enserreront ; que vous cherchiez les aventures ou non, vous vous rendrez, comme Sancho Pança : « *Car c'est une rude affaire, et impossible à prendre en patience, que d'aller toute sa vie chercher des aventures et ne trouver que coups de pied, tours de couverture, coups de pierre et coups de poing, et le tout en gardant bouche close, sans oser dire ce que l'on a sur le cœur, comme si on était muet.* » (À ce propos, j'émettrai un regret, celui de n'avoir pas reçu plus tôt de ma mère (ou de mon père) les maximes pour la prévention des dangers du monde et la méfiance à accorder aux hommes et aux femmes en général, un peu comme le fit par lettre Mme de Mortsauf à Félix de Vandenesse dans le roman de Balzac, *Le Lys dans la vallée*, ou comme Hubertine dans *Le Rêve* de Zola, qui aurait au moins voulu dire à Angélique « *les dures leçons de la réalité, l'éclairer sur les cruautés, les abominations du monde* », ou comme Mme Krasnovskaïa dans une nouvelle de Tchékhov (*Récit d'un inconnu*), qui, sans mâcher ses mots, déclare : « *Le sens de la vie ne réside que dans la lutte.* » En même temps, eût-il été bénéfique de lire un livre de morale à quinze ans ? C'est si noir… (Mais pas aussi noir que le *Bréviaire des politiciens*, cet horrible manuel écrit en latin et attribué au cardinal Jules Mazarin, qui commence ainsi : « *Les anciens disaient : contiens-toi et abstiens-toi. Nous disons : simule et dissimule ; ou encore : connais-toi toi-même et connais les autres — ce qui, sauf erreur de ma part, revient strictement au même.* » On dit que c'était le livre de chevet de François Mitterrand. Je crois que cela doit être le livre de chevet de tous les politiciens…) En me prémunissant si tôt contre les *rigueurs sauvages* de la vie, j'eusse certainement tué dans l'œuf ma naïveté et mes dispositions à l'enchantement. Bon voyage, monsieur Dumollet ! — Surtout que Sade rôde : « *J'ai vu tout cela pendant les jours de ma vanité. Il y a tel juste qui périt dans sa justice, et il y a tel méchant qui prolonge son existence dans sa méchanceté. […] Non, il n'y a sur la terre point d'homme juste qui fasse le bien et qui ne pèche jamais.* » (Qoh 7,15;7,20) Les dés sont jetés — et pipés… « *car il n'y a point d'homme qui ne pèche* » (1 Rois 8,46). (N'est-ce pas, Salomon ?) L'individu « *réagit aux dommages que lui infligent et la civilisation et les autres hommes* » en opposant « *une résistance, proportionnelle à sa souffrance, aux institutions de cette civilisation, une hostilité contre celle-ci* », explique Freud. Cependant, et en définitive, le pire ne siège pas sur ce versant-là de la lutte imposée à l'homme, sur laquelle, somme toute, il peut souvent, avec suffisamment de force et de courage, influer ; le pire se situe sur l'autre versant, le plus menaçant d'entre tous, celui « *des forces supérieures de la nature, du destin* », contre lesquelles il doit se défendre avec des armes presque inoffensives. « *À la vérité, la tâche principale de la civilisation, sa raison d'être essentielle est de nous protéger contre la nature.* » Cette tâche consiste tout simplement, afin qu'elle nous paraisse moins étrangère, plus douce, bienveillante, rassurante, quasi « docile », « *à "humaniser" la nature* ». Nous avons peur ; nous avons peur — de ne pas être les maîtres des éléments ; nous avons peur — d'être les sujets d'une entité toute-puissante inexpliquée et sans concession ; nous avons peur — de l'indicible, de ce qui n'est pas dans la sphère de notre compréhension. Alors nous humanisons la nature, nous érigeons un monde, le surnaturel, qui façonne ce qui n'est pas façonnable, qui explicite ce qui ne l'est pas, qui évince l'angoisse, le désarroi, l'étranéité, et dont les forces naturelles remplacent d'autres forces naturelles ; « *alors nous pouvons élaborer psychiquement notre peur, à laquelle jusque-là nous ne savions trouver de sens* ». Mais « *cette situation n'est pas nouvelle, elle a un prototype infantile, dont elle n'est en réalité que la continuation* », nous dit Freud, « *car nous nous sommes déjà trouvés autrefois dans un pareil état de détresse, quand nous étions petit enfant en face de nos parents. Nous avions des raisons de craindre ceux-ci, surtout notre père, bien que nous fussions en même temps certains de sa protection contre les dangers que nous craignions alors* ». Arrêtons-nous sur cette « *détresse* », traduite de l'allemand « *Hilflosigkeit* », pour lequel il n'existe pas d'équivalent en français : « *désaide* » est préféré à « *détresse* » dans l'édition PUF, mais « *désemparement* » ou « *déréliction* » fonctionneraient. Aussi bien, dans « *Hilflosigkeit* », il y a un caractère de détresse, d'abandon, d'impuissance, d'incompréhension : autant de termes qui marquent l'enfance et ses sentiments de crainte et de protection. Des « forces » qui l'entourent et conditionnent sa survie, l'homme n'en fait pas pour autant des « hommes » au sens strict : « *il leur donne les caractères du père, il en fait des dieux* », — et ceux-ci, en retour, témoignent de la réalité d'un « *dessein supérieur […] dans lequel un perfectionnement de l'être de l'homme est à coup sûr impliqué* », car selon l'homme qui a la foi, qui croit que « *tout ce qui a lieu en ce monde doit être considéré comme l'exécution des desseins d'une Intelligence supérieure à la nôtre* » (« *bien que par des voies et des détours difficiles à suivre* »), on en arrive même, par ce cheminement de pensées, pour cette autosuggestion, à supposer que cette « *Intelligence* » agit « *pour notre bien* » et qu'elle « *arrange toutes choses au mieux* ». Nous revoilà au cœur de la discussion : on a résolu le problème sans avoir rien résolu ! Tout est bon — puisqu'il est impossible de vouloir le contraire ; tout est bien qui va bien

— puisque Dieu veille… L'ignorance de la vie devient la raison de vivre, la réalité devient l'illusion d'une réalité, l'existence difficile à supporter devient la rassurance religieuse. Et Sade, à qui l'on n'a rien demandé (il se faufile si bien), de revenir à la charge, enchanté que l'occasion soit trop bonne pour glisser et réaffirmer que « *l'ignorance et la peur* » sont « *les deux bases de toutes les religions* », étant établi que l'homme « *croirait qu'il lui manque quelque chose s'il n'avait plus rien à espérer ou à craindre* » ! De la même façon, en un peu plus policé, mais non sans une pointe d'ironie, Hume se demande (par l'intermédiaire de Déméa dans ses *Dialogues*) : « *Quelle ressource aurions-nous au milieu des innombrables maux de la vie si la religion ne nous suggérait des méthodes d'expiation et n'apaisait ces terreurs qui nous agitent et nous tourmentent sans cesse.* » Et Pline de dire que « *Dieu, c'est, pour l'homme, secourir les hommes* », parce que « *l'humanité débile et souffrante, se souvenant de sa faiblesse* », a établi d'innombrables divinités, « *et voulu que chacun pût adorer celle dont il avait le plus besoin* ». (Et malheur à celui qui retire à un homme sa croyance en l'invisible protecteur, à en croire Napoléon : « *Si vous ôtez la foi au peuple, vous n'avez que des voleurs de grand chemin.* ») — Hippolyte, tel est le prénom de ce tout jeune homme atteint de phtisie, dont les semaines à vivre se comptent sur les doigts d'une main, et à qui Dostoïevski (*L'idiot*), sur une bonne cinquantaine de pages, laisse lire — devant un parterre de personnages divers — le cahier testamentaire qu'il a intitulé *Mon explication indispensable*. Je voudrais que nous ne perdissions pas une miette de ce passage qui figure vers la toute fin de cette triste allocution : « *je suppose avec infiniment plus de vraisemblance que ma fragile existence est un atome nécessaire à la perfection de l'harmonie universelle, qu'elle sert pour une addition ou un retranchement, pour un contraste ou pour autre chose ; de même que le sacrifice quotidien d'un million d'êtres est une nécessité ; sans ce sacrifice, le monde ne pourrait subsister [...] Je conviens qu'autrement, c'est-à-dire si les hommes ne s'étaient pas mangés les uns les autres, il eût été impossible de construire le monde ; j'admets même que je ne comprenne rien à cette construction. Mais, en revanche, voici ce qu'à coup sûr je sais : du moment qu'il m'a été donné de prendre conscience que "je suis", en quoi ai-je à répondre du fait que le monde soit construit de travers et ne puisse exister autrement ? Qui donc me jugera après cela, et sur quoi me jugera-t-on ? Pensez-en ce que vous voudrez, c'est aussi inconcevable qu'injuste. / Et cependant je n'ai jamais pu, malgré que j'en eusse, me figurer que la vie future et la Providence n'existaient point. Le plus probable, c'est que tout cela existe, mais que nous n'entendons rien à la vie future ni aux lois qui la régissent. Or, si c'est chose difficile et même impossible à comprendre, peut-on me tenir rigueur de mon incapacité à saisir l'inconcevable ? Ils prétendent, il est vrai, [...] qu'ici il est nécessaire de s'incliner et d'obéir sans raisonner, par pur sens moral, et ils ajoutent que ma docilité trouvera dans l'autre monde sa récompense. Nous ravalons trop la Providence en lui prêtant nos idées, par dépit de ne la pouvoir comprendre. Mais je répète que, si nous ne pouvons comprendre la Providence, il est difficile que l'homme porte la responsabilité d'une incompréhension dont on lui fait une loi. Et s'il en est ainsi, comment, comment me jugerait-on pour n'avoir pas compris la volonté véritable et les lois de la Providence ? Non ! laissons plutôt la religion de côté.* » Quel meilleur plaidoyer pour une harmonie incompréhensible que celui d'un garçon de dix-huit ans qui *va*, puisqu'il le *doit*, mourir ? L'illusion est trop facile, nous crie cet inguérissable de la Providence ! Et d'une résignation émouvante, je rebondis sur une autre… À nouveau, je ne dérogerai pas à mon goût pour *Hamlet* — et ses vertus corroboratives — en le citant une millième fois (lors de la tirade de l'« *Être, ou ne pas être* ») : « *Car quels rêves peut-il nous venir dans ce sommeil de la mort, quand nous sommes débarrassés de l'étreinte de cette vie ? Voilà qui doit nous arrêter. C'est cette réflexion-là qui nous vaut la calamité d'une si longue existence. Qui, en effet, voudrait supporter les flagellations, et les dédains du monde, l'injure de l'oppresseur, l'humiliation de la pauvreté, les angoisses de l'amour méprisé, les lenteurs de la loi, l'insolence du pouvoir, et les rebuffades que le mérite résigné reçoit d'hommes indignes, s'il pouvait en être quitte avec un simple poinçon ? Qui voudrait porter ces fardeaux, grogner et suer sous une vie accablante, si la crainte de quelque chose après la mort, de cette région inexplorée, d'où nul voyageur ne revient, ne troublait la volonté, et ne nous faisait supporter les maux que nous avons par peur de nous lancer dans ceux que nous ne connaissons pas ? Ainsi la conscience fait de nous tous des lâches [...].* » Des « *lâches* » ! (« *Cowards* » est issu du français : « *couards* » !... Et « *couard* », anciennement « *queue* », signifie littéralement : « *qui porte la queue basse* » ! L'« *illusion* » n'est peut-être, après tout, que l'un des synonymes de la « *lâcheté* »… et une manière de laisser le Père porter les accessoires…) — Mais que dis-je, moi qui suis mort au monde des centaines de fois ?... Je dis que j'ai connu la mort de l'âme, la désillusion et que je l'ai écrite des centaines de fois… « [06/12/99 :] *Je suis maudit ! maudit ! maudit !...* [04/02/00 :] *La vie est de plus en plus dure… Ce n'est pas beau, la vie. On la croit belle et on s'illusionne… Un point, c'est tout.* [...] *Mais qu'est-ce que j'ai fait à cet enfoiré de Dieu ?... Qu'ai-je fait ?... — J'emmerde le monde, tous autant qu'ils sont...* [07/03/00 :] *Je me sens tout triste, le monde s'abat sur moi sans pitié avec ses images torpillées...* [...] *La vie n'est qu'un livre avec ses chapitres : personne n'a le sommaire, le glossaire ou toutes ces fariboles...* [18/03/00 :] *Enfin… L'homme… Quelle étrangeté de l'être — et d'être !... Cela me tue.… À quoi se raccrocher ?... On ne peut s'accrocher à rien, rien du tout, tout peut basculer du jour au lendemain, sans prévenir, comme ça, tout est fini — tout est perdu, à recommencer…* » — Il est temps que j'arrête cette exploration du « Contre-optimisme » si je ne veux pas que la rancœur qui me gagne à chaque ligne ne me remplisse et me crispe — ou ne me fasse ressentir de la rancœur ou de la pitié à l'égard de cette rancœur. — Alors soufflons, — et venez, venez à moi, chères astérisques ! venez à moi, — moi, votre petit principicule ! — venez, chères « *petites étoiles* » (« ἀστερίσκος ») ! venez en rangs de cinq, ô flocons séparatifs !... Cependant continuons à travailler *en raisonnant* (et non pas le contraire, que prône Martin dans *Candide*), puisque « *c'est le seul moyen de rendre la vie supportable* ». — D'un côté, les douleurs de l'autosuggestion, de l'autre, celles de l'hétérosuggestion : on a marché sur Job, nous marcherons sur Mars !...

* * * * *

(« *Ah ! mon beau château, / Ma tant' tire, lire, lire, / Ah ! mon beau château, / Ma tant' tire, lire, lo. / Nous le détruirons, / Ma tant' tire, lire, lire, / Nous le détruirons, / Ma tant' tire, lire, lo.* »)

* * * * *

Après qu'Il eut créé le monde, « *Dieu vit tout ce qu'il avait fait et voici, cela était très bon* » (*Gn 1,31*), et ses Créatures purent êtres instamment rassurées, car « *le Seigneur est bon envers tous* » (*Ps 145,9*). Le patriarche Job, — dont l'histoire est rapportée immédiatement avant les *Psaumes*, dans ce qui constitue *Les livres poétiques et sapientiaux*, — en paya les frais. Comment n'eût-il pu sentir son « *moi haïssable* », lui qu'on affubla du nom martyrisant de « איוב », c'est-à-dire « *'iyyov* » (« haï », « persécuté ») ? (L'ironie se jouant d'elle-même, « *Dieu Vivant* », en hébreu standard, s'écrit : « *El ʽHaï* » ! Afin de saborder toute confusion possible, je précise qu'il n'y a pas de lien de parenté entre l'anglais « *job* » et notre « haine-ami ».) — Le destin de Job n'eut rien à envier à celui des autres personnages légendaires que furent Œdipe, Prométhée, Sisyphe ou Qohélet (l'Ecclésiaste) : Satan proposa à l'Éternel de mettre Job à l'épreuve, car un « *homme intègre et droit, craignant Dieu, et se détournant du mal* », selon les propres paroles de l'Éternel, un homme qui « *demeure ferme dans son intégrité* », cela paraît suspect à Satan (« *je suis sûr qu'il te maudit en face* »). De bonne grâce, dans l'unique plaisir de tester la validité de ses intuitions, Satan mit le feu à ses champs, massacra ses animaux (« *sept mille brebis, trois mille chameaux, cinq cents paires de bœufs, cinq cents ânesses* »), ses serviteurs, puis ses « *sept fils et trois filles* ». Job ne flancha pas, il se prosterna et loua l'Éternel qui « *a donné* » et qui « *a ôté* » : « *que le nom de l'Éternel soit béni !* » Dans un désarroi relatif, Satan se ressaisit et « *frappa Job d'un ulcère malin, depuis la plante du pied jusqu'au sommet de la tête* », mais Job tint bon, et à sa femme qui lui reprochait de demeurer ferme dans son intégrité, il répondit : « *Tu parles comme une femme insensée. Quoi ! nous recevons de Dieu le bien, et nous ne recevrions pas aussi le mal !* » En apprenant ses malheurs, trois de ses amis, Éliphaz, Bildad et Tsophar, essayèrent de le consoler et « *se tinrent assis à terre auprès de lui sept jours et sept nuits, sans lui dire une parole, car ils voyaient combien sa douleur était grande* ». — (Niobé, la fille de Tantale, au début plus outrageuse que Job, avait connu un sort similaire : les *Métamorphoses* d'Ovide rapportent qu'elle eût pu être « *la mère la plus heureuse de toutes* » si son orgueil ne l'avait pas fait s'enorgueillir de son ascendance divine, de sa beauté, de sa richesse et de sa nombreuse progéniture (sept filles et sept garçons). La déesse Latone, froissée, envoya Apollon tuer tous ses fils ; mais Niobé, bien que son époux Amphion, désespéré devant ce spectacle, vînt tout juste de s'enfoncer une épée dans le cœur, demeura hautaine : « *Dans mon malheur je garde plus de biens que toi, en pleine félicité ; même après tant de deuils, je suis gagnante !* » À peine eut-elle prononcé ces paroles sacrilèges qu'elle vit tomber une à une ses sept filles, mortes… Il ne lui resta plus rien, — contrairement à Job, qui avait encore sa femme, — ce qui fit ironiser Coleridge dans ses *Notebooks* que « *le Diable est satanique* » puisqu'il lui avait tout pris, sauf sa femme…) — C'est en tout cas ici, au chapitre 3 du *Livre de Job*, à l'embranchement de la religion et de la poésie, du singulier et de l'universel, que l'un des sommets les plus éprouvants de la *littérature mélancolique* a été gravi, un sommet baigné des nuages de l'enfer d'où fut lancé le crachat le plus virulent pour répondre au crachat de l'existence, où la colère la plus violente a succédé au flegme le plus imperturbable ; c'est ici que résonna dans les airs glacés et brûlants, désoxygénés, dans les tourbillons de neige rocailleuse, le Cri : « אבד יום אולד בו » ! « *Périsse le jour où je suis né !...* » Après cette semaine de silence complet, de sagesse et de rumination, tel fut le réveil. Les éclairs strièrent l'espace de leur fureur, et du dégoût de celui qui endossa le cilice de la persécution gratuite et absurde, une plainte s'ensuivit, s'éleva et déchira le ciel et la terre : « *Périsse le jour où je suis né !...* » — (Nonobstant la longueur de ce chapitre-ci de la Bible, et nonobstant ma propension à compiler tout ce qui me vient par la tête, au-delà de ce à quoi les livres ordinaires nous habituent et sont peut-être autorisés à faire, j'ai décidé de le réciter *intégralement* dans la version Louis Segond, « *libre de tout droit de copie* », en le déversifiant toutefois, c'est-à-dire, pour plus de lisibilité, en en brisant la poématique et la métrique initiales (dont les stiques). À quoi bon, mes amis, m'excuser de ce dont personne n'aura l'occasion de s'offusquer, puisque personne ne me lira ? (J'écris, comme dirait Schopenhauer, « *pour un groupe de pauci homines* », et mon livre « *devra attendre, tranquillement et modestement, de rencontrer les quelques personnes qui, par une tournure d'esprit à vrai dire singulière, seront en mesure d'en tirer parti* », ce livre que je présente en me demandant si « *tôt ou tard il rencontrera ceux pour qui seuls il est fait* ».) Mon livre est un voyage ; je m'en tiens à ma ligne de conduite ; il fallait au moins cela pour me faire l'hommager de ce *bonhomme* hors du commun et de son « anti-églogue » intemporelle ! Ô premier révolté au nom de l'impuissance, de la vanité ! Ô ancêtre du reniement existentiel ! Ô maugréeur pionnier ! Ô dissension réfléchie ! réprobation ! revirement de la dévotion ! exode spirituel ! protestation divine ! riposte au verbe crochu ! harangue de pestiféré ! verve de l'aigreur ! répugnance ! homélie de la vengeance !... *Plus jamais* — gésir !... L'Éternel : le Transfuge !) — « *Périsse le jour où je suis né, et la nuit qui dit : Un enfant mâle est conçu ! Ce jour ! qu'il se change en ténèbres, que Dieu n'en ait point souci dans le ciel, et que la lumière ne rayonne plus sur lui ! Que l'obscurité et l'ombre de la mort s'en emparent, que des nuées établissent leur demeure au-dessus de lui, et que de noirs phénomènes l'épouvantent ! Cette nuit ! que les ténèbres en fassent leur proie, qu'elle disparaisse de l'année, qu'elle ne soit plus comptée parmi les mois ! Que cette nuit devienne stérile, que l'allégresse en soit bannie ! Qu'elle soit maudite par ceux qui maudissent les jours, par ceux qui savent exciter le Léviathan ! Que les étoiles de son crépuscule s'obscurcissent, qu'elle attende en vain la lumière, et qu'elle ne voie point les paupières de l'aurore ! Car elle n'a pas fermé le sein qui me conçut, ni dérobé la souffrance à mes regards. Pourquoi ne suis-je pas mort dans le ventre de ma mère ? Pourquoi n'ai-je pas expiré au sortir de ses entrailles ? Pourquoi ai-je trouvé des genoux pour me recevoir, et des mamelles pour m'allaiter ? Je serais couché maintenant, je serais tranquille, je dormirais, je reposerais, avec les rois et les grands de la terre, qui se bâtirent des mausolées, avec les princes qui avaient de l'or, et qui remplirent d'argent leurs demeures. Ou je n'existerais pas, je serais comme un avorton caché, comme des enfants qui n'ont pas vu la lumière. Là ne s'agitent plus les méchants, et là se reposent ceux qui sont fatigués et sans force. Les captifs sont tous en paix, ils n'entendent pas la voix de l'oppresseur ; le petit et le grand sont là, et l'esclave n'est plus soumis à son maître. Pourquoi donne-t-il la lumière à celui qui souffre, et la vie à ceux qui ont l'amertume dans l'âme, qui espèrent en vain la mort, et qui la convoitent plus qu'un trésor, qui seraient transportés de joie et saisis d'allégresse, s'ils trouvaient le tombeau ? À l'homme qui ne sait où aller, et que Dieu cerne de toutes parts ? Mes soupirs sont ma nourriture, et mes cris se répandent comme l'eau. Ce que je crains, c'est ce qui m'arrive ; ce que je redoute, c'est ce qui m'atteint. Je n'ai ni tranquillité, ni paix, ni repos, et le trouble s'est emparé de moi.* » — Cioran, qui se targuait ironiquement de n'avoir pas maudit le jour de sa naissance, mais couvert d'anathèmes tous les autres jours, ironisait encore : « *Heureux Job, qui n'étais pas obligé de commenter tes cris !* » Et j'aimerais m'exclamer, tel Dante : « *Oh quanto è corto il dire e come fioco al mio concetto !* » (« *Ô comme le dire est faible et qu'il est court à ma pensée !* ») Car la tirade de Job parle tant aux sens et à l'esprit, elle est d'une limpidité telle, qu'elle me dispense d'un commentaire exégétique qui en atténuerait la force originale (« *À quoi bon, mes amis, m'excuser…* »). Je me bornerai à dégager deux remarques personnelles : la sagesse et la démence, tout autant que la ferveur et l'impiété, procèdent l'une de l'autre et s'enroulent dans un rapport causal indiscernable. Job est un acteur qui se trouverait sur une scène de théâtre dont le rideau ne s'est jamais levé : « La fête est finie, je n'ai jamais voulu jouer, cette pièce n'aurait jamais dû être écrite », annonce-t-il, innocent, « à deux doigts de commettre un suicide avant le début d'un premier acte. Si l'on considère tous les maux qui se sont abattus sur lui, on ne peut s'empêcher de se demander : *Qu'*a-t-il *mérité* pour être le *souffre-douleur* de l'Éternel et de Satan ? Rien ! Parce qu'il est *souffrable*, parce qu'il *peut souffrir*, Job *doit souffrir*. Job est en cela l'épigone des premiers pécheurs Adam et Ève, le parangon des malheureux, des hommes qui souffrent sans raison « valable », il représente l'*absurdité* du monde, la *vanité* à son comble, l'existence *in partibus*. Ce qu'il y a de plus absurde dans cette tragédie de l'existence, ce n'est pas tant l'absence de raison que l'intégrité — exemplaire — bafouée, meurtrie, *punie*. « Sois bon, et je te punirai ; résiste à la peine, et je te punirai ; maudis le jour de ta naissance, et désespère ; ton salut repose dans le néant du salut. » Peut-on dire de Yahvé ou de Satan : « *Is fecit cui prodest* » (« *Celui-ci le fit, à qui cela profite* ») ? — « *Cui bono ?* » (« *À l'avantage de qui ?* ») — Le meilleur optimisme voudrait que l'on crût que cela profitât vraiment à quelqu'un, car sinon, *à quoi* cela eût-il servi d'accabler le « *persécuté* » ? Dans le fond, ou cela ne profite à personne, ou cela profite à tous. Si cela ne profite à personne, Satan est un sadique, l'Éternel est un complice, Job a bien raison de s'affliger et le lecteur de le plaindre ; si cela profite à tous, Satan est un sadique heureux d'avoir gagné un pari, l'Éternel est un complice qui admet avoir perdu un pari, Job comprend la folie de son intégrité et de sa fidélité, et le lecteur est content de trouver plus malheureux que lui (sainte Thérèse y puisait du courage). La morale, à ce point du récit, converge vers ce constat : *le juste doit souffrir*. Sans le savoir, Job doit non seulement expier le péché originel en recevant, comme rétribution terrestre, la perte de tous les *biens* qui fondaient le sens de sa vie, mais de surcroît il doit connaître la souffrance du Christ et s'unir à elle… (Tout en montrant que la toute-puissance de Dieu *ne peut plus* en être une après l'épisode d'Auschwitz, Hans Jonas ira jusqu'à forcir l'absurdité de la situation et éclater en mille morceaux cet aspect de la souffrance de Job en écrivant que — en Job — *Dieu même souffre…*) — « *Un jour, donc, fatigué de talonner du pied le sentier abrupt du voyage terrestre, et de m'en aller, en chancelant comme un homme ivre, à travers les catacombes obscures de la vie, je soulevai avec lenteur mes yeux spleenétiques, cernés d'un grand cercle bleuâtre, vers la concavité du firmament, et j'osai pénétrer, moi, si jeune, les mystères du ciel ! […] Quelquefois [le Créateur] s'écriait : "Je vous ai créés ; donc j'ai le droit de faire de vous ce que je veux. Vous ne m'avez rien fait, je ne dis pas le contraire. Je vous fais souffrir, et c'est pour mon plaisir."* » Ce n'est pas le Job de la Bible qui écrit cela : c'est le Lautréamont des *Chants de Maldoror* !… — Les amis de Job ont entendu les lamentations. Des trois, c'est Éliphaz de Théman qui le premier ose ouvrir la bouche : « *Le malheur ne sort pas de la poussière, et la souffrance ne germe pas du sol ; l'homme naît pour souffrir, comme l'étincelle pour voler.* » Maigre consolation de la part d'un ami, qui ne fait qu'ajouter à l'insurmontable peine : « *Souffre, car tu dois souffrir*. » « *Heureux l'homme que Dieu châtie !* » poursuit-il : « *Ne méprise pas la correction du Tout Puissant. Il fait la plaie, et il la bande* ». Job reprend : « *Oh ! s'il était possible de peser ma douleur, et si toutes mes calamités étaient sur la balance, elles seraient plus pesantes que le sable de la mer ; voilà pourquoi mes paroles vont jusqu'à la folie ! Car les flèches du Tout Puissant m'ont percé, et mon âme en suce le venin ; les terreurs de Dieu se rangent en bataille contre moi. […] Qu'il plaise à Dieu de m'écraser, qu'il étende sa main et qu'il m'achève ! Il me restera du moins une consolation, une joie dans les maux dont il m'accable : Jamais je n'ai transgressé les ordres du Saint.* » Situation absurde : l'innocent, résigné et conscient de son innocence, accepte de mourir *parce qu'il est innocent* et *parce qu'il le sait*. — À tour de rôle, ses amis prennent la parole et Job leur répond dans un même registre d'affliction (« *Pourquoi m'as-tu fait sortir du sein de ma mère ?* »…), avant d'en avoir sa claque : « *J'ai souvent entendu pareilles choses ; vous êtes tous des consolateurs fâcheux. Quand finiront ces discours en l'air ?* » Les chapitres et les répliques se sont succédé, inféconds, quand surgit tout à coup « *du milieu de la tempête* » l'Éternel, Yahvé, qui confond Job : « *Qui est celui qui obscurcit mes desseins par des discours sans intelligence ?* » Ainsi s'amorce la théophanie, à travers laquelle, en convoquant l'image de tout ce qui arrive dans la nature, il fait comprendre à Job qu'il n'est rien, et que lui-même est tout, que Job ne sait rien, et que lui-même sait tout, que Job ne peut rien, et que lui-même peut tout, que Job lui doit tout, et que lui-même ne lui doit rien. Job s'incline et se repent : « *Oui, j'ai parlé, sans le comprendre, de merveilles qui me dépassent et que je ne conçois pas. […] Je reconnais que tu peux tout, et que rien ne s'oppose à tes pensées. […] C'est pourquoi je me condamne et je me repens sur la poussière et sur la cendre.* » — L'Éternel blâma les amis de Job et accorda à celui-ci « *le double de tout ce qu'il avait possédé* ». Outre la restitution de son bétail d'avant les « plaies », il put ravoir « *sept fils et trois filles* » et « *mourut âgé et rassasié de jours* ». — Dans ce qui n'est pas le meilleur des mondes possibles tant qu'on ne l'a pas éprouvé, *tout est bien qui finit bien*. (Le châtiment de Dieu devrait frapper tous ceux qui « nagent dans le bonheur » sans « connaître leur bonheur », ne serait-ce que pour qu'ils accédassent, par opposition à un malheur subit, au bonheur perdu. Pour le chanoine Émile Osty, non seulement « *le livre de Job est un des chefs-d'œuvre de la littérature universelle* », mais surtout, en peignant l'être souffrant au-delà du possible (de la raison), il fait de Job « *l'ancêtre spirituel de tous les êtres douloureux, qui sont plongés dans la nuit de l'esprit* ». Et en effet, l'un des tours de force opérés par les Écritures, c'est de permettre au lecteur de s'identifier aux personnages châtiés, en l'occurrence à Job (puis au Christ sur sa croix) : ainsi, le lecteur a la possibilité de se consoler de ses peines en établissant une analogie entre son sort et le sien, ce que ne se priveront pas de faire, pour n'en citer que les deux formes extrêmes, Strindberg l'*intéressé* et le *persécuté*, — et Constantin Constantius le *désintéressé* et l'*indivisé*, qui écrit à son « *silencieux confident* » (dans *La Reprise* de Kierkegaard, où il est beaucoup question de Job, qui « *est en quelque sorte tout le plaidoyer présenté par l'homme dans son grand débat avec Dieu* ») : « *Si je n'avais pas Job ! Il est impossible de décrire et de nuancer quelle signification, quelle multiple signification il a pour moi. Je ne le lis pas comme on lit un autre livre : avec les yeux ; mais je dépose pour ainsi dire le livre sur mon cœur, et c'est avec les yeux du cœur que je le lis : je* *comprends en toute clairvoyance ses particularités de mille manières différentes.* ») De même qu'il y a des nuances dans tout *Le livre de Job*, il y a nuance dans le « bonheur » retrouvé : un optimisme (*masochiste*) extrême motiva Job avant que ne prédominât, diamétralement opposé, un pessimisme extrême. S'ensuivit une existence sans que l'on puisse dire qu'il y eût des résidus de l'un ou de l'autre. « *Job vécut après cela cent quarante ans* » : une vie morne, mais sans souci, à laquelle accèdent la plupart des hommes, chez qui ont transité, du plus léger au plus lourd, l'espoir et le désespoir, et qui, fatigués de s'agiter dans le vide incompréhensible, ne souhaitent que de se reposer et de cultiver leur jardin. N'espère plus, — n'attends rien, — vis. — Rousseau dit que « *tout est bien sortant des mains de l'Auteur des choses* ». Ainsi Job se résigne à voir que tout ce que son créateur a fait est bon. Mais il ne connaît pas la suite de la phrase : « *Tout est bien sortant des mains de l'Auteur des choses, tout dégénère entre les mains de l'homme.* » — N'espère plus, Job, — n'attends rien, — vis… à l'écart des hommes. — Au tour de Mallarmé : « *Où fuir dans la révolte inutile et perverse ? / Je suis hanté. L'Azur ! L'Azur ! l'Azur ! l'Azur !* » À mon tour : « *Où fuir dans la révolte inutile et perverse ? / Je suis hanté. L'Absurde ! l'Absurde ! l'Absurde ! l'Absurde !* »

* * * * *

« *Les Aubes sont navrantes. / Toute lune est atroce et tout soleil amer* », chantait Rimbaud, si jeune… Chantiez-vous cela, à dix-sept ans ? n'étiez-vous pas sérieux ?…

* * * * *

Bibliquement parlant, Job ne fut pas isolé dans les « *n'ai-je donc tant vécu que pour cette infamie ?* » ou les « *périsse le jour où je suis né* » : Qohélet, l'Ecclésiaste (« Ἐκκλησιαστής », « rassembleur », « professeur »), fils de David, roi de Jérusalem, que l'on identifie en réalité à Salomon, quoique cela soit discutable, était un mélancolique notoire. (L'Ecclésiaste qu'il ne faut pas confondre avec L'Ecclésiastique, du nom d'un autre livre de la Bible (que les Juifs n'ont pas inclus, le considérant comme apocryphe), autrement connu par « Siracide », car vraisemblablement écrit par Ben Sira.) À la différence de Job, nulle jérémiade de sa part, car il se tient stoïque, détaché, presque apathique. Nous n'avons pas affaire avec Qohélet à des types de *suggestion* particuliers (son pessimisme a une douce saveur et est mesuré). J'aurais par conséquent pu le faire « comparaître » ultérieurement dans mon chapitre. Mais outre qu'il nous « distraira » de la violence incluse dans la diatribe de Job, il nous présentera un homme qui ne connut ni son *hystérie* ni sa *naïveté* (hormis le temps que dura son soulèvement, la lucidité manqua cruellement à Job, et ce qui soutiendrait cette idée, ce serait la preuve que le mot « *jobard* », synonyme de « *crédule* », vînt effectivement du nom qu'il portait). En premier lieu, *L'Ecclésiaste*, plus encore que *Job*, et au même titre que les *Proverbes* ou le *Cantique des cantiques*, est un livre de la Bible qui semble avoir été rajouté après coup, — même si, il est vrai, le ton concorde assez bien avec le ton « moyen » de l'*Ancien Testament*. Comme l'écrivait Ernest Renan, auteur de la controversée la *Vie de Jésus*, traducteur de l'hébreu et commentateur des Saintes Écritures, *L'Ecclésiaste*, « *dans son ensemble, est très clair ; seulement les théologiens avaient un intérêt majeur à le trouver obscur.* » Cet « *intérêt majeur* » provient principalement du fait que Qohélet apparaît, selon les mots de Renan, comme un « *Schopenhauer résigné* », et donne l'impression que, « *comme tous les pessimistes de talent, il aime la vie* ». Une propagande de la conciliation de l'amour de la vie et du pessimisme serait, à n'en pas douter, une hérésie aux yeux des théologiens ! Car de quoi est-il question dans ce livre dont il faudrait hâtivement tourner les pages en ne lisant que d'un œil distrait ? dont il faudrait croire que la clarté apparente des propos est proportionnelle à sa réelle obscurité ? De vanité ! *L'Ecclésiaste* est un texte très court, ne comportant pas, dans la traduction en français de Louis Segond, pas plus de cinq ou six mille mots. *Seulement* l'expression « *tout est vanité* » revient à six reprises, et le mot « *vanité* » est mentionné trente-sept fois ! (« *Quoique la vanité ait été si souvent nommée, elle ne l'est pas encore assez à mon gré* », remarquait Bossuet, avant d'avouer que c'était la seule parole qui lui restait…) À la lumière des premières paroles : « *Vanité des vanités, dit l'Ecclésiaste, vanité des vanités, tout est vanité* », — on appréhende mieux la volonté de résistance des « casuistes » — qui jouent aux faux mystagogues — et leur réticence à ce que le commun des croyants les goûte dans un sens littéral ! Si « *tout est vanité* » est à prendre à la lettre, à quoi bon espérer quoi que ce soit ? à quoi bon prier ? à quoi bon vivre ici et maintenant ? (Il n'y a pas à s'étonner que la *Bible illustrée pour garçons et filles* reçue en cadeau à ma première communion, n'en soit pas fait mention !…) Certes, dans la *Première épître aux Corinthiens* (15,19), il est dit : « *Si c'est dans cette vie seulement que nous espérons en Christ, nous sommes les plus malheureux de tous les hommes.* » N'est-il pas permis, pour éviter le malheur *maintenant*, d'espérer *maintenant* — en attendant la suite ?… Certes, au milieu de cette *Foire aux vanités* (*Vanity fair*) chère à William Makepeace Thackeray, comme le dit si bien Pascal, « *pour entendre le sens d'un auteur, il faut accorder tous les passages contraires* » (et la confusion a ses avantages, ajouterait Paul Watzlawick). Mais au préalable, il faudrait peut-être s'entendre sur la définition des mots et ne pas se retrouver « *plutôt séparés par des mots que par des principes* » (Cicéron), puis, si possible, s'entendre sur les traductions desdits mots. Profitons de ce que l'occasion nous soit offerte de nous attarder sur *L'Ecclésiaste* pour préciser la notion de « *vanité* » (rencontrée lors du paragraphe sur *Hamlet* — et que nous re-rencontrerons plus tard). Le *Littré* indique deux acceptions principales : « *1. Caractère de ce qui est vain, vide, sans solidité, sans durée.* — *2. Désir d'approbation qui se manifeste au dehors, désir de produire de l'effet.* » Nous y décelons ce que traduit et signifie l'origine latine (« vanitas », « vanitatis ») : « le vide », « l'état de vide », « futilité », « frivolité », « paroles trompeuses », « paroles creuses », « fausseté », « mensonge », « jactance », « fanfaronnade », « légèreté » (des opinions), — *et cætera*, — d'où ces quelques synonymes formant deux classes : néant, insignifiance, futilité, inanité, illusion, — suffisance, orgueil, prétention, infatuation, fierté. En hébreu, « הֶבֶל » (« *Hebel* »), — qui désigne également « *Abel* », frère de Caïn et fils d'Adam et Ève, — se traduit par « *vapeur* », « *haleine* », et l'usage qu'en fait Qohélet, bien qu'il soit plurisignifiant, se rapproche à l'évidence de ce « *voile* » que/qui représente l'« *illusion* », et équivaut bien à notre symptomatique et moderne « *absurdité* ». Notre époque, habituée à la Vulgate, a de ce fait retenu en priorité « *vanité* » (« *Vanitas vanitatum, dixit Ecclesiastes ; vanitas vanitatum, et omnia vanitas* »), mais c'est l'hébreu qui lui donne toute sa connotation. Nous pourrions tout aussi bien citer le « *vanité* » grec correspondant dans la Septante, « ματαιότης », construit sur « μάταιος » (« *sans valeur* », « *futile* », « *sans raison* », « *orgueilleux* »), que l'on peut faire dériver de « μάτην » (« *faire un chemin inutile* »). Après ce tour d'horizon étymologique, penchons-nous un instant, sans nous *vanter* d'être de vrais spécialistes en la matière, sur quelques passages de la Bible et leurs traductions respectives en français. Dans *Job (15,31)*, une traduction peut être : « *Que celui qui se trompe ne se confie pas en ce qui est vain, car il aura le faux en échange* » ; une autre : « *Qu'il ne compte pas sur la vanité : il sera déçu, car la vanité sera sa récompense* » ; ou : « *S'il se fie au vide il va perdre tout, il va regagner le vide en échange* » ; ou : « *S'il a confiance dans le mal, il se trompe, car le mal sera sa récompense* ». Admettons qu'il y a de tout et que toute traduction est *vaine* ! Entre le « *vain* », le « *vide* », le « *faux* », le « *mal* », on ne sait plus à quel saint se vouer (et je passe les autres mots) ! Dans *Job (35,13)* : « *Certainement ce qui est vanité, Dieu ne l'écoute pas, et le Tout-puissant ne le regarde pas* » ; « *C'est en vain que l'on crie, Dieu n'écoute pas, Le Tout-Puissant n'y a point égard* » ; « *On crie, il ne répond pas à l'arrogance des brutes car Dieu est sourd au néant* » ; « *Mais la fausseté Dieu ne l'écoute pas et le Tout-Puissant n'y regarde pas* ». Aux *Psaumes (4,3)* : « *Fils des hommes, jusques à quand ma gloire sera-t-elle outragée ? Jusques à quand aimerez-vous la vanité, chercherez-vous le mensonge ?* » ; « *Enfants de l'homme, jusqu'à quand aimerez-vous ce qui est vide, rechercherez-vous l'illusion ?* » ; « *Vous les hommes, jusques à quand ces cœurs fermés, ce goût du rien, cette course au mensonge ?* »… Au moins sont-ils tous d'accord, non pas sur la vanité de la vanité, mais sur la mauvaiseté de la vanité, qu'elle veuille dire « *orgueil* » ou « *vacuité* », et c'est dans l'ignorance de Dieu et de sa toute-puissance qu'elle s'établit, ainsi que cela est rapporté dans le *Livre de la Sagesse (Sagesse de Salomon* en grec, livre considéré comme apocryphe, mais accepté au concile de Trente dans le canon des Écritures) : « *Oui, foncièrement vains tous les hommes qui ont ignoré Dieu* » *(13,1)*. Qohélet prône la vanité du monde et des hommes, mais dès le départ, contrairement à Job, il s'incline devant Dieu et se soumet à Lui. Le personnage de Kurt dans *La Danse de mort* de Strindberg, quand il dit que « *parfois, dans mes bons moments, j'ai cru comprendre que le sens de la vie était de n'en rien comprendre et que nous devions pourtant nous incliner* », est comme un Qohélet en discontinu et résume parfaitement la teneur signifiante de *L'Ecclésiaste*. Ce « הֶבֶל », cette « *vapeur* », ce « *voile* », c'est l'« *illusion* » prise dans son sens de la perte de la réalité ou de la perception erronée de celle-ci ; c'est la prise de conscience d'un chemin inutile, d'un chemin qui ne mène nulle part, que non seulement Dieu nous ouvre, mais que nous devons accepter sans en connaître l'itinéraire ni la destination. L'*illusion*, qui possède déjà une valeur négative, débouche presque toujours sur la *désillusion*, également négative, voire davantage : c'est la perte d'une illusion, de l'image de la réalité qui valait précédemment, et qui peut amener la perte de la foi ou de l'espérance. En somme, c'est l'*absurdité* qui domine, car la désillusion n'est autre que *la perte de la perte de la réalité* (ce qui est plus fort que *la perte de la réalité de la réalité*, expression qu'aurait appréciée le même Watzlawick) — ou *la perte de la perte de sens*. (Le lecteur qui gratifierait avec un peu de réflexion le mot « *perte* » d'une valeur négative, autrement dit d'un « ¬ », devrait logiquement croire que l'expression *perte de la perte* (« ¬¬ ») signifie le *recouvrement* (de la réalité). Ce serait aller vite en besogne et raisonner sur l'*unicité* de la perte de réalité. Si tant est que « *réalité* » possède un sens qui fasse l'unanimité (je renvoie à mon chapitre sur l'être-au-monde), je ne refuse pas, en vertu de cette double négation, la possibilité d'un retour à la réalité, mais elle est très improbable. Prenons un exemple simple : soit la couleur « jaune » et sa négation, « ¬jaune » : « ¬jaune » peut être « vert », « bleu » ou n'importe quel autre coloris, donc il est permis d'écrire : « ¬jaune=vert », si bien que « ¬(¬jaune)=¬vert » : or, « ¬vert » peut désigner « jaune », comme cela peut désigner « bleu », « rouge »…) Assez naturellement, dans les descriptions « vanitiques » de Qohélet, on rattrape les fondements de la philosophie de Schopenhauer (*Suppléments à la doctrine du néant de l'existence*) : « *La conception la plus exacte de la vie, c'est qu'elle est un* desengaño, *une désillusion ; tout le montre suffisamment clairement.* » — On peut sans se tromper décrire Qohélet comme quelqu'un qui se camperait en face de Dieu et de la Vanité sans qu'il y eût en lui une once de fierté : Qohélet est assurément le « *résigné* » dont parlait Renan, un résigné qui ne renonce pas aux plaisirs (un « *épicurien désabusé* », écrit-il dans *Vie de Jésus*)… Ce n'est pas un « choisis cela, tu le regretteras ; ne le choisis pas, tu le regretteras quand même » (dilemme sans issue que les Anciens appelaient « *argument cornu* ») : il eût fallu le *regret*, ce que n'exprime en aucun cas l'Ecclésiaste. Ce n'est pas un « tout est bon » (pas davantage un « tout est mauvais »). J'y verrais plutôt un « tout est : "bon…" » ou un « à quoi bon », un « à quoi bon » « à quoi bon ». C'est sûrement ce genre d'interprétation qui dérangeait tant les théologiens. — (La problématique, chez celui qui pense que tout est vanité, s'enveloppe d'une autoréférence pénible, à la manière d'un dépressif qui se lamente de se lamenter : si tout est vanité, alors c'est pure vanité que de penser que tout est vanité… En revanche, un débonnaire jovial doté d'un minimum de conscience réflexive, — par exemple, — aura moins d'embarras, car il pourra se réjouir de se réjouir… — Que ce soit Dieu qui nous parle, ou la Nature, le résultat est le même. Citons le poète Andrew Marvell *(Eyes and tears)* : « *How wisely Nature did decree, / With the same Eyes to weep and see! / That, having view'd the object vain, / They might be ready to complain.* » (« *Nature en son décret fut sage :* / *Voir, pleurer, des yeux sont l'ouvrage.* / *Ainsi l'on voit ce qui est vain* / *Puis à se plaindre on est enclin.* »)) — Assez bavardé… Picorons çà et là les prédications de celui qui prononça, *avant toutes choses*, la formule du « *tout est vanité* » : — À quoi bon s'affairer : « *Quel avantage revient-il à l'homme de toute la peine qu'il se donne sous le soleil ?* » À quoi bon (se) reproduire : « *Une génération s'en va, une autre vient, et la terre subsiste toujours.* » À quoi bon la suite des jours : « *Le soleil se lève, le soleil se couche ; il soupire après le lieu d'où il se lève de nouveau.* » À quoi bon suivre une direction : « *Le vent se dirige vers le midi, tourne vers le nord ; puis il tourne encore, et reprend les mêmes circuits.* » À quoi bon le renouvellement : « *Ce qui a été, c'est ce qui sera, et ce qui s'est fait, c'est ce qui se fera, il n'y a rien de nouveau sous le soleil.* » À quoi bon la sagesse et le savoir : « *J'ai appliqué mon cœur à connaître la sagesse, à connaître la sottise et la folie ; j'ai compris que cela aussi c'est la poursuite du vent.* » — « *Il y a un temps pour tout…* » Naître, mourir ; — planter, arracher ; — tuer, guérir ; — abattre, bâtir ; — pleurer, rire ; — se lamenter, danser ; — lancer des pierres, les ramasser ; — embrasser, s'en éloigner ; — chercher, perdre ; — garder, jeter ;

déchirer, coudre ; — se taire, parler ; — aimer, haïr... La guerre, la paix... — « *Et j'ai trouvé les morts qui sont déjà morts plus heureux que les vivants qui sont encore vivants, et plus heureux que les uns et les autres celui qui n'a point encore existé et qui n'a pas vu les mauvaises actions qui se commettent sous le soleil.* » — « *Crains Dieu et observe ses commandements. C'est là ce que doit faire tout homme.* » — « *La lumière est douce, et il est agréable aux yeux de voir le soleil.* » — Faire un chemin inutile ou se tromper d'issue : perte de sens — directionnel... « *Faire un chemin inutile* » : « μάτην », — si proche, phonétiquement, dans les deux premières syllabes, de « μάθησις » (racine de « μαθηματικά », « *mathématiques* »), qui désigne le « *désir de s'instruire* » ! Je veux savoir pourquoi Satan en personne ne voit que vanité partout ! « *Quoi ! c'est en vain ! / Oh ! c'est là l'inouï, l'horrible, le divin, / De se dresser, d'ouvrir des ailes insensées, / De s'attacher, sanglant, à toutes les pensées / Qu'on peut saisir, avec des cris, avec des pleurs, / De sonder les terreurs, de sonder les douleurs, / Toutes, celles qu'on souffre et celles qu'on invente, / De parcourir le cercle entier de l'épouvante, / Pour retomber toujours au même désespoir !* » Je veux savoir pourquoi ! pour quoi... Eh ! quoi ?... Avance d'une case, tu recules. Que tu sois Reine, Roi, tu es maté. Matés, nous sommes *matés* ! « *Ce monde n'est que chose vaine* » : croyons-en l'Ecclésiaste du XVème siècle, Charles d'Orléans, premier du nom, « *l'omme esgaré qui ne scet ou il va* »...

* * * * *

L'*éducation* est le *nerf de la guerre* — engagée dans la cancériforme existence ; la *famille* est l'*enceinte de l'enfance* — limitée par ce qui détruira l'existence ; les *parents* (le perd et l'amère) sont le *surmoule informateur* — créé pour déformer. Être enfanté du vide, être enfant au sein du vide, enfanter du vide : tel fut le sort du Suisse Fritz Zorn (« *Zorn* », « *colère* » en allemand), pseudonyme de Fritz Angst (« *Angst* », « *peur* », « *angoisse* » !), qui écrivit ses courts mémoires (1944-1976) dans un livre intitulé *Mars* (en référence au dieu de la *guerre*). Fritz Zorn fut un enfant élevé dans une famille bourgeoise qui, extérieurement, paraissait « bien sous tous rapports », et qui fit « tout » ce qui était en son pouvoir pour lui donner la meilleure éducation possible et le rendre heureux, c'est-à-dire « rien », et le rendre malheureux. Si l'on voulait, par le biais du jeu des mots, dresser la carte d'État-Major qui représentât les étapes de sa vie, voici comment l'on s'amuserait à les décliner : Zorn fut élevé dans une « *famille* » des temps romains (« *familia* », « *réunion d'esclaves* »). Chronologiquement, il fut d'abord un « *rejeton* » (selon la « *réjection* » parentale) ; ensuite, un « *enfant* » (au sens étymologique du terme, un « *infans* », un être « *qui ne parle pas* ») ; puis, à nouveau, un « *rejeton* » (« *rejetant* ») ; et enfin, un « *garçon* » (en remontant à « *mercenaire* » en francique). — En évoluant dans un climat éducatif de tradition « catholique », dans une famille où les discussions sérieuses sont rares parce qu'il est inutile d'aller trop loin et que toutes les raisons sont bonnes pour couper court à un semblant d'élucidation (ou bien c'est « *compliqué* », ou bien ce n'est « *pas comparable* »), en grandissant dans une entente continuelle qui bannit le « *non* » (l'« *harmonie* » du « *oui* » à toute question futile de style direct), Fritz Zorn fut la victime d'une forme très grave de l'*hétérosuggestion* : puisque tout ce qui avait trait au « négatif » était évité ou tu, il n'entendait parler que des choses « positives » ; on ne lui enseigna que les côtés du « tout est bon » de la vie, jamais ses aspérités, ou alors on lui faisait comprendre, dans l'intérêt de son épanouissement, *qu'il y avait plus malheureux que lui* (« Va à Moscou, tu verras ! » était le refrain — anticommuniste primaire — qui devait l'inciter à se sentir privilégié). Les maximes journellement rabâchées s'imprimèrent dans son cerveau fragile et ne le firent douter à aucun moment de leur intelligence ou mérite moraux. Isolé, sans camarade, il était heureux dans le sens où il ne se passait jamais rien et qu'il ne disposait pas de moyen de comparaison (« sois heureux et tais-toi » était le précepte à assimiler sans regard critique possible) ; il vivotait dans une existence de *cache-misère* dont il n'avait nulle idée, dans un optimisme imprimé par des parents qui éludaient en lui tout sentiment mauvais et lui faisaient croire qu'ainsi il en allait de la *vraie vie*... Jusqu'au jour où, vers sa trentième année, après avoir brillamment réussi ses études et entamé sa carrière professorale, il apprit qu'il était atteint d'un cancer. Ce fut l'apparition de cette tumeur et la proximité de la mort qui lui ouvrirent les yeux sur l'illusion de son existence, sur sa non-existence passée. Acculé, il voulut se délivrer dans un ultime soubresaut et soutirer les rares forces qui lui restaient. Courageusement, dans la souffrance, face à la mort imminente, et à l'instar de W.N.P. Barbellion, Hervé Guibert, Klaus Mann ou André Chénier, il écrivit pour défier le monde et se défier. Il voulut écrire un livre rageur afin d'y démontrer que ce que l'on pourrait appeler une « éducation parfaite et bourgeoise » était un acte sanguinaire, un mal profond, une malédiction qui mène à une vie de vaincu. Le cancer, selon lui, fut déclenché par la *tristesse refoulée* à tous les moments de sa non-vie où tout était « rose ». La tumeur, c'étaient des « *larmes rentrées* » : « *[ces] larmes que je n'avais pas pleurées et n'avais pas voulu pleurer au cours de ma vie se seraient amassées dans mon cou et auraient formé cette tumeur.* » Abattu sans l'être tout à fait puisqu'il cherche à comprendre (ce qu'on l'a toujours empêché de faire), contemplateur désabusé de ce que ne fut pas sa vie, ou de ce qu'elle aurait dû être, et meurtri de s'apercevoir que sa vie commence réellement quand elle est rongée par une maladie incurable, il se soumet à l'absurdité de sa vie en la tournant en, en même temps, soumet la vie elle-même à sa propre absurdité : « *L'histoire de ma vie, elle non plus, ne mène à rien et n'a aucun sens, simplement elle a lieu ; mais c'est justement ce qui caractérise toutes les histoires, qu'elles ne font justement rien d'autre qu'avoir lieu, peu importe qu'elles soient réjouissantes ou non.* » Fritz, victime propitiatoire de la famille sacralisée ! Ô vertus de l'éducation lisse, ô dégâts de l'enfance gâtée ! *N'avons-nous donc tant vécu que pour cette lobotomie ?* — cette atonie ? cette anémie ? cette *mouvance insipide* ?... La vie est bonne, bonne est la vie. (Mais si la vie était aussi bonne qu'on le vante à tour de bras, aussi joyeuse, enfantine, magique, serait-on « obligés » de nous empresser d'aller à Disneyland ? Les gens qui éructent de plaisir en s'engouffrant dans les manèges, pourquoi n'en font-ils pas de même dans les attractions de la vie de tous les jours ? Écoutent-ils attentivement les paroles du merveilleux « *It's a Small World* » ? Non contents de porter leurs œillères dans le monde « normal », il leur faut les remettre encore sur le bout du nez pour fredonner sans conscience : « *A world of tears / It's a world of hopes / And a world of fears / There's so much that we share / That it's time we're aware / It's a small world after all…* » Ils me font tous penser à Marie Pichon qui, dans *Pot-Bouille*, rend à Octave Mouret son Balzac, qu'elle n'a pu finir : « *Tenez, je vous rapporte votre Balzac, je n'ai pas pu le finir… C'est trop triste, il n'a que des choses désagréables à vous dire, ce monsieur-là ! […] Non, reprenez-le… Ça ressemble trop à la vie.* ») Avant l'avènement de son cancer, la vie de Zorn était inattractive, un long fleuve tranquille dans lequel, jour après jour, il plongeait sans que son aspect changeât, déjouant en cela les vieilles conceptions d'Héraclite. L'histoire a lieu, ne fait qu'avoir lieu et n'aura fait qu'avoir eu lieu. Bonheur ou malheur, bien ou mal, vivre ou mourir, c'est du pareil au même, tout est fini et n'a pas commencé : « *[Si le mal] avait été vraiment meilleur pour moi de ne pas être né plutôt que d'être né, il y a déjà longtemps que je me serais supprimé. J'en conclus que jusqu'à présent la nécessité de vivre a été pour moi, malgré tout, plus forte que le mal de la vie.* » Désormais, pour Zorn, c'est l'heure du réveil et la minute de la mort, et il est temps de questionner le *sens* sous toutes ses coutures : « *Si l'on ne peut tout de même pas être heureux, l'on aimerait au moins que la vie, même la vie malheureuse, ait un sens.* » Aussitôt suscitée, l'interrogation fait tendre son regard vers l'angle chrétien qui a constamment assujetti sa vision de l'univers, vers la sottise de croire que *tout aurait un sens*. À son corps sans défense, il dresse, en un panégyrique de l'absurde, le portrait de la *perte de sens* (le seul *sens* résiduel étant celui qu'il trouve à se défendre dans la perte progressive de son être, dans le paradoxe de sa renaissance tardive) : « *Ma conviction, c'est que le sens existe. Ce qui a pour conséquence nécessaire que le non-sens existe aussi. Il ne se peut pas que tout ait un sens ; certaines choses doivent être privée de sens. Même la vie d'un homme, on ne peut pas prétendre à tout prix qu'elle a un sens. L'absence de sens, eh bien elle existe, et même si l'on se pose la question du sens de la vie à l'instant de la mort où, comme il a été dit, il n'y a plus d'échappée vers Moscou, cela ne change rien au fait qu'il faut alors répondre par oui ou par non à la question du sens de la vie. Quand la réponse est non, c'est douloureux pour l'intéressé, mais ce n'en est pas moins vrai. / Or ce sens, je ne peux pas le découvrir dans ma vie. Mes parents névrosés ont produit en ma personne un être qui, s'il n'était assez faible de corps pour mourir dès sa naissance, a été tellement démoli dans son âme par le milieu névrotique où il a grandi qu'il n'était plus apte à une existence qu'on puisse qualifier d'humaine.* » Au seuil de la déperdition complète, il continue d'analyser, sans relâche : « *Cela a-t-il un sens qu'entre la mort de mon âme et celle de mon corps trente ans de misère, de dépression et de frustration se soient écoulées ? Cela a-t-il un sens que je ne sois pas mort dès ma naissance ? Non, je ne puis trouver que cela a un sens.* » Cela eût revêtu plus de sens si ses parents ne l'avaient pas conçu, s'ils avaient été stériles : « *Mais il se trouve que cela n'a pas eu lieu ; et que cela n'ait pas eu lieu, je dis que cela n'a pas de sens.* » — Devons-nous pardonner nos parents ? Ne sauraient-ils pas ce qu'ils font ? N'appartient-il qu'à ceux qui vont mourir de *se rendre compte* de l'ineptie de la répétition du même schéma qui est transmis de génération en génération, et de *rendre des comptes* avant d'expirer ? Quel père et quelle mère s'enorgueilliraient-ils d'avoir mis au monde, éduqué (en inculquant les « bonnes manières » ancestrales) un homme qui dût en arriver *là* ? *Aucun* — et ils *persévèrent*, ils s'obstinent aveuglément, calamiteusement : tant qu'il accordera un sens à tout, ou n'en accordera, *quitte à se mentir* et à errer dans l'illusion, qu'à ce qui lui plaira, l'homme sera un être dont la dangerosité n'aura d'égale que sa stupidité, et il n'aura de cesse d'enfanter des monstres — *car l'homme est un monstre* — et monstre il restera tant qu'il montera en épingle le « tout est bon »… — Le livre de Fritz Zorn, qui m'a fait m'apitoyer sur le sort de mes semblables, qui m'a fait couler les larmes de l'aberration de l'existence, je ne l'ai pas lu pendant la période du lycée, mais sa place était — indubitablement — ici et maintenant.

* * * * *

(Et moi ? — Projette-toi, passé, comme un avenir qui n'est pas encore, refais-toi, comme un présent qui n'est plus, toi le passé, sois. — Moi après moi, aimé, aime-moi.)

* * * * *

Troisième saison. (Couleur : *bleu.*) — Les saisons succèdent aux saisons et la mélancolie, pour sa part, — sa si grande part, — tel un soleil aux teintes de blé mûr qui se lèverait sans jamais se coucher, — succède à elle-même en se développant, en mûrissant, en consolidant ses bases, en étendant ses ramures toujours plus près de l'infini du ciel bleu outremer, en continuant ses tribulations d'autocrate, en javellisant le cœur, en hypnotisant l'âme, en tondant l'herbe de sinople, en séchant l'aiguail des feuilles, en riffaudant l'agreste enfance, l'adolescence ingénue… — Les saisons succèdent aux saisons et se barioIent d'horizons vastes comme des « mers desséchées », il faut encore avancer et penser « *en profondeur* », recreuser le souterrain qui se rebouche dès que l'attention s'affaiblit, retrouver et désobstruer ces artères invisibles à l'œil nu qui s'achèvent sur la félicité, ou la mort, ou l'inconnu. — Frais bachelier ès sciences, j'allais connaître l'étude assidue dans l'horreur des classes préparatoires : une année de mathématiques supérieures, une autre de mathématiques spéciales, — en tout, deux années de labeur qui me laissèrent un temps libre de la taille d'un galet perdu dans un bassin sans fond, deux années sans autre lumière que celle prodiguée par la petite lampe rouge de mon bureau de taupin, deux années sans autres lignes écrites que celles de mes cours, sans autres livres lus que ceux de mes manuels, deux années qui me virent me lever tous les jours aux aurores et me coucher à minuit, la tête pleine d'équations à ingurgiter à la chaîne… Dans ma chambre de pensionnaire, une chambre semblable aux centaines de chambres alignées dans des couloirs dont les murs suintaient la sueur des locataires corvéables, dans ma chambre qui était à la fois le nid douillet du retranchement et le repaire des exercices à faire pour tous les lendemains à venir, les lendemains sans fin des veilles sans fin, mis à part les quelques photographies de grands écrivains que j'avais amoureusement découpées dans un catalogue de la Pléiade, j'avais accroché des fiches de révisions un peu partout, notamment au-dessus du lit pour mémoriser les formules qui s'accumulaient cours après cours. Je sentais, tel le crapaud de la fable, que je grossissais et grossissais et que j'allais éclater ; je sentais, telle l'oie que l'on destine au repas des fêtes de fin d'année, que l'on me gavait, encore et encore, et que j'allais faire une crise de foie. Où que mon esprit se portât, des équations, des équations, des équations, — jusqu'à la nausée. Encore heureux que je n'en rêvasse pas ! Imaginez des x et des y qui dialoguent dans un cerveau déjà rempli à ras bord de δ et de λ ! Succulent ! « Ô toi, petit x, je suis fonction de toi, car je suis petit f. Que l'on me dérive ou que l'on m'intègre, tu en subiras les conséquences. Et toi, oui, toi, là-bas, qui es-tu ? — Je suis un Janus, j'ai pour faces λ et Λ. Quand je suis minuscule, je désigne, au bon vouloir de mes maîtres, une longueur d'onde, une valeur propre, une décroissance radioactive, un coefficient de perte de charge, une conductivité molaire ou thermique, une densité de probabilité ou de charge, une corde vide, un multiplicateur, un taux d'échec, une constante de longueur ; quand je suis majuscule, je désigne une constante cosmologique, une particule, un ensemble d'axiomes logiques, une distribution en statistique multivariable, une matrice diagonale, une conductance équivalente, une probabilité de débattement planétaire, une période d'un treillis cristallin… Je ne sais plus qui je suis, mon ami δ non plus… et tous les autres… » — Imaginez, jusque dans les toilettes, la beauté de mes tapisseries d'alors :

$$\iiint_{(\tau)} \operatorname{div} \vec{G}(M) \mathrm{d}\tau = \oiint_{(\Sigma)} \left\langle \vec{G}(N), \vec{n}(N) \right\rangle \mathrm{d}\Sigma \qquad \text{(théorème de Green-Ostrogradsky)} \quad — \quad \text{ou :}$$

$$\iint_{\sigma} \left\langle \operatorname{rot} \vec{G}(N), \vec{n}(N) \right\rangle \mathrm{d}\sigma = \oint_{(\Gamma^+)} \vec{G}(M) \mathrm{d}l \quad \text{(théorème de Stokes)} !$$

Sans l'aide précieuse de ces deux théorèmes, que de difficultés pour résoudre correctement un problème d'électrostatique ou de dynamique des fluides ! Vous ne soupçonnez pas combien vous vous simplifiez la vie en transformant une intégrale de Riemann sur (τ) en une intégrale de surface, ou en transformant une intégrale de surface en une intégrale curviligne (sous réserve, bien entendu, que les fonctions vectorielles G soient continûment différentiables) ! Dire que je m'impatientais, pendant les vacances de juillet et août 1996, à l'idée d'être intronisé dans le monde fabuleux des signes occultes ! Dire que je n'ai jamais regretté d'avoir appris ces formules, d'avoir amassé toutes ces connaissances, toutes ces méthodes, toutes ces théories, toutes ces approches d'un monde (*du* monde) inaccessible au commun des mortels ! Dire qu'elles ont fait de moi un homme, un homme de sciences… Enfin, dire — dire mille fois — que je sais gré à ces deux ans d'avoir été les plus formateurs de ma vie !… — Dès lors, passons ces myriades de calculs tout en saluant au passage (va pour l'*autosatisfecit*) la fierté d'entrer en école d'ingénieur, et engageons-nous dans cette saison de *bleuissement* : à peine le *sang bleu* de la réussite transfusé, j'étais prêt à accuser les nouvelles ecchymoses (*bleu* mêlé de rouge et de jaune) et à *avoir du bleu à l'âme*… Donnons à la mélancolie son *bleu*-seing !

* * * * *

Des trois aspects de mon parcours personnel que je développerai dans trois chapitres ultérieurs distincts, — l'*école*, la *religion* et les *sciences*, — je me vois obligé de dire quelques mots, presque rien, pour replacer dans leur contexte certains points de ma vie. — 1. *L'école.* — J'ai passé le cycle des classes préparatoires (intégrées) et le cycle de l'école d'ingénieur, — soit cinq années, de 1996 à 2001, — à l'ICAM (Institut Catholique d'Arts et Métiers), fondé en 1898 par des Jésuites, membres de la *Societas Jesu* (d'où l'abréviation « *s.j.* »), compagnie elle-même fondée par Ignace de Loyola en 1534 et confirmée en 1550 selon une bulle du pape Jules III. Les Jésuites appartiennent à l'ordre religieux catholique et, sans vouloir dénigrer les autres, du moins à l'aune de ceux que j'ai eu l'occasion de fréquenter, ils ont pour la plupart suivi de hautes études et sont missionnés à de hauts postes (mon directeur d'école de l'époque, par exemple, était docteur en biologie, et il n'était pas un cas isolé). Ainsi, à l'ICAM, où tout le monde n'était pas, loin s'en faut, « croyant », il flottait une ambiance intellectuelle partagée entre la spiritualité religieuse et les systèmes scientifiques, que je ne désapprouvais pas, bien au contraire. La devise des Jésuites, qu'ils apposent un peu partout, en particulier à la fin d'un ouvrage quelconque écrit par l'un d'entre eux, n'est pas exempte d'une certaine prétention : « *Ad majorem Dei gloriam* » (« *Pour la plus grande gloire de Dieu* »). (L'une des devises à l'ICAM était une citation de Pascal : « *[Puisqu'on ne peut être universel en sachant tout ce qui se peut savoir sur tout, il faut savoir peu de tout, car] il est bien plus beau de savoir quelque chose de tout que de savoir tout d'une chose.* » Je crois qu'ils l'ont retirée. Peut-être se sont-ils souvenus de ce passage du philosophe : « *Ce sont les effets des péchés des peuples et des Jésuites : les grands ont souhaité d'être flattés ; les Jésuites ont souhaité d'être aimés des grands. Ils ont tous été dignes d'être abandonnés à l'esprit du mensonge, les uns pour tromper, les autres pour être trompés. Ils ont été avares, ambitieux, voluptueux […].* ») — 2. *La religion.* — Comme un grand nombre de personnes, j'ai été baptisé sans en avoir eu le choix quelques mois après ma naissance. J'ai même, après avoir participé à quelques cours de catéchisme, célébré l'Eucharistie vers mes dix ans lors de ma première — et dernière — communion (là aussi, sans avoir vraiment pu faire un choix responsable). Dans mes souvenirs incertains, j'ai été catholique *par défaut* jusqu'à l'âge de douze ans ; puis, *par opposition* et un peu par l'esprit scientifique qui me gagnait, j'ai été athée jusqu'à mes seize ans ; puis, avec longanimité, considérant l'athéisme aussi vain que le monothéisme, revirement d'affinité pour le panthéisme, penchant prépondérant à l'époque qui nous intéresse ici, et je portais fièrement l'étiquette de « spinoziste », émerveillé par la lecture de cette *Éthique démontrée suivant l'ordre géométrique* (*Ordine Geometrico Demonstrata*) où les actions et les appétits humains sont considérés « *comme s'il était question de lignes, de surfaces et de solides* », et où, dès la première définition, Spinoza entend « *par Dieu un être absolument infini, c'est-à-dire une substance constituée par une infinité d'attributs dont chacun exprime une essence éternelle et infinie* » (« *Per Deum intelligo ens absolute infinitum hoc est substantiam constantem infinitis attributis quorum unumquodque æternam et infinitam essentiam exprimit* »). En repensant à cette « étiquette de "spinoziste" », peut-être étais-je influencé par Albert Einstein sur ce point : « *Je crois au Dieu de Spinoza qui se révèle dans l'harmonie de tout ce qui existe, mais non en un Dieu qui se préoccuperait du destin et des actes des êtres humains.* » (À propos de la pensée dite « panthéiste » de Spinoza, je tiens à faire remarquer que la célèbre expression « *deus sive natura* » ne se trouve, à ma connaissance, nulle part dans ses œuvres, et pourtant on en abuse, comme on abuse du « *cogito ergo sum* » de Descartes, qui n'apparaît que dans une pauvre petite lettre en latin. Le raccourci — très stoïcien — du « *deus sive natura* » (« *natura* » ayant le sens de « φύσις ») est établi en recoupant la Proposition II de l'*Éthique* : « *Deus sive substantia constans infinitis attributis quorum unumquodque æternam et infinitam essentiam exprimit* » (« *Dieu, c'est-à-dire une substance constituée par une infinité d'attributs dont chacun exprime une essence éternelle et infinie* »), — avec le Scolie de la Proposition XXIX : « *Naturam naturantem [...] sive talia substantiæ attributa quæ æternam et infinitam essentiam exprimunt hoc est hoc est [...] Deus* » (« *Nature naturante [...] ou bien les attributs de la substance qui expriment une essence éternelle et infinie, c'est-à-dire [...] Dieu* »). Ceci étant dit, je ferme la parenthèse.) Puis, toujours dans le cadre de mon cheminement religieux, ce sont les conceptions bouddhistes qui m'ont captivé ; enfin, un agnosticisme qui aujourd'hui se fait de moins en moins prégnant en dehors de lui-même (ce qui est un comble pour une « doctrine » si sceptique !). Comme Rousseau, je ne confonds pas « *le cérémonial de la religion avec la religion* » : « *Le culte que Dieu demande est celui du cœur ; et celui-là, quand il est sincère, est toujours uniforme.* » La religion telle qu'elle est communément envisagée et pratiquée aux quatre coins du globe ne m'attire — à vrai dire — que dans mon appréciation (en libre-penseur et païen) de son étendue sociologique et psychologique ; mais la religion entendue dans l'une de ses significations latines (« *religio* », « *attention scrupuleuse* », « *conscience* ») correspondrait davantage à mes aspirations savantes, de même que le catholicisme pris étymologiquement (« *catholicus* », de « καθολικὸς », « *général* », « *universel* »). S'il fallait vraiment une case où je puisse me ranger, peut-être même serais-je irréligieux, non pas en tant que contestataire, négateur ou défiant, mais en tant que sans-Dieu, c'est-à-dire sans-Dieu sans être athée, définition pour laquelle il me semble qu'il y a quelque ressemblance avec celle de Freud, qui affirmait son irréligiosité : « *Qui ne va pas plus loin, qui humblement acquiesce au rôle minime que joue l'homme dans le vaste univers, est bien plutôt irréligieux au sens le plus vrai du mot.* » Je suis de toutes les religions — et ne suis d'aucune. Et à l'instar de Camus, « *je ne crois pas à Dieu et je ne suis pas athée* ». Ou de Voltaire : « *Je respecte mon Dieu, mais j'aime l'univers.* » Et enfin, pour revenir à Einstein, comme lui, « *je suis un incroyant profondément religieux* », « *je ne peux concevoir l'existence d'un Dieu personnel* », « *je lis souvent la Bible* » et « *je maintiens que ce sentiment d'émerveillement religieux devant le cosmos constitue la plus forte et la plus noble motivation de la recherche scientifique* ». (À Hannah Arendt qui, sur la fin de sa vie, déclarait qu'elle avait perdu sa foi, le rabbin de Königsberg répondit : « *Mais qui vous la demande ?* » On peut aller dans les synagogues sans avoir une foi inébranlable, comme on peut errer dans le monde sans but ; et à ceux qui renieraient ma foi, quelle que fût sa définition, je répliquerais : Mais *qui* — qui *vous* la demande ?) — *3. Les Sciences.* — Je passerai de la religion aux sciences en passant de Freud à Nicolas de Cues : « *les sages ont cherché avec finesse [dans les mathématiques] des exemples pour suivre les choses à la piste par l'intelligence, et aucun des grands esprits de l'antiquité ne s'est attaqué aux choses difficiles au moyen d'une ressemblance autre que celle des mathématiques : ainsi Boèce, le plus érudit des Romains, affirmait que nul homme, qui fût tout à fait étranger à la pratique des mathématiques, ne pouvait atteindre la science des choses divines.* » Mais en ce qui concerne de nouveau ma *foi*, je dirai, pour faire court, — ma foi, — qu'elle est subordonnée à la *foi de l'être et de l'existence* (concession incroyable de la part d'un mélancolique et maigre atout pour un briscard engagé dans la guerre existentielle). Mon cheminement scolaire (sans compter pour l'instant les cursus en philosophie et en mathématiques) montre assez bien, depuis la fin de la seconde, l'importance du domaine des sciences. « *And all our knowledge is,* ourselves to know » (« *et tout l'objet de notre connaissance est* de nous connaître »), dit si bien Pope, et il m'a toujours semblé évident, et cela me semble définitivement tel aujourd'hui, qu'il est *nécessaire*, pour comprendre le monde, d'avoir de solides *connaissances* (« *scientiæ* » en latin) dans les sciences fondamentales et appliquées, tant pour le *raisonnement* (et l'épistémologie qui lui est coordonnée) que pour la *méthode* (théorique et pratique). Mon souhait, en intégrant une école d'ingénieur généraliste, a été de balayer dans le champ du savoir scientifique la majorité des branches et spécialités qui le constituent : programme ambitieux ! Génies matériaux, mécanique, énergétique, électrique, informatique… La compréhension et la maîtrise de ces disciplines est une prérogative à qui veut, n'ayons pas peur des mots, *s'expliquer l'Univers*, et les individus issus d'études strictement littéraires manquent gravement de ces atouts : je n'ai pas la prétention de croire que « *in scientia veritas* », mais j'ai celle de croire que toute conceptualisation et représentation reposant sur des connaissances non scientifiques est étriquée. Au reste, il est bien plus facile, dès lors que l'on a acquis ces connaissances scientifiques, de consolider le savoir par l'ajout de connaissances littéraires (pour ne citer qu'elles), que d'entreprendre le contraire (je ne connais personne qui ait appris dans ce sens), le but principal étant de réunir les sept arts libéraux, dont la connaissance parfaite était le suprême degré du savoir dispensé au moyen âge : le *Trivium* constituée de la grammaire, de la dialectique (logique) et de la rhétorique, et le *Quadrivium* qui comprend l'arithmétique, la géométrie, l'astronomie et la musique (ce dernier me fait défaut). — Si toutefois je le suis vraiment (en persévérant dans mon être), je suis ce que j'appellerais un être-pour-connaître, et je me range aux côtés de Spinoza et de sa proposition XXVI de la partie IV de l'*Éthique* : « *Tout effort dont la Raison est en nous le principe n'a d'autre objet que la connaissance ; et l'Âme, en tant qu'elle use de la Raison, ne juge pas qu'aucune chose lui soit utile, sinon ce qui conduit à la connaissance.* » (Car c'est un *effort*, et il faut l'*entretenir*, ce que je fais en lisant et en écrivant. Socrate ne disait-il pas que c'est « *par l'étude et par l'exercice, qui sont des mouvements, [que l'âme] acquiert les sciences, les conserve, et devient meilleure, tandis que le repos, c'est-à-dire le défaut d'exercice et d'étude, l'empêche d'apprendre et lui fait oublier ce qu'elle a appris* » ? — *Le souci de l'âme* !...) En une autre formule abrégée (mise entre parenthèses), un fragment novalisien répond parfaitement à l'un des *buts* de mon existence : « *(Harmonie de la poésie, de la philosophie et de la science.)* » En une autre, — en marge, — un fragment pascalien (raturé) répond à l'une des *images* de mon identité : « *Il faut avoir ces trois qualités, pyrrhonien, géomètre, chrétien soumis ; et elles s'accordent et se tempèrent, en doutant où il faut, en assurant où il faut, en se soumettant où il faut.* » Beaucoup de mélancolie, et/car un peu de doute, un peu de démonstration, un peu de foi, — et c'est moi ! (Parfois, il me semble que j'apprends pour apprendre, que je n'apprends que pour m'apprendre, que tout est pour moi, égoïstement, pour ma satisfaction personnelle. Ce que j'apprends, je l'apprends pour moi, ce qui rejoint à point nommé Pétrone et son « *Quidquid discis, tibi discis* » (« *Ce que tu apprends, tu l'apprends pour toi* »).) Enfin, en une dernière formule (qui m'a servi de citation dans quelques devoirs de mathématiques donnés à mes étudiants), je renverrai à Poincaré pour qui « *la beauté intellectuelle se suffit à elle-même* » : « *Le savant n'étudie pas la nature parce que cela est utile ; il l'étudie parce qu'il y prend plaisir et il y prend plaisir parce qu'elle est belle. Si la nature n'était pas belle, elle ne vaudrait pas la peine d'être connue, la vie ne vaudrait pas la peine d'être vécue.* » — Ce préambule esquissé à (trop) gros traits étant achevé, je puis sans crainte ouvrir la saison et expédier l'antichambre de l'école à un chapitre ultérieur : pour décrire cela, « *più non spargo rime, lettor; ch'altra spesa mi strigne* » (« *je ne dépense plus de rimes, lecteur ; car une autre dépense me presse* »)…

* * * * *

Quand un homme n'est pas tout à fait mûr et accompli, qu'il a régulièrement le nez carré dans ses cahiers foisonnant de formules chimiques et qu'il nourrit en outre une vision panthéiste qui en est à ses balbutiements, il ne peut que porter le plus vif intérêt à la philosophie *empiriste* et *matérialiste* du médecin Julien Offray de La Mettrie (1709-1751). L'auteur de *L'homme-machine* marche d'ailleurs sur nos plates-bandes en mettant un point d'honneur à soutenir que pour avoir le privilège de le comprendre, ou de comprendre quoi que ce soit ayant un rapport avec ses propos, il faut être médecin Philosophe et surtout pas Philosophe non médecin : « *voilà les seuls physiciens qui aient droit de parler ici.* » Le moins que l'on puisse dire, c'est que ses idées ne plurent pas à tout le monde. Jamais il ne reçut l'adhésion de l'Église, et son *Histoire naturelle de l'âme* (1745) fut même brûlée en public ! À eux seuls, les titres de quelques-uns de ses ouvrages n'invitaient pas les instances religieuses à approuver le contenu (*Traité de la petite vérole*, *Système d'Épicure*, *De la volupté*, *L'art de jouir* ou *L'homme-machine*, ce dernier étant le plus célèbre du corpus, et la référence la plus citée de nos jours) ; à lui seul, le nom générique de sa philosophie ne lui permettait pas d'attendrir lesdites instance, ni de remporter le moindre suffrage (le *matérialisme radical*). Une paire de phrases piochées au hasard dans ses écrits montrera quelle terreur La Mettrie put faire naître dans les esprits de l'époque — et quelle puissante inimitié il dut s'attirer en retour : « *Je crois la pensée si peu incompatible avec la matière organisée, qu'elle semble en être une propriété, telle que l'électricité, la faculté motrice, l'impénétrabilité, l'étendue, etc.* » ; « *Quelle différence y a-t-il entre un homme et une plante, réduits en poudre ? Les cendres animales ne ressemblent-elles pas aux végétales ?* » Nous ne déformerons pas les vues de l'auteur en résumant ce matérialisme par : « *tout* est matière » (en appuyant bien sur « tout », ce qui le radicalise effectivement, et nie en même temps le concept de l'âme), — et en proposant ces deux thèses : en tant qu'elle est constitutive de la matière, et en vertu du « tout est matière », *la pensée est pure matière* ; en tant qu'ils sont identiquement composés de matière, l'homme, l'animal ou la plante sont égaux, et *l'homme n'est pas plus parfait (défaut, plénitude, norme idéale, sommet de l'échelle) que l'animal ou la plante*. La première thèse ne dit pas de but en blanc que la matière peut penser, car s'imaginer cela reviendrait à s'imaginer la matière comme pouvant marquer les heures, ce qui est une spéculation de métaphysicien ; cette thèse signifie simplement que le penser est matérialisé, autrement dit, en utilisant des mots modernes pour imager ce qui est ici posé comme principe, lorsqu'il nous vient l'idée d'un arbre, cette idée n'est qu'un agencement de neurones qui ne sont eux-mêmes qu'un agencement de matière (atomes), et l'arbre est représenté, c'est-à-dire idéalisé, en tant que pure matière agencée dans le cerveau, ce que l'on pourrait encore traduire par le fait que l'idée de l'arbre, donc cet arbre idéalisé, est causée par la matière, la matière étant cause de tout. Ce n'est que à cause de la matière que l'on pense, et c'est dans ce sens-là que l'on s'autoriserait — éventuellement — à parler de matière qui « pense » (avec des guillemets), — ce qui, sous l'embellissante plume de Francis Ponge, ferait de nos êtres « *des rêves immédiats de la divine Matière* », et ce qui, sous la plume — cette fois — de Mallarmé (pour qui « *nous ne sommes que de vaines formes de la matière* »), ferait s'élancer « *forcenément* » la matière *dans le Rêve qu'elle sait n'être pas* ». Je puis bien l'avouer : la matière de l'idée (sens figuré) et l'idée de l'idée de l'arbre formée par la matière (sens propre) m'a longtemps occupé l'esprit. Cette façon antiplatonicienne de suggérer le fonctionnement cérébral, de tout expliquer par des mouvements et des entrechocs atomiques, me plaisait et s'imbriquait *idéalement* dans mon panthéisme provisoire (privilégiant l'immanence à la transcendance). Je pensais vraiment, tel le Balthazar Claës du roman de Balzac, en recherche d'Absolu, que « *la puissance de vision qui fait le poète, et la puissance de déduction qui fait le savant, sont fondées sur des affinités invisibles, intangibles et impondérables que le vulgaire range dans la classe des phénomènes moraux, mais qui sont des effets physiques* ». Étais-je influencé par Léonard de Vinci, — ingénieur, peintre, inventeur, musicien, mathématicien, littérateur, poète, mécanicien, physicien, anatomiste, architecte, sculpteur, philosophe, — qui voyait le corps comme une machine mécanique ? (Ah ! Leonardo, rêveur d'ornithoptères, que j'aime ta devise de l'« *ostinato rigore* » ! À travers Paul Valéry et l'adduction de l'idée de complétude et de perfection, la force pure de l'acte créateur, l'« *inventio* », ta rencontre a été comme un métamorphisme…) Je me rappelle une conférence sur le thème du bonheur (*désespérément*) à laquelle avait participé l'une des vedettes du courant philosophique français, André Comte-Sponville, que j'avais osé apostropher à la toute fin de son intervention, au moment où le public avait commencé à se disperser. Moi qui renâcle à me faire remarquer en posant des questions, je m'étais dirigé sans trembler, sans trépidation, vers cet homme qui, à mon goût, ce soir-là, avait été aussi bon orateur que plagiaire de Sartre (« Il *parle*… *C'est un parleur, voilà*… » avais-je inscrit dans mon *Journal* en date du 20 novembre 2000). Je ne me souviens plus au juste de la question que je lui avais soumise (et que je trouve naïve aujourd'hui), ni de sa réponse exacte, mais, en faisant court, cela avait ressemblé à ce dialogue : « À votre avis, monsieur Comte-Sponville, les pensées peuvent-elles n'être que matière ? Le matérialisme ne serait-il pas l'unique voie de compréhension de la pensée ? — Il m'est impossible de vous faire une réponse sûre. J'espère qu'il n'en est pas ainsi, car une conscience uniquement vue sous l'angle du matériel serait une chose triste. Et que ferait-on des mystères, du divin ?... » Ces propos ne retranscrivent malheureusement pas la vérité, bien qu'ils s'en approchent. Je ne compris mon « erreur » que bien plus tard : sans toutefois sombrer dans le mysticisme, habitué à considérer que *rien n'est jamais simple*, la lumière se fit en moi que *il fallait qu'il y eût quelque chose d'autre* (par exemple sous la forme de la *chose en soi*, ce dont voulait peut-être parler Comte-Sponville), — *quelque chose*, certes, mais, je tiens à le préciser, sans mesure avec une *intention* quelconque. Je le répète, tel un prophète de la Complexité (ou un allié d'Edgar Morin) : *rien n'est jamais simple*. (Je n'en voudrais pas aux persifleurs s'il me retournaient mon axiome d'élucubrateur : « Il est trop simple d'affirmer que "rien n'est jamais simple". ») Et l'âge aidant, ou le mystère gagnant, je souscris chaque jour davantage à ces mots de Sextus Empiricus extraits de ses *Hypotyposes pyrrhoniennes* : « *Car si, par exemple, on fait consister avec Épicure la fin et le souverain Bien dans la volupté, et si on prétend que l'âme n'est qu'un composé d'Atomes (de même que toutes les autres choses), comment peut-on concevoir que dans cet assemblage d'atomes, il y ait de la volupté, et de l'approbation, et une vertu de juger que ceci est désirable et bon, et que cela est mauvais et doit être fui ? Certainement il n'y a personne qui puisse dire cela.* » Je ne sais pas si Marc-Aurèle avait raison de dire : « *De deux choses l'une, ou il y a une Providence, ou il n'y a que des atomes.* » La sagesse consiste parfois à douter, à suspendre son jugement et, en quelque sorte, à s'avouer vaincu devant l'Ineffabilité... Comme le disait Schopenhauer, qu'une pierre puisse tomber sera pour nous toujours aussi inexplicable que le fait qu'elle puisse penser... Même Jacques Monod, grand scientifique, auteur du livre *Le hasard et la nécessité*, dont la lecture rebute par sa difficulté (il y est question de « *la philosophie naturelle de la biologie moderne* », argumentée à l'aide de l'étude de la polymérisation linéaire, des séquences des radicaux amino-acides dans le polypeptide, des nucléotides de l'ADN et autres barbarismes), même Jacques Monod, face au « déterminisme hasardeux » de toute la chaîne biologique et du fonctionnement de l'être vivant, cette « *machine chimique* » infiniment organisée, ne peut s'empêcher de s'interroger : « *Qui pourrait douter de la présence de l'esprit ? Renoncer à l'illusion qui voit dans l'âme une "substance" immatérielle, ce n'est pas nier son existence, mais au contraire commencer de reconnaître la complexité, la richesse, l'insondable profondeur de l'héritage, génétique et culturel, comme de l'expérience personnelle, consciente ou non, qui ensemble constituent l'être que nous sommes, unique et irrécusable témoin de soi-même.* » Le plus surprenant chez Monod demeure le double fait : 1) qu'il ne doute pas un seul instant que l'« *impérieux besoin* » de comprendre le monde, de se connaître soi-même, « *soit inné, inscrit quelque part dans le langage du code génétique, qu'il se développe spontanément* » ; 2) qu'il relie solidement ce besoin « *qui nous contraint à chercher le sens de l'existence* » à la plus pure « *angoisse* », au « *mal de l'âme* ». En d'autres termes, et c'est ainsi que je le vois, la mélancolie, selon Jacques Monod, lauréat en 1965 du Prix Nobel de physiologie ou médecine, est en quelque sorte innée ! Dans les dernières lignes de son ouvrage, il va jusqu'à écrire qu'il faudra bien, un jour, « *que l'Homme enfin se réveille de son rêve millénaire pour découvrir sa totale solitude, son étrangeté radicale* », lui qui doit savoir « *maintenant que, comme un Tzigane, il est en marge de l'univers où il doit vivre* ». L'homme, dont le destin et le devoir ne sont écrits nulle part, doit enfin reconnaître « *qu'il est seul dans l'immensité indifférente de l'univers d'où il a émergé par hasard* », et qu'il lui faut « *choisir entre le Royaume et les ténèbres* ». Eh ! ma mélancolie devrait tout au hasard ? Fallait-il qu'elle fût inscrite dans mes gènes avant que je naquisse ? Sublime idée, si horrible ! — Bien. Après inscrite la première thèse (« *la pensée est pure matière* »), arrêtons-nous sur la seconde : *l'imperfection du genre humain* (relative aux autres genres). Tout d'abord, l'homme devrait toujours avoir en tête ces pensées de Balzac : « *Mais, pour le désespoir de l'homme, il ne peut rien faire que d'imparfait, soit en bien soit en mal. Toutes ses œuvres intellectuelles ou physiques sont signées par une marque de destruction.* » Puis, parce qu'il est un « animal doué de raison », l'homme est boursouflé d'*orgueil*, il s'imagine vivre au centre de l'univers, oublieux de la petitesse de sa planète, ou faire partie de l'espèce vivante la plus évoluée, oublieux de son statut d'animal parmi d'autres. (Sur ce dernier point, La Mettrie écrivait dans *L'Homme-plante* : « *J'ai envisagé l'âme, comme faisant partie de l'histoire naturelle des corps animés, mais je n'ai garde de donner la différence graduée de l'une à l'autre* » ; — et il n'est que de lire la distinction entre singe et homme imaginée par Vercors dans son roman *Les animaux dénaturés*, si ténue que l'on peut à bon droit se demander si ce n'est pas l'homme qui est tardigrade vis-à-vis du singe.) Se gaussant de cet orgueil, de cette *vanité*, La Mettrie use d'une belle expression humiliante en qualifiant les hommes de « *machines perpendiculairement rampantes* » ! Nous sommes dans un corps *machinal*... Sans remords, l'inspecteur des âmes François de La Rochefoucauld écrivit : « *La nature, qui a sagement pourvu à la vie de l'homme par la disposition admirable des organes du corps, lui a sans doute donné l'orgueil pour lui épargner la douleur de connaître ses imperfections et ses misères.* » Sacré Julien ! des « *machines perpendiculairement rampantes* » ! — Succédant dans mes lectures à La Mettrie, David Hume, de deux ans son cadet, me séduira davantage par ses conceptions plus nuancées de « *connexion apparente* » des choses, relativisant le déterminisme matérialiste en le subsumant sous le déterminisme concédé par une conscience qui obéit à l'observation de la répétition des événements. De fait, Hume, en 1759, terminait sa *Dissertation sur les Passions* de façon très « la mettrique » : « *Il me suffit d'avoir fait voir que l'origine & le lieu des passions sont assujettis à un méchanisme régulier ; & que cette matiere est susceptible d'une analyse aussi exacte que le font les Loix du mouvement, l'Optique, l'Hydrostatique, & toutes les autres parties de la Philosophie Naturelle.* » (À ce propos, j'affectionne tout particulièrement Hume, hormis lorsqu'il parle des passions, où j'ai l'impression d'entendre Descartes et ses esprits animaux. Je n'ai retenu du deuxième livre du *Traité de la nature humaine* (*Les Passions*) que la phrase citée à outrance, si belle et cependant si terrible en sa vérité crue : « *It is not contrary to reason to prefer the destruction of the whole world to the scratching of my finger.* » (« *Il n'est pas contraire à la raison de préférer la destruction du monde à une égratignure de mon doigt.* ») (Une phrase dont Kundera, dans *L'Immortalité*, aurait pu se servir, tant cette idée l'obsède, l'idée d'une souffrance qui, se faisant aiguë, dissout le monde et laisse chacun seul avec lui-même. « *Si la planète Mars n'est que souffrance, si même ses pierres hurlent de douleur, cela ne nous émeut guère, parce que Mars n'appartient pas à notre monde.* » La souffrance est identité, révélation de l'être. Freud, ce sujet, avait montré que c'est le *narcissisme* primaire de l'homme qui fait que l'on se désintéresse des choses du monde pour peu que cela ne concerne pas notre propre souffrance.)) — Globalement, il y a un je-ne-sais-quoi de propice à la mélancolie dans les conceptions athéiste et matérialiste, peut-être dû à la mise en équation des affects par le jeu d'un déterminisme absolu et purement mécaniste qui nous ramène à Hippocrate ou à Burton, tous deux évidemment médecins — « mélancolistes » attitrés. La Mettrie écrit justement, dans son *Discours sur le bonheur*, que « *toutes choses égales, les uns sont plus sujets à la joie, à la vanité, à la colère, à la mélancolie, et aux remords mêmes, que les autres* », — et il en conclut que cela ne peut venir que de la « *disposition particulière des organes* ». La différence entre les hommes, selon notre digne héritier de la médecine grecque et de Démocrite, se déduirait des quantités humorales : « *Il est vrai que la Mélancolie, la Bile, le Phlegme, le Sang, etc., suivant la nature, l'abondance et la diverse combinaison de ces humeurs, de chaque Homme font un Homme différent* » (*L'Homme-machine*). Je conviens avec lui que le corps influe sur l'esprit et que, réciproquement, l'esprit agit sur le corps, mais si tout est matière, comment passer de la joie à la tristesse ? suffit-il d'examiner telle partie du corps avec un microscope à balayage électronique pour ensuite déceler un réarrangement moléculaire et dépister la mélancolie ? Je conviens encore avec lui que nos « sentiments » ont une nature pour le moins chimique, — et nous en rediscuterons quand la partie dédiée à la dépression et aux antidépresseurs fera son apparition, — mais de lire, comme il est indiqué dans *L'Homme-machine*, que « *tout cède au grand Art de guérir* », que le médecin est « *le seul Philosophe qui mérite de sa Patrie* », ceci a le don de renforcer ma circonspection. Cette lecture possède même le pouvoir d'enfoncer ma mélancolie dans la nécessité, lorsque mes yeux tombent sur un passage qui explique que « *la mélancolie prise dans le sens des Médecins, une fois formée, et devenue bien atrabilaire dans le corps de la personne la plus gaie, la rendra donc nécessairement des plus tristes* ». Je préfère écouter l'interpellation de *L'Art de jouir* : « *Et toi, frêle et surprenante machine, qui n'as point été faite pour penser* » ! Oui, je préfère me dire en mon for intérieur que ma mélancolie est causée par l'incongruité de l'*existence de la pensée*, et non par un *excès* ou un *déficit d'atomes* : cela ne me rassure pas davantage, mais la logique se rangerait du côté de l'*absurde*... Si La Mettrie m'*effraie* avec son « homme-machine », un autre médecin m'effraie tout autant avec sa « *machine humaine* » : Claude Bernard, l'homme qui, affirmaient certains, n'était pas seulement un grand physiologiste, mais la physiologie elle-même, l'homme qui forgea le premier le terme « *déterminisme* » et qui déclara dans son *Introduction à l'étude de la médecine expérimentale* que « *les conditions d'existence de tout phénomène sont déterminées d'une manière absolue* ». Tantôt je voudrais croire que le déterminisme fût au principe de toutes choses, tantôt je voudrais, pris d'une angoisse soudaine, croire le contraire ; tantôt je me sens fataliste, tantôt mon scepticisme m'enjoint à penser : « Fatalité ou pas, qu'importe ! à quoi bon, de toute façon ? » Selon Claude Bernard, étant donné que les « manifestations des corps vivants » ont lieu dans des « *conditions d'ordre purement physico-chimique* » (l'« *organisme* » et le « *milieu cosmique* »), elles résultent d'un « *déterminisme nécessaire* ». En un sens, jamais la rationalité scientifique de La Mettrie et de Bernard n'outrepasse les limites accordées à la raison humaine et la modestie : on peut répondre au *comment*, pas au *pourquoi*. Nos deux compatriotes (Bernard est né à Saint-Julien !) sont les tenants d'un *matérialisme* qui comporte pour chacun ses propres nuances et qui combat à sa manière la doctrine du *vitalisme*, popularisée par l'alchimiste Jâbir ibn Hayyân, qui revendique la double irréductibilité des phénomènes de la vie aux phénomènes physico-chimiques et de la force vitale aux forces de la matière inerte. C'est ici que ma rengaine resurgit : *il faut qu'il y ait quelque chose d'autre* — ou sinon clignotera constamment dans le ciel le « *Lasciate ogne speranza, voi che intrate* » (« *Vous qui entrez ici, laissez toute espérance* ») !... — Transcendance !... — Mais il serait vilain de s'arrêter ici et d'oublier que La Mettrie incitait ses « hommes-machines » à la jouissance, qu'il fut un jouisseur lui-même, un amateur des voluptés les plus diverses : « *Quelle puissance d'un Repas ! La joie renaît dans un cœur triste* », écrivit-il un jour, sans savoir que l'ironie le rattraperait, car la nature de la mort qui le frappa fut des plus matérielles : fiévreux et délirant, il succomba (« *en riant* », précisait Casanova) des effets de l'indigestion d'un pâté truffé préparé avec du lard gâté !... De l'oraison funèbre de cet homme « *né avec un fonds de gaieté naturelle intarissable* », et que prononça Frédéric le Grand (*Éloge de M. de La Mettrie*), je donne ici un extrait qui fera office de synthèse : « *Il crut s'apercevoir que la faculté de penser n'était qu'une suite de l'organisation de la machine, et que le dérangement des ressorts influait considérablement sur cette partie de nous-mêmes que les métaphysiciens appellent l'âme. Rempli de ces idées pendant sa convalescence, il porta hardiment le flambeau de l'expérience dans les ténèbres de la métaphysique ; il tenta d'expliquer, à l'aide de l'anatomie, la texture déliée de l'entendement, et il ne trouva que de la mécanique où d'autres avaient supposé une essence supérieure à la matière. Il fit imprimer ses conjectures philosophiques sous le titre d'*Histoire naturelle de l'âme. *L'aumônier du régiment sonna le tocsin contre lui, et d'abord tous les dévots crièrent.* » — Ne crions pas comme les dévots ! Il importe de disséquer le monde *en géomètre* (« *L'art géométrique, en effet, est connaissance de ce qui est toujours* », disait Platon), et le fervent défenseur des doctrines de La Mettrie que je fus, rend hommage à l'une des pierres qui furent apportées à la construction de ma Citadelle du « γνῶθι σεαυτόν ». — Chers lecteurs, si l'envie vous prend de consulter un ouvrage de notre philosophe à la fois breton et impie, vous saurez déjà ce que renfermera la *table des matières*...

* * * * *

(*Chaque* pas sévère crisse entre les brins métalliques (rouillés par l'humidité) de mon destin, et s'écrasent, sans que de leur pointe ils ne s'y frayent, des clous lourds et leurs morfils sur mon crâne émêché ; *chaque* élan me serre sur la route vierge de mes espoirs, et s'immobilise comme un arc que sa corde quitte. Je clame que *chaque* son (des pas, des élans) racle, ose racler mes ouïes comme un squale (alerté dans un réseau de filaments qui tintent et saignent) broie sa proie accommodée. — J'avance, pourtant, j'avance transpercé... — *Tchac* !)

* * * * *

A.D. — Pourquoi me reviennent à l'instant même ces quelques paroles de Lucien de Samosate proférées au nom du Dieu de l'éloquence, Hercule ? Lucien croyait que Hercule avait accompli ses exploits par la force de son éloquence, par des discours qui, tout en volant droit au but, avaient le pouvoir de blesser les âmes. « *Pour moi, lorsque je voulus me présenter devant vous, je me demandai à moi-même s'il me convenait, à l'âge que j'avais et après avoir depuis longtemps renoncé aux séances littéraires, de m'exposer à subir de nouveau la décision de tant de juges éclairés, et je me rappelai fort à propos cette image d'Hercule. Jusque-là j'avais craint de vous paraître agir en jeune homme et prendre des airs qui ne sont pas de mon âge. Quelques-uns de vos jeunes gens m'auraient adressé comme dans Homère ces reproches mérités : 'Ta force cède au poids dont t'accablent les ans, / Tes serviteurs sont lourds et tes chevaux sont lents.'* / *Mais quand cet Hercule vieillard se retrace à ma mémoire, il m'encourage à tout entreprendre, et je ne rougis point de faire, à son âge, ce qu'il faisait lui-même.* » Penserais-je donc que mon babillage fût éloquent ? que la décision et la direction prises fussent les bonnes ? ou que mon livre fût un jour jugé ? que ma force fût en déclin ? que je dusse — sans peur et sans honte — continuer l'œuvre de l'œuvre de ma vie ? que ma sagesse fût assez avancée ? Mais quelles âmes serais-je susceptible de férir et de blesser ? Une seule : *la mienne*, cette âme, mon âme paradoxalement inaltérable et altérée. Car la troisième saison de l'histoire de ma vie, — tout à la fois *beaucoup plus* ténébreuse, mélancolique, pénible, que la première et la deuxième, et *beaucoup moins* que la quatrième et la cinquième qui suivront, — marque une frontière dont les pointillés, sur la carte de l'*attendre(-quoi)*, vont se rejoindre progressivement jusqu'à délimiter et protéger un pays entouré par l'Ennemi. Quel Ennemi ? L'Ennemi de mon âme : mon âme ennemie. L'Ennemi le plus proche qui soit, auquel on ne peut échapper : Soi. (Savez-vous d'ailleurs de quelle manière Pétrarque définit la mélancolie ? « *Imagine un homme que d'innombrables ennemis entourent. Il n'a aucun espoir de s'échapper, ou d'obtenir la vie sauve. […] De quelque côté qu'il se tourne, ce ne sont que visages menaçants, épées scintillantes. Il sent sa fin prochaine. Comment ne serait-il pas effrayé, quand la seule perte de la liberté suffit à causer un chagrin mortel ?* ») Cette saison qui intervient *au milieu de ma vie consciente*, est celle de la prise de parole, de la réflexion, de la frénésie de l'écriture, de la passion de la lecture, du déchaînement du langage de l'amour, de l'accession à la philosophie, — la saison des déconvenues, des ruptures, du divorce de mes parents (apprentissage du dépit), de mon stage à Paris (apprentissage du *spleen*), de la mort de François (apprentissage du suicide), — la saison de la découverte de l'Ennui, de la Souffrance, — la saison où je fus, pour la première fois, jeté *face à moi-même*. C'est pourquoi j'ai inscrit en en-tête les lettres A et D en les accolant, pour signifier l'« *A.D.* » du réveil, de la nutation amorcée entre son paronyme, l'*Hadès*, et le *Jour du Seigneur*, — l'*Anno Domini*, — l'année de naissance de Jésus-Christ, — l'année *zéro* qui inaugure l'ère commune, communicable, communicante, communiante, — l'« *A.D.* » de l'errance de l'être, — l'avènement de mon ère mélancolique, de mon être enguignonné, errant dans la mélancolie… Jour du Seigneur ! *Anno Domini* ! Domination du dominé ! *Deus* ! *Deiwos* ! Lueur céleste, jour lumineux ! L'« *A.D.* » de l'*illumination* immédiatement sanctionnée par la *désillumination*, mais l'« *A.D.* » qui vaut l'« *ad* » ! Dans quels délires m'égaré-je encore ? Qu'est-ce que l'« *ad* » ? « C'est la tempête qui gronde dans le pauvre cerveau de monsieur Pichavant ; elle le ravage, il est ravagé », entends-je penser le lecteur interloqué. La tempête, fort justement, — *la tempête*, — mon ami, et je te laisse crier comme les matelots : « *All lost! to prayers, to prayers! all lost!* » (« Tout est perdu! En prières, en prières, tout est perdu ! ») Mes voix intérieures te répondront à l'unisson : « *We split, we split!* » — « *Farewell, my wife and children!* » — « *Farewell, brother!* » — « *We split, we split, we split!* » (« Nous brisons, nous brisons, nous brisons ! »). Je coule, tu coules, nous coulons. Cependant le fond est loin et nos poumons ont le temps d'oxygéner le sang pendant que je m'affuble de ma casquette de *paléontologue des mots et des expressions* : « *ad* », c'est la préposition latine « *à* » (ou « *vers* ») qui *préfixe* en français certains termes pour renforcer les idées de rapprochement, de direction, d'ajout, de tendance. Mémorisons la signification de « *ad* » et *affrontons* la tempête… — Cette saison, ad*dition* (« *dare* », « *donner* ») et ad*mixtion* (« *mixtus* », « *mixte* ») des parties de mon tout, est celle de mon dire populaire, un ad*age* (« *agere* », « *pousser* ») dicté par l'ad*miration* (« *mirari* », « *regarder* ») de ce qui ad*vient* (« *venire* », « *venir* ») ; — cette saison est celle de l'ad*versité* (« *versus* », « *tourné* »), donc de l'ad*vertance* (« *action de tourner l'esprit vers un objet* »), donc de l'*inad*vertance (« *défaut de celui qui ne prend pas garde* ») ; — cette saison est celle, grammaticalement, de la *proposition adversative* (« *composée de deux propositions dont la seconde s'oppose à la première ou la restreint* ») ; — cette saison est celle de mon ad*mission* (« *mittere* », « *envoyer* ») dans un monde terrible, un monde impossible dans lequel ad*moniteurs* (« *monitio* », « *avertissement* ») et ad*juteurs* (« *juvare* », « *aider* », « *plaire* ») se confondent ; — cette saison est celle de l'ad*aptation* (« *aptus* », « *apte* ») ; — cette saison est, *surtout*, celle de ce qui est ad*ventice*, adjectif dont les trois acceptions figurant dans le *Littré* trouvent curieusement des échos ad*équats* (« *æquare* », « *égaler* ») à ladite détermination saisonnière : « *1. Terme didactique. Qui survient de dehors. Idées adventices, par opposition à idées innées. — 2. En termes de médecine, maladie adventice, maladie qui ne tient pas à la constitution. — 3. En botanique, plante adventice, plante qui n'a pas été semée.* » — Hors-là, saison ! Ô saison de la coupure, saison du *divorce* ! Ô saison où commença la fin ! *L'existence adventice* ! Comprendrai-je un jour le divorce qu'est la vie ? Il me semble que je suis prostré devant un tableau sur lequel une craie a tracé un système à n équations et à $n+1$ inconnues : le problème est modélisé, mais je suis coincé : je ne parviendrai jamais à le résoudre. À propos du dernier livre que Philip K. Dick envisagea d'écrire, qui devait s'intituler *The owl in daylight*, et que la mort empêcha de commencer, il racontait : « *Mon livre traite de ça : L'incapacité à comprendre.* » Au-delà de la folie que représente un tel projet digne des travaux d'*Hercule*, il avait — assurait-il — inventé pour ce livre un concept impossible à comprendre ! Il voulait se servir d'un concept qu'il ne comprenait pas lui-même, que le lecteur ne comprendrait vraisemblablement pas davantage, ceci dans l'intention de démontrer l'incapacité à comprendre (le monde, évidemment, mais aussi le livre, qui en fait partie) ! Sans jouer au prétentieux, je *comprends* ce que voulait réaliser Dick, et d'ailleurs, lorsque j'écris au sujet du problème que « *je ne parviendrai jamais à le résoudre* », l'aporie est en fait double : *je n'y parviendrai jamais* — et *je ne connais pas la nature exacte du problème* ! C'est pourtant en raison de cette valeur aporétique que j'écris, soit que je veuille montrer en quoi consiste l'incapacité à comprendre, soit que je veuille espérer, à un moment ou à un autre, *comprendre*… Si le lecteur ne me suit pas, je me suis ; s'il ne me comprend pas, je me comprends (et, de toute manière, « *je serai satisfait même si très peu de gens me comprennent* », *dixit* Beethoven dans une lettre adressée à Johann Andreas Streicher, en 1796). Si je ne me comprenais pas un minimum, je n'écrirais pas autant — ou alors, hypothèse désagréable, je serais placé dans la file prioritaire pour recevoir un ticket de visite de l'asile le plus proche. Mais ma prétendue démence, si elle était dans ce livre aussi manifeste qu'elle fût réelle, devrait préexister à ce livre et faire par conséquent de moi un dément, c'est-à-dire un homme qui ne sait pas vivre en société sans passer pour un dément, ce qui, jusqu'à preuve du contraire, n'est pas ma situation. Peut-être la solution est-elle à chercher dans mon incapacité à écrire : celui qui écrirait un livre se bornant à exprimer son impossibilité même d'être écrit, approcherait par là — qui sait ? — le Mystère de la Création… et/ou le Néant ?... — Ah ! qu'avant la fin, au nom de Zeus, je n'aie pas à m'écrier : « *O fool, I shall go mad!* » (« *Ô fou ! Je vais perdre l'esprit* »)…

* * * * *

Divorce. — Du latin « *divortium* », établi sur la racine « *vertere* » (« *tourner* ») qui a subi la permutation des voyelles *e* et *o*, le « *divorce* » est littéralement le « *détournement* ». En même temps, « *divertere* », sans cette permutation, a donné dans notre langue « *divertir* » (qui exprime à la base l'action de « *tourner d'un autre côté* » ou d'« *écarter* », puis qui est devenu « *détourner l'esprit* » et « *récréer* »). Historiquement, le divorce serait ainsi une *séparation* et un *amusement* ! — Mon intention n'étant pas d'étudier le divorce sous tous ses aspects, je me contenterai de réduire mon propos à quelques points, dont celui, indéniablement conséquent, qui fut à l'origine de mes premières pertes de repères. Comment mes parents — et tous les autres couples — ont-ils pu passer de la proclamation religieuse du mariage lors de la célébration à l'église, à la proclamation juridique du divorce lors de la comparution au tribunal ? Écoutons le prêtre en cette journée de 1977 : « Et maintenant, procédons à l'échange rituel devant Dieu Tout-Puissant. Les époux se doivent mutuellement fidélité, secours et assistance en toutes circonstances et tout au long de leur vie. Ensemble, vous devrez assurer la direction morale et matérielle de la famille au sein d'une vie commune, et vous devrez protéger et éduquer du mieux que vous le pourrez votre progéniture. Si quelqu'un doit s'opposer à cette union, qu'il parle maintenant sous le toit de cette église, ou se taise à jamais. [*Silence.*] Alain Pichavant, consentez-vous librement à prendre pour épouse Anne-Marie Mellier, de l'aimer et de la chérir dans le bonheur et dans le malheur, de lui jurer fidélité et de la protéger, pour le meilleur et pour le pire, jusqu'à ce que la mort vous sépare ? [*Oui ?*] Anne-Marie Mellier, consentez-vous librement à prendre pour époux Alain Pichavant, de l'aimer et de la chérir dans le bonheur et dans le malheur, de lui jurer fidélité et de le protéger, pour le meilleur et pour le pire, jusqu'à ce que la mort vous sépare ? [*Oui ?*] Par les pouvoirs qui me sont conférés par l'autorité du Tout-Puissant et avec la bénédiction du Ciel, je vous déclare unis par les liens sacrés du mariage. Vous pouvez embrasser la mariée. [*Les cloches retentissent : Ding-dong, ding-dong.*] » Nous pouvons lire, aux articles 212 et 213 du *Code Civil* (au chapitre *Des devoirs et des droits respectifs des époux*), des sentences similaires : « *Les époux se doivent mutuellement respect, fidélité, secours, assistance* » ; « *Les époux assurent ensemble la direction morale et matérielle de la famille. Ils pourvoient à l'éducation des enfants et préparent leur avenir* ». L'article 220-1 stipule que, « *si l'un des époux manque gravement à ses devoirs et met ainsi en péril les intérêts de la famille, le juge aux affaires familiales peut prescrire toutes les mesures urgentes que requièrent ces intérêts* ». L'un des époux manque-t-il à ses devoirs s'il engendre un individu névrosé que la mélancolie et la difficulté de vivre poursuivront tout au long de son existence ? Tout est affaire d'éducation, mais quelle est l'éducation idéale ? Je reste persuadé, comme je le notais plus haut, que mes parents « *avaient cru faire ce que le devoir leur intimait de plus charitable, de plus affectueux* », qu'ils « *avaient visé un idéal d'éducation* », qu'ils « *n'avaient voulu convoiter que le bonheur de leur progéniture* » ; mais en déportant sur leurs enfants tout leur amour, dont la part qu'ils auraient dû se réserver et qu'ils ont trop prématurément oublié de préserver, ils nous ont déportés. À force d'avoir été « *trop cajolé, dorloté, choyé* », à force d'« *avoir assouvi des besoins que je n'avais pas même eu le temps de définir* », mon père et ma mère ont, le temps qu'aura duré leur mariage, éduqué un non-être ; puis, la procédure de divorce entamée, ils ont donné naissance à un être qui, déboussolé en ouvrant réellement les yeux, ne sait plus quoi penser depuis, vacille, se prend souvent à penser *qu'il n'est pas fait pour vivre*. À cet instant, ils ont exacerbé chez moi une forme de haine à l'encontre des hommes et m'ont fait m'approprier la rancœur de l'Alceste du *Misanthrope* (qui était, rappelons-le, car c'est de toute importance dans ce mélange des genres, sous-titré *L'Atrabilaire amoureux*) : « *Mes yeux sont trop blessés ; et la cour, et la ville, / Ne m'offrent rien qu'objets à m'échauffer la bile : / J'entre en une humeur noire, en un chagrin profond, / Quand je vois vivre entre eux, les hommes comme ils font [...].* » Quoi, mon cher Philinte, vous dont le flegme est philosophe autant que la bile d'Alceste, que me bourdonnez-vous à l'oreille, tel Pan ? « *Ce chagrin philosophe est un peu trop sauvage* » ? Que voulez-vous que je vous réponde d'autre ? Tenez, relisez Chamfort : « *Il est presque impossible qu'un Philosophe, ou un Poète ne soient pas misanthropes.* » Pourquoi ? En premier lieu, — et c'est amplement suffisant, — « *parce que leur goût et leur talent les portent à l'observation de la société, étude qui afflige constamment le cœur* ». (En second lieu, « *parce que leur talent n'étant presque jamais récompensé par la Société (heureux même s'il n'est pas puni), ce sujet d'affliction ne fait que redoubler leur penchant à la mélancolie* ». Oui ! encore et toujours la *mélancolie*, où que le regard se tourne et *se retourne* !...) — Mon enfance et mon adolescence furent *trop faciles* — mais y avait-il une autre alternative ? Citons l'exemple de Chateaubriand : « *J'ignore si la dure éducation que je reçus est bonne en principe, mais elle fut adoptée de mes proches sans dessein et par une suite naturelle de leur humeur. Ce qu'il y a de sûr c'est qu'elle a rendu mes idées moins semblables à celles des autres hommes ; ce qu'il y a de plus sûr encore, c'est qu'elle a imprimé à mes sentiments un caractère de mélancolie née chez moi de l'habitude de souffrir à l'âge de la faiblesse, de l'imprévoyance et de la joie.* » Moi aussi, « *j'ignore si la dure éducation que je reçus est bonne en principe* » ; à moi aussi, avec le recul consécutif au divorce, l'éducation « *a rendu mes idées moins semblables à celles des autres hommes* », « *elle a imprimé [...] un caractère de mélancolie* ». Que les parents veuillent fournir une éducation placée sous le signe de la dureté ou de la mollesse, de l'oppression ou de la liberté, rien n'y fait. Que n'appliquent-ils la maxime gravée à Delphes : « Μηδὲν ἄγαν » (« *De la mesure en toutes choses* ») ? Qu'est-ce que le divorce ? d'où provient-il ? vers quoi mène-t-il ? Le *divorce*, c'est l'événement-vérité *panique* ; l'événement-vérité « *panique* », c'est la « *terreur panique* » (de « Πανισμός », dérivé de « Παν », « *Pan* », qui signifie « *Tout* ») que suscite le bruit des claquements de fouet rageurs du dieu *Pan* (bataille de Marathon). Pan, c'est le fils, selon certaines légendes, de l'union de Zeus et d'*Hybris* ; « *hybris* » (ou « *ubris* », de « ὕβρις »), c'est la *démesure*, et commettre l'hybris est une faute, un péché d'orgueil, c'est offenser les dieux en se croyant leur égal, en demandant davantage que ce que le destin nous accorde. D'où le proverbe de la morale grecque : « Παν μέτρον ἄριστον » (« *L'excellence est dans la mesure en toutes choses* »). Παν ! Flûte !... Écoutons le greffier pérorer : « Au Nom de la République, le Tribunal de Première Instance de Nantes, compétemment réuni au Palais de Justice de cette ville, a rendu en audience publique et en ses attributions civiles le jugement suivant… » Le divorce est — *admis*. Tout divorcé ayant été marié, la question n'est pas : « pourquoi le divorce ? » — mais plutôt : « pourquoi le mariage ? » Que n'ont-ils lu l'avertissement de Juvénal à Postumus dans ses *Satires* : « *Et voilà que ces jours-ci tu prépares la cérémonie, le contrat de mariage et les fiançailles, tu es déjà pomponné par un maître coiffeur et peut-être lui as-tu déjà passé la bague au doigt. Pourtant, tu ne manquais pas de bon sens. Tu veux te marier, Postumus ? Dis-moi, sur quelle furie, sur quels serpents es-tu tombé ? Tu peux supporter un esclavage pareil quand il y a tant de cordes inutiles, quand il y a à l'étage de sombres fenêtres grandes ouvertes, quand le pont Aemilius est à deux pas ?* » — Dans le Livre de Moïse, le fameux Deutéronome, composé aux environs du VIIème ou du VIIIème siècle (?) avant J.-C., on peut lire que « *lorsqu'un homme aura pris et épousé une femme qui viendrait à ne pas trouver grâce à ses yeux, parce qu'il a découvert en elle quelque chose de honteux, il écrira pour elle une lettre de divorce, et, après la lui avoir remise en main, il la renverra de sa maison* » *(24,1)*. Et encore plus tôt, au XVIIIème siècle, le Code d'Hammurabi distingue le cas d'un homme qui « *veut se séparer d'une femme qui lui a donné des enfants* » de celui à qui l'épouse n'a pas donné d'enfant. Cependant, à en croire l'historien Valère Maxime, dans nos contrées romanisées, le premier recensement d'une procédure de « divorce » (« *repudium* ») n'apparut qu'en 234 avant J.-C., engagée par un certain Spurius Carvilius (soi-disant inventeur de la lettre G) qui « *répudia son épouse pour stérilité* » ; et, rapporte Valère Maxime, « *bien que celui-ci parût avoir une raison valable, il fut blâmé quand même parce que, pensait-on, même le désir d'avoir des enfants n'aurait pas dû l'emporter sur la fidélité conjugale* ». (Un autre historien d'à peu près la même époque, Aulu-Gelle, atteste cette information dans *Les nuits attiques* (*Livre quatrième*). Je ne puis résister à recopier un croustillant passage, situé à un autre endroit du même ouvrage, qui s'intègre parfaitement à notre discussion : « *On raconte que Xanthippe, l'épouse du philosophe Socrate, était très acariâtre et querelleuse, jour et nuit, de façon toute féminine, elle était continuellement de mauvaise humeur et difficile à vivre. Alcibiade exprima son étonnement à son mari à propos des caprices de celle-ci et demanda à Socrate pour quelle raison il ne renvoyait pas de chez lui une femme si revêche. "Parce que, répondit Socrate, en supportant patiemment une telle femme chez moi, je m'accoutume et m'entraîne à accepter plus facilement l'impudence et l'injustice des autres aussi, à l'extérieur." D'accord avec cette idée également, Varron, dans une satire Ménippée qu'il écrivit à propos du devoir du mari, dit : "Celui qui élimine ses défauts, possède une épouse plus plaisante ; celui qui les supporte, progresse pour lui-même".* ») Le destin du divorce mériterait l'écriture d'un livre à part entière (abolitions et réhabilitations suivant les régimes, avis des religieux a areligieux, considérations morales, psychologiques, sociétales, *et cætera*). Aussi bien, pour en finir avec cette introduction, je m'abstiendrai de tout autre prolongement oiseux et je délivrerai en dernier recours les quelques chiffres probants d'un tableau publié par l'Institut National de la Statistique et des Études Économiques (au lecteur de se faire, avec les précautions d'usage, une opinion, en tenant compte, par exemple, des décisions des contemporains prises à la hâte ou des réticences des anciennes générations) : sur l'ensemble des divorces prononcés en 2008 pour des mariages en France dont la durée n'aura pas excédé vingt-neuf années, on déduit un taux de quatre cent onze divorces pour mille mariage (contre trois cent cinquante-huit en 1998, deux cent quatre-vingt-dix-huit en 1988 et cent quatre-vingt-seize en 1978). — Parmi les nombreux romans avortés que j'ai écrits, rangés dans un coin d'où ils ne sortiront jamais plus, sauf en les rappelant éventuellement à l'ordre (et à ma mémoire) dans ces pages, figure la tentative d'une autobiographie — plus ou moins modifiée — axée sur l'amour en général et mes rencontres sentimentales en particulier, et que j'avais intitulée *Un certain amour* (jeu de mots sur « *incertain* » et sur l'unicité de l'amour que je vivais alors, vers lequel devait converger le compendium cupidique). En fouillant dans mes cartons contenant les vieux papiers, et avant même de le consulter, je me doutais pas que j'eusse évoqué dans ce livre inachevé le divorce de mes parents. Cependant, quelle ne fut pas ma surprise en relisant les premières lignes ! *D'emblée*, alors qu'il s'agissait et de ma conception de l'amour, et de mes aventures personnelles, le mot « *parents* », comme un coup d'arrêt, me sauta à la figure. Guère plus loin, ce fut au tour du mot « *divorce* » de m'éclabousser de sa perfidie ! Je méditai, avachi, — *interdit*. En revoyant ce manuscrit que je n'avais plus rouvert depuis l'été 2001, date de sa création, je m'avisai, dans une stupéfaction et une consternation à la fois nouvelles et renouvelées, combien le divorce avait dû avoir d'incidence sur mon existence ! Le mieux que je puisse faire, c'est d'en extraire ce qui m'intéresse au plus haut point : je *veux comprendre* ce que je ressentais à cette époque, je *veux accompagner* celui qui était Pseudo-Pichavant il y a dix ans à peine, je *veux estimer* les dégâts occasionnés par le divorce, je *veux me rappeler* qui j'étais et je *veux le comparer*, sans éprouver la moindre honte ou le moindre regret, à ce que je suis aujourd'hui... Voici — angoisse, fuis ! — un aperçu de ce texte pour lequel je n'aurai jamais pris le temps d'en rien corriger ni d'en rien retoucher : des quatre chapitres qui le composent, je recopierai intégralement le premier, quand bien même il empiéterait sur des parties ultérieures... (Sans vouloir m'attarder sur le style empesé, les expression maladroites, les dispositions à l'égard de la spiritualité ou des femmes, trahies par des appréciations à l'emporte-pièce, ou les indications évasives, je signalerai toutefois, parmi les nombreuses « inexactitudes » incluses dans le récit, que mon frère Guillaume est déguisé sous les traits d'une sœur prénommée Julie et que je fais remonter le divorce à mes quatorze ans.) — « *S'il me faut commencer quelque part, je ne vois pas d'autre solution que de rappeler, en premier lieu, l'aventure de mes* parents. *Les parents sont le délicat lien qui unifie notre* emprise *actuelle sur le monde et le* déterminisme *des jeunes années passées en leur compagnie. On ne saurait démarrer toute étude de soi-même sans remonter aux parents, précurseurs ataviques de nos caractères, qui eux-mêmes ne pourraient en démarrer aucune sans parler de leurs propres parents. Cet arbre chronologique s'enfouit, en partant de toutes les ramifications imaginables, sous un amas de données surnuméraires, et il serait vain, en l'envisageant sérieusement, de vouloir retourner aux origines. C'est pourtant ce que firent certains théocrates, qui s'y méprirent, en instituant le tribut du départ du cycle avec l'apparition inopinée d'Adam et Ève, nos géniteux à tous selon leurs théories téméraires et injustifiées (c'est encore une des preuves de leur bêtise : ils ne savent pas, donc ils inventent pour se donner bonne conscience). Aussi, ne nous évertuons pas à remonter jusqu'à la "naissance" de l'être humain, et réservons cela aux casuistes ; arrêtons-nous sur les ancêtres directs, qui ont existé aussi certainement que j'existe, et voyons dans quelle mesure ils ont joué un rôle* déterminant *dans la suite des événements. / Le climat familial de mon enfance conditionna et informa petit à petit mon caractère dès que j'eus commencé à comprendre, d'une part, les différences d'attitudes qui éloignaient mon père et ma mère, et d'autre part, les relations qui prévalaient entre mon frère et ma sœur, et entre ma mère et moi. La corruption se manifesta dès le plus jeune âge par ces jeux d'affinités et d'affections naturelles que les personnalités de chacun motivaient. Ma sœur, de trois ans et demi ma cadette, fragile et douillette, avait besoin du secours de ma mère lorsque mon père revendiquait trop sévèrement son autorité. Inévitablement, par la force d'un aveuglement repoussant et d'instances venues de nulle* part, ma mère la protégeait avec une exagération qui semblait n'avoir pour but que de contrer et d'exterminer, en les anticipant, les réactions probables de mon père à l'encontre de ce maternage abusif. De ce fait, tous les comportements, élaborés selon les combinaisons possibles des ralliements ou des combats, furent des comportements malsains. Ces confrontations, d'autant plus violentes et rédhibitoires qu'elles avaient lieu de manière indirecte, m'apprirent à me contenter des affres de la vie. Je chérissais déjà, en secret, l'espoir de ne plus avoir à me préoccuper de tout ce qui concernait ma famille ; jusqu'au jour où, inévitablement, après d'incessantes incriminations, mes parents divorcèrent : je venais de fêter mes quatorze ans. Ma sœur Julie, trop petite, n'avait eu qu'une maigre idée de ce qui s'était alors déroulé sous ses yeux. Je ne sus jamais si l'état d'hébétude qui l'accompagna encore plusieurs années avait été causé par la rupture parentale ou s'il avait toujours été présent. Quant à moi, je l'avoue, je fus soulagé par cette nouvelle et j'attendis avec impatience que mon père achetât une nouvelle maison pour qu'on y vécût tous les deux, et que Julie et ma mère, — le sexe faible, — demeurassent dans l'ancienne maisonnée où devaient encore flotter les fantômes de toutes les disputes qui s'y étaient déroulées, de tous les fracas qui avaient été le théâtre des opérations de guerre. / Cette séparation fut, jusqu'à l'âge de vingt ans, la plus grande désillusion que j'eusse rencontrée ; cependant, en y réfléchissant, elle se révéla être une révélation dans le sens où elle me permit d'apprivoiser, de mon donjon enténébré, ce que les ententes amoureuses comportaient de défectueux. Le mariage de mes parents, je ne pus le voir autrement que comme un échec retentissant. Les deux familles ne se virent plus, s'évitèrent, s'ignorèrent, voire se détestèrent de toute la puissance de leur haine. C'était si peu naturel d'observer les membres de chaque camp se rallier à celui dont le même sang coulait dans les veines et d'arborer une compassion qui voulait anathématiser tout l'affront que l'autre avait fait subir, — que j'en vomissais intérieurement. Ha ! l'égoïsme de l'homme, cet entrepreneur par intérêt ! C'est ainsi que je connus l'amertume, le regret, — le remords, — d'avoir "perdu" mes deux parents d'un seul coup, et quoique notre sort commun, à Julie et à moi, d'être deux enfants maudits et meurtris par cette séparation, recelât des charmes que je ne cache pas, comme l'attendrissement des personnes de notre entourage, qui souvent essayaient de nous consoler, ne fût-ce que par un regard compatissant. Dans la balance de l'injustice, ce ne fut pas le divorce en lui-même qui pesa comme le plus injuste, mais, sous le joug de la pitié suscitée à l'extérieur, les douleurs et les souffrances que ressentirent infailliblement les deux pauvres chéris torturés, écrasés qu'ils étaient entre deux systèmes dissimulant l'affrontement sanguinaire qui sévissait (et, à l'occasion, le malheur réciproque des adultes fautifs). / J'ai écrit "fautifs", mais s'agissait-il vraiment, de part et d'autre au sujet de cette séparation, d'une faute commise ? Sincèrement, je ne le crois pas, d'autant plus que la source première de ces multiples et redondants conflits, émergeant invariablement sur les mêmes champs de bataille (au nom de l'ineptie, du sordide et des causes les plus vaines en apparence), des champs si propices, la plupart du temps, aux lâches retranchements, — la source première, disais-je, est sans nul doute logée au cœur même de la conception du mariage, et, — qui sait ? — à chercher dans les termes de la rencontre qui fit de mes parents (peut-être, au début du moins) des amoureux transis que la raison quitta progressivement dans un jeu de passe-passe puéril, de ces jeux qui façonnent une vie à cause de l'insouciance juvénile et créatrice d'idéaux disproportionnés. / Tout autant innée que malavisée, l'inconscience des hommes leur fait parfois réprouver tout ce qui fut ; à défaut, elle leur fait rejeter — au gré de leurs humeurs — la responsabilité sur les autres. Quoiqu'elle ne puisse être taxée d'"universelle", la femme préserve sa propre dignité en tâchant de ne plus penser un seul instant à son ex-mari, tandis que l'homme, fier et distingué dans la tourmente, se sent malgré lui désolé et blessé dans son honneur. Ma mère ne me parla plus de mon père — cependant que mon père me parla régulièrement d'elle (surtout pendant la période qui succéda au verdict, quand les nerfs étaient à vif, les sentiments repus de chagrins et les repos de l'âme éphémères). / À présent que deux foyers s'étaient constitués, qu'en fut-il des rapports entre ma sœur Julie et moi ? Sur le moment, au vrai, rien ne se passa, nous ne nous côtoyâmes que très peu (nous étions affairés à toutes sortes de choses, dont les études). Quatre ans s'écoulèrent durant lesquels nous nous vîmes seulement lors des réunions de la famille de ma mère, sans véritablement discuter de quoi que ce fût, sans que cela ne nous dérangeât outre mesure, et nous n'évoquâmes jamais l'histoire du divorce, ni la manière dont nous franchîmes cette étape d'ordinaire si compliquée pour de jeunes enfants, si instable et d'une nécessité si insupportable. Les enfants en font parfois à leur tête ; ici, ce ne fut pas le cas. Chaque famille a ses tabous, guette minutieusement les sujets qu'il faut à tout prix éviter pour ne pas altérer sa constitution hétérogène et fragile, multiplie les mensonges ou les silences afin de se prémunir de la moindre réflexion qui risquerait de tout faire imploser, et de fait, dans le respect de cette "logique", jamais, de mémoire, on ne me prit à part pour discuter du divorce, jamais on ne me demanda de nouvelles de mon père, jamais non plus on ne sollicita ma sœur quand elle venait, ou on ne lui soutira quelque information que ce fût. Bien que les divorces soient l'un des événements les plus fréquents qu'ait à endurer l'humanité moderne, les adultes ne remarquent pas ou — pis — feignent peut-être de ne pas remarquer combien la douleur ronge les enfants, premières victimes de la séparation ; mais, — honte à eux, — ils semblent également ignorer que la gêne et la peur qu'ils tentent de masquer par une mine désintéressée, ou la position neutre et silencieuse qu'ils campent, ou encore la légèreté embarrassée qu'ils affectent, — ils semblent ignorer, oui, que toutes ces simagrées sont démasquées par les enfants avec une déconcertante facilité. Ce fut à l'occasion de ces réunions familiales que je compris que ces bals ne comptaient plus pour moi : j'allais, comme on dit, faire ma vie seul, et ne plus participer le moins du monde à ces attroupements stériles, tout en restant en contact, bien entendu, avec ma sœur, mon père et ma mère. Les seules choses que — pour ainsi dire — je gagnai dans cette méchante histoire entre mes parents, furent : les quelques discussions intelligentes que j'eus en compagnie de ma mère ; mon rapprochement avec mon père, à qui je dois tout ce que je suis ; et, à partir de ma vingtième année, mon amitié décuplée avec ma sœur Julie qui, en plus d'avoir gagné les formes définitives de la féminité et d'avoir envisagé de suivre ses études de philosophie, devint ma plus fidèle confidente. Paradoxalement, la séparation nous avait tous rapprochés (à l'exception, cela va de soi, du tandem père/mère), et nous nous entendîmes relativement bien, ce qui eût été impensable dans le cas d'un ménage resté "solidaire"... / De ce qu'il m'est permis de deviner rétroactivement, je pense que mes parents ne s'aimèrent jamais, au sens noble du terme, qu'au tout début. Ils corrompirent leur nature par cette fraîcheur illusoire des jeunes couples qui, sans réellement prévoir les innombrables difficultés qui les attendent, s'imaginent avoir toutes les cartes en main en achetant une maison à crédit et en concevant des enfants. Pourquoi se marièrent-ils ? Peut-être pour la raison suivante, sur laquelle je reviendrai en détails tout à l'heure, qui est ma venue au monde — imprévue, ou, en tout cas, de prime abord non souhaitée. Deux personnes se croisent sur leur chemin, puis anticipent l'avenir, élaborent des plans à l'aide, le plus souvent, d'idées préconçues (qui sont l'apanage des innocents qui vivent leur première véritable idylle romantique, circonstance aggravante et désavantage flagrant) ; de là, l'illusion miroitée par les projets extraordinaires et le fourvoiement qui en découle. Je peux bien comprendre l'erreur de ma mère, qui n'avait connu personne avant mon père, mais en ce qui concerne mon père, qui avait à ce sujet de l'expérience, je ne parviens pas à mesurer ses ambitions d'antan. Que se passa-t-il dans leur esprit ? Quelle formule chimique les fit *se précipiter ? Comment deux êtres, qui paraissent totalement différents l'un de l'autre, peuvent-ils éprouver le besoin de s'accoupler ? Ces questions, je ne les ai pas entièrement résolues avec le temps, et les réponses demeurent insatisfaisantes — ou tendent à se circonscrire au domaine de l'absurde. Les nouveaux amoureux sont comme les enfants qui naissent, ils dépendent de quelque chose qui leur est commun, mais qui n'est pas tout à fait eux : il y a une espèce d'échange avec un esprit malin qui les assujettit sans qu'ils s'en aperçoivent, tant leur naïveté est grande. Ou bien mes parents furent séduits l'un par l'autre, ou bien c'est pure folie ; pourtant, ils ne surent pas comment préserver cette séduction indispensable au couple, quelle qu'elle soit. Dès l'instant où l'amour insuffla chez mes parents un soupçon de liberté, il se transforma en un pur esclavage qui s'étala sur près de quinze années, et d'une fugitive reconnaissance mutuelle, ils parvinrent à la désapprobation éternelle. Je me demande si la profonde part de duperie réciproque et le côté maladif de la désillusion et du mécontentement que connurent mes parents, ne furent pas injectés à mon petit cœur lorsque je me trouvais dans le ventre de ma mère. Ceci reviendrait à dire qu'ils se désaimèrent avant même ma naissance (mais il ne faut jurer de rien et je ne pourrai jamais savoir ce qu'il en aura été). / Ma mère, issue d'un milieu essentiellement voué au catholicisme, ne put échapper à sa "catholicité", bien qu'elle ne fût en aucun cas une croyante fervente : la religion était une matière bien trop ardue pour une telle femme (non pas que la religion pût la désemparer, mais ma mère ne connaissait rien de la Bible et ne la pratiquait pas). Comme la majorité de la génération qui vécut au moins l'une des deux guerres, ses parents avaient gardé les séquelles des traumatismes subis et ils l'initièrent assez tôt à toutes sortes de rites plus ou moins surannés qui l'amenèrent, de fil en aiguille, à approuver des principes qu'elle croyait sains et qui ne l'étaient point. Ma mère fut trop proche d'eux, de même qu'elle sera, plus tard, par la grâce de ces répétitions mimétiques, trop proche de ma sœur. Elle ne cessait de rejoindre mes grands-parents à la première opportunité et ces visites contribuèrent à faire de son âme une âme d'enfant perdue, perdue dans la magma des valeurs familiales douteuses. En position défensive, elle s'appuyait sur ma jeune sœur et s'en servait comme témoin oculaire. Elle se méprenait sur les capacités de sa fille, mais n'en avait cure : une femme est trop faible, davantage si son mari est fort, pour résister seule aux attaques et contrecarrer les reparties. Ma sœur me fit l'aveu, après l'avoir pendant bien des années, que cette situation, qu'elle ne réussissait pas à contrôler, l'avait à moitié détruite : elle avait été le soutien providentiel de ma mère, elle avait été l'excuse, la cristallisation de tous les problèmes qu'avaient rencontrés les parents. En tant que porte-parole silencieux de ma mère, Julie fut obligée, sans l'avoir vraiment désiré, de se détacher de mon père. Le poison maternel coulait déjà dans ses veines sans qu'elle eût pu saisir la chance de se soigner à temps. Il faut dire que ma mère fut ce qu'on appelle une enfant assistée, qu'elle vécut dans un cocon qui la rendit candide, et la rencontre avec mon père matérialisa brutalement le monde réel, l'univers âpre et rude de la vie ici-bas, si bien qu'une lourde nostalgie naquit d'un regret non moins lourd. Elle n'était pas faite pour affronter la vie, elle était faite pour vivre de ses rêves, qui ne sont pas la réalité. Le divorce la déchaîna : elle fit pour la première fois de sa vie dans une situation de force, et elle s'en servit (Alexandre Dumas écrivait dans* Les trois mousquetaires, *à propos de la femme :* "Sa faiblesse, c'est sa force"*). / De son côté, mon père avait dès le début disposé d'un fort caractère. Ses problèmes familiaux, qui sont en tous points identiques à ceux que je devais vivre plus tard avec le divorce, lui forgèrent un moral d'acier et un pouvoir de persuasion hors du commun. Il avait le cœur sur la main, et pour ses enfants, à l'instar de ma mère, il eût fait n'importe quoi, mais je mentirais par omission en cachant le fait que ma sœur et moi souffrîmes de l'éducation qu'il nous prodigua. Nous ne comprîmes que longtemps après que c'était l'une des meilleures éducations possibles en vue de nous aguerrir suffisamment et être en mesure de lutter contre les pitoyables contingences et ne pas être écrasé par un monde sans vergogne. Il avait réussi ses études d'architecte en terminant major de sa promotion, et avait trouvé immédiatement un travail très bien rémunéré qui nous permit de vivre dans une aisance enviable. Une grande part de son emploi du temps était dédiée à son travail : était-ce un besoin irrépressible du même type que l'alcoolisme ? était-ce déjà une échappatoire aux tourments du mariage ? Je n'en sais trop rien. Il s'impliquait avec une telle avidité dans tout ce qu'il entreprenait qu'à certaines périodes nous ne le voyions arriver qu'à l'heure où nous devions nous coucher. Vis-à-vis de ses enfants, il appliquait l'adage "loin des yeux, proche du cœur", et tentait malgré toutes ses absences de superviser le "bon fonctionnement" du foyer. D'un point de vue matériel, il nous procura à peu près ce que nous attendions de lui, avec les restrictions d'usage nécessaires afin que l'on ne vécût pas dans l'abondance dangereuse des enfants trop gâtés. Le mariage l'emporta loin de sa liberté, le divorce l'exténua au-delà de toutes les appréciations imaginables, et il en souffrit longuement. Il m'en fit part à mes vingt-cinq ans, soit plus de dix ans après ce dénouement impitoyable. Avant de connaître ma mère, il avait, tel un don Juan indifférent, multiplié les aventures, et il avait voulu s'assagir en rencontrant ma mère. À la vue de son impétuosité résiduelle, ce choix fut à mon avis une grande bévue. / Ma sœur, qui est aujourd'hui une belle femme attirante, n'eut pas la chance d'avoir une mère qui la disposât à gagner les vertus féminines, et physiques, et morales. Elle fut un garçon manqué tout le temps qui s'écoula jusqu'au divorce, et ma mère ne fit rien pour lui donner un air de jeune femme. Julie me dirait bien plus tard qu'elle ne se souvenait de presque rien de toute la période précédant ses quatorze ans (exactement comme moi) et qu'elle ne pouvait pas affirmer qu'elle avait souffert de ne pas aller à l'école maquillée, ni que ma mère avait manqué à son devoir. Elle avait fréquenté un cercle de garçons de son âge — ou légèrement plus vieux — et s'était quelquefois fait railler par les camarades de son sexe ; mais la fréquentation exclusive de ce milieu masculin eut ses avantages, car elle s'en servit "en s'y servant" — et accumula les conquêtes. "Comme quoi, il faut attendre. Tout vient à point à qui sait attendre", aimait-elle à dire. Les années passant, elle se démarqua des gens de son âge en lisant des essais philosophiques. À seize ans, elle se frottait déjà à Kant et Aristote, et ce fut elle qui, en me conseillant intelligemment, me donna le goût de cette belle science. À seulement dix-sept ans, elle s'insurgeait :* "Je n'ai pas d'amis à ma hauteur. Ils piaillent tous, ils ne prennent pas le temps de réfléchir, de se poser les questions essentielles, et n'ont jamais entendu parler de métaphysique." *Avant le divorce, elle était frêle, elle se repliait, sans s'en rendre compte, sous l'aile de notre mère ; après le divorce, lentement, elle se fit plus critique et finit par se détacher.* "Conquérir son indépendance, là est la clef de toute existence." *Et ainsi, au fil du temps, nous nous rapprochâmes et entretînmes une relation frère/sœur des plus épanouies. D'incorrigible et insouciante qu'elle avait été, elle devint disciplinée et réfléchie (à moins que ce ne fût le contraire, ou bien le mélange de tout cela !). / En se séparant et en se rejoignant, c'est-à-dire en s'ajustant tant bien que mal, les destinées s'étirent incommensurablement dans des directions qui étaient imprévisibles. Pourvus des symptômes des parents et parés des caractères primitifs de l'être humain, nous avançons sans guère plus nous soucier de ce qui fut, mais de ce qui — comme toute* — *sera. C'est ce que j'appellerai le déterminisme parental, et, par extension, le déterminisme familial. C'est sur cette base, une fois qu'on l'a déblayée, que commence notre vie.* » — Mon Dieu ! que de choses pétrifiantes dans ces quelques pages ! que d'images déformées par la fougue de cette écriture quasi torrentielle et automatique ! que de *spontanéité maladive* ! Ô Julien, comment as-*tu* pu créer *cela* ? (« The devil speaks in him. ») Comment ai-*je* (as-*tu*) pu créer *cela* ? comment ai-*je* (as-

tu) pu *dénaturer* à ce point la *réalité* ? Ce qu'au regard inaverti le texte *montre*, c'est ce qu'il *n'est pas* ; ce que le texte *fait apparaître*, c'est ce qu'il *ne montre pas* ; ce que le texte *fait semblant de ne pas avoir oublié*, c'est ce qu'il *a voulu oublier* ; ce que le texte *est*, c'est ce qu'il *invertit*. Tout ce que j'avais cru masquer en écrivant ce prélude à ma vie, ne laisse aujourd'hui transparaître que mon fantasme d'alors, qui explose entre les lignes, et que je sais désormais reconnaître. Ô Julien, tu croyais fièrement à cette époque avoir ôté l'habit de l'*insouciance*, mais ton aîné d'une décade, l'autre Julien, — *moi*, — t'informe du contraire en secouant la tête (et tu ne le sauras jamais, car tu n'es plus !) : non seulement ton insouciance *éclate* dans la frénésie des idées et des mots, mais cette *frénésie*, qui a guidé ta main hypnotiquement, *te trahit*... Ô Julien, « *Se tu avessi cento larve sovra la faccia, non mi sarian chiuse le tue cogitazion, quantunque parve* » (« *Si tu avais cent masques sur le visage, aucune de tes pensées ne me serait cachée, même la plus petite* »). Je te sais gré, toi l'ancien que je fus, qui me fit être ce que je suis, d'avoir ouvert la bouche et de m'offrir, ici et maintenant, l'occasion de visiter et fouiller tes entrailles ! Tu croyais te (me ?) parodier, et c'est moi qui vais te (me ?) parodier. Pis : je vais parodier ta (ma ?) parodie ! Ô Julien, *je* — *tu* ! Le *tu* de mon *je* d'il y a dix ans, le *tu* de mon *je* de cette minute, le *je* de mon *je* et de mon *tu* en cette dissection... Et que sera ce *je* dans dix ans ? Sera-t-il encore un autre *tu* pour un autre *je* ?... Et pourquoi ne devancerais-je pas ce *je* prochain par un *tu* ?... Vaines questions sur l'identité ! Vanité, que vanité !... Lèche à nouveau tes plaies et repais-toi de la saveur du sang que tu versas ! Est-ce le même sang ? Pourquoi *tout cela* ? pourquoi ? pour quoi ?... *Pourquoi ?* Qui es-tu — qui étais-tu — qui étais-je — qui suis-je — et qui serai-je — qui seras-tu ?... Ne sont-ce pas les mêmes atomes, les mêmes molécules, les mêmes organes, le même cerveau ? Peut-être la *matière*, à quelques endroits, s'est-elle envolée ou régénérée, mais le tout, l'entité, l'individu, demeurent le même moi : la peau a mué et a été remplacée par une autre ; les cellules sont mortes et d'autres sont nées ; les cheveux, les ongles, ont poussé, ont été coupés et ont repoussé ; les aliments ont été avalés, assimilés, puis expulsés, mille et mille fois ; — et l'être, malgré cela, grâce à cela, s'est maintenu a persévéré dans son être. (Un *conatus* du *connais-toi*, en quelque sorte !) Ainsi, cet autre moi que j'examine en ce moment, en le lisant, n'est que moi ; un moi altéré, certes, mais c'est moi ; — et en *le* lisant, je *me* relis (et me relie). « *Lis-moi si tu peux. Devine, si tu ne peux pas* », écrivit Mallarmé : je le veux, je devine que je le peux. — Toute la fausseté que l'on écrit cache une vérité, voire déguise *la* vérité : on ne peut transiger avec soi-même, car, quoi qu'on veuille bien penser, rien n'est dû au hasard. Tout comme ce qui est antinaturel n'est rien que naturel, le mensonge, — le « *Glorieux Mensonge* » mallarméen, — parce qu'il est notre création, et pour peu que l'on sache le confesser, est une sorte de vérité. Le chapitre en question est comme un parchemin de détresse *malencontreusement* inséré dans une bouteille qui a été *malencontreusement* jetée à la mer et que je récupère *heureusement* ; il est comme les apparitions nébuleuses d'une boule de cristal dans laquelle je plonge des yeux entraînés par les quelques compétences psychanalytiques acquises avec le temps ; il est comme un simulacre que je dépouille de sa carapace « improvisée » ; il est comme un squelette pris dans la glace qui fond sous le chalumeau de ma pensée inquisitrice ; il est comme une amulette recouverte d'un duvet de saletés que j'époussette, un fossile que je brosse et égrappe des fouilles ; il est comme un indice de scène de crime que je ramène au laboratoire d'expertise ; il est comme une fresque de chapelle que je restaure : teintes acides, réveillez-vous ! — Allons-y donc (toi, moi), rassuré(s) et apeuré(s) après avoir écouté Farid-Ud-Din' Attar : « *Que ton discours soit clair, obscur, crépusculaire, c'est toi que tu décris, toi seul, sache-le bien.* » — Que la régression *s'opère* ! (La *régression* dont Lacan dit — amphigouriquement — qu'elle est *l'actualisation dans le discours des relations fantasmatiques restituées par un ego à chaque étape de la décomposition de sa structure* » : ego de jadis, parais !...) — Le système décrit est comparable à un *composé quaternaire* qui renfermerait, sous le nom de *famille*, les *quatre éléments simples* que sont le *père*, la *mère*, le *frère* et *moi-même*. D'abord binaire durant une année, puis ternaire pendant plus de trois, ce composé, maintes fois fendillé, poli par les intempéries, aura résisté vingt-et-une années sous sa forme quaternaire avant de se briser à jamais en répandant des dizaines d'éclats : chacun des quatre éléments simples s'est disloqué du reste du bloc et s'est ensuite brisé lui-même en plusieurs morceaux pour la plupart perdus. Celui qui eût voulu jeter un œil avisé sur ce caillou quadrifide à ses origines, eût pu remarquer qu'il était quadricolore. Et si cet œil l'eût patiemment lorgné, il eût pu constater que les quatre couleurs, comme par un procédé d'impression, tantôt se superposaient et se coloriaient de nouvelles nuances, des plus claires aux plus sombres, tantôt se démêlaient sous l'action d'un crible magnétique et reprenaient leur caractère primaire. Mais celui qui, de surcroît, eût voulu tendre une oreille attentive à cet agrégat original, eût pu entendre quatre harmonies distinctes d'un quatuor dont les instruments entraient en lice au gré du hasard. — « Ναὶ μὰ τὸν ἁμετέρᾳ ψύχᾳ παραδόντα τετρακτύν, / Παγὰν ἀενάου φύσεως ῥιζώματ' ἔχουσαν », lit-on dans les *Vers dorés* de Pythagore (« *J'en jure par celui qui donne à notre âme le quaternaire, / Source des principes de la nature éternelle !* »). Nous verrons comment, en tuant symboliquement mon frère et en occupant sa place en tant que femme, le système quaternaire que je viens de délimiter entrera *dans le cadre* du schéma structurel de Lacan représentant le *père*, la *mère*, *moi-même* et la *castration* (le phallus). Ce système, c'est celui qui a occupé la majeure partie de ma vie, qui m'a vu grandir, rêver, souffrir, espérer, crever, rire, pleurer, construire, démolir, aimer, détester. Aujourd'hui, des vestiges que j'ai récupérés, une moitié est punaisée sous la vitre d'un cadre suspendu exposé dans mon cœur, une autre, réduite en cendres, repose dans l'urne funéraire (ou lacrymatoire) en terre cuite que j'ai modelée et calée dans un repli de mon cerveau. — Le divorce a été un cauchemar prémonitoire qui m'a, sinon écartelé les paupières et brûlé les rétines, du moins fait comprendre cette chose *fondamentale*, qui résumera l'*affaire* : malgré tout ce que j'ai pu vivre et tout ce que je vis encore, j'aime *par-dessus tout* mon père, ma mère et mon frère. — Je ne m'étonne pas — et je n'étonne personne — en faisant commencer mon aventure par celle de mes parents. Un jour, je consignai dans un recueil de pensées (*Le Souci de l'âme*), qui lui aussi s'ouvre sur les mêmes mots (« *Si je devais commencer* ») et le même thème, un aphorisme auquel j'accorde encore beaucoup de vérité : « *Nous sommes ce que nos parents sont.* » (Je fus, — et suis, — ce que mes parents furent, — et sont, — et j'en pleure, et je pleure sur moi-même, et je pleure sur eux, — et je ne sais plus qui je suis, qui je fus, qui ils sont, qui ils furent... « *Quel enfant n'aurait pas lieu de pleurer sur ses parents ?* » se demandait Nietzsche/Zarathoustra ! Et dire que l'on nous commande (*Ex 20,12*) : « *Honore ton père et ta mère, afin que tes jours se prolongent dans le pays que l'Éternel, ton Dieu, te donne.* ») Ce qui, en revanche, m'étonne davantage, c'est que dans les deux ouvrages, je mentionne, par l'intermédiaire d'une *régression*, l'épisode de la Genèse et, *inconsciemment*, que je fasse état du *péché originel*. Je ne reviendrai pas sur ce que j'en ai déjà dit à plusieurs reprises dans ce livre, mais cette répétition est en soi un premier point assez troublant. — 1. — Autre chose encore m'interpelle : le divorce, c'est-à-dire la décision de mes parents, non celle de la justice, arriva lorsque j'eus vingt-et-un an et, dans le texte, je le situe sept années plus tôt. Pourquoi cet anachronisme ? — a. — Bien qu'il n'y ait pas d'âge préférable à un autre pour vivre ce genre d'événement sans désagrément, cet anachronisme reflète le *regret d'une liberté* (qui surgit inéluctablement de toute séparation) trop tardivement donnée : d'une part, la *liberté positive* permettant la première vraie indépendance (couper le cordon au sens large, destituer et détester, « désidéaliser » l'image du père et affaiblir sa force, « dététer » le sein de la mère et fortifier sa faiblesse), ce que je traduisis, toujours dans *Le Souci de l'âme*, par ce grognement nietzschéen : « *Mes faiblesses m'ont été données par ma mère ; mes forces, par mon père. Celles-ci ne sont que le reflet de l'humanité ; quand mes faiblesses et mes forces n'auront plus aucun lien avec mes parents, là, je vous le dis*, je serai puissant. » D'autre part, la *liberté négative*, fantasmée et insidieuse, d'être livré à moi-même et de n'avoir à craindre personne, de disposer d'une circonstance atténuante à tout manquement à un quelconque devoir, d'avoir une excuse toute prête pour toute déviance, toute déchéance (et en effet, à cet âge-là, il m'arrivait quelquefois d'imaginer que j'étais un délinquant ou un prisonnier inculpé pour meurtre, — comme si la liberté eût signifié l'incarcération). — b. — Cet anachronisme cache un *besoin inassouvi* de consolation, de compassion, ou, pour reprendre les termes employés, d'« *attendrissement* », de suscitement de la « *pitié* ». De la sorte, le divorce eût été une malédiction (« *deux enfants maudits* ») qui eût cependant recelé « *des charmes* ». L'amour que je reçus de mes parents, — soit qu'il fût absent (c'est faux), soit que je l'eusse ignoré ou mal compris (c'est envisageable), soit que j'en eusse été frustré ou qu'il n'eût pas répondu à mes attentes (c'est probable), — de limpide et pur qu'il fut certainement au départ, cet amour commença à s'obscurcir et finit par coaguler — sous l'effet des conflits carnassiers — en formant une croûte que « *les douleurs et les souffrances* » épaissirent continûment. (« *Il est plus souvent utile et plus sûr de n'avoir pas beaucoup de consolations dans cette vie, et surtout de consolations sensibles* », ajouterais-je avec Kempis.) — c. — De cet anachronisme, participant des deux premières tentatives d'élucidation, se dégage le souhait masochiste d'avoir voulu recevoir une claque qui m'eût peut-être libéré assez vite de ma léthargie et fait courir le monde avec un œil responsable et endurci, intransigeant, d'une méfiance qui m'eût facilité l'action et la réaction, et la défense contre les griffes des aléas. — d. — Cet anachronisme affiche la volonté d'un retour aux sources, d'une provocation accélérée du déterminisme qui est décrit dans mon texte par le constat de ce que j'avais finalement pu gagner « *dans cette méchante histoire* » : « *Paradoxalement, la séparation nous avait tous rapprochés* ». C'est comme si, dans l'ensemble, j'avais voulu, quitte à ce qu'il dût arriver, évacuer ce *malheur* en étant capable de dire le plus tôt possible dans mon existence : « Voilà, c'est fait. Passons à autre chose, avançons solidement. » Mais je devine très bien que cette volonté de puissance (ou cette volonté de dominer une situation de dominé), si fragile d'après les quatre orientations que je viens de définir, n'était qu'un moyen détourné de me cacher mes propres faiblesses, ce que confirmerait une phrase prélevée dans mon livre *Au premier songe* : « *[…] je leur en veux moins que s'ils s'étaient séparés lorsque j'étais plus jeune…* » — 2. — Depuis sa naissance, mon frère n'a jamais été bavard (c'est un euphémisme), et nos rapports n'ont, pour ainsi dire, *jamais existé* (*avant* et *après* le divorce). Longtemps (une éternité), j'ai désespéré, j'ai recherché en vain un compagnon, un confident, l'épaule d'une âme *sœur* sur laquelle j'aurais pu reposer ma tête grosse du tumulte des jours gris (ma conscience était si peu élaborée qu'ils n'étaient pas encore *noirs*). Il m'a fallu me résigner. Avec le temps (qui s'écoule, qui efface, qui atténue), j'ai accepté ce fait comme on accepte les trombes de pluie, j'en ai fait mon *deuil*. D'accord, mais pourquoi ce travestissement de mon frère Guillaume ? (Les trois premiers points l'expliquent par le biais du *fantasme* ; le quatrième, par ce que j'appellerai un *contre-fantasme*.) — a. — Je suis en mesure, à l'appui des renseignements glanés au début de chapitre, d'affirmer que l'identité de mon frère, à ce moment-là de la narration, si l'on excepte son sexe, n'est pas usurpée : son âge (« *de trois ans et demi ma cadette* ») ; sa nature chétive (« *fragile et douillette* ») ; sa crainte du père trop autoritaire et l'attente du soutien de ma mère (« *besoin du secours de ma mère lorsque mon père revendiquait trop sévèrement son autorité* ») ; sa complaisance à l'égard du « *maternage abusif* » et exagéré qui ulcérait mon père et envenimait, en les partageant, les relations intrafamiliales — jusqu'aux calculs « *malsains* » qui en firent le prétexte hypocrite des conflits qui ne devaient concerner *que* mes parents et les différends ; son mutisme au moment du divorce (« *au vrai, rien ne se passa, nous ne nous côtoyâmes que très peu* »), son mutisme — subodoré — avant celui-ci (« *état d'hébétude* ») et son mutisme juste après (« *nous nous vîmes seulement lors des réunions de la famille […] sans véritablement discuter de quoi que ce fût […] et nous n'évoquâmes jamais l'histoire du divorce, ni la manière dont nous franchîmes cette étape* »). Ensuite, une métamorphose inouïe se produit et déforme l'image de ce que fut mon frère en réalité, à tel point que je lui substitue le frère que je n'ai jamais eu et que j'aurais rêvé avoir, celui du réconfort et de la proximité (« *mon identité décuplée avec ma sœur* », qui « *devint ma plus fidèle confidente* »), de l'amour (*confer* 2.b.) et, lapalissade oblige, de la *fraternité*. Il m'est souvent arrivé de comparer mon frère à ceux de mes amis ou de mes voisins et de me désoler en voyant combien ceux-ci paraissaient plus matures, plus loquaces, moins enfantins, moins « attardés » (*confer* 2.d.). Sans extrapoler ni me tromper, l'allégresse de la vision des « *formes définitives de la féminité* » que ma sœur a gagnées sont moins le signe chez moi d'une perversion que le signe chez mon frère, dont je ne décolère pas, d'une maturité à laquelle il n'est jamais parvenu. C'est l'une des raisons de son apparence féminiforme (on sait que les jeunes filles atteignent la puberté longtemps avant les jeunes garçons) : que je puisse, vaille que vaille, *entériner* ce non-achèvement qui me causa un manque (qu'à ce jour j'ai dissipé, du moins la feins-je). — b. — L'autre fantasme ayant prélude au travestissement frère/sœur, c'est celui d'avoir un frère qui se rendît compte, comme lors d'un récolement, de tout ce qui s'ourdissait dans le cercle de notre famille, de sa position centrale dans le dispositif des intrigues des parents et de son pouvoir de contrebalancer les rapports de force en se « *décentrant* », en n'essayant pas, d'une manière égoïste, de profiter des cajoleries de ma mère (qui y avait ses intérêts elle aussi : *contrer* et *défier* mon père) et d'apporter sa contribution pour attiser chaque départ de feu broussailles en soufflant dessus intentionnellement (la naïveté l'éloignant de la conscience des conséquences). La phrase suivante corrobore ce sentiment : « *Ma sœur me fit l'aveu [...] que cette situation, qu'elle ne réussissait pas à contrôler, l'avait à moitié détruite : elle avait été le soutien providentiel de ma mère, elle avait été l'excuse, la cristallisation de tous les problèmes qu'avaient rencontrés les parents.* » La très importante note : « *qu'elle ne réussissait pas à contrôler* », est une excuse que je concède à sa passivité et que je porte au crédit de son appartenance au « *sexe faible* ». Effectivement, la faute du *quiétisme* est moins facilement imputable à une femme qu'à un homme, celui-ci *étant tenu* d'être assez fort pour se maîtriser (c'est un préjugé, maintenu par l'inconscient, dont je n'étais pas débarrassé à l'époque des faits ou de l'écriture des « faits »). En l'excusant par son aveu rétrospectif d'avoir réalisé ce qui avait eu lieu et par son aveu de l'*impuissance* due à sa condition féminine, mon affabulation ne s'arrête pas en si bon chemin, puisque je l'excuse également par son jeune âge (*confer* 1.) : « *Ma sœur Julie, trop petite, n'avait eu qu'une maigre idée de ce qui s'était alors déroulé sous ses yeux.* » Et je fais d'une pierre, *quatre coups*, car, en prime, j'excuse à demi son « *hébétude* », que je sais pertinemment avoir *toujours* existé, en l'attribuant hypothétiquement au choc du divorce (« *Je ne sus jamais si l'état d'hébétude qui l'accompagna encore plusieurs années avait été causé par la rupture parentale* »). — c. Troisième fantasme, à rapprocher du *Madame-Bovary-c'est-moi* : mon frère, *c'est moi*. D'une main hésitante que fait trembler un haut-le-cœur, j'enfoncerai la divulgation : mon frère, c'est moi, mais c'est moi *transsexualisé* ; ce n'est pas moi au féminin seulement, mais c'est moi *en femme*. Il est déjà assez surprenant que je fasse de mon frère un double de moi-même ; mais qu'en sus je féminise ce double, là, c'est un schisme énorme, une excentricité terrifiante, une latéroposition totale, une distorsion incroyable, une inversion vicieuse, une dissolution immorale ! La liste serait infinie... J'ai dû mettre de côté l'affirmation de Boileau, que « *Le vrai peut quelquefois n'être pas vraisemblable* », car l'évidence première qui saute aux yeux, c'est le prénom de mon frère/moi/sœur : Julie ! Quoi ! ai-je été assez « stupide » pour imaginer que par cette fausse identité j'eusse caché mon frère, c'est-à-dire moi-même ? Qu'avais-je donc en tête en optant pour ce prénom ? Doux Jésus ! C'est comme si j'avais été conscient de l'exorbitance de ce choix tout en en étant foncièrement inconscient ! Je ne saurais même qualifier ce choix de *lapsus*, ni de *négligence*, tant il est flagrant (nul besoin d'être extralucide pour lever le voile)... Ce ne fut dicté que par une sottise. Le lecteur écarquille peut-être les yeux (moi-même je les écarquillai en saisissant). Qu'il sache et comprenne, et il le comprendra en apprenant l'anecdote qui suit, que l'équivoque est inconciliable : en relisant mon texte, jamais relu depuis sa création, je me suis aperçu que l'une des occurrences de « *Julie* » avait été agrémentée d'un *n* final : « *Julien* » ! (Là, où par quelque oubli, quelque *n* s'efface — multiple et une...) Le rapprochement ne requérait pas, pour sa confirmation, ce petit indice gentiment délaissé ! (Un autre indice, renversé, se trouve dans une nouvelle écrite à dix-sept ans, *En haut de la Tour Eiffel* : le garçon, François, a quatorze ans, et sa sœur, qui on l'accompagna en dix-sept, s'appelle Julia !) J'esquive le symbole effarant de la « *belle femme attirante* » que je serais devenue (je dirai « *je* » à partir de maintenant), et me penche sur les inconcevables concessions qui sont de mon avoir pas eu la chance d'avoir une mère qui de la disposât à gagner les vertus *féminines, et physiques, et morales* », et : « *Elle fut un garçon manqué tout le temps qui s'écoula jusqu'au divorce, et ma mère ne fit rien pour lui donner un air de jeune femme* » ; « *elle ne pouvait pas affirmer qu'elle avait souffert de ne pas aller à l'école maquillée, ni que ma mère avait manqué à son devoir* ». En premier lieu, je voudrais tenter, avec les moyens du bord, d'échafauder une théorie qui sera peut-être aussi invraisemblable que surfaite. Via le complexe d'Œdipe, Freud nous a indiqué la menace que représente le père face au petit garçon et ses fantasmes dirigés sur sa mère, menace née de la désapprobation des pulsions sexuelles envers la mère et qui conduit à l'angoisse de la castration. De deux choses l'une : ou bien, parce que je ne serais jamais entré en conflit avec mon père, je n'aurais pas ressenti complètement l'angoisse de la castration ; ou bien, parce que j'aurais craint mon père (ou craint d'entrer en conflit avec lui), j'aurais anticipé cette angoisse de la castration en m'*autocastrant* — et, subséquemment, en m'emparant du sexe féminin. Dans les deux cas de figure, j'aurais pu rester abandonné à ma mère, continuer de recevoir son affection qui comblait mes pulsions — et, en outre, admirer un père sans avoir à le défier ! Raisonnement qui paraît fallacieux, certes, et qui n'est pas sans me donner la berlue, mais je suis persuadé qu'il y a de la vérité dans cette conception des choses, surtout si je me réfère à un essai de Freud — tiré de *La vie sexuelle* — sur *La disparition du complexe d'Œdipe* et aux « *deux possibilités de satisfaction, l'une active et l'autre passive* », offertes à l'enfant : « *Il pouvait, sur le mode masculin, se mettre à la place du père et, comme lui, avoir commerce avec la mère, auquel cas le père était bientôt ressenti comme un obstacle, ou bien il voulait [sur le mode féminin] remplacer la mère et se faire aimer par le père, auquel cas la mère devenait superflue.* » Dans le même temps, il m'aurait été loisible d'en vouloir à ma mère d'être privé(e) de pénis, autrement dit, tout en profitant du maternage et en me protégeant du père (qui ne peut ni reprocher à la fille son attirance pour la mère, ni la réprimander), de nourrir, d'après ce que j'ai écrit dans *Un certain amour*, un sentiment d'hostilité en voyant qu'elle ne faisait rien pour me « *donner un air de femme* » (un « *garçon manqué* », expression qui s'accorde selon tous les points de vue). D'un côté, tout devient logique : j'accuse ma mère de ne pas m'aider à séduire le père (et les hommes en général) sans en être pour autant révulsé, car cette accusation, ne s'exprimant pas ouvertement, ne porte pas à conséquence et me permet de bénéficier de toute sa tendresse, objet de mes fantasmes résiduels ; d'un autre côté, les conflits se surajoutent : comment approcher le père si je reste auprès de ma mère ? comment approcher le père si l'angoisse (en tant que garçon me proclamant fille) reste tangible ? comment rejeter la mère si je la désire encore ? comment approcher le père qui, dans cette situation infernale, est un concurrent ? comment, en un mot, avoir/vouloir et ne pas avoir/vouloir le pénis ou désirer/supprimer et ne pas désirer/supprimer l'un ou l'autre des parents ? Pour *complexifier* l'histoire, je relève un doute subsistant à propos de la faute éventuelle de ma mère, qui doit être pris comme le consentement d'un pardon : « *elle ne pouvait pas affirmer qu'elle avait souffert de ne pas aller à l'école maquillée, ni que ma mère avait manqué à son devoir.* » Il y a là toute la forme d'un pardon accordé à la mère ; *néanmoins*, il y a là l'aveu inconscient d'une excuse *que je me décerne* : il fallait bien que je gardasse, pour sauvegarder l'image de l'homme que j'étais en écrivant ces lignes, l'aspect masculin et « fort » de celui qui a tué le père et s'est détaché de la mère (ce qui était faux dans le fantasme que j'avais créé dans mon texte) ; en somme, il valait mieux être un *« garçon manqué »*, ou plutôt un *homme manqué*, qu'une *« fille manquée »*, qui n'est encore qu'une fille, c'est-à-dire le *« sexe faible »*. Nul besoin d'une lampe à forte puissance pour deviner que le fantasme que j'ai imaginé est un *complexe d'Œdipe inversé*. Ceci serait suffisamment surprenant en soi si je l'avais uniquement circonscrit en tant que garçon, mais je ne me suis pas seulement désexualisé, je me suis transsexualisé, je me suis représenté en tant que fille (qui « *accepte la castration comme un fait déjà accompli* », précise Freud dans l'essai précité) : ce n'est plus, à rigoureusement parler, d'un complexe d'Œdipe inversé qu'il s'agit, mais d'un *complexe d'Électre* (le complexe d'Œdipe pour la fille, que Jung désigna sous ce nom). La difficulté du problème se trouve être que les complexes et les identités se mélangent dans un « surconflit » : *je voudrais disposer de tous les « avantages »*. Derrière la volonté de *tout s'accaparer sans rien faire*, derrière la tendance à *tout désirer*, à *tout vouloir*, se cache le plus grand des inconvénients, la menace « réelle » de *la perte de tout* — et de *la perte de soi-même*... Du « tout vouloir », ou du « tout vouloir avoir », naît la déception du Moi face au « ne pas tout pouvoir », impossibilité que le Surmoi *doit assumer comme il le peut* et que l'idéal du Moi va transcender. Dans *Le Moi et le Ça*, Freud en rajoute une couche et approfondit la complexité en question (qui s'ajuste au « tout avoir » et au complexe d'Électre) : en plus de « *la disposition triangulaire du complexe d'Œdipe* », s'intrique « *la bisexualité constitutionnelle de l'individu* », car il semble que, chez celui-ci, « *l'identification avec le père ou avec la mère, à la suite de la destruction du complexe d'Œdipe, dépende [...] de la force relative [de ses] dispositions sexuelles* ». La chose devient claire avec ce « *complexe d'Œdipe complet* » : « *le petit garçon n'observe pas seulement une attitude ambivalente à l'égard du père et une attitude de tendresse libidinale à l'égard de la mère, mais qu'il se comporte en même temps comme une petite fille, en observant une attitude toute de tendresse féminine à l'égard du père et une attitude correspondante d'hostilité jalouse à l'égard de la mère.* » — (Ô *tel*, de loin, Julien, à ouvrir le flacon de la pharmacie, *je te contemple* ; ô *tel*, Julien, à avaler — avec un verre d'eau — ta gélule de Répriment, *je te vois* ; ô *tel*, Julien, à écrire ces mots graves (tu tombes), *je te surveille*. Le Répriment, ce médicament qui, pris sur l'*autel* des sacrifices, lutte contre la progression de l'*Ineffable*, le contient, veut le chasser ; le Répriment du convalescent d'alors qui croyait se guérir d'une maladie qu'il ne connaissait pas ; ce médicament est aujourd'hui échangé pour le Déprimant et le Mélancolisant, prescrits à celui qui se sait souffrant d'une maladie à laquelle aucune guérison ne supplée — *si ce n'est la maladie elle-même*, — un peu comme ce parasite, le champignon *Botrytis cinerea*, autrement appelé « *pourriture noble* », qui rend les vignes malades et que pourtant le vigneron entretient savamment afin de produire ces vins liquoreux si divins, tels les Coteaux-de-l'Aubance ou du-Layon... — Oh ! dieu familier, je suis malade... mon frère est malade... mes parents sont malades... Odieuse famille : toute famille l'est... Il me semble que Julien et Guillaume sont les deux frères dont il est question dans le Livre de Ruth, prénommés Mahlôn (« *Maladie* ») et Kilyôn (« *Consomption* », phonétiquement très proche de Guillaume), — tous deux fils d'Elimèlek (« *Mon Dieu est roi* ») et Noémi (« *Ma grâce* »). Tout ce que l'on sait de ces trois premiers tient en trois versets (*1,3-5*) : « *Elimèlek, mari de Noémi, mourut, et elle lui survécut avec ses deux fils. Ils prirent des femmes Moabites, dont l'une se nommait Orpa et l'autre Ruth, et ils demeurèrent là environ dix ans. Mahlôn et Kilyôn moururent aussi tous deux, et la femme survécut à ses deux fils et à son mari.* » Quant à la mère endeuillée, elle désira être appelée Mara (« *Amère* »)... — Mais je me déporte en délirant... et, sans « *sic* », mais avec soulignage, je reprendrai ma dialectique sous l'impulsion de la Dinarzade des *Mille et Une Nuits* et de son refrain (qu'Antoine Galland supprimera dès le troisième tome) : « *Ma chère sœur, si vous ne dormez pas, je vous supplie, en attendant le jour qui paraîtra bientôt, de continuer le conte d'hier.* ») — Garçon *et* fille (*androgyne*), ou *ni* garçon *ni* fille (*asexué*), sont les deux seules extrémités qui *équivalent* strictement à l'*autocastration* ou à la *dénégation de la castration* : mathématiquement, si je représente naïvement le garçon par *P* (le Phallus) et la fille par ¬*P* (l'absence de Phallus), le résultat, puisqu'il y a exclusion des termes, est nécessairement le *vide* (la castration) : (*P*)∧(¬*P*)= Φ ou (¬(*P*))∧(¬(¬*P*))= Φ. L'unité (*monade*) est rigoureusement impossible et la binarité (*dyade*) s'exclut d'elle-même (« *Quand on est une fille on n'est pas un garçon* », écrit Hugo dans sa pièce intitulée *La Grand'Mère*). (Mon goût pour les rapprochements bizarres va se manifester une nouvelle fois par la citation d'un passage de Plutarque (*Les opinions des philosophes*) : « *Pythagore dit que des deux principes, l'unité est Dieu et le premier bien, qu'elle est la nature de l'âme, l'âme elle-même ; et que la dyade, infinie de sa nature, est le mauvais génie qui produit la multitude des êtres matériels, et qu'elle est le monde visible.* » Le mauvais génie ! C'est dionysiaque ! Pour aller plus loin et faire résonner les cordes de la (ma) folie, je vais exhumer le livre intitulé *Le droit maternel*, du philosophe suisse Johann Jakob Bachofen, qui s'appuie sur la même *Œuvre morale* de Plutarque de cette façon : « *la Dyade est décrite comme* παθητικόν τε καὶ ὑλικόν, ὅπερ ἐστὶν ὁ ὁρατὸς *[élément réceptif et matériel, qui est le monde visible]. Car le principe matériel réceptif est précisément la femme.* » C'est pourquoi la dyade n'est autre que la *dyade féminine* : la dualité garçon/fille est subsumée sous la féminité ! Je me suis attaché, tel un *lierre* (de « *haerere* », « *être attaché* »), à être deux, c'est-à-dire à être la femme. Je suis né deux fois, comme Dionysos (dont l'une des épithètes est « διγονος », « *le deux fois né* »), qui avait été retiré du ventre de sa mère Sémélé, qui venait de mourir, par Zeus qui l'avait aussitôt placé dans sa cuisse (« *être né de la cuisse de Jupiter* ») ; je suis né deux fois, la première fois en tant que garçon, la seconde en tant que fille. Et comme Dionysos, en guise de vestige de cet attachement, mon front est ceint d'une couronne de lierre (mot qui, étrangement, est à l'origine de genre féminin, et que seule la langue française, parmi les romanes, a changé en genre masculin). Pourquoi tous ces linéaments labyrinthiques qui ont certainement perdu le lecteur ? *Tout bonnement*, parce que je veux conclure, — *l'accord final*, — en reprenant un passage de Bachofen qui est le feu d'artifice de tout cela, la marmite où les échos cuisent et forment un bouillon mélancolique : « *la religion dionysiaque, totalement vouée à l'idée de fécondation phallique*, d'ετεροτης και εναντιωσις *[de différence et d'opposition]*, de γενεσις και φθορα *[de génération et de corruption]*, de διθυρος *[double entrée] et de dyade féminine, reconnaît dans le lierre, avec prédilection, un élément* καταχθονιον *[souterrain]*, πενθιμον *[funèbre].* » Quel souterrain !) — Poursuivons avec mon propre texte, où j'écris que « *la fréquentation exclusive de ce milieu masculin eut ses avantages, car elle s'en servit "en s'y servant"* » — et accumula les *conquêtes* ». Il y a, pour *pénétrer* cette phrase aux apparences sibyllines, une *quadruple entrée hiérarchisée*. Premièrement, je n'ai pas le souvenir qu'aucune fille ait été admise dans mes « cénacles » (terme révélateur) successifs, donc ladite « *fréquentation exclusive de ce milieu masculin* » est un fait avéré, le pur reflet de la réalité : nulle inquiétante étrangeté, au contraire, car ainsi le fantasme peut être solidement arrimé au réel et *rassurer*. Deuxièmement, ces rassemblements d'enfants du même sexe sont rattachés à deux notions d'importance : la fierté du phallus par sa valorisation et l'amitié homosexuelle (homosexualité refoulée). Troisièmement, puisque la petite fille, dit encore Freud, « *qui veut se considérer comme celle que son père aime le plus, subit inévitablement un jour ou l'autre une dure punition de la part de son père et se voit chasser de tous les paradis* », elle peut pallier ce refus en s'immisçant dans un cercle de garçons qui seront comme autant de petits pères, de substituts du père. D'où les « *avantages* » procurés par ce milieu : « *en s'y servant* », « *elle s'en servit* », car elle put, *en le déviant*, assouvir son besoin d'être aimée par le père (caché derrière ces « *conquêtes* » accumulées). Quatrièmement, la réunion de ces trois points vérifie cette volonté répétée d'absolument *tout avoir* qui entraîne la désexualisation — ou, ce qui revient au même, la castration. Un garçon ne peut pas *vouloir* se donner à son père puisqu'il se donne déjà à sa mère, et puisqu'il ne peut se donner à sa mère qu'en écartant le père, il est dans une impasse, dans un cul-de-sac. Dans l'impasse il restera sa mère le repousse (il n'est pas le père), puisqu'il aura lui-même repoussé le père, par conséquent il lui faut à tout prix être *le* père (symbolique) pour être sûr de ne pas voir sa mère le repousser. S'il est *le* père (symbolique), il ne doit plus écarter l'autre père (réel), sinon il s'écarterait lui-même et retomberait dans l'impasse ; or, pour ne pas écarter le père (réel), il faudrait être *la* mère, c'est-à-dire la *femme*. La meilleure façon de parvenir à ces fins (se donner à la mère et au père), c'est de se doter des deux sexes et, tel un lézard, s'en servir à tour de rôle, au moment qui nous arrange (ou plutôt, étant donné que l'exemple du lézard est litigieux à cause des *deux pénis*, tel un escargot, qui possède *à la fois les attributs mâle et femelle*). Ô bifidité ! Ô monstre ! Ô Diable ! « *Je me serais, je crois, donné moi-même au diable / Mais je me suis souvenu que le diable, c'est moi* », ricane Méphistophélès… Chassé de tous les paradis, le pauvre Diable se démène, voulant être Dieu ! Et Don Guritan, dans *Ruy Blas*, de s'écrier, à part : « *Dieu s'est fait homme ; soit. Le diable s'est fait femme !* » Ah ! le Diable ! le Diable (et son échine !), icone de la sexualité inassouvie ! Le *Dieu-Diable* — ou l'*homme-femme* : l'*androgyne* ! L'« *homme* » (« ἀνδρός ») et la « *femme* » (« γυνή ») réunis en un corps, en une seule âme ! Non pas l'« *hermaphrodite* », du nom de l'enfant qu'eurent Hermès et Aphrodite, qui *physiquement* a un vagin et un pénis, ni les divinités telles que Baal ou Ishtar ; — mais l'androgyne, qui *psychiquement* est cette *moitié* de femme et cette *moitié* d'homme, l'homme *esthétiquement* efféminé (un homme avec un « *ventre où dort le double sexe* » imaginaire, « *homme par la pensée et femme par le cœur* »). Dans l'intention de préparer mon raisonnement qui répugne au hasard (*précautions oratoires* !), j'ai trouvé un support, un merveilleux et providentiel support, une accolure qui fait que chaque branche qui pousse autour de mon tronc est en contact avec les autres, comme un champ gravitationnel réunifierait sous son action les objets massiques placés en son royaume, les gouvernerait pour une même destination et en ferait les compagnons d'un pèlerinage commun, — j'ai trouvé, dis-je, un support — baudelairien : *Les paradis artificiels* (*Un mangeur d'opium*, Subdivision VII, en l'honneur de Thomas de Quincey). Baudelaire relate les confessions d'un mangeur d'opium et il prévient rapidement, dans les *Confessions préliminaires*, qu'« *il est bon d'ailleurs que le lecteur puisse de temps en temps goûter par lui-même la manière pénétrante et* féminine *de l'auteur* ». Le lecteur perspicace, — *vous*, — aura compris où je désire l'emmener, et le mot souligné par Baudelaire lui-même convainc plus qu'il ne le faut de la légitimité de l'extrait que je m'apprête à lui fournir. Il y aurait, ô cher Cyrano, beaucoup à dire, et « *en variant le ton* »… « *Oh ! Dieu !... bien des choses en somme…* » Du moins le sais-je et aurai-je essayé d'en articuler plus du « *quart / De la moitié du commencement d'une* » ! Voici la prose de notre « Bol-d'air » (comme l'appelle joliment un de mes amis) : « *Le luxe, le bien-être, la vie large et magnifique sont des conditions très-favorables au développement de la sensibilité naturelle de l'enfant. "N'ayant pas d'autres camarades que trois innocentes petites sœurs, dormant même toujours avec elles, enfermé dans un beau et silencieux jardin, loin de tous les spectacles de la pauvreté, de l'oppression et de l'injustice, je ne pouvais pas, dit-il, soupçonner la véritable complexion de ce monde." Plus d'une fois il a remercié la Providence pour ce privilège incomparable, non-seulement d'avoir été élevé à la campagne et dans la solitude, "mais encore d'avoir eu ses premiers sentiments modelés par les plus douces des sœurs, et non par d'horribles frères toujours prêts aux coups de poing,* horrid pugilistic brothers.*" En effet, les hommes qui ont été élevés par les femmes et parmi les femmes ne ressemblent pas tout à fait aux autres hommes, en supposant même l'égalité dans le tempérament ou dans les facultés spirituelles. Le bercement des nourrices, les câlineries maternelles, les chatteries des sœurs, surtout des sœurs aînées, espèce de mères diminutives, transforment, pour ainsi dire, en le pétrissant, la pâte masculine. L'homme qui, dès le commencement, a été longtemps baigné dans la molle atmosphère de la femme, dans l'odeur de ses mains, de son sein, de ses genoux, de sa chevelure, de ses vêtements souples et flottants, /* Dulce balneum suavibus / Unguentatum odoribus, */ y a contracté une délicatesse d'épiderme et une distinction d'accent, une espèce d'androgynéité, sans lesquelles le génie le plus âpre et le plus viril reste, relativement à la perfection dans l'art, un être incomplet. Enfin, je veux dire que le goût précoce du monde* féminin, mundi muliebris, *de tout cet appareil ondoyant, scintillant et parfumé, fait les génies supérieurs […].* » (Le « *mundi muliebris* » utilisé par les Romains désigne l'« *ensemble des accessoires de toilette* ». Les deux autres vers en latin, que l'on pourrait traduire par *Bains de suavité / Tout imprégné d'odeurs*, sont tirés d'un poème des *Fleurs du Mal* intitulé *Franciscæ meæ laudes* (*Louanges à ma Françoise*), composé entièrement dans cette langue « morte », où notamment un cri de Baudelaire constelle et résonne dans l'éther de mes propres pages : « *Suspendam cor tuis aris !* » (« *Je suspendrai mon cœur à tes autels !* »)) *La mise à l'écart du monde*, si semblable à ce que fut la mienne, où règne la solitude au bord d'un « *silencieux jardin* », qui empêche de « *soupçonner* » les spectacles affligeants et la « *complexion* » sévissant à l'extérieur, est encore édulcorée par la généreuse présence des « *plus douces des sœurs* », ces êtres du sexe féminin que le raffinement oppose à la brutalité et à la bestialité masculines, répugnantes, offensantes, dégradantes, avilissantes. Mon invention du personnage de Julie suffit certainement, — en partie, et corrélativement à la retraite du monde cruel, — à justifier le surplus de « *câlineries maternelles* » que j'eusse escompté en déguisant mon frère en une sorte de « mère diminutive » (« *don't call me daughter, not fit to* », me fredonne, au loin, Eddie Vedder). L'homme qui a l'opportunité de grandir dans un cocon *puissamment* maternel, surtout si celui-ci est exclusivement habité par des femmes, comme c'est le cas du narrateur dont le père, apprend-on, est décédé, contracte « *une délicatesse d'épiderme et une distinction d'accent, une espèce d'androgynéité* ». L'homme environné de femmes, attiré au creux (au *sein*) de cette « *molle atmosphère* » par leurs caresses, leurs « *chatteries* », enivré par les odeurs *angéliques*, est d'autant plus comblé qu'il se détourne davantage des sauvageries et des barbaries de ses *confrères* abhorrés ; et, en préférant les sucreries aux affables « *coups de poing* », le charme « *scintillant et parfumé* » à l'âpreté et à la virilité inhérentes aux autres hommes, il se *féminise*, son cœur d'homme, ses manières, empruntent aux femmes la souplesse et le flottement qui les caractérisent, — la *pureté* ; et en conséquence, sa nature, longuement habituée et *exercée*, le fait devenir, non pas une *femme*, mais un *androgyne*. Seul l'androgyne peut atteindre à la complétude en puisant dans l'un et l'autre genres du tempérament humain, et c'est dans ce sens que j'ai parlé d'« *homme* esthétiquement *efféminé* », car loin d'être une tare, l'effémination est un véritable atout, un gage de supériorité, et dont l'absence, justement, fait que « *le génie le plus âpre et le plus viril reste, relativement à la perfection dans l'art, un être incomplet* ». L'androgyne serait intellectuellement et physiquement l'idéal humanisé, l'homme accompli, l'excellence, le « καλὸς κἀγαθός » des Grecs. (Ce « καλὸς κἀγαθός », contraction de « καλὸν καὶ ἀγαθόν », *bel et bon* », que l'on retrouve plusieurs fois dans les écrits de Platon, figurait parmi les sentences gravées sur les poutres et les solives de la « librairie » de la résidence de Montaigne. Il avait ainsi constamment sous les yeux les bons mots légués par ces ancêtres qu'il affectionnait tant, l'un des plus cités étant l'Ecclésiastique avec, par exemple, ce verset *(10,9)* : « *Quid superbit terra et cinis ?* » (« *Pourquoi tant d'orgueil pour qui est terre et cendre ?* ») Un grand nombre d'individus seraient bien inspirés de le placer devant leur radioréveil...) Je prie ceux de mon lectorat le plus intransigeant (les judicateurs improvisés), qui jugent la pointe de ma plume trop encrée d'autocongratulation, de n'en pas inférer — *à la diable* — que je puisse croire un seul instant que je détienne les attributs qui sont le monopole du *génie*, ni que je veuille en arborer les traits. Je me défends de tout cela, sauf de ce que la *sensibilité* possède une *force* indéniable. « *Je suis une force qui va* » — et *grand bien me fasse* que, par la grâce d'un égarement inespéré, elle me rapproche des cimes que connaissent les génies, — *ou non*. Le travestissement trahit uniment l'envie d'avoir eu une sœur au lieu d'un frère (omniprésence maternelles et/ou féminine), et le refoulement de mon androgynéité. Le « *délicieux* » (« *anmuthigen* ») androgynisme, comme le disait curieusement Schopenhauer... L'androgyne, cet « *étrange nœud des sexes* », écrivait pour sa part Lucrèce, « *Qui n'est ni l'un ni l'autre et reste entre les deux* », est peut-être le miroir d'un monde où « *Rien ne reste semblable à soi-même* », où tout n'est « *qu'alternative et que métamorphoses* »... L'androgyne, cet « *vraiment l'Archétype* », le « *troisième sexe* », disait Joséphin Péladan, avant de déclamer : « *Ô sexe initial, sexe définitif, absolu de l'amour, absolu de la forme, sexe qui nie le sexe, sexe d'éternité !* » L'androgyne, cet être « *amphigène* » (en grec, composé d'« ἀμφίς », « *des deux côtés* », et de « γένος », « *naissance* »)... — Décidément, de même que Pline l'Ancien est certain que « *le changement de femmes en hommes n'est pas une fable* » (« *ex feminis mutari in mares non est fabulosum* »), je suis certain que l'inverse n'en est pas une non plus... Comme pour Empédocle *purifié*, une partie de ce que je suis est héritée de ce que je fus, et « *je fus un jour, déjà, garçon et fille* ». — Mais revenons en arrière et ouvrons le *Banquet* de Platon quand vient le moment pour l'auteur comique Aristophane de s'exprimer sur la puissance de l'amour (« ἔρως », à la suite de Phèdre, d'Eryximaque et de Pausanias, car c'est à lui que l'on doit, sous une forme mythologique, l'une des premières théories sexuelles de l'androgynie. (Non pas la toute première puisqu'en remontant jusqu'en 800 avant J.-C., dans la Brihadāranyaka Upanishad, on lit : « *Au commencement, seul [...] Purusha existait. [...] Il désirait une compagne. Aussi prit-il les proportions d'un homme et d'une femme enlacés, puis se sépara en deux, créant l'épouse et son époux. Car [...] ce corps-ci n'est jamais que la moitié de nous-même, et l'autre moitié c'est la femme.* » Au premier millénaire, sous la même latitude et dans le même ordre d'idées, les Tibétains évoquèrent l'image du « Bouddha père-mère » (« *sangs rgyas yab yum* »), un être éveillé unique participant du mâle et de la femelle.) Aristophane, donc : « *La nature humaine était primitivement bien différente de ce qu'elle est aujourd'hui. D'abord, il y avait trois sortes d'hommes, les deux sexes qui subsistent encore, et un troisième composé des deux premiers et qui les renfermait tous deux : il s'appelait androgyne ; il a été détruit, et la seule chose qui en reste, est le nom qui est en opprobre.* » Les hommes, étaient comme des boules avec « *quatre bras, quatre jambes, deux visages opposés l'un à l'autre et parfaitement semblables* », et ils se déplaçaient et accéléraient en imitant la roue. « *La différence qui se trouve entre ces trois espèces d'hommes vient de la différence de leurs principes : le sexe masculin est produit par le soleil, le féminin par la terre, et celui qui est composé de deux, par la lune, qui participe de la terre et du soleil.* » Ces hommes étaient robustes et armés d'un courage que commençait à craindre Zeus, si bien que celui-ci décida de les conserver, mais de les affaiblir en les séparant en deux parties, « *de la manière que l'on coupe les œufs lorsqu'on veut les saler* », et commanda à Apollon de guérir les plaies et de réarranger les corps. Dorénavant, les *moitiés* cherchèrent à se reformer et Zeus, voyant que cela ne menait à rien pour la perpétuation de l'espèce, changea de place les organes de reproduction et les mit par-devant afin que la conception pût se réaliser. « *Voilà comment l'amour est si naturel à l'homme ; l'amour nous ramène à notre nature primitive et, de deux êtres n'en faisant qu'un, rétablit en quelque sorte la nature humaine dans son ancienne perfection.* » De ce fait, « *les hommes qui sortent de ce composé des deux sexes, nommé androgyne, aiment les femmes* », tandis que les femmes qui sortent d'un seul sexe recherchent les femmes, et les hommes qui sortent d'un seul sexe, dans un même élan, aiment les hommes ; et pour tous, « *le désir et la poursuite de cette unité s'appelle amour* ». Selon ce mythe, l'androgynie serait ainsi le composé originel le plus naturel en vue de la procréation. Avant que chaque moitié aille se recombiner avec l'autre moitié de sexe différent (l'épissure de l'être !), elle a partagé en un seul corps les attributs de son sexe avec ceux de l'autre, un peu à la manière de la fécondation dont naissent les jumeaux monozygotes, où la *cellule œuf* (« *zygote* », « ζυγωτός », « *attelé* »), à partir d'un seul ovule et d'un seul spermatozoïde, se dédouble et forme deux embryons possédant le même patrimoine génétique (à ceci près que les « vrais jumeaux » sont dans la réalité toujours du même sexe). Il va de soi que je ne parle ici ni d'hermaphrodisme (« *la seule chose qui en reste, est le nom qui est en opprobre* ») ni d'homosexualité (le discours d'Aristophane, qui fait l'éloge des rapprochements homosexuels masculins, fréquents à l'époque, ne plut pas à tout le monde et agaça beaucoup Philon d'Alexandrie, car ces affinités détruisent, d'après lui, la virilité et causent « *aux pédérastes eux-mêmes les plus grands dommages, en ruinant leur corps, leur âme, leurs biens* ». À la lueur de toutes ces informations, je cerne mieux ma propre « décomposition » : ma composition primitive que la gémellarité décompose en deux entités qui ne sont au fond qu'*une* ; ma *destruction* qui découle de la difficulté d'harmoniser (ou d'*homogénéiser*) ces deux tendances (*homotypiques*) et développe le « *mâle-être* », la « *femelle-ancolie* » (l'ancolie — ou le parfait amour). L'*Un-Femme* !... C'est tout un : les deux parties primordiales, la femme qui s'ignore en l'homme (et s'en empare), les atouts, les faiblesses, les sentiments doubles, — l'« in-mesure », l'« une-mesure », la « comme-une mesure », — et la Mélancolie... Je n'échapperai pas au féminin en me faisant la mâle... Lorsqu'il parle du « *jeune homme* » amoureux, qui a un « *beau physique* » et que la féminité — flagrante — androgynise, le Constantin de *La Reprise* tient un raisonnement qui s'emboîte idéalement avec ce que avons dit (si l'on veut bien s'épargner ici les détails de la notion de « ressouvenir » chez Kierkegaard) : « *Toute nature de ce genre n'a nul besoin de l'amour de la femme ; j'ai l'habitude de me l'expliquer en me disant qu'un tel homme, ayant été femme dans une existence antérieure, en garde le ressouvenir, maintenant qu'il est devenu mâle. S'il tombe amoureux d'une jeune fille, il n'en est que troublé et sa tâche s'en trouve toujours faussée ; car il peut presque se charger des deux* parties *[rôles]* : *celui de la femme et le sien. Pour elle comme pour lui, quel désagrément ! D'un autre côté, notre homme avait une nature fort mélancolique. De même que son premier côté devait l'empêcher de serrer de trop près une jeune fille, de même le second devait le mettre à l'abri s'il plaisait à quelque beauté rusée de lui tendre un piège. Une mélancolie profonde de style sympathique est et sera toujours l'humiliation par excellence pour tout l'artifice féminin.* » — À rebours, je comprends d'autant mieux certaines de mes affections, dont celle portée au chanteur Marilyn Manson (qui fabriqua d'ailleurs son nom de scène en mélangeant le glamour et la douceur de Marilyn Monroe avec la malveillance et l'agressivité de Charles Manson), image tutélaire — par le *look* — de l'androgynie : l'habillement mi-provocant, mi-sensuel, le maquillage hybride et à contre-courant des normes, la finesse des traits, le corps longiligne. S'il n'était qu'une forme à retenir, ce serait celle qu'il revêt sur la pochette de son album *Mechanical Animals* (les rets de La Mettrie !), une forme « *posthuman* » : chevelure cuivrée, yeux cuivrés (« *like zapruder* ») et bouche cuivrée (« *like heroin* »), poitrine à la Vénus de Milo, sexe bosselé asexualisant (qui me rappelle, sans les plis, le drapé du Christ mort d'Andrea Mantegna), bras étiques telles des branches prolongées par des doigts-branchilles de pianiste qui atteignent les genoux, combinaison (ou enveloppe ou épiderme) lisse — d'un blanc bleuté fondu dans un décor vide... Quel est l'esprit, dissimulé, qui habite et attife ce corps ?... (Un jour que j'étais fatigué, je commis un lapsus en décrivant Marilyn Manson comme le type par excellence du « *misogyne* » ! J'avais voulu dire « *androgyne* », la rectification était inutile : l'on dit parfois qu'un homme qui déteste les femmes, n'en déteste en réalité *qu'une seule*... En la détestant, il désire l'*empaler*, ce qu'il ne fait pas, et il se castre.) Les puristes me pardonneront le rapprochement que l'androgynéité de Marilyn Manson m'amène présentement à faire, toujours en droite ligne avec le mythe de Platon : l'être-ange « *incompréhensible* » dont il est question dans un roman atypique de Balzac (peu connu et difficile à trouver), personnage complexe, mi-homme, mi-femme, à propos duquel Mircea Eliade a dit qu'il (ou elle) était le dernier représentant de l'être androgyne dans la littérature européenne : Séraphîta quand il est femme, Séraphîtüs quand il est homme. Cet(te) envoyé(e) du Ciel, nominativement double, change de sexe à la faveur des désirs projetés par ses interlocuteurs, en particulier par Minna (amoureuse de Séraphîtüs) et par Wilfrid (amoureux de Séraphîta). Le plus surprenant dans ce livre qui pourrait appartenir au genre fantastique, c'est, évidemment, l'ambiguïté de Séraphîta/Séraphîtüs (la confusion eût été presque totale avec un prénom épicène), mais c'est surtout le *style* employé par Balzac : au sein d'un même discours, les pronoms personnels conjoints sujets — « *il* » ou « *elle* » — apparaissent indifféremment et se trouvent mélangés. Un « *ajouta-t-elle* », par exemple, succédera plus ou moins discrètement à un « *dit-il* » (la discrétion dépendra de la tonicité qu'on adjoint au pronom lorsqu'il se montre). Ce procédé déroutant, — grammaticalement alternatif et excellemment androgyne, — est, à ma connaissance, unique dans l'art du roman (si j'excepte un autre cas, se trouvant encore dans l'œuvre de Balzac, la Zambinella dont s'éprend un sculpteur qui croit avoir affaire avec une femme qui réunit physiquement toutes les perfections féminines, qui se révèle finalement n'être qu'un *castrat*). Dans un assez long chapitre où un certain monsieur Becker entretient son monde des théories du « philosophe » suédois Emanuel Swendenborg, on peut relever cette description du caractère androgyne (angélique — qui vaut pour Séraphîta/Séraphîtüs) : « *L'union qui se fait d'un Esprit d'amour et d'un Esprit de Sagesse met la créature à l'état divin, pendant lequel son âme est FEMME, et son corps est HOMME, dernière expression humaine où l'Esprit l'emporte sur la Forme, où la forme se débat encore contre l'Esprit divin ; car la forme, la chair, ignore, se révolte, et veut rester grossière.* » — Notre Escarcelle du Savoir étant désormais un peu moins légère, je poursuis ma route. Mais avant d'en arriver au *terrible*, je voudrais agrémenter ce dialogue — *entre moi-même et le juge de moi-même* —, cette dialectique *tournant autour* de la féminité et de la masculinité, par *les puisements* de quelques-unes des phrases que contient mon épais recueil intitulé *Pensées* (réflexions notées des années durant dans de petits carnets qui se logent facilement dans une poche de pantalon ou de blouson), — phrases qui, entre nous soit dit, maintenant que *j'y reviens*, que *je me dois d'y revenir*, brillent des feux révélateurs du contrecoup introspectif — et, de fait, brûlent, m'irradiant, mon pauvre crâne. Incapable de me projeter dans l'état émotif de ce trop lointain passé, je dénaturerai certainement l'idée principale qui présida à la spontanéité de sa création... (Je poursuivrai l'étude du sens équivoque de ces assertions lorsqu'il sera question de la *misogynie*.) La première de ces « pensées » que le hasard m'a conduit à lire est déjà des plus stupéfiantes : « *La femme est vraiment le* sexe opposé *au nôtre.* » Ma première intention, toute de sexisme, fut à l'évidence de jouer avec les mots et de signifier que la femme était l'adversaire de l'homme, qu'elle était orientée en sens contraire, qu'elle était un obstacle qui tenait tête. Mon esprit d'aujourd'hui, critique, ne se dénue pas de salacité : j'y décèle, en arrière-garde, en focalisant la généralité du « *nôtre* » sur le « mien », une opposition à l'encontre de *mon sexe*. Je fabule peut-être, mais ce n'est pas tant que *le sexe de la femme se refuse au mien*, mais c'est que la femme *m'en refuse la présence*, me le dénie, me le castre. Beaucoup d'hommes, en plus de cela, ressentent de la peur en voyant un vagin et y devinent, pour certains, des dents. Ce n'est pas mon cas. En revanche, j'éprouve une certaine *répulsion* à me l'imaginer ou à le regarder en face, répulsion qui apparaît dès que je contemple, par exemple, le tableau de Gustave Courbet, et cette *opposition*, l'acte de mettre mon regard vis-à-vis du sexe de la femme, m'est encore assez pénible. En somme, puisque la femme s'oppose à ce que j'aie un sexe d'homme, et que cette femme n'existe que dans mon imagination... — Une autre pensée, plus proche de la précédente que l'on n'oserait le croire : « *Dans les yeux d'une femme, l'on se voit homme — et tellement heureux de l'être...* » (On peut noter à nouveau la tendance à l'universalisation alors qu'il s'agit d'une réflexion personnelle. *Soutenez-moi !*) *A priori*, le premier niveau de cette sentence est d'une interprétation banale : l'image que *je* renvoie de moi-même à une femme, est celle d'un homme, et je suis heureux de n'être pas une femme (misogynie). *Oui, mais...* à d'autres niveaux, des questions interpellent et il s'en émane des traductions ostensiblement *déviantes* : ne me vois-je homme *que* dans les yeux d'une femme ? suis-je heureux d'être un homme, non pas considéré tel quel, indépendamment de tout jugement appréciateur, mais d'être un homme *dans les yeux d'une femme* ? Pourquoi n'ai-je pas tout simplement écrit : « On est heureux d'être un homme et de ne pas être une femme » ? Pourquoi en passer par le regard de la femme ? Cela *la regarde-t-elle* ? cela *me regarde-t-il* ? (J'avais écrit : « *Cela* la regarde-t-il *?* ») Faut-il que la femme se fasse miroir de moi-même afin que je me voie, et ainsi devienne le miroir de moi-même ? Ne se peut-il pas que je me voie homme *dans les yeux d'un homme* ? (Ah ! les puisements que j'évoquais plus haut !) Et suis-je *heureux d'être un homme — du regard d'une femme* ? ou bien suis-je heureux d'être un homme en tant que je simule la femme qui me voit en homme ? ou bien encore suis-je heureux *d'être une femme* qui me voit homme ? Et si je m'oppose à la femme, serait-ce que je la *refuse* afin de m'affirmer, au risque de m'infirmer ou de m'invalider ? Aïrolo, dans la pièce de Hugo (*Mangeront-ils ?*), dit qu'« *En refusant la femme on prouve qu'on est homme* », avant de se raviser aussitôt : « *Est-ce bien cela qu'on prouve ? M'est avis / Qu'on prouve qu'on est neutre, et rien de plus.* » Eh bien ? Ni femme ni homme ?... — La phrase qui suit, à la Lagardère, n'est-elle pas derechef prise dans la connaissance qui se fait jour en catimini (« catimini », possiblement du grec « καταμήνιος », désignait les « *menstrues* ») : « *Si je ne vais pas à la femme, la femme ne vient pas à moi* » ? Au premier degré, je semble regretter que le « quart d'heure américain » soit si rare, et je me sens dépité qu'il me faille faire à chaque fois le premier pas, et que rien ne vienne si je ne me lève pas de ma chaise. Au second degré, par contre !... — « *Il y a des jours où l'on voudrait être athlète, et d'autres où l'on voudrait être femme. Dans le premier cas c'est le muscle qui palpe, dans le second c'est la chair qui soupire et qui s'embrasse.* » Cette pensée (écrite, je crois bien, en 1840) provient des cahiers de notes de Flaubert. Je ne la cite pas autoritairement (Flaubert, ce me semble, y a intentionnellement mis de la légèreté) ; je la cite parce qu'il y a un autre aspect que la recontextualisation dévoile et qu'un nouveau constat défend : « *Un philosophe, pour comprendre le monde d'un point de vue anthropologique, doit comprendre la femme — ou avoir vécu avec elle.* » Ce constat, c'est la *posture chamanique* — et la « *coincidentia oppositorum* » (« *coïncidence des contraires* ») qu'a caractérisée Mircea Eliade dans son ouvrage *Le Sacré et le Profane*. Le *chaman* (corruption du sanscrit « *sramanas* », « *ascète* », qui a donné le sibérien « *shaman* », « *celui qui possède la connaissance* ») est un prêtre guérisseur, dépositaire des pratiques spirituelles du *chamanisme*, religion « *de la nature et des esprits* » que l'on rencontre en plusieurs point du globe, mais essentiellement en Asie. Il serait intéressant d'étudier en détails les rites initiatiques qui permettent au candidat de devenir un vrai chaman (ensauvagement, torture, amnésie...), mais cela outrepasserait les limites que je m'assigne ici. Je n'évoquerai que *problème sexuel* : le chaman, en vue d'imposer sa parole à la communauté, doit avoir transcendé son existence par une connaissance cosmique, notamment en transgressant (sous un angle eschatologique) les normes sexuelles en vigueur, car son devoir lui impose de conjuguer les formes masculine et féminine. De là une nature androgyne, aux frontières de la bisexualité, qui s'exprime dans la « *coincidentia oppositorum* », où le chaman, en explorant, par l'expérience, — par le « *dérèglement de tous les sens* », raccourcirais-je, — la totalisation de l'homme primordial (*confer* le mythe de Platon), est à même de se diviniser et de totaliser le cosmos. D'ailleurs, « *La Femme* » n'est pas « *la femme* », mais le principe cosmique qu'elle incorpore ; et l'homme qui, par exemple, s'habille en femme, n'est pas la femme : ce syncrétisme bisexuel sert à l'appréhension totalisante, à une meilleure cosmisation. Dans son spagirique, théurgique *Là-Bas*, Huysmans cite un personnage historique (?) adepte des messes noires et de la goétie, l'abbé Beccarelli, obédiencier obscur, patricien huppé des ténèbres sataniques, héraut des forces du mal et héros des faibles, maître des objurgations sauvages, partisan des sodomites, provocateur ne craignant ni les représailles ni les vénéfices, qui « *distribuait aux assistants des pastilles aphrodisiaques qui présentaient cette particularité qu'après les avoir avalées, les hommes se croyaient changés en femmes et les femmes en hommes* ». Avaler une pastille *transgressive* et puis emprunter sans encombre le boulevard du transsexualisme... Si j'élimine Sithon, sur lequel je dispose de peu de renseignements, il se trouve dans la mythologie grecque un personnage qui connut le même sort avant d'être l'illustre devin de la ville de Thèbes, la ville d'Œdipe (à qui il refusa, selon Sophocle, de dévoiler son parricide et son inceste, et à qui il osa dire : « *jamais homme ici-bas n'aura été plus atrocement broyé que tu ne vas l'être* ») : Tirésias. Au Livre III des *Métamorphoses*, Ovide écrit : « *dans une forêt verdoyante, il avait frappé d'un coup de bâton les corps accouplés de deux longs serpents, et, d'homme qu'il était (fait étonnant) il était devenu femme pour une durée de sept automnes ; la huitième année, il revit les mêmes serpents et dit : "Si le coup que vous avez reçu est si puissant qu'il peut changer totalement le destin de son auteur, cette fois encore je vous frapperai". Après avoir frappé les mêmes serpents, il réintégra son aspect primitif, et le sexe qu'il avait à sa naissance.* » Un beau jour, il dut arbitrer un « *joyeux litige* » qui opposait Junon à Jupiter. Ce dernier affirmait à celle-ci qu'« *assurément, la volupté que vous éprouvez est plus grande que celle qui échoit au sexe masculin* ». Tirésias, « *qui avait connu les plaisirs des deux Vénus* », confirma les dires de Jupiter et déclencha la colère de Junon, qui condamna Tirésias à la cécité. Heureusement pour lui, « *le tout puissant père des dieux (car nul dieu n'a le droit d'invalider les actes d'un autre dieu), en échange de sa vue perdue, lui accorda de connaître l'avenir, et soulagea sa peine par cet honneur.* » Puni d'avoir eu la science des deux sexes, il en fut paradoxalement récompensé... Il existe deux autres versions rappelées par Pseudo-Apollodore dans sa *Bibliothèque* : « *Les uns disent que les dieux le privèrent de la vue, parce qu'il dévoilait aux hommes ce qu'ils voulaient leur cacher. Suivant Phérécyde, ce fut Minerve [Athéna] qui l'en priva, et voici comment : cette déesse aimait beaucoup Chariclo : Tirésias étant survenu, [comme elles étaient au bain ensemble] vit la déesse absolument nue.*

Minerve alors lui mit les mains sur les yeux, et le rendit aveugle sur-le-champ. » (Il me revient en mémoire un phénomène « piscicole » qui n'est pas sans similitude avec ce dont il est question ici, et légèrement comique à vrai dire, à savoir le mode opératoire de la hiérarchie des bancs de poissons clowns (*Amphiprion Ocellaris*) : il y a au sommet de cette hiérarchie une femelle, seule représentante de son sexe dans le groupe, les autres étant des mâles dont un seul, le dominant, est sexuellement actif. Si jamais la femelle meurt, c'est ce mâle qui prend sa place *après avoir changé de sexe !*) Rappelons à présent la phrase de départ qui nous a fait bifurquer : « *Un philosophe, pour comprendre le monde d'un point de vue anthropologique, doit comprendre la femme — ou avoir vécu avec elle.* » Une première traduction — *extrapolée* — *négative* — serait : « Pour être philosophe, il faut, ou ne pas être castré en tant qu'homme, ou devenir femme. » Car au fond, qu'est-ce que la castration ? Le psychanalyste Jean-Pierre Winter nous répond (*Les errants de la chair*) : « *La castration est l'acceptation d'une limite de soi qui est acceptation non seulement de ce que je suis, mais surtout de ce que je ne suis pas. Et tout d'abord, ce que je ne suis pas, c'est l'Autre sexe. [...] C'est aussi [...] renoncer au savoir de l'Autre sexe [...] un savoir sur la jouissance.* » Une autre traduction — *extrapolée* — *positive* — serait : « Pour être philosophe, il faut être ou avoir été une femme. » Le désir de complétude que j'ai toujours *étreint*, ainsi que sa résolution, s'y trouvent indiqués en toutes lettres (permutées)... *Item*, en permutant celles des deux pensées ci-jointes : « *À une femme que l'on aime : "Et crie !* Moi *!..."* » — et : « *Peut-on voir son double dans l'autre sexe ? (Si j'avais été une femme, à quoi eussé-je ressemblé ?)* ». À partir d'une symbolique projective, renouvelée *et* identique, une autre pensée prouve, s'il est encore besoin de le prouver, ma propension à vouloir me mettre dans la peau de la femme : « Infidélité. — *Le plus difficile, pour l'homme cocu, c'est de se représenter sa femme en train de soupirer ou de crier sous les coups d'un autre ; — pour la femme trompée, d'imaginer la femme qui est avec son mari, soupirer ou crier. — Ainsi il en va de la difficulté de position entre l'homme et la femme.* » Comment et pourquoi en suis-je arrivé à *m'imaginer être la femme qui s'imagine la femme* (avec laquelle la trompe son mari) ? J'en suis arrivé là parce qu'en voulant comprendre la femme, je voulais englober toutes les situations, pour englober toutes les situations, et devenir philosophe (?), je devais être un homme et une femme. — Je finirai (allez, puisements) par trois ultimes pensées, la première étant à connotation « homosexuelle » et les deux suivantes à connotation « morbide ». « *La "drague" de Guibert, des hommes entre eux, du regard, par la sensation, par la présence, la pensée... On ne verrait pas cela d'une femme vers un homme... Il semble que ce soit l'homme qui joue et sente cela...* » Je m'appuie sur la sensibilité féminine chez l'homme, qui serait davantage « évoluée » que la propre sensibilité féminine chez la femme. Ce n'est pas ce qui est le plus déconcertant ; car l'exemple que je prends est relatif au sentiment que me donne Hervé Guibert, qui était *homosexuel*. Je décris ici l'image d'un idéal de féminité (normalement dévolu à la femme) qui se vérifierait à travers l'image que je me fais de l'image que m'en donne un homme — homosexuel. Allons plus loin : j'idéalise la féminité de l'homme qui, en soi, idéalise la féminité de la femme ! L'*abstinence* de l'ajout de commentaires voit triompher le sens primitivement caché. — Quant à elle, la « morbidité » provient d'un *instinct de mort* — qui ne sera pas sans rappeler la *castration* : « *Un homme a grandi quand il a connu l'amour — qui est mort...* » L'amour, l'éros, c'est aussi le sexe. Un bien pour un mal, un organe pour un mâle, une vitalité pour un meurtre ? « *Peut-être y a-t-il, dans cette soif de suicide, pour l'homme intelligent, un honneur d'y voir une différence flagrante avec le sexe opposé ; le suicide montre la démarcation entre les deux sexes.* » En espérant ne pas déformer la signification originelle, je crois me rappeler que cette critique vise en premier lieu la « lâcheté » des femmes face au suicide, le fait qu'elles « se ratent » très souvent, au contraire des hommes qui, dès que leur décision est prise, ne reculent pas et « ne se ratent pas ». Quel drôle de raisonnement (auquel nous reviendrons au chapitre du suicide), démasqué par le savoir du sage (gagné depuis ces temps anciens de la réflexion personnelle) : l'homme qui souhaite affirmer l'homme qu'il est, *l'homme en tant qu'il se démarque de la femme*, doit s'affirmer dans le suicide, c'est-à-dire dans la mort ! La réalisation de l'être par et dans le néant, qui nous renvoie, à pas de loup, au thème du « *sexe opposé* ». À la place de l'« *honneur* » de mourir pour montrer à la femme que l'on est un homme, je dirais plutôt : l'*abdication* avant une quelconque *lutte*. « *Ecce homo* » (« ἰδοὺ ὁ ἄνθρωπος ») : je suis celui que Pilate montre sans l'accuser, je suis celui qui s'accomplit en s'autocastrant, je suis l'homme qui se fait femme et qui se contredit aussitôt en se suicidant. (Pour la route, j'en divulguerai une dernière, un *extra* à l'appréciation du lecteur : « *Les nymphomanes sont ce qu'il y a de plus étourdissant. J'adore ce côté* masculin. ») — À la lumière de ces quelques pages m'est venue, dans le courant d'une association d'idées invisible, une expression inattendue, que ma franchise m'intime de partager : « Je fais l'amour à mon nombril. » En effet, d'une certaine manière, je regarde mon nombril. Et qu'est-ce que le nombril ? C'est la cicatrice qu'a laissée au milieu de mon ventre du cordon (raide) ombilical reliant à la mère, c'est le trou qui manque, — le trou à combler en corps. *Nombriliste à part entière, tel je puis être...* — Coupons court — et reprenons la cordée de notre ascension, en vue de mon assomption. (Ascension ou *descente en rappel ?...*) — *Ce livre n'est pas un jeu* — et son prologue est une preuve *qu'il ne saurait en être un*. Quand j'écrivais : « *Allez, vieux démons, sortez — ou recueille-toi* », je ne sourcillais ni ne riais ; — et quand j'écrivais : « *L'écriture m'a construit* : je suis l'homme de mon écriture. — Je mourrai avec elle », je ne sourcillais ni ne riais davantage. Je me suis juré d'aller le plus loin possible, de me dépeindre entièrement — dans un *strip-tease* (« *effeuillage* ») vieilli et attisant) du Moi sans concession. L'âge de mes vingt-et-un ans est révolu, cet âge où j'avais eu la prétention de débuter un livre qui fit le tour de moi-même (intitulé *Moi*) et qui devait être un avatar du projet de Baudelaire, *Mon cœur mis à nu*, que le poète ne mena pas à terme, ni n'en écrivit à vrai dire pas une ligne, tout comme moi, si ce n'est que ces trois questions et leurs réponses (*Moi*) : « *Quand et où êtes-vous né ? — Le 19 mars 1978, à Nantes. — Quel est votre nom complet ? — Julien Alain Fernand Pichavant. — Êtes-vous fils unique ? — Non, j'ai un frère qui s'appelle Guillaume.* » J'écrivais même un autre jour le début d'un livre dont le sujet était l'homme : *L'homme mis à nu !* Il n'y eut qu'une page : « *Ces quelques lignes de préambule sont en quelque sorte une mise en garde sur cet ouvrage. Je vais ici exposer, dans la langue la plus claire et la plus simple, la plus compréhensible et la plus intelligible possibles, le contenu de mes idées en rapport avec l'homme : ses contraintes internes d'ordre biologique, évoluant vers — ou par — l'extérieur, ses limites intellectuelles, ses horizons, ses imperfections (qui seront parfaites dans le sens où elles seront complètement comprises et admises). Ces limites seront ordinairement les limites plausibles qui font que l'homme est* homme, et non celles qui concernent tout autre phénomène né de la création de l'Univers et de la Nature. Ma théorie, bien qu'elle n'en soit pas une à proprement parler, fut soumise à quelques personnes de mon entourage, et toutes, sans exception, ne voulurent guère l'écouter plus de cinq minutes, soit qu'ils pensassent qu'elle fût farfelue (en dehors des normes éthiques valables), soit qu'ils eussent eu trop peur de ce qu'elle signifiait réellement — pour eux et pour leur espèce. ») Fi de ces inepties ! Je n'étais qu'un nageur qui comptait traverser l'Atlantique et qui s'accrochait aux premiers rochers de la berge. Qu'aurais-je raconté ? Et ce frère qui réapparaît à chaque bout de parchemin !... *Non*, je ne devise pas familièrement (à moins que l'ardeur ou l'allégresse ne camouflent mon hystérie mélancolique) ; *non*, ce livre n'est pas un jeu (à moins qu'il ne soit un jeu de vie ou de mort) ; *non*, je ne suis pas un comédien (à moins qu'il ne s'agisse *pour tout que* d'une comédie) ; *oui*, ce livre est un pensum que je me donne (à moins que je ne l'achève jamais) ; *oui*, je me sens parfois un *hère*, parfois un *aède*, parfois *trop fort* (mâle !), parfois *trop faible* (femelle !), parfois fort de ma faiblesse, faible de ma force. « *Lecteurs !* » s'alarmaient messieurs Corréard et Savigny, naufragés de la frégate de la Méduse, « nous vous en supplions, ne faites pas retomber sur des hommes déjà trop accablés de tous leurs maux, le sentiment d'indignation qui va peut-être s'élever en vous ; plaignez-les bien plutôt et versez quelques larmes de pitié sur leur déplorable sort » ; — car j'arrive à de ces moments les plus éprouvants qu'il m'aura été donné de vivre, et cette menace d'un falloir surmonter en répondant à la question inaugurant le livre de Peter Straub : « *What's the worst thing you've ever done ?* » *Cela*, je vais vous l'avouer, — ce « *thing* », ce « *worst thing* », « *the most dreadful thing* ». À bas les obstacles ! *Impedimenta*, sortez de mes placards, que je vous *éventre* ! *Remembrances*, extirpez vos têtes *de là*, que je *vous* les chatouille — puis *vous les coupe* ! Le nageur doit oublier la nage, il doit plonger ou couler ! *Ou couler... En nage*, il doit affronter le garçon de onze ou douze ans qu'il fut... « *Il est embarrassant de m'expliquer mieux, mais cependant il le faut. Qu'on changerait de méthode avec la jeunesse, si l'on voyait mieux les effets éloignés de celle qu'on emploie toujours indistinctement, et souvent indiscrètement !* La grande leçon qu'on peut tirer d'un exemple aussi commun que funeste me fait résoudre à le donner. » Mon seul remède (efficace), mon seul électuaire (buvable), mon seul propitiateur (hospitalier) se nomme Jean-Jacques Rousseau. Seuls Jean-Jacques et ses *Confessions* « *post mortem* », ce monument de franchise qui n'eut jamais d'équivalent, me donnent la force et le courage de défier une double faiblesse : celle qui me fit faire ou voir ce que je fis ou vis, celle qui m'a fait dénier ou refouler ce que je n'ai plus l'intention de dénier ou de refouler. Avant que de me confesser, je veux reprendre mon souffle en rappelant l'épisode de la « fessée » de Rousseau : « *Comme mademoiselle Lambercier avait pour nous l'affection d'une mère, elle en avait aussi l'autorité, et la portait quelquefois jusqu'à nous infliger la punition des enfants quand nous l'avions méritée. Assez longtemps elle s'en tint à la menace, et cette menace d'un châtiment tout nouveau pour moi me semblait très effrayante ; mais après l'exécution, je la trouvai moins terrible à l'épreuve que l'attente ne l'avait été : et ce qu'il y a de plus bizarre est que ce châtiment m'affectionna davantage encore à celle qui me l'avait imposé. [...] Qui croirait que ce châtiment d'enfant, reçu à huit ans par la main d'une fille de trente, a décidé de mes goûts, de mes désirs, de mes passions, de moi pour le reste de ma vie, et cela précisément dans le sens contraire à ce qui devait s'ensuivre naturellement ? En même temps que mes sens furent allumés, mes désirs prirent si bien le change, que, bornés à ce que j'avais éprouvé, ils ne s'avisèrent point de chercher autre chose. Avec un sang brûlant de sensualité presque dès ma naissance, je me conservai pur de toute souillure jusqu'à l'âge où les tempéraments les plus froids et les plus tardifs se développent. Tourmenté longtemps sans savoir de quoi, je dévorais d'un œil ardent les belles personnes ; mon imagination me les rappelait sans cesse, uniquement pour me les mettre en œuvre à ma mode, et en faire autant de demoiselles Lambercier. — Même après l'âge nubile, ce goût bizarre, toujours persistant et porté jusqu'à la dépravation, jusqu'à la folie, m'a conservé les mœurs honnêtes qu'il semblerait avoir dû m'ôter. [...] Mon ancien goût d'enfant, au lieu de s'évanouir, s'associa tellement à l'autre que je ne pus jamais l'écarter des désirs allumés par mes sens ; et cette folie, jointe à ma timidité naturelle, m'a toujours rendu très peu entreprenant près des femmes, faute d'oser tout dire ou de pouvoir tout faire, l'espèce de jouissance dont l'autre n'était pour moi que le dernier terme ne pouvant être usurpée par celui qui la désire, ni devinée par celle qui peut l'accorder. J'ai ainsi passé ma vie à convoiter et me taire auprès des personnes que j'aimais le plus.* » Tous les traumatismes qui interviennent durant l'enfance laissent une trace indélébile dans le cœur de celui qui les a vécus, et, quand bien même il croirait, par de multiples autosuggestions, que ces traumacties ne sont en définitive que de petits incidents, il se tromperait et ne ferait qu'affirmer la puissance du refoulement. Ce refoulement maintes fois répété, s'il croit pouvoir brouiller les pistes conscientisées en lui faisant gagner en rêve ce qu'il perd en réalité, impose le plus souvent un sentiment de dénégation qui ne parvient plus à statuer de son propre *bien-fondé* : l'inconscient, justement brouillé par les idées de vrai ou de faux, est en quelque sorte irrattrapable — *et tout est flou*. Les *quatre* événements que je vais dévoiler ne s'ajustent pas exactement à celui que Rousseau confesse, et n'en ont aucune des conséquences, mais ils s'y conforment suffisamment, — dans ma *descente angoissée*, ma vogue « *du paradis au monde et du monde aux enfers* », dirait Goethe, — pour que j'aie eu à ressentir le besoin de m'en emparer en les recopiant. Il n'y a qu'à me Lear... « *O me, my heart, my rising heart! But down!* » (« *Ô mon cœur ! Mon cœur qui se soulève ! Calme-toi !* ») — *Un* : l'un de mes voisins, âgé d'environ seize ans (j'en avais peut-être neuf — ou huit — ou sept), m'invita chez lui et m'exhiba son sexe. Pourquoi ? Je ne le sais — *plus*. Je fus surpris de sa taille et des nombreux poils qui l'entouraient. *Si mes souvenirs sont bons*, il me proposa de le toucher, ce que je fis d'un geste rapide, étonné et empli de répugnance. Ensuite, il se masturba : je ne suis plus certain de l'avoir vu en train de se masturber, mais je ne doute pas qu'il m'ait montré son sperme (étalé sur un mouchoir ?). Là, il me proposa encore de toucher, ce que (*j'en suis sûr*) je ne fis pas. Cela ne m'empêcha pas, le soir, de retour chez moi, de dire à peu près, tandis que ma mère me lavait, *tout fier* de ma découverte : « Tu sais ce que c'est, le sperme ? Moi, je sais. » Je crois que ma mère ne répondit rien de particulier et, *évidemment*, nous n'en reparlâmes jamais. Le premier enseignement, à ce qu'il me semble, c'est que, n'ayant *a priori* jusqu'à ce jour jamais croisé de sexe d'homme (et mon père ?), je fus dans l'ensemble *apeuré* (« aurai-je *ça* moi aussi ? »). (Ce même individu sadique, — cet *abject salaud*, — réitéra quelques mois plus tard son exhibitionnisme et me pria de lui faire une fellation : je pris mes jambes à mon cou et m'enfuis aussitôt. Il ne me dérangea plus, la peur l'ayant vraisemblablement enfin fait réfléchir à la possibilité que j'eusse pu le dénoncer. Faites qu'il se soit repenti, s'il n'a pas oublié ; — ou qu'il crève, l'impur paria, s'il s'en flatte ! Sa dégénérescence n'est que celle de ses parents, et de leur éducation torse.) *Deux* : fraîchement entré en classe de sixième (douze ans), j'allai, avec cinq ou six de mes camarades, chez l'un d'entre eux qui avait eu le privilège de découvrir que son père cachait sous le lit parental des cassettes vidéo à contenu pornographique. On n'eut le temps de regarder qu'une scène, mais ma mémoire ne me trompe pas sur un point : il m'avait semblé que l'un des acteurs avait ouvert sa braguette, passé son index à travers et qu'une femme à genoux suçait ce doigt. Chose inédite et aussi absurde qu'amusante ! Mais je pris conscience que cela ne pouvait être ce que j'avais imaginé, sans savoir quoi. Après un moment de mutisme, je risquai la question avec une pointe d'exclamation : « Elle suce son doigt ? » Un camarade ricana et dut s'écrier : « C'est sa bite, tu vois pas ? » Me sentis-je confondu ? honteux ? gêné ? Feignis-je d'avoir compris et d'avoir voulu blaguer ? Je ne le sais — *plus*. Le deuxième enseignement, du moins le prétends-je ainsi, c'est que je n'avais pas eu l'audace de supposer que l'homme avait été pourvu d'un sexe à ce moment précis, comme s'il n'en eût jamais eu. *Trois* : il y avait dans ma classe, toujours en sixième, un garçon plutôt discret, rondouillard et *très peu séduisant*, dont le niveau scolaire, très bas, ne faisait rien pour arranger l'estime qu'on eût pu lui témoigner. Il se trouva qu'un jour il m'invita chez lui et que nous nous retrouvâmes dans son lit, nus comme des vers. Pourquoi ? comment ? Mon Dieu, je ne le sais — *plus*. On s'était retrouvés l'un sur l'autre, et, *dans mes souvenirs obscurs* ?), nos corps se frictionnaient. Que recherchions-nous ? que recherchai-je ? Mon Dieu, *c'est si loin*… « *Quel effroi de ramper au fond de sa mémoire, / D'ensanglanter son cœur aux dards qui l'ont blessé* », pensé-je avec Marceline du fond de notre *Tristesse*… Comment ai-je pu me coller à ce corps à la fois informe et répugnant ? à ce corps d'un être à la fois informe et répugnant ? comment n'ai-je pu me collecter avec mes désirs ? *Que recherchai-je* ? *comment cela vint-il* ? Folie ! pure folie !... Je ne saurais certifier que ces quelques choses (comme si je devais me défendre d'une attaque ?) : il n'y eut pas de pénétration ni de jouissance (ou d'éjaculation, puisqu'à cet âge, l'un peut ne pas amener l'autre). D'ailleurs, et c'est le troisième enseignement, il ne fut (*probablement*) aucunement question de dominer ni d'être dominé, c'est-à-dire qu'il ne fut pas question de sexualité dans le sens où chacun eût représenté un sexe à part (je veux dire qu'il n'y eut pas d'intentions purement homosexuelle ou hétérosexuelle). Ce fut comme si les deux garçons que nous avions été n'avaient fait figure *ni d'homme ni de femme*. Peut-être s'agissait-il d'imiter un acte qui nous intriguait et que nous ne nous représentions qu'imparfaitement ? d'épancher la volupté abstraite et la sensualité floue qui commençaient d'émerger en nos corps ? de se désengourdir les nerfs ? de satisfaire une curiosité, un voyeurisme, sans nulle idée de violence, sans aucune provocation ? Il y avait indubitablement un peu de ce papillotement qui tourmentait l'élève Törless, le personnage de Robert Musil. À tout le moins, il y aurait aujourd'hui chez moi le même regard sur le passé : « *Certes, je ne nie point qu'il ne se soit agi d'un avilissement. Et pourquoi pas ? Il est passé. Mais quelque chose en est resté à jamais : la petite dose de poison indispensable pour préserver l'âme d'une santé trop quiète et trop assurée et lui en donner une plus subtile, plus aiguë, plus compréhensive.* » En résumé, je n'y fus ni homme ni femme (ou alors les deux, sans savoir qu'en faire). (En me relisant à l'instant, je souris jaune en voyant les expressions qu'un analyste se ferait un plaisir d'approfondir : « *l'un peut ne pas amener l'autre* », « *un sexe à part* »…) *Quatrièmement* : un an plus tard, il m'arriva à deux reprises, pendant la pause de midi, de m'enfermer dans l'une des salles de cours désertes avec l'un de mes meilleurs amis du collège. Qu'y fîmes-nous ? Nous nous embrassâmes *avec la langue*. Cette activité fut motivée (en quels termes ?) par l'envie de connaître *nous aussi* les sensations offertes par les *french kiss* que nous pouvions observer chez les garçons et les filles qui s'en échangeaient devant la grille de l'établissement. Nous ne nous gênâmes pas à tenter l'expérience par ce commun accord. Cet « écart », qui ne fut pas aussi « grave » que le précédent, procède à mon avis d'intentions plus ou moins similaires. — Voilà, j'ai bataillé, j'ai essayé d'être fidèle, — « *en l'honneur de la vérité, qui est le seul Dieu que j'adore* », aimerais-je à dire, tel Casanova en ses *Mémoires*. Et quand j'ai pensé à Rousseau, — dont la devise — casanovesque — était : « *Vitam impendere Vero* » (« *Consacrer sa vie à la Vérité* »), — quand j'ai pensé à Rousseau, dis-je, comme unique remède, unique électuaire, unique propitiateur, le seul qui m'ait donné la force et le courage de me confesser, j'ai, dois-je avouer, omis Gide (pour les raisons que l'on s'imagine peut-être quand on connaît son « passif »). Il y a cependant un passage dans *Si le grain ne meurt* (à vrai dire le tout début, où il relate certain jeu qu'il avait eu avec un voisin, jeu décrit avec tant de précaution qu'une lecture rapide ne le pourrait entendre comme il convient), qui, à la manière de Jean-Jacques, me rassure et me soulage (mais combien sont-ils, les autres, dans leurs mémoires, à faire ce *genre* d'aventures ?) : « *En vérité nous nous amusions autrement : l'un près de l'autre, mais non l'un avec l'autre pourtant, nous avions ce que j'ai su plus tard qu'on appelait de mauvaises habitudes*". — *Qui de nous deux en avait instruit l'autre* ? *et de qui le premier le tenait-il* ? *Je ne sais. Il faut bien admettre qu'un enfant parfois à nouveau les invente. Pour moi je ne puis dire si quelqu'un m'enseigna ou comment je découvris le plaisir ; mais, aussi loin que ma mémoire remonte en arrière, il est là*. — *Je sais de reste le tort que je me fais en racontant ceci et ce qui va suivre ; je pressens le parti qu'on en pourra tirer contre moi. Mais mon récit n'a raison d'être que véridique. Mettons que c'est par pénitence que je l'écris*. » Eh bien, mettons que moi aussi, pour une part, ce soit par pénitence que j'ai écrit toutes ces *choses*. — Je ne saurais répondre à toutes les questions que pourraient faire émerger ces *choses* que je n'ai jamais dites à personne, et que seuls les protagonistes peuvent se rappeler, s'ils en ont *le cœur* ; néanmoins, j'ai réussi — *tant que j'ai pu* — à explorer des contrées qui agressent tant la pudeur et l'égo, qui *démènent* tant, que je ne sens plus *mes membres*, qu'un univers s'écroule... D'avoir *reposé* les épisodes qui me sont *tombés dessus* (au sens de « περιπετής »), me vient l'envie de *me reposer* ; de les avoir décantés, un *dépôt* s'est formé, et je veux me *poser*. En étant extravasés, ils me font douter : les ai-je rêvés ? ai-je divagué ?... *L'anamnèse m'amnésie*. Je m'épate (de l'extraordinaire de l'ordinaire), je m'épate (pied-dénié) et je m'épate (tout de mon long)… Décatissement ! Je pallie mon oubli et en pâlis… « *Oui, à quel point la mémoire a ici pour moi de signification, je le vois par le fait que parfois il me semble que je n'ai pas du tout vécu cet événement mais que je l'ai inventé moi-même*", se surprend à penser Kierkegaard/William Afham dans l'Avertissement d'*In vino veritas*… — Des interrogations demeurent : je situe le temps du divorce de telle sorte que l'âge de mon « frère » coïncide avec celui qui me fit connaître ces événements, aux alentours d'onze ou douze ans. Est-ce une *coïncidence* ? Tout bien pesé, je répondrais volontiers par l'affirmative. D'un autre côté, j'ai retrouvé dans mes archives un très ancien texte (démence éminemment acrimonieuse, au titre songeur de *Monologue désabusé*) qui pourrait étayer une énième fois le choix d'un divorce à mes quatorze ans : « *Alors cette mère et ce père, qui tiennent les ficelles de notre future existence, pourquoi agissent-ils ainsi, comme si nous étions des animaux pensants ?... Tout simplement parce que nous sommes des animaux pensants... Là est le problème : ils nous font ce qu'on leur a fait, ils perpétuent cette honte humaine... La corruption est dans le berceau et dans la jeunesse, jusqu'à ce que la puberté prenne le pas, où nous sentons les pulsions sexuelles les plus élémentaires, les moins réjouissantes : nous n'assouvissons que rarement ces première pulsions, car elles arrivent trop tôt... À quatorze ans pour le mâle, à douze ans pour la femelle, il n'y a pas d'alternative : on ne fait rien, on ne tente pas, on est trop jeune... Mais si le créateur nous a donnés ces caractéristiques de l'adulte en devenir, c'est bien que nous sommes capables de nous y mettre !... de faire l'amour comme les grandes personnes...* » Autre chose encore : lorsque j'avais six ou sept ans, on nous déguisa, mon frère et moi, en petites danseuses (maquillage, perruque, ballerines, tutu) : cela a-t-il (eu) une importance ? Pour des raisons sanitaires (que j'ai toujours respectées et approuvées), mon père, il y a longtemps, nous a incités, mon frère et moi, à uriner à la façon des filles, assis : *quid* des répercussions de cet usage (ce décorum familial) ? Il m'est également arrivé, non sans y ressentir, entre autres, le plaisir d'affiner un peu plus mes traits, de me grimer (rouge à lèvres noir, mascara, eyeliner) et de me promener dans la rue ou dans le métropolitain parisien : *quid* d'un éclaircissement ? Féminiser le visage ? séduire par/pour le masque ? imiter et introner la femme en détrônant l'homme ? abréaction ? caprice ? jeu ?... (En même temps, n'est-il pas troublant que j'aie pu écrire dans *Pensées* : « *Une femme naturelle ? sans maquillage ? sans bijoux ?... Mmh... C'est rare... Et tout ce qui est rare est cher... et beau...* » ? Comme si j'avais voulu pouvoir être, dans cette contradiction, une femme que je ne retrouvais pas...) Et d'une façon globale : *quelle a été l'incidence exacte de toutes ces choses ?...* Je ne le sais — pas. — « *J'ai fait le premier pas et le plus pénible dans le labyrinthe obscur et fangeux de mes confessions. Ce n'est pas ce qui est criminel qui coûte le plus à dire, c'est ce qui est ridicule et honteux. Dès à présent je suis sûr de moi ; après ce que je viens d'oser dire, rien ne peut plus m'arrêter* », conclut Rousseau. Je voudrais qu'il en fût de même pour moi... — Revenons maintenant à l'androgynie (quoique je sois persuadé qu'elle ne nous ait pas quitté un seul instant). — Fort malheureusement, cette bipartition est elle-même divisée, en moi, en son acceptation et sa dénégation... Mais fort heureusement, je reviens à *Un certain amour*, où je continue par ces mots : « *Les années passant, elle se démarqua des gens de son âge en lisant des essais philosophiques. À seize ans, elle se frottait déjà à Kant et Aristote [...].* » (Le « *frottait* » !... Tout m'accable ! Et pourtant, *j'avance* : ce texte est un joyau inestimable — et une boîte de Pandore.) Un « *fort heureusement* » à nuancer toutefois, car si ce penchant pour la philosophie témoigne à nouveau en faveur de l'identité de Julie, — qui est bien moi-même à travers l'image du frère idéalisé, — il *confirme aussi* ce que j'ai jusqu'à présent tenté d'expliquer... Un « *fort heureusement* » qui néanmoins transparaît enfin en ces autres lignes : « *"Je n'ai pas d'amis à ma hauteur. Ils piaillent tous, ils ne prennent pas le temps de réfléchir, de se poser les questions essentielles, et n'ont jamais entendu parler de métaphysique." Avant le divorce, elle était frêle, elle se repliait, sans s'en rendre compte, sous l'aile de notre mère ; après le divorce, lentement, elle se fit plus critique et finit par se détacher. "Conquérir son indépendance, là est la clef de toute existence."* » Je reparlerai plus tard et en détail de ce que signifient cette haine contre l'ignorance ou contre ce qui n'est pas intellectuel, et cette tendance antisociale, très prégnantes à l'époque de l'écriture du livre le plus virulent que j'aie jamais conçu (*Amer Amen*). Gardons cependant à l'esprit cette humeur sombre et dénonciatrice (qui a traîné), car elle peut s'inclure dans ce qui suit. On peut noter deux choses : *la question du genre sexuel ne se pose plus* (les paroles de Julie et son comportement après le divorce pourraient très bien, sans arrière-pensée, être ceux d'un homme) ; *le complexe d'Œdipe a — semble-t-il — disparu* (la critique et le détachement), du moins est-il en *période de latence* : « *Les tendances libidinales appartenant au complexe d'Œdipe sont en partie désexualisées et sublimées* », dit Freud. Si je n'avais pas écrit *Un certain amour* à l'âge de vingt-trois ans, c'est ce que j'aurais pu croire (sa disparition) ; *mais je l'ai écrit — à vingt-trois ans*, — et l'avertissement de Freud coupe la corde qui maintient la lame de la guillotine : « *Si vraiment le moi n'est pas parvenu à beaucoup plus qu'à un refoulement du complexe, alors, ce dernier subsiste, inconscient, dans le ça et il manifestera plus tard son effet pathogène.* » Que puis-je dire ? que puis-je vraiment dire ? *Ce que, sans le savoir, j'en avais dit !...* — d. — En dernier lieu, le travestissement dépeint également un *contre-fantasme*, dont je donnerai la définition suivante pour ce qui nous concerne : « *Construction imaginaire inconsciente, permettant au sujet qui s'y met en scène, d'exprimer et de satisfaire, par le biais d'un autre fantasme que l'initial, dont il procède et qui est caché, un autre désir refoulé.* » Le contre-fantasme dont il s'agit, est : *mon frère n'existe pas*. En faisant de Julie un frère idéalisé qui n'est autre que moi-même, en faisant de Guillaume l'*alter ego* de moi-même, — autrement dit, remarquons-le bien, mon *alter alter ego* (ou mon *alter ego aliéné* et *aliénant*), — je l'ai escamoté, j'ai *cadavérisé* son être. Certes, tout porte d'abord à croire que je l'ai fait disparaître comme on se débarrasserait d'un rival, cependant ma raison (perforatrice), même si elle voulait se soulager, ne me propose rien de cela : dès le départ, *mon frère s'est nié*. Il s'est rapidement nié, et dans mon récit (ou je l'ai rapidement nié, ce qui revient au même), — et dans sa propre existence : ou bien parce qu'il s'est maintenu à l'écart (rejet, gêne), ou bien parce qu'on l'a maintenu à l'écart (rejet, dématérialisation). Je dirais même, en conjecturant sans illogisme, qu'il l'a nié *avant qu'il ne fût venu au monde*. Enfant non désiré moi-même, il l'a conçu afin je fusse moins seul : une majorité de petits frères ou de petites sœurs doivent leur naissance au rôle *prémédité de compagnon de jeu* de l'aîné. N'est-il pas en effet plus facile de vivre en *jouant* avec l'autre ? de supporter le fardeau de l'existence avec un ami consanguin, un labadens qui lui aussi va connaître ce fardeau ? Ah ! vanité, tout est vanité ! En désirant *un bien*, on engendre *deux maux* !... Des maux, des maux, toujours des maux, qui ne sont sur le papier rien que des mots ! De deux maux, choisir le moindre : le mien, celui de mon frère ? En supprimant mon frère par l'entremise de ma sœur fantasmée, je lui ai refusé son pénis, je lui ai interdit le mien (jalouse ?), donc *je me suis fait estimer le mien*. Quelle complexité — si jamais elle avait *un sens* ! L'éducation relativement sévère que je reçus de mes parents (de mon père, surtout), *s'est ramollie* vers mes quatorze ans : n'apparaît-il pas que l'*anachronisme* de la date du divorce trouve l'une de ses justifications de ce côté-ci ? Ce que je veux souligner ici, c'est que l'éducation de mon frère fut exemptée de toute sévérité vers ses onze ans, c'est-à-dire trois ans et demi avant que je ne l'eusse été moi-même ; or, mon frère n'eut jamais la maturité des gens de son âge ; par conséquent, *on le rendit doublement immature*. Mon père ayant levé le pied, mon frère n'en changea pas pour autant ses habitudes avec ma mère ; ma mère qui, pour sa part, n'avait pas du tout levé le pied dans son maternage abusif, — au contraire (puisque je m'en étais un peu éloigné), — si bien qu'elle ne fit que renforcer l'immaturité de son second fils (oui, elle le *seconda* plus que de nécessaire) : abandonnée par un commandement qui eût été tout à fait *irrationnel* s'il n'avait eu de lien avec/contre mon père, elle coupa les morceaux de viande de mon frère sans qu'il l'eût auparavant ouvertement demandé (il agréait cette épargne intérieurement), le tout à l'abri du regard de mon père (qui *les* eût sans cela grondés et moralisés), et ce, jusqu'à un âge avancé. Dans cette histoire, le comble de l'ironie est atteint de ce que je ne peux en toute intégrité m'insurger contre ces voies de fait, en en ayant profité plus qu'il n'eût été convenant de le faire ! (Au jeu d'Abel et Caïn, je citerai un passage d'une nouvelle de jeunesse, *La Traque*, qui fait partie de mes innombrables histoires mettant en scène deux frères amis ou ennemis : « — *Tu es en piteux état, petit frère... dit-il, tout en collant son revolver sur la tempe de Marc. Tu croyais peut-être m'échapper... Abruti de frère ! Tu ne changeras donc jamais... Papa et maman t'ont fait comme ça, on n'y peut rien... Ah ! ah ! ah !... — Il regarda Marc dans les yeux et n'y vit que fatigue. — Adieu, frangin... — Il appuya sur la gâchette et la balle partit. — La dernière vision de Marc fut celle des yeux de son frère, emplis d'une démence intarissable. — Intarissable, mon Dieu...* » Je n'invente rien : il y a même une nouvelle, sur la centaine que j'ai pu écrire, portant le titre *Mon frère*, dont voici quelques lignes (on comprendrait mieux si j'en donnais l'intégralité) : « *Mon Dieu, Yoann, mon frère, s'est jeté sur moi, avec le couteau qui a servi à tuer tous les autres. Un couteau souillé de tous les sangs imaginables. — Et avec ces sangs, l'empreinte du mien s'incrustera aussi sur le couteau de Yoann. Parce qu'il m'a tué, moi aussi. Il m'a enfoncé et renfoncé son arme dans le corps, entre les côtes, dans les reins, le dos, les jambes. — Mon frère m'a tué. Moi, Stéphane. — Mon frère m'a tué.* ») — 3. — À la suite de l'*anachronisme* et du *travestissement (frère/sœur)*, viennent naturellement, — dans ce *théâtre* (« θέατρον », « *lieu où l'on assiste à un spectacle* », puis « *theatrum* », « *lieu où l'on assiste à un spectacle* important »), ce monde d'illusions d'où éclosent les désillusions (« *Cette séparation fut, jusqu'à l'âge de vingt ans, la plus grande désillusion que j'eusse rencontrée* », « *un* échec *retentissant* », « *C'est ainsi que je connus l'amertume, le regret, — le remords* »), — à la suite viennent naturellement, dis-je, les géniteurs des symptômes, — *les parents*, — le *père* et la *mère* du jeu des *sept*(-icémiques) familles. (Ô Seth, destructeur de la vie et de l'harmonie, Dieu du *Vrai* !) Avant, pendant et après le divorce, sans casque ni armure, il fallut aller au front ou surveiller ce qui s'y déroulait. Toujours sain et sauf, le sang ne coulait pas, mais les larmes dégoulinaient et eussent pu remplir des bidons de plusieurs hectolitres. Pour en parler « *de mon donjon enténébré* », en les rameutant des *décombres* « *où devaient encore flotter les fantômes de toutes les disputes qui s'y étaient déroulées* », les expressions martiales ne me manquèrent pas, ni ne m'échappèrent : « *ralliements* », « *combats* », « *confrontations* », « *opérations de guerre* », « *champs de bataille* », « *camp* », « *affrontement sanguinaire* », « *retranchements* »... Ah ! le déchirement des parents, des enfants, des familles, les « *tabous* », les « *mensonges ou les silences* » ! Un climat favorable aux fièvres topiques et aux névroses tropicales, qui — telles des fleurs fanées (de notre déhiscence) — nous ferment chaque matin et nous referment chaque soir... (Tout compte fait, le *silence* régnait en maître entre nous quatre : mon frère, quand il parlait, ce qui était rare, n'alignait jamais plus de trois mots à la suite ; ma mère, réservée depuis son enfance où seule était autorisée la bonne parole du père, n'osait guère ouvrir la bouche ; mon père, très loquace, mais dont la loquacité se murait dans les futilités qui sont le signe du refoulement incessant. Tout n'était que silence : le silence lui-même et son absence...) Contingences iniques : une métaphore m'est suggérée tandis que j'écris, car au-dehors l'ensoleillement envahit le paysage, et l'orage et la pluie s'abattent au-dedans... Et combien de fois, à se demander *qui était l'adulte*, m'obligea-je à recourir à la médiation entre mes parents, et de placer invariablement ma tête entre les mâchoires d'un étau qu'un mouvement de poignet diabolique resserrait, resserrait, jusqu'à l'écrasement ? « *Et on m'a jeté au milieu de l'arène sans armes, je dois me protéger et les protéger tous les deux sans qu'aucun ne se blesse* », peut-on lire dans *Au premier songe*. Certes, je n'avais rien demandé et je souffris de ce rôle de médiateur, mais, de je ne sais où, des paroles de Lacan me reviennent et m'inclinent à modérer les miennes, car derrière toute médiation, disait-il à peu près, se révèle le désir de faire part d'un désir... Bref, mes parents, qu'il eussent eu « *le cœur sur la main* » ou « *fait n'importe quoi* » pour leurs progénitures (ce qui est la vérité), n'en ont pas moins fait saigner mon cœur, et, de mon frère et moi, fait n'importe quoi (Ferenczi employait la grave expression de « *terrorisme de la souffrance* » en pensant aux enfants qui doivent porter le fardeau des parents). — a. — Pourquoi mes parents se marièrent-ils ? « *peut-être pour la raison suivante [...], qui est ma venue au monde* — imprévue*, ou, en tout cas, de prime abord non souhaitée* ». Mais au préalable, pourquoi se rencontrèrent-ils ? — et pourquoi s'attachèrent-ils, d'une façon ou d'une autre, l'un à l'autre ? « *Ou bien mes parents furent séduits l'un par l'autre, ou bien c'est pure folie* », avais-je osé écrire, devinant qu'il y eut, à n'en pas douter, une once de jeu séducteur et amoureux (« *je pense que mes parents ne s'aimèrent jamais, au sens noble du terme, qu'au tout début* »), mais surtout une folie qui en fit très tôt des automates, car : « *Comment deux êtres, qui paraissent totalement différents l'un de l'autre, peuvent-ils éprouver le besoin de s'accoupler ?* » La genèse du couple formé par mes parents, comme il en va de toute genèse, est ancrée dans le péché d'avoir mordu le fruit défendu ; et ce sentiment fait valoir son empreinte dans mes *Pensées* : « *Voyez ceux qui, frères ou amants extranaturels, s'entaillent les veines ou les paumes des mains pour les coller l'une contre l'autre et se jurer fidélité, jusqu'à ce que "la mort [les] sépare". — Certes, c'est un moyen de se lier maladivement... On ne peut que s'échanger le mal que chacun porte...* » Malades de l'être en tant que — *tous* — porteurs du mal, du Mal originel ; en désirant — *tous* et *tout* — savoir, on se fait — *tous* — avoir. Mes parents et les autres procréateurs n'attendirent pas qu'une nouvelle pomme tombât de l'arbre. En grimpant au tronc, ils l'arrachèrent violemment. Tout cette mascarade pour quoi ? *Pour divorcer* et finalement, sans avoir eu le temps que d'y planter la dent, *laisser pourrir* le fruit qu'ils ont jeté sur l'herbe grasse. — b. — Les images de mon père et de ma mère, que j'ai taillées dans la roche friable d'*Un certain amour*, apparaissent si grotesquement surévaluées que l'*idéalisation* de l'un d'eux eût pu, sans fournir un trop gros effort d'imagination, et avec un brin de perspicacité, être échangée pour le *rabaissement* de l'autre, et révéler de la sorte les deux *revers* indiscernables d'un même médaillon. D'un côté, je rehausse mon père qui « *avait réussi ses études d'architecte en terminant major de sa promotion, et avait trouvé immédiatement un travail très bien rémunéré qui nous permit de vivre dans une aisance enviable* » ; d'un autre, j'émets des réserve sur le niveau culturo-intellectuel de ma mère, « *issue d'un milieu essentiellement voué au catholicisme* », et qui « *ne put échapper à sa "catholicité"* ». Ces deux angles d'« attaque » visant les éducations respectives de mes deux parents, sont, sinon faux, du moins exagérés. Mon père ne fit jamais d'études d'architecte (l'architecte n'est-il pas, selon le Littré, « *celui qui exerce, en qualité de maître, l'art de bâtir, traçant les plans, et surveillant l'exécution des constructions* » ?) et il ne fut pas davantage « *major de sa promotion* » ; ma mère ne fut jamais vraiment, comme je l'ai déjà expliqué, d'une grande « *catholicité* », et ma haine de l'époque à l'égard du catholicisme et de la plupart des religions avait indéniablement corrompu mon jugement primesautier et vain. Ces mensonges, ou ces fantasmes, ou ces manipulations, n'avaient d'autre terreau que mes *représentations œdipiennes* (« *représentation* » au sens de la formule de Schopenhauer : « *Le monde est ma représentation* ») : mon *idéalisation de l'homme* (représentation paternelle) et ma *discrimination de la femme* (représentation maternelle), ce dont je vais m'entretenir maintenant. — c. — Le représentant du phallus, incarnation virile des deux *verges* patriarcales et autoritaires, la *petite baguette* qui sanctionne de son statut de chef, et le *membre anatomique* que renferme le pantalon de celui qui le porte (dans sa cachette — encore !), — mon père, — dès l'orée de la description de son passé, est érigé en conquérant donjuaniste : « *Avant de connaître ma mère, il avait, tel un don Juan indifférent, multiplié les aventures, et il avait voulu s'assagir en rencontrant ma mère. À la vue de son impétuosité résiduelle, ce choix fut à mon avis une grande bévue.* » L'homme doit-il se servir de son pénis comme d'un fleuret et déflorer à hue et à dia tout ce que son chemin (« *indifférent* », notons-le bien) lui prodigue ? À sabrer tout ce qui se présente, sans se départir de son « indifférence » ni de son « *impétuosité* », on a l'impression qu'il ne fait que céder à une pulsion dont il se fiche, qu'il ne fait que remplir une mission qui serait de soumettre les femmes à ses bons vouloir et pouvoir. N'oublions pas que Julie répétera le même schéma, que Julie, c'est moi, et qu'en effet, j'ai également « *multiplié les aventures* » (et respecté l'introjection du père) ; donc je puis affirmer, par expérience, grâce à la méditation sur l'inhumaine condition, que tout don Juan ne soumet pas, mais est soumis, que la frénésie du *conquérant* est un obstacle à la juste appréhension des rapports homme/femme civilisés et civilisants. Au nom d'une énième gaudriole stylistique, je persiste à conclure que *le père, celui qui possède la paire, connaît fatalement l'impair*, car il se fourvoie en se croyant le mâle dominant capable de gouverner l'autre sexe. Le lecteur m'exposera-t-il son grief ou son courroux quand il apprendra que je ne sais rien des relations, encore moins de leur nombre, que mon père a pu nouer ? Cela dit, cela n'émiette pas l'idéal qu'il représentait ; au contraire, cette idéalisation l'énonce dans toute ma perversité. Qu'eussiez-vous fait à ma place ? Mon père est d'une beauté dont la *puissance* ne laisse pas *indifférente* la gent *féminine*… Ensuite : « *mon père avait dès le début disposé d'un fort caractère. Ses problèmes familiaux, qui sont en tous points identiques à ceux que je devais vivre plus tard avec le divorce, lui forgèrent un moral d'acier et un pouvoir de persuasion hors du commun.* » Le « *en tous points identiques* » est un peu fort. Certes, il vécut lui aussi le divorce de ses parents, il fut l'aîné de la famille (de deux sœurs), mais, contrairement à lui, je n'eus pas à m'occuper de mon frère, seul avec ma mère, parce que celle-ci avait quitté le domicile familial et son mari, et je n'eus pas non plus à subir l'autorité excessive d'un père qui punissait en fouettant avec son ceinturon (et le « *ma sœur et moi souffrîmes de l'éducation qu'il nous prodigua* » est, *bis repetita*, un peu fort). Le « *en tous points identiques* » n'est justifié, une nouvelle fois, que dans la représentation que je me faisais de mon père, et de mon identification à lui. (Une remarque : ce qui pour moi complique *aujourd'hui* le *temps de l'identification*, c'est qu'à l'idéalisation qui prévalait à l'époque du divorce, se mélange l'idéalisation qui valait encore à vingt-trois ans, et qu'elle-même est rendue confuse par l'*image* supposée de l'idéalisation que j'en avais en l'écrivant.) J'eusse aimé que mon père me racontât son enfance, quand bien même elle fût douloureuse. Soit qu'il estimât qu'on ne devait pas conter à un garçon (voire à un adulte !) ce genre d'histoires vécues durement, soit qu'il souhaitât tirer un trait sur ce passé, cela revient au même quand il repense au *silence*, ou à la *loquacité futile*, ou au *refoulement*. Je crus longtemps que ces événements lui avaient forgé « *un moral d'acier* », mais je me trompais. Celui qui se tait, ou parle sans rien dire, ou tente d'oublier, *n'a pas* « *un moral d'acier* ». Il fit tout pour (se) faire accroire qu'il était le maître alors qu'au fond, il n'était qu'un esclave, et en l'idéalisant en tant que maître, je n'étais moi aussi que l'esclave de mon propre fantasme et de l'image que mon père lui-même tâchait de refléter. Observez comment le langage, si perfide tant qu'il déréalise, m'infatua : je semble vénérer chez mon père « *un pouvoir de persuasion hors du commun* » ! Persuader *qui* ? *de quoi* ? Combien cela est-il étrange ? ! En tout cas, il sut me persuader qu'il était l'idole (« *à qui je dois tout ce que je suis* »), qu'il eût été préférable qu'il « *achetât une nouvelle maison pour qu'on y vécût tous les deux* » (je mens : je ne le désirais point) et que nous avions reçu, mon frère et moi, « *l'une des meilleures éducations possibles* ». Et quelle était dans mon esprit la première utilité publique de cette formidable éducation ? Celle « *de nous aguerrir suffisamment et être en mesure de lutter contre les pitoyables contingences et ne pas être écrasé par un monde sans vergogne* » ! Mon Dieu ! l'extranéité du monde, synonyme de jungle et de combats, comme si le cocon familial n'avait pas été suffisant en matière de jungle, — ce cocon qui enveloppa les larves que mon frère et moi sommes encore, ce cocon tissé de fils qui nous retenaient et nous étranglaient ! Aguerri, le suis-je ? Je suis un Hamlet, je contemple un monde sans foi ni loi et ne puis jamais m'extraire de la méditation pour remuer, fût-ce le petit doigt, ou m'avancer, ou *agir* ! *Je suis aussi faible que j'ai cru mon père fort.* Je n'irai pas jusqu'à conclure, par une espèce de « contre-syllogisme », en partant de cette dernière affirmation, qui serait la majeure, et en reprenant pour mineure la citation que j'ai donnée plus haut (« *Mes faiblesses m'ont été données par ma mère ; mes forces, par mon père* »), que *je suis aussi fort que j'ai cru ma mère faible* ; — car le risque, à tant manier les contradictions, serait que je m'embrouillasse et que j'en perdisse la raison… Qu'il est difficile de démêler les contradictions, les mensonges, les vérités, les préjugés, les idéaux, les espoirs, les triches, les désillusions, — dans cette *jungle* ! Si je relis par exemple cet aphorisme (*Le Souci de l'âme*) : « L'instinct maternel. — *La vie est un combat de coqs ; la mère, en faisant la poule, crée des inaptes, des inadaptés. La mère-poule, — le temps de donner le sein. Le guerrier ne boit pas de lait* », — je ne peux empêcher qu'une larme de désenchantement coule sur ma vanité : *je bois constamment un verre de lait avant d'aller me coucher...* Pourquoi avoir tant dénigré la Mère ? Tout n'est que contradictions ! Lorsqu'en commençant à parler de ses parents, j'écrivais qu'elle « *fut trop proche d'eux, de même qu'elle sera, plus tard, par la grâce de ces répétitions mimétiques, trop proche de ma sœur* », qui visais-je ? Lorsque je prétendais que « *ma mère fut ce qu'on appelle une enfant assistée* », qui — à travers — visais-je ? *Moi*. Je crois sincèrement que cette tardive révélation modifia d'heureuse façon le repère dans lequel je n'avais été qu'un point évoluant selon des coordonnées spatiales tronquées ; et de cette acceptation, c'est-à-dire de la compréhension des accusations portées inconsciemment (que mes faiblesses étaient héritées des faiblesses de ma mère), est née une force consciente. La *position défensive* » qui était la sienne, et que je décriais, n'était que la conséquence d'une éducation emprisonnante, où le père, *l'homme*, asphyxiait à chaque occasion la *femme* qui était en elle, comme on priverait d'oxygène la *flamme* d'une bougie en y apposant, sans la toucher, une coupelle qui en quelques instants l'éteindrait (ou des mouchettes — qui *coupent la mèche*). Je pus positivement la prendre *en pitié* par le truchement du triste constat révélé qu'« *une femme est trop faible, davantage si son mari est fort, pour résister seule aux attaques et contrecarrer les reparties* ». Quelles étaient ses armes contre le « *pouvoir de persuasion* » de l'homme ?... — d. — La *pitié*, bien plus que la *déception*, est le sentiment majeur que je garde de tout ce qui se déroula sous mes yeux. L'implication (« *avec une telle avidité* ») de mon père dans son travail, ses activités annexes (sport, présidence d'un club de basket-ball, de l'association de notre lotissement, et j'en passe), m'apparaît aujourd'hui comme une *fuite*, non pas seulement dans l'intention de fuir l'ennui, mais de fuir le foyer et ses malheurs, et de *se fuir*. « *Molte fiate già pianser li figli per la colpa del padre.* » (« *Souvent déjà les fils ont pleuré pour l'erreur du père.* ») La volonté de ma mère de préserver « *sa propre dignité* », la « *nostalgie* » et le « *regret* » que je voyais peints sur son visage, ses difficultés « *pour affronter la vie* », sa libération qui arriva trop tard (quand l'idée lui vint que « *sa faiblesse* » pût être « *sa force* »), tout cela me peine. Mon affliction est encore grande (tant elle est tenace) d'avoir vu des pans entiers d'existences gâchés : où et quand commencent et se terminent la proximité, la vie, l'épanouissement, la résignation (ou la résiliation), le dégoût ? Que penser de cette *passade* tirée du *Souci de l'âme* : « *Non, mes parents ne sont que des êtres proches, et je leur devrai ma mort, puisque celle-là, je la connaîtrai vraiment, contrairement à ma naissance ; — car qui se souvient de sa naissance ? — et qui a demandé quoi que ce fût ? Je demande à vivre pour moi-même, et je demande à mourir pour mes parents* » ? Pondu pour être pendu !... — 4. — Enfin vient le moment, après *l'anachronisme*, le *travestissement* et les *parents*, de parler de *moi*. — a. — Il est remarquable que je paraisse effacé dans ce premier chapitre d'*Un certain amour* ; cet effacement trouve en particulier sa justification lors du deuxième chapitre (dont les premiers mots sont : « *Je naquis un beau jour du mois d'avril* » !), que je réserve pour une date ultérieure (et dans l'attente, je me « *refface* »). — b. — Il est tout aussi remarquable, si l'on omet l'« hypothèse » que ma sœur soit mon double, que je n'apparaisse le plus souvent qu'*en tant que spectateur*, un spectateur aux multiples facettes : désabusé (« *c'était si peu naturel d'observer les membres de chaque camp* »), écarté (« *jamais, de mémoire, on ne me prit à part pour discuter du divorce* ») ou incompris (« *ils semblent ignorer, oui, que toutes ces simagrées sont démasquées par les enfants avec une déconcertante facilité* »). Je ne puis que penser malgré moi au cafard de *La métamorphose* de Kafka, mais, à vrai dire, à un cafard qui serait *plus actif dans sa passivité* que ne l'est Gregor Samsa (dont j'écrivais plus haut qu'il pliait « *sous l'adversité* »). En réalité, si je *devais* choisir, je choisirais plus « volontiers » *la limule* (dont le *genre féminin* n'est attesté que par quelques dictionnaires, dont le Littré), animal marin (*sous la mer* — mais peu profond) issu d'une lignée vieille de cinq cents millions d'années (*je me sens vieux*). Également surnommée, à cause de la couleur de son sang, le « crabe au sang bleu » (*pâle semble le* cancer), la limule est *toujours cachée*, et pour cause : la tête et le thorax sont soudés, formant ainsi un céphalothorax protégé sur le dessus pas une *carapace* (en forme de casque de soldat allemand) d'où percent deux paires d'yeux (une petite et une grande) qui ne détectent de l'environnement immédiat que ce qui est *en mouvement*. Les yeux tournés vers l'extérieur, posés sur l'écran qui était à la fois une interposition protectrice entre le monde (les harpons) et moi-même, et une barrière opaque qui m'empêchait de *me regarder*, je scrutais les autres, camouflé : *ça remue*. Le problème de la claustration est le renforcement de l'impuissance, impuissance qui, à son tour, tel un *insecticide*, vous fait oublier que vous êtes une limule, que vous existez, et fait même oublier aux autres que vous existez. Tel était le funeste présage de la fin de vie d'insecte de Gregor : « *À peine était-il dans sa chambre qu'en un tournemain la porte fut repoussée, refermée et verrouillée. Ce brusque vacarme derrière lui effraya tellement Gregor que ses petites pattes fléchirent. [...] "Et maintenant ?" se demanda Gregor en jetant un coup d'œil autour de lui dans l'obscurité [...] Puis d'un coup sa tête retomba, malgré lui, et de ses narines s'exhala faiblement son dernier souffle.* » Avec sa carapace, cette limule a pourtant un avantage : la « délivrance finale » (Brahman), très difficile à atteindre, dont on trouve dans le *Mahābhārata* une image : « *Quand on réduit ses désirs, comme la tortue (réduit) ses membres (pour les cacher dans sa carapace), alors, (recevant) la lumière de l'âme, on devient bientôt éclairé dans son âme.* » — c. — Cependant, s'il vous reste assez d'énergie, vous pouvez *réagir* de telle sorte que ce ne soit pas le monde qui vous rejette, *mais vous qui le rejetiez* : au fond, cela ne change pas la situation telle qu'elle s'est *métamorphosée*, vous restez isolé, mais au moins vous vous battez intérieurement, pour ne pas dire « débattez » : « *je compris que ces bals ne comptaient plus pour moi : j'allais, comme on dit, faire ma vie seul, et ne plus participer le moins du monde à ces attroupements stériles.* » Toutefois, le danger de la réjection de la faute est que vous en veniez à sombrer dans une déresponsabilisation totale et que vous vous assujettissiez à la haine, puis, petit à petit, au pessimisme et à la mélancolie : « *Ces confrontations, d'autant plus violentes et rédhibitoires qu'elles avaient lieu de manière indirecte, m'apprirent à me contenter des affres de la vie. Je chérissais déjà, en secret, l'espoir de ne plus avoir à me préoccuper de tout ce qui concernait ma famille* » ; — « *Je me demande si la profonde part de duperie réciproque et le côté maladif de la désillusion et du mécontentement que connurent mes parents, ne furent pas injectés à mon petit cœur lorsque je me trouvais dans le ventre de ma mère.* » *La haine que vous découvrez en l'autre devient votre haine envers l'autre*, laquelle se retourne toujours contre vous : *vous vous haïssez*. De tout cela, il sera question plus tard dans ce livre, « *Ha ! l'égoïsme de l'homme, cet entrepreneur par intérêt !* » — d. — Ce long monologue va s'achever (si je ne veux pas qu'il *m'achève*). Mais à discuter de tout cela, avec moi-même pour unique témoin, pour unique contradicteur, j'en arrive presque à ne plus savoir si cela a vraiment existé ou si ce n'est qu'un fruit, parmi d'autres, de mon imagination. Je ne sais plus ni où a commencé Œdipe, ni où il a fini ; je ne sais plus ce que je pense de mes parents, de mon frère, de moi-même... Plus haut, j'ai cité Winter et ses *Études sur l'hystérie masculine*. Qui, selon lui, incarne-t-il le mieux l'hystérique ? *Don Juan*. En s'appuyant sur la pièce de Tirso de Molina (*Le Trompeur de Séville et le Convive de pierre*) et de deux des répliques du héros, il déclare : « *la structure de Don Juan est cernée : il est l'homme sans nom qui est un homme et une femme.* » En déplaçant mon identité vers celle de mon frère, je me suis privé de la mienne propre, en particulier en cédant mon nom, et je me suis fait androgyne... (Ne nous étonnons pas de la *masculinité* de l'hystérique : l'hystérie touche aussi les hommes, et Freud, à l'époque où il fut l'un des premiers à en parler, bouscula les solides préjugés de certains individus, parmi lesquels figurait un vieux chirurgien qui s'était tout bonnement exclamé : « *Mais, cher confrère, comment pouvez-vous proférer de telles inepties ! Hysteron* (sic !) *désigne pourtant l'utérus. Comment donc un homme peut-il être hystérique ?* » Le pauvre s'était emmêlé les pédales : si « *hystérie* » dérive bien d'« *utérus* », celle-ci s'écrit « ὑστέρα » et se prononce « *hysteria* »...) — Qui dit haine, dit amour, et il me faut, pour terminer, revenir sur mon androgynat pour mieux situer l'équivocité de ma misogynie. Bien que je ne sache plus quand s'est installée mon aversion pour la femme, ni comment l'interpréter rigoureusement, j'ai tout de même réussi à montrer combien ma nature androgyne se trahissait dans mes invectives misogynes. Certes, de *l'amour à la mère*, il y aurait, audible, un rapprochement homophonique (et même de *l'amer à la mort*, ou de *l'âme erre à l'âme meurt*), mais il y aurait aussi, sourde, *la haine*, car du premier amour naît inévitablement la première haine (*Monologue désabusé* — et sans pitié) : « *Et puis, où commencer en matière d'amour, même pour une aventure donnée ?... Tout devrait commencer au berceau, où la mère est là qui nous fera si mal plus tard... que l'on soit un mâle ou une femelle... La mère qui laisse son regard errer, qui nous donne ses monstrueux seins remplis de lait, que l'on suce, que l'on suce... Cette première histoire d'amour, fondamentale, on ne peut y échapper, ni en réchapper... Elle nous conditionne et nous meurtrit, la vilaine histoire originelle !...* » Comme je l'ai fait précédemment avec des échantillons (*les puisements*) de mes *Pensées*, je vais récolter ce que les graines de ma virulente misogynie, semées dans *Le Souci de l'âme*, auront fait éclore de « métasens » (tendancieux et tensifs). (N'ayons pas peur de l'exhaustivité, car plus je me citerai, plus je « me » comparaîtrai ! Étant donné qu'il y en a *beaucoup*, dont certaines flirtent avec les limites de l'incompréhensibilité, je me cantonnerai à une liste aléatoire de six flèches empoisonnées — que je ferai suivre, à la mesure d'une réécriture aussi spontanée que l'aura été leur relecture, d'indices — *très* succincts — basés sur l'*ante* et le *post*, séparés par un point-virgule.) — « *Ce n'est pas que j'aie quelque chose contre les femmes, qui fasse exprimer mon courroux emphatique ; c'est que je n'aie rien contre elles.* » (La femme n'est rien ; ce « *rien* » est le mien, celui de la castration, en résonance avec l'« *emphatique* ».) — « *Dire 'Je t'aime' à une femme, à un miroir.* » (La femme n'est rien, n'a pas de reflet, de *réflexion*. Au-delà de la jouissance de l'autre, j'aime la femme qu'en elle je *me* reflète.) — « *Je ne suis pas homosexuel, si bien que je suis condamné, ma vie durant, à faire l'amour avec une femme.* » (La femme est la solution sexuelle *par défaut*, donc *par dépit* (idée qui trouve son équivalent dans l'aveu de celui qui, humoristiquement, dit que faire l'amour avec une femme est un bon substitut à la masturbation, mais qu'il faut beaucoup d'imagination). À me défendre de n'être pas homosexuel, la condamnation porterait presque sur le fait de ne l'avoir pu être, c'est-à-dire efféminé, et le raisonnement hâtif laisserait à entendre que je dénie une certaine forme de castration.) — « *L'amour est un revolver dont le chargeur est vide : à cela, rien de réjouissant. — La femme fait son apparition, sans tambour ni trompette, avec une nouvelle qui redéfinit l'amour : elle apporte les balles.* » (La femme tue l'amour, l'amour pur est assassiné par sa faute. L'amour est représenté par mon phallus (« *revolver* ») qui est impuissant ou castré (« *chargeur à vide* »), dont je ne peux plus jouir (« *rien de réjouissant* »), et la femme arrive, certes sans le phallus (sans « *trompette* »), mais elle vient à moi tout de même, soit pour porter secours à ma virilité en m'offrant des testicules de rechange (« *elle apporte les balles* »), soit pour me rappeler ma castration en les brandissant dans ses poings.) — « *Un homme demanda au marchand des choses de la vie :* 'Monsieur, j'aimerais une femme qui fût belle, intelligente, raffinée, sensuelle, distinguée, sincère, ayant de l'humour.' *Le marchand écarquilla les yeux, stupéfait, et gloussa :* 'Une femme ?...' » (La femme parfaite n'existe pas, l'homme parfait existe. Tout ne vient pas à *poindre* à qui sait *la tendre* : à vouloir chercher l'impossible, je ne trouverai jamais et légitimerai ma peur inconsciente de la castration, — et dénierai du même coup cette castration.) — « *'Je veux jouir. — Je veux être malade.' Relation homme-femme.* » (L'homme voudrait jouir et est sincère dans cette volonté, la femme ne le veut pas en usant d'un subterfuge. Je veux jouir et ne le puis pas (je m'autocastre encore par des pensées abusives), à moins que, en supposant de mon plein gré la volonté négative de la femme, je m'identifie à elle, suite à la résignation *fantasmée* découlant de l'impossibilité, en tant qu'homme, de jouir, et que je ne sois *le* malade, celui qui *veut* être malade (de n'être pas satisfait dans sa jouissance), celui dont le désir est la mort, — autrement dit : *le mélancolique*.) — Dieu ! que cette régression fâche et blesse ! que cela me fait mal de me faire mal !... *Les dits voraces !...* — « *Je suis un tout-puissant frémissant d'impuissance !* » — dois-je, mi-figue, mi-raisin, m'exclamer à moi-même, comme l'Aïrolo de tout à l'heure... — Qui d'autre que Lautréamont pourrait-il *boucler* ces pages de l'« *il eût fallu* » ?... « *Plût au ciel que le lecteur, enhardi et devenu momentanément féroce comme ce qu'il lit, trouve, sans se désorienter, son chemin abrupt et sauvage, à travers les marécages désolés de ces pages sombres et pleines de poison ; car, à moins qu'il n'apporte dans sa lecture une logique rigoureuse et une tension d'esprit égale au moins à sa défiance, les émanations mortelles de ce livre imbiberont son âme, comme l'eau de sucre. Il n'est pas bon que tout le monde lise ces pages qui vont suivre ; quelques-uns seuls savoureront ce fruit amer sans danger. Par conséquent, âme timide, avant de pénétrer plus loin dans de pareilles landes inexplorées, dirige tes talons en arrière et non en avant.* »

* * * * *

Battre le fer pendant qu'il est chaud, prendre sur le vif les émotions, les sentiments, les angoisses, les souffrances : tel est le nouveau commandement. Je sais que le lecteur ne comprendra pas toutes les subtilités (moi non plus, d'ailleurs, car des tonnes d'eau ont coulé sous le vieux pont arqué) ; je sais que cela s'éclaircira au fil des pages ; je sais que le style général pâtira de cette longue coupure ; je sais que cela paraîtra décousu ; je sais que je regrette beaucoup de paroles ; mais je sais que *cela* relève de la nécessité. Je sais… que je ne sais rien. — Remontons les aiguilles de la montre : cap sur 1999 ! Apothéose du mal et premier pivot de mon existence consciente ! Horreur sans nom ! Déroule-toi… déroule-moi… et commençons par une dispute familiale parmi tant d'autres… — « [02/08/98 :] *C'est le jour de ma fête et on ne le dirait pas. Guillaume pleure (dans sa chambre car il a quitté la table au milieu du repas). Maman m'a dit que c'était de ma faute, qu'elle voulait qu'il s'épanouisse, que je l'en empêchais. J'ai rétorqué que c'était de sa faute à elle et que moi j'essayais de le rendre "humain".* [...] *Après quelques minutes de tension, j'ai évacué mon trop-plein de ma propre tension en pleurant et en révélant que rien n'avait été plus terrible pour moi que l'entretien en tête-à-tête avec ma grand-mère maternelle (qui ne voyait que la version de maman, qui la lui racontait) où elle m'avait semoncé : c'était de la faute à mon père et à moi s'il venait un jour à Guillaume l'idée de se suicider. Une fois que je l'eus eu raconté, mon père invectiva ma mère.* [...] *Les trois dernières fois que j'ai pleuré, c'était à cause de Guillaume et du climat qui s'ensuivit.* [...] *J'ai peur et j'en ai marre. J'aimerais bien être loin d'ici.* [26/10/98 :] *Il y a eu une mini rixe : mon père et ma mère, mon père et mon frère, ma mère et mon frère. C'est un vrai théâtre où tout le monde a tort à sa manière. C'est affligeant, grotesque, grave, triste.* — *Mon frère* — *du moins je n'en ai pas le souvenir* — *n'a jamais parlé à un dîner où nous étions tous les quatre ; il ne parle de rien et à personne. Je ne sais même pas s'il existe.* [31/10/98 :] *En ce moment, mon frère et mon père se crient dessus. Guillaume (non : mon frère) a traité mon père de con. Il a de plus pris sa douche sans avoir mis de savon, apparemment. Il fait la forte tête. Là, en ce moment, je voudrais frapper mon frère… Mais est-ce que mon poing atterrirait sur lui ? Il n'existe pas… C'est un con. Je n'ai pas de frère. Je n'ai jamais eu de frère. Je n'en ai jamais eu. C'est triste et vrai.* [30/12/98 :] *je voudrais signaler deux choses. La première c'est de voir mon père quand il interroge mon frère : il ramène toujours sur le tapis :* "Oui, mais de toute façon, il ne va pas me répondre, etc. Je fais tout pour lui, etc." ; *de son côté, ma mère est toujours trop derrière les baskets de mon frère. Cela donne un résultat pitoyable d'où il n'en peut sortir qu'un renforcement de la situation critique d'aujourd'hui.* [02/01/99 :] *Fait bizarre : mon père nous a accompagnés, ma mère et moi, pour faire les courses. Quand nous rentrons dans la voiture, mon père n'est pas là…* "Où est papa ?..." "Je ne sais pas." "Hein ?..." "Il est fâché…" *Etc. Tu sais, il faudra bien s'y attendre, mais il se peut que d'ici peu je parte* — *ou il parte* — *ou nous partions tous les deux… et…*" "Tais-toi." *Etc. Quelques instants plus tard, elle dit :* "Il va pleuvoir." — *Bon sang ! J'en ai marre… Heureusement que je suis un peu habitué à toutes ces vilaines histoires-là… Mais j'en ai par-dessus la casquette !...* [07/02/99 :] *Mes parents divorcent… Oh… Comme je n'aime pas ce verbe… Et maintenant, il est si proche de moi… Mes parents* divorcent, *c'est sûr… Je ne sais pas si je peux dire que j'étais préparé à ce jour… Je ne l'étais pas complètement, mais aujourd'hui, j'encaisse plus facilement le coup… Et c'est très dur… Vendredi soir : le plus horrible jour de ma vie. Il restera gravé à toujours dans mon cerveau… Et…* Oh… *Mon père m'a conduit dans ma chambre… Et c'est la première fois qu'il procédait ainsi : et lorsque ces moments surviennent, on sait que ce n'est pas la joie qui va être annoncée… Il m'a expliqué que c'était, cette fois-ci, une* vraie *séparation, après 21 ans de mariage…* [...] *Mon père m'a dit que j'étais la personne qu'il aimait et appréciait le plus au monde… À ce moment, j'ai commencé à pleurer… Mais je n'ai rien dit : pas de merci, rien…* [...] *Car le plus grand fautif, c'est mon frère… Mais comment pourrais-je dire :* mon *frère ?... Comment ?... Ce n'est pas mon frère… Quand mon père lui a dit qu'il partait, mon frère a dit qu'il le savait… Quand mon père lui a demandé ce qu'il en pensait, s'il était content que mon père s'en aille,* "mon" *frère a répondu :* oui. *Je hais cet être… Depuis longtemps maintenant, ce n'est plus mon frère… C'est un débile profond… Et ma mère qui continue à être sa servante… On dirait même sa maîtresse…* [...] *J'ai mis Grace, vendredi soir, et j'ai regardé mes livres… Et j'ai pleuré… Il y a tellement de choses à dire sur ce qui arrive… Je sais que si c'était arrivé il y a cinq ans, j'étais… j'aurais été proche de me suicider… et je ne rigole pas… Mon esprit fragile ne pouvait envisager ce genre de choses… Comment le faire ?...* [...] *J'en ai marre… J'ai du mal à cerner ce mot : divorce… Je vois encore mal tout ce que cela implique et je n'ose pas y penser : j'ai trop peur… Tout se détruit autour de moi… Cela m'arrive-t-il vraiment ?... Cela me fait mal… C'est un coup dur…* [...] *Je pleure… Je pourrais ne pas pleurer, mais c'est trop dur à réfréner… Et cela soulage…* [...] *J'en ai ras-le-bol… J'en ai assez de ce monde crevé…* [...] *J'en ai marre de ces adultes qui détruisent tout… J'ai peur de ces regards… Discrets, indiscrets… Personne ne changera… Personne…* [26/02/99 :] *Chez moi, mon père semblait dépité ; toutes les affaires partent progressivement et sont rangées dans des cartons : c'est lugubre…* [28/02/99 :] *Je suis arrivé à la maison et j'ai vu tous les cartons de mon père ; il n'y a plus de cadre ou de tableau au mur, les meubles sont, pour la plupart, vides ; plus rien dans le bureau. En regardant tout ce tas dans le salon, j'ai beaucoup pensé à mon père… et j'ai pleuré — dès que j'y pense, je pleure, c'est plus fort que moi, mais cela me fait du bien, beaucoup de bien…* [08/03/99 :] *J'ai lu les deux tiers de* La honte *d'Annie Ernaux, livre que mon père avait acheté il y a à peu près un an* [...] *et ce livre était déposé en plein milieu sur mon bureau… Et le livre commence ainsi :* "Mon père a voulu tuer ma mère un dimanche de juin, au début de l'après-midi." [...] *Je viens de finir* La honte. *Livre écrit avec une froideur rare mais dont je n'ai rien retenu de particulier ; le style de mon père a plus de signification que tout ce qui y est écrit…* [30/05/99 :] *Je suis allé aux Couëts, voir mon père et mes grands-parents… Mon père était mort… Il ne disait rien… Il est parti sans rien dire… Et m'a appelé pour me dire des choses qui m'ont fait pleurer — et il m'a raccroché au nez… Nous avons beaucoup discuté, les Bourgeais, Roselyne et moi… C'était épouvantable… Épouvantable…* [31/07/99 :] *Au retour, ma mère avait appelé et avait laissé un numéro où la joindre. En appelant, j'ai entendu des bruits de fond, un bruit de journal froissé, etc. Des bruits dans la cuisine ? On a parlé… Avec le numéro, je pourrais savoir d'où elle a appelé… Je parie mille dollars qu'elle est chez son amant… Elle, un amant ?... Ha !... Pouah !...* [...] *C'est affreux… affreux… affolant… Mes nerfs sont à vif… Oui… Un des plus mauvais moments au monde… Tragique… Pire que les cauchemars… Je suis allé fumer pour me reposer… Mais la cigarette vous laisse avec vous-même, avec votre conscience… Et j'y ai pensé encore davantage… De quoi ?... Mon père a appelé et je lui ai donné le numéro… Quelle connerie, oui !... Quelle connerie !... J'y ai réfléchi après avoir donné ce fichu numéro… Mon père a appelé… et m'a rappelé… Il a demandé :* "Je veux parler à ma femme…" *Rien. Pour lui, tout est clair… Je m'en veux à un point… Donc ma mère savait que je lui avais donné le numéro… J'étais mort… Oui : mort… Je lui ai demandé de faire croire que j'avais été forcé de lui donner ce damné numéro !... Et ma mère est arrivée ici, juste après que j'ai eu fini de fumer ma cigarette, devant la maison… J'avais peur… Je me suis expliqué, ai beaucoup menti, et elle m'a pardonné… Qu'est-ce que j'ai été faire, bon sang ?... Était-ce moi que j'ai eu peur de savoir ?... Non… Je m'en veux… Elle pleurait à moitié… Il faut que mon père ne dise pas la vérité… sinon je suis mort et enterré vivant… Bon sang !... Bon sang !... Et ni… Non : j'arrête… Mais ma mère ne cessait de crier :* "Mais j'ai aussi le droit à mon bonheur… J'ai été malheureuse pendant vingt ans…" *Et moi :* "Mais non… Au moins, les premières années étaient bien…" — "Non ! tu ne peux pas imaginer…

Tu ne connais pas ton père... Je ne veux pas te dire tout ce qui s'est passé... Tu n'en connais que le tiers..." Quoi ?... Mon père et elle se sont battus, je le sais... Elle, multiplie, lui, diminue ?... Je ne comprends rien... Était-ce son amant ?... Mon père l'aurait-il trompée ?... Je ne crois pas... C'est à y perdre la tête... Si mon père ne raconte pas tout, je m'en tirerai à bon compte... Mais là, je viens peut-être de faire quelque chose de compromettant avec des conséquences dignes des plus farfelues imaginations... Oh ! bon sang ! quand tout cela s'arrêtera-t-il ?... Je vais devenir fou... mais je suis solide... Mais pourrais-je être solide si je perds ma mère ?... Je n'ai déjà plus de frère... Non : mon père a perdu la raison en osant appeler... Oui, j'ai trahi... Ce n'est pas bien, non, pas bien du tout... Dois-je me maudire ?... Non... Je suis peut-être empli de mal, mais je suis capable de savoir ce que je fais... [01/08/99 :] Ça ne va pas du tout... Mes parents, en revenant, tiraient la tronche... Mon père est parti... Il m'avait dit, peu avant de partir : "J'ai le moral dans mes chaussettes..." L'œil mort... — Et ma mère, il y a vingt minutes, alors que je regardais les Ripoux, me dit, le visage grave comme je ne l'avais jamais vu : "On est dans la merde... Tu m'as trahie, Julien... Tu m'as trahie... Et je ne vais pas l'oublier..." Je n'ai rien répondu, surpris. Je suis allé fumer, mort. Je ne sais plus où j'en suis... Non... Et elle n'arrête pas de converser au téléphone... Mon père m'aura donc dénoncé, trahi... Ah ! superbe !... Mais qu'est-ce qui se passe ?... Chacun pour sa pomme ?... — Je suis mort... [...] Ce journal permet de se remettre et de prendre du recul... mais pas autant qu'on le voudrait... — Ma rage était folle. J'ai sorti le petit sabre qu'il y avait sous l'armoire. J'ai éteint la lumière et je me suis reposé, la tête sur le bureau. Ma rage, ma rage voulait éclater... J'ai entendu ma mère et mon frère se faire des messes basses... Cela m'a énervé et j'ai hurlé : "Guillaume !..." mais peut-être qu'ils n'ont pas compris... J'ai mis le CD de Creed avec le volume à fond... — Tout de suite, ma mère m'a passé le combiné — mon père. "Ça va ?... Ta mère m'a dit que tu venais de crier... Ça va ? Ça va ?..." Je n'arrivais pas à répondre. Les sanglots. Les larmes ont coulé. [...] Il est 00H43. Les événements extraordinaires continuent. J'étais parti chez Anthony... [...] Et là, en revenant ici, j'ai aperçu une lumière dans le couloir. Quand je suis descendu de la voiture, ma mère s'est jetée sur moi. Derrière, dans l'ombre, se tenait mon père — que je n'avais pas réussi à identifier tout de suite — car j'étais surpris. Ma mère semblait avoir pleuré. Elle avait certainement téléphoné à mon père afin qu'il vienne au plus vite. Ils ont fait plusieurs tours en voiture (ici, Cheviré, etc.), comme s'ils eussent craint... un suicide de ma part... C'est tout ce qu'ils devaient penser, vu leur tête... Surtout que je n'avais pas pris mes papiers et que se trouvait le "sabre" sur le bureau... Voilà donc comment les choses vont... C'est assez nouveau pour moi... Mon père reste coucher ici... Ma mère m'a même dit, en me souhaitant bonne nuit : "Je t'aime très fort." Comme quoi, j'ai dû lui faire horriblement peur... J'en suis désolé, vraiment désolé, mais je n'ai pas dit que je l'étais. [02/08/99 :] Le docteur Delorme est dans le salon. Quand je suis arrivé, après être passé au Leclerc, la voiture de mon père était là. Quand il s'est approché de moi, il titubait... Il avait bu... Il est allé dans les WC, sans parler. Il a essayé de vomir. J'ai attendu longtemps dehors, à fumer. Je me suis dirigé dans le jardin où je suis allongé — sans pantalon. Ma mère est arrivée. Elle savait que mon père buvait en attendant ici. Il a vidé toute sa boîte de médicaments. Je suis assez mauvais pour réconforter mais j'ai demandé si ça allait... Ils vont à l'hôpital, en ambulance, pour faire un lavage d'estomac. C'était affreux quand le médecin posait les questions... "Qu'est-ce qui s'est passé ?..." Mon père répondait dans un murmure effroyable... "J'ai bu et pris les médicaments... — Vous savez que ce n'est pas bon ?... Vous l'avez fait exprès ?... — Oui... — Vous vouliez commettre un suicide ?... — Non... — Bien... On va remplir les dossiers... Attendez, tout va bien se passer..." Etc. [...] C'est terrible, tout cela... C'est terriblement terrible et insupportable à voir... Je commence à lâcher... tout en restant sobre... d'esprit... C'est pas évident... [...] 23H16... Mon père a été gardé en observation au CHU... [03/08/99 :] En revenant, il y avait un mot de mon père sur le tas de vêtements, sur le bureau (le pantalon et le pull que je lui avais passés comme il était presque nu et qu'il avait vomi sur son propre pantalon) : "Ton papa qui t'aime beaucoup — Alain — Excuse-moi pour tout ce que je peux te faire de désagréable. Je ne le fais pas exprès. Je suis très malheureux. — Je t'aime." [05/08/99 :] Alors... Que c'est fou... J'ai vécu, aujourd'hui, la journée la plus extraordinaire de ma vie... Extraordinaire dans le sens incroyable, épouvantable, etc. Comme les relations familiales sont les plus fortes parce que la vie en commun est la plus longue possible avant l'âge adulte, cela est plus pénible que tout... Oui : pénible est un mot incroyable... En fait, tout a commencé quand mon père est revenu à la maison pour me chercher... Ah ! bon sang, je sais que je n'aurai ni la force ni le courage pour tout écrire à la suite et en détail ce qui s'est passé... [...] Donc... Ma mère est arrivée... Mes parents ont dû discuter des coûts de moi-même et de mon frère... et j'ai entendu une montée : ma mère a recommencé à s'exciter... La dispute approchait à grands pas... Etc. Je me suis levé... Ma mère a accusé mon père d'avoir fouillé dans ses affaires parce qu'il connaissait maintenant les initiales du nom du copain de ma mère... Etc. Disputes... J'interviens... Ma mère reproche à mon père d'avoir parlé du loyer qu'elle lui doit... Etc. Le ton monte... Je commence à dire ce que je pense... (Que n'ai-je de magnétophone...) On s'assoit pour tenter de parler calmement... Explications, etc. Mon père et ma mère en viennent à devoir signer un papier comme quoi mon père ne lui demande rien (loyer, etc.) et ma mère ne parle pas de sommes compensatoires et des coups (certificats). C'est sur ce dernier point que ma mère se fâche... Le ton monte de plus belle... Etc. (Je n'ose même pas parler de tout... mais je me comprends... Je crois que ces souvenirs, les paroles échangées, resteront en moi aussi longtemps que je vivrai...) Cela devient chaud... Ma mère demande à ce qu'on parte... "Tous les deux"... On se calme... Etc. Je commence à m'énerver sérieusement parce que mes parents ne s'entendent pas... Ma mère, têtue, ne flanche pas et s'énerve en criant presque... Comment s'expliquer devant une sourde furieuse ?... Je m'énerve tellement en voyant que ma mère ne veut pas signer à cause des certificats qu'elle souhaite garder [...] Et c'est parti... On parle (ils) des bagarres... Et mon père m'apprend que ma mère l'a déjà battu... Et cela montre combien ma mère peut être folle... Elle m'a surexcité d'entendre... ça... Ce sont ceux qui reprochent le plus lourdement une chose qui font justement cette chose... Sauf que ma mère a des preuves qu'elle a été battue et pas mon père... — Haa... Bon sang !... Comment tout dire ?... Il y a eu tellement de révélations... de paroles échangées... J'ai l'impression que cela a duré des heures... Je m'énervais tellement (et je pleurais) que mon père affolé venait me soutenir, affolé de mon affolement... Je voulais frapper ma mère... Elle ne faisait que crier des absurdités et ne voulait rien entendre... "Tu vois, a dit mon père, ce que j'ai ressenti toutes ces fois..." [...] Tout s'est envenimé... Mon père, ma mère... Moi... Moi : "Mais putain !... Mais c'est dingue... Je ne peux pas croire ça... Comment ?..." Je criais dans le vide mais c'était pour ma mère — et surtout mon père s'apercevait de cela et tentait de me calmer... Ah ! tout ce que j'ai pu dire... Quand la tension est montée trop haut, ma mère est sortie, ne voulant toujours pas signer... Elle s'est dirigée chez les Bordage. Je l'ai rattrapée... Les Bordage étaient à la fenêtre... J'y suis allé, leur ai parlé, ma mère s'est ramenée... Mme Bordage était effondrée, M. Bordage ne savait pas quoi faire... Ma mère était folle, disait des inepties... [...] En revenant, ma mère a signé et a chassé mon père de la maison... Je n'aurais pas été là qu'ils se seraient tués... — On est allés *au restau [...] Sur le chemin, mon père a raconté l'histoire de ses "maîtresses", sujet évoqué par ma mère quand l'ambiance était au maximum de l'hystérie... (Note : en janvier, mon père, après un accrochage avec ma mère, avait ingurgité tout un tas de médicaments et s'était couché, très mal... Ma mère, au retour, l'avait réveillé et avait déclenché une dispute... Mon père, au mental ivre, avait cassé le téléphone... Cela devenait dangereux... Mon frère, apeuré, était allé chercher Michel Bordage... Michel avait pris mon père dans un coin et lui avait parlé pendant une heure... et mon père ne se souvient de rien... Ce qui est préjudiciable pour lui...) [...] J'en ai marre... Mais je suis très loin du suicide,* etc. *[...] La pire journée de ma vie... Certes... Vivement demain soir ou après-demain soir, que je me bourre la gueule !... (Pardon... Mais ce sera bon...) — Bonne nuit... Ô mon ami...* [08/11/99 :] *Sinon : les problèmes toujours de plus en plus graves entre mes parents — et je suis le médiateur ("Ton père ceci...", "Ta mère cela...")... * [23/11/99 :] *Et ma mère est prête à demander la pension compensatoire... Mais qu'est-ce qu'ils se débrouillent mal, ces deux-là !... J'en ai marre... et je me suis énervé... J'ai frappé très fort des deux mains le mur et j'ai crié : "Vous êtes tous les deux des nuls, des connards, des enculés !..." Ce n'était pas fin mais je n'en pouvais plus... Ma violence est parfois immédiate... [...] Ma main tremble... [...] En venir là !... Qu'est-ce qu'ils sont nuls !...* [05/12/99 :] *J'ai rappelé mon père à l'instant... Il était au bord des larmes... C'était affolant... Ma mère lui demande la maison... et elle ne m'avait rien dit... Pas hier midi, quand je l'ai appelée... [...] Cela me tue... Mon père au bord des larmes, on aura tout vu !... Il me l'a dit : s'il n'y avait pas Nelly et moi... Foutu... Fait chier : j'en ai marre... [...] ma mère a appelé... On a parlé... J'ai appelé mon père... C'est le bordel !... J'en ai marre... [...] J'en ai assez !...* [09/12/99 :] *J'ai vu mon père. [...] Il m'a dit qu'il n'y aurait pas eu Nelly qu'il aurait tenté de se suicider...* [21/01/00 :] *j'ai joint ma mère [...] Je suis allé furieux à la maison, où les seuls mots échangés furent : "Au revoir"...* [19/05/00 :] *En allant à la cuisine, j'ai vu qu'il y avait un billet doux pour moi : "Julien. — Il paraît que papa veut t'envoyer récupérer ici quelques affaires (tondeuse, etc.). — Je t'interdis de prendre quoi que ce soit sans mon accord. — Bisous. — Maman." Oh ! merci, c'est gentil...* [04/08/00 :] *Mon père a appelé... Il m'a dit des choses affreuses... Une collègue de ma mère (Marie-France, toujours elle) a été prendre des photos de la boîte aux lettres de mon père... Etc.* [06/11/00 :] *Il ne reste guère que mon père pour m'aider, me soutenir... me comprendre... le comble !... Lui qui ne pourrait pas comprendre mes actes et volontés — ou qui ne voudrait pas les comprendre...* [04/07/01 :] *Affliction profonde vis-à-vis de mon père... et pensées à la relation mon père-mon frère...* [30/01/02 :] *Ah, mon père ne serait pas là... C'est lui qui me fournit en argent... mais c'est lui qui m'oppresse... Mon dieu... J'en ai marre... J'ai peur de le voir... [...] Il me parle d'intérim... Affreux... Couteau sous la gorge...* [13/02/02 :] *Mon père... Première fois qu'on se prend autant la tête... Engueulades de part et d'autre... Parlé suicide... Il a dit que c'est lâche !... Bon... Ha !... Merde... Dégoûté... Au revoir sans dire au revoir... Merde... Il y a un hic, un problème majeur... Foutu... On se sépare un peu... Heureusement que j'avais bu... Ça m'a aidé à lui prendre la tête... Ça m'énerve... On n'est pas dans le même monde... — Mon père qui disait : "Pas de chantage..." quand je parlais de suicide comme solution finale... Pfft... Ça me mine, ça me tue... La personne que j'aime le plus au monde, qui sera l'une des grandes causes de cet acte fatidique... — Je vais lui porter dans la boîte aux lettres* La Lyre*... Maintenant ou jamais... [...] Le suicide est encore latent. Je me vois avec une arme à feu... Ou en sautant d'un pont (?)... — Penser à écrire une* Lettre au père*. (Sans avoir lu Kafka...) [...] Mon père appelle... Je ne décroche pas... Message... Il est avec les GP... Ils se font du souci, trouvent que je ne suis pas "normal"... que, normalement, je ne suis pas un fainéant... Qu'il faudrait que je consulte un médecin... — J'avais mis le filtrage... Je l'enlève, mon père appelle... Il est tout doux, tient à ce que je lui téléphone... Il a trouvé le livre... — Ça me fait de la force de l'avoir... [...] Envoyé message à mon père : "Je n'ai pas la force de parler ce soir..." Il m'a répondu : "JE LIS TON BOUQUIN. JE PLEURE. JE T'AIME." — Bon... C'est dur... — Dans le bain, il envoie : "J'ai tout lu. Tu es malheureux. Je culpabilise." [...] Relu* La Lyre *sur l'ordinateur... Ce livre est très, trop fort...* [19/02/02 :] *Encore sous l'emprise de l'alcool... — Rien. Vide. [...] Mon père envoie : "Ton papa pense toujours à toi..." — Je réponds : "Ton fils pense toujours à toi..." — Il répond : "Bravo." — Je réponds : "Bravo ?" — Lui : "Bravo parce que tu penses à moi tout simplement..." [...] Style télégraphique rageant... »*

* * * * *

L'existence est ponctuée de moments indésirables, épouvantables qui tissent leurs toiles d'araignée dans les replis du cerveau. Ainsi bâché, parsemé des toiles aranéoïdes du guet-apens, l'esprit voilé d'ombres se confond avec *la mygale* (« μυγαλη », du nom du petit *rongeur*, la « *musaraigne* »), ce remarquable petit animal qu'entre quatre murs j'emprisonne et qui entre quatre yeux m'empoisonne... La mygale aime habiter de petits terriers très élaborés où elle mène une vie discrète et solitaire, n'en sortant qu'à la nuit tombée pour chasser. Couverte de poils urticants qui la protègent comme une carapace, la mygale, en frottant ses pattes postérieures, est capable, face à un adversaire, d'en détacher une poignée qu'elle projette devant elles, telle une pluie de lames volantes (qui provoque chez l'homme des kératites nécessitant un long traitement). Si toutefois l'assaillant parvient à lui attraper une patte, souvent elle s'en sépare de son plein gré et attend une prochaine mue qui la reconstituera. Elle détecte ses proies de deux manières : à l'aide des trichobothries (soies) situées au niveau des mâchoires, sensibles aux souffles d'air, ou à l'aide de filaments grèges tendus à l'entrée de leur cache, qui à la moindre vibration, au plus léger des pincements, l'avertissent d'une intrusion. Elle dispose de chélicères, crochets buccaux capables de transpercer un ongle et servant de canal au venin qu'elle expulse et inocule pendant une morsure : syndrome de type neurotoxique, l'envenimation entraîne une douleur vive accompagnée de fièvres, de délire, de lipothymie, de syncope, de nécrose, d'hypersécrétion salivaire et lacrymale... De la *nécrose* (« νεκρός », « *cadavre* ») à la *névrose* (« νευρον », « *nerf* »), ce qui accable ne tient qu'à un fil... — Elingués par la veuve noire... — À fureter parmi les obscurités de l'âme, il n'est pas rare d'y reconnaître les traces vampiriques qu'y laisse la maligne mygale. Quand les tissus ne sont pas malades, elle attaque si l'on s'approche. L'araignée qui loge en mon Moi déclenche, de sa bave noire, l'arachnophobie... L'araignée qui ne fait que m'« *araisnier* » (« *adresser la parole à* », « *interpeller* », « *raconter* », « *accuser* ») ! — L'existence est ponctuée de moments indésirables, épouvantables, qui du fin fond de la mémoire nous attendent, et vivotent comme des prédateurs arachnéens qui nous intiment un retour à la ligne... — De tous temps, l'écriture et la lecture, seules secousses vénérables permettant l'ébranlement et l'avancement de mon être, auront été les uniques sources vulnérables et illimitées dans lesquelles j'aurai puisé les fondements de mon être-été, où toute chose, autre que l'Art, est niée : parlons-en mélancoliquement, — de ce contrepoison — qui dans mon cœur, sans partage, aura régné…

* * * * *

Goethe, Byron et Vigny, tels sont les vaillants hommes de lettres, les *Romantiques* par lesquels nous allons commencer à dépeindre le large horizon de mon « écrilecture ». Invitons-les et explorons, à travers un nouveau triptyque qui fut d'une grande importance lors de cette période de ma vie d'élève-ingénieur, leurs chefs-d'œuvre suivants : *Les souffrances du jeune Werther*, *Manfred* et *Chatterton*…

* * * * *

Ô Werther ! ne te souviens-tu pas de notre nuit passée ensemble ? Ô Goethe, toi qui écrivis ce roman épistolaire alors que tu n'avais pas vingt-cinq ans, l'un de tes premiers écrits publiés, ne te souviens-tu pas de la fougue qui me prit en te lisant ? En commençant ce livre, je n'avais pas pressenti que je ne l'eusse reposé qu'après l'avoir entièrement terminé, qu'il m'eût fait couler les larmes de l'empathie werthérienne, que j'eusse connu les signes de la fièvre qui avait remué et esquinté le lectorat européen à sa sortie. Le personnage de Werther, — ses doutes, ses plaintes, sa mélancolie, son chagrin, son larmoiement, l'amour et la mort qu'il porte comme deux instincts inséparables, — m'échina au-delà de tout ce qu'avaient pu me procurer de lots de tristesse les romans lus jusqu'à cet instant, à la lisière de ma vingtième année. Même *Hamlet* ne m'avait pas fait pleurer… Du reste, ces larmes que je versai en feuilletant les ultimes pages, les premières de mon expérience en tant que lecteur, dont je doutais franchement qu'un jour elles fussent versées pour un quelconque et innocent paquet de feuilles imprimées, furent en même temps, après — pourtant — les centaines et les centaines d'ouvrages parcourus par la suite, les dernières que je versai (il est indéniable que les dernières pages des *Misérables* humectèrent mes yeux, mais elles ne firent pas rouler une larme, tant, l'âge avançant, l'émotivité se contient, et l'être, se défragilisant à force d'avoir vécu et enduré, se cuirasse). La rareté de ce genre d'affects, si ce n'en est l'unicité, situe sans difficulté le rang auquel je porte, parmi ma bibliothèque, *Les souffrances du jeune Werther* ! (L'expression du sentiment ou de l'émotion opposés, c'est-à-dire le rire en lisant, ou plutôt l'éclat de rire, fut presque aussi rare : malgré mes nombreuses lectures d'opus dits « humoristiques », cela ne m'arriva qu'avec *Pourquoi j'ai mangé mon père* de Roy Lewis, le précurseur et, si l'on veut, le prodrome, curieusement achevé dans la période de *Werther*, de certains textes de Pierre Desproges, quelques pièces de Molière et toute l'œuvre littéraire de Groucho Marx.) Le pouvoir des purs signifiants, des mots, des lettres, des arrangements de signes, des caractères qui ne doivent leur existence concrète qu'à l'encrage d'un monceau de papier ! Des mots, des mots, des mots — que les pleurs qu'ils ont causés mouillent et n'effacent pas ! Des perles, des perles, des perles — profuses, au nom d'une histoire d'amour impossible qui n'est que fictive ! — L'identification maladive est instaurée dès la première page (*Au lecteur*) : « *Et toi, homme bon, qui souffres du même mal que lui, puise de la consolation dans ses douleurs, et permets que ce petit livre devienne pour toi un ami, si le destin ou ta propre faute ne t'en ont pas laissé un qui soit plus près de ton cœur.* » Quoi ? ne serait-ce pas moi, ce « *toi* » ? ne serais-je pas moi aussi cet « *homme bon* » ? souffrirais-je « *du même mal que lui* », le « *malheureux Werther* » ? pourrais-je déjà oser refuser mon « *admiration à son esprit* », mon « *amour à son caractère* », mes « *larmes à son sort* » ? aurait-on le pouvoir, ou le droit, ou la volonté, — à l'abord de ces lignes d'introduction et de ce que l'on y présage, avec une appréhension grossissante, de *dramatique*, sitôt lu cet alarmant *digest* qui ne dit rien encore, — de continuer sans compatir, sans nous attendrir, sans nous apitoyer, sans partager ? — L'entame de la lettre qui ouvre le roman, datée du 4 mai 1771 et adressée à son fidèle ami Wilhelm, nous montre d'emblée l'immense sensibilité de Werther, de sorte qu'une *tension* inexpugnable se crée immédiatement en nous. Cette lettre préfigure en soi les dégâts qu'occasionnent ce que les militaires appellent des *obus de rupture* : projectiles très puissants, d'une grande force de pénétration, destinés à perforer les blindages avant d'exploser et de répandre alentour, par un effet de boule de neige, les nouveaux projectiles qui viennent d'être pulvérisés et qui vont transpercer d'autres parois. « *Ah ! mon ami, qu'est-ce que le cœur de l'homme ? Te quitter, toi que j'aime, toi dont j'étais inséparable ; te quitter et être content !* » Car Werther, en ces débuts de l'histoire, est *heureux* : « *Il règne dans mon âme une étonnante sérénité, semblable à la douce matinée de printemps dont je jouis avec délices* » (10 mai) ; « *Je coule des jours aussi heureux que ceux que Dieu réserve à ses élus* » (21 juin). Puis il en vient à tomber *éperdument* amoureux de « Lotte », qu'il a rencontrée à un bal ; mais celle-ci ayant déjà promis d'épouser son fiancé, Albert, cet amour à peine né entre elle et Werther, survenu trop tard, doit par conséquent rester *lettre morte*. Notre héros, abattu, découragé, résigné, pris dans les filets de la dépression, habité par la plus sombre des mélancolies, commence alors à se morfondre à l'extrême, et ses missives, tels les râles cruels du crépuscule, ne chanteront plus que le déclin précédant la chute, ne traduiront plus que les infinis de son désespoir et de sa souffrance — qu'aucune consolation ne pourra jamais plus calmer. Il faut la sentir, sa *disgrâce* ! Il faut la toucher, son *effondrement* ! Il faut la voir, son *autolyse* ! Il faut l'entendre, son *agonie* ! Sa *détresse*, il la crie, et nous crions avec lui ; elle le fait pleurer, et nous pleurons avec lui ; elle l'agace, et nous nous agaçons avec lui : « *Pourquoi faut-il que ce qui fait la félicité de l'homme devienne aussi la source de son malheur ? / Cette ardente sensibilité de mon cœur pour la nature et la vie, qui m'inondait de tant de volupté, qui du monde autour de moi faisait un paradis, me devient maintenant un insupportable bourreau, un mauvais génie qui me poursuit en tous lieux. […] / Un rideau funeste s'est tiré devant moi, et le spectacle de la vie infinie s'est métamorphosé pour moi en un tombeau éternellement ouvert. Peut-on dire : "Cela est", quand tout passe ? quand tout, avec la vitesse d'un éclair, roule et passe ? quand chaque être conserve si peu de temps la quantité d'existence qu'il a en lui, et est entraîné dans le torrent, submergé, écrasé sur les rochers ? Il n'y a point d'instant qui ne te dévore, toi et les tiens ; point d'instant que tu ne sois, que tu ne doives être un destructeur. La plus innocente promenade coûte la vie à mille pauvres insectes ; un seul de tes pas détruit le pénible ouvrage des fourmis et foule un petit monde dans le tombeau. Ah ! ce ne sont pas vos grandes et rares catastrophes, ces inondations, ces tremblements de terre qui engloutissent vos villes, qui me touchent : ce qui me mine le cœur, c'est cette force dévorante qui est cachée dans toute la nature, qui ne produit rien qui ne détruise ce qui l'environne et ne se détruise soi-même... C'est ainsi que j'erre plein de tourments. Ciel, terre, forces actives qui m'environnent, je ne vois rien dans tout cela qu'un monstre toujours dévorant et toujours affamé.* » De la construction à la destruction, puis à l'*autodestruction* ; de l'innocence à l'abnégation, puis au *renoncement* ; de l'amour à la patience, puis au fatalisme ; de la volupté à l'érosion, puis à la *dévoration* ; de la félicité à la désespérance, puis à la *dévastation* ; — tels sont les minuscules instants du temps qui passe, où tout bascule, telle est la perte naturelle et chronique des pans de l'existence de Werther, de l'existence qui se joue de lui au gré d'événements désormais funestes, qui le promène de l'infini au fini, du bonheur au malheur, de la vitalité à la dépression, puis, inéluctablement, au dernier rempart d'où l'on contemple la fissuration de l'univers, qui devient fissure de la volonté, — au suicide (les lecteurs qui n'auraient jamais entendu parlé de Werther et de sa terrible fin, sont cependant, à ce point-ci du récit, à l'appui des éléments suicidogènes et du sinistre ton de la kyrielle, assurés du dénouement). « *Hélas ! ce vide, ce vide affreux que je sens dans mon sein !... Je pense souvent : Si tu pouvais une fois, une seule fois, la presser contre ce cœur, tout ce vide serait rempli.* » Le vide que ressent Werther pourrait déjà être celui du sol qui se dérobe soudain à ses pieds — ou plutôt être le *vide* que cache cette mer de brume peinte par Friedrich (*Der Wanderer über dem Nebelmeer*), dont le voyageur, du sommet de son rocher, après avoir quitté sa sérénité romantique et délaissé sa canne, ferait son tombeau. Mais ce *vide*, c'est aussi, et avant toute chose, la *dépression absolue* au sens physique : ainsi, les résidus d'air montent, subissent une détente, leur température diminue, ils se condensent et forment la vapeur d'eau (le nuage) jusqu'à ce que l'averse naisse... La dépression est dangereuse : vouloir remplir ce vide, c'est commander le mauvais temps, et le moindre souffle d'air désiré, s'il offre un moment furtif de respiration, fait immédiatement éclater l'orage... « *Dieu sait combien de fois je me mets au lit avec le désir et quelquefois l'espérance de ne pas me réveiller ; et le matin j'ouvre les yeux, je revois le soleil, et je suis malheureux. [...] Ne suis-je pas le même homme qui nageait autrefois dans une intarissable sensibilité, qui voyait naître un paradis à chaque pas, et qui avait un cœur capable d'embrasser dans son amour un monde entier ? Mais maintenant ce cœur est mort, il n'en naît plus aucun ravissement ; mes yeux sont secs ; et mes sens, que ne soulagent plus des larmes rafraîchissantes, sont devenus secs aussi, et leur angoisse sillonne mon front de rides. Combien je souffre ! car j'ai perdu ce qui faisait toutes les délices de ma vie, cette force divine avec laquelle je créais des mondes autour de moi. Elle est passée !...* » L'ascension au ciel, au Paradis ! L'ascension au ciel, à la mort ! L'ascension au ciel, et le nuage mélancolique, et le tonnerre, et la *pluie*, l'affreuse pluie des « *larmes rafraîchissantes* », et la sécheresse, et l'angoisse, et la souffrance ! Enfer ! L'eau du fleuve passe tandis que le baigneur trépasse... Déchoir dans l'onde mordorée, subir les lames déferlantes du destin et connaître la déchirure, la coupure (« τμῆσις »), la tmèse du verbe et de l'être, avant d'écrire l'ultime lettre, la lettre testimoniale du « J'ai vécu parce que je meurs » (ou du « Je meurs parce que j'ai vécu ») : « *Comme cette image me poursuit ! Que je veille ou que je rêve, elle remplit seule mon âme. Ici, quand je ferme à demi les paupières, ici, dans mon front, à l'endroit où se concentre la force visuelle, je trouve ses yeux noirs. Non, je ne saurais t'exprimer cela. Si je m'endors tout à fait, ses yeux sont encore là, ils sont là comme un abîme ; ils reposent devant moi, ils remplissent mon front. / Qu'est-ce que l'homme, ce demi-dieu si vanté ? les forces ne lui manquent-elles pas précisément à l'heure où elles lui seraient le plus nécessaires ? Et lorsqu'il prend l'essor dans la joie, ou qu'il s'enfonce dans la tristesse, n'est-il pas alors même borné, et toujours ramené au sentiment de lui-même, au triste sentiment de sa petitesse, quand il espérait se perdre dans l'infini ?* » — J'ouïs en ces sons plaintifs et désabusés, en cette ballade mortuaire (cette balade mortifiante), quelques vers tragiques (et « dépravés ») d'Agrippa d'Aubigné — où il s'agit, en stances printanières, d'user *icy le fiel de nos fascheuses vies* » : « *Qu'ils lient mes regretz et mes larmes vercées / Et mes sanglotz perdus aux pertes de mon temps* » ; « *Faisons un dur combat et noïons en nos larmes / Le reste de nos jours en ces sauvages lieux* » ; « *Ces rochés égarés* », « *Les vents continuelz, l'espais de ces nuages* » ; « *Le malheur me devore, et ainsi m'extermine / Le brandon de l'amour, l'impitoiable Dieu* » ; « *Au secours de ma vie ou à ma mort prochaine / Acourez, déités qui habités ces lieux, / Ou soiez medecins de ma sanglante peine, / Ou faites les tesmoins de ma perte vos yeux* », « *Le lieu de mon repos est une chambre peinte* » ; « *Viennent ceux qui vouldront me ressembler de vie, / Pourveu que l'amour soit cause de leur torment* » ; « *Dans le cors de la mort j'ay enfermé ma vie* » ; « *Je veulx punir les yeux qui premier ont congneue / Celle qui confina mes regretz en ces lieux* » ; « *Mon front battu, lavé des orages ne laisse / Les trasses et les pas du ruisseau de mes pleurs* » ; « *Tout cela qui sent l'homme à mourir me convie* » ; « *Venez, maulz et malheurs et desespoir et mort* » ; « *Jamais le cler soleil ne raionne ma teste, / Que le ciel impiteux me refuse son œil, / S'il pleut, qu'avec la pluie il creve de tempeste, / Avare du beau temps et jaloux du soleil* »... — Deuil !

* * * * *

Ô Manfred ! engeance si faustienne, et que j'eus tant de peine à m'approprier, non que tu fusses un personnage trop compliqué, mais par la faute des lignes éditoriales françaises ! Si la majeure partie des œuvres de Goethe et de Vigny sont disponibles sur les étagères des libraires, celles de Lord Byron, en revanche, sont encore, en ce jour où j'écris, quasiment introuvables, et l'on se voit obligé de les commander (pour celles qui seraient rééditées). Avant de commencer à lire les œuvres proprement dites, je m'étais procuré, d'occasion, le *Journal de Ravenne*, puis, chez un bouquiniste sis non loin des bords de la Seine, après avoir cassé ma tirelire d'étudiant (deux cents francs), j'avais déniché toute sa correspondance (*Lettres*), préfacée par Georges Clemenceau, traduite et publiée chez Calmann-Lévy il y avait un siècle ! « [04/10/00 :] *Je reviens de La Vouivre, librairie de livres anciens, rue Saint-Martin, non loin de l'Hôtel de Ville... J'avais vu qu'il possédaient des livres de Byron... Je suis arrivé à 18H30, heure de fermeture — mais j'ai quand même réussi à entrer. Il y avait quatre livres de Byron (enfin : dont deux sur Byron) et un seul m'intéressait : Lettres. (Préface de Clemenceau.) Il était à 200 F. Le libraire me l'a vendu à 150 F... C'était son nouveau prix. Certes, le livre est abîmé, mais cela vaut la peine !... Pensez !... Des lettres de Byron !... 450 pages de pur bonheur...* » Par la suite, — merci encore, éditions José Corti, Allia, Gallimard, Ressouvenances, Aubier, — ma bibliothèque

s'enrichit avec *Manfred, Le Corsaire, Don Juan, Caïn, Le Pèlerinage du Chevalier Harold, Le captif de Chillon, Poèmes.* J'en suis ravi, certes, mais me il reste tant d'autres ouvrages à découvrir ! Je me souviens, il y a fort, fort longtemps, d'avoir fiévreusement feuilleté quelques-uns des onze tomes des *Œuvres Complètes*, vieilles d'un siècle et demi, que possédait la librairie Bellanger du fameux Passage Pommeraye à Nantes ; je me souviens d'être sorti plusieurs fois, la tête basse, une larme à chaque œil, triste de n'avoir pas les moyens suffisants pour me les procurer…
« [15/04/00 :] *Je vais Passage Pommeraye : il y a six tomes des œuvres complètes de Byron !… Je les regarde… Je pensais qu'ils étaient à 109 F chacun ; non pas… Ils étaient à 2500 F l'ensemble !… J'ai dit que je ne pouvais pas me le permettre… Ce sera pour plus tard… Je suis retombé de haut !… — Chez Coiffard, je demande ce que je pourrais commander :* Le Corsaire *et* Manfred, *c'est tout… Mais j'ai acheté, quand même,* Poèmes *et* Journal de Ravenne*… »* Quoi ! un jeune homme de vingt ans bien tassés ne demande qu'à lire Byron, et on lui refuserait cet honneur ? Cette désillusion qui, durant une semaine, m'empêcha de dormir tant la frustration et le dépit étaient grands, fut l'une des premières et des plus arides que j'eusse connues dans ma carrière de docte et exigeant lecteur… Ce n'est pas la première fois, encore moins la dernière, en tant que bibliophile ou bibliomane, que je m'insurge contre cette aberration qu'entretiennent les publieurs en France grâce à leur mainmise sur ce qui est publiable ou ne l'est pas. Je n'en finirai pas de protester, d'autant plus qu'il me semble que les choix s'adaptent à ce que le lectorat commun (et vulgaire) serait en droit d'exiger. Or, n'oublions pas ces paroles de Francis Bacon, que reprend Schopenhauer : « *Le vulgaire vante les vertus inférieures, admire les vertus moyennes, ne comprend pas les vertus suprêmes.* » N'incitons pas au pire en l'invitant de force : car tout est affaire d'éducation ! J'ai néanmoins, de temps à autre, l'occasion de me réjouir tant soit peu, en lisant des avis mordants qui se rangent aux côtés du mien, tel celui de Lucien X. Polastron (*Livres en feu*) : « *L'installation des titres nouveaux dans les rayons des librairies, colonnes des journaux, catalogue des bibliothèques ne peut se faire qu'au détriment d'autres ouvrages qui, parfois, traitaient déjà et bien mieux du même sujet. Cette bibliothèque en bosse se nourrit d'une sorte de bibliothèque en creux, constituée des livres qu'il aurait mieux valu lire que, disons, tel prix littéraire ou tel essai d'un jour. Les mots* La tempête *lancés dans le serveur de la BnF font débouler plus de cent vingt cotes de documents avant qu'émerge* Shakespeare *du compost. Et Caliban de ricaner.* » — Byron… Quelle existence éphémère ! Trente-six années auront suffi à ce météore littéraire pour asseoir une réputation d'écrivain de génie et se faire une place parmi les plus grands poètes de tous les temps. S'il fût mort à cet âge-là, Schopenhauer, qui avait fini la première mouture du *Monde comme Volonté et comme Représentation* à trente-et-un ans, n'eût pas vu s'amoindrir sa renommée posthume. Pourquoi, me direz-vous, faire intervenir notre philosophe par le biais d'une remarque qui, au fond, n'a guère d'intérêt si l'on sait que la plupart des artistes, passée la trentaine, ont déjà créé leur chef-d'œuvre immortel, et qu'il y avait, par conséquent, des myriades d'autres exemples à citer en dehors de Schopenhauer ? Parce qu'il se trouve qu'il existe d'incroyables similitudes entre les deux hommes. Byron est né le 22 janvier 1888 et Schopenhauer, un mois plus tard, au jour près (le 22 février). Le père de Byron, John, surnommé « Jack le fol », individu violent et criblé de dettes, se remarie après le décès (consumption) de sa première femme, avec la mère de George, Catherine Gordon, qui, à force d'être sollicitée par les créanciers, se met à haïr son époux et finit par demander le divorce juste avant la naissance de son fils (John n'aura plus que trois ans à vivre). Le père de Schopenhauer, Floris, dont deux des trois frères étaient fous et internés, connaît également des périodes de violence et de dépression, avant de se suicider et de laisser son fils orphelin à dix-huit ans. Byron a une demi-sœur, Augusta, née du précédent mariage de son père, et avec qui il entretiendra une relation incestueuse. Schopenhauer a une sœur, Adèle, avec laquelle les rapports sont souvent délicats. La mère de Byron fait des crises quotidiennement, ils se disputent sans cesse, la vaisselle vole et casse, jusqu'à ce qu'arrive le fatidique moment où il s'enfuit définitivement en lui faisant ses adieux (et en lui reprochant une énième fois son pied-bot qui date de sa naissance). La mère de Schopenhauer, Johanna, qui n'a jamais aimé son mari, tue le temps entre lectures et réceptions, mais son fils, supportant de moins en moins sa conduite et ses opinions, quitte le foyer et sa mère pour ne jamais la revoir. Byron, adolescent, voyagea partout en Europe et hérita, à la mort de son oncle, de tous ses biens. Schopenhauer visita lui aussi la plupart des pays européens et hérita de la fortune de son père. Tous deux sont misanthropes, superstitieux, pessimistes ; ils possèdent une arme à feu non loin du lit, ont des soucis avec les éditeurs, vouent un culte à leur chien (une clause du testament de Byron stipule qu'il doit être inhumé à côté de la tombe de « Boatswain », son terre-neuve, son « *seul ami* », et Schopenhauer, qui éprouve une véritable compassion à l'égard des animaux, accorde, dans une clause similaire, outre la somme versée au « Fonds de secours pour les soldats blessés dans les combats de 1848 et 1849 », une pension de retraite à son caniche Ātman) ; tous deux aiment à fumer le cigare (Schopenhauer n'en consomme à chaque fois que la moitié pour limiter la quantité de nicotine ingurgitée, Byron s'en sert comme d'un coupe-faim, car il déteste par-dessus tout se sentir gras) ; ils sont hypocondriaques, s'imposent des régimes assez drastiques, sont dépressifs, ont en haine l'ennui, et, cerise sur le gâteau, ils aiment en même temps une Italienne prénommée Teresa ! (Ce n'est pas la même femme, mais l'anecdote vaut que je la raconte. Schopenhauer fréquentait une certaine Teresa Fuga qu'il surveillait à chaque instant, de peur d'être trahi. Un jour, tandis qu'ils se promenaient à Venise, — « *Venice, lost and won* », — Teresa s'écria, en voyant passer un cavalier sur son cheval : « *Voilà le poète anglais !* » C'était Byron ! Schopenhauer en est atterré. Aussi surprenant que cela paraisse, l'histoire ne s'arrête pas là, il y a encore deux précisions renversantes à apporter : d'une part, Goethe avait chargé Schopenhauer de donner une lettre à Byron (ce qu'il ne fit pas, craignant d'être « *cocu* »), et d'autre part, il est vraisemblable que Byron fût accompagné de l'autre Teresa, dont le nom de famille était Gamba Guiccioli… — Mais, dirait Jean-Jacques, « *cette digression m'entraîne insensiblement loin de mon sujet, ainsi que font beaucoup d'autres, et mes écarts sont trop fréquents pour pouvoir être longs et tolérables : je reviens donc* » à *Manfred*… (Il faudra décidément que je me résigne un de ces quatre à afficher au-dessus de ma tête ces mots de Publilius Syrus : « *Nimium altercando veritas amittitur* » (« *En discutant trop, la vérité se perd* ») !) D'après Michel Renzulli, dont j'ai la biographie qu'il écrivit sur Lord Byron, « *la douleur du remords, la haine de sa femme, son désespoir d'avoir perdu l'amour d'Augusta, trouvèrent leur expression dans le drame démoniaque de* Manfred ». À

cette époque-ci de sa vie, Byron était au fond d'un trou, « *il chercha du secours dans l'alcool, d'abord, puis dans une effervescence poétique suscitée par la récente révélation du Faust de Goethe* ». De Johann Wolfgang von Goethe à *Werther*, de *Werther* à *Manfred*, de *Manfred* à Lord Byron, de Byron à Arthur Schopenhauer, de Schopenhauer à Goethe, de Goethe à *Faust*, de *Faust* à *Manfred*... Tout cela n'est-il pas magique ?... (Et n'oublions pas *Hamlet* et Shakespeare, car Byron, en épigraphe de *Manfred*, a placé : « *There are more things in heaven and earth, Horatio, than are dreamt of in your philosophy* » !) — Faust ? Le drame *Manfred* s'ouvre à minuit, dans une galerie gothique d'où le solitaire héros, qui doit remplir de nouveau sa lampe pour y voir clair, cogite avant de lancer un appel aux Esprits : « *Le Chagrin doit être le Précepteur du sage ; la Peine est Connaissance : ceux qui savent le plus doivent pleurer la vérité fatale, l'Arbre de la Connaissance n'est pas l'Arbre de la Vie. La philosophie et la science, et les sources des Merveilles, et la sagesse du Monde, je les ai éprouvées, et il est en mon esprit un pouvoir qui fait d'elles ses propres sujets — mais elles ne servent point.* » Souvenons-nous du début de la première partie du drame de Goethe, où Faust est également seul, en pleine nuit, assis devant son pupitre, dans une chambre à voûte élevée, étroite, gothique, et où il prend la parole en démarrant par un outre-tombesque « *Habe nun, ach! Philosophie* » (« *Philosophie, hélas !* »)... Presque mot pour mot, c'est la même entrée fracassante de la désillusion d'un savoir qui débouche sur tout, donc sur rien, qui me fit à l'époque penser : « Ce *Manfred* a des relents de *Faust* ! » Byron ne s'en cachait d'ailleurs pas, puisqu'il écrivait à Murray, le 7 juin 1820, que « *la première scène [...] et celle de Faust sont très semblables* ». (En outre, Goethe eut l'heur de le lire et ne se sentit aucunement plagié.) Cependant, nul Méphistophélès dans la pièce de Byron pour répondre au savant-ecclésiaste, mais ceux que l'on nomme les *Sept Esprits*, qui s'enquirent : « *Que veux-tu de nous, Fils des mortels — dis ?* » Manfred : « *Forgetfulness—* », — puis à nouveau, dans un cri : « *Oblivion—self-oblivion!* » L'Esprit, interloqué, revient à la charge en proposant tout ce qu'un homme normal accepterait sans rechigner : « *ask again; kingdom, and sway, and strength, and length of days—* » Manfred n'en démord pas ; il balaie du revers de la main cette offre d'infini : « *Accursed! What have I do with days? They are too long already* » En son cœur rongé par un *péché* inexprimable et inexpiable (qui n'est, entre les lignes, que celui de l'inceste, le « *deadliest sin* »), il ne désire — avec une *ardeur languide* — qu'une chose, si l'on excepte le trépas : réentendre une voix chère, revoir la femme qu'il aima et qui mourut par sa *faute*, Astarté (Augusta), dont le cœur sanguinolent, flétri, fut brisé par le sien. Manfred est un homme *écœuré* — dans l'acception ancienne du verbe « escuerer », c'est-à-dire « *percer le cœur* » (duquel est issu « escœurer », « dégoûter »). Il s'évanouit, tandis qu'une voix lui envoie un charme — où tout sera noir. Quand, enfin, il se réveille seul sur un pic rocheux, sans envie, tel un automate débranché, il monologue dans le silence de la montagne de la Jungfrau : « *There is a power upon me which withholds, and makes it my fatality to live* », — « *si je puis nommer vivre de porter en moi cette stérilité de l'Esprit et puis d'être le tombeau de ma propre Âme, car j'ai cessé de justifier mes actes vis-à-vis de moi* », — « *the last infirmity of evil* ». Du promontoire de son esprit, le vide ; du promontoire de son corps, le gouffre. Aussi loin qu'il se projette, l'esprit est aveugle et la joie, sans nulle corps. Un berger, chasseur de chamois, passant par là, le sauve *in extremis* du saut de l'ange déchoyant et dé-choyant, et tente de raisonner le « *madman* » : « *Mais quel que soit ton mal, il doit être supporté, et ces sauvages sursauts sont vains.* » Manfred se récrie : « *Do I not bear it ?—Look on me—I live.* » Telle est la morale de Manfred/Byron : vivre sa peine et l'endurer, ne pas la trahir en l'étouffant par la mort, car le péché une fois commis survivra — de toute façon — jusqu'à la fin des temps, et il n'y a dans cette situation d'autre échappatoire que de ne pas lui échapper. Le malheureux qui se repent doit affronter sa faute et son destin dans la douleur et le remords, garder l'image chérie et déshonorée tout en ne désirant rien d'autre. Manfred s'est perdu en perdant son amour et seule l'envie de la retrouver le maintient en vie et motive sa recherche, mais il ne se retrouvera plus s'il ne la retrouve pas. Aussi, lorsque la Nymphe apparaît (en cette nuit de Walpurgis miniature) et lui demande ce qu'il veut, il n'a, laconique, que ces mots — qui sont comme une prière arrachée du bout des lèvres : « *To look upon thy beauty—nothing further* », — des mots qui sont le reflet de sa longue et misérable existence : « *From my youth and upwards my Spirit walked not with the souls of men, nor looked upon the earth with human eyes ; the thirst of their ambition was not mine; the aim of their existence was not mine; my joys—my griefs—my passions—and my powers, made me a stranger* » (« *Dès ma jeunesse, mon esprit n'accompagna les âmes des hommes et ne vit pas la terre avec des yeux humain ; la soif de leur ambition n'était la mienne ni le but de leur existence le mien. Mes joies et mes peines, mes passions, mes pouvoirs me faisaient étranger* »)... C'est ici que Manfred commence insensiblement à se détacher de Faust. En priant la Nymphe de disparaître, en songeant ensuite à l'inaccessibilité du passé et du futur, au présent jamais offert, véritable mur de l'impossibilité, il ne peut s'empêcher de compter le peu de moments durant lesquels « *l'âme ne cesse d'appeler la mort cependant qu'elle la fuit aussitôt, comme une onde hivernale laissant un frisson pourtant fugace* » (« *the soul forbears to pant for death, and yet draws back as from a stream in winter, though the chill be but a moment's* »). Paradoxe ! Il regrette à la fois la volonté de mourir qui se dérobe, la rareté de ce sentiment, et le frisson qui l'accompagne ! C'est comme s'il souhaitait à maintes reprises ressentir la mort et en réchapper aussitôt après en avoir connu l'ivresse, autrement dit, c'est comme s'il n'avait d'autre but que de vivre sa mort tant qu'il le pût... Voici l'homme dont l'âme est morte et vivante, qui attend inexorablement le retour d'une morte qui fût revivisciente, pour qui rien ne doit plus vivre que le revivisible... Paradoxe que la traduction du passage ne rend pas assez bien, mais en substance, Manfred sait pertinemment que mort, il ne revivra pas l'amour, et qu'il lui faut par conséquent être à la frontière de la vie et de la mort pour sentir le frisson, même fugacement. En d'autres termes, sachant qu'il ne peut pas vivre sa mort, il essaie plutôt de mourir sa vie afin de revivre avec la morte Astarté. Quand, à force d'imprécations, le fantôme de celle-ci, revenu du royaume des ombres grâce aux Esprits, s'approche, et que Manfred lui parle, aucun son ne lui répond... « *Can this be death?* » Est-elle morte, vivante ? (« *Vivante, je conduis mon propre deuil* », se lamente le Chœur des Danaïdes d'Eschyle.) Est-il mort, vivant ? « *She is silent, and in that silence I am more than answered* », se lamente Manfred, fixé sur leurs sorts à tous les deux. Pourtant, tout d'un coup, tel un cri surgi de nulle part, Astarté lance un inspéré « *Manfred!* » — mais quand il lui demande sur-le-champ s'il pardonné, elle répond un « *Farewell!* » — et à nouveau un « *Farewell!* » à la question de savoir s'ils se rencontreraient encore. À peine rassuré par la vision soudaine de l'*âme sœur*, il est dépité. Quoi de plus terrible qu'une morte qui s'esquive et vous dit adieu ? quoi de plus désespérant qu'une morte qui vous fait comprendre que non seulement vous n'êtes pas pardonné, mais que de surcroît vous ne vous reverrez jamais, quand bien même, croyant la rejoindre, vous mourriez ? Le deuxième des trois actes se conclut ainsi sur l'unique chute immédiatement tangible : celle d'un voile obscur, celle d'un rideau rouge sang, cramoisi... Dans le macabre et incomparable *Wuthering Heights* d'Emily Brontë, Heathcliff, l'un des personnages les plus « hauts en couleur » de l'histoire romanesque, n'a pas une attitude si différente de Manfred avec la défunte Catherine Earnshaw : « *you said I killed you — haunt me, then! The murdered DO haunt their murderers, I believe. I know that ghosts HAVE wandered on earth. Be with me always — take any form — drive me mad! only DO not leave me in this abyss, where I cannot find you! Oh, God! it is unutterable! I CANNOT live without my life! I CANNOT live without my soul!* » (« vous savez que je vous ai tuée — hantez-moi, alors ! Les victimes HANTENT leurs meurtriers, je crois. Je sais que des fantômes ONT ERRÉ sur la terre. Soyez toujours avec moi... prenez n'importe quelle forme... rendez-moi fou ! mais NE me laissez pas dans cet abîme où je ne puis vous trouver. Oh, Dieu ! c'est indicible ! je NE PEUX PAS vivre sans ma vie ! je NE PEUX PAS vivre sans mon âme ! »)... — Le troisième acte est une succession de pensées gouvernées par la résignation et le désespoir, un désespoir cependant ni triste ni inquiétant, ainsi que le prouvent ses dernières paroles à l'abbé de Saint-Maurice : « *Old man! 'tis not so difficult to die.* » Peu de temps auparavant, il avait dit à l'abbé, qui faisait le nécessaire pour le sauver de sa déperdition : « *Les uns tombent victimes du plaisir, les autres de l'étude ; les uns du labeur, les autres de pure lassitude ; les uns de la maladie, les autres de démence ; et d'autres encore de dessèchement, ou de brisement du cœur ; car ceci est un mal qui a couché plus d'hommes qu'il n'en est dénombré au livre du Destin ; il revêt toute forme et il porte maints noms. Regarde-moi ! car j'ai éprouvé de tous ces maux, dont un seul eût suffi ; alors ne t'étonne pas que je sois ce que je suis, mais que j'aie été, ou pu vraiment être, et que je sois encore sur cette terre.* » Il fallait, avec l'aide des démons, qu'il succombât. À l'esprit tourmenté, le refuge est la cessation des souffrances, la mort de ce qui ne fut jamais une vie : « *Qui meurt se libère de douleur et de larmes* », entonnent encore les Danaïdes... Le désespoir de Manfred fut ce désespoir « *calme, tranquille, résigné* », que définissait Leopardi dans son *Zibaldone*, ce désespoir qui « *n'est pour ainsi dire le propre que de la raison et de la philosophie* », car « *quiconque possède un certain degré d'intelligence et de sentiment, quiconque connaît le monde, et plus particulièrement ceux qui sont dans l'âge mûr, sont malheureux* ». L'ultime acte était celui de l'acceptation totale du tandem vie/mort, celui de l'apothéose de la conscience pleinement trouvée, c'est-à-dire définitivement perdue. « *La conscience va croissant, et ses progrès mesurent l'intensité toujours croissante du désespoir ; plus elle croît, plus il est intense* », ajoute Leopardi (et les ignorants eux-mêmes ne sont pas à l'abri) ; « *Mais l'angoisse est au fond présente, de même le désespoir, et quand l'enchantement cesse les tromperies des sens, dès que l'existence chancelle, surgit le désespoir qui guettait à couvert* ». L'enchantement n'est qu'un enchantement, et, tel celui que proposa Méphistophélès à Faust, il couve un désespoir : ceux qui s'abandonnent à l'enchantement le font le plus souvent parce qu'ils sont désespérés, mais dès que le décor crève, crève également l'âme enchantée. C'est parce qu'une flammette d'espoir vacille encore que vacillera d'autant l'homme qui la contemple, qu'il ait fait naître ou qu'elle lui soit apparue indépendamment de sa volonté ; car c'est oublier qu'une flammette, frêle étincelle rubiconde suspendue en elle-même, n'est qu'une rose, et que les roses vivent, écrivait Malherbe, « *ce que vivent les roses / L'espace d'un matin* »... — Nietzsche, qui ne cachait pas son mépris à l'égard de ceux qui oseraient comparer *Manfred* à *Faust*, avouait, dans *Ecce Homo* (*Pourquoi je suis si avisé*), « *avoir de profondes affinités avec le Manfred de Byron* » : « *J'ai trouvé en moi tous ces gouffres.* » Je crois que ce qui fait l'universalité de drames comme ceux d'*Hamlet*, de *Werther*, de *Manfred* ou de *Faust* (et de *Chatterton*, à suivre), c'est la part de vérité que contient la formule du philosophe sur la *révélation* — par identification — de l'absence, de la perte, du vide, du gouffre que beaucoup renferment en leur *cœur écœuré*, — de la présence de l'éclipse qui assombrit l'être intérieur et le ravine. La mélancolie — ou la recherche de ce que l'on n'a pas trouvé, que l'on ne trouvera pas ; la mélancolie — ou le cœur déshérité ; la mélancolie — ou le délaiement de l'âme touchée ; la mélancolie — ou l'écriture à l'encre sympathique sur une chair que la plume gratte et rifle ; la mélancolie — ou l'exploration du deuil de... de quoi ?... Dans cet univers de mort « *where all life dies, death lives* » (« *où toute vie meurt, où toute mort vit* »), ainsi que Chateaubriand traduit Milton, le *deuil* marque le *seuil* de l'être. L'ensevelisseur Tobit, à cet égard, est un connaisseur : sa parole est à double sens quand il dit à l'archange Raphaël : « *Je vis parmi les morts* » (*Tob 5,10*). — La mort de l'autre que l'on porte en soi ne fait qu'un avec la mort de soi que l'on a toujours portée, en solitaire voguant sur la mer des vanités... Ni la vie ni la mort ne pardonnent à celui qui vit — mort.

* * * * *

Ô Chatterton ! ô Thomas ! à peine étais-tu né que dix-sept petites années, pas une de plus, te furent concédées par les mânes célestes jusqu'à ce que tu mourusses (la faux s'abattit sur toi à la vitesse d'une buse attaquant sa proie)... — « *Ah woe bementynge wordes; what wordes can shewe!* » (« *Ah ! mots qui déplorent le malheur ! Quelles paroles peuvent peindre ?* ») — Ô *Chatterton*, à peine t'avais-je commencé qu'une petite heure suffit à te refermer en une autre à me rendre fiévreux et me mettre à quia... — *Thomas Chatterton*, j'écris ton nom, je le souligne, je le hurle, je le fais résonner en cette page, je le cultive et le bichonne tel un *souvenez-vous-de-moi* qui défleurissait grièvement depuis 1770. Et pour cause ! J'ai signalé la difficulté qu'il y avait de se procurer des ouvrages traduits de Byron, et celle-ci n'est rien comparée à la difficulté de trouver ceux de Chatterton ! À part les poèmes faisant partie du *Cycle de Rowley*, sortis en 2009, la dernière (et première) publication de ses œuvres complètes en deux volumes date de 1840 (sous l'égide de Javelin Pagnon)... Que voulez-vous ! Il faut saluer et remercier l'audace des éditions ellug et le travail de longue haleine de Georges Lamoine qui a réussi à traduire ces vers « censés » avoir été composés au moyen-âge, d'une complexité lexicale redoutable (comme le montre la citation ci-dessus et le montreront les suivantes). Ainsi s'exprime Lamoine dans la première ligne de son introduction : « *Lorsqu'on présente au lecteur, en ce début de XXIe siècle, un auteur de la seconde moitié du XVIIIe siècle, traduit de l'anglais, inconnu du grand* *public, et poète de surcroît, il est souhaitable d'en donner les raisons.* » Ce que j'espère le plus ardemment, c'est qu'une nouvelle fournée des poèmes classiques de Chatterton voie le jour prochainement (ceux du *Cycle de Rowley*, estampillés « XV**e** siècle », sont par trop rudes en notre « *XXI**e** siècle* », et ne sauraient véritablement intéresser — au premier chef — qu'un Anglais pure souche). Dans notre pays, aujourd'hui, Chatterton est « *inconnu du grand public* ». Au commencement, l'engouement dut être suscité par la sortie de *Stello* en 1832, suivi de la pièce *Chatterton* en 1835, et on ne peut qu'en savoir gré à Alfred de Vigny d'avoir sauvé de l'oubli l'un de ces artistes à la renommée précaire. Car en France, depuis ce moment, rares ont été les apparitions du nom de Chatterton : Théophile Gautier (*Histoire du romantisme*), Jules Renard, ou encore George Sand, qui lui consacra un poème où l'on peut lire ces deux vers prémonitoires : « *Quand vous aurez prouvé, messieurs du journalisme, / Que Chatterton eut tort de mourir ignoré* », — et c'est à peu près tout à ma connaissance. Outre-manche, nos voisins furent heureusement plus prolixes, et une seule anecdote, que relève Lamoine en note de bas de page, suffira à en expliquer l'une des raisons du succès posthume qu'il connaît là-bas : « *Thomas Warton, l'éditeur de Chatterton, dit que s'il avait vécu, ce prodige de génie aurait été le premier des poètes anglais* » (j'ai retrouvé la phrase dans le texte original de 1778 : « *This youth, who died at eighteen, was a prodigy of Genius: and would have proved the first of English poets, had he reached a maturer age* »). On ne saurait trouver un compliment plus puissant, ni un plus grand honneur ! Parmi les hommages précurseurs de cette renommée, il y a notamment celui rendu par la plume peu académique de Coleridge avec sa *Monody on the Death of Chatterton*, dont je citerai quelques vers de la version de 1796. (Je l'ai chez moi dans la traduction de Jacques Darras, mais je me refuse à la citer : Monsieur Darras, en effet, soit vantardise, soit mégalomanie, traduit moins qu'il ne crée — ou recrée —, et c'est toujours une aberration et une souffrance que de voir un poème mutilé, esquinté et transformé par la faute de l'orgueil et de la fumisterie d'un traducteur qui souhaite se faire plus visible que l'auteur qu'il traduit. Loin de moi la présomption de vouloir paraître plus savant que lui, cependant je suis certain de moins profaner qu'il ne le fait… De plus, j'ajouterai que Monsieur Darras a également traduit des poèmes de Malcolm Lowry, en particulier celui dont nous avons recopié un extrait, il y a longtemps de cela, *A poem about a poem that can't be written*, dans lequel, pour l'anecdote, Lowry parle de… Chatterton !) Coleridge : « *I weep, that heaven-born Genius so should fall […] Is this the land, where Genius ne'er in vain / Pour'd forth his lofty strain? […] Poor CHATTERTON!* he *sorrows for thy fate / Who would have prais'd and lov'd thee, ere too late* » : « *je pleure, qu'un Génie né des cieux eût dû* ainsi *tomber […] Est-ce là le pays où jamais en vain le Génie / Déversa son noble effort ? […] Pauvre CHATTERTON ! Il se lamente sur ton destin / Celui qui aurait voulu t'acclamer et t'aimer avant qu'il ne fût trop tard* »… « *Heaven-born* », certes, mais « *accursed* » avant tout, « *maudit* », ou, comme dit Keats dans un sonnet à sa gloire, « *child of sorrow — son of misery* », puisque le pauvre poète *dut* se résoudre à se suicider (nous y reviendrons) après un prompt combat entre, d'un côté, le *pouvoir-vivre*, et, de l'autre, le *devoir-vivre*, c'est-à-dire entre le pouvoir-vivre qui est à la fois le pouvoir-vivre de sa poésie et le pouvoir-vivre dans un monde qui entrave sa poésie, et le devoir-vivre qui est à la fois le devoir-vivre de sa poésie et le devoir-vivre dans un monde qui entrave sa poésie. Le jeune Chatterton, qui ne vivait que pour sa poésie, n'avait en effet à sa disposition que les plus maigres moyens de survie dans une société qui n'a que faire d'un « *heaven-born Genius* ». Or, comme le souligne si bien Goethe dans son *Meister* : « *le poète est à la fois l'instituteur, le prophète, l'ami des dieux et des hommes. Comment veux-tu qu'il s'abaisse à un misérable métier ? Lui qui est fait, comme l'oiseau, pour planer sur le monde, habiter sur les hauts sommets, se nourrir de boutons et de fruits, en passant d'une aile légère de rameaux en rameaux, il devrait, comme le bœuf, traîner la charrue, comme le chien, s'accoutumer à la piste, ou peut-être même, esclave à la chaîne, garder la cour d'une ferme par ses aboiements !* » C'est toute la dénonciation qu'entreprend Alfred de Vigny dans le réquisitoire que *Stello* établit, vaste procès intenté *contre ceux*, qu'ils le veuillent ou non, *qui sont contre* les poètes, où il s'attarde sur les trois figures maudites que les vilains rouages de la société terre-à-terre n'ont pas épargnés, trois voix étonnant trois soli dans le silence infini des chants déchus : Thomas Chatterton, évidemment, mais aussi André Chénier et Nicolas Gilbert (Théophile de Viau eût été le quatrième, et eût fait bonne figure, si Vigny ne s'était borné à trois). Qui, en toute franchise, se souvient d'eux ? Morts dans la fleur de l'âge, nous nous lamentons, nous autres, sur leur destin, et nous aurions voulu, en un chorus immortel, les soutenir avant qu'ils ne chutassent si honteusement. « *Despair and die* » : telle est la citation, tirée de *Richard III*, que Vigny reprend pour son *Chatterton* et qui vaut pour tous les laissés-pour-compte de la Poésie, mis au ban par des peuples qui considèrent que celle-ci est sans intérêt, à congédier, *inutile*… Dès que Chatterton entre en scène, le Quaker lui demande : « *Ta vie n'est-elle donc utile à personne ?* » — Chatterton rétorque, tête baissée : « *Au contraire, ma vie est de trop à tout le monde.* » Plus loin, le Quaker le questionne à nouveau : « *Et à présent que fais-tu donc ?* » Chatterton est pris au dépourvu, tout cela est par trop rationnel pour préparer une quelconque plaidoirie et, fatalement, l'instruction tourne vite court. « *Que sais-je ?… j'écris. — Pourquoi ? je n'en sais rien… Parce qu'il le faut.* » Dans cette pièce, *on voudrait qu'il travaillât comme tout le monde*, qu'il acceptât un rôle d'employé, quel qu'il fût. Mais quand on est jeune et que l'on aspire à une vie d'artiste, l'entourage (famille, amis) est souvent dans l'incompréhension muette : « artiste », un métier ? L'infortune de l'écrivain est, en premier lieu, de ne pas parvenir à faire fortune ; en second lieu, d'être *incompris* ; tant et si bien qu'il est réduit à se qualifier d'« ouvrier en livres », comme ça, dénigré, entouré d'ingrats, il était poussé à se rabaisser devant l'Autre, la véritable Méduse dont on craint le regard. Rien ne vient à point que le poing de la déconsidération. Il souhaite qu'un parterre l'applaudisse, on l'applaudit une fois qu'il est par terre ; il attend quelque appointement, ne reçoit que désappointement ; il attend quelque traitement, ne reçoit que maltraitement. Homme dévoué à son étude, dévoré par la joie de la création, il est finalement désavoué. La sollicitude pour son art devient l'art de la solitude ; chacun de ses souffles, on les lui lui souffle ; les ressentiments succèdent aux sentiments ; son occupation fléchit, la préoccupation s'impose ; la faim signifie la fin ; il loue, on en fait un vendu ; il a besoin d'une pitance, il n'entraperçoit qu'une potence. Jour après jour, le bénéfice devient perte. Le poète, contre le sacerdoce (celui des Juifs), ne peut rien (et la clémence a décampé). Tel Hölderlin, qui voulut s'élever vers Dieu et qui, façon de parler, Lui fut offert en sacrifice, Chatterton s'immola à contrecœur (le cœur du Fils, à force d'endurer, s'indura). « *Ceci est la question* », reprend encore Vigny, d'une œillade bienvenue et finement choisie au Maître, en guise d'ornement à sa préface à Chatterton (*Dernière nuit de travail*). (Oui, insisté-je, *ceci est la question*. Je redéfinirai plus tard et plus attentivement ce qui n'est ici qu'une ébauche des tiraillements incessants qui compriment le cœur et l'imagination du poète à qui l'*on* donne l'ordre de participer à la *vie active*, et j'en profiterai pour introduire une notion importante, celle du *syndrome de la facture de gaz* — ou *d'électricité*, au choix. Je conviens que cette expression péjorative et peu canonique manque de grâce et de tact, mais je n'en ai jusqu'à présent pas trouvé de meilleure, et elle a du moins le mérite d'intriguer le chaland littéraire.) Lorsque, à la suite de rejets réitérés, de sermons qui ne s'accordent pas à nos ambitions, on est acculé à l'isolement (carcéral, tel un convict), lorsque rien ne s'entrouvre plus et que tout s'entreferme, lorsqu'on est rencogné dans l'illusoire et l'impossible, privé d'*en-cas*, contraint à l'abstention, n'est-il pas logique de se renfermer dans son pays de gale, de revêtir la *tunique du religieux* et de se barricader dans son exiguë *chambrette*, niche d'un chenil déserté, vestibule de désarçonné, pigeonnier lugubre, morne galetas sans matelas, studio de misère et de chagrin, cloîtrier de l'abandon, cahute chtonienne, hutte *out*, *igloo* d'englouti, cabinet spartiate, *bunker* cénobitique, baraque de déshérité, réduit de la parole accourcie, baracon gelé, alcôve embrouilleuse, *retiro* du reclure, arrière-recoin de gratte-terre, recès indétectable, bicoque de quarantenaire, bloc sans soupirail, bouge des soupirants, porte trouée, masure de la défaite, renardière de mauvais conseil, enfoncement qui se désenfle, piaule tombale du retombement, campement à six pieds sous terre, nid à rats, garni fétide, couche de déguenillé, volière de plumé, bivouac des pas perdus, cachot enchifrené, *penthouse* de poupée Barbie, bonbonnière irrecevable, débarras d'ébarbé, rêvoir des au revoir, dépotoir de poète déposé, chartre raboteuse, *dormitorium* pour hypnophobe, loge délattée, mouroir des suicidants, appentis cafardeux, resserre vile, smial de Hobbit, hangar nain, guêpier malsain, pièce de vie et de mort (à pile ou face), cul-de-basse-fosse synonyme de dernier refuge d'où ne s'échappent aucun des vœux ni aucune des *prières en vers* ? Quel *crash*... Voici, comme on dit en droit civil, ma « charge de la preuve » étayée en trois points : — a) la tunique du religieux ; — b) la chambrette ; — c) les prières en vers. — a) « *Le costume de Chatterton était entièrement noir de la tête aux pieds ; son habit, serré et boutonné jusqu'à la cravate, lui donnait tout ensemble l'air militaire et ecclésiastique* » : ainsi le décrit Vigny. — b) Admirons le tableau de Henry Wallis où Chatterton vient d'absorber une dose létale d'arsenic, allongé sur son grabat, dans une pose rappelant celle de Marat peint par David, la tête penchant et le bras ballant. La mansarde du 39 de la rue de Brooke, à Londres, dans laquelle il venait d'emménager et de s'embastiller, n'est pas plus grande qu'une cage d'oiseau, et la double croisée trop petite pour qu'il eût pu avoir l'intention de prendre son envol. « *Where from the hail-stone coulde the almer flie?* » (« *Où ce mendiant pouvait-il de la grêle s'abriter ?* ») Pauvre ilote ! « *Calked from everych joie, heere wylle I blede…* » (« *Privé de toute joie, ici je veux saigner…* ») Les ailes du secours qu'apporte la Providence étaient déplumées depuis trop longtemps, effilochées, déchirées et brûlées comme les vestiges de manuscrits éparpillés dans la malle et sur le sol, malheureusement réduits à des brimborions, et il me semble l'entendre, de ses lèvres toutes tièdes, murmurer encore les mots que lui prête Vigny : « *Non… je pense à présent que tout le monde a raison, excepté les poètes. La Poésie est une maladie du cerveau. Je ne parle plus de moi, je suis guéri.* » — c) Chatterton écrivit sous le pseudonyme de Thomas Rowley (d'où le *Cycle*), moine imaginaire du XVème siècle (un « *pen name* » dont la consonance entre les deux langues m'invite à traduire ironiquement par « *nom de peine* »). — La mélancolie, c'est aussi cette ineffable mise en demeure rédigée par une cour clownesque : être contraint de sentir l'heure du jugement injuste, de sentir la dernière heure arriver alors que la première n'a fait que démarrer, alors qu'il reste tant, tant à découvrir, à partager, à vivre, à *donner ce que personne n'a jamais donné*. La mélancolie, c'est le *scotch* sur le verbe. La mélancolie, c'est parfois la mort du poète, ou, pour reprendre ce superbe titre d'un petit texte de Khalil Gibran, c'est la mort du poète qui devient sa vie (*A Poet's Death is His Life*). Et la mélancolie, cruelle ou lucide, fait susurrer au poète des « *Come, o beautiful Death* », « *oh sweet Death* », « *oh peaceful Death* », « *oh gentle Death* », « *oh Death, full of love and mercy* », « *beloved Death* », comme si la mélancolie, elle-même mélancolique dans le miroir du néant, ne souhaitait plus que s'engouffrer dans la mort… — (Il me semble maintenant opportun de glisser une observation qui vaudra, sinon comme une tentative de rectification, du moins comme un éclaircissement. D'une part, la thèse du suicide, si « séduisante », n'est pas aussi claire qu'on ne voudrait le croire ou le faire croire, et le tempérament « suicidaire » de Chatterton ne l'est pas davantage. C'est ce que Maurice Evan Hare, spécialiste anglo-saxon de Chatterton, compte faire savoir dans sa longue introduction d'une édition moderne de *The Rowley Poems*, et dont je traduis et arrange les propos : « Southey, Byron, et bien d'autres ont supposé que Chatterton était fou, ou qu'il avait été victime de tendances suicidaires. Qu'il en allât ainsi, les indices tendent à prouver le contraire. Il fallut se montrer des plus prévoyant, avisé, besogneux, et pragmatique, pour avoir été capable de rêver d'un passé inventé de toutes pièces ; et on peut facilement arguer que le suicide de Chatterton ne fit que marquer le terme logique d'une existence exceptionnellement lucide. » D'autre part, le personnage de Chatterton tel que l'a décrit le courant romantique français, Vigny en tête, n'est pas le portrait fidèle de la réalité, et il est de ce fait moins maudit — ou galvaudé — qu'on ne l'a laissé supposer, y compris moi-même (à ce jeu-là, Shelley, dans un poème où apparaît Chatterton et sa « *solemn agony* », exagérera de la même façon le destin de Keats, de même que Hugo lorsqu'il fera passer sa rage contre le peuple et la loi britanniques en griffonnant que « *le devoir d'un livre est de laisser mourir de faim l'auteur, témoin Chatterton* »). En outre, il est plus que probable que, du poète anglais, Vigny n'ait pas lu une ligne — ou si peu — et qu'il se soit emparé pour son compte de l'image que Chatterton pouvait refléter en la romançant, et ce, au détriment de sa personnalité exacte.) — Je repose ma plume et l'échange contre celle d'Alfred de Vigny pour ce qu'il a appelé sa *Dernière nuit de travail*, un accusatoire profond empli de mots vésicatoires, un soufflet magnifique, une diatribe virulente et rageuse, une incrimination véhémente, et, en même temps, pourtant (un éloge ne leur cédant en rien), un hommage oratoire resplendissant (je joue à l'encomiaste !), digne de l'éloquence d'un Démosthène à Athènes ou d'un Cicéron au Forum (les poignes haut brandies avec hargne), une offrande à la lumière qui lutte dans le noir et l'opprobre : « *Je viens d'achever cet ouvrage austère dans le silence d'un travail de dix-*

sept nuits. Les bruits de chaque jour l'interrompaient à peine, et, sans s'arrêter, les paroles ont coulé dans le moule qu'avait creusé ma pensée. / À présent que l'ouvrage est accompli, frémissant encore des souffrances qu'il m'a causées et dans un recueillement aussi saint que la prière, je le considère avec tristesse, et je me demande s'il sera inutile, ou s'il sera écouté des hommes. [...] Sa sensibilité est devenue trop vive ; ce qui ne fait qu'effleurer les autres le blesse jusqu'au sang ; les affections et les tendresses de sa vie sont écrasantes et disproportionnées ; ses enthousiasmes excessifs l'égarent ; ses sympathies sont trop vraies ; ceux qu'il plaint souffrent moins que lui, et il se meurt des peines des autres. Les dégoûts, les froissements et les résistances de la société humaine le jettent dans des abattements profonds, dans de noires indignations, dans des désolations insurmontables, parce qu'il comprend tout trop complètement et trop profondément, et parce que son œil va droit aux causes qu'il déplore ou dédaigne, quand d'autres yeux s'arrêtent à l'effet qu'ils combattent. De la sorte, il se tait, s'éloigne, se retourne sur lui-même, et s'y enferme comme en un cachot. [...] C'est LE POETE. [...] Il crie à la multitude : C'est à vous que je parle, faites que je vive ! Et la multitude ne l'entend pas ; elle répond : Je ne te comprends point ! Et elle a raison. [...] Le désespoir n'est pas une idée ; c'est une chose, une chose qui torture, qui serre et qui broie le cœur d'un homme comme une tenaille, jusqu'à ce qu'il soit fou et se jette dans la mort comme dans les bras d'une mère. / Est-ce lui qui est coupable, dites-le moi ? ou bien est-ce la société qui le traque ainsi jusqu'au bout ? [...] Les beaux vers, il faut dire le mot, sont une marchandise qui ne plaît pas au commun des hommes. [...] Il ne lui faut que deux choses : la vie et la rêverie ; le PAIN et le TEMPS. » — « *Ælla ys sleene; the flower of Englonde's marrde!* » (« *Ælla est mort ; la fleur d'Angleterre est anéantie !* »)

* * * * *

Die Leiden des jungen Werthers, *Manfred* et *Chatterton*, telles sont les trois imposantes montagnes mélancolico-romantiques que je gravis dans ma jeunesse, tout frais émoulu des classes préparatoires, et dont les neiges éternelles, aux sommets, qui figèrent à jamais dans mon esprit le ton grave de l'existence, font ruisseler mes larmes dès qu'un projecteur se braque sur ce temps de jadis. (La même année, pour la première fois de ma vie devant un livre, la lecture des *Souffrances du jeune Werther* me fit pleurer et celle de *Pourquoi j'ai mangé mon père*, de Roy Lewis, me fit rire aux éclats…) Je ne regretterai jamais d'avoir lu ces livres. Je ne prononcerai par conséquent jamais les paroles de Musset à l'encontre de Goethe et de Byron pour avoir osé imaginer et répandre dans le monde leurs Werther, Faust et Manfred : « *Mais en écrivant tout ceci, je ne puis m'empêcher de vous maudire. Que ne chantiez-vous le parfum des fleurs, les voix de la nature, l'espérance et l'amour, la vigne et le soleil, l'azur et la beauté ?* » En revanche, — quoique, comme le jeune Hugo de la préface aux *Odes et Ballades* de 1824, j'ignore ce que sont au juste le genre classique et le genre romantique, et répudierais même, tout comme lui, « *tous ces termes de convention que les partis se rejettent réciproquement comme des ballons vides, signes sans signification, expressions sans expression, mots vagues que chacun définit au besoin de ses haines ou de ses préjugés, et qui ne servent de raisons qu'à ceux qui n'en ont pas* », — je me rangerais bien, en fin de compte et en frôlant la contradiction, du côté de cette phrase de Novalis, qui en savait quelque chose si l'on veut bien reconnaître en lui l'un des précurseurs de l'acception moderne du terme (« *le monde doit être romantisé* ») : « *Absolutiser, universaliser, classifier le moment individuel, la situation individuelle, — tel est le caractère propre de l'effort romantique* »… — Le Romantique, si l'on tient à utiliser ce mot, c'était le prototype extrême qu'avait fabriqué le dix-huitième siècle, le « *prototype même d'une créature androgyne, moulée dans la bestialité de l'homme et conformée aux attributs de la tendresse et de la fragilité féminines* », c'était un homme qui « *parvenait à sentir la sentimentalité de la femme* »… Du moins est-ce, dans un texte embrouillé, ce que j'écrivis un jour, « *en des temps reculés où les consolations ne régnaient qu'amères* » !… — (Ah ! l'androgynéité, toujours elle !…)

* * * * *

« [26/09/99 :] *Oh, mon non-dieu… C'est inimaginable, ce que je viens de vivre… Que de recul pour comprendre, analyser et se pencher sur ce qui vient de me prendre… Mon dieu !… […] J'ai terminé* Les souffrances du jeune Werther *et… et j'ai pleuré tout au long de la partie "Traducteur au lecteur"… J'ai pleuré !… Des larmes qui me piquaient !… Je ne pouvais lâcher mes yeux qui allaient de plus en plus vite à glisser sur les mots… Je buvais les phrases, je pleurais, il y avait la musique d'Elliott Smith qui convenait parfaitement… Je pleurais… Je ne pouvais baisser le volume de la chaîne : cela me prenait au cœur. Je n'avais jamais ressenti cela !… Faut-il que cela m'ait pris aujourd'hui même, moi qui suis la proie aux pires pensées — qui sont les plus belles ?… C'est dingue ; je n'y crois pas — ou plus… J'ai pleuré, c'était si bon de sentir ces larmes dans mes yeux, qui me piquaient et qui coulaient parfois le long de ma joue… Mon dieu ! C'était impensable !… Monsieur Goethe, vous êtes un Maître. Je vous adorerai toute ma vie !… Mais ce Werther, qui est-ce ? Vous ? Moi ?… Je ne sais plus où j'en suis… J'ai pleuré !… Voilà une nouvelle étape dans ma vie !… Comment y aurais-je cru ?… Je suis fatigué, il est tard, mais… Oh ! bon sang !… Je me tais. — Chatterton !… Chatterton !… Werther !… Pichavant ?… […] Je ne peux plus dormir de toute ma vie après cette expérience fatale !… Oh, merci mille fois !… Je ne suis pas seul !… Merci ! merci, Maître !…* »

* * * * *

Des deux premières « *saisons* », sur les sept que j'ai définies dans ce chapitre pour délimiter les périodes de ma vie, — la *verte* et la *jaune*, — je pourrais dire qu'elles représentent le *printemps* et l'*été*, le printemps par la naissance et le bourgeonnement (la vue du stigmate du pistil excite l'étamine dont l'anthère, prête à exploser, se gonfle de pollen), puis l'été par l'apprentissage et la maturité (l'excitation tarit, l'esthétique prédomine). — De celle-ci, qui est en cours (la période *bleue*), on en déduirait logiquement qu'elle figurât l'*automne*, et on aurait parfaitement raison : en silence, la mélancolie gagne le terrain, les pétales et les sépales se déshydratent et se sclérosent, les feuilles se détachent des branches noueuses et s'affalent avant de reposer en masse sur le gazon décomposé et former une moquette touffue que l'hiver durcira. Lorsque l'automne se déploie, je suis à la fois l'arbre qui se dénude en perdant ce qui le protégeait, qui se décharge de ce qui le diaprait, la feuille qui perd connaissance, qui meurt et qui tombe, la verdure qui se dessèche, l'herbe qui étouffe à mesure qu'elle est recouverte et que les rayons du soleil la réchauffent de moins en moins, le mercure du thermomètre qui baisse, le ciel qui grise et me dégrise. — Voici l'automne, « *le deuil de la nature* », dit Lamartine, qui « *convient à la douleur* » et plaît au regard, voici l'automne qui court à l'arrière-saison et à la dormance, où longuement l'on sanglote ; l'automne, cette saison en enfer — ou *vers* l'enfer ! Et Baudelaire de clamer que « *Bientôt nous plongerons dans les froides ténèbres* », que « *Tout l'hiver va rentrer dans mon être* ». Étymologiquement, l'automne est la saison qui est *enrichie*... et enrichie de quoi ? De la mélancolie, du délabrement, de la décrépitude — et de la *perte* ! — C'est *novembre* ! le neuvième mois des calendriers romains... Novembre ! Ô Vertumne, Dieu de l'automne, *tourne-toi*, et admets que la prose du « *grand docteur en mélancolie* », l'automnal Gustave Flaubert, nous ensorcelle, qu'elle nous aiguillonne et, qu'*indolemment*, elle nous *endolorisse*... — Gustave Flaubert, véritable *mentor du style*, syntacticien hors pair, aura exercé l'une des plus profondes *influences*, — au sens où Gide l'entend si bien, — sur le revirement de la forme de ma prose, c'est-à-dire sur l'exigence stylistique vers laquelle mes écrits tendirent inexorablement. Hume et Rousseau avaient réveillé Kant à leur manière. Quant à moi, je fus réveillé (violemment) par Flaubert, mais aussi par Julien Gracq, Paul Valéry, Henry James et... André Gide. L'époque des petites nouvelles fantastiques et des petits romans primesautiers de l'adolescence était révolue ; un cap artistique avait été franchi, qui jamais plus, selon mes conceptions, ne régresserait (mais n'anticipons pas le chapitre sur l'écriture). (Je l'ouvre de nouveau : j'ai écrit, plus haut, que Flaubert était « *le métronome des phrases ciselées* », et, à l'instant, un « *syntacticien hors pair* ». Mon honnêteté m'intime de rectifier ces appréciations, au risque de déplaire aux Académiciens : Flaubert n'écrit pas aussi bien qu'on le prétend. Mon style n'est pas meilleur que le sien, mais je comprends parfaitement son style. Il me coûte d'écrire, et seuls les plis affûtés d'entre vous pourront cerner tous mes artifices, tous les bandages que j'applique sur mes phrases blessées, tous les enchaînements cahoteux mal suturés. Flaubert était pareil — et je le *vois*. Prenez, par exemple, *L'Éducation sentimentale*, et l'usage des virgules et des points-virgules : leur emploi aléatoire, les uns à la place des autres, est rarement justifié. Tous les défauts me crèvent les yeux. Je ne puis plus le lire. C'est que Flaubert, tout comme moi, n'est pas un écrivain pur. Les écrivains purs, ce sont Hugo, Zola, Balzac, *etc*. — Bref. Pardonnez-moi.) Si j'évoque l'image de Flaubert, c'est moins pour *Madame Bovary*, lu au lycée, dont je garde de vagues souvenirs, ou pour son drolatique *Dictionnaire*, ou encore pour ses *Trois contes*, pour *Bouvard et Pécuchet*, tous remarquables, ou pour *Salammbô*, *La Tentation de saint Antoine* et *L'Éducation sentimentale* (moyennement appréciés), que pour sa *Correspondance* et une certaine nouvelle qui ont indéniablement leur place ici même — et maintenant. Dans une lettre envoyée à mademoiselle Leroyer de Chantepie, en 1858, Flaubert se désigna réellement comme un « *grand docteur en mélancolie* », et, de fait, il le fut, bien aidé par ses divers troubles, affections, maladies qui lui menèrent la vie dure : congestions, migraines, tensions nerveuses, ophtalmies, hallucinations, angoisses, palpitations, tous les éléments qui façonnent, bon an, mal an, une névrose diabolique que l'on pourrait artistiquement dénommer « mélancolie ». Ce n'est pas une tâche difficile que de sélectionner, parmi toutes les lettres que Flaubert a pu écrire, celles qui mentionnent son état d'esprit *sombrement maladif*, et de prouver par là que le titre de « *docteur* » est indiscutable. J'en citerai sept (qui s'étendent sur une trentaine d'années !), d'humeur « ecclésiastesque », pleines de tristesse, de solitude, d'ennui et de désabusement, avec, dans l'ordre, deux adressées à Louise Colet (1846), une à la demoiselle Chantepie (1864), une à la Princesse Mathilde (1868), une à George Sand (1870), une autre à la Princesse (1872), et enfin une autre à George Sand (1875), cinq ans avant l'hémorragie cérébrale qui l'emporta. (Ses derniers mots, ainsi que Guy de Maupassant les rapporte à Ivan Tourgueniev, auraient été : « *Allez à Rouen, nous ne sommes pas loin de Rouen, et ramenez le docteur Hellot, je les connais les Hellot.* » Il eût pu appeler Charles Bovary et imiter Balzac qui s'était écrié : « *Bianchon, appelez Bianchon ! Lui seul me sauvera...* » Ah ! quelle comédie *in*humaine !) — « *Ne me dis jamais que tu ne m'aimes pas, puisque tu me fais éprouver des mélancolies que je n'avais jamais eues. Je sens plus la douleur que le plaisir ; mon cœur reflète mieux la tristesse que la joie. Voilà pourquoi, sans doute, je ne suis pas fait pour le bonheur, ni peut-être pour l'amour. / Je comprends bien combien je dois te paraître sot, méchant parfois, fou, égoïste ou dur ; mais rien de tout cela n'est ma faute. Si tu as bien écouté* Novembre, *tu as dû deviner mille choses indisables qui expliquent peut-être ce que je suis. Mais cet âge-là est passé, cette œuvre a été la clôture de ma jeunesse. Ce qui m'en reste est peu de chose, mais tient ferme.* / [...] *Je suis né ennuyé ; c'est là la lèpre qui me ronge. Je m'ennuie de la vie, de moi, des autres, de tout.* » — « *Je porte en moi la mélancolie des races barbares, avec ses instincts de migrations et des dégoûts innés de la vie qui leur faisaient quitter leur pays comme pour se quitter eux-mêmes.* » — « *Mes jours se passent solitairement d'une manière sombre et ardue. C'est à force de travail que j'arrive à faire taire ma mélancolie native. Mais le vieux fond reparaît souvent, le vieux fond que personne ne connaît, la plaie profonde toujours cachée.* » — « *On a ses mauvais jours, je le sais ! Mais avec de la volonté, ils deviennent de plus en plus rares. Croyez-en là-dessus un grand maître en fait de mélancolie ! J'ai passé par de vrais spasmes d'ennuis. C'était dans ma jeunesse. Car ces bouillonnements lugubres ne sont rien autre chose que les excès de la sève, le trop plein qui ne peut (ou ne veut) sortir. Quant aux déceptions que le monde peut vous faire éprouver, je trouve que c'est lui faire trop d'honneur, il ne mérite pas cette importance.* » — « *Je suis submergé par une mélancolie noire, qui revient à propos de tout et de rien, plusieurs fois dans la journée. Puis, ça se passe et ça recommence. Il y a peut-être trop longtemps que je n'ai écrit. Le déversoir nerveux fait défaut.* » — « *La mélancolie est le plus abominable des vices pour soi et pour les autres.* » — « *Une goutte errante, des douleurs qui se promènent partout, une invincible mélancolie, le sentiment de "l'inutilité universelle" et de grands doutes sur le livre que je fais, voilà ce que j'ai, chère et vaillant maître.* » — N'ai-je évoqué l'automne et le mois de novembre ? « *Si tu as bien écouté* Novembre, *tu as dû deviner mille choses indisables qui expliquent peut-être ce que je suis* », écrit Flaubert. Cette nouvelle est d'une grande importance si l'on souhaite comprendre la mélancolie en général et la mélancolie flaubertienne en particulier, une mélancolie qui reprend la définition de Kierkegaard que nous avions donnée à propos de *Hamlet*, — une mélancolie qui est « *indisable* » parce que ses fondements sont impalpables : « *Si on demande à un mélancolique la raison de sa mélancolie, ce qui l'oppresse, il répondra qu'il ne le sait pas, qu'il ne peut pas l'expliquer. C'est en cela que consiste l'infini de la mélancolie.* » *Novembre*, en retranscrivant parfaitement les tonalités pré-hivernales de l'âme fuyante, en décrivant l'indescriptible, n'a guère d'équivalents dans la littérature poétique des bas-fonds où la douce noirceur le dispute à l'amertume la plus vivace. Elle court, elle court, la fièvre, elle gagne au fil des lignes, elle parcourt le corps et l'esprit ; mais elle n'est pas due à un singulier souffle dans la nuque, à un « *âpre vent d'automne* », dirait Laforgue, « *qui pleure dans la nuit* »… Nul fébrifuge n'est capable de l'endiguer… Console-toi, ô cœur simple, dans ce rêve d'enfer, et cède à la tentation du spleen d'un Flaubert qui fêtait ses vingt ans, car voici un florilège de ce « *fragment de style quelconque* » (assez long : lorsque tout est trop beau, lorsqu'une sardoine aux teintes saphirines est incrustée des plus sublimes impuretés, je ne sais plus où couper) : « *J'aime l'automne, cette triste saison va bien aux souvenirs. Quand les arbres n'ont plus de feuilles, quand le ciel conserve encore au crépuscule la teinte rousse qui dore l'herbe fanée, il est doux de regarder s'éteindre tout ce qui naguère encore brûlait en vous. [...] Elle est triste, la saison où nous sommes : on dirait que la vie va s'en aller avec le soleil, le frisson vous court dans le cœur comme sur la peau, tous les bruits s'éteignent, les horizons pâlissent, tout va dormir ou mourir. [...] J'ai savouré longuement ma vie perdue ; je me suis dit avec joie que ma jeunesse était passée, car c'est une joie de sentir le froid vous venir au cœur, et de pouvoir dire, le tâtant de la main comme un foyer qui fume encore : il ne brûle plus. [...] Pourquoi cela ? Ai-je aimé ? ai-je haï ? ai-je cherché quelque chose ? j'en doute encore ; j'ai vécu en dehors de tout mouvement, de toute action, sans me remuer, ni pour la gloire, ni pour le plaisir, ni pour la science, ni pour l'argent. [...] De tout ce qui va suivre personne n'a rien su, et ceux qui me voyaient chaque jour, pas plus que les autres ; ils étaient, par rapport à moi, comme le lit sur lequel je dors et qui ne sait rien de mes songes. Et d'ailleurs, le cœur de l'homme n'est-il pas une énorme solitude où nul ne pénètre ? les passions qui y viennent sont comme les voyageurs dans le désert du Sahara, elles y meurent étouffées, et leurs cris ne sont point entendus au-delà. [...] Il me vint bien vite un invincible dégoût pour les choses d'ici-bas. Un matin, je me sentis vieux et plein d'expériences sur mille choses inéprouvées, j'avais de l'indifférence pour les plus tentantes et du dédain pour les plus belles [...]. Quelle est donc cette douleur inquiète, dont on est fier comme du génie et que l'on cache comme un amour ? vous ne la dites à personne, vous la gardez pour vous seul, vous l'étreignez sur votre poitrine avec des baisers pleins de larmes. [...] Je n'ai rien aimé et j'aurais voulu tant aimer ! il me faudra mourir sans avoir rien goûté de bon. [...] Ah ! je suis plus vide, plus creux, plus triste qu'un tonneau défoncé dont on a tout bu, et où les araignées jettent leurs toiles dans l'ombre. [...] N'êtes-vous pas las comme moi de vous réveiller tous les matins et de revoir le soleil ? las de vivre de la même vie et de souffrir la même douleur ? las de désirer et las d'être dégoûté ? las d'attendre et las d'avoir ? / À quoi bon écrire ceci ? pourquoi continuer, de la même voix dolente, le même récit funèbre ? Quand je l'ai commencé, je le savais beau, mais à mesure que j'avance, mes larmes me tombent sur le cœur et m'éteignent la voix. [...] Si vous m'aviez demandé ce qu'il me fallait, je n'aurais su que répondre, mes désirs n'avaient point d'objet, ma tristesse n'avait pas de cause immédiate ; ou plutôt, il y avait tant de buts et tant de causes que je n'aurais su en dire aucun. [...] Que faire ici-bas ? qu'y rêver ? qu'y bâtir ? dites-le moi donc, vous qui la vie amuse, qui marchez vers un but et vous tourmentez pour quelque chose ! [...] Je suis né avec le désir de mourir. [...] C'est peut-être pour tout cela que je me suis cru poète ; aucune des misères ne m'a manqué, hélas ! comme vous voyez. [...] je m'étais cru leur égal et je n'étais plus que leur copiste ! Je passais alors de l'enivrement du génie au sentiment désolant de la médiocrité [...]. Il est si doux de se figurer qu'on n'est plus ! il fait calme dans tous les cimetières ! là, tout étendu et roulé dans le linceul et les bras en croix sur la poitrine, les siècles passent sans plus vous éveiller que le vent qui passe sur l'herbe.* » En réalité, la nouvelle ne s'interrompt pas ici, on n'en est qu'à la mi-automne ; mais quelle entrée en matière ! À quoi bon lire ceci ? « *À quoi bon écrire ceci ? pourquoi continuer, de la même voix dolente, le même récit funèbre ?* » Hé ! mais Flaubert en personne n'*écrivait*-il pas également, vers la même époque, dans les *Mémoires d'un fou* : « *Pourquoi écrire ces pages ? À quoi sont-elles bonnes ? — Qu'en sais-je moi-même ?* » À quoi sont-elles bonnes ? à quoi bon ?... À quoi bon lire, écrire tout cela, tout cet *amas de feuilles*, tout cet *automne* nerveux et cérébral ? Doit-on sombrer, encore et encore, dans l'étreinte de mon texte et des textes de mes auteurs chéris ? Flaubert… Ô mon Flaubert, tu sais ce que je sais, tu connais ce que je connais, tu vois ce que je vois, tu sens ce que je sens (« *avec un éternel bâillement d'ennui* »). Tous les deux, nous les Résignés, nous les Fous, nous chantons l'existence, mais nous la chantons en tant qu'Esthètes, nous chantonnons : « *Or, ma vie, ce ne sont pas des faits ; ma vie, c'est ma pensée* » ; — nous déclamons : « *Vous saurez les aventures de cette vie si paisible et si banale, si remplie de sentiments, si vide de faits* » ; — nous goualons tous deux, chacun de notre côté, un même couplet : « *Et il y a des jours où j'ai une lassitude immense, et un sombre ennui m'enveloppe comme un linceul partout où je vais : ses plis m'embarrassent et me gênent, la vie me pèse comme un remords.* » Oui, tous les fruits sont amers, et je dis moi aussi qu'« *à peine ai-je vu la vie, qu'il y a eu un immense dégoût dans mon âme* » ; et je dis moi aussi, en les modifiant, les paroles de Jacques Brel : « *Quand on a que l'*ennui */ À s'offrir en partage [...] Quand on a que l'*ennui */ Pour vivre nos promesses [...] Quand on a que l'*ennui */ Pour unique raison / Pour unique chanson [...] Quand on a que l'*ennui */ À offrir en prière [...] Pour les maux de la terre [...] Quand on a que l'*ennui */ Pour tracer un chemin…* » Oui, écoutez-nous, écoutez-moi chanter « *Le plat pays qui est le mien* », quand nous avons, quand j'ai « *le cœur à marée basse / Avec infiniment de brumes à venir* », quand nous désespérons, quand je désespère « *Avec le fil des jours pour unique voyage / Et des chemins de pluies pour unique bonsoir* », écoutez-nous, écoutez-moi chanter « *Quand les fils de novembre nous reviennent en mai* »… — Ô toi, Flaubert, que le « *désespoir rend fou* », que la folie désespère, — toi, Flaubert, qui te demandes « *pourquoi donc tout [t]'ennuie-t-il sur cette terre* », qui penses que le malheur est la vie, que la vanité « *est le fond de toutes les actions des hommes* », que « *l'humanité n'a qu'un but c'est de souffrir* », que « *l'histoire du monde c'est une farce* », toi qui éprouves une « *grande pitié pour les gens qui croient au sérieux de la vie* », toi qui attends le « *tout le mal possible des hommes* », toi qui te sens « *plus d'attachement pour [ton] chien que pour un homme* », — ô Flaubert, dis-tu la vérité quand tu écris ces agonies que sont ces notes et pensées intimes, alors que tu n'as pas encore fêté tes vingt ans ? Adopterais-tu pour toi les mots de Petrus Borel décrivant son Champavert : « *Déjà, en ce temps, il portait en lui une tristesse, un chagrin indéfini, vague et profond, la mélancolie était déjà son idiosyncrasie* » ? C'est que l'on croirait entendre l'éternel adolescent Rimbaud quand tu *gueules* : « *Je m'ennuie — Je voudrais être crevé, être ivre, ou être Dieu pour faire des farces.* » Et tu oses ponctuer cela d'un « *Et merde !* »… — Ô Flaubert… « Αἴλινον αἴλινον εἰπέ, τὸ δ΄ εὖ νικάτω » (« Triste, triste son chant, mais que le bien l'emporte »), aimerais-je croire en grimpant à l'échelle de la mandoline d'Eschyle jouant de sa mandoline… « *Now, the melancholy god protect thee* » (« *Allons, que le dieu de la mélancolie te protège* »), — ô Moi-même, — ô Toi, Saturne, potentat de l'*ill-being*, protège-moi et escorte-moi, sabre au clair, dussé-je être dilacéré, dans le tréfonds des cryptes de mon existence, de mon livre logographique, laisse-moi errer, compassé, en compagnie de mes échansons favoris qui, jour après jour, ont su m'apporter la coupe divine du nectar immatériel… Ne dissipe pas maintenant, adoré Saturne, les ténèbres qui m'enveloppent et te recouvrent, car si la lumière doit surgir, elle ne peut le faire que des ténèbres… Je dois explorer plus avant, sans effroi. « *Si donc la lumière qui est en toi est ténèbres, combien seront grandes ces ténèbres !* » (Mt 6,23)

* * * * *

(Fù. 賦 — Quel shī sinueux, insinuant, dois-je faire ? — La *Mélancolie* joue au yoyo avec notre esprit, en un sinolique « yōuyù » (« *mélancolie* »), c'est-à-dire « 憂鬱 » en écriture traditionnelle, ou « 忧郁 » en écriture simplifiée. — D'un côté, nous avons le « yōu », « 憂 » (« *inquiétude* », « *peine* », « *funérailles d'un parent* », « *trouble dû à l'état d'orphelin* », où le « *cœur* » (« 心 »), écrasant le symbole de la « *marche lente* » (« 夂 »), est lui-même écrasé par la « *tête* » (« 頁 »). En devenant « 忧 », il perd de sa substance avec l'idée d'un « *cœur* » renforcée par « 尤 » (« *particulièrement* »), celui-ci étant étonnamment proche de « 尢 » (ou « 尣 »), « *courbé* ». (On rencontre un autre « yōu », formé du précédent et du radical « 亻 » (« *homme* »), qui dénote la « *supériorité* », l'« *excellence* » : « 優 » ou « 优 ».) De l'autre côté, nous avons le « yù », « 鬱 » (« *dru* », « *touffu* », « *obstacle à la progression* », « *lunatique* »), où le « *vase d'argile* » (« 缶 »), encadré de deux « *arbres* » (« 木 »), surmonte le « *vin aromatisé* » (« 鬯 ») qui est accompagné de « *longs poils* » (les stries « 彡 »), ces deux derniers étant séparés de l'étage du dessus par un « *couvercle* » (« 冖 »). On ne retrouve rien de tout cela dans son caractère simplifié, « 郁 », où apparaît « 月 », qui peut aussi bien dire « *lune* » que « *chair* » (« 肉 »), comme si une main cachait la lune ou un corps (un morceau de viande). La symbolisation chinoise est remarquable à plusieurs titres : premièrement, la simplification des sinogrammes amorcée par les communistes au début des années 1950, s'éloigne parfois tout à fait, en forme, de leurs homologues standards ou orthodoxes ; — deuxièmement, un sinogramme peut visuellement s'écarter de son sens (tel le « 鬱 », visuellement négatif par sa juxtaposition de radicaux explicites, et dont le sens, *densité* », est plutôt neutre) ; — troisièmement, l'ajout d'un radical peut modifier en grande partie le sens (distinguer « 優 » de « 憂 ») ; — quatrièmement, l'infime variation entre deux idéogrammes, quand ils ne sont pas identiques, ajoute des nuances sémantiques surprenantes (pour ce qui nous intéresse ici, « 禾 », « *céréale* », est proche de « 米 », « *grain* », ce qui n'est guère choquant, alors que « 釆 », « *diviser* » ou « *discerner* », guère aussi éloigné, l'est davantage) ; — cinquièmement, les variations sémantiques elles-mêmes (la « tête », « 首 », est aussi « 頁 », ou « 页 », qui est la *feuille* » d'arbre ou de papier) ; — sixièmement, les délires que les imaginations les plus tordues font naître (le passage de « 憂 » à « 忧 » fait penser au passage de « 夏 » à « 秋 », de l'« *été* » à l'« *automne* »). — L'« *arbre* », « mù », « 木 », représente également le « *cercueil* », et dans l'ancienne Chine, les tombes, qui étaient recouvertes de « *couches de terre damée jusqu'au niveau du sol* » (*Guide bleu*), avaient une structure en bois et figuraient le « *cercueil extérieur* » abritant et le cercueil du propre défunt et le mobilier funéraire — dont des vases ou de la vaisselle luxueuse. Lors des libations funèbres, du vin odorant servait à laver le corps encore tiède du cadavre et du sang de porcin était utilisé pour enduire les objets éparpillés dans la tombe, parmi lesquels il n'était pas rare de trouver des « *écailles de tortue* », « 甲 », ou, mieux : « 玳瑁 », « 宝石 » (avec un « 石 » qui rappelle curieusement « 有 »). La tortue représente l'immortalité et il n'est pas rare de croiser des statues à son effigie supportant de lourdes stèles (à ce propos, la terre, dans les récits originels des Iroquois, repose sur une carapace de tortue) ; mais, point le plus important, le fin du fin, la carapace sert, dans la culture sinologique, à la divination (plastromancie) grâce à l'interprétation des inscriptions qu'on y grave et que l'on appelle « *écriture ossécaille* » (« 甲骨文 »). Dans le *Tcheou-li* (ou *Rites des Tcheou*), il est dit que « *la contexture sacrée de l'écaille de tortue présente, pour les trois systèmes, cent vingt configurations de fissures et douze cents réponses* ». Édouard Biot, le traducteur français, note que « *chaque fêlure ou fissure produite par le feu est divisée en trois segments appelés tête, milieu, et queue* ». C'est ici que le sens de la clef « shān » (« 彡 »), si mystérieux au premier coup d'œil, pourrait être rehaussé (d'autant plus que « 玳瑁 » désigne la robe de certains chats, et qu'un « *chat* », « 貓 » ou « 猫 », est évidemment poilu). À tout ce que l'on vient d'énumérer, pourrait s'ajouter la remarquable expression idiomatique chinoise qui rattache la tortue au vase : « *comme une tortue dans une jarre* » (figurément : on est pris au piège, on ne peut pas s'échapper). En même temps, « 酒 », « *vin* », « *eau-de-vie* ») comporte également trois petites marques (« 氵 ») qui proviennent de l'abréviation du radical « 水 » (« *eau* », « *liquide* ») et qui seraient explicitement liées à la notion d'humidité, tandis que « 酉 » (avec son « π » enfermé) énoncerait la « *perfection* ». — On notera, au jeu des « *apparences* » (« 形 » !), que « 生 » (« *naître* ») ressemble de loin à « 缶 » (« *vase* »), et que « 骨 » (« *os* ») est un mélange de « 月 » et de « 冎 » (« *crâne* »). — *Amen* : tu peux t'introduire, ô *Mélancolie*… « Tout est écrit dans le Ciel, tout est consommé sous la Terre, et la Colonne de l'Exil pleure un invisible éclair. La Mélancolie se devine dans la pleine nuit automnale, où une lune, qu'un mince et paisible nuage d'encens voile, éclaire un cimetière luxurieusement arboré et fleuri, silencieux comme des peines intemporelles qui s'égrènent étouffées. Sur le tortueux chemin de terre et de feuilles, bordé et piqueté d'herbes noires indiscernables, la tête baissée et le sein oppressé, solitaire, s'avance sombrement un homme, ralenti par le deuil infini qu'il porte et griffé dans sa chair par la dépression. Au loin se projette l'ombre épaisse d'une tombe, et, à travers la lourde dalle ruisselante des larmes à venir, exhalée d'une urne parfumée, l'odeur d'une liqueur sacrificielle, aussi visqueuse qu'une huile saturée de chagrins, se répand et hérisse l'âme en perte. L'avenir n'étant que l'hiver vain qui nettoie, puis chasse, en le gelant, le germe de la vie, le présent n'est plus rien, il est dépassé, statufié, enivré de l'eau-de-mort que déverse le spectre du Spleen, si félin et séducteur, d'une jarre où s'inscrit, en un reflet de miroir ténébreux, l'*"in vino mortalitas"*. En contemplant la cavurne à l'intérieur duquel reposent les cendres mouillées, l'homme inconnu, cette être putréfié qui se manque désormais à lui-même, devient le fossoyeur des ultimes battements d'un cœur décarcassé, le témoin muet des derniers sursauts d'un esprit abusé et creusé par la tristesse, enfermé dans un crâne tel un papillon dans une bouteille qui s'épuise jusqu'à ce que ses ailes se brisent. » — « *Car je veux vieillir et mourir entre fleurs et vin* », soupirait, au XVème siècle, Táng Yín, sans youyou. — « *Au clair de lune, à la pagode, / Je n'irai plus seul / Et le vin, dans mon ventre triste / Se change en larmes nostalgiques* », se mélancoliait, au XIème siècle, Fan Zhongyan. — « *Le parfum de ces pauvres fleurs pénètre jusque dans les coupes de jade, / Et le vin de l'automne en est embaumé* », fredonnait, au VIIIème siècle, Tsin-tsan.)

* * * * *

Le tunnel, purgatoire nauséabond qu'aucune lucarne donnant sur l'extérieur n'éclaire, criblé de mille anfractuosités où sommeillent des monstres que l'imagination ne saurait concevoir, — le tunnel, intestin grêle sombre et putride qu'aucune circulation d'air ne vient assainir, où il est si difficile de s'oxygéner et de se ravigoter, — le tunnel silencieux, d'un long silence dont l'harmonie est si parfaite qu'aucune tonique, qu'aucune appogiature ne rompent, — le tunnel, alternativement étuve et glacière, — le tunnel, empesté de la mélancolie, semble d'une longueur infinie : la sortie est loin, je puis l'assurer, et rebrousser chemin serait inutile, car nous n'avons que trop avancé. Gloucester, à qui l'on vient de crever le dernier œil valide, peut bien hurler que « *All dark and comfortless!* » — moquons-nous-en, nous qui avons nos deux yeux, ne désespérons pas de ne jamais plus sortir, et ne nous inquiétons pas, Lecteur(s), de ce que nous ne soyons pas près d'en voir le bout, de ce tunnel. Consolez-vous bien plutôt de ce qu'il n'y ait qu'*un seul sens*. « *Ne vous inquiétez donc pas du lendemain ; car le lendemain aura soin de lui-même. À chaque jour suffit sa peine.* » (Mt 6,34) Puisque l'aérage est nul, ne craignons pas le grisou, allons au charbon, remuons la terre. Nous croiserons, au gré des tailles, les Esprits Enchanteurs… — la veine Flaubert passée, marchons, abattons, exploitons les parcelles des combes que rarement la Mélancolie ensoleille j'en distingue, là-bas, d'autres veines disparates, comme des cariatides bricolées par le temps, vestiges d'âmes qui se tortillèrent, furent garrottées, connurent la débâcle et magnifièrent l'art, parmi lesquelles, triées sur le volet : Jean-Jacques Rousseau, Franz Kafka, Fédor Dostoïevski, Cesare Pavese… (Quel consistant consistoire ! — quelle contremine ! — quelle substruction !) Et là-bas, *là-bas*, ou rêvé-je, j'aperçois le filon sans prix, le couple aurifère à la mauvaise mine : Friedrich Nietzsche, Arthur Schopenhauer… Et l'*Ennui* !… « *L'œil chargé d'un pleur involontaire, / Il rêve d'échafauds en fumant son houka.* » — Et toi, François… François !…

* * * * *

Jean-Jacques, confesse-toi ! Dans ta lettre à (Chrétien-Guillaume de Lamoignon de) Malesherbes du 4 janvier 1762, tu sens le besoin de revisiter, du haut de tes cinquante ans, et toujours engourdi de ce souci atavique d'autojustification, des bribes de ton passé si dur : « *Je suis né avec un amour naturel pour la solitude, qui n'a fait qu'augmenter à mesure que j'ai mieux connu les hommes. Je trouve mieux mon compte avec les êtres chimériques que je rassemble autour de moi, qu'avec ceux que je vois dans le monde ; et la société, dont mon imagination fait les frais dans ma retraite, achève de me dégoûter de toutes celles que j'ai quittées. Vous me supposez malheureux et consumé de mélancolie. Oh ! Monsieur, combien vous vous trompez ! C'est à Paris que je l'étais ; c'est à Paris qu'une bile noire rongeait mon cœur ; et l'amertume de cette bile ne se fait que trop sentir dans tous les écrits que j'ai publiés tant que j'y suis resté.* » Vingt-deux années plus tôt, déjà, dans ton *Projet d'éducation à M. de Sainte-Marie*, tu t'exprimais en ces termes : « *Le premier est un penchant invincible à la mélancolie, qui fait, malgré moi, le tourment de mon âme. Soit tempérament, soit habitude d'être malheureux, je porte en moi une source de tristesse dont je ne saurais bien démêler l'origine. J'ai presque toujours vécu dans la solitude, longtemps infirme et languissant, considérant la fin de ma courte vie comme l'objet le plus voisin, un vif désir de sensibilité, dans une âme qui n'a jamais été ouverte qu'à la douleur, portant continuellement dans mon sein, et mes propres peines et celles de tout ce qui m'était cher. Ce n'était là que trop de quoi fortifier ma tristesse naturelle.* » Et si je remonte plus loin, vers tes seize ans, voici ce que je découvre dans tes *Confessions* : « *L'altération de la mienne agit sur mon humeur et tempéra l'ardeur de mes fantaisies. Me sentant affaiblir, je devins plus tranquille, et perdis un peu la fureur des voyages. Plus sédentaire, je fus pris, non de l'ennui, mais de la mélancolie ; les vapeurs succédèrent aux passions ; ma langueur devint tristesse ; je pleurais et soupirais à propos de rien ; je sentais la vie m'échapper sans l'avoir goûtée ; je gémissais dans l'état où je laissais ma pauvre maman, sur celui où je la voyais bien prête à tomber ; je puis dire que la quitter et la laisser à plaindre était mon unique regret. Enfin je tombai tout à fait malade. Elle me soigna comme jamais mère n'a soigné son enfant ; et cela lui fit du bien à elle-même, en faisant diversion aux projets et tenant écartés les projeteurs. Quelle douce*

mort, si alors elle fût venue ! Si j'avais peu goûté les biens de la vie, j'en avais peu senti les malheurs. Mon âme paisible pouvait partir sans le sentiment cruel de l'injustice des hommes, qui empoisonne la vie et la mort. J'avais la consolation de me survivre dans la meilleure moitié de moi-même ; c'était à peine mourir. Sans les inquiétudes que j'avais sur son sort, je serais mort comme j'aurais pu m'endormir, et ces inquiétudes mêmes avaient un objet affectueux et tendre qui en tempérait l'amertume. Je lui disais : Vous voilà dépositaire de tout mon être ; faites en sorte qu'il soit heureux. Deux ou trois fois, quand j'étais le plus mal, il m'arriva de me lever dans la nuit et de me traîner à sa chambre, pour lui donner, sur sa conduite, des conseils, j'ose dire pleins de justesse et de sens, mais où l'intérêt que je prenais à son sort se marquait mieux que toute autre chose. Comme si les pleurs étaient ma nourriture et mon remède, je me fortifiais de ceux que je versais auprès d'elle, avec elle, assis sur son lit, et tenant ses mains dans les miennes. Les heures coulaient dans ces entretiens nocturnes, et je m'en retournais en meilleur état que je n'étais venu : content et calme dans les promesses qu'elle m'avait faites, dans les espérances qu'elle m'avait données, je m'endormais là-dessus avec la paix du cœur et la résignation à la Providence. Plaise à Dieu qu'après tant de sujets de haïr la vie, après tant d'orages qui ont agité la mienne et qui ne m'en font plus qu'un fardeau, la mort qui doit la terminer me soit aussi peu cruelle qu'elle me l'eût été dans ce moment-là ! »
Évidemment, éclairées à la lumière des vertus éducatives de l'*Émile*, tes phrases s'entourent d'une aura philosophique aux chatoiements pessimistes (pour ne pas dire *suicidaires*, mais nous en reparlerons en son temps) : « *Souffrir est la première chose qu'il doit apprendre, et celle qu'il aura le plus grand besoin de savoir.* » Qui est le plus heureux ? C'est, dis-tu, « *celui qui sent le moins de peines* ». Qui est le plus misérable ? C'est, dis-tu, « *celui qui sent le moins de plaisirs* ». N'annoncerais-tu pas Schopenhauer ? « *Toujours plus de souffrances que de jouissances : voilà la différence commune à tous. La félicité de l'homme ici-bas n'est donc qu'un état négatif ; on doit la mesurer par la moindre quantité de maux qu'il souffre.* » Et si je lance un regard à ton ultime écrit, *Les Rêveries du promeneur solitaire*, rédigé entre 1776 et 1778 (tu mourras le 18 juillet et n'auras pas le temps de finir la dixième promenade), suis-je obligé d'en conclure que *toute ta vie* ne fut qu'un *interminable chemin de croix*, une vie privée du moindre lucre, un carême sans fin, un mélodrame inextinguible ? Ainsi les « *Rêveries* » démarrent-elles : « *Me voici donc seul sur la terre, n'ayant plus de frère, de prochain, d'ami, de société que moi-même.* » Commença-t-on jamais un livre autobiographique par une pareille plainte, semi-tragique, semi-déchirante ? Ô *luctus* hypogé ! Ô raison funèbre et *luctuosus* ! Quelle entame ! *Oremus !* Aria sans instrument, — aria de mots, — obsécration évaltonnée… Comment réprimer un sentiment de dubitation en lisant ce préambule presque jeté avec désinvolture ? Même Cioran, s'il en eût composé, n'eût pas ouvert ses mémoires de cette manière ! Il est clair que cela incite le lecteur à partager avec toi ta misère, tout en l'embarrassant : tu parles sur le ton de la confidence… mais d'une confidence faite à la Terre entière ! Tu t'obstines, obsédé, à te persuader et à persuader le peuple, de loin, du promontoire de la postérité, que ton affliction fut imméritée ; mais la couronne d'épines qui ceint ton front, que ne l'enlèves-tu pas, si c'est l'Autre qui l'y a mise ?... — Non moins pathétique, tu poursuis, vers le milieu de ta première bal(l)ade (de ta geôle de Reading !) : « *Tout est fini pour moi sur la terre. On ne peut plus m'y faire ni bien ni mal. Il ne me reste plus rien à espérer ni à craindre en ce monde, et m'y voilà tranquille au fond de l'abîme, pauvre mortel infortuné, mais impassible comme Dieu même. / Tout ce qui m'est extérieur m'est étranger désormais. Je n'ai plus en ce monde ni prochain, ni semblables, ni frères. Je suis sur la terre comme dans une planète étrangère, où je serais tombé de celle que j'habitais.* » Petit Prince des Lumières, de quel système sol(it)aire t'es-tu enfui, et quel est celui que tu convoites ? (Sans nul doute, cher J.-J., aurais-tu pu te réclamer des émouvantes *concessions* saint-exupériennes que l'on découvre au travers de la correspondance du papa du *Prince*, qui était « *bien trop confus et embrouillé pour vivre en paix sur cette planète* », « *triste, à cause de cette drôle de planète* » qu'il habitait et qu'il haïssait de plus en plus, dont il désespérait à ne plus savoir qu'en penser (années 1943 et 1944, avant le céleste *crash*) : « *Je me demande tout le temps : où est-ce que je puis habiter, dans l'univers, où je sois chez moi ?* » Pour Hugo, le petit prince est un petit homme, et c'est peut-être pourquoi « *Le pauvre petit prince était fort malheureux* »…) Je vois bien que les *Rêveries* marquent le dernier terme d'un voyage, que tu n'oublies pas que l'on t'a oublié, que la sagesse résignée reste ton dernier remède, pour ne pas dire ton dernier préservatif d'âme en peine, que ces lignes sont une doléance présentée à toi-même et au monde (fort heureusement, tu ne piaules pas) ; et pourtant, la déférence que tu témoignes au bonheur, à l'ataraxie, au détachement et au repos, ne cesse de cacher, sous des dehors désintéressés, une rancune, une supplique, une contestation, un combat, comme si, depuis l'origine, chacune de ces lignes personnelles avaient eu pour but d'entériner une controverse et être, coûte que coûte, litisdécisoires. Mais la controverse, à être continuellement rabâchée — à tue-tête —, perd de sa vigueur, s'enlise et se retourne contre toi, car, paradoxalement, tu la fais naître (tu n'habitas pas le Val-de-Travers en vain !). Prenons un exemple parmi des dizaines : le *théâtre* et la querelle avec Voltaire, à qui tu écriras en 1860 que tu ne l'« *aime[s] point* » (« *Je vous hais, enfin, puisque vous l'avez voulu ; mais je vous hais en homme plus digne de vous aimer si vous l'aviez voulu* »). Je n'entrerai pas dans les détails de cette polémique oiseuse et compliquée, et encore moins dans ces folies de « complot » planétaire, mais quoi ! toi, l'auteur de ballets, de pièces dont ne se souviennent que les indications bibliographiques (*Iphis, La Découverte du nouveau monde, Les Prisonniers de guerre, L'Engagement téméraire, Arlequin amoureux malgré lui, Narcisse ou l'Amant de lui-même, Les Saturnales, La Mort de Lucrèce*), pourquoi, au fond, avoir interdit à Genève la représentation d'une pièce de Voltaire, et t'être définitivement brouillé avec lui ? Tu n'eus plus d'autre choix que l'isolement : Diderot, D'Alembert, Hume, et surtout le « *méchant* » Grimm (qui écrira en 1756 : « *M. Rousseau a été malheureux à peu près toute sa vie. Il avait à se plaindre de son sort, et il s'est plaint des hommes. Cette injustice est assez commune, surtout lorsqu'on joint beaucoup d'orgueil à un caractère timide* »)… Byron, qui avait visé juste en te dénommant « *the apostle of affliction* » (« *l'apôtre de l'affliction* »), avait aussi dit : « *His life was one long war with self-sought foes, / Or friends by him self-banished; for his mind / Had grown Suspicion's sanctuary* » (« *Sa vie fut un long combat contre des ennemis recherchés par soi, / ou des amis par soi bannis ; car sa pensée / était devenue le sanctuaire du Soupçon* »). — Il est une œuvre musicale publiée après la mort, rangée dans le recueil intitulé *Les consolations des misères de ma vie* (évidemment !), dont le premier quatrain dit : « *Rousseau qui baignes cette plaine, / Je te ressemble en bien des traits. / Toujours même penchant t'entraîne. / Le mien ne changera jamais.* » Oui, ce penchant, double, inaltérable et inépuisable comme l'eau d'une source immortelle, t'entraîna inexorablement : la *mélancolie* et le *sentiment d'injustice* (qui n'est autre que

le sentiment de *persécution*). Ce second penchant ne fit qu'exacerber le premier... Changeons une lettre et déplaçons-en une autre : « Rousseau *qui baignes cette plaine* »... La « *plaine* », du latin « *planus* », ce qui est « *plain* » ! Ce qui est *plaint* ! celui qui *se plaint* ! Ô Jean-Jacques, qui baignes, de tes larmes, cette *peine*, et t'inondes toi-même, et patauges, et coules. (Jusqu'à faire des *Confessions*, osons le mot, une Pleurnicherie, dont maints passages, osons encore, me semblaient avoir été écrits par un comique. Trop de lucidité tue-t-elle la lucidité ? « *Quand mon cœur déchiré laisse échapper des gémissements, j'ai l'air d'un homme qui se plaint sans sujet* » : effectivement !) Il va de soi que tu ne connus certainement pas Joseph Joubert, qui n'avait que vingt-quatre ans quand tu partis pour ton paradis (espérons-le) plein d'herbes, mais voici l'une de ses pensées : « *Tout ce qui occupe des autres, égaie ; tout ce qui n'occupe que de soi, attriste. De là cette mélancolie, sentiment de l'homme qui vit enfermé en lui-même.* » N'ai-je pas eu raison, à l'instant, en appariant ces deux penchants, de dédoubler ta mélancolie ? En aucun cas, au fil des années, les autres ne t'égayèrent. Au contraire, ils ne furent, selon toi, que la principale cause de tes souffrances, et ils finirent pas t'acculer à ce sombre constat (deuxième promenade) : « *Je me disais en soupirant : qu'ai-je fait ici-bas ? J'étais fait pour vivre, et je meurs sans avoir vécu.* » — (Ici, je suis encore tenaillé par l'envie de donner d'autres extraits, mais je redoute toujours que cela ne *fasse trop*. Je me console en me rappelant cette phrase écrite il y a très, très longtemps : « *Mon goût pour la citation provient sûrement de ceci : convier les gens qui m'écoutent à lire les livres cités.* » Sous la houlette de Dante, j'avoue que « *perché piene son tutte le carte ordite a questa cantica seconda, non mi lascia più ir lo fren de l'arte* » (« *puisque sont remplis tous les feuillets qui étaient préparés pour ce second cantique, le frein de l'art ne me laisse plus aller* »), et je ne me retiendrai pas davantage, malgré ma conscience capricieuse, malgré mes scrupules — que j'envoie promener...) — Troisième promenade : « *La triste vérité que le temps et la raison m'ont dévoilée en me faisant sentir mon malheur, m'a fait voir qu'il était sans remède et qu'il ne me restait qu'à m'y résigner. Ainsi toutes les expériences de mon âge sont pour moi dans mon état sans utilité présente, et sans profit pour l'avenir. [...] Jeté dès mon enfance dans le tourbillon du monde, j'appris de bonne heure par l'expérience que je n'étais pas fait pour y vivre, et que je n'y parviendrais jamais à l'état dont mon cœur sentait le besoin.* » — Cinquième promenade : « *Aussi n'a-t-on guère ici bas que du plaisir qui passe ; pour le bonheur qui dure je doute qu'il y soit connu. À peine est-il dans nos plus vives jouissances un instant où le cœur puisse véritablement nous dire : Je voudrais que cet instant durât toujours ; et comment peut-on appeler bonheur un état fugitif qui nous laisse encore le cœur inquiet et vide, qui nous fait regretter quelque chose avant, ou désirer encore quelque chose après ? [...] De quoi jouit-on dans une pareille situation ? De rien d'extérieur à soi, de rien sinon de soi-même et de sa propre existence, tant que cet état dure on se suffit à soi-même comme Dieu.* » — Septième promenade : « *Je me médite, je me rêve jamais plus délicieusement que quand je m'oublie moi-même. [...] Je ne cherche point à m'instruire : il est trop tard. D'ailleurs je n'ai jamais vu que tant de science contribuât au bonheur de la vie. Mais je cherche à me donner des amusements doux et simples que je puisse goûter sans peine et qui me distraient de mes malheurs.* » — Huitième promenade : « *Jamais je n'étais parfaitement content ni d'autrui ni de moi-même. Le tumulte du monde m'étourdissait, la solitude m'ennuyait, j'avais sans cesse besoin de changer de place et je n'étais bien nulle part. J'étais fêté pourtant, bien voulu, bien reçu, caressé partout. Je n'avais pas un ennemi, pas un malveillant, pas un envieux. Comme on ne cherchait qu'à m'obliger j'avais souvent le plaisir d'obliger moi-même beaucoup de monde, et sans bien, sans emploi, sans fauteurs, sans grands talents bien développés ni bien connus, je jouissais des avantages attachés à tout cela, et je ne voyais personne dans aucun état dont le sort me parût préférable au mien. Que me manquait-il donc pour être heureux ; je l'ignore ; mais je sais que je ne l'étais pas.* » — Neuvième promenade : « *Le bonheur est un état permanent qui ne semble pas fait ici-bas pour l'homme. [...] Nous changeons nous-mêmes et nul ne peut s'assurer qu'il aimera demain ce qu'il aime aujourd'hui. Ainsi tous nos projets de félicité pour cette vie sont des chimères.* » — Plains-chants de l'agressé, — en *la* mineur ; — complaintes de la triste fin de vie d'un homme à la traîne, qui n'avait pas seulement inventé un nouveau système — rudimentaire — de notation musicale, mais qui avait mêlé l'élégie à la quérimonie comme personne peut-être n'avait su le faire depuis l'Ancien Testament... C'était Farinelli qui eût dû interpréter ces œuvres, lui qui soigna, de sa voix de castrat, le roi d'Espagne Philippe V, et parvint à le guérir, dit-on, de sa mélancolie... Moi, tel le Clown du *Conte d'hiver*, « I love a ballad but even too well, if it be doleful matter merrily set down, or a very pleasant thing indeed and sung lamentably » (« *Je n'aime que trop les romances, quand c'est un lamentable récit sur une musique joyeuse, ou une jolie drôlerie psalmodiée sur un air lugubre* »). — Messire Jean-Jacques, un mois seulement après le décès de Voltaire (et sa trop forte dose d'opium ?), alors que tu te trouvais sur ton lit de mort, enfin tu fis, totalement, œuvre d'abnégation. L'apaisement succédait à l'éplorement et prouvait que ton délire de l'épisode de Notre-Dame s'était calmé. Louis-Sébastien Mercier, dans l'introduction des trente-sept volumes de tes *Œuvres complètes* qu'il avait commencé de faire publier, rapporte que devant ta femme, « *en montrant le firmament dans une espèce de transport* », où tu parus rassembler toute l'énergie de ton cœur, tu expiras ce souffle salvateur d'avant la montée aux cieux : « *Voyez comme le ciel est pur, il n'y a pas un seul nuage : j'y vois le Dieu de miséricorde qui m'attend pour me recevoir dans son sein !* » — « *Vivre libre et peu tenir aux choses humaines est le meilleur moyen d'apprendre à mourir* », écrivais-tu sagement, dignement... — Messire Jean-Jacques, sybarite de la nature, bénis sois-tu. Ne t'offusque pas de mes propos, ni n'en prends ombrage. Je n'oublierai jamais tes *Confessions*, dont la lecture m'aura à jamais transformé (« *car il n'y eut jamais pour moi d'intermédiaire entre tout et rien* », comme tu le dis si bien) ; et je te relierai indéfiniment dans ce monde ignominieusement... ignominieux. Nous sommes — de loin — *des frères*. — « [13/11/98 :] les Confessions de Rousseau. C'est génial à un point insoupçonné... enfin, je le soupçonnais... Rousseau, l'homme... Son écriture géniale... [22/11/98 :] *J'ai beaucoup lu des Confessions, ce week-end, et plus j'avance, plus je me vois en Rousseau. Plus j'avance, plus je vois qu'on est identiques sur un grand nombre de points. [...] Mon Dieu... Je suis Rousseau... Tout ce qu'il exprime parce qu'il a le temps, toute cette noblesse d'âme, tout ceci, à peu de choses près, c'est moi : Serais-je... Serait-ce possible ! Aurais-je trouvé mon égal ? Mon jumeau.* C'est moi. [03/12/98 :] *Rousseau... Rousseau... Rousseau... Rousseau... Rousseau...* [07/12/98 :] *Les Confessions, encore et toujours... Existe-t-il d'autre livre que celui-ci ?* Les Confessions, Les Confessions, Les Confessions... *[...]* Les Confessions, Les Confessions, Les Confessions... »

* * * * *

Plaçons un petit alinéa intercalaire, même si, à cette occasion, je dois anticiper et délisser la frise chronologique de mon existence (nous ne sommes plus à un prochronisme près, alors brisons sans scrupule la successivité des expériences écrites) : « [08/11/00 :] *Me voici à Pornichet… Il ne doit pas être plus de 23H00… J'ai la gorge nouée, les larmes veulent venir — mais j'essaie de tenir… C'est dur. […] Je prends de la vitamine C le matin et des comprimés un peu anxiolytiques… Pour me rendre moins nerveux. Tout comme pour l'année dernière, j'ai besoin d'un déstressant et d'un dynamisant !... Le contraire à la fois, quoi… […] J'aurais tant voulu le micro : j'ai tant à cracher… […] Quel cafard, ici… […] C'est la mer et son aspect de néant en hiver qui me claque le moral… […] Je suis seul. Je suis un génie !... Je peux l'être mille fois… Et quand je vois grouiller tous ces êtres informes se complaisant dans la subsistance sommaire, je me dis : Ne sois pas cela — ou tue-toi… — La mer se soulève. À mes yeux, sur le balcon, fumant, jetant mes cendres comme lors d'un Saint-Sacrement, je voyais entre deux bâtiments la mer s'échouer, aller, retour, aller, retour, va, vient, va, vient — sur le sable froid… Ne suis-je qu'un grain de sable que la mer polit ?... Ne suis-je pas seul ? Regardez-moi, voyez : tout le monde me repousse, je suis obligé d'être cloîtré, à l'abri des Autres… — J'aimerais crier : Je t'aime, chérie ! mais la sanction est immense : je me trompe… Je vais ici : là — nulle part. Seul, seul… Mon dieu !... Hugo est là qui me crie : Viens !... Fini ce monde perdu, rejoins le nôtre !... Et que puis-je faire ?... Donnez-moi le gibet — que je sois pendu… Je ferai don à la société de mes cahiers de* Journal… *— Je veux faire le jeûne, ne pas manger… […] Je crache à la gueule du monde, de la société. Vous vous valez tous — et vous ne valez pas la peine… […] Je me meurs. Crucifiez-moi : Le gibet !... […] Ça fait du bien ; malheur !... […] Je voudrais n'avoir rien dévoilé, n'avoir rien à dévoiler — que dans les écrits… Être seul, indépendant. Mais seul… l'angoisse. Personne pour m'aider…* [26/11/00 :] *Je lis… Je lis dans la solitude, dans le silence,* dans l'obscurité. *Je suis seul, profondément seul…* »

* * * * *

« *Es-tu désespéré ? / Oui ? Tu es désespéré ? / Tu prends la fuite ? Tu veux te cacher ?* » Ces quelques questions brèves, consignées dans un *Journal* volumineux balayant une période qui va de 1910 à 1923, sont l'œuvre d'un homme qui naquit le 3 juillet 1883 et mourut le 3 juin 1924 d'une tuberculose du larynx. Mais elles ne furent pas écrites durant ses deux dernières — et *terribles* — années, frappées du sceau des souffrances quotidiennes, de la maladie ou des questions d'argent (comme le démontrèrent les lettres envoyées à ses parents et que l'on a retrouvées chez un bouquiniste praguois en 1986) ; ces questions, qui, à quelques lignes près, pourraient être l'*incipit* de ces cahiers de notes, sont datées de 1910 : *Franz Kafka* avait alors vingt-sept ans. « *J'écris très certainement ceci poussé par le désespoir que me cause mon corps et l'avenir de ce corps* », se dit-il amèrement, devinant avec une justesse inouïe le mal qu'il traînerait toute sa vie : le désespoir, « *la terrible insécurité de [son] existence intérieure* », — le désespoir d'un être pour qui « *il n'y a d'accueil nulle part* », le désespoir d'un individu « *si abandonné de [soi-même], de tout* », qui désirerait s'isoler « *de tous jusqu'à en perdre conscience* », qui devrait se résoudre, *en désespoir de cause*, à « *prendre son parti de la plus grande déchéance comme de quelque chose de connu, à l'intérieur de quoi on reste encore élastique* », mais qui, même dans son désespoir le plus profond, le plus tenace, le plus solide, le plus réel, désespère de ne pas savoir désespérer humblement, désespère d'arriver un jour à s'en satisfaire (« *Désespoir vide, impossible de s'y installer. Je ne pourrai faire halte que lorsque je serai satisfait de mes souffrances* »), et va même jusqu'à désespérer, lorsqu'il ne souffre plus, de ne justement plus souffrir : « *Autrefois, j'étais heureux quand je souffrais et que la douleur cessait, maintenant je ne suis que soulagé, et j'ai ce sentiment amer : "Te voilà de nouveau bien portant, rien de plus."* » Voici le portrait, esquissé à grands traits, d'une âme littéralement *kafkaïenne* ! Souffrir, ou ne pas souffrir, là est la question ! Il s'agirait, ou de souffrir totalement et, en « tirant parti » de cette souffrance, souffrir au carré et être capable d'agir, ou alors de ne souffrir que par intermittence et, en « tirant parti » de l'accalmie, souffrir en pensée afin de jouir, par un effet de contraste, de l'état de non souffrance. C'est bien connu : le bien-être n'apparaît jamais avec autant de force et de clarté que dans le mal-être, car celui qui souffre pense sans arrêt à ce que serait l'existence s'il ne souffrait pas, tandis que celui qui ne souffre pas s'empare rarement de la possibilité qui lui est offerte de s'imaginer ce que serait son existence s'il avait à souffrir. Dans ce contexte, à vrai dire, aucun hasard n'a présidé à mon choix du verbe « *jouir* », et c'est chez Schopenhauer, selon qui « *la satisfaction, le bonheur […] n'est au propre et dans son essence rien que de* négatif », que l'illustration se trouve être, de loin, la plus élaborée (*Le monde comme Volonté et comme Représentation*, §58). Kafka, comme tout homme digne de ce nom, recherche la satisfaction. Or, nous apprend Schopenhauer, « *il n'y a pas de satisfaction qui d'elle-même et comme de son propre mouvement vienne à nous ; il faut qu'elle soit la satisfaction d'un désir* ». Dans un premier temps, cependant, « *le désir, de sa nature, est souffrance* », il établit un « *besoin* » qui n'a de cesse de faire souffrir tant qu'il n'est pas assouvi, tant qu'on n'a pas joui de sa réalisation et jugulé l'« *effort incessant* » qui doit nous y mener ; mais dans un second temps, se demande Schopenhauer, « *la conquête une fois faite, l'objet atteint, qu'a-t-on gagné* » ? Au regard de la « *volonté* », qui « *se réduit à un effort sans but, sans fin* », la réponse est sans appel : « *rien assurément, que de s'être délivré de quelque souffrance, de quelque désir, d'être revenu à l'état où l'on se trouvait avant l'apparition de ce désir. Le fait immédiat pour nous, c'est le besoin tout seul, c'est-à-dire la douleur. Pour la satisfaction et la jouissance, nous ne pouvons les connaître qu'indirectement ; il nous faut faire appel au souvenir de la souffrance, de la privation passée, qu'elles ont chassées tout d'abord. Voilà pourquoi les biens, les avantages qui sont actuellement en notre possession, nous n'en avons pas une vraie conscience, nous ne les apprécions pas […]. Il faut les perdre, pour en sentir les prix ; le manque, la privation, la douleur, voilà la chose positive, et qui sans intermédiaire s'offre à nous. Telle est encore la raison qui nous rend si douce la mémoire des malheurs surmontés par nous : besoin, maladie, privation, etc. : c'est en effet notre seul moyen de jouir des biens présents.* » Jouir par procuration ! jouir tout en songeant à la souffrance passée ! L'absence de douleur, de surcroît, ne saurait être une sinécure puisqu'elle est le synonyme de l'ennui, et nous nous souvenons de la formule que tout le monde cite à tort et à travers : « *La vie donc oscille, comme un pendule, de droite à gauche, de la souffrance à l'ennui.* » (Il faut qu'ici je me retienne de poursuivre sur la pensée de Schopenhauer, — et que je souffre en attendant, en tirant sur la bride et en prenant mon mal en patience, — si je ne veux pas défigurer la partie qui lui sera dédiée sous peu.) Tout ce que décrit en ces quelques mots notre philosophe vénéré, se moule à merveille au cas de Franz, — *à une nuance près*. Certes, Kafka oscille continuellement de la souffrance à l'ennui : s'il s'ennuie, il n'écrit pas et il en vient à souffrir, et s'il souffre, il ne parvient pas à écrire : situation inextricable. Mais contrairement à la plupart des hommes, son salut est lié à la souffrance que, paradoxalement, il recherche et désire ; et, quand bien même ladite souffrance serait un frein pour sa volonté de créer, elle seule le pousse *positivement*. C'est « malheureusement » en souffrant qu'il se sent vivre dans sa chair, et c'est « heureusement » en souffrant qu'il éloigne l'ennui, le Mal par excellence, le pire des maux. Au risque de forger un pléonasme, je dirais que Kafka *doit souffrir la souffrance*. Il existe un très un joli mot référencé par le Littré, qui s'emboîte génialement à nos propos : « *souffrable* », — dont la définition donnée est : « *Qui peut être souffert, qui doit être souffert.* » Ce mot n'est-il pas en effet singulier ? Quel dommage que M. Émile de Bonnechose, dans *La plus facile des grammaires*, éditée en 1832, osât affirmer que ce « *n'est pas français* » ! Pierre Michelet, au XVIIIème siècle, en faisait dans son dictionnaire le synonyme de « *supportable* », et au XIIIème siècle déjà, Rutebeuf, à mon grand plaisir, ne rechigna pas à l'immiscer dans une satire, pas plus que Jean de La Fontaine, un peu plus tard, mais il faut préciser qu'en ces lointaines époques, on raffolait du suffixe « *-able* » (« *entendable* », « *aidable* », « *nuisable* »), et que le sens s'approchait plutôt de celui de la « *disposition à la souffrance* ». Passons. Émile Littré l'illustre d'une citation prélevée dans… *Les Confessions* ! (Les plus dévoreurs d'entre les lecteurs connaissent bien ces « inter(ré)férences » littéraires : c'est comme si, tout en continuant de marcher droit devant sur la même route, on recroisait les même paysages la jalonnant, légèrement modifiés, sans qu'ils perdissent leur majesté et leur éclat propres. À chaque nouvelle lecture, les sens sont ameutés, le réseau résonnant des signifiants et des connaissances s'étoffe, s'agrandit, se multiplie, et l'on se croirait empêtré dans une espèce de toile d'araignée sophistiquée où chaque fil, en vibrant, ferait vibrer le fil opposé, et qui répondrait aux caractéristiques topologiques d'un ruban de Möbius…) L'exemple de l'emploi de « *souffrable* » est donc tiré de l'œuvre de Rousseau, au Livre VII des *Confessions*, où il l'utilise à deux reprises, mais c'est la troisième occurrence de ce terme, placée au Livre IX, que je citerai. Il y dit, en pensant à une certaine madame d'Houdetot : « *passion de plus, qui, loin d'avoir rien à gagner par la constance, devenait moins souffrable de jour en jour.* » Maintenant, revenons à Kafka et remplaçons « *passion* » par « *souffrance* », qui lui est d'ailleurs si proche, ou par « ennui ». Alors le tableau « kafkaïste » s'en trouvera aux trois-quarts peint : la souffrance ou l'ennui de Kafka étaient tels que, loin d'avoir rien à gagner par la constance, ils devenaient moins souffrables de jour en jour. — L'ennui, chez Kafka, est poussé involontairement à son paroxysme ; il ne comble pas les journées, mais il en est le comble : « *Je m'ennuie tellement ce soir que je suis allé trois fois de suite dans la salle de bains pour me laver les mains.* » Kafka me fait penser à Lady Macbeth qui inspecte ses mains, effrayée : « *Yet here's a spot* » (« *Il y a encore une tache* »), — et qui enrage : « *Quoi ! ces mains ne seront-elles jamais propres ?* » Mais si Lady Macbeth tente d'expier le crime de son époux, Kafka, quant à lui, tente d'expier l'ennui — qui se fait omniprésent, comme le sentiment de culpabilité ou de remords qui envahit un assassin. La vie de Kafka, c'est le comble de la mélancolie molle et de la convalescence sans amélioration, le comble de tout, un signal de détresse perdu dans l'immensité du vide quotidien (quand il est néanmoins lancé : « *Être aussi perdu et n'avoir pas la force de le déplorer* »). Dans son *Dictionnaire superflu à l'usage de l'élite et des bien nantis*, Pierre Desproges en bien compris tout cela : « *Kafka (Franz), écrivain tchèque de langue allemande, né à Prague (1883-1924), auteur de romans (*Le Procès, Le Château*), de nouvelles et d'un journal intime, qui exprime le désespoir de l'homme devant l'absurdité de l'existence.* » Il enchaîne : « *Kafka était juif, mais il n'en tirait ni joie ni fierté, ni honte ni tristesse. En réalité, Kafka ne tirait ni joie ni peine de rien ni personne. Simplement, il se sentait mal à l'aise depuis ce matin de 1883 où, alors que tout allait bien pour lui, il est né. Il conçut de cet événement un dégoût inexplicable qui ne le quitta qu'au jour de sa mort. Toute sa vie, cet homme marcha à côté de sa tête. Il avait la vie comme on a le cancer, et se heurtait aux conformités, tel le cafard enfermé butant au mur sans jamais trouver la faille au trou noir salvateur.* » Presque rien ne sépare Qohélet et Franz, et, à vrai dire, presque rien non plus, ne sépare Franz des quelques fous que j'ai étudiés lors du chapitre sur l'être-au-monde : solitude, pensée, langage, silence, malaise (maladie, souffrance du *cogitatio*), et, incidemment : ennui, nostalgie, divin, recherche de perfection, isolement, retrait, fuite, repli, rejet, exil, tournement vers l'intérieur… À une nuance près, comme d'habitude : la *contradiction interne*. — La solitude (malsaine et désirée) : « *Le désir d'une solitude allant jusqu'à la perte de conscience. Seul face à soi-même.* » — La pensée (insatiable et masochiste ; un pendule, tel celui d'Edgar Poe, qu'il fabrique pour lui-même) : « *Cette poulie qui est en moi. Une petite dent avance, quelque part dans un endroit caché, on dirait à peine au premier moment et déjà, tout l'appareil est en branle. Soumis à une puissance inconcevable, tout comme la montre qui paraît soumise au temps, il fait entendre des craquements çà et là et l'une après l'autre, toutes les chaînes descendent avec un bruit de ferrailles le bout du chemin qui leur est prescrit.* » Encore la pensée (imagination et martyrisation) : « *Sans cesse l'image d'un large couteau de charcutier qui, me prenant de côté, entre promptement en moi avec une régularité mécanique et détache de très minces tranches qui s'envolent, en s'enroulant presque sur elles-mêmes tant le travail est rapide.* » Toujours la pensée (vase qui déborde, bon à dégorger ou à égorger) : « *Le monde prodigieux que j'ai dans la tête. Mais comment me libérer et le libérer sans me déchirer. Et plutôt mille fois être déchiré que le retenir en moi ou l'enterrer. Je suis ici pour cela, je m'en rends parfaitement compte.* » — La tristesse (raisonnée et déraisonnante) : « *Triste, avec raison. Ma tristesse dépend de cette raison. Toujours en danger. Pas d'issue. […] D'ailleurs, il me semble que je ne suis nullement venu jusque-là par mes propres moyens, j'y ai été poussé et maintenu avec des chaînes dès mon enfance, seule ma conscience du malheur s'est progressivement éclairée, le malheur lui-même était parachevé, pour le voir, un regard prophétique n'était pas nécessaire, un regard pénétrant suffisait.* » — L'inquiétude (à ne rien faire et à vouloir entreprendre) : « *L'inquiétude est revenue. D'où ? De pensées précises qui s'oublient vite, mais laissent derrière elles une inquiétude inoubliable. […] Inquiétude parce que la vie que j'ai menée jusqu'ici s'est déroulée comme une marche sur place, sans évoluer, ou en évoluant tout au plus à la manière d'une dent cariée en train de pourrir. […] Il n'y a pas, dans la conduite de ma vie, la moindre initiative qui se soit trouvée confirmée en quelque manière par les résultats. […] de sorte qu'aucun essai ne peut plus signifier achèvement.* » Et la peur (d'avoir à être ce que l'on est, d'être ce que l'on a été, donc peur d'avoir peur) : « *Absurdité de la jeunesse. Peur de la jeunesse, peur de l'absurdité, de la croissance absurde de cette vie inhumaine.* » Et l'incertitude (être certain de l'incertain, et *vice* versa) : « *Incertitude, sécheresse, silence, c'est en cela que tout passera.* » — Le désespoir (fatalité et espoir désespérant) : « *Question insoluble : suis-je brisé ? suis-je à mon déclin ? Presque tous les signes parlent en faveur de cette hypothèse (froideur, insensibilité, état nerveux, distraction, incapacité de travailler au bureau, insomnie), il n'y a plus guère que l'espoir qui parle contre elle.* » — La nostalgie (regrettée et inexploitable) : « *Je ne m'y retrouve pas. Comme si toutes les choses que j'ai possédées m'avaient échappé et qu'elles pussent à peine me suffire si elles me revenaient.* » — L'exil (partout et nulle part) : « *Voilà donc comment se passe une journée, — le matin, bureau, l'après-midi, usine, et maintenant, le soir venu, des cris de tous côtés dans l'appartement.* » — La dépression (vase rempli d'eau qui s'évapore) : « *Indifférence et apathie totales. Une fontaine à sec, l'eau se trouve à une profondeur inaccessible et même là, son existence est douteuse. Rien, rien. [...] Qu'est-ce qui me retient, en fait de passé ou d'avenir ? Le présent est fantomatique, je ne suis pas assis à une table, je voltige tout autour. Rien, rien, Vide, ennui, non pas ennui, vide seulement, absurdité, faiblesse.* » Encore la dépression (vase qui se contracte et se vide) : « *Qu'est-ce que tu es ? Misérable, voilà ce que je suis. J'ai deux planchettes vissées sur les tempes.* » Toujours la dépression (vase vidé posé sur une plaque de cuisson) : « *Rien, rien, rien. Faiblesse, anéantissement de soi-même, langue d'une flamme infernale qui se fait jour à travers le sol.* » Encore et toujours la dépression (vase qu'on laisse violemment tomber et qui se morcelle) : « *Je suis plus vacillant que jamais, je ne sens que la violence de la vie. Et je suis vide, absurdement.* » La dépression, *vis sans fin et force vicieuse* (vase qui contemple son contenu flasque et le devient) : « *L'impatience et la tristesse que me cause mon épuisement se nourrissent principalement des images de l'avenir que cet état me prépare et que je ne perds jamais de vue. Que de soirées passées à me promener ou à me désespérer dans mon lit et dans mon canapé ai-je encore devant moi, pires que celles dont j'ai déjà surmonté l'épreuve !* » Dépression, dépression, inépuisable dépression (vase sans appui et qui se supporte) : « *Aujourd'hui, passé tout l'après-midi sur le canapé dans un état de fatigue douloureuse.* » — Le suicide (atroce et plaisant) : « *Ce matin, pour la première fois depuis longtemps j'ai pris plaisir à imaginer un couteau qui se retournait dans mon cœur.* » Où l'on revient à la pensée, logée dans la poitrine, qui jongle avec l'oublié et l'inoublié, et qui se mitraille elle-même, sans qu'il soit question de Dieu autrement que par interjections… — Moi qui, en cette période spéciale estudiantine, confiné dans ma chambre de la Maison des ICAM (abrégée en M.I.), rattrapais le « temps perdu » des deux années de classes préparatoires, j'avais lu, coup sur coup, parfois sur une seule nuit (sans cligner des yeux), des livres qui, chacun en leur domaine, étaient les porte-paroles hyperboréens de la morbidité et de la mélancolie (et le restent encore à ce jour, bien que ma bibliothèque se soit grandement enrichie depuis) : ce *Journal*, contre lequel peu de journaux intimes rivalisent en douleur et en angoisse (parmi lesquels *Le métier de vivre*, de Cesare Pavese) ; *Les Confessions*, l'autobiographie crucifiante d'un sombre Évangéliste, « *apostle of affliction* » (dans le genre, je ne connais guère que *Mars* de Fritz Zorn, ou *Mon Ange*, de Guillermo Rosales, pour éventuellement supporter la comparaison) ; *Les souffrances du jeune Werther*, représentation la plus triste de l'impossible amour, la plus « lacrymaliste » des œuvres (avec peut-être l'*Album d'un pessimiste* de Rabbe) ; et d'autres, dont *À l'ami qui ne m'a pas sauvé la vie*, d'Hervé Guibert, ou bien *Et vive l'Aspidistra !* de George Orwell, ou encore *Si c'est un homme*, de Primo Levi, le témoignage le plus implacable de la monstruosité de l'homme, — *etc., etc.* — De Kafka, à cette époque, il n'y eut pas que son *Journal* pour me bouleverser. Il faudrait y ajouter sa *Lettre au père*, mais il y a de fortes chances que j'en reparle lors d'un chapitre ultérieur, lorsqu'il sera question des rapports familiaux, notamment — et surtout — du *rapport au père*… — Si *être* devait être une souffrance, faudrait-il se résigner à *ne pas être* ? Suicide. Si *ne pas être* devait être une souffrance, faudrait-il se résigner à *être* ? Ennui. Liberté du démuni, poussé au « *s'ennuicide* » : « *Tu peux te soustraire aux souffrances du monde, libre à toi : cela convient à ta nature. Mais peut-être cette retraite est-elle la seule souffrance que tu pourrais éviter.* » — Suicide, ennui, suicide, ennui : on ne peut s'en écarter, il n'y a pas d'apostasie possible ; et d'ailleurs, ce balancement — qui bute contre lui-même et ne résout rien — mène immanquablement à une stase (vie morne ou mort violente, l'absurde se déverse)… « *Je ne sais pas ce que j'ai fait l'instant d'avant ni ce que je vais faire l'instant d'après* ; *quant à ce que je suis en train de faire, je n'en ai absolument aucune idée.* » — Suicide, ennui, suicide, ennui… Diathèse ? Non, il faut défaufiler cette mi-partition, car c'est à une trichotomie que nous avons affaire : suicide, ennui, *souffrance*. — « *Déjà, il tenait solidement le parapet, comme un affamé tient sa nourriture. Il se lança par dessus comme l'excellent athlète qu'il avait été dans ses jeunes années pour la plus grande fierté de ses parents. Il se retint encore, de ses mains qui faiblissaient, guetta entre les barreaux du parapet l'arrivée d'un autobus qui couvrirait aisément le bruit de sa chute, s'écria à voix basse : "Chers parents, je vous ai pourtant toujours aimés", et se laissa tomber. / À cet instant, la circulation sur le pont était un flot qui n'en finissait pas.* » Le lecteur habitué à Kafka notera que ce dernier passage est tiré d'une nouvelle écrite en 1912, *Le Verdict*. Certes ! Mais voici ce qu'il écrit quelques jours plus tard à Max Brod : « *Je suis resté longtemps debout près de la fenêtre, appuyé contre la vitre, et je me suis plu à imaginer comment l'homme chargé d'encaisser l'octroi sur le pont serait effrayé par ma chute. Mais durant tout ce temps je me suis quand même senti trop ferme pour que la résolution d'aller me fracasser sur le pavé pût pénétrer en moi jusqu'au point décisif. Il me semblait aussi que la continuation de ma vie interrompait moins mes travaux d'écriture que ma mort — même si l'on parle simplement d'interruption — et qu'entre le début du roman, et sa continuation dans 15 jours, dans cette fabrique justement, face à des parents satisfaits, je circulerais et vivrais d'une certaine façon au cœur de mon roman.* » Tel est, de l'existence abhorrée, le *Verdict*, — ô Franz !

* * * * *

« *Tandis que moi, je porte le cachot au dedans de moi, au dedans de moi est l'hiver, la glace, le désespoir, j'ai la nuit dans l'âme.* »

* * * * *

Ici, on pourrait, à bon droit, après ces quelques centaines de pages engagées sur le thème de la Mélancolie et sur ses *avatars* (« *avatar* » en tant que chaque forme d'apparition que prend ladite Mélancolie, et chaque manifestation qui se produit chez ses différents sujets, c'est-à-dire, en fin de compte, dans une acception qui n'est pas si étrangère à celle, divine, du sanskrit « *avatāra* », qui désigne la « descente », puis, par extension, la « *descente d'un Dieu sur la terre, et en particulier, les incarnations de Vishnou* », précise le Littré), — on pourrait donc, dis-je, se demander s'il n'entrerait pas dans *tout cela, dans tout ce battage*, une certaine part d'*exagération*, voire de *complaisance*, qui nous fit accroire, à ne manipuler qu'Elle, à passer notre temps à ressasser et examiner tout ce qu'Elle englobe, que l'existence fût exclusivement placée sous le signe de la Mélancolie ; et cette interrogation, pour le moins pertinente, je l'admets, ne manquerait pas de bon sens. Il va sans dire que la mélancolie est perçue — par la majorité des individus — comme étant, à proprement parler, « négative », et je ne sache pas que beaucoup d'entre eux, à l'instar de Candide, aimeraient me faire remarquer que, dans le fait d'être, « *il y a pourtant du bon* » ; cependant, sans glisser vers le pessimisme le plus absolu, je leur rétorquerais, tel Martin, que « *cela peut être* », mais que « *je ne le connais pas* ». Mon propos n'est pas, loin s'en faut, d'affirmer que je suis le plus malheureux qui erre sur cette Terre, et ce n'est pas non plus ce qu'a voulu dire Martin (je réserve ce jugement à ceux que vise la vieille de *Candide* : « *Enfin, mademoiselle, j'ai de l'expérience, je connais le monde ; donnez-vous un plaisir, engagez chaque passager à vous conter son histoire, et s'il s'en trouve un seul qui n'ait souvent maudit sa vie, qui ne se soit souvent dit à lui-même qu'il était le plus malheureux des hommes, jetez-moi dans la mer la tête la première* »). Ai-je, un seul moment, tenu un pareil langage : « *Why, man, if the river were dry, I am able to fill it with my tears; if the wind were down, I could drive the boat with my sighs* » (« *Tu ne sais donc pas, l'ami, que, si la rivière était à sec, je serais homme à la remplir de mes larmes, et que, si le vent était tombé, je pourrais pousser le bateau avec mes soupirs* ») ? Nenni ! Je me fiche pas mal de savoir qu'il est inscrit dans *Proverbes* (15-26) que « *Les pensées mauvaises sont en horreur à l'Éternel* », et la suite, ne convainquant pas l'impartialité qui est la mienne, ne parviendra pas à me corrompre, ni à m'amadouer : « *Mais les paroles agréables sont pures à ses yeux.* » Ma mission citadine n'est pas d'imposer la mélancolie à tous les coins de rue (cela serait malhonnête) ; elle ne consiste pas non plus à la minimiser ou à éluder sa présence (cela serait mensonge ou hypocrisie) ; encore moins a-t-elle pour dessein de l'éradiquer (cela reviendrait à porter des œillères) ; enfin, ma mission, que j'ai acceptée de plein gré en lui consacrant un volumineux chapitre, ne revendique aucune exagération (cela serait l'affubler de faux atours, d'une fausse él(év)ation). Je n'écris ni à l'intention des personnes que la mélancolie n'a jamais touchées, ni à celles qui s'en moquent (à moins que tout cela ne les désennuie) ; et j'en entends qui protestent, parmi les lecteurs qui admettent son importance : « Disserter sur la mélancolie, l'examiner sous toutes ses coutures, est chose aisée, car il est plus facile de composer un drame qu'une comédie, de dire ce qui ne va pas que de le taire ou de dire ce qui va, de faire pleurer que de faire rire. » C'est aussi mon opinion (et les larmes sont plus promptes quand on cogne que les rires quand on chatouille) ; néanmoins, j'aurai deux remarques à faire au sujet de la soi-disant facilité : la première, c'est que, comparativement au bien-être, il n'y a pas pour autant moins de mérite à parler du mal-être (sans qu'il soit question de masochisme ou de perversité, c'est d'ailleurs beaucoup plus dur de soutenir sa pensée sur un tel thème pendant son écriture ou sa lecture) ; la seconde, c'est la conclusion que m'amène à tirer cette réflexion, à savoir que, s'il est plus facile d'écrire sur la mélancolie (et de trouver des myriades d'illustrations), c'est probablement *parce qu'elle va de soi*… Il me semble que nous soyons ici à l'embouchure de ce que l'on appelle la *fatalité* ou le *destin*, sur lesquels nous reviendrons, et dont l'allure (ou l'attrait) pessimiste est susceptible d'altérer la réalité. L'« inter-psaume » suivant, que l'on doit à Kierkegaard, révèle sous quelle forme peut apparaître la perniciosité de l'exagération : « *Pends-toi, tu le regretteras ; ne le fais pas, tu le regretteras également ; pends-toi ou non, tu regretteras l'un et l'autre ; que tu te pendes ou que tu n'en fasses rien, tu le regretteras dans les deux cas.* » Cela vaut-il la *peine* de lire ce genre de sentence ? n'y aurait-il pas l'once d'un *regret* de l'avoir lu ? valait-il mieux l'avoir lu ? *Ou bien… ou bien*… N'est-ce pas *exagéré* ? n'est-ce pas aussi exagéré que pernicieux, *dangereux* ? (À ce propos, deux remarques qui n'attendent pas : la question de la *dangerosité* ou de la *perniciosité* est plus que légitime si l'on songe, entra autres choses, à cette lettre d'une certaine Signe Læssøe, envoyée à Hans Christian Andersen le 7 avril 1843, dans laquelle *Enten-Eller* (qui suscite un intérêt de qu'on n'avait jamais vu depuis les *Confessions* de Rousseau) est comparé à une « *comète sinistre* » remplie d'un « *dégoût de la vie qui ne peut être que le fruit d'une âme viciée* ». Ensuite, la fatalité contenue dans le « ceci ou cela, *tu le regretteras également* », est *ironique*, car elle présuppose une question stupide, stupidité qui réside « *dans le fait de demander à un tiers ce qu'on ne peut jamais apprendre par un tiers* ».) Bien : cela vaut-il la *peine* de lire cela ?… Autant s'interroger sur le bien-fondé de la lecture de *La Critique de la Raison pure* ! autant soumettre à la critique l'exagération de certaines poésies ! Soyons honnêtes : existe-t-il vraiment un lecteur qui irait lire *par inadvertance* où *à l'improviste* (« *à l'impourvu* », disaient les anciens) du Kierkegaard ou du Kant, ou du poète, et se méprendrait sur leur contenu ? (Resongeons à notre « *flâneur des couloirs de bibliothèques* », imaginé plus haut, qui se « *trouverait fort dépourvu en feuilletant au hasard des pages de* La phénoménologie de l'esprit »…) Va-t-on lire Kierkegaard ou Kant, ou Musset, en toute impunité, en y espérant trouver des images de papillons voletant sur de frêles feuillages printaniers, des senteurs délicates de miel ou d'orangeade, des caresses veloutées ou des paroles modérées et rassurantes, des chagrins d'amour causant l'hilarité, des images adoucies de telle sorte qu'elles contentent et reposent en fin de journée l'esprit fatigué et creusé par le labeur ? Justement, non. Et ceux qui ont de telles lectures sont prévenus, qu'ils soient mélancoliques ou qu'ils soient curieux, ne sont pas effrayés d'« *accumuler la terre* » (« *exagerare* », sens premier d'« *exagérer* ») — ou de la voir s'accumuler. Plutôt que le terme d'« *exagération* », il nous est loisible de lui préférer, sans connotation négative ni outrancière, « *hyperesthésie* », « *emphase* », « *hyperbolisme* », « *extrémisme* », « *extravagance* » ou encore « *frénésie* » — si l'on suppose avec Shakespeare que la « *mélancolie est la nourrice de la frénésie* » (« *melancholy is the nurse of frenzy* »). C'est sous la forme hystérique que l'exagération devient le signe et l'emblème d'une détresse que rien, tant que l'on demeure en vie, ne saurait enlever, comme le montre, dans la tragédie de Robert Garnier, le chant désespéré du chœur des Juives, où l'exagération de ces « *pauvrettes* » qui n'ont « *pour recours que les larmes* », et pour « *seules armes* » que « *les plaintes et les cris* », puise insupportablement à la sainte et pétulante horreur, dans la plus sinistre complaisance : « *Chanter et rire, / Mais il faut qu'un homme en malheur / Toujours soupire. / Aussi tandis que nous aurons / Cette détresse, / Jour et nuit nous lamenterons, / Pleurans sans cesse, / Et remplirons l'air de soupirs. / Sortans à peine, / Qui renforceront des Zéphyrs / La foible haleine, / Hélas! Il n'y a que la mort, / Que la mort dure / Qui mette fin au déconfort / Qui nous torture.* » — Alors ? Cela vaut-il la peine de lire tout cela ? Dois-je rappeler l'effet salutaire que cela peut avoir chez certains ? À titre d'exemple, le *Précis de décomposition* de Cioran avait réussi à *stimuler* Jules Supervielle, qui était pourtant très dépressif ! — Alors ? Cela vaut-il la *peine* de se demander si cela vaut la *peine* de lire cela ?... J'ai l'impression de revenir en arrière et d'entendre, alors que je randonnais autour du mont Blanc avec des camarades de colonie de vacances, cette jeune fille bêler en s'étonnant qu'il y eût autant de montées et de descentes à effectuer au milieu des roches et sur un terrain hostile, elle qui n'avait, en tout et pour tout, amené qu'une paire de chaussures — et des chaussures de ville ! J'ai l'impression de rejoindre ma classe de licence de philosophie au sein de laquelle j'apercevais les moues qu'arboraient les visages renfrognés des étudiants dès qu'il s'agissait, pour le professeur, d'évoquer des éléments de sciences (comme si l'on pouvait discourir sur Descartes ou Leibniz sans évoquer, ne fût-ce que sommairement, l'optique et ses *sinus* et *cosinus* ou le calcul et ses *intégrales*, c'est-à-dire éluder des aspects essentiels des œuvres philosophiques, et en arriver à blablater). Va-t-on lire Cioran sans craindre de *se faire mal*, de *se mettre à mal*, va-t-on ouvrir un livre intitulé *De l'inconvénient d'être né* pour folâtrer et soulager son existence ? D'une certaine manière, je répondrai par l'affirmative en ce qui concerne les connaisseurs ; d'une autre... En tout cas, le preux aventurier ne craindra rien, en particulier l'exagération : « *Il faudrait se répéter chaque jour : Je suis l'un de ceux qui, par milliards, se traînent sur la surface du globe. L'un d'eux, et rien de plus. Cette banalité justifie n'importe quelle conclusion, n'importe quel comportement ou acte : débauche, chasteté, suicide, travail, crime, paresse ou rébellion.* — *... D'où il suit que chacun a raison de faire ce qu'il fait.* » Nonobstant les similitudes (n'est-ce pas, Marquis ?) avec certaine philosophie obscène, cruelle et subversive qui s'enseignerait dans le *boudoir* (« *Et vous, aimables débauchés, vous qui, depuis votre jeunesse, n'avez plus d'autres freins que vos désirs et d'autres lois que vos caprices, que le cynique Dolmancé vous serve d'exemple ; allez aussi loin que lui, si, comme lui, vous voulez parcourir toutes les routes de fleurs que la lubricité vous prépare ; convainquez-vous à son école que ce n'est qu'en étendant la sphère de vos goûts et de ses fantaisies, que ce n'est qu'en sacrifiant tout à la volupté, que le malheureux individu connu sous le nom d'homme, et jeté malgré lui sur ce triste univers, peut réussir à semer quelques roses sur les épines de la vie* »), nonobstant cela, dis-je, que nous inspire-t-il, ou doit-il nous inspirer, notre philosophe roumain (et francophone) ? Cela est-il *crédible* ? y a-t-il eu le moindre *intérêt* à y jeter un œil ? cela nous a-t-il *appris* quelque chose ? n'est-ce pas *trop néfaste, nuisible* ? Rien n'est trop fort pour ce qui est odieux (et à nous-mêmes — d'endurer). Je ne dis pas que je coopère avec ces « *instituteurs immoraux* » que sont Cioran ou (surtout) Sade, ni que je souscris un instant à leurs idées, sous prétexte que « *la vertu, le vice, tout se confond dans le cercueil* », ou que « *rien de ce qui détruit ne saurait être un crime* », et je n'exhorte personne à y souscrire, mais j'affirme que l'exagération qui s'insinue en — et par — elles, ne me dérange pas le moins du monde. Bien au contraire : d'une part, comme le fait remarquer Schlegel, c'est en unissant les extrêmes que l'on aura « *ainsi le vrai milieu* », et d'autre part, comme l'avoue Hypérion (Hölderlin), « *wer Äusserstes leidet, sagt' ich, dem ist das Äusserste recht* » (« *quand on souffre l'extrême, dis-je, c'est l'extrême qui convient* »). — (Et s'il y en a que ma *Causerie triste* ne convainc pas, s'il y en a qui, trop occupés à danser au carnaval et à se lancer du plâtre dans la figure, se fâchent : « *Qu'a-t-il donc, celui-là, à se désoler ainsi ? Va-t-il pas nous laisser tranquilles ?* » — qu'ils passent donc leur chemin ! Maupassant et moi-même accepterons sans perdre la mouche qu'ils nous déclarent : « Ce sont des malades ! » Oui, *nous sommes malades*.) — Quoiqu'on la sente quand elle nous attaque, on sait comment décrire exactement la mélancolie et ses manifestations ou ramifications y afférentes. L'une des seules armes, *faute de mieux*, dont nous disposions pour combattre la mélancolie, si l'exagération doit être, est l'exagération elle-même, et, loin de contourner le problème, elle tape dedans comme un insecte obstiné tape dans un lumignon proéminent, avec des mouvements de plus en plus amples tout en s'éloignant — pour revenir taper plus violemment (à quelle fin ? pour quel butin ?). La mélancolie, soubassement de l'*être-en-questionnement*, nous résiste et nous tâchons opiniâtrement de l'exprimer, qui en crachant naïvement leur componction, comme une boulette dans la gorge d'un chat qu'il faut expulser, qui en la conceptualisant, en la pensant (et « *penser, c'est exagérer* », écrivait Cioran dans ses *Carnets*, mais que je cite à contrecœur, tant on abuse de cette formule toute faite). Chacun, dès lors qu'il est embrouillé, n'a plus qu'à se débrouiller comme il peut... Jouons au Sancho Pança, l'écuyer aux mille exhalations proverbiales : un dicton nous apprend que « *les grandes douleurs sont muettes* » (ô *statu quo* !), un autre que « *le papier souffre tout et ne rougit de rien* », et celui-là que l'« *on crie toujours le loup plus grand qu'il n'est* » : faisons feu de tout bois, faisons assaut de zèle, faisons foin de toute rétivité, mais faisons fi du proverbe rétrograde, et moquons-nous des paradoxes qui font obstruction ! Quand on parle du *loup*... *Au surplus*, je ne vais pas jusqu'à encourager l'exagération délirante, — « théâtrale », — d'un Harpagon qu'agite la bouffonnerie, et qui court après son argent volé : « *Justice, juste ciel ! Je suis perdu, je suis assassiné, on m'a coupé la gorge, on m'a dérobé mon argent. [...] Mon esprit est troublé, et j'ignore où je suis, qui je suis, et ce que je fais. Hélas ! Mon pauvre argent, mon pauvre argent, mon cher ami ! On m'a privé de toi ; et puisque tu m'es enlevé, j'ai perdu mon support, ma consolation, ma joie ; tout est fini pour moi, et je n'ai plus que faire au monde : sans toi, il m'est impossible de vivre. C'en est fait, je n'en puis plus ; je me meurs, je suis mort, je suis enterré. [...] Je veux faire pendre tout le monde ; et si je ne retrouve mon argent, je me pendrai moi-même après.* » Dans le Livre de Jérémie, toutes ces *jérémiades* (au sens propre !) de Yahvé (parfois confondues avec celles du prophète), n'est-ce pas *trop* ? On a le sentiment que Jérémie exagère, que sa plainte est en lettres majuscules, que sa lamentation est superlative, que son affliction est hyperbolique, que sa quérimonie est péjorative, que son dépit est infini ! « *Pourquoi ma souffrance est-elle continuelle ? Pourquoi ma plaie est-elle douloureuse, et ne veut-elle pas se guérir ?* » *(15,18)* C'est à qui souffrira le plus, comme s'il s'agissait là d'une surenchère, et Verlaine, assis sur sa chaise dans la salle des ventes, ne se dérobe pas en criant au commissaire-priseur : « *Oh ! je souffre, je souffre affreusement, si bien / Que le gémissement premier du premier homme / Chassé d'Éden n'est qu'une églogue au prix du mien !* » Quel lot a-t-il à s'adjuger ? Le lot de tous : l'horreur de vivre. Le marteau de président retombe dans le vide... L'enchérisseur retourne chez lui, de la terre amassée dans les poches (« *exaggerare* », encore). Faut-il s'indigner comme Laërte sautant dans la fosse qui accueille Ophélie, ou faut-il lui préférer ce que Hamlet crie aussitôt, s'indignant de cette indignation : « *What is he* *whose grief bears such an emphasis, whose phrase of sorrow conjures the wand'ring stars and makes them stand like wonder-wounded hearers?* » (« *Quel est celui dont l'affliction revêt une telle emphase, dont le cri de douleur ensorcelle les astres vagabonds et les fait s'arrêter comme des auditeurs frappés d'effroi ?* ») À qui l'emphase la plus emphatique ? Dans le doute, adjugeons-la au poète… À Hamlet ? Non : à Shakespeare !... Rappelons-nous que Hugo constatait chez les « *souverains génies* », les génies « *outrés* », le même défaut : l'exagération. Pourquoi ? « *Ceci tient à la quantité d'infini qu'ils ont en eux.* » Chez chacun d'entre eux (Homère, Job, Eschyle, Isaïe, Ézéchiel, Lucrèce, Juvénal, Tacite, Jean de Pathmos, Paul de Damas, Dante, Rabelais, Cervantès, Shakespeare), en effet, si vous creusez le sens des mots, « *sous obscurité, subtilité et ténèbres, vous trouvez profondeur* ; *sous exagération, imagination* ; *sous monstruosité, grandeur* ». — Mais quant à Kafka — et ses ramas de plaintes —, *exagère-t-il* dans les pages de son *Journal* ? Doit-on se ranger du côté de Flibbertiggibet qui, dans le drame de Hugo (*Amy Robsart*), dit que « *le désespoir n'est bon à rien, pas même à mourir* », qu'« *il inspire aux poëtes de grandes phrases qu'on ne sait comment débiter sur les planches, et voilà tout* » ? Oublions Flibbertiggibet (« *fool fiend* » shakespearien) et sa vision abstraite du désespoir qui ne nous mènerait nulle part, n'étant « bonne à rien », et revenons à Kafka : Kafka exagère-t-il, oui ou non ? Pas le moins du monde. Non seulement je demeure persuadé que tel n'est pas le cas, mais en outre, ma conviction m'incline à dire que la question n'a pas de sens (aussi peu de sens que de se demander s'il *tricote*) ; et quand même il exagérerait, cela ne serait qu'une copie de ses magnifiques et surprenantes œuvres où règne le chaos de l'illogisme le plus logique, car l'exagération a cela de bon, qu'elle renforce le sentiment d'*absurdité*, non pas l'absurdité de la mélancolie en elle-même (bien qu'elle soit terrible), mais l'absurdité de l'existence (qui produit la mélancolie ou est susceptible de la produire). Il est heureux — qu'il n'ait pas muselé son angoisse (et qu'il n'ait pas plus respecté le joli dicton anglais du « *never explain, never complain* »)… Que l'on soit capable de s'interroger sur cette supposée exagération, c'est à mon avis une caution supplémentaire quant à sa vérité, un peu à la manière de ce que démontre Schopenhauer quant à la question de savoir si le monde a une raison d'être : « *Si donc un homme ose jeter en avant cette question : "Pourquoi le néant n'est-il pas plutôt que ce monde ?" le monde ne se peut justifier de lui-même, il ne peut trouver en lui-même aucune raison, aucune cause finale de son existence, il ne peut démontrer qu'il existe en vue de lui-même, c'est-à-dire pour son propre avantage.* » Exagérer, ou ne pas exagérer, tel n'est pas le *souci* ; il suffit d'être prodigue, de satisfaire l'insatisfaction de ne pas pénétrer les motifs de la Nature, de ne pas embrasser la volonté du Monde, de ne pas mesurer ce qu'il nous arrive ; il suffit de se satisfaire de l'idée qu'il n'y a aucune satisfaction. Être enthousiaste dans le cafard, enivré du dégoût, garder de la vitalité dans le détachement, montrer à sa peine qu'elle nous peine, tout cela maintient l'anéantissement — qui n'est pas encore l'anéanti. Dans la mélancolie, la souffrance morale est telle qu'un nouvel aiguillon (ô triste thyrse !) n'est plus à redouter, et les auteurs qui *exagèrent* sont d'un plus grand *réconfort* que les autres, car ils nous démontrent par là qu'ils *savent*. (La littérature est assez fournie pour que je m'autorise allégrement de noms célèbres, mais n'occultons pas l'autre harde, tous ces inconnus à qui il manque le papier pour graver leurs cris de déchirement stridents, ou qui, s'ils l'ont, par rames, n'ont pas les moyens de les diffuser… dont moi-même ? « [14/10/99 :] *Je me sens perdu, je le jure devant moi-même ! Je ne sais plus où j'en suis. Je mens : je sais trop où j'en suis. Le mal-être parce qu'on recherche le bien-être… Pas de bien-être sans mal-être… C'est sensationnel : terrible. — Moi, franchement, je ne sais plus où je vais. Je mens : je sais trop où je vais… — Je me perds. Faux : je me suis retrouvé… Oui, mais… je me perds… car je me suis retrouvé… donc je me perds. Pourquoi ? Par la faute des* autres *! Je ne pourrais idéalement pas me perdre moi-même s'il n'y avait pas les autres !... Ils sont là pour me tuer… L'ICAM… Voire mon père, Agnès… — Je me sens perdu… et je sais que je ne le suis pas. Terrible. Indicible. Perdu je suis. Maudit je suis. — Je n'avance même pas en aveugle ; oui : j'ouvre trop les yeux… Je suis atypique… Je me fourvoie à cause des autres… Foutu !... Foutu !... [...] Mais parlons ! parlons donc !... Discutons sur le vide de mes paroles pessimistes !... Qu'est-ce qui me force à écrire ?... Qu'est-ce qui me force à écrire ?... Mais, voyons… Tout !... C'est le besoin… Ce n'est plus une occupation : c'est une raison de vivre…* [07/11/00 :] *À part ronger mon frein, écouter de la musique, fumer, il n'y a rien, strictement rien. C'est vide. C'est ce qu'il apparaît — de tous les points de vue. Un horizon vide. Ni beau ni laid : vide. — Et je suis un skipper perdu… — La vie… S'en plaindre… — Ha !... — Un mot vient à la bouche, un mot vient à cette p… de bouche : beurk.* » Si je puis réconforter un seul homme, fût-ce par le langage, mon passage ici-bas n'aura pas été si vain. Et, si l'occasion se présente, qu'il lise — qu'il ose lire — mon *Amer Amen* !... J'y crache la mort, sur un ton proche de celui d'Henry Miller dans *La boutique du Tailleur* : « *Now I am lost, lost, do you hear? You don't hear? I'm yowling and screaming—don't you hear me? Switch the lights off! Smash the bulbs. Can you hear me now?* Louder! *you say.* Louder! *Christ, are you making sport of me? Are you deaf, dumb, and blind? Must I yank my clothes off? Must I dance on my head?* » (« *Maintenant, je suis perdu, perdu, vous entendez ? Vous n'entendez pas ? Je hurle, je crie à tue-tête, n'entendez-vous pas ? Éteignez les lumières ! Brisez les ampoules ! M'entendez-vous maintenant ?* Plus fort, *dites-vous.* Plus fort ! *Par le Christ, vous moquez-vous de moi ? Êtes-vous sourds, muets, aveugles ? Faut-il que j'arrache mes vêtements ? Faut-il que je danse sur la tête ?* »)) Ce « réconfort » me permet de livrer sur un plateau la seconde *notion*, qui est celle de la *complaisance* : si j'élimine l'idée d'exagération (autant en emportent mes ventripotents mots — qui ont beau jeu), je ne dénie pas l'importance de la complaisance qui accompagne le « mélan-coliqueux » dans ses affres, et qui s'inscrit dans deux définitions générales que je reprendrai parmi les quatre que donne le Littré : l'une, *active*, qui est le « *soin, désir de complaire* », basée sur la forme du « *complaire à quelqu'un* », et l'autre, *passive* et *réfléchie*, qui marque l'« *état de l'âme où l'on se complaît, soit à soi-même, soit à quelque chose* », dont le « *complaire* » s'approche d'un « *se repaître* », qui lui-même oscille entre « *trouver sa satisfaction* » et « *entretenir en soi* ». Le fonds de la « complaisance » s'appuie sur la notion de « *sympathie* », du grec « συμπάθεια » (« *participation à la souffrance d'autrui* »), mais dans un sens centripète que l'on pourrait taxer du néologisme « *auto-sympathie* » (peu usuel, mais déjà utilisé dans le *Journal de psychologie normale et pathologique*, dirigé par Pierre Janet, pour décrire « *la sympathie que nous éprouvons à nos propres douleurs* »). Le paradoxe de cette complaisance réside dans son action *prophylactique*, dans le fait pour l'individu de préserver sa santé de tout ce qui est susceptible de lui nuire. Or, il s'agit bien ici, au premier degré, de *complaisance mélancolique*, et au second, d'un *consentement à la complaisance*, dont la réunion des deux impose la conséquence suivante : l'homme malade de mélancolie va se servir de la mélancolie afin d'alléger sa maladie. La morale que je puis pour l'instant tirer de cette attitude contradictoire, mise en parallèle du ressassement, je l'emprunterai d'abord à Ésope et à sa fable *Le chameau vu pour la première fois*, où il est dit que « *les choses effrayantes, avec l'habitude, font moins impression* », puis au chef des porchers de *L'Odyssée* d'Homère qui invite son petit monde à manger et boire dans l'étable pour que tous se charment par le souvenir des douleurs passées, car, dit-il, « *l'homme qui a beaucoup souffert et beaucoup erré est charmé par le souvenir de ses douleurs* ». « *Complaisance* » rime avec « *allégeance* », mais là n'est pas l'unique point commun si l'on observe de près les penchants de certaines natures mélancoliques : d'un côté, l'« *allégeance* », c'est la « *faculté de consoler, d'alléger* », mais de l'autre, c'est également un « *serment* » qui impose obéissance, fidélité et soumission (les exégètes islamiques pourront y voir quelque affinité avec l'« al-'islâm », ou « الإسلام », mélange de *renoncement* (*aslama*) et de *salut* (*salam*), le tout teinté d'*obéissance*). Pour mieux comprendre ces aspects, nous allons faire un rapide tour d'horizon du mécanisme de cette double contrainte où souvent, comme le disait Karl Abraham, « *l'abandon à la souffrance est préféré à l'agression énergique* » (« *c'est là l'origine des troubles mélancoliques si fréquents chez les névrosés qui recèlent régulièrement, même si parfois inconsciemment, un plaisir à côté d'un tourment* ») ; car nombreux sont les mélancoliques parmi tout le genre humain, et non moins nombreux sont, parmi tout le genre mélancolique, ceux qui aiment, pour reprendre Byron, « *s'installer dans les ténèbres et l'épouvante* », « *faisant le soleil pareil au sang, de la terre une tombe, de la tombe un enfer, et de l'enfer lui-même de plus épaisses ténèbres* » (« *making the sun like blood, the earth a tomb, the tomb a hell, and hell itself a murkier gloom* »). Quand Pétrarque admet : « *La lumière me manque, je ne vis plus que dans la nuit du Tartare, je suis comme mort, mais le pire est que je prends un plaisir amer à ces larmes et à ces souffrances* », — il admet qu'il est solidement attaché à sa mélancolie (tel un bernique à son rocher) et qu'on ne peut l'en arracher « *qu'à grand-peine* », comme si sa souffrance de chaque jour devenait chaque jour sa joie, comme s'il était joyeux et désespéré, joyeux d'être désespéré, désespéré d'être joyeux (ce qui me rappelle la réponse du géographe Paganel à la question de Mangles dans *Les Enfants du capitaine Grant* de Jules Verne : « *Qu'est-ce qui est plus fort que vous ? — Ma joie d'un côté, mon désespoir de l'autre* »). Il existe même, cité par Dostoïevski, un degré du spleen qui est tel que ce spleen en devient « *éternel et sacré* » et que « *telle âme élue, après l'avoir connu et goûté un beau jour, n'échangera plus jamais contre une satisfaction à bon marché* ». Gustave Flaubert, Alphonse de Lamartine (en « *Raphaël* » : « *Dieu guérit* »), Alfred de Musset (en Octave ironique), — adolescents, — abondaient dans ces sens : « *La mélancolie est une volupté qu'on excite. Combien de gens s'enferment pour se faire plus triste, vont pleurer au bord du ruisseau, prennent de propos délibéré un livre sentimental. Nous nous bâtissons et nous débâtissons sans cesse* » ; — « *Je me plongeais dans des abîmes de tristesse. Mais cette tristesse était vivante, assez pleine de pensées, d'impressions, de communications intimes avec l'infini, de clair-obscur dans mon âme, pour que je ne désirasse pas m'y soustraire. Maladie de l'homme, mais maladie dont le sentiment même est un attrait au lieu d'être une douleur, et où la mort ressemble à un voluptueux évanouissement dans l'infini* » ; — « *Et puis, il est doux de se croire malheureux, lorsqu'on n'est que vide et ennuyé* »... Encore faudrait-il que cette complaisance à la mélancolie (ce « *mal du ciel* ») ne procédât pas d'une certaine forme de lâcheté, ou ne dérivât pas d'une propension à la crédulité, comme le notifie Hume ici : « *Un lâche, dont les craintes sont facilement éveillées, donne facilement son assentiment à tout récit venu signalant un danger, tout comme une personne aux dispositions chagrines et mélancoliques est très crédule à l'égard de ce qui nourrit sa passion dominante.* » C'est-à-dire qu'il ne faudrait pas en arriver aux fameuses paroles de Hamlet (en substituant « *mélancolie* » à « *conscience* », mais n'est-ce pas au fond la *même chose* ?) : « Ainsi la mélancolie fait de nous tous des lâches... » — *Go ahead !*... Explorons cette *complaisance* à l'aide d'un plan dressé approximativement. — 1. — *La croissance volontaire.* — a. — *Le parasitisme.* — La mélancolie est une fleur aussi robuste qu'elle est fragile : il faut constamment l'irriguer, lui apporter de l'engrais et lui offrir de la lumière, sinon elle s'étiole, car le pot de terre que figure le mélancolique s'assèche ; et si la terre ne nourrit plus la fleur, la fleur ne nourrit plus la terre. La mélancolie est une maladie, une ulcération mentale contre laquelle il n'existe pas d'anticorps (j'écarte les antidépresseurs), et c'est pourquoi elle peut être définie comme un *parasite* qui vit à l'intérieur de sa victime, et ce que les biologistes nomment un *endoparasite* (loin de moi l'idée, soit dit en passant, de faire l'*Éloge du parasite*, comme Lucien le fit en son temps — pour faire de l'épate). Au départ, il peut y avoir une *compétition*, la maladie et le malade (symbiote et hôte) s'emploient à se repousser et à se gêner l'autre ; puis vient une période d'accalmie (*mutualisme* et *commensalisme*), durant laquelle chacun s'associe à l'autre pour survivre ; mais, à nouveau, la compétition resurgit et les combattants s'étripent. Dès lors que parasite et parasité comprennent qu'ils agissent au détriment de l'autre, donc d'eux-mêmes, une connivence apparaît (*symbiose*) et le couple est inséparable — pour le meilleur comme pour le pire. Afin de clarifier la chose, je prendrai des exemples « naturels » : au départ, nous avons deux jeunes chênes qui se disputent la lumière du soleil pour pouvoir s'agrandir (celui qui poussera le plus rapidement étendra ses ramures, captera davantage de lumière, tandis que le moins véloce se verra plongé dans l'obscurité et risquera de périr). Ensuite, une coopération s'établit sans préoccupation notoire de l'autre (c'est la tolérance désintéressée), tel le mulot qui profite de la chaleur du terrier du blaireau ou le poisson-pilote qui se protège grâce au requin. Puis la guerre reprend, le parasite se fait pou, puce, tique, punaise, phtirius (morpion), l'hôte n'a d'autre choix que de se laisser faire (position dangereuse, car il est face à un cannibale) ou d'attaquer (position tout aussi dangereuse, car l'insecticide qu'il pulvérisera lui sera également nocif). Enfin, l'union s'impose tout en étant pernicieuse, car elle alterne entre parfaite entente (la *mycorhize* : le chêne alimente la truffe en sucre ou hydrate de carbone, et le champignon, en retour, optimise la captation du phosphore que les racines ont du mal à atteindre seules) et assouvissements répugnants (tels les vers des intestins humains, oxyures, trichines, helminthes, nématodes, ascaris, tænias, ou les douves dans le foie des moutons). Le plus souvent, par lassitude, un traité de paix est signé par les deux camps, l'armistice consistant en une intelligence qui ressemble à celle qui acquine le poisson clown déjà évoqué (*Amphiprion Ocellaris*) à l'anémone de mer (*Actiniaria*) : le poisson, immunisé en se frottant à la surface et en s'enduisant de son mucus, se cache dans les tentacules vénéneux pour échapper aux prédateurs. En contrepartie, il nettoie l'anémone et éloigne les nuisibles (poissons papillons, *etc.*). Si le poisson s'éloigne, l'anémone devient vulnérable, et *vice versa*, ce qui fait du duo, non pas une belle histoire d'amour, mais une triste histoire de survie dans un monde sans concessions : gare aux deux si l'un s'enfuit, gare aux deux si l'autre est fui. Le poisson clown, c'est moi ; l'anémone, c'est ma mélancolie. Ainsi parle Khalil Gibran dans *Le Fou* : « *Quand naquit mon Chagrin, je le nourris avec soin et veillai sur lui avec amour et tendresse. / Ainsi grandit mon Chagrin comme toute chose vivante, fort, beau et plein de délices merveilleuses.* [...] *Cependant mon Chagrin mourut, comme toute chose vivante, et je demeurai seul à réfléchir et à méditer. / Et maintenant, quand je parle, mes paroles sonnent lourdement à mes oreilles.* » — b. — *L'accouchement et la maternité*. — Telle la mère qui, l'enfant venant de naître, après avoir souffert et sacrifié son corps, après avoir parfois souhaité, durant la grossesse, qu'il fût absent, succombe finalement jour après jour aux charmes de sa progéniture et lui apporte amoureusement le lait qui le fera grandir, le mélancolique, pris au dépourvu lorsqu'il s'aperçoit de la gestation *maligne*, se résigne à son sort, accepte la fatalité du concubinage et se résout à élever son enf(er)ant. (Ci-gît la gésine tumulaire...) Il ne fait pas que le nourrir : il s'en nourrit ; il n'en a pas honte : il en est fier ; il ne le nie pas : il le reconnaît. Crois, car je te fais croître ; — crois en moi, car je crois en toi. Hypérion, semblable au Fou de Gibran, est ce père gravide dont je parle — et il sera ici mon parêtre : « *Je n'avais aucune envie de me plaindre, non plus que de me consoler. Je rejetai l'espoir comme le paralytique qui ne supporte plus ses béquilles ; j'avais honte de pleurer ; j'avais honte de l'existence en général. Ma fierté finit cependant par éclater en sanglots, et la souffrance que j'aurais voulu nier finit par m'être chère, et je la posai comme un enfant contre mon sein.* » — c. — *Le mariage*. — La croissance volontaire, par-delà l'occasion, qu'elle provienne d'un parasitisme ou d'une parturition suivie d'une éducation maternelle, institue le couple malade/maladie par un *conjungo* inexorable. La plante que l'on surveille, que l'on arrose, on finit par la prendre en affection, elle devient l'un des objets de notre quotidien. Si l'existence est pleine de pépins, pourquoi ne pas être pépiniériste ? On était malade, on devient médecin. Ô Mélancolie, j'ouvre les volets et tu reçois ma lumière, j'expire et tu respires mon dioxyde de carbone ; et ainsi, par la photosynthèse, ma chambre du Spleen verdit de ton dioxygène, sève de ma fièvre vitale. Ô syntrophique Mélancolie, tu déploies tes feuilles et tu les poses sur mon oreiller, tu me caresses, tu me berces, tu m'écoutes silencieusement et tu me réponds pensivement, comme dans une prière de la vêprée, comme si l'un était le psautier de l'autre scellé dans l'amour conjoint. « *Souffrances, Plaintes, Doléances, / Larmes, Langueur, Angoisse amère, / Ou pire encore, si c'est possible : / Voilà mes compagnons* » : telle est l'épigramme que composa un Michel Marulle (Marullus) déversé buvant à la source d'un amour contaminée par celle de l'objet chéri... Frère Søren, à genoux sommes-nous, paumes contre paumes, *recueillis* : « *Outre mes nombreuses autres relations, j'ai encore un confident intime — ma mélancolie ; suis-je en pleine joie, en plein travail, elle me fait signe, m'appelle à l'écart. Ma mélancolie est l'amante la plus fidèle que j'aie connue ; quoi d'étonnant que je l'aime en retour ?* » — d. — *L'acquiescement nécessaire*. — Parfois, la complaisance volontaire se confond avec une soumission, soumission elle-même confondue avec le principe de l'existence. Je ne sais d'où je viens, où je vais, ni même exactement où je suis, mais je sais que je suis nourri de la fatalité : tout ce qui vit consciemment tachette ce qui l'entoure du cinabre d'un sang grumeleux, car telle est l'expérience de la vie, telle est la vie, faite de sa propre mort (qu'est la vie sans la mort ?). « *There is a very life in our despair, / Vitality of poison, — a quick root / Which feeds these deadly branches* », dit Byron/Harold en soufflant dans un olifant farouche (« *Il est une vraie vie dans notre désespoir, / Un principe vital du poison, une racine vivace / Qui nourrit ces branches mortes* »). — 2. — *L'habitude*. — a. — *La recherche du mal-être*. — « *Pourquoi ne chercher que ce qui t'afflige ?* » demande le Chœur de jeunes femmes mycéniennes à Électre. Il en est du mélancolique comme du malade imaginaire ou de l'alcoolique : on s'y encroûte, et pour s'y encroûter, il faut, à moins d'être un sadomasochiste, que l'on apprécie son état subordonné, que l'on prenne du plaisir — ô bombance lactée — à « téter la douleur », pour reprendre une expression de Baudelaire *et* de Mallarmé. (L'exemple de l'*addict* à la boisson méritera son chapitre exclusif — où je mentionnerai mon expérience personnelle : au second semestre de 2001, année du diplôme (« *Tenez ; bon vent ; ne faites pas n'importe quoi avec ça* », avait dit le père Fabre) et de la recherche de travail, année de la mort de François et de l'expérience effective de ce que signifiait réellement la séparation de mes parents, je me sentis chaque jour de plus en plus malheureux et je commençai de boire, toujours plus tôt chaque matin, ce qui aggrava mon mal-être et mon malheur, tandis que le cycle grossissait. Quand on en est arrivé à ce point, rien n'a vraiment d'importance, rien n'existe que le malheur contre lequel on croit agir avec des armes, — des armes qui, oublie-t-on rapidement, ne servent qu'à accroître la dépravation et définissent un suicide lent. L'image qui me vient aussitôt, c'est celle d'un homme serein qui se suiciderait en se mitraillant : quitte à recevoir une balle de revolver, pourquoi ne pas vider le chargeur ?) C'est ainsi que Jean Paul trouvait que « *le malheur rend souvent dépravé* » en remarquant que « *les poissons qui aimaient l'eau limpide ont été recherchés les eaux troubles en hiver* ». — b. — *L'amour*. — Pour le poète et dramaturge anglais William Strode, qui prénomma Melancholico l'un des personnages de sa pièce *The floating Island*, il n'existerait rien de plus doux en cette vie que la mélancolie, et il n'hésite pas à le crier sur les toits, passionnément : « *O sweetest Melancholy!* » Il arrive que l'on soit l'esclave de ses habitudes ; or, si lesdites habitudes sont d'être l'esclave de quelque chose, que se passe-t-il ? On est doublement esclave (je suis l'esclave de ma mélancolie, ma mélancolie est l'esclave de l'habitude). Pourtant, n'est-ce pas similaire à la passion, à l'amour ? Lucrèce écrit, à la toute fin du Livre IV du *De Natura Rerum* : « *Et parfois, sans influence divine, sans atteinte des flèches de Vénus, une femmelette sans beauté sait se faire aimer. Elle-même, par sa conduite, ses aimables manières, par le soin de sa personne, elle accoutume un homme à partager son existence ; et puis l'habitude fait naître l'amour. Car de légers coups fréquemment répétés finissent par venir à bout de toutes choses : ne vois-tu pas que de pauvres gouttes d'eau, à force de tomber sur une roche, la percent à la longue ?* » Ce que je retiens, ce n'est pas rigoureusement le fait d'aimer ce qui est mauvais (soyons honnêtes, un individu ne choisira jamais la mélancolie, source de souffrance, en première intention), c'est que « *l'habitude fait naître l'amour* », quand bien même cet amour serait négatif, et c'est la raison pour laquelle le captif de Chillon de Byron reconnaît qu'il avait « *appris à aimer la désespérance* » (« *learn'd to love despair* »). L'amour s'est intercalé entre l'habitude et l'esclavage : je suis esclave de l'habitude, l'habitude est d'être esclave, mais je m'extrais paradoxalement de mon esclavage en l'aimant, en m'y complaisant. « *My very chains and I grew friends, / So much a long communion tends / To make us what we are* » (« *Mes chaînes même étaient devenues des compagnes, / Tant une longue accoutumance contribue / À nous faire ce que nous sommes* »), argumente notre hôte forcé (otage pressuré entre des murs qui sont des cieux, prisonnier qui chérit librement sa geôle, porte-bât qui porte haut la tête, dont Nelligan dirait : « *La bise geint, la porte bat, / Un Ange emporte sa capture* »). Le captif de Chillon, en suivant les mots de Francisco de Quevedo, finit par dire : « *La vie est ma prison* » (« *La vida es mi prisión* »). Côtoyer le désespoir d'aussi près et aussi longuement, semble, chez certains désespérés, émousser toute pensée noire, comme si l'habituation était devenue leur meilleur soutien, — possibilité que rejetteraient peut-être un Camus (« *l'habitude du désespoir est pire que le désespoir lui-même* ») ou un Sénèque (« *De même que tous les vices s'enracinent plus profondément, si on ne les étouffe en leur germe ; ainsi ces affections tristes et malheureuses, victimes d'elles-mêmes, finissent par se repaître de leur propre amertume ; et l'infortune puise dans son chagrin une jouissance contre nature* »)… — c. — *L'indifférence*. — Puis, quand la réalité est crue, qu'elle se poudre et s'efface, trop fardée, le mélancolique, enfoui en lui-même, creusant sa tombe, en arrive souvent à l'état de fossoyeur habitué à enterrer des morts, car « *custom hath made it in him a property of easiness* » (« *l'habitude lui a rendu la chose naturelle* »). — 3. — *L'universalisation*. — Un danger cependant guette le faible, qui ne regarde pas le captif de Chillon : derrière la volonté de rester dans son état et de continuer à en être accablé, peut surgir la *généralisation* (qui consisterait, si elle atteignait notre captif, à considérer que la situation de n'importe quel homme fût la sienne, que tout le monde fût cloisonné, et c'est de ce sentiment dont sont victimes les purs pessimistes ou optimistes). Rien ne saurait libérer le faible qui universaliserait son malheur, sa maladie, sa mélancolie, car il ferait grossièrement équivaloir naissance et mal-être (la question est plus ardue qu'elle n'y paraît et j'en toucherai deux mots plus tard). Dans ses *Propos sur le bonheur*, Alain résume assez bien l'esprit de ce troisième point concernant la *complaisance* : « *Considérons pourtant les malades que l'on appelle mélancoliques ; nous verrons qu'ils savent trouver en n'importe quelle pensée des raisons d'être tristes ; toute parole les blesse ; si vous les plaignez, ils se sentent humiliés et malheureux sans remède ; si vous ne les plaignez pas, ils se disent qu'ils n'ont plus d'amis et qu'ils sont seuls au monde. Ainsi cette agitation des pensées ne sert qu'à rappeler leur attention sur l'état désagréable où la maladie les tient ; et, dans le moment où ils argumentent contre eux-mêmes, et sont écrasés par les raisons qu'ils croient avoir d'être tristes, ils ne font que remâcher leur tristesse en vrais gourmets. Or, les mélancoliques nous offrent une image grossie de tout homme affligé. Ce qui est évident chez eux, que leur tristesse est maladie, doit être vrai chez tous ; l'exaspération des peines vient sans doute de tous les raisonnements que nous y mettons, et par lesquels nous nous tâtons, en quelque sorte, à l'endroit sensible.* » Il y a de la coquetterie dans certaine mélancolie, de la galanterie dans certain mal-être, de la fébrilité dans certain tempérament suicidaire, de la gourmandise dans certaine nausée, de la hauteur dans certain deuil ; il y a de la tristesse qui, vieillissante, s'alanguit ; du dégoût qui, sans cesse dilué, s'attiédit ; de la douleur qui, stationnaire, s'allège ; de la solitude qui, aliénante, se mondanise ; il y a enfin une résignation bonhomme qui fait que d'une fanfreluche de désespoir, on se taille un costume… 4. — *Le laisser-aller*. — a. — *La perte*. — Un danger plus grand encore que l'habitude menace le mélancolique qui se complaît dans sa mélancolie. Ce danger ressemble par bien des côtés à la dangereuse inclination qu'essaie de prévenir Odile dans *Les Affinités électives*, à savoir celle de ne plus voir que du vrai dans ce qui est étrange pour avoir commencé par voir de l'étrange dans ce qui est vrai. Il ne s'agit plus d'habitude ou d'universalisation, mais de *véridicité*. Je m'explique : on s'attache à ce qui est vrai (qui, en connaissance de cause, oserait manœuvrer dans la fausseté ?) ; or, sans même avoir à nous questionner sur la *véridicité de la mélancolie*, mais seulement sur la *véridicité de ce qu'elle nous dit ou nous fait voir*, que peut-il advenir de nous si notre confiance en elle est totale ? Il se peut que, aveuglés (et non aveugles), nous nous perdions — ou, ce qui est identique, que nous perdions (repensons aux parasites que nous avons accepté d'héberger et qui, petit à petit, abuseraient de notre hospitalité et nous contrôleraient sans qu'on y eût gagné quoi que ce fût). Alors qu'Elle, c'est moi, et que moi, c'est Elle, alors que nous ne formons qu'un être solidaire (ou solitaire), ma Mélancolie joue au Démon Delaperth et suborne mon vouloir, ma représentation et mon âme, donc mon être. À sujet, le Banquo de *Macbeth* (pièce qui portait malheur si on prononçait son nom !) nous met en garde, car « *bien souvent, pour nous gagner à notre perte les puissances obscures nous disent le vrai, nous gagnent par des futilités honnêtes, pour nous trahir dans les plus graves circonstances* » (« *oftentimes, to win us to our harm, the instruments of darkness tell us truths, win us with honest trifles, to betray's in deepest consequence* »). D'ailleurs, en poussant l'investigation, en inventoriant les raisons d'écrire *La Perte de Sens*, ce livre qui donne libre cours à la Mélancolie et qui m'achemine vers un inconnu mortifère, ne puis-je pas me demander si ce n'est pas Elle, au bout du compte, qui l'écrit à ma place ?… — b. — *Les contraires s'assemblent*. — Le *laisser-aller* n'est qu'un terme générique qui retranscrit l'abandon à sa maladie, par conséquent l'abandon à (et de) soi-même puisqu'on se fait, on se laisse — conduire (éconduire). « *Sweets with sweets war not, joy delights in joy: why lov'st thou that which thou receiv'st not gladly, or else receiv'st with pleasure thine annoy?* » (« *La joie cherche la joie, pourquoi aimer ce qui te fait souffrir ? Pourquoi prendre plaisir à ce qui t'ennuie ?* ») Encore une fois, qui se rangera à l'idée que la mélancolie est fondamentalement plaisante ? Sous cette contradiction se cache la notion freudienne de *pulsion de mort*, « *cette poussée du vivant à retourner à ce qui est sans vie* » (*Analyse finie et analyse infinie*) : celui qui se laisse aller régresse dans l'échelle de la vitalité et ne convoite, pour faire bref, que l'état de la pierre. De là peut lui venir le plaisir pris à s'engoncer dans la souffrance : s'imaginer bientôt caillou, inerte, sans vie… mais j'anticipe : c'est ce que l'on désigne habituellement sous le nom de « *suicide* ». — 5. — *Le contraste par l'antagonisme*. — Dans l'acceptation simpliste et symétrique (antisymétrique, devrais-je dire) des concepts, une chose naît d'une chose contraire — et peu importe laquelle est antécédente : le mal, du bien ; le noir, du blanc ; le repos, du mouvement ; la femme, de l'homme ; la vie, de la mort ; la guerre, de la paix ; l'être, du non-être ; la tristesse, de la joie ; la laideur, de la beauté ; *et cætera*. Tout en étant contraires, ces choses sont complémentaires dans leur dualité, chacune est le négatif de l'autre, elles s'enchevêtrent et préservent leur unité en gardant leur indépendance, elles sont le yin et le yang de notre perception du monde, le contraste nécessaire à la démarcation intelligible. (Trois remarques suspensives : a) la dichotomie de l'est et de l'ouest, du nord et du sud, est nécessaire, certes, mais sur une sphère, chacun de ces points cardinaux peut rejoindre l'autre et ne faire qu'un, de la même façon qu'il résulte un être unique de l'accouplement de l'homme et la femme (« *sunt bona mixta malis, sunt mala mixta bonis* », dit aussi un proverbe (« *le bien est mêlé au mal et le mal au bien* »)) ; — b) nous raisonnons rarement à un degré supérieur de celui de la dichotomie, peut-être parce que notre faculté de juger est incompatible avec la trichotomie (couper un gâteau en deux parts, n'est-ce pas plus facile qu'en trois ?) ; — c) la distinction entre deux concepts est affaire de comparaison subjective et ne détermine pas positivement leur essence, comme l'indique Spinoza dans la quatrième préface de l'*Éthique* : « *Quant au bon et au mauvais, ils n'indiquent également rien de positif dans les choses, considérées du moins en elles-mêmes, et ne sont autre chose que des modes de penser ou des notions que nous formons parce que nous comparons les choses entre elles.* »). La mélancolie et la non-mélancolie participent du même discernement : si vous penchez pour l'une, vous quittez normalement l'autre, car c'est un « ou bien... ou bien... » d'exclusivité, mais un piège existe (si je puis m'exprimer ainsi), et c'est, dans l'un des deux états, d'en oublier la nature de l'autre, donc de ne pas affirmer sa position actuelle. Orwell, par exemple, voulait dire la même chose avec son « *La guerre, c'est la paix* » (que nous avions cité lors du chapitre sur le tabac) : la guerre permanente, sans idée de paix, vaut la paix permanente, faute de distinction possible (c'est un raisonnement qui n'est pas à la portée du premier venu, mais qui n'est pas nouveau : « *C'est que ce que la plupart des hommes appellent paix n'est que de nom, et qu'en réalité la guerre, quoique non déclarée, est l'état naturel des cités les unes à l'égard des autres* », écrivait Platon). Saint-Exupéry, dans un sens similaire, expliquait que pour *fonder* la paix, il fallait *fonder* la guerre (« *si je fais la guerre pour obtenir la paix, je fonde la guerre* ») ; que, de même, pour *fonder* la guerre, il fallait *fonder* l'ennemi ; et en allant plus loin, il écrivait : « *J'ai désiré fonder en toi l'amour pour l'épouse. Et j'ai fondé en toi la tristesse de la séparation d'avec l'épouse.* » Épicure, dans les *Maximes* rapportées par Diogène Laërce, allait jusqu'à penser que « *dans le cas des maladies chroniques, ce qui dans la chair ressent du plaisir l'emporte sur ce qui est souffrant* », autrement dit que la maladie, se prolongeant, s'oublie elle-même et s'inverse... Un dernier exemple : sans tel commandement du Dieu de Moïse, y aurait-il un péché correspondant ?... Si un homme n'est pas mélancolique et ne se soucie pas de l'existence de la mélancolie, « rate » quelque chose, et *vice versa*. Que veux-je montrer ? Je veux pointer du doigt l'importance de ne pas se perdre dans le « ou » exclusif. Si jamais ce « ou » existe bel et bien, il est impératif de s'en imprégner, de le rendre inclusif, infus, et ainsi de pouvoir se complaire d'un côté ou de l'autre (si l'on souhaite toutefois se complaire et si l'on ne perd pas également de vue le contraire de cette action de se complaire). Sous cet angle, ces phrases de Leopardi sont davantage accessibles et prolongent mes réflexions : « *Les rares fois où j'eus un peu de chance ou une occasion de me réjouir, au lieu de manifester ma joie, je penchais naturellement vers la mélancolie, du moins extérieurement, même si je me réjouissais intérieurement. Mais je craignais de troubler ce contentement serein et calme, de l'altérer, de la gâter, de la perdre en l'exposant à tous vents. Et je confiais à la mélancolie le soin de conserver ma joie.* » J'ajouterai encore qu'il s'agit (ni plus ni moins) de ce que nous avions développé plus haut, je veux parler de cette intrication du « si et seulement si » : mélancolie ⇔ dégoût ⇔ ravissement. Il va de soi que plus on souffre, plus on espère être heureux (et non pas seulement ne plus souffrir, qui serait un état intermédiaire et neutre), plus on espère — qu'au loin — une rédemption se profile, sinon une rémission (voir ci-dessous le b du point 6). Mais la tâche est doublement corsée : si l'habitude s'installe, la comparaison avec son contraire, la non-souffrance, s'évanouit progressivement et on ne croit plus en la délivrance, on ne croit plus en rien (on arrive même à ne plus croire que l'on ne croit plus en rien) ; si l'habitude de la souffrance, en revanche, laisse entrevoir la non-souffrance sans qu'on puisse néanmoins l'atteindre, on désespère et la pensée de la dichotomie souffrance/non-souffrance achève de faire souffrir (on court après une carotte évanescente qui excite la faim et ne la sustente pas). Il y aurait une troisième éventualité, proposée par cette phrase de Valéry : « *L'habitude, une fois formée, enchaîne et délivre.* » Ce serait cependant aboutir à la première éventualité : on est délivré de l'idée de souffrance, non la souffrance. On ne peut guère se consoler... Consolons-nous plutôt avec Edouard (*Les Affinités électives*), qui pense qu'« *il y a effectivement des cas, des exemples où toute consolation est une vilenie, où le désespoir est le seul devoir* », et que « *c'est seulement dans la souffrance que nous éprouvons pleinement toutes les grandes qualités qui sont nécessaires pour supporter celle-ci* ». Face à ces allégations extrêmes, la complaisance résiderait, pour une part, dans la consolation d'éviter la consolation, et, pour une autre part, dans la sensation que la souffrance est positive. Cicéron ne serait pas d'accord avec cela, mais il rejoint la pensée de Goethe en affirmant, à la deuxième *Tusculane*, au sujet de la douleur, que « *la question n'est pas tant de savoir si elle est un mal que de s'affermir moralement pour pouvoir la supporter* ». Selon Cicéron, il faut, pour affronter la souffrance, être fort, valeureux, sage ; en un mot : être philosophe, puisque la philosophie se propose de « *soigner les âmes, apaiser les tourments inutiles, délivrer des passions, chasser les appréhensions* », — ce qui est une manière, à bien des égards, et de mon point de vue, de se soumettre tout en ne se soumettant pas, d'être philosophe tout en ne l'étant pas (mais sans aller, en la matière, jusqu'aux ultra-philosophies des Stoïciens ou des Épicuriens). La question rejaillit : lutte-t-on réellement quand on se complaît dans la complainte ? Cicéron indique, en visant les sages, et par opposition aux lamentateurs, que « *la plainte n'est jamais [...] qu'un moyen de s'affermir* », et il le rapproche des cris des athlètes dans leur effort. Je me risquerai à délivrer le fond de ma pensée : j'accorde que le mélancolique n'est pas toujours un philosophe, mais il est parfois comme un « athlète du cerveau », un lutteur en robe de chambre, muni d'un crayon s'il est écrivain, d'un pinceau s'il est peintre, d'une partition s'il est compositeur. Kafka, en se plaignant, ressemble moins à un Job qui crie et s'indigne (apitoie-toi !), ou à l'un des auteurs illuminés des *Psaumes* qui louangent *et* gémissent, ou à une Thérèse d'Ávila qui jouit de la « suavité » (« *si excessive* ») causée par l'« *extrême douleur* » (les frissons de la pure fruition dont on ne peut « *ni en désirer la fin, ni trouver de bonheur hors de Dieu* »), ou à un Jean de la Croix qui s'enthousiasme à renfort d'« *Ô cautère agréable !* » et d'« *Ô délicieuse plaie !* » (dans l'amour de la souffrance et dans la souffrance de l'amour — que l'on éprouve sans connaître), ou à un Pierre Abélard qui vomit l'histoire de ses malheurs, son *Historia Calamitatum*, dans une lettre où perce la vanité d'un Calimero dont la coquille lui casse le chef sert de plastron à sa propre psychose (pour Rousseau, « *Abélard ne m'a jamais paru qu'un misérable digne de son sort, et connaissais aussi peu l'amour que la vertu* »), ou à ce type de mélancolique qui « *s'inflige* », selon Freud, une « *torture* » qui « *lui procure une jouissance* », — Kafka, dis-je, ressemble moins à tous ceux-là qu'à un Ecclésiaste circonspect qui se discipline et se résigne (ce qui ne rabaisse pas son *combat intérieur*). Mais je me disperse et m'écarte de mon point... Quoique : Kafka, parlant justement de la « *complaisance* » (« *Selbstgefälligkeit* »), ne tente-t-il pas de la définir en disant que sans elle, « *l'affliction n'est pas possible* » (au sens d'une « *affliction profonde* », l'« *überzeugten Trauer* ») ? Il ajoute même : « *Quand on est triste, on dirait que, pour rehausser le triste spectacle du monde, il faille s'étirer comme une femme après le bain.* » On le voit : ce petit rappel n'était pas superflu... — 6. — *La volonté de comprendre.* — a. — *Les deux bouts du tunnel.* — Je suis persuadé que l'animal (encore moins la plante, et certainement pas le caillou) n'a aucune notion de bien ou de mal, de souffrance ou de plaisir, que ce soit le homard (au regard duquel des études ont été faites afin de conclure si, oui ou non, il souffrait quand on l'ébouillantait) ou le chien (dont quelquefois le regard fait naître la pitié en nous, par empathie), et ceci pour cette raison : ne disposant pas de moyen de conceptualiser, il est incapable de *rechercher* le bien ou le mal. À chaque étape de notre existence, nous sommes placés devant un carrefour. Ce carrefour, s'il est question de bien ou de mal, est assimilable à un tunnel avec, d'un côté, la lumière, vers laquelle il n'est plus besoin de creuser, et de l'autre, l'obscurité, qui happe le pèlerin que l'inconnu (éventuellement blessant) intéresse. Je n'ai jamais autant lu d'essais sur la dépression et sur le suicide qu'en mes périodes dépressives et suicidaires, ce que relate cette note inscrite, je crois, dans mes *Carnets* : « Je suis mal et souhaite être bien. Pourtant, je veux lire tout ce qui exhale la mort... — Oh ! cette complaisance du damné à lire le Diable !... » Je n'ai jamais cessé de me dire que mon passage dans l'existence n'avait guère d'autre fonction que l'apprentissage, sous toutes ses formes, et d'apprendre, apprendre, apprendre, apprendre — à vivre ? je ne sais, — mais à mourir, à me mourir — pour mieux vivre ?... En tout cas, apprendre pour essayer de comprendre — mais comprendre quoi ?... N'hésite pas à venir, tendre Baudelaire, débiter ton *Magnificat* : « *Nous voulons, tant ce feu nous brûle le cerveau, / Plonger au fond du gouffre, Enfer ou Ciel, qu'importe ? / Au fond de l'Inconnu pour trouver du nouveau !* » — b. — *La foi (païenne).* — De la volonté de comprendre à la volonté de puissance (du Mal, qui mène au Bien en le fondant, comme au point 5, et que nous reverrons dès le prochain paragraphe en compagnie de Dostoïevski), il n'y a pas qu'un mince mur de terre friable dans ce terrible tunnel de la pseudo-liberté. Sartre écrit que « *c'est en faisant le Mal consciemment et par sa conscience dans le Mal que Baudelaire donne son adhésion au Bien* » ; de là, « *il ne reste qu'une seule voie à sa liberté : choisir le Mal* », — et Sartre s'empresse d'ajouter : « *Entendons bien qu'il ne s'agit pas de cueillir les fruits défendus* quoiqu'*ils soient défendus, mais parce qu*'*ils sont défendus.* » Nous sommes au cœur de la *volonté* et des possibilités que cette volonté offre, d'un acte créateur qui s'appuie sur le Bien et sur le Mal, voire sur le Bonheur et sur le Malheur, sur la non-Mélancolie et sur la Mélancolie, faisant se rejoindre les extrémités du tunnel comme dans une transformation topologique (homéomorphie), les rendant ainsi semblables (équivalentes), permettant de les élever vers un Ciel commun grâce au coup de baguette magique du « *par-delà* » nietzschéen (« *jenseits* »). Ce que je viens d'écrire n'est pas une argumentation de Sartre lui-même, mais un prolongement personnel. La jonction de nos idées se refait ici : « *Mais la création délibérée du Mal, c'est-à-dire la faute, est acceptation et reconnaissance du Bien ; elle lui rend hommage et, en se baptisant elle-même mauvaise, elle avoue qu'elle est relative et dérivée, que, sans le Bien, elle n'existerait pas.* » Évoquer le Mal chez l'auteur des *Fleurs du Mal* ne peut que déboucher sur la « *volupté* », que Sartre d'ailleurs détaille par la suite dans son étude. Nous en revenons toujours aux contraires qui s'accouplent — mais sans jamais, je me répète, accorder la moindre importance aux connotations sadomasochistes. Baudelaire, comme beaucoup d'autres, tourne autour de *l'anti-Th(ér)èse* !... C'est ce que j'appellerai « l'engouement non désavoué de la volonté de comprendre ». Pour que l'aurore soit compréhensible, il faut apprendre le crépuscule... Je ne vois pas de conclusion plus propice à ce « sous-point » qu'un passage de Nietzsche (un avant-propos — à l'*Aurore* !) : « *Dans ce livre on trouve au travail un être "souterrain", un être qui perce, creuse et ronge. On voit, en admettant que l'on ait des yeux pour un tel travail en profondeur, — comme il avance lentement, avec circonspection et une douce inflexibilité, sans que ne se trahisse trop la misère qu'apporte avec elle toute longue privation d'air et de lumière ; on pourrait presque le croire heureux de son travail obscur. Ne semble-t-il pas qu'une foi le conduise, qu'une consolation le dédommage ? Qu'il veuille peut-être avoir une longue obscurité pour lui, des choses qui lui soient propres, des choses incompréhensibles, cachées, énigmatiques, parce qu'il sait ce qu'il aura en retour : son matin à lui, sa propre rédemption, son Aurore ?... Certainement, il reviendra : ne lui demandez pas ce qu'il cherche tout au fond, il vous le dira lui-même, ce Trophonios, cet homme d'apparence souterraine, dès qu'il se sera de nouveau "fait homme". On désapprend foncièrement à se taire lorsque, aussi longtemps que lui, on a été taupe, on a été seul...* » — 7. — *La consolation.* — a. — *L'amour de la souffrance.* L'« être souterrain », l'« homme d'apparence souterraine » dont parle Nietzsche, est conduit par une « *foi* », une « *consolation* », et il presque « *heureux* » dans son abîme cependant que dans son « *travail obscur* », il ne sait pas encore tout à fait exprimer ce qu'il cherche, recherche, attend (si ce n'est de s'être « *fait homme* »). La consolation, au premier degré, c'est sentir vivant en souffrant, car la souffrance fonde la vie ; au second degré, c'est l'opposition à la désolation, qui la précède ou lui succède. La consolation et la désolation ne prennent un sens que rapprochées : étymologiquement, « *consoler* » provient de « *consolor* », qui signifie « *réconforter* », mais aussi « *compenser* », « *faire oublier* », « *fortifier* », tandis que « *désoler* », forgé sur la racine commune « *solor* », indique l'action de « *dépeupler* », d'« *abandonner* ». Avant de connaître la consolation, l'homme qui guette la rédemption doit connaître la désolation, et il erre sans déplaisir (oscillation entre souffrance et amour) dans un entre-deux qui serait résumé par le néologisme « *déconsolation* ». Toute l'ambiguïté de cette complaisance (se sentir vivant en souffrant, aimer cette souffrance, s'abandonner et se fortifier sans être certain de ce qui adviendra) est restituée dans un poème de Nelligan (*Musiques funèbres*) : « *Car je veux, aux accords d'étranges clavecins, / Me noyer dans la paix d'une existence triste / Et voir se dérouler mes ennuis assassins, / Dans le prélude où chante une âme symbolique.* » Dieu sait combien « *musique* » rime idéalement avec « *nostalgique* » — ou avec « *mélancolique* »... L'ambiguïté trouve également quelque résonance dans cet autre poème de Laforgue justement intitulé *Désolation* (quoique le « *toujours* » soit en trop) : « *Mais non ! je ne sais rien. / Je sais la Douleur même / Je souffre d'aimer trop / Je sais que c'est mon sort, / Mais j'en veux épuiser la douceur ; j'aime, j'aime, / Je veux saigner pour tout, saigner, toujours, encor... / Pour être épargné de la mort.* » — Car la mélancolie, c'est aussi, selon Françoise Dolto, « *une manière de jouir* » (bien qu'elle l'entende négativement, comme une espèce d'expatriation, comme un plaisir qui, n'étant pas trouvé en soi, en devient un par la création du déplaisir chez l'autre) ; — car la mélancolie, c'est aussi, selon Oberman, la « *volupté de la mélancolie* », qui est au cœur de l'homme « *la plus durable des jouissances* », « *ce charme plein de secrets, qui le fait vivre de ses douleurs et s'aimer encore dans le sentiment de sa ruine* ». C'est aussi pourquoi Pétrarque trépigne voluptueusement : « *Lagrimar sempre è 'l moi sommo diletto* » (« *Geindre continûment est mon plaisir suprême* »). Chez Sénèque, Thyeste veut donner encore des larmes à sa douleur parce que « *les malheureux trouvent un charme cruel à pleurer* », et Andromaque veut qu'on lui retrace les détails de la mort de son fils parce qu'« *une âme affligée se complaît dans tout ce qui peut nourrir sa douleur* », tandis que chez Euripide, le Coryphée des *Troyennes* chante « *combien sont doux aux malheureux les pleurs, les accents plaintifs et les chants de douleur* ». Mais l'un des spécimens mélancoliques des plus représentatifs de cette complaisance (positive) que nouent ensemble la consolation et l'amour (au sens large) de la souffrance, solidement planté dans son pieux cathèdre de l'esprit à Port-Royal, serait certainement Blaise Pascal qui, nous rapporte sa sœur Gilberte (Périer) au détour d'une biographie aussi courte que tendre et affectueuse, « *disait quelquefois que depuis l'âge de dix-huit ans il n'avait pas passé un jour sans douleur* ». Bien que la vie de Pascal fût en effet loin d'être une partie de plaisir (jusqu'à l'ingestion pénible de la nourriture ou des boissons au goutte-à-goutte), il n'en resta pas moins humble, ce qui démontre cette affirmation : « *Et n'est-ce pas un grand bonheur quand on se trouve par nécessité dans l'état où l'on est obligé d'être, et qu'on n'a autre chose à faire qu'à se soumettre humblement et paisiblement ?* » Je voudrais également citer quelques-unes des phrases lapidaires de son « *Mémorial* », cet abrégé d'illumination rédigé le lundi 23 novembre de « *l'an de grâce 1654* », « *jour de saint Clément, pape et martyr, et autres au martyrologe* », de « *dix heures et demie du soir* » jusqu'à « *minuit et demi* » (« *nuit de feu* »), retrouvé peu de temps après sa mort par un domestique, qu'il avait enfoui dans la doublure de son pourpoint, puis cousu, afin de toujours l'avoir à portée de main et de n'en pas oublier, toutes ces huit années, l'admirable substance, la vertu médullaire (*si discret, par conséquent, qu'il ne l'utilisait pas quoiqu'il l'eût pu — à discrétion*). « *Renonciation totale et douce. Soumission totale à Jésus-Christ et à mon directeur.* [...] *Oubli du monde et de tout, hormis Dieu.* [...] *Joie, joie, joie, pleurs de joie.* » Ce parchemin miniature est d'abord, comme son nom de *mémorial* l'indique, une manière de *conserver la mémoire* (pris exactement comme une des formes de l'*art de la mémoire* cher à Frances Yates et à Daniel Arasse. Car dans quelle intention Pascal aurait-il écrit ce *Mémorial*, sinon pour ne pas oublier, sinon pour éviter que ne s'enfuissent les pensées, comme saint Augustin avec ses *Soliloques* ? Mais il est aussi — et *imprimis* — un objet consolatoire prodigué par la toute-puissance divine : immémorial mémorial, secret de miséricorde, acte de dévotion silencieuse (nulle cagoterie), mémento d'auto-compassion, credo de convers ou de retraitant, exaucement ascensionnel, récitatif de la mutité, mémorandum consomptif, résipiscence anticipative, déchirure d'un missel indécouvrable, précis de composition et de bénignité, résumption analeptique, épitomé régénérateur, fasciculus riquiqui, libretto fugué de la foi, épître intime, profession de foi privée, incursion exorcistique, prospectus salubre, mithridate confidentiel, allège conjuratrice, manifeste langoureusement monastique, chapelet célicole, culte ubique, condensé de zèle, expurgation de tout, sauf de l'essentiel, commémoraison craintive, extrême-onction préméditée, angélus purifié, exoration émolliente, placet du for de la conscience, chrisme articulé, témoin de confidence et de confiance, alliance organique, adjuration œcuménique, charte fruitive, homélie du ressourcement, bible délestée, lambeau alléluiatique, commisération plissée, règle de convers, aide parégorique, obsécration ruchée, parénèse pudique, repentir eucharistique, simonie pudibonde, matricule sopitif, table sacramentale, synopse entre réel et idéel, prophylactère des *ipsissima verba*, vade-mecum lustral, barème d'auto-admonition, viatique apothéotique, diplôme clérical, eucologe cathartique, diadème ardent, dit d'amen, graduel simplifié, gribouillis intercesseur, antiphonaire incorporable, cippe ailé, intaille rythmée, prie-Dieu immatériel, capitule détersif, reposoir prieural, folio sans grammage, *keepsake* sacerdotal, paroissien de secours, cédule capitulaire, recueil pour profès recueilli, codicille dévotieux, lectionnaire autodynamique, dactylogramme votif, feuille de chemins coalescents, lexique incantatoire et hagiographe, prière présanctifiée, doxologie à dégainer, cartel de jussion, oraison portative, — il est tout cela sans l'être, sous l'Œil de la Juridiction, — il est présent à Laudes, Prime, Tierce, Sexte, None, Vêpres et Complies, — il est la *certitude du probable* (« *probabilis* », « *estimable* »), le jet de *dés* divin, il est désabîmatoire, désuppliciant, décécitif, dé-très-bas-al, déscrupulaire, décrucifice, dédouteur, désobstaclifiant, désagoniste, détentatesque, désobscurationnel, décéphaléide, — mais il est *de surcroît* un hymne à l'amour supportant l'apogée de sa propre souffrance, une « *soumission* » à la « *renonciation* », à l'« *oubli* » de toutes choses, sauf de « *Dieu* » et de la « *joie* » (une *jouissance* mesurée, et à l'aune du marasme). — Au deuxième verset du deuxième chapitre du (soporifique) Lévitique, il est écrit que « *le sacrificateur prendra une poignée de la fleur de farine arrosée d'huile avec tout l'encens et il fera fumer cela en mémorial sur l'autel* » : *C'est un sacrifice fait par le feu, d'agréable odeur, à l'Éternel.* » Le « *mémorial* », que l'on écrit « אַזְכָּרָתָה » en hébreu massorétique (« *azkârâh* »), est une oblation ardente qui doit s'élever vers le Ciel et qui est semblable, pour ainsi dire, à une fumigation. Dans la traduction de Louis Segond, on trouve « *souvenir* », dans la Septante, « μνημόσυνον », et dans la Vulgate, « *memoriale* ». Ce n'est donc pas un hasard qui fit écrire à Pascal le mot « *feu* » centré et détaché du reste comme une épigraphe (d'aucuns veulent que Pascal l'ait écrit en capitales, ce que le fac-similé que j'ai devant moi dément formellement, quoiqu'il ait dû exister plusieurs exemplaires). Le feu de Dieu représente la foudre, l'éclair, le tonnerre, l'orage : « *Le feu de Dieu est tombé du ciel, a embrasé les brebis et les serviteurs, et les a consumés* » (Jb 1,16) ; « *Et le feu de l'Éternel tomba, et il consuma l'holocauste, le bois, les pierres et la terre, et il absorba l'eau qui était dans le fossé* » (1 Rs 18,38) ; « *Et le feu de Dieu descendit du ciel et le consuma, lui et ses cinquante hommes* » (2 Rs 1,12) ; « *Lorsque l'Éternel l'entendit, sa colère s'enflamma ; le feu de l'Éternel s'alluma parmi eux, et dévora l'extrémité du camp* » (Nomb 11,1). Quelle déchirure — intérieure !... Tel en une fulguration de pleurs qui balafrent le ciel du pardon, une déflagration qui effraie dans l'espace infini de la commisération, une douce colère, une fureur contenue, l'homme Pascal connut — *du feu de Dieu* — l'ivresse de la douleur d'aimer, — *d'aimer la douleur*... Pascal ou le récit de l'Exode : dans la nuit noire, avec Moïse, il a suivi la « *colonne de feu* » (13,21) du Seigneur ; il s'est engagé dans l'Alliance et a placé les douze stèles sur l'autel pour célébrer une loi perpétuelle, il a commémoré le départ définitif de l'Égypte en sacrifiant l'agneau *pascal* (la Pâque, c'est la fête, mais c'est aussi la victime, c'est l'eucharistie en hommage à l'agneau qui s'est sacrifié plus tard) : sacrifice pour le péché, mémorial pour contempler la gloire de l'Éternel qui est « *comme un feu dévorant sur le sommet de la montagne* » *(24,17)*. — « *Feu* » ! « *Dieu d'Abraham, Dieu d'Isaac, Dieu de Jacob* », « *Dieu de Jésus-Christ* », Dieu — « *non des philosophes et des savants* » : « *Feu* » ! Pascal cite, tout à la fin, la seconde moitié du verset 16 du Psaume 118 (Vulgate) : « *non obliviscar sermones tuos* » (« *je n'oublie point ta parole* »). Il dit cela parce qu'il a ses « *sentiers sous les yeux* », mais son « *âme est brisée par le désir* » qui toujours la porte vers ses lois… — Pascal, un rhapsode ossianique ? « *Pleasant is the joy of grief; it is like the shower of spring when it softens the branch of the oak, and the young leaf rears its green head.* » (« *Douce est la joie de la douleur ; elle est comme l'ondée du printemps quand elle amollit la branche du chêne et que la jeune feuille lève sa verte tête.* ») — b. — *L'amour de la souffrance (bis)*. — Le cas de Pascal relevait d'une certaine mélancolie consolative, d'une « *manière de jouir* » religieuse dont les atours pessimistes ne passaient pas inaperçus. Je dois maintenant attaquer un autre cas — qui va nous retenir très longuement — à la fois proche et éloigné de Pascal, proche par le doute, éloigné par le degré de dévotion : il s'agit d'une personne sainte qui a déjà été citée plus haut, de la plus grande coloratura divine jamais vue sur la scène de l'opéra mystique, qui elle aussi « *veut saigner pour tout, saigner, toujours, encor* », non pas « *Pour être épargnée de la mort* », mais « *Pour être épargnée de la* vie » ; il s'agit, comme je l'ai dit pour Pascal, de (sans guillemets) l'un des spécimens mélancoliques les plus représentatifs de cette complaisance (positive) que nouent ensemble la consolation et l'amour (au sens large) de la souffrance, solidement planté dans son *pieux couvent Saint-Joseph d'Ávila* ; — il s'agit de la reine/servante de la crainte, de l'extase, de la passion, du supplice, de l'espérance, de la souffrance, de la possession, de la maladie, de l'agonie, de la jouissance, de l'humiliation, de l'amour et de l'allégresse mélancolique : Thérèse, la grande Thérèse d'Ávila, la Teresa de Jesús, l'épouse heureuse et malheureuse du Christ, le Saint des saints. Ô servitude royale ! il faut savoir — pouvoir — imiter Jésus afin de le mériter, il faut souffrir et mourir comme lui, avec lui, entrer dans les ordres et *mourir au monde*, mourir *dans* et *pour* le monde, être crucifiée au monde. (*Se quitter, se renoncer, s'oublier, s'écrouler, s'évanouir, se détruire, s'éprouver, s'anéantir, s'abandonner, se désintéresser, s'extraire, se tomber, s'«abnégationner»…*) « *Pour ce qui me concerne, loin de moi la pensée de me glorifier d'autre chose que de la croix de notre Seigneur Jésus Christ, par qui le monde est crucifié pour moi, comme je le suis pour le monde* », s'écriait Paul (*Ga 6,14*), tandis qu'Anselme de Cantorbéry, dans ses *Avis spirituels*, recommandait : « *Soyez mort pour le monde, et que le monde soit mort pour vous.* » Dans le condensé du « savoir-vivre » que prêche Thomas a Kempis dans son guide spirituel (*L'Imitation de Jésus-Christ*), on ne compte plus ce genre de remarques, d'avis ou de conseils pour mener « à bien » une existence où « *la souveraine richesse est de tendre au royaume du ciel par le mépris du monde* », où l'on « *s'ennuie de vivre plus longtemps* », et où l'on « *souhaite que la mort arrive, afin que, délivré de [nos] liens, [on] soit avec Jésus-Christ* ». Il s'agit d'écarteler son âme et son corps, c'est-à-dire d'exister — en tant qu'âme — *pour* un monde où l'on *espère vivre*, tout en existant — en tant que corps — *dans* un monde où l'on *souhaite mourir*, car il faut notamment « *être mort à toutes ces affections humaines, jusqu'à souhaiter de n'avoir, s'il se pouvait, aucun commerce avec les hommes* », et ne pas craindre de souffrir, voire désirer souffrir « *pour être conforme à Jésus crucifié* », donc attirer à soi les tribulations et la douleur parce que l'on se croit d'autant plus agréable à Dieu, que l'on souffre pour lui davantage… Et pour nous aider à comprendre la nature de la *complaisance hystérique* qui caractérise Thérèse d'Ávila dans son *épectase*, nous allons nous élever et tâcher de cartographier le territoire de la ferveur « thérésienne »… Dans son autobiographie (*Vida de Santa Teresa de Jesús*), la sainte parle d'« *un tourment, mais un tourment délicieux* », d'un « *tourment qui a lieu dans le ravissement* », parle d'une âme qui, en contemplant le Ciel, « *accroît encore son tourment en augmentant davantage ses désirs, en sorte que l'intensité de la peine lui fait quelquefois perdre le sentiment* », cependant que « *ce dernier effet dure peu* » : « *Ce sont comme les angoisses de la mort ; mais il y a dans cette souffrance un si grand bonheur, que je ne sais à quoi le comparer. C'est un martyre de douleur et de délices.* » Le chemin le plus sûr pour l'âme est « *celui de la croix* » où celle-ci goûte le bonheur et les délices du martyre auxquels le corps n'a point de part (« *seulement à la peine* », « *mais cette peine est si délicieuse qu'il n'y a point de plaisir dans la vie qui la dépasse* »), car l'âme doit renoncer aux plaisirs d'ici-bas, « *ne pas chercher des consolations et des douceurs dans l'oraison, mais à trouver son bonheur dans les souffrances pour l'amour de Celui qui y vécut toujours* ». Le chemin de la perfection consiste évidemment à s'abandonner à Dieu, mais tout pèlerinage impliquant une direction, un sens, un but, un lieu d'arrivée, il implique nécessairement un lieu de départ, une provenance, l'image d'un pays que l'on quitte ; et ce pays, selon Thérèse, c'est « *le néant des choses d'ici-bas, la vanité du monde et la brièveté de la vie* », « *un profond dégoût de tout ce qui est terrestre* », car *aller vers* le royaume de Dieu, c'est *fuir* le royaume de l'homme (« *Fuir tout commerce avec les créatures, et me séparer entièrement du monde, était mon unique vœu* »). S'il y a l'idée de deux lieux, il y a également l'idée d'une double jouissance et d'une double souffrance qui s'infectent l'une autre : vous êtes à un point A qui vous incite à vous diriger vers un point B ; arrivé au point B, vous reconsidérez le point A sous un nouvel angle (B remplace A), qui devient le point A' (on voit A depuis B, non plus depuis A), ce qui en retour modifie le point B en B' (on voit A' depuis B, non pas depuis A'). Plus prosaïquement, le point A représente le fait d'avoir « *la vie présente en horreur* », de fouler « *aux pieds l'honneur du monde* », qui amène au point B en communiquant à la parole le « *feu divin* ». La fusion de B en B' est immédiate, aussi immédiate que la fusion de A en A' : « *Ah ! que doit sentir une âme, quand, de cette région où elle est parvenue, elle est forcée de revenir au commerce des hommes, et d'assister comme spectatrice à cette pitoyable comédie de la vie présente !* » Étant donné que B' dépend de A', que A' dépend de B et que B dépend de A, il ne faudrait pas conclure de cette gradation que la situation en B' équivaut au salut de l'âme qui a tant peiné depuis le point A, ni que « *la misère de la vie* » est écartée, ni même que l'âme est libérée du corps. Le point B' ne soulage pas de A, encore moins de A'. Il faudrait pour cela un point C qui fût situé au-delà de tous ces points : ce point C représente la *mort*, et il serait l'aboutissement définitif du désir de Thérèse. Sans jouer sur les mots (qui heurtent peut-être le lecteur pieux), la fin du voyage figure en quelque sorte le *point mort* du cheminement spirituel, ce que j'appellerai un « *sursuicide* », les suicides « simples » de premier et de second degré s'arrêtant ordinairement et respectivement aux alentours des points B ou B', et à la suite desquels rien n'existe plus (un Qohélet résigné se placerait vers B' ou une espèce de B"), tandis que le sursuicide de Thérèse, rendu théoriquement possible par la création d'un point C, rendrait de surcroît possible un nouveau et ultime point, C' ou D (peu importe), qui ne serait autre que la *renaissance* (similaire à la résurrection du Christ), autrement dit *la vie après la mort* (idée mystique et chiliastique par excellence, aux allures de liberté transcendantale). Le sursuicide, en un mot, singularise le *suicide par amour* (non pas ce genre de suicide relativement courant, causé par une quelconque déception amoureuse, mais un suicide *par* et *pour l'amour* — du Christ), l'unique suicide qui permette de « *goûter une mort si délicieuse* », le *suicide/jouissance*, la *jouissance de la perte*. C'est pourquoi la sainte explique qu'heureuse est la perte de l'Humanité « *qui ne va qu'à nous faire mieux jouir de ce que nous semblons perdre* », et permettrait à son âme de s'occuper tout entière à aimer Celui qu'elle aime (et ici, Thérèse est une espèce de colonel Chabert, dont le « *mépris pour cette vie extérieure à laquelle tiennent la plupart des hommes* » le rend malade d'une maladie qu'il appelle « *le dégoût de l'humanité* »). C'est pourquoi, en reprenant les termes de Kempis, Thérèse voudrait être « *entièrement consumée* » par l'ardeur de son Amoureux qui est comme « *un feu qui brûle toujours et ne s'éteint jamais, un amour qui purifie les cœurs et qui éclaire l'intelligence* », et elle pourrait tout aussi bien s'exclamer avec le moine : « Oh ! que ne puis-je, embrasée par votre présence, être transformée en vous, de sorte que je devienne un même esprit avec vous par la grâce d'une union intime et par l'effusion d'un ardent amour ! » Cependant le feu brûle : atteindre l'état de grâce revient à atteindre l'orgasme, et l'orgasme — si éphémère — est synonyme de souffrance et de mort en tant que suicide (il y a l'avant, le désir qui n'en peut plus de désirer sans jouir, et l'après, la mélancolie pesante du relâchement du désir). Convenons qu'il y a un peu de Schopenhauer là-dedans ! Je jouis, donc je souffre ; mais aussi : je souffre, donc je jouis. « *Ainsi parle le Seigneur, l'Éternel : Un malheur, un malheur unique ! voici, il vient ! La fin vient, la fin vient, elle se réveille contre toi ! Voici, elle vient !* » (*Ez 7,5-6*) Que dit la femme au moment de l'orgasme ? « Je viens, oh ! oui, je viens ! ça vient ! ça vient ! » Thérèse, en émoi, se pâme et jouit de souffrir et de mourir : « Ah ! je jouis, ça vient ! Ah ! je meurs, c'est si bon… je me meurs… » Il va de soi que le rapprochement de la jouissance spirituelle et de la jouissance sexuelle a été maintes fois énoncé ; je ne vois cependant pas pourquoi je l'omettrais pour cette raison. (En plus de cela, comme, d'un côté, il ne saurait être question, aux yeux de Thérèse, d'une jouissance sexuelle, et comme, de l'autre, le vulgaire pense à l'épithète « sexuelle » dès que l'on a prononcé « jouissance », qu'il traduit immédiatement par hédonisme, lasciveté ou débauche, il faut être prudent et n'envisager l'érotisme apparent que sous la forme d'un désir — chaste — d'aimer avant d'en venir à toute idée d'aphrodisie…) Durant l'orgasme béatifique, « *tout sentiment cesse* », « *l'âme est absorbée par la jouissance, sans comprendre ce dont elle jouit* » (de l'incompréhension résulte notamment la confusion que nous allons traiter tout à l'heure), elle va même jusqu'à éprouver « *une joie si excessive, qu'elle n'a plus, ce semble, qu'un faible lien à briser pour sortir de ce corps* ». Dès que Thérèse commence à jouir, la crainte fait place au repos et elle reste en extase ; mais dès que, l'*instant* d'après, la jouissance retombe et s'estompe, ce qui a fait sa joie lui cause un tel tourment qu'elle ne sait que devenir. L'acte sexuel, en effet, est « *une courte apoplexie* », disait Démocrite : « *l'homme sort de l'homme, s'en détache et s'en sépare comme sous l'effet d'un coup.* » Comment dès lors ne pas subir l'affront du tourment du « *post coitum* » ? En précédant la jouissance et en la canalisant jusqu'à ce que la tension, qui retarde l'émission voluptueuse, devienne insupportable et aboutisse à l'évanouissement, ou en restant au niveau du « *punctum coitum* », l'instant orgasmique, en prolongeant l'« *éjaculation* » (Littré : « Terme de la vie dévote. Nom donné à certaines prières courtes et ferventes, qui se prononcent à quelque occasion passagère, comme si elles se jetaient vers le ciel »). Sinon, après l'« *ejaculatio* » advient l'« *ejulatio* » (« *lamentations* ») qui n'aura été que retardée. Thérèse persévère et s'imagine préserver l'union fruitive, où il est moins question de *petite mort* — après l'acte — que de *grande mort* — pendant celui-ci : « *Oh ! quel bonheur de mourir ainsi !* » Au chapitre XVI de la *Vida* est décrit l'état du « *sommeil des puissances* » correspondant à la troisième manière d'arroser le jardin (métaphore sur la manière de faire l'oraison), suffisamment parlant pour qu'on évite toute glose : « *On dirait une personne qui, soupirant après la mort, tient déjà en main le cierge bénit, et n'a plus qu'un souffle à exhaler pour se voir au comble de ses désirs. C'est pour l'âme une agonie pleine d'inexprimables délices, où elle se sent presque entièrement mourir à toutes les choses du monde, et se repose dans la jouissance de son Dieu.* » (L'original en espagnol doit être mis en regard : « *Es como uno que está con la candela en la mano, que le falta poco para morir muerte que la desea. Está gozando en aquella agonía con el mayor deleite que se puede decir; no me parece que es otra cosa, sino un morir casi del todo a todas las cosas del mundo, y estar gozando de Dios.* ») Il y a néanmoins un paradoxe dans la volonté de se reposer dans la jouissance de Dieu, qui réside dans l'abolition d'une autre jouissance, et Thérèse l'évoque sans la montrer, semble-t-il, le cerner, à propos de la certaine « *vision* » : « *il me semble qu'elle purifie merveilleusement l'âme, et enlève à la sensualité presque toute sa force ; c'est comme une grande flamme, qui consume et anéantit tous les désirs de cette vie.* » Le paradoxe signifie *combat* entre la jouissance terrestre et la jouissance divine (des cieux). La jouissance terrestre est fugace et synonyme de souffrance (dans le monde), la divine est éternelle et synonyme de mort (au monde). Dès lors, que faire tant que l'on ne meurt pas (pour fuir et vivre avec Dieu) ? Que faire ? *Souffrir*. « *Il me semble que souffrir est la seule raison de l'existence, et c'est ce que je demande à Dieu avec le plus d'ardeur. Je lui dis quelquefois du fond de mon âme : Seigneur, ou mourir ou souffrir !* » La complaisance au malheur est éclatante : la complaisance (l'attente) rend la complaisance *positive*. « *Lorsque j'entends sonner l'horloge, c'est pour moi un sujet de consolation, à la pensée que je touche d'un peu plus près au bonheur de voir Dieu, et que c'est une heure de moins à passer dans cette vie.* » Thérèse ajoute que parfois, elle ne sent « *ni peine de vivre ni envie de mourir* », que la ferveur s'est absentée, comme l'abattement post-coïtal, ou plutôt la dépression, ou — mieux — *la mélancolie*. Résumons ce que l'on a jusqu'ici entrevu : d'un côté, le bien-être de Thérèse (ravissement, suavité, délices, extase, gloire, grâce, *et cætera*) est jouissance (quasi sexuelle) ; de autre, le mal-être est tourment qui, sans qu'il se contredise, se fait bien-être. Il ne faut pas chercher les consolations ici-bas, où tout est vanité et souffrance, mais il faut souffrir comme/pour le Christ si l'on souhaite se libérer et connaître la passion de l'extase, l'extase de la passion. (À sujet, a-t-on déjà pu observer un Jésus *souriant* à l'une des stations du Chemin de Croix, en particulier lorsqu'il porte la Croix ou y est cloué ? C'est extrêmement rare : on recense le *Crucifix du Christ souriant* au château de Javier en Navarre (XIIIème siècle), un autre très similaire à l'abbaye de Lérins en Provence (XVème

siècle), un autre encore à l'église de Châteauvieux dans les Hautes-Alpes, un buste en terre cuite au Musée Eucharistique du Hiéron (XVIème siècle), et certainement quelques autres disséminés çà et là (je songe à *La Pietà de Villeneuve-lès-Avignon*, ce tableau d'Enguerrand Quarton exposé au Louvre, et où, s'il ne sourit pas franchement, le Jésus mort montre les signes de l'apaisement). Que le Christ souffre, je l'accorde, mais qu'un sourire ne soit jamais représenté sur ses lèvres, voilà qui m'étonne, car enfin, c'est le même désir qui doit les assaillir dans l'agonie, lui et Thérèse, et Jésus, de surcroît, savait depuis longtemps ce qui l'attendait et qu'il allait ressusciter, comme l'atteste par exemple Matthieu au chapitre 20, versets 17 à 19 (*& 16,21 ; 17,9 ; 17,22-23 ; 26,32*) : « *Pendant que Jésus montait à Jérusalem, il prit à part les douze disciples, et il leur dit en chemin : "Voici, nous montons à Jérusalem, et le Fils de l'homme sera livré aux principaux sacrificateurs et aux scribes. Ils le condamneront à mort, et ils le livreront aux païens, pour qu'ils se moquent de lui, le battent de verges, et le crucifient ; et le troisième jour il ressuscitera."* » Et si certains s'offusquent de ma thèse, qu'ils s'offusquent alors dans la foulée du Kant du *Conflit des facultés* : « *Les plaintes sur la Croix expriment l'échec d'un projet [...], alors qu'on se serait plutôt attendu à la joie d'une réalisation.* ») Chez sainte Thérèse, la mélancolie est renversée. Tandis que le mélancolique, qui aimerait souvent en finir, ne le veut pas vraiment ou n'y parvient pas, ou en est effrayé, elle, elle se réconforte à l'idée de la délivrance/jouissance de la mort qui devient vie (les plus vivants sont les morts au Ciel, les plus morts, les vivants sur la Terre), et se raccroche constamment au « *Non, si male nunc, et olim / sic erit* » d'Horace (« *Si le présent est mauvais, l'avenir ne le sera pas* »). L'*agent* est ce qui différencie le plus crucialement la souffrance de Thérèse de la souffrance du mélancolique : celui-ci souffre *de* ou *par* quelqu'un ou quelque chose, celle-là souffre *pour* ou *en* eux. L'*humiliation* (ou la soumission), en revanche, est ce qui les relie, mais là encore, il y a une différence fondamentale, puisque Thérèse, dans l'indigence, l'affliction, l'offense, est comblée (la Grâce, l'agréable dans la passion). Je viens d'employer un mot important, l'« *humiliation* », et je crois qu'il est temps d'expliciter quelques termes du vocabulaire religieux si l'on ne veut pas confondre les multiples signifiés d'un signifiant. « *Humiliation* » et « *humilité* » ont la même racine latine, « *humilis* » (ou « *humilitas* »), c'est-à-dire : « *abaissement* », « *faiblesse* », « *avoir des sentiments peu élevés* », — puis : « *modestie* », « *de caractère humble* ». Spinoza définissait lui-même l'Humilité comme « *une Tristesse née de ce que l'homme considère son impuissance ou sa faiblesse* » (« *Humilitas est Tristitia orta ex eo quod homo suam impotentiam sive imbecillitatem contemplatur* »), mais je crois qu'il peut être profitable de se restreindre à quelques occurrences dans la Vulgate (je souligne) : « *Qui enim humiliatus fuerit, erit in gloria, et qui inclinaverit oculos, ipse salvabitur* » — « *Vienne l'*humiliation*, tu prieras pour ton relèvement : Dieu secourt celui dont le regard est abattu* » (*Jb 22,29*), « *Omnes autem invicem* humilitatem *insinuate, quia Deus superbis resistit,* humilibus *autem dat gratiam. Humiliamini igitur sub potenti manu Dei, ut vos exaltet in tempore visitationis* » — « *Et tous, dans vos rapports mutuels, revêtez-vous d'*humilité *; car Dieu résiste aux orgueilleux, mais il fait grâce aux* humbles*. Humiliez-vous donc sous la puissante main de Dieu, afin qu'il vous élève au temps convenable* » (*1 Pe 5,5-6*) ; « *Timor Domini disciplina sapientiæ, et gloriam præcedit* humilitas » — « *La crainte de l'Éternel enseigne la sagesse, et l'*humilité *précède la gloire* » (*Prov 15,33*). Cette dernière citation m'enjoint à passer immédiatement à la « *crainte* », qui vient du français « *cremere* », altération du « *tremere* » latin, qui signifie « *trembler* ». Pour nous, « *craindre* » se rapproche davantage de « *vereor* » et de « *timere* » (ce dernier étant peut-être le plus utilisé dans la Vulgate) : « *avoir une crainte respectueuse* », « *respecter* », « *révérer* », définitions que l'enrichira de l'injonction socratique « *avoir souci de* ». Ce passage-ci apporte par exemple tout ce dont on a besoin pour entendre l'acception de « *crainte* » : « *La crainte du Seigneur est gloire et fierté, gaîté et couronne d'allégresse. La crainte du Seigneur réjouit le cœur, donne gaîté, joie et longue vie. Pour qui craint le Seigneur, tout finira bien, au jour de sa mort il sera béni.* » (*Sir 1,11-13*) Un autre mot perd de sa négativité quand on prend la peine de le replacer dans son contexte (rappelons-nous tout de suite l'« *agonie pleine d'inexprimables délices* ») : « *agonie* », de « ἀγωνία », qui a un rapport avec la gymnastique puisqu'il signifie originellement « *combat* », « *lutte* », « *exercice* » (on s'éloigne tout de même des idées de mort ou d'extrême angoisse, et Platon fait dire à Gorgias que la « *rhétorique* », « ῥητορικῇ », est comme la « *lutte* », « ἀγωνίᾳ »). La plus célèbre agonie religieuse est celle du Christ quand, à la montagne des Oliviers, l'ange lui « *apparut du ciel, pour le fortifier* » : « *Étant en agonie, il priait plus instamment, et sa sueur devint comme des grumeaux de sang, qui tombaient à terre.* » (*Lc 22,44*) Le Christ en « *agoniste* », en « *lutteur* » grec (par l'esprit, certes, mais n'y a-t-il pas cette « *sueur* » ?), c'est une image originale et forte, et cette image d'un Jésus « *en agonie jusqu'à la fin du monde* », « *seul dans la terre* », abandonné « *dans l'horreur de la nuit* », marquera profondément Pascal (« *C'est un supplice d'une main non humaine, mais toute-puissante, et il faut être tout-puissant pour le soutenir* »). Ce n'est plus une monomachie ; c'est une « théomachie » (dont Job connut si bien le paroxysme). Et que penser aujourd'hui de l'« extase » ? Le latin donne « *extasis* », ou bien « *exstasis* », ou encore « *ecstasis* », tous trois issus de « ἐκστασις » ou « ἔξτασις » et ses déclinaisons : « *déplacement* », « *être hors de soi* », « *égarement* », « *trouble* », « *vision* ». Deux choses m'interpellent, l'une étant la définition de Littré : « *élévation extraordinaire de l'esprit, dans la contemplation des choses divines, qui détache une personne des objets sensibles jusqu'à rompre la communication de ses sens avec tout ce qui l'environne* », — l'autre étant l'aspect pathologique de l'état extatique : équivalent de « *catalepsie* », d'« *aliénation* », de « *frénésie* », de « *dégénérescence* ». En somme, ce que l'on appelle « *extase divine* » (qui tendrait vers l'hypostase) est une *maladie*, surtout chez les mystiques et, parmi eux, sainte Thérèse, sujette à l'« *épilepsie* », pour laquelle le latin dispose de plusieurs termes : « *epilepsia* » (du grec « επιληψια », « *invasio* » ou « *siderosus* », les plus intéressants, qui sont rattachés à l'« *invasion* », à la « *possession* » ou à l'« *insolation* » (ces rattachements se trouvent dans le *Thesaurus græcæ linguæ* d'Henri Estienne, l'imprimeur qui initia la division, que l'on a conservée, des textes de Platon en pages et paragraphes). « *Aie pitié de moi, Éternel ! car je suis sans force ; guéris-moi, Éternel ! car mes os sont tremblants.* » (*Ps 6,3*) De temps à autre, Thérèse se plaint de ce que le Seigneur la met *hors d'elle*, ce qui l'empêche de rester dans sa raison. L'*invasio* s'accompagne d'une « *invisio* » qui s'accorderait au latin « *perdre la vue* » et au néologisme « *vision intérieure* », le « *per interiorem aspectum* » dont parlait Augustin (les saints ou les prophètes tels Ézéchiel et Daniel sont affectés de la vue des visions », ils « voient des visions »). « Un jour », raconte Thérèse, « *pendant que nous étions toutes réunies au chœur pour les heures, j'entrai soudain dans un profond recueillement, et je vis mon âme sous la forme d'un clair miroir, sans revers, sans côtés, sans haut ni bas, mais resplendissant de* *toutes parts. Au centre m'apparaissait Notre Seigneur Jésus-Christ, comme il le fait d'ordinaire ; je le voyais néanmoins dans toutes les parties de mon âme comme s'il s'y était réfléchi ; et ce miroir de mon âme, à son tour, je ne puis dire comment, se gravait tout entier dans Notre Seigneur par une communication ineffable, mais toute pleine d'amour* » (et plus loin, elle ajoute ce qui pour nous est un écho à la mélancolie au miroir déjà explorée : « *À l'aide de la lumière qui me fut donnée, je vis comment, dès que l'âme commet un péché mortel, ce miroir se couvre d'un grand nuage et demeure extrêmement noir ; en sorte que Notre Seigneur ne peut s'y représenter ni y être vu, quoiqu'il soit toujours présent comme donnant l'être. Quant aux hérétiques, c'est comme si le miroir était brisé* »). Ce genre d'hallucination, Michel de Nostredame (Nostradamus) les connaissait très bien et les dénommait « *comitiale agitation Hiraclienne* », expression énigmatique (on n'en attendait pas moins de la part du *visionnaire*) qui a donné lieu à de multiples interprétations. Gaffiot nous renseigne sur la surprenante origine de « comitiale », qui est « *comitialis* » (« *relatif aux comices* »), dont dérive « *comitialis morbus* » (du fait qu'« *on ajournait les comices quand qqn y tombait d'épilepsie* ») ; puis l'usage de « *comitialis* » a purement et simplement désigné toute « *épilepsie* » ou le sujet « *épileptique* ». Quant à « *Hiraclienne* », c'est plus compliqué et je n'entrerai pas dans le débat : l'argument « *Herculéen* » est le plus probant, auquel on joint les notions de « *divin* » ou de « *sacré* »… En bref, la « *comitiale agitation Hiraclienne* » est une *épilepsie/ hystérie inspirante*. La vision du « *miroir* » que j'ai citée ne fait pas partie des « attaques » proprement dites. Le lecteur pourra de lui-même en relever des glanes si jamais il a l'intention de parcourir la *Vida*. Une véritable crise est souvent suivie de vomissements ; le délassement est le prélude au délaissement (l'alternance des deux moments pourrait se résumer en un *dela(i)ssement*, parfois volontaire, parfois involontaire). À l'allégresse succède la mélancolie (les fameuses « *hilaritatem* » et « *melancholiam* » que Spinoza écrit généralement côte à côte, comme s'ils formaient une paire indissociable), et nous retrouvons à nouveau l'image d'une Thérèse mélancolieuse, en proie à l'« *ægritudo* », c'est-à-dire le « *chagrin* » ou la « *maladie* ». Je me répète en le soulignant : *Thérèse est malade* (et la mélancolie est une sorte de maladie). Ce n'est pas un hasard si, dans son célèbre ouvrage publié en 1838 (*Des maladies mentales considérées sous les rapports médical, hygiénique et médico-légal*), Jean-Etienne Esquirol explique que « *les tempéramens mélancoliques [...] prédisposent à l'épilepsie* », et si Hippocrate, deux millénaires plus tôt, au sixième livre des *Épidémies*, observe que « *les mélancoliques deviennent d'ordinaire épileptiques, et les épileptiques mélancoliques* » (« *de ces deux états, ce qui détermine l'un de préférence, c'est la direction que prend la maladie : si elle se porte sur le corps, épilepsie ; si sur l'intelligence, mélancolie* »), passage que reprendra Galien (*Des lieux affectés*), accompagné de la glose ci-contre (traduite par Charles Daremberg) : « *Les mélancholiques sont toujours en proie à des craintes ; mais les images fantastiques ne se présentent pas toujours à eux sous la même forme. [...] Il existe des différences entre les mélancholiques. Tous sont en proie à la crainte, à la tristesse, accusent sa vie et haïssent les hommes, mais tous ne désirent pas mourir. [...] D'autres vous paraîtront bizarres ; ils redoutent la mort et en même temps la désirent.* » Ainsi, nous ne déclarons pas que la mélancolie implique nécessairement l'épilepsie (Qohélet, qui me semble également être un mélancolique accompli, n'est pas pour autant épileptique), mais nous reconnaissons son importance dans l'étiologie du mal caduc. Car celui qui, comme Jean dans sa première épître (*2,15-16*), invite à ne point aimer « *le monde, ni les choses qui sont dans le monde* » (« *Si quelqu'un aime le monde, l'amour du Père n'est point en lui* »), sous prétexte que « *tout ce qui est dans le monde, la convoitise de la chair, la convoitise des yeux, et l'orgueil de la vie, ne vient point du Père, mais vient du monde* », celui-ci, dis-je, est un mélancolique, quelqu'un qui désespère et à qui il arrive même de jouir de ce désespoir. (C'est de ce désespoir dont parle Hume dans le premier livre du *Traité de la nature humaine* : « *car ce désespoir, rien n'est plus certain, a presque le même effet sur nous que la jouissance, et dès que nous savons qu'il est impossible de satisfaire un désir, ce désir lui-même s'évanouit.* » Ce désespoir, c'est la *mélancolie biblique* : la Bible ne comporte jamais le terme « *mélancolie* », mais l'expression « *l'amertume dans l'âme* » est celle qui s'en rapproche le plus. Évidemment, Job et ses douloureuses plaies manie cette forme de mélancolie mieux que quiconque : « *Pourquoi donne-t-il la lumière à celui qui souffre, et la vie à ceux qui ont l'amertume dans l'âme* » (*3,20*) ; — ou : « *Je me plaindrai dans l'amertume de mon âme* » (*7,11*) ; — ou : « *Mon âme est dégoûtée de la vie ! Je donnerai cours à ma plainte, je parlerai dans l'amertume de mon âme* » (*10,1*). En ayant « *l'amertume dans l'âme* », on connaît la « *tædium vita* » (avec ce soupçon d'une espèce d'insoumission impuissante qui nous poignarde, dirait Oscar Wilde, « *with desperate knives* ») : « *la récolte a fui, au moment de la jouissance : et la douleur est sans remède* », résume très bien l'amer Isaïe (*17,11*)… « *Donnez des liqueurs fortes à celui qui périt, et du vin à celui qui a l'amertume dans l'âme ; qu'il boive et oublie sa pauvreté, et qu'il ne se souvienne plus de ses peines* » ! (*Prov 31,7*)) Mais revenons à Esquirol et à la définition qu'il proposa pour « *Érotomanie* » dans le *Dictionnaire des sciences médicales* : « ÉROTOMANIE, *s. f.*, erotomania *; d'ἔρως, amour,* μανία*, délire ; amor insanus de Sennert ; délire érotique ; mélancolie amoureuse. — L'érotomanie consiste dans un amour excessif, tantôt pour un objet réel, tantôt pour un objet imaginaire ; dans cette maladie, l'imagination seule est lésée : il y a erreur de l'entendement. C'est une affection mentale, dans laquelle les idées amoureuses sont fixes et dominantes comme les idées religieuses sont fixes et dominantes dans la théomanie ou mélancolie religieuse.* » De nos jours, l'érotomanie équivaut sommairement à l'impression délirante d'être aimé (le regard inconscient d'une personne inconnue dans la rue suffit à créer l'illusion que cette personne vous aime) ; mais pour les psychiatres, cette monomanie érotique est *grave*, elle est du ressort de la médecine, et Esquirol nous avertit en ces termes (*Des maladies mentales*) : « *L'érotomanie n'est point cette langueur qui remplit l'âme et le cœur de celui qui sent les premières atteintes du besoin d'aimer, ni cette douce rêverie qui a tant de charmes pour l'adolescent, qui lui fait rechercher la solitude, pour mieux savourer à loisir les délices d'un sentiment qui lui était inconnu. Ce n'est point une maladie, c'est la mélancolie.* » Aux alentours de 1840, dans un ouvrage du même acabit (*De la folie*), un autre psychiatre, Charles Chrétien Henri Marc, nous révèle que « *c'est surtout dans la mélancolie religieuse, qu'elle soit contemplative ou accompagnée des terreurs de la démonomanie, qu'on remarque les aberrations les plus extraordinaires de la sensibilité percevante, et où se manifeste particulièrement une insensibilité, plus ou moins complète, aux impressions extérieures, même les plus douloureuses, surtout pendant l'exaltation du paroxysme, de l'extase ou des visions* ». Attaque épileptique ou attaque hystérique sont pathologiquement confondues, et, chaque attaque ayant ses particularités, Jean-Marie Dupain, en 1888, dans son *Étude clinique du délire religieux (essai de séméiologie)*, décida, grâce à ses travaux ainsi que ceux du professeur Charcot et du docteur Paul Richer, de retranscrire dans un tableau synoptique les prodromes liés à quatre périodes délimitées : Première période : phase tonique (grands mouvements ou immobilité), phase clonique, phase de résolution ; — Deuxième période (ou clownisme) : phase des contorsions, phase des grands mouvements (rythmés ou désordonnés) ; — Troisième période : attitude passionnelle (gaie ou triste) ; — Quatrième période : délire, zoopsie, contractures généralisées. J'offrirai deux passages « *testigos* » tirés de la *Vida* : voici pour le premier : « *Par un mouvement irrésistible que l'ennemi m'imprimait, je me donnais de grands coups, heurtant de la tête, des bras et de tout le corps contre ce qui m'entourait ; pour surcroît de souffrance, j'étais livrée à un trouble intérieur plus pénible encore, qui ne me laissait pas un seul instant de repos* » ; — et voilà pour le second : « *Tandis que j'étais occupée de ces pensées, je fus saisie, sans en connaître la cause, d'un véhément transport. Mon âme paraissait vouloir sortir du corps, tant elle était hors d'elle-même, et se sentait incapable d'attendre davantage le bien qu'elle entrevoyait. Ce transport était si excessif que je ne pouvais y résister ; il agissait sur moi, me semblait-il, d'une manière toute nouvelle. Mon âme était si profondément saisie, que je ne savais ni ce qu'elle avait ni ce qu'elle voulait. Sentant toutes les forces naturelles m'abandonner, et ne pouvant me soutenir, quoique je fusse assise, je m'appuyai contre la muraille. À ce moment, je vis au-dessus de ma tête une colombe bien différente de celles d'ici-bas ; car elle n'avait point de plumes, et ses ailes semblaient formées de petites écailles qui jetaient une vive splendeur ; elle était aussi plus grande qu'une colombe ordinaire.* » Il est à remarquer que chez Thérèse, les attaques négatives et positives s'entremêlent de telle sorte que l'on se figure quelquefois qu'elle est « *tout abattue* » quand elle ne fait que jouir d'un « *grand bonheur* » ou succomber à un « *excès de joie* » pendant lequel son âme sort « *d'elle-même pour se perdre dans une plus haute jouissance* », dans un « *ravissement* » qui lui enlève « *presque entièrement la connaissance* » (l'« *excitation* », du latin « *excitare* », c'est « *pousser hors* », « *soulever* »). L'extase produite par l'amour la transporte de telle manière qu'elle ne se possède plus, et selon Dupain, cette extase créée par la méditation religieuse, « *à force de se répéter* », « *augmente en intensité et, par le charme qu'il y goûte, l'esprit cherche à la reproduire* ». Évidemment, étant donné que l'âme hystérique cherche la jouissance finale, ni la complaisance ni l'amour ne sont gratuits ou désintéressés : « *Les invocations au divin époux, les macérations, les prières faites pour repousser les tentations de la chair, ne font qu'aiguillonner ses ardeurs et un véritable spasme de volupté humaine est la conclusion.* » L'âme de Thérèse n'a d'ailleurs pas « *d'autre désir que de jouir seul à seul de Jésus-Christ* », et ce désir est un désir mélancolique… « *Je suis courbé, abattu au dernier point ; tout le jour je marche dans la tristesse. Car un mal brûlant dévore mes entrailles, et il n'y a rien de sain dans ma chair. Je suis sans force, entièrement brisé ; le trouble de mon cœur m'arrache des gémissements. Seigneur ! tous mes désirs sont devant toi, et mes soupirs ne te sont point cachés. Mon cœur est agité, ma force m'abandonne, et la lumière de mes yeux n'est plus même avec moi. […] Car je suis près de tomber, et ma douleur est toujours devant moi.* » (Ps 38,6-10.17) Retraçons brièvement les différents traits de la personnalité de la carmélite dont nous avons discuté (ou disputé) : elle est cardiaque, théomaniaque, épileptique, hystérique et hallucinée (visions imaginaires, avec les « *yeux de l'âme* » (« *ojos del alma* »), qu'elle distingue des « *yeux du corps* »). Il subsiste un point que nous n'avons pas abordé ici, mais que nous avions longuement décrit au paragraphe du « *contre-optimisme* », à savoir l'*autosuggestion* et l'*hétérosuggestion*. (Je voudrais ajouter ici que, si le tableau que je brosse n'est guère à son avantage, je ne saurais aucunement intenter un procès à la sainte, qui est une personne qui m'inspire beaucoup de respect, et en qui je vois une double icône, l'une, douce, de la Madone, l'autre, douloureuse, de la Pietà, toutes deux réunies dans cette photographie de Hocine Zaourar, où une Algérienne est affalée contre un mur de l'hôpital de Zmirli après avoir perdu son frère, sa belle-sœur et sa nièce. Oui, ma Thérèse a ce visage d'orante figé et apoplectique dont on ne sait s'il procède de la joie ou de la souffrance… Hugo a sans doute raison quand il dit que « *le désespoir aussi a son extase* ». — Ah !… « *Dans quelles folies me suis-je engagée ? Voilà qu'en parlant des grandeurs de Dieu, j'en suis venue à discourir des bassesses du monde !* ») L'autosuggestion et l'hétérosuggestion sont toujours avantageuses quand on est au cœur de la tourmente et de la confusion, ou quand on est plongé dans la mélancolie et l'affliction. La première, l'autosuggestion, permet de se consoler à peu de frais en songeant à la rédemption et au salut qui nous attendent là-haut (l'espérance — ou l'assurance — de parvenir à la consolation après avoir eu part aux souffrances, quand même Pétrarque préviendrait justement que « *con lui cadrà quella speranza / Che ne fe' vaneggiar sì lungamente* » (« chutera avec le corps notre espérance / Qui nous força si longuement à divaguer »)). La seconde, l'hétérosuggestion, permet d'introduire un interlocuteur qui la délivre de ses peines, la décharge de ses angoisses et la fait résister, tel le prêtre au confessionnal (« *Mais mes œuvres sont de nulle valeur : c'est à vous, Seigneur, de leur en donner, puisque vous me portez tant d'amour* », etc.). Que peuvent bien nous faire les atrocités du monde dès lors que l'on se fie à un Sauveur, que l'on est persuadé d'être secouru et sauvé ? « *Sauve-moi, ô mon Dieu !* » (Ps 69,1) La mort est désirée et c'est uniquement à travers elle que le bonheur viendra (je pense au Lazare de Gibran, déçu d'être de nouveau un vivant, et qui était plus heureux *mort*). Quelle douceur que de se complaire dans la douleur, quelle joie anticipée que d'endurer les épreuves en jouissant de temps en temps, lorsque, mélancolique, au bord de la dépression, le soulagement de la mort se dessine, promis par le Seigneur ! « *Puisque je suis dans la détresse, hâte-toi de m'exaucer !* » (Ps 69,17) « *J'espère en l'Éternel, mon âme espère, et j'attends sa promesse.* » (Ps 130,5) Un *De profundis*, un hymne à la Mort ! Un hymne à la Mort chanté comme un hymne de louange (du fond de l'abîme, louez le *Non*)… Or çà (oui, « *or çà* » à la Rabelais, « *je dis, or çà, or çà, catégoriquement* »), cet *Hymne à la Mort* est un appel du pied, Monsieur de Ronsard ! Pour convoiter le Ciel, il faut convoiter la Mort, « *chargés d'espérance* », et suivre le Christ… « *Oh ! que d'être jà morts nous serait un grand bien, : Si nous considérions que nous ne sommes rien / Qu'une terre animée et qu'une vivante ombre, / Le sujet de douleur, de misère et d'encombre, / Voire, et que nous passons en misérables maux / Le reste (ô crève-cœur !) de tous les animaux. […] S'il y avait au monde un état de durée, / Si quelque chose était en la terre assurée, / Ce serait un plaisir de vivre longuement ; / Mais, puisqu'on n'y voit rien qui ordinairement / Ne se change et rechange, et d'inconstance abonde, / Ce n'est pas grand plaisir que de vivre en ce monde ; / Nous le connaissons bien, qui toujours lamentons / Et pleurons aussitôt que du ventre sortons, / Comme présageant, par naturel augure, / De ce logis mondain la misère future… / Que ta puissance, ô Mort, est grande et admirable ! / Rien au monde par toi ne se dit perdurable* […] *Je te salue, heureuse et profitable Mort, / Des extrêmes douleurs médecin et confort ! / Quand mon heure viendra, Déesse, je te prie, / Ne me laisse longtemps languir en maladie, / Tourmenté dans un lit ; mais, puisqu'il faut mourir, / Donne-moi que soudain je te puisse encourir, / Ou pour l'honneur de Dieu, ou pour servir mon Prince, / Navré d'une plaie au bord de ma province.* » Mais s'il n'y a *rien*, — *après* ? Pure folie !

pure vanité !... (On s'étonnera que Thérèse m'ait été chère et que j'en aie parlé aussi longuement. Ce serait se méprendre. Contre toute attente, elle et moi avons beaucoup de points communs dans notre façon de marcher sur *Le chemin de la perfection*. « Je ne sais plus ce que j'avais commencé à dire, parce que je me suis éloignée de mon sujet ; je crois que Dieu l'a voulu ainsi car jamais je n'aurais pensé écrire ce que je viens de vous dire. » Que dire de toute *La Perte de Sens* ? Ce qu'elle ajoute ici, ne voyez-vous pas que je pourrais me l'attribuer : « *je parlerai aussi des choses que le Seigneur me fera le mieux comprendre, selon l'intelligence que j'en aurai et comme le souvenir s'en présentera ; mais comme je ne sais pas ce qu'il en sera, je ne peux le faire avec ordre, et mieux vaut d'ailleurs qu'il n'y en ait pas, tant il est peu dans l'ordre que je me mette à écrire sur ce sujet. Que le Seigneur dirige tout cet écrit afin qu'il soit conforme à sa volonté ; c'est là mon constant désir bien que mes œuvres soient aussi imparfaites que moi*. » Mon Dieu, c'est l'Univers, le Cosmos, la Nature, la Conscience ! J'aurais pu introduire mon livre comme Thérèse avait introduit son *Chemin*. Je vais d'ailleurs le faire, en en changeant quelques mots : « *Je me soumets en tout ce que je dirai dans ce traité à ce que propose [*mon être en tant qu'il pense*], et s'il s'y rencontre quelque chose de contraire à [*son existence*], ce sera parce que je ne le comprends pas. Aussi je supplie pour l'amour de [*l'*Univers] *les savants qui doivent l'examiner d'y veiller avec beaucoup d'attention, de corriger les fautes de ce genre qui pourraient s'y trouver ainsi que les autres en grand nombre qu'il y aurait sur d'autres points. S'il renferme quelque chose de bon, que ce soit pour l'honneur et la gloire de [*l'*Univers] ; que ce soit, en outre, pour la gloire de sa très sainte [*Mélancolie*], notre Patronne et Souveraine, dont, malgré toute mon indignité, je porte l'habit*. ») Après ce long aperçu de la complaisance du point de vue de l'*amour de la souffrance*, poursuivons avec le troisième point de la *consolation*. — c. — *La comparaison*. — On se console à l'aune de la souffrance d'autrui, on est soulagé de ne pas se savoir humainement isolé dans la douleur. Toutefois : « It easeth some, though none it ever cured, to think their dolour others have endured » (« *On peut être soulagé, bien que jamais ce ne soit une guérison, de penser que d'autres que soi ont connu les mêmes douleurs* »). Cicéron serait d'accord : la consolation ne doit pas s'appuyer sur une communauté de souffrances (on resteraint passif), mais sur l'exemple des grands hommes qui ont su endurer ou vaincre les mêmes maux (qui nous encouragerait à être actif), d'où la précision de Shakespeare sur l'absence de guérison accompagnant ce soulagement. — 8. — *Volonté de répudiation et indulgence artistique*. — Cette ultime complaisance est à rapprocher de la possibilité d'écrire que l'on ne parvient pas à écrire ; elle est l'expression d'un rejet, ou plutôt d'une volonté de rejet qui ne peut s'exprimer que dans ce rejet, ou plutôt dans cette volonté de rejet. Un exemple pratique vaudra tous les discours théoriques, et j'irai le chercher du côté de Charles d'Orléans, figure par excellence de ce que j'entends par cette « indulgence artistique ». Au gré de ses innombrables ballades, chansons et autres rondeaux, notre duc, capétien et — plus que tout — poète, ne parle pas seulement, dans son ancien français aux graphies savoureuses, de « *soussy* » (« *souci* »), de « *penance* » (« *peine* »), de « *soing* » (« *tracas* »), d'« *anuy* » (« *ennui* »), de « *dueil* » (« *chagrin* »), de « *desconfort* » (« *désespoir* »), de « *doleur* » (« *douleur* ») ou de « *desplaisance* » (« *déplaisir* »), mais encore de l'ancêtre de la « *mélancolie* » : la langue romane n'avait pas encore adopté la forme moderne et l'écrivait « *merencolie* », « *merancolie* », « *merancolye* », « *merincolie* » ou « *merancolye* », qui signifiaient, à peu près comme aujourd'hui, « *chagrin* », « *tristesse* » (le plus souvent « *amoureuse* »). (L'occasion m'étant offerte sur un plateau d'argent, je ne résiste pas plus longtemps à la tentation d'établir une liste d'autres termes tirés d'un petit livre de vocabulaire d'ancien français (outre la beauté défraîchie — pourtant si rafraîchissante — de ces mots perdus, rien n'étonne autant que les champs lexicaux contenus dans ces dictionnaires, car ils sont majoritaires à désigner ce qui a trait au malheur, à la violence, à l'imbécillité ou à la perfidie de l'homme) : *abosmé* ou *abosmi* (accablé de douleur), *acorer* (arracher le cœur, affliger, bouleverser), *adoler* (s'affliger, s'abandonner à la douleur), *agrami* (affligé), *agregier* (accabler), *ahaner* (fatiguer, tourmenter), *amatir* ou *amesrir* (plonger dans la douleur), *angoissier* (être dans l'angoisse), *anienter* (anéantir), *blecier* (blesser, tourmenter), *bronchier* (pencher, baisser la tête tristement), *chaitif* (captif, malheureux) et *chaitiver* (faire prisonnier, se désoler), *confondre* (anéantir, tuer, morfondre), *corroz* (chagrin), *cuisançon* ou *cusançon* (souci, peine, tourment), *cure* (souci), *curios* (soucieux), *debrisier* ou *debruisier* (briser, tourmenter), *dementer* (se désoler, se lamenter), *desraisnier* (se lamenter), *desconfort* (inquiétude, chagrin) et *desconforter* (abattre, chagriner, décourager), *deshait* (souci, tristesse, malaise physique et moral) et *deshaitié* (désolé, affligé, malade) et *deshaitier* (se désoler, s'affliger, rendre malade), *despersoner* (défigurer, se désoler, s'affliger), *destreindre* (tourmenter) et *destroit* (tourmenté, chagriné, abattu, mal en point), *doler* (faire souffrir, souffrir) et *doloser* (se chagriner, gémir), *enermi* ou *enhermi* (désolé, dévasté, sombre, solitaire), *enfermer* (tomber malade), *engrain* (triste, sombre) et *engramir* (s'affliger, s'attrister), *enquetume* (inquiétude), *ente* (peine, chagrin, tristesse), *esmarrir* (se chagriner), *espens* (pensée, souci), *esperdre* (se troubler, se désespérer), *essilier* (exiler, ravager, tourmenter), *essoigne* ou *essoine* (peine, souci), *essorber* (dépouiller), *gaimenter* ou *garmellter* (se lamenter, gémir, plaindre, déplorer), *grain* (triste, soucieux) et *gramir* (se lamenter), *grief* (pesant, pénible, douloureux, triste, dommage, malheur, peine, souci), *las* (malheureux), *lasche* (sans énergie), *malhaitié* (malade, mal à l'aise), *marmitos* (souffreteux, soucieux), *marriment* (détresse), *mat* (abattu, affligé), *mesaise* (malaise, chagrin) et *mesaisier* (se désoler, s'affliger) et *mesestance* (déplaisir, chagrin, peine), *nuble* (sombre, morose, triste), *pesance* (ennui, chagrin, peine), *ploreïs* (lamentation, pleurs), *sofraite* (souffrance), *tamer* (s'inquiéter, se préoccuper, craindre) et *temor* (crainte, inquiétude), *torber* (troubler, tourmenter), *travail* (tourment, fatigue), *trespensé* (soucieux, inquiet, plongé dans ses pensées), *tribol* (tracas, tourment), *vain* (épuisé, faible)...) La Mélancolie accaparait tant le « *pensement* » (« *esprit* ») de Charles d'Orléans que celui-ci la personnifiait et l'appelait « *Dame Merencolie* » (il existe deux rondeaux, l'un où s'engage un dialogue entre le cœur et Souci, le cœur priant Souci de l'aider, et Souci le renvoyant à Mélancolie, l'autre où se déclare un combat entre le cœur et Mélancolie dont un seul des deux triomphera). Charles, « *tout enroillé de Nonchaloir* » (« *tout rouillé par le Nonchaloir* »), sentant son cœur banni partout, « *fors ou boys de Merencolie* » (« *sauf au bois de Mélancolie* »), tentait par tous les moyens de bannir la Mélancolie de son cœur, sans pourtant y parvenir. La raison de ces échecs incessants en est simple : si la volonté de chasser la mélancolie est (ou devient) une idée fixe, la mélancolie est (ou devient) une idée fixe à son tour, et elle prend ses aises — sans état d'âme, « *si dire je l'osoye* » (« *si je peux me permettre* »), m'adaptant à la langue. Il se plaint de plonger à corps perdu dans « *haulte theologie* » en « *estudiant* », « *nuit et jour* », « *en douleur et merencolie* », et ainsi d'être un « *escollier de*

Merencolie », tenu à l'étude et battu par les « *verges de Soussy* ». Pourquoi s'en fait-il le disciple rampant ? pourquoi supporte-t-il docilement cet esclavage ? « *Je suis à cela / Que Merencolie / Me gouvernera.* » (« *J'en suis à ce point / Que Mélancolie / Va me régenter.* ») Pourquoi, dans ce cas, ne fait-il pas d'efforts ? À quoi bon maugréer : « *Pour Dieu ! boutons la hors, / Ceste Merencolie, / Qui si fort nous guerrie* » (« *Expulsons-la, pour Dieu, / Cette Mélancolie / Qui si fort nous harcele* ») ? — à quoi bon râler : « *Fermez luy l'uis au visaige, / Mon cueur, à Merancolye* » (« *Fermez-lui la porte au nez, / Mon cœur, à Mélancolie* ») ? — à quoi bon protester : « *Allez vous en dont vous venez, / Annuyeuse Merencolie, / Certes on ne vous mande mie. / Trop privee vous devenez* » (« *Allez-vous-en d'où vous venez, / Importune Mélancolie, / On ne vous a pas appelée. / Vous devenez trop familière* ») ? La raison est tout aussi simple que la précédente et se résume de la sorte : la mélancolie est le thème et l'origine des poèmes, la survie de l'art, le gagne-pain, le fonds de commerce du poète Charles d'Orléans (qui le sait bien). Enlevez le thème mélancolique de son œuvre et il n'en restera quasiment rien ! Dans la langue française telle que nous la connaissons en ce vingt-et-unième siècle, le distique : « *Ceste Merencolie, / Qui si fort nous guerrie* », — serait, sans « *soussy* » ni exagération (en ce qui concerne Charles), transformé, en : « *Cette Mélancolie, / Qui si fort nous guérit* ». Je n'irai pas jusqu'à dire que la mélancolie le guérit de sa mélancolie, mais que, loin de le faire mourir en tant qu'homme, elle le fait vivre en tant qu'artiste. « *Ou puis parfont de ma merencolie / L'eaue d'Espoir que ne cesse de tirer.* » (« *Au puits profond de ma mélancolie, / Cette eau d'Espoir que sans cesse je tire.* ») Tel vécut, de sa plume, — mélancoliquement, — l'un des précurseurs de l'emploi de la chère « *Dame* » : au fond d'un puits, là où repose et croupit la source de l'*inspiration*, là où macère l'encre de la *verve*, ingrédients indispensables pour troubler l'onde-miroir du *nonchaloir créatif*... — J'arrête temporairement mon aparté circonlocutoire sur l'*exagération* et la *complaisance* (« *temporairement* » puisque mon livre s'y autodéfinit). « *Ó complaisance maudite, à quoi me réduis-tu !* » se lamentait Sganarelle, impuissant face à son maître, Dom Juan... S'il y avait une *vérité* quelconque dans ce que j'ai exposé, il faudrait de toute façon, ce me semble, quoi qu'on en retînt, *la dépasser*. Une vérité ne loge jamais ni dans la position ni dans l'opposition, mais dans le dépassement. À ce titre, je citerai Houang-po, grand maître du Tch'an, mouvement bouddhiste devant mener à l'éveil, à l'illumination intérieure, et dont on sait qu'il invite à raisonner au-delà du raisonnement, c'est-à-dire à ne pas raisonner, et à dépasser le dépassement : « *Entretenir l'erreur ou la chasser, c'est toujours plus d'erreur.* » Qu'on l'expulse ou qu'on la préserve, l'erreur, n'ayant pas de racine, excède sa propre valeur et ne signifie rien. La mélancolie est-elle une erreur ? une erreur de l'existence ? Sans exagérer, je me complais à renverser l'idée : *c'est l'existence qui est une erreur*... — Mais dépasser le dépassement, je le sais bien, mène à l'erreur de la régression infinie ; c'est risquer de vivre dans un ermitage, de rendre son « *corps semblable à un arbre mort* », son « *esprit semblable à des braises éteintes* », comme il arriva au Maître Nanguo Ziqi : « *Ah ! Que je plains ceux qui s'égarent. Je plains qui plaint ceux qui s'égarent. Je plains ceux qui plaignent celui qui plaint ceux qui s'égarent. Je m'éloigne chaque jour du monde.* »

* * * * *

(« *C'est c' qui prouv' que les malheureux, / S'ils le sont, c'est malgré eux !* »)

* * * * *

(Deux et deux (calqués), quatre, — ou cinq à la Descartes, — déduit en deux pages de signes, si l'unité ajoutée à l'unité dit deux, puis de deux et un, trois. Si c'est un sept, l'art s'innove (ah, l'adroit), reste — à compléter à partir des prémisses axiomatisées... L'infini est tout près, par récurrence, à portée d'esprit, tout prêt. — (1 — Orange. 2 — Rouge. 3 — Jaune. 4 — Vert. 5 — Bleu. 6 — Violet. 7 — Indigo. 8 — Sombre. 9 — Secondaire.) — Des bandes, les voilà, les couleurs que divisent les chiffres ; le zéro dégradé n'ayant sa place en l'arc, s'omet, car il n'est qu'éther, et ballotte. Adieu.)

* * * * *

« *La souffrance... mais voyons, c'est l'unique moteur de la conscience ! Bien que j'aie, au début, porté à votre connaissance que la conscience était, à mon avis, le plus grand malheur pour l'homme, je sais cependant qu'il y tient et qu'il ne l'abandonnerait contre aucune satisfaction. Par exemple, la conscience, c'est quelque chose d'infiniment plus élevé que deux fois deux. Après deux fois deux, il est évident qu'il n'y aura plus rien à faire, pire : plus rien à découvrir.* » — Deux ans avant *Crime et Châtiment*, c'est-à-dire en 1864, Dostoïevski publia une longue nouvelle d'une centaine de pages, exceptionnellement suffocante et qui me fit à l'époque une forte impression, pour ne pas parler d'un grand chambardement mental dont je garde des traces (ce qui est relativement rare, si je compte, avant 1999, l'effet de *Ça*, *Ubik*, *Les souffrances du jeune Werther*, *La Nausée*, *Les Fleurs du Mal*, et quelques autres). Elle a pour titre, en russe : Записки из подполья. Je ne connais pas le russe et l'exemplaire que j'ai lu porte le titre de *Notes d'un souterrain*, mais, selon les éditions et les traducteurs, on peut dénicher : *Dans mon souterrain*, *La voix souterraine*, *Mémoires écrits dans un souterrain*, *Carnets souterrains*, *L'esprit souterrain*, *Manuscrit du souterrain*, *Les carnets du sous-sol*, *Carnets du sous-sol*, *Notes du sous-sol*, *Le sous-sol*... *Wuthering Heights*, à côté, c'est de la roupie de sansonnet ! Lorsque j'écrivis, quelques mois plus tard, en bon dynamiteur, *Amer Amen*, mon monstrueux cri éparpillé en soixante-huit mille mots, mes souffrances werthériennes résolument modernisées, je me ressouvenais — non sans frissonner — de ces lignes grattées par un esprit torturé, conquérant du mal-être, qui avait choisi de se retrancher du monde et qui s'était dit, tel Zarathoustra, qu'il fallait qu'il descendît plus bas qu'il n'était jamais monté (troisième partie, *Le Voyageur*) : « *plus bas dans la douleur que je ne suis jamais descendu, jusque dans l'onde la plus noire de douleur !* » Le lecteur n'est pas censé connaître le nom du narrateur, à moins qu'il ne possède l'édition spéciale Plon de 1886 (et sa révision de 1929) dans laquelle est inséré un avant-propos où il est précisé que « *c'est donc le manuscrit même d'Ordinov qu'on va lire* », puis : « *cet homme*

se vit et se connut, et son destin est une triste réponse à l'antique maxime : "Connais-toi." / Non, il n'est pas bon à l'homme de se connaître lui-même. » Le narrateur (appelons-le donc Ordinov) se décrit en effet comme un « *homme malade* » qui croit qu'il a le « *foie malade* », mais qui ne comprend rien de rien à sa maladie, qui ne sait pas au juste ce qui lui fait mal, qui s'apitoie sur le mal qui le ronge et le révère dans un même mouvement : « *Tu as mal au foie ? Grand bien te fasse, aies-y encore un peu plus mal !* » Il y aurait beaucoup à dire de ces *Notes* (ou *Mémoires*, ou *Carnets*) ; cependant, de tous les raisonnements d'Ordinov, je ne m'arrêterai que sur l'un d'entre eux en particulier, qui revient à maintes reprises sur le tapis, à savoir celui qui lui fait déclarer qu'« *il est difficile de croire aux démonstrations mathématiques* » (que je tenterai d'expliquer à l'aide de plusieurs éclairages inédits). En un clin d'œil adressé à Alphonse Allais et Radiohead, nous appellerons cet alinéa dostoïevskien : *Deux et deux font cinq (ou l'art de se débattre, de débattre sans débâtir)*. — Que deux et deux fassent quatre, c'est là un résultat que personne ne remettra en doute (ou en cause), sauf par jeu ou par esprit de contradiction (donc par esprit aliéné), « *il n'y a rien à faire, hein, parce que deux fois deux, c'est mathématique* ». L'univers tel que nous le connaissons *n'admet pas* que deux et deux fassent autre chose que quatre, aucune démonstration ne l'autorise dans nos systèmes arithmétiques à moins qu'il ne s'y cache une absurdité calculatoire, mais le narrateur de l'histoire de Dostoïevski est dégoûté de ce quatre, et c'est lui qui *n'admet pas* que deux et deux ne puissent faire autre chose que quatre, il considère ce « principe » comme un affront, une humiliation, une offense, une atteinte à sa liberté : « *Deux fois deux feront quatre, que je le veuille ou non. Est-ce cela, le libre arbitre ?* » (Le questionnement est moins léger qu'il n'en a l'air et nous attribuions déjà à cette rectitude intouchable, beaucoup plus haut, un arrière-fond de fatalité et d'ironie paradoxale : « *que deux et deux fassent quatre ou cinq, cela ne nous dit rien de plus :* cela fait quatre *(constat).* » En osant me pencher sur une nouvelle dont j'ai déjà parlé à propos des migraines ophtalmiques (*Imaginons…*), je m'aperçois que ce questionnement, chez moi, est très ancien. Je m'y étonne naïvement (j'étais très jeune) que l'on sache répondre à toutes ces questions, excepté la plus importante : « Pourquoi sommes-nous là ? » Et je poursuis : « *C'est troublant. — Nous savons tous que 2+2=4, mais nous ne savons pas qui nous sommes. — Alors, moi, j'écris : 2+2=5. "Oh…" vous indignez-vous, comme si c'était un outrage porté à la logique. Mais quelle logique ?* ») Et dans une autre nouvelle (*Addition parallèle*), un homme est contraint de passer cinq années de sa vie dans un « *monde où deux et deux font cinq* »… Pénible, la question remue Ordinov — *et surtout* Dostoïevski, de différentes manières, ce que les quelques recoupements que j'ai effectués vont garantir : dans *L'Éternel mari*, on peut lire qu'il est impossible de discuter avec Natalia Vassilievna parce que « *pour elle, deux fois deux ne signifiait rien* » et parce qu'« *en aucun cas, elle n'eût reconnu son injustice ou ses torts* » (ici, 2+2=4 représente la *justice*) ; — dans *L'Idiot*, le prince Mychkine affirme que Lebedev « *adore aussi son neveu* », car « *c'est aussi sûr que deux et deux font quatre* » (l'*infaillibilité*) ; — dans *Les Possédés*, Piotr Stepanovitch est amené à affirmer une allégation « *comme deux et deux font quatre* », et à croire en l'existence de la délation de Chatov « *comme il croyait que deux et deux font quatre* » (l'*évidence*) ; — dans *Crime et Châtiment*, Porfiri Petrovitch, le détective chargé de mener l'enquête sur le meurtre de l'usurière, interrogeant en renard le corbeau Raskolnikov, « *lui tint à peu près ce langage* » : « *Et puis, moi, je suis un juge d'instruction, donc un homme ; j'avoue que l'envie me prend de présenter l'affaire avec une clarté mathématique, de trouver une telle preuve, qu'elle ressemble à deux fois deux font quatre ! Je voudrais qu'elle soit une démonstration directe et indiscutable ! […] il en perdra la tête, je vous le jure, il viendra sans doute lui-même se jeter dans la gueule du loup et fera quelque histoire qui ressemblera à deux fois deux, pour ainsi dire, qui aura un aspect mathématique, — et c'est bien agréable. […] Non content de cela, il va lui-même m'apprêter quelque preuve mathématique, dans le genre de deux fois deux* » (l'*argumentation dialectique*). — Sans cesser de gloser en compagnie de Dostoïevski, attardons-nous de temps en temps sur des extraits puisés dans les royaumes de la philosophie et de la mathématique, et nous rebondirons plus joyeusement (les *Notes* sont si âpres qu'elles nous entraînent de force dans le souterrain où le peu d'air fait suffoquer). Tout d'abord, si l'on se tourne vers la logique transcendantale de Kant, celui-ci nous dirait que 2+2=4 est une proposition évidente (ou une formule numérique), car elle est absolument synthétique (par conséquent non analytique), mais sans être générale (par conséquent non axiomatique, sinon il y en aurait une infinité) : 4 n'est ni dans le premier nombre 2, ni dans le second, ni dans les deux, ni même dans l'addition des deux. En additionnant 2 à 2 en comptant sur mes doigts, j'ai l'idée d'une somme qui est égale à 2+2, mais non pas, poursuivrait Kant, l'idée que cette somme est égale au nombre 4. (L'exemple de Kant est construit à partir de sept et de cinq qui font douze, mais l'idée est d'autant plus efficace que les nombres utilisés sont plus grands, pour preuve cette réflexion de Descartes, que : « *si je veux penser à un chiliogone, je conçois bien à la vérité que c'est une figure composée de mille côtés, aussi facilement que je conçois qu'un triangle est une figure composée de trois côtés seulement ; mais je ne puis pas imaginer les mille côtés d'un chiliogone comme je fais les trois d'un triangle* »…)
— Si l'on se tourne maintenant vers Poincaré, on s'aperçoit que celui-ci penserait plutôt, au contraire de Kant et au regard de la démonstration de Leibniz du fameux 2+2=4, que ledit raisonnement est purement analytique. Examinons ce raisonnement en feuilletant le Livre IV (*De la connaissance*, §10) des *Nouveaux essais sur l'entendement humain*, au moment où Théophile apprend à Philalèthe que « *ce n'est pas une vérité tout à fait immédiate que deux et deux sont quatre, supposé que quatre signifie trois et un* ». Théophile s'engage à le prouver sur-le-champ et, pour ce faire, il doit au préalable énoncer trois *définitions* (qui ressemblent à trois *axiomes*) : « *1) Deux est un et un. 2) Trois est deux et un. 3) Quatre est trois et un.* » Pour la suite, je m'en remets à Poincaré, qui a modernisé le texte et reprend ce qui précède : « *Je suppose que l'on ait défini le nombre 1 et l'opération x+1 qui consiste à ajouter l'unité à un nombre donné x. Ces définitions, quelles qu'elles soient, n'interviendront pas dans la suite du raisonnement. Je définis ensuite les nombres 2, 3 et 4 par les égalités : (1) 1+1=2 ; (2) 2+1=3 ; (3) 3+1=4. Je définis de même l'opération x+2 par la relation : (4) x+2=(x+1)+1. Cela posé nous avons :* 2+2=(2+1)+1 *(Définition 4) ;* (2+1)+1=3+1 *(Définition 2) ;* 3+1=4 *(Définition 3) ; d'où :* 2+2=4. CQFD. » Mais à propos de cette démonstration de Leibniz, Poincaré ajoute que « *l'égalité 2+2=4 n'a été ainsi susceptible d'une vérification que parce qu'elle est particulière* », donc analytique, et c'est ici que l'on comprend mieux mon usage du conditionnel (« *penserait* »), car la frontière avec le synthétique s'amincit. Afin de répondre aux exigences de la science et d'être soi-même certain de la véracité des résultats, il faudrait entreprendre de démontrer toutes

les égalités imaginables... On s'épargne cette tâche impossible en recourant à l'*induction* par le biais du *raisonnement par récurrence* : « *Le caractère essentiel du raisonnement par récurrence c'est qu'il contient, condensés pour ainsi dire en une formule unique, une infinité de syllogismes. Pour qu'on s'en puisse mieux rendre compte, je vais énoncer les uns après les autres ces syllogismes qui sont, si l'ont veut me passer l'expression, disposés en cascade. Ce sont bien entendu des syllogismes hypothétiques. Le théorème est vrai du nombre 1. Or s'il est vrai de 1, il est vrai de 2. Donc il est vrai de 2. Or s'il est vrai de 2, il est vrai de 3. Donc il est vrai de 3, et ainsi de suite. On voit que la conclusion de chaque syllogisme sert de mineure au suivant. De plus les majeures de tous nos syllogismes peuvent être ramenées à une formule unique. Si le théorème est vrai de n-1, il l'est de n. On voit donc que, dans les raisonnements par récurrence, on se borne à énoncer la mineure du premier syllogisme, et la formule générale qui contient comme cas particuliers toutes les majeures.* » Ce n'est que par induction que l'on s'accorde à jurer que deux et deux font quatre ou que deux mille et deux mille font quatre mille (bien que, je me répète, le premier cas soit si simple qu'il en est analytique, alors qu'au second, on y voit « *autre chose que la juxtaposition de ses éléments* ») ; mais ce n'est également, et avant tout, que par les trois définitions liminaires et l'élaboration des propriétés de l'addition (associativité, commutativité, sans oublier l'architectonique de base de l'arithmétique, ou les axiomes de Peano que nous avions entr'aperçus pour le compte du théorème d'incomplétude de Gödel)... Au temps de Voltaire, l'induction posait moins de problème puisque l'axiome était situé à un niveau logique inférieur : on se persuadait, non pas en partant des bases de l'arithmétique, mais directement que 2+2=4, donc c'était « tautologiquement » accordé, comme on le voit dans le *Traité sur la Tolérance* : « *Euclide est venu aisément à bout de persuader à tous les hommes les vérités de la géométrie : pourquoi ? parce qu'il n'y en a pas une qui ne soit un corollaire évident de ce petit axiome : deux et deux font quatre.* » — Du fin fond de son terrier, un stylo dans la main, le poignet branlant, le narrateur des *Notes* fulmine, écume, se révolte contre tout, contre rien, contre les autres, contre lui-même, — contre l'humanité, dont le but proprement dit, à ses yeux, « *ne peut être que deux fois deux quatre* », qui est le signe du « *commencement de la mort* ». Ce « *deux fois deux quatre* » prend, au fur et à mesure que se construit le furieux monologue/dialogue, des proportions aberrantes qui conviennent d'ordinaire aux âmes persécutées. Ce qui ressort, c'est la *peur*, la peur du mur de l'impossible, de l'« ainséité » bouddhique (« tathatā »), ce qui est authentique, non conditionné, qui existe par soi-même, qui « *est ainsi* » et impossible à exprimer. « *Tout au moins, l'homme a toujours, en quelque sorte, redouté ce deux fois deux quatre* », dit le héros ; et « *il sent qu'après l'avoir trouvé, il n'aura plus rien à chercher* ». « *Mais deux fois deux quatre est quand même tout à fait insupportable. [...] Deux fois deux quatre n'est qu'un paltoquet, il se campe en travers de votre route, les poings sur les hanches et en crachant par terre. J'admets que deux fois deux quatre est une excellente chose ; mais tant qu'à tout approuver, deux fois deux cinq est quelquefois un petit machin pas mal du tout.* » — Si je parvenais à démontrer que deux était égal à un, *tout serait permis* et le « *deux fois deux cinq* » deviendrait réalité et ravirait l'être souterrain et frustré. Essayons ! Soit deux nombre non nuls *a* et *b* ; posons l'égalité : $a=b$; multiplions par a : $a^2=ab$; soustrayons-leur b^2 : $a^2-b^2=ab-b^2$; en reconnaissant une identité remarquable dans le membre de gauche, factorisons : $(a-b)(a+b)=b(a-b)$; divisons des deux côtés par $(a-b)$: $a+b=b$; soit, puisque $a=b$: $b+b=b$; soit encore, en simplifiant : $2b=b$; enfin, concluons en divisant par b : $2=1$! Mais si $2=1$, tous les nombres sont égaux entre eux, autrement dit il n'existe qu'un nombre — qui n'existe pas. (C'est d'ailleurs ainsi que de la supposition que $2+2=5$, Bertrand Russel déduit qu'il est le pape, et qu'une blague raconte comment, après avoir prouvé qu'il n'avait ni bras ni jambes, qu'il portait un chapeau feuillu à la place de la tête, qu'il devenait un point et qu'il virait à l'orange vif, on en déduit que Winston Churchill était une carotte ! A ce jeu-là, tout devient n'importe quoi. Si tout est permis, Dieu même n'existe plus... N'est-ce pas ? — Je repense à Jack London et à son roman agencé en nouvelles : *Smoke Bellew*. Le personnage de Smoke semble avoir trouvé une martingale pour gagner à la roulette. Son partenaire Shorty n'en croit pas ses yeux. « *J'y renonce, Smoke, je plaque tout, commença-t-il. Je m'avoue battu. Je rêve pas ; je suis bien éveillé. Les systèmes, ça existe pas, et tu en as tout de même un. On peut plus se fier à la table de multiplication. La règle de trois est détraquée. Le monde est en miettes. Plus rien de régulier ni de constant. — Deux fois deux font huit cent quarante-six et... — et demi. La partie est le tout, zéro égale l'infini, et le double de tout est une glace à la vanille. Le calcul est battu par les chiffres. Tu as un système. Tout est chamboulé, inexplicable. Le soleil se lève à l'ouest, la lune est une tarte, les étoiles sont des boîtes de conserve, le scorbut est une bénédiction de Dieu, les morts continuent à gigoter, les rochers flottent, l'eau est un gaz, je suis pas moi, tu es quelqu'un d'autre, et peut-être que nous sommes jumeaux, à moins que notre substance soit que du hachis de pommes de terre rissolé dans du vert-de-gris. Mais, bon sang, qu'on me réveille !* ») Fort heureusement, vous exclamerez-vous avec moi, il y a une faille à l'étape où s'est opérée la division par $(a-b)$, qui, étant donné que *a* et *b* sont supposés égaux, équivalait à une division par 0, qui est strictement interdite... (« *Faculté de* démontrer *: là est le passage à la vie* », ai-je un jour noté dans mes *Carnets*. Cette formule énigmatique née dans les cavernes de l'adolescence me revient comme un boomerang — et je crois comprendre, de loin, ce qu'elle signifiait. Puis cette autre : « *Regardez un homme évoluer : il ne s'émerveille plus devant le ciel étoilé*, etc. *Tout cela lui est normal. Tout comme l'addition : qui y voit le signe de la récurrence ?...* (Poincaré.) *Les hommes en sont à ce stade ultime : je regarde mes pieds [...].* ») Je connais une autre démonstration qui n'est guère plus compliquée en apparence : soit (*E*) l'équation $x^2+x+1=0$; (E) $\Leftrightarrow x(x+1)=-1 \Leftrightarrow x(-x^2)=-1$ (car (E) $\Leftrightarrow x+1=-x^2$) ; cela donne $-x^3=-1 \Leftrightarrow x^3=1 \Leftrightarrow x=1$; et si l'on remplace *x* par 1 dans (*E*), on obtient : $3=0$! L'explication est plus ardue que la précédente ; on est passé impunément d'une dimension à une autre plus élevée, c'est-à-dire d'une équation du second degré qui n'admet pas de solutions réelles, à une autre qui admet trois solutions complexes (dont une seule est réelle, le 1 dont il est question). Nous ne pouvons décidément pas, ô très cher personnage dostoïevskien, ô tunneler de l'inconscience, nous défaire si facilement du « *deux fois deux quatre* » et caresser l'espoir d'un petit « *deux fois deux cinq* ». À la rigueur, il y aurait peut-être Balzac qui, dans son fameux *Séraphîta*, s'appuyant sur le fait que « *qu'il est impossible de trouver deux feuilles semblables sur un même arbre, ni deux sujets semblables dans la même espèce d'arbre* », explique que, « *dans l'Ordre Naturel, deux et deux ne peuvent donc jamais faire quatre, car il faudrait assembler des unités exactement pareilles* ». Parlant une page plus loin de l'addition de ducats en or, Balzac persiste : « *Deux et deux ne font donc quatre que par une abstraction fausse et monstrueuse.* » Deux et deux font-ils quatre ? Peut-on le dire ? peut-on dire le contraire ?...

Est-on condamné, comme ce personnage d'une nouvelle de Villiers, à dire : « *Mais voilà : je suis trop de ce monde : je ne sais pas, au juste, — en un mot, — où* deux et deux pourraient bien ne pas faire quatre. *Et, cependant !...* » Peut-on le savoir ? Le père Grandet (encore Balzac !) ne serait pas intimidé et bégaierait ses : « *Qui, ne, ne, ne, peut, ne, ne peut* », « *Qui, qui, qui, ne, ne, peut, ne peut* », à n'en plus finir... « Qui ne peut, ne peut » est un diction aussi apodictique, ô souterrain héros, que l'est ton « *deux fois deux quatre* ». Tu le sais et cela te rend malade : « *La nature ne vous demande pas votre avis ; elle n'a rien à faire de vos désirs, que ses lois vous plaisent ou non, elle s'en moque. Vous êtes obligés de l'accepter telle qu'elle est, et par conséquent tout ce qui s'ensuit. Donc le mur est bien le mur...* » Le mur de l'impossible, le mur de la nécessité, le mur de l'esclavage, le mur que la parole n'ébourela jamais, sont autant de synonymes pour désigner un même aspect, le mur du « *Je suis, j'existe* », le mur de la nature, le mur de l'arithmétique, — le mur de πR... « *Seigneur Dieu, mais qu'ai-je à faire des lois de la nature et de l'arithmétique, si pour une raison ou pour une autre, ces lois, ce deux fois deux quatre, ne font pas mon affaire ?* » Peut-on s'imaginer à quel point cet indéracinable, cet infalsifiable « *deux fois deux quatre* » creuse les entrailles, abrutit, déconcerte, fait *mal* ?... Peut-on être coupable de la logique de l'existence de « *deux fois deux quatre* » ? d'un mur de pierre ? de l'impossible ? de la fatalité ? de l'absurdité ? « *Comme si ce mur de pierre pouvait en vérité m'apporter l'apaisement et recelait en vérité ne fût-ce qu'une parole de conciliation, uniquement parce qu'il est deux fois deux quatre. Ô absurdité des absurdités !* » Sisyphe est-il apaisé en observant le rocher qu'il doit porter, la colline qu'il doit gravir ? s'arrête-il en chemin pour se réconforter en admirant la couleur de la terre qu'il écrase ou les fleurs qu'il rencontre ? Sisyphe se rassure-t-il en espérant qu'il éclatera (un de ces *quatre*) son rocher ou que la colline s'affaissera ? Autant croire que deux et deux font cinq... Tout le monde n'est pas Törless qui, à ce qu'il lui semble, quand il est en forme, pourrait « *prouver que deux et deux font cinq aussi aisément que l'existence d'un Dieu unique* » ! À la première de ses *Méditations métaphysiques*, Descartes souligne : « *Car, soit que je veille ou que je dorme, deux et trois joints ensemble formeront toujours le nombre de cinq, et le carré n'aura jamais plus de quatre côtés, et il ne semble pas possible que des vérités si apparentes puissent être soupçonnées d'aucune fausseté ou d'incertitude.* » Ici, il y a une correspondance avec ce que Spinoza, dans son *Traité de la réforme de l'entendement*, écrira une vingtaine d'années plus tard : « *Une chose enfin est perçue par sa seule essence quand, par cela même que je sais quelque chose, je sais ce que c'est que de savoir quelque chose ou quand, par la connaissance que j'ai de l'essence de l'âme, je sais qu'elle est unie au corps. C'est de cette sorte de connaissance que nous savons que deux et trois font cinq et que deux lignes parallèles à une troisième sont parallèles entre elles, etc. Très peu nombreuses toutefois sont les choses que j'ai pu jusqu'ici connaître d'une connaissance de cette sorte.* » Cependant, dans la crainte d'être trompé, mû par sa volonté de se détromper s'il l'était, Descartes, armé de son doute, ne se satisfait pas entièrement de cette perception des choses par leur « *seule essence* » ou de ces « *vérités si apparentes* » : « *Toutefois il y a longtemps que j'ai dans mon esprit une certaine opinion, qu'il y a un Dieu qui peut tout, et par qui j'ai été créé et produit tel que je suis. Or qui me peut avoir assuré que ce Dieu n'ait point fait qu'il n'y ait aucune terre, aucun ciel, aucun corps étendu, aucune figure, aucune grandeur, aucun lieu, et que néanmoins j'aie les sentiments de toutes ces choses, et que tout cela ne me semble point exister autrement que je le vois ? Et même, comme je juge quelquefois que les autres se méprennent, même dans les choses qu'ils pensent savoir avec le plus de certitude, il se peut faire qu'il ait voulu que je me trompe toutes les fois que je fais l'addition de deux et de trois, ou que je nombre les côtés d'un carré, ou que je juge de quelque chose encore plus facile, si l'on se peut imaginer rien de plus facile que cela. Mais peut-être que Dieu n'a pas voulu que je fusse déçu de la sorte, car il est dit souverainement bon. Toutefois, si cela répugnait à sa bonté, de m'avoir fait tel que je me trompasse toujours, cela semblerait aussi lui être aucunement contraire, de permettre que je me trompe quelquefois, et néanmoins je ne puis douter qu'il ne le permette.* » À partir de là, Descartes va supposer qu'il y a a « *un certain mauvais génie, non moins rusé et trompeur que puissant qui a employé toute son industrie à [le] tromper* », et que « *toutes les choses [qu'il voit] sont fausses* ». « *Mais ce dessein est pénible et laborieux, et une certaine paresse m'entraîne insensiblement dans le train de ma vie ordinaire* », raconte Descartes, que la peur ne quitte pas (la même peur, peut-être, qu'Ordinov). « *Et tout de même qu'un esclave qui jouissait dans le sommeil d'une liberté imaginaire, lorsqu'il commence à soupçonner que sa liberté n'est qu'un songe, craint d'être réveillé, et conspire avec ces illusions agréables pour en être plus longuement abusé, ainsi je retombe insensiblement de moi-même dans mes anciennes opinions, et j'appréhende de me réveiller de cet assoupissement, de peur que les veilles laborieuses qui succéderaient à la tranquillité de ce repos, au lieu de m'apporter quelque jour et quelque lumière dans la connaissance de la vérité, ne fussent pas suffisantes pour éclaircir les ténèbres des difficultés qui viennent d'être agitées.* » Descartes, par la suite, établira l'existence de Dieu, qui est parfait et ne peut par conséquent mentir (le mensonge serait gage d'imperfection), et il éradiquera de la sorte l'existence d'un « mauvais génie ». (Je n'irai pas plus loin en ce qui concerne les *Méditations* — qui firent dire à Voltaire, sempiternel ironiste, que Descartes « *poussa ses erreurs métaphysiques jusqu'à prétendre que deux et deux ne font quatre que parce que Dieu l'a voulu ainsi* », et à Lacan, sur la même lancée (face à cette « *remise de la vérité entre les mains de l'Autre, du Dieu parfait* », et à ses « *conséquences proprement prodigieuses* »), que « *même s'Il avait dit que deux et deux font cinq, ç'aurait été vrai* », que Descartes « *dit que si deux et deux font quatre, c'est parce que Dieu le veut, tout simplement, que c'est son affaire* », mais que, quoi qu'on en veuille penser, « *deux et deux font quatre n'est pas quelque chose qui aille de soi, sans Sa présence* ». Tous deux se réfèrent probablement aux *Sixièmes objections* des *Méditations* : « *Ce n'est pas parce que Dieu a vu qu'il était bon de créer le monde qu'il l'a voulu ; c'est parce qu'il l'a voulu, que cela a été bon ; et c'est parce qu'il a voulu que les angles d'un triangle soient égaux à deux droits, que cela est vrai. [...] Je ne comprends pas sans doute comment Dieu aurait pu faire que deux fois quatre ne fissent pas huit ; mais comme je comprends très bien que toute chose dépend de Dieu, il serait contraire à la raison de douter des choses que nous comprenons fort bien, à cause de quelques autres que nous ne comprenons pas.* ») — Pauvre Ordinov, ni saint ni chrétien, seul dans son coin, sans affidés, sans Dieu, avec son esprit sans protection, dont le fonctionnement (à géométrie variable) est souterrain, désheuré, vautré dans la boue... Aurais-je su l'éveiller suffisamment longtemps en lui affirmant que deux et deux font cent... en numération binaire ? Oui, il n'y aucun trucage, c'est une bidouille d'électronicien et d'automaticien : $(2)_{10}+(2)_{10}=(10)_2+(10)_2=(100)_2$!... — Quelle mystérieuse force que l'addition, capable de faire avancer ou reculer, sur une inoffensive pensée, un mot, et quelle mystérieuse emprise sur l'*être*. Tenez, au sujet de la décision de Jean Tarrou, — personnage ténébreux, « *l'ami de tous les plaisirs normaux, sans en être l'esclave* », — de se porter volontaire et de former des équipes sanitaires pour lutter contre la peste, Albert Camus propose une vision allégorique et ontologique qui s'inscrit dans la Parole et dans l'Histoire : « *Cela est bien. Mais on ne félicite pas un instituteur d'enseigner que deux et deux font quatre. On le félicitera peut-être d'avoir choisi ce beau métier. Disons donc qu'il était louable que Tarrou et d'autres eussent choisi de démontrer que deux et deux faisaient quatre plutôt que le contraire, mais disons aussi que cette bonne volonté leur était commune avec l'instituteur, avec tous ceux qui ont le même cœur que l'instituteur et qui, pour l'honneur de l'homme, sont plus nombreux qu'on ne pense, c'est du moins la conviction du narrateur. Celui-ci aperçoit très bien d'ailleurs l'objection qu'on pourrait lui faire et qui est que ces hommes risquaient leur vie. Mais il vient toujours une heure dans l'histoire où celui qui ose dire que deux et deux font quatre est puni de mort. L'instituteur le sait bien. Et la question n'est pas de savoir quelle est la récompense ou la punition qu'attend ce raisonnement. La question est de savoir si deux et deux, oui ou non, font quatre. Pour ceux de nos concitoyens qui risquaient alors leur vie, ils avaient à décider si, oui ou non, ils étaient dans la peste et si, oui ou non, il fallait lutter contre elle.* » Résumons *ad litteram* ce passage : la question n'est pas d'enseigner que deux et deux font quatre, ni de le démontrer, encore moins d'en être loué, car il est parfois dangereux de le faire ou de le crier dans les rues ; non, la question remonte dans le champ de la connaissance jusqu'à l'axiomatique : est-ce que, « *oui ou non* », 2+2=4 ? Transposée au débat qui concerne Tarrou et consorts, et sans jeu de mots, cette question est *pestiférée*, l'issue dépendant de ce qu'il faut trouver à 2+2. Ne serait-ce pas 4 ? Si ce n'était pas 4, tout serait permis, aucune raison ne prévaudrait et (l'individu ne sachant quel parti prendre), la morale s'absoudrait, le chaos régnerait. Que dirait Napoléon, quand pour lui « *tout dans la vie est sujet au calcul* » et « *tout ce qui n'est pas fondé sur des bases physiquement et mathématiquement exactes, doit être proscrit par la raison* » ? Mais il faut d'abord pouvoir répondre : deux et deux font-ils quatre ? Puis il faut agir en conséquence : si c'est *oui*, alors *ceci* ; si c'est *non*, alors *cela*. Mais si le hasard devait avoir le dernier mot, combien le résultat serait incertain ! Que peut le 4, qu'il faudrait pourtant respecter avant tous les autres, contre le 5, le 3, le 2, le 6, et la cohorte infinie des nombres ?... Diogène (Laërce) rapporte une anecdote sur Diogène (de Sinope, le Cynique) : « *Diogène ayant un jour prié ce philosophe de lui envoyer du vin, et en même temps des figues, Platon lui fit porter une cruche pleine de vin ; sur quoi Diogène lui dit : "Si l'on vous demandait combien font deux et deux, vous répondriez qu'ils font vingt. Vous ne donnez point suivant ce qu'on vous demande, et vous ne répondez point suivant les questions qu'on vous fait."* » En quoi, — serait-on tenté de se demander, — résideraient la dangerosité du « 2+2=4 » et le courage de l'affirmer ? Je m'en désole moi-même, mais je ne ferai pas preuve d'originalité en disant que je songe au roman d'Orwell, *1984* (je ne cesse d'y penser, il figure dans la plupart des livres que j'ai écrits, dont *Amer Amen*, qui regorge d'équations maladives : « *Je ne suis pas certain qu'un jour on me comprenne et que je me comprenne ; je veux dire : on sait pertinemment que trois et trois font six, que deux fois deux… font quatre, et ainsi de suite. Je ne suis qu'une sorte d'équation mathématique que je manipule à ma guise, mais en suivant des contraintes de taille : mes limites, les limites de l'homme* »). Nous connaissons tous l'histoire (dans l'Histoire) de Winston Smith, employé au Ministère de la Vérité, sans auxiliaire, seul parmi ses congénères sans mémoire, seul contre le Parti qui amnésie à grand renfort de slogans falsificateurs. « *Le Parti finirait par annoncer que deux et deux font cinq et il faudrait le croire. Il était inéluctable que, tôt ou tard, il fasse cette déclaration. La logique de sa position l'exigeait. Ce n'était pas seulement la validité de l'expérience, mais l'existence même d'une réalité extérieure qui était tacitement niée par sa philosophie. L'hérésie des hérésies était le sens commun. Et le terrible n'était pas que le Parti tuait ceux qui pensaient autrement, mais qu'il se pouvait qu'il eût raison. / Après tout, comment pouvons-nous savoir que deux et deux font quatre ?* » Canceller la mémoire, c'est canceller la conscience, supprimer la notion de vrai et de faux, ou plus exactement asseoir la suprématie du faux en tant qu'il élimine le vrai, puis c'est la possibilité de manipuler la population et l'historicité de son être-été, de son être et de son devenir (« *l'ignorance, c'est la force* », pas seulement au sens de la servitude de l'ignorant, mais également à celui de la force brutale de l'animal). Si tout s'efface, plus rien n'effare. Être mis à la raison équivaut à être mis à la déraison, à rendre raison à la déraison ; et la raison, cloquée, tuméfiée, enchifrenée, n'est même plus un être de raison. Grâce à sa lucidité restée intacte et à sa bravoure, Winston, afin de ne pas oublier et ne pas s'oublier, (s')écrit cet axiome (un « *never again* », un « *À BAS BIG BROTHER* ») : « *La liberté, c'est la liberté de dire que deux et deux font quatre. Lorsque cela est accordé, le reste suit.* » Audace qu'O'Brien, membre du Parti intérieur, « *homme grand et corpulent, au cou épais, au visage rude, brutal et caustique* », qui le surveillait attentivement, va le lui faire regretter lors de son arrestation en lui demandant s'il se rappelait avoir écrit cela dans son journal. Winston approuve en émettant un « *oui* » discret et intrépide. Voici un échantillon de ce qui s'ensuit, duquel, pour rien au monde, je ne m'aviserais de retrancher une virgule (nous n'y couperons pas !) : « *O'Brien présenta à Winston le dos de sa main gauche levée. Le pouce était caché, les quatre doigts étendus. — Combien est-ce que je vous montre de doigts, Winston ? — Quatre. — Le mot se termina par un halètement de douleur. L'aiguille du cadran était montée à cinquante-cinq. La sueur jaillie de son corps avait recouvert Winston tout entier. L'air lui déchirait les poumons et ressortait en gémissements profonds qu'il ne pouvait arrêter, même en serrant les dents. O'Brien le surveillait, quatre doigts levés. Il ramena le levier en arrière. Cette fois, la souffrance ne s'apaisa que légèrement. — Combien de doigts, Winston ? — Quatre. — L'aiguille monta à soixante. — Combien de doigts, Winston ? — Quatre ! Quatre ! Que puis-je dire d'autre ? Quatre ! — L'aiguille avait dû monter encore, il ne la regardait pas. Le visage lourd et sévère et les quatre doigts emplissaient le champ de sa vision. Les doigts étaient dressés devant ses yeux comme des piliers énormes, indistincts, qui semblaient vibrer. Mais il y en avait indubitablement quatre. — Combien de doigts, Winston ? — Cinq ! Cinq ! Cinq ! — Non, Winston, c'est inutile. Vous mentez. Vous pensez encore qu'il y en a quatre. Combien de doigts, s'il vous plaît ? — Quatre ! Cinq ! Quatre ! Tout ce que vous voudrez. Mais arrêtez cela ! Arrêtez cette douleur !* » La souffrance a cela de confortable, si j'ose dire, qu'elle épuise les ressources mentales et fait abdiquer. *À force de souffrance*, la cervelle, irrémédiablement, s'amoindrit, s'atrophie, s'arque, on se décérèbre. La réalité s'effile, Winston se défile et finit par voir cinq doigts, peut-être six, il ne sait plus, — il *ne peut plus* savoir, il *ne veut plus* savoir… O'Brien terrasse la volonté et cèle le désespoir en l'homme qui *doit* se soumettre, qui *doit* croire, qui *doit* oublier, qui est crucifié par le *devoir-à-l'autre*, le *devoir-de-l'autre*, et qui doit renoncer à son ancienne stabilité et la troquer pour une instabilité qui deviendra stable. L'homme torturé *doit* comprendre, pour reprendre Hugo, que « *le devoir est une série d'acceptations* », et, — *à force de regarder la mort, de regarder la vie*, — qu'il *doit* consentir ; — « *mais c'est un consentement qui saigne* » : « *on perd le*

sentiment de sa propre existence ; on a beau être en chair et en os, on ne se sent plus réel ; on n'est plus pour soi-même qu'un songe. »
L'univers (ou non-Univers) de *Nineteen Eighty-Four* est celui du bon vouloir des autorités qui martèlent aux habitants que deux et deux font cinq et punissent celui ou celle, tel Winston, qui ne se plie à cette arithmétique pesteuse. « *Mais que voudrait dire ceci : "Même si tout le monde croyait que deux fois deux était cinq, ce serait encore quatre" ? — Car à quoi cela ressemblerait-il si tout le monde croyait cela ?* » Cette interrogation sort tout droit des *Investigations philosophiques* (§11) de Wittgenstein, qui n'avait pas eu la chance de lire le livre d'Orwell. Nous répondrions — à notre aise — que cela ressemblerait à *1984* ! Que se passerait-il si l'on inculquait aux enfants, dès la maternelle, que deux et deux font cinq ? Ils seraient une poignée, parvenus à l'âge adulte, à oser braver le savoir (de l'ordre) établi, comme le firent un Copernic, un Galiléee ou un Bruno... Dans un dialogue de Lucien, Hermotimos fait observer à Lycinos la remarque suivante : « *Si l'on te dit que deux fois deux font quatre, auras-tu besoin de questionner tous les mathématiciens à la ronde, de peur que d'aventure l'un soutienne que cela fait cinq ou sept ?* » Je la retournerai ainsi : « Si l'on te dit que deux fois deux font cinq, auras-tu besoin de questionner tous les mathématiciens à la ronde, de peur que d'aventure l'un soutienne que cela fait quatre ? » Plus loin, après s'être montré patient, Lycinos/Lucien renvoie « dans les dents » de son interlocuteur stoïcien ce commentaire : « *si quelqu'un prétend que deux fois cinq font sept, et que tu le crois sans faire le calcul toi-même, il t'amènera évidemment à dire que quatre fois cinq font quarante, et ainsi de suite, jusqu'où il voudra. C'est ainsi que procède la merveilleuse géométrie. Elle aussi impose au début des axiomes étranges. Elle exige qu'on les accepte, même s'ils ne tiennent pas debout : par exemple, l'existence de points indivisibles, de lignes sans épaisseur, et ainsi de suite. Puis, sur ces fondements pourris, elle bâtit un édifice de même nature et prétend démontrer la vérité, alors qu'elle part d'un mensonge.* » (La seconde moitié de cet extrait, digne d'un sceptique inrétorquable, nous ramène aux prémices vues plus haut, et c'est pourquoi je l'ai insérée.) L'assénement intempestif, d'un « *deux et deux font cinq* » comme allant de soi, provoque le même désintérêt qu'un « *deux et deux font quatre* », qu'un ciel étoilé qui se montre quotidiennement à l'âme vulgaire : tout cela n'imprime rien, ne signifie rien, n'allume aucune curiosité, n'éveille aucun doute. « *Trouve-t-on ridicule que le soleil, la lune, les autres astres, parcourent toujours la même route et ramènent toujours les mêmes saisons ; qu'un arithméticien, à qui l'on demande combien font deux et deux, réponde quatre, bien qu'il ait déjà fait plusieurs fois cette réponse ; que l'on continue d'assurer toujours dans les mêmes termes qu'une chose est vraie et certaine, quand on a pu s'assurer une fois avec certitude ?* » Ainsi s'exprimait, en 160 après J.-C., Saint Justin (de Naplouse, dit « le Philosophe ») dans son dialogue avec le juif Tryphon. À quoi il répond — à soi-même : « *Non, sans doute* », — ce qui est bien. Cette vérité si simple, que deux et deux font quatre, peut-être la première et la plus évidente que rencontre l'homme ici-bas, ne devrait jamais laisser de nous étonner. La foule, l'ayant apprise (avalée) très tôt et n'y ayant trouvé aucune exception, aucune objection, la prend pour argent comptant et lui tourne le dos, comme elle l'eût fait de la contre-vérité qui enseigne que deux et deux font cinq. « *Je vois, par exemple, que 2 fois 2 font 4 et qu'il faut préférer son ami à son chien* », écrivait Malebranche pour introduire l'idée de la « *souveraine raison* », « *raison universelle* » (que j'appellerais volontiers le « décret de Dieu » ou l'« arrêté divin » : Je, Dieu, décrète que deux et deux font quatre). Dieu ne peut « *cesser de vouloir ce qu'il a voulu d'une volonté entièrement libre et indifférente* » (« *si Dieu voulait que 2 fois 2 ne fussent pas 4, on ne mentirait point en disant que 2 fois 2 ne font point 4, ce serait une vérité* »). Malebranche ajoute que « *les vérités ne sont donc que des rapports, et la connaissance des vérités la connaissance des rapports* » ; or, « *il y a un rapport d'égalité entre 2 fois 2 et 4* »... Très bien ; cependant il y a une suite : « *il y a un rapport d'égalité entre 2 fois 2 et 4, soit que j'y pense ou que je n'y pense pas. Car il n'est pas nécessaire que ce rapport d'égalité soit aperçu afin qu'il soit.* » La foule (cette nuée, on l'a maintenant senti, si fragile) peut dormir sur ses deux oreilles, l'univers se pense pour (et sans) elle... En revanche, celui qui dans le monde « *ne croit qu'en deux et deux sont quatre, et en quatre et quatre sont huit* », selon les propres mots de Sganarelle visant dom Juan, celui qui n'a de religion que l'arithmétique (« *la belle croyance et les beaux articles de foi que voici !* ») est un homme redoutable et pour peu raisonnablement craindre (n'oublions pas le « *Timeo hominem unius libri* » attribué à Thomas : « *Je crains l'homme d'un seul livre* »). Ordinov est l'un d'entre eux, mais d'un tout autre acabit : il est névrosé au plus haut point. Rappelons-nous la définition impayable de Desproges, si drôle et vraie à la fois : « *Un psychotique, c'est quelqu'un qui croit dur comme fer que 2 et 2 font 5, et qui en est pleinement satisfait. Un névrosé, c'est quelqu'un qui sait pertinemment que 2 et 2 font 4, et ça le rend malade.* » Il ne faut pas se moquer d'Ordinov ni croire que son comportement, son emportement, son abattement, ses pensées et ses récriminations soient risibles. « *Deux fois deux* », avec ou sans le « *quatre* », c'est du pareil au même : dans ce presque rien il y a un tout ; en deux mots, le drame de l'existence est joué dans la conscience éperdue (« *hic et nunc !* ») dès lors que Dieu, sans l'avoir voulu, a offert l'hospitalité au désespoir. « *Un jour je me réjouis que les quadrilatères aient quatre côtés, le lendemain je me désole à l'idée que les triangles n'en ont que deux* », plaisante encore Desproges... Ordinov ne plaisante pas, il désespère, et — malheur de malheur — je me sens parfois moi-même un Ordinov. La mélancolie commence avec le « 2+2 » et — misère de misère — elle est aussi limpide que l'« =4 »... On flotte sur l'ornière mélancolique du « 2+2=4 », on voyage sans escale, sans débarcadère, et on sombre de *plus en plus*. « *Plus bas ! plus bas ! toujours plus bas !* » — Ordinov voudrait être le Bazarov de Tourgueniev, le nihiliste qui n'a pas froid aux yeux, l'homme qui ne doute à rien et qui cependant concède : « *L'important est que deux et deux font quatre, et tout le reste n'est que du vent.* » — Au commencement était la logique ; au finissement, l'alogique... — Ô puits de lumière qui, d'en bas, ensevelit et crève l'esprit ! ô « *clef du puits de l'abîme* » (*Ap 9,1*), que n'as-tu ouvert ?... — Ordinov, quelque part, *flaubertiennement*, à quelques brasses de profondeur, c'est moi ; je suis désastreusement Ordinov, à la nuance près, fatale, que je sais une chose qu'il ne sait pas : *les axiomes de Peano*... Ironie ! ἀξίωμα » : « *estimation* », « *prix* », « *mérite* », « *rang* », « *considération* », « *dignité* », « *majesté* », « *principe digne d'être retenu* » (dites : « digne d'être *détenu* ! »)... — Je vais devoir clôturer la discussion, mais je veux auparavant réserver une surprise au lecteur : un petit sachet de pastilles noires et jaunes à sucer, les noires contenant un principe actif à base de Mélancolie, les jaunes, un autre à base de Folie... N'essayez pas d'acheter ce médicament chez votre pharmacien sans vous être muni d'une ordonnance spécifique délivrée par un jeune philosophe de vingt-six ans natif d'Édimbourg, dont l'un des ressorts de la doctrine du « 2+2=4 »

se trouve écrit là : « *Ainsi, de même que la nécessité qui fait que deux fois deux égalent quatre ou que les trois angles d'un triangle sont égaux à deux angles droits se trouve seulement dans l'acte de l'entendement par lequel nous considérons et comparons ces idées, de la même manière, la nécessité ou le pouvoir qui unit les causes et les effets se trouve dans la détermination de l'esprit à passer des unes aux autres.* » Quoi ! une unique phrase, est-ce *cela*, la surprise ? Effectivement, mais méfiez-vous et relisez-la trois fois, car c'est une surprise redoutable, et elle fut une surprise encore plus redoutable à l'époque où elle fut publiée (pour les rares à avoir lu ces lignes), en 1739. La notice du médicament fabriqué par David Hume porte le titre de *Traité de la nature humaine* et elle ne comporte ni posologie ni mise en garde contre les effets secondaires ou les surdosages, à moins d'avoir le privilège de s'entretenir en privé avec lui. Hume avait inventé un médicament d'une puissance inégalée, et lui-même n'était guère tranquillisé à l'idée de son *réel pouvoir*, il aurait vraisemblablement voulu que ce ne fût qu'un placebo, mais le mal — pour le bien de tous les penseurs (Kant en tête) — était fait : il fallait avaler les pastilles en suivant les instructions et prier pour ne pas perdre l'entendement. « *Je me rends compte que, de tous les paradoxes que j'ai eu ou que j'aurai par la suite l'occasion d'avancer au cours de ce traité, le paradoxe présent est le plus violent* », concède-t-il, autrement dit le paradoxe qui énonce que « *la nécessité est quelque chose qui existe dans l'esprit, pas dans les objets* ». « *Quoi !* » s'insurge le malade non prévenu : « *Quoi ! L'efficace des causes se trouve dans la détermination de l'esprit ! [...] La pensée peut bien dépendre des causes pour son opération, mais non les causes de la pensée. C'est là renverser l'ordre de la nature et rendre second ce qui est en réalité premier.* » (« *What! the efficacy of causes lie in the determination of the mind! [...] Thought may well depend on causes for its operation, but not causes on thought. This is to reverse the order of nature, and make that secondary, which is really primary.* ») Et oui ! Hume admet que « *les opérations de la nature sont indépendantes de notre pensée et de notre raisonnement* » ! Rappelez-vous cet extrait cité dans un chapitre antérieur et le célèbre exemple des billes de billard : « *L'impulsion de la première bille de billard s'accompagne du mouvement de la seconde. Voilà tout ce qui apparaît aux sens externes. L'esprit ne sent aucun sentiment, aucune impression interne de cette succession d'objets ; par suite, il n'y a, dans un cas isolé et particulier de causalité, rien qui puisse suggérer l'idée de pouvoir ou de connexion nécessaire.* » En somme, la causalité n'existe pas dans la nature, mais dans notre entendement ; du moins, notre entendement, grâce à l'habitude des phénomènes observés, se forme une idée de causalité qu'il attribue à la nature, et c'est uniquement par la possibilité qu'a l'entendement de se former cette idée que l'on arrive à la conclusion que « *la nature peut certainement produire tout ce qui naît de l'habitude* » et que « *l'habitude n'est rien qu'un principe de la nature et elle tire toute sa force de cette origine* ». Aussi, « *la nécessité qui fait que deux fois deux égalent quatre [...] se trouve seulement dans l'acte de l'entendement par lequel nous considérons et comparons [cette idée]* ». Deux et deux font quatre — par habitude ! L'orgueil de l'homme se ramollit tout d'un coup, l'assise de Kant se craquelle en lisant cette « théorie » plus qu'originale. Hume se repentit d'avoir créé et goûté ce médicament révolutionnaire qui ouvre les yeux, ce « *most violent paradox* ». Au dernier chapitre du Livre I (partie IV, section VII) de son *Traité*, il nous fait part de son ressentiment après avoir testé les pastilles. À ma connaissance, une telle confession (où il va, dit-il, se « *lancer dans ces immenses abîmes de philosophie qui s'ouvrent devant* » lui) n'a jamais eu d'équivalent dans l'histoire de la philosophie. Que de mots terribles y rencontre-t-on, rattachés à la première personne et si peu conventionnels chez les philosophes : « *depths* », « *wretched* », « *weakness* », « *disorder* », « *apprehensions* », « *despair* », « *perish* », « *barren* », « *danger* », « *melancholy* », « *desponding* », « *affrighted* », « *forelorn solitude* », « *monster* », « *abandoned* », « *disconsolate* », « *anger* », « *deplorable* », « *darkness* », « *delirium* », « *splenetic humour* », « *splen* »… La force de frappe mélancolique du « 2+2=4 » est insoupçonnable ! Écoutons Hume/Ordinov qui, en regardant hors de lui, de tout côté, après avoir mis en vente ses pastilles noires et jaunes, prévoit « *discussion, contradiction, colère, calomnie et dénigrement* » : « *Le triste état, la faiblesse et le désordre des facultés que je dois employer dans mes recherches augmentent mes appréhensions. Et l'impossibilité d'amender ou de corriger ces facultés me réduit presque au désespoir et me fait me résoudre à périr sur le rocher stérile où je suis à présent plutôt que de m'aventurer sur cet océan sans limites qui s'étend jusqu'à l'immensité. Cette vision soudaine du danger où je me trouve me frappe de mélancolie et, comme il est habituel que cette passion, plus que toute autre, soit complaisante pour elle-même, je ne peux m'empêcher de nourrir mon désespoir de toutes les réflexions décourageantes que le présent sujet me fournit en si grande abondance. — Je suis d'abord effrayé et confondu de la triste solitude où me place ma philosophie et j'imagine que je suis un monstre étrange et sauvage qui, n'étant pas capable de se mêler et de s'unir à la société, a été banni de tout commerce humain et laissé totalement abandonné et inconsolable.* » Ah ! pourquoi avoir fabriqué ce médicament ? pourquoi l'avoir ingurgité ? D'un côté, il voudrait tant revenir en arrière, revoir le monde tel qu'il semble au commun des mortels, considérer les objets sous l'aspect où ils lui apparaissent ; d'un autre, il lui faut accepter les conséquences de ses trouvailles et les soumettre au public, car il en va de l'intégrité de la science et de la philosophie et surtout de leur progrès (« *Pour ma part, mon seul espoir est de pouvoir un peu contribuer au progrès de la connaissance en donnant sur certains points un tour différent aux spéculations des philosophes et en leur indiquant plus distinctement les seuls sujets pour lesquels ils puissent espérer assurance et conviction. La nature humaine est la seule science de l'homme et elle a été pourtant jusqu'ici la plus négligée. Je serai satisfait si je puis la mettre un peu plus à la mode, et l'espoir d'y parvenir sert à calmer mon spleen et à fortifier mon humeur contre l'indolence qui prévaut parfois en moi. Si le lecteur se trouve dans la même bonne disposition, qu'il me suive dans mes futures spéculations. Sinon, qu'il suive son inclination et attende le retour de l'application et de la bonne humeur* »). « *Des réflexions très raffinées ont peu ou pas d'influence sur nous et, cependant, nous n'établissons pas pour règle, et nous ne pouvons le faire, qu'elles ne doivent pas avoir d'influence, ce qui implique une contradiction manifeste* », remarque-t-il, lui qui, évitant le paradoxe puisque ses réflexions l'influencent, n'en demeure pas moins plongé dans le plus grand trouble. Chez Hume, l'élaboration du « 2+2=4 » est si raffinée et extraordinaire, qu'il aimerait douter de ses conséquences, et il s'apitoie sur son sort (d'une façon, je le répète, *totalement inédite* en philosophie) : « *Where am I, or what?* » Ses sentiments sont gouvernés par un tel « *spleen* » qu'il se sent encore « *prêt à jeter au feu tous [ses] livres et tous [ses] papiers* ». Il se demande s'il ne perd pas ainsi son temps : « *Et quelle fin cela peut-il servir, que ce soit pour le service de l'humanité ou que ce soit pour mon propre intérêt privé ? Non. Si je dois être idiot [fool], comme le sont certainement tous ceux qui raisonnent et croient à quelque chose, mes idioties [follies] seront du moins naturelles et agréables. Si je lutte contre mon inclination, j'aurai une bonne raison de résister et je ne serai plus amené à errer dans d'aussi tristes contrées désertes, dans des traversées aussi rudes que celles que j'ai* rencontrées jusqu'alors. » N'est-on pas touché par l'amertume que nous dévoile Hume avec cette incroyable sincérité ? Dans un article paru en 1739 (traduit par Philippe Folliot), un auteur anonyme s'exclame : « *Quel cœur pourrait alors ne pas saigner ? Quel cœur peut s'empêcher de sympathiser avec cet aventurier courageux ? Pour ma part, je ne saurais même, sans la plus extrême émotion et la plus extrême sollicitude, envisager les dangers et les terribles catastrophes auxquels il s'expose.* » Ou : de la dangerosité de la philosophie ! Je crois que Hume traversa une grave dépression : « *environné des ténèbres les plus profondes, et totalement privé de l'usage de tout membre et de toute faculté* », il ne sait vraiment plus où il est, ni ce qu'il est. Dans sa courte autobiographie (*My own life*), il parle tout juste d'une « *santé ayant été un peu altérée par l'ardeur du travail* », mais dans une lettre de 1734 désormais célèbre (connue sous le nom de *Letter to a physician*), dont je vais donner un résumé entre guillemets, il est plus prolixe : « Dès sa plus tendre enfance, Hume connut une forte attirance pour les livres et les belles-lettres, et, livré à lui-même dans le choix de ses lectures, il porta sa préférence à la philosophie et à la poésie. Vers sa dix-huitième année, grâce à l'ardeur naturelle des jeunes hommes, il se consacra entièrement au travail intellectuel qui sut le transporter au-delà de toute mesure et lui fit rejeter toute autre espèce de plaisir ou d'affaires. Dès lors, il ne pensa plus qu'à devenir savant ou philosophe. En septembre 1729, sa ferveur s'éteignit brutalement, puis, dès l'hiver suivant, il tomba malade : des taches de scorbut apparurent sur ses doigts, il fut atteint alternativement de ptyalisme et d'asialie et suivit un traitement anti-hystérique. En mai 1731, un appétit féroce refit surface, de sorte que, dans un délai d'à peine six semaines, il passa d'un extrême à l'autre. (Il compare cette instabilité à celle des mystiques français quand ils évoquent leur esprit qui les abandonne et revient fréquemment.) Son unique refuge pour se garder de la mélancolie : la réflexion désabusée sur la vanité du monde et de l'orgueil humain. Ayant remarqué que, tout comme il y avait dans sa maladie deux choses mauvaises, l'étude et l'oisiveté, il y avait aussi deux bonne choses, les affaires et la distraction, il résolut de chercher un train de vie plus actif et de délaisser temporairement le travail intellectuel, afin de le reprendre plus efficacement par la suite. (Il demande alors au médecin si son rétablissement sera un jour parfait, si ses capacités mentales pourront un jour retrouver leur ancienne vigueur afin de supporter la fatigue causée par la réflexion profonde et absconse.) » Quoi qu'il en soit, que la mélancolie ait contribué à ses réflexions, ou, à l'inverse, que ses réflexions aient contribué à sa mélancolie, je ne pense pas qu'il faille les séparer. Achever le délicat *Traité de la nature humaine* dut être un soulagement et une consolation pour lui, voire un remède contre « *cette mélancolie et [...] ce délire philosophiques* ». Mais de là à avoir été *complètement guéri*, cela me paraît inenvisageable... Quoi ! Deux et deux font quatre — par habitude !... « 2+2=4 », du *vent* ?... Il y a de quoi, en *humant* la pastille, être un *hume-vent* ! Car qu'est-ce qu'un « *hume-vent* » ? Littré le définit ainsi : c'est « *celui qui erre de tous côtés et est exposé aux intempéries des saisons* »... — Les lignes qui — *enfin* — clôtureront cette discussion, — dans la traduction d'André Markowicz, la plus vivante et la plus aérée sur le marché, — sont celles qui clôturent le récit. Elles seront indifféremment imputables à Ordinov, Dostoïevski... et Pichavant, — Pichavant le pseudo-Montaigne, « parce que c'étaient eux, parce que c'est moi », — Pichavant le « faussé-Matthieu » qui invite à lire et à se régaler sur l'air du « *prenez, mangez, ceci est mon corps* » et du « *buvez-en tous ; car ceci est mon sang, le sang de l'alliance, qui est répandu pour plusieurs, pour la rémission des péchés* »... — « *Eh ! mais ici aussi, je mens, je mens parce que je sais moi-même, aussi clairement que deux fois deux, que le souterrain n'est quand même pas ce qu'il y a de mieux, qu'il y a autre chose, toute à fait autre chose, une chose que j'ai soif de découvrir mais que je n'arrive absolument pas à trouver ! — Moi, je n'écris que pour moi seul et je déclare une fois pour toutes que même si j'écris en ayant l'air de m'adresser à des lecteurs, c'est seulement pour faire bien, parce que c'est plus facile. Ce n'est là qu'une forme, une pure forme vide, je n'aurai jamais de lecteurs. — [...] — Peut-être aussi le fait que si je m'imagine devant un public, c'est pour me tenir un peu plus décemment pendant que j'écrirai. [...] — Et cela, encore : au fond, pourquoi diable est-ce que je veux écrire ? Si ce n'est pas pour le public, on pourrait croire qu'il suffirait de se souvenir mentalement, sans rien traduire sur le papier. — Bien sûr, messieurs : seulement, sur le papier, cela prendra un air plus solennel. Il y aura là je ne sais quoi de plus imposant, mon propre tribunal sera plus fort, j'améliorerai mon style. Et puis : peut-être le fait d'écrire m'apportera-t-il un soulagement. Ces jours-ci, par exemple, il y a un vieux souvenir qui m'oppresse entre tous. [...] Je ne sais pas pourquoi, mais il me semble que si je le transcris, il va se décoller. Pourquoi ne pas essayer ? — Enfin : je m'ennuie, je ne fais rien à longueur de journée. Écrire, c'est comme si c'était du travail.* »

* * * * *

(D'un cortège de signes, déposés sur l'onde plate et blanche, s'élève le Signe, tout de luminescence courbé, qui les désigne chacun en leur apparence, tels dans une mare les perles en suspension et les bouillonnements qu'un canard, en ébrouant ses ailes, ourle alentour. En l'absence de signes s'évanouit le Signe dans les ténèbres, tandis qu'en leur présence, s'Il se dissimule, s'enveloppe ou tend sur lui un vélum de brume, on les accorde à l'inconnu, aux cataractes, aux remous sans cause, à la verbosité du vent soufflant où il veut, dont on entend en prime le bruit sans connaître d'où il vient, ni où il va. (Réconfort ; l'incrimination est vaine.) Alors à qui ces éphémères traits qu'une écumante hélice brise en silence, ces traces ombrées de la peine, ces lettres époussetées, ces indices aveuglants, ces codes épineux, ces signes — morts d'être nés d'eau et d'Esprit, morts d'une nuit ?... En l'au-delà désaffecté d'un caveau duquel jaillit une source éternelle : aux yeux rongés de soleils noirs.)

* * * * *

(Scriptotaphe, tel je suis. — Réalisateur qui tombe.)

* * * * *

Sofferenza. — Le 28 Octobre 1928, à vingt ans tout rond, un écrivain italien a une soudaine et étonnante idée qu'il décide aussitôt d'appliquer : il se met à répertorier dans son journal intime toutes les apparitions du mot « *souffrir* », — puis, rassasié, semble-t-il, par cette lugubre activité et ce déluge nostalgique dont se dégage une vétusté grinçante, il conclut que s'il n'avait pas souffert, il n'aurait pas écrit « *ces belles phrases* ». Cet écrivain qui sait se complaire mélancoliquement, c'est Cesare Pavese, et ce journal, c'est celui qui a été publié sous le titre *Il mestiere di vivere* (*Le métier de vivre*). Un homme pour qui « *souffrir est si pénible* » et qui se donne pourtant comme mot d'ordre de se rappeler que « *toute souffrance qui n'est pas à la fois connaissance est inutile* », doit, à l'évidence, souffrir afin de connaître. Mais si sa connaissance devient le synonyme de sa souffrance (relever *en l'occurrence* le nombre de « *souffrance* »), il ne peut guère qu'aboutir à *la souffrance pour la souffrance*. Si je dis que dans la mort, on vit sa mort, je raconte une bêtise ; en revanche, si je dis que dans la vie, on meurt sa vie, je n'y vois pas d'objection, car il me suffit de penser à Pavese (et à Pessoa). Si je dis que pour mourir, il faut d'abord vivre, je parle dans le vent (ne meurt que le vivant) ; en revanche, si je dis, en renversant l'expression précédente, que pour vivre, il faut aussi mourir, cette vérité n'est plus, selon moi, un truisme (ne vit que le mourant), mais, en la regardant sous un bon angle, une *tragédie*. Cette tragédie fut l'existence de Pavese, — une existence dont la « *grande tâche* » était « *de se justifier* », une existence où personne ne peut sauver « *celui qui ne se sauve pas tout seul* », une existence de supplicié que les clous entravent et déchirent, que les aléas mouvants et sacrificateurs de la destinée injurient en secouant sa tête et en le défiant de se sauver lui-même en descendant de la croix (*Mt 27,39-42*) : « *qu'il descende de la croix, et nous croirons en lui.* » Encore fallait-il, pour être libéré en *se* libérant, que Pavese oubliât toute croyance étrangère et crût d'abord en lui. « *On ne se libère pas d'une chose en l'évitant mais, seulement, en la traversant* », autrement dit : que l'on veuille se libérer de la mort ou de la vie en les traversant, la fin est identique à la mort. « *Pour exprimer la vie, il ne faut pas seulement renoncer à beaucoup de choses, mais avoir le courage de taire ce renoncement* », écrit-il encore, s'emmitouflant dans la contradiction qui impose à un auteur de coucher cette pensée sur le papier alors qu'il ne fait partout, en tout temps, qu'exprimer la vie ou la mort (quand la vie transmuée, mortifiée, « *n'est qu'un silence qui bourdonne* »). Des « *trois moments dionysiaques de la vie humaine* » auxquels on n'échappe pas, « *le sexe, l'alcool, le sang* », il ne subsista très tôt que le troisième, les deux premiers s'étant rapidement imbriqués et annulés (quelques gorgées succèdent ou précèdent — comment savoir ? — la déconvenue amoureuse et sexuelle, il est impuissant, ses membres sont épuisés, il gémit, se nourrit de l'imaginaire désœuvré qu'amène la solitude). Et le sang, où est-il ? où coule-t-il ? où sont les veines encore solides qui le canaliseraient ? Il attend l'heure irraisonnée où il se fraiera le passage offert par les taillades successives du cerveau ferlé et endolori par l'absurdité d'avoir à être — de moins en moins ; il patiente tandis qu'il est courtisé par son hôte et réduit, pour une durée indéterminée, mais qui approche, à transsuder sous forme d'encre… « *Quand vient le triste soir, le cœur écrasé, sans raison, la consolation est encore dans l'habituelle pensée que même le soir gai, ivre, exalté, n'a pas de raison, sauf peut-être une rencontre déjà fixée, une idée qui vous est venue brusquement pendant le jour, une petite chose qui pouvait ne pas être. C'est-à-dire que vous console la pensée que rien n'a de pourquoi, que tout est fortuit. Étrange chose. Sur un autre plan, cette pensée est glaçante. Tu supportes la couleur changeante de tes humeurs parce qu'elle est futile.* » Par le vice de l'écriture, Pavese se recorde et se décorde, vit et dévie, dévide et se vide, — dévisse. La mélancolie a trouvé son support dévoué et dévolu sur lequel sa pensée s'imprime, elle a sa feuille qui effeuille et dévore, elle est le sujet de l'écrit et l'objet de l'écrivain. J'en sais quelque chose, lecteur, moi qui écris sur elle en noircissant des centaines de pages (« *Voy ce papier de tous costez noircy* »), moi qui aggrave le mal (Callimaque ne disait-il pas que « μέγα βιβλίον μέγα κακόν » (« *un grand livre est un grand mal* ») ?), moi qui me coupe *volontairement* du monde et m'enferme à double tour dans mon appartement à seule fin d'occuper *toutes* mes heures libres (excepté la lecture) et *tout* mon esprit. Avant de reprendre l'écriture (sacramentelle), de badigeonner tout ceci (de ma logodiarrhée), j'avais dû me rendre à la même évidence : « *Quand tu auras recommencé d'écrire, tu penseras seulement à écrire.* » La tentation de l'écriture est intransigeante ! l'écriture est si dangereuse ! Vivre pour son écriture ou mourir sa vie, telle est la question, car « *travailler fatigue* » (« *lavorare stanca* »), car l'écriture fatigue la vie — qui fatigue l'écrivain — qui doit écrire ou/et mourir (dans un va-et-vient grinçant aux limites symphoniques d'un « *nichts oder nichts* »). « *En somme, quand est-ce que tu vis ? que tu touches le fond ? Tu es toujours distrait par ton travail. Tu arriveras à la mort, sans t'en apercevoir.* » On croit que l'âme de l'écrivain souffrant se déjette parce qu'il écrit sur sa souffrance. On se trompe : pour le meilleur et pour le pire, il est là à se parler (quitte à brusquement déparler), il essaie de se comprendre (quitte à se déprendre), il veut se réaliser (quitte à se déréaliser). Laissons-lui cet unique havre, ce sentiment qui se délaie et se déblaie, ce sursis du désespoir qui se tait (au monde) et se libère (du monde). S'il ne paraît *en vie* au regard du monde extérieur, il est néanmoins *envie* (peu importe laquelle) à l'intérieur de lui-même. J'ai dit que la mélancolie était « *le sujet de l'écrit et l'objet de l'écrivain* », mais elle est davantage : elle est l'objet de l'écrit et le sujet de l'écrivain, en ce sens que l'écrivain, s'écrivant à soi-même sa mélancolie, devient l'objet de son sujet, et, objectivant ce sujet, il s'assujettit et perd son sujet, comme l'atteste cette longue phrase *infinitive* (27 juin 1946) : « *Avoir écrit quelque chose qui te laisse comme un fusil qui vient de tirer, encore ébranlé et brûlant, vidé de tout toi, où non seulement tu as déchargé tout ce que tu sais de toi-même mais ce que tu soupçonnes et supposes, et les sursauts, les fantômes, l'inconscient — avoir fait cela au prix d'une longue fatigue et d'une longe tension, avec une prudence faite de jours, de tremblements, de brusques découvertes et d'échecs, et en fixant toute sa vie sur ce point — s'apercevoir que tout cela est comme rien si un signe humain, un mot, une présence ne l'accueille pas, ne le réchauffe pas — et mourir de froid — parler dans le désert — être seul nuit et jour comme un mort.* » (Mon péché qui consiste à créer des alliances de mots ne discontinuera pas tant qu'un confesseur ne m'aura absous au nom de Dieu, si bien que je persisterai en en signant d'autres, dont celle-ci, à savoir que cette phrase à l'*infinitif*, nullement indéfinie dans ce contexte, est au *définitif*.) La vie de Pavese, à partir de cet instant impersonnalisé, ne s'être-jouit lui échappe et à l'échappement duquel il n'échappe pourtant pas, se résume à « *être seul nuit et jour comme un mort* », à la *solitude* la plus extrême. Et ne nous méprenons pas sur l'accent lyrique du mot italien « *solitudine* », car la solitude est chez Pavese un trou noir, un entonnoir *infini* dont la base conique s'élargit sans cesse cependant que le tube s'étrécit, sangle son cœur, le comprime et l'obture affreusement, et cette solitude le conduit chaque jour plus étroitement vers la mort, *contre* la mort. « *Val la pena esser solo, per essere sempre più solo?* » (« *Est-ce la peine d'être seul pour être toujours plus seul ?* ») Pavese ne se tutoie pas ; c'est la mort qui le tutoie et l'amadoue en particularisant un « *tue-toi* »… — « *Même la douleur, le suicide étaient vie, étonnement, tension. Au fond, dans les grandes périodes, tu as toujours éprouvé la tentation du suicide. Tu t'étais abandonné. Tu avais dépouillé ton armure. Tu étais un gosse. / L'idée du suicide était une protestation de vie. Quelle mort que ne plus vouloir mourir.* » Il est trop tard quand on comprend que la mort et la vie se pourchassaient et n'étaient qu'une même entité. « *La cadence de la souffrance a commencé* », écrit-il le 8 mai 1950, et « *chaque soir, à la tombée de la nuit, mon cœur se serre — jusqu'à la nuit* ». Le 16 mai 1950, « *la douleur envahit aussi le matin* », puis, le 27, il entre « *dans le gouffre* » : « *Il n'y a qu'une seule réponse : le suicide.* » Mais cette « *réponse* » de l'irréparable à l'irréparé, subordonnée au prochain chapitre, nous la suspendrons pour l'instant…

* * * * *

(Je jure sur ce que j'ai de plus cher (ma vie de bénévole de la pensée) que la transition ne m'a pas été soufflée par Frédéric Pajak et son beau livre, illustré par ses soins (ah ! ces « *nez exagérés* » !), *L'immense solitude avec Friedrich Nietzsche et Cesare Pavese, orphelins sous le ciel de Turin*, publié en 1999 (année incluse dans la *période bleue*). Je saisis l'occasion de l'avoir évoqué pour rouvrir cette « *longue rêverie* », y admirer à nouveau ces dessins à l'encre de Chine et y relire des fragments de l'avant-propos qui se réajustent aussitôt aux plis défroissés de ma mémoire : « *… la solitude, la mort, la folie, le suicide ou la douleur irréparable des orphelins…* » La coïncidence de la mention de l'« *irréparable* » me saute aux yeux et ne laisse de m'étonner, amalgamée à tout l'écheveau : y a-t-il là-haut quelque tissutier, quelque passementier, quelque lissier qui s'ingénie, pour quelque motif que ce soit, à broder les mots et à rubaner les idées, à les tramer et à me chamarrer (au propre comme au figuré) ? — Bah ! passons, écrivons, — justifions-nous d'un métier (il en coûte), — car c'est au tour d'un tandem de mastodontes d'avancer sur l'estrade, — larges sur les tablettes avec, à deux, quelque quarante-cinq volumes, en bonne place dans mes affections de bibliolâtre, lourds de leur empire sur mon éducation philosophique, — c'est au tour des deux pères que figurent Friedrich Nietzsche et Arthur Schopenhauer, ces mercenaires, ces deux Thor de mon esprit, d'« *une taille de six coudées et un empan* », avec sur leur tête « *un casque d'airain* », « *aux jambes, une armure d'airain* », qui portent « *une cuirasse à écailles du poids de cinq mille sicles d'airain* », « *un javelot d'airain entre les épaules* » (1 Sam 17,5-6). Sans m'attacher à l'exacte chronologie, puisqu'il avait seize ans lorsqu'Arthur mourut, je commencerai par Friedrich, le premier, à peu mois près, que je lus, mon et en me concentrant sur la *solitude* et la *fuite*, puis je laisserai celui-ci servir d'intermédiaire pour présenter Arthur, par lequel je terminerai, en parlant de l'*ennui* et de la *souffrance* (qui est son avers). Trois parties pour une conjugaison triple dont les courbes d'évolution et d'involution seront multiséquées, comme à mon habitude.)

* * * * *

Nietzsche fut dès le départ une *idole*, une nouvelle *aurore* brasillante située sur une autre planète de mon système scolaire (qui, dès lors, devint périmé), un renforcement inespéré pour mon intromission dans le monde de la philosophie la plus élevée, un Soleil-Levant. Quelle mouche m'avait-elle piqué ? quelle irrépressible et soudaine envie avait-elle jailli ? pour que je me procurasse, si mes souvenirs sont intacts, le *Crépuscule des idoles* (1888), ce petit livre au nom sinistre et dont le sous-titre, ou *Comment on philosophe avec un marteau*, intrigue, dérange et résonne de son « *Hammer* » ! (Non pas le philosophe qui excite, tape, pique, aiguillonne, stimule, réveille, excite, tel Socrate, qui se plaisait lui-même à se surnommer « μύωψ », le fameux « *éperon* » qui agresse les flancs des chevaux — auquel certains traducteurs ont préféré le mot « *taon* », ce qui est à mon humble avis le choix d'un « μύωψ » (« *myope* ») ; non pas ce philosophe-là, mais le philosophe vu comme un médecin de l'âme qui poserait « *des questions avec le marteau* » et entendrait « *peut-être comme réponse ce fameux son creux qui parle d'entrailles gonflées* ».) « [17/09/99 :] *J'ai commencé* Crépuscule des idoles. *Le ton est rude. […] Quel grand* — Grand — *que ce Friedrich Nietzsche !... Tout y semble vrai, il dit ce qui m'étreint et me ronge… J'ai trouvé un philosophe…* » Je me revois dans le salon de la maison de Basse-Goulaine, — chargée du fantôme du couple qu'allaient former mes parents, — assis dans le canapé moelleux de velours vert, aussi bien rembourré que j'allais l'être, un bras posé sur l'accoudoir, l'autre surélevé avec le Nietzsche écartelé par mes doigts, tel un écran garni de lignes minces et resserrées qui obligent de froncer les sourcils, d'abaisser les paupières et de comprimer les yeux de myope. L'avant-propos ne détend pas le visage, il le fige tout à fait en lâchant une colonie de corbeaux croassant leur sérénade râpeuse, il effarouche le lecteur et épouse ardemment son angoisse (« *une nouvelle guerre* » s'annonce, imminente, du moins est-il revendiqué et souligné que ce qui suit est une « grande déclaration de guerre », « *eine große Kriegserklärung* ») : « *Engagé dans une cause si ardue et si exigeante, conserver une gaîté sereine tient du tour de force : et, pourtant, quoi de plus nécessaire que la gaîté ?* » Non loin s'exhibe — dénudée et dénudante —, une devise en latin, « *hygiène des audacieux* », depuis longtemps la favorite du philosophe : « *increscunt animi, virescit volnere virtus* » (« *la blessure stimule et redonne courage* »). Le *Crépuscule* s'entrouvre alors sur quarante-quatre *Maximes et Traits* qui prennent à la gorge, et c'est la troisième qui me tiendra office de tremplin : « *Pour vivre seul il faut être une bête ou bien un dieu — dit Aristote. Il manque le troisième cas : il faut être l'un et l'autre, il faut être* — philosophe. » — Quelques jours plus tard, ce fut au tour du *Gai Savoir*… « [28/09/99 :] *J'aimerais détacher quelques paragraphes et les lire et les relire à satiété, jusqu'à ce que je les voie en entier !... Les lire, m'en délecter, les faire entrer en moi* — *puisqu'ils doivent y être, mais flous…* » — Avant que de « *trimer* » (« *jouer des jambes* ») dans la solitude nietzschéenne, j'aimerais rappeler en un court « après-propos » combien me furent influents et l'homme et sa pensée (si ce n'était déjà suffisamment visible). En dernière année du cycle ingénieur et dans le cadre de l'enseignement de ce que l'on y appelait « *formation humaine* », j'écrivis un mémoire intitulé *Le travail de l'écrivain, finalité de l'œuvre* — ou *Dialogue d'appréciation des arts et de la littérature en particulier* (j'y reviendrai amplement), que j'accompagnai d'une conclusion qui devait rendre compte de la progression à mon tuteur. Orgueilleusement (je souris de ma mégalomanie et j'en frémis), je la bouclai ainsi : « *Tout le long de cet essai,* j'ai grandi. *Que les médiocres prennent garde ! Je suis là* — et définitivement là. *Je construirai quelque chose de grand quand le temps me sera donné. Comme le disait Nietzsche : "Je suis une bombe."* » Cela se passe de commentaires (fêtais-je, en « *colonnes de feu* », « *le* Grand Midi » ?). Poursuivons. — Succinctement, Nietzsche, en reprenant des termes qui lui appartiennent, fut un *immoraliste*, un *décadent*, un *Hamlet*, non du doute, mais de la *certitude*, — un conquistador dans toute sa noblesse, un concasseur, — un défricheur inflexible qui voulait (car il le fallait) « *se faire dur* », « *dur jusqu'à la dureté* », qui requérait, absolutiste, d'« *être habitué à vivre sur des montagnes* », et exigeait l'« *expérience tirée de sept solitudes* ». Cette dernière expression, puisée dans *L'Antéchrist*, et relativement pythagoricienne, fut un point d'impact vers lequel convergèrent un grand nombre des trajectoires de mes délassantes rêveries. Une « *expérience tirée de sept solitudes* » de laquelle on se retire avec des « *oreilles nouvelles pour une musique nouvelle* », des « *yeux nouveaux pour les choses les plus lointaines* » et une « *conscience nouvelle pour des vérités restées muettes jusqu'ici* » ; — une « *expérience* » septénaire que Nietzsche fait précéder, dans un fragment posthume, de cette note mélangeant deux termes primordiaux que nous avons à loisir développé : « *La* souffrance *typique du réformateur et aussi ses consolations.* » Dans le *Zarathoustra*, on n'en finit pas de recenser la myriade de « *solitude* », « *solitaire* » et autres équivalents lexicaux, notamment dans ce verset-ci (attention, cependant, aux « *sept démons* ») : « *Solitaire, tu suis le chemin qui mène à toi-même !* » Le chiffre « *sept* » (attention, « *profonde est sa douleur* »), quant à lui, est en particulier relié aux « *sept jours* » durant lesquels Zarathoustra resta couché, « *pâle et tremblant* », après s'être effondré « *à terre tel un mort* », et « *ne voulut ni manger ni boire* ». « *Enfin, après sept jours, Zarathoustra se redressa sur sa couche, prit une pomme d'api dans la main, se mit à la flairer et trouva son odeur agréable. Alors les animaux crurent que l'heure était venue de lui parler.* » Souffrance et solitude, puis convalescence et sérénité, tels semblent les ressorts omniprésents, cycliques, du Penseur, la priorité demeurant réservée au *point culminant* qui est la *solitude*. Zarathoustra/Nietzsche nous y enjoint plus que fermement, par exemple ici : « *Fuis, mon ami, réfugie-toi dans ta solitude !* » (« *Fliehe, mein Freund, in deine Einsamkeit!* ») — ou bien encore là : « *Ô solitude ! Toi ma* patrie, *solitude !* » (« *Oh Einsamkeit! Du meine* Heimat *Einsamkeit!* ») — et *passim*. Comme un signe précurseur de *déréliction*, à quatorze ans, il marquait — déjà ! — son inclination : « *Enfant, je recherchais déjà la solitude.* » Zarathoustra et Nietzsche sont des bardes écossais dont les chants sont ossianiques ; chacun est, à différents degrés, « *sad and silent* », et répond à l'autre, « *through the twilight, from his lonely path* » (« *à travers le crépuscule, de sa route solitaire* »), que « *pleasant is the voice of thy song, thou lonely dweller of the rock* » (« *agréable est la voix de ton chant, habitant solitaire du rocher* »). On les lit et on songe : « *Sad and slow he retired from his hill, towards the lonely cave.* » (« *Triste et à pas lents, il se retirait de la colline vers la caverne solitaire.* ») Nietzsche fuyant très tôt le monde pour gagner la solitude, sa « *patrie* », ne saurait y retrouver un Dieu, ou des Dieux, « *conjecture* » inepte, « *croyance qui brise tout ce qui est droit* ». Il y attend plutôt un père, ou des pères, ou encore de devenir un père symbolique : « *Comment voudriez-vous monter haut, si la volonté de vos pères ne montait pas avec vous ?* » Dans une intention qui me paraît au moins double, en raison d'un « *mal du pays* » global et un besoin de fixer et de comprendre qui il fut, Nietzsche le Jeune n'eut de cesse, entre ses quatorze et ses vingt-cinq ans, d'écrire et de réécrire son autobiographie (« *Ma vie* »). Je souhaiterais plus particulièrement m'attacher aux apparitions et à l'image du *père* (derechef *appert* mon obsession !) dans les pages de ces journaux incomparables (étant donné leur caractère répétitif, à la limite de la paraphrase, je garde un très bon souvenir du contenu de toutes ces « *années de jeunesse* »). La première tentative de 1858 signale un événement primordial, une cassure cataclysmique qui lui donna une « *idée de la mort* » et qui aura de terribles répercussions sur la mentalité du philosophe, expliquant en partie l'évolution de sa personnalité : « *Jusque-là nous avions toujours connu le bonheur et la joie, la vie s'était écoulée sans trouble, comme une claire journée d'été. Mais des nuages noirs s'amoncelaient, des éclairs jaillirent, et les coups sombres du ciel s'abattirent sur nous. En septembre 1848, mon père chéri fut soudain atteint de mélancolie.* » (Le texte original marque la dépressivité : « *[...] wurde plötzlich mein geliebter Vater gemüthskrank.* ») À la grande frayeur de sa famille, on lui diagnostiqua un « *ramollissement cérébral* » (« *Gehirnerweichung* »). Nietzsche, frappé en sus par la cécité : le père de Nietzsche « *dut supporter d'incroyables souffrances* », puis « *s'éteignit dans la douceur et la paix* » au milieu de l'année 1849 en soupirant un « *Ach Gott!* » final. (Deux anecdotes : la première, c'est la présence dans le manuscrit de *quatre* croix placées avant le jour du décès (« ††††) ; la seconde est donnée par une note qui figure dans mon édition et qui rapporte la falsification de cet épisode opérée par la sœur de Nietzsche pour soumettre à la postérité la thèse d'une chute dans les escaliers afin qu'on évitât de faire « *un rapprochement entre la maladie de son frère et celle de son père, et que l'idée d'un mal héréditaire ne fût accréditée* », — thèse qui, soit dit entre nous, nous eût étrangement rapprochés du père de Schopenhauer…) Le jeune Friedrich fut profondément bouleversé : « *La pensée d'être à jamais séparé de mon père s'empara de moi et je pleurai amèrement.* » L'enterrement l'éprouva tout aussi fortement et ébranla sa fragilité (on imagine mieux les tourments endurés par la plupart des écrivains orphelins dont j'avais établi la liste beaucoup plus haut) : « *Oh jamais ne n'oublierai avec quelle force sourde [toutes les cloches] résonnèrent à mon oreille, ni la lugubre mélodie du lied qu'on entonna du bout des lèvres : "Jésus mon espérance."* » Pour décrire la tristesse qui accapara la maison, il compara sa famille en deuil à un arbre auquel on a retiré sa couronne, qui « *se dénude et flétrit* », dont les oiseaux quittent les branches ; une famille, en un mot, qui « *était privée de sa tête* » (« *war ihres Oberhauptes beraubt* »). La blessure à peine refermée, Nietzsche fit un rêve affreux : au son d'un orgue, une tombe s'ouvrit dont sortit son « *père enveloppé d'un suaire* » qui se dirigea vers l'église, en ressortit précipitamment, « *les bras chargés d'un petit enfant* », et retourna aussitôt dans la tombe qui se referma. Dès le lendemain, le petit frère de Nietzsche, Joseph, se porta malade et succomba. « *Tout ce que j'avais rêvé s'était réalisé* », concéda-t-il ensuite amèrement dans ce journal. « *Seven nights he laid his head on the tomb, and saw his father in his dreams* » (« *Sept nuits il posa sa tête sur la tombe de son père et le voyait dans ses rêves* »), fredonne Ossian (ou James Macpherson, s'ils ne font qu'un), Ossian dont on sait qu'il réussit à supplanter Homère dans le cœur du jeune Werther… — Vint la décision, pour les autres membres de la famille que le sort avait épargnés (mère, grand-mère, tante, servante), de quitter la maison paternelle, « *notre chère patrie* », et Nietzsche se morfondit une ultime fois : « *Il me semblait qu'aucun autre lieu ne me devînt familier.* » — « *Adde, adde, theures Vaterhaus!!* » (« *Adieu, adieu, maison chérie de mon père !* ») Et en 1863, dans une nouvelle mouture, est consigné ce constat : « *C'est ainsi que l'homme quitte tout ce qui l'a étreint autrefois. Il n'a pas besoin de rompre ses chaînes. Elles tombent d'elles-mêmes, inopinément, quand un dieu l'ordonne.* » (Il serait tentant de croire que toutes ces impressions, survenues à un si jeune âge (cinq ans), ne tirassent pas à conséquence et n'influassent pas le cours d'une vie adulte. Au contraire, se récrierait Freud lui-même, ce serait se tromper fâcheusement, et, du reste, ces quelques citations sont l'intelligente démonstration d'un monoïdéisme *prégnant* et nocif...) — La famille à son complet l'avait toujours « *protégé du monde extérieur* » (et « *éloigné des autres enfants* »). Désormais, la patrie est nulle part qu'*en soi-même* : que tout finisse et débute là ! « *Autre chose est l'abandon, autre chose la solitude* », dit en substance Zarathoustra *à soi-même*. « *Mais ici tu es chez toi et dans ta demeure ; ici tu peux tout dire et t'épancher tout entier, ici nul n'a honte des sentiments cachés et tenaces. [...] Ici toutes choses s'approchent à ta parole, elles te cajolent et te prodiguent leurs caresses [...] Car te souviens-tu, ô Zarathoustra ? Lorsque ton oiseau se mit à crier au-dessus de toi, lorsque tu étais dans la forêt, sans savoir où aller, incertain, tout près d'un cadavre : — lorsque tu disais : que mes animaux me conduisent ! J'ai trouvé plus de danger parmi les hommes que parmi les animaux : — c'était là de l'abandon !* » Un « *cadavre* », c'est ce qu'il qu'abandonne avec la « *Vaterhaus* », tandis qu'il s'abandonne dans une solitude qu'il caresse comme une mère caresse son enfant. Le retour au pays est toujours un *mal du pays*, un « *Heimweh* » en allemand (« *mal de la maison* », le plus souvent traduit par « *nostalgie* ») ; mais, pour Nietzsche le « *randonneur* » (« *Wanderer* »), c'est un « *Heimweh ohne Heim* », un mal du pays sans pays, un « *mal de la maison sans la maison* », visant un être-au-monde *sans* monde, — sans foyer, sans accueil, sans repère, — un étranger-au-monde (rappelons-nous ce qui est « *unheimlich* » chez Freud). « *La patrie est un exil* » ; et Nietzsche, « *habitant de l'oubli* », est un sans-abri et ne saurait donc — décemment, résolument — accorder sa créance aux mots de Jésus : « *Il y a plusieurs demeures dans la maison de mon Père.* » (*Jn 14,2*) Dans un fragment posthume daté de 1884, il écrit : « *Das Heimweh, nicht nach einem Heim, nicht nach einem Vaterhause und Vaterlande, denn ich hatte Beides nicht: sondern das Weh darob, daß ich kein Heim habe* » (la version française ne peut qu'être approximative : « *La nostalgie, non pas d'un chez-soi, ni d'une maison paternelle et d'une patrie, puisque je n'avais rien de cela : seulement la douleur de ce que je n'aie pas de maison* »). Et qu'est-ce que la philosophie ? Novalis répond : « *Die Philosophie ist eigentlich Heimweh, ein Trieb, überall zu Hause zu sein* » (« *La philosophie est en vérité mal du pays — c'est le désir d'être chez soi en tout lieu* »). C'est pourquoi Nietzsche, dans un autre fragment de 1885, porte aux nues les plus grands noms de la philosophie allemande (Leibniz, Kant, Hegel, Schopenhauer) pour affirmer que celle-ci est la plus parfaite manifestation du Romantisme et de la Nostalgie (« *die gründlichste Art Romantik und Heimweh, die es bisher gab* »), la plus pure aspiration au passé le plus pur, le passé où l'on se sent chez soi, de retour à la maison, où l'on rêve merveilleusement de patrie, — et ce passé, le meilleur qui soit, c'est celui qu'incarne le monde grec : « *das ist die griechische Welt!* » Car il s'agit bien ici d'une « *nostalgie* » au sens propre du terme originel, la « *nostalgia* » (« νοσταλγία »), qui désigne le « *mal du retour* », puisque formé de « νόστος » (« *retour* ») et d'« ἄλγος » (« *douleur* », « *mal* »). En 1876, Littré donnait cette définition, beaucoup plus dure qu'elle ne l'est aujourd'hui : « *Terme de médecine. Mal du pays, dépérissement causé par un désir violent de retourner dans sa patrie.* » (Tout à côté de « νόστος » dans les dictionnaires de grec ancien, et donc phonétiquement très proche, se trouve « νόσος », couramment utilisé comme suffixe (« *noso* »), qui exprime soit « *maladie* », soit « *démence* » ou « *folie* », soit encore « *souffrance morale* » ! Personne n'a encore eu l'idée d'inventer le terrible mot « νοσοαλγία » (« *nosoalgie* ») : peut-être cette lacune est-elle due à l'inélégante et désastreuse diérèse « *oa* »... Si tu m'entends, Zoroastre, j'en appelle à la coalescence du « *oa* » !) Nietzsche est un fugitif, un « *fugitivus errans* » — sans feu ni lieu —, il traîne dans l'« ἄτοπος » (« *déplacé* », « *étrange* », de « τόπος », « *lieu* », « *pays* »), le *non-lieu* où il rejoint, comme un Père du Désert, son Zarathoustra. Ces deux savent, tel Jésus revenant à Nazareth, que, de toute façon, « *un prophète n'est méprisé que dans sa patrie et dans sa maison* » (*Mt 13,57*). Ils n'ont d'autre choix que celui de partir, tel Caïn, à qui Dieu avait dit qu'il serait « *errant et vagabond sur la terre* » (*Gn 4,12*), et d'aller à l'est d'Éden, au pays de Nod, en prononçant l'adieu de circonstance, comme celui de Thomas de Mowbray, duc de Norfolk, au roi d'Angleterre Richard II : « *Then thus I turn me from my country's light, to dwell in solemn shades of endless night* » (« *Alors je me détourne de la lumière de mon pays, pour aller vivre dans l'ombre désolée d'une nuit infinie* »). — « *Je ne suis pas sans expérience* », écrit Nietzsche dans un *retour en arrière* ». « *Qu'elles aient été heureuses ou malheureuses, gaies ou attristantes, Dieu m'a conduit en toutes choses comme un père son faible enfant.* » C'est, dans bien des endroits, dans la bouche d'un Zarathoustra tour à tour fils et père (« *haute silhouette mince, avec un visage aux traits fins, exprimant la bienveillance* », lit-on dans une nouvelle ébauche d'autobiographie écrite en 1861, son père « *accomplissait sa tâche de pasteur en répandant le bien par sa parole et par ses actes* », « *il était le modèle accompli, l'image parfaite d'un pasteur de village* », « *le plus respectueux des pères* »), c'est dans ce livre, dis-je, que l'écho renforce la cruauté de l'enfance perdue et le contact vivace à reconquérir avec l'Absent, — comme, par exemple, ici : « *Ce que le père a tu, le fils le proclame ; et souvent j'ai trouvé révélé par le fils le secret du père* » ; — ou là : « *Vieille cloche ! Douce lyre ! toutes les douleurs ont déchiré le cœur, la douleur du père* » ; — ou encore ici : « *Je veux me racheter auprès de mes enfants d'avoir été le fils de mes pères : je veux racheter de tout l'avenir ce présent !* » En même temps, de la même manière dont il expulsait Dieu, Zarathoustra, après s'en être dépouillé, rejetait fièrement la mélancolie (inséparable du père), « *ce diable du crépuscule du soir* », et ici, comme bien souvent, les « ouvrages officiels » de Nietzsche, qui semblent pourtant au premier abord révéler son caractère personnel, ne reflètent pas tout à fait la réalité de ce qu'il consent notamment à avouer par l'intermédiaire de sa correspondance, de ses journaux ou des fragments intimes dont nous disposons. En 1864, un énième récapitulatif de sa vie contient cette autre concession : « *et je suis convaincu que ma mort d'un père excellent, si elle m'a d'un côté privé de l'aide paternelle [de la vigilance d'un œil paternel] et de sa conduite de la vie, a d'un autre côté déposé dans mon âme les germes de la gravité et de mon goût de la contemplation.* » Entendons par « *gravité* » (« *Ernst* ») non seulement l'austérité, la sévérité, la sériosité, la dureté, l'âpreté, la rigidité ou la raideur, mais surtout l'isolement moral, la solitude physique, la mélancolie, le renfermement (il s'enferme et, à vrai dire, s'enferre) dans un « contre-gai » savoir. Jetons donc un œil sur quelques lettres où l'on se rendra compte que Nietzsche, loin d'être un surhomme, loin d'être aussi fort que ses écrits ne le laissent transparaître, était un homme, — un homme seul et triste, — un homme qui *digérait* mal (dyspepsie, ce « *père de l'affliction* », et *philosophie à l'estomac*, maupiteuse quand on fait le *poirier*), — un homme qui, parce qu'il était reclus, et quand bien même il eût aimé boire, n'eût jamais pu lancer à la cantonade un « À votre santé ! » (j'imaginerais un éventif « À ma santé », mais terminé par un point d'interrogation et quelques points de suspension)... — En 1870, année où il est atteint de la diphtérie, la solitude à Bâle est pesante, « *parfois bien trop désespérante* ». Au début de 1883, alors qu'il s'acharne sur les deux derniers chapitres de la première partie du *Zarathoustra*, cette chère « *composition poétique* » qui n'est pas un « *recueil d'aphorismes* » et qui lui semble être « *une sorte de testament* » donnant, « *de la manière la plus aiguë* », un « *portrait* » de son être tel qu'il sera dès qu'il se sera un jour « *débarrassé* » de tout ce qui lui « *pèse* », il ne peut et ne veut dissimuler à son ami Franz Overbeck qu'il va mal, que la nuit l'environne, qu'il « *sombre irrémédiablement* », que sa « *vie tout entière s'est décomposée* » sous ses yeux : « *cette vie tout à fait lugubre et maintenue cachée, qui fait un pas en avant tous les six ans et ne veut en fait pas aller plus loin que ce pas-là, tandis que tout le reste, toutes mes relations avec les gens ont affaire à un masque que je porte, et tandis que je dois continûment être la victime du fait de mener une vie complètement dissimulée.* » À la fin de cette année 1883, au même Overbeck, on apprend que « *le malheur propre aux deux dernières années tenait très précisément* » au fait qu'il avait cru avoir trouvé en Lou Andreas-Salomé (rencontrée en 1882) une femme qui partageât avec lui « *une tâche tout à fait semblable* » : « *Sans cette croyance trop hâtive, je n'eusse pas à ce point souffert d'*isolement, *comme ce fut et comme c'est encore le cas : car je suis et j'étais prêt à mener seul à terme mon voyage d'exploration. Mais dès l'instant où j'ai rêvé ne pas être seul, le danger fut terrible. Aujourd'hui encore, il y a des moments où je ne sais pas comment me supporter moi-même.* » Cela se passe d'exégèse, et un enfant s'improviserait herméneute à moins ! Pour quelqu'un qui osera prétendre, dans *Ecce Homo* (*Pourquoi je suis si avisé*), choisir « *le parti des tendances "désintéressées"* » œuvrant « *en faveur de l'égoïsme et de l'autodiscipline de l'ego* », comment — « *si avisé* » — ne pas réussir à se supporter soi-même ? Je pense que l'« autodiscipline de l'ego », confrontée au miroir de l'onde, ne renvoie plus d'image (d'écho) impartiale (« *désintéressée* ») quand elle tangente l'autolâtrie, et brouille l'esprit (c'est le cas de le dire puisque *Ecce Homo* précède de peu l'effondrement de Turin). En 1886, année de la publication de *Par-delà bien et mal*, ouvrage qui se veut, selon ce que vante le sous-titre, un *Prélude d'une philosophie de l'avenir*, l'avenir est justement morose, sombre et glacial (bien que Nietzsche séjourne à Nice et qu'il régisse tant qu'il le peut son hygiène de vie selon le précepte/primat du « *mens sana in corpore sano* », rien ne le rend assez « *gai* ») : « *Quel automne mélancolique !* » écrit-il à Reinhart von Seydlitz, « *un ciel de plomb, pesant, personne pour m'ensoleiller un peu — et rien autour de moi, sinon mes vieux problèmes, ces vieux problèmes noirs comme des corbeaux !* » Il se sent incompris et définit la solitude comme n'avoir personne avec qui partager son « *oui* » et son « *non* ». À Jacob Burckhardt, fin 1887, dans un isolement qu'il resouligne piteusement, il n'en peut toujours plus de se débattre contre des démons qui se font chaque jour plus acharnés et résistants : « *La vie très intérieure, prisonnière de tant de souffrances, que j'ai jusqu'à présent menée (et qui a fait subir un naufrage à ma nature au fond solide) a peu à peu provoqué un isolement contre lequel il n'est plus aucun remède.* » Qui eût été capable, sinon Nietzsche, mieux que nul autre, à une époque où le poursuivait « *une mélodie d'une indicible mélancolie* » (*Ecce Homo*), de composer *Das Nachtlied* (*Le chant de la nuit* — ou *Le chant nocturne* — ou *Nocturne*) ? Surtout, qui eût été capable, sinon Nietzsche, de déclarer ce « *chant solitaire* » (« *dont le refrain revenait toujours dans ces mots : 'Mort d'immortalité...'* »), cette « *plainte immortelle* » comme étant le chant « *le plus solitaire qui fut jamais écrit* » ? Partout, « *il fait nuit* », nuit présignifiante, nuit d'avant la nuit prépondérante, complète : « *Hélas ! Que ne suis-je ombre et ténèbres ! Comme j'étancherais ma soif aux mamelles de la lumière ! [...] Mon bonheur de donner est mort à force de donner, ma vertu s'est fatiguée d'elle-même et de son abondance ! [...] Bien des soleils gravitent dans l'espace désert : leur lumière parle à tout ce qui est ténèbres, — c'est pour moi seul qu'ils se taisent. [...] Hélas ! La glace m'environne, ma main se brûle à des contacts glacés ! Hélas la soif est en moi, une soif altérée de votre soif ! — Il fait nuit ! hélas ! Pourquoi me faut-il être lumière ! et soif de ténèbres ! et solitude !* » C'est le passage de l'état gazeux à l'état liquide, c'est-à-dire la *condensation* ! Sur le diagramme enthalpique (ici, *mélancolique*), on peut thermodynamiquement décrire le parcours du philosophe : Nietzsche flottait dans la vapeur surchauffée, mais il lui arriva de croiser la courbe de rosée, la première saturation qui initie le changement d'état ; à pression et température constantes, il se dirigea finalement vers l'autre saturation, la courbe d'ébullition, où ce fut la *liquéfaction* totale, la *liquidation*. Zarathoustra le perçant, dont l'âme est un « *chant d'amoureux* », « *une fontaine jaillissante* » (« *ein springender Brunnen* »), jalouse les soleils et s'indigne de ne pas recevoir leur lumière. Pourquoi ? Parce qu'il vit de sa « *propre lumière* » et « *absorbe* » en lui-même « *les flammes qui jaillissent* » de lui. En un mot, s'il était possible de faire de « *briller* » un verbe pronominal : Zarathoustra, en tant que soleil, donne et *ne se brille pas*. « *Ô obscurcissement de mon soleil !* » Il n'y a pas de solitude plus élevée dans le demi-jour de l'obscurité immense : le zénith est le nadir. « *Bien des soleils gravitent dans l'espace désert : leur lumière parle à tout ce qui est ténèbres, — c'est pour moi seul qu'ils se taisent. — Hélas ! telle est l'inimitié de la lumière pour ce qui est lumineux !* » En thermodynamique, on appelle *corps noir* un corps qui absorbe tout le rayonnement qu'il reçoit et qui, à l'équilibre, réémet toute cette énergie reçue (sa température est donnée par la loi de Stefan-Boltzmann, proportionnelle à la racine quatrième de son émittance, c'est-à-dire de sa puissance lumineuse par unité de surface). Quoique le soleil ne soit pas un réceptacle de radiations, il est pourtant assimilé à un corps noir parce que son spectre d'émission est équivalent à celui d'un corps noir porté à la température de 5777 Kelvin. Zarathoustra/Nietzsche *est* un corps noir, il est un soleil qui ne connaît pas « *la joie de ceux qui prennent* », sa solitude vient de ce qu'il est « *enveloppé de lumière* », et c'est la raison pour laquelle il voudrait combler l'« *abîme entre donner et prendre* », devenir un corps noir qui absorberait la lumière des « *petits astres scintillants, vers luisants du ciel* » qu'il bénirait en se prosternant : « *et je me réjouirais de la lumière que vous me donneriez* », mendie-t-il dans un espoir vain... Dès lors, il se fatigue, il s'épuise, son « *bonheur de donner est mort à force de donner* », puis « *la glace* » l'environne, sa main « *se brûle à des contacts glacés* », et accourt le danger de tout corps noir en déséquilibre qui perd de sa chaleur : il n'*émet* plus, il est infiniment seul, il n'est le compagnon (le *spoutnik* !) de personne, n'a plus de compagne stellaire — dans la *voie lactée*... (Je renvoie — en passant — à l'étymologie de « *galaxie* » (« γαλαξίας »), où pointe, turgescent, le préfixe « *gala* » (« γάλα »), c'est-à-dire « *lait* »... — Oh ! que *j'aime à mêler, galamment*, à mes escapades, des *arrêts « olé olé » syncrétiques*... — Ah, *s'extraire* !... dans un branle-bas !... — Ah, tétons teutons... — Ah, tâter des tétines d'une Thétis têtue, tétanisante, « *aux fesses cascadantes* », et couler sous l'iceberg (un homme à la mère !), inondé de chaleur solaire, comme d'un qui, avant qu'on ne l'étête, halète... — Ah, boire aux tétons mordillés...) — Il jalouse donc les soleils qui n'en finissent pas de donner : « *Oh ! C'est vous seuls qui buvez un lait réconfortant aux mamelles de la lumière !* » (« *Oh, ihr erst trinkt euch Milch und Labsal aus des Lichtes Eutern!* ») Vocabulaire magique ! « *Euter* » : « *mamelle* », « *pis* », qu'intensifie en français le « Lichtes », à rapprocher du populaire « *licher* » ! Il y a, vers la fin du chapitre *De l'immaculée connaissance*, un passage qui se montre très, très troublant quand on s'amuse à corréler abusivement les deux langues : « *Elle veut aspirer la mer, et boire ses profondeurs : et le désir de la mer s'élève avec ses mille mamelles. — Car la mer veut être baisée et aspirée par le soleil ; elle veut devenir air et hauteur et sentier de lumière, et lumière elle-même !* » (« *Am Meere will sie saugen und seine Tiefe zu sich in die Höhe trinken: da hebt sich die Begierde des Meeres mit tausend Brüsten. — Geküßt und saugt will es sein vom Durste der Sonne; Luft will es werden und Höhe und Fußpfad des Lichts und selber Licht!* ») Le premier « *elle* », dans la traduction d'Henri Albert, renvoie à « *l'aurore* » (« *der Morgenröthe* »), tandis que dans les deux autres traductions en ma possession, celles de Geneviève Banquis et de Maurice de Gandillac, c'est un « *il* » qui désigne « *le soleil* » (« *der Sonne* ») ou « *l'ardent* » (« *die Glühende* »). Cela n'est pas bien important, il nous suffit de songer à l'aube, à l'aurore, à ce soleil qu'idéalise Zarathoustra/Nietzsche, auquel il s'identifie dans la tristesse de ne plus pouvoir ni vouloir tout à fait lui ressembler. (Le lait dégoutte-t-il ? dégoûte-t-il ? Je m'en excuse d'avance, mais un quatrain de Charles d'Orléans me revient tout d'un coup à l'esprit : « *Ci pris, ci mis, / Trop fort me lie / Merencolie, / De pis en pis* » !) La mer, elle, au moins, reçoit et boit la lumière, et par un glissement de l'être, les mamelles appartiennent non plus au soleil, mais à la mer, qui en se redressant se fait sentier, qui aspire (à) la lumière, est aspirée par le soleil jaillissant, et *veut* (en italiques) être embrassée par lui, ou, comme le dit le texte, « veut *être baisée* ». D'un côté, le soleil représente dieu, le père ; de l'autre, la mer, par un raccourci phonético-symbolique facile, c'est la mère, — l'origine, la source, la nourrice, la patrie, — la mère qui sécrète anormalement la prolactine mammotrope. Ne vais-je pas *trop loin* ? Qu'en sais-je ? J'écris et n'invente rien en écrivant. Mes raccordements prouvent leur propre existence du fait qu'ils sont écrits et lisibles. Comment puis-je inventer tout cela ? Les idées qui me viennent, *je ne les invente pas*, elles existent et je ne fais que les rapatrier, de répercussion en répercussion, de concordance en concordance, de correspondance en correspondance (« *de cime en cime, de distance en distance, de siècle en siècle, de clocher d'église en clocher d'église, de parchemin en parchemin* »). Je n'y mets pas le holà parce que c'est infaisable... Ces idées, quoique paraissant fort disjointes sans un examen approfondi, ont pour moi la même *fréquence de résonance*. Si chacune vibre dans son coin à une fréquence donnée, aucune d'entre elles n'atteindra jamais l'amplitude maximale qu'elle peut revendiquer ou mériter ; mais placez-les ensemble et trouvez le bon *tempo*, et alors vous décuplerez leur force et leur sens, de la même manière que le pas cadencé des soldats avait fait réagir le pont sur lequel ils s'avançaient (attention cependant : qu'il ne s'écroule pas, sinon les idées — trop obstinées — se noieront)... Une idée en commande une autre par association : c'est l'*idée* chérie en psychanalyse, l'« Einfall » (et non l'« Idee »), c'est-à-dire l'idée qui échoit inopinément et qui paraît incongrue alors qu'elle est le maillon essentiel de la chaîne du sens. Le clocher d'un village perdu retentit et communique son carillon au clocher d'un village voisin tout aussi perdu ; un transbordement de flèches sonores a lieu, une communication surnaturelle s'établit, comme une espèce d'« entre-répercussion », et une symphonie d'idées inédite résonne pour raisonner (ou l'inverse). Nul besoin d'être sidéré ; je ne fume ni narguilé ni chibouque assaisonnés d'une boulette d'opium ! Nul besoin non plus de me fredonner la méchante comptine : « *Maudit sois-tu carillonneur, / Qui fut créé pour mon malheur ! / Dès le point du jour à son poste il s'accroche / Et le soir encor le retrouve à sa cloche... / Quand sonnera-t-on la mort du sonneur ?* » Passe encore, si j'écrivais un charabia michalien... ou si, m'abusant moi-même, j'usais d'épitropes. Mais seriez-vous en train de me lire ? J'obéis à la règle fondamentale de la psychanalyse qui m'enjoint de faire part de tout ce que je perçois (de moi-même, véracement, ou à travers les autorités que je semonce dans mon livre/consistoire). Les idées — ravageuses — ne tarissent pas ; elles tombent comme la pluie sur le toit sans jamais interrompre leur flux puisqu'il est impossible de ne pas penser (lorsque, par exemple, j'écrivais que je ne parvenais pas à écrire, j'avais du moins, — ce qui n'est pas rien, — l'idée de l'écrire). Telles des sphérules immatérielles, les idées carambolent sur le tapis vert de mes neurones ; tels des noyaux d'atomes bombardés par un jet de neutrons, les idées *nucléaires* s'entrechoquent dans une réaction en chaîne. Je ne rejette aucune des « *Einfälle* », quand même elles apparaîtraient absurdes, car, si elles ne convainquent pas, elles renseignent en tout cas (et peut-être légifèrent), par leur articulation, sur la morbidité de mon psychisme. Encore une fois, en toute modestie, et sans vouloir exciper de mon savoir, je (me) *réfléchis* et (me) *fais réfléchir* (dans tous les sens imaginables). Dès lors, la question de savoir si je vais *trop loin* — a-t-elle un *sens* ?... Mon désespoir est-il si grand qu'il me leurre et qu'il me cache à moi-même le délire qui rendrait incompréhensibles tous ces mots, toutes ces phrases, tous ces paragraphes, tout ce livre ? Saint Jude (« *qui rend gloire* »), patron des causes désespérées, porte-moi secours ! protège-moi, ô Thaddée, au doux nom araméen (« *taddà* », « *à la mamelle* ») !... Ô Thérèse ! « *Je ne sais si je ne dis pas des folies. S'il en est ainsi, déchirez cet écrit.* » Lecteur, cela ne tient qu'à toi : si tu ne goûtes mes mamelles, *détruis* !... et je fuirai seul, guidé par Yahvé, vers le « *pays où coulent le lait et le miel* » (Deut 6,3), en attendant les retardataires : il faut que vous veniez « *afin que vous soyez nourris et rassasiés du lait de ses consolations* » (Is 66,11)...

— Ô Diane d'Éphèse, ô Artémis, ô Cybèle phrygienne, symboles de la fécondité (si vous n'êtes archères), vous les « πολυμαστος », déesses « *aux innombrables mamelles* », nous sommes vos enfants bohémiens et vous livrez à nos « *fiers appétits / Le trésor toujours prêt des mamelles pendantes* » (Baudelaire), avant que nous gambadions ressourcés sur la « *plaine aride et mamelonneuse* » (Flaubert), comme en ces temps où votre « *double sein versait dans les immensités / Le pur ruissellement de la vie infinie* » (Rimbaud), où l'Homme était heureux de sucer vos mamelles bénies comme il boirait son pastis, « *car ce sont d'elles que découlent beaucoup de rivières et de ruisseaux qui répandent l'abondance sur la terre* » (Bernardin de Saint-Pierre) ! « *Nous sommes là, savants, poètes, pêle-mêle, / Pendus de toutes parts à ta forte mamelle !* » (Hugo) (Pendus comme « *Haman au bois qu'il avait préparé pour Mardochée* » (*Est 7,10*), un gibet de cinquante coudées (vingt-trois mètres) !) Et quand vos mamelles, ô déesses océaniennes, ne seraient que des testicules de taureau, faisant de vous un triple Priape ithyphallique, quand elles n'offriraient de couleur que celle de l'*orchidée* (le petit « *orchis* », « ορχις », « *testicule* »), vous demeureriez nos mères, nos mers, origines du monde, de la Terre et de nous-mêmes ! (Et seraient-elles même ces mamelles aérostatiques retenues par des fils, qui se détachent de la poitrine de Thérèse/Tirésias dans le drame surréaliste d'Apollinaire, et qui, tels des ballons d'enfant, éclatent par la flamme d'un briquet, que, sans aller jusqu'à en raffoler, nous ne nous en offusquerions pas…) Faust ne s'écrie-t-il pas : « *Welch Schauspiel ! aber ach ! ein Schauspiel nur ! / Wo faß' ich dich, unendliche Natur ? / Euch Brüste, wo ? Ihr Quellen alles Lebens, / An denen Himmel und Erde hängt, / Dahin die welke Brust sich drängt — / Ihr quellt, ihr tränkt, und schmacht' ich so vergebens ?* » (« *Quel spectacle ! Mais, hélas ! ce n'est qu'un spectacle ! Où te saisir, nature infinie ? Ne pourrai-je donc aussi presser tes mamelles, où le ciel et la terre demeurent suspendus ? Je voudrais m'abreuver de ce lait intarissable… mais il coule partout, il inonde tout, et, moi, je languis vainement après lui ?* ») Toukârâm l'illettré ne jouit-il pas de sucer le sein divin ? « *À la fraîcheur de l'ombre qu'elle me donne, ma mère Vithaï laisse monter son lait d'amour. / J'irai dans son giron placer mes lèvres sur son sein et boire tout mon soûl. / Mon corps s'est nourri du lait de grâce / qu'elle fit couler pour moi : cette ambroisie m'a redonné la vie. / La joie dans mon cœur comble tout l'espace et se gonfle comme une mer. / On s'égare, on tombe : elle souffre. / Devant, derrière, elle m'entoure et me protège. / J'ignore l'inquiétude, dit Toukâ, / je suis le petit enfant chéri de Vithaï.* » N'est-il pas écrit dans la Genèse (49,25) : « *C'est l'œuvre du Dieu de ton père, qui t'aidera ; c'est l'œuvre du Tout-puissant, qui te bénira des bénédictions des cieux en haut, des bénédictions des eaux en bas, des bénédictions des mamelles et du sein maternel* » ? Le Très-Haut céleste ou le Très-Bas maritime, nous nageons entre les deux, l'eau et le haut. Ne quittons pas les temps de la Création et poursuivons la genèse de mon idée en nous référant à Hésiode et à sa *Théogonie* : « *Au commencement donc fut le Chaos, puis Gaïa au vaste sein, éternel et inébranlable soutien de toutes choses.* » (On remarquera que l'académicien Henri Patin avait traduit « εὐρύστερνος » par « *au vaste sein* » ; Leconte de Lisle, pour sa part, avait choisi l'expression : « *au large sein* » ; et l'on trouve ici ou là : « *à la large poitrine* », « *aux larges flancs* », et cætera.) Ensuite, raconte Hésiode, Gaïa forma la « *haute mer stérile* » (« ἀτρύγετον πέλαγος »). L'ironie apparaît quand on rapproche cette représentation de la *stérilité* d'un passage des *Hymnes homériques* où il est question de Dionysos, si cher à Nietzsche : « *Je ferai souvenir de Dionysos, fils de l'illustre Sémélé, quand il apparut au rivage de la mer stérile, sur un promontoire avancé, semblable à un jeune homme dans la première adolescence.* » Or, de son « *promontoire* », Nietzsche/Zarathoustra convoite les deux extrêmes : le soleil/père et la mer/mère. Dans un poème de 1859 (*Chant de Mai*), le petit Nietzsche écrivit : « *Je voudrais me plonger / Dans cette mer de volupté ; / Cette douce pensée / Soulève déjà de joie ma poitrine. / Je voudrais t'embrasser / Et ne plus jamais me séparer de toi, / Ô printemps, viens, entre !* » Dans un autre poème de 1862 (*Chansons*) se trouve ce quatrain : « *Mon cœur est vaste comme une mer, / ton visage y sourit baigné de soleil, / en profonde, douce solitude, / où délicatement vague sur vague se brise.* » Et si l'on retourne à nouveau en 1859, voici que l'on peut lire (*Au loin*) : « *Au loin, au loin / Luisent les étoiles de ma vie, / Et je contemple avec tristesse, / Mon bonheur de jadis, / Regardant si volontiers, si volontiers / Avec un frisson de plaisir en arrière.* » On croirait entendre Hölderlin ou Nelligan : à quinze ans, il évoquait et regrettait déjà son « *bonheur de jadis* » ! Dès l'enfance déchiré entre les deux images opposées du père absent et de la mère comme unique soutien et substitut, Nietzsche était programmé pour vivre mélancoliquement. Terrible prédestination ! Quand on pense que cette année de 1859, il y a d'un côté la « *mer de volupté* », de l'autre le deuil toujours vivace (« *J'ai beaucoup pleuré / Sur la tombe de mon père* »), on comprend mieux le rôle récurrent de l'*aurore*, seule entité qui permette, en plus de rêver d'un jour meilleur, de réunir le ciel et la mer, le soleil et l'eau, les deux nourrices de *la vie*. Mais en même temps, cette vie est l'embranchement de l'impossible, la menace latente de la mélancolie. Lorsque Nietzsche « *soupire altéré : la vie, la vie, la vie !* » — c'est sa Mélancolie (« *ô cruelle déesse* ») qui soupire en lui tendant la plume qui doit célébrer son éloge. Il faut que l'aurore déchire l'horizon si Nietzsche ne doit pas être déchiré, s'il ne veut pas que « *sombre, de plus en plus sombre / se [fasse] la voûte de [son] ciel, ivre de mélancolie* ». Zarathoustra est celui qui connaît le plus intensément, comme dit Lamartine, « *l'heure où la mélancolie / S'assoit pensive et recueillie / Aux bords silencieux des mers* ». En contemplant l'aurore si douce, pleine d'espoir, — la déesse Aurore (Ἠώς), la belle déesse « *aux doigts de rose* » (« ῥοδοδάκτυλος ») ou « *en robe de safran* » (« κροκόπεπλος »), telle que la chante Homère, « *quittant le cours de l'Océan, montait, pour apporter la lumière aux immortels et aux humains* », — en la regardant amoureusement, Zaratoustra ne peut réprimer un *mal de mer*, et l'en envahi du sentiment naupathique — nietzschéen — de l'existence. Il est si difficile de décrire cette ambiguïté fondamentale, de conjuguer tous les aspects qui illustrent la mélancolie de Nietzsche, qu'il faudrait, pour synthétiser la discussion, pourvoir repérer des équivalences dans les vers d'un poète. Ce poète sera Alfred de Musset (« *Lui, le grand inspiré de la Mélancolie* ») ; le poème sera *La Nuit de Mai* (« *Les plus désespérés sont les chants les plus beaux, / Et j'en sais d'immortels qui sont de purs sanglots* ») ; le héros censé définir Nietzsche/Zarathoustra, le Pélican : « *Lorsque le pélican, lassé d'un long voyage, / Dans les brouillards du soir retourne à ses roseaux, / Ses petits affamés courent sur le rivage / En le voyant au loin s'abattre sur les eaux. [...] Lui, gagnant à pas lents une roche élevée, / De son aile pendante abritant sa couvée, / Pêcheur mélancolique, il regarde les cieux. / Le sang coule à longs flots de sa poitrine ouverte ; / En vain il a des mers fouillé la profondeur ; / L'Océan était vide et la plage déserte ; / Pour toute nourriture il apporte son cœur. / Sombre et silencieux, étendu sur la pierre / Partageant à ses fils ses entrailles de père, / Dans son amour sublime il berce sa douleur, / Et, regardant couler sa sanglante mamelle, / Sur son festin de mort il s'affaisse et chancelle, / Ivre de volupté, de tendresse et d'horreur.* » Étymologiquement, « *pélican* » provient de « πελεκάν », qui serait lié à « πελεκάω », qui signifie « *travailler à la hache* », et vous avouerez que ma comparaison avec un philosophe qui sous-intitule *Comment on philosophe avec un marteau* son *Crépuscule des idoles*, n'est pas volée ! Mais outre cette anecdote, le pélican est la plus adéquate des figures parce qu'il symbolise l'amour paternel à travers le Prophète, le « *pélican du désert* » (*Ps 102,6*) qu'incarne le Christ qui sur la Croix se sacrifie par le sang (« *Le Pellican, qui pour les siens se tue* », dixit Clément Marot, qui se lamente ailleurs : « *O Mer amere aux mordantes espinces* » !). L'aurore du pélican, — déclin et commencement, vie et mort, père et mère, — sacrifice et mélancolie ! Zarathoustra sait bien que là « *où il y a sacrifice et service rendu et regard d'amour, il y a aussi volonté d'être maître* », et, pour reprendre Khalil Gibran et son *Précurseur*, « *nous ne sommes, soleil et terre, que les prémices d'un soleil et d'une terre encore plus grands* », « *nous serons toujours le commencement* », mais c'est le chant de la nuit qui résonne et s'estompe devant l'aurore : « *La nuit est finie, et nous les enfants de la nuit nous devons mourir quand l'aube fait irruption sur les collines ; et de nos cendres naîtra un amour plus puissant. Il rira en plein soleil, et sera immortel.* » Il faut vivre pour mourir, puis mourir pour vivre, et Zarathoustra répond à l'écho de Gibran en *piaulant* : « *Ô mes frères, le précurseur est toujours sacrifié. Or nous sommes des précurseurs. — Nous saignons tous au secret autel des sacrifices, nous brûlons et nous rôtissons tous en l'honneur des vieilles idoles.* » Il ajoute, inexorable : « *Hélas ! mes frères, comment des précurseurs ne seraient-ils pas sacrifiés !* » Hélas, déesse — Mélancolie !... — « *To his good friends thus wide I'll ope my arms and like the kind life-rendering pelican, repast them with my blood.* » (« *Quant à ses bons amis, je les recevrai à bras tout grands ouverts ; et, comme le pélican qui s'arrache la vie par bonté, je les nourrirai de mon sang.* ») — Le raccourci qui mène des *mamelles* à la *mélancolie* n'est-il pas un *lacis d'idioties*, n'est-il pas *osé* ? (« *Quelle mélancolie et déchirante idée !* ») Ne vais-je pas *trop loin* ? Les mamelles de la mélancolie : quelle étrange association que l'on peut même inverser jusqu'à la rendre absurde : la mélancolie des mamelles ! Je parodierais bien les paroles de Luc (*11,27*) en te les appliquant, cher Nietzsche : « *Mélancolique le sein qui t'a porté ! mélancoliques les mamelles qui t'ont allaité !* » — Ne vais-je pas *trop loin* ? Peut-être ! N'aviez-vous pas remarqué que mon ascèse se fait en palabrant ? S'il me plaît de citer Hugo ici, sans délai, ne le puis-je pas ? Si fait ! « *Il fit sortir l'alcyon / Du rayon / Qui baise la mer difforme.* » Que cela a-t-il apporté ?... Tout — et rien, — et qu'ainsi fût-il ! Car « *Tout se confond dans Tout, et rien à part n'existe* »... Ah, ne niez pas, comme Pierre, ou le coq chantera dans vos oreilles : « *Je ne sais pas, je ne comprends pas ce que tu veux dire.* » (Mc 14,68) Écoutez donc Jésus : « *Tous ne comprennent pas cette parole, mais seulement ceux à qui cela est donné.* » (Mt 19,11) « *Vous ne comprenez pas cette parabole ? Comment donc comprendrez-vous toutes les paraboles ?* » (Mc 4,13) « *Ce que je fais, tu ne le comprends pas maintenant, mais tu le comprendras bientôt.* » (Jn 13,7) Je joue, comprenez-vous ? J'ameute les sens et joue contre et pour eux. De mon boudoir, sadiquement, « *je ne m'adresse qu'à des gens capables de m'entendre, et ceux-là me liront sans danger* ». Je me prends pour le prophète Isaïe parce que mon nom porte la douleur et parce que Yahvé m'a dit : « *Va, et dis à ce peuple : "Vous entendrez, et vous ne comprendrez point ; vous verrez, et vous ne saisirez point."* » (*6,9*) Je me prends pour Yahvé parce que le peuple lettré ne m'entendra jamais : « *Car mes pensées ne sont pas vos pensées, et vos voies ne sont pas mes voies, dit l'Éternel.* » (*55,8*) (L'une de mes histoires drôles préférées, dans la plus pure tradition de l'humour juif, met en scène deux personnages, Reb David et Reb Moshé : « *Alors, il paraît que tu te prends pour le Messie en personne ? — Je ne me prends pas pour le Messie, je suis le Messie. — Ah bon ; et comment le sais-tu, qui te l'a dit ? — Mais, c'est Dieu qui me l'a dit ! — Quoi ? moi ?... Mais je ne t'ai rien dit !* ») — Ne vais-je pas (et n'allez-vous pas, en me lisant) *trop loin* ? Peut-être ! (Je ne cacherai pas au lecteur que tous ces rapprochements m'esquintent l'esprit (c'est un labeur que de puiser *partout*), mais ils savent m'apporter en contrepartie un délassement à la fois inestimable et inexprimable. Pour reprendre les mots de Casanova, « *j'écris pour ne pas m'ennuyer, et je me réjouis, et je me félicite de ce que je m'en complais ; si je déraisonne, je ne m'en soucie pas, il me suffit d'être convaincu que je m'amuse* ». Tel un auspice des textes, un puisatier du sens, je fouille, déterre, remue la terre et les entrailles, drague les fonds, tâte de mon gaffe les irrégularités du monde intelligible, puis raye les lignes de mon infinie mancoliste... J'écris aussi avec l'espoir de n'avoir pas à me dire, comme Isaïe : « *C'est en vain que j'ai travaillé, c'est pour le vide et le néant que j'ai consumé ma force* » (*49,4*)... De toute façon, il est vain que je cherche des raisons valides : qu'écrit celui qui écrit *sur* le vide et *sur* le néant ?...) Mais ne nous relâchons pas et maintenons notre effort (athlétique) de concentration en abordant un autre point : un petit cours d'Histoire ne serait certes pas superflu, car il nous apporterait de précieux renseignements qui aideraient à mieux apprécier ce qui précède (et nous ramènerait sur le plancher des vaches). Les Grecs empruntèrent le nom « *Zoroastre* » (« Ζωροάστρης ») à la vieille langue iranienne appelée avestique (de l'*Avesta*, livre sacré des Perses de l'époque Sassanide) qui l'écrivait « *Zaraθuštra* » (« *Zarathoustra* »), littéralement « *vieux chameau* », désignant par là le prophète réformateur qui instaura le zoroastrisme, religion du 1er millénaire avant Jésus-Christ et vouant un culte à la divinité « *Ahurô Mazdâ* » (ou « Ahura-Mazda », contracté en « *Ormus* », « *Ormuzd* », « *AuhrMadzā* »). Bien des siècles plus tard, cette religion sera supplantée par l'islam et l'*Avesta* sombrera dans l'oubli, après avoir été aux trois-quarts perdu (sur huit-cents quinze chapitres, il n'en subsiste trois-cents quarante-huit, probablement détruits par des incendies, — tout en sachant que, d'autre part, d'après les recherches de Pline l'Ancien, un individu répertorié comme étant Zoroastre aurait réussi à composer « *deux millions de vers* », ce qui est litigieux). Dans l'*Avesta*, on trouve notamment ceci, qui corrobore — de loin — l'idée de la mer en tant que mère : « *Ô vous, eaux lymphatiques, eaux mères, vous liquides féminins qui nourrissez le faible (embryon) !* » Mais au livre des « *Yeshts* » (« *Adorations* »), qui comporte vingt-deux cantiques (sur trente) chantés lors de sacrifices en l'honneur de la divinité, on trouve un plus riche matériau au chapitre « *Tir-Yesht (Tistrya)* » : « *Khshnaothra à Ahura-Mazda... Je professe Mazdéen..., Khsnaothra à l'astre Tistrya brillant, majestueux, [...] aux étoiles qui contiennent le germe de l'eau, qui contiennent le germe de la terre, qui contiennent le germe des végétaux, créés par Mazda [...] — 1. Ahura-Mazda dit à Zarathustra-le-saint : Honorons l'Ahu et le Ratu, la lune, la réunion et le Myazda, afin que mes étoiles brillantes m'obéissent et accordent leur lumière aux hommes. — 2. Je veux aussi honorer par ces offrandes l'astre qui dispense (les biens) aux campagnes, l'astre Tistrya, brillant, majestueux, dont le lieu de séjour est beau, dont le lieu de séjour est bon, (astre) d'un éclat vermeil et étincelant, qui frappe la vue, bienveillant, guérissant les maux ; répandant la joie, élevé (dans le ciel), favorisant de loin (les êtres) par ses rayons brillants et purs. (Honorons aussi) l'eau de la vaste mer, bonne et pure, célèbre au loin et le nom du taureau créé par Mazda et la redoutable majesté royale, le Fravashi du pur et saint Zarathustra. [...] — 41. Nous honorons l'astre Tistrya, brillant, majestueux, auquel pensent toutes les eaux, les eaux stagnantes et coulantes,... eaux de source et de torrent, de rosée ou de pluie [...] — 45. Nous honorons l'astre Tistrya, brillant, majestueux, à qui Ahura-Mazda a donné mille membres, lui le plus puissant des (astres), qui contiennent le germe des eaux, pour faire croître (toutes choses), — 46. Lui qui va circulant dans les espaces lumineux, pour les (astres) qui contiennent les germes des eaux, qui atteint tous les seins de la mer Vourukasha, puissante, bien développée, profonde, aux eaux larges, et tous les déversoirs et tous les canaux d'écoulement, sous la forme d'un cheval fauve, brillant, aux oreilles d'or, au licou d'or.* » La tentation était grande de souligner tout ce qui a un rapport avec notre sujet. Je m'en suis finalement abstenu. Zarathoustra/Nietzsche est tout cela, mais sans l'être, — du moins, à la lettre (Zarathoustra, aux yeux de Nietzsche, est la « *victoire de la morale remportée sur elle-même par amour de la véracité, victoire du moraliste remportée sur lui-même pour aboutir à son contraire* », et il a choisi cette figure persane pour appuyer son rôle, dans l'histoire, de « *premier immoraliste* »). L'existence d'un dieu ne saurait peser à ce même dieu, tandis qu'à Nietzsche, elle pèse : « *Il est maint fardeau pesant pour l'esprit, pour l'esprit patient et vigoureux en qui domine le respect* », et « *sa vigueur réclame le fardeau pesant, le plus pesant* », écrit-il dans Zarathoustra (*Les trois métamorphoses*). « *L'esprit robuste charge sur lui tous ces fardeaux pesants : tel le chameau qui sitôt chargé se hâte vers le désert, ainsi lui se hâte vers son désert.* » Ce passage s'éclaire du « *vieux chameau* » qui définit « *Zarathoustra* », et à ceux qui ne connaissent pas le zoroastrisme, on voit qu'il leur manquera une dimension nécessaire pour l'interprétation. (La ville, par exemple, où séjournait Zarathoustra, nommée par Nietzsche « *la Vache multicolore* » (sans compter les nombreuses autres références à la « *vache* », dans l'*Avesta* et à sa « *vache aux dons parfaits* » (qui n'est pas sans rappeler Auðhumla, la vache originelle du *Gylfaginning*, ou la génisse aux cornes d'or sacrifiée dans *L'Odyssée*, ou encore les veaux d'or anathématisés dans la Bible) : « *donnez à ceux qui soignent la vache mère la sagesse parfaite de votre intelligence, ô Mazda* ». Pareillement, « *la fête de l'âne* », durant laquelle Zarathoustra ne se maîtrise pas et crie « *I-A à plus haute voix encore que l'âne* ». La vie, continuellement, « *est dure à porter* ». Il ne faut pas avoir l'air tendre et ne jamais cesser de penser que « *nous sommes tous des ânes et des ânesses chargés de fardeaux* ». L'*Avesta* honore « *l'âne pur, qui se tient au milieu de la mer Vourukasha* », l'âne semblable à une montagne, éradicateur des animaux nuisibles, fort comme la marée.) — Alors ? ne vais-je pas *trop loin* ? Peut-être !... Ne va-t-on jamais *trop loin* ?... Que j'aille en Orient, je serai toujours un peu à l'ouest !... — Nietzsche n'est-il pas, de toute façon, un astre qui décline, puis réapparaît ? Nietzsche ne s'affirme-t-il pas comme un *décadent* et un *commencement* ? Il le dit lui-même dans *Ecce Homo* (*Pourquoi je suis si sage*) : « *La chance de mon existence, ce qu'elle a d'unique peut-être, tient à ce qu'elle a de fatal. Pour l'exprimer sous forme d'énigme, en tant que mon propre père, je suis déjà mort, c'est en tant que je suis ma mère que je vis encore, et vieillis.* » Le « *glissement* » que j'évoquais est tout entier là : le soleil, le père, qui était « *délicat, aimable et morbide* », meurt à trente-six ans, et la vie de Nietzsche, à *l'âge même* où la vie de son père déclina, « *se mit à décliner* » aussi : « *dans la trente-sixième année de mon âge, j'atteignis le point le plus bas de ma vitalité, — je vivais encore, mais sans voir à trois pas devant moi.* » Seul un soleil peut décliner. De là, une recherche insatiable de l'aurore ! Je continue (en le laissant continuer) sur cette fameuse année 1879 où, durant l'été, il vécut « *la vie d'une ombre* », et dont il dira de l'hiver qu'il fut « *le moins ensoleillé* » de sa vie : « *je fus une ombre* », ne *rougit*-il pas de préciser. Événement tout aussi incroyable à cette époque : la résurgence de ses « *maux d'yeux, confinant parfois dangereusement à la cécité* » : d'avoir trop regardé le soleil ? d'être un soleil qui ne se voit pas ? de se transformer en corps noir faiblissant ?... Heureusement, un rai sélène vint dans la stèle de la nuit profonde, une *éclaircie* sembla succéder à « *cette longue période de maladie* », car « *la maladie peut être un stimulant énergique* » : « *qu'on y prenne bien garde : mes années de plus faible vitalité furent celles où je* cessai *d'être pessimiste : l'instinct de l'"autoreconstruction"* m'interdisait *une philosophie de la pauvreté et du découragement...* » Quoi qu'il en soit, il semble que pour Nietzsche le *bonheur* (ou *bien-être*) ait consisté *à chercher* avant tout une *nourriture* et un *climat* adaptés (*philosophiquement*). Ce souci du « *choix de l'alimentation* » (drastique : « *on doit connaître la dimension de son estomac* ») et du « *choix du lieu et du climat* » ont gouverné son mode de vie. Il a toujours recherché la lumière, les pays chauds, et voulu contempler les aurores en se prenant pour elles, les chanter à l'instar de son Zarathoustra, et croire, tel le coq Chantecler, tout en s'éblouissant, que chaque lever de soleil était dû à son cocorico (« *Je recule, / Ébloui de me voir moi-même tout vermeil, / Et d'avoir, moi, le Coq, fait lever le soleil !* »). Chantecler, c'est l'homme de Pope qui veut « *guider le Soleil* » (« *regulate the Sun* »), c'est Josué qui fige les astres dans le ciel pendant une journée, c'est le chanteur qui clame : « *Moi, je chante en m'ouvrant le cœur !* » — ou : « *Moi, c'est vers le Soleil que je cours !* » Nietzsche au nadir, c'est Chantecler, au verbe près : « *Je me trouve indigne de ma gloire. / Pourquoi m'a-t-on choisi pour chasser la nuit noire ? / Oui, dès que j'ai rendu les cieux incandescents, / L'orgueil, qui m'enlevait, tombe. Je redescends. / Comment ! moi, si petit, j'ai fait l'aurore immense ! / Et, l'ayant faite, il faut que je la recommence ! / Mais je ne pourrai pas ! Je ne vais pas pouvoir ! / Je ne pourrai jamais ! Je suis au désespoir ! / Console-moi !* » Un Nietzsche, à l'évidence, confiné entre soleil et mer, et dont l'esprit, dirait Tchouang-tseu, « *paraît suspendu entre ciel et terre, déprimé par la solitude, la mélancolie* », — mais un Nietzsche, assurément, duquel s'élève à peu à peu l'aura du rétablissement, qui s'éloigne de la caverne, « *ardent et fort comme le soleil du matin qui surgit des sombres montagnes* », un Nietzsche qui se gargarise et chante, — clair : « *Voici mon aube matinale, ma journée commence, lève-toi donc, lève-toi, ô grand midi !* » — Nietzsche se moque de la mélancolie et, cependant, la mélancolie l'étreint ; — il prêche la solitude, fuit la populace, et, cependant, la solitude et le monde le font souffrir ; — il vante le surhomme et, cependant, il est souvent malade ; — il souhaite construire et, cependant, il est le « *destructeur par excellence* » ; — il écrit qu'il n'est « *pas un homme* », qu'il est « *une dynamite* », et, cependant, déshumanisé, il explosera ; — il s'apparente à un crépuscule périodique... Son âme, telle une boussole magnétique qui tourne sur elle-même, s'emprisonne après chaque rotation dans un « *étrange état crépusculaire* », ce « *je ne sais quoi d'à demi éclairé qui nous environne* » et composé de « *brume au dehors* » et d'« *incertitude au dedans* » (je paraphrase Hugo sans sa *Préface des Chants du Crépuscule*). Se rit-il de ses contradictions, de ces « *chemins* » qui « *se contredisent* », qui « *se butent l'un contre l'autre* », « *de sorte qu'il y ait en [lui] le oui et le non* » (*2 Co 1,17*) ? Oui et non, puisque l'*impertinence* nietzschéenne, conséquence ou cause de la *contradiction* (le *contredire*, i.e. le *dire contré*) est « *l'une de nos premières vertus* », et que « *c'est même une chance d'avoir tort* » à la condition d'être « *assez riche pour s'en offrir le luxe* ». « *Le problème n'est pas précisément simple* », dirait Nietzsche ; aucun filet ne dispose de mailles assez serrées pour attraper le Saxon comme un vulgaire poisson, il vous glisse entre les mains quand vous croyez le tenir. Si vous vous imaginez avoir une touche au bout de chaque ligne, c'est parce que *vous* avez mordu. L'existence de Nietzsche pourrait correspondre au commencement de la sourate 37 du Coran : « *Par l'étoile à son déclin !* » Début et fin sont si intimement mêlés que l'on peut conjecturer qu'il naquit, puis, aussitôt, qu'« *il jeta un regard attentif sur les étoiles, et dit : "Je suis malade"* » (versets 88-89). C'est un combat contre le démon, un combat du jour et de la nuit, Nietzsche « *cherche protection auprès du Seigneur de l'aube naissante, contre le mal des êtres qu'Il a créés, contre le mal de l'obscurité quand elle s'approfondit* » (sourate 113, versets 1-3), mais c'est seulement « *quand le soleil sera obscurci, et que les étoiles deviendront ternes* », que son âme « *saura ce qu'elle a présenté* » (sourate 81, versets 1-2.14). Que ce soit au nom de Zoroastre, de Zarathoustra, ou bien au nom d'Allah, « *le Tout Miséricordieux, le Très Miséricordieux* » Allah qui « *connaît le contenu des poitrines* », est-il dit au verset 38 de la sourate 35 et ailleurs (toujours dans la traduction de Muhammad Hamidullah), le soleil se lève et se couche, s'illumine et s'enténèbre, vit et meurt, car toute aube est un crépuscule en devenir…

— Et avant d'en venir à Schopenhauer, posons-nous la question suivante : Nietzsche était-il un nihiliste, un fataliste, un pessimiste ? On s'imagine bien que la réponse n'est pas aisée. En tant que malade, en tant que décadent, il conseille le « *fatalisme russe* », ce « *fatalisme sans révolte* » qui permet de ne pas gaspiller ses forces, de se libérer, comme le font les bouddhistes, de tout « *ressentiment* », et de se cramponner opiniâtrement à tout ce qui est insupportable, de « *s'accepter comme un Fatum* ». « *Ma philosophie fait la guerre à tous les sentiments de vengeance et de rancune jusque dans la doctrine du "libre arbitre"* », écrit-il dans *Ecce Homo* ; « *dès que la vie me revenait avec assez d'abondance et de fierté je me les interdisais comme inférieurs à moi* ». En parallèle de ces confidences, il énonce, dans *l'Essai d'autocritique* qui précède la *Naissance de la tragédie* : « *On devine à quelle place se dressait alors le grand point d'interrogation de la valeur de l'existence. Le pessimisme est-il* nécessairement *le signe du déclin, de la décadence, de la faillite des instincts lassés et affaiblis ? — comme ce fut le cas pour les Hindous ; comme il semble, selon toute apparence, que cela soit pour nous autres, hommes "modernes" et Européens ? Y a-t-il un pessimisme de la force ? une prédilection intellectuelle pour l'âpreté, l'horreur, la cruauté, l'incertitude de l'existence due à la belle santé, à la surabondance de force vitale, à un trop-plein de vie ? Cette plénitude excessive elle-même ne comporte-t-elle pas peut-être une souffrance ? / L'œil le plus perçant n'est-il pas possédé d'une irrésistible témérité, qui recherche le terrible, comme l'ennemi, le digne adversaire contre qui elle veut éprouver sa force ? dont elle veut apprendre ce que c'est que "la peur" ?* » Nietzsche est ce que j'appellerais un pessimiste du contre-déclin, un pessimiste de l'aurore, un pessimiste qui n'oscille pas *entre* souffrance et plénitude, mais qui *est* souffrance *et* plénitude. Pour connaître la plénitude, il faut trouver ; pour trouver, chercher ; pour chercher, apprendre ; pour apprendre, éprouver sa force ; pour éprouver sa force, souffrir ; pour souffrir, connaître (ou avoir connu) la plénitude. D'où sort le soleil qui s'élève à l'horizon ? Du tombeau où il le reprenait vie dans la mort. Le soleil prend son essor parce qu'il a puisé sa force dans le pessimisme et qu'il a fait de ce pessimisme, en le dépassant, un « *pessimisme de la force* » (ce pessimisme étant celui des Grecs, un pessimisme « *classique* » au sens psychologique, non pas historique). Si le lecteur voulait bien m'accorder un pléonasme, je dirais que Nietzsche n'est pas un pessimiste pessimiste (comme le serait peut-être un Schopenhauer, et, dans une moindre mesure, le semblent les pessimistes modernes décadents que Nietzsche lista un jour : Leopardi, Baudelaire, Mainländer, Goncourt, Dostoïevski, voire Vigny et Pascal) ; Nietzsche est plutôt un *pessimiste rieur*. C'est en ce sens que je répondrais par l'affirmative à la question posée à l'instant : Nietzsche se rit-il de ses contradictions ? Zarathoustra confirme la nécessité de ce « rire » : « *Qui de vous peut en même temps rire et être élevé ? — Celui qui plane sur les plus hautes montagnes se rit de toutes les tragédies de la scène et de la vie.* » Car le rire, chez Nietzsche, n'est pas à prendre à la légère : « *Cette couronne du rieur, cette couronne de roses : c'est moi-même qui me la suis posé sur la tête, j'ai canonisé moi-même mon rire. Je n'ai trouvé personne d'assez fort pour cela aujourd'hui.* » Tant et si bien que Zarathoustra, dont la profondeur inébranlable « *brille d'énigmes et d'éclats de rire* », prescrit autoritairement le rire — jusqu'au rire de soi-même : « *Apprenez à rire de vous-mêmes.* » Le rire, commandé par le pessimisme, devient plaisir et joie face à l'absurde, comme le montre ce paragraphe d'*Humain, trop humain* : « Plaisir pris à l'absurde. — *Comment l'homme peut-il prendre plaisir à l'absurde ? Aussi loin en vérité, qu'il y a du rire dans le monde, c'est là le cas ; on peut même dire que, presque partout où il y a du bonheur, il y a plaisir pris à l'absurde. Le renversement de l'expérience en son contraire, de ce qui a un but en ce qui n'en a point, du nécessaire en capricieux, sans pourtant que ce fait cause aucun dommage et soit jamais conçu que par bonne humeur, est un sujet de joie, car il nous délivre momentanément de la contrainte de la nécessité, de l'appropriation à des fins, et de l'expérience, dans lesquelles nous voyons pour l'ordinaire nos maîtres impitoyables [...].* » Et c'est pourquoi Zarathoustra ordonne aux hommes « *de rire de leurs sages austères* »… Aboule la question qui brûle les lèvres (les miennes, à défaut de répondeur interrogeant lippu) : Nietzsche (se) rit-il de son maître Schopenhauer ?... — Si l'on veut pénétrer l'influence qu'eut Schopenhauer sur son être-au-monde et son œuvre philosophique, il est bon d'aller visiter deux textes. Le premier fait partie des écrits autobiographiques (*Regard en arrière sur mes deux années passées à Leipzig du 17 Octobre 1865 au 10 août 1867*) et commence fort : « *Mon avenir m'apparaît très sombre, sans pour autant me causer du souci.* » Aussi doit-on considérer sa découverte de Schopenhauer vers l'âge de vingt-et-un ans (automne 1865), au moment où, en tant que jeune homme, « *après que la vie s'est résolue devant lui en énigme* », celui-ci « *doit d'abord tomber* » dans l'« *étonnement* » philosophique (vingt-et-un ans est l'âge de ma découverte de Nietzsche et de Schopenhauer). Nietzsche entreprend alors le récit de cette « résolution » et de cette « passion » qui fait apparaître « *pour la première fois dans ses feuilles* », dit-il, « *le nom de Schopenhauer* ». Partageons avec lui, dans le même *élan de dérive*, la magique, la magnétique, la pulsionnelle, la mémorable — et ô combien vitale — rencontre avec son initiateur spirituel qu'un « *démon* » provoqua malicieusement : « *Les contrariétés et les chagrins personnels prennent aisément chez les jeunes hommes un caractère plus général, pour peu que ceux-là soient seulement inclinés à la* ὀυσχολία [*morosité*]. *Quelques expériences douloureuses et des désillusions cruelles m'avaient laissé alors à la dérive, seul, sans principe, sans espoir et sans souvenir amical. Du matin jusqu'au soir, mon seul désir était de me charpenter une vie qui me fût adaptée. [...] Dans la solitude heureuse de mon logis, je parvins à me rassembler moi-même [...] On se représente l'effet qu'en de telles circonstances, la lecture de l'œuvre maîtresse de Schopenhauer devait avoir sur moi. Un jour, en effet, je trouvai ce livre dans la boutique d'antiquité du vieux Rohn. Alors qu'il m'était complètement étranger, je le pris entre mes mains et le feuilletai. Je ne sais quel démon me souffla : "Emporte ce livre chez toi !" C'est en tout cas ce qui se produisit, contrairement à mon habitude d'être très prudent dans mes achats de livres. Rentré chez moi, je me jetai sur le coin du sofa avec le trésor que je venais d'acquérir et commençai à laisser agir sur moi l'énergie de cet ardent génie. Dans ce livre, chaque ligne criait le renoncement, la négation, la résignation. Ici, je trouvai un miroir dans lequel je pouvais voir se refléter, avec une épouvantable grandeur, le monde, la vie et mon propre cœur. Ici, l'art me regardait de son œil solaire désintéressé. J'y découvris la maladie et la guérison, l'exil et le refuge, l'enfer et le paradis. Le besoin de me connaître moi-même, de me ronger me saisit puissamment.* » (Comme on le verra par la suite, j'aurai à peu près connu des sentiments et sensations similaires ; et, du reste, je suis persuadé que *toute* personne qui est prête à a recueillir la pensée schopenhauerienne *a dû* elle aussi les connaître.) Au début, c'est la trouvaille, la révélation, le réveil, la révolution ; puis, via ce qu'il considère, au moins jusqu'en 1868, comme un « *sain optimisme* », c'est à la fois le déclenchement de son appétit démesuré pour l'excellence de la philosophie et une sorte de consolation/réconfort/détente (« *Erholung* ») depuis longtemps attendue dont il fait part à Carl von Gersdorff en 1866 : « *Trois choses me servent de réconfort, mais trop rare réconfort : mon Schopenhauer, la musique de Schumann, enfin les promenades solitaires.* » Effectivement, il est entré en possession et possédé : « *mein Schopenhauer* » ! Dans *La philosophie à l'époque tragique des Grecs*, il affirmait : Schopenhauer est « *le seul moraliste sérieux de notre siècle* ». Malgré tout, sans pour autant que la fidélité s'enfuie à jamais, sans non plus que cela prenne des airs de réelle rebuffade, l'envoûtement s'atténuera au fil du temps (des divergences sur la nature du vouloir-vivre, du nihilisme, *et cætera*, dans lesquelles je ne m'embarquerai pas). En 1874, il rendra un long hommage à son « cristallisateur » et épongera sa dette en rédigeant la troisième des *Considérations inactuelles* : *Schopenhauer éducateur* (*Schopenhauer als Erzieher*). Un hommage, certes, mais nuancé et révisionniste après la décennie qui se sera entre-temps écoulée, un hommage placé, comme toujours chez Nietzsche, sous le signe du *dépassement*, ainsi qu'il l'explique distinctement dans une lettre datée de 1877 : « *Déjà, lorsque j'écrivis mon petit texte sur Schopenhauer, je ne retenais presque plus aucune de ses thèses dogmatiques ; comme alors, je crois cependant encore que provisoirement, il est essentiel de se passer par Schopenhauer et de se servir de lui comme éducateur.* » Dix ans plus tard, il y reviendra à nouveau dans *Ecce Homo* (*Les inactuelles*) : « *dans Schopenhauer éducateur est inscrite mon histoire intime, celle de mon devenir. Et, avant tout, ma promesse !... [...] ce texte livre un inestimable enseignement, même en admettant que ce ne soit pas tant "Schopenhauer éducateur", mais son antipode, "Nietzsche éducateur", qui s'y exprime.* » Que comprend-il, ce fameux texte ? Il est impensable que j'en cite les paragraphes importants, *car ils le sont tous*. En revanche, je relèverai les plus significatifs d'entre ceux qui ont mûri l'indispensable pensée de Nietzsche et délimité sa propre influence dans le mouvement philosophique du vingtième siècle, — le grand Nietzsche « *qui s'est donné lui-même pour nos péchés, afin de nous arracher du présent siècle mauvais, selon la volonté de notre Dieu et Père, qui soit la gloire aux siècles des siècles ! Amen !* » (Ga 1,4-5). — « *Et c'est pourquoi* », démarre (et désamarre) notre antéchrist panégyriste, « *je veux me souvenir aujourd'hui de ce maître et de ce penseur dont je puis me glorifier, d'Arthur Schopenhauer, quitte à rendre plus tard hommage à d'autres encore* ». De son mentor de jeunesse, le premier trait que retient et loue Nietzsche se nomme, au choix (j'en rajoute), intégrité, probité, incorruptibilité, impartialité, loyauté, équité, honnêteté, dignité, générosité intellectuelle, conscience morale (et humilité ? cela se discute) : « *Schopenhauer ne prend jamais d'attitude, car il écrit pour lui-même et personne n'aime à être dupé, le philosophe moins que quiconque, lui qui a même érigé en règle : ne trompe personne, pas même toi-même !* » En ce qui concerne la « *probité* » (« *Ehrlichkeit* »), un seul écrivain, à son avis, peut tenir la comparaison et poursuivre la vérité « *comme Hamlet poursuivit le spectre, sans se laisser détourner à la manière des savants, ou sans s'abandonner à la scolastique abstraite, comme c'est le sort des dialecticiens indomptés* », un seul peut appartenir au même rang de grandeur et le surpasser : Montaigne. L'assimilation et la confrontation aux autorités ne s'arrête d'ailleurs pas là : « *Il est trois images de l'homme que notre époque a érigées l'une après l'autre et où les mortels puiseront sans doute longtemps encore l'impulsion capable de transfigurer leur propre vie : l'homme de Rousseau, l'homme de Goethe et pour finir l'homme de Schopenhauer. [...] La troisième exige pour contemplateurs les hommes les plus actifs : eux seuls la regarderont sans dommage ; car elle épuise les contemplatifs et effraie la masse. [...] L'homme de Schopenhauer prend sur lui la souffrance volontaire de la véracité et cette souffrance lui sert à tuer sa volonté propre et à préparer le bouleversement, la totale conversion de son être, où résident le but et le sens véritable de la vie. [...] Toute existence qui peut être niée mérite aussi de l'être ; et être véridique signifie croire à une existence qui ne pourrait absolument pas être niée, croire à une existence qui est elle-même vraie et sans mensonge.* » Il y a toujours un danger pour le contemplateur qui n'aurait pas été prévenu de ce que renferme la pensée de Schopenhauer : sa lecture fait mouche et déstabilise, elle « *effraie la masse* ». Cela n'empêcha pas Schopenhauer en personne d'avoisiner trois autres formes de dangers (dont les ombres l'environnèrent constamment) qu'énumère Nietzsche : « *demeurer solitaire* » ; — « *désespérer de la vérité* » ; — « *limitation* », « *aussi bien de ses dons que de sa volonté morale* », telle que tout homme trouve en lui-même et « *qui le remplit de désirs et de mélancolie* ». — Quoi qu'il en soit, la vérité n'a pas à se faire belle et rassurante pour le bon plaisir du chercheur ou du non-chercheur, Schopenhauer le prouve et continuera de le prouver chaque jour davantage, et « *l'amour de la vérité est chose redoutable et puissante* », écrit Nietzsche au terme de sa révérence au pédagogue. (On en revient souvent au constat suivant, illustré par une citation que Nietzsche, au printemps 1888 (*Fragments*), reprit aux *Parerga et Paralipomena* de Schopenhauer : « *On est d'autant plus malheureux qu'on est intelligent.* ») — N'ayant plus de père à « surmonter », Nietzsche « surmonte » spirituellement l'autre père — *également mort* — que figure Schopenhauer, mais il le fait sans indélicatesse, sans « démonter » vulgairement, il fait montre d'une déférence chevaleresque, sans verser dans la flagornerie (ce ne serait plus Nietzsche), dans un texte qui est une sorte de déclaration de *guerre pacificatrice*, une bonification mutuelle, et qui reste, si l'on peut dire, en tant qu'il fut écrit par acquit de conscience, *inoffensif* (c'est le contraire d'un pugilat quoique cela soit *musclé*). Je me surprends à fantasmer sur une rencontre entre les deux philosophes, devisant au coin du feu, située hors du temps, pourpensant : de quel sujet conversent-ils ? que se racontent-ils ? (Mais c'est un sens unique... Saviez-vous pourtant que Schopenhauer cite, une fois, le nom de « Nietzsche » ? Non, je bats la breloque, je détraque la vérité ! En fait, il cite le zoologiste Christian Ludwig... « *Nitzsch* » !...) — Contredire, ou dire contre, — parler à son tour, entrer dans le débat de la vie et de la vérité sous forme d'*altercatio*, — toute dialectique, en l'espèce, est une *contradiction* (propice au *comique* selon Kierkegaard, à l'*ironie*, à l'*humour* que/qui cache la *souffrance*), — et la vérité, tout autant que le rire, est une arme qui tue : Nietzsche le contradicteur, la désirant, la refondant, la transmutant, au-delà de la maladie, au-delà du savoir, gai ou triste, « s'y assassina ». — Ô Zarathoustra l'ironiste !... La « *gaya scienza* » !... — « Que signifie vivre ? — *Vivre — cela signifie : repousser sans cesse quelque chose qui veut mourir. Vivre — cela signifie : être cruel et implacable contre tout ce qui, en nous, devient faible et vieux, et pas seulement en nous. Vivre — cela signifierait donc : être sans pitié pour les agonisants, les misérables, les vieillards ? Être sans cesse assassin ? — Et pourtant le vieux Moïse a dit : "Tu ne tueras point !"* »

* * * * *

(Dépouillé, sans habits, panse cachée, médite sur son rocher-enclume ténu, l'homme sage à la moue creusée par les extrémités américaines des phalanges. Point de résignation n'habite ce colosse, amas miné de vert-de-gris coulant, lave née d'averses danoises qu'il essuie en lui ; la crispation des doigts de pieds vers la limite du sol absent ne rassérène pas la vague vision aigrie du spectateur impuissant à deviner les profils de pensée. Au regard de la dépense d'énergie cogitative que s'échangent l'être inanimé et l'âme animée, une interaction semble illusoire. Que dit-elle, outre qu'elle montre qu'elle pense, cette statue ? Elle grave ce qui est gravé sous elle — et cette pensée, indistincte le soir, est imprimée. — « *LE PENSEUR* » Rôde un doute qu'il suscite sans retenue dans l'esprit mou adverse qui l'imite. Le penseur a ses rênes qui le guident dans ses voltiges idéales et ardentes, rehaussant sa position, mais que poursuit-il ? Par quel miracle divague-t-il immobile sans que ses muscles ne s'ankylosent ? Le visage buriné est sévère ; les pensées, lentes, que le corps parfait lave et accrédite en son moule souple, s'étendent tandis qu'il se recroqueville. *Je pense donc je suis,* — fait l'ange.)

* * * * *

Parmi les trente-deux livres qui garnissent ma bibliothèque, qu'ils soient de lui ou sur lui, onze ont une couverture à son effigie, dont deux où il pose, tel un Rodin noir et blanc, en « *homme sage à la moue creusée par les extrémités américaines des phalanges* », comme je me suis complu, dans ma joute prosaïque, à en spécifier l'allure sombre et pensive. À partir du moment où le succès et la renommée cognèrent à sa porte, « Schopy » (diminutif familier et astuce sténographique que j'ai toujours employés avec plaisir pour me le désigner secrètement), drapé de la reconnaissance et de la gloire qui excitaient enfin sa fierté d'être admiré et sollicité, — d'être, avec les restrictions qu'impose la taille de tout cénacle philosophique, porté en triomphe, — « Arthur » (cela lui siéra mieux) n'eut de cesse de superviser les portraits de lui (aquarelles, daguerréotypes, bustes) que la multitude d'artistes venus des quatre horizons réalisaient en lui rendant visite dans sa maison de Francfort. Et des portraits, voire des portraits de portraits, comme ces bustes taillés d'après des peintures elles-mêmes faites d'après des photographies, il y en a à foison, des dizaines et des dizaines, tous (ou la quasi-totalité) répertoriés à la Goethe Universität : de la mine très austère reproduite par Rudolf Saudek, qui va jusqu'à révéler un début de pectoraux musclés (tel Ajax), ou arborée dans un cliché de 1855 qui devait servir de médaillon pour un livre, ou encore caricaturale dans un autoportrait sévère grossièrement crayonné, — à l'attitude plus souple du philosophe assuré et légèrement distant avec son sourire en coin, telle que l'affiche une photographie de mars 1859 prise par Schäfer, où Schopenhauer tient des besicles dans une main et un foulard dans l'autre, sous lequel on devine une montre à gousset, photographie dont Jules Hamel s'inspirera pour sa fameuse peinture à l'huile de 1901 (ah ! que j'aime ce lavis brou de noix tirant sur le sang de bœuf, le même que mon *poster* de Kant), — en passant par la posture géniale mi-souriante, mi-grave du méditatif fixant l'objectif de Johann Albert ou Johann Seib (1852), où on le voit assis sur un gros fauteuil, toujours avec son foulard chiffonné à portée, la main appuyée contre la tête et le coude plié sur un accoudoir ou un guéridon, les veines préparates parfois saillantes et dessinant un V effrayant, — tous ces *portraits de la pesanteur*, dignes du pinceau fixatif d'un Ary Scheffer, m'intriguent et me subjuguent, me rebutent et m'attirent, m'alertent et m'apaisent, me perdent et m'instruisent, m'allègent et me plombent, m'éloignent et me rapprochent de celui qui fut, est et restera un père pour moi. Quelle grâce renfrognée ! Et que dire de ces représentations hallucinantes où deux pompons grisâtres et en désordre, grossis par la proximité de denses favoris, émergent de ses tempes en filaments de sucre cotonneux, tels des *Zuckerwatte* ? Il y a une ressemblance avec un Einstein tirant la langue — ou, selon la locution de Wagner, avec un « *chat sauvage* » ! — Schopenhauer, un « *méditatif* » ? Un *mélancolique*, oui ! Il perpétue, par son maintien planifié, l'archétype de l'homme dont la « *conscience répand sur la vie une teinte de mélancolique gravité* », de « *l'air d'un homme qui vit avec un seul grand chagrin* », et enrichit habilement l'iconographie universelle célébrant la mélancolie et le *gestus melancholicus* (*tristis*), la *figura sedens*. « *Nous ne nous représentons jamais un très noble caractère sans une certaine tristesse silencieuse* », écrit-il au paragraphe 68 du *Monde comme Volonté*, — et, au chapitre XXXI des *Suppléments* (*Du génie*), il fait observer, sans explicitement se viser soi-même, que « *l'expression du génie, qui constitue chez tous les hommes bien doués une frappante ressemblance de famille, vient de ce qu'on lit clairement sur leur physionomie l'affranchissement, l'émancipation de l'intellect du service de la volonté, la prédominance de la connaissance sur le vouloir ; et comme toute douleur dérive du vouloir, comme la connaissance au contraire est en soi exempte de souffrance et sereine, voilà ce qui donne à leurs fronts élevés, à leurs regards clairs et pénétrants, détachés du service de la volonté et de ses misères, cette teinte de sérénité supérieure, supra-terrestre en quelque sorte, qui perce de temps à autre sur leur figure, et s'unit si bien à la mélancolie des autres traits du visage, de la bouche en particulier* ». Un Français, le comte Louis Alexandre de Foucher de Careil, rendit visite à Schopenhauer dans ses derniers jours et retranscrivit ses impressions dans un livre dont le titre principal eût fait grincer des dents « *ce causeur étincelant* » qu'était notre cher Arthur : *Hegel et Schopenhauer*. Voici un extrait de son témoignage (chapitre II, *L'homme : sa biographie*) : « *Quand je le vis, pour la première fois, en 1859, à la table de l'hôtel d'Angleterre, à Francfort, c'était déjà un vieillard, à l'œil d'un bleu vif et limpide, à la lèvre mince et légèrement sarcastique, autour de laquelle errait un fin sourire, et dont le vaste front, estompé de deux touffes de cheveux blancs sur les côtés, relevait d'un cachet de noblesse et de distinction la physionomie pétillante d'esprit et de malice.* »

On comprend mieux la portée de la remarque que fit Schopenhauer à Hamel (rapportée par Adolphe Bossert, son premier biographe officiel en France), et son désir maniaque de contrôler chaque séance de portraiture : « Remarquez bien ceci, jeune homme : un portrait n'est pas un reflet de miroir ; autrement, un daguerréotype serait supérieur à une peinture. Un portrait est un poème, dans lequel s'exprime une personnalité complète, avec sa manière de penser, de sentir et de vouloir. En général, toute peinture est une conception poétique ; elle doit agir sur nous à la manière d'une poésie ; elle doit pouvoir se traduire en poésie : car la poésie est la mère de tous les arts. » Dans le même ordre de réflexion, toujours au chapitre *Du génie*, Schopenhauer se sert d'une citation de Goethe pour mettre en rapport poésie et mélancolie : « *Mon ardeur poétique était peu de chose tant que je marchais à mon bonheur ; elle brûlait au contraire d'une flamme vive quand je fuyais sous la menace du malheur. La tendre poésie, comme l'arc-en-ciel, ne se dessine que sur un fond obscur ; c'est pourquoi la mélancolie est un élément si convenable au génie poétique.* » Schopenhauer s'empresse d'expliquer ce passage et le prolonge — tous azimuts — d'une manière *sublime* et *iridescente*, tel un poète métaphysicien qui, de ses yeux pers foudroyants, de ses mots simples mais puissants, transfigurerait l'existence : « *d'une façon générale, la mélancolie attribuée au génie tient à ce que plus est vive la lumière dont l'intellect est éclairé, plus il aperçoit nettement la misère de sa condition. — Cette humeur sombre si souvent observée chez les esprits éminents a son image sensible dans le mont Blanc : la cime en est presque toujours voilée par des nuages ; mais quand parfois, surtout à l'aube, le rideau se déchire et laisse voir la montagne, rougie des rayons du soleil, se dresser de toute sa hauteur au-dessus de Chamonix, la tête touchant au ciel par delà les nuées, c'est un spectacle à la vue duquel le cœur de tout homme s'épanouit jusqu'au plus profond de son être. Ainsi le génie, mélancolique le plus souvent, montre par intervalles cette sérénité toute particulière déjà signalée par nous, cette sérénité due à l'objectivité parfaite de l'esprit, qui lui appartient en propre et plane comme un reflet de lumière sur son front élevé* : in tristitia hilaris, in hilaritate tristis /gai dans la tristesse, triste dans la gaieté *(Giordano Bruno)].* » (Belle épigraphe qui rejoint la figure du Schopenhauer mort dans le récit de Maupassant, qui tantôt riait, tantôt ne riait plus… Maupassant y démontre qu'il fut un grand admirateur de « *l'immortelle pensée du plus grand saccageur de rêves qui ait passé sur la terre* », qu'il affectionna tendrement « *l'irrésistible ironie* » voltairienne du « *vieux démolisseur* » « *dont l'influence est désormais ineffaçable* » : « *Qu'on proteste ou qu'on se fâche, qu'on s'indigne ou qu'on s'exalte, Schopenhauer a marqué l'humanité du sceau de son dédain et de son désenchantement. — Jouisseur désabusé, il a renversé les croyances, les espoirs, les poésies, les chimères, détruit les aspirations, ravagé la confiance des âmes, tué l'amour, abattu le culte idéal de la femme, crevé les illusions des cœurs, accompli la plus gigantesque besogne de sceptique qui ait jamais été faite. Il a tout traversé de sa moquerie, et tout vidé. Et aujourd'hui même, ceux qui l'exècrent semblent porter, malgré eux, en leurs esprits, des parcelles de sa pensée.* » Ô le sourire, le sourire si effrayant !...) À la suite de ces commentaires, on peut d'ores et déjà anticiper sur notre prochaine discussion de la souffrance et de l'ennui qui sont la base (proverbiale) de l'œuvre de Schopenhauer, et du pessimisme qui en émane fatalement, car la question est primordiale chez lui et il revendique le bien-fondé d'être pessimiste : « *On s'est récrié contre le caractère mélancolique et désespéré de ma philosophie. La seule raison en est pourtant qu'au lieu de conter la fable d'un enfer à venir comme compensation de nos fautes, j'ai montré que le séjour même du péché, le monde, présentait déjà quelque chose d'infernal ; et qui voudrait le nier pourrait facilement en faire une fois l'épreuve.* » Cette autodéfense, tirée du chapitre XLVI (*De la vanité et des souffrances de la vie*), s'accompagne d'arguments que l'on aurait pu inclure dans notre débat sur le « *contre-optimisme* » : « *Et c'est ce monde, ce rendez-vous d'individus en proie aux tourments et aux angoisses qui ne subsistent qu'en se dévorant les uns les autres, où, par suite, chaque bête féroce est le tombeau vivant de mille autres animaux et ne doit sa propre conservation qu'à une chaîne de martyres, où ensuite avec la connaissance s'accroît la capacité de sentir la souffrance, jusque dans l'homme où elle atteint son plus haut degré, degré d'autant plus élevé que l'homme est plus intelligent — c'est ce monde auquel on a voulu ajuster le système de l'optimisme et qu'on a prétendu prouver être le meilleur des mondes possibles ! L'absurdité est criante. — Cependant l'optimiste m'ordonne d'ouvrir les yeux, de plonger mes regards dans le monde, de voir combien il est beau, à la lumière du soleil, avec ses montagnes, ses vallées, ses fleuves, ses plantes, ses animaux, etc. — Mais le monde est-il donc un panorama ? Sans doute ces choses sont belles* à voir *; mais* être *l'une d'elles, c'est une tout autre affaire.* » — Je ne saurais ici exprimer la gratitude que je dois à Schopenhauer, ni m'exprimer avec suffisamment de justesse pour faire comprendre combien ma rencontre avec lui fut décisive dans ma vie ; et j'avoue que je tremble comme une feuille devant la tâche à laquelle me convie ma conscience et qu'il me *faut* assumer, je suis crispé à l'idée de ne pas être à la hauteur. Il m'incombe, comme il se doit de la part d'un ancien — fervent — disciple, d'impatroniser comme il le mérite ce grand homme qui, pour le meilleur et pour le pire, influença si profondément ma destinée, notamment par la découverte « conceptuelle » de l'*Ennui*. — En étudiant la vie de Schopenhauer le philosophe, on a affaire à un homme singulier, certes (qui ne l'est pas ?), et (on l'a déjà évoqué) *intègre* au plus haut point : Nietzsche insistait sur le fait qu'il ne prenait jamais d'attitude, car il écrivait pour lui-même (ceci est le premier point), mais aussi que son œuvre épuisait les contemplatifs et effrayait la masse (ceci est le second point). L'indépendance d'esprit, qui est une prérogative en art, se transforme ici en atout, là en handicap, et en particulier (quasi exclusivement) chez les philosophes. On sait que ceux-ci, tout obnubilés par un système quelconque auquel ils se vouent entièrement (et parfois s'engouent ou engouent le public), usent rarement dans leurs écrits de la forme personnelle (qui entrerait en conflit avec l'objectivité requise pour la systématisation et l'universalisation : tout comme Nietzsche (et Montaigne), Schopenhauer ne craignit pas l'emploi immodéré du « *Je* » (égal, pour le vulgaire, à un « *moi — je* »), ce que n'apprécient guère, et vont jusqu'à désapprouver, les gens du « milieu » — qui, il faut bien le dire (j'en ai eu la preuve pour l'avoir vécu), se gaussent en resserrant le nœud de leur cravate de professeur. À l'époque où j'étudiais à la faculté de philosophie, je vomissais de toutes mes tripes ce sérieux « de mise », et je consignais dans mes *Carnets*, mécontent, la bil(l)e du stylo chaude de mes dégueulis, des remarques telles que celles-ci (juvéniles et sages) : « *À ce qu'il paraît, les philosophes étudiés seraient comptés ; même : certains ont droit à des astérisques pour montrer qu'ils sont préconisés… Ainsi, Montaigne, disant* Je, *est banni des programmes… Alors Schopenhauer : contre l'université… (!...) Ou Cioran… Mais Nietzsche (tiens !) a la cote… Surtout pas Kant dans l'affirmation de sa vieillesse !... Etc.* » — « *Examen notoire : Schopenhauer et Nietzsche (moins ce dernier) sont très peu étudiés en classe. De Schopenhauer, on n'en dit presque rien. Et qui sont ces deux hommes ? Les deux qui aient entièrement balayé les autres, les prédécesseurs, qui attendaient de* *l'avenir une relève* pour *leur philosophie. — De plus, ils parlent d'eux-mêmes, surtout Schopenhauer, et semblent assez prétentieux ou orgueilleux. — Voilà comment le génie est toujours détruit et mal senti ; les classes intellectuelles ne diront pas le contraire, elles qui sont la masse.* » Le second point, auquel fait écho le mot « *masse* », c'est le caractère — en apparence — doublement effrayant du contenu des philosophies schopenhauerienne et nietzschéenne (incluons-y la cioranienne), dont la lecture est — en apparence — *malsaine*, d'une part en raison de leur critique violente de tout ce qui s'est pensé avant eux (quelle philosophie n'en fait pas de même ?), faisant naître une hésitation à regarder de plus près ce que les autres ont produit précédemment, et, d'autre part, *malsaine* parce qu'elle maltraite le rêve bleu au bistouri, se fiche des pourparlers, froisse la conscience placide, « désendouillette », brise l'euphorie heureuse, détruit l'attachement (aveugle) aux valeurs ridicules. (Je reconnais d'ailleurs que, à la longue, cette noirceur présente à chaque coin de page, ces « *herbiers de plaintes sèches* », comme disait — *en route* — Huysmans, peuvent devenir pénibles et désarmer les plus inconditionnels des « schopenhaueristes » : point trop n'en faut — et, quand même on aurait compris, tel M. Folantin, « *l'inutilité des changements de routes, la stérilité des élans et des efforts* », que l'on approuverait que Schopenhauer eût raison (la vie de l'homme oscille comme un pendule entre la douleur et l'ennui), il faudrait éviter de « *se laisser aller à vau-l'eau* » et de se raccrocher à la pensée que « *seul, le pire arrive* ».) Ainsi, Schopenhauer fut (et reste encore) peu apprécié du corps enseignant et du peuple « candide », lesquels ne jurent que par les tartines de miel et les verres d'eau déminéralisée qu'on leur sert sur des plateaux d'argent où il est gravé : « Mange, ceci est bon ; bois, cela n'est pas mal ; ferme les yeux. » Schopenhauer, dont la déception était grande de se voir continuellement écarté, et qui écrivait que, « *dans tout Shakespeare on rencontrera peut-être deux caractères nobles, mais sans la moindre exagération, Cordelia et Coriolan* », acquiescera peut-être s'il m'entend affirmer qu'il est comme un reflet de Coriolan l'insoumis, révulsé quand il est question de s'abaisser pour le bon plaisir du peuple, que la surdité préserve : « *I'll know no further: let them pronounce the steep Tarpeian death, vagabond exile, flaying, pent to linger but with a grain a day, I would not buy their mercy at the price of one fair word* » (« *Je ne veux rien savoir. Qu'ils me condamnent aux abîmes de la mort tarpéienne, à l'exil du vagabond, à l'écorchement, aux langueurs du prisonnier lentement affamé, je n'achèterai pas leur merci au prix d'un mot gracieux* »). Sans concession, dans son refus immuable de tous les « *aux dépens de* » (pas question de féminiser le « *pendule* », puis de le remettre à l'heure dans un élan démagogique), Schopenhauer demeura donc Schopenhauer, et on ne peut que l'en féliciter tant il est difficile, face à l'adversité, de batailler seul avec sa probité intellectuelle, tant il est facile, en s'isolant, en étant banni, de succomber et de ne plus pouvoir — ni savoir — croire à la vérité que l'on porte en soi, laquelle vérité, malencontreusement, est décriée, considérée comme ineffable, contraire à l'opinion « bon chic — bon genre » qui n'attend rien que le bon goût tranquillisant. Outre Dostoïevski, il est un auteur russe que Schopenhauer eût sûrement apprécié : Gogol. Celui-ci, dans ses *Âmes mortes*, en tant que narrateur extradiégétique, profite de la tribune romanesque pour glisser quelques points de vue fort intéressants, le plus souvent des critiques qui font mouche, en insistant sur le fait que le « *devoir* » (« *sacré* ») de l'écrivain est « *de dire la vérité, toute la vérité* », et il prend à partie le lecteur (qui craint trop « *la pénétration d'un regard d'homme* », qui est choqué du « *fidèle miroir* » qu'on lui présente) afin de le gourmander sur sa vision étroite des choses : « *vous aimez à regarder sans voir en passant et sans penser, et surtout sans conclure.* » Gogol sait qu'il « *ne doit point compter sur les applaudissements de son pays* » ; il supporte mal que ce dernier soit indisposé par la moindre description négative, c'est-à-dire indisposé à voir « *toute cette vase mouvante des petites misères et des hontes où plonge forcément notre vie, tout cet abîme de caractères vulgaires, froids, effacés, brisés, qui grouillent ici sous chacun de nos pas* », et il sait tout aussi bien, à soulever les vérités qui dérangent, qu'« *il ne saurait échapper au jugement contemporain, à cette cour de justice sans mission justifiable, sans âme, sans conscience, qui qualifie de basses et de misérables les œuvres qu'elle goûte et savoure le plus en secret, mais qu'elle range avec un dégoût qu'elle affecte, au nombre des écrits outrageants pour l'humanité* ». La masse est comme un petit chiot qui jappe de plaisir et frétille de la queue quand on le caresse dans le sens du poil, mais elle crie au scandale si l'écrivain ne lui parle pas des recettes de cuisine de nos grand-mères (du réchauffé), de la beauté des papillons (du volage), des prochaines tendances de la mode printemps/été (« *à la mode, à la mode, savez-vous planter les choux à la mode de chez nous ?* ») ou de « *la première gorgée de bière* » (et autres importances minusculisées)… Pourquoi s'adonner uniquement à ce qui flatte et croire que le bonheur n'est pas ailleurs, qu'il est préférable de se détourner de tout ce qui rappelle le malheur ? La Rochefoucauld admet d'ailleurs que « *c'est une espèce de bonheur, de connaître jusques à quel point on doit être malheureux* ». (Donnant, donnant, — les plus savants me renverront peut-être à une autre maxime — et j'accepterai la brimade de bon cœur : « *On se console souvent d'être malheureux par un certain plaisir qu'on trouve à le paraître.* » — L'occasion faisant le *larron* (je pense moins au *voleur* qu'au *pli* d'un feuillet que le relieur a oublié de rogner et qui fournit du papier supplémentaire !), je maintiens un instant la parenthèse ouverte pour « fusionner » Schopenhauer, La Rochefoucauld, la foule, la vanité et la mélancolie. Indéniablement, Schopenhauer approuvait la notion de « vanité » telle qu'elle est raillée chez La Rochefoucauld, qui avait su si « *incomparablement* » la décrire (en l'expliquant *in abstracto*). Cet homme si honnête et si subtil que fut La Rochefoucauld avouait ne pas être capable de tenir la comptabilité de « *toutes les espèces de vanité* » et concevait que seule sa vanité était à l'origine de la flatterie, cette « *fausse monnaie* ». Eh bien, si l'on accepte la formule de Schopenhauer, récupérée par Nietzsche, qui veut que l'on soit « *d'autant plus malheureux qu'on est intelligent* », et si l'on admet (par pur bon sens) que La Rochefoucauld fut intelligent, peut-on en inférer que celui-ci fut également malheureux ? Découvrons-en la preuve dans un texte enrichissant sobrement intitulé *Portrait de La Rochefoucauld par lui-même* : « *Premièrement, pour parler de mon humeur, je suis mélancolique, et je le suis à un point que depuis trois ou quatre ans à peine m'a-t-on vu rire trois ou quatre fois. J'aurais pourtant, ce me semble, une mélancolie assez supportable et assez douce, si je n'en avais point d'autre que celle qui me vient de mon tempérament ; mais il m'en vient tant d'ailleurs, et ce qui m'en vient me remplit de telle sorte l'imagination, et m'occupe si fort l'esprit, que la plupart du temps ou je rêve sans dire mot ou je n'ai presque point d'attache à ce que je dis. […] J'ai donc de l'esprit, encore une fois, mais un esprit que la mélancolie gâte ; car, encore que je possède assez bien ma langue, que j'aie la mémoire heureuse, et que je ne pense pas les choses fort confusément, j'ai pourtant une si forte application à mon chagrin que souvent j'exprime assez mal ce que je veux dire.* »

Là encore, les plus savants me renverront peut-être à une autre maxime, me rendront la monnaie de ma pièce, et ce ne serait que justice, ou, en tout cas, la rançon de la compilation compulsive : « *Nous n'avouons jamais nos défauts que par vanité.* » Grand bien leur fasse ! N'est-on pas dans la *Perte de Sens* ?... Je citerai une remarque que fait Sénèque à Lucilius, à savoir que tout « *ce qui charme la foule ne présente qu'une écorce et qu'un vernis de satisfaction, et toutes les joies de l'extérieur manquent de base* », et qu'il faut se garder de devenir l'objet qu'elle glorifie et qu'elle couvre de fleurs : « *La foule t'applaudit ! Eh ! qu'as-tu à te complaire si tu es de ces hommes que la foule comprend ?* » Parce que la *foule*, c'est au sens propre *ce qui foule*, — ce qui écrase, oppresse, opprime, vexe, impose, taxe... Puisque nul homme, sur la terre, ne saurait échapper au blâme, le mieux à faire, si nous voulons éviter davantage de malheur, est de suivre le conseil de Théognis en ne nous occupant pas de la foule. Et j'en terminerai avec cet aparté en citant une autre remarque (je ne puis m'en empêcher !) de Sénèque, tirée du début de *La Vie heureuse*, où l'acrimonie de sa verve si sage s'illustre à nouveau : « *le pire se reconnaît à la foule qui le suit* » !) — Je reviens à notre philosophe : je voulus, moi aussi, du temps de mon année de licence (bien que cela eût commencé de me chatouiller plus tôt), faire le portrait d'Arthur et profiter de ce que la mémoire de maîtrise se profilât pour m'y atteler sérieusement. (Sans honte, je puis bien dévoiler au lecteur ce que j'avais eu le projet, jusque vers ma vingt-deuxième année, d'écrire un essai élogieux sur mes « pères », c'est-à-dire sur ceux qui m'avaient appris à grandir, dont faisaient partie, aussi incongru que cela paraisse, si ma mémoire est bonne : Michael Jordan, Stephen King, Arthur Schopenhauer et mon père. Mais n'y avait-il pas en plus Sigmund Freud, Friedrich Nietzsche, Philip K. Dick ?...) J'annotais tous mes livres de Schopenhauer (toujours accompagné de la frustration de n'avoir pas les *Parerga*, non réédités depuis un siècle, dont l'attente, je l'avoue, fut une arme contre l'envie de me suicider avant qu'ils ne reparussent), je recueillais toutes les informations disponibles (m'aidant surtout de l'exhaustive étude biographique de Rüdiger Safranski, *Schopenhauer et les années folles de la philosophie*), je réfléchissais à des titres possibles jouant sur l'originalité, le léger, le grave pour indiquer le lien entre l'homme et le philosophe à travers sa vie et son œuvre : *Autour de Schopenhauer avec lui-même, Kant et les autres* en fut un ; *Sociocritique de Schopenhauer* en fut un autre (la « *sociocritique* » est une discipline récente que d'aucuns définissent comme une « *herméneutique sociale des textes* » : la dimension sociale, dans mon cas, était circonscrite au seul Schopenhauer). Dans ce que j'appelle mon « pré-mémoire », j'avais déjà opté pour deux exergues... de Nietzsche (*La philosophie à l'époque tragique des Grecs*) ! « *[Les systèmes philosophiques] renferment quelque point absolument irréfutable, une tonalité, une teinte personnelles qui nous permettent de reconstituer la figure du philosophe [...]. Je ne veux extraire de chaque système que ce point qui est un fragment de personnalité et appartient à cette part d'irréfutable et d'indiscutable que l'histoire se doit de préserver.* » « *Tous ces hommes sont taillés tout d'une pièce et dans le même roc. Une stricte nécessité régit le lien qui unit leur pensée et leur caractère.* » — Le synopsis, bâti à coup de phrases laconiques, approximait la liste naïve suivante : « *Sujet : Schopenhauer débusqué dans ses écrits, ses pensées. — La personnalité de Schopenhauer déterminée par ses écrits et réciproquement. — L'œuvre par l'homme, l'homme par l'œuvre. — Déterminisme du système lié à la personnalité de Schopenhauer (événements de sa vie qui amènent telle considération). — Rapport de l'homme avec sa philosophie et celle des autres. — Étude psychologique, sociologique, psychanalytique, philosophique...* » Oui : l'empire et l'emprise que la philosophie avaient sur moi voulaient que je lui réservasse un « monument de gloire » de mon cru. Ce n'est pas pour rien qu'un jour je notai : « *Une envie qui est très, très forte : continuer de lire Schopenhauer... Le véritable écrivain de chevet...* » Cette envie n'a jamais été interrompue (elle fut en outre à l'origine de nouvelles envies, notamment dans le domaine de l'autodidaxie pour l'apprentissage du latin et du grec). Je n'envisage aucune circonstance qui délogerait de mon cœur l'amour et le respect que je lui porte, et, qui sait ? l'encenserai-je avec une force inentamée à l'âge de quarante ans, tel Nietzsche — qui rivalise d'admiration et s'emballe : « *C'est l'amour qui m'ordonne de l'accompagner,* — *L'amour ardemment désiré !* » — « [08/11/99 :] *Je lis Schopenhauer parce que Nietzsche en a parlé...* » Comme je l'ai écrit plus haut, je reçus le choc lors de ma vingt-et-unième année, en 1999, avec un livre de la collection 10/18 qui réunissait deux suppléments au *MVR*, dont le titre accrocheur, légèrement modifié, avait eu le pouvoir de m'émoustiller : *Métaphysique de l'amour — Métaphysique de la mort*. Je fus retourné. Pour ce qui est de mêler l'amour (plus précisément : le *sexuel*) et la mort, l'ouvrage marqua une superbe transition, dans mon esprit, entre *Les larmes d'Éros* (Georges Bataille), que je venais de lire, et *Au-delà du principe de plaisir* (Freud), que je lirais bientôt. L'année suivante, en 2000, après avoir lu deux ou trois autres petits opus extraits du *MVR* ou des *Parerga*, je me décidai à acheter le Livre (en brisant ma tirelire, la somme déboursée étant sacrément élevée pour l'étudiant que j'étais), dans la seule édition qui existât alors, aux PUF, très « Pléiade » avec son si beau cuir rouge, son signet en tissu de la même couleur, ses lettres dorées, ses mille quatre cent trente-quatre pages (plus vingt-quatre d'introduction) en papier bible. « [13/10/00 :] *J'ai finalement acheté* Le monde comme volonté et comme représentation [sic]... *(Long titre...) 280 F — mais ça vaut le coup, je suis prêt à le parier...* » Dire que la lecture fut une délectation serait mentir : ce fut une *révélation jouissive*. J'étais comme Gide qui, dans le *Journal* de sa cinquante-cinquième année, se rappelait sa propre secousse : « *Quand je lus* Le Monde comme représentation *de Schopenhauer, je pensai aussitôt : "c'est donc ça !"* » Toujours au même âge, il faisait des lignes à part publiquement de cette secousse dans *Si le grain ne meurt*, tout en nuançant (ainsi qu'il en va avec la plupart des pro-Schopenhauer, qui sont d'abord enthousiastes à l'extrême, puis qui deviennent modérés, comme s'ils avaient peur, à la longue, d'être piégés dans un système abominablement invivable) : « *Je me consolais avec Schopenhauer. Je pénétrai dans son* Monde comme représentation et comme volonté *avec un ravissement indicible, le lus de part en part, et le relus avec une application de pensée dont, durant de longs mois, aucun appel du dehors ne put me distraire. Je me suis mis plus tard sous la tutelle d'autres maîtres et que, depuis, j'ai beaucoup préférés : Spinoza, Descartes, Leibniz, Nietzsche enfin ; je crois même m'être assez vite dégagé de cette première influence ; mais mon initiation philosophique, c'est à Schopenhauer, et à lui seul, que je la dois.* » (Je me revois, dans la chambre spacieuse de mon appartement de la rue du Pin, non loin du rond-point de Rennes au nord de Nantes, en ces premières semaines de 2001, — *les plus heureuses et les plus malheureuses de mon existence,* — allongé dans un lit tout neuf et feuilletant le Livre bienfaiteur, éclairé d'une lampe à la peinture rouge, savourant chaque ligne dans un état second, dans une sorte de stupéfaction consciente gagnant en intensité à chaque chapitre… Pure nostalgie du *pire* et du *meilleur* ! Je souhaite à tout le monde de vivre de tels moments de bouleversement : cela confond, sidère, impressionne, étourdit, effare — dans une nuit profonde où les vagues rugissantes déferlent et rafraîchissent le corps… « [30/04/01 :] *(Schopenhauer est génial !… Hier, j'ai lu le paragraphe sur le génie… Mon dieu : j'en suis !…)* [13/05/01 :] *Qui l'eût cru !… J'aurai lu d'une traite* Le monde comme volonté et comme représentation… *Cet ouvrage va me marquer à vie…* [10/12/01 :] *Schopenhauer va me redonner quelques forces… Mon bon ami…* » Mais voici que mon émotivité me pince ; — et je pleure, ô *tristitia* !) — Positivement, — ataviquement, — Schopenhauer est à la fois mon *désœuvrement* et, si le terme existait, mon « *œuvrement* » (tel un « *dé-désœuvrement* » !). Si je n'avais pas peur de surfaire mon impression, j'oserais la rapprocher de celle qu'eut Schopenhauer à propos de l'*Oupnek'hat* (*Considérations sur la littérature sanskrite*) : « *C'est la lecture la plus sublime du monde et la plus féconde en résultats. Elle a été la consolation de ma vie et sera celle de ma dernière heure.* » Des chocs intellectuels — foudroyeurs — qui me carbonisassent à ce degré, me décongelassent, me décongestionnassent, me remaniassent, me remuassent les entrailles, m'extirpassent de mon « sommeil dogmatique », j'en connus très peu — mais d'une telle violence ! Freud, Schopenhauer, Kant, Adler, par exemple, furent des séismes d'une magnitude située entre huit et neuf sur l'échelle de Richter — de ma conscience… (Ces quatre noms sont de surcroît indissociables : Adler est redevable à Freud, Freud à Nietzsche et Schopenhauer, Nietzsche à Schopenhauer, Schopenhauer à Kant… Freud, d'ailleurs, ne lut les œuvres de Schopenhauer ou de Nietzsche qu'assez tard dans sa vie, en partie parce qu'il essayait de préserver la neutralité ou l'indépendance de ses théories, et ainsi de se prémunir de l'éventualité devinée et redoutée d'une quelconque corruptibilité. C'est pourquoi Freud, dans le fond très schopenhauerien, se dédouanera de la sorte : « *Les larges concordances de la psychanalyse avec la philosophie de Schopenhauer — il n'a pas seulement soutenu la thèse du primat de l'affectivité et de l'importance prépondérante de la sexualité, mais il a même eu connaissance du mécanisme du refoulement — ne peuvent se déduire de ma familiarité avec sa doctrine.* » En 1917, dans *Eine Schwierigkeit der Psychoanalyse*, il rend un vibrant et sincère hommage à ses prédécesseurs, avant tout à Schopenhauer : « *Mais hâtons-nous d'ajouter que ce n'est pas la psychanalyse qui, la première, a fait ce pas. D'éminents philosophes peuvent être cités pour ses devanciers, avant tout autre le grand penseur Schopenhauer, dont la "volonté" inconsciente équivaut aux instincts psychiques de la psychanalyse. C'est ce même penseur, d'ailleurs, qui, en des paroles d'une inoubliable vigueur, a rappelé aux hommes l'importance toujours sous-estimée de leurs aspirations sexuelles.* » Mais Freud se doit d'achever son article en rappelant que la psychanalyse, qui attire déjà l'aversion et la résistance humaines, les attire davantage devant le grand nom de Schopenhauer, et toutes ces âmes sensibles « *s'écartent encore, effarouchées* ». Pas facile d'assumer ses accointances avec la rude philosophie du père Schopenhauer !) Dans *La Lyre*, je tins ce langage : « *Schopenhauer redresse mes facultés intellectuelles ; j'écris, je m'en aperçois, comme le faisait Nietzsche ; deviendrais-je ainsi ?… Pour le pire et pour le meilleur.* » (De même que Des Esseintes « *appelait à l'aide pour se cicatriser, les consolantes maximes de Schopenhauer* ».) J'ajoute d'autres allusions issues de mes croquades (*Carnets*) : « *Si la force de Schopenhauer s'arrêtait à ses idées lumineuses, à ses constructions sublimes, à sa prose inimitable, à son élocution implacable ; mais non : il a également une culture générale immense et mystérieusement bien fournie. C'est l'un des plus gros cerveaux jamais conçus !… » — « Ce que je vis, ce que j'ai vécu, ce que je sens que je vivrai, c'est en pleine harmonie avec ce que décrit Schopenhauer… Nous n'avons pas la même vie (à présent — mais elles se rapprochent), mais cet indicible rapport est fort…* » — « *L'ennui de Schopenhauer et le suicide de Camus sont à rapprocher singulièrement : ils énoncent la seule philosophie originelle, la seule voie par laquelle la philosophie commence, se comprend (après avoir étudié, été appréhendée, — de visu) — "et se termine"…* » — Pour parler vulgairement, voire paradoxalement, ce n'est pas tout à fait le pire dans le meilleur ; plutôt le meilleur dans le pire : « *Le bonheur schopenhauerien n'est pas le malheur, loin s'en faut : c'est le bonheur dans le malheur "apprivoisé"…* » — « *Être capable de malheur, être incapable de bonheur : voici bien Schopenhauer…* » Un « *ecce* Schopenhauer » qui, vraisemblablement, quand j'y repense, s'ajustait à un « *ecce* Pichavant » (« *ecce* » ou « excès » ?). — Brossons le portrait de cet homme qui gouverna sa vie selon le principe du « *Vouloir le moins possible, connaître le plus possible* », — qui, à la question : « *Mais qui suis-je donc ?* » — répondait clairement, en 1822 : « *Celui qui a écrit* Le Monde comme Volonté et comme Représentation *et qui a donné au grand problème de l'existence une solution qui démodera peut-être les philosophes anciens et, de toute façon, occupera ceux des siècles à venir* » ; — survolons quelques-uns de ses aspects biographiques en le soumettant à un interrogatoire qui n'en est pas un (fictivement impersonnalisé, dirigé comme je l'entends, et dont la confection, pour la majorité des matériaux, sera tributaire de sa correspondance, de son *À soi-même* (Εἰς ἑαυτόν) et de Safranski). — Son enfance ? À six ans, le petit Arthur souffre déjà de la peur d'être abandonné par ses parents, « *il n'est question que d'abandon et d'angoisse* », et il commence à anticiper le sentiment inéluctable de la perte et de la déchirure qui viendront tôt ou tard en apprivoisant une solitude qui, comme pour Nietzsche, sera à la fois *douloureuse* et *salutaire*. Douloureuse — parce qu'il écrira : « *Tout au long de ma vie, j'ai ressenti une terrible solitude et du fond du cœur j'implorais : "Donne-moi un être humain, maintenant !" En vain. Je suis resté seul.* » Salutaire — parce qu'il écrira quasiment dans la foulée : « *Jeune, déjà, je rêvais de bonheur sur fond de retraite, de silence, de solitude, de plaisirs dont j'avais seul la clef.* » De l'enfance à l'adolescence, Arthur se détache insensiblement d'un monde qu'il a toutes les raisons de craindre et qui a toutes les raisons de faire naître l'angoisse ou la méfiance : « *Adolescent, j'ai toujours été très mélancolique et une fois, je devais avoir environ dix-huit ans, j'ai pensé en moi, encore si jeune : ce monde est-il la création d'un Dieu ? Non, plutôt celle d'un diable.* » Il vise haut, s'enivre des sommets qu'il adore escalader au sens propre comme au figuré, ces endroits privilégiés pour qui veut s'enfuir et méditer, palper la grandeur en contemplant l'horreur. Lors de l'ascension de la Schneekoppe en 1804, Schopenhauer laisse une trace symbolique dans un livre d'or : « *Qui sait escalader — et se taire ?* » Son ambition s'affirme petit à petit, « *sa curiosité intellectuelle est son organe de distanciation* », « *il lit absolument tout ce qui lui tombe dans les mains* » et comprend rapidement qu'il lui est impossible de s'engager dans le métier de commerçant, comme le souhaite pourtant son père. — Son père ? Il fit une chute mortelle en 1806 (thèse qu'eût approuvée la sœur de Nietzsche vis-à-vis de leur père) : intentionnelle ou accidentelle ? suicide ou hasard ? Il ne succomba pas sur le coup, mais le doute eut le temps de s'installer dans tous les esprits. À quinze ans, Arthur avait fait l'expérience de la souffrance et de l'absurdité en voyant des galériens à Toulon. Maintenant, à dix-huit, il pouvait y inclure celle de la mort, la mort de son propre père, et toutes les idées noires contiguës : perte, suicide, orphelinage, sans oublier le renforcement desdites souffrance et absurdité. Cependant le caractère morbide de la situation ne s'en tint pas exclusivement là ; il dut par exemple supporter le spectacle édifiant de son père mourant et de sa mère insouciante à son égard : « *Il voyait son père infirme cloué dans un fauteuil, et sa mère qui s'amusait pendant ce temps.* » Sans doute exagérait-il le comportement de celle-ci en la décrivant comme une épouse indigne, infidèle et irresponsable. Selon le contexte et l'interlocuteur, l'origine du décès variera dans l'opinion de Schopenhauer : en théorie, il accrédite la version de la mort involontaire ; en pratique, il en impute la cause à sa mère, autrement dit il fait d'elle une criminelle qui aurait poussé son mari au suicide. Nous ne saurons jamais le fin mot de l'histoire, mais ce qu'il est permis de conclure à propos de ce deuil précoce, c'est l'impact — évidemment — qu'il eut sur la destinée et le tempérament de Schopenhauer (le parallèle avec Nietzsche est pour le moins édifiant). Certes, le jeune homme avait déjà beaucoup souffert de la dureté de d'éducation de son père, mais « *même* mort » (souligne Safranski), « *son père reste assez puissant* » pour contraindre son développement, en particulier pour l'empêcher d'entreprendre une carrière philosophique. L'épisode de l'« accident » marqua d'une pierre blanche l'existence subjective et objective du futur chantre de la douleur du monde, et on en trouve des relents largement explicites dans un extrait des confidences qu'il donna au doyen de la Faculté de Philosophie de l'Université Royale Friedrich-Wilhelm de Berlin, via le *curriculum vitæ* qu'il lui avait envoyé dans le courant de l'année 1819 (où il développait en de très belles phrases non fardées des éléments autobiographiques du plus grand intérêt) : « *Suite à ce deuil, l'enténèbrement de mon humeur s'accrut au point de n'être plus très éloigné d'une réelle mélancolie.* » Ce deuil paternel (dont on ne saurait répéter l'incidence chez le garçon) fit en outre germer en lui la furieuse *angoisse* qui l'accompagna durant toute sa vie. On peut même constater, au détour d'un passage éloquent d'*À soi-même*, que cette angoisse est encore très tenace alors que Schopenhauer vient de fêter ses quarante-cinq ans : « *La nature a contribué à isoler mon cœur en l'imprégnant de méfiance, de susceptibilité, de violence et de fierté à des doses presque incompatibles avec la mens aequa [sang-froid] du philosophe. L'angoisse héritée de mon père, je la maudis... et je la combats de toute la force de ma volonté mais, parfois, à la moindre occasion, elle me submerge avec une telle violence que je vois devant moi en chair et en os un malheur qui n'est que possible, qui est même à peine imaginable. [...] Au fil des ans, la peur m'a poursuivi [...].* » Ceci, d'une part, explique notamment les thèmes récurrents de sa *philosophie* — qui sont (n'ayons pas peur des mots) d'une violence psychologique assez redoutable —, et, d'autre part, éclaire très bien le personnage qui se cache derrière *elle* (on pourrait tout aussi bien dire que c'est elle qui se cache derrière le personnage, et c'est ce qui fait d'ailleurs toute sa force et toute sa faiblesse, sans oublier toute son originalité, sa sincérité, sa « *probité* », — *dixit* Nietzsche). En un sens, avec Schopenhauer, on a affaire à *un combat de la volonté* vu sous l'angle et philosophique (idéal, intellectuel, rationnel) et sentimental (pratique, caractériel, nerveux, voire irrationnel), un combat de sentinelle (la tourmente du *qui-vive* et du *qui-va-là*) ayant lieu jusque dans la nuit, comme le rapporte, choisi parmi cent autres, le comportement suivant (lequel délivre, malgré sa brièveté, une ribambelle de clés pour aborder son œuvre) : « *Un bruit dans la nuit et je sautais du lit pour saisir mon épée et mes pistolets chargés. Même quand aucune stimulation extérieure n'intervient, je nourris en moi une inquiétude perpétuelle qui me fait voir et chercher des dangers là où ils n'existent pas, et la moindre contrariété grossit indéfiniment, entravant complètement mes relations avec les gens.* » J'ai parlé plus haut des liens qui unissaient Schopenhauer à Byron et il est important de rappeler ici la présence d'une arme à feu à proximité de leurs lits respectifs (« *son pistolet reste accroché au-dessus de son lit* », écrit Safranski pour le compte de Schopenhauer). Cette habitude n'est pas seulement anecdotique, — loin s'en faut, — car elle montre combien le terme de « *combat* » est approprié et dans quelle mesure le philosophe s'improvisa *guerrier* (toutes les acceptions sont valables, du guerrier existentiel au guerrier réflexif, en passant par le guerrier mondain, le guerrier... de l'oreiller — et, avant toute chose, au guerrier... de la plus pure et noble tradition japonaise, ce qui, aussi incroyable que cela paraisse, est vérifiable à la lecture du *Budō Shoshin-shū* (*Le code du jeune samouraï*), composé en 1730 par Daidōji Yūzan : « *Ainsi, le guerrier accompli sera-t-il toujours prêt, emportant un sabre émoussé ou un sabre en bois jusque dans son bain* »). Quel est le devenir d'un homme qui se méfie de tout, qui dispose de la panoplie fantasque et rassurante du paranoïaque, dont l'âme adolescente était solitaire, qui doit lutter sans aide dans un monde qui tue, qui souffre en silence et qui pense comme Chamfort que « *la sagesse commence avec la peur des autres* » ? Il se retire justement du lieu du devenir, il évite toute friction malsaine et corruptrice, il prend sur lui, en sus de la tristesse de l'humaine condition, il exècre le va-et-vient incessant d'une vie dont le but est aveugle, le grouillement infini de pseudo-pécores qui picorent pour survivre — et picorer — et survivre — ; il s'enferme dans une misanthropie qui le soutient dans cet enfer et lui permet de ne plus tressauter face à l'omniprésent malheur : « *À partir de cette époque, mon œil a de plus en plus "reflété la solitude", je me suis systématiquement éloigné du monde, je n'ai eu de cesse de ne consacrer qu'à moi-même le reste de cette vie fugitive, d'en gaspiller le moins possible avec ces êtres à qui le fait de marcher sur deux pieds donne le droit de nous tenir pour leurs semblables, ou même, quand ils remarquent que nous ne le sommes pas, de feindre de nous traiter comme tels. Et nous, ancrés dans la tristesse de la vie ainsi, nous ne pouvons que continuer à souffrir injustement.* » Puis, sage renfrogné, tour à tour pessimiste et mélancolique, il médite gravement (sans que rôde un doute), il noircit des pages et transmet au corpus philosophique un système qui plaît aux infortunés de l'existence — dont j'étais, dont je suis et dont je serai (à moins que je ne meure *ex abrupto*) —, il assouvit son besoin intellectuel de comprendre l'incompréhensible, il contrôle la sève qui fera germer son œuvre dans le jardin (que ne doit pas fouler le vulgaire facilement indigné et qui préfère conserver l'image d'un univers douillet ayant un sens), jusqu'à ce qu'elle lui monte au nez et le fasse jouir et dire, en 1812 : « *La philosophie sera là ; l'histoire de la philosophie sera close.* » Schopenhauer croit et croît, mais toujours ironiquement, avec la légèreté de la pesanteur, la pesanteur de la légèreté, ayant en ligne de mire la formule de Kundera de « *l'insoutenable légèreté de l'être* », car rien n'est fixe dans la vie passagère, car face aux hommes, « *le ton adéquat est l'ironie, une ironie sans affectation, tranquille, ne s'affichant pas* », car, — écrit-il à sa mère en 1806, — « *le monstre de la quotidienneté écrase tout ce qui tend à s'élever* », ce qui l'amène à conclure que l'« *on ne prend rien au sérieux dans la vie humaine parce que la poussière n'en vaut pas la peine* ». Et Schopenhauer pourrait figurer cet infidèle dont parle le Coran (sourate 78, verset 40) : « *Hélas pour moi ! Comme j'aurais aimé n'être que poussière* » — mais en élargissant la formule à l'humanité entière. Dans *Les Misérables*, un ancien procureur, aujourd'hui préfet, n'hésite pas à témoigner à Mgr Bienvenu son matérialisme extraordinaire et à revendiquer avec ostentation sa « poussiérité » (au début de l'extrait, on songe à Pessoa, puis assez rapidement à La Mettrie) : « *Je suis néant. Je m'appelle monsieur le comte Néant, sénateur. Étais-je avant ma naissance ? Non. Serai-je après ma mort ? Non. Que suis-je ? un peu de poussière agrégée par un organisme. Qu'ai-je à faire sur cette terre ? J'ai le choix. Souffrir ou jouir. Où me mènera la souffrance ? Au néant. Mais j'aurai souffert. Où me mènera la jouissance ? Au néant. Mais j'aurai joui.* » Peut-on être plus radical ? *Tout* est poussière… Mais si les mots étaient poussière (ce qu'ils semblent pourtant être), on ne saurait, cher(s) lecteur(s), ni les lire ni les entendre, ils seraient — pour le commun des mortels — *pulvérisés*, ils seraient de l'hébreu, comme ici : « כִּי-עָפָר אַתָּה, וְאֶל-עָפָר תָּשׁוּב. » (*Gn 3,19*) Vulgairement pulvérisés, oui ! à coup de « *pulvis* » et de « *pulverem* » !... le grand poudroiement ! (Écoutez-moi, prenez note : si la matière qui compose le monde était ramassée à son maximum (ou à son minimum : tout est relatif), — si, en d'autres termes, on supprimait le *vide* dont *nous* sommes remplis, toute la matière qui constitue la Terre tiendrait dans un ballon de football, et, de la même façon, « *je les broie comme la poussière de la terre* », (*2 Sam 22,43*), tous les hommes tiendraient dans un dé à coudre ! D'un coup de baguette, « *toute la poussière de la terre fut changée en poux* » (*Ex 8,17*), — car, en vérité, je vous le demande : *que* sommes-nous ? *où* sommes-nous ? et que valent l'espace, la masse et la pensée ?... Au commencement, Dieu prononça : « *Je rendrai ta postérité comme la poussière de la terre, en sorte que, si quelqu'un peut compter la poussière de la terre, ta postérité aussi sera comptée.* » (*Gn 13,16*) Mais « *qui a mesuré les eaux dans le creux de sa main, pris les dimensions des cieux avec la paume, et ramassé la poussière de la terre dans un tiers de mesure* » ? (*Is 40,12*) — et « *qui peut compter la poussière de Jacob* » ? (*Nomb 23,10*) Il y a de l'immensité dans ce rien que nous sommes et que le cosmos est ! Un trichiliomégachiliocosme, dit Śākyamuni, n'en est pas assez… Le nombre d'Avogadro, qui permet de mesurer la *quantité de matière* (une *mole*), fut étalonné en « comptant » le nombre d'atomes que recèlent douze grammes de l'isotope 12 du carbone (l'équivalent d'environ dix mines en graphite d'un crayon de bois) : $N_A = 6{,}02214179 \times 10^{23}$ (à $\pm 3{,}0 \times 10^{16}$ près, autrement dit quelques *poussières*). Si chaque atome avait la taille d'un grain de sable fin (0,1 mm^3) et si l'on répandait sur la surface de la Terre (550000 km^2) six cent mille milliards de milliards de ces grains-là, cela formerait une couche d'une épaisseur d'une centaine de mètres ! Combien d'enfants faudrait-il sur ce bac à sable afin de venir à bout de leur nombre exact ? Ô vanité, qui « *peut compter la poussière de la terre* » et assurer sa « *postérité* » ? En estimant (estimation basse ?) que l'on dénombre en moyenne deux cent cinquante milliards d'étoiles évoluant dans chacune des deux cent cinquante milliards de galaxies que comporterait l'Univers, cela donnerait le chiffre de $6{,}25 \times 10^{22}$, soit à peu près le nombre de grains de sable se trouvant sur la Terre, ou à peine dix fois moins que le nombre d'Avogadro, et un million de fois plus que le nombre de mots imprimés depuis l'invention de Johannes Gutenberg… L'homme n'est pas une poussière ; l'homme est une poussière de poussière de poussière — et il oserait encore gesticuler, pavaner au soleil et se croire le centre de la Création ? Ce serait oublier que « *la dimension de notre destinée, / C'est poussière et néant* » ! Mais non, morceaux de glaise téméraires : « *Nous voulons durer, vivre, être éternels. Ô cendre !* » Il y aurait de quoi faire dresser sur la tête le million de milliards de cheveux dont est pourvu l'ensemble des Terriens. Doit-on pleurer avec Job (*5,6-7*) : « *Le malheur ne sort pas de la poussière, et la souffrance ne germe pas du sol ; l'homme naît pour souffrir, comme l'étincelle pour voler* » ? Et moi qui continue — « *ô tourbillons de poudre !* » — à parsemer de lettres de poussière cet entre-parenthèses… Je me lévige ! Ô pauvre moi, « *quintessence of dust* », particule perdue dans l'océan de particules fini et infini, ô Dieu de poussière, « *mon âme est attachée à la poussière : Rends-moi la vie selon ta parole* » ! (*Ps 119,25*) — *Dust to dust*… et j'entends maintenant ricaner — *de là-bas* — Huysmans qui ose me faire entendre (veut-il me rassurer ?) que « *c'est très bon, la poussière* » : « *Outre qu'elle a un goût de très ancien biscuit et une odeur fanée de très vieux livre, elle est le velours fluide des choses, la pluie fine mais sèche, qui anémie les teintes excessives et les tons bruts. Elle est aussi la pelure d'abandon, le voile d'oubli.* » Sacré Joris-Karl ! La poussière, oui, semence… — Poussière ! À quoi penser d'autre ? « *À quoi puis-je songer si ce n'est à savoir comment un jour je deviendrai cendre et poussière ?* » pensait-à-lui-mêmisait Marc-Aurèle… — Après cette déflexion, je reprends la courbe de mon interrogatoire :) — Sa mère ? Il suffirait de résumer la relation entre Johanna Schopenhauer et son fils par le dernier *acte de volonté* de celle-ci : à sa mort, elle le déshérita au profit de sa sœur Adèle, de neuf ans sa cadette. La vie fastueuse et pleine de paillettes que mena sa mère lorsqu'elle fut veuve (salons intellectuels chez elle où le gratin intellectuel de Weimar était invité, effarante prodigalité, parutions de nombreux ouvrages qu'elle écrivait, apparition de son amant Müller), insupporta de plus en plus Arthur. Il se détacha d'elle et partit une première fois du foyer ; mais en rentrant, de violentes scènes eurent lieu (comparables à celles qu'il y eut entre Byron et sa mère), ils se crièrent dessus, s'injurièrent en claquant les portes, en renversant les chaises ; et il s'enfuit à nouveau en 1814, à vingt-six ans : ils ne se reverront plus et ne s'expliqueront plus que par lettres. — Sa sœur ? Les rapports furent minces, surtout après son départ définitif (« *Je ne sais rien de mon frère* », concède-t-elle deux ans plus tard, ce que je ne puis que rapprocher de ma propre relation avec mon frère Guillaume, car tous deux pouvons nous approprier cette malheureuse petite phrase, cursive et pourtant terrible). Par la suite, ils se « raccommoderont », puis se perdront à nouveau de vue. — Les femmes ? Sujet spécialement délicat, *multiplement* délicat de la part d'un homme au grand cœur (sincérité et probité) que ne quittera jamais la *Rancœur* (avec une majuscule et dans sa pure acception : « *Haine cachée et invétérée qu'on garde dans le cœur ; même sens que rancune, mais d'un style plus élevé* », dit Littré en rappelant que la racine latine est commune avec la « rancidité »). Tout d'abord, on ne lui connaît, sentimentalement, qu'une seule véritable et sérieuse liaison (Caroline Richter), qui dut être largement platonique bien qu'elle s'étalât sur une décennie (ou peut-être *parce qu'*elle s'étala sur une décennie). On ne peut guère disserter sur cette relation, car aucun document la concernant ne nous est parvenu… Quoi qu'il en fût, et sans compter l'isolement qu'il recherchait coûte que coûte (pour travailler à son œuvre et satisfaire une certaine misanthropie, ce dont témoigne

— on ne peut mieux — cette citation tirée des *Aphorismes sur la sagesse dans la vie* : « *La solitude offre à l'homme intellectuellement haut placé un double avantage : le premier, d'être avec soi-même, et le second, de n'être pas avec les autres* »), son fort caractère, c'est le moins que l'on puisse en inférer, ne le facilita pas dans le commerce galant et lui offrit peu de possibilités d'entretenir une vie amoureuse. Schopenhauer nourrissait à l'égard des femmes une haine d'une intensité plutôt rare, qui sut l'inspirer pour la rédaction d'un court essai *Sur les femmes*, *Über die Weiber* en allemand (le français ne connote pas « *Weib* », appartenant au *genre neutre* et signifiant, certes, « *femme* », mais également, ce qui a son importance *in fine*, « *épouse* » et, pis, « *bonne femme* », « *garce* », « *roulure* »), essai dont la virulence fait aujourd'hui encore les beaux jours de l'édition française en figurant en tête des ventes au rayon « philosophie », — pour le pire et pour le meilleur, dois-je préciser. (Pour le meilleur, car il est toujours bon, à quelques restrictions près, qu'un philosophe puisse être apprécié par le grand public ; pour le pire, car propulser une pensée en suscitant l'engouement dudit public pour des écrits embryonnaires ne reflétant pas la réelle envergure de l'œuvre prise dans sa totalité, est une entreprise dangereuse, surtout si l'on se cantonne à eux. On accole au personnage de Schopenhauer l'image unidimensionnelle d'un misogyne, qui ne devrait, au fond, qu'être anecdotique. Si l'on ajoute à cela *L'Art d'avoir toujours raison*, autre *best-seller* qui doit son succès au titre aguichant et à son prix très abordable, comme son cousin *De l'art de persuader* de Pascal, et si l'on ne se tient *qu'à cela*, le portrait réducteur de Schopenhauer que l'on se croit autorisé à brosser est infâmant. Au moment où j'écris, les éditeurs surfent sur la vague et publient à tour de bras « du » Schopenhauer, dont l'un d'entre eux, dernier en date, insultant, porte justement le titre d'*Insultes*, florilège de jugements à l'emporte-pièce et circonscrit *au pire*, ce qui a le don, non de me fâcher, mais de me navrer : pourquoi le si dévoué Didier Raymond a-t-il osé « *sauter sur* » (« *insultare* ») l'occasion, pourquoi a-t-il osé composer ce recueil si peu flatteur et qui n'arrange pas la réputation du philosophe, — sinon pour des raisons bassement économiques ?... Fredaine éditoriale ! C'est une chicane envoyée d'une chiquenaude peu alerte. Pour peu que l'on ne prenne point ce livre à la rigolade ou pour une amusette, le résultat est assimilable à une gaffe, voire à un attentat gratuit...) Ainsi, derrière la haine *des* femmes, il y a presque toujours la haine d'*une* femme (j'ai déjà évoqué cette idée plus haut, que je crois avoir lue en premier lieu chez Remy de Gourmont) : ma misogynie, par exemple, si forte durant l'adolescence, fut surtout liée à mon premier amour (ce qui est le cas de la majorité des hommes, à ce qu'il me semble). Pour Schopenhauer, en revanche, elle fut liée à sa mère (de là le « double entendre » de « *Weiber* », qui vise les « *épouses* », donc les « *mères* », donc *sa mère*), à sa mère en tant qu'elle menait cette vie fastueuse qu'il abhorrait, en tant qu'elle contrecarrait, de près ou de loin, sa volonté de tout contrôler (Schopenhauer est un mâle dominant... de salon) : de près, par sa présence à la maison, dont elle dirigeait la bonne tenue ; de loin, par l'image négative de la femme qu'elle projetait sur son fils et qui le clivait tout en l'empêchant de réaliser ses fantasmes, par exemple celui du mariage, dans lequel, en 1830, il voyait (le bougre) une « *possibilité d'être soigné quand arrive la vieillesse* », avant de se sentir obligé de se rétracter aussitôt en songeant à l'ingratitude de sa mère : « *Ma mère a-t-elle soigné mon père quand il fut malade ?* » En parcourant ce petit essai *Über die Weiber*, les transferts, imputations, critiques, accusations, désaveux se colorent d'un sens qui ne permet pas de douter de l'objet réel auquel ils font référence. Quand on lit « *les femmes* », voire « *les femmes en général* » (double généralisation !), ou bien « *les veuves* », il faut lire : « ma mère. » « *Au fond du cœur les femmes s'imaginent que les hommes sont faits pour gagner de l'argent et les femmes pour le dépenser ; si elles en sont empêchées pendant la vie de leur mari, elles se dédommagent après sa mort.* » La douairière incriminée ici ? Johanna, pardi ! Quelle autre femme a-t-il *vraiment* connue ? « *Que la propriété acquise par les hommes par un travail long et continuel passe entre les mains de femmes qui, dans leur folie, la dilapident en peu de temps ou la gaspillent, est une catastrophe aussi grande que fréquente qu'il faudrait prévenir en limitant le droit à l'héritage pour les femmes. Il me semble que la meilleure solution serait que les femmes, qu'elles soient veuves ou célibataires, héritent seulement pour rente qui leur serait assurée par usufruit durant toute leur vie, mais pas de biens immobiliers ou du capital, sauf dans le cas où il n'y a pas d'héritier mâle.* » Quelle précision au regard d'une situation qui, même si la femme survit souvent à son mari, ne doit pas être si courante que cela ! Celui qui feuilletterait cet essai sans connaître quelques éléments de la vie du philosophe, pourrait dangereusement en déduire une misogynie qui ne saurait être juste. Il faudrait le prévenir que le titre ne mériterait pas d'être ce qu'il est, mais plutôt *Über meine Mutter* (*Sur ma mère*). (Je pense tout d'un coup à Hitler. Pourquoi ? Parce qu'il se permet, dans son — à vomir — *Mein Kampf*, d'en appeler (à deux reprises) à Schopenhauer : « *La vie que le Juif mène comme parasite dans le corps d'autres nations et États comporte un caractère spécifique, qui a inspiré à Schopenhauer le jugement déjà cité, que le Juif est "le grand maître en fait de mensonges".* » Sans le don de double lecture, on prendrait en mauvaise part ce jugement à l'emporte-pièce (et regrettable, mais on n'attendrait rien de mieux de la part du Führer furonculeux), car à ce titre, *tout* philosophe, jusqu'à la fin du XIXème siècle, ayant un jour médit des Juifs, fût également « citable »... Ne nous arrêtons pas à cela et passons, car il n'y a pas plus de raison de relever ce fait historique et de peu de conséquence qu'il n'y en aurait à discourir sur la musique de Beethoven sous le fallacieux prétexte que le même Hitler demanda à Furtwängler que l'on jouât la neuvième symphonie en l'honneur de son anniversaire...) Voici un nouveau paragraphe punitif très clair : « *Il est révoltant certes que les veuves soient brûlées avec le cadavre de leur mari, mais il est tout aussi révoltant qu'elles claquent, après sa mort, avec leur amant, l'argent que le mari a acquis à la sueur de son front. L'amour maternel à l'origine est purement instinctif et cesse donc lorsque les enfants n'ont plus besoin d'aide. L'amour maternel doit être remplacé par un amour fondé sur l'habitude et la raison mais qui fait souvent défaut lorsque la mère n'a pas aimé le père. L'amour du père pour ses enfants est d'une espèce plus sûre. Il repose sur le fait qu'il se reconnaît en eux et a donc une origine métaphysique.* » Madame Schopenhauer étant décédée en 1838 et les *Parerga* ayant été publiés en 1851, elle aura évité la peignée, elle aura échappé à toutes ces beignes qui n'ont été écrites qu'à son (dés-)honneur, à tous ces Scuds envoyés sans concession. Pour élever d'un degré son sentiment sur « les » femmes, Schopy s'empare des autorités, en l'occurrence de Rousseau (qui, lui, n'aura pas connu sa mère) : « *Les femmes en général n'aiment aucun art, ne se connaissent à aucun et n'ont aucun génie.* » Ceci est valable pour les très nombreux ouvrages que Johanna écrivit de 1810 jusqu'à sa mort, et pour toutes les réunions « entre artistes » qu'elle organisait chez elle. Parlant de la peinture et remarquant que les femmes ne peuvent « *se faire gloire d'un seul chef-d'œuvre* » dans ce domaine, il en arrive à la conclusion que c'est leur manque d'objectivité qui les rend incapables « *d'en sentir les beautés* », et il invoque, sarcastique, la loi de la continuité : « *natura non facit saltus.* » Johanna n'étant à ses yeux que la pure *représentation de l'apparat*, Schopenhauer fixe une nouvelle loi : « *La vanité des femmes, même si elle n'est pas plus grande que celle des hommes, a le fâcheux défaut de se porter uniquement sur des choses matérielles, à savoir sur leur beauté personnelle et après sur des parures, la toilette, le luxe. C'est pour cela que la vie en société est leur élément naturel.* » Terminons par la citation (en justice !) du « *défaut capital des natures féminines* », du « *défaut fondamental* » qui n'est autre que « *l'injustice* », dont les conséquences sont : « *la fausseté, l'infidélité, la trahison, l'ingratitude, etc.* » (Le « *etc.* », telle une ponctuation déguisée, est diablement charmant !) — Ses maîtres ? En philosophie, exclusivement Platon et Kant ; en littérature contemporaine, principalement Goethe, qu'il admire tant, mais dont il est au fond déçu, comme Hölderlin l'a été (les rapports ne furent pas aussi étroits qu'ils l'eussent espérés, et leur vénération se mâtine d'une désagréable amertume). — Ses chiens ? À soixante-et-un ans, il écrit dans une lettre : « *J'ai perdu mon si précieux, cher, grand et beau caniche : il est mort de vieillesse, à peine âgé de 10 ans. Cela m'a profondément attristé et pendant longtemps.* » Le contraire eût été surprenant : Schopenhauer a plus d'affection pour son chien que pour les hommes, et il aurait pu dire, comme Desproges (sans rire) : « *Plus je connais les hommes, plus j'aime mon chien.* » En même temps, Desproges ajoutait : « *Plus je connais les femmes, moins j'aime ma chienne* », ce qui n'était pas du tout le cas de Schopenhauer ! — Son style et son rythme de vie ? Dans les premiers temps, nous dit Safranski, « *il consacre les premières heures de la journée à un travail intellectuel de haut niveau, puis il se détend en jouant de la flûte, l'après-midi, il entreprend des promenades assez importantes, le soir il va au théâtre ou en société* ». Avec l'âge, le rituel s'enracine peu à peu : écriture durant les trois premières heures de la matinée (pas plus, sinon ça gâte le cerveau), ensuite il joue de la flûte (du fifre !) pendant une heure (surtout du Rossini), puis, au déjeuner, il fait longuement (et *goulûment*) bonne chère, insistant pour ne pas être dérangé avant le café, à la suite de quoi il fait sa promenade à une cadence effrénée, accompagné de son caniche, et se parle parfois tout seul. Enfin, le soir, il va de moins en moins au théâtre, il préfère lire chez lui et ne reçoit plus aucun visiteur. — Sa santé ? Outre des otites à répétition, des migraines, la perte quasi totale de l'usage de l'oreille droite vers 1823, Schopenhauer l'Ingambe se dit doté d'une « *santé inébranlable* » qu'il attribue d'abord à sa « *bonne constitution* », « *ensuite au fait que chaque jour et quel que soit le temps, [il fait] de la marche rapide, pendant 1 heure ½ ou 2 heures, et même maintenant, alors [qu'il a] bientôt 64 ans, [il dort ses] 7 à 8 heures* » (au sujet du sommeil, il écrit, à soixante-dix ans révolus, qu'il « *est la source de toute santé et de toute force* » ; et quant à la marche quotidienne, il précise en lettres majuscules qu'elle doit être « *EXTRÊMEMENT RAPIDE* »). — Ses œuvres et son métier de philosophe ? Ce fut toute sa vie, une vie fut tout entière dédiée à son œuvre et à sa philosophie (favorisée par l'héritage légué par son père, puisqu'il fut très tôt affranchi des contraintes de la vie dite « active » et put compter sur l'indépendance : « *Ce qui me tient le plus à cœur en ce monde, c'est mon indépendance ; grâce à elle je ne peux oublier qui je suis ni jouer le rôle d'un autre* »). Ce fut une vie de labeur intellectuel (« *ma vie n'a été qu'un long travail, qui a précocement engrisé ma tête* », écrit-il, passé la cinquantaine). Schopenhauer n'avait que trente-et-un ans lorsque, en 1819, fut publiée première édition du *Monde comme Volonté et Représentation*. Reprenant l'analyse de Claude-Hadrien Helvétius (« *C'est aussi dans l'âge des passions, c'est-à-dire depuis vingt-cinq jusqu'à trente-cinq et quarante ans, qu'on est capable des plus grands efforts et de vertu et de génie. À cet âge, les hommes nés pour le grand ont acquis une certaine quantité de connaissances, sans que leurs passions aient encore presque rien perdu de leur activité. Cet âge passé, les passions s'affaiblissent en nous, et voilà le terme de la croissance de l'esprit ; on n'acquiert plus alors d'idées nouvelles ; et quelque supérieurs que soient, dans la suite, les ouvrages que l'on compose, on ne fait plus qu'appliquer et développer les idées conçues dans le temps de l'effervescence des passions, et dont on n'avait point encore fait usage* »), Schopenhauer affirmait qu'à trente ans, tout au plus à trente-cinq, l'homme a fourni le meilleur de ses capacités, ce avec quoi je suis pleinement d'accord (à l'heure où j'écris ceci, je suis dans l'intervalle, et je justifierai la constatation de Helvétius et de Schopenhauer plus tard). Et, de surcroît, « *le temps d'une vie est très court* » et il a l'habitude d'écrire lentement : « *La lenteur de mon travail provient du fait que depuis 25 ans, j'ai la maxime indestructible de ne jamais écrire directement pour l'impression que pendant les 2 premières heures de la matinée ; car ce n'est que là que la tête exploite toutes ses possibilités. Le reste du temps est utile pour la recherche et la lecture de passages cités & ca.* » Dès 1813, on retrouve, dans les bribes de journal que l'on nommera *Die handschriftliche Nachlass*, la preuve éclatante que le rapport qu'il entretint avec son œuvre fut davantage que le rapport qu'un philosophe entretient d'ordinaire avec sa philosophie : « *L'œuvre croît, prend forme peu à peu et lentement, comme l'enfant dans le ventre de sa mère. Je ne sais pas ce qui est né d'abord et ce qui est né pour finir, comme pour l'enfant dans le ventre maternel. [...] je ne comprends pas la naissance de mon œuvre, comme la mère ne comprend pas la naissance de son enfant.* » Il suffit de repenser, d'une part, aux liens d'affection noués entre Arthur et son père (du moins, entre Arthur et le souvenir de son père), et, d'autre part, à l'image de la mère, pour que s'éclaire magnifiquement la métaphore — qui perdurera en tant qu'idée fixe : dans une lettre à son éditeur Justus Radius, en 1830, il parle de « *l'inquiétude chaleureuse d'un père qui remet en mains étrangères son enfant élevé avec soin* », son « *pauvre enfant* » (« *une coquille ne peut-elle pas angoisser quelqu'un pendant des années ! »*) ; dans une autre lettre : « *Vous ne m'en voudrez pas si je compte faire publier dans un état parfait ce petit ouvrage élaboré avec tant d'amour, dans la mesure où le public tient à moi.* » Il aime son œuvre comme un père, il la chouchoute comme il aurait voulu être chouchouté, il en prend soin comme une mère devrait en prendre soin (une mère qu'il n'aura pas connue). En 1843, en envoyant un manuscrit (qui concerne la deuxième édition du *MVR*, si je ne me trompe, le livre qui « *est vraiment le travail de toute [sa] vie* »), il déclare à Friedrich Arnold Brockhaus, son nouvel éditeur, que, « *quand on lâche un enfant choyé pendant si longtemps, on désire évidemment être débarrassé de tous les doutes quant à son destin* ». Voici de quelle manière, dans *La Cousine Bette*, Balzac s'enflammait sur la condition de l'artiste accoucheur et *père maternel* de ses œuvres : « *Mais produire ! mais accoucher ! mais élever laborieusement l'enfant, le coucher gorgé de lait tous les soirs, l'embrasser tous les matins avec le cœur inépuisé de la mère, le lécher sale, le vêtir cent fois des plus belles jaquettes qu'il déchire incessamment ; mais ne pas se rebuter des convulsions de cette folle vie et en faire le chef-d'œuvre animé qui parle à tous les regards en sculpture, à toutes les intelligences en littérature, à tous les souvenirs en peinture, à tous les cœurs en musique, c'est l'Exécution et ses travaux. [...] Cette habitude de la création, cet amour infatigable de la Maternité qui fait la mère (ce chef-d'œuvre naturel si bien compris de Raphaël !), enfin, cette maternité cérébrale si difficile à conquérir, se perd avec une facilité prodigieuse.* » Beaumarchais, dans sa *Lettre modérée sur la chute et la critique* qui sert d'avertissement à son *Barbier de Séville*, écrivait également : « *Les Ouvrages de Théâtre, Monsieur, sont comme les enfants des hommes : conçus avec volupté, menés à terme avec fatigue, enfantés avec douleur et vivant rarement assez pour payer les parents de leurs soins, ils coûtent plus de chagrins qu'ils ne donnent de plaisirs.* » Tout ceci vaut pleinement pour Schopenhauer, car chaque livre qu'il écrit *est un être vivant*, le produit d'un accouchement — douloureux — *et* d'une éducation — douloureuse (à l'opposé de l'accouchement des sonnets du Trissotin de Molière !). À propos des *Parerga & Paralipomena*, son ouvrage le plus populaire, — qui le fera connaître pour de bon au public en 1851 (où il se fait « *philosophe pour le monde* »), — il avait confessé à Brockhaus (rejoignant l'avis de Julien Gracq et du « *livre de trop* ») qu'il n'écrirait plus après leur publication afin d'éviter « *de mettre au monde des enfants faiblards produits dans la vieillesse, accusant leur père et diminuant sa gloire* », ce qu'il confirma au philosophe Julius Frauenstädt, son disciple et exécuteur littéraire : « *Je me réjouis vraiment de pouvoir encore assister à la naissance de mon dernier enfant, par quoi je considère ma mission en ce monde comme achevée. Je me sens vraiment débarrassé d'un poids que j'ai porté sur moi depuis ma 24ème année et qui m'a lourdement pesé. Personne ne peut s'imaginer ce que c'est réellement.* » Car ses enfants, il les aura élevés sans l'aide de personne, « *sans encouragement du dehors* », et il confiera dans les *Fragments sur l'histoire de la philosophie* que seul l'amour de son œuvre aura su maintenir ses efforts et l'aura empêché de se lasser. Sa prédilection pour le bouddhisme (« *nous autres bouddhistes* », aimait-il à répéter) aura probablement contribué à atténuer sa résignation en la positivant et à quitter le monde sereinement sur le ton christique du « *tout est accompli* » : « *c'est joyeux que je retournerai là d'où une grâce m'avait laissé partir, conscient d'avoir rempli ma mission.* » Si je cite Jean qui cite Jésus (le Messie, le Prophète), ce n'est pas un hasard. Dans les dernières années de sa vie, Schopenhauer connaîtra l'aura du succès, recevra la visite de nombreux visiteurs, véritables pèlerins et disciples qu'il appellera ses « *apôtres* » ou « *évangélistes* » ! Ô mes Serviteurs, apportez la bonne nouvelle ! Prenez cette philosophie, ceci est mon corps ! Évangélisez la Terre ! Jouissant de sa notoriété croissante, il surveille ataviquement les peintures, lithographies et autres portraits qu'on fait de lui, il consulte tous les articles portant sur ses œuvres et fait feu de tout bois : même une critique mauvaise est bénéfique : c'est de la publicité ! Il raffole tellement de ce qu'on puisse parler de lui, en bien ou en mal, qu'il veut à tout prix mettre la main sur chaque ligne qui le cite et désespère de ne n'en trouver — par lui-même — que la moitié… L'interrogatoire étant terminé, nous sommes suffisamment préparés, et je peux maintenant en venir aux infernales notions de *Souffrance* et d'*Ennui*… mais je dois — préalablement, préliminairement — introduire un semblant de contexte. Comme toute philosophie, la philosophie de Schopenhauer contient ses parts de vérité, mais elle n'est pas à proprement une bonne nouvelle à porter (« εὐαγγέλιον »). Je dirai que, tout comme l'on ne peut contempler la face de Yahvé sans mourir aussitôt, regarder le visage de la Méduse sans être statufié, se tourner (ô Lot) vers la ville de Sodome sans être salifié, jeter (ô Orphée) un œil par-dessus son épaule sans perdre sa bien-aimée, on ne peut lire Schopenhauer, en particulier le *MVR*, et en revenir sain et sauf, on ne peut le comprendre — ou tenter de le comprendre — sans en être à jamais bouleversé et transformé. La philosophie de Schopenhauer *fait mal*. Évidemment, tout dépend de l'état d'esprit du lecteur : s'il ne jure que par la bonté et la beauté du monde (méliorisme convaincu et indécrottable), il n'y accordera aucun crédit et enverra la théorie au loin ; s'il n'accepte que les systèmes de tradition académique, il se forcera à lire dans l'unique intention de parfaire sa culture universitaire (« *Ma philosophie doit pénétrer le public savant EN-DEHORS DES UNIVERSITÉS* ») ; si, ayant eu vent de la petite formule magique (« *La vie donc oscille, comme un pendule, de droite à gauche, de la souffrance à l'ennui* »), il anticipe son effroi, il n'ira pas plus loin que la page de garde ; s'il est d'un naturel joyeux et craint la mélancolie, il passera son chemin… Pourquoi Schopenhauer ne s'adresserait-il qu'aux seuls mélancoliques ? Peut-être parce que le mélancolique est l'un des rares à prendre conscience de la vanité du monde et de l'existence, et qu'il n'a pas peur de lever le voile (de l'illusion, de Māyā). Pourquoi Schopenhauer ne serait-il pas apprécié à sa juste valeur dans les programmes scolaires ? Peut-être parce que les professeurs d'aujourd'hui se sentent encore visés, croient qu'il les attaque de nouveau, après avoir attaqué en son temps Hegel et les autres, à travers son pamphlet des *Parerga* intitulé *Sur la philosophie dans les universités* (que les éditions Circé ont publié en tant que *Ils corrompent nos têtes*) ? Schopenhauer serait-il trop compliqué ? Au contraire, son plus grand atout (et sa plus grande faiblesse ?) est sa limpidité. D'ailleurs, il aime à redire (non sans une pointe d'orgueil) qu'« *il n'y a guère de système philosophique aussi simple et composé d'aussi peu d'éléments que le [sien] ; aussi l'embrasse-t-on et le comprend-on d'un coup d'œil. Ceci résulte de l'unité et de la concordance complètes de ses idées fondamentales, et milite certainement en faveur de sa vérité, parente de la simplicité* ». Et il ajoute, du fait que les concordances entre sa philosophie et les diverses découvertes de son époque se complètent très bien, que « *cette harmonie ou cohérence est tout simplement celle de la réalité avec elle-même, qui ne peut jamais faillir* ». Non, et je sais de quoi je parle : Schopenhauer est en grande partie mésestimé — ou écarté — parce que sa philosophie (je le répète haut et fort) *fait mal*. D'aucuns lui en voudraient d'être largement prétentieux, par exemple lorsqu'il dit (toujours dans *Quelques remarques sur ma propre philosophie*, qui figurent dans *Fragments sur l'histoire de la philosophie*) : « *L'humanité a appris beaucoup de moi ; cela ne sera pas oublié, et mes écrits ne sombreront pas dans l'oubli.* » Pourtant, s'il est vrai qu'afficher tant d'assurance m'ait quelquefois agacé, j'ai beaucoup appris de lui, je n'ai rien oublié (ah, ça, non !), et ses écrits, quand bien même je déménagerais cent fois, resteront bien en évidence sur les étagères de ma bibliothèque consacrée à la philosophie. Nous allons y revenir sous peu, mais posons-nous la question maintenant : saurait-on être heureux en contemplant la misère du monde ? (À tous ceux qui oseraient réfuter toute présence de misère, ou qui avanceraient qu'elle ne sert qu'au salut de l'humanité, je leur proposerai, sans aménité, d'aller paître ailleurs et de continuer à porter des œillères : je ne discute pas des couleurs avec un aveugle, encore moins avec un aveugle qui affirmerait leur inexistence sous prétexte qu'il ne les voit pas, ou qui affirmerait les voir mieux que moi. — « *Chantez dans cette vie amère* », chers lépreux… J'ai l'« *Âme qui pleure au fond d'une fange qui saigne* »… — (Je trompe la mort et ses splendeurs et ses misères… « *Je ne me suis jamais donné pour une nature de bronze comme est la tienne. La vie est pour moi tour à tour un paradis et un enfer ; mais quand, par hasard, elle n'est ni l'un ni l'autre, elle m'ennuie, et je m'ennuie...* — *Comment peut-on s'ennuyer quand on a tant de magnifiques espérances devant soi...* — *Quand on ne croit pas à ces espérances, ou quand elles sont trop voilées...* ») — Au pire, comme on dit, si la souffrance n'est pas un « *mystère* » (dont parleraient les « *ecclésiastiques et [les] gens qui usent de phrases sans sagesse* »), elle est plutôt, selon le mot de Wilde, une « *révélation* » qui « *permet de discerner ce qu'on n'avait jamais perçu encore et d'aborder l'histoire sous un angle différent* ». Wilde, dans le *De profundis*, va d'ailleurs très loin quand il s'agit de souffrance, qui est pour lui « *le secret de la vie* », « *ce qui se cache derrière toute chose* », la douleur étant même « *l'ultime symbole et dans la vie et dans l'art* ». Rallier la souffrance et l'esthétisme est une idée pour le moins osée. On la retrouve résumée dans ce passage-ci : « *Les seuls êtres parmi lesquels j'aimerais me trouver désormais sont les artistes et les créatures qui ont souffert : ceux qui savent ce qu'est la beauté et ceux qui savent ce qu'est la douleur. Personne d'autre ne m'intéresse.* » Le plaisir va au beau corps et la douleur, à la belle âme. De sa prison, Wilde estime « *que l'amour, de quelque sorte qu'il soit, est la seule explication possible de l'extraordinaire somme de souffrance qu'il y a dans le monde* ». Est-il nécessaire d'ajouter qu'il en mourra ?...) Sans honte, et en vérité je vous le dis : la misère du monde ne saurait m'enthousiasmer. Certains, parmi ceux qui ne passent pas ailleurs, me rétorqueront que la misère du monde ne saurait enchanter personne (sauf les méchants, les cruels sans pitié), ce que j'accorderai (assomption). En fait, en lisant entre les lignes, on verra par là que je clame mon innocence pessimiste : n'est pas nécessairement pessimiste celui qui montre du doigt la misère, et Schopenhauer, en montrant lui-même du doigt la douleur omniprésente, n'était pas nécessairement un doloriste. Je reviens à la charge avec cette sentence censée résumer la « doctrine » schopenhauerienne (*Le Monde comme Volonté et comme Représentation*, Livre quatrième, §57, page 394 dans mon édition PUF de juillet 1998) : « *La vie donc oscille, comme un pendule, de droite à gauche, de la souffrance à l'ennui ; ce sont là les deux éléments dont elle est faite, en somme.* » Personne ne niera que parfois l'on souffre, parfois l'on s'ennuie. De là à ne laisser aucun intervalle de temps entre la souffrance et l'ennui, à prétendre que ne pas souffrir signifie que l'on s'ennuie, ou que ne pas s'ennuyer signifie que l'on souffre… beaucoup d'entre nous, révulsés par cet intransigeant « ou bien — ou bien », révoltés par le peu de manœuvre qui leur serait offert (et je comprendrais ces virulentes indignations), frapperont immédiatement du poing en jurant fervemment : « Objection ! » Ils clameront avec raison (au premier abord), ainsi que moi-même — je le confesse — je voulus le clamer à ma première confrontation, en nous appuyant sur cette sentence démoniaque : « À l'instant, je ne souffre pas ; cependant je ne m'ennuie pas non plus ; par conséquent, ce n'est qu'un mensonge. » L'homme qui s'ennuie fermement est aisément reconnaissable, il est indisposé, tapote des doigts sur la table comme s'il s'impatientait ou cherchait dans le vide. En un mot, ou bien il ne fait rien et voudrait faire quelque chose, ou bien il voudrait faire quelque chose, mais *ne sait pas quoi*. Mais cet homme n'est pas la plus remarquable des figures de l'ennui, car le mimétisme absolu est incarné par celui qui croit y échapper, et c'est là que le vulgaire, confondant cause et conséquence, ne comprend plus pourquoi l'ennui régnerait toujours en maître. Le joueur de cartes me dit : « Je joue, donc je ne m'ennuie pas. » Je lui répondrais (au conditionnel : je m'amuse plus à faire remarquer ces subtilités qui dérangent) : « Tu t'ennuies, *donc* tu joues », ou, mieux : « Tu t'ennuies, *car* tu joues », c'est-à-dire (c'est ce raisonnement qui déplaît) : « Tu joues, *donc* tu t'ennuies. » L'ennui, ce n'est pas seulement ne rien faire, c'est également suppléer à ce « *ne rien faire* » en essayant de faire, c'est un « *faire* » qui n'existe qu'en tant que *combat* contre le « *ne rien faire* ». (Nous parlerons bientôt de Tchékhov et nous verrons que nul autre que lui ne parvint à rendre compte de cet ennui-là, l'ennui véritable, l'ennui qui réside dans le « *faire* » et le « *ne rien faire* ». L'ennui alourdisseur d'atmosphère, l'ennui suffocateur, l'ennui aspirateur de conscience… L'ennui qui s'échappe de la bouche colérique de Renée Saccard, dans *La Curée* : « *Oh ! je m'ennuie, je m'ennuie à mourir.* » L'ennui du présent qui s'éternise comme un feu dont les braises rougeoieraient sans cesse, l'ennui qui met à feu et à sang, l'ennui qui aide un Raskolnikov à assassiner. « *L'ennui ! pourquoi le dire ?* » écrit Gide dans *Le voyage d'Urien* : « *qui ne l'a pas connu ne le comprendra pas ; qui l'a connu demande à s'en distraire.* ») Dans son *Zibaldone*, Leopardi fait un constat qui ne devrait déjà plus nous étonner : « *Mais il n'est que trop vrai, abstraitement parlant, que l'amie de la vérité, la lumière permettant de la découvrir et la moins susceptible de se tromper, est la mélancolie, et surtout, l'ennui.* » Que la mélancolie permette de dévoiler une partie du monde, telle une insomnie qui force à écarquiller les yeux (Cioran, Hesse ou Fitzgerald en sont des exemples), cela se devine ; — mais *l'ennui* ?... Leopardi ne sous-entend pas que l'ennui en tant qu'ennui soit l'ami de la vérité ; ici, il vise (j'utilise un raccourci) l'ennui en tant qu'*expérience de l'ennui*. Pour *connaître* l'Ennui (le voir, pas seulement le vivre), il faut *en faire l'expérience* comme un scientifique dans son laboratoire. Schopenhauer et Leopardi l'ont faite eux-mêmes ; moi, je l'ai faite en lisant Schopenhauer (Dieu sait que ces lectures ne m'ont jamais ennuyé !) ; et tous les trois (je m'y inclus modestement), nous sommes des joueurs de cartes à qui « on ne la fait pas », — des joueurs qui n'ont pas peur d'affirmer, tout en jouant : « C'est que je m'ennuie… » J'y reviendrai plus loin, mais je citerai maintenant ce passage des *Aphorismes sur la sagesse dans la vie* (*Parerga*) : « *L'homme ordinaire ne se préoccupe que de passer le temps, l'homme de talent que de l'employer. La raison pour laquelle les têtes bornées sont tellement exposées à l'ennui, c'est que leur intellect n'est absolument pas autre chose que l'intermédiaire des motifs pour leur volonté. Si, à un moment donné, il n'y a pas de motifs à saisir, alors la volonté se repose et l'intellect chôme, car la première, pas plus que l'autre, ne peut entrer en activité par sa propre impulsion ; le résultat est une effroyable stagnation de toutes les forces dans l'individu entier,* — *l'ennui. Pour le combattre, on insinue sournoisement à la volonté des motifs petits, provisoires, choisis indifféremment, afin de la stimuler et de mettre par là également en activité l'intellect qui doit les saisir : ces motifs sont donc par rapport aux motifs réels et naturels ce que le papier-monnaie est par rapport à l'argent, puisque leur valeur n'est que conventionnelle. De tels motifs sont les jeux de cartes ou autres, inventés précisément dans le but que nous venons d'indiquer. À leur défaut, l'homme borné se mettra à tambouriner sur les vitres ou à tapoter avec tout ce qui lui tombe sur la main. Le cigare lui aussi fournit volontiers de quoi suppléer aux pensées.* — *C'est pourquoi dans tous les pays les jeux de cartes sont arrivés à être l'occupation principale dans toute société ; ceci donne la mesure de ce que valent ces réunions et constitue la banqueroute déclarée de toute pensée.*

N'ayant pas d'idées à échanger, on échange des cartes et l'on cherche à se soutirer mutuellement des florins. Ô pitoyable espèce ! » (D'un Schopenhauer n'est jamais bien loin un Huysmans, les deux faisant bon ménage... « *Mais, dans les salons, dans le monde, les cartes ne servent qu'à masquer la misère des propos, la faiblesse des intelligences, la nullité des personnes qui, réunies entre elles, ne peuvent rien se dire* », cynisait le Décadent.) — Voilà que je voulais brièvement introduire l'ennui et que j'ai commencé à le développer ! Recadrons-nous et migrons vers le pendule (dont le mécanisme à étudier est si simple qu'il ne comporte que deux rouages) : « *La vie donc oscille, comme un pendule, de droite à gauche, de la souffrance à l'ennui, et sont là les deux éléments dont elle est faite, en somme.* » — 1. — *Souffrance*. — « *Il est certain, et je parle sérieusement, que l'existence est un mal pour tous les éléments qui composent l'univers. [...] Il est évident que toutes choses souffrent nécessairement à leur manière et nécessairement ne sauraient jouir, car le plaisir, à strictement parler, n'existe pas. Cela étant, comment ne pas dire que l'existence est en soi un mal ?* » Existence maléfique et punitive ! Le lecteur, d'emblée, pensera : « Ce Schopenhauer y va un peu fort ! » Non pas ! car c'est encore de Leopardi qu'il s'agit... « *Ce ne sont pas seulement les hommes, mais le genre humain qui par nécessité a été et sera toujours malheureux* », poursuit le *malinconico*, le *malinconichissimo* Giacomo, avant de nous faire entrer dans un jardin peuplé de plantes, d'herbes et de fleurs, et de nous décrire le tourment qui se découvre partout : « *Mais en vérité, cette vie est triste et malheureuse ; chaque jardin est pareil à un vaste hôpital (lieu plus déplorable qu'un cimetière) et si ces êtres sentent ou, si l'on préfère, sentaient, il est certain que pour eux le non-être serait de loin préférable à l'être.* » Ainsi que l'appelait Musset après une lecture : « *Sombre amant de la Mort, pauvre Léopardi* » ! (Un astérisque — d'Alfred en personne — signale l'information de bas de page : « *L'un des poëtes les plus remarquables de l'Italie moderne, mort en 1837.* ») Irait-on dire que Leopardi, né dix ans après Schopenhauer, est schopenhauerien ? Pourquoi pas, mais il faut savoir que Leopardi n'a jamais lu le *MVR* ! Par conséquent, c'est plutôt (et en exagérant un peu) l'inverse : Schopenhauer serait leopardien, comme en témoigne l'hommage rendu par l'Allemand en conclusion d'un chapitre du *MVR* intitulé *De la vanité et des souffrances de la vie* (où il s'en prend à l'optimisme) : « *Personne cependant n'a été autant au fond du sujet et ne l'a autant épuisé que de nos jours l'a fait Leopardi [Keiner jedoch hat diesen Gegenstand so gründlich und erschöpfend behandelt, wie, in unsern Tagen, Leopardi]. Il en est tout rempli et tout pénétré : la dérision et la misère de notre existence, voilà le tableau qu'il trace à chaque page de ses œuvres, mais pourtant avec une telle diversité de formes et de tours, avec une telle richesse d'images, que, loin de provoquer jamais l'ennui, il excite bien plutôt chaque fois l'intérêt et l'émotion.* » (Parmi les « *pessimistes modernes en tant que décadents* », Nietzsche, dans un premier temps, rangeait auprès de Schopenhauer : Baudelaire, Mainländer, Goncourt, Dostoïevski et... Leopardi, évidemment ! Mais plus tard, il ne garda plus, outre Schopy, que Baudelaire et Leopardi — à propos duquel il ajouta, en note : « *errements sexuels au début, conséquence : impuissance précoce* » !) Nous allons puiser dans le quatrième Livre du *MVR*, intitulé, comme le deuxième, *Le Monde comme Volonté*, mais portant le sous-titre suivant : *Second point de vue : Arrivant à se connaître elle-même, la volonté de vivre s'affirme, puis se nie,* — et nous nous attacherons plus précisément aux paragraphes 56 et 59, respectivement renseignés dans la table des matières de la manière suivante : « *Dessein de la suite de ce livre. La souffrance est le fond de toute vie* » — et : « *Preuve expérimentale de l'identité de la vie avec la souffrance. Nulle puissance extérieure ne peut donc nous en délivrer. Impiété de l'optimisme.* » Si ces aperçus ne sont pas une annonce en couleurs, que l'on me flagelle sur-le-champ ! Cher lecteur, mets-y de la bonne *volonté* et chausse les lunettes anti-souffrance si tu ne *veux* pas craindre la déploration de ta condition dans « *cette vie dont il s'agit de vouloir ou de ne pas vouloir ; car c'est là le grand problème* » ! (Ou chausse tes vieux cothurnes !) Ici-bas, « *jamais de but vrai, jamais de satisfaction finale, nulle part un lieu de repos* », toujours l'effort : « *Cet effort qui constitue le centre, l'essence de chaque chose, [...] prend le nom de* volonté. *Est-elle arrêtée par quelque obstacle dressé entre elle et son but du moment : voilà* la souffrance », voilà le schéma existentiel simplifié, voilà la machine hypersynchrone de la nature : vie ⇔ effort ⇔ volonté ⇔ souffrance. Non seulement nous serions des « *machines perpendiculairement rampantes* » (*dixit* La Mettrie), mais des machines rampant dans le sein de la souffrance inexorable... Mais pourquoi la souffrance, d'où vient-elle ? Et quel est cet obstacle, d'où sort-il ? L'obstacle et la souffrance surgissent d'un manque et d'un désir ; ce qui réajuste la chaîne symbolique des équivalences vue précédemment : vie ⇔ manque ⇔ désir ⇔ effort ⇔ volonté ⇔ obstacle ⇔ souffrance. « *Tout désir naît d'un manque, d'un état qui ne nous satisfait pas ; donc il est souffrance tant qu'il n'est pas satisfait. Or, nulle satisfaction n'est de durée ; elle n'est que le point de départ d'un désir nouveau. Nous voyons le désir partout arrêté, partout en lutte, donc toujours à l'état de souffrance ; pas de terme dernier à l'effort ; donc pas de mesure, pas de terme à la souffrance.* » (La satisfaction, à peine a-t-elle eu lieu qu'elle s'évanouit. C'est pourquoi je ne l'ai pas incluse, bien qu'elle participe de tous les maillons... Boèce a une très belle formule : « *La volupté, comme l'abeille, porte avec elle son aiguillon. À peine a-t-elle donné quelques gouttes de miel, la perfide s'envole et laisse un trait dont la blessure se fait sentir longtemps.* » Cependant la satisfaction dont parle Schopenhauer n'est pas ce sentiment bien connu du « *post coïtum* » auquel se réfère Boèce, elle est le départ d'un nouveau désir, car elle n'est que l'insatisfaction de la satisfaction, une volupté qui n'est pas repue, une jouissance non assouvissante : les chemins du désir « *ne sont que des routes égarées, qui ne conduisent jamais à la félicité qu'elles promettent* ». Dans le bouddhisme, le bonheur spirituel très pur fait partie du « du‍ḥkha », terme unisémique qui décrit ce qui est « *pénible* », « *désagréable* », « *douloureux* », « *difficile* », « *malaisé* », le « *malheur* », le « *mal* », la « *souffrance* », la « *peine* », la « *douleur* », littéralement : « *dont l'essieu tourne difficilement* » ! En clair, il n'y a pas de satisfaction définitive... « *and each hour's joy wrecked with a week of teen* » (« et chaque heure de joie s'est toujours brisée sur une semaine d'angoisses »)... Dans *L'Imitation*, on lit : « *Parce qu'on est sorti dans la joie, souvent on revient dans la tristesse ; et la veille joyeuse du soir attriste le matin.* » Horreur ! Et si l'on se dit, avec Mme de Mortsauf, que « *la douleur est infinie* » et que « *la joie a des limites* », on n'a plus que les yeux pour pleurer... Rien qu'en considérant le couple veille/sommeil, je me vois (et *dois*) vivre ce manque intrinsèque de la vie consciente, ce sentiment *impérissable de la perte* qu'est la Frustration Existentielle. À l'état de veille, les yeux ouverts sur le monde, je crois déjà vivre un cauchemar inassouvissant ; mais le rêve, qui devrait accomplir un désir — et qui échoue en ne l'ayant que tenté —, m'*inassouvit* davantage et rend le réveil mélancoliquement insupportable. Ma part nocturne, ainsi que la diurne, est en fait un manque renouvelé, une perte d'un je-ne-sais-quoi, un défaut évanescent, une carence subversive, une défectuosité transcendante, une privation intrinsèque, un manque que — de surcroît — je manque et ne peux que manquer, car le plus affreux dans l'histoire, c'est que je n'arriverai jamais à exprimer correctement ce phénomène, vu qu'il pointe l'*absence…* de *quoi…*) L'homme, la seule créature pensante, paie cher sa conscience ; sa conscience est l'origine de sa souffrance et il semble être né pour souffrir ; mais sa souffrance sera par conséquent en proportion de cette conscience (ce qui ne veut pas dire que l'animal ne souffre pas) : « *Ainsi, selon, que la connaissance s'éclaire, que la conscience s'élève, la misère aussi va croissant ; c'est dans l'homme qu'elle atteint son plus haut degré, et là encore elle s'élève d'autant plus que l'individu a la vue plus claire, qu'il est plus intelligent ; c'est celui en qui réside le génie, qui souffre le plus.* » En trois ou quatre pages serrées (que je n'ai pas détaillées), dans ce cinquante-sixième et terrible paragraphe ponctué d'un : « *et ainsi on se convaincra […] combien* la souffrance *est le fond de* toute vie », Schopenhauer nous enfonce un aiguillon qu'aucune pince à épiler ne sera jamais capable de retirer. Je suis venu, j'ai vu et je ne peux plus que voir ce que j'ai vu. Depuis tout jeune, j'entends cette boutade qui circule au sujet de la pluviosité en Bretagne : « S'il ne pleut pas, c'est qu'il va pleuvoir. » Avec Schopy, en faisant abstraction de l'ennui, ce proverbe exagéré se transforme en : « Si je ne souffre pas, c'est que je vais souffrir. » Je remarquerai trois points qui, quand ils ne s'excluent pas, demeurent paradoxaux. — a. — Contrairement à la première idée qui vient à l'esprit, cette conception des choses n'appartient pas au nihilisme (nous y reviendrons) parce qu'elle présupposerait une nihilité de la vie, une existence qui n'est rien par soi-même. Or, la vie est *au moins* souffrance. — b. — Il existe, pour faire vite, trois types de *stimuli* (non intrapsychiques) qui témoignent de la sensibilité du corps (*somesthésie*) : ceux, trop faibles, qui ne provoquent pas de sensation ; ceux, de faibles à forts, que les mécanorécepteurs signalent au cerveau qui nous renverra l'information d'une sensation donnée ; ceux, enfin, trop forts, que reçoivent les nocicepteurs (mécaniques, polymodaux), c'est-à-dire les terminaisons nerveuses qui font office de signal d'alarme (une lésion tissulaire, par exemple). En dehors du fait que toute sensation est assimilable à une douleur qui peut ne pas faire mal, ce mécanisme de la nociception m'engage à formuler le raccourci suivant : la perceptibilité et l'aperceptibilité de la douleur (davantage que la perception ou l'aperception), que celle-ci soit aiguë ou chronique, est un moyen sensoriel visant à notre préservation, voire à notre protection, autrement dit : la sensation douloureuse est là pour notre bien-être ! J'ai mal, donc ma vie est en jeu (je dois réagir, si je le puis, pour survivre). Puisque, d'une part, la souffrance procède de la douleur : Je souffre, donc j'existe (souffrance $\Rightarrow$ vie) ; et puisque, d'autre part, « *la* souffrance *est le fond de* toute vie » : J'existe, donc je souffre (vie $\Rightarrow$ souffrance) ; alors : (souffrance $\Leftrightarrow$ vie). Disons, en prolongeant ces définitions, que le bien-portant serait celui qui ressent qu'il ne ressent pas de souffrances… ou qui ne ressent pas qu'il ressent la souffrance (effet antalgique) : si les applications « ressentir » et « ne pas ressentir » étaient réciproques l'une de l'autre, leur produit d'involution mènerait à l'identité qui, d'après ce que j'y vois, ne serait autre que la mort… ou la vie. C'est ainsi que dans l'association de la souffrance (douleur) et de l'existence (réalité), Ionesco faisait la remarque suivante : « *Je peux croire que tout n'est qu'illusion, vide. Cependant, je n'arrive pas à me convaincre que la douleur n'est pas. C'est par elle que je suis prisonnier du réel ; c'est elle qui me lie réellement à ce que j'appelle la réalité. La douleur m'empêche de croire que tout est illusion. Par elle, je sens qu'il y a une réalité indiscutable, indéniable, quelque chose qui m'agresse, qui entre en conflit, donc elle me fait croire aussi au conflit avec moi-même, lié à ma subjectivité qui n'est pas ma subjectivité.* » — c. — L'animal n'ayant pas, à preuve du contraire, la faculté d'anticiper intellectuellement la douleur ou de discriminer, lors d'un état de souffrance ou de non-souffrance, douleur et absence de douleur, il n'échoit qu'à l'homme de connaître le malheur de l'existence, d'abord lorsqu'il souffre (je ne sache pas que l'on soit heureux de souffrir), ensuite lorsqu'il craint la douleur (angoisse). C'est pourquoi, à mon sens, Schopenhauer écrit au paragraphe 59 que, « *quant à la vie de l'individu, toute biographie est une pathographie ; car vivre, en règle générale, c'est épuiser une série de grands et petits malheurs* ». (Réflexion faite, le médecin serait par conséquent le plus malheureux des êtres. D'où ces vers de Goethe dans son *Livre des maximes* : « *Pourquoi je remercie Allah de tout cœur ? / C'est parce qu'il a séparé souffrance et savoir. / Chaque malade devrait désespérer / S'il connaissait son mal comme le médecin le connaît.* » En long, j'avais moi-même noté dans mes carnets : « *Je vais bien aise que l'on ne puisse pas se voir en dedans, comme si l'on se disséquait : ce serait par trop horrible… Mais cela serait pire pour moi : tabac, alcool…* ») — À défaut d'être un masochiste confirmé et d'aimer parcourir la *via dolorosa*, « *on ne trouverait peut-être pas un homme, parvenu à la fin de sa vie, à la fois réfléchi et sincère, pour souhaiter de la recommencer, et pour ne pas préférer de beaucoup un absolu néant. Au fond et en résumé, qu'y a-t-il dans le monologue universellement célèbre de Hamlet ? Ceci : notre état est si malheureux qu'un absolu non-être serait bien préférable. Si le suicide nous assurait le néant, si vraiment l'alternative nous était proposée "d'être ou ne pas être", alors oui, il faudrait choisir le non-être, et ce serait un dénouement digne de tous nos vœux (*a consummation devoutly to be wish'd*). »* Terrible ! terrible, ô terrible, is terrible ! *Oh, horrible, oh, horrible, most horrible!* Les vénérables Cicéron, John Donne et Tchouang-tseu ne pensaient pas autre chose, Cicéron avouant, dans le *De senectute* : « *Si même quelque dieu m'offrait de me faire redevenir vagissant dans son berceau, je refuserais et ne consentirais pas, alors que je suis à fin de course, à être ramené de la ligne d'arrivée à la barrière de départ* » ; — John Donne s'interrogeant plaintivement, dans sa onzième *Méditation* : « *Qui donc, s'il pouvait se faire une idée de cette misère avant d'acquérir une existence, achèterait une existence ici-bas sous ces conditions ?* » ; — et Tchouang-tseu faisant dire à un crâne, qui fronce le sourcil et tord le nez quand on lui demande s'il accepterait d'obtenir du maître du destin « *à nouveau une forme, des os, de la chair, de la peau* », afin de lui être renvoyé à ses parents, à ses enfants, son village, ses relations : « *Pourrais-je rejeter plus de joie que n'en a un roi sur son trône et accepter de nouveau les peines des humains ?* » Mais Schopenhauer, quant à lui, non content, allait plus loin, terriblement et horriblement plus loin (il ne s'arrêtait pas au « la mort n'est rien ») : « *Seulement, en nous quelque chose nous dit qu'il n'en est rien : que le suicide ne dénoue rien, la mort n'étant pas un absolu anéantissement.* » En lisant tout cela, on ne peut évidemment lui dénier le titre de *pessimiste* (voire de *dystopique*), mais je préfère à ce terme l'autre que nous avons longuement étudié, celui de *contre-optimiste*. Schopenhauer porte le « *malus* » (« mauvais ») à son paroxysme, au « *pessumus* » (« le plus mauvais »), et, de ce fait, abhorre le superlatif de « *bonus* », le fameux « *optimus* » : « *Au reste, je ne puis ici dissimuler mon avis ; c'est que l'optimisme, quand il n'est pas un pur verbiage dénué de sens, comme il arrive chez ces têtes plates, où pour tous hôtes logent des mots ; c'est une opinion* réellement infâme, une odieuse moquerie, en face des inexprimables douleurs de l'humanité. » *Words, words, words...* Comme le proclamait Farid-Ud-Din' Attar : « *Emporterais-tu l'univers avec toi dans le sablier, quand tu tomberas au-delà, rien de rien ne te restera !* » Ni triste, ni gai, ni indifférent, Schopenhauer l'Implacable ressemble à un stylite perché à des kilomètres au-dessus du sol, l'œil rivé sur l'oculaire de la longue-vue qui grossit la souffrance des fourmis d'en bas, — de la poussière gémissante... Car faut-il s'attrister, se réjouir, s'indigner, se moquer du remue-ménage qui a lieu ici-bas ?... La longue-vue... *en vue de quoi ?*... Qu'y a-t-il à voir ? L'absurdité du vivant — et l'absurdité de cette absurdité. (Aussi incongru que cela paraisse, la philosophie schopenhauerienne regorge de stoïcisme, par exemple lors d'un deuil : la plupart des gens pleurent un mort ; or, celui-ci, ayant quitté la vie, a en même temps quitté l'absurdité de la vie ; donc, on devrait se réjouir de sa mort, — on devrait *pleurer de joie* ; *etc.*) En cette vie dont le sens paraît indéchiffrable, tout se passe comme si l'on recevait — *pour rien* — des *pénalités* (infligées selon une Loi Impénétrable votée par un Parlement Odieux)... Sur la Terre (et sur toute autre planète habitée), chacun est engagé de force dans une course *contre la montre*, une course sans fin ni but, un marathon de souffrance, un *cross-country* vain ; chaque événement existentiel est l'obstacle d'un parcours du combattant (physique et psychologique) exécuté « à balles réelles » : poutres d'équilibre, jumelées ou horizontales, réseaux à enjamber ou à franchir en rampant, gués, échelles de corde, espaliers, rails verticaux, tables irlandaises, banquettes et fossés, murs d'assaut ou d'escalade, chicanes, tranchées successives... En temps ordinaire, la sélection naturelle fait que le plus résistant survit, mais aujourd'hui, on permet aux moins résistants de survivre, ce qui induit chez eux (les inadaptés) une moindre résistance et une souffrance accrue. (Je ne dis rien : j'en fais partie...) Engagé dans cette course contre la mort, on a beau souffrir, tout le monde est logé à la même enseigne : on court pour courir... sans savoir pourquoi... C'est un *mix* des deux romans de Stephen King, *Marche ou crève* (*The long walk*) et *Running Man* (publié sous le pseudonyme Richard Bachman) : dans l'un, chacun des cent concurrents de la course de la Longue Marche qui s'arrête de courir reçoit un grain de plomb dans la tête (« *pourquoi je suis ici ou pourquoi je marche* ») ; dans l'autre, Benjamin Richards, pour le compte d'un jeu télévisé (*La Grande Traque*) qui n'a jamais connu de lauréat en six ans, doit courir durant trente jours et échapper aux tueurs qui sont à ses trousses (« *Il continuerait à fuir pour rien, mais ils continueraient à le poursuivre* »). Certes, on court pour courir... sans savoir pourquoi... Du moins, on fuit la souffrance et on cherche le bien-être, le mieux-être, l'absence de douleur. La *volonté* individuelle n'est d'aucune aide pour trouver un point d'appui ou espérer un répit (un abri sûr) ; toute décision a aussi peu de prise que ne l'aurait celle de venir au monde. Tout est affaire de *Volonté*, cette force obscure et invisible qui organise le vaste théâtre de l'agitation des choses et des mouvements incessants de la nature jamais rassasiante ni rassasiée, qui nous donne faim, qui nous pousse à manger afin que nous soyons sustentés et que nous puissions de nouveau avoir faim (« *Tu mangeras sans te rassasier, et la faim sera au dedans de toi* » (*Mic 6,14*)). Je m'attarderai sur cette notion au prochain chapitre qui traitera du suicide, mais pour l'heure, je *cours* vers un Français anachroniquement schopenhauerien, le sage Malebranche, chez lequel on peut remarquer des affinités étonnantes avec notre discussion (*Recherche de la Vérité*, IV, 2, §1) : « *Cette vaste capacité qu'a la volonté pour tous les biens en général, à cause qu'elle n'est faite que pour un bien qui renferme en soi tous les biens, ne peut être remplie par toutes les choses que l'esprit lui représente, et cependant ce mouvement continuel que Dieu lui imprime vers le bien ne peut s'arrêter. Ce mouvement ne cessant jamais donne nécessairement à l'esprit une agitation continuelle. La volonté qui cherche ce qu'elle désire, oblige l'esprit de se représenter toutes sortes d'objets. L'esprit se les représente, mais l'âme ne les goûte pas ; ou si elle les goûte, elle ne s'en contente pas. L'âme ne les goûte pas, parce que souvent la vue de l'esprit n'est point accompagnée de plaisir ; car c'est par le plaisir que l'âme goûte son bien : et l'âme ne s'en contente pas, parce qu'il n'y a rien qui puisse arrêter le mouvement de l'âme, que celui qui le lui imprime. Tout ce que l'esprit se représente comme son bien, est fini ; et tout ce qui est fini, peut détourner pour un moment notre amour, mais il ne peut le fixer. Lorsque l'esprit considère des objets fort nouveaux et fort extraordinaires, ou qui tiennent quelque chose de l'infini, la volonté souffre pour quelque temps qu'il les examine avec attention ; parce qu'elle espère y trouver ce qu'elle cherche, et que ce qui est grand et paraît infini, porte le caractère de son vrai bien ; mais avec le temps elle s'en dégoûte aussi bien que des autres. Elle est donc toujours inquiète, parce qu'elle est portée à chercher ce qu'elle ne peut jamais trouver, et ce qu'elle espère toujours de trouver : elle aime le grand, l'extraordinaire, et ce qui tient de l'infini ; parce que n'ayant pas trouvé son vrai bien dans les choses communes et familières, elle s'imagine le trouver dans celles qui ne lui sont point connues.* » Non, cher Lecteur, il faut avoir le cœur d'observer — et de deviner (si vous avez les yeux crevés). Paul-Louis Landsberg, qui eut le temps d'observer la souffrance dans un camp de concentration, écrivait, *avant* d'être arrêté : « *Déjà, la douleur physique peut prendre des formes horribles. On nous dit qu'elle sera limitée et que la conscience, condition de la souffrance, cesserait à un certain degré de douleur. Peut-être ; nous en savons très peu. Par contre, nous savons que la souffrance morale est pratiquement infinie. Quand l'homme croit avoir touché l'ultime limite de la souffrance humaine, il se trompe toujours. Il y a toujours encore de pires tortures morales. On tombe, on tombe d'abîme en abîme. Dans des époques comme la nôtre, on doit s'effrayer de l'immensité de la souffrance qui existe dans le monde. Quand on lit les livres de l'histoire, on est bouleversé par les souffrances que les hommes ont subies, partout et toujours. La maladie, la mort, la misère et toutes sortes de périls entourent l'être humain. Les optimistes se moquent de nous. Il n'est pas exagéré de parler, avec Schopenhauer, de* ruchloser optimisme *(optimisme frivole et scélérat). Ce jugement s'applique aussi à ceux qui vous consolent toujours promptement avec l'idée de la providence et de la bonté divines.* » — Enchaînons, pauvres déchaînés/enchaînés que nous sommes... « *La vie donc oscille, comme un pendule, de droite à gauche, de la souffrance à l'ennui ; ce sont là les deux éléments dont elle est faite, en somme.* » — 2. — Ennui. — Au Livre 4 du *MVR*, § 57 (dont le résumé renvoie à ce qui précède : « *La vie humaine est la plus douloureuse forme de la vie. Elle va de la souffrance à l'ennui. Une seule consolation : la douleur n'est pas accidentelle, mais inévitable. De cette pensée peut naître la sérénité stoïque* »), Schopenhauer s'exprime de la manière suivante pour jeter l'Ennui dans l'arène : « *Déjà en considérant la nature brute, nous avons reconnu pour son essence intime l'effort, un effort continu, sans but, sans repos ; mais chez la bête et chez l'homme, la même vérité éclate bien plus évidemment. Vouloir, s'efforcer, voilà tout leur être ; c'est comme une soif inextinguible. Or tout vouloir a pour principe un besoin, un manque, donc une douleur ; c'est par nature, nécessairement, qu'ils doivent devenir la proie de la douleur. Mais que la volonté vienne à manquer d'objet, qu'une prompte satisfaction vienne à lui enlever tout motif de désirer, et les voilà tombés dans un vide épouvantable, dans l'ennui ; leur nature, leur existence leur pèse d'un poids intolérable.* » (C'est à ce moment qu'il énonce la métaphore de l'universelle *libration* du pendule : la (putain de) vie en tant que (saloperie de) balancier.) « *De là ce fait bien significatif par son étrangeté même : les hommes ayant placé toutes les douleurs, toutes les souffrances dans l'enfer, pour remplir le ciel n'ont plus trouvé que l'ennui.* » (Je ne souffre pas, donc je m'ennuie.) « *Et de même, il faut bien le remarquer, d'une part, la souffrance et les chagrins arrivent facilement à un degré où la mort nous devient désirable et nous attire sans résistance ; et pourtant qu'est-ce que la vie, sinon la fuite devant cette même mort ? Et d'autre part, le besoin et la souffrance ne nous accordent pas plus tôt un répit, que l'ennui arrive ; il faut, à tout prix, quelque distraction. Ce qui fait l'occupation de tout être vivant, ce qui le tient en mouvement, c'est le désir de vivre. Eh bien, cette existence, une fois assurée, nous ne savons qu'en faire, ni à quoi l'employer !* » (Nous reverrons ce paradoxe : le *désir de vivre* se muant soit en souffrance, soit en ennui, nous sommes dans tous les cas désemparés de l'issue de ce désir et doutons — si nous y réfléchissons — de *l'intérêt de vivre*.) « *Entre les désirs et leurs réalisations s'écoule toute la vie humaine. Le désir, de sa nature, est souffrance ; la satisfaction engendre bien vite la satiété ; le but était illusoire ; la possession lui enlève son attrait ; le désir renaît sous une forme nouvelle, et avec lui le besoin ; sinon, c'est le dégoût, le vide, l'ennui, ennemis plus rudes encore que le besoin.* » (Seules la connaissance pure, pure de tout vouloir (l'aptitude rare au plaisir esthétique), et la modération épicurienne toute proche de la fermeté stoïcienne, permettent de réduire la souffrance à son minimum. Quant à l'ennui, il suit des tendances identiques :) « *Quant à la grande majorité des hommes, les joies de la pure intelligence leur sont interdites, le plaisir de la connaissance désintéressée les dépasse ; ils sont réduits au simple vouloir. Donc rien ne saurait les toucher, les intéresser (les mots l'indiquent de reste), sans émouvoir en quelque façon leur volonté, si lointain d'ailleurs que soit le rapport de l'objet à la volonté, et dût-il dépendre d'une éventualité ; de toute façon il faut qu'elle ne cesse pas d'être en jeu, car leur existence est bien plus occupée par des actes de volonté que par des actes de connaissance ; action et réaction, voilà leur élément unique. On en peut trouver des témoignages dans les détails et les faits ordinaires de la vie quotidienne ; c'est ainsi qu'aux lieux fréquentés par les curieux, ils écrivent leur nom ; ils cherchent à réagir sur ce lieu même, parce qu'il n'agirait pas sur eux ; de même, s'ils voient une bête des pays étrangers, un animal rare, ils ne peuvent se contenter de la regarder, il leur faut l'exciter, le harceler, jouer avec lui, uniquement pour éprouver la sensation de l'action et de la réaction ; mais rien ne révèle mieux ce besoin d'excitation de la volonté que l'invention et le succès du jeu de cartes ; rien ne met plus à nu le côté misérable de l'humanité.* » Ah ! le « *jeu de cartes* » ! Le jeu de cartes et tous ses avatars : tout jeu de société (des myriades), tout jeu vidéo (quel jeune n'a pas sa console ?), tout programme télévisuel (consultez la moyenne statistique : entre trois et quatre heures par jour et par foyer), tout jardinage (l'ambition n'est pas d'abord alimentaire), tout tricotage (que fait le retraité ?), tout voyage (qui ne va pas *au loin* dès le lendemain des vacances ?), tout *shopping* (essayez de circuler dans les magasins lors des premiers soldes), tout collectionnement (des timbres jusqu'aux tickets de caisse), toute soirée entre amis (qu'en retient-on ?), toute toxicomanie (qui reste-t-il si l'on excepte fumeurs, buveurs, malades, *etc.* ?), toute randonnée (marchons, ne pensons pas), toute activité sportive (qui n'a pas sa licence ?), — en définitive, *toute passion* (avec les souffrances qu'elle occasionne), dont, à mon grand désappointement, toute lecture, toute écriture, et, pour votre plus grande confusion (et votre désapprobation), la *conception* (une frange considérable de l'humanité est née *de l'ennui* : l'enfant, quand on ne le réconcilie pas, *occupe l'ennui*). Dites au joueur de cartes : « Tu joues parce que tu t'ennuies », et attendez la réponse (et protégez votre visage et le joueur en question est un homme, surtout s'il a bu) ! Nous en avons suffisamment parlé *supra*, mais, étant donné que l'ennui s'établit sur deux tableaux qui sont moins distincts qu'ils n'en ont l'air, gardons à l'esprit l'ordre des choses : ce n'est pas tant le jeu de cartes qui est la conséquence de l'ennui, que l'ennui la conséquence du jeu de cartes, car le temps passé à jouer — si tout se passe bien — n'est pas passé à souffrir. (S'ennuyer, ou se distraire, fait fuir certaines douleurs, mais en attire parfois d'autres. Celui à qui il prend la fantaisie de souffrir en s'ennuyant, n'a plus qu'à espérer s'ennuyer quand il souffre. Autrement, il connaîtra la souffrance en continu… L'infortune du loisir et des loisibles tribulations…) Il ne suffit pas d'être inactif pour admirer l'ennui dans toute sa splendeur ; au contraire, c'est dans l'activité qu'il se révèle tout-puissant (la nature a si bien fait les choses en déguisant l'ennui du joueur de cartes que celui-ci n'apparaît jamais contrarié par la raison ultime du jeu, ni d'ailleurs par sa finalité). Au détour d'une partie de *whist*, dont Littré indique que c'est une « *sorte de jeu de cartes qui se joue à quatre personnes, deux contre deux ou à trois, avec un mort* » (je ne l'invente pas !), et dont l'étymologie reposerait sur l'interjection anglaise qui signifie « *Chut !* », Pouchkine, dans son *Eugène Onéguine*, note que ce sont des « *jeux tous pareils, fils de l'Ennui* », où l'on constate, s'il vous plaît, l'emploi de la majuscule qui personnifie l'ennui… L'ennui se métamorphose en personne jusqu'à éventuellement se fondre avec notre Moi et l'incorporer ou bien nous dédoubler : « *J'en suis arrivé au point où l'ennui est devenu une personne réelle, la fiction incarnée de mon rapport avec moi-même.* » Qui d'autre que Fernando Pessoa eût pu composer (avec les moyens du bord) cette phrase-ci ? Son *Livre de l'intranquillité* fourmille de pensées de ce genre : « *Dans tout cela, qu'y a-t-il d'autre que moi ? Ah, mais l'ennui, c'est cela, simplement cela. C'est que dans tout ce qui existe — ciel, terre, univers —, dans tout cela, il n'y ait que moi !* » (Ici-bas, il ne s'agit pas d'*exister*, mais Pessoa existe davantage, car il existe moins qu'il ne s'existe quand le « *tiédo* » et la « *desconsolo* » s'amourachent de la *saudade*…) L'ennui du jeu de cartes est aussi un signe d'*impuissance* et de *solitude* : que doit-on alors conclure du jeu que l'on nomme « solitaire » ? Ne manquerait qu'un jeu, le jeu des jeux, le plus sincère d'entre tous : « *l'ennui* », tout simplement. (L'ennui est un régime totalitaire à part : combien d'employés, prostrés derrière leur micro-ordinateur, « font » chaque jour un *solitaire* (ou *patience*) ? Si je ne travaillais pas, je m'ennuierais ; mais en travaillant, je m'ennuie ; donc je joue. Quel ennui !... Je joue au *solitaire* : quelle ironie !) Révolté par cette impuissance et cette solitude révélatrices de l'abjecte condition de l'homme (qui — faillible — se révolte inconsciemment), Jean-René Huguenin écrivit un petit billet massacrant sobrement titré *Ce monde d'impuissants* et paru, je crois, dans le journal du *Figaro* : « *Chaque soir, des milliers d'adorateurs viennent offrir leur obole au doux monstre cliquetant et le saluer de leurs contorsions rituelles, en le pressant à petits coups amicaux de leur ventre et de leurs poignets. Ils restent là des heures, immobiles, secoués de légers spasmes, fixant les hoquets de la bille d'argent. Qu'attendent-ils ? Quel charme les retient ? Ils ne peuvent même pas espérer perfectionner leur technique, car ce n'est pas un jeu d'adresse, ni battre un concurrent puisque chacun joue seul. [...] Car ces isolés ont peur de la solitude. [...] Monde d'impuissants ! [...] Un homme capable de rester durant des heures à plier et déplier une jambe ou à tapoter une machine à sous me paraît finalement dans un état de démence beaucoup plus avancé qu'un débauché ou un ivrogne. Ceux-là cherchent au moins des remèdes, des techniques de la béatitude. À leur manière, ils protestent encore, ils se débattent.* » Pour Rousseau, « *le goût du jeu, fruit de l'avarice et de l'ennui, ne prend que dans un esprit et dans un cœur vides* » ; « *le jeu n'est point un amusement d'homme riche, il est la ressource d'un désœuvré* ». Mais les neuf dixièmes de l'humanité — ou *tutti quanti* — croient que les jeux leur sont donnés en pâture, alors que, en réalité, ce sont eux qui leur sont donnés en pâture. Le support de toute existence, l'espace-temps, est l'ennemi de l'homme : l'espace l'oblige à remuer en tous sens, à aller d'un point à un autre sans savoir pourquoi ; le temps l'oblige à combler un gouffre de néant et il s'affaire à ses *passe-temps*. L'homme est un paradoxe sur pattes : il fait tout pour se conserver, et pourtant, il s'ennuie tant qu'il en vient à désirer que le temps soit abrégé (le lundi, il a déjà hâte d'être au vendredi, ce qui revient à supprimer d'office les cinq septièmes de son existence). Puisqu'il *passe sa vie à passer sa vie*, sa maxime serait à peu près : se hâter de vivre tout en prolongeant sa vie pour retarder sa mort. Il prend le temps de prendre le temps, et n'en aura bientôt plus aucun, ou plutôt, il ne prend pas le temps de prendre le temps, et ne saura plus en faire. Comme dit Desproges, « *le temps n'a pas tout le temps le temps de prendre à temps le temps de nous laisser le temps de passer le temps* » ! Sachant que chaque instant est différent de celui qui le précède et de celui qui lui succède, et que, pourtant, l'écoulement du temps, qui ignore les *temps morts*, les confond et paraît vouloir se suicider dans l'identité, je voudrais bien savoir ce que c'est que vivre heureux, ou tout simplement vivre, quand, dit Rousseau, « *l'un voudrait être à demain, l'autre au mois prochain, l'autre à dix ans de là* », que « nul ne veut vivre aujourd'hui », que « nul n'est content de l'heure présente », que « tous la trouvent trop lente à passer ». Y aurait-il un *sprint* vers la mort ? Ô humains, coureurs sur la piste olympique de l'existence, tourneurs en rond jamais satisfaits et égreneurs invétérés de temps, participants de la kermesse du monde, qui, de guerre lasse, n'avancez que par bourrades, et qui continuez de vous esclaffer dans la misère, rappelez-vous que « *l'instant de la mort a beau être éloigné de celui de la naissance, la vie est toujours trop courte quand cet espace est mal rempli* » : *memento mori !* Sachez que l'on ne prend pas la mort à rebrousse-poil, ni à rebrousse-temps ! La pertinence, si évidente, de Qohélet, nous découvre l'horreur de la permanence, de la répétition, de la monotonie, de l'uniformité du rythme du temps et de son expérience *(1,9)* : « *Ce qui a été, c'est ce qui sera, et ce qui s'est fait, c'est ce qui se fera, il n'y a rien de nouveau sous le soleil.* » Dans les ténèbres, nous sommes aveugles ; dans la lumière, à peine des automates dont l'algorithme a été conçu par un grabataire sans imagination. « *Nihil sub sole novum...* » Chirurgien du temps dans *La Montagne magique*, où se déroulent, sur près de mille pages, toutes les variétés imaginables de l'ennui, Thomas Mann délivre sa définition : « *Ce qu'on appelle l'ennui est donc, en réalité, un semblant maladif de la brièveté du temps pour cause de monotonie : de grands espaces de temps, lorsque leur cours est d'une monotonie ininterrompue, se recroquevillent dans une mesure qui effraye mortellement le cœur ; lorsqu'un jour est pareil à tous, ils ne sont tous qu'un seul jour ; et dans une uniformité parfaite, la vie la plus longue serait ressentie comme très brève et serait passée en un tournemain.* » Regardez le soleil : il est pareil, pareil, pareil... Montherlant a raison de s'indigner : « *Regardez ce printemps. Comme il est pareil à celui de l'année dernière ! Est-ce qu'il n'y a pas de quoi en mourir d'ennui ? Et c'est Dieu qui a créé cela ! Il est bien humble.* » Kant lui-même n'échappait pas au dégoût de l'invariabilité du printemps qui revient chaque année, et ce spectacle le morfondait... L'inlassable et lassant quotidien, ce quotidien à la *Paludes*, ce quotidien où aujourd'hui est aujourd'hui « *et demain la suite d'hier* » (*La tentative amoureuse*), ce « *trouble of life* » (« *tracas de vivre* ») dont parle Wells, le quotidien si quotidien... Comment se « déquotidienniser » ? Dans une chronique pessimiste intitulée *Par-delà*, Maupassant s'écrie : « *Heureux ceux qui ne connaissent pas l'écœurement abominable des mêmes actions toujours répétées ; heureux ceux qui ont la force de recommencer chaque jour les mêmes besognes, avec les mêmes gestes, les mêmes meubles, le même horizon, le même ciel, de sortir par les mêmes rues où ils rencontrent les mêmes figures et les mêmes animaux. Heureux ceux qui s'aperçoivent pas avec un immense dégoût que rien ne change, que rien ne passe et que tout lasse.* » Heureux, celui qui la banalité du recommencement printanier n'atteint pas ! Malheureux, celui qui s'indigne de ce qu'il ne peut empêcher d'arriver ! Neutre et spleeneux, celui qui se résigne ! « *J'ai vu tout ce qui se fait sous le soleil ; et voici, tout est vanité et poursuite du vent.* » (*Qoh 1,14*) Être désabusé, telle est l'attitude la moins pénible à adopter, bien que l'on puisse éprouver de la componction, du regret, d'avoir vu que tout *a été, est et sera* déjà vu. Le soleil se lève : bah ! n'est-ce pas ce qu'il doit faire ?... Sale temps, quand il est régularisé ! L'atonie préétablie ! Mais mieux vaut ne pas s'apitoyer : ne rien faire, n'est-ce pas tout ce que l'on doit faire ?... Quel homme sait-il ne rien faire, se satisfait-il de n'avoir rien à faire ? Qui connaît et aime l'oisiveté sans se sentir malheureux ? Certes, elle est mal vue, elle est parfois désignée comme un vice (le Vice) ou entendue comme un synonyme de désœuvrement, de fainéantise. Il faut se rappeler les paroles moralisantes de la fée à Pinocchio (ou de Collodi à son lecteur enfant, puisque chaque page des aventures de sa poupée-bûche sent la morale éducatrice vaseuse) : « *L'homme, si tu veux le savoir, qu'il naisse riche ou pauvre, est obligé de faire quelque chose en ce monde, de s'occuper, de travailler. Malheur à ceux qui se laissent prendre par l'oisiveté ! L'oisiveté est une très grave maladie, et il faut en guérir le plus vite possible, dès l'enfance ; sinon, quand on est grand, on n'en guérit plus.* » Gare à l'oisiveté ! Il faut s'y prendre comme il faut et l'apprivoiser à la perfection pour qu'elle devienne un atout. En tout cas, les auteurs de ma bibliothèque — dont les titres français l'évoquent — ne la dénigrent pas et démontrent au contraire toute sa sagesse quand elle se trouve entre de bonnes mains : *Une apologie des oisifs* (R.L. Stevenson), *Éloge de l'oisiveté* (Bertrand Russell), *L'Art de l'oisiveté* (Hermann Hesse), et aussi *Le Droit à la paresse* (Paul Lafargue), *L'Apologie de la paresse* (Clément Pansaers), *Bonjour paresse — De l'art et la nécessité d'en faire le moins possible en entreprise* (Corinne Maier), *Ma paresse* (Italo Svevo), *Le Paresseux* (Samuel Johnson)... L'étymologie de « oisif », alambiquée et ambiguë, n'est pas claire : le Robert m'indique que cet adjectif dérive de « *oiseus* » ou « *otieux* » (« *otiosus* » en latin, « *qui n'est pris par aucune affaire* », en opposition à « *negotium* »), que l'ancien français a adapté de « *oisdif* », contamination de « *oiseus* » et « *voisdie* » (« *prudence* », « *adresse* », « *habileté* », calqué, semblerait-il, sur le latin « *vitiosus* », « *vicié* »). Pour ma part, la nature de mon oisiveté se matérialise dès qu'une tâche que *je pourrais éviter* (ou que *j'aurais pu éviter*) s'offre (ou plutôt *s'impose*) à moi : ce qui *ne m'est pas utile* (ou que je considère tel), je le range parmi les *pertes de temps*, qui vont du brossage des dents jusqu'au remplacement d'un pneu crevé (je n'y apprends rien, j'aurais pu — et préféré — occuper ce temps à lire ou à écrire), en passant par les explications orales (à bas les blablas que je connais déjà), non pas que je sois partisan du moindre effort, mais, en toute honnêteté, et dans les deux acceptions du terme, partisan du moindre *ennui* (je suis le lésineur du superfétatoire, je prédéfinis mon usage de l'« ἐνέργεια » disponible, je préserve mon flegme glaireux). Je ne suis par conséquent pas tout à fait d'accord avec Robert Burton quand il écrit : « *J'irais même jusqu'à dire que tous ceux qui sont oisifs, hommes ou femmes, quels que soient leur condition, leurs richesses, leurs alliances, leur fortune et leur bonheur, qu'ils jouissent de biens en abondance, de toute la félicité qu'un cœur peut souhaiter et désirer — bref, de quoi être contenté —, tant qu'ils seront oisifs, jamais ils ne seront satisfaits* » ; — mais encore faudrait-il s'accorder sur les définitions… (Burton utilise ici l'expression « *to be idle* » avec une connotation négative, mais plus loin il l'ennoblit en prenant l'exemple de Socrate qui médite profondément et longuement, « *from morning to noon, […] till the evening* », et il précise que cette expérience serait « *pernicious* » à tout autre que lui. Et n'oublions pas ces deux aspects additionnels : premièrement, la citation de Burton vue au début de ce chapitre, savoir que « *there is no greater cause of melancholy than idleness* » ; deuxièmement, l'autodérision de Burton qui, dans son prologue où un certain Démocrite Junior s'exprime à l'attention de son lecteur (« *To the reader at leisure* » !), avoue que le présent livre « *was written by an idle fellow, at idle times* » ! (Pourquoi, d'ailleurs, Gisèle Venet traduit-elle inopinément — et litigieusement — ledit passage par : « *fut écrit par un esprit léger, dans une période festive* » ?…) J'ajouterai volontiers un troisième aspect qui, quoiqu'il s'écarte un tantinet de l'*Anatomy*, ne s'en éloigne pas tout à fait : le chapitre de Montaigne sur l'oisiveté, qui tient sur une page, est le plus court de ses *Essais* !) Lorsque je lis, par exemple, suis-je toujours vraiment oisif ? Question lancinante, moi qui ne sais faire que cela ! À rigoureusement parler, non ; mais à ce train, le seul oisif serait en pierre (et même dans cet état, les électrons ne font pas rien, donc le seul véritable oisif serait à la température du zéro absolu). En répondant un discret « *non* », je veux certainement me rassurer… Le prince Léonce de la pièce de Büchner aurait mille fois le temps d'intervenir et de me houspiller : « *Qu'est-ce que les gens ne font pas par ennui ! Ils étudient par ennui, ils prient par ennui, ils s'éprennent, se marient, font des enfants par ennui, et finissent par mourir d'ennui, et ça, et ça, c'est le côté humoristique de la chose. Le tout avec les mines les plus graves, sans savoir pourquoi, et ils vont en outre penser Dieu sait quoi. Tous ces héros, ces génies, ces imbéciles, ces saints, ces pécheurs, ces pères de famille ne sont au fond rien d'autre que des oisifs raffinés.* » (J'ai beau ici avoir choisi un représentant extrémiste, j'agrée tout de même ses paroles féroces. Il y a de la force dans la faiblesse, du plein dans le vide, du noir sur le blanc, de l'ombre dans la clarté, de la franchise chez ce jeune homme appartenant, avec Hamlet, à la confrérie des princes mélancoliques : « *Ma vie bâille devant moi comme une grande feuille de papier blanc que je dois remplir, mais je n'arrive pas à écrire une seule lettre.* » Morbidement, j'aime à penser que des gens puissent se dire, en le voyant, telle Léna : « *Il me vient une idée terrible, je crois qu'il y a des hommes qui sont malheureux, incurables, simplement parce qu'ils existent.* ») — Lis-je, donc m'ennuie-je ?… Bah, outre que mes ergoteries, au fond, sont sans importance (je tente encore de me rassurer !), je citerai Burton citant à son tour Sénèque dans le bon sens (Sénèque qui privilégiait l'entretien avec ses livres) : « *To be at leisure without books is another hell, and to be buried alive* » (en latin dans le texte : « *Otium sine literis mors est, et vivi hominis sepultura* », et en français : « *L'oisiveté sans livres est la mort et la sépulture de l'homme vivant* »). Burton rapprochait la solitude et l'oisiveté dans la même sous-section : « *Solitariness, Idleness.* » Indéniablement, la solitude est l'auxiliaire de l'ennui ; la solitude est propice à l'oisiveté, et moi qui suis un solitaire dans l'âme, — ne nous en cachons pas, — j'ai eu maintes et maintes fois l'occasion d'expérimenter l'oisiveté (ou l'ennui) jusqu'à l'écœurement, jusqu'à être, comme dit Baudelaire, « *fatigué d'oisiveté* ». Je me demande parfois si je ne me suis pas plus souvent ennuyé *comme un rat mort* que je n'ai souffert, car, franchement, à quoi rimaient toutes ces parties de *Yams* (ou *Yahtzee, Yatzy, Yam's*, peu importe comment cela s'épelle) durant lesquelles je tuais le temps consacré à la cigarette en sirotant un verre de Porto ou de bière ? Je le connais, l'Ennui. Ah ! s'il y avait eu un jeu appelé *Mélancolie* — ou *Ennui* — ou *Désespoir* — ou *Souffrance*… je me serais surpassé ! (En écrivant cela, me reviennent avec « nostalgie » les séances de « *suicide* » organisées pendant les entraînements de basket, qu'on appelle plus communément « *test de Luc-Léger* », et qui relevaient du supplice et de la punition…) Oui, çà ! je connais comme on connaît un frère (ce rapprochement m'épargnerait presque), je sais qui il est, ce « *fruit de la morne incuriosité* » prenant « *les proportions de l'immortalité* », ce démon de l'Ennui, — cet être qui se fructifie lui-même, — ce « *monstre délicat* » aussi réel que deux et deux peuvent *faire* quatre, — l'Ennui, ce « *trop fidèle suivant* » de la pénible existence (*dixit* Érasme), cet ennui auquel sont violemment confrontés les jeunes retraités (n'est-il pas triste de voir tous ces gens s'impatienter et souffrir de ne pas être *en retraite*, et qui, dès lors qu'ils sont retraités, ne savent plus quoi faire, pas même ce qu'ils rêvaient d'avoir le temps de faire ?). La monotonie de mon *Journal* (qui est souvent propulsée par l'exacerbation de la solitude) forcira la démonstration de mes affinités avec l'Ennui. En voici un assortiment (juste un assortiment qui omet la période dépressive et les allusions ne concernant pas strictement ce que les Anciens appelaient l'« *ennuiement* » ou l'« *enoiement* », dont l'alcool, François, le suicide, *etc.*, et tout ce que j'ai déjà inclus dans ces pages de *perte de sens*), un assortiment qui donnera une idée de la *Litanie* et sera aussi encombrant que l'aura été mon existence en ces moments-là (va, « Litennuie » !) : « [26/03/00 :] *Journée de riens…* [10/07/01 :] *Je m'ennuie comme un rat mort…* [12/07/01 :] *Je regarde la télé, comme un con…* [23/07/01 :] *Je m'ennuie… Bon sang… La solitude — de l'écrivain… tout conditionné par son travail…* [12/08/01 :] *Mais que faire ?… Je n'ai pas la force de lire !… Je suis défait… Je m'ennuie profondément… Que faire ? mais que faire ?… Me promener solitairement, encore ?… Je fume et je cogite, c'est tout ce que je suis capable de faire, grands dieux !…* [30/08/01 :] *Je m'ennuie à mort…* [07/09/01 :] *Je me fais chier comme un rat mort…* [10/09/01 :] *Je m'ennuie, m'ennuie, m'ennuie…* [12/09/01 :] *Je m'ennuie à mort… […] Je m'ennuie… C'est une complainte, ma parole !…* [18/11/01 :] *L'ennui total… le vacillement… — Météorite du passé : c'est bien moi… Nostalgie, mélancolie, appréhension… Un crabe sans pinces… capable de serrer le monde…* [21/11/01 :] ENNUI. [27/11/01 :] ENNUI. [09/12/01 :] *Ennui, dégoût… Laissez-moi seul !… Avec les esprits…* [11/12/01 :] *Amorphe — totalement !… Ennui.* [14/12/01 :] *Je m'ennuie supérieurement… […] Que faire ?… […] Je lis, fume… Mais je ne sais que faire, ni que choisir — de faire ?... [31/12/01 :] Je me sens si seul, si éloigné de tout... Qui voudrait de moi ?... L'ennui est partout, la gêne omniprésente... Je ne voudrais que boire et fumer... [07/01/02 :] ENNUI. [08/01/02 :] ENNUI, DÉGOÛT... — Que faire ?... [10/01/02 :] ENNUI, DÉGOÛT... [21/01/02 :] Ça y est : l'Ennui redevient total... [22/01/02 :] Ennui... [...] Je tombe. [24/01/02 :] Situation insoutenable que ce carpe diem de l'ennui et de la pauvreté... [21/03/02 :] Ennui total... [26/03/02 :] ENNUI TOTAL. [03/04/02 :] Ennui complet... Cette journée fut du rien total... Je ne sais pas (ou plus) ce que je fais... C'est affreux... Mépris du monde, haine de ma situation... Insupportable est ce fardeau... [07/04/02 :] Je bois, ne fais que lire, m'ennuie... [13/04/02 :] Ennui et misérabilité totaux !... [18/04/02 :] Qu'est-ce que je peux m'ennuyer !... C'est terrible... Je ne sais pas quoi faire... Lire ?... Écrire ?... Difficile... — Sortir ? Tout Noir... [19/04/02 :] ENNUI. [09/05/02 :] [...] pour ne pas changer la coutume : je m'ennuie royalement... Que fais-je de ma vie ?... J'attends... Mais que faire ?... [01/11/02 :] Le temps ! le temps !... Le temps qui passe, horreur... Le temps qu'il fait, horrible... [15/11/02 :] Je m'ennuie... [17/11/02 :] Mais ennui. Un vrai dimanche. Que faire ? [...] Ennui... [...] ENNUI. [...] Ennui... Solitude... — Envie... [...] Végétatif... [24/11/02 :] Ennui... Que faire ?... Qui voir ?... Ennui, ennui, ennui... [27/11/02 :] Au lit, vraiment ?... — Il ne se passe rien. — Remue-toi !... [01/12/02 :] Que va être cette journée ?... Encore soporifique ? larvesque ?... Ou bien ?... Bosser ?... Lire ?... [...] Le temps passe.... — Rien... [...] Là, envie de revoir des images du passé... [...] Rien... — Putain de dimanche, comme un dimanche !... — En fait, je ne vis pas... Et quand je ne vis pas, je survis... Mais là, je sous-vis... [08/12/02 :] Ennui... [...] Je m'ennuie... Il ne se passe rien. — Fatigue... Envie d'avoir envie... mais envie de rien... Paradoxe ?... [10/12/02 :] Rien. Rien. Rien de rien... Mon Dieu, j'ai parfois le goût de l'existence fade... [13/12/02 :] Quelle monotonie !... »* — Sachons arrêter le malaise pour ne pas risquer la nausée. À l'instar de la Sabine de Corneille, « *J'ai honte de montrer tant de mélancolie, — Et mon cœur, accablé de mille déplaisirs, — Cherche la solitude à cacher ses soupirs* ». Lecteur, quoique j'inverse les rôles puisque tu es la foule et moi le gladiateur vaincu : « *Recipe ferrum* » (« *Accepte le coup mortel* ») — et n'épargne pas tes peines, car tu liras le récit de ce qu'il advint ensuite, notamment durant toute l'année 2003, et tu pleureras avec moi... « *Roll on, vain days!* » crions-nous à l'unisson, lord Byron et moi-même. — En même temps, il y a une sorte d'ennui que j'apprécie plus que tout, du moins une sorte d'activité dont je me délecte et qui est une *source d'ennui pour les autres* : la lecture, mais non en tant que telle (une majorité d'individus ne lit pas et éprouve de la lassitude uniquement à l'*idée* de lire) ; plutôt en tant qu'elle se montre « avide », par exemple, des nouvelles et romans d'Henry James (cela me permet enfin de le citer, cet auteur à qui je dois beaucoup, celui dont je possède le plus grand nombre de livres chez moi). Des histoires de quelques centaines de pages dans lesquelles il ne se passe strictement rien d'assourdissant au premier regard, et le don d'en agacer quelques-uns. Il en va de même avec les films — et je n'en évoquerai que deux, un peu au hasard : *Gerry*, de Gus Van Sant, que j'avais été voir en compagnie de mon père (il s'était profondément ennuyé), et *Les Fleurs de Shanghai* (jamais je n'avais vu autant de spectateurs déserter la séance minute après minute). La plupart des longs-métrages n'ont le plus souvent qu'une fonction restreinte : celle de distraire, de faire oublier la monotonie et les aléas pénibles de l'existence quotidienne (j'en ai — d'une certaine et diabolique façon — « profité » moi-même (mon livre est un confessionnal), notamment en visionnant, toujours avec mon père, *La Tour Montparnasse infernale*, et ce, le surlendemain de la mort de François). En règle générale, un film comme *Les vestiges du jour*, de James Ivory, qui « ne fait que » raconter l'histoire d'un majordome anglais, ou *Factotum*, de Bent Hamer, dans lequel un homme bukowskien (écrivain et alcoolique) survit en multipliant les petits boulots, ou *Comment je me suis disputé... (ma vie sexuelle)*, d'Arnaud Desplechin, que je ne saurais pas même résumer pour susciter l'envie, — tous ces films supposés *ennuyants* (ou ennuyeux), et bien d'autres encore, qui sont tout l'exact opposé de *Rambo, Terminator, et cætera*, je les chéris comme je le peux et ils ont davantage le pouvoir de me surprendre, de m'étonner, de m'apprendre des choses sur moi-même, sur l'existence, parce qu'ils sont naturels, parce qu'il ne s'y passe rien (ou rien d'extraordinaire), parce qu'ils représentent l'ennui (et la souffrance de notre misérable condition). « *Il y a un genre d'homme particulier pour qui la verve de l'ennui est la première impulsion de la philosophie* », écrivit Schlegel. Je ne sais si, de près ou de loin, cette pensée fait référence à l'*étonnement* principiel dont parlent Platon, dans le *Théétète* (« *c'est la vraie marque d'un philosophe que le sentiment d'étonnement que tu éprouves. La philosophie, en effet, n'a pas d'autre origine* »), et Aristote, au deuxième chapitre du Livre I de la *Métaphysique* (« *Ce fut en effet l'étonnement d'abord comme aujourd'hui, qui fit naître parmi les hommes les recherches philosophiques* »), mais il me plaît d'imaginer ce *mix* propitiatoire et inaccoutumé de « *la verve de l'ennui* » et de « *l'étonnement* » (« *être étonné*, rappelons-le, a la même origine que « *tonner* » ou « *tonnerre* », et c'est donc « *être frappé par la foudre* »). Pour tout dire, je ne sais pas non plus si Schlegel avait en tête une relation de cause à effet entre l'ennui et la philosophie ; auquel cas, je me fourvoierais et ce ne serait pas : « L'Ennui avec un E majuscule m'amène à philosopher », mais : « Je m'ennuie, donc je philosophe. » Il y aurait un autre extrême en la personne de l'Autodidacte de *La Nausée*, ce rat des bibliothèques qui a parcouru pendant sept années tous les rayons du savoir, « *a tout lu* » des « *innombrables livres qui tapissent les murs* », « *a emmagasiné dans sa tête la moitié de ce qu'on sait sur la parthénogenèse* », sur la physique quantique, sur les coléoptères, a puisé (et épuisé) toutes les connaissances chez les auteurs dont les initiales vont de A à L, tous les arguments : « *Derrière lui, devant lui, il y a un univers. Et le jour approche où il dira, en fermant le dernier volume du dernier rayon d'extrême gauche : "Et maintenant ?"* » — J'ai parlé d'un « ou bien — ou bien » rebutant qui distingue ennui et souffrance, et j'ai ensuite distingué plusieurs formes d'ennui, dont l'ennui qui frappe le mélancolique, qui n'est pas l'ennui habituel et vulgaire et qui est une façon d'être (souffrant) au monde quand on a de l'esprit. (Il est de toute importance de rappeler que l'une des étymologies d'« *ennui* » (car elle fait débat) remonte à l'« *ennoïa* » (« ἔννοια ») des Grecs, que l'on peut traduire par « *application de l'esprit à une chose* », « *concentration* », « *connaissance intelligente* », ou, tout simplement, « *pensée* »... Étonnant, non ? Mais n'espérez pas trouver ces définitions dans un dictionnaire moderne grec : aujourd'hui, le sens d'« ἔννοια » a dévié et désigne (tiens donc !) la « *crainte* », l'« *anxiété* », l'« *inquiétude* »... l'« *ennui* », en somme !) Dans le cas particulier du mélancolique, souffrance ⇔ ennui, c'est-à-dire que ce qui apparaît comme un ennui de basse extraction n'est, au fond, qu'une souffrance aiguë et camouflée. C'est ce qu'entend Augustin, l'ancien précepteur de Dominique du roman — ennuyant — de Fromentin, lorsqu'il écrit dans une missive : « *Vous vous ennuyez, dites-vous. Cela veut dire que vous souffrez : l'ennui n'est fait que pour les esprits vides et pour les cœurs qui ne sauraient être blessés de rien ; mais de quoi souffrez-vous ?* » (Oh ! une occasion est à saisir que je ne dois pas rater, d'autant qu'elle se trouve dans un chapitre dédié à un champion du persiflage, un maître des remarques sarcastiques et assassines, qui ne perdait pas de temps quand il fallait pousser un coup de gueule : l'édition de *Dominique* en GF est une calamité sans nom ! Monsieur Pierre Barbéris était-il déjà sénile quand il se chargea de l'introduction et des notes qui accompagnent le texte ? Quel est le responsable éditorial qui a bien pu laisser carte blanche à ce normalien, et entacher la qualité de cette collection si sérieuse dont la réputation n'est plus à faire ? A-t-il au moins relu l'appareil critique en son entier, a-t-il pris la peine de juger de la pertinence des hypothèses et de l'intérêt général des notes, ou cela a-t-il été validé sans son consentement ? Je sais bien que peu de gens, hormis les universitaires, lisent les préfaces, *etc.*, mais tout de même ! ne s'est-il pas aperçu que ce n'était là que le travail délirant d'un homme qui prenait ses fantasmes pour des réalités et qui faisait la roue comme un paon prétentieux ? Quelle mascarade de fumiste ! Selon Barbéris (l'Equilibriste ou l'Acrobate), il y aurait, caché au cœur du roman, un sens secret indéchiffrable sans les notions d'Histoire et de Politique, et il entend le révéler. Mais peut-être s'est-il embrouillé l'esprit après avoir lu *Le degré zéro de l'écriture* de Roland Barthes, où il est question d'Histoire, mais du point de vue de l'Écriture, et de politique, mais du point de vue de l'œuvre engagée ? (Lequel Barthes, soit dit en passant, composa un essai sur *Dominique* autrement plus profond — et sobre…) À ce jeu de surdétermination qui ne fait que brasser du vent, je proposerai l'étude de l'appétit de Verlaine pour les crevettes, savamment dissimulé dans ses *Poèmes saturniens*, ou l'exégèse visant à démontrer l'importance sous-estimée (car indiscernable) des allusions aux sorties en canoë-kayak que contiennent les nouvelles de Maupassant écrites entre 1883 et 1885. Parlant d'Étienne Balibar, Pierre Bourdieu avait trouvé une merveilleuse expression pour définir ces envolées mystificatrices en les taxant de « *dialectique sacerdotale du consacrant sacralisé par les actes de sacralisation* ». Dans la course aux sommets des pires âneries et du dol, Monsieur Barbéris a, resplendissant, et en un mot, *culminé*. Et le style, le style ! Un hymne à l'indigence, un aveu involontaire de déficience, une prouesse de vilenie : une star du football qui écrirait son autobiographie sans faire appel à un nègre, serait Flaubert à côté ! Mes amis, si vous souhaitez lire *Dominique*, courez vous le procurer en Folio, ou bien faites fi des chiffres qui pullulent à chaque page et balafrent le texte (mais grande sera la tentation d'aller jeter un œil sur la note qui correspond à tel mot ou à telle phrase, car vous vous interrogerez gravement sur la raison d'avoir voulu en placer une à cet endroit particulier, vous voudrez en savoir plus et vous serez confronté à une vilaine arnaque). Ah ! quelle vanité ! quelle fraude intellectuelle est-ce là, que celle qui consiste à parader, à se pavaner, à se rengorger, à vouloir à tout prix se faire plus intelligent que l'œuvre que l'on est censé servir humblement ! Des polichinelles impertinents, indécents, inconséquents, impudents, qui bombent fièrement leur torse pubescent, il y en a ! J'ai déjà cité Monsieur Darras, mais j'aurais pu citer d'autres traducteurs, entre autres ceux qui cachent sous leur nom les véritables auteurs à qui ils sont redevables : Madame Yourcenar (*La Couronne et la Lyre*), Monsieur Quignard (*Lycophron et Zétès*) ou Monsieur Le Bris (*Une amitié littéraire*), lequel, de surcroît, s'autofélicite et se paluche sur des pages et des pages d'avoir découvert des lettres inédites de Stevenson ou James (Jennifer Lesieur, qui a découvert, un siècle plus tard, le premier livre écrit par Jack London, n'en fait pas des tartines et reste humble, *elle*). (En suivant leurs bons conseils, pourrais-je traduire *Hamlet* et apposer en lettres capitales, sur la première page, au-dessus du titre : JULIEN PICHAVANT ? — Ne polémiquons pas inconsidérément, cette pique ne diminue pas le mérite de Marguerite Yourcenar : je ne jette nullement le discrédit sur elle, ni ne veux salir son nom, car je trouve qu'elle a fait preuve de beaucoup d'astuce et d'habileté en arrangeant ces vers superbes…) Au palmarès des manières de procéder qui touchent au plus près de l'Infamie et qui frisent l'Incorrection, l'une des plus révulsantes est imputable à Monsieur Rezvani, dont les *Réflexions*, portant sur la pièce de Tchékhov, *Platonov*, et faisant office de notice, sont la démonstration affligeante que cela n'a été écrit que dans le désir de s'imposer, de coqueriquer des *moi-je-sais*, des *moi-je-suis-fort*, des *moi-j'ai-su-comprendre-et-restituer-la-langue*. Hélas ! Hélas, en effet ! car il ne s'est pas contenté d'introduire, il a également traduit — et exécrablement, cela ne fait aucun doute, même aux yeux d'un non slaviste ! Mais le manque de modestie va au-delà de l'impensable : le « *papier découpé* » qui illustre la couverture, choisi pour le format en Babel, est l'œuvre de… Rezvani ! Un traducteur devrait avoir honte de s'afficher comme une réclame de publicité agressive, de s'exhiber comme ces imbéciles qui, placés derrière le journaliste, sautent sur l'aubaine et sautillent, sourient niaisement, gesticulent *pour* la caméra afin d'avoir une chance de passer sur le petit écran… Pouah ! — « *Malheur à ceux qui sont sages à leurs yeux, et qui se croient intelligents !* » (*Is* 5,21) Altérer, déflorer, bafouer, insulter, offenser, trahir des morts (et des mots), tels sont les agissements de ces sauvages qui n'ont rien à faire en ces lieux où devrait dominer l'amour de l'art, tels sont, une étole de paillettes autour du cou, ces abbés du dimanche boursouflés qui veulent se faire plus gros que Dieu (procédé d'apostat parvenu), tels sont, en robe noire, ces avocats qui, croyant plaider en faveur d'un livre, le disgracient (on devrait compter en justice ceux qui, en toute impunité, injustement, traduisent en leur nom une œuvre qu'ils comptent s'approprier). Leur rôle exigeait la bienséance ; il ont opté pour la malséance. À la potence, potentats ! Usufruitiers usurpateurs ! Ces terribles impies, trop lâches pour s'attaquer à des vivants, sont des profanateurs de tombe. Tout en s'enorgueillissant de leurs actes calomnieux, ils regardent d'un air de supériorité leur joli nombril et destituent les auteurs de leur prééminence absolue. C'est la *malhonnêteté* la plus radicale, et par « malhonnêteté », j'entends ici l'opposé de la « *beauté morale* » dont parlaient les Stoïciens et qu'ils appelaient « *honestum* », que l'on traduit par « *honnêteté* » ou « *moralité* ». Et parmi les quatre sources d'où dérive l'honnêteté, il y en a deux qui ne sont pas respectées pour ces immoralistes : « *appliquer la pénétration de son jugement au discernement de la vérité* » — et « *conserver dans ses paroles et dans ses actions cet ordre et cette mesure d'où résultent la modération et la tempérance* » (*dixit* Cicéron). Le premier des trois « *juris præcepta* » (« *principes du droit* ») n'est-il pas : « *Honeste vivere* » (« *Vivre honnêtement* ») ? Et le deuxième n'est-il pas : « *Alterum non lædere* » (« *Ne léser personne* ») ? Et le troisième n'est-il pas :

« *Suum cuique tribuere* » (« *Attribuer à chacun ce qui lui revient* ») ? N'en jetez plus, la cour est pleine ! Tous ces mufles bousculent la langue et le socle parfait sur lequel reposent les immortelles productions de l'homme, et vont parfois jusqu'à modifier la forme du moule qui doit les reproduire et les répandre dans notre petit coin d'univers... Et que dire de ceux qui osent changer la syntaxe d'un écrivain en prétendant qu'il faut la moderniser ? Pouah ! — Il est rare que je crie mon indignation, et excité par le sujet, mon ardeur m'a mené trop loin, mais quand la démangeaison est trop forte, il faut gratter, pommader ou oublier : *j'ai gratté.*) — Reprenons, cahin-caha, le fil conducteur qui est le thème de cet alinéa : Schopenhauer. Mais tâchons, en vue de le finir impeccablement, et bien que j'écrive par foucades, de ne pas le surcharger. Il me reste quatre points à étudier : — 1. — La pitié : une éclaircie dans le système schopenhauerien. — 2. — Pascal et l'ennui : de la pitié schopenhauerienne à la piété pascalienne, il n'y a qu'un pas. — 3. — Thomas a Kempis : imiter Jésus-Christ sans avoir lu Schopenhauer. — 4. — Senancour et son *Oberman* précurseur : Schopenhauer avant Schopenhauer. — Étudions dans l'ordre ces quatre points portant des titres énigmatiques ! — 1. — *La pitié : une éclaircie dans le système schopenhauerien.* — Des deux définitions du mot « pitié » qu'en donne Littré, ce n'est pas la seconde qui nous intéresse, la plus pratiquée (connotée négativement), c'est-à-dire celle de la « *pitié* » qui « *se dit quelquefois en un sens où il entre quelque mépris* » ; c'est la toute première : « *Sentiment qui saisit à la vue des souffrances et qui porte à les soulager.* » Cependant la *misération* ne doit pas nous leurrer : du partage (ou de l'empathie) à l'apitoiement (ou au dédain), il existe une infinité de degrés selon les circonstances et les sentiments de chaque individu. Prenons par exemple Ugo Foscolo : dans *Les dernières lettres de Jacopo Ortis* (qui est le *Werther* italien), il s'écrie : « *C'est toi, ô Pitié, qui es la seule vertu !* » Prenons maintenant Sénèque et son traité *De la clémence* : « *De même donc que la religion honore les dieux, et que la superstition les outrage, de même tout homme de bien se montrera clément et doux, mais il évitera la compassion. Car c'est le vice d'une âme pusillanime que de défaillir à l'aspect du mal d'autrui ; et les moins nobles caractères y sont le plus sujets. [...] La compassion est une impression maladive à l'aspect des misères d'autrui, ou un chagrin qu'on éprouve à l'idée qu'elles ne sont pas méritées. Or la maladie morale n'atteint point le sage : son âme est toute sereine, et aucun nuage ne peut l'obscurcir.* » Selon les traductions, on trouve « *compassion* » ou « *miséricorde* » ou « *pitié* », tous synonymes dans ce contexte. (Avoir de la compassion pour quelqu'un, soit dit en passant, revient à compatir, « *cum-pati* », « *pâtir avec* », « *souffrir avec* » : la compassion est l'empathie de la souffrance. Que l'on songe à l'étymologie du verbe « *souffrir* », de « *sufferre* », composé de « *sub* », « *sous* », et de « *ferre* », « *porter* », soit littéralement « *sous-porter* », « *supporter* » : celui qui éprouve de la pitié est peut-être bien un « *supporter* » à part entière, et la pitié en elle-même peut-être bien une façon de souffrir la souffrance). Vaste territoire, de Foscolo à Sénèque, que celui sur lequel s'étale et s'établit la *pitié* ! L'un la loue et la place parmi les vertus, la proclamant même vertu au-dessus de toutes les vertus ; l'autre la condamne en en faisant une passivité de l'âme, une maladie que le sage doit éviter et à laquelle il doit préférer la clémence. Tournons-nous à présent du côté de Schopenhauer et du §67 du *MVR* résumé ainsi : « *Toute bonté est, au fond, pitié. Les larmes, mêmes celles que nous versons sur nous-mêmes, viennent de la pitié.* » On remarque tout de suite que l'interprétation immédiate offre deux possibilités : ou bien la pitié est considérée comme négative, et cela implique que la bonté l'est également (cela rejoint grossièrement Sénèque — dans un texte qui, rappelons-le, s'adressait à Néron) ; ou bien la bonté est considérée comme positive, et cela implique que la pitié l'est tout autant (notion vertueuse de Foscolo). Afin d'en avoir le cœur net, citons Schopenhauer (en outre, ce passage rappelle profitablement sa philosophie) : « *rappelons-nous que, d'après nos recherches antérieures, à la vie est essentiellement et inséparablement unie la douleur ; que tout désir naît d'un besoin, d'un manque, d'une douleur ; que, par suite, la satisfaction n'est jamais qu'une souffrance évitée, et non un bonheur positif acquis ; que la joie ment au désir en lui faisant accroire qu'elle est un bien positif, car en vérité elle est de nature négative ; elle n'est que la fin d'un mal. Dès lors que faisons-nous pour les autres, avec toute notre bonté, notre tendresse, notre générosité ? nous adoucissons leurs souffrances. Qu'est-ce donc qui peut nous inspirer de faire de bonnes actions, des actes de douceur ?* la connaissance de la souffrance d'autrui *: nous la devinons d'après les nôtres, et nous l'égalons à celles-ci. On le voit donc, la pure douceur* (ἀγάπη, caritas) *est, par nature même, de la pitié [...].* » Pour Schopenhauer, qui s'applique ensuite à contredire Kant sur ce propos, *la pitié est* par conséquent, — quoique cela semble étonnant au début, — *une vertu* (elle est la « *douceur pure* »). Il va plus avant encore dans son ouvrage *Le fondement de la morale* puisqu'il fait de la pitié, à juste titre, le fondement de la morale. Notre Schopenhauer *humanisé* et *humaniste* en fait même l'un des socles de l'*amitié* (que pourtant il ne connut guère, et peut-être s'exprime-t-il ici par dépit ou regret) : « *Ainsi la vraie amitié est toujours un mélange d'amour de soi et de pitié : on reconnaît le premier élément au plaisir que nous donne la présence de l'ami, dont la personne correspond à la nôtre, ou plutôt dont la personne est la meilleure partie de la nôtre ; la pitié se montre par la part que nous prenons sincèrement à ce qui lui arrive de bien ou de mal, et aussi par les sacrifices désintéressés que nous lui faisons.* » (Sénèque dirait, quant à lui, comme à Lucilius : « *Toute jouissance qui n'est point partagée perd sa douceur* » ; — ou : « *Pourquoi est-ce que je prends un ami ? afin d'avoir pour qui mourir, d'avoir qui suivre en exil, de qui sauver les jours, s'il le faut, aux dépens des miens.* ») Suivent, de la main de Schopy, quelques lignes sublimes et mémorables sur la fonction des pleurs : « *Nous nous sentons souffrir plus que nous ne pourrions supporter de voir un autre souffrir.* » Alors nous *pleurons* (sur nous-mêmes) : « Pleurer, c'est donc avoir pitié de soi-même », *souligne*-t-il. Adoucir la souffrance grâce à la pure douceur, la bonté, la pitié : telle est l'accalmie, l'éclaircie que je m'étais promis de décrire. J'achèverai ce point en revenant aux *Misérables* (souvenons-nous-en, j'en avais cité un passage dans ce paragraphe lorsqu'il était question de « poussière »), cette sublime et monumentale fresque que Hugo commença en 1845, termina en 1862, et qu'au départ il prévoyait d'intituler *Jean Tréjean*, puis *Les Misères* (excepté *Jean Tréjean*, les deux titres, remarquons-le, touchent de très près à la terminologie schopenhauerienne, si ce n'est à son existentialisme). Le lecteur sera certainement surpris d'apprendre qu'entre Schopenhauer et Hugo, entre le philosophe et le poète, il y a plus d'une ressemblance (devinette opportune : qui a écrit que « *l'ennui se fond même du deuil. Le désespoir bâille. On peut rêver quelque chose de plus terrible qu'un enfer où l'on souffre, c'est un enfer où l'on s'ennuierait* » ?). Je ne crois pas que Schopenhauer — mis à part deux ou trois endroits succincts — ait jamais vraiment évoqué Hugo (ce qui me laisse incrédule). En revanche, nous le verrons un peu plus tard, ce dernier, sans le nommer explicitement, mentionne au moins à une occasion le premier (dans *Les Misérables*, justement). Ceux qui l'ont lu se rappelleront que le roman-fleuve de Hugo s'ouvre sur le portrait admirable de Charles-François-Bienvenu Myriel, évêque de Digne, homme si magnifique — sous la plume du Maître — qu'il est, avec Jean Valjean, le plus grand héros (ou antihéros), — homme si noble dans sa gentillesse qu'il cherche « *à conseiller et à calmer l'homme désespéré en lui indiquant du doigt l'homme résigné, et à transformer la douleur qui regarde une fosse en lui montrant la douleur qui regarde une étoile* », — homme si charitable qu'il reverse et redistribue la quasi-totalité de ses émoluments aux démunis et aux malades, si généreux qu'il offre tout son temps libre à la cause des pauvres, si secourable qu'il est comme un thérapeute du corps et de l'âme (« *la porte du médecin ne doit jamais être fermée ; la porte du prêtre doit toujours être ouverte* »), si hospitalier qu'il est le seul à offrir le gîte et le couvert à Jean Valjean, fraîchement libéré après ses dix-neuf années de bagne. (À ce propos, je ne voudrais pas passer sous silence un lien ténu qui rapproche le forçat hugolien de Schopenhauer : la ville de Toulon, que Valjean découvrit en tant que bagnard en 1796, et que Schopenhauer découvrit à son tour en 1803 dans le même contexte, à ceci près qu'il en fut spectateur (il le rapporta dans son *Journal de voyage*, et c'en est peut-être le seul passage intéressant). Il est amusant de penser que sept ans près, Schopenhauer eût pu rencontrer Jean Valjean... s'il n'avait été un personnage de fiction !) De l'évêque Myriel, donc, pure représentation de la volonté altruiste et désintéressée, tout imprégné de miséricorde, de bienveillance, de bienfaisance, dont chaque geste, chaque action, est caritative, Hugo brosse les quelques traits suivants : « *Il se penchait sur ce qui gémit et sur ce qui expie. L'univers lui apparaissait comme une immense maladie ; il sentait partout de la fièvre, il auscultait partout de la souffrance, et, sans chercher à deviner l'énigme, il tâchait de panser la plaie. Le redoutable spectacle des choses créées développait en lui l'attendrissement ; il n'était occupé qu'à trouver pour lui-même et à inspirer aux autres la meilleure manière de plaindre et de soulager. Ce qui existe était pour ce bon et rare prêtre un sujet permanent de tristesse cherchant à consoler. — Il y a des hommes qui travaillent à l'extraction de l'or ; lui, il travaillait à l'extraction de la pitié. L'universelle misère était sa mine. La douleur partout n'était qu'une occasion de bonté toujours.* » N'y a-t-il pas, sur le fond de décor schopenhauerien qu'est la douleur du monde, l'autre fond que l'on peut synthétiser en disant que « *toute bonté est, au fond, pitié* » ? Ô misère ! ô misérabilisme ! ô misération ! ô miséréré ! « Miserere mei, Deus » — « *Ô Dieu ! aie pitié de moi dans ta bonté* » (Ps 51,1). — 2. — *Pascal et l'ennui : de la pitié schopenhauerienne à la piété pascalienne, il n'y a qu'un pas.* — Un docteur ès ennuis avait tracé bien avant Schopenhauer les sillons remarquables de la pensée sombre et désabusée : « *Condition de l'homme. Inconstance, ennui, inquiétude.* » Cet homme fut Pascal. « *Ennui. Rien n'est si insupportable à l'homme que d'être dans un plein repos, sans passions, sans affaires, sans divertissement, sans application. Il sent alors son néant, son abandon, son insuffisance, sa dépendance, son impuissance, son vide. Incontinent il sortira du fond de son âme l'ennui, la noirceur, la tristesse, le chagrin, le dépit, le désespoir.* » L'ennui, redoutable préoccupation de l'homme inoccupé (« *ce qu'il y a de pire au monde, l'ennui tâchant de vivre* », résumerait Musset), l'ennui ne lâche jamais sa proie : « *Ainsi l'homme est si malheureux qu'il s'ennuierait même sans aucune cause d'ennui par l'état propre de sa complexion. Et il est si vain, qu'étant plein de mille causes essentielles d'ennui, la moindre chose comme un billard et une balle qu'il pousse, suffisent pour le divertir.* » Cette vanité de l'homme, Pascal ne saurait la prendre en pitié ; car, outre que, selon lui, la pitié est aussi bien une vertu qu'une *passion*, outre qu'elle est *nécessaire*, elle est double, comme l'affiche cette pensée (barrée dans le manuscrit autographe) : « *On doit avoir pitié des uns et des autres ; mais on doit avoir pour les uns une pitié qui naît de tendresse et, pour les autres, une pitié qui naît de mépris.* » Il y a d'un côté la pitié des hommes qui s'affairent sans savoir quoi faire et dont il suffit de comprendre les occupations particulières « *sous le divertissement* » (marque de mépris) ; de l'autre, la pitié qui se transforme en piété (marque de tendresse), comme en imaginant « *Jésus dans l'ennui* », « *Jésus voyant tous ses amis endormis et tous ses ennemis vigilants, [qui] se remet tout entier à son père* ». De la « *pitié* » à la « *piété* », il n'y a réellement qu'un pas — qu'autorise en effet la racine commune des deux noms, le latin « *pietas* ». La pitié pascalienne est à deux tranchants, l'un positif, l'autre négatif, à l'instar de l'ennui qui est une fatalité à laquelle il le faut certes se résoudre, mais qu'il est impératif de canaliser de la meilleure des façons. « *Ainsi par un étrange renversement de la nature de l'homme, il se trouve que l'ennui, qui est son mal le plus sensible, est en quelque sorte son plus grand bien, parce qu'il peut contribuer plus que toute chose à lui faire chercher sa véritable guérison ; et que le divertissement qu'il regarde comme son plus grand bien est en effet son plus grand mal, parce qu'il l'éloigne plus que toute chose de chercher le remède à ses maux.* » On revient de nouveau à l'idée de cette impulsion philosophique qui pourrait résulter de l'ennui ou que l'ennui pourrait susciter ; cependant l'homme, cet incapable rabrouant tout ce qui lui semble difficile, la pitié est aussi lucide qu'un bloc de granit, l'utilise à mauvais escient et n'en profite pas, tel un pauvre cavalier engagé dans un concours de saut d'obstacles qui choisirait d'enfourcher un cheval à bascule, préférant l'insuccès au succès, les « *ténèbres impénétrables* » aux « *lumières naturelles* ». « *L'homme est visiblement fait pour penser ; c'est toute sa dignité et tout son mérite, et tout son devoir est de penser comme il faut : or l'ordre de la pensée est de commencer par soi, et par son auteur et sa fin. Or, à quoi pense le monde ? Jamais à cela, mais à danser, à jouer du luth, à chanter, à faire des vers, à courir la bague, etc., à se battre, à se faire roi, sans penser à ce que c'est qu'être roi et qu'être homme.* » Dignité ? Non : pitié ! Piété ? Non : dépité ! L'homme, synonyme de l'impensable, de l'impensé, de l'impensant ! Tout l'énigmatique et ambigu Pascal s'est concentré là : « *Si notre condition était véritablement heureuse, il ne faudrait pas nous divertir d'y penser.* » Les deux acceptions ayant cours au XVIIème siècle, faut-il entendre ce verbe, « *divertir* », comme « *détourner* » ou comme « *amuser* » ? J'en proposerai une troisième, « *distraire* », qui est la somme des deux. D'abord, Pascal concède à mi-mot que notre condition *n'est pas* heureuse ; ensuite, dans l'hypothèse où elle le serait, faut-il *y* penser ou, au contraire, *n'y surtout pas* penser ? Dilemme — ou *divorce*, — et Voltaire, faisant l'analyse de cette pensée, après avoir indiqué qu'il fallait détourner un homme de penser à sa condition, ajoute : « *Loin d'empêcher un homme de penser à sa condition, on ne l'entretient jamais que des agréments de sa condition.* » La clef qui ouvre la porte de la bonne interprétation serait par conséquent de transformer en langage moderne la fin de la phrase ainsi : « il ne faudrait pas *nous distraire en y pensant.* » Il existe une variante parmi tous les feuillets de Pascal qui en éclaire le sens et le complexifie à la fois (*lectio difficilior* : additif trop peu expressif, correctif évasif) : « *Si notre condition était véritablement heureuse, il ne nous faudrait pas divertir d'y penser pour nous rendre heureux.* » Elle l'éclaire, car elle renforce l'idée d'éviter de penser à notre condition heureuse ; elle le complexifie puisqu'elle induit un puissant paradoxe : si l'on est heureux, il ne faut pas penser qu'on l'est pour l'être ou le rester. L'illusion consiste à croire, lorsqu'on est heureux, qu'il suffit d'y penser pour l'être davantage. (Quelle que soit la solution au problème, même s'il fallait penser que l'on est heureux pour être réellement heureux, nous ne le serions pas parce que nous ne l'étions pas. Ha ! « *Heureux les pauvres en esprit, car le royaume des cieux est à eux !* » (*Mat 5,3*) À tout prendre, quand bien même j'aurais ma petite conception personnelle des choses, je ne saurais conclure (j'ai la manie de conclure trop souvent, et je dois me rappeler avec Flaubert que « *la bêtise consiste à vouloir conclure* »). La pitié qu'inspire la condition de l'homme ne se résout que par la piété : Jésus ne resurgit jamais par hasard. La pitié, qui est la pensée des autres, commence à la piété, qui est l'oubli de soi ; et du reste Marius, toujours dans *Les Misérables*, le met en valeur tout aussi bien que Myriel : « *De l'égoïsme de l'homme qui souffre, il passe à la compassion de l'homme qui médite. Un admirable sentiment éclot en lui, l'oubli de soi et la pitié pour tous.* ») Bigre ! je zigzague, pique du nez puis une tête, me souille d'éclaboussures abstraites, m'engrave, m'empêtre, m'immerge et m'asphyxie !... (Et encore, je pense maintenant à Frédéric Dard, qui se disait un « *désespéré heureux* », quand il fait parler San-Antonio dans sa truculente *Histoire de France* : « *Ce qui m'a toujours bouleversé, c'est que les hommes aient inventé les distractions. Se distraire, c'est en somme tâcher d'oublier le temps et par conséquent le perdre ! Le perdre vraiment, définitivement et si bêtement ! On va regarder jongler des Chinois, jouer des musiciens, pleurer des comédiennes. On va perdre du fric sur un tapis vert, on essaie de lancer une boule contre un cochonnet ou d'abattre un beau faisan doré qui fait si joli dans le ciel simplement pour oublier la minute qui passe, pour se rapprocher plus vite de la mort, quoi ! On a hâte d'aller se blottir dans ses bras tentateurs. — Alors on tire comme des perdus sur la bobine où le fil de notre vie est entortillé. Et ça se dévide à tout berzingue dans le noir des cinés ou devant le petit écran de la télé. Ça se dévide au bistrot, dans les plumards garnis de jolies mômes, à la chasse, à la noce à Lulu, au banquet des futurs anciens je-sais-pas-quoi, à la Galerie Galliera, aux concerts Lamoureux, à l'Alhambra-Maurice-Chevalier, dans les bouquins de San-Antonio, dans France-Soir, chez le coiffeur, au Parc des Princes, à bord de votre Triumph rouge.* » San-Antonio est notre Pascal moderne ! Et Bérurier, donc ! L'Infâme Gros n'a pas sa langue dans sa poche ni ses neurones dans son slip kangourou : « *[Les Français] s'en branlent qu'on aille dans la lune ou pas. Ce qui les passionne, c'est pas le cosmos ni les sous-marins anatomiques, c'est le catch et Intervilles, un point c'est tout !* » Rezigzagage ! Qu'écrivais-je ? Ah ! justement :) Bigre ! je zigzague, pique du nez puis une tête, me souille d'éclaboussures abstraites, m'engrave, m'empêtre, m'immerge et m'asphyxie !... Ma malheureuse réflexion m'a mené plus loin que prévu, mais la limite que j'ai franchie en passant ce fragment au crible me permet de me tirer de ce « pétrin » en amenant le troisième point sur un plateau. Comment ? pourquoi ? Ce fragment, Pascal avait jugé bon de le faire précéder d'un extrait en latin du Siracide : « *In omnibus requiem quæsivi* » (« *en toutes choses j'ai cherché un lieu de repos* ») (24,11). Or, d'après son biographe Franciscus Tolensis, Thomas a Kempis avait une devise favorite qui commençait par ces mots : « *In omnibus requiem quæsivi...* » — 3. — *Thomas a Kempis : imiter Jésus-Christ sans avoir lu Schopenhauer.* — Dans le collimateur de la philosophie de Schopenhauer, un autre devancier se découvre, en la personne d'un « autre » religieux : Kempis, auteur (présumé) de *L'Imitation de Jésus-Christ*, merveilleux livre que je recommande à quiconque voudrait préserver la lumière du Nouveau Testament dans son cœur, et qu'il faudrait étudier, pour les plus croyants, « *comme on étudie un livre quand on n'en possède qu'un et qu'on se trouve emprisonné* » (ici, j'ai repris une phrase de Balzac dans *L'envers de l'histoire contemporaine*, à laquelle il ajoute cette autre, sublime : « *Il en est alors de ce livre comme d'une femme quand on est avec elle dans la solitude ; de même qu'il faut haïr ou adorer la femme, de même on se pénètre de l'esprit de l'auteur ou vous ne lisez pas dix lignes* »). Il y a de ces confrontations qui sidèrent, de ces œuvres qui, se coudoyant à l'improviste, sont comme deux potentiels électriques dont la différence crée une tension permettant la circulation d'un courant inédit, et celui-ci, se frayant un chemin inespéré, alimente cet appareillage étrange qu'est la vision du monde — en éveillant les nôtres. Contraire ne veut pas dire incompatible : tels deux satellites d'une même planète gazeuse, ils orbitent en opposition sur le même tracé circulaire, caracolant chacun de leur côté, s'emboîtant le pas et ne se voyant jamais ; ils observent — sans être observés — les êtres qui habitent *dans* cette boule de poussière et ils font, à distance, l'apprentissage de la répugnance du monde. À chaque révolution, leur panégyrique sur l'« à-quoi-bonisme » et l'« errer-sans-butisme » s'enfle en contemplant depuis l'espace les ébats immortels de ces créatures qui sont une parodie d'eux-mêmes (« *Tout peut être parodié, même la parodie* »). La planète a pour nom Désespérance, Inutilité, Effondrement, Non-Sens, Dédain, Hideur, Souci, Haine, Inanité, Épouvantement, Déclin, Désuétude, Sinistre, Raclée, Crevaison, Mascarade, μηχανη. Parfois, ce spectacle leur paraît désopilant tant l'abjection les étreint et les déconcerte, tant ces hoirs de la vanité les font s'émerillonner, tant ces termites s'obstinent à proliférer, gaudrioler, chercher un lucre qui n'est que vacuité. Face à toute cette gesticulation, les deux satellites ne savent plus s'ils doivent se dégourdir ou se laisser engourdir. Anciens frères de ces gnomes et anciens locataires, tout comme eux, de ce territoire globulaire, ils s'en sont détachés en âme et conscience et ont fini par désagréger les liens qui les unissaient. Quelquefois, une sorte de déception amoureuse les empoigne : ont-ils cependant jamais aimé ? été aimés ? Au fond, ils couvent l'Horreur (d'être nés, d'avoir à être). À la longue, vis-à-vis de leurs anciens semblables, l'un est devenu un impie fidèle, l'autre un croyant sceptique. Ils s'abîment dans des pensées, — des pensées sur l'Abîme, — l'Abîme qu'ils scrutent, — qu'ils scrutent avec un blêmissement, — le blêmissement du désamour d'un cynique innocent. (Je postillonne des mots à trois cent soixante degrés ; ma verve se déchaîne par épiphrases et j'escamote la réalité : peu importe puisque l'un de mes credos se trouve être celui-ci : « *In verbo veritas !* » Je suis libre ! J'asticote le sens, le sens m'asticote, mais je suis libre, libre ! J'ai la liberté d'écrire, vous avez celle de ne pas me lire ! L'écriture est l'autocrate de mon univers ! Je suis voué — ou dévoué — aux causes perdues ! Je compose et décompose, puis recompose ! Je pique sans dévaliser, je vole sans piller... L'expertise le Sens, je le magnétise et je spécule ! S'il vous prenait de me regarder et de me dire qu'en vérité je suis fou, je vous répondrais comme Fontenelle : « *Qui vous dit le contraire ?* » Si encore vous persistiez et cherchiez la petite bête en me racontant : « *Tout ce que vous me dites là est merveilleusement vain et vague, je ne vois qu'un grand je ne sais quoi où je ne vois rien* », je répondrais par une énigme : « *rassurez-vous, il faut du temps pour ruiner un monde* » ! (Il y a cette excellente histoire juive où quelqu'un demande : « Pourquoi vous, les Juifs, répondez-vous toujours aux questions par une autre question ? » Ce à quoi répond le concerné : « Pourquoi pas ? » Mon livre cautionne ce jeu : *Pourquoi écris-je ceci ou cela ? Et pourquoi pas ?*...) Eh ! public satellisé, vos yeux scandalisés sortent-ils de leurs orbites parce qu'ils veulent « *qu'un galant homme ait toujours grand empire / Sur les démangeaisons qui nous prennent d'écrire* » ? Ô public alcestueux, j'oronte ! Diantre ! quel besoin si pressant ai-je de rimer ? Ça me démange, donc je gratte (le *peppered paper*) avec la plume, mais ça ne me chatouille pas assez pour me faire imprimer ! Diogène le Cynique, lorsqu'il se masturbait sur la place du marché, ne disait-il pas « *qu'il serait à souhaiter qu'on pût ainsi apaiser la faim* » ? Quand le besoin d'écrire me prend, j'écris, de même que je vais à la selle quand je n'y tiens plus ! « *Ce n'est que jeu de mots, qu'affectation pure, / Et ce n'est point ainsi que parle la nature* », me lancerez-vous ? Que vous raconte-t-elle, la nature, lorsque vous franchissez le cap Horn ? De petits contes pour les enfants pour que vous dormiez sur vos deux oreilles ? — Je vous effare, n'est-ce pas ? C'est bien possible ; je m'effare moi-même parfois — et cela ne m'effarerait pas que vous vous effarassiez !... Dérouillez-moi ou prosternez-vous... Je vous estomaque avec « *toute ceste fricassee que je barbouille ici* », comme dirait le bon Montaigne ? Ah ! laisse, Lecteur, courir encore ces coups « *d'essay* », laisse-moi arrondir et alourdir mes pages d'« *alongeails* » : « *J'adjouste, mais je ne corrige pas* » !... Si j'émonde, rarement j'émende ! Ô cilice de la prolixité et de la versatilité ! Quelle impraticable enfilade d'imprononçables idiomes ! J'écervelle en tortillant, j'ulcère en gazouillant, je chahute le bon sens ! J'étrille le concept ! Ma bouche — ventilée — et turbulente — et hurlupée — et débridée — et hilare — et délurée — et dévergondée — est le péristyle du poissard, mes lèvres charrient, en les scandant, des phrases à la myrrhe, ma langue sulfureuse s'empâte et récidive, ma glotte torpille le logos, mon souffle saccadé importune, ma parole est une perte inamissible ! Insouciamment, mon sistre s'emballe ! Mes méninges ataxiques me font papoter et papilloter, mon popotin excité est akathisique ! La crispation ? L'esquive ? La calenture ? Qui cille et s'éberlue devant mes capsules de lettres et de syllabes délirantes, devant mes lignes ophidiennes ? À la guerre, comme à la guerre ! Pour ces philosophismes, je me creuse la cervelle ! Mes fournimients sont encore pleins de poudre ! Galopade après galopade, je goguenarde, je fais dans le burlesque. Bonnissant mes histoires de pourrissoir, moi le fildeferiste boute-entrain, envahi par le sarcome du verbe, je me frise la moustache et me bâfre de millions d'intercalations chuintantes dans cette tuerie de galéjades. J'ai la carrure de la démesure ! Je monte à la tribune du pittoresque : Oui, je bricole et radoube ; oui, je san-antonioïse (et poudre-aux-yeuxïse) ; oui, je défaille ; oui, je dérange ; oui, je tanne ; oui, je me pâme ; oui, j'invente ; oui, j'élucubre ; oui, j'entorse ; oui, je sublime ; oui, j'affole et m'affole. Oui, tout cela, à perte de raison ! Je ne liarde sur rien, je suis un sage-fou, un « *morosophe* » (« μωροσόφος »), je dégaine, pour le pire et pour le meilleur, et je m'en bats l'œil. Oui, c'est une sortie de notes brochées et assorties, c'est une bravade bavarde, c'est une palabre abréviative, c'est la cavalcade des *concetti*, c'est l'averse wordéenne, c'est le fouillis des images trépidantes, c'est l'émeute des accents sapides, c'est le tombereau des cédilles, c'est la trombe de voyelles et de consonnes, c'est la mélasse labiale ! Consonne ! Entrez ! Voyelle ! Le sincère A, le gentil E, à la Tarchetti ; le vert U, le rouge I, à la Rimbaud ! Et je ne suis pas pour autant (je ne falsifie pas !) un mirliflore de la rhétorique, ni un folliculaire affabulateur, ni un bavasseur de troquet et de cabaret éméché, ni un plumitif patelineur, ni un tatillon pléthorique et difficultueux, ni un spécialiste ès broutilles & vétilles & peccadilles & bisbilles & pacotilles, ni — et encore moins — un écrivain homéopathique ! Je me médique à bon escient. Ma prose infrangible est garante d'une certaine méthodologie ; ma débauche est — avec *brio* — méthodique... Je salis les pages à gros bouillons — et me nettoie l'âme. Mes mots enceignent le Sens qui m'enseigne que les mots n'ont pas de sens... Je fourrage et naufrage... En bon drille, je daube et j'extrude les données de l'information. Ô concert fluviatile de louanges impénétrables, ô cavatines frustrantes, ô nasardes à gogo ! Quel tintouin ! Mais je ne saurais m'arrêter en si mauvais chemin, et « *crescit eundo* » (« *ça grandit en avançant* ») ! Comme Socrate devant Charmide, « *j'extravague* » (« ληρεῖν ») ; « *quand une idée se présente, il faut l'examiner et ne pas la lâcher légèrement, si l'on a quelque souci de soi-même* »... — À la rigueur, je suis un « *dilettante* » (« *celui qui se délecte* »), un intoxiqué de l'*ekphrasis*, un enivré du laïus pupuce ; je suis un esthète qui fioriture et virgule la pensée qui s'enlise et se lyse, un séminariste de la parole inaudible et indicible qui erre dans les allées du cloître du Moi ; je suis un déambulateur dans le district de l'inconscience cosmique, un cryptomnésique, un tape-à-l'œiliste qui rébuse, un archéologue des « τόποι » (« *lieux communs* »), un vadrouilleur de l'impossible possible, un anticonformiste du péan, un prosélyte du ça-ne-rime-à-rien qui a l'esprit de suite ; je suis un dandy décadentiste, un « λογοδαίδαλοι » (« *enfileurs de paroles* »), un démissionnaire de l'apparence, un glosolâtre des atellanes qui se jouent devant mes yeux, un virtuose de l'insolence douce ; je suis le clystère des alphabets, le pyrotechnicien des taches étoilées, le capitaine d'une flottille de coquecigrues, le vandale du sens commun, le milicien des abouchements littéraires, l'astrolâtre des idiomes nébuleux, le choreute de la signalétique, l'alchimiste des « Je » mélancoliques, l'inécrivain en crue, le champion désinvolte du croisement inapproprié des signes, le bernard-l'ermite de l'ouverture, le crack de la fermeture ; je suis un sigle sigé, l'édile du dis-le, le dissipateur/enfreigneur des codes, le prédateur de l'élocution en proie aux logorrhées bégayantes, un encodeur exhibitionniste, le *coroner* du département du langage, le lyriste de la déraison, le gardien de la crypte de l'allégorie, le déterreur des carcasses gréco-latines ; je suis le guérillero des archaïsmes, le scénariste des rudiments, le magnat de l'intertextualité, le surintendant de l'inarticulée conception, le pape des synonymes, le mendiant du logos, le *reporter* des fanfares de papelard, l'aigrefin de l'animadversion, le vétéran du *flebile*, le bas-bleu des croquignoles, le collateur et co-auteur des gribouillis harmoniques, le circonférencier des ramassis à la page, le réhabiliteur de l'hyperbole ; je suis le dialecticien du vide, l'épilogueur des préliminaires, l'intermittent de la prose copieuse et continuelle, le risque-tout des risées en série, le poète des étymologies, le philologue des non-dieux, le parémiographe de l'imaginé, le ruffian de la causticité, l'interprète (de glissade en glissade) du dégueulando, le farfadet fluet de l'enflure, le resquilleur des signifiants, le rénovateur/innovateur de la touche (la Pichavant *touch*), le modique diseur des cachotteries célicoles, le représentant des muets et des culs-de-jatte de la vision ; je suis le roi indiscipliné du sabir, le chorège de mes facéties, le trapéziste de l'allocution, le procréateur de l'idiolecte impigeable, le pollinisateur florissant et nectarifère du subje(on)ctif, le dompteur du prompteur logodiarrhéique, le Molière du pompeux galimatias et du spécieux babil ; je suis le serpent à sornettes de la Genèse ; je suis un dandy mal fagoté, un autochtone étranger blotti dans son coin, un lipogramme vivant (« λιπογράμματος », « *à qui il manque une lettre* ») ; je suis l'Alpha et l'Oméga apocalyptiques (« εγώ ειμι το Αλφα και το Ωμεγα ») ; je suis un Grantaire en pleine effusion folle et futile, un belluaire infaillible de l'alphabet dont la plume dévisse dans le vice, dont les frasques verbales ne sont qu'un parlage fougueux et fangeux, une polyptote circulairement vicieuse : « *Oui, j'ai le spleen, compliqué de la mélancolie, avec la nostalgie, plus l'hypocondrie, et je bisque, et je rage, et je bâille, et je m'ennuie, et je m'assomme, et je m'embête ! Que Dieu aille au diable !* » Pas de quartier ! Ça dépote ! Ça interjette ! À la va-comme-je-te-pousse, j'accomplis mon travail de sape ! À fond de train, je compose mes limericks... Dépositaire du non-sens du sens, je suis le requérant vitaminé de la dégradation, le brin d'herbe qui détruira toute la pelouse, l'enquiquineur de gros calibre qui cherche la petite bête, le frétillon qui se cramponne à son sujet, qui se donne audience à soi-même (et à ses auteurs chéris : quelle implacable amabilité !)... Quel bagou ! Hâble, là : « Est-ce Pagnol ? » Flonflons de bêtise ! Les galipettes des mots vigoureux qui cafouillent !... Fauteur en mots troubles ! — Paré à la maculature ! Je verse dans la malversation ! Au poste, carabin ! — Assujetti à moi-même, je me cramponne à mon sujet ! Je suis mon propre contribuable... — Ah ! ce colloque mirliflorant avec moi-même, où parfois les lettrines se confondent avec les latrines... et les expressions — avec les excrétions... Sacrée mitoyenneté des sens !... Ô turbulence poly(si)phonique ! Collisions des sens et collusion des non-sens ! Circulaire carrée ! Mais quoi ! en tenant les manettes, monté sur mes échasses, j'essaie incorrigiblement d'être méthodique à ma manière, je sauve les meubles, je brode et maraude, et, comme dirait Martin Luther, dans un haussement d'épaules et dans de tout autres circonstances : « Ich kann nicht anders » (« *Je ne puis faire autrement* ») ! Je fais ce que je peux, je ne suis qu'un petit orateur qui s'exprime devant son écran : par l'invention (*inventio*), la disposition (*dispositio*) et l'élocution (*elocutio*), je fais attention à ce que je dis, à l'ordre dans lequel je le dis et à la façon de le dire (« *quid dicat et quo quidque loco et quo modo* »). Mais à qui le dis-je, en définitive ? À moi-même, un Je sans reflet — puisque l'écran n'est pas un miroir... J'*essaie*, au long de mes embardées ; j'essaie et ne fais qu'essayer. Essayer quoi ? Je ne sais : ces lignes sont des essais, mon livre est un essai, et le monde est pour moi une immense cabine d'essayage... et je m'affale en m'habillant de mots... Me conserver ? Mais je dois lutter — en caractères gras ! Mohammed Ali abandonnerait le combat : les feuilles voletteraient et brouilleraient sa vue, puis elles se réuniraient et l'écraseraient comme dix mille dictionnaires tombant du ciel... Je ne sais pas ce que je dis. — « *Je ne sais ce que je suis* », répliquerais-je en emboîtant le pas du Chevalier des Grieux, « *et je ne vois pas trop clairement ce qu'il faut être* »... — Comprenez alors, chers et rares lecteurs, que cela ne me fera ni chaud ni froid si vous deviez « vous expectorer » à la mode d'Hector le Troyen : « *Qu'as-tu à dire ? que viens-tu m'annoncer ? car dans toutes tes paroles, il n'y a rien que je comprenne.* » Je combine, c'est tout...) — À main gauche, la souffrance ; à main droite, l'ennui. Souffrance ou ennui : une unique révélation dans un unique port d'attache ; une unique façon d'appréhender l'existence terrestre, ou, dirons-nous mieux, une unique façon de *l'alpaguer*. Pour Schopenhauer comme pour Kempis, être corps et âme planté ici-bas équivalait à une douleur infinie : horion après horion, — à bâtons rompus, — la vie agreste nous agresse, la conscience nous brise. « *Comment peut-on aimer une vie remplie de tant d'amertume, sujette à tant de maux et de calamités ? — Comment peut-on même appeler vie ce qui engendre tant de douleurs et tant de morts ?* » (*Nota bene* : Toutes les citations sont dans la traduction de l'Abbé Lamennais.) Nous venons au monde ; ce monde nous baptise en nous écrasant le crâne contre les fonts ; on crie, on couine, on pleure ; on joue, on perd ; on hésite entre l'obscération et la résignation ; on survit, on attend, on accuse les coups, on rêve d'obsèques, d'inhumation (ou de lutrin — si l'on se sent déjà évoluer dans un cimetière). Souffrance ou ennui, nul ne s'en sauve ; nul ne s'y sauve ; nul n'y échappe, encore moins n'en réchappe, « *car, ou vous sentirez de la douleur dans le corps, ou vous éprouverez de l'amertume dans l'âme* ». Nul ne s'en évade, car « *vous ne trouverez à vos peines aucun remède, aucun soulagement ; mais il vous faudra souffrir aussi longtemps que Dieu le voudra* ». Nul ne se tire d'affaire, car la Croix est « *toujours préparée* » et « *vous attend partout* », « *vous ne pouvez la fuir, quelque part que vous alliez ; puisque partout où vous irez, vous vous porterez et vous trouverez toujours vous-même* ». Vacuité — du cœur ! La perte ! la perte du « *bien* » et de la « *félicité primitive* » ! Celui qui a tout perdu ou n'en finit pas de perdre, celui-là, — sinistrement, lucidement, désolément, — n'a cependant plus rien à perdre : veuf de lui-même et de ses congénères, il se recueille, agit avec abnégation, couche sur le papier ses consolations (philosophiques ou théologiques) et explore l'univers intérieur de ses soucis et de ses mélancolies. Dans cet évanouissement incessant où il semble que le Spleen complote, ce méditatif n'est pas suicidaire et n'est pas non plus mort ; il ne fait que mourir un peu plus chaque jour jusqu'à la délivrance. Une heure, il dit : « Vain, tout est vain » ; une autre : « J'aspire au divin » ; car tout est un, il faut croire et souffrir pour le croire. « *Au reste, toute notre paix dans cette misérable vie, consiste plus dans une souffrance humble que dans l'exemption de la souffrance.* » Ne cherchez pas à ne point souffrir : le Mouvement est inarrêtable, le Frétillement inaltérable, l'Oscillation inexorable, le Bombardement infatigable, l'Opulence néfaste, la Succession imbattable, le Bouillonnement inestompable, la Tentation inexhaustible. « *Tant que nous portons ce corps fragile, nous ne pouvons être sans péché, ni sans ennui et sans douleur.* » Ne cherchez pas à ne point vous ennuyer : le Vide est incommensurable, l'Abandon insondable, le Rien immense, l'Indigence grotesque, l'Exténuation plénière, l'Affliction féroce, l'Uniformité accablante, l'Insignifiance suréminente. « *C'est vraiment une grande misère de vivre sur la terre. — Plus un homme veut avancer dans les voies spirituelles, plus il lui présente lui devient amère, parce qu'il sent mieux et voit plus clairement l'infirmité de la nature humaine et sa corruption. — Manger, boire, veiller, dormir, se reposer, travailler, être assujetti à toutes les nécessités de la nature, c'est vraiment une grande misère et une grande affliction pour l'homme pieux qui voudrait être dégagé de ses liens terrestres, et délivré de tout péché.* » Peut-on, tout en demeurant sur ses gardes (ah ! l'armée) en vivant sur la Terre, continuer de prendre le Sens en filature ? *Quel* Sens ? Le Sens de la Souffrance ? le Sens de l'Amertume ? Pourquoi ? « *S'il y avait eu pour l'homme quelque chose de meilleur et de plus utile que de souffrir, Jésus-Christ nous l'aurait appris par ses paroles et par son exemple.* » Quelle voie suivre ? Celle du Renoncement — auquel nous invite ledit Jésus sous la plume du moine : « *Mon fils, souvent l'homme poursuit avec ardeur une chose qu'il désire ; l'a-t-il obtenue, il commence à s'en dégoûter, parce qu'il n'y a rien de durable dans ses affections, et qu'elles l'entraînent incessamment d'un objet à un autre.* — *Ce n'est donc pas peu de se renoncer soi-même dans les plus petites choses.* » Si, à travers la Souffrance et l'Ennui (et leur inéluctable résorption), le Sens réside dans le Renoncement (qui n'est pas mort et qui ne meurt pas), alors le Sens *est* la Mélancolie, alors le Sens, se structurant dans l'absence, se dénouant dans la permanence, est ce que l'on pourrait appeler un « existerécide », un « existencide ». Car Dieu donne l'existence au rabais et n'indemnise aucune perte subie. — 4. — *Senancour et son* Oberman *précurseur : Schopenhauer avant Schopenhauer.* — Schopenhauer était un jeune adolescent de quatorze ou quinze ans lorsqu'Etienne Pivert de Senancour écrivit entre 1802 et 1803 son roman épistolaire largement autobiographique : *Oberman* (que l'on rencontre orthographié *Obermann* à la deuxième édition précédée d'une préface de Sainte-Beuve). La première partie de la page de titre de chacun des deux volumes in-8 de trois cent quatre-vingt pages publiés en 1804, était organisée de la façon suivante : « OBERMAN — LETTRES PUBLIÉES — PAR M. SENANCOUR, — AUTEUR DE *RÊVERIES SUR LA NATURE DE L'HOMME*….. — Étudie l'homme, et non les hommes. PYTHAGORE. » Tout en le revendiquant fièrement, et comme en témoignent le titre des *Rêveries* ou les noms de lieux suisses d'où émanent les lettres (Lausanne, Genève), Senancour (avec ou sans accent aigu) fut un rousseauiste dans l'âme ; et, sans nul doute, *Oberman* s'accorde aux notes de cordes pincées de la lyre qui amena le Promeneur à composer ses *Confessions*. *Oberman* passa inaperçu lors de sa sortie en librairie. Il fallut attendre les rééditions de 1833 et de 1840, en sus du soutien de Sainte-Beuve et de Sand, pour que l'ouvrage devînt le livre des Romantiques. Mais il ne serait pas exagéré d'affirmer qu'il est retombé dans les oubliettes de la littérature : aujourd'hui, qui le plébiscite encore ? À moins de le commander, vous n'aurez pas souvent la chance d'en obtenir un exemplaire (dans la collection GF, car Flammarion est l'unique éditeur rescapé), et les quelques six cents pages noircies de paragraphes sans fin et imprimées en lignes de petits caractères bien tassées, ont de quoi rebuter le flâneur qui prendrait la peine de le feuilleter. À mes yeux, la quatrième de couverture, retranscrivant les observations préliminaires de l'auteur, est toute trouvée pour exciter la convoitise du lecteur à qui il prendrait l'envie préméditée de s'informer (en ce qui me concerne, je m'en léchai les babines) : « *On verra dans ces lettres l'expression d'un homme qui sent, et non d'un homme qui travaille. Ce sont des mémoires très-indifférents aux étrangers, mais qui peuvent intéresser les adeptes.* » Outre sa rareté, je vois une autre indisposition possible qui expliquerait sa maigre diffusion et son manque de reconnaissance : sa *noirceur*. Non seulement ce livre aura de nouveau, à une date ultérieure, spécialement voix au chapitre (sur le *suicide*), mais il est de surcroît le devancier du *Monde comme Volonté et comme Représentation*. Senancour, figure du Romantisme naissant, continuateur de Goethe, Chateaubriand ou Constant, prédécesseur de Rabbe, Vigny, Lamartine, Musset, Fromentin et Lautréamont, accoucha (à moins que ce ne fût le monde qui le fît accoucher) d'un monstre pastoral, d'un chef-d'œuvre de pessimisme absolu auquel Rimbaud fera une place parmi ses « *livres de chevet, livres de l'art serein* », dont George Sand dira qu'il est « *la rêverie dans l'impuissance* », « *la souffrance de la volupté dépourvue de puissance* », « *l'épuisement et la contrition de la passion désappointée* », « *en un mot, le mal de ceux qui ont vécu* ». Schopenhauer et Senancour donnent peut-être le même assentiment aux notions de musique ou de sublime, mais là n'est pas leur point commun le plus pertinent, ni le plus déterminant : *Oberman*, — préfiguration ultime de la sombreur du Romantique, — fourmille en effet de mots qui apparaissent des centaines de fois et qui imbibent toutes les pages de l'idyllisme le plus sombre qui soit, d'un schopenhauerisme d'avant l'heure le plus remarquable : solitude, abandon, vide, silence, douleur, mort, tristesse, perte, mélancolie, apathie, mollesse, langueur, végétation, dégoût, souffrance et — surtout — ennui. (Allons plus loin et changeons de casse afin de l'ennoblir à sa juste mesure typographique : ENNUI. L'ennui d'ailleurs élevé à tel degré artistique, il sature d'une si effroyable manière tous les organes du corps et de l'intelligence, qu'il me contamina moi-même au début en provoquant des haut-le-cœur insoutenables.) Quel livre étrange ! Si meurtrier, si obscur, si indigeste, si grand, si beau, si égayant, si malsain, si ennuyeux, si majestueux, si taciturne, si tumultueux à la fois, mélangeant le philosophique, le journalesque, le romanesque dans une même vasque terrible, *Oberman* est unique, presque inclassable, il surprend, dérange, rend amer, malade, triste et gaillard, sauvage et civilisé, doux et dur. Hugo, songeant à Hamlet, rappelait que « *ce n'est pas un homme, c'est l'homme* ». Eh bien, Oberman, ce n'est pas un homme, c'est l'homme pessimiste, — c'est l'homme morose, malade au plus profond de son être, l'homme résigné de tout temps, achevé et fini, qui ne voit l'existence que comme un malheur ineffable, qui ne sait plus comment vivre parce qu'il a suffisamment vécu sans savoir pourquoi. Ainsi qu'il se dépeint lui-même, Oberman est un homme « *né pour souffrir* » ; un homme qui ne connaît point la satiété, heurte partout le vide, ne trouve rien, dont le malheur est dans le néant de sa vie, qui est déplacé, isolé, lassé, que l'ennui tue, dérangé par « *une sorte de délire, qui n'est pas celui des passions, qui n'est pas non plus de la folie : c'est le désordre des ennuis ; c'est la discordance qu'ils ont commencée entre [lui] et les choses* ». Attention ! Oberman n'est ni souffrant, ni impatienté, ni irrité ; il est tout simplement lassé, abattu, dans l'accablement. Il éprouve le véritable ennui, le plus atroce, celui qui nous a occupés jusqu'à présent, l'ennui conscientisé et synonyme d'un dégoût généralisé qui provient d'on ne sait où exactement : « *Pour moi je suis dans un ennui profond. Vous comprenez que je ne m'ennuie pas ; au contraire, je m'occupe ; mais je péris d'inanition.* […] *Le temps coule uniformément : je me lève avec dégoût, je me couche fatigué, je me réveille sans désirs. Je m'enferme, et je m'ennuie ; je vais dehors, et je gémis. Si le temps est sombre, je le trouve triste ; et s'il est beau, je le trouve inutile. La ville m'est insipide, et la campagne m'est odieuse. La vue des malheureux m'afflige ; celle des heureux ne me trompe point.* » Oberman est le genre d'individu jamais rassasié pour qui la naissance est un premier suicide, pour qui la première tétée n'assouvit déjà plus, qui dès l'enfance devient sombre et profond, sent le vide creuser son cœur et ses besoins sans bornes le consumer dans le silence, qui n'a qu'un seul sentiment : *l'ennui de la vie*, — et qu'une seule devise : *l'homme désire, et mourra*. L'image de Schopenhauer ne s'avance-t-elle pas discrètement entre les linéaments de cette âme torturée ? Ses semblables, Oberman, lui aussi, les observe, de loin, dans l'attitude dépitée de celui que la vanité étouffe et ne fait pas même ricaner l'espace d'une seconde, eux qui, lui semble-t-il, n'agissent que « *pour se conserver et se reproduire* », et il ne peut se retenir de ruminer maussadement : « *Mais pourquoi vivre ; pourquoi se perpétuer ? Je n'entends rien à cela.* » Oberman a cru découvrir le réel principe actif de l'homme, le seul qui soit capable de démontrer pourquoi il agit ainsi et comment il subsiste ici-bas, à savoir : s'aimer soi-même. Cet amour de soi, il faut le prendre au sens non péjoratif de Schopenhauer et surtout de Rousseau, que Senancour avait lu avec beaucoup d'intérêt et de passion. Si l'on fait fi des anachronismes, je crois que l'on peut dire que Schopenhauer est obermanien, qu'Oberman est rousseauiste, et que Rousseau est schopenhauerien. Dans l'*Émile*, il est écrit que « *la source de nos passions, l'origine et le principe de toutes les autres, la seule qui naît avec l'homme et ne le quitte jamais tant qu'il vit, est l'amour de soi* » ; et que, d'une part, celui-ci étant « *toujours bon, et toujours conforme à l'ordre* », et que, d'autre part, « *chacun étant chargé spécialement de sa propre conservation, le premier et le plus important de ses soins est et doit être d'y veiller sans cesse* ». Par ce sentiment pur et inconditionnel qui doit éclore dès le tout jeune âge, est insufflée la *connaissance de soi-même* qui amène à la *connaissance d'autrui*. Ce mouvement d'extraversion n'est possible que par l'empathie et la *pitié*, c'est-à-dire par la *reconnaissance de la souffrance* : « *Il suit de là que nous nous attachons à nos semblables moins par le sentiment de leurs plaisirs que par celui de leurs peines ; car nous y voyons bien mieux l'identité de notre nature et les garants de leur attachement pour nous.* » Et Rousseau poursuit : « *La pitié est douce, parce qu'en se mettant à la place de celui qui souffre, on sent pourtant le plaisir de ne pas souffrir comme lui.* » (Il va de soi, premièrement, qu'il n'y a pas une once de sadisme, du moins comme on l'entend d'ordinaire, dans ces remarques ; deuxièmement, que la pitié n'est pas sans analogie avec la *peur* telle que nous l'avions définie en compagnie de Stephen King ; troisièmement, que c'est là une pensée que Schopenhauer n'eût pas désavouée. Quand Rousseau énonce son « *premier dogme* », son « *premier article de foi* », à savoir « *qu'une volonté meut l'univers et anime la nature* », serait-on, à une majuscule près, assez aveugle pour ne pas y voir Schopenhauer ? Ce dernier le rend bien à son prédécesseur en citant, en exergue du *MVR*, le début d'une lettre de *La nouvelle Héloïse* : « *Sors de ton enfance, ami, réveille-toi !* » (Le point d'exclamation est de Schopenhauer…) La suite, dans le texte original, est sous-entendue : « *Ne livre point ta vie entière au long sommeil de la raison.* » Mais revenons à Oberman et l'amour de soi… car sinon je vais être obligé de me justifier, comme Jean-Jacques se plaisait à le faire : « *Me voici de nouveau dans mes longs et minutieux détails. Lecteurs, j'entends vos murmures, et je les brave : je ne veux point sacrifier à votre impatience la partie la plus utile de ce livre. Prenez votre parti sur mes longueurs ; car pour moi j'ai pris le mien sur vos plaintes.* » Allons !) Cet amour de soi, autrement dit, parce qu'il est instinctif, cet *égoïsme atavique*, se nourrit du terreau de la souffrance (si l'homme « *cessait de souffrir en voyant souffrir, s'il cessait de sentir avec tout ce qui a des sensations analogues aux siennes, il ne s'intéresserait plus à ce qui ne serait pas lui, il cesserait peut-être de s'aimer lui-même* »). Mais Oberman a fait une autre découverte, que je crois bien meilleure (elle est la cause de la précédente), qui me persuade, et de sa très grande sensibilité, et de sa très grande originalité pré-schopenhauerienne : la Volonté, c'est-à-dire la suprême cécité de la Raison, la lamentable nature de la Nature ou de l'Univers, l'intarissable et imperturbable force que dégage et développe la chose en soi, invisible et invincible, qui est « *la preuve que nous ne sommes autre chose dans l'univers que des figures burlesques qu'un charlatan agite, oppose, promène en tous lieux ; fait rire, battre, pleurer, sauter, pour amuser….* » (Remettons correctement les choses à leur place : ces quatre points de suspension, qui sont parfois au nombre de cinq, ne sont ni une invention ni une étourderie de ma part ; ils figurent dans l'édition originale et s'arrangent comme ceci : « *[…] fait rire, battre, pleurer, sauter, pour amuser…. Qui ? je ne le sais pas.* ») Voici, en intégralité, la lettre LXXI du roman de Senancour et dont la paternité avec Schopenhauer ne laissera jamais de m'étonner au plus haut point : « *S'il est une chose dans le spectacle du monde, qui m'arrête quelquefois, et quelquefois m'étonne, c'est cet être qui paraît la fin de tant de moyens, et qui semble n'être le moyen d'aucune fin ; qui est tout sur la terre, et qui n'est rien pour elle, rien pour lui-même ; qui cherche, qui combine, qui s'inquiète, qui réforme, et qui pourtant fait toujours de la même manière des choses nouvelles, et avec un espoir toujours nouveau des choses toujours les mêmes ; dont la nature est l'activité, ou plutôt l'inquiétude de l'activité ; qui s'agite pour trouver ce qu'il cherche, et s'agite bien plus lorsqu'il n'a rien à chercher ; qui, dans ce qu'il a atteint, ne voit qu'un moyen pour atteindre une autre chose, et lorsqu'il jouit, ne trouve dans ce qu'il avait désiré, qu'une force nouvelle pour s'avancer vers ce qu'il ne désirait pas ; qui aime mieux aspirer à ce qu'il craignait, que de ne plus rien attendre, dont le plus grand malheur serait de n'avoir à souffrir de rien, que les obstacles enivrent, que les plaisirs accablent, qui ne s'attache au repos que quand il l'a perdu ; et qui, toujours emporté d'illusions en illusions, n'a pas, ne peut pas avoir autre chose, et n'est jamais que rêver la vie.* » Je ne sais si, en dispensant de tels passages pour le moins apocalyptiques (dans leur nudité effroyable), je ne suis pas en train de décourager le plus hardi de mes lecteurs de devenir le lecteur de Senancour en y allant faire un tour de sa propre initiative ! « *How darkly and how deadly dost thou speak!* » Selon moi, il ne s'agit que de regarder en face quelques-uns des aspects du monde en apparence cachés et de comprendre qu'il n'y a rien à comprendre, si ce n'est notre erreur, et qu'il ne nous reste, en fin de compte, tant que l'on existe, qu'à tout « balayer ». « *Toute cause est invisible, toute fin trompeuse* », ajoute Oberman ; « *toute forme change, toute durée s'épuise ; et le tourment du cœur insatiable est le mouvement aveugle d'un météore errant dans le vide où il doit se perdre. Rien n'est possédé comme il est conçu : rien n'est connu comme il existe. Nous voyons les rapports, et non les essences : nous n'usons pas des choses, mais de leurs images. Cette nature cherchée au-dehors, et impénétrable dans nous, est partout ténébreuse. Je sens, est le seul mot de l'homme qui ne veut que des vérités. Et ce qui fait la certitude de mon être, en est aussi le supplice. Je sens, j'existe pour me consumer en désirs indomptables, pour m'abreuver de la séduction d'un monde fantastique, pour rester atterré de sa voluptueuse erreur.* » La philosophie d'Oberman est d'abord soutenue dans la forme et le style par d'impétueuses et virevoltantes *incises* marquées de leurs points-virgules, de leurs deux-points, ou ce que l'on nomme en solfège les points d'orgue et les points de prolongation. Toutes ces incises, grouillantes et envahissantes, me font souvent l'effet d'« indécises » : la perte de sens frise avec l'inconnu et la consternation ; elle est la petite-fille de l'interrogation et de l'étonnement ; elle se révèle dans la ponctuation au gré des « ? » et des « ! » multipliables à l'infini, alignés comme des barricades de « ??? » et de « !!! » que les « … » ne peuvent ébouler. La philosophie d'Oberman, toujours subsumée sous la catégorie de la perte de sens, est ensuite une sorte de compendium de la stérilité fondamentale et trompeuse de l'existence : la *fermentation*, la *force*, la *puissance*, quel que soit le terme choisi, est la pure représentation d'une pensée et d'une volonté qui tient en deux mots : *l'être traître*, expression d'un pessimisme radical qui signifie en filigrane : *n'être que pour avoir été*. « *Mais si cette fermentation silencieuse et terrible qui semble ne produire que pour immoler, ne faire que pour que l'on ait été, ne montrer les germes que pour les dissiper, ou n'accorder le sentiment de la vie que pour donner le frémissement de la mort ; si cette force qui meut dans les ténèbres la matière éternelle, lance quelques lueurs pour essayer la lumière ; si cette puissance qui combat le repos et qui promet la vie, broie et pulvérise son œuvre afin de la préparer pour un grand dessein ; si ce monde où nous paraissons le soir n'est que l'essai du monde ; si ce qui est, ne fait qu'annoncer ce qui doit être ; cette surprise que le mal visible excite en nous ne paraît-elle pas expliquée ?* » N'être que pour avoir été ! Sécession de l'être avec lui-même, et fondement de sa personne... Ce frémissement de la mort qui est comme un écho à la définition de la vie donnée par Xavier Bichat : « *La vie est l'ensemble des fonctions qui résistent à la mort* », autrement dit : la vie *survit* en tant que vie *pour* la mort ; l'homme est un *être-pour-la-mort*. Jeté au monde sans avoir rien demandé, il est aussitôt happé par la mort et n'existe qu'à travers elle, qu'au-devant d'elle ; il est né pour mourir. Il est le gladiateur qui vit d'embrassades avec la mort : « *morituri te salutant* » (« *ceux qui vont mourir te saluent* »). Mais être pour la mort (*Sein zum Tode*), est-ce être ? Oui, ce n'est même *que* cela. Heidegger insiste sur le fait que « *la mort n'est selon la mesure du* Dasein *que dans un* être pour la mort *existentiel* » et que l'être pour la mort « *se fonde dans le souci* » (« *Sorge* ») et « *est essentiellement angoisse* » (« *Angst* »). Mon Dieu ! Pourquoi chacun des livres : *Être et Temps*, *Oberman*, *Le Monde comme Volonté et comme Représentation*, voire *L'Imitation de Jésus-Christ*, ne comporte-t-il pas cette épigraphe dantesque : « *Lasciate ogne speranza, voi che intrate* » (« *Vous qui entrez, laissez toute espérance* ») ? Le lecteur vagabond et téméraire que n'effraierait pas cette inscription de mise en garde (mais rien ne tente mieux et davantage que l'interdiction), subissant une simili catharsis, connaîtra l'un des bienfaits de l'*esprit tragique* : la *résignation*. Raisonnant à propos de l'esthétique de l'art poétique et de l'*effet* d'une pièce de théâtre sur le spectateur (transposable à l'effet du monde réel sur l'homme), Schopenhauer, rarement dans la demi-mesure, écrivait que « *les horreurs étalées sur la scène lui représentent l'amertume et l'insignifiance de la vie, le néant de toutes ses aspirations* », et que « *l'effet de cette impression doit être pour lui le sentiment, vague encore peut-être, qu'il vaut mieux détacher son cœur de la vie, en détourner sa volonté, ne plus aimer le monde et l'existence* ». La vie n'est pas drôle — et, de surcroît, comme dirait Nietzsche en enfonçant le clou à l'aide de son marteau : « *La vie n'est pas un argument.* » Si cette expression a un sens (qu'est-ce que le bien ?), la vie est-elle un bien ? Je ne le crois pas et me console avec Montaigne, lequel pense qu'« *il n'y a rien de mal en la vie pour celui qui a bien compris que la privation de la vie n'est pas mal* ». Le bonheur entre-t-il en jeu et, si oui, une quelconque porte dérobée peut-elle y mener ? Dans ses *Aphorismes sur la sagesse dans la vie*, superbe essaimage de parénèses et de maximes, Schopenhauer nuance la part de légitimité que contient toute recherche eudémonologique et rappelle sans mettre de gants de velours que « *la vie n'est pas là pour qu'on en jouisse* », et qu'il s'agit moins d'essayer de « *vivre heureux* » que de vivre « *moins malheureux* » (« *supportablement* »). Regardons-y de plus près : « *Et, de fait, la vie n'est pas là pour qu'on en jouisse, mais pour qu'on subisse, pour qu'on s'en acquitte ; c'est ce qu'indiquent aussi bien des expressions telles que, en latin :* "degere vitam" *[*"supporter la vie"*],* "vita defungi" *[*"vaincre la vie"*] ; en italien :* "si scampa cosi" *[*"si l'on s'en sortait"*] ; en allemand :* "man muß suchen, durchzukommen" *[*"l'homme doit s'en tirer comme il peut"*],* "er wird schon durch die Welt kommen" *[*"il s'en sort bien avec le monde"*], et autres semblables. [...] Les douleurs au contraire sont senties positivement, c'est leur absence qui est l'échelle du bonheur de la vie. Si, à un état libre de douleur vient s'ajouter encore l'absence de l'ennui, alors on atteint le bonheur sur terre dans ce qu'il a d'essentiel, car le reste n'est plus que chimère. [...] Douleurs, souffrances, maladies, pertes, soucis, pauvreté, déshonneur et mille autres peines, voilà sous quelles formes se présente le résultat. Le désabusement arrive trop tard. Si au contraire on obéit à la règle ici exposée, si l'on établit le plan de sa vie en vue d'éviter les souffrances, c'est-à-dire d'écarter le besoin, la maladie et toute autre peine, alors le but est réel ; on pourra obtenir quelque chose, et d'autant plus que le plan aura été moins dérangé par la poursuite de cette chimère du bonheur positif.* » — « *Car le reste n'est plus que chimère* » ! « *Denn das Übrige ist Chimäre* » ! Et puis « *le reste est silence* » ! « *The rest is silence* » ! Ou, dans la célèbre traduction de Schlegel : « *Der Rest ist Schweigen* » ! (Expression qu'appréciait follement Schopenhauer, à telle point que tout ce qu'il trouva à dire, en pensant aux dernières retouches de ses *Parerga & Paralipomena*, ce fut : « *Dann werde ich meine Feder ausspritzen und sagen "Der Rest ist Schweigen."* » (« *Ensuite je déposerai ma plume en disant : "Le reste est silence."* ») — Ah ! la vie n'est décidément pas *drôle*... Peut-être son seul charme ne réside-t-il que dans cette constatation, ce qui — comble de l'ironie — serait définitivement drôle ! *Que* et *qui* sommes-nous au juste ? Pardi ! Des clowns, des marionnettes, des pantins, des bouffons, des tout-petits dans une *nursery*, des fourmis tragi-comiques (des Myrmidons qui amusent les dieux), des turlupins, des lutins qui s'échinent en vain sur une scène prodigieuse, des *drôles* de *trolls* (pléonasme puisque « *drôle* » est issu du vieux norrois « *troll* »)... Vains petits rois toisant, du haut d'un raidillon ridicule, le désarroi du monde. — « *O God! that one might read the book of fate, and see the revolution of the times make mountains level, and the continent, weary of solid firmness, melt itself into the sea! and, other times, to see the beachy girdle of the ocean too wide for Neptune's hips; how chances mock, and changes fill the cup of alteration with divers liquors! O, if this were seen, the happiest youth, viewing his progress through, what perils past, what crosses to ensue, would shut the book, and sit him down and die.* » (« *O ciel ! que ne peut-on lire dans le livre du destin* ! *y verrir tantôt la révolution des siècles aplanir les plus hautes montagnes ; tantôt le continent, comme lassé de sa ferme solidité, se fondre et s'écouler dans les mers ; et d'autres fois la ceinture en falaises de l'Océan devenir trop large pour les reins de Neptune ! que n'y peut-on apprendre comme le hasard se rit de nous, et de combien de diverses liqueurs ses changements remplissent la coupe des vicissitudes ! Oh ! si l'on pouvait voir tout cela, le jeune homme le plus heureux, à l'aspect de la route qu'il lui faut suivre à travers la vie, des périls où il doit passer, des traverses qui doivent s'ensuivre, ne songerait plus qu'à fermer le livre, s'asseoir et mourir.* ») — Toutefois, avant que de « siler » (« se taire » dans notre vieille langue du XIIIème siècle), finissons ce sous-chapitre consacré à Arthur Schopenhauer par une pointe d'humour, — ou d'ironie, devrais-je dire, — car ce bougre de philosophe en avait, de l'humour (ou de l'ironie), et Foucher de Careil ne me contredirait pas sur ce point, non pas Louis François, le général d'artillerie, originaire de Guérande, qui combattit sous les ordres de Bonaparte, mais Louis Alexandre, son petit-fils, sénateur et auteur de *Hegel et Schopenhauer*, paru en 1862, soit deux ans après la mort du philosophe. Ce Foucher-ci écrit de Schopenhauer qu'on ressent le même charme à le lire que Socrate, que sa « *philosophie a été méditée, causée, vécue comme celle de Socrate* », que leur méthode est la même, et que — avant tout — « *son démon à lui c'est l*'humour, *cette autre forme de l'ironie socratique* ». Voici donc ce que j'ai pu lire parmi les *Suppléments à la doctrine de la souffrance du monde* — et qui m'a *fait rire aux éclats* : « *Celui qui voudrait éprouver l'affirmation selon laquelle le plaisir outrepasse la douleur dans le monde, ou du moins que les deux s'équilibrent, devrait comparer les sentiments de l'animal qui en dévore un autre avec ceux de celui qui est dévoré.* » Gardons le sourire, nous autres humains, plantés comme des choux sur les tréteaux du théâtre du monde (*theatrum mundi*), danseurs ballottés dans cette comédie-ballet mortelle, acteurs jetés sur la scène de cet opéra-comique déchirant, dans cette vie « *où chacun, sous le masque, fait son personnage jusqu'à ce que le chorège le renvoie de la scène* » (Érasme). Gardons nos masques souriants dans un monde vénitien où le temps s'effile en carnavals, et rions *démocritiquement*, rions à diaphragme déployé, puisque, selon Aristote, « *l'homme est le seul animal qui ait la faculté de rire* » ; que, selon Porphyre, « *c'est une qualité qui fait toujours partie de sa nature, comme hennir fait partie de celle du cheval* » ; que, selon Rabelais, « *Mieulx est de ris que de larmes escripre, / Pour ce que rire est le propre de l'homme* » ; que, selon La Bruyère, « *il faut rire avant d'être heureux, de peur de mourir sans avoir ri* » ; que, selon Kant (en s'appuyant sur Spinoza ?), « *l'homme est un animal qui rit* » ; que, selon Baudelaire, « *le rire est essentiellement humain* » et que « *c'est avec le rire [que l'homme] adoucit quelquefois son cœur et l'attire* » ; que, selon Wilde, « *le monde a toujours ri de ses propres tragédies, que c'est pour lui la seule façon de pouvoir les supporter* » ; que, selon Desproges, « *on peut rire de tout, on doit rire de tout* » ; et que, selon La Fontaine, « *il vaut mieux rire que pleurer* »… — À moins que l'homme n'en vienne à sentir, un jour, en reprenant les vers de Prudhomme, « *que le rire est une comédie, / Que la mélancolie est un cercueil usé* »… — Tout ça pour ça ! On arrive, on vient, on va, on retourne à l'anonymat. « *C'était bien pour cela, certes, que riait Démocrite, et je pense qu'il ajoutera : "Ne disais-je pas en riant, tout est sujet de rire ? Et, en effet, j'ai pratiqué la science, j'ai fait des tas de livres, et voici sous cette dalle funèbre qu'à mon tour je prête à rire."* »

* * * * *

(« *Tu ne comprends pas ma parole, n'est-ce pas ? / L'incompréhension est là, car je suis l'Incompréhension, et ce n'est pas une imperfection. / Je suis le Paradoxe, la Contradiction ; — sache-le. / Ton âme vise haut, ce qui est bas pour moi, car la hauteur que tu t'assigneras dans tes recherches est le rien ; — je suis tout, — et tu n'es rien. / C'est ta destinée qui fera communier ces trois facultés de l'âme. / L'Âme possède une infinité de facultés ; l'Âme est l'Âme, et l'âme n'est rien. / Il n'y a de but que le But, mais le but appartient au But, qui appartient au Tout, qui est moi. / Tu ne comprends pas ma parole, n'est-ce pas ? / Non-Dieu a dit. / Oui, — ainsi soit-il.* »)

* * * * *

Le couvre-feu n'a pas sonné. Il y a des centaines de pages de cela, j'ouvrais un chapitre sur le contre-optimisme et promettais, plus tard, de dévaler « *les pentes de la Réalité, les douves de la Fatalité, du Pessimisme, du Désespoir et du Nihilisme* ». Il reste tant à parcourir encore ! Ainsi, pas question de sonner le couvre-feu tout de suite. « *Par où vais-je commencer, par où finir ?* » se lamente Ulysse. À la question la plus redondante dans l'existence d'un penseur : « *Que quiers-je ?* » — peut-on répondre : « Le Sens » ? C'est ce que je voudrais croire, s'il y en a un, ou me faire accroire, si en définitive il n'y en a pas. Allez savoir : peut-être la question du Sens n'a-t-elle aucun sens ? N'y a-t-il *rien* ? Qu'au moins ma recherche ait, *elle*, un sens ! Qu'au moins mon livre soit plein d'une recherche honnête, de cette « *honest search* » que le physicien (et philosophe) Erwin Schrödinger révérait et évoquait à propos d'un livre de Sir Charles Sherrington : « *I stress the epithet 'honest', because it does need a very serious and sincere endeavour to look for something which one is deeply convinced in advance cannot be found, because (in the teeth of popular belief) it does not exist.* » (« *J'insiste sur le qualificatif "honnête", parce que chercher quelque chose qu'on est par avance convaincu de ne pas pouvoir trouver, en raison du fait qu'elle n'existe pas (malgré la croyance populaire), suppose vraiment une tentative très sérieuse et très sincère.* ») Steinbeck fait dire à Tom Joad : « *Ça finit par vous peser d'avoir à chercher quéq'chose quand on sait que ça n'existe pas.* » Convaincu de ne rien trouver, je n'ai cependant pas peur de l'affirmer haut et fort, et mon existence tient dans cette conviction de l'infructuosité pratique de ma recherche. Souvenons-nous à cet égard de la Nausée et de ce que nous en écrivions : « *À quoi donc l'existence tient-elle ? Tout bonnement au galet, à la chose, à la "*res*", au rien, à un ensemble qui ne peut déterminer aucune raison, qui ne fait qu'exister, mais qui n'induit pas nécessairement l'idée que la vie soit sans but, ni que la conscience se fasse irréductiblement pessimiste ; simplement, "*il n'y a rien, rien, aucune raison d'exister*".* » Il y a un argument qui circule et qui vaut autant que cette question rétorquée à celui qui ose parler de « *normalité* » : « Mais qu'est-ce que la *normalité* ? » (véritable contre-réflexion du degré zéro de la philosophie), — il y a un argument, disais-je, assez récurrent, et formulable de la façon suivante : « *Le rien, qu'est-ce ? Le "*rien*", nous dit* Émile Littré *à la première des vingt-six significations répertoriées dans son dictionnaire, c'est "*quelque chose*". Comment cela ?* Félix Gaffiot*, à l'entrée de son "*res*" latin, le décompose en "*chose, objet, être, affaire, fait, événement, circonstance*". En somme, rien, ce n'est pas rien ; et si, étymologiquement, c'est quelque chose, verbalement, c'est au moins le terme qui le définit. — Etc.* » Il faut dire que parler *sur le rien* peut sembler creux, car parle-t-on encore *de quelque chose* ?… Sextus Empiricus, forcément, écrivait que « *le non-étant ne peut pas être enseigné* » (comme à son habitude, il faut bien dire qu'il tient à merveille son rôle de toujours tout réduire à néant, lui qui va jusqu'à affirmer que *rien* ne peut être enseigné). Alors, pourquoi creuser ? Avant d'en venir là où je veux en venir, je ferai un détour par la théorie des ensembles et en particulier par la notion d'ensemble vide, que l'on note Ø (ou {}) et dont la définition est rigoureusement donnée par : Ø:=$\{x | x \neq x\}$ (le paradoxe de Russell qui évoque les ensembles se contenant eux-mêmes ou ne se contenant pas eux-mêmes se base sur cette formule ensembliste similaire qui donnera lieu à la théorie dite « naïve » des ensembles : R:=$\{x | x \notin x\}$). Cet ensemble vide, Ø, de cardinal égal à 0, qui *ne contient par* *conséquent aucun élément*, est en revanche contenu dans tout ensemble A, autrement dit : *tout ensemble A contient au moins le sous-ensemble vide*. Non seulement l'ensemble vide n'est pas rien, et surtout pas assimilable à 0 (*zéro*), qui est un élément, mais en plus, en algèbre de Boole, Ø fait même office d'élément *neutre*. Prenons l'ensemble des nombres entiers compris entre 1 et 3 et dont le cardinal est 3 (il y a trois éléments) : {1,2,3}. Constituons à présent l'ensemble des parties de cet ensemble : {Ø, {1}, {2}, {3}, {1,2}, {1,3}, {2,3}, {1,2,3}}. Celui-ci est de cardinal 8 (soit 2^3), comme nous l'avions déjà compris lors du chapitre sur le langage, quand nous raisonnions en compagnie de Cantor. On compte bien le vide comme un ensemble, c'est-à-dire comme un élément de cet ensemble d'ensembles. Pour faire simple, l'ensemble qui ne contient qu'un sous-ensemble, l'ensemble vide, {Ø}, contient bien un élément et son cardinal est 1. À ce jeu-là, on peut s'amuser à construire un ensemble infini uniquement à partir de l'ensemble vide (toutes les parties de parties de parties de parties…) : {Ø,{Ø},{Ø,{Ø}}…}. Bref ! Beaucoup de bruit pour rien… J'entends Roméo qui me serine : « *Peace, peace, Julien, Peace! — Paix, paix, Julien, paix ! Tu nous parles de riens. — Thou talk'st of nothing.* » Et je lui réplique, tel Mercutio : « *En effet, je parle des rêves, ces enfants d'un cerveau en délire, que peut seule engendrer l'hallucination, aussi insubstantielle que l'air, et plus variable que le vent qui caresse en ce moment le sein glacé du nord, et qui, tout à l'heure, s'échappant dans une bouffée de colère, va se tourner vers le midi encore humide de rosée !* » Le vide mathématique n'est pas synonyme de rien puisqu'il se rapporte à ce qui ne contient rien ; il représente réellement quelque chose. Ontologiquement, le rien pourrait signifier le non-être (le rien n'est pas), en opposition à l'être qui serait quelque chose. Le hic, comme souvent en philosophie, est de l'ordre du vocabulaire : qu'est-ce que le vide, le rien, le non-être, le néant, le zéro ? Pour Aristote, le rien, c'est, — ontologiquement, — le néant, ou, — arithmétiquement, — le zéro (mais pas le non-être, qui pourrait être) ; pour Damascios le Diadoque, « *le rien, s'il signifie ce qui est absolument vide, n'est qu'un pur mot sans sens* » ; pour Parménide, « *Ce qui peut être dit et pensé se doit d'être :* / *Car l'être est en effet, mais le néant n'est pas* » (dans le texte grec : « Χρὴ τὸ λέγειν τε νοεῖν τ' ἐὸν ἔμμεναι· ἔστι γὰρ εἶναι, / μηδὲν δ' οὐκ ἔστιν », qui est l'une des phrases ayant suscité le plus grand nombre de traductions qui ne se rejoignent pas obligatoirement, comme en témoigne le début de celle-ci, due à Walther Kranz, qui fait pourtant autorité, mais à laquelle Jean-Paul Dumont ne donne pas raison : « *Il faut dire et penser que ce qui est est* »). Tout cela pour dire que le rien — ou le néant — ne peut pas être rien — ou néant ; car à le penser et à l'énoncer, comme le souligne judicieusement Damascios, il perd aussitôt de son sens (par définition, oserais-je dire). Si penser est un attribut de l'être, comment penser l'impensable, le non-être ? (C'est insoluble — ou très compliqué.) Sartre, exégète de l'être et du néant, dit que pour se néantiser il faudrait être, que le néant, qui *n'est pas*, n'autorise pas. « *Si nous pouvons en parler, c'est qu'il possède seulement une apparence d'être, un être emprunté* », ce qui signifie que « *le néant n'est pas* », que « *le néant "est été"* » : « *le néant ne se néantise pas, le néant "est néantisé"*. » Il résume et contourne l'aporie en posant, et en le soulignant comme si l'affaire était close, que « *l'être par qui le néant vient au monde doit être son propre néant* ». Même Sherlock Holmes n'y retrouverait pas le malfaiteur pour l'envoyer au trou !... En recopiant Paul Valéry, j'avancerai cette néantise : « *Là le péril ; là, précisément, notre perte ; et là même, le but.* » Tu as raison, vieux bougre, car moi aussi je me sens, — là, — une « *Âme ivre de néant sur les rives du rien* »… « *Après tout, c'est peut-être un vide, que l'âme ? C'est peut-être seulement ce qui demande sans cesse ce qui n'est pas ?* ») Ne serait-ce qu'en mathématiques, la discipline la plus évoluée qui permette de prouver l'existence ou la non-existence d'un objet, il ne saurait y avoir de néant : le rien existe, mais en tant qu'il est contenu — par l'ensemble vide. Le rien n'est pas rien puisque quelque chose le contient, et le vide n'est pas vide puisqu'il contient (quoi, peu importe). (Une autre bizarrerie : en théorie des probabilités, il arrive de faire appel à la fonction *factorielle*, reconnaissable à son point d'exclamation, par exemple 3!, qui vaut 3×2×1=6. Cela veut dire, concrètement, qu'il y a six façons de ranger trois objets en tenant compte de l'ordre. Pour dix objets, cela donne 10!, soit 362880… Conventionnellement, 0!=1, ce qui a le don de surprendre : il y a *une façon de ranger zéro objet*, ce que l'on peut encore traduire ainsi : il n'y a qu'une façon de ranger zéro objet : en ne « le » rangeant pas…) Si rien n'est rien, avoir pu le penser — *rien que le penser* — est déjà superfétatoire ! À cet égard, recitons Parménide (et remercions dans la foulée Sextus Empiricus, sans qui nous n'aurions presque *rien* de son œuvre) : « *On chercherait en vain le penser sans son être,* / *En qui il est un être à l'état proféré.* / *Car rien d'autre jamais et n'est et ne sera* / *À l'exception de l'être […].* » Remercions derechef Sextus d'avoir également conservé certains aspects de la philosophie de Gorgias de Léontium, lequel, dans son ouvrage intitulé *Du non-être ou de la Nature*, établissait les trois points suivants : « *D'abord, qu'il n'existe rien ; en second lieu, que s'il existe quelque chose, ce quelque chose est inaccessible à l'homme ; enfin en troisième lieu, que ce quelque chose nous fût-il accessible, on ne peut ni l'exprimer ni le faire comprendre à autrui.* » Veux-je démontrer ces points-là ? Loin de moi cette volonté, et puis, à la vérité, je n'en ai guère l'envie, d'autant plus qu'ils me convainquent peu (Gorgias fut décidément un pur sophiste, car s'embêter à prouver qu'« *il n'existe rien* » revient à s'embêter pour rien, si ce n'est provoquer *gratis*). Eh bien, quoi ? Veux-je faire un *éloge de rien* ? Je ne serais pas le premier : un auteur anonyme (en fait, Louis Coquelet, pour ne pas le nommer) avait publié un *Éloge de Rien* en 1730, dédié à « *Personne* ». Quoiqu'il l'écrive qu'« *il faut que Rien après tout soit quelque chose de bien excellent* », cet essai qui s'inscrit dans la tradition des antiques n'est qu'un prétexte trop facile pour les bons jeux de langage, comme le montre ici cet échantillon pris au hasard : « *Qu'y a-t-il de plus estimable que la vertu ? Rien.* » L'*Éloge de Rien*, nous confient Marie Lissart et Etienne Rouziès dans la notice du petit livre de cinquante-huit pages édité chez Allia, n'avait pas connu de réédition depuis 1861, date à laquelle la Société Nihiliste d'Europe avait osé le réimprimer. La Société Nihiliste d'Europe ! Le *Nihilisme* (avec ou sans majuscule) : voilà où je voulais en venir ! Voilà mon but ! Et « *Rien* / *Est mon but* », comme dit Gucho, le nain vêtu de noir et coiffé d'un chapeau de sonnettes qui apparaît dans *Torquemada*. Évidemment, qui, davantage et mieux qu'une société de nihilistes, accorderait de l'importance à un *Éloge de Rien* ? (À part peut-être les yétis, puisque « *neige* » vient de « *nix* », qui veut dire « *rien* »…) Coquelet affirme par ailleurs qu'il y a une grande différence entre le *Nihil* des Latins et le *Rien* des Français, qui réside en ceci que le *Rien* a besoin de surcroît d'une autre négation — tel que le « *ne* » explétif, ce dont le *Nihil* se fiche éperdument, l'ayant contracté dès ses débuts.

« *Nihil* » (que les Anciens prononçaient « *nichil* »), — ou « *nihilum* », ou « *nihilo* », — c'est l'autre « *rien* » du latinisme qui se démarque du « *res* » : de « *hilum* » (« *petit point noir au bout des fèves* ») avec le préfixe négatif « *ne* », nihil peut être traduit littéralement par « *pas un hile* ». (Je ferai deux remarques : 1. — Tout individu se vantant d'appartenir au clan des nihilistes est-il au courant de cette origine saugrenue ? 2. — Le « *hile* », à une lettre près, s'écrirait « *bile* ». Qu'est-ce que cela peut faire, me direz-vous ? En français, « *hile* » renvoie à l'anatomie : « *La face interne de la rate est concave, et présente un sillon appelé* scissure *ou* hile *de la rate, qui reçoit les vaisseaux de la rate, et donne insertion à l'épiploon gastro-splénique.* » La μελαγχολία et la σπλήν, reconnaissez-le, se cachent partout ! Avant de refermer ma parenthèse, j'informerai mon hypocrite lecteur que certains étymologistes suspectent « *hilum* » d'être une corruption de « *filum* », qui n'est ni plus ni moins que le « *fil* » que nous connaissons. « *Pendere filo* » : « ne tenir qu'à un fil », telle est la morale de mon excursion et telle est la morale du devenir des mots...) Pour résumer, « *hilum* », historiquement un « *petit point noir au bout des fèves* », a rapidement évolué — par extension — vers le sens d'« *un peu* », d'« *un rien* » (d'un « *presque-rien* » jankélévitchien, « *aussi métaphysiquement inépuisable que le renouveau est inlassable* »), puis s'est renforcé par l'adjonction du « *ne* » en formant « *nihil* », « *rien* », « *aucunement* », « *nullement* ». D'aucuns ont voulu voir l'origine du « *niente* » italien et du « *néant* » français dans le « *nihil* » latin, ce qui ne semble pas correct (le « *nicht* » allemand, sans avoir vérifié, je le veux bien), et commis l'erreur de décomposer « *néant* » en « *ne* » et « *gens* », « *gens* » — ou « *gentem* » — représentant la « *race* » ou le « *peuple* ». À ce titre, il serait plus vraisemblable de le relier à « *negantia* », « *négation* », « *proposition négative* ». « *Néant* », je crois, dérive plus simplement de « *ne-ens* » ou « *ne-entis* » : « *ens* » est le participe présent de « *sum* », le verbe « *être* ». Ainsi, « *néant* » signifierait « *non-étant* » ou « *ne pas être étant* », ce qui cadrerait mieux avec la compréhension que nous en avons aujourd'hui (le « *non-être* » et ses dérivés). (À ce propos, je suis Nantais et fier de l'être ; or, « *Néants* » est l'une des anagrammes de « *Nantes* » : étais-je, dès la naissance, un *néantiste*, — parmi les « *rares naufragés nageant sur le vaste abîme* » de l'existence : « *rari nantes in gurgite vasto* » ? L'ironie eût été belle et mordante que « *Nantes* » provînt du « *Néant* » ; mais *non* : après s'être appelée « *Condevicum* », elle a été renommée en « *Namnetum* » à cause d'un peuple gaulois de la région nantaise, les « *Namnètes* »...) Ne vais-je pas trop loin en dissertant sans fin sur le rien et le néant ? Je n'invente rien. — « *De nihilo nihilum.* » (« *Rien ne naît de rien.* ») — Et Lucrèce ne dit-il pas que « *rien ne vient de rien* » (« *ex nihilo nihil* ») ? Sois patient, toi l'inconnu dont les yeux roulent sur ma prose obèse ; car c'est vers le nihilisme que converge cet ensemble chaotique de pensées. « *Comment expliquer l'ironie passablement dérisoire de ce paradoxe : que le plus important, en toutes choses, soit précisément ce qui n'existe pas ou dont l'existence, à tout le moins, est le plus douteuse, amphibolique et controversable ?* » Merci, monsieur Jankélévitch, vous m'enlevez une épine du pied ! *Dirons-nous que mon dire n'est presque rien — ou je ne sais quoi ?* Des nèfles ! peau de zébi ! des clous ! des prunes ! que dalle ! tintin ! nib ! nada ! bernique ! des clopinettes ! Dites qu'à m'égosiller je suis un *vaurien* (mais pas un *fainéant*) ! Dites que le pauvre Glycon de Pergame n'a *rien dit* sous prétexte que, de toute son œuvre, ne nous est parvenue qu'une seule épigramme de seize mots (merci à l'*Anthologia Græca*) : « Πάντα γέλως καὶ πάντα κόνις, καὶ πάντα τὸ μηδέν· πάντα γὰρ ἐξ ἀλόγων ἐστὶ τὰ γινόμενα » ! A-t-on jamais fait legs plus léger ? Mais quelle force ! (« *Tout est dérision, tout est poussière, tout est rien, car c'est du hasard qu'est né tout ce qui est.* ») Revenons donc — *si nous n'y sommes* — au nihilisme... Et s'il arrivait au lecteur de croire que ma transition est brutale (Schopenhauer, le rien, le nihilisme), qu'à cela ne tienne ! Du reste, c'est Victor Hugo qui opérera cette transition — misérabiliste — Quoi ! Que vient faire Hugo dans cette galère ? Justement, mon idée a quelque rapport avec la *galère* ! (« Devient-il fou, monsieur Pichavant ? » demande, du bout de la jetée du port de La Turballe, le petit garçon qui suce une glace en tirant sur les jupons de sa maman et en pointant son index vers moi. « Approche, petit », fais-je de ma voix douce, « et considère-toi heureux de n'avoir pas vécu durant les siècles passés... Écoute, petit homme, écoute, lui lancé-je d'un ton à la Wilhelm Reich... Et retiens, en suivant la pensée de Leopardi, que "*les enfants trouvent le tout dans le rien*", les hommes, pour leur part, trouvent "*le rien dans le tout*". Et là, inévitablement, j'entends le « *Beati pauperes spiritu* », puis j'entends l'aboiement du caniche *Atman*, qui est comme sont le chien et la chatte de ce roman de Zola que Schopenhauer eût vivement apprécié, *La Joie de vivre*, et qui sont « *plus heureux que nous* ». D'ailleurs, le docteur Cazenove, qui prononça ces paroles devant Lazare Chanteau, ajouta : « *Ah ! je reconnais là nos jeunes gens d'aujourd'hui, qui ont mordu aux sciences, et qui en sont malades, parce qu'ils n'ont pu y satisfaire les vieilles idées d'absolu, sucées avec le lait de leurs nourrices. Vous voudriez trouver dans les sciences, d'un coup et en bloc, toutes les vérités, lorsque nous les déchiffrons à peine, lorsqu'elles ne seront sans doute jamais qu'une éternelle enquête. Alors, vous les niez, vous vous rejetez dans la foi qui ne veut plus de vous, et vous tombez au pessimisme... Oui, c'est la maladie de la fin du siècle, vous êtes des Werther retournés.* » Du Nihilisme au Pessimisme, ou du Pessimisme au Nihilisme, la transition ne requiert qu'un saut de puce... — Je viens de citer Zola, et je pense aussi à un autre de ses romans, le plus dur, le plus crapuleux, le plus nauséeux d'entre tous, et l'un des plus insoutenables que j'aie jamais lus, dont Schopenhauer se fût, encore une fois, vivement délecté : *La Terre*. Jean Macquart, après toutes les horreurs dont il a été le témoin, loin de refuser la violence des paysans, l'accepte avec une résignation froide, dans une « *rêvasserie confuse, mal formulée* », qui roule dans son crâne : « *Il y avait aussi la douleur, le sang, les larmes, tout ce qu'on souffre et tout ce qui révolte, Françoise tuée, Fouan tué, les coquins triomphants, la vermine sanguinaire et puante des villages déshonorant et rongeant la terre. Seulement, est-ce qu'on sait ? De même que la gelée qui brûle les moissons, la grêle qui les hache, la foudre qui les verse, sont nécessaires peut-être, il est possible qu'il faille du sang et des larmes pour que le monde marche. Qu'est-ce que notre malheur pèse, dans la grande mécanique des étoiles et du soleil ? Il se moque bien de nous, le bon Dieu ! Nous n'avons notre pain que par un duel terrible et de chaque jour. Et la terre seule demeure l'immortelle, la mère d'où nous sortons et où nous retournons, elle qu'on aime jusqu'au crime, qui refait continuellement de la vie pour son but ignoré, même avec nos abominations et nos misères.* ») J'ai évoqué une ou deux similarités entre Schopenhauer et Hugo, et j'en vois une autre d'une assez bonne biographie biocritique. À quinze, le petit Arthur avait été choqué du spectacle des galériens que l'on voyait à Toulon : « *Je considère le sort de ces malheureux comme plus affreux que la peine de mort* », consigna-t-il, à l'époque, dans son journal de voyage. Nous ne pouvons nier que cette rencontre eut une incidence considérable dans ce qui allait devenir son système philosophique.

Hugo connut le même sentiment et fut bouleversé de la même manière, comme il le raconte dans ses *Actes et Paroles*, lorsqu'il assista, sur une place publique, au supplice infligé à une femme coupable d'un vol domestique : en guise de punition, on lui appliqua sur l'épaule un fer sorti d'un réchaud. « *J'ai encore dans l'oreille, après plus de quarante ans, et j'aurai toujours dans l'âme l'épouvantable cri de la suppliciée.* » Il ajoute : « *Je sortis de là déterminé, — j'avais seize ans, — à combattre à jamais les mauvaises actions de la loi.* » Mêmes causes, mêmes effets ? Quelques connaisseurs vont jusqu'à affirmer que les théories de Schopenhauer influencèrent Hugo, et l'on en voit la preuve flagrante dans un passage tiré des *Misérables* (bien que Hugo y paraisse en butte contre le philosophe). Ô Victor vénéré ! À toi ! Fais-toi transitif et relis-nous ce fameux passage : « *L'admirable aussi, c'est la facilité à se payer de mots. Une école métaphysique du nord, un peu imprégnée de brouillard, a cru faire une révolution dans l'entendement humain en remplaçant le mot Force par le mot Volonté. — Dire : la plante veut ; au lieu de : la plante croît ; cela serait fécond, en effet, si l'on ajoutait : l'univers veut. Pourquoi ? C'est qu'il en sortirait ceci : la plante veut, donc elle a un moi ; l'univers veut, donc il a un Dieu. — Quant à nous, qui pourtant, au rebours de cette école, ne rejetons rien a priori, une volonté dans la plante, acceptée par cette école, nous paraît plus difficile à admettre qu'une volonté dans l'univers, niée par elle. — Nier la volonté de l'infini, c'est-à-dire Dieu, cela ne se peut qu'à la condition de nier l'infini. Nous l'avons démontré. — La négation de l'infini mène droit au nihilisme.* » Le mot « *nihilisme* » est lancé ! Que sous-entend Hugo dans cette harangue ? et à qui s'adresse cette dénonciation déguisée ? Nul besoin d'être un devin pour connaître la réponse. Le raisonnement du poète est hâtif et nous n'en jugerons pas la portée ici. Qu'il nous soit permis d'analyser un court instant ce que la conclusion de cet extrait nous indique ; car passer de la Volonté (ou de la Force, que, en tant que principe qui produit les fleurs ou les fruits dans la nature, Cicéron transcrivait par « *vigeat* », ou que le père d'Énée, Anchise, par la plume de Virgile, appelait « *spiritus intus* », c'est-à-dire le « *souffle intérieur* » qui fait vivre les éléments, ou « *mens* », l'« *esprit* » qui meut les masses, — ou encore de l'« ὁρμή » des Grecs, qui désigne toute « *appétition* », notamment de l'âme), passer, disais-je, de la Volonté au nihilisme, a de quoi étonner. Pour Hugo, poser la négation de l'infini revient à poser la négation de la volonté de l'infini. Or, la volonté de l'infini ne serait autre que Dieu, et Hugo, de peur que tout soit permis ou que plus rien n'ait de valeur, n'admet pas qu'on la raye de la carte en affirmant que les créatures de l'univers peuvent vouloir indépendamment d'un vouloir divin (et, pire, qu'il n'existe pas même de vouloir divin). Je ne crois pas que Hugo ait voulu discuter la question à fond et je serais prêt à parier qu'il n'a écrit tout cela qu'en vertu d'une clause de style qui dût étoffer la puissance de son verbe. Ce qui m'intéresse, c'est son emploi du mot « *nihilisme* » : le nihilisme hugolien, dans ce contexte, se réfère à l'absence d'une volonté divine, à l'absence d'un ordre voulu par une autorité indépassable et omnisciente, à l'absence d'une téléologie qui rendrait compte d'une intention suprahumaine (il faut savoir distinguer, ici, entre athéisme et nihilisme, dans le sens où le nihiliste peut accorder l'existence d'un Dieu, mais qui, en quelque sorte, ne sert à rien, ou ne veut rien, ou ne peut rien pour nous, ou n'a que faire de nous). — Séance tenante, une première notule : quoiqu'il ne les revendique pas haut et fort, considérant même que Darwin ne fait que platement copier Jean-Baptiste de Lamarck, Schopenhauer, à n'en pas douter, est un précurseur des théories de Charles Darwin contenues dans *De l'origine des espèces au moyen de la sélection naturelle — ou la préservation des races favorisées dans la lutte pour la vie* (une manière toute simple de se rendre compte du lien indéniable qui existe entre eux deux sur le thème de l'évolution, consiste à feuilleter le chapitre sur l'*Anatomie comparée* tiré de *La Volonté dans la nature* (1836), où l'une des questions qui se posent « *est de savoir si c'est le genre de vie qui s'est adapté à l'organisation, ou bien l'inverse* » : « *les choses se sont passées exactement comme si une connaissance du genre de vie et de ses conditions extérieures avait précédé la mise en place de cette structure, et comme si chaque animal avait choisi son équipement avant de prendre corps* », etc.). Les *explications* qu'on trouve dans la sélection naturelle darwinienne n'empêchent pas qu'elles *n'expliquent pas* pourquoi il y aurait un sens à cette lutte, à cette sélection dite naturelle : on comprend qu'il faudrait survivre, mais Dieu, dans tout cela, — et par-delà cela, — aurait-il *voulu* que tel ou tel animal mangeât tel autre dans l'unique satisfaction d'une survivance ou d'une préservation ? Darwin écrit bien : « *On affirme que, chez les meilleures espèces de pigeons culbutants à bec court, il périt dans l'œuf plus de petits qu'il n'en peut sortir ; aussi les amateurs surveillent-ils le moment de l'éclosion pour secourir les petits s'il en est besoin. Or, si la nature voulait produire un pigeon à bec très court pour l'avantage de cet oiseau, la modification serait très lente et la sélection la plus rigoureuse se ferait dans l'œuf, et ceux-là seuls* survivraient *qui* auraient *le bec assez fort, car tous ceux à bec faible* périraient *inévitablement ; ou bien encore,* la sélection naturelle agirait *pour produire des coquilles plus minces, se cassant plus facilement, car l'épaisseur de la coquille est sujette à la variabilité comme toutes les autres structures.* » (Je souligne afin de marquer la volition — conditionnelle — divine.) La nature (*aka* Dieu) qui « veut » ou « voudrait » chez Darwin, c'est la Volonté chez Schopenhauer, une *force* dynamique ou statique, en tout cas aveugle, qui façonne (une « *évolution créatrice* », pour employer le vocabulaire de Bergson, un « *élan* », un « *pur vouloir* », un « *courant qui traverse cette matière en lui communiquant la vie* »), une Libido (avec un L majuscule) inconsciente… Il serait plus rassurant de croire en une volonté *voyante* : « *Il est si facile de cacher notre ignorance sous des expressions telles que* plan de création, *unité de dessein, etc.* », regrette le naturaliste anglais, car, c'est le moins que l'on puisse en dire, ses *vues* et ses conclusions ne sont pas pour plaire : « *Le résultat direct de cette guerre de la nature, qui se traduit par la famine et par la mort, est donc le fait le plus admirable que nous puissions concevoir, à savoir : la production des animaux supérieurs.* » Dieu, ce grand dispensateur de vie et de mort, ce calculateur immense, cet ingénieur admirable, aurait-il créé, ou, plus exactement, aurait-il *voulu créer* certaines espèces au détriment de l'extinction d'autres ?... Créer pour détruire… Quelle compensation ! Cela ne ressemblerait-il pas au nihilisme ? (Entre nous, c'est un peu le Dieu des juifs, punisseur et destructeur. Le Créateur, avec une majuscule, crée pour détruire et s'en délecte, comme dans la nouvelle de Maupassant, *Un fou* : « *Souvent, on rencontre de ces gens chez qui détruire la vie est une volupté. Oui, oui, ce doit être une volupté, la plus grande de toutes peut-être ; car tuer n'est-il pas ce qui ressemble le plus à créer ? Faire et détruire ! Ces deux mots enferment l'histoire des univers, toute l'histoire des mondes, tout ce qui est, tout ! Pourquoi est-ce enivrant de tuer ?* » Moi aussi, je crée et (me) détruis… Tenez, encore du Maupassant, dans *Moiron* : « *Une fois marié, j'eus des enfants et je me mis à les aimer comme jamais père ou mère n'aima les siens. Je ne vivais que pour eux. J'en étais fou. Ils moururent tous les trois ! Pourquoi ? pourquoi ? Qu'avais-je* fait, moi ? J'eus une révolte, mais une révolte furieuse ; et puis tout à coup j'ouvris les yeux comme lorsque l'on s'éveille ; et je compris que Dieu est méchant. Pourquoi avait-il tué mes enfants ? J'ouvris les yeux, et je vis qu'il aime tuer. Il n'aime que ça, monsieur. Il ne fait vivre que pour détruire ! Dieu, monsieur, c'est un massacreur. Il lui faut tous les jours des morts. Il en fait de toutes les façons pour mieux s'amuser. Il a inventé les maladies, les accidents, pour se divertir tout doucement le long des mois et des années ; et puis, quand il s'ennuie, il y a les épidémies, la peste, le choléra, les angines, la petite vérole ; est-ce que je sais tout ce qu'a imaginé ce monstre ? Ça ne lui suffisait pas encore, ça se ressemble, tous ces maux-là ! et il se paye des guerres de temps en temps, pour voir deux cent mille soldats pris de sang dans la boue, crevés, les bras et les jambes arrachés, les têtes cassées par des boulets comme des œufs qui tombent sur une route. — Ce n'est pas tout. Il a fait les hommes qui s'entre-mangent. Et puis, comme les hommes deviennent meilleurs que lui, il a fait les bêtes pour voir les hommes les chasser, les égorger et s'en nourrir. Ça n'est pas tout. Il a fait les tout petits animaux qui vivent un jour, les mouches qui crèvent par milliards en une heure, les fourmis qu'on écrase, et d'autres, tant, tant que nous ne pouvons les imaginer. Et tout ça s'entre-tue, s'entre-chasse, s'entre-dévore, et meurt sans cesse. Et le bon Dieu regarde et il s'amuse, car il voit tout, lui, les plus grands comme les plus petits, ceux qui sont dans les gouttes d'eau et ceux des autres étoiles. Il les regarde et il s'amuse. — Canaille, va ! » C'est « schopenhauer-jobien »... Canaille de Dieu de merde !) Dieu aurait-il voulu un combat incessant et sans pitié où, inéluctablement, le plus fort, issu d'une espèce dominante, détruisît tout ? La nature serait-elle ségrégative ? Comment oser créer des êtres qui seraient d'autant plus avantagés qu'ils seraient « plus » perfectionnés ? Les créatures vivantes se perfectionnent jour après jour et cela s'appelle l'évolution, mais ce qui *est en voie de* perfectionnement *n'est pas* parfait ; en conséquence, la création n'est pas parfaite : il y a encore de la marge de progression — dans le pire (et qu'est-ce que le pire ? le pire est-il « l'homme doré » de Philip K. Dick, un *Homo Superior* plus évolué qu'un humain, mais sans intelligence ni langage ? *etc.*). Dieu, le grand horloger de Descartes, est aussi le grand mathématicien qui connaît la solution de la vaste équation différentielle (fort complexe, certes !) qu'est le monde, un Dieu hypermécanicien. C'est le *démon de Laplace* : « Nous devons donc envisager l'état présent de l'univers, comme l'effet de son état antérieur, et comme la cause de celui qui va suivre. Une intelligence qui, pour un instant donné, connaîtrait toutes les forces dont la nature est animée, et la situation respective des êtres qui la composent, si d'ailleurs elle était assez vaste pour soumettre ces données à l'analyse, embrasserait dans la même formule les mouvements des plus grands corps de l'univers et ceux du plus léger atome : rien ne serait incertain pour elle, et l'avenir comme le passé, serait présent à ses yeux. » Poincaré, dans *Science et Méthode*, file ainsi l'idée : « *Tout phénomène, si minime qu'il soit, a une cause, et un esprit infiniment puissant, infiniment bien informé des lois de la nature, aurait pu le prévoir dès le commencement des siècles. Si un pareil esprit existait, on ne pourrait jouer avec lui à aucun jeu de hasard, on perdrait toujours.* » Plus littérairement, Novalis, dans *Henri d'Ofterdingen*, écrit : « *Toutefois celui-là seul à qui le passé tout entier est présent à l'esprit pourra prétendre à découvrir la règle d'or de l'Histoire.* » Je me rappelle avoir eu à résoudre un exercice où il s'agissait de poser l'équation différentielle décrivant un système composé de loups et d'agneaux coexistant dans un univers clos, puis de la résoudre. Le problème est simple : les loups mangent les agneaux ; la population des agneaux diminue et les loups se retrouvent trop nombreux pour être en mesure de manger à leur faim ; la population des loups diminue tandis que les agneaux, épargnés par le manque de prédateurs, se repeuplent ; et ainsi de suite. Dans la réalité, la résolution est plus compliquée, sans compter qu'il n'y a pas que des loups ou des agneaux sur cette Terre ! Le « système du monde » est aujourd'hui parfaitement régulé et superbement optimisé : faites seulement disparaître les abeilles et tous les êtres vivants, la flore et la faune, seront décimés (c'est moi qui le dis et non pas Einstein, puisqu'il ne l'a jamais dit). Mais si Dieu a *voulu* optimiser, où se situe sa propre liberté ? si tout est cadencé comme une horloge de précision... Hugo rapporte l'anecdote favorite d'Arago, que j'ai placée en exergue de mon cours sur les équations différentielles : « *Quand Laplace eut publié sa* Mécanique céleste, *disait-il, l'empereur le fit venir. L'empereur [Napoléon] était furieux. — Comment, s'écria-t-il en apercevant Laplace, vous faites tout le système du monde, vous donnez les lois de toute la création, et dans tout votre livre vous ne parlez pas une seule fois de l'existence de Dieu ! — Sire, répondit Laplace, je n'avais pas besoin de cette hypothèse.* » Quoi qu'il en soit, cette optimisation n'a que le sens que nous lui donnons — ou *voulons* lui donner : les voies du Seigneur — si toutefois elles existent — sont, ressasse-t-on, impénétrables. Toutes ces coexistences, ces coadaptations, ces rivalités, toutes ces luttes, ne semblent-elles pas, à notre échelle, tout le contraire du hasard ? Mais d'où viendrait ce non hasard, cette nécessité ? *Cette nécessité était-elle nécessaire ?*... On dirait qu'il y a deux chemins pour la pensée et la foi : ou bien ce qui se passe ici n'a pas de sens et on doit le chercher plus haut, en Dieu, ou bien ce qui se passe ici a un sens et chercher plus loin n'en a pas (parce que ce qui est plus loin n'a pas de sens)... Une chose m'amuse et me réjouit : l'idée que l'homme outrepasse les règles et les redéfinit en pipant les dés. Regardons autour de nous : les faibles, de plus en plus protégés, peuvent maintenant l'emporter sur les forts, et la sélection pure et dure n'a plus lieu d'être. Place au « *contre-darwinisme* » qui, s'il est un mal, est aussi bien : sans lui, où seraient les Poètes ?... Comme Rimbaud, en attendant, je suis fier d'être un inférieur à qui il est permis de perdurer : « *J'attends Dieu avec gourmandise. Je suis de race inférieure de toute éternité.* » — Revenons à nos agneaux : rejeter toutes choses en s'affranchissant d'une toute-puissance, ne défendre aucune cause (encore moins la Cause première), non seulement ne pas croire en quoi que ce soit, mais *ne croire qu'à l'incroyance* « *jusqu'au martyre* », ajoute Nietzsche, tel était ce « *modèle de Saint-Pétersbourg* » (rajoute Nietzsche) qui naquit au 19ème siècle en Russie, un modèle moins idéologique que politique, mêlant socialisme, anarchisme, scepticisme, tyrannie, et que les membres de cette société secrète (parfois appelée « *Société internationale* ») souhaitaient incarner et imposer à l'humanité. Le Nihilisme russe (« Нигилизм », « *Nigilizm* ») connut un immense succès, à tel point que Ilia Pétrovitch, dans *Crime et Châtiment* (1866) trouve qu'« *il y a énormément de nihilistes* » et qu'« *après tout, c'est compréhensible ; quel temps nous vivons, je vous le demande bien ?* » Nous y reviendrons, mais nous pouvons d'ores et déjà retenir que la déchéance nourrit le nihilisme, que celui-ci s'en empare et, d'une certaine manière, la grossit. Ordinairement, on fait remonter le nihilisme russe et sa popularisation au *Pères et fils* (1862) d'Ivan Tourgueniev, via son personnage Bazarov (belle consonance française qui ne s'invente pas !), pour qui tout est sensation et uniquement *sensation* : « *C'est un nihiliste, répéta Arcade. — Nihiliste ? fit Nicolas Pétrovitch. Ce mot, autant que j'en puisse juger, vient du latin nihil, qui veut dire rien ;*

il doit donc désigner un homme qui… qui ne reconnaît rien ? — Dis plutôt : qui ne respecte rien, enchaîna Paul qui se remit à beurrer sa tartine. *— Qui envisage toutes choses d'un point de vue critique*, rectifia Arcade. *— Cela ne revient-il pas au même ?* demanda son oncle. *— Non, pas du tout. Un nihiliste est un homme qui ne s'incline devant aucune autorité, qui n'accepte aucun principe sans examen, quel que soit le respect dont ce principe est entouré.* [...] *— Et vous vous bornez à injurier ? — Nous injurions au besoin. — Et c'est là ce qu'on nomme nihilisme ? — C'est ce que l'on nomme nihilisme*, répéta Bazarof, mais cette fois d'un ton particulièrement provoquant. [...] *— Nous détruisons parce que nous sommes une force*, dit gravement Arcade. » Maupassant, en 1883, écrivant coup sur coup deux chroniques sur le romancier russe (*Ivan Tourgueneff*), le désigne explicitement comme l'inventeur et le créateur du mot : « *Il avait appelé* nihilistes *les individus nouveaux qu'il venait de découvrir dans la foule agitée du peuple, comme un naturaliste baptise l'animal inconnu dont il révèle l'existence.* [...] *Ce nom de* nihiliste *resta sur la secte naissante, dont on a bientôt cessé de nier l'existence.* » Bon, je veux bien accorder qu'en rencontrant la faveur (et la ferveur) du public, *Pères et fils* ait « démocratisé » l'idée du nihilisme (russe, en l'occurrence), mais Tourgueniev, contrairement à ce que prétendent quelques-uns, n'a rien inventé (le mot apparut vers 1829 en Russie). On a notamment vu que Hugo s'en était saisi dans *Les Misérables*, eux aussi publiés en 1862. C'est surtout en philosophie et en religion que l'on recense — avant cette date — différentes conceptualisations du nihilisme : Friedrich Heinrich Jacobi, en 1799, fut véritablement le premier à lui donner une impulsion historique en orthographiant ainsi ce néologisme allemand, « *Nihilismus* », dans une lettre à Fichte (« *Wahrlich, mein lieber Fichte, es soll mich nicht verdrießen, wenn Sie, oder wer es sey, Chimärismus nennen wollen, was ich dem Idealismus, den ich Nihilismus schelte, entgegensetze* ») ; Victor Cousin, en 1840, en parlait à propos de Zénon d'Élée pour répéter que certains points de sa philosophie n'étaient pas nihilistes ; d'autres le définissaient comme la négation absolue de toutes choses, en particulier la négation du péché ; d'autres encore comme l'opinion qui affirme que Jésus-Christ n'est rien en tant qu'homme (ou « *nihilianisme* ») ; d'autres enfin comme toute théorie conduisant au néant. — Séance tenante, après celle sur le darwinisme, une seconde notule : ce dernier nihilisme — ou, dirait Roger Pol-Droit, ce « *culte du néant* », — vise expressément la doctrine bouddhiste et, plus généralement, les courants de pensée orientaux, ce qui est aisément vérifiable en ouvrant le Littré à « *Nihilisme* » et à la première proposition : « *Terme de philosophie. Anéantissement, réduction à rien. La théorie du nihilisme attribuée à Bouddha.* » Dans son livre, le même Pol-Droit nous met cependant en garde dès l'introduction (sous-titrée *Le sens d'une erreur*) : « *Disons-le tout net : le bouddhisme n'est pas un culte du néant.* » Pourquoi le Bouddha n'était-il pas un nihiliste, ni le bouddhisme un nihilisme ? D'après moi, le bouddhisme est, indéniablement, une aspiration à l'anéantissement, et ce, selon la délimitation positive qu'offre la notion de « *Śūnyatā* » (« *Vacuité* »). Non pas primordialement la vacuité du monde ordinaire, qui n'est qu'apparences trompeuses, mais la vacuité de soi par rapport à ce monde et aux souillures qu'il draine et desquelles il faut se détacher pour atteindre la vision, la connaissance, la sagesse, la science et la lumière afin de se libérer du cycle des naissances, le saṃsāra (on est loin du nihilisme, surtout du russe). En imageant, il s'agit de faire le vide comme si l'on était dans une cloche de verre, de telle sorte qu'un son provenant de l'extérieur n'est pas perçu, pas davantage qu'un son de l'intérieur n'est entendu à l'extérieur ni à l'intérieur (seulement en soi-même) ; autrement dit, il s'agit, par la méditation (dhyāna) et la concentration (ekāgratā), d'éteindre la volonté, l'instinct, le sensible, le désir, l'ignorance, l'erreur, et d'atteindre la vacuité dans toute sa pureté, y compris la vacuité de la méditation qui aura mené à ce « résultat » (ou béatitude), à cette extinction des feux, à cette *cessation*. Voici un passage du « petit discours sur la vacuité » (« *Cūḷasuññata Sutta* » en pali) qui retranscrit cette appréhensibilité du vide : « *Il comprend : "Ici, il n'existe pas de soucis qui se produisent à cause de la souillure du désir sensuel. Ici, il n'existe pas de soucis qui se produisent à cause de la souillure du désir de l'existence et du devenir. Ici, il n'existe pas de soucis qui se produisent à cause de la souillure de l'ignorance. Ici, il y a seulement des soucis qui se produisent à cause des six sphères sensorielles [l'œil et les formes visibles, l'oreille et les sons, le nez et les odeurs, la langue et les saveurs, le corps et les phénomènes corporels, l'esprit et les phénomènes mentaux] conditionnées par cette vie, conditionnées par ce corps." Alors il sait : Cette aperception est vide de la souillure dite "désir sensuel". Cette aperception est vide de la souillure dite "désir d'existence et du devenir". Cette aperception est vide de la souillure dite "ignorance". Ici, ce qui est non vide, ce sont les six sphères sensorielles conditionnées par cette vie, conditionnées par ce corps. Ainsi, s'il n'y a pas une chose, il constate bien cette absence. S'il y a un résidu, à propos de ce résidu, il comprend : "Quand ceci est, cela est." De cette façon, ô Ananda, pour ce disciple, c'est l'arrivée dans la vacuité suprême, incomparable, vraie, non fausse et pure.* » Le caractère ontologique de la fin du texte concorde avec le « *bodhi* », l'« *éveil* », l'« *intelligence* », la « *science* », la « *connaissance parfaite* », la « *révélation* », la « *délivrance* ». En cela, le Bouddha est plus près de Parménide que du nihilisme (je dirais même, en raison du dévoilement et de la distinction entre étant et être, plus près de Heidegger que d'Aristote) : « *Quand ceci est, cela est. / De la naissance de ceci provient la naissance de cela. / Quand ceci n'est pas, cela n'est pas. / De la cessation de ceci provient la cessation de cela.* » Ce qui, en outre, est digne du plus grand intérêt, c'est que le « *détachement* » (« *nibbidā* ») qui mène à la « *libération* » (« *vimutti* ») ne peut provenir que du « *désenchantement* » (« *virāga* »), dont il procède. (Si l'on me permet un trait d'humour déplacé, si ce n'est inconvenant, ceci explique pourquoi on ne serre pas la main à un bouddhiste en lançant : « Enchanté ! ») Grâce à la haute concentration mentale, on atteint successivement quatre sphères qu'il faut toutes dépasser pour atteindre le nirvāṇa, stade ultime du développement, l'anéantissement total de tṛṣṇa (l'appétence existentielle, l'avidité insatiable, la soif inextinguible qui sont à l'origine de la souffrance) : la sphère de l'espace infini, la sphère de la conscience infinie, la sphère du Néant, la sphère sans perception ni non-perception. On voit par là que le Néant n'est pas suffisant et que le bouddhisme le dépasse en ne s'y fixant pas, et que, de ce fait, il serait tout aussi fallacieux de prétendre que le bouddhisme est un nihilisme que de conclure de l'acte de manger que c'est un « fourchettisme » sous prétexte que l'on se sert d'une fourchette… Puisqu'il y a de l'anéantissement en vue d'une libération, d'un retour à l'essence immuable de l'être, à l'âme universelle, je trancherai la question en parlant plus volontiers d'un « désanéantissement ». — Avant d'en finir avec ma notule, je voudrais ajouter un mot : pourquoi, dans ce cas, le Bouddha ne s'est-il pas entièrement retiré du monde, pourquoi est-il demeuré accessible et disponible ? Parce que le Bouddha, en tant que

Bodhisattva (Être d'Éveil), et par compassion, a bien voulu retarder sa libération afin de se consacrer à son prochain. L'existentialisme bouddhique est un humanisme ; il annonce le christianisme, mais il est plus fort parce qu'il est débarrassé de tout « miraculisme » et de tout fanatisme. Mais pourquoi appliquer des mots, encore des mots, toujours des mots sur ce qui est indescriptible, le nirvāṇa ? Heidegger écrit : « *dès l'instant que le* Dasein *"existe" de telle manière qu'en lui absolument plus rien n'est en excédent, alors, et du même coup, il est ainsi devenu un ne-plus-être-Là. La levée de l'excédent d'être signifie l'anéantissement de son être. Aussi longtemps que le* Dasein *est en tant qu'étant, il n'a pas atteint sa "totalité". Mais qu'il obtienne celle-ci, et alors ce gain devient la perte pure et simple de l'être-au-monde. Il n'est alors plus jamais expérimental* en tant qu'étant. » — *Quid* des nihilistes russes que nous avons délaissés sur les chemins qui ne mènent nulle part ? Nous disions de ce nihilisme qu'il s'apparentait à un mouvement politique dont le slogan pourrait être, d'après Ivan Fiodorovitch Karamazov, que « *tout est permis* » et que rien « *ne doit être défendu* », ou, d'après un autre personnage de Dostoïevski, Liamchine : « *l'ébranlement systématique des bases, la décomposition sociale, la ruine de tous les principes* » en semant l'inquiétude dans les esprits, en jetant le trouble partout, en amenant « *la société vacillante et sceptique à un état de malaise, d'affaiblissement et d'impuissance* ». Comment satisfaire ce but ? Au moyen « *d'assassinats, de scandales et d'abominations* » ! (À titre de comparaison, songeons au premier précepte que les moines bouddhistes, les Bhikṣu (ou Bhikkhu), ne doivent pas enfreindre, et qui est à la base de la philosophie enseignée par le vénérable Śākyamuni : *Ne pas tuer*.) Ces démons russes, espèces d'appariteurs obscurs et diaboliques, intercesseurs auprès des forces du Mal, et qui sont accompagnés de leurs coadjuteurs le plus souvent ignorants des réels fondements de leur idéologie, ces prosélytes venus des quatre coins du pays qui se rejoignent pour former un tas de sections ramifiées, qui ont « *pour tâche de miner sans cesse par une propagande systématique le prestige de l'autorité locale* », qui doivent « *semer le trouble dans les esprits, mettre le cynisme à la mode, faire naître des scandales, propager la négation de toutes les croyances, éveiller la soif des améliorations, enfin, si besoin est, recourir à l'incendie, comme à un procédé éminemment national, pour qu'au moment voulu le désespoir s'empare des populations* », ces hommes, dis-je, qui vantent et veulent imposer (de plein droit, croient-ils) le nihilisme, sont la Contradiction incarnée : ces coalisés, prenant position pour l'opposition en tant qu'ils s'opposent à toute position, rejettent tout sauf le fait qu'ils rejettent, leur pétition de principe s'érige en principe de la non-pétition, leur égalitarisme est despotique (nivellement absolu par le bas : tous des grains de poussières jumeaux). Camus, dans ses *Carnets*, les traite de « *petits cancres niveleurs, disputeurs* », et « *qui pensent à tout, pour tout nier, ne sentant rien et s'en remettant à d'autres — parti ou chef — de sentir pour eux.* ». Il n'y a que les Russes pour inventer un individualisme collectiviste, ou, ce qui revient au même, un collectivisme individualiste (et qu'est-ce, après tout, que le communisme russe, si ce n'est un terrorisme réarrangé selon ce schéma, une propagande dictatoriale où, l'observait bien Gide dans son *Retour de l'U.R.S.S.*, « *le bonheur de tous ne s'obtient qu'en désindividualisant chacun* »). Les nihilistes veulent *établir le chaos* : quel paradoxe ! (Autant donner raison à la déraison, autant ranger des livres sur des étagères en les lançant comme une brute…) Leur cri de ralliement se réduit à une excuse anagrammatique : « Nous désirions les dérisions… » — Pour résumer, ils militent pour ce qui *indélimite*. Ces modérateurs immodérés vendent de *l'anarchie* aux masses — et l'Albert Caraco du *Bréviaire du chaos* confond d'ailleurs ces deux courants, anarchie et nihilisme : « *Et c'est pourquoi les Anarchistes et les Nihilistes ont raison, ils ont raison de vomir l'ordre prétendu moral, l'ordre pour le chaos au nom de la morale.* » Dans sa conception éradicative du monde, le nihiliste, en se faisant Anarchiste et Paradoxeur, s'éloigne de la réalité et tend au mysticisme. Ici, je glisserai une réflexion parallèle de Freud plutôt instructive à propos de ce qui survient quand tout est rejeté (sous réserve de recevoir la *permission* de rejeter !) : lors de la septième des *Nouvelles conférences* qu'il a prononcées vers 1932, le psychanalyste évoque le pendant de l'anarchie politique : « *Autrefois déjà il y eut des nihilistes intellectuels, mais actuellement, la théorie relativiste de la physique moderne semble leur être montée au cerveau. Tout en prenant la science pour point de départ, ils la poussent à se détruire elle-même, à se suicider, en la contraignant à renoncer à ses propres revendications. On a souvent l'impression que ce nihilisme n'est qu'une attitude temporaire observée jusqu'à l'obtention d'un résultat cherché. La science une fois éliminée, on voit s'installer à sa place quelque mysticisme ou bien encore la vieille conception religieuse, de l'univers. Suivant la doctrine anarchiste, il n'existe nulle vérité, nulle connaissance certaine du monde extérieur. Ce que nous prenons pour la vérité scientifique n'est que le produit de nos besoins tels qu'ils se manifestent aux milieux des changeantes conditions extérieures, donc une illusion. Somme toute, nous ne trouvons que ce qu'il nous est nécessaire de trouver, nous ne voyons que ce que nous voulons voir et nous ne pouvons faire autrement. Puisque le critère de la vérité (la concordance avec le monde extérieur) n'existe plus, il importe peu de savoir si nous nous rallions à telle ou telle opinion, toutes étant également justes et erronées. Nul n'a le droit de trouver fausses les idées de son prochain.* » — Le nihiliste russe s'englue en ne permettant pas que l'on ne permette pas et en établissant la règle du « il n'y a pas de règle ». — Séance tenante, après celle sur le bouddhisme, une troisième notule : Leo Strauss, dans une conférence sur le nihilisme allemand, interrogea les auditeurs : « *Qu'est-ce que le nihilisme ? Et dans quelle mesure peut-on dire que le nihilisme est un phénomène spécifiquement allemand ?* » Voilà qui est une nouveauté : l'Allemagne s'arrogerait-elle la paternité du nihilisme ? Strauss ne songe même pas à Jacobi puisqu'il rattache le nihilisme au nazisme : « *Le nihilisme pourrait signifier :* velle nihil*, vouloir le rien, la destruction de tout, y compris de soi, et par conséquent principalement une volonté d'autodestruction.* » Le mobile ultime du nihilisme/nazisme allemand ne peut avérer une telle volonté. Cependant, aux yeux de Strauss, il est clair que les nihilistes en général « *rejettent les principes de la civilisation en tant que telle* ». Je doute que Hitler eût revendiqué un quelconque nihilisme, mot qu'il conspuait et qu'il assimilait à l'anarchie et au dogme religieux : « *Le combat contre les dogmes en soi ressemble beaucoup, dans ces conditions, au combat contre les bases légales générales de l'État ; et de même que cette lutte s'achèverait par une complète anarchie, de même la lutte religieuse s'achèverait en un nihilisme religieux dépourvu de valeur.* » Les idées de destruction, il les imputait aux marxistes et aux Juifs. Et que fit-il, le dictateur nationaliste, pour assouvir sa soif de détruire les soi-disant destructeurs ? Il tenta d'*annihiler* entièrement un monde… Ce fut un contre-nihilisme nihiliste, c'est-à-dire un nihilisme réducteur et ultra-ciblé, pire que tous les nihilismes russes, un nihilisme qui se targue de n'en être pas un. — J'ai écrit précédemment que le nihiliste russe s'engluait : quant à moi, que fais-je ? Ce mot m'inquiète doublement, car à être cité à tort et à travers, soit il se perd ou perd de sa substance (un peu comme dans le roman *Une Nihiliste*, de la mathématicienne Sofia Kovalevskaïa, dont le titre est pourtant explicite, où le nihilisme impose une atmosphère lourde et secrète, mais n'est qu'esquissé, impalpable), soit, à être pressé comme un citron dans ce passage en revue, je le perds moi-même et m'y perds (et dire qu'initialement je ne voulais écrire que quelques mots sur le nihilisme, et que je suis désormais *si peu content* de ce qui a été ébauché jusque-là que je commence fort à craindre — ô lois impitoyables de la jungle — que les trois-quarts ne survivent pas à la sélection sévère qu'apportera une éventuelle relecture, et qu'ils ne soient définitivement *rejetés* — et renvoyés à leur propre *nihilité* — ou *nullité*). Même si la tâche est, sinon insurmontable, du moins extrêmement épineuse, je ne dois pas abandonner maintenant la partie. Le meilleur étant à venir, je me résous donc, sans égard ni à l'esthétique ni à la lisibilité, à ne pas interrompre ce que j'ai commencé. — Le nihilisme né en Russie ou son pendant radical, le nihilisme hitlérien (qu'un seul nihilisme surpasserait, celui d'un homme qui exterminerait tous les hommes excepté lui-même), me semblent si grossiers que je ne les porte pas un instant dans mon estime. Le « nihilisme » bouddhique, que je respecte beaucoup et porte dans mon cœur (il est inépuisable), est impraticable en ce qui me concerne (la civilisation moderne m'a tué), de la même manière que me serait irréalisable l'entrée dans un monastère. Cependant, — insufflée et influencée par une conception philosophique et une attitude passive (celle du taoïste pour qui l'essentiel est énigme), — je ressens en moi une sorte de *tentation* pour ce que je dénommerais le *nihilisme mélancolique*, un nihilisme pour âme en peine, désabusée, désenchantée, non dépourvu de cynisme, que Qohélet n'eût pas désapprouvé, et que Nietzsche, s'il l'avait fait, aurait convenu d'appeler un *supranihilisme*. (Puisque nous conviendrons ensemble que l'étymologie de « *nihil* » n'a plus de secret pour nous et que « *nihilisme* », dans ses grandes lignes, est entendu, j'inventerai un néologisme pour préciser ma pensée : ce *nihilisme mélancolique* est synonyme de « *vanitisme* ». En effet, la « *vanité* », celle du « *Vanité des vanités, dit l'Ecclésiaste, tout est vanité* », procède de « *vain* », qui est issu du latin « *vanus* » qui signifie d'abord « *vide* », « *où il n'y a rien* », puis, dans un sens plus étendu, « *sans fondement* », « *mensonger* », « *inutilité* », « *néant* », « *sans raison* »...) En droite ligne avec cette *tentation nihiliste* qu'il examina sereinement, le schopenhauerien et schopenhaueriste Roland Jaccard écrit : « *Le nihiliste n'échappe pas à son utopie ; pour lui, le désir de néant a plus de valeur que le vouloir-vivre — et tout projet, toute priorité se trouve frappée d'inconsistance [...]*. » Il compare plus loin le nihilisme et le romantisme : « *À l'opposé du romantique toujours pénétré du sentiment que le monde est un tissu de sens cachés, de symboles à déchiffrer et d'indicibles mystères, le nihiliste considère que la vie est courte, brutale, insipide. Il se gausse sans pitié de ces cerveaux exaltés en quête de fins dernières, de suppléments d'âme ou, pis encore, de "nouvelles valeurs" et qui n'ont ni le sens du grotesque ni celui du mépris, de la raillerie ou de la dérision. Le nihiliste se place volontiers sous la protection de l'ironie.* » L'ironie (le cynisme tout aussi bien) va souvent de pair avec la mélancolie... Dans la foulée, Jaccard cite le savoureux et piquant Oscar Wilde (*Le crime de Lord Arthur Savile*) : « *Non, je ne suis pas du tout cynique. J'ai seulement de l'expérience, ce qui, cependant, est très souvent la même chose.* » (« *No, I am not at all cynical, I have merely got experience, which, however, is very much the same thing.* ») D'une certaine façon, en s'en détachant, le nihiliste mélancolique s'amuse de la vie et des hommes en général et tourne *tout* à la dérision. — Séance tenante, une quatrième et dernière notule : on peut se demander si l'humoriste qui joue avec le second degré n'aboutit pas, s'il en abuse et s'il se permet tout, à la destruction progressive du sens originel représenté par le premier degré, voire à l'établissement d'un « absurde » dévastateur qui prévaudrait sur le reste. Or, Camus, lorsqu'il revient à l'*absurde* qu'il avait exploré sous toutes les coutures dans *Le Mythe de Sisyphe*, pour en faire sa critique dans *L'homme révolté*, ne dit-il pas qu'« *on n'est pas nihiliste à demi* » et que « *le raisonnement absurde ne peut à la fois préserver la vie de celui qui parle et accepter le sacrifice des autres* » ? Je sais bien que je détourne légèrement le sens attribué par Camus à ce « *raisonnement absurde* » qu'il rattache à un nihilisme au cœur duquel, précise-t-il, « *le meurtre a sa place privilégiée* » (après la haine), et qui, sous sa forme absolue, « *accepte de légitimer le suicide* » et, par conséquent, « *court plus facilement encore au meurtre logique* ». Il y a loin du second degré au meurtre ! (Et pourtant, Camus, dans l'adaptation au théâtre des *Possédés*, relie bien nihilisme, dérision et ironie... En usant de l'article partitif, on peut accorder que dans le nihilisme, il y a *de la* dérision, *de l'*ironie.) Ce qui m'intéresse, c'est le mélange de complétude (« *on n'est pas nihiliste à demi* ») et de totale permissivité (« *tout est permis* ») que sa réflexion instaure. Je renvoie le lecteur à la toute fin de la discussion sur Schopenhauer où, entre autres, Desproges se réclamait de son « *on peut rire de tout, on doit rire de tout* » (sous l'angle d'un rire qui adoucirait le désespoir face à l'absurde). Je n'ai pas poursuivi cette discussion au hasard, mais bien en connaissance de cause : mes rapports au monde et aux gens qui le composent a toujours été gouverné par l'usage intempestif — ou tout ou rien — du second degré. Ainsi, pour peu qu'on soit large d'esprit, le parallèle entre ce que Camus écrit et ce que moi j'en déduis, ne paraît-il pas vain, incohérent ou hors sujet, notamment lorsqu'il dit qu'« *à ce "tout est permis" commence vraiment l'histoire du nihilisme contemporain* » et que « *le nihilisme n'est pas seulement désespoir et négation, mais surtout volonté de désespérer et de nier* ». L'humour, sous bien des aspects, *nie* la réalité des choses et finit parfois par *tout nier*, mais c'est une façon comme un autre, peut-être trompeuse, de ne pas désespérer jusqu'à la mort ; le second degré permet de se préserver, de survivre en se cachant soi-même aux autres et en se cachant à soi-même la nature du monde, autrement dit en portant un masque et en posant un masque sur ce qui nous entoure : « *Larvatus prodeo* » (« *J'avance masqué* »), disait Descartes (devant Dieu ? *pro Deo* !). Et Rousseau ne dit-il pas que « *l'homme du monde est tout entier dans son masque* » ? Dans un même temps, ce n'est pas un pur leurre : il faut être *drôlement* perspicace et lucide pour être capable de manier les différents degrés de compréhension de notre état d'être-au-monde. Avec Camus, et avant d'en arriver à Nietzsche, achevons la notule sur une note d'espoir : « *Par delà le nihilisme, nous tous, parmi les ruines, préparons une renaissance.* » Je pose d'emblée la question : pourquoi Nietzsche ? Non seulement cette phrase possède des atours nietzschéens (les termes « *par delà* », « *renaissance* » et la volonté sous-jacente de dépasser le nihilisme en le considérant comme une étape), mais le chapitre d'où est tiré l'extrait s'intitule *La pensée de Midi*, ce Midi « zarathoustratosphérique » qui succède à l'aurore. Et puis, le « *masque* » dont il s'agit n'est-il pas le masque cher à Nietzsche ?... — Serais-je cynique ? « *L'artiste nihiliste se révèle dans sa volonté et sa préférence de l'histoire cynique, de la* nature cynique. » — Allez ! au pied d'œuvre ! Assez blagué ! Quoique… De « *Nichts* » à « *Nietzsche* », il n'y a qu'un mince fil (le « *Nichts* » du « *néant* », du « *rien* », mais pas de la « *nullité* ») ! À toi, élégantissime Nietzsche, de me seconder en prenant à ton tour la parole sur le nihilisme, que tu as plus que quiconque su dépouiller. À la fin de l'envoi, il faut que l'on touche — mais doucement, Friedrich, doucement, *piano, piano* ! — Premier constat, exposé dans *La Généalogie de la morale* : « *L'aspect de l'homme nous lasse [müde] aujourd'hui. — Qu'est-ce que le nihilisme, si ce n'est cette lassitude-là ?... Nous sommes fatigués [müde] de l'*homme... » (Une lassitude qui vient de ce que l'homme a cessé de craindre l'homme, une lassitude qui transparaît jusques aux points — fatigués — de suspension…) C'est dans *La Volonté de puissance* (*Essai d'inversion de toutes les valeurs*), œuvre fragmentaire que Nietzsche n'aura pas eu le temps d'achever, qu'est abordée la notion du nihilisme, dont une définition a déjà été donnée plus haut (« croyance à l'incroyance ») et que je fais suivre de cette autre, détachée du « *modèle de Saint-Pétersbourg* » : « Nihilisme *: le but fait défaut ; la réponse à la question "pourquoi ?" — Que signifie le nihilisme ?* Que les valeurs supérieures se déprécient. » Quelles sont les capacités et les limites de ce nihilisme qui représente, selon Nietzsche, « *un état pathologique* intermédiaire » (« *pathologique est l'énorme généralisation, la conclusion qui n'aboutit* à aucun sens ») ? « *Il peut être un signe de force, la vigueur de l'esprit peut s'être accrue au point que les fins que celui-ci voulut atteindre jusqu'à présent ("convictions", "articles de foi") paraissent impropres (— : car une foi exprime généralement la nécessité de conditions d'existence, une soumission à l'autorité d'un ordre de choses qui fait* prospérer *et croître un être, lui fait* acquérir *de la force...) ; d'autre part le signe d'une force insuffisante à s'*ériger *un but, une raison d'être, une foi.* » Ses forces et ses faiblesses, poussées à leur paroxysme, déterminent en fait deux sortes de nihilisme : le « nihilisme actif », qui « *atteint le maximum de sa force relative comme force violente de* destruction », et le « *nihilisme* fatigué *qui n'*attaque *plus* » (un nihilisme que Nietzsche compare au bouddhisme et qui, « *sous des travestissements divers, religieux ou moraux, politiques ou esthétiques* », recourt à « *tout ce qui soulage, guérit, tranquillise, engourdit* »). En clair, qu'est-ce qu'un nihiliste ? « *Un nihiliste est un homme qui juge que le monde, tel qu'il est, ne devrait pas exister, et que le monde, tel qu'il devrait être, n'existe pas. Par conséquent, le fait d'exister (agir, souffrir, vouloir, sentir) n'a pas de sens : l'attitude de "l'en vain" est l'attitude du nihiliste, — en tant qu'attitude, c'est de plus une* inconséquence *du nihiliste.* » Par-delà le travers du nihiliste qui consiste à s'engoncer dans ses vues étriquées en idéalisant « *dans le sens de la laideur* » et en étant « *infidèle à ce qu'il retient dans sa mémoire* », avec, comme résultat, une corruption de sa pensée due à l'unilatéralité et à l'obnubilation, et une impression de vide, d'insatisfaction et de désolation, Nietzsche critique le pessimisme, en particulier celui de son maître Schopenhauer (du moins, c'est de lui que j'en conçois) : « *Le philosophe nihiliste est convaincu que tout ce qui arrive est dépourvu de sens et se fait en vain ; mais il ne devrait pas y avoir d'*être inutile et dépourvu de sens. *Où cherche-t-il les raisons qui le poussent à faire cette objection ? Où cherche-t-il ce "sens", cette "mesure" ?* » L'objection — quasi hugolienne dans l'idée — de Nietzsche se situe dans la légitimité du sens à donner au sens. La perspective de cette récrimination *est formulable simplement :* chercher un sens a-t-il un sens ? Einstein aurait formellement répondu : « *Quel sens a la vie ? — Ma vie a-t-elle un sens ? La vie d'un homme a-t-elle un sens ? Je peux répondre à ces questions si j'ai l'esprit religieux. Mais à "poser ces questions a-t-il un sens ?" je réponds : "Celui qui ressent sa propre vie et celle des autres comme dénuées de sens est fondamentalement malheureux, puisqu'il n'a aucun raison de vivre."* » Mais Nietzsche, qui ne voit pas le monde ainsi, à cette question de l'existence d'un sens à la recherche d'un sens, répond sèchement d'un : *Non*. Pourquoi l'*être* devrait-il forcément être *quelque chose*, être *plus* qu'il n'*est* ? Au sein du nihilisme ou du pessimisme se dissimule l'insatisfaction notoire du philosophe qui voudrait que l'être eût un but, une utilité, un intérêt, un *sens*. Pour Nietzsche, *l'être est,* point à la ligne ; il ne sert à rien de scruter l'horizon à la recherche d'une solution ; et affirmer que rien n'a de sens (ou que le sens n'est rien) serait déjà une solution (c'est l'histoire de l'athée qui a la *foi* puisqu'il *croit* qu'il n'y a pas de Dieu). À quoi bon le nihilisme si, à se récrier qu'il n'existe pas de valeurs, il n'est au fond qu'une illusion ? Le nihilisme est nécessaire ; il est une *transition nécessaire*, car c'est en faisant sa critique qu'on arrivera à de nouvelles et saines valeurs (deux remarques bêtes ou qui manquent de jugeote : le nihilisme est de surcroît nécessaire en vertu de la nécessité qu'une chose doive préexister à sa critique ; le nihiliste étant une « fin en soi », on ne peut pas attendre du véritable nihiliste qu'il fasse son autocritique, donc le dépasse). « Critique du nihilisme. *— Le* nihilisme, *en tant que* condition psychologique, *apparaîtra*, premièrement, *lorsque nous nous sommes efforcés de donner à tout ce qui arrive un "sens" qui ne s'y trouve pas : en sorte que celui qui cherche finit par perdre courage. Le nihilisme est alors la connaissance du long gaspillage de la force, la torture qu'occasionne cet "en vain", l'incertitude, le manque d'occasion de se refaire de quelque façon que ce soit, de se tranquilliser au sujet de quoi que ce soit — la honte de soi-même, comme si l'on s'était dupé trop longtemps...* » (De toutes les conceptions que l'homme a imaginées — où il aurait pu y avoir un sens (un sens *prêté*) — on a abouti à la perception d'un « *devenir* » qui, finalement, n'a *rien réalisé*, n'a *rien atteint*. Ceci matérialise la déception du nihiliste « *au sujet d'un prétendu* but du devenir ».) Mais pourquoi le nihilisme est-il si important aux yeux de Nietzsche ? Pour schématiser, j'avancerai que le nihilisme est aussi nécessaire pour comprendre le monde que Judas Iscariote fut nécessaire pour *faire* et répandre le christianisme (et, de même, la monarchie pour la Révolution, et j'en passe). Quand Judas revient sur le mont des Oliviers, accompagné d'une foule nombreuse armée d'épées et de bâtons, et qu'il lance : « *Salut, Rabbi !* » — puis s'approche pour le baiser, Jésus l'encourage : « *Mon ami, ce que tu es venu faire, fais-le* » (Mat 26,50), — il ne le dissuade en glissant un sermon du genre : « Malheureux, ne fais pas ce que tu vas faire, car comment la bonne parole sera-t-elle colportée ? Réfléchis bien ; je suis (en vérité, je te le dis) le Fils de l'homme, je suis le Sauveur. En outre, tu te repentiras de tes péchés ; alors renonce dès maintenant, il est encore temps ! N'avais-je pas prévu cela et ne t'avais-je pas mis en garde ? Tandis que nous mangions, tout à l'heure, je t'avais désigné, toi, Judas, comme le traître. Ah ! pourquoi ai-je dit que *"je ne boirai plus désormais de ce fruit de la vigne"*, que *"je serai pour vous tous, cette nuit, une occasion de chute"*, que je ressusciterai ? Et Pierre, me reniera-t-il trois fois ? Réfléchis ! J'ai tant accompli et il me reste tant à accomplir ! Judas, mon frère, détrompe-toi ! Que te sont ces trente pièces d'argent quand le royaume de Dieu peut être à toi ? » En réalité, résigné, Jésus se tait ; il sait que « *tout cela est arrivé afin que les écrits des prophètes fussent accomplis* » (26,56). Le christianisme aurait-il été le christianisme si Jésus était mort de vieillesse et non pas cloué sur la croix ? Se représente-on chaque nef d'église, de par le monde, privée de son Jésus crucifié, auquel on aurait substitué une enseigne de maison de retraite ? S'imagine-t-on Jésus ressuscitant après y avoir fini ses jours ? Sous cette hypothèse, les chrétiens n'y auraient-ils pas perdu la lettre « *i* » ? Non, Jésus ne s'activa et ne discourut pas en vain. Dès le commencement, la fin était programmée : « *Le Fils de l'homme doit être livré entre les mains des hommes ; ils le feront mourir, et le troisième jour il ressuscitera* » (Mat 17,22-23) ; « *le Fils de l'homme s'en va, selon ce qui est écrit de lui* » (Mat 26,24) ; *etc.* Ayant prédit, dit et redit, il fallait qu'il en fût ainsi pour que sa parole parût crédible aux yeux des disciples et du peuple. Personne ne l'eût cru s'il avait répété ceci jusqu'à l'âge de quatre-vingt-quinze ans. Moyennant quoi, Judas devait le livrer afin que s'accomplît la prophétie du prophète. Les individus qui se tournent vers l'athéisme parce qu'il leur est impensable qu'un dieu puisse admettre l'existence du Mal, sont à mettre dans le même panier que les soi-disant chrétiens qui regrettent ce que fit Judas et ne le lui pardonnent pas. Hérétacité que tout cela ! Ô ridicules athées qui osez croire au Bien et au Mal, avez-vous oublié que la guerre, c'est la paix ? Ô ridicules chrétiens qui ne saisissez pas les enjeux et ne cernez ni votre cosmosophie, ni votre théodicée, ni votre épiphanie, ni votre parousie, ni la grandeur de la rémission ou du repentir, que seriez-vous sans Judas ? « *Ô hommes sans intelligence, et dont le cœur est lent à croire tout ce qu'ont dit les prophètes ! Ne fallait-il pas que le Christ souffrît ces choses, et qu'il entrât dans sa gloire ?* » (Lc 24,25-26) Si Jésus n'avait point souffert comme il souffrit, comment partageriez-vous le pain et le vin avec lui, comment souffririez-vous avec lui, comment vénéreriez-vous son Nom, comment vous fieriez-vous à lui et croiriez-vous en lui ? D'aucuns, parmi les chrétiens les plus érudits, prétendront que Jésus lui-même conspuait l'apôtre transfuge en s'exclamant : « *Mais malheur à l'homme par qui le Fils de l'homme est livré ! Mieux vaudrait pour cet homme qu'il ne fût pas né.* » (Mat 26,24) C'est une interprétation erronée et fallacieuse. Jésus ne se détrompe pas et il éprouve tout simplement de la pitié à l'égard d'un Judas qui, reconnaissons-le, fut, dans la pure expansion de la chrétienté, moins le victimaire que la victime nécessaire. Si l'on croit en Dieu, on croit en la Providence et on sait que *ce qui arrive était écrit* de toute éternité. Le Messie n'en est pas la dupe et il pourrait répéter les paroles qu'Ulysse prononça devant Alcinoos : « *Et les douleurs infinies que je pourrais raconter, certes, je les ai toutes souffertes par la volonté des Dieux.* » Et puis, il n'y a que les païens pour ouvrir leur dictionnaire et offrir en pâture les synonymes de « traître », « fourbe », « délateur », « parjure », « espion », « indicateur », « mouchard », « dénonciateur », « sycophante ». Pour ma part, *n'étant rien*, je me soucie de tout ceci comme de ma première paire de chaussettes et, de toute façon, je ne sais pas plus que je ne crois (*croix !*) — ou je ne crois pas plus que je ne sais (*c'est !*). Que savoir soit croire (Hume), ou que croire soit savoir (religion), peu importe ! Jésus enseigne le Pardon ; il est le Pardonneur ; le christianisme est la religion du Pardon. C'est par la bouche de Jésus que s'est cristallisé le Pardon : « *Père, pardonne-leur, car ils ne savent ce qu'ils font.* » (Lc 23,34) Quel dommage que la prière du Notre Père ait exclu, à la suite du « *Amen !* » consacré, les deux versets : « *Si vous pardonnez aux hommes leurs offenses, votre Père céleste vous pardonnera aussi ; mais si vous ne pardonnez pas aux hommes, votre Père ne vous pardonnera pas non plus vos offenses.* » (Mat 6,14-15) Jésus est au Nouveau Testament ce que Moïse, s'adressant à Dieu, est à l'Ancien : « *Pardonne maintenant leur péché ! Sinon, efface-moi de ton livre que tu as écrit.* » (Ex 32,32) Je finirai cet intermède en proposant la thèse d'un Judas *homéopathique* : combattre le mal par le mal. — Retour (non pas éternel) à la nécessité du nihilisme, c'est-à-dire à Nietzsche et à la « bonne nouvelle » de la *Volonté de Puissance*. « *Car il ne faut pas se méprendre sur le sens du titre que veut prendre l'évangile de l'avenir.* "La Volonté de Puissance. *Essai d'une transmutation de toutes les valeurs*" — *dans cette formule s'exprime un* contre-mouvement, *par rapport au principe et à la tâche ; un mouvement qui, dans un avenir quelconque, remplacera ce nihilisme complet ; mais qui en admet la nécessité, logique et psychologique ; et ne peut absolument venir qu'*après *lui et par* lui. *Car pourquoi la venue du nihilisme est-elle dès lors nécessaire ? Parce que ce sont nos valeurs elles-mêmes, celles qui ont eu cours jusqu'à présent, qui, dans le nihilisme, tirent leurs dernières conséquences ; parce que le nihilisme est le dernier aboutissant logique de nos grandes valeurs et de notre idéal ; parce qu'il nous faut d'abord traverser le nihilisme, pour nous rendre compte de la vraie valeur de ces "valeurs" dans le passé... Quel que soit ce mouvement, nous aurons un jour besoin de valeurs* nouvelles... » (Pour en revenir à ce que j'écrivais à l'instant, loin de moi était l'idée de sacrifier l'œuvre de Jésus en « sanctifiant » celle de Judas, mais la comparaison avec Judas n'est pas usurpée : le christianisme ne pouvait — entre autre — *absolument venir qu'*après *lui et par* lui.) La vertu de l'extrémisme des « idéaux » du nihilisme est de pousser le raisonnement jusque dans ses derniers retranchements, d'où sa nécessité pour amener la reconstruction : les fissures du bâtiment ayant été révélées au microscope intransigeant, le permis de démolir est obtenable en vue d'une délivrance. L'unique défaut de cette utopie nietzschéenne repose sur le « contre-mouvement » qui, en y réfléchissant bien, est un prolongement du nihilisme. En effet, le nihiliste rêvait lui aussi de nouvelles valeurs... Ha ! si Nietzsche avait connu les deux guerres mondiales, la bombe atomique, sans parler des progrès de la science, il fût retombé dans sa cacochymie ! J'aimerais dire, tel Sancho Pança à don Quichotte qui s'avance dans la caverne de Montesinos : « *Dieu te guide, encore une fois, et te ramène libre, sain, et exempt de rançon, à la lumière de cette vie que tu laisses pour t'enterrer en ces ténèbres que tu cherches !* » Un philosophe n'est-il pas un don Quichotte ? Tout compte fait, cela a-t-il un sens de se demander si cela a un sens de se demander si cela a un sens ? Et si je dis cela, ne suis-je pas un nihiliste ? Que cherche le nihiliste ? Le bonheur ! Le nihiliste n'est qu'un mortel, et aux mortels, on dit, comme le Chœur d'*Œdipe Roi* : « *Ah ! mortels qui vous succédez / en cette vie, comme il est vrai / qu'il faut vous compter pour néant ! / Est-il un homme, en est-il un / dont le lot de bonheur ne soit pas seulement / de quoi donner illusion — pas davantage — / illusion, avant l'abîme ?* » — Mais c'est peut-être l'humour de Douglas Adams qui a raison de nous et de nos élucubrations : dans *Le Guide du voyageur galactique*, le surpuissant ordinateur surnommé Pensées Profondes, après avoir passé sept millions et demi d'années à réfléchir à la Grande Question sur la Vie, l'Univers et le Reste, et l'avoir très soigneusement vérifiée, fournit enfin la réponse exacte et incontestable : « *Quarante-deux* » ! Sans être sarcastique pour un sou, il ajoute, devant les questionneurs médusés : « *Je crois que le problème, pour être tout à fait franc avec vous, est que vous n'avez jamais vraiment bien saisi la question.* » Confronté à lui-même, l'homme a beau vouloir trouver un sens à son existence, il reste *crucifié* devant les portes de l'Enfer : « *Lasciate ogne speranza, voi che intrate* » (« *Laissez toute espérance, vous qui entrez* »).

— Voilà, comme dirait Stendhal, « *je me suis colleté avec le néant* ». Bien que je sois *vidé*, je retourne à mes fourneaux, mais auparavant j'achèverai cette partie comme Maïakovski, en connaisseur (il s'est suicidé !), acheva son poème *Le Nuage en Pantalon* (le titre original, censuré, devait être *Le treizième apôtre* !) : « *Sur tout ce qui s'est fait — j'écris le mot nihil.* »

* * * * *

(*Le non-Livre*. — Préface : À quoi bon ? Préface pour un livre, livre pour une préface. Difficultés (monde de requins, Rubempré). — Paradoxe : Il naît de rien. Le brûler n'y change rien. — Généalogie et méthode : Pourquoi l'écrire ? Comment l'écrire ? — Ouverture : Qui n'a jamais pensé écrire un livre, cru qu'il pourrait l'écrire ? — Unicité : Il n'y aura que celui-ci dont je serai l'écrivain. Trop jeune, trop vieux. — Remerciements : Néant.)

* * * * *

L'écriture est une nécessité vitale. Sans elle, je ne serais pas celui que je suis ni celui que j'ai été. Cette petite mécanique des mains imprimées par un cerveau qui n'en peut plus de retenir sa matière procède d'une double volonté de comprendre : se comprendre soi-même, comprendre le monde. Un chapitre ultérieur sera réservé à cet acte ontogénétique (orthogénétique ?) si particulier qu'ont en commun la plupart des activités artistiques. Jusqu'ici (qu'est-ce que cet « *ici* » ? y a-t-il un temps et un espace de l'écriture ? qu'ai-je accompli depuis le titre du livre ? où vais-je ? où veux-je aller ? d'où suis-je parti ? quelle intention a gouverné l'imbrication improbable ? ai-je choisi l'ordre ? quel est le sens de l'ensemble ? quel en est l'intérêt ? est-ce compréhensible ? sais-je ce que je fais ? fais-je ce que je sais ? serai-je capable de continuer indéfiniment ? de terminer ? cela me transforme-t-il ? y ai-je gagné ou y ai-je perdu ? faut-il poursuivre ?), — *jusqu'ici*, j'ai le sentiment d'avoir *beaucoup* écrit sans avoir encore *rien* dit. Pas une page, sur des centaines, où le « *je* » — qui prouve que j'y suis (qui je suis ?) — ne soit présent : *je* est bien *là*, certes, mais y suis-*je moi-même* ? N'y a-t-il pas — au-delà de l'au-delà de l'apparence — un inéluctable *je de cache-cache* ? Me suis-je dévoilé ? Avancé-je (cartésiennement) masqué ? La structure de mon livre saturé de citations et d'autorités tient-elle la route et ne dévoile-t-elle pas — d'elle-même — l'identité de celui qui l'a conçue ou tenté de la concevoir ? *Quo vadis*, Julien ? Où vas-tu ? Dois-tu penser à la fin, ne pas la perdre de vue ? Mais quelle fin ? « *Respice finem, respice funem !* » (« *Prends garde à la fin, prends garde à la corde !* ») Ah ! cette impression maligne et maladive de constamment retarder le dévoilement de l'être que je suis, de n'en disséminer que des aperçus, de me faire accroire qu'en faisant partager mes lectures et mes idées, je décris en même temps mon existence ! Quand je délire ou philosophe, ma plume s'emporte-t-elle ? (Et vers où m'emporte-elle ? vers où m'emporté-je ? J'aime ces mots de Talleyrand qui disent en substance que l'« *on ne va jamais si loin que lorsqu'on ne sait pas où l'on va* », et que, « *si on savait où l'on va, on ne marcherait pas* » !) J'ai initié cette entreprise d'un point de vue extrême (écrire ou mourir) et je ne souhaite pas, pour l'instant, la laisser tomber (mourir d'écrire), quoique je sente ma pensée se dissoudre à intervalles de plus en plus courts, et mon style s'essouffler comme si j'avais inconsciemment hâte d'en finir (j'ai écrit, je puis mourir en paix), comme si je m'étais trop souvent perdu pour avoir voulu me gagner (ainsi que l'écrivait Agrippa d'Aubigné en s'adressant à son livre, *Les Tragiques* : « Peut-on mieux conserver sa vie / Que de la perdre en te servant ? »). — « *Perchance my heart and harp have lost a string* » (« *il se peut que mon cœur et mon luth aient perdu une corde* »), comme dirait Byron... Je me suis si souvent perdu, déjà, dans la vase des mots ! Je m'embourbe et j'entends l'ami du narrateur de récit de Dostoïevski (*Bobok*) me dire à moi aussi : « *Ton style s'altère, [...] il est haché. Tu haches, tu haches : et une incise, et puis une incise dans l'incise, et puis encore quelque chose ajouté entre parenthèses, et puis de nouveau tu repars à découper, à découper.* » Je n'ai jamais connu la constance, je n'ai jamais été tout à fait concentré ni stabilisé, et le vent de mes pensées souffle des phrases qui m'échappent comme des oisillons tomberaient d'un nid mal fixé entre deux branches fragiles... Je pressens qu'en avançant, le sens aura tendance à s'étioler et confirmera le propos général, c'est-à-dire la perte de sens. Par exemple, *là*, ici et maintenant, je m'interroge (cela me démange) sur le lien de causalité qui, étrangement, alors qu'elle devrait être immuable, semble varier au fil du temps : écris-je *sur* la perte de sens ou *par* elle ? (Où l'on voit que la question, en tant que spéculation mouvante, quoique d'ores et déjà d'idées s'entremêlant, tend à redéfinir, ou à *remettre en cause* le projet puisque le sujet, la perte de sens, s'il précède l'écrit, en interdit la fonctionnalité ou l'intelligibilité, et s'il l'accompagne, introduit le doute inhérent à l'honnêteté de son contenu.) Puis-je affirmer que ce livre est une confession si ce « je », — ce « je » qui, lorsque « j' »écris, s'absente plus souvent que je ne l'imagine, mais qui a pourtant écrit tout ce qui précède (*là*, je ne rêve pas !), — si ce « je » *supposé se confesser* promet de se dénuder, enlève effectivement ses vêtements, mais constate après coup, horrifié ou non, qu'une autre couche de vêtements le recouvre, telles des pelures d'oignon ? De deux choses l'une, menant à un résultat identique : ou bien les pelures se régénèrent et reforment le volume de départ, ou bien elles réduisent à une peau de chagrin ce qu'elles étaient censées protéger ou recouvrir. Il faudrait qu'il y eût un noyau, car ce noyau, c'est moi ! Sans qu'on puisse jamais tout à fait le remarquer, — à moins d'être un fin psychologue (intéressé) ou d'avoir l'instinct de l'écrivain (paumé) ou les outils pour identifier la nature de ma *structuration* (du livre, de mon être), — ma réflexion revient sans cesse sur les notions de dévoilement, de visibilité, d'extirpation. Sans vouloir impressionner naïvement en simulant le poète maudit, j'écris afin d'extirper mon Moi de mes entrailles, un Moi tout sanguinolent, et peu importe (c'est vrai) que cela transparaisse ou non entre les lignes (mon Moi, le fait qu'il soit arraché, la blessure) : je connais une espèce d'art de cicatriser qui empêche de tout deviner (ma façon de procéder n'est pas la plus satisfaisante pour le lecteur qui aimerait mieux appréhender ma personne, car je suis comme le docteur Tulp du tableau de Rembrandt, qui incise un bras dans toute sa longueur pour y étudier les muscles, à ceci près qu'en donnant ce qui devrait être une leçon d'anatomie, je ne convie mon auditoire de chirurgiens à s'approcher qu'après avoir tout recousu). Ainsi qu'il en va, je pense, pour tout écrivain, il a toujours été question, depuis l'âge où j'ai commencé à écrire (environ seize ans), de m'extirper et de me disséquer en cachette. Écrire est mon sacerdoce (*sacerdos in æternum*)... Trois axes, ou trois conditions, en se recoupant, m'ont conduit à l'écriture : *la furieuse envie de me libérer de ce qui occupe mon esprit* (axe de l'imagination), qui va s'amenuisant (la liberté qu'éprouve l'adolescent fait place à la fatalité) ; *la possibilité de m'entretenir avec quelqu'un* (axe de l'abandon), qui entretient cette légère schizophrénie propre aux gros lecteurs (je compris plus tard que j'avais été précocement, ataviquement même, un solitaire qui parlait peu, encore moins de lui-même) ; *le besoin d'apprendre et de (me) comprendre* (axe de la complétude), depuis longtemps devenu ma seule ambition, l'ultime raison de vivre (c'est mon excuse sur le sens, s'il en reste un, que je donne aux choses). En relisant mes premières nouvelles, j'ai redécouvert cette triple *sensibilité*, mais, du fait de ma jeunesse et de mon insouciance, je n'avais pas les moyens de m'en apercevoir à une époque où l'écriture semblait n'être qu'une occupation comme une autre, un défouloir du même acabit que le basket-ball que je pratiquais beaucoup (ceux qui liraient ces nouvelles sans m'avoir côtoyé n'y verraient que des histoires sans conséquence et n'y déceleraient guère, parce que trop indistincts, les traumatismes sous-jacents). L'écriture — ou : *de l'extirpation*... Extirpateur de moi-même, *moi* qui suis né aux *forceps* ! Chaque paragraphe, chaque page, chaque phrase, chaque ligne, chaque mot, chaque lettre est une *césarienne* (y compris lorsque je cite) : *j'en donne*, — dans les deux acceptions de l'expression, — *ma parole* ! La règle fondamentale de ma maïeutique veut que, en accouchant d'un mot ou d'une idée, j'accouche de moi-même (ou que je m'accouche), car je suis ce mot ou cette idée que j'ai extirpés de toutes mes forces, et je suis de nouveau le bébé extirpé, non pas cette fois du ventre de ma mère (Cæsaria), mais de mon propre ventre... Chaque mot est un ferment, une cellule de mon corps qui accrédite la locution du « veni, vidi » à laquelle on aurait retiré, jusqu'à plus ample informé, le « *vici* » indéterminé. (De « *césarienne* » à « *César* », la transition — que j'avais méditée — était relativement facile. D'une part, *Jules* » est mon surnom préféré, ce que peu de gens savent ; d'autre part, « *Cæsar* » provient selon toute vraisemblance de « *cæsor* », « *qui taille* », « *qui coupe* », et plus particulièrement de « *cæso* », « *tiré du sein de sa mère par une incision* », ceci expliquant cela. Allons donc ! je suis romain par la lettre et son emprise sur moi... *Ave, Julius !* N'est-ce pas, Virgile ? « *Nascetur pulchra Troianus origine Caesar, / imperium oceano, famam qui terminet astris, / Iulius, a magno demissum nomen Iulo.* » (« *Un Troyen naîtra, César, d'illustre naissance, / qui bornera son empire à l'Océan et sa renommée aux étoiles, / Jules, dont le nom lui vient du grand Iule.* ») Iule, le fils d'Énée ! — Sans les mots, qui suis-je ? et, — permettez-moi de vous y inclure, — qui êtes-vous ? Et qui êtes-vous au juste, *vous*, en tant que *me* lisez, en tant que vous déchiffrez les caractères que *j'écris* (que *j'aurai écrits*) ? Si vous aviez à lire une description de paysage, vous le visualiseriez sans peine et indépendamment de l'acte créateur qui aura été le mien ; mais si vous avez à lire ceci, que visualiserez-vous ? qu'êtes-vous en train de visualiser ? Vous visualisez la *manière d'exister* de l'écriture et de la réflexion, le texte *tel qu'il est* et non ce qu'il représente, vous ne faites pas que lire, vous réécrivez : la lecture est ontologique. (L'idée du langage qui s'observerait en tant que langage, ou l'idée que l'imbrication de l'être de l'écriture et de l'être de la lecture est une sorte de jeu, ou l'idée de la superposition de l'acte d'écrire et de l'acte de lire, ou l'idée de l'écrit, en tant que présent permanent, se « déspatialise » et « s'intemporalise » (vous me suivez ?), ou l'idée existentielle de l'écrit qui doit être lu comme un écrit qui devait être lu comme un « s'écrit » (vous me suivez toujours ?), toutes ces idées ne sont pas nouvelles chez moi, en témoigne cette réflexion (*Aurons-nous le temps ?*) du jeune homme que j'étais et qui venait tout juste de fêter ses dix-sept ans : « *Par exemple, je suis là, devant mon ordinateur, à écrire ceci, cette sensation qui m'assaille et que je veux décrire à la perfection. Vous, qui me lisez, vous avez devant vous ces pages de moi, mais quand je les écris, vous ne pouvez pas encore les avoir. Il y a ici un enchevêtrement temporel naturel que l'on ne peut réfuter. Vous êtes peut-être en train de vous dire que je divague, que vous devriez arrêter dès maintenant votre lecture, mais je vous demanderai de n'en rien faire. S'il vous plaît, continuez de lire ceci. Je reprends donc mes pensées un peu folles,* — *folles, mais vraies. Vous lisez de papier que j'ai écrit il y a probablement plusieurs années. Vous croyez,* — *j'en suis certain,* — *que je pense ce que vous lisez en ce moment. Mais il y a une chance sur des millions pour que je pense, à l'heure où vous lisez ces lignes, que j'ai justement écrit ceci. Qui sait si je ne suis pas sous ma douche en train de me laver en chantant ou si je ne lis pas un livre de Freud ? J'espère que vous me suivez, car je concède la difficulté inhérente à ces propos.* — *Peut-être comprenez-vous mieux dans quel état me mettent mes égarements d'esprit. Dans cet exemple, plusieurs instants se superposent ou se disloquent. Vous tenez cette histoire entre les mains, je suis avec vous, mais je suis à une autre préoccupation. Vous rendez-vous compte de cela ? Je suis à trois endroits totalement différents. Je suis chez vous (je ne sais même pas qui vous êtes, ni où vous habitez), je suis aussi chez moi, et je suis finalement une part autre. Vous êtes chez vous, avec moi (vous remontez donc le temps, en quelque sorte, comme moi je vais dans le futur quand vous lisez), et chez moi.* ») Et puisque l'*écrire* est césarien, il est en quelque sorte « omphalopsychique », l'âme est *métaphysiquement* dans le nombril ; aussi écrire revient-il, de surcroît, à *s'écrire*, et s'inscrit-il dans une démarche *cryptoristique* (adjectif inventé par André-Marie Ampère, bien assis sur sa chaise : « *découvrir ce qui est caché* »). Quand bien même je divaguerais et *créerais* n'importe quoi, mon *écrire* ne révélerait qu'une seule chose : *moi-même*. C'est la raison pour laquelle j'écris (raison que je rapprocherais de celle qui me fait lire, car sans Kant, sans Hugo, sans Platon, sans James, qui serais-je ?). Aux questions : quand ai-je commencé à écrire et ai-je immédiatement envisagé la portée de cette activité ? — je répondrais, dans un premier temps : peu importe. Mais à la question hypothétique : si je n'avais pas commencé à écrire, *cela* (« m'être ») serait-il advenu tout de même ? — cette fois, je répondrais catégoriquement et sans hésiter : oui. Veux-je dire que, quoi qu'il se fût passé, j'eusse écrit à un moment ou à un autre ? Je le crois — et, le croyant, j'affirme que ce fut un *bien* d'y venir, mais un bien maléfique (un bien pour un mal, un remède allopathique, dont je pourrais éclairer la nature duale en citant Balzac qui, visant le travail de l'artiste, ce « *labeur effrayant* », reprenait lui-même une parole censée avoir été prononcée par un « *grand poëte de ce temps-ci* », que je n'ai pas réussi à identifier : « *Je m'y mets avec désespoir et je le quitte avec chagrin* »). Il y a toujours au moins une personne qui a lu un livre en particulier : l'auteur, en l'écrivant (d'ailleurs, ma vie se résume par ce titre de Julien Gracq : *En lisant, en écrivant*). L'écrivain n'échappe pas au fait qu'il se laisse voir (en long, en large et en travers). Avant que le mot ne soit devenu réalité, l'écrivain *va se faire voir* (cela n'a rien d'heureux). Si je brûlais ce livre, cela ne changerait fondamentalement rien au propos, car je me serai fait voir (et, *a fortiori*, me serai entrevu). Le rapport à l'œuvre est si complexe et exigeant : je ne sais pas ce que je vais dire cependant que je vais savoir ce que j'aurai dit, — et la concession n'existe pas (en tout art). Ici n'étant pas le lieu pour discourir sans fin sur l'écriture (un chapitre lui sera spécialement dédié et, espérons-le pour le lecteur, *aura été* spécialement dédié à cet effet), j'abrégerai. À la sortie des deux années de classes préparatoires, après la pénurie des mots lus et écrits (délaissés au profit des nombres et des lettres grecques), je dus resigner le *fructueux* contrat qui me liait au diable (passation terrible !), retrouver le temps « perdu », recoller les morceaux, raccommoder mes aspirations en me raccommodant avec moi-même (et remédier à la sensation de vide qui m'envahissait subrepticement). De 1998 à 2001, outre mon *Journal*, que je repris avidement et avec lequel je renouai ma liaison dangereuse, se succédèrent les nouvelles, romans, essais, poèmes : *Assertion mentale, Louis et les coccinelles, Au premier songe, De loin en loin, Amer Amen, Le Souci de l'âme, Le travail de l'écrivain, Mouvement de dépendance, La Lyre...* Telle une morsure cutanée et profonde d'un serpent opportuniste sur la veine céphalique du bras, chaque livre — émotionnellement — marque de ses crochets et envenime une époque. (Ma métaphore n'est pas dénuée de vérité : Hermès, dieu de l'éloquence et interprète des dieux, celui qui donna à l'homme la faculté de s'exprimer, père d'Hermaphrodite, conducteur des ombres des morts dans le monde souterrain, découvreur de la lyre, transforma ce serpent en un caducée, tel le bâton d'Asclépios, qu'il me tendit en m'adressant ces paroles *hermétiques* : « Je te confie cette baguette d'or. Tu peux néanmoins garder ta lyre. Tu seras puissant et enfanteras l'être funèbre. Tu ne seras jamais que le héraut de tes douleurs enfouies. En t'appliquant, tu écriras sur le miroir de ton âme. N'oublie pas la buée reluisante. Sois responsable, car je t'affecte à la vie ; sois préparé, car la vie t'affectera. Ton esprit sera un catafalque dans l'abside de ton corps ; tu y déposeras les battements de ton cœur. Chaque paragraphe, chaque page, chaque phrase, chaque ligne, chaque mot, chaque lettre que tu graveras sur ton cœur prolongeront ta science. La souffrance méditée sera ton baume ; l'incompréhension, ton moteur ; le doute, ta force ; l'envie, ta route ; l'art, ton réflexe, puis ta chute après l'envol vers les inconnus interdits aux humains. Ce qu'incurvé tu chercheras, allongé tu l'apprendras. ») — Je veux épuiser ma langue en poétisant radicalement le monde. Je l'ai toujours voulu ; j'ai toujours connu cette « *Faim du Mot* » dont parle Roland Barthes en l'écrivant avec des majuscules ; j'ai toujours cherché une langue pour conceptualiser le monde et l'explorer. Chaque mot est un mot poétique, et le mot poétique est « *un objet inattendu, une boîte de Pandore d'où s'envolent toutes les virtualités du langage* », donc du monde qui m'entoure, donc du monde que j'entoure. Chaque mot que je produis « *est donc produit et consommé avec une curiosité particulière, une sorte de gourmandise sacrée* ». Chaque mot me donne une langue, et cette langue « *est bien moins un fonds qu'une limite extrême ; elle est le lieu géométrique de tout ce que* » je ne pourrais pas dire sans tout perdre... Et puisque l'« *on n'est curieux* », écrit Rousseau dans l'*Émile*, « *qu'à proportion qu'on est instruit* », et que je suis curieux (vilain défaut) des mots, puis que les mots m'instruisent (de mon monde qui est ma représentation), plus j'avance et plus je m'instruis de ma curiosité... — Sous l'impulsion de certains auteurs (Gracq, Gide, Mallarmé, Dostoïevski, Flaubert, Proust, James, Wilde, Maupassant, Rousseau, Guibert, Musset, Camus, Steinbeck, Valéry, Dard, Conan Doyle, Conrad, Byron, Sartre, Maugham, Bernhard, Nietzsche, Orwell, Casanova, Constant ou encore les Stoïciens font partie de ce *numerus clausus*), et grâce à l'émulsion de leurs œuvres, je rattrapai ma destinée, crus pouvoir m'emparer d'un sens (littéraire et artistique) : le sens de l'écriture, non pas de l'écriture *finie*, mais de l'écriture *en train de se faire*. La *reprise*, dont je veux donner une idée, eut lieu le 30 mai 1998 (après deux ans de disette, donc) : « *J'écris comme cela, pour me défouler... En attendant de pouvoir coucher tout ceci sur du bon papier, à la main, pas au clavier. Je me demande parfois si le clavier n'est pas trop restrictif, dans le sens où il faut vraiment un très bon entraînement pour pianoter rapidement, au gré de la pensée. Je ne dis pas que c'est plus facile d'écrire à la main, mais taper sur les touches est un exercice auquel on est moins habitué. De toute manière, il faut — il le faut vraiment, absolument — que j'écrive beaucoup pour me refaire la main, pour pouvoir accoucher d'une œuvre qui restera. Que mon "posthume" soit reconnu comme mallarméen, gidien. Sans aucune faute qui puisse subsister, ajouterais-je allègrement. La netteté est maintenant mon principal but, la clef de voûte de mon œuvre (au masculin...). Plus rien à redire, une prose légère, mais lourde, un style flou, mais reconnaissable, une histoire ordinaire, mais extraordinaire ; bref : un moyen de se différencier des petites histoires que j'ai déjà écrites, sans autre conséquence immédiate que celle de m'apprivoiser au métier (ou plutôt au labeur) d'écrivain. Maintenant, je veux faire beaucoup mieux que Le Pays perdu. Je veux être le meilleur, pas l'un d'entre eux. Ce qui ne veut pas dire que je souhaite être obligatoirement reconnu, — oh non, ce serait une preuve que je ne suis pas un des meilleurs, — mais que je désire que la Littérature me reconnaisse, — que je sois mort ou vivant, que je n'aie publié aucune de mes œuvres ou toutes. — Il faudra travailler, travailler dur ; et même si j'avais eu toute ma vie devant moi, je n'aurais jamais, jusqu'à présent, pu acquérir le style de Flaubert ou de Gide. Cela me fait mal, cela me blesse, mais ce n'est finalement pas ce qui compte. J'aurai mon style, mais peaufiné. En tout cas, je veux me démarquer volontairement de toute la production de livres qui sortent aujourd'hui, où le nombre de médiocrités n'est plus à démontrer. Tant d'ouvrages policiers, d'heroic fantasy, de science-fiction, inimaginablement, se ressemblent. Il faut faire quelque chose de puissant, qui n'appartienne qu'à moi et qui pourtant appartiendrait à tous les grands auteurs. — Il ne faut pas faire comme toute cette ignominie. — Il ne faut pas. — Il faut travailler. — Mallarmé, Gide, moi.* » Oh ! je ne démentirai pas tout ce qu'il y a de naïveté, de prétention, d'orgueil, de puérilité, de rêves de gloire, mais, d'un point de vue catalytique, apparaît franchement, si vous me passez l'expression alambiquée, *une ouverture de mon être au monde de mon être...* La « *netteté* » (du voyant) : ambitieuse singularité ! Je portais déjà le *spleen* en bandoulière et regrettais, de comparaison en comparaison, l'absence indéfinie. (N'est-ce pas moi qui, à vingt-deux ans, pleurais sans cause : exagérément, à vouloir toucher une lune en tendant la main ? « *Juste ceci : Hugo a 25 ans quand il finit* Cromwell *!... Mon dieu... Où en suis-je, moi ?... Guère plus loin qu'à un kilomètre : lui en était à deux mille...* ») Combien différent fut l'embryon de la décision de reprendre l'écriture, une décennie plus tard, avec *La Perte de Sens* : « *Je suis dans une impasse, il y a cependant des ouvertures d'esprit partout. [...] Les livres à écrire s'immiscent en moi, je les écris massivement en pensées, mais ces dernières s'envolent dès que je reviens sur la terre ferme, je ne note rien, elles se perdent malencontreusement alors qu'elles pouvaient* *grandir et s'épanouir sur le terreau de mes inspirations. Elles ne sont qu'à moi — ou, devrais-je dire, elles n'ont été qu'à moi, car de leur substrat je ne garde que l'image fugitive de débuts renouvelés et avortés, pour mon plus grand désappointement. Je les perds, et je m'y perds.* — *Où est cette force qui me captivait lorsque j'étais plus jeune ? Était-elle conséquente à ma fougue non encore dépolie par l'abandon, le découragé et l'amertume ? Je ne suis plus bon qu'à créer des poèmes que personne ne comprend, dont personne ne peut décoder les significations ultimes. Beauté, tu es aveuglante, tu détruis l'envie, la compréhension.* » — Sans le livre que j'écris, je serais un *chaos* ambulant, un *K.O.*, un *knockout* (mugi en anglais), et l'existence pleine de *cahots*, rusant et rossant, m'administrerait coup (oh !) sur coup (oh !) le *knout*... Et si, telles les pies du poète chinois *Cao Cao*, je m'éloigne vers le Sud où les mots sont muets, je dois faire ensuite le tour de l'arbre par trois fois, mais — adieu, Salut — « *Sans retrouver de branche où percher* », ni dissoudre mes chagrins... — Je m'anuite — en plein jour.

* * * * *

(Philharmonie mauvaise de la *dizaine* qui ergote : ô Bérézina ! Que connais-je des dysfonctions, de toutes ces dystonie, dyskinésie, dysphasie, dysgnosie, dysesthésie, dysmnésie, dyschronie, dyscinésie, dysthymie, dysopie, dyslexie, dyslalie, dysthanasie, dyspraxie ? Subalternités du malaise existentiel que cela : vive la dysontologie, la dysexistérie, la dysthémie ! Vive la *disette* — de l'être ! Une part d'existence éperdue pour un *dys* de retrouvé...)

* * * * *

Une voix me dit : Julien, ton besoin de parler surcharge le texte. — Je rétorque : Que serait le texte, alors ? — Une voix me dit encore : *Julien*, tel est le titre de l'album de Dalida... — Je coupe : Qui inclut la chanson *Paroles... Paroles*... Je sais, je sais... — « *Encore des mots, toujours des mots, les mêmes mots... Parole, parole, parole, parole, parole, encore des paroles que tu sèmes au vent... Rien ne t'arrête quand tu commences... Si tu savais comme j'ai envie d'un peu de silence...* » Le « *words, words, words* » est constant ! — Un hasard onomastique corrigera l'obliquité de mes récits (ou ne fera-t-il que l'accentuer ?) : la constance (ou l'inconstance) fut souvent le benjamin de mes soucis ! — J'en reprendrai le fil à l'occasion, si bien que je n'en tracerai ici qu'une épure, mais je voudrais expliciter la façon cathartique d'approcher une œuvre et l'identification complaisante et rassurante, voire enivrante, avec son auteur, qu'il est possible de ressentir. Arrêtons-nous donc quelques instants sur une figure littéraire qui influa sensiblement sur ma carrière littéraire et existentielle, dont l'emprise eut des répercussions jusque tard dans ma perception des relations (cet « *adolphisme* » patent et latent) : Benjamin Constant. Le rapprochement n'était d'ordre ni physique ni politique, et on trouverait de plus probantes manifestations de ces points communs présumés (je voulais le croire), si elles ne paraissaient fugaces ou vaniteuses (c'est-à-dire flatteuses à mon égard : puis-je, sans fatuité, me vanter un moment ?), du côté des *Mémoires* du célèbre ancien évêque d'Autun (*alias* Talleyrand !), où l'on peut lire des aspects très intéressants de sa personnalité (proche de la mienne, à plusieurs nuances près, renforcée par l'idéalisation) : « *Homme brillant, orateur agréable, penseur que l'on aurait pu prendre pour profond, tout d'une pièce en parole et girouette dorée en réalité [...] ; incapable de fixité et se croyant inébranlable, sans caractère et affectant l'énergie romaine, rarement la journée suivante le trouvait conforme à la veille, et ses principes du matin n'étaient plus en harmonie avec ceux du soir.* — *Rempli d'esprit, de malice, de pensées remarquables, s'attachant à revêtir son langage de toutes les grâces du style, cherchant plus, peut-être, à éblouir qu'à persuader, l'attacher à un point unique était impossible ; sa fragilité lui tenait lieu de constance, et ceux-là même qui ne pouvaient compter sur lui s'abandonnaient au charme de cette élocution fleurie, de cet art divin d'éblouir, d'étonner, d'entraîner, de convaincre même, en demeurant, soi, froid, incertain, indifférent.* » Une indifférence à tout culte, une incertitude religieuse, le besoin de contrarier le caractérisaient : « *doux et bon, humain, charitable, fixe en amitié, sincère, complimenteur, homme d'esprit supérieur et de bonne compagnie* », « *c'était un seigneur de la cour égaré parmi des commis, des praticiens incapables de le comprendre, et qui ne l'en applaudissaient que mieux* » ; « *sa galanterie était fine, exquise, entraînante délicate ; il aimait les femmes passionnément* » il « *perdit son indépendance quand la voix de ses créanciers put monter jusqu'à lui ; sa probité souffrit* ». Il y a beaucoup de vrai (et un peu de faux) dans ces quelques lignes plutôt louangeuses ; mais ce serait, aux yeux du lecteur, jouer le présomptueux agaçant que d'en rester à la description de Talleyrand. Il y a d'autres choses... bonnes et mauvaises. Si je prends une phrase, et une seule, tirée du *Cahier rouge*, ce petit livre écrit paresseusement et portant l'empreinte amoureuse d'une âme adonisée et mélancolique, j'y trouve trois sympathies décisives et flagrantes (le goût démesuré pour la lecture, le penchant pour La Mettrie, l'assujettissement à la migraine et aux gênes de la vue) : « *Je lisais huit ou dix heures par jour tout ce qui tombait sous la main, depuis les ouvrages de La Mettrie jusqu'aux romans de Crébillon. Ma tête et mes yeux s'en sont ressentis pour toute la vie.* » Les affinités s'élargirent à mesure que je côtoyai l'homme (car un autre trait que nous avons en commun est cette façon si criarde, au fond, de mêler l'autobiographie au roman et de ne jamais pouvoir se défaire de soi), dont ça caractérise que la nature nous a donné, à savoir ce « *grand mépris pour la vie et même une envie secrète d'en sortir, pour éviter ce qui peut encore [...] arriver de fâcheux* ». L'idée d'avoir rencontré un frère de sang, — idée qu'affirmait progressivement mon rapport au monde et à mes « *semblables* », — mena à l'un de ces points d'orgue éminemment retentissants et visibles dans mon *Journal* : « [31/10/00 :] *Mais Adolphe me tient... C'est fort. C'est bon. Merveilleux ouvrage... werthérien... [...] Quel livre éprouvant... Il y a tant de parallèles avec ma vie — ce que j'ai vécu — mes amours... (ettes...) Agnès, Gretel, etc. Fou. C'est un superbe livre mais il sera bon de le quitter vite...* [27/06/01 :] *Ah ! ce Constant... Il faudra l'étudier — et rapprocher nos points communs...* » En feuilletant mes carnets de notes, on lirait en effet la confirmation de la volonté d'écrire un parallèle entre Constant et moi-même ; à prendre comme un aveu d'une grande importance, absolument non négligeable : « *En projet : "Affinités destins : Schopenhauer — moi (père, enfance, etc.) ; Constant (amour, père, etc.)."* — Regrouper tout. » Ce projet si ambitieux, on le voit, devait même prendre la forme d'un imposant trièdre ! Schopenhauer, Constant et Pichavant — ou l'entrecroisement de trois œuvres et de trois vies. La lecture d'*Adolphe* fut l'une des secousses les plus violentes que mon être eût connues (et il s'agit d'un euphémisme, croyez-moi, car il y en eut peu) : il faut s'imaginer commencer un livre sans en connaître réellement le contenu ni la portée, et aussitôt, dès les premiers mots, suspendre sa respiration et poursuivre en apnée *tout un chapitre* ! Adolphe était-il moi ? étais-je Constant ? étions-nous une seule entité divisée par les années ? Quand j'appris la valeur autobiographique d'*Adolphe*, je ne me sentis plus de ma joie inespérée d'avoir enfin déniché un ami qui m'engageât à mieux exploiter la nature de mes angoisses existentielles croissantes. Nos mélancolies s'amourachèrent, ce qui eut pour conséquence de me libérer d'un je-ne-savais-quoi d'étouffant, d'assurer mon évolution en rassurant mes perceptions maladives si grossières d'alors. C'est un fait : ma mélancolie, par contagion, s'étoffa tout en s'éclaircissant. Ma décence d'homme de lettre ou mon respect pour le code tacite du citateur m'interdiraient habituellement de reproduire l'intégralité de ce premier chapitre (la loi du *copyright* afférent à la propriété intellectuelle ne m'empêcherait pas de le faire, et je pourrais même le recopier *in extenso* sans passer en jugement : Benjamin Constant étant décédé depuis plus de soixante-dix années, ce livre appartient normalement au domaine public) ; mais l'emploi du conditionnel prouve que je vais mentir en dérogeant à cette règle. Et puis, ne suis-je pas libre ? Ces questions m'embarrassent tant que je me suis mis à réfléchir et à débattre avec moi-même (quelle oaristys !) : « Voyons : il n'y aurait aucune virgule à retrancher. Pourquoi t'en effraierais-tu ? Si tout le monde — ou presque — pense qu'au moins une personne a écrit, et si moi, en l'occurrence, je pense ce que Constant a écrit, pourquoi nous échinerions-nous à le redire en ne faisant que changer les mots ? Bah ! Relis bien André Gide : « Ce qu'un autre aurait aussi bien fait que toi, ne le fais pas. Ce qu'un autre aurait aussi bien dit que toi, ne le dis pas, — aussi bien écrit que toi, ne l'écris pas. » Et dans ton introduction, ne faisais-tu pas prévaloir ta volonté de ne pas piller et de « *corrompre le moins possible les sonorités propres de l'original et de ne pas égratigner le sens* » ? Vas-y ! Que risques-tu ? Assume-toi, tu le regretteras ; ne t'assume pas, tu le regretteras. Ce chapitre représente sept pourcents du livre et tu penses que ce serait exagéré ? Dis-toi bien une chose : qui te lira ? Là est la question. La probabilité existe, mais elle est aussi infime que celle de te voir métamorphosé en punaise. Pour qui écris-tu ? Pour personne, si ce n'est pour toi. Dis, avec Hermann Hesse : « *Je couvrirai donc ces pages blanches de mon écriture, non pas dans l'intention ou l'espoir d'atteindre quelqu'un pour qui elles pourraient signifier à peu près la même chose que pour moi, mais sous l'impulsion bien connue, quoique inexplicable, à laquelle l'artiste obéit comme à un instinct naturel, et qui le pousse à travailler et à mener son jeu en solitaire.* » Écris pour toi. Distrais-toi, très cher ! C'est à toi-même — et avec toi-même — que tu t'expliques ! Cela n'est pour l'instant profitable et favorable qu'à toi-même ! Déploie-toi ! Obtiens-toi, dirait encore Gide : c'est à toi-même que tu te dois ! Cesse de te retourner les sangs en ravageant ta conscience… Vas-y ! Ne départage pas ; partage. Tu as moins de génie que lui : n'aie aucun regret, retranscris cette prose à la fois majestueuse et sobre. Écoute et console-toi : le grand Chateaubriand jugea un jour que Constant était « *l'homme qui [avait] eu le plus d'esprit après Voltaire* ». Michel Berr, dans son *Éloge*, estimait qu'il était un auteur « *ingénieusement profond* ». Fie-toi à lui, à eux. Constant, qui prônait la liberté de la presse, t'injuriera-t-il de sa tombe ? Au contraire, il sera content que tu lui rendes hommage de cette manière, dans ton livre si peu catholique. Vous êtes deux frères dans la lutte anti-corruption, quelles que soient les formes, au sens large, que prend la *corruption*. Vas-y ! Depuis le début, tu te frictionnes avec les œuvres les plus grandioses que la part la plus grandiose de l'humanité a produites, tu délires librement jusqu'à l'inintelligibilité, et tu reculerais ?... Aucun pacte ne te lie à quiconque, nul ne t'a assermenté pour t'obliger à quelque activité contraire à ta volonté, tu ne t'es compromis en rien ni devant personne en écrivant *La Perte de Sens*, tu n'as jamais fait de promesse synallagmatique qu'avec toi-même, aucune clause suspensive ne t'engage à te rétracter. Sois flexible *naturellement* et expédie, s'il y en a, les embryons de remords. Coupe deux ou trois passages, si tu en as envie, mais ne joue pas à l'enfant caractériel, cesse de te *justifier* en soliloquant et renonce "*à cet usage frivole et facile d'un esprit sans expérience*". Vas-y ! Fonce ! » « Soit ! je fonce… J'y vais, j'y vais, — « *I go, I go* » (Prospero)… Je te remercie, petit ange de ma conscience, de me prodiguer tes conseils avisés et « secourables ». — Le chapitre 1 évoque l'image du père, sujet qui me retiendra ultérieurement si Dieu me prête la main pour cette tâche. « Pourquoi parler du père dans un chapitre consacré à la mélancolie ? » se demandera-t-on. N'ai-je pas longuement parlé d'Hamlet ? Cette réponse devra satisfaire les dubitatifs, car je n'approfondirai pas la question en ce lieu. — Dans ce que l'on appelle communément les *Fragments d'un carnet disparu*, en particulier le *Fragment A*, Benjamin Constant dressa une liste préparatoire à un travail biographique qui, par un concours de circonstances, sommeilla dans les tiroirs de Sainte-Beuve (signalons à ce propos que, sous le titre d'*Adolphe*, il est précisé par l'édition originale : « *anecdote trouvée dans les papiers d'un inconnu, et publiée par M. Benjamin de Constant* »). Voici comment cela démarre : « *Né en 1767, à Lausanne. — Mon père.* » De l'importance d'être le fils de son père ! (L'*incipit* d'*Adolphe* va répéter ce qui apparaît manifestement comme une *obsession* et une *pathologie filiales*.) Oh ! que *personne* (personne !) n'espère retrouver parmi mes papiers un projet d'autobiographie similaire : « Né en 1978, à Nantes. — Mon père. » Pourtant… pourtant… j'en serais capable : de l'omniprésence paternelle, l'adolescent que je fus et l'homme que je suis s'en souviennent encore, et qui n'a jamais été *cérébralement* étouffé son père n'en saisira pas les subtilités (les subtilités de l'*emprise* et de l'*empreinte* qui en résulte, en un mot, de la *gêne* : « *Son père le gênait quoiqu'il parlât peu* », écrivait le cousin germain de Benjamin, Charles Constant). Mais laissons la plume à Benjamin/Adolphe : « *Je venais de finir à vingt-deux ans mes études à l'université de Gottingue. — L'intention de mon père, ministre de l'électeur de **, était que je parcourusse les pays les plus remarquables de l'Europe. [...] Malheureusement sa conduite était plutôt noble et généreuse que tendre. J'étais pénétré de tous ses droits à ma reconnaissance et à mon respect. Mais aucune confiance n'avait existé jamais entre nous. Il avait dans l'esprit je ne sais quoi d'ironique qui convenait mal à mon caractère. Je ne demandais alors qu'à me livrer à ces impressions primitives et fougueuses qui jettent l'âme hors de la sphère commune, et lui inspiraient le dédain de tous les objets qui l'environnent. Je trouvais dans mon père, non pas un censeur, mais un observateur froid et caustique, qui souriait d'abord de pitié, et qui finissait bientôt la conversation avec impatience. Je ne me souviens pas, pendant mes dix-huit premières années, d'avoir eu jamais un entretien d'une heure avec lui. Ses lettres étaient affectueuses, pleines de conseils, raisonnables et sensibles ; mais à peine étions-nous en présence l'un de l'autre qu'il y avait en lui quelque chose de contraint que je ne pouvais* m'expliquer, et qui réagissait sur moi d'une manière pénible. Je ne savais pas alors ce que c'était que la timidité, cette souffrance intérieure qui nous poursuit jusque dans l'âge le plus avancé, qui refoule sur notre cœur les impressions les plus profondes, qui glace nos paroles, qui dénature dans notre bouche tout ce que nous essayons de dire, et ne nous permet de nous exprimer que par des mots vagues ou une ironie plus ou moins amère, comme si nous voulions nous venger sur nos sentiments mêmes de la douleur que nous éprouvons à ne pouvoir les faire connaître. Je ne savais pas que, même avec son fils, mon père était timide, et que souvent, après avoir longtemps attendu de moi quelques témoignages d'affection que sa froideur apparente semblait m'interdire, il me quittait les yeux mouillés de larmes et se plaignait d'autres de ce que je ne l'aimais pas. — Ma contrainte avec lui eut une grande influence sur mon caractère. Aussi timide que lui, mais plus agité, parce que j'étais plus jeune, je m'accoutumai à renfermer en moi-même tout ce que j'éprouvais, à ne former que des plans solitaires, à compter que sur moi pour leur exécution, à considérer les avis, l'intérêt, l'assistance et jusqu'à la seule présence des autres comme une gêne et comme un obstacle. Je contractai l'habitude de ne jamais parler de ce qui m'occupait, de ne me soumettre à la conversation que comme à une nécessité importune et de l'animer alors par une plaisanterie perpétuelle qui me la rendait moins fatigante, et qui m'aidait à cacher mes véritables pensées. De là une certaine absence d'abandon qu'aujourd'hui encore mes amis me reprochent, et une difficulté de causer sérieusement que j'ai toujours peine à surmonter. Il en résulta en même temps un désir ardent d'indépendance, une grande impatience des liens dont j'étais environné, une terreur invincible d'en former de nouveaux. Je ne me trouvais à mon aise que tout seul, et tel est même à présent l'effet de cette disposition d'âme que, dans les circonstances les moins importantes, quand je dois choisir entre deux partis, la figure humaine me trouble, et mon mouvement naturel est de la fuir pour délibérer en paix. Je n'avais point cependant la profondeur d'égoïsme qu'un tel caractère paraît annoncer : tout en ne m'intéressant qu'à moi, je m'intéressais faiblement à moi-même. Je portais au fond de mon cœur un besoin de sensibilité dont je ne m'apercevais pas, mais qui, ne trouvant point à se satisfaire, me détachait successivement de tous les objets qui tour à tour attiraient ma curiosité. Cette indifférence sur tout s'était encore fortifiée par l'idée de la mort, idée qui m'avait frappé très jeune, et sur laquelle je n'ai jamais conçu que les hommes s'étourdissent si facilement. J'avais l'âge de dix-sept ans : je vis mourir une femme âgée, dont l'esprit, d'une tournure remarquable et bizarre, avait commencé à développer le mien. [...] Cet événement m'avait rempli d'un sentiment d'incertitude sur la destinée, et d'une rêverie vague qui ne m'abandonnait pas. Je lisais de préférence dans les poètes ce qui rappelait la brièveté de la vie humaine. Je trouvais qu'aucun but ne valait la peine d'aucun effort. Il est assez singulier que cette impression se soit affaiblie précisément à mesure que les années se sont accumulées sur moi. Serait-ce parce qu'il y a dans l'espérance quelque chose de douteux, et que, lorsqu'elle se retire de la carrière de l'homme, cette carrière prend un caractère plus sévère, mais plus positif ? Serait-ce que la vie semble d'autant plus réelle que toutes les illusions disparaissent, comme la cime des rochers se dessine mieux dans l'horizon lorsque les nuages se dissipent ? [...] J'étais reconnaissant de l'obligeance qu'on me témoignait ; mais tantôt ma timidité m'empêchait d'en profiter, tantôt la fatigue d'une agitation sans but me faisait préférer la solitude aux plaisirs insipides que l'on m'invitait à partager. Je n'avais de haine contre personne, mais peu de gens m'inspiraient de l'intérêt ; or les hommes se blessent de l'indifférence, ils l'attribuent à la malveillance ou à l'affectation ; ils ne veulent pas croire qu'on s'ennuie avec eux, naturellement. Quelquefois je cherchais à contraindre mon ennui ; je me réfugiais dans une taciturnité profonde : on prenait cette taciturnité pour du dédain. D'autres fois, lassé moi-même de mon silence, je me laissais aller à quelques plaisanteries, et mon esprit, mis en mouvement, m'entraînait au-delà de toute mesure. Je révélais en un jour tous les ridicules que j'avais observés durant un mois. Les confidents de mes épanchements subits et involontaires ne m'en savaient aucun gré et avaient raison ; car c'était le besoin de parler qui me saisissait, et non la confiance. J'avais contracté dans mes conversations avec la femme qui la première avait développé mes idées une insurmontable aversion pour toutes les maximes communes et pour toutes les formules dogmatiques. Lors donc que j'entendais la médiocrité disserter avec complaisance sur des principes bien établis, bien incontestables en fait de morale, de convenances ou de religion, choses qu'elle met assez volontiers sur la même ligne, je me sentais poussé à la contredire, non que j'eusse adopté des opinions opposées, mais parce que j'étais impatienté d'une conviction si ferme et si lourde. Je ne sais quel instinct m'avertissait, d'ailleurs, de me défier de ces axiomes généraux si exempts de toute restriction, si purs de toute nuance. Les sots font de leur morale une masse compacte et indivisible, pour qu'elle se mêle le moins possible avec leurs actions et les laisse libres dans tous les détails. — Je me donnai bientôt par cette conduite une grande réputation de légèreté, de persiflage, de méchanceté. Mes paroles amères furent considérées comme des preuves d'une âme haineuse, mes plaisanteries comme des attentats contre tout ce qu'il y avait de plus respectable. Ceux dont j'avais eu le tort de me moquer trouvaient commode de faire cause commune avec les principes qu'ils m'accusaient de révoquer en doute : parce que sans le vouloir je les avais fait rire aux dépens les uns des autres, tous se réunirent contre moi. On eût dit qu'en faisant remarquer leurs ridicules, je trahissais une confidence qu'ils m'avaient faite. On eût dit qu'en se montrant à mes yeux tels qu'ils étaient, ils avaient obtenu de ma part la promesse du silence : je n'avais point la conscience d'avoir accepté ce traité trop onéreux. Ils avaient trouvé du plaisir à se donner ample carrière : j'en trouvais à les observer et à les décrire ; et ce qu'ils appelaient une perfidie me paraissait un dédommagement tout innocent et très légitime. — Je ne veux point ici me justifier : j'ai renoncé depuis longtemps à cet usage frivole et facile d'un esprit sans expérience ; je veux simplement dire, et cela pour d'autres que pour moi qui suis maintenant à l'abri du monde, qu'il faut du temps pour s'accoutumer à l'espèce humaine, telle que l'intérêt, l'affectation, la vanité, la peur nous l'ont faite. L'étonnement de la première jeunesse, à l'aspect d'une société si factice et si travaillée, annonce plutôt un cœur naturel qu'un esprit méchant. Cette société d'ailleurs n'a rien à en craindre. Elle pèse tellement sur nous, son influence sourde est tellement puissante, qu'elle ne tarde pas à nous façonner d'après le moule universel. Nous ne sommes plus surpris alors que de notre ancienne surprise et nous nous trouvons bien sous notre nouvelle forme, comme l'on finit par respirer librement dans un spectacle encombré par la foule, tandis qu'en y entrant on n'y respirait qu'avec effort. — Si quelques-uns échappent à cette destinée générale, ils renferment en eux-mêmes leur dissentiment secret ; ils aperçoivent dans la plupart des ridicules le germe des vices : ils n'en plaisantent plus, parce que le mépris remplace la moquerie, et que le mépris est silencieux. — Il s'établit donc, dans le petit public qui m'environnait, une inquiétude vague sur mon caractère. On ne pouvait citer aucune action condamnable ; on ne pouvait même m'en contester quelques-unes qui semblaient annoncer de la générosité ou du dévouement ; mais on disait que j'étais un homme immoral, un homme peu sûr : deux épithètes heureusement inventées pour insinuer les faits qu'on ignore, et laisser deviner ce qu'on ne sait pas. » À la suite de quoi le livre roule sur l'histoire d'amour qui est le véritable objet du livre. (Le père est d'ailleurs toujours là, agissant à distance, imbibant les pages sans crier gare, tel un virus que verrait seul un microscope. J'étais reconnaissant à l'égard du mien et le respectais, lui qui était généreux et savait se montrer tendre, quoique dans la famille on ne dispensât pas des marques d'affections ordinaires, puisque je ne me souviens pas d'avoir beaucoup embrassé mes parents, ni salué mon frère, ni d'avoir vu ma mère recevoir sans confusion, en la présence de ses deux fils, les câlins prodigués par mon père. Il était ironique, taquin, peu enclin aux conversations en tête-à-tête, impatient d'avoir fini de parler. J'eus vite fait, si jamais je le tentai même un jour, de ne plus m'engager dans une discussion de plus d'une minute avec lui, craignant que cela ne servît à rien. À l'admirer parler et faire le pitre en public, à plaisanter sur tout et n'importe quoi, je l'imaginais sociable. Je réalisai, bien des années plus tard, qu'il était en fait très timide et que c'était une façon de canaliser ses peurs et ses angoisses. Il fut à l'origine de la moitié de mes rougissements et, sans doute, sans l'avoir voulu, inspira à mon âme « *le dédain de tous les objets qui l'environnent* », glaça mes paroles, fit germer, dans les sillons de ma timidité, une souffrance intérieure refoulante, m'accoutuma « *à renfermer en moi-même tout ce que j'éprouvais* », « *à considérer les avis, l'intérêt, l'assistance et jusqu'à la seule présence des autres comme une gêne et comme un obstacle* », « *à cacher mes véritables pensées* », à désirer plus que tout l'indépendance, et, si j'y réfléchis bien, *à écrire...* L'écrivain n'est-il pas un homme qui se coupe du monde et réussit, de lui-même, par lui-même, pour lui-même, à s'en créer un meilleur, idéalisé ? L'écrivain n'est-il pas le pirate de sa propre existence, celui qui, voguant sur une mer qui le perd, crie « À l'abordage ! » avant de piller le bateau fantôme dénommé *À l'abandon* ? L'écrivain n'est-il pas celui qui, comme le dirait Zarathoustra, ayant perdu le monde, conquiert *son* propre monde ? Je suis un petit Proust qui écrit sur son nuage : à la recherche du temps perdu — en avançant contre sa perte ; à la recherche de ce qui l'a perdu — en avançant au nom de sa perte.) Envisagerai-je de reparler de tout cela ? C'est plus que probable, tant mes relations amoureuses furent *adolphiennes, adolphesques, adolphiques, constantiennes*, — ou tout ce que l'on voudra d'*adolphement constant* (et je m'unissais mélancoliquement à lui dès la préface de la seconde édition qu'il achevait par ces mots : « *C'est ne pas commencer de telles liaisons qu'il faut pour le bonheur de la vie : quand on est entré dans cette route, on n'a plus que le choix des maux* »). J'ai cependant quelques réserves à émettre : comme moi, l'influence du père de Constant fut immense (*mais* sa mère étant morte en couches huit jours après sa naissance, son père dut mettre les bouchées doubles pour s'occuper seul de son fils) ; — comme moi, il recherca inconsciemment l'affection d'une femme qui fût l'égale de celle de sa mère (*mais*, nous venons de le dire, il fut endeuillé dès qu'il vint au monde, et ses élans amoureux se confondirent avec ceux qui poussent l'enfant vers sa mère, une mère qu'il n'aura jamais connue, tandis que la mienne fut toujours là, et que, disait Hugo, « *Ma mère — était ma mère !* ») ; — comme moi, il fut timide et rougissait (*mais*, d'une part, son éreutophobie devait être minime puisqu'il n'eut pas de mal à prononcer des discours en public, notamment à la Chambre des Députés, d'autre part, le grain de peau de son visage, si l'on en juge par les portraits qui ont été réalisés, semblait propice aux rougeurs, et on peut le prendre au pied de la lettre lorsqu'il affirme : « *Tour à tour je rougissais et je pâlissais* ») ; — comme moi, il « hamletisa » (*mais* ses moments d'irrésolution doivent être relativisés au regard de son investissement en politique, qui ne leur est pas compatible). Et puis, quand vint le temps de lire, dans la Pléiade, son *Journal* (dont il n'avait dévoilé l'existence à personne), je pus relever de nouvelles et nombreuses caractéristiques qui nous rapprochaient davantage (bien qu'il avouât que son journal était tronqué dans le sens où il y consignait plus facilement ses peines que ses joies) : hypocondriaque, il se plaint souvent de ses yeux ; il multiplie les signes du désespoir ; il est malheureux en amour ; il a toujours envie de rompre sans y parvenir ; il a des idées suicidaires (il fit d'ailleurs au moins une tentative en mars 1795) ; il concède que sa volonté est inextricablement contrainte ou contraignante (« *J'avais abdiqué tout exercice de ma volonté* ») ; il est mélancolique (la formule « *on se pendra à force de bonheur* », envoyée à Madame Récamier, en est une représentation incroyable) ; il eut une longue relation avec Isabelle de Charrière, de vingt-sept ans son aînée (« *Au milieu de toute l'agitation de mes lettres romanesques, de mes propositions d'enlèvement, de mes menaces de suicide et de mon empoisonnement théâtral, je passai des heures, des nuits entières à causer avec Madame de Charrière, et pendant ces conversations, j'oubliai mes inquiétudes sur mon père, mes dettes, Mademoiselle Pourras et le monde entier* ») ; il fut adepte de l'onanisme (c'est du moins ce que je déduis de la codification qu'il décida d'utiliser quand il reprit son journal de façon abrégée, moins par rapport au chiffre 1 qui « *signifie jouissance physique* », qu'au 3 : « *retours à ce lien par des souvenirs ou quelque charme momentané* ») ; *et cætera...* — Certes, j'aurais pu placer ces quelques pages dans la partie dédiée à la famille et aux relations, mais, de même que j'ai inclus dans ce chapitre-ci les questions du divorce et de l'androgynie, il était nécessaire de faire part au plus tôt de ce genre d'identification qui ne peut que nourrir la mélancolie tout en la soulageant (la délectation de vous apercevoir que vous n'êtes pas seul, qu'il y eut un ami lointain qui pensa comme vous, et vous rendit la tristesse gaie : si vous aviez vu mes yeux s'humecter de joie incontrôlée le jour où je découvris et achetai, chez un bouquiniste nantais, l'édition originale de *Cécile*, vous comprendriez le réconfort que cela apporte à une âme que la mélancolie gagne peu à peu). Dans une vie qui n'est pas encore parvenue à son terme, il est difficile de faire le point, d'ajuster les émotions, les souvenirs, et rares sont les éléments qui ne s'enchevêtrent pas et ne mènent pas à la confusion. Aussi bien, le thème de la folie figure-t-il dans le chapitre sur l'être-au-monde et aurait-il pu, préférablement, être situé dans celui-ci... Leur différenciation pose en effet un problème (un « πρόβλημα », un « *obstacle* ») : la mélancolie est-elle une folie ? la folie est-elle une mélancolie ? Voire : la folie est-elle une mélancolie qui a mal tourné ? la mélancolie est-elle une folie raisonnable ?... — Dans ses *Derniers portraits littéraires*, Sainte-Beuve dévoue l'un de ses vingt-et-un chapitres au duo Benjamin Constant/Madame de Charrière. Il y cite une lettre de 1792, aujourd'hui perdue, que le premier envoya à la seconde, et dont, avant de poursuivre ma quête sans but, je me permettrai de recopier un passage qui conclura sur le ton qui m'apparaît le plus approprié entre tous : « *Blasé sur tout, ennuyé de tout, amer, égoïste, avec une sorte de sensibilité qui ne sert qu'à me tourmenter, mobile au point d'en passer pour fol, sujet à des accès de mélancolie qui interrompent tous mes plans, et me font agir, pendant qu'ils durent, comme si j'avais renoncé à tout ; persécuté en outre par les circonstances extérieures, par mon père à la fois tendre et inquiet..., par une femme amoureuse d'un jeune étourdi, platoniquement, dit-elle, et prétendant avoir de l'amitié pour moi ; persécuté par toutes les entraves que les malheurs et les arrangements de mon père ont mises dans mes affaires, comment voulez-vous que je réussisse, que je plaise, que je vive ?...* »

* * * * *

Benjamin Constant avait traité *Du polythéisme romain, considéré dans ses rapports avec la philosophie grecque et la religion chrétienne*, essai qu'il avait conclu en parcourant l'épicurisme, le scepticisme et le stoïcisme. Vers le IVème siècle avant Jésus-Christ, après s'être agité pendant trois siècles, l'esprit grec, qui avait été (ou s'était) promené de conjectures et conjectures, eut comme l'impression que « *plus la pensée avait redoublé d'efforts, plus l'incertitude avait augmenté* ». Ainsi s'était assise la philosophie sceptique, et en Grèce et en moi, — car plus je vieillissais, plus ma connaissance et ma sagesse s'agrandissaient, et plus le doute m'assaillait. « *Le doute ! mot funèbre et qu'en lettres de flammes, / Je vois écrit partout, dans l'aube, dans l'éclair, / Dans l'azur de ce ciel, mystérieux et clair, / Transparent pour les yeux, impénétrable aux âmes !* » Le doute est une étape nécessaire, comme l'est le nihilisme. Il faut l'accepter, le comprendre, l'aimer, le remettre en doute aussi, l'amalgamer au stoïcisme et à l'épicurisme, et ne tomber dans aucun dogmatisme. Il faut l'accepter, mais aussi le faire accepter, le faire comprendre, le faire aimer chez l'autre, et je dirais comme Socrate le disait à Ménon : « *[…] ce sont essentiellement les doutes dont personnellement je suis plein, qui me mettent en état de faire naître des doutes aussi chez les autres !* » (Mais si le doute, comme nous venons de l'affirmer, est aussi nécessaire que l'est le nihilisme, il est en revanche dangereux quand il se radicalise et mène réellement au nihilisme grégaire. Je connais de loin certains de ces sceptiques bornés et obstinés qui rejettent tout (excepté les mathématiques), qui n'attendent, en remettant tout en cause (excepté le « deux fois deux »), que l'occasion de manifester leur scientisme réducteur et d'alimenter un conflit qui n'a aucun intérêt. En supprimant tous les repères, ils n'ont plus de repaire (pourquoi vivent-ils, ces individus qui empuantissent l'air de la philosophie ?). En fustigeant les croyances (qu'ils confondent avec la crédulité), ils n'en croient pas moins savoir ce que les autres ne savent pas et feraient mieux de relativiser leur relativisme ou, mieux, de *probabiliser*, au sens cicéronien, leurs convictions. Cicéron dit d'ailleurs que ce qui compte, pour l'homme, et qui est l'un de ses « *plus précieux privilèges* », « *c'est la poursuite et l'investigation de la vérité* », considérant par là que la vérité est moins importante que le chemin qui devrait y mener. Qu'ils relisent, ces justiciers de l'instable, l'humble Gotthold Ephraim Lessing : « *Ce n'est pas la vérité qu'un individu quelconque possède ou croit posséder, c'est l'effort loyal fait pour s'emparer de la vérité qui constitue la valeur de l'homme. Car ce n'est point par la possession, mais par la recherche de la vérité que s'étendent ses forces, où réside seul son perfectionnement toujours croissant. La possession rend paisible, paresseux et fier. Si Dieu tenait renfermée dans sa droite toute vérité et dans sa gauche le seul instinct toujours vivace qui la poursuit, en y ajoutant même pour moi la condamnation à l'erreur permanente, éternelle, et si Dieu me disait : Choisis ! je me précipiterais humblement à sa gauche, et je dirais : Père, donne : la pure vérité n'est que pour toi seul.* » Douter de toutes choses, pour ces gens-là, ces sceptiques bornés, c'est une façon de se cacher — et de cacher aux autres — qu'au fond d'eux-mêmes, intimement, tristement, ils *redoutent quelque chose*…) Au contact d'Épictète, de Sénèque, de Cicéron, de Marc-Aurèle, d'Épicure, de Lucrèce, une certaine sérénité s'empara de moi, m'ouvrit de nouveaux horizons, m'offrit de nouvelles perspectives, élargit mon mode de pensée, m'assagit et, sans conteste, précisa les contours de ma mélancolie. De quoi s'agit-il au juste dans tout cela ? D'atteindre le bonheur. « *Sed ubi est ista beata vita ? ubi ? ubinam ?* », s'interrogeait saint Augustin dans une lettre à Nébride : « *Mais où est cette heureuse vie ? où donc est-elle ?* » L'expression « *atteindre le bonheur* » présuppose que le bonheur n'est pas accessible sans que l'on fasse rien pour l'obtenir, qu'il ne se donne pas tant que l'on n'a pas envisagé d'emprunter un chemin qui en sera le but. Persévérer, s'efforcer avec en ligne de mire le bien ; mais également s'abstenir, éviter, renoncer… L'homme, cet être si inconstant, si imprévisible, a peur de deux choses : souffrir et mourir. Qu'est-ce que l'homme ? Cela tient en deux mots, et personne ne pourra dire le contraire : une *créature mourante*, car il est né pour mourir (comme le compagnon de Don Quichotte, l'homme devrait se dire : « *Moi, Sancho, je suis né pour vivre en mourant* »). Et en attendant de mourir pour de bon, qu'espère-t-il ? Ne pas souffrir. (Certains, troublés par une peur tenace de mourir ou de souffrir, désespèrent tant qu'ils préfèrent souffrir et mourir. Ce paradoxe est rapporté par Lucrèce : « *Souvent même la peur de la mort inspire aux humains un tel dégoût de la vie et de la lumière qu'ils vont dans leur désespoir jusqu'à s'assurer de leurs mains le trépas, sans se souvenir que la source de leur souffrance était cette peur elle-même, elle qui persécute la vertu, qui rompt les liens de l'amitié et qui en somme par ses conseils détruit la piété.* » Si un homme peut souhaiter mourir parce qu'il a peur de mourir, c'est que le problème est plus subtil qu'il n'en a l'air.) Il a beau observer la nature, je n'y vois que mort et souffrance. Quand Marc-Aurèle m'explique que la mort n'est rien, je me sens rasséréné et je doute en même temps : « *Qu'est-ce que mourir ? Si l'on envisage la mort en elle-même, et si, divisant sa notion, on en écarte les fantômes dont elle s'est revêtue, il ne restera plus autre chose à penser, sinon qu'elle est une action naturelle. Or celui qui redoute une action naturelle est un enfant. La mort pourtant n'est pas uniquement une action naturelle, mais c'est encore une œuvre utile à la nature.* » N'aie pas peur de la mort, car elle n'est rien que naturelle. Et la souffrance ? n'est-elle pas naturelle ? L'empereur ajoute : « *En un mot, toujours considérer les choses humaines comme éphémères et sans valeur : hier, un peu de glaire ; demain, momie ou cendre. En conséquence, passer cet infime moment de la durée conformément à la nature, finir avec sérénité, comme une olive qui, parvenue à maturité, tomberait en bénissant la terre qui l'a portée, et en rendant grâces à l'arbre qui l'a produite.* » C'est beau, — mais c'est absurde ; c'est rassurant, — mais cela me chagrine. La mort ne dépendant pas de nous, dit Épictète, il ne convient pas de s'en affliger, ni pour nous ni pour les autres, dont découlent les devises gréco-latines du « ἀνέχου καὶ ἀπέχου » et du « *sustine et abstine* » (« *abstiens-toi et supporte* »), datées d'un fragment de Ménandre. Et puis, comme le dit Horace, « *melius quicquid erit pati* » (« *le mieux est de se résigner, quoi qu'il arrive* »). — Ce qui me désespère, ce qui m'a toujours désespéré, ce ne sont pas les choses désespérantes ; c'est que le désespoir *soit*, qu'il *puisse être*, qu'il *est*. Si l'on veut tras remonter jusqu'à la « *dernière raison des choses* », Dieu, ce « grand principe », écrivait Leibniz, selon lequel « rien ne se fait sans raison suffisante, *c'est-à-dire que rien n'arrive qu'il soit possible à celui qui connaîtrait assez les choses de rendre une raison qui suffise pour déterminer pourquoi il en est ainsi, et non pas autrement* », comment répondre à la première question : « pourquoi y a-t-il quelque chose plutôt que rien ? » Comment répondre à ce « *pourquoi* » ?

(Voire : pourquoi répondre à ce « *comment* » ?) En effet, continue de remarquer Leibniz, si l'on admet que « *le rien est plus simple et plus facile que quelque chose* », « *il faut qu'on puisse rendre raison pourquoi elles doivent exister ainsi, et non autrement* ». Pourquoi la Raison devrait-elle toujours chercher ou trouver des raisons ? La Raison veut-elle à tout prix *se faire une raison* ? Encore faudrait-il qu'elle crût en une vérité ! Mais la Vérité, cette grande Réalité, comme on le lit dans la Muṇḍakopaniṣad, « *Les yeux ne peuvent La contempler, / la parole ne peut La décrire / ni les sens La percevoir* ». À quoi bon ?... Novalis a-t-il perdu la raison en écrivant que « *la vérité est une erreur complète, comme la santé est une maladie complète* » ? — Mon désespoir n'est pas une hallucination ; — ou bien, s'il en est une, cette hallucination ne saurait en être une à son tour, par conséquent il y a quelque chose, cela (le désespoir, l'hallucination) *est*. Être, c'est rêver ! Rêver, c'est être ! « *Are you sure that we are awake? It seems to me that yet we sleep, we dream.* » (« *Êtes-vous sûrs — que nous sommes éveillés ? Il me semble, à moi, — que nous dormons, que nous rêvons encore.* ») — Mon livre n'est pas un roman. Pourtant, tout comme lui, en reprenant les mots de Camus, il « *ne dit que la nostalgie, le désespoir, l'inachevé* », et même s'il ne dit que cela, « *il crée encore la forme et le salut* » ; parce que « *nommer le désespoir, c'est le dépasser* », et que « *la littérature désespérée est une contradiction dans les termes* ». Ne nous donnons pas une raison, ne nous demandons pas sans cesse pourquoi tout paraît inintelligible : *cela est*, — *c'est tout*, — et ne soyons pas ces papillons dont parle Hypérion, qui doivent remercier la nature qui les a créés, mais parlons encore « *de souffrance et de malheur* ». — J'ai fini, et « *quand un homme a fini, c'est alors qu'il commence* » (*Sir 18,7*) : commençons donc par le *désespoir*, puis nous enchaînerons sur l'*absurde*.

* * * * *

Les dictons consolent : « *L'espoir fait vivre* », dit-on aujourd'hui ; — « *L'espérance fait vivre* », avait-on coutume de dire. En des temps reculés, pour l'expression « *avoir l'espoir que* », on avait le choix entre les deux auxiliaires « *être* » et « *avoir* », et l'on pouvait dire « *avoir esperance que* » ou « *estre esperance que* ». Dans tous les cas, « *espérance* » ou « *espoir* », que nous considérerons comme des synonymes, s'inscrivent dans le temps et marquent une *attente*, l'attente d'un bien qu'on désire et dot on croit qu'il arrivera. La définition du « *désespoir* » ou de la « *désespérance* » devient évidente : c'est l'état de celui qui a *perdu* tout espoir, toute espérance, et qui par conséquent *n'attend plus*. C'est par extension que le désespoir a désigné une extrême affliction, un abattement de l'âme, une *mélancolie noire*, et qu'il s'est définitivement éloigné de son antonyme, l'espérance, — qui est, rappelons-le, l'une des trois vertus théologales, les deux autres étant la foi et la charité (« *mais la plus grande de ces choses, c'est la charité* », insistait Paul devant les Corinthiens). À quelle notion, fondamentalement, l'espoir et le désespoir renvoient-ils ? (Avant de répondre, admirons — figurativement — deux des cinquante-trois fresques qui se trouvent à la Cappella degli Scrovegni de Padoue, chefs-d'œuvre que Giotto di Bondone, le grand initiateur du mouvement de la Renaissance italienne, a peints entre 1303 et 1306. Au milieu des sept Vertus et des sept Vices apparaissent *Spes* et *Desperatio*, — *Speranza* et *Disperazione*, — *Espérance* et *Désespérance*, — dont la valeur interprétative est claire : d'un côté, une déesse en lévitation qui tend les bras vers une couronne présentée par un ange (l'atteindra-t-elle ?) ; de l'autre, une déesse déchue pendue à une corde, les bras écartés et tendus, telle une croix affaissée, qu'un diablotin visite (tout est fini).) L'aspect ontologique de la forme moyenâgeuse (*être l'espérance*) peut sans ambiguïté renvoyer à un mode d'être, un mode existentiel. Quel qu'il soit, consciemment ou non, un être humain naturellement constitué est toujours dans l'attente de quelque chose. Celui qui n'attend rien est soit mort, soit un animal, soit un imbécile (vivre au jour le jour, sans aucune réflexion), soit un *désespéré*, un *désespérant*. Mais l'espoir et le désespoir renvoient plus particulièrement à la question que posait Kant : « *Que m'est-il permis d'espérer ?* » Il en explicite la portée : « *Enfin, à la troisième question, savoir : en faisant ce que je dois, que puis-je espérer ? est tout à la fois théorétique et pratique ; de telle sorte que la pratique conduit, comme un fil conducteur seulement, à la réponse à la question théorétique, et quand celle-ci s'élève, la pratique mène à la solution de la question spéculative. Car toute* espérance *tend au bonheur par rapport à la pratique et à la loi morale ; elle est la même chose que le savoir et la loi physique par rapport à la connaissance théoretique des choses. L'espérance revient en dernière analyse à la conclusion qu'il y a quelque chose (qui détermine le dernier but possible),* parce que quelque chose doit arriver *; le savoir revient à conclure qu'il y a quelque chose (qui agit comme cause suprême),* parce que quelque chose arrive. » Même si Vercors écrit (*Désespoir est mort*) que « *l'espoir, le désespoir, ne sont pas choses raisonnantes ni raisonnables* », je serai bien obligé de raisonner sur leur fonction et de leur trouver une raison. Dans *L'Imitation*, on peut lire cette recommandation : « *Si vous vous appliquiez à être ce que vous devez être, à souffrir et à mourir, bientôt vos peines s'évanouiront et vous aurez la paix.* » Il y a un devoir de souffrir qui est proche de la nécessité de désespérer. Avant de sèchement *désespérer*, on commence par *désespérer de quelque chose*, et avant de *désespérer de quelque chose*, on commence par *espérer quelque chose*, état qui est le point de départ d'une chaîne qui procède d'une attente. Tandis que l'homme qui espère que quelque chose arrive, espérera tant que cette chose ne sera pas arrivée, et qu'il pourra, *parce que cela ne sera jamais arrivé*, avoir espéré toute sa vie *sans que ce qu'il espérait fût arrivé*, l'homme désespéré, lui, n'attend plus que quelque chose arrive *puisque rien ne doit arriver*. Aussi étrange que cela paraisse, ces deux hommes ont ainsi un point commun, l'un en sauvegardant son espoir dans l'attente que quelque chose arrive, l'autre en faisant fi de ce qui pourrait bien arriver : ils *n'ont pas* ce qu'ils espèrent avoir ou auraient espéré avoir. Tous les deux tiennent un pari, le premier, que quelque chose *doit* arriver, le second, qu'elle *ne le peut pas*. Lequel se trompe ? Dans l'absolu, ni l'un ni l'autre. Il leur est permis d'espérer comme il leur est permis de ne pas le faire (tous les espoirs sont permis, et *vice versa*), à ceci près que celui qui désespère, au moins une fois dans sa vie, a espéré, alors que celui qui se nourrit de l'espoir a toutes les chances de n'avoir pas connu le désespoir (ou d'avoir oublié son existence). Mon pessimisme (réalisme ?) n'étonnera pas ; cependant mon expérience, qui me semble loin d'être unique, m'a fait voir que l'espoir n'est souvent qu'un rêve, et que les rêves se réalisent rarement. (Si toutefois, *car cela arrive*, ils se réalisent, ils ne sont plus à proprement parler un rêve, et l'espoir, qui est, dit saint Thomas, « *la même chose que le désir ou l'avidité* », et qui avait des traits enchanteurs, s'évanouit comme

404

l'excitation après l'éjaculation. Sénèque, à propos de la volupté, que je compare à l'espoir, affirme qu'elle « *n'aboutit qu'au lieu où elle cesse, et au moment où elle commence elle regarde déjà sa fin* », autrement dit qu'elle s'évanouit dans l'usage d'elle-même, comme le fait tout ce qui vient et passe comme l'éclair.) En désespérant, c'est-à-dire en n'attendant plus, on se protège contre les coups du sort ou les déceptions, ce qui est, sinon une forme de sécurité, du moins une forme de lâcheté ; mais en espérant, si la patience est indestructible, on finit par s'illusionner en fermant les yeux sur les vicissitudes de l'être (encore la sécurité), et si l'impatience l'emporte, on doit craindre d'être, à un moment ou à un autre, *déçu, frustré, mystifié*, et de s'être depuis le début donné un faux espoir. Pour Spinoza, les affections de l'*espoir* (*joie* inconstante née de l'image d'une chose future ou passée dont l'issue est tenue pour douteuse) et de la *crainte* (*tristesse* inconstante également née de l'image d'une chose douteuse) ne sauraient être bonnes par elles-mêmes, et il les appelle *sécurité* et *désespoir* dès lors qu'on leur ôte le doute. Je me le demande : qu'est-ce qu'une vie passée à attendre sans rien voir venir ? que serait une vie ou tous les désirs se verraient comblés, et tous les espoirs, contentés ? La vie est-elle faite d'espoirs ? Oui, diront ceux que l'espoir fait vivre, qui sont légion, et qui exaspèrent Jules Laforgue dans son poème *L'espérance* : « L'Espoir ! toujours l'espoir ! Ah ! gouffre insatiable, / N'as-tu donc pas assez englouti d'univers ? [...] *Tout espère ici-bas.* » (Encore le dilemme : vit-on mieux en ne pensant pas l'être ? N'y a-t-il au monde que les philosophes ou les Hamlet pour s'interroger sur l'être et s'en rendre malades ? Sur ce sujet, j'aimerais rappeler le conte de Voltaire, *Histoire d'un bon bramin* (« *bramin* » veut dire « *brahmane* »), où le narrateur, grand voyageur, rencontre un vieux bramin, un « *homme fort sage, plein d'esprit et très savant* », qui lui dit un jour qu'il voudrait n'être jamais né. Pourquoi cela, se demande-t-on ? Écoutons-le : « *J'étudie depuis quarante ans, ce sont quarante années de perdues ; j'enseigne les autres, et j'ignore tout ; cet état porte dans mon âme tant d'humiliation et de dégoût, que la vie m'est insupportable. Je suis né, je vis dans le temps, et je ne sais pas ce que c'est que le temps : je me trouve dans un point entre deux éternités, comme disent nos sages, et je n'ai nulle idée de l'éternité : je suis composé de matière, je pense, je n'ai jamais pu m'instruire de ce qui produit la pensée : j'ignore si mon entendement est en moi une simple faculté, comme celle de marcher, de digérer, et si je pense avec ma tête comme je prends avec mes mains. Non seulement le principe de ma pensée m'est inconnu, mais le principe de mes mouvements m'est également caché : je ne sais pourquoi j'existe ; cependant on me fait chaque jour des questions sur tous ces points ; il faut répondre ; je n'ai rien de bon à dire ; je parle beaucoup, et je demeure confus et honteux de moi-même après avoir parlé. [...] Je suis prêt quelquefois de tomber dans le désespoir, quand je songe qu'après toutes mes recherches, je ne sais ni d'où je viens, ni ce que je suis, ni où j'irai, ni ce que je deviendrai.* » Le narrateur, ému et peiné en entendant le bonhomme parler de la sorte, avoue que personne ne pourrait sembler « *ni plus raisonnable, ni de meilleure foi que lui* ». Ayant remarqué que, dans le voisinage du philosophe, habitait une vieille femme heureuse, « *un vieil automate qui ne pense à rien et qui vit content* », il lui demande si cette proche présence, pour le moins importune, ne le chagrine pas. Le bramin lui donne raison : « *je me suis dit cent fois que je serais heureux si j'étais aussi sot que ma voisine, et cependant je ne voudrais pas d'un tel bonheur.* » De cette réponse, le narrateur tire la conclusion suivante : « *Je proposai la chose à des philosophes, et ils furent de mon avis. 'Il y a pourtant, disais-je, une furieuse contradiction dans cette manière de penser ; car, enfin, de quoi s'agit-il ? d'être heureux. Qu'importe d'avoir de l'esprit ou d'être sot ? Il y a bien plus : ceux qui sont contents de leur être sont bien sûrs d'être contents ; ceux qui raisonnent ne sont pas si sûrs de bien raisonner. Il est donc clair, disais-je, qu'il faudrait choisir de n'avoir pas le sens commun, pour peu que ce sens commun contribue à notre mal-être.' Tout le monde fut de mon avis ; et cependant je ne trouvai personne qui voulût accepter le marché de devenir imbécile pour devenir content. De là je conclus que, si nous faisons cas du bonheur, nous faisons encore plus cas de la raison.* » Je ne doute pas que ce genre de petite morale siée bien à *La Perte de Sens* : la morale du *perdu-pour-perdu*...) Nous en étions à Laforgue, dépité que « *Tout espère ici-bas* » : est-ce que, vraiment, « *tout* » espère ? De son côté, le plus grand spécialiste en la matière, Monsieur Søren Kierkegaard, auteur d'un *Traité du désespoir*, s'interroge, s'étonne et ouvre le débat en répondant : « *Le rare ce n'est pas d'être désespéré, au contraire, le rare, le rarissime, c'est vraiment de ne pas l'être.* — *Mais le jugement du vulgaire ne comprend pas grand-chose au désespoir.* » L'affirmation contenue dans ces deux phrases pourrait paraître contradictoire. Ce serait se méprendre sur leur sens. Si l'on ne disposait que de la seconde, on en déduirait que le vulgaire n'entend rien au désespoir parce que, justement, il espère. Cependant, en étendant à tous les êtres le fait d'être désespéré, la première phrase nous renseigne sur ce que Kierkegaard appelle le « *secret* » du désespoir, c'est-à-dire la propension de cette « *maladie* » à « *si bien se dissimuler dans l'homme qu'il n'en sache même rien !* » Quelle que soit la notion qu'il aborde, aussi simple soit-elle, Kierkegaard, comme à son habitude, la redéfinit en des termes d'une subtilité infinie, la complique tout en révélant toute sa potentialité, toute sa puissance insoupçonnée, il en fait le tour pour l'exploiter à fond, il la presse savamment, tel un fruit précieux, pour en faire sortir l'unique et vrai nectar qu'elle regorge, il la manie en jongleur professionnel, la taille en orfèvre délicat. Chez Kierkegaard, de même que le *scandale*, l'*angoisse*, la *répétition*, la *culpabilité*, l'*éthique*, l'*esthétique*, le *mariage*, le *possible*, le *christianisme*, le *péché*, l'*individuité* ou le *silence*, — le *désespoir* n'est pas le désespoir ; le désespoir, dépassant sa propre signification, est plus que le désespoir ; il est un mot-clé permettant de passer des portes infranchissables ou inconnues ; il est un sens à dépouiller méticuleusement, sur des dizaines et des dizaines de paragraphes ; il est, dialectiquement parlant, moins ce que l'on croyait qu'il était, que ce qu'il est dans son éternité ; il offre sa nudité, englobe l'existence, devient chair. Donnez un dictionnaire à Kierkegaard et vous verrez qu'il le multipliera, qu'il fera de chaque mot un dictionnaire à part entière — jusqu'à la perte du sens, la seule perte (ô paradoxe) qui nous fasse gagner — du sens. Je ne saurais me l'expliquer précisément, mais il m'est souvent arrivé, en songeant à Kierkegaard, de songer à Giordano Bruno. Sont-ce leur façon de traiter un thème philosophique et de le renouveler, de manier les concepts, leur tendance à se décentrer par rapport aux idées reçues, leur ton peu académique, leur rapport à Dieu, l'apparente frivolité de leur pensée, ou leur emploi de l'hermétisme, dont il n'a été question ici ? Pourquoi les considéré-je comme deux frères ? Cela ne peut être une coïncidence, je n'ai pas pu l'inventer ! Et je ne vois pas dans leur style de vie une accroche qui viendrait appuyer ce sentiment... La philosophie de Kierkegaard, tant dans son contenu que dans sa forme, me semble, — à moi, lecteur d'aujourd'hui, — aussi déphasée « universitairement » que devait sembler marginale et futuriste celle de Bruno, aux penseurs et théologiens, à la fin du XVIème siècle. Les deux premiers livres de Kierkegaard que, vers mes vingt ans, j'eus l'honneur de dévorer, furent *La Reprise* (*Gjentagelsen*) et *Le Journal du séducteur* (*Forførerens Dagbog*), deux romans qui ne sont pas des romans, deux ouvrages de philosophie qui ne sont pas rigoureusement des ouvrages de philosophie. Dans le premier, je croyais que le narrateur allait s'apparenter à un Adolphe ; dans le second, que je me revois avec plaisir feuilleter dans le métro new yorkais, à un don Juan. La réalité était bien plus compliquée et je ne sais toujours pas, à l'heure qu'il est, ni comment les résumer, ni où les ranger. Si mes souvenirs sont bons, *La Reprise* fut d'une lecture difficile, une espèce d'*Éthique* en plus farfelu. Je sentais que la thèse essentielle était dissimulée derrière les mots, mais personne n'était là pour m'aiguiller et replacer l'œuvre dans le contexte kierkegaardien, si spécial et si rebutant quand on n'y est pas habitué. Il y a — au minimum — deux degrés pour appréhender Kierkegaard, en particulier dans ces deux œuvres : le degré qui prévaut lorsqu'on lit un roman policier ; le degré qui, si j'ose dire, est lacanien, où la phrase doit être abordée comme on aborde une femme inaccessible dont les paroles contiendraient plusieurs sens, tous valables, et qu'il faudrait séduire habilement de peur que, remarquant notre jeu de « tourneur autour », on ne lui suggérât l'image d'un « reluqueur » vulgaire. Que raconté-je là ? C'est d'un hermétisme… C'est du Kierkegaard !… — Allons, oublions cela, et avançons dans les arcanes du désespoir kierkegaardien. Cent fois, lecteurs, je vous l'assénerai : « *Lasciate ogne speranza, voi che intrate.* » (« *Vous, qui devez entrer, abandonnez l'espoir.* ») Je veux dire, comme Marie Noël dans le pseudo-avertissement de ses *Notes intimes* : « *Je pense que ce n'est pas une lecture pour* tous. » — Fini d'écrire en 1848 et publié l'année suivante sous le pseudonyme d'Anti-climacus, *Sygdommen til Døden* est plus connu en français sous le titre de *Traité du Désespoir*, qui n'est pas une bonne traduction : *La Maladie à la mort* ou *La Maladie mortelle* seraient les plus correctes (sans maîtriser le danois, « *Døden* » évoque le « *Tod* » allemand). Sous-titré *Exposé de psychologie chrétienne pour l'édification et le réveil*, ce livre annonce dès sa préface dans quel sens il faut accueillir le « *désespoir* » (« *Fortvivlelse* ») : « *il est la maladie, non le remède. C'est là sa dialectique. Comme dans la terminologie chrétienne, la mort exprime bien aussi la pire misère spirituelle, quoique la guérison même soit de mourir, de mourir au monde.* » Afin de donner la mesure de la virtuosité de Kierkegaard, de sa complexité et du caractère inédit de chacune de ses approches, je dresserai la table des matières du *Traité* : Première partie. *La maladie mortelle est le désespoir.* — Livre I. Ou l'on voit que le désespoir est la maladie mortelle. — I. *Le désespoir est une maladie de l'esprit, une maladie du moi, et peut prendre ainsi trois figures :* le désespéré inconscient d'avoir un moi (ce qui n'est pas du véritable désespoir) ; le désespéré qui ne veut pas être lui-même et celui qui veut l'être. — II. *Désespoir virtuel et désespoir réel.* — III. *Le désespoir est « la maladie mortelle ».* — Livre II. L'universalité du désespoir. — Livre III. Personnification du désespoir. — I. *Du désespoir considéré non sous l'angle de la conscience, mais seulement selon les facteurs de la synthèse du moi.* — a) Le désespoir vu sous la double catégorie du fini et de l'infini. — α) *Le désespoir de l'infinitude ou le manque de fini.* — β) *Le désespoir dans le fini, ou le manque d'infini.* — b) Le désespoir vu sous la double catégorie du possible et de la nécessité. — α) *Le désespoir du possible ou le manque de nécessité.* — β) *Le désespoir dans la nécessité, ou le manque de possible.* — II. *Le désespoir vu sous la catégorie de la conscience.* — a) Le désespoir qui s'ignore ou l'ignorance désespérée d'avoir un moi, un moi éternel. — b) Du désespoir conscient de son existence, conscient donc d'un moi de quelque éternité ; et des deux formes de ce désespoir, l'une où l'on ne veut pas être soi-même, et l'autre où on veut l'être. — α) *Du désespoir où l'on ne veut pas être soi-même, ou désespoir-faiblesse.* — 1. Désespoir du temporel ou d'une chose temporelle. — 2. Désespoir quant à l'éternel ou de soi-même. — β) *Du désespoir où l'on veut être soi-même, ou désespoir-défi.* — Deuxième partie. *Le désespoir est le péché.* — Livre IV. Le désespoir est le péché. — I. *Les gradations de la conscience du moi (la qualification : devant Dieu).* — Appendice. *La définition du péché implique la possibilité du scandale ;* remarque générale sur le scandale. — II. *La définition socratique du péché.* — III. *Que le péché n'est pas une négation, mais une position.* — Appendice au Livre IV. *Le péché n'est-il pas alors une exception ? (La morale.)* — Livre V. La continuation du péché. — I. *Le péché de désespérer de son péché.* — II. *Le péché de désespérer quant à la remise des péchés. (Le scandale.)* — III. *L'abandon positif du christianisme, le péché de le nier.* — Voilà comment sont hiérarchisées les quelque deux cents pages de cet essai vertigineux et d'une difficulté insurmontable pour celui qui tenterait de le lire sans avoir, en bon praticien, *senti* ou au moins *pressenti* la multiformité du désespoir, ni compris que chaque point doit être considéré, ainsi qu'il est de rigueur pour *tous* les écrits de Kierkegaard, sous l'angle d'une *psychologie chrétienne*. Nous ne nous intéresserons qu'au Livre III de la Première partie, plus exactement aux paragraphes α) et β) situés à la racine du b) du II. — Accrochez vos ceintures : suivre Kierkegaard, c'est monter d'un cran, à chaque ligne, dans l'arduité, et frôler, au moindre moment d'inattention, l'inaccessibilité, synonyme de la chute prochaine… — De deux choses l'une : ou bien le désespoir s'ignore, ou bien il est conscient de son existence. S'il est conscient de son existence, de deux choses l'une : ou bien le désespéré veut être soi-même (*désespoir-défi*), ou bien il ne le veut pas (*désespoir-faiblesse*). S'il ne veut pas l'être, de deux choses l'une : ou bien il s'agit d'un désespoir temporel ou d'une chose temporelle, ou bien il s'agit d'un désespoir quant à l'éternel ou de soi-même. Le premier *désespoir-faiblesse*, le temporel, qui ne se devine que de l'extérieur grâce à son habit, c'est celui de l'immédiat et du spontané, le désespoir subi, le banal — et burlesque — désespoir qui atteint les gens de peu de réflexion, qui « *ne vont pas très loin au fond de leur désespoir* » et ne se connaissent pas eux-mêmes, empêtrés dans une souffrance passive du moi cohabitant avec leurs « *illusions puériles* ». Ce désespoir du temporel ne peut — et ne *doit* — venir que du dehors : pour le sujet, une cause advient, survient, et c'est le « *malheur* » qui « *brise alors en lui l'immédiat* », lui faisant perdre « *l'éternité* ». La seconde forme du désespoir — où l'on ne veut pas être soi-même — est encore un *désespoir-faiblesse*, mais dans le sens où l'on « désespère de sa faiblesse » (et non plus *du fait de sa* faiblesse). Ce désespoir, moins passif qu'actif et très rare, Kierkegaard l'appelle « *l'hermétisme* », « *Indesluttethed* » en Danois, que l'on pourrait traduire basiquement par « *repliement* », « *renfermement* », « *retirement* », mais ce serait passer à côté des notions à la fois isolées et imbriquées de « *inde* », « *à l'intérieur* », « *slut* », « *complètement* », « *indesluttet* », « *sauvage* » (« *asocial* »), « *lutte* », « *lutte* », et de « *hed* », « *passionné* », autant de variations phoniques et sémantiques qui font mieux comprendre pourquoi, dans *Le concept de l'angoisse*, l'hermétisme peut être radicalement rattaché au « *démoniaque* ». Le moi « *méprise pour faiblesse intellectuelle* » ce désespoir qui est le « *contraire du spontané pur* ». Farouchement entretenu, il ne dépérit pas, « *car sa profondeur même le garde de l'oubli ; à ne pas cicatriser, il sauvegarde à tout instant une chance de salut* ». Ce désespéré se cache en cachant jalousement son désespoir. De là son caractère hermétique. Il pense qu'« *il n'y a que les spontanés purs pour ne savoir rien cacher* » et il dispose suffisamment d'hermétisme « *pour tenir les importuns, c'est-à-dire tout le monde, à distance des secrets de son moi, sans perdre l'air d'"un vivant"* ». L'hermétique a un besoin de solitude, signe d'une nature profonde et d'un orgueil difficilement avouable, alors que les écervelés « *meurent dès qu'ils sont seuls* ». Mais Kierkegaard, s'adressant à lui directement, le met en garde s'il ne se produit pas une « *révolution* » dans son désespoir, car il risque de piétiner dans sa « *taciturnité* » et de voir son désespoir se condenser « *en une forme supérieure, mais toujours hermétique* », voire dégénérer en débauche : « *Ce que tu dis de la faiblesse est exact, mais ce n'est pas d'elle qu'il faut que tu désespères ; on doit briser le moi pour devenir soi, cesse donc d'en désespérer.* » En maintenant intacte cette *introversion*, parfaite à tous points de vue (*omnibus numeris absoluta*), l'hermétique risque même le *suicide*. « *Le commun des hommes n'a naturellement pas le moindre soupçon de ce qu'un tel hermétique peut endurer ; ils seraient stupéfaits de l'apprendre. Tant il est vrai qu'il risque, avant tout, le suicide. Qu'il parle à quelqu'un au contraire, qu'il s'ouvre à un seul, et c'est alors en lui, presque à coup sûr, une telle détente, un tel apaisement que le suicide cesse d'être l'issue de l'hermétisme. Un confident déjà, un seul, suffit pour abaisser d'un ton l'hermétisme absolu. Mais la confidence même peut donner lieu au désespoir, l'hermétique trouve alors qu'il eût infiniment mieux fait d'endurer la douleur de se taire, que de prendre un confident. On a des exemples d'hermétiques poussés justement au désespoir pour en avoir eu un. Le suicide alors peut tout de même s'ensuivre. [...] contradiction douloureuse d'un démoniaque, incapable à la fois de se passer de confident et d'en supporter un.* » Est-il nécessaire que je confie au lecteur que je suis, à l'heure où j'écris ces lignes, ce désespéré-là, l'hermétique dont il est question dans la description de ce type de *désespoir-faiblesse* ? On s'est rendu compte, au chapitre sur le langage, qu'il ne fait aucun doute que j'affectionne plus que tout le mot « *hermétique* ». La première fois que je lus ce texte de Kierkegaard, j'eus l'impression que l'on me tendait un miroir et que l'on me disait : « Tiens, regarde-toi, l'hermétique, et désespère ! Es-tu content de ressembler encore à ton Hamlet chéri et de satisfaire ta vanité ? Désespère donc, Julien ! désespère et ne meurs pas, — désespère encore ! mais choisis de désespérer, *choisis-le* ! N'es-tu pas heureux, soulagé d'appartenir au clan des désespérés hermétiques ? Tu t'enorgueillirais et jubilerais d'être perdu parce que tu pourrais accoler un nom à ta perte, parce que tu saurais qualifier ta mélancolie ? Halte-là ! Tu crois que tu ne désespéreras plus de ton désespoir ? Et que se passera-t-il lorsque tu en viendras à désespérer de ne plus désespérer de ton désespoir ? Bah ! va, désespère — et que vogue la galère ! Parsème de mots ton mal-être, écris, réfléchis, fais ce que tu voudras ! Tu as encore la chance d'avoir la force (le courage ?) d'écrire. N'oublie pas que Vigny, dans sa préface à *Chatterton*, disait que « *le désespoir n'est pas une idée ; c'est une chose* », et que « *telle cause de désespoir extrême [...] tue les idées d'abord et l'homme ensuite* ». Certes, tu tiens debout sur un filin d'acier ; mais n'oublie pas qu'il y a un précipice, n'oublie pas que ce n'est qu'un filin d'acier, n'oublie pas qu'il y a la possibilité du déséquilibre... Veux-tu rester suspendu à ce filin toute ta vie ? *Veux-tu vraiment désespérer — jusqu'à ta mort ?* » Comme l'être est fragile, comme l'*identification* est facile ! Certes, je n'ai jamais voulu désespérer pour désespérer, si bien qu'en poursuivant ma lecture, je commençai à discerner dans ce *désespoir-faiblesse* des aspects subtils qui, même s'ils m'étaient applicables, me convainquaient de moins en moins. Il y manquait un *quelque-chose*. Ce quelque-chose, ce petit « *degré dialectique de plus* », je le trouvai en partie dans le paragraphe situé immédiatement après, concernant l'autre désespoir conscient, le *désespoir-défi*. Si le désespéré hermétique a opéré sa « *révolution* », s'il sait enfin « *pourquoi il ne veut point l'être, alors tout se renverse, et nous avons le défi, justement parce que, désespéré, il veut être lui-même* ». Grâce à l'éternité, « *le moi trouve le courage de se retrouver ; ici, au contraire, il refuse de commencer par se perdre, mais veut être lui-même* ». Le désespoir-défi, que Kierkegaard rapproche d'un *désespoir stoïcien*, ne détermine plus le pur sujet de la connaissance, ni encore de la reconnaissance, mais le *créateur* de la connaissance et de la reconnaissance *de soi-même* : il ne (se) lit pas le « γνῶθι σεαυτόν », il (se) l'écrit. « *À l'aide de cette forme infinie le moi veut désespérément disposer de lui-même, ou, créateur de lui-même, faire de son moi le moi qu'il veut devenir, choisir ce qu'il admettra ou non dans son moi concret.* » Je ne pense pas que Kierkegaard ait envisagé un lien très intime avec l'art. Je vois malgré tout dans ce désespoir une dimension artistique puisque le moi veut y « *épuiser le plaisir de se créer lui-même, de se développer de lui-même, d'exister par lui-même, réclamant l'honneur du poème, d'une trame si magistrale, bref, d'avoir si bien pu se comprendre* ». Cependant tout cela n'est pas clair, car « *ce qu'il entend par là, au fond, reste une énigme ; à l'instant même qu'il croit terminer l'édifice, tout peut, arbitrairement, s'évanouir en néant* ». On se retrouve en présence de l'allure « *sauvage* » (« *indesluttet* ») du désespoir, de l'élan « *démoniaque* » (« *dæmoniske* ») du moi qui souffre activement. « *Par sa révolte même contre l'existence, le désespéré se flatte d'avoir en main une preuve contre elle et contre sa bonté. Il croit l'être lui-même cette preuve, et, comme il la veut être, il veut donc être lui-même, oui, avec son tourment ! pour, par ce tourment même, protester toute la vie.* » Ce désespéré, alimenté par ses faiblesses et ses défis, son hermétisme et ses tourments de l'enfer, ce désespéré que toute consolation perdrait, — *ce désespéré, c'est moi*. — « *Away! nor let me loiter in my song, / For we have many a mountain path to tread, / And many a varied shore to sail along, / By pensive Sadness, not by Fiction, led* » (« *Laissons ! Ni ne me faut flâner en mon poème, / car nous avons maint sentier montagnard à fouler, / et maints rivages divers doit longer notre voile, / par la pensive Tristesse guidés, et non pas la Fiction* »), — m'intime doucement Lord Byron. Laissons ! et allons !...

* * * * *

(Sur la branche de l'espoir la feuille du désespoir se détache et s'immobilise tandis qu'autour d'elle le monde tourbillonne — et la branche tombe...)

* * * * *

Tout comme le blanc et le noir, couleurs incompatibles, perdent ce qui les caractérise en se mélangeant, le bonheur et le malheur, états contraires, ne sont pas non plus susceptibles de cohabiter. Par conséquent, il est rare qu'un homme soit heureux d'être malheureux ou malheureux d'être heureux. En revanche, de même que l'on peut être heureux, il est envisageable de monter d'un cran et d'être heureux d'être heureux, ou encore malheureux d'être malheureux, ou bien, si l'on a connu les deux situations, c'est-à-dire si l'on est capable de les comparer, d'être heureux de n'être pas malheureux, ou encore malheureux de n'être pas heureux, mais le résultat est identique : on est soit heureux, soit malheureux. Enfin, si l'on y ajoute la possibilité de n'être ni heureux ni malheureux (un animal, un sage, Adam et Ève avant le péché), le nombre de combinaisons s'arrête là. La régression ne se poursuit pas à l'infini, les paradoxes sont éliminés ; ce qui n'est pas le cas du sentiment d'*absurdité*... Réduisons le problème en exceptant ceux qui ne pensent rien : ou bien l'on pense que telle chose est absurde, ou bien l'on pense qu'elle ne l'est pas, mais seul celui qui pense qu'une chose est absurde pourra penser qu'il est absurde qu'une chose soit absurde. C'est à ce degré de perception qui se renvoie la balle à lui-même que je voulais en venir. Nietzsche se pose la question de savoir si cela a un sens de se poser la question du sens ou d'en chercher un ; l'Ecclésiaste, on le devine, se demande si proclamer que tout est vanité n'implique pas la vanité de se le demander ou de le proclamer ; Camus, chantre de l'absurde, doutera en vieillissant de l'intérêt de croire en l'absolue absurdité du monde, sans toutefois aller jusqu'à qualifier d'absurde le concept d'absurdité. Tous trois, Nietzsche, l'Ecclésiaste et Camus, à quelque degré que l'on reçoive leurs réflexions, sont malgré eux devant un piège, une pierre d'achoppement qui les amène à contredire ou à rejeter, dans la forme, leurs allégations. Ils sont face au paradoxe du menteur et des problèmes liés à la théorie naïve des ensembles : si tout est vanité, la proposition que tout est vanité est aussi une vanité, et le fait d'affirmer la vanité de dire que tout est vanité… est une vanité. Promouvoir la vanité, c'est la combattre avec les armes qui nous servent justement à la promouvoir. Que ferait un homme aux prises avec un poulpe dont les tentacules, sitôt qu'ils auraient été tranchés, réapparaîtraient plus vigoureux, plus dangereux, plus nombreux qu'auparavant ? Voyons cela. Ce poulpe sera l'absurde, et je serai cet homme. — Si j'écris : « bxbezjtaqydp », cela veut-il, ou cela peut-il signifier quelque chose ? Cela ne paraît-il pas absurde ? Cela n'*est*-il pas absurde ? Peut-être ai-je trouvé ce mot dans un dictionnaire d'une langue qui ne vous est pas familière ? Auquel cas, cette suite de lettres cesserait-elle d'être absurde ? Si j'écris : « абсурдный », un Russe lira : « absurde », ce qui n'aura pour lui rien d'absurde ! Si une chose semble absurde à l'un quand elle ne l'est pas à l'autre, cela démontre en premier lieu que le sentiment d'absurdité, parce qu'il dépend de chaque individu, est relatif. Imaginons qu'après de multiples recherches, quelqu'un me fasse remarquer que le mot « *bxbezjtartqydp* » n'existe dans aucune langue connue, que je l'aurais donc inventé de toutes pièces, et que, de surcroît, ne renvoyant à rien de concret ou d'intelligible, il serait logiquement absurde. Je ferais alors à cette personne trois suggestions : — 1. — Peut-il me prouver que *jamais* « *bxbezjtartqydp* » n'a été entendu, ni ne sera entendu dans un sens quelconque par qui que ce soit, ni ici, sur la Terre, ni ailleurs, par une créature habitant sur une autre planète ? — 2. — Peut-il me jurer, lui qui n'est pas moi, que « *bxbezjtartqydp* », à mes yeux, n'a aucun sens ? Ne lui viendrait-il pas à l'idée l'éventualité que cela fût un message codé, que dans un système que j'aurais élaboré, les binômes « *bx* », « *be* », « *zj* », « *ta* », « *rt* », « *qy* » et « *dp* » représentassent respectivement les singletons « *a* », « *b* », « *s* », « *u* », « *r* », « *d* » et « *e* » ? L'absurde l'est souvent par un manque d'informations. — 3. — En admettant que les deux suggestions précédentes ne tiennent pas, peut-il soutenir que « *bxbezjtartqydp* » est totalement et définitivement absurde, et ce, quel que soit le point de vue adopté ? Je ne le crois pas et je vais expliquer pourquoi. Si ce mot m'a été dicté au hasard, le hasard lui-même serait absurde, ou, pour ceux qui croient moins au hasard qu'à une espèce de nécessité, la nécessité elle-même serait absurde. Je le veux bien, mais que l'on n'aille pas incriminer directement mon « *bxbezjtartqydp* », qui n'y serait pour rien. S'il n'est pas dû au hasard, pour quelle raison l'aurais-je écrit ? « Pour développer ma pensée », répondra-t-on. Très bien ! mais où, à ce moment-là, l'absurde se cacherait-il ? On revient à la formule évoquée dans mon chapitre sur l'être-au-monde, qui énonçait, *grosso modo*, qu'il ne saurait rien y avoir d'inhumain qui ne fût humain, ou que *rien d'humain ne fût inhumain*, ou, pour faire court, qu'*il n'existe rien d'irréel, car cet irréel* est *pensé* (formule proprement *magique* si elle est additionnée à l'hypothèse que tout signifiant, que le signifié existe ou non, est là pour signifier et qu'il a une raison). Il n'y a rien de magique à penser à l'idée de l'absurde pour se faire une idée de ce que l'absurde n'est pas. En revanche, est magique le fait de croire que penser l'absurde détermine son existence. Que veux-je dire ? Une pierre préexiste à mon existence, elle était déterminée avant que je ne la pensasse ; ma pensée ne l'a pas déterminée, mais c'est elle qui a déterminé ma pensée et qui a pu me faire croire que je la déterminais. Il en va de même avec un concept, si ce n'est que celui-ci est prédéterminé par ma condition d'être humain qui pense. C'est toute la différence entre une pierre, qui est là indépendamment de toute conscience, et une idée (l'absurde, par exemple), qui se dévoile par la conscience : elle se dévoile puisqu'elle était possible et que tout ce qui est possible existe déjà en puissance (je sais que ma façon de penser — platonicienne — interdit du coup l'*invention* et présuppose une certaine forme de *nécessité* en établissant la présence virtuelle d'un monde contenant *toutes les Idées)*. En paraphrasant l'argumentation de Descartes qui aboutit à l'existence de Dieu, je poserai que la nécessité de la préexistence de toutes choses détermine ma pensée à les concevoir de cette façon, car encore que l'idée de l'absurde soit en moi, de cela même que je pense l'absurde, je n'aurais pas néanmoins l'idée de l'absurde, moi qui ne suis qu'un être fini, si elle n'avait été mise en moi par quelque substance qui fût véritablement infinie et qui contînt l'idée de l'absurde (« ἡ δὲ φύσις οὐδὲν ποιεῖ περίεργον » (« *et la Nature ne fait jamais rien en vain* »), dirait Aristote). Que Descartes me pardonne de plus ou moins dévoyer son raisonnement, mais il faut nécessairement conclure que, de cela seul que j'existe, ou l'idée de l'absurde est en moi, l'existence de l'absurde est très évidemment démontrée. Comme le disait Bossuet dans une oraison funèbre adressée à Henriette d'Angleterre, je n'aurais jamais trouvé cette idée si je n'en avais « *porté le fonds* » en moi-même, « *car où prendre ces nobles idées dans le néant ?* » Le plus remarquable dans ma façon de penser l'absurde, c'est que l'on pourrait me rétorquer qu'elle est *absurde* : si elle l'était effectivement, ma cause se défendrait pourtant d'elle-même ! Soit il est absurde que ce soit absurde, et nous sommes d'accord sur l'existence de l'absurde ; soit il n'est pas absurde que ce soit absurde, et nous sommes de nouveau d'accord… (Pour parler philosophiquement, les formules énonçant que *rien d'humain n'est inhumain* et qu'*il n'existe rien d'irréel, car cet irréel* est *pensé*, se déclinent selon deux axes : l'axe anthropocentrique qui fait du monde la représentation que j'en ai, et l'axe causaliste, composé d'éléments téléologiques et du principe de raison suffisante.) Si cependant j'oublie ce chemin sophistique qui ne mène nulle part (ma pensée conditionne le monde parce que le monde conditionne ma pensée, *etc.*), et tout ce qui touche à l'eccéité, à la quiddité ou à la quoddité (noms barbares), j'ai bien peur que, de toute façon, en voyant les choses sous tel ou tel angle, on n'aboutisse à l'une de ces impasses de l'extrême dont raffolaient les scholastiques : ou tout est absurde — ou rien ne l'est (le tiers exclu absolu). Or, si tout est absurde, que sert de raisonner ? Et si rien ne l'est, que désigne-t-on par « *absurde* » ? Comme on peut s'en apercevoir, le problème est monstrueux, et la question qui s'agite continuellement, quoi qu'on y fasse, derrière tout cela, repose toujours sur le Sens — ou *les* Sens : téléologique, sémiologique, axiologique, gnoséologique, théologique, ontologique… Qu'est-ce que le Sens ? que sont-ce que les Sens ? Je ne puis y répondre comme on répondrait : « Une baguette tradition » — à la boulangère qui demande : « Qu'est-ce que ce sera pour aujourd'hui ? » Rendez-vous compte ! Mon livre s'appelle *La Perte de Sens*, et je n'ai fait, pour l'instant, en farcissant des centaines de pages de mots qui m'en éloignent et m'en rapprochent, en attendant les centaines qui vont suivre et s'accumuler, que tenter d'amener une question à laquelle je sais depuis le commencement qu'il n'y aura pas de réponse significative ! Téléologie, sémiologie, axiologie, gnoséologie, théologie, ontologie, et j'en passe : au moins ici ou là, les ai-je abordées, ces notions, sans en faire le tour, et je n'ai pas fini, chacune étant éclatée en d'infinis morceaux qui ensemble formeront des briques qu'il me restera, alors que je ne suis ni architecte ni maçon, à poser solidement les unes sur les autres… — Quoi que j'aie pu écrire précédemment, personne ne me refusera l'assertion que l'idée d'*absurdité* n'est pas *sans raison*, qu'elle n'arrive pas comme un chien dans un jeu de quilles. N'était l'idée, le vocable aurait déjà une origine dans le temps, qui procède de son étude étymologique. « *Absurde* », étymologiquement, est-il *absurde* ? En Latin, c'est tout simplement « *absurdus* », dont le « *surdus* », qui a donné « *sourd* », « *surdité* », saute aux yeux : « *qui n'entend pas* », « *qui ne veut pas entendre* ». Littré fait remarquer que l'on ne voit pas comment ce découpage d'« *absurdus* » pourrait signifier « *absurde* » ; autrement dit, que cette étymologie qui paraît évidente est *absurde* ! (Y a-t-il beaucoup de mots qui peuvent se prévaloir d'avoir une origine qui contredise leur sens tout en l'affirmant ? Car Littré définit également « *absurde* » comme ce « *qui est contre le sens commun* » !...) Quant à moi, je ne vois rien d'absurde à ce que cela puisse renvoyer à ce qui est « *éloigné de ce que l'on entend* » ou « *séparé de l'entendement* ». D'ailleurs, Gaffiot, en première définition d'« *absurdus* », donne dans la *bonne discordance* : « *qui a un son faux* », « *qui détonne* », d'où : « *choquant* », « *désagréable* », « *qui jure* », « *qui ne convient pas* »… En Grec, c'est « παράλογος » (d'où provient notre *paralogisme*, « *faux raisonnement* »), « *d'une manière qui n'est pas conforme à la raison* », ce qui est « *contraire à ce qu'on a calculé* », donc l'« *inattendu* », l'« *inopiné* ». Contre toute attente, il n'y a rien d'absurde dans l'étymologie d'« *absurde* » ! (Quoiqu'il ne faille pas oublier que « παρά », qu'il serve de préposition ou de préfixe, possède plusieurs sens qui, hors contexte, ne le déchargent pas d'une certaine ambiguïté : « *en présence* », « *auprès* », « *à travers* », « *pendant* », « *contre* », « *excepté* », « *au-delà* », « *à cause de* », *etc.* Je parlais d'éloignement et de rapprochement, et je faisais bien : on peut être *à coté d'une* plaque et *à côté de la* plaque !) En tout cas, « *absurde* », ce mot à part « *entière* », ne manque pas de synonymes : « *absurde* » peut vouloir dire « *impossible* », « *n'importe quoi* », « *débile* », « *qui n'a pas de sens* », « *insensé* », « *stupide* », « *illogique* », « *incohérent* », « *irrationnel* », « *aberrant* », « *saugrenu* », « *extravagant* », « *déraisonnable* », « *idiot* », « *fou* », « *ridicule* », « *grotesque* », « *inepte* »… Définir l'absurde, au final, revient, *dixit* Camus, à énumérer « *des sentiments qui peuvent comporter de l'absurde* » ; mais quand bien même on achèverait l'énumération, on n'aurait « *cependant pas épuisé l'absurde* ». — La plupart des « *pourquoi* » ont un « *parce que* » (qui souvent diffèrent selon les dispositions et les états d'esprit de chacun). Pourquoi ? Parce que le « *pourquoi* » sans « *parce que* » est le terreau fertilisant et angoissant de l'« *absurde* » (et je ne discute même pas de l'absurdité de la grande majorité des « *parce que* »). — Nous allons entrer dans le vif du sujet en dressant le plan (cyclique) de notre cheminement ; mais auparavant, histoire de donner un *la*, citons (citons ! citons ! citons !) un poème de Pouchkine de l'année 1828 : « *Vie, don stérile et fortuit, / de quoi me sers-tu, ma vie ? / Pourquoi un destin caché / à la mort t'a-t-il vouée ? / Qui, dans un dessein hostile, m'a tiré hors du néant, / liant d'mon âme ardente / un esprit rongé de doutes ? / Nul but au bout de ma route : / un cœur vide, un esprit vain / qu'empoisonne d'amertume / le bruit morne de mes jours.* » — Dans cette armada qui nous décompliquera l'absurde, notre guide sera évidemment Albert Camus, je veux dire son *Sisyphe*, ce petit livre rouge du noir (duquel je n'extrairai pas les parties dédiées au suicide, que je réserve pour plus tard). Ne perdons jamais de vue, dans tout ce que nous dirons, qu'Albert Camus, prix Nobel de littérature en 1957 « *pour son importante œuvre littéraire qui met en lumière, avec un sérieux pénétrant, les problèmes qui se posent de nos jours à la conscience des hommes* », fait commencer *Le Mythe de Sisyphe* (1942) par cette phrase *diamantaire* : « *Il n'y a qu'un problème philosophique vraiment sérieux : c'est le suicide* », et qu'il parle d'absurde, de désespoir et de suicide en connaisseur (Romain Gary avait confié à William Styron, qui le raconte dans son *Face aux ténèbres*, que Camus « *faisait de temps à autre allusion au profond désespoir qui l'habitait et parlait de suicide* », donc à ses tendances dépressives). — 1. — *Le doute, le souci.* — 2. — *L'absurde.* — 3. — *La croyance.* — 4. — *Le savoir.* — 5. — *La vanité, le désespoir.* — 6. — *Le doute, le souci.* — « *Dites-moi maintenant, ô Muses de l'Olympe (vous, déesses, qui êtes toujours présentes, qui connaissez toutes choses, tandis que nous ne savons rien, nous, et n'entendons que le bruit de la gloire)* », dites-moi, ô Muses (qui le dites à Homère), dites-moi comment et par où commencer… — 1. — *Le doute, le souci.* — En guise d'avertissement du *Sisyphe*, Camus écrit que « *l'absurde, pris jusqu'ici comme conclusion, est considéré dans cet essai comme un point de départ* ». Mais au fond, le point de départ est le doute (ou le souci), ce qui fait de l'absurde un concept éminemment cartésien. Non seulement Descartes sous-titre sa première méditation métaphysique : « *Des choses que l'on peut révoquer en doute* », mais il place en tête de ses *Principes de la Philosophie* celui-ci : « *Que pour examiner la vérité il est besoin, une fois en sa vie, de mettre toutes choses en doute autant qu'il se peut.* » La généalogie primitive de l'absurde étant inaugurée par l'incertitude (que ce soit défiance ou flottement), on peut dire que le problème part d'un scepticisme (qui s'appuie sur une recherche de la vérité). Ce premier constat n'est guère éloigné de celui que nous fîmes sur le nihilisme. Pourquoi ? Parce que le doute, dont procède la première idée de l'absurde, est avant tout une étape et qu'il ne faut pas s'y engluer (il faudrait dépasser cet absurde de la façon que Camus a « *cherché seulement des raisons de dépasser ce nihilisme* »), ce qui sera expliqué quelques années plus tard dans *L'homme révolté* (précisément en 1951) : « *Mais cette contradiction essentielle ne peut manquer de se présenter avec une foule d'autres à partir du moment où l'on prétend se maintenir dans l'absurde, négligeant son vrai caractère qui est d'être un passage vécu, un point de départ, l'équivalent, en existence, du doute méthodique de Descartes. L'absurde en lui-même est contradiction.* » Puisqu'il y a danger (il dit que « *l'absurde en lui-même est contradiction* », de même qu'il dira qu'« *une littérature désespérée est une contradiction dans les termes* »), suivons Camus et insistons-y dès maintenant : *l'absurde n'est qu'une étape*. Si, pour Camus comme pour moi, l'absurde n'est pas un nuage occultant le soleil ; si, de surcroît, le soleil révélé, à nos yeux, éblouit (à l'exemple d'un Eschyle, « *souvent désespérant* », mais qui « *rayonne et réchauffe* », qui nous indique moins le « *non-sens* » que « *l'énigme, c'est-à-dire un sens qu'on déchiffre mal parce qu'il éblouit* ») ; si nous sommes d'accord sur ces points, cependant nos conclusion bifurquent, car j'ajoute, pour ma part, qu'il *est*, *aveugle*, — et je montrerai bientôt que l'extrémité du chemin que l'on emprunte devra fatalement retourner à elle-même, telle une boucle infernale, tel un *univers infini fermé*. Peut-être, avec l'âge, ferai-je marche arrière et remettrai-je en cause ma pensée, comme Camus le fit rétrospectivement... « *Nul homme ne peut dire ce qu'il est.* » Juste auparavant, je pensais à *L'Énigme* (1950), l'un des essais du recueil *L'Été* : « *Où est l'absurdité du monde ? Est-ce ce resplendissement ou le souvenir de son absence ? Avec tant de soleil dans la mémoire, comment ai-je pu parler sur le non-sens ? On s'en étonne, autour de moi ; je m'en étonne aussi, parfois. Je pourrais répondre, et me répondre, que le soleil justement m'y aidait et que sa lumière, à force d'épaisseur, coagule l'univers et ses formes dans un éblouissement obscur. Mais cela peut se dire autrement et je voudrais, devant cette clarté blanche et noire qui, pour moi, a toujours été celle de la vérité, m'expliquer simplement sur cette absurdité que je connais trop pour supporter qu'on en disserte sans nuances. Parler d'elle, au demeurant, nous mènera de nouveau au soleil.* » Au soleil de la rétrospection... « *Mais il faut savoir patienter. Encore un moment, le soleil scelle les bouches.* » Mais je m'égare — et ne décomplique pas !... Négocions le virage et revenons au doute primordial et méthodique en passant par la définition que Camus donne de la « *révolte* » : « *Je crie que je ne crois à rien et que tout est absurde, mais je ne puis douter de mon cri et il me faut au moins croire à ma protestation. La première et la seule évidence qui me soit ainsi donnée, à l'intérieur de l'expérience absurde, est la révolte.* » Ainsi, l'absurde ne vient pas de nulle part, il a une raison, ne serait-ce que dans la formulation qui l'a fait naître, dans sa profération propre, dans son cri, dans le fait d'avoir à le signifier par la révolte (la « *révolte de la chair* » de l'homme qui est porté par le temps et qui le porte, qui « *appartient au temps* » et qui, « *à cette horreur qui le saisit, [...] y reconnaît son pire ennemi* »). Un jour, dans le train-train de nos existences, surgit un problème, et c'est alors la révolte, le doute, le questionnement qui prend l'âme, qui tient la personne et l'enserre. Un jour, c'est l'étonnement qui invite à la philosophie, à la critique, c'est le vertige rare de la révélation heideggérienne, du dévoilement de l'être qui n'est donné qu'à ceux qui osent réfléchir à leur condition, à la raison de leur présence, qui ouvrent leur conscience au monde. « *Un jour seulement* », écrit Camus dans le chapitre *Les murs absurdes*, — « *un jour seulement, le "pourquoi" s'élève et tout commence dans cette lassitude teintée d'étonnement. "Commence", ceci est important. La lassitude est à la fin des actes d'une vie machinale, mais elle inaugure en même temps le mouvement de la conscience. Elle l'éveille et elle provoque la suite. La suite, c'est le retour inconscient dans la chaîne, ou c'est l'éveil définitif. Au bout de l'éveil vient, avec le temps, la conséquence : suicide ou rétablissement. En soi, la lassitude a quelque chose d'écœurant. Ici, je dois conclure qu'elle est bonne. Car tout commence par la conscience et rien ne vaut que par elle. Ces remarques n'ont rien d'original. Mais elles sont évidentes : cela suffit pour un temps, à l'occasion d'une reconnaissance sommaire dans les origines de l'absurde. Le simple "souci" est à l'origine de tout.* » Là est le souci ; — oui ; et je me répète immédiatement, en le soulignant : *Là est le souci*. Quel est ce souci, de quelle nature est-il ? Même si « *vouloir, c'est susciter les paradoxes* », le penseur *veut* comprendre, et Camus s'attarde sur le « *professeur de philosophie* » Heidegger pour qui « *la seule réalité, c'est le "souci" dans toute l'échelle des êtres* ». Qu'est-ce alors que ce « *souci* » (encadré de guillemets, comme si Camus craignait, en l'affichant, de se l'approprier) ? Le souci « *est une peur brève et fuyante* ». Comment on le rencontre-t-on ? Dès lors que l'homme est perdu dans les décombres du désert du monde et de ses divertissements, et que sa lucidité lui fait connaître l'angoisse qui découle de la conscience de la peur, il se trouve face au souci, ce souci qui dépasse « *en vérité les catégories du raisonnement* » et peut prendre le visage de l'ennui ou celui de la terreur. En bref, pour Heidegger, la conscience et l'absurde, s'interpénétrant, se conditionnant l'un l'autre, sont une seule et même chose. En appelant la conscience (de la mort), le souci transmet l'appel de l'existence, l'angoisse de l'existence, le sentiment de l'absurde. J'aurai, ultérieurement, l'occasion de reparler en détail du « *souci* » (qui me tient à cœur). Qu'il me suffise de dire pour l'instant que le doute ou le souci sont le point de départ qui permet d'appréhender l'absurde, — l'éveil fondamental au monde. — 2. — *L'absurde.* — Parfois, le monde, qu'on le sente étranger à soi-même ou qu'on s'y sente soi-même étranger, paraît hostile. La nature, hostile, qu'on a du mal à comprendre, paraît nous nier. En un mot, le monde, qui perd « *le sens illusoire dont nous le revêtions* », semble « *étrange* » et « *épais* » : « *cette épaisseur et cette étrangeté du monde, c'est l'absurde.* » Nous sommes déjà des familiers de cette étrangeté : la confrontation à l'absurde, qui consiste, entre autre, à « *entrevoir à quel point une pierre est étrangère* », puis « *ce malaise devant l'inhumanité de l'homme même, cette incalculable chute devant l'image de ce que nous sommes* », c'est la *Nausée* de Sartre (que Camus mentionne sans le nommer : « *comme l'appelle un auteur de nos jours* »). L'absurde nous place dans la quotidienneté d'un univers qui déborde de « *pourquoi* », mais des « *pourquoi* » sans « *parce que* » raisonnables. Que la somme des moments de mon existence converge fatalement à ce moment-ci, *ce moment de l'écriture de cette phrase,* — *mon moment,* — autrement dit, que mon présent soit toujours l'asymptote à la courbe de mon existence, voilà qui ne cesse de me plonger dans le plus grand des désarrois. Encore l'horreur du « *hic et nunc* » : il n'y a rien à faire, notre conscience est localisée dans l'immédiat, l'instantané, et supporte tout ce qu'elle a été (elle n'a été qu'en tant qu'elle est ce qu'elle a été). Le matin, le réveil sonne. Pourquoi ? Parce que je dois me lever. Pourquoi dois-je me lever ? Parce que je dois aller travailler. Pourquoi dois-je aller travailler ? Parce que je dois justifier et gagner mon salaire. Pourquoi dois-je gagner mon salaire ? Parce que je dois payer mon loyer, ma nourriture et tout le reste. Pourquoi dois-je payer ma nourriture ? Parce que sans elle, mon corps dépérirait et je mourrais. Pourquoi devrais-je dépérir et mourir ? Parce que je suis un être vivant et qu'un être vivant doit survivre. Pourquoi dois-je survivre ? Parce que je suis. Pourquoi dois-je être ? Je n'en sais rien. Me lèverais-je donc tous les matins parce que je suis ?... Reprenons depuis le début et modifions la chaîne : Le matin, le réveil sonne. Pourquoi ? Parce que je dormais. Pourquoi dormais-je ? Parce qu'un être vivant doit dormir s'il veut survivre. Pourquoi dois-je survivre ? Parce que je suis. Pourquoi dois-je être ? Je n'en sais rien. Je suis, — je suis moi, — je suis cet être qui écrit *cela*. L'être est ce qu'il est, il est sa propre raison. C'est absurde, car cela est. Pourquoi écris-je ? Pourquoi écris-je *ceci* ? On a beau vouloir s'échapper, on revient sans cesse à la même question : *Pourquoi suis-je ?* À quoi bon tenter de définir mon être et sa raison, ma personne, mon moi ? « *Car si j'essaie de saisir ce moi dont je m'assure, si j'essaie de le définir et de le résumer, il n'est plus qu'une eau qui coule entre mes doigts. [...] Entre la certitude que j'ai de mon existence et le contenu que j'essaie de donner à cette assurance, le fossé ne sera jamais comblé.* » S'il y a un problème à résoudre, le résoudre est déjà un problème. Dans son *Tractatus Logico-Philosophicus*, Wittgenstein nous soumet sa proposition *6.521* : « *La solution du problème de la vie, on la perçoit à la disparition de ce problème* », qu'il accompagne du commentaire suivant, noté entre parenthèses : « *(N'est-ce pas la raison pour laquelle les hommes qui, après avoir longuement douté, ont trouvé la claire vision du sens de la vie, ceux-là n'ont pu dire alors en quoi ce sens consistait ?)* » À peine s'approche-t-on de quelque chose de tangible, d'un semblant de vérité palpable que cela « *n'est plus qu'une eau qui coule entre mes doigts* », comme le Temps de saint Augustin : « *Qu'est-ce donc que le temps ? Qui pourra le dire clairement et en peu de mots ? Qui pourra le saisir même par la pensée, pour traduire cette conception en paroles ? Quoi de plus connu, de plus familièrement présent à nos entretiens, que le temps ? [...] Qu'est-ce donc que le temps ? Si personne ne m'interroge, je le sais ; si je veux répondre à cette demande, je l'ignore. Et pourtant j'affirme hardiment, que si rien ne passait, il n'y aurait point de temps passé ; que si rien n'advenait, il n'y aurait point de temps à venir, et que si rien n'était, il n'y aurait point de temps présent. Or, ces deux temps, le passé et l'avenir, comment sont-ils, puisque le passé n'est plus, et que l'avenir n'est pas encore ? Pour le présent, s'il était toujours présent sans voler au passé, il ne serait plus temps ; il serait l'éternité. Si donc le présent, pour être temps, doit s'en aller en passé, comment pouvons-nous dire qu'une chose soit, qui ne peut être qu'à la condition de n'être plus ? Et peut-on dire, en vérité, que le temps soit, sinon parce qu'il tend à n'être pas ?* » Vertige ! Quoi de plus connu que l'existence ? Qu'est-ce donc que l'existence ? J'en ai écrit trois cents pages ; y ai-je pour autant avancé d'un pouce dans sa résolution ? J'ai tourné autour, je l'ai cernée et ai voulu la tenir prisonnière, alors que c'est elle qui m'enferme en elle-même ; je me débattrai (et en débattrai) jusqu'à ce que je meure. « *Votre aujourd'hui, c'est l'éternité* », me dit Augustin, car « *vos années ne sont qu'un jour ; et ce jour est sans semaine, il est aujourd'hui ; et votre aujourd'hui ne cède pas au lendemain, il ne succède pas à la veille* ». Quelle différence avec la mort ? Qui sait ce qu'est la mort ? De toute façon, qui s'en préoccupe ? « *On ne s'étonnera cependant jamais assez* », écrit Camus, « *de ce que tout le monde vive comme si personne "ne savait"* ». Et puis, quelle différence entre celui qui voit un sens à la vie et celui qui n'en voit pas, si celui qui en voit un ne sait pas en quoi ce sens consiste ? Quelle différence entre celui qui sait ce qu'est le temps et celui qui ne le sait pas, si celui qui le sait ne peut pas répondre à la question de ce qu'il est ? Et que dire de celui qui pense que le temps n'est pas ? La « *révolte de la chair* » que nous avons évoquée *supra*, et qui n'est autre que l'absurde, surgit lorsque l'homme commence à se situer par rapport au temps. « *Qu'est-ce en effet que l'homme absurde ? Celui qui, sans le nier, ne fait rien pour l'éternel* », car il « *ne se sépare pas du temps* », « *le temps marche avec lui* ». Si le temps, dès que j'avance, avance aussi, et si, dès qu'il avance, j'avance aussi, je me retrouve dans la position de Tantale. Si la solution au problème de la vie fait disparaître le problème ; si le passé n'est plus, que l'avenir n'est pas encore, que le présent doit s'en aller au passé dès qu'il est ; si mon moi, en tâchant de le définir, est comme une eau qui coule entre mes doigts ; si la mort, n'étant pas expérimentable, ne peut être vécue et rendue consciente ; alors il n'y a pas de solution, alors un fossé se creuse que je ne serai jamais capable de combler, alors ma compréhension du monde s'évanouit du fait que j'essaie de le comprendre : ce supplice s'appelle l'absurde. « *Ma façon d'envisager la vie est complètement absurde. Un esprit méchant, je suppose, a mis sur mon nez une paire de lunettes dont un verre grossit démesurément et dont l'autre rapetisse dans les mêmes proportions.* » Telle est l'impression — tantalienne — que décrit Kierkegaard dans ses *Diapsalmata*, Kierkegaard qui, ailleurs (*Crainte et tremblement*), se demande : « *si sous toutes choses se cachait un vide sans fond que rien ne peut combler, que serait alors la vie sinon la désespérance ?* » Comment sortir vainqueur de ce combat, comment survivre à ce calvaire, comment me préserver de cela même (quoi ?) qui m'écrase, moi dont « *l'unique donnée est [...] l'absurde* » ? On achoppe au désespoir sans cause, qui détermine le paradoxe du sens attribuable à l'absurde, comme nous l'enseigne Camus (qui mesure ses paroles) : « *En poussant jusqu'à son terme cette logique absurde, je dois reconnaître que cette lutte suppose l'absence totale d'espoir (qui n'a rien à voir avec le désespoir), le refus continuel (qu'on ne doit pas confondre avec le renoncement) et l'insatisfaction consciente (qu'on ne saurait assimiler à l'inquiétude juvénile). Tout ce qui détruit, escamote ou subtilise ces exigences (et en premier lieu le consentement qui détruit le divorce) ruine l'absurde et dévalorise l'attitude qu'on peut alors proposer. L'absurde n'a de sens que dans la mesure où l'on n'y consent pas.* » Pour l'homme absurde, ce chercheur de l'ombre en rupture de ban, l'existence est un immense « *pourquoi* » sans « *parce que* », un point d'interrogation en suspension dans l'air du doute, un trou qui nargue, un manque qui afflige, un vide qui pressure, un précipice qui aspire. Les interrogations sont les blandices de la perte de sens, la vie est une mauvaise plaisanterie, la réalité est un chaos (un chaos soumis à aucune règle), chaque question est stérile (Madame la Vérité est bréhaigne), chaque pensée, un éboulement. L'absurde est la liberté, et la liberté est absurde. « *L'homme absurde entrevoit ainsi un univers brûlant et glacé, transparent et limité, où rien n'est possible mais tout est donné, passé lequel c'est l'effondrement et le néant. Il peut alors décider d'accepter de vivre dans un tel univers et d'en tirer ses forces, son refus d'espérer et le témoignage obstiné d'une vie sans consolation. — Mais que signifie la vie dans un tel univers ? Rien d'autre pour le moment que l'indifférence à l'avenir et la passion d'épuiser tout ce qui est donné.* » Dans ce marasme, l'homme absurde est un désespéré à la fois passionné et nonchalant *qui s'affirme*, épaté, au milieu de contradictions *qui s'affirment* elles aussi (s'imposent, se supposent, s'interposent, s'opposent). La curiosité insatiable de Paul Valéry le fit s'aventurer maintes fois dans les terres de l'absurde, et il écrivit cette « *péroraison d'un sermon* ad Philosophos » : « *Poursuivons sans relâche, mes Frères, poursuivons sans répit, sans espoir et sans désespoir, poursuivons ce grand essai éternel et absurde de voir ce qui voit et d'exprimer ce qui exprime.* » Dans un autre *Rhumb*, non moins sublime, on lit : « *L'absurde, le niais, le fantastique, l'arbitraire, le vague et le confus, le trop beau et le trop triste, environnent toute pensée et l'attirent constamment vers leurs gouffres. Elle est entourée et appelée de toutes parts, pendant qu'elle se meut et avance dans sa formation, par mainte puissance de perdition. Et cet oiseau qui traverse les temps de l'âme, doit les composer, les opposer entre elles pour se soutenir.* » Mais le meilleur est à venir, car j'ai conservé dans mes notes valéryennes cet aphorisme ultime, en adéquation parfaite avec toute notre partie : « *Le réel ne peut s'exprimer que par l'absurde. — N'est-ce pas toute la mystique et la moitié de la métaphysique que je viens d'écrire ?* » À trop ausculter le réel, l'inciser, le tailler, le découper, on le perd — et on s'y perd : ne fouillons pas inconsidérément (mais que faisons-nous d'autre ici ?), ne nous focalisons pas sur l'existence d'une solution incertaine (le zéro qui est pourtant la racine), ne multiplions pas les opérations, ni les divisions (le rasoir d'Occam, c'est vil), utilisons avec parcimonie la méthode de la bissection (la dichotomie a ses limites si cela converge à la vitesse d'un escargot), prenons garde à l'autosimilarité possible de tout objet (plus on s'approche de la partie, plus — f(r)a(c)talement — on s'éloigne d'elle puisque l'on se rapproche du tout) : « *pour une certaine division trop fine ou attention trop poussée, les choses perdent leur sens. On dépasse un certain "optimum" de la compréhension, ou de la relation possible entre l'homme et ses propriétés ; l'homme tel que nous nous sentons et nous connaissons l'être, ne pourrait plus exister, être conçu dans ce petit domaine étrange où pourtant sa vision pénètre. On voit, mais on a perdu ses notions à la porte. Ce qu'on voit est indubitable et inconcevable. La partie et le tout ne communiquent plus.* » — Ainsi, Valéry citait dans un même élan l'absurde et l'arbitraire, qui attirent constamment toute pensée vers leurs gouffres. Cela ne doit pas étonner, l'« arbitraire » désignant d'abord ce « *qui est produit par la seule volonté* », puis ce « *qui est laissé à l'appréciation, à la décision du juge* », et enfin ce qui se substitue aux lois. L'arbitraire n'est pas le hasard, il se réfère à une volonté qui émane d'un arbitre, qui est, sinon un juge, du moins un témoin oculaire ou auriculaire, comme si au-dessus de nous se constituait un ordre inaccessible à notre entendement, prescrit par un maître caché ou inintelligible (la loi des dieux, « *c'est leur éternelle volonté* », disait Sénèque). Si le méfiant Hume (qui, leur nombre d'occurrences, n'est pas avare en « *absurd* » et en « *absurdity* ») écrit que « *tout ce qui est absurde est inintelligible* », qui nous empêche d'y ajouter sa réciproque, à savoir que tout ce qui est inintelligible est absurde ? Dites-moi donc, *pour voir*, ce qui est intelligible ici-bas ? Si vous me répondiez, par exemple, que 2+2=4 *est* intelligible, je vous répondrais que vous n'avez pas lu ce que j'ai développé à ce sujet. D'aucuns penseront à la célèbre phrase d'Einstein, extraite de *Physique et Réalité* (*Physik und Realität*) : « Man kann sagen: Das ewig Unbegreifliche an der Welt ist ihre Begreiflichkeit », le plus souvent citée en français comme suit : « *La chose la plus inintelligible au monde, c'est son intelligibilité* », et à laquelle le traducteur de chez Flammarion, dans le recueil *Conceptions scientifiques*, a préféré : « *l'éternel mystère du monde est sa compréhensibilité.* » Lorsqu'on entend quelqu'un citer cette assertion, plus subtile qu'il n'y paraît, et qui rejoint la terrible définition de l'intelligence donnée par Maurice Maeterlinck, il est rare qu'elle le soit *in extenso*, je veux dire qu'elle est toujours détachée de la petite phrase qui la prolonge : « *C'est une des grandes choses accomplies par Kant d'avoir reconnu qu'il n'y aurait pas de sens de poser un monde extérieur réel sans cette compréhensibilité.* » *Compréhensible* ou *intelligible* ne signifie pas qu'il y ait un sens, que l'on puisse arriver à une quelconque raison dernière (ou première) ; cela signifie que l'entendement, disposant de ses concepts rangés dans la table des catégories, peut grâce à eux, dans le divers de l'intuition, comprendre quelque chose (appréhender, saisir), penser un objet. Essayons d'être plus clair : qu'un objet soit visible signifie qu'il existe un appareil qui « autorise » à le voir, qui ait la faculté de voir ou de faire voir. Mais on ne peut pas en déduire qu'un objet existe pour être vu, que sa qualité est d'être visible, ou démontrer sérieusement que la vision est due à la « visibilité » de l'objet, qu'elle est causée par sa présence, sinon cela induirait pour celui-ci une raison d'être visible. La compréhensibilité, l'intelligibilité du monde, selon moi, ne sont pas une preuve satisfaisante du sens à lui accorder, car c'est tourner en rond : le monde est compréhensible parce que mon entendement a les moyens de l'aborder, et mon entendement a les moyens de l'aborder parce que le monde est compréhensible. Cela est incompréhensible ! Pourquoi le serait-il ? pourquoi serait-il possible qu'il le fût ? Je retourne un dernier instant à ma question : Qu'est-ce qui est intelligible — dans ses *fondements* ? Si vous me répondiez que le fait de toucher cette table, de sentir son contact, sa matière, sa solidité, est intelligible, cela ne me convaincrait pas pour les mêmes raisons indiquées ci-dessus. J'ergote ; mais vous ratiocinez trop (à moins que ce ne soit l'inverse : vous voyez !). Il est difficile de ne pas avoir à remonter jusqu'à Dieu ou jusqu'au *Big Bang*... de ne pas avoir à disserter sur la liberté, le franc-arbitre, le destin, la nécessité, la fatalité... À quoi bon ? Qu'y a-t-il au bout du tunnel ? Y a-t-il un tunnel ? Qu'est-ce qu'un tunnel ? Tout est métaphore, tout est absurde... « *L'impénétrable vérité reste cachée dans son abîme* », ajoutait Sénèque, toujours dans son *De Beneficiis*. — Que nous chantes-tu, Ronsard l'hymnographe ? « *J'ai vu lever le jour, j'ai vu lever le soir* ; / *J'ai vu grêler, tonner, éclairer et pleuvoir ;* / *J'ai vu peuples et rois, et depuis vingt années* / *J'ai vu presque la France au bout de ses journées ;* / *J'ai vu guerres, débats, tantôt trêves et paix.* / *Tantôt accords promis, redéfaits et refaits,* / *Puis défaits et refaits ; j'ai vu que sous la lune* / *Tout n'était que hasard et pendait de Fortune.* » Que voyons-nous ? Ce qui peut, doit être vu... Et puis ?... *Je n'y entends rien.* — Si la Dame Finalité est aveugle, si le Sieur Organisation est autiste, *que* penser de notre sort, de notre raison, de notre existence ? Je n'en penserais rien si je n'avais pas reçu un cerveau, une conscience qui m'amenât à poser la question. Surtout, je m'en moquerais si je ne remarquais pas, tel Kant qui réfléchit *Sur l'échec de tout essai philosophique en matière de Théodicée*, la prépondérance des sentiments douloureux sur les sentiments agréables : « *d'où vient somme toute que l'auteur de notre existence nous ait appelés à la vie, dès lors qu'après notre juste estimation elle ne nous est pas souhaitable ?* » Que la souffrance soit pensable, vivable, intelligible (admettons), que, tout simplement, *la souffrance soit* (à prononcer à la « *fiat lux* »), cela ne laissera jamais de me confondre ! Il lui manque une case, à ce Dieu ! il est bancal, ce monde ! Pourquoi avoir créé la conscience ? Sûrement parce qu'il fallait pouvoir se demander : Pourquoi l'Univers ? Je contemple le ciel étoilé, j'imagine des astres par milliards qui ne font qu'aller là où ils vont, je songe à cet espace infini qui ne s'intéresse pas à moi, qui ne pleure pas, qui est ce qu'il est... (Souvent, je me dis que la sagesse consiste à dépasser Schopenhauer, que sa lecture est destinée aux adolescents et qu'il faut, en grandissant, relativiser la portée de sa philosophie : peine perdue, car c'est le phénomène inverse qui se produit, et plus j'ouvre les yeux, plus je reçois de rayons absurdes...) La case qui manque à ce Dieu, c'est l'homme qui l'a récupérée : je l'appelle *l'intelligence*, et c'est « *le seul outil qui permette à l'homme de mesurer l'étendue de son malheur* » (Desproges). Qu'est-ce qui distingue l'homme de l'animal ? *L'intelligence*, — faculté surnuméraire de la substance. D'où le constat de Rousseau : « *Tous les animaux ont exactement les facultés nécessaires pour se conserver. L'homme seul en a de superflues. N'est-il pas bien étrange que ce superflu soit l'instrument de sa misère ?* » La conscience, ou l'autoconscience, ou la conscience de soi parachevée, selon Hegel, par la « *conscience malheureuse* » (que Camus, d'ailleurs, laisse de côté pour mieux se concentrer sur le rapport maître/esclave), est « *douleur* ». Nous en avons déjà parlé, mais qu'est-ce qu'une sensation, un stimulus ? Une *banale* douleur à laquelle nous ne portons pas d'attention, tant elle est supportable ; mais en vient-elle à atteindre un seuil prédéterminé, et c'est la vraie douleur, la souffrance. D'une part, je souffre parce que je vis ; d'autre part, vivre, c'est sentir (physiquement, psychiquement) ; par conséquent, *je souffre parce que je sens*. Pourquoi sens-je ? Certainement pas *pour* souffrir, ce serait absurde... Mais alors, pourquoi ? *Parce que cela est absurde*. Regardez la nature, regardez-la comme Alfred de Musset la regarde dans ce passage-ci de sa *Confession* (Schopenhauer, sors de ce corps !) : « *À quoi bon ? pourquoi tant de luttes ? qui donc est là-haut qui regarde, et qui se plaît à tant d'agonies ? qui donc s'égaie et se désœuvre à ce spectacle d'une création toujours naissante et toujours moribonde ? à voir bâtir, et l'herbe pousse ; à voir planter, et la foudre tombe ; à voir marcher, et la mort crie : "holà !" à voir pleurer, et les larmes sèchent ; à voir aimer, et le visage se ride ; à voir prier, supplier et tendre les bras, et les moissons n'en ont pas un brin de froment de plus ! Qui est-ce donc qui a tant fait, pour le plaisir de savoir tout seul que ce qu'il a fait, ce n'est rien ? [...] Cette grande loi d'attraction qui suspend le monde à sa place, l'use et le ronge dans un désir sans fin ; chaque planète charrie ses misères en gémissant sur son essieu ; elles s'appellent d'un bout du ciel à l'autre, et, inquiètes du repos, cherchent qui s'arrêtera la première. Dieu les retient ; elles accomplissent assidûment et éternellement leur labeur vide et inutile ; elles tournent, elles souffrent, elles brûlent, elles s'éteignent et s'allument, elles descendent et remontent, elles se suivent et s'évitent, elles s'enlacent comme des anneaux ; elles portent à leur surface des milliers d'êtres renouvelés sans cesse ; ces êtres s'agitent, se croisent aussi, se serrent une heure les uns contre les autres, puis tombent, et d'autres se lèvent ; là où la vie manque, elle accourt ; là où l'air sent le vide, il se précipite ; pas un désordre, tout est réglé, marqué, écrit en lignes et en paraboles de feu ; tout marche au son de la musique céleste des sentiers impitoyables, et pour toujours ; et tout cela n'est rien ! Et nous, pauvres rêves sans nom, pâles et douloureuses apparences, imperceptibles éphémères, nous qu'on anime d'un souffle d'une seconde pour que la mort puisse exister, nous nous épuisons de fatigue pour nous prouver que nous jouons un rôle et que je ne sais quoi s'aperçoit de nous. Nous hésitons à nous tirer sur la poitrine un petit instrument de fer, et à nous faire sauter la tête avec un haussement d'épaules ; il semble que, si nous nous tuons, le chaos va se rétablir ; nous avons écrit et rédigé les lois divines et humaines, et nous avons peur de nos catéchismes ; nous souffrons trente ans sans murmurer, et nous croyons que nous luttons ; enfin la souffrance est la plus forte, nous envoyons une pincée de poudre dans le sanctuaire de l'intelligence, et il pousse une fleur sur notre tombeau.* » N'est-ce pas magnifique ? n'est-ce pas affreux ? — « *Crudelis ubique / luctus, ubique pavor, et plurima mortis imago* », dit Virgile (« *Partout le deuil cruel, / partout l'épouvante et la mort aux multiples visages* »). — L'être a au moins cela pour lui : *il est*, — et quant au reste, cela n'a ni queue ni tête, cela ne tient pas debout, c'est une *Aberration*. Que faut-il faire ? se prosterner à genoux devant l'idole Absurde ? passer son chemin ? se raisonner ? oublier ? apposer son refus ? Cette « lutte », telle que la mentionnent Musset et Camus, faut-il s'y engager ? Mais Camus ne reconnaît-il pas que celle-ci suppose « *l'absence totale d'espoir* », « *le refus continuel* » et « *l'insatisfaction consciente* » (qui, respectivement, ne doivent être assimilés ni au « *désespoir* », ni au « *renoncement* », ni à « *l'inquiétude juvénile* ») ? S'engager dans une lutte ne suppose-t-il pas une motivation, et cette motivation, une croyance, en un mot : avoir la foi ? Ne pas s'engager, est-ce renoncer, crier son refus, s'enfoncer dans le désespoir, demeurer insatisfait ? Quelle est la différence ? Ne pas s'engager n'est-il pas aussi une lutte, quelque acte de foi ? Avant d'aviser quoi que ce soit (ou peut-être après avoir avisé, tout dépend de la manière d'envisager les choses), il faut, si l'on *veut* être sauvé (s'être sauvé ?), ou si l'on *veut croire* être sauvé, il faut, dis-je, savoir se résigner, car, explique Kierkegaard, « *dans la résignation infinie se trouvent et la paix et le repos ; tout homme qui le veut [...] peut s'exercer à faire le mouvement douloureux qui réconcilie avec l'existence* ». L'une des thèses de Kierkegaard (existentialiste avant les existentialistes, absurdiste avant les absurdistes), dans *Crainte et tremblement*, c'est que l'absurde, soutenu par la foi (laquelle procède de la résignation), peut sauver : « *La résignation est le dernier stade précédant la foi. [...] Le chevalier de la foi a clairement conscience de cette impossibilité, de sorte que la seule chose qui peut le sauver est l'absurde, et il le saisit par la foi.* » Il s'agit, pour ce chevalier, tout comme pour Abraham, de croire « *en vertu de l'absurde* », car « *les mouvements de l'absurde doivent toujours être faits en vertu de l'absurde* ». Ici, « *l'absurde* » équivaut au « *principe qu'à Dieu tout est possible* », et « *la foi* », au « *paradoxe de l'existence* ». Si tout est possible (qui affirmerait le contraire ?), alors il est impossible de savoir ce qui sera. Puisque c'est impossible, on se résigne intelligemment à l'absurde, puis on se repose sur la foi et on attend. Ainsi, après l'étape originelle du doute, après la persuasion manifeste de l'absurde, serait-il bon de la tâter un peu en nous arrêtant sur : — 3. — *La croyance*. — Croire, ou ne pas croire ? *Pourquoi* croire ? *En quoi* croire ? *En quoi* ne pas croire ? Comment ne pas commencer par cette échappatoire : « *Credo quia absurdum* » (« Je le crois parce que c'est absurde ») ? On attribue cette sentence latine à saint Augustin ou à Tertullien, cependant qu'aucune de leurs œuvres ne contient ces trois petits mots rangés dans cet ordre. Chez Tertullien, on trouve : « *Prorsus credibile est, quia ineptum est* » (« Cela est croyable, parce que c'est absurde »), suivi de : « *certum est quia impossibile* » (« certain, parce que c'est impossible »). Écoutons Hugo à son tour (*Actes et Paroles*) : « *L'homme a en lui Dieu, c'est-à-dire la conscience ; le catholicisme retire à l'homme la conscience, et lui met dans l'âme le prêtre à la place de Dieu ; c'est là le travail du confessionnal ; le dogme, nous l'avons dit, se substitue à la raison ; il en résulte cette profonde servitude, croire l'absurde ; credo quia absurdum.* » Freud ne sera pas moins intransigeant dans *L'avenir d'une illusion* (pour éluder le problème que rencontraient les spirites à réfuter que les apparitions n'étaient que le produit de leur propre activité psychique) : « *Il faut à présent mentionner deux tentatives, qui font toutes deux l'impression d'un effort spasmodique pour éluder le problème. L'une, de l'ordre de la violence, est ancienne ; l'autre est subtile et moderne. La première est le* Credo quia absurdum *des Pères de l'Église. Ce qui revient à dire que les doctrines religieuses sont soustraites aux exigences de la raison ; elles sont au-dessus de la raison. Il faut sentir intérieurement leur vérité ; point n'est nécessaire de la comprendre. Seulement ce* Credo *n'est intéressant qu'à titre de confession individuelle ; en tant que décret, il ne lie personne. Puis-je être contraint de croire à toutes les absurdités ?* » Hugo et Freud, d'un commun accord, ne croient pas en cette « *extravagance* » (Voltaire). Bien plus : *ils n'y croient pas parce que cela est absurde*. *Non credo quia absurdum !* Freud invoque une autre tentative, tout aussi radicale, celle du « *Comme si* » (« *Als ob* »), qui consiste à admettre « *parmi nos processus cogitatifs toutes sortes d'hypothèses dont l'absence de fondement, voire l'absurdité, nous apparaît clairement* » : dès lors que l'on a « *avoué qu'une chose était absurde, contraire à la raison, tout est dit* ». Ou comment, à l'aide d'une philosophie dont les arguments sont des gourmades, concilier mensonge et vérité, restituer à l'absurde sa réalité indéfendable. C'est absurde ? Donc c'est vrai. Puis-je le croire ? Oui, puisque c'est absurde. Crois-le, il *faut* le croire, tu *dois* le croire, tels sont les commandements de la religion quand la raison ne suffit plus pour expliquer ou qui dépasse ses capacités. Comme le dit Chrémès, à sa femme Sostrata dans la pièce de Térence, planté entre la duperie et l'abnégation : « *Vin me istuc tibi, etsi incredibilest, credere ? Credo.* » (« *Tu veux que je croie cela, bien que ce soit incroyable. Je le crois.* ») Pour les réfractaires, ceux qui, comme Thomas, doutent (« *Si je ne vois dans ses mains la marque des clous, et si je ne mets mon doigt dans la marque des clous, et si je ne mets ma main dans son côté, je ne croirai point* » (Jn 20,25)), l'Écriture enseigne les paroles impérieuses de Jésus ressuscité : « *ne sois pas incrédule, mais crois.* » (20,28) Encore Thomas avait-il eu la « chance », l'opportunité d'avancer sa main sur le flanc du Christ et son doigt dans la plaie (le plus beau tableau qui soit de cette scène, est exposé au Palais de Sanssouci à Potsdam, et est dû au fin pinceau du Caravage). La délibération est sans appel (20,29) : « *Quia vidisti me, Thoma, credidisti: beati qui non viderunt, et crediderunt* » (« *Parce que tu m'as vu, tu as cru. Heureux ceux qui n'ont pas vu, et qui ont cru !* ») On est loin du doute hyperbolique de Descartes qui doit déblayer toutes ses connaissances, supposer que toutes les choses qu'il voit sont fausses, se persuader que rien n'a jamais été de tout ce que sa mémoire remplie de mensonges lui représente, penser n'avoir aucun sens, croire que le corps, la figure, l'étendue, le mouvement et le lieu ne sont que des fictions de son esprit, qui doit s'éloigner de tout ce en quoi il pourrait imaginer le moindre doute, tout de même que s'il connaissait que cela fût absolument faux : « *et je continuerai toujours dans ce chemin, jusqu'à ce que j'aie rencontré quelque chose de certain, ou du moins, si je ne puis autre chose, jusqu'à ce que j'aie appris certainement, qu'il n'y a rien au monde de certain.* » Le plus judicieux réside-t-il dans un rejet total, ou bien dans une acceptation sans exceptions ? Vaut-il mieux ne rien croire et basculer dans un scepticisme borné, ou tout croire et basculer dans le fanatisme à courte vue ? Je ne sais pas laquelle de ces deux attitudes est la moins dangereuse ; en revanche, je penche pour la méthode cartésienne, c'est-à-dire que je préfère partir de rien et progresser au fur et à mesure avec la réticence et la méfiance comme boussoles. (On risque de perdre le Nord si l'on confie tout le voyage de son existence à une simple aiguille achetée à un vendeur à la sauvette qui a certifié : « Elle est magnétique ! » Qui me dit qu'il n'était pas roublard ? Mon exemple est mauvais : qui ne confronterait pas la justesse de la boussole à la position du soleil s'il fait jour, ou à l'étoile polaire s'il fait nuit ? Ce que je veux dire, c'est que jamais un chercheur (et n'importe quel laborantin vous le dirait) n'entreprendrait une expérience sans avoir au préalable étalonné ses instruments. La *crédibilité* est à ce prix.) Bref, en citant Rousseau, « *nous aimons mieux nous déterminer au hasard, et croire ce qui n'est pas, que d'avouer qu'aucun de nous ne peut voir ce qui est* ». Je donne raison à Ernest Renan qui, dans son admirable *Vie de Jésus*, ne tient pas compte des miracles et termine sa « biographie » sur la Croix (ou à peu près). Les merveilles que sont les Évangiles n'avaient pas besoin de recourir aux miracles et au surnaturel pour me faire croire en Jésus (j'y crois). Mais comme le dit avec nuance Renan, « *il y a légende et légende* », et c'est « *au nom d'une constante expérience* » qu'il bannit le miracle de l'histoire : « *Nous ne disons pas : "Le miracle est impossible" ; nous disons : "Il n'y a pas eu jusqu'ici de miracle constaté."* » Revenons à cette phrase prononcée par Jésus : « *Heureux ceux qui n'ont pas vu, et qui ont cru !* » À mon goût, rien de plus spécieux (sauf à croire effectivement que cela *fut*). Cela étant dit, j'ai deux objections à faire : premièrement, que seul Jean, des quatre évangélistes, a rapporté cet épisode (et on connaît chez lui, fût-ce dans l'Apocalypse, sa passion délirante pour l'extraordinaire) ; secondement, que le raisonnement de Jésus ne pouvait que servir l'Église à se justifier et à ameuter le plus grand nombre de disciples (Jésus dit, en somme, à tous ceux qui ne l'ont pas vu et ne le verront jamais, que Thomas a vu pour eux, et la morale que l'on peut en tirer est celle-ci : il ne suffit pas de le voir pour le croire, il suffit que quelqu'un l'ait vu pour que tout le monde le croie). Le souci que fait émerger la disposition à croire ce qui n'est pas croyable (ce qui est absurde, « *en vertu de l'absurde* »), ou de croire sans regard critique, on en devine la conséquence dans *Les deux gentilshommes de Vérone* : « *I have no other, but a woman's reason; I think him so because I think him so.* » (« *Je n'en ai pas d'autre qu'une raison de femme : je le crois, parce que je le crois.* ») La conséquence serait de construire un monde rempli de Lucette gouvernées par une « *raison de femme* » (je le pense sans misogynie). Croire peut être une bonne chose (avoir confiance, voire ressentir l'amour) ; se leurrer, une mauvaise. « Ah ! si j'avais su, j'aurais voulu ne rien croire ! » me morigéné-je lorsqu'une tuile me tombe dessus, que je m'imaginais stable, prometteuse : qui, cependant, me demande de croire ou de vouloir croire ? De même que je ne souhaite pas tout croire sans rien voir, je ne désire pas plus qu'un Tartuffe me manipule à sa guise, me prenant pour un Orgon qui en vient à « *voir tout sans rien croire* ». Quand je dis : « *Tout est absurde* », je *crois* en un formidable moteur (si je suis ouvert à la beauté du monde) ; et quand j'éprouve « *l'absurdité de mon existence* », j'éprouve en même temps, comme Hermann Hesse (*Pensées moroses*), « *sa puissante magie* ». Même si tout est vain, le sentiment absurde de l'absurde me pousse à chercher, à étalonner, à essayer de comprendre, à connaître, à en savoir davantage. Je pourrais, en ce moment, m'interroger sur le bien-fondé de cette croyance en l'absurde (quelle qu'elle soit), et me demander quel serait l'intérêt de poursuivre l'expérience s'il n'y avait pas d'intérêt. C'est justement parce que c'est absurde ! Et c'est absurde parce qu'il y a de l'absurde !

« *Oh ! que le gouffre est noir et que l'œil est débile !* » Je m'en tiendrai là où s'en tenait Hugo, à l'*Horror* : « *Nous aimons. À quoi bon ? Nous souffrons. Pour quoi faire ? / Je préfère mourir et m'en aller. Préfère.* » Eh ! Julien : « *L'absurde Foi, voilà ton unique lumière ; / Tu t'es sur ce flambeau jeté de désespoir* » ! Eh ! Julien, sache-le, « *une fois plongé dans l'abîme de l'absurde, s'il est aisé de s'y enfoncer toujours plus avant, à l'infini, il est à peu près impossible de remonter* ». Sache-le !... — 4. — *Le savoir.* — Je suis, — cela ne fait aucun doute, — et je le sais parce que je pense. L'être anime la pensée, la pensée anime l'être qui se reconnaît comme étant qui pense, qui se pense ; mais la pensée sans la mémoire ne serait que pure instantanéité évanescente, elle aurait le rôle d'un appareil photo amnésique qui viserait, recevrait les photons et ne les imprimerait pas, faute de pellicule. Je pense, donc je suis ; je suis un être pensant qui mémorise, donc j'accumule un savoir. Ce savoir, n'en déplaise à Descartes, me fait comprendre que je suis parce que je pense : c'est la *conscience* du « *Je pense, donc je suis* ». Sans conscience (que je distingue de l'instinct animal), pas de savoir : le « *Que suis-je ?* » est nécessairement précédé du « *Que sais-je ?* » Quel est l'intérêt de ce savoir (que je suis) ? Je n'ai pas la réponse (pourquoi écrirais-je ce livre ?), sinon celle de l'absurdité, — absurdité que je tolère, supporte, accepte, voire que je me résigne à tolérer, supporter, accepter au nom de l'apprentissage existentiel : apprendre à vivre, puis apprendre à comprendre, apprendre à apprendre. Ma raison de vivre se résume à vivre de ma raison, partant : de mon savoir. J'ai déballé, plus haut, l'une des trois raisons qui me semblaient être à l'origine de mon besoin d'écrire, soit « le besoin d'apprendre et de (me) comprendre *(axe de la complétude), depuis longtemps devenu ma seule ambition, l'ultime raison de vivre (c'est mon excuse sur le sens, s'il en reste un, que je donne aux choses)* ». La complétude jusqu'à l'ivresse, comme si ma motivation était guidée par l'accumulation du savoir (mes innombrables citations en sont la preuve flagrante), comme si mon unique but était d'utiliser à leur maximum les capacités du cerveau (les combinaisons synaptiques) ; la complétude jusqu'à l'overdose, comme si je me prenais pour un encyclopédiste chevronné (le « *pantophile* » Diderot), comme si j'attendais de pouvoir m'exclamer, un jour ou l'autre : « Voilà, tout est consommé. S'il faut manger, autant que la nourriture ait du goût et soit épicée ! J'ai tout mangé, j'ai goûté à toutes les variétés, je ne savoure plus, les saveurs s'en sont allées. J'ai trop mangé, je suis repu. Je n'aurai rien vaincu que moi-même : Je serai venu, j'aurai vu et j'aurai su — que j'étais venu, avais vu et avais su. J'aurai gagné ma perte. "*Tout le travail de l'homme est pour sa bouche, et cependant ses désirs ne sont jamais satisfaits.*" (*Qoh* 6,7) » Comme Cioran survivait accompagné de la rassurante idée du suicide sans jamais passer à l'acte, je survis dans ce monde absurde avec la douce pensée qu'il est (qu'y aurait-il de plus absurde que de vivre dans un monde qui ne serait pas absurde ? « *qu'est-ce qu'il y aurait à la fin si tout était au commencement ?* »). J'écris : La volonté de complétude est à la fois désagréable, puisqu'elle ne mène à rien (poussière, tu retourneras à la poussière), et agréable, puisqu'elle se poursuit sans fin (il y a tant à lire encore, tant à apprendre). J'écris, sans annuler ce qui précède : La volonté de complétude est à la fois agréable, puisqu'elle ne mène à rien (« *carpe diem, quam minimum credula postero* » (« *cueille le jour, et ne crois pas au lendemain* »)), et désagréable, puisqu'elle se poursuit sans fin (comprendre, c'est prendre le risque certain de se détacher, de croire que tout est incompréhensible). D'où l'on peut conclure (outre qu'il n'y a rien à conclure) que l'absurde est mon antinomie pichavantesque : je puis démontrer qu'il existe et qu'il n'existe pas… — Je philosophe durant mes heures creuses (en a-t-il pour moi — qui sollicite intellectuellement chaque heure ?), et je vois que cette occupation n'aura d'autre fruit que le plaisir de la connaissanc (reprenant les paroles attribuées à Épicure et retrouvées au Vatican : « *car ce n'est pas après avoir appris que l'on jouit du fruit, mais apprendre et jouir vont ensemble.* ») — (Julien Pichavant « *regarde tant la nature, / Que la nature a disparu !* » Hé ! Julien Pichavant, « *que fais-tu sur la terre, à jouer arrêté ? / Pourquoi vis-tu ?* » Comme un L'Angély, « *je vis par curiosité* » (« *Çà, qui dirait qu'ici c'est moi qui suis le fou ?* »), mais, comme un lépreux, « *ainsi qu'un fruit pourri, la vie est dans ma bouche* » (« *Dieu ! je ne suis pas mort et ne suis pas vivant* »). Comme un Jean double, quand l'un pleure de ce que l'autre rit, je ris et rit de ce que l'un pleure : « *Ne nous hâtons pas de rire / Oh ! oh ! hi ! hi ! hi ! / Des misères d'ici-bas !* ») Nous confondons tout, dit Kempis, et « *à cause de la légèreté de notre cœur et de l'oubli de nos défauts, nous ne sentons pas les maux de notre âme, et souvent nous rions vainement quand nous devrions bien plutôt pleurer* ». Mais je ne veux pas pour autant me réjouir « *avec ceux qui se réjouissent* » et pleurer « *avec ceux qui pleurent* » (Ro 9,22). Je suis Démocrite, je suis l'homme — en perte de sens — qui rit de ce qu'il écrit : « *Il y a des paroles qui sont à la fois des mots, des cris et des sanglots. Toute l'extase et toute la douleur s'y fondent et éclatent pêle-mêle. Cela n'a aucun sens, et cela dit tout.* ») — En quoi crois-je ? Au savoir — parce que cela est absurde. À tout le moins me persuadé-je que, dans ce paradis toujours perdu, je n'aurai pas appris trop tard « *que quelques-uns peuvent savoir quand des milliers se trompent* » (« *how few sometimes may know, when thousands err* »). En quoi crois-je ? Moi qui déteste croire (croire n'est pas savoir), je sais cependant — et (im-)pitoyablement — que je crois savoir : tel Socrate, tout en restant humble, je voudrais être sage et ne pas croire que je sais quoique je ne sache rien, mais plutôt, ne sachant rien, ne pas croire que je sais quoi que ce soit, si ce n'est que je ne sais rien. Je *voudrais* être sage seulement, parce que je dois me rendre à l'évidence que je ne le suis pas encore — et ne le serai peut-être jamais. Au surplus, je sais malheureusement — avec Érasme — que « *les vivants qui obéissent à la Sagesse sont de beaucoup les moins heureux* ». Si je recherche le savoir, j'avoue en même temps y croire, et si, à l'opposé, j'admets avec Rousseau que « *l'abus du savoir produit l'incrédulité* », que dois-je faire ? La question paradoxale du savoir me rend malade : à quoi bon ? Oui, vraiment : *à quoi bon ?*… Dans une ode, Horace conseille de cueillir le jour, et dans une autre, il semble réprimander Archytas : « *munera nec quicquam tibi prodest / aerias temptasse domos animoque rotundum / percurrisse polum morituro* » (« *et il ne t'a servi à rien d'avoir tenté les demeures aériennes et parcouru en esprit la voûte du ciel, à toi qui devais mourir* »). Comment accommoder les deux approches, comment harmoniser, si j'ose dire, le point et la ligne ? La ligne n'est-elle pas un ensemble de points ? Certes ! Un ensemble infini de points… Or, l'infini n'est pas pensable. Quel malheur ! quelle absurdité ! Le plus incroyable dans tout cela, le comble, c'est que, pour le dire comme Charcot qui divulguait à Freud ses idées au sujet de l'hystérie, je pense que « *ça n'empêche pas d'exister* ». (Je m'aperçois que je recule en avançant, que ce que j'écris s'écoule en vertu de l'absurde, si bien que je crois remplir ma tâche en ne la remplissant pas ! Il m'aurait fallu davantage de circonspection… Mais quoi ! fallait-il me taire ?

fallait-il que je n'écrivasse pas ce que je devais écrire ? fallait-il que le doute me fermât le clapet ? Fallait-il même que je *jouasse* de la précautionneuse et rocambolesque réserve avec laquelle Sextus Empiricus introduisait ses *Hypotyposes* : « *Mais avant toutes choses je veux avertir mes lecteurs, qu'à l'égard des choses que j'avancerai, je ne prétends établir quoi que ce soit, et que je ne veux point assurer que les choses soient comme je les dis* » ?) Quand bien même cela paraîtrait absurde (j'en ris, j'en pleure), la complétude est dans la perte, la perte que connut Mallarmé et dont parle Valéry : « *Un homme qui renonce au monde se met dans la condition de le comprendre.* » Il faut voyager dans le monde en renonçant à lui. Je ne l'oublie pas qu'en un autre « chair-est-triste-hélas », Baudelaire également (désen)chante : « *Amer savoir, celui qu'on tire du voyage ! / Le monde, monotone et petit, aujourd'hui, / Hier, demain, toujours, nous fait voir notre image : / Une oasis d'horreur dans un désert d'ennui !* » Je ne l'oublie pas, et c'est parce que je ne l'oublie pas que je survis à l'absurde de l'existence, que je poursuis ma quête sans fin, sans rime ni raison, c'est parce que des hommes comme Paul Valéry, pourvus d'une « volonté » identique, m'ont précédé… « *Profondes, insignifiantes, et d'autant plus insignifiantes que plus profondes, ces recherches qui ne cherchent que leurs limites. — Il n'y a que les choses superficielles qui puissent ne pas être insignifiantes. Ce qui est profond n'a point de sens ni de conséquence. — La vie n'exige aucune profondeur. Au contraire !* » Les contraires s'assemblent, tels le désir et le dégoût qui « *sont les deux colonnes du temple du Vivre* » : « *L'homme, quand sa fureur ou son erreur s'exténuent, se divise, et situe hors de lui ce qui vient d'être lui. Les souffrances, les sottises, les actes échappés lui composent un monde de l'abominable et de l'absurde, — auquel il ne peut penser sans un recul étrange, — sans créer un autre lui-même tout indépendant des événements. — L'homme ne se reconnaît pas dans celui qu'il vient d'être, quand celui qu'il vient d'être se représente à lui avec une grande précision : il ne se reconnaît que dans un être capable de modifications ; encore et toujours capable de faire ou de ne pas faire.* » — *Absurde,* tel est le nom commun ; *inextricable,* tel est l'adjectif. Ô Paul le valeureux, que nous reste-t-il à faire — quand il nous reste tout à faire — et quand nous devons comprendre qu'il ne nous reste rien que le renoncement ? « *Nous avons à poursuivre des mots qui n'existent pas toujours, et des coïncidences chimériques ; nous avons à nous maintenir dans l'impuissance* » : est-ce là ta réponse ? Non, la voici : « *Écrire — pour se connaître — et voilà tout.* » Écrire, — impuissant ! Ironie du sort — ô Valéry — pour le verbe latin « *valere* », qui est d'« *être puissant* » !... Absurde ! — 5. — *La vanité, le désespoir.* — Trilogue : Le docteur Faust le *savait,* Pascal le *savait,* et Qohélet, bien avant eux, l'avait *su* : *Vanité des vanités, tout est vanité.* L'Ecclésiaste appliqua son « *cœur à rechercher et à sonder par la sagesse tout ce qui se fait sous les cieux* » (*1,14*), il vit que « *tout ce qui se fait sous le soleil* » n'est que « *vanité et poursuite du vent* » (*1,15*), il vit que l'homme « *a beau se fatiguer* » à chercher « *ce qui se fait sous le soleil* », « *il ne trouve pas* », de même que le sage qui « *veut connaître* » et « *ne peut pas trouver* » (*8,17*). Que sert de fatiguer le corps à faire « *beaucoup d'étude* » ? On n'en finirait jamais (je n'en finis pas moi-même) d'amasser les connaissances « *si l'on voulait faire un grand nombre de livres* » (*12,12*). Homme, tu n'as qu'une chose à faire, qui est ton devoir : « *Crains Dieu et observe ses commandements.* » (*12,13*) Toi, Julien, crains-toi, crains ta connaissance, crains l'être, crains de ne pas craindre, crains de ne pas connaître, crains de ne pas être, crains de ne pas voir que tout ne soit qu'absurdité. « *Vanité* », écrit Pascal. « *Qu'une chose aussi visible qu'est la vanité du monde soit si peu connue, que ce soit une chose étrange et surprenante de dire que c'est une sottise de chercher les grandeurs. Cela est admirable.* » Toujours Dante revient à l'assaut : « *Lasciate ogne speranza, voi che intrate* » (« *Vous qui entrez, laissez toute espérance* ») ! Par où faut-il commencer ? Par le savoir ? par le désespoir ? « *Donc toutes choses étant causées et causantes, aidées et aidantes, médiates et immédiates, et toutes s'entretenant par un lien naturel et insensible qui lie les plus éloignées et les plus différentes, je tiens impossible de connaître les parties sans connaître le tout, non plus que de connaître le tout sans connaître particulièrement les parties.* » Dès lors que cela est impossible, quel jeu en vaut-il la chandelle ? Le jeu de l'absurde. Que fais-je ici ? pourquoi ? pour quelle raison ? pour quoi ? « *Quand je considère la petite durée de ma vie absorbée dans l'éternité précédente et suivante — memoria hospitis unius diei praetereuntis — le petit espace que je remplis et même que je vois abîmé dans l'infinie immensité des espaces que j'ignore et qui m'ignorent, je m'effraye et m'étonne de me voir ici plutôt que là, car il n'y a point de raison pourquoi ici plutôt que là, pourquoi à présent plutôt que lors. Qui m'y a mis ? Par l'ordre et la conduite de qui ce lieu et ce temps a-t-il été destiné à moi ?* » La Sagesse de Salomon dicte ces paroles : qu'est-ce qui est « *comme le souvenir de l'hôte qui est reparti après un jour* » ? C'est « *l'espérance de l'impie* » (*Sag 5,15*), qui est aussi « *comme le duvet des plantes que le vent emporte, ou comme l'écume légère qui est dispersée par la tempête* ». Le grand Pascal était souffrant, de corps et d'esprit. Le siège de ses maux s'avéra le même : le cerveau, objet de multiples migraines qui atteignirent leur paroxysme à trente-six ans. Une nature fragile qui, au plus fort de ses douleurs, continue d'avancer, d'écrire, de créer, de réfléchir, est prédisposée à la contemplation d'un monde absurde. En effet, qu'y a-t-il de plus absurde que la souffrance ? A-t-on jamais demandé de souffrir ? S'il fallait seulement occuper son ennui, ce serait une chose surmontable… Mais il y a (Schopenhauer) la souffrance ! (Pascal manquait-il d'un sentiment social ordinaire ? les membres de sa famille étaient-ils excitables et coléreux, autoritaires ? Là où des troubles organiques font défaut, Alfred Adler invoque céphalée nerveuse, migraine, névralgie du trijumeau, accès épileptoïdes pour ce type de malades… Passons.) Dans un fragment des *Pensées,* on peut lire qu'« *il ne faut pas avoir l'âme fort élevée pour comprendre qu'il n'y a point ici de satisfaction véritable et solide, que tous nos plaisirs ne sont que vanité, que nos maux sont infinis, et qu'enfin la mort qui nous menace à chaque instant nous doit mettre dans peu d'années, et peut-être en peu de jours dans un état éternel de bonheur, ou de malheur, ou d'anéantissement* ». (C'est ce genre de pensées qui révoltait Voltaire, lui qui surnommait Pascal le « *misanthrope sublime* ». La dernière de ses *Lettres philosophiques,* la vingt-cinquième, est une critique de cinquante-sept passages des *Pensées.* Par exemple, à la numéro XXVI, lorsque Pascal écrit : « *On doit reconnaître que l'homme est si malheureux qu'il s'ennuierait même sans aucune cause étrangère d'ennui, par le propre état de sa condition* », Voltaire réplique aussitôt : « *Au contraire l'homme est si heureux en ce point, et nous avons tant d'obligation à l'auteur de la nature qu'il a attaché l'ennui à l'inaction, afin de nous forcer par là à être utiles au prochain et à nous-même* ». De l'opinion générale de Voltaire, Pascal voulut tant « *montrer l'homme dans un jour odieux* » qu'il s'acharna « *à nous peindre tous méchants et malheureux* », en écrivant « *contre la nature humaine à peu près comme il écrivait contre les jésuites* ».) Revenons au fragment pascalien : « *Je ne sais qui m'a mis au monde, ni ce que c'est que le monde, ni que moi-même. Je suis dans une ignorance terrible de toutes choses. Je ne sais ce que c'est que mon corps, que mes sens, que mon âme ; et cette partie même* de moi qui pense ce que je dis, et qui fait réflexion sur tout et sur elle-même, ne se connaît non plus que le reste. Je vois ces effroyables espaces de l'Univers qui m'enferment, et je me trouve attaché à un coin de cette vaste étendue, sans savoir pourquoi je suis plutôt placé en ce lieu qu'en un autre, ni pourquoi ce peu de temps qui m'est donné à vivre m'est assigné à ce point plutôt qu'à un autre de toute l'éternité qui m'a précédé, et de toute celle qui me suit. Je ne vois que des infirmités de toutes parts qui m'engloutissent comme un atome, et comme une ombre qui ne dure qu'un instant sans retour. Tout ce que je connais c'est que je dois bientôt mourir ; mais ce que j'ignore le plus c'est cette mort même que je ne saurais éviter. » À première vue, c'est le discours d'un homme des plus pessimistes qui ne cesse pas de penser : « Comme je ne sais d'où je viens, aussi je ne sais où je vais » ; et on aurait raison de le croire (le pessimiste, ce qu'il dit). Cependant la réalité est plus complexe, car ce n'est pas Pascal qui parle — ou, du moins, ne parle-t-il pas seul en son nom, puisqu'il fait précéder ce paragraphe de ce constat : « Car voici comment raisonnent les hommes, quand ils choisissent de vivre dans cette ignorance de ce qu'ils sont, et sans en rechercher d'éclaircissement. » Ici, en disant ce qu'il pense et ce que les gens pensent, Pascal ne dément ni la misère de l'homme ni l'absurdité de son existence ; il regrette que la majorité d'entre eux n'essaient pas, dans leur ignorance, de dépasser leur état malheureux. Cette ignorance renvoie à la satisfaction de laisser les choses comme elles sont, de ne pas chercher au-delà, de ne rien attendre, de se rattacher à la vanité de n'avoir pas à aller plus loin, de ne pas songer à l'éternité, de détourner leur pensée de toute consolation (ils sont fiers tels des sophistes qui ne savent pas qu'ils ne savent pas). Il est à la portée du premier venu de comprendre que notre condition nous est *donnée* misérable ; il est en revanche difficile de s'élever par rapport à elle. Le monde est absurde ? Soit ! Cherchons-y une transcendance, ne restons pas là à ne rien faire, semble nous exhorter Pascal. Serait-il ravi de voir que c'est ce que j'entreprends actuellement ? — Nous venons, nous voyons, nous… quoi ? L'existence, ce calendrier ! Les jours se ressemblent, se succèdent et passent… Qu'est-ce que l'homme ? Une nuit, puis un jour, puis une nuit ; une ombre, puis une lumière, puis une ombre ; un néant, puis un être, puis un néant ; un oubli, puis une pensée, puis un oubli ; un rien, puis un tout, puis un rien. L'homme étant un jouet entre les mains des divinités Inconnu et Absurde, il ne tient qu'à lui d'entretenir sa pile défaillante. — J'arrête d'extrapoler, mais je voudrais, avant de passer à Faust, citer maintenant Arthur Koestler dans *Un testament espagnol* (ne m'interrogez pas sur la raison : ô ma Raison, il n'y a pas de raisons) : « *Samedi, dimanche, lundi, mardi, mercredi, jeudi, vendredi.* — *… Le vent souffle, le vent s'éloigne, et nulle part ne laisse de trace ; le ruisseau alimente le fleuve, le fleuve se jette dans la mer et la mer n'est jamais pleine.* — *L'homme vient, l'homme s'en va, il ne connaît pas ceux qui l'ont précédé, il ne sait pas ce que devient sa semence…* — *Tandis que je vivais les jours blancs de mon calendrier en philosophant sur le temps, quarante individus parmi ceux qui jouaient au football et à saute-mouton dans la cour devant ma fenêtre, furent fusillés.* — *Mais je ne le sus pas au moment même.* » — Le projet du *Faust* accompagna Goethe pendant une grande partie de sa vie. Ce ne fut d'ailleurs qu'assez tardivement, âgé de près de soixante ans, qu'il en publia la version définitive (*Faust I*). Pour résumer, Faust représente le « savoir-de-l'à-quoi-bon-savoir », le savoir absolu du sage, donc le savoir fou de la vanité, et, évidemment, la vanité suprême du savoir. Il sait désespérer — tout en désespérant de savoir… Avec son « habenun-ach-Philosophie », il figure parmi les fidèles adeptes de la « chair-est-triste-hélas » et du « j'ai-lu-tous-les-livres », formant chez eux le bataillon des néo-qohéletiens, à ceci près que la chair, il n'a dû la connaître qu'en fourrant son nez dans les pages d'un vieux grimoire (Faust, non pas puce savante, mais savant puceau). La « tragédie » (« *eine Tragödie* ») s'ouvre au moment de la nuit, « *dans une chambre à voûte élevée, étroite, gothique* », où « *Faust, inquiet, est assis devant son pupitre* ». (Je citerai le plus souvent la traduction prosée de Gérard de Nerval, la première que j'aie lue, la seconde étant de Jean Malaplate.) Ainsi, en exceptant les deux prologues de Goethe, le rideau dévoile au spectateur un Faust qui s'apitoie : « *Philosophie, hélas ! jurisprudence, médecine, et toi aussi, triste théologie !... je vous ai donc étudiées à fond avec ardeur et patience : et maintenant me voici là, pauvre fou, tout aussi sage que devant.* » L'étude vaine, la philosophie remisée au placard, tout est triste ! l'*amer savoir*, encore ! l'amer savoir qui ne se suffit pas à lui-même, la docte ignorance qui délaie l'âme, puis l'âme que ne délaient pas la tristesse et le désespoir ! Rempli de tout savoir, vierge de tout amour, Faust ne connaît, au contraire de Saint-Preux, aucune femme pour écrire : « *Et que vouliez-vous apprendre, incomparable fille, dans mon vain et triste savoir ?* » Que n'a-t-il pu lire Musset : « *Ce que l'homme ici-bas appelle le génie, / C'est le besoin d'aimer ; hors de là tout est vain* » ! Dans sa solitude, Faust, qui connaît tout, ne connaît au fond personne ; et connaissant tout, il reconnaît qu'il ne connaît rien : « *Je m'intitule, il est vrai, Maître, Docteur, et, depuis dix ans, je promène çà et là mes élèves par le nez. Et je vois bien que nous ne pouvons rien connaître !... Voilà ce que mon brûle le sang !* J'en sais plus, il est vrai, que tout ce qu'il y a de sots, de docteurs, de maîtres, d'écrivains et de moines au monde ! Ni scrupule, ni doute ne me tourmentent plus ! — Je ne crains rien du diable, ni de l'enfer ; mais aussi toute joie m'est enlevée. Je ne crois pas savoir rien de bon en effet, ni pouvoir rien enseigner aux hommes pour les améliorer et les convertir.* » Il n'y a pas de gai savoir, on se perd dans les méandres des livres avant de sangloter dans son coin : ah ! n'avoir que les yeux pour pleurer la perte de sens ! « *Ah ! j'ai vu que tout est vain sous le soleil !* » s'éplore Verlaine. « *Ô pensée aboutissant à la folie !* » — « *Oh ! si la force de l'esprit et de la parole me dévoilait les secrets que j'ignore, et si je n'étais plus obligé de dire péniblement ce que je ne sais pas ; si enfin je pouvais connaître tout ce que le monde cache en lui-même, et, sans m'attacher davantage à des mots inutiles, voir ce que notre nature contient de secrète énergie et de semences éternelles ! Astre à la lumière argentée, lune silencieuse, daigne pour la dernière fois jeter un regard sur ma peine !... j'ai si souvent la nuit veillé près de ce pupitre ! C'est alors que tu m'apparaissais sur un amas de livres et de papiers, mélancolique amie !* » Hélas ! hélas ! hélas ! « *Frappe de la main, frappe du pied, et dis : Hélas !* » (Ez 6,11) « *Pour qui les ah ? pour qui les hélas ? Pour qui les blessures sans raison ?* » (Prov 23,29) Mille fois *hélas* ! Oui, hélas, dit Alphonse Rabbe, car « *nous ne savons rien* » ! Ou plutôt, si, *nous* savons très bien une chose : que c'est sans raison, que c'est absurde ! Hélas, tous les livres ont été écrits, je n'apporte rien en écrivant celui-ci. « *Les grands exploits ont été accomplis ; il ne peut y avoir que des retours, des inversions mineures, de détail* », écrivait Ionesco. Hélas à toi ! Hélas à toi, cher Faust, impétrant du Diable, petit Job de l'impassibilité, Dieu t'« *assaille comme par une tempête* », Il « *multiplie sans raison [tes] blessures* », ne te « *laisse pas respirer* », te « *rassasie d'amertume* » (Jb 9,18) ! Amer savoir ! Amer savoir que l'on tire du voyage qui propulse de la naissance à la mort. La connaissance est amère, hélas ! et tu ne peux pas fuir, ni ici ni là-bas… « *Hélas ! et je languis encore* dans mon cachot ! Misérable trou de muraille, où la douce lumière du ciel ne peut pénétrer qu'avec peine à travers ces vitrages peints, à travers cet amas de livres poudreux et vermoulus, et de papiers entassés jusqu'à la voûte. Je n'aperçois autour de moi que verres, boîtes, instruments, meubles pourris, héritage de mes ancêtres... Et c'est là ton monde, et cela s'appelle un monde ! Et tu demandes encore pourquoi ton cœur se serre dans ta poitrine avec inquiétude, pourquoi une douleur secrète entrave en toi tous les mouvements de la vie ! Tu le demandes !... Et au lieu de la nature vivante dans laquelle Dieu t'a créé, tu n'es environné que de fumée et moisissure, dépouilles d'animaux et ossements de morts ! Délivre-toi ! » Faust est à la fois « *trop jeune pour être sans désirs* » et « *trop vieux pour jouer encore* », il sent continuellement les misères de l'existence humaine. Que peut lui offrir le monde, et, surtout, que peut-il lui offrir de bon ? « *Tout doit te manquer, tu dois manquer de tout ! Voilà l'éternel refrain qui tinte aux oreilles de chacun de nous, et ce que, toute notre vie, chaque heure nous répète d'une voix cassée.* » Il arrive un temps où le manque, remplissant toute l'existence, fait de nous un trou (noir) dans lequel nous nous engloutissons. Le lecteur glouton est aux premières loges : il jette un œil par-dessus son épaule et contemple tous les livres qu'il a déjà lus, bien rangés sur les étagères de sa bibliothèque, puis il regarde droit devant lui tout ce qui lui reste à lire dans les librairies où il flâne désireux et effrayé. Lui seul sait combien l'échéance du jour où il aura tout lu recule à mesure qu'il s'avance, lui seul sait ce qu'il possède et ce qu'il a encore à parcourir, parce qu'il sait tout ce qu'il a déjà parcouru. En pensant à ce qu'il ne possède pas, aux livres à venir, aux choses à découvrir, il ne fait que créer un manque qui conduira à sa propre perte. Il y a de cela très longtemps, au chapitre sur le tabac, j'avais écrit quelques mots qui correspondent au sujet qui nous accapare, où il s'agissait, en quelque sorte, de se consoler par la force de la volonté : « *En ce qui me concerne, on peut dire que j'assouvis le désir de combler un manque que j'ai préalablement créé, et j'aime mieux savoir qu'ignorer que je peux combler un manque, car celui-ci étant un manque ciblé, l'angoisse est moindre, et je n'ai pas à chercher ce "qui donc vide à la fois et ma coupe et mon cœur". Je crée et le manque et la perte de ce manque. Puisque toujours, tout, dans la vie, se ramène au "deest aliquid" ("*il manque quelque chose*"),* — *"*Puisque la vie est comme un vase / Qu'on ne peut emplir ni vider*", — j'en crée l'illusion !...* » Faust et moi-même créons la perte — jusqu'à la probable perte de notre création et de notre savoir ; nous bâtissons des châteaux de sable que la marée, en quelques secondes, démolira : le sable retournera au sable... Kierkegaard définirait ceci comme « *le désespoir de l'infinitude ou le manque de fini* », un type de désespoir qui fait de la vie un fardeau, fait naître le désir de la mort et abhorrer l'existence, un désespoir qui nous fait voir un infini toujours aussi loin de nous. Comprendre que l'on n'a jamais fini d'apprendre, est une chose (qui fructifie la frustration) ; comprendre que la connaissance relève, de près ou de loin, de la détresse de l'homme, en est une autre (non moins frustrante). « *Et quand je les lirais, ces volumes poudreux, / Que saurais-je en fermant le dernier sur ma table : / Que l'homme, de tous temps, a vécu misérable, / Que sur mille, l'un d'eux, peut-être, fut heureux !* » Le savoir n'est-il pas vain, quand bien même il tendrait à prouver que l'homme est malheureux, et « *tout ce que l'homme a su / Valût-il jamais qu'on l'apprenne* » ? Vanité des vanités, tout est vanité ! « *Vanitas vanitatum, et omnia vanitas* » : désespère donc, Faust, et désespère toi aussi, Blaise, et toi, Paul, et encore toi, Søren, et vous tous, désespérez, choisissez de désespérer ! « *Agir, ne pas agir, qu'importe ?* » dit Farid-Ud-Din' Attar. « *Un univers naît, se consume ? Un rêve s'allume et s'éteint. Des milliers d'âmes naufragées ? Une goutte dans l'océan. Un astre vole en mille éclats ? Une feuille tombe d'un arbre.* » Le même Farid-Ud-Din' Attar raconta l'histoire d'un homme qui se lamentait de la mort d'un enfant qui n'avait « *même pas vu le monde* », et à qui un fou de Dieu répondit : « *L'aurait-il fréquenté mille et mille saisons, il mourrait en pleurant qu'il en ignore tout.* » Alors à quoi bon se lamenter ? Entendons-nous : je ne parle pas de « relativiser » ; je parle de désespérer sereinement. Oui, désespérons, car le désespoir s'apprend et s'apprivoise ! S'il n'y a qu'à désespérer, désespérons bien, — et n'allons pas, comme l'a fait Cioran, objecter contre la science que « *ce monde ne mérite pas d'être connu* ». Tout au plus, disons-nous, avec la Clotilde du *Docteur Pascal*, que (au regard de notre venue sur la terre et du « *sens de cette existence exécrable, sans égalité, sans justice* ») le monde nous apparaît « *comme le cauchemar d'une nuit de délire* ». Puisque nous sommes nés et que l'on n'y peut rien, souffrons le monde afin de l'épuiser, puis quittons-le, que ce soit par le suicide ou par la voie « naturelle ». Souffrir le monde... mais a-t-on jamais demandé de souffrir ? « *Comme je ne sais d'où je viens, aussi je ne sais où je vais* », constate Faust (qui, précisons-le, ne songe pas un seul instant au suicide en tant que tel). À la toute fin de la pièce, Faust crie son indignation devant Méphistophélès : « *O wär' ich nie geboren!* » (« *Oh ! pourquoi suis-je né ?* ») C'est le point que je voudrais aborder à présent, le fameux jour néfaste, de malheur, de souffrance, le « *dies nefastus* » des Romains... — *Pourquoi suis-je né ?*... — « *Le jour fuit, la nuit naît, prompte à s'évanouir ! Tout passe, et ma douleur paraît seule éternelle !* » s'apitoyait Nicolas Gilbert, le poète oublié (mon édition de ses œuvres date de 1831, il n'existe aucune réédition depuis). « *Je cours après des biens dont je ne puis jouir ; / Aux cris du malheureux la fortune est rebelle. / Point d'espoir de repos... l'abaissement, la faim, / Les pleurs, le désespoir, voilà mon apanage. / Mes talents, ma vertu, mes veilles, tout est vain ; / Ma misère et mes maux croissent avec mon âge. / Que devenir ? que faire ? ô mort, à mon secours ! / Viens, finis mes tourments ; et pourquoi vis-je encore ? / Pour souffrir, pour traîner d'insupportables jours ? / La mort aussi me fuit !... vainement je l'implore... / Dieu cruel ! réponds-moi. Quels sont donc tes desseins. / En me chargeant ainsi du poids de l'infortune, / Tandis qu'autour de moi je vois tous les humains / M'étaler un bonheur dont l'aspect m'importune. / Hélas ! si tu ne veux qu'éprouver ma vertu, / C'est trop me tourmenter, je le sens qui chancelle ; / Le besoin la balance, et va triompher d'elle. / Arrête... malheureux ! que je suis combattu ! / Il est donc vrai que l'homme, en proie à la misère, / Malgré lui vers le crime est souvent entraîné... / Malheur à ceux dont je suis né ! / Père aveugle et barbare ! impitoyable mère ! / Pauvres, vous fallait-il mettre au jour un enfant / Qui n'héritât de vous qu'une affreuse indigence ? / Encor si vous m'eussiez laissé votre ignorance, / J'aurais vécu paisible en cultivant mon champ... / Mais vous avez nourri les feux de mon génie ; / Mais, vous-mêmes, du sein d'une obscure patrie / Vous m'avez transporté dans un monde éclairé. / Maintenant au tombeau vous dormez sans alarmes, / Et moi... sur un grabat arrosé de mes larmes, / Je veille, je languis par la faim dévoré, / Et tout est insensible aux horreurs que j'endure ! / Tout est sourd à mes cris... tout dort dans la nature, / Dans les bois, à la ville, aux champs et sur les flots.* » — *Pourquoi suis-je né ?*... — Dès que nous venons au monde, nous nous échappons du cocon de liquide amniotique et nous ressentons inconsciemment la lourdeur de l'air, cette masse invisible qui pèse immédiatement sur notre tête, comme si nous étions l'une des caryatides de l'Érechthéion. La pression atmosphérique, dont la valeur spécifique est nécessaire à la vie, est un rouleau compresseur qui nous accueille à la naissance (je schématise seulement, car je néglige l'habituation antérieure dans le ventre de la mère). Exister, c'est en effet être *constamment* comprimé à la pression d'environ 1 bar, soit exactement 101325 Pa. Que cela signifie-t-il ? Le pascal (Pa), l'unité qui mesure la pression P, est donné par la formule : P=F/S, où apparaissent la force F en Newton (N) et la surface S (m²). Autrement dit, une pression d'un pascal représente une force d'un Newton exercée sur une surface d'un mètre carré. De la sorte, si je fais le calcul à votre place, chaque centimètre carré de notre peau est soumis à une force de 10 N, l'équivalent d'une masse de 1 kg (en arrondissant l'intensité de la pesanteur g à 10 N.kg^{-1}). Imaginez-vous une bouteille d'un litre d'eau posée sur chaque centimètre carré de votre corps ! Sachant qu'en moyenne, la surface du corps d'un être humain avoisine les 1,7 m², cela représente, au total, une masse de 17000 kg ! Moi qui, par exemple, mesure 1,87 m pour 67 kg, j'ai à peu près dix-neuf tonnes (un demi-camion poids lourd) réparties sur tout mon être extérieur... De fait, quand je dis que *l'existence* (profusément) *me pèse*, j'y inclus évidemment ce genre (souvent négligé) de considération physique : il faut me prendre au(x) mot(s). À titre comparatif, les Vénusiens sont plus à plaindre que nous, la pression qui y règne étant de 90 bar, tandis que les mélancoliques Saturniens n'encaissent qu'un petit 1,4 bar (mais Saturne est gazeuse, ce qui dévalue mon propos). (J'ai dit que je « schématisais » et, respectueux d'une certaine rigueur scientifique, je voudrais en expliciter la raison : dès que l'on existe, même à l'état de spermatozoïde, la pression subie est à peu près celle de l'atmosphère, si bien que l'on ne s'en aperçoit plus. La permanence de cette condition ne nous laisse plus apprécier la pression que *relativement*, et non plus *absolument*. Afin de mieux comprendre l'impact réel qu'a sur nous la pression atmosphérique, plongez en apnée à dix mètres sous l'eau : la pression due à la profondeur, ou plutôt à la hauteur de liquide au-dessus de vous, est égale à 1 bar...) — À l'origine, le latin « *pressare* », du supin « *pressum* », signifie « *presser* », « *faire sortir* »... ou « *harceler* » ! C'est ce dernier sens qui prévalait dans la France du XIVème siècle : « *accabler* », « *tourmenter* » (avant les « *pousser* », « *avoir hâte* », *etc*.). Ce livre-ci, écrit sous pression, sera-t-il un jour mis sous presse ?... — Tout ce qui précède ne répond pas à la question : *Pourquoi suis-je né ?* — Pour moi, toujours Dante revient à l'assaut avec son « *Lasciate ogne speranza, voi che intrate* » : « *Vous qui entrez, laissez toute espérance* » — sur la *balance*... Il me semble qu'il y a un rapprochement avec le problème qui nous occupe : je suis né, d'accord, mais quel en a été le but ? quelle intention a-t-elle présidé à mon « extraction » ? que puis-je *en espérer* ? « *Pourquoi suis-je né ?* » Question si simple en apparence, tellement simple qu'elle ne se pose pas et qu'aucune réponse n'est d'ailleurs bonne à proposer. On la rencontre souvent à l'adolescence sous la forme protestataire bien connue du « Je n'ai pas demandé à naître », beaucoup plus profonde qu'on ne voudrait le croire (et la plupart du temps sans suite possible, car que peuvent rétorquer les parents, eux qui en sont les responsables ?). Il ne dépend ni d'être en période de crise pour se poser la question (il suffit de philosopher), ni de court-circuiter le raisonnement pour être définitivement satisfait (« je suis né parce que mes parents ont procréé » est trop facile, et il est plus honnête de dire, tel le prince André Nikolaïevitch Bolkonsky : « *Si je vis, ce n'est pas ma faute* »). Le Sigismond de Calderón, dans *La vie est un songe*, se demande si son « seul crime est d'être né »... Pourquoi se poser toutes ces questions et se torturer l'esprit ? Croyez-vous qu'en allant faire un tour dehors, qu'en respirant un bol d'air frais, j'occulterai la présence énigmatique du monde, *a fortiori* de moi-même ? Quand j'observe un arbre, un passant, une crotte de chien, un nuage, un lampadaire, un pneu de voiture, une boulangerie, une poubelle, une paire de jambes, un nez, j'y vois d'invisibles petits points d'interrogations qui, réunis, en définissent un énorme. Pourquoi ceci, pourquoi cela, pourquoi le monde, pourquoi l'existence, pourquoi, pourquoi, pourquoi, une multitude m'assaille, des pourquoi en veux-tu, en voilà, des *pourquoi* qui sont vraiment des *pour quoi* en deux mots... J'ai retrouvé un poème de jeunesse, *Trois façons de penser*, dont voici la troisième : « *Je suis seul, dans une cage, comme un oiseau. / Souffrance, dis-le-moi : au fond, qu'est-ce qu'un mot ? / Pourquoi exister ? Quel homme t'a inventée ? / J'attends la torture. Mais pourquoi suis-je né ?* » En quatre vers tassés, tout y est : la solitude, l'esclavage, la détention, le besoin de liberté, le langage, le sens, la souffrance, l'existence, la vanité, le manque, l'absurde. Et dans une nouvelle de la même époque, ou peu s'en faut (*Ne pl... être*), qui est une réflexion sur la mort : « *Je partirai (mais vers où ?) sans en avoir demandé la raison. Mais ai-je jamais rien demandé lorsque je suis né ? On naît tous sans en avoir le choix — et on meurt tous sans en avoir le choix non plus.* » (Ajoutons qu'à l'époque, l'idée du suicide m'était étrangère, et notons, puisqu'on y est, la merveilleuse élision qui apparaît dans le titre, *Ne pl... être*, moins mystérieuse que bizarre, et à laquelle, si mes souvenirs ne me trompent pas, j'avais intensément réfléchi. D'un côté, le « *plus* » ne fait aucun mystère ; de l'autre, les trois points de suspension surfont les deux lettres supprimées... Bizarre ? Pourquoi s'être éreinté à choisir cette présentation si tout y est clair, et pourquoi en avoir alourdi la signification ? J'aurais pu écrire : *Ne p... être*, — mais l'ambiguïté à y deviner « *pas* » ou « *plus* » me dérangeait, d'autant plus que les trois points, qui pouvaient faire croire à exactement trois lettres, n'avaient plus lieu d'être. Comme je ne voulais pas du « *pas* » et que celui-ci, pris à la lettre, aurait dû *ne pas être écrit*, j'ai donc opté pour le « *plus* » à moitié effacé, puisque ce qui n'est plus a — au moins — été. Cela aurait-il été moins compliqué avec *Ne pl.. être* ?) Ne lâchons pas le morceau et ne faisons pas mine de nous esquiver. Posons et reposons la question, l'une des plus importantes de la philosophie (métaphysique) : *Pourquoi suis-je né ?* Car je suis né, n'est-il pas ? Et quoi ? La belle affaire. Oui, je suis né. Et ensuite ? Je suis né, donc je suis. Et puis ? Je suis né : que je sois, donc. Je suis, donc je suis né. Si je n'étais pas né, aurais-je été ? Naître, n'être (que) ? Être né, avoir été né ? (Ce ne sont pas de vulgaires jeux de mots : ils essaient de reformuler un sens qui s'est depuis longtemps évanoui par l'usure et l'absence d'étonnement. Quand Françoise Dolto écrit que la fenêtre représente la mort, parce qu'on peut l'entendre comme « feu-n'être », « feu-naître », ce n'est pas pour amuser la galerie, mais pour surprendre et élargir l'intelligence d'un concept.) Être, ou ne pas être ? — ou : Être né, ou ne pas être né ? Telle est la question, peut-être, mais telle n'est pas, en tout cas, sous cette forme, la question que se posait Laotseu, qui s'ébattait dans le « *non-né* », état de « *parfaite bonté et parfaite quiétude* », de perfection : « *Celui qui atteint cela est un être humain parfait.* » Oh ! la question s'est diaboliquement déplacée : au « *Pourquoi suis-je né ?* » a succédé le

« *Valait-il mieux ne pas naître ?* » et toutes ses variantes : « *Aurait-il mieux valu ne pas naître ?* » — « *Aurait-il mieux valu ne pas être né ?* » — « *Y avait-il un intérêt à ne pas naître ?* » — « *Était-il préférable de ne pas être né ?* » Toutes ces interrogations se ramènent au fond à celles de l'être, en réduisant le « *Pourquoi suis-je né* » au « *Pourquoi suis-je ?* » : « *Fallait-il être ?* » — « *Valait-il mieux ne pas être ?* » N'est-ce pas le premier questionnement de la métaphysique : « *Pourquoi quelque chose plutôt que rien ?* » Ce sont l'être et le néant lorgnés par un Cioran qui l'affiche à l'aide de néons discrets : *De l'inconvénient d'être né.* Voici de quelle manière s'ouvre ce livre : « *Trois heures du matin. Je perçois cette seconde, et puis cette autre, je fais le bilan de chaque minute.* — *Pourquoi tout cela ?* — *Parce que je suis né.* — *C'est d'un type spécial de veilles que dérive la mise en cause de la naissance.* » Dans chacune des pages de son ouvrage, Cioran, qui n'a « *pas encore digéré l'affront de naître* », qui ne se « *pardonne pas d'être né* », d'avoir connu ce « *fléau* » et ce « *scandale* » de la naissance, cet « *abîme [...] où l'on ne tombe pas* », cette « *défaite* » qui n'a pour elle que l'« *absence de nécessité* », — Cioran, dis-je, inlassablement, s'appesantit, plus que tout autre avant lui, et par un « *goût de l'insoluble poussé jusqu'à l'insanité* », sur le « *Pourquoi suis-je né ?* » Il renverse la question de la mort en la juxtaposant à la question de la naissance. « *Nous ne courons pas vers la mort, nous fuyons la catastrophe de la naissance* », écrit-il froidement. « *Si, autrefois, devant un mort, je me demandais : "À quoi cela lui a-t-il servi de naître ?", la même question, maintenant, je me la pose devant n'importe quel vivant.* » Cioran prêche « *deuil et lamentation* », non pas à la mort d'un homme, mais à sa naissance. Remarquant qu'aucun peuple, qu'aucune tribu n'agissent de la sorte, il ose en conclure que « *l'humanité est en régression* » ! Ne pleurons pas sur les morts, plaignons les nourrissons... (Nous reviendrons plus tard sur notre ami Cioran, lors d'une autre discussion, car ici, en la matière, nous n'en finirions pas de le citer, de coopérer — et de trembler de tous nos membres...) — *Pourquoi suis-je né ?* — « Je suis né parce c'est absurde. Je suis né parce que mes parents s'ennuyaient, parce que mes parents cherchaient un moyen de sauver leur couple, parce qu'ils avaient oublié de prendre la pilule, parce qu'ils avaient trop bu, parce qu'ils voulaient faire plaisir à leurs propres parents qui insistaient pour être grands-parents, parce qu'ils entendaient percevoir des allocations familiales, ou gagner des réductions d'impôts, ou accumuler des points pour être mutés dans l'endroit de leurs rêves, ou gonfler le montant du prêt à taux zéro pour leur nouvelle maison, parce qu'ils avaient hâte de voir une réplique miniature d'eux-mêmes, parce qu'ils voulaient éduquer un enfant comme ils avaient été éduqués, ou différemment de ce qu'ils avaient connu, parce qu'ils pensaient à leur retraite, parce qu'ils redoutaient de finir leurs jours tout seuls, parce qu'un bébé est mignon comme une poupée, parce qu'ils étaient les derniers à ne pas en avoir dans leur entourage, parce que tout le monde l'a fait, parce qu'ils voulaient perpétuer leur nom et leur lignée, parce qu'ils tenaient à vérifier leur fertilité, parce que cela donnait un sens à leur vie... » — (Il est peut-être temps d'intercaler un passage du deuxième chapitre d'*Un certain amour*, que j'avais dit réserver « *pour une date ultérieure* »... (Car Indésiré est mon nom d'oublié.) « *Je naquis un beau jour du mois d'avril ; le soleil irradiait la côte atlantique, dont Bordeaux, la ville natale où ma mère me vit pour la première fois. De ce moment inoubliable pour elle, je ne garde que deux séquelles : des taches brunes auréolées le long de mon bras gauche qui, en grandissant, s'estompèrent, et, à cause des forceps, un os saillant sur le côté droit du front. Mon père ne voulut pas me voir sortir des entrailles maternelles, ce qu'il fit pourtant à la naissance de Julie, peut-être par goût de la tentation ou du risque. À ce qu'il paraît, je fus conçu dans le nord de la France, à Valenciennes, alors que mon père terminait son service militaire, un an exactement après leur première rencontre, chez des amis de l'un et de l'autre. Rien de tout cela n'était prémédité, il dut y avoir un incident, une pilule oubliée ou quelque inadvertance de ce genre, car j'ai eu l'idée, chaque année plus coriace, en entendant ici ou là des bribes de conversations dans la famille, des allusions, que j'étais né sans le consentement de mes parents. C'est ce qui, je crois, les amena à se marier peu de temps après, mais je n'ai jamais eu la confirmation de ce que j'avance, et je ne suis pas sûr que je le sache jamais un jour avant que je ne meure. En revanche, tout cela m'est assez indifférent, et c'est plutôt pour eux, devinant l'histoire, que je m'inquiétais, face à ce début catastrophique. On dit parfois que les enfants indésirés garderont toujours cela en eux ; rien n'est moins sûr : j'eusse été adopté que j'eusse eu la ferme envie de savoir qui étaient mes parents, et cela m'eût déconcerté ; là, il n'en était rien, je savais qui étaient mes parents.* ») Dans ses *Mémoires d'un fou*, Flaubert s'interrogeait comme moi sur l'absurdité de l'œuvre de chair qui débouche sur cette calamité de la naissance : « *Mais d'abord pourquoi es-tu né ? est-ce toi qui l'as voulu ? t'a-t-on conseillé là-dessus ? tu es donc né fatalement parce que ton père un jour sera revenu d'une orgie, échauffé par le vin et des propos de débauche, et que ta mère en aura profité, qu'elle aura mis en jeu toutes les ruses de femme poussée par ses instincts de chair et de bestialité que lui a donnés la nature en faisant une âme, et qu'elle sera parvenue à animer ces fêtes publiques dont fatigué dès l'adolescence.* — *Quelque grand que tu sois, tu as d'abord été quelque chose d'aussi sale que de la salive et de plus fétide que de l'urine, puis tu as subi des métamorphoses comme un ver, et enfin tu es venu au monde, presque sans vie, pleurant, criant et fermant les yeux, comme par haine pour ce soleil que tu as appelé tant de fois.* » — Qui a oublié son préservatif ? Coluche avait raison d'en rire : « *Avec la capote Nestor, je suis pas né, je suis pas mort !* » — De rien, la naissance mène à tout. Pourquoi Bouddha disait-il que « *par la cessation de la naissance, cessent la vieillesse, la mort, les lamentations, les peines, le chagrin, les afflictions et les malaises* » ? La naissance est grosse de la souffrance. « *En face de l'inéluctable, il n'y a pas de place pour la pitié* », nous dit Vishnu ; « *car ce qui est né est assuré de mourir et ce qui est mort, sûr de naître* ». — Quitte à devoir naître quelque part, j'aurais préféré que cela fût au pays des Lilliputiens que dépeint Swift dans les *Voyages de Gulliver* : « *On ne leur fera pas admettre que enfants restent les obligés du père qui les a engendrés et de la mère qui les a mis au monde. Car il ne s'agit pas d'un bienfait en soi, étant donné les misères de la vie, et d'autre part les parents avaient bien autre chose en tête lors de leurs ébats amoureux. Pour ces raisons et d'autres du même ordre, les parents sont les derniers à qui l'on puisse confier l'éducation de leurs enfants [...].* » Implacable logique — respectée nulle part... — *Pourquoi suis-je né ?* — *Amer Amen*, le roman le plus noir que j'aie écrit à ce jour, peut se résumer au débat intérieur d'un homme que l'idée de procréation torture, et qui pense que « *l'Histoire de l'homme, la seule histoire, c'est l'histoire vitale, procréatrice, génératrice d'un semblable* » : « *Ah, les femmes, le sexe, le sexe. On vit pour cela, on procrée, on vit pour le sexe, la procréation. On y a ajouté le plaisir, ainsi que l'avait si justement décrit Georges Bataille. Et Schopenhauer ?... Il y avait du bon dans ses bouquins : de la volonté de vivre, de la volonté de procréer : quelle force dans la nature, mes amis !... quelle force puissante que personne ne comprendra... C'est le goût du sexe, de la procréation qui idéalise la mort ; oui, précisément : le sexe, la jouissance sont éphémères. Tout comme la vie...* » Cet individu, qui est un peu moi-même (mais attention, comme dirait Martial : « *Lasciva est nobis pagina, vita proba* » (« *Ma page est libertine, mais ma vie est honnête* »)), cet individu, dis-je, après avoir « *cédé à l'impulsion de [son] instinct, cet instinct primaire qui ne pense qu'au sexe* », après avoir « *fait l'irréparable* », c'est-à-dire avoir « *fait l'amour dans une fin procréatrice* », se lamente, regrette, souhaite *mourir* parce qu'il a *donné la vie*. « *Mais bon sang ! bordel ! je l'ai fait !* je l'ai fait, *j'ai osé le faire*, l'acte*, l'acte de procréation, sans y avoir réfléchi* », s'indigne-t-il, déchiré dans tout son être. Irrémédiablement engagée dans un mécanisme qui la dépasse, sa réflexion le mènera au néant : enfoncé dans une dépression grandissante et inguérissable, il ne pourra plus envisager, pour le repos de son âme, autre chose que le suicide (qu'il commettra). « *To wretched men death is felicity* », écrivait Marlowe (« *Au malheureux la mort est félicité* »). — *Pourquoi suis-je né ?* — Je suis né parce que mes parents « *n'ont fait qu'évider leur instinct procréateur* », écrivais-je, à vingt-trois ans, dans *Le Souci de l'âme*. Ils « *m'ont mis au monde par conséquence* », enchaînais-je ; « *ils m'ont donné le goût de l'amer, si cher ici-bas* » ; « *de deux, ils ont fait un, et de un, je ne ferai pas un* ». Je suis né parce que la Nature en a besoin et que la survie de mon espèce (j'avais premièrement écrit « *espère* ») en dépend. La nourrice a raison de dire à Hippolyte : « *Bannissez Vénus de la société des mortels, bientôt elle va se trouver épuisée ; le monde va devenir une triste et affreuse solitude ; la mer ne sera plus sillonnée par les vaisseaux ; adieu les peuplades de l'air ; adieu les hôtes des bois. Le vent seul régnera sur le vide immense. [...] Que toute la jeunesse se voue au stérile célibat, toute la race humaine, restreinte à la durée d'une génération, va s'anéantir pour jamais.* » Je n'en ai rien à foutre ! Ô fécondance ! ô cupide fécondité du vivant ! ô f(éc)ondement, f(éc)ondation de l'existence ! Je suis un être vivant, plus exactement un animal, et un être vivant n'a qu'une mission : *survivre* ; — et pour survivre, il n'a que deux moyens (instinctifs) à disposition : *se nourrir* et *se reproduire* (et, accessoirement, éviter la mort). Chez l'homme, cet acte de survie continuée se déguise spécifiquement sous ce mouvement d'attirance que l'on a coutume d'appeler *l'amour*, et existe en vertu de ce que Schopenhauer nomme la *Volonté*. Au paragraphe 60 du *Monde comme Volonté et comme Représentation*, le grand « défenseur » de la force (sexuelle) aveugle qui nous fait procréer, nous apprend que : « *Le thème sur lequel la volonté, par ses actes divers, exécute des variations, c'est la pure satisfaction des besoins qui, en l'état de santé, résultent nécessairement de l'existence même du corps : ce corps déjà les exprime ; et ils se ramènent à deux points : conservation de l'individu, propagation de l'espèce. [...] La conservation du corps à l'aide de ses propres forces est encore un degré bien humble de l'affirmation de la volonté ; et si, librement, elle s'en tenait là, on pourrait admettre qu'à la mort, avec ce corps, la volonté dont il était le vêtement s'éteint. Mais déjà la satisfaction du besoin sexuel dépasse l'affirmation de l'existence particulière, limitée à un temps si court, va plus loin, et par delà la mort de l'individu, jusqu'à une distance infinie, affirme la vie. [...] Ce qui nous révèle encore dans le penchant des sexes l'affirmation décidée, la plus énergique, de la vie, c'est que pour l'homme de la nature, comme pour la bête, il est le terme dernier, la fin suprême de l'existence. Son premier objet, à cet homme, c'est sa propre conservation ; quand il y a pourvu, il ne songe plus qu'à la propagation de l'espèce : en tant qu'il obéit à la pure nature, il ne peut viser à rien de plus. La nature donc, ayant pour essence même la volonté de vivre, pousse de toutes ses forces et la bête et l'homme à se perpétuer. Cela fait, elle a tiré de l'individu ce qu'elle voulait, et reste fort indifférente devant son trépas, car pour elle qui, pareille à la volonté de vivre, ne s'occupe que de la conservation de l'espèce, l'individu est comme rien. [...] Les organes virils sont, plus qu'aucun des appareils extérieurs du corps, soumis à la seule volonté, et point à l'intelligence : même la volonté ici se montre presque aussi indépendante de l'intelligence que dans les organes de la vie végétative, de la reproduction partielle, lesquels fonctionnent sur une simple excitation, et où la volonté opère aveuglément, comme dans la nature brute. [...] Le monde est ce qu'il est, parce que la volonté, dont il est la forme visible, est ce qu'elle est et veut ce qu'elle veut.* » Dans son supplément à ce paragraphe-ci (XLV), il poursuit : « *La volonté trouve son foyer, c'est-à-dire son centre et sa plus haute expression, dans l'instinct sexuel et sa satisfaction ; c'est donc un fait bien caractéristique et dont la nature rend naïvement compte dans son langage symbolique que la volonté individualisée, c'est-à-dire que l'homme et l'animal ne puissent entrer dans le monde que par la porte des parties sexuelles. — L'affirmation du vouloir-vivre, concentrée dans l'acte de la génération, est une nécessité absolue chez l'animal.* » Ô toi, Volonté, qui agit sur la terre comme au ciel, que ta volonté soit faite, et qu'ainsi soit-il, qu'on le veuille ou non ! Comme le dit Matthieu, « *fiat voluntas tua, sicut in cælo et in terra* » ! Et ne nous donne pas de ce vulgaire « *pain quotidien* », mais donne-nous notre « *pain supersubstantiel* » (« *panem nostrum supersubstantialem* »), le pain « ἐπιούσιον », « *propre à sustenter* » jusqu'au « *lendemain* », — propre à notre survie et à celle de l'espèce : mange — et reproduis-toi ! L'instinct est inconscient, car « *pas un oiseau n'oserait couver, pas un œuf n'oserait éclore, pas une fleur n'oserait s'ouvrir, pas un sein n'oserait allaiter, pas un cœur n'oserait aimer, pas un esprit n'oserait s'envoler, si l'on songeait aux sinistres patiences embusquées dans l'abîme* ». — *Pourquoi suis-je né ?* — Au commencement, Dieu créa les cieux et la terre, puis la lumière, et Il vit que cela était bon. Ensuite, Il voulut que la terre produisît des animaux vivants selon leur espèce, et Il vit que cela était bon. Enfin, Il créa l'homme et la femme, les bénit et leur lança : « פְּרוּ וּרְבוּ » ! « *Croissez et multipliez* », « *crescite et multiplicamini* », faites venir à l'existence, faites naître, faites s'accroître l'homme, soyez féconds, remplissez la terre ! Pour terminer, avant de se reposer, Dieu expliqua qu'il fallait manger de tout ce qui porte de la semence, de l'herbe de la terre jusqu'au fruit de l'arbre. *Mangez et reproduisez-vous* ! Sinon, que serais-Je, Moi, Dieu, si vous ne respectiez pas ces deux règles ? Vous êtes nés pour manger et pour vous reproduire, alors apprenez votre *table de multiplication*, dînez et accroissez-vous ! Ne levez pas les yeux au ciel en nous demandant pas ce que nous faisons là ! Est-ce que Moi, Dieu, Je Me demande ce que Je fais là, est-ce que Je Me dis : Pourquoi suis-Je né ? — *Pourquoi suis-Je né ?* — *Pensées* : « *Comment parvenir à cela ? Tous ceux qui enfantent ne font que ce que leurs prédécesseurs ont fait. Soit. Instinct ? animalité ? force ?... Eh bien, je suis prêt à dire haut et fort qu'à notre époque réfléchie autant qu'il se peut (selon ses moyens), enfanter n'est plus naturel. Ainsi, on pourrait croire que la Nature (notre conscience) veuille se dénaturer (ou nous dénaturer). — L'homme ne procréant pas est "plus haut". (Ascète pour cela.)* » — Sauf Votre respect, je ne suis pas d'accord avec Vous, mon Dieu : j'admire Votre création, — si *incroyable*, — mais je ne veux pas être né (avoir été né) pour l'unique raison qu'il fallait l'admirer. C'est un peu court, vieil Être tout-puissant ! Ta nature serait de vouloir ; la nôtre, de satisfaire Ta volonté ! Eh bien, Tu n'avais pas compté sur la dénaturation de la nature, et si mes parents, de deux, ont fait un, moi, de un (ou de deux), je ne ferai pas un (je suis un *anti-pro-création* : non, je n'aurai point d'enfant, je ferai comme l'abbé Mouret dont Zola écrit qu'« *il s'éviterait cette horreur qu'il éprouvait, à l'idée de voir ses membres repousser et revivre* *éternellement* »). « *Et ici* », écrit Schopenhauer, « *la chose commence à devenir grave pour [moi] ; la question s'impose à [moi] de savoir l'origine et le but de tout, de savoir surtout si les peines et les misères de [ma] vie et de [mes] efforts sont compensées par le gain [que j'] en retire. Le jeu en vaut-il bien la chandelle* (sic) *?* » Je sais lever les yeux au ciel et m'interroger, car l'évolution, s'autoréfléchissant et s'autodépassant, est arrivée chez moi à un degré tel que l'être pourvu de raison que je suis est capable de réfléchir. Ma volonté est parvenue au point culminant de sa marche, au plus haut degré d'objectivation, et entre l'affirmation du vouloir-vivre (que Tu imposes à l'ensemble de l'humanité) et sa négation, je peux choisir de m'affranchir de ma condition « animale » grâce à la négation du vouloir-vivre, « *par laquelle la volonté individuelle s'arrache à la souche de l'espèce et renonce à l'existence qu'elle y possédait* ». La négation du vouloir-vivre, « *nous ne pouvons que la désigner comme ce qui a la liberté d'être ou de ne pas être le vouloir-vivre* » ; c'est en elle, cette « *opposition décisive à la nature* », que se trouve « *le vrai salut* » et que connaissent les saints et les moines de toutes sortes en s'acclimatant au caractère ascétique des religions. — *Pourquoi suis-je né ?* — Monologue désabusé : « *Il faut faire l'amour tant et plus, et ne pas avoir d'enfant… Comprenez bien !… C'est ici que commence le pouvoir de l'homme… et où il se finit !…* » Le premier venu, sans avoir à se raisonner, peut procréer. C'est ce que tout le monde fait. Excitation, érection, branlement, éjaculation, gestation, naissance… Ça y va ! Le compteur des naissances s'affole ! Dans le monde, plus de 350000 chaque jour, soit, en retranchant le nombre de décès, environ 2,4 nouveaux êtres humains chaque seconde. J'ai toutes les raisons du monde de ne pas enfanter : surpopulation (*tous les problèmes de l'humanité et de l'avenir de la planète en découlent*), *volonté* (je veux être plus fort que la nature et ne pas lui céder débilement), *mélancolie* (je ne veux pas que mon fils vive ce que j'ai vécu et ce que je continue de vivre, pas plus que je ne veux qu'il me demande : « Pourquoi suis-je né, papa ? »), *responsabilité* (je ne veux pas la prendre, je la prends trop au sérieux)… Et à cet enfant que je n'aurai jamais, je lui dis — dans son immatérialité — ces mots de Chateaubriand : « *Je n'assiste pas à un baptême ou à un mariage sans sourire amèrement ou sans éprouver un serrement de cœur. Après le malheur de naître, je n'en connais pas de plus grand que celui de donner le jour à un homme.* » — *Pourquoi suis-je né ?* — Se poser cette question n'est pas, en règle générale, faire preuve de curiosité, pas dans l'acception normale de « *curiosité* » (« *penchant à voir et à savoir* », « *espionnage* », « *goût d'amateur* »), sauf à y voir le « *souci* ». Cette question est réservée ultimement aux philosophes, aux mélancoliques, à tout individu affecté par la souffrance, en particulier la souffrance d'être. Le philosophe Crantor aurait été d'accord avec Plutarque dans *Consolation à Apollonios* : « *Silène, comme on voit, jugeait que la condition des morts était meilleure que celle des vivants ; et l'on pourrait confirmer cette vérité par des témoignages sans nombre.* » Combien de « *témoignages* » (« *sans nombre* » !) n'y a-t-il pas, en effet, sur l'idée qu'il vaut mieux être mort qu'en vie, et émanant des plus grands penseurs, des plus grands poètes ! Je vais emprunter aux *Tusculanes* de Cicéron l'histoire de ce Silène : « *On rapporte aussi de Silène, qu'ayant été pris par le roi Midas, il lui enseigna, comme une maxime d'assez grand prix pour payer sa rançon, "Que le mieux qui puisse arriver à l'homme, c'est de ne point naître ; et que le plus avantageux pour lui quand il est né, c'est de mourir promptement".* » (Soit dit en passant, Épicure ne serait pas de l'avis de toutes ces autorités dont le cri de ralliement est l'« *optimum non nasci* » des Latins (« *l'immense avantage de ne pas être né* »), lui qui écrivait à Ménécée : « *Celui qui incite d'un côté le jeune à bien vivre, de l'autre le vieillard à bien mourir est un niais, non tant parce que la vie a de l'agrément, mais surtout parce que bien vivre et bien mourir constituent un seul et même exercice. Plus stupide encore celui qui dit beau de n'être pas né,* ou sitôt né, de franchir les portes de l'Hadès. ») — Quand Andromaque fait équivaloir le fait de ne pas naître et le fait de mourir, et ajoute que « *mourir vaut mieux que vivre* », elle énonce le syllogisme de l'amertume qui aboutit à l'inconvénient d'être né… Et l'on voit que pour ce qui touche à l'inconvénient d'être né, le père Cioran n'a rien inventé, d'autant plus que Cicéron poursuit la Tusculane citée à l'instant en convoquant quelques vers d'Euripide qui rappellent à nouveau une pensée du Roumain : « *Qu'à l'un de nos amis un enfant vienne à naître, / Loin de fêter ce jour ainsi qu'un jour heureux, / On devrait au contraire en pleurer avec eux. / Mais si ce même enfant aussitôt cessait d'être, / C'est alors qu'il faudrait, en bénissant le sort, / Aller fêter le jour d'une si prompte mort.* » La mort ou la vie : La mort, ce bien désirable, ou la vie, ce don blâmable ! L'existence n'est pas un cadeau, ou alors un cadeau empoisonné. La vie, comme un fragment du même Euripide nous l'affirme, « *la vie n'a de vie que le nom : elle n'est que peine* ». Dès que l'on naît : *conscrit* ! À peine né, et né pour la peine ! Il suffit de peu, d'un rien, d'une poignée de secondes, et Sénèque, dans son *Hercule furieux*, fait chanter le Chœur : « *Prima quæ vitam dedit hora, carpit.* » (« L'heure qui nous fait naître nous tue. ») C'est le branle-bas ! Aux armes, petit ! Tu es touché ! L'enfant qui naît, réquisitionné sans avoir pu donner son avis, est appelé sous les drapeaux : son être est en guerre, l'existence s'est déclarée, il faut combattre, souffrir, mourir. Où est l'ennemi ? C'est lui-même ! C'est l'être qui sait qu'il est, c'est le vivant qui sent qu'il vit, c'est l'homme qui endure la souffrance et fait sisyphement rouler sa pierre vers le sommet du néant. « *Ô homme d'un jour : qu'est-ce que l'être ? qu'est-ce que le néant ? Tu n'es que le rêve d'une ombre* » ! Plutarque commentera ces mots de Pindare extraits des *Pythiques* : « *Voici une hyperbole habile et très expressive pour évoquer la vie humaine. Qu'y a-t-il en effet de plus faible qu'une ombre ? Mais le rêve d'une ombre ! cela défie toute description précise.* » Je dirai plus : le rêve d'une ombre en souffrance. — *Pourquoi suis-je né ?* — « *Pour les mortels le premier des biens est de ne pas naître et de ne point voir la clarté du soleil* », écrivait Bacchylide. Théognis, autre poète grec, paraphrasa cette pensée : « *De tous les biens, le plus souhaitable pour les habitants de la terre, est de n'être point né, de n'avoir jamais vu les éclatants rayons du soleil ; ou bien, ayant pris naissance, de passer le plus tôt possible par la porte de Pluton, de reposer, profondément enseveli sous la terre.* » Plutarque a raison de parler de « *témoignages sans nombre* » ! J'en ai plein mes valises, dont le plus remarquable est sans conteste celui du Chœur d'*Œdipe à Colone*, le plus long et le plus déchirant d'entre tous les cris du *pourquoi-suis-je-né* : « *Celui qui, dédaignant la part commune, aspire / à reculer sans fin les bornes de la vie, / qu'il ait fait un mauvais calcul, / je tiens que, tôt ou tard, on s'en apercevra. / Que nous apportent les vieux jours ? Plus de chagrins / que de bonheur… On ne sait même plus / ce que c'est que la joie, hélas ! quand la malice / du sort nous fait franchir les bornes raisonnables. / Égal pour tous et fatal, le salut / nous vient d'en bas, lorsque, du destin messagère, / sans éclat de chants d'hyménée, / ni lyres ni chœurs, surgit / la Mort, qui nous conclut tout. / Mieux vaut cent fois n'être pas né ; / mais s'il nous faut voir la lumière, / le moindre mal encore est de s'en retourner / là d'où on vient, et le plus tôt sera le mieux ! / La jeunesse passée, entraînant son cortège / d'inconséquences, de folies, / qui ne* *chancelle sous les maux, qui leur échappe ? / Quel chagrin nous est épargné ? / Rixes, factions, discordes, combats, / l'envie aussi… Et puis lorsque survient / la dernière épreuve, la pire : / l'odieuse, revêche et débile vieillesse, qui chasse les amis, / mais chez qui tous les maux se donnent rendez-vous ! / Tel est (je ne suis pas le seul !) ce malheureux, / pareil au rivage du nord / qu'assiège la vague en furie : / c'est ainsi que sur lui les houles d'infortune, / sans trêve, font rage, se brisent, / les unes du couchant du soleil accourues, / les autres du levant, les autres du midi, / les autres du septentrion plein de rafales et de nuit ! »* À ceux qui pensent, à ceux qui pensent que l'existence est pesante, à ceux qui sont pris au dépourvu le matin, quand le réveil sonne, à ceux qui sont forcés d'être, à chacun d'entre nous, un Jésus insaisissable prononce sévèrement : « *Mieux vaudrait pour cet homme qu'il ne fût pas né.* » *(Mt 26,24)* Oui ! nous pouvons nous glorifier de n'avoir trahi personne, nous sommes tous des Judas que l'on a trahis. Nous n'avions rien à gagner en naissant, nous perdrons tout en mourant. « *All'esser nati non è più riparo* » (« *Au malheur d'être né il n'est plus de remède* »), dit, sans se trahir, Tommaso Landolfi. Et savez-vous de quelle manière Sénèque consolait-il Marcia après la perte de son père ? « *Vous êtes née pour perdre, pour périr* » : « *Ad hoc genitus es, ut perderes ut perires* » ! La phrase entière étant celle-ci : « *Vous êtes née pour perdre, pour périr, pour espérer, pour craindre, pour troubler le repos d'autrui et le vôtre, pour redouter et souhaiter la mort, et, chose pire, pour ne savoir jamais votre vraie position.* » La consolation ne consiste pas à détourner le regard de la peine et à positiver, il faut affronter la réalité : « *sustine et abstine* » (« *abstiens-toi et supporte* »), attitude que Pessoa retranscrit ainsi : « *Non, les dieux ne concèdent rien d'autre que la vie. / Dès lors, refusons tout cela qui nous élève / Vers des cimes irrespirables, / Pérennes mais privées de fleurs. / L'acceptation soit notre seule science […].* » Es-tu malade de vivre ? N'abandonne pas, résigne-toi. Souffres-tu, mortel ? Eh bien, souffre-le. (Ne dit-on pas, en anglais : « *To be born* » ? Ah ! ce verbe irrégulier, appris par cœur dès la classe de sixième, récité comme une machine automatisée, dans l'ordre sacré de l'infinitif, du prétérit et du participe passé, le « *to bear, bore, born* », petit précipité chimique de la formule du fardeau : supporter, ennui, né… « *To be, or not to be born* », « *To be born, or not* », là est la question. Être né, être toléré, être subi : subir l'être. Quoi de plus vrai ? Choisissez votre « *born* » : « *Born to suffer* », « *born to be bored* »…) — Et Sénèque qui continue : « *Rien de si fallacieux, rien de si traître que la vie : non, personne n'en voudrait, s'il ne la recevait à son insu. Puis donc que le mieux serait de ne pas naître, comptez qu'après cette faveur, la plus grande est de cesser d'être au plus tôt, de rentrer bien vite dans le grand tout.* » Tout en répétant Sénèque, le poète Théognis de Mégare varie le ton : « *De tous les biens, le plus souhaitable pour les habitants de la terre, c'est de n'être point né, de n'avoir jamais vu les éclatants rayons du soleil ; ou bien, ayant pris naissance, de passer le plus tôt possible par la porte de Pluton, de reposer, profondément enseveli sous la terre.* » Le Durtal de Huysmans répond « *personne* » à la question : « *Quel homme avait pu imaginer de telles désespérances, rêver à de tels désastres ?* » Dans son *Poème sur le désastre de Lisbonne*, Voltaire, dégoûté de l'humanité, nous fait déguster : « *Tout se plaint, tout gémit en cherchant le bien-être : / Nul ne voudrait mourir, nul ne voudrait renaître.* » Gandhi ne s'en cache pas : « *Je ne veux pas renaître.* » La vie, qui n'épargne personne, personne ne l'épargne, dès qu'elle est jugée, même de loin. L'énigmatique et mystique Hadewijch d'Anvers y va elle aussi de son distique *(Strophische Gedichten)* : « *Subite nuit vint remplacer le jour : / ô douleur pour moi d'être née !* » Avant le jour, la nuit régnait ; avant la nuit, le jour dépérissait. Que faisais-je dans cette nuit, et qu'y ferai-je ? Je ne le sais, car je ne sais qu'une chose, à savoir que le jour est fait pour nous interroger sans jamais nous apporter de réponse. Durant l'éternité de l'être, l'âme a les paupières closes, qu'elle n'ouvre qu'en cet instant de vie qui court de la naissance à la mort. « Ouvre les yeux », dit la force inconnue, « ouvre-les — et pleure ». Comme j'étais bien quand je n'étais pas ce que je suis ! « *Avant d'être sur cette terre, / Je sens que jadis j'ai plané ; / J'étais l'archange solitaire, / Et mon malheur, c'est d'être né.* » Moi aussi, cher Paul, je suis « *le commencement, le premier-né d'entre les morts* » ! *(Col 1,18)* Le bonheur n'est pas le bonheur ou l'opposé du malheur, le bonheur dépasse l'ataraxie, car le bonheur est de ne connaître ni le bonheur ni le malheur, de tendre vers la stabilité de la vie non organique par la diminution quantitative de la charge de stimulus (principe de plaisir, *etc.*). Ah, mon Dieu ! « *Sire, être mort, ou pas né, / Voilà le seul bonheur. Mais l'homme est condamné.* » Quand Pier Paolo Pasolini compose de la « poésie en forme de rose », il n'a pas peur d'énoncer, sur le même thème, cet autre paradoxe : « *Solo chi non è nato, vive !* » (« *Celui qui n'est pas né est bien le seul à vivre !* »). Ha ! À quoi se réduit la vie ? la mort ? Qu'est-ce que la philosophie de la vie ? Prenons celle de Monsieur François, dans le récit d'Ivan Tourgueniev : « *il y a deux malheurs dans la vie humaine : la naissance et la mort. Le second malheur est le moins grand, car il peut être volontaire.* » Seule cette philosophie me réconcilie avec la vie ou la mort (mais elle sera analysée ultérieurement), seul ce point de vue m'arme de patience et me console dans la tourmente de l'existence… — *Pourquoi suis-je né ?* — Dois-je *incriminer* mes parents et fulminer contre eux ? Je l'ai dit, ils « *n'ont fait qu'évider leur instinct procréateur* » ; mais, comme l'écrit Mme de Mortsauf (!) : « *N'est-ce pas un crime que de donner le jour à de pauvres créatures condamnées par avance à de perpétuelles douleurs ?* » Il n'y aucun paradoxe à affirmer que donner la vie est un crime, car cette *fornication* est bel et bien un péché, au contraire du péché capital qu'est, chez les Catholiques, la *luxuria* (qui renvoie à la surabondance de la volupté, donc à l'acte sexuel sans autre fin que le plaisir). « *Fornix* », qui veut dire « *voûte* » ou « *passage couvert* », ne désigne pas les jambes écartées de la femme, comme on pourrait le croire (ni un lieu « ouvert » !), mais un lieu de prostitution à Rome situé sous des voûtes. De « *fornix* », on a forgé « *fornicare* » (« *se donner à la corruption* » (*i.e.* « *à l'idolâtrie* »)), et pour moi, l'être corrompu est pas celui que l'on croit, car j'entends la corruption comme une dégradation d'une valeur morale, la méthode imaginée par la Nature pour « *gagner quelqu'un par dons ou promesses* », le pousser, par une persuasion sourde, à agir contre son devoir et sa conscience. À ceux qui pensent que je ne fais que renverser les valeurs, je répondrai que nous n'avons pas les mêmes… Pour vous, le « *parens* », c'est le « *père* » ou la « *mère* », l'« *auteur* », tandis que pour moi, c'est le *fauteur*, puisque procréer revient au « *parentare* » des Latins, qui est « *célébrer une cérémonie funèbre* »… Si je suis né, c'est parce que mes parents m'ont donné la vie ; et à ces parents, à mon père, à ma mère, en fronçant les sourcils, j'imite malgré tout Andromaque en demandant : « *Pourquoi m'as-tu fait naître ?* » Si je suis (laid), « *certes, je n'en suis pas cause, mais la faute est à mon père et à ma mère qui n'auraient pas dû m'engendrer* », fait dire, ailleurs, Homère à Héphaïstos/Vulcain. Papa, maman ! Ô père ! ô mère ! Je crie : « Péché ! Péché ! » Je me récrie après Hugo :

« *Péché ! Péché ! Le mal est dans les nouveau-nés. / Oh ! quel sinistre affront ! Prêtres infortunés ! / [...] / Le couple a tort, le fruit est vil, le germe nuit. / De l'enfant qui la souille une mère est suivie. / Ils sont les justiciers de ce crime, la vie. / [...] / Ô femmes, sur vos fronts ils mettent d'affreux doutes. / Le couronnement d'une est l'outrage de toutes.* » Ah ! çà ! « *Qu'est-ce que j'avais fait à ma mère pour naître ?* » Maman ! maman ! maman ! Je t'aime, mais tu m'as tué ! « *Maudit soit le jour où je suis né ! Que le jour où ma mère m'a enfanté ne soit pas béni ! Maudit soit l'homme qui porta cette nouvelle à mon père : Il t'est né un enfant mâle, et qui le combla de joie ! Que cet homme soit comme les villes que l'Éternel a détruites sans miséricorde ! Qu'il entende des gémissements le matin, et des cris de guerre à midi ! Que ne m'a-t-on fait mourir dans le sein de ma mère ! Que ne m'a-t-elle servi de tombeau ! Que n'est-elle restée éternellement enceinte ! Pourquoi suis-je sorti du sein maternel pour voir la souffrance et la douleur, et pour consumer mes jours dans la honte ?* » (Jr 20,14-18) Maudit sois-je ! malheur à moi ! Tous les parents auraient dû se retenir, ne fût-ce que pour l'exemple de ce qui arriva à Taras Boulba : à bout portant, il tua d'un coup de fusil l'un de ses deux fils, André, et vit l'autre, Ostap, mourir sur la place publique après avoir été torturé… « *Malheur à qui dit à son père : Pourquoi m'as-tu engendré ? Et à sa mère : Pourquoi m'as-tu enfanté ?* » (Is 45,10) J'étais infirme en naissant, car j'avais le dégoût de naître. Que n'étais-je difforme ! (*Mais je suis né difforme* grâce aux forceps !) Relisez, sages-femmes, la « *Lex Duodecim Tabularum* » (la « Loi des douze tables ») : « *Cito necatus insignis ad deformitatem puer esto.* » (« *Que soit tué l'enfant atteint d'une difformité manifeste.* ») Sitôt né, mourons ! Nous aurons « *vécu ce que vivent les roses, / L'espace d'un matin* », ce qui est amplement suffisant : « *Veni, vidi* », et qu'importe le reste ! « *Veni, vidi, vixi* », aimerais-je rectifier en songeant à Horace, car le « *vixi* » est diablement important : « *Je suis venu, j'ai vu, j'ai vécu.* » Je n'ai fait que vivre — et n'aurai fait qu'avoir vécu… « *À présent j'ai senti, j'ai vu, je sais* », dois-je écrire à la suite de Hugo, sans pouvoir aller plus loin. Partout, le savoir vain. J'ouvre un livre de Rousseau et je tombe sur cette page : « *Ô ma mère, pourquoi vous donna-t-il un fils dans sa colère ?* » J'ouvre un livre d'Euripide et je tombe sur cette page : « *Ma mère m'enfanta pour le malheur* », — puis sur cette autre : « *Ô pauvre mère, à quoi bon avoir eu un fils ?* » À quoi bon, si je me suicide un jour ? Si je te précède dans la tombe, tu reprendras, mère, les paroles de Médée : « *À quoi me sert, ô mes petits, de vous avoir nourris, / d'avoir peiné, d'avoir souffert, de m'être usée, / de m'être déchirée dans les douleurs en vous mettant au monde ?* » Aux yeux des gens, il n'est pas beau de se suicider, mais *quid* de mettre au monde ? Imposer égoïstement l'existence (parfois par inadvertance), n'est-ce pas tout aussi redoutable ? Où se trouve l'infamie ? N'est-ce pas, de surcroît, une plus grande inconséquence en ces temps de surpopulation diastolique, de démographie déréglée et exponentielle ? (Depuis l'*Essai sur le Principe de population*, qui est vieux de plus de deux siècles, personne n'a-t-il pas compris que faire fi de « *la tendance constante de tous les êtres vivants à accroître leur espèce au-delà des ressources de nourriture dont ils peuvent disposer* », c'est risquer l'extinction de l'homme et ressembler aux plantes et aux animaux qui « *suivent leur instinct sans s'occuper de prévoir les besoins futurs de leur progéniture* » ? Pauvre Malthus, qui n'eut pas le temps de voir confirmées ses prédictions, ni d'admirer que le problème était autrement plus grave que tout ce qu'il avait pu s'imaginer, puisqu'il n'avait pas comptabilisé les effets de la pollution et les pénuries énergétiques… Je suis heureux d'appliquer le « *moral restraint* », la « contrainte morale » des gens abstinents, et suivre le malthusianisme. « *Les miroirs et la copulation étaient abominables, parce qu'ils multipliaient le nombre des hommes* », a dit, dégoûté, Borges.) La planète va craquer, l'avenir est menacé comme jamais il ne l'a été par la pollution, par le rythme effréné de l'industrialisation et de la surproduction, par les famines, les maladies, les crises économiques. Le dérèglement de tous les sens, les poètes le connaissent aujourd'hui moins que les procréateurs acharnés. Je serai fier, moi l'Argand libraire et matheux, de laisser ce témoignage (d'un inconnu) en mourant : « *Je suis mort sans laisser de fils, et regrettant / Que mon père avant moi n'en eût pas fait autant.* » — « *Parle aux enfants d'Israël, et dis : Lorsqu'une femme deviendra enceinte, et qu'elle enfantera un mâle, elle sera impure pendant sept jours ; elle sera impure comme au temps de son indisposition menstruelle.* » (Lev 12,1-2) — Pourquoi suis-je né ? — Je suis né à cause de la nécessité de naître, ce n'est donc pas ma faute, et pourtant je lui en veux, je lui en veux, à cette nécessité qui ne me console guère, et je lui en veux comme le poète Palladas : « *Ce n'est pas ma faute si mes parents m'ont donné le jour ; et pourtant, malheureux que je suis, c'est parce qu'ils m'ont fait naître que je meurs. Ô fatal mélange des générations ! ô triste nécessité qui me soumet à la mort ! Je n'étais rien, je suis né, et je redeviens rien comme devant. Le néant régit en entier la race humaine. Puisqu'il en est ainsi, camarades, faites briller mon verre, et versez-moi le vin, oubli de tous les maux.* » Moi qui aime contrôler le cours des événements de ma vie (combien naïf suis-je !), je n'aurai pas pu contrôler le fondement de ma présence ici, et le mal du pays qui va avec, que Marceline Desbordes-Valmore déplore joliment : « *D'où vient-on quand on frappe aux portes de la terre ? / Sans clarté dans la vie, où s'adressent nos pas ? / Inconnus aux mortels qui nous tendent les bras, / Pleurants, comme effrayés d'un sort involontaire.* » Toujours pour cette raison, le suicide m'attire, parce que j'ai le choix, je peux contrôler une partie de mon sort, je saurai un peu mieux où j'irai, à défaut de ne pas comprendre du tout d'où je viens. Je repense à cette citation d'Alexander Pope que j'ai insérée il y a longtemps, ici même : « *Born but to die, and reas'ning but to err; / Alike in ignorance, his reason such, / Whether he thinks too little or too much.* » (« *Seulement né pour mourir, il ne raisonne presque que pour s'égarer ; et telle est cette raison, qu'elle s'égare également pour penser trop et pour penser trop peu.* ») Sommes-nous faits pour naître, si nous naissons tous pour mourir ? Que vaut la vie d'un éphémère ? À peine éclot-il qu'on l'avertit : « Attention, tu vas mourir. » Et à peine l'a-t-on averti qu'il meurt ! Au moins l'éphémère a-t-il la chance de n'avoir pas le temps de souffrir ou de s'ennuyer ! Si vous croisez un éphémère dans la rue, ne lui dites pas : « Bonjour », mais : « Au revoir. » Quant à moi, je ne suis pas fait pour vivre, c'est-à-dire que je n'ai pas été fait pour naître ! Je n'avais rien à faire là, si ce n'est écrire que « *je n'avais rien à faire là* » (et « *intégrer mon chagrin à une écriture* », selon les mots d'un Barthes endeuillé) ! Ô consternation ! Pauvre humanité ! Quelle absurdité ! La mercuriale des naissances… La vie bancale qui pulse de partout ! Dans son *Histoire naturelle*, Pline met le doigt sur le problème et le paradoxe de la venue au monde de l'homme : « *l'homme seul ne sait rien sans l'apprendre, ni parler, ni marcher, ni se nourrir ; en un mot, il ne sait rien spontanément que pleurer. Aussi beaucoup ont-ils pensé que le mieux était de ne pas naître, ou d'être anéanti au plus tôt.* » C'en est si risible que cela paraît inhumain ! Juste avant ce passage, Pline était encore plus sarcastique (il vaut mieux en rire, n'est-ce pas ?) : « *Heureuse naissance ! le voilà étendu pieds et mains liés, pleurant, lui, cet être qui doit commander aux* autres ! et il commence la vie par des supplices, sans avoir commis autre faute que celle d'être venu au monde ! Quelle folie que de se croire, après de tels débuts, des droits à l'orgueil !* » Poussière de poussière de poussière qui volette au gré du vent (le Malgré) ! Oui ! je m'exclame et m'époumone. De poussière, on renaîtra poussière tant que le monde sera le monde, c'est-à-dire que rien, tant que le soleil lui-même ne disparaîtra pas sans laisser une trace, ne changera, n'aura changé. Je ne serai plus rien après ma mort. Mourir, ou vivre ? « *J'aimerais mieux exister* », disait Diderot, « *bien que je ne sache pas pourquoi un être, qui a pu me rendre malheureux sans raison, ne s'en amuserait pas deux fois* ». Croyez en la réincarnation, si bon vous semble : tant que vous êtes vivant, vous revivrez et remourrez. Dans *Germinal*, Hennebeau, atteint de temps en temps d'un pic de lucidité, pensait : « *Non, le seul bien était de ne pas être, et, si l'on était, d'être l'arbre, d'être la pierre, moins encore, le grain de sable, qui ne peut saigner sous le talon des passants.* » Plutarque écrivait : « *Autrement, mieux vaudrait n'être pas né du tout que d'être né, faute d'un bon guide et d'un gardien fidèle, dans de mauvaises conditions. Il n'est pas jusqu'à l'homme malade qui ne soit assisté d'une divinité spéciale et souveraine.* » Quel est le bon guide ? Le père qui nous élève (nous rabaisse) ? la mère qui nous protège (nous expose) ? Où est la divinité ? Est-ce celle qui a présidé à notre naissance, celle que l'on appelle la « bonne étoile » ? Je n'ai rien demandé, moi ! « *Nul n'est venu au monde sans pleurer ; nul ne vous demande quand vous voulez entrer, quand vous voulez sortir* », observe judicieusement Kierkegaard. — *Pourquoi suis-je né ?* — J'appartiens à un monde qui n'est pas fait pour moi et pour lequel je ne suis pas fait. À quoi est-il bon pour moi ? À quoi suis-je bon pour lui ? Quelle est l'utilité (surtout si je ne procrée pas) ? *L'inutile beauté...* dirait Maupassant (le schopenhauerien)... ou l'un de ses personnages : « *Mais il suffit de réfléchir une seconde pour comprendre que ce monde n'est pas fait pour des créatures comme nous. La pensée éclose et développée par un miracle nerveux des cellules de notre tête, tout impuissante, ignorante et confuse qu'elle est et qu'elle demeurera toujours, fait de nous tous, les intellectuels, d'éternels et misérables exilés sur cette terre. — Contemple-la, cette terre, telle que Dieu l'a donnée à ceux qui l'habitent. N'est-elle pas visiblement et uniquement disposée, plantée et boisée pour des animaux ? Qu'y a-t-il pour nous ? Rien. Et pour eux, tout : les cavernes, les arbres, les feuillages, les sources, le gîte, la nourriture et la boisson. Aussi les gens difficiles comme moi n'arrivent-ils jamais à s'y trouver bien. Ceux-là seuls qui se rapprochent de la brute sont contents et satisfaits. Mais les autres, les poètes, les délicats, les rêveurs, les chercheurs, les inquiets ? Ah ! les pauvres gens ! [...] Pour adoucir notre sort de brutes, nous avons découvert et fabriqué de tout, à commencer par des maisons, puis des nourritures exquises, des sauces, des bonbons, des pâtisseries, des boissons, des liqueurs, des étoffes, des vêtements, des parures, des lits, des sommiers, des voitures, des chemins de fer, des machines innombrables ; nous avons, de plus, trouvé les sciences et les arts, l'écriture et les vers. Oui, nous avons créé les arts, la poésie, la musique, la peinture. Tout l'idéal vient de nous, et aussi toute la coquetterie de la vie, la toilette des femmes et le talent des hommes qui ont fini par un peu parer à nos yeux, par rendre moins nue, moins monotone et moins dure l'existence de simples reproducteurs pour laquelle la divine Providence nous avait uniquement animés.* » À quoi rime le monde ?... Pof ! on débarque, et puis... Et puis ?... Quelle est la fonction de cette palingenèse incurable ? Ça grouille, ça grouille de partout dans l'océan des naissances... Ah ! mais... — *Pourquoi suis-je né ?* — J'en rougis, comme si l'on avait essayé de m'attraper dans un guet-apens : « Ah ! tu es né, ha ! ha ! Eh bien, existe maintenant ! Tu fais moins le fier, hein ? » Quelle honte ! Le rougissement ontologique ! le satané rougissement que l'on *ne choisit pas*... (J'y reviendrai — et donnerai pour patienter la solide explication de Kundera sur l'origine de la honte : « *La honte n'a pas pour fondement une faute que nous aurions commise, mais l'humiliation que nous éprouvons à être ce que nous sommes sans l'avoir choisi, et la sensation insupportable que cette humiliation est visible partout.* ») — *Pourquoi suis-je né ?* — « *Natus, vixi, vinctus* » : « *Je suis né, j'ai vécu, j'ai été vaincu.* » — Lamartine, depuis l'aube de son *Désespoir*, m'envoie son message crépusculaire : « *Du jour où la nature, au néant arrachée, / S'échappa de tes mains comme une œuvre ébauchée, / Qu'as-tu vu cependant ? / Aux désordres du mal la matière asservie, / Toute chair gémissant, hélas ! et toute vie / Jalouse du néant.* » D'où viens-tu, Julien ? Du néant. Où retournes-tu ? Au néant. Maudit soit qui mal y pense ! Je — suis — maudit. Que tout soit maudit, car tout est absurde ! Tu fais bien, ô Bedreddin Hassan, dans *Les Mille et Une Nuits*, de t'écrier (sans rire, mais je ris) : « *Que maudites soient toutes les tartes à la crème, aussi bien que l'heure où je suis né !* » Hors contexte ou non, cela me dit quelque chose : être né, ce n'est pas de la tarte... — *Pourquoi suis-je né ?* — Je ne le sais ; c'est un fait établi. Étant parvenu à l'âge que j'ai, cela signifie que je l'ai accepté, sans que cela implique que je le vive bien. Sénèque, qui parlait du « *bienfait vulgaire de la génération* » (c'est dire !), admettait tout de même qu'« *il est plus important de conserver la vie que de la recevoir, comme il y a moins de tourment à mourir qu'à craindre la mort* », ce qui m'autorise à affiner mon « *veni, vidi, vici* » corrompu en écrivant « *natus, mortuus* » (« *je suis né, je suis mort* ») : la vie en abrégé. Je conspue la vie et, cependant, je l'aime. Je demeure moins au mot de Sénèque qu'à une lettre de Beethoven pour la comtesse Erdödy (Octobre 1815), où le compositeur concède que « *nous, êtres finis à l'esprit infini, c'est pour les douleurs et les joies que nous sommes nés, et, pourrait-on presque dire, c'est par l'intermédiaire de la douleur que les meilleurs obtiennent la joie* ». Que la naissance et l'existence soient définitivement absurdes, cela m'émerveille, et, de ce point de vue, je suis subjugué par la si infime (et déraisonnable) probabilité qu'il y avait de naître, ce que consignai très jeune dans mes carnets de *Pensées* : « *Pourquoi : "La vie est belle" ?... Parce que nous aurions atteint le stade ultime de la nature réfléchissante et réfléchie, que nous avons été un spermatozoïde plutôt qu'un pollen, plutôt qu'une poussière... Et un spermatozoïde humain !... La probabilité pour que nous soyons un "élu" (être homme) était aussi faible que celle qui a amené la vie organique. — (Ici, nous pouvons rejeter : "Je n'ai pas demandé à naître, à être né.")* » — Ma raison de vivre repose sur la possibilité de questionner ladite raison de vivre et de la trouver belle. En somme, j'aborde le contenu de cette longue discussion sur le « *pourquoi suis-je né* » davantage du côté esthétique que du côté éthique. L'existence démoralise l'observateur impartial, tout en demeurant prodigieusement belle : c'est une merveille de stochastisme, une espèce de jeu de loterie où l'absurde est l'analogue de l'improbable. Je suis né parce que le spermatozoïde duquel je suis en partie issu a gagné sa course contre deux cents millions d'autres congénères tout aussi affamés par la victoire finale. (Ce fut peut-être le seul moment de ma vie pendant lequel je fis montre d'une violente virulence, prêt à batailler et à massacrer des concurrents pour parvenir à mes fins.) J'avais trois à quatre fois plus de chances d'avoir tous les bons numéros au tirage du Loto ! Mais en remontant, on peut se demander : quelle était la probabilité qu'il y eût de la matière ? qu'il y eût la formation de systèmes solaires ? que la Terre fût de cette taille et de cette densité ? qu'elle fût à cette distance-ci moyenne du Soleil ? qu'elle fût inclinée de 23°27' par rapport au plan de l'écliptique ? qu'elle reçût et gardât son atmosphère ? qu'elle contînt de l'eau ? que le carbone se synthétisât ? que les molécules inorganiques se transformassent en cellules ? que l'évolution allât jusqu'à l'homme ? que la conscience apparût ? que mon père naquît ? qu'il rencontrât ma mère ? que ce fût dans cette éjaculation-là après toutes les précédentes ?... Le Créateur — Dieu — seul le sait ! — Finissons-en avec l'absurde en bouclant la boucle sous l'angle de la création et de la contre-absurdité… — 6. — *Le doute, le souci.* — Dans la généalogie de l'absurde, le doute et le souci s'emparent de nous, auxquels succède justement la vision de l'absurde, laquelle à son tour réclame que l'on choisisse entre croire et savoir, lesquelles croyance et connaissance, selon leur degré, accordent plus ou moins de vanité ou de désespoir (ou les deux) au fait d'exister, jusqu'à parfois introduire dans le sujet un dégoût qui l'amène à la conclusion que la naissance est un mal et que, *tout compte fait*, l'existence est, *si l'on veut*, à remettre en cause quotidiennement et de toute éternité. Ce constat serait l'horreur suprême (« *l'horreur initiale* », dirait Huysmans, l'horreur entourée de mystère et incompréhensible qu'aucune philosophie n'explique, « *l'horreur imposée à chacun de nous, de vivre* »), s'il n'y avait la contemplation « enchanteresse » de ce constat, la faculté qu'a l'œil de la conscience d'essayer de se voir lui-même en tant qu'œil, et de se juger esthétiquement, autrement dit d'appliquer le credo : Cela est beau parce que cela est absurde. Parce que ce monde est absurde, il faut le tenter, se laisser tenter, et l'unique moyen que je connaisse est l'art, en particulier la création qui participe de la littérature, je veux parler de l'écriture. L'écriture, c'est écrire, donc décrire ; c'est penser, donc être, donc exister ; et exister, c'est sentir une force, c'est exister sa pensée, penser son existence ; et penser son existence, c'est la dépasser, ainsi que l'absurde, en l'écrivant. Si, d'un côté, nous nous rappelons avec Novalis que « *notre vie quotidienne ne se compose que d'actions répétées, ayant pour but notre conservation* », et que, de l'autre, nous assumons la répétition qu'occasionne l'écriture journalière, accentuée par le tapement (tapage !) incessant des touches, et que nous la définissons comme la condition de notre conservation, alors tout rentre, si j'ose dire, dans l'ordre, et nous emboîtons à nouveau le pas à Novalis pour ce qui est de conclure : « *C'est chose folle que parler et écrire ; le dialogue vrai n'est que jeu de mots.* » L'absurde de l'écriture — ou l'écriture de l'absurde : voilà où cela nous mène ! Pour en revenir à Sisyphe, Camus note que « *décrire, telle est la dernière ambition d'une pensée absurde* », et que « *toutes ces vies maintenues dans l'air avare de l'absurde ne sauraient se soutenir sans quelque pensée profonde et constante qui les anime de sa force* ». Car pour notre philosophe, non seulement l'œuvre incarne un « *drame intellectuel* », mais encore « *l'œuvre absurde illustre le renoncement de la pensée à ses prestiges et sa résignation à n'être plus que l'intelligence qui met en œuvre les apparences et couvre d'images ce qui n'a pas de raison* ». Je le comprends mieux que je ne saurais le dire puisque, au mot près, c'est ce que j'ai commencé d'entreprendre depuis des milliers de pages *sans en voir la fin*. De même que la conscience, en s'autoréfléchissant, ne peut être que malheureuse (c'est le prix à payer, de ne pouvoir, par définition, se cacher à elle-même), et qu'elle doive être à la fois un bien et un mal (un bien qui permet de représenter et de contempler, un mal qui oblige à subir), on aurait tort « *de croire que l'œuvre d'art puisse être considérée comme un refuge à l'absurde* ». La conscience ne doit son existence qu'à elle-même, et l'œuvre d'art, qui est « *un phénomène absurde* », qu'à cette conscience, car l'œuvre d'art n'est qu'« *un des signes de ce mal qui le répercute dans toute la pensée d'un homme* ». D'un côté, c'est une difficulté insurmontable (l'œuvre « *ne peut être la fin, le sens et la consolation d'une vie. Créer ou ne pas créer, cela ne change rien. Le créateur ne tient pas à son œuvre* ») ; de l'autre, c'est une difficulté à s'efforcer de surmonter, même si le jeu et la chandelle ne s'allient pas, parce qu'elle fait relativiser la perception générale du monde et fait coïncider les notions de but et de chemin. (Peu importe que je ne voie pas de but puisque le chemin est incertain et s'efface à mesure que j'avance, comme si j'étais sur une passerelle mouvante, mais au moins j'avance, cela me fait avancer dans l'ombre. Plutarque expliquait à Apollonios que si l'on connaissait l'échéance de la mort, beaucoup mourraient — de chagrin — avant l'heure ! (« *Ce n'est pas à vous de connaître les temps ou les moments que le Père a fixés de sa propre autorité.* » (*Ac 1,7*)) J'évite de croire en un but, pour cette raison toute simple : il n'y en a pas. Et puis, *the rest is absurd*.) — J'ai aujourd'hui l'impression d'être né pour écrire. Je ne sais plus faire quoi que ce soit d'autre, ma vie se réduit à cette activité (pour laquelle, et c'est probable, je n'étais pas fait). Ah ! comment se sortir de cet *obscur labyrinthe* ? (J'erre dans ce labyrinthe, tel Thésée. Riez : « Thésée, vous ? ») En 1917, Kafka écrivait à Brod ces quelques mots que j'aurais pu moi-même écrire : « *Quand je cherche à bien y réfléchir, j'ai vraiment l'impression de ne pas être né, je suis du sombre chassant du sombre.* » N'être que le sombre rêve d'une ombre… une ombre absurde qui rêve d'absurde… Sans ce rêve d'absurde, la vie serait absurde (ce qu'elle est !). Absurde ! absurde ! absurde ! Cher Mallarmé, permets-moi de déséquilibrer tes alexandrins et de déclamer tes vers en changeant l'Azur en Absurde ! « *De l'éternel Absurde la sereine ironie / Accable, belle indolemment comme les fleurs, / Le poëte impuissant qui maudit son génie / À travers un désert stérile de Douleurs.* » Laisse-moi crier l'Absurde ! L'Absurde ! L'Absurde ! « *En vain ! l'Absurde triomphe, et je l'entends qui chante / Dans les cloches. Mon âme, il se fait voix pour plus / Nous faire peur avec sa victoire méchante, / Et du métal vivant sort en bleus angelus !* » Laisse-moi, Stéphane, casser la rime finale ! « *Il roule par la brume, ancien et traverse / Ta native agonie ainsi qu'un glaive sûr ; / Où fuir dans la révolte inutile et perverse ? / Je suis hanté. L'Absurde ! l'Absurde ! l'Absurde ! l'Absurde !* » L'intérêt de l'existence ? Comme l'écrit Imre Kertész (qui connut les camps de concentration) dans *Un autre*, « *il est possible que nous ne supportions la vie que parce qu'elle est tellement invraisemblable* ». Et plus loin, il évoque le lien entre l'identité de l'être et la présence de l'absurde dans un monde où il semble que nous soyons le pont qui les fait se rejoindre : « *La vie nous amènerait-elle à l'ultime conclusion qu'il ne vaut pas la peine de continuer à vivre ? Oui, c'est ce qu'il semble. Notre vie n'a pas de sens, mais ce n'est sans doute qu'une apparence, puisque entre la vie et le sens, il n'y a aucun rapport. Sinon nous-mêmes. Car nous sommes des intermédiaires qui relient la vie et le sens et, qu'en pratique, nous ayons échoué dans les deux domaines, tant dans la vie que dans le sens, en soi ne signifie rien par rapport à la dimension inhabituelle que crée chaque vie humaine. Nous réalisons peut-être un but, pourtant — parmi nos activités quotidiennes —, nous ne tenons pas cette réalisation en grande estime, nous ne la remarquons même pas et ainsi, alors même que nous accomplissons le but de notre vie, notre vie elle-même nous semble ne pas avoir de but.* » (L'absurde, c'est aussi la réalité inimaginable, le spectacle impossible de l'Histoire et de tous ces tas d'hommes gisant dans des fosses, la vision de ce qui ne pouvait pas être sans que l'on pense aussitôt à l'absurde. L'absurde, c'est aussi l'irréalisable tableau du 15ème siècle peint par Hans Memling, ce triptyque du *Jugement dernier* dont le volet de droite représente les damnés voués aux flammes de l'enfer. L'absurde, c'est la répercussion des siècles et des questions sans réponses qui se répètent...) Il faut surmonter la difficulté qu'il y a à vivre en puisant les richesses qui sont en nous, et en enfantant. En enfantant quoi ? L'œuvre — et uniquement elle. Une espèce de bonheur pourrait en effet s'y cacher et contrebalancer le dégoût de l'existence. Schopenhauer reconnaît d'ailleurs : « *C'est donc un grand bonheur, fort rare, de posséder en soi assez de richesse pour surmonter le dégoût de soi-même et l'ennui sans rechercher la compagnie des hommes.* » Mais ce bonheur est si fragile ! il requiert tant de force (comme celle de ne pas mettre au monde un autre soi-même) ! il est si facile de flancher, de baisser les bras (et de penser au suicide), de douter de la réalité de celui-ci, ainsi qu'en doute Hölderlin dans son *Hypérion* : « *Être heureux ! J'ai l'impression d'avoir de la bouillie et de l'eau tiède sur la langue, quand vous me parlez d'être heureux. C'est tellement niais et abominable, tout ce pour quoi vous sacrifiez vos couronnes de laurier, et votre immortalité.* » Par mes écrits, je ne cherche pas l'immortalité (je l'ai déjà acquise en naissant). C'est tout l'opposé : je cherche la mortalité. Et tout en cherchant la mortalité (la mienne, celle du genre humain), je ne peux m'empêcher d'en rire, de me servir de l'humour, du *nonsense*, car par le biais ma démarche (ma survie) fait — presque — sens pour moi... Lecteur, souviens-toi ! Démocrite, soutiens-moi ! « *Ne disais-je pas en riant, tout est sujet de rire !* » Être épicurien pour rire et en même temps philosopher ! Supprimer les *f* de « *souffrir* » ! Eh ! de l'absurde, il vaut mieux en rire qu'en pleurer ! En contrefaisant Charles Gounod (qui contrefait Goethe) : « *Ah ! je ris de me voir / si belle en ce miroir ! / Est-ce toi, Absurde ? / Réponds-moi, réponds vite !* » Puis, en parodiant la belle-mère de Blancheneige : « *Petit miroir, petit miroir chéri, / Quelle est la plus belle absurdité de tout le pays ?* » La vie est d'ailleurs si absurde qu'elle paraît peu sérieuse à cet égard, et elle est si peu sérieuse que si j'osais lui faire remarquer, comme Lord Caversham à son fils Lord Goring (*An ideal husband*) : « *Humph! Never know when you are serious or not* » (« Hum ! Je ne sais jamais quand vous êtes sérieux ou non »), — elle me répondrait : « *Neither do I* » (« Moi non plus »)... — Ô rire et damnation ! Ce rire qui est un langage... D'une part, Ionesco constatait : « *toute réalité, tout langage semble se désarticuler, se désagréger, se vider, si bien que tout étant dénué d'importance, que peut-on faire d'autre que d'en rire ?* » D'autre part, il disait aussi : « *Sentir l'absurdité du quotidien et du langage, son invraisemblance, c'est déjà l'avoir dépassée ; pour la dépasser, il faut d'abord s'y enfoncer.* » Reliez les deux sentences, mixez — et dégustez, gourmands ! — Qu'avait déclaré Maurice Maréchal lors de la création, en 1914, de mon journal préféré, le fameux *journal satirique paraissant le mercredi* ? « *Mon premier mouvement, quand je vois quelque chose de scandaleux, c'est de m'indigner ; mon second mouvement est de rire ; c'est plus difficile, mais plus efficace.* » Les palmipèdes ont un train d'avance ! — Il ne faut pas avoir honte de suivre ce conseil de Cioran : « *Tant que vous pouvez rire, même si vous avez mille raisons de désespérer, il faut continuer. Rire est la seule excuse de la vie, la grande excuse de la vie !* » Dans son conflit avec le monde, qui revient au « *malaise dans l'existence* », Cioran avouait n'avoir jamais rien pris au sérieux : « *La seule chose que j'aie prise au sérieux, c'est mon conflit avec le monde. Tout le reste n'est jamais pour moi qu'un prétexte.* » — L'absurde ne doit pas avoir raison de nous et nous ne devons pas tout « absurdifier » par principe, à l'instar d'un Sextus Empiricus qui doutait de tout par principe. Vraiment, mes amis, c'est Démocrite qui nous ouvre la voie de la sagesse (l'absurde), un Démocrite dont je dirais, en reprenant les mots de Sénèque dans une lettre à Lucilius, qu'il y a dans son être « *quelque chose de grand, de sublime, qui ne saurait être de même nature que ce misérable corps* », qu'un Dieu, en lui, se révèle. « *Oui, une âme grande et modérée qui regarde en pitié toutes les choses d'ici-bas, qui se rit des sujets de nos craintes et de nos espérances, est mue par une impulsion divine.* » Vive le Dieu Absurdum ! Être impuissant — et se rire de l'impuissance ! La perte, si elle est absurde, est-elle encore une perte ?... J'en ris ! Bergson, dans son *Essai sur la signification du comique*, ne dit-il pas que « *ce qui nous fait rire* », c'est « *l'absurde réalisé sous une forme concrète* » ? Le rire (intériorisé ou extériorisé) est le propre du mélancolique qui réfléchit à sa condition d'homme qui vit, car il doit mourir... « *Essayez, un moment* », ajoute Bergson, « *de vous intéresser à tout ce qui se dit et à tout ce qui se fait, agissez, en imagination, avec ceux qui agissent, sentez avec ceux qui sentent, donnez enfin à votre sympathie son plus large épanouissement : comme sous un coup de baguette magique vous verrez les objets les plus légers prendre du poids, et une coloration sévère passer sur toutes choses. Détachez-vous maintenant, assistez à la vie en spectateur indifférent : bien des drames tourneront à la comédie. [...] Le comique exige donc enfin, pour produire tout son effet, quelque chose comme une anesthésie momentanée du cœur. Il s'adresse à l'intelligence pure.* » Le rire est aussi là pour soulager, pour faire un break, il « *repose de la fatigue de penser* » celui qui n'est habitué qu'à penser, il « *repose de la fatigue de vivre* » et permet de se relâcher de « *l'attention qu'on devrait à la vie* ». C'est aussi pourquoi Bergson dit qu'il y a « *je ne sais quel pessimisme naissant qui s'affirme de plus en plus à mesure que le rieur raisonne davantage son rire* ». Le philosophe trouvera toujours, dans ce qui donne naissance au rire, « *une certaine dose d'amertume* »... — Le philosophe est un *humoriste*, moins en tant qu'il est « *enclin à une sorte de gaieté railleuse et originale* » (deuxième définition dans le Littré), qu'il « *a souvent de l'humeur* », qu'il est « *difficile à vivre* » (premier sens, mais « *peu usité* »). « Humoriste » et « *mélancolique* » sont deux termes si proches, si démocratiques... — Ô Mélancolie ! Existence humoristique ! La bonne humeur ! L'humeur de la bile noire !... Ah ! Mélancolie ! Rire ! rire de son impuissance ! rire de son impuissance à ne pas en rire !... « *Je riray donc* », nous dit Clément Marot, avant de se raviser dans le même vers de son *Rondeau du Vendredy sainct* : « *non, je prendray tristesse.* » — De l'absurde et de l'impuissance, telle est la logique du créateur exposée dans le livre de George Orwell, *Et vive l'Aspidistra !* Je m'y retrouve sans m'y retrouver — et le sentiment de l'absurde me frappe de plein fouet quand je lis ceci (d'aucuns n'y verront *rien*) : « *Le tic-tac du réveil sur le dessus de la cheminée redevint perceptible pour Gordon, apportant avec lui la conscience du sinistre écoulement du temps. Il regarda autour de lui. Une autre soirée de gaspillée. Les heures, les jours, les années qui s'enfuient. Soir après soir, toujours la même chose. La chambre solitaire, le lit sans femme ; de la poussière, de la cendre de cigarette, les feuilles de l'aspidistra. Et il avait trente ans, presque. [...] Quant à l'ouvrage de ce soir — il n'avait fait que biffer deux vers ; il avait régressé de deux vers au lieu d'avancer. — La lampe fit entendre comme un tout petit hoquet et s'éteignit. Avec effort, Gordon se leva et rejeta le couvre-lit sur le lit. Mieux valait se coucher, peut-être, avant qu'il ne fît plus froid. Il se dirigea à pas hésitants vers le lit. Mais attends. Le travail, demain. Remonter le réveil, mettre la sonnerie. Rien accompli, rien fait, pour gagner le repos d'une nuit. [...] Poésie ! Vanité des vanités ! Il restait éveillé, avec le sentiment de sa propre inutilité, de sa trentaine, de l'impasse dans laquelle il avait conduit sa vie.* » — Le mot de la fin sera pour Camus et son *Mythe de Sisyphe* (*La liberté absurde*) : « *Ce qui précède définit seulement une façon de penser. Maintenant, il s'agit de vivre.* »

* * * * *

« *Maintenant, il s'agit de vivre* » : s'agit-il de vivre, ici ? Et a-t-on le choix ? Et où est, si elle existe, la liberté ? Est-elle dans la fatalité ? — Selon ma coutume, je vais décrire la situation. Que fais-je ? (Et je pourrais tout aussi bien utiliser la graphie suivante : « Que fait Je ? ») Indéniablement, j'écris (ou Je écrit). Qu'écris-je ? J'écris ce que j'écris, écrirais-je. Notons au passage que, si le rôle de l'écrivain est ici respecté, il en va rarement ainsi. La concordance des temps n'est pas la seule en faute, car il faudrait ajouter sur la liste des aberrations, la performativité. En effet, que se passe-t-il si vous demandez à un écrivain rencontré par hasard le métier qu'il exerce ? Il vous répondra : « J'écris. » Or, vous ne surprendrez quasiment jamais un écrivain en train d'écrire (on écrit seul avec soi-même). La plupart du temps, vous saurez qu'il est un écrivain parce que vous verrez ses livres publiés, vous pourrez vérifier la réalité de l'objet « livre » et il vous sera possible d'en déduire qu'il a écrit. Peut-être en induirez-vous qu'il va écrire, qu'il écrira ; mais jamais vous ne serez en mesure de parler au présent de l'indicatif puisque rien ne vous indiquera qu'il écrit. Moi-même, en ce jour où j'écris ces lignes, cela fait approximativement dix-huit ans que j'ai commencé à écrire dans ma chambre d'adolescent, à Basse-Goulaine, devant le Macintosh LC II que mon père avait ramené de son bureau. Dix-huit années composées de coupures plus ou moins longues, de périodes boulimiques de remplissage intensif et frénétique d'encre noire, et qui représentent des milliers de pages. Peut-on dire que je suis un écrivain ? Parmi mes collègues, pas un ne sait ni ne devine mon activité (depuis deux ans et demi, pour *ce* livre, j'y consacre une heure tous les soirs et les matinées entières du samedi et du dimanche) ; parmi les membres de ma famille, quelques-uns savent que j'ai écrit durant ma jeunesse, mais très peu croient que j'aie pu poursuivre cette « lubie » ; et parmi mes amis, à peu près tous sont au courant (ce qui est aisé, tant ils sont peu nombreux). Peut-on dire que je suis un écrivain ? Pas un livre en librairie, personne qui soit là pour constater que j'écris, *là*, personne à qui je remette ce que j'écris, pas même des fragments. Pourtant, j'écris, et non seulement j'écris, mais il fallait que cela fût. Je puis me lire et me relire, je ne rêve pas. Il faudrait que tous ces mots consignés fussent brûlés pour que le doute s'installât ou que les gens remissent en cause la vérité de cette écriture qui *a effectivement eu lieu*. Qu'il existe un lecteur autre que moi-même, — un lecteur de ces phrases, — et l'écrit sera consolidé, approuvé, acté, et la preuve sera faite, la cause identifiée, la nécessité validée. Je dis : « *un lecteur de ces phrases* » — et je devrais dire : « *un lecteur* pour *ces phrases*. » S'il se trouve un lecteur pour lire ceci, c'est qu'il devait s'en trouver un, comprenez-vous ? Mon intention n'est pas de me vanter, mais que peut attendre un écrivain qui essaime aux quatre vents ce qu'il écrit ? Aurait-il changé de statut en ne les donnant pas et en les gardant, comme Pessoa, dans une malle, à l'abri des regards et des consciences ? Écrit-il pour être lu — ou pour écrire, pour avoir écrit ? Pour moi, l'écriture est davantage qu'un acte, et cet acte ne saurait être modifié par la considération d'un lectorat potentiel. Je n'attends pas que d'autres attendent quelque chose de moi. Mon écriture est ma façon d'exister, ma façon, paradoxalement, de rêver et de penser que je ne rêve pas. Imprimer tous ces caractères ne renforcerait pas l'idée de cette existence (une impression n'en détermine pas une autre !) : je n'existe pas proportionnellement à une quantité d'encre ou de papier, mais qualitativement, c'est-à-dire par mon *acte* d'écrire. J'ai déjà évoqué cela plus haut : cette page pourrait s'effacer, j'aurais écrit. Tout mot que j'écris, même si je l'efface, aura été écrit, il aura existé. (C'est l'éternité retrouvée aux accents rimbaldiens, c'est Horace qui écrit qu'il ne mourra pas totalement : « *Non omnis moriar…* ») En prolongeant cette façon de voir les choses, je ne pense pas qu'il y ait d'objection à affirmer que toute entreprise est une création, que le fait de vivre est une œuvre d'art à part entière qui se continue sans cesse. Mon écriture n'est pas « hors de cause », et pour cause ! Mon écriture est la *cause* d'elle-même et la *cause* de mon existence (de mon *exister*). C'est surtout en écrivant que j'ai le sentiment de contribuer à l'aventure du vivant et du destin de l'Univers, parce que lorsque j'écris, j'apporte ma pierre à l'édifice : « *j'entropise.* » Le premier principe de la thermodynamique est insuffisant : il ne rend pas compte de l'observation des phénomènes irréversibles. Le premier principe pose que la variation d'énergie interne d'un système est la somme du travail effectué et de la quantité de chaleur échangée ($\Delta U = W + Q$). Il ne fait que traduire l'équivalence entre le travail et la chaleur, ou, pour employer d'autres mots, il met en valeur la conservation de l'énergie (ce qui rejoint, si l'on veut, la formulation connue depuis l'antiquité avec Anaxagore, et reprise ensuite par Lavoisier, du « *Rien ne se perd, rien ne se crée, tout se transforme* », qui est d'ailleurs une contraction abusive de l'expression exacte que l'on peut lire dans son *Traité élémentaire de chimie* : « *car rien ne se crée, ni dans les opérations de l'art, ni dans celles de la nature, et l'on peut poser en principe que, dans toute opération, il y a une égale quantité de matière avant et après l'opération ; que la qualité et la quantité des principes est la même, et qu'il n'y a que des changements, des modifications* »). Le premier principe n'explique pas pourquoi le chaud va vers le froid et non l'inverse, pourquoi un glaçon placé dans un verre d'eau fondra sans jamais pouvoir se reformer, de même qu'une goutte d'encre se diffusera dans le même verre et ne redeviendra pas goutte, ou qu'un gaz initialement placé dans une enceinte reliée à une autre enceinte par un tube fermé par un clapet, occupera le volume des deux enceintes dès que l'on aura ouvert ledit clapet, et ne se repositionnera jamais dans l'enceinte de départ. En réalité, cela est en théorie possible, mais si hautement improbable en pratique qu'on le considère comme impossible (*irréversible*). Nous en avons déjà discuté et je ne reviendrai pas en détail sur la notion d'irréversibilité. Cependant illustrons un instant le phénomène en prenant une table de billard que nous séparerons sur la longueur par une ligne imaginaire. Lançons une bille qui rebondit sans s'arrêter de bande en bande. La probabilité qu'elle soit dans l'une des deux parties de la table que nous avons découpée est évidemment, puisqu'il n'y a que deux états possible, de 0,5. Pour deux billes, il y en a quatre, par conséquent une probabilité de 0,25 pour que les deux billes soient d'un même côté. Pour trois billes, huit états, donc une probabilité de 0,125 ; pour quatre billes, seize états, donc une probabilité de 0,0625 ; *etc*. L'entropie est une fonction d'état que l'on peut définir statistiquement par la relation : $S=k\ln\Omega$, avec k la constante de Boltzmann ($k=1,3806503\times10^{-23}$ J.K^{-1}) et Ω le nombre de micro-états correspondant au macro-état étudié. Pour quelques billes de billard, l'entropie S demeure très, très faible, presque insignifiante. Mais imaginez un litre de gaz parfait monoatomique qui est sous pression atmosphérique et à la température de 20°C : il est constitué d'à peu près vingt-sept mille milliards de milliards d'atomes. Comparée à quelques billes de billard, son entropie est immensément élevée (quoiqu'elle paraisse, numériquement, très faible : $7,13\times10^{-22}$ J.K^{-1}, mais c'est une illusion causée par l'échelle logarithmique choisie, le logarithme népérien écrasant tout). La chance que l'on retrouve dans l'enceinte de départ un litre de gaz qui a été réparti dans les deux enceintes, est de 1 pour $2^{2,7.10^{22}}$! (Ma calculatrice sature immédiatement et est incapable de me donner le résultat : il représente des milliards et des milliards de fois le nombre total d'atomes dans l'Univers !... Il faudrait patienter plusieurs éternités pour espérer revoir l'état initial.) Tout ce qui a lieu dans la nature est irréversible. Thermodynamiquement, la variation d'entropie, pour un système quelconque, s'écrit, dans sa forme différentielle : $dS=\delta Q/T+dS_{créée}$. C'est le second terme qui décrit l'impossibilité d'un retour en arrière, l'irréversibilité fondamentale des processus, et l'augmentation perpétuelle de l'entropie de l'Univers (le jour où il n'évoluera plus signifiera la mort du monde). Quoi que nous fassions, nous augmentons l'entropie générale : c'est la marque de fabrique du vivant. Toujours nous allons de l'avant, jamais nous ne récupérerons l'état passé. L'Univers a « connaissance » de l'entropie que je crée et que j'ai créée. Mon écrit n'est plus ? Il a été. Dieu le sait. Mon écrit a été comme un mort a été vivant, bien qu'il n'ait pas de pierre tombale pour en témoigner… Souvenez-vous des *Paradis artificiels* et de cet « *homme de génie, mélancolique, misanthrope* », qui, « *voulant se venger de l'injustice de son siècle, jette un jour au feu toutes ses œuvres encore manuscrites* » : « *Et comme on lui reprochait cet effroyable holocauste fait à la haine, qui, d'ailleurs, était le sacrifice de toutes ses propres espérances, il répondit : "Qu'importe ? ce qui était important, c'était que ces choses fussent créées ; elles ont été créées, donc elles sont." Il prêtait à toute chose créée un caractère indestructible.* » Je n'ai pas peur, voyez-vous ? L'orgueil de l'artiste, mélangé à son angoisse de sa propre disparition, lui intime l'ordre de laisser une preuve de son passage sur la Terre, comme si l'œuvre devait être visible pour que cet art *eût eu lieu* : un écrivain, non content d'avoir écrit, veut reproduire son livre et le disséminer en piles dans les librairies pour qu'il soit accessible au plus grand nombre ; un sculpteur ne se satisfait pas d'avoir modelé la matière d'un bloc de marbre et d'avoir créé la forme, il n'appréciera le résultat qu'à la condition que la statue soit exposée en plein centre d'une place publique, et livrée à tous les regards. L'artiste commun dépasse sa propre vanité en s'aveuglant, il est persuadé que son œuvre n'existe que si elle est partagée : mais où est passé l'acte ? qu'en fait-il ? A-t-il oublié l'idée de la conception ? ne croit-il qu'en ce qu'il voit ? L'iceberg est-il iceberg sans la partie immergée, la plus grande ? Je sais bien qu'une photographie nous aide à nous remémorer le passé, mais est-ce une raison pour conclure que le passé n'a existé que par elle ? Voilà toute la différence entre l'être et le paraître. L'empreinte de l'artiste réside dans l'entropie qu'il crée et qu'il a créée. La statue terminée et posée sur son socle ne participe plus au mécanisme vital de la nature et de l'existence. Le sculpteur mort ne connaît plus son ouvrage. Qu'est-ce qui différencie deux auteurs, l'un qui a tout publié, l'autre qui a brûlé sans rien publier, s'ils sont morts et enterrés ? La renommée, l'hommage posthume. Est-ce cela qui différencie l'art du non-art ? Dans *L'Immortalité*, Kundera invente un truculent dialogue entre Goethe et Hemingway au Paradis : « *Dès l'instant de ma mort, j'ai abandonné tous les lieux que j'occupais. Même mes livres. Ces livres restent au monde sans moi. Personne ne m'y trouvera plus. Car on ne peut trouver qui n'est pas.* » L'œuvre s'est détachée de tout, elle n'appartient plus à celui qui l'a créée ou, du moins, elle n'entretient plus de relation fiable avec celui-ci. Comme le fils pour un père, l'œuvre d'art doit faire son deuil de son créateur. Personne ne connaît les plus grands artistes de tous les temps parce que beaucoup d'œuvres se sont effacées. La nature (*natura naturans*), la plus grande artiste que chacun peut admirer tous les jours, personne ne sait la voir ou lui reconnaître ses talents. Rester discret, humble face à son art, telle devrait être la devise de tout artiste. Voilà pourquoi j'aime encore plus Pessoa, ou même Vermeer et Léonard, qui gardaient jalousement (et religieusement) leurs tableaux chez eux. J'adore m'imaginer un peintre répondre à quelqu'un qui lui demande s'il peut contempler ce qu'il peint ou a peint : « Non, Monsieur. Il n'y a rien à voir. Seuls comptent mon cerveau, ma main, mes yeux, mon pinceau et mes tubes. Je ne peins pas pour vous obliger ; je peins par nécessité. L'art, en effet, est ma fatalité. J'entropise, moi, Monsieur ! » — « Tout cela est très gentil, ô maître Pichavant », me direz-vous, lecteur perspicace, « mais si je suis capable de vous lire actuellement, c'est que vous avez permis que cela soit diffusé, et vous vous contredites ! » Eh ! je n'ai pas demandé à naître — et je n'ai pas demandé à écrire, encore moins à publier ! Cela a été fait contre mon consentement ! L'acte m'est nécessaire, qu'importe que le reste vole de ses propres ailes ! Ce n'est plus moi, ce n'est plus ma nécessité, ce n'est plus mon entropie ! Le *faire* est une *fatalité*, le *fait* en est une autre. Que l'on prenne d'ailleurs le latin : n'est-il pas vrai que « *fatum* » et « *factum* » sont ironiquement proches (tout comme « *fact* » et « *fate* » en anglais). Le « *factum* » est davantage que le « *fait* », il représente le « *travail* », l'« *entreprise* », l'« *action* », l'« *ouvrage* », de même que le « *fatum* » n'est pas que pure « *nécessité* » ou « *destin* », il est le synonyme de « *parole solennelle* », « *oracle* », « *condition* », « *accident* », « *malheur* », « *ruine* », « *mort* », et, surtout, de « *perte* ». L'écriture se situe toujours, pour moi, entre acte et nécessité, — et parfois au delà puisqu'elle me fait aimer mon destin (écrire étant une raison de vivre, mes écrits sont un hymne à la fatalité, mon « *amor fati* »). Ce que j'écris *est* ce que j'écris, voire ce que je suis. Le fait est que j'écris et que je ne peux rien faire contre cela. Cette Nécessité, que l'on rencontre partout chez les auteurs grecs de l'antiquité, l'emporte sur tout et rien ne peut prévaloir contre elle. J'appartiens au petit clan des gens que leur art, et uniquement lui, fait exister (dans leur coin, renfermés, en clan-*destins*). — La fatalité basique, celle qui est ancrée dans l'histoire (ou Histoire), m'a toujours paru une horreur, une nullité qui ne mérite pas d'être examinée. Je ne suis pas dans l'histoire ; c'est l'histoire qui est en moi, que je raconte, car *La Perte de Sens* n'est qu'une parenthèse ouverte sur le monde que je suis, et l'histoire de mon être en déperdition. À l'école, l'histoire ne m'a jamais intéressé : une suite ininterrompue d'événements qui ont été choisis arbitrairement, ou, ce qui est pis, corrélativement à un certain nombre de morts, à une certaine succession d'hommes au pouvoir : logique inepte d'un parti pris qui ne fait qu'aggraver le mal en n'offrant qu'une frise étriquée et fausse. Pour résumer et pour reprendre les mots de Freud dans ses *Actuelles sur la guerre et la mort*, « ce que nos enfants apprennent à l'école sous le nom d'histoire mondiale est pour l'essentiel une suite de meurtres entre peuples ». En bon disciple de Schopenhauer, l'histoire ne m'intéresse pas, et je puise ma motivation et ma consolation ailleurs, c'est-à-dire dans la philosophie : « *L'histoire nous enseigne qu'à chaque moment il a existé autre chose ; la philosophie s'efforce au contraire de nous élever à cette idée que de tout temps la même chose a été, est et sera. [...] À ce point de vue la matière de l'histoire nous paraît être à peine un objet digne d'un examen grave et laborieux de la part de l'esprit humain, de cet esprit, qui, fini par nature, devrait choisir par là même l'infini pour sujet de ses méditations. [...] Les Hégéliens, pour qui la philosophie de l'histoire devient même le but principal de toute philosophie, doivent être renvoyés à Platon. Platon ne cesse de dire que l'objet de la philosophie est l'éternel et l'immuable, et non pas ce qui est tantôt d'une façon et tantôt d'une autre. Tous ces rêveurs occupés à élever ces constructions de la marche du monde, ou, comme ils disent, de l'histoire, ont oublié de comprendre la vérité capitale de toute philosophie, à savoir que de tout temps la même chose existe, que le devenir et le naître sont de pures apparences, que les idées seules demeurent et que le temps est idéal.* » En tant que « *conscience raisonnée de l'espèce humaine* », l'histoire n'a pas d'autre intérêt, semble-t-il, que de « *donner à un peuple une entière conscience de lui-même* ». — (Le tigre Hegel a d'ailleurs été lâché, comme à l'accoutumée ! Sacré Dantzigois ! Cela tombe bien parce que, après un petit tour d'horizon *fatal*, j'oserai le convoquer ici même pour une longue discussion…) — La fatalité de la naissance, j'en ai parlé. Tout s'est passé comme si, en naissant, j'avais dû dire : « Maintenant, il s'agit de vivre. » Quant à la fatalité de mon écriture, j'en reparlerai au moment venu, mais je glisserai une pré-réflexion, en référence au « *pourquoi suis-je né* » : Pourquoi écris-je ? Je me suis retrouvé devant l'écran de mon ordinateur et une voix intérieure inconsciente m'a dit quelque chose qui devait ressembler à cela : « Maintenant, il s'agit d'écrire. » Je n'eus pas le choix, il fallut obéir au sort qui m'était jeté et accepter le rôle qui m'était imparti depuis l'origine des temps, je dus inexorablement m'approprier l'inexorable (entends-tu mon appel du pied, mon cher Victor ?). Même si je ne m'en étais pas complètement aperçu (je l'avais sentie comme on sent une plume qui se pose sur le revers de la main), cette force avait rapidement gagné en intensité. Paradoxalement, je devinais que j'étais enfin libre de faire ce que la nécessité m'imposait. Tel un Prométhée qui pourtant prédit l'avenir, je connais aujourd'hui le prix de la résignation et sais que « *il faut porter d'un cœur léger le sort qui vous est fait et comprendre qu'on ne lutte pas contre la force du Destin* ». Inexorabilité de l'existence ! Nous sommes de petits dés de terre qu'un dieu jette sur le théâtre du monde, et nous devons accepter notre lot et suivre l'« Ειμαρμένην », l'« *Ordre du destin* », arrêté depuis la nuit des temps… « *Quand je n'étais qu'une masse informe, tes yeux me voyaient ; et sur ton livre étaient tous inscrits les jours qui m'étaient destinés, avant qu'aucun d'eux existât.* » (Ps 139,16) J'ai été, je suis et je serai, dans le sens où j'ai été ce que je suis (ce que j'allais être), et le serai éternellement : un créateur. Certes, écrire ne m'épargne pas la souffrance, au contraire ; cependant combien mon sort me paraît favorable à d'autres : je suis heureux d'avoir été créé pour créer, que le Créateur m'ait façonné créateur à mon tour. Une créature créatrice ! Je chante comme David, je chante parce qu'il est beau de chanter et parce que je ne sais que chanter ! J'admire moi aussi mon Créateur. Je crée ce qu'Il crée, je participe du (et au) monde à ma manière, quand bien même ce serait la Sienne. Je chante en créant, quand bien même cela serait absurde : au moins chanté-je l'absurde ! Ce que je crée est en moi, moi qui suis en Dieu, et ce que je crée est en Dieu, Dieu qui m'a créé. Chantons en chœur le début de ce cent trente-neuvième Psaume, si admirable et si poétique : « *Au chef des chantres. De David. Psaume. Éternel ! tu me sondes et tu me connais, tu sais quand je m'assieds et quand je me lève, tu pénètres de loin ma pensée ; tu sais quand je marche et quand je me couche, et tu pénètres toutes mes voies. Car la parole n'est pas sur ma langue, que déjà, ô Éternel ! tu la connais entièrement. Tu m'entoures par derrière et par devant, et tu mets ta main sur moi. Une science aussi merveilleuse est au-dessus de ma portée, elle est trop élevée pour que je puisse la saisir. Où irais-je loin de ton esprit, et où fuirais-je loin de ta face ? Si je monte aux cieux, tu y es ; si je me couche au séjour des morts, t'y voilà. Si je prends les ailes de l'aurore, et que j'aille habiter à l'extrémité de la mer, là aussi ta main me conduira, et ta droite me saisira. Si je dis : Au moins les ténèbres me couvriront, la nuit devient lumière autour de moi ; même les ténèbres ne sont pas obscures pour toi, la nuit brille comme le jour, et les ténèbres comme la lumière. C'est toi qui as formé mes reins, qui m'as tissé dans le sein de ma mère. Je te loue de ce que je suis une créature si merveilleuse. Tes œuvres sont admirables, et mon âme le reconnaît bien. Mon corps n'était point caché devant toi, lorsque j'ai été fait dans un lieu secret, tissé dans les profondeurs de la terre.* » Quel indicible frisson me parcourt le corps en pensant que je crée ! Je me sens, comme disait Paul dans ses Épîtres, « *une nouvelle créature* » (Ga 6,15), comme si j'étais (et je le suis, en quelque sorte) « *en Christ* » (2 Co 5,17). L'art et l'amour, qu'ils soient imbriqués ou non (l'amour de l'art et l'art de l'amour), sont mon moteur, mon existence, ma consolation, mon support, ma raison ; et l'art et l'amour sont, mathématiquement, la poésie et le divin réunis. (En écrivant tout cela, je dois surprendre ceux qui pour l'instant ne voient en moi qu'une espèce de « *prédicateur de mort* » (« *Prediger des Todes* »), un réfutateur de la vie qui ne croit qu'en la face obscure de l'existence… Si j'étais un soi-disant « *prédicateur de mort* », me réfuterais-je moi-même ?) — L'art est ma fatalité — et le Fataliste a la vie dure !… S'il est convaincu, il est comme malade, parce qu'il sait qu'il était fatal qu'il fût fataliste, et ainsi de suite. D'un côté, il croit qu'il y a un Principe qui a préétabli l'harmonie, de l'autre, il pense, comme Pascal, que « *la fin des choses et leurs principes sont pour lui invinciblement cachés dans un secret impénétrable* ». En tant que scientifique, la *fatalité* m'a depuis toujours intrigué. Ce n'est pas pour rien que je rendis hommage, dans *Amer Amen*, à Diderot et à son Jacques le Fataliste, qui intervient dans un dialogue avec le narrateur (moi-même ?) : « *Il est étrange de se rendre compte à quel point la fatalité frappe chaque chose de la vie dès lors qu'on s'est penché sur telle ou telle de ses particularités. Quoi ?* Rien n'est particulier ; rien n'est acquis ; *tout semble, pourtant, fatal, tout semble écrit là-haut. Hé, Jacques… mon cher Jacques, oui, toi, pas ton maître, toi seul… as-tu une minute ?… Diderot sera fier, dans sa tombe, que je parle de toi en termes élogieux… Viens. Je veux que tu m'assistes dans ma déclaration des causes dites fatales… Pourrais-tu me seconder, voire, si tu connais l'affaire, parler en mon nom ?… Oui. Très bien. Vas-y, cher Jacques…* Je *t'aiderai… Je te seconderai, je te dois bien cela, ou plutôt, je dois bien cela à Denis… Hahaha… Allez… N'aie pas peur !…* » Jacques (un peu pessimiste et résigné) rapplique et prend la parole : « *Les humains ont tendance à affirmer qu'ils n'ont pas choisi de naître, qu'ils n'ont pas choisi leurs parents. Moi, c'est du pareil au même : je n'ai pas choisi de naître et je n'ai pas choisi Diderot. J'aurais pu être Tristram Shandy, qui sait ?… Mon maître pourrait être Sterne, je n'en sais rien, moi, mais je ne vais pas me plaindre. C'est ainsi*; c'était écrit là-haut. *Et si je veux mourir, eh bien, tant mieux : c'est écrit, non ?… Ce n'est pas la même chose pour vous, les humains : vous êtes, comment dirais-je ? — vous êtes moins déterminés que nous. Moi, je ne vis plus, pour ainsi dire. On dure le temps d'un livre et puis c'est tout. D'autres durent le temps d'une apparition, d'autres le temps de deux ou trois livres, d'autres pas du tout. Quand on pense à tous ceux qui n'existent pas… Même ceux qui étaient des spermatozoïdes et qui avaient leur chance comme nous le monde. Dans la vie, mon cher, et vous autres, il faut être fort dès le début, et je crois que ce sont les plus disposés qui réussissent. On naît, donc on est disposé. Je le crois, du moins… Pas de partage, pas de galanterie. Vous avez été déterminé dès que vous êtes sorti du sexe de l'homme. Voilà, c'est ainsi. Et puis naît l'enfant, et puis vit l'enfant, et puis essaie de vivre l'adulte, et puis essaie de vivre le vieux, et puis meurt la personne… C'est triste, c'est lâche, c'est rapide, vous êtes éphémères, tous, et il faut en profiter. Sénèque le disait : ne perdez pas votre temps. Mais ne restez pas comme deux ronds de flan en ne faisant plus rien. Tuez-vous, alors, tout bonnement. Ne vous inquiétez pas — ni ne vous insurgez contre quiconque : c'est écrit, vous n'avez pas à vous en faire… […] On n'arrive à rien dans cette vie. Tu ne pouvais pas éviter tout ce que tu as fait… (C'est* épouvantable, ne me regarde pas de cette façon !…) *C'est la vie… Du moins, c'est le destin. On est libre sans l'être. On est en vie sans l'être. Je te parle comme à un frère (j'oublie les autres, je te comprends) : tu es fichu dès la naissance. […] C'est la vie. C'est écrit. Ne t'en fais pas. Prends les décisions. C'est bon. C'est écrit, prévu. […] C'est écrit, de toute façon. N'oublie pas les mots de La Fontaine dans* La souris métamorphosée en fille. » (La citation exacte du passage visé de La Fontaine est la suivante : « *Il faut revenir toujours à son destin, / C'est-à-dire à la loi par le Ciel établie. / Parlez au diable, employez la magie, / Vous ne détournerez nul être de sa fin.* ») Le narrateur, plus tard, désespéré, convoque à nouveau Jacques qui lui répond : « *Je ne crois pas que je sois en mesure de te réconforter. Tu m'as déjà souvent entendu disserter sur tel ou tel sujet ; je ne suis pas du genre à réconforter. Donc je ne pourrai pas, j'en suis d'avance désolé, te réconforter. Tout est fait selon les Écritures des Cieux. Alors, puisque tout est ainsi écrit, comme toi tout ce que tu écris restera écrit, oui, cela sera comme un morceau de marbre qui se polira au fil des ans…* » Que puis-je dire d'autre, que puis-je écrire qui ne soit moulé dans l'entendement de Dieu ? Jacques essayait de me consoler comme Sénèque essayait de consoler Marcia en invoquant le destin qui « *suit son impulsion propre* », qui « *n'ajoute ni ne retranche à ses premiers engagements* », que « *nos vœux, nos affections n'y peuvent rien* », que « *chacun aura tout ce qui, le premier jour, lui fut assigné* », qu'« *au premier moment qu'on voit la lumière, on est entré dans le chemin de la mort* ». Hugo a beau supplier : « *Ô Seigneur, dites-nous, dites-nous, ô Dieu fort, / Si vous n'avez créé l'homme que pour le sort ?* » Hugo a beau supplier, dis-je, il y aura toujours au coin de la rue un passant (homérique) qui se voudra prévenant jusqu'à la morosité, tel Hector à son épouse Andromaque : « *mais, au sort, aucun homme, je te le dis, n'échappe, ni le lâche, ni le brave, du moment qu'il est né.* » Je pense au développement de la logique historico-psychologique qui préside aux névroses, dont parle Freud dans son *Moïse*, je pense au mal archaïque dont nous sommes tous les héritiers et que je pourrais résumer par cette courte phrase : L'être est une maladie héréditaire. Et pourtant, tout m'est invinciblement caché dans un destin impénétrable… Je me console à l'idée que, quoi que j'entreprenne, tout est écrit, et, en même temps, j'en désespère, parce que je ne sais rien des lignes de programmation qui composent l'algorithme présumé de mon existence, et que j'aimerais les connaître et ne pas les connaître (la crainte). Pope dit très justement : « *Heav'n from all creatures hides the book of Fate, / All but the page prescribed, their present state; / From brutes what men, from men what spirits know; / Or who could suffer being here below?* » (« *Le Ciel cache à toutes les créatures le livre du destin, excepté la page nécessaire, celle de leur état présent ; il cache aux bêtes ce que l'homme connaît, aux hommes ce que connaissent les esprits : autrement qui pourrait ici bas supporter son existence ?* ») Mais, se demande Jocaste, « *pourquoi s'effrayer ? Quand on est homme, on n'est sous la main du destin, on ne peut rien prévoir exactement* ». Peut-être ! peut-être ! Mais il y a des *mais*, encore et à jamais ! « *Se fosse a punto la cera dedutta e fosse il cielo in sua virtù supprema, la luce del suggel parrebbe tutta; ma la natura la dà sempre scema, similemente operando a l'artista ch'a l'abito de l'arte ha man che trema.* » (« *Si la cire était ductile à point, et si le ciel était dans sa vertu suprême, la lumière du sceau apparaîtrait toute ; mais la nature la donne toujours incomplète, œuvrant pareillement à l'artiste, qui a l'usage de l'art, et la main qui tremble.* ») Où es-tu, Liberté, si tu existes ? Es-tu sœur de la Nécessité ? La nécessité est-elle libre — ou la liberté est-elle nécessaire ? Cela n'a pas de sens : une nécessité nécessaire — ou une liberté libre ? Mots vains que cache notre ignorance infinie ! Tout n'est que *pourquoi*… « *Ô Nature !* » s'écrie Jacopo Ortis. « *Nous considères-tu comme les vers et les insectes que nous voyons grouiller et se multiplier sans savoir pourquoi ils vivent ? […] pourquoi nous avoir donné en plus le don encore plus funeste de la raison ?* » Car sans la raison, il est évident qu'on ne peut entreprendre d'en faire la critique, la raison doit être présupposée, et c'est dans ce « *doit* » que resurgit tout le problème de la fatalité. Lorsque se pose la question de savoir ce qu'est la pensée, nous pensons déjà la question. Cercle vicieux, raisonnement aporétique ! Suis-je libre de dire, comme le Roi Richard II : « *I am sworn brother, sweet, to grim Necessity, and he and I will keep a league till death* » (« *Je suis le frère juré, ma douce, de la lugubre Nécessité, elle et moi resterons liés jusqu'à la mort* ») ? Si je le suis, il y a contradiction. C'est l'une des raisons qui me font, non pas abhorrer, mais redouter l'emploi du mot « *liberté* ». Il y a cela fort longtemps, j'ai écrit ici même que je ne savais guère ce que le mot « vérité » impliquait lui-même de vérité. Je pourrais en dire autant de la liberté. De façon analogue, juste avant de conclure à propos de Darwin et de ses idées qui, d'un point de vue téléologique, choquèrent par l'absence de but précis, Thomas Kuhn, à la toute fin de *La structure des révolutions scientifiques*, remarquait que le mot « vérité » n'était apparu qu'une seule fois dans l'ensemble de son ouvrage ! Imaginez un Malebranche qui n'emploierait ce mot qu'après des dizaines de pages dans *De la recherche de la vérité* ! En philosophie, il n'est pas d'usage de restreindre le nombre d'apparitions de ce genre de mots d'une si grande réputation, contrairement à la fiction (et je pense particulièrement à *La Chartreuse de Parme*, où il n'est question de « chartreuse de Parme » qu'à la dernière page, sur un total de deux cent mille mots !). Le troisième conflit des idées transcendantales, sur les quatre répertoriées dans *La Critique de la raison pure*, concerne la liberté. L'antinomie se présente ainsi, pour la thèse : « *La causalité selon les lois de la nature n'est pas la seule dont puissent être dérivés tous les phénomènes du monde. Il est encore nécessaire d'admettre une causalité libre pour l'explication des phénomènes.* » Et pour l'antithèse : « *Il n'y a pas de liberté, mais tout arrive dans le monde uniquement suivant les lois de la nature.* » Que voulez-vous ? Kant apporte les preuves qui donnent raison à chacune des deux positions. Peut-on se sortir de ce conflit ? Non, parce qu'il n'y a pas d'expérience possible de l'objet qui correspond à l'idée de liberté ou d'absence de liberté. Cependant, quoique l'on ne puisse pas s'en sortir, ce conflit a un intérêt philosophique majeur en permettant à la raison, partie du champ de l'expérience, de s'élever insensiblement jusqu'à cette idée sublime, ce qui montre chez elle une certaine « *dignité* » (cet intérêt est triple du côté de la thèse : l'intérêt pratique, l'intérêt spéculatif et l'avantage de la popularité). Toutes ces questions ne sont pas vaines : « *Le monde a-t-il un commencement, et a-t-il une limite à son étendue dans l'espace ? y a-t-il quelque part, et peut-être dans le moi pensant, une unité indissoluble et indivisible, ou n'y a-t-il que le dissoluble et le périssable ? suis-je libre dans mes actions, ou, comme les autres êtres, suis-je conduit par le fil de la nature et du destin ? y a-t-il enfin une cause suprême du monde, ou les choses de la nature et leur ordre forment-ils le dernier objet où nous devons nous arrêter dans toutes nos considérations ? ce sont là des questions pour la solution desquelles le mathématicien donnerait volontiers toute sa science, car celle-ci ne peut nous procurer aucune solution satisfaisante, par rapport aux fins les plus élevées et les plus importantes de l'humanité. Et la dignité même qui est propre à la mathématique (cet orgueil de la raison humaine) tient à ce que, fournissant à la raison une direction qui fait percevoir, en gros comme en petit, l'ordre et la régularité de la nature, en même temps que l'admirable unité des forces qui la meuvent, bien au-delà de ce que peut attendre la philosophie qui bâtit sur l'expérience vulgaire, elle rend ainsi possible et encourage un usage de la raison qui dépasse toute expérience, en même temps qu'elle procure à la philosophie qui s'occupe de ces recherches les matériaux les meilleurs pour appuyer ses recherches, autant que le permet sa nature, sur des intuitions convenables.* » J'aime cet orgueil de la raison humaine, j'aime la mathématique en tant que chercheuse inassouvie et questionneuse impertinente. Dans une existence fluctuante où, nous dit Palladas, « *nous renaissons chaque matin, jour par jour, ne gardant rien de notre existence écoulée* », où nous sommes comme des étrangers à nos hier, où nous recommençons à vivre tous les aujourd'hui, il serait préférable de ne pas nous vanter de nos longues années : elles ont passé, et ne nous appartiennent plus aujourd'hui. Il fallait que cela fût — et que cela fût ce que l'on pût. Nous avons tous en nous une part d'Hamlet, nous frayons un chemin tant bien que mal en tâtant la réalité de notre liberté pour comprendre en quoi croire et ce qu'il nous est possible d'espérer. Nous avons tous également en nous, cachée, une part de Judith qui prie (*9,5-6*) : « *C'est toi qui a produit les choses anciennes, les actuelles et celles qui suivront ; tu as conçu le présent et le futur et ce que tu as conçu se produit ; les choses que tu as projetées se présentent en disant :* "*Nous voici !*" *Car toutes tes voies sont préparées et ton décret est prévu.* » Ces paroles, prononcées avant d'aller vers la tente d'Holopherne pour lui couper la tête avec son cimeterre, puis de la ramener, ainsi que la moustiquaire, devant Osias à Béthulie, et de la suspendre aux créneaux de rempart, Judith se les incorpore, autrement dit : elle *s'incorpore* de la *fatalité*. Car selon moi, davantage qu'Hamlet, Judith, — dont Holopherne, séduit, avait vanté les mérites avant de périr et de perdre définitivement la tête (« *D'une extrémité de la terre à l'autre il n'y a pas une femme pareille, pour la beauté du visage et l'intelligence du discours* »), — Judith est l'incarnation de l'antinomie de la liberté : en ayant annoncé ce qu'elle allait faire, elle valide, après coup, la possibilité qu'il y avait de le faire, puisqu'elle l'a fait, et ainsi elle énonce sa liberté qui était d'être libre de le faire. Mais l'ayant fait comme elle l'avait annoncé, elle a suivi sa propre fatalité, la fatalité du décret prévu par Dieu. Et en effet, Dieu, en quelque sorte, a dit sans le dire expressément ni formellement : « Je t'ai offert la liberté d'accomplir ta volonté » (sous-entendu : la volonté qui est la volonté de Dieu). Que l'on croie en Dieu ou non, que l'on croie en la liberté ou non, la liberté est toujours aliénée à la représentation que l'on a d'elle : le conflit est infini (c'est toute sa beauté — désespérante). — Il est temps, si vous êtes d'accord (et je ne veux pas, dans mon décours, sombrer dans la perte de sens), d'en venir à Hegel et à son *Introduction* à *La Philosophie de l'histoire*… (Je ne dis pas cela en bon schopenhauerien, mais philosophiquement parlant, Hegel ne m'a jamais bouleversé, encore moins persuadé, si ce n'est à travers sa façon d'envisager l'histoire, et je me souviens — comme si c'était hier — de ma lecture de *La raison dans l'Histoire*, édité en 10/18. La Raison, l'Esprit de l'Histoire, autant de majuscules pour des conceptions aussi belles que terrifiantes…) — Qu'est-ce que cette « *raison* » ? Lisons Hegel — et accrochons-nous, car il y a matière, et cet homme est souvent abscons ! La « raison *dans sa déterminité* », c'est-à-dire « *la destination du monde spirituel* […] *comme [étant] la fin ultime du monde, c'est* […] *la conscience qu'a l'esprit de sa liberté ; et c'est en cela seulement que consiste aussi la réalité effective de sa liberté en général* » (en tant que la liberté « *est la fin qu'elle réalise, et la seule fin de l'esprit* »). Celle-ci s'inscrit dans l'histoire, qui la façonne (*passionnément*) : « *Mais même quand nous considérons l'histoire comme cet abattoir auquel sont conduits, pour y être sacrifiés, le bonheur des peuples, la sagesse des États et la vertu des individus, la question naît dans la pensée, nécessairement :* à qui, à quelle fin ultime *ces sacrifices des plus monstrueux sont-ils apportés.* » Il y a, d'un côté, la fin de l'ensemble des individus, qui semble *suivre* un schéma préétabli (du moins, *a posteriori*, qui semble *l'avoir suivi*), et de l'autre, la fin de l'individu. Ce sont deux fins qui correspondent à deux libertés différentes, je veux dire *différemment contraintes*. La liberté d'un seul individu importe peu du point de vue de la masse. De même que l'absence d'une fourmi ne dérange pas la vie d'une fourmilière, personne n'est indispensable pour la bonne marche de l'histoire d'un peuple ou des peuples. C'est non seulement la logique de l'évolution darwinienne (l'individu ne compte guère au regard de l'espèce), mais c'est aussi la logique (et le paradoxe) du vote au suffrage universel : il est rare qu'une seule voix influe sur le dépouillement final des bulletins et le résultat qui s'ensuit. L'expression d'un électeur pris isolément a peu de pouvoir — cependant que l'élu doit tout à *chacun* de ces électeurs-ci (pour arriver à mille, il faut bien additionner mille fois un). C'est pourquoi celui qui a le droit de vote et ne se prononce pas sous le prétexte que cela n'aura aucune incidence, n'a pas une vision élargie de sa propre liberté et de la valeur de ses actes pris comme une partie fondamentale du tout, n'a pas conscience d'être le rouage d'une machine complexe qui a besoin de lui pour fonctionner à pleine capacité. Cette liberté est peut-être, en y réfléchissant bien, illusoire. Cela n'empêche pas qu'elle permet d'agir, de délimiter son moi, de développer sa propre individualité, d'impliquer son être, de comprendre son rôle (de matérialiser son existence en général, ses envies, ses intérêts, ses besoins, même s'ils « *ne se distinguent pas de ceux des autres par leur contenu* » et ne sortent pas du lot commun). Voici ce qu'en pense Hegel : « *Pour que j'en vienne à faire de quelque chose un acte, quelque chose qui existe, il faut que cela m'importe, que je sois moi-même impliqué. C'est moi qui veux être satisfait par l'accomplissement — ce doit être mon intérêt. Intérêt, cela veut dire "être dans", "y être". Une fin pour laquelle je dois agir doit également être ma fin, peu importe de quelle façon. Je dois en même temps y satisfaire ma fin, même si la fin pour laquelle j'agis a encore beaucoup d'autres aspects dans lesquels elle ne m'importe en rien.* » Il faut que l'individu y mette *du sien* — et qu'il y croie : « *Rien de grand ne s'est produit dans le monde sans passion.* » Sans la passion, Hamlet ne serait tu tout au long de sa courte existence, et n'aurait jamais avancé d'un pas vers la résolution (quoiqu'elle fût floue). « *La passion constitue le côté subjectif et, dans cette mesure, formel, de l'énergie du vouloir et de l'activité, alors même que le contenu ou le but sont encore indéterminés […] : la question est alors de savoir quel est le contenu de ma conviction, et tout autant de savoir quelle fin poursuit la passion, de déterminer si l'une ou l'autre est authentique.* » Ceci concerne l'histoire d'un homme en particulier, engagé dans la poursuite de son but, qu'il ne distingue pas du but ultime qui lui est caché et qui est l'ensemble des buts. « *En général, dans l'histoire mondiale, il sort des actions des hommes autre chose encore que ce qu'ils prennent pour un but et atteignent autre chose encore que ce qu'ils savent et veulent immédiatement. Ils accomplissent leur intérêt, mais quelque chose de plus se produit encore, qui est aussi dedans, intérieurement, mais qui ne se trouvait pas dans leur conscience et dans leur intention.* » L'Histoire avec un grand H est la sommation des histoires avec un petit h. Lamartine dit qu'« *Un seul être vous manque, et tout est dépeuplé !* » Ici, un petit h vous manque, et le grand H n'en a cure ! Mais il s'agit du paradoxe sorite : retirez un grain d'un tas de grains, et le tas restera un tas… jusqu'à quand ? jusqu'à combien de grains retirés ? Deux grains constituent-ils un tas ? Hegel commenta d'ailleurs ce paradoxe en insistant sur l'ambiguïté des notions de qualité et de quantité : à partir de quand la qualité succède-t-elle à la quantité ? Quoi qu'il en soit, c'est ici qu'intervient la très belle conception hégélienne de la « *fin en soi* ». En reprenant l'image de la fourmilière, on peut voir s'affairer des myriades d'individus où il semble que chacun, pris à part dans ce chaos en mouvement, vaque égoïstement à ses intérêts sans qu'il ait le temps de prendre l'initiative de réaliser que sa contribution participe à une survie collective qui le dépasse. Seule l'élaboration complète de l'édifice permet de prendre conscience de l'utilité de l'apport de chaque pierre (telle fourmi, ouvrière, est née pour creuser des galeries, telle autre, éclaireuse, pour surveiller les alentours, telle autre, guerrière, pour combattre, *etc.*). Ainsi en va-t-il pour les humains : « *Non seulement ils satisfont, en même temps que cette fin et à l'occasion de celle-ci, les fins de leur particularité — des fins qui, par leur contenu, sont différentes de celle de la raison — mais ils ont part à cette même fin, et c'est précisément par là qu'ils sont des fins en soi.* » Nous sommes tous le résultat, le produit de quelque chose, d'une histoire (sordide !)… Peut-on encore user du mot « *liberté* » ? Y a-t-il une liberté individuelle qui s'efface devant une liberté collective ? Peut-on parler de liberté collective ? Une liberté collective peut-elle faire éclore des libertés individuelles ? Toute liberté ne détermine-t-elle pas, en amont, l'absence de liberté ? Surtout : y a-t-il création (s'il y a liberté) ? Ne voit-on pas tout *se répéter* ? La guerre, puis la paix, puis à nouveau la guerre, puis la paix, *ad vitam æternam*. Balzac, pour qui, dans *Le Cousin Pons*, « *tout est fatal dans la vie humaine, comme dans la vie de notre planète* », écrit, dans *La Recherche de l'Absolu*, que « *pour l'homme, le passé ressemble singulièrement à l'avenir : lui raconter ce qui fut, n'est-ce pas presque toujours lui dire ce qui sera ?* » N'a-t-il pas raison, lui qui, depuis sa balustrade, contemple la Comédie Humaine ? Et Quintus, le frère de Cicéron, qui s'imagine que « *le passage dans le temps d'un moment à l'autre ressemble au déroulement d'un câble qui n'amène rien de nouveau mais développe ce qui était auparavant* », n'a-t-il pas également raison ? Rien de nouveau sous le soleil, même la vanité ! Si « *les individus sont aussi des fins en soi selon le contenu de la fin* », comme l'affirme Hegel, n'appert-il pas que tout est *déterminé* ? « *Dans la nature, les changements, si infiniment variés qu'ils soient, ne montrent qu'un cycle qui, toujours, se répète. Dans la nature il ne se produit rien de nouveau sous le soleil. En ce sens, le jeu des configurations naturelles, dont les formes sont nombreuses, n'est pas exempt de monotonie. Il ne se produit du nouveau que dans les changements qui se produisent sur le sol de l'esprit.* » Les choses sont-elles si compliquées (ou simples, cela dépend de la manière de les envisager) qu'elles ne doivent rien tant qu'à l'« *Esprit* » (mettons-le nous-mêmes avec la majuscule) ? Mais l'Esprit n'est-il pas le conglomérat abstrait de tous les esprits, de même qu'une droite est en réalité une infinité de points reliés les uns aux autres ? « *[L'esprit] a, en tant qu'obstacle véritablement hostile à son [propre] but, à se surmonter lui-même.* » Que veut-il, cet Esprit ? « *Ce que veut l'esprit, c'est atteindre son propre concept, mais il se dérobe lui-même à lui-même. Il est fier et, dans cette aliénation de soi-même, comblé de jouissance.* » Vouloir tout en étant aliéné, est-ce la preuve d'une liberté ou d'un esclavage ? Tous pour un, un pour tous (tous les esprits pour un Esprit, un Esprit pour tous les esprits), telle est la devise de l'Histoire. Chaque esprit, tel un petit poète, est un agent « ποιητικὸς » (« *qui a la vertu de faire* ») ; il agit sans connaître le « τελικά » (« *en fin de compte* »). Chaque esprit est un lanceur de javelot pour qui le geste importe plus que la cible : c'est l'acte de faire ce par quoi le but sera réalisé qui importe, non pas la réalisation du but, l'« *ultima ratio* » qu'il ne peut atteindre ni comprendre. Chaque esprit y va de son crochet et de son bout de laine pour confectionner son morceau de tapis sur la petite surface de canevas qui lui a été allouée, et contribuer au dessin d'un motif dont il ne saurait avoir la plus mince idée. Le motif dans le tapis, conçu par l'Esprit, peut être contemplé après coup par quelques esprits sagaces situés en marge, qui travaillent à un nouveau motif inconnu, mais de leur motif à eux, ils ne savent rien, sinon relativement, et du Motif (le motif ultime), rien du tout (représentons-nous les rouages dont il était question précédemment, des rouages qui feraient fonctionner une horloge et qui, cependant, n'en connaîtraient pas l'heure exacte). « *Le principe purement formel du développement ne peut pas privilégier l'un plus que l'autre, ni permettre de comprendre à quelle fin les périodes antérieures de développement ont été ruinées. Il conduit plutôt à considérer ces processus comme des contingences extérieures, et à en évaluer les avantages selon des points de vue indéterminés, qui sont des buts relatifs, non pas absolus, précisément parce que c'est le développement qui est [considéré comme] ultime.* » Comme le disaient les Anciens, par exemple Sophocle, ce n'est qu'à la toute fin de la vie d'un homme que l'on peut affirmer si, oui ou non, il fut heureux : « *C'est pourquoi, attendant le jour suprême de chacun, ne dites jamais qu'un homme né mortel a été heureux, avant qu'il ait atteint le terme de sa vie sans avoir souffert.* » (Ce qui, remarquons-le, va à l'encontre de ce qu'en pense le sage stoïcien, qui, dit Caton dans le *De finibus*, « n'a pas non plus besoin d'attendre la fin de ses jours pour que l'on juge s'il a été heureux, alors que ses destins seront accomplis »...) De fait, on comprend mieux la réalité effective du résultat final de tous les possibles donnés à la volonté de l'Esprit, qui se fige dans son « *Gewesenheit* », son « *être-été* » (ou « *être-ayant-été* ») : « *[...] l'esprit commence par son infinie possibilité : elle détient son contenu absolu comme un en soi, comme la fin et le but qu'il n'atteint que dans son résultat, et c'est seulement alors que ce résultat constitue sa réalité effective.* » Tout est possible dans le « en-train-de-se-faire » qui a été choisi parmi tous les « faire » compossibles que renferme l'entendement de Dieu (pour parler comme Leibniz) ; mais dès que le « en-train-de-se-faire » est relégué au « a-été-fait », là, à cet instant, et pas avant, l'intention est à même de se dévoiler légèrement, de découvrir un pan de son canevas tissu, un aperçu de la forme de son motif. Ce dévoilement n'est pas offert à tout le monde, il faut que l'individu s'élève au-dessus de son être, qu'il se spiritualise, devienne un esprit digne de contempler l'Esprit (et c'est en quelque sorte grâce à ces esprits que l'Esprit peut se voir lui-même, par un jeu de miroirs-consciences : « *Dans cet œil, Son œil voit Son propre œil* », écrivait Shabestarî). « *C'est l'impulsion, l'impuls en soi-même de la vie spirituelle, qui consiste à transpercer le lien, l'écorce de la naturalité ou de ce qui touche aux sens, de l'étrangeté par rapport à soi-même, pour parvenir à la lumière de la conscience, c'est-à-dire à soi-même.* » Chaque homme porte en lui un destin qu'il ne connaîtra qu'au moment de mourir, et l'ensemble de tous les destins des hommes matérialise le Destin, l'Histoire. Si jamais l'homme peut être dit libre, il ne peut l'être que devant son propre destin, car il ne peut lutter contre le Destin. C'est pourquoi certains s'en plaignent, tel le Xipharès du *Mithridate* de Racine : « *Je suis un malheureux que le Destin poursuit.* » Soit la vie d'un homme est fixée d'avance (la « *destinatio* », c'est la « *fixation* »), et c'est ce que l'on appelle la prédestination, soit elle n'apparaît fixée qu'au moment où elle s'achève (on ne modifie pas le passé) : dans les deux cas, je ne vois pas de liberté au sens où je l'entendrais... Une place pour la *liberté transcendantale* (selon Kant), je veux bien ! Sans régler pour autant le « problème », elle me convient mieux que celle de Hegel, dont la nature doit, par le moyen du concept, devenir consciente de soi. Le concept de la liberté doit se déterminer lui-même, poser en soi des déterminations et supprimer à nouveau celles-ci, et ainsi, par cette suppression même, gagner une détermination affirmative, c'est-à-dire plus riche, plus concrète. Autrement dit, pour Hegel et sa perspective historiciste, la liberté n'est liberté qu'une fois qu'elle a été conceptualisée, déterminée. Est-ce encore la liberté ? Ah ! vain questionnement ! Qui connaît l'Esprit ? Qui le connaît ? Hegel le connaît-il ? Pour ceux que la question intéresse, mais que rebute le style de Hegel, je conseille fortement de lire *La Guerre et la Paix*. Je ne sais si Tolstoï avait lu Hegel (il ne le cite jamais), mais les points qu'il développe à ce sujet sont plus accessibles du fait de leur limpidité : « *L'histoire, c'est-à-dire la vie collective de toutes les individualités, met à profit chaque minute de la vie des rois, et les fait concourir à son but particulier.* » En quelques paragraphes, Tolstoï brosse l'aspect de l'Histoire et de l'imbrication des événements, des hommes, des « meneurs d'hommes » (et on le croit d'autant plus facilement que son livre, si épais, en est l'illustration vivante). Un passage parmi d'autres : « *De même aura tort et raison à la fois celui qui dira que Napoléon a été à Moscou parce qu'il l'avait résolu, et qu'il y a trouvé sa perte parce que telle était la volonté d'Alexandre ; de même aura tort et raison celui qui assurera qu'une montagne pesant plusieurs millions de pounds et sapée à sa base ne s'est écroulée qu'à la suite du dernier coup de pioche donné par le dernier terrassier.* — *Les prétendus grands hommes ne sont que les étiquettes de l'Histoire : ils donnent leurs noms aux événements, sans même avoir, comme les étiquettes, le moindre lien avec le fait lui-même.* — *Aucun des actes de leur soi-disant libre arbitre n'est un acte volontaire : il est lié a priori à la marche générale de l'histoire et de l'humanité, et sa place y est fixée à l'avance de toute éternité.* » Adieu, liberté ? La *critique* de l'Histoire de Tolstoï est vigoureuse. Il n'épargne aucun historien : « *La marche de l'humanité, tout en étant la conséquence d'une multitude innombrable de volontés individuelles, ne subit jamais d'interruption. L'étude de ces lois est le but de l'histoire, et pour s'expliquer celles qui régissent la somme des volontés de ce mouvement perpétuel, l'esprit humain admet des unités indépendantes et séparées. Le premier procédé de l'histoire consiste, après avoir pris une série d'événements qui se suivent, à les examiner en dehors des autres, tandis qu'il ne saurait y avoir là ni commencement ni fin, puisque toujours un fait découle forcément du précédent. En second lieu, elle étudie les actions d'un seul homme, d'un roi ou d'un capitaine, et les accepte comme la résultante des volontés de tous les hommes, tandis que cette résultante ne se résume jamais dans l'activité d'une seule personne, quelque grande qu'elle soit.* » — Qui connaît l'Esprit ? Qui oserait prétendre le connaître ?... — « *Que tes pensées, ô Dieu, me semblent impénétrables ! Que le nombre en est grand !* » (Ps 139,17) « *D'où vient donc la sagesse ? Où est la demeure de l'intelligence ? Elle est cachée aux yeux de tout vivant, elle est cachée aux oiseaux du ciel. Le gouffre et la mort disent : Nous en avons entendu parler. C'est Dieu qui en sait le chemin, c'est lui qui en connaît la demeure ; car il voit jusqu'aux extrémités de la terre, Il aperçoit tout sous les cieux.* » (Jb 28,20-24) « *Ô profondeur de la richesse, de la sagesse et de la science de Dieu ! Que ses jugements sont insondables, et ses voies incompréhensibles !* » (Ro 11,33) « *Pourquoi dis-tu, Jacob, pourquoi dis-tu, Israël : Ma destinée est cachée devant l'Éternel, mon droit passe inaperçu devant mon Dieu ? Ne le sais-tu pas ? ne l'as-tu pas appris ? C'est le Dieu d'éternité, l'Éternel, qui a créé les extrémités de la terre ; il ne se fatigue point, il ne se lasse point ; on ne peut sonder son intelligence.* » (Is 40,27-28) — Ce qui est fait — est fait ; ce qui se fait sera un « a-été-fait » ; ce qui se fera — est déjà fait. Ce que j'ai écrit jusqu'à présent — a été écrit, et ce que j'ai encore à écrire — est déjà écrit. « *Nullum est iam dictum quod non dictum sit prius* », a — déjà — écrit Térence (« *Plus rien n'est dit à présent qui n'ait été déjà écrit* ») ! On n'efface pas les tables, je le fais à plusieurs reprises. Rappelons-nous que : « *De tout ce que j'ai pensé, il n'y a que ce que j'ai écrit ; de tout ce que j'ai écrit, il ne subsiste que ce qui sera pensé (ou compris).* » Ce qui est écrit, est écrit ; ce que j'ai écrit, je l'ai écrit. « *Quod scripsi, scripsi* », écrivent les Latins. Le livre de l'impuissance, je l'écris ; le livre que je ne parviens pas à écrire, je l'écris en tant qu'il aura été écrit. Mes paroles sont incompréhensibles ? Le langage est à la fois ma religion et mon gouffre, il était écrit que je devais écrire pour exprimer ma mélancolie, et que je devais le faire seul. Chez moi, le langage n'est pas parlé, il n'est pas né pour l'expression orale : il est pensé, il sert à penser, puis à écrire. Je suis un malade qui parle seul à seul avec ses maîtres à penser ; ma pathologie est le Verbe, le Logos, et je suis un Poète à sens unique, à usage personnel. Je m'explore, c'est-à-dire je me cherche, m'examine, me parcours, me découvre, pour pleurer de loin en loin (« *explorer* », de « *explorare* », composé de « *plorare* », « *pleurer* », provenant du radical sanscrit « *plu* », « *couler* », et de « *ex* », « *au loin* »). Même si, en reprenant les confidences de Stendhal, « *je fais de grandes découvertes sur mon compte en écrivant ces Mémoires* », il n'empêche que chaque mot m'angoisse, que chaque mot me coûte, — comprenez-vous ? Il est intrinsèquement mon esprit, et dès qu'il s'évade ici, il me retire une part de moi-même, il me vide, me laisse davantage seul et perdu. Relisez-moi : « *Chaque paragraphe, chaque page, chaque phrase, chaque ligne, chaque mot, chaque lettre est une* césarienne *(y compris lorsque je cite) :* j'en donne, — *dans les deux acceptions de l'expression,* — *ma parole !* La règle fondamentale de ma maïeutique veut que, en accouchant d'un mot ou d'une idée, j'accouche de moi-même (ou que je m'accouche), car je suis ce mot ou cette idée que j'ai extirpée de toutes mes forces, et je suis de nouveau le bébé extirpé, non pas cette fois du ventre de ma mère (Cæsaria), mais de mon propre ventre... » Je vois Macbeth qui, dans mon cerveau fou, me regarde et interroge le médecin : « *Canst thou not minister to a mind diseased, pluck from the memory a rooted sorrow, raze out the written troubles of the brain, and with some sweet oblivious antidote cleanse the stuffed bosom of that perilous stuff which weighs upon the heart?* » (« *Ne peux-tu assister à un esprit malade, enlever de la mémoire un chagrin enraciné, effacer des tourments inscrits dans le cerveau et avec quelque doux bienfaisant antidote, délivrer le sein souffrant de cette terrible angoisse qui pèse sur le cœur ?* ») Puis j'entends le médecin lui répondre, secouant désespérément la tête : « *Therein the patient must minister to himself.* » (« *En ce point le patient doit s'assister lui-même.* ») Et comment dois-je m'assister ? En écrivant, si bien que je tente de guérir le mal par le mal (mais c'est le seul moyen)... Écrire sur la mélancolie, c'est mélancoliser l'écriture et me rendre la mélancolie plus douce. C'est qu'écrivait l'autre grand mélancolique, Leopardi : « *Si la mélancolie [a] tant de douceurs, c'est précisément parce qu'[elle plonge] notre âme dans un abîme de pensées indéterminées, dont elle ne peut distinguer ni le fond ni les contours.* » Ces pensées sont « *indéterminées* », car elles ne connaissent pas leur rôle final, de la même manière que l'esprit ne connaît pas le motif final que créent tous les esprits. « *S'il existe aujourd'hui un véritable poète réellement inspiré par la poésie* », écrit ailleurs Leopardi dans son *Zibaldone*, « *et s'il se met à écrire sur lui-même ou sur quelque autre sujet, son inspiration, quelle qu'en soit la source, sera mélancolique et le ton qu'il prendra naturellement avec lui-même ou avec les autres pour suivre son inspiration [...] sera un ton mélancolique. Quels que soient le tempérament, la nature, la condition, etc., du poète, sitôt qu'il appartient à une nation civilisée, il en ira ainsi.* » Je ne maîtrise pas plus ma vie que mes mots. « *Who can control his fate?* » (« *Qui peut vaincre sa destinée ?* ») Je suis imprédictible à moi-même, d'abord parce que je piétine avec ma volonté, ensuite parce que les autres sont des impondérables. Si je sais à peu près le thème des paragraphes et des chapitres à venir, je ne sais pas, en revanche, ce que je vais écrire dans la minute. Stendhal, encore lui, disait « *que l'on ne va jamais si loin en* opera *que quand on ne sait où l'on va* », et je pourrais tout aussi bien reprendre à mon compte ces vers de Théophile Gautier : « *Si de sa destinée il eût été l'arbitre, / Il eût, vous croyez bien, sauté plus d'un chapitre / Du roman de la vie, et passé tout d'abord / À la conclusion de cette sotte histoire.* » J'écris toutes ces phrases comme si c'étaient les dernières que je devais écrire, je vis mon écriture comme si je devais mourir après avoir écrit (vision instantanée). « *Saisissez chaque opportunité de vous exprimer par écrit, comme si c'était la dernière qui se présentait à vous* », recommandait Henry David Thoreau. Partant du principe, dans mes moments d'apaisement, que tout ce qui naît meurt, que mourir n'est pas une peine, mais une loi universelle, que, disaient Sénèque et Alcuin, « *nihil cuiquam, nisi mors, certum est* » (« *rien n'est sûr hormis la mort* »), « *nascimur ut moriamur, morimur ut vivamus* » (« *nous naissons pour mourir, et nous mourons pour vivre* »), je tente de me persuader, comme Horace, que le jour qui se met à luire est mon dernier jour (« *supremum* »). Lorsque Marc-Aurèle dit qu'il faut accueillir chaque jour comme si c'était le dernier à vivre, il parle de « τελειότης τοῦ ἤθους » (« *perfection de la conduite* » ou « *morale parfaite* »). Je suis un animal moral dans le sens où j'engage mon être dans cette écriture qui m'engage elle-même en me retenant de mourir (en pensant que je peux mourir à tout instant, écrire me fait vivre). — Si j'ai tartiné autant de pages (à grand renfort de « *maîtres à penser* »), et si, avec acharnement, je continue, sans en démordre, à le faire, c'est que je n'ai pas atteint le « but », ce qui me rassure et m'angoisse en même temps. Où est mon motif ? à quoi ressemble-t-il ? Cela dessine-t-il la Mélancolie ? Suis-je en train de donner un visage à la douleur de l'existence ? à l'absurdité ? Je me sens corrompu par l'existence — et par la société. La société veut que je parle, que je participe, mais c'est à moi-même que je parle, c'est pour mon Moi que je participe. Le Ravelston de George Orwell me glisse à l'oreille : « *L'erreur que tu fais, ne le vois-tu pas, c'est de penser qu'on peut vivre dans une société corrompue sans être corrompu soi-même.* » Je le sais bien ! La corruption vient dès la naissance ! La corruption de la vie nous attaque immédiatement. Personne n'est pur dès lors qu'il est né. La vie est une corruption de la matière inerte. Je ne veux pas jouer à l'Esprit de Hegel, je ne veux pas croire que je travaille au motif avec tous mes semblables (et surtout pas dans le sens du matérialisme dialectique de Marx) : ce motif ne m'intéresse pas, ne m'a jamais intéressé ! Je me réfugie dans l'écriture et m'explore. « *Hors d'état de remplir la tâche la plus utile, j'oserai du moins essayer de la plus aisée : à l'exemple de tant d'autres, je ne mettrai point la main à l'œuvre, mais à la plume ; et au lieu de faire ce qu'il faut, je m'efforcerai de le dire.* » Il y a un peu de ce que dit Rousseau en moi, sauf qu'en écrivant, je ne fais pas ce qu'il faut pour la société. Contradiction ? Le Prince de Ligne eût sans doute fait remarquer : « *Quel contraste, dira-t-on, entre ce que je fais, dis, écris. Rentrez en vous-mêmes, mes lecteurs, et vous vous trouverez aussi une encyclopédie de mauvaises choses en contradiction sans cesse entre elles.* » (Du reste, je pense qu'il est impossible d'être en contradiction avec soi-même, et que la contradiction n'apparaît que dans le langage.) Ainsi, je me remue (j'écris) tout autant que la vie me remue (me fait écrire), et la force qui agit dans les coulisses n'est autre que le mal de vivre, la mélancolie. Je crie, certes, mais sur le papier, et sataniquement : « *Me miserable! which way shall I flie / Infinite wrauth, and infinite despaire? / Which way I flie is Hell; my self am Hell; / And in the lowest deep a lower deep / Still threatning to devour me opens wide, / To which the Hell I suffer seems a Heav'n.* » (« *Ah ! moi, misérable ! par quel chemin fuir la colère infinie et l'infini désespoir ? Par quelque chemin que je fuie, il aboutit à l'Enfer ; moi-même je suis l'Enfer ; dans l'abîme le plus profond est au dedans de moi un plus profond abîme qui, large ouvert, menace sans cesse de me dévorer ; auprès de ce gouffre l'Enfer où je souffre semble le Ciel.* ») Mes paroles sont incompréhensibles ! Je suis normal ! Je fais ce que je veux ou peux, j'écris ce que je vois dans ma tête. Telle est ma liberté d'écrivain ! Je suis, en écrivant, au cœur des ténèbres, de mes ténèbres... Tiens, justement, Conrad, viens ici et apporte-nous ton esprit ! « *La destinée. Ma destinée ! C'est une drôle de chose que la vie — ce mystérieux arrangement d'une logique sans merci pour un dessein futile. Le plus qu'on puisse en espérer, c'est quelque connaissance de soi-même — qui vient trop* tard — *une moisson de regrets inextinguibles. J'ai lutté contre la mort. C'est le combat le plus terne qu'on puisse imaginer. Il se déroule dans une grisaille impalpable, sans rien sous les pieds, rien alentour, pas de spectateurs, pas de clameurs, pas de gloire, sans grand désir de victoire, sans grande peur de la défaite, sans beaucoup croire à son droit, encore moins à celui de l'adversaire — dans une atmosphère écœurante de scepticisme tiède. Si telle est la forme de l'ultime sagesse, alors la vie est une plus grande énigme que ne pensent certains d'entre nous.* » Ressasser sa mélancolie, c'est, nous l'avons déjà montré, l'arroser et l'autoriser à s'épanouir, lui offrir la liberté de colorer de sa teinte obscure chaque recoin de notre pensée, et avancer plus profondément dans le désespoir. Là est l'un des dangers de l'écriture, car, ainsi que s'exprimerait Eurydice dans *Suréna*, quand on a commencé de se voir malheureux, « *Rien ne s'offre à nos yeux qui ne fasse trembler : / La plus fausse apparence a droit de nous troubler ; / Et tout ce qu'on prévoit, tout ce qu'on s'imagine, / Forme un nouveau poison pour une âme chagrine* ». — Ô Fatalité ! Que fais-je ? Qu'ai-je fait ? Qu'aurai-je fait là ? Je ne sais ce que je fais et ne le saurai jamais ! Écris, Julien ! Aie à cœur (joie ?) de délivrer tes mots, réfléchis de gaieté de cœur (brisé ?), suis ta voie et ta voix ! Mastique tes mots, tu ne sais faire que cela ! C'est le tarif de ta survie ! La connaissance de toi-même, la maladive connaissance, en t'épluchant, en te vidant de tes mots — jusqu'à l'Impuissance… et le Silence. — Marc-Aurèle, tel un petit Laplace antique, ne disait pas seulement que « *celui qui a vu le temps où il vit a tout vu, et tout ce qui a été dans toute l'éternité, et tout ce qui sera dans un avenir également infini* », que « *tous les événements futurs seront analogues à ceux du passé, et les choses ne peuvent pas sortir de l'ordre qu'elles suivent sous nos yeux* » ; il disait également qu'« *il est parfaitement égal de faire l'histoire humaine, ou pendant quarante ans, ou pendant quelques milliers d'années* ». Vanité ! — Ah ! j'y reviens : pourquoi diable suis-je né ? « *Celui qui ne sait pas pourquoi il est né ne sait pas ce qu'il est, ni ce qu'est le monde* », me lance le même Marc-Aurèle. Que répondre ? Tout est du pareil au même. Je me demande si je ne répondrai pas, à partir de maintenant, ce qu'Anaxagore, selon Diogène Laërce, répondit un jour, quand on lui demanda « *pour quelle fin il était né* », d'une réplique sublime et simple : « *Pour contempler*, dit-il, *le soleil, la lune et le ciel.* » Ô étoiles, ô soleils ! « *Ce qui a été, c'est ce qui sera, et ce qui s'est fait, c'est ce qui se fera, il n'y a rien de nouveau sous le soleil.* » Rien de nouveau — et j'en reste solidaire, mon corps sur la terre, ma tête dans les nuages… même si… — « *Jour après jour la vie, la vie même, est la même. / Ce qui se déroule, Lydia, / En qui nous sommes, en ce que nous ne sommes pas, / Se déroule pareillement. / Cueilli, le fruit dépérit ; et il tombe / S'il n'est jamais cueilli. / Notre sort est pareil, que nous le recherchions / Ou l'attendions. Hasard / Aujourd'hui, destin toujours, et, sous l'une ou l'autre / Forme, instance hors d'atteinte, invincible.* » Je ne suis pas dupe de mon écriture qui, depuis quelque temps, s'effrite et s'appauvrit : je m'effrite et m'appauvris moi-même (je débats moins que je ne me débats, et le débat tourne à la débâcle). En me cueillant, je dépéris également, mon cher Fernando, et je préfère dépérir en ne tombant pas. Je me dévoue : ce sacrifice, ça s'écrit, ça s'agrafe et ça s'aggrave par des mots… — Dire que j'avance vaille que vaille contre mon destin, et que je ne désire, d'écueil en écueil, que le recueillement !...

* * * * *

S'il fallait résumer ma vie et dérouler la frise de mon destin qui s'étend de ma naissance à la dernière année de mes études en école d'ingénieur, que pourrais-je dire ? Devrais-je lister les dates importantes, comme on le fait d'ordinaire, à la fin d'un livre, pour les notices biographiques d'écrivain ? Que faudrait-il sélectionner ? À première vue, cette liste répondrait aux mêmes critères qui permettent de construire la liste, par exemple, des grands moments de l'histoire de France, et que l'on affiche dans les classes du primaire, du collège ou du lycée. Que s'est-il passé en 1572 ? Massacre des protestants à Paris le jour de la Saint-Barthélemy. Ensuite ? On saute vingt années (oh ! il n'est *rien arrivé*, pendant tout ce temps, qui fût digne d'être consigné) et on se retrouve en 1594 : Henri IV, roi de France. Ensuite ? C'est 1598 et l'Édit de Nantes. Voilà l'Histoire de France, voilà l'Esprit qui se dévoile, voilà à quoi ont concouru les vies de millions d'esprits, voilà la convergence de tant de volontés disparates, voilà la consécration, la concrétisation de l'ensemble des événements qui ont eu lieu sur notre globe de terre. Prenons la vie de Victor Hugo, plus particulièrement (au hasard) l'année 1828 : le 29 janvier, son père, le général Léopold Hugo, meurt ; 13 février, la pièce *Amy Robsart*, jouée au théâtre de l'Odéon, est un échec ; le 27 octobre, naissance de son fils François-Victor ; du 14 octobre au 26 décembre, il rédige le *Dernier jour d'un condamné*. Voilà, brièvement, ce qu'il y a à retenir de la vie de Victor Hugo pour 1828. *Quid* de Julien Pichavant ? Allons-y pour une chronologie expresse qui débute en 1978 (année, rappelons-le, qui est celle du naufrage du pétrolier l'Amoco Cadiz et de la marée noire qui s'ensuivit sur les côtes bretonnes, des décès de Claude François et de Jacques Brel, de la naissance du premier bébé-éprouvette et de quelques autres *faits* d'une importance cruciale). 1978. — Naissance, le 19 mars, à Nantes (d'un père et d'une mère inconséquents). — 1981. — Naissance, le 27 septembre, de son frère (afin de le désennuyer). — 1981-1989. — Classes de maternelle et de primaire à l'école du Grignon, à Basse-Goulaine (apprend à jouer aux billes, obtient d'excellents bulletins de notes). — Tenez, je m'arrête là, cela me navre et m'énerve ! Dix années qui tiennent en trois lignes, dix années qui paraissent, tant elles sont resserrées, sans importance, sans intérêt aucun. Stendhal sut faire plus court : « *Ainsi, voici les grandes divisions de mon conte : né en 1783, dragon en 1800, étudiant de 1803 à 1806.* » — De ce dont je me souviens (faisant fi des souvenirs rapportés) : du moment fatal où je découvris que le Père Noël n'existait pas (mon bateau de pirates Playmobil était caché derrière le canapé du bureau, emmitouflé d'une couverture), de l'appréhension des angoissantes autodictées qu'il fallait apprendre par cœur (le dimanche soir, ma mère me les faisait répéter), des cours de catéchisme (je faisais continuellement le pitre), de ma première communion (quelle ne fut pas ma déception de ne recevoir en cadeau qu'une Bible illustrée pour les enfants), du sport (basket-ball et tennis), de mon maillot flanqué du numéro 12, du goût pour les cimetières, de mes petites tortues de Floride (dont une que j'écrasai du pied par inadvertance), de mon sucement de pouce (avec un mouchoir dont je mouillais un coin afin qu'il durcissât en séchant, et la marque que je garde encore aujourd'hui au niveau du bout de l'index, devenue ce que les psychanalystes nommeraient une zone érogène), des épisode d'énurésie diurne (lorsque je riais, et c'était la honte de garder le reste de la journée un pantalon de velours imbibé d'urine), des siestes collectives en maternelle (et de la petite brique de lait qu'on nous distribuait), de ma mère qui me débarbouille le visage avec un vieux gant de toilette, de ma mère qui prend ma température, de mes caries et du dentiste Gils Blin (papa de Carole, dont je fus amoureux sans qu'elle le sût), du docteur Bohu (papa de mon camarade David), du centre pour handicapés de la Grillonnais (où habitait la famille de Soizic), des cours de poterie (que dirigeait la mère de Soizic), de notre numéro de téléphone de la rue des Chênes Rouges (40035214), de celui de la famille d'Anthony (40035057), du jour où l'on enleva les roulettes de mon vélo, des premiers livres et des premières bandes dessinées feuilletés en attendant que les camarades eussent terminé leurs exercices (dont *Max et les Maximonstres*, les Découvertes Gallimard ou le dictionnaire à la page de l'anatomie), des instituteurs M. Moreau (CM2) et Mme Darcel (CM1), de la directrice d'école Mme Brégeon, de mon abonnement à *Pif Gadget* (que j'attendais impatiemment chaque samedi midi), de mes points de suture au crâne (à deux reprises : en fonçant dans un mur, en tombant de vélo), du boxer des voisins qui aboyait sans cesse, du terrain de tennis des Le Bohec longeant le fond du jardin, des bagarres avec mon frère (que l'on appelait « scotch » pour je ne sais quelle raison, qui étaient un jeu sans méchanceté, de récréation pure, et qui avaient lieu après le dîner, habillés en pyjama, sur le lit parental recouvert d'une couverture avec des chevaux du plus mauvais goût), de mon père déguisé en Père Noël à la remise des cadeaux des enfants du personnel de Groupama, de mon habit de Zorro, des parcours sur la balançoire avec le voisin d'en face (que je gagnais tout le temps), des parties de cache-cache, du jeu de La Bonne Paye, de la confection de cabanes dans le grenier des grands-parents maternels à Ancenis (déjà l'envie d'un petit cocon coupé du monde extérieur), de la classe de neige à Saint-Jean-la-Vêtre (en CM2), de mon « grand-père » Bourgeais qu'on appelait « tonton Norbert », du centre aéré (et de ce fameux camarade qui multiplierait les séjours en prison pour viol), des vacances familiales à la montagne chaque été et chaque hiver (dont le ski, pour lequel mes parents épargnaient toute l'année, et qui faisait de mon frère et moi des privilégiés), des courses dans la luge verte (puis rouge, avec freins), des séjours à la Turballe (et de mes pleurs lorsque ma mère partait, et des plongées sous-marines, muni de palmes, du masque et du tuba), du groupe de quatre amis inséparables auquel j'appartenais (Anthony, Soizic et Mehdi), de mes peluches (qui servaient aussi à bloquer les interstices entre le lit et le mur, parmi lesquelles le nounours brun qui m'appartenait depuis la naissance), des bains avec mon frère, des otites à répétition (avant les yeux, il y eut donc les oreilles), des orgelets, de mon opération pour la cryptorchidie (et du jour où la crise éclata, terrible, et de la sortie de l'hôpital, où j'avais vomi dans les escaliers, aspergeant les bureaux en contrebas), de ma blessure à la paume de la main gauche (coupure avec un tesson de petit pot Blédina), des cloches qui sonnent toutes les heures à Saint-Geoire-en-Valdaine, des radeaux en polystyrène dans les tranchées des fondations du lotissement avec Kristen, de la cueillette des cerises à Ancenis, des fraises des Couëts, des cartes au trésor que je créais et dont je brûlais les bords dans le feu de la cheminée pour les rendre plus authentiques, du club de philatélie, de M. Pirotte et de son flipper, des histoires que racontait mon père (souvent d'épouvante), des courses cyclistes auxquelles il participait (surtout les cyclocross de l'automne et leur parfum incomparable), de mes premiers rougissements, des taches de rousseur qui s'agglutinaient sur le nez et sous les yeux, surtout par temps ensoleillé (d'où le nom d'« éphélide », « *causé par le soleil* »), de mes fiancées (Élise ? Marion ?), des pommes de terre carrées du dimanche soir (en regardant *Stade 2* et *Ça Cartoon*), des émissions de télévision et des dessins animés (le *Club Dorothée*), des virées en vélocross pour rejoindre les copains ou pour me défouler, des devoirs à la maison, des réunions de famille (les noëls chez les grands-parents), du racket de billes dont je fus la victime en CP (et ma mère qui gourmanda le racketteur à la sortie des cours), des goûters d'anniversaire chez les uns et les autres (sous la surveillance des mamans qui ne travaillaient pas le mercredi), de la nourrice et de ses enfants, des collections et des échanges de vignettes Panini (le football, les Crados), de la marelle et de l'élastique à la récréation, des fêtes de fin d'année scolaire (où l'on se déguisait), du passage de la comète de Halley (dont j'avais entendu parler dans les magazines), de l'Amstrad CPC 6128 (programmation en Basic, jeux), des courses au supermarché Continent avec ma mère (et des étiquettes de prix qu'il m'était arrivé d'échanger, notamment pour acquérir la *buggy* du dessin animé *Ghostbusters*), de mon Peugeot 101 (avec son réservoir à l'arrière), de mes histoires de la sorcière qui pète racontées à mes cousins…

— Je me souviens… Je me souviens… de la surface des choses, de la partie visible d'un iceberg, de ce dont l'inconscient me prive ! « *'Tis but a part we see, and not a whole* » (« Car nous ne voyons qu'une partie, et non le tout »), avait besoin de le rappeler Pope. — Laissons les *Je me souviens* à Georges Perec ! Pourquoi avoir énuméré toutes ces choses insignifiantes ? Pour rien, mais chacune d'entre elles constitue une part importante de mon être global, toutes m'ont mené à l'existence que je continue de mener aujourd'hui, toutes, consciemment ou inconsciemment, se sont imprimées en moi pour forger la personnalité qui est la mienne. C'est mon histoire, et chaque seconde de celle-ci, chaque minute, chaque heure a sa part de responsabilité dans l'évaluation de ma destinée, chaque moment a tracé une ligne qui devait aboutir à ce que suis en train d'écrire. Je suis tout cela — et plus, et moins. Entre-temps, j'ai gagné, j'ai perdu ; tout me semble être un rêve évanoui, ou un cauchemar continué par l'absence de tangibilité. Qui a tracé, là-haut, ce fil conducteur d'une vie parmi des milliards d'autres vies ? « *Mon démon maintenant ne pleure ni ne rit, / Je ne suis plus que l'ombre de jardins perdus / Et j'ai pour compagnon enténébré de mort / Le mutisme de la minuit déserte.* » Ces *Chants pour la nuit* de George Trakl sonnent comme une évanescence hölderlinienne, une plainte nostalgique qui n'en est pas une : pour rien au monde je ne voudrais revivre l'enfance. L'enfance est un monde englouti vécu par une âme qui ne sait rien de ce qu'elle vit, un monde dont l'aspect existentiel est nul. Encore Trakl, qui donne le ton nocturnal adéquat de ce que je pense de tout cela : « *Sur les flots que la nuit enténèbre / Je chante mes tristes chansons, / Chansons saignant comme blessure. / Mais nul cœur ne me les rapporte / À travers les ténèbres. / Seuls les flots que la nuit enténèbre / Bruissent, sanglotent mes chansons, / Chansons saignant de leurs blessures / Et les rapportent à mon cœur / À travers les ténèbres.* » L'enfance est une période de ténèbres épaisses traversée fantomatiquement, qui resurgit non moins fantomatiquement chez l'adulte ; l'enfance est le temps de l'inconscience (dans les deux sens du terme) et de l'incontinence mémorielle. Tout l'avenir s'y joue, et pourtant, dès que l'avenir est enfin présent, ce passé apparaît révolu et sans lien avec l'existence actuelle. Tout notre être y est — et nous n'y sommes plus ; nous sommes ce que nous fûmes — et ce que nous fûmes n'est plus. Que sommes-nous ? Des vestiges oubliés, un passé perdu dans un présent qui s'oublie. Qui êtes-vous ? Ce que je fus. Et que fûtes-vous ? Je n'en sais rien — ou presque. — Tout cela est très bien, mais je dois avancer, car j'ai écrit ceci pour en arriver aux premiers signes de la dépression qui m'assaillit lors de mon stage à Paris, en l'an 2000. De 1978 à 2000, je résumerais donc ainsi les choses : Je naquis, j'écrivis, je déprimai. — Vers le mois de juin 2000, j'avais déniché, rue de l'Hôtel de Ville à Neuilly-sur-Seine, un studio de dix-huit mètres carrés qui, pour la somme — déjà assez astronomique à l'époque — de trois mille francs mensuels (six mois plus tard, j'aurais dans Nantes soixante-dix mètres carrés pour deux mille huit cent francs), était loué par un docteur responsable d'un programme de recherche clinique et de recherche fondamentale sur les déficiences mentales, dont la trisomie. J'arrivai le 2 juillet, jour de la finale du championnat d'Europe de football, qui opposait la France à l'Italie. Combien mon cœur était-il opprimé, coincé entre le cœur de Paris, ville monumentale où l'on se sent une termite perdue dans une termitière étrangère, et le centre de la Défense, lieu de vie diurne, où les gens courent en costard cravate pour gagner le temps qu'ils perdent jour après jour. Seul au monde, fraîchement séparé d'Agnès, je devais travailler au milieu des tours et des immeubles d'affaires, perspective qui ne m'excitait guère, mais que le peu de mois que j'avais à y passer savait rassurer. Quoique, assez rapidement, je fisse de mes jeunes collègues des camarades, la solitude, du moins au tout début, gagna une majuscule : la Solitude. « *Être seul — isolé — dans le noir, être son seul refuge, son seul refrain, sa seule présence, et, par suite,* être sa seule angoisse... » Il est fort probable que cette impression consignée dans l'un de mes carnets, datât de mon séjour dans la capitale ; ainsi que celle-ci : « *Des lendemains qui déchantent.* » La Solitude ! « *L'enfer est tout entier dans ce mot : Solitude.* » La Solitude — et/ou le Désespoir — et/ou la Tristesse — et/ou la Mélancolie — et/ou la Souffrance — et/ou la Dépression : il fallait jouer avec toutes ces *harmonies contraintes,* être leur chef d'orchestre (ou d'accusation). Mais il me fallait également rencontrer du monde, évoluer dans un système peuplé d'un nombre infini d'inconnus, et me définir moi aussi comme un inconnu aux yeux des autres. Méditant tout cela, la poésie de Georg Trakl me traque à nouveau, crépusculairement : « *Te voilà saccagé, déchiré par toute souffrance, / Tremblant du désaccord de toutes mélodies, / Toi, harpe brisée — pauvre cœur d'où éclosent / Les fleurs malades de la mélancolie.* » — En tant que stagiaire au « Studio » d'IBM, j'étais ce que l'on nommait là-bas un « Continuity Integrator », un pionnier des sites Internet : je m'arrangeais pour rendre « navigables » les pages créées par les infographistes. Les premiers temps, je rentrais chez moi avec la gorge nouée et potassais tout ce qu'il fallait savoir sur ce nouveau métier. Quand je fus libéré de cet apprentissage, j'achetai une paire de rollers et parcourus soir après soir des dizaines et des dizaines de kilomètres en plein Paris. Ces visites, pour lesquelles j'étais mon propre guide, et dont je garde des souvenirs impérissables, étaient d'autant plus ravissantes qu'elles aggravaient, à la fin de chaque échappée solitaire, ma nature mélancolique. J'étais tenaillé entre l'obligation ennuyeuse de côtoyer tout un tas d'individus et la volonté d'être seul et à l'abri du monde (ce qui était impossible). Je me rappelle avoir eu l'illusion, avant de quitter les arcanes de Basse-Goulaine, que j'entrerais dans des cercles littéraires, dans des milieux garnis d'écrivains et que mes envies d'être publié seraient facilitées. Je fus, tel Lucien de Rubempré, extrêmement déçu, et je dus reporter mes espoirs sur d'autres thèmes (la réussite dans un travail à la pointe du marché et le salaire considérable que touchaient tous ces jeunes pionniers du web). Ces espoirs se révélèrent vains : les semaines s'écoulaient et ma mélancolie se renforçait. Cependant je demeurais à l'abri, j'étais encore quelque peu fringant, je n'avais pas de raison d'être totalement désespéré, je disposais de suffisamment d'argent (les cinq mille francs versés par IBM, l'aide conjointe de mon père et de la Caisse d'Allocations Familiales) pour survivre dans la ville aux mille tentations. Comme le dit Hugo, la mélancolie relève parfois du *bonheur d'être triste* » : « *Le désespoir a des degrés remontants. De l'accablement on monte à l'abattement, de l'abattement à l'affliction, de l'affliction à la mélancolie. La mélancolie est un crépuscule. La souffrance s'y fond dans une sombre joie.* » Afin de me libérer de ma tristesse grandissante, je quittais mes pénates et j'accompagnais mes collègues dans des soirées pour le moins improvisées, dans lesquelles ils étaient tous, sans exception, aussi à l'aise que des poissons dans l'eau. Je sentais qu'une espèce de Méphistophélès me rappelait à chaque sortie : « *Loin de cet isolement / Où tes sens comme ta sève / S'engourdissent dans un rêve, / ils t'entraînent doucement.* » Tant et si bien qu'après avoir partagé certains divertissement, je replongeais dans la morose agonie de mes habitudes : tantôt je reprenais *Amer Amen* (ce qui ne me consolait pas !) et j'en continuais l'écriture, tantôt je lisais, tantôt j'allais à une séance de cinéma sur l'avenue des Champs-Élysées, tantôt je parcourais toutes sortes d'endroits en rollers, mais toujours, — *toujours,* — je me sentais seul, loin de tout. Je m'imaginais des choses, j'espérais que cette solitude ne me pèserait plus, que je trouverais quelque éclaircie dans cette perte de repères, dans ce manque de je ne sais quoi. Giordano Bruno n'a pas tort de dire que « *les mélancoliques sont liés par la force plus grande de leur imagination* ». Je vivais de mon imagination — et cela ne menait à rien parce que je devinais que rien n'était capable de me contenter (je ne savais ni ce que je voulais ni ce que je pouvais). Je commençais à entr'apercevoir de mieux en mieux la finalité risible de l'existence de l'homme moderne : travailler pour gagner de l'argent pour consommer pour survivre et pour ne plus penser que l'on doit travailler pour gagner de l'argent... (Tous les zombis qui circulent dans les couloirs du métro ou qui sont assis dans les wagons en sont la parfaite et affligeante illustration. Je crois d'ailleurs que ma misanthropie atteignit son paroxysme lors de cette période de stage parisien.)

« [30/11/00 :] *Je suis si triste... Je suis un passant du monde de* Melancholia... *C'est absurde. On se révèle dans le tourment. On tient à un être quand on le perd.* — *C'est tout.* [02/12/00 :] *Je vais faire une dépression... Bon sang... Je vais terminer comme le héros d'Amer Amen... [...] Je veux mourir. Ou être heureux. [...] Il faut que je me soigne mon esprit, que je fasse quelque chose qui agisse en antidépresseur... Je ne tiens plus, je craque vraiment... [...] Mais je suis si faible (je n'accepte pas la réalité, c'est plus fort que moi, j'ai envie de pleurer de temps en temps), je n'aurai pas la force de me tuer... Ha !... Tout est toujours là pour contrecarrer ma vie... [...] On me tue.* [03/12/00 :] *Je retrouve dans le Baudelaire de Sartre quelqu'un qui m'est cher :*

moi. *Orgueil, lucidité et ennui le définissent. Moi, c'est l'ennui que je commence à découvrir… Nous sommes névrosés. Il aurait aimé Amer Amen — tout comme Sartre. […] Depuis quelques semaines, je suis au cœur d'un spleen monstrueux qui me fait douter de tout… Oui, je doute. […] Tout n'est que spleen ici-bas…* [05/12/00 :] *Je ne peux que reculer — et le passé m'achève… Le passé ! le refaire !... Le présent ! l'oublier !... Le futur ! le vouloir comme je le voudrais de tout mon être… […] Ha ! je me perds… Mais que je crève ! bordel ! et ce sera fini, bouclé… La boucle bouclée… Bordel !... — Bordel ! bordel !... Je ne peux rien faire. — Force extérieure, Spinoza. — Rien de rien. — Et je m'en veux ; c'est ça le plus terrible. J'ai été un manque pour moi-même…* » Je suis véritablement bouleversé en relisant ces mots prélevés dans mon *Journal* (en quelque six mois d'*abandon*, je farcissai des cahiers entiers des soucis de mon âme). Je n'étais pas heureux. Certes, mes mésaventures amoureuses n'arrangèrent rien, mais, si je devais dater aujourd'hui, et au-delà du divorce de mes parents, le moment fatidique de la naissance de ma mélancolie (qui n'a jamais cessé) et de ses fondations (au sens même des fondations d'une maison), je le situerais exactement là : à Paris, dans la seconde moitié de l'année 2000. Être seul n'est jamais facile, surtout si l'on vit très mal la solitude ; alors pensez : être seul au beau milieu de millions d'habitants !... Un « *passant de* Melancholia », rendez-vous compte ! La Mélancolie qui me permit (ô la si bonne) que je me révélasse ! Absurde ? Le mot « *dépression* », jeté à l'époque sans connaître au juste sa portée réelle (elle attendait son heure), l'idée de suicide, elle aussi surgissant sans les contrastes qui lui donnassent sa pleine valeur (elle aussi attendait son heure), le besoin médicamenteux, qui apparaissait pour la première fois (toujours refusé jusqu'à ce moment-là, plutôt par principe), le sentiment d'un dérangement de l'esprit, la fêlure générale, la pression des autres et la conviction de mon innocence (« On me tue », l'Autre me contrecarre et me court-circuite, comme une fatalité), la volonté de m'affirmer, grâce à l'orgueil, contre vents et marées (« moi »), la découvert de l'« *ennui* » (l'Ennui tel que je l'ai déjà développé), le « *spleen* » omniprésent et « *monstrueux* », le balancement entre la nostalgie si séduisante, mais si affligeante, l'amnésie du *hic et nunc* et la foi en un avenir plus radieux (quoiqu'incertain), et, par-dessus tout, comme un achèvement de l'achèvement, le sentiment de culpabilité d'une vie mal contrôlée, l'impuissance, la perte, le manque, le néant de la mort et de l'oubli de l'existence amère… « *Ha ! je me perds…* » « *La boucle bouclée…* » « *Je ne peux rien faire.* » « *Rien de rien.* » « *J'ai été un manque pour moi-même…* » Je ne savais plus où j'allais, le but se perdait, je ne voyais plus pourquoi ni comment progresser, la peur de ne plus comprendre ce « *pourquoi* » ni ce « *comment* » m'envahissait et laissait présager quelque naufrage (un naufrage dont je ne percevais pas le moindre détail, un naufrage d'aveugle). J'avais peur d'être condamné à vivre seul avec moi-même, sans direction établie, et de contempler la perte du monde. Rien n'avait plus de sens que l'angoisse de voir tout s'en aller, et, comme le dit si bien John Donne, « *comme la peur est l'affection la plus envahissante et la plus contrariante, la rechute (qui est toujours prête à venir) dans ce qui vient à peine de s'en aller est l'objet le plus proche et l'exercice le plus immédiat de cette affection de peur* ». Le même Donne, dans sa première *Méditation*, parle de « *variable, and therefore miserable condition of man* », parce que, à cette minute, l'homme allait bien, et qu'à cette autre, il va mal : « *Est-il un monde pour lui-même seulement en cela, qu'il a assez en lui non seulement pour se détruire et s'exécuter lui-même, mais aussi pour prévoir cette exécution sur lui-même, pour aider la maladie, pour rendre la maladie encore plus irrémédiable par de tristes appréhensions, et ainsi, comme s'il voulait rendre un feu encore plus violent en jetant de l'eau sur les braises, envelopper une fièvre ardente de froide mélancolie, de crainte que la fièvre seule ne détruise assez vite sans cette contribution, ni n'accomplisse son travail (qui est la destruction) si nous ne joignons pas la maladie artificielle de notre mélancolie à notre fièvre naturelle et si peu naturelle ? Ô décomposition complexe, ô désordre énigmatique, ô misérable condition de l'homme !* » Enténébré de pensées semblables, j'errais… « *O miserable condition of man!* » J'errais et fuyais les autres, ne comprenant pas qu'en réalité j'essayais de me fuir moi-même. D'un côté, Leopardi remarquait « *combien la tristesse nous pousse à fuir les rencontres, à nous replier sur nous-mêmes, dans nos pensées et notre douleur* », et d'un autre, Burton, dans son *Anatomie*, que « *la solitude volontaire est souvent compagne de la Mélancolie* », que, « *telle une sirène, un aiguillon ou un sphinx, elle vous entraîne doucement vers ce gouffre sans retour* », et que, enfin, « *accoutumés à ces méditations stériles et à ces lieux déserts* », les solitaires « *ne supportent plus la compagnie et n'ont plus que des pensées amères et sombres* ». Oui ! certes ! le tourment m'a révélé ce que je me cachais : « *On se révèle dans le tourment.* » Avant l'expérience de Paris, j'avais été, pour reprendre le titre de ce livre de George Perec, *Un homme qui dort*, tout de « *flaccidité* » (dans un état morne, indifférent, sans réel désespoir, sans réel ennui, sans conscience de la souffrance « personnalisable »), qui allait petit à petit se révéler : « *C'est un jour comme celui-ci, un peu plus tard, un peu plus tôt, que tu découvres sans surprise que quelque chose ne va pas, que, pour parler sans précautions, tu ne sais pas vivre, que tu ne sauras jamais. […] Tu connais un repos total, tu es, à chaque instant, épargné, protégé. Tu vis dans une bienheureuse parenthèse, un vide plein de promesses et dont tu n'attends rien. Tu es invisible, limpide, transparent. Tu n'existes plus […] Ton indifférence est égale : homme gris pour qui le gris n'évoque aucune grisaille. […] Tu te vois dans la glace et cela n'éveille aucun sentiment, même pas celui qui pourrait naître de la simple habitude.* » La léthargie s'éclipsait, le monde terrible s'ouvrait à mes pieds et je devais l'affronter sans être assisté. Le vide alimenta la mélancolie ; la mélancolie alimenta le vide. Je puis dire, comme Nelligan, que « *Nous nous serrions, hagards, ma Douleur morne et moi* ». Dans ce théâtre des désillusions insoupçonnées « *que jamais ne visite l'extase* », mon cœur avait été comme celui de Baudelaire dans *L'irréparable*, attendant « *Toujours, toujours en vain, l'Être aux ailes de gaze !* » Avoir vécu — pour rien ! À quelle cause se raccrocher quand on décroche tout à fait ? Candidement, il me semblait que j'avais tant vu de choses extraordinaires, qu'il n'y avait plus rien d'extraordinaire pour moi. Je n'espérais plus pouvoir espérer : un mécanisme s'était irrémédiablement brisé en moi. Mon état m'obligea à demander à la direction d'IBM de m'accorder deux semaines de congés, chose exceptionnelle pour un stagiaire débarqué depuis un nombre de mois qui se comptaient sur les doigts d'une main. Je partis seul pour Pornichet, dans le froid de novembre, et logeai dans le deux pièces appartenant à mes grands-parents maternels. Quelle impression de solitude immense que de se retrouver dans une ville balnéaire bondée l'été, vidée et désolée l'hiver ! Oh ! je connais très bien cette ville et ses environs pour y être allé presque tous les ans : La Turballe, Le Pouliguen, La Baule, Guérande, Batz, Le Croisic, où Balzac situa son roman *Béatrix* et rendit merveilleusement compte de ce spectacle de « *l'immense océan qui borde les récifs en granit de ses franges écumeuses pour faire encore mieux ressortir leurs formes* bizarres », qui « *élève la pensée tout en l'attristant, effet que produit à la longue le sublime, qui donne le regret de choses inconnues, entrevues par l'âme à des hauteurs désespérantes* », ce spectacle dont les « *sauvages harmonies* » ne conviennent « *qu'aux grands esprits et aux grandes douleurs* »… Que recherchais-je en allant là-bas, seul, perdu ? qu'attendais-je ? qu'espérais-je ? J'étais ce chevalier dont Kierkegaard raconte l'histoire dans son *Traité du désespoir*, et qui, repérant un oiseau rare, voulut le poursuivre. Mais ce dernier, à peine le chevalier s'en était-il approché, s'envola et repartit au loin : « *et le chevalier, loin des siens, ne sait plus sa route dans sa solitude : ainsi le possible du désir. Au lieu de reporter le possible dans la nécessité, le désir le poursuit jusqu'à perdre le chemin du retour à lui-même.* — *Dans la mélancolie, le contraire advient de la même façon.* […] *et le faire périr dans cette angoisse ou dans cette extrémité même, où il craignait tant de périr.* » Je repense au conte de Maupassant intitulé fort à propos *Solitude*, et se déroulant à Paris. « *Et nous voilà partis, suivant à pas lents la longue promenade, sous les arbres à peine vêtus de feuilles encore. Aucun bruit, que cette rumeur confuse et continue que fait Paris. Un vent frais nous passait sur le visage, et la légion des étoiles semait sur le ciel noir une poudre d'or.* — *Mon compagnon me dit :* — *Je ne sais pourquoi, je respire mieux ici, la nuit, que partout ailleurs. Il me semble que ma pensée s'y élargit. J'ai, par moments, ces espèces de lueurs dans l'esprit qui font croire, pendant une seconde, qu'on va découvrir le divin secret des choses. Puis la fenêtre se referme. C'est fini.* » J'aimerais pouvoir le recopier dans son intégralité, ce petit conte écrit avec moins de deux mille mots (lis-le, divin Lecteur, lis-le !). Cependant j'en citerai la première moitié, la suite de ce que le compagnon du narrateur essaie d'exprimer : « *Pauvres gens ! Ce n'est pas du dégoût qu'ils m'inspirent, mais une immense pitié. Parmi tous les mystères de la vie humaine, il en est un que j'ai pénétré : notre grand tourment dans l'existence vient de ce que nous sommes éternellement seuls, et tous nos efforts, tous nos actes ne tendent qu'à fuir cette solitude. Ceux-là, ces amoureux des bancs en plein air, cherchent, comme nous, comme toutes les créatures, à faire cesser leur isolement, rien que pendant une minute au moins ; mais ils demeurent, ils demeureront toujours seuls ; et nous aussi.* — *On s'en aperçoit plus ou moins, voilà tout.* — *Depuis quelque temps j'endure cet abominable supplice d'avoir compris, d'avoir découvert l'affreuse solitude où je vis, et je sais que rien ne peut la faire cesser, rien, entends-tu ! Quoi que nous tentions, quoi que nous fassions, quels que soient l'élan de nos cœurs, l'appel de nos lèvres et l'étreinte de nos bras, nous sommes toujours seuls.* — *Je t'ai entraîné ce soir, à cette promenade, pour ne pas rentrer chez moi, parce que je souffre horriblement, maintenant, de la solitude de mon logement. À quoi cela me servira-t-il ? Je te parle, tu m'écoutes, et nous sommes seuls tous deux, côte à côte, mais seuls. Me comprends-tu ?* — *Bienheureux les simples d'esprit, dit l'Écriture. Ils ont l'illusion du bonheur. Ils ne sentent pas, ceux-là, notre misère solitaire, ils n'errent pas, comme moi, dans la vie, sans autre contact que celui des coudes, sans autre joie que l'égoïste satisfaction de comprendre, de voir, de deviner et de souffrir sans fin de la connaissance de notre éternel isolement.* — *Tu me trouves un peu fou, n'est-ce pas ?* — *Écoute-moi. Depuis que j'ai senti la solitude de mon être, il me semble que je m'enfonce, chaque jour davantage, dans un souterrain sombre, dont je ne trouve pas les bords, dont je ne connais pas la fin, et qui n'a point de bout, peut-être ! J'y vais sans personne avec moi, sans personne autour de moi, sans personne de vivant faisant cette même route ténébreuse. Ce souterrain, c'est la vie. Parfois j'entends des bruits, des voix, des cris... je m'avance à tâtons vers ces rumeurs confuses. Mais je ne sais jamais au juste d'où elles partent ; je ne rencontre jamais personne, je ne trouve jamais une autre main dans ce noir qui m'entoure. Me comprends-tu ?* » Oui, me comprends-tu, ami Lecteur ? Telles étaient mes pensées, et dont j'ai gardé des relents mortifères. Étais-je gris ? Étais-je fou ? Étais-je sage ? Avais-je raison ? Avais-je perdu l'esprit ? Suis-je encore gris ? Suis-je encore fou ? Ou suis-je sage ? Ai-je raison ? Ai-je perdu l'esprit ?... Que dire ? Que taire ? — Mon histoire n'est pas une partie de plaisir ; l'histoire est moins une inscription dans le temps qu'une inscription dans la chair. Il n'y a pas de neutralité, quand même j'aimerais dire, comme la Reine dans *Richard II*, que les histoires que je raconte ne sont ni des histoires de joie, ni des histoires de douleur. « *Car, si elles disent la joie, qui manque tout à fait, elles me rappelleront d'autant plus ma douleur ; ou si elles disent le chagrin, que j'éprouve tout à fait, elles ajouteront encore plus de douleur à mon manque de joie : car ce que j'ai, je n'ai pas besoin de le redoubler, et ce qui me manque, inutile de m'en plaindre.* » Je ne suivrai pas la Reine, et ne l'ai d'ailleurs jamais suivie, pas plus que je n'ai suivi Ismène dans *Œdipe à Colone* : « *Je ne veux pas souffrir deux fois, à peiner, puis à conter mes peines.* » Sinon, comment, dites-moi, aurais-je pu écrire mille cinq cent pages ? Et, qui plus est, comment l'aurais-je pu sans le soutien de tous mes amis rangés dans ma bibliothèque ? « *Tantost à un subject vain et de neant, j'essaye voir s'il trouvera dequoy luy donner corps, et dequoy l'appuyer et l'estançonner. Tantost je me promene à un subject noble et tracassé, auquel il n'a rien à trouver de soy, le chemin en estant si frayé, qu'il ne peut marcher que sur la piste d'autruy.* » — Solitude, désespoir, attente, souffrance, blasement : Dieu l'a voulu. J'écris. Nous l'écrivons. Tu le lis. Vous le lisez.

* * * * *

(À cette époque « parisienne », mon oncle et parrain, Laurent, se trouvait à Washington. Je ne connais plus la teneur du message que je lui envoyai, mais j'ai gardé sa réponse. Je voudrais la reproduire ici (qu'il ne m'en veuille pas). J'y ai repensé à tous les moments de ma vie où je me suis senti mal : FNAC, psychanalyse, Prozac. — « *Salut Juju,* — *Que tu te poses des questions... c'est normal... Ce qui ne le serait pas, c'est que tu ne t'en poses pas. Et surtout ne pense pas arriver un jour à trouver un sens à la vie, parce qu'il n'y en a pas. Alors, ceux qui n'arrivent pas à l'accepter peuvent se donner l'illusion qu'il y en a un et essayer d'y croire. Des fois ça marche...* — *Je t'ai vu heureux à Paris et ça m'a rappelé les moments heureux que moi aussi j'y ai vécus. Maintenant, tu me rappelles les moments malheureux que j'y ai connus. Paris est souvent gris. Quand on s'y sent seul, on est plus seul que n'importe où ailleurs.* — *Tu sais, il y a autre chose que j'ai appris un jour, c'est que la vie n'est pas juste. On ne peut rien y faire. Ça aussi il faut l'accepter.* — *Je pense que si on refoule ou on refuse toutes les choses qu'on ne peut pas changer, la vie qui n'a pas de sens devient aussi une vie insupportable.* — *Contre la déprime, tu sais, il y a 3 solutions, et il n'y a aucune honte à y avoir recours quand on est adulte.* — 1) *La FNAC... Je ne rigole pas. Il y a plein de bouquins (qu'on appelle ici "self help") qui aident à surmonter les passages difficiles.* — 2) *La psychanalyse. Quand on tombe sur un bon psychiatre, ou un bon psychologue, je t'assure, c'est géant. Je l'ai fait à Houston il y a quelques années. Tu ne peux pas savoir le nombre de choses que j'ai découvertes sur moi-même et sur les autres. Malheureusement, il y a des charlatans dans le métier...* — 3) *Le Prozac. La déprime est aussi une réaction chimique du cerveau. Dévier cette réaction par des substances chimiques, à mon avis, n'est pas forcément une mauvaise chose. — En ce moment, je lis un livre que tu as peut-être lu,* L'évangile selon Pilate, *d'Éric-Emmanuel Schmitt. Tu connais ? C'est extraordinaire comme bouquin et je pense que ces lectures aident à comprendre la vie. — On se verra à Noël ? — Ton parrain qui te fait un gros bisou.* » — Merci, Lolo. Ton soutien, simple, fut précieux — et l'est encore. Tu as été mon Sénèque. Merci, merci.)

* * * * *

Mon séjour dans la métropole ne fut pas uniquement restreint à la « *solidão* ». J'ajouterai en outre que cette plongée dans les abysses de la solitude m'aguerrit, reprofila la nature de mon être dans sa persévération, et éveilla mon solipsisme : « *seul* » ne dérive-t-il pas du latin « *solus* », lui-même issu d'un mélange (me semble-t-il) des termes grecs « μόνος » (« *seul* », « *abandonné* ») et « ὅλος » (« *tout entier* ») ? Cette étape m'était nécessaire pour mieux comprendre le monde et mieux me comprendre en retour, et ainsi de suite. La souffrance était un marchepied vers plus de complétude et la possibilité d'une étude approfondie de moi-même. En revenant à Nantes au début de l'année 2001, je pris la décision de louer *seul* un appartement spacieux, quitte, pour y parvenir, à contracter un prêt étudiant auprès de ma banque. La solitude qui m'avait effrayé à Paris et que je n'avais pas su fuir, je finis par la désirer : l'homme est un paradoxe sur pattes ! Une chambre confortable pour me lire et évidemment dormir (avec une nouvelle literie), un bureau pour écrire à l'aise, une salle de bains munie d'une baignoire pour la relaxation, un vaste salon synonyme d'espace de liberté, une cuisine séparée : je disposais de tout ce qu'il fallait pour reprendre goût à la vie, m'en sortir, achever la dernière année de l'ICAM en toute sérénité (et retourner à IBM, selon leur promesse d'embauche, qu'ils ne respecteraient pas). Cet environnement propice à un nouveau départ fit que j'écrivis plus que je ne l'avais jamais fait jusqu'alors. De janvier à avril (disons, de janvier au 2 avril précisément), ma mélancolie, après avoir connu deux pics, au moment du divorce et lors de mon stage, fut quasi imperceptible, et pendant trois mois, je connus un répit de l'âme sans qu'un seul moment de détresse ne vînt entacher mon quotidien. J'avais cependant trop bien appris des nombreuses vicissitudes de l'existence pour ne pas rester sur mes gardes et ne pas espérer une trop grande ambition. « Ô *homme, ne te trompe pas* », me sermonnait Bossuet : « *l'avenir a des événements trop bizarres, et les pertes et les ruines entrent par trop d'endroits dans la fortune des hommes, pour pouvoir être arrêtées de toutes parts.* » Parallèlement, j'avais une soif d'étude comme je n'en avais jamais eu (« *soif d'étude* » : pléonasme puisque « *studium* » renvoie à l'« *apprentissage* » et au « *désir ardent* »). J'étais exactement dans la situation de Léonard de Vinci dans ce joli petit texte : « *Poussé par mon ardent désir, impatient de voir l'immensité des formes étranges et variées qu'élabore l'artiste Nature, j'errais quelque temps parmi les sombres rochers ; je parvins au seuil d'une grande caverne, devant laquelle je restai un moment frappé de stupeur, en présence d'une chose inconnue. Je pliai mes reins en arc, appuyai la main gauche sur le genou, et de la droite je fis écran à mes sourcils baissés et rapprochés ; et je me penchai d'un côté et d'autre plusieurs fois pour voir si je pouvais discerner quelque chose ; mais la grande obscurité qui y régnait ne me le permit pas. Au bout d'un moment, deux sentiments m'envahirent : peur et désir, peur de la grotte obscure et menaçante, désir de voir si elle n'enferme pas quelque merveille extraordinaire.* » Oui ! une certaine expérience de la « *caverne* » platonicienne, mais partagée entre la peur et le désir, d'autant que, à vrai dire, cette peur et ce désir manquaient de contraste et ne me permettaient pas de les identifier absolument. Je cherchais un sens, et je le cherche encore. Je ne sais ce qu'il y a au-delà de mon écriture, car seule la recherche de sens a un sens, le sens de ma recherche de sens. Et cela me tourmente ! « *En effet* », écrit David Hume, « *peut-on imaginer pire tourment que celui de chercher avec ardeur ce qui nous fuit à jamais, et de le chercher en un lieu où il est impossible qu'il existe jamais ?* » L'écriture de *La Perte de Sens*, c'est une parenthèse qui s'ouvre sur mon tourment et le referme dans un va-et-vient incessant, c'est un interrupteur qui me prodigue la lumière et l'obscurité. Il y a toujours l'appel du « γνῶθι σεαυτόν », et je dois y répondre, si possible en soliloquant, comme Saint-Exupéry soliloquait du haut de sa citadelle d'ivoire : « *Tu cherches un sens à la vie quand le sens est d'abord de devenir soi-même* », autrement dit, en ce qui me concerne : écris ce que tu deviens, deviens ce que tu écris, et cela prendra sens. *La Perte de Sens*, — Mon Livre, — telle est mon ambition, — une ambition qui est de ne pas avoir d'ambition (peu importe, au fond, qu'elle me détruise ou m'apporte le salut, voire qu'elle m'apporte les deux, ainsi que le note Pope : « *The same ambition can destroy or save* »). Car Horace, qui de sa tête sublime frappe les astres, a raison : « *Quid breui fortes iaculamur aeuo / multa ?* » (« *Pourquoi tendons-nous à tant de choses, nous qui vivons si peu ?* ») Et il insiste : « *Immortalia ne speres* » (« N'espère rien d'immortel »).

* * * * *

Qu'eussé-je pu espérer d'immortel, ô race de mortels ? Qu'eussé-je voulu espérer quand la perte de mon ami devait détruire mon existence, m'affirmer que rien n'était stable, solide, que croire n'était qu'une hérésie ? Le monde allait s'écrouler sous mes pieds ; l'espoir, se déchirer ; l'envie, me dégoûter ; l'idéal, me désabuser : qu'allais-je devenir, sans lui ? qu'allais-je faire, pour lui, l'Absent ? — La perte de François me mènerait à ma propre perte, son absence s'identifierait à ma propre existence ; l'univers, privé de sa présence, l'univers qui l'avait anéanti, m'anéantirait à mon tour. Ses yeux à peine fermés si tout jamais, ouvriraient les miens pour l'éternité : que verrais-je désormais ? La Mélancolie, la Dépression, la Souffrance, l'Ennui, le Suicide, la Perte. C'est-à-dire ? La Pensée, la Réflexion, la Raison, la Philosophie. Le deuil me décomposa puis me recomposa des débris de l'amertume la plus effrayante. Je devins malade, malade d'avoir à vivre, malade d'avoir à mourir, mais au moins savais-je que je l'étais et le sentais-je crûment (« *Qui ne sent point son mal est d'autant plus malade* », comme dit Corneille). Ma raison m'apprit qu'il n'y avait plus rien de raisonnable. Si j'avais pu douter un instant, en citant Coleridge, que François fût parti « *like one that hath been stunned, / And is of sense forlorn* » (« *comme quelqu'un d'assommé, / Et privé de tout sens* »), je compris en revanche que ces mots se retourneraient contre moi, le survivant, et que je devrais me lever le lendemain matin en étant devenu plus triste et plus sage à la fois (« *A sadder and a wiser man, / He rose the* morrow morn ») : le désabusement irrémédiable s'était enraciné en moi... — (J'écris, il fait sombre, il fait froid, le cafard m'envahit et fait régner sa loi, j'entends un corbeau, l'atmosphère est sombre, je suis extrêmement fatigué, je perds la notion d'écrire, je suis seul, très seul, j'évite le monde trop massif, je répète des *beurk*, je ne demande plus rien : « *Que mes amis me pardonnent...* ») — C'était le jour d'avant, je ne savais pas qu'il n'y aurait plus de jour d'après : avant, j'étais ; après, je fus. Une droite s'était brisée en deux demi-droites. — « *Souviens-toi donc d'où tu es tombé* » (*Ap 2,5*), oui, souviens-toi du jour de ta chute, d'où tu es déchu. Tu tombes encore dans le vide, tu roules sur les pentes absurdes de l'avoir-à-exister... « *Memor esto itaque unde excideris* » ! N'oublie pas ce jour, insensé que tu es, cher éphémère Julien ! Qu'importe que « *pour l'insensé la vie [soit] plus triste que la mort* », que « *pour un mort le deuil dure sept jours, pour l'insensé et l'impie, tous les jours de leur vie* » (*Sir 22,12-13*) ? François n'est plus là depuis plus de dix ans et mon deuil n'a jamais cessé, jamais ! Que je sois insensé, impie, hérétique, si vous le voulez ! Et « *recevez-moi comme un insensé, afin que moi aussi, je me glorifie un peu* » (*2 Co 11,16*) ! — Que sais-je ? que sais-je en ce jour ? que sais-je depuis ce jour funeste ? Je sais que je ne savais rien, que je n'étais rien et que je ne suis rien. Je sais, comme Hercule, que « *Tous les hommes sont redevables à la mort* », et qu'il « *n'en est aucun qui sache seulement / si demain il vivra encore* », que « *Le hasard va, personne ne sait où* », qu'il n'y a « *pas de science pour l'enseigner, pas d'art pour le saisir* ». Je sais qu'il n'y a rien à savoir de ce que l'on ne pressente déjà, qu'il n'y a plus rien à savoir dès le moment où l'on connaît sa propre ignorance. — Hugo : « *D'où viens-tu ? — Je ne sais. — Où vas-tu ? — Je l'ignore. / L'homme ainsi parle à l'homme et l'onde au flot sonore.* » Hugo *bis* : « *Qui sommes-nous ? La nuit, la mort, l'oubli, personne.* » Hugo *ter* : « *L'enfer, c'est l'absence éternelle.* » — Il est temps que je m'occupe d'un auteur que je découvris dans ces trois premiers mois de 2001 et qui, eu égard aux événements qui devaient survenir, révéla chez moi une espèce de sombre pressentiment...

* * * * *

« *Il ne s'agit pas d'être plus ou moins abattu, il faut être mélancolique jusqu'à l'excès, extrêmement triste. C'est alors que se produit une réaction biologique salutaire. Entre l'horreur et l'extase, je pratique une tristesse active.* » L'homme qui a écrit ces mots, pléiadisé en 2011, est décédé en 1995, à l'âge de quatre-vingt-quatre ans, après avoir déclaré, cinq années plus tôt, qu'il n'écrirait plus parce qu'il en avait assez de « *calomnier l'univers* », ajoutant qu'« *un seul livre aurait suffit* » et qu'il avait de toute façon « *trop écrit* ». Quand un journaliste lui demanda, un jour, dans quelle figure de la tradition il se reconnaissait, il répondit « *Bouddha* », car ce dernier avait, dit-il, « *compris le vrai problème* ». Catalogué par le plus grand nombre comme un philosophe pessimiste, il refusait cette étiquette en la nuançant : « *je ne suis pas pessimiste, mais violent...* » précisait-il en soulignant fièrement ce dernier terme. Il ne cachait pas que sa vie avait « *été dominée par l'expérience de l'ennui* », que, en simplifiant, il avait « *l'obsession du néant, ou du vide plutôt* ». Lui qui considérait « *l'acte d'écrire comme une sorte de thérapeutique* », « *un acte d'immense solitude* », il avait réussi, « *par la réflexion et par l'expérience intérieure* », à découvrir « *que la vie n'a aucun sens* ». Qui peut bien être cet auteur qui, chaque fois qu'il avait fini d'écrire, avait envie de se mettre à siffler ? qui, s'il en avait eu la possibilité, aurait détruit le monde ? qui, sans Bach, aurait été un nihiliste absolu ? qui aurait préféré être musicien parce que « *tout ce qui est dit et tout ce qui est formulé est déréglé par la forme* » ? qui, s'il avait dû faire son propre bilan, aurait dû dire qu'il avait été le résultat de ses heures perdues ? qui, sans rire, pensait que « *la lucidité complète c'est le néant* » et que « *l'expérience de l'ennui c'est la conscience du temps exaspéré* » ? qui n'envisageait pas l'idée que l'on pût écrire quand on avait envie de danser ? qui ne se préoccupait pas beaucoup de l'utilité de ce qu'il écrivait, parce qu'il ne pensait jamais au lecteur, qu'il ne faisait qu'écrire pour lui, pour se libérer de ses obsessions, de ses tensions (« *rien de plus* »), pour se défaire d'un fardeau ? qui se disait, en méditant sur la fonction de ses livres, que le moins ceux-ci « *devraient être comme une blessure* », étant donné qu'« *un livre qui laisse le lecteur pareil à ce qu'il était avant de le lire est un livre raté* » ? Qui peut bien être cet auteur atypique dont la fonction d'écrivain est à mille lieues des représentations classiques ? Voici ce qu'il dévoila lors d'une *interview* : « *Je suis sûr que si je n'avais pas noirci du papier, je me serais tué depuis longtemps. Écrire est un soulagement extraordinaire. [...] J'irai plus loin : si je n'avais pas écrit, j'aurais pu devenir un assassin. L'expression est une libération. Je vous conseille d'essayer l'exercice suivant : quand vous haïssez quelqu'un, que vous avez envie de le liquider, prenez un morceau de papier, et écrivez que X est un porc, un bandit, une crapule, un monstre. Vous vous rendrez tout de suite compte que vous le haïssez moins. C'est précisément ce que j'ai fait en ce qui me concerne. J'ai écrit pour injurier la vie et pour m'injurier. Résultat ? Je me suis mieux supporté, et j'ai mieux supporté la vie.* » Qui est ce pessimiste qui, « *victime du "sens" de la vie* », « *doit s'inventer chaque jour d'autres raisons d'exister* » ? Qui est ce *logicien* de l'amertume qui voit dans la naissance un *inconvénient*, qui tente d'exister, qui *anathémise*, s'élance vers le pire, qui chute et (s')écartèle, que la lucidité, sans extirper « *le désir de vivre* », rend « *impropre à la vie* », qui a toujours fini « *par constater que rien n'est solide, que tout est infondé* » (« *le scepticisme ou la suprématie de l'ironie* »), qui a « *toujours vécu avec la conscience de l'impossibilité de vivre* », et que seule la curiosité de voir comment il allait « *passer d'une minute, d'une journée, d'une année à l'autre* », lui « *a rendu l'existence supportable* » ? Quel est l'homme incoerciblement mélancolique qui, depuis les cimes de son désespoir, composa une œuvre dont pas une page ne fût l'aveu désabusé d'une défaite, qui ne cessa de jurer contre l'absurdité de la vie et d'anoblir le suicide ? Qui est celui pour qui « *rien ne saurait justifier le fait de vivre* » ? « *Peut-on encore, étant allé au bout de soi-même, invoquer des arguments, des causes, des effets ou des considérations morales ? Certes, non : il ne reste alors pour vivre que des raisons dénuées de fondement. Au comble du désespoir, seule la passion de l'absurde pare encore le chaos d'un éclat démoniaque. Lorsque tous les idéaux courants, fussent-ils d'ordre moral, esthétique, religieux, social ou autre, ne parviennent pas à imprimer à la vie direction et finalité, comment préserver encore celle-ci du néant ? On ne peut y arriver qu'en s'attachant à l'absurde et à l'inutilité absolue, à ce rien foncièrement inconsistant, mais dont la fiction est à même de créer l'illusion de la vie.* » Roumain d'origine, mais expatrié vers la France en 1937 à l'âge de vingt-huit ans, c'est en 1949 qu'il écrivit son premier livre en langue française, dans un style admirable, qui m'avait par ailleurs tellement impressionné que j'avais immédiatement rangé l'auteur parmi les plus grands prosateurs *français* du XXème siècle (le plus incroyable dans cette histoire, c'est que je ne m'étais pas tout de suite aperçu que le livre *n'avait pas été traduit*, et que j'avais découvert ma méprise en cherchant le nom du traducteur, qui m'avait semblé excellent au moment de ma lecture). Les deux cent cinquante pages bien tassées de cet ouvrage à ne pas mettre en toutes les mains (au risque de les avoir dans le cambouis), se concluent sur un petit paragraphe « en-tête » par deux mots de Sénèque : « *QUOUSQUE EADEM ?* » Quoi ? toujours les mêmes impressions ! Quoi ? toujours les mêmes choses ! Quoi ? toujours la routine ? « *Qu'à jamais soit maudite l'étoile sous laquelle je suis né, qu'aucun ciel ne veuille la protéger, qu'elle s'effrite dans l'espace comme une poussière sans honneur ! Et l'instant traître qui me précipita parmi les créatures, qu'il soit pour toujours rayé de la liste du Temps ! […] Notre destin étant de pourrir avec les continents et les étoiles, nous promènerons, ainsi que des malades résignés et jusqu'à la conclusion des âges, la curiosité d'un dénuement prévu, effroyable et vain.* » Comment, dans un chapitre dédié à la mélancolie, sans que cela ne devienne un oubli aberrant, ne pas réserver une place méritée à un philosophe qui émet de tels raisonnements ? Ses pages à lui, et mes pages à moi, sont plus ou moins là : « *La mélancolie est l'état de rêve de l'égoïsme : plus aucun objet en dehors de soi, plus de motif de haine ou d'amour, mais cette même chute dans une fange languissante, ce même retournement de damné sans enfer, ces mêmes réitérations d'une ardeur de périr... Alors que la tristesse se contente d'un cadre de fortune, il faut à la mélancolie une ébauche d'espace, un paysage infini pour y épandre sa grâce maussade et vaporeuse, son mal sans contour, qui, ayant peur de guérir, redoute une limite à sa dissolution et à son ondoiement.* » Il n'y a jamais de solution, jamais d'échappatoire (« *damné sans enfer* ») ; aucun état n'est préférable à un autre ; tout est absurde, d'une insolente absurdité ; jusqu'à la mélancolie, — le refuge des convalescents sans frontières, des sondeurs de l'infini, des grands espaces, — qui ne sait pas guérir d'elle-même, qui fatigue en tournoyant dans le rien du tout et le tout du rien. « *Pourquoi la mélancolie demande-t-elle un infini extérieur ? Parce que sa structure comporte une dilatation, un vide, auxquels on ne saurait fixer de frontières. […] La sensation du vide et de la proximité du Rien — sensation présente dans la mélancolie — a une origine plus profonde encore : une fatigue caractéristique des états négatifs.* » Quelle amertume dans l'âme ! Qui est ce mélancolique ? Est-il tant fatigué que cela ? Disons que sa fatigue est vive et alerte, et que, par là, son stoïcisme est paradoxal ! *Paradoxa Stoicorum*, comme dit Cicéron… « *L'énergie et la virulence de mon tædium vitæ ne laissent pas de me confondre. Tant de vigueur dans un mal si défaillant ! Je dois à ce paradoxe l'incapacité où je suis de choisir enfin ma dernière heure.* » Qui est cet être pour qui l'être est un mal ; l'existence, un cauchemar ; la conscience, une torture ; et qui sait qu'il n'y a aucun remède nulle part (hormis le suicide) contre le fait d'exister et, par conséquent, de désespérer ? « *Il n'y a dans les pharmacies aucun spécifique contre l'existence ; — rien que de petits remèdes pour les fanfarons. Mais où est l'antidote du désespoir clair, infiniment articulé, fier et sûr ? Tous les êtres sont malheureux ; mais combien le savent ? La conscience du malheur est un maladie trop grave pour figurer dans une arithmétique des agonies ou dans les registres de l'Incurable. Elle rabaisse le prestige de l'enfer, et convertit les abattoirs des temps en idylles. Quel péché as-tu commis pour naître, quel crime pour exister ? Ta douleur comme ton destin est sans motif. Souffrir véritablement c'est accepter l'invasion des maux sans l'excuse de la causalité, comme une faveur de la nature démente, comme un miracle négatif… — Dans la phrase du Temps les hommes s'insèrent comme des virgules, tandis que, pour l'arrêter, tu t'es immobilisé en point.* » Quel est donc cet *imposteur* qui, observant (tout en les supportant) ses congénères-*automates*, pense que « *la vie n'est tolérable que par le degré de mystification que l'on y met* », et s'assure une fois de plus que « *la vie n'a pas de sens* », qu'« *elle ne peut en avoir* », et que « *nous devrions nous tuer sur le coup si une révélation imprévue nous persuadait du contraire* » ? Suspendu à son rocher, il nous fait une petite place afin que, questionnant le paysage sauvage, nous le contemplions avec lui : « *Comment imaginer la vie des autres, alors que la sienne paraît à peine concevable ? On rencontre un être, on le voit plongé dans un monde impénétrable et injustifiable, dans un amas de convictions et de désirs qui se superposent à la réalité comme un édifice morbide. S'étant forgé un système d'erreurs, il souffre pour des motifs dont la nullité effraie l'esprit et se donne à des valeurs dont le ridicule crève les yeux. Ses entreprises sembleraient-elles autre chose que vétilles, et la symétrie fébrile de ses soucis serait-elle mieux fondée qu'une architecture de balivernes ? À l'observateur extérieur, l'absolu de chaque vie se dévoile interchangeable, et toute destinée, pourtant inamovible dans son essence, arbitraire. Lorsque nos convictions nous paraissent les fruits d'une frivole démence, comment tolérer la passion des autres pour eux-mêmes et pour leur propre multiplication dans l'utopie de chaque jour ? Par quelle nécessité celui-ci s'enferme-t-il dans un monde particulier de prédilections, celui-là dans un autre ?* » Ah ! qui ose écrire tout *cela* ? (Et ce n'est pas moi, je vous le jure !) C'est l'un de ceux que la mort de François m'a fait découvrir, en témoigne cet extrait de mon *Journal* en date du 21 avril 2001 : « *Mes goûts très morbides du moment m'ont "sommé" d'acheter ces trois livres chez Coiffard :* Syllogismes de l'amertume *(Cioran),* Le Mythe de Sisyphe *(Camus)* et Les Carnets de Malte Laurids Brigge *(Rilke)… — Etc. — Solitude… mais je ne veux rien d'autre… Ambiguïté.* » A cette époque, je n'avais rien lu de Rilke, je connaissais deux ou trois livres de Camus, et, par le biais de *Syllogismes de l'amertume*, j'entrai dans le monde de Cioran pour la première fois. — Je repose la question : de qui étaient toutes ces pensées morbides ? De sieur Cioran ! — Si François ne s'était pas suicidé, à quel moment en serais-je venu aux *Syllogismes*, à *Sisyphe*, aux *Carnets* ? Beaucoup plus tard ? jamais ? Et aurais-je connu la dépression ? aurais-je compris le suicide et la mélancolie ? aurais-je été suicidaire, mélancolique ? François a été un catalyseur, sans nul doute : à la fois positif et négatif, ce catalyseur m'a ouvert les yeux et m'a offert la possibilité de les fermer. — Le malaise qui prend le lecteur des aphorismes de Cioran, n'est peut-être pas le malaise de celui qui affronte, par les idées, le monde qui l'entoure. Il s'ouvre pour mieux se refermer. Alors : « *Pourquoi la mélancolie demande-t-elle un infini extérieur ?* » Je répondrais en changeant le sens de la question : l'infini extérieur demande la mélancolie. Les Διαψάλματα de Kierkegaard concluront cette période : « *La porte du bonheur ne s'ouvre pas vers l'intérieur, de sorte qu'on puisse la forcer d'un coup d'épaule ; elle s'ouvre au-dehors ; aussi n'y a-t-il rien à faire.* »

* * * * *

Cioran, religieusement, contemplait le monde en faisant la moue ; — religieusement, caressait le papier en le brûlant de son regard incendiaire ; — religieusement, approuvait en niant ; — religieusement, désirait la mort en la vivant. — Devrais-je dire l'*abbé* Cioran ? N'ai-je pas relié déjà, sans fortuité, Cioran à Teresa ? — L'abbé

Mouret de Zola niait la vie en prétendant que « *la mort de l'espèce est préférable à l'abomination continue qui la propage* ». Au milieu des champs pleins de fleurs, il ne voyait que la mort, qu'il voulait se donner, « *la mort qui délivre, qui sauve de toutes les pourritures* ». — « *Entends-tu ! je nie la vie, je la refuse, je crache sur elle. Tes fleurs puent, ton soleil aveugle, ton herbe donne la lèpre à qui s'y couche, ton jardin est un charnier où se décomposent les cadavres des choses. La terre sue l'abomination.* » — Ils n'en sont pas morts… Quel jeu diabolique ! quelle horreur sainte !…

* * * * *

(Au bord de l'eau infinie, là où se plantent les vagues, muni de cette cigarette rare et satanée, j'écoute Elvis Presley qui déploie en grands mots les affres de l'amour, et je goûte aux pleurs intérieurs.)

* * * * *

Quatrième saison. (Couleur : *orange.*) — Cette saison, qui coïncide avec la remise du diplôme d'ingénieur et de la recherche de travail, fut aussi celle du *déclenchement de l'arrêt* de l'écriture : après une année faste, plus rien — jusqu'à ce livre, *La Perte de Sens (entre parenthèses).* De 2001 à 2009, des poèmes ici ou là, des dissertations de philosophie, des pages de *Journal*, de minuscules essais, des corrections, — des brouilles : ainsi fut mise *entre parenthèses* la seule activité qui me retenait à la vie. L'angoisse de trouver une situation et d'être indépendant financièrement (angoisse double : angoisse de ne pas réussir à trouver, angoisse de ne pas supporter cette existence dans la vie dite « active »), l'angoisse de l'« ouverture » que m'aura « imposée » la mort de François, l'angoisse de ne plus avoir l'occasion d'écrire, tout cela, pas à pas, allait me faire connaître toutes les facettes de l'enfer : la mélancolie, la dépression, le suicide, l'alcool, la désillusion (en amour, en famille, en boulot). Le diplôme en poche, l'avenir devait s'« ouvrir » devant moi : ce fut tout le contraire, mon avenir n'avait pas d'avenir, mon passé devint mon unique refuge, mon présent, ma souffrance perpétuelle. — Il m'avait pris l'idée, à l'époque, de dresser la liste des « déboires » faisant référence à ma recherche d'emploi, comme si, après le 1er avril qui ne fut pas une blague, après le désengagement d'IBM un vendredi 13, j'avais intimement craint quelque chose, ou plutôt comme si j'avais été certain que je fusse né sous une mauvaise étoile (« *Qu'à jamais soit maudite l'étoile sous laquelle je suis né, qu'aucun ciel ne veuille la protéger, qu'elle s'effrite dans l'espace comme une poussière sans honneur !* »). Ce bout de papier qui aujourd'hui me fait sourire, je l'avais intitulé *La feuille de malchance.* En voici le contenu « brut » (et *fataliste*) que, pour la « bonne » *cause*, je ne retoucherai pas (dieu ! me voilà qui guillemetise à outrance !)… 2001, l'odyssée de lèse-*pace* : « (Problèmes, contingences : conjoncture économique (une tous les cinq ans ?), attentats à New York City (rare), passage à l'Euro (rare), élections présidentielles et législatives (cinq ans chacune). Je ne veux pas faire le calcul, mais que celui qui tombe dans une période plus défavorable lève le bras.) Tout commença réellement un *vendredi 13…* (Et c'est vrai !) — Vendredi 13 juillet. — *Départ pour Paris avec toutes mes affaires. Le matin même, Anne me fait comprendre qu'il y a un gel des embauches. La solution est mince. Chez Carole, c'est l'enfer. Elle est loin, impossible à cerner, elle fait la gueule. Finalement, je repartirai quelques jours plus tard vers Nantes, sans travail, tout en ayant perdu plusieurs semaines pour la recherche d'emploi. J'y croyais : on m'a évincé.* — *Lors de mon projet d'étude en laboratoire, nous étions en partenariat avec l'entreprise PCM Pompes qui, après les projets, souhaitait recruter l'un d'entre nous. Si je m'étais présenté, je l'aurais, à mon avis, obtenu, mais je pensais être pris à IBM.* — Fin août. — *Après des semaines de stress (qui ne seront rien par rapport à la suite), je décroche un entretien (type EDF) à Valenciennes. (J'achète des livres sur la neutronique, la physique du cœur, etc., que je révise et que je commence à bien connaître. Encore des études qui ne servent qu'à moi.) Heureusement, mais malade (gastro-entérite), j'y vais. J'ai beaucoup de voyage en TGV et je suis malade depuis le matin. Là-bas, je demande un comprimé. L'entretien, rapide, parfaitement réussi (je me suis aperçu plus tard qu'ils s'en fichaient tous, de ces tests réussis comme personne auparavant !), mais qui ne correspondait pas : en gros, ils n'avaient pas consulté mon CV et s'en excusaient.* — Mi-septembre. — *Les attentats de New York ont eu lieu. François, parce que je n'ai plus d'argent et que je suis libre, m'embauche en tant qu'intérimaire dans sa boîte à Brive. Pendant deux mois, sillonnant les routes de France, je n'aurai jamais eu le courage de répondre à quelque offre que ce fût (fatigue). J'aurai passé un seul entretien, à Paris, qui aura été jusqu'à un autre entretien à la centrale nucléaire de Belleville. Là-bas, explosé : je n'ai pas su dire "pourquoi EDF" ni "pourquoi ce métier en particulier". C'était une chance à saisir, la plus intéressante jusqu'à ce moment-là. Je n'ai pas été pris. (En fait, à l'hôtel, je ne retrouvais plus mes papiers pour préparer l'entretien. Le soir après l'entretien, je vis qu'ils étaient cachés dans le sac. Je fus énervé.) J'aurai passé un autre entretien pour un poste qui, s'il ne m'était pas destiné, ne devait être destiné à personne. (Encore battu leurs records des tests.) Je n'ai même pas eu l'occasion d'aller au second tour.* — Fin novembre. — *Deux entretiens à Lyon. Le premier n'a pas été raté, mais j'ai été éjecté. Le second, je me suis senti très bien. Je savais que j'irais au second tour, voire davantage. Selon cette dame, j'étais vraiment le génie qu'il fallait. Et début janvier, après m'avoir dit en fin d'année que c'était bon, elle m'annonce que le poste est annulé. J'étais pourtant certain, dans ma tête, de décrocher le boulot. Les annonces sont de plus en plus rares. Ne sont demandées que des expérimentés. EDF, qui en 2000 avait recruté quelques milliers (non : moins) de cadres, n'en recrutait, déjà, plus que la moitié en 2001. Ensuite, depuis septembre, leurs annonces tombaient au compte-gouttes.* — Fin février. — *Je me rends compte que tous les courriers que j'envoyais via Internet étaient, à l'ouverture, remplis de hiéroglyphes. Autant dire qu'ils n'étaient pas lus. Les Pasquier m'envoient chez le cabinet Best. Là-bas, sous leurs recommandations, je refais entièrement mon CV (qui est parfois un tissu de mensonges, et ce sont ces mensonges qui intéressent les entreprises, maintenant). Arrive mars et je peux enfin, depuis que je suis diplômé (après donc neuf mois), envoyer normalement des CV.* — Mi-mars. — *Michael Page à Nantes reçoit un CV envoyé à Paris. Je passe un entretien pour un poste d'ingénieur. Pas de nouvelles pendant un certain temps : l'interlocuteur est en vacances. Plus tard, on m'appelle pour un poste de technicien. (Erreur ?)* — avril. — *Renault m'appelle. On me demande si le lieu de la formation (dans l'est ou dans le nord) me dérange. Je réponds que non, du moment que ce n'est pas en région parisienne. Seulement, le poste, ensuite, y était basé. Fini. Un mot et je me suis perdu. Plus tard, Michael Page me rappelle : je ne suis pas pris (trop jeune, allèguent-ils). Ils me proposent un stage. Quand la réponse est positive, la SNCF m'appelle. Un* entretien le 15 mai alors que je dois faire vite pour MP et me débrouiller pour dénicher une possibilité de convention de stage (mission difficile). Donc deux possibilités s'offrent à moi, qui arrivent en même temps, dont l'une est sûre, mais précaire pour cinq mois encore au minimum, et je dois faire patienter MP sans le leur dire. — mai. — L'armée s'intéresse à moi pour être officier ingénieur. Mais le problème de vue... Apparemment (le bol), il faut avoir mieux que –4 aux yeux pour la SCNF. Or, mon œil gauche est à –4. Tout tenter pour me faire avoir avec –4,5 ?... Magali me dit que j'ai toutes mes chances pour la SNCF. Ça va mieux. Le 6, j'appelle mes ophtalmologues : j'avais –3 et –4... il y avait deux ans !... Je vais me faire griller à un quart de dioptrie près !... Incroyable !... S'ils sont chipoteurs (si toutefois ça marche), ils me congédieront avant d'avoir signé. (Et depuis quelques mois, je bois beaucoup, ce qui n'arrange rien à la vue. Je dois faire attention.) J'ai vu mon opticien : un incapable. En gros, il me faudra le test avec l'écran de lettres (l'optotype), pas avec la machine, sinon ils calculeront en réalité parfaite : avec l'écran, je pourrais gruger. Sector m'appelle (donc quatre boîtes en deux semaines : tout en même temps). C'est dans le 91, ça me fait vomir d'avance, mais je dois tout tenter, je n'ai plus le choix de pleurer pour un chouïa. Le dimanche 12, je suis incapable de rien faire, je suis dans un état grippal !... Je recherche les TIPE (dossiers réalisés en prépa sur la SNCF, sur la sécurité et sur les mesures) : impossible de les retrouver, si jamais ils sont là, dans le bazar total de ma chambre. La veille de l'entretien, je ne dors quasiment pas, j'ai envie de vomir. Lors du premier entretien, on me fait comprendre que le poste pour lequel je venais n'était pas celui que je croyais. (Je parie ma tête au diable qu'ils se sont trompés sur : au téléphone, ils m'avaient parlé de traction, pas de maintenance.) Cela a rendu l'échange confus, mais j'ai été bon. L'après-midi, j'appelle MP, qui comprend, mais qui tente tout. J'avais un message de Sector. Ils souhaitaient me voir : entretien vendredi. Vendredi, j'ai su que c'était fini pour la SNCF (quand je repense à l'entretien collectif, pendant lequel j'avais trouvé une idée dont ils n'avaient jamais entendu parler, qui faisait que je remplissais mon rôle à merveille, que je me détachais du commun des autres, et que, au final, ils s'en sont foutus, voire même qu'ils n'ont pas compris, tout cela me fait dire que les meilleurs n'ont aucune chance et qu'il faut être dans la norme nauséabonde), et que j'embaucherais, normalement, à Sector. (Penser aux contrôleurs de bus, aussi.) Je trouve donc mon boulot dans la région parisienne, moi qui voulais tout sauf ça. (Mais j'ai appelé pour confirmation, mardi 21 mai, et la consultante RH me fait savoir qu'elle n'en a pas encore discuté avec la directrice... Donc rien n'est sûr et je dois attendre leur réponse. Ce qui fait : ou non, ou oui (un autre entretien), ou oui complet. Rien n'est totalement clair, je vais pouvoir reboire.) — juin. — Appelant tous les jours Sector, on me dit que la directrice me contactera. Jamais elle ne m'a rappelé. Elle m'a refait croire que c'était OK, et rien. J'ai arrêté mes recherches depuis un mois. Si Sector dit non, il restera MP, mais ils ne peuvent plus me prendre avec la mission ELAN (trop cher), donc il y a toujours le problème de la convention de stage. Sector m'a dit non (encore obligé de les appeler), mais par la consultante (la directrice avait peur, bande d'hypocrites). Monde de requins. MP devait appeler l'ANPE, mais deux jours sans nouvelle. Pas de nouvelle, mauvaise nouvelle. J'ai postulé à trois annonces seulement, et pour cause : la période est la pire de toutes : pas une offre pour jeunes diplômés (sachant que les nouveaux arrivent sur le marché, ce sera pire que tout). Sur une, à la Poste, je pourrais être pistonné (chance des autres qui échouerait sur moi ?), mais passage obligé au préalable par une boîte de recrutement. JAMAIS DE CHANCE. Assez... MP me convoque à un autre entretien (quatrième personne). Résultat : ils me trouvent "remarquable" (des recruteurs pros), mais il faut trouver une convention... L'ANPE ne se remue pas (c'est leur boulot, pourtant), donc je dois voir avec l'Université. Pas possible. Je vais m'inscrire en FAC de philo. Demande d'équivalence : on m'avait dit que ce n'était pas possible, mais je peux avoir au moins le DEUG. À quelques jours près, j'aurais pu être fixé courant juillet. Là, attendre fin septembre (à la rentrée). Michael Page me dit qu'il y aurait un CDD à pourvoir. Je ne veux pas de cela, je ne suis pas un chien, encore moins du bétail. Je pourrais avoir toutes mes chances en postulant pour Unilog, mais ça m'énerve. Si j'avais su, j'y serais depuis un an, là-bas, et ce serait trop absurde. Je suis révolté. — juillet. — Obligé de trouver un petit boulot, je prends celui que m'a trouvé Gwenaël : poseur de faux plafonds. Un métier difficile, dans un temps où j'aurais eu besoin de repos pour réviser à fond la philo. Mais tout le monde n'a pas la chance de se reposer complètement — et il faut lutter. Convié à des entretiens avec la Poste, j'aurai cru (pour la dernière fois ?) pour de bon avoir le job. J'ai passé les tests à la perfection, j'ai fait deux entretiens très bons, où j'ai prouvé que mon profil était en totale adéquation avec l'offre, où j'ai montré qu'il fallait un homme complet et que j'étais cet homme-là. Peine perdue. Ou ce sont des idiots finis, ou alors il y a en moi du piston qui fait crever à cette étape. Je ne vois aucune autre solution à ce problème. Je devais être pris ; je n'ai pas été pris. — août. — Cela fait un mois et demi que je travaille à poser les plafonds. Ils me garderaient bien en CDI, mais est-ce un avenir ? Ce serait comme tous les Autres. Je dois maintenant dénicher le petit boulot d'étudiant qui prend peu de temps et qui permet de survivre. — ... — novembre. — Après quelques mois d'absence au "compte-rendu des afflictions", je reviens pour noter quelques événements qui démontrent, s'il en est besoin, le titre de ce papier. J'avais vu que MP proposait un poste à Paris en tant que consultant ; mais, chose plus intéressante, une autre annonce qui la suivait, qui concernait le poste basé à Nantes, celui que j'aurais dû occuper si j'avais eu au moins un peu de malchance (et non pas plus de chance !). Rien à faire, j'ai écrit à mon interlocuteur habituel, il ne peut rien engager, les candidats ont de l'expérience, etc. Merci. J'ai demandé une bourse à l'éducation nationale. Peine perdue, ils considèrent que je "régresse dans mes études" (oh ! la belle expression) : je passerais de bac+5 à bac+3, ce qui est lamentable, n'est-ce pas ? Alors j'ai écrit au recteur de l'académie une lettre salée et bien écrite, pleine de motivation, et je verrai s'il me répondra (ce dont je doute). Donc, ayant dépensé plus de trois cents euros non remboursables, et ne touchant pas les deux cents (et des poussières) euros que d'autres (abrutis) recevront sans aller en cours, je me retrouve dans l'obligation de dénicher un petit travail malsain. Au sujet d'une pension de la part de l'ANPE, je pourrais légitimement en avoir une, mais ayant menti l'année dernière en m'inscrivant (pour toucher des remboursements des frais de transport), et pensant que ce n'était pas passager, je ne peux plus rien faire, sinon tout avouer et filer au trou. Je ne réponds plus beaucoup aux annonces, je suis de plus en plus fichu, étant donné le temps sans activité qui s'allonge à mon détriment. J'ai répondu à une annonce, notamment, pour EDF, mais le poste a été suspendu (je les choisis bien, tout cela va de soi). J'ai même écrit pour un poste à Puteaux, dont le profil requis était plus que le mien (je veux dire qu'ils auraient dû avoir du mal à trouver plus complet et plus adéquat) : niet. Je repensais à une autre ironie du sort, très révélatrice de ma situation toujours répétée si affreusement : j'aurais pu, éventuellement, me faire opérer des yeux et faire croire à l'armée que je n'avais aucun problème de vue (je ne crois pas que dans ce milieu ils soient si intelligents que cela pour vérifier : voir le soi-disant ophtalmo militaire à Rennes). On ne sait jamais ce qu'on aurait dû faire ou non (on n'est pas trop jeune, on ne pense pas au futur), et de l'incidence des décisions sur toute la vie active (réduite, pour les militaires). Ces maudits yeux : sans la myopie, j'aurais fait ma prépa au Prytanée militaire de La Flèche, etc. Mais j'ai assez vite compris, pour rentrer dans l'armée, que la fatalité me rejoindrait immanquablement : j'avais passé mes trois jours à la suite desquels j'avais été réformé ("Y5"), *ils auraient par conséquent retrouvé les fichiers, et j'aurais été boulé. (À quelques mois près, puisqu'ils avaient décidé d'arrêter le service militaire obligatoire à partir de mon année de naissance : je tombais entre deux époques, dans la mauvaise, bien entendu.) En plus de tout cela, il faudra que je renégocie mon prêt étudiant, car vers janvier, on me prendra l'équivalent de mille francs sur mon compte (oui, je pensais que j'aurais* enfin *trouvé un job). Ma mère désirait acheter un appartement. On en a trouvé un très bien, bon prix, un T2, parfait pour moi afin de travailler dans de bonnes conditions, d'être un peu plus libre, et de pouvoir ranger mes livres. Seul hic : il a fallu tomber sur la grand-mère coriace qui ne sait plus trop quoi décider, et qui nous fait attendre qu'elle ait eu son nouvel appartement en Vendée. Avec un autre (par exemple, l'appartement visité juste avant), je serais vraisemblablement dedans à l'heure qu'il est.* — Etc. *(Je pourrais écrire une saga.)* — Décembre. — *Obligé de travailler sur la plateforme téléphonique de la Redoute pour survivre. Ça m'aura bouffé pendant un mois et demi. J'aurai tout perdu pour quelque obole. Et l'ANPE me recontacte, eux qui n'ont jamais rien fait pour moi. Etc.* » — Puis, croyant conclure : « *L'aventure aura duré plus d'un an. Plus de douze mois pendant lesquels je n'aurai rien fait ; j'aurai tout perdu au fur et à mesure ; j'aurai perdu confiance ; je n'aurai pas eu de chance. Un recruteur n'est jamais très bon et il préférera un candidat scolaire, dans la bonne tradition de la nullité, à un autre franc, honnête et potentiellement meilleur, complet, polyvalent.* — À *cela s'ajoutent les autres soucis. Tous mes problèmes, ou peu s'en faut, proviennent de ce que je n'ai pas de travail : petite amie, mon père, argent, alcool,* etc. *De plus en plus pessimiste, dégoûté, je suis sombre. Si j'étais sorti un an plus tôt de l'école, je serais sûrement à EDF, la boîte que je désirais. Je ne serais pas fâché avec mon père, j'aurais une relation sentimentale stable (si même lieu, surtout), j'aurais de l'argent (je n'aurais pas eu à en demander à mes grands-parents), je ne boirais pas, je serais en meilleures formes physique et morale, je n'habiterais pas chez ma mère. J'ai eu des problèmes avec ma banque (prêt deux fois refait pour des erreurs de leur part). La maison va être vendue, il faut donc que la situation se débloque. Internet m'aura coûté cher (2000 F en deux mois : je ne m'en suis pas aperçu, car à partir de ces factures énormes, j'avais décidé de ne plus régler le total des minutes écoulées). Je ne fais plus de sport, car je m'attends chaque jour à ce que tout se démêle. Les gens, avec tout cela, me disent qu'il y a plus malheureux que moi (Manu et Guillaume, en revanche, ne le disent pas : ils sont dedans !). "Mais non, ça va marcher..." Le fait est que cela ne marche pas. J'aurai perdu de vue Chris, avec qui j'étais proche lors des recherches. Lui a trouvé (à EDF, ce qui n'arrange rien), si bien qu'il n'ose pas me rappeler,* etc. *Je me serai fait cambrioler la voiture (3000F, mais pas de franchise). Et puis j'avais eu la chance de travailler deux mois pour Bernier Service, mais en arrivant, il avait fallu mettre ma voiture au garage ; et si François ne m'avait pas charitablement payé le montant des réparations, je serais venu travailler à Brive pour rembourser ces frais. Mon expérience en informatique (en particulier tout ce qui concerne le web) aura pour moi été un frein. Celui qui, aujourd'hui, se permet d'en apprendre plus que ce qu'il devrait, est lynché : on veut des spécialistes, des unilatéraux, des simplets. J'aurai, à chaque entretien, lors des tests psychotechniques (et de QI), pulvérisé leurs records (j'ai en les chiffres). Il faut croire que cela ne sert à rien, leurs conneries.* — *La banque m'aura appelé pour un découvert trop prolongé.* — *Tout cela est du temps perdu. J'aurai perdu un an de ma vie. J'aurai eu mon orgueil brisé par la société, mon espérance éclatée, mon élan arrêté. Tout pour me détruire radicalement. Si j'avais su, j'aurais écrit plusieurs livres, mais c'est ainsi, et les conditions de travail étaient funestes. Tant et si bien que désormais, mon souhait est de devenir professeur de philosophie, le seul métier envisageable à mon goût et qui soit motivant. Encore quelques années de galère... et peut-être la victoire et la libération au bout de ce tunnel forgé par une société qui n'a aucune valeur...* — *J'ai perdu mes amies, dont Marie. Merci, monde absurde.* — *(Suite.)* — septembre. — *Je ne veux plus écrire dans ce fatras de symboles. À quoi cela sert ? Chaque mois apporte son lot de consolations et de déroutes. Là, je ne peux pas toucher le RMI parce que j'ai trop gagné cet été, alors que des punks, des je-ne-sais-quoi le touchent ! À qui la chance ? À qui le mérite ? Un vrai de ce monde n'est récompensé ni pour son mérite ni pour son travail.* — *Si je regarde bien, je n'ai pas écrit depuis décembre 2002. Tant de choses depuis !... (Souvent en mauvais.)* — *Adieu,* Feuille de malchance, *car ressasser le continuel labeur n'est plus de mon ressort. Et écrire mal ne m'a jamais réjoui.* — 25 septembre 2003. » — Adieu, feuille de dé(route) ! adieu ! Avec ou sans toi, j'en suis *là.* Adieu ! À Dieu, adieu ; adieu à toi (je ne mets pas de majuscule), Dieu qui m'as fait naître, Dieu qui m'as tué, puis fait renaître, puis retué, puis... Que voulais-tu prouver en voulant m'éprouver ? Me réprouver ? Me faire mordre la poussière, moi qui déjà n'étais, ne suis que poussière ? Que fallait-il que je fisse ? Toi, l'Éternel, qui te repentis d'avoir fait l'homme sur la terre, et fus affligé en ton cœur *(Gn 6,6),* toi qui te sentis persécuté et humilié comme une pauvre vieille femme, tu provoquas le déluge sur un coup de colère, puis, voyant que Noé t'offrait un holocauste qui répandait une odeur agréable, tu t'adoucis, tu te repentis à nouveau comme une girouette capricieuse qui n'en ferait qu'à sa tête, et ton cœur fut si affligé que tu eusses cassé ton jouet, que tu te dis : « *Je ne maudirai plus la terre, à cause de l'homme, parce que les pensées du cœur de l'homme sont mauvaises dès sa jeunesse ; et je ne frapperai plus tout ce qui est vivant, comme je l'ai fait.* » *(Gn 8,21)* Depuis le commencement, nous sommes des marionnettes entre les mains de Marionnettiste puéril, nous sommes des comédiens sans pouvoir créés dans ton esprit de Machiniste lunatique. Ne sauves-tu pas ceux qui te prient de les épargner ? Tortures-tu tes créatures pour mieux les sauver de la torture ? Ô l'Être machiavélique ! tu nous presses et ne viens nous soulager qu'à la condition que nous t'invoquions en ton Nom, nous qui avons « *les testicules écrasés* » *(Lev 21,20)* ! Que devais-je dire ? que dois-je dire ? Préserve-moi « *du malheur, en sorte que je ne sois pas dans la souffrance* » ? *(1 Chr 4,10)* Faut-il que nous consentions au sort que tu nous réserves et que nous priions comme David : « *Nous sommes devant toi des étrangers et des habitants, comme tous nos pères ; nos jours sur la terre sont comme l'ombre, et il n'y a point d'espérance* » ? *(1 Chr 29,15)* C'est trop facile, goujat omnipotent, de blesser afin de mieux guérir ! « *Ma parole n'est-elle pas comme un feu, dit l'Éternel, et comme un marteau qui brise le roc ?* » *(Jr 23,29)* Ta Volonté peut tout ; notre pouvoir ne fait que vouloir. Es-tu content ? « *L'Éternel rendra ton cœur agité, tes yeux languissants, ton âme souffrante. Ta vie sera comme en suspens devant toi, tu trembleras la nuit et le jour, tu douteras de ton existence. Dans l'effroi qui remplira ton cœur et en présence de ce que tes yeux verront, tu diras le matin : Puisse le soir être là ! et tu diras le soir : Puisse le matin être là !* » *(Deut 28,65-67)* Est-ce là ta philosophie de Vengeur masqué ? Ce raisonnement est même tout l'inverse de ce qu'on trouve chez ces deux *pessimistes* « *stoïciens* » que sont Thomas a Kempis et Alphonse Rabbe, puisque, chez le premier, on lit : « *Le matin, pensez qu'on n'atteindrez pas le soir ; le soir, n'osez pas vous promettre de voir le matin* », — et chez le second : « *Pensez au matin que vous n'irez peut-être pas jusqu'au soir ; et au soir que vous n'irez peut-être pas jusqu'au matin.* » Sommes-nous, dans ce laboratoire qui semble être ton aire de jeu, des cobayes que tu peux disséquer vivants ? « *Mais je te guérirai, je panserai tes plaies* » (Jr 30,17), dis-tu, alors que c'est toi qui as frappé ! Tu es fier de ta force, n'est-ce pas ? Tu nous infliges tes atrocités, nous harcèles, nous faits pleurer, tout cela pour admirer, ravi, que nous te sommes obligés de tes consolations. « *Ils viennent en pleurant, et je les conduis au milieu de leurs supplications ; je les mène vers des torrents d'eau, par un chemin uni où ils ne chancellent pas* » (Jr 31,9) ; « *je changerai leur deuil en allégresse, et je les consolerai ; je leur donnerai de la joie après leurs chagrins* » (Jr 31,13) N'as-tu pas honte de ta scélératesse ? Pour avoir bonne conscience, suffit-il de dire : « *Voici, je lui donnerai la guérison et la santé, je les guérirai* » ? (Jr 33,6) Nous sommes là avec nos yeux qui « *se consument dans les larmes* », nos entrailles qui bouillonnent, notre bile qui « *se répand sur la terre* » (Lam 2,11), et tu jubiles ? « *Il a brisé mes dents avec des cailloux, il m'a couvert de cendre. Tu m'as enlevé la paix ; je ne connais plus le bonheur.* » (Lam 3,16-17) Ta miséricorde n'est-elle qu'une conséquence de ton crime ? Devons-nous tous être tes Job ? Les sons les plus harmonieux sont-ils pour toi ceux de la symphonie de nos lamentations ? « *Il est bon d'attendre en silence le secours de l'Éternel. Il est bon pour l'homme de porter le joug dans sa jeunesse. Il se tiendra solitaire et silencieux, parce que l'Éternel le lui impose ; il mettra sa bouche dans la poussière, sans perdre toute espérance ; il présentera la joue à celui qui le frappe, il se rassasiera d'opprobres.* » (Lam 3,26-30) — Que puis-je ? que dois-je ? que m'est-il permis d'espérer ? « *Et toi, marche vers ta fin ; tu te reposeras, et tu seras debout pour ton héritage à la fin des jours.* » (Dan 12,13) Pourquoi me dis-tu cela ? Tu pourrais aussi bien me dire : « *Je ferai cesser le bruit de tes chants, et l'on n'entendra plus le son de tes harpes.* » (Ez 26,13) Il est vrai que parfois l'inspiration diminue, voire s'éteint, et que d'autres fois, elle s'enflamme et m'emporte, comme s'il avait fallu compenser le manque… Tu es celui qui peut tout et qui ne veut rien d'autre — que la souffrance. J'espère (oui ! *j'espère*) que tu te dis : au moins, Julien, tes souffrances t'ont fait, te font et te feront écrire. — « *Ces paroles sont pour toi, ces paroles sont de moi. / Je te les donne, tu peux les prendre ; je ne t'oblige de rien, mais sois avec moi, car je suis tout, — et tu n'es rien. / Car si je possède ta vie, tu possèdes la mienne ; — tu es ce que je suis, je suis ce que tu es. / Mais je suis tout, — et tu n'es rien. / Si tu ne m'écoutes pas, je parlerai ; ma parole flotte dans les airs depuis la nuit des temps, — il ne tient qu'à toi de l'attraper. / Sans moi, tu n'es rien, — sans toi, je suis éternellement tout. / Car je suis tout, — et tu n'es rien. / Oui, — ainsi soit-il.* » — Non-Dieu a dit. — Ha ! *Amen*.

* * * * *

Les « *curriculum vitæ* », qu'on abrège si horriblement en « *CV* », ont depuis longtemps perdu toutes leurs lettres de noblesse et ne sont plus un quelconque « *déroulement de la vie* », mais un déroulement glacial d'items à caractère « professionnaliste » et « diplômatoire ». Le candidat postulant à une annonce quelconque montre au directeur des ressources humaines un bout de papier censé résumer sa vie, ses compétences, ses aptitudes, sa volonté, ses expériences, et l'accompagne d'une « *lettre de motivation* » : « Prêtez-moi votre *cévé*, que j'y jette un œil et définisse votre être. » Qui suis-je ? Un état civil, un cursus. Dans mes « *investissements personnels* », tout en bas, j'avais indiqué : « *Sports pratiqués : Basket en compétition, tennis en loisir / Centres d'intérêt : L'astronomie, les livres / L'écriture : Romans, nouvelles, théâtre, poésie…* » Que n'avais-je pas fait ! Un ingénieur qui apprécie la lecture, passe encore ; un ingénieur qui écrit ! et de la poésie ! Je me souviens de la réaction du recruteur à la centrale nucléaire de Belleville : « Vous dites écrire de la poésie ? Vous avez vu où nous étions situés, cet environnement fermé, ces barbelés, ces cheminées ? Ne sentez-vous pas que cet endroit n'est pas en adéquation avec votre passion ? » Pour mieux réussir et garder une certaine pertinence à leurs yeux de machines, j'aurai dû effacer ces quelques lignes : quelle belle société ! Autre préjudice : mon expérience à IBM, autrement dit le milieu informatique. Quoique cela ne durât que six mois sur les cinq ans d'étude pour accéder au titre d'ingénieur, on me fit comprendre que je n'avais qu'à rester dans cette branche. Moi qui voulais ajouter une corde mon arc, n'avais-je fait qu'ajouter une corde à une poutre pour mieux me pendre ? « *Conception de sites Internet (intégration HTML, optimisation des pages…)* » — cela n'eut pas l'heur de plaire, de même que la liste des logiciels et des langages que j'étais parvenu à maîtriser : « *Photoshop 5.5, Image Ready, Webexpert 2000, Dreamweaver 4, HTML, Flash 4, Javascript, Paint Shop Pro, FrontPage, Word, Excel, Mathematica, Visio, Cadds, Patran, Pro Engineer, Moldflow, streaming audio, Access, PHP, C++, Turbo Pascal, Java, 3D Studio, Powerpoint* » Que vouliez-vous que je fisse ? Me reprochait-on d'avoir désiré apprendre et connaître le plus de choses possibles ? En quelque sorte, oui, et cet état de fait me traumatisa un peu plus à chaque nouvel entretien, sans qu'une seule fois je remisse en cause quoi que ce fût, ni que j'effaçasse ma nature littéraire. (Heureusement que je n'avais pas signalé le titre de mon premier site web personnel : *La puissance de l'Ego* ! (Et Sartre n'intitula-t-il pas son premier livre : *La transcendance de l'Ego* ?) On m'aurait assassiné…) Je rêvais, je l'avoue, au jour où j'apercevrais une annonce formatée pour un ingénieur-philosophe ! Ma désillusion ne fut pas moins grande que celle de Figaro le touche-à-tout : « *Voilà précisément la cause de mon malheur, Excellence. Quand on a rapporté au Ministre que je faisais, je puis dire assez joliment, des bouquets à Cloris, que j'envoyais des énigmes aux Journaux, qu'il courait des Madrigaux de ma façon ; en un mot, quand il a su que j'étais imprimé tout vif, il a pris la chose au tragique, et m'a fait ôter mon emploi, sous prétexte que l'amour des Lettres est incompatible avec l'esprit des affaires.* » (Mais tout vient à point à qui sait attendre, et mon profil atypique sut attirer les faveurs du responsable pédagogique de la Chambre de Commerce et d'Industrie du Choletais. « *C'est marrant, mon cv plaît. Pour une fois que des gens comprennent qu'on peut être ingénieur, faire de la philo et des maths !...* »)

* * * * *

Il y a un auteur, rangé dans un coin spécial de ma bibliothèque, dont le nombre d'ouvrages que je possède est inversement proportionnel à l'estime que je lui porte et à l'importance qu'il eut, qu'il a encore et qu'il aura dans ma vie. En effet, ces ouvrages ne sont que trois, et trois fois le même (je veux dire qu'ils portent le même titre), dans trois éditions différentes. À ma connaissance, il n'en existe que quatre éditions : la première, en deux volumes, remonte à 1835 & 1836 (Librairie de Dumont), la deuxième à 1924 (Jules Marsan), la troisième à 1979 (Plasma), la quatrième enfin à 1991 (José Corti). Ce sont la première (en fac-similé imprimé par la Bibliothèque Nationale) et les deux dernières (une occasion, une neuve) que j'ai lues. — Cet auteur est né en 1784 (quoique les notices eussent indiqué pendant très longtemps l'année 1786) et est décédé en 1829, le 31 décembre très exactement, faisant de l'édition de 1835 une édition *post mortem*, ce que la couverture, ainsi que le faux-titre accompagnant la page de garde blanche, mentionnaient évidemment : *Œuvres posthumes*. En ouvrant ce livre, vous pouvez lire cette longue page de titre, qui vous dévoilera le nom de l'auteur (je ne ferai pas, après Cioran, languir une nouvelle fois le lecteur) : « *Album d'un pessimiste, Variétés littéraires, politiques, morales et philosophiques* — *Œuvres posthumes d'Alphonse Rabbe*. — *Précédé d'une pièce de vers par Victor Hugo ; — Et d'une notice biographique. — Publié par le neveu de l'auteur* — *1.* — *Paris. Librairie de Dumont.* — *88, Palais-Royal, au cabinet littéraire.* — *1835.* » — Alphonse Rabbe ! Si vous pouviez savoir combien il m'est cher ! Il est très peu intervenu jusqu'à présent et il le sera toujours aussi peu maintenant, car j'ai prévu de lui accorder au chapitre suivant la place de choix qu'il mérite plus que quiconque. « *Alphonse Rabbe (ô toi que je comprends plus qu'il ne le faudrait)* », avais-je écrit ici-même (quand ? ô Temps !), sur un ton qui serait celui des lamentations : François (ô toi que je comprends plus qu'il ne le faudrait), — Mélancolie (ô toi que je comprends plus qu'il ne le faudrait), — Suicide (ô toi que je comprends plus qu'il ne le faudrait)… En glosant sur les *Souffrances du jeune Werther* (« représentation la plus triste de l'impossible amour »), n'en avais-je pas profité pour préciser que c'était « *la plus "lacrymaliste" des œuvres (avec peut-être l'*Album d'un pessimiste *de Rabbe)* » ?… Si fait ! Au rayon des « *lectures mal bienveillantes* » (comme se serait exprimé Rimbaud), *Album d'un pessimiste* occupe une place d'autant plus remarquable qu'il est rare et/ou oublié (je ne sache pas qu'aucune de mes relations l'ait lu ni n'ait entendu parler de cet auteur mort si jeune). « *Hélas ! aujourd'hui, qui se souvient de Rabbe, excepté Méry, Hugo et moi ?* » regrettait Alexandre Dumas. Moi aussi, je me désole de son peu de popularité, et cependant je m'en réjouis en même temps, eu égard à ce que cet *Album* contient de phrases maladives et de paragraphes mortels : Rabbe, avec cette œuvre inclassable (philosophie, poésie en prose, surréalisme), est selon moi le précurseur de Cioran, de Camus (*Sisyphe*), de Baudelaire (*Spleen de Paris*), et de bien d'autres. J'aurais ajouté à cette liste Senancour si celui-ci n'avait pas publié son *Oberman* en 1804 (où l'on voit que Senancour fut véritablement un pionnier dans le genre mélancolique et suicidaire en France). Même si, à ma connaissance, Rabbe n'a jamais cité *Oberman*, Sainte-Beuve nous assure qu'il eut néanmoins sur lui une influence non négligeable, car, après l'avoir remercié de l'avoir « *déterré solitairement, depuis ces trente années, dans la poussière où il gisait* », il nous confie ceci : « *Rabbe, je l'ai déjà dit, connaissait* Obermann *; il le sentait passionnément ; il croyait y lire toute la biographie de M. de Sénancour, et il s'en était ouvert plusieurs fois avec lui : un livre qu'il avait terminé, assure-t-on, et auquel il tenait beaucoup, un roman dont le manuscrit fut dérobé ou perdu, n'était autre que la psychologie de Rabbe lui-même, sa psychologie ardente et ulcérée, son* Obermann. » (Ici, Sainte-Beuve évoque le mystérieux *La Sœur grise*, dont on ne saura jamais si Rabbe l'aura réellement écrit…) Je crois en tout cas qu'il faudrait écrire un énorme livre sur l'influence des livres entre eux, et l'on se rendrait peut-être mieux compte des liens obscurs qui les « entre-façonnent » tous et qui tissent cette sorte de toile des correspondances qui m'a déjà fait délirer dans mon *Introduction*. — Bref, tout commença pour moi le 12 février 2002 : « *Commencé* Album d'un pessimiste… » A vrai dire, cela avait commencé un peu plus tôt, certainement lors des recherches que j'avais entreprises peu de temps après la mort de François, et j'avais dû croiser le nom de Rabbe quelque part (je ne sais où, mais je l'avais rencontré !). Connaissez-vous beaucoup de livres qui auraient pu (et osé) s'appeler *Album d'un pessimiste*, dont la première partie serait intitulée *Philosophie du désespoir*, le premier chapitre, *Du suicide*, et qui commencerait par ces mots : « *J'ai beaucoup réfléchi sur la question du suicide* » ? Franchement, en ce qui concerne ma propre expérience, dans un tel *degré choquant* en guise de préambule, je ne connais d'autre que *Le Mythe de Sisyphe* pour rivaliser, avec son fameux : « *Il n'y a qu'un problème philosophique vraiment sérieux : c'est le suicide.* » Je me souviens (et cela rejoint les difficultés éprouvées à dénicher du Byron) d'avoir parcouru toutes les librairies de Nantes, en vain (je ne savais pas qu'il existait en José Corti et que j'aurais sans doute pu le commander facilement). Ce fut donc avec une immense surprise et une inégalable joie/jouissance que je le découvris par hasard, en cinq ou six exemplaires à l'état neuf, dans ma bouquinerie parisienne préférée, Mona Lisait. C'était un stock issu de la collection « Les Feuilles vives », aux éditions Plasma, dont j'ignorais alors l'existence, et qui ont aujourd'hui disparu du commerce. Version moins complète que celle des éditions José Corti, elle était précédée d'une insuffisante et frustrante préface d'à peine deux pages (pour une fois que je désirais lire une préface !), composée par un certain Jean-Claude Renault, qui commençait ainsi (cela donne le *la*) : « *Dans la nuit du 31 décembre 1829, après un passage de 44 années de souffrances, douleurs, Alphonse Rabbe connut enfin celle qu'il avait demandée : la mort.* » Pour Renault, Rabbe fut un « *passager clandestin de la vie* », et son *Album*, son seul « *vrai livre* » (rappelons que Rabbe était avant tout un historien reconnu à qui l'on devait des résumés des histoires de la Russie, de l'Espagne ou du Portugal), « *une véritable approche de la mort* ». (Oh ! j'y pense : les correspondances des œuvres entre elles ! En voilà une autre, subtile : je viens de citer le nom de Byron pour faire le parallèle avec Rabbe et l'entreprise périlleuse qu'il y avait à mes les procurer. Savez-vous quelles sont les dernières lignes de l'*Album d'un pessimiste*, d'un goût testamentaire ? « *Et parmi vous, je suis content de mourir. Creusez-moi un étroit asile dans le sein de cette terre aimée jadis des dieux et de la liberté. Placez sur mes os une simple pierre arrachée aux flancs du mont Pholoé, et que ton épée, ô Mavrocordato, y trace ce seul mot :* Byron, *ce nom suffit.* » Constatez ! L'univers des livres et des référence est un entrechoquement inexorable, un Livre de Références !…) Je le répète : ce livre n'est pas à mettre entre les mains innocentes d'un touriste littéraire non prévenu, et, n'était le titre en lui-même, la table des matières en fournit un mise en garde implacable : *Philosophie du désespoir* (*Du suicide, Entre la vie et la mort*), *L'enfer d'un maudit* (*De la vie, Les deux principes, Le remède au chagrin, Horreur, Désespoir, Résignation, Au déclin de la vie, Mon âme, La mort*), *Tristes loisirs* (*Le naufrage, La pipe, Le poignard, Le centaure*), *L'an 2075, Le prisonnier, Adieux de lord Byron à la vie*… La coupe est pleine — d'horreurs ! — Alphonse Rabbe a vécu l'enfer de la dislocation physique en voyant, jour après jour, son visage ressembler de moins en moins à ce qu'il aurait dû être, miné par une défiguration chronique, « *la plus cruelle des maladies* » qui a répandu dans son sang « *ses affreux poisons* », qui a fait peser sur son esprit « *d'infectes et noires vapeurs* » : « *Quand je me regarde je frémis. Est-ce bien moi ! Quelle main a sillonné ma face de ces traces hideuses ! — Qu'est devenu ce front où respirait la candeur de mon âme lorsqu'elle était pure encore ? Ces yeux qui effraient, ces yeux mutilés exprimaient jadis ou les désirs d'un cœur qui n'avait que des espérances et pas un regret, ou les méditations voluptueusement sérieuses d'un esprit libre encore de honteuses chaînes. — Le sourire de la bienveillance les animait toujours quand ils se portaient sur un de mes semblables. Maintenant mes regards hasardés, et tristement farouches, disent à tous : J'ai vécu, j'ai souffert ; je vous ai connus et je veux mourir. — Que sont devenus ces traits presque suaves que dessinait la ligne la plus harmonieuse ? Cet ensemble, cette physionomie de bonheur qui plaisait et me faisait trouver partout des cœurs faciles et bienveillants, n'existent plus : tout a péri ! tout s'est dégradé !* » La perte, la reconnaissance perdue, le manque de ce qui n'est plus ou n'est pas ! « *Il me faut autre chose, et ce bien qui me manque, je ne puis plus le trouver dans les affections mortelles. Personne ne m'aime, et moi-même, peut-être, j'ai perdu la faculté d'aimer.* » La perte d'amour, la perte d'être, la perte de sens ! Je sais ce que c'est… Le visage méconnaissable, tel celui d'un inconnu, d'une autre personne ; l'image de Personne ; le Moi que l'on quitte, l'Autre que l'on rejoint dans un ailleurs qui n'existe pas ; la dépersonnalisation. Une peau de lézard qui mue, découvrant un nouvel être horrible et répugnant : Jeune homme, cher Alphonse, — toi que Hugo exceptait *de cette tourbe d'écrivains ignorants et superficiels* » et qui a dit que tu étais « *un homme d'un beau talent et d'un beau caractère* », — l'amour n'est d'abord qu'un miroir qui devait chasser ton mal où, coquet et beau, tu aimais à te voir, et où, gai et rêveur, tu te penchais ; cependant ce confident taciturne se transforme en abîme, en vain ta main s'attache aux bords, et tu t'en vas dans l'eau qui tournoie, car, de t'y être miré, lavé, tu t'y noies… Ton âme se noie dans ce passé perdu, tu rêves sur ce miroir brisé en pleurant… Adèle Foucher, l'épouse de Hugo, reconnaissait que tu avais été « *très beau* » avant que tes paupières, tes narines, tes lèvres fussent rongées, ta barbe, disparue, et tes dents, de charbon, n'ayant conservé que tes cheveux, « *dont les boucles blondes flottaient sur ses épaules, et un seul œil dont le fier regard et le sourire ferme et franc jetait encore un éclair de beauté sur ce masque hideux* ». Sans ce supplice du destin, sans cette *disgrâce*, te serais-tu écrié, Alphonse : « *Si j'avais bien vécu dans le monde durant un seul jour !* » Aurais-tu soumis à tes semblables cette observation désabusée : « *Mais cherchez et dites-moi quel est l'homme dont le genre humain n'aurait pas fort bien pu se passer* » ? Chacun de tes chants était un chant du cygne : « *Ils ont passé les prestiges du bel âge, tout est détruit… Ô que d'amertume remplit mon âme. Nature inexorable, fatalité, destin ou Providence, donnez, donnez, rendez-moi la coupe de la vie et du bonheur ; mes lèvres l'ont à peine effleurée, et déjà vous l'enlevez à ma main tremblante ; donnez, donnez, une soif brûlante me dévore, je me suis trompé, ou vous m'avez trompé ; je ne me suis point abreuvé : la liqueur s'est dissipée dans la flamme bleuâtre qui ne laisse que l'odeur du soufre et du volcan après elle.* » Mélancolique de l'extrême, combien tu as souffert ! L'aurais-tu été sans cet ennui qui a fini par triompher de ton courage abattu ? « *Rien, rien au monde, je le dis et je le sens avec désespoir, ne peut me ramener à la vie.* » La mélancolie t'a-t-elle imposé la solitude, « *l'asile où le cœur se repose de tous ses froissements* » ? Hélas ! « *Hélas ! nous ne savons rien : la pensée humaine se tourmente à ouvrir des portes à la consolation ; mais cette douce immortelle ne veut pas habiter notre âme.* » Tu a été réduit à te calmer par la désespérante conviction de ton néant. Ayant vu le monde, tu as tout vu, tu as vu « *l'éternité passée et à venir* », tu as vu en haut et en bas les mêmes effets, « *un jeu égal de causes toujours les mêmes* », un jeu torturant qui continue sans laisser de répit. « *Ah ! ceci ne finira-t-il jamais !* » Rien ne finit qu'avec la mort, tout est déjà consommé dès la naissance, et les larmes sont les seules choses réelles. « *Dis-toi souvent : D'où suis-je venu, que suis-je, où vais-je, où m'arrêterai-je ? Tu marches sans cesse au tombeau ; entre la mort et la vie, tu n'es qu'une ombre qui passe. — Nous naissons, nous vivons, nous mourons dans les pleurs : c'est à ce prix qu'est l'existence.* » Aurait-il mieux valu être en bonne santé ? Non ! « *La plus vigoureuse santé est une douce maladie qui nous laisse la liberté de marcher, mais n'est que pour faire le tour du cercle où nous sommes enfermés, car il faut toujours mourir.* » Ça tourne — en rond, en rond, en rond… Ainsi font, font, font, les petites marionnettes, dans le tourbillon de la vie — qohéletienne. « *Oh ! que toutes choses sont bien vite englouties ! Les corps par la terre, leur mémoire par le temps ! Qu'est-ce que tous les objets sensibles, particulièrement ceux qui nous amorcent par l'idée des plaisirs, ou qui nous épouvantent par l'idée de la douleur, ou ceux enfin qu'on admire et que l'ambition demande et poursuit ? Que tout cela est frivole, méprisable, bas, corruptible, cadavéreux ! Approche-toi en esprit de ceux mêmes dont les opinions et les suffrages dispensent la gloire ; qu'ils sont petits !* » Mon bon Rabbe, tu auras suivi cette pensée de Chamfort : « *Vivre est une maladie dont le sommeil nous soulage toutes les seize heures. C'est un palliatif. La Mort est le remède.* » Tu auras vécu, malade, avant de mourir, mais pas en pure perte : je t'aurai recueilli, apprivoisé, goûté, et aimé… Ne t'en offusque pas : tu fus l'une de mes Joies ! Car, au fond, cette joie n'est pas si vaine, « *et nous écrivons ces choses, afin que notre joie soit parfaite* » (Jn 1,4). Pour reprendre les mots de Job, tu me resteras une consolation, « *une joie dans les maux* » (6,10). Jésus ne prononça-t-il pas : « *Heureux vous qui pleurez maintenant, car vous serez dans la joie !* » (Lc 6,21) Je te célèbre, la joie sur les lèvres, quoique tu sois triste et grave, quoique je le sois également… (Nietzsche différenciait les auteurs tristes et les auteurs graves ainsi : « *Celui qui couche sur le papier ce qu'il souffre devient un auteur triste : mais il devient un auteur grave s'il nous dit ce qu'il a souffert et pourquoi il se repose maintenant dans la joie.* » Ô mon ami, repose maintenant dans la joie, s'il te plaît !…) — Par toutes ces phrases mortifères, ces hymnes à la désillusion, ces visions impartiales, et après les tremblements de terre que furent Freud, Schopenhauer, Cioran ou *Le Mythe de Sisyphe*, un être nouveau s'affirma en moi, un Julien Pichavant aguerri à qui l'on aurait enlevé les œillères, un enfant qui se serait débarrassé d'une carapace que ses parents, au fil des jours et des nuits, auraient trop durcie. Je ne pouvais plus abusivement ni naïvement sourire en regardant le monde qui m'entourait, la mélancolie s'était définitivement emparée de moi. Thésée avait beau essayer de me dire : « *Turn melancholy forth to funerals* » (« Renvoie aux funérailles la mélancolie »), le mal était fait, *ad vitam æternam*. Pour sceller la déchéance, ma mélancolie avait effectivement été renvoyée aux funérailles : François. La mort de François aura transformé mon esprit en une chaîne de montagnes qui, les unes et les autres, me permettent de jouir — d'en haut — du spectacle d'en bas (je contemple ce troupeau qui ne témoigne ni mélancolie ni ennui, et, comme Nietzsche, cela m'attriste — sans m'attrister). Le sommet qui culmine, auréolé de neiges éternelles, s'appelle Μελαγχολία…

* * * * *

Je retarde le moment de changer de période parce que ce moment m'angoisse déjà. Dans l'attente que je crée artificiellement, j'interpose des mots qui n'ont d'autre but qu'apaiser mes nerfs, qui me permettent de badiner (est-ce vraiment du badinage ?) et de détourner mon attention : je veux me « reposer » (j'étouffe dans mes pages obscures). — Parlons de musique ! parlons de la sagesse, de Sophia ! — Ce fut à cette noire époque, du moins à ses débuts, que je découvris un style de musique très spécial, le *slowcore* (ou *sadcore*), dont les sonorités et les paroles sont les plus mélancoliques qui soient. Il faudra que j'y revienne (en verrai-je cependant la couleur, tant il reste encore de chapitres à parcourir ?), mais j'en glisse deux ou trois mots maintenant. Codeine, Spain, Low et Sophia : quatre groupes, quatre atmosphères, quatre façons de survivre au milieu des éléments infernaux qui commençaient de s'acharner sur mon pauvre crâne. Je sais bien qu'il est impossible par écrit de retransmettre les sons, les chants, le rythme ou les émotions, et je vais par conséquent jouer la carte de la facilité, du délire verbal, en me concentrant sur Sophia, le plus important de tous, celui dont j'osai citer quelques couplets d'une chanson dans mon livre-hommage à François, *La Lyre* : « *I'm going to the river / To find someone / Someone to protect me from / What I can't find / I'm going to the river / To find someone / Someone that can tell me where / The life has gone / I'm going to the river / I'm going to the river…* » — Robin Proper-Sheppard, le chanteur et le fondateur de Sophia, mérite que je lui consacre quelques lignes ici même (et il en serait fier). Ma paresse et ma fatigue m'empressent de recopier des bribes d'une notice imaginée jadis : « *Le premier album*, Fixed water *(1996), dont la pochette est déjà un paradigme de leur style (le chardon, s'il est un emblème, revêt aussi l'image schopenhauerienne du porc-épic qui se rapproche tout en s'éloignant), est pleinement empreint de la tristesse qui a suivi le décès de Fernandez. Cet opus acoustique, armé d'une guitare omniprésente qui suit les intonations touchantes et désespérées du chanteur (proche du déchirement) qu'accompagnent parfois un piano, une batterie très lente ou une autre guitare, et composé de huit titres, — dont le majestueux* So Slow *qui glace le sang et arrache des larmes presque faustiennes, — est d'un calme ténébreux et envoûtant, poignant, splendide d'engagement et de vérité, et sait mettre l'âme en peine tout en la réjouissant. Il révèle humblement aux personnes en quête de devenir toute la rudesse mélancolique de l'existence. Ce thème intimiste et extrême, aux confins de la recherche de soi-même, se poursuivra par* The infinite circle *(1998) et un* live, De nachten *(2001), ponctué par une reprise de John Lennon révérencieuse. […] Les paroles de Sophia sont simples, sans artifice. Elles proposent un recueillement généreux tout en déversant une tension immédiatement palpable et oppressante, avec des répétitions qui sonnent comme des coups de marteau pour éveiller le sens de notre vie dont la signification se perd subrepticement, jour après jour, dans les habitudes de la quotidienneté. L'art de Robin Proper-Sheppard, dont le souhait originel était d'enseigner la philosophie, est basé sur des litotes, des ellipses : la vérité est crue, on se doit de la voir au-delà des apparences, de refaire seul les liens qui nous unissent à notre conscient et au monde cruel alentour. La musique de Sophia ramène continuellement à la maxime socratique du "connais-toi toi-même". — À travers Sophia (en grec : la sagesse, le savoir), Robin Proper-Sheppard se cherche sublimement en nous cherchant, par un mal-être salvateur qui révèle toute la force de l'être humain.* »

* * * * *

Aux sages est ce murmure. — Un haut mur d'éclats enfouis dans l'obscurité / Suspend la salle par ses teintes éphémèrement colorées. / La scène se découvre et se joue douce et tendue à vingt mains, / Dont l'ample action muette libère un chant serti de sons purs. / Si elle n'est mélopée qu'accordent mes sens et afflictions, / La musique est une rivière qui me contient et m'arrange, / Elle devient un vent de murmure filtré par les tombes. / Ô vainqueur ! que le sang dans mes tempes est prompt / À battre pour déverser dans les deux antres (supports et du monde et du mien) / Les plus oniriques des visions réelles ! / Robin, toutes ces cordes vibrent dans les infinis des airs, / De leur harmonie enveloppent mon cœur apprivoisé et joyeux. / En te dévoilant devant moi par ces altières paroles, / Je remonte dans un passé qui me constitue encore, / Vibrionnant de mélancolies souples, nourritures d'âmes noires / Qui en cercles dans l'eau fixe errent éternellement. / Que de plaisir sans éreintement dans la douleur des mots excisés, / Catapulte dans les espaces mornes et délétères de l'existence. / Mon évasion surgit de la grappe du néant décuplée, et d'âpre la raison, / Par une pléiade d'informes tensions, se réveille et pleure ébahie. / Je me tenais, sentinelle sur la colline d'humains sans assise, / Et me retenais, armé d'un filet imaginaire — à portée de papillons. / Cette nuit (sans aide) comme une saison (moderne) figure un adieu / Langoureusement repoussé puisque Sophia ne m'en donne jamais. / Vous m'êtes apparus, je peux bien mourir ; / Et la mort vient si lentement… / Les descentes (accro à l'ivresse, suis-je) mènent au Paradis ; / Le goût, effeuillant, de la patience, suscite la contemplation stoïque. / Sont-ce amour et durée qu'on prise / Quand rien est en tout, quand tout épuise ? / C'est la persévérance de notre amour contrarié / Par ces bruits, qui de nos corps nous a déracinés. / Si je suis si dévoué en occupances réduites, / En retrouvailles impromptues, c'est par ma quête / De tous mes Moi damnés, — la dédoublée fuite / Des extrêmes des heures engloutissant la renonciation imparfaite. / Je ne peux oublier et ne peux vivre sans ; / Je ne peux pleurer ni même implorer le temps. / Car serrerais-je le souvenir tel un flocon qu'il fondrait ; / Caresserais-je le présent qu'il perdrait substance et se ternirait. / Ô concert parachevé de virevoltants chants, / Ô Poètes des épines, des refrains de bacchants périscopiques, / Je vous revois, saphiques savants, vous adule, / Et vous envoie, modérés, mes nodules. / Souvent Sophia, en me berçant, / Mes complaintes cimente en les agaçant. / Dans mes veines, le venin de Sophia se remplissait / Tandis que Julien, empoisonné, renaissait.

* * * * *

(Avais-je compris, au lycée, le sens du titre de l'album des Smashing Pumpkins ?… *Mellon Collie and the Infinite Sadness…*)

* * * * *

Cinquième saison. (Couleur : *rouge*.) — Nantes, en quelques années, s'est métamorphosée jusqu'à un point qui me laisse dubitatif : intra-muros, à tous les degrés, des constructions qui n'en finissent plus, on empêche les voitures de circuler, les gens affluent dans les boutiques, les lieux de divertissement se multiplient, j'y décèle la marque de l'ennui qui se cache derrière tous ces mouvements, toutes ces attractions, tous ces bars, ces restaurants, ces salles de spectacle, un ennui qui s'impose en maître dans une ville dont « *la forme* » chère à Julien Gracq, trop malléable, trop plastique, n'a plus le temps de se fixer. Extra-muros, la banlieue s'élargit, les gens, qui sont prisonniers de bouchons de plus en plus effroyables, sont obligés de s'éloigner pour trouver une maison libre qui soit dans leurs moyens. Non seulement il y a un problème démographique que personne ne veut résoudre, mais en plus on l'encourage (c'est bon pour l'activité économique, sans compter les impôts locaux qui sont une manne alléchante). De 2005 à 2009, Nantes et sa métropole ont vu leur population grossir de 80000 habitants, dont 60000 dans Nantes même. Cette nouvelle dimension, qui n'est plus à taille humaine, est peut-être la première raison qui fait de ma ville natale un lieu qui me devient étranger, contrairement à Cholet, dont le nombre d'habitants est stable depuis une vingtaine d'années (quand il n'y a plus de place, il n'y a plus de place, et il faudrait le ressasser à tous les Terriens avant que notre planète n'éclatât à cause de son surpoids). Quoique j'aie toujours revendiqué ma fierté d'être né à Nantes, que cela soit encore un plaisir de la connaître presque par cœur et de déambuler dans ses artères parcourues des milliers de fois, je m'en lasse, ayant l'impression d'être une poule serrée contre d'autres poules qui pondent industriellement leurs œufs sans jaune. — Cependant je suis là, en 2002, sur le balcon de l'appartement que ma mère a acheté, situé au quatorzième étage d'un immeuble sis au bord de la Loire, offrant une vue imprenable sur le sud de l'île Beaulieu (aujourd'hui plus communément appelée l'île de Nantes, dans ce même souci de neutralité des noms propres, telle la Loire-Inférieure changée en Loire-Atlantique), et d'où l'on distingue les villes des environs immédiats : Saint-Sébastien-sur-Loire, Vertou, Rezé, Basse-Goulaine… Un panorama enchanteur pour les âmes sensibles, une sensation géniale de faire corps avec la ville, un point d'observation rare et suscitant la méditation, mais aussi un appel insistant du vide, un courant qui happe en douce le contemplateur, un appel d'air formé par les surpressions et les dépressions de l'atmosphère, le vertige banal et redoutable qui assaille la solitude dans les hauteurs de la mélancolie… — *La dépression.*

* * * * *

Depuis le chapitre précédent et Hölderlin (« *Le deuil et la mélancolie se suivent de si près* », etc.), je n'ai plus guère insisté sur un aspect, essentiel, qui est à cheval entre ces deux chapitres, mais qui doit apparaître dans celui-ci : le rapport de la *mélancolie* et du *deuil*. Le deuil est en effet une zone qu'il faut absolument défricher afin de cerner de plus près la mélancolie. J'ai fait comprendre, dans les grandes lignes, comment le suicide de François avait su remanier ma vision des choses et, par là, avait provoqué un bouleversement dans les fondements de mon être, une incapacité nouvelle pour moi d'avoir à exister normalement, incapacité doublée d'une volonté de comprendre, au-delà de l'acte qui me priva de mon ami, ce qui nous retient à vivre, ce qui nous pousse à être, le pourquoi de notre présence *hic et nunc*, la nature de notre rôle d'être-au-monde, bref : résoudre la question de l'existence, plus particulièrement la question du *malaise de l'existence*. On a coutume de dire qu'à tous les maux, il y a deux remèdes : le temps et le silence. François est mort il y a plus de dix ans, mais le deuil est toujours là, *je le fais*. Je fais mon deuil en silence, si ce n'est que je l'écris, et l'on pourra penser ce que l'on veut, le livre me sert, entre autres choses, à le faire et à l'accepter (il faut donc du temps, voire de l'abnégation). Je ne sais si ma mélancolie vient de François ou si elle y va (y retourne), si j'écris pour François ou si j'écris pour moi, si mon deuil, d'abord né de la mort de François, n'est pas actuellement devenu le mien, le deuil de mon être (en peine d'exister), ou le deuil de ce que je fus, de ce que je serai ; je ne sais si j'essaie bon gré, mal gré, de me retenir à quelque chose, d'aller vers un endroit précis, ou d'en partir, ou ne fais que cheminer dans les méandres de ma pensée (pour passer le temps, pour le plaisir, pour la souffrance, pour grandir, pour mourir, pour justifier mon existence) ; je ne sais si, au fond, je sais ce que je fais (du moins semble-je faire ce que je semble savoir, sinon je n'écrirais pas et n'aurais pas écrit tout cela), je sais que j'essaie peut-être de savoir et que cela me rassure de savoir que j'essaie. Car qu'y a-t-il à gagner, dans une vie ? Rien ; il y a tout à perdre, la vie n'est qu'une succession de pertes, un effeuillement endiablé ; nous sommes tous faits de pertes, la perte est notre principe, notre être même. Depuis le jour de notre naissance, nous sommes en deuil du néant duquel nous avons été retiré ; nous vieillissons en nous endeuillant chaque jour sans nous en apercevoir, jusqu'à nos cellules qui meurent (et parfois renaissent) ; nous errons de deuil en deuil comme un marin vogue de port en port. (Je constate à l'instant et par hasard que ces exemples, que d'aucuns trouveront saugrenus, sont repris sous une autre forme dans la première définition que monsieur Littré donne du mot « *Deuil* » : « *Profonde tristesse causée par une grande calamité, par la perte de quelqu'un. La perte de plusieurs navires, corps et biens, jeta ce port de mer dans le deuil. Le jour de sa naissance fut un jour de deuil pour sa mère.* » La perte, la mer, la naissance !) Le deuil, c'est la *douleur* — d'un monde qui s'impose à nos sens et qui nous échappe, que l'on manque et qui nous manque, dont le sens est écrit sur un parchemin rempli de trous… Pour reprendre Schopenhauer : « *Unmittelbar gegeben ist uns immer nur der Mangel, d.h. der Schmerz.* » (« *Le fait immédiat pour nous, c'est le besoin [manque] tout seul, c'est-à-dire la douleur.* » — Dans un essai de 1923, *Une névrose démoniaque au XVIIème siècle*, Freud écrivait qu'« *une mélancolie profonde se manifeste comme mode névrotique du deuil* ». Il n'avait pas attendu tout ce temps pour l'affirmer, et un essai, daté de 1915, portait même le titre le plus idéalement adéquat pour ce qui nous intéresse : *Deuil et mélancolie* (*Trauer und Melancholie*). Si la mélancolie, difficilement circonscriptible, « *se présente sous des formes cliniques diverses dont il n'est pas certain qu'on puisse les rassembler en une unité, et* *parmi lesquelles certaines font penser plutôt à des affections somatiques qu'à des affections psychogènes* », elle se caractérise néanmoins « *du point de vue psychique par une dépression profondément douloureuse, une suspension de l'intérêt pour le monde extérieur, la perte de la capacité d'aimer, l'inhibition de toute activité et la diminution du sentiment d'estime de soi qui se manifeste par des auto-reproches et des auto-injures et va jusqu'à l'attente délirante du châtiment* » (cette « *diminution extraordinaire de son sentiment d'estime du moi* », cet « *immense appauvrissement du moi* » proviennent notamment du fait qu'« *une partie du moi s'oppose à l'autre, porte sur elle une appréciation critique, la prend pour ainsi dire comme objet* »). Mais pourquoi, dans quelle mesure la mélancolie et le deuil forment-ils un couple tellement uni ? Freud répond : « *Le rapprochement de la mélancolie et du deuil est justifié par le tableau d'ensemble de ces deux états. Dans les deux cas, les circonstances déclenchantes, dues à l'action d'événements de la vie, coïncident elles aussi, pour autant qu'elles apparaissent clairement. Le deuil est régulièrement la réaction à la perte d'une personne aimée ou d'une abstraction mise à sa place, la patrie, la liberté, un idéal, etc. L'action des mêmes événements provoque chez de nombreuses personnes, pour lesquelles nous soupçonnons de ce fait l'existence d'une prédisposition morbide, une mélancolie au lieu du deuil.* » Avancerions-nous qu'une affection pour les cimetières dénotât, chez un tout jeune enfant, une prédisposition morbide, et qu'il fût un pré-mélancolique ? Que se passe-t-il lorsque vous perdez ou égarez un objet quelconque ? Si la perte de celui-ci ne vous chagrine pas, vous laissez tomber et ne vous en préoccupez plus ; s'il vous est cher, vous faites tout pour le retrouver, et vous le cherchez aux endroits où vous auriez pu le perdre. Supposons que vous teniez à lui et qu'il soit à tout jamais perdu : ne peut-on pas dire qu'une partie de vous-même est également perdue ? Vous êtes triste parce que cet objet vous manque (l'inverse serait tout aussi vrai : cet objet vous manque parce que vous êtes triste, et ainsi cette relation répond à la commutativité). Sur ce point, les sages avaient raison en conseillant de ne pas accumuler les biens matériels non nécessaires, car de la sorte ils évitaient les douleurs qui sont consécutives à leur perte. Mais que se passe-t-il lorsque vous perdez un être cher ? Si celui-ci n'a fait que partir (rupture sentimentale, mutation géographique, mésentente ou dispute entre amis), il se peut que vous le regrettiez, qu'il vous manque, cependant que vous savez qu'il est toujours là, quelque part dans le monde, et qu'il se peut qu'un jour ou l'autre vous le recroisiez sur votre chemin. En revanche, si celui-ci est mort, à moins d'aller visiter sa tombe et, d'une certaine manière, de vous sentir proche de lui, ou de regarder une photographie qui vous le représente à votre esprit, voire, si vous êtes superstitieux ou si vous croyez à la télépathie, aux conversations avec les défunts, de vous imaginer qu'il y a encore un lien entre vous, vous devez vous résoudre à ne jamais plus le toucher, lui parler, l'avoir en face de vous en chair et en os, l'écouter, attendre une réciprocité d'affects ou la moindre interactivité. Dans ce cas, la perte est irréparable ; tout est fini ; aucun retour en arrière n'est possible ; le manque est actif ; l'absence, l'incontournable absence, est réelle et durera tant que le manque ne sera pas comblé ; le destin a irrémédiablement frappé ; vous devez, en un mot, *faire votre deuil*. S'il m'est permis de m'exprimer vulgairement, réussir à faire son deuil, ou le porter, consiste à reboucher le trou qui est apparu (la situation équivaudrait, pour un manchot, à remplacer par une prothèse le vide que son bras perdu a laissé, et à s'en satisfaire sans se plaindre). Ce qui fait mal, dans la perte d'un être cher, est causé par l'amour que nous éprouvions et qui subsiste, d'où la définition suivante : le deuil est l'amour dont l'objet a disparu. (L'affaire du deuil est complexe, le deuil n'étant jamais « pur » puisqu'il s'y mêle aussi, à l'état latent surtout, des sentiments de reproche ou d'autoreproche, de déception, d'identification, d'humiliation, de préjudice, *et cætera*. Par exemple, dans mes *Carnets*, j'ai retrouvé cette perle : « *Les deuils s'ajoutent, se succèdent et* restent. *Famille, amis, Nantes, écriture,* etc. *Tout n'est que deuil — qui finit avec le deuil de soi.* » N'est-ce pas affreux ? Se surajoute à la perte apparente, indéniablement, l'amertume qui découle des éléments précités… et le deuil de l'autre se retourne machiavéliquement vers le deuil de soi, comme on va d'ailleurs le voir ci-dessous.) Appliquons maintenant à la mélancolie ce que nous venons de dire du deuil : la mélancolie, fondamentalement, est le deuil d'un objet perdu et inconnu (ou qui l'est devenu, ou comme qui est passé dans l'inconscient). Pour Freud, la mélancolie peut être « *une réaction à la perte d'un objet aimé* » ; d'autres fois, elle est « *d'une nature plus morale* ». Ici, « *sans doute l'objet n'est-il pas réellement mort mais il a été perdu en tant qu'objet d'amour* » ; ce serait « *une perte de l'objet qui est soustraite à la conscience, à la différence du deuil dans lequel rien de ce qui concerne la personne n'est inconscient* ». Freud donne plus loin les trois conditions présupposées par la mélancolie : « *perte de l'objet, ambivalence et régression de la libido dans le moi, nous retrouvons les deux premières dans le cas des reproches obsédants après un décès.* » Expliquons-les succinctement : la *perte de l'objet* ne pose pas de difficulté. L'*ambivalence de la libido* concerne les « *autoreproches selon lesquels on est soi-même responsable de la perte de l'objet d'amour* » (ce qui peut avoir « *activé un autre refoulé* » issu d'autres expériences, notamment lors de chaque relation d'amour). Enfin, la *régression de la libido* renvoie à l'« *investissement d'objet* », l'« *identification avec l'objet* ». Nous sommes en mesure de reconstruire avec Freud le processus tortueux qui fait apparaître la mélancolie et engage l'homme à la subir : « *Il existait d'abord un choix d'objet, une liaison de la libido à une personne déterminée ; sous l'influence d'un préjudice réel ou d'une déception de la part de la personne aimée, cette relation fut ébranlée. Le résultat ne fut pas celui qui aurait été normal, à savoir un retrait de la libido de cet objet et son déplacement sur un nouvel objet, mais un résultat différent, qui semble exiger pour se produire plusieurs conditions. L'investissement d'objet s'avéra peu résistant, il fut supprimé, mais la libido libre ne fut pas déplacée sur un autre objet, elle fut retirée dans le moi. Mais là, elle ne fut pas utilisée de façon quelconque : elle servit à établir une identification du moi avec l'objet abandonné. L'ombre de l'objet tomba ainsi sur le moi qui put alors être jugé par une instance particulière comme un objet, comme l'objet abandonné. De cette façon, la perte de l'objet s'était transformée en une perte du moi et le conflit entre le moi et la personne aimée en une scission entre la critique du moi et le moi modifié par identification.* » Le trou qu'a creusé la perte de l'objet n'est pas à l'extérieur de soi, comme si ç'avait été le monde qui avait dû en pâtir ; il est au contraire à l'intérieur de soi, il a été creusé en nous. La perte de l'autre se retourne contre nous et s'assimile à notre propre perte (nous nous identifions à elle). Le monde n'a que faire du vide causé par la perte de l'objet (d'autant plus que, rigoureusement parlant, il n'a strictement rien perdu puisqu'il y retrouve son compte en nombre initial d'atomes), tandis que ce vide nous ébranle, nous vide à son tour. Un mélancolique est quelqu'un qui, à un moment donné, a dû creuser un trou (mais ce trou n'est pas une tombe que l'on recouvrirait de terre, car le deuil en question n'est pas un enterrement classique, aucun corps n'y a été placé, je dirais même que le corps en a été soustrait, et que c'est ce qui a creusé le trou, laissant la place vacante). Le danger, pour le mélancolique, est d'être aspiré par ce trou ou, ce qui revient au même, d'être ce trou. Être, ou ne pas être cet objet *a* — et sans *petit tas* par-dessus, se serait amusé à dire Lacan (ce qu'il a d'ailleurs fait à plusieurs reprises, en allant jusqu'à sortir le « *petit tas de merde* » !). La mélancolie attaquant souvent sans prévenir, sans que l'on devine sa provenance (j'écarte la dépression au sens strict), on peut raisonnablement continuer de filer la métaphore en disant que, perdu dans ses pensées, le mélancolique en puissance ne voit pas le trou qui est placé sur son chemin et que, par la force des choses, il tombe dedans à pieds joints, phénomène que je retraduirais comme le *syndrome de Thalès*, lequel, d'après Diogène Laërce, un soir, sortant de chez lui, était tombé « *dans un creux pendant qu'il regardait les étoiles* », s'en était immédiatement plaint auprès d'une vieille femme qui l'accompagnait et qui lui avait fait la remarque suivante : « *Comment pouvez-vous, Thalès, espérer de voir et de comprendre ce qui est au ciel, vous qui n'apercevez pas ce qui est à vos pieds ?* » Cette mésaventure sonna certainement comme un avertissement et, à mon avis, Thalès prit garde à ce que cela ne se renouvelât pas, même si l'image tenace du savant étourdi (« *dans la Lune* », « *la tête dans les étoiles* ») nous convaincrait du contraire. Mais ce qui distingue le cas de Thalès de celui du mélancolique, c'est que ce dernier ne tombe pas par hasard dans le creux ; il est appelé, attiré, aspiré par une force invisible qu'il ne pourra — éventuellement — comprendre que par la suite. Ce trou, cette fosse, c'est son abîme, et « *abyssus abyssum invocat* » (« *l'abîme appelle l'abîme* ») (Ps 42,7), un instinct malin le ramène à percer, après coup, s'il en a le courage, le secret de sa souffrance : « *L'abîme des douleurs m'attire* », concède le mélancolique dans un *De Profundis* fatal. Le trou que le destin réserve à tout mélancolique s'est creusé à différentes périodes de son existence. Ma mélancolie n'a pas commencé avec la mort de François, elle a démarré beaucoup plus tôt. Je ne saurais dire ni quand ni pourquoi, mais le fait est que j'étais malade depuis un long moment déjà et que je l'ignorais, — jusqu'à ce que je tombasse dans le trou que ma mélancolie creusait lentement et que je fisse connaissance avec elle (là, je puis enfin employer le mot « dépression »). La morale qu'Ésope tirait à la fin de sa fable *Le chien et le boucher*, à savoir que « πολλάκις τὰ παθήματα τοῖς ἀνθρώποις μαθήματα γίνονται » (« *souvent les épreuves sont des enseignements pour les hommes* »), est l'aspect positif de la chose, l'avantage que l'on retire de cette chute, parce qu'elle marque le début d'un apprentissage, la découverte d'une vérité : la connaissance de soi-même et de ses faiblesses. Et, devant le fait accompli, nous en revenons avec Freud au problème du départ, à savoir la seule question que nous avons à nous poser, qui est *de savoir pourquoi l'on doit commencer par tomber malade pour avoir accès à une telle vérité* » ? Il faut bien comprendre la portée de cette interrogation. Personne n'est seul libre d'accéder à la connaissance de soi-même et de ses faiblesses ; la maladie seule le permet. Pour faire court, celui qui ne tombe pas malade n'a aucune chance de se connaître, autrement dit : la conscience de sa propre mélancolie est le déclencheur de la conscience de soi et de sa souffrance. J'extrapole les paroles de Freud, certes ! Mais ce serait oublier que, dans la foulée, il citait Hamlet en le prenant en exemple : « *Use every man after his desert, and who should scape whipping?* » (« *Si l'on traitait chacun selon son mérite, qui échapperait au fouet ?* ») Avant de perdre François, j'avais tant perdu ! Et qui, à un âge normal, n'a pas perdu maintes et maintes choses dans sa vie ? Tout le monde, à quelque degré que ce soit, a sa mélancolie et la porte, creuse le trou qui peut-être un jour le fera tomber. Tant que je n'avais pas été confronté de plein fouet au deuil, je n'avais pas été en mesure de circonscrire cette mélancolie qui grossissait en moi, car je ne la *voyais* pas, ne l'*entendais* pas, et, par conséquent, elle ne pouvait pas me *toucher*. Ce deuil, en m'accablant, fut une révélation ; il se retourna contre moi et m'ouvrit les yeux. « *Les causes déclenchantes de la mélancolie débordent en général le cas bien clair de la perte due à la mort et englobent toutes les situations où l'on subit un préjudice, une humiliation, une déception, situations qui peuvent introduire dans la relation une opposition d'amour et de haine ou renforcer une ambivalence déjà présente.* » Personne ne peut se prévaloir ou s'enorgueillir de n'avoir jamais été mélancolique, ni jurer qu'il ne le sera jamais, puisque cela reviendrait à vouloir éradiquer l'amour et la haine, les deux pôles de la vie humaine qui se rejoignent et se confondent : l'amour/haine, la haine-amour, ou encore, en utilisant le vocabulaire spécialisé, le fait de *tomber amoureux*, l'« *énamoration* » (« *Verliebtheit* » en allemand, calqué sur l'« *énamouration* », du verbe « *énamourer* »), mais en tant qu'investissement narcissique. Qui connaît l'amour, connaît la haine ; et qui connaît l'amour et la haine, peut connaître l'amour de soi et la haine de soi. Freud explique que « *dans ces deux situations opposées, l'état amoureux le plus extrême et le suicide, le moi, bien que par des voies tout à fait différentes, est écrasé par l'objet* ». Être écrasé par l'objet de son amour ou de sa haine, voilà ce que l'on risque, voilà à quoi il est difficile d'échapper, et que le deuil laisse à découvert (avec l'apparition du manque), que la perte nous montre en nous faisant tomber dans le trou, preuve de l'être qui est en nous depuis la nuit des temps et dont on a du mal à accepter la présence, voire que l'on rejette. La mélancolie est ce gouffre que l'on ne voit pas venir et que l'on ne peut, tant que l'on n'y est pas tombé, ni accepter ni rejeter, encore moins (essayer de) comprendre… Un passage de Lacan (*Le désir et son interprétation*) est intéressant à cet égard : « *En d'autres termes, le trou dans le réel provoqué par une perte, une perte véritable, cette sorte de perte intolérable à l'être humain qui provoque chez lui le deuil, ce trou dans le réel se trouve par cette fonction même dans cette relation qui est l'inverse de celle que je promeus devant vous sous le nom de* Verwerfung *[forclusion]. — De même que ce qui est rejeté dans la symbolique réapparaît dans le réel, que ces formules doivent être prises au sens littéral, de même la* Verwerfung, *le trou de la perte dans le réel de quelque chose qui est la dimension à proprement parler intolérable offerte à l'expérience humaine qui est, non pas l'expérience de la propre mort que personne n'a, mais celle de la mort d'un autre, qui est pour nous un être essentiel, ceci est* un trou dans le réel. — *Ce trou dans le réel de ce fait, se trouve…* » Il se trouve, il agresse, il rend malade, et prier en gémissant ne sert à rien (il sera toujours trop tard). — « *Que les flots ne m'inondent plus, que l'abîme ne m'engloutisse pas, et que la fosse ne se ferme pas sur moi !* » (Ps 69,15)

* * * * *

Dans le prolongement des idées de Freud, et à peu près à la même époque, Melanie Klein apporta sa *Contribution à la psychogenèse des états maniaco-dépressifs* (1934) : « *Chez les enfants comme chez les adultes souffrant de dépression, j'ai mis au jour la peur d'abriter en eux des objets mourants ou morts (et en particulier les parents) et l'identification du Moi à de tels objets.* » Ainsi pourraient s'expliquer, chez moi, en fonction des rapports avec mes parents (surtout dans l'imaginaire) et de leurs modifications progressives, puis des mécanismes spécifiques de défense élaborés à l'occasion, quelques prédispositions à la dépression : l'attrait des cimetières, comme s'il avait fallu m'habituer à un deuil redouté et à venir, les pleurs lorsque, livré à moi-même et aux autres, ma mère me délaissait pendant les vacances (comme le dit Klein, « *l'absence de la mère éveille chez l'enfant la peur d'être remis à de mauvais objets, extérieurs ou intériorisés* »), l'angoisse, de plus en plus forte avec les années, de perdre un jour mon père ou ma mère (voire mon frère) et de ne pouvoir y faire face ni le supporter (il m'arrive souvent de croire que, le moment venu, je sombrerai dans une mélancolie démente). Ajoutons à cela l'identification à François (ou, du moins, l'identification au passage à l'acte possible), et sa mort que j'abrite en moi depuis. Tout ceci révèle une angoisse, celle de la perte : ne plus pouvoir être soutenu par les parents, de ne plus être protégé par la mère, ne plus se reposer sur l'ami cher. De peur d'être déçu, mon désir d'affection, qui aurait dû être un mouvement actif, s'est changé en position de défense (donc de défiance), qui est un mouvement passif. « *Je considère l'état dépressif comme le résultat d'un mélange d'angoisse paranoïde, et des contenus d'angoisse, des sentiments de détresse et des défenses liés à la perte imminente et totale de l'objet d'amour* », déclare Melanie Klein.

* * * * *

Toujours dans la continuité des travaux de Freud et de Klein, Karl Abraham aussi nous donne des renseignements précieux sur les processus de la mélancolie, du deuil, de la perte, de la dépression, *et cætera*. Je songe en particulier à un essai de 1911 consacré au peintre Giovanni Segantini. À la lueur d'un autoportrait de l'artiste, où celui-ci se peignait en Christ alors qu'il s'était détaché de la religion et s'était mis à nier l'existence d'un Dieu personnel, Abraham n'y voyait aucun paradoxe, considérant que « *ce qui le poussait à s'identifier ainsi, c'étaient son éthique, sa déification de l'amour maternel et sa souffrance* », preuve de ce que les sentiments de grandeur savent « *émerger du tréfonds d'une mélancolie atteignant à la négation de la vie* ». Ecoutons les réflexions du psychanalyste, qui recoupent ce que nous avons vu précédemment : « *Les états mélancoliques succèdent très régulièrement à un événement auquel la constitution psychique du sujet ne peut faire face : une perte qui a ébranlé les assises mêmes de sa vie psychique, lui paraissant absolument intolérable et insurmontable, et à laquelle il pense ne plus pouvoir trouver, de sa vie, de substitut ou de réparation. Il s'agit toujours de la perte de la personne qui occupait le centre de la vie affective du sujet, et sur laquelle il avait concentré tout son amour. Rien n'exige qu'elle lui soit soustraite par la mort ; il s'agit plutôt d'une impression d'effondrement total de la relation psychologique antérieure avec elle. L'exemple le plus courant de cette perte est celui d'une déception profonde, irréparable, qui nous atteint du côté d'une personne particulièrement chère. C'est le sentiment d'une déréliction totale qui entraîne la dépression psychique.* » Disons-le tout net, il n'y a rien là qui ne soit très neuf ou très original, mais accordons que cela a le mérite d'être clairement exprimé. Ce qui est beaucoup plus intéressant, c'est la présence fondamentale de la mère dans le tableau clinique de la mélancolie, en particulier la découverte, « *au tréfonds de la vie mentale, cachée sous des fantaisies de vengeance, [de] la nostalgie de la mère au sens le plus primitif du terme* », et pas de n'importe quelle nostalgie puisqu'Abraham fait référence à « *la nostalgie de la satisfaction primitive éprouvée au sein de la mère* ». Il semble qu'il faille remonter jusqu'au stade le plus précoce du développement, vu que la libido du dépressif mélancolique y régresse. Dans l'*Examen de l'étape prégénitale la plus précoce du développement de la libido*, Abraham expliquait d'autre part qu'au niveau inconscient, « *le mélancolique éprouve vis-à-vis de son objet sexuel un désir d'incorporation* », et que ce désir n'est pas seulement « *une tendance à avaler l'objet* », mais également « *à le détruire* ». Le plus remarquable, lorsque l'objet en question est déjà perdu, qu'il a été détruit et ne subsiste plus qu'en tant qu'il est « mémorisé » dans notre cerveau, c'est que nous nous acharnions à ce qu'il soit à nouveau détruit. C'est une double perte qui fait doublement mal et qui rend le deuil si terrible. Et si l'on est allé jusqu'à s'identifier à cet objet, l'objet que l'on veut détruire n'est autre que soi-même. La mélancolie est la perte de l'autre qui devient notre perte.

* * * * *

Après Freud, Klein, Abraham, c'est au tour d'Alfred Adler et de son ouvrage *Le sens de la vie*, à propos duquel, si vous vous en souvenez, j'avais avoué plus haut qu'il avait eu « *une incidence immense sur ma vie et ma conception de celle-ci, un impact proprement considérable, prodigieux,* fondamental » (un de ces séismes que provoquèrent dans mon intellect Freud, Schopenhauer ou Kant), que ce livre avait été « *pour mon moi un chamboulement carabiné sans précédent* », qu'il m'avait appris « *dans les grandes lignes, à "seulement" vingt-quatre ans, comme jamais on ne me l'avait appris auparavant, avant même que je ne consultasse un psychiatre ou un psychanalyste,* qui j'étais, pourquoi, comment, à quel point j'étais ce "qui" ». Encore, toujours, cette quête improbable, incertaine, *a priori* impossible et vaine du « γνῶθι σεαυτόν », le majestueux « *connais-toi toi-même* » dont on ne sait par quel bout le prendre, ni s'il y a d'ailleurs un bout par lequel on pourrait le prendre sans se méprendre. Dites à quelqu'un qu'il doit se connaître lui-même et il vous regardera avec les gros yeux globuleux d'un poisson des profondeurs. Proposez-lui seulement d'essayer ! Connais-toi toi-même ! Connaître quoi ? qui ? Je suis ce que je suis. Mais qui es-tu vraiment ? Qui suis-je ? Comme si je ne le savais pas ! « Gnothi seauton », « *gnothi seauton* », « gnothi seauton » : cela ne sonne-t-il pas creux ? Ou l'on ne s'est jamais connu, ou l'on se connaît depuis le début. Qu'est-ce que serait le déclic de la connaissance de soi ? Comment peut-on s'imaginer se connaître tout d'un coup ? Tâche difficile, insurmontable ! Entreprise qui n'existe pas ! Que suis-je ? que serai-je ? que fus-je ? « *Qu'ai-je donc été ?* » s'interrogeait Stendhal. « *Je ne le saurais.* » Ah ! je conviens de la difficulté de la chose, mais ceux qui n'auraient pas connu le vertige qui me prit en lisant *Le Sens de la vie* d'Adler, ceux qui n'auraient pas senti vaciller leur être et leur passé jusqu'à dématérialiser les lignes de leur présent, ceux qui n'auront pas gravi l'échelon de l'aperception de leur être-été qui les menait par le bout du nez, ceux que la découverte n'aura pas désintégrés, que l'illumination cataclysmique n'aura pas amené à remettre en cause les acquis, ceux-là ne croient pas si bien dire ! Quelle prétention que de croire qu'il n'y a rien à apprendre sur soi-même ! Jusqu'à la mort, vous apprendrez — si vous l'osez (et si vous n'êtes pas effrayé après avoir entraperçu de quoi il s'agissait). À pas plus de vingt-cinq ans, j'étais encore misérablement orgueilleux, fier comme Artaban de me prévaloir d'avoir atteint, sans l'aide de personne, une intelligence de moi-même que j'estimais à l'époque guère surpassable. Je voyais les psys en tous genres d'un mauvais œil, il me semblait qu'il n'y avait plus aucun intérêt de savoir quoi que ce fût afin de guérir complètement, qu'il était trop tard, que j'en savais trop pour pouvoir encore apprendre sur moi-même et sur l'homme. Je ne me doutais pas que je me leurrais et que, malgré moi, je me défendais contre ce que, inconsciemment, je ne voulais pas affronter. — En 1909, à l'occasion d'une série de cinq conférences, Freud, tel un évangéliste, fit une virée aux États-Unis dans l'intention d'y promouvoir les nouvelles idées de la psychanalyse. Le public, qui était dans une large mesure néophyte, entendit notre savant faire part de toute la problématique originelle du fond de son activité : « *Cela semblait certes au premier abord une entreprise dépourvue de sens et sans avenir. Il s'agissait d'apprendre du malade quelque chose qu'on ne savait pas et qu'il ne savait pas lui-même ; comment pouvait-on espérer y parvenir malgré tout ?* » En effet, soit gabegie, soit gageure, cela dut paraître insensé ! Quoi ? Ce à quoi se résumerait le travail du psychanalyste confronté à son patient, ce serait de lui dire : « *Faites-moi savoir ce que vous ne savez pas, afin que nous le sachions ?* » Ceux qui, dans l'auditoire, auraient eu des réminiscences des œuvres de Platon, se fussent peut-être rappelés la méthode socratique (la maïeutique), qui pousse celui qui ne sait pas, à savoir quand même ce qu'il ne sait pas ou croyait ne pas savoir. (À y regarder de plus près, il est indéniablement plus beau et honnête de savoir après avoir cru qu'on ne savait rien, que de croire qu'on sait alors qu'on ne sait rien. Socrate était-il un psychanalyste ? Je n'ai jamais réussi à me laisser persuader que son jeu, quoi qu'il en eût dit, ne fût pas une mascarade, et qu'il n'eût pas su dès le début, en interrogeant ses interlocuteurs, ce qu'il attendait d'eux qu'ils répondissent… Et le procédé de Socrate, rappelons-le, visait moins à faire refluer les événements du passé qu'à démontrer qu'il est possible de faire trouver la valeur du côté d'un carré dont on connaît l'aire, à quelqu'un qui n'aurait jamais appris la géométrie. Mais passons.) Il y aurait par conséquent des choses *ancrées en nous* que nous ne connaîtrions pas ? Les aurions-nous oubliées ? En partie, oui, en partie… Il ne tiendrait donc qu'à nous de les faire remonter à la surface ? Mais « *quel œil peut se voir soi-même* » ? se demandait Stendhal. S'il n'était question que de cela… C'est ici que l'affaire se complique, car si ces (obscures) choses vécues sont enfouies en nous, il n'est pas aisé, voire impossible, de les déterrer seul, pour la raison suivante : il ne fait pas bon de les rappeler à l'ordre, elles ne sont pas restées cachées tout ce temps par pur plaisir (du moins, il était plus commode, par pur « non-déplaisir », qu'elles se fissent des plus discrètes). Non seulement il est extrêmement délicat de parvenir à la connaissance de ces choses, et ce, sans l'aide d'un tiers, mais de plus, si par chance elles rejaillissaient à la conscience, elles seraient instinctivement repoussées par leur hôte (il lui faudrait les accepter comme étant siennes, ce qui, dans un premier temps, est au-dessus de ses forces, puisqu'il n'avait cessé jusque-là de les refouler). Freud raconte cela ici : « *Ou bien la personnalité du malade est amenée à la conviction qu'elle a repoussé à tort le désir pathogène et elle est conduite à l'accepter en totalité ou en partie ; ou bien ce désir est lui-même conduit à un but plus élevé et par là soustrait aux objections (ce qu'on appelle sa* sublimation*) ; ou bien on reconnaît son rejet comme légitime, mais on remplace le mécanisme automatique, et par là insuffisant, du refoulement par une condamnation avec l'aide des plus hautes réalisations spirituelles de l'homme : on obtient sa maîtrise consciente.* » Il n'est pas anodin que Freud, avant d'appeler sa méthode d'investigation et de guérison par son nom, la *psychanalyse*, avait d'abord tout simplement songé à : *catharsis*. Or, il faut ajouter à cet aspect qu'il n'est heureux d'apprendre qu'il abriterait des ténèbres qu'il aurait rejetées, qu'une part de son moi lui serait inaccessible. C'est pourquoi, évidemment, plongé au début de la psychanalyse dans une profonde solitude, Freud dut essuyer des contestations. Mais loin de le désarmer, elles affermirent sa position, parce que, disait-il, elles « *étaient faciles à comprendre, ne faisaient que répondre à mon attente* » (on lui reprochera également ce type d'argument, d'aucuns pensant que c'était une nouvelle facilité que de se servir des résistances des contestataires pour accréditer ses théories sur la résistance). « *La présomption de la conscience, qui rejette par exemple le rêve avec tant de mépris, appartient aux dispositions protectrices dont nous sommes tous pourvus contre l'irruption des complexes inconscients, et c'est la raison pour laquelle il est difficile de convaincre les gens de la réalité de l'inconscient et de leur apprendre à connaître du neuf qui contredit leur connaissance consciente.* » Ne pas accepter les choses, ainsi que le font les détracteurs, rejoint en quelque sorte l'évitement de la réalité propre aux malades que Freud a décidé de soigner (ce qu'il fallait démontrer) : « *Nous voyons que les êtres humains tombent malades lorsque, par suite d'obstacles extérieurs ou d'un défaut intérieur d'adaptation, la satisfaction de leurs besoins érotiques leur est refusée dans la* réalité. *Nous voyons qu'ils* se réfugient *alors dans la maladie, afin de trouver avec son aide une satisfaction substitutive pour ce qui leur est refusé.* » Pour en revenir à moi, je n'ai pas peur de le dire : *je fus très malade*. Malade des autres, en premier lieu, ces Autres sur lesquels je rejetais toute responsabilité (on peut relire ma *Feuille de malchance* à cet égard, et surtout *Amer Amen*) ; malade de moi-même, en second lieu, et malade de constater que j'avais été *aveuglément malade*. En un mot, je m'étais trop longtemps cherché dans une certaine *indifférence*, tandis que j'allais commencer à me chercher *au-delà de toutes les différences* : « *Chercher son semblable, c'est ne pas affronter sa différence ; l'affronter en tant qu'autre ; s'affronter en tant qu'autre. Identité = égalité…* » — Ce prologue achevé, retournons vers Alfred Adler, né en 1870, mort en 1937, qui, pour l'anecdote, eut un grand frère prénommé… Sigmund ! En 1902, il rejoignit la Société Psychanalytique de Vienne dirigée par Freud, qu'il quittera dix ans plus tard, comme beaucoup de disciples qui deviennent par la suite, sinon des dissidents, à tout le moins des brebis galeuses. Là n'est pas mon propos, et je déteste les polémiques (il en va comme en politique, où la jalousie, l'égoïsme, l'obsession du pouvoir et du règne, n'autorisent pas qu'il y ait plusieurs chefs). Pour celui que ravissent de petites sentences telles que le « *connais-toi toi-même* », les titres des ouvrages d'Adler sont aussi alléchants qu'est aguichante la promesse de ce qu'ils semblent renfermer (« *une promesse incalculable, mirifique, démesurée, ensorcelante* ») : *Der Sinn des Lebens* (*Le Sens de la vie*) ou *Menschenkenntnis* (*Connaissance de l'homme*) m'avaient impressionné à leur seule couverture. « Le sens de la vie ? » m'étais-je dit, étonné et ravi. « N'est-ce pas tout ce que je désire savoir ? » Ma naïveté fut double à cet instant-là : 1. Comment pouvais-je croire que ces quelques pages allaient m'apporter une réponse à la question du sens de la vie, que personne, depuis la nuit des temps, n'avait résolue et ne résoudrait jamais ? 2. Je ne devinai pas que le contenu serait sensiblement différent de ce que je m'imaginai au premier abord, et qu'il me transformerait radicalement. Une nouvelle étape de ma vie s'annonçait sans que je l'eusse prévue. Ainsi, j'avais découvert Freud au lycée, puis l'avais délaissé quelque temps pour Jung avant de m'y remettre, puis je m'étais lancé dans Adler (avant de rejoindre de nouveau Freud, que je ne quitterais plus). Adler se différencie de Freud en ceci qu'il n'entre guère dans des considérations psychanalytiques et reste plutôt sur les terres de la « bonne et vieille » psychologie (il refuse le « pansexualisme » freudien), qu'il applique en outre le principe de l'action et la réaction entre l'individu et son milieu social, qu'il donne beaucoup d'importance aux mécanismes qui aboutissent aux complexes d'infériorité et de supériorité, et qu'il souligne la prépondérance du rôle de l'éducation et des parents. En clair, le thème majeur soulevé par Adler est circonscrit au social, plus exactement à la tendance (collaborative) vers une forme de collectivité, c'est-à-dire au degré de « *sentiment social* » (« *Gemeinschaftsgefühls* ») de l'individu (lié à son intégration dans la société). Mais peu importent ces divergences ! — *Le Sens de la vie*... « *Combien d'hommes ont daté une nouvelle ère de leur vie de la lecture d'un livre !* » s'exclamait, à bon droit, Thoreau. Une date s'inscrivit dans l'agenda de mes errances littéraires. Le jour où je découvris *Le Sens de la vie*, je crois pouvoir me rappeler que c'était à la FNAC de Nantes, le 25 novembre 2003 (je l'ai consigné dans mon *Journal*). J'étais alors au cœur d'une tempête (émotionnelle, existentielle) invisible de l'extérieur, vraisemblablement en plein dans l'époque la plus *affreuse* de ma vie. Quelle avait été ma réaction en inspectant de loin cette couverture orange ? En avais-je lu, avant de passer à la caisse, quelques passages afin de m'en donner une idée ? avais-je noté la citation placée en exergue de l'introduction et qui rejoint la discussion amorcée plus haut, que « *l'homme sait beaucoup plus qu'il ne comprend* » ? Je ne saurais assez marquer ma reconnaissance aux éditions Payot pour avoir remis au goût du jour ces quelque trois cents pages en en lançant une impression au cours de l'année 2002, et de l'avoir rendu accessible en le sortant en poche. Certes, je ne saurais dire combien je suis redevable à cette maison d'édition ! (Les ouvrages d'Adler traduits en français (pour ceux qui l'ont été à ce jour) figurent rarement dans les librairies, ce que j'arrive à comprendre : ils sont dépassés par les événements et ne tiennent pas la comparaison avec l'œuvre de Freud. Ceci étant dit, ils n'en ont pas moins perdu leur pouvoir d'éveiller les lecteurs : j'en suis la preuve vivante !) Quelques lignes extraites de mon *Journal* auront l'avantage de retranscrire « au naturel » l'ébranlement consécutif à ma lecture d'Adler : « *Je n'aurais pas pu trouver mieux que* Le sens de la vie... *Dingue*. [...] *Cette lecture me rend fou... Je ne pouvais donc rien faire ?... (Question : cette question est encore une manifestation ?...) Jusqu'à quel degré faut-il aller ?... Je sais que je sais que je sais...* [...] *Je lisais... J'arrête un peu...* — *Je me sens tout drôle... Tout cela est irréel... Je rêve, n'est-ce pas ?... BON DIEU !... ÇA ME REND FOU !...* [...] *Ma mère est passée...* — *Tout cela me déglingue... Elle voit que ça ne va pas... Je lui dis que je réfléchis... Mais je ne peux pas lui expliquer !... Elle y est pour tant là-dedans !...* [...] *Ma tête allait exploser... Tout ce que j'avais lu et appris me déroutait...* [...] *Fini* Le sens de la vie. *ÉNORME.* » — Dès le premier chapitre, anodinement intitulé *Die Meinung über sich und über die Welt* (*Notre opinion sur nous-mêmes et sur le monde*), je me sentis poussé contre les cordes d'un ring sauvage, boxé par une brute infatigable, réduit à encaisser *uppercut* sur *uppercut* sans avoir le moyen de me protéger la tête. Tandis que l'on me cognait, une voix, placée dans les tribunes, me crevait les oreilles : « Allez, crache, parle, annonce, vide ton sac ! Vas-tu nous dire enfin quelle opinion tu as forgée sur le monde ? quelle opinion tu as de toi ? » Et, battant des poings dans le vide, je me récriais contre ces questions superflues qui ne requerraient pas tant de violence pour les poser. Car la voix, c'était Adler, et le boxeur n'était autre que moi. J'étais, sans m'en apercevoir, furieux. « Mon opinion ? Elle n'a pas bougé. Je me connais tout autant que je connais le monde. Personne n'a rien à m'apprendre que je ne sache déjà. » La voix se métamorphosa en un rire sardonique : « Ah ? Et que sais-tu ? Tu agis comme si tu savais, comme si ton opinion était arrêtée. Je le répète : que sais-tu ? » Que sais-je ? Que savais-je ? J'avais foi en moi et je détestais le monde ; j'étais sûr de moi et je ne faisais pas confiance aux autres ; j'étais content d'être solitaire et je reportais toute la haine accumulée depuis des années sur la société « amassante » et abêtissante ; je me glorifiais de mon savoir et je me moquais de l'ignorance des hommes ; j'étais persuadé d'avoir raison contre eux ; je croyais savoir qui j'étais. Mais telle une ampoule qui doit s'allumer après que l'interrupteur a été actionné, la valeur des mots du *Sens de la vie* heurta ma conscience sans que je pusse me contrôler. Le fait est que *j'allais savoir...* — « *Il est hors de doute que chacun se comporte dans la vie comme s'il avait une opinion bien arrêtée de sa force et de ses possibilités ; comme si, dès le début d'une action, il se rendait compte de la difficulté ou de la facilité d'un problème donné, bref comme si son comportement résultait de son opinion.* [...] *Il est évident que toutes ces opinions dans leurs milliers de variantes peuvent se mettre en opposition avec la réalité et ses exigences sociales.* » — Je n'étais pas au bout de mes peines ! Les problèmes de *ma* vie déboulèrent comme des petits cailloux acérés sur le tapis roulant du troisième chapitre, et se déversèrent sur mon visage horrifié... Papa ! maman ! Ô père, ô mère, ô frère, ô famille, ô liens du sang, ô pauvre de moi ! J'allais me comprendre — à coups de hache ! j'allais devoir redéfinir l'enfance que j'avais *fortuitement* oubliée, que j'avais toujours oubliée et voulu oublier, j'allais devoir revenir en arrière, vers un monde où je n'étais que l'ombre de moi-même, où j'évoluais désarmé, n'ayant avec moi qu'une coquille durcie par la salive de l'éducation, j'allais devoir affronter ce que je n'avais jamais affronté, l'individualité, la personnalité, l'engagement, j'allais explorer les terres de l'oubli, j'allais, j'allais, j'allais... Où allais-je ? D'où venais-je ?... Que n'ai-je pu me débrouiller seul, l'âme pure, sans contrainte ! Ô maman, laisse-moi faire, ne m'assiste pas, ne m'assiste plus !... — « *Des difficultés peuvent surgir des deux côtés : de la part de la mère, si, maladroite, lourde, inexpérimentée, elle rend à l'enfant contact difficile avec d'autres ou si par insouciance elle prend son rôle trop à la légère. Ou, ce qui arrive le plus souvent, si elle soustrait l'enfant à la* nécessité d'aider les autres ou de coopérer avec eux, si elle l'accable de caresses et de tendresses, si elle agit, pense et parle constamment pour lui, paralysant en lui toute possibilité de développement et l'habituant à un monde imaginaire tout différent du nôtre et dans lequel, enfant gâté, il trouve tout fait par d'autres personnes. [...] Si l'enfant est gâté par sa mère, il refuse d'étendre son sentiment social à d'autres personnes, essaie de se soustraire à son père, à ses frères et sœurs, aussi bien qu'aux autres personnes qui ne lui apportent pas le même degré d'affection. Formé, entraîné dans ce style de vie, dans l'opinion que tout est facile à obtenir d'emblée par une aide extérieure, l'enfant devient ainsi plus tard plus ou moins inapte à la solution des problèmes de la vie et subit un état de choc, lorsque ces problèmes se présentent sans trouver en lui le sentiment social préalable qu'ils exigent, état de choc passager dans les cas légers, mais qui d'une façon permanente l'empêchera dans les cas graves de trouver une solution. »* C'est à cause de ce genre de phrases que je crus, pendant tout le temps que dura ma lecture, que ce livre avait été spécialement écrit pour moi, et c'est ce qui me permit, tout en me traumatisant, de m'ouvrir les yeux. Ce fut réellement, clamons-le, ma première séance imaginaire avec un psy. Il y avait là quelqu'un, par-delà les pages, qui m'engageait malgré moi sur le chemin de la révélation. Mais était-ce à proprement parler une *révélation* ? Ne savais-je pas que ma mère m'avait envahi de ses tendresses, m'avait tout prémâché afin que je n'eusse aucun effort supplémentaire à fournir ? Oui et non. Je compris que j'avais voulu occulter cette part de l'enfance, et qu'en l'occultant, j'occultais par la même occasion *toute* mon enfance. J'eus mal, comme si j'avais reçu un coup de poignard dans le dos. Je n'étais plus sûr de rien, je chancelais ; mais je ne voulais pas m'arrêter là, il fallait continuer. — Que n'ai-je pu me débrouiller seul, l'âme pure, sans contrainte ! Ô papa ! laisse-moi faire, ne me gronde pas, ne me gronde plus, grands dieux !... — « *Mais les circonstances extérieures, la personnalité du père, le fait d'être gâté par la mère, les maladies et un développement organique difficile nécessitant des soins qui incombent davantage à la mère, peuvent créer une distance entre enfant et père et empêcher ainsi l'épanouissement du sentiment social. L'intervention sévère du père, s'il veut empêcher les conséquences de l'habitude trop tendre de la mère, augmente cette distance.* » — Que n'as-tu pu te débrouiller seul, l'âme pure, sans contrainte ! Ô Julien, descends de ton piédestal, regarde-toi dans la glace, et grands dieux, ne cille pas ! Tu as vingt-cinq ans, et, cependant, quand tu y réfléchis, que sais-tu de toi ? que sais-tu de ton passé ? Ravale donc ta fierté, ton sentiment de domination, ta supériorité maladive, toi le roi seul au monde, cloîtré dans sa chambre ! Qu'es-tu de plus que ce que tu crois que tous les gens sont ? Vanité ! Tu vas mal et tu résistes ? Tu t'effondres et tu crois encore être fort ? Les autres t'accaparent ? Accapare-toi d'abord ! Les autres ? Quels autres ? L'autre, c'est toi-même ! Accepte-toi et tu accepteras les autres. Les autres sont un problème ? Mais le problème, c'est toi ! Accepte ta condition humblement... Le terme d'« *infériorité* » te déplaît, n'est-ce pas ? Il devrait t'être aussi déplaisant que celui de « *supériorité* », puisqu'ils dérivent tous les deux d'un déficit similaire. Pointer du doigt le « *sentiment d'infériorité* » et l'adapter à ton cas était la seule façon de te secouer, de te forcer à analyser ton passé et son lien avec ta pathologie présente. Tu ne pouvais plus te réfugier dans le « *sentiment de supériorité* », car celui-ci révélait ta lutte éternelle contre l'idéal de la société, une continuelle opposition qui ne faisait que tendre à la rupture entre toi et le monde (au moins, pendant la guerre, ne devrait-on pas craindre de toi une quelconque collaboration avec l'ennemi, mais, d'un autre côté, ne faudrait-il pas compter sur toi pour rejoindre un mouvement de résistance). Tu devrais te rappeler les paroles de Vauvenargues : « *Notre dégoût n'est point un défaut et une insuffisance des objets extérieurs, comme nous aimons à le croire, mais un épuisement de nos propres organes et un témoignage de notre faiblesse.* » L'Autre, tel qu'en toi-même... — « *J'ai depuis longtemps insisté sur le fait qu'être homme, c'est se sentir inférieur. Peut-être y a-t-il des gens qui ne se souviennent pas d'avoir éprouvé ce sentiment d'infériorité. Peut-être certains sont-ils choqués par cette expression et préfèrent-ils une autre dénomination.* » De ce sentiment primaire proviennent tous les éléments qui t'ont toujours harcelé dans ton existence, lesquels, à leur tour, l'ont renforcé. Dès lors que tu as eu à affronter, à un moment ou à un autre, « *les problèmes difficiles de la vie, les dangers, les chagrins, les déceptions, les soucis, les pertes, surtout celles de personnes aimées, toutes les sortes de contraintes sociales* », tu as décidé, soit de les éviter en te refermant sur toi-même, ce qui a eu pour conséquence d'amplifier le mal, soit, quand cette retraite t'a été impossible, de réagir malgré toi à l'aide des sentiments habituels que sont « *la peur, la peine, le désespoir, la honte, la timidité, l'embarras, le dégoût* ». Est-il courageux, l'homme qui, sans avoir commencé à jouer, abandonne la partie et se retire du monde ? La réserve est-elle en chaque occasion une attitude noble ? A-t-il du mérite, celui qui ne se frotte au monde extérieur que lorsque cela est nécessaire pour sa survie ? Tes parents ne t'ayant jamais préparé aux problèmes de la vie, était-ce une raison pour renforcer ton manque de sentiment social ? La vie en commun, la coopération, l'humanisme, tu sais pas ce que ces notions signifient, à quels sentiments elles renvoient, et tu n'as pas vu venir à toi, — ni les écouter, les comprendre, les modérer, les soigner, — la mélancolie, l'anxiété, la timidité, la taciturnité, le pessimisme, tous ces traits de caractère qui, selon Adler, « *caractérisent un contact depuis longtemps insuffisant avec les autres et se renforcent sensiblement en cas d'épreuve sévère imposée par le sort* », et qui « *se manifestent dans la névrose comme des symptômes morbides plus ou moins marqués* ». Te souviens-tu du petit garçon sur qui les cimetières exerçaient une attirance ? Tu étais si mignon quand tu demandais à tes parents de s'arrêter sur le bord de la route, que ceux-ci n'y voyaient pas d'inconvénient. Là, si faible, si naïf, si *enfantin*, tu alimentais déjà ta dépression en causant avec les morts. N'est-ce pas terrible ! Timide, tu préférais les inconnus morts à tes amis vivants. Et aujourd'hui, qu'es-tu devenu ? Les morts remplissent tes étagères, tu les écoutes tous les soirs, quand tu ne leur parles pas en écrivant ! Ils sont silencieux, polis, ils ne te dérangent pas, ne te causent aucun souci, ne te font pas mal, ce sont des *amis sûrs*. Mais qu'est-ce qu'en réalité la *névrose* ? Adler répond : « *un essai d'éviter le plus grand mal, un essai de maintenir à tout prix l'apparence de la valeur, tout en désirant arriver à ce but sans payer de frais.* » Comprends-tu, maintenant ? À partir de quel âge tes parents ont-ils réellement cessé de te garder dans leur bulle de verre et de coton, et t'ont-ils libéré de l'« *in diem vivere* », de la vie au jour le jour ? Cela n'a-t-il pas été à quatorze ans, époque qui coïncide avec ton internat au collège Victor Hugo, où tu as connu ce premier semblant d'émancipation, cette première ouverture de la conscience de ton existence, sans oublier cette découverte de Stephen King qui a marqué le début de ta soif de lectures, ton refuge le plus inaliénable ? La transition, qui ne t'a demandé nul effort, s'est faite en douceur. Son imperceptibilité a été grandiose, si grandiose que tu ne réfléchis à ce troublant aspect qu'en écrivant ces lignes ! N'as-tu pas honte, à ton âge ? (Regarde, c'est comme s'il était trop tard : tu n'as jamais lu autant, durant ces dernières années, et évité les sollicitations extérieures !) « *Le névrosé voue tout son intérêt à la retraite, chaque pas en avant est considéré par lui comme une chute dans l'abîme avec toutes ses horreurs. Voici pourquoi il essaye de toute sa force, de tous ses sentiments, de tous ses moyens de retraite éprouvés, de se maintenir à l'arrière-plan.* » Tu n'avais été préparé à rien, pas même à la lecture d'Adler ! Nul danger ne nous guette dans la grotte, nulle contingence n'est susceptible de nous renverser, et rien n'est plus facile que de se croire, en pensée, supérieur aux autres quand on ne va pas combattre au front. « *Le névrosé, depuis son enfance, a formé sa loi dynamique de façon à reculer en face de problèmes qui pourraient mettre en péril par une défaite menaçante sa vanité, sa recherche de la supériorité personnelle trop éloignée du sentiment social, son désir d'être le premier. Sa devise "Tout ou rien" (ou quelque chose de très approchant), l'hypersensibilité de quelqu'un qui se croit constamment sous l'imminence d'une défaite, un manque de quiétude, une émotivité intense telle que peut en avoir celui qui vit dans un pays ennemi, une certaine avidité, amènent des conflits plus fréquents et plus importants qu'il n'est nécessaire et lui facilitent le recul rendu inévitable par son style de vie.* » Que se serait-il passé si, pensant être le plus fort, tu avais dû te révéler le plus faible dans l'arène ? Ton orgueil serait effondré. Tu le savais si bien, que, inconsciemment, tu as préféré la souffrance en t'isolant davantage. Ah ! Adler t'a fait mal, très mal ! Il t'a fait mal — pour ton bien... Toi qui accusais le monde, tu pouvais désormais te dire, à la suite de Landolfi qui voyait Dieu disparaître : « *Di tutto / Non posso dare colpa che a me stesso.* » (« *De tout / Je ne puis accuser que moi.* ») Ô toi, ô toi, ô toi... Tu as dû sourire et grincer des dents en voyant que tout avait l'air finalement si simple, tellement simple que ça en devenait risible, puéril, tellement simple que tu redoutais encore de modifier tes habitudes, de changer les choses auxquelles tu avais tenu si fermement toute ta vie, qui faisaient partie intégrante de ton moi fantomatique d'assisté, tellement simple que tu avais peur de ne pas réussir à les dépasser et qu'elles pussent te révéler les faiblesses, ces toutes petites choses, comme le fait d'avoir sucé ton pouce pendant si longtemps, de continuer à te mettre constamment les doigts dans le nez, tous ces « *défauts* » qui « *n'apparaissent que si l'enfant refuse la collaboration, l'acceptation de la civilisation* », que l'on retrouve « *presque exclusivement chez les enfants gâtés, qui ainsi veulent obliger l'entourage à fournir un travail supplémentaire* ». En lisant *Le Sens de la vie*, tu voyais les mots se souligner d'eux-mêmes en rouge, se surligner violemment en jaune fluorescent, se détacher de la page comme des moules sataniques d'un rocher, tu voyais les lettres surgir comme un clown à ressort de sa boîte, et se projeter contre ta face aux traits innocemment tirés par la surprise et par l'horreur de la réalité, l'horreur de l'implacable nécessité, l'horreur de la vérité. — Sais-tu d'où t'est venue (aussitôt que la furie de lire s'est assagie, qu'elle s'est muée en habitude vitale) ta nouvelle soif, l'écriture ? De ton imagination, dans laquelle tu t'es toujours replié, qui t'a permis de la sorte de te retirer un peu plus, d'éloigner du sens commun, « *c'est-à-dire de la logique de la vie collective, et loin du sentiment social existant à ce moment* », et ainsi de ne pas avoir à avancer « *dans le sens de l'intérêt collectif* ». Ton désir permanent de t'échapper t'aura porté préjudice. Tu soutiendras peut-être, toi qui te vantes, sans l'affirmer expressément, d'appartenir à leur clan, que c'est là le lot des artistes, et qu'il fallait bien choisir entre écrire, par exemple, le livre que tu es en train d'écrire, et sortir pour rencontrer des gens, qu'il n'est pas donné à tout le monde de rester prostré devant l'œuvre qui se fait jour après jour, de lui dédier toute son attention, de s'y *sacrifier*, de souffrir pour elle, et que seule cette activité t'apporte la consolation dont tu as besoin, qu'elle seule te délivre de la difficulté d'exister et te fait voir la beauté cachée de l'univers, — tu soutiendras peut-être tout cela à l'aide des arguments qui sont les tiens, mais ce serait oublier que l'artiste essaie par là de lutter « *avec une ambition furieuse contre la réalité trop étroite afin de l'élargir pour lui-même et pour les autres* », et qu'il représente le « *porte-drapeau de cette évolution qui cherche le progrès par-dessus les difficultés et qui élève loin au-dessus du niveau moyen l'enfant désigné par le destin* ». L'artiste est un enfant fragile qui, se battant seul à seul, recrée un monde qu'il ne supporte pas. Rien, en général, n'est moins sociable qu'un être qui contemple et réinvente le monde dans son lit, — ce lit qui est le support par excellence de la dépression, le lieu privilégié de l'effondrement, l'endroit confiné de l'affrontement de la plus pure solitude. — (Je ne sais si l'insociabilité naquit d'une misanthropie qui s'accroissait malignement, ou d'un amour-propre qui dégénérait en orgueil (et *vice-versa*), mais *La Parole de non-Dieu*, qui date de l'été 2001 (la même époque qu'*Un certain amour*) témoigne énergiquement, et à sa manière, de l'obscurité de ce profond dilemme (j'avais d'ailleurs arrêté ce « projet » après la rédaction de ces trois derniers chapitres) : « *XXXVI. — Aime-toi ! / Non-Dieu a dit. / L'amour-propre est le premier besoin de l'âme, — sache-le. / Le monde est par toi, par tes yeux, par ton être, par ton âme. / Quand tu viens au monde, tu es unique, tu es un fruit de non-Dieu : tu me dois la vie, et tu te dois l'amour, qui est moi, qui suis l'Amour. / Les autres ne comptent pas pourvu que tu sois, et tu es, donc les autres ne comptent pas. / Nous sommes dans un monde d'amour tourné vers son propre amour ; — comprends bien cela. / Si tu aimes, c'est que tu t'aimes. / Tu dois m'aimer en priorité, mais m'aimer, c'est t'aimer, car tu es une partie de moi, — et je suis tout, — et tu n'es rien. / Aime-toi ! aime-toi ! aime-toi ! / Rien ne doit détruire ton amour-propre, ou tu seras détruit. / N'oublie pas : ton âme incline ton sujet à s'aimer : ton âme t'aime, et comme ton âme, c'est toi, tu t'aimes. / L'amour-propre est l'étape la plus importante du chemin, c'est la seule importante : ensuite, tout suit. / Oui, — ainsi soit-il. — XXXVII. — Tu dois sauver ta propre peau, penser avant tout à toi-même, à la sauvegarde de ta personne, sans blesser celle des autres. / Tu dois conserver ta dignité en toute circonstance, tu dois lever le buste et prendre de haut chaque chose pour ne pas oublier que tu es souvent plus bas qu'elles ; — sache-le. / Je t'ai fait l'honneur de tout cela, alors prends-le : sois honoré de tout ce qui t'honore. / Ta seule ambition, c'est de ne pas être ambition : l'ambition t'éclatera comme un vulgaire caillou que broient mille tonnes de fonte. / Sois curieux, car c'est l'une des premières natures de ton âme, savoir : vouloir connaître en étant curieux. / Sache jouer avec l'égoïsme : ne sois égoïste que pour ton bien, et rejette cette part d'égoïsme qui nuit à ta personne, mais surtout, ne pense jamais aux autres qui pourraient critiquer cela : l'égoïsme, à lui seul, permet une survie. / Ne sois jamais lâche : un animal ne l'est pas, rien n'exprime la lâcheté, au contraire : tout prouve que la lâcheté est une notion arbitraire, et vis doucement dans la dignité. / L'orgueil est la première qualité de l'ego ; quoi ? on cracherait sur lui ? — ce serait honteux, et les gens qui ne sont pas orgueilleux ne méritent pas de vivre parce qu'ils ne vivent pas. / La jalousie est un vilain défaut qui dénote la grande faiblesse de l'homme : celui qui est jaloux connaît les vicissitudes des passions, et c'est très bien : mais la jalousie, tout autant que les passions, tue. / Oui, — ainsi soit-il.* — *XXXVIII.* — *Les inclinations sociales sont fausses depuis bien des temps.* / *Tout concours entre personnes issues du même milieu social est une absurdité tant que l'état animal s'est assoupi.* / *Il y a longtemps, cette communion sociale, ces affections collectives, étaient importantes ; aujourd'hui, il n'en est rien.* / *Aujourd'hui, nous avons atteint la valeur individuelle : l'esprit collectif ou social est perdu, et ce n'est pas une mauvaise chose ; — comprends bien cela.* / *Il faut un soupçon de sympathie pour ses aînés, ses cadets, ses enfants, ses proches, ses voisins, tant qu'ils n'empiètent pas sur ton monde individuel.* / *La société fait avancer l'Homme, mais certainement pas l'homme.* / *Si tu es misanthrope, tu as fait un pas ; si tu es philanthrope, tu as fait un pas ; le juste milieu est nécessaire.* / *Si tu dois compter sur quelqu'un autour de toi, socialement, ce sera sur toi uniquement, ou alors tu seras un homme mort.* / *L'affection unilatérale est monnaie courante : certains t'écouteront sans te comprendre, d'autres t'écouteront sans t'entendre, d'autres enfin ne t'écouteront pas : ainsi en est-il des hommes, et fuis-les quand tu le peux, car les autres sont toujours un fléau.* / *Oui, — ainsi soit-il.* » Délire et confusion pour l'amour — de la perte — et la perte — de l'amour ! Mon Dieu… Quelle folie ! Et d'*Amer Amen*, qui date de 2000, ne transpirent pas moins les mêmes symptômes de rejet, comme si, me sentant rejeté, j'avais voulu rejeter le monde, comme si, à cette époque, en écrivant, je prenais une parole que je ne pouvais pas prendre en société…) — Alfred Adler, pour conclure son ouvrage, écrit que « *s'enquérir d'un sens de la vie n'a de la valeur et de l'importance que si on tient compte du système de relation homme-cosmos* ». Je m'enquiers, je m'enquiers ! J'ai retenu la leçon, mais je ne l'applique pas ; j'ai compris une part du problème, mais je persiste et m'acharne à comprendre au-delà ; je me suis effondré, mais j'ai entrepris l'écriture de *La Perte de Sens (entre parenthèses)*. — « *Je suis dans ma chambre, rien ne va plus, mon crayon fuit* » : tel était le début d'*Amer Amen*. Il y a ici, dans ce crayon censé fuir, une vérité à double sens : la *fuite*… — Je me suis continuellement sauvé, et je cours, je cours, je n'en finis pas de courir pour (qu'en sais-je ?) me rattraper…

* * * * *

En pleurant ma mère quand elle s'éloignait, en visitant les tombes dès que l'occasion se présentait, en dévorant tous les livres de Stephen King après *Bazaar*, en décidant d'écrire brutalement suite à mon entorse à la cheville, en suçant mon pouce, en m'isolant le plus souvent possible, en rougissant, en visionnant des films d'épouvante, en recherchant du plaisir, en buvant et fumant, en me curant le nez, en me grattant l'anus, en tremblant, en rêvant de caresses dans le dos, en écoutant des voix avant de dormir, en tenant un *Journal*, — en accomplissant ces gestes, en me soumettant à ces émotions, à ces désirs, en succombant à ces angoisses, à ces détresses, en ressentant inconsciemment ces manques et ces trop-pleins, en m'adaptant à cette mécanisation qui ajustait mon être-au-monde, je ne savais pas, je n'étais pas en mesure de savoir combien tout cela relevait de pathologies, que je n'étais pas maître chez moi, pas plus qu'aujourd'hui, en accomplissant banalement et quotidiennement tous les actes de la vie normale, du lever au coucher, du réveil de la conscience à son extinction, sans compter les rêves, je ne pouvais contrôler mon corps et mon esprit, connaître les motifs secrets qui les meuvent, quand même j'aurais avancé dans ma compréhension du monde et de moi-même. Des pans considérables de notre moi nous échappent toujours : automatisation de notre machinerie perfectionnée jour après jour, sélection des données qui nous assaillent… — Connais-toi toi-même ? À quel moment de la journée sommes-nous nous-mêmes ? Ne sommes-nous pas, à tel instant, celui que nous avons été à tel autre, et nullement celui que nous sommes *hic et nunc* ? Notre être coïncide-t-il jamais avec lui-même à un instant *t* ? Ne sommes-nous pas, tels des insectes prisonniers dans l'ambre, éternellement figés dans notre enfance, suspendus au-dessus d'un passé ineffaçable dont les traumatismes sont le lien avec notre présent, en tant qu'ils le déterminent ? Afin d'être plus clair, je vais prendre un exemple célèbre, celui de l'hystérique Anna O., dont le cas fut d'abord étudié par Josef Breuer, qui ne parvint pas à la soulager immédiatement, puis repris maintes fois par Freud, qui aurait réussi à élucider le problème et, du même coup, sous hypnose, à guérir la malade. Cette jeune fille de vingt-et-un ans souffrait de contractures et d'anesthésies des extrémités des membres, de troubles visuels, d'une toux sévère, éprouvait des difficultés à tenir la tête droite, présentait également une altération de la fonction du langage qui allait jusqu'à une altération délirante et confuse de toute sa personnalité ; mais, surtout, le point le plus remarquable, c'est que, malgré une soif ardente, elle « *pouvait saisir le verre d'eau, mais aussitôt qu'il touchait ses lèvres, elle le repoussait comme une hydrophobe* », ce qui la plongeait, durant les quelques secondes que cela durait, dans un intense « *état d'absence* ». Les symptômes de l'hystérie d'Anna O. étaient apparus à l'époque où elle soignait à son chevet son père mourant. Sans entrer dans les détails, voici que raconte Freud dans ce qui figure l'une des *Cinq leçons sur la psychanalyse* : « […] *elle se plaignit un jour, sous hypnose, de sa gouvernante anglaise qu'elle n'aimait pas. Elle raconta alors, avec tous les signes d'un profond dégoût, qu'elle s'était rendue dans la chambre de cette gouvernante et que le petit chien de celle-ci, un animal affreux, avait bu dans un verre. Elle n'avait rien dit, par politesse. Son récit achevé, elle manifesta violemment sa colère, restée contenue jusqu'alors. Puis elle demanda à boire, but une grande quantité d'eau, et se réveilla de l'hypnose le verre aux lèvres. Le trouble avait disparu pour toujours.* » Quoiqu'il s'agisse d'un cas relativement grave, cet exemple se révèle néanmoins très instructif si l'on veut bien accepter de le transposer, — avec les restrictions qui s'imposent, variables selon les dispositions, les affects et les expériences de chaque individu, — à ce que nous venons de dire à propos du poids du passé dans notre vie de tous les jours, et de son incidence à peine décelable, voire tout à fait ignorée. Qu'une personne ait statistiquement plus de chances de fumer si ses parents sont déjà des fumeurs, je l'admets volontiers, et cela ne fait pas l'ombre d'un doute ; mais que l'on se satisfasse de cette explication causale, cela, je ne le permets pas (mon chapitre sur le tabac a été rigoureusement dicté selon ce schéma : le phénomène est beaucoup plus complexe qu'on ne voudrait le croire, et sa complexité apparaît d'autant plus que, s'il devait être même brièvement exposé, *on ne voudrait* — *ni ne pourrait* — *pas le croire*). — Nous portons en nous la quasi-totalité des éléments qui sont les indices indispensables pour mener correctement (scientifiquement) l'enquête sur la connaissance de nous-mêmes, et tenter de la résoudre. Tout se passe comme si le nœud de l'affaire était là, devant nous, criard, vulgairement affiché sous nos yeux, telle la lettre volée d'Edgar Poe qui serait devenue un objet de décoration auquel, par l'effet de l'accoutumance du temps qui coule innocemment, nous ne ferions plus attention (pour les rares personnes qui remarqueraient encore l'enveloppe, son contenu n'en serait pas moins oublié, absent, comme n'ayant jamais existé). Nous ne pouvons pas tout comprendre. Nous le pourrions, mais c'est au-dessus de nos forces. Je n'aurais pas pu comprendre, à ma première lecture de *Face aux ténèbres*, de William Styron, ce que contenait la *dépression*, bien qu'elle me contînt. Il était trop tôt, elle était à peine latente. « [20/08/98 :] *Je lis* Face aux ténèbres [...]. [23/08/98 :] Face aux ténèbres *est le genre de livres qui remontent le moral et qui me montrent qu'on est soi, qu'on peut rencontrer des problèmes, mais qu'ils ne pourront jamais être insurmontables — sauf les dépressions dont il parle. C'est superbe…* » Qu'on se le dise, je n'étais pas « dépressif » à vingt ans. Je n'avais *a priori* aucune raison de l'être, encore moins d'être soigné en suivant un traitement et/ou une thérapie. Je n'avais pas encore connu le divorce, ni la mort de François, ni même l'alcoolisme ; je n'avais pas sombré dans la *vraie dépression* comme j'allais le faire à vingt-cinq ans, mais je devinais, semble-t-il, le côté « insurmontable » qui devait accompagner ces événements. Mon idée de la dépression était aussi floue que l'était l'idée du suicide : je *savais* que cela *existait*, je *savais* que cela *faisait partie de la vie* — et de ses aspects les moins réjouissants —, mais je *ne pouvais pas comprendre*, il m'était impossible, tant que je ne les avais pas, de près ou de loin, expérimentés, d'en sonder ni la profondeur, ni la portée, ni les conséquences, ni les origines, — *et cætera*. Une fois que l'on a été confronté personnellement à la dépression, il devient plus facile de la cerner, de même que pour le suicide d'un proche (ou pour les pensées suicidaires que l'on nourrirait soi-même). Je ne dis pas qu'on peut comprendre ce qui arrive, mais du moins cela aide-t-il à s'en faire une idée plus « réaliste » et à en parler en connaissance de cause. Je ne dis pas non plus que la dépression surgit brutalement (j'insiste sur ce point), que, sans prévenir, elle déferle de nulle part. Au contraire : la dépression était là en puissance, depuis l'enfance, car on en portait les matériaux qui n'attendaient que leur réunion pour se cristalliser. Qu'insinué-je ? Lorsque j'appris le suicide de François, une avalanche m'emporta, je fus commotionné au-delà de toute expression. Sans vouloir penser à mal, je suis convaincu que j'eusse souffert d'une autre manière et à un degré différent s'il avait péri dans un accident de la route. C'eût été, si j'ose dire, plus « vivable », plus « digérable ». En se matérialisant devant moi pour la première fois, le suicide de mon ami, tout en m'obsédant rapidement, me renvoya à moi-même et à mes propres troubles. Ce fut par conséquent un double tourment : tout d'abord, évidemment, le tourment lié à la perte de l'être cher ; ensuite, le tourment lié au réveil du mal que je couvais, de ce germe traumatique qui était en incubation. Pour faire bref : j'y étais préparé sans y être préparé. Quand la dépression arrive, on ne peut guère y avoir été préparé (sans cela, ce ne serait pas tellement une dépression). Imaginons le cas courant d'un chagrin d'amour qui débouche sur une dépression : le chagrin ne fait que *déclencher* la dépression, comme une goutte d'eau ferait déborder le vase, il n'est aucunement *la dépression en elle-même*, car le vase avait été *préalablement rempli*. Et non seulement le vase avait été pré-rempli, mais le sujet, de surcroît, n'avait pas conscience qu'il y eût un vase (et que ce vase fût près de déborder, n'y songeons pas !). Peut-être faudrait-il, pour amoindrir l'impact de la dépression, ou la prévenir, tapoter de temps à autre à l'intérieur de nous-mêmes avec un outil du même genre que le marteau dont se servent les médecins pour vérifier les réflexes des articulations, et d'écouter la réponse de notre psychisme : est-ce un bruit de vase trop plein ? alors il faut le soulager en le vidant d'un peu du liquide qu'il contient… Comprenez-vous ? Facile à dire… — Mais j'en oublie Styron et *Face aux ténèbres*… — En parcourant ces pages, je comprenais sans comprendre, je visualisais sans visualiser ; l'empathie ne pouvait pas être complète, je touchais les mots sans les serrer ; j'étais intrigué, certainement, mais je ne me prenais au jeu de la lecture qu'en tant qu'elle s'apparentait à un récit impersonnalisé (je n'avais pas encore lu *Le Sens de la vie*, ni n'avais été touché par la dépression). Styron avait abouti à la conclusion qu'il souffrait d'une « *grave maladie dépressive* », et qu'à mesure qu'elle empirait le mal, il s'était « *senti accablé par un sentiment croissant d'inutilité* », sentiment qu'il imputait à « *l'un des symptômes les plus universellement répandus* », « *une défaillance de l'amour-propre* ». Je rappelle que mon amour-propre, jusqu'à la découverte d'Adler et de la dépression, était demeuré intact, et que j'avais gardé une idée inébranlable de ma puissance (je n'étais qu'un spectateur dans l'arène de la vie, je ne défiais personne et n'avais pas à tester cette prétendue puissance). Lorsque je lus une seconde fois *Face aux ténèbres*, quelques mois plus tard (très rares sont les livres que j'ai relus, ce dont je m'expliquerai dans un autre chapitre), je m'incorporai chaque page, les impressions de Styron devinrent tout à fait miennes, l'empathie fut enfin complète et je pus m'y absorber, puis me consoler. (Ce qui redémontre que la plus ou moins bonne réception d'un livre dépend des circonstances, de l'état d'esprit du moment, de l'expérience, des attentes de chaque lecteur. Il est souvent trop tôt de lire tel livre en particulier, rarement trop tard. Cela tient à la maturité, à l'envie du cœur et à la capacité de l'entendement. Un jour, peut-être, me délecterai-je des vers de Virgile, rirai-je des pièces d'Aristophane et de Térence, ou des aventures imaginées par Rabelais, saisirai-je tout ce que voulut dire Hegel, ne me moquerai-je plus de Duras, de Delerm ou de B.-H. L., ne trouverai-je pas niais *La nouvelle Héloïse*, essaierai-je Guillaume Musso ou Marc Lévy, retournerai-je à King ou Werber, me régalerai-je de Michaux, ne penserai-je plus que Quignard ou Pigeaud sont des fumistes, apprécierai-je les poèmes de Whitman, regoûterai-je Prévert comme jadis, m'intéresserai-je à Marx ?… Peut-être !) — « *La dépression est un dérangement de l'esprit si mystérieusement cruel et insaisissable de par la manière dont il se manifeste au moi, à l'intelligence qui lui sert de médium — qu'il échapperait pour un peu à toute description. Aussi demeure-t-il pratiquement incompréhensible pour qui ne l'a pas lui-même subi dans ses manifestations extrêmes, même si la tristesse, "le cafard" qui épisodiquement nous accablent et que nous attribuons à la tension de la vie quotidienne, sont à ce point répandus qu'ils permettent en réalité à beaucoup de se faire une idée de la maladie dans sa forme la plus catastrophique.* » C'est avant tout parce que, « *dans sa forme pathologique, la dépression demeure un immense mystère* », qu'elle est tellement rétive à toute description, voire impossible à décrire (s'appliquerait à la dépression ce que Rousseau écrivait à propos de « *la véritable jouissance* », à savoir qu'elle « *ne se décrit point* »). Elle est d'autant plus fuyante qu'elle désarmerait le plus vaillant écrivain qui serait sous son emprise et qui voudrait la décrire heure après heure, consigner scrupuleusement les moindres affects (« *confusion, impuissance à se concentrer et trous de mémoire* » sont ses effets les plus connus, qui ne font que briser toute tentative artistique de se tourner vers elle). Seul le temps, qui arrondit les angles, permet après coup de circonscrire ses attributs principaux et sa façon d'agir (la dépression « agit », le dépressif « pâtit »). Le témoignage de Styron est à cet égard le plus fidèle et le plus réaliste que j'aie pu rencontrer, ce qui le rend en outre si précieux : l'esprit qui est assailli par ses habituels tourments (panique, désintégration, sensation que les *« processus mentaux [sombrent] peu à peu dans un flot délétère et innommable qui [oblitère] toute réaction agréable au monde et à la vie »*), qui éprouve *« une sensation proche, bien qu'indiciblement différente, de l'authentique douleur »* (douleur qui, chez Styron, s'approche très étroitement de la noyade ou de la suffocation), un *« état d'hébétude impuissante »* qui échange la conscience contre une *« angoisse positive et active »*, un sommeil qui n'est plus envisageable (*« l'un des aspects les plus intolérables »*, *« la plus lamentable de toutes ces débâcles instinctuelles »*) et qui, par la force des choses (et leur ironie), est joint à un extrême abattement (« *torture suprême* »), une *« absence d'espoir qui plus que la souffrance broie l'âme »*, réduisant à néant *« l'idée d'un possible futur »*, une lente déconnexion de *« certaines fonctions du corps et presque toutes celles de l'instinct et de l'intellect »*, qui noie les circuits normaux, la voix qui disparaît de façon *« lamentable et quasi-totale »*, la libido qui défaille, un cerveau qui, *« esclave de ses hormones en folie »*, perd progressivement son rôle d'organe de la pensée, et n'est plus qu'un vulgaire instrument qui enregistre *« les variations d'intensité de sa propre souffrance »*… Un « *plongeon dans l'abîme* » que, pour des raisons qui persistaient à ne pas lui paraître claires, *« ni les médicaments ni la psychothérapie ne parvinrent à enrayer »*. Ainsi frappe-t-elle, la bougresse, ainsi progresse-t-elle (sur place), cette inénarrable dépression, transformant sa victime en mort suspendu à la vie (en vivant suspendu à la mort ?), en dormeur maintenu éveillé (en veilleur maintenu endormi ?). D'où vient-elle ? comment se fait-elle jour ? comment devient-elle visible (*Darkness Visible* est d'ailleurs le titre en anglais de *Face aux ténèbres*) ? *« Quels sont les événements oubliés ou enfouis dans la mémoire qui peuvent apporter une ultime explication à l'évolution de la dépression et, par la suite, à son épanouissement dans une forme de folie ? »* Styron, en répondant à cette lancinante question, répète ce que j'ai dit plus haut. Il n'est pas la dupe, il *sait* : « *C'est ainsi que la dépression, quand finalement elle me frappa, n'était nullement une étrangère pour moi* […] *; depuis des décennies elle grattait à ma porte.* » Depuis quand grattait-elle à sa porte sans qu'il l'entendît ou perçût sa présence à deux pas de lui ? Depuis l'âge de treize ans, soit une quarantaine d'années plus tôt, c'est-à-dire l'âge où il vit mourir *sa mère*… l'âge où il perdit l'objet le plus cher qui soit, l'être qui est à l'origine de l'angoisse la plus incoercible parmi toutes les angoisses infantiles, l'angoisse de la perte de la mère, que Melanie Klein a placée si haut dans la psychogenèse des états maniacodépressifs. — « *Hinc illæ lacrimæ !* » (« *De là ces larmes !* »)

* * * * *

« *In sooth, I know not why I am so sad. It wearies me; you say it wearies you* […]. » (« *Vraiment je ne sais pas pourquoi je suis si triste, ça me pèse et voici que ça vous pèse aussi* […]. »)

* * * * *

La dépression, ainsi que l'appelait Francis Scott Fitzgerald, qui en fera lui aussi un récit, est un *« effondrement »* (« *crack-up* »), une immolation de soi-même qui est une imprégnation de ténèbres (« *my self-immolation was something sodden-dark* »). Fitzgerald n'avait de cesse de vouloir comprendre ce qui agissait ou « désagissait » en lui, les raisons pour lesquelles cet accablement, en empirant, s'accable lui-même, pourquoi la tristesse adopte une attitude triste envers elle-même ; la mélancolie, une attitude mélancolique ; la tragédie, une attitude tragique ; et, de fil en aiguille, à évaluer pourquoi l'on s'identifie fatalement à ce qui en temps normal inspire tant d'horreur ou de compassion (« *I only wanted absolute quiet to think out why I had developed a sad attitude toward sadness, a melancholy attitude toward melancholy and a tragic attitude toward tragedy—why I had become identified with the objects of my horror or compassion* »). Vouloir comprendre la dépression revient à vouloir être son confident, à tout faire pour entrer au cœur de la maladie, et, inéluctablement, à remuer davantage et plus profondément le couteau dans la plaie. Il faut parler son langage, celui-là même qu'elle atrophie. Double peine ! Mais, à la fin, peut-être, ultime récompense : l'expliquer, donc s'expliquer. D'où ces mots de Cioran, à propos de Fitzgerald (on se rassure comme on peut) : « *Pour des gens comme lui, l'effondrement est nécessaire. Le bien-portant est condamné sur le plan spirituel. La profondeur est le monopole de ceux qui ont souffert.* » Cioran, à ma connaissance, ne connut pas la dépression au sens où nous l'entendons. En revanche, il connut l'insomnie. Celle-ci, certes, le fit souffrir, mais, d'un autre côté, elle lui permit de réfléchir plus intensément sur son existence. Hermann Hesse, insomniaque également, écrivait dans *Nuits d'insomnie* (*L'art de l'oisiveté*) que l'insomnie, justement, fait « *éprouver enfin une crainte respectueuse face au mystère ultime et voilé de la vie* », ajoutant qu'« *aucune école n'apprend mieux à maîtriser son propre corps et ses propres pensées que celle à laquelle sont formés les insomniaques* », et que « *seul celui qui s'est maintes fois senti livré au flot déchaîné de ses pensées dans le silence implacable de ces heures solitaires peut observer ce qui entoure avec bienveillance, examiner les choses avec amour, prendre en compte les motivations psychologiques des autres et être assez bon pour comprendre toutes les faiblesses humaines* ». Ce qui permettait à Hesse de reconnaître aisément ceux qui, dans la vie, « *ont passé nombre de nuits les yeux ouverts, immobiles dans leur lit* ». — La dépression, chez moi, fut un calvaire sans nom. L'accablement, « *où la douleur ne coule plus* » et « *est, pour ainsi dire, coagulée* », cet accablement que subit Jean Valjean et qui dépose « *sur l'âme comme un caillot de désespoir* », cet accablement cependant me soutenait tandis que, « *écrasé par l'impalpable* », résigné « *de cette résignation qui ressemble à l'indifférence comme la mort ressemble au sommeil* », et qui « *n'évite plus rien* », « *je cherchais le lieu noir / Avec l'avidité morne du désespoir* ». Je me mis donc à chercher maladivement le lieu noir de mes entrailles qu'avait défriché la dépression, ce lieu infect qui allait m'ouvrir à moi-même et à mes angoisses. Que n'apprend-on pas, perdu sous la couette, scotché à un matelas ! Pourquoi faut-il en passer par là et arriver à ces extrémités pour se découvrir ? Les ténèbres sont propices aux découvertes. Aussi la Dépression, qui nous fait céder malgré nous à la passion du repos (« *the love of ease* »), s'incarne-t-elle comme le Désespoir qui, « *empressé de lit en lit* », visite les malades sur lesquels la Mort triomphante brandit son dard en différant de frapper, et a-t-elle le mérite de faire « *habiter dans les ténèbres, comme ceux qui sont morts dès longtem*ps » (*Lam 3,6*)... les ténèbres qui nous tendent le Miroir de l'Horreur-de-l'Être.

* * * * *

Le dépressif n'est — exclusivement — ni mort ni vivant : il supporte sa vie et porte sa mort. Il reconnaît qu'il vit en mourant, mais sans jamais vivre ni mourir tout à fait. Maurice Scève, qui en savait quelque chose, dépeignait très bien, il y a de cela cinq siècles, cet état et ces sensations qui « *font languir sans mourir, & sans vivre* » : « *Tousjours vivant, tousjours aussi sans vie.* » C'est un *Maurice* sans sève, « *vivant en un si vain maintien* » qu'il meurt « *tousjours doulcement sans mourir* ». Tel un anti-phénix qui remeurt dans ses cendres, dominé par un mal croissant journellement, il résiste sans résister afin que « *Tousjours mourant [il] ne meure jamais* ». — Tout sentiment de vitalité, chez le dépressif, et qu'il traîne avec lui, n'est que l'image de sa mortalité.

* * * * *

Tous les qualificatifs décrivant la Mélancolie s'appliquent-ils à la Dépression ? Oui et non. Les deux sœurs qui s'escriment contre leur hôte disposent de bottes différentes pour le faire plier et puis le rompre. La Mélancolie est parfois douce ; la Dépression, jamais. La Mélancolie ne rechigne pas à être entretenue complaisamment ; la Dépression, après vous avoir réduit à l'état de légume, change sa tunique et devient un mixeur qui vous broie et vous suce toute votre énergie, de telle sorte que vous n'avez parfois plus la force de désespérer. Mélancolique, je puis écrire ; dépressif, j'en serais incapable. (« *En parler, déjà, m'est douloureux ; mais me taire aussi est une douleur* », reconnaît le Prométhée eschyléen : « *de tous côtés, rien que misères.* » Plus rien n'est attractif, attirant, digne d'une attention privilégiée ; l'indifférence se confond avec une douleur sourde et légère comme une plume : « *Augustin : [...] Dis-moi, qu'est-ce qui te fait le plus de peine ? — François : Tout ce que je vois, tout ce que j'entends, tout ce que je sens. — Augustin : Rien ne te plaît ? — François : Presque rien.* ») Toutefois, encore faudrait-il s'entendre sur les mots et leur acception avant de se lancer dans un essai de comparaison clinique. Les chercheurs en médecine ont élaboré un arbre diagnostique censé classer tout syndrome dépressif. Peut être caractérisé de *dépressif* et affligé d'une *dépression primaire* le sujet qui révèle une *symptomatologie thymique* (du nom commun fourre-tout et homonyme de « *thym* », « θυμός » : « *cœur* », « *âme* », « *vie* », « *présence et vivacité d'esprit* », « *assurance* », « *colère* », en bref : « *humeur* »). Dès que la dépression primaire a été diagnostiquée, le médecin doit alors se demander s'il s'agit d'une *mélancolie* : si elle ne l'est pas, mais qu'il y a eu un facteur déclenchant important (perte d'un proche, rupture amoureuse, licenciement, *etc.*), on l'appelle *dépression réactionnelle* ou *dépression d'épuisement* ; si elle l'est, on la définit comme une *dépression mélancolique*. On voit que la *dépression mélancolique* est ce qu'il y a de pire puisqu'elle est l'avant-dernière étape menant, si elle est récurrente, à la *maladie maniaco-dépressive unipolaire* ou *bipolaire*, dernière branche de cet arbre diagnostique. Dans les milieux médicaux, la mélancolie est tout simplement la forme la plus grave des états dépressifs. Avant d'aller plus loin, regardons dans les détails comment le fameux DSM-IV (*Diagnostic and Statistical Manual — Revision 4*) hiérarchise la symptomatologie de la *dépression majeure* : « A. *Au moins cinq des symptômes suivants doivent avoir été présents pendant une même période d'une durée de deux semaines et avoir représenté un changement par rapport au fonctionnement antérieur ; au moins un des symptômes est soit (1) une humeur dépressive, soit (2) une perte d'intérêt ou de plaisir. — 1. Humeur dépressive présente pratiquement toute la journée, presque tous les jours, signalée par le sujet (p. ex. se sent triste ou vide) ou observée par les autres (p. ex. pleure). — 2. Diminution marquée de l'intérêt ou du plaisir pour toutes ou presque toutes les activités pratiquement toute la journée, presque tous les jours (signalée par le sujet ou observée par les autres). — 3. Perte ou gain de poids significatif en l'absence de régime (p. ex. modification du poids corporel en un mois excédant 5%), ou diminution ou augmentation de l'appétit presque tous les jours. — 4. Insomnie ou hypersomnie presque tous les jours. — 5. Agitation ou ralentissement psychomoteur presque tous les jours (constaté par les autres, non limité à un sentiment subjectif de fébrilité ou de ralentissement intérieur). — 6. Fatigue ou perte d'énergie presque tous les jours. — 7. Sentiment de dévalorisation ou de culpabilité excessive ou inappropriée : (qui peut être délirante) presque tous les jours (pas seulement se faire grief ou se sentir coupable d'être malade). — 8. Diminution de l'aptitude à penser ou à se concentrer ou indécision presque tous les jours (signalée par le sujet ou observée par les autres). — 9. Pensées de mort récurrentes (pas seulement une peur de mourir), idées suicidaires récurrentes sans plan précis ou tentative de suicide ou plan précis pour se suicider. — B. Les symptômes ne répondent pas aux critères d'épisode mixte. — C. Les symptômes induisent une souffrance cliniquement significative ou une altération du fonctionnement social, professionnel ou dans d'autres domaines importants. — D. Les symptômes ne sont pas imputables aux effets physiologiques directs d'une substance (p. ex. une substance donnant lieu à un abus, un médicament) ou d'une affection médicale générale (p. ex. hypothyroïdie). — E. Les symptômes ne sont pas mieux expliqués par un deuil, c'est-à-dire après la mort d'un être cher, les symptômes persistent pendant plus de deux mois ou s'accompagnent d'une altération marquée du fonctionnement, de préoccupations morbides, de dévalorisation, d'idées suicidaires, de symptômes psychotiques ou d'un ralentissement psychomoteur.* » Trois éléments se surajoutent au tableau clinique précédent pour ce qui concerne la mélancolie (relevés dans un document de travail de la Direction de la recherche, des études, de l'évaluation et des statistiques) : « *La douleur morale dépasse la souffrance physique, le désinvestissement est global et massif, le ralentissement moteur se rapproche de l'inhibition ; expression d'idées délirantes, souvent avec réticence, centrées toujours sur des thèmes de dévalorisation, d'échec, de culpabilité, de ruine ou d'incurabilité ; désir de mort constant, parfois verbalisé, le plus souvent avec forte réticence (seule son inhibition empêche le sujet de passer à la réalisation de l'acte suicidaire).* » En outre, au sein de la mélancolie, on distingue plusieurs types : la *dépression mélancolique simple* ; la *mélancolie délirante* ; la *mélancolie anxieuse* (ou *agitée*) ; la *mélancolie stuporeuse* ; la *mélancolie monosymptomatique* (ou *dépression masquée*) ; la *mélancolie d'involution*. — Pour être en mesure de déceler, sans qu'il subsiste trop de risques d'interprétation, le degré d'une dépression, différentes démarches existent, dont celle qui utilise l'outil DHRS, plus communément appelée l'échelle d'Hamilton, questionnaire qui permet, à l'aide des vingt-et-un critères abordés, d'attribuer un certain nombre de points en fonction de la réponse donnée par le patient présumé dépressif. On vérifie ainsi le niveau de l'état de tristesse, d'impuissance et d'autodépréciation de la personne, de ses sentiments de culpabilité, de ses rapports avec l'idée de suicide, de ses insomnies (début de nuit, milieu de nuit, matinée), de ses difficultés pour travailler, de ses ralentissements (pensée, langage, perte de la concentration), de son agitation, de ses anxiétés physique et psychique, de ses symptômes somatiques généraux (en particulier gastro-intestinaux et génitaux), de son hypocondrie, de sa perte de poids, de sa prise de conscience de la maladie, de l'intensité de ses symptômes pendant la période diurne, de son éventuelle dépersonnalisation/déréalisation, de ses accès délirants et de son obsession compulsive. — Statistiquement parlant, une étude menée par l'INPES (Institut National de Prévention et d'Éducation pour la Santé) a établi que près de 20% des Français âgés de 15 à 75 ans ont vécu ou vivront un épisode dépressif au cours de leur vie, et que 10% d'entre eux en ont vécu une durant les douze derniers mois (de même que pour les tentatives de suicides, on remarque une disparité selon le sexe : deux fois plus de femmes sont diagnostiquées comme souffrant de dépression). Il faudrait souligner ce fait trois fois si c'était possible : *La dépression est la première cause de suicide* (environ 70% des personnes qui décèdent par suicide souffraient d'une dépression, le plus souvent non diagnostiquée ou non traitée). — Le premier moyen (le plus expéditif) de soigner la dépression est délivré sous ordonnance : près de vingt millions de prescriptions sont ordonnées chaque année en France (la moitié par des médecins généralistes). Le marché des *antidépresseurs* (*thymoanaleptiques* pour les spécialistes) est en constante progression. Que voulez-vous pour soigner votre machine chimique et le dysfonctionnement de son système mono-aminergique central (noradrénergique et sérotoninergique) ? Que souhaitez-vous pour augmenter, au niveau synaptique, votre concentration en neurotransmetteurs ? Faites vos courses, remplissez vos paniers, il y en aura pour tous les goûts ! Vous cherchez de l'IMAO (inhibiteur de la monoamine oxydase, du groupe des thymérétiques) ? À moins que vous ne soyez tenté par le RIM-A (inhibiteur réversible de la monoamine oxydase de type A) ? Ou bien votre choix se portera-t-il finalement sur l'ATC (antidépresseur tricyclique) ? Que dites-vous de l'ISRS (inhibiteur sélectif de recapture de la sérotonine) ? Et l'IRSNA (inhibiteur de recapture de la sérotonine et la noradrénaline) ? Ou bien l'ISRS-5-HT2 (inhibiteur sélectif de recapture de la sérotonine et du blocage des récepteurs 5-HT2) ? Avez-vous essayé le MNADA (modulateur de la noradrénaline et de la dopamine) ? Le NASSA (noradrénaline et sérotonine sélectif antidépresseur) est très bien aussi, il y a de très bons retours ! Le Lithium vous accommoderait davantage (on dit qu'il horripile) ! Prenez, ceci est mon corps ! Il y en aura pour tout le monde, faites la queue et prenez, ceci est remboursé ! Vous sentez-vous si mal que cela ? N'essayez pas de comprendre pourquoi, cela irait trop loin, vous devriez remonter jusqu'à l'enfance. En attendant, mettez ces *œillères*, elles vous soulageront instantanément des afflictions du temps présent (c'est de l'alcool *bis*). Saint Jérôme avait raison : « *Uno collyrio omnium oculos vult curare.* » (« *Vouloir soigner tous les yeux avec le même collyre.* ») Un antidépresseur pour soigner toutes les maladies de l'âme ! Au fond, on n'a rien inventé, les drogues existant depuis des millénaires. Cependant ces pilules classées dans la famille des *psychotropes* sont infiniment plus efficaces que les amphétamines, les opiacés, les anxiolytiques ou les hypnotiques, qui agissent de manière trop restrictive. Le « *psychotrope* », comme l'indiquent ses deux racines étymologiques, c'est ce qui peut « *change* » ou « *oriente* » l'« *esprit* » (de « τρόπος » et de « ψυχή »), et c'est la raison pour laquelle je m'étais retenu (interdit serait plus approprié) pendant si longtemps de me résoudre à un tel traitement psychopharmacologique, tant je craignais de n'être plus moi-même. Il n'en fut rien lorsque je fus *soumis* à l'Effexor (un IRSNA), conçu spécifiquement pour les cas de dépression majeure de l'adulte qui sont caractérisés par une anxiété généralisée évoluant depuis au moins six mois, accompagnée de phobie sociale (il minimise par ailleurs les récidives dépressives chez les patients présentant un trouble unipolaire). L'action du recaptage de la sérotonine et de la noradrénaline ne modifia pas le moi de Julien Pichavant, si l'on excepte les inévitables effets secondaires, dont la liste est interminable. Je vais sélectionner ceux auxquels (si ma mémoire est bonne) je fus confronté (soit qu'ils apparussent uniquement durant les premières heures ou les premiers jours, soit qu'ils durassent du début jusqu'à la fin), et qui furent plus ou moins forts : nausées, apathie, constipation, fatigue, vertige, bouche sèche, impuissance, baisse de la libido, trouble de l'orgasme, rêves vifs/anormaux, pertes de mémoire, maux d'estomac, euphorie, vision anormale, somnolence, gain de poids (ne pas omettre également de préciser un autre effet latéral, la levée de l'inhibition psychomotrice, très réelle, qui fait courir le risque d'un suicide). Il est hautement incroyable, quand on y réfléchit bien, qu'une petite molécule, le chlorhydrate de venlafaxine, dont la poétique formule est le 1-[2-(diméthylamino)-1-(4-méthoxyphényl)éthyl]cyclohexanol, ou, sous sa forme brute, le $C_{17}H_{27}NO_2$, puisse déclencher toutes ces contrariétés et, au final, ce qui était le but recherché, *faire du bien*. Le docteur Ox avait bien raison de s'exclamer : « *Voyez à quoi tiennent, non seulement les développements physiques de toute une nation, mais sa moralité, sa dignité, ses talents, son sens politique ! Ce n'est qu'une question de molécules…* » Sans oublier Vauvenargues, qui prolonge cette idée : « *Tout ce qui distingue les hommes paraît peu de chose. Qu'est-ce qui fait la beauté ou la laideur, la santé ou l'infirmité, l'esprit ou la stupidité ? une légère différence des organes, un peu plus ou un peu moins de bile, etc. Cependant, ce plus ou ce moins est d'une importance infinie pour les hommes ; et lorsqu'ils en jugent autrement, ils sont dans l'erreur.* » (La raison principale qui me fit, plus tard, arrêter l'Effexor et l'échanger contre l'Ixel, un autre IRSNA, était dictée par la difficulté à avoir des érections « volontaires » et, surtout, par la douleur occasionnée lors de chaque éjaculation. Cette douleur n'avait rien à voir avec celles qui résultent d'une piqûre de guêpe, d'un genou qui a été cogné ou d'une poignée de châtaigne. Je ne saurais la décrire en deux mots. C'était comme si la sensibilité du gland après l'orgasme, habituellement assez prononcée chez moi, avait commencé avant que l'orgasme ne survînt, comme si, de surcroît, quoiqu'en réalité elle durât le temps d'un éclair, l'éjaculation avait donné l'impression qu'elle s'éternisait. L'Ixel corrigea à merveille cette insupportable sensation physiologique et améliora les quelques rapports sexuels que je pus avoir à cette époque. En passant du $C_{17}H_{27}NO_2$ au $C_{15}H_{22}N_2O$, qui est la formule du milnacipran (Ixel), c'est-à-dire en modifiant le nombre de quelques atomes dans une molécule, que ne peut-on cibler dans la machinerie du corps ! Il suffit parfois de deux isomères... Je mesurai combien nous, les « *créatures psychiques* », sommes redevables — et asservies — aux molécules qui interagissent partout en nous, que rien, tout compte fait, ne nous éloigne des animaux, chez qui le stress, par exemple, déclenche des réactions endocrines létales, à ceci près que ces derniers n'ont pas à se poser la question de l'« *être, ou ne pas être* »...) À la suite de tout cela, il est d'autant plus surprenant d'entendre que les modifications neurochimiques qu'entraîne l'absorption d'antidépresseurs soient, encore de nos jours, largement putatives : « *La dépression pourrait être considérée comme un trouble déterminé par un défaut génétique, de la superfamille des protéines G couplées à un récepteur et qui s'exprimerait dans les récepteurs ou, alternativement, dans les protéines G, conduisant ainsi à une liaison défectueuse entre le récepteur et la protéine, entraînant donc des mécanismes de transduction anormaux* », l'hypothèse principale étant que la dépression résulterait *d'altérations complexes des différents systèmes de neurotransmission, avec diminution des taux synaptiques de noradrénaline, de dopamine et de sérotonine* ». Toujours dans ce document émanant de la Faculté de Médecine de Poitiers, je constate qu'au paragraphe de la pharmacocinétique des IRS, l'auteur estime que « *l'élimination est essentiellement métabolique,* probablement *dans le foie* » (je souligne). Bref, on voit qu'un grand nombre d'éléments restent obscurs (dont la définition de la dépression elle-même, ne le perdons pas de vue), ce qui ne fut pas le cas de leur effet sur moi : le remède fut bénéfique à un point que je n'aurais jamais imaginé, l'unique secours pour me préserver des tentations suicidaires d'alors, secours « inespéré » sur lequel je n'aurais certainement pas parié un kopeck.

* * * * *

Avant d'entreprendre le traitement, j'allais *très mal*, ainsi que le démontreront les extraits de mon *Journal* que je divulguerai tout à l'heure. Conseillé par un excellent psychiatre, Monsieur Loirat, qui consultait à la Clinique du Parc, à Nantes (donnant sur la rue Paul Bellamy), « *spécialisée dans l'accueil de patients adultes présentant des troubles psychiatriques* », je fus en quelque sorte forcé de m'en remettre à ses bons soins et de me résoudre à ingérer les gélules d'Effexor qu'il m'avait prescrites. Néanmoins, il n'était alors pas question, de son propre avis, de commencer la psychothérapie que je réclamais avec insistance. Il fallait d'abord soigner le mal, c'est-à-dire m'enlever toute envie funeste et calmer mes idées noires. Ensuite, je pourrais aborder une psychanalyse dans de bonnes conditions (poursuivie, quelques mois plus tard, avec Monsieur Jubert (dont le cabinet était situé non loin du Pont de la Tortière, toujours à Nantes), psychiatre spécialiste des enfants et membre de l'ECF, l'École de la Cause Freudienne, en tous points remarquable, aussi excellent que son confrère). — J'allais très mal : pourquoi ? comment ? Que fut pour moi cette épreuve de la dépression ? Ah ! quelle immonde expérience, immonde et pourtant profitable ! Mal-être vertigineux aussi intense qu'un pulsar, qui se réveilla avec Adler, mais qui remontait à une époque oubliée, très lointaine, et qui fut entretenue par la disparition de François, par l'alcool, et qui s'acheva sur une crise sans précédent... — Il faut vivre l'enfer... Il le fallut pour mon salut. « *Io non mori' e non rimasi vivo* » (« *Je ne mourus pas, et ne restai pas vivant* »), comme le dit si bien Dante. Car pour pouvoir se relever, il fallait être tombé. « *E qual è quel che cade, e non sa como, per forza di demon ch'a terra il tira, o d'altra oppilazion che lega l'omo, quando si leva, che 'ntorno si mira tutto smarrito della grande angoscia ch'elli ha sofferta, e guardando sospira* » (« *Tel est celui qui tombe, sans savoir comment, par l'effet d'un démon qui l'attire à terre, ou par un autre mal qui le paralyse, quand il se lève et qu'il regarde autour de lui, tout égaré par la grande angoisse qu'il a soufferte, et qu'il soupire en regardant* ») : tel j'étais, tel j'étais, au-dessus du gouffre, misérable...

* * * * *

Si la dépression n'est pas l'anxiété, l'anxiété (sociale), qui touche une grande majorité des peuples civilisés, y prédispose sans nul doute. Qui, sans compter toutes les sortes de phobie, n'a pas été anxieux maintes fois dans sa vie, ne fût-ce qu'à l'idée, d'être l'objet de l'attention (faire un exposé devant une assemblée, prendre la parole à une réunion ou en classe), de rencontrer de nouvelles personnes et de devoir leur adresser la parole, de passer un examen important ou un entretien d'embauche, de parler à un supérieur, d'être observé en accomplissant une tâche quelconque, *et cætera* ? Malgré tout, n'en déduisons pas que l'orateur que rien n'effraie, qui s'exclame devant une foule immense sans qu'une goutte de sueur ne souille son front ni sa chemise au niveau des aisselles, qui n'a pas tremblé dix minutes auparavant et qui a passé une bonne nuit de sommeil, ne soit pas moins un individu « sensible » : il est *malade*, comme tout un chacun ; il a été un enfant et il a connu son lot de traumatismes ; il s'affaisse de temps en temps. Personne — au monde — n'est trempé dans l'acier, nul n'est à l'abri de la chute, de la révélation de sa pauvre condition et de l'insuffisance de son existence (vanité, tout est vanité). J'irai plus loin : le plus puissant en apparence, n'est au fond qu'un impuissant. Croyant maîtriser (et se maîtriser), il ne fait que suivre l'instinct animal, son seul avantage étant d'avoir l'intelligence en plus ; car il lui manque la sensibilité du poète (qui se fait chair quand le monde se fait aiguille). La sensation n'est qu'animale et passive, tandis que la sensibilité exacerbe et approche du divin (dans le sens où elle aide à mieux percevoir le monde, donc à en souffrir). Mais tout dépend du regard que l'on porte sur les choses ! Du poète à l'aliéné, on le sait, il n'y a qu'un pas... que l'on peut franchir en compagnie du très avisé (et renseigné) Alain Ehrenberg quand, dans *La fatigue d'être soi* (sous-titré *Dépression et société*), — ouvrage dont la lecture me fut des plus salutaires en tant qu'elle figura le point saillant dont j'avais besoin, dans les premiers jours de mon traitement antidépressif, pour ma compréhension du phénomène et de son ampleur, — retraçant l'histoire, ou en tout cas la genèse de la créature psychique, il se met à parler de la mélancolie et de sa représentation dans un sous-chapitre évoquant le glissement *de la grandeur d'âme au sentiment d'impuissance*. Il part du siècle des Lumières, qui est aussi bien celui de la raison que celui du bonheur, un bonheur redéfini par l'apparition de la sphère privée, elle-même motivée par une certaine volonté d'indépendance de la part de l'individu. « *Parallèlement* », note Ehrenberg, « *se diffuse le thème du mal de vivre : conscience heureuse et conscience inquiète sont solidaires.* » Les passions « *exaltent le sujet, l'emportent au-delà du raisonnable, et conduisent à l'abattement, à la mélancolie* ». Au début du XVIème siècle, la mélancolie avait été considérée à la fois comme une maladie et une marque de génie, et avait été assimilée à la conscience de soi : l'homme distingué n'était pas vu autrement que comme un être authentiquement mélancolique, lequel, le sachant, « *ne fuit pas sa souffrance, il l'affirme, s'en fait gloire* ». Ehrenberg conclut en disant que « *plaisir et douleur d'être soi, voilà l'axe autour duquel tourne le mélancolique* » de cette époque. Deux siècles plus tard, la mélancolie devient « nerveuse », le sujet réagissant plus ou moins passionnément selon ses forces, aux circonstances extérieures. Ce caractère passionné mènera à l'idée de la *monomanie*, instaurée par Esquirol au début du XIXème siècle, adjacente à l'idée du *délire*, avant que cette dernière ne fasse place à l'idée du désespoir : la mélancolie ouvre alors un passage, poursuit Ehrenberg, entre le normal et le pathologique, et le terme de « *dépression* » pourra voir le jour en 1894 sous la plume du psychiatre Jules Séglas, pour qui « *la douleur se réduit à un sentiment d'impuissance* » : « *douleur morale* » ou « *dépression douloureuse* », telles seront désormais les expressions qualifiant les symptômes de la mélancolie et qui dresseront le portrait du mélancolique : un individu qui a *conscience* de son mal, qui affirme *vouloir* lutter contre lui, mais qui ne le *peut pas*. Voici comment on était passé, imperceptiblement, de théorie médicale en théorie médicale, du génie au miséreux, de celui qui, sentant tout, veut tout et le peut, à celui qui, ne sentant plus rien après avoir trop senti, n'a plus ni désir ni pouvoir. La dépression, parfois, est une poésie qui a mal tourné, une poésie qui ne peut plus s'écrire.

* * * * *

L'anxiété, répétons-le, n'est pas la dépression : un Xanax, et ça repart ! La dépression nous fait découvrir l'horreur d'être soi, l'horreur de l'existence, et la pénibilité d'avoir à affronter ces horreurs. Les antidépresseurs offrent un sursis à ceux qui auraient la « chance » d'en prendre. Dieu merci, ils allègent l'esprit, mais qu'on suspende le traitement, et on s'apercevra aisément que le mal n'a pas été guéri à la racine. Le vrai dépressif, de même que le vrai fumeur, s'exprime comme Molière à l'attention des médecins : « *Vous ne pouvez guérir par vos grands mots latins / La douleur qui me désespère* », sous-entendu, d'une façon plus moderne : Vous ne pouvez guérir ma douleur de vivre. Vous chutez, vous êtes seul. Thérèse d'Ávila se plaignait de ce que pour l'aider à faire des chutes, elle n'avait « *que trop d'amis* », mais que pour se relever, elle se trouvait « *dans une effrayante solitude* ». Or, ici, je parle d'une chute que l'on fait seul. (Un véritable ami, à la rigueur, n'aurait eu d'autre arme que la repartie d'Électre dans la pièce de Sophocle : « *Où aurais-tu donc pu trouver un secours contre tes maux ? Ils ne comportent nul remède.* ») La dépression isole tant le malade que, hormis les médicaments, il ne lui reste en fin de compte plus qu'un ami, le premier et l'unique qu'il ait eu dès le moment où cela a commencé, il n'a plus qu'un refuge, qu'un lieu où son désespoir puisse ne pas s'alimenter outre mesure, et sa honte d'être amorphe ne pas le meurtrir davantage : son lit. « *Le lit plaît au malade ; son repos est fatigant, et cependant nécessaire* », expliquait déjà à son frère Oreste une autre Électre, celle d'Euripide. L'âme du dépressif, à terre, s'enterre dans son mal-être et son inactivité en se contant, atterré, cette rengaine, comme Kierkegaard se la contait dans ses *Diapsalmata* : « *Je n'ai le cœur à rien.* » Sentant son cœur s'atrophier, le philosophe « *reste étendu, inactif* », et la seule chose qu'il voie, la seule chose qu'il vive, le seul milieu où il se meuve, « *c'est le vide* », ce vide de l'existence que la mélancolie exacerbe, que la dépression signale à chaque instant dans la douleur d'avoir du mal à ressentir la douleur, ce vide mégalithique qui pèse sur nos têtes, ce vide qui, dès qu'il tend à disparaître, rejaillit plus vide encore, s'intriquant dans la matière de l'être jusqu'à l'annihiler. Le vide succède à une exploration trop vive de l'être. Qui sent la maladie, sent le prix de la santé ; qui sent le vide, sent le prix de l'être. L'être à vide, l'être à la mort… Dans cette succion interminable, dans cette infernale accumulation de vide, l'âme est aspirée vers le néant de l'existence, tel un liquide emprisonné dans un cylindre (le corps) dont le piston est tiré par un diable qui rit de nous voir caviter : des bulles de gaz gangrènent le fluide… Surpression, dépression, *depressio*, enfoncement, défoncement, chute, fin, détour, retour, survivance, décomposition, recomposition, le cycle se déforme et se reforme. « *La dépression* », écrit Stig Dagerman dans *Notre besoin de consolation est impossible à rassasier*, « *est une poupée russe* », une poupée si dangereuse que dans la dernière « *se trouvent un couteau, une lame de rasoir, un poison, une eau profonde et un saut dans un grand trou* ». Avec ses allures de chienne enragée, la dépression rend esclave à un degré tel que le *suicide*, s'approchant malignement, devient « *la seule preuve de la liberté humaine* ». — Le dépressif meurt au monde ; sa plénitude est une résignation travestie. La frontière qui le sépare du non-dépressif est de l'épaisseur d'un cheveu : une seule petite contrariété, aussi légère qu'une plume, et la mécanique de l'abandon se met en branle, enclenchant le processus de dévitalisation. Pour moi, au-delà des contrariétés, ce fut un ami qui s'en était allé, une petite amie qui me rendait indifférent, un livre qui décachetait mon ego véritable. On bascule dans un monde parallèle qui est en nous et qui y est depuis des siècles. Dans *Le livre du rire et de l'oubli*, Milan Kundera reconnaît qu'au travers de l'amour, des convictions, de la foi, de l'Histoire, il suffit « *de si peu, de si infiniment peu, pour se retrouver de l'autre côté de la frontière au-delà de laquelle plus rien [n'a] de sens* », que ce qui retient à la vie n'est qu'un fil d'araignée : « *Il suffit de si peu, d'un infime courant d'air pour que les choses bougent imperceptiblement, et ce pour quoi on aurait encore donné sa vie une seconde avant apparaît soudain comme un non-sens où il n'y a rien.* » — S'il suffit d'un rien pour sombrer, il faut en revanche réunir toutes les forces qui composent l'univers pour remonter. Avant que la maladie paralysante ne le percute, le dépressif ne sait pas qu'il est en pleine ascension. Il glisse une fois, puis deux, puis trois, sans rien remarquer tant que ses mains s'accrochent à la paroi. Arrive le moment où celles-ci ripent ; l'alpiniste-de-l'existence ose un regard et les contemple gravement : à force de s'user lors de chaque rattrapage instinctif, les doigts ont décidé de se supprimer d'un seul coup. On ne gravit aucune montagne avec deux moignons ; sans prises, on tombe. Le dépressif est un être « ἀδύνατος » (« *qui est dans l'impuissance* ») évoluant dans un monde lui aussi « ἀδύνατος »

(« *impossible* ») ; c'est l'être qui ne peut pas, qui ne peut plus, et qui n'en peut plus de ne plus pouvoir. En un mot, le dépressif est l'*impuissance en puissance*. C'est Michel-Ange qui écrit : « *Je reste seul à me consumer dans le noir / quand le soleil dérobe au monde sa lumière. / D'autres, c'est par plaisir qu'ils s'étendent à terre, / moi, c'est dans mon malheur pour gémir et pleurer.* » C'est le Durtal de Huysmans autour duquel les ténèbres s'épaississent, et qui s'écrie : « *Mon Dieu ! Mon Dieu, j'étais, hier, si tranquille !* » Puis qui s'affaisse : « *L'on n'ose plus, ni avancer, ni reculer ; on voudrait se terrer, attendre, en baissant la tête, la fin d'on ne sait quoi, être assuré que des menaces que l'on ignore et que l'on devine sont écartées.* » Puis qui, découragé, se tait, tandis que l'ombre se condense, que la nuit complète le recouvre, jusqu'à ce que, — bien pis, — il ne souffre plus, courbé dans un gouffre par le vertige, accueilli dans un anéantissement par le vide. Le dépressif, c'est celui que plus rien n'atteint, qui, l'orgueil ravalé, au bout du bout du bout du rouleau, roulé et hypnotisé par une souffrance qui se fait muette, n'est plus impressionné ni en bien ni en mal. « *Un orgue expressif doué de mouvement* », écrit Balzac dans *Le Lys dans la vallée*, « *s'exerce alors en nous dans le vide, se passionne sans objet, rend des sons sans produire de mélodie, jette des accents qui se perdent dans le silence ! espèce de contradiction terrible d'une âme qui se révolte contre l'inutilité du néant. Jeux accablants dans lesquels notre puissance s'échappe tout entière sans aliment, comme le sang par une blessure inconnue. La sensibilité coule à torrents, il en résulte d'horribles affaiblissements, d'indicibles mélancolies pour lesquelles le confessionnal n'a pas d'oreilles.* » Ne sont-ce pas là, exprimées dans un langage intelligible, nos communes douleurs — inintelligibles ? Le dépressif, c'est Lautréamont qui a l'impression que quelqu'un, « *comme un marteau frappant l'enclume* », lui donne des coups de barre de fer sur la tête : « *Chaque matin, quand le soleil se lève pour les autres, en répandant la joie et la chaleur salutaires dans la nature, tandis qu'aucun de mes traits ne bouge, en regardant fixement l'espace plein de ténèbres, accroupi vers le fond de ma caverne aimée, dans un désespoir qui m'enivre comme le vin, je meurtris de mes puissantes mains ma poitrine en lambeaux.* [...] *Pourtant, je sens que je ne suis pas le seul qui souffre ! Pourtant, je sens que je respire ! Comme un condamné qui essaie ses muscles, en réfléchissant sur leur sort, et qui va bientôt monter à l'échafaud, debout, sur mon lit de paille, les yeux fermés, je tourne lentement mon col de droite à gauche, de gauche à droite, pendant des heures entières ; je ne tombe pas raide mort.* » Chaque jour, il maudit le matin qu'annoncent les rayons du soleil se brisant sur sa fenêtre, car le matin lui assène la douloureuse vérité que le cauchemar ne s'arrête pas et que tout cela « *n'était malheureusement qu'une maladie passagère* » et qu'il doit « *avec dégoût renaître à la vie* » (renaître à la vie équivaut à renaître à la mort). Le dépressif, c'est celui qui, découvrant qu'il a toujours été lui-même, ne pourra plus jamais être comme avant *parce qu'il aura enfin été aux prises avec lui-même*. Tout est fini quand tout commence. D'aveugle qu'on était, on redevient voyant, mais la lumière aveugle ! Diotime, en tentant d'enseigner à Hypérion les causes et les conséquences de la dépression mélancolique, prêche un convaincu : « *Ceux qui comme toi ont vécu l'offense de toute leur âme, ne reposeront plus jamais dans une unique joie singulière ; ceux qui ont comme toi perçu la fadeur du néant, ne peuvent connaître un peu de joie que dans l'esprit supérieur, ceux qui ont, comme toi, tant fait l'expérience de la mort, ne peuvent trouver de guérison que chez les dieux.* » Le dépressif, c'est celui qui n'écoute plus la suite du « *Il était une fois* ». Le dépressif, c'est celui qui ne veut plus suivre sa destinée, car c'est cette destinée qui l'a conduit dans cet état d'accablement. Il ne peut plus la suivre, pas plus qu'il ne peut continuer d'arroser ses plantes et aimer ses roses, ainsi que le conseille pourtant Pessoa dans un poème. Le dépressif sait que « *Nous seuls sommes toujours / Égaux à nous-mêmes* », et il aurait voulu ne jamais interroger la vie, ni être interrogé par elle (« *Elle ne peut rien / Te dire. La réponse / Est au-delà des dieux* »), il aurait voulu vivre simplement et imiter sereinement les habitants de l'Olympe, être parmi les dieux qui « *sont dieux / Parce qu'ils ne se pensent pas* ». Il aurait voulu... Mais que ne veut un dépressif qui ne peut plus ? Il aurait dû... Il aurait dû quoi ? Qu'aurait-on dû faire pour éviter la dépression ? Fallait-il se contenter de son sort ? Quel sort ? Il était caché... Que fallait-il espérer ? Celui qui sombre dans la dépression écoutera-t-il Sénèque ? « *Eh ! remercions plutôt de ce que nous venons d'obtenir ; attendons le reste, applaudissons-nous de n'être pas encore comblés, et comptons pour une bonne fortune de pouvoir espérer encore.* » Merci, j'ai obtenu la dépression, je suis comblé ! « *Quel est ici notre plus grand tort ? de faire de faux calculs ; d'estimer trop haut ce que l'on donne, et trop peu ce que l'on reçoit.* » Avant l'apparition de la dépression, j'étais dans l'incapacité de calculer quoi que ce fût, alors faire de faux calculs... Que reçus-je ? Devais-je l'estimer comme un bien ? Et n'est-ce pas moi, *au fond*, qui me suis donné ce mal ? Peut-être ne me suis-je pas estimé comme je l'aurais dû ? C'est probable...

* * * * *

(J'avançais, tel un vaisseau fantôme, la tête au-dessus de la ligne de flottaison de mes souffrances, voguant sur les mers de l'anhédonie... J'étais mes *œuvres mortes*. J'émergeais, mis mort, la mort.)

* * * * *

L'existence est un palindrome : quel que soit le sens dans lequel on la prenne, elle est là, solide sur ses bases inconnues, elle se déplie et se replie et reste topologiquement invariante, fidèle à elle-même, indestructiblement identique, et elle nous renvoie éternellement au mystère qu'elle incarne. Soigner la dépression revient à affirmer la « palindromité » de l'existence : en essayant de remettre d'aplomb notre être qui a été retourné dans tous les sens, nous nous apercevons que nous étions droits et que c'est le médicament qui finalement semble nous retourner (l'ambrosiaque Xanax n'est-il pas un palindrome ?). — On a beau faire : on se trompe toujours sur ce qu'on est. Longtemps, par exemple, j'ai cru que le bonheur reposait dans la richesse et que « *désargenté* » était un synonyme de « *désenchanté* ». J'étais le singe dont parlait Méphistophélès dans Faust, qui « *trouverait le bonheur à sa vie / S'il pouvait seulement mettre à la loterie* ». Combien je m'illusionnais ! Il n'y a que le pauvre pour dépenser tout son argent dans des grilles de Loto, et s'appauvrir. Pauvre de moi-même ! (Il n'y a que le dépressif pour s'alimenter en antidépresseurs et rêver au rétablissement...) Le jour où (si je m'en souviens bien, aux alentours de ma lecture du *Sens de la vie*) je compris qu'être riche ne résoudrait pas les problèmes, cela me fit très, très mal...

Qui ne cherche pas à comprendre très précisément les *vraies causes* de son appétence au jeu (qu'il soit riche ou pauvre), de son envie (ou besoin) de procréer, de sa dépendance au tabac (ou à l'alcool, ou à une autre sorte de drogue), de sa mélancolie (*spleen* profond, cafards passagers, dépression requérant des soins, idées de suicide), de ses phobies, puis, de façon élargie, de ses manies, maniaqueries, changements d'humeurs, angoisses, peurs, somatisations, troubles, tics et anomalies divers (langagiers, moteurs), et, en élargissant encore davantage, de ses rêves, actes manqués, — qui ne cherche pas à comprendre, ne trouvera pas et sera l'esclave de ses névroses. Le « connais-toi » demeurera inconnu. — Ah ! quelles illusions ! Croire qu'il suffit d'un rien pour être mieux, alors qu'un tout n'y suffirait pas… Croire que l'on avance cependant qu'on ne bouge pas (on s'approche du symptôme et, avant qu'il ne se présente tout à fait, on fait marche arrière). Tel celui qui engendre un autre être, ayant oublié combien son existence à lui avait été désagréable, et qui va répéter ce schéma, le dépressif, avec ses médicaments, pourra de nouveau oublier qu'il y avait un problème à l'origine…

* * * * *

Il est temps de parler de mon malheur tel qu'il a été noté au jour le jour dans mon *Journal*. Kierkegaard, dans un essai intitulé *Le plus malheureux* (provenant de *Ou bien… ou bien*), s'accordera à mon violon et rassurera, si tant est que ce soit possible, le lecteur : « *quelle voix est aussi séduisante que celle du malheureux lorsqu'il parle de son propre malheur ?* » Je dis que j'aimerais le « rassurer » avant de débuter, sachant que c'est peine perdue : ma plainte démesurée assommera les moins courageux… (Celui que je rassure en premier lieu n'est autre que moi-même, ou plutôt mon orgueil (ô surmoi qui fait le fier), ce genre de logorrhée étant, à mon avis, très rare en littérature. En route pour un scanner inédit et indigeste où tout s'emmêle ineffablement, où la raison s'égare et la prose s'éparpille, où le délire dérange, où les yeux se perdent en roulant frénétiquement de gauche à droite tout en butant… En route pour les terres de mon cerveau fou ! En route pour la Nausée !...) — Nietzsche s'amusa à comparer les auteurs tristes et les auteurs graves (nous l'avons déjà dit) : « *Celui qui couche sur le papier ce qu'il* souffre *devient un auteur triste ; mais il devient un auteur grave s'il nous dit ce qu'il a* souffert *et pourquoi il se repose maintenant dans la joie.* » Nietzsche était-il grave ou triste ? Un peu des deux. Quant à moi, la question ne se pose pas : je suis très triste — et de plus en plus grave (le pire est passé).

* * * * *

Déroulons une période s'étalant sur trois années, de février 2001 à novembre 2003, que nous appellerons « *Prédépression* » (cela commence un peu avant le suicide de François, moment que je réserve pour plus tard, et se termine deux jours avant la première confrontation avec le monde psychiatrique). Il va de soi que j'aurais dû partir de plus loin, mais dois-je signaler que je n'écrivais rien à six ans (et que j'ai tout oublié) ? Du traumatisme de la naissance, rien ; du divorce, je renvoie aux pages concernées *supra*. — Quelques points obscurs ne seront pas éclaircis (livres en cours d'écriture, personnages, situations dans leur contexte, rapports conflictuels avec le père, la mère, moi-même, ceux que j'appelle les Autres, *etc.*), ce qui entravera la compréhension. Il faut lire ces lignes comme étant celles d'un être perdu qui continue à se perdre, qui, *hic et nunc*, chaque jour, — tous les jours, — se plaint de ne pas réussir à *vivre* — *heureux* ; d'un homme resté un enfant angoissé qui craint, sans le savoir, la *perte d'amour*, et qui, petit à petit, se dirige vers la *perte de sens*…

* * * * *

« [14/02/01 :] *Les gens me sollicitent pour sortir — et je préfère être seul*… — *Mais je m'ennuie*… *Pas de force à cause de la maladie, certes*… [26/03/01 :] *Je ne comprends plus les autres parce que je les comprends trop bien*… *Enfer et damnation !*... — *Tiens, pour satisfaire ma haine, mon envie ; pour décompresser ; pour suppléer à mon malaise (à cause de vous !) ; — je vais boire du Saint-Nicolas de 1997*… *Seul, en lisant dans mon lit, dans l'eau chaude*… (*Napoléon sous le bras…*) *Grisé*… *L'être, grisé*… *Voir le monde plus doucement — dans un coton* — *ouate*… *Etc*. [26/03/01 :] *Solitude, abandon, silence*… *abyssal*… *Profondeur de mon intelligence, de ma rancœur, de mon désarroi, de mon orgueil*… […] *23H00 et des poussières*…[…] *Ce soir, aucune nouvelle de personne*… […] *Un spleen, pour ajouter à cette fatigue* (cause *?*), *m'envahit : j'ai peur pour mon diplôme, je ne suis pas dans mon élément à l'ICAM (mais où le serais-je ?), je m'y ennuie*… […] *Je suis mal*… *mais à cause des Autres. Je ne veux pas finir comme le narrateur d'*Amer Amen… *Non*… — *Croque la vie, mort-vivant*… […] *Dure vie !*... *Haut-bas*… *Haut-bas*… *Haut-bas*… [05/07/01 :] *J'étouffe*… — *Bon Dieu !*... — *Et tous ces "pourquoi" dans ces pages*… — *Angoisse*. […] *Je lis un peu dans l'obscurité, je me morfonds*… — *Il pleut à verse*… — *Julien*… *Tu vas à Paris en quittant tout qui est devenu rien, pour trouver tout qui semble devenu rien*… […] *Mais le monde se casse. Déjà je suis fatigué, déjà le monde me retombe dessus, déjà ça va mal*… *et demain, il faudra être costaud*… — *Putain de chienne de vie de merde !*... [07/07/01 :] *Ce mal-être, sans que rien ne soit mauvais au sens propre du terme, m'atterre*… — *Ha !*... [14/07/01 :] *Je me sens si mal*… *Je ne tiendrai pas longtemps à ce rythme*… *L'Inconnu est devant moi*… — *Je me sens foutu*… [15/07/01 :] *Journées difficiles*… *difficiles*… *où rien ne s'arrange*…. *Mélangées entre oubli et spleen*… *Journées difficiles*… […] *Spleen.* — *Pas d'aide*… *ou presque pas*… — *Journées difficiles.* — … — *Tout, ou presque, manque à l'appel*… *Le temps n'est pas là, pourtant rien n'est urgent, mais je m'enfonce aussi loin que ne pas faire se peut*… *C'est inimaginable !*... [16/07/01 :] *Je suis mal, voyez-vous*… […] *L'image du père qui me dira que j'ai fait un choix démesuré et que je n'ai pas assuré mes arrières*… — *Je fume un paquet et demi par jour*… — *Je fais mes valises*… *J'ai fini* Schopenhauer *et les années folles de la philosophie*… *avec toutes les marques pour le futur*… *Dépêche-toi, Julien*… *Car* tu tombes… […] SPLEEN. […] *Fin mot :* Bon gré, mal gré. [18/07/01 :] *Illusion*… — *Je suis bien et mal, heureux et triste*… […] *Je l'intitulerai* Melopemena… *ou un truc du genre*… […] (*Ou Melos, Melpomène*…) […] *Cette* passion *!*... *constantienne*… […] *Ce* haut-le-cœur, cette envie de pleurer, sont exactement, pour autant que mes souvenirs ne sont pas altérés, les mêmes que j'éprouvais lorsque ma mère partait de la Turballe et me laissait seul pour au moins une semaine. [...] Je suis un bébé !... [19/07/01 :] 4240 mots... — Avance, petit bonhomme... avance... ne recule pas... Ce n'est pas assez fort, — mais c'est quelque chose, assurément !... [...] J'écris, j'écris... [...] Mon père a appelé de la République Tchèque... "Tu as trouvé un appart ?..." Ha ! si ce n'était que ça !... Le problème, dans cette histoire, c'est mon père : il me pousse trop... Je n'aime pas cela... Il est là, mais il l'est trop dans mon esprit : c'est mon handicap. [20/07/01 :] J'ai dépassé les 10000 mots... après plus de 10 heures dessus... [...] Il fait chaud... J'ai parfois le bas du cœur glacial... Étrange sensation... [21/07/01 :] J'ai mis sur la couverture le tableau de Friedrich... L'homme et la femme regardant la lune... [...] 16400 mots... Je fatigue : le dos, l'épaule, les mains, les yeux, le cerveau... [24/07/01 :] 29237 mots... Plus d'idées... [...] 32211 mots !... [...] Je vais pouvoir corriger !... [...] Je corrige... — Mon père a appelé, je passerai à son bureau demain matin... Ça me prend déjà la tête : il fait des remarques !... Bon sang, il veut ma mort, il veut mon suicide, ou quoi ?... [...] Le suicide me travaille... surtout à cause de mon père. ATTENTION !... — ... [...] Voilà : 32500 mots pour 2400 minutes... [...] Je me casse — ou je me tue... [25/07/01 :] Je ne vais pas bien... — J'écris encore... et je le tire... [...] Putain !... Seconde fois que je pleure aujourd'hui !... J'ai renversé plein de cidre dans la cuisine... J'EN AI MARRE... MARRE... MARRE... — JE CRAQUE. [...] FATIGUE... — ... Prions... [...] Le père. Le Père. [11/08/01 :] [...] mais je me sens trop seul ; la solitude me pèse énormément... [...] C'est fou : ma solitude s'étend de plus en plus... et je ne sais quoi faire... Ces moments où cela m'est insupportable sont plus rares... et nouer des amitiés, c'est difficile, étant donné mon caractère changeant... [17/08/01 :] Et j'ai craqué au dessert. J'ai pleuré et me suis éclipsé quelques instants... Cela a commencé avec Patrick qui m'a demandé si j'écrivais encore... Je me suis laissé emporter par le thème... Après, on bifurque sur ce que je voudrais... Ainsi, j'aurai réussi à déballer certaines choses importantes devant mon père... Etc. Ce n'était pas facile... Les trois se sont rendus compte de mon malheur... Etc. — Mon père s'inquiète, cela se sent... Hier soir, il m'a serré dans ses bras... Il m'a laissé ce matin trois télémessages d'affection... [29/08/01 :] Je suis mieux... mais je sens quand même, à force d'être éternellement seul, que je sombre... Je n'ai y a quelque chose de pessimiste dans cette histoire... Un rien ferait que je serais plus heureux longtemps... La vie, la mort : tout cela est une affaire de chance, — de rien. [...] Encore un peu mal derrière le crâne et dans le bas du ventre... — Choses irréelles... presque surréelles... Comme ce ballet d'une chauve-souris autour d'un lampadaire allumé... [07/10/01 :] Tout ce qui est sûr, c'est que je n'écris plus ni ne lis plus... [20/11/01 :] Je suis maniaque. — Et durement nostalgique et mélancolique, depuis quelques semaines... [...] Mais si je suis si angoissé, il ne faut pas chercher la raison dans la (les) situation(s) amoureuse(s)... Certes non... Il me faut un boulot, un chez-moi, — et réussir à tuer dans le cocon (?) ce qui ne marche plus... Refaire à zéro extérieurement tout en restant le même... [...] A moi de tenir, farouchement et affrontant mes peurs les plus profondes... Solution : tenir. [13/12/01 :] Message sur le répondeur... Peur du père ("Alors, tu dormais ? fainéasse ?"), mais c'était une voix de femme confuse [...]. [21/12/01 :] Cette annonce pour EDF m'a littéralement cloué au sol... Les pires prédictions arrivent... Je vois le suicide. [31/12/01 :] Le futur n'est jamais radieux... L'intelligence ne m'est d'aucun secours... Je suis désolé pour tout ce qui m'arrive... [...] Mais je porte un fardeau... Je grimpe la montagne en poussant cette boule de pierre très lourde... et je la fais descendre... Où est l'issue ?... J'ai peur, très peur... Mes jambes tombent, mon corps vibre de mauvaises ondes et mon cerveau se place en médiateur : "Non, crois." Mais qui le peut ? — si je ne le peux ?... — Je voudrais être heureux et stable. Ce sont les deux points de raccrochement. Faire ce que je veux, ne pas m'inquiéter des autres. [...] Regarder, essayer, comprendre, gérer. — Mais mort, mais ailleurs, mais dépité. Que ne suis-je un héros de bande-dessinée pour enfants ?... — Merde à la Vie, merde aux Autres. Vivre le Spleen à l'approche de l'heure fatidique. 2002 approche et je présage une autre soirée d'Amertume... Déplorable. Et pourtant, tout est beau, il neige, tout est blanc... [...] Décidément, rien n'est à comprendre, rien n'est compréhensible. Le sable coule entre les doigts. Une seule chose suffirait : cohésion, entente compréhensive. Je ne suis pas assez fort pour surmonter mes démons, les démons [...]. Je ne suis pas l'homme de la situation, ni encore même un homme de situation. — Accablé et triste, remuant tant et plus les pensées les plus noires, nées de l'oisiveté forcée, je ne suis rien d'un Messie. Je suis un petit diable qui croit en l'Univers... — Adieu donc. — Je comprends mieux pourquoi j'écris — et pour quoi — et pour qui... Nul doute que rien n'existe sinon moi-même, que rien ne m'attire chez les autres sans horreur. Je suis mon propre bonheur et personne, de ce que mon expérience m'aura apporté, ne m'en procurera autrement que par bribes glauques... [01/01/02 :] Nouvel An ; rien de plus... [...] Psychologiquement, je me porte mieux. Mais je ne cesse de croire qu'au retour en France je ne serai pas plus avancé qu'en partant... L'argent qui diminue, le pessimisme qui s'installe... La fleur de sensibilité qui s'entichait, en mon for intérieur, de toute beauté, est morte ; je suis fané. Comme je l'écrivais à Chris : "Je me meurs." [02/01/02 :] Que reviennent (mais je n'y crois pas, cette période est nauséabonde à souhait) les temps de la jouissance intellectuelle consommée : écrire une belle quantité — et en qualité — de pages, — le matin, de préférence, pour que la puissance, lors du repos, confrontée aux Autres, se matérialise... Que resurgissent les temps de solitude totale... coupés par des jérémiades de pauvre sociable... [...] En lisant un peu de Cioran [...], je me plonge de nouveau dans un monde chaotique, anarchique, nihiliste, cynique (envers moi-même et l'Homme)... [...] Être l'homme invisible... être le plus grand écrivain du monde — pour moi-même, léguant au sort de la postérité tout ce que j'aurai écrit pour moi seul, comme un dernier, retiré, perdu, ignoré aussi. Je suis une légende. À la Matheson — et au littéral. Je suis le dernier sans jamais avoir été le premier... C'est bien plus fort, — ténébreux. Je veux l'essor du nouveau et le retrait dans le passé. Je veux le 19ème siècle sans avoir connu mon époque. J'ai été banal (peut-être pas) : je serai vénal. [...] Je résume ce qui se passe, se meut, intervient, réagit, crée, intéresse, en ceci : le paradoxe et la contradiction. Non : La Contradiction, le Paradoxe, ceux qui baisent la métaphysique, sans malhonnêteté : La Pureté. — Ainsi... L'on me demande régulièrement : "Mais tu n'as pas essayé de te faire publier ?..." Etc. — Le monde est gouverné par des sans-cerveau. Qui a coupé la tête de la petite sirène ?... [06/01/02 :] Vie de chien. Rien ne coule... Tout est impasse à un moment donné... [10/01/02 :] Je me sens mal, triste ; je me dégoûte... (Parce que les autres m'oppressent...) — La faute aux autres, en somme... (Facile, mais ne décharge ni ne soulage...) [24/01/02 :] Et l'angoisse : pas de boulot et, surtout, pas d'argent... [31/01/02 :] Fuite du cerveau... [...] Merde de vie. Tout va bien, sauf ce qui va mal... Et ça qui m'aul empêche que ça aille vraiment bien... (Contradiction. Life is life...) [21/02/02 :] Envie de solitude... [...] Être tranquille et seul... [20/03/02 :] Je déprime. [21/03/02 :] Musique... Silence radio du monde... [...] Fumer et boire sont les deux mamelles... Je me répugne. Je suis faible... — Si j'avais de l'alcool... un flingue... Alors que le bien-être n'est peut-être plus très loin... — Un malheur heureux. Oui, c'est cela que je désire... (Désirer ?...)

[23/03/02 :] *Boire, fumer, être une larve, c'est inquiétant…* [27/03/02 :] *Fataliste et pessimiste : voilà ce que je suis…* — *Et pauvre…* [03/04/02 :] *Bonheur dans le malheur…* — *Le temps passe si vite… Les jours, les mois…* Accablant. [06/04/02 :] *Je ne me sens pas bien… Angoisse sourde, malaise, solitude pesante… Dès que je pense à l'argent, je meurs…* [01/05/02 :] *Sauvagerie existentielle !... Mon cerveau est lent… lent… Mes rêves sont sinueux et malsains… (Mais je ne me les rappelle pas…)* — *J'ai l'impression d'évoluer dans un univers parallèle… De la Folie !... Que se passe-t-il ?... Je n'aime pas cela… Il me faut recouvrer et mes esprits et ma forme physique…* […] *Je survole ce qui arrive (littéral — propre, figuré)…* […] *Je me couche, las, à dix pieds sous terre… Je ne vis plus…* […] *1H20… Je n'arrive pas à dormir… C'est infernal, c'est véritablement un cauchemar…* […] *Je me perds, les enfants, je me perds… Quoi ?... Je ne pars pas celle que je voulais, naïf…* *Bon sang !... Je cours à ma perte, ou quoi ?... Et qui est là pour me soutenir ?...* Personne. — *Je suis seul… Ma solitude résonne dans mes oreilles mentales… Je suis un banni… Honni soit qui bien y pense…* — *Cigarette ? Alcool ? Je ne dormirais pas sans cela ?... Ne pas réussir à dormir, et ressasser ceci, cela, et se dire qu'on n'arrive pas à dormir… Etc.* JE NE M'EN SORS PAS… *M'en sortirai pas…* — *Va pour la fatigue, nom de dieu !... Je m'essouffle… Fatigue égale facilité fataliste…* — BEURK. — *Je sens le soufre… la mort, l'éther, la charogne…* — *Près d'une année envolée, perdue, qui n'aura suffi qu'à m'attrister davantage, qu'à me faire un sang d'encre, qu'à me ridiculiser, qu'à voir la fatalité, le désespoir, l'amertume, les regrets, la solitude, l'abandon… Etc.* — *1H42… Whisky-coca… Clope… Tartine de fromage…* […] *Encore envie (besoin) d'alcool… Mais ma mère remarquera les "vides"… Tant pis…* Encore un peu… […] 2H00… *Muscat… Clope…* — *La fièvre me gagne : je veux noter dans mon carnet tout ce qui me passe par la tête…Noter ceci ou cela… Etc.* — *Je n'essaye plus de dormir… En fait, je n'essaye pas d'essayer de dormir, ce qui est encore plus fort… Qu'est-ce qui conditionne cet état (journalier depuis lundi) ?... La fatigue ?... (Là, elle va m'appuyer…) La tristesse ?... (Éternelle…) L'alcool ?... (Peut-être un peu…)* — *Ne pas dormir quand tout le monde est en train de dormir…* […] *Encore un verre, une cigarette… Des notes… et puis dodo !... Possible ?...* — PUTAIN !... — *J'en ai plus qu'assez… Je ne contrôle plus rien, sinon ma déchéance… Je chute… Merde !!!...* […] *Pourvu que ceci ne soit pas un manque d'alcool, d'ailleurs… Mon dieu…* — *Je suis livide, sans expression… Rien n'existe… sinon le malheur… Bon dieu !... Bonté divine !... Qu'ai-je fait ?!... qu'ai-je fait pour* mériter *cela ?!... — La déconvenue est venue… Vive la bise !...* — Etc. — *Gloire, amour… Vaines espérances… La gloire sent mauvais, l'amour est souffrance… M'aimé-je ?...* Oui : *je souffre de ma situation… J'ai honte… honte de moi, honte des Autres, honte de cela…* […] *Je suis courbaturé de partout…* […] *Les jours passent trop vite… trop lentement…* [03/05/02 :] Écrit La feuille de malchance — *sur la plupart des mésaventures depuis le diplôme…* […] *Je n'ai plus la force de faire quoi que ce soit… Je suis* MAUDIT, *c'est tout…* — *Et puis le père…* Faire. — *Je bois, de toute manière, et ça me bloque…* — FOUTU. […] *Ennui… Trouver un remède…* [04/05/02 :] *Je regarde* La Lyre… *Pense à mon père…* — [05/05/02 :] *Je me sens mal… Ma vie est déréglée : inactivité, coucher tard, lever tard ??? Trop de café, de clopes, d'alcool… J'ai mal au ventre… Stress… Attente… Courage à l'abandon… Problèmes familiaux, sentimentaux… Rien n'est fait pour me donner de l'allant…* […] *Je suis pas mal soûl… Que cette situation s'éternise et je sombrerai…* — *Pas encore vraiment réfléchi…* — *Je m'y attelle…* — *Musique… Feuille… Idée… Spleen…* — *Et tout le tralalalala…* […] *Je ne parviens pas (peux pas) focaliser mon attention sur les points importants… Comment faire ?... Demain (si jamais j'obtiens des réponses) ne changera rien à l'affaire… Sinon de savoir que c'est impossible… (Mais là aussi, c'est délicat : dire (prouver) que des autres solutions sont tortueuses… impossibles ?...) On verra demain midi ou soir…* — *Je me retrouve complètement seul pour démêler l'histoire kafkaïenne… Seul. Qui pourrait m'aider ?...* PERSONNE. *A moi d'être fort, solidaire avec mes convictions et espérances…* […] *Mon bon Julien… Sois robuste. Tu es tout seul. Il n'est pas question (pression omise) de rater cette* dernière *chance — opportunité…* — *Mais pour affronter : envie de boire et de fumer, ce qui n'arrangerait rien…* — *Aaahh… Aidez-moi… Qui ?...* — *Cette feuille de choix, de constatations, si elle est cartésienne, est une béquille… mais ça marche : j'ai l'impression d'avoir posé ce qui se passe (en partie)… C'est là, écrit… A moi d'en tirer ce qui doit en être tiré…* […] *Le rêve :* un boulot et un chez-moi aménagé *!... (!!!...)* […] *Je me dis que je réfléchis — et ça ne change rien… La nuit porte conseil ?...* Non : *regarde toutes ces nuits… sans fruits…* — PUTAIN. — *Rester dans le lit et se dire que c'est le bon choix…* Nécessité ?... […] Seul… […] *Ma pensée s'éparpille et je suis davantage sur les sujets : que faire de moi ? […] que pense mon père ? que va-t-il advenir ?... Etc. Cela ne fonctionne pas. Et je crois que cela ne* fonctionnera pas *pour aujourd'hui. Reporter au lendemain : quel beau courage ! quelle ténacité !... Mon bon Julien, vois-tu où tu en es ?... Où tu rampes, maintenant ?... Ressaisis-toi !... Du nerf, que diantre !...* — *Ah…* fumer… *Je fumerais bien un joint…* — *Les souvenirs des States, de Copenhague affluent… Miséricorde !... Le monde en dehors des soucis… La* liberté *consommée — et relative, je le sais bien…* […] *Rien n'avance. Rien ne stagne ?... Mais rien ne recule… L'homme en est à ce stade avancé de l'humanité* (de l'avancement de la nature) *qu'il doit se mordre les doigts ou se ronger les ongles pour des impôts, etc. Qu'il regarde les étoiles ?...* — *Qui réfléchit à la question du mouvement ? du temps ? de la liberté ? etc.* […] *Je n'ai rien fait depuis mon départ pour Brive…* [10/05/02 :] *Rien ne m'intéresse, que le passé… (C'est dire que depuis un an, plus grand-chose ne se développe…)* [12/05/02 :] *Je suis complètement amorphe, lourd, insensible…* [21/05/02 :] Vie au second degré. [01/06/02 :] *Les histoires de boulot : il faut se battre et j'en ai ma claque… Heureusement que Marie est là… et que je ne pense pas au suicide…* [11/06/02 :] *Je suis énervé : je ne note plus rien ici… Merde… Toujours les mêmes problèmes de boulot…* […] *Retour des idées suicidaires…* [14/06/02 :] *Psychologiquement, c'est dur !... J'en ai marre… M'y prendrais-je mal ? Je ne mérite pas cela… Assez !... Quelle situation affreuse… Qui connaît cela ?... Ingénieur, mon cul !... Je perds mes forces… Le père revient… C'est affreux… Si seulement il existait un moyen rapide pour se supprimer… sans douleur…* [26/07/02 :] *Je vis la déprime… Ranger, classer, jeter, garder… Moi, le maniaque des bouquins, les ranger dans des cartons… en intermédiaire…* Précarité !... AFFREUX. [30/07/02 :] *Relation avec mon père qui va s'aggraver à nouveau…* — *Allez… Repose-toi, Jules…* — *Envie d'être seul — et dans de bonnes conditions…* [07/08/02 :] *Train-train, routine se succèdent… Plus les ennuis d'argent, — surtout…* — *Je me fais peur, j'angoisse : deviendrais-je (deviendrai-je ?) comme eux tous… Je perds mon imagination, ma force intellectuelle, ma créativité, etc., au profit de la société gluante… Réaffirme-toi, Julien !... Que diable !... Ne te laisse pas bouffer par eux qui n'ont aucune, je dis bien, aucune,* valeur…" [14/08/02 :] *Hier, reçu ce message du père : "Où est passé le fils qui aimait son papa ?" Ça m'a déboussolé… Il y a un grave problème de communication, etc. Répondu comme d'ordinaire…* [24/08/02 :] *Guigui a trouvé du boulot sur Paris… Je suis seul désormais…* […] *Ma vie est étrange… Boulot… un peu de détente… Mais les vraies questions demeurent… En m'y penchant, je plane dans l'horreur… Mais je ne m'y penche* qu'occasionnellement... [06/09/02 :] *Fini (arrêté) le travail (plafonds)... Ça me lessivait... Dès le début de la semaine, impossible de cogiter... — Bon... Maintenant : liberté ?... Rythme plus... doux ? avec intérêt(s) ?... — Et* Journal *?... — Plein de "choses" à faire... [...] Le* Journal *est proprement inintéressant, illisible et sporadique depuis trois mois... Pitié.* [17/09/02 :] *Une chose : LE TEMPS EST UN BOLIDE : un mois devient une journée ; une année, un mois ;* etc. [18/09/02 :] *Je me suis rendu compte, cette nuit, que je fais depuis quelques jours des rêves portant sur le vertige.* [20/09/02 :] *Nouvelles du Pater... [...] Angoisse, toujours... Son intervention dans la vie courante est délicate...* [01/11/02 :] *Me bouger pour trouver un petit boulot... J'ai peur. — Tout cela... Satanée vie... non... Tout cela sent le terme... Qui fait* exprès *?... Qui bouche les rares issues ?... Et comment ne pas devenir insensible à la vie ?... Comment ne pas sombrer dans le pessimisme fataliste ?... Comment ne pas sombrer, tout simplement ?... [...] Je me sens (ressens) comme à l'époque de Paris lorsque je vins à Pornichet et y lus Cromwell... C'est un sentiment double : panique et apaisement (donc contradiction)... (L'herbe était sèche, mais mouillée...) La poussée philosophique me fait dire : tout le reste est pacotille...* [02/11/02 :] *J'ai un grain.* [10/11/02 :] *[Annonce séparation Bidou/Patricia] Les larmes viennent presque... Quelle vie de merde !... Je n'y crois pas. En quoi croire ?... Quelle vie de merde !... Les adultes sont des salauds. J'en ai marre... Absurdité.* [13/11/02 :] *État ambivalent : plénitude de l'instant, angoisse d'un tout indiscernable... Temps, obscurité, lecture, musique, solitude,* etc. *Mêlés [?], ces activités, ces temps, des climats se déroulent, se perdent, me gagnent...* Etc. *[...] Le bouquin sur le suicide ne me fait plus de bien... [...] Fini* Le suicide*... — Ambiance morbide...* [14/11/02 :] *Je suis fatigué et morose... Morbide. J'ai du mal, je me pose des questions sur tout un tas de sujets... [...] Me sens mal — pour tout un tas de raisons... (Œillères — antidépresseurs... Sensation.)* [15/11/02 :] *Je me soûlerais bien la gueule... [...] Et être seul dans un tel état... — Merde. Ça — à la suite de tout ça... L'enchaînement qui montre que tout est risible et pourri... [...] AMBIANCE MALFAISANTE...* [17/11/02 :] *Je ne suis pas chez moi, pas à l'aise,* etc. *[...] PJ et paroles... — Augustin... [...] Mère... — Un peu du* Testament*... [...] Fatigue... Mini spleen... [...] Seul, seul, seul... — Terriblement seul... — Où êtes-vous, vous qui n'êtes pas là ?... Vous n'êtes pas. [...] Les jours se succèdent, mais cela n'arrête pas le dénouement... Qui sait ce que le futur va me donner ? —* ou me prendre *?... Le cauchemar. Plus de bon sang !... Ah ! putain !... tout va trop vite !... Le pognon va me tuer. J'ai l'impression que ça va être ou : les études, ou le boulot... Je vais devenir timbré... Je péterai un plomb. — La vie de chien. [...] Comment trouverai-je le temps de lire — et* tranquillement *?... Ça va me bouffer le cerveau... Merde. MERDE. [...] ENNUI. — Dégoût... On me force à être comme eux, qui n'ont de vie qu'à travailler pour acheter leur voiture... Etc. Rien de vraiment intellectuel... Non ! je ne veux pas en être !... [...] Tout va trop vite... Et les livres sont muets... — Où vais-je ?...* [21/11/02 :] *Je suis EREINTE... Une fatigue comme je n'en connais que rarement...* [22/11/02 :] *Je suis extrêmement fatigué... [...] Quelle fatigue !... (Envie de m'écrouler, de tomber dans les pommes...) [...] Ce n'était pas vraiment une sieste... Pris une douche... mais bon sang !... C'est comme après une nuit blanche... AFFREUX.* [24/11/02 :] *Je ne vois qu'à court-terme : le cauchemar... Et à long-terme : l'anéantissement... [...] ANGOISSE mortelle... [...] Le corps noué... Malade... Mais je ne suis pas malade !...* [25/11/02 :] *Les gens doivent me prendre en pitié... Je suis toujours en train de me plaindre...* [27/11/02 :] *Loin de quiconque... Je suis sur mon île...* [28/11/02 :] *Mais plus rien n'est sûr, dans ma vie (dirait le pessimiste réincarné en Julien Pichavant)...* [29/11/02 :] *Cette fatigue... en rentrant dans le froid... Chaque année vers décembre... C'est exténuant... [...] Dans un tel état, que puis-je faire ?... Je me lève, mets un certain temps à voir venir... [...] Ma mère... Évidemment, du vide... ou des contraintes... — Quel est ce rythme ?... Je me sens perdu... Toute situation est périlleuse...* [30/11/02 :] *Je suis une larve... Beurk... Ces deux dernières semaines auront été... beurk. Je ne me reconnais pas — à cause de ces Autres...* [06/12/02 :] *Souvent mal au ventre... Nausée... vomissements violents que je retiens... Désagréable...* [08/12/02 :] *Mal-être avec congestion du ventre... [...] Envie de tomber dans les pommes... Arrêté des pages de Hume que je lisais car je sombrais dans la folie, me semblait-il !... J'ai peur. [...] Pas de nouvelles... Encore — seul, seul, seul...* [10/12/02 :] *Je suis dans un état somnolent,* etc. *[...] Julien : tu dois lire ou écrire...* [14/12/02 :] *Personne... Personne ne pense à moi. [...] Je bois...* [15/12/02 :] *Envie de rien... — Je vais rester dans le lit, morose, à écouter de la bonne musique... A penser lugubrement à la vie... Absurdité.* [17/12/02 :] *Atmosphère, atmosphère... de grippe, de cyclocross... [...] Mais si j'avais tout ce que je désire, je le sais, je serais, à un moment ou à un autre, malheureux... [...] Je suis un dilettante.* [20/12/02 :] *Ce soir, encore le vide ?... [...] SEUL... SEUL... SEUL...* [21/12/02 :] *Je hais le monde... Ah ! si j'avais le temps d'écrire ce journal d'un suicidaire-philosophe... Cela ferait un point de plus de ce que je suis... [...] November rain. — Quelle vie de paumé !... (!...)* [22/12/02 :] *Globalement, RIEN... — Quoi ?... N'y aurait-il pas une libération ?... Du succès, du bonheur, de l'amour,* etc. *? [...] Rien... Rien de rien... Libérez-moi !... Je vous en supplie... — Beurk... Qu'est-ce qui va bien, dans ma vie ?... [...] Une telle période de vie en tout m'amène à lire* Garfield *(bonheur — humour) et à reprendre le journal de Gide... (Odeur,* etc.*) [...] Mis au monde — pour être seul... — Depuis quand ?... Paris ?... Un peu avant... Refrain... Ha !... Satanée période !... Alone. — Un peu de Gide... Jouissance des mots lus... — Glenn Gould... — Cigarettes... — Voilà. — Rien.* [23/12/02 :] *Personne.* [24/12/02 :] *Joyeux Noël de merde...* [26/12/02 :] *Je suis une marmotte.* [27/12/02 :] *Vie de cauchemar... Ennui ou souffrance...* [28/12/02 :] *Penser à ne plus penser... [...] Qu'attend le monde pour sauver son messie ?... [...] Ce* Journal *est-il puéril ?* [01/01/03 :] *Envie de rien... Moisir... — Voudrais être — ailleurs — mort ?... [...] Qu'est-ce qui me ferait plaisir ?... — Rien ?... [...] CAUCHEMAR... Suicide.* [02/01/03 :] *Nausée... Je suis comme soûl... [...] Regarde du balcon, en bas... — Ce sera peut-être, un jour, une solution... LA solution... [...] Sale existence.* [03/01/03 :] *Le tout, dans la vie, c'est de faire son deuil de tout ce qui est pénible. L'esprit crée ses fantômes. C'est fou ce que l'homme imagine pour se faire mal !... [...] Pris le bain... whisky-coca en me lisant... [...] Je ne sais pas comment gérer ma vie : avec Marie, avec Jeanne, à la Fac, au boulot, à l'appartement... [...] En tout cas, tout considéré, je n'ai jamais, depuis quelques semaines, autant pensé que je ne pourrais pas dépasser les 25 ou 26 ans... — Dur. (Mais c'est mon soulagement.) [...] Putain... Me coucher ?... Ou boire encore un peu ?... — Envie de me jeter du balcon... Je le jure... Ce n'est vraiment pas loin... Un peu de courage ?... — Ha !... Trois secondes, une souffrance rapide... — Pfft... Le courage !... Et cette vie sans but... finie... Ah ! François... — Et j'abuse des gens... — Merde à toi, ô Dieu... — Alors ? Boire ? dormir ?... — Écoute Sophia... Très réjouissant !... "Love has no meaning"... —* Il suffit d'un geste. *(Mais sortir le* Testament *?... Ha !... l'administration... le matériel !...) [...] Si je pouvais avoir un antidépresseur "Amour"... — FAIRE LE DEUIL. [...]* Putain, Julien, bois, fais ce qu'il faut pour ne plus lui donner signe de vie... S'il te plaît, mon

Julien... Et tue-toi pour une bonne cause... [...] *Que je suis seul !*... — Mon Dieu... — Jésus-Christ... [...] Je suis seul. [04/01/03 :] *Je suis au plus mal... Ventre mou, malade, triste, mélancolique... [...] Le temps passe lentement quand on n'a que son âme — qui souhaite la mort... — Privé de vie, Julien... S'il veut la vie, il aura la mort... (Belle catachrèse.) [...] Je suis vraiment au bord de la fin. J'ai peur pour moi. Tout fout le camp. Dans ma vie, rien n'est certain, ou alors si : dans l'instabilité, source de malheur. Je me sens perdu face à tout cela...* [...] *Vivement le suicide... Mais ce ne sera pas ce soir, en tout cas...* Merde. [...] Je suis triste. Je suis très seul. Rien ne pourrait me faire du bien... Rien... Je suis atomisé. — Par cette vie de merde... d'hypocrite... d'instables... de dégénérés... — Tiens, dans la famille Pichavant, il manquerait un suicidé !... — Bon sang... Je suis fatigué... [...] Oh, putain... Je pleure en pensée... Pense à François, à Marie, à Toto, à ma vie... Tout cela est infernal... La fin n'est pas loin si je ne me ressaisis pas... [05/01/03 :] *J'ai faim — et pas faim... — Vais voir... — Ventre noué, nausées... — Boire et fumer ?... Je n'ai plus l'envie même de manger !... [...] Tous les facteurs (symptômes, etc.) sont là dans le cas des suicidaires...* [11/01/03 :] *Envie de crier !...* — Je fume, pense. [...] *Revisite le passé... Ça ne sert à rien... — Malentendus... —* Calme-toi. [...] *Tristesse... Mélancolie... — Musique lancinante, vin rouge...* Envie de pleurer... [...] *L'alcool calme un peu, met ces œillères... [...] Attends ce qui ne s'attend plus... — Lessivé... —* J'ai peur... [...] Je souffre. — *Prendre calmants...* [12/01/03 :] *Pousser l'alcool jusqu'à avoir la force de mourir dans ce monde sans raison ?... [...] Augmenté et modifié un peu* Après *mon décès... [...]* Hemingway buvait une bouteille de whisky (ou rhum) et cinq bouteilles de vin par jour... [13/01/03 :] *Je recommence à boire ?... Je n'ai que cela à faire — et ruminer et fumer... Et m'ennuyer... et pleurer en pensées... [...] Je souffre comme jamais. [...] J'ai encore perdu trois jours de deuil — et me suis trop enfoncé dans le néant... [...] Trop de pages pour la souffrance...* [14/01/03 :] Je dois réussir à mourir ! [...] Sois fort, seul !... [...] *JE SUIS EN DÉTRESSE... [...] Vie absurde.* [16/01/03 :] *Je pensais : trouver une femme parfaite, qui m'aimerait et saurait mon mal de vivre, qui me chuchoterait : "Je suis là... Je serai là au moins jusqu'à ta mort..." Une femme qui m'accompagnerait dans mes peines... [...] Mais, en toute honnêteté,* il n'est pas bon *que je reste seul... [...] IRRÉEL... Le film, le froid, le brouillard, la cigarette, la solitude, l'abandon, l'envie de mourir, le silence, le danger... — Encore une cigarette, là-bas... — Dormir vite, ce soir... — Je me sens malade... mal... — Terrible. Encore. Oui... — Julien, attends-toi... Attends de voir demain... De voir le lendemain... [...] C'est dur... Dur... Dur... — Dieu... Sale Dieu... — Laisse tomber ces mécréants... Laisse-les tomber... [...] Mais ne leur fais pas plaisir en montrant ta détresse... [...] Et arrête d'écrire !... C'est idiot... [...] Tu sais que la vie est absurde. [...]* T'es toi : tais-toi. [24/01/03 :] *Paranoïa ou incompréhension... Qui, dans ma vie, se joue de moi, se paie ma tête ?...* [05/02/03 :] *Dans la vie, il ne faut être sûr de rien... et donc ne rien espérer trop fortement... Je me casse encore la gueule... Et, la plupart du temps, c'est ce qui (ou par quoi) vous fait espérer, qui vous fait désespérer... (Ici : ma mère...) — Combien de temps vais-je moisir ici ?...* [18/02/03 :] *En ce moment, que de cauchemars !... Surtout ceux qui ont un rapport avec le vide, le vertige...* [03/06/03 :] *Mais il est agaçant de voir que le meilleur, là encore, ne gagne pas...* [25/06/03 :] *Dans la banlieue de Lyon... Cafard énorme... dans l'hôtel, après une pizza seul... à table... Parti cette après-midi... Fatigué énormément : nez qui a saigné, vomissement ce matin, mal de ventre... Je ne dors pas depuis plusieurs jours maintenant... Un programme musclé m'attend... Une dizaine de jours dans la région des Alpes... 2500 chariots... Tout seul, ça va être dur !...* [28/06/03 :] *Dur... Dur d'être seul... (Dans un hôtel à la* Shining, *là... Je suis tout seul là-dedans...) [...] JE COULE. [...] Je tombe.* Me noie. Broie du noir... — Je vais mal — *pour tout... tout... [...] MORT.* [08/08/03 :] *Mélancolie, ce matin... [...] Et j'avoue qu'une déprime m'envahit petit à petit... [09/08/03 :] Surtout chaque partie de mon corps très faible... Chaque partie veut tomber dans les pommes... Qu'est-ce que c'est ?... [...] Ce dont je suis atteint me rend perplexe... Vais-je mourir ?... (Je n'ai jamais ressenti cela auparavant.) C'est étrange. Amorphe et fragile. Mou et fatigué. En proie au dérèglement. Etc. La chaleur seule ? J'ai toussé, cette nuit. [...] Mal à la gorge. Cancer ? Sida ? On rirait de moi. La vérité. La vie est cruelle et s'abat sur n'importe qui... [...] Je suis encore bien malade... Je ne sais pas ce que c'est... mais ça ne m'enchante pas... et je commence à avoir les boules.* [10/08/03 :] *Nuit épouvantable... mal de gorge... [...] Je me lève, vais dans la cuisine... manque tomber dans les pommes, reviens dans la chambre, nausée...* [11/08/03 :] *C'est bien ce que je pensais : une laryngite... [...] Un peu d'hypotension...* [28/08/03 :] *Un peu* spleeneux *(toujours l'argent)... [...] J'ai peur pour ma vie, encore...* [11/09/03 :] *Envie de lire (de finir des bouquins — furieux), mais fatigue dingue...* Soirée Rien ?... [26/09/03 :] *Je voudrais être dans un coin, perclus... A boire de la liqueur, en m'entourant de mes pensées moribondes... Et je voudrais être dans un lupanar, vivre l'orgie entre gens de goût, assoiffés de luxure, de vin rouge et de discussions sans fin sur la vie... Coupes de champagne à volonté... Où sont ces mondes ?... A boire !... Laissez-moi ! laissez-moi* in-dé-pen-dant *!... [...] Se remuer... Rester dans les nimbes de la vie intellectuelle créatrice, certes, mais de la vie simple avant tout... — Mathématiques, philosophie (via grand M et grand P)... et Folie !...* — Ja... Ich bin dumm. — *Prendre le temps de* LIRE, ECRIRE, APPRENDRE, AIMER, bien VIVRE... *(Ne pas croire en la mort... du suicide...) —* Etc. — Ah ! j'écrirais bien, là, maintenant... Hic et nunc... Aimer !... Aimer la vie, car aimer sa vie... [28/09/03 :] *La vie, ici, n'est pas facile... Ce n'est pas chez moi, ma chambre est petite, ma mère peut surgir n'importe quand, la copine de mon frère me révulse (pas de savoir-vivre), mon frère joue à ses consoles ou regarde* Star Wars... *Ça me tape sur les nerfs... [...] Je travaille, mais c'est un labeur incessant... J'aurais dû réviser ce que je révise durant juillet et août... Mais la vie m'en a empêché... Et quelques heures de maths rendent léthargique... Trop de maths tue les maths !...* [29/09/03 :] *Bon sang ! dans ces moments-là, je pourrais tartiner des millions de pages... (Ha ! le* spleen...*)* [01/10/03 :] *La vie est absurde.* [02/10/03 :] *Quelle est la différence entre l'enfer et la circulation à Nantes ? Aucune. [...] Ça fait du bien de se péter la gueule... Pas à réfléchir — ou alors, ça ne fait pas mal... Ha !... — Bon...* Etc. — *Quoi ? Ah, oui ?... — Parler seul...* Etc. — Sympa. — A ne pas refaire souvent... mais bon... Etc. — Ha !... [03/10/03 :] *En ce qui me concerne, dans cet état-là, c'est le soir qui est dur à soutenir. L'avant-nuit, prélude du spleen, postlude du doute...* — Etc. — Envie de boire... *Mais il n'y a rien — et ce serait con...* [04/10/03 :] Je sais : le whisky, là, fait office d'*antidépresseur (œillère de cheval : vue en avant)...* [08/10/03 :] *Je voudrais être heureux... Est-ce demander la lune ?... — Bois un peu... — N'aurai pas travaillé... Putain !... — Le temps approprié !...* [15/10/03 :] *Hésite à me bourrer la gueule... [...] Je me serai sifflé la bouteille... [...] (Je vais devenir fou à force de faire des maths... Je m'en rends compte... Je m'enfonce loin... dans un monde pire que la philo...* [16/10/03 :] *Encore envie de boire... [...] Voilà, presque une bouteille sifflée.* [18/10/03 :] *Je m'emmerde, je n'ai goût à rien, là... Je me sens dépossédé, mou, amorphe, acariâtre aussi... — Tout est si difficile, ici, ou là... Que faire ? que penser ? sur qui compter ? A qui faire confiance ?... Faire ce que je veux, ne pas avoir ce que je ne souhaite pas... Etc. — Mon Dieu... Je décrépis, ce soir... Fatigue... et temps maussade... comme mes sentiments... [21/10/03 :] Ah ! si j'étais riche... j'enverrais chier tous ceux que je veux, je ferais plaisir à tous ceux que je veux... [...] Je suis patraque... Envie de rien, déprime... [...] Envie de boire... Envie de rien, de tout... (Je parle comme une bonne femme !...) [...] Je déprime et je sens qu'il faut que je sorte, que je voie du nouveau... Oui, mais seul... Si je bois seul dans un bar, c'est macabre !... [22/10/03 :] Deux bières... Un whisky-coca... — Pas au mieux... — Vais dans le centre... — Vais sécher toute l'après-midi... — Pas de maths, pas de cours... — Je coule... — Etc. — Merde. — ÇA VA MAL FINIR... [25/10/03 :] Pété... — Plus mal que la normale... — JE BOIS... — Pitié... — Pitié, Julien... — Pitié, Dieu... — Je ne sais pas quoi faire !... — Adieu, Dieu... — Non... Pas assez bu... [...] Suis mort, pété, à bout, ailleurs, dégoûté, là pour personne, là pour tout le monde (si je le pouvais)... — ... — ... — Me détruis, merde... — Quelle loque !... [...] Je ne sais pas quoi faire... — Ma mère est là... — Je suis un zombi... — Advienne que pourra... [28/10/03 :] Et je ne vais pas bien... Hier après-midi, j'étais un zombi. — Je ne sais pas où je suis... J'ai très peur... D'avoir craqué devant Guigui, Toto, Marie, comme ça... — Je suis au bord de la fin... — Personne n'est là... — Je vais reboire... [29/10/03 :] Rien de rien... Le stress... le manque de sommeil, l'état général, les exercices... [...] Ça va mal... — Vais boire... [...] Je ne va pas... — Légume dans le lit... [...] Je me sens vraiment perdu... Que va-t-on faire de moi ?... [...] Je ne peux pas être seul ce soir... Avoir au moins une présence... My life is that game... — Ce soir, repas morne... Rien dit, rien fait... [...] Je ne peux rien... faire... [...] Ma mère est passée dans ma chambre... J'ai parlé un peu... Lui ai dit que j'étais mal, très mal... J'ai pleuré un peu... Je décroche... [...] Je sombre devant tout le monde... [30/10/03 :] Pourquoi, quand tout va mal, je suis aussi passéiste ?... — Je relis ma "théorie" sur l'infini proposée à mon prof de maths en sup... [...] Je me relis... Là, Melos... Étrange... Je bois trop... [...] Un peu de Melos... pour me remémorer une époque où j'étais un très bon écrivain... [31/10/03 :] Je suis ennuyé : quand vais-je travailler si je bois ainsi ?... — Mon Dieu... Mon Dieu... — Où vais-je ?... Où ?... [...] Ajouté des notes à Après mon décès... [...] I do drink... smoke... read Schopy... [02/11/03 :] Envie de rien... Si ce n'est d'être encore plus isolé... [...] Aurai rien fait... — Rien de personne... — Silence, black-out... [...] Aurai lu pas mal des Suppléments de Schopenhauer... — Fait du bien... "Le mal par le mal..." [...] J'ai beaucoup bu... Tout va mal... Du moins, je suis léthargique... — Fumer, etc. — Ma mère est là... On ne peut pas être tranquille... — Quelle vie est la mienne !... [...] J'aimerais ne plus manger, ne plus dormir... — Voir... [...] Bois... Attention... — Et comme je l'écrivais dans les pensées : il faut être net pour les mathématiques... [...] Vu que c'est parti, il va me falloir une gourde à whisky... [...] Les pensées de suicide sont très, très fortes... Mon Dieu... Je me dis : "Vas-y, pousse la fenêtre, saute !..." — Affreux... Je ne suis pas loin... — Mon Dieu... [...] Tout s'engrène !... Tout va, tout part, tout s'en va !... — JE ME MEURS. — End is close to me... [...] Mon Dieu, si je devais en finir, on croirait que c'est à cause d'elle... — Pfft... — What to do, so ?... [...] JE TIENS. — Je ne suis pas à un jour près... — Ha !... [03/11/03 :] Envie d'avoir de l'alcool dans le sang tout le temps... — Le matin, c'est dur... A jeun, à vif, etc. [04/11/03 :] Je m'enfonce... Si j'écrivais ou lisais, au moins ?... (Je bousille mon espérance de vie... [...]) [...] Écrit à Sollers... Mais c'est n'importe quoi... Je n'arrive même plus à écrire !... Bon sang... Ma vie se joue là... [...] Rien... — Me lis... Surtout Amer Amen... En pensant à Sollers... — Mon Dieu... aidez-moi... — Je dois le voir !... [06/11/03 :] Je suis si fatigué... Décalé... (L'alcool, la cause ?...) — Bah... Il faut trouver la force de placer Amer Amen... Oui... Il y a au moins cela... [...] Mon cerveau bloque (l'alcool déprime)... [...] Être mal, c'est un luxe... C'était plus facile d'être mal en 2001 (ou en 2000)... Là... Heureusement que je n'ai pas de boulot... C'est un luxe... (De survivre !...) — Mais c'est si souvent... — Il y a bien un jour où je le ferai... Comment cela serait-il autrement ?... — A moins que... et voilà : avec des "si"... [...] J'ai l'âme en peine... Ce silence... C'est un être humain... (Moi aussi, me direz-vous...) [09/11/03 :] J'ai une soif d'écriture... Il ne va plus me rester que cela... [11/11/03 :] Commence à être pété (whisky)... C'est un jour férié... Profitons-en !... [...] Écrire (Pensées)... — Musique... — Etc. — Pensées... — Etc. — Intellect. Mesuré. — Etc. — Je tiens. (Quoi ?...) [13/11/03 :] C'est mieux de se "cuiter" au Riesling grand cru !... — Rien... J'écris un peu (Pensées)... — Rien... Pas de nouvelles... — Etc. — Quoi ?... — Boire et fumer vont bien ensemble... Plus d'écriture... »

* * * * *

Sans transition, déroulons la période qui suit et qui s'étale sur trois années, de novembre 2003 à juin 2005, que nous appellerons « *Dépression/ "Tentative"* » (cela s'achève sur les résultats au CAPES de mathématiques, point d'orgue d'un désespoir incommensurable, suivis de mon embauche à la CCI de Cholet, qui marquera la fin de ma dépendance et du calvaire sans nom). Le traitement et la psychothérapie allaient démarrer... — Ce *Journal*, qui devint, comme on a pu s'en apercevoir, un véritable « *hymne aux affres* » de toutes espèces, et qui m'avait accompagné jour après jour pendant des années, sans presque aucune interruption (car une interruption me rendait malade) entre 1998 et 2005, devait s'effilocher dans ses tout derniers mois avant de rendre définitivement l'âme (ce dont je reparlerai). Ce compagnon de mon quotidien — le plus souvent morne ou désespéré — servait de déversoir à mes apitoiements, de témoin à mes contradictions, doutes, peurs, angoisses, envies, malheurs, et j'y contais tous mes « *rêves impossibles* », ma volonté d'être seul et mon incapacité à l'être, ma volonté de voir du monde et ma haine des Autres et de la Société, mon obsession sans cesse accrue pour le suicide. En lisant ce qui suit, vient une idée de titre pour cet enchaînement de plaintes : la fatigue d'être soi... En immisçant le lecteur dans l'intimité la plus absolue de ces pages révélant ma « mal-êtreté », je veux lui faire partager la Nausée, la Mélancolie, le Deuil, la Perte de Sens et d'Amour qui ont — sauvagement — fait de moi ce que je suis aujourd'hui, et sans lesquels ce livre n'aurait aucune raison d'exister. L'homme dont il est question fait l'effet d'un non-homme — que l'on peut résumer par cette phrase : « *Je ne suis rien... que le mal-être... Indéfinissable...* » On ne pourra pas me reprocher de m'être continuellement lamenté sans avoir essayé, ne fût-ce qu'un peu, de résoudre le (ou les) problème(s). On verra que j'ai eu très vite la soif de lectures psychanalytiques (en particulier les livres de l'école de Palo Alto, sur laquelle je reviendrai) qui, dans les limites qui étaient miennes, m'auront permis de comprendre un nombre non négligeable d'aspects de ma maladie existentielle (mon mal s'est mué en ma perdition, dirais-je, en imitant un vers d'Ausiàs March). Que le lecteur, donc, s'immisce dans mes pensées d'alors, s'il l'ose ! Mais je sais bien qu'en parlant de lecteur, je parle d'un loup dont je ne verrai jamais la queue… Je ne voudrais pas paraître prétentieux, mais tous ces extraits ne sont pas pour le premier venu : ils ne sont pas « lisibles » dans le sens littéraire du terme. Hachés, terminés par des points de suspension qui n'en finissent pas, ils sont comme du Céline de pauvre qualité. S'il se trouvait des individus qui auraient sauté toutes les pages de ce livre pour atterrir à celle-ci afin d'avoir un aperçu, je les avertirais comme l'avait fait Gibran dans *Les ailes brisées* : « *Cette histoire n'est pas pour eux. Même s'ils devaient comprendre ces pages, ils ne seraient pas à même de saisir les sens cachés qui ne sont pas revêtus de mots et qui ne se trouvent pas sur le papier.* » Ou, pour conclure avec March, j'écrirais que « *Qui no és trist de mos dictats no cur, / O en algun temps que sia trist estat* » (« *Qui n'est pas triste de mes vers n'ait cure, / ou un certain temps qui triste n'ait été* »)…

* * * * *

« [14/11/03 :] *Rien ne change rien… On doit se condamner à errer seul… — Bois… Etc. […] 00H36* — Surréaliste… (Parlerai demain… Là, impossible…) [15/11/03 :] *Hier, ici, j'appelle Marie… (Disons que j'ai essayé d'envoyer un télémessage… que j'ai cru non parti…) Elle a appelé… Discussion… — Bon… Pas grand-chose… — […] Moi, je buvais pas mal… — Je suis allé acheter des clopes, perdu… Marchais au ralenti… L'idée venait… que ce serait le dernier jour de ma vie… J'ai continué à boire… J'ai appelé Marie pour dire que c'était fini… oui, j'y étais… — La batterie a lâché… Je rallume le portable, rappelle… J'avais un message du SAMU… Marie les avait appelés… J'étais pété… Mal… Puis j'ai vu un camion de pompiers, en bas, avec l'échelle… Etc. Pour moi ?... Et ils sont arrivés ici… à 10, peut-être… Ils m'ont emmené au CHU… Attendu un peu, vu un infirmier… Vu que ma mère et Jean-Paul étaient là… Mon frère avait appelé… — Attente d'un psy… Ma mère était là… On parlait… On me passe Marie sur le fixe… Puis un psychiatre vient… On parle… Bah ! ça ne change rien !... Il a parlé ensuite en présence de ma mère… M'a donné une adresse d'un psychiatre… On est repartis… […] La Fin se rapproche… La FIN se rapproche… Mauvaises idées… — Je ne sais même pas quoi faire ! Je suis si seul… N'y aurait-il pas au monde une épaule où poser mon menton ?... — Etc. [16/11/03 :] La vie coule… dans les marais qui puent !... […] Me sens comme mort… comme bourré de calmants… Etc. — J'ai peur… Peur… d'être seul… Etc. [17/11/03 :] Quand vais-je appeler le psychiatre ?... […] Je ne me sens vraiment pas bien du tout… […] Appelé le psy : il ne pouvait pas avant l'année prochaine. Ça, ça me tue… — J'étais mal… […] Mon Dieu, je me sens très mal… Que faire ?... Que faire ?... Qui voir ?... Il me semble que rien n'est possible… Tout est trop fou… Etc. — Ça ne va pas du tout… — QUE FAIRE… QUE FAIRE ?... Je ne vois rien à l'horizon… — Légume… — Musique !... […] Ai appelé Agnès… Ai pleuré… Elle va venir… Quand ? C'est affreux… J'ai l'impression de faire chier tout le monde… […] J'ai l'impression d'emmerder tout le monde… Qui veut me suivre ?... qui veut m'écouter ?... […] Agnès, à Beaulieu… […] Pour elle, le cas est très grave (et je le crois aussi)… […] Comment je vais mal ! Je ne supporte plus mon existence… Je crois que c'est une* dépression, *une vraie… [18/11/03 :] Réveillé à midi… Presque douze heures de sommeil ?... (Avais pris du Xanax…) — Là, le matin, c'est dur de me bouger pour voir un psy… J'ai l'impression d'être mieux… ça va, ça ne va… […] Ah ! tout est faux… […] Un psy va m'appeler pour prendre un RDV… Dois-je aller au CHU ?... — Je vais mal… — Je veux continuer la lecture du Tournant (Mann)… Continuer… même si lui a connu la guerre […] Le psy m'a appelé… Il est dans une clinique… — Pour jeudi soir… Merde… Vais-je au CHU ?... […] Été au CHU… Vu un psy… Discuté… Ça ne mène à rien… — On verra celui de jeudi, si Dieu le veut… […] Mon pauvre frère doit me voir tituber pour aller fumer… Il ne réagit pas… Normal : on ne se parle pas depuis plus de dix ans… […] J'appelle au secours tout le monde… Cela ne mènera pas loin… […] Où vais-je ?... […] (Que personne ne le sache…) […] Je me sens seul… très seul… [19/11/03 :] Lever à 12H45… J'étais prêt à passer la journée au lit… […] Rien… Je ne suis pas en forme… [20/11/03 :] Lever vers 11H30… Avais pris du Xanax… […] Si je vais mieux, il ne faut pas que ce soit pour retomber… — Vais-je prendre des médicaments ?... — Des médicaments qui rendent* très *zen… […] Bon… Bois… (Pour "affronter", me faire plus mal que je ne le suis ?...) […] Je suis un peu pété… Dans mon monde… (Toujours la même histoire ?...) Je vois mieux les choses — et en suis moins perturbé !... — Quoi ?... — Je pense et repense… — Comment ?... Quoi ?... Pourquoi ?...* Être simple. *(C'est si dur !...) — Quoi ?... ½ litre de sky ?... — Bah… Quel nul !... — Quel génie !... Quel nul !... Quelle épave !... Quel talent !... […] J'écris un peu… — Avec l'alcool, je me retiens… et je me lâche… […] Vu M. Loirat… OK… 40 minutes… Je fais une dépression, donc il m'a prescrit (je vais les prendre) un antidépresseur et deux autres trucs… […] Comme il me l'a dit, je suis dans l'intellect… Je jouis de l'intelligence, de l'intellection… — Je pourrai quand même boire, m'a-t-il dit… — Je me sens si près… si près du but… — Quel but ? La mort ?... ou la vie sereine ?... — Musique… Très important, la musique !... — Très, très important !... — Se reprendre. Prendre le monde tel qu'il est… Être comme j'étais hier soir, au téléphone… Serein, zen, proche et loin, accessible, mais encore moi-même… — Etc. (Mais je reste lucide.) […] C'est de la folie, tous les signes qui peuvent apparaître avec ces médicaments !... Mon Dieu… J'ai peur… — C'est si fort ?... Qu'est-ce que c'est ?... (Mais je suis si mal…) [21/11/03 :] Réveil à midi… Avais pris un calmant et un somnifère… Ai-je mal dormi ?... Je ne sais plus… […] Je vais prendre mes premiers comprimés de EFFEXOR… J'ai peur… Tout ce qu'il y a sur la notice… Je risque d'avoir quelques jours amers… — Je me sens zen… car loin… — Etc. […] Ça va faire 2 semaines que je n'ai pas vu mon père… Il va sans doute appeler… Dois-je parler un peu de tout cela ?... […] On a discuté… Lui ai dit que j'étais sous antidépresseurs… Bon, il n'a pas forcément eu les bonnes paroles… On dirait qu'il prend ça à la légère… Je ne lui ai pas raconté tout le déroulement… Ni que c'était une dépression assez grave… […] C'est incroyable : j'ai l'impression d'être drogué… C'est très puissant, ça fait peur !... Bon Dieu !... Qu'est-ce qu'il y a dans ces machins-là ?... J'ai froid dans mon corps… Les yeux ont du mal, je suis mou, abasourdi… Un gros crâne, les membres lourds et légers… Fatigue générale… En apesanteur… Mou… Incroyable !... […] Le bide qui bouge… A la fois envie d'aller aux toilettes et non… — Vais-je devenir impuissant ?... Etc. […] Quand je pense que je fais partie des 30 millions (?) de personnes qui en sont là… Putain… […] Je me rends compte que je ne suis qu'un humain… — Mon père sait : il a parlé de mes livres… qui ne sont pas assez faits pour les autres… Il comprend, je pense, le fonds du problème… […] J'aimerais bien être quelque part… Où ?... — Pas où l'on rigole bêtement… Dans un endroit accueillant… pour parler… Etc. […] Je crois qu'avec tout cet "arsenal", je vais pouvoir me mettre dans la peau d'un semblable, d'un homme ordinaire, comme il n'existe que cela… A voir… de ne plus voir…* — Poète sous antidépresseur ? Ce n'est plus un poète… [...] Bon Dieu, c'est vrai que la cause "sentimentale" joue beaucoup… Mais je suis ainsi depuis tant d'années que ce ne peut être quelqu'un de particulier… Et il n'y a pas que cela, oh non !... C'est pourquoi il va falloir aller derrière !... Je ne suis pas, je crois, des deux catégories courantes : avoir subi un traumatisme ou avoir une peine de cœur… [...] Je ressens l'Effexor comme une drogue… J'en voudrais d'autre !... C'est dingue : j'attends déjà demain matin pour en reprendre… — Mon Dieu… Quelle folie que la vie !... Quelle folie !... [...] Je m'ennuie… Dans un état bizarre… mais pas de spleen… [22/11/03 :] *Tenir un journal de mon* antidépression ? *Boileau, que je lis ici ou là, me fait du bien…* [...] *J'attends le monstre… effet…* [...] Ça arrive… Je relis un peu Face aux ténèbres… Quand l'avais-je lu ?... Il y a bien 5 ans… Ah !... Je ne pouvais pas comprendre !... — Là, tout est clair. [...] Face aux ténèbres : oui, c'est cela !... — J'aimerais écrire sur tout cela… mais serait-ce bon ?... [23/11/03 :] Je suis content… Hier soir (vers 00H15), je me suis endormi comme une masse… Jusqu'à 10H30… Je suis content !... Depuis quand n'avais-je pas dormi ainsi ?... — Je ne sais plus si j'ai rêvé… J'aimerais arrêter de faire des cauchemars… [...] Viens de prendre l'Effexor… C'est reparti pour un tour !... [...] Les effets "bizarres" sont moins perçus… — J'en voudrais d'autres… [...] Hier, il fallait que je m'arrête sur un banc tous les quarts-d'heure… Je viens de remarquer que la pupille de mon œil droit était plus ouverte que l'autre… (!...) [...] Je sais que l'Effexor baisse d'intensité, même s'il est en "libération prolongée"… J'en voudrais plus… (Mais là, je parle en drogué… Dans quoi me suis-je embarqué ?...) Je ne suis pas heureux… Je suis amorphe. Vide. — J'essaie d'ouvrir un bouquin de maths… mais je n'y vois rien !... (D'ailleurs, mes yeux ne sont pas au mieux…) — (En fait, il ne faut pas essayer la drogue quand on va mal.) [...] Trop longtemps tout seul… [...] C'est morne… — Pris un Xanax… — Quelle larve, bon sang !... [...] Je tourne en rond, je ne sais pas quoi faire… [24/11/03 :] Hier soir, tombé comme une mouche… [...] Me sens pas au mieux… Un peu drogué… mais ça cogite quand même… Il faut que je voie du monde… — Qui ?... [...] Écrit à Gallimard (email) pour demander comment joindre Sollers… Michel m'a dit qu'on avait du mal à éjaculer avec de tels médicaments… — Bon… — Que faire ?... (Mal aux yeux… Avais oublié mes lunettes de soleil… Mes pupilles sont dilatées…) [...] La dépression ne va pas s'arranger si je reste seul !... [...] Je me sens très mal. Que faire ?... — Etc. — Je ne sens plus en moi l'Effexor… Fini aujourd'hui ?... [...] Ma mère l'a dit à Laurent et Isabelle… Mamie ne le sait pas… — Tout le monde le saura. — Merde. Je sens que les médicaments m'assomment, mais je n'arrive pas à me libérer l'esprit. Je vais devenir timbré… — Comme je le disais à ma mère : mon frère et moi sommes deux timbrés différents… Lui, il est schizophrène et pas malheureux de l'être… [...] Vais prendre le Xanax… Ça me calmera… — Vais pas trop bien… Suis morbide. Regarde Dagerman, Pavese, etc. — Il y a un très gros travail à faire. (???) [...] Pris le Xanax… Ça fait déjà du bien… [25/11/03 :] (Je lis des pensées qui datent de mes 20 ans à peu près… Dingue…) [...] Bon, j'ai acheté : Le sens de la vie *(Alfred Adler)* et Canti *(Leopardi)*. Ennui. Mélancolie. Piano. [...] J'ai les jambes coupées quand je ne m'en sers pas. [26/11/03 :] Je n'aurais pas pu trouver mieux que Le sens de la vie. Dingue. [...] Ennui… [...] Envie de boire !... [...] Pas bien… — Cette lecture me rend fou… Je ne pouvais donc rien faire ?... (Question : cette question est encore une manifestation ?...) Jusqu'à quel degré faut-il aller ?... Je sais que je sais que je sais… — … [...] Je lisais… J'arrête un peu… — Je me sens tout drôle… Tout cela est irréel… Je rêve, n'est-ce pas ?... BON DIEU !... ÇA ME REND FOU !... [...] Ma mère est passée… — Tout cela me déglingue… Elle voit que ça ne va pas… Je lui dis que je réfléchis… Mais je ne peux pas lui expliquer !... Elle y est pour tant là-dedans !... [27/11/03 :] Ma tête allait exploser… Tout ce que j'avais lu et appris me déroutait… [29/11/03 :] Il pleut… — Vais mieux, quand même… — Il faut sortir, voir des gens… [...] Tout restructurer. [30/11/03 :] Un peu mal au crâne… [02/12/03 :] Pas trop bien dormi… — Les rêves, en ce moment !... Très dingues… Et dérangeants dans le sens où ils se confondent avec l'état de veille… — (Je me comprends.) [...] Fini Le sens de la vie. ENORME. [...] Il faut que je sois, le moins possible, seul… et sans alcool… [...] Été chez le psy… Plus d'une demi-heure… C'est surtout lui qui a parlé… Il est très bien… — Toujours le traitement, bien sûr… [03/12/03 :] Encore mal dormi… Je comprends pas… J'étais très fatigué… [...] (Essayer de retranscrire ce que je ressens ?... Le psy avait l'air enthousiasmé à cette idée…) [...] Recopié des passages du journal — pour le psy… Plus quelques pensées… Je verrai ce que j'en ferai… [04/12/03 :] Envie de lire, mais ne lis pas… [...] Ennui… (Et c'est déjà beaucoup trop !...) [...] Fatigue… Pris un demi Xanax… [...] Me sens très moyen. Fragile… Fatigué… Déboussolé… Un peu seul… — Je ne sais pas quoi faire… Je gâche beaucoup de choses… — Etc. — Malade ?... — … [05/12/03 :] Je ne me sens pas très bien… Goût de rien… [...] Acheté — Poésies *(Villon)* et La fatigue d'être soi — Dépression et société *(Alain Ehrenberg)*… — Pas fort, le moral… — Sais pas quoi faire… [...] Ce que je peux être fou, tout seul !... Je me parle, etc… Et puis, seul avec soi-même… Je pense… et je crois que ça ne va pas… Non : ça ne se calme pas !... [...] Trop inhibé pour penser au suicide (ou désinhibé ?)… [06/12/03 :] Vais faire une sieste… — Putain de dépression !... — Suis resté allongé, dans le noir, plus de deux heures… [...] Fatigue extrême… — Impression de devenir fou… — C'est dur… — Passager ?— Etc. — J'ai peur… Neurasthénie… — Etc. [09/12/03 :] Cette fatigue… Et mes érections sont moyennes… Elles ne durent pas… Je sens ma libido basse… [...] Me sens très mal… oppressé… — Prendre un Xanax ?... Il n'est que 18h30… — Quelle vie !... Mon Dieu… — Je ne suis rien… que le mal-être… Indéfinissable… Qu'est-ce que c'est ?... — Je vais m'allonger… [...] Le Xanax m'a un peu "calmé"… [10/12/03 :] Rien ? — Etc. [12/12/03 :] (Noté mes rêves sur un papier…) [13/12/03 :] Très mal dormi… (Noté des fragments de rêve sur un papier…) — Il faudra que je fasse plus d'efforts pour m'en souvenir… C'est très important… Ce sera ce qui est farfelu qui s'en va le plus vite… [Je suis embrumé et ma mémoire vacille — ce qui se passe souvent quand j'ai pris du Xanax… [23/12/03 :] Donnerai CD au psy (avec début de journal, etc.). [...] Vu le psy… OK… On augmente le Xanax… On enlève l'Imovane… On laisse l'Effexor à cette dose… Il voulait augmenter… On verra plus tard, le 12 janvier. — Lui ai laissé le CD… Il était ravi… C'était la première fois qu'on lui faisait cela… [01/01/04 :] Je ne me sens pas bien… Je vais m'allonger… [...] Allongé 2 heures… — Mon Dieu… — Etc. [05/01/04 :] Spleen. [09/01/04 :] L'alcool, c'est trop fort… [...] Envie de suicide… Heureusement (?!?) qu'il y a l'Effexor. — MERDE. [10/01/04 :] Cette nuit, j'ai vomi… [...] Vu que j'étais mal hier soir, que je parlais tout le temps de suicide, etc. [...] Il faut que je me couche moins tard… et que je boive moins… [12/01/04 :] Cette après-midi, chez le psy… Nouveau "somnifère" et un comprimé d'Effexor en plus… [13/01/04 :] (Réussir à ne pas boire…) [...] Pris 3 Effexor… [16/01/04 :] Encore cet état qui fait que le rêve est vrai… [19/01/04 :] J'étais écœuré, samedi : le Zibaldone est sorti en entier… Mon Dieu. — Ha… L'argent… [21/01/04 :] *Prends* Deuil et dépression… [26/01/04 :] *Ma difficulté à avoir des* érections... *(Elles sont instables, — sauf le matin, bien sûr...)* *[...]* Impression de m'éparpiller — et pourtant de ne rien faire... [11/02/04 :] *Rêves impossibles...* [13/02/04 :] *prends* Le Narcissisme... *[...] Plus rien dans ces carnets... Mon Dieu... Plus de pensées (écrites),* etc. — Je me ramollis ?... [23/02/04 :] *Hier, je buvais ici et là du whisky... Pas trop bien... [...] (En tout, j'aurai bu les ¾ de la bouteille...) Après, j'ai oublié pas mal de choses...* [24/02/04 :] *Vu le psy... Plus que 2 Effexor... Imovane au lieu du Noctran... On a parlé de mon frère...* [25/02/04 :] *Suis bizarre... Bu trop de café, aujourd'hui ?... L'Effexor en moins ?... [...] Prends* Écoute, petit homme !... [26/02/04 :] *Fini* Écoute, petit homme ! *(Un livre absolu, génial... Magique...) Prends* La cage aux fous... *[...] J'ai parfois l'impression (tenace) d'être ailleurs...* [28/02/04 :] *Je déconnectais... J'ai des problèmes... Ce monde, certaines fois, n'a plus de réalité... J'ai peur : je vais finir à l'asile...* [03/03/04 :] *Prends* Psychose, névrose et perversion... [14/03/04 :] *Prends* La vie sexuelle... [16/03/04 :] *Je suis un légume, n'est-ce pas ?... [...] Un peu moins la force de lire... — Re-envie de boire... [...] Moral : bof... — M'ennuie... — Voudrais boire et ne penser à rien — qu'à mon monde (!)... [...] 19H00... Dormi un peu... Pas très bien... [...] Si j'avais à boire !... Il y a peu, ici... — Suis pas très bien... [...] J'ai envie de boire... — Je suis d'un fragile !...* [18/03/04 :] *Prends* La connaissance de l'homme... *Celui-ci, il ne faut pas le bâcler !...* [19/03/04 :] *Posté la lettre et* Amer Amen *à Sollers...* [21/03/04 :] *Prends* Changements... [24/03/04 :] *Fini* Changements... *Bouquin rare... Splendide !...* [29/03/04 :] *Putain, je vais mal...* [30/03/04 :] *Vu M. Loirat... Lui a dit que ce n'était pas* top *du tout... [...] Bois... Etc. — Être seul ?... [...] La fin est proche... [...] Je vais me tuer. — Il me reste pas grand-chose à faire... [...] Mourir !... Mourir !... Laforgue !... Laforgue est là !... — Etc. — N'en peux plus... Toi : n'en peux plus !... — Etc. — Musique, réflexion... — Et* MORT *?...* [31/03/04 :] *Tout va mal : amour, argent, famille,* etc. *[...] Putain de vie !...* [02/04/04 :] *Je suis tout seul — et c'est pourquoi je crois que tout le monde est contre moi...* [03/04/04 :] *Trouver le moyen de redevenir un écrivain !... [...] J'ai beaucoup bu — et j'ai lu (non,* écrit*) 11 poèmes à présent... [...] Trop bu... 3 litres aujourd'hui... [...] Voudrais être seul...* [04/04/04 :] *Hier soir, pensé au suicide, encore et encore...* [06/04/04 :] *J'aimerais bien m'évader 2 jours à Pornichet... ou Ancenis... Mais solitude... Besoin... [...] 12 bières pour l'instant — et ce n'est pas fini... [...] Quitter le monde* commun *[connu ?]...* [07/04/04 :] *Continué* Après mon décès... [16/04/04 :] *Eu M. Loirat... Il est très gentil... On se voit mardi prochain...* [17/04/04 :] *Se dire que le seul problème est l'argent.* [19/04/04 :] *Je ne suis pas si bien... Vaporeux... Je n'aime pas cela... Si je pouvais être calme et serein !... — Trouver la femme qui me ferait m'extasier devant elle !... Mon Dieu !... Mon Dieu !...* [20/04/04 :] *Chez le psy... On augmente l'Effexor...* Etc. — *(Narcissique.)* [21/04/04 :] *Livre comme l'air... J'y vois* Zibaldone *!... Je deviens fou... Finalement, comme je devais rejoindre ma mère pour la ramener, je lui demande 10€... Anthony met 10€... Je dois mettre 5€ (pas encore mis)... Et je l'ai !... Le Zibaldone... Quelle belle édition !... Quasi neuf !... — Oh... lala !... — Magique !...* [28/04/04 :] *Quelle vie !... Mourir... Trop bu...* [04/05/04 :] *Dors beaucoup... D'où vient cette fatigue ?... Cela commence à m'inquiéter...* [09/05/04 :] *Dors beaucoup sans beaucoup dormir !... — Rêves, depuis deux jours, à la limite de l'insoutenable...* [11/05/04 :] *Rêves étranges... J'étais comme éternel, intouchable, "omnipotent", "omniscient",* etc. [12/05/04 :] *Le cœur me bat à tout rompre... Par hasard, je regarde si les résultats sont tombés au* CAPES... *Il y a deux ou trois admissibles, à Nantes, à la lettre O... Ça fait plusieurs minutes que je n'ose regarder... Putain !... Sainte mère de Dieu !... Protégez-moi !... Atomisé avant les partiels ?... [...] Je n'en peux plus... Je n'y arrive pas... Je vais mourir... — Comment faire ?... Je sens que je n'y serai pas... [...] Avoir...* MUSIQUE !... — SAUVEZ-MOI... *Je ne peux rien faire... C'est comme un résultat au Loto... — Fumer... Boire... et pleurer ?... — Je ne peux pas... Je ne mérite pas une bonne note d'admissibilité... Mais* JE LE MERITE. — MERDE. *[...] J'y crois "un peu"... Il y a 3 « P »... Mais bon... Je n'y crois pas... Ce sera ma mort... Finalement, d'avoir bu, cela n'aidera pas !...* HA !... HA !... — Merde. *[...] J'ai regardé :* FOUTU... *Pas moi... [...]* BAD MOOD... *Un an de souffrance, encore !... —* NON ?... — Merde. — Etc. *[...] Me sens si mal... [...]* Merde. — VIE DE MERDE. Ha !... — Etc. — NE PAS ÊTRE RECONNU. — En mourir ?... [Sans dates :] *Ce n'est plus un journal... Plus de jours... Cela se transformera en pensée. — Sans Chronos... — Sans livres...* Etc. — *Fini, le journal... Rien. [...] C'est un temps pour mourir... Finie — la poésie !... [...] Mon obsession, en ce moment, ce sont les médicaments. Prendre 30 Xanax, cela ferait-il l'affaire ?...* Etc. *Finalement, il faut lire, vivre sans les autres, et attendre le "bout ultime"... Attendre... Comment ?... — Désespérer ?... Continuer ?...* Etc. *Vivre, comme je l'ai écrit quelque part, de façon rimbaldienne ou casanovesque ?... — Attendre ?... Cela, il le faut jusqu'au dernier moment... Ha !... Cela sonne comme un cliché !...* Etc. *— J'ai également peur de ce que ma mort pourrait faire encourir aux proches — qui me sont chers... Mon père, ma mère, Anthony...* — Etc. — Etc. *[...] Il ne doit plus y avoir cela. Ni même ceci : "Je bois",* etc. — *Laisser les pensées... Plus de quotidienneté. — J'aimerais presque noter certaines angoisses... Je ne le fais pas. Ne pas se décharger de tout cela sur ces feuilles. Opter pour l'individualisme sans ce carnet. J'ai un choix à faire. Je le ferai. On verra.* (Je verrai.) *Dur, dur, dur... [...] Tenir quelques jours... Au moins pour mes élèves ?... — Overdose ensuite ?... (On n'est pas à deux jours près ?...) [...] Pensées moroses... A quoi bon ?... — Regarder en bas... — Penser... — Médocs ?... [...] Tant de choses à dire !... Que je tais. [...] Où vais-je ?... (En buvant...) [...] Tout s'acharne contre moi... Mauvaise nouvelle sur mauvaise nouvelle... Je ne sais comment m'en sortir... N'y aurait-il pas une lueur d'espoir quelque part ?... [...] Je dois apprendre... Apprendre, — pour le pire et le meilleur... Non pas que j'aie peur de la mort... Mais je dois apprendre encore... [...] Peut-être faut-il écrire ?... (Comme en rêve...) [...] Rêvé tous deux l'avoir rêvé :* écrire *?... — Je me sens parfois malade... Est-ce la prise de médicaments, plus forte que jamais ?... [...] Oh, rien n'est facile. C'est l'alcool le premier coupable — direct — de ces moments... Je suis affaibli... L'écriture n'est plus là... Que rechercher ?... Re-chercher ?... Re-chercher ?... — Difficile... A quoi bon ?... — (Si ce n'est gagner au Loto ?... Me murger... Boire et fumer jusqu'à me rompre les vaisseaux...)* [23/12/04 :] *Long !... Temps !... — Période festive, je me remets à boire... et donc à fumer... Vie peu facile (ce* journal *est par conséquent un hymne aux* affres)... [13/01/05 :] MELANCOLIE *primaire — et primordiale ?... [...] Cette année sera celle de ma mort — ou celle de ma survie !... [...] Ce qui sauve un peu : ces livres qui me montrent que j'ai vécu !... Ils sont une cause de la névrose, mais ils sont là !... [...] Quel moment ai-je fait pour vivre tous ces mois sans indiquer dans mon journal ce qui s'est passé ?... Aucune idée... Si j'écris, là, c'est que j'en ai besoin... — Tout comme le psy... Ça fait du bien de parler... Sans réaction...* Etc. *— Virer le tabac, l'alcool,* etc. — *Tout était là. (Ou presque...)* [12/05/05 :] *Je bois trop, je fume trop... Quelle fatigue de la tête !... — Van Gogh...* [16/06/05 :] *Je suis encore trop exigeant !... Trop chiant... [...] La mort (la vraie) ou la vie (la* vraie)... — J'aime la vie... Je ne veux pas encore de la mort... Mais qui choisira ?... Il y aura peu de lignes dans ce carnet avant cette issue !... — Aaahh... — ... — ... »

* * * * *

Je ne comptabilise plus les points de suspension qu'encadrent les tirets, qu'encadrent les points de suspension, qu'encadrent... Ceci *était* pourtant *ma pensée* — perdue, crochetée, imbriquée dans le néant de mes espérances, broyée dans le silence de ma mélancolie, escortée par la souffrance vers le suicide. Je n'étais plus que mon ombre ; ma vie (en) appelait (à) ma mort. C'était l'horreur du « quitte ou double » qui s'éternisait dans l'instant : « *La* mort *(la vraie) ou la* vie *(la vraie)*... »

* * * * *

Dans le souci de ne rien cacher (tant pis si cela découd davantage mes propos déjà décousus : j'écris dans l'ordre que mon cerveau propose — et advienne que pourra), je vais revenir à la date du 23 décembre 2003, où j'ai évoqué un mystérieux « *CD* » donné au psychiatre, Monsieur Loirat, qui s'en était trouvé « ravi » (il m'avait conseillé de tenter cette « expérience »). Ce CD contenait deux fichiers : le premier, *Situations*, qui décrivait, comme son nom l'indique, quatre situations récentes « traumatiques » et rangées dans les trois colonnes d'un tableau : Situation, Émotions, Cognitions ; — le second, *Surréalisme*, qui avait résulté d'un *brainstorming* (jeu purement imaginatif basé sur l'écriture spontanée). — Voici pour le second : « *Où aller ? Vers ici ? Vers là ? Non, je ne puis plus continuer. Je ne sais comment gérer les affaires. Je ne suis pas fait pour cela. Que faire ? que faire ? que faire ? Je ne sais pas. Ha !... Écouter de la musique, ne rien faire, attendre. Attendre quoi ? Rien. Rien de rien. Il n'y a rien à attendre pour moi. Pour ce genre d'individu. Que meure cet être !... Non ? Pourquoi ?... Pour rien. Alors rien... Rien de quoi ?... Ha !... Laissez-moi en paix. Laissez-moi en paix. Seul. Seul et bien. Ou à plusieurs, bien. Comment ? Je ne le sais. J'ai trop pensé. Etc. Non. Non. Non. Ce sont les rapports humains — si faux. Si faux. Bon sang !... Ou ils sont fous, ou je suis fou... Non ?...* — — *Etc.* — *Plus d'un litre alors qu'il n'est pas midi. J'y reviens. Toujours j'y reviens. Cyclothymique, lunatique. Rien n'y fait. Toujours je suis ainsi. Toujours ils sont ainsi. Elles sont ainsi. Je hais le monde à deux. À trois, aussi, à plusieurs. Je veux être seul. Seul sur un îlot désert. Non, je ne pourrai le faire, y survivre. Mourir ?... Non, c'est dur. Il le faut pourtant. Etc.* — *L'intérêt ? Où ? Où ? Nulle part ? Ici ? Là ?... Mon dieu... dieu... Je suis si seul... Aucune personne louable... Qui, honnête ?... Qui ?... Non, mon dieu, mourir... Assez... Le temps est assez long... Vingt-six ans, c'est... c'est quoi ?... On rigole si je dis que c'est suffisant... Bande d'infâmes... Etc.* — — *Je me relis, sans cesse, dès que je bois. Je bois et je me relis. J'y vois ce que j'ai été, je crois y déceler mon génie. Pourquoi me relire ? pourquoi me relire en ayant bu ?... Je ne sais pas. C'est comme si je devais mourir, que la mort n'était pas loi* [sic]*, que je me soulageais à me re-regarder... Etc.* — *Oui, je m'engonce dans cette déprime qui m'accapare. Me sauver ? Où ?... Comment ?... Je sais que je ne peux plus faire grand-chose... J'attends une solution* — *du psychiatre, de mes amis, de moi-même ?... Personne ne peut m'aider. Donc je peux m'aider seul ?... Je peux ? Je suis trop faible. Tout se tient à un fil. Je rebois. Qui peut m'en empêcher ? Moi seul. Comment ? Je ne sais. Alors ?... Je ne sais. Etc.* — *Être sain... sauf... bien... ne pas avoir ce cerveau torturant... ne pas voir ces gens comme des gens qui me torturent... Croire que l'amour est possible... Que l'honnêteté est possible. Mais non. Moi-même, je ne le puis. Mon masque ?... Mon masque ?... Je veux faire réfléchir les gens. C'est tout. Alors pourquoi ne pas arrêter de les faire réfléchir, ces bornés ?... Autant ne penser qu'à soi. Enlève ton masque pour toi. Mais tes relations. Stop.* — — *Mon père possède Creed. Je lui avais dit : "Tiens, tu as Creed ?... Comment connais-tu cela ?..." Je comprends maintenant. Il l'a lu dans La Lyre. Il a choisi ce groupe parce que j'y avais marqué que François et moi l'adorions... Il l'a cherché... C'est beau. Je l'ai compris au bout de plus d'un an... Mon dieu...* » — Quant au premier fichier, *Situations*, dont je recompose la mise en forme pour l'adapter à celle de ce livre, en voici le contenu : « 1. — Situation : *Ma petite amie me dit que j'ai été trop auprès d'elle à une soirée. Il faut, selon elle, que je montre moins mon envie d'être auprès d'elle, de l'embrasser, à la vue de tout le monde. (Personne n'est censé devoir nous voir si "imbriqués".)* — Émotions : *J'écoute patiemment. Je sais ce qu'elle va dire. (Elle l'a déjà dit au tout début de notre relation : ne pas se donner la main en public, etc.) Je lui demande d'arrêter d'en parler, que j'ai compris (et je pouvais laisser cela ainsi, cela ne me dérangeait pas (concession dure, mais possible)).* — *Elle continue d'en parler. Ça m'énerve et je le lui dis. Je lui demande d'arrêter d'en parler si elle ne veut pas que je m'énerve davantage. Elle continue. Je lance le livre que j'étais en train de lire (nous étions dans le lit). Moi qui suis si maniaque des livres et de leur état, cela m'est embardée violente ha choque.* — Cognitions : *Calme-toi. Ce n'est pas grave, ni important (même si c'est de la folie : jamais une petite amie ne m'avait demandé de ne pas être trop auprès d'elle en public). Prends sur toi. Ce n'est rien.* — *Elle continue. Stop. Ou je m'énerve vraiment.* — *Calme.* — *Et elle continue. Non ! Je m'énerve pour de bon. Je jette le livre sans bien me contrôler. J'extériorise la haine que j'éprouve. Ce n'est pas possible. Je dis d'arrêter, et elle continue !... Je sens que je peux aller plus loin. Mais mon geste l'horrifie et elle se tait. Je sais qu'elle n'est pas heureuse, qu'elle est bouleversée par ma réaction. Elle se tait. Nous nous taisons. Ça m'énerve encore : nous en resterons donc là ? "Elle a gagné. J'ai fait le geste de celui qui est en tort." Je me dis que la vie (surtout communicative) est absurde et nulle.* — 2. — Situation : *Nous sommes à table : ma mère, mon frère et sa copine. Ils font des messes basses. Je dis : "Pas de messes basses." Silence. Deux minutes plus tard, ils recommencent. Je tape très fort du poing sur la table, enragé : "J'ai dit : Pas de messe basse à table !!!"* — *Silence jusqu'à la fin du repas. Ma mère paraît peu heureuse.* — Émotions : *Je m'emporte doucement une première fois (sous la forme de pique-invective), je m'énerve violemment (deux secondes). Puis je suis hors de moi.* — Cognitions : *Après le repas, ma mère me dit que ce n'est pas malin. Je commence, en peu de temps, à m'énerver pour de bon. "Toi aussi, ça t'énerve, avoue-le. Tu me l'as déjà dit !!!" Elle fait la sourde oreille. Je lui crie dessus en pensant que je vais en finir (la situation, moi-même : impossible de rendre les gens lucides). "Tu me prends les couilles ! J'étouffe !... Tu me prends la tête... Putain..." Vie de chien.* — *Ma mère, elle aussi hors d'elle, me dit que je peux bien foutre le camp si cette vie communautaire m'ennuie. Là, excédé, je vais vers elle, la prends par la main, tire, et lui dis : "Viens, tu vas voir que la vie est facile, comme ça... Viens... On est au quatorzième... Tu vas me voir plonger... C'est facile... Tu peux venir, tu* peux regarder — et sauter... Si c'est ainsi..." » J'étouffe. Je vais dans ma chambre. Je pense que mon frère et sa copine ont peur. Je suis devenu fou. Je crie. — Je me calme et vais dans ma chambre [sic], une bouteille de whisky à la main. — J'ai bu toute l'après-midi une demi-bouteille. — Bois... Oublie... et saute, me disais-je... C'est une vie de chien. (Note : ce n'était pas la première fois que je criais sur ma mère. Il y avait eu une fois, lorsque mes parents étaient réunis peut-être pour la dernière fois, où j'ai crié sur eux (surtout sur elle) parce qu'ils se prenaient la tête pour ce qui me semblait être des futilités. J'avais tapé très fort contre le mur et avais crié qu'ils n'étaient même pas capables, à leur âge, de parler normalement.) — 3. — Situation : *Nous devons manger avec ma copine. Il n'y a rien à manger (elle ne mange que très peu, et c'est très simple : légumes). Je dis que je vais faire la cuisine. Je lui dis : "Tu veux quoi ? — Ce que tu veux. — Alors ceci ? — Non." On parle. Alors que faire ? Il n'y a rien d'autre. Elle préfère autre chose.* — Finalement, après de longues tergiversations, elle accepte mon idée (la plus simple). — En mangeant, on parle de nourriture. — Émotions : *Je ne comprends pas qu'on puisse s'en tenir à des légumes, à de la bouffe, en général, sans grand goût. Je pérore sur la vraie bouffe, celle qui est grande. Pas forcément de la viande, mais quelque chose, bon sang. Je m'énerve.* — Cognitions : *Les femmes sont-elles toujours ainsi ? A ne pas voir ce qui est de la vraie nourriture (même pas cher, on en trouve) ?* S'ensuit une discussion qui devient venimeuse. Elle me dit, après cette "dispute de couple", qu'on ne peut jamais me parler. — Là, je baisse la tête. Impossible de penser à autre chose. Je suis muet, anéanti. Combien de petites amies (importantes) m'ont-elles dit qu'on ne pouvait pas me parler ? Je suis ainsi ? Je fais des efforts, je sais que l'on me reproche cela. Je fais donc tout mon possible pour que cela ne revienne pas. Et cela revient. Je suis mort. Je regarde mes pieds pendant une heure. Puis une autre. Le monde s'efface. Je suis avec moi-même et mes pensées. Elles sont floues. Je ne sais plus où je suis, où j'en suis. Tous ces souvenirs identiques refont surface. Je suis invivable ! Le néant. Que dois-je faire ? Je dois mourir. Je dois mourir. — Comment s'en sortir. Ce sont comme trois heures qui m'échappent. Les souvenirs affluent et je ne sais comment les raccommoder, les faire parler, me faire changer. Je suis pris de panique et pourtant je reste immobile, comme puissamment drogué. — Tout se répète. Je ne peux plus continuer ? La futilité des rapports humains. Moi qui croyais réfléchir au comment de la relation sentimentale. Tout finit mal, même en y réfléchissant. A quoi bon ? Ah ! putain de Terre d'homme. Je ne suis plus d'ici. — 4. — Situation : *Je suis dans ma voiture. Je pense à tout ce qui se passe autour de moi, à la vie, à ce que je deviens, à ce que je suis devenu, à ce que je vais devenir.* — Émotions : *Je suis calme, stoïque, mélancolique, passéiste.* — Cognitions : *Continue donc ta vie. Et attends la fin, le moment qui fera que tu n'aurais guère d'issues favorables. Là, le moment sera bon. Tant pis ? Tu partiras. Et voilà.* » À la suite de ce tableau Situations/Émotions/Cognitions, deux notes qui se veulent explicatives ont été insérées : « A. — *Pour la première occurrence, ce qui se démarque, c'est mon envie d'avoir une femme qui prenne soin de moi. Or, en y réfléchissant, je me rends compte que très peu de femmes ont pris soin de moi. C'est-à-dire que j'aimerais tant qu'une femme me donne ce que je lui donne. Je suis très câlin, et je m'aperçois que si peu ont répondu à ce besoin de caresse, d'intérêt. Je me dis : quand une femme t'a-t-elle pris dans ses bras purement, quand une femme t'a-t-elle entouré dans ses bras quand tu étais assis ? Une. Et encore. Je n'ai pas le réconfort que j'attends.* — On dit que la femme est plus sentimentale. Pourtant, celles que je trouve ne le sont pas... — *Pour la deuxième occurrence, c'est l'étouffement qui prévaut. J'étouffe et je me dis qu'il faut que je sois loin de la famille, que j'aie mon indépendance, que je puisse me ressourcer seul, que je puisse ne pas avoir à subir la présence de ceux avec qui je ne veux pas être présent.* — Après cette dispute prodigieuse, je me suis senti mieux. J'en ai parlé avec ma mère. Ça m'a fait du bien, je me suis défoulé. J'ai déchargé ma haine, etc. — *Pour la troisième occurrence, c'est la fatalité du couple. Une femme qui aime la chair, qui sait être, comme on dit, à tort, aujourd'hui, "épicurienne"... Je n'en ai connu qu'une. Exemple idiot mais frappant : une femme qui me prépare une côte de bœuf énorme. Je n'en ai connu qu'une.* — Je me fixe des envies trop hautes. Quelle femme aime bien manger ?... — *Pour la dernière occurrence, c'est la solitude. Seul, je réfléchis. Trop. Et je sombre. Mais que faire ?...* — B. — *Il m'est rarement arrivé de m'énerver à ce point. Je me souviens d'une fois, avec une petite amie (vers fin 2002), d'avoir voulu l'étrangler. Je ne pouvais faire autrement. "Va-t-elle comprendre, cette conne ?..." C'est la seule fois où il eût pu être dangereux. Je suis nerveux. Mais je n'ai jamais touché à une femme.* » — Durant les cinq premiers mois de médicamentation, soit de décembre 2003 à avril 2004, j'ai aussi fait l'effort de noter sur une feuille la plupart des rêves (plus d'une trentaine) dont j'avais pu me souvenir au réveil. Les recopier ici serait indigeste, non pas que les contenus manifestes soient trop farfelus (lesquels ne le sont pas ?), mais parce qu'ils supposent une somme de renseignements sur ma vie privée qui serait longue à fournir. Retenons d'eux qu'ils étaient incontestablement les hôtes d'un Angoissé.

* * * * *

Que faire lorsqu'un mal ronge notre âme ? — Une pomme contient ou a contenu un ver : n'est-elle pas à jamais atteinte ? la galerie creusée ne laisse-t-elle pas à jamais une cicatrice ? la pomme n'est-elle pas à jamais véreuse ? Vous voyez un ver : l'attaquer, n'est-ce pas attaquer la pomme ? Le meilleur moyen d'éradiquer le ver, n'est-il pas d'éradiquer la pomme ? Faut-il attendre que le ver en ait fini avec elle ? Que fait le ver ? d'où vient-il ? où va-t-il ? — Gardons l'image, beaucoup plus instructive qu'il n'y paraît, de la *pomme* (n'oublions que *La Perte de Sens* ne peut être décrite que par un *paumé*) et du *ver*, qui n'est autre que la larve d'un papillon nocturne que les entomologistes appellent « *carpocapsa pomonana* », soit, en français, « *carpocapse* » ou « *pyrale des pommes* ». Ce fléau des poiriers et des pommiers est déposé à l'état d'œuf dans l'ombilic du jeune fruit, puis l'œuf éclot, donnant naissance à une chenille qui pénètre en spirales jusqu'en son cœur. La pomme grandit et le petit trou créé à la surface s'efface totalement : impossible de savoir si elle abrite un quelconque résident (qui, s'il existe, est toujours seul, quoiqu'il ait environ quatre-vingts petits frères). Le ver se nourrit des pépins et continue de grandir en attendant l'époque de sa transformation : à ce moment, il creuse une galerie qui va du centre jusqu'à la circonférence. C'est uniquement ce trou apparent (et les déjections qui en garnissent le pourtour) qui permet de deviner qu'un ver est passé par là, autrement dit : dès qu'on s'aperçoit qu'un ver rongeait le cœur de la pomme, il est trop tard. La chenille s'est depuis longtemps cachée sous une écorce, protégée par un cocon qu'elle s'est confectionné pour passer l'hiver avant de se changer en chrysalide, puis en papillon. — La pomme, c'est l'homme ; le ver, le traumatisme ; le cocon et la chrysalide, la névrose et ses inhibitions ; le papillon, la dépression.

— Voilà la genèse ! voilà le cycle ininterrompu des générations ! Adam et Ève furent eux-mêmes des pommes qu'un serpent aura convertis en névrosés obligés de se vêtir. — Ô hommes, vous pouvez aller vous rhabiller ! tandis que moi, dévers, j'écris des vers, mes vers papillonnants… Levons le ver dans cette vie qui nous fait trinquer ! Des mots ! des mots ! des mots ! des mots !…

* * * * *

(Parenthèses. — Nouvel épisode, nouvelle période. J'intercale ceci après bien des mois. Nous sommes le vendredi 17 octobre 2014. Pourquoi revenir en arrière ? Vendredi dernier, le 10, au matin, je me réveille et je croise Clémence qui montait les escaliers. Ne dormait-elle pas à mes côtés ? Elle me dit : « Je vais partir. » Choc. Je crois à un gag. Que se passe-t-il ? Après quatre ans et demi, Clémence veut me quitter. Je pleure. Clémence m'est tout. Mon monde, c'est elle. Sans elle, je ne suis plus rien, je ne veux plus rien être. Que s'est-il passé ? Je me suis aveuglé, « *ayant deux gouffres noirs à la place des yeux* ». J'étais persuadé que je ne pourrais jamais la perdre. Mais mon comportement était odieux. Elle ne méritait pas cela. Ce fameux vendredi 10, j'ai failli pleurer en jouant au volley avec les collègues ; j'ai failli pleurer lors de mon cours de l'après-midi. Je suis rentré avec une bouteille de Champagne et des sushis. Tout s'est très bien passé. Le weekend a filé. Le dimanche, j'ai essayé de dormir. Mon corps et mon esprit étaient éprouvés. J'ai pleuré. Mon souffle était saccadé. Pour me calmer, j'ai ingurgité deux comprimés de Lexomil et trois de Xanax. Puis j'ai décidé d'aller aux urgences du CHR pour voir quelqu'un. Là-bas, on m'a pris en charge. On m'a placé en « observation » dans l'Unité d'Accueil de Crise et de Psychotraumatologie. (C'est comme si j'avais moi-même demandé à être interné, pressentant l'apparition d'une crise profonde et grave… Mais, honnêtement, je n'y allais pas pour ça… Je n'aurais jamais imaginé cette « solution ».…) J'avais une grande chambre rien que pour moi. Plusieurs infirmiers m'ont rendu visite. Le lendemain matin, j'ai vu le chef de service, le psychiatre Hissane. J'étais mal. Ma tension était de 8. Ils m'ont gardé jusqu'à hier, soit quatre jours et cinq nuits. Dès le lundi soir, j'ai commencé un traitement à l'Effexor. *Bis repetita !* Ce séjour (« interné ») m'a permis de me remettre en question. Cela a été le plus gros électrochoc de mon existence. Les médicaments me font du bien. Je vais pouvoir me reposer : je suis arrêté jusqu'à la semaine prochaine. J'ai fait une croix sur tout ce qui m'emprisonnait l'esprit. Je veux me consacrer entièrement à la femme que j'aime (plus que tout au monde). Ces derniers mois avaient été trop durs : je me démenais plus que d'habitude au boulot, la situation économique de mon employeur rendait l'avenir incertain, il fallait régler les derniers travaux dans la maison, j'avais multiplié les migraines ophtalmiques, j'avais été à nouveau opéré pour un abcès, j'avais passé beaucoup trop de temps sur le chapitre sur le suicide (qui suit), la Bourse me préoccupait nuit et jour, l'arrivée du petit Pouchkine me stressait énormément… La pauvre Clémence devait supporter mes sautes d'humeur, mon absence, mes souffrances. Tout ce qu'elle a enduré, je le comprends et le vois maintenant. Sombre idiot que je fus ! Ma vie doit changer. J'ai compris que le schéma que je suivais devait être éclaté. Trop exigeant envers moi-même et envers les autres, trop maniaque, trop violent, trop perfectionniste, trop tendu, trop odieux, trop rigide, trop intolérant, trop impatient, — trop, trop, trop… — Lundi, je vais consulter mon médecin traitant, Monsieur Nivault. Il me conseillera un psychiatre et/ou un psychanalyste. Je dois redémarrer une analyse. (*Nota bene* : Ça y est, je revois Jubert.) — Ô Virgile ! « *O pater, anne aliquas ad caelum hinc ire putandum est / sublimis animas, iterumque ad tarda reuerti / corpora ? Quae lucis miseris tam dira cupido ?* » (« Ô père, faut-il penser vraiment que des âmes remontent d'ici / vers le ciel, et retournent à nouveau dans des corps pesants ? / Que signifie donc chez ces malheureux ce si cruel désir de lumière ? ») — Hier soir, Clémence m'a beaucoup parlé. Elle est heureuse de ce que j'aie réalisé tout cela. Elle souffrait depuis longtemps et je ne m'en rendais pas compte ! Pauvre Clémence… Pauvre de moi ! Ma femme, ma vie. Elle m'a demandé si, dans ma vie, j'avais déjà *partagé*. Encore un choc : le partage. Je ne sais pas ce que c'est ! Je n'ai jamais su ce que c'était. Horreur ! *Je n'ai jamais partagé.* Bon sang ! Mais je n'ai jamais connu le partage, ni avec mes parents ni avec mon frère. Guillaume et moi avions tout ce qu'il nous fallait pour vivre (et juste s'en contenter, sans réfléchir). Pas de dossier à remplir, pas de démarche à entreprendre, pas de conflits possibles, toutes les graines étaient déjà dans la paume des mains du père et de la mère : nous n'avions plus qu'à picorer sans nous préoccuper de rien. Ils nous donnaient leur amour, nous le leur rendions probablement, mais nous n'avions aucune idée de remerciement. En nous épargnant toute contrainte, ils nous ont donné sans nous en rendre compte la « chance » de ne pas connaître ces contraintes. Nous vivotions. Il n'y avait pas d'échange. J'y vois plus clair, maintenant. Pas de partage intellectuel, pas de partage émotionnel, pas de partage discursif. Zéro langage. Bon sang ! Qui suis-je donc ? Qu'ai-je donc fait toute ma vie durant ? Il faut tout reprendre à zéro, ou presque. Je veux être zen. *Zen.* Ne plus m'emporter pour des broutilles, ne plus me prendre la tête pour des conneries. Écouter Marc-Aurèle : « *L'âme de l'homme se fait surtout injure lorsqu'elle devient, autant qu'il dépend d'elle, une tumeur et comme un abcès du monde. S'irriter en effet contre quelque événement que ce soit, est se développer en dehors de la nature, en qui sont contenues, en tant que parties, les natures de chacun de tout le reste des êtres. L'âme se fait ensuite injure, lorsqu'elle conçoit pour un homme de l'aversion ou que, pour lui nuire, contre lui elle se dresse, telle que les âmes des hommes en colère. Troisièmement, elle se fait injure, lorsqu'elle est vaincue par le plaisir ou la douleur. Quatrièmement, lorsqu'elle dissimule, agit ou parle sans franchise et contrairement à la vérité. Cinquièmement, lorsqu'elle ne dirige son activité et son initiative vers aucun autre but, mais s'applique à n'importe quoi, au hasard et sans suite, alors que nos moindres actions devraient être ordonnées par rapport à une fin. Or, la fin des êtres raisonnables, c'est d'obéir à la raison et à la loi du plus vénérable des États et des Gouvernements.* » — Aimer. *Aimer Clémence* — qui sera la mienne.)

* * * * *

J'ai souffert, donc je dois savoir. « *Chaque douleur a son enseignement, et j'ai souffert sur tant de points, que mon savoir est vaste.* » N'est-ce pas, Mme de Mortsauf ? — Apprendre de ses souffrances. — Dantès interroge l'abbé : « *Je pense à une chose d'abord, c'est à la somme énorme d'intelligence qu'il vous a fallu dépenser pour arriver au but où vous êtes parvenu ; qu'eussiez-vous donc fait libre ? — Rien, peut-être : ce trop-plein de mon cerveau se fût évaporé en futilités. Il faut le malheur pour creuser certaines mines mystérieuses cachées dans l'intelligence humaine ; il faut la pression pour faire éclater la poudre.* » — Se tourner vers le monde, l'extérieur, et se retourner sur soi, l'intérieur, pour se détourner des souffrances. — Que manque-t-il à celui pour qui tout manque quand il a tout ? « *Ce qui te manque, emprunte-le à toi-même* », aurait dit Caton (selon Sénèque). C'est ce que je continue de faire en écrivant ce que je souffre et ai souffert.

* * * * *

(Des anciens mots ! des anciens mots ! des anciens mots !... — Adirer (perdre, égarer) ; amorter (tuer) ; aombrer (couvrir d'ombre, cacher, se cacher) ; bestorner (tourner à l'envers, détourner, bouleverser) ; finer (finir, se terminer) ; tresaler (s'évanouir, disparaître) ; en pardon (en pure perte)… — Si « *toute parole reste en deçà de nos malheurs* », dit Euripide, il n'en demeure pas moins que certaines paroles transcrivent divinement les malheurs…)

* * * * *

Van Gogh a peint quelques pommes dans deux ou trois de ses natures mortes. Van Gogh, ou le maître de la « *nature morte* », la « *still life* », la « *Stillleben* », la « *vie silencieuse* », la « *vie immobile* », un *encore* de la vie — qui se meurt. La dépression, la mélancolie ne sont-elles pas des *natures mortes* ? — « *N'oublie pas que je suis né pour être un mélancolique* », écrivait-il à Théo en 1885. Van Gogh fut toujours pris dans sa propre toile : « *Maintenant la secousse avait été telle, que cela me dégoûtait de faire un mouvement même, et rien ne m'eut été si agréable que de ne plus me réveiller. À présent cette horreur de la vie est moins prononcée déjà et la mélancolie moins aigue. Mais de la volonté je n'en ai encore aucune, des désirs guère ou pas, et tout ce qui est de la vie ordinaire, le désir par exemple de revoir les amis auxquels cependant je pense, presque nul. C'est pourquoi je ne suis pas encore au point de devoir sortir d'ici bientôt, j'aurais de la mélancolie partout encore.* » — Malheureux en amour, sans un sou, de constitution fragile, Vincent, qui ne jurait que par la peinture, ne vendait de surcroît aucune de ses productions. Ce dont il vivait (et ce pour quoi il vivait) ne le faisait pas vivre. *Son seul moyen de survie absolu était ce qui nourrissait sa mélancolie et le conduisait à la mort.* La création était littéralement une destruction. Le pinceau, qui devait le guérir, le mélancolisait. Malheureux en amour ? Vincent le résume en citant Viau qui a lu toute la nuit, joué tout le jour, et qui a fait ce qu'il a pu pour s'en guérir (en vain). À trente-cinq ans, il se sent « *passer l'envie de mariage et d'enfants* », et cette constatation a le don d'attiser sa mélancolie, puisqu'il estime qu'il devrait se « *sentir tout autrement* » (c'est-à-dire qu'il devrait se sentir comme tout le monde). « *Et j'en veux quelquefois à cette sale peinture. C'est Richepin qui a dit quelque part : l'amour de l'art fait perdre l'amour vrai. Je trouve cela terriblement juste, mais à l'encontre de cela, l'amour vrai dégoûte de l'art. Et il m'arrive de me sentir déjà vieux et brisé, et pourtant encore amoureux assez pour ne pas être enthousiaste de la peinture. Pour réussir il faut de l'ambition, et l'ambition me semble absurde.* » L'artiste seul sait qu'il n'existe pas de compromis entre l'amour de l'art et les autres amours, que la perfection de l'art est indépassable et indétrônable. Jouir et souffrir sont des synonymes ; on est le spectateur de ses impressions/passions. Vincent jouissait avec son pinceau comme on jouit avec son sexe, et souffrait comme on souffre lorsque l'orgasme dure et s'interrompt. (Lorsque je contemple l'un de ses tableaux, toujours, par une empathie mystérieuse qui se développe et coupe comme la lame d'un couteau, je jouis et je souffre pour lui.) — Sans un sou ? « *Écoute, Théo, je me plais à croire que tu ne perdras pas courage mais, vraiment, lorsque tu me parles de "ne pas me donner de l'espoir pour l'avenir", je me sens envahi par la mélancolie ; tu dois avoir le courage de m'envoyer de l'argent, sinon je suis bloqué, je ne puis plus avancer. […] Quant à mes difficultés, ce n'est qu'un début, car j'en vois surgir en foule dans le lointain comme une grande ombre noire ; cette pensée entrave parfois mon travail.* » Sans l'aide financière apportée par son frère, il eût manqué de tout et nous n'aurions hérité que d'une petite fraction de tout ce qu'il nous a légué (le dénuement total l'aurait tué). D'un autre côté, s'il s'était retrouvé dans la situation facile et « agréable » où il n'eût manqué de rien, la mélancolie si puissante et si caractéristique de ses œuvres ne se serait pas « épanouie » et n'aurait pas été capable d'établir un ensemble aussi grandiose. C'est le juste milieu que doit connaître l'artiste pur : un manque de ressources suffisant qui permette de marquer de son empreinte la souffrance inhérente à tout chef-d'œuvre. Oui ! il faut que le manque soit suffisant ! C'est par un manque bien dosé que l'artiste peut créer, car il le comble à sa manière — qui est son art. Qu'est-ce qui fait peindre ou écrire ? Un besoin. D'où naît ce besoin ? D'un manque. Qu'est-ce que le manque ? Nous ne le savons pas. Le manque est d'ordre métaphysique, il est un « *être, ou ne pas être* » sans réponse qui vaille, il définit l'existence sans l'expliquer. L'artiste cherche le sens qu'il ne voit pas. Croyez que c'est sans prétention que je vais énoncer cette vérité qui apparaît à mes yeux : Van Gogh peint la perte de sens inhérente à l'écris. Je veux dire que c'est la même pathologie qui est à l'origine de nos gribouillis. Le plus grand écrivain n'est pas celui qui écrit des histoires d'amour pour plaire au plus grand nombre, qui suit les conseils de son éditeur en intercalant ici ou là des pages qui sauront multiplier les ventes, et qui formate son « produit » de telle sorte qu'il en devienne *impersonnel*. Le véritable écrivain formate son propre cœur qu'il jette sur le papier. Van Gogh aussi jetait son cœur — et ça lui en coûtait douloureusement. Savez-vous à quoi je pense *en écrivant* ceci ? Que, en fin de compte, le plus grand artiste de tous les temps serait celui que la mélancolie empêcherait radicalement de créer, dont le réservoir de création serait si grand qu'il l'écraserait. Non pas la fameuse épreuve de la page blanche, mais celle de l'*existence blanche*, c'est-à-dire l'existence qui se confond avec le *manque*, un manque si imposant qu'il remplirait l'existence, un manque infini capable, en théorie, de créer l'œuvre infinie, mais irréalisable en pratique (cela reviendrait à demander à un dépressif profond de courir un cent mètres). D'où vient la faim ? D'un manque de nourriture (qui renvoie à la biologie). D'où vient cet autre besoin qu'est l'art ? D'un manque de *quoi* ? Si l'on m'a bien suivi, on répondra : d'un manque d'être ou d'existence. En pesant les choses, je ne sais pas. Je répondrai tout simplement : d'un manque, du Manque. La faim vient de Dieu ; l'art *est* Dieu. Le problème de l'art est le problème du tabac : il va au-delà des apparences, au-delà des réflexions sommaires et coutumières de l'homme. Le tabac ne devrait répondre à aucun besoin, du moins il ne devrait pas être comparable à la faim qui répond au besoin de la survie de l'espèce. En réalité, l'artiste n'est plus face à l'humanité. Ce qu'il doit affronter, c'est — ontologiquement — la folie de l'univers (qui se métamorphose en sa propre folie, tout aussi inextricable, autrement dit sa propre *impuissance*). Là, il prend pleinement conscience de sa « *constitution fragile* » qui le prédispose à la mélancolie (*pour* et *à travers* son art). En 1889, Vincent informe Théo : « *Cependant la mélancolie me prend fort souvent avec une grande force, et plus d'ailleurs la santé revient au normal, plus j'ai la tête capable à raisonner très froidement, plus faire de la peinture qui nous coûte tant et ne rapporte rien, même pas le prix de revient, me semble comme une folie, une chose tout à fait contre la raison. Alors je me sens tout triste et le mal est qu'il est à mon âge bigrement difficile de recommencer autre chose.* » Et un an plus tôt, lui qui se sentait toujours « *réellement si fatigué* », qui souvent tombait « *réellement de sommeil* » (« *je ne peux plus voir tellement mes yeux sont fatigués* », « *je ne sais ce que j'entreprendrai après, car j'ai toujours la vue encore fatiguée* »), il écrivait ces magnifiques et déchirantes confessions : « *Quand j'ai cessé de boire, quand j'ai cessé de tant fumer, quand j'ai recommencé à réfléchir au lieu de chercher à ne pas penser — mon dieu quelles mélancolies et quel abattement ! Le travail dans cette magnifique nature m'a soutenu au moral, mais encore là au bout de certains efforts les forces me manquaient. [...] Mon pauvre ami, notre névrose etc. vient bien aussi de notre façon de vivre un peu trop artistique mais elle est aussi un héritage fatal, puisque dans la civilisation on va en s'affaiblissant de génération en génération. Si nous voulons envisager en face le vrai état de notre tempérament, il faut nous ranger dans le nombre de ceux qui souffrent d'une névrose, qui vient déjà de loin. Je crois Gruby dans le vrai pour ces cas-là — bien manger, bien vivre, voir peu de femmes, en un mot vivre d'avance absolument comme si on avait déjà une maladie cérébrale et une maladie de la moëlle, sans compter la névrose, qui elle existe réellement.* » — La névrose, plus réelle que réelle, héritée des basses couches temporelles et générationnelles, examinée d'une façon moderne par un homme qui réfléchit sur lui-même, et dont la réflexion induit l'abattement, l'affaiblissement, la dépression, la mélancolie : cette névrose, qui la lui a enseignée ? Rappelons (voir la partie sur l'être au monde) que Vincent fit plusieurs séjours dans des établissements spécialisés et que, au cours des mois qu'il lui restait à vivre, il fréquenta à Auvers-sur-Oise le célèbre docteur Paul Gachet, sa célébrité étant due à son portrait « *avec branche de digitale* », que Vincent peignit en double exemplaire (le premier a été acheté par un particulier en 1990, soit un siècle plus tard, pour la modique somme de 82,5 millions de dollars, et le second se trouve au Musée d'Orsay). Ces deux tableaux, quasi identiques, révèlent un homme d'une tristesse hautement mélancolique. Il faut dire que notre médecin était un spécialiste en la matière puisqu'il avait soutenu une thèse d'une centaine de pages, publiée en 1858 et intitulée *Étude sur la mélancolie* (étude plus littéraire que scientifique, avouons-le). En citer quelques éléments ne nous sera pas superflu, notamment dans la conclusion : « *Pour nous résumer, disons que la mélancolie est répandue dans la nature entière, qu'il y a, pour ainsi dire, une mélancolie physiologico-psychique ; que de l'état naturel à l'état morbide il n'y a qu'une différence de proportion, d'intensité, de durée. — Disons encore que la mélancolie est une maladie essentielle, inconnue quant à son siège, appréciée, interprétée seulement par ses manifestations ; que c'est une maladie affective dont le mode d'action est oppressif. Son caractère propre est la tristesse. — Qu'il y a un tempérament mélancolique ; que l'être mélancolique est propre aux grandes choses. [...] Tout manque d'harmonie, chez l'être humain, qui porte atteinte aux lois naturelles, est une cause de mélancolie.* » Au milieu de son *Étude*, Gachet écrit que l'« *on pourrait presque dire que tous les grands hommes, les philosophes, les tyrans, les grands conspirateurs, les grands criminels, les grands poètes, les grands artistes, étaient des êtres essentiellement mélancoliques* », en ajoutant que « *l'homme-Dieu est le type idéal de la mélancolie moderne* ». La liste des mélancoliques qu'il propose semble sans fin : César, Pompée, Alexandre, Charlemagne, Napoléon, Néron, Domitien, Louis XI, Papavoine, Moïse, Socrate, Sénèque, Mahomet, Jean Huss, Luther, Calvin, Tibère, Caligula, Cromwell, Robespierre, Marat, Platon, Aristote, Cicéron, saint Augustin, Loyola, Montaigne, Machiavel, Young, Pascal, Rousseau, Diderot, Homère, Sophocle, Virgile, Dante, Pétrarque, le Tasse, Millevoye, Gilbert, Hégésippe Moreau, Hoffmann, Alfred de Musset, Brutus, Périclès, sainte Thérèse, Charles-Quint, Jeanne d'Arc, Marie Stuart, Élisabeth d'Angleterre, Andrea del Sarto, Léonard de Vinci, Rembrandt, Molière, Latude, Fontenelle, Bernardin de Saint-Pierre, Talma, Géricault, Archimède, Galilée, Torricelli, Newton, Papin, Volta... Aussi, pour ne pas être en reste et satisfaire à l'exhaustivité (à ce rythme endiablé, qui n'est pas mélancolique ?), aurait-il pu inclure... Vincent Van Gogh... et... le docteur Paul Gachet soi-même ! Vincent était-il entre de bonnes mains avec ce bon médecin ? Pas vraiment ! À Théo, il affirme que le gentil docteur a l'air plus atteint que lui ! Voyez ce bout de lettre : « *Je crois qu'il ne faut aucunement compter sur le Dr Gachet. D'abord il est plus malade que moi à ce qu'il m'a paru, ou mettons juste autant, voilà. Or lorsqu'un aveugle mènera un autre aveugle, ne tomberont-ils pas tous deux dans le fossé ?* » Et cet autre : « *J'ai vu M. le Dr Gachet, qui a fait sur moi l'impression d'être assez excentrique, mais son expérience de docteur doit le tenir lui-même en équilibre en combattant le mal nerveux, duquel certes il me paraît attaqué au moins aussi gravement que moi.* » Et cet autre encore : « *Aujourd'hui j'ai revu le Dr Gachet et je vais peindre chez lui mardi matin, puis je dînerais avec lui et après il viendrait voir ma peinture. Il me paraît très raisonnable, mais est aussi découragé dans son métier de médecin de campagne que moi de ma peinture. Alors je lui ai dit que j'échangerais pourtant volontiers métier pour métier. Enfin je crois volontiers que je finirai par être ami avec lui. Il m'a d'ailleurs dit que si de la mélancolie ou autre chose deviendrait trop forte pour que je la supporte, il pouvait bien encore y faire quelque chose pour en diminuer l'intensité, et qu'il ne fallait pas se gêner d'être franc avec lui.* » Par conséquent, il ne pouvait pas mieux — et plus mal — tomber ! — Jusqu'en 2002, la peinture de Van Gogh ne m'inspirait pas confiance et je la rangeais parmi celles dont je disais qu'elles auraient pu être réalisées par un gamin de cinq ans. Ce sentiment était exacerbé par l'« overdose van goghienne » : vous ne pouvez pas faire un pas dans un magasin qui vend des cadres sans croiser des *Tournesols*. Quand un artiste fait l'unanimité, ma méfiance s'accroît. Or, en 2002, lors d'une escapade au Musée d'Orsay, je fus frappé par *L'Eglise d'Auvers-sur-Oise*. J'emploie le verbe « *frapper* » comme j'aurais employé le verbe « *assommer* » ou les expressions « *changer à tout jamais* », « *bouleverser de fond en comble* ». À lui tout seul, ce tableau m'avait fait goûter, pour la première fois (et la dernière, à ce degré-là), au fameux syndrome de Stendhal. De loin, le bleu du ciel intrigue ; ses parties sombres s'opposent aux coloris clairs des deux chemins et de l'herbe situés en contrebas, tel *L'Empire des lumières* de Magritte. En se rapprochant, le bleu de cobalt émerveille et surprend les yeux : l'âme est traversée par une mélancolie douce et violente à la fois. Ce bleu ! ce bleu que fait tournoyer le noir par des empâtements fous furieux, tournoyer jusqu'au vertige de celui qui le contemple... Ce bleu, aucune photographie de carte postale ne pouvait en rendre la magnificence. Sans cette confrontation directe avec cette œuvre, je n'aurais jamais compris Van Gogh. Je compris pourquoi Vincent avait pu être incompris. Je compris pourquoi je m'étais mépris. Je compris la force surhumaine du peintre, sa véritable subtilité. Je l'avais cru simplet et superficiel ; il était profond et grandiose. Un bleu, un tout petit bleu m'avait arraché le cœur, m'avait touché comme la fine pointe d'une épée et fait saigner mon être de pur plaisir. Ne vous contentez pas de reproductions pour admirer ce tableau : courez à Orsay — ou vous passerez à côté de l'énigmatique sensation. Ce choc irréel (je n'en ai pas connu d'aussi intense depuis ce jour), je sais que d'autres en ont payé les frais : Akutagawa, Hofmannsthal... Le 5 juin 1890, soit moins de deux mois avant sa mort, Van Gogh décrit ce tableau à sa sœur Wil : « *Avec cela j'ai un plus grand tableau de l'église du village — un effet où le bâtiment paraît violacé contre un ciel d'un bleu profond et simple, de cobalt pur, les fenêtres à vitraux paraissent comme des taches bleu d'outremer, le toit est violet et en partie orangé. Sur l'avant-plan un peu de verdure fleurie et du sable ensoleillé rose. C'est encore presque la même chose que les études que je fis à Nuenen de la vieille tour et du cimetière. Seulement à présent la couleur est probablement plus expressive, plus somptueuse.* » En effet, la couleur est infiniment « *expressive* » et « *somptueuse* » ! Il n'existe pas de mots pour la faire entendre... J'ai sous les yeux un exemplaire en haute définition de cette Église d'Auvers : on n'y voit aucun « *violet* », l'arrangement « *orange* » se devine, l'évocation du « *rose* » semble exagérée. Rien de tout cela n'est perceptible tant qu'on n'y est pas, tant que le nez n'est pas à quelques centimètres de l'original ! Incroyable monument qui paraît taillé dans du caoutchouc, tordu comme un château gonflable sur lequel sautent des enfants excités ; incroyable parterre composé de rectangles grossiers qui ressemblent à un champ de forces ou à la représentation graphique des solutions intégrales d'une équation différentielle ; incroyables fleurs toutes de taches vêtues ; incroyable paysanne croquée en trois coups de pinceau et qui s'avance fragilement ; incroyables arbres qui sont des touffes compressées de persil ; incroyable ciel obscurément bleu qui éclaire sans soleil l'arrière du temple de Dieu ; incroyable perspective qui aplatit les distances... — Ô Van Gogh, ô maître de la Mélancolie, ô maître de la Couleur et de la Forme : je m'évanouis.

* * * * *

Sixième saison. (Couleur : *violet*.) — L'indépendance si chère à mes yeux vint enfin, le sentiment que mon intimité pût être violée s'en alla par enchantement, ma *pensée sauvage* put s'épanouir raisonnablement et m'*assagir*. Mon chez-moi me disciplina, ainsi que le travail forcé quotidien. Mon sang, qui ne stagnait plus, fut libéré des molécules prescrites, et reprit des couleurs. Fallait-il attendre si longtemps mon premier épanouissement ? C'est long, vingt-sept années ! Jusqu'à présent, le temps s'accélérait — vers la mort. J'échouai dans une petite ville bien sympathique, assez proche de celle qui me vit naître pour que je ne me sentisse pas orphelin, assez éloignée cependant pour que je fisse une coupure avec tout ce que j'avais vécu et l'univers que j'étais obligé de côtoyer. Adieu, embouteillages et peuplade trop nombreuse ; adieu, tournées de cours particuliers dans les appartements les plus bourgeois ; adieu, famille et amis ; adieu, enfance ! Seul le soir et la nuit, j'étais cependant entouré d'une vingtaine de gaillards une bonne partie de la journée. Quelle expérience de psychologie individuelle ! quelle expérience de psychologie collective ! C'était, n'en doutons pas, inespéré : être payé pour se voir offrir la chance de s'affranchir dans tous les domaines, je n'aurais pas mieux rêvé. Je revois la directrice du centre, madame Magnac, qui, à travers les verres en forme de gouttes d'eau pointues de ses grosses lunettes roses avec des paillettes, me lance un regard à la fois dur et maternel et me dit, en substance, que je suis grand et qu'il est temps de se lancer, qu'il n'y a plus de raison d'attendre et de repousser le moment d'entrer réellement dans la vie active. — Sept ans que j'habite à Cholet et que l'idée de suicide s'est peu à peu évanouie. Cette idée a laissé place au vertige de l'ennui, du vide et de l'absurdité de l'existence. Au fond, je ne sais pas si j'y ai gagné. La mélancolie a atteint des sommets en devenant plus pure, plus rationnelle, plus palpable, plus tentante, plus forte. J'ai fait corps avec l'amertume d'exister et la vanité de croire en quelque chose. Pourtant, cette période coïncide avec la reprise de l'écriture, ce qui n'est pas rien. On a vu combien cette reprise était importance et vitale, et combien elle flirtait avec la notion de perte et de mort potentielles. L'angoisse du « *Je ne parviens plus à écrire* » s'est vite dissipée — et je suis désormais là. Mon œuvre est *interminable*.

* * * * *

(Deux mois entiers sans écrire une ligne !... Loin que *La Perte de Sens* ait été supplanté(e) par un autre projet plus ambitieux, ou ait perdu de sa priorité. Ce n'est pas non plus l'évocation de Van Gogh qui aurait tari mes envies ou mon inspiration, ni Rimbaud, dont je voudrais parler maintenant (j'apprécie par ailleurs le fait d'avoir été coincé entre ces deux génies), qui aurait refroidi mon ambition. Je ne sais pas ce qui est arrivé dans ma tête. Deux mois entiers sans écrire, moi qui, sans relâche, presque tous les jours, avec une scrupulosité et un professionnalisme rares, en avais pris l'habitude depuis bientôt trente et quelques mois, fier d'appliquer ma maxime : « *Nulla dies sine linea.* » L'écriture n'a pas été la seule victime de cette panne relatif ou de cette panne temporaire : la lecture a été sévèrement touchée elle aussi (mon rythme hebdomadaire moyen de cinq livres lus est retombé à moins d'un). Plus on attend, plus dure est la reprise (si reprise il y a). À mon âge, fort d'une large expérience, je ne devrais plus être effrayé par ces moments d'extinction littéraire, puisque je sais que cela revient et qu'il suffit d'être patient. Mais cela ne m'empêche pas de croire, à chaque fois, que tout est fini, que plus jamais je ne réécrirai, que je suis saturé définitivement de toutes mes lectures. Ce sentiment est l'un des plus terribles que je connaisse : quand tout repose (dans une question de vie ou de mort) sur le monde de l'écriture et de la lecture, quand vous épuisez tout votre être dans cette ultime activité qui demeure l'unique ayant un minimum de *sens*, quand les jours se succèdent et que vous laissez de côté ce moyen de survie, vous êtes comme un sportif professionnel qui, suite à une grave blessure, ne pourra plus rejouer, vous êtes comme un petit garçon qui, n'ayant plus de piles dans sa télécommande, voit lui échapper sa maquette de bateau, filant vers le large, vous êtes comme une mère qui, venant d'accoucher, apprend que son enfant est entre la vie et la mort, vous êtes comme un poète qui, au sommet de son art et à la pleine fleur de l'âge, vient de lire Kant, vous êtes comme un homme de soixante-cinq ans fraîchement retraité qui, totalement esquinté, compte enfin profiter de la vie après une quarantaine d'années de bons et loyaux services, et apprend qu'il est atteint d'un cancer, vous êtes comme un parachutiste qui saute et s'aperçoit aussitôt qu'il a oublié d'enfiler son sac, vous êtes comme Roméo qui voit mourir sa Juliette (ou l'inverse), vous êtes comme un boursicoteur qui a investi toute sa fortune dans des actions qui ont perdu toute␣leur␣valeur, vous êtes comme un homme qui a fait construire un puits jusqu'à une nappe phréatique qui est asséchée, vous êtes comme un homme... comme un homme qui vit sur la Terre et la voit gravement polluée, surpeuplée, comprenant que la fin est proche. Quoi ? rejouerai-je jamais ? reverrai-je mon petit bateau ? donnerai-je le sein ? recomposerai-je ? profiterai-je du temps qui me reste ? resauterai-je ? continuerai-je de l'aimer ? me renflouerai-je ? me ressourcerai-je ?... La planète sera-t-elle sauvée ? — Et moi, réécrirai-je ? et si je réécris, réussirai-je à retrouver le rythme, le style, et à sauvegarder le plaisir, l'amer plaisir de créer, d'avancer dans mon néant ? N'avais-je pas peur de quelque chose ? Peur de ne plus savoir écrire ? Je me serais arrêté d'écrire à cause de la peur d'avoir à m'arrêter d'écrire ? Cela ne tient pas debout ! Une autre affaire m'accaparait : cela justifierait cette pause. Oui, mais... Si je tiens à la vie parce que je tiens à ce livre, n'étais-je pas en train de mourir un peu ? Oui, mais... « *Tu préfères t'abandonner qu'abandonner tes livres* », dit le saint Augustin de Pétrarque. Cela ne revient-il pas au même, dans mon cas ? Me serais-je abandonné, moi qui m'abandonnais à mon livre ? Est-ce possible ? Douloureux paradoxe ! car si j'abandonne ce à quoi je m'abandonne, qu'advient-il de cet abandon ? de moi-même ? de mon livre ? Mais ne suis-je pas l'esclave de mon livre ? de moi-même ? et ne m'abandonné-je pas à cet abandon ? Ne deviendrais-je pas libre si je mettais enfin un terme à *La Perte de Sens* ? Encore faudrait-il que j'estimasse que je n'ai plus rien à y dire... Ce qui me paraît tout à fait impossible. Quand bien même mon style se réduirait (comme c'est le cas depuis un certain temps) à un style de pacotille, aurais-je la force d'abandonner mon œuvre — qui me permet de ne pas m'abandonner complètement ? Je repense à Pétrarque s'adressant à son saint Augustin : « *Que faire ? Dois-je abandonner tout à fait mes travaux interrompus, ou au contraire demander à Dieu la grâce de les terminer ? Ainsi débarrassé, je pourrais marcher plus facilement vers mon but. Je ne pourrais pas abandonner sans regret une œuvre aussi belle, aussi importante.* » — Horreur de l'interruption ! horreur de la cause éventuelle de celle-ci ! Est-ce un concours de circonstance qui a suspendu mon écriture ? Ne serait-ce pas, en réfléchissant bien et en étant honnête avec moi-même, le chapitre prochain qui, s'approchant redoutablement, freinerait ma volonté ? *Le suicide*... Ne voudrais-je pas, du moins inconsciemment et tant que mes forces l'autoriseraient, m'attarder encore dans les contrées de la mélancolie (plus « vivables ») ? Ha ! je ne parviens pas à... saisir ce qu'il y a (ce blocage évident). Oh ! j'aurais dû répondre moi-même à mes folles théories et me forcer à écrire, durant ces deux mois : « Je ne parviens pas à écrire. » (Ce qui eût été fondamentalement faux puisque je n'essayais même pas.) Mais peut-être cette méthode aurait-elle réenclenché le mécanisme rouillé par l'abandon. Je suis sûr qu'en écrivant que je ne parvenais pas à écrire, j'aurais su écrire des choses, n'importe quoi, comme ce que je viens d'accomplir sur ces quelques pages. Ah ! écrire pour qu'on en vienne à se dire qu'on aurait mieux fait de ne pas écrire ? Pis : écrire — pour écrire — que l'on n'a pas su écrire... — Que dis-je ? — J'auto-ironise... — L'*auto-ironie* ? C'est la clef qui permet de comprendre — tant soit peu — l'œuvre et la vie d'Arthur Rimbaud. Alors, allons-y !...)

* * * * *

(Arthur, je t'en prie, veuille me pardonner, toi qui devais apparaître maintenant dans ces pages. Je suis moins en verve qu'il y a quelques mois, lorsque j'écrivais sur Hölderlin, si bien que l'hommage qui suit sera privé de la puissance que j'avais prévu d'y mettre initialement. Tu sais mieux que moi combien de chemins disparaissent tout au long de l'itinéraire chaotique d'une vie... — Toi que j'ai commencé à admirer sur le tard, toi qui sus m'émouvoir jusqu'aux larmes, ne t'indigne pas de la pauvreté de mon style. Dans mon livre, il y a deux écrivains — parce qu'il y a deux hommes : l'homme que je fus et l'homme que je suis. J'aimerais récupérer l'énergie du premier, qui construisait des phrases amples et généreuses, tordues et mystérieuses (« *comme le Code civil* », dirait Stendhal), tandis que le second s'amollit, rechigne à l'effort, coince misérablement (salut aux écrivains des temps modernes — pitoyables). Certes, le premier forçait trop son jeu (prose spiraliforme et lourde, comme celle de Théophile Gautier, et qui, de fait, fracasse et écrase) ; mais le second ne force plus rien (le simplisme moderne). Entre les deux, — qui ont baissé pavillon, — des intermédiaires qui ne savent où aller. J'imagine que le lecteur *lambda* se plaît davantage avec le Julien d'aujourd'hui, qui diminue. (« *Je redeviens un littérateur pur et simple* », dirais-je avec Mallarmé. « *Mon œuvre n'est plus un mythe.* ») Or, ce n'est pas le lecteur qui m'intéresse ou me préoccupe (je ne le connais ni d'Ève ni d'Adam). Égoïstement, c'est à moi-même que je pense. Ensuite, à toi, Arthur, puis aux autres, au reste de ce que mon écriture fera naître. — Ah ! que dis-je ! Je me relis — et que constaté-je ? *Je me justifie.* Je passe mon temps à me justifier, — quand ce n'est pas à me plaindre ? Me plaindrais-je tant que cela ? Si je me plains, est-ce une justification de ma souffrance ? Je veux dire : je souffre, donc je me plains, — non pas : je me plains, donc je souffre (ce qui serait déraisonnable). Que répondrais-je si quelqu'un m'écrivait, tel Dane Kempton (sous lequel se cache Anna Strunsky) à Herbert Wace (*alias* Jack London) : « *Tu souffres de ce que* l'on a si justement appelé la tristesse de la science. [...] Tu es un *Werther de la science, au cœur triste et rongé d'une mélancolie qui te fait verser des larmes superflues sur le mausolée des observations que tu accumules.* » Je ne tenterais pas de m'en défendre, contrairement à Wace/London. En revanche, j'ajouterais comme lui : « *La vie ? oui, ce n'est qu'un joujou qui nous est donné sans que nous sachions pourquoi afin de jouer avec lui comme il nous plaît.* » En tout cas, si je devais compter toutes les fois que je me suis justifié… *La Perte de Sens* ou *La Justification*. Je n'ironise pas. Dieu soit loué, je m'auto-justifie et m'auto-plains. En somme, j'auto-écris. Il n'y a que moi que je retarde lorsque je tourne autour de moi-même, car tout ce charabia est mon terrain de jeu, mon invention, mon défouloir de détraqué de la plume. Je me plains de voir mon « niveau » s'abaisser et cependant je n'en discontinue pas de produire de la phrase au kilo et de fourrager le sens de chaque chose, aussi minime soit-elle. Je me complique l'être ! Je suis l'égal d'un dépressif survitaminé… Je me plains d'être comme un oiseau en cage alors que je m'incarcère tout seul… *La Justification* : ce pourrait être le titre qui prendrait tout son sens. Je justifie sans arrêt mon existence, mon écriture. Ironie ! Allons, je m'enfonce, arrêtons-nous là. Je n'y vois même plus la queue d'un Rimbaud… — Tenez, je citerais volontiers Robert Benchley : « *Pour être franc, à mesure que j'écris cet article, je sens décroître mon intérêt pour le sujet dans son ensemble, et je suis sûr qu'il en va de même pour vous, cher public du Pays du Rodéo. Et si nous laissions tomber tout ça un moment pour nous en payer une bonne tranche ?* » Ce serait ironiser sur mon propre rôle actuel que d'avouer de tels propos. L'ironie de l'histoire, c'est que je ne sens pas décroître mon intérêt en blablatant comme je le fais… — *Amen.*)

* * * * *

Arthur Rimbaud, un savant auto-ironique, un inventeur décalé, — « *inventeur bien autrement méritant que tous ceux qui [l']ont précédé* », — un élucidateur/liquidateur des formes poétiques, — « *un musicien même* », — un joueur espiègle, enfantin, génial, un envoûté qui a « *trouvé quelque chose comme la clef de l'amour* », un illuminé qui « *s'illunait* » dans la Nuit, un inventeur mélancolique et précoce dont l'âme, le cœur et le corps furent trop tôt et jeunes et vieux à la fois (à trente-trois ans, il a « *les cheveux absolument gris* »), un insatiable et impétueux redécouvreur du langage (il « *fouaille la langue avec frénésie* »), un tentateur multipliant les tentatives d'exploration de l'être et des sens, tel un Des Esseintes avide de tout essayer de vivre, un prodige qui eut prématurément la prescience de son avenir extraordinaire, parachevant de la sorte l'ironie du destin, et rejoignant d'autres grands poètes : Percy Bysshe Shelley ou Hart Crane qui vantent la mer et y sombrent (noyade), Petrus Borel qui compose son hymne au soleil, sous lequel il mourra (insolation). Rimbaud, un perdant qui se gagne (l'absence du père et, comme le souligne Yves Bonnefoy, le manquement d'amour de la mère), un gagnant qui se perd (« *En quête d'on ne peut dire quel vil néant !* » écrivit Verlaine à propos de cet étrange homme qui, au bout du compte, fuira sa patrie et sa poésie pour devenir un ingénieur militaire et s'instruire dans des manuels de topographie, de trigonométrie, d'hydrographie, de minéralogie, de météorologie, de chimie, de constructions métalliques, de mécanique, *etc*.) — Que s'est-il passé ? Comment s'est-il condamné ? Pourquoi s'est-il quitté ? S'est-il, au juste, réellement quitté ? Est-il devenu autre ? Est-il resté lui-même ? Est-il, au contraire, devenu lui-même ? Était-il double ? Qu'a-t-il gagné ? Qu'a-t-il perdu ? « *Oisive jeunesse / À tout asservie, / Par délicatesse / J'ai perdu ma vie* », dit-il dans sa *Chanson de la plus haute Tour* (dont on retrouve un équivalent, un peu déformé, dans *Une saison en Enfer*, et qui démontre ainsi l'importance de ce constat). Dans une lettre à Paul Demeny, en avril 1871, il confiait : « *Ne sachant rien de ce qu'il faut savoir, résolu à ne faire rien de ce qu'il faut faire, je suis condamné, dès toujours, pour jamais. Vive aujourd'hui, vive demain !* » Que faut-il comprendre ? Qu'y a-t-il à comprendre ? Faut-il d'ailleurs essayer de comprendre qu'il y aurait quoi que ce fût à comprendre ? « *Quoi comprendre à ma parole / Il fait qu'elle fuie et vole* » : ces paroles énigmatiques issues du manuscrit autographe de travail du *Ô saisons, ô châteaux* (ce qui est rare chez Rimbaud, dont on n'a plus rien de préparatoire ou presque), comment les comprendre ? En outre, voulait-il écrire « *Il fait* », et non « *Il faut* » ? Mais pourquoi ce subjonctif appliqué au verbe *fuir*, qui retentit comme ce « *temps dont on s'éprenne* » ? « *Que nul n'élude* » ce mystère ! C'est là tout le « *Charme* » de la créativité d'Arthur ! C'est, entre autres, sur ce genre de coquilles ou de non-coquilles que se sont fabriquées toutes ces théories qui s'acharnent à résoudre le phénomène rimbaldien. Il faut se rendre à l'évidence : il y a autant, sinon plus, d'exégètes de l'œuvre de Rimbaud que du Nouveau Testament. Chacun, non pas avec une « *ingénuité physique amèrement rassise* », mais avec une ingénuité intellectuelle grandiloquente, a voulu y aller de son interprétation. Parmi les grands spécialistes, on compte Yoshikazu Nakaji, Japonais, ou Sergio Sacchi, Italien ! Mais les textes de Rimbaud ont-ils toujours à offrir un sens ? Un poète écrit que sa parole est incompréhensible : faut-il donc que des professeurs (car il va de soi dans nos pays civilisés que l'étude des écrivains ne peut et ne doit être réalisée que par un professeur !) tentent par tous les moyens de nous rendre compréhensible cette incompréhensibilité ? Qui plus est, des professeurs qui n'ont jamais été poètes (s'ils l'ont toutefois été) qu'à leurs heures perdues d'adolescent bourré d'acné et fou amoureux d'une adolescente aux seins à moitié formés… Faut-il toujours *vouloir comprendre* ? (Riez, lecteurs, de mon audace : d'un côté, je passe ma vie à essayer de la comprendre, de l'autre, j'essaie de comprendre, en ce moment, pourquoi les gens essaient de comprendre !) Bref, faut-il la comprendre, la poésie rimbaldienne ? Et n'y a-t-il pas parfois, au surplus, une part de *bouffonnerie* ? « *De joie, je prenais une expression bouffonne et égarée au possible* » : n'est-ce pas limpide ? Rimbaud s'est-il toujours prix au sérieux ? S'est-il jamais compris ? « *Quelle langue parlais-je ?* » Ne dit-il pas qu'il a « *seul la clef de cette parade sauvage* » ? Eh bien, à quoi bon, mes amis ? J'ai l'intime conviction que si l'on avait pu lui demander ce qu'il avait entendu ici ou là, peut-être eût-il répondu qu'il n'en savait rien. Je reprends ses propres paroles : « *Je comprends, et ne sachant m'expliquer sans paroles païennes, je voudrais me taire.* » (Ce païen-là est à prendre, si l'on veut, dans un sens extra-religieux…) Rimbaud fut un monstre à part pour qui il s'agissait « *de faire l'âme monstrueuse* » (Lettre du Voyant). Il joua tous les rôles — dont celui de ne jouer aucun rôle ; il vécut plusieurs vies aliénantes — dont celle où les salons gisent au fond des lacs. « *À chaque être, plusieurs autres vies me semblaient dues.* » Il fut lui-même en étant un autre, un autre en recherche de lui-même. Ne nous a-t-on pas suffisamment servi, et ce, à toutes les sauces, à tout bout de champ, en n'importe quel lieu, par n'importe quelle bouche, le « *Je est un autre* » ? Cette si belle locution est un lieu commun à laquelle se bornent les étudiants de lettres modernes sans la comprendre. Hugo, qui eut une grande influence sur Arthur (mais sur qui Hugo n'exerça-t-il pas une grande influence ?), évoquait dans son *Shakespeare* le même parallèle (d'une façon beaucoup plus explicite) : « *Oui, et nous revenons souvent, et nous reviendrons encore, sur cet encouragement nécessaire ; stimulation, c'est presque création ; oui, ces génies qu'on ne dépasse point on peut les égaler.* — *Comment ?* — *En étant autre.* » Celui qui, ayant fait « *l'âme monstrueuse* », ayant déréglé « tous les sens », « *se fait* voyant », celui-là, « suprême *Savant* », « arrive à l'inconnu » : il a vu. Être autre, c'est voir autrement ; voir autrement, c'est voir le vrai. En restant devant un objet situé dans notre espace, celui-ci ne dépasse pas le niveau bidimensionnel ; on doit tourner autour, le contempler à partir de plusieurs points de l'espace pour le configurer tridimensionnellement. C'était l'*objectif* de Rimbaud. Ce à quoi je fais référence, il s'en était entretenu avec Paul Demeny dans la célèbre lettre du 15 mai 1871 : « *Le poète se fait* voyant *par un long, immense et raisonné* déréglement *de tous les sens. Toutes les formes d'amour, de souffrance, de folie* ; *il cherche lui-même, il épuise en lui tous les poisons pour n'en garder que les quintessences. Ineffable torture où il a besoin de toute la foi, de toute la force surhumaine, où il devient entre tous le grand malade, le grand criminel, le grand maudit,* — *et le suprême Savant !* — *Car, il arrive à l'*inconnu *! Puisqu'il a cultivé son âme, déjà riche, plus qu'aucun ! Il arrive à l'inconnu ; et quand, affolé, il finirait par perdre l'intelligence de ses visions, il les a vues !* » Tout tenter afin de tout voir, d'avoir tout vu, de s'être fait voyant ; parcourir toutes les vues jusqu'à la perte de vision, perte qui atteste qu'il y a eu la vision ; se rendre malade pour comprendre l'inconnu, se torturer et s'empoisonner pour être l'égal du génie précoce, du visionnaire scientifique : là résidait sa théorie. Hugo, pensant à l'enfance, à la musique, au poète, à Mozart peut-être, eût demandé, s'il avait vu Rimbaud en transe : « *Quel dieu lui trouble l'œil d'étranges visions ?* » Comment Rimbaud s'y prit-il pour mettre en pratique son mode « *voyant* » ? (Notons au passage que le sens de « *voyant* » est très proche de celui de « *voyance* », mot relativement moderne et qui à l'époque ne s'écrivait ainsi que dans les cas de « *prévoyance* » ou de « *clairvoyance* ». Preuve en est que « *voyance* » n'est pas répertorié par Littré. « *Voyant* », en revanche, l'est, et il y est question de « *prophète* » dans l'une des définitions. Et ajoutons, avant de refermer la parenthèse, que « *voyant* » ne renvoie aucunement à « *visible* ».) Rimbaud réinventa la poésie : pour reprendre ses mots, il inventa la couleur des voyelles, régla la forme et le mouvement de chaque consonne, rythma instinctivement un nouveau verbe poétique accessible *à tous les sens*. Tout en croyant acquérir des *pouvoirs surnaturels*, il essaya d'inventer de nouvelles fleurs, de nouveaux astres, de nouvelles chairs, de nouvelles langues. Il se trouve que dans une note de bas de page de sa préface de 1824 aux *Odes et Ballades*, Victor Hugo avait voulu mettre en garde contre le renouvellement en poésie et les fausses couleurs employées par le poète : « *Insistons sur ce point afin d'ôter tout prétexte aux* malvoyans. *S'il est utile et parfois nécessaire de rajeunir quelques tournures usées, de renouveler quelques vieilles expressions, et peut-être d'essayer encore d'embellir notre versification par la plénitude du mètre et la pureté de la rime, on ne saurait trop répéter que là doit s'arrêter l'esprit de perfectionnement.* » Cette remarque qui s'en prend à Boileau et à la critique n'est pas très transparente, mais retenons-en l'idée suivante : si le poète fait le vers classique, la réciproque n'est pas forcément valable. Ici, « *malvoyans* » (souvent orthographié « *malvoyants* ») vaut pour les non-poètes ou les faux poètes. Un vrai poète connaît les règles qu'il ne faut pas franchir sans pour autant les suivre aveuglément. Je suis persuadé que Hugo aurait aimé le « *déréglement* » rimbaldien. Le seul exemple qui me vienne à l'esprit pour la succession de Rimbaud dans le domaine artistique, c'est Pablo Picasso lorsque, en 1906, à l'âge de vingt-six ans, il abandonne la « période rose » et s'engage dans la « cubiste ». Pour voir le cubisme, il fallait au préalable avoir vu le réalisme (car il me semble impossible de faire le chemin inverse). Le *voyant*, parce qu'il a vu, fait plus que voir : il « transvoit ». Le *voyant* est capable de tout : de respecter les règles, de les transgresser, de les dépasser. Il s'est confronté à tous les points de vue, ce qui est souvent le propre du génie. Van Gogh, vers la fin du mois de mai 1890, écrit au critique Isaäcson : « *Ah ! lui les ferait les oliviers du Midi, lui le* Voyant. » Ce « *lui* » — devant lequel Van Gogh est admiratif — désigne Eugène Delacroix, considéré comme le « Voyant », c'est-à-dire le « *suprême Savant* », l'artiste dont l'âme est riche de toutes les visions imaginables, le seul capable d'en retenir la quintessence. Or donc, pour parvenir à cet état, il faut avoir joué tous les rôles, et c'est ce que Rimbaud aura tenté de faire vaille que vaille. Mais le risque est de finir par s'épuiser après avoir épuisé tout l'inconnu qu'il y avait à découvrir. À peine âgé de seize ans, Arthur écrit dans *Soleil et chair* : « *Si les temps revenaient, les temps qui sont venus ! /* — *Car l'Homme a fini ! l'Homme a joué tous les rôles !* » Voyez ! À seize ans ! Et à dix-sept, dans le *Bateau ivre*, il répète inlassablement des « *j'ai vu* », comme s'il était un vieillard ayant déjà tout puisé dans la sève de la vie. Si jeune — et croire *avoir tout vu* !... N'est-ce pas la figure d'un résigné ? n'y a-t-il pas du Qohélet ? Toujours au même âge, il revisite son « passé » comme s'il s'agissait d'une très lointaine époque : « *À sept ans, il faisait des romans, sur la vie / Du grand désert, où luit la Liberté ravie, / Forêts, soleils, rives, savanes ! [...] Il lisait son roman sans cesse médité, / Plein de lourds ciels ocreux et de forêts noyées, / De fleurs de chair aux bois sidérals déployées* » (« *lisait* » est à entendre dans le sens de « faisait »). De même, dans *Alchimie du verbe*, âgé de dix-neuf ans, il récapitule lapidairement sa vie comme si tout était déjà passé et terminé. Dans *Départ*, il écrit : « *Assez vu* », « *assez eu* », « *assez connu* » : départ — pour quoi — de neuf ? L'illumination est noire, les mélodies sont devenues impossibles, le néant s'approche irrémédiablement, il ne faut plus songer à rien (d'ailleurs, il ne sait même plus parler), le délire l'oblige à être en deuil, à pleurer, à avoir peur, et il sent qu'il meurt, qu'il se « *décompose dans la platitude, dans la mauvaiseté, dans la grisaille* ». Il n'est qu'adolescent et il est plongé dans la nuit de l'enfer (sa chambre d'« *orphelin* » a toujours été pleine d'ombre) : « *Je meurs de soif, j'étouffe, je ne puis crier. C'est l'enfer, l'éternelle peine ! [...] Seigneur, j'ai peur. J'ai soif, si soif ! [...] Ah ça ! l'horloge de la vie s'est arrêtée tout à l'heure. Je ne suis plus au monde. [...] Et pensons à moi. Ceci me fait peu regretter le monde. J'ai de la chance de ne pas souffrir plus. Ma vie ne fut que folies douces, c'est regrettable. / Bah ! faisons toutes les grimaces imaginables. / Décidément, nous sommes hors du monde. Plus aucun son. Mon tact a disparu. Ah ! mon château, ma Saxe, mon bois de saules. Les soirs, les matins, les nuits, les jours... Suis-je las ! [...] Je meurs de lassitude. C'est le tombeau, je* m'en vais aux vers, horreur de l'horreur ! Satan, farceur, tu veux me dissoudre, avec tes charmes. […] Je suis caché et je ne le suis pas. »* — À vingt-et-un ans, il abandonne la poésie. Il « *abandonne* » ? Quoique je m'y sois habitué, dès que j'y songe, j'ai la gorge nouée, je sens une boule au ventre. Nous ne pourrons jamais élucider le fin de mot de l'histoire. Dans son périple en Afrique, entre Aden et le Harar, on voit bien qu'il n'est *plus* poète, d'une part au regard de ses activités (marchand et trafiquant d'armes), d'autre part en consultant toutes ses lettres (soit quand il écrit à sa famille, où il parle sans rien dire, soit quand il écrit, par exemple, à l'ingénieur suisse Alfred Ilg, où il dresse des listes d'objets à vendre ou à acheter accompagnés de chiffres). Arthur a définitivement réglé ses comptes avec son passé et sa destinée de poète. Qu'on ne vienne pas me raconter qu'il a continué à composer des poèmes à l'ombre d'un palmier et qu'il a tout jeté par-dessus bord ! Dans *L'homme révolté*, à propos de ce retournement de veste (de ce changement de fusil d'épaule), Albert Camus voulut donner son avis en mettant les points sur les *i* : « *Rimbaud a été déifié pour avoir renoncé au génie qui était le sien, comme si ce renoncement supposait une vertu surhumaine.* » Faut-il encore prolonger le débat à ce sujet ? Il n'en demeure pas moins vrai que pour beaucoup de gens, entre lesquels je me range, Rimbaud a justement été « *déifié* » pour avoir négocié ce virage à 90°. Si Hugo s'était arrêté d'écrire, fût-ce à vingt-cinq ans, qu'en eût-on conclu ? Ces revirements de situation sont si rares en littérature qu'il ne s'avérerait pas inutile de s'interroger sérieusement sur le cas d'Arthur Rimbaud, surtout si l'on considère son génie (Carl Friedrich Gauss, pour sa part, avait déjà tout accompli avant ses vingt-trois ans, et il ne fit presque plus de mathématiques pures par la suite !). Sa carrière ne fut pas comparable à celle de ces « *destins brisés du rock* » qui, pour la plupart, sont morts d'une overdose et/ou d'un suicide. Comment peut-on expliquer ce choix ? S'agit-il d'un « *choix* » ? Saurait-on y retrouver des indices dans son œuvres, en confrontant des témoignages ? Rimbaud a-t-il renoncé à son génie ? Se croyait-il un génie ? A-t-il eu le sentiment de renoncer ? Lui a-t-il fallu une force surhumaine pour accomplir ce changement de vie (qui, de loin, paraît avoir été d'une brutalité sans nom) ? Était-il au contraire de constitution trop fragile pour supporter ce « fardeau » d'homme-poète ? (Cette hypothèse est vraisemblablement à exclure si l'on s'en remet au courage qui a été le sien en affrontant les conditions d'existence si pénibles de son nouveau métier, et son combat après son amputation à son retour en France.) Peut-on parler de *défi* ? Comme on le voit, on manque d'éléments et on peut écrire tout et n'importe quoi. Il faudrait qu'il revînt parmi nous : nous serions en mesure de lui poser les questions qui feraient mouche : « Qu'as-tu voulu dire dans ce poème ? Pourquoi ce vers ? Quel est le sens de ce mot ? Que s'est-il passé à ce moment-ci ? à ce moment-là ? D'où t'est venue la résolution de tout laisser tomber et de partir aussi loin ? As-tu écrit quelques poèmes après les *Illuminations* et *Une Saison en Enfer*, qui seraient perdus ? » Arthur répondrait : « *Je suis maître du silence.* » Quel dommage que sa sœur Isabelle, qui est morte de la même maladie que lui, ne l'ait pas lu plus tôt (« *Sans les avoir jamais lues, je connaissais ses œuvres, je les avais pensées* ») : peut-être, en lui posant des questions pertinentes, aurait-elle pu éclaircir des points à jamais obscurs ! Ha !... Dans son petit ouvrage controversé originellement intitulé *Rimbaud mystique* (et qui deviendra *Rimbaud catholique*), on trouve une information intéressante, mais au fond stérile : « *Nul doute qu'Arthur, au lecteur qui, ne comprenant pas, demanderait ce que veulent dire ces troublants poèmes, répondrait comme autrefois il le fit d'un ton tout modeste à sa mère qui le questionnait sur le sens d'une* Saison en Enfer *: "J'ai voulu dire ce que ça dit, littéralement et dans tous les sens."* » Mystérieux Arthur, très mystérieux Arthur, ô combien mystérieux Arthur ! Dans quelles proportions le mystère qui entoure Rimbaud a-t-il contribué à forger sa légende ? (Cette réponse évasive me rappelle une anecdote relative à T.S. Eliot qu'Alberto Manguel m'a fait connaître. Un jeune homme avait demandé à Eliot ce qu'il avait bien voulu dire quand il écrivait : « *Madame, trois léopards blancs étaient assis sous un genévrier.* » Le poète américain répondit, en regardant le jeune homme droit dans les yeux : « *Je veux dire : "Madame, trois léopards blancs étaient assis sous un genévrier."* ») Littéralement et dans tous les sens : dérèglement de toutes les interprétations ! Exégèses : peine perdue ! Alors, Julien, veux-tu t'exprimer ? Lève la main, on s'empressera de recueillir ta perception des choses. Tu ne le désires pas ? Toi qui écris à tort et à travers, tu resterais bouche bée ? Tu es maître du silence ? — La poésie fut, « *dès l'âge de raison, dès l'âge de sept ans* », le « *vice* » d'Arthur. Quitte-t-on un vice ainsi ? Malgré la possibilité offerte de réussir en France dans la littérature, Isabelle indique, à l'occasion d'un autre opuscule, *Le dernier voyage de Rimbaud*, qu'« *il se félicitait de n'avoir pas continué l'œuvre de jeunesse parce que "c'était mal"* ». Si l'on en croit ce loustic de Paul Claudel dans une note de son *Journal* datée du 2-3 juillet 1912 : « *Quand il était à Roche en cet été de 1891 sur son lit de douleur souffrant horriblement, sa sœur lui dit : "Pourquoi ne continues-tu pas à écrire ? on dit pourtant qu'autrefois tu as fait de très belles choses." Il répondit : "Je le sais bien, mais je ne pouvais pas continuer, je serais devenu fou." Puis après un moment de silence : "Et puis c'était mal." Et cela d'un air si triste !* » Mais ce que raconte Claudel, qui finasse toujours, est sujet à caution. En premier lieu, malgré mes recherches, je n'ai pas retrouvé le texte original. Ensuite, il faut savoir qu'il préfaça les *Œuvres complètes* de Rimbaud dans la bibliothèque de la Pléiade et que cette édition est désormais obsolète. D'aucuns certifient que Claudel fabule en bon nombre d'endroits et qu'il exagère le côté mystique du travail de Rimbaud. Pour être honnête, je n'en sais rien, ne l'ayant pas lu et n'ayant pas l'envie de le lire (je me méfie de cet auteur comme de la peste). Quoi qu'il en soit, on tourne en rond dans cette affaire. On aurait aimé lui demander si, oui ou non, il avait écrit un peu là-bas, sous le soleil infernal et la chaleur torride. On n'aura jamais la réponse, mais, sans nul doute, il aurait répondu comme Émile Nelligan, en 1931, quand on lui demandait s'il écrivait quelquefois : « *À quoi bon ?* » Avant son long voyage, il avait « *assez vu* », « *eu* » et « *connu* ». Tout cela pour quoi ? Dans un autre livre d'Isabelle Rimbaud intitulé *Mon frère Arthur*, où elle rend hommage à celui que tendrement elle appelait « *mon ange, mon saint, mon élu, mon aimé, mon âme* », elle s'afflige : « *Tu as parcouru le monde sans trouver le séjour correspondant à ton idéal.* » Oui, tout cela pour quoi ? Avait-il, de toute façon, encore un idéal ? Arthur est-il mort à lui-même ? Son départ est-il un suicide déguisé ? N'a-t-il pas écrit : « *Adieu chimères, idéals, erreurs* » ? Certes, mais il c'était *avant* son départ, car cela figure dans *Une Saison en Enfer*. (J'ai relu, dernièrement, ce fabuleux livre (que je range parmi les joyaux que contiennent mes étagères) dans l'édition originale « publiée » (à compte d'auteur, les exemplaires invendus constitueront peu ou prou le petit stock de départ) à Bruxelles en 1873, et coûtant « *un franc* ». Non, je n'ai pas cassé ma tirelire ; je l'ai simplement fait imprimer et relier par le Bibliothèque Nationale. Quel bonheur que de tourner les pages de mon fac-similé ! Je ne cache pas l'impression que j'ai eue d'être à ses côtés. Les petites coquilles (dont une dès la première page) sont d'ailleurs si charmantes et renforcent tellement l'authenticité du document…) « *Je ne suis plus au monde* », confesse-t-il encore dans son manuscrit, puis, plus loin : « *Ma vie est usée.* » Peut-on accorder à *Une Saison en Enfer*, — ce « *livre noir* », ce « *livre païen* » avec ses « *histoires atroces* », — la valeur d'un testament ? Tout convergerait vers cette idée, mais rien n'est moins simple, la plupart des textes des *Illuminations* ayant probablement été écrits après (jusqu'en 1875). Je ne participerai pas au débat, je laisse ces études à Monsieur Jean-Luc Steinmetz (qu'Anthony eut comme professeur à la fac de lettres modernes de Nantes) et à ses confrères. Qu'*Une Saison en Enfer* marquât une coupure, ou qu'elle fût l'explication d'une renonciation (révélée), cela ne fait aucun doute. Rimbaud voulait inventer des « *histoires atroces* », et il y réussit merveilleusement en noircissant ces « *quelques hideux feuillets de [son] carnet de damné* », non sans osciller entre les innombrables « *hallucinations* » et la raison scientifique. Dans cette vie qui « *est la farce à mener par tous* » et grâce à laquelle il a — hamletiennement — « *joué de bons tours à la folie* », — dans cette vie où il dut « *voyager, distraire les enchantements assemblés sur [son] cerveau* », organiser les délires de son imagination fertile en tant que « *maître en fantasmagories* », — dans cette vie où tout est relégué dans un passé mortel, le passé qui a fait du bonheur sa « *fatalité* », du malheur son « *dieu* », le passé glorieux qui lui a fait croire qu'il allait « *inventer un verbe poétique accessible, un jour ou l'autre, à tous les sens* », parce qu'il savait écrire « *des silences des nuits* », parce qu'il notait « *l'inexprimable* », parce qu'il fixait « *des vertiges* », — dans cette vie où il désirait « *tant s'évader de la réalité* », il écrit ces mots funestes pour un poète : « *La raison m'est née.* » Rimbaud assiste à l'éclosion de sa pensée, ainsi qu'il l'a dit à Paul Demeny en mai 1871. Entendons par là qu'il *prend conscience* de sa situation, analyse son passé, explore son passé et définit son avenir. Peut-être s'imaginait-il, par le biais de la poésie, aller au-delà des choses et de lui-même, et qu'il ne connut en réalité que la frustration d'une vie qui ne lui convenait pas — ou plus — et qu'il tentait progressivement d'oublier. Il en appelle même, dans un brouillon, à l'« *abrutissement pur* ». À cette époque de sa vie, au moment où il rédige *Saison en Enfer*, il est à la limite de la folie, il ne sait plus où il en est. « *Je me tue ! Je me jette aux pieds des chevaux !* » Cela ne rappelle-t-il pas quelqu'un ? C'est très nietzschéen, non ? De la part d'un individu qui s'exclamait devant son professeur Georges Izambard : « *On est exilé dans sa patrie !!!!* » — cela ne surprend pas… Rimbaud commence à se cacher derrière un « *nous* » qui n'est « *personne* » et qui est « *quelqu'un* », qui, en somme, est caché et ne l'est pas : « *nous sommes hors du monde* », nous/je sommes/suis ailleurs, je suis un autre, nous ne sommes personne. Ainsi, dira-t-il dans les *Illuminations*, il en a fini avec le cocon de sa vie, de son « *bonheur indicible, insupportable même !* » et il doit par conséquent mourir, s'anéantir « *dans la santé essentielle* » (c'est l'écho de l'« *abrutissement pur* » dont il vient d'être question). La vie telle qu'elle est, telle qu'elle a toujours été, même durant ses escapades européennes ou ses crises de folie, sa vocation de poète, son envie de tout parcourir, tout cela est consommé, s'est définitivement achevé. Et puis, il fait cet amer constat : « *Je ne sais plus parler !* » Cela signifie-t-il qu'il ne sait plus créer ? Pas exactement. Cela signifie qu'il ne veut plus, qu'il doit dire stop, car, en fait, *il a peur de céder complètement aux vertiges de l'hallucination*. Qu'est l'existence ? « *Quelle vie ! La vraie vie est absente. Nous ne sommes pas au monde.* » Où est la foi ? « *Je suis au plus profond de l'abîme, et je ne sais plus prier.* » Que dit l'Ecclésiaste moderne ? « *Rien n'est vanité ; à la science, et en avant !* » À la toute fin du brouillon d'*Une Saison en Enfer* se trouvent ces paroles qui n'ont absolument rien d'énigmatique : « *Je hais maintenant les élans mystiques et les bizarreries de style. — Maintenant je puis dire que l'art est une sottise.* » Y a-t-il beaucoup, de poètes magnifiques, qui sont allés jusqu'à écrire ce genre de choses à un âge aussi « tendre » ? Et pourtant, l'humour ne quitte pas Arthur, qui s'en va aux vers, aux vers qui s'en vont : « *C'est le tombeau, je m'en vais aux vers, horreur de l'horreur !* » Une couche de terre se dépose au-dessus de celui qui est « *réellement d'outre-tombe* », puis, aussitôt, elle se stratifie et indique une époque révolue. N'y aura-t-il pas un puits de lumière pour faire scintiller les beaux yeux bleus d'Arthur ? Les étoiles ne descendront-elles plus sur le gamin qui les a semées ? Le soleil, « *le foyer de tendresse et de vie* », n'illuminera-t-il plus sur sa route céleste la bouche dessinée au pinceau fin ? La lune n'argentera-t-elle plus les « *doigts fins, terribles et charmeurs* » d'un petit elfe égaré ? Le vent ne soufflera-t-il plus sur les légers épis de blé en bataille ? Arthur sait et voit, il est le seul à savoir et à voir ; il sait « *le soir, / L'Aube exaltée ainsi qu'un peuple de colombes* » ; il a « *vu quelquefois ce que l'homme a cru voir* », « *le soleil bas, taché d'horreurs mystiques* ». Il sait, il sait trop bien qu'il sait, et il ne voit dès lors plus rien à savoir. « *Les Aubes sont navrantes. / Toute lune est atroce et tout soleil amer* », car Arthur a fini ! Arthur a joué tous les rôles ! Adieu, bonheur réalisable, il faut se faire malheureux comme « *tous les Malheureux, tous ceux dont le dos brûle / Sous le soleil féroce, et qui vont, et qui vont, / Qui dans ce travail-là sentent crever leur front* »… Arthur aspire à d'autres fin, à d'autres lieux, et il va suivre, sans y penser, Goethe, Nerval, Flaubert, Hugo, Lamartine, Byron, Nietzsche, Gautier, Chateaubriand, Voltaire… Toutefois, il veut moins s'orientaliser que se « désoccidentaliser » ; il veut se relever et croire en un Renouveau (qui peut bien être lisse), il veut sentir l'aube au plus près, quitter l'horreur pour l'aurore. Il veut, si vous me permettez l'expression, « s'auroriser » : voilà sa nouvelle orientation ! Paradoxalement, il espère ne plus espérer : « *Là pas d'espérance, / Nul orietur* »… Là mène la réflexion. Sacha Guitry n'a-t-il pas dit quelque part à propos de la mélancolie et du pessimisme des jeux de mots que l'on ne réfléchissait pas lorsque l'on était heureux ? L'émancipation passe par la fin de « *l'optimisme studieux* » de l'adolescence, ce « *monde plein de fleurs* »… Mais que ce choix crucial est difficile ! Il est encore sous le coup de la tentation (« *Tu en es encore à la tentation d'Antoine*), c'est-à-dire la tentation de rebrousser chemin, de n'y aller (où ?) pas encore. Il est chargé d'un doute compréhensible — qui ne durera pas longtemps… « *Du même désert, à la même nuit, toujours mes yeux las se réveillent à l'étoile d'argent, toujours, sans que s'émeuvent les Rois de la vie, les trois mages, le cœur, l'âme, l'esprit. Quand irons-nous, par-delà les grèves et les monts, saluer la naissance du travail nouveau, la sagesse nouvelle, la fuite des tyrans et des démons, la fin de la superstition, adorer — les premiers ! — Noël sur la terre !* » Que viennent le désert et la dépoétisation ! Ô l'Ange, où sont tes ailes blanches ? L'oiseau Rimbaud suspend son vol, son regard n'est plus dirigé horizontalement, mais verticalement — et vers le bas ! « *Moi ! moi qui me suis dit mage ou ange, dispensé de toute morale, je suis rendu au sol, avec un devoir à chercher, et la réalité rugueuse à étreindre ! Paysan !* » C'est Hugo qui a le mieux cerné l'ambition voyageuse et évadatrice (et bien entendu *évasive*) du poète, et c'est lui également, je crois, qui aurait le mieux cerné l'*ambitieuse désambition* de Rimbaud. Au prélude de ses *Chants du crépuscule* (songeant à Rimbaud, je dirais plutôt de l'« anticrépuscule »), Hugo écrit : « *— L'orient ! l'orient ! qu'y voyez-vous, poètes ? / Tournez vers l'orient vos esprits et vos yeux ! — / "Hélas ! ont répondu leurs voix longtemps muettes, / Nous voyons bien là-bas un jour mystérieux ! / Un jour mystérieux dans le ciel taciturne, / Qui blanchit l'horizon derrière les coteaux, / Pareil au feu lointain d'une forge nocturne / Qu'on voit sans en entendre encore les marteaux. ! / Mais nous ne savons pas si cette aube lointaine / Vous annonce le jour, le vrai soleil ardent ; / Car, survenus dans l'ombre à cette heure incertaine, / Ce qu'on croit l'orient peut-être est l'occident ! / C'est peut-être le soir qu'on prend pour une aurore ! / Peut-être ce soleil vers qui l'homme est penché, / Ce soleil qu'on appelle à l'horizon qu'il dore, / Ce soleil qu'on espère est un soleil couché !"* » Paroles d'Évangile ! Pardon, je voulais dire, pour Arthur : « Paroles d'Ecclésiaste » ! Admettons un instant, pour sauver notre dignité, que nous ne saurions être comparés aux fourmis xylogravées par Maurits Cornelis Escher et qui parcourent leur ruban de Möbius, puis interrogeons-nous : Où aller où l'on ne soit jamais déjà allé ? Que découvrir que l'on n'ait déjà découvert ? Devrons-nous inlassablement répéter que tout est éternelle répétition ? « *Le soleil se lève, le soleil se couche ; il soupire après le lieu d'où il se lève de nouveau.* » (*Qoh 1,5*) Que vas-tu chercher sous un autre soleil, Arthur ? En vérité, je te le dis : « *J'ai vu tout ce qui se fait sous le soleil ; et voici, tout est vanité et poursuite du vent.* » (*1,14*) Il n'y a rien de nouveau sous tous les soleils ! Toi qui as tout vu, tout n'est-il pas vanité ? Oh, s'il te plaît, ne cherche pas de vaine excuse en invoquant la Charité avec un grand C. Tu l'as déjà fait avec Verlaine (la « *vierge folle* » ?) : « *Parce qu'il faudra que je m'en aille, très loin, un jour. Puis il faut que j'en aide d'autres : c'est mon devoir.* » Reviens, puisqu'« *il n'y a aucun avantage à tirer de ce qu'on fait sous le soleil* » (*2,11*) Tu en viendras, toi aussi, à livrer ton cœur au désespoir, à cause de tout le travail que tu auras fait sous le soleil… Tu veux occuper un poste élevé et devenir riche ? « *Il est un mal grave que j'ai vu sous le soleil : des richesses conservées, pour son malheur, par celui qui les possède.* » (*5,13*) As-tu appliqué ton cœur à « *connaître la sagesse et à considérer les choses qui se passent sur la terre* » et n'as-tu pas « *vu que l'homme ne peut pas trouver ce qui se fait sous le soleil* », qu'« *il a beau se fatiguer à chercher, il ne trouve pas* », et que « *même si le sage veut connaître, il ne peut pas trouver* » ? (*8,16-17*) Ô Arthur, toi l'ours guerrier, tu t'es entièrement scientifisé… Je me rappelle un poème, celui qui est intitulé *Guerre*, extrait des *Illuminations* (ce poème m'a longtemps hanté, et l'occasion est trop bonne pour ne pas reprendre les mots de Julien Gracq : « *Revient surtout me hanter cette phrase d'un poème de Rimbaud, que sans doute j'interprète si mal — à ma manière* »). Le petit poème en prose, le voici : « *Enfant, certains ciels ont affiné mon optique : tous caractères nuancèrent ma physionomie. Les Phénomènes s'émurent. — À présent, l'inflexion éternelle des moments et l'infini des mathématiques me chassent par ce monde où je subis tous les succès civils, respecté de l'enfance étrange et des affections énormes. — Je songe à une Guerre de droit ou de force, de logique bien imprévue. / C'est aussi simple qu'une phrase musicale.* » Ces phrases — hautement — hermétiques, à mon avis cruciales, n'ont, à ma connaissance, guère été analysées, et, sans doute, je les interprète très mal et à ma manière (ainsi qu'il en va avec toute étude rimbaldienne, où l'on se rend compte parfois, de façon spectaculaire, que rien ne distingue une étude sérieuse d'une étude frivole et qu'il vaudrait mieux se taire). Ce poème figure parmi les cinq qui n'ont été retrouvés qu'en 1895, à l'occasion de la publication des *Poésies complètes* de l'édition Vanier, ce qui rend la détermination de leur date de composition incertaine. Peut-on du moins envisager *Guerre* comme étant l'un des tout derniers du poète ? Le vocabulaire a de si vifs rapprochements avec celui de Kant que je me demande dans quelle mesure Rimbaud a pu entendre parler de lui. Je ne sais pas s'il l'a lu, mais il paraît évident qu'il en a eu vent à un moment ou à un autre. N'oublions jamais les effets de la philosophie de Kant sur le travail des poètes que ses réflexions intéressaient… On farcirait des pages d'encre à vouloir débrouiller les moindres « inflexions » de ce poème énigmatique, ne serait-ce que l'emploi passif de « *respecté de* ». Sont-ce « *l'enfance étrange* » et les « *affections énormes* » qui « respectent » ? Et que respectent-elles ? Rimbaud et son « *je* » ? ou bien « *ce monde* » ? Voilà qui est ambivalent ! Rien moins simple que ces phrases musicales (car elles sont musicales, sublimes, et l'on y devine au premier coup d'œil la patte d'Arthur). — Rimbaud fut un grand comédien, et non seulement il fut un grand comédien, mais il fut un grand malade (dans tous les sens du terme). Dans sa *Comédie de la soif*, on lit : « *Que faut-il à l'homme ? boire.* » D'après les souvenirs de sa sœur, figurent dans la pathologie d'Arthur, pour la période de janvier à février 1873 : « *Fièvre, langueurs, irritabilité, amaigrissement, visions, hallucinations. Il vient d'user d'alcool et de haschisch, peu et seulement de temps à autre, sur l'espace d'une année […].* » Il n'a pas vingt ans qu'il a goûté à plusieurs substances dangereuses. Au-delà de l'expérimentation, il luttait contre lui-même et se faisait la guerre. Avec les drogues, le délire est très accessible, à plus forte raison chez quelqu'un qui a plusieurs « *folies* ». — Le narrateur des *Nourritures terrestres* (et peut-être également André Walter) avait voulu suivre la même trajectoire que Rimbaud en laissant son être se précipiter vers toutes les croyances : « *J'espère bien avoir connu toutes les passions et tous les vices ; au moins les ai-je favorisés.* » Il rejettera son livre comme Rimbaud avait rejeté le sien. (Les *Cahiers d'André Walter* furent publiés en 1891. En 1894, à vingt-cinq ans, Gide, faisant allusion à Mallarmé, écrivait dans son *Journal* : « *Nous n'avons aujourd'hui pas de plus grand poète (il paraît que Rimbaud est mort).* » — À existence « *énorme* », fin « énorme ». Le 10 novembre 1891, à Marseille, Rimbaud s'éteint, victime d'une *carcinose généralisée*. Il aura joué tous les rôles sans les jouer. Il aura joué jusque dans sa dernière chambre d'hôpital à la Conception, où il s'était fait admettre en inscrivant le nom de Jean Rimbaud (oui ! car Arthur est né Jean Nicolas Arthur Rimbaud, et c'est pourquoi on le désignait parfois en l'appelant Jean-Arthur Rimbaud). Quelle fin atroce, tout de même ! Dans une lettre du 10 juillet 1891, il écrit : « *Ma vie est passée, je ne suis plus qu'un tronçon inutile.* » Il voudrait vivre et mourir. Il souffre le martyre, mais il est forcé de reconnaître que, « *si stupide que soit son existence, l'homme s'y rattache toujours.* » Il attend jusqu'à son dernier souffle. « *Ô mon Dieu ! dit-il à travers ses larmes, ne trouverais-je pas une pierre pour appuyer ma tête et une demeure pour y mourir ? Ah ! j'aimerais mieux ne pas m'en aller ! Je voudrais revoir ici tous mes amis et leur distribuer ainsi qu'à vous ce que je possède* » : telles sont les paroles qu'Isabelle nous rapporte dans *Le dernier voyage de Rimbaud*. Deux semaines avant de mourir, Arthur lui écrivait : « *Enfin, notre vie est une misère, une misère sans* *fin ! Pour quoi donc existons-nous ?* » L'homme est maudit, de même que la famille Rimbaud était maudite. Les deux sœurs d'Arthur, Vitalie et Isabelle, sont mortes de la même maladie (la première, à seulement dix-sept ans), tandis que son frère Frédéric, dont il ne parlait jamais, succombera des suites d'une fracture… de la jambe (quelle ironie) ! — Mais je dois m'arrêter là. Je finirais par écrire autant de bêtises sur Rimbaud et sur son œuvre, que j'écrirais de phrases à leur sujet. Il est un point que je brûle d'évoquer : les photographies. Auparavant, je voudrais, en aussi peu de mots que possible, parler de mes « rapports » avec Rimbaud. Je ne saurais clairement exprimer toute mon adoration et faire comprendre toute l'affection que je lui porte, sans dénaturer mes sentiments. J'aime Arthur, je l'aime purement. (Je ne suis pas le seul dans cette situation !) Au début, si j'oublie tout ce que j'ai pu apprendre et connaître à l'école, j'ai eu beaucoup de mal en entrer dans son univers. Pour le dire sans tourner autour du pot, Rimbaud ne me plaisait pas (dans le même ordre idée que j'ai pu décrire plus haut sur mon appréciation de Van Gogh). J'avais vingt ans. Je trouvais puéril l'*Album zutique* avec son « *Quéquette / D'ivoire* », je m'effarouchais de son *Sonnet du trou du cul* (lequel respire, « *Obscur et froncé comme un œillet violet* ») ou de sa *Vénus Anadyomène* (laquelle « *tend sa large croupe / Belle hideusement d'un ulcère à l'anus* »), et j'aurais volontiers fait de tout cela « *des sacs à mettre des croquantes* » qui eussent scandalisé le bon Ragueneau. Le trop-plein de citations scolaires n'y avait pas été pour peu. Ô maîtres d'école, cessez d'abrutir vos poussins avec des textes pour lesquels ils ne sont pas prêts (et vous, êtes-vous prêts ?). Aussi bizarre que cela paraisse, je suis persuadé qu'il faut être *mûr* pour pouvoir lire Rimbaud et entrer dans son monde savoureux. Mais être mûr signifie qu'il faut être plus sage, plus rationnel, ce qui entre en contradiction avec l'esprit de Rimbaud quand il avait dû composer ses poèmes. (Quel que soit l'angle par lequel on attaque le mythe de Rimbaud, on se cogne la tête contre un mur.) Quand je parle de maturité, je sous-entends aussi qu'il faut à la fois être capable de prendre beaucoup de recul, d'oublier toutes les images par lesquelles le corps enseignant (du collège à l'université), repris par les fainéants et les idiots, corrompt nos têtes, et rendre le cerveau malléable de telle sorte qu'il s'adapte aux enfantillages et aux adulteries (se faire caméléonien avec une lourde légèreté). À quelques nuances près et en un peu plus vieux, Rimbaud est ce « *gamin* » errant qu'évoque Hugo dans *Les Misérables*, un « *moineau* », un « *parvulus* », un « *homuncio* », un « *chérubin du ruisseau* », un enfant « *doué d'on ne sait quelle jovialité imprévue* », un être qui jaillit du choc des étincelles de la fournaise et de l'aurore. Un *gamin sévère*, telle est l'idée que je m'en fais quand je l'imagine dans toutes ses errances (géographiques, relationnelles, artistiques…). « *Ce petit être est joyeux. Il ne mange pas tous les jours et il va au spectacle, si bon lui semble, tous les soirs. Il n'a pas de chemise sur le corps, pas de souliers aux pieds, pas de toit sur la tête ; il est comme les mouches du ciel qui n'ont rien de tout cela. Il a de sept à treize ans, vit par bandes, bat le pavé, loge en plein air, porte un vieux pantalon de son père qui lui descend plus bas que les talons, un vieux chapeau de quelque autre père qui lui descend plus bas que les oreilles, une seule bretelle en lisière jaune, court, guette, quête, perd le temps, culotte des pipes, jure comme un damné, hante le cabaret, connaît des voleurs, tutoie des filles, parle argot, chante des chansons obscènes, et n'a rien de mauvais dans le cœur. C'est qu'il a dans l'âme une perle, l'innocence, et les perles ne se dissolvent pas dans la boue. Tant que l'homme est enfant, Dieu veut qu'il soit innocent.* » Hugo continue, à un autre chapitre : « *Le gamin n'est pas sans quelque intuition littéraire. Sa tendance, nous le disons avec la quantité de regret qui convient, ne serait point le goût classique. Il est, de sa nature, peu académique.* » Ce n'est pas fini : « *Cet être braille, raille, gouaille, bataille, a des chiffons comme un bambin et des guenilles comme un philosophe, pêche dans l'égout, chasse dans le cloaque, extrait la gaîté de l'immondice, fouaille de sa verve les carrefours, ricane et mord, siffle et chante, acclame et engueule, tempère Alleluia par Matanturlurette, psalmodie tous les rhythmes depuis le De Profundis jusqu'à la Chienlit, trouve sans chercher, sait ce qu'il ignore, est spartiate jusqu'à la filouterie, est fou jusqu'à la sagesse, est lyrique jusqu'à l'ordure, s'accroupirait sur l'Olympe, se vautre dans le fumier et en sort couvert d'étoiles.* » Rimbaud, dans les retranchements de mon imaginaire, est ce gamin qui « *dépoétise les échasses* », qui n'a pas peur de mêler la fange et l'or. « *Somme toute, et pour tout résumer d'un mot, le gamin de Paris aujourd'hui, comme le græculus de Rome autrefois, est un être qui s'amuse, parce qu'il est malheureux.* » C'est exactement cela. Rimbaud, le « *Petit Poucet rêveur* » qui égrenait dans sa course des rimes de la Bohème : « *Je m'en allais, les poings dans mes poches crevées ; / Mon paletot aussi devenait idéal ; / J'allais sous le ciel, Muse ! et j'étais ton féal ; / Oh ! là là ! que d'amours splendides j'ai rêvées ! / Mon unique culotte avait un large trou.* » Saperlipopette ! « *Oh ! là là* » s'époumone le petit bohémien, le vagabond aux mœurs déréglées. Fugueur, fumeur, buveur, sodomiseur (pour se convaincre de ce dernier point, il suffit de lire l'examen corporel commandité par la justice bruxelloise après le fameux coup de feu de Verlaine porté sur lui, où l'on décrit minutieusement l'anus du premier pendant sa détention provisoire), Rimbaud n'éconduisit aucun vice. — Chacun y va de son idéalisation et construit son petit mythe. Dès lors que, fatidiquement, m'offrant (et lui offrant) une dernière chance, j'accrochai enfin à la poésie d'Arthur, je fus pris d'un engouement qui grandit jusqu'à la démesure, une fièvre m'envahit et je voulus, de loin, comprendre pourquoi, à vingt ans, il avait brisé sa passion et changé du tout au tout son destin. Y avait-il seulement quoi que ce fût à comprendre ? Ici peut-être réside le plus intrigant de l'histoire et le plus difficile à encaisser : comprendre qu'il n'y a éventuellement rien à comprendre, comme si toute cette majestueuse somme poétique n'avait été qu'un tremplin dérisoire, un passe-temps dominical, une étendue que la curiosité amène à parcourir, un exutoire passager qui débouche sur l'illusion ou la désillusion (au choix), une crise de la quarantaine qui balaie tout à vingt ans. Quoi ? Rimbaud, l'un des plus extraordinaires poètes de tous les temps, s'est taillé l'âme pour qu'elle n'enfantât plus aucun vers ? Quoi ! Arthur, où vas-tu ? où vas-tu, gamin ? Turbulemment, tu vas au désert mauvais, et celui-ci t'emporte, deçà, delà, et tu es pareil à la feuille morte ! Donne-moi de tes nouvelles du Harar ! Que manigances-tu ? Écris-moi un poème ! Ah ! une lettre de toi ! Est-ce un sonnet ? Lisons : « *Les prix de l'ivoire se soutiennent partout, après avoir semblé fléchir. C'est un article de confiance, et solide pour toute l'année. — Le Zébad est ici à Th. 1 1/2 et à ce prix il peut encore y avoir à perdre à Aden même. — J'ai pris mes 2000 onces de Mohammed, à Th. 1 1/4, mais j'aurais mieux aimé autre chose. À présent les naggadiés de retour au Choa vont rapporter les nouvelles de baisse, et vous retrouverez les prix primitifs. À présent, pour gagner quelque chose, il ne faudrait pas acheter au Choa à plus de Th. 0.50 ou Th. 0.75 l'once, — pour compter ici sur un prix de Th. 1.25. — Mais qui peut prévoir les variations de cet article ? Le Keremt passé, il me semble qu'il en descendra beaucoup à Massaouah, car c'est une mise légère et qui passe toujours.* » Hein ? Nulle quéquette d'ivoire ?

Nul U vert ? Nulle mer allée ? Nulle mosquée à la place d'une usine ? Nulle école de tambours faite par des anges ? Nulle calèche sur les routes du ciel ? Nulle liberté libre ? Qu'est-ce que tu baragouines ? Qu'est-ce que c'est que ces racontars ! Est-ce là ton poème promis ? Du Thaler, en veux-tu, en voilà, de la marchandise à tant l'once ! Un militaire a-t-il un cœur, une âme ? *Tabula rasa...* « *Je jure, cher maître, d'adorer toujours les deux déesses, Muse et Liberté.* » Fini ! fini ! fini ! « *Fini, le rêve glorieux !* » Ta chevelure qui fleurissait dans l'écume d'or a été coupée, tu arbores la coupe de sergent. Si tout est fini, de deux choses l'une : ou tu es très fort, ou tu es très faible. Est-ce Verlaine qui t'a déçu et, tel le membre du couple qui a été quitté, noies-tu ton chagrin dans l'abrutissement menant à l'oubli ? Allons, dis quelque chose, laisse s'épancher ton être pur… Rien, je ne sais rien : que sais-tu ?…
— Sans vouloir être insultant, une dernière question : *avais*-tu fini ? — ou *étais*-tu fini ? Je la repose en d'autres termes : n'aurais-tu été extraordinaire *qu'un instant* ? C'est un autre passage du *Journal* de Gide qui m'interpelle, le souci étant que la source émane de Claudel (ô fretin de malheur !). Cela se passait en 1912, lors d'une visite du premier au second, à l'occasion de la sortie au Mercure des œuvres complètes de Rimbaud préfacées par le « satineur » : « *Il a récemment eu l'occasion de parler avec je ne sais quel employé ou représentant de commerce, qui assez longtemps avait pu fréquenter Rimbaud à Dakar ou à Aden ; qui le peignait comme un être absolument insignifiant, occupant toutes ses journées à fumer, accroupi à l'orientale, racontant lorsqu'on venait le voir de sottes histoires de concierge et, par instants, portant sa main devant sa bouche en riant d'une sorte de rire intérieur d'idiot. À Aden il sortait en plein soleil tête nue, à des heures où le soleil sur la nuque fait l'effet d'un coup de matraque. À Dakar il vivait avec une femme du pays, dont il avait eu un enfant ou du moins une fausse couche, "ce qui suffit à ruiner (dit Claudel) les imputations de mauvaises mœurs qu'on attache encore parfois à son nom ; car, s'il avait eu ces mœurs (dont, paraît-il, il est on ne peut plus malaisé de se guérir), il va sans dire qu'il les eût conservées dans ce pays où elles sont à ce point admises et facilitées, que tous les officiers, sans exception, y vivent ouvertement avec leur boy."* »
Or, sachant, d'une part, combien le puritain Claudel vomissait les attitudes dépravées, et, d'autre part, combien il savait fausser la réalité… (Je m'interromps — ou les héritiers m'intenteront un procès pour diffamation.) —
Il y a des auteurs dont non seulement les œuvres demeureront à jamais incomprises ou ténébreuses, mais dont la vie demeurera obscure. Je me suis aperçu dernièrement, par exemple, que nous ne savions quasiment rien de ce qu'Herman Melville avait vécu lors de ses longs voyages en mer. Rien, le vide, aucune trace. « Tant mieux », me direz-vous, « cela préserve leur vie privée, à laquelle, comme tout un chacun, ils ont droit ». Je ne le conteste pas, mais tout de même ! N'est-ce pas angoissant ? n'est-ce pas frustrant ? Pour moi, ça l'est. Dès lors, vous pourrez comprendre mon angoisse et ma frustration en me penchant sur le cas de Rimbaud. Oublions le peu d'éléments à notre disposition pour décider des raisons de son départ et de l'arrêt de la poésie. Que sait-on de son existence entre, disons, vingt-cinq et trente-sept ans ? On possède des lettres envoyées à la famille et à d'autres, on parvient à retracer tant bien que mal son itinéraire. D'accord ; mais après ? Soyons plus précis : que sait-on de lui psychologiquement et émotionnellement ? Lisait-il parfois un petit poème de Hugo ? de Banville ? Tomba-t-il amoureux ? Que faisait-il quand il ne négociait pas, ni ne potassait ses manuels d'ingénierie ; au moment des repas, avant de se coucher ? Se tenait-il au courant de l'actualité française ? Quels sont les indices qui se proposent à notre enquête ? Par bonheur, il existe quelques photographies (aussi rares, il est vrai, que des photographies de Gracq !), et Dieu sait si elles m'ont ébranlé ! Qui n'a jamais vu l'un des portraits pris par Étienne Carjat à Charleville-Mézières, où Arthur a son universelle petite bouille d'enfant splendide ? Ils figurent partout, et même les moins littéraires, les plus illettrés de la planète les ont aperçus un jour. Beaucoup utilisé également, le tableau d'Henri Fantin-Latour, *Un coin de table*, peint en 1872, où l'on voit côte à côte Verlaine et Rimbaud qui appuie son menton sur la paume de sa main. Moins célèbre, le tableau de Jef Rosman qui montre Rimbaud dans son lit (le visage est très peu réaliste avec ses hauts sourcils dissymétriques à la Pierrot, ses yeux noirs de belette et ses grosses narines). Il arrive aussi qu'on le voie représenté avec son frère Frédéric lors de leur première communion. (De son frère, à propos, je n'ai jamais rien pu découvrir d'autre, si ce n'est un portrait de son fils Léon, ce qui est bien maigre et rageant, car j'aurais voulu me faire une idée plus nette des traits d'Arthur à différentes époques, étant donné qu'ils se ressemblaient beaucoup, du moins, si j'en juge par cette seule photo. Je me suis contenté de celles de sa sœur Isabelle, où l'on reconnaît bien le physique des Rimbaud.) Plus isolée, car de moins bonne résolution, la photo de classe de 6ème où Arthur apparaît bouffi. Sinon, mis à part cela et quelques croquis ou caricatures (dus aux mains de Forain, Verlaine, Régamay, Cazals, Delahaye), difficile d'aller plus loin en ce qui concerne l'adolescence et la préadolescence. Je n'oublie pas non plus l'aquarelle simple et nébuleuse de Jean-Louis Forain, sans doute le tableau que je préfère, quoiqu'il soit, de loin, le plus flou, comme une espèce de Munch épongé. On pourrait éventuellement y ajouter, s'il n'était pas tant controversé depuis sa découverte en 1951, ce portrait à l'huile de Garnier, soi-disant réalisé en face de la porte du cimetière Montparnasse. Je passe maintenant aux photographies (plus intéressantes), celles qui ne me furent révélées, à l'heure où je parle, qu'il y a trois ans environ, et qui me plongèrent dans un état délirant. Rimbaud adulte ! En date du 6 mai 1883, il écrivait à sa famille en y joignant des photographies « *de moi-même par moi-même* » : « *Ces photographies me représentent l'une debout sur une terrasse de la maison, l'autre debout dans un jardin de café, une autre les bras croisés dans un jardin de bananes. Tout cela est devenu blanc à cause des mauvaises eaux qui me servent à laver.* » Quel malheur ! Si déjà, à l'époque, elles étaient de piètre qualité, qu'en est-il aujourd'hui, après plus d'un siècle ! Et quelle manie avait-il de faire ces autoportraits en se plaçant à des kilomètres de l'objectif ? Résultat : on n'y voit pas grand-chose. Mais on devine, et cela a le don de faire rêver, on s'approche un peu plus de l'ex-poète vénéré. Combien d'heures passai-je à les contempler, à y chercher je ne sais quoi ? Comme il y est raide ! Ses jambes sont comme des ciseaux légèrement écartés. Celle où il est « *debout sur une terrasse de la maison* » est constellée de taches, notamment sur le visage. Elle a un air maritime : Arthur et sa coupe en brosse ressemble à un moussaillon qui serait appuyé sur le garde-corps du pont d'un navire. Est-ce lui, est-ce vraiment lui ? Oui, puisqu'il le dit. Ah ! c'est toi, c'est bien toi ? Je tremble en te contemplant. Que tu es loin, toi l'ancien poète en herbe ! Ta figure s'efface à mesure que j'essaie de cerner les détails de ton visage. C'est horrible, divinement

horrible. Et là, tu es « *debout dans un jardin de café* », pieds nus, une main posée sur la cuisse, l'autre sur la hanche. On dirait qu'un coup de poing t'a enfoncé le nez. Est-ce ton bronzage qui fait penser à la tête momifiée d'un pharaon égyptien ? Je n'y retrouve rien de cette allure pouponne des portraits de Carjat... Tu parais si sévère, si froid, si loin, si absorbé, si triste, que j'en ai froid dans le dos. Qu'est-ce alors quand tu as « *les bras croisés* » (« *dans un jardin de bananes* », photographie que j'ai fait agrandir et que j'ai accrochée à gauche de mon bureau) ? Tout en blanc, émacié, ton aspect jure sur le paysage exubérant. J'ai la sensation de voir une reconstitution grossière, une mise-en-scène bizarre. Les décors de ces trois photographies semblent en carton-pâte, comme si les bananiers, les caféiers, la rambarde étaient du cinéma, comme si tu avais placé derrière toi un vulgaire *poster*. Je ne crois pas que tu y fasses le fier, je pense plutôt que c'est par une politesse forcée que tu t'es senti contraint à faire parvenir une photo de toi à ta famille qui ne te voit plus. « Allez, ma mère, que je n'aime point, sera contente. Cela fera plaisir à ma sœur. Allez, finissons-en, maquillons la *guerre*. » Le retardateur s'est enclenché, tu es retourné vers l'appareil en souriant à peine, de ton « *air las, avec la pointe de dédain d'un homme qui avait longuement bu au néant de toutes choses* », tel le M. Camy-Lamotte de *La Bête humaine*. (Je n'ai pas choisi le livre de Zola par hasard. À maintes reprises, Arthur s'est montré — semble-t-il — *instinctif*. Guidé par un instinct sauvage, il a été sauvage, sulfureux, et sa réputation, qui l'a toujours poursuivi, ne l'a pas démenti. Mais une Bête, qui vit au jour le jour, ne change pas sa vie et n'en cherche pas les secrets. En tout cas, l'une des motivation secrètes d'Arthur était indéniablement trempée dans l'instinct de mort. Il ne devait pas tuer ; il devait être tué, d'abord dans son esprit (création), ensuite dans son corps (la jambe).) — Jusqu'en 1998, nous n'avions pas d'autre cliché de Rimbaud à nous mettre sous la dent. Cette année-là, quelqu'un découvrit une carte portant la légende : « *Environs d'Aden. Avant le déjeuner à Scheik Otman.* » On estime qu'elle date approximativement de 1880. Arthur se tient debout, rigide, droit comme un piquet, toujours habillé de son espèce de pyjama colonial blanc, la main droite s'appuyant sur un fusil qui fait office de canne, le bras gauche plié maladroitement devant lui, comme s'il boutonnait ou déboutonnait sa veste (ou comme Napoléon posant sa main sur le cœur, mais sans la glisser sous le vêtement). Il est accompagné de cinq autres personnages qui portent tous un chapeau et qui posent encore plus maladroitement : l'ensemble est vraiment grotesque et surfait. On distingue très mal le visage cuivré d'Arthur, trop distant de l'objectif. Si on le compare au dessin qu'Isabelle fit de lui mourant, la ressemblance est cependant grande et, rétroactivement, on devine une petite moustache qui était cachée dans l'ombre du visage penché en avant. En outre, le masque mortuaire réalisé par Paterne Berrichon (à qui l'on doit également un buste sculpté du poète), d'après un croquis d'Isabelle, a encore des similitudes avec le portrait des « *environs d'Aden* ». Mais il fallut attendre 2010, année de la découverte d'une nouvelle photo (présumée) d'Arthur, plus nette que toutes les précédentes. Que ce soit lui, ainsi que le croient la plupart des spécialistes, ou un autre, thèse défendue par quelques-uns (esprit de contradiction ?), c'est véritablement Arthur que j'imagine assis, accoudé à la petite table ronde, fixant l'appareil avec ses yeux proustiens. Combien d'heures ai-je passées à le scruter dans tous les sens ? J'ai zoomé, dézoomé, puis encore zoomé jusqu'à m'intéresser à chaque pixel du grossissement. Quelle aubaine ! Dans ma folie iconographique qui avait commencé un an plus tôt, je disposais d'un champ de vision inédit, de quoi satisfaire ma curiosité maladive pour des mois ! Enfin une photo en pleine lumière, — quoique trop lumineuse... Quel âge a-t-il ? Vingt-six, vingt-sept ans ? C'est ce que Jean-Jacques Lefrère suppose. Peu importe ! Maintenant que j'en ai exploré chaque détail, je ne désespère pas — en attendant avec une impatience maladive — qu'il y ait une prochaine trouvaille... Arthur n'a pas tout à fait disparu... — Pour conclure, je reprendrai les mots de Saint-Exupéry à la toute fin du Petit prince : « *Ça c'est, pour moi, le plus beau et le plus triste paysage du monde. C'est le même paysage que celui de la page précédente, mais je l'ai dessiné une fois encore pour bien vous le montrer. C'est ici que le petit prince a apparu sur terre, puis disparu.* — *Regardez attentivement ce paysage afin d'être sûrs de le reconnaître, si vous voyagez un jour en Afrique, dans le désert. Et, s'il vous arrive de passer par là, je vous en supplie, ne vous pressez pas, attendez un peu juste sous l'étoile ! Si alors un enfant vient à vous, s'il rit, s'il a des cheveux d'or, s'il ne répond pas quand on l'interroge, vous devinerez bien qui il est. Alors soyez gentils ! Ne me laissez pas tellement triste : écrivez-moi vite qu'il est revenu.* » Ne croirait-on pas que Saint-Exupéry évoque Rimbaud ?... Peut-être... — Saperlipotte de saperlipopette de saperlipopettouille de saperpouillotte de saperlipouille ! — « *Et aucune grande personne ne comprendra jamais que ça a tellement d'importance !* »

* * * * *

Ouste ! (Sapristi.)

* * * * *

Les plus profonds poètes sont parfois comme des chandelles qui se consument en un rien de temps. En admettant, premièrement, que les *Illuminations* et *Une Saison en Enfer* soient des confessions (poétisées), et, deuxièmement, qu'elles aient été écrites à vingt ans (et des poussières), on peut conclure que Rimbaud fut plus précoce encore qu'Alfred de Musset, qui écrivit sa *Confession d'un enfant du siècle* à vingt-six ans. Quoique le premier ne portât pas en son cœur le second (il le trouvait trop facile, pas assez voyant, et estimait que son *Rolla*, par exemple, ne dépassait pas les capacités d'un gamin de quinze ans), ces deux-là auraient pu avoir le même itinéraire. Je ne pense pas spécialement aux soirées arrosées d'absinthe, aux petits sucres trempés dans une coupelle d'éther comme on trempe des madeleines ou des scones dans un bol de chocolat chaud, mais à la volonté, si jeune, de vivre pour se dire que l'on a vécu. Écoutons Musset à ce sujet : « *Pour écrire l'histoire de sa vie, il faut d'abord avoir vécu ; aussi n'est-ce pas la mienne que j'écris.* » C'est sur cette phrase (dont la seconde partie est, en y réfléchissant bien, modeste et prétentieuse à la fois) que s'ouvre sa *Confession*. Pour le parallèle entre les deux poètes, la cerise (kirsch) sur la gâteau (pourri) surgit aussitôt après : « *Mais de même qu'un blessé atteint de la gangrène s'en va dans un amphithéâtre se faire couper un membre pourri ; et le professeur qui l'ampute, couvrant d'un linge blanc le membre séparé du corps, le fait circuler de mains en mains par tout l'amphithéâtre, pour que les élèves l'examinent ; de même, lorsqu'un certain temps de l'existence d'un homme, et, pour ainsi dire, un des membres de sa vie, a été blessé et gangrené par une maladie morale, il peut couper cette portion de lui-même, la retrancher du reste de sa vie, et la faire circuler sur la place publique, afin que les gens du même âge palpent et jugent la maladie.* » Je ne me vanterai pas d'être le premier à faire le rapprochement et je laisse le soin à mes prédécesseurs de raconter tout ce qu'ils peuvent à ce propos. En revanche, j'avouerai le choc que je ressentis en lisant ce préambule pour le moins *voyant*. Rejaillirent en moi les allégoriques et célèbres paroles de Mallarmé où il est question d'un Rimbaud qui rejette ses rêves, « *et s'opère, vivant, de la poésie* »… — Le Poète est un éternel jeune homme. Quand bien même il atteindrait, tel Hugo, l'âge du grand-père vieillard, sous sa peau durcie par les intempéries se cache une fleur non encore fanée. On ne devient pas Poète à cinquante ans ; on l'est dès l'enfance. Sauriez-vous me citer un Poète qui l'est devenu *sur le tard* ? Soit les vers vous démangent à quinze ans (d'ailleurs, qui n'a pas maladroitement composé son petit poème au collège ou au lycée ?), soit ils ne vous démangeront jamais : Chatterton, Hugo, Musset, Rimbaud, Hölderlin (pourquoi ai-je naïvement commencé cette liste sans fin ?)… La puissance du « *Aut Cæsar, aut nihil* » de César Borgia ! Un Poète se dit, à quatorze ans : « — *Je veux être Chateaubriand ou rien.* » De son côté, Alfred de Musset, semi-parodiant, se dit (dans une lettre à Paul Fouchet) : « *[…] mais je ne voudrais pas écrire, ou je voudrais être Shakespeare ou Schiller : je ne fais donc rien !* » Le Poète vit pour son art ou meurt sans (s'en meurt) ; il vit pour la Beauté, noire ou blanche ; il erre dans la joie et dans la douleur ; il se replie, solitaire, il avance, amoureux, il revient, perdu, il marche, conquis, il recule, malheureux. Le Poète n'est pas là pour nous conter fleurette ; sa mission est de décrire le monde. « *Et puisqu'en traversant l'immortelle nature, / L'homme n'a su trouver de science qui dure, / Que de marcher toujours et toujours oublier* » : le Poète est triste parce qu'il voit ce que le commun des mortels ne voit pas, et qu'il ne peut oublier. La vérité est une mélancolie, et le Poète est un mélancolique, — le Mélancolique par excellence : « *Quand j'ai connu la vérité, / J'ai cru que c'était une amie ; / Quand je l'ai comprise et sentie, / J'en étais déjà dégoûté.* » La beauté est, pour le Poète, à la fois la source de sa mélancolie et son remède : « *Quand on perd, par triste occurrence, / Son espérance / Et sa gaieté, / Le remède au mélancolique, / C'est la musique / Et la beauté !* » À perpétuité, le Poète est seul, et la Vision le prévient : « *Où tu vas, j'y serai toujours […] Ami, je suis la Solitude.* » Le Poète, persécuté par son ombre (qui n'est autre que lui-même, l'autre Je), la traîne où qu'il aille, et ne connaît ni le repos des sens ni celui de l'esprit : « *Partout où j'ai voulu dormir, / Partout où j'ai voulu mourir, / Partout où j'ai touché la terre, / Sur ma route est venu s'asseoir / Un malheureux vêtu de noir, / Qui me ressemblait comme un frère.* » Le Poète est un Cygne du Temps, de la Fatalité et du Désespoir, ce qui l'oblige à chanter la Mort que la Mélancolie lui fait entrevoir : « *Quel que soit le souci que ta jeunesse endure, / Laisse-la s'élargir, cette sainte blessure / Que les noirs séraphins t'ont faite au fond du cœur ; / Rien ne nous rend si grands qu'une grande douleur. / Mais, pour en être atteint, ne crois pas, ô poète, / Que ta voix ici-bas doive rester muette. / Les plus désespérés sont les chants les plus beaux, / Et j'en sais d'immortels qui sont de purs sanglots.* » — Au Poète, la tâche d'écrire pour survivre. Vous pouvez tenter de vous écrier, tel le vieillard Erochka à Olenine, dans le roman de Tolstoï (*Les Cosaques*) : « *Tu écris, tu écris ! À quoi bon ?* » Le Poète esquissera un sourire qu'étirera le Spleen. Vous pouvez toujours essayer de l'éduquer à votre façon, en insistant : « *À quoi bon écrire tes plaintes ? Va t'amuser plutôt, sois un brave !* » Sans fierté aucune, mais avec une once de dédain, le Poète repenti haussera les épaules. Il lui faut écrire ses plaintes. *The rest is silence.*

* * * * *

(Le brouillage des sens, de l'effarement à l'effacement, — ou quand notre Moi, auquel on est tragiquement agrippé, « *De peur de se perdre, se perd* ».)

* * * * *

Je me suis de nouveau arrêté d'écrire pendant longtemps. Neuf mois sans ouvrir cette interminable *chose* (ce « *thing* » qui provient du « *think* » et y retourne sans cesse) ; neuf mois durant lesquels je fus accaparé par de nombreuses autres *choses* ; neuf mois faits de rien et de tout ; neuf mois de contre-gestation. *Pourquoi* reprendre, me disais-je ? Et surtout, *comment* reprendre ? Comment poursuivre cette œuvre de la misère infinie, que j'ai mise entre parenthèses ? *La Perte de Sens*, l'Unique, s'attendait-elle à mon retour ? Est-elle ravie — ô la dépurative — que je revienne ? Je n'en suis pas si sûr. *La Perte de Sens* ne devrait comporter qu'un seul acte, au propre comme au figuré. Il ne s'agit plus du registre du théâtre, mais de celui de la philosophie. Ce qui est réalisé est réalisé ; ce qui ne l'est pas… — De quel ordre est mon pouvoir ? — C'est un défit pour ce qui est défait. — (Je n'ai pas perdu le sens… de l'humour. Risibles jeux de mots… Ah, ah, ah… Julien Pichavant, tel l'ironique Dr Jeddler de la *Bataille de la vie*, qui « *considérait le monde comme quelque chose de trop absurde pour qu'aucun homme doué de raison pût le prendre au sérieux* », — Julien Pichavant ne renaît pas à la vie normale, qu'il ne connaît pas : il s'en moque. « *Tout ça, c'est de la farce* », s'exprimait Jeanbernat après le décès sa petite Albine, dans *La faute de l'abbé Mouret*.) — N'aurais-je écrit que ces quelques lignes en l'espace de deux jours ? Un arrêt de deux jours qui suit un arrêt de neuf mois, que cela peut-il bien faire ? Dans l'ensemble, si j'avais écrit une demi-page par jour ouvré et cinq ou six autres lors des weekends et des vacances, où en serais-je ? Je serais loin d'ici ; je serais probablement au chapitre sur le suicide… Est-ce la raison qui me freine ? Ai-je peur de m'enfoncer dans les terres du meurtre de soi-même ? Ai-je changé ? (Les trois derniers mois, je n'ai lu que quatre livres, moi qui, en moyenne, d'habitude, clos l'année avec près d'un livre lu par jour…) Je vais me répéter : dès que j'arrête de lire ou d'écrire durant un certain temps, je me persuade (à tort, selon mon expérience) que je ne parviendrai plus ni à lire ni à écrire : à lire parce que je n'en aurai plus envie, à écrire parce que je n'en aurai plus le courage ni la capacité (il n'y a qu'à juger de la qualité de ce paragraphe pour s'en rendre compte immédiatement). Néanmoins, *là, ici, maintenant*, j'écris, de même que j'ai achevé un Simenon, un Verne et un Falkner (en période de disette, Verne, je ne sais comment ni pourquoi, me relance toujours bénéfiquement). — Se répéter, en relisant le Pirké Avot, que non seulement « *celui qui ne cherche pas à s'instruire est passible de mort* », mais, surtout, que « *celui qui n'ajoute plus rien est à son terme* ». — Cependant… — J'écris mal. J'écris mal. J'écris si mal… Parce que j'ai mal d'écrire ?... — Qu'il est difficile de bien écrire ! Je devrais me faire tatouer sur le revers de chaque main : « *Nulla dies sine linea.* » L'écriture n'est pas comme le vélo : pour la réapprendre, la réassimiler, on doit s'arracher, se crever tous les abcès que le quotidien de la putain de vie active a laissé gonfler irrémédiablement. Ce qui, encore une fois, m'amène à penser que vivre et écrire sont deux activités incompatibles. C'est ce que j'avais, il y a des lustres, nommé *le syndrome de la facture de gaz*. Essayez de payer votre facture de gaz et d'écrire dans la foulée un poème philosophique ! Si vous avez tant soit peu de recul, votre poème sera une espèce de cri à l'encontre des factures de gaz et de tout ce qui s'y rapporte. La vie telle qu'on la vit n'est pas la vie. Écrire n'est pas la vie non plus (qu'y a-t-il de naturel à écrire, franchement ? demandez-le au Soleil). La vie est un foisonnement de « *repulse* », pour reprendre un verbe anglais. Elle pulse et nous repousse (quand je dis « *nous* », je m'exprime au nom de certains savants (philosophes), philosophes (savants), écrivains (poètes)… ou suicidaires). Celui qui aime la vie… doit d'abord avoir compris qu'il n'y a rien à comprendre. Ensuite, il doit vouloir mourir ; car vouloir mourir, c'est la preuve que l'on pense à la mort, par conséquent à la vie. L'être qui veut mourir est le seul qui vive. Les autres « vivants », bien souvent, ne valent pas la corde pour les pendre. — « *Oui, la vie est bien sombre et la tombe est sereine.* »

* * * * *

Qu'est-ce que le langage ?... Oh, je sais, blabla, des mots et des mots, blabla, dans un chapitre depuis longtemps oublié, sur des pages et des pages, sur des monticules d'averses de flopées de tonnes d'amoncellements de myriades de lettres, toutes sans valeurs, toutes sans sens, toutes sans avenir, sans passé, sans présent, sans rien, sans tout. Mais, bordel, bordel de merde, posons-nous la question une bonne fois (pour toutes ces fois de merde) : QU'EST-CE QUE LE LANGAGE ? Oui, qu'est-ce que le langage ? Je vieillis, je ne sais plus ce que je dis, écris ou lis… et je n'ai que trente-cinq ans ! Quoi ? Oui ? QU'EST-CE QUE LE LANGAGE ? Tout passe par lui, tout se fait, tout se construit, tout s'amorce, tout se termine, tout s'envenime, tout se matérialise, tout se détruit, tout s'accroche, tout se fragilise, tout s'étonne, tout se passe, tout se dépasse par le LANGAGE ! Qu'y peut-on ? qu'y puis-je ? Qu'échafaudé-je ? Je n'échafaude qu'un langage. Je n'y puis rien. Il n'y a que le langage. Ou je vais avec lui, ou je vais sans lui — et je meurs, et j'en meurs. Si ce langage se réduit à un langage atrophié, qu'y puis-je ? Je m'en bats les couilles. Comprenez-vous ? Tout ce livre bâti sur une conception intellectuelle est un galvaudage perpétré par un galvaudeux. — QU'EST-CE QUE LE LANGAGE ? QU'EST-CE QUE LE PUTAIN DE LANGAGE ? C'est tout ; c'est rien. Mais sans ce putain de langage, que suis-je ? Qu'est-ce qu'un écrivain ? Qu'est-ce que peut foutre un écrivain sans langage ? Qu'est-ce que peut foutre un peintre sans peinture ? Qu'est-ce que peut foutre un maçon sans briques ? Qu'est-ce que peut foutre un homme dans cette vie ? Le langage peut puer, sentir la merde, l'huile refiler la chtouille, la brique faire apparaître des verrues, la vie donner l'envie de la mort, qu'y puis-je ? Qu'y puis-je ? QU'Y PUITS-JE ? Car l'existence est un puits. Aucune clé, aucun indice, au fond du trou. Débrouille-toi avec ta merde, oui, débrouille-toi avec ta merde ! Nul besoin de châtier un langage quand on parle de merde : la merde, c'est la merde. Je m'enterre. Que la terre ensevelisse mes mots, qu'elle soit ma dernière couturière du prêt-à-déporter qui schlingue, du dégoût sur-mesure qui ridiculise. — Je regarde cette étoile. Qu'y puis-je ? qu'y puisé-je ? De mon existence, cette étoile s'en bat les couilles. Qu'aurait-elle à y faire ? La Terre tourne autour du Soleil, qui tourne autour du centre de la Voie lactée, qui tourne autour de l'amas de sa mère… qui tourne, qui tourne, qui tourne… Qui tourne sa race ! Où suis-je ici ? Où suis-je là ? Tout le monde s'en bat les couilles avec une pelle à tarte, comme dirait Cartman. Je m'en bats les couilles. Je survis parce que la vie t'oblige à survivre. LA VIE T'OBLIGE À SURVIVRE. Donner la vie, c'est donner la mort. Si quelqu'un dans cette assistance voulait bien lever la main et s'écrier au scandale ? Je répète, bande de faiseurs de gosses : DONNER LA VIE, C'EST DONNER LA MORT. Alors, laissez-moi rire, laissez-moi rire, laissez-moi rire… Quand je pense que je culpabilise d'avoir le style d'un écrivain de merde… Vous me faites tous chier ! — Écoutez, bande de singes : « *Donggo Zi : Où donc se trouve ce que l'on appelle la Voie ? — Zhuangzi : Il n'est nul endroit où elle n'est. — Donggo : Pouvez-vous donner un exemple ? — Zhuangzi : Dans les fourmis. — Donggo : Plus humble ? — Zhuangzi : Dans les mauvaises herbes. — Donggo : Encore plus humble ? — Zhuangzi : Dans les briques. — Donggo : Plus humble encore ? — Zhuangzi : Dans la merde et la pisse.* » — Vos questions ne touchent pas l'essentiel.

* * * * *

Haut le ton ! O comme orange ! O comme horreur ! Le mot tue ! Couds ta bouche ?

* * * * *

Que disais-je à propos de la sixième saison de mon existence ? « *Sept ans que j'habite à Cholet et que l'idée de suicide s'est peu à peu évanouie. Cette idée a laissé place au vertige de l'ennui, du vide et de l'absurdité de l'existence.* » Certes, l'aspiration maladive à l'aspiration du gouffre s'étant dissipée, le malheur et la précarité ayant perdu de leur force, la vie devait (ou devrait) s'écouler tranquillement et solidement. Peut-il subsister le souci de l'argent si, votre compte en banque étant suffisamment fourni, vous n'avez pas à craindre de « redressement » ? Est-ce un mal que de s'autoriser des dépenses — même superflues — lorsque vous en avez la possibilité ? Non. Ce coin-ci de votre existence ne doit pas, ne peut peser sur votre mal-être. D'où provient la mélancolie si, en cherchant toutes les bonnes raisons d'être mal dans sa peau, on ne trouve aucune matière à l'être ? Eh bien, il y a toujours l'existence. N'avez-vous pas lu tout ce que j'ai écrit sur la mélancolie ? La mélancolie n'est pas une infection légère. La mélancolie peut vous assaillir du seul fait de vivre et d'exister. Dès lors qu'un jour on a pensé à elle, elle s'impose à l'esprit à tout jamais. C'est le côté *raisonnable* de l'existence qui la fertilise : celui qui s'ennuie sans penser à l'ennui, s'ennuie-t-il autant que celui qui y pense ? Je ne le crois pas. Penser la chose, vu sous cet angle de l'idéalisme, c'est lui donner un sens, une *raison* d'exister. Or, l'existence fait mal ; donc heureux est celui qui pense peu. À tartiner autant de pages sur la mélancolie, ne serais-je pas ultra-mélancolique ? Je ne sais pas. (Une chose m'inquiète cependant : le moment où j'écrirai sur le suicide.) — Par exemple, hier, lors de l'entretien annuel que je sollicite avec la directrice, celle-ci m'a demandé si, en fin de compte, j'étais bien là où j'étais. Elle entendait par cette question si je me sentais bien dans mon travail et dans ma vie en général. Je ne me souviens plus exactement de ma réponse, mais je n'ai pas évoqué la mélancolie qui, pourtant, accaparait toute la réponse que j'aurais dû faire. J'aurais voulu dire : « Vous savez, je suis mélancolique ; j'ai un tempérament hautement mélancolique ; et par conséquent, je ne puis pas être bien, comme vous le supposez, je ne puis pas être heureux au fond de moi-même. Lorsque cela vous prend, vous le portez toute votre vie. Avez-vous déjà contemplé le ciel étoilé par une nuit d'été ? Oui, évidemment. N'avez-vous jamais eu ce vertige devant cette immensité impensable ? N'avez-vous pas estimé la probabilité d'être là, dans cet univers, à pouvoir le contempler et vous interroger, justement, sur la probabilité d'être là ? Moi, la mélancolie, c'est mon vertige, un vertige tel que celui-ci, mon vertige de tous les jours. C'est horrible… et fascinant. »

* * * * *

Si j'avais vécu en Russie ? Vécu, veux-je dire, en ces temps contés par Tchékhov, ces temps qui n'en finissent pas parce qu'ils passent très vite, comme si vous étiez en prison. Passer le temps *d*'une vie des personnages de ses pièces de théâtre remplies de points de suspensions entrecoupés de « *Un temps* » ou de « *Pause* » ; passer le temps *pour* une vie éloignée de tout sauf de l'ennui ; passer le temps *dans* une vie obscurément invivable, sombrement éphémère, noire de dégoût, d'absurde et d'inutilité, d'illusion et de fatalité ; passer le temps *par* une vie pesante où il ne se passe rien d'autre que le temps qui passe. — Prenez *Les trois sœurs*, pièce qui s'ouvre sur l'anniversaire de la mort du père. Il faut savoir entendre le ton d'Irina qui déclame : « *Il joue du violon, et voilà tout.* » Le poids des mots, la constatation des faits, de l'état actuel des choses, et le « *voilà tout* » qui sonne comme un couperet, tout chez Tchékhov vous pousse irrésistiblement à être mal à l'aise, dans l'attente d'un événement heureux qui ne voit jamais le jour. Il arrive bien souvent qu'il n'y ait rien à ajouter aux paroles prononcées, quelles qu'elles soient. « *J'oublie tout, chaque jour j'oublie un peu plus et la vie passe et ne reviendra jamais, et jamais, jamais nous n'irons à Moscou…* » Pauvre Irina, morfondue, pour qui « *le temps passe* » et repasse, et qui voit seulement qu'elle s'éloigne « *de la vie véritable et belle* », qu'elle s'en « *éloigne toujours de plus en plus* », et que ce qui l'attend, « *c'est l'abîme* ». C'est Tchéboutykine qui, tout en lisant le journal, s'énerve, désespéré : « *Qu'est-ce que ça peut bien faire ! Qu'est-ce que ça peut bien faire !* » Puis c'est Olga qui répond, excitée et désabusée : « *Si on pouvait le savoir, si on pouvait le savoir !* » Et enfin c'est Macha qui, en guise de conclusion, dit, dépitée : « *Il faut vivre… Il faut vivre…* » Tout le monde s'observe dans son misérable petit espace monotone et détraqué. Gourov, dans la nouvelle *La dame au petit chien*, ose s'indigner : « *Quelles mœurs sauvages, quels gens ! Quelles nuits désordonnées, quelles journées vides et sans intérêt ! Jeu acharné, gloutonnerie, ivresse, et, toujours, les mêmes conversations sur les mêmes sujets. Des affaires inutiles et de monotones conversations occupent la majeure partie du temps. Il reste une vie lourde, étriquée, absurde, dont on ne peut ni sortir ni s'enfuir, comme si l'on était enfermé dans une maison de fous ou dans un bagne.* » Tchékhov exagère (du moins en ce qui concerne notre situation en France), mais il pointe du doigt, de façon admirable, la fadeur intrinsèque de l'existence. C'est la valeur perdue au profit de la fadeur. Il n'y a d'espoir que désespéré, désespérant ; de volonté, qu'indéterminée, indéterminante. D'abord, la résolution se fraie un chemin, qu'aussitôt l'irrésolution efface, avant que la résolution dans l'irrésolution ne devienne l'unique moyen de se préserver de la folie ou de la dépression. Le quotidien est trop pesant. Dans chaque pièce, les actions ne sont pas des actions, les héros ne sont pas des héros. Flottent dans l'air l'ennui du temps qui passe, l'attente éternelle d'être enfin vieux, la nostalgie d'on ne sait quoi. Tout se résume à l'immobilité, à l'absurdité, aux regrets, à la débilité, au désespoir. On ressasse le passé, on rêve d'un avenir qui n'arrive pas vraiment, on vit *ad interim*, — *et cætera*. Difficile, dans ces conditions, dans cet espace saturé de points de suspension, de « *et cætera* » non dits par manque d'énergie, de s'attacher à ces êtres, bien qu'ils sachent nous toucher en un sens. À quoi peuvent-ils bien se raccrocher ? On peut citer l'alcool, omniprésent, mais c'est là tout le luxe dont croit pouvoir jouir cette bourgeoisie ligotée au cœur de leurs maisons secondaires. Ne réussissant pas à se réchauffer entre eux, ils boivent et s'imaginent libres… libres encore des mouettes… qui dépérissent abandonnées d'eux-mêmes sur la plage des vacuités (le bûcher des vanités). Konstantin Gavrilovitch Trépliev se lamente : « *Je suis seul, aucun attachement ne me réchauffe, j'ai froid comme dans un souterrain, et tout ce que j'écris est sec, dur, sombre. […] moi, je flotte encore dans un chaos de rêves et d'images, sans savoir à quoi et à qui cela peut servir. Je n'ai pas la foi, je ne sais pas quelle est ma vocation.* » Qu'adviendra-t-il de lui ? Il se tuera. Les mises en scène de la pièce… ne peuvent être que des mises en pièce !… — Tout le monde est triste, pitoyablement triste. Dans *Le sauvage*, c'est la plainte de Voïnitzki qui se fait entendre : « *La pensée que ma vie est perdue sans retour m'oppresse nuit et jour, comme un esprit malveillant. Je n'ai pas de passé, je l'ai bêtement gaspillé en futilités, et le présent est d'une effrayante absurdité. Voilà ma vie et mon amour. À quoi servent-ils, que dois-je en faire ?* » Quand l'oncle Vania gémit devant Sonia la prenant à partie et ne cessant de parler du mal qu'il souffre horriblement, celle-ci, avec toute la misère de la plus muette résignation et de l'exaspération la plus fatigante, répond : « *Qu'y faire ! Nous devons vivre. […] Nous nous reposerons !* » Il n'y a rien à ajouter : qu'est-ce qu'on peut bien faire ? Parce que l'ironie n'est pas intentionnelle, il n'y en a pas de plus profonde. Personne ne sait où il est. Ils savent tous ce qu'ils ont été, ce qu'ils auraient aimé devenir, mais ils ne savent pas ce qu'ils sont ni quel monde leur échoit. L'ignorance fabrique l'angoisse, et de cette angoisse, l'alcool la transforme en peur. Il n'y aurait à la rigueur que dans *La Cerisaie* qu'un peu d'optimisme percerait dans le ciel noir des habitudes tchékhoviennes. Il s'agirait d'arrêter de philosopher, de s'ennuyer, de boire de la vodka, de liquider le passé pour vivre dans le présent (mais grâce à la souffrance, par un travail extraordinaire, incessant). Ce regain d'espoir est cependant brisé par les paroles de Firs, sur lesquelles se ferme le rideau : « *Voilà que la vie est passée… On dirait que je n'ai pas encore vécu.* » Car que fait-il à la suite de ce constat amer ? Il se couche un peu ! Oui, il se couche « *un peu* ». La morale de l'histoire n'est pas difficile à tirer… Tout *se passe* comme si la somme des efforts à fournir pour dire ou penser un « *J'y crois* » avait été trop grande et qu'elle devait aboutir à finalement exhaler, dans un ultime soupir, un « *Je n'y crois plus* ». Dans les pièces de Tchékhov, il ne se passe rien — et pourtant tout y est. C'est leur caractère malsain qui attaque aussi le lecteur : en continuant de lire, lui non plus ne sait plus où il est ni où il en est. Dans *Platonov*, l'atmosphère irrespirable (d'ailleurs, ils allument tous leurs cigarettes) s'empare de nous dès le début : « *Ah, Nicolaï ce qu'on peut s'ennuyer, mais s'ennuyer, non ? Le cafard, le cafard et encore le cafard ! Que faire ? Mais que faire ? Que devenir ?* » Le spectateur n'est pas le seul témoin des affres des personnages : les personnages eux-mêmes sont leurs propres spectateurs qui prennent leurs interlocuteurs à témoin de leurs souffrances. L'agonie dure de réplique en réplique, de monologue en monologue, de pièce en pièce. Platonov se répète sans que jamais le soulagement ne l'interrompe : « *La vie ! Pourquoi ne vivons-nous pas comme nous rêvions notre vie ? […] Notre vie a sa logique absurde, et la nature a ses lois… Alors, l'absurde est arrivé avec sa propre logique… […] Oui, ce sont les humains que j'aime par-dessus tout ! Je n'ai voulu faire de tort à personne… et voilà que j'ai fait du tort à tous…* » Platonov a toujours cru fuir l'ennui en aimant les femmes, jusqu'à ce que l'une d'entre elles le tue. Après son décès, Triletzki s'apitoie sur son sort (et le sien et celui de Platonov) : « *Que vaut la vie ? Rien, évidemment ! Adieu Michka ! Et ce misérable rien, tu l'as perdu !...* » — Nikitine, dans la nouvelle *Le Professeur de lettres*, dont la vie était rangée, — une vie rêvée depuis toujours, qui lui convenait à la perfection, — connut brutalement une fêlure, une craquelure épouvantable qui le fit se sentir mal : la banalité. Il écrit, à la fin : « *Où suis-je, mon Dieu ! Seule m'entoure la platitude, rien que la platitude. Gens ennuyeux, gens de rien ; pots de lait, pots de crème, cancrelats, femmes sottes… Il n'y a rien de plus effroyable, de plus outrageant, de plus angoissant que la platitude. Il faut m'enfuir d'ici, m'enfuir aujourd'hui même, ou je deviendrai fou !* » C'est à peu de choses près ce que raconte Ivanov : « *Gens inutiles, mots inutiles, questions stupides auxquelles il faut pourtant répondre… Tout cela, docteur, a fini par me rendre malade…* » Ivanov, je dois le confesser, m'a aussi rendu malade. Non pas uniquement parce qu'il a trente-cinq ans (comme moi lorsque j'écris ces lignes), mais parce qu'il m'a renvoyé à certaines époques de ma vie que j'aimerais presque oublier, lorsque j'entamais la même rengaine : « *Je ne comprends ni les autres, ni moi-même… […] Je ne vous comprends pas, vous ne me comprenez pas, nous ne nous comprenons pas nous-mêmes.* » Ivanov, c'est tout à la fois Job et Qohélet pour l'aspect du désabusement exprimé violemment, de la colère et de l'excitation qui se coulent dans une résignation que seul son miroir partage. Ivanov est un mélancolique de l'extrême. Il geint, il geint, il geint. Rien ne saurait lui plaire, le contenter. Il connaît la Perte de Sens. La lecture de son embarras emphatique, de ses sautes d'humeur alarmantes, de ses peines sauvages, de ses blessures invisibles, de ses tensions, est une épreuve certaine pour les lecteurs non habitués. L'énonciation de ce mal-être finit par atterrer le plus courageux d'entre eux, qui n'a d'autre choix que de délaisser son bouquin. Pour donner une idée de la tendance dépressive et désabusée qui imprègne chaque page, le premier exemple qui me vient à l'esprit, c'est la façon qu'il a d'évoquer sa femme : « *Vous me dites qu'elle mourra bientôt, et moi je ne ressens ni tendresse ni pitié, seulement une sorte de vide, de lassitude.* » Vous ne verrez pas de sincérité plus choquante. L'horreur de l'existence, Ivanov la chante : « *Mélancolie ! Noble spleen ! Tristesse indéterminée !* » Il sait qu'il souffre ; il ne sait pas pourquoi. N'est-ce pas l'une des formes les plus aiguës de la mélancolie, que j'ai déjà traitée ? Le mystère de sa provenance est d'ailleurs sa caractéristique première. Comme le fredonnait si bien Léo Ferré, « *La Mélancolie / C'est un' rue barrée / C'est qu'on peut pas dire […] C'est ce qu'on voudrait / Sans devoir choisir […] C'est un nom de rue / Où l'on va jamais […] C'est avoir le noir / Sans savoir très bien / Ce qu'il faudrait voir / Entre loup et chien* ». Ivanov connaît cette rue, il y retourne heure après heure, jour après jour, mois après mois, année après année, tel un spectre qui n'a plus que sa conscience d'être malade : « *Dès que le soleil se couche, le cafard commence à m'écraser le cœur. Quel cafard ! Ne demande pas pourquoi. Je n'en sais rien moi-même. Je le jure devant le Seigneur, je n'en sais rien !* » À trente-cinq ans, il est un vieillard : « *Autrefois je travaillais, je réfléchissais beaucoup, et jamais je ne me sentais fatigué* ; *maintenant je ne fais rien, je ne pense à rien, et je suis las de corps et d'esprit.* » Ô Ivanov, comme je te comprends ! Si certaines gens pensent que tu exagères, alors je dois me résoudre au fait que j'exagère également. Du moins, que j'exagère aux yeux de ceux qui pensent que tu exagères, car je doute de tout, sauf de mon exagération. Le risque serait d'en arriver à la caricature de soi-même. Lors de mon interminable paragraphe sur le « *Je ne parviens pas à écrire* », je ne me suis pas arrêté d'écrire une seconde : quel crédit accorder à l'homme qui avoue ne plus savoir écrire — et qui écrit ? De même, celui qui ne cesse de parler de la volonté de faire ceci ou cela (et qui fait preuve de volonté en ne cessant d'en parler), mais qui, au fil du temps, ne fait ni ceci ni cela, comment doit-on juger de sa parole ? Ce qui était tragique peut devenir comique. Ivanov, qui est « *prêt à tout supporter, et l'angoisse, et le déséquilibre nerveux, et la ruine et la perte de [sa] femme, et la vieillesse prématurée, et la solitude* », ne peut en revanche plus supporter « *de n'être plus que la parodie de [lui]-même* ». Il finit par incarner l'« homme de trop », un mélange de Hamlet et de Manfred. Lui qui est dramatiquement acculé à la croyance que sa « *névrose, avec tous ses accessoires, ne peut fournir un bon matériel que pour une comédie, et rien d'autre* » (il n'a pas tort !), il estime avec gravité qu'il a « *assez joué les Hamlet* ». Du bien au mal, il n'y a qu'un pas… écrivais-je à quinze ou seize ans… « *Je suis un homme mauvais, pitoyable, nul. […] Je suis épuisé, privé de foi, je passe les jours et les nuits à ne rien faire. Ni mon cerveau, ni mes mains, ni mes jambes ne m'obéissent plus. […] Je n'attends rien, je ne regrette rien, et mon âme tremble de peur devant la journée du lendemain… […] Je n'y comprends rien, rien de rien ! C'est à se loger une balle dans la tête !...* » On en revient sempiternellement à l'aporie : il suffit d'avoir compris qu'il n'y a rien à comprendre. Quel est l'être humain qui, songeant à cela, ne tombe pas dans la folie, la dépression, et n'est pas définitivement désenchanté ? On est planté devant un syllogisme sadique dont les prémisses seraient qu'il faut comprendre et qu'il n'y a rien à comprendre. Que conclure ? Il reste le suicide. À l'avant-dernière scène, Ivanov, sublime, s'exténue dans une tirade mémorable : « *Je n'en peux plus ! À trente ans j'ai la gueule de bois, je suis déjà vieux, j'ai déjà passé ma robe de chambre. La tête lourde, l'âme paresseuse, fatigué, accablé, usé, sans foi, sans amour, sans but, comme une ombre, je traîne parmi les hommes sans savoir qui je suis, pourquoi je vis, ce que je veux. Il me semble déjà que l'amour est une foutaise, que les caresses sont fades, que le travail est dépourvu de sens, que les chants et les discours enflammés sont vulgaires et éculés. Et partout j'apporte avec moi le cafard, l'ennui glacé, la grogne, le dégoût de la vie... Fichu, sans remède ! Tu as devant toi un homme de trente-cinq ans déjà épuisé, désenchanté, écrasé par ses minables exploits ; il se consume de honte et tourne en dérision sa faiblesse...* » Quelle puissante glose ! Quelle grandiose explosion ! Y a-t-il beaucoup d'équivalents, dans la littérature, de cette amertume mortifère ? Ces désillusions semblent avoir été écrites dans un souterrain... — Ivanov est condamné. L'homme est condamné. Je suis condamné. — Ivanov *veut* enfin : mettre un terme à tout ça ! « *Laissez-moi !* » Ce seront ses derniers mots. La didascalie qui suit nous informe de la suite des événements : « *Il se jette de côté et se brûle la cervelle.* » Condamné depuis des années, il se condamne subitement. — En un geste d'une simplicité d'enfant, Ivanov a fini de condamner, de *se* condamner. Les hommes tels que lui, tels que moi, n'ont que cette ressource, la plus grande des ressources, la seule preuve, s'il en est, de notre liberté : le suicide. — Et moi, qui suis las, je suis là... À trente-cinq ans !

* * * * *

Suis-je condamné ? — suis-je condamné à accompagner les écrivains ? — à ne faire que les accompagner ? — Donnez-moi la main, je ne suis rien sans vous. Seul, je suis misérable. Ô Clémence ! ô Livres !... — Ô race humaine, — « *o gente umana* », — ô malheureuse, — « *per volar sù nata, perché a poco vento così cadi?* » (« *née pour voler au ciel, pourquoi tombes-tu ainsi au moindre vent ?* »), — éperdue... — Non, nous sommes nés pour tomber. Alors pourquoi voulons-nous voler à la moindre ambition ? Nous étions heureux lorsque nous rampions...

* * * * *

Quelle *complaisance*... « Tu serais moins mélancolique si tu discutais d'autres choses. Tu occupes ton esprit depuis bientôt quatre ans de ces idées. Souhaites-tu que, ta vie durant, cette obsession se maintienne ? Que dirais-tu de *changer* ? Les personnages de Tchékhov pataugent dans leur ennui et préservent leur mélancolie sans remuer le petit doigt pour que cela *change*. Et où cela mène-t-il ? Au suicide. Hamlet, c'est intéressant. Cependant... — Cependant ?... — Dépasse-le. Dépasse-les. Ne sois pas si vulnérable. — Devrais-je parler de la pluie et du beau temps ? — Pas même de la pluie. Le beau temps, pourquoi pas, si cela t'amuse, si cela te permet d'oublier la mélancolie. — D'accord. La pluie me fait penser à la mélancolie ; le beau temps doit me la faire oublier. En d'autres termes, je dois penser à ne pas penser à la mélancolie. — Tu compliques toujours tout ! *Change*. — Changer ? — Cela devient ridicule. *Change*. »

* * * * *

Il est temps d'écrire quelques mots sur l'École de Palo Alto et des théories qui en sont sorties, suite aux travaux de son médiateur le plus fécond, le psychothérapeute Paul Watzlawick (et aussi de Jackson, Weakland, Beavin, Fisch). La principale idée de l'équipe de Palo Alto se résume à définir le *changement*. La situation est compliquée, invivable : comment y échapper ? En la *changeant*. Mais il ne suffit pas de se convaincre que l'on veut la changer, ni d'essayer de faire en sorte qu'elle change, ce serait trop simple et tout le monde y arriverait (si bien qu'il n'y aurait, en quelque sorte, aucun besoin de devoir la changer). Nous allons commencer par citer quelques passages de deux livres *humoristiques* écrits par Watzlawick, tous deux portant un titre pour le moins vendeur (*Faites vous-même votre malheur* et *Comment réussir à échouer*), c'est-à-dire moins dissuasif que l'ouvrage de référence, *Changements*, en particulier si l'on ne pousse pas la curiosité jusqu'à feuilleter les premières pages (dans *Changements*, il y a des signes mathématiques). « Des livres *humoristiques* ? » vous étonnerez-vous. « Freud a-t-il écrit des livres d'humour, lui ? » continuerez-vous, sarcastiquement. Sur ce dernier point, j'ai bien peur de répondre par l'affirmative : *Le mot d'esprit et sa relation à l'inconscient* est bourré d'histoires drôles. Quant à Watzlawick, il a cru bon de vulgariser le fruit des recherches de l'École de Palo Alto, de telle façon que cela soit accessible au commun des mortels (quoi qu'il en soit, ses autres ouvrages, les « sérieux », ne sont pas dénués d'humour, ce qui en rend la lecture très agréable). Ainsi, par exemple, dans *Faites vous-même votre malheur*, il retourne la question habituelle (technique fréquente à Palo Alto) : « Être *malheureux est certes à la portée du premier venu. Mais* se rendre *malheureux, faire soi-même son propre malheur sont des techniques qu'il faut apprendre : à cet apprentissage-là, quelques coups du destin ne suffisent pas.* » Cette vision des choses, contrairement à ce que l'on en penserait au premier abord, est très subtile. En vous introduisant de ces tarets qui vont vous chatouiller les méninges, Watzlawick suscite la réflexion opposée à celle qui a lieu d'ordinaire afin de brusquer la raison engoncée dans la facilité du traintrain quotidien. Dans *Comment réussir à échouer*, il raconte l'histoire d'un « *homme qui vivait heureux et en paix avec lui-même et le monde, jusqu'au jour où — peut-être par curiosité absurde, peut-être par pure légèreté — il se demanda si la vie avait ses propres règles* ». Quelle maudite erreur ! Penser (et remettre en question) l'idée de l'ordre, ce qui équivaut à celle de la sûreté, c'est-à-dire la sienne et celle du monde, « *marqua la fin de son bonheur et de sa tranquillité* ». « Plus il essayait de se protéger, plus il ressentait un besoin de protection. » Les années passèrent sans que son nouveau problème ne se résolût. Pis : celui-ci se généralisa, si bien que « *non seulement il ne savait pas où trouver ce qu'il cherchait, mais il ne savait non plus ce que c'était* ». La morale que tire Watzlawick à l'issue de ce conte est la suivante : « *Il était maintenant clair que la seule raison pour laquelle il n'avait pas trouvé ce qu'il cherchait, c'était la quête elle-même : c'était que l'on ne peut trouver, là-bas, dans le monde, et donc jamais avoir, ce que l'on* est *déjà.* » Il ne faut jamais aller trop loin dans le questionnement et il vaut mieux connaître les règles avant de jouer au jeu de l'existence — qui n'a pas de règles propres ! Il est tentant de *vouloir changer*, mais le *changement* est dangereux. L'idée du changement, prise à la légère, conduit à l'impasse. Ceci est le thème central de l'École de Palo Alto, dont la devise paradoxale (qui brusque la raison) est : « *Plus ça change, plus c'est la même chose.* » L'équipe de Watzlawick doit s'interroger sur deux points : « *Comment cette situation non voulue persiste-t-elle ?* » — « *Que faut-il pour la changer ?* » Pour modéliser très rigoureusement une situation donnée afin d'essayer de trouver une issue, Watzlawick, Weakland et Fisch vont s'emparer des outils mathématiques de la théorie des groupes (« *Nous soulignerons aussi souvent que possible l'affinité de nos hypothèses avec les mathématiques* »). Audacieuse entreprise — infiniment pertinente ! Selon eux, un groupe « *se compose d'éléments qui ont tous une propriété en commun* », et « *chaque composition de deux ou plusieurs éléments est lui-même un élément du groupe* », une composition étant « *le passage d'un état interne possible du groupe, à un autre* ». La définition de leur groupe contient celle de l'*associativité* : « *Si l'on compose leurs éléments selon des séquences quelconques, on obtient toujours le même composé.* » Il y a l'élément neutre, « *tel que sa composition avec tout autre élément produit cet autre élément* », et aussi l'élément inverse, « *tel que la composition d'un élément et de son symétrique donne l'élément neutre* ». Il ne manque pas un objet de la « vraie » théorie mathématique ! Encore faut-il adjoindre à tout ceci la théorie des types logiques de Whitehead (voir aussi Russell), à savoir que « *ce qui comprend tous les membres d'une collection ne peut être un membre de la collection* ». Il y a même plus : les fonctions, censées constituer l'essence de nos perceptions, et qui simulent les relations entre des variables : « *on établit une relation, on la met à l'épreuve dans des registres aussi étendus que possible, et on en tire finalement une idée abstraite, que nous tenons identique au concept mathématique de fonction.* » Grâce à toutes ces analogies, la famille pourra être étudiée comme un système régi par des règles. Toutes les interactions au sein d'une famille formeront l'« *homéostasie familiale* » et satisferont aux concepts de totalité, non-sommativité, rétraction, échelle de mesure, *etc*. À partir de l'instant où cette théorie est montée, il s'agit de s'occuper plus particulièrement du *changement*. La difficulté naît de l'omniprésence des dangers liés aux niveaux logiques. Souvent, pour visualiser un système, il faut s'extraire dudit système, de même que l'on ne peut voir son propre visage tant qu'une autre dimension, plus élevée, n'a pas été découverte : miroir, photographie, *etc*. Celui qui s'obstine à vouloir contempler son visage en restant dans la première dimension, a beau se débattre et tout tenter pour y parvenir, il ne change rien à la situation, quand bien même il le croirait, et il reste condamné à ne jamais le voir. D'où l'idée d'instaurer deux types de changements, le « *changement 1* », « *qui prend place à l'intérieur d'un système donné qui, lui, reste inchangé* », et le « *changement 2* » (un méta-changement), qui « *modifie le système lui-même* ». Enfin, il suffit d'établir une démarche (n'oublions pas que nous sommes dans le monde psychothérapeutique), et ce, en quatre temps : — 1. — Définir clairement le problème en termes concrets. — 2. — Examiner les solutions déjà essayées. — 3. — Définir clairement le changement auquel on veut aboutir. — 4. — Formuler et mettre en œuvre un projet pour effectuer ce changement. — Avant de continuer, citons quelques phrases clefs des paradoxes sur lesquels se concentre Watzlawick afin de dénouer une situation impossible : *le problème, c'est la solution* ; *sois spontané* ; *pile je gagne, face tu perds* ; *il est interdit d'interdire*… Pour n'en prendre qu'une, — le « *sois spontané* », — il est clair qu'on ne résoudra pas le problème de la spontanéité chez quelqu'un en lui *intimant d'être spontané*… C'est sur ce genre de conflits, en apparence assez simples, que travaille l'École de Palo Alto pour guérir ses patients. — Quel est dès lors le mode opératoire qu'ils suivent pour intervenir au cœur de ces conflits ? Comment s'y prennent-ils ? Avant toutes choses, rappelons que les patients qui viennent consulter ont déjà compris qu'il y avait un souci, qu'ils ont vainement essayé de l'évacuer, mais que l'état des choses reste inextricable. En effet, ils ont *essayé de changer*, mais à l'aide du *changement 1*, celui qui donne « *toujours plus de la même chose* », et dans lequel ils s'engluent. L'École de Palo Alto est là pour leur faire adopter le *changement 2*, le seul qui soit susceptible de *vraiment faire changer les choses*. Ainsi, « *le thérapeute doit se livrer à une exploration minutieuse de tout ce que le patient a fait jusque-là pour résoudre son problème* », car « *le véritable problème se trouve dans ce que le système a jusque-là tenté de faire pour régler son problème supposé* ». De là l'énoncé génial de la phrase énigmatique : « La solution constitue le problème. » On voit que ce n'est pas du tout comparable à la technique psychanalytique qui, elle, va mener son investigation dans le passé le plus lointain du patient. L'élucidation des causes dans le passé ne constitue pas un préalable indispensable à tout changement de leurs conséquences actuelles. La technique paraît superficielle : la théorie est simple, mais l'application, difficile. Le mot d'ordre est : la *communication*, — dont la structure est signifiée par cette sentence : « *Il est impossible de ne pas communiquer.* » Comme Watzlawick l'explique dans *La réalité de la réalité*, il n'y a pas une réalité, mais deux : l'une, « *aux propriétés purement physiques*, objectivement *sensibles des choses* » ; l'autre concerne « *l'attribution d'une signification et d'une valeur à ces choses* » et « *se fonde sur la communication* ». Dans *Une logique de la communication*, Watzlawick, Beavin et Jackson évoquent l'apparence et l'être des choses pour mieux faire sentir le dilemme essentiel de leur théorie. Cela nous permettra de conclure sur notre thème chéri et de l'entendre résonner une énième fois, avec un timbre nouveau : *la perte de sens*. — Il est écrit : « *L'absence de sens, c'est l'horreur du Néant existentiel. C'est cet état subjectif où la réalité disparaît ou disparaît complètement, et avec elle toute conscience de soi et d'autrui.* ». Notre expérience subjective de la perte de sens (ou de l'absence de sens, cela revient au même) nous fait découvrir « *que nous sommes enclins à supposer qu'un "expérimentateur" secret est à l'œuvre derrière les vicissitudes de notre vie* ». « *La perte ou l'absence d'un sens de la vie est peut-être le plus commun dénominateur de toutes les formes de détresse affective ; c'est le cas notamment de ce "mal du siècle" dont on parle tant. Douleur, maladie, perte, désespoir, déception, peur de la mort, tout simplement ennui, toutes ces expériences conduisent au sentiment que la vie n'a pas de sens. Nous pensons que la définition la plus profonde du désespoir existentiel est cette douloureuse discordance entre ce qui est et ce qui devrait être, entre ce que nous percevons et nos prémisses du troisième degré.* » Que sont ces prémisses ? Elles concernent le *savoir*, que l'on peut sommairement ranger en trois catégories, c'est-à-dire selon trois degrés : le premier savoir, qui est le « *savoir* des *choses* » (« *conscience sensible* ») ; — le second savoir, qui est le

« *savoir* sur *les choses* » ; — le troisième savoir, qui est le « *savoir sur le savoir* » (« métasavoir »). Puisque « *la réalité est ce que nous la faisons* », l'homme, en attribuant « *des degrés de sens à son milieu et à la réalité* », donne un sens à ce qui se situe hors de sa compréhension. Lorsque l'homme ne sait plus où donner de la tête, par exemple dans un cas de « *double-bind* » (« double contrainte »), où la désignation de deux obligations qui s'interdisent mutuellement et paradoxalement, plus une troisième qui interdit d'en sortir, entraînent un blocage de la communication (sorte de schizophrénie), lorsque l'homme ne sait plus où donner de la tête, dis-je, il y a une *perte de sens*. Arrivé à cette extrémité, il faut *changer de niveau* (évoquer l'absurde de la situation peut permettre de s'en libérer). Sinon… c'est la dépression. — Mais moi, où en suis-je ? Je sais que je sais que je sais que je sais… Je sais tout cela. Je sais. Ai-je atteint la limite supportable de la sapience ? Suis-je trop *sapiens sapiens* ? — Suis-je, tout en écrivant, en train de créer mon « *double-bind* » ? Moi qui « méta-ise » à tout va… J'ai lu Freud, j'ai lu Adler, j'ai lu Watzlawick… et je ne m'en sors pas. J'ai pourtant l'impression de tout le temps changer de niveau ! (Jusqu'à m'y perdre ?...)

* * * * *

Ce que j'écris n'est pas. — Je paraphraserai Kierkegaard (*Les étapes érotiques spontanées*) qui parlait de la musique, en disant que mon livre n'existe, lorsqu'on le lit, que dans un sens figuré, et que, en vérité, il n'existe que lorsqu'il est exécuté (ici, j'entends les deux sens de l'exécution). — Je me répète : ce que j'écris n'existe qu'en tant que je l'écris.

* * * * *

Selon moi, il est impossible de communiquer purement. Quand je communique avec moi-même, l'espacement du temps est le seul aspect qui m'aide à croire que j'existe. Si à cela j'ajoute que ma mémoire est déficiente, que je me sens déjà trop vieux dans ma tête et dans mon corps pour regarder l'avenir, et que le présent est trop présent…

* * * * *

(*Soulagement après l'accablement. La satisfaction, c'est que la mort existe et qu'elle effacera tout. Et, par-dessus tout, la consolation, c'est que l'on ne meurt qu'une fois. Plus de* « *douleur de la perte* » (« bereavement-pain »), *comme dirait Thomas Hardy dans son* In Tenebris, *car* « *Personne ne meurt deux fois* » *(« Twice no one dies »).* « I shall not lose old strength / In the lone frost's black length: / Strength long since fled! » *(« Je ne perdrai pas l'ancienne force / Dans la sombre étendue de la vieillesse solitaire : / La force depuis longtemps m'a déserté ! ») Les amis ne pourront plus décevoir, ni les amours faire souffrir. Les craintes passeront… pour celui qui* « Attend sans espoir » *(« Waits in unhope »)…*)

* * * * *

Séjour dans la tranquille intranquillité… — « *Qu'ai-je à voir avec la vie ?* » me demandé-je, main dans la main avec Pessoa. « *Dans mon cœur règne une paix angoissée, et toute ma quiétude n'est faite que de résignation.* » — La dernière étape de ma vie conscientisée, — à savoir la *convalescence* post-opératoire, — me fit découvrir l'*absurde* dans son acception totale, comme si le voile des apparences se fût déchiré devant mes yeux. À deux reprises en deux ans, mes problèmes d'abcès de la marge anale, puis de sinus sacro-coccygien (kyste pilonidal), m'amenèrent à reconsidérer de manière encore plus négative ma vie — et la vie en général (c'était la répétition des sensations de l'arrêt de la cigarette, mais en puissance dix). Une première convalescence de trois semaines, suivie d'une autre de six (pour affermir mes pensées ?), ont su achever de me présenter sur un plateau l'évidence de l'existence, c'est-à-dire sa nullité. Jamais je n'avais pu avoir de meilleure place, en tant que spectateur (et acteur), pour assister à la représentation du monde tel qu'il est intimement vécu. L'ironie de l'histoire voulut que cette découverte essentielle survînt suite à des soucis de fesses, — de derrière, — de cul, — d'anus. La vie qui m'assomme par derrière, quelle image ! Mon cul, oui ! Mieux vaut en rire… (J'ai d'ailleurs écrit un petit récit humoristique de mon premier séjour à l'hôpital. Car à l'hôpital, c'était encore drôle. C'est le séjour à la maison qui fut horrible.) En continuant avec Pessoa, au sujet de « *la morne identité des jours succédant aux jours* » et de « *la différence absolument nulle entre hier et aujourd'hui* » : « *Mais l'horreur qui m'anéantit aujourd'hui est moins noble, et me ronge davantage encore. C'est une envie de ne pas même vouloir penser, un désir de n'avoir jamais rien été, un désespoir conscient de toutes les cellules du corps [et] de l'âme. C'est la sensation subite de se trouver cloîtré dans une cellule sans limites. Où songer seulement à fuir, puisque, à elle seule, la cellule est tout ?* » Rejaillissement suprême de l'infâme « *Hic et nunc* » évoqué plus haut ! — La convalescence vous confronte avec vous-même, dans une promiscuité jamais atteinte auparavant. À quinze ans, je n'eusse rien deviné de tout cela, je n'eusse rien senti du Désarroi, de la Vanité véritables de l'existence, de ce Vide intrinsèque à la vie normale (et nécessaire) des êtres. Rien n'est plus douloureux que la convalescence. Oh ! certes, j'aurai lu, énormément lu ! L'Ennui est si vaste en ces heures qui ne passent pas, qu'il faut bien *se distraire*. Ainsi que l'écrivait Casanova à propos d'une convalescence qui dura trois semaines, celle-ci est « *plus pénible que la maladie, car le malade souffre mais ne s'ennuie pas* ». On en viendrait à espérer de souffrir afin d'oublier l'ennui de survivre. Il n'y a qu'à écouter de nouveau Pessoa : « *Tout me fatigue, et même ce qui ne me fatigue pas. Être joyeux, pour moi, est aussi douloureux que la douleur.* » La certitude d'avoir à subir, chaque jour, un nouveau jour, étreint notre cœur, cale une boule au fond de la gorge, donne radicalement la nausée (au relent sartrien) : « *Une nausée physique de la vie tout entière m'envahit dès mon réveil. L'horreur de devoir vivre se leva de mon lit avec moi. Tout me parut creux, et j'eus l'impression glaciale qu'il n'existait aucune solution, pour aucun problème.* » — *Oh, horrible, oh, horrible, most horrible!* — Dégoût de tout, dégoût de moi-même se mélangèrent au fil du temps, de la même manière qu'à la lecture d'Adler. « *Je ne suis pas las de la vie, / Non, c'est de moi que je suis las.* » — Pessoa, durant la convalescence de toute une vie, avait compris, — lui ! J'accours…

* * * * *

La résignation s'apprend. — « *Sois extrêmement humble ; car la destinée de l'homme, c'est de devenir la pâture des vers.* » Qui n'a jamais pensé cela (tiré du *Pirké Avot*), ne connaît rien de la vie. Tiens le crâne de Yorick, tiens-le fermement, et songe à un miroir. — On est malade. On naît, on meurt. On meurt d'être né, on naît pour mourir. On ne souffre pas, puis on souffre, puis on croit aller mieux. Illusion ! « *Souvent le mieux paraît être une autre face de la maladie* », dit le comte Octave dans l'*Honorine* de Balzac. Il ne suffit pas de souffrir pour écarquiller les yeux (toute personne souffrira un jour) ; il faut réfléchir sur la portée et la signification de la souffrance. Le divorce de mes parents m'a fait réfléchir (l'amour, le couple) ; Adler et Freud m'ont fait réfléchir (le moi, l'enfance, les traumatismes) ; Schopenhauer m'a fait réfléchir (une force aveugle meut le monde) ; Lacan m'a fait réfléchir (le pouvoir du langage) ; Heidegger m'a fait réfléchir (on perd de vue l'être) ; Kant m'a fait réfléchir (la raison a ses limites) ; Reeves m'a fait réfléchir (la place de l'homme dans le cosmos) ; Bouddha, Confucius, Lao-tseu, Marc-Aurèle, Sénèque, Épictète, Qohélet m'ont fait réfléchir (la sagesse est remarquable)… Je m'arrête ici… — Il y a Socrate. — Mais, au-dessus de tout, par-delà le fini et l'infini, par-delà les questions anodines ou importantes qui se posent dans la vie de tous les jours, il y a François Ménard, mon meilleur ami. Avant son *acte*, la mélancolie n'était que latente (je pouvais dire, avec Eduard Mörike : « *Was ich traure weiß ich nicht, / Es ein unbekanntes Wehe* » (« *Ce qui fait mon deuil, je l'ignore, / C'est une douleur inconnue* ») ; après son *acte*, la mélancolie put se déployer. Où chercher la consolation quand la résignation s'abat comme une masse d'une tonne sur votre tête ? J'y reviendrai un nombre incalculable de fois : « *Il n'y a qu'un problème philosophique vraiment sérieux : c'est le suicide. Juger que la vie vaut ou ne vaut pas la peine d'être vécue, c'est répondre à la question fondamentale de la philosophie. Le reste, si le monde a trois dimensions, si l'esprit a neuf ou douze catégories, vient ensuite. Ce sont des jeux ; il faut d'abord répondre.* » Ce sont des petits mots pour l'homme, mais ce furent les plus immenses mots pour moi. Ainsi, ce sont les phrases qui débutent *Le Mythe se Sisyphe* de Camus qui me tirèrent hors de moi-même, qui m'acculèrent à l'idée réelle que je me faisais de ma vie. Ce fut d'abord la philosophie qui me consola. « *Il est de hautes consolations qui arrivent à nous guérir ; et tout ce qui relève du moral est salutaire même au physique. Nos études m'ont sauvé ; je reporte à la philosophie l'honneur de mon rétablissement, du retour de mes forces : je lui dois la vie, et c'est la moindre de mes dettes envers elle.* » Ce que Sénèque expose à Lucilius (*Lettre LXXVIII*) touche à ce que j'ai écrit au commencement de ce paragraphe, à savoir que la résignation s'apprend. « *Trois choses dans toute maladie sont amères : crainte de la mort, douleur physique, interruption des plaisirs. J'en ai dit assez sur la mort ; n'ajoutons qu'un mot : ici ce n'est pas la maladie, c'est la nature qui craint. […] Tu mourras, non parce que tu es malade, mais parce que tu vis. Cette crise t'attend, même en santé : que tu guérisses, tu n'y échapperas point ; tu ne te sauveras que de la maladie.* » Je n'étais pas encore malade ; je n'étais pas même encore vivant ; j'étais encore moins préparé à la mort. J'entends, concernant la mort, la mienne, la sienne, celle des autres (les proches puisqu'on n'a que faire de celle des inconnus). En même temps, la résignation qui suit la consolation, si elle est facile à imaginer, est cependant difficile à « appliquer » (c'est le propre du stoïcisme : c'est beau, mais c'est difficile). Être malade à en mourir ! N'est-ce pas plus affligeant que d'être malade puis d'en mourir ? Comment m'en sortis-je ? Ce sera l'un des objets du chapitre prochain. Une chose est certaine : *je m'en sors en écrivant*. C'est ma consolation, mon sursis. Dois-je écouter Sénèque, qui continue : « *Ne va pas toi-même aggraver tes maux et t'achever par tes plaintes. Ils pèseront peu, si l'opinion n'y ajoute point ; et surtout si l'on s'encourage en disant : Ce n'est rien, ou du moins : C'est peu de chose, sachons l'endurer, cela va finir ; tu rends le mal léger en le jugeant tel. — Tout dépend de l'opinion : l'ambition, la mollesse, la cupidité ne sont pas seules à se régler sur elle : l'opinion est la mesure de nos douleurs ; on est misérable en proportion de ce qu'on croit l'être. Je voudrais qu'on renonçât à se lamenter sur des souffrances qui sont déjà loin ; point de ces exclamations : "Jamais homme ne fut plus malheureux ! Quels tourments, quels supplices j'ai endurés ! Personne n'eût cru que j'y survivrais ! Que de fois les miens m'ont pleuré comme mort ! Que de fois les médecins m'ont abandonné ! Ceux qu'on lie au chevalet ne sont pas torturés de la sorte !" Tout cela fût-il vrai, c'est chose passée. Que sert de remanier des plaies qui sont fermées, et d'être malheureux parce qu'on l'a été jadis ? Et quelle est cette manie qu'a tout homme d'exagérer ses misères et de se mentir à lui-même ?* » Je ne veux pas revenir aux notions de *complaisance* ou d'*exagération* ; je veux simplement faire remarquer, en passant, que l'*opinion* est néfaste. L'opinion, c'est la masse, c'est l'imbécillité, la nullité, la bêtise. Sénèque a raison de rappeler que vous n'arrangerez pas son état en disant au malade que ce n'est rien, que c'est peu de chose et qu'il faut savoir l'endurer. Toutefois, l'opinion du peuple est parfois plus dangereuse que votre propre opinion (« *Tout dépend de l'opinion* »). — « *Tu as ton œuvre à faire : lutte bravement contre le mal ; s'il ne t'arrache rien de force ou de surprise, tu donnes un noble exemple aux hommes. Oh ! que de gloire a recueillir de la maladie, si nous y étions en spectacle ! Sois à toi-même ton spectateur, ton admirateur.* » — La philosophie apprend à mourir.

* * * * *

Que la Clémence, sur son noir Yamaha, effleure de ses doigts de fée les touches pour jouer une Gymnopédie ou la première Gnossienne, ou la troisième. La tristesse de la mélancolie n'attend que Satie.

* * * * *

Que Saturne me bourre le crâne de son plomb, car j'ai peur de la mort qui vient. J'ai peur de mourir, mais je voudrais être mort… depuis longtemps.

* * * * *

Ma société philomathique ferme ses portes aux porteurs de la flamme de la vie.

* * * * *

(Je ne l'ai pas avoué jusqu'à maintenant, mais il existe un livre de J.-B. Pontalis, intitulé *La traversée des ombres*, que j'ai eu l'occasion de lire pendant que j'écrivais ce chapitre sur la Mélancolie. J'ai voulu rapidement l'oublier parce que les résonances avec ce que j'y avais déjà écrit étaient troublantes, jusqu'à me faire croire que je pusse être attaqué pour plagiat. Dans cette histoire, le plus incroyable peut-être, c'est que Pontalis, étudiant Burton, disserte, à la page 156, sur la corruption de l'écrivain-lecteur et son penchant pour la reprise, la citation… « *Que faisons-nous d'autre — mais c'est à notre insu, alors que ni Burton ni Montaigne ne l'ignorent —, nous qui croyons donner à entendre que notre voix singulière, que nous exprimer avec nos mots, comme s'ils appartenaient à nous seuls, que reprendre les manières de penser, de juger, de ceux qui nous ont marqués ? […] Je m'adresse à eux, je les réunis, les sépare, je suis parlé par eux. Notre esprit, notre langage, nos habitudes, nos petites et grandes manies ne seraient-ils qu'un emboîtement plus ou moins réussi de pièces multiples ? De quel patchwork sommes-nous faits ? Quelle bigarrure en chacun de nous ! Si, persuadés d'être auteurs ou, plus follement encore, créateurs, nous ne faisons jamais que "compiler laborieusement notre propre centon" ? Celui-là, au moins, c'est bien nous qui le fabriquons.* » Et effectivement : où suis-je — et où en suis-je — dans mon vaste livre, moi qui cite ici un homme qui cite là que nous citons ici et là ?… Ce rapprochement entre mes idées et celles de Pontalis, de quoi a-t-il pu naître ? De ses lectures et des miennes, de son écriture et de la mienne, de ses réflexions et des miennes. *La traversée des ombres* a été publié chez Gallimard en 2002. L'époque voulait-elle cela ? Éventuellement. Ou alors tout individu qui évoquerait la mélancolie dans un ouvrage, ne pourrait-il que répéter ce que j'écris, ce que Pontalis écrit ? Je ne le crois pas. Avant de lire Pontalis, je n'avais jamais lu pareille approche. Dis-je cela pour me faire pardonner ? Je ne sais pas si j'ai quoi que ce soit à me « faire pardonner ». C'est un concours de circonstances (même si cette lecture n'était pas un hasard). À l'heure où j'écris, Pontalis est mort depuis neuf mois… (Neuf mois !) — Finissons-en avec cet intermède en reconvoquant Pontalis et son autre livre *Fenêtres*, et universalisons la Mélancolie : « *Freud a beau avoir donné de la mélancolie, en la confrontant au deuil, une analyse à laquelle il n'y a rien à ajouter, on dirait chacun se voit comme contraint d'y revenir, d'écrire encore et encore. Est-ce pour s'en approcher de plus près ? Est-ce pour y porter remède ?* »)

* * * * *

Je descends vers la Mort, — mon ascendant, — là où l'être s'émiette.

* * * * *

Pourquoi la Mort ? Parce que la Vie. Pourquoi ces souffrances ? Parce que la Vie. Pourquoi l'écriture ? Parce que la Vie. — Je serai comme Ivan Ilitch dans cette magnifique nouvelle de Tolstoï. « *Il est inutile de lutter, se disait-il, mais au moins si je pouvais comprendre pourquoi tous ces tourments ! Je pourrais me les expliquer si ma vie n'avait pas été ce qu'elle devait être ; mais cela n'est pas", se disait-il en songeant à l'équité, à la correction, à la propreté de sa vie. "Cela n'est pas", continuait-il, en souriant, comme si quelqu'un était là pour voir et sourire et s'y laisser prendre. "Non, il n'est point d'explication possible ! Les tourments, la mort… Pourquoi ?"* »

* * * * *

Septième saison. (Couleur : *indigo*.) — Mon avenir n'est pas tracé. Je le trace autant qu'il me trace le long d'un présent absolu et immuable. C'est un mélange de vert, de jaune, de bleu, d'orange, de rouge et de violet. — Saison inconnue, projetée seulement par mon écrit et mon amour. J'avance, je recule, je suis éternellement jeune, je suis éternellement vieux. La vieillesse ! Quel âge ai-je au moment où je pose cette question ? Trente-cinq ans et demi. Cela fait donc quatre années que j'aligne tous ces mots… Je me sens vieillir : corps et esprit. Mon imagination s'étiole, ma maîtrise du français se détériore (je cherche l'orthographe, ce qui est mauvais signe), mes muscles et mes os m'en font voir de toutes les couleurs à cause d'un petit mouvement malheureux. Je ne bois plus beaucoup, mais je fume comme un pompier en écrivant. Oui, je me meurs. N'ai-je pas commencé à mourir il y a de cela trente-cinq ans ? Que se passe-t-il ? Je suis vivant. Aurais-je peur de mourir ? À l'évidence ! Mais mon calvaire est double : j'ai également peur de vivre !... Une chose est sûre : je voudrais être mort. La mort délivre des souffrances et de l'absence de sens. Je n'ai pas peur d'*être mort*. Je ne crains pas l'Au-delà. Je ne pourrais pas m'exclamer, comme Wagner sur son vaisseau fantôme : « *Que de fois je me suis jeté, rempli d'un douloureux désir, / Au gouffre le plus profond de la mer : / Mais la mort, hélas ! je ne l'ai pas trouvée !* » Pourquoi ? La mort, je ne l'ai pas encore vraiment cherchée. On aurait dû me prénommer Algy : j'ai connu toutes les variations exprimées par le suffixe -*algie* (άλγος). Cela ne suffit pas… Les douleurs sans lésion anatomique ne sont rien d'autre que l'expression de la vie qui lutte contre la mort. Pour Cicéron, la mort est le souverain bien (ou l'absence de mal). Il cite Épicharme : « *Emori nolo, sed me esse mortuum nihil æstumo.* » (« Mourir peut être un mal, mais être mort n'est rien. ») Je pourrais multiplier les exemples illustrant cette idée. Prenons Eugène Ionesco, qui résume à lui tout seul tout ce que je voudrais faire comprendre au lecteur : « *J'ai peur de mourir, sans doute, parce que, sans le savoir, je désire mourir. J'ai peur donc du désir que j'ai de mourir.* » Je sais, comme Clément Marot (*Du conflict en douleurs*), que « *Quand je mourray*, *ma douleur sera morte* ». Ce qui n'empêche pas que, « *ce pendant mon pouvre cueur supporte / Mes tristes jours en fortune mauvaise* ».

* * * * *

Il faut que je change de cap (tout en le gardant). L'horrible musique retentit. François m'appelle, lui qui, peut-être, a déclenché l'écriture de ce livre. « *D'où vous vient, disiez-vous, cette tristesse étrange, / Montant comme la mer sur le roc noir et nu ?* » Toujours plus haut, — *Semper Eadem*, — il faut que j'aille, mon Charles, poussé par la mort et l'envie de vivre pour pouvoir en parler une première et dernière fois. — « *Quand notre cœur a fait une fois sa vendange, / Vivre est un mal. C'est un secret de tous connu, / Une douleur très simple et non mystérieuse, / Et, comme votre joie, éclatante pour tous. / Cessez donc de chercher, ô belle curieuse ! / Et, bien que votre voix soit douce, taisez-vous ! / Taisez-vous, ignorante ! âme toujours ravie ! / Bouche au rire enfantin ! Plus encor que la Vie, / La Mort nous tient souvent par des liens subtils.* »

* * * * *

Où vais-je ? Là où je n'aurais jamais cru pouvoir aller. Dire que je m'étais fixé l'objectif de dépasser les trois cents mille mots d'*Ulysse*... et que j'en ai écrit deux fois plus... et que ce n'est pas fini. *Je n'aurai jamais fini*. — (Aurais-je fini si j'avais eu le rythme de Stendhal qui boucla *La Chartreuse de Parme* en quarante-deux jours ?) — Non, *cela ne finira jamais*.

* * * * *

Où vais-je ? « *Je ne suis ni dieu ni démon, / Et tu m'as nommé par mon nom / Quand tu m'as appelé ton frère ; / Où tu vas, j'y serai toujours, / Jusques au dernier de tes jours, / Où j'irai m'asseoir sur ta pierre.* » — Ami Alfred, je suis la Solitude.

* * * * *

Où vais-je ? Là où personne ne veut aller. Ce territoire est plus vaste que celui de la Mélancolie. Attacher sa ceinture ? Au contraire ! J'ai écrit ce livre pour en arriver au chapitre qui vient, et ensuite être capable de conclure comme Stig Dagerman a conclu son œuvre et sa vie : « *Mais ma puissance ne connaîtra plus de bornes le jour où je n'aurai plus que mon silence pour défendre mon inviolabilité, car aucune hache ne peut avoir de prise sur le silence vivant. Telle est ma seule consolation.* »

* * * * *

François m'aura fait naître à la mort — voulue. Il mérite que je le rappelle encore à moi — et que je le rappelle à ceux qui liront ceci. Il était bon, meilleur que quatre-vingt-dix-neuf pourcents de l'humanité. — Être né... Le mal était fait. Pourquoi es-tu né ? pourquoi suis-je né ?... « *Hélas ! naître pour vivre en désirant la mort !* » — Pour François, une oraison funèbre dite par Bossuet terminera cette partie : « *Avoir mérité les dignités et les avoir refusées, c'est une nouvelle espèce de dignité qui mérite d'être célébrée par toutes sortes d'honneurs ; et comme l'univers n'a rien de plus grand que les grands hommes modestes, c'est principalement en leur faveur, et pour conserver leurs vertus, qu'il faut épuiser toutes sortes de louanges.* » — À Dieu ne plaise !...

« *A loss of something ever felt I —*
The first that I could recollect
Bereft I was — of what I knew not
Too young that any should suspect [...] »

(« *Toujours j'ai ressenti une perte —*
Du plus loin qu'il me souvienne
J'étais veuve — de quoi je ne savais
Trop jeune pour qu'on se doute [...] »)

Emily Dickinson, *A loss of something ever felt I* — (*Toujours j'ai ressenti une perte* —)

Suicide

« *Allor soffiò il tronco forte, e poi*
si convertì quel vento in cotal voce:
"Brievemente sarà risposto a voi.
Quando si parte l'anima feroce
dal corpo ond' ella stessa s'è disvelta,
Minòs la manda a la settima foce.
Cade in la selva, e non l'è parte scelta;
ma là dove fortuna la balestra,
quivi germoglia come gran di spelta.
Surge in vermena e in pianta silvestra:
l'Arpie, pascendo poi de le sue foglie,
fanno dolore, e al dolor fenestra.
Come l'altre verrem per nostre spoglie,
ma non però ch'alcuna sen rivesta,
ché non è giusto aver ciò ch'om si toglie.
Qui le strascineremo, e per la mesta
selva saranno i nostri corpi appesi,
ciascuno al prun de l'ombra sua molesta." »

(« *Alors le tronc souffla très fort, et puis*
le vent se changea en une voix qui disait :
"Je vous répondrai brièvement.
Quand l'âme cruelle se sépare
du corps dont elle s'est elle-même arrachée,
Minos l'envoie à la septième fosse.
Elle tombe dans la forêt, sans choisir sa place,
mais au lieu où fortune la jette,
là elle germe comme une graminée.
Elle devient tige et plante sylvestre ;
les Harpies, se paissant ensuite à ses feuilles,
lui font douleur, et font à la douleur fenêtre.
Nous reviendrons comme les autres
vers nos dépouilles, mais nulle ne s'en revêtira,
car il est injuste d'avoir ce qu'on jette.
Nous les traînerons ici, et nos corps
seront pendus par la triste forêt,
chacun à la ronce de son ombre hargneuse." »)

Dante, *Inferno* (L'Enfer)

Perversion des valeurs morales, danger pour l'ordre social… — Une cellule de prison large et haute, à l'allure de cave ; des blocs de pierre, fissurés ici et là, matérialisent le sol et les murs, occupant tout l'espace en deux dimensions ; des marches d'escalier inaccessibles, tout au fond, dans le point de fuite de la perspective, ainsi que deux ouvertures garnies de grilles, donnent sur un monde plus sombre encore que l'intérieur ; une lampe à huile, surélevée, crache une fine fumée qui peine à s'agrandir dans l'air étouffant ; un lit en bois, immense et vivement éclairé, recouvert d'un épais matelas, alourdit l'atmosphère humide ; une lyre semble s'emmêler dans une chaîne aux maillons énormes ; par terre, est étalé un rouleau de parchemin retenu d'un côté par une plume et un pot d'encre. — Contraste : du bleu, du blanc, du rouge, étalés, transforment l'ambiance grise et noire. C'est un leurre. — Notre Homme est là, au torse nu juvénile et fort, drapé d'ivoire, entouré de douze apôtres. Assis là en surbrillance, son attitude défie l'obscurité apparente, et notre regard l'attrape immédiatement, sans faire d'effort, comme une évidence. On ne sait s'il se lève légèrement ou s'il va s'allonger ; il est en suspension, droit et rigide, fier et sage devant l'adversité, conscient de sa liberté. Le bras à moitié tendu, sa main perdue dans l'éternité va prendre la coupe tandis que l'autre pointe de son index le ciel idéal et invisible. La toge de son disciple placé à sa droite, semble un linceul et lui couvre la bouche telle une écharpe lui intimant de ne plus parler. Il est résigné et ferme les yeux du dépit de ne plus pouvoir peser sur le destin de son maître et de sa patrie. Un autre disciple, solide, pose sa main sur la cuisse de notre Homme. — « *On n'entendait autour ni plainte, ni soupir !...* » — Notre Homme prend la coupe « *avec une sérénité parfaite* ». — Ainsi, avant que cette substance ne devînt liquide et par conséquent buvable, il fallut en chercher la matière première, qui se cache sur les bords des haies, dans les endroits frais, parmi lesquels les ruisseaux, les mares et les étangs. *Conium Maculatum*, — tel est son nom, — de la famille des *Apiaceæ*, — possède une tige creuse, d'un vert clair, haute de quatre à cinq pieds, qui est cannelée, tachetée de pourpre brun à sa base. Ses fleurs sont blanches et son aspect, de même que son odeur, rappellent d'abord ceux de la carotte et du cerfeuil, mais cette dernière est si fétide qu'elle engourdit l'esprit quand on la hume trop longtemps. Au moment de sa floraison, soit on la pile dans un mortier, on la presse, puis on récupère le suc que l'on fait épaissir à feu doux, soit on la hache et on la distille avec de l'eau, avant de la réduire par évaporation en la réchauffant. — L'Homme porta « *la coupe à ses lèvres, et il la vida jusqu'à la dernière goutte avec une aisance et un calme parfaits* ». La décoction, charriant ses dangereux alcaloïdes pipéridiniques, s'écoula dans la bouche, noyant la langue, puis les glandes salivaires, avant de s'acheminer dans le pharynx et l'œsophage. Il ressentit aussitôt une sécheresse à la gorge et une soif ardente. Le liquide progressa par étapes : estomac, duodénum, intestin grêle. Les fines parois internes, richement vascularisées, inondèrent progressivement le système sanguin. Durant tout ce parcours purent apparaître, d'après les descriptions symptomatologiques de François-Joseph Cazin : « *vives douleurs à l'épigastre, éructations, vomissements, anxiétés précordiales, douleurs de tête, obscurcissement de la vue, vertiges, incertitude de la marche, entrecoupements de la respiration, défaillance, assoupissement, sorte d'ivresse ou exaltation nerveuse avec délire, tremblement dans les membres, convulsions, mais jamais de véritables attaques d'épilepsie ; quelquefois petitesse et extrême ralentissement du pouls, stupeur, refroidissement général, prostration, perte des sens, paralysie, syncopes, teinte bleuâtre de la face, mort.* » — Notre Homme se leva et commença à marcher. Mais ses jambes s'alourdissaient, et il se coucha sur le dos. On lui pinça fortement le pied, puis le bas des jambes : il ne sentait rien, son corps, petit à petit, « *se glaçait et se raidissait* », jusqu'à atteindre la région du bas-ventre. Dès que le cœur fut gagné, il eut tout juste la force de parler une dernière fois : « *Criton, nous devons un coq à Asclépios ; payez-le, ne l'oubliez pas.* » — Notre Homme eut un sursaut. Ses yeux se fixèrent. Il était mort. Socrate était mort ! Criton passa sa main sur le visage de son maître pour fermer la bouche et abaisser les paupières. — « *C'est ainsi qu'il mourut, si c'était là mourir !* »

* * * * *

(« *Chante, rossignol, chante, / Toi qui as le cœur gai ! / Le mien n'est pas de même : / Il est bien affligé !...* »)

* * * * *

Mon premier contact avec celui que Cicéron surnomma « *l'Homère des philosophes* », c'est-à-dire Platon, remonte à mon année de terminale. Mon professeur de philosophie avait choisi de nous faire lire le *Gorgias*. L'avais-je lu en entier ? ou n'en avais-je lu que des bribes, ainsi que je l'avais toujours fait avec les livres que nous imposaient tous les professeurs de français ? (On peut dire que je ne dois rien au système scolaire en France pour m'avoir incité à lire les milliers de livres de ma bibliothèque. C'est même tout le contraire : il m'aura bloqué jusqu'à mes dix-huit ans, âge où j'aurai été libéré de ses aberrations. Obliger un jeune de lire *Germinal* en troisième, c'est griller la graine qu'il porte en lui et qui ne demande qu'à germer. D'une part, « imposer » quelque chose à quelqu'un ne profite jamais ; d'autre part, faire lire un pavé de quelque cent soixante-dix mille mots est un cauchemar pour un petit de quatorze ans. Je sais de quoi je parle ! Je ne connais pas, à mon âge, — et cela prévaut depuis des années, — un seul individu qui ait lu autant que moi (pas même un professeur de français pour ce qui est des classiques, non plus qu'un professeur de philosophie pour tout ce qui concerne les sciences humaines). Enfin, proposer Zola à des collégiens, c'est comme proposer des perles à des cochons. Certes, Zola est relativement facile à lire, son vocabulaire n'est pas le plus incompréhensible. Mais que voulez-vous qu'on en retienne ? Je connais aujourd'hui encore des adultes qui « se souviennent » de Zola sans l'avoir plus jamais lu après leur scolarité, et qui osent émettre des avis, vingt ou trente ans plus tard ! Et leurs avis sont ceux de leurs anciens professeurs, qui eux-mêmes tiennent les leurs des canons pédagogiques imposés par les énergumènes qui pondent les programmes, tout là-haut, moulinant des bras pour justifier leur salaire, sans tenir compte des intérêts éducatifs. « Zola, c'est super, mais il est trop descriptif », se rappellent les anciens étudiants. Mais lisez-le ! ou relisez-le avant de citer les poncifs. Comment voulez-vous écrire un roman si vous ne *décrivez* pas à longueur de page ? Dans les classes du collège et du lycée (c'est peut-être pire à l'université), on vous réduit tout jusqu'à l'insanité. On est là, devant un livre de Zola, qui est un monument de la littérature universelle, immense comme une plage se perdant à l'horizon, et on vous le résume en prenant une pauvre poignée de sable et en clamant : « Zola, c'est ça. » Ce sont ces mêmes poignées de sables, prélevées par leurs maîtres, que les élèves doivent déposer et redéposer sur leurs copies de dissertation. La plus infâme des méthodes pédagogiques demeure celle qui consiste à faire un « commentaire composé » : allez, tartinez huit pages à partir de ces huit lignes de Zola issues de *Germinal*. Si vous avez le malheur de vous arrêter à deux pages, quand bien même cela serait pertinent, vous aurez une mauvaise note (et faites bien attention à respecter les règles en vigueur pour composer académiquement, ou vous êtes mort). Si les mots « *naturalisme* » ou « *naturaliste* » ne figurent pas dans votre devoir (car on dit bien un « *devoir* » !), ou encore si vous ne placez pas quelque part un « *J'accuse* » ou un « *Dreyfus* », vous perdez d'office quatre points sur vingt à chacune de ces omissions impardonnables ! — Bref… Je devrais réserver ce discours pour un autre chapitre.) — Avais-je lu en entier, reprends-je, ou en partie, le fameux *Gorgias* ? Je ne sais plus. Tout ce dont je me rappelle, c'est que j'avais fait circuler un petit livret que j'avais moi-même écrit, mettant en scène Socrate et un protagoniste (sûrement Gorgias). Socrate n'arrêtait pas de poser des questions et l'autre répondait des « *oui, Socrate* », « *naturellement* », « *cela va de soi* », « *il en va ainsi, nécessairement* », « *en effet* ». J'avais au moins retenu la façon qu'avait Socrate d'apostropher ses interlocuteurs et de les faire accoucher. Je n'ai évidemment pas oublié le « *nul n'est méchant volontairement* », que l'on peut placer dans n'importe quelle copie de baccalauréat en espérant que cela rapporte des points (ce qui me manque pas d'arriver). Pour résumer, je dirai, vous l'aurez compris, que, de même qu'aucun professeur de français ne m'a jamais donné l'envie de lire par moi-même, aucun professeur de philosophie ne m'a donné l'envie de lire de la philosophie. Il aura fallu que j'y vinsse de ma propre initiative, soit deux ans plus tard, à mes vingt ans, après en avoir terminé avec la classe préparatoire. En l'espace de trois années, pour mon propre plaisir, j'aurai lu les deux tiers de Platon (parallèlement, j'aurai également lu avec enchantement tout Molière, dégoûté à l'idée que depuis la sixième on m'en avait justement dégoûté), le dernier tiers n'ayant été achevé qu'assez récemment (intentionnellement, je m'en gardais sous le coude, ne désirant par réitérer, pour prendre un exemple parmi d'autres, l'expérience avec Nietzsche, dont j'avais tout mangé avant mes vingt-trois ans, et qui me laissa rapidement, si je puis dire, orphelin). — Socrate a influencé les plus grands penseurs. Au fil de mes lectures, le personnage de Socrate est devenu de plus en plus important et présent dans ma vie. (L'image qui s'est dessinée en moi ne provient pas d'Aristophane. Ce qu'il dit dans *Les Nuées* est invraisemblable. Je préfère même ne pas en parler. Peut-être ai-je peur d'en parler comme j'appréhende de parler d'un Hamlet « *fat* » pris au sens de « *obèse* » ? Si l'intention d'Aristophane était de faire rire, cela n'a jamais réussi avec moi. (Je suis difficile : Rabelais non plus ne m'a jamais amusé. Parmi les jongleurs de la langue, seul San-Antonio fait mouche.) En revanche, Platon, quoique philosophe (mais l'un empêche-t-il l'autre ?), manie savamment le genre comique, par exemple dans l'*Hippias majeur*, qui est un régal à lire. On y rit beaucoup : cet Hippias est vraiment pris en bourrique !…) — Socrate qui parle — ou l'art de l'*algorithme* ! Son cerveau est un supercalculateur : il analyse toutes les éventualités en y affectant des probabilités qui, au fil du dialogue, sont de plus en plus proches de 1, et prévoit plusieurs coups à l'avance les questions et les réponses, ainsi que le font les meilleurs joueurs d'échecs. Et en vous faisant accoucher d'un savoir que vous ne croyiez pas savoir, Socrate vous prouve que les réponses sont déjà en vous-même. Certes, sa méthode est pernicieuse, il vous mène par le bout du nez et vous fait croire que lui non plus ne sait pas et qu'il cherche modestement avec vous. Toujours est-il qu'il confond jusqu'aux Sophistes en les confrontant à leur propre jeu et en leur renvoyant la monnaie de leur pièce. Socrate mène toujours l'interrogatoire. Non seulement c'est lui qui pose les questions, mais encore chacune de ses questions est un fruit bien mûr qui ne tombe pas au hasard sur le sol de la dialectique. Par le chien !… C'est qu'il est fort, le bougre ! Ou comme Socrate lui-même s'exclame, afin de ne pas employer le nom des dieux inconsidérément et abusivement : « μὰ τὸν κύνα τὸν Αἰγυπτίων θεόν » (« *par le chien, dieu des Égyptiens* »). Socrate, de son côté, jurerait ne pas savoir où il va : il dirait qu'il délimite innocemment les frontières du sujet (c'est sûrement la bonne réponse : il sonde le sujet, le sujet en tant que thème et le sujet en tant qu'interlocuteur). Socrate ne cherche pas à ridiculiser (à moins qu'on ne l'ait cherché). Il veut apprendre et faire apprendre, — investir et s'investir. En cela, c'est le meilleur professeur que la terre ait produit. L'unique désir qui a gouverné Socrate a été le désir d'apprendre, — et « le désir d'apprendre est capable d'engloutir tout autre désir », écrivait, en le soulignant, Hölderlin à sa sœur. Le savoir est un puits infini ; c'est une drogue pour ceux qui savent ce qu'il en est : « *Plus on en sait, plus on a encore à apprendre. L'ignorance, ou mieux, la connaissance d'être ignorant, augmente en proportion directe avec le savoir.* » Ce fragment de Schlegel (dont l'attribution est pour une fois assurée) s'applique parfaitement aux dialogues de Platon. — J'ai souvent voulu imiter Socrate. Dans mes *Pensées* figure cette très ancienne note : « *J'aime jouer au Socrate sur d'autres. Et si les autres jouaient sur moi, que se passerait-il ?* » À l'époque, mon orgueil n'eût pas souffert que l'on me « maîtrisât ». Je devais être le maître des mots et des pensées. Depuis, j'ai mûri et me suis assagi. Je n'aurais pas peur — ni honte — d'affronter un Socrate. J'aurais beaucoup à y gagner (et si j'ai autant lu de philosophes et appris d'eux, c'est, en quelque sorte, en les acceptant comme des Socrate). Apprendre, puis enseigner ce que l'on a appris, telle est ma devise, la justification de mon existence (sans oublier l'écriture et l'amour). (Et « *enseigner, c'est apprendre deux fois* », surenchérirait Joubert.) Lorsque j'écrivis, vers mes vingt-deux, vingt-trois ans, un recueil d'aphorismes, je décidai, après d'innombrables réflexions, de l'intituler *Le Souci de l'âme*. Avais-je été corrompu par Socrate ? Je l'avais très peu lu en ce temps-là, donc c'est peu envisageable. L'avais-je lu quelque part ? Je n'en sais rien. J'avais naïvement l'idée que cette belle expression devait être neuve ! Le souci de l'âme, c'est-à-dire le souci de soi-même. Dans le *Charmide*, il dit à Critas : « *Néanmoins, quand une idée se présente, il faut l'examiner et ne pas la lâcher légèrement, si l'on a quelque souci [κήδεται] de soi-même [αὑτοῦ].* » Être sincère, être fidèle à soi-même, tout faire pour préserver son intégrité, entretenir son esprit et son corps (le « *culte du corps* »), se respecter et respecter l'autre comme soi-même, tous ces commandements doivent être obéis. Le souci de l'âme… Tant de choses sont *comprises* dans cette expression ! Il s'agit de s'assumer tout en assumant l'existence, de construire et de se construire, de s'améliorer, de persévérer dans son être et l'apprentissage qui s'en suit. Façonner son âme de telle sorte qu'elle soit belle et vertueuse, et s'en soucier, quoi de plus beau moralement ? Voici le dénominateur commun de l'école de la philosophie : pouvoir dire à son âme, et qu'elle lui réponde à son tour : « καλὸς κἀγαθός » (« *bel et bon* »). L'âme par-dessus tout. De surcroît, celle-ci est immortelle. Alors, qu'a-t-on à perdre ? Nous ne mourrons jamais puisqu'elle est là. Moi qui ne suis pas versé dans la religion quand elle est surnaturelle et qu'elle promet le Paradis ou l'Enfer, voire une réincarnation (sauf à prendre tout cela métaphoriquement, à la manière de l'idée des poussières d'étoiles dont nous provenons et nous ne cesserons jamais d'être, et non pas au pied de la lettre), j'ai assez rapidement accepté cette immortalité en comptant sur le monde des Idées. — Il faut revenir éternellement au souci de l'âme, et la lecture de Platon nous y invite. (Petite parenthèse : si Socrate avait le souci de l'âme, il n'avait pas le souci... du physique. Et pour cause ! Citons Théodore dans le *Théétète*, qui ose avouer à Socrate, en évoquant justement celui qui a donné son nom au dialogue : « *Mais, soit dit sans t'offenser, il n'est pas beau, et il a, comme toi, le nez camus et les yeux à fleur de tête, moins que toi pourtant.* » Ici, je pourrais convoquer le Cicéron du *De finibus*, non pas pour jouer l'avocat (ce qu'il saurait faire à merveille), mais pour rappeler que le physique n'est rien pour qui a l'âme belle et qui est sage, « *car les traits de l'esprit sont fort au-dessus de ceux du visage.* ».) (Autre petite parenthèse : prenons garde à la signification exacte du *désir* chez Socrate. Au sens strict, le désir d'apprendre n'était pas, comme je l'ai hâtivement écrit plus haut, son unique désir. Un autre l'agitait, qui serait mal vu de nos jours. Dans le *Gorgias*, Socrate dit en effet à Calliclès qu'il aime deux choses : « *Alcibiade, fils de Clinias, et la philosophie* », ce qui rejoint cette autre confession faite à Ménon : « *Probablement t'es-tu, en même temps, rendu compte de mes faiblesses à l'égard des beaux garçons !* ». De même, il avoue se sentir brûler et transporter hors de lui en apercevant les formes sous le manteau de Charmide, lequel Charmide, un peu plus tard, demandant à Socrate de ne pas résister, entend la réponse suivante prononcée par le philosophe : « *Eh bien [...], je ne résisterai pas.* » Lui en voudrait-on ? En veut-on à André Gide ? Je ne le crois pas... À moins que l'on ne veuille bien fermer les yeux ou oublier puisque ces mêmes écoles portent aujourd'hui son nom, ce qui est un comble... Pour l'anecdote, au début du *Banquet* et à quelques autres endroits par la suite, l'atmosphère sexuelle est évidente, tellement évidente qu'en cours de philosophie on ne s'y attarde pas un instant. Messieurs les prétendants au baccalauréat, veuillez, au nom du ministère, fermer les yeux sur la pédérastie et à la pédophilie... On peut être spéléologue pour étudier la philosophie, à condition de ne pas emprunter toutes les cavernes...) Socrate est le vrai sage, celui qui vous pousse jusqu'à vos derniers retranchements, celui qui n'accepte pas l'apparente vérité sans avoir, à la façon des scientifiques, scruté ses innombrables faces, ses côtés, ses failles, ses atouts. Lorsque Xénophon, dans son *Apologie de Socrate*, « songe à la sagesse et à la noblesse de caractère de ce grand homme », il ne peut s'empêcher d'en parler, et, quand il en parle, de le louer. « *Et si, parmi ceux qui aspirent à la vertu, il en est un qui ait eu un maître plus utile que Socrate, je pense que celui-là mérite d'être regardé comme le plus heureux des hommes.* » Pour en revenir à la maïeutique et à l'importance qu'elle revêt à mes yeux, je laisserai la parole à Kierkegaard (*Point de vue explicatif*), qui s'exprimera mieux que je ne saurais le faire : « *Qu'il faut, pour amener quelqu'un avec un vrai succès à un point précis, avoir tout d'abord soin de le prendre et de commencer là où il est. — C'est le secret de toute maïeutique. Quiconque en est incapable est dans l'illusion quand il croit pouvoir être utile à un autre. Pour secourir vraiment quelqu'un, je dois être mieux informé que lui, et tout d'abord avoir l'intelligence de ce qu'il comprend, faute de quoi ma maîtrise ne lui est d'aucun profit. Si néanmoins je revendique la plus grande intelligence, c'est par une vanité ou par un orgueil où, au fond, je recherche son admiration au lieu de lui être utile. Mais tout secours véritable commence par une humiliation : pour l'apporter, on doit d'abord s'humilier devant celui que l'on veut seconder, et comprendre ainsi qu'aider, ce n'est pas dominer, mais servir, qu'aider, ce n'est pas montrer une extrême ambition, mais une extrême patience, qu'aider, c'est accepter provisoirement d'avoir tort et d'être ignorant dans les choses que comprend l'antagoniste.* » Toujours, l'idée du savoir revient : je ne sais qu'une seule chose, c'est que je ne sais rien. Je suis dans le même état d'esprit que le comte Pierre Kirillovitch Bézoukhov : « *On n'a rien découvert, on n'a rien inventé, et nous savons seulement que nous ne savons rien. C'est là le dernier mot de la sagesse humaine.* » À nous, à vous de découvrir ce savoir que l'on a en nous. La méthode socratique est, comme le dit Cicéron (*Devant la mort*), « *le plus sûr moyen de parvenir à démêler où est le vraisemblable* ». Car de quelle manière Cicéron s'y prenait-il pour rédiger ses livres ? « *D'abord celui qui voulait m'entendre, disait son sentiment, et moi ensuite je l'attaquais.* » Il ne s'agit rien moins que de la méthode philosophique la plus efficace, la même — ou presque — que l'on doit utiliser en sciences. — Quoique Socrate se révèle un interlocuteur tenace et sans pitié, il inspire la confiance. Il sait fédérer son audience, un peu à la manière de Jésus. D'ailleurs, ce dernier ne marchait-il pas sur les platebandes de Socrate, puisque celui-ci, dans le *Gorgias*, affirme que, si on a le choix, « *il vaut mieux subir l'injustice que la commettre* » ? Je ne multiplierai pas les affinités entre ces deux personnages historiques ; on en trouvera des myriades dans de très nombreux ouvrages consacrés à la question. Je rappellerai seulement cet autre point commun qui dénote, non pas une éventuelle fainéantise, mais plutôt une suprême humilité : ils n'ont jamais rien écrit (Platon et les apôtres s'en sont chargés). La meilleure « excuse » que j'aie pu trouver pour expliquer cette attitude, figure dans les *Dialogues des Morts*. Fénelon fait dire à Socrate : « *Je n'ai jamais voulu rien écrire, et j'ai trouvé que la parole était meilleure pour enseigner. Un livre est une chose morte qui ne répond point aux difficultés imprévues et diverses de chaque lecteur ; un livre passe dans les mains des hommes incapables d'en faire un bon usage ; un livre est susceptible de plusieurs sens contraires à celui de l'auteur. J'ai mieux aimé choisir certains hommes, et leur confier une doctrine que je leur fisse bien comprendre de vive voix.* » Peut-être était-ce réellement l'avis personnel de Socrate, voire celui de Jésus ? — Avant d'en venir à ce qui m'intéresse au plus haut point dans ce début de chapitre, à savoir sa *mort*, je voudrais aussi préciser que Socrate, non content d'être un philosophe polyvalent, était une sorte de Stoïcien et d'Épicurien, ce qui le rend encore plus sage. Ne dit-il point : « *En effet, le bonheur ne consiste pas, ce semble, à être soulagé du mal, mais à ne l'avoir jamais éprouvé* » ? (Ai-je bien choisi l'exemple ? J'en doute en le recopiant. Comment savoir si l'on a été soulagé d'un mal quand on ne connaît pas la nature de ce mal ? Et puis, en allant au fond des choses, on pourrait penser qu'il valait mieux être mort dès la naissance...) — Bien, le temps est venu. Je ne ferai pas, comme Hölderlin lui-même en avait eu l'intention vers 1794, un drame sur la mort de Socrate ; je ferai un tour d'horizon de la question... tel que je l'entends. Car cette mort fut mon premier rapport au suicide, le premier dont je me souviens... — Mais Socrate fut-il un suicidé ? Ne devrait-on pas dire qu'il fut avant tout un ostracisé ? À Athènes, Socrate dérangeait comme pouvaient déranger les Sophistes. Trois chefs d'accusation le firent arrêter (*Apologie*) : « *Socrate est coupable, en ce qu'il corrompt les jeunes gens, ne reconnaît pas la religion de l'État, et met à la place des extravagances démoniaques.* » Il aurait pu être banni de la cité ; il a « préféré » la ciguë, cette ciguë dont Sénèque dira qu'elle fit sa grandeur. Bien d'autres, avant lui, furent frappés par la même sentence, dont Théramène (qui, selon Xénophon, après avoir bu, versa le reste en disant : « *Voilà pour le beau Critias !* »). Combien de grands personnages furent-ils accusés et condamnés à mort par le régime en place (et je ne parle pas du temps de Staline ou de Hitler) ? Même Kant, si je dois n'en choisir qu'un parmi les plus grands philosophes que l'Histoire ait connus, avait eu des problèmes similaires (religion, corruption de la jeunesse) avec Frédéric-Guillaume II, neveu de Frédéric II, après la publication du livre *De la religion…* « *Nous nous attendions à mieux de votre part ; comme vous devez reconnaître vous-même de quelle manière inexcusable vous agissez ainsi à l'encontre de votre devoir, en tant que maître de la jeunesse et de Nos intentions souveraines qui vous sont bien connues. Nous réclamons au plus tôt votre justification la plus scrupuleuse et attendons de vous, pour éviter Notre disgrâce suprême, que vous ne retombiez plus à l'avenir dans une faute pareille, mais que bien plutôt, conformément à votre devoir, vous usiez de votre considération et de vos talents pour réaliser de mieux en mieux Notre intention souveraine ; dans le cas contraire, et si vous persistiez dans votre indocilité, vous auriez immanquablement à vous attendre à des mesures désagréables.* » (Frédéric II fut plus clément à l'égard des philosophes ! Il prononça le discours à la mort de La Mettrie et fit venir Euler à l'Académie des Sciences qu'il venait de créer… En revanche, Frédéric-Guillaume I, son père, qui méprisait Leibniz, menaça de mort ou d'exil Christian Wolff. Quelle famille !) Lorsque Roméo apprend de Laurence que le Prince, par un arrêté, le bannit de Vérone, il devient fou : « *Ha, banishment? Be merciful, say 'death'; for exile hath more terror in his look, much more than death. Do not say 'banishment.' […] There is no world without Verona walls, but purgatory, torture, hell itself. Hence banished is banish'd from the world, and world's exile is death. Then 'banishment' is death misterm'd. Calling death 'banishment,' thou cut'st my head off with a golden axe and smilest upon the stroke that murders me.* » (« *Ah ! le bannissement ! Par pitié, dis la mort ! L'exil a l'aspect plus terrible, bien plus terrible que la mort. Ne dis pas le bannissement ! […] Hors des murs de Vérone, le monde n'existe pas ; il n'y a que purgatoire, torture, enfer, même. Être banni d'ici, c'est être banni du monde, et cet exil-là, c'est la mort. Donc bannissement, c'est la mort sous un faux nom. En appelant la mort bannissement, tu me tranches la tête avec une hache d'or, et tu souris au coup qui me tue !* ») Un peu plus tard, devant Juliette, il recommence : « *I must be gone and live, or stay and die. […] I have more care to stay than will to go. Come, death, and welcome!* » (« *Je dois partir et vivre, ou rester et mourir. […] J'ai plus le désir de rester que la volonté de partir, que vienne la mort, et elle sera bien venue !…* ») — Sans broncher, Socrate accepta la mort, ne le craignait pas. Mieux valait se suicider qu'admettre l'injustice. On retrouve encore Jésus dans ces paroles tirées du *Gorgias* : « *[…] en sorte que si la faute qu'on a faite mérite des coups de fouet, on se présente pour les recevoir ; si les fers, on tende les mains aux chaînes ; si une amende, on la paye ; si le bannissement, on s'y condamne ; si la mort, on la subisse étant le premier à déposer contre soi-même et ses proches, et pour cela mettant la rhétorique en œuvre, afin que par la révélation de ses crimes on parvienne à être délivré du plus grand de tous les maux, de l'injustice.* » Selon lui, « *personne ne craint la mort en elle-même, à moins d'être tout à fait insensé et lâche* ». Dans l'*Apologie*, il dit qu'il ne faut pas craindre la mort, « *car craindre la mort, Athéniens, ce n'est autre chose que se croire sage sans l'être, car c'est croire connaître ce que l'on ne connaît point* ». « *En effet, personne ne connaît ce que c'est que la mort, et si elle n'est pas le plus grand de tous les biens pour l'homme. — Cependant on la craint, comme si l'on savait certainement que c'est le plus grand de tous les maux […].* » Il poursuit : « *Si la mort est la privation de tout sentiment, un sommeil sans aucun songe, quel merveilleux avantage n'est-ce pas que de mourir ? Car, que quelqu'un choisisse une nuit ainsi passée dans un sommeil profond que n'aurait troublé aucun songe, et qu'il compare cette nuit avec toutes les nuits et avec tous les jours qui ont rempli le cours entier de sa vie ; qu'il réfléchisse, et qu'il dise en conscience combien dans sa vie il a eu de jours et de nuits plus heureuses et plus douces que celle-là ; je suis persuadé que non seulement un simple particulier, mais que le grand roi lui-même en trouverait un bien petit nombre, et qu'il serait aisé de les compter. Si la mort est quelque chose de semblable, je dis qu'elle n'est pas un mal ; car la durée tout entière ne paraît plus ainsi qu'une seule nuit.* » (Il évoque alors une autre alternative, à laquelle j'ai du mal à souscrire : le passage de ce séjour dans un autre où il retrouverait tranquillement ses amis défunts et les grands noms de l'Histoire…) Ne sont-ce pas les paroles d'un sage, avec qui tout le monde aimerait à s'accorder ? Même Protagoras disait que, de tous ceux qu'il avait rencontrés, Socrate était celui qu'il estimait le plus. — Plutôt mourir que vivre encore, vieux. Dans les instants qui précédèrent sa mort, Socrate dialoguait avec ses amis. Était-il résigné sur son sort ? Avait-il tenté de se défendre quand la justice le cita ? Hermogène, disciple de Socrate, rapporta sur lui des détails que Xénophon consigna. Hermogène voulut connaître la raison qui faisait que Socrate pensait à toutes sortes de sujets, hormis celui de sa défense. Socrate lui répondit qu'il avait passé toute sa vie à préparer sa défense. Hermogène ne comprenant pas, Socrate précisa qu'ayant vécu sans jamais commettre aucune injustice, cela avait été la plus belle manière de préparer sa défense. Cependant, par deux fois, il avait essayé de préparer sa défense, mais la « *voix démonique* » s'y était opposée. Or, qu'était-ce que cette « *voix* », ce « δαίμων » que nous avions cité ici même, il y a très longtemps, et que les tribunaux athéniens n'appréciaient guère ? Pour Socrate, ce démon était Dieu, et ce Dieu jugeait alors qu'il valait mieux qu'il finît sa vie, puisqu'il avait toujours mené une vie pieuse et juste. Oui, plutôt mourir que vivre encore, vieux : « *Si, au contraire, ma vie se prolonge, je suis sûr de voir infailliblement arriver tous les maux de la vieillesse, je verrai moins clair, j'entendrai moins bien, j'apprendrai plus difficilement et j'oublierai plus vite ce que j'aurai appris. Or, si je me sens déchoir et que je sois mécontent de moi-même, comment […] pourrais-je encore prendre plaisir à vivre ? Peut-être […] est-ce aussi Dieu qui, dans sa bonté, m'accorde de finir mes jours non seulement à l'âge le plus opportun, mais encore par le chemin le plus facile. Car, si l'on me condamne aujourd'hui, il est évident qu'il me sera donné de mourir de la fin que les gens qui se sont occupés de cette question ont jugée la plus facile, la moins ennuyeuse pour les amis, la plus propre à faire regretter le mourant. En effet, quand on ne laisse aucune image fâcheuse ni pénible dans l'esprit des assistants, et qu'on s'éteint avec un corps plein de santé et une âme capable de montrer sa tendresse, comment pourrait-on n'être pas regretté ? C'est donc avec raison […] que les dieux se sont opposés à la préparation de ma défense, quand nous pensions devoir chercher à tout prix les moyens d'échapper à une condamnation. Si en effet j'y étais parvenu, il est clair qu'au lieu de finir ma vie aujourd'hui, je me serais préparé une mort assombrie par les souffrances de la maladie ou d'une vieillesse, assaillie par tous les maux à la fois et désertée par tous les plaisirs. Non, par Zeus, Hermogène, […] si je dois indisposer le jury en déclarant tous les avantages que je crois avoir obtenus des dieux et des hommes, ainsi que l'opinion que j'ai de moi-même, j'aime mieux mourir que de mendier bassement la faveur de vivre encore et de gagner ainsi une existence bien pire que la mort.* » C'est pourquoi l'analyse de Nietzsche à propos de cette mort acceptée, que nous appellerions un suicide (sans avoir besoin de creuser), est un bijou de concision, écrit, comme à son habitude, sans concession. Il évoque la « *décadence* » dans un passage du *Crépuscule des idoles*, plus particulièrement un paragraphe intitulé *Le problème de Socrate* : « *De tout temps les sages ont porté le même jugement sur la vie* : elle ne vaut rien... Toujours et partout on a entendu sortir de leur bouche la même parole, — une parole pleine de doute, pleine de mélancolie, pleine de fatigue de la vie, pleine de résistance contre la vie. Socrate lui-même a dit en mourant : *"Vivre — c'est être longtemps malade : je dois un coq à Esculape libérateur."* Même Socrate en avait assez. — *Qu'est-ce que cela* démontre *? Qu'est-ce que cela* montre *? — Autrefois on aurait dit (— oh ! on l'a dit, et assez haut, et nos pessimistes en tête !) : "Il faut bien qu'il y ait là-dedans quelque chose de vrai ! Le consensus sapientium démontre la vérité."* — Parlons-nous ainsi, aujourd'hui encore ? le pouvons-nous ? *"Il faut en tous les cas qu'il y ait ici quelque chose de malade"*, — voilà notre réponse : ces sages parmi les sages de tous les temps, il faudrait d'abord les voir de près ! Peut-être tant qu'ils sont, n'étaient-ils plus fermes sur leurs jambes, peut-être étaient-ils en retard, chancelants, décadents peut-être ? La sagesse paraissait-elle peut-être sur la terre comme un corbeau, qu'une petite odeur de charogne enthousiaste ?... » Socrate fascinait parce qu'il semblait être un sauveur, un médecin, mais trouver un remède à la décadence, selon Nietzsche, n'est qu'une autre expression de la décadence. (Pour faire bref, Pierre Hadot essaya d'analyser ce souci de Nietzsche en le renvoyant à son propre dégoût du monde qu'il refusait de voir...) Dans *Le gai savoir*, la forme varie tandis que le fond demeure identique : « Socrate mourant. — *J'admire la bravoure et la sagesse de Socrate en tout ce qu'il a fait, en tout ce qu'il a dit — en tout ce qu'il n'a pas dit. Cet attrapeur de rats et ce lutin d'Athènes, moqueur et amoureux, qui faisait trembler et sangloter les pétulants jeunes gens d'Athènes, fut non seulement le plus sage de tous les bavards, il fut tout aussi grand dans le silence. Je désirerais qu'il se fût également tu dans les derniers moments de sa vie,* — *peut-être appartiendrait-il alors à un ordre des esprits encore plus élevé. Est-ce que ce fut la mort ou le poison, la piété ou la méchanceté ? — quelque chose lui délia à ce moment la langue et il se mit à dire : "Oh ! Criton, je dois un coq à Esculape." Ces "dernières paroles", ridicules et terribles, signifient pour celui qui a des oreilles : "Oh ! Criton, la vie est une maladie !" Est-ce possible ! Un homme qui a été joyeux devant tous, comme un soldat,* — *un tel homme était pessimiste ! C'est qu'au fond, durant toute sa vie, il n'avait fait que bonne mine à mauvais jeu et caché tout le temps son dernier jugement, son sentiment intérieur. Socrate, Socrate a souffert de la vie !* » Ceci est la meilleure interprétation que je connaisse de l'énigmatique et ultime demande verbale de Socrate. Contrairement à ce que l'on pense généralement, Nietzsche-la-bombe est sans cesse d'une finesse qui n'apparaît qu'aux plus perspicaces. — La sérénité qui se dégage pourtant de Socrate glissant vers la mort, est « hyperstoïcienne ». Dans l'*Apologie*, il n'est pas question d'Esculape. Ses derniers mots sont : « *Mais il est temps que nous nous quittions, moi pour mourir, et vous pour vivre.* » Ce qui signifie : « Ne vous attristez pas ; laissez-moi seul afin que je porte la main sur mon cœur. » L'éternelle jeunesse ! Une larme de ciguë pour une larme de tristesse dans quelques paires d'yeux, et une larme de joie dans une seule. « *Et la ciguë, instrument de l'envie, / Portant Socrate dans les cieux* », écrivait André Chénier. Car il y a de quoi l'envier, certes ! C'est une belle mort, douce, *rafraichissante*. Dans son *Émile*, la pensée de Rousseau rejoint cette image sereine, quand il compare les deux « amis » : « *La mort de Socrate, philosophant tranquillement avec ses amis, est la plus douce qu'on puisse désirer ; celle de Jésus expirant dans les tourments, injurié, raillé, maudit de tout un peuple, est la plus horrible qu'on puisse craindre. Socrate prenant la coupe empoisonnée bénit celui qui la lui présente et qui pleure ; Jésus, au milieu d'un supplice affreux, prie pour ses bourreaux acharnés. Oui, si la vie et la mort de Socrate sont d'un sage, la vie et la mort de Jésus sont d'un Dieu.* » On retrouve des prémisses de cette mort à préférer à la vie dans le *Lachès*. Socrate y supervise une discussion entre Nicias et Lachès : « *Nicias : [...] Ne penses-tu pas qu'il vaudrait mieux pour beaucoup ne pas se relever de leur maladie que de s'en relever ? Réponds-moi : crois-tu qu'il soit toujours avantageux de vivre et que, dans bien des cas, il ne soit pas préférable d'être mort ? — Lachès : Il y a des cas, je le reconnais, où ce serait préférable. — Nicias : Et ceux pour qui la mort serait un gain, crois-tu qu'ils aient à craindre les mêmes choses que ceux qui ont intérêt à vivre ? — Lachès : Non. — Nicias : Mais cette distinction, à qui accordes-tu le pouvoir de la faire ? Au médecin ou à tout autre homme de métier ? ou n'est-ce pas uniquement à l'homme qui sait ce qui est à craindre et ce qui ne l'est pas, et que j'appelle, moi, l'homme courageux ? — Socrate : Saisis-tu ce qu'il dit, Lachès ?* » La fin de Socrate est un exemple que l'on aimerait reproduire quand notre tour viendra. Il y a une certaine félicité que l'on envie. On ne sait plus s'il faut vivre avec son « souci », ou mourir pour lui. Peut-être faut-il comprendre cela en lisant ces deux vers de Hugo : « *Livide et radieux, Socrate m'a tendu / Sa coupe en me disant : — As-tu soif ? bois la vie.* » Et ceux-là : « *Les poisons sont nos frères. / Ils viennent au secours de nos pâles misères. / Mange une de ces fleurs tragiques de l'été, / Tu meurs. Te voilà libre.* » — Il fallait que Jésus mourût sur la Croix ; il fallait que Socrate mourût par la Ciguë. — J'écris ces phrases sans Croix devant moi ni Jésus au-dessus de la tête ; j'écris ces phrases avec la Ciguë devant moi et au-dessus de moi. C'est pour moi la même chose. Je suis simplement plus philosophe que religieux. Jésus et Socrate sont morts par et pour une cause similaire. Ils sont morts nus. (D'après Élien et ses *Histoires diverses*, Apollodore apporta à Socrate « *une robe d'une laine très fine et bien travaillée* » afin qu'elle servît d'ornement funèbre, car « *il est honorable pour un mort d'être couché avec décence* ». Socrate s'en offusqua : « *S'il pense que celui qui dans peu sera étendu à vos pieds est Socrate, assurément il ne m'a jamais connu.* ») — Socrate et Jésus sont morts nus, dans tous les sens du terme, et leur suicide n'en est réellement qu'un que pour les esprits les plus « dégagés », les moins « obtus ». Ils ont semé la bonne parole comme un pendu fait croître les mandragores. — Farid-Ud-Din' Attar imagina la réponse de Socrate si on lui avait demandé où il voulait être enterré : « *Si tu sais où je suis, répondit le vieux sage, enterre-moi où tu voudras. Moi vivant je n'ai pu savoir ni où j'étais, ni qui j'étais, et toi, après ma mort, tu saurais où me trouver ? J'ai si mal traversé ma vie qu'à l'instant de franchir le pas je ne me connais pas moi-même !* » — Le suicide... l'envie... la décadence...

* * * * *

« *Il est tout à qui lui parle, pourvu qu'on lui parle épouvante.* » Je ne sais, Lecteur, si tu es dans ces mêmes dispositions. Jocaste a-t-elle raison ? Si tu es parvenu jusque-là, elle a en effet raison. Il y a eu jusqu'à présent une quantité effrayante d'épouvante. C'est la vie. Et Jean Paul ne dit-il pas que « *toute la vie est un suicide* » ? D'un autre côté, Wittgenstein assure que « *la mort n'est pas un événement de la vie* » : « On ne vit pas la mort. » Pour moi, celui qui se rend vers la mort — se rend (tout court). Ne serais-je pas assez philosophe ? Aurais-je oublié que la philosophie, c'est *apprendre à mourir*, comme le répétaient les Grecs ou Montaigne ? Qui voudrait mourir ? Quels sont ces gens qui désirent la mort ? qui préfèrent la mort à la vie ? Est-ce la vie que de vouloir la mort ? Je me souviens de la réaction de Néarque, qui s'exclame devant Polyeucte : « *Vous voulez donc mourir !* » Ce dernier rétorque par une espèce d'antiphrase : « *Vous aimez donc à vivre.* » — Je dois y venir, y revenir, après y être venu, de loin, de près, et après en être revenu… Je dois commencer par François, puisque ce livre, peut-être, lui doit — malheureusement — tout. Je lui dois ma mélopée. — « *Praecipe lububris / cantus, Melpomene, cui liquidam pater / uocem cum cithara dedit.* » (« *Enseigne-moi des chants lugubres, Melpomène, à qui ton père a donné une voix harmonieuse et la cithare.* ») (Horace, *Odes*)

* * * * *

En pleurant François, je suis comme Lycnus pleurant Phaéton, et, tel Sapphô, « *j'aspire à qui me manque et je cherche ardemment* ». — « *Oh ! si ma tête était remplie d'eau, si mes yeux étaient une source de larmes, je pleurerais jour et nuit* » la mort de François (*Jr 8,23*) !

* * * * *

Les Regrets ! — « *Si les larmes servaient de remède au malheur, / Et le pleurer pouvait la tristesse arrêter, / On devrait, Seigneur mien, les larmes acheter, / Et ne se trouverait rien si cher que le pleur.* »

* * * * *

Je ne dois rien craindre. Il faut avancer. Quoi ? n'aurais-je tant écrit que pour m'arrêter là ? Devrai-je faire mien ce constat de Napoléon : « *À Waterloo, tout n'a manqué que quand tout avait réussi* » ? — *La Perte de Sens* n'a de réalité qu'à partir de maintenant. Sa raison d'être résidait dans le suicide. Tout ce que j'aurais à développer autour du suicide remplirait les trois-quarts des pages de cette somme. La vie ne vaudrait pas la peine d'être vécue s'il n'existait pas le suicide. Le suicide est philosophique et esthétique (rappelez-vous Wilde et ce qu'il écrit dans sa prison au sujet de la souffrance). Le monde n'est à ce point merveilleux que pour le Philosophe (le Scientifique de l'Homme) et l'Esthète (l'Artiste). Eux pensent à la mort chaque jour qui passe. On ne peut pas ne pas penser à la mort quand on réfléchit sur le pourquoi du comment de la vie. Comment tout cela est-il *possible* ? Comment ces agrégats d'atomes m'ont-ils mené, après des myriades de pages, jusqu'à celle-ci ? — « *Est-il possible qu'il existe tant de beauté ? Est-il possible que tout cela puisse se terminer dans l'absurde ? N'importe quel arbre a sa signification. Tout a été pensé. Chaque fleur se protège à l'aide de ses feuilles. La pluie tombe et abreuve la terre. Tout fait partie d'un ordre supérieur. Et tout cela pourrait être détruit !* » Je ne connais pas toute la mesure de cette pensée de Zweig (*Clarissa*), mais je la comprends (quoique, comme souvent avec les citations, elle se trouve quelque peu hors contexte). J'y reviendrai — et ne voudrais cesser d'y revenir : tout se trouve dans Camus et son *Mythe de Sisyphe* : « *Il n'y a qu'un problème philosophique vraiment sérieux : c'est le suicide.* » — Admirer le Ciel, tout est là. Vous ne pourriez pas interroger un seul suicidé (ou un seul suicidant) qui ne vous répondît pas qu'il a su admirer le Ciel… Là est le triste et paradoxal aspect de la vie (ou de la mort). « *O day, the last of all my bliss on earth! / Centre of all misfortune! O my stars* », s'apitoie Édouard II dans la pièce de Marlowe (« *Ô jour, le dernier de mon bonheur sur terre, / Comble de toute infortune ! Ô mes étoiles !* »).

* * * * *

« *Duḥkha* » (« *dukkha* ») est intraduisible. Cela va au-delà de la souffrance. Bouddha dit : « *La naissance est dukkha, la vieillesse est aussi dukkha, la maladie est aussi dukkha, la mort est aussi dukkha, être uni à ce que l'on n'aime pas est dukkha, être séparé de ce que l'on aime est dukkha, ne pas obtenir ce que l'on désire est aussi dukkha. En résumé, les cinq agrégats d'attachement sont dukkha.* » La cause du dukkha, c'est la *soif* qui produit « *la ré-existence et le re-devenir* », c'est la soif de l'existence, du devenir et de la non-existence. Pour s'en débarrasser, il faut suivre le Noble Sentier Octuple : avoir « *la vue juste, la pensée juste, la parole juste, l'action juste, le moyen d'existence juste, l'effort juste, l'attention juste et la concentration juste.* » Voici la Compréhension — et le Dukkha cesse.

* * * * *

« *Chiamavi 'l cielo e 'ntorno vi si gira, mostrandovi le sue bellezze etterne, e l'occhio vostro pur a terra mira […].* » (« *Le ciel vous appelle et tourne autour de vous, en vous montrant ses beautés éternelles, et votre œil pourtant regarde à terre […].* ») — Il serait injuste d'en vouloir au Créateur. Pour bien faire, il faudrait le remercier de nous avoir proposé ce monde-ci, de nous avoir laissé nous dépatouiller tout seul. — Le monde est dur — mais regarde les étoiles, ô mon enfant non désiré ! Cela ne te semble-t-il pas *parfait* ? — Honorer Dieu, de la façon dont c'est écrit dans la Bhagavad Gītā : « *C'est en honorant par l'activité qui lui est dévolue l'être d'où vient l'impulsion de la vie et par lequel tout cet univers a été déployé, que l'homme trouve la perfection.* »

* * * * *

La vie, pour la conscience, est une douleur de vivre. Elle est énigmatique, telle la formule de Maurice Scève : « *Souffrir non souffrir* », que j'aime à comprendre — lue à la volée — comme étant la faculté de supporter de ne pas souffrir. — La vie, pour la conscience, est une douleur de vivre, et vivre est une douleur (pas uniquement la douleur physique, qui est un avertissement inventé par la Nature pour la préservation de la vie, mais aussi la douleur mentale qui, j'en suis sûr, a la même vocation et la même origine). Je citerai Voltaire à deux endroits : « *L'HOMME AUX QUARANTE ÉCUS : On passe sa vie à espérer, et on meurt en espérant. Adieu, monsieur, vous m'avez instruit ; mais j'ai le cœur navré*. — LE GÉOMÈTRE : *C'est souvent le fruit de la science.* » — « *Vous êtes bien dur, dit Candide. — C'est que j'ai vécu, dit Martin* », — repris en écho par moi-même. Je suis jeune encore. Et puis ? Je suis prétentieux puisque je dis que j'ai tout vécu.

* * * * *

Mais je retarde le moment opportun ! Ce n'est pas qu'il soit « *utile de se plonger dans les aspects ténébreux de l'existence de temps en temps* », dixit Hjalmar dans *Le canard sauvage*. C'est plutôt une souffrance de la réminiscence pour moi. Pourquoi vais-je m'embarquer dans cette ancienne contrée ? Malheur à moi ! Que j'ai pu être patient ! Tu as raison, Virgile, de dire que « *quidquid erit, superanda omnis fortuna ferendo est* » (« *quelle que soit la fortune, il faut la surmonter avec patience* »). Trente-cinq années, soit douze années depuis l'événement fatidique ! Quand Séraphîta/Séraphîtüs commande : « *Soyez tout à coup ce que vous seriez après les épreuves !* » — je me sens résigné parce que je l'ai toujours été (celui que j'étais après les épreuves). Depuis ce jour, dans ma forteresse, *Le château du souvenir* (Théophile Gautier), sans que cela aille en s'atténuant tout à fait, « *J'avance parmi les décombres / De tout un monde enseveli, / Dans le mystère des pénombres, / À travers des limbes d'oubli* ». Cela ne s'atténue pas, comme une maladie qui ne se soigne pas. Implacable expérience qui fait que, à l'instar de Hans Castorp du haut de sa *Montagne magique*, « *on s'habitue à ne pas s'habituer* »…

* * * * *

« *Jour de ténèbres et d'obscurité, jour de nuées et de brouillards [...]*. » (Jo 2,2) — Je ne vois pas de meilleure façon de commencer qu'en reproduisant des passages — avant, pendant, après — de mon *Journal*. — Ô François… Je *replonge* dans mes *souvenirs*… Pour toi… Pour moi… *À la vie, à la mort*…

* * * * *

« [10/09/99 :] *François est passé par ici. Il aimerait bien lire* De loin en loin. [11/10/99 :] *J'ai vu François Ménard ; il va passer ici ce midi. J'ai dit : « J'en ai marre. Dès que tu auras un moment libre, je t'expliquerai. » Voilà : je lui avouerai tout pour Agnès… Du moins, je parlerai de notre relation…* [...] *J'ai tout dit à François Ménard…* [12/10/99 :] *Elle n'était pas pleinement ravie que je lui avoue avoir parlé à François ; j'aurais mieux fait de me taire…* [16/11/99 :] *François Ménard est passé et il a parlé sans arrêt pendant une heure vingt… Il n'a pas arrêté… Il a parlé de sa copine, de son père, de sa mère… et de la "révélation" qu'il a eue dans la nuit de dimanche à lundi… J'en ai enregistré une partie — vers le milieu — et c'est redoutable… Il a connu un état inconnu qui l'a éveillé et il a maintenant plus que jamais l'envie de vivre… (Il m'a avoué qu'il avait voulu se suicider il y a un mois…) Et il redéfinit les choses comme n'ayant aucune définition… C'est très complexe : il a très bien su raconter ce qui s'était passé… mais je demeure inquiet… Non : troublé par sa conviction, sa foi absolue en sa renaissance, ou, du moins, sa "vraie" renaissance… Il a touché au plus intime des choses de l'Univers, il voit le monde "à nu"… C'est incroyable… François est bon… mais cela me choque d'être aussi catégorique… "Il est indiscutable que le Temps n'existe pas… Je le sais, je l'ai senti, on ne pourra jamais me prouver le contraire"*, etc. *Mais qu'a-t-il vu de si "incroyablement magnifique", qui le fait pleurer dès qu'il y pense ?… C'est fou…* [...] *Après cet entretien où j'ai plus écouté que parlé, je me sens vidé… Tout à coup…* [...] *François Ménard est passé à nouveau : OK ; il a parlé à Agnès de notre entretien : OK* [...]. [30/11/99 :] *J'ai fini* Au premier songe. [...] *François veut bien être le "correcteur de la fin" pour mon roman… Merci bien*. [13/12/99 :] *François était là et on a discuté de beaucoup de choses — mais pas de sa "vision" !*... [08/02/00 :] *Me voici de retour, reprenant les lignes interrompues par mon cher condisciple François (qui m'a dit que sa copine avait adoré mon roman)…* [27/03/00 :] *François est là…* [...] *On discute… Je décharge enfin mes douleurs — celles du couple… Pour mieux voir… décharger… avoir l'avis d'un ami génial…* [28/03/00 :] *Avec François, on a beaucoup parlé et j'ai pu me décharger envers un confident… Cela m'a fait du bien…* [10/04/00 :] *François m'a dit : "J'hésitais à te le dire, mais… Quitte-la…"* [04/10/00 :] *Je viens d'avoir François… On ne pourra pas se voir… Il part pour l'Italie… Pfft !*... [23/10/00 :] *À 14H00, je vois François. On va prendre un verre quelque part. On parle beaucoup — mais pas autant que je l'aurais cru…* [16/11/00 :] *François et moi, dans* Nantes, *etc. Boire, manger…* — *Je le ramène chez lui… Je discute avec Carole et lui…* [04/12/00 :] *Quarante minutes de François… Le pauvre, il est malheureux pour moi… Je ne pleurais pas mais c'était tout comme…* [05/01/01 :] *François est venu me retrouver sur les coups de 23H00… On a tout déballé…* [22/02/01 :] *François* [...] *au téléphone…* [08/03/01 :] *Ah ! merde !… Il y a François M. qui vient… Cela faisait longtemps qu'on ne s'était vus… alors bon… mais merde !… je voulais bosser un peu !… Tant pis. Je vais continuer jusqu'à ce qu'il pointe son museau ici…* [...] *François vient de partir… On a discuté… Sympa…* [26/03/01 :] *(François m'a appelé… Je me sens coupable : on ne se voit plus, etc. Mais merde !… Les* Autres *me font chier !...*) [01/04/01 :] *Le soleil est là…. (Depuis le temps !...*) [...] *J'ai appelé François pour savoir si ça lui dirait de faire du roller… mais je suis tombé sur sa nullité : Carole… La pauvre… À un moment, elle a dit qu'elle préférait lire à écrire… mais si j'avais un manuscrit, elle le corrigerait… La pauvre !*... *Si elle savait que j'étais à mille lieues d'elle !*... *Ce que je livre n'a plus de fautes d'orthographes (ce qui est un moindre mal) — mais surtout : le manuscrit ne souffrirait aucun remaniement (de sa part, qui plus est)… Laissons les médiocres !*... [...] *Une petite correction… et je vais essayer de me faire violence : footing…* [...] *Aucune nouvelle de personne… Seul… Seul… Seul…* [...] *Si je suis dorénavant seul… ça va faire mal !*... [02/04/01 :] *Beurk hier soir, beurk cette nuit, beurk ce matin… beurk cette journée ?*... — FRANÇOIS S'EST SUICIDÉ — HIER… *François a mis… s'est tué. François s'est tué… Je… Je ne…* — … FRANÇOIS… *François… qu'as-tu fait ?…* — *Qu'as-tu fait ?… … … … …* — *François !… … … … …* — *Je bois*. — *La sœur de François vient d'appeler… Pour* l'enterrement… Jeudi… 16H00… Église à Saint-Herblain… — … Sans… je retourne… au 08/03… [18H28… Ah ! merde !… Il y a François M. qui vient… Cela faisait longtemps qu'on ne s'était vus… alors bon… mais merde !… je voulais bosser un peu !… Tant pis. Je vais continuer jusqu'à ce qu'il pointe son museau ici… — …] — Qu'ajouter ?… Je n'ai pas été là. François… je venais… JE VENAIS… — … … … — … — … — J'ai relu… le passage… qui figure dans… Au premier songe… — Carole me soutient… Agnès va peut-être venir… (Elle n'a cessé de pleurer…) — Je suis seul… Qu'est-ce ?… — … … … … — Je pleure — et je pleure… — Je bois… Je suis ivre… Pourquoi ?… Bordel !… Les meilleurs s'en vont… Pourquoi ?… Mes yeux sont rouges-rouges-rouges… je pleure — je pleure — je pleure — je le pleure… — Merde ! merde ! merde !… Merde !… MERDE !… MERDE !… C'est quoi — cette merde !… — Fait chier… FRANÇOIS !… FRANÇOIS !… — MERDE. — Je suis dans un autre monde… et c'est lui !… François… — Pourquoi est-ce que j'écris… là ?… — FRANÇOIS. — Je bois… trop… Je suis ivre… — Je pleure… ne cesse de pleurer, impuissant… IMPUISSANT. — Julien : t'es une grosse… merde… — Égoïste !… — Chier !… — 21H37… — Tout cela… irréel. — Je le revois… dans les WC… et moi appelant son portable… lui jaillissant… On rigole. (La dernière fois que…) — Et j'écoute Creed — qu'il aimait tant… — que je lui avais fait connaître… — Personne n'est là… Hou !… Agnès ne répond nulle part… — Ha… — Je suis ivre… pas loin de vomir… (Sur le monde ?…) — Ah… François… Qu'as-tu fait ?… Qu'y as-tu gagné ?… Ne me dis pas que j'y suis pour beaucoup… — Je vois trouble… bois… fume… pleure… Je suis ailleurs : a… amorphe… Plongé dans le clic-clac depuis deux heures… à regarder dans le vide… à sentir mes yeux qui piquent… — Il n'y a rien à dire… — … … … … — FRANÇOIS… — J'ai oublié son anniversaire — le 29 mars… Cela joue… jouerait… (Le 1er avril ?… Signe ?…) Je lui avais promis… fêter son anniversaire ensemble… et lui offrir l'Éthique de Spinoza… ET J'AI OUBLIÉ !… — Mmh… Vie de chien !… (Je vois trouble… Mmh…) — Paris… — Ah !… Au secours ?… Qui ? qui est là ?… — … … … — Shit. — Beurk. (Ironie du sort ?…) — … … — … … … … — ……… — Des mots !… Des mots !… de la crotte, oui !… des mots !… Qu'est-ce qu'un mot ?… face à ça ?… — De la merde… — La mort : pire que tout… — Je ne réalise pas. — Rien n'est plus vrai. — 22H40… — … … … … [03/04/01 :] Hier, dans le lit, je délirais… […] Merci aux verres d'alcool (presque une bouteille de Muscat) qui m'ont fait délirer et dormir plus facilement… […] Je n'ai pu, tout au long de la journée, fixer mon attention sur quoi que ce soit… […] Cela me ronge… [04/04/01 :] Hier soir, d'après les échos que j'ai eus. Carole et la sœur de François ont dit que son boulot (stage) chez Bouygues le minait… Mouais. S'il n'y avait que ça… — On m'a proposé de porter le cercueil : non. De dire un mot : non. […] Je ne sais pas si j'irai, demain… Le courage me manque… J'écrirais bien quelques lignes à sa sœur… […] J'ai écrit une lettre (2000 mots) pour la sœur de François… Manu la lui donnera — si je ne m'y rends pas… Lundi. […] (Irai-je ?…) [05/04/01 :] Irai-je ou n'irai-je pas ?… Tout cela est surfait — mais obligé. Je n'ai pas trouvé l'Église du vieux bourg sur la carte… […] J'ai avant d'y aller… Seul, au fond de l'église… À écouter ces conneries de catholiques, j'ai pleuré François comme un môme… Il me manque trop. Tout cela est impensable, irréel… — À la sortie de l'église, Carole et moi nous sommes enlacés… et je lui ai remis la lettre — afin qu'elle la donne à sa sœur… Je n'avais pas le courage nécessaire pour affronter tout cela… J'ai filé au cimetière… (Isolé.) […] Cécile, la sœur de François, avait laissé trois messages… Elle a été très touchée par ma lettre… et tient à ce que l'on se rencontre… Elle a proposé ce soir… mais c'était trop tôt… [06/04/01 :] Merde de vie !… […] François s'est jeté dans l'eau, à ce que Manu m'a dit… — Donc… Merde, chier. — … Sauter du pont dans l'eau… et non sur le béton… Mmh… François… […] Hier, quand j'ai appelé Carole pour lui dire que j'étais là, je suis tombé sur le répondeur… avec la voix de François… — … — … — … […] J'ai appris plus de choses sur le suicide de François… 15 jours auparavant, les flics l'avaient attrapé… sur le pont de Cheviré… Il essayait. Carole et Cécile ont dit qu'il était de plus en plus invivable, insaisissable… [07/04/01 :] J'avais écrit un poème (François) jeudi midi… Je l'ai imprimé. J'en donnerai un exemplaire à Benoît, Agnès et Cécile… — Je suis vrillé… — … […] Triste chose… On a évoqué tout un tas de choses… […] Je me sens horriblement seul… désarmé… J'ai relu le poème, la lettre pour sa sœur… Je déambule sans rien comprendre… […] Nous sommes allés sur le pont de Cheviré… (En voiture.) [08/04/01 :] J'ai feuilleté mon journal (l'autre cahier) et n'y ai rien trouvé de convaincant pour François… […] Je lis Zweig… Cela me donne envie, encore une fois, de faire un livre sur François avec la même pureté de style… […] J'ai couru une quarantaine de minutes… […] Je pensais, tout du long, à François… Mon cher, mon très cher François… […] J'ai écrit 760 mots… (Conflit interne (?…)) Je commence par l'enterrement… mais je m'arrête. Sa présence est trop forte. J'écris lentement et ce que j'y mets me ronge… Je préfère lire — mais en suis-je capable ?… — … … … … — Je me sens effroyablement mal — et seul… J'ai besoin d'un soutien — Il n'y a personne, semble-t-il… — …. La vie continue-t-elle ?… Le suicide de François m'inquiète, maintenant, en ce qui me concerne… Mes pensées sont noires. J'ai du mal à croire en quoi que ce soit ?… Même face à ce que j'écris, je me sens ineffablement impuissant… Je voudrais vomir… Tout est encore trop récent… — … … … … — … ……………… […] Putain !… Un spleen m'assaille… Je vais arrêter cette musique. Je n'aurais pas dû commencer ce livre… Merde !… Et cette solitude m'est pénible… […] J'ai regardé dans mon agenda. Le 19 mars, c'était un lundi ; le lendemain, j'allais au Bodégon avec Agnès… Le soir, étant perdus, je l'avais appelé pour lui demander le chemin. J'avais honte : le joindre pour cela !… et j'étais furieux d'être perdu. Eh bien, il avait dû essayer de se suicider le dimanche précédent… C'est effroyable… Dix jours après notre dernière entrevue… Merde !… Et je lui avais dit cette connerie de l'homme : "Ça va ?…" Il avait répondu, lointain : "Non, pas du tout…" Voilà… Vite… Le Zweig… Même si ce n'est pas le choix le plus judicieux au vu de mon état d'apitoiement général… Deux semaines après avoir vu cette montée en puissance, je me sens au bout du rouleau… […] Je prends Le monde comme volonté et comme représentation… On verra jusqu'où j'irai d'une traite. — J'ai mal… enfermé ici… Serais-je en train de devenir le narrateur d'Amer Amen ?… Non… non… Non. […] Je plonge dans un gouffre. [09/04/01 :] Souvenir : j'ai préparé le CD de Paradise Lost : Believe in nothing… Je me suis rappelé : la dernière fois que j'ai vu François, on l'avait écouté… J'avais ri du pessimisme des titres et des paroles… Il en avait traduit quelques phrases "en direct live"… […] Mon livre sur François : Une Lyre… Titre plus imposant… Différence du pluriel : Des Lyres… — Carole : la lyre… […] Cécile possède une voix (au téléphone, à tout le moins) qui me plonge dans le monde des anges… Contraste !… […] Elles sont sept parties… — C'était dur, émouvant… Reparler de lui… Je ne peux toujours pas l'accepter… En fait, il s'est jeté sur le bitume. Il ne voulait pas se rater… Elles m'ont montré des photos de lui… jusqu'à samedi dernier… Du moins, la veille… — Il a sauté du pont vers 13H45. — Putain !… […] Je viens de vérifier. François m'avait *appelé la semaine dernière… le 26 mars !… Putain… Je ne m'en souvenais presque plus… (La semaine d'avant… le soir du bain, du vin et de Napoléon…)* — *Oh, non… Je m'en veux !… Il avait envie… de me voir vraiment… pas de parler au téléphone…* Etc. — *Non… Quel est mon poids dans cette histoire ?...* — *Je vivote… Je ne fais rien… Je ne sais pas quoi faire… [...] léthargie totale dans le lit… [...] Cette photo de François, la veille… Ces yeux… [...] Végétation… [...] Horrible.* [10/04/01 :] *J'ai affiché le poème dans le hall… [...] Résister à la tentation de penser à François, sinon ça me tuerait… [...] Dès que je pense — ne serait-ce qu'une seconde — à François, je tombe de haut… [...] (Ceci : une chose est effroyable… J'ai l'impression que Cécile et Carole sont venues ici… il y a une éternité !… Ce temps, c'est ainsi que je vois les choses…* Atroce.*)* [11/04/01 :] *François… ton image reste collée… Le monde tourne, le soleil revient (enfin)… et toi, je ne sais où tu te trouves…* [12/04/01 :] *François… Je pense à toi. Tout cela me paraît loin — et si proche…* [13/04/01 :] *Avant-hier : rêvé de François…* [15/04/01 :] *Des événements circonstanciels… étranges…* [16/04/01 :] *Avec du "recul", je ne m'en sens pas fier… C'était étrange… [...] alors que "derrière" il y a François… [...] Je me sens seul et comme perdu… [...] Avais-je parlé ici des deux rêves sur François de cette semaine ?... Non ?... Je ne sais plus… [...] Je viens de nulle part… ne suis pas grand-chose, là…* [17/04/01 :] *Journée molle… — J'ai porté le mémoire à Laurent Challet… qui a été impressionné… Il a dit qu'il le gardera bien précautionneusement chez lui… [...] J'ai été heureux de voir que quelqu'un avait (aujourd'hui) replacé le poème (dans le hall) de façon à ce qu'il soit encore plus visible… Ce poème est d'une majesté !… Inoubliable… — J'ai écouté le titre (*The next generation *(?)) de Dr Dre et Snoop Doggy Dog)… qu'affectionnait tant, sur la fin, François… [...] (Passé le pont de Cheviré… No comment.)* [18/04/01 :] *J'ai accroché des passages du* Retour des Amours *dans le hall… pour François… — J'ai récupéré tout un tas d'articles sur le suicide sur internet… [...] Ce matin, j'avais une soif de poursuivre* La Lyre*… plein d'idées… mais non… La journée avançant, tout cela part en fumée… C'est atroce. [...] Je n'ai pas beaucoup écrit… J'en suis à 1100 mots ?... Ha !… Le matin !… mais quand !… Et il est si difficile et douloureux d'écrire sur ce sujet… [...] Je me sens seul… isolé de tout… [...] J'ai écrit encore un peu… Difficile… [...] J'en suis plus de 2000 mots… mais comme c'est difficile !… Ha !… François me manque tant… — … — … J'ai trop bu (Saint-Nicolas 87) et je m'arrête… Ha !… Mon dieu… François… — Merde… … Je fume, je fume… Je ne cesse de fumer… et je veux boire. J'emmerde le monde. [...] Schopenhauer… — Desproges… — Grammaire… — Cigarette… — Tristesse, mélancolie… Plus le temps avance, moins j'arrive à imaginer François comme irrémédiablement absent. —* À tout jamais. — *Il me corrompt : la mort n'est rien. Du moins, par ce qu'il a fait :* la vie n'est rien. — *J'ai presque envie d'être mort… Mort. [...] Fatigue et alcool font mauvais ménage… — …* [20/04/01 :] *Quand je pense qu'en France il y a un suicide toutes les 40 minutes… ça glace le dos… Deux fois plus que les morts sur la route… [...] Je me sens profondément seul…* ANGOISSE. — [21/04/01 :] *Mes goûts très morbides du moment m'ont "sommé" d'acheter ces trois livres chez Coiffard :* Syllogismes de l'amertume *(Cioran),* Le mythe de Sisyphe *(Camus) et* Les carnets de Malte Laurids Brigge *(Rilke)… Etc. — Solitude… mais je ne veux rien d'autre… Ambiguïté… [...] Que c'est douloureux… J'en suis à plus de 3000 mots, poème intercalé compris… — J'ai du mal, j'avance doucement et à reculons… Mmh… Douloureux. J'arrête un peu… Être atavique… Du moins : légume que le passé touche et rend légume. — … [...] Prends* Le mythe de Sisyphe*… — Rien… Rien du tout… Tout est pour le moins morne… Je n'avance pas… Mais je ne recule pas non plus… Je suis las… et mou… et triste… et immobile… — J'ai de la chance de ne pas posséder d'arme à feu dans le coin… — Etc. — … [...] 3850 mots. J'arrête là : je me tue moi-même à écrire trop longtemps d'une traite sur François… Le style est pauvre, qui plus est. Le mieux serait d'écrire le matin. Mais aurais-je le courage d'écrire longuement ?… et la journée ne serait-elle pas morose ?... — Je suis abattu. Beurk… Adieu — ou bonne nuit. (Même chose.) — … [...] Seul.* [22/04/01 :] *5600 mots… Difficile, dans ces conditions spéciales, d'écrire avec un style tel que celui d'*Au premier songe*… [...] J'ai une envie irrépressible de continuer* La Lyre*… Mais… je ne sais pas. Plus d'un certain temps passé dessus… et… je me sens orphelin… La mal me gagne, me monte à la gorge… imperceptiblement… Lire… Etc. — Où sont les Autres ?...* — Beurk. — *… [...] J'ai fouillé dans le* Journal*… tout ce qui se rapporte à François… mais passé le premier cahier, j'ai fini de recopier les passages… parce que c'est trop lourd… J'ai recopié le 02/04 en entier… Je crois que seul sera reproduit dans* La Lyre*… Oui. J'aimerais pourtant retrouver le premier moment où je parle de lui… —* FRANÇOIS… *Que croire ?... — … Je bois. [...] 6218 mots avec le journal, etc. — J'aimerais avoir le temps (et la force ?) de continuer… — Lire ?... Attendre des nouvelles de quelqu'un ?... Ne jamais compter sur les Autres… — Mmh… — … — Les pages que j'ai survolées : quelle puissance !… Je me le répète : je suis un génie !… Immolez-moi — et donnez en pâturage ces pages !… — … J'ai quelque chose à donner à titre posthume !… — Haha… — … Trop grisé pour poursuivre l'écriture… [...] Dans* Le monde comme volonté*… j'en suis au paragraphe 26…* [23/04/01 :] *J'ai recommencé de chercher des articles sur le web traitant du suicide… [...] 7100 mots. — Stop… Le vin, la bière… Mmh… [...] Toujours Schopenhauer…* [24/04/01 :] *Agnès… — [...] Tout n'était pas au mieux : je lui fais peur, j'ai l'air morbide, loin, livide… Etc. Elle m'a dit que Jean-François lui avait dit : "J'ai peur pour Pichavant, son meilleur ami… Il a une tête pas possible." Tout cela ne m'aide guère !… [...] C'était bizarre, ce "F. Ménard" qui s'affichait sur le portable… Je devrais le changer… et pourtant, je ne veux pas… — Cette photo, en face de moi, tout à l'heure, avec Carole et François… J'ai eu envie de la retourner et de pleurer… — Il est vrai que je ne vais pas bien du tout… En grande partie "à cause" de François… — …* [25/04/01 :] *Lu Camus, regardé pages sur Zweig, etc. J'ai une photo de lui avec sa femme, étendus sur le lit… morts… Mon dieu… — … [...] Je pense à François très souvent… Tout va mal, je le sens… Heureusement qu'il n'y a aucun flingue à portée de main… Mon dieu… — Comment Carole peut-elle tenir ? à vivre dans le même appartement ? à travailler — à avoir la force de travailler ?... [...] Hier soir, quelques larmes ont coulé… J'ai failli pleurer également chez Carole… — Aaahh… Je suis !… — Mon dieu… — … Dur. [...] Carole m'a donné son mémoire FH… Réussir… dans le couple…* [26/04/01 :] *Plus de 9000 mots… [...] 11088 mots… Mmh… J'y ai ajouté des extraits d'*Amer Amen*… — Les citations que j'ajoute sont pertinentes (Schopenhauer, Camus)… — Ah… j'oubliais : une petite introduction… et la dédicace pour — mon père… — … — Je ne me sens pas très bien… [...] J'ai farfouillé dans mes écrits divers et variés… dont les lettres à Clémence… pour tenter d'y trouver François… — Je suis tout de noir vêtu… — Mon dieu… — Je lis le mémoire de François… C'est affolant… affolant, affolant. Imaginait-il en faire un prochain testament ?... Son père… sa mère également… leur impact… et je n'ai pas la suite… Ainsi, quand il me parlait de son père… rien n'était gratuit. Rien. — Je me demande quel était le sujet de discussion entre sa mère et lui, la veille de sa mort… J'en ai peur. [...] J'appelle : mais François ne répond pas… C'est certainement le côté le plus difficile…* [27/04/01 :] *J'ai fini le mémoire de François… Il* *réfléchissait tellement !... [...] J'ai mal au ventre... Je ne me sens pas bien... — ... [28/04/01 :] Les envies d'en finir... [29/04/01 :] 13162 mots... Cela devient décousu... Je ne pourrai le continuer très longtemps... Non. Tout est à dire — et rien n'est à dire... [...] 14463 mots... C'est dur... décousu... Beurk... et non-beurk... [...] Je m'ennuie — mais je n'ose donner quelque signe de vie... — Je veux du vin... — ... [...] 16422 (Beaucoup du mémoire...) Ce livre prend racine à son préambule : c'est un hommage, non une œuvre purement littéraire... — Tout est trop frais — encore... quatre semaines plus tard... [30/04/01 :] Je n'en pouvais plus... 18323 mots... Il y aura peut-être un ou deux passages à ajouter — mais je l'ai fini... — ... La Lyre. [...] 18555 mots... [...] En page de couverture, je mets les époux Zweig — avant et après... — ... [01/05/01 :] [Cécile] m'a dit que Michel Ulens (l'accompagnateur de François), qu'elle a vu hier, avait peur pour moi... que quelques personnes étaient allées le voir pour dire que je n'étais pas bien... Teint livide, etc. — Il est vrai que j'aurais un flingue à portée de main, je... — ... [...] Parviens pas à dormir... Brassens... Mal au ventre... aux yeux... et je ne peux m'empêcher de penser à François. C'est terrible. [02/05/01 :] Rien ne va : tout est noir... noir, noir... — Je craque... Je pense au suicide la majeure partie du temps... — Je vais craquer... [...] Je n'en peux plus... Quand cela finira-t-il ?... — ... [03/05/01 :] Il pleut... Il fait froid... C'est gris et sombre... — Il pleut... Il pleut... — ... — ... [...] Journée affreuse... Ce matin, je suis descendu au plus bas... Envie de tomber par terre... Goût à rien... sinon à celui d'en finir... [...] Moi, je ne ressens rien — pour tout... Mon visage est dans le marbre le plus froid... — Ce soir, on me propose de sortir... Non. [...] Il y a de ces moments... Je n'existe plus... Un flingue... car tout le reste m'effraie... Je souffre d'avance... [...] Je suis malheureux... Mort. — [...] Où suis-je ?... [...] Je reste dans le lit... cogite... Comme ça, le regard perdu au plafond... Je me sens comme une masse, amorphe, vide, lourd, ... [...] Peut-être suis-je malade gravement ?... Allez, l'hypocondriaque revient... — ... [...] J'écris... tout un tas de phrases isolées que j'ajouterai à La Lyre... — Je me sens perdu... Hier, je me sentais définitivement perdu... Ça va un peu mieux — mais quelque chose empire... — ... [04/05/01 :] On m'a fait savoir que Challet avait encore dit que mon mémoire FH était "remarquable"... [...] Depuis hier midi, j'ai l'impression de n'avoir plus ces "antidépresseurs" naturels... L'idée du suicide s'envole un peu... Mais un peu... [05/05/01 :] J'ai écrit 1400 mots... — ... Solitude. [...] Je reste seul... en plus, je corrige et ressasse tout cela... [...] Je m'ennuie... Je me sens lourd... Mais aucune pensée du suicide... [...] J'en suis au livre quatrième du Monde comme volonté... [...] Dormir... ou peut-être rêver !... [06/05/01 :] Schopenhauer et l'art : un régal... [...] J'ai fini de corriger à la main... [...] Cela fera 22000 mots... — Je refais la mise en page... [08/05/01 :] J'ai terminé* Le mythe de Sisyphe *en écoutant Beethoven... — Je prends* Syllogismes de l'amertume... *— J'en... je m'ennuie... seul ici... dans mon coin... mais je ne vois pas ce qui pourrait être plus profitable... J'ai envie d'écrire, c'est une force qui sourd et me martèle, mais je sais que je ne pourrai avancer qu'à petites enjambées... et l'envie meurt avant d'avoir eu sa réalisation concrète... [...] Lourd, lourd... Je me sens lourd... [...] Cioran : génial... noir... [...] J'ai commencé un recueil de pensées "forcées"... Le titre : Le Souci de l'âme... [...] Cruel abandon. Je vous crache à la gueule... [...] Paragraphe 61 du* Monde comme volonté... *— Ah ! ce Schopenhauer... Quelle force !... Il me fait de plus en plus peur... Quel génie !... — Je me suis rendu compte, avec quelle fierté !... que la trame d'*Amer Amen *était bigrement schopenhauerienne... Mon dieu !... (Les grands esprits se... hum !...) [09/05/01 :] Se lever !... Quelle ingratitude !... [...] Ennui glacial... et surtout malaise au niveau du ventre... [10/05/01 :] Un peu de Cioran ; je peux y aller... — Cioran me stimule pour la forme et le style... Mais pourvu qu'il ne déstabilise mes idées !... [12/05/01 :] J'aborde le 68ème paragraphe... — J'ai lu les première et troisième préfaces... et la seconde en survol... C'est incomparable !... [13/05/01 :] Je me sens lourd... Seul... et dégoûté d'être... [...] En peu de jours, que d'écriture ! — malgré le "peu" de temps qui m'était imparti... [...] Qui l'eût cru !... J'aurai lu d'une traite* Le monde comme volonté et comme représentation... *Cet ouvrage va me marquer à vie... [...] Et j'ai terminé* Syllogismes de l'amertume... *— Avec* Le Souci de l'âme, *on va me taxer de Cioran minus... [15/05/01 :] Quand je peux parler à quelqu'un, je ressasse mes angoisses, etc., et le spleen s'agrandit... [...] Depuis quelques jours (et ce n'est pas bon), François est revenu... — Ce que je fais de mes journées passées à l'ICAM ?... — Du vent. Je n'y existe pas... — ... [17/05/01 :] J'ai tiré* La Lyre*... [23/05/01 :] Je relisais* Amer Amen *en fumant... [...] Déchet. [...] Discussion avec un jésuite (Hirrien) à propos de François... On était 6 ou 7... J'ai parlé comme dans les grands jours... Mmh... Ah... Un Alex, par exemple, qui ne comprend rien à rien... C'est affligeant... [01/06/01 :] C'était un manoir, à Monval... Superbe, avec vue sur la mer ; chacun avait sa chambre individuelle... [...] Depuis mercredi matin, j'ai écrit dans mon carnet 225 paragraphes que je vais recopier dans* Le Souci de l'âme *(avec quelques retouches)... Il y en a à jeter... mais entendre toutes ces conversations a été fructifiant : mon esprit se baladait allègrement... [...] Je regarde la photo de François — qui est sur la table basse... — Dieu... Affreux. — ... — ... [04/06/01 :] Cela fait 600 paragraphes — à peu près... [...] J'avance dans* Demian... *Je comprends mieux (mais je l'avais deviné) pourquoi, selon François, il était Sinclair et moi Demian... (Agnès le pense aussi...) [...] Lire* Demian *me donne l'envie d'écrire, toujours puiser au fond de moi — et écrire, raconter des histoires, une histoire, mon histoire... [...] J'ai terminé le grand* Demian. *[08/06/01 :] Cécile... qui m'a dit qu'il y avait eu une soirée consacrée à François, hier soir... Pfft !... C'est n'importe quoi... Elle m'a aussi dit que le directeur de l'ICAM avait fait l'appel pour ceux qui revenaient de stage et s'était arrêté à François Ménard... C'est vraiment pas malin... Il y a eu un silence et Benoît aurait lancé son stylo en jurant : "Putain, merde, c'est pas vrai !..." [...] Je suis passé chez Agnès. On devait aller sur la tombe de François, et puis on n'y est pas allés... [...] François me manque terriblement. J'ai besoin de lui... [...] — ... [09/06/01 :] J'ai envie d'avoir lu (*plus que de lire !*)... [...] Il ne fait pas beau... en plus, le spleen est là, qui me rend morose... Bof... La vie... la vie... [...] Je me sens triste — mais que faire qui me rende gai ?... [10/06/01 :] La redondance de l'Ennui !... — Écrire un peu ?... N'importe quoi... Voyons. [...] Je me suis singulièrement amusé... J'ai écrit un petit bout d'un dialogue intitulé* Clara et Adrien... *[...] Je m'ennuie... Je sors un peu me relaxer... les jambes... fumer... [11/06/01 :] J'aimerais faire quelque chose de tout ce que j'ai écrit aux États-Unis... mais oui, cela prendra du bon sang de temps !... — J'ai re-re-regardé le manuscrit de* De loin en loin... *Là aussi, il faudrait beaucoup de bon sang de temps !... (Who the hell are you ?...) [...] À l'ICAM, j'ai sorti trois exemplaires de* La Lyre *— que j'ai été porter chez l'imprimeur... [13/06/01 :] Je réfléchis à un roman... Un apprentissage — goethéen ?... L'art... Le narrateur une fois "je", une autre fois "il"... Cela commence à me venir... Mais cela devrait faire 3000 pages, ça !... et merde !... Je l'appelle* De la vie à l'art... *[15/06/01 :] J'ai les 3 exemplaires de* La Lyre... *[...] J'ai lu les 40 premières pages de* La Lyre... *C'est magnifique et si touchant... [18/06/01 :] Bon, fini le* James... *Mais j'ai un spleen, là... Ha !... Le spleen. [19/06/01 :] J'ai rajouté au* Souci de l'âme *les paragraphes de* De la vie à l'art *et le* *dialogue de Clara et Adrien... Cela porte le total à 29000 mots... Il faut que cela soit grand... [...] Ha !... Avec le divorce, j'eus quelque chose à dire... Avec le suicide de François, également... Il ne me reste plus qu'à voir mes livres publiés... et à me voir mourir !... — ...[...] Donné* La Lyre *à Cécile...* [28/06/01 :] *L'hommage à François était bouleversant... Les photos... mais surtout les extraits de vidéo... tout cela m'a fait pleurer à chaudes larmes...* [30/06/01 :] *Je me sens fatigué et j'ai mal, mal, mal au ventre... — Pourquoi me sens-je malade ?... [...] Je pense très chèrement à François...* [16/07/01 :] *Cette nuit, j'ai rêvé, entre autres choses, de François... Ce n'est pas facile... Avant de m'endormir, cette nuit, je pensais à lui très vigoureusement, rageusement, comme si j'étais proche de lui — et lui de moi, — dans la tourmente. Je pensais aussi, il faut le dire, avec ce mal-être — fatigue —, au suicide : me jeter du troisième étage où je me trouve...* [10/08/01 :] *Je ne cesse de penser à François... Toujours il revient... et l'idée du suicide... que je sois bien ou que je sois mal...* [20/10/01 :] *Rêvé de François... Il était là, il n'était pas mort...* [20/11/01 :] *Depuis deux ans maintenant je connais le doute véritable, existentiel. En un an, j'ai plusieurs fois été au bord du précipice, surtout, bien sûr, à la mort de François...* [02/01/02 :] *Je pense souvent à François. Dès que je sens que je dois quitter* tout, *son image me revient et je ne me contrôle plus... [...] François, tu me manques ; je ne t'en veux pas. Ce que je regrette, c'est que ce soit toi qui me représentes la sortie de secours. Ça, c'est terrible. François, mon frère, mon alter ego... J'aimerais pouvoir disséminer aux quatre coins du globe,* La Lyre*...* L'hommage. [02/04/02 :] *Un an : j'apprenais la mort de François...* [13/05/02 :] *Je pense à François... Écouté un peu de lui... — Bon sang !... — Le cœur comprimé...* [16/10/02 :] *Rêves structurés... Malheureusement, je crois qu'il y avait François... — Bonheur et douleur d'écouter* Vertical Horizon *en lisant* La Lyre, *sur la terrasse...* [31/03/03 :] *Demain, cela fera deux ans que François est mort... Triste rappel... Triste rappel...* [04/11/03 :] *François me manque... C'est le seul qui aurait pu être là... Mon Dieu... François... Tu es loin... Tu es très loin... —* FRANÇOIS... [23/11/03 :] *Je suis allé au cimetière de l'Orvasserie... sur la tombe de François... (Affronter.)* [01/04/04 :] *François : 3 ans !...* Merde. »

* * * * *

Quelle douleur répétée ! — a) Le vivre violemment dans son corps et son esprit. — b) Le penser après le choc, le repenser. — c) L'écrire, le noter fiévreusement, puis froidement. — d) Le rechercher, le repenser. — e) Le relire. — f) Le revivre. — g) Le recopier. — h) Le repenser. — i) Le recopier à nouveau. — j) Le relire. — k) Le repenser.

* * * * *

Vouloir effacer revient à graver.

* * * * *

François. — « *François, que l'idée du ciel étreignait, / Seul parmi ses doubles, là pour les jours / De ses amis, s'éteignant telle une flamme / Qu'aurait brisée un vent de nulle part, / François, que l'amour étalait sur l'horizon, / Plein de compassion, jeté dans sa cache, / Seul, seul de tous temps dès demain, / François qui, des couleurs du soir, / Brillait le matin, écoutait la nature humaine, / Vrillé par tant d'ignorance, l'ignorance / De ceux qui pensent, pensent, repensent / À l'abandon, en fuite des mouvements, / Pour finir celui de sa propre fin, / François pour qui je pleure, qui a pleuré / Au gouffre de l'existence, devant lui-même, / Devant moi, devant les autres, les autres, / Et nous pensons, et je pense, et tu pensais / Qu'ainsi les choses se déroulaient, / Dans l'obscurité d'un tunnel profond / Que les yeux ne suivaient plus, ne pouvaient / Plus suivre, loin des lumières affreuses / Qui reflètent le passé, le présent et l'avenir, / François, que l'idée du ciel étreignait, / Seul parmi ses doubles, là pour les jours / De ses amis, s'éteignant telle une flamme / Qu'aurait brisée un vent de nulle part.* »

* * * * *

Sale écriture ! qui n'est que le souffle agonisant d'un écrivain perdu. Je me suis cru écrivain — et j'écris avec des moufles et un cerveau claqué. Mes phrases commencées, elles semblent s'arrêter tout de suite, ne dépassant pas le bout de mon nez. — Est-il humain d'écrire ce livre d'un seul bloc, d'enchaîner toutes ces phrases difficiles à lire, ces chapitres qui vont *crescendo* ? Ces phrases commencent à se simplifier singulièrement. Tout se passe comme si j'éprouvais de plus en plus de difficultés à les écrire et que, à l'inverse, elles devenaient de plus en plus faciles à lire... — « *J'entreprends de conter l'année épouvantable, / Et voilà que j'hésite, accoudé sur ma table.* » Quel homme dont la passion est d'écrire, n'a pas écrit sur le deuil ? Quelle occasion, n'est-ce pas ? On ne peut la laisser passer, convenez-en. La plume est au garde-à-vous. Le sujet rêvé ! Certes, voilà un sujet terrifiant, un sujet qui excusera l'abandon de celui qui écrit, son lyrisme ampoulé, son désespoir exagéré de pénitent... La décence devrait commander à l'écrivain (de l'écrivaillon du dimanche jusqu'au génie, en passant par le faiseur annuel de livre et de la rentrée », « goncourisable ») de retenir sa logorrhée. Le jeune Gide (catégorie précitée du génie) des *Cahiers d'André Walter* recommande plutôt le silence, car « *les mots sont profanes* ». « *Pourquoi parler ? Qu'importent les phrases ?* » J'ai été, je suis (et ne peux plus attendre de l'être au niveau où en est mon livre) dans la même situation que lui : « *Quelque soir, revenant en arrière, je redirai ces mots de deuil ; maintenant cela m'écœure d'écrire : la phrase n'est pas pour ces choses, émotions trop pures pour être parlées* », autrement dit : à bas la « *rhétorique* » !

* * * * *

« *Je ne vivais pas ; l'extrême désespoir est une espèce de mort qui fait désirer la véritable.* »

* * * * *

Insidieusement, douleur et joie s'entremêlent. — Le mot « *rhétorique* » me renvoie à Aristote : « *Dans le deuil et dans les lamentations, il y a encore un certain plaisir ; car ce chagrin vient de la séparation : or il y a un certain charme à se souvenir de l'ami perdu, à le voir en quelque façon, à se rappeler ses actions, son caractère.* » — Je ne regrette pas de t'avoir connu, François. Tu n'as pas à regretter d'avoir accompli ton geste, et tu as encore moins à regretter le fait que certains pourraient le regretter. Tu devais faire ce que tu as fait, car nul ne peut échapper à son destin. C'est ce que les années m'ont appris. Le peu subtil « *Je me suis suicidé*. *J'ai eu tort* » de Bernard Werber (*L'empire des anges*) ne m'intéresse pas. — Je ne sais plus dans quelle mesure tu es en moi ; je ne sais plus dans quelle mesure je dois être heureux ou malheureux. Dans cette *Éthique* qui ne t'aura pas accompagné dans ta tombe, Spinoza « propose » : « *Qui imagine que ce qu'il aime est détruit, sera contristé ; et joyeux, s'il l'imagine conservé.* » Ceci ne me parle plus. Si j'avais écrit ces pages il y a seulement quatre ou cinq ans, voire moins, cela m'aurait parlé. C'est fini. Je suis beaucoup trop qohélétisé pour que cela m'illusionne encore. Je suis désormais dans la posture de celui qui se rit de tout, que tout fait rire, mais qui ne rit plus. De cela je suis fier, car je puis dire adieu aux lieux communs.

* * * * *

« *Embrasse-moi. Vois-tu, mort, tu m'aimeras mieux. / J'aurai dans ta mémoire une place sacrée.* »

* * * * *

Toutes ces années sans que personne ne me fasse rejaillir ton image… qui ne s'efface pas. Je suis le seul, dans mon monde, à te faire rejaillir. Redonner la vie en réfléchissant et en écrivant, quelle drôle de chose… Au début de *La Lyre*, je racontai : « *Je m'enfonçais tant bien que mal vers ma propre déchéance en laissant devant moi ton image qui non seulement ne s'estompait plus, mais qui rejaillissait mortelle pour te croire plus vivant que tu ne le fus jamais.* » C'est vrai : j'errais dans les rues en traînant ma mélancolie, comme si tous les jours étaient devenus des dimanches laforguiens ; je portais mon désespoir tel Claude Lantier dans *L'Œuvre*. C'était moi sans être moi, je voulais être là où j'allais sans savoir où j'allais. Comme Etty Hillesum, je marchais dans le brouillard en retrouvant ce sentiment : « *j'ai atteint les limites, j'ai déjà tout vu, tout vécu, pourquoi vivre plus longtemps ?* » Moi aussi, je m'en tenais au fait que je n'irais pas plus loin, que les limites se rapprochaient, que, au-delà, il n'y avait plus que l'asile d'aliénés — ou la mort. Je ne pouvais plus m'oublier comme Hillesum semblait pouvoir s'oublier : « *La seule forme d'accomplissement qui me soit réservée dans cette vie : m'oublier tout entière dans un morceau de prose ou dans un poème à conquérir de haute et sanglante lutte sur moi-même, mot après mot.* » C'était l'époque où je m'oubliais pour oublier le monde. C'était l'époque où je me répétais, sans les connaître, les vers de Verhaeren (*Les Nombres*) : « *Cercle après cercle, en ma mémoire, / Je suis l'immensément perdu, / Le front vrillé, le cœur tordu, / Les bras battants, les yeux hagards, / Dans les hasards des cauchemars.* » — Mon *égo nu, misérable,* parle : « *Le souvenir d'un être absent s'allume dans les ténèbres du cœur ; plus il a disparu, plus il rayonne ; l'âme désespérée et obscure voit cette lumière à son horizon ; étoile de la nuit intérieure.* » — Les cauchemars de François supplantaient mes rêves… — Comment vais-je m'y prendre ? Je n'ai pas vraiment préparé de plan. J'ai l'impression d'avoir écrit l'essentiel (si l'on peut parler d'« *essentiel* » dans ces cas-là) dans *La Lyre*. Je me demande si je ne vais pas écrire en me regardant écrire, c'est-à-dire faire pire que tout ce que j'ai fait jusqu'à présent. Car écrire en se regardant écrire, c'est aussi — paradoxalement — perdre petit à petit l'idée de l'écriture. Je vais encore « désécrire ». Je ne sais pas si cela ressemblera à un livre de deuil classique. L'intention primitive serait sans doute assez proche des intentions des écrivains qui ont écrit à ce sujet, depuis Crantor (dont le livre *Sur le deuil* a été perdu) jusqu'à Roland Barthes (*Journal de deuil*), en passant (il revient) par Gide (*Et nunc manet in te* ou *In memoriam*). — Un mort qui écrit sur un mort. « *Ma harpe n'est plus qu'un instrument de deuil, et mon chalumeau ne peut rendre que des sons plaintifs.* » (*Jb* 30,31)

* * * * *

Ton absence présente, ta présence absente. — Je traînais ma mélancolie suicidaire parce que ton absence était plus présente que jamais, et ta présence plus absente que jamais. « *Les formes supérieures de la foi en la survie concordent exactement avec cette expérience. Elles nous présentent la personne spirituelle non pas comme anéantie, mais seulement comme disparue, comme existant dans l'absence. Si la mort était la présence absente, le mort est maintenant l'absence présente.* » Ainsi s'exprimait Paul-Louis Landsberg, qui a dû connaître des joies similaires aux tiennes avec sa révélation. Mais qui dit « *révélation* », dit « *changement* », « *nouveau référentiel* », pour le pire et pour le meilleur. Landsberg, dont je reparlerai plus tard, écrivit de très belles choses : « *L'absence subite de la personne spirituelle peut être interprétée de façon très diverse, surtout selon les différences inhérentes à l'expérience même. Son contenu fondamental n'est jamais l'anéantissement mais quelque chose comme une question ouverte. C'est par cela que l'esprit peut en souffrir au-delà de la sphère de la douleur proprement dite. Les pires souffrances ne sont pas des douleurs. Garder la communauté avec le mort, c'est préserver de la destruction notre propre existence dont cette communauté fait partie intégrante. L'esprit est donc forcé de trouver dans une solution du problème, solution qui précisément ne semble pas trouvable, la possibilité de reconstitution de cette communauté. La souffrance spirituelle est la souffrance de l'existence qui se trouve dans une incertitude menaçante, dans un manque de relations complet, dans l'abandon et l'impuissance. La compassion serait un pont vers l'autre et par cela même une consolation.* » — Ni ton absence ni ta pseudo-présence ne me consolaient : le pont était brisé, le pont du haut duquel tu te laissais choir… L'insoluble de la mort me frappait et me dissolvait…

* * * * *

Emprisonné dans ta mémoire, tel je suis. Emprisonné dans ma mémoire, tel tu es. Emprisonnés, tels nous sommes, chacun de notre côté, avec ce *pont-souvenir* qui nous relie… — Tel sir Walter Raleigh, emprisonné en 1603 dans la Tour de Londres, je voudrais m'écrier : « *Oh, death! destroy my memory, which is my tormentor; my thoughts and my life cannot dwell in one body.* » (« *Oh, mort ! détruis ma mémoire, qui est mon bourreau ; mes pensées et ma vie ne peuvent pas cohabiter dans un même corps.* »)

* * * * *

Je pourrais m'inspirer d'Albert Cohen qui écrivit *Le livre de ma mère*. Il rechercha le courage d'écrire : « *Âme, ô ma plume, sois vaillante et travailleuse, quitte le pays obscur, cesse d'être folle, presque folle et guidée, guindée morbidement.* » Il insista, banda ses muscles, tendit sa pensée : « *Somptueuse, toi, ma plume d'or, va sur la feuille, va au hasard tandis que j'ai quelque jeunesse encore, va ton lent cheminement irrégulier, hésitant comme en rêve, cheminement gauche mais commandé.* » Il connut la dépression : « *Dans les rues, je suis triste comme une lampe à pétrole allumée en plein soleil, pâle, inutile et lugubre, comme une lampe allumée en un jour éclatant d'été […].* » Il connut le désir d'en finir, obnubilé par la mort : « *Aujourd'hui, je suis fou de mort, partout la mort […].* » Il se sentit seul, abandonné : « *Combien vous ne nous aimez plus, morts aimés, chers infidèles. Vous nous laissez seuls, seuls et ignorants.* » Il regretta que la mort fût si vivante, que l'on pût l'idéaliser : « *Ce que les morts ont de terrible, c'est qu'ils sont si vivants, si beaux et si lointains.* » Enfin, il reconnut la vérité de tout ceci : « *Dieu, que tout cela est absurde.* »

* * * * *

François s'est tué. François s'est tué. François s'est tué. — Qu'écrire d'autre ? La pensée d'alors, après *l*'avoir su, était réduite à ce : *François s'est tué*. La réalité est là. Il n'y a rien d'autre, tout juste des rivières de désabusement qui s'échappent du fleuve de ma vie et irriguent toutes les terres de mon existence. La Perte de Sens, c'est tout ce qui provient du *François-s'est-tué*, tout ce qui m'y ramène, tout ce qui me définit et me finit par la même occasion. La Perte de Sens, c'est François avec moi — et moi avec le monde. Coupure, interruption. Terrible interruption. François s'est tué. Oui, je comprends Benjamin Constant qui note dans son *Journal*, en l'année 1805 : « *Terrible interruption. Blacons s'est tué. Je ne saurais peindre l'effet que cette nouvelle a produit sur moi. […] Je suis comme un débris debout au milieu de ruines couchées. Mon âme est flétrie. […] Pour qui penser, pour qui écrire, pour qui vivre ? […] Pauvre homme ! Il devait venir ce jour-là même à la campagne, chez moi. Comme il ne m'en avait plus parlé, je n'ai pas été le prendre. Je me le reproche amèrement. […] Mon émotion sur Blacons n'est pas encore passée. Son idée me suit partout. Je me retrace tous les lieux où je l'ai vu et que je vais revoir. Les livres que je lui ai prêtés me causent une douleur assez vive. Ma peine est beaucoup plus forte que je ne croyais mon amitié. […] Quelle âpreté les hommes mettent dans leurs intérêts du moment ! Comme leurs prétentions leur paraissent importantes ! Comme leur amour-propre s'agite ! Comme ils attachent de prix à cette vie si passagère et si tôt oubliée ! […] J'ai sur le cœur un poids qui m'empêche de respirer. […] Il est venu chez moi un quart d'heure après mon départ : s'il m'avait trouvé, je lui aurais sauvé la vie. Si en passant devant sa porte j'étais allé le voir, comme j'en avais le mouvement, je lui aurais encore sauvé la vie. Malheureux homme ! sa mort me paraît en quelque sorte retomber sur moi. […] Je ne me suis jamais relevé de la mort de Mauvillon ; il y a pourtant 11 ans qu'il est mort. Celle de Blacons ne perdra jamais de sa tristesse et de son horreur pour moi. Tous mes plaisirs sont empreints de lui. Il a habité dans cette chambre ; nous y avons dîné plusieurs fois. Jamais, jamais je ne l'oublierai.* » — Qu'est-*ce* ? C'est *ça*.

* * * * *

Est-ce Hölderlin (*Hypérion*) qui a raison ? « *C'est une belle chose que l'homme ait tant de mal à se convaincre de la mort de ce qu'il aime, et personne sans doute ne s'est encore jamais rendu sur la tombe de son ami sans le discret espoir d'y rencontrer cet ami en chair et en os.* » Ou est-ce Goethe (*Faust*) ? « *Lorsqu'il n'est pas là, — C'est pour moi la tombe. — Ah ! quel goût amer — Recouvre le monde !* » Ou les deux ont-ils raison ? Il faut savoir raison mourir…

* * * * *

Passer du rêve au cauchemar : facilité (faille ?) déconcertante ! Vous roulez sur une route de campagne, vous vous sentez bien, léger, lorsque, à un croisement, une autre voiture vient vous percuter de plein fouet par la droite. — Vous êtes sportif, bien dans votre peau, bien dans votre tête, et vous vous réveillez un matin en crachant du sang. — Dans les deux cas, vous ne vous illusionnez pas : *vous ne pouvez pas vous illusionner*. — Vous sautez du haut d'un pont : quarante mètre de chute libre pour atterrir sur le bitume. Était-ce un rêve ou un cauchemar ? Était-ce une illusion ? Mon cul ! — RÉALITÉ. – En toute rigueur, ce que l'on pourrait dire tiendrait dans cette expression : « ce n'est rien », si par là on entend que ce n'était rien puisque cela devait avoir lieu (ou que cela a eu lieu). Ce n'est rien, comme d'apprendre qu'un avion s'est écrasé au Brésil, qu'un séisme a secoué le Japon, qu'une bonbonne de gaz a explosé dans un immeuble à Montréal. Alors oui, on peut dire avec Théoclymène que « *Les morts ne sont rien, que peine sans fruit* ». On peut tout dire ! Tout, tout, tout… Pour moi, cette phrase peut devenir : « Les *mots* ne sont rien, que peine sans fruit ». — Kant n'y peut rien : tout est là, en nous, à l'extérieur, que seule l'imagination limite. Tout n'est rien, rien n'est tout. Je peux pianoter sur mon clavier qu'un albatros s'est posé sur mon épaule gauche, que j'ouvre ma fenêtre pour admirer l'océan, que mon grand-père maternel me parle, que j'ai des boutons phosphorescents sous les pieds, que j'ai un coton-tige dans le nez, que le facteur vient de m'apporter une paire de skis, que j'ai quinze ans. Je peux écrire que deux et deux font ce que vous voulez. Je peux écrire que François n'est pas mort. Je peux écrire que je n'ai jamais connu ce François que j'ai l'air d'avoir connu. C'est toute la force de l'écriture et de la pensée. L'écrivain est un fou. C'est un fieffé menteur, même quand il croit dire la vérité.

* * * * *

Mais voilà : François est *mort*. C'est-à-dire qu'il n'est *plus* là, tandis que moi, j'y suis, dans ce « là », ce « là » que l'on ne peut quitter qu'en faisant comme lui. Minime différence : être là, ou ne pas être là. Là, pas là : une petite négation et hop ! le contact est perdu — *à jamais*. « Enfin, il n'est plus, *et moi je suis* ! » dit, dans les *Mémoires de deux jeunes mariées*, Madame de Macumer (qui vient de perdre son époux) à la Comtesse de L'Estorade. « *À toi qui nous as bien connus, que puis-je dire de plus ? tout est dans ces deux phrases. Oh ! si quelqu'un pouvait me dire qu'on peut le rappeler à la vie, je donnerais ma part du ciel pour entendre cette promesse, car ce serait le revoir !... Et le ressaisir, ne fût-ce que pendant deux secondes, ce serait respirer le poignard hors du cœur !* » Si je suis vraisemblablement désabusé, cela ne m'empêche pas de penser ainsi. Je donnerais beaucoup pour qu'il ne fût pas mort, ou qu'il fût là un instant, afin que l'on discutât. Cependant... tout ceci est vain, faux, hérétique. Je ne dirais pas tout cela s'il était encore là. Il est facile, encore une fois, de dire que l'on regrette — quand ce que l'on regrette ne pourra jamais renaître de telle sorte qu'on n'ait pas à le regretter... J'irai plus loin : cette mort aura fait de moi ce que je suis aujourd'hui, et sans elle, je serais peut-être un peu plus « imbécile », un peu moins « conscient ». — Quoi qu'il en soit, revivre ces moments-là m'est pénible, aussi pénible qu'il le fut de les vivre. En cet ancien jour d'horreur, « *L'absence a sur mon âme étendu sa nuit sombre !...* » — Je vécus littéralement ce que Madame de Macumer vécut : « *Maintenant, je me lève à midi, je me couche à sept heures du soir, je mets un temps ridicule à mes repas, je marche lentement, je reste une heure devant une plante, je regarde les feuillages, je m'occupe avec mesure et gravité de riens, j'adore l'ombre, le silence et la nuit ; enfin je combats les heures et je m'ajoute avec un sombre plaisir au passé. La paix de mon parc est la seule compagnie que je veuille ; j'y trouve en toute chose les sublimes images de mon bonheur éteintes, invisibles pour tous, éloquentes et vives pour moi.* » — L'Absence absurde, l'Absent absorbant, l'Absence abstraite, l'Absent absous, l'Absence absolue. La Loi de l'Éloignement. — La mort, la vie ; la vie, la mort. La guerre, la paix ; la paix, la guerre. — Dialogue entre Pierre Bézoukhov et André Bolkonsky : « *Oui, c'est la doctrine de Herder, dit le prince André, mais ce n'est pas elle qui me convaincra ! La vie et la mort, voilà ce qui vous persuade !... Lorsqu'on voit un être qui vous est cher, qui est lié à votre existence, envers lequel on a un des torts qu'on espérait réparer... (et sa voix trembla)... et que tout à coup cet être souffre, se débat sous l'étreinte de la douleur et cesse d'exister... on se demande pourquoi ! Qu'il n'y ait pas de réponse à cela, c'est impossible, et je crois qu'il y en a une ! Voilà ce qui peut convaincre, voilà ce qui m'a convaincu. — Mais, dit Pierre, n'ai-je pas dit la même chose ? — Non, je veux dire que ce ne sont pas les raisonnements qui vous mènent à admettre la nécessité de la vie future, mais lorsqu'on marche à deux dans la vie, et que tout à coup votre compagnon disparaît, là-bas, dans le vide, qu'on s'arrête devant cet abîme, qu'on y regarde... la conviction s'impose, et j'ai regardé !...* » — On a tous raison, on a tous tort. Je ne sais plus ce que je dois penser. Une chose est sûre : comme le dit la Comtesse, « *la mort rapproche autant qu'elle sépare* ».

* * * * *

« *Mais, vrai, j'ai trop pleuré !* » Aujourd'hui, je ne peux plus pleurer. J'ai trop pleuré. J'ai pleuré plusieurs heures d'affilée le soir de l'annonce de sa mort. Le sommeil est tombé sur moi d'avoir trop pleuré. — Comme toi, Arthur, j'ai été ce bateau ivre quand François est mort. Ivre de Muscat, ivre de mort, ivre du sel de mes pleurs. J'ai pleuré toutes les larmes de ma vie passée, présente et future. *Je me suis pleuré*. (Je ne joue pas avec les mots en écrivant cela. Et je ne saurais non plus jouer avec les morts.) J'ai pleuré la mort de François, puis je l'ai pleuré lui, puis j'ai pleuré la vie de François, puis j'ai pleuré la vie, puis j'ai pleuré ma vie, et enfin j'ai pleuré moi-même, je me suis pleuré. — *Je me suis pleuré*. — « *Mais, vrai, j'ai trop pleuré ! Les Aubes sont navrantes. / Toute lune est atroce et tout soleil amer : / L'âcre amour m'a gonflé de torpeurs enivrantes. / Ô que ma quille éclate ! Ô que j'aille à la mer !* »

* * * * *

Que dire ou penser ? Qu'écrire ? Écrire avec ses larmes plutôt qu'avec son sang... — « *Hélas ! la voix qui me dit : Pleure ! / Est celle qui vous dit : Chantez !* »

* * * * *

Ah ! ces marques dans le cerveau, ces marques sur les sépulcres de ce que les morts furent ! Tout ce qui nous les rappelle, « *onde lì molte volte si ripiagne per la puntura de la rimembranza* » (« *ce qui fait souvent pleurer à nouveau, à cause de l'aiguillon du souvenir* ») !

* * * * *

Est-ce toi qui me parles, François ? Est-ce donc toi qui m'auras si souvent parlé tandis que j'écrivais ? Parles-tu de moi ? « *Mort ne l'a pas saisi encore* » (« *Né morta 'l giunse ancor* »), dis-tu dantesquement, devant les tourments. « *[...] mais pour lui en donner pleine expérience / je dois, moi qui suis mort, l'accompagner / par le bas enfer, de cercle en cercle [...].* » (« *[...] ma per dar lui esperïenza piena, / a me, che morto son, convien menarlo / per lo 'nferno qua giù di giro in giro [...].* ») — Qu'est-ce que ce « *menarlo* » ? Où veux-tu en vain me mener, main dans la main ? — En toute occasion, es-tu mon Virgile ? « *Di, quibus imperium est animarum, umbraeque silentes, / et Chaos, et Phlegethon, loca nocte tacentia late, / sit mihi fas audita loqui ; sit numine uestro / pandere res alta terra et caligine mersas !* » (« *Dieux, souverains des âmes, Ombres silencieuses, / Chaos et Phlégéthon, lieux muets étendus dans la nuit, / permettez-moi de dire ce que j'ai entendu, accordez-moi de révéler / les secrets enfouis dans les profondeurs obscures de la terre.* »)

* * * * *

Ô mon ami ! Qu'as-tu fait ? que fais-tu ? Qu'as-tu vu ? que vois-tu ? « *Où vas-tu de la sorte et machinalement ?* » Le sais-tu ? Moi, depuis ce jour, j'erre dans les terres abjectes où tu n'apparais plus nulle part... « *Un tombeau fut dès lors le but de tous mes pas.* » — Ô mon ami ! Qu'as-tu fait ? que fais-tu ? Qu'as-tu vu ? que vois-tu ? — Je viens de t'imaginer là où tu es : sous la terre, décomposé depuis toutes ces années... — Que la terre te soit légère ! — Ô plèbe, ô misérable société qui condamne ce geste, sauras-tu fermer ta gueule ? Écoute Virgile qui te dis : « *Parce sepulto* » (« *Épargne un corps enseveli* »). Mais non, misérable société, tu vocifères, tu t'outres parce que tu ne comprends pas, parce que tu n'as rien compris, parce que tu ne comprendras jamais. Que reste-t-il à celui qui est démuni ? Quand on ne peut plus rien faire, on peut encore s'en aller. (Je te réserve pour plus tard, populace ignorante, une partie où je te démonterai.) — François était mon ami et je suis l'un des premiers à lui pardonner.

* * * * *

« *Il ne vaut pas la peine de vivre, si l'on n'a pas un bon ami* », avait dit Démocrite. Formule universelle ! Peut-être est-ce l'une des raisons pour lesquelles j'ai fait reproduire le tableau de Salvator Rosa exposé au Statens Museum ? Il exprime la mélancolie à l'infini d'un homme qui pensait pourtant à l'ami... L'ami perdu ? — « *Un ami fidèle n'a pas de prix, on ne saurait en estimer la valeur. Un ami fidèle est un baume de vie* », *dixit* Ben Sira (*6,15-16*). (Lequel ajoutait : « *Ne l'oublie pas : il n'y a pas de retour, tu ne serviras de rien au mort et tu te ferais du mal.* » (*38,21*))

* * * * *

Nous étions plus que deux copains, deux « faisants » ; nous étions comme deux jumeaux. « *Un regard me suffisait pour te dire tout. Qui donc maintenant me comprendra ? Adieu ! je voudrais ne t'avoir jamais rencontré, je ne saurais pas tout ce qui va me manquer.* » (Dans ce passage écrit par Balzac, le narrateur et Louis Lambert étaient tellement unis qu'on les surnommait « *le Poète-et-Pythagore* ».)

* * * * *

Tu es mort ; je suis vivant. Oui, en un sens, tu es vivant (vivant en moi) et je suis mort (mort en toi). Nous partageons une même tombe à quelques dizaines de kilomètres de distance (et zéro par la pensée). Je choisirais bien l'*Epitaph* de Shelley pour traduire mon malheur : « *These are two friends whose lives were undivided; / So let their memory be, now they have glided / Under the grave; let not their bones be parted, / For their two hearts in life were single-hearted.* » (« *Ici sont deux amis, dont les vies furent unies ; / que leur mémoire le soit aussi, maintenant qu'ils ont glissé / sous la tombe ; que leurs os ne soient pas séparés, / car leurs deux cœurs dans la vie n'en faisaient qu'un.* ») Nos os sont mélangés, broyés. De leur poussière renaîtra le non-sens de l'Univers.

* * * * *

Qui réveille ton existence, rappelle ta mémoire, en pensant à toi, en parlant de toi, en prononçant ton prénom ? Qui se recueille sur ta tombe ? qui regarde des photographies où tu apparais ? qui t'adresse quelques mots ? « *On ne peut pas descendre deux fois dans le même fleuve.* » La vie est une suite d'événements qu'on ne vit qu'une fois. J'aurai vécu ta mort. — Je songe à l'Unn suicidée dans *Le palais de glace* (Vesaas), figée dans le temps et dans l'espace. Tu es mon Unn. « *Pourquoi t'ai-je vue, Unn ? — Pour ne pas t'oublier ? — Sûrement. — Il lui semblait, en effet, qu'Unn avait été oubliée. Personne ne parlait plus d'elle. Son nom n'était jamais prononcé. Pas plus à la maison qu'à l'école. C'est comme si Unn n'avait jamais existé [...].* »

* * * * *

L'Absent se révèle. Il se fait davantage désirer, aimer. — Pascal : « *Quand un discours naturel peint une passion ou un effet on trouve dans soi-même la vérité de ce qu'on entend, laquelle on ne savait pas qu'elle y fût, de sorte qu'on est porté à aimer celui qui nous la fait sentir, car il ne nous a point fait montre de son bien mais du nôtre. Et ainsi ce bien fait nous le rend aimable, outre que cette communauté d'intelligence que nous avons avec lui incline nécessairement le cœur à l'aimer.* »

* * * * *

(Qu'est-ce que ce centon ?... *And... and... and... End !* — Moi, je mourrai, — non pas mes mots s'ils sont les mots de ceux qui sont déjà morts, les mots qui ne meurent jamais. J'en appelle à Horace ! « *Ne forte credas interitura quæ / longe sonantem natus ad Aufidum / non ante uolgatas per artis / uerba loquor socianda chordis.* » (« *Ne crois pas qu'elles mourront, les paroles que, par un art non encore connu, je chante accompagnées des cordes lyriques, moi qui suis né près de l'Aufidus qui retentit au loin.* »))

* * * * *

« *Sur les pages lues / Sur toutes les pages blanches / Pierre sang papier ou cendre / J'écris ton nom* » : François Ménard ! J'écris ton nom pour t'inviter, pour te croire encore. — Tu n'étais pas sans savoir qu'un poète du XVIIème siècle portait ton nom : François Maynard (ou Menard). Sur son testament, rédigé deux ans avant sa mort, il notait : « *Je, François Maynard, misérable pécheur adverse par la commune condition des hommes et par l'âge de soixante-un ans, me prépare à quitter la vie* »... — Ce poète oublié de nos contemporains (impossible de trouver une édition moderne), ne l'est pas pour moi. Il y a des échos en lui qui me font penser à toi... En glanant dans ses poèmes les vers qui me rongent... — « *Je touche de mon pied le bord de l'autre monde, / L'âge m'oste le goust, la force et le sommeil ; / Et l'on verra bien-tost naistre du sein de l'Onde / La premiere clarté de mon dernier Soleil.* » « *Je me veux dérober aux injures du sort ; / Et sous l'aimable horreur de vos belles ténèbres, / Donner toute mon âme aux pensers de la mort.* » — « *Je donne à mon desert les restes de ma vie, / Pour ne dépendre plus que du Ciel et de moy.* » — « *Je suis dans le penchant de mon âge de glace. / Mon âme se destache et va laisser mon corps ; / En cette extremité que faut-il que je face, / Pour entrer sans frayeur dans la terre des morts ?* » — « *Mon âme, il faut partir. Ma vigueur est passée, / Mon dernier jour est dessus l'horizon. / Tu crains ta liberté. Quoi ! n'estu pas lassée / D'avoir souffert soixante ans de prison ?* » — « *Apollon, faut-il que Maynard / Avec les secrets de ton art / Meure en une terre sauvage, / Et qu'il dorme, apres son trépas, / Au cimetiere d'un Village / Que la Carte ne connoist pas ?* » — Eh ! Julien ! Quoi ?... Chut ! Tais-toi sur ma tombe, étends-toi dans le Verbe qui bruit comme une feuille de saule. Chut ! « *Ce que ta plume produit / Est couvert de trop de voiles. / Ton discours est une nuit / Veufve de lune et d'estoilles. / Mon ami, chasse bien loin / Cette noire rhetorique : / Tes ouvrages ont besoin / D'un devin qui les explique. / Si ton esprit veut cacher / Les belles choses qu'il pense, / Dy-moy qui peut t'empescher / De te servir du silence ?* » — Ah ! « *Je l'advoüe. Il est certain, / Ma plume est une putain* », cher...

* * * * *

Le lot de tous : mourir. Plus tôt, plus tard, qu'importe ? Brièveté de la vie : commencement (don ?), puis fin (perte ?). Lisez L'*Imitation de Jésus-Christ* : « *Et vous aussi, apprenez donc à quitter, pour l'amour de Dieu, l'ami le plus cher et le plus intime.* — *Et ne murmurez point s'il arrive que votre ami vous abandonne, sachant qu'après tout il faudra bien un jour se séparer tous.* » — Est-il facile de mourir ? (Je reviendrai longuement sur ce point.) Est-il facile de voir mourir quelqu'un qu'on aime ? Est-il plus facile de le voir mourir lentement ? brutalement ? Valait-il mieux être préparé ? Questions terribles ! A-t-on le choix ? Non, c'est cela le plus horrible... Mes douleurs s'apaiseront-elles en lisant du Sénèque, du Épictète, du Marc-Aurèle, du Cicéron ? Ce dernier, dans *De l'amitié*, s'interroge luimême : « *Devrais-je, pour bien faire, ne pas être douloureusement affecté par la mort de Scipion ? Aux philosophes de s'expliquer sur ce point, pour moi, si je voulais prétendre que je ne le suis pas, il me faudrait mentir. Oui je suis affecté de me voir privé d'un ami tel que lui, un ami comme nul ne le sera jamais, je crois, et comme, cela je puis l'affirmer, nul ne l'a été. Mais je n'ai besoin d'aucun remède, je me console moi-même.* » — D'où l'écriture des *consolations*... Mais je ne suis pas assez fort... Pas assez... fort.

* * * * *

Je retarde le moment de parler de toi, François. Je pense que je n'y arriverai pas. Alors je chemine ici et là, comme Hamlet, qui pourrait saisir les occasions, mais qui rumine maladivement, médite gravement, et n'en fait rien, ou plutôt ne fait que lire dans les couloirs d'un château malsain, ressassant sa mélancolie. Zola aurait pu dire de moi que, « *comme les misérables résolus au suicide, il attendait l'occasion, le moment et le moyen de vouloir* », mais qu'il ne trouvait pas l'occasion, ni le moment, et pouvait difficilement le vouloir. J'étais le même à l'époque, lourdement touché par la dépression qui incubait, qui allait grandir et s'épanouir violemment trois ou quatre ans plus tard, répétant les gestes lents dus à une pesanteur terrestre s'infinisant. François le fut, je le fus, — Musset le fut : « *Ce n'était que de la langueur dans toutes mes actions, comme une fatigue et une indifférence de tout, mais avec une amertume poignante qui me rongeait intérieurement. Je tenais toute la journée un livre à la main ; mais je ne lisais guère, ou, pour mieux dire, pas du tout, et je ne sais à quoi je rêvais. Je n'avais point de pensées ; tout en moi était silence ; j'avais reçu un coup si violent, et en même temps si prolongé, que j'en étais resté comme un être purement passif, et rien en moi ne réagissait.* » Tels sont les êtres sensibles, trop poètes pour vivre, trop philosophes pour badiner, trop scientifiques pour rêver (quoique François fût touché, si je puis dire, par la *grâce du délire*). — Console-toi, Julien, imite Sénèque qui console Helvia en comptant obtenir « *plus d'empire que la douleur, toute-puissante chez les malheureux* » : « *Je ne veux point d'abord l'attaquer de front, mais lui aider plutôt, lui fournir de nouveaux stimulants ; je veux rompre tout appareil et rouvrir ce qui déjà peut s'être fermé.* » — Mais je suis rompu, bloqué, angoissé, perdu déjà. Je suis comme Clément Marot dans sa *Deploration sur le trespas de messire Florimond Robertet* : « *Mais maintenant est mes que je die / Chanson mortelle en stille plein d'esmoy, / Veu qu'aultre cas ne peult sortir de moy.* » Je suis aussi comme Clément Marot dans ses *Complaintes* : « *Dueil tout premier me plonge en son malheur : / Ennuy sur moy employe son effort : / Soucy me tient sans espoir de confort : / Regret apres m'oste lyesse pleine : / Peine me suit, et tousjours me remord. / Par ainsi j'ay pour une seulle mort, / Dueil, et ennuy, soucy, regret, et peine.* » Je veux accumuler les deux points et énumérer, sans ordre, les douleurs en les superposant. Mon hommage tient dans ma main, dans la littérature qui est toute ma vie. Je ne suis que ce que j'ai lu.

* * * * *

Il y a un chant nahuatl, de l'ancien Mexique (XVème siècle environ), intitulé *Avec moi va-t-elle prendre fin la confrérie d'amitié ?* — et qui dit en substance : « *Ainsi, regrettant tes chants, / je viens pleurer, / seul, je suis venu échouer tristement, / me déchirer. / Je viens donc m'attrister, m'affliger, / tu n'es plus d'ici, tu n'es plus ; / tu es au pays d'au-delà. / Tu ne reviendras plus sur terre, / voilà ma déchirure.* » (Écoutez, écoutez les sonorités chantées par des voyelles voyantes qui imitent le *flic-flac-floc* de la pluie, écoutez-les, quand bien même vous ne les comprendriez pas (qui vous demande de comprendre quoi que ce soit à quoi que ce soit ?) : « *Anca zan ye mocuic a yca / Nihualchoca, / in zan nihuallicnotlamatico / nontiya. / Zan nihualayocoya, nicnotlamatia, / Ayoquic, ayoc ; / in quenmanian. / Titech ya ittaquiuh in tlalticpac / ica nontiya.* ») — La déchirure ou la perte, puis la perte de sens. Je dois commencer et je n'en finis pas de ne pas finir... Encore Marot : « *Ces mots finis, demeure mon semblant / Triste, transi, tout terni, tout tremblant, / Sombre, songeant, sans sûre soutenance, / Dur d'esperit, dénué d'espérance, / Mélancolic, morne, marri, musant, / Pâle, perplex, peureux, pensif, pesant, / Faible, failli, foulé, fâché, forclus, / Confus, courcé.* » — Je n'ai pas la force de rire. Mais ai-je encore la force de pleurer ? « *Sentez votre misère ; soyez dans le deuil et dans les larmes ; que votre rire se change en deuil, et votre joie en tristesse.* » (Ja 4,9)

* * * * *

Si je ne sais quoi dire, ce n'est pas que je ne sache par où commencer, ni que le souvenir me paralyse. Cela tient surtout au fait que j'ai l'impression d'avoir déjà pensé cela mille fois et que cela m'ennuie de me répéter... J'aimerais inviter le lecteur à lire *La Lyre*. J'aimerais lui dire que tout y est décrit. Ce serait cependant faux : tout n'y est pas, loin de là. Et c'est pourquoi je suis tenté d'aller à la fois plus loin — et moins loin. Aller ailleurs. Entrecouper, varier, déclasser, fantasmer, citer, délirer.

* * * * *

Perdre un ami : que dire de plus ? On ne peut pas oublier. « *C'est triste d'oublier un ami* », écrit Saint-Exupéry dans *Le Petit Prince*, lui qui avait perdu Guillaumet, tué en vol (« *le meilleur ami que j'ai eu* », raconte-t-il dans *Pilote de guerre*). Il est triste, alors il « *évite de parler de lui* » : « *Nous étions de la même substance. Je me sens un peu mort en lui. J'ai fait de Guillaumet un des compagnons de mon silence.* » Moi aussi, j'ai fait de François un des compagnons de mon silence. Je n'en parle pas aux gens : cela les gênerait, ils ne comprendraient pas (les gens ne comprennent jamais rien au suicide), et cela n'avancerait à rien. Garder le silence, mais toujours communier, car, ainsi que le dit fort justement Novalis, « *c'est un devoir de penser aux défunts* » : « *C'est le seul chemin pour rester en communauté avec eux.* » — Il y a toujours des occasions de penser à lui, dont certaines qui viennent inopinément (je pense au début du livre de Paul Guimard, *Rue du Havre*, où un certain Julien veut aider un certain François). — Et combien de fois n'est-il pas apparu dans mes rêves ? Je devrais les appeler des cauchemars, des fantasmes... Je notai, un jour, à propos du rêve : « *Je rêve de François régulièrement. Quand il m'apparaît, il n'est en général pas surpris et il y a deux cas de figure : soit on m'a caché son existence tout ce temps, soit personne ne savait qu'il n'était pas mort (parfois, dont lui !).* » Et ici, où transpire le fantasme : « *François me manque. Je pense souvent que, dans ma situation, il agirait de même. Que ne l'ai-je à mes côtés !... On serait en accord constamment !... On s'aimerait tant !...* » — La mort de l'ami ouvre des voies, en ferme d'autres, fait grandir ou rapetisser. « *François se suicide : je crois qu'il est vivant — et que je suis mort... — Qui a jamais dit que la fatuité de la vie était* mignonne *?...* » — « *En pensant à cette dernière photographie de François, je prends en moi l'horreur totale de l'aspect immobile de ce qui a été sur le moment. Ici et là-bas.* » — « *La mort de François m'aura fait atteindre plusieurs sommets. Il y en a un qui est celui-ci : profiter davantage des personnes que l'on aime. Cela paraît idiot, mais c'est le plus grand de mes remords face à François. (Ce qui, à la réflexion, n'est pas encourageant.)* » — J'aurai remis — puissamment — l'existence en cause. Tout cela, c'est l'amour avant la mort. Mais c'est aussi, ensuite, l'amour de la mort.

* * * * *

« Μή μοι σύγχει θυμὸν ὀδυρόμενος καὶ ἀχεύων » (« *Ne me brouille pas le cœur en gémissant, en t'affligeant* »), pourrait me dire François si je me laissais aller. Mais je ne gémis pas, je ne m'afflige pas. — Ces paroles sont adressées à Phénix. Achille en est l'auteur. Au milieu du tumulte incessant de *L'Iliade*, se dévoile une amitié qui est plus qu'une amitié entre deux hommes : un *amour*. Toutefois, cet amour se démultipliant dans le « *post mortem* », il est la représentation du regret lié à la perte, l'affirmation de l'irréparable, la confirmation du temps qui ne revient pas en arrière. Je veux parler ici de l'amour d'Achille « veuf » pour Patrocle, achevé par Hector. Près du corps de Patrocle, nous dit Homère, Achille « *pleurait sans répit* ». Thétis, la mère d'Achille, qui est en train de pousser des cris de douleur sur le corps de Patrocle, le tenant embrassé, lui dit : « *Mon fils, malgré notre douleur, laissons Patrocle sur cette couche funèbre, puisqu'il a péri par la volonté des dieux.* » (En ce qui me concerne, ni mon père ni ma mère ne m'ont réconforté. De son côté, ma mère, imitant en cela le plus grand nombre, était trop gênée pour trouver les mots, et prit plutôt le parti d'éviter plus longtemps le sujet en n'en parlant point. De l'autre côté, mon père, comme à son habitude, préféra évacuer le problème en plaisantant crûment deux ou trois jours après le drame, avant une séance de ciné : « *Encore une histoire de cul ?* » Entre le silence et l'outrage, mon cœur saignait, solitaire dans la souffrance...) Tout ce qu'Achille pensa, je le pensai. Sorte de résipiscence... « *Que je meure à l'instant, puisque je n'ai pu arracher mon ami à la mort. Il a péri loin de sa terre, sans recevoir, face au malheur, aucun secours de moi.* » (Puis la désillusion se surajoutant à la consternation : « *Mais moi, je n'ai pas jeté un cri qui fit trembler la terre... et je n'ai pas su me venger d'un Hector et à le traîner derrière mon char, moi qui n'ai besoin de l'armure complète et des armes forgées par Héphæstos le Boiteux...* ») Fatalité... « *Je ne l'oublierai pas, aussi longtemps que je serai vivant et que mes jarrets se mouvront. Et même au cas où dans l'Hadès on oublierait les morts, je veux, même là-bas, me souvenir de mon ami.* » Nul apaisement :

trop tard. On se rassure comme on peut. « *Très cher Patrocle, sois heureux, même au fond de l'Hadès !* » La seule apparition possible, désormais, elle est en rêve. « *Mais viens plus près de moi : tenons-nous embrassés tous deux un bref instant et jouissons de nos tristes sanglots.* » — Qui est le vivant ? qui est le mort ? Tant que le vivant est vivant, le mort semble en vie. Il faut que les deux meurent pour que meure enfin le monde. Que reste-t-il à vivre quand celui qu'on aime est mort ? « *You are so strongly in my purpose bred, that all the world besides methinks are dead* », s'apitoie Shakespeare dans son sonnet 112 (« *Tu es si pleinement ma raison d'être que le reste du monde me semble mort* »). « *What is my being ? thou hast ceased to be!* » se lamente Byron dans *Childe Harold* (« *Que signifie ma vie ? tu as cessé de vivre !* »).

* * * * *

En perdant François, j'étais comme Gilgamesh après avoir perdu Enkidou, il me semble que je lui demandais : « *Quel est donc ce sommeil profond / qui maintenant te saisit et te domine ? / L'obscurité de la nuit t'enveloppe / et tu ne m'entends plus.* » — Ce qui avait atteint François m'atteignait. « *Ce qui est arrivé à mon ami me hante / mon ami que j'aimais d'amour si fort / est devenu de l'argile / et moi aussi / devrais-je me coucher / et ne plus jamais me relever ?* » — Définition. Oui : *définition*. C'est le mot adéquat. Il fait penser à *déperdition*. Perdre, finir ; se perdre, se finir ; déperdre, définir. — François m'a défini. Et en me définissant, il m'a défini la mort, le suicide. — On me dira, comme à Gilgamesh : « *Où vas-tu Gilgamesh ? / La vie que tu cherches / tu ne la trouveras pas.* » Quelle vie cherché-je ? Quelle vie ai-je définie ?...

* * * * *

Les exemples de deuils se déclinent par centaines… — Novalis, selon qui « *la vie est le début de la mort* », — Novalis, pour qui « *la vie n'existe qu'en vertu de la mort* », — Novalis le poète-philosophe avait formé le vœu de se laisser mourir de douleur après la mort de Sophie, l'amour de sa vie. Dans son *Journal*, il retrace l'amertume morbide de son être en partant de la perte de sa fiancée pour arriver à sa propre perte. Ce qu'écrit Novalis, je l'ai pleinement ressenti. Toutes les étapes par lesquelles il est passé, je les ai connues. L'annihilation de l'univers : « *Pour moi, l'univers entier est mort avec elle. Je n'appartiens plus à ce monde.* » La volonté de garder sa lumière en moi : « *Celui qui aime devrait ressentir éternellement le vide qui l'environne, et garder sa blessure toujours ouverte.* » L'absurdité des choses et le renoncement total : « *À mesure que s'atténue la douleur sensible de sa perte, un grand deuil spirituel s'accroît en moi, une sorte de désespoir paisible. Le monde m'est de plus en plus étranger. Les choses qui m'entourent me deviennent indifférentes.* » La compréhension ultime, dernière de l'existence, et le paradoxe qui s'en suit : « *J'ai remarqué que je suis manifestement prédestiné à la mort. Je n'atteindrai rien en ce monde. Je devrai me séparer de tout à la fleur de l'âge. Ma dernière tâche, avant de mourir, ce sera d'apprendre à connaître ce qu'il y a de meilleur dans les notions déjà acquises, et en moi-même. C'est à présent seulement que je commence à me connaître et à jouir de ce que je suis… c'est justement pourquoi je dois partir.* »

* * * * *

Je pense à toi, François, comme à un frère, comme Antiochus pensait à son frère tué : « *Je te perds, et je trouve en ma douleur extrême / Un malheur dans ta mort plus grand que ta mort même.* » — Je rêve encore de toi, comme j'ai rêvé de toi dans les semaines et les mois qui ont suivi ta perte. — « Rêve avec François. — *Je le vois, je sais (et il sait) qu'il revient, qu'il n'est plus mort… Il est défait, il est triste… Je lui demande s'il a lu* Amer Amen *(sic, en parlant de* La Lyre*). Il me répond : "oui", mais il ne peut pas en dire davantage, il est traumatisé.* »

* * * * *

« *Il faudra que je lise* Demian. *Il t'avait étonnamment bouleversé.* » — Ce fut chose faite assez rapidement. Agnès m'en offrit un exemplaire, sur lequel elle écrivit, en dédicace, en plusieurs endroits : « *Pour un homme commun qui nous est proche. / À Saisir, À vivre. / Agnès* » — « *À Julien, en souhaitant que tu vives mieux. / Agnès* » — « *Dans ce couple François-Julien / Qui est Demian ? / Qui est Émile Sinclair ?* » — « *En souvenir de François qui t'aimait…* » — Ce qui a lieu dans *Demian*, c'est une rencontre multiple : avec l'autre, avec soi, avec l'univers, mais surtout avec la vie, avec la mort. Hesse en avait déjà exploré quelques thèmes dans un récit intitulé *Un beau rêve*, inclus dans le recueil *Histoires d'amour*. Martin Haberland va mourir jeune et son être va se dissoudre, sa volonté va l'abandonner tandis que là-haut, les étoiles vont commencer « *à chanter doucement dans les ténèbres bleutées* ». Il va goûter « *à l'amour, à la mort et aux plus grandes délices qu'un homme puisse savourer* ». Le monde chante et se meut « *autour de lui en une belle farandole harmonieuse* » ; puis il ferme les yeux et s'envole, « *saisi d'un doux vertige, jusqu'à cette route sonore et tracée d'avance, de toute éternité, et sur laquelle aucun savoir, aucune action ni rien de temporel ne l'[attendront] plus* ». François avait connu un état extraordinaire, avait fait une rencontre folle. Je rappelle ces phrases notées dans mon *Journal*, recopiées plus haut : « *Il a connu un état inconnu qui l'a éveillé et il a maintenant plus que jamais l'envie de vivre… (Il m'a avoué qu'il avait voulu se suicider il y a un mois…) Et il redéfinit les choses comme n'ayant aucune définition… C'est très complexe : il a très bien su raconter ce qui s'était passé… mais je demeure inquiet… Non : troublé par sa conviction, sa foi absolue en sa renaissance, ou, du moins, sa "vraie" renaissance… Il a touché au plus intime des choses de l'Univers, il voit le monde "à nu"… C'est incroyable… François est bon… mais cela me choque d'être aussi catégorique… "Il est indiscutable que le Temps n'existe pas… Je le sais, je l'ai senti, on ne pourra jamais me prouver le contraire", etc. Mais qu'a-t-il vu de si "incroyablement magnifique", qui le fait pleurer dès qu'il y pense ?… C'est fou… […] Après cet entretien où j'ai plus écouté que parlé, je me sens vidé… Tout à coup…* » Pour ceux qui voudraient avoir une idée de ce que François ressentit « en rêve », il y a, dans le roman (pour le moins autobiographique) de Somerset Maugham, *Le fil du rasoir*, un récit étonnamment proche :

l'expérience d'illumination qu'a vécue Larry Darrell en Inde. De même, dans une nouvelle de Wells, *Sous le bistouri*, le narrateur, pendant une opération, parcourt tout l'Univers… C'est magnifique. Il pense qu'il est mort, il visite toutes les galaxies, les planètes… Croit sentir le monde en entier, de loin. (Sans avoir été tué par l'opération, il se réveillera dans sa chambre d'hôpital. Après ce merveilleux voyage, sa mélancolie l'aura quitté pour de bon.) On trouve aussi, dans un livre de Jack London, *Le Vagabond des étoiles*, un certain Daniel Standing qui, emprisonné et enfermé dans une camisole, en contrôlant sa pensée, se rapproche d'un état de mort artificielle (mais il s'agit de réincarnation, c'est-à-dire de revivre, dans la peau d'autres hommes, des situations à des époques passées) : « *Bien souvent, au cours de mon existence, j'ai éprouvé une impression bizarre, comme si mon être se dédoublait : d'autres êtres vivaient ou avaient vécu en lui, en d'autres temps ou en d'autres lieux. Ne proteste pas, toi, mon futur lecteur. Scrute plutôt toi-même ta conscience.* » François fut un vagabond des étoiles. Je retranscrivis une partie de son expérience dans mon livre *Au premier songe*. J'avais eu l'opportunité (un hasard pur) de l'enregistrer sur un magnétophone que mon père m'avait donné peu de temps auparavant. Afin d'en traduire le ton et la substance, je n'en (re-)recopierai que quelques bribes : « *Il y avait une idée… un sentiment qui devenait puissant et qui englobait l'autre, qui l'enveloppait, et cela devenait… cela grossissait, cela grossissait, cela devenait de plus en plus grand et… j'ai eu l'impression de monter, là… et ça montait, ça montait vers quelque chose… et quand je l'ai raconté après, à chaque fois que j'en parle… à chaque fois que j'en reparle, je me mets à pleurer… tellement c'est beau… […] Et puis, pour en arriver à la fin, j'ai eu une sorte de vision globale… J'embrassais tout le monde, le monde entier avec un regard, et à un moment, à l'apogée de ces sentiments, j'ai presque vu ma main avec au bout de mes doigts quelque chose… Je ne saurais pas dire ce que c'était… […] J'ai le sentiment d'avoir vu ma sœur, ma mère, Carole… de les avoir vues dépourvues de leur apparence physique, comme dans un autre monde… Peut-être dans l'après-monde, je ne sais pas… Ou le monde des idées… Je ne sais pas ce que c'était… C'est le réel, c'est ça, le réel… Là, quand je te parle, je parle à ton enveloppe… j'atteins ce qui est en toi, ton âme… J'avais l'impression de voir les âmes de ces gens-là… de les voir à nu… Il n'y avait plus le physique, cela n'avait plus d'importance… et tout est tombé, il n'y a plus rien… il n'y avait plus rien d'important à partir de ce moment… Le temps ne compte plus… […] Et j'ai vu les âmes, franchement, je les ai vues… Enfin, je les ai ressenties… J'ai ressenti aussi le monde tel qu'il est… Il n'y avait plus d'objets, plus rien, mais pourtant… il y en avait quand même… Je voyais les choses telles qu'elles sont, et les gens tels qu'ils sont… Et c'est magnifique… magnifique… Et tout ma vie, je revivrai en pensant à… pas en repensant à ce moment-là… parce qu'il est maintenant tourné vers l'avenir… J'ai fait cent quatre-vingt degrés… Je suis sorti de l'œuf… Tu as lu* Demian, *non ?… […] C'est le* Tout, *avec une majuscule… Le Tout : il y avait tout, il y avait l'essentiel… La foi est venue plus tard… J'ai eu foi en moi, surtout… J'ai vu que rien n'a d'importance, en fin de compte… Le temps, l'espace, rien n'existe… Et même si cela existait, cela n'aurait aucune importance… pas vraiment… La seule chose essentielle, c'est de voir l'âme des gens, de toucher les gens, de toucher l'âme des gens, et ce n'est pas l'enveloppe physique : elle vieillira… Dans tous les cas, on vieillira, on finira par mourir… J'ai vu à la fois ma naissance et ma mort… J'ai vu comment je serai plus tard… Il y a un autre monde mais ce n'est pas seulement un autre monde… Ce monde, là, ce n'est pas le monde : c'est de l'apparence… Il y a quarante-huit heures, je vivais dans le passé, dans le doute, dans l'ombre, et je cherchais la lumière, mais je ne voyais qu'un petit point blanc… à cent kilomètres, à des millions d'années-lumière… Et là, je me suis téléporté et… j'ai traversé tout l'Univers entier et… et quand je me suis réveillé, je n'ai plus eu aucune crainte… Je sentais une plénitude que tu ne peux pas ressentir si tu n'as pas vu ce que j'ai vu… Un genre de révélation, en somme… […] La vision était finie, j'avais tout ce dont j'avais besoin, j'avais le fondement qui manquait à ma vie, si tu veux… […] Si cela m'a marqué pour la vie, c'est parce que je suis né à cet instant… Je me suis levé ce matin et je suis né… […] Et dans Hermann Hesse, c'est la même chose… Quand il parle du symbole, je m'y retrouve… Bref… La plénitude que j'avais ressentie, je la ressens tout le temps… Plus aucune crainte, plus aucun doute, plus rien… […] Aujourd'hui, il y a moi en moi… Avant, je ne m'appartenais pas… C'est complexe… Et je suis né… et il y a des gens qui ne naissent jamais, c'est dommage… […] Je me suis trouvé pour toute ma vie… Avant, je ne m'étais pas perdu : je ne m'étais pas trouvé, ce qui n'est pas la même chose… Je suis prêt à la vie… […]* » — Hermann Hesse, pour le coup, aura été notre lien dans l'au-delà. Je ne commençai à lire cet auteur – si important pour moi – qu'après sa mort. Chaque histoire de Hesse, c'est, en un sens, un peu de notre histoire. Me vient à l'instant le choc que fut, sept ans plus tard, la lecture du *Loup des steppes*. J'y retrouvai encore une fois mon cher François : « *Non, je demeure persuadé qu'il ne s'est pas donné la mort. Il vit toujours. Quelque part, il monte et descend sur ses jambes lasses les escaliers de maisons étrangères ; quelque part, il fixe du regard des parquets lustrés, des araucarias parfaitement entretenus. Il passe ses journées dans les bibliothèques et ses nuits dans les tavernes ; ou bien il reste allongé sur un canapé loué, entendant le monde et les hommes vivre derrière les fenêtres et se sachant exclu. Mais il ne décide pas de se tuer car la foi qui lui reste lui dit qu'il doit boire jusqu'à la lie ce calice de douleur, que cette douleur cruelle ancrée dans son cœur sera seule la cause de sa mort.* » Puis, comme dans le cas de *Demian*, que je vais étudier juste après, on ne sait plus qui est qui, qui, de François ou de moi, continue sa propre mort (lui, avant son expérience, pendant, après, et moi, avec *La Perte de Sens*, avant, pendant, après) : « *Quant aux carnets de Haller, ces rêveries singulières, d'un côté morbides, mais aussi belles et pleines d'esprit, je dois avouer que je les aurais certainement jetés avec indignation s'ils m'étaient tombés entre les mains par hasard, sans que j'en connusse l'auteur. […] La mélancolie de Haller, je le sais aujourd'hui, n'est pas une bizarrerie spécifique à sa personne : elle est la maladie de notre temps lui-même, la névrose qui caractérise la génération dont Haller fait partie et qui, loin de toucher exclusivement les individus faibles et médiocres, semble atteindre précisément les êtres forts, doués d'un esprit et de talents supérieurs. — Ces carnets, quel que soit le degré de réalité des expériences qui les ont inspirés, tentent de surmonter cette grande maladie, non en la contournant ou en lui donnant une apparence plus acceptable, mais en s'appliquant à faire de celle-ci l'objet même de tout ce qu'ils dépeignent. Ils représentent une traversée de l'enfer au sens fort du terme ; un cheminement parfois angoissé, parfois audacieux à travers l'univers chaotique d'une âme plongée dans les ténèbres ; un cheminement animé par la volonté de passer par l'enfer, d'affronter le chaos, d'endurer le malheur jusqu'au bout. […] Il est de ceux que le destin condamne à percevoir avec une sensibilité accrue la précarité de l'existence humaine, à ressentir celle-ci comme une souffrance et un calvaire personnels.* » — Mais revenons-en à *Demian* — et à la quête spirituelle et philosophique… Quand deux amis (la dualité) doivent converser et se comprendre par-delà la vie et la mort, et se lier (l'unité)… Quand le monde est scindé en deux mondes qui s'interceptent et se pénètrent : l'un, qui est lumineux (cocon familial), et l'autre, qui est sombre (forces du mal)… — « *Dans ce couple François-Julien / Qui est Demian ? / Qui est Émile Sinclair ?* » — Le préambule décrit chaque homme comme étant « *le point unique, particulier, toujours important, en lequel la vie de l'univers se condense d'une façon spéciale qui ne se répète jamais* ». De fait, « *l'histoire de tout homme est importante, éternelle, divine* ». « *En chacun de nous, l'esprit est devenu clair ; en chacun de nous souffre la créature ; en chacun de nous un rédempteur est crucifié. — Beaucoup, aujourd'hui, ignorent ce qu'est l'homme, mais beaucoup le pressentent et, par là, il leur est plus facile de mourir, comme il me sera plus facile de mourir quand j'aurai terminé cette histoire. […] La vie de chaque homme est un chemin vers soi-même, l'essai d'un chemin, l'esquisse d'un sentier. Personne n'est jamais parvenu à être entièrement lui-même ; chacun, cependant, tend à le devenir, l'un dans l'obscurité, l'autre dans plus de lumière, chacun comme il le peut. […] Nous pouvons nous comprendre les uns les autres, mais personne n'est expliqué que par soi-même.* » — Le narrateur, qui évoque son enfance, s'appelle Émile Sinclair. Le premier épisode qu'il relate concerne un vol imaginaire de poires. Il invente cette histoire pour paraître fort devant un caïd dénommé Kromer. Ce dernier en profite et fait chanter Sinclair, qui est pris au dépourvu et doit mentir à ses parents. Déboussolé, épouvanté par ce sentiment, il veut demander pardon à son père. « *C'était là une première atteinte à la sainteté du père, un premier coup porté au pilier auquel mon enfance s'était appuyée, pilier que tout homme doit détruire, s'il veut devenir lui-même. […] On se remet d'un tel déchirement ; on l'oublie, mais, au plus secret de nous-mêmes, la blessure continue à vivre et à saigner. […] Mais, au fond, il n'y a rien de réel que puisse s'expier et cela, un enfant le sent aussi profondément, aussi vivement que n'importe quel sage.* » Par sa faute, la pureté s'en est allée, l'innocence s'est brisée, la figure du père en a pris un coup. Le jeune Sinclair commence à déprimer sévèrement dans ce monde qui vacille. « *J'avais alors atteint un état qui frisait la folie. Au sein de notre existence paisible et bien ordonnée, je vivais comme un fantôme, farouche et tourmenté, sans prendre part à la vie des autres, oubliant rarement mon tourment, fût-ce pour une heure. À l'égard de mon père qui, irrité, m'enjoignit maintes fois de parler, je me montrais froid et renfermé.* » Alors arrive au gymnase un certain Max Demian, qui « *n'était pas aimé* ». La première impression de Sinclair : Demian est « *trop supérieur* », « *trop sûr de lui-même* » ; son expression est « *triste* » ; il semble « *un chercheur qui poursuit un problème personnel* ». Sinclair et Demian commencent lentement à se lier. Demian lui raconte d'abord l'histoire d'Abel et Caïn, tout en soulignant la supériorité du second. Ensuite, il l'aide à se débarrasser de Kromer, ce qui redonne confiance à Sinclair, mais fait apparaître des brèches dans sa foi religieuse. Sinclair parle de ses deux mondes. Demian réplique : « *Seule la pensée que nous vivons a une valeur. Tu as appris que ton monde "permis" n'est qu'une moitié du monde et, comme les prêtres et les maîtres, tu as essayé de supprimer cette seconde moitié. Mais tu n'y parviendras pas ; nul n'y parvient, une fois qu'il a commencé à penser.* » Sinclair est bouleversé par les paroles de son nouvel ami. Vient un jour où Demian semble changé. Quelque chose d'inconnu émane de lui et l'isole ; il est comme mort. « *Mon regard restait fixé sur son visage, sur son masque pâle, son masque de pierre, et je sentis que c'était là le vrai Demian.* » Demian lui semble « *de pierre, antique, animal, beau et froid, pétrifié, inanimé et secrètement plein d'une vie mystérieuse* ». Tout autour de lui, il y a « *ce vide silencieux, cet éther, cet espace sidéral, cette mort solitaire* ». Sinclair, sentant que son enfance s'écroule, n'a plus de repères tangibles (« *les livres n'étaient que du papier, la musique du bruit* »), et il change d'école, se retrouvant ainsi sans Demian. Le départ de la maison paternelle développe une intense sensation de vide (« *Oh ! quel goût fade avait la vie !* »), il se laisse aller, plonge un peu dans la débauche et ne cesse de penser à Demian. — Un jour, en ouvrant un livre de cours, il découvre un mystérieux billet sur lequel est écrit : « *L'oiseau cherche à se dégager de l'œuf. L'œuf est le monde. Celui qui veut naître doit détruire un monde. L'oiseau prend son vol vers Dieu. Ce dieu se nomme Abraxas.* » Abraxas se trouve être la divinité qui avait la tâche symbolique de concilier l'élément divin et l'élément démoniaque. Sinclair se pose des questions, se cherche : « *Peut-être atteindrais-je un jour un but, mais ce serait un but mauvais, dangereux, effrayant. — Je ne voulais qu'essayer de vivre ce qui spontanément voulait surgir de moi. Pourquoi était-ce si difficile ?* » Au détour d'une nouvelle rencontre, un nouveau personnage surgit : Pistorius, pasteur et organiste. Les pensées de Sinclair se font plus puissantes, plus fortes, plus grandes, et, même s'il doute encore, il devient lui-même un peu puissant, un peu plus fort, un peu plus grand. « *La contemplation des formes étranges, confuses, irrationnelles de la nature fait naître en nous le sentiment de l'harmonie qui existe entre notre âme et la volonté qui laissa ces formes se créer. Bientôt, nous sommes tentés de les prendre pour nos propres caprices, pour nos propres créations. Nous voyons s'effacer et disparaître les limites qui nous séparent de la nature, et nous parvenons alors à l'état dans lequel nous ne savons plus si les images imprimées sur notre rétine proviennent d'impressions extérieures ou intérieures. C'est alors que nous découvrons, le plus facilement et le plus simplement, combien nous sommes créateurs, combien notre âme participe à la création perpétuelle de l'univers.* » Le sage Pistorius lui apprend bien des choses incroyables et formatrices. « *Nous restreignons beaucoup trop les limites de notre personnalité. Nous lui attribuons seulement ce que nous discernons de l'individuel, ce que nous trouvons différent. Mais chacun de nous contient l'univers tout entier et, de même que notre corps porte en lui tous les degrés de l'évolution, à partir du poisson et beaucoup plus loin encore, ainsi, dans notre âme revit tout ce qui a vécu dans toutes les âmes humaines. Tous les dieux, tous les démons qui ont été adorés une fois, que ce soit par les Grecs, les Chinois ou les Cafres, tous sont en nous, tous sont là, sous forme de possibilités, de désirs, de moyens. […] Vous, comme un garçon audacieux, vous volez toujours plus haut. Et alors vous faites une découverte merveilleuse : vous découvrez que vous pouvez vous rendre maître de votre vol, et qu'à la grande force générale qui vous pousse en avant, une petite force, une force particulière vient s'ajouter, un organe, un gouvernail. C'est magnifique ! Sans ce gouvernail, vous vous lanceriez aveuglément dans les airs. C'est là ce que font les insensés. Ils sont favorisés par des pressentiments plus profonds que les gens du trottoir, mais ils sont dépourvus de clef et de gouvernail, et ils se jettent dans le vide. Mais vous, Sinclair, vous savez comment vous y prendre ! Et comment cela, s'il vous plaît ? Vous l'ignorez encore ?* » — Sinclair s'interroge de plus en plus. — Dans ce livre de rencontres cruciales, il fait également la connaissance de Knauer, un camarade désabusé, avec qui il a une petite altercation. Un pressentiment (un moment de rêve où il revoit les souvenirs qui se confondent avec l'avenir, *etc.*) le pousse à aller le voir d'urgence. Knauer s'apprêtait à se suicider. — Survient peu de temps après une brouille avec Pistorius, ce qui provoque une révélation : « *Pour un homme conscient, il n'était aucun, aucun autre devoir que celui de se chercher soi-même, de s'affirmer soi-même, de trouver en tâtonnant son propre chemin, quel qu'il fût.* » Tout est vain, sauf la mission de chaque homme, la seule, la vraie, c'est-à-dire celle de « *parvenir à soi-même* ». « *Je savais déjà ce qu'est la solitude. […] Je pressentais qu'il en était de plus profonde encore, qu'il est inévitable. […] J'écrivis sur un morceau de papier : "Un guide vient de m'abandonner. Je suis dans les ténèbres complètes. Seul, je ne puis faire un pas. Viens à mon secours !"* » — Sinclair retrouve Demian, qui lui dit qu'il a « *le signe de Caïn* ». Le monde extérieur de Sinclair s'harmonise pour la première fois. Il rencontre la mère (Ève) de Demian. Demian avoue que, tout petit garçon, il avait dit à sa mère : « *Il y a là-bas un enfant qui a le signe sur son front. Il faut qu'il devienne mon ami.* » Ève raconte alors l'histoire d'un jeune homme amoureux d'une étoile : « *Il croyait que sa destinée était d'aimer sans espoir une étoile, et, avec ses pensées, il édifia tout un poème de renoncement, de souffrance muette, d'amour fidèle, qui devaient l'améliorer et le purifier. Mais tous ses rêves étaient pleins de l'étoile. Une nuit, il se trouvait au bord de la mer, sur un rocher élevé, et contemplait l'étoile, tout consumé d'amour pour elle. Et dans un instant de nostalgie extrême, il fit le saut et se précipita dans le vide au-devant de l'étoile. Mais, au moment de sauter, il pensa encore, en un éclair : c'est pourtant impossible ! Et il vint se briser sur le rivage. Il n'avait pas su ce qu'est aimer.* » — Demian se retire à nouveau, perdu dans ses pensées. Une tempête surgit et Sinclair croit voir des nuages prendre la forme d'un oiseau. Demian lui dit que cette vision « *a un sens* ». Il a lui-même fait un rêve : arrivé en haut d'un arbre à l'aide d'une échelle, il a vu une plaine de villages en feu… Sinclair lui demande s'il y croit… Demian répond : « *On rêve toujours de choses qui vous concernent. Mais ce rêve ne me concerne pas uniquement. […] Je distingue assez nettement les rêves qui se rapportent à mon propre moi des autres, très rares, qui ont une relation avec la destinée de l'humanité.* » — Sinclair et Demian se séparent à nouveau. La guerre contre la Russie, qui semblait imminente, finit par éclater. Sinclair est blessé et croit voir Demian qui lui dit : « *Il faudra que tu écoutes en toi-même, et tu remarqueras alors que je suis en toi.* » — Fin. — « Dans ce couple François-Julien / Qui est Demian ? / Qui est Émile Sinclair ? » Je ne sais pas. François croyait-il que j'étais Demian ? ou Sinclair ? Ou Demian et Sinclair à la fois ? Moi, je vois un peu de Demian et de Sinclair en chacun de nous deux. — En cherchant dans une autre œuvre de Hesse, un autre couple me semble plus proche de ce que nous pouvions être l'un par rapport à l'autre. Il s'agit de *Narcisse et Goldmund*. Peut-être François était-il davantage Narcisse, et moi, Goldmund (du moins après sa mort, car avant, c'était peut-être l'inverse : j'errais, *etc.*). Enfin, je ne sais pas non plus. (Suis-je corrompu, entre autre, dans mon imagination, par l'épisode de Goldmund dans le lit, entouré des deux sœurs Julie et Lydia ?...) Quoi qu'il en soit, Goldmund pense que « *le monde est hanté par la mort, hanté par la mort* » (*sic*). Hesse ajoute même qu'« *il était torturé du désir de conjurer, par l'esprit, l'absurdité de l'existence et de lui donner un sens* ». — Et dans les entremêlements des œuvres, rien n'est jamais fini, les rapprochements éclatent malicieusement. À force d'explorer, on tombe dans le puits du Sens (ou du Non-Sens)… Voyez *Hypérion* ! Au-delà des personnages, les noms s'interpénètrent entre la fiction et la vie réelle. Dans *Hypérion*, Demian/Sinclair était Adamas/Hypérion. Mais savez-vous comment s'appelait le grand ami (ténébreux) de Hölderlin ? Sinclair ! (On peut aller jusqu'à soupçonner une relation homosexuelle entre les deux…) Y a-t-il un clin d'œil de Hesse à Hölderlin ? (Je ne l'ai pas dit, mais Hesse avait utilisé le pseudonyme de Sinclair lors de la première publication de *Demian*.) De plus, la mère de Diotime (qui rappelle Socrate) rappelle étrangement la mère de Demian… — Bref.

* * * * *

« *Va, va ! console-toi, la vie est bien amère, / Mieux vaut la tombe, et l'homme est un souffle éphémère.* » — Avant le suicide de François, je n'avais jamais été confronté à la mort. Ce fut une rude entrée en la matière. À l'époque, j'avais encore tous mes grands-parents, personne dans la famille, ni dans mon entourage direct, ni dans mon voisinage, n'était décédé. Je fus par conséquent exposé à la question de la mort de la façon la plus brutale qui fût. J'ai perdu mon ami sans avoir eu le temps, au préalable, de comprendre la mort. Comment être plus proche de quelqu'un, si ce n'est de son meilleur ami ? Comment accepter la mort (si toutefois on puisse l'accepter sereinement à ce jeune âge) lorsqu'elle découle d'un suicide, la forme la plus violente qui soit ? Et qui pourrait nous réconforter ? Les gens sont déjà si maladroits au sujet de la mort… alors au sujet du suicide ! Il m'aurait fallu un Sénèque pour apaiser ma tristesse, mais je n'avais lu, en ce temps-là, que *De la brièveté de la vie* (ce qui est mieux que rien). Écoutez comme il sait consoler Lucilius dans sa lettre LXIII : « *Tu es chagrin de la mort de Flaccus ton ami ; mais je ne voudrais pas t'en voir affecté plus qu'il ne convient. Ne pas l'être du tout, j'aurais peine à te le demander, tout sûr que je suis ce ce serait le mieux. […] il faut pleurer, mais non se fondre de douleur. […] Veux-tu savoir d'où viennent les lamentations, les pleurs immodérés ? On veut afficher par là ses regrets : on ne cède pas à son affliction, on en fait parade. Ce n'est point pour ce qu'on souffre qu'on est triste. Déplorable folie ! De la prétention jusque dans les larmes ! "Eh quoi ! oublierai-je mon ami ?" Il est bien court, le souvenir que tu lui promets, s'il ne dure pas plus que ta douleur. […] Moi, je pense autrement : la mémoire de mes amis morts m'est douce et attrayante. Car je les ai possédés comme devant les perdre ; je les ai perdus comme les possédant encore.* — *Prends donc, cher Lucilius, un parti qui convienne à tes sentiments d'équité : cesse de mésinterpréter le don que te fit la Fortune. Elle l'a repris, mais elle l'avait donné. […] Mieux vaut renoncer à ton chagrin que d'attendre qu'il renonce à toi […]. Pensons donc, cher Lucilius, que nous serons bientôt nous-mêmes où nous sommes si fâchés qu'il soit. Et peut-être, si, comme l'ont publié les sages, il est un lieu qui reçoive nos âmes, l'ami que nous croyons perdu n'a fait que nous devancer.* » Magnifique Sénèque ! — Seulement, ignorant tout de la mort, je fus abasourdi, interdit. Je n'avais pas possédé François comme devant le perdre… — « *Mieux vaut réparer ta perte que de pleurer.* » Parce que « *quelque chose nous semble manquer, et nous le semblera toujours* ».

* * * * *

De brevitate vitæ. — La vie est brève. Sous cet angle, la mort volontaire est plus douce, la libre mort est envisageable plus sereinement. Il n'est jamais trop tôt pour ne pas mourir trop tard, mais il ne faut pas avoir peur de la mort. En somme, il s'agit de mourir à temps, comme le dit si bien le « prédicateur de la mort rapide », Zarathoustra : « *Il y en a beaucoup qui meurent trop tard et quelques-uns qui meurent trop tôt. La doctrine qui dit : "Meurs à temps !" semble encore étrange. / Meurs à temps : voilà ce qu'enseigne Zarathoustra. / Il est vrai que celui qui n'a jamais vécu à temps ne saurait* mourir à temps. *Qu'il ne soit donc jamais né !* — Voilà ce que je conseille aux superflus. » Plutôt que de manquer sa vie, il faut réussir sa mort. « *Libre pour la mort et libre dans la mort.* » La mort volontaire est l'unique mort qui soit libre. « *Je vous fais l'éloge de ma mort, de la mort volontaire, qui me vient puisque* je *veux.* »

* * * * *

Je vais faire une pause dans mes pensées en citant de longs passages du *Songe d'un homme ridicule*, cette très courte nouvelle de Dostoïevski. Du moins, d'après la traduction figurant sur Wikisource, s'intitule-t-elle *Le Rêve d'un drôle d'homme*, car je n'ai pas la force de recopier la version Gallimard que j'ai lue et qui se trouve dans ma bibliothèque (je fournirai cet effort si Dieu me donne le temps de me relire et de me corriger)… Ce qui m'ennuie, c'est qu'en les comparant rapidement, je me suis aperçu que celle de Wikisource différait beaucoup, voire qu'elle semblait expurgée… Tant pis. — « *Peut-être parce que me vint une douleur plus grande à penser que tout au monde m'était indifférent. Il y avait longtemps que je m'en doutais, mais tout à coup, l'année dernière, je le sus à ne m'y tromper. Je sentis qu'il m'était bien égal que le monde existât ou qu'il n'y eût rien nulle part.* [...] *Dans la rue, au moment où je pensais au gaz je regardai le ciel. Il était affreusement noir, et cependant on distinguait faiblement des nuages, entre lesquels des espaces plus noirs ressemblaient à des abîmes. Soudain, au fond de l'un de ces abîmes, une étoile brilla. Je me mis à la considérer attentivement, parce qu'elle me donnait une idée, celle de me tuer cette nuit-là. Déjà, deux mois auparavant, j'avais résolu d'en finir avec l'existence et, malgré ma pauvreté, je m'étais rendu acquéreur d'un beau revolver, que j'avais chargé immédiatement. Mais deux mois avaient passé et le revolver restait dans sa gaine, car je voulais choisir, pour me tuer, un moment où tout me serait un peu moins indifférent. Pourquoi ? Mystère… Mais l'étoile m'inspira le désir de mourir le soir même. Pourquoi ? Autre mystère.* [...] *En rentrant, ce soir-là, je pris mon revolver dans le tiroir de la table et le posai à côté de moi. Quand je l'eus atteint, je me demandai : "Est-ce bien vrai ?" et je me répondis : "C'est bien vrai !…" (Bien vrai que j'allais me brûler la cervelle.) J'étais décidé à me tuer cette nuit-là, mais combien de temps mettrais-je à réfléchir à mon projet ? Je n'en savais rien…* [...] *Il me semblait que le monde dépendait de moi, qu'il était pour moi seul. Je n'avais qu'à me brûler la cervelle et le monde ne serait plus. Peut-être vraiment, qu'après moi, il n'y aurait plus rien, que le monde disparaîtrait au moment où disparaîtrait ma conscience. Qui savait si l'univers et les multitudes n'étaient pas en moi seul ?* [...] » (A ce moment du récit, le narrateur commence à rêver, après, croit-il, s'être tiré une balle.) « *Y a t-il de la souffrance sur cette copie de notre monde ? Sur notre Terre, il n'y a d'êtres aimants que pour la souffrance et par la souffrance.* [...] *Mais mon compagnon m'avait déjà laissé seul et, tout à coup,* — *sans savoir comment, je me trouvai sur cette nouvelle terre, baigné de la lumière d'une journée paradisiaque. J'avais pris pied, me semble-t-il bien, sur l'une des îles de l'archipel grec ou sur une côte voisine. Oh ! que tout était bien terrestre, mais comme tout brillait d'une lumière de fête ! Une mer caressante, d'une couleur smaragdine, frôlait la plage, qu'elle semblait baiser avec un amour presque conscient. De grands arbres innombrables, fleuris et parés de belles feuilles brillantes, me félicitaient, j'en suis sûr, de mon arrivée, tant leur frisselis faisait une tendre musique. L'herbe était diaprée de fleurs embaumées. Dans l'air, des oiseaux volaient par troupes, et beaucoup d'entre eux, sans montrer la moindre frayeur, venaient se poser sur mes mains, sur mes épaules en battant gentiment des ailes. Bientôt les hommes de cette terre heureuse vinrent à moi, ils m'entourèrent joyeusement et m'embrassèrent. Comme des enfants d'un autre soleil étaient beaux ! Sur mon ancienne terre, pareille beauté était introuvable. C'est à peine si chez nos plus petits enfants on pourrait découvrir un faible reflet de cette beauté. Les yeux de ces êtres heureux brillaient d'un doux éclat. Leurs visages exprimaient la sagesse et une conscience sereine, une gaîté charmante. Leurs voix étaient pures et joyeuses comme des voix d'enfants. Dès le premier regard, je compris tout. J'étais sur une terre qui n'avait pas encore été profanée par le péché. L'humanité vivait comme la légende veut qu'aient vécu nos premiers ancêtres, dans un paradis terrestre. Et ces hommes étaient si bons que, lorsqu'ils m'emmenèrent vers leurs demeures, ils s'efforçaient, par tous les moyens, de chasser de mon être le plus léger soupçon de tristesse. Ils ne m'interrogeaient pas, mais ils me semblaient savoir tout ce qui me concernait, et leur plus grand souci était de me voir redevenir vraiment heureux.* [...] *Où ils rirent, c'est quand je leur racontai mes songes. Ils me dirent qu'on ne voyait pas de semblables choses en rêve ; que, sans le savoir, innocemment, j'avais inventé tout cela, que je m'abusais moi-même, que tous les détails je les avais, dans un délire, fabriqués de toutes pièces. Quand leur dis que c'était peut-être en réalité, mon Dieu ! comme ils m'ont ri au nez ! Et comment puis-je ne pas croire que tout cela était ? Peut-être cela était-il mille fois mieux, plus joyeux que je le raconte. Que cela soit un rêve, mais je vous dirai un secret : tout cela n'est peut-être pas un rêve ? Car, ici, il est arrivé quelque chose de vrai jusqu'à une telle horreur qu'on ne pourrait le voir en rêve.* [...] *Il pouvait être 6 heures du matin. Je me retrouvai dans le fauteuil. Ma bougie s'était brûlée jusqu'au bout. On dormait chez le capitaine, et le silence régnait dans tout l'appartement. Je sursautai sur mon siège. Jamais je n'avais eu de rêve pareil, avec des détails aussi clairs, aussi minutieux. Tout à coup, j'aperçus mon revolver tout chargé, mais à l'instant même où je le jetai loin de moi. Ah, la vie ! la vie ! Je levai les mains et implorai l'éternelle Vérité ; j'en pleurais ! Un enthousiasme fou soulevait tout mon être. Oui ! je voulais vivre et me vouer à la prédication ! Certes, désormais, me dis-je, je prêcherai partout la Vérité, puisque je l'ai vue, vue de mes yeux, vue dans toute sa gloire ! Depuis ce temps-là je ne vis que pour la prédication. J'aime ceux qui rient de moi ; je les aime plus que les autres. On dit que je perds la raison parce que je ne sais comment convaincre mes auditeurs, parce que je cherche par tous les moyens à les toucher et que je n'ai pas encore trouvé ma voie. Sans doute je dois m'égarer bien souvent, mais quelles paroles dire ? Quelles actions donner en exemple ? Et qui ne s'égare pas ? Et pourtant tous les hommes, depuis le sage jusqu'au dernier des brigands, tous veulent la même chose, qu'ils cherchent par des moyens divers… Et je ne puis m'égarer bien loin, puisque j'ai vu la Vérité, puisque je sais que tous les hommes peuvent être beaux et heureux sans cesser de vivre sur la terre. Je ne veux pas, je ne peux pas croire que le mal soit l'état normal de l'homme. Comment pourrais-je croire une chose semblable ? J'ai vu la Vérité et son image vivante. Je l'ai vue si belle et si simple que je n'admets pas qu'il soit impossible de la voir chez les hommes de notre terre. Ce que je sais me rend vaillant, fort, dispos, infatigable. J'irai de l'avant, quand même ma mission devrait durer mille années. Si je m'égare encore, la belle lumière du Vrai me remettra dans mon chemin.* [...] *Et les moqueurs peuvent rire encore et dire comme ils l'ont déjà fait : "C'est un songe qu'il raconte et il ne sait même pas le raconter !" Soit, c'est un songe ! Mais qu'est-ce qui n'est pas songe ? Mon rêve ne se réalisera pas de mon vivant ? Qu'importe ? Je prêcherai tout de même.* » — Il y a tant d'affinités entre ce que dit ce récit et celui de François après sa révélation ! Certes, je pourrais retrancher ceci, cela, changer ceci, cela, mais dans le fond, c'est rigoureusement pareil, jusqu'à ce réveil à 6 heures du matin…

* * * * *

Je ne m'y fais pas, je retourne le couteau dans la plaie à force de penser. Penser pour quoi ? François n'est plus…
— Je suis Teucros et je pleure Ajax/François : « *Ô Ajax chéri, visage fraternel, as-tu vraiment eu le sort qu'affirme la voix publique ?* » — Perdu, je l'étais, sans toi. Perdu, je le suis, avec ou sans toi… — « *Ô lugubre spectacle, miroir d'un si cruel courage ! Que de chagrins ta mort, Ajax, aura donc semés dans ma vie ! Où aller maintenant ! vers quels hommes ! moi qui n'ai jamais su t'apporter un secours au milieu de tes peines !* »

* * * * *

La Douleur me fait dire : « *Mon ami n'est plus là.* » La Raison devrait me répondre (du moins, selon les remèdes de Pétrarque *Contre la bonne et la mauvaise fortune*) : « *Parfois, il faut qu'un ami s'en aille pour qu'on le connaisse vraiment.* » — Hé ! Pétrarque, est-ce qu'« *une belle mort est le début de la vie* » ? Puis-je repousser le dégoût de la vie « *à l'aide de joyeuses pensées, de bons espoirs, du réconfort des amis et des livres* » ?... Non.

* * * * *

Cette mort m'aura fait avancer dans ma compréhension de la vie. Avant d'entrer en troisième, je ne connaissais rien de la vie « extérieure ». J'ai beaucoup appris. Avant l'écriture, je ne connaissais rien de la vie « intérieure ». *Et cætera*. (Mathématiques, philosophie, lecture, sport, amour, sexe, argent…) Avant cette mort, la mort ne signifiait rien. Mais il y eut plus : le *suicide*. — En 1998, l'un des personnages de mon roman *De loin en loin* s'exprimait ainsi : « *J'ai un copain qui s'est suicidé, il y a longtemps. Il avait quatorze ans. Il nous avait pris à part, moi et notre bande de copains. Il avait annoncé qu'il ne pouvait plus vivre dans ces conditions. Son père buvait et battait sa mère. Et si lui se trouvait dans les parages, il prenait sa raclée par la même occasion. Rien n'est plus triste que ce genre de scènes. Toutes les structures de l'enfant se défont en un rien de temps. C'est la chute dans le gouffre. Et mon copain s'est suicidé en sautant du barrage qu'ils construisaient en ce temps-là. Il s'est suicidé ! Vous vous rendez compte. Et après, le père n'a pas pu s'empêcher de battre encore plus sa femme. Elle a été obligée d'aller voir la police… Et les gens disent que c'est classique. C'est ce que je dis, dorénavant. C'est la vie. Les gens sont méchants. C'est la vie et c'est injuste. Des histoires comme celle-ci, j'en ai des tas et des tas. C'est ça, le plus terrible. C'est qu'on ne s'en sort jamais. Vous connaissez cela, Lo ?* » J'avais une imagination doublée de l'intuition propre à l'écrivain. Je savais ce que j'écrivais — sans vraiment savoir ce que j'écrivais. Je reproduisais naïvement ce que j'avais enfermé en moi-même, ce que je sentais. La réalité est toujours différente. Avant de sauter en parachute, je croyais que j'avais tout prévu, que je m'étais tout imaginé, que j'étais fin prêt. J'avais simulé en pensée tout le déroulement du saut. La réalité fut tout autre ! Cela ne ressembla *pas du tout* à ce que j'avais imaginé. Ce fut plus complexe, de même que pour l'allumage d'un feu dans le poêle à bûches : on croit qu'il suffit de réunir le combustible, le comburant et l'agent d'allumage pour que tout s'enflamme tranquillement. Loin de là : malgré le peu de paramètres, la manipulation de l'ensemble, le dosage des éléments, est une expérience de longue haleine. Tant que l'on n'a pas essayé, tant que l'on n'a pas vécu ce dont on parle, il est vain d'en parler…

* * * * *

Il est vain d'en parler… Ce qui n'empêche pas les gens de gloser sur le suicide. Non seulement ils en parlent comme s'ils l'avaient vécu, mais ils le rejettent, le condamnent. La mère de François *ne lui en avait-elle pas voulu* ? « Il aurait pu penser à nous. » Voilà en substance ce qu'elle avait pensé et dit (et ils devaient être nombreux à l'avoir pensé et/ou dit). Je vous dirai, madame, que c'est vous qui auriez pu penser à lui ! Vous auriez pu penser à lui de son vivant, et penser à lui après son suicide. Les gens sont ignorants — et ils se permettent de juger ! J'espère, comme écrit Sénèque à Marcia, que « *l'ignoble invective ne blesse pas ses modestes oreilles* ». — Et ruminez, candides méchants, ces paroles de Nietzsche : « Parents d'un suicidé. — *Les parents d'un suicidé lui imputent à mal de n'être pas resté en vie par égard pour leur réputation.* »

* * * * *

Et Sénèque à Lucilius : « *Il faut louer et imiter ceux qui n'ont pas regret de mourir tout en aimant à vivre.* »

* * * * *

Loin de toi était la volonté de faire de la peine… et voilà comment *ils* réagirent. Ils ne se poseront pas la question de l'amour que tu éprouvais pour eux, ou du moins ils imagineront que tu ne les aimais plus. Je pense que ce sont eux qui ne se souciaient plus de toi. Tu aurais dû prendre exemple sur Anaxarète qui s'était pendu parce qu'Iphis n'avait pas répondu à ses avances, et qui l'avait accusée peu de temps auparavant : « *Tu seras du moins contrainte de me louer en quelque chose, et d'avouer que je méritais d'être aimé. […] Moi-même, n'en doute pas, je serai présent devant toi : tu verras mon corps inanimé, et tes yeux jouiront de ce spectacle.* » Menace ! Mais si c'est la seule option pour que les yeux des gens s'ouvrent en grand, qu'ils comprennent leur part de responsabilité, petite ou grande… Ils se fussent retrouvés comme Iphis devant le convoi funéraire : « *Mais à peine elle a vu le malheureux Anaxarète sur sa couche funèbre, ses yeux se durcissent, le sang de ses veines a disparu, la pâleur la couvre ; elle s'efforce de porter ses pieds en arrière, et reste immobile ; elle veut détourner la tête, et ne peut la mouvoir ; la dureté du marbre, qui fut dans son cœur, envahit, par degrés, tout son corps.* » — Madame Ménard, et vous autres membres de la famille, proches, amis : si vous n'avez pas pensé à lui du temps de son vivant, pensez au moins à lui maintenant qu'il est mort. De grâce : avec la légèreté d'un petit oiseau, pensez à lui comme nos sœurs les étoiles pensent à lui, c'est-à-dire sans qu'aucun reproche ne vienne souiller sa mémoire.

* * * * *

Peu d'écrivains ont su cerner la mort aussi parfaitement que Tolstoï. Cette question le tourmentait sans cesse et il ne craignait pas de l'affronter en écrivant sur elle. Pour reprendre les mots du narrateur des *Mémoires d'un fou*, tel il était, tel il songeait : « *Je vis, j'ai vécu, il me faut vivre, et pourtant la mort va venir et tout anéantir. Pourquoi vivre ? Mourir ? Se tuer à l'instant même ? J'ai peur. Attendre la mort ? Je le crains encore plus. Alors, vivre ? Pourquoi ? Pour mourir ? — Ce cercle était sans issue. Je prenais un livre, je lisais, je m'oubliais un instant... et la question revenait, torturante.* » Mais ce n'est pas de ce récit dont je voulais vous entretenir. Si ce n'est encore fait, lisez *La mort d'Ivan Ilitch*, et vous comprendrez. Le narrateur d'*Enfance*, qui vient de perdre sa mère, nous raconte : « *Tous les indifférents qui assistaient aux funérailles m'étaient odieux. Les phrases de réconfort qu'ils disaient à mon père : "Elle sera mieux là-haut", "Elle n'était pas faite pour ce monde" éveillaient en moi une sorte de colère. — Quel droit avaient-ils de parler d'elle, de la pleurer ?* » Pour écrire cela, Tolstoï n'eut pas besoin de puiser très loin dans ses ressources imaginatives : il perdit sa propre mère à l'âge de deux ans (et, de surcroît, son père sept années plus tard). Il serait impossible de comptabiliser toutes les conneries que l'on peut débiter sur un mort, à plus forte raison si c'est un suicide. Les églises et les cimetières sont des lieux de prières et de recueillement ; ce sont aussi les antres de la *raison close*. — (Citer *Enfance* ici même m'amène à faire une digression, qui n'en est pas vraiment une, à propos de la portée d'une confession du jeune narrateur : « *De plus, j'éprouvais une sorte de jouissance à savoir que j'étais malheureux ; j'essayais de faire naître en moi la conscience de ce malheur, et ce sentiment égoïste étouffait en moi plus que les autres une véritable douleur.* » On n'apprend pas, dans la vie, à réagir face à ce genre de situation. On apprend la dynastie des Rois de France, la mitose, l'algèbre, le latin, le courant alternatif, la grammaire, mais pas la mort (peut-être en terminale, en philosophie, c'est-à-dire à dix-sept ou dix-huit ans, ce qui est trop tard). On nous prépare à tout, sauf au principal. Quand un événement imprévu nous tombe dessus, nous sommes pris au dépourvu. Notre réaction se rapproche de ce que j'appellerai le « syndrome de Lucrèce » (qui concerne le fameux passage : « *Il est doux, quand la vaste mer est soulevée par les vents, d'assister du rivage à la détresse d'autrui* », etc.). Je m'explique. Je ne remets pas *intégralement* en cause la sincérité de l'affliction des hommes, des femmes ou des enfants qui ont perdu un proche. Je la remets en cause *a minimum*. Comme d'habitude, ce sont les apparences et les conventions qui font loi, et elles sont tellement ancrées en nous qu'il n'est pas aisé de départager la vérité et le mensonge. À un enterrement, tout le monde se retrouve au même moment, au même endroit, habillé de noir, l'air triste, les joues mouillées. La même attitude pour tous alors qu'on devine bien que tout le monde n'est pas *affecté* de la même manière. Il y a, si vous voulez, une part de mise-en-scène que l'on va jusqu'à cacher à soi-même. Pour beaucoup, il y a de la compassion feinte, de la détresse déguisée (qui rejoint le sentiment égoïste dont parle Schopenhauer, une « *sorte de joie cette façon de se rendre sensible à soi-même son bien-être* », qui est « *bien voisine du principe même de la méchanceté active* »). Celui qui regarde « *la vaste mer [...] soulevée par les vents* » esquisse un petit sourire (imperceptible, mais il est là, on le sent à la contraction des muscles du visage). Il y a une jouissance plurielle que nous ressentons à divers degrés : la jouissance de ce que cela ne nous concerne pas (nous sommes encore vivants et ne désirons pas mourir), la jouissance de recevoir la compassion des autres et d'être l'objet d'attentions, la jouissance de décharger une tension, la jouissance de participer à un événement peu commun, *etc*. Pour Théophraste, cela touche l'étourdi (ou le stupide) : « *Lui annonce-t-on qu'un de ses amis est mort, afin qu'il assiste aux obsèques, il affiche une mine sombre et se met à pleurer en disant : "Bonne chance !"* » Dans ses *Lettres persanes*, Montesquieu fait dire à Usbek : « *Nous sommes si aveugles que nous ne savons quand nous devons nous affliger, ou nous réjouir : nous n'avons presque jamais que de fausses tristesses ou de fausses joies.* » Usbek pense que « *les cérémonies, et tout l'attirail lugubre qu'on fait paraître à un mourant dans ses derniers moments, les larmes mêmes de sa famille et la douleur de ses amis* », ne servent qu'« *à lui exagérer la perte qu'il va faire* ». Il veut « *bannir les pompes funèbres* » parce qu'« *il faut pleurer les hommes à leur naissance, et non pas à leur mort* ». — Pleurez vos bébés, ô Hommes, et n'enquiquinez pas vos morts ! — D'aucuns s'offusqueront de ce que je viens d'écrire. J'en fais fi. Quoi qu'il en soit, j'espère que l'on m'aura bien compris. (Article 19 de la *Déclaration universelle des droits de l'homme* : « *Tout individu a droit à la liberté d'opinion et d'expression, ce qui implique le droit de ne pas être inquiété pour ses opinions et celui de chercher, de recevoir et de répandre, sans considérations de frontières, les informations et les idées par quelque moyen d'expression que ce soit.* »))

* * * * *

Farid-Ud-Din' Attar écrit : « *Qui renonce à son existence de pied en cap, d'âme et de corps, celui-là seul sait entre tous ce que s'anéantir veut dire.* » Seul François a su ce que cela voulait dire, et seul celui qui l'imitera le saura. Farid-Ud-Din' Attar continue : « *Si tu ne contemples que toi, comment peux-tu voir ton Ami ? Celui qui t'a mis en chemin t'a plongé dans la pire angoisse. L'avide, ici, n'a point de place. Le "moi" ne peut pas contenir.* » (Ces deux passages racontent l'histoire de papillons qui adoraient « *la flamme nue d'une bougie* ». L'un d'eux voulut aller voir, mais ne s'approcha pas assez, donc manqua la vérité. Un autre y alla et se brûla un bout d'aile, mais ce fut là aussi trop peu pour goûter la vérité. Un dernier y alla et, passionné, « *embrassa la flamme, s'embrasa, partit en fumée* ». Il avait « *poussé l'œuvre jusqu'au bout.* ») Comprenez-vous mieux ce que représente le suicide de François, même de loin ?

* * * * *

S'il s'est suicidé, c'est qu'il n'avait pas ce qu'il voulait ici-bas. La vérité, sa vérité, ne s'y trouvaient point. Michel-Ange, qui pleure la mort d'un ami, se rassure tant qu'il peut en pensant que « *la Mort lui donne le Ciel qu'il n'avait point* ». C'est une très belle formule, qu'il faut appliquer à François. — « *Amis, ne creusez pas vos chères rêveries ; / Ne fouillez pas le sol de vos plaines fleuries : / Et quand s'offre à vos yeux un océan qui dort, / Nagez à la surface ou jouez sur le bord ; / Car la pensée est sombre !* »

* * * * *

François avait accepté. (Je ne sais pas, en revanche, s'il *s'était* accepté, ni même s'il s'était *résigné* à accepter.) Moi, je n'avais pas accepté. J'ai respecté très tôt (tout de suite ?) sa décision. Je n'acceptai tout simplement pas qu'il fût *mort*. C'est pourquoi, sur le coup, seul dans mon appartement, j'ai bu des verres et des verres. J'ai eu moins honte de mes lamentations, de mes pleurs. Mais quel lendemain ! La gueule de bois n'était rien par rapport au voile de l'illusion qui se dissipait : François était mort, bel et bien mort. — Ainsi que le notait Coleridge : « *Le moment le plus cruel après la mort d'un Ami ou d'un Enfant, c'est le réveil, après la première Nuit / lorsque l'étourdissement, la chaleur, et l'ivresse du Chagrin nous ont quittés / et que la morsure du vide se fait pour la première fois sentir.* »

* * * * *

(Suis-je cité à comparaître devant l'Académie pour manque d'imagination ? J'imagine que je comparais devant moi-même… pour manque de sens… et que mes avocats sont les auteurs chéris…)

* * * * *

Si l'on en croit Balzac dans *Une fille d'Ève*, le suicide, qui « *régnait alors à Paris* », devrait « *être le dernier mot des sociétés incrédules* ». Je n'en suis pas si sûr. En tout cas, on croise dans ce livre une description qui pourrait valoir pour François : « *Raoul porta partout malgré lui cet air froidement sinistre que les observateurs ont pu remarquer chez tous les gens destinés au suicide ou qui le méditent. Les idées funèbres qu'ils caressent impriment à leur front des teintes grises et nébuleuses ; leur sourire a je ne sais quoi de fatal, leurs mouvements sont solennels. Ces malheureux paraissent vouloir sucer jusqu'au zeste les fruits dorés de la vie ; leurs regards visent le cœur à tout propos, ils écoutent leur glas dans l'air, ils sont inattentifs.* » Cette attitude reflète la sienne sur la photographie prise quelques heures avant sa mort. Je n'avais rien remarqué plus tôt, même lors de sa première tentative (du moins, l'idée qu'il avait eue d'aller sur le pont de Cheviré). Serais-je plus perspicace aujourd'hui ? Je ne sais pas. Je verrais un problème, mais qui n'a pas un problème ? Quand vous demandez aux gens : « Ça va ? » — ils répondent tous : « Ça va » — même si « ça ne va pas ». Tout s'est passé si vite avec François. Pour moi, cela (le deuil, la mollesse, l'horreur, la peur) a mis du temps à venir : d'abord, le rejet de ce qui avait eu lieu, l'incompréhension ; ensuite le malaise qui me gagnait et faisait germer la graine de la dépression et s'épanouir la notion de suicide. Le passage suivant de Hugo (*Han d'Islande*) valait pour François ou pour moi (lui s'était perdu, était devenu absent pour lui-même, et moi je commençais, après l'avoir perdu, à me perdre et à m'absenter du monde) : « *Alors, étranger en quelque sorte à sa propre existence, on se crée pour soi-même une solitude morne, un vide immense, et, pour l'être absent, je ne sais quel monde effrayant de périls, de monstres et de déceptions ; les diverses facultés qui composaient notre nature se changent et se perdent en un désir infini de l'être qui nous manque ; tout ce qui nous environne est hors de notre vie. Cependant on respire, on marche, on agit, mais sans la pensée. Comme une planète égarée qui aurait perdu son soleil, le corps se meut au hasard ; l'âme est ailleurs.* » — Je défie quand même quiconque d'avoir pu deviner que François allait se suicider. Karl Abraham, discutant sur le cas Giovanni Segantini, exprime bien cette difficulté : « *Mais nous comprenons, pour notre part, que la poussée vers la vie ne pouvait résister à l'assaut des idées de mort que par la sublimation la plus extrême de toutes les énergies pulsionnelles disponibles. — Cela signifie que l'entourage de l'artiste n'a guère perçu, jusqu'au dernier moment, qu'il avait à se défendre d'humeurs noires. On dira peut-être que j'accorde une importance excessive à cette lutte intime. — Mais le combat contre les instincts refoulés est un combat silencieux ; un homme d'une sensibilité aussi déliée que Segantini n'en laissait presque rien transparaître. Peu avant sa mort encore, la victoire était du côté de l'affirmation de la vie. Ce n'est que lorsque l'aspiration à la mort prit le dessus que les signes de cette lutte furent manifestes.* » D'où l'inutilité de ressasser un « si j'avais su »… Ou la difficulté d'appliquer ces vers de Goethe : « *Hâte-toi joyeusement de préférer / La présence à la mémoire.* »

* * * * *

S'approchant du pont… — « *Le long du chemin il ne parla pas ; il allait lentement et portait sur son visage une triste assurance. Ah ! j'aurais dû m'apercevoir aussi qu'à ce moment il agitait dans son âme les suprêmes pensées !* » Mais ces *Dernières lettres de Jacopo Ortis*, je les connus des années plus tard… Comment deviner ?…

* * * * *

S'approchant du pont… — *Est-ce* la fin de ce *Rude chemin* ?… — *Tu marches et marches, et souvent tu fermes les yeux de peur et de dégoût. Tout d'un coup, une fleur apparaît sur ton passage, une fleur au regard triste, noire comme du velours. Elle est belle et te parle comme une amie. Tu sens que si tu t'attardes une seule seconde auprès d'elle, si tu lances encore un seul regard vers cet œil de velours éploré, tu sombrerais sous le poids de l'affliction, de la mélancolie et du désespoir, et ton esprit resterait prisonnier à jamais de l'absurdité et de la démence, dans ce coin dérisoire. Un autre avait fait un bond et avait basculé dans le bleu. Il était tombé dans le ciel palpitant, s'était envolé et avait disparu. Et déjà tu tombes, tu bascules, tu sautes, tu voles. Enlacé dans un tourbillon d'air froid, tu descends comme un trait à travers l'infini, ivre de bonheur et frémissant des affres du plaisir, et tu te jettes contre la poitrine de ta mère.*

* * * * *

S'approchant du pont… — Tel le criminel s'approchant de l'échafaud… — Roche tarpéienne !…

* * * * *

Un deuil se finit-il jamais ? Plutarque (*Consolation à Apollonios*) dit du deuil que c'est « *la chose la plus pénible au monde* », et que, par conséquent, « *vouloir éterniser son deuil, c'est le comble de la folie* ». Veux-je l'éterniser ? ou est-il, par lui-même, éternel ? Le deuil le plus profond correspond à la volonté de suivre l'être aimé dans la mort. Éterniser le deuil, d'une certaine façon, c'est vivre avec le mort, donc avec la mort, donc être plus ou moins mort. C'est ici que repose la dangerosité ultime. Mais la tentation est d'autant plus grande que la mort est volontaire. Il s'est suicidé. Or, je suis vivant : je *puis* donc, *moi aussi*, *vouloir* mourir.

* * * * *

C'est François, et uniquement lui, qui m'a tout appris sur le suicide. Dès le début, je voulus tout savoir. De même que la « *science* » (« *ilm* » ou « علم ») des musulmans se réduit à la science du Coran, ma science devait se réduire à la stricte science du suicide. *La Lyre* est le témoin de cette folie : « *J'en deviens paranoïaque à force de m'évertuer à comprendre ce qui s'est passé, — ce qui se passait en toi pour que la fin fût à la fois le dernier cauchemar et le rêve d'un nouvel abri hors du temps et de l'espace, dans ce que tu nommais* l'éternité pascalienne. » Ce n'était pas forcément ce voyeurisme tel qu'on le retrouve dans le *Champavert* de Pétrus Borel : « *Quand il apprend la fin d'un suicide, de suite il veut trouver des causes bien rustiques, bien voyantes, vite, c'est pour une femme, une passion, une perte au jeu, une honte domestique, une aliénation mentale.* » Il n'y avait rien de pervers. C'était tout au plus morbide. J'assouvissais mon éternelle et atavique volonté d'apprendre. Voici encore ce que j'écrivais : « *Je baigne dans une mare qui m'aide et me désagrège alternativement. Je fais des recherches sur le suicide, j'amoncelle les documents, les statistiques, les différents cas célèbres, je multiplie les immersions dans ce monde où personne ne pourrait plus venir me secourir. Je lis Schopenhauer, Sartre, Camus ; j'ai en réserve Cioran, Rilke ; je me rappelle — ou m'intéresse plus ou moins à Heinrich Wilhelm von Kleist, Pierre Drieu La Rochelle, Vincent Van Gogh, Stefan Zweig, Ernest Hemingway, Socrate, Peregrinos, Alphonse Rabbe, Gérard de Nerval, Jack London, Klaus Mann, Henry de Montherlant, Coleridge, Emily Jane Brontë, Søren Kierkegaard ou Friedrich Nietzsche ; je repense aux* Souffrances du jeune Werther, *à* Emma Gabbler, *à* La Nausée, *à* Raphaël ou les derniers jours, *à* Chatterton, *aux* Fleurs du Mal, *— etc. Si ce n'est pas de la morbidité ! — une approche volontaire de la mort : vouloir savoir. — Si je disposais, dans cet appartement, d'un revolver, qui pour moi serait la meilleure solution, sinon le meilleur moyen, je ne sais ce qu'il pourrait advenir. Je me vois avec l'arme entrée dans la bouche, à réfléchir, — à réfléchir éternellement.* » — Je voulais le rejoindre, je sentais que je le pouvais. Autrement dit, l'empathie prenait le pas sur l'apprentissage « gratuit ». L'empathie pour un mort est on ne peut plus dangereuse. Cela se transformait en un « lire pour mourir ». Voltaire raconte (*Traité sur la Tolérance*) que l'un des fils de Jean Calas, nommé Marc-Antoine, ayant résolu de finir sa vie, « *se confirma dans sa résolution par la lecture de tout ce qu'on a jamais écrit sur le suicide.* » À la différence de ce Marc-Antoine, ce sont mes lectures qui firent concrètement naître la tentation du suicide et l'affermirent. D'ailleurs, le « *to read* » ne dérive-t-il pas étymologiquement de « *reden* », qui signifie à la fois « *conseiller* » et « *déchiffrer* » ? — À une époque bien plus reculée, Cicéron raconte dans ses *Tusculanes* une histoire étrange (et terriblement logique à mes yeux), dont je n'ai pas vérifié les sources : « *Comme les Indiens ont communément plus d'une femme, lorsqu'un d'eux vient à mourir, ses veuves vont aussitôt par devant le juge se disputer entre elles l'avantage d'avoir été la plus chérie du défunt. Après quoi la victorieuse, suivie de ses parents, court d'un air content joindre son époux sur le bûcher ; tandis que l'autre se retire tristement, avec la honte d'avoir été vaincue.* » Umberto Eco, également, parle du chien du roi Lysimaque qui suit son maître sur le bûcher (je n'ai pas non plus vérifié les sources)… Au Japon existait une coutume appelée 殉死 (« *Junshi* », qui signifie : « *suicide par fidélité* ») : à la mort de son maître, le samouraï devait se suicider. Ainsi, lorsque le seigneur venait à mourir sur le champ de bataille, il *fallait le suivre*. Il n'y a que le « *Seppuku* » qui puisse me glacer autant les veines. Mettez-vous à la place du Samouraï pendant quelques minutes et vous aurez une migraine atroce…

* * * * *

Le grand saut… — Pourquoi ce moyen pour te suicider ? Sauter de ce pont de Cheviré pour atterrir sur le bitume… — Tu es là-haut, tel l'Astyanax des *Troyennes* d'Euripide. Après t'être « *Impitoyablement précipité la tête la première du haut d'une roche, tu vas rendre le dernier soupir* ». Puis… la mort. Qu'en dire, si ce n'est ce qu'en dit Sénèque dans ses *Troyennes* : « *Après cette chute, que peut-il rester de votre fils ? ses membres brisés sont épars çà et là. L'éclat de sa beauté, les grâces de son visage, ces traits nobles qui rappellaient son père, tout a été détruit, lorsqu'il est tombé si pesamment sur la terre. Sa tête s'est brisée contre le roc, et les débris sanglants en ont jailli de toutes parts. Il n'est plus, hélas ! qu'un corps défiguré.* » — Je suis soulagé de n'avoir pas eu à te reconnaître à la morgue ; j'en mourrais de souffrances encore aujourd'hui… Tecmesse, sur le corps d'Ajax qui s'est transpercé de son épée en se jetant dessus, avertit (Sophocle) : « *Il n'est pas en état d'être vu. Je le couvrirai de ce manteau qui le cachera tout entier. Personne — fût-il de ses proches — n'aurait le courage de le voir ainsi, crachant par les narines et par sa plaie sanglante le sang noir de son suicide.* » Mais combien Ajax devait-il être plus présentable que toi tu ne le fus ! Ah !... — Le grand saut... — Il y a un émouvant poème retrouvé dans les *Fragments* de Marilyn Monroe, qui sait m'attendrir de telle sorte que ton geste m'apparaît moins violent : « *Oh damn I wish that I were / dead — absolutely nonexistent — / gone away from here — from / everywhere but how would I do it / There is always bridges — the Brooklyn / bridge — no not the Brooklyn bridge / because But I love that bridge (everything is beautiful from there / and the air is so clean) walking it seems / peaceful there even with all those / cars going crazy underneath. So / it would have to be some other bridge / an ugly one and with no view — except / I particularly like in particular all bridges — there's some- / thing about them and besides these I've / never seen an ugly bridge* » (« Oh mince j'aimerais être / morte absolument inexistante — / ne plus être là — nulle / part mais comment pourrais-je / Il y a toujours les ponts — le pont / de Brooklyn — non pas le pont de Brooklyn / parce que Mais j'aime ce pont (tout est beau alentour / et l'air y est si pur) marcher il semble / paisible même avec toutes ces voitures roulant en dessous comme des folles. Alors / il faudrait que ce soit un autre pont / un pont affreux et sans paysage — sauf / que j'aime particulièrement tous les ponts en particulier — ils ont quelque / chose et d'ailleurs je n'ai / jamais vu de pont qui soit affreux »). — Pauvre visage... Pauvre visage...

* * * * *

Dire que tu avais peur de ton père... Enfin : tu avais peur de la maladie de ton père, perdu entre les quatre murs de sa chambre à l'Hôpital Saint-Jacques. Tu avais peur d'enfanter à cause de ton père. Que toi, tu devinsses fou, ou que ton fils ou ta fille, devînt fou, cela te rendait fou de tristesse. Les gènes d'un maniacodépressif se transmettent-ils ? Tu me fais songer au Docteur Pascal qui redoutait tant l'hérédité des Rougon, « *l'effrayante hérédité* », avec « *la peur de devenir fou* » : « *Il ne s'appartenait plus, il était comme fou, à se convaincre, heure par heure, qu'il devait le devenir.* » Que peut-il devenir d'autre, celui qui croit pertinemment qu'il va devenir fou ?... Schopenhauer n'avait-il pas dit que « *c'est surtout le penchant au suicide qui est héréditaire* » ? Ton père ne s'était pas suicidé.

* * * * *

En corollaire au fait que pour échapper à la folie, il valait mieux se tuer, Casanova, au Tome IX de ses *Mémoires*, écrivit : « *L'homme ne doit jamais se tuer, car il se peut que la cause de son chagrin cesse avant que la folie arrive. Cela veut dire que ceux qui ont l'âme assez forte pour ne jamais désespérer de rien sont heureux. Mon âme n'a pas été forte, j'avais perdu tout espoir, et j'allais me tuer en sage. Je ne dois mon salut qu'au hasard.* » Et si François avait été sûr que la folie de son père ne se frayât pas un passage vers lui ou par lui ? Vaut-il la peine de se poser la question ? Dans ce cas, il serait peut-être là. Et je n'aurais écrit qu'un milliardième de ce que je suis en train d'écrire. — Il n'y a rien. Rien de tout cela... rien que tout cela.

* * * * *

La pluie, l'église, le cimetière, la tombe, — ma fiole de whisky, mes larmes. — « *Ils le portent à l'ombre, au silence, à la terre ; / Ils le portent au calme obscur, à l'aube austère, / À la brume sans bords, / Au mystère qui tord ses anneaux sous des voiles, / Au serpent inconnu qui lèche les étoiles / Et qui baise les morts !* » — Qu'était pour moi ce *spectacle* des pères jésuites ? Au moins, on peut les remercier d'avoir bien voulu donner la messe à un suicidé... — Le funèbre Bossuet a raison d'« oraisonner » à propos de l'Église, qu'elle « *ordonne que ses ministres, dans les derniers devoirs que l'on rend aux morts, fassent contempler à leurs auditeurs la commune condition de tous les mortels, afin que la pensée de la mort leur donne un saint dégoût de la vie présente, et que la vanité humaine rougisse en regardant le terme fatal que la Providence divine a donné à ses espérances trompeuses* ». C'est ainsi qu'il faudrait voir les choses. Alors, pensez : pour un suicide ! — Cette pluie qui tombait sur ta tombe, « *such arrows of rain* » (« *ces flèches de pluie* »), comme dirait Thomas Hardy ; cette pluie qui t'arrosait... — Je ne t'ai plus vu à partir de ce jour de pluie. Mais j'ai commencé à comprendre la vérité. — Musset, dans sa *Confession*, n'oublie pas : « *La vérité, squelette des apparences, veut que tout homme, quel qu'il soit, vienne à son jour et à son heure toucher ses ossements éternels au fond de quelque plaie passagère. Cela s'appelle connaître le monde, et l'expérience est à ce prix. — Or, il arrive que, devant cette épreuve, les uns reculent épouvantés ; les autres, faibles et effrayés, en restent vacillants comme des ombres. Quelques créatures, les meilleures peut-être, en meurent aussitôt. Le plus grand nombre oublie, et ainsi tout flotte à la mort.* » — Je n'ai pas eu le temps de placer dans ton cercueil l'exemplaire de *L'Éthique*. Impossible de revenir en arrière : que la vie frustre ! C'eût été un « μνημόσυνον *tui sodalis* » (« *un souvenir de votre ami* »), comme de Montaigne à La Boétie (ou l'inverse). — La tombe sans sacrement, mais avec le corps, ou la tombe avec sacrement, mais sans tombe (cénotaphe)...

* * * * *

Non, je ne savais rien de la mort, encore moins du suicide. J'étais comme Michel Leiris, qui, à 34 ans, écrivait dans *L'âge d'homme*, qu'il ne comprenait « *pas en quoi exactement consistait le suicide et surtout dans quelle mesure la volonté intervenait dans cet acte* ». Il était aussi ignorant que moi ; il stagnait dans l'abstrait de l'esthétique : « *La seule chose claire que je percevais, c'est le mot "suicide" lui-même, dont j'associais la sonorité avec l'idée d'incendie et le forme serpentine du kriss, et cette association s'est tellement ancrée dans mon esprit qu'aujourd'hui encore je ne puis écrire le mot SUICIDE sans revoir le radjah dans son décor de flammes : Il y a l'S dont la forme autant que le sifflement me rappelle, non seulement la torsion du corps près de tomber, mais la sinusoïdalité de la lame ; UI, qui vibre curieusement et s'insinue, si l'on peut dire, comme le fusement du feu ou les angles à peine moussés d'un éclair congelé, CIDE, qui intervient enfin pour tout conclure, avec son goût acide impliquant quelque chose d'incisif et d'aiguisé.* — Je constate donc que, si vague que fût ma notion de la mort (elle n'était plus pour moi que *cette pure allégorie : un squelette armé d'une faux), j'avais du moins quelque idée de ce qu'est la mort violente : être foudroyé, ou suicidé. »*

* * * * *

La mort d'un ami. — Augustin en parle admirablement dans un court chapitre des *Confessions*. — « *En ces premières années de mon enseignement dans ma ville natale, je m'étais fait un ami, que la parité d'études et d'âge m'avait rendu bien cher ; il fleurissait comme moi sa fleur d'adolescence. […] Et pourtant, elle m'était bien douce cette liaison entretenue au foyer des mêmes sentiments. […] Il s'égarait d'esprit avec moi, cet homme dont mon âme ne pouvait plus se passer. Mais vous voilà !... toujours penché sur la trace de vos fugitifs, Dieu des vengeances et source des miséricordes, qui nous ramenez à vous par des voies admirables... vous voilà ! et vous retirez cet homme de la vie ; à peine avions-nous fourni une année d'amitié, amitié qui m'était douce au delà de tout ce que mes jours d'alors ont connu de douceur ! — Quel homme pourrait énumérer, seul, les trésors de clémence dont, à lui seul, il a fait l'épreuve ? Que fîtes-vous alors, ô Dieu, et combien impénétrable est l'abîme de vos jugements ? Dévoré de fièvre, il gisait sans connaissance dans une sueur mortelle. […] Mais il fut soustrait à ma folie, pour être réservé dans votre sein à ma consolation. Peu de jours après, en mon absence, la fièvre le reprend et il meurt. — La douleur de sa perte voila mon cœur de ténèbres. Tout ce que je voyais n'était plus que mort. Et la patrie m'était un supplice, et la maison paternelle une désolation singulière. Tous les témoignages de mon commerce avec lui, sans lui, étaient pour moi un cruel martyre. Mes yeux le demandaient partout, et il m'était refusé. Et tout m'était odieux, parce que tout était vide de lui, et que rien ne pouvait plus me dire : Il vient, le voici ! comme pendant sa vie, quand il était absent. J'étais devenu un problème à moi-même, et j'interrogeais mon âme, "pourquoi elle était triste et me troublait ainsi", et elle n'imaginait rien à me répondre. Et si je lui disais : "Espère en Dieu (Ps 41,6)", elle me désobéissait avec justice, parce qu'il était meilleur et plus vrai, cet homme, deuil de mon cœur, que ce fantôme en qui je voulais espérer. Le seul pleurer m'était doux, seul charme à qui mon âme avait donné la survivance de mon ami.* »

* * * * *

La mort d'un ami. *Bis*. — Montaigne se mit à écrire ses *Essais* pour, entre autres, supporter la mort de son ami La Boétie. — « *Au demeurant, ce que nous appelons ordinairement amis et amitiés, ce ne sont qu'accointances et familiarités nouées par quelque occasion ou commodité, par le moyen de laquelle nos âmes s'entretiennent. En l'amitié de quoi je parle elles se mêlent et confondent l'une en l'autre, d'un mélange si universel, qu'elles effacent et ne retrouvent plus la couture qui les a jointes. Si on me presse de dire pourquoi je l'aimais, je sens que cela ne se peut exprimer, qu'en répondant : "Parce que c'était lui ; parce que c'était moi." — Il y a au delà de tout mon discours, et de ce que j'en puis dire particulièrement, ne sais quelle force inexplicable et fatale, médiatrice de cette union. Nous nous cherchions avant que de nous être vus, et par des rapports que nous oyions l'un de l'autre, qui faisaient en notre affection plus d'effort que ne porte la raison des rapports, je crois par quelque ordonnance du ciel ; nous nous embrassions par nos noms. Et à notre première rencontre, qui fut par hasard en une grande fête et compagnie de ville, nous nous trouvâmes si pris, si connus, si obligés entre nous, que rien dès lors ne nous fut si proche que l'un à l'autre. Il écrivit une satire latine excellente, qui est publiée, par laquelle il excuse et explique la précipitation de notre intelligence, si promptement parvenue à sa perfection. Ayant si peu à durer, et ayant si tard commencé, car nous étions tous deux hommes faits, et lui plus de quelques années, elle n'avait point à perdre temps et à se régler au patron des amitiés molles et régulières, auxquelles il faut tant de précautions de longue et préalable conversation. Celle-ci n'a point d'autre idée que d'elle-même, et ne se peut rapporter qu'à soi. Ce n'est pas une spéciale considération, ni deux, ni trois, ni quatre, ni mille : c'est je ne sais quelle quintessence de tout ce mélange, qui ayant saisi toute ma volonté, l'amena se plonger et se perdre dans la sienne ; qui, ayant saisi toute sa volonté, l'amena se plonger et se perdre en la mienne, d'une faim, d'une concurrence pareille. Je dis perdre, à la vérité, ne nous réservant rien qui nous fût propre, ni qui fût ou sien, ou mien.* »

* * * * *

Au détour de ses *Névroses*, recueil de poèmes publié en 1883, Maurice Rollinat composa *La céphalalgie*, nom qu'il donne, pour y répondre, à la maladie qui attaque le suicidaire. Ce mal de tête, cette céphalalgie est synonyme de malaise existentiel, et elle creuse le précipice dans lequel on veut se jeter. Rollinat tenta plusieurs fois de se suicider. — « *Celui qui garde dans la foule / Un éternel isolement / Et qui sourit quand il refoule / Un horrible gémissement ; / Celui qui s'en va sous la nue, / Triste et pâle comme un linceul, / Gesticulant, la tête nue, / L'œil farouche et causant tout seul ; / Celui qu'une odeur persécute, / Et qui tressaille au moindre bruit / En maudissant chaque minute / Qui le sépare de la nuit ; / Celui qui rase les vitrines / Avec de clopinants cahots, / Et dont les visions chagrines / Sont pleines d'ombre et de chaos ; / Celui qui va de havre en havre, / Cherchant une introuvable paix, / Et qui jalouse le cadavre / Et les pierres des parapets ; / Celui qui chérit sa maîtresse / Mais qui craint de la posséder, / Après la volupté traîtresse / Sa douleur devant déborder ; / Celui qui hante le phtisique, / Poitrinaire au dernier degré, / Et qui n'aime que la musique / Des glas et du Dies iræ ; / Celui qui, des heures entières, / Comme un fantôme à pas menus, / Escorte jusqu'aux cimetières / Des enterrements d'inconnus ; / Celui dont l'âme abandonnée / A les tortillements du ver, / Et qui se dit : "L'heure est sonnée, / Je décroche mon revolver, / Cette fois ! je me suicide : / À nous deux, pistolet brutal !" / Sans que jamais il se décide / À se lâcher le coup fatal : / Cet homme a la Céphalalgie, / Supplice inventé par Satan ; / Pince, au feu de l'enfer rougie, / Qui mord son cerveau palpitant !...* » — Sans avoir été aussi sombre, François est plus ou moins passé par toutes ces étapes... François, jaloux des « *pierres des parapets* »...

* * * * *

Toutes ces *nénies* ! — *Nenni*. — Y — vide ! — ululé-je ?

* * * * *

Du haut du pont, contempler l'infini, l'infini de la tristesse. — Tel Ulysse chez Calypso, « *le jour, assis sur les rochers et sur les rivages, [tu déchirais ton] cœur par les larmes, les gémissements et les douleurs, et [tu regardais] la mer indomptée en versant des larmes* ». — Pourtant, du haut du pont, ce lieu de l'infini, tout est beauté, car « *même si un Immortel s'en approchait, il admirerait et serait charmé dans son esprit* »…

* * * * *

Au Dieu inconnu… — François, me pardonneras-tu mes écarts, me pardonneras-tu ces *impardonnables* écarts ? — Il y aurait bien Steinbeck pour me rappeler que *cela* fut possible, lui qui a fait de Joseph Wayne un homme sans scrupule : le jour même où sa femme Elizabeth — *qu'il aimait tant* — est morte, il fait l'amour avec Rama… — Je me montrai discret et terriblement hypocrite dans *La Lyre* : « *Ton décès m'a rapproché de Carole et m'a permis de faire la connaissance de Cécile. Ceci est faussé, mais qu'y puis-je ? Je les revois très régulièrement. Cela me fait autant de bien que de mal. Ta sœur te ressemble.* » On ne devine rien de ce qui s'est *réellement* passé. Oh ! pardonne-moi pour ces écarts… Un psychanalyste sourirait de ce « *Ta sœur te ressemble* » s'il démêlait ce « *autant de bien que de mal* », le « *faussé* » et le « *très régulièrement* » (assaisonné du peu de respect que je portais à Carole). À ce jour, je n'en ai parlé qu'à une personne. Tous les trois, seuls au monde, tristes à en mourir, nous recourûmes au rire, cette évasion naturelle face à l'ironie du sort. Quelques jours après ta mort, nous regardâmes un film comique que tu appréciais beaucoup (*Ace Ventura*). Cécile, ou Carole, ou les deux, je ne m'en rappelle plus, proposa un massage. Nous nous retrouvâmes dans la chambre de Cécile… — Tant pis. Merde. — Cela continua avec Carole dans les jours qui suivirent… — François, me pardonneras-tu, moi qui étais perdu ?...

* * * * *

J'aimerais te parler, François. J'aimerais me taire. — J'aimerais, à la fois, comme Ulysse au pays des Cimmériens, où se trouve le royaume d'Hadès, te faire boire du « *sang noir* » afin de te parler, et, en même temps, boire le Népenthès, car celui qui « *aurait bu ce mélange ne pourrait plus répandre des larmes de tout un jour, même si sa mère et son père étaient morts, même si on tuait devant lui par l'airain son frère ou son fils bien-aimé, et s'il le voyait de ses yeux* ». — J'aimerais me souvenir *et* oublier. — J'aimerais aller te voir… — « *Malheureux qui, vivants avez vu les maisons d'Hadès, / Vous mourrez doublement quand l'homme ne meurt qu'une fois !* »

* * * * *

« *No longer mourn for me when I am dead / Then you shall hear the surly sullen bell / Give warning to the world that I am fled / From this vile world, with vilest worms to dwell.* » (« *Ne pleurez plus sur moi lorsque viendra ma mort, / Quand vous n'entendrez plus la cloche aux sons funèbres, / Avertir ici-bas que j'ai pris mon essor, / Loin de ce monde vil, vers d'ignobles ténèbres.* ») — Que sommes-nous ici-bas ? Que serons-nous là-bas ? Que représentons-nous ? Que nous représentons-nous ? Qui est Dieu ? Qu'est-ce que l'Univers ? Qu'est-ce que l'Homme ? Pourquoi la vie ? Pourquoi la mort ? Comment se fait-il que nous puissions choisir la mort, et non la vie ? François, allant au bord de la route qui enjambe la Loire, état-il tel Gloucester allant au bord de la falaise ? (« *As flies to wanton boys are we to th' gods.* » (« *Des mouches pour des enfants espiègles, voilà ce que nous sommes pour les Dieux.* ») — Tomber pour monter ensuite ? Que cela veut-il dire ? Peut-on monter pour ensuite chuter ? *Dieu nous élèverait-il après nous avoir laissé tomber ?* — Il est facile de *croire* que l'on montera quelque part. Pour ma part, je ne crois rien. Je ne laisse pas ma raison divaguer : je suis trop kantien pour *tomber* dans le piège. Le « héros » de *Et vive l'Aspidistra !* explique une partie du problème : « *Couler ! Combien ça devait être facile, étant donné qu'il y a si peu de concurrence ! Mais ce qu'il y a de bizarre, c'est que c'est souvent plus ardu de couler que de s'élever.* » Mais lui qui est si seul et démuni, ne peut s'empêcher de penser : « *Il y a toujours quelque chose qui vous tire vers le haut. Après tout, on n'est jamais parfaitement seul ; il y a toujours des amis, des amants, des parents.* » — Entre celui qui espère (ou désespère de) tomber et celui qui espère (ou désespère de) monter, quelle est la différence ? — Que pense Gloucester face à l'abîme ? Accompagné d'Edgar, il désespérait d'arriver au sommet de la côte (« *When shall we come to th' top of that same hill?* »). Puis, arrivé en haut, il réfléchit un dernier moment : « *O you mighty gods, this world I do renounce, and in your sights shake patiently my great affliction off. If I could bear it longer and not fall to quarrel with your great opposeless wills, my snuff and loathèd part of nature should burn itself out.* » (« *Ô dieux puissants ! je renonce à ce monde ; et, en votre présence, je me soustrais sans colère à mon accablante affliction ; si je pouvais la supporter plus longtemps sans me mettre en révolte contre vos volontés inéluctables, je laisserais le lumignon misérable de mes derniers moments s'éteindre de lui-même…* ») François pensa-t-il cela ? Peut-être pas avant de sauter, mais je suis convaincu que ce genre de pensées le traversa. Je n'aurais pas pu être avec lui, contrairement à Edgar : « *Come on, sir; here's the place. Stand still. How fearful and dizzy 'tis to cast one's eyes so low! The crows and choughs that wing the midway air show scarce so gross as beetles. Halfway down hangs one that gathers samphire—dreadful trade! Methinks he seems no bigger than his head. The fishermen that walk upon the beach appear like mice; and yond tall anchoring bark, diminish'd to her cock; her cock, a buoy almost too small for sight. The murmuring surge that on th' unnumb'red idle pebble chafes cannot be heard so high. I'll look no more, lest my brain turn, and the deficient sight topple down headlong.* » (« *Avancez, monsieur ; voici l'endroit. Halte-là ! Que c'est effrayant et vertigineux de plonger si bas ses regards ! Les corbeaux et les corneilles qui fendent l'air au-dessous de nous ont tout au plus l'ampleur des escargots. À mi-côte pend un homme qui cueille du perce-pierre : terrible métier ! Ma foi, il ne semble pas plus gros que sa tête. Les pêcheurs qui marchent sur la plage apparaissent comme des souris ; et là-bas, ce grand navire à l'ancre fait l'effet de sa chaloupe ; sa chaloupe, d'une bouée à peine distincte pour la vue. Le murmure de la vague qui fait rage sur les galets innombrables et inertes ne peut s'entendre de si haut... Je ne veux plus regarder ; la cervelle me tournerait, et le trouble de ma vue m'entraînerait tête baissée dans l'abîme. »)* — Aujourd'hui, je ne tiendrais certainement pas le même discours que j'aurais pu tenir à cette époque. Dans tous les cas, je n'aurais pas appuyé la démarche de François, mais je suis maintenant tellement désabusé que j'aurais tenté de l'infléchir différemment. Je n'aurais pas puérilement dit que ce n'était pas bien. On ne peut jamais trancher ces délicates questions comme on nouerait ses lacets. Je ne serais peut-être pas allé jusqu'à prononcer les paroles d'Othello à Iago, le traître qui vient d'être blessé et qui se dire, soulagé, qu'il n'a pas été tué : « *I am not sorry neither, I have thee live, for in my sense, 'tis happiness to die.* » (« *Je ne le regrette pas. Je préfère que tu vives. Car, pour qui éprouve ce que j'éprouve, le bonheur, c'est mourir.* ») François n'a rien d'un traître ! Et je ne voulais surtout pas qu'il mourût. Mais, si vous voulez, mes pensées pencheraient pour ce genre d'arguments. (J'imagine que vous ne comprenez pas.) — Il y a quelque chose de poétique dans l'existence. Vivre ou mourir en font partie. La fatalité est horrible et majestueuse en même temps. Pas de vie sans mort, pas de mort sans vie. Tout est beaucoup plus complexe qu'il n'y paraît. Cessez, je vous en conjure, de vous arrêter à la partie visible de l'iceberg... Lisez le livre de Jean-Claude Ameisen intitulé *La sculpture du vivant* (sous-titré *Le suicide cellulaire ou la mort créatrice*). Preuves à l'appui, il démontre que « *le pouvoir de s'autodétruire semble être profondément ancré au cœur du vivant* ». N'est-ce pas étonnant et sublime ? Extraordinaire et mystérieux ? Cela ne semble-t-il pas paradoxal ? Cela semble tel aux pauvres d'esprit. « *Chaque jour, plusieurs dizaines de milliards de nos cellules s'autodétruisent, et sont remplacées par des cellules nouvelles. Nous sommes, à tout moment, pour partie en train de mourir et pour partie en train de renaître. Et les territoires qui — un temps — persistent en nous sont aussi fragiles que ceux qui disparaissent et renaissent chaque jour.* » — Le sens de la vie ? Le sens de la mort ? La Perte de Sens ! L'être-au-monde ne devrait qu'être le silence ! Parler, c'est déformer. — Dans *L'Empire des signes*, Roland Barthes écrit : « *Comme pour l'acteur travesti, aucun adjectif n'est possible, le prédicat est congédié, non par solennité de la mort prochaine, mais à l'inverse par l'exemption du sens de la Mort, de la mort comme sens. La femme du général Nogi a décidé que la Mort était le sens, que l'une et l'autre se congédiaient en même temps et que donc, fût-ce par le visage, il ne fallait pas "en parler".* » — Mais je continue mon cheminement chaotique — et je parle ! — Tais-toi ! — Non ! Fait chier !

* * * * *

François, tu resteras beau, quoique tes membres soient chiffonnés, ton tronc tordu, ton visage déchiré, ton corps mangé par les vers. — « *Tu dois être puissant* », dirait Lautréamont ; « *car, tu as une figure plus qu'humaine, triste comme l'univers, belle comme le suicide* ».

* * * * *

« *Puisque le vrai, le pur, le saint, le bon, le beau, / Est là sur ce poteau, tout est dit, rien n'existe.* »

* * * * *

François avait une telle envie de vivre que son suicide paraît inexplicable. Il n'en est rien. Comme le répète Schopenhauer, le suicide étant l'affirmation de la Volonté, autrement dit l'affirmation du vouloir-vivre, « *celui qui se donne la mort voudrait vivre* ». Kierkegaard abonde en ce sens puisque, pour lui, « *dans le désespoir de mourir se change continuellement en vivre* » (*Traité du désespoir*). Au contraire d'une destruction du moi, il y a une accumulation d'être. Kierkegaard a écrit parmi les plus belles pages sur le désespoir : elles nous permettent, de surcroît, de mieux comprendre François (et elles me permettent de mieux me comprendre moi-même). « *C'est là, l'acide, la gangrène du désespoir, ce supplice dont la pointe, tournée vers l'intérieur, nous enfonce toujours plus dans une autodestruction impuissante. [...] Désespérer de soi, désespéré, vouloir se défaire de soi, telle est la formule de tout désespoir et la seconde : désespéré, vouloir être soi-même, se ramène à elle, au désespoir où l'on veut être chez soi, celui où l'on refuse de l'être. Qui désespère veut, dans son désespoir, être lui-même. [...] Mais ce faisant l'homme désire toujours se défaire de son moi, du moi qu'il est, pour devenir un moi de sa propre invention. [...] Tel est le désespoir, ce mal du moi, "la Maladie mortelle". Le désespéré est un malade à mort. Plus qu'en aucun autre mal, c'est ici au plus noble de l'être qu'ici le mal s'attaque ; mais l'homme n'en peut mourir. La mort n'est pas ici le terme du mal, elle est ici un terme interminable. Nous sauver de ce mal, la mort même ne le peut, car ici le mal avec sa souffrance et... la mort, c'est de ne pouvoir mourir. — C'est là l'état du désespoir. [...] ainsi le supplice reste toujours de ne pouvoir se défaire de soi-même [...].* » Lorsque, complètement désespéré, on veut se suicider en toute connaissance de cause, on *déplace* le problème et le *sujet*. Le suicide « sérieux », mûrement réfléchi, celui qui provient d'une idée « vraie » dans le cerveau d'un homme « intelligent », amplifie la notion de malaise, de même qu'est amplifiée la sensation de « vivre » (je mets des guillemets partout parce qu'il est difficile de faire autrement). Celui qui veut mourir est, en quelque sorte, plus vivant que celui qui vit sans penser à sa propre mort. Ce raisonnement est des plus logiques : combien, sur Terre, pensent à la mort ? Les journées sont occupées de manière à ce que nous y pensions le moins possible. La vie deviendrait un enfer si nous devions penser sans cesse à la mort. Celui qui vit le plus intensément n'est-il pas celui dont la souffrance est la plus aiguë ? Il ressent dans tout son être son statut d'être-au-monde. Il n'y a guère que celui qui a une rage de dents qui s'imagine trop bien le « bonheur » de ne pas avoir de rage de dents... « *Quand on se tue avec la conscience que se tuer est du désespoir, donc avec une idée vraie du suicide, on est plus désespéré qu'en se tuant sans savoir véritablement que se tuer est du désespoir ; au contraire, quand on se tue avec une idée fausse du suicide, c'est un désespoir moins intense. D'autre part, plus on est lucide sur soi-même (conscience du moi) en se tuant, plus est intense le désespoir qu'on a, comparé à celui d'un autre qui se tue dans un état d'âme trouble et obscur.* » Dans un autre écrit moins connu (*Le plus malheureux*), Kierkegaard poursuit sa réflexion radicale sur le malheur de vivre — et de ne pas mourir. Il compare à « *des exclus et des intrus ceux qui pensent que la mort est le plus grand malheur, ceux qui devenaient malheureux parce qu'ils craignaient la mort* » : « *car nous, mes chers* Συμπαρανεχρωμενοι, *nous qui, comme les soldats romains, ne craignons pas la mort, nous connaissons un pire malheur, et avant et par-dessus tout — vivre.* » La tombe du malheureux (du *plus* malheureux) est vide, car le plus malheureux est celui qui ne peut pas mourir, qui ne peut « *pas parvenir à s'échapper dans une tombe* ». « *La question serait ainsi réglée, la réponse serait facile : car le plus malheureux serait celui qui ne peut pas mourir, heureux celui qui le peut ; heureux serait celui qui meurt dans sa vieillesse, plus heureux celui qui meurt dans sa jeunesse, plus heureux encore celui qui meurt au moment de sa naissance ; le plus heureux de tous serait celui qui ne voit jamais le jour.* » Nous revenons toujours à la question du « *pourquoi suis-je né* »… Ces extraits, je le sens, s'appliquent davantage à ma personne qu'à celle de François. Le suicide de François a toujours dévié sur l'idée que je m'en faisais. Tel est le destin du malheureux, du plus malheureux. « *Il se trouve seul dans le vaste monde, livré à lui-même, il n'a aucun contemporain avec lequel il puisse se lier, aucun passé qu'il puisse désirer, car son passé n'est pas encore arrivé, aucun avenir qu'il puisse espérer, car son avenir a déjà pris fin. Tout seul il a en face de lui le monde entier, comme ce "toi-même" avec lequel il est en conflit ; car le reste du monde n'est pour lui qu'une seule personne et cette personne, cet ami inséparable et importun, c'est le malentendu.* » En fin de compte, le « *malentendu* » serait une autre façon de décrire ma « *Perte de Sens* ». Tout cela serait déjà suffisamment difficile à admettre si Kierkegaard, dans un tour de passe-passe déboussolant, ne concluait par un revirement total de la situation : « *Voyez, la langue fait défaut et la pensée se trouble ; car, qui est le plus heureux, sinon celui qui est le plus malheureux, et qui est le plus malheureux sinon celui qui est le plus heureux […].* » Ah ! cette échelle des valeurs : une vaste supercherie ! Si l'on pouvait éradiquer les préjugés… Mais une vie ne suffit pas à balayer les idées préconçues. De même que l'on ressort plus fort d'une expérience de souffrance, on savoure dans le malheur et dans l'idée de la mort le mystère de la vie. — La dernière page du *Comte de Monte-Cristo* se referme sur cette espèce de maxime : « *[…] toute la sagesse humaine sera dans ces deux mots : Attendre et espérer !* » Car il ne faut pas oublier les paroles du Comte qui précèdent cette injonction : « *Quant à vous, Morrel, voici tout le secret de ma conduite envers vous : il n'y a ni bonheur ni malheur en ce monde, il y a la comparaison d'un état à un autre, voilà tout. Celui-là seul qui a éprouvé l'extrême infortune est apte à ressentir l'extrême félicité. Il faut avoir voulu mourir, Maximilien, pour savoir combien il est bon de vivre.* » Le mystère de la vie — ou du paradoxe…

* * * * *

François était très probablement un grand mélancolique qui s'ignorait, et dont la mélancolie, justement, à force de grossir, se faisait jour après jour moins perceptible. Sans se l'avouer, il devait raisonner comme Michel Leiris : « *La couleur jaune — ou de maladie de foie — me guette et j'espérais, il y a à peine plus d'un an, échapper, grâce au suicide, à la couleur noire.* » La fuite ! On passe sa vie à fuir, alors pourquoi le suicide serait-il à condamner ? Veut-on refuser au malheureux, au désespéré, une porte de sortie ? À celui qui, pour reprendre l'expression de Sairy Wilson dans *Les raisins de la colère*, est réduit à n'avoir « *plus que de la souffrance avec de la peau dessus* » (« *pain covered with skin* »), a-t-on *le droit de lui interdire* de souffrir, de désespérer, d'en finir avec la vie ? Nous ne devons priver personne de cette *liberté inaliénable*.

* * * * *

Être, ou ne pas être… — Souffrir, ou ne pas souffrir… — Dans « son » *Faust*, Valéry s'interroge : « *Mais… Est-ce que je souffre ? Tout est là. C'est la seule et positive question : Souffrir, ne pas souffrir. Tout le reste est philosophie. Du luxe.* »

* * * * *

Écrire, ou ne pas écrire ? Toute ma souffrance est dans cette question. Tout est là, *hic et nunc* ! — Ah ! et le suicide ?...

* * * * *

« *L'acte philosophique par excellence est le suicide* », note Novalis : « *là se trouve le début réel de toute philosophie ; là tendent tous les désirs du disciple philosophique ; et seul cet acte répond à toutes les conditions, à toutes les caractéristiques d'une action transcendante.* » — Très bien ! Viens par ici, mon cher Albert ! Ton heure est venue…

* * * * *

« *Il n'y a qu'un problème philosophique vraiment sérieux : c'est le suicide.* »

* * * * *

Tout au long de son existence, qui aura duré à peine quarante-six années jusqu'à son accident de voiture, Camus eut des pensées sur le suicide, mais également *de* suicide. En lisant ses *Cahiers* (ou *Carnets*, si vous voulez, puisque Gallimard les a renommés pour qu'on ne les confonde pas avec les autres « *Cahiers* » publiés plus tôt), on se rend compte qu'il a souvent été tenté par le suicide, notamment en voyageant. En voici un exemple, lorsqu'il a trente-six ans : « *Après dîner, conversation, mais je regarde la mer et tente une fois de plus de fixer l'image que je cherche depuis vingt ans pour ces ramages et ces dessins que fait sur la mer l'eau rejetée par l'étrave. Quand je l'aurai trouvée, ce sera fini. — À deux reprises, idée de suicide. La deuxième fois, toujours regardant la mer, une affreuse brûlure me vient aux tempes. Je crois que je comprends maintenant comment on se tue. […] — Les eaux sont à peine illuminées sur la surface, mais on sent leur obscurité profonde. La mer est ainsi, et c'est pourquoi je l'aime ! Appel de vie et invitation à la mort.* » Trois ans avant sa mort, il note, à Cordes (!) : « *Pensées de mort.* » Et ailleurs, une autre impression : « *Suicide d'A. Bouleversé parce que je l'aimais beaucoup, bien sûr, mais aussi parce que j'ai soudainement compris que j'avais envie de faire comme lui.* » — Travaillé par la notion d'*absurde*, il conclut *Le Mythe de Sisyphe* à vingt-neuf ans. Qu'est-ce que cet ouvrage ? Comme l'indique son sous-titre, c'est avant toutes choses un *Essai sur l'absurde*. Qu'est-ce que l'absurde ? Comme l'indiquent succinctement les deux petits alinéas liminaires, c'est avant toutes choses « *un mal de l'esprit* ». *Le Mythe de Sisyphe* est divisé en quatre chapitres, eux-mêmes subdivisés en trois ou quatre paragraphes de longueurs inégales. D'emblée, le sujet qui nous intéresse est attaqué : c'est le chapitre intitulé *Un raisonnement absurde*, qui débute avec *L'absurde et le suicide*. La première phrase est implacable, gigantesque. C'est l'un des *incipits* les plus puissants, les plus renversants de toute la littérature ! Imaginez-vous en train d'aborder un livre qui se trouve rangé dans le rayon « philosophie » d'une librairie ou d'une médiathèque. Les étagères croulent déjà par le nombre impressionnant d'auteurs, tous plus réputés les uns que les autres, des références en la matière qui ont su traverser, pour la plupart, des siècles et des siècles, et dont les points de vue sont *autoritaires* dans la pure acception du mot. Vous vous dites que tout ce qui est référencé là épuise l'Histoire de la Pensée, que toute la Philosophie y est décrite, et que, vu la somme de pages vertigineuse, tout y est déjà dit. Vous n'auriez pas tort (allez lire toute la philosophie antique et vous saurez quasiment tout). Là, vous vous dirigez vers l'écriteau qui signale « XXème siècle », puis vous cherchez à la lettre « C ». Vous apercevez quelques livres de Camus, peu nombreux et, en outre, peu épais. Bon. Vous ouvrez *Le Mythe de Sisyphe* et vous lisez la première phrase (en gardant à l'esprit qu'il y a, à côté de vous, toutes ces étagères pleines de Platon, Aristote, Cicéron, Sénèque, Descartes, Leibniz, Pascal, Spinoza, Schopenhauer, Hume, Kierkegaard, Nietzsche) : « *Il n'y a qu'un problème philosophique vraiment sérieux : c'est le suicide.* » Vous ne pouvez que relever la tête, les yeux hagards, et méditer cette phrase coup-de-poing. Peut-être vous vient-il l'idée que cela rassemble à une annonce publicitaire, que c'est un plan marketing pour augmenter les ventes du livre ? Ce serait dommage (cela prouverait que l'idée du suicide ne vous a pas effleuré sérieusement une seule fois au cours de votre vie, ou alors que vous découvrez l'univers de la philosophie). Peut-être vous étonnez-vous en pensant : « Quoi ? La philosophie commencerait par le suicide ? Si c'est le cas, qu'ont-ils pu écrire, les autres ? Combien ont-ils été à côté de la plaque ? On aurait écrit toute cette montagne de pages sans avoir répondu à la question du suicide ? » En vérité, cela est pire : on n'a même pas posé la question du suicide (ou bien très peu l'ont fait). « *Juger que la vie vaut ou ne vaut pas la peine d'être vécue, c'est répondre à la question fondamentale de la philosophie. Le reste, si le monde a trois dimensions, si l'esprit a neuf ou douze catégories, vient ensuite. Ce sont des jeux ; il faut d'abord répondre. Et s'il est vrai, comme le veut Nietzsche, qu'un philosophe, pour être estimable, doive prêcher d'exemple, on saisit l'importance de cette réponse puisqu'elle va précéder le geste définitif. Ce sont là des évidences sensibles au cœur, mais qu'il faut approfondir pour les rendre claires à l'esprit.* » (L'envie est tentante de tout recopier ce qu'écrit Camus. Mais bon, achetez le livre — ou je risque d'avoir les avocats de M. Gallimard aux trousses. (Ce « ou » est débile. Je le laisse.)) Pourquoi cette question du suicide est-elle primordiale ? « *Si je me demande à quoi juger que telle question est plus pressante que telle autre, je réponds que c'est aux actions qu'elle engage. Je n'ai jamais vu personne mourir pour l'argument ontologique.* » Cela est si vrai ! Cela me rappelle un petit dessin humoristique paru dans *Fluide Glacial* : des étudiants « manifestaient » (ou « faisaient la grève ») devant un tableau sur lequel était inscrit, à la craie, quelque chose du style : « *Non à l'ontologie de Heidegger !* » Quel cri de ralliement ! Il est aussi idiot ou vain que les slogans hurlés par les manifestants qui marchent en cadence dans la rue. Et il n'est pas moins légitime ! Mais verra-t-on cela un jour ? Jamais ! Même si la question est plus fondamentale pour l'homme, on combattra pour des idées futiles, ou, du moins, des idées qui ne font que protéger nos propres intérêts… — Camus juge que la question du suicide, « *la plus pressante des questions* », c'est la question du « *sens de la vie* ». Il entreprend d'en discuter, non pas sous forme d'une « *dialectique savante et classique* », mais de façon « *modeste* ». « *On n'a jamais traité du suicide que comme d'un phénomène social. Au contraire, il est question ici, pour commencer, du rapport entre la pensée individuelle et le suicide.* » L'homme pense ; or, « *commencer à penser, c'est commencer à être miné.* » (Ce n'est pas tout à fait la « *conscience malheureuse* », mais on n'en est pas loin.) « *Le ver se trouve au cœur de l'homme. C'est là qu'il faut le chercher. Ce jeu mortel qui mène de la lucidité en face de l'existence à l'évasion hors de la lumière, il faut le suivre et le comprendre.* » Le suicide renvoie à une double incompréhension, l'une dont il est le résultat (se tuer, « *c'est avouer qu'on est dépassé par la vie ou qu'on ne la comprend pas* »), l'autre dont il est la cause (les proches du suicidé ne comprennent pas mieux cette cause). L'une des premières raisons est évidente : « *Vivre, naturellement, n'est jamais facile. On continue à faire les gestes que l'existence commande, pour beaucoup de raisons dont la première est l'habitude. Mourir volontairement suppose qu'on a reconnu, même instinctivement, le caractère dérisoire de cette habitude, l'absence de toute raison profonde de vivre, le caractère insensé de cette agitation quotidienne et l'inutilité de la souffrance.* » Ainsi, le suicidé a perdu ses repères en ne jouant plus le jeu de la vie et de son illusion, il « *se sent un étranger* », en « *exil* » dans un monde sans raison apparente, il ne dort plus (tandis que les proches, eux qui vivotent et sommeillent dans un monde « *familier* », sont déstabilisés dans leur acceptation aveugle du quotidien qu'ils croient pouvoir expliquer sans trop se prendre la tête). « *Ce divorce entre l'homme et sa vie, l'acteur et son décor, c'est proprement le sentiment de l'absurdité.* » L'homme normal (j'entends celui qui ne songe pas au suicide, qui ne se suicide pas) est attaché à la vie depuis le commencement (il a pris « *l'habitude de vivre avant d'acquérir celle de penser* »). Il n'a pas besoin d'y penser, il est automatisé. De plus, il connaît l'esquive, — « *l'esquive mortelle* », — qui est « *l'espoir* » : « *Espoir d'une autre vie qu'il faut "mériter", ou tricherie de ceux qui vivent non pour la vie elle-même, mais pour quelque grande idée qui la dépasse, la sublime, lui donne un sens et la trahit.* » Camus en profite pour mettre en garde contre un jugement préconçu (de ceux qui brouillent facilement les cartes) : « *refuser un sens à la vie* » ne signifie pas « *qu'elle ne vaut pas la peine d'être vécue* ». François, par exemple, avait l'envie de mourir et pensait que la vie en valait la peine (mais il s'est reposé sur — ou reporté vers — l'autre monde). Je ne reviendrai pas sur la notion d'absurde (qui « *naît de cette confrontation entre l'appel humain et le silence déraisonnable du monde* ») et de ses variations, l'ayant déjà examinée en large et en travers dans le chapitre précédent. Je ne ferai remarquer qu'une chose (par l'entremise de Camus, évidemment) : « *La lassitude est à la fin des actes d'une vie machinale, mais elle inaugure en même temps le mouvement de la conscience. Elle l'éveille et elle provoque la suite. La suite, c'est le retour inconscient dans la chaîne, ou c'est l'éveil définitif. Au bout de l'éveil vient, avec le temps, la conséquence : suicide ou rétablissement. En soi, la lassitude a quelque chose d'écœurant. Ici, je dois conclure qu'elle est bonne. Car tout commence par la conscience et rien ne vaut que par elle. Ces remarques n'ont rien d'original. Mais elles sont évidentes : cela suffit pour un temps, à l'occasion d'une reconnaissance sommaire dans les origines de l'absurde. Le simple "souci" est à l'origine de tout.* » — *Un raisonnement absurde* se poursuit avec *Le suicide philosophique*. Le « *suicide philosophique* », Camus l'appelle « *l'attitude existentielle* », et il désigne cette attitude existentielle comme « *le mouvement par quoi une pensée se nie elle-même et tend à se surpasser dans ce qui fait sa négation* ». « *Pour les existentiels, la négation c'est leur Dieu. Exactement, ce dieu ne se soutient que par la négation de la raison humaine. Mais comme les suicides, les dieux changent avec les hommes. Il y a plusieurs façons de sauter, l'essentiel étant de sauter.* » — Maintenant, toujours dans *Un raisonnement absurde*, nous en arrivons à *La liberté absurde*, moment essentiel pour nous, où Camus peut enfin aborder la notion de suicide, qu'accompagne la notion de liberté : « *À ce point, le problème est inversé. Il s'agissait précédemment de savoir si la vie devait avoir un sens pour être vécue. Il apparaît ici au contraire qu'elle sera d'autant mieux vécue qu'elle n'aura pas de sens.* » Le suicide exprime la liberté, mais attention toutefois : seul l'homme absurde dépasse le suicide en le refusant. Tout se passe comme si le sentiment du suicide l'avait transformé dans sa résolution. Il s'arrête avant l'ultime geste, le point de non-retour. (Je m'éloigne parfois des intentions philosophiques de Camus, mais je veux y mêler mes propres intentions : c'est aussi mon livre !) L'homme absurde est en effet « *celui qui, sans le nier, ne fait rien pour l'éternel* », celui qui « *ne peut que tout épuiser, et s'épuiser* ». Il vit sa liberté dans la *possibilité* du suicide. (En regard de ce suicide en puissance et non en acte, et afin de mieux le visualiser, je pourrais pratiquement citer Cioran, et je renverrais bien vers Schopenhauer et son affirmation du vouloir-vivre si Camus y avait fait allusion, ce qu'il ne fit pas). « *L'homme absurde entrevoit ainsi un univers brûlant et glacé, transparent et limité, où rien n'est possible mais tout est donné, passé lequel c'est l'effondrement et le néant. Il peut alors décider d'accepter de vivre dans un tel univers et d'en tirer ses forces, son refus d'espérer et le témoignage obstiné d'une vie sans consolation.* » C'est là toute la différence avec le mystique : « *L'absurde m'éclaire sur ce point : il n'y a pas de lendemain. Voici désormais la raison de ma liberté profonde. [...] Les mystiques d'abord trouvent une liberté à se donner. À s'abîmer dans leur dieu, à consentir à ses règles, ils deviennent secrètement libres à leur tour. C'est dans l'esclavage spontanément consenti qu'ils retrouvent une indépendance profonde. Mais que signifie cette liberté ? On peut dire surtout qu'ils se sentent libres vis-à-vis d'eux-mêmes et moins libres que surtout libérés. De même tout entier tourné vers la mort (prise ici comme l'absurdité la plus évidente) l'homme absurde se sent dégagé de tout ce qui n'est pas cette attention passionnée qui cristallise en lui. Il goûte une liberté à l'égard des règles communes.* » Et je crois que cette fausse liberté du mystique fut celle qu'envisagea François, à ceci près qu'il crut la découvrir dans la mort, c'est-à-dire dans l'« après-mort ». François n'était en fin de compte pas un « homme absurde » (serait-il encore en vie, s'il l'avait été ? et n'essaie-je pas de justifier le fait que je sois toujours en vie en m'appuyant sur cette supposition ?). Ce qui différencie le mystique de l'homme absurde, c'est l'« après » : le premier *espère* revivre sans souffrir, le second *s'en fiche* (si je puis dire) puisqu'il n'y aura rien à voir. Sainte Thérèse d'Ávila appartient, selon moi, au premier genre ; Qohélet, au second. — Avant d'en finir avec *Le Mythe de Sisyphe*, il faut bien comprendre que Camus pense que « *si l'on se tue, l'absurde est nié* » (c'est pourquoi j'ai cité le nom de Schopenhauer tout à l'heure), et que « *l'enfer est ici, à vivre* » (« *seuls échappent ceux qui s'extraient de la vie* »). — Voulez-vous savoir ce que je pense de tout cela ? Je vais vous décevoir : je n'en pense rien. Du moins, je n'en pense plus rien. Camus a touché du doigt un problème crucial — et j'espère qu'il en aura fait réfléchir plus d'un (qu'il aura un peu renversé, dans l'esprit des gens ordinaires, les lieux communs concernant le suicide). Mais moi, cela ne me contente pas, de même que toutes les raisons que l'on donne au fait de fumer (j'y inclus celles que j'ai cru découvrir). Ceci, cela : qu'importe ! Finalement, c'est l'Ecclésiaste qui gagne. « *Le soleil se lève, le soleil se couche ; il soupire après le lieu d'où il se lève de nouveau.* » (*Qoh 1,5*) — Quelle vanité que tout cela ! — « *Vanité des vanités, dit l'Ecclésiaste, tout est vanité.* » (*Qoh 12,6*) — Alors, pourquoi écrire ? Tout est contradiction ! Je reproduis l'incompréhension du monde. Au fond, nous ne savons rien. Quel est le mystère qui permet le suicide ? La vie. Quel est le mystère qui amène au suicide ? La vie. La vie est un mystère. Le suicide en est un. Comme le dit Schopenhauer : « *[...] nous rencontrons en effet autant de visages heureux parmi les pauvres que parmi les riches ; en outre, les motifs qui provoquent le suicide sont extrêmement divers : il nous est impossible d'avancer un malheur qui serait assez grand pour simplement le provoquer avec une grande probabilité chez tous les caractères, et peu de malheurs qui seraient assez minces pour que d'autres, d'égale importance, ne l'aient pas déjà provoqué.* » — Pourquoi François s'est-il suicidé ? Au fond, je ne sais pas. Au fond, au fin fond des choses, lui non plus. — Donc j'écris ; j'écris pour faire savoir que je ne sais pas.

* * * * *

(Mais écrire… ne serait-ce que pour faire savoir que je ne sais pas… c'est idiot. Rien ne sert à rien. Personne ne sait ce qu'il dit, personne ne sait ce que savoir ce qu'il dit peut vouloir dire — ou faire savoir… Vraiment, à quoi rime tout ça ? Qui comprend ? Que comprendre ? Je suis las. Rien n'a de sens. Même ceci (le dire, l'écrire, le penser). Une suite de mots… Qu'est-ce qu'un mot ? — C'est inutile. Inutile. — Et pourtant, je sens que *je ne suis pas libre de m'y soustraire*…)

* * * * *

Je suis la vanité. — Si je n'ai pas de raison de me suicider, je ne parviens pas à me suicider. Le jour où j'aurai une raison de me suicider, je ne me suiciderai pas parce qu'il y aura une raison. — Tout est vanité ! tout est vanité ! tout est vanité !… Tout est… vanité. Vanité… Que j'écrive ? Vanité. Que je n'écrive pas ? Vanité. Que je parle ? Vanité. Que je ne parle pas ? Vanité. Que je me suicide ? Vanité. Que je ne me suicide pas ? Vanité. Que je dise qu'il faut se suicider ? Vanité. Que je dise qu'il ne faut pas se suicider ? Vanité. Que je dise que le suicide est bien ? Vanité. Que je dise que le suicide n'est pas bien ? Vanité. Que je m'habille ? Vanité. Que je ne m'habille pas ? Vanité. — Pourquoi les plantes poussent-elles ? Parce qu'elles poussent ? Pourquoi ? POURQUOI ? Pour nos beaux yeux ? Bande d'imbéciles ! La plante n'en sait rien. Nous n'en savons rien. — Tout est vanité ! tout est vanité ! tout est vanité !... Tout est... vanité. Tout, tout... Vanité... Tout, tout, tout est vain. Vain ! C'est le résumé de mon livre. *Tout est vanité*. Et qu'on le grave sur ma tombe en guise d'épitaphe, — ou qu'on ne le grave pas, — ce sera vain. Je vous corne aux oreilles : Vanité ! vanité ! vanité ! — Pour l'amour du Ciel, écoutez-moi : Tout est vanité. (N'est-il pas admirable que l'Église ait inclus le texte de l'Ecclésiaste ?... Folie !) — Tout est vanité ! Tout ce livre, qui parle de vanité, n'est que vanité. Combien Stevenson a raison de dire qu'« *il n'y a pas tant d'œuvres au monde, à y bien regarder, qui valent une livre de tabac aux yeux d'un pauvre* », et qu'« *une telle réflexion a de quoi nous dégriser de nos vanités terrestres les plus orgueilleuses* » ! — Tout est vanité ! Vanité que d'écrire que « *tout est vanité* » ! — Littré : « *1° Caractère de ce qui est vain, vide, sans solidité, sans durée. — 2° Désir d'approbation qui se manifeste au dehors, désir de produire de l'effet.* » Et oui ! il y a vanité et vanité : vanité (1) de la vanité (2) — et vanité (2) de la vanité (1) ! — Je traîne mes guêtres dans le bourbier de la vanité — et je le sais ! Je chante (ou écris) comme une guimbarde — et je le sais ! — *J'étais la vanité*.

* * * * *

« *Il n'y a qu'un problème philosophique vraiment sérieux : c'est le suicide.* » Il n'y a qu'*un* problème... Il n'y a qu'*un* problème... Le SUICIDE. — J'écris *parce qu*'il y a le suicide. J'écris parce que je me demande ce que je fais là. L'écrivain, le vrai écrivain, celui qui met tout son être dans son écriture, qui s'interroge sur son écriture et sur son existence, est, à mon sens, le premier d'entre les hommes à être confronté au suicide, à devoir être confronté à son suicide. L'écriture vient de nulle part, repart d'où elle vient. À peine née, elle est morte. Le mot qui se crée ne peut se créer indéfiniment. Je vis cela tous les jours en remplissant des tableaux entiers de formules mathématiques qui seront effacées avant la récréation. Et je puis vous assurer que j'y pense *tout le temps* : j'écris pour effacer ce que j'écris. Combien de fois me suis-je dit : « C'est absurde » ? Je ne le compte pas. C'est davantage un malaise qu'une jouissance. Lorsque j'en fais part à mes élèves, que je leur dis : « Voilà, j'efface tout, c'est comme si rien n'avait existé », — ils en rient. — Car si je n'efface pas le mot que je viens d'écrire, il est de toute façon effacé puisque j'écris d'autres mots à sa suite ; et chaque mot, ainsi, efface le précédent. Imaginez un écrivain qui écrirait les cent mille mots de son roman en effaçant au fur et à mesure chaque mot qu'il vient décrire pour le remplacer par le suivant... — « *Il n'y a qu'un problème philosophique vraiment sérieux : c'est le suicide.* » L'écrivain le sait. En créant, il se crée, mais dans le même temps, il se vide devant le vide qu'il crée. — Michel Braud écrit (*La tentation du suicide dans les écrits autobiographiques, 1930-1970*) : « *Le suicide, que l'on définira comme l'acte par lequel un individu met fin à ses jours, est la référence absolue, dans la pensée de l'existence. [...] Pour tous les intimistes, quelle que soit leur manière d'assurer un sens, ou au moins un équilibre et un avenir, à leur existence, l'écriture a une valeur en elle-même. [...] Presque tous les intimistes qui se consacrent à l'écriture d'une œuvre le notent, non sans effroi, à un moment ou un autre : ne pas écrire, pour eux, équivaut à mourir. [...] Par son activité, l'écrivain a le sentiment de lutter contre cette condamnation, de repousser cette échéance. [...] L'écriture permet à l'intimiste écrivain de remplir sa vie, et de tenir à distance le spectre de la mort ; elle se confond avec son existence, lui assure un avenir et lui confère un sentiment de plénitude. [...] L'intimiste qui n'a plus de raisons de vivre, qui ne connaît plus que l'angoisse et le désespoir, essaie de déterminer ce que ceux-ci recouvrent, ce qu'ils impliquent.* » J'irai plus loin : l'écrivain, en repoussant le suicide, est déjà en train de se suicider. — Alors moi... qui écris *sur* le suicide... — Je suis l'intelligence de mon écrit. — « *Ein erstes Zeichen beginnender Erkenntnis ist der Wunsch zu sterben.* » (« *Le premier signe d'émergence de l'intelligence est le désir de mourir.* ») Et Kafka n'était pas né de la dernière pluie !...

* * * * *

Le suicide, — cet *expédient*, — possède une première définition, liée à son étymologie : « *Meurtre de soi-même* », construit sur le latin « *sui* » (« *de soi-même* »), et sur le radical « *cidium* » (« *meurtre* »), qui vient du verbe « *cadere* » (« *tuer* »). On retrouve cette appellation dans toutes les langues avoisinantes : « *suicide* » en anglais, « *Suizid* » ou « *Selbstmord* » ou « *Selbsttötung* » en allemand, « *suicidio* » en espagnol et en italien, « *suicídio* » en portugais. Dans les pays situés plus au nord, c'est encore le « *meurtre de soi-même* » : « *självmord* » en suédois, « *selvmord* » en norvégien, « *zelfmoord* » en néerlandais, « *sjálfsmorð* » en islandais, « *selvmord* » en danois. De même dans les contrées de l'Est : « *samovražda* » en slovaque, « *самоубийство* » en russe, « *samoubojstvo* » en croate. Ailleurs, en chinois par exemple : « 自殺 » (« *soi-même* » et « *meurtre* »). De même, en grec : « αυτοκτονία. » — Pour Littré, il y a trois définitions (deux noms communs, un adjectif) : « *1° Action de celui qui se tue lui-même. — 2° Celui qui se tue lui-même. — 3° Qui a rapport au suicide.* » Littré fait remarquer que le verbe « *suicider* », étant toujours précédé du pronom « *se* », est « *mal fait* » puisque cela fait double emploi et revient à dire « *se soi-meurtrir* » : « *Tout homme qui répugne aux barbarismes, même usités, fera bien de s'abstenir de l'emploi de ce mot.* » L'Anglais s'exprime mieux puisqu'il « *commet un suicide* » (« *commits suicide* »), ou bien *se tue lui-même* » (« *kills himself* »). L'Allemand, de même : « *Suizid begehen* » ou « *sich töten* ». En français, il eût été préférable d'imiter les autres langues, ou alors d'inventer un « *s'homicider* »... — Pour le Trésor de la Langue Française, on insiste bien que c'est le « *fait de se tuer* volontairement » (je souligne). — Dans un rapport sur la santé dans le monde en 2001, publié à l'initiative de l'Organisation mondiale de la Santé, le suicide était ainsi défini : « *Le suicide est un acte délibéré accompli par une personne qui en connaît parfaitement, ou en espère, l'issue fatale.* »

* * * * *

En 1956, dans une lettre à Lee Strasberg, Marilyn Monroe, orthographie, sans doute par mégarde, « *suiside* »... Ce « *side* » est intéressant... Comme un décalage : être à côté de soi-même (à côté de ses pompes, ou bien au plus près de soi) ; comme un précipice : être sur un fil tendu (au bord de son moi, prêt à le recoller, ou bien prêt à y sombrer). Le côté latéral de la vie, la face obscure, — l'autre côté du miroir : le *réflexe suicidaire*.

* * * * *

Maintenant, quelques données relatives au suicide, d'abord issues de l'OMS (plus exactement du SUPRE, organisme de prévention du suicide), ensuite de la Direction de la recherche, des études, de l'évaluation et des statistiques (DREES). (Notons que les derniers chiffres remontent à 2006 ou 2007 au moment où j'écris cela. (Entretemps, j'ai eu connaissance des statistiques jusqu'en 2012. J'en reparlerai au paragraphe suivant).) — L'OMS expose le problème : « *Chaque année, près d'un million de personnes décèdent en mettant fin à leurs jours, soit un taux de mortalité "mondial" de 16 pour 100000, ou un décès toutes les 40 secondes. — Au cours des 45 dernières années, les taux de suicide ont augmenté de 60% à l'échelle mondiale. Le suicide figure parmi les trois principales causes de décès chez les personnes âgées de 15 à 44 ans dans certains pays, et est la deuxième cause de décès dans le groupe d'âge des 10-24 ans ; ces chiffres ne tiennent pas compte des tentatives de suicide qui sont près de 20 fois plus fréquentes que le suicide abouti. — À l'échelle mondiale, on estimait que le suicide représentait 1,8% de la charge totale mondiale de morbidité en 1998, et qu'il atteindrait 2,4% dans les pays à économie de marché ou dans les anciennes économies socialistes en 2020. — Bien que traditionnellement les taux de suicide les plus élevés aient été constatés chez les hommes âgés, les taux chez les jeunes gens ont augmenté dans une telle mesure qu'ils constituent désormais le groupe où le risque est le plus élevé dans un tiers des pays, à la fois dans les pays développés et dans les pays en développement. — Les troubles mentaux (en particulier la dépression et des troubles liés à la consommation d'alcool) sont un important facteur de risque de suicide en Europe et en Amérique du Nord ; toutefois, dans les pays asiatiques, l'impulsivité joue un rôle important. Le suicide est un acte complexe dans lequel interviennent des facteurs psychologiques, sociaux, biologiques, culturels et environnementaux.* » — Quant à la DREES, le constat porté dans le numéro 488 d'*Études et Résultats* est tout aussi édifiant : « *En 2003, 10660 décès par suicide ont été enregistrés dont 7940 pour des hommes et 2720 pour des femmes. Toutefois, les phénomènes de sous-déclaration, estimés aux environs de 20 à 25%, porteraient ce nombre aux alentours de 13000. Les décès les plus nombreux dus au suicide interviennent entre 35 et 54 ans, mais constituent la deuxième cause de décès chez les 15-44 ans. Le taux de décès par suicide croît quant à lui fortement avec l'âge. Sa tendance globale est à une légère baisse depuis 1993. Environ 8% de la population métropolitaine adulte déclare avoir fait une tentative de suicide au cours de sa vie et 2 % présente un risque suicidaire élevé. Le taux de récidive apparaît en outre important, évalué à 22% pour les hommes et 35% pour les femmes. Au début des années 2000, environ 195000 tentatives de suicide auraient donné lieu, chaque année, à un contact avec le système de soins. Près de 30% d'entre elles auraient été vues par les médecins généralistes libéraux et un peu plus de 80% auraient motivé une venue aux urgences, directement ou après le recours à un médecin. En outre, un tiers aurait été orienté vers une hospitalisation en psychiatrie, initialement ou après un séjour de courte durée en soins somatiques. Les tentatives de suicide sont majoritairement le fait des femmes, surtout jeunes.* » La France était, en 2008, le 18ème pays ayant le taux le plus élevé de suicides (les trois premiers pays (Biélorussie, Lituanie et Russie) en comptent deux fois plus, soit environ une trentaine de suicides pour cent mille habitants). En France, les régions du Nord-Ouest sont les plus touchées. Les agriculteurs sont les actifs qui se suicident le plus avec un taux de 36 pour 100000 personnes. Suivent les policiers (32) et les médecins (31). « *Le mode de suicide le plus fréquent est la pendaison (45% des suicides de 2002), suivi par l'utilisation d'une arme à feu (16%) puis l'intoxication (15%). [...] Cependant, les modes de suicide demeurent très différenciés selon le sexe avec, également, des variations plus limitées en fonction de l'âge. La pendaison reste ainsi le premier mode de suicide chez les hommes quel que soit leur âge. Au contraire, l'ingestion de substances toxiques est le premier mode de suicide chez les femmes entre 25 et 54 ans.* » Dans l'absolu, on évalue à 160000 le nombre de tentatives de suicide. Les femmes font plus de tentatives que les hommes, tandis que, à l'opposé, les hommes sont beaucoup plus nombreux à « réussir » leur suicide (en 2007, sur 10122 suicides, 7418 concernaient les hommes). Quand on compare le *nombre* de suicides ayant eu lieu en France selon le sexe et les tranches d'âge, on remarque qu'il est beaucoup plus important, pour les hommes, entre 35 et 54 ans, puis au-delà de 75 (c'est plus équilibré pour les femmes).

* * * * *

(Un nouveau rapport de l'OMS est sorti en 2014 : *Prévention du suicide — l'état d'urgence mondial*. Dans son avant-propos, la directrice générale, Dr Margaret Chan, nous informe que « *dans le cadre du Plan d'action pour la santé mentale 2013-2020, les États membres de l'OMS se sont engagés à atteindre la cible mondiale visant à réduire de 10% les taux de suicide dans les pays d'ici 2020* ». Selon elle, « *chaque vie qui s'éteint par suicide est une vie de trop* », et « *la seule façon d'avancer est d'agir ensemble, et ce dès à présent* ». (Pourquoi serait-ce « *une vie de trop* » ? Et pourquoi sonner l'alarme tous les cinq ans ? Que se passe-t-il ? Où est le changement ? Si l'on en croit les auteurs de la préface, « *c'est la première fois que l'OMS publie un rapport en la matière* » : « *Ce document rassemble les connaissances acquises dans le domaine afin de faciliter l'action immédiate. Il vise à accroître la prise de conscience du véritable enjeu de santé publique que représentent le suicide et les tentatives de suicide et à faire figurer la prévention du suicide en meilleure place dans les priorités mondiales de santé publique.* ») — Comme on l'a lu plus haut, le taux de suicide était évalué à 16 pour 100000 habitants. Dans ce document, il est maintenant évalué, pour l'année 2012, à 11,4 pour 100000 (soit un total de 804000). N'est-ce pas moindre ? Quoi qu'il en soit, l'enjeu de cette étude est de promouvoir une idée simple : « *Le suicide est évitable.* » Bon courage ! — Je ne m'arrêterai que sur deux tableaux qui ont retenu mon attention en parcourant les quelque quatre-vingt-treize pages que comporte ce document (qui les lira, ces pages ?). Le premier tableau (figure 7, page 31) est intitulé *Les principaux facteurs de risque du suicide associés aux interventions pertinentes.* Sur la gauche, deux colonnes ; sur la droite, une seule. On y distingue le système de santé, la société, la communauté, les relations et les individus. Selon que vous appartenez à l'une de ces catégories, voici ce qui peut « aider » le suicide : obstacles aux soins ; accès aux moyens ; couverture médiatique inappropriée ; stigmatisation associée à la demande d'aide ; catastrophes naturelles, guerres et conflits ; stress lié à l'acculturation et au déplacement ; discrimination ; traumatisme ou abus ; sentiment d'isolement et manque de soutien ; relations conflictuelles, mésentente ou perte ; antécédents de tentative de suicide ; troubles mentaux ; usage nocif de l'alcool ; perte d'emploi ou financière ; désespoir ; douleur chronique ; antécédents familiaux de suicide ; facteurs génétiques et biologiques. Ensuite, les mesures pour contrer ces facteurs de risque sont : politiques de santé mentale ; politiques visant à réduire l'usage nocif de l'alcool ; accès aux soins de santé ; restriction de l'accès aux moyens ; couverture médiatique responsable ; sensibiliser aux troubles mentaux et liés à l'utilisation de substances psychoactives, et au suicide ; interventions consacrées aux groupes vulnérables ; formation des sentinelles ; services téléphoniques d'urgence ; suivi et soutien de la communauté ; évaluation et prise en charge des comportements suicidaires ; évaluation et prise en charge des troubles mentaux et liés à l'utilisation de substances psychoactives. Le second tableau (page 57) est là pour résumer les « *composantes classiques d'une stratégie nationale de prévention du suicide* » : surveillance ; restriction des moyens ; médias ; accès aux services ; formation et éducation ; traitement ; interventions en cas de crise ; postvention ; sensibilisation ; lutte contre la stigmatisation ; supervision et coordination. — Autrement dit, pour éviter cette « *vie de trop* », il faut : étudier en amont les chiffres du suicide afin de mieux le quantifier et le qualifier (il y en a deux fois moins, c'est cool, reposons-nous) ; rendre moins accessibles les armes à feu, les lieux en hauteur (et les cordes et les poutres ?) ; ne pas trop en parler (ou alors de façon responsable) ; éliminer les obstacles aux soins, bien les soigner et suivre les personnes (sauvons-le, il ne demandait que ça, et parlons-en) ; expliquer aux agents de santé, aux éducateurs, aux policiers ce que représente le suicide (voilà, c'est ça) ; permettre aux communautés de réagir vite (allô ? oui ? visitez notre site comment-reprendre-goût-à-la-vie.com, parce que bon, c'est pas tout, mais faut vivre) ; coller des affiches qui disent que le suicide est évitable (tiens, une nouvelle pub pour éradiquer toute velléité) ; ne pas se moquer ni discriminer (oh, l'autre, il est interné) ; créer des agences (qui pourront aider d'autres agences à aider… mais sans savoir comment). — Ah, les politiques du « y a qu'à »… Tout cela m'attriste et me fait marrer. Il faut pourtant bien remuer des bras pour prouver que l'on travaille et se démène… Résoudre le problème du suicide, c'est résoudre le problème de l'homme et de sa condition d'être conscient, c'est résoudre le « qui suis-je ? d'où viens-je ? où vais-je ? ». Bon courage ! Attaquez plutôt les fondements de la civilisation, et montrez-moi des faits ! — J'attends.)

* * * * *

« *Hélas ! que fais-tu donc, ô Rabbe, ô mon ami, / Sévère historien dans la tombe endormi !* » — « *Certes, une telle mort, ignorée ou connue, / N'importe pas au siècle, et rien n'en diminue ; / On n'en parle pas même et l'on passe à côté. / Mais lorsque, grandissant sous le ciel attristé, / L'aveugle suicide étend son aile sombre, / Et prend à chaque instant plus d'âmes sous son ombre ; / Quand il éteint partout, hors des desseins de Dieu, / Des fronts pleins de lumière et des cœurs pleins de feu [...] Quand Rabbe de poison inonde ses blessures [...] Hélas ! l'humanité va peut-être trop vite. / Où tend ce siècle ? où court le troupeau des esprits ? / Rien n'est encor trouvé, rien n'est encor compris, / Car beaucoup ici-bas sentent que l'espoir tombe, / Et se brisent la tête à l'angle de la tombe / Comme vous briseriez le soir sur le pavé / Un œuf où rien ne germe et qu'on n'a pas couvé ! / Mal d'un siècle en travail où tout se décompose ! / Quel en est le remède et quelle en est la cause ? / Serait-ce que la foi derrière la raison / Décroît comme un soleil qui baisse à l'horizon ? / Que Dieu n'est plus compté dans ce que l'homme fonde ?* » — J'ai eu l'occasion de parler d'Alphonse Rabbe et du mélange de plaisir et d'horreur que je ressentis en cette année 2002 en lisant *Album d'un pessimiste*. Je voudrais en rajouter une couche. — François était mort depuis plus d'un an lorsque je trouvai ce livre dans cette bouquinerie de Paris. Je n'avais pas découvert Rabbe par hasard. Mes recherches sur le suicide m'y avaient mené. — Avant de devenir, comme dit Hugo, — qui fréquenta en sa jeunesse, — ce « *sévère historien* », — Rabbe papillonna. Telles sont les âmes qui doutent, les âmes qui chancellent. Il s'essaya, sans succès, à la peinture ou au violon, mais il n'insista pas. Au temps de son premier amour, alors qu'il était très jeune, il fit une tentative de suicide et se retrouva pendant vingt jours entre la vie et la mort. Son intérêt se porta sur la politique et l'histoire. Il se tailla une réputation en écrivant coup sur coup un *Résumé de l'histoire d'Espagne*, un *Résumé de l'histoire du Portugal* et un *Résumé de l'histoire de la Russie*. Il fit plusieurs séjours en prison, entra dans l'administration militaire, fit du journalisme, fréquenta les maisons de jeu, connut la ruine, la maladie. Très vite, afin de calmer ses souffrances physiques et morales, il devint un consommateur d'opium (jusqu'à sa présumée overdose). D'un naturel railleur, il apportait souvent la discorde (il aimait malgré tout les louanges). Louis-François L'Héritier, qui ne lésine pas sur les expressions étranges et le vocabulaire rare (ou sur les néologismes, voire les hapax), évoquait chez Rabbe une « *salacité hircique* » (du latin « *hircus* », « *bouc* », et qu'on n'emploie guère que pour un acide). Dans la *Notice* de l'édition de 1835 de l'*Album d'un pessimiste* (Rabbe est décédé en 1829), L'Héritier présente l'ouvrage comme « *les contradictions et les inconséquences d'un* Tériaki » (ce dernier terme, d'origine orientale, désigne péjorativement un gros fumeur d'opium). Il résume ainsi l'œuvre et l'homme : « *Poison et contrepoison, voilà le livre ; c'était aussi l'homme, un fatal mélange de mal et de bien.* » (Je tiens à signaler que cette notice sera supprimée au tirage suivant sur la décision du neveu de Rabbe, Charles, qui la jugeait trop tendancieuse.) Pour L'Héritier, il ne fait aucun doute que « *l'opium seul parvenait à assoupir ses angoisses* ». Et en effet, Rabbe devait notamment surmonter la dégénérescence chronique de son aspect physique : « *Bientôt tout son corps ne fut plus qu'une plaie, qu'une lèpre affreuse, qu'une révoltante sanie : la chair quittait les os et les os s'exostaussaient, se carriaient jusque dans la moelle ; et lui, impitoyable et souffrant, s'arrachait, se déchirait avec ses ongles, se coupait avec des ciseaux, tantôt les paupières, tantôt le nez.* »

Cette maladie a dû compter dans sa vision « *pessimiste* » des choses. Cependant Rabbe parle d'un malheur personnel qui lui semble ancestral : « *Ainsi ma sensibilité était flétrie presque avant que de naître : ah ! j'ai cette conviction, que les impressions du premier âge superintendent leur influence sur toute la suite de la vie, quels qu'en soient la fortune et les événements ; que pour jouir d'une existence heureuse, rien n'est plus nécessaire que d'éprouver des impressions de bonheur en commençant ; une tristesse cachée au plus profond de mon être, mais décelant sa présence même au sein des joies de ma jeunesse, m'a révélé cette vérité fatale.* » Il apparaît finalement que Rabbe avait toutes les raisons du monde pour en finir avec sa vie. Un an avant sa mort, il écrit dans une lettre (à propos de son amour pour Adélaïde, une servante qui était gravement malade et qui vient de succomber) : « *Au surplus, je suis bien aise qu'elle soit morte avant moi, je suis bien aise de ne l'avoir pas laissée parmi les hommes, et au milieu des hazards d'un monde sans pitié.* » — Jules Claretie, l'un des rares à avoir composé une (petite) biographie de Rabbe, nous apprend que Rabbe « *lit les grands désespérés, Lucrèce, Job, Sénèque ; les grands consolateurs,* L'Ecclésiaste, *l'*Imitation, Saadi, *et de toutes ses lectures, de toutes ses pensées, il se compose un* Évangile du suicide *qu'il appelle le* Pain des Forts ». Un *Évangile du suicide* ! C'est énorme… (Il y cite les grandes autorités du passé. Ce que je ne cesse de faire.) C'est dans ce *Pain des Forts* qu'il écrivit : « *Exister c'est périr ; c'est mourir que de vivre.* » Claretie juge cette vie prédestinée en utilisant une phrase forte : « *Toutes les noires mélancolies se trouvaient dans cette âme non pour l'éclat et le soleil.* » Peu de personnes auront pu lui rendre hommage : Rabbe est définitivement oublié. Excepté quelques historiens, quelques fous furieux des aphorismes, quelques spécialistes littéraires du suicide, quelques obsédés par la mort, qui se souvient de lui ? S'il avait écrit ce roman dont il parlait à tout le monde, *La Sœur grise*, roman très certainement fabulé pour faire croire au monde et à lui-même qu'il travaillait à quelque chose d'important, — s'il l'avait écrit, eût-il été moins oublié ? Face aux sollicitations, il en vint même à prétendre qu'on lui avait volé sa *Sœur grise*… Ne fut-ce pas sa vie qu'on lui vola ?… — On a pu voir que Hugo avait écrit quelques lignes sur lui. Baudelaire, dans ses *Fusées*, cite son nom à deux reprises, mais très laconiquement : « *La note éternelle, le style éternel et cosmopolite. Chateaubriand, Alph. Rabbe, Edgar Poe.* » Et : « *Le ton Alphonse Rabbe.* » C'est tout. Alexandre Dumas en fit davantage et rapporta quelques anecdotes. À la fin de ses *Mémoires*, il écrit : « *Rabbe avait dit qu'il ne verrait pas l'année 1830 : il mourut dans la nuit du 31 décembre 1829. — Maintenant, comment mourut-il ? Ce sombre mystère resta enfermé dans le cœur des derniers amis qui l'assistèrent. — Seulement, un de ses amis me raconta que, dans la soirée qui précéda sa mort, ses souffrances étaient si intolérables que le médecin ordonna qu'on appliquât au malade un emplâtre d'opium sur la poitrine. — Le lendemain, on chercha vainement l'emplâtre d'opium ; il fut impossible de le retrouver…* » André Breton, évidemment, puisqu'il assaisonne son « *surréalisme* » à toutes les sauces, le cite dans son *Manifeste* (« *Rabbe est surréaliste dans la mort* ») et l'inclut dans son *Anthologie de l'humour noir*. — Parmi les innombrables citations qui commencent *La Perte de Sens*, figurent les « ultime lettre » de Rabbe. J'y renvoie le lecteur pour qu'il y goûte à nouveau. Je me contenterai de recopier ici quelques réflexions de Rabbe au sujet du suicide. Il faut les prendre comme émanant d'un expert, comme des *paroles d'Évangile*. Rien n'est plus vrai que ce qu'un suicidé a pu écrire sur le suicide. Lui seul a droit de cité. Cela vaut mille fois plus que ce qu'en a pu dire Cioran. Si la place avait été infinie dans ces pages, j'aurais bien inclus tout son chapitre intitulé *Du suicide*. Je vais en relever quelques aspects seulement. — « *J'ai beaucoup réfléchi sur la question du suicide : il s'est fait des chances de ma vie et des dispositions natives de mon caractère, une combinaison telle, que j'ai dû examiner cet acte si diversement apprécié, comme pouvant être un jour mon propre fait. — Il m'a paru toujours révoltant, je l'avoue, que l'homme, non content de tyranniser de tant de manières son semblable, prétende encore lui disputer le droit de s'affranchir par le sacrifice absolu de son existence ! Une autre chose m'étonne, c'est que les hommes en général, faisant tant de bassesses pour vivre, on ait intéressé la morale et la religion à la proscription d'un acte qui peut être quelquefois, à la vérité, l'effet d'un aveugle désespoir, mais qui bien souvent aussi est l'explosion d'une âme généreuse indignée du monde, fière de sa céleste origine et amoureuse de son immortelle dignité. […] Assurément, l'homme qui se tue est ou se croit bien malheureux ; car nul ne renonce au bienfait de la vie qu'à toute extrémité, et lorsque ce bienfait est entièrement dénaturé par la malignité du sort ; que si quelques hommes ont paru se donner la mort avec une certaine puissance de sang-froid et de facilité, c'est apparemment qu'ils avaient eu la sagesse de se préparer de longue main par le secours de la réflexion et de la philosophie, à s'acquitter de ce dernier acte avec noblesse et dignité, et même avec je ne sais quel bon goût qui ne doit jamais être exclu de l'accomplissement des actions les plus fières, les plus terribles, et dont il me semble que les anciens avaient parfaitement le secret. Je n'ai pas besoin, au surplus, de faire observer que comme le suicide n'a pas toujours pour motifs des situations extrêmes et des passions violentes, il est naturel qu'il prenne le caractère qui distingue les dispositions de l'âme dans un état de tranquillité. Tel est celui qui n'est provoqué que par l'ennui, de la lassitude, de la satiété. — Or, à quoi peut servir un homme qui n'est plus bon pour soi ! Si la douleur a brisé le ressort moral, ou si l'abus de toutes choses en a détruit le jeu, prétendre renouveler un homme par l'attrait des actions vertueuses, c'est vouloir ranimer un asphyxié en lui faisant respirer les parfums les plus doux, tandis que les sels les plus irritans et les acides les plus caustiques peuvent seuls constater l'existence d'un reste de sensibilité. […] Dans l'état actuel des choses, le monde présente le spectacle d'une immense arène, où les hommes se précipitent en foule pour se disputer, au prix de leur sang, de leurs douleurs et de leur honte, la possession des avantages sociaux. Eh bien ! celui que repousse et indigne la vue d'un pareil champ de bataille, et qui se trouve enrôlé malgré lui ; qui ne veut être ni oppresseur ni victime, et qui ne craint pas moins une odieuse et inhumaine victoire, qu'une humiliante défaite, ne pourra-t-il pas se précipiter en dehors du cirque, et disposer de lui, pour qu'un hasard sinistre et flétrissant n'en dispose pas ! En se retirant, en abdiquant sa part du butin, en jetant ses armes, ne diminue-t-il pas la masse des prétentions universelles, et en même temps l'ardeur féroce des concurrents ? S'il était imité par le plus grand nombre, le carnage ne serait-il pas infiniment moins grand ? quand la famine presse une ville assiégée, celui qui se donne la mort, parce qu'il se voit inutile à sa défense, et onéreux à la subsistance publique, ne fait-il pas un acte de magnanimité ?* » — Écoutez sa *Résignation* : « *Si du sein des douleurs, qui m'obsèdent, j'élève un cri d'alarme et de détresse, qui m'entendra ? L'oreille des mortels n'est plus sensible qu'aux appels de la joie et du plaisir. Taisons-nous donc, ô mon âme ! et mourons avec les honneurs d'un noble silence. — Se taire pour toujours ! Ah ! pourtant, si, moins obstiné dans ma tristesse, je parlais, je cherchais ; si m'abreuvant encore une fois à la coupe de l'espérance, je redonnais quelque force à mon cœur abattu… […] Je suis obscur et sans force ; nulle existence ne se rattache à la mienne, j'ai tout perdu. Taisons-nous : plus de plainte. […] Pourquoi me fatiguerais-je de pensées austères ? Toutes mes provisions morales sont faites ; plus de méditation ne conduirait pas ma vue au fond de cet abîme* impénétrable aux humains. Je vais mourir ; la fin de la journée n'est-elle pas le moment du repos ! » — Rabbe était lucide, — trop lucide. — « *C'en est fait, mes amis, je paie à la nature / Le dernier des tributs que demande sa loi ; / Frappé du coup mortel, je cède sans murmure : / Qui vécut sans remords, peut mourir sans effroi... / D'un monde plus heureux la vie est le passage : / On périt pour renaître ; et le bonheur du sage, / Le prix de ses vertus germe au fond du cercueil.* » — Rabbe, du moins, périt pour renaître sous ma plume. L'*Album d'un pessimiste* est un livre dur que tout le monde devrait avoir lu. Lis-le, lecteur, si tu veux toujours apprendre la vie. C'est l'un des livres les plus importants de l'histoire littéraire. Rarement la détresse — sincère — n'aura été cernée d'aussi près. Rabbe était l'Icare/Sisyphe du *Thésée* de Gide : « *Icare était, dès avant de naître et reste après sa mort, l'image de l'inquiétude humaine, de la recherche, de l'essor de la poésie, que durant sa courte vie il incarne. Il a joué son jeu, comme il se devait ; mais il ne s'arrête pas à lui-même. Ainsi en advient-il des héros. Leur geste dure et, repris par la poésie, par les arts, devient un continu symbole.* [...] *C'est là ce qui fait* [...] *que Sisyphe roule sans cesse, vers un inatteignable sommet, la lourde pierre sans cesse retombante des soucis qui le tourmentaient, du temps qu'il était roi de Corinthe. Car sache que, dans les Enfers, il n'est pas d'autre châtiment que de recommencer toujours le geste inachevé de sa vie.* »

* * * * *

« *Chi poria mai pur con parole sciolte dicer del sangue e de le piaghe a pieno ch'i' ora vidi, per narrar più volte ? Ogne lingua per certo verria meno per lo nostro sermone e per la mente c'hanno a tanto comprender poco seno.* » (« *Qui pourrait jamais, même sans rimes, redire à plein le sang et les plaies que je vis alors, même en répétant sont récit ? Certes toute langue y échouerait car notre discours et notre pensée pour tant saisir ont peu d'espace.* ») — Châtiment ! Puni par les dieux, Sisyphe est condamné à rouler éternellement son rocher dans son Tartare perdu. Qu'eût-il advenu de lui s'il avait osé attenter à sa vie (en plus d'avoir défié plus fort que lui — ou pour arrêter le supplice) ? Dans l'*Inferno* de Dante, les suicidés connaissent aussi l'éternité de la répétition : « *[...] e però nel secondo giron convien che sanza pro si penta qualunque priva sé del vostro mondo [...].* » (« *[...] aussi dans la seconde enceinte il faut que se repente en vain quiconque se prive soi-même de votre monde [...].* ») Dans le septième cercle (deuxième giron), il y a une forêt : la forêt des suicidés. Celui qui, trop fier, arrache, de lui-même, son âme de son corps, est précipité par Minos dans ce bois. Il échoit au hasard et germe pour devenir un arbre dont les Harpies rongent les feuilles. Les suicidés connaissent une double peine puisqu'ils attendent de mourir une nouvelle fois afin de supprimer leurs souffrances dans cet Enfer. Leur maison est leur gibet. (Je songe à l'attraction des forêts. Vivre au milieu d'une forêt, c'est s'éloigner du monde, rechercher le silence et l'apaisement que la mort, semble-t-il, est la seule à proposer. Au pied du mont Fuji existe une forêt que l'on nomme « 青木ヶ原 » (« *Aokigahara* », la « *Mer d'Arbres* »). Il y circule plus d'ambulances et de voitures de polices que de voitures de touristes — en effet, les Japonais viennent s'y suicider en masse...) Il est honteux d'imaginer que l'on a pu, à certaines époques, punir celui qui mettait fin à ses jours. Ce fut d'abord une affaire de lois. Le titre du Chapitre IX du Livre XXIX de *L'esprit des lois* est suffisamment explicite : *Que les lois grecques et romaines ont puni l'homicide de soi-même, sans avoir le même motif*. Tout est relatif : « *Un homme, dit Platon, qui a tué celui qui lui est étroitement lié, c'est-à-dire lui-même, non par ordre du magistrat, ni pour éviter l'ignominie, mais par faiblesse, sera puni. La loi romaine punissait cette action, lorsqu'elle n'avait pas été faite par faiblesse d'âme, par ennui de la vie, par impuissance de souffrir la douleur, mais par le désespoir de quelque crime. La loi romaine absolvait dans le cas où la grecque condamnait, et condamnait dans le cas où l'autre absolvait.* [...] *Du temps de la République, il n'y avait point de loi à Rome qui punît ceux qui se tuaient eux-mêmes : cette action, chez les historiens, est toujours prise en bonne part, et l'on n'y voit jamais de punition contre ceux qui l'ont faite.* » Le suicide « *par ennui de la vie* » : tel est le suicide existentiel qui me retient le plus dans toutes ces pages... (Puisque j'y suis, je voudrais citer un passage de Montesquieu, au Chapitre XII du Livre XIV, où ses idées me paraissent amusantes : « *Nous ne voyons point dans les histoires que les Romains se fissent mourir sans sujet ; mais les Anglais se tuent sans qu'on puisse imaginer aucune raison qui les y détermine, ils se tuent dans le sein même du bonheur. Cette action, chez les Romains, était l'effet de l'éducation ; elle tenait à leur manière de penser et à leurs coutumes ; chez les Anglais, elle est l'effet d'une maladie, elle tient à l'état physique de la machine, et est indépendante de toute autre cause.* [...] *Il y a apparence que c'est un défaut de filtration du suc nerveux : la machine, dont les forces motrices se trouvent à tout moment sans action, et lasse d'elle-même ; l'âme ne sent point de douleur, mais une certaine difficulté de l'existence. La douleur est un mal local qui nous porte au désir de voir cesser cette douleur ; le poids de la vie est un mal qui n'a point de lieu particulier, et qui nous porte au désir de voir finir cette vie.* » Comme quoi, il faut savoir prendre un peu de recul...) Mais le passage que je vise à propos de la double peine qui pend au nez du suicidé, et qui n'a pas laissé Rabbe indifférent, on trouve dans les *Lettres persanes*, plus précisément dans la Lettre LXXVI (« *Usbek à son ami Ibben, à Smyrne* ») : « *Les lois sont furieuses en Europe contre ceux qui se tuent eux-mêmes ; on les fait mourir, pour ainsi dire, une seconde fois ; ils sont traînés indignement par les rues ; on les note d'infamie ; on confisque leurs biens. — Il me paraît, Ibben, que ces lois sont bien injustes. Quand je suis accablé de douleur, de misère, de mépris, pourquoi veut-on m'empêcher de mettre fin à mes peines, et me priver cruellement d'un remède qui est en mes mains ? — Pourquoi veut-on que je travaille pour une société, dont je consens de n'être plus ? que je tienne, malgré moi, une convention qui s'est faite sans moi ? La société est fondée sur un avantage mutuel. Mais lorsqu'elle me devient onéreuse, qui m'empêche d'y renoncer ? La vie m'a été donnée comme une faveur ; je puis donc la rendre lorsqu'elle ne l'est plus : la cause cesse ; l'effet doit donc cesser aussi. — Le prince veut-il que je sois son sujet, quand je ne retire point les avantages de la sujétion ? Mes concitoyens peuvent-ils demander ce partage inique de leur utilité et de mon désespoir ? Dieu, différent de tous les bienfaiteurs, veut-il me condamner à recevoir des grâces qui m'accablent ? — Je suis obligé de suivre les lois, quand je vis sous les lois. Mais, quand je n'y vis plus, peuvent-elles me lier encore ? — Mais, dira-t-on, vous troublez l'ordre de la Providence. Dieu a uni votre âme avec votre corps, et vous l'en séparez. Vous vous opposez donc à ses desseins, et vous lui résistez. — Que veut dire cela ? Troublé-je l'ordre de la Providence, lorsque je change les modifications de la matière et que je rends carrée une boule que les premières lois du mouvement, c'est-à-dire les lois de la création et de la conservation, avaient faite ronde ? Non, sans doute : je ne fais qu'user du droit* qui m'a été donné, et, en ce sens, je puis troubler à ma fantaisie toute la nature, sans que l'on puisse dire que je m'oppose à la Providence. — Lorsque mon âme sera séparée de mon corps, y aura-t-il moins d'ordre et moins d'arrangement dans l'univers ? Croyez-vous que cette nouvelle combinaison soit moins parfaite et moins dépendante des lois générales ? que le monde y ait perdu quelque chose ? et que les ouvrages de Dieu soient moins grands, ou plutôt moins immenses ? — Pensez-vous que mon corps, devenu un épi de blé, un ver, un gazon, soit changé en un ouvrage de la nature moins digne d'elle ? et que mon âme, dégagée de tout ce qu'elle avait de terrestre, soit devenue moins sublime ? — Toutes ces idées, mon cher Ibben, n'ont d'autre source que notre orgueil : nous ne sentons point notre petitesse, et, malgré qu'on en ait, nous voulons être comptés dans l'univers, y figurer, et y être un objet important. Nous nous imaginons que l'anéantissement d'un être aussi parfait que nous dégraderait toute la nature, et nous ne concevons pas qu'un homme de plus ou de moins dans le monde — que dis-je ? — tous les hommes ensemble, cent millions de têtes comme la nôtre, ne sont qu'un atome subtil et délié, que Dieu n'aperçoit qu'à cause de l'immensité de ses connaissances. » (Je pensais n'en citer que le début, et je n'ai pu résister à citer la lettre entièrement... Il ne faut pas que je me retienne dans ces cas-là, surtout en ce qui concerne le suicide. Or, à mon avis, cet extrait de Montesquieu en est l'un des plus fondamentaux. Il y défend le suicide, ce qui, reconnaissons-le, est chose rare.) — Voulez-vous d'autres exemples de double punition ? Dans le Londres du début du XXème siècle évoqué par Jack London lors de sa descente dans les bas-fonds, on punissait les gens quand ils tentaient de se suicider. Ils crevaient déjà de misère... Mais non, on en rajoutait une couche. L'incompréhension des gens à propos du suicide est la même que celle que suscite l'alcoolisme chez les clochards. Laissez-leur une consolation, vous qui vivez dans l'opulence, dans votre pays de bisounours ! Nous retrouvons également Chamfort, qui concocta une maxime sur cette double peine : « *Les Rois et les Prêtres, en proscrivant la doctrine du suicide, ont voulu assurer la durée de notre esclavage. Ils veulent nous tenir enfermés dans un cachot sans issue ; semblables à ce scélérat, dans le Dante, qui fait murer la porte de la prison où était renfermé le malheureux Ugolin.* » Sophocle fit dire à Tirésias : « *En effet, tous les autels et tous les foyers sont pleins des morceaux arrachés par les chiens et les oiseaux carnassiers du cadavre du misérable fils d'Œdipe. De sorte que les Dieux se refusent aux prières sacrées et à la flamme des cuisses brûlées, et que les oiseaux, rassasiés du sang gras d'un cadavre humain, ne font plus entendre aucun cri augural. Donc, fils, songe à ceci. [...] Pardonne à un mort, ne frappe pas un cadavre. Quelle vaillance y a-t-il à tuer un mort ?* » Un extrait de *Salammbô* rejoint encore le même thème : « *Tiens, Œil de Baal, dit-il, en désignant un Libyen robuste, en voilà un que l'on a surpris la corde au cou. — Ah ! tu veux mourir ? fit dédaigneusement le Suffète. — Et l'esclave, d'un ton intrépide : — Oui ! — Alors, sans se soucier de l'exemple ni du dommage pécuniaire, Hamilcar dit aux valets : — Emportez-le !* » Quel monde ! quel monde ! Comme l'écrivit un jour Maximinien dans l'une de ses *Élégies* : « *Dulce mori miseris, sed mors optata recedit.* » (« *La mort serait douce pour les infortunés, mais la mort appelée par leurs vœux s'éloigne.* ») Mourir, mourir deux fois... ou même trois fois ! Abomination ! Rappelons-nous ce « *cimetière sous la pluie battante* » qui ouvre la Scène II de l'Acte III de *L'éveil du printemps*, où Frank Wedekind fait dire à ce pasteur « *Ventre-chauve* » qui jette des pelletées de terre dans la tombe d'un adolescent qui s'est suicidé : « *... Et qui repoussa loin de lui la grâce que le Père éternel répand sur celui qui naquit dans le péché, celui-là mourra d'une mort spirituelle ! Et qui vécut et œuvra pour le mal, dans le refus volontaire et charnel d'honorer Dieu comme il convient, celui-là mourra d'une mort corporelle ! Mais qui rejeta loin de lui, en téméraire, la croix dont le Très-miséricordieux l'a chargé a cause du péché, en vérité, en vérité, je vous le dis, celui-là mourra d'une mort éternelle. [...] Mais nous-mêmes, pèlerins perpétuels sur le chemin d'épines, louons le Seigneur, rendons-lui grâce pour son insondable prédestination. Car aussi vrai que celui qui est ici est mort d'une triple mort, aussi vrai le Seigneur Dieu conduira le juste à la béatitude et à la vie éternelle. Amen.* » Et tous les proches de déverser à tour de rôle leur haine sur la tombe de l'innocent, comme s'ils avaient honte. Ici : « *Le petit n'était pas de moi ! Le petit n'était pas de moi ! Tout petit déjà, cet enfant ne me plaisait pas.* » Là : « *Dissipé, dépravé, débauché, déguenillé, dégénéré !* » Et là : « *Ma propre mère, je ne l'aurais pas crue si elle m'avait dit qu'un enfant puisse se conduire si lâchement avec ses parents.* » Encore là : « *Se conduire ainsi avec un père qui depuis vingt ans, du matin au soir, ne nourrit d'autre désir que le bien de son enfant !* » Le recteur « *Coup-de-soleil* » y va même de ses sophismes en jetant lui aussi sa pelletée : « *Le suicide comme attentat, au-delà du possible pensable, à l'ordre moral du monde est une preuve en faveur de cet ordre moral du monde, au-delà du possible pensable, en ce que le suicidé épargne à l'ordre moral du monde le soin de prononcer sa sentence et confirme que cet ordre existe.* » Tous jettent ainsi leur pelletée de merde de grenouille dégénérée sur le pauvre corps du jeune disparu... et le renient. — Je n'en ai pas fini avec ce chapitre sur l'éternelle punition (aux accents de morale religieuse, quand ce n'est pas de « fiscalité »), mais on en recroisera peut-être d'autres ébauches plus tard, qui le compléteront. — Que devait dire Virgile à Dante, en aparté ? À un endroit de l'*Énéide*, on peut lire : « *Proxuma deinde tenent maesti loca, qui sibi letum / insontes peperere manu, lucemque perosi / proiecere animas. Quam uellent aethere in alto / nunc et paupерием et duros perferre labores ! / Fas obstat, tristisque palus inamabilis undae / alligat, et nouiens Styx interfusa coercet.* » (« *Puis, toutes proches, accablées, se tiennent les âmes innocentes / qui se sont donné la mort et qui, par haine de la lumière, / ont rendu leurs vies. Comme ils voudraient maintenant, / dans le monde d'en haut, subir la pauvreté et de dures épreuves ! / La puissance divine s'y oppose, et le triste marais à l'onde odieuse / les tient liés, prisonniers du Styx aux neuf replis.* ») J'espère que Dante ne croyait pas à ces saloperies... Comme si les suicidés désiraient revenir... Quelle basse propagande !...

* * * * *

Appréhender le suicide d'après la considération suivante : s'il était donné à chacun d'appuyer sur un bouton pour pouvoir mourir instantanément sans souffrance, que se passerait-il ?... Oui, que se passerait-il ? Sur tout l'ensemble des êtres humains qui ont vécu sur la Terre depuis des milliers d'années, le nombre de suicidés ne pèse pas bien lourd. Si l'on pouvait y rajouter ceux qui ont *tenté* de suicider, — et qui se sont *ratés*, — on le multiplierait par cinq, voire dix, mais cela serait insuffisant pour qu'il pût dépasser toutes les autres catégories de morts. Si, en revanche, pouvaient être comptés ceux qui ont songé au suicide (pour eux-mêmes), là, cela deviendrait intéressant et loin d'être négligeable. Question : pourquoi semble-t-il si difficile de se suicider ? Un premier élément de réponse : faut-il être un lâche pour réussir un suicide ? Souvenons-nous de la définition de Flaubert qui se trouve dans son *Dictionnaire des idées reçues* : « *SUICIDE : Preuve de lâcheté.* » Doit-on rappeler qu'il ne faut pas prendre au pied de la lettre cette définition ? C'est une *idée reçue*. Pour le commun des mortels, le suicide est une preuve de *lâcheté*. Autrement dit, le suicide serait tout le contraire d'un acte héroïque. Que chacun, néanmoins, s'observe dans le miroir de sa conscience : qui n'est pas un lâche ? qui n'a pas été, à un moment ou à un autre, un lâche ? qui n'a pas fait preuve de lâcheté inconditionnée ? L'homme est une fripouille doublée d'une chochotte. L'homme est une poule mouillée. Comment se fait-il, parmi l'immense majorité des hommes, qu'il n'y en ait que quelques-uns qui soient *assez* lâches pour se suicider ? Cela me paraît être une contradiction. Je crois, au contraire, que *les moins lâches se suicident*. John Donne, par exemple, dans son cinquième *Paradoxe*, qu'il intitule *Que les lâches seuls osent mourir*, raisonne ainsi : « *Les extrêmes sont également éloignés du milieu, de sorte que l'acharnement tête baissée offense autant la vraie valeur que la lâcheté en déroute. Sur son compte je mets à bon droit toutes les morts non décrétées. Quand donc mourra votre homme vaillant ? Forcé ? Les lâches souffrent aussi ce qui ne se peut éviter. Et courir vers la mort sans y être contraint, c'est encourir en s'acharnant notre premier reproche. Mourra-t-il riche et heureux ? Vivant il ferait plus de bien. Dans les épreuves et le malheur, la mort est le refuge choisi des lâches. Fortiter ille facit qui miser esse potest* (« Il agit bravement celui qui, malheureux, accepte de vivre », *Martial*). […] *V raiment, cette vie est une tempête, une bataille, et qui ose mourir pour échapper à leurs angoisses me semble aussi vaillant que celui qui ose se pendre de peur d'être envoyé au front. J'en ai vu un dans ces extrémités de la mélancolie, qui tournait alors au délire, s'efforcer de faire de son souffle un moyen de couper son souffle et s'épuiser à s'étouffer ; mais hélas, il était fou.* » Parce que ce serait une lâcheté de se pendre plutôt que d'aller à la boucherie du front ? La guerre serait-elle plus légitime que le suicide ? Quelle est la bête : le meurtrier ou le suicidé ? Est-il plus glorieux de mourir sous le drapeau ? (De toute façon, ne soyons pas naïfs : aux yeux de l'armée, c'est un crime que de ne pas aller au front. Tous les pays ont puni — et punissent — les déserteurs. On les tue s'ils ne veulent pas aller se faire tuer. Quel monde risible et terrifiant ! Aujourd'hui encore, dans les contrées les moins avancées intellectuellement, il peut arriver qu'un État demande l'exécution d'un homme qui a tenté de se suicider. Plutarque rapportait le même genre de punitions durant l'Antiquité. Il ajoute même qu'à une époque romaine, un édit prononçait que, si des femmes se suicidaient, leur corps nu serait montré à tout le monde, ce qui a fait baisser le taux de suicide chez les femmes. (Je ferai appel à Aulu-Gelle pour décrire ceci : « *Plutarque, au premier livre de son traité de l'âme, rapporte, au sujet des différentes maladies auxquelles l'âme humaine est sujette, que presque toutes les jeunes filles de Milet qui étaient dans la ville prirent un jour, sans motif connu, la résolution soudaine de se donner la mort, et que plusieurs même se pendirent. Ces suicides se multipliant tous les jours sans qu'il fût possible de remédier à cette manie obstinée, le peuple de Milet décréta que les jeunes filles qui se seraient donné la mort en se pendant seraient portées en terre toutes nues, avec le lien dont elles se seraient servies. Aussitôt les suicides cessèrent : la crainte seule de funérailles aussi ignominieuses les arrêta.* ») Ces considérations rejoignent ce que l'on disait plus tôt avec Rabbe : on punit par deux fois le suicidé. Quand on pense que, — le pauvre, — il n'a rien demandé ! Et on va le faire chier…) Au premier *Paradoxe*, Donne, cependant, commençait par dire « *Que tout se tue* » : « *À espérer, à conspirer sa propre mort tout vivant est contraint. Non par la nature seule, qui le parfait, mais par l'art et l'éducation, qui le parfont. Les plantes, mues et habitées par la plus basse des âmes, qui par suite ne sentent ni n'agissent, aspirent à une fin, une perfection, une mort. Elles emploient leurs esprits à l'atteindre ; l'ayant atteinte, elles languissent et se fanent. Plus l'industrie de l'homme les chauffe, les chérit et les choie, plus tôt elles poussent jusqu'à cette perfection, cette mort.* » Mais ce début n'était là que pour amorcer les réflexions suivantes : « *Or, si parmi les hommes ne pas défendre c'est tuer, quel odieux meurtre de soi est-ce, de ne pas se défendre ? Parce qu'elles négligent cette défense les bêtes se tuent elles-mêmes : parce qu'elles nous dépassent en nombre, en force, en liberté sans loi. Il en va ainsi des chevaux. Entre les autres bêtes, celles qui héritent un grand courage de parents très vaillants qui les ont élevées, et qu'ont améliorées des soins artificiels, se rueront vers leur mort sans être stimulées par l'éperon, dont elles n'ont pas besoin, ni par l'honneur, dont elles n'ont pas l'idée. Si donc le brave se tue, qui excusera le lâche ? Ou comment l'homme s'affranchira-t-il de cela, que nous tenons du premier homme ? Sauf que nous ne pouvons nous tuer parce qu'il nous a tués tous. Mais pour que rien ne puisse réparer la ruine commune, chaque jour nous tuons nos corps par des abus et nos esprits par des angoisses. Pour nos facultés, se souvenir tue la mémoire. Pour nos sentiments, désirer, le désir. Pour nos vertus, donner, la générosité. Et ces choses ne se tuent que dans leur dernière et suprême perfection : après la perfection immédiatement vient l'excès, qui change la nature et le nom, et fait d'elles autre chose. Si donc les meilleures des choses se tuent plus vite (car aucune perfection ne dure) et si toutes s'efforcent vers cette perfection, toutes travaillent à leur mort. Le cadre même du monde (s'il était possible à Dieu d'être oisif) parce qu'il a commencé devrait aussi mourir. Alors, dans cette oisiveté que nous prêtons à Dieu, qui pourrait tuer sinon le monde lui-même, hors duquel il n'est rien ?* » Je redemande : qui est brave ? Et surtout : le brave vaut-il mieux que le lâche ? Mais que sont cette bravoure et cette lâcheté ? Je ne comprends pas. Il faudrait donner un coup de transmutation des valeurs dans cette fourmilière des idées préconçues. (Je ne veux pas d'un monde où Conan le Barbare et John Rambo, pour ne citer que ces deux-là, sont censés représenter l'idéal humain…) N'en voulons pas à Donne, qui avait ses raisons. Il a tout de même écrit le *Biathanatos*. Le *Biathanatos* (publié vers 1647, posthumément) est un livre rare, et ce, à double titre : il est difficile de le trouver (j'ai dû l'acheter d'occasion à un prix qui aurait pu être déraisonnable étant donné le peu d'exemplaires en circulation ; les éditions PUF ne l'ont pas réédité depuis 2001 et il n'avait pas été traduit en français avant cette date), et ce genre d'essai entièrement consacré au suicide est pour le moins inhabituel dans l'histoire des lettres). Le *Biathanatos* porte comme sous-titre : *Une déclaration de ce paradoxe, ou thèse, que l'homicide de soi-même n'est point si naturellement un péché que jamais il ne puisse en être autrement, où sont diligemment examinées la nature et l'étendue de toutes les lois que semble violer cet acte*. Entre autres, il s'y glisse un point important que soulève Donne : selon lui, le suicide est banni parce qu'il pourrait en tenter beaucoup. C'est la révélation que nous attendions. C'est un Mal universel, mais, par « chance », les gens *n'osent pas* arriver à cette extrémité. Ce qui est rassurant : « Non, je ne me suicide pas, bien que j'en aie grandement envie, parce que cela est interdit. » De la sorte, on évite de se confronter à sa propre lâcheté. Tout le monde est content. Otto Weininger, qui avait osé écrire que « *seule l'acceptation de la vie est plaisir* » (avec un point d'exclamation, s'il vous plaît, et que j'ai omis), avait également écrit : « *Qu'un individu considère le suicide comme toujours permis ou définitivement interdit est une caractéristique permettant de savoir s'il est vraiment plat ou possède une profondeur originelle.* » Doit-on comprendre que l'individu qui « *considère le suicide comme toujours permis* » soit le même qui est « *vraiment plat* » ? Ou bien est-ce celui qui le considère comme « *définitivement interdit* » ? Mais d'où provient cette interdiction ? De la morale ? de la religion ? Exactement (et nous nous en occuperons plus tard). Mais elle provient aussi de la psychologie. C'est-à-dire que le fait de ne pas se suicider est une excuse psychologique face à notre lâcheté, et Hamlet avait raison de dire à Ophélie que « *Thus conscience does make cowards of us all* » (« *Ainsi la conscience fait de nous tous des lâches* »). Et je retournerais volontiers la logique en disant, avec Jean Paul : « *On interdit les jeux de hasard — sauf le plus long, la vie.* » Si cela pouvait faire un tant soit peu réfléchir ! « *J'ai prié le glaive rapide / De conquérir ma liberté, / Et j'ai dit au poison perfide / De secourir ma lâcheté.* » Ainsi s'exprime Baudelaire dans ses *Fleurs du Mal* (*Le vampire*). Comprends, cher Lecteur, mon Hypocrite Frère (j'insiste sur l'« *Hypocrite* »), comprends qu'en rhétorique, tout peut être inversé. Ce n'est pas pur sophisme. Le langage est construit de telle manière qu'il ne peut montrer la vérité (mais qu'est-ce que la vérité ?). Il faut faire attention. Si je cite Schopenhauer (*Esthétique et métaphysique*), clamera-t-on que je prends parti ? « *Dès lors, il y a aussi chaque jour certaines erreurs innombrables, aimées en général et fermement accréditées, répétées avec suffisance, desquelles j'ai commencé un tableau, que je souhaite voir continué par d'autres : 1. Le suicide est une action lâche.* » De même que Camus faisait commencer la réflexion philosophique avec le suicide, Schopenhauer, en faisant écho à Flaubert, condamne ceux qui condamnent le suicide comme étant une lâcheté, et place cette condamnation en première ligne... D'ailleurs, le suicide serait-il une affaire de goûts ? En un sens, cela est certain. Tout le monde trouve son mot à dire sur n'importe quel sujet, quelle que soit son importance et le degré de perception de celui qui va juger et donner son opinion. Là encore, le langage ne suffit pas pour établir la vérité. Ce n'est pas parce que la majorité pense que le suicide est une honte que cette majorité a raison. C'est même l'inverse. Rien n'a moins de valeur que l'opinion de la foule — et c'est ce qui fait du suffrage universel (et de la démocratie) une honte (quoiqu'elle soit préférable à la plupart des régimes : en la matière, la perfection n'existe pas). Chacun pense avec ce qu'il a reçu à la naissance de capacités de réflexion. Certains sont contre le suicide comme d'autres sont contre le droit de vote aux femmes ; certains huent le suicide comme d'autres huent une équipe de football. Même Pascal, qui dépasse en intelligence la quasi totalité de ce que la Terre a connu en créatures intelligentes, ne parvenait pas à dépasser sa haine atavique à l'égard de Montaigne. Qui penserait que les *Essais* sont l'œuvre d'un homme lâche ? C'est pourtant ce qu'en pense Pascal : « *Les défauts de Montaigne sont grands. [...] Ses sentiments sur l'homicide volontaire, sur la mort. Il inspire une nonchalance du salut, "sans crainte et sans repentir". Son livre n'étant pas fait pour porter à la piété il n'y était pas obligé, mais on est toujours obligé de n'en point détourner. On peut excuser ses sentiments un peu libres et voluptueux en quelques rencontres de la vie, mais on ne peut excuser ses sentiments tout païens sur la mort. Car il faut renoncer à toute piété si on ne veut au moins mourir chrétiennement. Or il ne pense qu'à mourir lâchement et mollement par tout son livre.* » Allons bon ! Quelle prétention frivole ! Je me console en me disant que, dans nos appréciations, motivées le plus souvent par cette corruption des idées, nous commettons tous des erreurs... Mais cela me débecte. Le Brutus de Shakespeare m'exaspère : « *Even by the rule of that philosophy by which I did blame Cato for the death which he did give himself;—I know not how, but I do find it cowardly and vile, for fear of what might fall, to prevent the time of life;—arming myself with patience to stay the providence of some high powers that govern us below.* » « *Je suivrai cette règle de philosophie / Qui m'a conduit à blâmer Caton / De s'être donné la mort. Sans trop savoir pourquoi, / Je tiens pour lâche et méprisable / Que par crainte de l'avenir on hâte ainsi / Le terme de la vie. Armé de patience, / J'attendrai le décret des quelques hauts pouvoirs / Qui régissent notre univers.* » Il est si facile d'attendre... et de ne rien faire. Est-il plus facile de gravir l'Everest ou de rester sous sa couette ? Dans la pièce de Camus, adaptée des *Possédés* de Dostoïevski, Grigoreïev affirme que « *l'homme a peur de la mort parce qu'il aime la vie, parce que la vie est bonne, voilà tout* ». À quoi Kirilov rétorque, avec un brusque emportement : « *C'est une lâcheté, une lâcheté, rien de plus ! La vie n'est pas bonne.* » Il est vrai que la lâcheté, ici, est considérée sous l'angle du sentiment : la vie est-elle bonne ou pas... Cela émane d'un sentiment un peu trop flou qui subjective la réflexion. Charles Juliet (un connaisseur), répond lui aussi à la « *lâcheté* » : « *Ceux qui affirment qu'il est lâche de se suicider, que savent-ils de la souffrance, la difficulté de vivre ? De l'épuisement ? Il peut y avoir un tel amour, une telle exigence, une telle affirmation de la vie dans un suicide.* » Il continue, toujours dans ses *Ténèbres en terre froide* : « *Se suicider à vingt-quatre ans, c'est choisir la perfection, refuser de se laisser user par le temps, de voir s'éteindre sa jeunesse et tomber sa faim d'absolu. D'une certaine manière, c'est donc glorifier la vie. Quelle farce ! Glorifier la vie !* » (Cela rejoint l'avis de Baccalaureus : « *Et puisqu'au fond, passé trente ans, / Un homme n'est plus guère en vie, / Le mieux serait de vous tuer à temps.* ») Méphistophélès répond : « *Le diable là-dessus n'aurait rien à redire !* ») Juliet, plus loin : « *Mon suicide ne sera pas un acte de lâcheté, mais d'affirmation, de dignité.* » Encore plus loin : « *Irrésistible attrait du suicide : se suicider, c'est choisir sa mort, placer chaque instant de sa vie sous la lumière de la plus haute exigence qui soit, celle de la perfection.* » Voyez comme le sujet est plus complexe que ce que l'on peut en penser de prime abord. Il faut savoir s'ajuster, ajuster le monde, les individus, les pensées. Il faut savoir se mettre à la place de tout un chacun. Afin de mieux montrer toute la complexité de la chose, je vais citer un bout de lettre de Kafka à Brod (de 1917) : « *[...] non pas le suicide mais l'idée du suicide. Dans mon cas, ce n'était pas une lâcheté particulièrement constructive mais ce qui me retenait de me suicider mais simplement la réflexion qui débouchait également sur l'absurde : 'Toi qui ne sais rien faire, tu veux justement faire ça ? Comment peux-tu oser penser ça ? Si tu peux le tuer, tu n'y es plus obligé d'une certaine façon. Etc."* » Profitons-en pour invoquer cet autre cerveau farfelu qu'était Pessoa (*Livre de l'intranquillité*) : « *Je n'ai jamais envisagé le suicide comme une solution, parce que je hais la vie, précisément par amour pour elle.* » Ambigu, n'est-il pas ? Il suffit de réfléchir un peu pour lever cette ambiguïté... Pessoa pense que l'on se tue « *de trop sentir, car enfin, on ne se tue certainement pas pour autre chose* ». Il « *accepte* » le suicide, mais préfère s'en tenir à une distance respectable : « *Mourir, c'est devenir totalement différent. C'est pourquoi le suicide est une lâcheté ; il signifie s'abandonner entièrement à la vie.* » Une « *lâcheté* », certes, mais il faut savoir lire entre les lignes. La vie ne vaut pas mieux que la mort. Seulement, en continuant de vivre, on lui signifie (à la vie) qu'il serait préférable de l'abandonner, mais que l'on reste pour qu'elle s'abandonne à nous, nous qui sommes abandonnés à la mort. En cherchant bien, la comtesse de Noailles rejoint cet état d'esprit : « *C'est parce qu'on se sent mourir / Qu'on supporte de vivre encore !...* » La pensée de la mort est un réconfort. C'est moins un suicide qu'un abandon retardé à la mort. Baudelaire le reconnaît et s'en plaint : « *C'est la Mort qui console, hélas ! et qui fait vivre ; / C'est le but de la vie, et c'est le seul espoir / Qui, comme un élixir, nous monte et nous enivre, / Et nous donne le cœur de marcher jusqu'au soir [...].* » La philosophie, qui est la seule discipline à laquelle il faudrait se vouer, n'est-elle pas l'apprentissage de la mort ? C'est *apprendre à mourir*. Il existe un très beau poème de Sully Prudhomme (*Indépendance*) qui évoque ceci sous la lumière du suicide : « *Pour vivre indépendant et fort / Je me prépare au suicide ; / Sur l'heure et le lieu de ma mort / Je délibère et je décide. / Mon cœur à son hardi désir / Tour à tour résiste et succombe : / J'éprouve un surhumain plaisir / À me balancer sur ma tombe. / Je m'assieds le plus près du bord / Et m'y penche à perdre équilibre, / Arbitre absolu de mon sort, / Je reste ou je pars. Je suis libre. / Il est bon d'apprendre à mourir / Par volonté, non d'un coup traître ; / Souffre-t-on, c'est qu'on veut souffrir ; / Qui sait mourir n'a plus de maître.* » — Une devise de Léonard de Vinci était : « *Qui n'estime pas la vie ne mérite pas la vie.* » Peut-être, peut-être pas. Léonard vécut, resta en vie tant qu'il le put : était-ce, dès lors, pour lui qu'il affirmait cela ? La méritait-il ? Mais qu'est-ce que *mériter* la vie ? N'est-ce pas du vent ? Ne sont-ce pas des mots creux, comme tous les mots ? Quand j'entends ce genre de paroles, je crois entendre la pauvre remarque qu'Octave fait à Cœlio dans *Les caprices de Marianne* : « *Jamais de ma propre main, mon ami, jamais ; j'aimerais mieux mourir que d'attenter à mes jours.* » N'est-ce pas de la connerie pure ? « Moi, pédé ? Plutôt me faire enculer. » Retournez à vos bacs à sable, les enfants ! — À la question de tout à l'heure : pourquoi cela semble-t-il si difficile de se suicider ? — j'apporterai un second élément de réponse : la peur de souffrir. (Ne me renvoyez pas à la face ce reproche que l'on peut lire dans la pièce de Hebbel, *Marie-Madeleine* : « *À t'entendre on croirait que ça n'est jamais arrivé qu'à toi. Des milliers de femmes ont passé par là avant toi. Toutes se sont résignées à leur sort ; des milliers de femmes seront après toi dans le même cas, et elles se soumettront à leur destin.* ») On peut comparer la peur de souffrir avec la peur de mourir (tandis que, nous l'avons déjà signifié, être mort nous est indifférent). On pourrait aussi se pencher sur la question en nous demandant (là, je me cite d'après mes *Carnets*) : « *Celui qui veut se suicider a du mal à le faire. Celui qui n'y pensait jamais — aura-t-il plus de facilité ?...* » Il y a la souffrance qui amène au suicide, de même qu'il y a la pensée du suicide qui mène à la souffrance (et à la peur de mourir). Dans *Crime et Châtiment*, Dostoïevski écrit : « *Il souffrait également en se demandant pourquoi il ne s'était pas tué. Pourquoi s'était-il arrêté alors près de l'eau et avait-il préféré se livrer ? Était-il possible qu'il y eût une telle force dans le désir de vivre et qu'il fût si difficile de la vaincre ?* » Encore une fois, si se suicider était facile, la Terre serait dépeuplée en moins de deux. Tout se passe comme si la Nature (ou Dieu) avait voulu que le vivant ne s'autodétruisît pas. La vie et la mort (volontaire) ne sont pas deux pôles magnétiques contraires : tels deux pôles Nord, elles se repoussent. Une force invisible vous contraint à ne pas vous suicider. C'est tellement bien fichu que vous avez peur de mourir (et c'est l'une des raisons qui font que l'on n'y pense d'ordinaire jamais). On ne devrait par conséquent pas souffrir à l'idée de mourir (et de se suicider). Dans le *Yoga Sūtra*, on peut lire : « *Les causes de souffrance sont l'aveuglement, le sentiment de l'ego, le désir de prendre, le refus d'accepter, l'attachement à la vie.* » (Ceci représente ce que l'on nomme « Abhinivesha » : « *Attachement à la vie, peur de la mort, narcissisme, volonté de vivre.* ») Plus on a vécu, plus il est difficile de mettre un terme à cette existence à laquelle on est lâchement attaché. — Il paraîtra peut-être déplacé de citer ici Desproges et de faire de l'humour avec le suicide, mais la vie est si risible que, pour ma part, cela ne me choque pas (et je fais ce que je veux). « *Qu'est-ce que le suicide ?* » Ainsi s'interroge Desproges dans son *Manuel de savoir-vivre à l'usage des rustres et des malpolis*, sur la manière de « *se suicider sans vulgarité* ». « *C'est une excellente question à dix francs, je vous remercie de me l'avoir posée pour pas un rond. — Le suicide, c'est la vraie différence entre l'homme et la bête. [...] on peut affirmer également que le suicide est la seule différence entre l'homme et le chrétien. [...] On ne verra jamais un chrétien se suicider. Ou alors, c'est qu'il est très malheureux et qu'il a envie de mourir. Les causes de suicides sont multiples ; je ne les dirai pas toutes, vous vous jetteriez par la fenêtre avant que j'aie fini. [...] Paradoxalement, en effet, la peur de la mort est une cause fréquente de suicide. [...] Nous avons vu comment nous jeter dans le vide (voir plus bas) ou comment nous pendre (voir plus haut).* » Il n'y a pas que la philosophie qui apprenne à mourir : il y a aussi l'humour (ce second degré qui éclaire l'esprit). Ce qui m'intéresse le plus dans ce passage, vous l'aurez deviné, c'est ceci : « *Paradoxalement, en effet, la peur de la mort est une cause fréquente de suicide.* » Sont également envisageables : le suicide par peur de la vie, la vie par peur du suicide. Tout tourne autour de la *peur*. Peur de vivre ou peur de mourir, ce sera au suicidant de trancher. Celui qui n'a pas peur vivra tranquillement — ou mourra tranquillement... Celui qui a peur vivra horriblement — ou mourra horriblement... — Le suicide est un remède pour guérir ou de la vie, ou de la mort. Je conclurai ce paragraphe avec Desproges, à nouveau (*Vivons heureux en attendant la mort*) : « *Alors je ne vois plus qu'un remède pour guérir de la vie. C'est le suicide. — Ça fait mal ? — Non, mais c'est mortel... Voilà, voilà. C'est deux cent francs. — Deux cent francs ? C'est cher ! — C'est la vie.* »

* * * * *

C'est la mort. — L'humour de la mort... comme dans *Dialogue sur un dialogue*, de Borges, où A. et Z. discutent : « *[A.] Je proposai à Macedonio de nous suicider, pour discuter tranquillement. — Z. (moqueur). — Mais je soupçonne que finalement vous ne vous y êtes pas décidés. — A. (déjà en pleine mystique). — Franchement, je ne me rappelle pas si nous nous sommes suicidés cette nuit là.* »

* * * * *

« *Le suicide s'accomplit alors avec une réflexion si froide et une si inflexible résolution que le malade à ce stade, placé déjà d'ordinaire sous surveillance, l'esprit constamment fixé sur cette idée, profite du premier moment où la surveillance se sera relâchée pour mourir, sans hésitation, sans lutte et sans effroi, ce qui est un moyen de soulagement pour lui si naturel en ce moment et si bien venu. Esquirol a décrit très au long cet état dans son* Traité des maladies mentales. *Il est certain que l'homme le mieux portant, peut-être le plus gai, pourra aussi, le cas échant, se déterminer au suicide ; cela arrivera quand l'intensité des souffrances ou d'un malheur prochain et inévitable sera plus forte que les terreurs de la mort.* » De ce que dit Schopenhauer (*Aphorismes sur la sagesse dans la vie*), presque tout est vrai concernant mon prochain sujet de conversation, à ceci près que la maladie n'y a rien à faire (au sens où l'entendrait Esquirol), et que « *l'intensité des souffrances* » est hors de propos. — Je n'ai jusqu'à présent cité le nom d'Henri Roorda qu'à deux reprises (et dans des contextes purement formels). Henri Roorda, d'origine suisse et né en 1870, était en premier lieu professeur de mathématiques. Il a publié des manuels scolaires et des ouvrages de pédagogie, ces derniers étant d'une rare modernité. Je n'entrerai pas dans les détails de ses conceptions en la matière, car là n'est pas ma motivation. Mais j'invite tous les professeurs qui me liraient à en feuilleter un bon nombre de pages. Roorda a également publié des livres d'humour, et ceci m'intéresse déjà beaucoup plus. Roorda était bien « *portant, peut-être le plus gai* » d'esprit que vous eussiez rencontré. Cependant, on a beau être comique, voir la vie d'un œil amusé, on a beau vouloir rire et faire rire, il n'en demeure pas moins que l'on puisse être désabusé. Certes, Roorda, à presque cinquante-cinq ans, s'est tiré une balle dans le cœur, mais l'humour ne l'a jamais quitté. Il s'est suicidé par lassitude de la vie (et aussi, il faut l'admettre, pour des questions d'argent, puisqu'il n'avait jamais pensé qu'à vivre et jamais à économiser). Je me trouve tellement d'affinités avec cet homme que ses pensées, simples et belles, m'effraient encore aujourd'hui à l'idée de les recopier (et donc de les repenser, de les rédiger). Pour expliquer son suicide, il écrivit un petit livre intitulé *Mon Suicide*. Lorsque, en 2007, je voulus l'acheter, il n'était pas encore vraiment connu en France. Il fallut que ses écrits tombassent dans le domaine public et que les éditions Mille et une Nuits se préoccupassent de son cas (à partir de 2010), pour qu'on pût enfin le lire. À l'époque, j'avais dû appeler directement les éditions de L'Âge d'Homme, situées à Lausanne, pour commander le dernier exemplaire qu'ils avaient en stock du deuxième tome de ses œuvres complètes, où figurait, évidemment, *Mon Suicide*. Comment avais-je connu Roorda ? Je ne me le rappelle plus. Tout ce dont je me souviens, c'est d'avoir lu auparavant *Le Roseau pensotant / Avant la grande réforme de l'An 2000*, qui peut-être m'avait ensuite aiguillé vers l'autre. — Peu de temps avant sa mort, Roorda avait donc écrit *Mon Suicide*. En introduction, il explique que depuis longtemps il se promettait d'écrire un petit livre qu'il eût intitulé : *Le pessimisme joyeux*. Il aimait ce titre et pensait qu'il exprimerait assez bien ce qu'il voulait dire. Mais, non sans humour (et c'est ce qui rend touchantes toutes ses appréciations quand on sait qu'il s'est suicidé par la suite et qu'il était convaincu qu'il y arriverait), je veux dire : non sans humour *noir*, — il raconte : « *Après réflexion, je me dis que "Pessimisme joyeux" est une expression qui pourrait faire hésiter quelques acheteurs.* — *Ils ne comprendront pas.* "*Mon Suicide*" *sera un titre plus alléchant. Le public a un goût prononcé pour le mélodrame.* » Roorda se dit lassé. Il a toujours aimé « *la vie facile* » : « *Après avoir beaucoup travaillé pendant trente-trois ans, je suis fatigué. [...] En vivant hygiéniquement, on peut, paraît-il, devenir très vieux. Cela ne m'a jamais tenté.* » Voilà qui est honnête et qui vient du fond du cœur. Très peu d'individus prendraient exemple sur ce genre de vérité. Les gens fatigués ont hâte d'être à la retraite... parce qu'ils croient qu'enfin ils vivront comme ils l'entendront. Grossière erreur ! Il est trop tard... « *Depuis trente-trois ans j'enseigne à mes élèves les mathématiques élémentaires. Chaque année, chaque jour, je débite des règles et des formules immuables. (Quant à mes digressions elles sont certainement contraires au Règlement.) Il y a des phrases que j'ai dû énoncer si souvent que, parfois, le dégoût les arrête sur mes lèvres.* » Parmi tous les métiers possibles, ne prenons que celui qui consiste à enseigner toujours la même chose. Je sais de quoi je parle puisque je le pratique depuis bientôt dix années et que je m'essouffle de plus en plus. Est-il humain de répéter les mêmes principes jour après jour, année après année ? Je suis persuadé que les professeurs qui me lisent se récrieront. (Mais ils se récrieront comme se récrieront tous ceux à qui je dis que le principal problème qui détruit notre planète, dans tous les sens du terme, c'est la surpopulation, et donc, incidemment, leurs gosses. Comment voulez-vous accepter ces jugements, vous qui procréez à tout va ? Forcément, vous n'aimez pas ces allégations...) Est-il humain, disais-je, de faire et refaire la même chose pendant plus de quarante ans ? Non ! Quand on y réfléchit bien, c'est complètement idiot ! Nous sommes prisonniers de cet état de fait, nous sommes esclaves de la société et de son « bon déroulement ». Roorda rejetait cela. « *J'ai besoin de vivre avec ivresse. Bien des fois, le matin, en me rendant à l'école, j'ai été déprimé parce que je commençais une journée où il n'y aurait rien, rien que l'accomplissement du devoir professionnel. Je ne suis pas un homme vertueux, puisque cette perspective ne me suffisait pas.* » Il rejetait tout cela et se fichait pas mal de l'opinion des gens. « *(Il faut croire que je me soucie encore un peu de ce qu'on dira de moi après ma mort puisque j'essaie de me disculper.* — *C'est que, vraiment, ce que les autres disent de nous, c'est trop bête !)* » Roorda doit préparer son suicide, essayer de convaincre sans convaincre. Il dit aimer « *énormément la vie* ». Même si son suicide approche, il s'estime encore « *tellement vivant [qu'il ne sent] pas les approches de la mort* ». Peut-on trouver plus honnête homme ? « *Il y a beaucoup d'hypocrisie chez ceux qui continuent à vivre. Est-ce que sans le mensonge la vie sociale serait possible ? Non.* » Sentence terrible... Il n'y va pas de main morte : « *Mon suicide sera sévèrement jugé. Mais, puisque les hommes dans leur grande majorité, sont des êtres médiocres et peu intelligents, quelle importance dois-je accorder à l'opinion publique ?* » Moi, je dis que Roorda est le plus lucide des hommes qui soit. « *Tout est physiologie. Les raisons qui me décident à m'en aller ne seraient pas suffisantes pour un autre que moi. Ma façon de sentir n'est donc pas celle de tout le monde. [...] Je vais bientôt me tuer. Je ne mérite pas ce châtiment. Je suis sûr d'avoir eu moins de vilaines pensées que la plupart de ces bons citoyens qui réussissent et qui ne songeront jamais à se suicider.* » Comme j'aime à le répéter : la vie est risible. Le meilleur ne gagne pas. Et on ne joue pas à : qui joue, gagne, — mais à : qui joue, perd. « *Par moment mon suicide me paraît un peu "farce". Ah ! pourquoi la frontière qui sépare les choses futiles des choses sérieuses n'est-elle pas plus fortement marquée ?* » En même temps, il ajoute : « *Je suis sûr que tous les poètes me pardonneraient.* » Imaginez-vous, cher Lecteur, quelle haute vision de la vie pouvait tout de même avoir Roorda ? C'est à croire qu'il faisait partie des rares qui voient la beauté de la Vie (je mets une majuscule) et qui doivent cependant la quitter. Je ne sais pas si Roorda aurait eu la même volonté de se suicider s'il n'avait pas eu de soucis d'argent. J'ose croire que oui. Sa volonté eût été moins grande, mais il aurait accompli son acte (pour la liberté). Rappelons que, au début de *Mon Suicide*, il cite l'exemple du plus fameux des suicidés, celui par lequel nous avons commencé notre chapitre : « *Au moment de mourir, Socrate s'est souvenu du coq qu'il devait à l'une des divinités de son temps. Et, très honnêtement, il a tenu à "mettre ses affaires en ordre". Quand on ne doit qu'un coq, c'est facile. Moi, je dois mille coqs ; et comme je sais que je n'aurai pas assez d'énergie, pas assez de vertu pour les rendre tous, je vais m'infliger la peine de mort.* » Cela aura achevé de le motiver. C'est l'une des raisons pour lesquelles il aura écrit « *ce dernier petit livre* » : pour s'expliquer, pour « *protester d'avance contre la sévérité avec laquelle on [le] jugera* », dans un « *besoin de défendre l'individu égoïste contre les exigences de la Morale* ». Car il n'était absolument « *pas fait pour vivre dans un monde où l'on doit consacrer sa jeunesse à la préparation de sa vieillesse.* » — Tout a par conséquent trop duré. Il est trop las pour continuer de se battre. Il n'a plus que le « *plaisir* » — qui sera éphémère — « *à écrire ce petit livre où il s'agit de [son] Suicide* » : « *Pendant que je travaille, mes pensées sont aussi pures que celles d'un petit enfant.* » Il conclut son « *petit livre* » par ces mots si légers, si lourds, si forts, si grands, si beaux, si durs : « *Je me logerai une balle dans le cœur. Cela me fera sûrement moins mal que dans la tête.* — *Je n'ai pas peur de ce qui m'arrivera après, car j'ai la foi : je sais que je ne comparaîtrai pas devant le Juge suprême. C'est seulement sur la terre qu'il y a des "tribunaux comiques".* — *Mais j'aurai tout de même de l'émotion. Pour être plus insouciant, je boirai d'abord une demi-bouteille de vieux Porto.* — *Je vais peut-être me rater. Si les lois étaient faites par des hommes charitables, on faciliterait le suicide de ceux qui veulent s'en aller.* » La veille, le 6 novembre 1925, il écrivit une « *petite* » lettre d'adieu : « *Cher Ami,* — *Hier, je t'ai menti. J'étais obligé d'être prudent, car je ne veux pas qu'on m'empêche de me suicider. Quand tu recevras ce billet, je serai mort (à moins que je ne me sois raté).* — *J'ai tout usé en moi et autour de moi ; et cela est irréparable.* — *Adieu.* — *H. R.* » — L'homme qui aimait la vie, qui aimait sourire, — en est mort. — Riez. Et restez aveugles. *Amen.*

* * * * *

Moi aussi, à l'image de Roorda, j'ai mûri mon suicide. Mais je n'ai jamais eu la force de le faire. Moi aussi, j'ai eu des problèmes d'argent. Mais, ayant eu la faiblesse d'attendre, cela s'est résolu. — Une fois n'étant pas coutume, je vais reprendre des passages de mon *Journal*… — Démonstration. — Thématiques roordiennes et pichavantesques (dont quelques-unes nouvelles)… — Il était une fois un mal (de dos, d'abord). — « [04/02/99 :] *C'est drôle, je viens de me dire que je pourrais me suicider… Pourquoi… Ha… Je ne sais pas… Je n'aime pas ce que je vis actuellement…* [20/09/99 :] *Je suis plus épouvanté, de plus en plus, à l'idée d'être véritablement bien malade. Je le sens, que cela se nomme fatigue ou autre, et je suis dépité.* […] *Au moins, cette "maladie" (mais pas imaginaire puisque la fatigue, je la sens douloureusement) m'aura fait poursuivre l'écriture de ce journal. Cela est aussi maladif que le mal qui me ronge en ce moment.* […] *Oui, je suis anormal, et il ne faut pas imputer cela sur le seul compte de ma maladie provisoire.* […] *Je me fiche de tout… Que je meure cette nuit ?... Pourquoi pas ?... Après tout, je peux bien : je suis dans de bonnes dispositions… Que je crève, oui… Que j'aie un accident, qu'on me laisse tranquille, qu'on me fiche la paix une bonne fois pour toutes !...* [26/09/99 :] *Je voudrais* — *je voudrais, je ne pense plus qu'à cela* — : *quitter l'ICAM, partir loin d'ici, quitter tout… Ne plus dépendre de personne, vivre comme je l'entends… Ah ! cette force qui veut m'arracher, m'emporter des contingences… Mon dieu ! je n'aspire plus qu'à cela… et écrire un formidable bouquin afin que tout le monde m'idolâtre et me voie enfin comme un génie. Qu'ils viennent picorer dans mes mains, qu'ils se prosternent à mes pieds… Mais il faudrait avant tout m'évader… Quitter tout… Mais que dirait mon père ?... C'est ma hantise… Je pourrais tout laisser tomber !... Qui suis-je ? Que vais-je devenir ?... Ainsi rongé par l'ambition de l'ego, de mon être ?... Je voudrais faire ce que je veux… Ah, mon dieu : après Paludes, Les souffrances du jeune Werther, L'envoûté, combien reste-t-il d'éléments plus prononcés pour mon départ ?... Je pourrais partir en laissant un mot… Je suis dans un tel état que je ne souffrirais pas plus en songeant au suicide. Je parle de suicide sans y voir un jeu : ce serait la seule voie pour être indépendant. Mais puisque le suicide est la dernière solution, pourquoi pas minimiser les conséquences désastreuses* — *et fatales !* — *en me séparant du monde sans m'en séparer ?... Hein ? Quoi ?... Faudrait-il être assez fort ?... Je le suis : quitter tout. Ne plus être qu'avec les livres et mon micro. Vivre. Voilà le contraire du suicide, n'est-ce pas ? Oui. Certes. Mais tout est si complexe… Si complexe…* […] *Suis-je maudit pour ne plus savoir si je suis moi-même ?... Là est la question… Les livres pourraient me tuer… Tuer…* […] *En souffrirai-je ? Non, et ce, pour une bonne et simple raison : c'est ça* — *les livres, les écrivains, le désir d'en être un* — *qui me fait jouir, voir en grand, apprécier, déprécier…* — *Aaaahhh… Comment expliquer ces graves tourments à mon entourage* — *à mon père ?... Je n'aurais pas de famille (pour les études), pas d'argent (du moins, pas de problèmes d'argent, voulais-je écrire)* — *pour mes désirs les plus grands, que j'aurais déjà quitté le port… Rester sur la terre où les gens sont des automates ? ou aller voguer dans des ambitions gigantesques ?... Car comment satisfaire ces ambitions en restant au sein de cette pourriture qu'est le monde ?... (Mais pas tout le monde…)* […] *Je suis heureux sans l'être… Que ces négations peuvent être floues* — *mais êtres si claires !...* — *Je peux… Je me fiche de tout… C'est le recul maximal. Je l'ai. Qui peut bien comprendre cela ? "Je me fiche de tout." Qui ?... Personne autre que moi. C'est terrible. Je me fiche de tout. Ce n'est plus un jeu que cela devient vraiment grave. Une question essentielle, matérialiste, tout ce qui vaut pour ces questionnements…* — *Je suis ivre parce que je ne vois plus ; mais je suis ivre parce que je vois plus. Oui. Alors où tirer une conclusion ?...* — *Je sais : je vais dormir… J'écris trop, rajouté-je effrontément…* [11/10/99 :] *L'idée du suicide ne m'a jamais paru aussi séduisante que depuis ces derniers temps… Qu'est-ce que cela peut faire ?... Je veux être fou* — *sans me forcer… Je veux sauter d'un pic de 3000 mètres et retomber sur une étendue de coton… profonde… Mais de quel coton s'agit-il ?...* [21/11/99 :] *La facilité déconcertante avec laquelle je commettrais mon suicide* — *pour la raison suivante : prouver ce que je vaux au moins ce qui est marqué dans mon journal, dans ce "journal"… Oh ! facilité !... Vengeance aussi !... Ironie du sort !... Ces écrits restent enfermés, et s'ils se déployaient… Mon dieu !* […] *J'ai envie de vivre et de me tuer en même temps… Mais cette seconde chose serait pour les autres… Et comme je crache sur le visage des autres, autant s'en priver et vivre…* [13/12/99 :] *Au retour, dans la voiture, Seb et moi avons parlé de la mort… J'ai dit que si je savais que j'allais mourir, je ferais en sorte de beaucoup écrire… pour laisser quelque chose* — *puisque c'est fini…* […] *Je me dis, ces temps-ci, que ce journal n'a été fait que parce que je devais mourir tôt* — *et on m'aurait insufflé la force (on m'aurait chuchoté à l'oreille) d'écrire parce que c'était* une dernière chance*… Cela me fait peur… Pourquoi me suis-je toujours dit que je mourrais avant tout le monde ?... J'ai trop peur…* [07/03/00 :] *De l'alcool pour le réconfort…* […] *J'ai envie de fumer et boire, c'est tout… Et me tuer.* [13/06/00 :] *Bon… J'ai envie de me supprimer* — *pour tout supprimer…* — *SPLEEN…* […] *Je voulais écrire ceci* — *et non cela : si jamais je devais mourir incessamment sous peu, si jamais je devais me suicider (on ne sait jamais), je voudrais, tout dans l'anonymat que je suis, que ce fût Nancy Huston qui démêlât tout ce que l'on pourra avoir de moi (surtout les* *écrits, en fin de compte) et qui en fit ce qu'elle a déjà fait pour le livre que je suis en train de lire... Elle seule, on dirait, aujourd'hui, au vu donc de ce qu'elle a fait, serait capable d'ériger quelque monument funéraire à mon image : construire ou reconstruire toute ma vie depuis quelques années... Oui : ce doit être Nancy Huston. Elle s'en tirera mieux que personne... Quand viendra le moment d'écrire le mot d'adieu (?), j'écrirai en gras : "Que ce soit Nancy Huston qui fasse un bouquin (étude ?) sur moi." Elle seule sera à même d'en faire quelque chose qui soit selon mes goûts. — Et si je n'ai pas le temps de faire ce mot d'adieu, que celui ou celle qui lit tout ce* Journal *jusqu'à ce jour — ou qui tombe par hasard sur cette page, écrive (non : essaie de tout faire pour que cela soit fait ainsi — si Nancy Huston le peut et le veut, évidemment)... — Voilà. Toutes mes condoléances... [...] Je suis pleinement moi-même (mmh) dans des moments comme cette après-midi... Oui : le monde s'assombrit et n'existe pratiquement plus : je suis seul — contre personne... Il n'y a plus que moi qui compte. Je suis Dieu... [14/01/02 :] Je regarde par la fenêtre la cour, en fumant, et je repense au mois de juillet, quand j'étais ici, dépité, voulant me jeter par la fenêtre... Si l'on excepte François, je suis bien plus mal aujourd'hui... Mais ça passe mieux... (?...) [24/01/02 :] Argent... Argent... — Ennui... Je veux être mort. [25/01/02 :] Mon père... qui me redonne non-courage : "Trouve quelque chose, n'importe quoi, au SMIC, en manutention... Je ne pourrai pas aligner longtemps..." Seule solution : le suicide. [...] Le suicide apparaît tout le temps, plus fort, plus net, plus irrémédiable... [...] Je pense de plus en plus au suicide... C'est moins fort, mais plus dangereux... Oui : je suis en perpétuelle attente, dans un jour sans lendemain : la guerre, c'est la paix... Mon dieu... J'en suis au désespoir simple, car journalier... Quand ça partira, ça partira... — J'en parlerai peut-être à mon père... Pour montrer que je suis loin et perdu... — Je pense à François... [...] Je devrais écrire mon testament... J'ai peur d'en finir "abruptement", comme mon défunt ami l'a fait : sans pièces... [...] Je bois... bois... [...] De quoi ai-je envie ?... De rien. J'ai besoin... et c'est plus grave dans ma situation inextricable... [29/01/02 :] Je préfère (c'est fou d'en arriver là !) un monde orwellien (1984) à celui-ci... [...] Vu mon père... Avons parlé sérieusement... Donc de soucis... J'ai pleuré... [...] Envie de mourir, vraiment... — Je vais poursuivre (avec de l'Adel Scott) ma lettre intitulée* Après mon décès*... [01/02/02 :] Arrête d'écrire ici, bon Julien !... Ne te torture pas... Bois assez pour être à demi soûl... C'est tout. — Quand tout va mal, tout va mal !... [...] Attention !... Si jamais je devais me suicider, ceci ne serait aucunement la cause d'un tel acte... Mon suicide serait quelque chose de répondant au profond... [...] Pour vivre heureux, il faut boire quand on en a envie... — Du malheur ?... — Question horrible !... [07/04/02 :] Je relis les pages sur le suicide... (Plus de suicides* (démontré) *lors des crises économiques... Ha !... Et cette crise ?... Cela faisait longtemps... On se tue à un an près...) [09/04/02 :] Il faut que je poursuive mon testament... [...] Deux constats : le monde me fait pitié ; je me fais pitié. (Lequel de ces deux-là est le premier... s'il y en a un ?...) [24/09/02 :] Ah ! comme me tente ce 14ème étage !... Moins de trois secondes (j'ai fait le calcul) et c'est bon... (Je rêve de ça en ce moment... Cette nuit... Vertiges... Etc.) [31/10/02 :] Fini* Essai sur l'expérience de la mort *et* Le problème moral du suicide *(épatant) [...]. [05/04/03 :] Je laisse* Le suicide *[Durkheim] après l'avoir plus survolé que lu... Il me faudrait une étude (critique) de ce livre assez génial... Je ne savais trop que prendre... Mais je poursuivrai plus tard... [20/04/03 :] Le Temps !... passe... passe... mais ne repasse pas... pas... [...] Fini* Le suicide *[Meynard] : enfin un bon livre — et philosophique... sur le suicide... »*

* * * * *

« *Ah ! comme me tente ce 14ème étage !... Moins de trois secondes (j'ai fait le calcul) et c'est bon...* » — « *En sautant de l'appartement (imaginons quarante mètres, ce qui est faible), il faudra trois secondes pour arriver en bas, avec une vitesse de vingt-sept mètres par seconde au point de chute.* » — Comment avais-je pu calculer cela ? En mécanique, le principe fondamental de la dynamique indique que la somme des forces qui agissent sur un corps est égale à son accélération multipliée par sa masse. En chute libre, et en faisant abstraction des frottements de l'air, la seule force qui agisse est le poids (le produit de la masse et de l'intensité de la pesanteur g), soit l'équation, indépendante de la masse : $a=g$. L'accélération a étant la dérivée de la vitesse v par rapport au temps, on obtient v en intégrant : $v(t)=gt+k$. La constante k se calcule avec la condition initiale : $v(0)=0=k$ (la vitesse est nulle avant de sauter). D'où la simplification : $v(t)=gt$. De même, la vitesse étant la dérivée de la distance d parcourue par rapport au temps, en intégrant, on a : $d(t)=gt^2/2+k$. Et, une nouvelle fois, on utilise la condition initiale : $d(0)=0=k$ (la distance est nulle avant de sauter), d'où : $d(t)=gt^2/2$. Maintenant, il est simple de calculer le temps mis à parcourir la distance entre le 14ème étage et le sol. Il suffit de transformer la dernière formule : $t=(2d/g)^{0,5}$. En prenant une moyenne de 2,70m par étage, soit 37,8m, on obtient : $t=(2\times 37,8/9,81)^{0,5}=2,78$s. J'avais parfaitement raison. Peut-être aussi avais-je lancé quelques objets et chronométré le temps qu'ils avaient mis à chuter... (Je rappelle que, selon la légende, Galilée, du haut de la tour de Pise, avait démontré que les objets qu'il avait lancés étaient arrivés en même temps au niveau du sol, quelles que fussent la forme et la masse desdits objets. Par conséquent, que ce fût moi qui tombât du 14ème étage, ou une boule de pétanque, cela revenait au même dans les calculs précédents...) — Ne trouvez-vous pas malsaine l'idée de remplir une petite feuille pour calculer le temps qu'il faut pour s'écraser ? Je me souviens de l'avoir faite à plusieurs reprises... Mais non content de m'arrêter en si bon chemin, j'avais également prédit la vitesse au point d'impact en utilisant un autre principe, celui de la conservation de l'énergie : la somme de l'énergie cinétique et de l'énergie potentielle est constante. Autrement dit, toute l'énergie potentielle due à la hauteur des quatorze étages se transforme intégralement en énergie cinétique en bas de l'immeuble. Après simplification des masses de part et d'autre de l'égalité, et toujours en négligeant les forces de frottements, la formule devient : $0,5v^2=gh$, soit : $v=(2gh)^{0,5}$. Finalement, par application numérique, on trouve : $v=(2\times 9,81\times 37,8)^{0,5}=27,2$ m.s^{-1}, ce qui correspond à environ 98 km.h^{-1}. Au point d'impact, cela représente une énergie cinétique de 25957 J (si je prends comme masse 70 kg). À titre de comparaison, une balle de fusil (12,8 g) lancée à 700 m.s^{-1} possède une énergie cinétique de 3136 J, une voiture (1200 kg) lancée à 50 km.h^{-1}, 115740 J. — Dans mon *Carnet*, j'avais écrit : « *Et dire que j'ai la "chance" d'être au quatorzième étage...* — *Avec beaucoup d'effort, de courage*, ce qu'il faudrait... » Quelle situation ! quel état d'esprit... Je ne « pétais pas la forme »... On rapporte (mais où avais-je déniché cette sentence ?) que Leibniz, pour faire le point, pensait : « *Sedeamus et calculemus* » (« *Asseyons-nous et calculons* »). Posément, je méditais de la même façon, les mains posées sur la rambarde du 14ème étage, distinguant à peine les éléments situés tout en bas… Tout en bas… — Le suicide est proche quand tout est loin. — Un jour (plein de nuit), j'avais noté : « *Quand le suicide est proche, pour se consoler, se dire que la chance qu'il y ait eu une conscience donnée par la Nature, était très faible. C'était même rigoureusement, peu loin de l'impossibilité.* — *La conscience ? Un accident.* » C'est là toute la beauté de l'horreur : avoir, grâce à l'intelligence et à la conscience, l'opportunité de se suicider et de faire des calculs précis sur ce suicide…

* * * * *

(*Ah… vide…*)

* * * * *

Quand le mal est là, à l'âme… — Quand le suicide vous obnubile, vous caresse, vous démange, vous claque… — Comment combattre l'idée du suicide ? *Comment ?* Je poserais bien une autre question au préalable : *pourquoi* combattre l'idée du suicide ? Mais je vais m'en tenir au « comment ». Ceux d'entre mes lecteurs qui lisent tout se souviennent peut-être de l'évocation de Messieurs Loirat et Jubert, psychiatres que j'avais consultés après mon détour par la case « Urgences » du CHU de Nantes. Je me revois, d'ailleurs, dans la loggia, à ce fameux et foutu 14ème étage, buvant du Porto (après, je pense, des bières Fischer en soixante-cinq centilitres), complètement perdu. Il est peu probable que j'aie eu encore la force d'affiner mes calculs. C'était le 15 novembre 2013. Deux jours plus tard, j'écrivais : « [17/11/03 :] *Quand vais-je appeler le psychiatre ?... […] Je ne me sens vraiment pas bien du tout… […] Appelé le psy : il ne pouvait pas avant l'année prochaine. Ça, ça me tue… — J'étais mal… […] Mon Dieu, je me sens très mal… Que faire ?... Que faire ?... Qui voir ?... Il me semble que rien n'est possible… Tout est trop fou…* Etc. — *Ça ne va pas du tout… — QUE FAIRE ?... QUE FAIRE ?... Je ne vois rien à l'horizon…* » Le sentiment d'impuissance : on voudrait évacuer cette idée, mais *comment* ?... Comment ?... Monsieur Loirat ne voulut pas que j'allasse consulter Monsieur Jubert tout de suite. Il fallait auparavant avoir bien entamé la cure à base d'antidépresseurs et d'anxiolytiques. Il fallait être « prêt ». Même quand je commençai à voir Monsieur Jubert, celui-ci retint mes envies d'investigation radicale. Là aussi, il fallait attendre les résultats de la prise de médicaments, que tout fût devenu routine. L'accalmie était nécessaire ; la rechute (l'envie du suicide, la possibilité de passer à l'acte), évitée. (Dans les premiers temps, le suicidaire qui prend des antidépresseurs est très vulnérable : ceux-ci modifient son psychisme et le désinhibent.) — Ainsi, à la question du « *comment* », il y a la prise en charge par les médicaments, c'est-à-dire la prise en charge par la psychiatrie. Ensuite viennent les prises en charge par la psychothérapie et la psychanalyse. Ces moyens du « *comment* » satisfont-ils réellement ? Cependant, qu'y aurait-il d'autre ? Je ne vois qu'une chose : la Philosophie (avec un grand « P »). On devrait toujours venir d'elle et retourner à elle. Tout seul, on n'arrive à rien. Vous le voyez bien : soit on se suicide (et le débat est clos), soit on ingère des pilules (et on oublie un peu), soit on étudie son cas en profondeur (analyse), soit on *pense à la vie*. Penser à la vie, *philosopher*. Ce n'est pas la plus facile des méthodes : *Le Mythe de Sisyphe* nous le rappelle… — Il y a les Grecs et les Latins. Au départ, il n'y a qu'eux. Quand je dis que l'on devrait toujours venir de la philosophie et retourner à elle, je songe à l'Antiquité. Lisez tous les philosophes (sages) de l'Antiquité, car vous n'aurez besoin que d'eux. — Or, parmi ces philosophes, quels sont ceux qui apprennent à vivre (ou à mourir, ce qui est la même chose) ? Les Stoïciens — et tout ce qui s'apparente au Stoïcisme. « *Le stoïcisme* », écrivait Baudelaire dans ses *Fusées*, la « *religion qui n'a qu'un sacrement : le suicide !* » Pavese allait plus loin : « *Le stoïcisme, c'est le suicide.* » — Que tout ce qui suit soit un recueil destiné à ceux qui souffrent et qui souhaitent en finir… Un recueil non policé, non académique, non consensuel, non commercial, *et cætera*. Un recueil qui est le fruit d'innombrables lectures de la part d'un lecteur que l'idée du suicide a constamment travaillée… Que ce soit une invitation pour vivre — ou pour mourir — en paix… — Des mots sans commentaires superflus…

* * * * *

— *Marc-Aurèle*. — Que de choses à glaner dans ses *Pensées pour moi-même* ! — « *Si tu t'affliges pour une cause extérieure, ce n'est pas elle qui t'importune, c'est le jugement que tu portes sur elle. Or, ce jugement, il dépend de toi de l'effacer à l'instant. Mais, si tu t'affliges pour une cause émanant de ta disposition personnelle, qui t'empêche de rectifier ta pensée ? De même, si tu t'affliges parce que tu ne fais pas une action qui te paraît saine, pourquoi ne la fais-tu pas plutôt que de t'affliger ? — Mais quelque obstacle insurmontable m'empêche ? — Ne t'afflige donc pas, puisque ce n'est point par ta faute que tu ne le fais point. — Mais il est indigne de vivre si je ne l'exécute pas. — Sors donc de la vie l'âme bienveillante, à la façon de celui qui meurt en exécutant ce qu'il veut, mais sois en même temps indulgent aux obstacles.* » (Livre VIII, Article 47) — « *Qu'il ne soit permis à personne de dire de toi avec vérité que tu n'es pas simple ou que tu n'es pas bon. Mais fais mentir quiconque aurait de toi une pareille opinion. Cela dépend absolument de toi. Qui donc t'empêche, en effet, d'être bon et simple ? Tu n'as qu'à décider de ne plus vivre, si tu ne dois pas être un tel homme, car la raison n'exige pas que plus longtemps tu vives, si tu n'es pas un tel homme.* » (Livre X, Article 32) — « *Quelle âme que celle qui est prête, à l'instant même s'il le faut, à se délier du corps, que ce soit pour s'éteindre, se disperser ou survivre ! Mais le fait d'être prêt doit provenir d'un jugement personnel et non, comme chez les chrétiens, par fanatisme. Qu'il soit raisonné, grave, et, si tu veux qu'on te croie, sans pose tragique.* » (Livre XI, Article 3) — « *Hâte-toi, ô mort, de peur que par hasard, moi aussi, je ne m'oublie moi-même.* » (Livre IX, Article 3) — « *[…] enfin, on n'est plus qu'un fragment détaché de la cité, quand on détache son âme de celle des êtres raisonnables, dont on brise ainsi l'unité.* » (Livre IV, Article 29) — « *C'est un secours assez singulier, mais pourtant passablement efficace, pour s'apprendre à mépriser la mort, que de récapituler dans sa mémoire ceux qui ont tenu obstinément à la vie.* » (Livre IV, Article 50) — « *Mais l'obstacle est plus fort que moi. — Alors ne t'en préoccupe pas, du moment que la cause qui s'oppose à ton action ne dépend pas de toi. — Mais j'aime mieux perdre la vie plutôt que de ne pas faire ce que je désire. — Alors, sors de la vie avec un cœur tranquille, comme meurt celui-là aussi qui a fait tout ce qu'il voulait. Et, à ce moment suprême, sache encore être doux envers les obstacles que tu auras rencontrés.* » (Livre VIII, Article 47)

* * * * *

— *Épictète*. — À l'instar de Marc-Aurèle, il parle des choses qui ne dépendent pas de nous. Mais il ne parle jamais du suicide en tant que tel. Passons-le, cela ne nous intéresse pas pour le moment.

* * * * *

— *Lucrèce*. — « *Il lui reste un voyage à faire, il est curieux de la contrée sombre, il prend passage sur le cercueil, et, défaisant lui-même l'amarre, il pousse du pied vers l'ombre cette barque obscure que balance le flot inconnu.* » Voilà ce que dit joliment Hugo à propos de Lucrèce. Dans le Livre III du *De Natura Rerum*, nous trouvons de bien belles choses... Elles ne concernent pas directement le suicide, mais s'en approchent davantage que celles d'Épictète. Pourquoi ? Dans ses écrits, Lucrèce ne bannit pas le suicide. En sa compagnie, la mort (le suicide, pour nous) ne fait pas peur. — « *Voilà que la mort fait disparaître cet homme et retire l'existence à cette victime présumée d'un concert de maux. Eh bien, n'est-ce pas là de quoi conclure qu'il n'y a rien de redoutable dans la mort ? Aucun malheur ne peut atteindre celui qui n'est plus ; il ne diffère en rien de ce qu'il serait s'il n'était jamais né, puisque sa vie mortelle lui a été ravie par une mort immortelle. — Lors donc qu'un homme se lamente sur lui-même à la pensée du sort mortel qui fera pourrir son corps abandonné, ou le livrera aux flammes, ou le donnera en pâture aux bêtes sauvages, tu peux dire que sa voix sonne faux, qu'une crainte secrète tourmente son cœur, bien qu'il affecte de ne pas croire qu'aucun sentiment puisse résister en lui à la mort. Cet homme, à mon avis, ne tient pas ses promesses et cache ses principes ; ce n'est pas de tout son être qu'il s'arrache à la vie ; à son insu peut-être il suppose que quelque chose de lui doit survivre. Tout vivant en effet qui se représente son corps déchiré après la mort par les oiseaux de proie et les bêtes sauvages, se prend en pitié ; car il ne parvient pas à se distinguer de cet objet, le cadavre, et croyant que ce corps étendu, c'est lui-même, il lui prête encore, debout à ses côtés, la sensibilité de la vie. Alors il s'indigne d'avoir été créé mortel, il ne voit pas que dans la mort véritable il n'y aura plus d'autre lui-même demeuré vivant pour pleurer sa fin et, resté debout, gémir de voir sa dépouille devenue la proie des bêtes et des flammes. Car si c'est un malheur pour les morts d'être broyés entre les dents des fauves, je ne trouve pas qu'il puisse être moins douloureux de rôtir dans les flammes d'un bûcher, d'être étouffé dans du miel, de subir raidi la pierre glacée du tombeau ou le poids écrasant de la terre qui vous broie. [...] Et toi, tu hésiteras, tu t'indigneras de mourir ? Tu as beau vivre et jouir de la vue, ta vie n'est qu'une mort, toi qui en gaspilles la plus grande part dans le sommeil et dors tout éveillé, toi que hantent les songes, toi qui subis le tourment de mille maux sans parvenir jamais à en démêler la cause, et qui flottes et titubes, dans l'ivresse des erreurs qui t'égarent. — Si les hommes, comme ils semblent sentir sur leur cœur le poids qui les accable, pouvaient aussi connaître l'origine de leur mal et d'où vient leur lourd fardeau de misère, ils ne vivraient pas comme ils vivent trop souvent, ignorant ce qu'ils veulent, cherchant toujours une place nouvelle comme pour s'y libérer de leur charge. — L'un se précipite hors de sa riche demeure, parce qu'il s'ennuie d'y vivre, et un moment après il y rentre, car ailleurs il n'a pas trouvé mieux. Il court à toute bride vers sa maison de campagne comme s'il fallait porter secours à des bâtiments en flamme ; mais, dès le seuil, il baille ; il se réfugie dans le sommeil pour y chercher l'oubli ou même il se hâte de regagner la ville. Voilà comme chacun cherche à se fuir, mais, on le sait, l'homme est à soi-même un compagnon inséparable et auquel il reste attaché tout en le détestant ; l'homme est un malade qui ne sait pas la cause de son mal. S'il le pouvait trouver, il s'appliquerait avant tout, laissant là tout le reste, à étudier la nature ; car c'est d'éternité qu'il est question, non pas d'une seule heure ; il s'agit de connaître ce qui attend les mortels dans cette durée sans fin qui s'étend au delà de la mort. — Enfin pourquoi trembler si fort dans les alarmes ? Quel amour déréglé de vivre nous impose ce joug ? Certaine et toute proche, la fin de la vie est là ; l'heure fatale est fixée, nous n'échapperons pas. D'ailleurs nous tournons sans cesse dans le même cercle ; nous n'en sortons pas ; nous aurions beau prolonger notre vie, nous ne découvririons pas de nouveaux plaisirs. Mais le bien que nous n'avons pu atteindre encore nous paraît supérieur à tout le reste ; à peine est-il à nous, c'est pour en désirer un nouveau et c'est ainsi que la même soif de la vie nous tient en haleine jusqu'au bout. Et puis nous sommes incertains de ce que l'avenir nous réserve, des hasards de la fortune et de la fin qui nous menace. — Mais pourquoi donc vouloir plus longue vie ? qu'en serait-il retranché du temps qui appartient à la mort ? Nous ne pourrions rien en distraire qui diminuât la durée de notre néant. Ainsi tu aurais beau vivre assez pour enterrer autant de générations qu'il te plairait : la mort toujours t'attendra, la mort éternelle, et le néant sera égal pour celui qui a fini de vivre aujourd'hui ou pour celui qui est mort il y a des mois et des années.* » — Je terminerai par un extrait du Livre IV, dans la majestueuse traduction en vers faite par André Lefèvre : « *Il faudra, je le sais, disputer la victoire. / Mais, frappant ma poitrine, un grand espoir de gloire / De son thyrse magique a fait vibrer mon cœur. / Fort du suave amour des muses, sans terreur / J'entre en ces régions que nul pied n'a foulées, / Fier de boire vos eaux, sources inviolées, / Heureux de vous cueillir, fleurs vierges qu'à mon front, / Je le sens, je le veux, les muses suspendront ; / Fleurs dont nul avant moi n'a couronné sa tête, / Digne prix des labeurs du sage et du poète / Qui, des religions brisant les derniers nœuds, / Sur tant de nuit épanche un jour si lumineux !* »

* * * * *

— *Sénèque*. — La mine de sagesse que sont les *Lettres à Lucilius* ne manque pas de réflexions sur la mort. La première que nous allons citer s'appuyait sur des sentences d'Épicure. — « *Quelle que soit celle de ces paroles que tu veuilles méditer, tu y puiseras force et courage pour subir la mort ou porter la vie. Car c'est double courage et double force qu'il nous faut pour ne pas trop aimer l'une, ni trop abhorrer l'autre. Lors même que la raison conseille d'en finir avec l'existence, ce n'est pas à la légère ni d'un mouvement brusque qu'il faut s'élancer. L'homme de cœur, le sage doit non pas s'enfuir de la vie, mais prendre congé. Et surtout gardons-nous d'une maladie qui s'est emparée de bien des gens, la passion du suicide. Car entre autres manies, cher Lucilius, il y a vers la mort volontaire une tendance irréfléchie de l'âme qui souvent saisit les caractères les plus généreux, les plus indomptables, comme aussi les plus lâches et les plus abattus : ceux-là parce qu'ils méprisent la vie, ceux-ci parce qu'elle les écrase. Il en est que gagne la satiété de faire et de voir les mêmes choses : vivre leur est non pas odieux, mais fastidieux : on glisse sur cette pente, poussé par la philosophie elle-même, quand on se dit : "Quoi ! toujours les mêmes impressions ! toujours me réveiller, dormir, me rassasier, avoir faim, avoir froid, avoir chaud ; rien qui finisse jamais ! Tout cela fait cercle et s'enchaîne, se fuit et se succède. La nuit chasse le jour, et le jour la nuit ; l'été se perd dans l'automne, l'automne est pressé par l'hiver que le printemps vient désarmer : tout ne passe que pour revenir. Rien de nouveau à faire, rien de nouveau à voir. De cette routine aussi naît à la fin le dégoût." Pour plusieurs, ce n'est pas que la vie leur semble amère, c'est qu'ils ont trop de la vie. »* (Lettre XXIV) — « *Après un long intervalle, j'ai revu ton cher Pompéi ; je me suis retrouvé en présence de ma jeunesse. Tout ce que j'y avais fait alors, il me semblait que je le pouvais recommencer, que je l'avais fait peu auparavant. Nous avons côtoyé la vie, Lucilius ; et de même que sur mer, comme dit notre Virgile, — On voit la terre et les cités s'enfuir, — ainsi, dans cette course si rapide du temps, s'efface d'abord notre enfance, puis notre adolescence, puis, n'importe comme on l'appelle, la saison intermédiaire du jeune homme au vieillard, frontière des deux âges, puis les meilleures années de notre vieillesse même, et enfin commence à nous apparaître le terme commun du genre humain. Nous y voyons recueil, insensés que nous sommes, et c'est le port, souvent désirable, jamais à fuir. Celui qui dès ses premiers ans s'y voit déposé n'a pas plus à se plaindre qu'un passager dont la traversée a été prompte. Car tantôt, tu le sais, la paresse des vents se joue de lui et le retient dans un calme indolent qui ennuie et qui lasse ; tantôt un souffle opiniâtre le porte avec une extrême vitesse à sa destination. Ainsi de nous, crois-moi : la vie a mené rapidement les uns au but où il faut bien qu'arrivent même les retardataires ; elle a miné et consumé lentement les autres ; et tu n'ignores pas qu'il ne faut point se cramponner à elle ; car ce n'est pas de vivre qui est désirable, c'est de vivre bien. Aussi le sage vit autant qu'il le doit, non autant qu'il le peut. Il décidera où il lui faut vivre, avec qui, comment, dans quel rôle : ce qui l'occupe, c'est quelle sera sa vie, jamais ce qu'elle durera. Est-il assailli de disgrâces qui bouleversent son repos, il quitte la place, et n'attend pas pour le faire que la nécessité soit extrême ; mais du jour où la Fortune lui devient suspecte, il examine, non sans scrupule, s'il ne doit pas dès lors cesser d'être. "Qu'importe, dit-il, que je me donne la mort ou que je la reçoive, que je finisse plus tôt ou plus tard ? je n'ai pas là grand dommage à craindre." On ne perd pas grand-chose à voir fuir tout d'un coup ce qui échappait goutte à goutte. Mourir plus tôt ou plus tard est indifférent ; bien ou mal mourir ne l'est pas. Or, bien mourir, c'est nous soustraire au danger de mal vivre. Aussi regardé-je comme des plus pusillanimes le mot de ce Rhodien qui, jeté par un tyran dans une fosse et nourri là comme une bête sauvage, dit à quelqu'un qui lui conseillait de se laisser mourir de faim : "Tant que la vie lui reste, l'homme peut tout espérer." Cela fût-il vrai, la vie doit-elle s'acheter à tout prix ? L'avantage le plus grand et le mieux assuré, je ne voudrais pas l'obtenir par un indigne aveu de lâcheté. Irai-je songer que la Fortune peut tout pour celui qui vit encore ? Pensons plutôt qu'elle ne peut rien contre qui sait mourir. — Il est des cas pourtant où, sa mort fût-elle sûre, imminente, et fût-il instruit que la peine capitale l'attend, la main du sage ne se prêtera point à exécuter l'arrêt. C'est folie de mourir par crainte de la mort. Voici venir celui qui tue : attends-le. Pourquoi le devancer ? Pourquoi te faire l'agent de la cruauté d'autrui ? Es-tu jaloux du bourreau, ou plains-tu sa peine ? Socrate pouvait finir sa vie en s'interdisant toute nourriture et préférer la faim au poison ; cependant il passa trente jours en prison et dans l'attente du supplice, non avec l'idée que tout était possible, qu'un si long délai ouvrait le champ à beaucoup d'espérances, mais il voulait satisfaire aux lois et que ses amis pussent jouir de Socrate à ses derniers instants. Qu'y eût-il eu de plus absurde que l'homme qui méprisait la mort redoutât la ciguë ? Scribonia, femme d'un haut mérite, était la tante de Drusus Libo, jeune homme aussi stupide que noble, à prétentions plus élevées qu'on ne les eût permises à qui que ce fût en ce temps-là, ou à lui-même en aucun temps. Au sortir du sénat, rapporté malade dans sa litière qui certes n'était pas suivie d'un nombreux convoi, car tous ses proches avaient indignement abandonné celui qui pour eux n'était déjà plus un accusé, mais un cadavre, il délibéra s'il se donnerait la mort ou s'il l'attendrait. "Quel plaisir auras-tu, lui dit Scribonia, à faire la besogne d'autrui ?" Elle ne le persuada pas, il se tua et fit bien ; car devant mourir trois ou quatre jours après, au gré de son ennemi, vivre c'était préparer à cet ennemi une jouissance. Tu ne saurais donc décider en thèse générale s'il faut prévenir ou attendre la mort quand une violence étrangère nous y condamne ; une foule de circonstances peuvent déterminer pour ou contre. Si je puis opter entre une mort compliquée de tortures et une mort simple et douce, pourquoi ne prendrais-je pas cette dernière ? Tout comme je fais choix du navire, si je veux naviguer ; de la maison, s'il me faut un logis, ainsi du genre de mort par où je voudrais sortir d'ici. Et de même que la vie n'en est pas meilleure pour être plus longue, la mort la plus longue est la pire de toutes. La mort est la chose où l'on doit le plus agir à sa fantaisie : l'âme n'a qu'à suivre son premier élan : préfère-t-elle le glaive, le lacet ou quelque breuvage propre à glacer les veines, qu'elle achève son œuvre et brise les derniers liens de sa servitude. On doit compte de sa vie aux autres, de sa mort à soi seul. La meilleure est celle qu'on choisit. — Il est absurde de se dire : "On prétendra que j'ai montré peu de courage, ou trop d'irréflexion, ou qu'il y avait des genres de mort plus dignes d'un grand cœur." Dis-toi plutôt que tu as en main la décision d'une chose où l'opinion n'a rien à voir. N'envisage qu'un but : te tirer des mains de la Fortune au plus vite ; sinon il ne manquera pas de gens qui interpréteront mal ta résolution. Tu trouveras même des hommes professant la sagesse qui nient qu'on doive attenter à ses jours, qui tiennent que le suicide est impie et qu'il faut attendre le terme que la nature nous a prescrit. Ceux qui parlent ainsi ne sentent pas qu'ils ferment les voies à la liberté. Un des plus grands bienfaits de l'éternelle loi, c'est que pour un seul moyen d'entrer dans la vie, il y en a mille d'en sortir. Attendrai-je les rigueurs de la maladie ou des hommes, quand je puis me faire jour à travers les tourments et balayer les obstacles ? Le grand motif pour ne pas nous plaindre de la vie, c'est qu'elle ne retient personne. Tout est bien dans les choses humaines dès que nul ne reste malheureux que par sa faute. Vous plaît-il de vivre ? vivez ; sinon, vous êtes libres : retournez au lieu d'où vous êtes venus. Pour calmer une douleur de tête vous vous êtes mainte fois fait tirer du sang ; pour diminuer une pléthore, on vous perce la veine ; or il n'est pas besoin qu'une large blessure partage vos entrailles pour vous ouvrir les vastes champs de la liberté : une lancette suffit ; la sécurité est au prix d'une piqûre. — D'où nous vient donc tant d'apathie et d'hésitation ? Nul de nous ne songe qu'il devra un jour quitter ce domicile. Comme d'anciens locataires, trop attachés aux lieux et à leurs habitudes, les incommodités qui nous pressent ne peuvent nous en chasser. Veux-tu être indépendant de ton corps ? Ne l'habite que comme un lieu de passage. Considère-le comme une tente dont tôt ou tard il faudra te passer : tu subiras avec plus de courage la nécessité d'en sortir. Mais comment la pensée de finir viendrait-elle à qui désire tout et sans fin ? Rien au monde n'est plus nécessaire à méditer que cette question du départ ; car pour les autres épreuves, on s'y aguerrit peut-être en pure perte. Nous aurons préparé notre âme à la pauvreté ; et nos richesses nous seront restées. Nous aurons armé de mépris contre la douleur ; et, grâce à une santé ferme et inaltérable, jamais l'essai de cette vertu ne nous sera demandé. Nous nous serons fait une loi de supporter avec constance la perte des êtres les plus regrettables ; et tous ceux que nous aimons auront survécu respectés par le sort. Savoir mourir* est la seule chose qu'un jour on exigera forcément de nous. — Ne va pas croire que les grands hommes seuls ont eu la force de rompre les barrières de l'humaine servitude. Ne prétends pas qu'il a fallu être Caton pour arracher de sa main cette âme que le glaive n'avait pu faire sortir. Des hommes de la condition la plus vile se sont, par un généreux effort, mis hors de tous périls : n'étant pas maîtres de mourir à leur guise, ni de choisir tel qu'ils l'eussent voulu l'instrument de leur trépas, ils se sont saisis du premier objet venu ; et ce qui de sa nature était inoffensif, leurs mains courageuses en ont fait une arme mortelle. Naguère, au cirque des animaux, un des Germains commandés pour le spectacle du matin se retira, sous prétexte d'un besoin naturel, dans le seul endroit où les gardiens le laissaient libre ; là il prit le morceau de bois où était fixée l'éponge nécessaire à la propreté du corps, se l'enfonça tout entier dans la gorge, et interceptant le passage de l'air parvint à s'étouffer. "C'était traiter la mort avec peu de respect !" Sans contredit. "Et d'une façon bien sale et bien peu noble !" Eh ! quoi de plus sot, quand on veut mourir, que de faire le délicat sur les moyens ? Voilà un homme de cœur ! Qu'il méritait bien qu'on lui laissât le choix de sa mort ! Quel noble usage il eût fait d'un glaive ! Qu'il se serait intrépidement jeté dans les profondeurs de la mer ou sur les pointes aiguës d'un rocher ! Privé de toute ressource, il sut ne devoir qu'à lui-même la mort et l'arme qui la lui donna : il nous apprit que pour mourir rien ne nous arrête que la volonté. Qu'on juge comme on voudra l'action de cet homme énergique ; mais qu'on reconnaisse que le trépas le plus immonde est préférable à la plus élégante servitude. J'ai commencé à citer des hommes de la classe la plus abjecte, je vais poursuivre, car on exigera davantage de soi en voyant ceux qu'on méprise le plus s'élever au mépris de la mort. Les Catons, les Scipions, et d'autres dont les noms sont pour nous l'objet d'une admiration traditionnelle, nous les croyons trop grands pour être imités ; eh bien ! nous allons voir le même courage offrir d'aussi nombreux exemples dans une ignoble arène que chez nos héros de guerre civile. Tout récemment un malheureux, conduit sur un chariot entouré de gardes pour servir au spectacle du matin, feignit d'être accablé de sommeil, laissa glisser sa tête vacillante jusque entre les rayons de la roue, et attendit, ferme sur son siège, qu'en tournant elle lui rompît le cou ; le chariot même qui le menait au supplice servit à l'y soustraire. — Il n'est plus d'obstacles pour qui veut les rompre et sortir de la vie. Le lieu où la nature nous garde est ouvert de toutes parts. Tant que la nécessité, voyons à trouver une issue plus douce ; examinons lequel réussira le mieux : l'occasion est-elle difficile, la première venue sera la meilleure, saisissons-la, fût-elle inouïe et sans exemple. Les expédients ne sauraient manquer pour mourir là où le courage ne manque pas. Vois les derniers des esclaves : quand l'aiguillon du désespoir les presse, comme leur génie s'éveille et met en défaut toute la vigilance de leurs gardiens ! Celui-là est grand qui s'impose pour loi le trépas et qui sait le trouver. — Je t'ai promis plusieurs exemples de gladiateurs. Voici le dernier. Lors de la seconde naumachie, un Barbare se plongea dans la gorge la lance qu'il avait reçue pour combattre. "Pourquoi, se dit-il, ne pas me soustraire à l'instant même à tous ces supplices, à toutes ces risées ? J'ai une arme, attendrai-je la mort ?" Ce fut là une scène d'autant plus belle à voir qu'il est plus noble à l'homme d'apprendre à mourir qu'à tuer. Eh quoi ! L'énergie qu'ont les âmes dégradées et des malfaiteurs, ne l'aurons-nous pas, nous qui pour braver les mêmes crises sommes armés par de longues études et par le grand maître de toutes choses, la raison ? Nous savons par elle que le terme fatal a diverses avenues, mais est le même pour tous, et qu'il n'importe par où commence ce qui aboutit à même fin. Par elle nous savons mourir, si le sort le permet, sans douleur, sinon, par tout moyen possible, et nous saisir du premier objet propre à trancher nos jours. Il est inique de vivre de vol ; mais voler sa mort est sublime. » (Lettre LXX) — « Rien ne me paraît plus pitoyable que d'invoquer la mort. Car si tu veux vivre, pourquoi souhaites-tu de mourir ? Si tu ne le veux plus, pourquoi demander aux dieux une faculté que dès ta naissance tu tiens d'eux ? Mourir un jour, quand tu ne le voudrais pas, voilà ton obligation : mourir dès que tu le voudras, voilà ton droit. Tu ne peux te soustraire à l'une ; tu peux saisir l'autre. Quel ignoble vœu j'ai lu ces jours-ci au début de l'œuvre d'un homme assurément fort disert : "Si je pouvais mourir au plus vite !" Insensé ! tu désires ce qui t'appartient. Que tu meures au plus vite ! Est-ce que par hasard ces paroles auraient eu l'effet de te vieillir ? Sinon, que tardes-tu ? Nul ne te retient : fuis par où tu l'aimeras le mieux. Choisis dans la nature lequel des éléments tu chargeras de t'ouvrir une issue. Les trois grands principes où ce monde trouve ses moyens d'action, l'eau, la terre, l'air, sont à la fois sources de vie et agents de mort. Que tu meures au plus vite ! Mais cet au plus vite, comment l'entends-tu ? À quand l'ajournes-tu ? Il peut venir plus tôt que tu ne veux. Ton mot est d'un cœur pusillanime ; c'est le cri d'un désespoir qui vise à être plaint. Qui invoque la mort en a peur. Demande aux dieux la vie, la santé ; si tu préfères la mort, elle a cet avantage qu'elle met fin à tous les souhaits. » (Lettre CXVII) — Ainsi que Sénèque le rappelle dans le *De Brevitate vitæ* : « Mais l'art de vivre, il faut toute la vie pour l'apprendre ; et, ce qui t'étonnera peut-être davantage, toute la vie il faut apprendre à mourir. » Et : « Comment au contraire une vie passée loin de toute affaire ne serait-elle pas longue ? Rien n'en est aliéné ni jeté à l'un et à l'autre ; rien n'en est livré à la Fortune, perdu par négligence, entamé par prodigalité ; rien n'en demeure stérile, tout, pour ainsi dire, est en plein rapport. Ainsi la vie la plus bornée aura été plus que suffisante : aussi, que le dernier jour vienne quand il voudra, le sage n'hésitera point : il ira au-devant de la mort d'un pas assuré. » — Dans le *De vita beata*, il cite l'exemple de Diodore : « *Diodore, philosophe épicurien qui, ces jours derniers, mit volontairement fin à son existence, n'agit pas, dit-on, suivant les préceptes du maître en se coupant la gorge. Les uns veulent qu'on voie là un acte de folie ; et les autres, d'irréflexion. Lui, cependant, heureux et fort d'une bonne conscience, se rendait témoignage en sortant de la vie et bénissait le calme de cette vie passée dans le port et à l'ancre. Il disait (et pourquoi murmuriez-vous de l'entendre, comme s'il vous fallait l'imiter ?), il disait : "J'ai vécu, j'ai rempli toute ma destinée."* » — Dans son *Ad Marciam consolatio*, il désapprouve l'idée de faire voir que l'on ne veut plus vivre tout en n'osant pas mourir. Évoquant la mort, il écrit : « *Chez elle on ne fait rien de par le caprice de personne ; chez elle on ne sent point la bassesse de son état ; c'est elle dont la porte est ouverte à tous ; c'est elle, ô Marcia ! que votre père a tant désirée ! Non, grâce à elle, ce n'est plus un supplice d'être né ; grâce à elle, les menaces du sort ne m'abattront point ; mon âme sera sauve et gardera la royauté d'elle-même. Je sais où en appeler.* » — Et, pour finir, quelques passages-aphorismes de ses tragédies… — (Œdipe, Le Chœur :) « *La plupart se pressent autour des autels en invoquant la mort, seule faveur que les dieux ne refusent pas.* » — (Les Phéniciennes, Œdipe :) « *On fait un tort égal à celui qu'on fait mourir ou à celui qu'on fait vivre malgré lui […].* » — (Phèdre, La nourrice :) « *Oui, vous êtes d'autant plus digne de vivre que vous croyez plus mériter la mort.* » — (Phèdre, Phèdre :) « *Quand on veut mourir, on en trouve toujours les moyens.* » — (Agamemnon, Électre, puis Égisthe :) « *Y a-t-il un plus cruel supplice que la mort ?* — *Oui, la vie quand on veut mourir.* »

* * * * *

— *Cicéron.* — De la même manière que Sénèque (et que la mienne, en y réfléchissant bien), Cicéron cite beaucoup d'exemples pour appuyer ses dires. Citer les citations est un exercice malsain, surtout à notre époque. En effet, sans Cicéron, Sénèque, et bien d'autres, en particulier Diogène Laërce, nous n'aurions pas gardé ces vestiges de livres perdus entretemps. Tandis qu'aujourd'hui, rien ne se perd. C'est même tout le contraire : *on enregistre tout…* (Ma première citation, ci-contre, n'en est qu'un spécimen : la *Consolation* de Caton a été perdue…) — « *Caton a également quitté la vie en homme heureux d'avoir trouvé un sens à la mort. […] Car la vie entière du philosophe, nous le savons, est une préparation à la mort. […] Lorsque nous serons là-bas, c'est alors que nous vivrons ; car c'est la vie d'ici-bas, sur laquelle j'aurais bien des larmes à verser, si je me laissais aller, qui est la mort.* — *Tu l'as fait abondamment dans ta* Consolation *; quand je la lis, je n'ai pas d'autre envie que celle de quitter ce monde et je le souhaite plus encore, je te l'assure, après ce que tu viens de dire.* » (Devant la mort) — « *Car nous n'avons pas été créés et mis au monde pour rien, ni au hasard ; il existe une puissance protectrice qui ne peut avoir voulu la naissance et le développement du genre humain pour le plonger dans une mort éternelle après lui avoir fait subir les pires souffrances.* » (Devant la mort) — « *Mais si [ces douleurs] sont en même temps et si longues et si violentes, qu'on ne les trouve plus supportables, pourquoi tant souffrir ? Une mort volontaire nous offre un port, qui nous mettra pour toujours à l'abri de tous maux.* » (De la vertu) — « *Dans notre première conférence nous avons parlé de la mort bien au long : nous en avons encore parlé dans la seconde, à propos de la douleur ; ceux qui se rappelleront ce que nous en avons dit, seront certainement plus portés à la désirer qu'à la craindre.* » (De la vertu) — « *[…] et de même, si vous ne vous sentez point assez fort contre la fortune, dérobez-vous à ses atteintes, en renonçant à vivre.* » (De la vertu) — « *Or, comme ce sont des choses de ce genre qui fondent tous les devoirs, ce n'est pas sans sujet que l'on dit que toutes nos pensées s'y rapportent, et que c'est de là que doit nous venir la résolution de sortir de la vie ou d'y demeurer. — Lorsqu'un homme voit dominer dans la mesure de ses destins les choses conformes à la nature, son devoir est de vivre ; mais lorsqu'il voit dominer les choses contraires à la nature, ou lorsqu'il pressent leur triomphe dans l'avenir, son devoir est de sortir de la vie. On voit par là qu'il est quelquefois d'un sage de quitter la vie, quoiqu'il soit toujours heureux, et que le fou doit y demeurer quelquefois, quoiqu'il soit toujours misérable. Il ne débute, comme nous l'avons dit souvent, ni par le bien ni par le mal ; mais d'abord toute cette classe de choses, conformes ou contraires à la nature, tombe sous le jugement et le choix du sage ; et c'est là en quelque façon la matière de la sagesse. Les raisons de demeurer dans la vie ou d'en sortir doivent donc se régler sur tout ce que je viens de dire. Ni ceux que la vertu retient dans la vie, ni ceux qui vivent sans vertu, ne doivent point pour cela courir à la mort. Mais il est souvent du devoir d'un sage, quoique toujours parfaitement heureux, de quitter la vie, s'il peut le faire à propos ; puisqu'alors c'est avoir vécu conformément à la nature, en quoi consiste tout le bonheur. Et c'est ainsi que la sagesse va jusqu'à ordonner au sage de la quitter elle-même, si la convenance le demande. Mais, d'un autre côté, comme les vices ne peuvent par eux-mêmes légitimer une mort volontaire, il est manifeste que le devoir des fous, quoique toujours misérables, est de demeurer dans la vie, s'ils voient dominer dans la mesure de leurs destins les choses que nous appelons conformes à la nature. Car puisqu'ils sont également misérables, soit en vivant, soit en quittant la vie, et que ce n'est pas la durée du temps qui fait leur misère, on a raison de dire que lorsqu'ils ont beaucoup d'avantages naturels dont ils peuvent jouir, il leur faut demeurer dans la vie.* » (*De finibus bonorum et malorum*) — Les anecdotes pullulent dans les écrits de Cicéron. Je n'ai pas pris le temps de vérifier ses sources (si toutefois elles étaient vérifiables). En voici quelques-unes. — « *Hégésias de Cyrène parlait si bien de la mort que ses disciples décidaient à se suicider après l'avoir entendu.* » (Cet Hégésias était surnommé le « *Persuadeur de la mort* ». Cicéron renvoie à son livre, l'*Apocarteron*, dont nous n'avons nulle trace.) — « *Théombrore d'Ambracie se jeta dans la mer après avoir lu Platon.* » Cléobis et Biton, deux frères, après avoir accompli une épreuve, doivent choisir leur récompense. Ils meurent. Il leur avait été accordé le plus grand bien qui pût arriver à un homme. Il arriva la même chose à Trophonius et Agamède. « *D'où l'on infère qu'Apollon, ce Dieu à qui tous les autres Dieux ont donné en partage la connaissance de l'avenir, a jugé que la mort était le plus grand bien de l'homme.* » Après cette histoire, Cicéron rapporte les paroles de Silène : « *Que le mieux qui puisse arriver à l'homme, c'est de ne point naître ; et que le plus avantageux pour lui quand il est né, c'est de mourir promptement.* » Et il termine par des vers d'Euripide (*Cresphonte*) : « *Qu'à l'un de nos amis un enfant vienne à naître, / Loin de fêter ce jour ainsi qu'un heureux, / On devrait au contraire en pleurer avec eux. / Mais si ce même enfant aussitôt cessait d'être, / C'est alors qu'il faudrait, en bénissant le sort, / Aller fêter le jour d'une si prompte mort.* »

* * * * *

Justement, Diogène Laërce donne beaucoup d'anecdotes… Entre autres, il y a celle évoquant Thalès : « *Il disait que la vie n'a rien qui la rende préférable à la mort. Quelle raison vous empêche donc de mourir ? lui dit-on. Cela même, dit-il, que l'un n'a rien de préférable à l'autre.* » Quant à Speusippe : « *Perclus par une paralysie, il manda Xénocrate et le chargea de lui succéder dans son école. On rapporte que, se faisant un jour traîner à l'Académie dans un char, il rencontra Diogène et lui cria : "Salut" ; à quoi celui-ci répondit : "Je ne t'en dirai pas autant, toi qui te résignes à vivre dans un pareil état." À la fin cependant le courage lui manqua et il se donna la mort dans un âge avancé.* » Le suicide était si commun à l'époque (en tout cas, chez les « grands »), qu'il y aurait des pages et des pages à produire…

* * * * *

— *Ovide.* — « *Il dit, et d'un rocher dont les flots ont creusé la base, il s'élance dans la mer. Thétis, touchée de son malheur, le soutient dans sa chute. D'une aile naissante il effleure l'onde, et la mort qu'il appelle est refusée à ses vœux. Il s'indigne de conserver une vie odieuse, et voyant que son âme impatiente de quitter sa demeure, y est malgré lui retenue, il s'élève d'un vol rapide, et de nouveau s'élance dans les flots. La plume le soutient. Furieux, il se plonge et se replonge au fond des mers, cherchant le chemin du trépas, qu'il ne trouve jamais. L'amour a causé sa maigreur. Sa jambe est effilée. Sur un long cou sa tête s'éloigne de son corps. Il aime l'onde et tire son nom de son empressement à s'y plonger et replonger sans cesse.* » (*Métamorphoses*, Livre XI) — Celui dont il s'agit ici s'appelait Ésaque. C'est le Sisyphe pur : il est son propre rocher qu'il jette sans cesse sur lui-même…

— On doit aussi à Ovide cette pensée : « *Mais pour les juger, il faut attendre les hommes à leur dernier jour, et nul d'entre eux avant sa mort ne peut se dire heureux.* »

* * * * *

— *Plotin*. — Présentons au moins un point de vue qui bannit le suicide… — « *Il ne faut pas faire sortir par violence l'âme du corps, de peur qu'elle ne sorte [en emportant quelque chose d'étranger, c'est-à-dire de corporel] : car, dans ce cas, elle emportera cet élément étranger en quelque endroit qu'elle émigre (par émigrer j'entends passer dans un autre séjour). Il faut au contraire attendre que le corps tout entier se détache naturellement de l'âme : alors celle-ci n'a plus besoin de passer dans un autre séjour ; elle est complètement délivrée du corps.* — *Comment donc le corps se détache-t-il naturellement de l'âme ?* Par la rupture complète des liens qui tiennent l'âme attachée au corps, par l'impuissance où se trouve le corps d'enchaîner l'âme, l'harmonie en vertu de laquelle il en avait la puissance étant complètement détruite. — *Quoi donc ? ne peut-on se dégager volontairement des liens du corps ?* Non : quand on emploie la violence, ce n'est pas le corps qui se détache de l'âme, c'est l'âme qui fait effort pour s'arracher au corps, et cela par un acte qui s'accomplit, non dans l'état d'impassibilité [qui convient au sage], mais par l'effet du chagrin, de la souffrance ou de la colère. Or un tel acte est illicite. — *Mais si l'on sent approcher le délire ou la folie, ne peut-on pas le prévenir ?* D'abord, la folie n'arrive guère au sage ; ensuite, si elle lui arrive, il faut mettre cet accident au nombre des choses inévitables, qui dépendent de la fatalité, et relativement auxquelles il faut se décider moins d'après leur bonté intrinsèque que d'après les circonstances : car peut-être le poison auquel on aurait recours pour faire sortir l'âme du corps ne ferait-il que nuire à l'âme. S'il y a un temps marqué pour la vie de chacun de nous, il n'est pas bon de prévenir l'arrêt du destin, à moins qu'il n'y ait nécessité absolue, comme nous l'avons dit. Enfin, si le rang que l'on obtient là-haut dépend de l'état dans lequel on est en sortant du corps, il ne faut pas s'en séparer quand on peut encore faire des progrès.* » (*Les Ennéades*)

* * * * *

Je voudrais revenir sur Sénèque et sa Lettre LXX à Lucilius. Pour Sénèque, « *rien au monde n'est plus nécessaire à méditer que cette question du départ* ». Nous avons noté toute l'importance de ce postulat en abordant Camus et l'ouverture du *Mythe de Sisyphe*. Vous voyez que la question remonte à loin. Elle est non seulement une question fondamentale, mais — surtout : elle est LA question. Et elle est non seulement la question fondamentale, mais elle est aussi *la plus belle, la plus sublime* (« *Il est inique de vivre de vol ; mais voler sa mort est sublime* »). Derrière la question du suicide se cache la question de la mort. Cependant la mort nous est inconnue. Si l'on n'agit pas, elle survient parce qu'elle *doit* survenir. Il en est de même, vous me direz, avec le suicide. À une nuance près, car « *pour mourir rien ne nous arrête que la volonté* ». — Permettez-moi donc de recopier à nouveau le passage suivant (contrairement à mon habitude, je cite à deux reprises un passage assez long : c'est très, très important) : « *Tu trouveras même des hommes professant la sagesse qui nient qu'on doive attenter à ses jours, qui tiennent que le suicide est impie et qu'il faut attendre le terme que la nature nous a prescrit. Ceux qui parlent ainsi ne sentent pas qu'ils ferment les voies à la liberté. Un des plus grands bienfaits de l'éternelle loi, c'est que pour un seul moyen d'entrer dans la vie, il y en a mille d'en sortir. Attendrai-je les rigueurs de la maladie ou des hommes, quand je puis me faire jour à travers les tourments et balayer les obstacles ? Le grand motif pour ne pas nous plaindre de la vie, c'est qu'elle ne retient personne. Tout est bien dans les choses humaines dès que nul ne reste malheureux que par sa faute. Vous plaît-il de vivre ? vivez ; sinon, vous êtes libres : retournez au lieu d'où vous êtes venus. Pour calmer une douleur de tête vous vous êtes mainte fois fait tirer du sang ; pour diminuer une pléthore, on vous perce la veine ; or il n'est pas besoin qu'une large blessure partage vos entrailles pour vous ouvrir les vastes champs de la liberté : une lancette suffit ; la sécurité est au prix d'une piqûre.* » On touche ici du doigt un aspect de la vie qui n'est pas sans rappeler Kant et sa notion de liberté transcendantale, où la liberté se trouve être la condition de possibilité de la morale. Concernant le suicide, c'est la même chose : le suicide est la condition de possibilité de la liberté, ou, plutôt, la condition de possibilité de la vie. Vous jugez cette assertion paradoxale ? Combien de fois faudra-t-il répéter que la vie est paradoxale (voire absurde) ? Si vous consultiez le programme de philosophie actuellement en vigueur en classes de terminale, vous y trouveriez les thèmes suivants : La conscience, la perception, l'inconscient, autrui, le désir, l'existence et le temps, le langage, l'art, le travail la technique, la religion, l'histoire, théorie et expérience, la démonstration, l'interprétation, le vivant, la matière et l'esprit, la vérité, la société et les échanges, la justice et le droit, l'État, la liberté, le devoir, le bonheur. C'est très bien, tout cela ! On ne peut pas faire plus consensuel, plus académiquement déontologique. Je vois déjà d'ici ce qu'ils doivent dire sur la liberté… Les petits lycéens doivent lire Rousseau, Sartre, Kant, Machiavel, Marx, Spinoza, Hegel, Nietzsche… Vouloir, ou ne pas vouloir ! Pouvoir, ou ne pas pouvoir ! Devoir, ou ne pas devoir ! C'est très bien, tout cela… Mais le suicide ? Pas un mot au programme ! Vous comprenez bien que le sujet est délicat… Bon sang ! Autrui, la religion, le vivant… C'est très bien, tout cela… Mais c'est fermer les yeux sur le plus important. — « *Ce sont des jeux ; il faut d'abord répondre.* »

* * * * *

(*La mort ou le suicide, / Va, devine ou décide !*)

* * * * *

Le Sénèque moderne que fut Montaigne sautait sur la moindre occasion pour citer le premier, en particulier au Chapitre XXXIII du Livre I des *Essais*, qui porte ce titre prometteur : *De fuir les voluptés au prix de la vie*. Écoutons-le, lui qui n'avait pas son pareil pour immiscer dans ses réflexions les plus grands Anciens. — « *J'avais bien vu convenir en ceci la plupart des anciennes opinions : qu'il est l'heure de mourir lorsqu'il y a plus de mal que de bien à vivre ; et que,* de conserver notre vie à notre tourment et incommodité, c'est choquer les lois mêmes de nature, comme disent ces vieilles règles : — Ἢ ζῆν ἀλύπως, ἢ θανεῖν εὐδαιμόνως / Καλὸν τὸ θνῄσκειν οἷς ὕβριν τὸ ζῆν φέρει. / Κρεῖσσον τὸ μὴ ζῆν ἐστιν, ἢ ζῆν ἀθλίως." *("Ou vivre sans chagrin ou mourir heureusement. / Il est bien de mourir quand la vie est à charge. / Il est préférable de ne pas vivre que de vivre misérablement.")* — *Mais de pousser le mépris de la mort jusques à tel degré, que de l'employer pour se distraire des honneurs, richesses, grandeurs et autres faveurs et biens que nous appelons de la fortune, comme si la raison n'avait pas assez affaire à nous persuader de les abandonner, sans y ajouter cette nouvelle recharge, je ne l'avais vu ni commander, ni pratiquer, jusque lors que ce passage de Sénèque me tomba entre mains, auquel conseillant à Lucilius, personnage puissant et de grande autorité autour de l'empereur, de changer cette vie voluptueuse et pompeuse, et de se retirer de cette ambition du monde à quelque vie solitaire, tranquille et philosophique, sur quoi Lucilius alléguait quelques difficultés : "Je suis d'avis que tu quittes cette vie-là, ou la vie tout à fait ; bien te conseillé-je de suivre la plus douce voie, et de détacher plutôt que de rompre ce que tu as mal noué, pourvu que, s'il ne se peut autrement détacher, tu le rompes. Il n'y a homme si couard qui n'aime mieux tomber une fois que de demeurer toujours en branle." J'eusse trouvé ce conseil sortable à la rudesse stoïque ; mais il est plus étrange qu'il soit emprunté d'Épicure, qui écrit, à ce propos, choses toutes pareilles à Idoménée. — Si est-ce que je pense avoir remarqué quelque trait semblable parmi nos gens, mais avec la modération chrétienne. Saint Hilaire, évêque de Poitiers, ce fameux ennemi de l'hérésie arienne, étant en Syrie, fut averti qu'Abra, sa fille unique, qu'il avait laissée par-deçà avec sa mère, était poursuivie en mariage par les plus apparents seigneurs du pays, comme fille très bien nourrie, belle, riche et en la fleur de son âge. Il lui écrivit qu'elle ôtât son affection de tous ces plaisirs et avantages qu'on lui présentait ; qu'il lui avait trouvé en son voyage un parti bien plus grand et plus digne, d'un mari, de bien autre pouvoir et magnificence, qui lui ferait présent de robes et de joyaux de prix inestimable. Son dessein était de lui faire perdre l'appétit et l'usage des plaisirs mondains, pour la joindre toute à Dieu ; mais, à cela le plus court et plus certain moyen lui semblant être la mort de sa fille, il ne cessa par voix, prières et oraisons, de faire requête à Dieu de l'ôter de ce monde et de l'appeler à soi, comme il advint ; car bientôt après son retour elle lui mourut, de quoi il montra une singulière joie. Celui-ci semble enchérir sur les autres, de ce qu'il s'adresse à ce moyen de prime face, lequel ils ne prennent que subsidiairement, et puisque c'est à l'endroit de sa fille unique. Mais je ne veux omettre le bout de cette histoire, encore qu'il ne soit pas de mon propos. La femme de saint Hilaire, ayant entendu par lui comme la mort de leur fille s'était conduite par son dessein et volonté, et combien elle avait plus d'heur d'être délogée de ce monde que d'y être, prit une si vive appréhension de la béatitude éternelle et céleste, qu'elle sollicita son mari avec extrême instance d'en faire autant pour elle. Et Dieu, à leurs prières communes, l'ayant retirée à soi bientôt après, ce fut une mort embrassée avec singulier contentement commun.* » — Le maître de l'adage : « *Que philosopher c'est apprendre à mourir* », c'est Montaigne, qui lui a réservé tout un chapitre. « *Ciceron dit que Philosopher ce n'est autre chose que s'aprester à la mort.* » Montaigne part du constat que tous — ou presque — recherchent le plaisir, la volupté. Ceci est leur but suprême. Même la recherche de celui-ci peut procurer du plaisir. « *Or des principaux bienfaicts de la vertu est le mespris de la mort, moyen qui fournit nostre vie d'une molle tranquillité, nous en donne le goust pur et amiable, sans qui toute autre volupté est esteinte.* » Bien des gens ont peur de la mort et voudraient qu'elle ne surgît point. Alors ils essaient de l'oublier, ce qui est ridicule, puisqu'elle devrait être, au contraire, « *l'object necessaire de nostre visée* ». « *On n'y songe jamais, pourtant* », écrit Maupassant dans son très beau roman *Fort comme la mort* : « *on ne regarde pas autour de soi la mort prendre quelqu'un à tout instant, comme elle nous prendra bientôt. Si on la regardait, si on y songeait, si on n'était pas distrait, réjoui et aveuglé par tout ce qui se passe devant nous, on ne pourrait plus vivre, car la vue de ce massacre sans fin nous rendrait fous.* » Il n'est peut-être pas réjouissant de contempler les massacres, la *mort en masse*, mais il ne faut surtout pas craindre la mort, la mort qui peut arriver à tout moment, à n'importe quel âge, dans n'importe quelles conditions. Il faut l'affronter. « *Et pour commencer à luy oster son plus grand advantage contre nous, prenons voye toute contraire à la commune. Ostons luy l'estrangeté, pratiquons le, accoustumons le. N'ayons rien si souvent en la teste que la mort. À tous instants representons la à nostre imagination et en tous visages. […] Il est incertain où la mort nous attende, attendons la par tout. La premeditation de la mort est premeditation de la liberté. Qui a apris à mourir, il a desapris à servir. Le sçavoir mourir nous affranchit de toute subjection et contrainte. Il n'y a rien de mal en la vie pour celuy qui a bien comprins que la privation de la vie n'est pas mal.* » Être là, être prêt. Ne pas s'éloigner d'un possible « *Tout est consommé* ». « *Je suis pour cette heure en tel estat, Dieu mercy, que je puis desloger quand il luy plaira, sans regret de chose quelconque, si ce n'est de la vie, si sa perte vient à me poiser. Je me desnoue par tout ; mes adieux sont à demi prins de chacun, sauf de moy. Jamais homme ne se prepara à quiter le monde plus purement et pleinement, et ne s'en desprint plus universellement que je m'attens de faire.* » Aucune mort n'est préférable et autant la devancer, d'une certaine manière, sinon en acte, du moins en pensée. « *Il y a plus : Nature mesme nous preste la main, et nous donne courage. Si c'est une mort courte et violente, nous n'avons pas loisir de la craindre ; si elle est autre, je m'apperçois qu'à mesure que je m'engage dans la maladie, j'entre naturellement en quelque desdein de la vie. Je trouve que j'ay bien plus affaire à digerer cette resolution de mourir quand je suis en santé, que quand je suis en fièvre. D'autant que je ne tiens plus si fort aux commoditez de la vie, à raison que je commance à en perdre l'usage et le plaisir, j'en voy la mort d'une veue beaucoup moins effrayée. Cela me fait esperer que, plus je m'eslongneray de celle-là, et approcheray de cette-cy, plus aisément j'entreray en composition de leur eschange.* » La vieillesse, source de sagesse, nous fait mieux comprendre ce qu'il en est. Plus on approche de la mort, moins on la craint, plus on la désire. « *D'autant que le sault n'est pas si lourd du mal estre au non estre, comme il est d'un estre doux et fleurissant à un estre penible et douloureux. […] Quelle sottise de nous peiner sur le point du passage à l'exemption de toute peine !* » Rester stoïque, dans le plus pur sens du terme. Ayons en vue, comme Montaigne les avait, peintes sur les travées de sa « Librairie », les réflexions d'un Sextus Empiricus, d'un Lucrèce ou d'un Ecclésiaste… Car : « *La vie n'est de soy ny bien ny mal : c'est la place du bien et du mal selon que vous le leur faictes. Et si vous avez vescu un jour, vous avez tout veu. Un jour est égal à tous jours. Il n'y a point d'autre lumière, ny d'autre nuict. Ce Soleil, cette Lune, ces Estoilles, cette disposition c'est celle mesme que vos ayeuls ont jouye, et qui entretiendra vos arriere-nepveux […]. Et, au pis aller, la distribution et varieté de tous les actes de ma comedie se parfournit en un an.* » Quand on songe qu'une grande partie des hommes ont le désir de vivre éternellement ! qu'ils espèrent trouver la fontaine de Jouvence ! N'auront-ils *rien appris* ? Sont-ils à ce point si naïfs ? Qu'ils regardent « *ce Soleil, cette Lune, ces Estoilles* », notre berceau et notre tombe ! La Vérité est au-dessus de nos petites têtes fières qui regardent trop souvent leurs pieds ! Nous sommes des fourmis, mais — que diable !

nous avons une conscience. La mort n'est ni bonne ni mal. Elle est, comme la vie, un *bien*. « *Si vous n'aviez la mort, vous me maudiriez sans cesse de vous en avoir privé.* » Comme cela est vrai ! Si nous nous arrêtions, un instant, d'être prétentieux ! de nous faire croire que nous vivons dans un monde merveilleux... N'oublions pas, avec Montaigne : « *Où que vostre vie finisse, elle y est toute.* » La fin de toute vie (qui a dû commencer) est sa propre fin. — À un autre chapitre (*De juger de la mort d'autruy*), Montaigne étudie et « digère » quelques cas de morts historiques. Les deux premières phrases sont ambiguës (à nos yeux de fouineur) : « *Quand nous jugeons de l'asseurance d'autruy en la mort, qui est sans doubte la plus remarquable action de la vie humaine, il se faut prendre garde d'une chose, que mal-aisément on croit estre arrivé à ce poinct. Peu de gens meurent resolus, que ce soit leur heure derniere : et n'est endroit où la pipperie de l'esperance nous amuse plus.* » Ce chapitre a un lien avec Hamlet et la *résolution* (se résoudre à accomplir un acte, résoudre une énigme) : se tuer, ou ne pas se tuer ; aller vers la mort, ou laisser la mort venir à soi ; craindre, ou ne pas craindre la mort (ou la vie). D'abord, la question de mourir apparaît : dois-je mourir ? Celle-ci se mue en : veux-je mourir ? Puis en : puis-je mourir ? Le questionnement, proche de l'irrésolution, est camusien : qu'est-ce qui fait que je puisse me faire mourir ? Pourquoi dois-je le pouvoir ? Comment puis-je le vouloir ? *Et cætera*. Est-il donné à l'homme de se tuer ? Si oui, quel est son degré de capacité de se tuer ? Pour beaucoup, c'est une affaire de volonté (évidemment) et d'imagination (on aura pu en juger d'après mon exemple). Autrement dit, c'est une affaire de préparation. Tout le monde, *sans exception*, en est capable. *Il n'y a pas plus grande puissance démocratique que le suicide*. Ici, tout le monde est à égalité. Vous voulez devenir professionnel de basketball ? Ce sera quasiment impossible si vous ne mesurez pas plus d'un mètre quatre-vingt-dix. Vous auriez voulu aller dans l'espace à bord de Vostok 1 ? Il fallait, comme Youri Gagarine, faire moins d'un mètre soixante. Vous voudriez courir le 100 mètres en moins de 10 secondes ? voyager toute l'année dans un yacht ? devenir président de la République ?... Peu de chances. Mais souhaitez-vous mourir ? Sautez du balcon, videz votre pharmacie, accrochez une corde à une poutre : c'est à la portée du premier venu. Et s'il est facile de se tuer, il l'est encore davantage d'avoir l'ambition de le faire. Il y a, d'un côté, l'art et la manière de se tuer, et de l'autre, aux antipodes, l'art et la manière d'envisager la façon se tuer. (Épicure se rirait de moi et de Montaigne : « *Bien piètre vraiment est celui pour qui il y a de nombreux motifs raisonnables de sortir de la vie* », dit l'une des *Sentences vaticanes*. Il n'y a rien à craindre d'Épicure : son ataraxie, qui menait selon lui à la vie parfaite, n'était-elle pas le moyen d'être un mort encore en vie ? Il avait inventé là le moyen de se suicider sans néanmoins mourir !) — Le suicide est-il aisé ? « *De vray, ce n'est pas si grande chose, d'establir tout sain et tout rassis, de se tuer ; il est bien aisé de faire le mauvais, avant que de venir aux prises : De maniere que le plus effeminé homme du monde Heliogabalus, parmy ses plus lasches voluptez, desseignoit bien de se faire mourir delicatement, où l'occasion l'en forceroit ; et afin que sa mort ne dementist point le reste de sa vie, avoit faict bastir expres une tour somptueuse, le bas et le devant de laquelle estoit planché d'ais enrichis d'or et de pierrerie pour se precipiter ; et aussi faict faire des cordes d'or et de soye cramoisie pour s'estrangler ; et battre une espée d'or pour s'enferrer ; et gardoit du venin dans des vaisseaux d'emeraude et de topaze, pour s'empoisonner, selon que l'envie luy prendroit de choisir de toutes ces façons de mourir : —* "*Impiger et fortis virtute coacta.*" *[*"*Courageux et vaillant par nécessité.*"*] — Toutefois quant à cettuy-cy, la mollesse de ses appests rend plus vray-semblable que le nez luy eust saigné, qui l'en eust mis au propre. Mais de ceux mesmes, qui plus vigoureux, se sont resolus à l'execution, il faut voir (dis-je) si ç'a esté d'un coup, qui ostast le loisir d'en sentir l'effect : Car c'est à deviner, à voir escouler la vie peu à peu, le sentiment du corps se meslant à celuy de l'ame, s'offrant le moyen de se repentir, si la constance s'y fust trouvée, et l'obstination en une si dangereuse volonté. — Aux guerres civiles de Cæsar, Lucius Domitius pris en la Prusse, s'estant empoisonné, s'en repentit apres. Il est advenu de nostre temps que tel resolu de mourir, et de son premier essay n'ayant donné assez avant, la demangéson de la chair luy repoussant le bras, se rebbessa bien fort à deux ou trois fois apres, mais ne peut jamais gaigner sur luy d'enfoncer le coup.* » J'espère que nous aurons le temps de revenir sur ce dernier point. Beaucoup, après s'être « ratés », se repentissent d'avoir essayé de se tuer. Et il est dans l'obligation du médecin de sauver un individu qui a tenté de se suicider. Dans une nouvelle de Jack London (*Semper Idem*), un homme tente de se suicider en s'égorgeant. Il se rate. Il se retrouve entre les mains d'un chirurgien qui voit là une occasion de réaliser un miracle en le sauvant. Le rescapé est amèrement déçu. Le chirurgien, qui est heureux d'avoir pu réussir là où nombre de ses confrères auraient échoué, lui explique alors que s'il avait réellement voulu réussir, il aurait dû relever davantage la tête en accomplissant son geste. Ni une ni deux, peu de temps après, le « patient » réessaye et ne se rate pas. Le patient a été respecté, de même que le *Code de la santé publique* (Article L1111-4) tel qu'il existe aujourd'hui en France : « *Le médecin doit respecter la volonté de la personne après l'avoir informée des conséquences de ses choix. Si la volonté de la personne de refuser ou d'interrompre tout traitement met sa vie en danger, le médecin doit tout mettre en œuvre pour la convaincre d'accepter les soins indispensables. Il peut faire appel à un autre membre du corps médical. Dans tous les cas, le malade doit réitérer sa décision après un délai raisonnable. Celle-ci est inscrite dans son dossier médical. Le médecin sauvegarde la dignité du mourant et assure la qualité de sa fin de vie en dispensant les soins visés à l'article L. 1110-10. — Aucun acte médical ni aucun traitement ne peut être pratiqué sans le consentement libre et éclairé de la personne et ce consentement peut être retiré à tout moment.* » Si l'individu n'est pas capable de s'exprimer, cela est du ressort du *Code pénal*, et la responsabilité peut être engagée pour non-assistance de personne en danger. Dans son *Voyage avec Charley*, Steinbeck croit se souvenir d'une histoire entendue longtemps auparavant : « *Il y a, paraît-il, en Chine, une loi non écrite qui veut que, lorsqu'un homme a sauvé une vie, il en devient responsable jusqu'à la fin de son existence. Car, étant intervenu dans le cours des événements, le sauveur ne doit pas échapper à ses responsabilités. Cela m'avait paru très logique.* » Imaginons que je veuille manger. Un inconnu surgit et me retire mon assiette. Dois-je réagir ? Mon exemple est tordu par les cheveux. « La question est déplacée », pensez-vous : il faudrait à la rigueur que la nourriture fût empoisonnée. Je ne sais pas. La vie n'est-elle pas empoisonnée ? Passer sa vie, non pas à vivre, mais à combattre la mort, ne passe-t-elle pas par l'acte de manger ? Je mange, donc je vis. Que dire de celui qui vous retire le pain de la bouche ? Il n'est pas plus malhonnête de mourir que d'aller au cinéma. Si je veux aller voir un film, j'entends que l'on me laisse tranquille dans ma résolution. Au fait, les médecins emploient-ils encore l'appareil appelé le « *spirophore* » ? Selon Littré, il servait « *à rappeler à la vie les noyés ou les asphyxiés, en précipitant l'air extérieur par la bouche dans les poumons* ». Ne pourrait-on pas nommer, par extension, le sauveur de suicidant un « spirophoriste » — ou quelque terme approchant ? Il faut relire ce passage de Gibran (*Les ailes brisées*) où il est question d'un vieillard dont la pâleur de la mort envahit le visage : « *N'appelez pas le médecin, car il pourrait prolonger ma sentence dans cette prison par ses remèdes. Les jours d'esclavage sont terminés, et mon âme aspire à la liberté des cieux. N'appelez pas le prêtre à mon chevet, parce que ses incantations ne me sauveraient pas si j'étais un pécheur, pas plus qu'elles ne me précipiteraient au Paradis si j'étais innocent. La volonté de l'humanité ne peut changer celle de Dieu, pas plus qu'un astrologue ne peut changer le cours des étoiles. Mais après ma mort, que les docteurs et les prêtres fassent ce qu'ils veulent, car mon navire continuera de naviguer jusqu'à ce qu'il parvienne à sa destination.* » Si je devais mourir, en usant de ma « liberté », ou en laissant faire les choses, je voudrais qu'il en fût de même. Bref. — D'après ce que nous avons pu lire, il n'est guère étonnant que Socrate songeant à sa future mort ou Caton se déchirant les entrailles soient deux figures que Montaigne affectionne avant toutes. « *Il n'y a rien, selon moy, plus illustre en la vie de Socrates, que d'avoir eu trente jours entiers à ruminer le decret de sa mort, de l'avoir digerée tout ce temps là, d'une tres-certaine esperance, sans esmoy, sans alteration, et d'un train d'actions et de parolles, ravallé plustost et anonchally, que tendu et relevé par le poids d'une telle cogitation.* » Au chapitre *Du dormir*, Montaigne écrira sur Caton : « *La connoissance, que nous avons de la grandeur de courage, de cet homme, par le reste de sa vie, nous peut faire juger de la sienne, que cecy luy partoit d'une ame si loing eslevée au dessus de tels accidents, qu'il n'en daignoit entrer en cervelle, non plus que d'accidens ordinaires.* » En effet, Caton, nonobstant la mort qui le guettait, s'était endormi « *de fort profond sommeil* ». Il y a d'ailleurs un autre cas très « amusant » dans ce même chapitre : « *L'Empereur Othon ayant resolu de se tuer, cette mesme nuit, apres avoir mis ordre à ses affaires domestiques, partagé son argent à ses serviteurs, et affilé le tranchant d'une espée dequoy il se vouloit donner, n'attendant plus qu'à sçavoir si chacun de ses amis s'estoit retiré en seureté, se print si profondement à dormir, que ses valets de chambre l'entendoient ronfler.* » — Pour en finir avec Montaigne (au moins dans ce paragraphe), je me pencherai sur le Chapitre III du Livre II, intitulé *Coustume de l'Isle de Cea*, qui traite de la liberté et du suicide (la liste des cas de suicides est impressionnante : le lecteur ira y faire un tour tout seul si cela le tente). *On ne peut empêcher personne de mourir*. « *C'est ce qu'on dit, que le sage vit tant qu'il doit, non pas tant qu'il peut ; et que le present que nature nous ait faict le plus favorable, et qui nous oste tout moyen de nous pleindre de nostre condition, c'est de nous avoir laissé la clef des champs. Elle n'a ordonné qu'une entrée à la vie, et cent mille yssuës. Nous pouvons avoir faute de terre pour y vivre, mais de terre pour y mourir, nous n'en pouvons avoir faute, comme respondit Boiocatus aux Romains. Pourquoy te plains tu de ce monde ? il ne te tient pas : si tu vis en peine, ta lascheté en est cause ; à mourir il ne reste que le vouloir :* — *"Ubique mors est : optime hoc cavit Deus, / Eripere vitam nemo non homini potest ; / At nemo mortem : mille ad hanc aditus patent."* [*"La mort est partout : c'est une faveur de la divinité. Tout le monde peut enlever la vie à un homme, mais personne la mort : mille chemins sont ouverts vers elle."*] — *Et ce n'est pas la recepte à une seule maladie, la mort est la recepte à tous maux : C'est un port tres-asseuré, qui n'est jamais à craindre, et souvent à rechercher : tout revient à un, que l'homme se donne sa fin, ou qu'il la souffre, qu'il coure au devant de son jour, ou qu'il l'attende : D'où qu'il vienne c'est tousjours le sien ; en quelque lieu que le filet se rompe, il y est tout, c'est le bout de la fusée. La plus volontaire mort, c'est la plus belle. La vie despend de la volonté d'autruy, la mort de la nostre. En aucune chose nous ne devons tant nous accommoder à nos humeurs, qu'en celle-là. La reputation ne touche pas une telle entreprise ; c'est folie d'en avoir respect. Le vivre, c'est servir, si la liberté de mourir n'en est à dire. Le commun train de la guerison se conduit aux despens de la vie ; on nous incise, on nous cauterise, on nous detranche les membres, on nous soustrait l'aliment, et le sang ; un pas plus outre, nous voyla gueris tout à faict. Pourquoy n'est la veine du gosier autant à nostre commandement que la mediane ? Aux plus fortes maladies les plus forts remedes.* » J'ai rarement lu paroles aussi sages. — « *La plus volontaire mort, c'est la plus belle.* »

* * * * *

Au moins, avec ces philosophes-là, le suicide est permis, ce qui est une consolation, comme l'est toute leur philosophie. « *Permis* », dis-je ? Pourquoi ne le serait-il pas ? Le suicide est *mon* affaire. Si je tuais quelqu'un, ce serait *notre* affaire, à lui et à moi ; et, à partir de là, ce ne serait plus exclusivement la mienne. Je n'ai pas le droit d'introduire autrui dans mes choix. De surcroît, je ne voudrais pas que l'on me tuât. Se suicider ne devrait pas être répréhensible. Cela le serait si je me suicidais en sautant du quatorzième étage et devais retomber sur un « innocent » et le tuer. — « *Devant les hommes sont la vie et la mort, à leur gré l'une ou l'autre leur est donnée.* » (*Sir* 15,17) On comprend pourquoi le Siracide occupe une place à part dans les écrits bibliques… — Sur la permissivité du suicide, écoutons Wittgenstein et les raisonnements « logiques » qui lui sont propres : « *Si le suicide est permis tout est permis.* — *Si tout n'est pas permis, alors le suicide n'est pas permis.* — *Ceci jette une lumière sur la nature de l'Éthique. Car le suicide est, pour ainsi dire, le péché élémentaire.* — *Et tenter de le connaitre, c'est comme tenter de connaitre la vapeur de mercure pour comprendre la nature des vapeurs.* — *Ou bien est-ce qu'en lui-même, le suicide, lui non plus, n'est ni bon ni mauvais !* » Si Wittgenstein lui-même tombe dans l'aporie… Le suicide, je ne cesserai de le répéter, c'est *la* question. Toutes les autres passent après.

* * * * *

Bouddha était un Stoïcien avant l'heure. Pour « consoler » quelqu'un après la mort d'un proche, il dit : « *Le chagrin, la douleur, la souffrance, les lamentations et le désespoir sont nés de l'affection. Ils ont leur origine dans l'affection.* » Mais ne plus être affecté… serait revenir à l'état de pierre… Mort.

* * * * *

Quel fut le vrai déroulement des « opérations » à partir du moment où j'appris la mort de François ? Si je m'en souviens bien, notre professeur de matériaux nous l'annonça très tôt le lundi matin, de la façon brutale dont j'ai

…jà parlé. Dans le laboratoire, nous étions tous atterrés. Le midi, Emmanuel, Alexandre et moi-même (y en avait-il un autre ?) étions allés dans la galerie marchande du Leclerc. Nous y avions bu un verre en en discutant. Les propos et l'attitude d'Alexandre (qui étaient, il faut bien le dire, ceux du commun des mortels face à ce genre d'événement) m'avaient révolté. Le soir, en rentrant dans mon appartement, j'avais commencé à boire cette bouteille de Muscat de Rivesaltes. Cécile, sa sœur, m'avait appelé pour me préciser les horaires et les lieux de la messe et de l'enterrement. J'étais fou. Je buvais et pleurais. À ce moment-là, je sentais que je n'aurais pas la force d'y aller. J'avais dû commencer une lettre le mercredi, expliquant à Cécile que je n'irais pas. En fin de compte, j'y étais allé et je la lui avais remise à la sortie de l'église. — Voici cette lettre : « *Si cette lettre échoit entre tes mains, c'est que je n'aurai pu me résoudre à franchir un nouveau pas vers la mort de François. — (Le style sera amputé, le contenu décousu, — mes forces me manquent. Je ne corrigerai pas, — ce serait intenable.) — Je voudrais tant lui rendre hommage — mais par quels moyens ? Le peu que je lui ai donné ces derniers temps marque cet abandon de moi-même. J'ai été égoïste à un point que je ne pourrai plus jamais regarder en face ; François m'appelait de temps à autre et je lui répondais ceci ou cela, que je devais travailler à mon mémoire — ce qui était vrai. Et puis samedi, je me suis dit, en allant seul dans le centre ville de Nantes, que je pourrais le joindre. Je n'ai pas réussi, — je reportais cela à un autre jour intérieurement. Alors dimanche, j'ai essayé de l'appeler sur son portable. C'était le début de l'après-midi, j'ai eu son message de répondeur ; j'ai laissé quelques phrases. "Je vais tenter chez toi…" Carole m'a répondu ; il était parti faire son footing habituel. Il était 14h00 quand j'ai parlé avec elle. Il avait quitté l'appartement plus de trois heures auparavant. Je ne me suis pas inquiété. Le dimanche a fui. Lundi matin, j'ai appris la nouvelle, alors que quelques minutes plus tôt je rigolais en rapportant l'anecdote : François fait du marathon. On a bien ri — et déchanté. Le ciel m'est tombé sur la tête, je ne savais plus où me mettre. Je ne pouvais croire en la réalité. On lit ces choses-là dans les romans. Mais la vie n'est pas un roman. Qui a joué cette blague ? Non, je ne comprenais pas — et je ne comprends toujours pas. — François et moi nous sommes rapprochés très rapidement vers la fin de la spé. Un courant est immédiatement passé. Je fus son confident et il fut le mien. Agnès m'a raconté plus tard (je n'osais y croire) qu'il lui avait avoué que j'étais, selon lui, son meilleur copain — et de loin. En le perdant, je perds énormément. Je n'ai pas beaucoup d'amis (de très bons amis). À l'ICAM, ils étaient au nombre de deux. Maintenant, que faire ?… — François, un jour, est venu me conter son expérience "mystique". J'ai tout enregistré — et j'ai retranscrit tels quels ses propos dans mon roman du moment. Il s'en est d'ailleurs servi quelques mois plus tard pour sa dissertation de philosophie. Lors des ultimes rencontres, il me faisait part de ceci, quand je lui demandais ce dont il aurait besoin pour se sentir mieux : "Je voudrais connaître encore une fois ce que j'ai connu cette nuit-là." Lundi soir, je n'ai pu m'empêcher de reprendre mon roman pour y relire ces lignes ses lignes par cœur. Rien n'est innocent. (J'écris tout cela parce que je sais que tu comptais beaucoup à ses yeux.) Ce même lundi a été le pire jour de ma vie. Tout au long de la journée, je ne pouvais me faire à l'atroce idée du suicide de François. Je culpabilisais, je me renfrognais, j'étais tourmenté. Pourquoi François ? pourquoi lui ? pourquoi ?… J'ai pleuré sans discontinuer pendant trois heures (peu de temps après que tu m'as appelé). Le seul remède pour me convaincre que tout était absurde fut de boire de l'alcool. Une bière, une bouteille de Muscat. Rien n'y faisait, bien entendu. Je pleurais de plus belle. Quand une personne proche meurt, notre processus de pensées récurrentes renforce l'idée de cette mort. François n'en fut que plus vivant — plus vivant que jamais. Tout se bousculait. J'ai pensé à la dernière fois que nous nous étions vus, chez moi, ici, pour s'échanger un CD. Et puis une pensée fulgurante m'a fait saigner le cœur. Je lui avais promis de passer son anniversaire ensemble, tous les deux. Et qu'ai-je fait ? J'ai oublié. J'ai oublié. Je ne me le pardonnerai jamais. Depuis plusieurs mois je lui répétais que je lui offrirais L'Éthique de Spinoza. Il en était tout heureux. Je ne l'ai pas offert. J'aimerais pouvoir lui en laisser un exemplaire qui sommeillerait à côté de lui — pour lui signifier ma présence. J'étais tellement pris ces derniers jours, je travaillais tant à mon mémoire que je ne pouvais pas être là pour lui. Les conversations téléphoniques étaient effroyables, en y repensant. Il n'allait pas bien, il m'en voulait que je ne fusse pas là pour lui, pour discuter quelques minutes. — François m'avait aidé lors de mon déménagement. Il était toujours là pour moi, mon cœur m'était ouvert. Je faisais de même — sauf ces dernières satanées semaines. Il n'a même pas eu la force de me parler de ses doutes. Je ne cesse de me dire en mon for intérieur qu'il ne se posait plus la question : Julien est à ses affaires en ce moment et je ne peux compter sur lui. Tant choses font que… On parle de goutte d'eau qui a fait déborder le vase au sujet de son stage. Mais bon sang ! s'il n'y avait eu que cela !… La belle affaire !… Son stage !… François, François qui se posait des questions existentielles, François qui savait voler parmi les grands esprits, François, mon cher François ne se serait pas suicidé devant ce seul problème. Il me parlait de tout ce qui l'incommodait, de ce qui l'insupportait, de ce qui rendait sa vie difficile à vivre. Je faisais de même de mon côté. À Paris, j'ai eu des périodes de spleen total. François était là. Il a toujours été là. Sans lui, qu'aurais-je fait ? Et il n'est plus là. À quoi pourrais-je me raccrocher ? À quoi, putain ?… À qui ? Il m'a souvent répété que sans moi, il ne serait plus là. Mais où serait-il, aujourd'hui ? Je n'ai pas été là suffisamment. On pourra m'objecter tout ce que l'on voudra, pour me réconforter ou je ne sais quoi encore d'idiot, mais je n'aurai pas été suffisamment là — et je ne me le pardonnerai jamais. Jamais. Et je ne serai pas encore là à son enterrement. Il y aura là-bas bon nombre d'étudiants ICAM. Or, je sais ce qu'il en est. Nous étions deux, Benoît et moi, à qui il vouait un secret et immense rattachement. Les autres, pour lui, n'étaient que de la pacotille, et cela me dérange. Je connaissais ses conceptions. (Je ne sais comment je parviens à écrire tout ceci.) Lors de nos premières discussions, j'ai osé le décrire à son insu. J'ai fait un portrait de sa personnalité. (J'ai fait ça à deux ou trois personnes.) Et il était subjugué devant ces pseudo vérités que je lui lançais. Il a compris à ce moment-là que je comprenais très bien les gens. Mais je n'aurai pas su abaisser mon égoïsme depuis mon retour de Paris pour continuer de le comprendre — et de faire de notre relation l'une des choses les plus fortes au monde. Encore maintenant, je pleure devant cet état de fait : nous sommes encore de formidables amis. Et c'est cela que je n'arrive plus à comprendre. Je me sens seul. Profondément seul. Que pouvais-je faire ? Tout. Que pourrais-je faire ? Rien. — Si j'étais venu ce jeudi (j'écris ceci mercredi soir), je n'aurais pu y aller sans m'enfiler une rasade de whisky. Parce que je suis trop faible pour affronter cela. François est trop proche. Sa présence me manque. François me manque à un point inimaginable. J'avais trouvé un ami sur qui compter en toutes circonstances. Mon meilleur ami, peut-être. Le seul confident, la seule aide, le plus compréhensif, le plus doué, le plus intelligent. Nous n'avons jamais connu de disputes, nous étions toujours en osmose merveilleuse. François, c'était une fleur qui jamais ne refermait ses pétales ; une fleur de toutes les saisons ; une fleur douce… François était aussi sensible que je le suis, on visait souvent très haut, selon nos ambitions humaines. Il figurait parmi ces individus rares qui enchantaient quoi qu'ils fissent. — Je ne comprends pas. — J'aimerais lui dédier tant de choses !… Oui, s'il n'avait pas été là, dans mes moments d'angoisse existentielle, je ne sais pas ce que je serais devenu… C'est terrible. J'avais deux jambes ; sans François, je marche en boitant. *Dès que je suis dans mon appartement, je repense à cette journée que l'on a vécue tous les deux, à tous les objets qui m'environnent et qui sont aussi à lui. Lors de l'aménagement, j'ai acheté un clic-clac. Je lui avais proposé, le devinant, de coucher chez moi toutes les fois qu'il lui en prendrait l'envie. Il m'avait remercié en m'avouant tendrement qu'il y aurait beaucoup de chances qu'il le fît les jours qui viendraient. Il ne l'a jamais fait. Fut-ce son courage qui lui faisait défaut ? Fut-ce moi qui ne me manifestais pas ? Je n'en saurai rien. J'arrivais à une période durant laquelle j'aurais eu violemment besoin de me ressourcer auprès de lui. J'étais davantage libre. Et trop tard. Et à quelques jours près, à quelques jours près... Je lui avais promis mon mémoire sur l'art, je lui avais promis mon dernier roman,* Amer Amen. *Quand j'y repense, quelle ironie !... Un roman dont le narrateur est plongé dans une dépression tentaculaire dont il ne sortira pas. Et c'est bien ce que j'éprouve face à l'acte fatal de François : un amer amen. Je m'en veux ! je m'en veux !... Mais à quoi sert de crier ? à quoi ?... — Je ne sais quoi faire. C'est idiot, mais quand je vois cet exemplaire qui trône sur la table basse de la salle, je veux pleurer, je veux pleurer, je veux... Je ne sais pas ce que je veux. Le deuil est récent, d'une fraîcheur qui me terrifie, me consume, m'atterre, me meurtrit. Je ne comprends pas. Quoi que je fasse, ma pensée se tourne vers lui. Il était présent comme aucune autre personne de mon sexe n'a jamais pu l'être. Nous riions ensemble des heures durant, nous jouions avec notre second degré, notre ironie. Et la seule ironie qui nous rejoigne, désormais, c'est celle du sort. Comment, après cela, ne pas s'imaginer que la vie est un foutoir incommensurable, une honte, un quiproquo ineffable ? Je relis mon roman. Je m'y vois quand je l'écrivais ; j'y vois François peu de temps avant sa mort. Pour qu'il osât le faire sans en rien dire... il fallait qu'il fût bien seul tout d'un coup. Et rien n'est plus affreux que de se retrouver face à l'adversité. — La "révélation" de François était une preuve d'un amour foudroyant, inconcevable humainement. Je lis quelques poèmes de Nietzsche, — dont j'aimais tant lui parler. Le philosophe dit, entre autres, et avec une limpidité qui, hier et avant-hier, m'a catapulté dans le nouveau monde de François :* — "tu ne supportes plus / ton impérieux destin ? / Aime-le, car tu n'as plus le choix !" — *François n'avait plus le choix, semble-t-il.* — "Cela seul délivre de toute douleur / à toi de choisir : / la prompte mort / ou le long amour." — *Le long amour ? Non. On l'a tué par notre inconstance. Le monde bouge et nous emprisonne. Nous sommes esclaves de notre liberté. Ce sont toujours les Autres qui nous assassinent.* — "Pourquoi, de sa hauteur, s'est-il jeté en bas ? [...] il gît maintenant là, brisé, inutile et froid —" — *Je pleure en recopiant ces passages. Je pleure et mes larmes coulent et me brûlent les joues. Pourquoi ? J'ai pleuré tout ce que je pouvais pleurer, lundi soir. Mais non, François est pour moi une mer. Il n'est plus là. Il me faudra du temps pour comprendre qu'il s'est suicidé, — si jamais j'y réussis. Je préfère encore rester cet enfant qui ne sait pas ce qu'est la mort. François n'est pas mort. C'est impossible.* » — Terrible lettre ! Je comprends mieux combien elle a pu inquiéter Cécile... La pauvre ! Quel con j'avais été !... Mais, en plus d'être un cri d'un cœur déchiré et à l'agonie, c'était un hommage...

* * * * *

La mise en abyme des mots — morts... — « *Cette lettre, amorcée la veille, continuée de bout en bout par la grâce d'un besoin expiatoire naissant, révélatrice de mon incompréhension, décousue comme se doit tout essai d'écriture sous le poids de l'absurdité, — cette lettre, je l'avais écrite au nom de sa sœur, qui m'était alors inconnue* de visu, *tremblant comme apeuré, incapable de trouver les bons mots, justes et pertinents, parce que, d'une certaine manière, mes sens étaient encore assujettis à la débilité alcoolique ; un verre de vin, du Saint-Nicolas-de-Bourgueil, continuellement rempli, trônait sur la table qui me servait d'appui pour écrire, et je sirotais maladroitement la liqueur rouge sombre, désabusé et désillusionné devant les mots qui se suivaient dans une incohérence qui, plus tard, se révéla contraire d'une incohérence : tout comme le poème, le premier jet naïf et inconscient que j'avais extrait de mon crâne n'était qu'une affirmation négative de ce que j'avais vécu à ce moment-là. Je suis encore désolé que l'architecture de ces cinq pages ait pu alarmer Cécile ou Carole.* » — « *Ces pages seront une expiation, une réflexion, une description, — un hommage. C'est en tout cas ce que je souhaite. — Cela retranscrira le poème que je t'avais écrit : tout d'un jet, très peu corrigé, donné tel quel. — François, pardonne-moi cet inachèvement. Puissent mes pensées venir à toi.* »

* * * * *

(Le grand gourou de la mort. — S'ôter la vie.)

* * * * *

Plusieurs fois, depuis le début de ce livre, j'ai mentionné le nom de Jacques Rigaut. Qui était-il ? Difficile à dire. Il aura vécu trente-et-un ans avant de se suicider. Il côtoya le milieu dadaïste du début du XXème siècle, rencontra André Breton (mais qui André Breton ne rencontra-t-il pas, lui qui était partout ?), publia très peu, écrivit la plupart du temps sans le souci d'être lu (et pour cela griffonnait d'une écriture souvent illisible sur des bouts de papier). Très bel homme, il restait solitaire. Il épousa une riche héritière américaine. Ainsi, il vécut une partie de sa vie aux États-Unis, où il ne travailla guère et commença à boire et à se droguer. Si vous souhaitez le lire, il ne s'offrira à vous que dans de rares éditions, la principale étant ses *Écrits* chez Gallimard. Farfelu, surréaliste, caustique, piquant, spirituel, décalé, sombre, humoristique : tels sont les termes qui caractérisent ses tentatives d'écrivain (je dis bien « *tentatives* », car il avait horreur des écrivains !). Si l'on en juge d'après ses créations, il s'autoproclamait « *arriviste qui ne sait pas à quoi* » et se définissait comme « *l'aventureman suicidé* » ! Il y a de quoi surprendre. Je l'imagine noter cela avec un sourire en coin, grinçant des dents... Essayez de vous représenter un homme pour qui « *le suicide doit être une vocation* » !... Ce n'est pas commun ! — Il vécut avec une seule obsession : *le suicide*. Il devait tourner et retourner sans cesse dans son cerveau les possibilités de la vie et de la mort, et douter, douter, douter à n'en plus finir du paradoxe du vivant qui doit (et veut) mourir. Dans un dialogue imaginaire et improvisé, il explique que « *l'intelligence mène inévitablement au doute, au découragement, à l'impossibilité de se satisfaire de quoi que ce soit* ». Sur ce, quelqu'un l'interroge : « *Selon vous, il n'y a rien de possible. Comment faites-vous pour vivre, pourquoi ne vous êtes-vous pas suicidé ?* » Froid comme un serpent, il répond : « *Il n'y a rien de possible, pas même le suicide.* » Où voulez-vous que mènent ces pensées ? Tout est absurde. Et c'est par l'absurde que Rigaut tente d'échapper à la folie de la vie (la vie étant équivalente à la conscience) : « *Prestige de la démence ! Faire une chose qui soit complètement inutile — un geste pur de causes et d'effets. Jusqu'ici — comme ailleurs celui de la pesanteur — c'est le règne de l'utilité ; désormais par l'absurde je vais m'évader...* » Ce sont vraiment des *Propos amorphes*... Vivre, ou ne pas vivre ? se tuer, ou ne pas se tuer ? Là encore surgit la question. Et il est vrai que Rigaut, d'un certain côté, rappelle Hamlet. « *Je serai sérieux comme le plaisir. Les gens ne savent pas ce qu'ils disent. Il n'y a pas de raisons de vivre, mais il n'y a pas de raisons de mourir non plus. La seule façon qui nous soit laissée de témoigner notre dédain de la vie, c'est de l'accepter. La vie ne vaut pas qu'on se donne la peine de la quitter.* » Que fit-il cependant ? Il était *impossible* de l'arrêter dans sa quête du néant. Ne disait-il pas : « *Essayez, si vous le pouvez, d'arrêter un homme qui voyage avec son suicide à la boutonnière* » ? Continuellement *chargé*, il aimait l'idée de pouvoir, à tout moment, *se décharger*. « *Et puis, n'est-ce pas, ce qui nous libère, ce qui nous ôte toute chance de souffrance, c'est ce revolver avec lequel nous nous tuerons ce soir si c'est notre bon plaisir. La contrariété et le désespoir ne sont jamais, d'ailleurs, que de nouvelles raisons de s'attacher à la vie. C'est bien commode, le suicide : je ne cesse pas d'y penser ; c'est trop commode : je ne me suis pas tué.* » Jouer avec la vie, avec la mort. Le complexe de la vie complexée par la mort. Comme bien d'autres avant et après lui, Jacques Rigaut ne fait que se (nous) désigner la *complexité*, et surtout, la *possibilité* du suicide. (N'oublions pas que « *complexe* » vient du latin « *complector* », dont l'une des définitions est : « *Embrasser* », « *faire bon accueil* ».) Et dire que moi aussi, j'écris sans être un écrivain...

* * * * *

Douter sa vie durant, douter lorsque le moment est venu, douter, « *douter, douter, douter à n'en plus finir du paradoxe du vivant qui doit (et veut) mourir* ». Je ne fais que douter. Le doute m'habite, comme je le dis souvent à mes élèves, en riant tout en étant sérieux. Malheur à celui qui doute ! (Pas le doute simple et commun qui fait hésiter devant un choix de la vie quotidienne, mais le doute existentiel, le même que celui de Descartes qui remet en cause son existence.) Antonin Artaud doute souvent, surtout au sujet du suicide (*Le suicide est-il une solution ?*) : « Non, le *suicide est encore une hypothèse. Je prétends avoir le droit de douter du suicide comme de tout le reste de la réalité.* » Pourquoi cela ? Son cerveau dérangé lui fait croire qu'il est déjà un suicidé dans le monde « normal ». Il rêve d'un suicide qui l'emmènerait vers un autre monde qui serait celui du non-être (et non celui de la mort, qu'il ne sent pas puisqu'il l'est déjà). Pour Artaud, la vie y a un au-delà qui n'est ni la vie ni la mort. « *Le suicide n'est que la conquête fabuleuse et lointaine des hommes qui pensent bien, mais l'état proprement dit du suicide est pour moi incompréhensible. Le suicide d'un neurasthénique est sans aucune valeur de représentation quelconque, mais l'état d'âme d'un homme qui aurait bien déterminé son suicide, les circonstances matérielles, et la minute du déclenchement merveilleux. J'ignore ce que c'est que les choses, j'ignore tout état humain, rien du monde ne tourne pour moi, ne tourne en moi. Je souffre affreusement de la vie. Il n'y a pas d'état que je puisse atteindre. Et très certainement je suis mort depuis longtemps, je suis déjà suicidé. On m'a suicidé, c'est-à-dire. Mais que penseriez-vous d'un suicide antérieur, d'un suicide qui nous ferait rebrousser chemin, mais de l'autre côté de l'existence, et non pas du côté de la mort. Celui-là seul aurait pour moi une valeur. Je ne sens pas l'appétit de la mort, je sens l'appétit du ne pas être, de n'être jamais tombé dans ce déduit d'imbécillités, d'abdications, de renonciations et d'obtuses rencontres qui est le moi d'Antonin Artaud, bien plus faible que lui.* » — S'il y a dans la salle quelqu'un qui le comprend, qu'il m'appelle. Être en vie, ou ne pas être en vie, ou être... quoi ?

* * * * *

Le suicide est incompris. De là viennent toutes les élucubrations à son sujet — et le malaise qu'il instaure. L'homme n'aime pas — car il n'y est pas habitué et ne le veut pas — regarder les choses en face. Ce n'est pas dans les livres que l'on parviendra à comprendre la réalité du suicide, de même que ce n'était pas dans les livres que l'on pouvait espérer approcher la réalité du tabac. Toutes les explications font fausse route. L'ignorance ou les préjugés aveuglent. C'est comme si le monde était partagé entre ceux qui ont lu Kant et Freud, par exemple, et ceux qui ne les ont pas lus. Lire ces deux auteurs nous laisse découvrir une autre réalité, *la* réalité. Y a-t-il quelqu'un qui oserait prétendre comprendre le psychisme de l'homme sans connaître Freud ? C'est impossible ! (Je ne me contredis pas en affirmant que la vérité ne se trouve pas dans les livres en même temps qu'elle se trouve dans les livres de Kant et de Freud. Je veux juste *faire saisir le problème*.) Ce n'est pas pour rien que, déjà, à l'époque de mon adolescence, j'écrivais, haineusement, prétentieusement : « *Celui qui n'a* jamais *fumé, ne comprendra jamais le fumeur. (De même pour l'alcool, la drogue...) Alors ne parlez plus, s'il vous plaît, de ce que vous ne connaissez pas ! (Suicide, à l'évidence...)* » — Parfois, je me sens comme Nekhlioudov, le héros de *Résurrection* (qui ne réfléchit pas sur le tabac ou le suicide, mais sur la Justice) : « *Essayer de comprendre pourquoi tous ces êtres, si divers par leurs natures, se trouvaient incarcérés, alors que d'autres semblables se promenaient en liberté et même jugeaient les premiers, constituait la quatrième affaire qui préoccupait alors Nekhlioudov.* — *Espérant trouver la réponse dans les livres, il avait acheté tout ce qui s'était publié sur la question. Il s'était procuré des ouvrages de Lombroso, de Garofalo, Ferri, List, Maudsley, Tarde et se lisait attentivement. Mais sa déception grandissait à mesure qu'il lisait. Il lui arrivait ce qui attend les gens qui demandent à la science de jouer un rôle dans la littérature, la polémique ou l'enseignement : il lui posait des questions directes, simples, vitales ; elle répondait sur mille problèmes divers, subtils et savants, relatifs au droit criminel, et restait muette sur le point où il demandait une réponse. Il demandait une chose très simple : pourquoi et en vertu de quel droit une certaine catégorie d'hommes incarcèrent-ils, torturent-ils, déportent-ils, fustigent-ils et tuent-ils d'autres hommes, alors qu'ils sont semblables à ceux qu'ils torturent, fustigent et tuent ? On lui répondait par des raisonnements où la question de savoir si l'homme possède ou non son libre arbitre, si la forme du crâne peut servir à déterminer la criminalité d'un homme. Existe-t-il une immoralité atavique ? Quel est le rôle de l'hérédité dans le crime ? Qu'est-ce que la morale ? la folie ? la dégénérescence ? le tempérament ? Quelle influence ont sur le crime le climat, la nourriture, l'ignorance, l'imitation, l'hypnotisme, les passions ? Qu'est-ce que la société ? Quels sont ses devoirs ? etc.* — *Ces considérations rappelaient à Nekhlioudov la réponse que lui avait faite un petit garçon qui revenait de l'école. Il lui avait demandé s'il avait appris à épeler. "J'ai appris", répondit le gamin. — "Eh bien ! épelle : patte." — "Mais quelle patte ? Une patte de chien ?" — s'était écrié l'enfant d'un air malin. C'étaient des réponses semblables, en forme de questions, que Nekhlioudov trouvait dans les ouvrages savants à son unique et fondamentale question. — Ils recélaient beaucoup d'intelligence, beaucoup de science et d'intérêt, mais la réponse à la question principale manquait : de quel droit un homme en punit-il d'autres. Non seulement la réponse manquait, mais tous les raisonnements tendaient à expliquer et à justifier le châtiment dont la nécessité était reconnue comme un axiome.* » Si vous ouvrez un ouvrage ordinaire sur le suicide, on vous parlera de dépression, de chômage, de société, des façons d'accepter le suicide d'un proche, de quelques suicidés célèbres, des moyens de l'éviter, du numéro d'urgence à appeler au cas où, de Durkheim, de certains auteurs ayant abordé les questions (sociologues, philosophes, romanciers). Jamais on n'aborde le sujet de front, comme l'a tenté Camus. On n'en fera encore moins l'apologie. Jamais on ne vous aidera à vous suicider (*Suicide, mode d'emploi* a été retiré des ventes assez rapidement : CQFD). On ne va jamais au fond des choses, ou alors là où il n'y a rien à voir. Qui, dans le public, sait — ou devine — qu'il existe un *instinct de mort* ? Qui sait qu'il existe la psychanalyse ? Qui connaît l'enjeu de la psychanalyse ? Une poignée d'individus… Mais vaut-il mieux savoir ? Ne valait-il pas mieux ne pas le savoir ? Je ne trancherais pas en ce qui concerne le « public ». Pour moi, le choix est fait. Je vais vous raconter deux anecdotes. La première concerne la consommation électrique. Que cela a-t-il à voir avec notre histoire, me direz-vous ? L'électricité est tout autour de nous. Si vous la supprimiez, ce serait un cataclysme dans le train de vie du monde civilisé. Nous ne pouvons nous en passer, cependant que son prix ne fait que croître au fil des années, et ce, de manière exponentielle. Et 5% ajoutés à 5% ne font pas 10%, mais 10,25%. Il y a un autre sujet de préoccupation : la source. En France, 80,4% de l'électricité produite provient des centrales nucléaires, et on sait combien délicate est la question du traitement des déchets, c'est-à-dire du stockage du plutonium. Ne parlons pas des accidents ayant eu lieu à Tchernobyl ou à Fukushima… Bref, je n'entrerai pas dans les détails de la chaîne de production et n'évaluerai pas les avantages ou les inconvénients. Je crois qu'aucune solution n'est viable à long terme, y compris les sources d'énergie dites « renouvelables ». Je reviens à mes moutons. L'énergie est dérivée d'une puissance. En électricité, il y en a trois distinctes : la puissance active P (dont l'unité est le Watt), la puissance réactive Q (voltampère réactif) et la puissance apparente S (voltampère). Seule la première demeure compréhensible pour le commun des usagers. En fait, il n'en est rien : comme on va le voir, personne ne sera capable de l'expliquer. Alors pourquoi serait-elle la plus compréhensible ? Parce que c'est cette puissance qui est facturée au consommateur. L'homme normal n'a qu'un souci : son porte-monnaie. « Au diable la planète ! » pense-t-il, même sans se l'avouer. Et que ceux qui font encore des enfants ne viennent pas me contredire : ils sont les premiers inconscients des maux qui commencent à nous toucher et les premiers responsables des horreurs qui vont s'abattre sur nous d'ici quelques décennies. (J'écris tout cela en sachant qu'en 2100, ce sera le désert sur Terre… Je suis aussi fou que mes congénères !) Or donc, cette puissance active, la plus tangible pour nous, est en réalité plus complexe que la puissance apparente. En effet, la puissance apparente, dans un réseau monophasé tel qu'il existe dans chaque foyer, est donnée par la relation suivante : $S=UI$. Elle est tout simplement le produit de la tension par l'intensité. La tension habituelle dans nos contrées est égale, en valeur efficace, à 230V. L'intensité I, elle, varie en fonction de la charge. Plus l'appareil est gourmand, plus il tirera d'intensité. Imaginons que l'appareil soit un radiateur (élément purement résistif) et qu'il ait besoin de 4A : cela représente une puissance de 920W. Si celui-ci marche pendant une heure, cela représente une énergie de 0,920kWh, qu'EDF facturera en multipliant par le tarif en vigueur du kWh. Tout ceci paraît normal. Oui, mais voici le hic : les appareils sont rarement purement résistifs. Ils possèdent un $\cos\varphi$, comme on dit dans le jargon, qui peut se calculer à l'aide de la formule : $\cos\varphi = P/S$. Ils consomment une puissance réactive en plus d'une puissance active. Cela est dû au déphasage entre la tension et l'intensité, et ce déphasage est le plus souvent lié au caractère inductif de l'appareil (la présence de bobines). Par exemple, le radiateur dont nous venons de parler possède un $\cos\varphi=1$. Toute l'intensité qui est appelée en amont pour le faire fonctionner sert effectivement à le faire chauffer. Que se serait-il passé s'il avait eu un $\cos\varphi$ plus petit ? S'il avait eu un $\cos\varphi=0,5$, il aurait toujours eu besoin de la même quantité de courant ($I=S/U$) et le consommateur aurait payé deux fois moins ($P=UI\cos\varphi$). En revanche, le radiateur chauffera deux fois moins, car toute la puissance réactive n'a aucune incidence sur le chauffage. Ainsi, pour résumer, avec un tel radiateur, le consommateur demandera à la centrale nucléaire deux fois plus de courant qu'il n'est nécessaire. Certes, étant donné que cela n'impactera pas son porte-monnaie et que la notion de $\cos\varphi$ est terriblement ardue pour le novice (voire le moyennement expérimenté), cela ne changera rien aux habitudes. On nous conseille de faire attention aux appareils en veille, qui consomment pour rien, mais la question est beaucoup plus compliquée. EDF devrait montrer l'exemple ou, du moins, éduquer les Français. Hélas, leurs discours sont à peu près ceux des militants écologistes qui rouspètent toujours sans savoir de quoi ils parlent. Y a-t-il de ces militants qui pourraient m'expliquer le rôle du $\cos\varphi$? J'entendais, l'autre jour, une publicité d'EDF enjoignant les Français à ne pas laisser leur téléphone portable branché au chargeur lorsqu'ils sont rechargés pour éviter de consommer pour rien, et de débrancher ce chargeur de la prise secteur. Louable initiative, mais complètement débile. D'une part parce que le chargeur consomme si peu que ce n'est pas là qu'il faut en priorité « faire des économies », et d'autre part parce que le téléphone, sans le chargeur, consommera tout de même et qu'il faudra bien recharger ce qui aura été déchargé… (Mon Dieu, dans quel monde vit-on… Ils nous prennent tous pour des cons… Et pourquoi ? Parce que nous sommes tous des cons…) Le jour où EDF facturera la puissance apparente (ce qui serait logique et ne devrait pas tarder), les gens vont en crever : ils ne comprendront pas ce qui leur arrivera (leur petit cerveau verra la facture doubler ; le $\cos\varphi$ est hors de leur portée). « *Écoutez ceci, peuple insensé, et qui n'a point de cœur ! Ils ont des yeux et ne voient point, ils ont des oreilles et n'entendent point.* » (Jr 5,21) Ils ont cerveau et ne comprennent point… Je prendrai un dernier exemple (sinon, je pourrais en écrire des pages, et cela n'avancerait à rien) : ma plaque à induction (comme son nom l'indique, appareil très inductif), en veille

(les boutons sont éteints), ne consomme qu'environ 3W (ce qui est déjà une aberration : elle ne devrait rien consommer quand elle ne sert à rien). Pourtant, en y regardant de plus près, on s'aperçoit qu'elle consomme… environ 30VA. Tous les jours, elle pompe des centrales nucléaires dix fois plus de courant qu'elle n'en a réellement besoin ! Je demande, de façon détournée, à utiliser dix fois plus d'uranium que nécessaire ! J'épargnerai au lecteur d'autres considérations encore plus compliquées à comprendre : la présence d'harmoniques causées par des appareils de plus en plus fournis en composants électroniques, et qui donnent, s'ils ne sont pas filtrés correctement, un taux de distorsion harmonique élevé ($TDH = \sum_{h=2}^{n} I_h^2 / I_1^2$), surtout pour le courant, ce qui entraîne tout un tas de désagréments dont, notamment, un nouveau gaspillage qui n'impactera pas la facture du consommateur. Comment voulez-vous que la population comprenne ce dont il s'agit ? Les lampes fluocompactes et à LED sont les premières concernées. Non seulement les fabricants ne disent pas toute la vérité sur leurs produits (alors qu'ils savent tout sur le cosφ, le TDH, l'impact énergétique à produire et à recycler), mais : premièrement, les soi-disant spécialistes de la question environnementale ne savent en général pas de quoi il s'agit et profèrent des âneries ; deuxièmement, les instances politiques qui dirigent le pays et pondent des lois ne s'attaquent pas de front au problème (les normes thermiques vont comptabiliser le coefficient de performance d'une pompe-à-chaleur en faisant abstraction du cosφ) ; et, troisièmement, les fournisseurs d'énergie, en *incitant* à utiliser, par exemple, ces ampoules, jouent à un double jeu malsain. Quel monde ! quel monde ! *Tous* des aveugles ignares…
— Ma seconde anecdote est d'ordre psychanalytique et est extraite d'un texte de Freud (*Une difficulté de la psychanalyse*). Elle est de celles qui *ouvrent les yeux* (comme la précédente, d'ailleurs) et abordent le « γνῶθι σεαυτόν ». En quelques mots limpides, Freud essaie de faire comprendre ce que la psychanalyse peut nous apprendre sur nous-mêmes. « *La psychanalyse entreprend d'élucider ces cas morbides inquiétants, elle organise de longues et minutieuses recherches, elle se forge des notions de secours et des constructions scientifiques, et, finalement, peut dire au moi : "Il n'y a rien d'étrange qui se soit introduit en toi, c'est une part de ta propre vie psychique qui s'est soustraite à ta connaissance et à la maîtrise de ton vouloir. C'est d'ailleurs pourquoi tu es si faible dans ta défense ; tu luttes avec une partie de ta force contre l'autre partie, tu ne peux pas rassembler toute ta force ainsi que tu le ferais contre un ennemi extérieur. Ce n'est même pas la pire ou la plus insignifiante partie de tes forces psychiques qui s'est ainsi opposée à toi et est devenue indépendante de toi-même. La faute, je dois le dire, en revient à toi. Tu as trop présumé de ta force lorsque tu as cru pouvoir disposer à ton gré de tes instincts sexuels et n'être pas obligé de tenir compte le moins du monde de leurs aspirations. Ils se sont alors révoltés et ont suivi leurs propres voies obscures afin de se soustraire à la répression, ils ont conquis leur droit d'une manière qui ne pouvait plus te convenir. Tu n'as pas su comment ils s'y sont pris, quelles voies ils ont choisies ; seul, le résultat de ce travail, le symptôme, qui se manifeste par la souffrance que tu éprouves, est venu à la connaissance. Tu ne le reconnais pas, alors, comme étant le rejeton de tes instincts repoussés et tu ignores qu'il en est la satisfaction substitutive. — Mais tout ce processus n'est possible qu'à une seule condition : c'est que tu te trouves encore dans l'erreur sur un autre point important. Tu crois savoir tout ce qui se passe dans ton âme, dès que c'est suffisamment important, parce que ta conscience te l'apprendrait alors. Et quand tu restes sans nouvelles d'une chose qui est dans ton âme, tu admets, avec une parfaite assurance, que cela ne s'y trouve pas. Tu vas même jusqu'à tenir 'psychique' pour identique à 'conscient', c'est-à-dire connu de toi, et cela malgré les preuves les plus évidentes qu'il doit sans cesse se passer dans ta vie psychique bien plus de choses qu'il ne peut s'en révéler à ta conscience. Laisse-toi donc instruire sur ce point-là ! — Le psychique ne coïncide pas en toi avec le conscient : qu'une chose se passe dans ton âme ou que tu en sois de plus averti, voilà qui n'est pas la même chose. À l'ordinaire, j'en conviens, le service d'information fait à ta conscience peut suffire à tes besoins. Tu peux te bercer de l'illusion que tu apprends tout ce qui est le plus important. Mais dans bien des cas, par exemple à l'occasion de l'un de ces conflits instinctuels, il te fait faux bond, et alors ta volonté ne va pas plus loin que ton savoir. Mais, dans tous les cas, ces renseignements de ta conscience sont incomplets et souvent peu sûrs ; bien souvent encore il se trouve que tu n'es informé des événements que lorsqu'ils sont accomplis et que tu n'y peux plus rien changer. Qui pourrait, même lorsque tu n'es pas malade, estimer tout ce qui se meut dans ton âme dont tu ne sais rien ou sur quoi tu es faussement renseigné ? Tu te comportes comme un monarque absolu qui se contente des informations que lui donnent les hauts dignitaires de la cour et qui ne descend pas vers le peuple pour entendre sa voix. Rentre en toi-même profondément et apprends d'abord à te connaître, alors tu comprendras pourquoi tu vas tomber malade, et peut-être éviteras-tu de le devenir."* » N'est-ce pas étrange ? Il y a un vieil adage qui dit : « *Si vis pacem, para bellum.* » (« *Si tu veux maintenir la paix, arme pour la guerre.* ») Selon Freud, il eût été préférable de le modifier en : « *Si vis vitam, para mortem.* » (« *Si tu veux endurer la vie, organise-toi en vue de la mort.* ») Sacré Freud, qui avait pris une dose de morphine pour s'aider à mourir… Précisons que l'adage précédent, écrit en 1915 (*Actuelles sur la guerre et la mort*), est à remettre dans le contexte de la guerre… — Ah ! l'*iceberg*… l'*iceberg* intemporel de l'Esprit… l'*iceberg* qui ne laisse *apparente* que sa face visible… alors que tout est en dessous. La vérité est si loin… Les hommes ne voient rien, n'essaient pas d'explorer toutes les ramifications de la vie… et ils se permettent de juger ! Quelle ironie ! Quelle prétention ! J'aimerais rabaisser votre caquet, ô représentants de la cécité ! Ne vous rappelez-vous pas que vous n'avez pas demandé à naître ? que vous n'y êtes pour rien ? Pourquoi gonflez-vous votre poitrine comme les gorilles fiers d'eux-mêmes ? pourquoi faites-vous la roue comme les paons en chaleur ? Ne vous vient-il pas à l'idée que vous devriez le plus souvent fermer votre gueule ? Vous enfantez, ignorants, comme vos parents, également ignorants, vous ont enfantés ! J'aimerais dire, avec Sade, que « *quelques gouttes de votre sperme ont donné le jour* », et puis voilà ! Vous êtes nés pour faire naître ; vous êtes nés pour forniquer. — « *L'existence de bien des personnes gagnerait en sérieux, en probité, en déférence, si elles conservaient en elles, au-delà de leur jeunesse, quelque chose de cet esprit de recherche et de ce besoin de questionner et de définir. Qu'est-ce qu'un arc-en-ciel ? Pourquoi le vent gémit-il ? D'où vient que les fleurs des prés se fanent et que ces prés refleurissent ? D'où viennent la pluie et la neige ? Pourquoi sommes-nous riches alors que notre voisin le ferblantier est pauvre ? Où le soleil s'en va-t-il le soir ?* » Ces quelques mots de Hesse (*Mon enfance*) résument bien la situation et comment devrait être la démarche de tout le monde : susciter les points d'interrogation. Les hommes ne se posent jamais de questions. Comment voulez-vous qu'ils accèdent, même de loin, à quelque réponse ? Ils ne font pas d'effort. Quand on pense qu'Ératosthène

découvrit la valeur du rayon de la Terre avec un vulgaire bâton ! Les hommes modernes ne lui rendent pas hommage avec leurs trois neurones qui s'interconnectent pour aboutir à des conneries… Ils n'arrivent pas à la cheville du bâton d'Ératosthène : forniquer, déféquer, regarder TF1, voilà à quoi se résume l'existence de centaines de milliers, de millions d'êtres humains. Non seulement ils vivotent, ne s'interrogent pas et n'interrogent pas le monde, mais ils ne vivent que d'illusions ! Et le pis, vous savez ce que c'est ? Ils ne redoutent pas la désillusion. Et non seulement ils ne redoutent pas la désillusion, mais celle-ci ne les frappe jamais. J'entends la *vraie désillusion*, pas celle d'apprendre que leur équipe de football fétiche a perdu dimanche, que leur patron leur a refusé une augmentation, que leur enfant ne sera pas médecin, que leur conjoint les a trompés. Tout cela fait encore partie de la *visibilité facile des choses* : il n'y a rien de *métaphysique*… (Ou, s'il y en a, c'est pour croire en Dieu et mourir pour lui, croire aux fantômes et organiser des séances payantes de spiritisme.) Tartufferie que tout cela ! D'ailleurs, dans la pièce de Molière, lorsque Dorine demande à sa maîtresse Mariane ce qu'elle compte faire pour échapper au mariage qu'Orgon son père veut lui imposer avec Tartuffe, celle-ci, étant donné qu'elle préfère ne pas bouger plutôt que d'aller récriminer contre son père, répond qu'elle compte se donner la mort si on la violente, ce qui pousse Dorine à ironiser : « *Fort bien : c'est un recours où je ne songeais pas ; / Vous n'avez qu'à mourir pour sortir d'embarras ; / Le remède sans doute est merveilleux. J'enrage / Lorsque j'entends tenir ces sortes de langage.* » Moi aussi, j'enrage (un peu). Cette désillusion est encore dérisoire et ne touche pas à la métaphysique d'assez près : *cela ne compte pas*, c'est une illusion. — Conclusion : ne leur demandez pas, aux illusionnés, ce qu'est la Désillusion avec une majuscule, l'Absurde, le Suicide.

* * * * *

La Désillusion de voir que tout n'est qu'illusion : c'est si pesant, si pesant, si pesant… Vouloir savoir : mais une fois que l'on sait, vouloir ne pas avoir su… C'est un peu ma vie de *désillusionniste* résumée. Ne plus savoir si l'on a compris ou pas. Tenez, j'ai cité Tolstoï dans le paragraphe précédent (souvenez-vous, dans mon chapitre sur le tabac, je l'avais honoré en tant qu'il avait été l'un des rares à aborder cette question de façon pertinente). Je vais le rappeler, ce haut personnage parfois si utile dans nos pérégrinations. Tout d'abord, en écho à cette Désillusion, à ce poids, à cette *incompréhension comprise*, j'aimerais recopier les mots du prince André répétés au comte Pierre : « *Ah ! mon ami, la vie m'est devenue à charge dans ces derniers temps : je vois trop au fond des choses, et il ne sied pas à l'homme de goûter à l'arbre de la science du bien et du mal…* » Et ces pensées à lui-même, tandis qu'il est étendu sur le champ de bataille, à demi inconscient : « *Mais à présent, que m'importe ! se disait-il. Que m'est-il donc arrivé ? et pourquoi suis-je ici ?… Pourquoi ce désespoir de quitter la vie ? Il y a donc dans cette vie quelque chose que je n'ai pas compris ?* » Ensuite (et c'est là que je voulais arriver), n'oublions pas que Tolstoï a écrit un très court essai qui prouve combien la question du suicide l'intéressait (il a même songé à se suicider) : *Sur le suicide*. Voici comment il pose le problème et y répond rapidement dans un premier temps : « *En règle générale l'homme a-t-il le droit de se tuer ? Cette question est mal posée. Ce droit, en effet, ne saurait être mis en doute. Du moment qu'il peut se tuer, l'homme a le droit de le faire. Je pense que cette possibilité qui nous est donnée de nous détruire joue le rôle d'une soupape de sûreté. Puisqu'il peut se tuer, l'homme n'a pas le droit — c'est ici que ce terme trouve sa place — de déclarer que la vie lui est insupportable. Si la vie nous excède, nous avons le recours du suicide, et par conséquent aucun de nous ne peut se plaindre de l'intolérable dureté de la vie. La possibilité a été donnée à l'homme de se tuer : donc, il peut — il a le droit de le faire [...].* » Ainsi, c'est clair : on a le droit de se tuer (tant que cela n'implique pas autrui directement). Mais, évidemment, Tolstoï ne s'arrête pas là, car il traite aussitôt de l'*irrationalité* du suicide ; et, si vous vous rappelez ce qu'il disait à propos du tabac, il introduit, *exactement de la même manière*, les notions de perfectibilité et moralité : « *En outre, et surtout, le suicide est irrationnel parce qu'en renonçant à la vie à cause des désagréments qu'elle me paraît avoir pour moi, je montre que je me fais une idée fausse du but de ma vie, qui n'est pas, comme je le suppose, mon contentement, mais le perfectionnement de mon individu, joint à l'utilité de mes actes par rapport à l'œuvre qui va s'accomplissant par la vie du monde. — Et c'est aussi pourquoi le suicide est immoral. À cet homme qui s'est tué, la vie avait été donnée, avec la possibilité de vivre jusqu'à une mort naturelle, afin seulement qu'il fût utile à la vie du monde ; et lui, après avoir joui de la vie tant qu'elle lui a paru agréable, a renoncé à la faire servir à l'utilité du monde du moment où elle lui est devenue désagréable ; or, suivant toute vraisemblance, il devenait utile à cet instant précis où la vie s'assombrissait pour lui, car tout travail commence dans la peine.* » Excepté les idées de moralité et de perfection, celle qui me dérange le plus, c'est l'« utilité ». Comment peut-on parler d'*utilité* en ce qui concerne l'existence et l'ensemble de ses manifestations ? Qu'est-ce que c'est que cette espèce d'utilitarisme ? Tolstoï continue et conclut : « *Tant que l'homme conserve un souffle de vie, il peut se perfectionner et être utile au monde. Mais il ne peut être utile au monde qu'en se perfectionnant et se perfectionner qu'en étant utile au monde.* » En gros, je devrais me battre ? Sous le prétexte que je me réveillerais sur le pont d'un navire inconnu, sans savoir ni comment ni pourquoi, je devrais nécessairement le gouverner ? je devrais le ramener à *bon* port ? Tolstoï a écrit tellement de choses sur l'Histoire et l'illusion de la liberté, que ces phrases semblent le contredire. N'est-ce pas lui qui, dans la soixantaine de pages philosophiques sur lesquelles s'achève *La Guerre et la Paix*, raisonnant comme le fera plus tard Wittgenstein, comme par exemple ici (cela vaut le coup de s'y attarder) : « *Je lève la main et la baisse. Mon mouvement me semble libre ; mais lorsque je me demande si je puis lever ma main dans toutes les directions, je m'aperçois que mon geste a été fait dans la direction où les corps m'entourant et mon corps lui-même offraient le moins d'obstacles. De toutes les directions possibles, j'ai choisi celle qui me coûtait le moins d'efforts. Pour que mon mouvement eût été libre, il aurait nécessairement fallu une absence complète d'obstacles. Donc, nous ne pouvons nous représenter un homme libre qu'en dehors de l'espace, chose évidemment impossible. [...] Puis-je lever le bras ? Je le lève, mais je me demande si je pouvais ne pas le lever à ce moment déjà passé. Pour m'en assurer, je ne le lève pas dans la seconde qui suit. Mais je ne l'ai pas levé au moment juste où je me suis demandé si j'en avais la liberté. Le temps a passé, je n'avais pas le pouvoir de le retenir, et le bras que je lève maintenant, et l'air dans lequel j'ai fait le mouvement, ne sont déjà plus, ni l'air qui m'entourait à cet instant précis, ni le bras que je garde maintenant immobile. Le moment où a été fait le premier mouvement ne reviendra pas, et à ce*

...ment-là je ne pouvais faire qu'un seul mouvement, et quel qu'il fût, il ne pouvait être qu'unique. Cependant le fait que je n'ai pas levé le bras dans la minute qui suit ne démontre pas qu'alors je pouvais ne pas le lever. Et puisque je ne pouvais faire qu'un mouvement dans ce moment donné, celui-ci ne pouvait être autre. Pour me représenter ce mouvement comme libre, je dois donc me le représenter dans le présent, à la limite du passé et du futur, c'est-à-dire hors du temps, ce qui est impossible. [...] Je lève la main pour accomplir un acte indépendant de toute cause, mais le seul fait de vouloir un acte sans cause lui en donne une. » Au regard de ces réflexions sur la liberté, les arguments pour l'utilité ne tiennent pas debout. Car que veut faire comprendre Tolstoï dans ces derniers extraits ? Nous savons qu'il croit non seulement en « *un but bien déterminé vers lequel marchent les peuples et l'humanité* », mais également que *tout est prédéterminé*. Je me fiche d'imaginer que cette prédétermination est liée à ce but pour lequel tout est déterminé. L'exemple sur la main ou le bras qui se lèvent est la seule chose qui m'intéresse ici. Leibniz (in *Principes de la nature et de la grâce fondés en raison*) parlait de la perfection suprême de Dieu qui, en produisant l'univers, « *a choisi le meilleur plan possible* » parmi tous « *les possibles prétendant à l'existence dans l'entendement de Dieu à proportion de leurs perfections* », et que « *le résultat de toute ces prétentions doit être le monde actuel le plus parfait qui soit possible* » (« *sans cela il ne serait pas possible de rendre raison pourquoi les choses sont allées plutôt ainsi qu'autrement* »). C'est ce qui avait provoqué la raillerie de Voltaire, qui se moquait des « *philosophes trompés* » qui s'écrient : « *Tout est bien.* » Alors le tremblement de terre de Lisbonne était-il bel et bon ? parfait ? était-il « *l'effet des éternelles lois / Qui d'un Dieu libre et bon nécessitent le choix* » ? » Je lève ma main parce que je le veux, ou ne la lève pas parce que je ne le veux pas. Qui me dit que je suis libre en pensant cela ? que cela ne faisait pas partie du plan de Dieu ? Tolstoï affirme bien que la liberté est une illusion et que rien ne me dit que je dois croire que ma volonté est libre ni qu'elle meut ma main librement. Il fallait que je levasse ou que je ne levasse pas ma main, et que je crusse que j'avais la liberté de la lever ou de ne pas la lever. Devant le fait accompli (qui était à accomplir), si l'on raisonne *a posteriori*, à la question : « *Pourquoi donc les choses se sont-elles passées ainsi et non pas autrement ?* » — il faut répondre : « *Parce qu'elles se sont passées ainsi.* » Tout est déjà là, en germe. De ce fait, que je me tue ou que je ne me tue pas, qu'importe ? Ce qui arrivera sera ce qui devait arriver *pour concorder avec les plans*. Le suicide est utile autant que son contraire (continuer de vivre). Il fait partie du perfectionnement du monde, au même titre que le désastre de Lisbonne de 1755, la mort prématurée de nourrissons, la chute de la météorite qui a éliminé les dinosaures, l'explosion des étoiles qui ont dispersé les atomes créés en leur sein, les guerres... *Et cætera*. — Et tout est renversé — ou de l'utilité du suicide... Rien n'est comme on le croit, rien n'est comme on l'espère...
— Comme le disait Voltaire : « Un jour tout sera bien, *voilà notre espérance ;* / Tout est bien aujourd'hui, *voilà l'illusion.* » — Désillusion... Des illusions...

* * * * *

Illusions... La vie du rêve... Le rêve de la vie... « *To die, to sleep, to sleep, perchance to dream* » : Hamlet a raison. Mourir... Dormir... Dormir... Peut-être rêver... « *Aye, there's the rub* » ! Eh ! quelle différence ! Il ne faudrait pas espérer dormir en l'autre vie : on doit déjà suffisamment en celle-ci ! Ni y vivre : on en meurt déjà... C'est Baudelaire qui s'écriait : « *Je veux dormir ! dormir plutôt que vivre ! / Dans un sommeil aussi doux que la mort* », — Baudelaire qui attendait de partir *en voyage* : « *Ô Mort, vieux capitaine, il est temps ! levons l'ancre ! / Ce pays nous ennuie, ô Mort ! Appareillons !* » Rêver au-delà du rêve, au-delà de la mort ; mourir au-delà du rêve, au-delà de l'ennui... « *Verse-nous ton poison pour qu'il nous réconforte ! / Nous voulons, tant ce feu nous brûle le cerveau, / Plonger au fond du gouffre, Enfer ou Ciel, qu'importe ? / Au fond de l'Inconnu pour trouver du nouveau !* » — N'espérez pas ! Vous qui me lisez, n'espérez plus ! *Illusion !* dis-je. — Je vais vous raconter une petite histoire à propos des illusions. Ou plutôt, puisqu'il nous a fait le plaisir de sa présence, Baudelaire en personne va vous la raconter. Cette histoire — qui est un « *petit poème en prose* » — s'appelle *La corde*. Je ne suis pas d'humeur, ce matin, à découper correctement un texte et à le résumer. Je vous l'offre en entier. — « *Les illusions, — me disait mon ami, — sont aussi innombrables peut-être que les rapports des hommes entre eux, ou des hommes avec les choses. Et quand l'illusion disparaît, c'est-à-dire quand nous voyons l'être ou le fait tel qu'il existe en dehors de nous, nous éprouvons un bizarre sentiment, compliqué moitié de regret pour le fantôme disparu, moitié de surprise agréable devant la nouveauté, devant le fait réel. S'il existe un phénomène évident, trivial, toujours semblable, et d'une nature à laquelle il soit impossible de se tromper, c'est l'amour maternel. Il est aussi difficile de supposer une mère sans amour maternel qu'une lumière sans chaleur ; n'est-il donc pas parfaitement légitime d'attribuer à l'amour maternel toutes les actions et les paroles d'une mère, relatives à son enfant ? Et cependant écoutez cette petite histoire, où j'ai été singulièrement mystifié par l'illusion la plus naturelle. — Ma profession de peintre me pousse à regarder attentivement les visages, les physionomies, qui s'offrent dans ma route, et vous savez quelle jouissance nous tirons de cette faculté qui rend à nos yeux la vie plus vivante et plus significative que pour les autres hommes. Dans le quartier reculé que j'habite, et où de vastes espaces gazonnés séparent encore les bâtiments, j'observai souvent un enfant dont la physionomie ardente et espiègle, plus que toutes les autres, me séduisit tout d'abord. Il a posé plus d'une fois pour moi, et je l'ai transformé tantôt en petit bohémien tantôt en ange, tantôt en Amour mythologique. Je lui ai fait porter le violon du vagabond, la Couronne d'Épines et les Clous de la Passion, et la Torche d'Éros. Je pris enfin à toute la drôlerie de ce gamin un plaisir si vif, que je priai un jour ses parents, de pauvres gens, de vouloir bien me le céder, promettant de bien l'habiller, de lui donner quelque argent et de ne pas lui imposer d'autre peine que de nettoyer mes pinceaux et de faire mes commissions. Cet enfant, débarbouillé, devint charmant, et la vie qu'il menait chez moi lui semblait un paradis, comparativement à celle qu'il aurait subie dans le taudis paternel. Seulement je dois dire que ce petit bonhomme m'étonna quelquefois par des crises singulières de tristesse précoce, et qu'il manifesta bientôt un goût immodéré pour le sucre et les liqueurs ; si bien qu'un jour où je constatai que, malgré mes nombreux avertissements, il avait encore commis un nouveau larcin de ce genre, je le menaçai de le renvoyer à ses parents. Puis je sortis, et mes affaires me retinrent assez longtemps hors de chez moi. — Quels ne furent pas mon horreur et mon étonnement quand, rentrant à la maison, le premier objet qui frappa mes regards fut mon petit bonhomme, l'espiègle compagnon de ma vie, pendu au panneau de cette armoire ! Ses pieds touchaient presque le plancher ; une chaise, qu'il avait sans doute repoussée du pied, était renversée à côté de lui ; sa tête était penchée convulsivement sur une épaule ; son visage, boursouflé, et ses yeux, tout* grands ouverts avec une fixité effrayante, me causèrent d'abord l'illusion de la vie. Le dépendre n'était pas une besogne aussi facile que vous le pouvez croire. Il était déjà fort roide, et j'avais une répugnance inexplicable à le faire brusquement tomber sur le sol. Il fallait le soutenir tout entier avec un bras, et, avec la main de l'autre bras, couper la corde. Mais cela fait, tout n'était pas fini ; le petit monstre s'était servi d'une ficelle fort mince qui était entrée profondément dans les chairs, et il fallait maintenant, avec de minces ciseaux, chercher la corde entre les deux bourrelets de l'enflure, pour lui dégager le cou. — J'ai négligé de vous dire que j'avais vivement appelé au secours ; mais tous mes voisins avaient refusé de me venir en aide, fidèles en cela aux habitudes de l'homme civilisé, qui ne veut jamais, je ne sais pourquoi, se mêler des affaires d'un pendu. Enfin vint un médecin qui déclara que l'enfant était mort depuis plusieurs heures. Quand, plus tard, nous eûmes à le déshabiller pour l'ensevelissement, la rigidité cadavérique était telle, que, désespérant de fléchir les membres, nous dûmes lacérer et couper les vêtements pour les lui enlever. — Le commissaire, à qui, naturellement, je dus déclarer l'accident, me regarda de travers, et me dit : "Voilà qui est louche !" mû sans doute par un désir invétéré et une habitude d'état de faire peur, à tout hasard, aux innocents comme aux coupables. — Restait une tâche suprême à accomplir, dont la seule pensée me causait une angoisse terrible : il fallait avertir les parents. Mes pieds refusaient de m'y conduire. Enfin j'eus ce courage. Mais, à mon grand étonnement, la mère fut impassible, pas une larme ne suinta du coin de son œil. J'attribuai cette étrangeté à l'horreur même qu'elle devait éprouver, et je me souvins de la sentence connue : "Les douleurs les plus terribles sont les douleurs muettes." Quant au père, il se contenta de dire d'un air moitié abruti, moitié rêveur : "Après tout, cela vaut peut-être mieux ainsi ; il aurait toujours mal fini !" Cependant le corps était étendu sur mon divan, et, assisté d'une servante, je m'occupais des derniers préparatifs, quand la mère entra dans mon atelier. Elle voulait, disait-elle, voir le cadavre de son fils. Je ne pouvais pas, en vérité, l'empêcher de s'enivrer de son malheur et lui refuser cette suprême et sombre consolation. Ensuite elle me pria de lui montrer l'endroit où son petit s'était pendu. "Oh ! non ! madame, — lui répondis-je, — cela vous ferait mal." Et comme involontairement mes yeux se tournaient vers la funèbre armoire, je m'aperçus, avec un dégoût mêlé d'horreur et de colère, que le clou était resté fiché dans la paroi, avec un long bout de corde qui traînait encore. Je m'élançai vivement pour arracher ces derniers vestiges du malheur, et comme j'allais le lancer au-dehors par la fenêtre ouverte, la pauvre femme saisit mon bras et me dit d'une voix irrésistible : "Oh ! monsieur ! laissez-moi cela ! je vous en prie ! je vous en supplie !" Son désespoir l'avait, sans doute, me parut-il, tellement affolée, qu'elle s'éprenait de tendresse maintenant pour ce qui avait servi d'instrument à la mort de son fils, et le voulait garder comme une horrible et chère relique. — Et elle s'empara du clou et de la ficelle. — Enfin ! enfin ! tout était accompli. Il ne me restait plus qu'à me remettre au travail, plus vivement encore que d'habitude, pour chasser peu à peu ce petit cadavre qui hantait les replis de mon cerveau, et dont le fantôme me fatiguait de ses grands yeux fixes. Mais le lendemain je reçus un paquet de lettres : les unes, des locataires de ma maison, quelques autres des maisons voisines ; l'une, du premier étage ; l'autre, du second ; l'autre, du troisième, et ainsi de suite, les unes en style demi-plaisant, comme cherchant à déguiser sous un apparent badinage la sincérité de la demande ; les autres, lourdement effrontées et sans orthographe, mais toutes tendant au même but, c'est-à-dire à obtenir de moi un morceau de la funeste et béatifique corde. Parmi les signataires il y avait, je dois le dire, plus de femmes que d'hommes ; mais tous, croyez-le bien, n'appartenaient pas à la classe infime et vulgaire. J'ai gardé ces lettres. — Et alors, soudainement, une lueur se fit dans mon cerveau, et je compris pourquoi la mère tenait tant à m'arracher la ficelle et par quel commerce elle entendait se consoler. » — N'espérez pas, je vous en prie ! N'espérez pas revivre — car il n'y a rien, rien que des atomes qui retourneront là d'où ils viennent. Je ne suis pas de ceux qui espèrent que les êtres qui ont été tués ressusciteront, et je regarde « *comme une chose vaine et superflue de prier pour les morts* » (2 Mac 12,44). — « *Tous ces atomes las, dont l'homme était le maître, / Sont joyeux d'être mis en liberté dans l'être, / De vivre, et de rentrer au gouffre qui leur plaît.* » — L'éternité serait un cauchemar ! Ah ! regardez-les tous qui cherchent la fontaine de Jouvence… Je citerai le Loup Larsen de London : « *La vie, je le répète, est quelque chose de répugnant. Et c'est cette saleté que vous voudriez éternelle ?* » — Ceux qui ont la témérité de vouloir revivre, de vivre éternellement, sont fous. Ils n'ont pas compris leur engagement avec la vie. Toute chose qui vit doit mourir. « *Allez frapper aux portes des tombeaux et demandez aux morts s'ils veulent revenir au jour* », propose Schopenhauer ; « *ils secoueront la tête d'un mouvement de refus* ». — Retenez ces paroles de Pline l'Ancien : « *Quelle malheureuse folie est-ce là, de vouloir recommencer la vie après la mort. […] S'il est doux de vivre, à qui peut-il être doux d'avoir vécu ?* »

* * * * *

Je ne redoute pas la redite. Je chante, depuis plus de quatre années, le *Chant du Désespéré* de Joachim du Bellay. Je n'ai pas fini. — « *La Parque si terrible / A tous les Animaulx / Plus ne me semble horrible, / Car le moindre des maulx, / Qui m'ont fait si dolent, / Est bien plus violent. / Comme d'une Fonteine / Mes yeux sont degoutens, / Ma face est d'Eau si pleine / Que bien tost je m'attens / Mon cœur tant soucieux / Distiler par les yeux. / De mortelles Tenebres / Ilz sont deja noirciz, / Mes Plaintes sont funebres, / Et mes Membres transiz : / Mais je ne puy' mourir, / Et si ne puy' guerir. / La Fortune amyable / Est-ce pas moins que rien ? / O que tout est muable / En ce Val terrien ! / Helas, je le congnoy', / Qui rien tel ne craignoy'. / Langueur me tient en Lesse, / Douleur me suyt de pres, / Regret point ne me laisse, / Et Crainte vient apres : / Bref, de Jour, et de Nuyt / Toute chose me nuit. / La verdoyant' Campaigne, / Le flory Arbrisseau, / Tombant de la Montaigne / Le murmurant Ruysseau, / De ces plaisirs jouyr / Ne me peut rejouyr. / La Musique sauvaige / Du Rossignol au Boys / Contriste mon Couraige, / Et me deplait la voix / De tous joyeux Oyzeaux, / Qui sont au bord des Eaux. / Le Cygne Poetique / Lors, qu'il est myeux chantant, / Sur la Ryve aquatique / Va se mort lamentant. / Las ! tel chant me plait bien / Comme semblable au mien. / La voix Repercussive / En m'oyant lamenter, / De ma Plainte excessive / Semble se tormenter, / Car cela, que j'ay dit, / Tousjours elle redit. / Ainsi la joye, et l'ayse / Me vient de dueil saisir, / Et n'est, qui tant me plaise / Comme le deplaisir. / De la mort en effect / L'espoir vivre me fait. / Dieu tonnant, de ta foudre / Viens ma mort avencer / Afin que soye en poudre / Premier que de penser / Au plaisir, que j'auroy / Quand ma mort je scauroy'.* »

* * * * *

Après ces longues digressions que je n'avais pas prévues (*je ne prévois rien*), revenons à Freud. — Nous avions brièvement parlé, il y a longtemps de cela, de la notion freudienne de « *pulsion de mort* », « *cette poussée du vivant à retourner à ce qui est sans vie* ». La plupart des réponses à cette question se trouvent dans *Au-delà du principe de plaisir*. Mais, auparavant, rappelons le lien qui se tisse entre la mélancolie et le suicide. Dans *Deuil et mélancolie*, Freud souligne le fait « *qu'un névrosé n'éprouve pas d'intention suicidaire qui ne soit le résultat d'un retournement sur soi d'une impulsion meurtrière contre autrui* ». Cette intention s'explique par la mélancolie : « *l'analyse de la mélancolie nous enseigne que le moi ne peut se tuer que lorsqu'il peut, de par le retour de l'investissement d'objet, se traiter lui-même comme un objet, lorsqu'il lui est loisible de diriger contre lui-même l'hostilité qui vise un objet et qui représente la réaction originaire du moi contre les objets du monde extérieur. Ainsi, dans la régression à partir du choix d'objet narcissique, l'objet a certes été supprimé mais il s'est pourtant avéré plus puissant que le moi lui-même. Dans ces deux situations opposées, l'état amoureux le plus extrême et le suicide, le moi, bien que par des voies tout à fait différentes, est écrasé par l'objet.* » Nous retrouvons des éléments d'interprétation similaires dans son *Introduction à la psychanalyse* : « *Comme dans la paranoïa, nous avons trouvé dans la mélancolie, dont on a d'ailleurs décrit des formes cliniques très diverses, une fissure qui nous permet d'en apercevoir la structure interne. Nous avons constaté que les reproches impitoyables, dont les mélancoliques s'accablent eux-mêmes, s'appliquent en réalité à une autre personne, à l'objet sexuel qu'ils ont perdu ou qui, par sa propre faute, est tombé dans leur estime. Nous avons pu en conclure que si le mélancolique a retiré de l'objet sa libido, cet objet se trouve reporté dans le moi, comme projeté sur lui, à la suite d'un processus auquel on peut donner le nom d'identification narcissique. Je ne puis vous donner ici qu'une image figurée, et non une description topico-dynamique en règle. Le moi est alors traité comme l'objet abandonné, et il supporte toutes les agressions et manifestations de vengeance qu'il attribue à l'objet. La tendance au suicide qu'on observe chez le mélancolique s'explique, elle aussi, plus facilement à la lumière de cette conception, le malade s'acharnant à supprimer du même coup et lui-même et l'objet à la fois aimé et haï.* » Bien. Ces précisions données, revenons à *Au-delà du principe de plaisir*. (La traduction dont je me sers a été faite par Jankélévitch. Celui-ci parle d'« *instinct* » là où l'on parlerait aujourd'hui de « *pulsion* », et de « *conservation du moi* » pour « *autoconservation* ».) Les deux derniers chapitres de l'ouvrage sont ceux qui nous intéressent le plus, mais il est préférable de citer quelques définitions et aspects des précédents. « *Sous l'influence de l'instinct de conservation du moi, le principe du plaisir s'efface et cède la place au principe de la réalité qui fait que, sans renoncer au but final que constitue le plaisir, nous consentons à en différer la réalisation, à ne pas profiter de certaines possibilités qui s'offrent à nous de hâter celle-ci, à supporter même, à la faveur du long détour que nous empruntons pour arriver au plaisir, un déplaisir momentané. [...] mais il est certain que toute sensation de déplaisir, de nature névrotique, n'est au fond qu'un plaisir qui n'est pas éprouvé comme tel. [...] Il ne semble donc pas nécessaire d'admettre une nouvelle limitation du principe du plaisir, et cependant l'examen des réactions psychiques au danger extérieur est de nature à nous fournir de nouveaux matériaux et à nous révéler de nouvelles manières de poser des questions, en rapport avec le problème qui nous intéresse.* » L'une des notions les plus importantes est celle-ci : « *la fin vers laquelle tend toute vie est la mort* » (qui, en allemand, s'écrit : « *das Ziel alles Lebens ist der Tod* »). Cela paraît tellement évident que l'on serait en droit de se demander pourquoi je suis allé jusqu'à rappeler cette évidence. Tout ce qui vit finira par mourir : nous sommes d'accord sur ce point. Dès lors que l'on vit, on mourra. « *Das Ziel* », c'est « *le but* », « *la cible* », que l'on retrouve dans l'expression : « *sich ein Ziel setzen od stecken* » (« *se donner un objectif* »). Il y a donc une nuance : je vis, il *faut* mourir. Ce que dit Freud, quand même elle serait très semblable, va au-delà de la célèbre (et néanmoins troublante) formule de Bichat : « *La vie est l'ensemble des fonctions qui résistent à la mort.* » Bichat avait défini *négativement* la vie en concentrant sa définition sur la mort. Je ne crois pas déformer la pensée de Freud en disant que, de son côté, celle-ci se résume ainsi : *Je vis pour mourir*. À peine nés, nous sommes engagés dans une course contre la mort : « *Ce sont ces détours empruntés par la vie dans sa course à la mort, détours fidèlement et rigoureusement observés par les instincts conservateurs, qui formeraient ce qui nous apparaît aujourd'hui comme le tableau des phénomènes vitaux.* » Mais ce n'est pas tout. Il est probable que, par la réflexion, quelques-uns en soient déjà plus ou moins arrivés à cette conclusion. Mais vient le chapitre 6 et ce nouveau coup de poing (contre nos préjugés) : « *Revenons donc à une hypothèse que nous avions formulée en passant, dans l'espoir qu'il serait possible de la réfuter à l'aide de faits exacts. Nous avions notamment supposé (et tiré de cette supposition certaines conclusions) que tout ce qui vit doit mourir en vertu de causes internes. Et cette supposition, nous l'avions émise en toute naïveté, parce que nous avions cru émettre plus qu'une supposition. C'est là une idée qui nous est familière, une idée qui nous est inculquée par nos poètes. Et si nous l'acceptions, c'est peut-être à titre de croyance consolatrice. Puisqu'on doit mourir et, peut-être avant de mourir soi-même, assister à la mort d'êtres chers, on trouve une consolation à savoir qu'on en est victime, non d'un accident ou d'un hasard qu'on aurait peut-être pu éviter, mais d'une loi implacable de la nature, d'une Ἀνάγκη à laquelle nul vivant ne peut se soustraire. Mais cette croyance à la nécessité interne de la mort n'est peut-être qu'une de ces nombreuses illusions que nous nous sommes créées pour nous rendre "supportable le fardeau de l'existence". Cette croyance n'est certainement pas primitive, car l'idée de la "mort naturelle" est étrangère aux peuples primitifs qui attribuent la mort de chacun d'entre eux à l'influence d'un ennemi ou d'un méchant esprit. Ne nous attardons donc pas à soumettre cette croyance à l'épreuve de la science biologique.* » Que se passe-t-il ? La mort ne serait-elle pas naturelle ? En un sens, il n'y a rien de surprenant : la vie étant tout ce qui lutte contre la mort, la vie serait ce qu'il y a de « plus naturel ». On vit, puis on meurt. Mais qu'était-on, avant de vivre ? On était dans le même état que la mort post-vitale, mais de la vie vers la mort prénatale. Freud emploie le terme de « *régression* ». Le premier paragraphe du chapitre 7 s'énonce ainsi : « *Si les instincts ont vraiment pour caractère commun la tendance au rétablissement d'un état antérieur, nous ne devons pas trouver étonnant que, parmi les processus qui se déroulent dans la vie psychique, il y en ait un grand nombre qui sont indépendants du principe du plaisir. Ce caractère commun ne peut que s'étendre à chacun des instincts partiels qui, sous son influence, cherchera à son tour à revenir à une certaine étape de son évolution antérieure.* » Il poursuit plus loin : « *Nous dirons alors que le principe du plaisir est une tendance au service d'une fonction destinée à rendre l'appareil psychique, en général, inexcitable, tout au moins, à y maintenir l'excitation à un niveau constant et aussi bas que possible. [...] Nous savons tous par expérience que le plaisir le plus intense auquel nous puissions atteindre, celui que nous procure l'acte sexuel, coïncide avec l'extinction momentanée d'une excitation à haute tension. Mais la liaison de l'impulsion instinctive serait une fonction préparatoire, créant à l'excitation la possibilité de se résoudre* définitivement dans le plaisir de décharge. [...] Il est en outre un fait remarquable et méritant d'être signalé, à savoir que les instincts de vie présentent des rapports d'autant plus étroits avec nos sensations internes qu'ils se présentent toujours en trouble-paix, qu'ils sont une source inépuisable de tensions incessantes dont la résolution est accompagnée d'une sensation de plaisir, tandis que les instincts de mort semblent travailler en silence, accomplir une œuvre souterraine, inaperçue. Or, il semble précisément que le principe du plaisir soit au service des instincts de mort ; il veille d'ailleurs aussi bien aux excitations de provenance extérieure qui représentent des dangers pour les deux groupes d'instincts ; mais il a plus particulièrement pour tâche de parer aux augmentations d'intensité que peuvent subir les excitations internes et qui sont de nature à rendre plus difficile l'accomplissement de la tâche vitale. » On croirait entendre Épicure quand il parle de l'« ἀταραξία » et de la recherche de plaisir, qui est le but de la vie et qui se caractérise « *par l'absence de souffrance corporelle et de troubles de l'âme* ». Si je devais condenser la pensée de Freud, je dirais qu'avant d'être en vie (psychiquement), j'étais un caillou, et qu'en tant que je vis (psychiquement), je désire retourner à l'état de caillou. Quoi de plus tranquille que l'état de caillou ? Que recherchent les moines en tous poils ? Ça, c'est l'*instinct de mort*. Que nous vivions pour mourir, rien ne paraît, certes, plus évident ; mais que nous vivions avec l'envie cachée de mourir, voilà qui l'est moins et ne sera pas admis par le premier passant. Dans *La lettre volée*, Lacan parle de ce *scandale* : « *C'est parce que Freud ne cède pas sur l'original de son expérience que nous le voyons contraint d'y évoquer un élément qui la gouverne d'au-delà de la vie — et qu'il appelle l'instinct de mort. — L'indication que Freud donne ici à ses suivants se disant tels, ne peut scandaliser que ceux chez qui le sommeil de la raison s'entretient, selon la formule lapidaire de Goya, des monstres qu'il engendre.* » Cet instinct de mort revient à ce que Lacan nomme la « *tendance suicide* » dans *Propos sur la causalité psychique* : « *C'est dans ce nœud que gît en effet le rapport de l'image à la tendance suicide que le mythe de Narcisse exprime essentiellement. Cette tendance suicide qui représente à notre avis ce que Freud a cherché à situer dans sa métapsychologie sous le nom d'*instinct de mort *ou encore de* masochisme primordial, *dépend pour nous du fait que la mort de l'homme, bien avant qu'elle se reflète, de façon d'ailleurs toujours si ambiguë, dans sa pensée, et par lui éprouvée dans la phase de misère originelle qu'il vit, du* traumatisme de la naissance *jusqu'à la fin des six premiers mois de* prématuration physiologique, *et qui va retentir ensuite dans le* traumatisme du sevrage. » Vivre pour mourir : moins « *Sein zum Tode* » que « *Leben, um zu sterben* ». — Comme l'écrit Albert Caraco : « *Nous tendons à la mort, comme la flèche au but et nous ne le manquons jamais, la mort est notre unique certitude et nous savons toujours que nous allons mourir, n'importe quand et n'importe où, n'importe la manière.* » — La vie est morbide à un point tel que cela nous demeure insoupçonnable. Si nous devions y réfléchir quotidiennement, nous deviendrions fous — et morbides. — Et Dieu créa l'homme. Et Dieu créa la *libido* pour contrecarrer ses pulsions de mort. Pour que tout grouille toujours dans tous les sens, il faut la *libido*, « *toute l'énergie disponible de l'Éros* » qui « *se trouve dans le moi-ça encore indifférencié et sert à neutraliser les tendances destructrices qui y sont également présentes* ». Nous venons au monde pour vivre et mourir à la fois : à la vie, à la mort, telle est la devise du nouveau-né. L'Éros et le Thanatos nous constituent depuis le début. Il n'y a pas à accepter les règles : elles ont été acceptées à notre place. Freud écrit encore dans son *Abrégé de psychanalyse* : « *Une partie de l'autodestruction demeure à l'intérieur en toutes circonstances, jusqu'à ce qu'elle réussisse enfin à tuer l'individu, peut-être seulement lorsque sa libido se trouve épuisée ou désavantageusement fixée.* » Et si le suicide n'était dû qu'à une carence en libido ? Ce serait complètement absurde — et c'est pourquoi ce serait une excellente raison !

* * * * *

Après Freud, j'aimerais convoquer Adler quelques instants. Pour Freud, il n'est jamais question de lâcheté à propos du suicide. Ce n'est pas son genre de juger à l'emporte-pièce. Pour Adler, les candidats au suicide ne savent pas coopérer, « *ont peu de courage pour affronter les tâches de la vie* ». Évidemment, comme toujours, Adler considère le suicide sous l'angle du « *sentiment social* ». Et il explique que « *le suicide constitue une des formes les plus intenses de la protestation virile, un moyen de protection définitif contre l'humiliation et un acte par lequel l'homme se venge de la vie* » (« *l'individu vise à infliger aux siens ou aux autres personnes de son entourage une souffrance qui le venge d'avoir subi quelque échec ou d'avoir été humilié* »). Pourquoi pas ? Il y a de cela. Le suicidaire peut souvent avoir envie de dire : « *Heureux si par ma mort je puis vous satisfaire* », tel Antiochus à sa mère Cléopâtre. Mais ce raisonnement est un peu court ; on ne fait que survoler la question. Ce n'est pas que j'en veuille à Adler (ou que je proteste parce que je m'identifierais à l'homme qu'il vise), mais il m'agace quand il prend ces directions-là (je devrais dire : *cette* direction, puisqu'il n'y en a qu'une et qu'il tourne toujours autour du même pot). Il doit toujours tout élucider avec son complexe d'infériorité. C'est lassant, à la fin. Ce qui me dérange également, c'est sa focalisation sur l'homme : sa « *protestation virile* » s'appliquerait-elle *stricto sensu* à la femme ? Et puis, en feuilletant par-ci, par-là, on trouve ce genre d'affirmations (hautement sujettes à caution) : « *Vous trouvez un très grand nombre de gauchers parmi les enfants difficiles, les névrosés, les criminels, les candidats au suicide, les pervers sexuels [...].* » Est-ce sérieux ?... — Les psychanalystes ayant été lâchés, je citerai Ferenczi qui s'exprime sur le *traumatisme* : « *On connaît des cas où les gens se tirent une balle dans la tête par peur de la mort (avant un duel, une bataille, une exécution). S'ôter la vie soi-même (comme se punir soi-même) paraît être un soulagement relatif.* » Quoique, je l'avoue, ce genre d'anecdote me fasse sourire (que la vie est mystérieuse !), cela n'en reste pas moins *sérieux*.

* * * * *

Lâchons-*les* encore un peu pour rester dans le monde mystérieux du psychisme, où trône l'énigmatique suicide… Comme le dit Melanie Klein dans un article de 1934 (*Contribution à la psychogenèse des états maniaco-dépressifs*), « *la réaction suicidaire [...] reste encore bien énigmatique* », avant de continuer : « *Selon les découvertes d'Abraham et de James Glover, le suicide est dirigé contre l'objet introjecté. Mais si, par le suicide, le Moi cherche à tuer ses mauvais objets, je soutiens pour ma part qu'en même temps et dans tous les cas il vise tout aussi bien à sauver ses objets d'amour, qu'ils soient externes ou internes. Bref, dans certains cas, les fantasmes sous-tendant le suicide visent à protéger les bons objets intériorisés et la partie du Moi identifiée aux bons objets, comme ils visent à détruire l'autre partie du Moi, identifiée aux mauvais objets et au ça. C'est donc le suicide qui permet au Moi de s'unir avec ses objets d'amour.* » Ainsi, le suicide serait intimement lié à la faculté d'*aimer* du Moi, non pas que le Moi aime le suicide, mais plutôt qu'il aime *via* le suicide (en pensée). La question qui se pose est la suivante : comment le mélancolique, qui est loin de chérir un objet quelconque (ou alors il le chérirait en tant qu'il le repousserait), peut-il ou doit-il réagir face au suicide ? Pour Béla Grunberger, qui discute du *Suicide du mélancolique*, l'avenir est proprement inconcevable sans investissement ; mais « *le mélancolique, qui rejette son propre Moi, ne s'arrête pas à cet aspect de cette attitude [...], il se détériore, se digère, en un mot "s'analise"* ». En un mot, le mélancolique se verrait comme un excrément dont le monde devrait se débarrasser : c'est l'analisation du Moi du sujet lui-même, la « *débandade du Moi* ». (Ensuite, Grunberger s'arrête sur les moments qui précèdent le suicide. Selon lui, le sujet suicidaire qui a pris sa décision funeste retrouverait son calme et irait, par exemple, acheter des disques pour s'amuser. Il serait serein parce que, « *virtuellement* », son Moi serait « *déjà mort* ». Rien ne me convainc moins que cette hypothèse. Que ceux qui ont été à deux doigts de se suicider me jettent la première pierre s'ils pensent que le psychanalyste (qui est mort à cent deux ans !) a bien raison…)

* * * * *

Je puis *m'observer écrire* (je veux dire : je puis m'observer en train d'écrire). Je suis celui qui écrit et qui observe ce qu'il écrit : écrivant et écrit ne font qu'un. Puis-je m'observer mourir (je veux dire : m'observer pendant que je me suicide) ? Je puis tout d'abord me l'imaginer. Kirilov (j'y reviendrai) propose d'approcher le *moment* : « *Représentez-vous [...] une pierre de la grosseur d'une maison de six étages, supposez-la suspendue au-dessus de vous : si elle vous tombe sur la tête, aurez-vous mal ?* » Le narrateur des *Possédés* s'effraie de cette vision : « *Une pierre grosse comme une maison ? sans doute c'est effrayant. — Je ne parle pas de frayeur ; aurez-vous mal ? — Une pierre de la grosseur d'une montagne ? une pierre d'un million de pouds ? naturellement je ne souffrirai pas. — Mais tant qu'elle restera suspendue au-dessus de vous vous aurez grand'peur qu'elle ne vous fasse mal. Personne, pas même l'homme le plus savant ne pourra se défendre de cette impression. Chacun saura que la chute de la pierre n'est pas douloureuse, et chacun la craindra comme une souffrance extrême.* » J'ai peur de mourir (mais il m'est indifférent de mourir). Qui n'a pas peur de mourir ? *J'ai peur de mourir parce que j'ai peur de souffrir.* Faut-il être cinglé pour se représenter sa propre mort ? Peu importe. Mort, peur, souffrance : le suicide se condense dans ces mots quand il est là, tout près… et tout prêt. *S'observer se suicider* : se projeter ou *le* vivre. C'est véritablement un horrible « *carpe diem, quam minimum credula postero* » (« *cueille le jour, et ne crois pas au lendemain* »), le « *carpe diem* » du suicidant. Plus vous aurez d'imagination, plus vous souffrirez avant l'heure. Combien de fois *y* ai-je déjà pensé ? À seize ans, cela me traversait l'esprit. Pas d'une manière tangible (l'inconscience de l'adolescence oblige), mais à l'état latent. L'une de mes premières nouvelles s'intitulait : *Mourir, mais pas souffrir*. Tout un roman ! La mort m'appelait-elle ? Ce n'est pas ainsi qu'il faut voir la chose : la mort m'intéressait en tant qu'écrivain accoutumé à lire des livres d'épouvante et à visionner des films d'horreur. L'histoire de cette nouvelle est simple : une femme se trouve dans une chambre « *plongée dans une pénombre angoissante* ». Elle est allongée dans un lit et ne parvient pas à se mouvoir sans difficulté. Il lui faut absolument mourir, car quelqu'un va arriver et la faire souffrir. « *S'il arrive maintenant, c'est la souffrance. Il faut aller jusqu'à la boîte à pharmacie qui se trouve dans la salle de bain. Dans la salle de bain. — Et, à la manière d'une marionnette tirée par ses fils, elle s'avança d'un pas traînant. S'il débarque, tu es fichue. Souviens-toi de ce qu'il t'a dit. Il ne veut pas seulement te tuer d'un coup de couteau ou d'une balle de revolver. Il veut te faire souffrir. Il veut te voir crier, il veut te voir à ses genoux. Il veut que tu pleures, que tu te pardonnes, que tu… "Stop !" — Il faut que tu ailles vers la boîte à pharmacie. C'est ta seule chance, ta seule issue. Sinon, tu souffriras… — Tu souffriras… »* Elle fait tout ce qu'elle peut pour atteindre les pilules… C'est long, éreintant ; cela semble impossible. Finalement, elle les trouve, mais trop tard : l'homme est apparu. « *Les gélules avaient presque atteint sa bouche. Non, tu ne m'auras pas. — "J'ai réussi à te retrouver. Il m'aura fallu du temps. Enfin…" — Elle s'effondra sur le sol. La fatigue l'avait devancée. Elle n'avait pas pu avaler le médicament. Oh, non… — "Tu vas souffrir", siffla-t-il entre ses dents avec un air d'hystérique. Tout en sortant un couteau, il s'avança vers le corps allongé par terre. — Non… se dit-elle. Il va me torturer. Je ne peux plus bouger… — Une larme coula le long de sa joue inerte.* » Mort, peur, souffrance et suicide sont ici mélangés d'une façon peu ordinaire. Je n'étais pas seulement obsédé par la mort : le côté sadomasochiste m'attirait aussi beaucoup. (Je vous assure que sur une bonne centaine de nouvelles, la plupart sont *terribles*.) Un autre exemple : *Du bien au mal, il n'y a qu'un pas…* Voici comment elle débute : « *Stéphane faisait les cent pas en maugréant. Il tenait un verre rempli de rhum dans la main droite. — — C'est la seule démarche à suivre. Je n'en vois pas d'autres. — Un homme, assis dans un grand fauteuil à l'aspect confortable, se leva et regarda nonchalamment Stéphane. — — Il n'y a vraiment aucune autre alternative ? demanda-t-il, circonspect. Tu en es sûr ? — Stéphane prit un visage contrit : — — Absolument sûr et certain, dit-il avant de vider d'une seule traite le verre de rhum. Absolument sûr.* » Il croise sa femme, qui comprend qu'il y a un malaise. Il l'envoie balader. Se retrouvant seul, il rumine : « Mon Dieu, comme c'est insupportable… Que faire ?… Il faut le faire, il *faut*… Il faut le *faire…* » Sa femme revient. Il sort un revolver et dit : « *Je suis désolé d'en venir là, mais c'est pour ton bien…* » Puis il lui demande de partir définitivement. Il se suicide : le « mal » a gagné. — Mais la nouvelle qui nous concerne le plus n'est pas celle-là non plus. C'en est une autre : *Je ne suis pas, et pourtant, je suis*. Puisqu'elle est relativement courte, je vais la citer intégralement. Pardonnez les maladresses d'un très jeune homme qui se prenait pour un écrivain ! « *Son contact est inhabituel ; il le transcende. — Il est dans une chambre poussiéreuse et sombre ; elle-même se trouve dans un hôtel isolé, lugubre et étouffant. Il a les yeux fermés. — De son nez, il emprisonne le peu d'air frais qui parvient de la fenêtre ; puis il rejette la tête en arrière dans un soupir las. — Mais toujours son contact froid, repoussant. — Peut-il réussir ? Peut-il refouler les dégoûts qui semblent inexorablement irrépressibles ? — Une lumière sourd dans son esprit tourmenté. — Non. — Une voix lui murmure qu'il peut gagner la partie ; une autre lui affirme le contraire. Laquelle choisir ? Si le moment de l'angoisse, cette espèce de fièvre pathologique, arrive et envahit son être de tout son désenchantement, cela veut peut-être dire que l'heure fatale a sonné. — Toujours ce tocsin retentissant, meurtrissant, accablant. —* Je crois que j'ai peur. — * * * * * — *Une illusion vint paraître devant lui, spectre agonisant, Hamlet déchu. — Non, dit l'apparition.* Tu ne dois pas croire que la fin est proche. Il n'y a jamais de fin. Il faut que tu saches que la fin n'existe pas. Le commencement non plus. Fais ce que tu dois faire. Rien n'est absolu. Crois-tu que j'existe ? Tu vas me répondre que je suis devant toi, mais que je ne suis pas en chair et en os, n'est-ce pas ? — *Il regarde sans mot dire.* — C'est de là que naît la folie, *reprit le fantôme.* Je ne suis pas, et pourtant, je suis. Vois-tu comment fonctionnent les paradoxes ? Ils sont d'une facilité de mise en œuvre déconcertante. La raison s'y perd. Cela te choque. Cela ne produit aucune contradiction chez moi. La folie, c'est ma vie. Et la folie, c'est la vie. Tu as vécu des instants pendant lesquels tu ne savais plus qui tu étais. Comme maintenant. Je suis là pour te pousser à triompher. Les autres doivent perdre. Essaie. La vie sera vraiment différente. Elle sera comme tu l'as de tout temps souhaitée. La mort n'arrangera rien, elle subira. — — *Je ne comprends pas, coupa-t-il.* — Tu comprends pas, car tu ne veux pas comprendre. Il y a une nuance. La mort est un sujet tabou. Pourquoi ça ? La vie ne l'est pas, elle. Et elle est encore plus troublante, plus choquante. Vas-tu retenir ce que je t'apprends ? La mort n'est rien. Elle est tout. — *Le fantôme disparut lentement, comme un voile transparent souillé de taches qui s'éclipseraient petit à petit. Il n'avait pas tout bien assimilé. — Le battant de l'un des volets se referma dans un claquement étourdissant. Il sursauta.* — J'ai rêvé. — *Mais son esprit n'était pas aussi clair. Il y avait encore son* contact. — Il faut que j'y arrive. Je n'en peux plus de souffrir autant, jour après jour. Mais que c'est dur... que c'est dur... — *Il faillit se renverser sur son siège, trop fatigué pour rester conscient ; mais au dernier moment, son contact vint le rappeler à l'ordre.* — J'y vais, il le faut... — *Il se concentra, appuya encore un peu plus fortement. Son* contact. *Le contact de son arme à feu. — Il plia le doigt sur la gâchette.* — * * * * * *Sa tête se vida et le monde s'évapora.* — Je ne suis pas. — *Plus de sons, plus de sensations, plus de pensées.* — La mort n'est rien. — *Puis une chaleur s'approcha, reflétée par un rouge criard. Des cris retentirent, des douleurs apparurent.* — Elle est tout. — *Le Diable s'approcha. Il esquissa un immense sourire. Il se mit à hurler de joie ; des échos transportèrent son rire à l'infini.* — Je suis. Cet échantillon devrait vous démontrer que mon cerveau ne fonctionnait pas comme celui de la plupart de mes camarades. Heureusement que mon vrai point de vue, à l'époque, tenait davantage de l'esthétique... Je n'avais que seize ans (dix-sept à tout casser) ! Encore le triptyque : *mort* (suicide), *peur, souffrance.* J'aurais bien voulu m'interroger (le Julien d'aujourd'hui au Julien de cette époque) : « Que penses-tu du suicide ? Qu'évoque-t-il pour toi ? » Je suis incapable de répondre pour *lui.* Quoi qu'il en soit, le Julien de ces temps anciens, en écrivant, avait bien dû se mettre dans la peau de ses personnages, et, par conséquent, *s'imaginer* celui qui se suicide, lequel, de surcroît, *s'observe se suicider.* Cent ans avant ma naissance, en 1878, Tchékhov écrivit *Platonov.* Il avait dix-huit ans ! Lui aussi en décousit très tôt avec le *suicide qui se vit :* « *Mais comme ça ? Pour rien ? Bêtement ? À la russe ?... […] Non, ça va pas !... Faut me tuer !* (S'approche de la table.) Quel arsenal !... Tu n'as qu'à choisir... *(Prend un revolver.) Hamlet s'épouvantait des rêves... Moi aussi, je suis épouvanté... la vie est un cauchemar affreux qui m'épouvante ! Je ne peux continuer à vivre ! J'ai trop peur de ce qui pourrait arriver... Seule me resterait une honte mortelle, une honte mortelle me rongerait à mort !...* (Appuie le revolver sur sa tempe.) *Et maintenant on pourrait dire ironiquement : Finita la commedia. Pan ! Un animal intelligent de moins ! Pardonnez-moi mes péchés !* (Pause.) *Alors, mon vieux ? C'est donc ça la mort de la mort ? C'est donc maintenant ? Quelle importance si mon bras me fait mal ?* (Encore une pause.) *Non !... Trop peur de me faire mal... Non, je n'en ai pas la force !* (Repose le revolver.) *Bizarre envie de vivre ! Oui, envie de vivre !...* (S'assied sur le divan.) *J'ai terriblement envie de vivre...* » Admirez les coïncidences avec mes écrits !... Les pauses sont effrayantes. Tchékhov est le roi du temps qui passe. Le temps (le temps qui est pesant) est inscrit dans chacune de ses pièces et dans beaucoup de ses nouvelles : en lisant, une horloge tictaque dans votre tête comme elle tictaque dans le monde et dans la tête des personnages. Le métronome de la vie et de la mort bat la mesure. Et le temps du suicide est un temps particulier qu'il faut réussir à retranscrire. La gestation du suicide ne peut pas se résumer, dans un récit, à un « il se suicida ». Il faut développer, ne serait-ce qu'avec des silences. Un tout formé de riens, un rien formé de touts, à la fois court et long, le suicide en train de se préparer, en train de se faire, est complexe à décrire. Quoique l'expérience soit interdite, il faudrait étudier le suicide au présent de l'indicatif : *je me suicide.* Si tous les suicides avaient pu être retranscrits au présent, on aurait une idée plus proche de la vérité de ce qu'est le suicide. — Alexandre Dumas est assez vieux quand il écrit *Antony* : il a vingt-neuf ans (du moins est-ce la date de la première représentation). « *Oh ! si j'allais devenir fou avant qu'elle arrivât !!... Mes pensées se heurtent, ma tête brûle... Où y a-t-il du marbre pour poser mon front ?... Et quand je pense qu'il ne faudrait, pour sortir de l'enfer de cette vie, que la résolution d'un moment, qu'à l'agitation de la frénésie peut succéder en une seconde le repos du néant, que rien ne peut, même la puissance de Dieu, empêcher que cela ne soit, si je le veux... Pourquoi donc ne le voudrais-je pas ?... est-ce un mot qui m'arrête ?... Suicide !... Certes, quand Dieu a fait, des hommes, une loterie au profit de la mort, et qu'il n'a donné à chacun d'eux que la force de supporter une certaine quantité de douleurs, il a dû penser que cet homme succomberait sous le fardeau, alors que le fardeau dépasserait ses forces...* » (J'ai cité *Antony* parce qu'il y a de nouveau le fameux triptyque, mais aussi parce que cette pièce me marqua quand je la lus peu de temps après le suicide de François.) L'une des meilleures façons de comprendre et de cerner le suicide serait de pouvoir « filmer » tout l'enchaînement des pensées d'un suicidant. On y apprendrait mille fois plus de choses qu'en lisant des tableaux de chiffres, des diagnostics psychiatriques, *etc.* Il n'y aurait même pas à connaître dans les détails le passé. Le présent suffirait, pour peu que celui-ci fût *détaillé.* — J'avais eu, plus jeune, un projet de livre : *Journal d'un suicidé.* J'ai retrouvé deux notes à ce sujet : « *Sur le roman — journal d'un suicidé,* poser les liaisons philosophiques. » — « *Exprimer le livre "Journal d'un suicidé" sous forme d'essai — littérarisé par la forme narrative.* » Mon but (je déteste l'idée de « but », mais passons) était de suivre rigoureusement les pensées suicidaires d'un homme par le biais de son journal. Déjà, à l'époque, rien ne me semblait mieux relater la nature du suicide que la somme des états d'âme, la vue de l'intérieur) d'un suicidant. La forme du journal avait de surcroît le privilège de tuer l'auteur et de finaliser le tout, de le rendre plus crédible. En y repensant, j'aurais tant voulu *l'avoir écrit* ! Quel document cela aurait-il été !... Jusqu'où serais-je allé ? À quel degré aurais-je atteint ? Jusqu'où m'y serais-je donné ? Quelle aurait été la puissance de mon implication ? — S'imaginer se suicider. « *Je me tiendrai ainsi,* *ai ainsi le pistolet sur la tempe, je parlerai ainsi, fébrilement ; tu ne vas pas faire cela ! tu ne le feras pas ! — et l'instant après, une secousse, une lumière de Jugement dernier dans l'œil, une détonation — et c'en est fait.* » Ainsi s'exprimait l'étrange Stanisław Przybyszewski dans sa non moins étrange *Messe des Morts*. Pour aimer plus follement la vie (ou la détester plus amèrement, c'est selon), il faudrait en passer par ces expériences projectives, à la manière de Cléopâtre, qui, d'après le César de Shakespeare, « *hach pursu'd conclusions infinite of easy ways to die* » (« *avait poursuivi mainte et mainte expérience sur les façons de mourir sans peine* »). Peut-être qu'à force de trop analyser, par l'imagination, ce moment fatidique, l'envie passe-t-elle ? Et l'on pourrait dire, comme Kafka (*Préparatifs de Noce à la Campagne*) : « *J'ai passé ma vie à me défendre de l'envie d'y mettre fin.* » — Dans mes *Carnets*, j'étais allé très loin : « *Avoir la force, en sus d'organiser le suicide, d'organiser l'après-suicide.* » Lorsque j'écris qu'il faudrait « *filmer* » de l'intérieur le fleuve des réflexions de celui qui s'apprête à se suicider (ou qui y songe, même si cela ne revient pas au même), j'exclus les suicides purement impulsifs. Une personne qui n'aurait jamais songé au suicide et qui sauterait subitement d'un pont, *comme ça*, ne nous serait d'aucune « utilité » (cela ne signifierait pas *rien*, car *rien n'est gratuit*, et cela apporterait certainement un semblant d'information, mais cela ne nous occuperait pas longtemps). — La pensée du suicide a gouverné un grand nombre de mes pensées jusqu'à ce jour. De même que ma vie est inextricablement liée à ma mort, mes pensées sont inextricablement liées au suicide. « Me dire : *"J'arrêterai de fumer plus tard."* — *vaut exactement ce préavis : "Je me tuerai plus tard."* » Cette pensée aurait pu figurer au chapitre sur le tabac. D'une part, elle indique que ne plus fumer équivaut au fait de ne plus pouvoir vivre, et, d'autre part, que je vis pour mourir, tout en repoussant cette mort. Je croyais à l'époque que mon soi-disant orgueil et ma soi-disant confiance en moi étaient les éléments qui me permettaient d'attendre. (« *Peu de fois mon orgueil m'a nui — et encore, si peu. Mon orgueil eût pu me pousser au suicide — mais il est souvent là pour me faire attendre. — J'ai la plus grande confiance en moi.* ») Je me trompais : j'étais naïf, je ne comprenais pas, comme je crois le comprendre mieux aujourd'hui, ce qu'était le suicide. Il faut le penser, le sentir, le vivre, — longuement, longtemps. *Il faut mûrir le suicide.* (À propos de *penser, sentir* et *vivre*, Antonin Artaud a dit : « *La vérité est que je ne comprends pas le suicide. [...] Je voudrais être sûr que le penser, le sentir, le vivre, sont des faits antérieurs à Dieu ; le suicide aurait alors un sens.* ») Dois-je espérer que je revirerai de bord en *mûrissant*, tel Oscar Wilde après son expérience carcérale ? « *Lorsque j'étais à la prison de Wandsworth, j'aspirais à la mort. C'était mon seul désir. Quand je fus transféré ici, et que, après deux mois passés à l'infirmerie, je constatai que ma santé physique s'améliorait, je fus pris de fureur. Je décidai de me suicider le jour même de ma sortie de prison. Au bout d'un certain temps, ces funestes dispositions disparurent et je résolus de vivre, mais de me revêtir de mélancolie comme un roi se revêt de pourpre, de ne plus jamais sourire, de transformer en maison de deuil toute maison dont je franchirais le seuil, d'obliger mes amis à régler lentement leur pas sur ma tristesse, de leur apprendre que la mélancolie est le vrai secret de la vie, de les affliger d'une douleur étrangère, de les accabler de ma propre peine. Mes sentiments sont maintenant absolument différents. Je vois qu'il serait à la fois ingrat et cruel à moi d'avoir l'air triste au point que, lorsque mes amis viendraient me voir, ils devraient avoir l'air triste encore pour me témoigner leur sympathie, ou que si, voulant les recevoir, je les invitais à s'attabler en silence devant des herbes amères ou un repas funèbre. Il me faut apprendre à être gai et heureux. [...] J'ai maintenant un vrai désir de vivre. — J'ai devant moi tant à faire que je regarderais comme une affreuse tragédie de mourir avant d'avoir pu en réaliser au moins une petite part. Je vois dans l'art et dans la vie des développements inattendus, chacun d'eux offrant un nouveau moyen de perfection. J'aspire à vivre pour pouvoir explorer ce qui est pour moi rien moins qu'un nouvel univers. Veux-tu savoir ce qu'est ce nouvel univers ? Je crois que tu peux le deviner. C'est celui dans lequel je vis.* » — Ah ! dois-je regretter que l'idée du suicide se soit insinuée si tôt en moi ? Qu'elle ait été si *durable* ? Que dire ? Est-ce un bien ? Pour le livre que j'écris, oui ! Je ne veux pas *me* taire… Mais je vais clore ce paragraphe, « *ch'or mi diletta troppo di pianger più che di parlare* » (« *car je préfère pleurer maintenant plutôt que parler* »)…

* * * * *

« *Il existe je ne sais quoi de grand et d'épouvantable dans le suicide.* » — Dans Balzac et Hugo — ô les monstres ! — il y a *tout*. — Dans Balzac, il n'est question que de la (divine) comédie humaine, c'est-à-dire qu'il y est question de tout. Il a tout exploré. Eût-il vécu vingt années de plus, il avait déjà tout écrit. Ses averses de mots ne pouvaient plus faire monter le niveau de l'océan. Balzac ne cherche pas le principe des choses dans « *les raisons vulgaires qui commandent la plupart* » des actes des gens. Il s'érige en un dieu observateur. Son humanité est la plus divine des humanités. Ses livres sont reliés en pleine peau (le vivant mort, la nature ni tout à fait vivante, ni tout à fait morte : le chagrin). Par conséquent, lorsqu'il parle du suicide, il faut le lire attentivement. — Que dit l'inconnu du début de *La peau de chagrin*, au vieil homme ? Il était prêt à se suicider… avant d'entrer dans un magasin d'antiquités : « *Pour me dispenser de vous dévoiler des souffrances inouïes et qu'il est difficile d'exprimer en langage humain, je vous dirai que je suis dans la plus profonde, la plus ignoble, la plus perçante de toutes les misères. Et, ajouta-t-il d'un ton de voix dont la fierté sauvage démentait ses paroles précédentes, je ne veux mendier ni secours ni consolations.* » Quel est l'état d'esprit de ce personnage inconnu ? En revenant en arrière, on le suit dans les rues de Paris : « *Il marchait comme au milieu d'un désert, coudoyé par des hommes qu'il ne voyait pas, n'écoutant à travers les clameurs populaires qu'une seule voix, celle de la mort ; enfin perdu dans une engourdissante méditation, semblable à celle dont jadis étaient saisis les criminels qu'une charrette conduisait du Palais à la Grève, vers cet échafaud, rouge de tout le sang versé depuis 1793. Il existe je ne sais quoi de grand et d'épouvantable dans le suicide. Les chutes d'une multitude de gens sont sans danger, comme celles des enfants qui tombent de trop bas pour se blesser ; mais quand un grand homme se brise, il doit venir de bien haut, s'être élevé jusqu'aux cieux, avoir entrevu quelque paradis inaccessible. Implacables doivent être les ouragans qui le forcent à demander la paix de l'âme à la bouche d'un pistolet. Combien de jeunes talents confinés dans une mansarde s'étiolent et périssent faute d'un ami, faute d'une femme consolatrice, au sein d'un million d'êtres, en présence d'une foule lassée d'or et qui s'ennuie. À cette pensée, le suicide prend des proportions gigantesques. Entre une mort volontaire et la féconde espérance dont la voix appelait un jeune homme à Paris, Dieu seul sait combien se heurtent de conceptions, de poésies abandonnées, de désespoirs et de cris étouffés, de tentatives inutiles et de chefs-d'œuvre avortés.*

Chaque suicide est un poème sublime de mélancolie. Où trouverez-vous, dans l'océan des littératures, un livre surnageant qui puisse lutter de génie avec ces lignes : Hier, à quatre heures, une jeune femme s'est jetée dans la Seine du haut du Pont-des-Arts. *Devant ce laconisme parisien, les drames, les romans, tout pâlit, même ce vieux frontispice :* Les lamentations du glorieux roi de Kaërnavan, mis en prison par ses enfants ; dernier fragment d'un livre perdu, dont la seule lecture faisait pleurer ce Sterne, qui lui-même délaissait sa femme et ses enfants. *L'inconnu fut assailli par mille pensées semblables, qui passaient en lambeaux dans son âme, comme des drapeaux déchirés voltigent au milieu d'une bataille. S'il déposait pendant un moment le fardeau de son intelligence et de ses souvenirs pour s'arrêter devant quelques fleurs dont les têtes étaient mollement balancées par la brise parmi les massifs de verdure, bientôt saisi par une convulsion de la vie qui regimbait encore sous la pesante idée du suicide, il levait les yeux au ciel : là, des nuages gris, des bouffées de vent chargées de tristesse, une atmosphère lourde, lui conseillaient encore de mourir. Il s'achemina vers le pont Royal en songeant aux dernières fantaisies de ses prédécesseurs. Il souriait en se rappelant que lord Castelreagh avait satisfait le plus humble de nos besoins avant de se couper la gorge, et que l'académicien Auger avait été chercher sa tabatière pour priser tout en marchant à la mort. Il analysait ces bizarreries et s'interrogeait lui-même, quand, en se serrant contre le parapet du pont, pour laisser passer un fort de la halle, celui-ci ayant légèrement blanchi la manche de son habit, il se surprit à en secouer soigneusement la poussière. Arrivé au point culminant de la voûte, il regarda l'eau d'un air sinistre. —* Mauvais temps pour se noyer, *lui dit en riant une vieille femme vêtue de haillons.* Est-elle sale et froide, la Seine ! *Il répondit par un sourire plein de naïveté qui attestait le délire de son courage, mais il frissonna tout à coup en voyant de loin, sur le port des Tuileries, la baraque surmontée d'un écriteau où ces paroles sont tracées en lettres hautes d'un pied :* SECOURS AUX ASPHYXIÉS. » C'est beau, c'est grotesque, c'est vrai. C'est la vie, — la vie aperçue grâce au microscope du romanesque. La magnifique prose de Balzac pallie la mienne, qui est dégoûtante. — Laissez-moi citer un encore plus long passage (du sublime *Médecin de campagne*) : « D'abord je voulus me tuer. Tous ces événements ayant, outre mesure, développé chez moi le sentiment mélancolique, je me décidai froidement à cet acte de désespoir. Je pensai qu'il nous était permis de quitter la vie quand la vie nous quittait. Le suicide me semblait être dans la nature. Les peines doivent produire sur l'âme de l'homme les mêmes ravages que l'extrême douleur cause dans son corps ; or, cet être intelligent, souffrant par une maladie morale, a bien droit de se tuer au même titre que la brebis qui, poussée par le tournis, se brise la tête contre un arbre. Les maux de l'âme sont-ils donc plus faciles à guérir que ne le sont les maux corporels ? j'en doute encore. Entre celui qui espère toujours et celui qui n'espère plus, je ne sais lequel est le plus lâche. Le suicide me parut être la dernière crise d'une maladie morale, comme la mort naturelle est celle d'une maladie physique ; mais la vie morale étant soumise aux lois particulières de la volonté humaine, sa cessation ne doit-elle pas concorder aux manifestations de l'intelligence ? Aussi est-ce une pensée qui tue et non le pistolet. D'ailleurs le hasard qui nous foudroie au moment où la vie est toute heureuse, n'absout-il pas l'homme qui se refuse à traîner une vie malheureuse ? Mais, monsieur, les méditations que je fis en ces jours de deuil m'élevèrent à de plus hautes considérations. Pendant quelque temps je fus complice des grands sentiments de l'antiquité païenne ; mais en y cherchant des droits nouveaux pour l'homme, je crus pouvoir, à la lueur des flambeaux modernes, creuser plus avant que les Anciens les questions jadis réduites en systèmes. Épicure permettait le suicide. N'était-ce pas le complément de sa morale ? il lui fallait à tout prix la jouissance des sens ; cette condition défaillant, il était doux et loisible à l'être animé de rentrer dans le repos de la nature inanimée ; la seule fin de l'homme étant le bonheur ou l'espérance du bonheur, pour qui souffrait et souffrait sans espoir, la mort devenait un bien ; se la donner volontairement était un dernier acte de bon sens. Cet acte, il ne s'en vantait pas, il ne le blâmait pas ; il se contentait de dire, en faisant une libation à Bacchus : "Mourir, il n'y a pas de quoi rire, il n'y a pas de quoi pleurer." Plus moral et plus imbu de la doctrine des devoirs que les Épicuriens, Zénon, et tout le Portique, prescrivait, en certains cas, le suicide au stoïcien. Voici comment il raisonnait : l'homme diffère de la brute en ce qu'il dispose souverainement de sa personne ; ôtez-lui ce droit de vie et de mort sur lui-même, vous le rendez esclave des hommes et des événements. Ce droit de vie et de mort bien reconnu forme le contrepoids efficace de tous les maux naturels et sociaux ; ce même droit, conféré à l'homme sur son semblable, engendre toutes les tyrannies. La puissance de l'homme n'existe donc nulle part sans une liberté indéfinie dans ses actes : faut-il échapper aux conséquences honteuses d'une faute irrémédiable ? l'homme vulgaire boit la honte et vit, le sage avale la ciguë et meurt ; faut-il disputer les restes de sa vie à la goutte qui broie les os, au cancer qui dévore la face, le sage juge de l'instant opportun, congédie les charlatans, et dit un dernier adieu à ses amis qu'il attristait de sa présence. Tombé au pouvoir du tyran que l'on a combattu les armes à la main, que faire ? l'acte de soumission est dressé, il n'y a plus qu'à signer ou à tendre le cou : l'imbécile tend le cou, le lâche signe, le sage finit par un dernier acte de liberté, il se frappe. "Hommes libres, s'écriait alors le stoïcien, sachez vous maintenir libres ! Libres de vos passions en les sacrifiant aux devoirs, libres de vos semblables en leur montrant le fer ou le poison qui vous met hors de leurs atteintes, libres de la destinée en fixant le point au delà duquel vous ne lui laissez aucune prise sur vous, libres des préjugés en ne les confondant pas avec les devoirs, libres de toutes les appréhensions animales en sachant surmonter l'instinct grossier qui enchaîne à la vie tant de malheureux." Après avoir dégagé cette argumentation dans le fatras philosophique des Anciens, je crus y imprimer une forme chrétienne en la corroborant par les lois du libre arbitre que Dieu nous a données afin de pouvoir nous juger un jour à son tribunal, et je me disais : "J'y plaiderai !" Mais, monsieur, ces raisonnements me forcèrent de penser au lendemain de la mort, et je me trouvai aux prises avec mes anciennes croyances ébranlées. Tout alors devient grave dans la vie humaine quand l'éternité pèse sur la plus légère de nos déterminations. Lorsque cette idée agit de toute sa puissance sur l'âme d'un homme, et lui fait sentir en lui je ne sais quoi d'immense qui le met en contact avec l'infini, les choses changent étrangement. De ce point de vue, la vie est bien grande et bien petite. Le sentiment de mes fautes ne me fit point songer au ciel que j'eus des espérances sur la terre, tant que je trouvai des soulagements à mes maux dans quelques occupations sociales. Aimer, se vouer au bonheur d'une femme, être chef d'une famille, n'était-ce pas donner de nobles aliments à ce besoin d'expier mes fautes qui me poignait ? Cette tentative ayant échoué, n'était-ce pas encore une expiation que de se consacrer à un enfant ? Mais quand, après ces deux efforts de mon âme, le dédain et la mort y eurent mis un deuil éternel, quand tous mes sentiments furent blessés à la fois, et que je n'aperçus plus rien ici-bas, je levai les yeux vers le ciel et j'y rencontrai Dieu. Cependant j'essayai de rendre la religion complice de ma mort. Je relus les Évangiles, et n'y vis aucun texte où le suicide fût interdit ; mais cette lecture me pénétra de la divine pensée du Sauveur des hommes. Certes, il n'y dit rien de l'immortalité de l'âme, mais il nous parle du beau royaume de son père ; il ne nous défend aussi nulle part le parricide, mais il condamne tout ce qui est mal. La gloire de ses évangélistes et la preuve de leur mission est moins d'avoir fait des lois que d'avoir répandu sur la terre l'esprit nouveau des lois nouvelles. Le courage qu'un homme déploie en se tuant me parut alors être sa propre condamnation : quand il se sent la force *mourir, il doit avoir celle de lutter ; se refuser à souffrir n'est pas force, mais faiblesse ; d'ailleurs, quitter la vie par découragement n'est-ce pas abjurer la foi chrétienne à laquelle Jésus a donné pour base ces sublimes paroles : Heureux ceux qui souffrent ! Le suicide ne me parut donc plus excusable dans aucune crise, même chez l'homme qui par une fausse entente de la grandeur d'âme dispose de lui-même un instant avant que le bourreau ne le frappe de sa hache. En se laissant crucifier, Jésus-Christ ne nous a-t-il pas enseigné à obéir à toutes les lois humaines, fussent-elles injustement appliquées. Le mot* Résignation, *gravé sur la croix, si intelligible pour ceux qui savent lire les caractères sacrés, m'apparut alors dans sa divine clarté.* » Les paroles du docteur Benassis ne sont-elles point touchantes ? Nous en recroiserons qui sembleront du même tonneau cependant qu'elles seront *vulgaires*. C'est la sincérité de Benassis qui avait failli me faire verser des larmes en le lisant : il parle de ce qu'il a vécu. « *D'abord je voulus me tuer.* [...] *Le suicide me semblait être dans la nature.* » Les auteurs dont je me moquerai par la suite n'eussent jamais écrit ceci : leurs arguments seront délégitimés. À ceux-là, il faudrait imposer l'humilité et imposer — au premier degré — la devise : « *Fuge, late, tace* » (« *Fuis, cache-toi, tais-toi* »). — « *Le Fuge, late, tace du chartreux est ici ma devise, mon travail est une prière active, mon suicide moral est la vie de ce canton, sur lequel j'aime, en étendant la main, à semer le bonheur et la joie, à donner ce que je n'ai pas.* » — Benassis, ce merveilleux homme, ce genre d'hommes qui, s'ils étaient partout, rendraient l'humanité meilleure, n'a « *plus d'autre but dans la vie que celui de la quitter* », ne veut « *rien faire pour en prévenir ni pour en hâter la fin* » : ainsi se couchera-t-il « *sans chagrin pour mourir, le jour où la maladie viendra* ». — Tandis que moi, à la fin d'*Amer Amen*, je m'illusionne en mourant à cause des Autres, avant d'ajouter : « *Mais si je meurs, c'est surtout parce que j'ai donné la vie. Et je préfère quitter cette Terre en m'imaginant que mon enfant grandira dans le bonheur — dans le bonheur que je n'aurai pas su découvrir.* » Pauvre de moi et de mon orgueil ! Après réflexion, j'aurais dû écrire : « *dans le bonheur que je n'aurai pas su donner.* »

* * * * *

J'ai, en face de moi, mon crâne « tchèque » posé sur mon bureau et, contre le mur, mon tableau de David représentant Socrate. Il y a des objets qui font tellement partie de mon quotidien que je vis avec eux sans les voir. Ils ont en général une forte connotation morbide. Je ne souhaite que des espèces de *memento mori*. Quand ce n'est pas Hamlet qui tient le crâne de Yorick, c'est le pendu de Victor Hugo, ce pendu que j'ai choisi pour la couverture de mon livre le plus sombre : *Amer Amen*. Ce dessin à plume et lavis d'encre brune, encre noire, fusain, pierre noire et gouache, m'a toujours attiré (je ne suis pas le seul puisque Mallarmé l'avait accroché chez lui). Il est d'une sobriété étincelante. Vous pouvez l'admirer à la Maison de Victor Hugo, à Paris (il avait été auparavant la propriété de Paul Meurice). Sous ce dessin figure une épitaphe : « *Pro Christo sicut Christus* » (« *Pour le Christ, comme le Christ* »). Puis, encore en dessous : « *JOHN BROWN. 2 décembre 1859. CHARLESTON.* » Rappelons que John Brown fut un abolitionniste condamné à mort pour trahison contre l'État de Virginie en 1859. Après la pendaison, Hugo cria son indignation (*Actes et Paroles*) : « *Quel a été ce procès ? disons-le en deux mots. — John Brown, sur un lit de sangle, avec six blessures mal fermées, un coup de feu au bras, un aux reins, deux à la poitrine, deux à la tête, entendant à peine, saignant à travers son matelas, les ombres de ses deux fils morts près de lui ; ses quatre coaccusés, blessés, se traînant à ses côtés, Stephens avec quatre coups de sabre ; la "justice" pressée et passant outre ; un attorney Hunter qui veut aller vite, un juge Parker, qui y consent, les débats tronqués, presque tous délais refusés, production de pièces fausses ou mutilées, les témoins à décharge écartés, la défense entravée, deux canons chargés à mitraille dans la cour du tribunal, ordre aux geôliers de fusiller les accusés si l'on tente de les enlever, quarante minutes de délibération, trois condamnations à mort. J'affirme sur l'honneur que cela ne s'est point passé en Turquie, mais en Amérique.* [...] *Au point de vue moral, il semble qu'une partie de la lumière humaine s'éclipserait, que la notion même du juste et de l'injuste s'obscurcirait, le jour où l'on verrait se consommer l'assassinat de la Délivrance par la Liberté.* » — Mais là n'est pas le point où je voulais en venir. On a vu lire le génial Balzac. Il nous faut maintenant lire le génial Hugo. Je ne choisirai qu'un passage : la fin des *Travailleurs de la mer*. Rarement, en littérature, un auteur aura su s'élever aussi haut. C'est un tel final (après un roman de sept cents pages si puissantes) qu'il faillit m'arracher des larmes quand je le lus... — L'adorable, le magnifique, le très bon Gilliatt, après avoir tout essayé pour conquérir le cœur de Déruchette, après avoir bravé mille périls, se retrouve seul : la jeune fille se marie avec un autre. — Le début du tableau est idyllique : « *La journée était charmante plus qu'aucune qu'il y eût encore eu cette année-là. Cette matinée avait on ne sait quoi de nuptial. C'était un de ces jours printaniers où mai se dépense tout entier ; la création semble n'avoir d'autre but que de se donner une fête et de bonheur.* » Toutes les fleurs s'épanouissaient, le printemps semblait jeter partout de l'argent et de l'or, et tout brillait, tout aimait et s'aimait, c'était l'harmonie diffuse parfaite. « *La vie, qui est la femelle, s'accouplait avec l'infini, qui est le mâle.* » Gilliatt marchait à l'abri des regards. « *Il se mit à suivre, allant toujours devant lui, la longue et étroite ligne de récifs qui liait le Bû de la Rue à ce gros obélisque de granit debout au milieu de la mer qu'on appelait la Corne de la Bête. C'est là qu'était la Chaise Gild-Holm-'Ur.* » Il la gravit et s'y installa, puis attendit dans un silence céleste tout en observant le *Cashmere*, dans lequel se trouvait Déruchette : « *Le flot lui arrivait à la ceinture. La marée s'élevait. Le temps passait. Les mauves et les cormorans volaient autour de lui, inquiets. On eût dit qu'ils cherchaient à l'avertir. Peut-être y avait-il dans ces volées d'oiseaux quelque mouette venue des Douvres, qui le reconnaissait. — Une heure s'écoula. Le vent du large ne se faisait pas sentir dans la rade, mais la diminution du Cashmere était rapide. Le sloop était, selon toute apparence, en pleine vitesse. Il atteignait déjà presque la hauteur des Casquets. — Il n'y avait pas d'écume autour du rocher Gild-Holm-'Ur, aucune lame ne battait le granit. L'eau s'enflait paisiblement. Elle atteignait presque les épaules de Gilliatt. — Une autre heure s'écoula. — Le Cashmere était au-delà des eaux d'Aurigny. Le rocher Ortach le cacha un moment. Il entra dans l'occultation de cette roche, puis en ressortit, comme d'une éclipse. Le sloop fuyait au nord. Il gagna la haute mer. Il n'était plus qu'un point ayant, à cause du soleil, la scintillation d'une lumière. — Les oiseaux jetaient de petits cris à Gilliatt. On ne voyait plus sa tête. — La mer montait avec une douceur sinistre. — Gilliatt, immobile, regardait le Cashmere s'évanouir. — Le flux était presque à son plein. Le soir approchait. Derrière Gilliatt, dans la rade, quelques bateaux de pêche rentraient. — L'œil de Gilliatt, attaché au loin sur le sloop, restait fixe. — Cet œil fixe ne ressemblait à rien de ce qu'on peut voir sur la terre. Dans cette prunelle tragique et calme il y avait de l'inexprimable. Ce* regard contenait toute la quantité d'apaisement que laisse le rêve non réalisé ; c'était l'acceptation lugubre d'un autre accomplissement. *Une fuite d'étoile doit être suivie par des regards pareils. De moment en moment, l'obscurité céleste se faisait sous ce sourcil dont le rayon visuel demeurait fixé à un point de l'espace. En même temps que l'eau infinie autour du rocher Gild-Holm-'Ur, l'immense tranquillité de l'ombre montait dans l'œil profond de Gilliatt. —* Le Cashmere, *devenu imperceptible, était maintenant une tache mêlée à la brume. Il fallait pour le distinguer savoir où il était. — Peu à peu, cette tache, qui n'était plus une forme, pâlit. — Puis elle s'amoindrit. — Puis elle se dissipa. — À l'instant où le navire s'effaça à l'horizon, la tête disparut sous l'eau. Il n'y eut plus rien que la mer.* » — Il n'y a rien à ajouter, n'est-ce pas ?...

* * * * *

Dans le bar de la vie, je suis au comptoir, assis sur un tabouret. Je me paie un verre (ou on me l'offre). N'ai-je pas le droit de ne pas le finir ? Pourquoi devrais-je finir ce verre ? La quantité était-elle, par hasard, exactement la quantité dont j'avais envie — ou besoin ? À qui cela poserait-il un problème que je ne le vidasse pas ? (Ou que j'en recommandasse un ?) — « Monsieur, vous n'avez pas fini votre verre. » Eh bien ? J'en ai payé le surplus. Gaspillage ? — Les autres voudraient que l'on bût le calice jusqu'à la lie...

* * * * *

Je vis pour *mourir, je vis* pour *aller vers la mort.* Je suis le « *Sein zum Tode* » (« *Être-pour-la-mort* », ou « *Être-vers-la-mort* ») de Heidegger (pourquoi cet individu ne s'est-il pas suicidé ? il en avait tous les arguments). La mort de l'autre est le plus grand aperçu de la mort et de ma mort : « *Dans le mourir des autres peut être expérimenté le remarquable phénomène d'être qui se laisse déterminer comme virage d'un étant du mode d'être du Dasein (ou de la vie) au ne-plus-être-Là.* » François meurt et sa mort se dévoile comme perte, une perte que j'éprouve. « *La mort, pour autant qu'elle "soit", est toujours essentiellement mienne* », et je porte la mort de François. L'être vers la mort que je suis prend conscience de son pouvoir-être. Je ne suis pas le « *On* » inauthentique qui perd de vue sa mort dans sa quotidienneté. « *La mort est la possibilité* la plus propre *du Dasein. L'être pour celle-ci ouvre au* Dasein *son pouvoir-être le plus propre, où il y va purement et simplement de l'être du* Dasein. » — La mort est ma possibilité.

* * * * *

(*Je suis le pot de terre / Contre le pot de fer.*)

* * * * *

(De qui ai-je rêvé, cette nuit ? De *François*. Vous voyez combien cela me perturbe, me ronge encore. Et que faisait-il ? Eh bien, comme le veut la coutume, il n'était pas mort et rejaillissait de nulle part *comme si de rien n'était*...)

* * * * *

« *Let's talk of graves, of worms, and epitaphs; / Make dust our paper and with rainy eyes / Write sorrow on the bosom of the earth, / Let's choose executors and talk of wills.* » (« *Parlons de tombeaux, de vers et d'épitaphes, / La poussière soit notre papier, avec la pluie de nos yeux. / Écrivons la douleur sur le sein de la terre. / Choisissons des exécuteurs et parlons testament.* ») — François n'avait pas laissé de mot. Du moins, il avait noté sur un *post-it* — ou quelque autre monceau de papier dérisoire — qu'il reviendrait après son footing. Mais qui laisse un mot ? Je repense à un collègue qui n'avait cessé de dire que, le jour où il partirait du CFA, il demanderait à la direction une copie du diplôme d'ingénieur que notre chef affirmait avoir reçu, ce dont nous doutions fortement, étant donné que son nom, après vérification, n'apparaissait sur aucune liste des ingénieurs français. Il devait le faire, — et il ne le fit pas. Dès qu'il put partir, trop content, il partit en coup de vent, trouvant qu'il ne valait plus la peine de se renseigner. Je comprends cela. C'est, à mon avis, ce qui arrive aux personnes qui se suicident. L'acte en lui-même est suffisamment compliqué pour que l'on aille le compliquer en rédigeant, d'une belle prose, les raisons qui ont mené à ce geste. Ainsi, François, avant de sortir de chez lui, habillé en jogger, tout en sachant qu'il ne reviendrait pas, n'avait rien écrit. Chacun doit faire comme il le sent. Et beaucoup sont dans son cas. Lorsqu'on est jeune, on n'a pas la tête à écrire un dernier mot, un testament, une épitaphe. Tout le monde ne s'appelle pas, par exemple, Benjamin Franklin, et n'écrit pas, même humoristiquement, son épitaphe à vingt-deux ans... Laisser un dernier mot, cela peut paraître maniéré, pompeux, prétentieux, théâtral. Il y a un côté « m'as-tu vu » frôlant le ridicule. Cassandre, dans l'*Agamemnon* d'Eschyle, illustrera ce que j'entends par là : « *Encore un mot, un dernier chant pour célébrer mon propre deuil.* » Et s'il faut (on y consent) écrire un mot, qu'écrire ? Peut-on expliquer ce que l'on ressent dans ces moments-là ? Peut-on décrire les raisons (qui seront les plus apparentes) ? Il faudrait écrire un roman (*La Perte de Sens* ?). En des temps d'amère existence (avant la mort de François ?), j'avais gribouillé dans mon *Carnet* : « *Si je me suicide, maintenant, sur une impulsion (qui ne requiert pas de réflexion désinhibitrice), je ne laisserais pas de "mot sur la table", ce qui est dommage, car on interprétera fort mal cet acte pendant longtemps. Mais si je prends le temps de tirer mon testament, etc., serais-je capable de le faire, sérieusement ? Là est la question.* » Oui : qu'écrire au juste ? Un petit « *Adieu* » serait la moindre des politesses, et puis *basta* ! (Moi qui suis tout le temps en train de me regarder faire, je suis mal placé pour dire cela, comme on le devine et comme on va le constater plus loin. Quand on songe que, toujours dans mon *Carnet*, j'avais également noté, en confondant presque cette liste de pensées avec une liste de courses :

« *Penser aux mots sur ma tombe (épitaphe).* ») Tout ceci m'enjoint à rebondir sur l'article de Voltaire sur le *Suicide*, issu de son *Dictionnaire philosophique* (je comptais en parler plus tard (j'ai menti en écrivant que je ne prévoyais rien), mais le début ayant un lien avec le présent paragraphe, je dirai, comme les militaires : « En avant, marche ! ») Voilà comment Voltaire introduit le suicide : « *Il y a quelques années qu'un Anglais, nommé Bacon Morris, ancien officier et homme de beaucoup d'esprit, me vint voir à Paris. Il était accablé d'une maladie cruelle dont il n'osait espérer la guérison. Après quelques visites, il entra un jour chez moi avec un sac et deux papiers à la main. "L'un de ces deux papiers, me dit-il, est mon testament ; le second est mon épitaphe ; et ce sac plein d'argent est destiné aux frais de mon enterrement. J'ai résolu d'éprouver pendant quinze jours ce que pourront les remèdes et le régime pour me rendre la vie moins insupportable ; et si je ne réussis pas, j'ai résolu de me tuer. Vous me ferez enterrer où il vous plaira ; mon épitaphe est courte." Il me la fit lire, il n'y avait que ces deux mots de Pétrone :* Valete, curæ, *Adieu les soins.* — *Heureusement pour lui et pour moi qui l'aimais, il guérit et ne se tua point. Il l'aurait sûrement fait comme il le disait.* » Il cite ensuite le cas de Thomas Creech, qui écrivit « *à la marge de son Lucrèce :* "Nota bene *que quand j'aurai fini mon livre sur Lucrèce, il faut que je me tue*" » (syndrome de la liste de courses). Voltaire, en bon homme d'esprit qui sait garder la mesure, ne se prononce pas sur le fait de savoir si celui qui se suicide a raison ou non de le faire (« *chacun a ses raisons dans sa conduite* »). Il est bien trop intelligent pour cela (ce qui ne l'empêche pas d'être *très* caustique). En revanche, veuillez lire la fin de son article et sa façon de voir les choses : « *Tout ce que j'ose dire avec assurance, c'est qu'il ne sera jamais à craindre que cette folie de se tuer devienne une maladie épidémique, la nature y a trop bien pourvu ; l'espérance, la crainte, sont les ressorts puissants dont elle se sert pour arrêter presque toujours la main du malheureux prêt à se frapper.* — *On a beau nous dire qu'il y a eu des pays où un conseil était établi pour permettre aux citoyens de se tuer, quand ils en avaient des raisons valables ; je réponds, ou que cela n'est pas, ou que ces magistrats avaient très peu d'occupation.* — *Pourquoi donc Caton, Brutus, Cassius, Antoine, Othon, et tant d'autres, se sont-ils tués si résolument, et que nos chefs de parti se sont laissé pendre, ou bien ont laissé languir leur misérable vieillesse dans une prison ? Quelques beaux esprits disent que ces anciens n'avaient pas le véritable courage ; que Caton fit une action de poltron en se tuant, et qu'il y aurait eu bien plus de grandeur d'âme à ramper sous César. Cela est bon dans une ode ou dans une figure de rhétorique. Il est très sûr que ce n'est pas être sans courage que de se procurer tranquillement une mort sanglante, qu'il faut quelque force pour surmonter ainsi l'instinct le plus puissant de la nature, et qu'enfin une telle action prouve plutôt de la férocité que de la faiblesse. Quand un malade est en frénésie, il ne faut pas dire qu'il n'a point de force ; il faut dire que sa force est celle d'un frénétique.* — *La religion païenne défendait l'homicide de soi-même, ainsi que la chrétienne ; il y avait même des places dans les enfers pour ceux qui s'étaient tués.* » Sur le suicide, Caton et la religion, il y a un autre article du *Dictionnaire* qui répète le précédent et peut nous être tout autant utile (*De Caton, du suicide*) : « *Il paraît qu'il y a quelque ridicule à dire que Caton se tua par faiblesse. Il faut une âme forte pour surmonter ainsi l'instinct le plus puissant de la nature. Cette force est quelquefois celle d'un frénétique ; mais un frénétique n'est pas faible.* — *Le suicide est défendu chez nous par le droit canon. Mais les décrétales, qui font la jurisprudence d'une partie de l'Europe, furent inconnues à Caton, à Brutus, à Cassius, à la sublime Arria, à l'empereur Othon, à Marc-Antoine, et à cent héros de la véritable Rome, qui préférèrent une mort volontaire à une vie qu'ils croyaient ignominieuse.* — *Nous nous tuons aussi nous autres ; mais c'est quand nous avons perdu notre argent, ou dans l'excès très rare d'une folle passion pour un objet qui n'en vaut pas la peine. J'ai connu des femmes qui se sont tuées pour les plus sots hommes du monde. On se tue aussi quelquefois parce qu'on est malade, et c'est en cela qu'il y a de la faiblesse.* — *Le dégoût de son existence, l'ennui de soi-même, est encore une maladie qui cause des suicides. Le remède serait un peu d'exercice, de la musique, la chasse, la comédie, une femme aimable. Tel homme qui dans un accès de mélancolie se tue aujourd'hui, aimerait à vivre s'il attendait huit jours.* » Voltaire conclut en disant que le suicide moderne est surtout dû à la réflexion et à l'oisiveté (ce qui contredit l'aspect « *frénétique* »). En appendice à ce second article, il résume quelques suicides arrivés de son temps pour la bonne raison que « *les morts peuvent être utiles aux vivants* » (entreprise louable). Contrairement, par exemple, à la Varvara Pétrovna des *Démons*, qui dit que « *ce n'est pas par force, c'est par faiblesse qu'on se pend* », Voltaire, on le voit, ne fait pas du tout rimer suicide et lâcheté, ce qui est la preuve d'un bel esprit auquel on peut accorder toute sa confiance dans cette délicate question (si je devais commencer un opuscule sur le suicide où il fût indiqué, à un moment quelconque, que *suicide* rime avec *lâcheté*, je le brûlerais après l'avoir lacéré, car il ne serait pas digne d'un homme sage, ou, comme on dirait aujourd'hui : d'un intellectuel). Il y a parfois de la *faiblesse* (ces femmes qui se tuent pour des idiots), mais dans le sens d'un fourvoiement ridicule, d'une estimation largement exagérée, d'une appréciation des problèmes démesurée. Quelqu'un se suicide-t-il parce qu'il aurait perdu un bouton de manchette ? Je ne vois pas une once de lâcheté là-dedans. L'acte lui-même n'est pas l'œuvre d'un « faible ». Par contre, le motif paraît risible, farfelu, inouï, improbable, débile, et il ne vaudrait pas la peine que l'on mît fin à ses jours pour une pareille vétille. Je l'accorde... Faut-il juger ce « *célèbre grammairien de Drontheim, qui s'était noyé du désespoir de n'avoir pu trouver pourquoi* Jupiter *donnait* Jovis *au génitif* », dont Hugo a parlé dans *Han d'Islande* ? Faut-il même en rire ? Il est toujours difficile de comparer ou de mesurer. Qui sait si le fameux bouton de manchette ne signifiait-il pas plus aux yeux de cet homme qui l'a perdu, que la vie d'un enfant aux vôtres ? Qui peut sonder les mystères que recèle tout un chacun ? Hitler aurait-il commis son génocide s'il avait eu deux testicules au lieu d'un seul ? S'il y avait une ligne de jauge à partir de laquelle un suicide fût « justifiable », le suicide qui serait placé à un micron en dessous de cette ligne pourrait-il être justifié ? Faudrait-il un amendement ? Si je retire un grain de sable au tas, est-il encore un tas ?... Et ce n'est pas parce que tout le monde peut se suicider, que cela le décrédibilise. Il n'y ni plus ni moins de faiblesse ou de grandeur d'âme chez le paysan que chez le Premier ministre. Ce n'est pas non plus parce que le suicide semble être un sujet de conversation comme un autre (cela reste d'ailleurs à voir), que cela rabaisse sa valeur. Je pense à un poème de Bertolt Brecht : « *Se suicider / Est chose bien plate. / On peut en parler avec sa femme de ménage. / Soupeser le pour et le contre avec un ami. [...] En tout cas / Il ne faudrait pas donner l'impression / Que l'on avait / Trop attendu de soi-même.* » Ce que j'admire le plus dans la réflexion de Voltaire, c'est le côté schopenhauerien du « *la nature y a trop bien pourvu* ». C'est l'un des points les plus « vitaux » de mes raisonnements. On est bien à l'opposé de la soi-disant lâcheté. La Nature (enchaînée par la Volonté) qui, en quelque sorte, a besoin que l'on vive assez longtemps afin que l'on se reproduise, *fait tout pour nous empêcher* de nous suicider avant l'heure (à l'aide de ses « *ressorts puissants* »). S'il n'y avait que cinq points à *retenir absolument* sur le suicide, celui-ci en ferait indéniablement (ataviquement) partie. C'est un combat inégal : que peut-on faire contre la Nature ? Que peut-on contre Dieu ? Rien. « *Contre Dieu, nul ne peut.* » Il faut être sacrément fort pour oser le défier ; alors « triompher » !... Pourquoi, si vous pensez à la vie, devez-vous penser à la mort, puisque, si vous pensez à la mort, une force vous ramène à la vie ? (Dans l'un de ses poèmes, Ausiàs March s'interroge de la même façon : « *com viure vull, la mort prenc en delit ; / com vull morir, la vida tinc per santa.* » (« *quand je veux vivre, la mort prends en délice ; / quand je veux mourir, la vie tiens pour sainte.* ») N'est-ce pas infâme ? Hésitation, contradiction, esclavage…) — Revenons aux mots de la fin… « *Cadet Rousselle ne mourra pas, / Cadet Rousselle ne mourra pas, / Car avant de sauter le pas, / Car avant de sauter le pas, / On dit qu'il apprend l'orthographe / Pour fair' lui-même son épitaphe. / Ah ! Oui ! Ah ! Oui vraiment, / Cadet Rousselle est bon enfant.* » — Le 6 octobre 1802, à Heiligenstadt, Beethoven, que la surdité gagnait progressivement, rédigea son testament alors qu'il n'avait pas trente-deux ans. Le testament fut gardé précieusement dans un tiroir sans que jamais Beethoven n'eût à l'envoyer ni à le montrer à qui ce fût. Pour être capable d'écrire un tel document, il faut que vous soyez véritablement impliqué dans votre vie, donc dans votre mort. Pour se projeter de la sorte sur son présent, son passé, son absence de futur, il faut savoir approcher la mort comme si elle était votre amie — ou, ce qui est équivalent, votre meilleure ennemie. Plongé dans l'abandon progressif de ses capacités, c'est son cri que l'on entend là ; un cri du cœur étouffé qui vise le monde, ses sens, sa vocation, son art ; une revendication perdue ; un dégoût de l'immérité qui le déchire. Celui qui se penche sur sa fin prochaine (et volontaire) doit être vaillant. Aucun, plus que lui, ne peut comprendre la mort (et la vie), la joie (et la souffrance). Écrivez votre testament, vous qui me lisez et qui n'êtes pas encore près de mourir : si vous laissez votre cœur prendre librement la parole, si vous vous abstenez de faire l'inventaire de tout ce que vous léguerez, ce sera un exercice qui vous découvrira davantage : vous vous connaîtrez mieux, vous connaîtrez mieux les hommes, vous connaîtrez mieux le monde, vous connaîtrez mieux vos espérances ou vos renoncements, car la proximité de la mort fait apparaître la vie sous un éclairage nouveau. « *Pour mes frères Carl et [Johann] Beethoven. — Ô vous ! hommes qui me tenez pour haineux, obstiné, ou qui me dites misanthrope, comme vous vous méprenez sur moi. Vous ignorez la cause secrète de ce qui vous semble ainsi, mon cœur et mon caractère inclinaient dès l'enfance au tendre sentiment de la bienveillance, même l'accomplissement de grandes actions, j'y ai toujours été disposé, mais considérez seulement que depuis six ans un état déplorable m'infeste, aggravé par des médecins insensés, et trompé d'année en année dans son espoir d'amélioration. Finalement condamné à la perspective d'un mal durable (dont la guérison peut durer des années ou même être tout à fait impossible), alors que j'étais né avec un tempérament fougueux, plein de vie, prédisposé même aux distractions offertes par la société, j'ai dû tôt m'isoler, mener ma vie dans la solitude, et si j'essayais bien parfois de mettre tout cela de côté, oh ! comme alors j'étais ramené durement à la triste expérience renouvelée de mon ouïe défaillante, et certes je ne pouvais me résigner à dire aux hommes : parlez plus fort, criez, car je suis sourd, ah ! comment aurait-été-il possible que j'avoue alors la faiblesse d'un sens qui, chez moi, devait être poussé jusqu'à un degré de perfection plus grand que chez tous les autres, un sens que je possédais autrefois dans sa plus grande perfection, dans une perfection que certainement peu de mon espèce ont jamais connue — oh ! je ne le peux toujours pas, pardonnez-moi, si vous me voyez battre en retraite là-même où j'aurais bien aimé me joindre à vous. Et mon malheur m'afflige doublement, car je dois rester méconnu, je n'ai pas le droit de m'approcher de la société humaine, aux conversations délicates, aux épanchements réciproques ; presque absolument seul, ce n'est que lorsque la plus haute nécessité l'exige qu'il m'est permis de me mêler aux autres hommes, je dois vivre comme un exilé, à l'approche de toute société une peur sans pareille m'assaille, parce que je crains d'être mis en danger, de laisser remarquer mon état — c'est ainsi que j'ai vécu les six derniers mois, passés à la campagne sur les conseils avisés de mon médecin pour ménager autant que possible mon ouïe ; il a presque prévenu mes dispositions actuelles, quoique, parfois poussé par un instinct social, je me sois laissé séduire. Mais quelle humiliation lorsque quelqu'un près de moi entendait une flûte au loin et que je n'entendais rien, ou lorsque quelqu'un entendait le berger chanter et que je n'entendais rien non plus ; de tels événements m'ont poussé jusqu'au bord du désespoir, il s'en fallut de peu que je ne misse fin à mes jours. C'est l'art et seulement lui, qui m'a retenu, ah ! il me semblait impossible de quitter le monde avant d'avoir fait naître tout ce pour quoi je me sentais disposé, et c'est ainsi que j'ai mené cette vie misérable — vraiment misérable ; un corps si irritable, qu'un changement un peu rapide peut me faire passer de l'euphorie au désespoir le plus complet — patience, voilà tout, c'est elle seulement que je dois choisir pour guide, je l'ai fait — durablement j'espère, ce doit être ma résolution, persévérer, jusqu'à ce que l'impitoyable Parque décide de rompre le fil, peut-être que cela ira mieux, peut-être non, je suis tranquille — être forcé de devenir philosophe déjà à 28 ans, ce n'est pas facile, et pour l'artiste plus difficile encore que pour quiconque, — Dieu, tu vois de là-haut mon cœur ; tu le connais, tu sais que l'amour des hommes et un penchant à faire le bien y habitent, — ô hommes ! lorsqu'un jour vous lirez ceci, songez que vous vous êtes mépris sur moi ; et que le malheureux se console d'avoir trouvé un semblable, qui malgré tous les obstacles de la nature, a pourtant fait tout ce dont il était capable pour être admis au rang des artistes et des hommes de valeur — vous, mes frères Carl et [Johann], dès que je serai mort et si le Professeur Schmidt vit encore, priez-le en mon nom de décrire ma maladie, et joignez son récit à cette présente feuille, afin qu'au moins le monde se réconcilie autant que possible avec moi après ma mort — en même temps, je vous déclare ici tous deux héritiers de ma petite fortune (si l'on peut l'appeler ainsi), partagez-la loyalement, et supportez-vous et aidez-vous l'un l'autre, tout ce que vous avez fait qui me répugnait, vous le savez, vous a été pardonné depuis longtemps, toi frère Carl, je te remercie encore particulièrement pour l'attachement que tu m'as témoigné ces tout derniers temps, je vous souhaite une vie meilleure et moins soucieuse que la mienne, recommandez à vos enfants la vertu, elle seule peut rendre heureux, pas l'argent, je parle par expérience, c'est elle qui même dans la misère m'a élevé, je remercie autant que mon art, pour m'avoir fait éviter le suicide — adieu et aimez-vous, — je remercie tous mes amis, en particulier le Prince Lichnowski et le Professeur Schmidt. — Je souhaite, si vous le voulez bien, que les instruments du Prince L. soient conservés par l'un de vous, mais qu'il ne s'élève à cause de cela aucune dispute entre vous, dès qu'ils pourront vous être utiles, vendez-les tout simplement, comme je serais heureux de pouvoir encore vous rendre service sous la tombe — s'il en va ainsi, et avec joie que je m'empresse vers la mort — mais si elle vient avant que je n'aie eu l'occasion de faire éclore toutes mes facultés artistiques, alors, malgré ma rude destinée, elle vient encore trop tôt, et je la souhaiterais volontiers plus tardive — pourtant, ne serais-je pas alors aussi content, ne me délivrerait-elle pas d'une souffrance infinie ? — viens quand tu veux, je vais courageusement vers toi — adieu et ne m'oubliez pas tout à fait une fois mort, j'ai mérité cela de vous, parce que j'ai souvent, dans ma vie, pensé à *vous rendre heureux, soyez-le* — Ludwig van Beethoven, Heiligenstadt, le 6 octobre 1802. » Quatre jours plus tard, il écrivit sur un billet ces autres mots hachés par les tirets : « *Heiligenstadt, le 10 octobre 1802.* — *Ainsi je te fais mes adieux* — *et certes tristement* — *oui, à toi, espérance aimée* — *que je portais avec moi jusqu'à présent* — *l'espérance d'être guéri au moins jusqu'à un certain point* — *elle doit maintenant me quitter complètement, comme les feuilles d'automne tombent et se flétrissent, elle aussi est morte pour moi, presque comme je suis venu ici* — *je m'en vais* — *même le grand courage* — *qui m'animait souvent durant les beaux jours d'été* — *il a disparu* — *ô Providence !* — *laisse-moi une fois goûter la joie d'un jour pur* — *cela fait si longtemps que la résonance intérieure de la vraie joie m'est étrangère* — *oh ! quand* — *oh ! quand, ô Dieu !* — *pourrai-je dans le temple de la nature et des hommes l'éprouver à nouveau* — *Jamais ?* — *Non* — *oh ! cela serait trop difficile.* — » Si vous vous avisiez de faire des recherches sur les lettres d'adieu écrites par des suicidés, vous n'en trouveriez pas beaucoup. Je ne parle pas des êtres imaginaires, comme il s'en trouve dans les romans. Esther et Lucien, dans *Splendeurs et misères des courtisanes*, en composent chacun une : cinq grosses pages pour la première, trois grosses pages pour le second. Si je ne devais en garder qu'une dans la littérature, ce serait celle qui figure dans la nouvelle *Suicides* de Maupassant (vous la retrouverez dans le recueil *Les Sœurs Rondoli*), l'une des plus longues et des plus intenses qu'il m'ait été donné de lire. Il s'agit d'« *une lettre trouvée sur la table d'un de ces "suicidés sans raison", et écrite pendant la dernière nuit, auprès du pistolet chargé* », qui « *ne révèle aucune des grandes catastrophes qu'on cherche toujours derrière ces actes de désespoir* », mais qui « *montre la lente succession des petites misères de la vie, la désorganisation fatale d'une existence solitaire, dont les rêves sont disparus* », qui « *donne la raison de ces fins tragiques que les nerveux et les sensitifs seuls comprendront* ». La voici : « *Il est minuit. Quand j'aurai fini cette lettre je me tuerai. Pourquoi ? je vais tâcher de le dire, non pour ceux qui liront ces lignes, mais pour moi-même pour renforcer mon courage défaillant, me bien pénétrer de la nécessité maintenant fatale de cet acte qui ne pourrait être que différé. [...] Depuis quelques années déjà un phénomène se passe en moi. Tous les événements de l'existence qui, autrefois, resplendissaient à mes yeux comme des aurores, me semblent se décolorer. La signification des choses m'est apparue dans sa réalité brutale ; et la raison vraie de l'amour m'a dégoûté même des poétiques tendresses.* — *Nous sommes les jouets éternels d'illusions stupides et charmantes toujours renouvelées.* — *Alors, vieillissant, j'avais pris mon parti de l'horrible misère des choses, de l'inutilité des efforts, de la vanité des attentes, quand une lumière nouvelle sur le néant de tout m'est apparue, ce soir, après dîner.* — *Autrefois, j'étais joyeux ! Tout me charmait : les femmes qui passent, l'aspect des rues, les lieux que j'habite ; et je m'intéressais même à la forme de mes vêtements. Mais la répétition des mêmes visions a fini par m'emplir le cœur de lassitude et d'ennui, comme il arriverait pour un spectateur entrant chaque soir au même théâtre.* — *Tous les jours, à la même heure depuis trente ans, je me lève ; et, dans le même restaurant, depuis trente ans, je mange aux mêmes heures les mêmes plats apportés par des garçons différents.* — *J'ai tenté de voyager. L'isolement qu'on éprouve dans les lieux inconnus m'a fait peur. Je me suis senti tellement seul sur la terre, et si petit, que j'ai repris bien vite la route de chez moi.* — *Mais alors l'immuable physionomie de mes meubles depuis trente ans à la même place, l'usure de mes fauteuils que j'avais connus neufs, l'odeur de mon appartement (car chaque logis prend, avec le temps, une odeur particulière), m'ont donné, chaque soir, la nausée des habitudes et la noire mélancolie de vivre ainsi.* — *Tout se répète sans cesse et lamentablement. La manière même dont je mets en rentrant la clef dans la serrure, la place où je trouve toujours mes allumettes, le premier coup d'œil jeté dans ma chambre, quand le phosphore s'enflamme, me donnent envie de sauter par la fenêtre et d'en finir avec ces événements monotones auxquels nous n'échappons jamais.* — *J'éprouve chaque jour, en me rasant, un désir immodéré de me couper la gorge ; et ma figure, toujours la même, que je revois dans la petite glace avec du savon sur les joues, m'a plusieurs fois fait pleurer de tristesse.* — *Je ne puis même plus me retrouver auprès des gens que je rencontrais jadis avec plaisir, tant je les connais, tant je sais ce qu'ils vont me dire et ce que je vais répondre, tant j'ai vu le moule de leurs pensées immuables, le pli de leurs raisonnements. Chaque cerveau est comme un cirque, où tourne éternellement un pauvre cheval enfermé. Quels que soient nos efforts, nos détours, nos crochets, la limite est proche et arrondie d'une façon continue, sans saillies imprévues et sans porte sur l'inconnu. Il faut tourner, tourner toujours, par les mêmes idées, les mêmes joies, les mêmes plaisanteries, les mêmes habitudes, les mêmes croyances, les mêmes écœurements. [...] Quand je fus assis dans le fauteuil où je m'assois tous les jours depuis trente ans, je jetai les yeux autour de moi, et je me sentis saisi par une détresse si horrible que je me crus près de devenir fou.* — *Je cherchai ce que je pourrais faire pour échapper à moi-même ? Toute occupation m'épouvanta comme plus odieuse encore que l'inaction. Alors, je songeai à mettre de l'ordre dans mes papiers. [...] Mais soudain une enveloppe m'a fait tressaillir. Une grande écriture large y avait tracé mon nom ; et brusquement les larmes me sont montées aux yeux. C'était de mon plus cher ami, celui-là, le compagnon de ma jeunesse, le confident de mes espérances ; et il m'apparut si nettement, avec son sourire bon enfant et la main tendue vers moi qu'un frisson me secoua les os. Oui, oui, les morts reviennent, car je l'ai vu ! Notre mémoire est un monde plus parfait que l'univers : elle rend la vie à ce qui n'existe plus ! [...] Une dernière lettre restait. Elle était de moi et dictée de cinquante ans auparavant par mon professeur d'écriture. La voici : "Ma petite maman chérie,* — *J'ai aujourd'hui sept ans. C'est l'âge de raison,* — *j'en profite pour te remercier de m'avoir donné le jour.* — *Ton petit garçon qui t'adore,* — *ROBERT."* — *C'était fini. J'arrivais à la source, et brusquement je me retournai pour envisager le reste de mes jours. Je vis la vieillesse hideuse et solitaire, et les infirmités prochaines et tout fini, fini, fini ! Et personne autour de moi !* — *Mon revolver est là, sur la table... Je l'arme... Ne relisez jamais vos vieilles lettres.* » Mais cette lettre d'adieu, aussi belle soit-elle, appartient à la fiction. Ce n'est pas ce qui nous intéresse ici. (Il y aurait pourtant beaucoup à dire sur Maupassant, notamment en lisant cette lettre envoyée fin 1891 à Cazalis, peu après avoir tenté de suicider : « *Je suis absolument perdu. Je suis même à l'agonie, j'ai un ramollissement du cerveau, venu des lavages que j'ai faits avec de l'eau salée dans mes fosses nasales. Il s'est produit dans le cerveau une fermentation de sel et toutes les nuits mon cerveau me coule par le nez et la bouche en une pâte gluante et salée dont j'emplis une cuvette entière. Voilà vingt nuits que je passe comme ça. C'est la mort imminente et je suis fou. Ma tête bat la campagne. Adieu ami, vous ne me reverrez pas.* ») Dans le groupe des personnes qui ont existé et qui se sont suicidées, la lettre d'adieu de Kurt Cobain se trouve assez facilement : « *Il y a des années déjà qu'écouter de la musique, ou même en faire ne m'excite plus. Il en va de même pour la lecture et l'écriture, et je me sens coupable de cette situation au-delà de tout ce que les mots pourraient exprimer. [...] La vérité est que je ne peux plus vous tromper, aucun de vous. Ce ne serait pas loyal envers vous ni envers moi. Le plus grand crime serait pour moi de duper ces gens en faisant semblant, comme si je m'éclatais toujours à fond. Souvent, j'ai eu l'impression de passer à la machine à pointer avant de monter sur scène. J'ai fait tout ce qui était en mon pouvoir pour aimer ça. Mon Dieu, croyez-moi, j'ai essayé. Mais ce n'était pas suffisant, même si ça me plaît de savoir que j'ai (que nous avons) touché des gens, que je leur ai donné du bon temps. — Je dois être un de ces êtres narcissiques qui n'apprécient les choses que quand ils sont seuls. Je suis trop sensible. J'ai besoin d'être légèrement engourdi pour retrouver mon enthousiasme d'enfant. Lors de nos trois dernières tournées, j'ai beaucoup plus apprécié les gens que j'ai pu croiser et tous les fans de notre musique. Mais je ne peux échapper à ce sentiment de frustration et à cette culpabilité et, en même temps, à cette empathie que j'éprouve envers tout le monde. Il y a du bon en chacun de nous et j'aime vraiment les gens. C'est pourquoi ça me rend... si triste (triste, petit, sensible, mal-aimé, poisson, Jésus !). Mais pourquoi ne puis-je en profiter, être heureux ? Je ne sais pas. […] J'ai eu du succès et je suis reconnaissant pour tout mais depuis l'âge de sept ans, j'éprouve de la haine pour tout être humain en général. Uniquement parce que les gens semblent éprouver tant de facilité à se côtoyer. Uniquement, peut-être, parce que j'aime trop et que j'éprouve trop de tristesse. Et je vous remercie, depuis le trou qui brûle dans mon estomac malade, pour vos lettres et votre intérêt des dernières années. Mais je suis quelqu'un de trop erratique, un être dépressif qui ne ressent plus aucune passion. Aussi, rappelez-vous que [It's better to burn out than to fade away]. — [Peace, Love, Empathy.] »* — Parmi les plus fameuses figure aussi celle de Stefan Zweig (qui se suicidera avec son épouse). Comme illustration de *La Lyre*, j'avais choisi cette photographie où on les voit allongés tous les deux sur leur lit, morts depuis peu, et exposée, il me semble, au Historisches Museum der Stadt de Vienne. Je l'avais quelque peu retouchée et atténuée pour qu'elle fût moins crue, et il faut bien l'observer pour comprendre de quoi il s'agit. Dans ma chambre à l'ICAM, j'avais punaisé au-dessus de mon lit la lettre qui suit, que j'ai gardée durant plusieurs mois, tant et si bien qu'à la fin je n'y prenais plus garde, comme si elle avait fait partie de moi (ce qui montre combien elle m'avait touché). L'ironie de l'histoire, c'est que je l'avais affichée avant la mort de François, et que le jour où il était venu me raconter son expérience, celle-là même que j'avais enregistrée, elle était apparente (mais dans une police si petite que, de loin, il n'avait pas dû la remarquer). « *Avant de quitter la vie de ma propre volonté et avec ma lucidité, j'éprouve le besoin de remplir un dernier devoir : adresser de profonds remerciements au Brésil, ce merveilleux pays qui m'a procuré, ainsi qu'à mon travail, un repos si amical et si hospitalier. De jour en jour, j'ai appris à l'aimer davantage et nulle part ailleurs je n'aurais préféré édifier une nouvelle existence, maintenant que le monde de mon langage a disparu pour moi et que ma patrie spirituelle, l'Europe, s'est détruite elle-même. Mais à soixante ans passés il faudrait avoir des forces particulières pour recommencer sa vie de fond en comble. Et les miennes sont épuisées par les longues années d'errance. Aussi, je pense qu'il vaut mieux mettre fin à temps, et la tête haute, à une existence où le travail intellectuel a toujours été la joie la plus pure et la liberté individuelle le bien suprême de ce monde. Je salue tous mes amis. Puissent-ils voir encore l'aurore après la longue nuit ! Moi je suis trop impatient, je pars avant eux.* » — Écrite à sa tante la veille de sa mort, celle de Gérard de Nerval ne blablate pas : « *Ma bonne et chère tante, dis à ton fils qu'il ne sait pas que tu es la meilleure des mères et des tantes. Quand j'aurai triomphé de tout, tu auras ta place dans mon Olympe, comme j'ai ma place dans ta maison. Ne m'attends pas ce soir, car la nuit sera noire et blanche.* » — Plus difficile à trouver, il y a la lettre de Romain Gary, écrite avant de se tirer une balle dans la tête le 2 décembre 1980 : « *Jour J. — Aucun rapport avec Jean Seberg. Les fervents du cœur brisé sont priés de s'adresser ailleurs. — On peut mettre cela évidemment sur le compte d'une dépression nerveuse. Mais alors il faut admettre que celle-ci dure depuis que j'ai l'âge d'homme et m'aura permis de mener à bien mon œuvre littéraire. Alors, pourquoi ? Peut-être faut-il chercher la réponse dans le titre de mon ouvrage autobiographique : "La nuit sera calme" et dans les derniers mots de mon dernier roman : "Car on ne saurait mieux dire." — Je me suis enfin exprimé entièrement.* » — Je pense également à la lettre écrite par Camille Desmoulins depuis la prison du Luxembourg, à trois heures du matin. Mais, condamné à mort, il est guillotiné après la Révolution (sa femme le suivra une semaine plus tard), et il ne fait pas, par conséquent, partie des lettres d'adieu de suicidés. (Mais j'incite fortement à la découvrir : elle est sublime et les larmes me montent aux yeux chaque fois que je la relis.) — Je vais provisoirement m'arrêter là. Il ne me reste plus qu'à insérer *le mien*. Oui. *Le mien.* J'ai commencé à rédiger mon testament le 25 janvier 2002. Il s'intitulait *Après mon décès.* Je préfère d'emblée signaler que personne ne l'a jamais lu. La dernière modification de ce document date du 14 novembre 2008. *Je ne le modifierai pas.* Il ne sera plus « actuel », mais c'est le parti que j'ai pris. Depuis six années, bien des choses se sont passées. Tant pis. Pourquoi modifierais-je cet écrit auquel je n'ai pas touché depuis tout ce temps ? Ce ne serait pas honnête. Quoi qu'il en soit, c'est un témoignage *incomparable* sur ma vie (ou plutôt devrais-je dire : mon ancienne vie), et je sais que cela va m'être très pénible de le relire. Pourvu que cela ne me fasse pas pitié, que le côté « mise-en-scène » ne me fasse pas rire, que le ton narcissique et mégalomaniaque ne me fasse pas honte… Parce qu'il n'y aura vraiment pas de quoi rire. Ce n'est pas de la *fiction*. Je fus le produit d'un mélange : un misérable moderne, un être qui possédait davantage que les plus démunis de la planète, un caliméro gothique, un sadique craintif, un doux violent, une étoile sans hydrogène, un vertébré avec trop de ramifications nerveuses, un poète égoïste, un visionnaire au fond d'un trou, un mégot qui se consume, un dément lucide, un trompeur trompé, un nombriliste sans nombril. Je fus l'homme que je porte encore en moi. Je fus un homme parmi les hommes. — « *Après mon décès. — (Écrit, modifié, poursuivi les : 25 janvier 2002, 29 janvier 2002, 9 avril 2002, 24 avril 2002, 1er mai 2002, 5 mai 2002, 11 mai 2002, 17 novembre 2002, 12 janvier 2003, 14 janvier 2003, 31 Octobre 2003, 22 mars 2004, 07 avril 2004, 20 janvier 2005, 24 juillet 2005, 21 août 2005, 27 août 2005, 30 Octobre 2007, 20 mars 2008, 14 novembre 2008.) — (Étant donné les différentes époques inscrites ci-dessus, des passages se chevauchent anachroniquement. Ce sera décousu. (Moins que la putain de vie.)) — Ne croyez pas que c'était prévisible, ou ne dites pas que vous ne pouviez l'imaginer. Je ne suis plus ici, et c'est ainsi. Des explications figureront en quantité dans mon journal intime (même si je l'ai arrêté presque définitivement vers le mois de mai 2004). — Je l'écris en ce jour, sachant très bien que l'acte aura lieu un autre. Je ne presse pas, je n'attends pas, je regarde. — Je continuerai de remplir cet acte de foi chaque fois que le temps me le permettra, ou que la nécessité me l'ordonnera. Une révision sera faite tous les x temps. — Chaque personne digne de ce nom (en ma mémoire) qui en fera la demande, en aura un exemplaire. — Je ne pleure pas, je ne suis pas gêné ou décontenancé. Je veux simplement faire ce que n'aura pas fait mon défunt ami : laisser une "pièce à conviction", un "testament". — Je n'en peux plus. La vie n'est pas faite pour moi. Ou je ne suis pas fait pour la vie. Ou alors je suis fait pour une autre vie, qui n'a rien à voir avec celle dans laquelle la plupart des gens de cette Terre vivent. — Tout ce que je laisse, je le destine à mon père et à ma mère. Si ceux-ci, pour certaines choses, ne se sentaient pas capables d'en tirer profit (je pense à mes écrits épars), qu'ils en parlent à Carole. Elle seule, et je n'en suis pas certain, mais c'est une sorte de conviction, si mes parents n'y entendent rien, saura en faire quelque chose. Il y aurait bien eu Agnès, mais je n'y crois plus* ;

je ne pense pas qu'elle le prenne assez au sérieux. Et puis, de toute façon, en faisant le tour des "compétents", de ceux qui sauraient gérer cela dans la famille ou dans les proches, je ne vois personne. — (Je change d'avis : éventuellement, Carole ou Agnès comprendraient, mais je crois que c'est Carole, finalement, qui méritera de fouiller et de tirer quelque chose de mes écrits. Elle est charitable et sait ce que cela en coûte d'être artiste.) — À propos des écrits, voici une liste : — Des cahiers grand format qui figurent le journal intime, ainsi que des petits cahiers. (Il y a aussi deux ou trois passages sur l'ordinateur, le premier livre du journal et la correspondance.) Cela représente, en taille normale, des milliers de pages. Je considère mon journal comme le point (et le pont) important de ce qui me survivra, d'autant que mes autres écrits, qui sont sûrement mieux rédigés, mais qui ne reflètent pas suffisamment ce que j'aurai été ces dernières années (abstraction faite des derniers temps du journal (au crayon de bois dans les carnets), qui aura été télégraphique). — Les romans, les nouvelles, les poèmes, les essais, le théâtre, la correspondance (je ne les décris pas exhaustivement pour l'instant, cela m'ennuie)... Tout cela est considérable à ce jour (je n'ai que 23 ans) et il faut y accorder la plus grande importance. — Celui ou celle qui sauvegardera mes écrits, me sauvegardera aussi par la même occasion. — Il y a peut-être des lettres perdues, que l'on m'a écrites ou que j'ai écrites, mais vu que je n'ai jamais aimé écrire des lettres, peu de personnes en auront d'intéressantes : Clémence, Carole, Agnès, Françoise, Éva ?... (Je ne parle pas des courriers électroniques, innombrables, mais qui me répugnent à l'idée.) — Que l'on ne garde de moi que ce que l'on ne situe pas dans notre monde. (Voici une demande de schizophrène !...) — Je voudrais esquisser un portrait de toutes les personnes à qui je dois au moins quelque chose (les personnes physiques : amis, famille, relations, etc.)... Je le ferai plus tard, — si j'en ai le temps. — Je ne veux pas de messe à l'Église lors de l'enterrement. Je voudrais que l'on projetât le film, avec les personnes conviées, où je suis encore un enfant ; que l'on accrochât au mur toutes les photos possibles, celles que chacun possède, afin de remplir l'espace de mon être : les gens communieront ainsi de toute la force imaginable. (Ce n'est pas une prétention ; ce seront les derniers temps "physiques" de mon être, de mon avoir été, de mon ego.) Je veux être incinéré. — Donner à la Science si nécessaire et possible, mais sans me charcuter. — Mettre de la musique [cela n'a pas été mis à jour au 14 novembre 2008, mais il suffit plus ou moins de regarder mon compte sur lastfm] (quasiment la chose la plus importante de ma vie, la plus présente, la plus vivante, — ce qui m'emportait partout (mais je me rends compte maintenant que certains autres groupes sont apparus, dont il faudra que je parle si j'en ai l'occasion)) : l'un des deux premiers albums de Fiona Apple, quelques sonates de Beethoven (durant le film), les chansons de Pearl Jam que je préférais (Immortality, Nothingman, Wishlist, Off he goes...), Bach (les Variations Goldberg jouées par Glenn Gould). (Penser à toutes ces chansons qui me transportent : une ou deux d'Alice in chains (Down in a hole...), de Creed (Arms wide open...), de Guns'n roses (November rain, Don't cry...), de Thornley (presque tout), de Kutless (presque tout), de Radford (presque tout), de Marilyn Manson (les ballades), de Vertical Horizon (tout), de Sophia (tout), de Brother Cane (presque tout), Cold (A different kind of pain, la chanson)... Radiohead, Spain, Bush, Staind, Elliott Smith, Lifehouse, Seventh Day Slumber... Etc. Anthony saura faire un choix digne de moi et de notre amitié. À ce propos, je repense au refus du prêtre, lors de l'enterrement (à l'église) de François, de passer l'un de ses groupes préférés : Dr Dre. Et je le répète : pas de prêtre, rien qui ait un rapport avec la religion. Je n'ai jamais accepté ce que l'on a fait avec François. Il faudrait organiser les funérailles en deux fois, toujours en nombre restreint. Une première fois avec les personnes que je vais citer ci-dessous ; une seconde avec celles que l'organisateur de l'enterrement (mon père ?) aura cru bon d'ajouter. Je ne force personne. Je ne veux pas d'individus qui ne me connaissaient qu'à moitié et qui se lamentent pour la beauté du geste (encore de pâles visions de François), qui sentent l'hypocrisie du moment. Et que tout le monde sache été heureux : on n'y peut plus rien faire (fin de Philadelphia). — Liste des gens (j'y reviendrai si j'en oublie) par ordre d'importance pour les "invitables" (ensuite les seuls pour un comité des "élus" (les seuls qui peuvent avoir un exemplaire de cet acte de plusieurs pages)) : (Dont quelques noms se retrouveront dans mon annuaire si la personne qui s'en occupe ne les connaît pas tous.) — Alain Pichavant, Anne-Marie Pichavant, Carole Rousseaux, Agnès Quillard, Laurent Mellier, Emmanuel Coursan, François Bernier, Patricia Bernier, Norbert Bour-geais, Jacqueline Bourgeais, Fernand Mellier, Marie-Thérèse Mellier, Soizic Douault, Anthony Lagadec, Guillaume Gaborit, Clémence Joste, Madame Poulain, Laurent Challet, Jean Bodin, Aurélie Picard, Stéphane Mellier, Elisabeth Mellier, Jean-Pierre Mellier, Odile Mellier, Guillaume Pichavant, Anne-Laure Mellier, Simone Guérinet, Roselyne Pichavant, Gwenaël, Jean-Pierre Lépinay, Isabelle Lépinay, Françoise Bodin, François Poupard, Benoît Henrio, Christophe Pannelay, Christophe Lehay, Chris Van Birwliet, Nicolas Brenner, Marie Scordia, Nicolas Moreau, Mélodie Rival, Émilie Guichard, David Petiteau, M. et Mme Iemolini, M. et Mme Bordage, Jérôme Marché (j'ai très souvent rêvé de lui, ceci expliquant cela), MM. Loirat et Jubert, Élisabeth Monot, Véronique Bondu, Manuel Trillard, Stéphanie Brunet, Sébastien Bouisset, Olivier Méaulle, David Blouin, Pascal Moriceau, Damien Grandin, Adrien Fitos... J'en oublie un peu (notamment du CFA). (J'ai rayé Flamine Poulain, qui, bien que très importante à une certaine période de ma vie, ne mérite pas d'y assister. Je ne veux rien d'elle, on ne s'est plus parlés depuis un an, je ne veux pas qu'elle aille où que ce soit et jamais sur ma tombe. De même pour Gwendoline Sébille.) Ne pas oublier les cousins, cousines, etc. Finalement, toute personne de la famille est invitée (voire Robert Pichavant, s'il est encore en vie.) Je ne veux pas que, comme, pour diverses raisons, les familles sont partagées (inter ou intra), il y ait quelque animosité que ce soit. Mais l'événement étant particulier, je crois que tout se passera bien. — Les numéros de téléphone sont dans le répertoire de mon portable (code : "1903"). (Mot de passe de presque tout : "..." (le nom dont m'affublaient facilement mon père ou ma mère.) — Je suis par avance désolé pour celui qui devra s'en charger. Je suis désolé. (J'imagine les démarches qui alourdissent une peine, un deuil.) — Les élus : — Alain Pichavant, Anne-Marie Pichavant, Flamine Poulain, Carole Rousseaux, Agnès Quillard, Laurent Mellier, Emmanuel Coursan, François Bernier, Patricia Bernier, Norbert Bourgeais, Jacqueline Bourgeais, Fernand Mellier, Marie-Thérèse Mellier, Soizic Douault, Anthony Lagadec, Guillaume Gaborit, Nicolas Moreau, David Petiteau, Benoît Henrio, Guillaume Pichavant, Stéphane Mellier, Élisabeth Mellier, Aurélie Picard, Roselyne et Gwenaël. (Et François Ménard, en pensée.) Et MM. Loirat et Jubert. Et certains autres : Manuel Trillard, etc. — Si j'ai de l'alcool dans le sang le jour dernier, c'est normal : je ne m'imagine pas intenter à mes jours sans avoir bu énormément. L'alcool ne peut être tenu comme une cause du suicide : c'est uniquement un moyen. Il faut affronter la pire chose au monde : à l'aide de quoi vaincriez-vous la mort ?... (Ernest Hemingway.) Je bois de plus en plus : il faut se faire une raison raisonnable !... (On ne se suicide pas parce que l'on boit ; on boit parce que l'on se suicide.) — Quand il y a eu une prohibition de l'alcool en Russie, il y a quelques années, il a été vérifié que les suicides baissèrent de façon évidente (en corrélation). — Celui qui meurt comme je le fais, est un héros. (Sous-entendu : quelqu'un de malheureux comme moi, d'exigeant, de capricieux, de déraisonnable, qui croyait tant en tout, qui avait une foi en lui et en les autres si forte, — ébranlée, — qui voulait et qui ne pouvait pas, jusqu'à ce qu'il ne pût plus.) Ce qui est absurde (mais le monde est absurde), c'est que j'avais tout ce dont peuvent rêver certains individus : la beauté, l'intelligence, l'humour... J'aurai su incarner un idéal pour beaucoup de femmes, j'aurai été jalousé par nombre d'hommes. Mon orgueil m'aura poussé trop loin. Sans être le moins du monde paranoïaque (?), je crois que la Terre était contre moi ou mon génie. Ce ne sont pas les meilleurs qui gagnent. Quelle désopilante destinée pour ceux qui surpassent !... Tel est le sort : les gens veulent du normal ; les gens ne comprennent pas que l'on puisse réfléchir ; les gens imaginent que la philosophie n'est bonne que pour les marginaux qui ont perdu la tête. S'ils savaient que ce sont eux, les fous, qui ont perdu la tête !... — Quel dommage que cette lettre d'adieu ait été écrite avant, longtemps avant !... et quel dommage qu'elle soit si mal écrite !... (Le comble). — Ce que j'attendais de la vie ? Du temps et de l'argent pour me consacrer à la seule activité vitale à mes yeux (ne parlons pas d'une personne n'aura compris, malheureusement) : l'écriture. (Le temps, même, aura éteint, au fur et à mesure, cette destinée.) Mais j'ai compris cet adage : la vie n'est pas faite pour les malchanceux, les cérébraux de la métaphysique, les jeunes pleins d'enthousiasme. Plus on vise haut, plus on se fait mal. La vie est pour les ratés. (Je ne dis pas cela parce que je l'ai fait ; je ne dis pas cela parce que le suicidé sentait les suicidés précédents comme des exemples ; je dis cela parce que cela est. — Lire Cioran, le facile et lâche, et n'en pas revenir.) — Penser et mourir. — Je ne vais pas "rejoindre François", mais au moins il aura eu ce mérite (comprenne qui me comprendra) : me montrer qu'il est possible de ne plus souffrir. — Lisez tous Schopenhauer, en hommage au semi-philosophe que j'aurai incarné, — s'il vous plaît. — Les gens ne voient pas que je vais mourir, me tuer. Ils se voilent la face. Je parais tout heureux et c'est le contraire. (À l'instar d'Emmanuel qui n'avait pas remarqué mon plongeon dans le gouffre après la mort de François.) — Je ne suis pas repentant, mais je suis désolé pour ce que j'aurai pu faire de mal aux gens... Pardonnez-moi : Carole, Agnès, Marie, Flamine, mon père, ma mère, etc. Pardon parce que j'ai beaucoup menti, — comme tout être humain digne de ce nom. — Certains n'auront pas compris que l'on puisse avoir de spleens récurrents (Flamine). — Que faire pour eux ? — puisque je l'ai fait ?... — En me lisant honnêtement et pleinement, en lisant ce que j'aurai lu, vous serez avec moi. Je sentirai vos larmes, vos souvenirs, je serai heureux si vous l'êtes. — Il me semble aisé d'écrire cette lettre, qui pourtant signifie tant (ou tout). Peut-être parce qu'il me semblerait aisé, une fois quelque peu soûl, avec un pistolet à la main, de me tirer une balle dans la tête. — Qu'il est simple de faire compliqué !... Et qu'il est compliqué de faire simple !... — J'essaierai de mourir sans faire subir aux autres (que je ne connais pas ?) une quelconque blessure. — J'aurais voulu écrire un Journal d'un suicidé pour que l'on comprît mieux, au-delà de ce qu'apporteront mes autres écrits, mes autres "moi". Mais je ne crois pas que je le ferai... Le temps m'est salement compté. — Il me faudra certainement un pistolet ; je le tiendrai longtemps contre ma tempe (droite ?) ou sous le menton. (Le moment du suicidaire, le plus pénible : réfléchir la corde au cou, le corps au-dessus du parapet, le pistolet contre la tempe, etc. On ne pense jamais à cela. C'est le plus atroce.) Ma figure sera abîmée, mais qu'y puis-je ? (...) Ce qui me dérangerait fût qu'un proche dût reconnaître mon corps lors du décès, et que pour cela il fût obligé de me voir ainsi (et de faire des cauchemars toute sa vie ?). — L'autre moyen, ce serait de se jeter d'un endroit tel qu'un pont (François), ou un immeuble, ou un édifice assez haut. (Je ne veux certainement pas d'un suicide qui rate : ceci est réservé aux faibles.) Mais je m'imagine plus souvent ce moyen-ci que le premier — et c'est celui qui me fait le plus peur parmi les "envisageables". C'est la chute qui doit paraître longue. (Remords ?) — Me pendre, je ne le pourrai jamais ; ni me noyer (trop atroce, trop idiot, trop de souffrance) ; ni prendre des médicaments (pour les faibles, encore une fois, les femmes), ni foncer dans un mur en voiture. — Que personne ne culpabilise. Si cela devait être, que chacun le fasse en même proportion que son voisin, car s'il y a des coupables, tous le sont identiquement. C'est souvent l'histoire de "la goutte d'eau qui fait déborder le vase". — J'aimerais que l'épitaphe fût choisie avec soin ; je vais tenter d'en donner quelques exemples. Je ne suis pas heureux des tombes (pierres tombales, cercueils, cimetières...) ; encore très jeune, les cimetières exercèrent une fascination à mes yeux. Aujourd'hui, ils ne sont guère plus que des ramassis de souvenirs ou des prétextes de silence en été, la nuit tombée. La dernière fois, il y a quelques jours, c'était avec ma mère, en sortant du bureau de vote, bien plus parce qu'il faisait beau et que nous étions à pieds. François est enterré depuis plus d'un an et je ne suis plus allé le voir depuis la cérémonie. — Pour en revenir à l'épitaphe, puisqu'il faut une sépulture, je choisirais bien entre des mots philosophiques glaciaux et des espèces de calembours. Pour ce dernier, je songe aux mots de Napoléon Bonaparte : "Rien n'est plus difficile que de se décider." Ce serait un peu macabre pour ceux qui sauront, et un peu amusant pour les inconnus (rares). Pour le premier point, quelques paroles de Schopenhauer me feraient le plus grand plaisir. Je ne sais encore aujourd'hui ce qu'il faudrait. (Dépêche-toi, Julien, tu n'auras qu'une phrase banale... La banalité, en ce monde !...) — ("Tout le bien qu'il fit, il le fit mal.") — Tout ce que j'édicte ici, si j'ose dire, pourra, par malchance, n'être aperçu qu'après ma mort, et bien longtemps après. Je supplie simplement de changer le plus de choses possibles en fonction de ce que j'ai proposé dans ces lignes. Merci. — Mes rêves me travaillent en cela qu'ils évoquent régulièrement des points obscurs ou clairs qui, amalgamés, forment un je-ne-sais-quoi de mystérieux, de délicat, de fatal. En dehors de ces manoirs qui me reviennent le plus souvent entre tous, où je suis poursuivi par toutes sortes de personnes antipathiques, où j'en rencontre régulièrement à mon passé lointain, où je me cache dans des cages d'escaliers, où il y a des couloirs immenses, comme des dortoirs, rappelant ici ou là les configurations ou les architectures de bâtiments connus, — en dehors de ceux-là, il y a les rêves qui me dévoilent l'ambiguïté des pensées noires : je cherche le moyen de trouver un revolver, je voyage en hélicoptère ou en ULM, en parachute, en montgolfière, je tombe de très haut, d'un toit, dans les arbres aux feuillages denses ; jamais je ne me fais mal ; soit l'événement onirique s'arrête de lui-même, soit je suis sauf : je ne peux pas mourir en rêve. Mais toujours, des rêves de chutes, de vertiges. — Amer Amen constitue un très bon testament d'occasion. D'aucuns retrouveront dans ces pages une effigie de mon être réel. Par exemple, vers la fin, "Je ne veux pas jeter ou brûler ces feuilles. Je pleure assez comme ça ; c'est mon seul acte de foi, ma seule preuve de vie, de pensées...", ce serait un peu ce que j'écris ici. Ou alors, cette phrase-ci qui pourrait, en rigueur, être placée sur ma tombe : "Si je meurs, si j'ai décidé de mourir, c'est d'abord à cause de vous Autres." — "[...] dans le bonheur que je n'aurai pas su découvrir." Au premier songe, également, est bouleversant d'intégrité. La plupart de mes écrits, avançant dans l'âge, sont des reflets de moi-même, car ils étaient mes seuls confidents sincères, et j'y parlais à nu de moi. — Il faut savoir que depuis la fin de l'année 2001, je me suis vraiment mis à boire. Cela commençait par des bières qui s'éparpillaient sur quelques jours ; puis cela en vint à plusieurs par jour ; puis je commençai plus fortement les whisky-coca et je m'achetai mes premières bouteilles de whisky. En ayant un travail plus tôt, cela ne serait jamais arrivé et c'est ce qui me rend triste (est-ce vrai ? je ne pourrai le savoir). Mon manque de chance depuis la remise du diplôme d'ingénieur (que j'ai consigné dans un petit écrit intitulé La route de malchance [sic]) y est primordial. Ce sera l'une des gouttes d'eau. Cela restera gravé en moi jusqu'à la fin de ma vie. Je n'ai pas eu un seul instant de bonheur depuis dix mois. Pour revenir à l'alcool, je ne peux plus appeler au téléphone sans avoir ingurgité un verre. Le matin, je prenais parfois une bière vers 11H00 ; aujourd'hui, j'en suis à du whisky-coca dès 10H00 si je suis levé assez tôt. J'ai pris un rythme qui est très mauvais. Je me demande si mes insomnies ne sont pas plus grandes quand je n'ai pas bu de la journée. Je note dans mon Journal ce que je bois chaque jour (dans la mesure du possible). Cela revient à quatre ou cinq whisky-coca, à quoi s'ajoutent des bières, etc. — Ce problème de l'alcool a pris de graves proportions à partir de l'année qui a suivi mon diplôme d'ingénieur. Jamais, auparavant, il ne me venait à l'idée de boire pour "être mieux". Cela s'est vérifié complètement dès la fin de mon année de licence de philosophie, durant laquelle j'estimais ne rien avoir à perdre ; et quelque période mauvaise psychologiquement m'amenait à boire, pour un oui ou pour un non. Dès lors, j'ai pris l'habitude d'être soûl, encore aujourd'hui, alors que j'ai le concours dans peu de temps. Même Flamine, ma copine actuelle, est incapable de s'en rendre compte. Je la vois et suis bourré sans qu'elle puisse se douter de quoi que ce soit… — L'alcool est l'un des plus grands fléaux qui soient… Qu'y pouvais-je ?… — Si la personne qui s'occupait de mes écrits, pouvait également s'occuper d'en disséminer ici ou là, ce serait charitable. Je m'explique : La Lyre, — par exemple, plus que tout autre, je crois, car il est révélateur, rapide, résumant, etc., — est un livre de moi que je voudrais que tout membre de la famille, tout proche l'eût parcouru en pensant à moi, en croyant en moi. Si peu de personnes ont lu mes livres… La Lyre, qui l'a lu ? François Bernier, Agnès Quillard, mon père, Carole Menand, Cécile Ménard, Benoît Ninin et Marie Scordia. Amer Amen ? Moins encore. Au premier songe ? Encore moins. Etc. Il n'y a guère que les deux recueils de nouvelles de jeunesse que toute la famille a chez elle, qu'elle a certainement feuilletés dirait-on du geste, dirais-je, et ils ne songent, en écrits, qu'à cela. Quand je dis : "J'ai écrit plus d'une quinzaine de livres", on me regarde les yeux ébaubis, comme si j'apprenais à untel que je n'étais pas l'inconnu présumé. De toute façon, mes parents ne me connaissent que très peu. (Mon père, en lisant Amer Amen, La Lyre, Le Souci de l'âme ou encore La finalité de l'œuvre d'art, a dû se poser des questions cruelles…) — Je ne pus plus, dès ces constats, que dériver l'amour en le tuant à son arrivée : toute histoire de couple ne dure pas, elle est accompagnée de souffrances d'autant plus insurmontables qu'elles ont perduré (par la crainte de la séparation), et je ne veux plus vivre cela. — La famille, autour de moi, n'en est qu'un exemple pitoyable. Mes grands-parents paternels se sont séparés, de telle sorte que je ne pus voir mon grand-père que quelques fois. Mon beau-grand-père, après son divorce, ne revit pas son propre père pendant une très longue période ; mon père ne voit plus son frère ; mon frère ne voit plus son père. La première sœur de mon père est instable psychologiquement (je l'adore), son fils est sans père, son ami (je l'adore) est là pour on ne sait quelles raisons ; la seconde vient de quitter son mari. (Appris qu'elle n'était pas la fille de son père ?) Tout est désordre du côté paternel. Mais ce n'est pas mieux du côté maternel (je n'en dirai rien, seulement ceci : l'apparence est trompeuse). — Si je fais la liste de mes aventures, tout y est noir, en y repensant singulièrement. Et toutes ces amies avaient des antécédents épouvantables (viol, père alcoolique, père mentalement malade, mère sadique, père malade, etc.). Qu'y voulez-vous voir, de merveilleux ? Les contes gorgés [sic] de sorcières et de démons sont autrement plus douillets. — Ne pas oublier que le suicide est dix fois plus fort lorsque l'on est un malade mental (François, pour un exemple sous la main), c'est-à-dire que parmi les suicidés, une large proportion est due à ce manque. — Encore une période douloureuse dont je m'aperçois qu'elle est toujours significative : je suis sans stabilité matérielle, — les rayons d'espoir explosent (la séparation de Patricia et François : il ne me restait plus que leur couple comme promotion d'une faille dans le système de la souffrance : le bonheur était possible ; avec ce déchirement, il ne tient plus à aucun espoir, mon cœur). — Je jette des coups d'œil en bas, du quatorzième étage. J'ai eu de nouveau ces œillères, ces obscurcissements découlant de la prise d'antidépresseurs, que je ne prends pourtant pas. Je suis heureux et malheureux de voir qu'il me suffit d'un mince effort pour sauter du balcon (mais j'appréhende le regard extérieur, je ne veux pas qu'un passant tombe sur mon corps certainement mutilé, disloqué, je ne veux pas qu'il soit choqué pour le restant de sa vie, je ne veux pas l'inclure dans mes souffrances). — Marie et moi qui ne sommes plus ensemble : ceci est un coup qui semble encore plus dur qu'aucun autre. J'avais, il y a encore quelques jours, une nouvelle fièvre de mort : plus rien autour de moi, tout disloqué, même pas envie d'argent, le seul départ pour un bonheur possible. Marie n'étant plus dans ma vie, je me rends compte de ce qu'avait de primordiale sa présence. Elle est partie et le sort m'extermine. Je ne tiendrai pas longtemps, j'attends début février peut-être, et avec le compte qui diminuera, lorsqu'il faudra de nouveau me rendre à l'évidence, maintenant que je ne serai jamais plus ingénieur, que les génies sont abandonnés, je prendrai la dernière décision. Je ne peux faire autrement. Marie aura finalement été, par tout ce que cela représente, le catalyseur de la fin, la goutte d'eau, la démonstration parfaite que tout est absurde ici-bas, que lorsque l'on croit en quelque chose, même une seule chose, tout se casse en mille morceaux. Par exemple, si je demandais à Marie : "Pourquoi ?", ce serait la réponse : "Je ne sais pas." Vous êtes tous des hypocrites et vous préférez à la vie pleine, la vie banale. — Marie a fini de raisonner. Elle était passionnée par ma personnalité, mais elle s'en allait. Fous que vous êtes, la mort vous frappera bien plus rapidement que vous ne le croyez… Sur l'échelle de l'univers, vous viendrez dans quelques millièmes de secondes… Alors pourquoi avez-vous joué, avez-vous fait les fiers ?… Est-ce à cent ans que vous comprendrez un peu la vie ?… (Flamine.) — La vie est absurde. Très, très rares sont les personnes qui ne jouent un jeu, qui ne sont pas hypocrites, qui raisonnent sur leur existence, qui tentent de se comprendre et de comprendre les autres. Ces élus, ces surhommes, pour ainsi dire, sont le fleuron de la conscience — et on les bannit. Je vous hais tous. — Voir que les gens se mentent tous entre eux, voire à eux-mêmes, m'aura été un calvaire. J'espère que l'on pensera à moi comme à quelqu'un qui aura voulu répandre la vérité du mieux qu'il pouvait dans les relations humaines. Certes, j'étais parfois trop agressif, autoritaire, mais ce n'était que de l'enjouement, de l'engouement, une invitation (et Manu me comprendra). — Comment se faire à l'idée que je suis né pour une chose qui n'apporte rien à personne ? Qui s'est intéressé sincèrement à mes écrits ? Personne. Je suis catégorique (et triste en y pensant). Quelle affreuse situation ! Ce par quoi je survivais, on s'en fichait ! Qui pouvait alors s'intéresser à moi ? — Marie, je te laisse ce message : tu ne sais pas ce qu'est la vérité. Tu ne mérites rien, sinon un monde rempli d'individus normaux. Tu n'auras jamais fait l'effort de comprendre. Ton monde est celui de l'Hypocrisie. Restes-y. Nous ne nous reverrons jamais : je suis conduit dans la Haute Sphère. (Aujourd'hui, je dirais de même de Flamine. Est-ce moi qui suis insupportable ?...) — Je sais que le malheur isole. Ne dites pas que j'aurais dû en parler. Je n'ai pratiquement rencontré aucun individu capable de m'écouter. Il eût fallu qu'il eût les mêmes inspirations, aspirations… Je souhaite à ceux qui me ressemblent de réussir. Il ne faudrait pas que nous partissions tous, quand même la Terre ne s'en apercevrait pas. — J'ai, en ce moment, vingt-six ans. C'est beaucoup trop (ici, Roselyne, tu peux comprendre pourquoi cela me faisait si peur). Le Capes est passé. Mais si je dois encore faire une année de licence… etc. Je ne suivrai plus. C'est ainsi. Ma vie est dure à vivre (demandez à Anthony, il me comprend mieux que quiconque). — Il y a un deuxième Capes pour moi dans peu de temps : ça me flingue, je le mérite, et je pense que je peux ne pas l'avoir (puisque c'est un concours). C'est dingue. — À vous, opprimés et rejetés, qui sentez le monde comme s'il était à vous ; qui admirez la nature ; — à vous, Poètes, à vous qui souffrez parce que vous comprenez trop bien, je dis : rendez-vous là-

haut. — *"Il était grand, beau, ténébreux, intelligent, cultivé, fourmillant d'idées, écrivain, littéraire, scientifique…"* — La vie, qui relève autant du paradoxe que de la merde. — *Je vais peut-être me répéter, je ne sais plus : gardez, autant que possible, ma bibliothèque (et mes écrits). Sachez que chacun de mes livres est une partie de moi ; j'ai feuilleté la plupart des pages de cette bibliothèque : ce sera un souvenir intense de moi (comme de me relire).* — *Qui a autant lu ?...* — *Il n'y a pas de lâcheté dans ce geste. Vous devez savoir, j'en suis sûr, combien il est difficile d'oser. Je ne voulais pas me rater. Sauter du quatorzième étage est un acte d'une folie pure, mais c'est le seul viable quand on ne veut pas se rater par les médicaments, ni quand on ne peut par arme blanche. Je suis désolé* — profondément désolé *(pour moi et pour vous)* — si mon corps est défait. *Je ne me savais pas le plus bel homme du monde, mais être mort défiguré me désole…* — *J'aurai bu. J'avais des tendances alcooliques,* — mais comment voulez-vous vous tuer sans boire ? — *Je n'étais pas très sociable. Les gens (de mon entourage ou les autres) me craignaient. J'avais un masque, je le sais. Je voulais critiquer le sens commun et usais de second degré à outrance. Tout le monde me reprochait de ne pas savoir si je disais la vérité ou non. Ceci était valable dans le sens où j'éludais pour faire réfléchir l'autre. Mais j'étais bien trop chiant.* — *N'en vouloir en rien à mon psychiatre (ou autre, c'est-à-dire MM. Loirat et Jubert, ils m'auront été d'une aide incroyable), au contraire.* — *Dire qu'il faut payer quelqu'un pour être écouté !... M. Loirat m'aura donné des médicaments adaptés à mon évolution ; M. Jubert, sans beaucoup parler, puisque c'était une psychanalyse (quasiment une psychanalyse), m'aura touché énormément… Rares, je me répète, sont les gens doués pour recueillir le témoignage d'un individu : ils font davantage : ils lèguent une partie de leur vie à ceux qui imaginent qu'ils n'en ont plus…* — *J'aurai beaucoup travaillé, notamment avec M. Jubert. Mes connaissances sur moi-même ("Connais-toi toi-même") se sont étoffées au fil des ans, grâce aux séances hebdomadaires, aux livres lus. Mais à quoi cela sert-il d'essayer de se comprendre, de comprendre les autres, de comprendre, prétentieusement, la vie ? À rien, à rien du tout,* — tout comme la philosophie ou les mathématiques ne servent à rien dans notre société, alors que ce sont les deux matières les plus importantes au monde, les deux degrés les plus élevés qu'ait atteints la raison humaine. — *L'un de mes plus grands malheurs, c'est d'avoir cerné mes problèmes (ma névrose énorme, surtout) et ceux de mon entourage sans avoir jamais pu changer quoi que ce fût. Ces derniers mois, en compagnie de ma mère et de mon frère et de tout ce que cela impliquait, j'étais le seul à voir.* — *À croire que celui qui cherche vraiment qui il est et peut être, est celui qui est malheureux et incompris,* — *qui doit mourir pour laisser les autres tels qu'ils sont… La conscience malheureuse, forcément (Hegel).* — *À Guillaume, mon frère : teinte ta vie moins enfantinement, regarde des films* durs, *lis des livres* durs, *écoute de la musique* dure. *Tu as été un calvaire pendant une partie de ma vie, mais je te pardonne ; je ne veux pas que tu finisses comme moi. Tu es assujetti à une névrose proche de la mienne, mais plus grave : alors arrête ces jeux : tu es trop intelligent pour t'abaisser comme tu le fais. Quand tu seras assez mûr, fais une psychothérapie, je t'en conjure, je te l'ordonne même. Tu mérites de connaître davantage, tu mérites d'évoluer dans les sommets. Tu as un potentiel hors du commun, sache le faire fructifier. (Je pleure en écrivant cela.)* — *Je n'aurai pas le temps d'écrire ce que je dois à chacun de vous. Les personnes les plus importantes de ma vie se reconnaîtront. Puissiez-vous vous entendre !...* Écoutez votre cœur *: je suis près de vous, de là-haut. Je vous aime. En premier lieu, mon père, ma mère et mon frère. Je vous aime. À la folie. Vous étiez ce que mon cœur voyait le plus. Adieu.* — *Anthony, reste en vie* — *pour moi.* — *Guillaume, je suis là. Soizic, vis heureux.* — *Nicolas, la vie peut être belle* — *si tu le* veux. — *J'ai lu beaucoup de livres. Ne me voyez pas forcément comme une montagne vivante de culture. Mais je vous donne un conseil : ne lisez pas trop, ou alors des policiers, etc. (Mon expérience m'a enseigné que lire des ouvrages "ardus" s'est révélé de plus en plus difficile au fil des années… Le cerveau est moins réceptif, on préfère,* — *il n'y a pire malheur,* — *la télévision…)* — *Je ne sais où aller, pour la première fois de ma vie, réellement, je ne sais plus ce que je veux. Tout est éteint en moi, tout s'est envolé, tout a été consumé. Chaque porte à demi ouverte se referme automatiquement, par manque de chance, par manque d'opportunité, par manque de vouloir, par manque de… Etc.* — *Qu'ai-je fait ?... Qu'ai-je fait pour avoir aussi peu de chance, d'opportunité, de vouloir ?...* — *L'argent est un vilain bandit.* — *Je suis étonné du peu de gens qui savent être là quand quelqu'un va mal. Je le vois en ce moment avec Flamine. Elle n'appelle jamais, comme si elle avait peur de voir de près le "mal". Tout ce que je lui aurai donné en juin et en juillet n'aura été qu'en vain : j'aurai dépensé pour n'avoir plus rien,* — *rien en retour. (Telle situation s'offre des cigarettes à ceux qui disposent de plus d'argent que moi… et je ne récupère rien.)* — *Nous sommes le 21 août et je voudrais tant poursuivre… cet écrit… mais je n'en ai pas la force… À plus tard, s'il y a… un "plus tard"… Etc.* — *Lisez* mes pensées *(tout est dans le répertoire "*écrits*"). Lisez-les.* — *Adieu.* — *Je vous aime.* — *Note : un tel écrit peut valoir comme une preuve de détermination, d'acte réfléchi (en opposition à un geste non réfléchi, etc.). Non. Il n'y a pas de règle pour le suicide. Tout le monde peut y venir et on ne sait jamais vraiment pourquoi (pour quoi). C'est la raison pour laquelle les explications sur les suicides, en général, sont si idiotes.)* — *Comment imaginer que moi, Julien Pichavant, j'aie pu penser au suicide ?... Il y avait des moments,* — *le soir, évidemment, où je calculais le temps (en griffonnant des équations, en évaluant la hauteur) qu'il me faudrait pour tomber du quatorzième étage, à Beaulieu… Deviniez-vous ?... Vous le cachiez-vous ?... Peu importe. J'aimais la vie (et savais la savourer) plus qu'aucun autre, et là est le paradoxe ultime de l'existence. Pessimisme et amour de la vie ne sont pas inconciliables, au contraire.* — *Aparté sommaire : je me suis mis à dos tous les amis de Flamine, sans exception, à part sa mère. Je voulais simplement cracher ma haine à l'encontre d'Alain, une de ces personnes qui sont pléthore dans le monde et qui s'arrêtent aux apparences parce qu'elles n'ont pas assez vécu les choses et parce que l'hypocrisie les gouverne.* — *Nancy : assagis-toi, tu mérites mieux que de la racaille.* — *Ange (qui ne lira pas ceci lui aussi, normalement) : cultive ta personnalité, lis des ouvrages dits "intellectuels", tu seras plus riche, tu seras encore plus un chic type. Le plus grand livre jamais écrit :* Critique de la raison pure. — *Écoutez Beethoven, Bach, Mozart.* — *Lisez Schopenhauer,* — *les livres de ma bibliothèque (innombrables). Lisez* Album d'un pessimiste *(Alphonse Rabbe), par exemple, si rare, si fort,* — *et* Le mythe de Sisyphe *(Albert Camus).* — *N'ayez pas peur des ouvrages concernant le suicide, que j'avais à disposition. Le suicide est un problème crucial de la société, et ce, de tous temps, mais surtout en notre ère moderne de valeurs perdues.* — *Mes derniers écrits, ceux dont je suis le plus fier, marquant la deuxième moitié de 2004 et l'année 2005, sont mes poèmes. J'y ai puisé, lors des périodes difficiles, mes vestiges de ressources. Depuis déjà quelques années, mes poèmes sont le seul moyen, en écriture, de me préserver, de me concentrer sur un thème choisi (et chéri).* — *(Écrits à la manière d'Éluard ou d'Apollinaire, ils sont un reflet de moi-même, et j'ose me pardonner, dans leur veine, à Alfred de Musset.)* — *Je ne suis pas un lâche,* — *s'il vous plaît ne pensez pas cela. Ma mère (et bien d'autres, qui ne le disent pas ouvertement) m'a fait mal (tout autant que je lui en avais fait, à tout dire, car un fils ne doit pas parler de cela) en racontant que celui qui se suicidait était un lâche (que je le serais, par conséquent).* Je ne suis pas un lâche. *Je pense aux moments affreux que vivront ceux qui me survivront, et j'en suis* singulièrement désolé. *Chacun est maître de son destin dans les limites qui lui sont octroyées. — Nous sommes tous plus ou moins égaux. Pour moi, cela s'est joué sur des riens. J'en ai eu plus que les autres, voilà tout... — Papa, maman, frérot : JE VOUS AIME, je vous aime............ — (À reprendre.) — (Dernier Nota Bene : Cette "lettre", avatar de testament prémédité, est longue. Elle a pour nom "Après mon décès"; elle m'a suivi tout ce temps...) — 30 Octobre 2007. — Ma grand-mère maternelle, mamie Thérèse, est décédée il y a quelques jours. Je ne pourrais décrire ici la douleur que j'ai ressentie et que je ressens encore aujourd'hui. Tout ceci me rappelle la mort de François et j'ai déjà analysé mon mal-être dans La Lyre. Moi qui avais arrêté de fumer pendant quatre mois, j'ai commencé à reprendre,* — *ajouté à la boisson. — Les doutes se font plus forts, comme si j'assistais à une crise du trentenaire, et cela fait plusieurs semaines que cela dure. Cela n'en finira jamais, mon spleen part, revient, depuis des années. — Je crois que les personnes à qui j'étais cher essaieront de lire ce que j'ai écrit, dont mon journal, etc. Qu'ils y fassent attention. Dans ma vie, il y eut une période durant laquelle j'abhorrais mon frère; une autre, mon père; une autre, ma mère. Etc. Mais au final, il n'en est rien. Je les aime plus que tout au monde. C'est simplement que l'affectivité est différente selon mon propre climat intérieur. — Combien à retoucher dans ces pages ! Par exemple, que mamie soit là même si elle n'est plus là, parce qu'elle sera toujours là. — La musique me tient. — Je cherche sans trouver. Trouver quoi ? Justement, je cherche* — *dans le vide. Je me vide. Je suis là et las. Je me sens seul, seul, seul. — Parfois, je me cherche en moi, dans mes écrits; parfois, dans les autres. — Je ne suis plus celui que je désirais être. L'écriture m'a quitté, c'est déjà le plus terrible. La jeunesse se passe... et amène à l'amertume, au regret, à la rancœur, au dégoût. Je suis blasé comme on ne saurait l'être. Même en amour... que je cherche... que j'ai su trouver ici ou là... Même en amour, il n'y a rien. Rien à espérer. J'ai multiplié les aventures. Pour rien. — 20 Mars 2008, un jour après mes fatidiques 30 ans. Je dois gérer quatre relations en même temps et trois de ces femmes souffrent à cause de moi, je ne leur donne pas ce qu'elles voudraient que je leur donnasse, mais je préfère la solitude au couple. — La solitude est aussi impossible que quoi que ce soit d'autre. — 14 novembre 2008, je suis au plus mal. Je n'avais pas connu ce genre de spleen auparavant. Rien ne m'est plus proche que la mort, et que la vie, aussi contradictoire que cela puisse paraître. La vie m'est détestable. Parce que je la pense, la réfléchis, plus que je n'y pense, ni n'y réfléchis. J'ai vieilli. Je n'aspire plus à rien. Mes ambitions sont mortes. Je suis par conséquent mort. — Je suis trop nostalgique, trop mélancolique. Je n'en peux plus, l'existence est trop lourde à penser, mais je ne peux pas faire autrement. Ah, si je n'étais pas né !... Je supporte de moins en moins mes collègues, qui pleurnichent pour des broutilles (le syndrome du Chaix, c'est pitoyable). L'existence est amèrement et autrement plus délicate à gérer que leurs soucis puérils. Mais c'est qu'ils ne perçoivent pas l'ampleur de l'être. L'être, ce qui m'a fait mourir. (J'ai 30 ans.) — La vie est absurde. — Jean Valjean et les deux chandeliers de l'évêque Myriel : "C'est à elle que je lègue les deux chandeliers qui sont sur la cheminée. Ils sont en argent; mais pour moi ils sont en or, ils sont en diamant; ils changent les chandelles qu'on y met, en cierges. Je ne sais pas si celui qui me les a donnés est content de moi là-haut. J'ai fait ce que j'ai pu. Mes enfants, vous n'oublierez pas que je suis un pauvre, vous me ferez enterrer dans le premier coin de terre venu sous une pierre pour marquer l'endroit. C'est là ma volonté. Pas de nom sur la pierre."* » — Une vingtaine de pages pour exposer ma souffrance, ma volonté d'en finir. Ce n'était finalement *rien*, mon petit Julien, quand bien même ce serait *énorme*. Regarde où tu en es à présent : *cent fois plus* ! Tu es le *Justificateur*, c'est-à-dire l'homme qui devait sans arrêt justifier son existence, son être, son mal-être, *dans l'espoir de comprendre*. Comprendre quoi ? Le monde, toi. « *L'être, ce qui m'a fait mourir.* » Quoi que tu essayasses, comment pouvais-tu lutter ? *Il n'y a pas de justification*. — « *La vie est absurde.* »

* * * * *

Dans *La Lyre*, j'avais également testé : « *Je veux donner tout ce que j'ai à mon père : mes livres, mes meubles, mon journal, mes écrits,* — *tout. J'accepte cependant qu'il en donne une partie à Agnès. Et surtout je souhaite que tous mes écrits soient respectés; que mon journal soit recopié lisiblement; que rien ne soit jeté ou brûlé; que mon image survive par mon écriture. L'écriture sauvegardera ce que j'aurai été. — J'ai peur qu'il en soit autrement. Mes écrits et mes livres sont tout.* » Peu de choses ont changé aujourd'hui en ce qui concerne cette dernière affirmation. — « *Tester* » : « *Déclarer par acte ce que l'on veut qui soit exécuté après sa mort.* » Ce n'est que depuis les années 1950 que l'on emploie aussi ce mot dans le sens de « *faire passer un test* », c'est-à-dire une « *épreuve* », ce qui explique que Littré n'en donne que la définition reproduite ci-dessus. Tant et si bien que je teste doublement : j'examine le monde et prépare ma mort inéluctable. — Tout préparer... « *Mon mot d'adieu, sur le lit de mort, prononcé à moi-même, avec un sourire aux lèvres : "C'était ça."* »

* * * * *

« *Amis, un dernier mot !* » Amis, laissez-moi écrire encore ! Cela n'a ni queue ni tête ? Je n'écris que pour moi-même ? Ce n'est pas grave : *cela me tient*. — « *Amis, un dernier mot ! — et je ferme à jamais / Ce livre, à ma pensée étranger désormais.* » Pour me libérer, j'écrirai ces mots, un jour. Un jour prochain... — Je préfère continuer jusqu'à ce que mes forces m'abandonnent, ou que mon inspiration tarisse, ou que le profit devienne nul. — Julien, poursuis tes divagations, continue de philosopher. « *Ainsi donc il faut philosopher, ou bien s'en aller d'ici-bas en disant adieu à la vie, puisque tout le reste paraît un amas de futilités et de frivolités...* » Au nom d'Aristote, qui fut peut-être un suicidé, j'accepte cette invitation à la philosophie : je tiendrai bien...

* * * * *

Amis ! Un dernier mot ! Last words, last words, last words... « *Amis ! Je suis à cette heure devant le voile, et je m'apprête à le lever afin de voir si par-delà il y a plus de quiétude que de ce côté-ci.* » Quel est ce *Discours d'un suicidé composé peu avant l'acte* ? C'est le discours d'un Lichtenberg égal à lui-même, la tête mélancolique posée sur le poing. « *Ce n'est point là l'impulsion d'un fol désespoir et je connais trop bien la chaîne de mes jours à partir de ses quelques maillons. Je suis las de poursuivre et mon étoile doit s'éteindre ici, ou survivre de peu à la nuit. Reprends, ô Nature, la matière qui me compose, replonge-la* dans la masse de l'Être, fais-en un arbuste, une nuée, ce qui te plaît, fût-ce un homme, mais non plus moi-même. Merci à toi, Philosophie, nulle pieuse bouffonnerie n'entrave désormais le cours de mes pensées. Il suffit. Je crois ne rien craindre, bien, levons alors ce voile ! » — Lichtenberg a toujours défendu le suicide et y a beaucoup songé, surtout vers la fin de la vingtaine. La mort, secrètement, l'a toujours attiré comme un aimant (et une amante). « Écolier, j'ai déjà soutenu des pensées suicidaires diamétralement opposées à celles communément acceptées dans le monde, et il me souvient d'une dispute latine sur le suicide où je cherchai à le défendre. Je dois cependant avouer que la conviction intime de la justesse d'une opinion (comme les lecteurs attentifs l'auront remarqué) possède souventefois son fondement ultime dans un quelque chose de sombre, dont l'éclaircissement est la plus malaisée des choses, puisque la contradiction que nous remarquons entre le clair énoncé et notre vague sentiment nous laisse croire que nous n'avons point encore trouvé le tour qui convienne. En août de l'an 1769, et durant les mois qui suivirent, j'ai plus songé au suicide que jamais auparavant ; j'ai toujours trouvé au fond de moi qu'un homme chez qui l'instinct de survie était si affaibli qu'il pouvait le subjuguer sans effort pourrait se donner la mort sans que cela soit un péché. Si une faute a été commise, elle remonte beaucoup plus loin. Chez moi, c'est sans doute une représentation par trop joyeuse de la mort, de sa venue et de sa légèreté qui fait que je pense tant au suicide. Tous ceux qui n'ont avec moi aucun commerce intime, mais ne me connaissent qu'en sociétés nombreuses, s'étonneraient que je puisse tenir un tel langage. Monsieur Ljungberg seul sait que penser à la mort est l'une de mes méditations chéries, et que je puis parfois tant m'absorber dans cette songerie qu'il semble que je ressente les choses au lieu de les penser : alors, pour moi, les demi-heures s'envolent comme les minutes. Ce n'est point là une triste crucifixion de moi-même dont j'aurais caressé mes désirs, mais plutôt une volupté spirituelle que je goûtais avec économie contre eux, car je craignais quelquefois que ces chères et mélancoliques méditations d'oiseaux nocturnes ne devinssent réelles. »

* * * * *

Éclectisme suicidaire. — La relation entre les Japonais et le suicide (« *jisatsu* ») est complexe. On pourrait croire que ce peuple donne à cet acte ses lettres de noblesse et qu'il l'élève au rang d'art. Le Japonais dispose d'une grande variété de mots pour parler du suicide : « *inseki jisatsu* » (suicide pour éviter la honte), « *gyokusai* » (suicide d'honneur), « *kobara* » (suicide pour le bien des enfants), « *robuka* » (suicide pour le bien de la famille), « *funshi* » (suicide pour exprimer son indignation), « *seppuku* » (suicide en se coupant le ventre), « *shinjū* » (double suicide, décliné en plusieurs variantes : « *oyako shinjū* » (suicide des parents et des enfants), « *boshi shinjū* » (suicide de la mère et des enfants), « *fushi shinjū* » (suicide du père et des enfants), *etc.*)… — Puisque je suis avant tout un littéraire, je citerai le cas de Yukio Mishima, qui s'est suicidé par *seppuku* à quarante-cinq ans, en 1970, et je m'intéresserai plus particulièrement à sa bouleversante nouvelle *Patriotisme*, publiée une décennie plus tôt, où il décrit cette mort — si atypique — par *éventrement*. — Pour une question d'honneur, le lieutenant Takeyama Shinji ne veut pas prendre le commandement d'une unité qui aurait l'ordre d'attaquer des hommes qu'il connaît. À sa femme Reiko, il annonce en revenant chez lui : « *Ce soir je m'ouvrirai le ventre.* » Elle ne bronche pas et dit : « *Je suis prête [...] Je demande la permission de vous accompagner.* » — « *Comme je n'aurai pas de second pour m'aider, il me faudra entailler profond. Ce sera peut-être déplaisant, mais je vous en prie, n'ayez pas peur. La mort est toujours pénible à voir. Il ne faut pas vous laisser décourager par ce que vous allez voir. C'est bien entendu ?* » — « *"Allons-y"*, dit enfin le lieutenant. » — « *Vive l'Armée Impériale.* » — Le lieutenant sort son sabre du fourreau… Il avance la pointe de la lame… « *Il reprit conscience. La lame avait certainement percé la paroi du ventre, se dit-il. Il respirait avec difficulté, son cœur battait à grands coups et dans quelque profond lointain dont il pouvait à peine croire qu'il fût une part de lui-même, surgissait une effrayante, une abominable douleur, comme si le sol s'était ouvert pour laisser échapper une lave brûlante de roches en fusion. La douleur se rapprochait à une vitesse terrifiante. Le lieutenant se mordit la lèvre pour éviter un involontaire gémissement. — Le seppuku, se dit-il, est-ce cela ? On aurait dit le chaos absolu, comme si le ciel lui était tombé sur la tête, comme si l'univers, ivre, titubait. [...] Il fut frappé, comme d'une chose incroyable, qu'au milieu d'une aussi terrible souffrance, ce qui pouvait être regardé pût encore être regardé et que ce qui existait pût exister encore. [...] Il fermait les yeux puis les rouvrait comme pour se rendre compte. Ils avaient perdu leur éclat et semblaient innocents et vides comme les yeux d'un petit animal. [...] La main droite sur le sabre le lieutenant commença de s'entailler le ventre par le travers. Mais la lame rencontrait l'obstacle des intestins qui s'y emmêlaient et dont l'élasticité la repoussait constamment ; et le lieutenant comprit qu'il lui faudrait les deux mains pour maintenir la lame enfoncée ; il appuya pour couper par le travers. Mais ce n'était pas aussi facile qu'il l'avait cru. Il mobilisa toute sa force dans sa seule main droite et tira vers la droite. L'entaille s'agrandit de trois ou quatre pouces. — Lentement, des profondeurs internes, la douleur irradiait le ventre entier. Des cloches en folie sonnaient, mille cloches ensemble à chaque souffle, à chaque battement du pouls, ébranlant tout son être. [...] Lorsque le lieutenant se fut enfin complètement éventré, la lame n'enfonçait presque plus et la pointe en était visible, luisante de graisse et de sang. Mais, saisi soudain d'une violente nausée, le lieutenant laissa échapper un cri rauque. Vomir rendait l'affreuse douleur plus affreuse encore, et le ventre qui jusque-là était demeuré ferme, se souleva brusquement, la blessure s'ouvrit en grand et les intestins jaillirent comme si la blessure vomissait à son tour. [...] Le lieutenant, tête ballottante, hoquetait sans fin et chaque hoquet ébranlait ses épaules. Il tenait toujours dans sa main droite la lame de son sabre, que repoussaient les intestins et dont on voyait la pointe. [...] Le visage du lieutenant n'était plus un visage de vivant. Les yeux étaient enfoncés, la peau parcheminée, les joues jadis si fraîches, et les lèvres, couleur de boue séchée. Seule bougeait la main droite. Serrant laborieusement le sabre elle s'élevait en tremblant comme une main de marionnette pour essayer d'en diriger la pointe vers la naissance de la gorge. Reiko regardait son mari faire ce dernier effort, inutile, déchirant.* » — Peu de temps après, son épouse rassemble ses forces et s'enfonce le poignard au fond de la gorge. — L'héroïsme de l'honorable Japonais… « *Vive l'Armée Impériale.* »

* * * * *

La vie est une succession de « prières d'insérer ». On voudrait tous avoir la parole, mais pour dire quoi, au juste ? Quoi d'*intéressant* ? Il faudrait se suicider sans faire de mal à personne et laisser un petit et dernier mot en gros caractères, comme le médecin Sergueï Poliakov dans *Morphine* (de Boulgakov, qui dans ce récit fait allusion au suicide d'un ami d'enfance) : « *Prière de ne rendre personne responsable de ma mort.* » — C'est tout. Prière d'incinérer.

* * * * *

À toutes fins utiles, je vais faire un inventaire... Que cela soit un tournoiement de noms propres qui donne le vertige ! Ô symphonie macabre, symphonie de l'Être, symphonie de l'Absurde !... — *Philosophes* : Jean Améry, Antipatros de Tarse, Antisthène, Arcésilas, Calanus, Carnéade, Chrysippe, Cléanthe, Cléombrote, Clitomachos, Marie-Jean de Condorcet, Cratès de Thèbes, Gilles Deleuze, Démétrios, de Phalère, Démocrite, Démonax, Denys d'Héraclée, Diodore de Tyr, Diogène de Sinope, Empédocle, Euphratès, Victor Hommay, Eugenio Imaz, Jannénochégra, Sarah Kofman, Lucrèce, Ménippe de Gadara, Métroclès de Maronée, Carlo Michelstaedter, Nāgārjuna, Onésicrite, Georges Palante, Pérégrinas, Prodicos, Pythagore, Paul Rée, Johann Robeck, Lucien Sebag, Sénèque, Socrate, Speusippe, Stilpon, Théodore de Cyrène, Wang Kouo-wei, Simone Weil, Xénocrate, Zarmar, Zénon de Kition... — *Écrivains* : Uriel Acosta, Manuel Acuña, Arthur Adamov, Francis Adams, Ernst Ahlgren, Ryūnosuke Akutagawa, Justo Alejo, Max Alsberg, Dimitri Anghel, Hubert Aquin, Reinaldo Arenas, José María Arguedas, Arishima Takeo, Jorge Artur, Atticus, Titus Pomponius, Louis Auger, André Baillon, Charles Barbara, Armand Barthet, Rex Beach, William Beckford, Thomas Lovell Beddoes, Walter Benjamin, Lore Berger, John Berryman, Konstantin Biebl, Jens Bjørneboe, Petrus Borel, Tadeusz Borowski, Jean-Louis Bory, Louis Boussenard, Karin Boye, Louise-Caroline Brachmann, Richard Brautigan, John Brown, André Brun, Eustache Burger, Hermann Budgell, Robert Burton, Albert Caraco, Henry Carey, Calvert Casey, Camilo Castelo Branco, Harry Caudill, Paul Celan, Nicolas de Chamfort, Thomas Chatterton, Lena Christ, Danielle Collobert, Cláudio Manuel da Costa, Alfonso Costafreda, Raymond Cousse, Hart Crane, Puthu Cravan, Thomas Creech, René Crevel, Edmond-Henri Crisinel, Henry Grew Crosby, Stig Dagerman, Dazai Osamu, Charles Demange, Edwin Denby, Bonaventure Des Périers, Léon Deubel, Charles Didier, Michael Dorris, Coleman Dowell, Pierre Drieu La Rochelle, Edouard Dubus, Jean-Pierre Duprey, Arne Dybfest, Carl Einstein, Victor Escousse, Florbela Espanca, Sergueï Essenine, René Etchart, Alexandre Fadeïev, Enevod de Falsen, Gabriel Ferrater, John Gould Fletcher, Veronica Forrest-Thomson, André Frédérique, Paul Froment, Gallus, Angel Ganivet, Vsevolod Garchine, Sylvain Garneau, Romain Gary, Claude Gauvreau, Peter George, Francis Giauque, Nicolas Gilbert, Nikolaï Vassiliévitch Gogol, Fabrice Gravereaux, Karoline von Günderode, Michel Guyot de Merville, Hara Tamiki, Walter Hasenclever, Jamil Hatmal, Khalil Hawi, Sàdeq Hedâyat, Ernest Hemingway, Luis Hernández, Franz Hessel, Hino Ashihei, Marek Hlasko, Paolo Iachvili, Eugene Izzi, Yves Jacquemard, Tor Jonsson, Attila József, Gyula Juhàsz, Philippe Jullian, Wolf von Kalckreuth, Kostas Karyotakis, Michio Kato, Anna Kavan, Yasunari Kawabata, Mikola Khvilovi, Sowol Kim, Kitamura Tokoku, K'iu Yuan, Heinrich von Kleist, Arthur Koestler, Jerzy Kosinski, Kubo Sakae, Labienus, Paul Lafargue, Manuel Laranjeira, Mariano José de Larra, Léon Laya, Auguste Lebras, Jan Lechon, Primo Levi, Vachel Lindsay, Liu Pou-wei, Ross Lockridge, Jack London, Malcolm Lowry, Gherasim Luca, Lucain, Lucrèce, Leopoldo Lugones, Júlio César Machado, Vladimir Maïakovski, Mathieu-François Pidansat de Mairobert, Antonio Mancinelli, Klaus Mann, Isabel Marie, Marie-Hélène Martin, Paul Masson, Antoine Mechahwar, Alfred von Meissner, Francisco Lopez Merino, Thierry Metz, Roger Milliot, Minamoto no Yorimasa, Jon Mirande, Mishima Yukio, Adrienne Monnier, Sophie Monnier, Henry de Montherlant, Pedro Nava, Yves Navarre, Francisco Negroni, Gérard de Nerval, Gérald Neveu, Linh Nhât, Hedvig de Nordenflycht, Carlos Obregon, Oka Masafumi, Balder Olden, Jacqueline Ormond, Sandra Paretti, Cesare Pavese, Nicolas Perrot d'Ablancourt, Jenö Péterfy, Pétrone, Alejandra Pizarnik, Sylvia Plath, Raul d'Ávila Pompéia, Jan Potocki, Antonia Pozzi, Lewis Puller, Antero de Quental, Horacio Quiroga, Alphonse Rabbe, Jean-Joseph Rabearivelo, Alexandre Radichtchev, François Raguenet, Ferdinand Raimund, José Antonio Ramos Sucre, Paule Regnier, Jacques Rigaut, Sophie Risteau, Roger-Arnould Rivière, Maurice Rollinat, Henri Roorda, Melina Rosselli, Raymond Roussel, Ferdinand von Saar, Mário de Sá-Carneiro, Edmond Sainte-Edme, Jean-Philippe Salabreuil, Giuseppe Salvia, Sapphô, Boris Viktorovitch Savinkov, Runar Schildt, Jean-Pierre Schlunegger, William Seabrook, Victor Segalen, Jules Servan de Sugny, Anne Sexton, José Asunción Silva, Roger Stéphane, Adalbert Stifter, Alfonsina Storni, John Suckling, Istvnn Széchenyi, Tanaka Hidemitsu, Sara Teasdale, James Jr Tiptree, Ernst Toiler, John Kennedy Toole, Jaime Torres Bodet, Alexis Traianos, Georg Trakl, José Francisco Trindade Coelho, Marina Tsvetaeva, Kurt Tucholsky, Jack Unterweger, Urmuz, Milutin Uskokovic, Jacques Vaché, Louis Verneuil, Renée Vivien, Ilarie Voronca, Jean-Noël Vuarnet, Josef Weinheber, Ernst Weiss, Charles Williams, Eugen Gottlieb Winkler, Stanislaw Witkiewicz, Alfred Wolfenstein, Virginia Woolf, Max Wylie, Périclis Yanopoulos, Yavorov, Stefan Zweig... — *Scientifiques* : Paul Aebersold, Edwin Armstrong, Hermann Barth, Henry Bedson, Hans Berger, Marcelin Berthelot, Amédée Berthollet, Charles Bogert, Ludwig Boltzmann, Jérôme Cardan, Wallace Hume Carothers, Claude Chappe, Gaëtan de Clérambault, Marie-Jean de Condorcet, Gaston de Contremoulins, René Couzmet, Karl Czemy, Rudolph Diesel, John Elliot, Nilsa Espin, Earl Florsdorf, Henri Giffard, Robert Goldschmidt, Franck Gollan, Roy Goranson, Henry Hansteen, Robert Hope-Jones, Morris Jessup, William Kane, Nicolas Leblanc, Valeri Legassov, Augustin Le Prince, Jaromir Mundy, Vladimir Netchaï, Alphonse Penaud, Harold Pitcaim, Pythagore, Gustave Roussy, Alberto Santos-Dumont, Malcolm Soule, Alan Turing, Franz von Uchatius, Bruce Vorhauer, Horace Wells... — *Peintres* : Ángel Acosta León, Dora Carrington, Carlos Casagemas, Bertrand Cheval, Oscar Dominguez, le Dominiquin, Richard Gerstl, Mark Gertler, Henri Goetz, Arshile Gorky, Antoine Gros, Benjamin-Robert Haydon, Elmyr de Hory, Ernst Ludwig Kirchner, Yefim Ladyzhensky, Robert Malaval, Marie-Hélène Martin, Constance Mayer, Pierre Molinier, Juan O'Gorman, Wolgang Paalen, Julius Pascin, Alejandra Pizamik, Josef Presser, Bernard Réquichot, Léopold Robert, Mark Rothko, Kay Sage, Rudolf Schwarzkogler, Kurt Seligmann, Nicolas de Staël, Jacques

Vaillant, Vincent Van Gogh, Wiegels, Unica Zürn... — J'arrête là cette liste interminable... Je n'ai pas inclus les médecins, les politiciens, *etc.*, *etc.* Cela me donne le tournis... et il y a tellement de noms qui me sont inconnus... — Cette liste paraît interminable — et ce n'est qu'une *goutte d'eau*...

* * * * *

Autant d'hommes, autant de suicides... — Mais autant d'écrivains, d'artistes, de penseurs... Car ils sont parmi les plus *touchés*. — Le mathématicien, bizarrement, semble épargné. Eh ! quoi ? est-il trop *déconnecté* ? Où est la logique ?...

* * * * *

Autant d'hommes, autant de suicides... — Une même peine pour des criminels différents ; des peines toutes différentes pour un suicide !

* * * * *

Autant d'hommes, autant de suicides... — Martin Monestier, auteur de *Suicides*, a « *réuni en onze chapitres spécifiques les motivations apparentes qui semblent présider à ces destructions de soi-même* ». Celles-ci sont : « *L'amour, l'amitié et la fidélité, la honte, l'injustice et les misères morales, l'honneur, le patriotisme, la ruine financière, les crises politiques et économiques, le sacrifice, les maladies de l'esprit et du corps, les croyances et les superstitions.* » — François de Negroni et Corinne Moncel, auteurs du *Suicidologe*, lequel recense environ mille cinq cent suicides, classent celui-ci en dix catégories : — 1) *Tædium vitæ* (la lassitude de vivre) : « *C'est le suicide dit philosophique, ou stoïcien, ou encore romain* » ; — 2) *Valetudinis adversæ impatienta* (la maladie intolérable) : « *C'est le suicide euthanasique, ou le choix de la mort douce* » ; — 3) *Impatienta doloris* (la souffrance morale insupportable) : « *C'est le suicide mélancolique, qui englobe les situations affectives les plus diverses, du premier chagrin d'amour venu aux pires angoisses métaphysiques* » ; — 4) *Furor* (la folie furieuse) : « *C'est le suicide impulsif, celui que les nécrologues attribuent benoîtement à "un moment d'égarement" ou à "un brusque état de démence", et qui n'est en réalité qu'une expression paroxystique et foudroyante du suicide mélancolique* » ; — 5) *Jactatio* (l'affirmation d'une conviction) : « *C'est le suicide protestataire, le geste sacrificiel, radicalement démonstratif et ostentatoirement mis en scène, de ceux qui font le choix de mourir en conformité avec une tradition culturelle ou pour attirer l'attention de l'opinion sur leur caus*e » ; — 6) *Pudor* (l'autopunition) : « *C'est le suicide d'honneur, le mode le plus attesté d'homicide de soi-même dans l'histoire mondiale, une façon universellement respectée, même au sein des sociétés qui condamnent le principe d'attenter à ses jours* » ; — 7) *Nulla justa causa* (sans motif valable) : « *Échappant à toute classification, ce suicide atypique renvoie au subjectif et à l'énigmatique* » ; — 8) *Liberum mortis arbitrium* (le droit laissé à un condamné à mort de se tuer lui-même) : « *C'est le suicide ordonné, intégré comme dispositif juridique dans l'univers gréco-romain, dans la Chine traditionnelle ou dans le Japon féodal* ». Les deux derniers sont à part : — 9) *Substractio* (la fuite) : « *C'est le suicide défensif, l'ultime solution pour échapper à une situation qui, de toute façon, aboutirait à la mort, mais sans avoir à endurer supplices, tortures, tribunaux, opprobre, injures, exécution publique* » ; — 10) *Æquivocus* (l'ombre d'un doute) : « *C'est le vrai-faux suicide, dont l'énigme policière cette fois, demeure irrésolue* ».

* * * * *

Autant d'hommes, autant de suicides... — Il n'est pas étonnant que Paul Valéry, tout au long de *Rhumbs*, de ses *Analecta*, de ses matinées passées à réfléchir et à écrire le résultat de ses réflexions, ait évoqué à maintes reprises le suicide, qui est la « *suppression du possible* », un possible dont le capital « *est l'unique fondement ou argument du sérieux de la vie* ». Il dit aussi : « *Que de prétextes, de paralogismes, d'excuses — fécondité, ingéniosité, — pour continuer à vivre ! — Pour abattre les raisons péremptoires d'annihilation qui surgissent de tout, — qui donnent à chaque instant à l'individu la sensation — ou d'inutilité, ou du manqué ou du dépassé.* » — Au début de ce paragraphe, j'ai réécrit « *Autant d'hommes, autant de suicides...* » pour la bonne raison que Valéry, à sa manière (toujours raffinée et subtile), dans une longue réflexion que je vais retranscrire en entier, passe en revue les particularités du suicidant qu'il regroupe en trois espèces (méthode dangereuse, mais on peut lui faire confiance !). — « *Suicides. — Des personnes qui se suicident, les unes se font violence ; les autres au contraire cèdent à elles-mêmes, et semblent obéir à je ne sais quelle fatale courbure de leur destinée. — Les premiers sont contraints par les circonstances ; les seconds par leur nature ; et toutes les faveurs extérieures du sort ne les retiendront pas de suivre le plus court chemin. — On peut concevoir une troisième espèce de suicides. Certains hommes considèrent si froidement la vie et se sont fait de leur liberté une idée si absolue et si jalouse qu'ils ne veulent pas laisser au hasard des événements et des vicissitudes organiques la disposition de leur mort. Ils répugnent à la vieillesse, à la déchéance, à la surprise. On trouve chez les anciens quelques exemples et quelques éloges de cette inhumaine fermeté. — Quant au meurtre de soi-même qui est imposé par les circonstances, et dont j'ai parlé en premier lieu, il est conçu par son auteur comme une action ordonnée à un dessein défini. Il procède de l'impuissance où l'on se trouve d'abolir exactement un certain mal. — On ne peut atteindre la partie que par le détour de la suppression du tout. On supprime l'ensemble et l'avenir pour supprimer le détail et le présent. On supprime toute la conscience, parce que l'on ne sait pas supprimer telle pensée ; toute la sensibilité, parce que l'on ne peut en finir avec telle douleur invincible ou continuelle. — Hérode fait égorger tous les nouveau-nés, ne sachant discerner le seul dont la mort lui importe. Un homme affolé par un rat qui infeste sa maison et qui demeure insaisissable, brûle l'édifice entier qu'il ne sait purger précisément de la bête. — Ainsi l'exaspération d'un point inaccessible de l'être entraîne le tout à se détruire. Le désespéré se conduit ou contraint à agir indistinctement. — Ce suicide est une solution grossière. — Ce n'est point la seule. L'histoire des hommes est une collection de solutions grossières. Toutes nos opinions, la plupart de nos jugements, le plus grand nombre de nos actes sont de purs expédients. — Le suicide du second genre est l'acte inévitable des personnes qui n'offrent aucune résistance à la tristesse noire et illimitée, à l'obsession, au vertige de l'imitation ou d'une image sinistre et singulièrement choyée. — Les sujets de cette espèce sont comme sensibilisés à une représentation ou à l'idée générale de se détruire. Ils sont comparables à des intoxiqués ; et l'on observe en eux, dans la poursuite de leur mort, la même obstination, la même anxiété, les mêmes ruses, la même dissimulation que l'on remarque chez les toxicomanes à la recherche de leur drogue. — Quelques-uns ne désirent pas positivement la mort, mais la satisfaction d'une sorte d'instinct. Parfois, c'est le genre même de mort qui les fascine. Tel qui se voit pendu, jamais ne se jettera à la rivière. La noyade ne l'inspire point. Un certain menuisier se construisit une guillotine fort bien conçue et ajustée, pour se donner le plaisir de se trancher némement la tête. Il y a de l'esthétique dans ce suicide, et le souci de composer soigneusement son dernier acte. — Tous ces êtres deux fois mortels semblent contenir dans l'ombre de leur âme, un somnambule assassin, un rêveur implacable, un double, — exécuteur d'une inflexible consigne. Ils portent quelquefois un sourire vide et mystérieux, qui est le signe de leur secret monotone, et qui manifeste (si l'on peut écrire ceci) la présence de leur absence. — Peut-être perçoivent-ils leur vie comme un songe vain ou pénible dont ils se sentent toujours plus las et plus tentés de se réveiller. Tout leur paraît plus triste et plus nul que le nonêtre. — Je terminerai ces quelques réflexions par l'analyse d'un cas purement possible. Il peut exister un suicide par distraction, qui se distinguerait assez difficilement d'un accident. Un homme manie un pistolet qu'il sait chargé. Il n'a ni l'envie ni l'idée de se tuer. Mais il empoigne l'arme avec plaisir ; sa paume épouse la crosse, et son index enferme la gâchette, avec une sorte de volupté. Il imagine l'acte. Il commence à devenir l'esclave de l'arme. Elle tente son possesseur. Il en tourne vaguement la bouche contre soi. Il l'approche de sa tempe, de ses dents. Le voici presque en danger, car l'idée du fonctionnement, la pression d'un acte esquissé par le corps et accompli par l'esprit l'envahit. Le cycle de l'impulsion tend à s'achever. Le système nerveux se fait lui-même un pistolet armé, et le doigt veut se fermer brusquement. — Un vase précieux qui est sur le bord même d'une table ; un homme debout sur un parapet, sont en parfait équilibre ; et toutefois nous aimerions mieux les voir un peu plus éloignés de l'aplomb du vide. Nous avons la perception très poignante du peu qu'il en faudrait pour précipiter le destin de l'homme ou de l'objet. Ce peu manquera-t-il à celui dont la main est armée ? S'il s'oublie, si le coup part, si l'idée de l'acte l'emporte et se dépense avant d'avoir excité le mécanisme de l'arrêt et la reprise de l'empire, appellerons-nous ce qui s'ensuivra suicide par imprudence ? La victime s'est laissé agir, et sa mort lui est échappée comme une parole inconsidérée. Elle s'est avancée insensiblement dans une région dangereuse de son domaine volontaire, et sa complaisance à je ne sais quelles sensations de contact et de pouvoir l'a engagée dans une zone où la probabilité d'une catastrophe est très grande. Elle s'est mise à la merci d'un lapsus, d'un minime incident de conscience ou de transmission. Elle se tue, parce qu'il était trop facile de se tuer. — J'ai insisté quelque peu sur ce modèle imaginaire d'un acte à demi fortuit, à demi déterminé, afin de suggérer toute la fragilité des distinctions et des oppositions que l'on essaie de définir entre les perceptions, les tendances, les mouvements et les conséquences des mouvements, — entre le faire et le laisser faire, l'agir et le pâtir, le vouloir et le pouvoir. (Dans l'exemple donné ci-dessus, le pouvoir induit au vouloir.) — Il faudrait toute la subtilité d'un casuiste ou d'un disciple de Cantor, pour démêler dans la trame de notre temps ce qui appartient aux divers agents de notre destinée. Vu au microscope, le fil que dévident et tranchent les Parques est un câble dont les brins multicolores se substituent et reparaissent dans le développement de la torsion qui les engage et les entraîne. »*

* * * * *

Tout ne se joue-t-il pas à un cheveu ? Proserpine vous le confirmera… — La moitié du temps sous terre, l'autre moitié sur terre…

* * * * *

Quel remède ? Dédramatiser et blaguer tout en buvant du vin, en mangeant du pain, du fromage, et en fumant ? Ce n'est pas moi qui le dis, c'est Vincent (en mai 1889) : « *Seulement je voulais t'écrire dans tous les cas pendant que tu fusses là. Je ne peux pas précisément décrire comment est ce que j'ai, c'est des angoisses terribles parfois — sans cause aparante — ou bien un sentiment de vide et de fatigue dans la tête. Je considère le tout plutôt comme un simple accident, sans doute il y a gravement de ma faute et j'ai parfois des mélancolies, des remords atroces mais vois tu, quand cela va me décourager tout à fait et me ficher le spleen, je ne me gêne pas précisément pour dire que le remords et la faute c'est possiblement aussi des microbes ainsi que l'amour. — Je prends tous les jours le remède que l'incomparable Dickens prescrit contre le suicide. Cela consiste en un verre de vin, un morceau de pain et de fromage et une pipe de tabac. C'est pas compliqué me diras-tu et tu ne crois pas que la mélancolie me vient jusqu'à pas loin de là, cependant à des moments — ah mais —… Enfin c'est pas toujours drôle mais je cherche à ne pas oublier tout à fait de blaguer, je cherche à éviter tout ce qui aurait des rapports avec l'heroisme et le martyre, enfin je cherche à ne pas prendre lugubrement des choses lugubres.* » — Il ne lui restait que quelques mois à vivre…

* * * * *

Avez-vous souvent croisé quelqu'un qui lisait un ouvrage sur le suicide, ou vous en a-t-on souvent conseillé ? En avez-vous, vous-même, lu au moins un ? Qui irait, de sa propre volonté, acheter un tel livre ou le prêter ? J'ai répertorié six cas, que j'appellerai : le « proche, » le « gothique », l'« obsédé », le « professionnel », le « philosophe », l'« éclectique ». — Le « proche » est celui dont l'ami, le parent ou le voisin s'est suicidé, pour qui la notion de suicide, en tant qu'elle apparaît brutalement, est une nouveauté, et qui en veut comprendre la raison, ou bien, parce qu'il est affligé, trouver les moyens de s'en remettre. C'est, la plupart du temps, monsieur tout-le-monde. Il lira les ouvrages « grand public », dont le titre sera, en gros : *Après le suicide d'un proche* (vérification faite, le livre de référence qui « marche » le mieux, publié chez Albin Michel, porte *exactement* le même titre !). Je suspecte ces lecteurs d'être aussi, à l'occasion, les lecteurs de Laurent Gounelle, Christophe André, David Servan-Schreiber, Jacques Salomé… Parmi eux (surtout s'ils sont le père ou la mère d'un enfant suicidé), certains créeront une association de prévention contre le suicide, ou en deviendront membres, afin d'être à l'écoute des suicidaires ou des proches de suicidés. — Le « gothique » est l'adolescent qui n'a pas fini sa puberté et qui n'affectionne rien tant que le thème de la mort. Il s'entoure d'objets rappelant la mort, adore les cimetières, et, en cela, veut se distinguer des autres qui, en général, n'aiment pas s'appesantir sur ces questions-là. Il aime la mort, cependant qu'il n'en comprend rien, à la manière d'un néo-nazi qui n'aime pas les Juifs sans avoir même pris la peine de lire l'Ancien Testament, ou d'un Musulman qui voudra s'enrôler dans le jihad parce qu'il n'a pas la capacité d'interpréter correctement — et tout seul — un texte. — L'« obsédé » est le malade morbide. C'est le gothique adulte (qui, jeune, l'a été ou ne l'a pas été), c'est-à-dire qu'il s'habille comme une personne raisonnable, ne rêve plus de passer ses nuits sur une tombe, n'écoute plus Cradle of Filth, ne regarde plus de films d'horreur et ne verse plus dans l'ésotérisme. Il a fait de la mort son sujet de prédilection jusqu'à un état d'obsession maladive qui relèverait de la psychiatrie. C'est une sorte de fétichiste et de voyeur. Il se réjouirait presque d'apprendre que son voisin de palier s'est suicidé. — Le « professionnel » est tout simplement obligé de s'y intéresser dans le cadre de son métier : sociologue, médecin, psychologue, psychanalyste, voire pompier, policier, *etc*. En tant que spécialiste potentiel, il doit — ou se doit d'étudier le suicide. Ses lectures seront ce que l'on pourrait appeler des manuels scolaires. — Le « philosophe », qu'il soit professionnel ou non (mais qu'est-ce qu'un « philosophe professionnel » ?) est celui qui, désirant connaître le monde et se connaître soi-même, et ayant à lire des ouvrages sur tous les sujets, devra par conséquent s'intéresser au suicide. — L'« éclectique » est le curieux par nature, qu'aucun sujet n'offusque ou n'effraie, ouvert à tout. C'est le petit philosophe, ou le philosophe amateur : il est là pour compléter et assouvir sa soif de connaissance. La culture générale est son mot d'ordre : il pourra sans souci passer d'un livre sur le suicide à un autre sur les étoiles à neutron ou sur la consommation des ménages français, ou encore sur Henri IV. — Éventuellement, il y aurait le « poète », qui, caméléon métaphysique se faisant chair quand le monde se fait aiguille, résumerait tous les types que l'on peut imaginer… — En tout cas, il faut rendre hommage à tous ceux qui, en tant que chercheurs, essayistes, poètes, romanciers, *etc*., se sont sérieusement penchés sur la question du suicide. Peu de sujets de réflexion requièrent un tel courage, une telle abnégation au regard de ce que l'homme normal attend de la vie. Je sais de quoi je parle. Y penser quelques instants, pourquoi pas ? c'est à la portée du premier venu. Mais y consacrer, sans morbidité aucune, des heures, des jours, voire des mois ou des années, c'est autrement *éprouvant*. Il faut aller au-delà de ses forces, se détacher de la quotidienneté lobotomisante, contrer cette force de la Nature qui nous pousse à ne pas penser à la mort. Le pire étant que l'on finit peut-être par s'y habituer, de la même façon qu'un proctologue s'habitue à voir tous les jours des anus (« πρωκτός » : « *anus* »), ou un gynécologue (androlgue) à voir des vagins puants (glands sales). Si vous voulez (je dis ce qui me vient naturellement à l'esprit !), ce serait comme de vouloir maintenir un orgasme des heures durant, de vivre entouré de merde, de marcher sur des clous, de découper ses paupières, de dormir avec votre conjoint décédé, de ne jamais manger que des aliments que vous n'aimez pas, d'avoir au creux de l'oreille une petite voix qui vous rappellerait, en les susurrant, tout ce qui va mal dans le monde ou toutes les fautes que vous avez commises, et j'en passe. — Dans ma bibliothèque, voici les livres qui contiennent le mot « suicide » : *Van Gogh ou le suicidé de la société* (Antonin Artaud), *Le Suicide* (Émile Durkheim), *Le Suicide* (François Caroli, Marie-Jeanne Guedj), *Le Suicidologue* (François de Negroni, Corinne Montel), *Le Suicide* (sous la direction de François Terré), *Discours sur le Suicide* (Giacomo Casanova), *Histoire du Suicide* (Georges Minois), *Mon Suicide* (Henri Roorda), *Porter la main sur soi — Traité du suicide* (Jean Améry), *Et si on parlait… du suicide des jeunes* (Jean-Marie Petitclerc), *Le Suicide* (Léon Meynard), *Du Suicide* (Léon Tolstoï), *Réflexions sur le suicide* (Madame de Staël), *Suicides — Histoire, techniques et bizarreries de la mort volontaire, des origines à nos jours* (Martin Monestier), *La tentation du suicide dans les écrits autobiographiques* (Michel Braud), *Le Suicide* (Pierre Moron), *Tout savoir sur le suicide pour mieux le prévenir* (Pierre Satet), *Le suicide et le chant* (Sayd Bahodine Majrouh). Je ne compte pas les romans et assimilés : *Dawn of the Bunny Suicides* et *The Bumper Book of Bunny Suicides* (Andy Riley), *Les Roueries de Trialph, notre contemporain avant son suicide* (Charles Lassailly), *Suicide* (Édouard Levé), *Les Suicidés* (Georges Simenon), *Le Magasin des Suicides* (Jean Teulé), *Le Club du suicide* (Robert Louis Stevenson) ; et je ne compte pas davantage *La Sculpture du vivant — Le suicide cellulaire ou la mort créatrice* (Jean-Claude Ameisen), qui n'est pas à proprement parler sur le suicide de l'homme. Ajoutons également les livres qui ne contiennent pas le mot « *suicide* », mais qui l'évoquent tout autant que les précédents : *Le Mythe de Sisyphe* (Camus), *Biathanatos* (John Donne), *Le droit de mourir* (Hans Jonas), *Essai sur l'expérience de la mort* (Paul-Louis Landsberg), *Manifeste pour une mort douce* (Roland Jaccard, Michel Thévoz), *Album d'un pessimiste* (Rabbe). À part cela, en figurent bien d'autres encore, que je ne citerai pas, qui consacrent au moins un chapitre à la question… — Quand l'occasion se présentera, je parlerai des plus importants de ces livres sur le suicide…

* * * * *

J'avais oublié la présence, dans mes dossiers, d'une brochure éditée en 2010 par le Centre de Prévention du Suicide en Belgique, intitulée… *Après le suicide d'un proche*. Fondamentalement, il vaut mieux que de tels centres existent, de même que l'Observatoire qui a vu le jour il y a quelques mois en France (fin 2013). À tout le moins, cela fait parler du suicide, sujet *tabou*, acte « *d'une extrême violence* », qui « *bouleverse et plonge* » les proches « *dans un chaos à durée indéterminée* ». Mais il ne faudrait pas qu'ils concernassent exclusivement ceux qui sont touchés de près. J'aime le sous-titre de la quatrième page : *Vivre après la perte*. Par cette phrase commence le texte : « *Tout au long de notre évolution, la vie nous soumet à des pertes.* » Qu'est-ce que mon livre ? Le livre de la Perte de Sens, c'est-à-dire le livre de la Perte en générale : la Perte passée, la Perte présente, la Perte future ; la perte du Je, la perte des autres ; la perte de mon corps, de mon esprit. Les Belges semblent plus profonds et philosophes que nous autres, les Français : jamais nous n'irions (je veux parler des têtes d'œuf placées là-haut) écrire en gros caractères : « *Toute rencontre est promesse de séparation.* » C'est pourtant ce que contient cette brochure. Cela va paraître idiot, mais j'affirme que pour comprendre le suicide, il faut l'avoir connu, et que tout le monde devrait en avoir fait l'expérience : la Terre tournerait mieux. Rien ne donne une meilleure idée de la vie que la mort ; rien ne donne une meilleure idée de la vie d'un homme que sa mort ; rien ne donne une meilleure idée de ma vie que ma propre mort. Avoir vécu le suicide d'un proche et avoir voulu soi-même se suicider, tels sont les deux ressorts susceptibles de faire comprendre la vie telle qu'elle nous a été donnée. « *Après un suicide, se marquent un "avant" et un "après" dans la vie de ceux qui restent.* » Il faut une cassure nette pour ne pas vivre le « *la guerre, c'est la paix* », qui laisse dans un état amorphe ou bestial.

* * * * *

Question suicide et tentative de suicide, ce sont les médecins qui sont les plus savants (et, ceci expliquant peut-être cela, l'une des catégories socioprofessionnelles les moins épargnées). Ils doivent savoir observer le phénomène au microscope : médecine, épidémiologie, thérapeutique, pédagogie, psychologie, culture, morale, éthique, religion, ethnologie, sociologie… Ils doivent ranger les éléments « *prédicteurs* » en trois ensembles qui s'englobent les uns les autres : *niveau socio-culturel* (religion, anomie, chômage, média, loi), *environnement immédiat* (famille, violence physique/sexuelle, abus de substances, antécédents psychiatriques, manque de cohésion familiale), *niveau personnel* (âge/sexe, troubles mentaux, tentatives de suicide, abus d'alcool/drogues, difficulté à gérer le stress, impuissance/perte d'espoir, impulsivité/agressivité, maladie physique), le tout éclairé par les *événements stressants* (perte d'un être cher, séparation, abandon, difficultés financières, difficultés avec la loi). L'individu qu'ils ont en face d'eux devient une montagne de chiffres et de pourcentages : selon qu'il est un homme, une femme, selon qu'il a des antécédents de tentative de suicide ou des antécédents familiaux de suicide, qu'il est alcoolique, qu'il est sans emploi, qu'il est anorexique, *etc.*, il y a dix fois, ou vingt fois, ou trente fois plus de risques qu'il passe à l'acte. Il existe diverses échelles permettant de mesurer la gravité du cas, dont la *SIS* (*Suicide Intent Scale* : *Échelle d'Intentionnalité Suicidaire*), qui s'applique aux sujets ayant fait une tentative de suicide. L'intentionnalité est faible si le « patient » obtient un « score » compris entre 0 et 3 ; moyenne entre 4 et 10 ; élevée entre 11 et 25. Il s'agit de mesurer l'isolement, le moment choisi, les précautions prises contre la découverte et/ou l'intervention d'autrui, l'appel à l'aide pendant ou après la tentative, les dispositions anticipant la mort, la lettre d'adieu, l'appréciation de la létalité du geste par le patient, l'intention de mort, la préméditation, la position actuelle vis-à-vis de la tentative, l'issue prévisible (selon le patient) dans les circonstances du scénario choisi, la survenue de la mort en l'absence d'intervention médicale. Le personnel médical doit analyser les formes de communication des idées suicidaires : *désir de mourir* (« Je désirerais être mort », « Je ne demande qu'à dormir ») ; *supériorité de la mort* (« La seule solution pour moi, c'est de mourir », « Je serais beaucoup mieux mort ») ; *tout le monde irait mieux si le patient était mort* (« Ce serait mieux pour tout le monde si j'étais mort », « Je cause tant d'ennuis à ma famille en continuant à vivre », « Si j'étais mort, je ne manquerais à personne ») ; *intention de commettre un suicide* (« Je vais me tuer », « Je sais ce que je vais faire et personne ne pourra m'en empêcher », « Dès mon retour à la maison, je prendrai mon fusil et je me ferai sauter la cervelle », « Je connais la solution à tous mes problèmes et il n'y en a qu'une ») ; *incapable de continuer* (« Je ne peux plus continuer comme ça », « Il faut que ça s'arrête », « C'est trop pour moi », « Je souffre trop ») ; *parler des méthodes de suicide* (« Je me demande si se noyer est douloureux », « Est-ce qu'avaler du verre peut me tuer ? », « J'ai des pilules à la maison », « Si on se pend, on ne doit rien sentir », « Il y a toujours un moyen pour en finir ») ; *menaces de suicide* (« Si elle me quitte, je me flingue », « Vous regretterez la façon dont vous m'avez traité ») ; *sombres prédictions* (« Je ne verrai pas un autre Noël », « À votre retour, je ne serai peut-être plus là ») ; *mettre ses affaires en ordre* (« Je désire rédiger un nouveau testament ») ; *partir pour un long voyage* (« Il y a longtemps que je voulais te donner mes skis, je n'en aurai plus besoin ») ; *avoir peur ou non de la mort* (« J'ai pas peur de mourir », « J'ai peur de me suicider à cause de ma religion ») ; *parler d'enterrement ou de tombe* (« J'ai pensé à la crémation », « Je me demande ce qui nous arrive, une fois que l'on est enterré »)… (Tout ce que contient ce paragraphe émane d'une présentation du professeur Jean-Bernard Garré du Département de Psychiatrie et de Psychologie Médicale à l'Université d'Angers, et Chef du Service du même nom au CHU. Dans un article écrit en collaboration avec Bénédicte Gohier, *Le suicide*, il rappelle le paradoxe de l'idée de « *prévention* » : « *Rappelons enfin avec force, avec P.B. Schneider, que le suicide et la tentative de suicide ne sont pas des maladies, tout au plus des troubles du comportement. Il n'existe pas de virus du suicide comme il existait un virus de la variole ou comme il y a un virus du sida ou un prion de l'ESB, toutes maladies infectieuses vis-à-vis desquelles on peut construire des stratégies préventives voire espérer des programmes d'éradication. Ce qui veut dire que le modèle infectiologique de la prévention n'est sûrement pas transposable tel quel à la suicidologie. Nous disons spontanément et comme naturellement :* prévention *du suicide, et nous sommes déjà à notre insu dans un ordre implicite de causalité. À la limite, et si l'on accepte que le suicide concerne également le désir et la liberté de l'individu, que serait un groupe humain d'où serait totalement exclue et éradiquée la possibilité même d'une mort volontaire ?* ») — En bon Jacob, je vais parler d'une autre échelle : *The reasons for living inventory (RFL-72)* (*L'échelle des raisons de vivre*). Ici, il faut renseigner, en face de chaque affirmation, un numéro (1. Pas du tout important ; — 2. Plutôt pas important ; — 3. Un peu pas important ; — 4. Un peu important ; — 5. Plutôt important ; — 6. Extrêmement important) : « 1. — J'ai une responsabilité et un engagement envers ma famille ; 2. — Je crois que je peux apprendre à ajuster ou à faire avec mes problèmes ; — 3. Je crois que j'ai un contrôle sur ma vie et mon destin ; — 4. J'ai un désir de vivre ; — 5. Je crois que seul Dieu a le droit de mettre fin à une vie ; — 6. J'ai peur de la mort ; — 7. Ma famille pourrait croire que je ne les aime pas ; — 8. Je ne crois pas que les choses deviennent aussi misérables et désespérées que je veuille plutôt être mort ; — 9. Ma famille dépend de moi et a besoin de moi ; — 10. Je ne veux pas mourir ; — 11. Je veux voir mes enfants grandir ; — 12. La vie c'est tout ce que nous avons et c'est mieux que rien ; — 13. J'ai des projets pour le futur que je me réjouis d'exécuter ; — 14. Aussi mal que je me sente, je sais que cela n'va pas durer ; — 15. J'ai peur de l'inconnu ; — 16. J'aime et je trouve trop de plaisir à être avec ma famille et je ne pourrais pas les quitter ; — 17. Je veux faire l'expérience de tout ce que la vie a à offrir et il y a beaucoup d'expériences que je n'ai pas encore eues et que j'aimerais avoir ; — 18. J'ai peur que la méthode utilisée pour me tuer puisse échouer ; — 19. Je prends assez soin de moi pour vivre ; — 20. La vie est trop belle et précieuse pour la finir ; — 21. Cela ne serait pas juste de laisser les enfants aux soins d'autres personnes ; — 22. Je crois que je peux trouver d'autres solutions à mes problèmes ; — 23. J'ai peur d'aller en enfer ; — 24. J'ai un amour pour la vie ; — 25. Je suis trop stable pour me tuer ; [illisible] 28. L'effet sur mes enfants pourrait être nuisible ; — 29. Je suis curieux de ce qui arrivera dans le futur ; — 30. Cela blesserait trop ma famille et je ne voudrais pas qu'ils souffrent. — 31. Je suis concerné par ce que les autres pourraient penser de moi ; — 32. Je crois que toutes les choses finissent par s'arranger au mieux ; — 33. Je ne pourrais pas décider où, quand et comment le faire ; — 34. Je le considère comme juste moralement ; — 35. Il me reste encore beaucoup de choses à faire ; — 36. J'ai le courage de faire face à la vie ; — 37. Je suis heureux et content avec ma vie ; — 38. J'ai peur de l'acte concret de me tuer (la douleur, le sang, la violence) ; — 39. Je crois que me tuer n'accomplirait ou ne résoudrait pas vraiment quelque chose ; — 40. J'ai l'espoir que les choses s'amélioreront et que le futur sera plus heureux ; — 41. Les autres penseraient que je suis faible et égoïste ; — 42. J'ai une pulsion innée pour survivre ; — 43. Je ne voudrais pas que les gens pensent que je n'avais pas le contrôle sur ma vie ; — 44. Je crois que je peux trouver un but dans la vie, une raison de vivre ; — 45. Je ne vois aucune raison de presser la mort ; — 46. Je suis si incapable, à côté de la plaque, que ma méthode ne marcherait pas ; — 47. Je ne voudrais pas que ma famille se sente coupable après-coup ; — 48. Je ne voudrais pas que ma famille pense que je sois égoïste ou lâche ; — 49. Je ne serais pas capable de voir l'effet de ma mort sur les autres ; — 50. Des amis proches dépendent de moi et ont besoin de moi ; — 51. Je peux trouver un sens à la souffrance ; — 52. Il y a des amis avec qui j'ai du plaisir et que j'aime trop pour les quitter ; — 53. J'ai trop de fierté en moi-même ; — 54. Les gens raisonnables et rationnels ne se tuent pas ; — 55. Si j'étais suffisamment déprimé pour vouloir mourir, je serais trop déprimé pour me tuer ; — 56. Je contribue à la société ; — 57. La société désapprouverait le fait de me tuer ; — 58. J'ai des gens qui m'aiment et qui m'écouteraient et me comprendraient ; — 59. Je ne vois aucune raison de mourir et laisser quelqu'un d'autre profiter des choses pour lesquelles j'ai œuvré ; — 60. C'est un signe de faiblesse et je ne veux pas être un lâcheur ou un raté ; — 61. J'ai peur que ma mort importe peu à quiconque ; — 62. Le caractère définitif de l'acte m'arrêterait ; — 63. Cela serait trop embarrassant pour ma famille ; — 64. Cela ferait trop de peine à mes amis proches ; — 65. Je pense qu'il y a des obligations que je devrais continuer d'assumer ; — 66. Je penserais à des gens plus mal partis que moi-même ; — 67. J'ai un emploi dans lequel je suis impliqué et où on a besoin de moi ; — 68. J'ai une responsabilité et un engagement envers mes amis ; — 69. Je saurais que je ne suis probablement pas sérieux et que c'est juste une pensée fugitive ; — 70. Faire l'expérience du malheur est une partie importante de la vie ; — 71. J'arrêterais de me sentir désolé pour moi-même ; — 72. La pensée du suicide m'est totalement incompréhensible. » — Où l'on voit qu'il y a un grand nombre de raisons, c'est-à-dire un grand nombre d'excuses. Ces raisons ne sont ni raisonnées ni raisonnables. Étant donné qu'elles sont largement compréhensibles, que le premier venu pourra les interpréter *dans le sens qu'il faut* les interpréter, elles sont pour nous le degré zéro de l'explication de la vie ou de la mort (donc du suicide). Faites la négation de chaque assertion : cela ne change rien *stricto sensu*. Appelez ce « test » *Raisons de mourir* — et vous voilà reparti pour un tour ! L'eau est trop froide ? Bah ! ça sera plus vite fini... Les gens ne vous aiment pas ? Bah ! personne n'aime personne... Ce n'est pas moral ? Bah ! vous ne savez même pas ce que ce terme veut dire... La vie est trop belle ? Bah ! pourquoi avoir pensé « suppression » ?... Vous voulez avoir des enfants, les voir grandir, connaître ce que l'avenir vous réserve ? Bah ! le monde s'écroule... et le Soleil mourra... — Raisons de vivre, raisons de mourir. Pourquoi mourrais-je ? (D'abord : pourquoi mourrais-je ?) Pourquoi vivrais-je ? (D'abord : pour quoi vivrais-je ?) Être, désêtre. Ô monde...

* * * * *

(*V*éraison de l'âge de raison... *V*oussure, indentation de mon cœur, qui a bu la jusquiame. Quel simple ! Je joue à l'hombre, à la mourre, sans décaver, avec mon écriture domotique. N'est-ce qu'une compensation des idées hyalines, inermes, impolluées ? Je délire... Ô forfanterie ! Est-ce la hart que becquète le ramier ? — Je prie, en simarre, mon harnais... Ô guerdon ! Il n'y aura que recension... Je suis froid, puis chaud. Je me ressuie. Ou est-ce mon âme ternie ? Se désister ? Eh ! mots suasoires, signalisation inintelligible, n'ai-je que vous dans mon havresac en celluloïd ? Sur quel barème suis-je noté ? noté-je ? — *A*ffidavit, mon cul ! Pinacothèque sans images... d'où je m'enfuis à tire-d'aile, vers le pas-de-tir. — Les déboires de la carafe posée sur le guéridon... — Je suis un raid de termes. — Se relire uraniquement. S'acclamer. Les autres sont des misonéistes. — Ça me fait deuil, tous ces prismes noirs. — Dévoiler, lever l'eccyclème, quitte à en mourir, sous le dais du paradis des suicidés.)

* * * * *

Je ne m'habituerai jamais tout à fait. Il faudrait, comme on dit, *se faire une raison*. Je déteste cette expression-là, pire que l'injonction « sois raisonnable ». Me demander de *créer* une raison ? Mais moi, je rue dans les brancards de la raison préexistante. Ma raison est lacérée. Il n'y a plus de raison. — « *Lorsqu'un homme voit mourir un animal quelconque* », écrit Tolstoï, « *il est pris d'un sentiment involontaire de terreur, car il assiste à l'anéantissement d'une fraction de cette nature animale à laquelle il appartient ; mais, lorsqu'il s'agit d'un être aimé, on ressent, en dehors de la terreur causée par le spectacle de la destruction, un déchirement intérieur, et cette blessure de l'âme tue ou se cicatrise, comme une blessure ordinaire ; mais elle reste toujours sensible, et frissonne au moindre attouchement.* »

* * * * *

L'enterrement. — Ce n'étaient que des ombres munies de leurs parapluies. Je les observais depuis la grille d'entrée. Mes jambes étaient paralysées. Mon cœur était gros de pleurs. Le ciel gris m'abîmait les yeux. — Aujourd'hui, une voix me susurre : « ἄφες τοὺς νεκροὺς θάψαι τοὺς ἑαυτῶν νεκρούς » (*Lc* 9,61), — c'est-à-dire : « *laisse les morts ensevelir leurs morts* ». Avec « ἄφεσις », c'est un « *laisse aller* » avec une connotation d'« *abandon* », de « *pardon* », de « *libération* ». — Tous l'abandonnaient ; peu lui accordaient leur pardon. — On sait que François est dans cette boîte. À l'église, il était à quelques mètres ; au cimetière, il est en plein air. Qu'est-ce qu'une épaisseur de cinq millimètres de bois ? Il suffirait de soulever le couvercle… Il est là, mais il n'est pas là. C'est comme s'il pouvait être là. Il est facile de dire qu'il faut laisser les morts ensevelir leurs morts. Moi, de loin, avec une attitude mortelle, j'enterrais mon vivant. François et moi, les « *autochtones* » (« αὐτόχθων » : « *issu de la terre même* »). Je désirais être enterré avec lui à la manière de ces autres autochtones vivant sur l'île que croise Sindbad lors de son quatrième voyage. « *Telle est la coutume, que nos ancêtres ont établie dans cette île, et qu'ils ont inviolablement gardée : le mari vivant est enterré avec la femme morte, et la femme vivante avec le mari mort. Rien ne peut me sauver ; tout le monde subit cette loi.* » — L'enterrement : vilain mot. *In terra… In humus…* En terre, — par terre, — en cette terre gorgée de pleurs… Et c'est alors que se « *répandra la pluie sur la semence que tu auras mise en terre* » (*Is* 30,23). Quand la terre, en comblant le trou, recouvre le cercueil, tout est fini. Mircea Eliade rappelle que, pour certaines peuplades, « *seul l'ensevelissement rituel confirme la mort* », car « *celui qui n'est pas enterré selon la coutume n'est pas mort* ». Ce fut véritablement à ce moment que je sentis que François était définitivement parti, lorsque le troupeau formait un cercle autour de la tombe. — Il ne reste rien qu'une plaque. Qu'importe qu'elle marque l'emplacement où se trouve le *corps* de François ? Ce n'est qu'une plaque qui nous cache le problème. Je retrouve ce sentiment à la fin de *L'Œuvre*, quand on enterre Claude, qui s'est suicidé : « *Et Sandoz, se décidant à quitter la fosse à demi comblée, reprit :* — *"Nous seuls l'aurons connu… Plus rien, pas même un nom !* — *Il est bien heureux, dit Bongrand, il n'a pas de tableau en train, dans la terre où il dort… Autant partir de sa besogne comme nous à faire des enfants infirmes, auxquels il manque toujours des morceaux, les jambes ou la tête, et qui ne vivent pas.* — *Oui, il faut vraiment manquer de fierté, se résigner à l'à peu près et tricher avec la vie… Moi qui pousse mes bouquins jusqu'au bout, je me méprise de les sentir incomplets et mensongers, malgré mon effort."* — *La face pâle, ils s'en allaient lentement, côte à côte, au bord des blanches tombes d'enfants, le romancier alors dans toute la force de son labeur et de sa renommée, le peintre déclinant et couvert de gloire.* — *"Au moins, en voilà un qui a été logique et brave, continua Sandoz. Il a avoué son impuissance et il s'est tué.* — *C'est vrai, dit Bongrand. Si nous ne tenions pas si fort à nos peaux, nous ferions tous comme lui… N'est-ce pas ?* — *Ma foi, oui. Puisque nous ne pouvons rien créer, puisque nous ne sommes que des reproducteurs débiles, autant vaudrait-il nous casser la tête tout de suite."* »

* * * * *

L'empathie, délicate expérience ! Comprendre l'autre, se mettre à sa place, c'est une impossibilité pure. Essayer d'imaginer ce qu'imagine un homme qui a la volonté de se tuer, on en est incapable. C'est comme une asymptote qui tente de rattraper une courbe : il restera toujours un vide, une distance infranchissable, quand même on irait à l'infini. Tout en restant dans le domaine mathématique, on pourrait dire que celui qui a l'intention de se suicider est proche de 0 et qu'il oscille à droite, à gauche, et bascule d'un rien. D'un côté, il est proche de 0^-, de l'autre, de 0^+. Il ne peut pas être sur 0, il doit choisir : 0^-, c'est la volonté de vivre ; 0^+, c'est la volonté de mourir. À ce moment de décision fatal, l'homme est une fonction inverse, telle $1/x$. Qu'il tende d'un côté, et c'est inévitablement le saut total : $\lim_{x \to 0^+} \frac{1}{x} = +\infty$ ou $\lim_{x \to 0^-} \frac{1}{x} = -\infty$. Il n'y a rien qui sépare 0^- de 0^+, il n'y a même pas l'épaisseur d'un atome ; mais si vous appliquez $1/x$, vous plongez soit dans l'inaccessible infini positif, soit dans l'inaccessible infini négatif. Cela se joue à une connexion de deux neurones parmi les millions de milliards de combinaisons possibles. (Nous qui entremêlons tout, du tout à la partie, de la partie au tout, ne retouchons-nous pas au même problème valérien ye vtout à l'heure : « *Nous avons la perception très poignante du peu qu'il en faudrait pour précipiter le destin de l'homme ou de l'objet. Ce peu manquera-t-il à celui dont la main est armée ?* ») S'il manquait, à celui qui analyserait le schéma de pensées du suicidant, ne fût-ce que quelques interconnexions, il ne comprendrait *rien*. Cela rejoint l'idée exprimée dans ce célèbre aphorisme de Marcel Jouhandeau (*Algèbre des Valeurs morales*) : « *Beaucoup de suicides et de transports au cerveau ne sont dus qu'à une minute de lucidité.* » Il y a une *nécessité* mathématique à tout ce qui arrive, dont celle du *hasard*. Le hasard est ainsi fait qu'il permet de prévoir ce qui est imprévisible. Plusieurs niveaux sont à considérer. (Avec une pièce de monnaie, probabilité de faire tant de piles sur tant de lancers, probabilité de réaliser une série de tant de piles d'affilée, probabilité de s'écarter de la moyenne qui est de 1/2, *etc.* Ajoutons à cela la loi qui régit ces probabilités, par exemple, ici, la loi de Laplace-Gauss. Tout est envisageable, mais, individuellement, on s'écarte rarement de la *normale*, et, de toute façon, en prenant en compte les individus en tant qu'ils sont imbriqués dans la population entière, tous doivent s'y inscrire…) « *Voyez-vous, la naissance est une loterie ; / Le hasard fourre au sac sa main, vous voilà né.* » Mais voilà, le fait est là, accompli : *vous êtes né*. Vous *deviez* naître. C'est vous qui êtes né : ce n'est pas un hasard, de même que ce n'est pas un hasard qu'il faille mourir dès lors que vous êtes né. Le hasard est nécessaire. Byron fait dire à son Caïn : « *Cursèd be / He who invented Life that leads to Death! / Or the dull mass of life, that, being life, / Could not retain, but needs must forfeit it* » (« *Maudit soit / Celui qui a inventé une existence dont l'aboutissement est la mort ! / Triste réalité que la vie qui, par essence, / Ne saurait durer et doit nécessairement renoncer à elle-même* »). Que celui qui a inventé cette existence l'ait faite par erreur, par hasard, c'était nécessaire. Nous revenons exactement au cas du désastre de Lisbonne. Caïn continue d'ailleurs : « *I live, / But live to die; and, living, see no thing / To make death hateful, save an innate clinging, / A loathsome, and yet all invincible / Instinct of life, which I abhor, as I / Despise myself, yet cannot overcome*— */ And so I live. Would I had never lived!* » (« *Je vis, / Mais je vis pour mourir. Et, alors que je respire, je ne vois rien / Qui rende la mort haïssable, sinon un attachement inné, / Un instinct vital, aussi détestable qu'invincible. / Je l'abhorre autant que je me méprise, / Et reste pourtant incapable de le dominer…*

/ *Ainsi, je vis. Si j'avais pu ne jamais vivre !* » Et non seulement on retrouve le désastre de Lisbonne et tout ce qui s'ensuit, mais on retrouve également la litanie du « Pourquoi suis-je né ? » — qui ramène au caractère (faussement) aléatoire… Ce soupçon de liberté que laisse espérer le suicide serait un pied-de-nez à cette naissance non désirée. La pseudo illustration qui suit en surprendra plus d'un : « *Je veux partir quand telle sera ma volonté. C'est manquer de goût que de vouloir prolonger sa vie artificiellement. Je me suis acquitté de ma tâche ; il est temps de partir. Je le ferai avec élégance.* » Car savez-vous qui a prononcé ces paroles ? Albert Einstein ! (C'était peu de temps avant sa mort, tandis qu'il refusait les soins chirurgicaux qui lui étaient proposés.) Je dis : quelle belle âme, noble et volontaire ! « *Il était lui-même l'arbitre de sa mort, lorsqu'il voudrait mourir* », écrivait Hésiode, en parlant d'Apollonius Dyscolus, de Pronominibus. Quand Lamartine, dans une lettre qui date de l'année 1838, écrit que « *le sujet est donné de Dieu* », que « *nous ne pouvons pas le décliner par des désirs ou des dégoûts* », que « *la vie est un rôle obligé* », que « *quitter son habit avant la fin de la pièce, c'est manquer à l'auteur, voilà* », nous lui demandons : où as-tu vu que l'on doit quelque chose à quelqu'un ? Qui est redevable de qui ? (Nous reviendrons sur la religion, puisque, comme d'habitude, c'est d'elle, exclusivement, qu'il s'agit ici…) Si je comprends bien, cela serait de mauvais goût ? cela manquerait de sérieux ? Mais tu compares la vie à une pièce de théâtre ! À qui manquerais-tu de sérieux dans une *farce* ?… Quelle farce insoluble est la vie ! Jouez, jouez tous… Vivez : vous jouez ; suicidez-vous : vous jouez encore… « *Quelle chimère est-ce donc que l'homme ? quelle nouveauté, quel monstre, quel chaos, quel sujet de contradictions, quel prodige ? Juge de toutes choses, imbécile ver de terre, dépositaire du vrai, cloaque d'incertitude et d'erreur, gloire et rebut de l'univers.* » Pascal n'y va pas par quatre chemins pour dire ce qu'il a sur le cœur… qui a ses raisons. Et Kierkegaard non plus, quand il en appelle à sa liberté : « *Je ne suis donc pas moi-même le maître de ma vie ; je suis un fil de plus à tisser dans le vulgaire calicot de la vie ! Fort bien, mais si je ne sais pas tisser, je peux du moins trancher le fil.* » Nous sommes peut-être des personnages en quête d'auteur, mais nous ne sommes rien, et aucun auteur ne nous fera être autre chose. La montagne-univers a accouché d'une souris, mais la souris ne pourra jamais accoucher d'une montagne. Les chiens ne font pas de chats. Si les lois de l'Univers nous interdisent presque tout ce qui n'est pas humainement faisable, possible, qu'au moins, nous puissions agir sur le rien que nous sommes (et que nous ne serons plus), que nous pouvons être (et ne plus être) ou que nous voulons être (et ne plus être). « *Ô serviteurs, emmenez-moi très-vite, emmenez-moi au loin, moi qui ne suis plus rien !* » s'exclamait Créon. Gardons à l'esprit que « *nous ne sommes rien* » et que « *c'est ce que nous cherchons qui est tout* » (Hölderlin dans le « *fragment Thalia* » d'*Hypérion*). — Tout est si complexe… Si j'écris une chose, je peux me dédire et en écrire une autre qui aura la même valeur de vérité. Alors pourquoi écrire s'il n'existe aucune vérité ? Dans le *Faust* de Goethe (qui est quand même la référence pour beaucoup d'auteurs, tels Schopenhauer et Freud, qui ne cessent d'y puiser, comme si c'était une Bible où l'on pouvait y rencontrer tous les pans de la vie), je lis : « *Esclaves pour sortir quand libres nous entrâmes.* » N'est-ce pas le contraire de ce que je dis ? Oui et non. Un petit effort de logique de la part de notre cerveau et la contradiction disparaît (les apparences ! les apparences ! ou plutôt : le sophisme ! le sophisme !). Voulez-vous un autre exemple ? Diotime (*Hypérion* à nouveau) dit : « *Wir sterben, um zu leben.* » (« *Nous mourons pour vivre.* ») J'ai maintes fois fait comprendre que nous *vivions pour mourir*. Mais *quid* de *mourir pour vivre* ? Il est relativement simple de changer de référentiel sans qu'il en résulte un changement de sens. Les mathématiciens ne font pas autrement lorsqu'ils changent de base dans un quelconque espace vectoriel : on travaille sous un autre angle, depuis un autre endroit, mais l'espace est demeuré identique. Allez, je mets sur la piste ceux que confondrait cette dernière citation : pensez à la définition de la vie de Bichat… — (Vraiment, il est douloureux de penser à tout cela. Quel merdier, ce livre en train de s'écrire, ce livre à écrire ! Et à finir ? Mon *paludisme* à moi… Dois-je éternellement voir le monde par ce bout de la lorgnette ? J'ai bien peur que la réponse ne soit « oui ». Dois-je éternellement croire que « *seule la mort donne à la vie sa signification* » ? *Oui*. En parlant de Wittgenstein, celui-ci note dans un carnet en février 1915 : « *Pense au suicide.* » Je ne connais pas l'expression exacte dans sa langue, mais il y a de grandes chances pour que l'on puisse y voir la même pluralité de sens qu'en français : « Je pense au suicide, je pense à me suicider », — ou : « Je réfléchis sur le sujet du suicide », — ou, telle une note des choses à faire : « Il faut que tu penses au suicide comme sujet d'étude », — ou : « Il faudra que tu penses à te suicider »… *La Perte de Sens* est un flou pareil à ces interprétations multiples. — Il y a de ces *sentences* qui me pendent au-dessus du nez. Celle de Mário de Sá-Carneiro, par exemple (dans *La chute*) : « Je n'ai pas pu me vaincre, mais je peux encore m'anéantir […]. » Faut-il que je me vainque ? que je m'anéantisse ? Puis-je le faire ? Je pose de vaines questions parce que les réponses sont vaines.) — J'étais parti de l'*empathie*… et je divague… — L'empathie, je la connus bien, comme le démontrent de multiples passages de *La Lyre*… « *Ce que j'écris n'est qu'un interlude malsain parmi ces soirs d'abnégation corrosive. Quand cessera ce deuil qui me corrompt, me bloque, achève de restituer tous les supplices qui interviennent par la force des choses ? Pourquoi serais-je un orphelin ? pourquoi ne puis-je toujours pas croire que tout ceci n'est pas une grossière farce indigne ? pourquoi ressemblé-je à un enfant normal pour qui la mort ne signifie rien ? pourquoi ?… — Je suis morbide depuis une semaine ; je descends là où je n'étais jamais descendu auparavant ; je guette un sursaut inexplicable par les mots. Parfois*, je voudrais *le* suivre. » « *Suivre* », tel est le mot. Suivre, c'est imiter, répéter, rejoindre, s'identifier, comprendre, venir, devenir, assimiler, transférer, projeter, unir, réunir, confondre, mêler, incorporer, embrasser, s'attacher, se détacher, accompagner, succéder… C'est tout cela, avec en plus la *possibilité* : « *La moitié de la journée est passée à évaluer le suicide ; François n'est là que pour me* prouver *que c'est* possible. » La volonté, puis le passage à l'acte offert pas sa possibilité évidente, démontrée : François m'enseigna cet *ordre* (cet impératif, ce déroulement, ce rangement). Il a porté mon *attention* sur le suicide. Comme le dit Kierkegaard : « *Obliger un homme à faire attention et à juger, telle est en effet la loi du martyre véritable. Un martyr authentique n'a jamais recouru au pouvoir ; toujours il a combattu avec la force de son impuissance. Il a contraint les hommes à faire attention. Certes, Dieu sait, ils ont été attentifs : ils l'ont mis à mort. Il y a cependant consenti ; il n'a pas pensé que la mort l'arrêterait dans son activité ; il a compris qu'elle en faisait partie intégrante et, même, que son activité commençait justement à partir de sa mort. Car, en vérité, ceux qui l'ont fait mourir sont aussi devenus attentifs ; ils en sont venus encore une fois et tout autrement à réfléchir sur la question ; et ce que le vivant n'a pu, le mort l'a accompli : il a gagné à sa cause ceux qui sont devenus attentifs.* » — Suivre…

suivre le rien dans le tout, le tout dans le rien. Rallier la tempête à Falstaff... — « *I'll seek him deeper than e'er plummet sounded and with him there lie mudded.* » (« *Je l'irai chercher plus profond que jamais sonde n'atteignit, et près de lui m'enliser.* ») — « *Would I were with him, wheresome'er he is, either in heaven or in hell [...].* » (« *Je voudrais être avec lui, où qu'il soit, au Ciel ou en Enfer [...].* ») — Il y a empathie quand l'être aimé est là, et aussi quand il n'est plus là, mais seule la seconde est profonde. Vient un moment où l'empathie se résorbe : la routine revient, le quotidien nous plaque à nouveau comme au rugby, nous colle le visage au sol, nous empêche de voir. Le deuil s'évapore, l'oubli s'avance à petits pas. Sans doute est-ce la raison pour laquelle on obligeait à longtemps porter un deuil (avant de faire son deuil, de passer à autre chose), et à s'habiller de noir. La tentation est en effet forte d'oublier pour ne pas être meurtri et affligé davantage. Moi, au contraire, l'idée d'oublier me meurtrit et m'afflige. L'oubli, — l'*Oubli*, — me fait peur. Maupassant dit d'Olivier Bertin, qui vient de mourir, qu'« *il était détendu, impassible, inanimé, indifférent à toute misère, apaisé soudain par l'Éternel Oubli.* » Mais c'est l'oubli pour le mort, pas pour nous, les vivants. L'oubli des vivants, c'est l'oubli du mort. (J'avais écrit : « *du vivant* » ! Encore un lapsus, parce que je pense — ou voudrais penser — à François vivant.) Et sans doute la raison pour laquelle on pose une pierre tombale avec le nom, est-elle à chercher du côté du remords plus que du regret : cela ordonne, en quelque sorte, une forme d'attention, cela oblige à ne pas totalement oublier, à se soulager de n'avoir pas perdu le souvenir de l'être tant chéri. Je me souviens du choc en constatant que l'on avait volontairement retiré mon poème à l'ICAM : « *Je fus pris au dépourvu de voir que mon poème avait été décroché du hall de l'école ; le mot du directeur annonçant la nouvelle, on s'en fichait, — mais le poème !... Quel dépit m'envahit ce matin-là en constatant la fuite du temps ! Le drapeau était toujours levé et battait au vent. Sacrilège : ta mémoire se perd. Ils ne méritent rien, tous ces gens ; ils méritent la mort et l'oubli. Ces Jésuites. Ces Croyants.* » J'imagine que c'était moins au mort qu'au suicidé qu'ils songeaient (la religion et le suicide, vaste histoire !). Quoi qu'il en fût, cela signifiait en tout cas : « Oubliez. » (Mais « *Son œil inépuisable en rayons luit sur eux* »...) L'homme passe son temps à oublier : il oublie continûment d'où il vient, où il est et où il va ; il oublie ses fautes, ses envies, son être enfin. Lors d'un décès, il y a le traumatisme, puis, lentement, « comme si de rien n'était », tel un *dégradé dégradant*, l'installation d'un climat tranquille, il y a un « retour à la normale ». Ce nouveau climat est d'autant plus mou que l'ancien fut violent. Je repense au sentiment du narrateur d'*Enfance*, de Tolstoï, qui a perdu sa mère : « *Maman n'était plus et cependant notre vie suivait son cours : nous nous couchions, nous levions aux mêmes heures, dans les mêmes chambres ; le thé du matin, celui du soir, le dîner, le souper, tout avait lieu à l'heure habituelle ; les tables, les chaises étaient aux mêmes places ; rien dans la maison ni dans notre manière de vivre n'avait changé ; il n'y avait qu'elle qui n'était plus là. — Il me semblait qu'après un pareil malheur tout aurait dû se transformer de fond en comble ; notre genre de vie habituel me paraissait une offense à sa mémoire et me rappelait son absence avec trop d'acuité.* » Je comprends très bien ce sentiment : on en veut au monde d'oublier, et surtout d'oublier si vite. Tolstoï et moi assimilons cela à un affront fait au mort. Alceste me dit : « *Le temps te guérira. Un mort n'est qu'un néant.* » Je lui réponds : « Je le sais. Et puis ?... » Et puis ?...

* * * * *

« *La liberté, pour un vieux garçon comme moi, c'est le vide, le vide partout, c'est le chemin de la mort, sans rien dedans pour empêcher de voir le bout, c'est cette question sans cesse posée : que dois je faire ? qui puis-je aller voir pour n'être pas seul ?* » Tel est le constat fait par Olivier dans *Fort comme la mort*. Que dois-je faire ? « *Agis de telle sorte que la maxime de ta volonté puisse toujours valoir en même temps comme principe d'une législation universelle.* » Nous avons déjà croisé cette injonction de Kant. Qu'en penser au regard du suicide ? Le suicide ne peut pas coïncider, car il ne peut valoir comme « *principe d'une législation universelle* » : si tout le monde se suicidait, l'espèce humaine disparaîtrait et la morale avec elle. Ce n'est pas ce que veut l'Ordonnateur. Alors que penser de cet avertissement tiré d'une satire de Juvénal : « *Summum crede nefas animam præferre pudori, / Et propter vitam vivendi perdere causas.* » (« *Regarde comme la pire infamie de préférer la vie à l'honneur, / Et pour sauver ta vie, de perdre les raisons de vivre.* ») Benjamin Constant (qu'Emmanuel connaissait pour avoir répondu indirectement à son « *droit de mentir* ») notait dans son *Journal* : « *Ceux qui nous prêchent contre le suicide sont précisément des hommes dont les opinions rendent la vie une chose misérable et honteuse, des partisans de l'esclavage et de la dégradation.* » Je ne dis pas que Kant prêchait contre le suicide, mais sa réflexion était indubitablement aux antipodes de Nietzsche (*La Volonté de Puissance*) : « *Je veux enseigner la pensée qui donnera à beaucoup d'hommes le droit de se supprimer, — la grande pensée sélectrice.* » La liberté, chez Kant, n'a aucun lien avec le suicide. Il ne dira jamais, comme l'Agnès de Kundera dans *L'Immortalité* : « *Moi aussi, je peux comprendre qu'on veuille en finir. Qu'on ne puisse plus supporter la souffrance. Ni la méchanceté des gens. Qu'on veuille s'en aller, s'en aller pour toujours. Chacun a le droit de se tuer. C'est notre liberté. Je n'ai rien contre le suicide tant que c'est une façon de s'en aller.* » — Lisons Kant en prenant des extraits de la *Critique de la Raison pratique* et des *Fondements de la Métaphysique des mœurs*. — « *De même la maxime que j'adopte relativement à la libre disposition de ma vie, se trouve immédiatement déterminée, du fait que je me demande comment elle devrait être afin qu'une nature, dont elle formerait la loi, puisse subsister. Il est manifeste que dans une nature de ce genre personne ne pourrait arbitrairement mettre fin à sa vie, car une semblable disposition ne donnerait pas un ordre naturel permanent.* » C'est exactement ce que nous recherchions : l'impératif catégorique appliqué au suicide. Si la maxime de ta volonté est : « Tue-toi », elle ne peut valoir pour tout le monde en étant érigée comme un principe universel. C'est ton choix, mais il ne peut être le choix de chaque individu. Tout en l'entendant bien, je demande à Kant : aujourd'hui, voit-on personne brandir ce principe, c'est-à-dire, dans notre cas, brandir un panneau sur lequel est écrit ce commandement : « Tu ne tueras point » ? Voit-on des manifestations dans la rue où les gens crient : « Oui au suicide », — « Le droit au suicide » ? Ou même : « Non au suicide » ? (Ce petit pamphlet foireux de Stéphane Hessel intitulé *Indignez-vous*, aurait-il été en tête des ventes dans les librairies pendant des mois et des mois s'il s'était plutôt intitulé *Suicidez-vous* ? *Suicide, mode d'emploi* avait été très rapidement retiré des ventes après sa parution.) Non, personne ne va manifester pour cette « cause ». Pourquoi ? C'est très simple :

certes, comme dans toutes les manifestations collectives, c'est une affaire personnelle, une affaire égoïste de chacun pris dans la masse. Je veux dire par là que toute individualité, par définition, se fout littéralement des intérêts des autres (ou fait semblant, dans le meilleur des cas). Si elle a la chance de dénicher d'autres individualités qui elles aussi ne font que protéger leurs intérêts, mais que ces intérêts sont communs aux siens, alors elle les rejoindra pour avoir plus de force. Toute manifestation n'est qu'une mascarade. Un nouvel aéroport va-t-il être construit ? Ceux qui s'indigneront seront, comme par hasard, les riverains, quand même la question s'étendrait à toute la population (pollution, entre autres). Celui qui habite loin ne prendra pas la peine de manifester : il a d'autres chats à fouetter, cela le regarde si peu. Avez-vous vu le personnel des centrales nucléaires manifester contre les centrales nucléaires ? Et pourtant, beaucoup y travaillent comme vous, vous iriez cuire une baguette ou réparer un joint de culasse. Ceci est le premier point de la raison qui fait qu'on ne manifeste pas contre le suicide (ou pour). Le second point est d'ordre purement logique : on serait en droit d'attendre de ceux qui prôneraient le suicide, qu'ils se suicidassent. Mais alors, si je pousse le raisonnement à son extrême, combien resterait-il de militants qui seraient encore en vie, par conséquent en mesure de manifester ? Si une législation universelle interdit le suicide, qu'en est-il, d'abord, d'une législation normale, comme la française ? N'ayant pas épluché les textes (et, surtout, l'histoire de ces textes), je m'appuierai sur ce qu'en rapportent Claude Guillon et Yves Le Bonniec dans *Suicide, mode d'emploi* (que je n'ai malheureusement toujours pas dans ma bibliothèque *physique*, à cause de son retrait des ventes et de l'explosion de son prix dans les réseaux de libraires d'occasion, et je dois me contenter d'un fichier informatique) : « *Inconnu au civil comme au pénal, le suicide est, au sens strict, hors la loi. On ne peut que s'en réjouir, mais vite ! À y regarder de plus près, le suicide apparaît comme l'une de ces libertés honteuses que les lois laissent en friche pour mieux les cerner. Pseudo-libertés au nombre desquelles on compte la prostitution, l'avortement, l'amour ou la fugue pour les moins de dix-huit ans. Libertés sous surveillance, soumises à l'agrément d'autorités de tutelle, flics, médecins ou parents, libertés qui doivent rester "respectueuses".* » Ce que l'on doit retenir, c'est que ni le Code civil ni le Code pénal ne le mentionnent. Depuis la Déclaration des Droits de l'Homme et du Citoyen du 26 août 1789, la loi reste implicite et tous les nouveaux législateurs se contentent « *de traiter la question du suicide par omission* ». Depuis le 14 novembre 1881, le suicidé dispose également d'une place dans tout cimetière, ce qui n'était pas le cas auparavant. Le suicide (ou la tentative seulement s'il était avéré qu'elle devait mener à un suicide) pourrait être puni s'il résultait d'une volonté de se soustraire au service militaire (en effet, ceci relève du Code de Justice militaire et ne concerne pas le « suicide civil »). Cependant, le suicide n'est pas explicitement évoqué : la Justice militaire a simplement le droit de punir « *tout militaire convaincu de s'être volontairement rendu impropre au service, soit d'une manière temporaire, soit d'une manière permanente, dans le but de se soustraire à ses obligations militaires* ». De plus : « *La loi se contente, fort efficacement, de vous interdire le recours à la complicité active d'autrui, de vous contraindre à une mort solitaire, sous peine de compromettre des témoins pour "non-assistance" à votre personne "en péril".* » Pourvu que vous n'ayez aucun compte à rendre avec l'Armée et que vous ne vous fassiez pas aider, vous *pouvez* vous suicider, à cette nuance près : « *Il y a un droit du suicide. Mais pas de droit au suicide. C'est en vain qu'un rescapé involontaire réclamerait réparation du préjudice qu'on lui fait subir en l'obligeant à vivre contre sa volonté. Le suicide doit rester un vice solitaire, c'est le sens de l'Histoire.* » Pour en revenir à Kant et à son principe d'une législation universelle qui se verrait bafoué par des maximes particulières, je voudrais ajouter un autre argument qui montre que cela ne tient pas : si le suicide était la volonté du plus grand nombre, on ne manquerait pas de voir la population stagner ou diminuer dramatiquement. En France et dans d'autres pays civilisés, on est relativement libre de se suicider, comme on vient de s'en apercevoir. Mais même là où il serait interdit, où les suicidants seraient opprimés, cela ne changerait rien à la donne. Celui qui a la ferme intention de se suicider, se suicidera « sans peine ». Il se contrefiche d'être puni *a posteriori*. Ainsi, peu de gens se suicident. Dès lors, pourquoi le rejeter au nom d'une législation universelle ? La majorité des êtres humains tient trop à la vie. Si tel n'était pas le cas, il y aurait eu un génocide depuis longtemps. (Mille deux cents suicides par jour dans le monde, c'est une goutte d'eau qui représente 0,75% de l'océan des cent soixante mille décès, sans compter les trois cent cinquante mille naissances quotidiennes. Comme le fait remarquer Paul-Louis Landsberg, dont il va être question plus loin : « *D'abord : si le suicide, dans tous les cas, était contre l'inclination de l'homme, il n'existerait pas, ou seulement dans des cas extrêmement rares et pathologiques. J'avoue ne pas voir comment pourrait être contre la loi naturelle une chose qui se trouve pratiquée, acceptée, et souvent glorifiée, chez tous les peuples non chrétiens.* ») Et, de toute façon, qui serait aux commandes de cette législation universelle ? La Nature, ou Dieu, peu importe le nom par lequel on le nomme. Or, Dieu fait si bien les choses qu'il a rendu le suicide « difficile ». Dès la naissance, très peu oscilleront entre l'idée de vivre et l'idée de mourir. Tous sont implacablement livrés à la vie, leur raison ne leur parle que de la vie qu'il faut pousser jusqu'à ses dernières limites. Je connais peu d'auteurs, si ce n'est Cesare Beccaria avec son *Traité des délits et des peines*, publié en 1764, qui revendiquent ce point de vue qui égratigne l'absolu de Kant. C'est au chapitre XXXII (*Du Suicide*) que Beccaria, très intelligemment, en visionnaire qui ne craignait pas de combattre les idées reçues, étudie la situation et évalue l'intérêt d'une interdiction du suicide. « *Le suicide est un délit auquel il semble qu'on ne peut décerner un châtiment proprement-dit, puisque ce châtiment ne saurait tomber que sur l'innocence ou sur un cadavre insensible et inanimé. Dans ce dernier cas, le supplice ne produira sur les spectateurs que l'impression qu'ils éprouvaient en voyant battre une statue ; dans le premier cas, il sera injuste et tyrannique, puisque, où les peines ne sont pas purement personnelles, il n'y a point de liberté. — Craindra-t-on que la certitude de l'impunité ne rende ce crime commun ? Non, sans doute. Les hommes aiment trop la vie ; ils y sont trop attachés par les objets qui les environnent ; ils tiennent trop aux douceurs que leur offre l'image séduisante du plaisir et l'espérance, cette aimable enchanteresse qui, de sa main bienfaisante, distille quelques gouttes de bonheur sur la liqueur empoisonnée des maux que nous avalons à longs traits. Celui qui craint la douleur obéit aux lois ; mais la mort détruit toute sensibilité. Quel sera donc le motif qui arrêtera la main forcenée du suicide prêt à se percer ? — Celui qui s'ôte la vie fait à la société politique un moindre mal que celui qui s'en bannit pour toujours, puisque le premier laisse tout à son pays, tandis que l'autre lui enlève sa personne et une partie de ses biens. Or, si la force d'un État consiste dans le nombre de ses citoyens, le suicide cause à sa nation une perte moitié moindre de celle que lui occasionne l'émigration d'un habitant* qui va se fixer chez un peuple voisin. — *La question se réduit donc à savoir s'il est utile ou dangereux à la société de laisser à ses membres la liberté constante de la quitter. — C'est un abus que de promulguer les lois qui ne sont point armées du pouvoir coactif ou que les circonstances peuvent annuler. Ainsi que l'opinion, cette souveraine des esprits, obéit aux impressions lentes et indirectes du législateur, tandis qu'elle résiste à ses efforts quand ils sont violents et qu'ils la heurtent de front ; de même les lois inutiles, et par conséquent méprisées, communiquent leur avilissement aux lois mêmes les plus salutaires, qu'on parvient à regarder plutôt comme des obstacles à surmonter que comme le dépôt du bien public. Or, si, comme nous l'avons déjà dit, notre sensibilité est bornée, plus les hommes auront de vénération pour des objets étrangers aux lois mêmes, moins il leur en restera pour les lois mêmes. Je ne développerai point les conséquences bien utiles qu'un sage dispensateur de la félicité publique pourrait tirer de ce principe ; ce serait trop m'écarter de mon sujet, et je dois m'attacher à prouver qu'il ne faut point faire de l'État une prison. Une telle loi est inutile, parce que, à moins que des rochers inaccessibles ou des mers impraticables ne séparent un pays de tous les autres, comment mettre des gardes à tous les points de la circonférence ? comment garder ces gardes eux-mêmes ? L'émigrant, s'il emporte tout ce qu'il possède, ne laisse plus rien sur quoi les lois puissent faire tomber la peine dont elles le menacent ; son crime, dès qu'il est consommé, ne saurait plus être puni, et lui assigner un châtiment avant qu'il soit commis c'est punir la volonté et non le fait ; c'est exercer un pouvoir tyrannique sur l'intention, cette partie de l'homme sur laquelle les lois humaines ne peuvent jamais avoir d'empire. Essayera-t-on de faire tomber la peine du fugitif sur ses biens, s'il en laisse ? Mais, quand on pourrait sans détruire tout commerce de nation à nation, la collusion, à laquelle on ne saurait parer sans donner de funestes entraves aux contrats entre citoyens, rendrait encore ce châtiment illusoire. Punira-t-on enfin le coupable lorsqu'il rentrera dans son pays ? Mais ce sera empêcher que le mal fait à la société ne se répare ; ce sera bannir pour jamais de l'État quiconque s'en sera une fois éloigné ; en un mot, la défense de sortir d'un pays est, pour celui qui l'habite, un motif de le quitter ; pour l'étranger, une raison de n'y point venir. — Les premières impressions de l'enfance attachent les hommes à leur patrie ; or, que doit-on penser d'un gouvernement qui ne peut les y retenir que par la force ? [...] — Semblables aux animaux sauvages, aux oiseaux pénétrés du sentiment de leur liberté, qui, retirés dans des solitudes profondes ou sous des forêts inaccessibles, abandonnent à l'homme les riantes campagnes où les fleurs couvraient les pièges que sa ruse leur tendait, les hommes eux-mêmes fuient le plaisir quand il est offert par la main des tyrans. — Il est donc démontré que la loi qui emprisonne les citoyens dans leur pays est inutile et injuste, et conséquemment, que celle qui serait contre le suicide ne l'est pas moins. C'est un crime devant Dieu, qui le punit après la mort, parce que lui seul peut punir ainsi. Mais ce n'en doit pas être un devant les hommes, parce que le châtiment au lieu de tomber sur le coupable, ne tombe que sur son innocente famille. Si l'on m'objecte cependant que cette peine peut encore arrêter un homme déterminé à se donner la mort, je réponds que celui qui renonce tranquillement aux douceurs de l'existence, et qui hait assez la vie pour lui préférer une éternité malheureuse, ne sera sûrement pas ému par la considération, éloignée et peu efficace, de la honte qui va rejaillir sur ses enfants ou ses parents.* » Ceci *devait* être écrit en toutes lettres avant de retrouver notre ami Kant. Afin de mieux faire saisir sa théorie, celui-ci choisit un exemple : « *Un homme, réduit au désespoir par une suite de malheurs, a pris la vie en dégoût ; mais il est encore assez maître de sa raison pour pouvoir se demander s'il n'est pas contraire au devoir envers soi-même d'attenter à sa vie. Or il cherche si la maxime de son action peut être une loi universelle de la nature. Voici sa maxime : j'admets en principe, pour l'amour de moi-même, que je puis abréger ma vie, dès qu'en la prolongeant j'ai plus de maux à craindre que de plaisirs à espérer. Qu'on se demande si ce principe de l'amour de soi peut devenir une loi universelle de la nature. On verra bientôt qu'une nature qui aurait pour loi de détruire la vie, par ce même penchant dont le but est précisément de la conserver, serait en contradiction avec elle-même, et ainsi ne subsisterait pas comme nature ; d'où il suit que cette maxime ne peut être considérée comme une loi universelle de la nature, et, par conséquent, est tout à fait contraire au principe suprême de tout devoir.* » (Je ne me moque pas, mais admirez le ton didactique : aujourd'hui, on ferait appel à lui pour compléter la série publiée au Seuil des « *expliqué à ma fille* », « *expliqué à mes enfants* » : *Auschwitz expliqué à ma fille, Les extraterrestres expliqués à mes enfants,* et j'en passe. Mais je signalerai au passage que, de même que l'on ne verra jamais sur les étalages un *Suicidez-vous*, on ne verra jamais : *Le suicide expliqué à mon fils*... Il faut garder une certaine démagogie. La différence formelle avec *Suicide, mode d'emploi* serait trop subtile...) Je vais avoir l'air de chercher la petite bête : qui dit que « *l'amour de soi* » est une évidence, une qualité intrinsèque de l'homme, qu'il naît et mourra avec elle ? Est-ce un fondement de l'homme ? Le but de la nature, qui *serait* la conservation de la vie, est-il un but évident ? J'ai beau comprendre qu'il ne faut pas tuer pour ne pas semer la pagaille, que l'homme n'est pas un animal, qu'il est doué de raison, qu'il peut penser à une morale, j'avoue ne pas comprendre comment imbriquer toutes ces idées avec l'ordre soi-disant divin ou naturel. Je ne sais pas ce que serait l'Univers s'il n'y avait pas l'homme pour le contempler, je ne sais pas si l'on pourrait parler de *Big Bang* sans la présence de l'homme qui le conçoit après l'avoir connu (en vérité, je sais bien que l'on *ne pourrait pas en parler*, mais je simplifie). J'ai l'impression qu'il faudrait ériger ce principe d'une législation universelle comme une conséquence du Big Bang. Je ne souhaite pas l'anarchie, ni le mensonge perpétuel, mais qu'est-ce que cela change ? Jusqu'où ergotera-t-on ? Tu veux te suicider ? Suicide-toi si c'est cela que tu veux. Tu ne sais pas ce qu'est le vouloir, tu ne connais pas les intentions de la Nature ou de Dieu (s'il y en a !) ; tu ne sais pas pourquoi il est possible que tu veuilles te suicider, car tu ne sais pas pourquoi le suicide est possible, de même que tu ne sais pas pourquoi tu vis ni pourquoi tu meurs. Tu peux bien de te suicider. L'absurdité du monde n'y aura rien perdu, pas plus qu'elle n'y aura gagné. Dire qu'il existe une législation universelle, ce serait répondre à la question de l'existence, trancher d'un coup la question de l'œuf ou de la poule. Nous ne savons rien. Si, en nous suicidant, nous ne faisons pas de mal à autrui (quel mal ?), alors suicidons-nous. On ne va pas maintenir de force la tête hors de l'eau de quelqu'un qui désire la mettre sous l'eau. Kant, ailleurs, poursuit : « *Au contraire, conserver sa vie est un devoir, et c'est en outre une chose pour laquelle chacun a encore une inclination immédiate. Or c'est pour cela que la sollicitude souvent inquiète que la plupart des hommes y apportent n'en est pas moins dépourvue de toute valeur intrinsèque et que leur maxime n'a aucun prix moral. Ils conservent la vie conformément au devoir sans doute, mais non par devoir. En revanche, que des contrariétés et un chagrin sans espoir aient enlevé à cet homme tout goût de vivre, si le malheureux, à l'âme forte, est plus indigné de son sort qu'il n'est découragé ou abattu, s'il désire la mort et cependant conserve la vie sans l'aimer, non par inclination ni par crainte, mais par devoir, alors sa maxime a une valeur morale.* » Là, c'est bon : bien sûr, puisqu'il reste en vie ! (Peut-être est-il trop faible pour se suicider, et ainsi trouver une excuse toute faite, qu'il n'a qu'à aller chercher chez Kant ! Bien vu !) Il faudrait, *grosso modo*, dans un coin de son âme, se forcer à aimer la vie quand on ne l'aime plus… J'adore les mathématiques, j'adore Kant comme j'adore Spinoza, mais au bout d'un moment, les démonstrations m'agacent et me mettent mal à l'aise. Il faut arrêter de faire l'algèbre de l'homme et de le réduire à des équations. C'est beau ; mais c'est abstrait ; et c'est d'autant plus abstrait que cela passe pour non abstrait. Prenez cette Proposition LXVII de la Partie IV l'*Éthique* : « *Un homme libre ne pense à aucune chose moins qu'à la mort, et sa sagesse est une méditation non de la mort mais de la vie.* » Nous n'avons cessé de le répéter et cela paraît concret. Maintenant, lisons la démonstration : « *Un homme libre, c'est-à-dire qui vit suivant le seul commandement de la Raison, n'est pas dirigé par la crainte de la mort (Prop. 63), mais désire ce qui est bon directement (Coroll. de la même Prop.), c'est-à-dire (Prop. 24) désire agir, vivre, conserver son être suivant le principe de la recherche de l'utile propre ; par suite, il ne pense à aucune chose moins qu'à la mort, et sa sagesse est une méditation de la vie. C.Q.F.D.* » Cela vous sied-il ? Est-ce plus clair ? Est-ce évident ? N'est-ce pas plutôt *totalement* abstrait ? Et on conclut d'un CQFD comme on conclurait d'un CQFD le théorème de Pythagore. Où est l'hypoténuse dans le cerveau de l'homme ? Autant dire, en refermant l'*Éthique* : « Trivial. » Une autre Proposition (XVIII) déclare : « *Un Désir qui naît de la Joie est plus fort, toutes choses égales d'ailleurs, qu'un Désir qui naît de la Tristesse.* » Suit la Démonstration, que j'épargne au lecteur, que suit une scolie, où l'on peut lire : « *1° Que le principe de la vertu est l'effort même pour conserver l'être propre et que la félicité consiste en ce que l'homme peut conserver son être ; 2° Que la vertu doit être appétée pour elle-même, et qu'il n'existe aucune chose valant mieux qu'elle ou nous étant plus utile, à cause de quoi elle devrait être appétée ; 3° Enfin que ceux qui se donnent la mort, ont l'âme frappée d'impuissance et sont entièrement vaincus par les causes extérieures en opposition avec leur nature.* » Quand je lis ça, j'ai envie d'envoyer le *conatus* au diable ! Chez Spinoza, tout tourne autour du *conatus*, qui est « *la première et unique origine de la vertu* », à propos duquel on ne peut concevoir « *aucun autre principe antérieur* », tant et si bien que le suicide, pour lui, allant à l'encontre de ses démonstrations, il l'expulse. Sa visée de la vertu se résume à la Proposition XX : « *Plus on s'efforce à chercher ce qui est utile, c'est-à-dire à conserver son être, et plus on en a le pouvoir, plus on est doué de vertu ; et au contraire, dans la mesure où l'on omet de conserver ce qui est utile, c'est-à-dire son être, on est impuissant.* » D'où la Scolie : « *Personne donc n'omet d'appéter ce qui lui est utile ou de conserver son être, sinon vaincu par des causes extérieures et contraires à sa nature. Ce n'est jamais, dis-je, par une nécessité de sa nature, c'est toujours contraint par des causes extérieures qu'on a la nourriture en aversion ou qu'on se donne la mort, ce qui peut arriver de beaucoup de manières ; l'un se tue, en effet, contraint par un autre qui lui retourne la main, munie par chance d'un glaive, et le contraint à diriger ce glaive vers son propre cœur ; ou encore on est, comme Sénèque, contraint par l'ordre d'un tyran de s'ouvrir les veines, c'est-à-dire qu'on désire éviter un mal plus grand par un moindre, ou, enfin, c'est par des causes extérieures ignorées disposant l'imagination et affectant le Corps de telle sorte qu'à sa nature se substitue une nature nouvelle contraire et dont l'idée ne peut être dans l'Âme (Prop. 10, p. III). Mais que l'homme s'efforce par la nécessité de sa nature à ne pas exister, ou à changer de forme, cela est aussi impossible qu'il est impossible que quelque chose soit fait de rien, comme un peu de réflexion permet à chacun de le voir.* » On croirait entendre un professeur de mathématiques gêné avec le « *un peu de réflexion permet à chacun de le voir* » : le « trivial » est une bonne façon de clore un débat. Finissons-en avec la Proposition XXIV : « *Agir par vertu absolument n'est rien d'autre en nous qu'agir, vivre et conserver son être (ces trois choses n'en font qu'une) sous la conduite de la Raison, d'après le principe de la recherche de l'utile propre.* » On a bien compris le message de Spinoza et la cause pour laquelle il se bat… L'homme n'est pas une équation de droite, ni une parabole, ni aucune autre fonction. On ne le dérive pas pour étudier ses variations, ses maximums, ses minimums, ses limites, ses zéros, *etc*. L'homme n'est pas une chose. D'ailleurs, c'est ce que dit Kant ici : « *En* premier lieu, *selon le concept du devoir nécessaire envers soi-même, celui qui médite le suicide se demandera si son action peut s'accorder avec l'idée de l'humanité* comme fin en soi. *Si, pour échapper à une situation pénible, il se détruit lui-même, il se sert d'une personne, uniquement comme d'un moyen destiné à maintenir une situation supportable jusqu'à la fin de la vie. Mais l'homme n'est pas une chose ; il n'est pas par conséquent un objet qui puisse être traité* simplement *comme un moyen ; mais il doit dans toutes ses actions être toujours considéré comme une fin en soi. Ainsi je ne puis disposer en rien de l'homme en ma personne, soit pour le mutiler, soit pour l'endommager, soit pour le tuer. (Il faut que je néglige ici de déterminer de plus près ce principe, comme il le faudrait pour éviter toute méprise, dans le cas où, par exemple, il s'agit de me laisser amputer les membres pour me sauver, de risquer ma vie pour la conserver ; cette détermination appartient à la morale proprement dite.)* » Je le répète : je ne vois pas en quoi la « *fin en soi* » viendrait empiéter sur le droit au suicide… En considérant cette « *fin en soi* », on considère nécessairement la finalité de l'Homme et la finalité de l'Univers. Peut-on s'abstenir de revenir sans cesse à cette idée de finalité ? Comme s'il fallait que nous atteignissions une perfection morale qui fût inscrite dans les atomes depuis le *Big Bang* ! Non, nous ne tendons pas à devenir « meilleurs », et personne, de surcroît, n'a décrété que l'on devait y tendre. Moi-même, j'écris cela en sachant mieux que Kant que la civilisation va bientôt être rayée de la carte. Le jeu aura duré le temps d'un jeu, c'est tout. Il n'y avait pas de règles, il n'y en a pas, il n'y en aura jamais. Le fait est qu'on est entré dans le jeu en cours de partie, et voilà. Le jeu n'était pas de détruire la planète, mais il n'était pas non plus de ne pas la détruire. « *Voyons sur un exemple si, en présentant une action comme noble et magnanime, on donne au mobile une plus grande force d'impulsion intérieure que si on la présente simplement comme un devoir accompli en vue de la sévère loi de la moralité. L'action par laquelle un homme brave les plus grands dangers pour sauver des naufragés, et qui finit par lui coûter la vie, peut être d'un côté rapportée au devoir, et d'un autre côté considérée en grande partie comme une action méritoire, mais notre estime pour cette action est beaucoup affaiblie par le concept du* devoir envers soi-même, *qui semble ici recevoir quelque atteinte. Le sacrifice magnanime de sa vie pour le salut de la patrie est un exemple encore plus frappant, mais on peut avoir quelque scrupule sur la question de savoir si c'est un devoir parfait de se dévouer de soi-même et sans ordre à ce but, et cette action n'a pas encore par elle-même toute la force nécessaire pour pouvoir nous servir de modèle et stimuler notre activité. Mais s'agit-il d'un devoir de rigueur, d'un devoir dont la transgression est une violation de la loi morale, considérée en elle-même et indépendamment de toute considération intéressée, une atteinte portée à la sainteté de cette loi (on appelle ordinairement les devoirs de ce genre des devoirs envers Dieu, parce que nous plaçons en lui la substance même de l'idéal de la sainteté), nous accordons la plus profonde estime à celui qui accomplit ce devoir au prix de tout ce qui peut avoir quelque valeur au regard de nos penchants, et nous trouvons notre âme fortifiée et élevée par cet exemple, car nous voyons par là combien l'âme humaine est capable de s'élever au-dessus de tous les mobiles que lui peut opposer la nature.* »

Là non plus, la fin de ce paragraphe ne me convainc en rien. Si je joue au sceptique, je dirai : qu'est-ce que la nature ? quels sont ses mobiles ? qu'est-ce que, pour l'homme, l'acte de s'élever au-dessus d'eux ? Je n'en sais rien, c'est du vent. — Je bouclerai la boucle en rappelant les vers de Juvénal vus plus haut, qu'il faut comparer avec ces mots de Kant issus de son étude *Sur l'échec de toute tentative philosophique en matière de théodicée* : « [...] *et que le petit nombre de ceux qui se décident pour le second parti [être mort plutôt que vivant], aussi longtemps qu'ils ont eux-mêmes reporté la chose, n'ont fait par là même que confesser encore cette prépondérance [du mal sur la jouissance agréable de la vie] ; et que lorsqu'ils sont suffisamment fous pour prendre le second parti, ils passent alors aussitôt simplement dans l'état d'insensibilité, en lequel également aucune douleur ne pourrait être ressentie.* » Bien ou mal : par-delà.

* * * * *

Il va de soi qu'en introduisant le *vouloir-vivre* dans la philosophie occidentale, et qu'en s'appuyant sur des considérations pessimistes, Schopenhauer fut l'un des penseurs les plus prolixes sur le suicide. Dans *Le Monde comme Volonté et comme Représentation*, le Paragraphe 69 du Livre 4 (qui en comporte soixante-et-onze) est entièrement consacré au suicide ; dans les *Parerga & Paralipomena*, c'est le chapitre 13 de la Partie 2 (§157-§160). Peu de philosophes ont agi ainsi en accordant un tel nombre de pages à la question. Pour Schopenhauer, celle-ci s'inscrit pleinement dans son système, d'où son importance. On peut lui faire confiance pour l'avoir étudiée à fond et pour ne pas émettre de jugements à l'emporte-pièce, contrairement à beaucoup d'autres de ses confrères. Schopenhauer affronte la mort comme vous affronteriez une tartine de pain grillée le matin en vous levant, ce qui fait de sa lecture une lecture redoutable, qui inciterait presque à vouloir ladite mort, la mort qui, en tant qu'elle « *est la grande occasion de n'être plus le moi* », fait dire à Schopenhauer : « *heureux alors qui sait en profiter !* » — De même qu'il n'y a pas deux feuilles qui soient identiques sur la Terre, il n'y a pas deux suicides qui le soient, tant les causes sont innombrables : « *Voyez encore les suicides ; combien de causes diverses n'ont-ils pas ! Il n'est pas un seul malheur, si grand qu'il soit, dont on puisse dire avec quelque vraisemblance qu'il eût été pour tous les hommes, quel que fût leur caractère, une raison suffisante de se tuer ; il en est bien peu de si petits, qu'on ne puisse trouver un suicide causé par des raisons tout juste équivalentes.* » (*MVR*, §57) La condition de l'homme est qu'il doit vivre sans l'avoir voulu, et il le supporte mal s'il y réfléchit. Mais, en parallèle de cette vie à vivre, il y a, fatalement, la mort qu'il devra aussi expérimenter. Le vertige le prend à contempler cette éternité qui lui succédera : « *Toute une infinité de temps s'est écoulée où NOUS N'ÉTIONS PAS ENCORE, et il n'y a rien là qui nous afflige. Mais, au contraire, qu'après l'intermède momentané d'une existence éphémère une seconde infinité de temps doive suivre, où NOUS NE SERONS PLUS, voilà pour nous une dure condition, une nécessité même intolérable.* » (*Suppléments*, Chapitre XLI) C'est une angoisse infernale, on étouffe, on vacille. Nous avons peur en songeant au néant qui nous a précédés et auquel il nous faudra retourner. Non seulement nous avons peur, mais nous souffrons. La vie est implacable — et on ne peut éviter la mort. Soit on avance le moment que la nature nous a imparti, soit on la laisse faire. Pourquoi l'avancer ? pourquoi devancer la nature ? C'est le plus souvent *pour fuir la douleur*. Ce cas-là est rare, et tout aussi rare est son contraire, « *celui où l'homme supporte les plus atroces souffrances, alors que la mort est là, sous sa main, rapide et facile ; et justement il souffre pour l'éloigner, ne fût-ce que d'un moment* ». La mort effraie tout le monde. Pourquoi nous effraie-t-elle ? Parce qu'elle est, en somme, « *la disparition de l'individu* », et parce qu'elle « *ne nous trompe pas* » et « *se donne pour ce qu'elle est* ». (*MVR*, §54) L'horreur de la mort se confond avec l'horreur de vivre, et les deux sentiments se confondent avec l'horreur de souffrir. Cependant le suicide se détache en ce sens qu'il « *provoque, même chez des esprits pensants, un étonnement mêlé d'admiration, car cet acte est si contraire à la nature de tout être vivant que nous sommes obligés d'admirer d'une certaine manière celui qui a osé le commettre* ». En effet, « *nous trouvons dans ce mode même une consolation qui nous rassure, car nous savons désormais que cette issue nous est toujours ouverte* ». (*Suppléments*, Chapitre XIX) — Puisque Schopenhauer est, avec Camus, le seul qui m'ait fait autant réfléchir après le suicide de François, et que, en outre, il est, à mon avis, le meilleur spécialiste en la matière que l'humanité ait connue, je vais recopier à la suite l'intégralité des deux paragraphes cités plus haut. Si vous pouviez vous faire une idée de l'importance de la pensée de Schopenhauer sur moi ! Mais je sais, ô Lecteur bienveillant et perspicace, que tu t'es aperçu que son importance s'est confirmée page après page, tout au long de mon livre, et davantage encore dans ce chapitre... — « *Nous avons jusqu'ici, dans les limites de notre sujet, suffisamment parlé de la négation du vouloir-vivre, le seul acte de notre liberté qui se manifeste dans le phénomène et que nous pouvons appeler avec Asmus la transformation transcendantale ; rien n'est plus différent de cette négation que la suppression effective de notre phénomène individuel, je veux dire le suicide. Bien loin d'être une négation de la Volonté, le suicide est une marque d'affirmation intense de la Volonté. Car la négation de la Volonté consiste non pas en ce qu'on a horreur des maux de la vie, mais en ce qu'on en déteste les jouissances. Celui qui se donne la mort voudrait vivre ; il n'est mécontent que des conditions dans lesquelles la vie lui est échue. Par suite, en détruisant son corps, ce n'est pas au vouloir-vivre, c'est simplement à la vie qu'il renonce. Il voudrait la vie, il voudrait que sa volonté existât et s'affirmât sans obstacle ; mais les conjonctures présentes ne le lui permettent point et il en ressent une grande douleur. Le vouloir-vivre lui-même se trouve, dans ce phénomène isolé, tellement entravé qu'il ne peut développer son effort. Il prend alors une résolution conforme à sa nature de chose en soi, nature qui demeure indépendante des différentes expressions du principe de raison, à laquelle, par suite, tout phénomène isolé est indifférent, puisqu'elle est elle-même indépendante de la naissance et de la mort, puisqu'elle est l'essence intime de la vie universelle. Il est une certitude solide et profonde qui fait qu'aucun de nous ne vit avec une peur constante de la mort ; nous sommes certains, en d'autres termes, que la Volonté ne manquera jamais de phénomènes ; c'est sur cette même certitude que s'appuie le suicide. Le vouloir-vivre se manifeste donc aussi bien dans le suicide, incarné en Siva, que dans la jouissance de la conservation, incarnée par Vichnou, et dans la volupté de la reproduction, incarnée par Brahma. Tel est le sens profond de l'unité de la Trimourti : la Trimourti, c'est chaque homme, bien que dans le temps elle montre tantôt l'une, tantôt l'autre de ses trois têtes. — Le rapport est le même entre le suicide et la négation du vouloir qu'entre la chose particulière et l'idée : le suicide nie l'individu, non l'espèce. Ainsi que nous l'avons vu plus haut, la vie est infailliblement et pour toujours inhérente au vouloir-vivre, et la souffrance à la vie ; il en résulte que le suicide est un acte vain et* insensé : on a eu beau détruire volontairement un phénomène particulier, la chose en soi n'en reste pas moins intacte ; c'est comme l'arc-en-ciel qui subsiste, malgré la succession continuelle des gouttes qui lui servent un instant de support. Cependant le suicide est aussi le chef-d'œuvre de Maya : c'est lui qui exprime de la façon la plus criante la contradiction du vouloir-vivre avec lui-même. Nous avons déjà constaté cette contradiction dans les phénomènes tout à fait inférieurs de la volonté, dans la lutte constante de tous les phénomènes des forces de la nature, de tous les individus organisés qui se disputent la matière, le temps et l'espace ; à mesure que nous remontions les degrés de l'objectivation de la volonté, nous avons vu le même conflit s'accentuer de plus en plus avec une netteté effrayante ; enfin, à son plus haut degré, qui est l'Idée de l'homme, il prend de telles proportions que ce ne sont plus les individus représentant une même Idée qui s'exterminent entre eux ; c'est l'individu qui se déclare la guerre à lui-même ; l'ardeur qu'il met à désirer la vie, la violence avec laquelle il se heurte contre l'obstacle naturel de la vie, je veux dire la douleur, l'amènent à se détruire lui-même ; la volonté individuelle préfère supprimer par un acte de volonté le corps, qui n'est autre que cette même volonté à l'état visible, plutôt que de le laisser briser par la douleur. C'est précisément parce que celui qui se donne la mort ne peut cesser de vouloir qu'il cesse de vivre ; la volonté s'affirme dans le suicide par la suppression même de son phénomène, parce qu'elle ne peut plus s'affirmer autrement. Mais cette souffrance, à laquelle nous nous arrachons par le suicide, c'était justement la mortification de la volonté, c'était la voie qui aurait pu nous conduire à la négation de la volonté elle-même, c'est-à-dire à la délivrance ; celui qui se donne la mort ressemble donc, sous ce rapport, à un malade qui serait entièrement guéri, s'il voulait laisser finir l'opération douloureuse qu'on vient de commencer, mais qui préfère garder sa maladie. La souffrance vient à lui et lui montre ainsi la possibilité de nier la volonté ; mais il la repousse ; il anéantit le phénomène de la volonté, le corps, afin que la volonté elle-même reste intacte. — Telle est la raison pour laquelle presque toutes les morales philosophiques ou religieuses condamnent le suicide, bien qu'elles ne sachent elles-mêmes opposer au suicide que des raisons bizarres et sophistiques. Mais il est certain que, si jamais un homme s'est abstenu du suicide par des raisons purement morales, quel que soit le prétexte que lui indiquât sa raison, le sens profond de cette victoire sur lui-même était celui-ci : "Je ne veux point me soustraire à la douleur ; je veux que la douleur puisse supprimer le vouloir-vivre dont le phénomène est chose si déplorable, qu'elle fortifie en moi la connaissance, qui commence à poindre, de la nature vraie du monde, afin que cette connaissance devienne le calmant suprême de ma volonté, la source de mon éternelle délivrance." — Il est connu que de temps en temps il se présente des cas où les parents se donnent la mort jusque dans la personne de leurs enfants : le père tue ses enfants qu'il adore, puis il se tue lui-même. Si nous admettons que la conscience, la religion et toutes les idées reçues lui représentent le meurtre comme le plus grave des crimes, que, malgré tout, il le commet à l'heure même de la mort, sans avoir du reste pour s'y résoudre aucun motif égoïste, il ne nous reste plus qu'une manière d'expliquer le fait : l'individu reconnaît directement sa volonté dans ses enfants, mais il est égaré par une illusion qui lui fait prendre le phénomène pour la chose en soi ; et il a en même temps un sentiment profond et poignant des misères de toute l'existence : il s'imagine pouvoir supprimer du même coup le phénomène et l'essence elle-même ; voilà pourquoi il veut épargner le supplice de l'existence à lui-même et à ses enfants, dans lesquels il se voit directement revivre. — Une erreur tout à fait analogue à celle-là serait de s'imaginer que l'on peut atteindre par des moyens détournés au but que poursuit la chasteté volontaire, soit en s'opposant aux vues que la nature poursuit dans la fécondation, soit en provoquant la mort du nouveau-né à cause des douleurs inévitables que lui réserve la vie, au lieu de tout faire pour garantir l'existence aux êtres qui la méritent. Car si le vouloir-vivre existe, il ne peut, en sa qualité de chose purement métaphysique, de chose en soi, être détruit par aucune puissance ; seul son phénomène peut être anéanti en tel point de l'espace ou du temps. Le vouloir-vivre lui-même ne peut être supprimé que par la connaissance. Par conséquent, il n'y a qu'un seul chemin qui conduise au salut : il faut que la volonté se manifeste sans obstacle, afin que dans cette manifestation elle puisse prendre connaissance de sa propre nature. Ce n'est que grâce à cette connaissance que la volonté peut se supprimer elle-même, et par le fait en finir avec la souffrance aussi, qui est inséparable de son phénomène : mais ce résultat ne peut être obtenu par aucune violence physique, telle que la destruction d'un germe, le meurtre d'un nouveau-né, ou le suicide. La nature produit justement la volonté à la lumière, parce que c'est seulement à la lumière qu'elle peut trouver sa délivrance. Voilà pourquoi il faut, par tous les moyens, favoriser les vues de la nature, dès que le vouloir-vivre, qui en est l'essence intime, s'est prononcé. — Il est un genre de suicide qui paraît tout à fait différent du suicide ordinaire, bien qu'on ne l'ait peut-être pas encore suffisamment constaté. C'est la mort par inanition, volontairement acceptée sous l'inspiration d'un ascétisme poussé à ses dernières limites ; malheureusement des cas semblables ont toujours été accompagnés d'une grande exaltation religieuse, même de superstition, ce qui les rend difficiles à observer. Il est pourtant probable que la négation complète du vouloir peut atteindre à un degré tel, que la volonté nécessaire pour entretenir la végétation du corps, au moyen de l'alimentation, fasse elle-même défaut. Bien loin de se donner la mort sous l'influence du vouloir-vivre, un ascète de cette sorte, aussi parfaitement résigné, ne cesse de vivre que parce qu'il a complètement cessé de vouloir. On ne peut imaginer, dans ce cas, aucun autre genre de mort que la mort par inanition (à moins que le choix d'une autre mort ne soit inspiré par quelque superstition particulière) ; en effet, l'intention d'abréger la souffrance serait déjà, dans une certaine mesure, une véritable affirmation de la volonté. Les dogmes qui remplissent l'esprit d'un pareil pénitent lui donnent l'illusion d'un être supérieur qui lui prescrit le jeûne, tandis qu'il y est en réalité poussé par une tendance intime. Il y a des exemples anciens de faits semblables dans les ouvrages suivants : […]. Malheureusement la plupart de ces récits nous représentent les individus en question comme des fous, et il n'est plus possible de vérifier quelle peut être la portée des faits. Malgré tout, je veux consigner ici une histoire récente du même genre, quand ce ne serait que pour la conserver à titre de curiosité, comme exemple d'un phénomène surprenant de la nature humaine ; en apparence tout au moins, elle rentre dans ma théorie, et je ne vois pas bien comment on la pourrait expliquer autrement. La nouvelle est racontée dans le Correspondant de Nuremberg du 29 juillet 1813, dans les termes suivants : — "On mande de Berne qu'on a découvert près de Thurnen, dans une épaisse forêt, une cabane dans laquelle se trouvait le cadavre décomposé d'un homme mort depuis un mois environ ; il porte des vêtements qui ne donnent que peu de renseignements sur la condition à laquelle il appartenait. Auprès de lui se trouvaient deux chemises d'un linge très fin. La pièce la plus importante est une Bible reliée avec des pages blanches, que le défunt avait en partie couvertes de son écriture. Il y indique le jour où il quitta sa maison (sans faire cependant mention de son pays), puis il dit qu'il a été poussé dans le désert pour y prier et pour y jeûner. Pendant le voyage, raconte-t-il encore, il avait jeûné durant six jours, puis il avait encore mangé. Établi dans la cabane, il a recommencé à jeûner pendant un certain nombre de jours. Alors il a marqué chaque jour par un trait ; on en trouve cinq, et c'est probablement après ces cinq jours que le solitaire est mort. On a encore trouvé une lettre à un curé sur une de ses homélies que le défunt avait entendue ; mais cette lettre ne porte point d'adresse." — Entre cette mort volontaire inspirée par un ascétisme extrême et le suicide conseillé par le désespoir, on peut intercaler un nombre considérable de nuances intermédiaires, souvent *composées et mêlées entre elles, qu'il est à la vérité fort difficile d'expliquer ; mais le cœur humain a des profondeurs, des obscurités et des complications qu'on aura toujours une peine extrême à éclaircir et à analyser. »* — « Pour autant que je le constate, seuls les adeptes des religions monothéistes, c'est-à-dire juives, regardent le suicide comme un crime. Ceci est d'autant plus surprenant que l'on n'en trouve une interdiction ou même une nette désapprobation ni dans l'Ancien Testament ni dans le Nouveau. Les professeurs de religion doivent en conséquence baser leur condamnation du suicide sur leurs propres raisons philosophiques, par ailleurs si mauvaises qu'ils cherchent à suppléer à la faiblesse de leurs arguments par la vigueur des expressions du mépris pour le suicide, c'est-à-dire par des injures. On nous dit que c'est la plus grande des lâchetés, qu'il n'est possible que dans un accès de folie, et autres niaiseries semblables, ou qu'il est "injuste", ce qui n'a aucun sens, comme si avant tout chacun n'avait pas un droit incontestable sur sa propre personne et sur sa vie. (cf. §121). Le suicide, ainsi que je l'ai fait remarquer, est même compté parmi les crimes, surtout dans l'Angleterre vulgaire et bigote où il entraîne un enterrement honteux et la confiscation des biens — raison pour laquelle un jury rend presque toujours un verdict de folie. Nous devons avant tout laisser le sentiment moral décider sur ce point. Comparons donc l'impression que fait sur nous la nouvelle d'un crime, c'est-à-dire d'un meurtre, d'une cruauté, d'une fourberie, d'un vol commis par quelqu'un de notre connaissance, avec la nouvelle de sa mort volontaire. Alors que la première provoque une vive indignation, la plus grande des colères, le désir d'un châtiment ou d'une vengeance, la seconde excite plutôt la tristesse, la sympathie, souvent mêlées d'admiration pour le courage montré par cette action, que la désapprobation morale qui accompagne une mauvaise action. Qui n'a pas eu de relations d'amis, de parents ayant volontairement quitté ce monde ? Et l'on devrait songer avec horreur à ces gens comme à des criminels ? [Je dis non et non !] Je suis d'avis que le clergé devrait être mis en demeure une fois pour toutes d'exposer de quel droit, sans pouvoir lire une seule autorité biblique ou un seul argument philosophique valable, il stigmatise comme un CRIME, du haut de la chaire et dans ses écrits, une action commise par beaucoup de gens que nous respectons et que nous aimons, et refuse une sépulture honorable à ceux qui quittent volontairement ce monde. Les prêtres devraient pourtant comprendre qu'il nous faut des raisons, et qu'à la place nous ne pouvons accepter des phrases vides ou des mots injurieux. — Si la justice criminelle condamne le suicide, ce n'est pas une raison ecclésiastique valable ; et de plus c'est absolument ridicule, car quel châtiment peut effrayer celui qui souhaite la mort ? Si l'on punit LA TENTATIVE de suicide, c'est la maladresse qui l'a fait échouer que l'on punit. Les Anciens, eux aussi, étaient bien loin d'envisager la chose à ce point de vue. Pline l'Ancien dit dans son* Histoire naturelle *(livre XXVIII, chapitre 1) :* [Nous ne regardons pas la vie comme tellement désirable, qu'il faille la conserver en dépit de tout. Quel que tu sois, tu mourras de la même façon, que tu aies vécu dépravé ou criminel. C'est pourquoi chacun doit tout d'abord garder ces pensées parmi les remèdes de son âme : De tous les biens que la Nature a accordés à l'homme, nul ne l'emporte sur une mort prématurée ; ce qu'il y a d'excellent en celle-ci, c'est que chacun peut se la procurer à soi-même.] *Et ailleurs (livre II, chapitre 7) :* [Dieu lui-même ne peut tout. Il ne peut se donner la mort, quand même il le voudrait, au milieu des douleurs si grandes de la vie, la mort est ce qu'il a fait de mieux pour l'homme.] *À Marseille et dans l'île de Chio, la ciguë était présentée publiquement par les officiers municipaux à celui qui pouvait alléguer des raisons suffisantes pour quitter la vie (Valère Maxime, livre II, chapitre 6, §7 et 83). Combien de héros et de sages de l'Antiquité ont-ils terminé leur vie par une mort volontaire ! Aristote dit, il est vrai, que le suicide est un tort fait à l'État, mais non à sa propre personne. (*Éthique à Nicomaque, *V, 15). Cependant Stobée, dans son exposé de l'éthique des péripatéticiens (livre II, chapitre 7), cite cette proposition :* [Les bons doivent quitter la vie quand ils sont trop malheureux, les méchants quand ils sont trop heureux.] *Et de même plus loin :* [C'est pourquoi il faut se marier, procréer des enfants, prendre part aux affaires publiques, etc., consacrer sa vie à la vertu, et quand la nécessité vous y force, la quitter, etc.] *— Nous voyons aussi le suicide vanté par les stoïciens comme une action noble et héroïque ; cela est attesté par des centaines de citations dont les plus fortes se trouvent dans Sénèque. Chez les Hindous, le suicide, on le sait, apparaît souvent comme un acte religieux ; ainsi les veuves se brûlant volontairement sur le bûcher, les croyants s'élançant sous les roues du char de Juggernaut, se livrant aux crocodiles du Gange ou à ceux de l'étang sacré du temple, etc. De même au théâtre, ce miroir de la vie. Nous voyons par exemple dans la célèbre pièce chinoise* L'Orphelin de la Chine *(traduction française de Stanislas Julien, 1834), presque tous les caractères nobles finir par le suicide, sans aucun motif, ou du moins sans que le spectateur ait eu l'idée qu'ils ont commis un crime. Il en est de même, au fond, sur notre scène occidentale, comme le démontrent Palmyre dans* Mahomet, Mortimer *dans* Marie Stuart, Othello, la comtesse Terzky. *Et Sophocle dit :* [Dieu me libérera quand je le voudrai moi-même.] *Le monologue d'Hamlet est-il la méditation d'un crime ? Il dit simplement que si nous étions certains d'être absolument anéantis par la mort, celle-ci, étant donnée la nature du monde, serait incontestablement préférable.* [Mais c'est là qu'est la difficulté.] *— Les raisons alléguées contre le suicide par les prêtres des religions monothéistes, c'est-à-dire juives, et par les philosophes marchant sur leurs traces, sont de faibles sophismes faciles à réfuter (Voir mon essai* Le Fondement de la Morale, *§5). Leur plus solide réfutation a été fournie par Hume dans son essai* Sur le suicide, *qui n'a été publié qu'après sa mort et fut aussitôt supprimé par la honteuse bigoterie et l'ignominieuse tyrannie ecclésiastique existant en Angleterre. Il ne s'en vendit donc qu'un petit nombre d'exemplaires, sous le manteau, à un prix très élevé, et nous sommes redevables de la conservation de certains essais de ce grand homme à la réimpression de Bâle :* [...] *Mais qu'un traité purement philosophique réfutant froidement rationnellement les arguments habituels contre le suicide, dû à l'un des plus importants penseurs et écrivains de l'Angleterre, ait dû s'y faufiler comme une marchandise prohibée jusqu'à ce qu'il ait trouvé protection à l'étranger, c'est une grande honte pour la nation anglaise. Cela montre en même temps quelle bonne conscience a l'Église sur ce point.* — J'ai exposé dans Le Monde comme Volonté et comme Représentation *(livre IV, § 69) la seule raison morale valable contre le suicide. C'est que le suicide s'oppose à ce que l'on atteigne le but moral par excellence, puisqu'il substitue un affranchissement qui n'est qu'apparent à la véritable libération de ce monde de douleur. Mais de cette erreur à un crime, comme le clergé chrétien le prétend, la distance est grande. — Le christianisme porte au fond de lui cette vérité, que la souffrance (la croix) constitue le but véritable de la vie. Voilà pourquoi il rejette le suicide comme opposé à ce but, tandis que d'un point de vue plus commun l'Antiquité l'approuvait et même l'honorait. Cet argument contre le suicide est cependant une raison ascétique, et elle ne vaut donc d'un point de vue éthique beaucoup plus élevé que celui auquel se sont jamais placés les philosophes moraux européens. Si nous descendons de ce point très élevé, il n'existe plus de raison morale valable pour condamner le suicide. Il semble donc que le zèle extraordinairement vif déployé par le clergé des religions monothéistes contre le suicide, qui ne s'appuie ni sur la* Bible, *ni sur des raisons solides, repose sur une raison cachée. Celle-ci ne serait-elle pas que l'abandon volontaire de la vie est un mauvais compliment adressé à celui qui a dit* tout était bien *? — Une fois de plus, ce serait* donc l'habituel optimisme obligatoire de ces religions qui attaque le suicide, pour ne pas être dénoncé par lui. — *De manière générale, à partir du moment où les effrois de la vie l'emportent sur celui de la mort, l'homme met fin à son existence. La résistance de cet effroi de la mort est cependant considérable ; il est comme un gardien devant la porte de sortie. Il n'y a peut-être pas un seul être vivant qui n'aurait mis fin à son existence si cette fin était quelque chose de purement négatif, une soudaine cessation de la vie. Mais il y a un côté positif en elle, à savoir la destruction du corps. Celle-ci fait reculer d'effroi, précisément parce que le corps est le phénomène du vouloir-vivre.* — *Quoi qu'il en soit, la lutte avec ce gardien n'est en général pas aussi pénible qu'elle peut le sembler de loin ; et cela par suite de l'antagonisme entre les souffrances intellectuelles et les souffrances corporelles. Quand par exemple nous éprouvons des souffrances corporelles très fortes ou continuelles, nous devenons indifférents à tout autre chagrin ; notre rétablissement seul importe. De la même façon, de fortes souffrances intellectuelles nous rendent insensibles aux souffrances corporelles ; nous les méprisons. Même si elles viennent à remporter sur les autres, c'est pour nous une diversion bienfaisante, une pause dans nos souffrances intellectuelles. C'est ce qui rend le suicide plus facile : la douleur corporelle associée à cet acte perd toute importance aux yeux d'un homme torturé par d'excessives souffrances mentales. Cela se voit surtout chez ceux qui sont poussés au suicide par une mélancolie purement maladive, et néanmoins profonde. Ils n'ont aucune maîtrise à exercer sur eux-mêmes, ils n'ont pas besoin de faire les premiers pas. Dès que le gardien chargé de veiller sur eux les laisse seuls deux minutes, ils mettent rapidement fin à leur vie.* — *Si au cours d'un rêve lourd et horrible, l'angoisse atteint son point culminant, d'elle-même elle nous réveille, et toutes les horreurs de la nuit s'évanouissent. La même chose arrive dans le songe de la vie quand l'anxiété parvenue à son degré suprême nous contraint à en briser le fil.* — *Le suicide peut aussi être regardé comme une expérience, comme une question que l'on pose à la Nature, par laquelle on veut forcer celle-ci à répondre : quel changement l'existence et la connaissance de l'homme éprouvent-elles à travers la mort ? Mais c'est une expérience maladroite, car elle abolit l'identité de la conscience qui devait écouter la réponse.* » — Il apparaît clairement que Schopenhauer, sans le dénigrer, *ne conseille pas* le suicide, et, de surcroît, ne le considère pas comme une éventuelle « solution » à quoi que ce soit. Je suis d'accord aux neuf dixièmes avec ses conceptions. Ce dixième manquant est relatif à ce paradoxe, contre lequel j'ai toujours buté, à savoir le fait que : « *Bien loin d'être une négation de la Volonté, le suicide est une marque d'affirmation intense de la Volonté.* » Si vous avez bien lu ce qui précède, vous aurez remarqué que Schopenhauer explique que le suicide, en tant que *double affirmation*, celle de *la volonté* (celui qui se suicide *veut* se suicider), d'une part, et celle de *la Volonté* (la chose en soi le Veut), d'autre part, ne résout qu'un problème : le phénomène est supprimé (ou l'individu, c'est la même chose), mais pas ce qui a concouru à cette suppression, qui est encore à l'état latent. Autrement dit, pour Schopenhauer, « *le suicide est un acte vain et insensé* » parce que « *le suicide nie l'individu, non l'espèce* ». Là où cela peut se révéler plus explicite pour moi, c'est au niveau de la procréation, ou plutôt de la non-procréation. Il dit que c'est une « *erreur* » du même type que le suicide que de croire qu'en « *s'opposant aux vues que la nature poursuit dans la fécondation* », on puisse « progresser » ou atteindre le « *salut* ». De même qu'en psychanalyse, la connaissance du complexe d'Œdipe, par exemple, peut permettre de résoudre les symptômes, ce n'est que par la connaissance de la volonté qu'il est possible de la supprimer. Mais moi, je dis : je sais tout cela. Je veux bien croire en un complexe d'Œdipe, en une sorte de force qui meut le monde et l'homme, mais cela ne change pas mes convictions ou ma façon d'être. En ne voulant pas faire de gosses, en ne voulant pas répliquer le phénomène que je suis (une mélancolie extrême sur pattes), en ne voulant pas grossir la population mondiale, qui arrive à saturation, d'une nouvelle bouche à nourrir, d'une autre machine à consommer et à produire, c'est-à-dire à détruire, je fais un pied-de-nez à la Nature. Je ne sais pas ce que Schopenhauer penserait du monde dans lequel nous vivons aujourd'hui. Peut-être réarrangerait-il ses paroles. Peut-être pas. En tout cas, je sais que je ne résoudrai rien. Nous ne sommes qu'une poignée d'individus à raisonner comme moi. Je n'ai qu'à regarder autour de moi : tout le monde, sans exception, fait au moins un ou deux gosses. *Tout le monde.* (Ce « tout le monde » a la même valeur quantitative, la même étendue, la même portée que le « *personne* » dans « *personne ne se suicide* ».) Cette force qui nous pousse à conserver l'espèce a encore de beaux jours devant elle. Et en ce qui concerne la Terre, elle sera restée intacte jusqu'au bout (la fin de la civilisation étant pour bientôt, le problème sera réglé. Le jour où tout le monde suivra mon exemple, ce sera une autre affaire ! On n'aura toujours pas détruit la chose en soi, mais le phénomène dont nous parlons aura été éradiqué. Ne nous leurrons pas cependant : le « *tout le monde* » vaincra sans cesse (à moins qu'une épidémie spéciale ou une atmosphère radioactive n'envahissent la planète). Mais ne confondons pas les motifs du suicide et de la non-procréation. Un suicide ou une non-procréation, au regard de l'espèce dans son ensemble, pèse à peu près le même poids qu'*une* voix exprimée lors d'une élection présidentielle. La goutte d'eau ne haussera ni ne baissera le niveau de la mer. Il est trop tôt (ou trop tard !) pour affirmer que je me suiciderai un jour. Quoi que l'on puisse en dire, j'ai la satisfaction de croire que j'aurai combattu un peu contre la Nature (théoriquement, en explorant le suicide sous toutes ses coutures, et pratiquement, en ne procréant pas). Je dis bien combattre la Nature, car il est difficile de ne pas aller dans le sens qu'elle nous impose inconsciemment. Celui qui ne met pas au monde d'enfants, celui qui se suicide (et, éventuellement, celui qui se retire définitivement de la vie mondaine, tel le moine), celui-là est le *surhomme* au sens où je l'entends : là est celui qui aura fait quelque chose de personnel dans son existence, là est celui qui aura justifié une certaine compréhension intelligente de l'univers absurde dans lequel on l'a jeté. Je me fous de la Nature, je me fous de Dieu. Lorsque « se ficher en l'air », « se foutre en l'air », peuvent se muer en : « se ficher du monde », « se foutre de Dieu », on a gagné. Il faut prendre sur soi, envoyer paître les conventions. Il faut être fort, très fort. C'est très, très difficile. C'est terrible. Ce serait comme d'essayer d'arrêter à mains nues un train lancé à toute vitesse. Des réflexions comme celle-ci, de Napoléon, je voudrais les carrer dans le cul de ceux qui les font : « *Le suicide est le plus grand des crimes. Quel courage peut avoir celui qui tremble devant un revers de fortune ? Le véritable héroïsme consiste à être supérieur aux maux de la vie.* » On a là une vision hautement étroite de la chose. C'est bien un militaire, tiens ! Sa vision de la mort est corrompue à son maximum ! Alors oui, « *le véritable héroïsme consiste à être supérieur aux maux de la vie* » ! Le véritable héroïsme consiste à se retirer de l'existence.

* * * * *

Cioran n'aura pas été ce « héros ». Il est mort à quatre-vingt-quatre ans, après avoir *aimablement* vécu. Il n'aura jamais été bien riche, mais il aura pu vivre dans son petit appartement parisien en se consacrant à l'écriture (avouez qu'il y a pire !). Je suis un peu méchant. Mais rien n'a plus de valeur que les propos sur le suicide d'un suicidé. Seuls ces propos ont un sens, une crédibilité. (Bon, si moi non plus, je ne me suicide pas, tout ce que j'aurai écrit aura également une moindre valeur. J'en prends le risque. Je n'ai que trente-six ans lorsque j'écris ces lignes. Tout n'est pas perdu !) D'ailleurs, Cioran reconnaissait sa démarche et la contradiction qui en ressortait : « *Il n'est pas de position plus fausse que d'avoir compris et de rester encore en vie.* » Il faut savoir le suivre dans les méandres de son esprit… « *Ce n'est pas la peine de se tuer, puisqu'on se tue toujours trop tard* », écrit-il, comme pour se dédouaner ou s'excuser. On en retrouve un écho dans ces paroles d'Hamlet : « *Le tout est d'être prêt puisque, de ce qu'il quitte, nul ne sait quel est le bon moment pour le quitter.* » Ce que je vais écrire va choquer : *Le Mythe de Sisyphe* aurait été le plus grand livre de philosophie jamais écrit si Camus s'était suicidé. Quand je lis Rabbe ou Rigaut, je ne les lis pas « normalement » : je les lis en tant qu'ils se sont suicidés. Cela exacerbe chaque mot ; chaque phrase contient une vérité indépassable. Cela procure au texte une puissance démente. Je ne lirais pas Rimbaud avec autant de plaisir s'il n'y avait eu cette coupure nette, cet engagement en Afrique. Tout se qui se cache derrière les vers contient une autre histoire, l'histoire *à venir* (qui *est passée*). L'intensité est décuplée. L'homme et l'écrit s'imbriquent et créent un monstre de vérité. Cioran parle de cet entremêlement de l'œuvre et de l'homme qui est derrière : « *Il est impossible de lire une ligne de Kleist, sans penser qu'il s'est tué. C'est comme si son suicide avait précédé son œuvre.* » On passe de la 2D à la 3D (ou à la 4D, parce qu'on dépasse l'image totale offerte par l'œuvre). — Outre le fait qu'il aura beaucoup écrit sur le suicide et sur la maladie de l'existence, Cioran aura presque tout le temps utilisé la forme aphoristique. À haute dose, voire parfois à petit dose, ses aphorismes deviennent indigestes. Prenez *Le crépuscule des pensées* : c'est ronflant et infantile. Je ne parviens plus à lire cela. Dans le même style, Nietzsche le dépasse haut la main à tous les degrés. Enfin, peu importe. Je ne puis pas le renier, lui qui a été d'une grande importance dans mon parcours philosophique. Il a eu le mérite (si l'on peut appeler ceci un mérite) d'avoir été obsédé toute sa vie par l'idée du suicide. La pensée de Cioran est rare, et tout ce qui est rare est cher. Vous en connaissez beaucoup qui osent penser — ou écrire — que : « *Le suicide — comme toute tentation de salut — est un acte religieux* » ? Non ! Voilà pourquoi Cioran nous est précieux. Il a fait le tour de la question (comme j'essaie de le faire dans ce chapitre) comme peu de personnes l'ont fait avant, pendant et après lui. En plus de cela, il est fin. Ses pensées n'ont rien du clinquant des enseignes au néon. Elles percutent, certes, mais elles demeurent essentiellement limpides. Si l'on excepte les adolescents (aux tendances gothiques), elle est réservée aux initiés. Lire Cioran, c'est se trimbaler avec un crâne sous le bras, et c'est pourquoi il m'intéresse et m'interpelle tant. Dans les quelques interviewes qu'il a pu donner et qui ont été regroupées dans le livre *Entretiens* chez Gallimard, il se répète souvent, ce qui prouve qu'il s'est fait une hygiène de vie à l'aide de ses convictions morbides. Quand on lui demande ce qu'il pense du suicide, il répond : « *Ce qui est beau dans le suicide, c'est que c'est une décision. C'est très flatteur au fond que de pouvoir se supprimer. Le suicide en lui-même est un acte extraordinaire. […] Qu'est-ce que je voulais dire ? Que la vie est supportable uniquement avec l'idée qu'on puisse la quitter quand on veut. Elle est à notre discrétion. Cette pensée au lieu d'être dévitalisante, déprimante, est une pensée exaltante. Au fond nous sommes jetés dans cet univers, on ne sait vraiment pas pourquoi. Il n'y a aucune raison que nous soyons là. Mais l'idée qu'on puisse triompher de la vie, que nous tenions notre vie, que nous puissions quitter le spectacle quand nous voulons, c'est une idée exaltante. […] Je ne suis pas pour le suicide, je suis uniquement pour l'utilité de cette idée.* » Le suicide est l'arme absolue contre la vacuité. Tout se passe comme si le suicide était la seule manière de prouver notre liberté. Comme il le dit : « *Aucun autocrate n'a disposé d'un pouvoir comparable à celui dont jouit un pauvre bougre qui envisage de se tuer.* » Et si Cioran écrit tant sur le suicide, c'est en priorité parce qu'« *écrire sur le suicide, c'est vaincre le suicide* ». Il range le suicide à la fois dans les catégories éthique et esthétique. Les lecteurs peu habitués à la question du suicide auront du mal à comprendre cela. Ce n'est pas tant que le suicide possède « *le prestige de l'absolu* », qu'il est « *une mort qui s'autodépasse* » (ce qui, en soi, est suffisamment *fort*), qu'il transcende le monde auquel on est habitué, mais qu'il s'accompagne de beauté, de charme, de tentation, de joie. Car il faut, comme dit Thomas Hardy, être « *suffisamment en vie pour avoir la force de mourir* » (« *alive enough to have strength to die* »). De cette espèce de plénitude morbide, je n'en ai jamais parlé à présent parce que cela semble contradictoire. Partons de Cioran, ditant, il est là : « *Je n'ai pas connu une seule sensation de plénitude, de bonheur véritable, sans penser que c'était le moment où jamais de m'effacer pour toujours.* » (De l'inconvénient d'être né) « *Kierkegaard raconte qu'en rentrant chez lui après avoir fait rire tout le monde dans un salon, il n'avait pas d'autre envie que de se suicider, crise naturelle que j'ai moi-même pu vérifier en maintes occasions.* » (Entretiens) Novalis, au soixante-neuvième jour de son *Journal*, note ces quelques phrases qui rejoignent cet aspect « heureux ⇒ envie de mourir » : « *Le soir, j'ai causé pêle-mêle de mathématiques et de chimie. Pensé à S. avec zèle — et surtout, il m'est devenu évident avec une grande vivacité que les plus belles perspectives scientifiques ou autres ne doivent pas me retenir sur terre. Ma mort sera la preuve de mon sentiment pour ce qu'il y a de plus haut, un authentique acte de sacrifice — pas une fuite — pas un remède de détresse. Je me suis également aperçu que c'est manifestement ma destinée — que je ne dois ici-bas rien atteindre — qu'il me faut me séparer de tout à la fleur de l'âge. Il me reste avant tout, pour finir, à apprendre en tout ce que je peux savoir, à bien connaître le meilleur. — Et aussi en moi-même. Je commence seulement maintenant à me connaître et à jouir de moi — c'est pourquoi justement je dois m'en aller.* » Quant à Borel, il poétise : « *J'ai caressé la mort, riant au suicide, / Souvent et volontiers, quand j'étais plus heureux […].* » Dans ses *Souvenirs d'égotisme*, Stendhal raconte cette anecdote : « *"Quoi de plus désagréable, me dit Brougham, que l'idée que tous les journaux vont annoncer que vous vous êtes brûlé la cervelle, et ensuite entrer dans votre vie privée pour chercher les motifs ?… Cela est à dégoûter de se tuer. — Quoi de plus simple, répondis-je, que de prendre l'habitude d'aller se promener sur mer, avec des bateaux pêcheurs ? Un jour de gros temps, on tombe à la mer par accident."* — *Cette idée de me promener en mer me séduisit. Le seul écrivain lisible pour moi était Shakespeare, je me faisais une fête de le voir jouer. Je n'avais rien vu de Shakespeare en 1817, à mon premier voyage en Angleterre. — Je n'ai aimé avec passion en ma vie que : — Cimarosa, — Mozart — et Shakespeare. — À Milan, en 1820, j'avais envie de mettre cela sur ma tombe. Je pensais chaque jour à cette inscription, croyant bien que je n'aurais de tranquillité que dans la tombe.* » La *séduction* simple d'une promenade en mer... qui rappelle ces mots de Pétrone : « *Il nous faut trouver une issue, à moins que nous n'ayons pour agréable de sombrer dans la mer, ce qui nous délivrerait de tout péril.* » (Stendhal, souvent tenté par le suicide, maintenait une certaine ambiguïté dans son rapport avec cet acte possible : « *C'est ce qui fait que je ne me brûlerai jamais la cervelle par dégoût de tout, par ennui de la vie. Dans la carrière, je vois encore une foule de choses à faire. J'ai des travaux possibles de quoi occuper dix vies.* » Se fût-il brûlé la cervelle par non-dégoût, par non-ennui ?) Judith, dans *La Danse de mort*, pièce de Strindberg, lance bizarrement : « *Oh ! si je pouvais mourir maintenant, juste au moment où je suis heureuse...* » Comme si cette joie devait être le plus beau préliminaire à la mort, comme si le bonheur d'être là devait finir dans un orgasme qui serait équivalent à l'extinction de tout. (Casanova évoque le souvenir d'un homme qui « *prétendait que [la pendaison] était une mort délicieuse, et la grande preuve qu'il alléguait était que tout pendu dans son moment extrême avait le membre en érection et éjaculait le sperme* ». Dois-je ajouter des points d'exclamation ?) La volupté de l'existence qui fait penser au suicide ! La puissance de l'esthétique... Voyez Dostoïevski qui consigne soigneusement dans ses *Carnets* : « *Se tirer une balle accompagné par de la musique.* » Ronsard dit que « *l'homme mort est bienheureux* ». Et moi, je dis : l'homme bienheureux peut vouloir la mort. La joie paisible qui mène à l'idée du suicide... Combien de fois cela m'est-il arrivé ? Je passe une soirée avec des amis, et, pendant cette soirée, je me détache, serein, et observe de haut ce qui a lieu. Or, qu'est-ce qui a lieu ? Rien. Et c'est justement ce « *rien* » qui m'amène à la pensée du suicide. Le *Chant funèbre d'un Moldave* — qui figure dans *Oberman* — rejoint un peu cette idée (avec des nuances que l'on va voir juste après) : « *Si nous sommes émus profondément, aussitôt nous songeons à quitter la terre. Qu'y aurait-il de mieux, après une heure de délices ? Comment imaginer un autre lendemain à de grandes jouissances ? Mourons, c'est le dernier espoir de la volupté, le dernier mot, le dernier cri du désir.* » On retrouve la même attitude (spirituelle et spiritueuse) dans le roman *Mourir* d'Arthur Schnitzler : *Le vin était bon, la musique ensorceleuse, la soirée d'été d'une douceur grisante, et comme Félix levait les yeux vers Marie, il vit briller dans les siens l'éclat d'une bonté et d'un amour infinis. Il voulut s'abîmer de tout son être dans l'instant présent. Il fit un dernier appel à sa volonté pour qu'elle le libère de tout, du passé comme de l'avenir. Il voulait être heureux ou tout au moins grisé. Et soudain, à l'improviste, un sentiment entièrement nouveau lui vint, gage merveilleux de délivrance, l'impression qu'il ne lui en coûterait presque rien de se décider à se suicider. Oui, sur-le-champ. Cela lui serait toujours possible. Une ambiance pareille à celle-ci se retrouverait bientôt. De la musique, une légère ivresse, une jolie fille à son côté. Ah oui, il y avait Marie. Il se dit que n'importe quelle autre aurait aussi pu lui plaire. Elle dégustait le vin avec grand plaisir. Félix dut bientôt commander une autre bouteille. Il y avait longtemps qu'il ne s'était pas senti aussi content. Il se rendait compte que tout cela provenait du peu d'alcool bu plus que d'habitude. Mais qu'importe ? L'essentiel était le résultat. Vraiment la monde avait perdu pour lui son aspect effrayant. Ah, tout était tellement égal !* » Ainsi, au cours de la soirée, je me sens bien, zen, et c'est cette zénitude qui me pousse à l'envie de me se suicider. Pourquoi ? Parce que, dans ces moments-là, le monde m'apparaît dans sa plus pure absurdité, sa plus pure vanité. J'ai l'impression d'être dans une pièce de théâtre, je vois les apparences trompeuses, je comprends l'ennui. Je ricane en mon for intérieur, je participe à une comédie. Tout est une vaste plaisanterie. Personne ne se demande pourquoi il est là, pourquoi il passe cette soirée en compagnie des autres. Alors je souris et souhaite en finir. Je me dis : « En rentrant à la maison, n'oublie pas de te suicider. » Mais en rentrant à la maison, le monde redevient brutal, je ne ris plus. L'occasion est passée. Quel dommage ! Ç'aurait été quitter le monde en douceur, un peu comme on mourrait pendant le sommeil. Il y a une part de jouissance indéfinissable. On la comprendra mieux en proportion des malheurs que l'on a vécus. Celui qui n'a guère été malheureux dans son existence (je vise ici le mal-être existentiel) ne pourra pas goûter à cette plénitude de la volonté de mourir. Aussi, j'estime du plus profond de mon être ces mots de Cioran : « *Au point le plus bas de soi-même, quand on touche le fond et qu'on palpe l'abîme, on est soulevé d'un coup — réaction de défense ou orgueil ridicule — par le sentiment d'être supérieur à Dieu. Le côté grandiose et impur de la tentation d'en finir.* » Avoir compris que la vie n'a aucun sens permet de se réfugier dans l'idée du suicide, comme si le suicide avait un sens, comme si le suicide était la seule chose qui eût un sens. J'aurais pu intituler *La Perte de Sens (entre parenthèses)* : *La Perte de Sens (sauf du suicide)*. Bien avant la rédaction de ce livre, j'avais noté ce passage extrait de *L'automate* (Cioran) : « *Celui qui, émancipé de tous les principes de l'usage, ne disposerait d'aucun don de comédien, serait l'archétype de l'infortune, l'être idéalement malheureux. Inutile de construire ce modèle : la vie n'est tolérable que par le degré de mystification que l'on y met. Un tel modèle serait la ruine subite de la société, la "douceur" de vivre en commun résidant dans l'impossibilité de donner libre cours à l'infini de nos arrière-pensées. C'est parce que nous sommes tous des imposteurs que nous nous supportons les uns les autres. [...] Si nos semblables pouvaient prendre acte de nos opinions sur eux, l'amour, l'amitié, le dévouement seraient à jamais rayés des dictionnaires ; et si nous avions le courage de regarder en face les doutes que nous concevons timidement sur nous-mêmes, aucun de nous ne proférerait un "je" sans honte. [...] Gardons au plus profond de nous une certitude supérieure à toutes les autres : la vie n'a pas de sens, elle ne peut en avoir. Nous devrions nous tuer sur le coup si une révélation imprévue nous persuadait du contraire.* » La lecture de Cioran aura conforté des positions déjà présentes lorsque j'étais tout jeune. Mais dans quelle mesure ai-je été influencé par Cioran ? par Schopenhauer ? Sans conteste, depuis ma naissance, j'ai été influencé de bien des manières, et par bien des personnes. De son côté, Cioran raconte son expérience : « *Chaque famille a sa philosophie. Un de mes cousins, mort jeune, m'écrivait : "Tout est comme cela a toujours été et comme cela sera sans doute jusqu'à ce qu'il n'y ait plus rien." — Ma mère, de son côté, finissait le dernier mot qu'elle m'envoya par cette phrase testament : "Quoi que l'homme entreprenne, il le regrettera tôt ou tard." — Ce vice du regret, je ne peux donc même pas me vanter de l'avoir acquis par mes propres déboires. Il me précède, il fait partie du patrimoine de ma tribu. Quel legs que l'inaptitude à l'illusion !* » — Cioran ne prend pas la question du suicide à la légère (on s'en doute, mais je préfère le rappeler et le souligner triplement). Et ce n'est pas parce qu'on ne prend pas à la légère le suicide qu'on ne doit pas le considérer sous l'angle de la « gratuité ». Quoique rien ne soit rigoureusement gratuit dans la vie, certains suicides peuvent être marqués du sceau de la gratuité (une gratuité qui équivaudrait à une indifférence, un détachement, un *désintéressement*). « *Se tuer parce qu'on est ce*

qu'on est, oui, mais non parce que l'humanité entière vous cracherait à la figure ! » Je suis persuadé que ce type de suicide est encore moins compris que les autres aux yeux des mortels. On s'en fout ! C'est pourtant l'un des plus beaux…
— On dit tant de choses *contre* le suicide… On ferait mieux de dire des choses *sur* le suicide (à défaut de n'en pas dire *pour*). — « *On ne peut apporter à l'encontre du suicide que ce type d'argument : il n'est pas naturel de mettre fin à ses jours avant d'avoir montré jusqu'où l'on peut aller, jusqu'où l'on peut s'accomplir.* »

* * * * *

Il serait tout bonnement impossible, dans un chapitre sur le suicide, et après avoir parlé de Schopenhauer, de ne pas évoquer à son tour Giacomo Leopardi. Son *Zibaldone* ne rend pas tâche aisée, tant il est épais et regorge de pensées magnifiques (et noires). Sa pensée va très loin, si loin qu'elle rebutera un grand nombre de lecteurs. L'affirmation suivante, par exemple, en choquera plus d'un : « *Se donner la mort, voilà pour l'homme une grande preuve de son immortalité.* » Arrêtez votre lecture ici et passez au paragraphe suivant si elle vous paraît absurde… — En premier lieu, — ce n'est pas une surprise, — on peut dire que Leopardi songea continuellement à la mort et fut souvent attiré par le suicide, jusqu'à le tenter ou le vivre intensément en imagination. « *Comme j'étais excessivement las de l'existence, assis sur la margelle du bassin de mon jardin, je regardais l'eau, m'y penchais en frémissant et pensais : si je m'y précipitais, à peine revenu à la surface, je m'accrocherais à cette margelle et serais contraint de sortir ; alors, après avoir tant redouté de perdre la vie, indemne, j'éprouverais sans doute quelque instant de contentement à m'être sauvé, quelque sentiment de douceur pour cette vie que je méprise tant à présent et qui me semblerait plus estimable. La tradition du saut de Leucade avait peut-être pour fondement une observation semblable à celle-ci.* » Le suicide l'attire ; et plus il s'en approche, plus celui-ci s'éloigne, comme si le suicide se révélait impossible, et, ainsi que Leopardi le dit lui-même à plusieurs reprises, comme s'il était contraire à la nature. Cependant, la question se pose de savoir si l'homme ne vit pas contre la nature en suivant la raison. L'homme, en tant qu'animal raisonnable, ne vit plus dans un « *état de nature* », car il a abandonné la vie selon la nature. Sa raison lui montre « *clairement l'utilité de mourir* ». Pourquoi, dès lors, vivant contre nature, ne pourrait-il pas mourir contre nature ? « *Pourquoi si cela est raisonnable, ceci ne l'est-il pas ? […] Mesurons-nous le bien ou le mal de nos actes d'après la nature ? […] L'actuelle condition de l'homme, qui l'oblige à vivre, à penser et à agir selon la raison, et lui interdit de se tuer, est contradictoire. Soit le suicide ne s'oppose pas à la morale, même s'il est contre nature, soit notre vie, qui est contre nature, s'oppose à la morale. Ceci est impossible, donc cela l'est aussi.* » La question de savoir si le suicide est un bien ou un mal pour l'homme, se résume pour Leopardi à l'alternative : « *vaut-il mieux souffrir ou ne pas souffrir ?* » La réponse est évidente : ne pas souffrir. « *En conclusion, puisqu'il est plus avantageux de ne pas souffrir que souffrir, et puisque la souffrance est inséparable de la vie, il est mathématiquement vrai que le non-être absolu est un bien pour l'homme, qu'il lui convient mieux que l'être, et que c'est précisément l'être qui lui nuit. Si l'on ne tient pas compte de la religion, on peut affirmer que tout ne vit qu'en vertu d'une pure et simple erreur de calcul : je veux dire le calcul de ce qui nous est utile. Erreur multipliée autant de fois qu'il y a d'instants dans notre vie où nous préférons vivre plutôt que ne pas vivre. Cette préférence s'exprime en nous dans les faits non moins que dans l'esprit par nos intentions, nos désirs et la logique plus ou moins claire ou secrète qui nous gouverne. Effet de l'amour de soi, une fois encore abusé par l'un des mauvais choix qu'il fait en considérant les choses par rapport au bien, et même au plus grand bien qui puisse lui convenir en de telles circonstances.* » Selon le raisonnement de Leopardi, l'homme, qui est constamment à la recherche d'un bonheur qu'il ne peut atteindre et qui le fait souffrir, ne peut pas, sa vie durant, ne pas souffrir. « *Et puisqu'il est impossible de vivre sans souffrir, vaut-il mieux vivre ou ne pas vivre ?* » Mais l'infortune de l'homme est telle que, lorsqu'une force intérieure l'amène à vouloir se suicider, une autre force, encore plus puissante, l'amène à ne pas le pouvoir. « *Comme je me trouvais affreusement las de l'existence et fort disposé à me donner la mort, j'éprouvai soudain les premiers signes de je ne sais quel mal et je pris peur au moment même où je désirai mourir ; crainte qui me plongea aussitôt dans un abîme d'anxiété. Je n'ai jamais senti avec plus de force la discordance absolue des éléments dont est constituée l'actuelle condition de l'homme, obligé de craindre pour sa vie et d'employer tous les moyens pour la conserver au moment même où elle lui pèse le plus et où il se résoudrait sans peine à s'en défaire volontairement, sans même être poussé par quelque contrainte extérieure. À moins de supposer que la nature, si sage et si cohérente dans tout le reste de son œuvre, se montre totalement folle et contradictoire dans son principal ouvrage […], il est à mon sens évident que l'homme ne devait en aucun cas se rendre compte de la totale et nécessaire infortune qui gouverne son existence, mais seulement, comme les enfants et les animaux, de ses malheurs accidentels. Le fait qu'il en ait pris conscience est contraire à la nature, répugne aux principes constitutifs communs à tous les êtres (comme l'amour de la vie) et perturbe l'ordre des choses puisqu'il incite au suicide, qui est bien l'acte le plus contraire à la nature que l'on puisse imaginer.* » Ce vouloir et ce pouvoir qui se contrecarrent est l'un des paradoxes de la vie et de la nature. La raison de l'homme a atteint un tel raffinement, et la conscience une telle acuité, que l'homme doute de la possibilité du bonheur. « *Si la nature n'est plus aujourd'hui capable de nous rendre heureux parce qu'elle a perdu l'empire qu'elle exerçait sur nous, pourquoi devrait-elle être encore assez puissante pour nous interdire de sortir de ce malheur dont elle n'est pas responsable, qui ne dépend pas d'elle, qui ne lui obéit pas, et auquel on ne peut échapper que par la mort ? Si notre vie n'est plus entre ses mains, pourquoi notre mort devrait-elle l'être ? Si son but est le bonheur des êtres et ce bonheur est perdu pour nous autres vivants, ne peut-on pas dire que celui qui se libère par la mort d'un malheur inévitable obéit mieux à la nature, veille mieux sur son but que celui qui s'abstient de le faire en suivant l'interdiction naturelle et en ne pouvant plus jouir de ce bonheur prévu par la nature dont le fondement a aujourd'hui complètement disparu ?* » La nature nous a donné la raison, et la raison nous a fait perdre l'espérance et la volonté de vivre. Les fous ne sont pas ceux que l'on croit, c'est-à-dire ceux qui pensent au suicide. Les fous sont, au contraire, ceux qui pensent que sont fous les suicidaires. « *L'espérance n'abandonne jamais l'homme dans ce qu'elle a de naturel. Mais plutôt dans ce qu'elle a de raisonnable. Par conséquent, ceux qui croient […] que le suicide ne peut être la conséquence que d'une espèce de folie, parce qu'il est impossible de renoncer à l'espérance sans cette folie, etc., disent une sottise. Au contraire, les sentiments religieux mis à part, c'est une folie heureuse et naturelle, mais pour le moins véritable et constante, qui nous pousse à toujours espérer et à vivre ; et c'est là une chose tout à fait contraire à la raison, qui nous montre par trop clairement qu'il n'y a aucune espérance pour nous.* » Leopardi distingue les brutes (assimilables aux bêtes) des hommes doués de raison. La brute ne saurait se suicider, tandis que l'homme, en dépassant la nature et ses « règles », dépasse sa propre condition avec la possibilité du suicide. Cela revient à énoncer ce fait, que plus le degré de raison est élevé, plus l'homme s'éloigne des « intentions » de la nature, plus il est malheureux et plus il songe au suicide. Tant que la pensée du suicide ne l'étreint pas, l'homme reste une bête qui ne vit qu'au présent et ne comprend ni le passé ni l'avenir. « *Le malheur de l'homme constitue, quand on le compare aux bêtes, l'une des plus grandes preuves de l'immortalité de l'âme. Les bêtes sont heureuses, ou presque ; en revanche, l'anticipation des maux — qui leur est inconnue —, les passions, l'impatience du moment présent, l'impossible satisfaction des désirs, sans parler de toutes les autres sources d'infortune, font de nous des êtres fatalement et essentiellement malheureux, et ce en raison même de notre nature qui suppose ce malheur et ne peut changer. Ce qui démontre que notre existence n'est point limitée dans le temps comme celle des brutes, car il répugne aux lois constamment suivies par la nature en chacune de ses œuvres qu'un animal — surtout lorsqu'il s'agit du plus parfait de tous, le maître de tous les autres et de la terre entière — renferme en lui-même une infortune essentielle, une espèce de contradiction avec son existence même dont la réalisation exige indubitablement un bonheur proportionné à l'être de cette substance (que l'homme ne peut atteindre) et une contradiction formelle avec le désir d'exister, inné chez l'homme comme chez tous les animaux et proportionnellement en toutes choses. En effet, un homme qui désespère de la vie future déteste très raisonnablement la vie présente, s'y ennuie, en souffre (ce qui est contre nature) et, comme nous pouvons le voir, finit par se donner la mort (ce qu'aucune brute ne pourrait faire). Se donner la mort, voilà pour l'homme une grande preuve de son immortalité.* » Leopardi accuse en particulier la religion, cette chimère barbare qui nous interdit de recourir au suicide. « *Notre condition actuelle est pire que celle des brutes, y compris sous cet aspect : aucune brute ne désire réellement mettre fin à sa vie, aucune, si malheureuse soit-elle, ne songe à mettre un terme à ses malheurs par la mort ou ne pense avoir le courage de se tuer. La nature conserve en elles toute sa force primitive et les éloigne de telles idées. Mais si l'une d'elles désirait jamais mourir, rien ne pourrait l'en empêcher. Nous sommes quant à nous absolument éloignés de la nature et par conséquent malheureux. Nous désirons bien souvent la mort, avec ardeur, comme le remède unique, évident et réfléchi à nos maux, et la désirant souvent en toute lucidité, nous sommes obligés de la désirer et de la regarder comme notre plus grand bien. Or, les choses étant ce qu'elles sont et puisque nous en sommes là, non par erreur mais par la force de la vérité, n'est-il pas juste de reconnaître qu'il n'est pas de plus grande misère que d'être empêché de mourir tout en constatant que ce bien suprême ne dépend que de nous — empêchés par la religion ou par l'incertitude inexpugnable, invincible, inexorable et inévitable de notre origine, de notre destin, de notre fin dernière et de ce que l'on peut attendre après la mort ? Je sais bien que la nature refuse le suicide de toutes ses forces, je sais que cet acte brise toutes ses lois plus gravement que n'importe quelle autre faute humaine ; mais à partir du moment où la nature est complètement altérée, que notre vie a cessé d'être naturelle, que le bonheur que la nature nous destinait a fui pour toujours, nous sommes devenus incurablement malheureux et ce désir de mort que nous n'aurions même pas dû concevoir selon la nature s'est au contraire emparé de nous en dépit de la nature et par la force de la raison : mais pourquoi cette même raison nous empêche-t-elle de le satisfaire et de réparer ainsi de la seule manière possible les dommages qu'elle a causés ? Si notre condition a changé, si les lois établies par la nature n'ont plus de pouvoir sur nous et si nous n'allons pas vers les bonheurs qu'elles auraient pu nous apporter, pourquoi devons-nous obéir aux lois qui nous nuisent le plus ? Pourquoi, après avoir lutté contre la nature, après l'avoir vaincue pour nous rendre malheureux, la raison exige-t-elle allégeance en portant notre malheur à son comble en nous empêchant d'en finir par un moyen que nous avons entre les mains ? Pourquoi la raison s'accorde-t-elle sur ce seul point avec la nature pour en faire le fond de nos disgrâces ? Le dégoût naturel de la mort disparaît presque entièrement chez les êtres profondément malheureux. Pourquoi donc doivent-ils s'abstenir de mourir par obéissance à la nature ? Voilà ce qui se passe. Si la religion n'est pas vraie, si elle n'est qu'une chimère engendrée par notre misérable raison, cette chimère serait la chose la plus barbare qui soit jamais née dans l'esprit d'un homme : ce serait le monstre le plus impitoyable engendré par la raison, ce serait le tort le plus grave que nous ait fait notre ennemie capitale : la raison, qui après avoir extirpé de nos esprits, de nos imaginations et de nos cœurs toutes les illusions qui nous auraient rendus heureux, ou qui l'ont fait jadis, nous a permis de conserver celle-ci, la seule que l'on ne puisse jamais extirper si ce n'est par un doute radical (ce qui revient au même et produit raisonnablement dans l'existence les mêmes effets que la certitude), la seule qui porte à son comble le désespoir désespéré des malheureux. Notre malheur, notre destin nous rendent malheureux, mais ils ne nous retirent pas — et nous laissent même entre les mains — le soin de mettre fin à notre misère quand nous le voulons. L'idée de la religion nous l'interdit, et nous l'interdit inexorablement et irrémédiablement, mais si une telle idée n'est née de notre esprit, comment accepter qu'elle soit fausse ? et même si le doute est infime, comment risquer l'infini contre le fini ? La disproportion entre le doute et la certitude ne pourra jamais être comparée à celle qu'il y a entre l'infini et le fini, même si l'on doute du premier et que l'on est certain du second.* » — Une dernière chose : on peut dire que Leopardi identifie le mépris de soi comme l'une des grandes causes du suicide : « *Il n'est peut-être rien qui conduise plus sûrement au suicide que le mépris de soi. Exemple de mon ami qui se rendit à Rome décidé à se jeter dans le Tibre parce qu'il s'était entendu dire qu'il ne valait rien. Mon propre exemple, moi qui suis si prompt à m'exposer à tous les dangers possibles et qui ai cherché à me donner la mort la première fois que j'ai conçu du mépris pour moi-même. Effet de l'amour de soi qui préfère la mort à la connaissance de son propre néant, etc. Ainsi, plus un homme sera égoïste, plus il sera fortement et constamment poussé dans ce cas à se tuer. Car l'amour de la vie est l'amour de notre propre bien, or, si elle ne semble plus être un bien, etc., etc.* » Or, quel était le livre de chevet de François dans ses derniers mois, que j'avais remarqué, mais sans vraiment lui accorder d'importance sur le moment ? L'*Estime de soi*, grand succès de librairie coécrit par Christophe André et François Lelord, et sous-titré : *S'aimer pour mieux vivre avec les autres*. Cette lecture n'était pas anodine… Et moi qui ne voyais rien…

* * * * *

(Quand je prends conscience de mon état (et de mon rôle) de fourmi dans le monde, j'ai envie de m'enfuir, je veux mourir. Pour la raison que ma mort ne justifierait rien aux yeux de la fourmilière, que mon absence n'affecterait en rien son écosystème, ne me sens raisonnablement pas à ma place. Un de plus, un de moins, cela ne change pas l'ordre du monde (peut-être localement, mais c'est tout). J'en prends conscience en prenant la voiture et en voyant toutes ces autres voitures, en allant voir un match de basketball… Tous ces hommes qui se démènent comme des fourmis au nom de missions dont ils ne comprennent pas un milliardième, et qui sont si nombreux, laissant deviner qu'il y en a encore plus derrière eux (femmes, enfants, parents, frères, sœurs, cousins, cousines, oncles, tantes, voisins, voisines, collègues, amis, amies), tous m'effraient et me renvoient à mon être ridicule et dérisoire. « *Je suis ce que je suis. [...] Je suis... Je suis... / Je ne sais plus qui je suis.* »)

* * * * *

J'ai écrit : « Rien n'est plus vrai *que ce qu'un suicidé a pu écrire sur le suicide.* » Et : « *Mais rien n'a plus de valeur que les propos sur le suicide d'un suicidé. Seuls ces propos ont un sens, une crédibilité.* » Il n'y a pas plus désespéré ni plus beau qu'un écrit de suicidé. Il vous parle à l'âme comme le pélican qui se meurt. — « *Les plus désespérés sont les chants les plus beaux, / Et j'en sais d'immortels qui sont de purs sanglots.* » — Le jour où j'entendis *Grace* pour la première fois, j'appris dans la foulée, de la bouche d'Anthony, après les cinq minutes et vingt-deux secondes que dure la chanson, que Jeff Buckley était mort. Cette noyade fut probablement un accident, mais cette information fit fondre mon cœur. De merveilleuse, cette musique devint divine. À la joie s'était mêlée la tristesse. Ce fut un moment indescriptible. Le regard se métamorphose et l'émotion vous transperce. Je ressentis la même chose en apprenant le suicide d'Elliott Smith. De même, quelques mois après le fameux été 2009 où j'avais passé mes vacances à Pornichet et à La Turballe, isolé, perdu, et où j'avais écouté Sparklehorse tous les soirs, volume à fond, devant l'océan, — lorsque j'appris la mort du chanteur, Mark Linkous, je crus défaillir. Quoi ? Lui ? Il s'est suicidé ? Ce ne fut pas une surprise, mais cela rendit ses chansons encore plus émouvantes, plus *vraies*. « *Elle est retrouvée. / Quoi ? — L'Éternité. / C'est la mer allée / Avec le soleil.* » Allée, avec le vent de Vénus sur ta peau et les anneaux de Saturne sur tes doigts, « *but seas forever boil, trees will turn to soil* »… — Écoutez donc *Everything I Say*, de Vic Chesnutt, et dites-moi si les plus désespérés des chants ne sont pas les plus beaux lorsqu'ils sont l'œuvre de suicidés…

* * * * *

Au fait, que dit Hume, ce « *grand homme* », « *l'un des plus importants penseurs et écrivains de l'Angleterre* », dans cet essai sur le suicide cité par Schopenhauer, qui semble réfuter « *rationnellement les arguments habituels contre le suicide* » donnés par « *les prêtres des religions monothéistes, c'est-à-dire juives, et par les philosophes marchant sur leurs traces* » ? Il se trouve que j'ai un exemplaire d'*Essais moraux, politiques & littéraires* dans ma bibliothèque, édité par Alive, dans lequel figure *Sur le suicide*. (Pour des raisons de commodité, je reprendrai la traduction de Martine Bellet, et non celle de Jean-Pierre Jackson.) — Hume veut débarrasser les idées habituelles sur le suicide de toute trace de superstition, dont n'a que faire la Philosophie : « *Efforçons-nous ici de rendre aux hommes leur liberté originelle, en examinant tous les arguments courants contre le Suicide, et en montrant qu'un tel acte peut être débarrassé de toute culpabilité ou blâme, si l'on se réfère au sentiment de tous les anciens philosophes.* » Pour Hume, « *le suicide n'est nullement une transgression de notre devoir envers Dieu* », car il s'inscrit dans l'ordre des choses, et « *la vie d'un homme n'a pas plus d'importance pour l'univers que celle d'une huître* ». En effet : « *Tous les événements, d'une certaine façon, peuvent être qualifiés d'actions du Tout-puissant, ils procèdent tous de ces pouvoirs dont il a doté ses créatures. [...] Tous les événements sont d'égale importance aux yeux de cet être infini, qui embrasse d'un seul regard les régions les plus éloignées de l'espace, ainsi que les temps les plus reculés. Il n'est pas un seul événement, de quelque importance pour nous, qu'il ait exempté des lois générales qui gouvernent l'univers ou qu'il se soit spécialement réservé.* » Nous retrouvons l'idée de Protagoras qui jugeait que « πάντων χρημάτων μέτρον ἄνθρωπος » (« *l'homme est la mesure de toute chose* »). Hume continue : « *Pour ma part, je considère que je dois ma naissance à une longue chaîne de causes, dont beaucoup dépendaient de l'action volontaire des hommes. Mais la providence a guidé toutes ces causes, et rien ne se produit dans l'univers sans son consentement et sa coopération. S'il en est ainsi, alors, ma mort non plus, fût-elle volontaire, ne surviendrait pas sans son consentement ; et si jamais la douleur ou le chagrin avaient raison de ma patience au point de me lasser de la vie, je pourrais en conclure que je suis relevé de mon poste dans les termes les plus clairs et les plus explicites.* » Il ajoute, en se concentrant sur le suicide : « *Un homme qui se retire de la vie ne fait pas de mal à la société : il cesse seulement de faire le bien, et si cela est un dommage, il est bien minime.* » Le suicide ne doit pas être un crime. « *Que le suicide puisse être souvent conforme à l'intérêt et à notre devoir envers nous-même, nul ne peut le contester, la maladie ou l'infortune peuvent faire de la vie un fardeau, et la rendre pire encore que l'annihilation. Je crois que jamais aucun homme ne se défit d'une vie qui valait la peine d'être conservée.* » Et si jamais le suicide était finalement censé être un crime, seule la lâcheté pourrait nous y conduire. — On comprend mieux pourquoi Schopenhauer regrettait que ce court essai fût, à peine sorti des presses, aussitôt supprimé « *par la honteuse bigoterie et l'ignominieuse tyrannie ecclésiastique existant en Angleterre* ».

* * * * *

Quinze années après Hume, en 1770, dans son *Système de la nature — ou des lois du monde physique et du monde moral*, le « sulfureux » baron d'Holbach condamna aussi cette soi-disant « *lâcheté* » du suicide, et le « *courage* » ou la « *grandeur d'âme* » qu'il y aurait « *à supporter ses peines et à résister aux coups du sort* ». Pour lui, il n'y a pas de « *pacte* » qui tienne, qu'il soit d'ordre religieux ou non : « *L'homme ne peut aimer son être qu'à condition d'être heureux ; dès que la nature entière lui refuse le bonheur ; dès que tout ce qui l'entoure lui devient incommode ; dès que ses idées lugubres n'offrent que des peintures affligeantes à son imagination, il peut sortir d'un rang qui ne lui convient plus, puisqu'il n'y trouve aucun appui ; il n'existe déjà plus ; il est suspendu dans le vide ; il ne peut être utile ni à lui-même ni aux autres. [...] S'il ne peut supporter ses maux, qu'il quitte un monde, qui désormais n'est plus pour lui qu'un effroyable désert ; qu'il s'éloigne pour toujours d'une patrie inhumaine qui ne veut plus le compter au nombre de ses enfants ; qu'il sorte d'une maison qui le menace d'écrouler sur sa tête ; qu'il renonce à la société au bonheur de laquelle il ne peut plus travailler et que son propre bonheur peut seul lui rendre chère. Blâmerait-on un homme qui se trouvant inutile et sans ressources dans la ville où le sort l'a fait naître, irait dans son chagrin se plonger dans la solitude ? Eh bien, de quel droit blâmer celui qui se tue par désespoir ? L'homme qui meurt fait-il donc autre chose que s'isoler ? La mort est le remède unique du désespoir ; c'est alors qu'un fer est le seul ami, le seul consolateur qui reste au malheureux ; tant que l'espérance lui demeure, tant que ses maux lui paraissent supportables, tant qu'il se flatte de les voir finir un jour, tant qu'il trouve encore quelque douceur à exister, il ne consent point à se priver de la vie ; mais lorsque rien ne soutient plus en lui l'amour de son être, vivre est le plus grand des maux, et mourir est un devoir pour qui veut s'y soustraire.* » Les hommes ne jugent qu'à l'aune de leur petit esprit et prennent le particulier pour le général. Ils « *ne règlent leurs jugements que sur leur propre façon de sentir* » et ne peuvent s'empêcher de s'ériger « *toujours en juges du bonheur, de la façon de voir et de sentir des autres* ». Sur les traces de Hume, et avant Nietzsche, le baron d'Holbach renverse les valeurs communément admises sur le suicide, et, en quatre ou cinq pages, rabat le caquet des détracteurs qui avancent fièrement en regardant leurs pieds et glissent ensuite sur la rampe des préjugés. « *La mort est une ressource* », dit-il, et « *la crainte de la mort ne fera jamais que des lâches* ». Non seulement l'homme « *qui se tue ne fait pas, comme on prétend, un outrage à la nature, ou, si l'on veut, à son auteur* », mais « *il suit l'impulsion de cette nature* » ! Ô Nature, Ô Dieu, vous n'êtes qu'une même entité… Nous vous suivons — et vous nous suivez…

* * * * *

Pourquoi : « La vie est belle » ? Parce que nous serions *là* ? Parce qu'il *faut vivre* la vie ? Nous avons été un spermatozoïde plutôt qu'un pollen, plutôt qu'une poussière… Et un spermatozoïde humain !… La probabilité pour que nous fussions un « élu » (être homme) était aussi faible que celle qui a amené la vie organique. Dites au désespéré, comme Œnone à Phèdre : « *Le flambeau dure encore et peut se rallumer.* » « *J'en ai trop prolongé la coupable durée* », sera la réponse. — Refrain : « Je n'ai pas demandé à naître, à être né. »

* * * * *

Pourquoi suis-je né ? « *Pourquoi ne suis-je mort en mes jeunes années ?* » pleure l'Hérode de Tristan L'Hermite. « *Ou bien meurs du regret de ne pouvoir mourir.* » — Quoi ? Petit Épicure, tu pleurniches ? « *Plus stupide encore celui qui dit beau de n'être pas né, ou* Sitôt né, de franchir les portes de l'Hadès. — *S'il est persuadé de ce qu'il dit, que ne quitte-t-il la vie sur-le-champ ? Il en a l'immédiate possibilité, pour peu qu'il le veuille vraiment. S'il veut seulement jouer les provocateurs, sa désinvolture en la matière est déplacée.* » C'est toi qui pleures, mon bon ! Oh ! comme s'il fallait en avoir « *l'immédiate possibilité* » ! Laisse-moi rire ! Ah ! que c'est facile de dire que c'est facile. Vous me faites vomir. Si c'est facile, montrez-le-nous, bande d'incapables ! Restez à siroter votre whisky dans votre transat, sur la terrasse ensoleillée ! Mais fermez-la. Tant que vous ne saurez pas de quoi vous parlez, fermez-la ! FERMEZ-LA. — « *Vivre quand on ne le veut pas est abominable* », nous dit Lichtenberg. Au moins, lui, quand il sirote son whisky, il en est le glaçon.

* * * * *

J'en ris : il y a un temps pour tout… — « *Une bonne réputation vaut mieux que le bon parfum, et le jour de la mort que le jour de la naissance. — Mieux vaut aller dans une maison de deuil que d'aller dans une maison de festin ; car c'est là la fin de tout homme, et celui qui vit prend la chose à cœur. — Mieux vaut le chagrin que le rire ; car avec un visage triste le cœur peut être content. — Le cœur des sages est dans la maison de deuil, et le cœur des insensés dans la maison de joie.* » (*Qoh* 7,1-4)

* * * * *

« *Faut-il être bête pour se tuer !* » Qui a dit cela ? C'est un personnage de Zola dans *La Joie de vivre*. Et quel est ce personnage, mesdames et messieurs ? Un « *misérable sans pieds ni mains, qu'il fallait coucher et faire manger comme un enfant* », un « *lamentable reste d'homme dont le peu de vie n'était plus qu'un hurlement de douleur* ». Alors celui-là éructe tout de même, il crie *dans une indignation furieuse* » : « *Faut-il être bête pour se tuer !* » Faut-il être bête pour dire cela ? Faut-il être encore plus bête pour dire cela quand on n'est plus qu'un tronc sans intérêt ? Cet énergumène-là, c'est Chanteau père, et il dit cela à la fin du roman quand il apprend le suicide par pendaison de la bonne Véronique, qui, apparemment, « *n'avait aucun motif* » pour accomplir ce geste (« *son dîner était même commencé* »). Dans ce roman, Chanteau père est l'un des rares personnages à avoir survécu. Il est malade comme un chien depuis le début, il est réduit à l'état de légume qui hurle sa douleur, et il vient quand même vociférer son « *Faut-il être bête pour se tuer !* » Faut-il être bête pour ne pas l'avoir achevé, lui ! Qu'il la boucle, ce déchet ! Franchement, cela m'exaspère. — Morale sadienne, va ! C'est comme Alfred Adler, qui — parfois — n'en manque pas une : « *Ensuite viennent les candidats au suicide qui nous démontrent combien peu d'intérêt ils ont pour la coopération, combien ils ont peu de courage pour affronter les tâches de la vie. On ne doit pas croire que l'on peut saisir la totalité de ce mal avec de simples statistiques. Laissez monter les prix du blé, vous aurez plus de suicides, créez des conditions d'habitation défavorables, vous trouverez une masse énorme de gens penchés vers le côté antisocial de la vie.* » Allez ! Les parents d'Anthony ont longtemps cru qu'il buvait par *perversité* et par *égoïsme* ! On ne refera pas le monde — et sa jugeote de chimpanzé ! (Et je suis méchant envers nos frères les chimpanzés.) Faut-il être borné pour être aussi bête ?

* * * * *

Dieu ! J'ai déjà tant écrit sur ce satané suicide… — Ah ! le *suicide*. Il me suit, sous toutes ses formes, depuis un si grand nombre d'années… J'ai tellement *mûri* le suicide. Lui et moi faisons un. — Qu'elles soient antérieures ou postérieures au décès de François, combien de petites notes dans mes *Carnets* ? Combien de pensées que je ne comprends plus, que je comprends mieux, que je comprends trop bien ? — Pope me dit : « *But what composes man can man destroy?* » (« *Ce qui compose l'homme, l'homme pourrait-il le détruire ?* ») Projections ! — Dernier florilège : « *Moins anodin que cela.* — Comment vivre quand on ne peut plus *vivre* ? » — « *Pour être mal, bercer ses jours dans la suicidation potentielle pure, il faut souvent ne pas avoir trop de soucis connexes, annexes, afin de préciser le mal originaire d'où tout découle.* » — « *Si un tel aime la vie, c'est que, à n'en pas douter, il aime sa vie.* » — « *Il serait "amusant" d'écrire aux (sur les) personnes qui me sont chères, comme si j'allais me tuer — et leur dire ce qu'il faut faire maintenant que je suis mort… Parler d'elles selon moi.* — *Je suis incapable de vivre parce que je suis capable de mourir.* » — « *Nous ne créons plus ; nous suivons, nous refaisons, à l'identique. Ce besoin de parcourir si l'on a déjà parcouru…* — *Votre meilleur ami se suicide ?… Quel meilleur exemple ?… À suivre…* » — « *Plus le temps et l'expérience passent, plus je me dis que, mon frère et moi, nous sommes comme deux frères Wittgenstein : préparés à mourir, voués à la mort, prêts au suicide.* » — « *Ces rêves où l'on doit tomber dans le vide et le sentir ; ces réalités où l'on doit monter et le souffrir.* » — « *Ludwig Boltzmann ?… Suicide.* » — « *La pitié et le transfert mettent tout homme dans l'épouvante anticipée ou imaginée. (Pitié de soi ou des autres.)* — *Le suicide d'un ami : on le voit réduit à le faire, on le voit le faire, on le voit mort. Voilà cette symbiose pitié-transfert. De là découle le courage qu'il faut pour agir seul.* » — « *Ce sentiment des femmes qui veulent se suicider et qui ne veulent pas s'abîmer fortement le corps, le visage (médicaments, noyade).* — *Ou l'époque du beau temps : avoir chaud… Mourir dans la chaleur…* » — « *La tristesse des chansons de Jacques Brel est un joyau. Il serait bon de l'écouter, selon moi, avant de songer au suicide.* » — « *Importance démentielle du statut de chômeur dans les suicides…* — *Je comprends pourquoi certaines personnes ne comprennent pas le suicide : elles n'ont pas connu cela. Etc.* » — « *Ôte-toi, Suicide… Ô Toi !…* » — « *Le mot* : mourir *; les maux* : se suicider. » — « *Dieu, rendez-moi mon ami suicidé. Je vous en pris* [sic]*, mon Dieu…* » — « *Ma vie est envie donc mon envie est en vie. Ainsi, nous revenons à : ou tuer l'envie, ou se tuer.* » — « *Véronique Le Guen passe 110 jours sous terre. "J'ai rencontré des démons." Suicide.* » — « *Mon frère se tuerait — et je me tuerais facilement. Il faut croire que, bien que nos rapports soient minces, je le porte.* » — « *Même moi, je voudrais mourir.* » — « *En règle générale, celui qui mérite de vivre nourrit des envies de mourir. (Pensée hautement importante.)* » — « *Dialogue* — impromptu —, *qui ne mène à rien, et à tout : "Que désirez-vous ?* — *Le désir.* — *Qu'aimez-vous ?* — *L'amour.* — *Que voulez-vous ?* — *Vouloir.* — *Qu'attendez-vous de la vie ?* — *L'attente de la vie.* — *De quoi avez-vous peur ?* — *De la peur.* — *De quoi voulez-vous mourir ? pourquoi voulez-vous mourir ? pour quoi voulez-vous mourir ? par quoi voulez-vous mourir ?* — *De moi, parce que moi, pour moi, par moi.* » — « *Attends : à vingt-cinq ans, tu entreras, pour les statistiques du suicide, dans la tranche des vingt-cinq-quarante-quatre ans !…* » — « *J'aimerais savoir l'importance des suicides en cascade.* » — « *Le suicidant préfère être mort à devoir vivre sa vie de suicidant…* — *Ce qu'il fallait démontrer.* » — « *Si la vie est, comme on le dit, un fardeau, c'est bien que la mort, dans cette approche, est un soulagement.* » — « *Avant le suicide, mettre sur pause un morceau qui dévoilerait (après la mort — le corps) ces paroles : "et je pars parce que…" Mais écouteront-ils ? verront-ils ? comprendront-ils ?…* » — « *Situation.* — *Je perds tout dans un incendie : livres lus et écrits, journal, etc. Que me reste-t-il à faire ?* Me suicider. *Mais… Deux néants s'affrontent : celui que je vais trouver, celui que je laisse (tout en rapport avec moi). Sachant cela, cette raillerie ineffable, encore, de la "vie", je voudrais trouver une mort qui fût plus grande que la mort — ou me suicider deux fois !…* — *Pauvre agonie éternelle !…* » — « *Je me suicide, on ne peut me reconnaître, mais je laisse dans mes poches des disquettes avec la plupart de mes œuvres. Quel individu, dans la chaîne mortuaire, s'en souciera ?… (Valeur des hommes.)* » — « *La passion du suicide dans l'action !…* » — « *(La passion de la vie dans l'action de la mort !…)* » — « *Mon suicide : quand je serai au plus mal — mais avec un brin de lucidité (grâce à l'alcool, etc.)…* » — « *Je pourrais recopier la réflexion sur la mort de Baucis (?) (qui se suicide après la publication de son livre pour qu'il ait du succès), dans mes papiers du cours sur la volonté, en analysant ce qui est moyen et ce qui est fin dans la globalité de cet acte (la fin devient un moyen, etc.)…* » — « *Je rentrerais certainement dans la catégorie des cas non pathologiques… intellectuels… Rares ?…* » — « *Penser à ce genre de choses : on enlève la croix autour du cou du suicidé. Exemple, dans la nouvelle de Tolstoï, pour le pendu Polikéï Ilyitch.* » — « *"Vivre sa vie"* : *Pourquoi pas "Mourir sa mort" ?* » — « *Au-delà du suicide, le seul intérêt : se savoir vivre (sinon)…* — Sinon ?… Si oui !… — Dans *Un certain amour* : « *De même : le suicide est un moyen de s'extirper de l'enfer. Quand même il n'y aurait pas de paradis, pourquoi renier ceux qui commettent l'acte irréparable ?* » — « *Pauvre de moi, quel cantique trouver qui conjure la mort ?* » Et moi, Molossos, qui suis également pauvre de moi, et le fus toujours ?…

* * * * *

La mort et l'amour s'entrelacent. Ce livre ne serait pas né sans la mort de l'amour, l'amour de la mort, la mort d'un amour, l'amour d'un mort. Ma Maîtresse la Mélancolie, que j'ai beaucoup décrite, vaut ma Maîtresse la Mort — qui m'envoie son Messager le Suicide. — La vie est en nous, nous sommes en elle. De même avec la mort : nous la portons chaque jour en nous. Autant avouer que cette relation est charnelle, sexuelle. Tout homme vit avec la mort, mais parmi ceux qui en ont conscience et l'examinent, certains lui font l'amour. — Tout n'est que vie et mort, mort et vie. La naissance, la renaissance ; la mort, la… Il n'existe pas de mot pour une seconde mort, une mort qui renaîtrait. Étrange, n'est-ce pas ? Pourquoi pourrait-on revivre et pas « remourir » ? — Ce livre ne serait pas né si je n'avais pas dû parler à un mort, ni l'écouter. Mais à qui parlé-je ? qui écouté-je ? Moi-même, Julien Pichavant, qui suis seul dans cette pièce. — Quand la Mort *parle*… — Dans le poème de Clément Marot (*Deploration sur le trespas de messire Florimond Robertet*), la Mort dit : « *Confesse donc, que je suis bien heureuse, / Puis que sans moy tu ne peulx estre heureux : / Et que ta vie est aigre, et rigoreuse, / Et que mon Dard n'est aigre, ou rigoreux : / Car tout au pis, quand l'esprit vigoureux / Seroit mortel comme le corps immunde, / Encores te est ce Dard bien amoureux, / De te tirer des peines de ce Monde.* »

* * * * *

L'idée de la mort me console de l'idée de la vie, et inversement : l'idée de la vie me console de l'idée de la mort. D'un côté, je me sens plus léger en sentant la porte de sortie toute proche, en bon voyageur « *qui voyage avec son suicide à la boutonnière* ». De l'autre, la peur de mourir me rend la vie plus douce. Tout cela me semble logique et absurde. Pourquoi ? Je n'ai cessé de le répéter : plus on tient à la vie, moins on tient à la mort, et plus on tient à la mort, plus on tient à la vie. Je suis un peu comme Hermann Hesse : « *Ein Mensch von meiner Art, der im Grunde an den Wert des Menschenlebens nicht glauben kann, dem aber auch die gewohnten Auswege der Naiven, in den Selbstmord und in den Wahnsinn, verbaut und unmöglich sind, der also eigens von der Natur dazu erfunden zu sein scheint, sich und den anderen an seinem Beispiel die Unsinnigkeit und Aussichtslosigkeit dessen zu erweisen, — was die Natur unternahm, als sie sich auf das Experiment "Mensch" einließ.* ». (« *Un être comme moi est au fond incapable de croire que la destinée possède une valeur véritable, mais les issues que les naïfs trouvent habituellement dans le suicide ou dans la folie lui sont fermées, il lui est impossible d'y accéder. Il semble avoir été inventé uniquement pour constituer un exemple démontrant aux autres et à lui-même le caractère absurde et désespéré de ce qu'entreprit la nature lorsqu'elle s'engagea dans l'expérience "humaine".* » Je ne recule ni n'avance : disons que j'avance à reculons. Jusqu'à preuve du contraire, je vis (lorsque vous lirez ceci, je serai vraisemblablement mort). Seul un vivant peut vouloir mourir. C'est mon cas. Mon espoir ne réside pas dans le peu que j'ai encore à vivre, mais dans l'idée qu'un jour je serai mort et que cette mascarade sera finie. Je ne sais pas si je me suiciderai. Je ne suis pas prêt, je suis encore trop lâche. Et je ne vois toujours pas comment je pourrais me suicider : toutes les méthodes m'effraient. Je vais vivoter et continuer à regarder les étoiles. (Ne sont-ce pas les étoiles qui me retiennent ?) — Baudelaire avait raison : « *C'est la Mort qui console, hélas ! et qui fait vivre ; / C'est le but de la vie, et c'est le seul espoir / Qui, comme un élixir, nous monte et nous enivre, / Et nous donne le cœur de marcher jusqu'au soir ; / À travers la tempête, et la neige, et le givre, / C'est la clarté vibrante à notre horizon noir ; / C'est l'auberge fameuse inscrite sur le livre, / Où l'on pourra manger, et dormir, et s'asseoir ; / C'est un Ange qui tient dans ses doigts magnétiques / Le sommeil et le don des rêves extatiques, / Et qui refait le lit des gens pauvres et nus ; / C'est la gloire des Dieux, c'est le grenier mystique, / C'est la bourse du pauvre et sa patrie antique, / C'est le portique ouvert sur les Cieux inconnus !* » La vie serait un cauchemar à la puissance infinie s'il n'y avait pas la mort. Comme je plains ceux qui croient en la réincarnation, ou en un Paradis (qui vaudrait exactement l'Enfer)... Quand bien même vous pourriez manger toutes les glaces du monde en vous baignant dans une eau dont la tiédeur est parfaite, entouré de femmes nues qui ne pensent qu'à vous caresser, je ne vois pas où est la notion de Paradis. On se lasse de tout, et on se lasse même de ne jamais se lasser. Je préfère vivre « *avec [mon] suicide à la boutonnière* » et attendre de voir ce qui m'échoira. « *La vie est un bal triste où plus rien ne m'intrigue. / Dieu, l'avare qui fait semblant d'être prodigue, / Fait toujours resservir le même mois d'avril. / Je connais son décor. Vivre est bien puéril.* » Aïrolo se joue du Roi en déclamant ses vers, mais l'idée est là. Savez-vous pourquoi Aïrolo se dit gai ? Parce qu'il ajoute, en montrant le bois qui l'environne : « *Ma gaîté / Vient de ce que partout, si l'ennui vient me prendre, / Je vois la branche d'arbre où je pourrai me pendre.* » — Penser au suicide ne veut pas dire que l'on va, ni même que l'on veut se suicider. Nietzsche écrit (*Par-delà bien et mal*) : « *La pensée du suicide est une puissante consolation : elle nous aide à passer maintes mauvaises nuits.* » Je ne pourrais citer tous les exemples qui rejoignent ce sentiment. Dans *Les raisins de la colère*, les métayers, obligés de fuir, se consolent dans leur misère en pensant : « *On n'pourrait pas partir sans un fusil. Quand les souliers, les vêtements, les vivres, quand l'espoir même auront disparu, il nous restera toujours le fusil.* » — Dans *Les Années d'apprentissage de Wilhelm Meister* se trouve un harpiste qui avoue à la troupe que c'est lui qui a volé le flacon d'opium disparu, et s'en explique : « *Je dois à la possession de cet objet le retour de ma raison. Il dépend de vous de me reprendre ce flacon, mais vous me verrez retomber sans espoir dans mon premier état. Le sentiment qu'il serait désirable pour moi de voir mes souffrances terrestres terminées par la mort fut mon premier pas dans la voie de la guérison ; bientôt l'idée me vint de les faire cesser par une mort volontaire, et c'est dans ce dessein que j'enlevai le flacon ; le pouvoir de mettre fin, en un instant et pour jamais, à mes grandes douleurs m'a donné la force de les supporter, et, depuis que je possède ce talisman, le voisinage de la mort m'a ramené vers la vie. Ne craignez pas que j'en fasse usage, mais décidez-vous, en hommes qui connaissez le cœur humain, à me faire aimer la vie en me laissant maître de la quitter.* » Sa confession terminée, personne n'osa le réprimander, ni pour le vol, ni pour les motivations (*a priori* et *a posteriori*). « *Après de mûres réflexions, nous n'insistâmes pas davantage, et il porte maintenant sur lui, dans un solide petit flacon de cristal, ce poison, comme le plus singulier antidote.* » — Dans *Le Comte de Monte-Cristo*, Dantès se retrouve dans une situation similaire : « *À force de se dire à lui-même, à propos de ses ennemis, que le calme était la mort, et qu'à celui qui veut punir cruellement il faut d'autres moyens que la mort, il tomba dans l'immobilité morne des idées de suicide : malheur à celui qui, sur la pente du malheur, s'arrête à ces sombres idées ! C'est une de ces mers mortes qui s'étendent comme l'azur des flots purs, mais dans lesquelles le nageur sent de plus en plus s'engluer ses pieds dans une vase bitumineuse qui l'attire à elle, l'aspire, l'engloutit. Une fois pris ainsi, si le secours divin ne vient point à son aide, tout est fini, et chaque effort qu'il tente l'enfonce plus avant dans la mort. — Cependant cet état d'agonie morale est moins terrible que la souffrance qui l'a précédé et que le châtiment qui le suivra peut-être ; c'est une espèce de consolation vertigineuse qui vous montre le gouffre béant, mais au fond du gouffre le néant. Arrivé là, Edmond trouva quelque consolation dans cette idée ; toutes ses douleurs, toutes ses souffrances, ce cortège de spectres qu'elles traînaient à leur suite, parurent s'envoler de ce coin de sa prison où l'ange de la mort pouvait poser son pied silencieux. Dantès regarda avec calme sa vie passée, avec terreur sa vie future, et choisit ce point milieu qui lui paraissait être un lieu d'asile. — Dès lors cette pensée eut germé dans l'esprit du jeune homme, il devint plus doux, plus souriant ; il s'arrangea mieux de son lit dur et de son pain noir, mangea moins, ne dormit plus, et trouva à peu près supportable ce reste d'existence qu'il était sûr de laisser là quand il voudrait, comme on laisse un vêtement usé.* » — L'idée du suicide *possible* soulage et aide à mieux discerner les choses. On devrait pousser à bout tous les hommes : ils comprendraient certainement mieux leur vie à travers cette mort volontaire potentielle. Je me demande s'il ne faudrait pas introduire dans la vie de chaque individu le docteur Lawrence Gordon de la saga *Saw*. Ce machiavélique docteur Gordon, aussi surnommé Jigsaw, ou le tueur au puzzle, kidnappe ses victimes et les place dans une situation telle qu'elles devront, si elles veulent se libérer et survivre, respecter les règles d'un jeu horrible. Exemple d'un jeu : Une femme se réveille dans une pièce inconnue. Son compagnon de cellule est à côté d'elle, mort. Cette femme a un dispositif fixé dans la bouche : c'est un piège à mâchoire (à ours) comme on en utilise pour la chasse. Au bout d'une minute, le piège se débloquera et s'ouvrira, déchirant la bouche. Pour se libérer du piège et annuler son ouverture, la femme doit ouvrir le mécanisme à l'aide d'une clef qui se trouve dans l'estomac de l'homme mort… Jigsaw surgit au début de l'épreuve pour expliquer les règles. Sa première phrase commence toujours par : « *Hello, I want to play a game.* » L'argument principal de ces mises-en-scène réside dans cette sentence : « *Most people are so ungrateful to be alive, but not you, not any more.* » Après avoir décrit à la victime la raison de sa présence ici et le but du jeu, Jigsaw conclut : « *Live or die. Make your choice.* » Autrement dit, il faut réveiller chez la personne concernée la conscience de se sentir chanceuse de vivre. Mérite-t-elle de vivre ? Ce sera à elle de voir et de faire ses preuves, quels qu'en seront les moyens. Voulez-vous continuer à vivre ? Ouvrez la porte avec cette clef qui se trouve dans un bocal rempli d'un puissant acide : vous perdrez l'usage de votre bras, mais vous survivrez et vous reprendrez goût à la vie. C'est une morale terrible. Ce qui est déroutant pour le spectateur, c'est qu'il ne peut s'empêcher d'acquiescer à la méthode employée : tout ce que Jigsaw déploie comme rhétorique tient la route. Pour que les gens comprennent, il faut parfois y aller à coups de marteau. Quand, à la fin de *Seven*, John Doe, incarné par Kevin Spacey, justifie les meurtres qu'il a commis, on ne peut qu'agréer en partie sa motivation. Il est censé être « méchant », le « fou à lier », et, malgré tout, on le comprend, on suit sa logique : « *Wanting people to listen, you can't just tap them on the shoulder anymore. You have to hit them with a sledgehammer, and then you'll notice you've got their strict attention.* » Traitez-moi de fou et de dégénéré… Il m'est souvent venu à l'esprit, durant mes cours, de vouloir envoyer une décharge électrique à mes élèves qui reproduisaient la même erreur des dizaines de fois. Avec une décharge, ils auraient compris tout de suite et n'auraient jamais commis l'erreur une seconde fois. Je voudrais parfois enfoncer une notion à coups de marteau dans le crâne afin qu'elle y entrât sûrement. Cela serait beaucoup moins cruel en agissant comme les dompteurs d'animaux dans les cirques : une récompense est donnée lorsqu'un tour est réussi. Si je pouvais donner un sucre à un élève pour le récompenser, et si j'étais assuré qu'il réussirait à chaque fois qu'il saurait qu'il recevrait un sucre, je donnerais des sucres. Mais là aussi, la morale est bancale : on ne doit pas prendre les être humains pour des animaux… Pourquoi faudrait-il recourir à la récompense ou à la punition ? Même si c'était possible, cela n'empêcherait pas certains de ne toujours pas comprendre. Une bonne partie de ceux qui sont passés par la case « prison » ont récidivé après leur libération. « Fort heureusement, il n'a pas d'enfants, ce Pichavant. » Vous avez peut-être raison. Cependant, il n'est pas dit que, si la récompense ou la punition était autorisée, je les mettrais en application. Au contraire, je crois assurément que je n'en ferais rien. Vous voyez, la morale est sauve : je suis devenu trop « civilisé ». Mais vous savez quoi ? Je crois, au fond, que je ne récompenserai ni ne punirai pour la raison suivante : si cela était permis, rares seraient ceux qui n'en profiteraient pas pour récompenser ou, surtout, pour punir. Or, ce que veut la masse, j'évite de le vouloir, car rien n'est pire que ce qu'elle veut. À force d'avoir côtoyé mes semblables, j'en ai été dégoûté. Je préfère rester calfeutré chez moi. Je vais illustrer ceci en citant Oscar Wilde, ce qui me permettra de revenir à mon sujet. Wilde, en prison, fut souvent pris de l'envie de se suicider. Dès qu'il eut eu compris que « *nous souffrons tous* », il ne ressentit plus du tout l'envie de se tuer. Il décrivit ce déclic à André Gide : « *Savez-vous, dear, que c'est la pitié qui m'a empêché de me tuer ? Oh ! pendant les six premiers mois j'ai été terriblement malheureux ; si malheureux que je voulais me tuer ; mais ce qui m'a retenu de le faire, ç'a été de regarder les autres, de voir qu'ils étaient aussi malheureux que moi, et d'avoir pitié.* » Moi aussi, j'ai pitié de l'homme et de moi-même. J'agis sans agir. Je me renfrogne dans mon coin. Si j'ai de mauvaises pensées, je me rassure en me rappelant que je ne suis pas la pire des crapules, ou que j'ai le courage de les affronter et de les assumer. Mais Schopenhauer intervient aussitôt pour mettre en garde : « *La consolation la plus efficace, dans tout malheur, dans toute souffrance, c'est de tourner les yeux vers ceux qui sont encore plus malheureux que nous : ce remède est à la portée de chacun. Mais qu'en résulte-t-il pour l'ensemble ? — Semblables aux moutons qui jouent dans la prairie, pendant que, du regard, le boucher fait son choix au milieu du troupeau, nous ne savons pas, dans nos jours heureux, quel désastre le destin nous prépare précisément à cette heure, — maladie, persécution, ruine, mutilation, cécité, folie, etc.* » Schopenhauer aurait lui aussi pensé aux décharges électriques pour que tout le monde retînt que deux et deux font quatre : « *Voulez-vous des plans utopiques : la seule solution du problème politique et social serait le despotisme des sages et des nobles, d'une aristocratie pure et vraie, obtenue au moyen de la génération par l'union des hommes aux sentiments les plus généreux avec les femmes les plus intelligentes et les plus fines. Cette proposition est mon utopie et ma république de Platon.* » — Qu'est-ce qui, globalement, me retient d'en finir ? Mis à part la difficulté qu'il y a d'en finir, je ne saurais le définir avec exactitude. Il faudrait être beaucoup, beaucoup plus fort que je ne le suis. J'ai pitié de moi-même. Ah ! vraiment, je hais ceux qui jugent que le suicide est *facile* et *lâche*, qu'il faut avoir le *mérite* d'*affronter* la vie. Je les hais autant que je hais Jigsaw (qui manœuvre en biais et fait croire qu'il vaut mieux vivre qu'être mort). D'ailleurs, tous ces gens-là sont pour moi autant de Jigsaw. J'aimerais plutôt qu'ils fussent tous des John Doe, eux qui, à tout bout de champ, disent — *par-derrière* — du mal de leurs prochains : la Terre serait soulagée en peu de temps des neuf dixièmes de ses occupants humains. Alors : qu'est-ce qui me retient d'en finir ? Je l'ai dit. Je ne sais pas. Comme Francisco de Quevedo, je pense que « *mejor vida es morir que vivir muerto* » (« *mourir c'est vivre mieux que vivre mort* »), cependant que, comme lui, je trouve qu'« *aquí para morir me falta vida* » (« *ici la vie me manque pour mourir* »). Que puis-je savoir ? Que dois-je faire ? Que m'est-il permis d'espérer ? Que puis-je faire ou ne pas faire que je ne sache déjà ? Je désespère de tout. Pourquoi ne fais-je qu'écrire tout cela ? Pourquoi ne fais-je *rien* ? La réponse serait éventuellement à chercher du côté de phrases comme celle-ci : « *Le suicide, cette mystérieuse voie de fait sur l'inconnu, laquelle peut contenir dans une certaine mesure la mort de l'âme, était impossible à Jean Valjean.* » Le courageux Jean Valjean étant un héros à mes yeux, un héros qui aurait eu toutes les raisons du monde d'en finir, son exemple me semble à suivre… À suivre ? Pauvre excuse, — pauvre, pauvre excuse, mon bon Julien ! Pense plutôt à Prométhée ! Rappelle-toi Io qui se lamente : « *Quel profit ai-je alors à vivre ? Pourquoi tardé-je à me précipiter de cet âpre rocher ? En m'abattant à terre, je m'affranchis de toutes mes douleurs. Mieux vaut mourir d'un coup que souffrir misérablement chaque jour.* » Rappelle-toi la réponse de Prométhée : « *Tu aurais donc grand-*

peine à porter mes épreuves : à moi, le destin ne permet pas la mort. Seule, elle m'affranchirait de mes maux. Mais nul terme ne s'en offre à moi, avant que Zeus ne tombe de sa toute-puissance. » Es-tu *enchaîné*, Julien ?...

* * * * *

Me dire égoïstement que le monde mourra avec moi me console davantage que le personnage de Valjean (qui est pure fiction), « *que perdre el món serà mellor partit* » (« *car perdre le monde sera le meilleur parti* »), comme l'écrivait Ausiàs March. Le monde étant, selon Schopenhauer, *ma* représentation, il meurt *avec moi* si je meurs. (« *Le monde est ma représentation. [...] Tout ce que le monde renferme ou peut renfermer est dans cette dépendance nécessaire vis-à-vis du sujet et n'existe que pour le sujet. [...] Il s'ensuit qu'un seul sujet, plus l'objet, suffirait à constituer le monde considéré comme représentation, aussi complètement que les millions de sujets qui existent ; mais que cet unique sujet percevant disparaisse, et, du même coup, le monde conçu comme représentation disparaît aussi.* ») Le monde est *ma* représentation, non pas que je sois psychotique (j'en ai conscience), mais en tant que je suis le sujet dont l'univers entier n'est que l'objet. Je ne connais « *ni un soleil ni une terre, mais seulement un œil qui voit ce soleil, une main qui touche cette terre* ». Le spectacle est en moi (« *Le spectacle est dans le spectateur* », disait Lamartine). Je suis un individu à part qui a ses propres désirs, ses propres représentations. Je suis le seul, à la seconde où j'écris, à être en cet endroit du globe, à écrire ce que j'écris et à voir ce que j'écris. Dès lors que je n'empiète pas sur le désir des autres, dès lors que je pose mon « *égoïsme comme borne à celui des autres* », le bien (*mon bien*, donc celui des autres) peut être atteint. « *Et il demeure certain que c'est le désir de réaliser de cette façon mon bien, c'est-à-dire l'égoïsme, qui est la source de ce principe éthique.* » L'altruisme (terme jamais employé par Schopenhauer), c'est avant tout l'« *alter* », ce qui *altère* mon ego, mon « Je ». — Si je me suicide, le monde qui était ma représentation s'évanouit. Mon égoïsme fait-il du mal dans les autres mondes représentés ? Adèle, dans *Antony*, a-t-elle raison quand elle dit : « *Oh ! ce serait le ciel, si ma mémoire pouvait mourir avec moi... Mais, comprends-tu, Antony ?... Cette mémoire, elle restera vivante au cœur de tous ceux qui nous ont connus.* » Je pose la question, car c'est l'une des récriminations les plus courantes contre des suicidés : « Il aurait pu penser à nous... Il nous a délaissés... Que va-t-on devenir, que va-t-on faire sans lui ?... » Si vous êtes capable de penser de la sorte, votre deuil ne durera pas éternellement. Si vous savez que faire et que vous l'aimiez purement, vous diriez plutôt : « Il faut le suivre. » Soyez Juliette ou soyez Roméo selon que vous êtes une femme ou un homme. Lisez Pascal : « *Chacun est un tout à soi-même, car lui mort le tout est mort pour soi. Et de là vient que chacun croit être tout à tous. Il ne faut pas juger de la nature selon nous mais selon elle.* » Ce fragment est à jauger en parallèle de cet autre : « *Nous sommes plaisants de nous reposer dans la société de nos semblables, misérables comme nous, impuissants comme nous. Ils ne nous aideront pas. On mourra seul. — Il faut donc faire comme si on était seul. Et alors bâtirait-on des maisons superbes, etc. On chercherait la vérité sans hésiter. Et si on le refuse, on témoigne estimer plus l'estime des hommes, que la recherche de la vérité.* » Bien plus encore que la vie, la mort est une affaire personnelle. Ne comptez jamais sur les autres ; vous n'agiriez jamais. Nous sommes seuls, tous sans exception. De même que celui qui insiste pour faire comprendre qu'il n'a aucune tendance homosexuelle, a de fortes chances de figurer parmi ceux qui, inconsciemment, combattent le plus leurs pulsions homosexuelles, celui qui recherche constamment de la compagnie et est constamment entouré, est le plus seul d'entre tous. Le vrai solitaire est celui qui a choisi sa solitude, ayant compris que tout est vanité, la vie en société davantage que le reste. L'un avec le tout, ou *L'un et le tout* (*Eins und alles*), comme le poème de Goethe qui nous dit que, « *Im Grenzenlosen sich zu finden, / Wird gern der einzelne verschwinden, / Da löst sich aller Überdruß* » (« *Afin de se trouver parmi l'Illimité / L'être isolé voudra fuir dans l'inexistence / Là où s'évanouit toute satiété* »). Pour le commun des mortels, le suicide est un acte égoïste. Ils ne comprennent pas leur douleur et leur impuissance. Ils ne contemplent que leur impuissance, qui est une douleur. La douleur est moins la perte de l'être suicidé que leur perte à eux, la perte momentanée de leur puissance. L'impuissance s'est révélée à eux et ils tapent violemment la terre qui recouvre la tombe du mort : « Pourquoi *m*'as-tu fait ça ! » Le retournement de situation est tel que le suicidé n'a plus accompli son geste pour lui, mais contre l'autre ! C'est totalement absurde, mais c'est l'homme. L'homme, cette aberration autocontradictoire ! Encore une fois, rendez-vous compte de la situation : le vivant va reprocher au mort son égoïsme en pleurant : « Tu aurais pu penser à *moi*. » La seule consolation du suicidé (s'il pouvait en avoir une !) est d'être loin de ce monde qui s'agite sans lui : « *La tombe est toujours la meilleure citadelle contre les orages du destin* », écrit Lichtenberg, tandis que Phérès, dans la pièce d'Euripide, diminue tant bien que mal l'intensité de son inquiétum en se disant : « *Le mal que l'on dira de moi après ma mort, que peut-il bien me faire ?* » — Gérard de Nerval (a-t-il vraiment pu se pendre à une grille de la rue de la Vieille-Lanterne ?) fait dire au Christ : « *Car je me sens tout seul à pleurer et souffrir, / Hélas ! et si je meurs, c'est que tout va mourir !* » — « *Éli, Éli, lama sabachthani ?* » — La Croix est partout, excepté en la mort.

* * * * *

François pleura-t-il ? Son regard, sur la dernière photo, est perdu au loin ; il traverse l'objectif (dans les deux sens du terme). « *What signifies [thy] deadly-standing eye, [thy] silence and [thy] cloudy melancholy* » (« *Que signifie [ton] regard sinistre et fixe, [ton] silence et [ta] sombre mélancolie* »), ô François ? Quel courage ! Affronter le monde, s'affronter soi-même, affronter la vie, affronter la mort. On peut essayer la vie plusieurs fois, et la changer. Votre créneau n'est pas réussi ? Réessayez. Vous souhaitez changer de métier ? Essayez-en un autre. Votre conjoint vous ennuie ? Essayez-en un autre. C'est « facile » ! Tout le monde y parvient, y compris les imbéciles. Autrement dit : vous y survivrez. En revanche, la mort, c'est une autre paire de manches : essayez, vous verrez ! Il n'y a qu'un essai (si et seulement si vous le faites bien). — Que signifie l'aphorisme d'Hippocrate : « Ὁ βίος βραχὺς, ἡ δὲ τέχνη μακρὴ, ὁ δὲ καιρὸς ὀξύς, ἡ δὲ πεῖρα σφαλερή, ἡ δὲ κρίσις χαλεπή. Δεῖ δὲ οὐ μόνον ἑωυτὸν παρέχειν τὰ δέοντα ποιεῦντα, ἀλλὰ καὶ τὸν νοσέοντα, καὶ τοὺς παρεόντας, καὶ τὰ ἔξωθεν. » (« *La vie est courte, l'art est long, l'occasion est prompte [à s'échapper], l'empirisme est dangereux, le raisonnement est difficile. Il faut non seulement faire soi-même ce qui convient ; mais encore [être secondé par] le malade, par ceux qui l'assistent et par les choses extérieures.* ») Il s'adresse au couple médecin/malade, l'un n'allant pas sans l'autre. L'aphorisme signifie que la pratique de la médecine est difficile, et qu'elle est d'autant plus difficile que le patient doit, pour s'en sortir, travailler de concert avec celui qui doit le délivrer de sa maladie. Le suicidaire est un malade qui n'a plus qu'un seul médecin : lui-même. Il doit soigner son âme avec le remède le plus efficace qui soit : la mort. « *Généralement parlant, ce qui est difficile a plus de valeur que ce qui est facile, car c'est plus rare ; et, à un autre point de vue, ce qui est facile vaut mieux que ce qui est difficile, car nous en disposons comme nous voulons.* » De ce que raconte Aristote, que peut-on en conclure sur le suicide ? Tout et rien. Un aspect de cette réflexion est pourtant *relativement* drôle : si le suicide était considéré comme étant difficile, il aurait de la valeur ; si, au contraire, il était considéré comme étant facile, cela signifierait que nous pourrions en disposer comme nous le voudrions (par conséquent, disposer de soi-même). Allez, tout cela n'est que pure rhétorique ! Où veux-je d'ailleurs en venir ? Toujours au même postulat : quand on a toute sa raison, le suicide est difficile. À ceux qui disent que c'est facile, j'aimerais leur rétorquer : « Eh bien, puisque c'est si facile, qu'est-ce que cela coûte d'essayer ? Allez-y. Trouvez-vous plus de mérite à tenter ce qui est difficile ou à tenter ce qui est facile ? » Si vous reconnaissez que c'est difficile, arrêtons-nous en là. Si vous reconnaissez que c'est facile et que vous n'essayez pas, c'est que vous reconnaissez, même sans le vouloir, même de loin, que c'est difficile. J'attendrai patiemment, non pas le raisonnement qui consisterait à me pousser au suicide (« Faites, faites, puisque c'est si facile, et ne venez pas nous emmerder avec vos histoires », ce serait trop bête), mais que l'on me retourne ce genre de raisonnement-là : « Tuer quelqu'un est facile. Vous appuyez sur la détente, et voilà. Que ne le faites-vous pas ? » Ce n'est pas parce qu'on imagine un acte facile qu'il l'est effectivement. Il est facile de le penser, il est facile à réaliser, mais on ne le fera pas. Pourquoi ? Parce que c'est tout simplement *difficile* (je pourrais écrire : « impossible », mais cela porterait à la confusion, même si Aristote estime que l'« *on préfère aussi les choses d'une exécution aisée, car elles sont possibles, étant faciles* »). N'importe qui peut tuer ; (presque) personne ne le fera. N'importe qui peut *se* tuer ; (presque) personne ne le fera. — (J'ai vraiment du mal à me retenir. Je lâche les brides dès que l'occasion se présente. Je partais d'une interrogation sans rapport direct : « *François pleura-t-il ?* » — et je divague, drossé par les vents…) — François pleura-t-il ? Un regard mort peut-il sourire ? peut-il pleurer ? Et s'il pleurait, que pleurait-il ? Le monde qu'il laisserait derrière lui ? Les gens qu'il abandonnerait ? Pourquoi les autres ? Ne pouvait-il pas *se* pleurer ? Il faut arrêter de penser à l'autre en pensant à soi (qui pense à l'autre qui penserait à soi, *etc.*). François était libre. Il était libre de penser à lui et de faire abstraction des autres. En tout cas, j'aimerais savoir qu'il a pleuré, et à pleuré son être qui ne serait plus. Son regard me fait croire qu'il n'existait déjà plus pour ou par les autres. Cela me fait moins de peine. — Une anecdote me vient en tête, du moins un passage d'une nouvelle de Balzac intitulée *Adieu* : « *Le général Philippe de Sucy passait dans le monde pour un homme très-aimable et surtout très-gai. Il y a quelques jours une dame le complimenta sur sa bonne humeur et sur l'égalité de son caractère. — Ah ! madame, lui dit-il, je paie mes plaisanteries bien cher, le soir, quand je suis seul. — Êtes-vous donc jamais seul ? — Non, répondit-il en souriant. — Si un observateur judicieux de la nature humaine avait pu voir en ce moment l'expression du comte de Sucy, il en eût frissonné peut-être. — Pourquoi ne vous mariez-vous pas ? reprit cette dame qui avait plusieurs filles dans un pensionnat. Vous êtes riche, titré, de noblesse ancienne ; vous avez des talents, de l'avenir, tout vous sourit. — Oui, répondit-il, mais il est un sourire qui me tue. — Le lendemain la dame apprit avec étonnement que monsieur de Sucy s'était brûlé la cervelle pendant la nuit. La haute société s'entretint diversement de cet événement extraordinaire, et chacun en cherchait la cause. Selon les goûts de chaque raisonneur, le jeu, l'amour, l'ambition, des désordres cachés, expliquaient cette catastrophe, dernière scène d'un drame qui avait commencé en 1812. Deux hommes seulement, un magistrat et un vieux médecin, savaient que monsieur le comte de Sucy était un de ces hommes forts auxquels Dieu donne le malheureux pouvoir de sortir tous les jours triomphants d'un horrible combat qu'ils livrent à quelque monstre inconnu. Que, pendant un moment, Dieu leur retire sa main puissante, ils succombent.* » — François regardait ce « *monstre* », un « *monstre inconnu* », le monstre de l'inconnu, le monstre de l'inconnaissable, inconnaissable pour lui, inconnaissable pour nous.

* * * * *

La *lâcheté* présumée est incomprise. C'est une notion extrêmement complexe dont on n'aperçoit, comme d'habitude, que la partie facile à apercevoir. Je crois, en fouillant bien, que le suicide fait peur et que c'est cette peur qui explique le dégoût qu'il inspire, ainsi que toutes les idioties qu'on entend dire sur lui par le premier venu. Tout d'abord, la peur du suicide porte un nom (qui lui-même fait peur) : l'« autocheirothanatophobie ». Il faut distinguer la peur du suicide chez celui qui *ne veut pas* se suicider, de la peur du suicide chez celui qui *veut* se suicider. L'une des meilleures solutions pour ne plus en avoir peur serait d'y penser continuellement comme d'une chose naturelle (mais ça ne marche pas toujours, j'en suis la *preuve vivante*, et c'est de toute manière très éprouvant). Ensuite, pour la même raison qu'il y a deux points de vue par rapport à cette peur, il y a deux façons de l'appréhender. Celui qui ne veut pas se suicider supportera mal que, de quelque façon que ce soit, le suicide entre dans son existence. Il voudrait une œillère « anti-suicide ». Je suis persuadé que c'est la *possibilité* du suicide qui l'effraie le plus. S'il était moins borné, il deviendrait un bon philosophe. Je rappellerai cette merveilleuse phrase de Novalis : « *L'acte philosophique par excellence est le suicide ; là se trouve le début réel de toute philosophie ; là tendent tous les désirs du disciple philosophique ; et seul cet acte répond à toutes les conditions, à toutes les caractéristiques d'une action transcendante.* » Il y a un autre aspect qui peut effrayer le « non-candidat-au-suicide » : l'amour de la vie des suicidaires (« *come suicidi pallidi / folli ancora di amore per la vita* », écrivait Pavese dans un poème, à vingt ans (« *comme de pâles suicidés / encore fous d'amour pour la vie* »)). Quand bien même il le pourrait, le « non-candidat-au-suicide » *ne doit pas* approuver le suicide. Cela ouvrirait une porte (ou une fenêtre !) derrière laquelle il sent que se cache un « *monstre inconnu* ». Jamais il ne dira du suicidé : « *Il a bien fait, il a fait en brave, il s'est tué.* » (Ceci provient d'un faux testament composé par Petrus Borel, qui s'achève par ces mots : « *Je ne t'en veux pas, Jean-Louis, pour ce que tu tiens à la vie, non, mais pour ce que tu prétends ne pas concevoir les raisons qui me poussent si brusquement au suicide ; c'est toi, Jean-Louis, qui me demandes cela ; fatalité ! Qui t'a changé ainsi ? qui peut donc t'avoir ainsi rafraîchi le cœur, tandis que le mien s'enfonçait dans l'amertume ? brusquement, peux-tu bien dire cela ? tu n'ignores pourtant pas que la pensée de la mort est la doyenne de mes pensées ; tu ne l'ignores pas, et que, sur trois désirs, deux ont toujours été pour le néant ; tu ne l'ignores pas, toi-même tu y applaudissais. Il est trop tard maintenant, j'en suis fâché ; mais tout ce que tu pourrais me dire serait vain, j'achèverai... Mais je t'aime trop pour ne pas redouter ton blâme ; au moins qu'un ami ne me vitupère pas ; au moins que tu dises : Il a bien fait, il a fait en brave, il s'est tué.* » En avoir assez de déambuler dans « *un théâtre* », comme il dit ! En avoir assez de cette faiblesse... La lâcheté est incomprise parce qu'elle peut être inversée, et ça fait peur : le lâche est celui qui continue son rôle de comédien. Quel rôle ? Est-ce un théâtre ? Quoi ? Bon sang ! Bon sang !... *Mais regardez autour de vous !...*) Lorsque Camus évoque dans ses *Carnets* un épisode suicidaire de la vie de Roger Martin du Gard (« *Le plus humain, c'est-à-dire le plus digne de tendresse, des hommes que j'ai rencontrés* », avoue-t-il), il choisit les mots « *courage* » et « *liberté* » à contre-courant de ce qui est la *norme* : « *Roger Martin du Gard et la mort de sa mère. On cache à celle-ci son cancer. On change les étiquettes des médicaments, etc. Mais après sa mort, le souvenir de cette épouvantable agonie poursuit M. du G. qui se dit qu'il ne pourrait la supporter. Le seul espoir pouvait être de se tuer. Mais en aura-t-il le courage ? Il essaie, fait avec un revolver plusieurs "répétitions" mais au dernier moment (presser sur la gâchette) il sent que le courage lui manquera. L'angoisse grandit donc, il se sent coincé, jusqu'à ce qu'il ait trouvé la "manière". Il prend un taxi, porte le revolver à son front. "Quand j'arriverai à hauteur du troisième réverbère, je presserai sur la gâchette." Troisième réverbère et il* sent *qu'il appuierait, de cette manière. Dès lors, immense sentiment de liberté.* » Et que penser de Nikolaï Stavroguine, dans *Les Démons* ? Dostoïevski lui fait dire : « *Je sais que je devrais me tuer, me balayer de la surface de la terre comme un misérable insecte ; mais j'ai peur du suicide, car je crains de montrer de la grandeur d'âme.* » Il se pendra peu après... Vous voyez : rien n'est simple, il ne faut pas juger trop « subjectivement »... De plus, vous n'êtes pas l'autre, vous n'êtes que celui qui pense que l'autre devrait penser comme vous. — « *J'étais triste* », disait Hypérion ; « *mais je crois que chez les Bienheureux aussi il arrive qu'on soit triste de la sorte* ». — Ce qui agite le cerveau du « non-candidat-au-suicide », c'est, cachée derrière la peur du suicide, la peur de la mort. Sous cet angle, sa non-compréhension deviendrait compréhensible (pour les gens comme moi). Mais on voit que tout peut être renversé (ou inversé) quand on change de point de vue : de même que l'on peut avoir peur de mourir, on peut *avoir peur de ne pas mourir*. « *Mourir... dormir, dormir ! peut-être rêver ! Oui, là est l'embarras. Car quels rêves peut-il nous venir dans ce sommeil de la mort, quand nous sommes débarrassés de l'étreinte de cette vie ?* » Mourir... Rêver de ne pas mourir, ou de mourir sans que l'issue en soit la souffrance. Marceline Desbordes-Valmore s'endort-elle dans ses *Sanglots* ? « *Qui sait ? Ainsi, n'oser mourir quand on n'ose plus vivre, / Ni chercher dans la mort un ami qui délivre !* » Vivre et vouloir mourir, vivre avec le regret de ne pas mourir, mourir de ne pas mourir, là sont les embarras ! « *Mourir par crainte de mourir : quelle folie !* » ironise Martial en parlant de Fannius qui, pour fuir un ennemi, s'était ôté la vie. (Jérôme Cardan fit presque aussi bien : on dit qu'il se serait suicidé pour respecter son horoscope ! Et que penser d'Évariste Galois, dont les paroles sont à double tranchant (car j'aime y faire résonner le « *si peu de chose* » et l'« *aussi méprisable* » avec la *vie*) : « *Oh ! pourquoi mourir pour si peu de chose, mourir pour quelque chose d'aussi méprisable ?* » Il ne voulait pas mourir... *a posteriori*. Car sinon, pourquoi y serait-il allé ? Avait-il bu ?... Serait-il mort de n'avoir pas voulu mourir ?) Prenez, au contraire, Mithridate : il ingurgitait régulièrement du sang de canard, censé se nourrir « *de toutes les herbes venimeuses* » des environs, et se prémunissait, grâce à cet antipoison, contre les tentatives d'empoisonnement. Mais son corps, trop habitué, ne broncha pas lorsqu'il voulut vraiment mourir empoisonné. (Le « *mithridate* » est devenu un nom commun. Littré nous en donne la définition : « *Électuaire composé de beaucoup de substances aromatiques, d'opium, etc.* ») De cette difficulté à mourir, Chrysothémis en parle en ces termes : « *Et le pire des sorts n'est pas de mourir, c'est lorsqu'on veut mourir, de ne pouvoir y arriver.* » On a la flèche, on a la cible, mais il faut mettre dans le mille. La mort est rebelle. Sa polarité magnétique devient identique à celle du désirant-mourir. Casanova ne dit-il pas que « *la mort ne vient jamais quand le malheureux la désire* » ? C'est un métier, que de mourir. Comme le rappelle Rigaut, « *le suicide doit être une vocation* ». Sylvia Plath, la « Madame Lazare », dit la même chose : « *Dying / Is an art, like everything else, / I do it exceptionally well. / I do it so it feels like hell. / I do it so it feels real. / I guess you could say I've a call.* » (« *Mourir / Est un art, comme tout le reste. / Je m'y révèle exceptionnellement douée, / On dirait l'enfer tellement. / On jurerait que c'est vrai. / On pourrait croire que j'ai la vocation.* » On se situe entre le métier de vivre et le métier de mourir : l'un requiert l'autre.

* * * * *

Rire jaune. — D'un côté, il y a le sourire qui amène l'idée de la mort ; de autre, il y a l'idée de la mort qui amène le sourire. Mais il y a aussi le sourire dans — et par — la mort (mourir agréablement), et l'idée de la mort qui fait sourire (humour volontaire — et involontaire). Lenz ne sourit-il pas, ou ne fait-il pas sourire quand il dit : « *Je n'ai même pas envie de me tuer : c'est trop ennuyeux !* » Pierre Gringoire ne sourit-il pas, ou ne fait-il pas sourire quand il dit : « *Oh ! [...] que volontiers je me noierais, si l'eau n'était pas si froide !* » (On se croirait dans un sketch de Pierre Desproges : « *Puis d'abord, le suicide, ça s'improvise pas comme ça... Qu'est-ce qu'y a pour se suicider, au fait ? Y a le gaz, la noyade, pfff ! En ce moment, tu parles !* ») Sur le même thème, Falstaff ne sourit-il pas, ou ne fait-il pas sourire quand il dit : « *I had been drowned but that the shore was shelvy and shallow,—a death that I abhor; for the water swells a man; and what a thing should I have been when had been swelled! I should have been a mountain of mummy.* » (« *Je me serais noyé, n'eût été la pente du rivage, et le peu de profondeur, — mort détestable ! L'eau vous gonfle un homme et quelle figure aurais-je faite, une fois gonflé ? Une montagne de charogne !* ») Melchior, dans la pièce de Frank Wedekind (*L'éveil du printemps*) ne sourit-il pas, ou ne fait-il pas sourire quand il dit : « *Moi, si je me casse le cou, c'est bien ! Si j'en réchappe, c'est bien aussi ! À tout coup je gagne.* » (Et ici : « *La vie est d'une platitude insoupçonnée. J'aurais un certain plaisir à me pendre à quelque arbre.* »)

« B. », dans *Petits dialogues philosophiques* de Chamfort, ne sourit-il pas, ou ne fait-il pas sourire quand il répond : « *A. — Il faut le quitter. — B. — Le quitter ! Plutôt la mort !... Que me conseillez-vous ?* ».

* * * * *

« *Let's see for means.* » — La corde, l'eau, le couteau, la balle, le vide, le poison, le feu, le train... — « *Let's see for means.* » — « *Let's see for means. O mischief, thou art swift to enter in the thoughts of desperate men!* » (« *Cherchons le moyen... Ô destruction ! comme tu t'offres vite à la pensée des hommes désespérés !* ») — Viens, cordial !

* * * * *

Le suicide équivaut à la mort, qui équivaut au repos. Nous voulons retourner à l'état de pierre, — ou à l'état de rocher, comme Ronsard après la mort de Marie : « *Ou je voudrais être un rocher, / Et avoir le cœur insensible, / Ou esprit, afin de chercher / Sous la terre mon impossible.* » Nous voulons trouver un bonheur que la vie ne nous aura pas offert, ou trouver un autre bonheur : le bonheur néantisé. Shelley composa l'un de ses plus poèmes en faisant vibrer les cordes de sa lutte pour le repos : « *Alas! I have nor hope nor health, / Nor peace within nor calm around, / Nor that content surpassing wealth / The sage in meditation found, / And walked with inward glory crowned— / Nor fame, nor power, nor love, nor leisure. / Others I see whom these surround— / Smiling they live, and call life pleasure; / To me that cup has been dealt in another measure. / Yet now despair itself is mild, / Even as the winds and waters are; / I could lie down like a tired child, / And weep away the life of care / Which I have borne and yet must bear, / Till death like sleep might steal on me, / And I might feel in the warm air / My cheek grow cold, and hear the sea / Breathe o'er my dying brain its last monotony.* » (« Hélas ! je n'ai ni espoir, ni santé, / Ni paix au-dedans, ni calme alentour, / Ni ce bonheur surpassant la sagesse / Que le sage trouvait en méditant, / Et qui marchait ceint de gloire intérieure ; / Ni renommée, ni pouvoir, ni amour, / Ni loisir. J'en vois d'autres qu'ils entourent ; / Souriant, ils nomment la vie un plaisir : / Ma coupe fut emplie en une autre mesure. / Mais à présent même le désespoir lui-même / Est doux, comme sont les eaux et les vents ; / Tel un enfant las je pourrais m'étendre, / Et pleurer la vie de tourments qui fut mienne, / Et que je porterai jusqu'à ce que / La Mort, comme un Sommeil, de moi s'empare, / Et que je sente dans l'air chaud ma joue / Devenir froide, et la mer exhaler / Sur mon esprit mourant sa monotonie dernière.* ») Ces merveilleuses stances furent écrites près de Naples, en 1818. Il faut que je précise qu'elles furent écrites « *dans le découragement* » (« *in dejection* » en anglais : jamais mot anglais ne fut plus pertinent en consonance française), et que Shelley mourra quatre ans plus tard... noyé au cours d'une tempête, alors qu'il voguait sur son petit voilier... — Tout se passe comme si le bonheur se cachait dans la mort, et non dans la vie. Tout jeune, j'avais écrit une nouvelle au titre évocateur : *Tristesses du bas-monde*. Autant avouer que ce thème me torturait déjà... Deux personnages qui ne sont plus de *ce* monde discutent : « *Pierre ? — Oui ? — Il y a des moments où je suis heureux d'être mort. De ne plus être de ce monde. — Je ressens les mêmes choses, Charles. — Mais ce qui ne pourra jamais s'effacer de nos mémoires, durant l'éternité qui est devant nous, ce sera l'idée que nous sommes nés dans un tel monde. J'en ai des frissons. — Moi aussi. — Je suis pressé que cette fillette meure. Elle pourra rejoindre l'éternité et quitter l'horreur. Mais elle aura toujours derrière elle cet arrière-goût de... de... Je n'arrive même pas à trouver le mot. Oh !... Je n'y arrive pas, Pierre ! — Cesse de penser à ça, pour l'instant. — Vraiment, Pierre, vraiment, je suis heureux d'être mort. Vraiment. — Moi aussi, Charles. Moi aussi.* » Ainsi, je l'avais appelé « *Pierre* » ! Quelle résonance ! Être une pierre... Et (bon sang !) qu'avais-je dans la tête, à seize ans, pour écrire ce genre de dialogue ? J'ai donné des aperçus çà et là de ces nouvelles écrites durant l'adolescence et qui tournent toutes autour du thème de la peur... mais admirez de nouveau la noirceur suicidaire des pensées ! *Qui* étais-je ? Lors du chapitre consacré à l'écriture, je tenterai d'y revenir (et de dépasser ce déroutant passé). — « *J'ai peur de mourir, mais il m'est indifférent d'être mort.* » Je suis, sans doute possible, que j'ai porté avec moi cette citation depuis l'époque du collège (qui était censée émaner de Cicéron, alors que celui-ci ne faisait que la citer), de même que j'ai porté celle de Tite-Live : « *Rien n'a moins de valeur que l'opinion de la foule.* » Il me faudra redemander à mon père ce tout petit livre (trois centimètres sur deux ?), que je revoie tout ce qui est enfoui en moi. — « *Mourir peut être un mal : mais être mort n'est rien.* » Si l'on veut ne plus rien être, et si être mort n'est plus *être*, alors il faut mourir, et mourir par sa propre main. Mais si mourir fait peur, si mourir fait redouter une autre souffrance avant d'être tout à fait mort, il faudrait pouvoir mourir sans en avoir conscience. D'ailleurs, si vous interrogez les gens, ils vous diront que la plus « belle » mort a lieu pendant le sommeil. Ni vu ni connu : elle vous fauche pendant que vous rêvez. Mais mon esprit est si tordu que je me refuse à penser que je puisse mourir comme cela. Je voudrais à la fois savoir et à la fois ne pas savoir. Ne pas avoir mal, certes, mais tout en sachant que je meurs, comme dans un rêve dont on a conscience. « *Un peu de poison de-ci de-là, pour se procurer des rêves agréables* », dit Zarathoustra. « *Et beaucoup de poisons enfin, pour mourir agréablement.* » Le suicide, en quelque sorte par définition, n'autorise pas l'inconscience totale. Il y a toute la souffrance mentale de la préparation, qui peut être aussi longue que la mort sera courte. (Pour donner une idée des tortures de l'esprit maniaque, et surtout pour montrer que ces ruminations vont au-delà des craintes « logiques », et en paraissent presque dérisoires, je citerai volontiers ce passage du *Golem* de Meyrink : « *En finir. Aujourd'hui même. Maintenant, ce matin. Surtout ne pas manger avant. Quelle pensée répugnante, se tuer le ventre plein ! Être couché dans la terre mouillée en ayant dans le corps des aliments non digérés qui pourrissent.* ») Le condamné à mort a tout le temps de penser à sa mort et de souffrir mentalement. Pourtant, s'il s'agit par exemple de la guillotine et que tout se passe bien, il n'aura pas le temps de dire « ouf » que sa tête sera tranchée. Le suicidaire connaît la même souffrance que le condamné. Encore faut-il nuancer de deux manières : 1) le châtiment ayant le plus souvent été prononcé contre sa volonté, le condamné n'a pas le choix ; 2) le système ayant fait ses preuves, il y a peu de risques que cela rate. Le condamné doit mourir parce que la loi le veut ; le candidat au suicide doit mourir parce qu'il le veut (voire : parce qu'il le doit, ce qui ressemble à une pseudo-tautologie). Outre cela, n'oublions pas que *tout être humain* est un *condamné à mort*. Mais la plupart s'en fichent, soit qu'ils n'y pensent pas, soit qu'ils pensent que cela arrivera dans des temps si lointains qu'ils en arrivent à se croire immortels… Ah ! si nous pouvions mourir (suicide ou pas) comme semble morte la Lady Lazarus de Sylvia Plath : « *The woman is perfected. / Her dead / Body wears the smile of accomplishment, / The illusion of a Greek necessity / Flows in the scrolls of her toga, / Her bare / Feet seem to be saying: / We have come so far, it is over.* » (« *Voici parfaite la femme. / Mort, / Son corps arbore le sourire de l'accomplissement, / L'illusion d'une nécessité grecque / Flotte parmi les volutes de sa toge, / Ses pieds / Nus semblent dire : / Nous sommes arrivés jusqu'ici, c'est fini.* ») En écho à ces vers de Plath, j'intercale cette pensée du Prince de Ligne : « *On est injuste envers la mort en la peignant comme on le fait : on devrait la représenter en vieille femme bien conservée, grande, belle, auguste, douce et calme, les bras ouverts pour nous recevoir. C'est l'emblème du repos éternel après la malheureuse vie inquiète et orageuse.* » On voudrait que tout se passât bien… Quelle ironie ! On voudrait interpeller Dieu : « Faites que je me tue sans souffrances. Je vous prie d'abréger ma mort. » Si l'on était sûr que ce Dieu existât, que, encore une fois, tout était rendu si simple qu'il n'y eût plus qu'à appuyer sur un petit bouton pour disparaître, combien s'en iraient dans la seconde ? Ha ! On voudrait être le mari d'Arria qui, venant de se poignarder, nous tend le poignard en nous disant le fameux : « *Non dolet.* » (« Cela ne fait pas mal. ») On voudrait qu'il y eût un Dieu qui fût comme une maman qui souffle sur notre bobo : « Toi, plus avoir mal. 'Gad : maman te soigne. Pas pleurer. » Et couac ! elle nous tranche la gorge… Mais ce Dieu n'existe pas. Il est un mélange du Dieu et du Diable de Strindberg dans son *Inferno* : « *Uriel : Lucifer a dévoilé vos actions aux habitants de la terre ; ils connaissent tout et sont heureux. — Dieu : Heureux ! Malheur à eux !... — Uriel : De plus, il leur a donné le don de la liberté, de sorte qu'ils peuvent retourner au néant.* » — Moi, mon Dieu, c'est le Ciel. Grâce à lui, je relativise. Qui me dit qu'il n'est pas, en plus d'être *ma* cause, la cause de ce que je suis toujours en vie ? Le Ciel nous contient et nous le contenons par notre regard. Il m'embrasse et je l'embrasse. Que je sois mort ou vif, que lui importe ? Je suis avec lui, en lui, par lui et pour lui. Il est ma demeure depuis la nuit des temps. Tant qu'il se meut, je me meus avec lui dans ce ballet d'atomes. Quand je le regarde, je ne perds tout en me gagnant. C'est mon pari à moi que de croire ou de ne pas croire en lui. Mais *je crois et crois* en lui. Décroître n'existe pas plus que décroire. Le Ciel est beau ; il est violent. — Lazare revient… et *La Joie de vivre*. Lazare Chanteau parle à Pauline Quenu : « *Au ciel, le fourmillement des astres croissait de minute en minute, ainsi que des pelletées de braise jetées au travers de l'infini. — Tu n'as pas appris ça, toi, murmura-t-il enfin. Chaque étoile est un soleil, autour duquel roulent des machines comme la terre ; et il y en a des milliards, d'autres encore derrière celles-ci, toujours d'autres… — Il se tut, il reprit d'une voix qu'un grand frisson étranglait : — Moi, je n'aime pas les regarder… Ça me fait peur. […] Il ne répondait pas, il sanglotait, la face couverte de ses mains crispées violemment, comme pour ne plus voir. Quand il put parler, il bégaya : — Oh ! mourir, mourir !* » Ou peut-être rêver !... Ah ! Anaxagore, tu es le seul à me comprendre : « *Ne blasphème pas, j'ai le plus grand souci de ma patrie.* » Nous regardons les étoiles… Ce sont les plus belles paroles qui soient… Comme celles de Clavius qui, dans le poème de John Owen, « *désespérant de connaître les astres, / Mourut, disant : "Je veux les contempler de près."* » (Mais pas à la manière, Dieu merci, de Walt Whitman : « *When I heard the learn'd astronomer; / When the proofs, the figures, were ranged in columns before me; / When I was shown the charts and the diagrams, to add, divide, and measure them; / When I, sitting, heard the astronomer, where he lectured with much applause in the lecture-room, / How soon, unaccountable, I became tired and sick; / Till rising and gliding out, I wander'd off by myself, / In the mystical moist night-air, and from time to time, / Look'd up in perfect silence at the stars.* » (« *J'ai entendu le savant astronome, / J'ai vu les formules, les calculs, en colonnes devant moi, / J'ai vu les graphiques et les schémas, / Pour additionner, diviser, tout mesurer, / J'ai entendu, de mon siège, le savant astronome / Finir sa conférence sous les applaudissements / Et soudain j'ai ressenti un étrange vertige, une lassitude infinie ; / Alors je me suis éclipsé sans bruit ; je suis sorti / Seul dans la nuit fraîche et mystérieuse, / Et de temps à autre, / Dans un silence total, j'ai levé les yeux en direction des étoiles.* ») Comment pourrait-il en être autrement de la part d'un homme qui n'a passé que six années à l'école ?... J'espère vraiment que ce qu'il raconte est inventé : pourquoi aurait-il assisté à cette conférence ? Veuillez m'excuser si je choque quiconque, mais je considère ce poème comme un échantillon de la morale qu'aiment à exhiber les benêts… (Signé : le Pugiliste.)) — « *Ah ! Ténèbres, mon soleil à moi* », s'écrie Ajax. « *Ô Mort, ô Mort, voici l'heure, viens, jette un regard sur moi.* »

* * * * *

Où serai-je quand je serai mort ? Mais où suis-je quand je ne le suis pas ? Et si je ne suis rien en mourant, où ne serai-je pas ? Quel néant ! Et comment comprendre Kafka, qui écrit à Brod en 1910 : « *Je me tire simplement une balle pour dégager l'endroit où je ne suis pas.* » Voulait-il pleinement être là où il pouvait être ? Qu'est-ce qu'être là où nous ne sommes pas ?...

* * * * *

Il y a ceux qui sont contre, qui ont écrit contre le suicide, qui l'ont interdit. Parmi eux, les religieux, les mystiques. Ils avertissent tous comme Ambrosio avertit Rosario/Mathilde dans *Le Moine* de Lewis : « *Grand saint François ! Mathilde, avez-vous votre raison ? Savez-vous les conséquences de votre action ? Savez-vous que le suicide est le plus grand des crimes ? que vous perdez votre âme ? que vous renoncez à tout salut ? que vous vous préparez des tourments éternels ?* » Ils accusent et condamnent en jouant sur les peurs, comme dans *L'Âne d'or* : « *Sans plus tarder, elle court vers une tour élevée, avec l'intention de se précipiter du sommet. C'était, suivant elle, le meilleur et le plus court chemin pour aller aux enfers ; mais de la tour s'échappe tout à coup une voix : Quelle est, pauvre enfant, cette idée de se jeter ainsi la tête la première ? Pourquoi reculer devant cette épreuve et vous sacrifier sans but ? Votre âme une fois séparée du corps ira bien en effet au fond du Tartare, mais pour n'en plus revenir.* » Et cætera. Et cætera. Je pourrais vous en citer des centaines d'autres du même acabit (on en retrouvera bientôt à foison). L'apologie du suicide, en revanche, a toujours été rare et discrète. Ce n'est pas, en effet, politiquement correct d'en parler. Cassons à nouveau cette déontologie au paragraphe suivant, en valorisant ceux qui l'ont valorisé.

* * * * *

Le dimanche, l'affreux dimanche de la mélancolie, ce dimanche de la mort dans l'âme qui a donné la chanson hongroise « *Szomorú Vasárnap* » (« *Sombre dimanche* »), composée par Rezső Seress (qui s'étrangla à l'hôpital alors qu'il venait de réchapper à une défenestration), et dont László Jávor écrivit les paroles. « *Je mourrai un dimanche où j'aurai trop souffert* », dit la première adaptation française... et moururent les désespérés des années 30 et 40...

* * * * *

Non loin à l'Est de la Hongrie figure la Moldavie. Rappelez-vous le court extrait du *Chant funèbre d'un Moldave* (« *Traduit de l'esclavon* »), tiré d'*Oberman*. Senancour a-t-il inventé ce chant pire que *Sombre dimanche* ? « *Si vous désirez vivre encore, contenez-vous ; suspendez ainsi votre chute. Jouir, c'est commencer à périr ; se priver, c'est s'arranger pour vivre. La volupté apparaît à l'issue des choses, à l'un et à l'autre terme ; elle communique la vie, et elle donne la mort. L'entière volupté, c'est la transformation. [...] N'avez-vous jamais désiré la mort ? C'est que vous n'avez pas achevé l'expérience de la vie. Mais si vos jours sont faciles et voluptueux, si le sort vous poursuit de ses faveurs, si vous êtes au faîte, tombez ; la mort devient votre seul avenir. — On aime à s'approcher de la mort, à se retirer, à la considérer de nouveau, jusqu'à ce que la saisir paraisse une forte joie. Que de beauté dans la tempête ! C'est qu'elle promet la mort. Les éclairs montrent les abîmes, et la foudre les ouvre.* » Au crâne du « *Memento Mori* » s'est substitué un revolver de philosophe.

* * * * *

Goethe avait-il prévu la « *Wertherfieber* » qui contamina l'Europe ? Quel dommage qu'à l'époque, des statistiques sérieuses n'eussent pas été faites ! Quelle était la dépendance entre les variables « se suicider » et « lire Werther » ? Avait-on une belle courbe de Gauss comme celle que j'ai pu voir quelque part dans une étude portant sur l'influence de *Suicide, mode d'emploi* ? (En 1981, le taux de suicides en France était de 19,5 pour 100000 habitants. Quand le livre parut en 1982, il passa à 20,8, puis augmenta jusqu'en 1985 pour atteindre 22,6. Le livre fut interdit en 1987 et le taux de suicides redescendit à son niveau de 1982. Il faut toujours se méfier des chiffres, des pourcentages ou des graphiques tant que l'on n'a pas toutes les informations. Des courbes de Gauss, je peux vous en donner autant que vous voulez ! Certes, il y a un pic en 1985 (soit trois ans après la publication, ce qui nous éloigne beaucoup de la date fatidique de parution), mais la tendance de l'augmentation datait d'au moins 1970... De surcroît, l'auteur du graphique s'était arrêté en 1990 : comme par hasard, le taux augmentait à nouveau jusqu'en 1993, où il atteignait des chiffres similaires à ceux de 1985. Alors quoi ? Ces fluctuations font partie des aléas « normaux ». Entre 78 et 79, c'est-à-dire peu de temps avant 1983, les suicides avaient augmenté de 9% : pourquoi ? Si je prends en moyenne une augmentation régulière de 3% par an, comme cela a l'air d'être le cas entre 70 et 93 (ensuite, cela baisse : pourquoi ?), j'en arrive à des chiffres qui concordent avec la progression constatée après la parution du livre mis à l'index... Je me suis amusé à faire un test sommaire du χ^2 (« *Khi deux* ») en couvrant la période 1980-1989 et en comparant le nombre de suicides au nombre de décès (toutes causes confondues). Par exemple, en 1980, on compta 10405 suicides pour 547107 décès (soit moins de 2%) ; en 1981, 10580 suicides pour 554823 décès ; *etc*. Dans ce test à neuf degrés de libertés, j'ai obtenu un χ^2 de 485. Or, avec un risque d'erreur de 5%, la valeur critique était de 17. En conséquence de quoi, le nombre de suicides est *hyper* corrélé au nombre de décès, et la parution de *Suicide, mode d'emploi* est complètement noyée dans la tendance normale... Autant rechercher les causes des accidents de la route dans la publication du hors-série d'un magazine sur les voitures de course... La hausse du nombre de suicidés par année est marginale pour qu'on en impute la responsabilité à *une* cause définie. Ce serait comme de dire, en pointant du doigt un papillon : C'est lui qui a provoqué l'ouragan de l'autre côté de la planète. Il faut toujours se méfier des chiffres... En revanche, si je prends le cas du poète italien Lauro de Bosis, la certitude pourrait être là : pour faire de la publicité au livre qu'il publiait, il s'est suicidé. « *Pourrait* », car je n'en suis pas sûr. Je ne sais plus où j'ai lu ceci, et il n'est pas répertorié dans *Le Suicidologe*... Cela me fait penser à Pérégrinus Protée (ou Pérégrinos) qui, apparemment, s'était suicidé pour devenir célèbre... Passons.) Dans le cas de Werther, peut-on parler d'*apologie* du suicide ? Peut-on parler d'*influence* ? Par exemple, que nous prouvent les vers suivants de Callimaque ? « *Disant "Soleil, adieu !", Cléombrote a sauté / D'un toit dedans l'Hadès : ce n'est pas qu'un malheur / L'ait conduit au suicide ; seulement de Platon / Il avait lu le livre* De l'âme *ou le* Phédon. » Si vous aviez pu demander à Platon ce qu'il pensait de l'acte de Cléombrote (ou de Caton), qu'eût-il répondu ? Que cela n'a aucune incidence. Cléombrote a vu ce qu'il voulait y voir, l'a compris comme il l'a compris, et cela a causé sa mort. Et s'il n'avait pas lu le *Phédon* ? Qui sait ? Toutes ces questions sont vaines. Ce ne sont que des histoires de coups de pouce, de pichenettes du Destin. Ceux qui se sont suicidés après avoir lu *Werther* étaient non loin du parapet (du moins, ils en étaient plus proches que tout autre qui ne l'eût pas fait). La lecture aura insufflé le peu de force qui leur manquait pour accomplir leur geste en latence. Notons qu'il y a une grande différence entre lire *Werther* comme on lirait un ouvrage de fiction, et lire *Suicide, mode d'emploi*. Quel est le profil de ceux qui vont lire ce dernier (comme ils iraient lire *Final exit*, de Derek Humphry, ou *Le manuel complet du suicide* de Wataru Tsurumi) ? Va-t-on lire Platon si l'on n'aime pas la philosophie ? Va-t-on lire *L'équipe* si l'on n'aime pas le sport ? Non. On est disposé à lire ce qui nous intéresse de près. La probabilité qu'il y ait beaucoup de suicidaires ou de suicidés parmi ceux qui ont lu *Suicide, mode d'emploi* est tout aussi naturelle que la probabilité qu'il y ait beaucoup de tricoteuses parmi les lectrices de *Tricot Magazine*. Les chiens ne font pas des chats et les chats ne rongent pas d'os. Il y a beaucoup de gens qui pensent à mourir et tous ne se suicident pas : il n'y a qu'à comparer les chiffres des suicidés et des tentatives (et encore, tous les suicidaires ne « tentent » pas, loin s'en faut). Comme l'écrit Diderot : « *Je voudrais être mort, est un souhait fréquent qui prouve, du moins quelquefois, qu'il y a des choses plus précieuses que la vie.* » Un « *souhait* », et qui est « *fréquent* ». Lorsque, sur son lit d'hôpital, Michel Foucault lisait le *Manuel* d'Épictète, ce n'était pas *pour mourir*, mais *pour partir en paix*. (Je ferai de même si ce jour doit venir. Toujours avoir sous la main un « Ἐγχειρίδιον » (« *poignard* »), ou pour mieux vivre, ou pour mieux mourir.) — Peut-être y aurait-il un jeu de ces « *neurones miroirs* » qui font que l'on copie l'autre en pensée ? Et ainsi, en lisant ce qui se rapporte au suicide, on aurait la sensation désagréable de vouloir « imiter » ?... — Certains font l'éloge de la vie, d'autres font l'éloge de la mort. Pourquoi en vouloir à ces derniers ? Ils sont moins nombreux et ne gênent pas. Au contraire. Ils savent apporter une consolation à ceux qui veulent vraiment quitter la vie. Cette consolation est rare : le suicide est tabou, s'il n'est pas vu d'un mauvais œil condamnateur. Que reste-il au malheureux quand on lui barre la route pour des raisons qu'il ne comprend pas ? Pourquoi ne pourrait-il pas écouter la voix de ceux qui parlent de ce qu'il voudrait entendre ? A-t-on signalé le *Zarathoustra* comme un livre de propagande sur le suicide ? « *Je vous fais l'éloge de ma mort, de la mort volontaire, qui me vient puisque je veux.* » Il n'est pas étonnant que ce livre plaise aux adolescents, qui sont les plus influençables. Parlez de liberté à un jeune : c'est *super* ! Cependant les discours sont parfois plus subtils, comme celui-ci, tiré de *La philosophie dans le boudoir* : « *Il nous reste à parler des devoirs de l'homme envers lui-même. Comme le philosophe n'adopte ces devoirs qu'autant qu'ils tendent à son plaisir ou à sa conservation, il est fort inutile de lui en recommander la pratique, plus inutile encore de lui imposer des peines s'il y manque. Le seul délit que l'homme puisse commettre en ce genre est le suicide. Je ne m'amuserai point ici à prouver l'imbécillité des gens qui érigent cette action en crime : je renvoie à la fameuse lettre de Rousseau ceux qui pourraient avoir encore quelques doutes sur cela. Presque tous les anciens gouvernements autorisaient le suicide par la politique et par la religion. Les Athéniens exposaient à l'Aréopage les raisons qu'ils avaient de se tuer : ils se poignardaient ensuite. Toutes les républiques de la Grèce tolérèrent le suicide ; il entrait dans le plan des législateurs ; on se tuait en public, on en faisait de sa mort un spectacle d'apparat. La république de Rome encouragea le suicide : les dévouements si célèbres pour la patrie n'étaient que des suicides. Quand Rome fut prise par les Gaulois, les plus illustres sénateurs se dévouèrent à la mort ; en reprenant ce même esprit, nous adoptons les mêmes vertus. Un soldat s'est tué, pendant la campagne de 92, de chagrin de ne pouvoir suivre ses camarades à l'affaire de Jemmapes. Incessamment placés à la hauteur de ces fiers républicains, nous surpasserons bientôt leurs vertus : c'est le gouvernement qui fait l'homme.* » Pernicieux, Sade ? C'est à vous de juger. « *Le seul délit que l'homme puisse commettre en ce genre est le suicide.* » Comment le lisez-vous ? Ha !... Saint-Preux, dont l'« âme est oppressée du poids de la vie », laquelle lui est depuis longtemps à charge après avoir perdu tout ce qui pouvait la lui rendre chère, s'enquiert auprès de milord Édouard : est-il permis de disposer de sa vie sans l'ordre de celui qui la lui a donnée ? (De nouveau, j'ai longuement réfléchi : dois-je amputer cette vingt-et-unième lettre de la troisième partie de *La nouvelle Héloïse*, ou puis-je en faire un résumé ? Car elle est *magnifique* autant que *fondamentale*... (Je voudrais, si je le pouvais, souligner ces points mille fois, jusqu'à arracher le papier.) C'est le hasard qui a fait que je cite Rousseau à la suite du Marquis qui vient de la citer. Cette lettre a en tout cas été citée par un très grand nombre d'autorités. En matière de suicide, cette lettre est un peu comme l'une des autorités des autorités. Pas un mot n'est à retrancher ; pas une idée ne dévie du bon sens ; pas un argument n'est déplacé. Si « *Dieu* » vous dérange, remplacez-le par « *Nature* ». Ils se valent. Divinement composée, elle est l'un des moments les plus *importants* de tout mon livre, écrite par un philosophe qui, en 1770, c'est-à-dire à cinquante-huit ans, confiait à M. de Saint-Germain : « *On m'offrirait ici-bas le choix de ce que j'y veux être, que je répondrais, mort.* » — Allez.) « *Cherchons la vérité paisiblement, tranquillement ; discutons la proposition générale comme s'il s'agissait d'un autre. Robeck fit l'apologie de la mort volontaire avant de se la donner. Je ne veux pas faire un livre à son exemple, et je ne suis pas fort content du sien, mais j'espère imiter son sang-froid dans cette discussion. — J'ai longtemps médité sur ce grave sujet. Vous devez le savoir, car vous connaissez mon sort, et je vis encore. Plus j'y réfléchis, plus je trouve que la question se réduit à cette proposition fondamentale : chercher son bien et fuir son mal en ce qui n'offense point autrui, c'est le droit de la nature. Quand notre vie est un mal pour nous et n'est un bien pour personne, il est donc permis de s'en délivrer. S'il y a dans le monde une maxime évidente et certaine, je pense que c'est celle-là ; et si l'on venait à bout de la renverser, il n'y a point d'action humaine dont on ne pût faire un crime. Que disent là-dessus nos sophistes ? Premièrement ils regardent la vie comme une chose qui n'est pas à nous, parce qu'elle nous a été donnée : mais c'est précisément parce qu'elle nous a été donnée qu'elle est à nous. Dieu ne leur a-t-il pas donné deux bras ? Cependant quand ils craignent la gangrène ils s'en font couper un, et tous les deux, s'il le faut. La parité est exacte pour qui croit à l'immortalité de l'âme ; car si je sacrifie mon bras à la conservation d'une chose plus précieuse, qui est mon corps, je sacrifie mon corps à la conservation d'une chose plus précieuse, qui est mon bien-être. Si tous les dons que le ciel nous a faits sont naturellement des biens pour nous, ils ne sont que trop sujets à changer de nature ; et il y ajouta la raison pour nous apprendre à les discerner. Si cette règle ne nous autorisait pas à choisir les uns et rejeter les autres, quel serait son usage parmi les hommes ? — Cette objection si peu solide, ils la retournent de mille manières. Ils regardent l'homme vivant sur la terre comme un soldat mis en faction. "Dieu, disent-ils, t'a placé dans ce monde, pourquoi en sors-tu sans son congé ?" Mais toi-même, il t'a placé dans ta ville, pourquoi en sors-tu sans son congé ? Le congé n'est-il pas dans le mal-être ? En quelque lieu qu'il me place, soit dans un corps, soit sur la terre, c'est pour rester autant que j'y suis bien, et pour en sortir dès que j'y suis mal. Voilà la voix de la nature et la voix de Dieu. Il faut attendre l'ordre, j'en conviens ; mais quand je meurs naturellement, Dieu ne m'ordonne pas de quitter la vie, il me l'ôte ; c'est en me la rendant insupportable qu'il m'ordonne de la quitter. Dans le premier cas, je résiste de toute ma force ; dans le second, j'ai le mérite d'obéir. — Concevez-vous qu'il y ait des gens assez injustes pour taxer la mort volontaire de rébellion contre la Providence, comme si l'on voulait se soustraire à ses lois ? Ce n'est point pour s'y soustraire qu'on cesse de vivre, c'est pour les exécuter. Quoi ! Dieu n'a-t-il de pouvoir que sur mon corps ? est-il quelque lieu dans l'univers, où quelque être existant ne soit pas sous sa main ? et agira-t-il moins immédiatement sur moi, quand ma substance épurée sera plus une et plus semblable à la sienne ? Non, sa justice et sa bonté font mon espoir, et si je croyais que la mort pût me soustraire à sa puissance, je ne voudrais plus mourir. — C'est un des sophismes du Phédon, rempli d'ailleurs de vérités sublimes. "Si ton esclave se tuait, dit Socrate à Cébès, ne le punirais-tu pas, s'il l'était possible, pour t'avoir injustement privé de ton bien ?" Bon Socrate,* que nous dites-vous ? N'appartient-on plus à Dieu quand on est mort ? Ce n'est point cela du tout, mais il fallait dire : "Si tu charges ton esclave d'un vêtement qui le gêne dans le service qu'il te doit, le puniras-tu d'avoir quitté cet habit pour mieux faire son service ?" La grande erreur est de donner trop d'importance à la vie ; comme si notre être en dépendait, et qu'après la mort on ne fût plus rien. Notre vie n'est rien aux yeux de Dieu, elle n'est rien aux yeux de la raison, elle ne doit rien être aux nôtres, et quand nous laissons notre corps, nous ne faisons que poser un vêtement incommode. Est-ce la peine d'en faire un si grand bruit ? Milord, ces déclamateurs ne sont point de bonne foi. Absurdes et cruels dans leurs raisonnements, ils aggravent le prétendu crime, comme si l'on s'ôtait l'existence, et le punissent, comme si l'on existait toujours. — Quant au Phédon, qui leur a fourni le seul argument précieux qu'ils aient jamais employé, cette question n'y est traitée que très légèrement en passant. Socrate, condamné par un jugement inique à perdre la vie dans quelques heures, n'avait pas besoin d'examiner bien attentivement s'il lui était permis d'en disposer. En supposant qu'il ait tenu réellement les discours que Platon lui fait tenir, croyez-moi, milord, il les eût médités avec plus de soin dans l'occasion de les mettre en pratique ; et la preuve qu'on ne peut tirer de cet immortel ouvrage aucune bonne objection contre le droit de disposer de sa propre vie, c'est que Caton le lut par deux fois tout entier la nuit même qu'il quitta la terre. — Ces mêmes sophistes demandent si jamais la vie peut être un mal. En considérant cette foule d'erreurs, de tourments et de vices dont elle est remplie, on serait bien plus tenté de demander si jamais elle fut un bien. Le crime assiège sans cesse l'homme le plus vertueux ; chaque instant qu'il vit, il est prêt à devenir la proie du méchant ou méchant lui-même. Combattre, et souffrir, voilà son sort dans ce monde ; mal faire et souffrir, voilà celui du malhonnête homme. Dans tout le reste ils diffèrent entre eux, ils n'ont rien en commun que les misères de la vie. S'il vous fallait des autorités et des faits, je vous citerais des oracles, des réponses de sages, des actes de vertu récompensés par la mort. Laissons tout cela, milord : c'est à vous que je parle, et je vous demande quelle est ici-bas la principale occupation du sage, si ce n'est de se concentrer, pour ainsi dire, au fond de son âme, et de s'efforcer d'être mort durant sa vie. Le seul moyen qu'ait trouvé la raison pour nous soustraire aux maux de l'humanité n'est-il pas de nous détacher des objets terrestres et de tout ce qu'il y a de mortel en nous, de nous recueillir au-dedans de nous-mêmes, de nous élever aux sublimes contemplations ? et si nos passions et nos erreurs font nos infortunes, avec quelle ardeur devons-nous soupirer après un état qui nous délivre des unes et des autres ! Que font ces hommes sensuels qui multiplient si indiscrètement leurs douleurs par leurs voluptés ? Ils anéantissent, pour ainsi dire, leur existence à force de l'étendre sur la terre ; ils aggravent le poids de leurs chaînes par le nombre de leurs attachements ; ils n'ont point de jouissances qui ne leur préparent mille amères privations : plus ils sentent, et plus ils souffrent ; plus ils s'enfoncent dans la vie, et plus ils sont malheureux. — Mais qu'en général ce soit, si l'on veut, un bien pour l'homme de ramper tristement sur la terre, j'y consens : je ne prétends pas que tout le genre humain doive s'immoler d'un commun accord, ni faire un vaste tombeau du monde. Il est, il est des infortunés trop privilégiés pour suivre la route commune, et pour qui le désespoir et les amères douleurs sont le passeport de la nature : c'est à ceux-là qu'il serait aussi insensé de croire que leur vie est un bien, qu'il l'était au sophiste Possidonius tourmenté de la goutte de nier qu'elle fût un mal. Tant qu'il nous est bon de vivre, nous le désirons fortement, et il n'y a que le sentiment des maux extrêmes qui puisse vaincre en nous ce désir : car nous avons tous reçu de la nature une très grande horreur de la mort, et cette horreur déguise à nos yeux les misères de la condition humaine. On supporte longtemps une vie pénible et douloureuse avant de se résoudre à la quitter ; mais quand une fois l'ennui de vivre l'emporte sur l'horreur de mourir, alors la vie est évidemment un grand mal, et l'on ne peut s'en délivrer trop tôt. Ainsi, quoiqu'on ne puisse exactement assigner le point où elle cesse d'être un bien, on sait très certainement au moins qu'elle est un mal longtemps avant de nous le paraître ; et chez tout homme sensé le droit d'y renoncer en précède beaucoup la tentation. — Ce n'est pas tout ; après avoir nié que la vie puisse être un mal, pour nous ôter le droit de nous en défaire, ils disent ensuite qu'elle est un mal pour nous reprocher de ne la pouvoir endurer. Selon eux, c'est une lâcheté de se soustraire à ses douleurs et ses peines, et il n'y a jamais que des poltrons qui se donnent la mort. Ô Rome, conquérante du monde, quelle troupe de poltrons t'en donna l'empire ! Qu'Arrie, Éponine, Lucrèce, soient dans le nombre, elles étaient femmes ; mais Brutus, mais Cassius, et toi qui partageais avec les dieux les respects de la terre étonnée, grand et divin Caton, toi dont l'image auguste et sacrée animait les Romains d'un saint zèle et faisait frémir les tyrans, tes fiers admirateurs ne pensaient pas qu'un jour, dans le coin poudreux d'un collège, de vils rhéteurs prouveraient que tu ne fus qu'un lâche pour avoir refusé au crime heureux l'hommage de la vertu dans les fers. Force et grandeur des écrivains modernes, que vous êtes sublimes, et qu'ils sont intrépides la plume à la main ! Mais dites-moi, brave, et vaillant héros, qui vous sauvez si courageusement d'un combat pour supporter plus longtemps la peine de vivre, quand un tison brûlant vient à tomber sur cette éloquente main, pourquoi la retirez-vous si vite ? Quoi ! vous avez la lâcheté de n'oser soutenir l'ardeur du feu ! Rien, dites-vous, ne m'oblige à supporter le tison ; et moi, qui m'oblige à supporter la vie ? La génération d'un homme a-t-elle coûté plus à la Providence que celle d'un fétu ? et l'une et l'autre n'est-elle pas également son ouvrage ? — Sans doute il y a du courage à souffrir avec constance les maux qu'on ne peut éviter ; mais il n'y a qu'un insensé qui souffre volontairement ceux dont il peut s'exempter sans mal faire, et c'est souvent un très grand mal d'endurer un mal sans nécessité. Celui qui ne sait pas se délivrer d'une vie douloureuse par une prompte mort, ressemble à celui qui aime mieux laisser envenimer une plaie que de la livrer au fer salutaire d'un chirurgien. Viens, respectable Parisot, coupe-moi cette jambe qui me ferait périr : je te verrai faire sans sourciller, et me laisserai traiter de lâche par le brave qui voit tomber la sienne en pourriture faute d'oser soutenir la même opération. — J'avoue qu'il est des devoirs envers autrui qui ne permettent pas à tout homme de disposer de lui-même ; mais en revanche combien en est-il qui l'ordonnent ! Qu'un magistrat à qui tient le salut de la patrie, qu'un père de famille qui doit la subsistance à ses enfants, qu'un débiteur insolvable qui ruinerait ses créanciers, se dévouent à leur devoir, quoi qu'il arrive ; que mille autres relations civiles et domestiques forcent un honnête homme infortuné de supporter le malheur de vivre pour éviter le malheur plus grand d'être injuste, est-il permis pour cela, dans des cas tout différents, de conserver aux dépens d'une foule de misérables une vie qui n'est utile qu'à celui qui n'ose mourir ? "Tue-moi, mon enfant, dit le sauvage décrépit à son fils qui le porte et fléchit sous le poids ; les ennemis sont là ; va combattre avec tes frères, va sauver tes enfants, et n'expose pas ton père à tomber vif entre les mains de ceux dont il mangea les parents." Quand la faim, les maux, la misère, ennemis domestiques pires que les sauvages, permettraient à un malheureux estropié de consommer dans son lit le pain d'une famille qui peut à peine en gagner pour elle, celui qui ne tient à rien, celui que le ciel réduit à vivre seul sur la terre, celui dont la malheureuse existence ne peut produire aucun bien, pourquoi n'aurait-il pas au moins le droit de quitter un séjour où ses plaintes sont importunes et ses maux sans utilité ? — Pesez ces considérations, milord, rassemblez toutes ces raisons, et vous trouverez qu'elles se réduisent au plus simple des droits de la nature qu'un homme sensé ne mit jamais en question. En effet, pourquoi serait-il permis de se guérir de la goutte et non de la vie ? L'une et l'autre ne viennent-elles pas de la même main ? S'il est pénible de mourir, qu'est-ce à dire ? Les drogues font-elles plaisir à prendre ? Combien de gens préfèrent la mort à la médecine ! Preuve que la nature répugne à l'une et à l'autre. Qu'on me montre donc comment il est plus permis de se délivrer d'un mal passager en faisant des remèdes, que d'un mal incurable en s'ôtant la vie, et comment on est moins coupable d'user de quinquina pour la fièvre que d'opium pour la pierre. Si nous regardons à l'objet, l'un et l'autre est de nous délivrer du mal-être ; si nous regardons au moyen, l'un et l'autre est également naturel ; si nous regardons à la répugnance, il y en a également des deux côtés ; si nous regardons à la volonté du maître, quel mal veut-on combattre qu'il ne nous ait pas envoyé ? À quelle douleur veut-on se soustraire qui ne nous vienne pas de sa main ? Quelle est la borne où finit sa puissance et où l'on peut légitimement résister ? Ne nous est-il donc permis de changer l'état d'aucune chose parce que tout ce qui est, est comme il l'a voulu ? Faut-il ne rien faire en ce monde de peur d'enfreindre ses lois, et quoi que nous fassions, pouvons-nous jamais les enfreindre ? Non, milord, la vocation de l'homme est plus grande et plus noble. Dieu ne l'a point animé pour rester immobile dans un quiétisme éternel ; mais il lui a donné la liberté pour faire le bien, la conscience pour le vouloir, et la raison pour le choisir ; il l'a constitué seul juge de ses propres actions ; il a écrit dans son cœur : "Fais ce qui t'est salutaire et n'est nuisible à personne." Si je sens qu'il m'est bon de mourir, je résiste à son ordre en m'opiniâtrant à vivre ; car, en me rendant la mort désirable, il me prescrit de la chercher. — Bomston, j'en appelle à votre sagesse et à votre candeur, quelles maximes plus certaines la raison peut-elle déduire de la religion sur la mort volontaire ? Si les chrétiens en ont établi d'opposées, ils ne les ont tirées ni des principes de leur religion, ni de sa règle unique, qui est l'Écriture, mais seulement des philosophes païens. Lactance, et Augustin, qui les premiers avancèrent cette nouvelle doctrine, dont Jésus-Christ ni les apôtres n'avaient pas dit un mot, ne s'appuyèrent que sur le raisonnement du Phédon, que j'ai déjà combattu ; de sorte que les fidèles, qui croient suivre en cela l'autorité de l'Évangile, ne suivent que celle de Platon. En effet, où verra-t-on dans la Bible entière une loi contre le suicide, ou même une simple improbation ? et n'est-il pas bien étrange que dans les exemples de gens qui se sont donné la mort, on n'y trouve pas un seul mot de blâme contre aucun de ces exemples ? Il y a plus ; celui de Samson est autorisé par un prodige qui le venge de ses ennemis. Ce miracle se serait-il fait pour justifier un crime ? et cet homme, qui perdit sa force pour s'être laissé séduire par une femme, l'eût-il recouvrée pour commettre un forfait authentique ? comme si Dieu lui-même eût voulu tromper les hommes ! — Tu ne tueras point, dit le Décalogue. Que s'ensuit-il de là ? Si ce commandement doit être pris à la lettre, il ne faut tuer ni les malfaiteurs, ni les ennemis ; et Moïse, qui fit tant mourir de gens, entendait fort mal son propre précepte. S'il y a quelques exceptions, la première est certainement en faveur de la mort volontaire, parce qu'elle est exempte de violence et d'injustice, les deux seules considérations qui puissent rendre l'homicide criminel, et que la nature y a mis d'ailleurs un suffisant obstacle. — Mais, disent-ils encore, souffrez patiemment les maux que Dieu vous envoie ; faites-vous un mérite de vos peines. Appliquer ainsi les maximes du christianisme, que c'est mal en saisir l'esprit ! L'homme est sujet à mille maux, sa vie est un tissu de misères, et il ne semble naître que pour souffrir. De ces maux, ceux qu'il peut éviter, la raison veut qu'il les évite ; et qu'en cela nous n'offensons ni Dieu, ni les hommes. Mais que leur somme est petite auprès de ceux qu'il est forcé de souffrir malgré lui ! C'est de ceux-ci qu'un Dieu clément permet aux hommes de se faire un mérite ; il accepte en hommage volontaire le tribut forcé qu'il nous impose, et marque au profit de l'autre vie la résignation dans celle-ci. La véritable pénitence de l'homme lui est imposée par la nature ; s'il endure patiemment tout ce qu'il est contraint d'endurer, il a fait à cet égard tout ce que Dieu lui demande ; et si quelqu'un montre assez d'orgueil pour vouloir faire davantage, c'est un fou qu'il faut enfermer, ou un fourbe qu'il faut punir. Fuyons donc sans scrupule tous les maux que nous pouvons fuir, il ne nous en restera que trop à souffrir encore. Délivrons-nous sans remords de la vie même, aussitôt qu'elle est un mal pour nous, puisqu'il dépend de nous de la faire, et qu'en cela nous n'offensons ni Dieu, ni les hommes. S'il faut un sacrifice à l'Être suprême, est-ce rien que de mourir ? Offrons à Dieu la mort qu'il nous impose par la voix de la raison, et versons paisiblement dans son sein notre âme qu'il redemande. — Tels sont les préceptes généraux que le bon sens dicte à tous les hommes, et que la religion autorise. Revenons à nous. Vous avez daigné m'ouvrir votre cœur ; je connais vos peines, vous ne souffrez pas moins que moi ; vos maux sont sans remède ainsi que les miens, et d'autant plus sans remède, que les lois de l'honneur sont plus immuables que celles de la fortune. Vous les supportez, je l'avoue, avec fermeté. La vertu vous soutient ; un pas de plus, elle vous dégage. Vous me pressez de souffrir ; milord, j'ose vous presser de terminer vos souffrances, et je vous laisse à juger qui de nous est le plus cher à l'autre. — Que tardons-nous à faire un pas qu'il faut toujours faire ? Attendrons-nous que la vieillesse et les ans nous attachent bassement à la vie après nous en avoir ôté les charmes, et que nous traînions avec effort, ignominie et douleur, un corps infirme et cassé ? Nous sommes à l'âge où la vigueur de l'âme la dégage aisément de ses entraves, et où l'homme sait encore mourir ; plus tard il se laisse en gémissant arracher à la vie. Profitons d'un temps où l'ennui de vivre nous rend la mort désirable ; craignons qu'elle ne vienne avec ses horreurs au moment où nous n'en voudrons plus. Je m'en souviens, il fut un instant où je ne demandais qu'une heure au ciel, et où je serais mort désespéré si je ne l'eusse obtenue. Ah ! qu'on a de peine à briser les nœuds qui lient nos cœurs à la terre, et qu'il est sage de la quitter aussitôt qu'ils sont rompus ! Je le sens, milord, nous sommes dignes tous deux d'une habitation plus pure : la vertu nous la montre, et le sort nous invite à la chercher. Que l'amitié qui nous joint nous unisse encore à notre dernière heure ! Ô quelle volupté pour deux vrais amis de finir leurs jours volontairement dans les bras l'un de l'autre, de confondre leurs derniers soupirs, d'exhaler à la fois les deux moitiés de leur âme ! Quelle douleur, quel regret peut empoisonner leurs derniers instants ? Que quittent-ils en sortant du monde ? Ils s'en vont ensemble ; ils ne quittent rien. » Que croyez-vous qu'il arriva ? Rousseau pouvait-il s'en tenir là ? Bien sûr que non. Par l'intermédiaire de milord Édouard, il va pouvoir nuancer et contredire la philosophie/théologie de Saint-Preux, sans se mouiller. « Jeune homme, un aveugle transport t'égare » : ainsi commence la réponse. Édouard le traite ensuite de « stupide », d'« homme petit et faible », de « jeune insensé », de « scélérat » même, ajoutant que sa lettre est « *un misérable et perpétuel sophisme* » né d'une raison égarée et en délire, laquelle ne puise « *des lieux communs cent fois rebattus* ». Des « *lieux communs* » ? Des « *lieux communs* » ?... Où y a-t-il du *consensuel* ici, s'il vous plaît ? Ce thème a-t-il jamais été rebattu ? Oui ? Non ! Le suicide est un tabou. Par conséquent, sa valorisation l'est davantage. Où sont les clichés, je vous prie ? Y a-t-il de l'idée reçue ? Faisons l'inventaire, milord : dites-moi combien de discours ont-ils jamais ressemblé à la lettre de Saint-Preux dans l'histoire de la philosophie ou de la littérature ? Vous aurez assez de vos vingt doigts des mains et des pieds. Votre réponse, remplie de la notion de bien et de mal, est, *elle*, le lieu commun auquel vous répugnez. « *La tristesse, l'ennui, les regrets, le désespoir, sont des douleurs peu durables qui ne s'enracinent jamais dans l'âme* » : bien vu ! Votre raison est myope. Tels sont les arguments spécieux des âmes qui n'ont jamais souffert de la Nausée. Auriez-vous dû attendre la philosophie existentialiste pour prendre du recul ? Je vous aurais bien envoyé quelques pages de Pessoa... Sachez, monsieur, que le Malaise

Existentiel n'est pas une chimère. Avez-vous entendu parler de la Mélancolie avec un M majuscule ? Non, évidemment. À votre époque, la mélancolie était un petit chagrin de cœur, une petite bile capricieuse. Comme vous l'écrivez (tant pis pour le tutoiement) : « *Que tes exemples sont mal choisis !* » — et je vous le renvoie à la gueule. « *Mais toi, qui es-tu ? qu'as-tu fait ?* » Eh quoi ! Et vous, qui êtes-vous ? qu'avez-vous fait ? Il faudrait passer sa vie à faire chaque jour une « *bonne action* », aller « *chercher quelque indigent à secourir, quelque infortuné à consoler, quelque opprimé à défendre* » ? Est-ce avec cela que l'on aura mérité de vivre ? Mais qu'est-ce que cela a à faire avec notre sujet ? Pour ne point être malheureux, il suffirait de secourir les malheureux ? Il y a dans la conscience un problème *ontologique* à résoudre, et il se résoudrait en allant visiter les opprimés ? Bon sang ! pourquoi votre lettre semble-t-elle de la foutaise ? Vous ne répondez à aucune des questions de Saint-Preux. Vous ne convainquez qu'une personne : vous-même. Vous ne faites que soulager votre conscience comme vous iriez vous soulager au petit coin. Vous posez votre main sur le cœur en balayant le paysage de l'autre : voilà la vie. Et une larme vous caresse la joue. Que vous êtes beau, que vous êtes fort ! Dans l'art de la persuasion, vous êtes expert. Et dans l'art du christianisme creux. Voulez-vous savoir pourquoi vous vous êtes *efforcé* — à tout prix — à trouver quelque chose à redire à Saint-Preux ? Parce que sa lettre *est*. Que cela signifie-t-il ? Qu'elle *a été écrite*. Mais encore ? Que rien ne naît de rien, que la raison qui l'a fait *être*, est une raison valable de l'existence de ladite raison. Suis-je obscur ? Pardonnez-moi. Dans toute blague, il y a une part de vérité. Dans toute folie surréaliste, il y a une part de vérité, il y a une raison. Le hasard est structuré quand on veut bien l'observer profondément. Même ce qui ne veut rien dire, dit au moins quelque chose. Il fallait prendre au sérieux toute la logique de la lettre de Saint-Preux. Mais vous, vous n'avez pas eu le choix de votre morale, qui a achevé de vous corrompre. Vous n'écoutez pas votre âme parce qu'elle vous parle par l'entremise d'une voix qui émane de quelqu'un d'autre (l'Autre, les autres ne font qu'un, qui sont le vulgaire appâté par l'apparence, « le vulgaire », préciserait Montaigne, qui n'a « *pas la faculté de juger des choses par elles mesmes, se laissant emporter à la fortune et aux apparences* »). Pour vous, il n'y a pas d'inconnu (ni d'inconnue). Saint-Preux doute. Et vous, vous n'avez que ce sermon à la bouche (sans explication) : « Pas bien. » Vous ne doutez pas, vous n'êtes pas philosophe, comme tous les autres, comme tous ceux qui en ont voulu à François et lui eussent dit, avant le saut, s'ils en avaient eu l'occasion, et en brandissant une croix lucifèrienne : « Pas bien. » Manifestement, vous méritez bien de vivre ! Mais vous n'aurez jamais goûté aux étoiles en tant qu'elles sont nos mères. Vous n'aurez jamais regardé votre visage dans un miroir qu'en y voyant ce morceau de chair. Vous n'y aurez jamais vu ce crâne. Vous n'y aurez jamais vu cette poussière née de la fusion stellaire. Vous n'aurez jamais écouté l'harmonie des sphères que le vide de l'espace infini. Vous n'aurez jamais été effrayé par la possibilité de l'émergence de la conscience. — « *Comment ! Tu vis encore, Zarathoustra ? / Pourquoi ? À quoi bon ? De quoi ? Où vas-tu ? Où ? Comment ? N'est-ce pas folie que de vivre encore ?* » Nietzsche écrivait dans *La volonté de puissance* : « *On ne saurait assez reprocher au christianisme d'avoir déprécié, par l'idée de l'immortalité personnelle, la valeur d'un pareil mouvement nihiliste,* purificateur *et grand, tel qu'il était peut-être déjà en train de se former : et encore par l'espoir de résurrection : bref, d'avoir toujours empêché l'acte du nihilisme, le suicide... Il substitua à celui-ci le suicide lent, et, graduellement, une petite existence pauvre, mais durable ; graduellement une vie tout à fait ordinaire, bourgeoise et médiocre, etc.* » — Bonnes gens, laissez la *liberté du suicide* : la liberté de se suicider — et la liberté qu'est le suicide. Laissez le pauvre avec sa corde. Cette corde le rendra moins pauvre. Le suicide ne doit répondre à aucune loi, sinon à celle de la Nature. Le suicide n'est pas « *l'expression de la volonté générale* », mais l'expression d'une volonté particulière. « *La liberté consiste à pouvoir faire tout ce qui ne nuit pas à autrui : ainsi l'exercice des droits naturels de chaque homme n'a de bornes que celles qui assurent aux autres Membres de la Société, la jouissance de ces mêmes droits. Ces bornes ne peuvent être déterminées que par la Loi.* » Autorisez explicitement le suicide. Le suicide est l'échec de la Conscience, et quoique la Conscience fasse une avec la Société, c'est-à-dire la Civilisation, qui n'est pas la Nature, il ne prive pas les autres Membres de la jouissance de leurs droits « naturels ». La perfidie voudrait que la liberté du suicide se répandît et que chacun en usât allègrement, tel un jeu de dominos. Ne vous inquiétez pas, cela n'arrivera pas. Dans une société ultra civilisée où les meurtres sont rares, les suicides le seront également ; et dans une société animalisée, il ne sera pas question de suicide. « *Nul ne doit être inquiété pour ses opinions, même religieuses, pourvu que leur manifestation ne trouble pas l'ordre public établi par la Loi.* » Eh bien, que fait de mal celui qui se pend chez lui ? Ne jugez point. « *Ne jugez pas les autres, et Dieu ne vous jugera pas.* » (*Mt 7,1*) Laissera-t-on un homme dans le malheur ? lui infligera-t-on l'enfer ? le réduira-t-on à une ombre dans un monde qu'il ne reconnaît plus et qui ne le reconnaît plus ? Tendez les neurones et lisez l'universel (et dublinois) Joyce : « *Un par un, ils devenaient tous des ombres. Mieux valait passer hardiment en cet autre monde, dans la pleine gloire de quelque passion, que de s'effacer et se dessécher lamentablement au fil des années.* » — Que l'on fasse ou que l'on ne fasse pas l'apologie du suicide, il y aura toujours des suicides. Qu'un événement augmente le taux de suicides de deux pour cent mille (en passant, comme dans l'exemple vu plus haut, de vingt à vingt-deux pour cent mille), cela restera dérisoire et absolument pas significatif. Une proportion de deux pour cent l'eût été moins. Oui, je suis étonné (plus qu'étonné) qu'il n'y ait pas plus de suicides. Je ne devrais pas l'être, au regard de tout ce que j'ai déjà dit. Et puis, je suis toujours là, n'est-il pas ? Je suis aussi faible que les autres. (Prends-je mon cas pour une généralité ? Si cela peut vous tranquilliser... Euh, pardon : si cela peut vous *anesthésier*... Vous êtes heureux parce que vous ne vous posez pas la question de la réalité de votre bonheur, parce que vous avez vos raisons de vivre : vos enfants, vos cannes à pêche, vos dépêches du journal, vos métiers, vos télévisions, vos jeux de cartes, vos grilles de loto... Vous avez votre Ennui. Milord Édouard ne dit-il pas que l'ennui est une douleur peu durable qui ne s'enracine jamais dans l'âme ? C'est l'ennui que me fait écrire, c'est l'ennui qui occupe à vos raisons de vivre, c'est l'ennui qui fait raisonner milord.) Je suis aussi faible que les autres. Néanmoins, la grande différence entre les autres et moi est que *je sais que je suis faible*. L'hypocrisie a toujours gouverné le monde. Si nous nous arrêtions d'être hypocrites envers nos frères, nous nous entretuerions. Si nous nous arrêtions d'être hypocrites envers nous-mêmes, nous nous tuerions. — À propos de la question sur la rareté des suicides, je vous proposerai volontiers un dialogue savoureux imaginé par Dostoïevski dans *Les Possédés*. Gageons que Milord Édouard, qui ne sera pas en mesure d'en trouver beaucoup d'équivalents (je n'en connais d'ailleurs pas), ne se privera cependant pas (le scélérat !) pour traiter les propos qui vont suivre de « *lieux communs* » (quelle mauvaise foi !). Je choisirai la vieille traduction de Victor Derély en changeant toutefois les « *off* » des noms propres en « *ov* ». Kirilov et le narrateur, Piotr Stépanovitch, discutent. (Kirilov, soit dit en passant, est soupçonné par Chatov d'être un épileptique, de connaître « *l'harmonie éternelle* » qu'avait connue aussi cet autre épileptique que fut Mahomet (*dixit* Dostoïevski). Kirilov commence à parler :) « — *Il a mal compris. Je cherche seulement les causes pour lesquelles les hommes n'osent pas se tuer ; voilà tout. Du reste, cela aussi est indifférent.* — *Comment, ils n'osent pas se tuer ?* — *Vous trouvez qu'il y a peu de suicides ?* — *Fort peu.* — *Vraiment, c'est votre avis ?* — *Sans répondre, il se leva et, rêveur, commença à se promener de long en large dans la chambre.* — *Qu'est-ce donc qui, selon vous, empêche les gens de se suicider ?* demandai-je. — *Il me regarda d'un air distrait comme s'il cherchait à se rappeler de quoi nous parlions.* — *Je... je ne le sais pas encore bien... deux préjugés les arrêtent, deux choses ; il n'y en a que deux, l'une est fort insignifiante, l'autre très sérieuse. Mais la première ne laisse pas elle-même d'avoir beaucoup d'importance.* — *Quelle est-elle ?* — *La souffrance.* — *La souffrance ? Est-il possible qu'elle joue un si grand rôle... dans ce cas ?* — *Le plus grand. Il faut distinguer : il y a des gens qui se tuent sous l'influence d'un grand chagrin, ou par colère ou parce qu'ils sont fous, ou parce que tout leur est égal. Ceux-là se donnent la mort brusquement et ne pensent guère à la souffrance. Mais ceux qui se suicident par raison y pensent beaucoup.* — *Est-ce qu'il y a des gens qui se suicident par raison ?* — *En très grand nombre. N'étaient les préjugés, il y en aurait encore plus : ce serait la majorité, ce serait tout le monde.* — *Allons donc, tout le monde ?* — *L'ingénieur ne releva pas cette observation.* — *Mais n'y a-t-il pas des moyens de se donner la mort sans souffrir ?* — *Représentez-vous,* dit-il en s'arrêtant devant moi, *une pierre de la grosseur d'une maison de six étages, supposez-la suspendue au-dessus de vous : si elle vous tombe sur la tête, aurez-vous mal ?* — *Une pierre grosse comme une maison ? sans doute c'est effrayant.* — *Je ne parle pas de frayeur ; aurez-vous mal ?* — *Une pierre de la grosseur d'une montagne ? une pierre d'un million de pouds ? naturellement je ne souffrirai pas.* — *Mais tant qu'elle restera suspendue au-dessus de vous vous aurez grand'peur qu'elle ne vous fasse mal. Personne, pas même l'homme le plus savant ne pourra se défendre de cette impression. Chacun saura que la chute de la pierre n'est pas douloureuse, et chacun la craindra comme une souffrance extrême.* — *Eh bien, et la seconde cause, celle que vous avez déclarée sérieuse ?* — *C'est l'autre monde.* — *C'est-à-dire la punition ?* — *Cela, ce n'est rien. L'autre monde tout simplement.* — *Est-ce qu'il n'y a pas des athées qui ne croient pas du tout à l'autre monde ?* — *M. Kirilov ne répondit pas.* — *Vous jugez peut-être d'après vous ?* — *On ne peut jamais juger que d'après soi,* dit-il en rougissant. — *La liberté complète existera quand il sera indifférent de vivre ou de ne pas vivre. Voilà le but de tout.* — *Le but ? Mais alors personne ne pourra et ne voudra vivre ?* — *Personne,* reconnut-il sans hésitation. — *L'homme a peur de la mort parce qu'il aime la vie, voilà comme je comprends la chose,* observai-je, *et la nature l'a voulu ainsi.* — *C'est une lâcheté greffée sur une imposture !* répliqua-t-il avec un regard flamboyant. *La vie est une souffrance, la vie est une crainte, et l'homme est un malheureux. Maintenant il n'y a que souffrance et crainte. Maintenant l'homme aime la vie parce qu'il aime la souffrance et la crainte. C'est ainsi qu'on l'a fait. On donne maintenant la vie pour une souffrance et une crainte, ce qui est un mensonge. L'homme d'à présent n'est pas encore ce qu'il doit être. Il viendra un homme nouveau, heureux et fier. Celui à qui il sera égal de vivre ou ne pas vivre, celui-là sera l'homme nouveau. Celui qui vaincra la souffrance et la crainte, celui-là sera dieu. Et l'autre Dieu n'existera plus.* — *Alors, vous croyez à son existence ?* — *Il existe sans exister. Dans la pierre il n'y a pas de souffrance, mais il y en a une dans la crainte de la pierre. Dieu est la souffrance qui cause la crainte de la mort. Qui triomphera de la souffrance et de la crainte deviendra lui-même dieu. Alors commencera une nouvelle vie, un nouvel homme, une rénovation universelle... Alors on partagera l'histoire en deux périodes : depuis le gorille jusqu'à l'anéantissement de Dieu, et depuis l'anéantissement de Dieu jusqu'au...* — *Jusqu'au gorille ?* — *Jusqu'au changement physique de l'homme et de la terre. L'homme sera dieu et changera physiquement. Une transformation s'opérera dans le monde, dans les pensées, les sentiments, les actions. Croyez-vous qu'alors l'homme ne subira pas un changement physique ?* — *S'il devient indifférent de vivre ou de ne pas vivre, le monde se tuera, et voilà peut-être en quoi consistera le changement.* — *Cela ne fait rien. On tuera le mensonge. Quiconque aspire à la principale liberté ne doit pas craindre de se tuer. Qui ose se tuer a découvert où gît l'erreur. Il n'y a pas de liberté qui dépasse cela ; tout est là, et au-delà il n'y a rien. Qui ose se tuer est dieu. À présent chacun peut faire qu'il n'y ait plus ni Dieu, ni rien. Mais personne ne l'a encore fait.* — *Il y a eu des millions de suicidés.* — *Mais jamais ils ne se sont inspirés de ce motif ; toujours ils se sont donné la mort avec crainte et non pour tuer la crainte. Celui qui se tuera pour tuer la crainte, celui-là deviendra dieu aussitôt.* » Incomparable Kirilov/Dostoïevski ! Avez-vous déjà lu pareil dialogue ? Plus loin, Kirilov reprend : « *Si Dieu n'existe pas, je suis dieu.* — *Vous m'avez déjà dit cela, mais je n'ai jamais pu le comprendre : pourquoi êtes-vous Dieu ?* — *Si Dieu existe, tout dépend de lui, et je ne puis rien en dehors de sa volonté. S'il n'existe pas, tout dépend de moi, et je suis tenu d'affirmer mon indépendance.* » (Pour « *indépendance* », Markowicz a traduit « *être libre* ».) Plus loin : « *Je suis tenu de me brûler la cervelle, parce que c'est en me tuant que j'affirmerai mon indépendance de la façon la plus complète.* — *Mais vous ne serez pas le premier qui se sera tué ; bien des gens se sont suicidés.* — *Ils avaient des raisons. Mais d'hommes qui se soient tués sans aucun motif et uniquement pour attester leur indépendance, il n'y en a pas encore eu : je serai le premier.* » Encore plus loin : « *À mes yeux, il n'y a pas de plus haute idée que la négation de Dieu. J'ai pour moi l'histoire de l'humanité. L'homme n'a fait qu'inventer Dieu, pour vivre sans se tuer : voilà le résumé de l'histoire universelle jusqu'à ce moment. Le premier, dans l'histoire du monde, j'ai repoussé la fiction de l'existence de Dieu. Qu'on le sache une fois pour toutes.* [...] *Je me tuerai pour affirmer mon insubordination, ma nouvelle et terrible liberté.* » Tout le monde aura deviné comment cela finira : Kirilov écrira une lettre pour Piotr dans laquelle il s'accusera des crimes qu'il n'a pas commis. Mais de tout cela, il s'en fiche. Comme « prévu », il se tirera une balle dans la tête. — Se débarrasser ainsi de l'étreinte de cette vie pour ce sommeil de la mort ! « *On tuera le mensonge.* Je n'ai pas tellement apprécié ce livre, mais ce dialogue figure *sans nul doute* parmi les plus mémorables de ma vie de lecteur ! « *Qui ose se tuer a découvert où gît l'erreur. Il n'y a pas de liberté qui dépasse cela ; tout est là, et au-delà il n'y a rien. Qui ose se tuer est dieu.* » Démence au firmament ! Comment l'Univers a-t-il pu accoucher d'une si terrible conscience ? Quand la conscience en arrive là, on est devant l'Inconscience la plus pure, c'est-à-dire la Conscience Infinie, la Conscience de Dieu, la Conscience de la Liberté. « *La liberté complète existera quand il sera indifférent de vivre ou de ne pas vivre. Voilà le but de tout.* » La raison est l'absence de raison. Ce qu'ont écrit Rousseau et Dostoïevski est inouï ! (*Aparté.* — La semaine dernière, j'ai terminé ma matinée d'écriture après avoir écrit ces quelques pages. J'ai mis plus d'une heure à m'en remettre. J'ai tremblé, je suis entré dans une autre dimension, je me suis fait peur. On n'a pas souvent l'occasion *d'aller jusque-là*.) On parle si peu du suicide que les gens le trouvent abstrait, ce qui fait naître de la répugnance lorsque l'on insiste, voire que l'on en parle positivement. J'aimerais bien savoir ce que les *gens* ont bien pu penser du discours prononcé par Einstein à la mémoire de Paul Ehrenfest, qui s'était suicidé à la suite d'une longue dépression : « *Il arrive si souvent de nos jours que des hommes de haute qualité quittent la vie de leur propre gré que nous ne trouvons plus qu'une telle fin soit insolite. Mais la décision de dire adieu à la vie vient généralement d'une incapacité, ou du moins d'une répugnance, à se résigner à de nouvelles et plus difficiles conditions de vie extérieures. Refuser de vivre sa vie naturelle jusqu'au bout à cause de conflits intérieurs qu'on trouve intolérables — ceci est aujourd'hui chez des personnes qui ont l'esprit sain un événement rare, et possible seulement chez des personnalités d'une grande noblesse et d'une grande exaltation morale. C'est à un conflit tragique intérieur de ce genre que notre ami Paul Ehrenfest a succombé.* » — La folie est-elle de vivre ou de mourir ? La folie est-elle de vouloir vivre ou de vouloir mourir ? La folie est-elle de continuer de vivre ? Les deux ! La vie (donc la mort) *est* folie. Faire l'éloge de la vie ou faire l'éloge de la mort, c'est du pareil au même. Conseiller la vie, conseiller la mort, tout est vain. « *Et j'ai trouvé les morts qui sont déjà morts plus heureux que les vivants qui sont encore vivants* », dit l'Ecclésiaste (4,2) Il ne faut pas prendre ces paroles à la lettre, ni mon paragraphe, ni mon chapitre, ni mon livre, ni tout ce que je dis et suis. Je n'existe pas plus que vous n'existez. Poursuite de vent ! Poursuite de vent ! Poursuite de vent ! (Mon Dieu, où (en) suis-je ?...) Folie ! Ô Folie, que dis-tu ? « *Je n'ai pas à vous dire quels méfaits ont valu aux hommes un tel sort, ni quel Dieu irrité les a condamnés à naître pour ces misères. Qui voudra y bien réfléchir approuvera l'exemple des filles de Milet et leur suicide pourtant bien douloureux. Mais quels sont donc ceux qui se sont tués par dégoût de vivre ? Des familiers de la Sagesse. Passe pour les Diogène, les Xénocrate, les Caton, les Cassius et les Brutus ; mais voyez Chiron choisir la mort à l'heure où il peut obtenir l'immortalité. Vous sentez, je pense, ce qui se produirait, si partout les hommes étaient sages ; il faudrait qu'un autre Prométhée en pétrît d'une nouvelle argile. Moi, tout au contraire, aidée de l'Ignorance autant que de l'Étourderie, en leur faisant oublier leur misère, espérer le bonheur, goûter quelquefois le miel des plaisirs, je les soulage si bien de leurs maux qu'ils quittent la vie avec regret, même alors que la Parque a filé toute leur trame et que la vie elle-même les abandonne.* » Quelle folie est-elle la meilleure ? Est-moi qui suis fou ? ou est-ce vous, vous qui me lisez, vous qui ne me lirez jamais ? Pour qui parlé-je ? Qui essayé-je de convaincre ? « *Ne te presse pas d'ouvrir la bouche, et que ton cœur ne se hâte pas d'exprimer une parole devant Dieu ; car Dieu est au ciel, et toi sur la terre : que tes paroles soient donc peu nombreuses. Car, si les songes naissent de la multitude des occupations, la voix de l'insensé se fait entendre dans la multitude des paroles.* » (*Qoh 5,1-2*) Que veulent les gens ? Que je me taise ? Ne veulent-ils lire que ce qui leur rappelle leur première gorgée de bière, le bruit d'une dynamo ? Ne veulent-ils pas lire *Champavert* ? « *On recommande toujours aux hommes de ne rien faire d'inutile, d'accord ; mais autant vaudrait leur dire de se tuer, car, de bonne foi, à quoi bon vivre ?... Est-il rien plus inutile que la vie ? une chose utile, c'est une chose dont le but est connu ; une chose utile doit être avantageuse par le fait et le résultat, doit servir ou servira, enfin c'est une chose bonne. La vie remplit-elle une seule de ces conditions ?... le but en est ignoré, elle n'est ni avantageuse par le fait, ni par le résultat ; elle ne sert pas, elle ne servira pas, enfin, elle est nuisible ; que quelqu'un me prouve l'utilité de la vie, la nécessité de vivre, je vivrai...* » Notre époque vibre pour l'utilité, l'intérêt. Demandez à deux amoureux transis pourquoi ils s'aiment : ils seront embarrassés et ne sauront quoi répondre. Demandez à n'importe qui quel est l'intérêt et l'utilité de la vie : il répondra comme milord Édouard, armé d'arguments foireux. Soit il restera muet, tels les deux amoureux, soit il vous vomira une banalité qu'il ne pourra pas creuser. Quelle est votre passion ? Les cartes. Pourquoi ? J'éprouve du plaisir. Quelle est votre raison de vivre ? Mon fils. Ah ! vous ne pouviez pas vous avoir vous-même comme raison de vivre ? Il a fallu passer par votre reproduction ? Vivez-vous par procuration ? Transférez-vous vos angoisses sur votre progéniture ? Faire des enfants pour avoir une raison de vivre, c'est comme de lever des impôts pour construire des routes : oui, et alors ? (Mais je m'égare (je suis *incorrigible*). Ai-je pitié de ce monde sans pitié ?) — Chacun se fait plaisir comme il peut. D'ailleurs, d'après Madame de Staël, « *Hégésippe de Cyrène, disciple d'Aristippe, prêchait le suicide en même temps que la volupté* ». Ici, la mort et le plaisir se confondraient. Cette information est extraite de ses *Réflexions sur le suicide*, qui font suite à son *De l'influence des passions*, où elle louait le suicide, position dont elle se désengagea plus tard (par la pression ?) : « *J'ai loué l'acte du suicide dans mon ouvrage sur l'Influence des Passions, et je me suis toujours repentie depuis de cette parole inconsidérée. J'étais alors dans tout l'orgueil et toute la vivacité de la première jeunesse ; mais à quoi servirait-il de vivre, si ce n'était dans l'espoir de s'améliorer ?* » Arrêtons-nous quelques instants sur ces *Réflexions*. Selon elle, le suicide est surtout causé par l'amour, la ruine ou le déshonneur. Il n'y a rien de nouveau. Il faut savoir, époque oblige, sur les trois parties que comporte cet essai, l'une d'entre elles, la seconde, est entièrement consacrée au christianisme. Il n'y a rien de nouveau là non plus. Toujours l'idée de la « Nausée » y est oubliée ; toujours on en reste aux apparences qu'un petit de cinq ans pourrait deviner tout seul. On croirait approcher un semblant de vérité quand on lit : « *Les douleurs physiques, les infirmités incurables, toutes ces misères enfin que l'existence corporelle traîne après elle, sembleraient une des causes de suicide les plus plausibles, et cependant ce n'est presque jamais, surtout parmi les modernes, ce genre de malheur qui porte à se tuer. Les douleurs qui sont dans le cours ordinaire des choses accablent, mais ne révoltent pas.* » De même, l'évocation de l'ennui anticipe la philosophie de Schopenhauer : « *L'ennui véritable, celui des esprits actifs, c'est l'absence d'intérêt pour tout ce qui nous entoure, combinée avec des facultés qui rendent cet intérêt nécessaire : c'est la soif sans la possibilité de se désaltérer. Tantale est une assez juste image de l'âme dans cet état. L'occupation rend de la saveur à l'existence, et les beaux-arts ont tout à la fois l'originalité des objets particuliers et la grandeur des idées universelles.* » Tout cela est bel et bon. Mais si vous lisez tout l'ouvrage, vous vous apercevrez que chez Madame de Staël, tout se résume à *devoir* supporter la vie, que tout doit converger vers la beauté (de la) morale, la dignité (de la) morale. Quoi qu'il en soit, elle eut bien du mérite à parler « ouvertement » du suicide. Je ne veux pas la critiquer comme j'ai critiqué milord Édouard. D'autant plus que je devine qu'il y a un décalage entre ce qu'elle a écrit et ce qu'elle a pu raconter en privé, comme s'il avait été de mauvais goût ou risqué de sortir des sentiers battus. Et puis, elle nuance beaucoup, elle ne tente pas de trancher le nœud gordien ni dans un sens ni dans l'autre : « *Il ne faut pas haïr ceux qui sont assez malheureux pour détester la vie ; il ne faut pas louer ceux qui succombent sous un grand poids* », dit-elle. Et c'est ce qui me fait penser qu'elle n'a pas été tout à fait convaincue par ce qu'elle a écrit. Elle a quand même déclaré : « *L'excès du malheur fait naître la pensée du suicide, et cette question ne saurait être trop approfondie ; elle tient à toute l'organisation morale de l'homme.* » On les compte sur les doigts d'une main, ceux qui ont pensé comme elle à son époque ! Il n'y a pas la force de Camus, cependant qu'elle y est en germe (et le « revirement » de Madame de Staël n'est pas sans évoquer l'autre espèce de « revirement » de Camus avec *L'Homme révolté*). En tout cas, Kirilov, n'aurait pas été enthousiasmé par ce type de sentence : « *Qui peut se croire plus sage et plus fort que la destinée, et lui dire : c'en est trop ?* » Kirilov, lui, était plus fort que le destin ! Fiction ?

* * * * *

(Je bourlingue, j'allonge les citations et les enchaîne : remarquable et déplorable !... — Poursuite de vent ! Poursuite de vent ! Poursuite de vent ! — Je vais vous faire un aveu : j'en ai marre. Ce chapitre me tue. C'est comme si je voulais en finir au plus vite… (Je vise surtout le chapitre.) Tous les samedis et les dimanches matins, je me lève tôt pour avancer… puis, invariablement, je me fige : quoi ! encore *le suicide* !... — Si encore il n'y avait que cette profusion indigeste de citations… Mais il y a aussi le style qui s'appauvrit affolément… Je me vide. Je fournis autant d'efforts qu'auparavant… *En vain.* — Poursuite de vent ! Poursuite de vent ! Poursuite de vent ! — Choderlos de Laclos a écrit (*Les liaisons dangereuses*) : « *l'Auteur se bat les flancs pour s'échauffer, et le Lecteur reste froid.* » Je puis le retourner à mon désavantage : je me bats les flancs pour m'échauffer, et je reste froid. « *Ce qui est courbé ne peut se redresser, et ce qui manque ne peut être compté.* » (*Qoh 1,15*) N'y a-t-il que toi, mon bon Qohélet, pour me rassurer et m'atterrer ? « *Du reste, mon fils, tire instruction de ces choses ; on ne finirait pas, si l'on voulait faire un grand nombre de livres, et beaucoup d'étude est une fatigue pour le corps.* » (*Qoh 12,12*) Que je suis fatigué, mon Dieu ! Je me *manque* en me *livrant* — *trop* — dans ce *livre* — de *trop* — sur le *manque*. — Arrête de jouer avec les mots ! Délivre-toi ! Mon cul !)

* * * * *

(Tout ce que j'écris sera-t-il apprécié par un tiers ? Pourra-t-il *se servir* dans cette montagne de pages ? Cela ne *sert*-il à rien ? Cela me *sert*-il ? Je me plains de ce que tout cela ne soit pas une sinécure, ou le devienne de moins en moins. Ce qui ne tue pas, rend plus fort. Pourquoi écris-je ? La question revient sur le tapis. J'écris parce qu'il le faut. « *Il est beaucoup d'idées et de mots qui ne servent de rien pour s'entretenir avec les autres, mais qui sont excellents pour s'entretenir avec soi-même ; semblables à ces choses précieuses qui n'entrent point dans le commerce, mais qu'on est heureux de posséder.* » Joubert a raison. Chacune de ces pages est à moi, pour moi. Et je ne suis pas tout seul. C'est à eux que je dois de cheminer dans les contrées de mon être. Imaginons un instant que j'enlève tous les guillemets, que je ne mette en italique que quelques mots : cela serait-il plus cohérent ? Non. Si j'écris : Cela veut dire qu'il y a en chacun de nous un ennemi de nous-même, — cela sonne différemment que : « *Cela veut dire qu'il y a en chacun de nous un ennemi de nous-même* », disait Platon. Si j'écris : Aussitôt qu'on parle on commence à errer, — cela sonne différemment que : « *Aussitôt qu'on parle on commence à errer* », dit Goethe. Si j'écris que mon livre est la sombre aventure d'une âme malade, cela a moins de cachet que d'écrire : « *Mon livre est, comme dirait Victor Hugo, "la sombre aventure d'une âme malade"* ». Si, parlant de mon livre, je dis : Et si le récit est bien, et tel que l'histoire le demande, c'est ce que je souhaite moi-même. Si au contraire il est moins digne du sujet, c'est à moi qu'on doit l'attribuer (si j'ajoute « *(2 Mac 15,39)* »), cela fait la différence). Si je dis : Je te donne ce livre, Lecteur, — cela paraîtra bien plat comparé à cette autre forme (en « expression augmentée ») : Je te donne ce livre, Lecteur, comme Baudelaire disait à la statue : « *Je te donne ces vers* ». La richesse que je prends aux autres, je me la donne en tant qu'écrivain et vous la donne en tant que lecteur… Je ne puis que me soulager l'esprit avec cette maxime de Vauvenargues : « *Si nous avons écrit quelque chose pour notre instruction, ou pour le soulagement de notre cœur, il y a grande apparence que nos réflexions seront encore utiles à beaucoup d'autres ; car personne n'est seul dans son espèce, et jamais nous ne sommes ni si vrais, ni si vifs, ni si pathétiques, que lorsque nous traitons les choses pour nous-mêmes.* » Je n'écris pas sans l'idée du Lecteur (puisqu'il y en a au moins un : moi). Par là, je *m*'atteins. Je m'atteins par la contrainte. (Cela me fait penser à quelques mots de Georges Bataille qui figurent dans l'avant-propos au *Bleu du ciel* (je n'ai d'ailleurs retenu que cela de ce bouquin — qui est franchement nul) : « *Je le crois : seule l'épreuve suffocante, impossible, donne à l'auteur le moyen d'atteindre la vision lointaine attendue par un lecteur las des proches limites imposées par les conventions. — Comment nous attarder à des livres auxquels, sensiblement, l'auteur n'a pas été contraint ?* » Je suffoque malgré moi et pour moi, et pour ce « Lecteur » anticonventionnel.) J'aurais certes voulu que l'on dît de *La Perte de Sens* ce qu'Antoine Galland avait dit dans son avertissement aux *Mille et Une Nuits* : « *On ignore le nom de l'auteur d'un si grand ouvrage. Mais vraisemblablement, il n'est pas tout d'une main : car comment pourra-t-on croire qu'un seul homme ait eu l'imagination assez fertile, pour suffire à tant de fictions ?* » Si j'avais enlevé les guillemets et les italiques, on aurait pensé cela : mais j'eusse été un infâme pirate. Et j'eusse été plus que prétentieux, si je ne le suis actuellement. Auteur d'un « *si grand ouvrage* » ? Grand par la taille, assurément. Puis-je user d'un *takbîr* personnel ? « La Perte de Sens *akbar.* » (« La Perte de Sens *est plus grand.* ») Je ne blasphème pas : j'ironise sur mon livre. Car que vaut-il ? Pourrais-je connaître le même sort que Fernando Pessoa ? Si je rangeais toute la paperasse qui constitue ce livre dans une malle, chercherait-on à tout prix à y mettre de l'ordre et à tout publier, comme un trésor inespéré ? J'argote : je me monte le bourrichon. Pessoa fut une découverte renversante. Il fallait le proposer au monde. N'importe quel connaisseur voyait bien qu'il y avait là un joyau rare et sublime, sans égal et sans précédent, un morceau suprême de l'histoire littéraire. Mais moi ? Je ne puis supporter la comparaison… Imaginons que ma malle jouxte une autre malle, pleine de romans inédits de Dan Brown : quelle malle aura la priorité ? « *Fancies too weak for boys, too*

green and idle for girls of nine [...]. » (« Chimères trop débiles pour des gamins, trop enfantines pour des fillettes de neuf ans [...]. »)
— Je suis mort. Vous êtes vivants.)

* * * * *

« *Je suis Ubik.* » — Je suis *La Perte de Sens*. — Je suis l'Écriture. — Avant que la conscience soit, je suis. — J'ai baisé les soleils. — J'ai vécu les mondes. — J'ai écrit les êtres vivants et les lieux qu'ils habitent ; je les y ai transportés, je les y ai placés. — Ils vont où je veux (et où je ne veux pas), ils font ce que je dis (et ce que je ne dis pas). — Je suis citateur et mon nom n'est jamais prononcé, le nom qui n'est connu de personne. — Je suis appelé Julien Pichavant, mais ce n'est pas mon nom. — Je suis (*La Perte de Sens*). — Je serai toujours *(entre parenthèses)*.

* * * * *

Avec *La Perte de Sens*, vivez ; avec *La Perte de Sens*, respirez ; avec *La Perte de Sens*, étouffez ; avec *La Perte de Sens*, mourez (suicide).

* * * * *

(Je ne sais toujours pas ce qu'est « *la perte de sens* », si ce n'est qu'elle *est ce qui me fait écrire*… Ai-je encore rien perdu ? Qu'est *La Perte de Sens* ? Un livre qui est ce qu'il est, qui est aussi ce qu'il n'est pas. — Claude Gagnière rapporte cette anecdote au sujet d'une séance à l'Académie française. Les académiciens viennent de proposer cette définition du mot « *écrevisse* » : « *Petit poisson rouge qui marche à reculons.* » Ils décident de consulter leur collègue Cuvier, qui leur répond : « *L'écrevisse n'est pas un poisson, elle n'est pas rouge et elle n'avance pas à reculons. Au demeurant, messieurs, excellente définition !* » — Messieurs les journalistes (qui sait ?), je vous souhaite bon courage pour définir mon livre.)

* * * * *

« *Si je n'avais l'écriture, je ne pourrais vivre. Et pourtant, c'est précisément l'écriture qui me rend la vie impossible.* » Trouver, dans d'autres ouvrages que le mien, des liens entre le suicide et l'écriture, n'est pas chose aisée. Il faut être un Sherlock Holmes entêté (voir le paragraphe suivant qui traite d'un disparu). J'en ai trouvé chez Charles Juliet (surtout dans ses *Ténèbres en terre froide*). Entre nous soit dit, il est rare que je cite des vivants (et Juliet est vivant au moment où j'écris ces lignes). Alors profitons-en ! — Reprenons : « *Si je n'avais l'écriture, je ne pourrais vivre. Et pourtant, c'est précisément l'écriture qui me rend la vie impossible.* » Voilà en condensé tout ce que je voudrais exprimer (et ce, de plus en plus). « *Si je n'écris pas, je suis comme ne vivant pas. Je ne pense plus qu'au suicide.* » Toujours les paradoxes ! « *Hormis de rares minutes de plénitude, de vibrante intensité, l'écriture n'est pour moi que peine et tourment.* » Si j'écris sur le suicide, je me crève la tête ; si je n'écris pas, je me crève la tête. Je kierkegaardise : Écris, tu le regretteras ; ne le fais pas, tu le regretteras également ; écris ou non, tu regretteras l'un et l'autre : que tu écrives ou que tu n'en fasses rien, tu le regretteras dans les deux cas. J'ai l'impression, en écrivant sur le suicide, de provoquer le suicide de mon écriture, un suicide qui provoquerait le mien. L'écrit et celui qui l'écrit ne font qu'un : en écrivant ce que je suis (ou ce que je crois être), je suis (ou deviens) ce que j'écris. Je me souviens parfaitement de la période qui précéda cette *reprise* de l'écriture (et de *ce* livre). Je me sentais de plus en plus mal. Je voulais parler de moi et de mes lectures. Mais parler de moi revenait à parler de ce qui m'avait ramené à l'écriture : la mélancolie, qui n'était possible que par le langage, et qui entraînait vers le (ou au ?) suicide. L'existence me paraissait insupportable dans son absurdité et sa vanité. Mon intention était de raconter cette absurdité et cette vanité (qui n'ont rien de drôle, quoiqu'elles ressemblent à une plaisanterie). Comment écrire sur l'absurdité sans que ce que l'on écrit ne soit — logiquement — absurde ? Comment écrire sur la vanité de toutes choses sans que ce que l'on écrit ne soit — logiquement — pure vanité aussi ? Là est l'embarras ! C'est comme d'écrire que « *je ne parviens pas à écrire* ». Quel crédit accorder à une telle écriture ? Ne suis-je pas en train de la discréditer, et, par la même occasion, de me discréditer ? Gide, dans le *Journal des Faux-Monnayeurs*, écrit : « *Peut-être l'extrême difficulté que j'éprouve à faire progresser mon livre n'est-elle que l'effet naturel d'un vice initial. Par instants, je me persuade que l'idée même de ce livre est absurde, et j'en viens à ne plus comprendre du tout ce que je veux. Il n'y a pas, à proprement parler, un seul centre à ce livre, autour de quoi viennent converger mes efforts ; c'est autour de deux foyers, à la manière des ellipses, que ces efforts se polarisent.* » Pour moi, les deux foyers sont la vie, la mort, — ou l'écriture, le silence, — ou la mélancolie, le suicide, — ou je ne sais quoi d'autre. J'essaie de déchiffrer, de me déchiffrer (en défrichant, en me défrichant !). Mon livre et ma vie (*la* vie) sont une énigme. En écrivant, j'ai l'impression de jouer le rôle d'un Marian Rejewski ou d'un Alan Turing qui doivent à tout prix comprendre Enigma pour décoder les messages et sauver l'humanité (en l'occurrence, moi-même). Je vis pour écrire, j'écris pour ne pas mourir. Et j'écris sur le suicide ! (Sans parler de ce que j'écris sur l'écriture sur le suicide…) C'est dur. L'envie de mourir converge vers l'écriture, qui elle-même converge vers le suicide. Alors, si cette écriture est une écriture sur le suicide, cela devient hautement périlleux… « *Parfois, je cède à mon sens de la vanité de toute création, et je décide de m'arrêter d'écrire. Mais alors l'existence m'apparaît tellement insupportable, que je n'ai plus rien à quoi me raccrocher. Ne reste plus que la solution du suicide.* » — Écriture et suicide… ou le suicide de l'écriture. (Je retarde le moment : il suffit de considérer toutes ces pages, tout ce temps passé à les écrire…) Le langage du suicide ou le langage de la vie. Le suicide de l'écriture ou le suicide du langage (ceci explique cela : mon langage s'atrophie). N'ai-je donc tant vécu que pour le suicide ? Et ne suis-je blanchi dans le travail de l'écriture que pour voir en un jour flétrir tant de pensées ? — Juliet ne cesse de remettre le suicide sur le tapis. Tels Cioran et Rigaut qui voyagent avec leur « *suicide à la boutonnière* », il transporte avec lui (et porte en lui) son suicide en puissance, qui est un peu ce qui lui permet de vivre, qui figure « *une porte de sortie toujours ouverte au cas où l'aventure se révélerait par trop inacceptable* ». Il ne se leurre cependant pas : « *Prends garde à ceci : plus tu attendras, plus ce sera difficile.* » Coriaces sont la Conscience et la Nature. Elles sont fortes, très fortes, trop fortes, et elles deviennent de plus en plus fortes avec le temps qui passe. Juliet écrivait toutes ces choses-là entre l'âge de vingt-trois ans et l'âge de trente ans. Il en a aujourd'hui presque quatre-vingts — et il est en vie… Il s'est autodétruit — mais pas jusqu'au souffle final, qui arrivera « trop tard » et ne sera que le souffle dernier de la vieillesse. L'écrivain qui écrit pour sa survie en oscillant entre la vie et la mort de son être-à-écrire, lutte contre deux forces antagonistes : l'une le fait écrire et l'autre lui ordonne de mourir. « *Celui que déchire le dédoublement, il use son énergie à se haïr, se détruire, rechercher l'échec, et inéluctablement, il va droit au suicide.* » Le moteur de l'écriture tourne au gré de la volonté de mourir : l'une entraîne l'autre. Quand on a le temps (un sursis) pour écrire, on a le temps pour préparer sa mort. « *Non un suicide hâtif, accidentel, mais un suicide longuement préparé, et pénétré de conscience, de lucidité.* » Il est des écrivains peu ordinaires qui n'écrivent qu'à la lueur de leur questionnement sur l'écriture. (Je ne parle pas de ces écrivains qui trouveront toutes les raisons du monde pour expliquer pourquoi ils écrivent, qui seront à peu près les mêmes raisons que donneront les gens quand on leur demande pourquoi ils partent à la pêche ou pourquoi ils font des enfants, et je ne parle pas non plus de ceux qui seront incapables de répondre parce qu'ils ne se seront jamais posé la question sérieusement. Un auteur que tout le monde connaît et dont les livres se vendent comme des petits pains, Stephen King, rappelle dans son avertissement à *Danse macabre*, qu'il se trouve toujours quelqu'un pour se lever et pour lui demander ceci : « Pourquoi avez-vous choisi d'écrire sur des sujets aussi macabres ? » Il répond en général par une autre question : « Qu'est-ce qui vous fait penser que je le choisis ? » King n'est pas aveugle : « *L'artiste est obsédé et son obsession est dangereuse. Son esprit est comme armé d'un couteau. Dans certains cas — je pense ici à Dylan Thomas, Ross Lockridge, Hart Crane et Sylvia Plath — la lame peut se retourner sauvagement contre celui qui la manie. L'art est une affection localisée, généralement bénigne — les gens créatifs vivent souvent très vieux — mais qui parfois peut s'avérer extrêmement grave. Mieux vaut donc user de cette arme avec précaution, car on ne sait jamais qui elle va blesser.* » Pour moi comme pour Juliet, l'écriture est un « poignard de Damoclès à l'envers » : assoupissez-vous, baissez la garde, et vous vous affalerez sur la lame.) Il est si étrange d'écrire sur le « je ne parviens pas à écrire » et de parvenir à le faire, d'écrire sur le suicide et de dire que c'est un « bien » sans aboutir au suicide de soi, d'écrire sur l'absence de sens avec des phrases qui sont, dans l'ensemble, sensées, d'écrire sur la vanité et d'augmenter cette vanité, d'écrire sur la perte du langage avec des mots qui ne se perdent pas tant que cela… « *Non, il n'y a pas de but. Mais ce qui compte, peut-être, c'est cet acharnement à le poursuivre. — Seule pensée qui me donne un peu d'apaisement, celle du suicide, qui vient pourtant tout aggraver. J'envisage avec calme cette ultime défaite, règle mentalement les détails matériels de l'acte, et afin qu'au dernier moment rien ne me surprenne, ne vienne m'ôter la force nécessaire, j'imagine quels seront mes sentiments à l'ultime seconde, cet extraordinaire besoin de vivre qui m'assaillira alors, et qu'il faudra avoir le courage de réprimer…* » Ne sommes-nous pas quelque peu ridicules avec nos phrases de philosophe pantouflard ? Certes. Tous ceux qui ne se sont pas suicidés me font pitié (et je me compte parmi eux). C'est comme si nous nous enorgueillissions de vouloir sauter sans parachute et de ne pas monter dans l'avion sous prétexte que nous aurions déjà le vertige. Et non seulement nous nous enorgueillirions de le faire, mais nous nous en enorgueillirions depuis le sol et sans avoir jamais connu d'altitude plus élevée que celle de notre petit appartement du quatorzième étage… Vouloir être champion olympique du marathon et passer son temps à lacer ses chaussures ! (Il y a de quoi s'étrangler… de rire.) Rien n'est plus vrai que de dire qu'un homme qui répète qu'il va se suicider, ne s'est pas (encore) suicidé. Georges Minois rappelle à juste titre que « *Hamlet, le personnage qui parle le plus de se suicider, ne se suicide pas* ». De même, « *à l'exception de Robeck, les auteurs de traités sur le suicide ne se suicident pas* » (« *Mais leurs ouvrages ne constituent nullement des apologies de la mort volontaire. Ce qu'ils cherchent à montrer, c'est que lorsque la vie devient trop pénible, ou mentalement, le suicide est légitime* »). C'est tout ceci qui est absurde et qui fait pitié (cependant que c'est nécessaire : on ne peut en parler qu'en étant vivant). Deviser sur le suicide, confortablement assis dans un fauteuil, tel un consul romain à demi allongé sur sa méridienne qui picorerait ses grains de raisin… Le *blogueur* du suicide ! Tous ces forums encombrés par des boutonneux « *fiers de leur obscurantisme* », cela me crucifie autant que cela crucifiait Desproges. Pourquoi, — nous autres pauvres écrivains du mal, — pourquoi ne fonderions-nous pas un Club du suicide, ce genre de Club qu'avait imaginé Stevenson ? Mais non, nous sommes trop vieux. « *Peu d'entre eux avaient dépassé la trentaine, et beaucoup n'avaient pas vingt ans.* » Nous sommes trop vieux pour jouer aux Chatterton, mais nous ne sommes plus assez jeunes, hélas, pour ne pas vouloir goûter une cuillerée de caviar accompagnée d'un verre de vodka Chopin. Oui, parfois je me fais pitié. Je pleure tout en fumant un Cohiba (ce n'est pas la vérité, je ne fume plus de cigares depuis longtemps). Je suspends ma phrase et je regarde par la fenêtre le petit lapin qui traverse le jardin. Je lève la tête et j'écrase l'araignée que je viens d'apercevoir. Je bois mon café et me dis qu'il est un peu chaud, puis je retourne à ma *Perte de Sens*. « *If you will live, lament; if die, be brief* » (« *Si c'est vivre que vous voulez, lamentez-vous ; si c'est mourir, hâtez-vous* »), me murmure la Queen. Perds-je la réalité ? Mais bon sang ! je l'ai perdue comme j'ai perdu ma virginité. Quoi qu'il en soit, je ne veux pas faire partie d'un Club, et je suis heureux de savoir que mon livre échappe à la plupart des catégories existantes et qu'il pourrait poser problème à un bibliothécaire : où va-t-on ranger ce fichu Pichavant ? (Toujours à être déchiré par la répétition et le dédoublement, il parle en son nom et au nom de toute sa bibliothèque… Il est le même, c'est-à-dire jamais lui-même. Allô, allô, Pontalis à Pichavant : « *L'épreuve du deuil, de la perte, de la séparation d'avec soi est ce qui nous délivre de la reproduction à l'identique.* ») Ah ! la petite bourgeoisie des suicidaires ! Le *comfort* du suicide. Je ne me moque pas. D'ailleurs, Stevenson est beaucoup plus subtil et grinçant que ce que j'en laisse croire, et il recoupe tous les aspects que nous avons déjà évoqués jusqu'à présent. La preuve : « *En outre, nous savons que la vie n'est qu'un théâtre où nous faisons les bouffons aussi longtemps que ce rôle nous amuse. Il manquait au* confort moderne un dernier perfectionnement : une façon décente et facile de quitter la scène ; l'escalier de secours vers la liberté ; en d'autres termes, ainsi que je vous le disais il y a un instant, la porte secrète de la Mort. Ne croyez pas que vous et moi soyons les seuls à éprouver le désir ô combien raisonnable que nous professons ! Nous n'avons rien d'exceptionnel. Si tant de nos semblables, qui en ont plus qu'assez de cette représentation à laquelle ils doivent participer jour après jour, tout au long de leur vie, reculent devant la fuite, ce n'est que pour une ou deux raisons. Les uns ont une famille qui serait choquée, ou rendue responsable même, si la chose venait à se savoir ; les autres n'ont pas le cœur assez fort, et reculent devant les circonstances de la mort. Telle est, dans une certaine mesure, mon expérience. Je serais incapable de m'appuyer un pistolet sur la tempe et de presser la détente ; il y a quelque chose de plus fort que moi qui m'en empêche ; et bien que j'aie la vie en horreur, je n'ai pas en moi le courage physique nécessaire pour affronter la mort et en finir. C'est pour les gens comme moi, et pour ceux qui sont au bout du rouleau mais qui ont peur du scandale posthume, que le Club du suicide a été fondé. » — (Voilà : il court, il court, le stylet... Il contourne, il contourne, le furet digresseur... J'en ai perdu mon Juliet.) — La perte, le manque, la déperdition, l'appauvrissement... Qu'est-ce qu'un écrivain de la Nausée ? Quelqu'un qui a l'« obsession du suicide », qui « ne peut finir que par le suicide ou la démence », qui se demande sans arrêt : « Écrire pour quoi ? Pour qui ? Peut-être simplement pour user le temps. Ou pour descendre vers la mort sans que ce soit trop terrible. » Quelqu'un qui a la contradiction dans la peau, qui — par définition — est voué à l'oubli (de soi, des autres) : « Les désespérés devraient produire les œuvres les plus profondes. Mais précisément, parce que désespérés, ils n'ont plus assez d'énergie pour créer. » Combien de grands écrivains qui n'ont rien écrit parce qu'ils pensaient au suicide ? (Voilà encore pourquoi les mots d'adieu sont si exceptionnels.) L'écrivain de la Nausée a du mal à être un écrivain. Il se perd à vouloir « *refuser cette sensation de perte* » le temps qu'il écrive. Le meilleur moment pour écrire coïncide avec le moment de la perte. Or, il est impossible d'écrire si la perte occupe l'espace disponible. On ne peut pas indiquer le chemin à prendre lorsque l'on est perdu dans la forêt (cette forêt où « *these trees shall be my books* » !). Décrivez-moi ce que vous verrez après avoir crevé vos yeux. Racontez-moi la vie après que vous serez mort. Contradictions nécessaires, impossibilités contingentes ! Je veux bouger et ne veux pas bouger. Je veux désespérer et ne veux pas désespérer. Je veux être lucide pour ne plus l'être ! « *Le désespoir est lucidité, interrogation vaine, conscience extrême du non-sens de la vie.* » Je ne sais pas ! je ne sais pas ! je ne sais pas !... « *I think, but dare not speak.* » Et pourtant, elle (ne) tourne (pas, sa langue, dans sa bouche). Il jacte (allez ! ah !), le mortel qui aime la mort tout autant que la vie. Oui, j'acte. Le désespéré souhaite se suicider, mais « *nul n'est plus amoureux, ni plus avide de la vie* » que lui, car le désespoir et l'ardeur de vivre « *se conditionnent l'un l'autre* ». D'un côté, « *l'œuvre est ce qui permet d'échapper à la folie ou au suicide* » ; d'un autre côté, « *l'écriture détruit celui qui s'y livre* ». Vous reprendrez bien un peu d'écriture ou un peu de vie ? On n'a pas avancé d'un iota depuis le chapitre sur le tabac : Jorge Semprún rapplique et réplique. « *L'écriture ou la vie.* » L'écrivain de la Nausée n'est rien d'autre que l'écrivain du Manque. Il manque à tout, même au manque. Il ne se tait pas — et il le dit. « *Le désespoir le plus profond s'atteint dans son manque.* » — Votre nom ? Julien Pichavant. Votre vrai nom ? *Objet a.* Putain de petit a ! Il est là, je l'ai écrit. Mais non, il n'est pas là. L'ai-je écrit ? Que signifie-t-il ? Je dois continuer à l'écrire, « *consilio manuque* » (« *par la tête et par le bras* »). Je dois continuer à l'écrire, qu'il ait un sens ou qu'il n'en ait pas. Que dit ce qui ne dit pas ? Je dois continuer à me détruire : cela mènera au moins à ma mort... L'écriture m'efface en remplissant la page. Il y avait du sens en moi, n'est-ce pas ? Comme Hölderlin, « *mon cœur déjà glacé / S'endort dans ma poitrine sans poèmes* », et c'est, sous une autre forme, l'objet de mon livre. — « *Finalement, se détruire, c'est peut-être aller dans le sens de la vie, de son plus secret vouloir.* »

* * * * *

Advienne que pourrait.

* * * * *

Dans *La Nouvelle Héloïse*, Rousseau a cité le nom de Robeck, qui « *fit l'apologie de la mort volontaire avant de se la donner* ». On le trouve également dans *Candide* : « *J'ai vu dans les pays que le sort m'a fait parcourir et dans les cabarets où j'ai servi un nombre prodigieux de personnes qui avaient leur existence en exécration ; mais je n'en ai vu que douze qui aient mis volontairement fin à leur misère : trois nègres, quatre Anglais, quatre Genevois et un professeur d'allemand nommé Robeck.* » Madame de Staël le cite elle aussi : « *Un professeur suédois nommé Robeck, a écrit un long ouvrage sur le suicide, et s'est tué après l'avoir composé ; il dit dans ce livre qu'il faut encourager le mépris de la vie jusqu'à l'homicide de soi-même.* » (Elle commente plus loin : « *Robeck a tort de tant exalter le mépris de la vie.* ») Qui était ce Johann (ou Johan, ou Jean) Robeck ? De nos jours, cet homme est complètement oublié. Suédois, il naquit en 1672 et mourut en 1739. Le *Suicidologe* en donne la notice suivante : « *L'apologiste du suicide, interdit d'enseignement sur ce thème à l'université d'Uppsala, en Suède, retrouve une chaire en Allemagne comme philosophe jésuite. Le dégoût de la vie et l'idée de la mort volontaire continuent de l'obséder. Il prend toutefois soin de ne réaliser son rêve morbide qu'une fois les deux pieds dans la vieillesse. En juin 1735, à 62 ans, après s'être vêtu avec soin, il monte dans une petite embarcation et se laisse dériver sur la Weser où il se jette une peu plus tard. On retrouvera son corps non loin de Brême.* » Georges Minois, dans son *Histoire du suicide*, qualifie le suicide de Robeck, qui fit « *grand bruit* », comme « *un cas unique* » (c'est dire !), tandis que l'homme de lettres allemand Johann Heinrich Samuel Formey, dans ses *Mélanges philosophiques*, concluait : « *Mais à tout prendre, ce Traité est curieux.* » Mais pourquoi son livre a-t-il été oublié ? J'y vois plusieurs raisons : premièrement, *il évoque le suicide* ; deuxièmement, *il vante le suicide* (sur trois cent dix-neuf pages) ; troisièmement, *son auteur s'est suicidé* (et a subséquemment *montré l'exemple*) ; quatrièmement, *il a été écrit en latin* (et, de surcroît, *n'a jamais été traduit* dans aucune autre langue depuis tout ce temps, ce qui s'explique, par les trois raisons précédentes) ; cinquièmement, il est tellement *envahi par des notes de bas de page* que le texte occupe une place ridicule ; sixièmement, *ces notes sont des réfutations du texte*. Son livre s'intitulait : *Exercitatio philosophica de ευλογω εξαγωγη sive morte voluntaria philosophorum et bonorum virorum, etiam judaeorum et christianorum* (*Usage philosophique de la bénédiction du suicide ou de la mort volontaire des philosophes et des hommes de bien, même juifs et chrétiens*). Un certain J.-P. Catteau-Calleville tira du *Mercure Suédois* (1758) une notice dans laquelle on peut lire que Robeck « *a rassemblé, sans ordre et sans méthode, tout ce qu'il a trouvé de fort et de faible, de réel ou d'imaginaire, pour défendre son opinion* », et que toutes les notes qui figurent dans son ouvrage sont dues au professeur Funccius (« *très-savantes, et forment une réfutation raisonnée de Robeck* »). Le plus long article que je connaisse se trouve dans le *Nouveau supplément au grand dictionnaire historique, généalogique, géographique, etc.* (1749), où il est écrit que Funccius, à qui l'on doit l'impression du livre, « *aurait mieux fait assurément [de l']ensevelir dans l'oubli* » (où l'on remarque que les jugements personnels allaient bon train dans les dictionnaires de jadis !). Dans le L'*Histoire de l'Académie de Berlin* (1741), l'auteur de l'article sur Robeck réduit ses principaux arguments à ceux-ci : I « *Il n'existe point de loi qui défende de se priver de la vie* » ; — II « *L'amour de la vie doit être subordonné à celui de la félicité* » ; — III « *Notre corps est un objet vil et méprisable dont nous ne devons pas mettre la conservation à si haut prix* » ; — IV « *Si notre âme est mortelle, le suicide ne lui fait grand tort. Si elle est immortelle, on lui rend un très grand service* » ; — V « *Un bienfait cesse d'être tel, s'il devient onéreux, et alors il doit être permis d'y renoncer* » ; — VI « *Une mort volontaire est souvent le moyen d'éviter de grands crimes* » ; — VII « *Enfin l'exemple de presque tous les peuples la justifie* ». En fait, cette énumération est due au *pasteur* allemand Johann Heinrich Samuel Formey, et est extraite de ses *Mélanges philosophiques* (1754). Formey était censé exposer fidèlement et impartialement les raisons qu'on allègue pour ou contre le suicide, avant de trouver la « solution » à ce problème. En réalité, il ne fait qu'exploser de bout en bout les arguments de ceux qui sont pour ! Et sa misérable conclusion est ainsi rédigée : « *il est essentiel de prévenir la contagion de ce désordre, en affectant fortement l'imagination des vivants par le spectacle des procédures contre les cadavres, et en leur faisant craindre de ruiner et de déshonorer leurs familles.* » Belle impartialité ! — J'ai longtemps voulu parfaire mon latin afin d'être capable de traduire cet essai. Je crains que cela ne se réalise jamais. J'attendrai qu'une âme charitable s'en occupe à ma place. Mais quel dommage que de tels livres soient voués à l'oubli complet. Combien ont-ils connu un tel sort ? Et les étagères des librairies d'aujourd'hui qui sont accaparées par des… (Non, je resterai poli.) — Que puis-je dire d'autre ? Rien, malheureusement. Je me contenterai de ces trois petites pages. Ça n'aura pas fait de mal à ce pauvre Robeck — et ça le remettra peut-être au goût du jour…

* * * * *

Quel est mon motif dans le tapis ? — Qui es-tu, Julien ? Qui es-tu ? L'auteur de *La Perte de Sens* ? Oui. — Qui êtes-vous, toi, l'« auteur », et eux, tous ces auteurs ? Les contributeurs à *La Perte de Sens*. — Sont-ce leurs livres qui participent du tien ? Est-ce ton livre qui participe des leurs ? — (Qu'attendrais-tu d'un « *Qui êtes-vous, Julien Pichavant ?* » de la collection des Éditions de la Manufacture ? Rien. *La Perte de Sens* le précéderait et l'annulerait *ipso facto*.) — Suis-je qui je ne suis pas ? Suis-je *qui* ? Ne suis-je pas *qui* ? Qui ? Suis-je là où je ne suis pas ou pas là où je suis ? Suis-je ou ne suis-je pas ? — Qui es-tu-je ? — Es-tu les autres ? Sont-ce eux ton je ? Ton « *je* » est-il leur « *je* » ? Es-tu un « *il* » ?

* * * * *

Ne me « *ne me quitte* » pas. — Il faut t'oublier, tu peux tout t'oublier. Nul malentendu, nul temps perdu. Je m'invente des mots insensés que je ne comprends pas. Je vais pleurer de ne plus parler. Laisse-moi devenir l'ombre de mon ombre. Ne me quitte pas, ne me quitte pas. Je creuserai ma mort à coups de pourquoi jusqu'à la mer d'or et de lumière. Je chante et ris et brûle de mes *comment*. — Ne me « *ne me quitte* » pas.

* * * * *

(Le *topo* du *tempo*. — Le *topos* du *tempo(raire)*. — Le *topique* du *tant-pique*. — *Tant pis.* — Nous sommes dans de beaux linceuls…)

* * * * *

Les suicidés. — Nous sommes les autochtones de nous-mêmes, étrangers au monde. — L'« αὐτόχθων » de l'« αυτοκτονια ». — Le meurtre accompli de sa propre main, — l'*autochéri.* — « *Autochire* », dirait Agrippa…

* * * * *

Qu'est-ce qu'un centre de gravité ? Quelle est la définition du « *centre de gravité* » ? C'est le « *point d'un corps situé de telle façon qu'une force appliquée en ce point tiendra le corps en équilibre* » (Littré). Mon livre n'ayant ni commencement ni fin, je voudrais que chaque page en fût le (ou plutôt un) centre de gravité. Cela serait plaisant de penser que mon livre se tînt *mécaniquement.* En même temps, la gravité représente à la fois la pesanteur, la lourdeur, l'importance, la force, — *la chose grave.* Et qu'est-ce que tout cela ? Qu'est-ce, *a fortiori*, que le suicide ? — Ô barycentre de mes pensées ! fais-moi graviter autour de ces astres inconnus…

* * * * *

En parlant de gravitation, je vais entrer (très succinctement, et d'après mes souvenirs, qui seront ce qu'ils seront) dans le champ de quelques-uns des ouvrages de ma bibliothèque qui concernent le suicide. Parce que je les ai déjà évoqués et/ou parce que je n'ai rien à ajouter, je délaisse *Le Suicidologe*, *Mon Suicide*, *Réflexions sur le suicide*, *La tentation du suicide dans les écrits autobiographiques*, *Du Suicide* (Tolstoï), *Suicides — Histoire, techniques et bizarreries de la mort volontaire, des origines à nos jours*, *Le Mythe de Sisyphe*… — Tourdhorisonnons donc… — Commençons par *Le droit de mourir*, de Hans Jonas, et *Manifeste pour une mort douce*, coécrit par Roland Jaccard et Michel Thévoz. Ces deux petits livres traitent d'un même thème : le droit à la mort. Jaccard et Thévoz, qui partent du principe que « *vivre ne doit pas obéir à un devoir mais à une envie* », résument dans l'avant-propos le projet de leur *Manifeste* : viser, « *d'une part, à étendre le champ de nos libertés individuelles contre l'emprise croissante de l'État thérapeutique, d'autre part, à revendiquer concrètement pour chacun le droit élémentaire, mais constamment bafoué, de prendre congé quand il le désire et comme il le désire d'une existence qui, pour des raisons qui ne regardent que lui, ne lui semble plus digne d'être vécue* ». Ensuite, s'étonnant « *qu'on juge légitime le désir de vivre et pas celui de mourir* », et se désolant de « *notre inconscience face à la mort* », ils fustigent les préjugés de cette société qui, non seulement provoque « indirectement » le malaise sans se remettre en question et évaluer ses torts, mais traite de lâche et d'enfant celui qui réclame son droit à une mort douce, qui, sous couvert d'éthique médicale, s'acharne thérapeutiquement sur ses sujets. Il faut « *envisager la mort, et notamment la question du suicide, comme la clé de voûte de tout le système symbolique dans lequel nous sommes pris* ». « *Si nous prônons la mort douce, ce n'est pas uniquement pour des raisons "humanitaires", mais aussi parce qu'elle contribue à désacraliser la religion — et, par conséquent, la mort — en le faisant passer de l'ordre du pulsionnel à celui du rationnel, du registre de la fatalité à celui d'un destin librement assumé, de l'exaltation de la transgression à une lucidité sereine.* » « *Se donner la mort, c'est apposer sa signature à la fin d'une vie que nous n'avons pas choisie, qui s'est révélée une suite de revers, de disgrâces et d'échecs et qui, grâce à ce geste de suprême dignité, nous appartient enfin. Il n'est pas de liberté plus accomplie que l'adhésion à sa propre mort : adhésion éthique autant qu'esthétique. Aussi, c'est au moment où notre existence revêt à nos yeux son plus haut prix qu'il conviendrait de prendre congé.* » Hans Jonas, de son côté, parle également de l'aspect médical, mais il se focalise sur la dimension juridique. Ainsi commence son exposé : « *La première réaction à l'intitulé de cette investigation devrait être l'étonnement. "Le droit de mourir" : quelle étrange combinaison de mots ! Comme il est singulier que nous ayons à parler aujourd'hui d'un droit de* mourir, *alors que tout discours sur les droits a été depuis toujours référé au plus fondamental d'entre eux : le droit de* vivre. *En effet, chaque autre droit qu'on ait jamais évalué, demandé, accordé ou refusé peut être considéré comme une extension de ce droit premier, puisque tout droit particulier concerne l'exercice de quelque faculté vitale, l'accès à quelque besoin vital, la satisfaction de quelque aspiration vitale. — La vie elle-même n'existe pas en vertu d'un droit, mais d'une décision de nature : que je sois là vivant, c'est un fait pur et simple, qui doit sa seule force naturelle à l'équipement que représentent les capacités innées d'autoconservation. Mais chez les humains, le fait, une fois là, requiert la sanction d'un droit, car vivre signifie poser des exigences au monde environnant, et donc dépend de leur acceptation par ce dernier. Dans la mesure où le monde environnant est celui des hommes, et où l'acceptation qu'il consent comporte un élément de volonté, un pareil accord de caractère global, tel qu'il fonde toute vie en communauté, aboutit à la reconnaissance du* droit de vivre *de l'individu par le grand nombre et, bien évidemment, à celle de ce même droit par l'individu pour tous les autres. Là réside le germe de tout ordre juridique.* » S'ensuivent des discussions sur la technique médicale et des décisions qu'il faut ou non prendre. Nous ne nous y intéresserons pas. Nous citerons le dernier alinéa et sa conclusion : « *Ainsi est-ce donc en dernière instance la notion de vie, et non celle de mort, qui régit la question du "droit de mourir". Nous voici ramenés au début, lorsque le droit de vivre nous était apparu comme la source de tous les autres droits. Correctement et pleinement compris, il inclut aussi le droit de mourir.* » — Très intéressant également est le cheminement de Giacomo Casanova. Dans son *Discours sur le Suicide*, publié en 1769, Casanova, « *en qualité de chrétien* », ne peut « *que le condamner* ». Après avoir parcouru quelques pans de l'histoire du suicide, il se met à philosopher : immortalité de l'âme, rapport avec le corps, *etc*. Il revient à la charge en citant les Anciens, puis il attaque longuement Voltaire, avant de revenir sur les Anglais et leur « *spleen* ». Bref, rien de nouveau sous le soleil. En revanche, j'aime beaucoup sa manière de conclure (qui me rappelle quelqu'un) : « *Me voici arrivé à mon terme, et que le lecteur ne m'accuse pas d'avoir parlé dans ce discours de choses qui n'entrent pas dans le propos, et totalement étrangères à mon sujet, ni qu'il n'est pas légitime d'accuser quelqu'un qui est conscient de ses défauts. Je ne feins ni ne m'efforce ; je me laisse conduire par l'imagination, et je sais que j'ai besoin d'indulgence. Qu'il me soit toutefois permis de faire observer que je ne suis pas seul et que cette façon de sauter du coq à l'âne est le vice de tous ceux qui veulent écrire sans être des gens de lettres, de profession.* » Mais les réflexions de Casanova ne sauraient s'arrêter là. En 1782, soit treize années plus tard, il écrit *Neuf dialogues sur le suicide*. Au tout début, à l'adresse du lecteur, il explique que dans les années qui avaient suivi la publication du *Discours*, deux personnes s'étaient suicidées après l'avoir lu. Il en fut contrarié. Mi-ironique, mi-sérieux, il prévient et se justifie : « *Affligé par cette aventure, et désireux de remédier au mal, que je fis involontairement au genre humain, je me déterminai à écrire en faveur du suicide, certain que, si mon raisonnement contre lui m'a armé la dextre, l'effet de ce nouvel essai devrait être de l'en désarmer. Je place donc, ô lecteur, sous tes yeux, ces neuf dialogues, espérant y avoir raisonné assez mal pour que tu te persuades de te maintenir en vie jusqu'au moment inévitable de la mort naturelle, convaincu par ces raisons précisément que j'allègue pour démontrer quiconque n'étant ni fou ni désespéré se suicide accomplit une action d'homme sensé, dès que cette vie lui apparaît comme une charge incommode. — À condition que les causes soient égales et qu'on puisse pareillement espérer une parfaite égalité dans les effets, je puis t'assurer que de même que j'ai alors écrit d'un cœur sincère et conforme à mes pensées hostiles au suicide, j'ai à présent rédigé ces dialogues dans l'intention d'en faire le panégyrique. À ce moment-là je pensais d'une certaine manière et dorénavant d'une autre. L'homme dépend des circonstances où il se trouve et il est raisonnable qu'il change avec elles. Cependant, je sens qu'il me ferait plaisir de ne point convaincre. Je désire seulement que mes dialogues soient bien examinés par ceux qui me survivront si le hasard se produisait que je dusse avoir besoin de justification ou de compassion, sentiments auxquels j'aspire encore que je méprise la vie. Il m'importe de ne passer pour fou ni pour désespéré. Adieu.* » Ah ! j'adore ce cher Casanova ! Il est génial. Le dialogue se met ensuite en place. Les deux protagonistes (« A » et « B ») vont disserter en suivant les neuf points qui découpent le raisonnement : *Foi*, *Dieu*, *Dépendance*, *Nature*, *Illusions*, *Évidence*, *Nécessité*, *Physique* et *Suicide*. Pour Casanova, « *la vie est, généralement parlant, un mal, un vrai malheur* ». Il décide « *que l'homme pensant et raisonnable, qui n'en est pas content, devrait en sortir et cesser de croire qu'en faisant cela il commettrait un geste injuste* », ou « *que cet effort ne lui est pas permis par ce qu'il se doit à lui-même* ». Les gens peuvent bien qualifier de divines certaines choses, il n'en a cure, car il sait que, en les soumettant à l'examen de sa raison, il trouverait « *qu'elles sont toutes ou absurdes ou puériles ou impossibles* ». Dieu, s'il existe, nous laisse faire ce que nous voulons. Nous ne lui devons rien et n'avons rien à craindre de sa part. Il faut craindre les individus (ou essayer de ne pas se soucier d'eux) qui inventent toutes ces fables pour leur propre intérêt et qui « *exercent le métier d'épouvanter les esprits faibles* ». Car les sages envient et admirent le suicidé en contemplant « *dans ce malheureux un esprit élevé qui sut se soustraire aux peines de sa vie et aux vices fallacieux d'un trompeur espoir* ». À la question de savoir si mépriser la vie est facile, ou si quitter la vie est l'acte d'un lâche, Casanova répond : « *Ce sont des mots, mon ami. [...] Nous voulons des preuves, pas de belles phrases. Ce que je te dis pour te prouver que celui qui se suicide est plus fort que celui qui souffre, c'est que, parmi mille malheureux qui veulent vivre, nous n'en voyons pas même un qui n'espère la réalisation des rêves qu'il se figure être les uniques remèdes à son malheur. Crois-tu qu'il faille une grande force pour abriter de si vains espoirs ?* » L'homme, qu'il soit croyant ou athée, anthropomorphise tout et ne se méfie pas assez de ses illusions. Il croit démontrer des choses, mais il oublie qu'« *il n'y a que la mathématique qui démontre le vrai* ». Et il oublie que le monde, constitué d'atomes, est ce qu'il est et qu'il est ce qu'il devait être, ce qui implique qu'« *il ne convient ni d'admirer le suicidé ni de le blâmer, car il a agi comme il devait agir en fonction des motifs qui l'y poussèrent ou qui l'empêchèrent de s'y résoudre* ». L'effort de Casanova pour faire le tour du suicide est admirable. Ce panégyrique (auquel il manque la fin et quelques passages) est un fameux essai. Fameux dans l'élaboration, dans les illustrations, dans les raisonnements, mais pas dans la réputation (non pas qu'il en aurait une mauvaise) : il est inconnu au bataillon et je ne connais pas de livres sur le suicide qui le citent (louées soient les éditions Rivages pour l'avoir traduit de l'italien et publié en 2007). — Comment parler du suicide sans évoquer l'œuvre d'Émile Durkheim ? À vrai dire, *personne*, depuis des décennies, n'oublie son gros livre de 1897 : *Le Suicide*. On l'oublie si peu que cela en devient lassant et que j'en viendrais à me demander si je dois moi aussi en parler... Mais puis-je raisonnablement évincer cette remarquable étude sociologique sur le suicide, qui n'eut pas de précédent et qui obligea les gens à se pencher sur la question, et ce, *de façon scientifique* ? Je l'ai devant moi, le « monstre » (il est si épais, si dense, qu'il me fait peur), avec sa couverture rouge sang de chez PUF. Lu en 2003 (en diagonales, je l'admets), je ne l'ai jamais rouvert depuis. Je m'aperçois que j'ai souligné certains passages de l'introduction. Petit instant de nostalgie. Même s'ils sont parfois trop courts pour une bonne compréhension, recopions-les. Je replongerai ainsi dans le passé et verrai ce qui pouvait bien m'intéresser à l'époque... « *On appelle suicide toute mort qui résulte médiatement ou immédiatement d'un acte positif ou négatif, accompli par la victime elle-même. [...] L'intention est chose trop intime pour pouvoir être atteinte du dehors autrement que par de grossières approximations. Elle se dérobe même à l'observation intérieure. [...] Sans doute, vulgairement, le suicide est, avant tout, l'acte de désespoir d'un homme qui ne tient plus à vivre. [...] Ce qui est commun à toutes les formes possibles de ce renoncement suprême c'est que l'acte qui le consacre est accompli en connaissance de cause ; c'est que la victime, au moment d'agir, sait ce qui doit résulter de sa conduite, quelque raison d'ailleurs qui l'ait amenée à se conduire ainsi. [...] Celui de suicide lui convient et il n'y a pas lieu d'en créer un autre ; car la très grande généralité des faits qu'on appelle quotidiennement ainsi en fait partie. Nous disons donc définitivement :* On appelle suicide tout cas de mort qui résulte directement ou indirectement d'un acte positif ou négatif, accompli par la victime elle-même et qu'elle savait devoir produire ce résultat. *La tentative, c'est l'acte ainsi défini, mais arrêté avant que la mort en soit résultée. [...] Cette définition suffit à exclure de notre recherche tout ce qui concerne les suicides d'animaux. [...] Et pourtant, ces différentes manières d'agir ne se distinguent pas radicalement des suicides proprement dits. [...] Chaque société a donc, à chaque moment de son histoire, une aptitude définie pour le suicide. On mesure l'intensité relative de cette aptitude en prenant le rapport entre le chiffre global des morts volontaires et la population de tout âge et de tout sexe. [...] Mais d'abord, c'est déjà un fait remarquable que le suicide ait, d'une année à la suivante, un degré de constance au moins égal, sinon supérieur, à celui que la mortalité générale ne manifeste que de période à période. [...] Au contraire le taux des suicides, en même temps qu'il n'accuse que de faibles changements annuels, varie suivant les sociétés du simple au double, au triple, au quadruple et même davantage. [...] Le taux des suicides constitue donc un ordre de faits un et déterminé ; c'est ce que démontrent, à la fois, sa permanence et sa variabilité. [...] Ce qu'expriment ces données statistiques, c'est la tendance au suicide dont chaque société est collectivement affligée.* » Je n'avais pas souligné la fin de l'introduction. Je vais tout de même la recopier puisqu'elle donne le plan de l'ouvrage et la motivation de l'approche sociologique : « *Notre intention n'est donc pas de faire un inventaire aussi complet que possible de toutes les conditions qui peuvent entrer dans la genèse des suicides particuliers, mais seulement de rechercher celles dont dépend ce fait défini que nous avons appelé le taux social des suicides. On conçoit que les deux questions sont très distinctes, quelque rapport qu'il puisse, par ailleurs, y avoir entre elles. En effet, parmi les conditions individuelles, il y en a certainement beaucoup qui ne sont pas assez générales pour affecter le rapport entre le nombre total des morts volontaires et la population. Elles peuvent faire, peut-être, que tel ou tel individu isolé se tue, non que la société* in globo *ait pour le suicide un penchant plus ou moins intense. De même qu'elles ne tiennent pas à un certain état de l'organisation sociale, elles n'ont pas de contrecoups sociaux. Par suite, elles intéressent le psychologue, non le sociologue. Ce que recherche ce dernier, ce sont les causes par l'intermédiaire desquelles il est possible d'agir, non sur les individus isolément, mais sur le groupe. Par conséquent, parmi les facteurs des suicides, les seuls qui le concernent sont ceux qui font sentir leur action sur l'ensemble de la société. Le taux des suicides est le produit de ces facteurs. C'est pourquoi nous devons nous y tenir. — Tel est l'objet du présent travail qui comprendra trois parties. —* Le phénomène qu'il s'agit d'expliquer ne peut être dû qu'à des causes extra-sociales d'une grande généralité ou à des causes proprement sociales. Nous nous demanderons d'abord quelle est l'influence des premières et nous verrons qu'elle est nulle ou très restreinte. *—* Nous déterminerons ensuite la nature des causes sociales, la manière dont elles produisent leurs effets, et leurs relations avec les états individuels qui accompagnent les différentes sortes de suicides. *—* Cela fait, nous serons mieux en état de préciser en quoi consiste l'élément social du suicide, c'est-à-dire cette tendance collective dont nous venons de parler, quels sont ses rapports avec les autres faits sociaux et par quels moyens il est possible d'agir sur elle. » Ne serait-ce qu'en le feuilletant sommairement, on comprend mieux pourquoi ce livre marqua les débuts de la sociologie et qu'il est la Bible des étudiants dans ce domaine. Il est rempli de tableaux et de chiffres, de formules (simples), de cartes. C'est une merveilleuse tentative de cerner statistiquement ce que révèle un fait social, en particulier ce que cache le suicide : facteurs, paramètres, dépendances, causes, effets, entrecroisements, *et cætera*. Le climat, la race, le degré de civilisation, la profession, l'âge ou le sexe influent-ils sur le taux de suicides ? Cela dépend-il du pays où l'on se trouve ? Le fait d'être marié protège-t-il favorablement contre le suicide, et, plus généralement, le degré d'intégration dans la famille et dans la société est-il important pour évaluer la probabilité de se suicider ? La religion a-t-elle une influence ? Les guerres et les crises économiques engendrent-elles davantage de suicides ? Le cadre politique, juridique ou moral dans lequel évolue l'individu prouve-t-il une incidence sur sa morbidité ? Le suicide saurait-il vraiment se réduire à un « *phénomène collectif* », et faudrait-il se borner à d'abord laisser « *de côté, pour ainsi dire, l'individu en tant qu'individu, ses mobiles et ses idées* », pour ensuite, en revenant aux individus, chercher « *comment ces causes générales s'individualisent pour produire les effets homicides qu'elles impliquent* » ? Cependant, d'une part, les outils mathématiques (loi normale, loi de Poisson, loi du Khi 2...) sont absents et diminuent la valeur des conclusions (sans parler de la crédibilité ou de la véracité des chiffres consignés, ou du crédit à accorder aux documents), et d'autre part, les chiffres en eux-mêmes n'expliquent pas le problème existentiel. C'est une approche purement formelle. Ce n'est pas en collant une étiquette « névrosé » ou une étiquette « paranoïde » sur un sujet que l'on aura résolu (ou même approché) la question du mal-être de l'homme ou de toute interrogation métaphysique. (*La Perte de Sens*, par exemple, n'explique pas (si jamais elle explique quoi que ce soit) le sens profond des choses (d'où son titre !).) Peut-on, par conséquent, circonscrire la typologie du suicide à ces quatre éléments : le suicide *égoïste* (défaut d'intégration), le suicide *altruiste* (excès d'intégration), le suicide *anomique* (défaut de régulation, c'est-à-dire de réglementation) et le suicide *fataliste* (excès de régulation) ? Je ne le crois pas (mais l'entreprise de Durkheim est suffisamment méritoire pour que je critique sa catégorisation). De même, Pessoa, à travers l'ultra-rationnel Abílio Quaresma (le *déchiffreur*), cet individu étrange qui résout des affaires criminelles sans être un détective professionnel (il n'est que médecin), ne peut s'empêcher de ranger le suicide dans *trois* catégories : « *Le phénomène qu'on appelle suicide peut être motivé par trois types de causes : des causes liées au tempérament, des causes sociales, et des causes occasionnelles. Il peut être le produit du caractère de l'individu ; il peut être le produit de l'action forte d'un ensemble de circonstances sociales sur un tempérament non prédestiné au suicide ; il peut être le produit d'une pulsion entièrement occasionnelle. — Or, s'il y a ces trois sortes de suicide, chacun doit présenter des caractéristiques par lesquelles on peut le distinguer des deux autres. — Exiguïté de la cause dans le premier cas, plus d'importance dans le deuxième, importance maximale dans le troisième.* » *Et cetera*. Et il faut voir de quelle manière Quaresma aborde l'hypothèse du suicide sur une scène de crime ! Son raisonnement est aussi froid que les chiffres empilés par Durkheim dans ses tableaux ! Cela tranche plus vivement qu'une guillotine bien affûtée ! « *Le suicide est, essentiellement, un acte antinaturel, car c'est une opposition directe de l'individu au plus fondamental de tous les instincts, qui est celui de la conservation de la vie. Par ailleurs le suicide est contradictoire. Le but de celui qui se suicide est de supprimer quelque chose d'inclus dans sa vie, qui l'effraie ou l'oppresse. C'est pour cela qu'il supprime sa propre vie. L'instinct consistant à supprimer une chose qui oppresse ou effraie est une pulsion naturelle, qui procède de l'instinct de conservation lui-même, qui rejette naturellement ce qui effraie ou oppresse, comme tout ce qui est douloureux ou désagréable, parce qu'il diminue cette vie que l'on veut conserver. — Mais, en voulant supprimer cet effroi ou cette oppression, celui qui veut se suicider s'égare, son instinct est perturbé, il se contredit ; et il finit par s'attaquer à cette vie même pour la défense de laquelle il a voulu supprimer l'effroi ou l'oppression. Ainsi le suicide est, clairement, un acte de panique : sa nature s'adapte à la nature de cette forme aiguë, insensée et paradoxale de la peur. La peur est donnée à l'animal pour se défendre du danger, ou en l'affrontant avec violence — la violence née de la peur elle-même. Dans la panique, pourtant, soit l'animal demeure pétrifié et tremblant, si bien qu'il ne peut ni fuir ni se défendre, soit il fuit éperdument — dans n'importe quelle direction, et cela peut être pire que l'origine du danger, vers l'origine même du danger parfois — et ainsi il contredit l'instinct même de fuite, et partant de peur, qui consiste à rechercher la sécurité ou le salut. — Chez l'individu humain, la panique peut être motivée par deux choses : par prédisposition naturelle, c'est-à-dire une disposition naturelle à la peur extrême, autrement dit la lâcheté, qui, de par sa nature, convertit un petit danger ou un petit risque en un motif de panique ; ou par l'incidence extrême d'un danger réel, d'un risque véritable, sous l'influence duquel l'individu, quoique normalement courageux — ou même, en fonction du fait extérieur, anormalement —, se réfugie temporairement dans la lâcheté.* » *Et cetera*. — Pour en revenir à Durkheim, je ne m'insurge pas, de toute façon, en priorité contre le livre en soi (de même, je ne m'étais pas insurgé contre les livres d'Alfred Adler, dont le point de vue rejoint d'ailleurs étonnamment celui de Durkheim, quant au niveau de socialisation ou de professionnalisation) ; je m'insurge contre ce qu'il dit dans ses « *conséquences pratiques* », données tout à la fin de *Le Suicide*. Pourquoi ? Durkheim écrit : « *Maintenant que nous savons ce qu'est le suicide, quelles en sont les espèces et les lois principales, il nous faut rechercher quelle attitude les sociétés actuelles doivent adopter à son égard.* » Quoi ? Nous serions aptes à nous gratifier de savoir ce qu'est le suicide ? Certes, quatre cents pages précèdent cette affirmation ; mais tout de même ! On n'en aura jamais fait le tour, et certainement pas en s'axant aux seuls dixièmes sur le caractère sociologique. Il y faudrait ajouter les caractères psychologique, psychanalytique, psychiatrique, philosophique... et j'en passe ! « *Maintenant que nous savons ce qu'est le suicide* » ? Ah ! « *Ah ! non ! c'est un peu court, jeune homme ! / On pouvait dire... Oh ! Dieu !... bien des choses en somme.* » Moi-même, après plus de quatre cents pages, combien de fois ai-je parlé du suicide sous l'angle *sociologique* ? Bon, il est vrai que je parle beaucoup, mais que de choses ai-je dites déjà ! D'aucuns diront que je parle pour ne rien dire. Je répondrai à ceux-là sur le même ton que prit Lord Goring quand il le répondit à son père : « *I love talking about nothing, father. It is the only thing I know anything about.* » (« *J'adore parler de rien, père. C'est la seule chose que je connaisse un peu.* ») Quoi qu'il en soit, je n'ai guère joué au sociologue jusqu'à présent. Mais continuons avec les deux derniers alinéas de l'ouvrage de Durkheim : « *Ainsi, une monographie du suicide a une portée qui dépasse l'ordre particulier de faits qu'elle vise spécialement. Les questions qu'elle soulève sont solidaires des plus graves problèmes pratiques qui se posent à l'heure présente. Les progrès anormaux du suicide et le malaise général dont sont atteintes les sociétés contemporaines dérivent des mêmes causes. Ce que prouve ce nombre exceptionnellement élevé de morts volontaires, c'est l'état de perturbation profonde dont souffrent les sociétés civilisées et il en atteste la gravité. On peut même dire qu'il en donne la mesure. Quand ces souffrances s'expriment par la bouche d'un théoricien, on peut croire qu'elles sont exagérées et infidèlement traduites. Mais ici, dans la statistique des suicides, elles viennent comme s'enregistrer d'elles-mêmes, sans laisser de place à l'appréciation personnelle. On ne peut donc enrayer ce courant de tristesse collective qu'en l'atténuant, tout au moins, la maladie collective dont il est la résultante et le signe. Nous avons montré que, pour atteindre ce but, il n'était nécessaire ni de restaurer artificiellement des formes sociales surannées et auxquelles on ne pourrait communiquer qu'une apparence de vie, ni d'inventer de toutes pièces des formes entièrement neuves et sans analogies dans l'histoire. Ce qu'il faut, c'est rechercher dans le passé les germes de vie nouvelle qu'il contenait et en presser le développement. — Quant à déterminer avec plus d'exactitude sous quelles formes particulières ces germes sont appelés à se développer dans l'avenir, c'est-à-dire ce que devra être, dans le détail, l'organisation professionnelle dont nous avons besoin, c'est ce que nous ne pouvions tenter au cours de cet ouvrage. [...] Une fois qu'on a établi l'existence du mal, en quoi il consiste et de quoi il dépend, quand on sait, par conséquent, les caractères généraux du remède et le point auquel il doit être appliqué, l'essentiel n'est pas d'arrêter par avance un plan qui prévoie tout ; c'est de se mettre résolument à l'œuvre.* » Je n'ajouterai qu'un seul avis : je ne sais pas dans quelle mesure l'organisation professionnelle pourrait résoudre le problème, mais tout ce que je sais, c'est que depuis Durkheim, le phénomène n'a fait qu'empirer. Où l'on aura vu que l'on n'apprend rien de ses erreurs (si erreurs il y a), et que les instances qui sont au pouvoir n'en ont rien à foutre de chercher des solutions tant que cela ne rapporte pas de l'argent et ne fout pas le bordel dans la vie citoyenne... — Un autre livre PUF va être l'objet d'un survol : *Le Suicide*, recueil d'essais auquel ont contribué une vingtaine de personnes (psychiatres, professeurs d'Université spécialisés en éthique biomédicale, en théologie, en démographie, en sociologie juridique, etc.), et dirigé par François Terré. J'ai écrit « *survol* », car les sujets sont trop ciblés pour qu'ils soient l'objet de mon attention : *Le suicide dans la tradition hébraïque,* — *Le bien commun social et le bien des personnes suicidantes selon l'Église catholique,* — *Suicide au féminin : une affaire de séduction,* — *Les tribunaux et le suicide,* — *Suicide, indifférence et transgression,* — et autres titres du même acabit. Terré, dans sa préface, note : « *Le suicide individuel suffit à occuper l'interrogation, l'inquiétude, l'angoisse et même le scandale. Décidément Victor Hugo a vu juste : une mystérieuse voie de fait sur l'inconnu. Il faut y revenir. — Mystérieuse voie de fait... Ce qui, dans la formule, importe finalement le plus, c'est le mystère inhérent au suicide. Mystère si consubstantiel que, certainement, le suicide le plus parfait, le plus achevé, est celui qui laisse éternellement planer le doute sur sa propre existence.* » Je me souviens parfaitement d'un moment de 2002 : alors étudiant en licence de philosophie, je me trouvais à la bibliothèque universitaire en compagnie d'une camarade. Celle-ci était plongée dans les lectures recommandées (imposées) par ses professeurs, chose que j'avais déjà faite l'été d'avant (avant de me coucher, éreinté surtout d'avoir posé des faux-plafonds toute la journée : concilier philosophie et travail dans le bâtiment : il y aurait tant à écrire là-dessus (rappelez-vous le « *syndrome de la facture de gaz* »)). Bref, je lisais *Le Suicide*. Ce livre me captivait. J'appris énormément de choses. Outre les données sur les taux de suicides selon les heures du jour et de la nuit, les rappels historiques, les conceptions juridiques, les points de vue médicaux et psychanalytiques, figure un essai d'Hervé Le Bras (dont je me méfie un peu, car ses analyses actuelles sur la croissance démographique mondiale me laissent sceptique) intitulé *Suicide individuel, suicide social*, qui « prolongera » les quelques mots prononcés à l'égard du livre de Durkheim (et ceux qui s'appuyaient sur la corrélation entre la parution de *Suicide, mode d'emploi* et la recrudescence des suicides en France). Formules à l'appui, Le Bras, polytechnicien et mathématicien, rappelle que jongler avec des colonnes de chiffres sans se référer aux notions de variance ou d'écart-type, est une hérésie. En s'intéressant aux disparités des taux de suicides qui existent entre les différentes régions françaises, on peut vérifier facilement que « *les fameuses causes "suicidogènes" n'expliquent pas même un 1/10 000 du comportement individuel* ». Le Bras continue : « *Ou bien, dit autrement, on pourrait trouver au moins 10 000 autres facteurs plus explicatifs que ceux étudiés par Durkheim ! — L'apport de Durkheim paraît ainsi dérisoire, et plus généralement, l'influence des facteurs sociaux, ou plutôt globaux, très faible (on trouverait des variances expliquées du même ordre de grandeur en tenant compte du sexe, de l'âge et de la profession). — On comprend mieux aussi pourquoi les médecins, les juges et même les familles ne prêtent aucune attention aux causes suicidogènes des savants.* » Mais le plus rigolo, vis-à-vis de cette collection éclectique d'essais, c'est qu'en les reparcourant après toutes ces années, et en constatant que je n'en avais annoté qu'un seul, je me suis ressouvenu de la haine qu'il avait engendrée en moi. (Attention, je vais vociférer et ressembler à Antipatros, « celui-qui-crie-avec-sa-plume ».) Cet essai, *Le devoir de vivre*, a été écrit par Janine Chanteur, du son état professeur émérite de philosophie morale et politique à l'Université de Paris-Sorbonne. Qu'avais-je écrit, en marge ? « *Quand on lit cet essai, on a, en réfléchissant plus et mieux que cette dame, le désir de se tuer !* » J'ai dessiné une flèche qui pointe vers ce jugement : « *(C'est bien triste de voir une "philosophe" parler ainsi du suicide. Elle n'a jamais été proche du vide, elle mange son caviar toute la journée — et prend le savoir pour l'ignorance.)* » Ce n'est pas mon genre d'opérer comme cela, et il fallait que je fusse singulièrement remonté pour en arriver à écrire un petit mot (d'autant plus qu'il est très violent) ! C'est là un problème bien courant : le philosophe, dans sa tour d'ivoire, perd de vue la réalité. Il y a plus de choses sur la terre et dans le ciel, Madame (Maître) Chanteur, qu'il n'en est rêvé dans votre philosophie ! Et il y a plus de philosophie qu'il n'en est rêvé dans votre cervelle ! Il y a plus de philosophie dans chaque nouvelle de Jack London (qui a vécu, lui) qu'il n'y en a (je suppose) dans tous vos écrits, dans toutes vos pensées soi-disant philosophiques ! Écoutez donc l'avant-propos de *Michael, brother of Jerry* (*Michaël, chien de cirque*) : « *Si l'on en croit les critiques littéraires qui m'ont fait l'honneur de parler de moi et de mes œuvres, je n'ai évidemment rien d'un snob, et peu de chose même d'un civilisé. Je passe pour me délecter du sang versé, de la violence et de l'horreur. — Laissons là cette réputation, vraie ou fausse, et acceptons-la pour ce qu'elle vaut ; permettez-moi de vous dire que je suis quelqu'un qui a vraiment vécu la vie, et à une rude école, et que partout j'ai pu constater que l'homme dépassait la mesure raisonnable en méchanceté et en barbarie. — Cela, j'ai pu l'observer partout : sur le gaillard d'avant du navire où j'ai navigué ; dans les prisons où l'on ma enfermé ; au fond des bouges que j'ai fréquentés ; parmi les déserts même que j'ai parcourus ; dans les chambres d'exécution où s'accomplit la justice des hommes, et sur les champs de bataille comme dans les hôpitaux militaires ou civils.* » Ah ! madame, si vous aviez été au front comme Wittgenstein, vos doigts manucurés eussent moins senti le Chanel n°5 ! Ce n'est pas avec des « *Nos amours, nos réussites, notre santé, notre contentement demeurent des bien, mais leur sommation ne saurait égaler ce qui les transcende* », que le schmilblick va avancer (en revanche, le bouchon risque d'être poussé trop loin). Cette dame qui sait tout veut éduquer (elle a de quoi en revendiquer le droit, étant mère de cinq enfants !) : « *Sans doute une éducation qui mériterait ce nom nous aiderait-elle à mieux discerner en quoi la perte de la confiance en la vie est la plupart du temps le fruit d'une ignorance et d'une erreur.* » Tant mieux pour elle si elle a confiance et si elle croit savoir qu'elle sait et que les autres sont dans l'erreur et dans l'ignorance ! Éduque-nous, Janine ! vas-y, éduque-nous, ce sera si bon !... « *Puisque l'être humain, seul de tous les vivants, ressent un manque qui peut l'amener à détruire lui-même sa propre vie, c'est bien qu'une revendication radicale du sens, de la signification de sa vie s'impose à lui : il lui faut la trouver.* » Tant mieux si elle a trouvé ce qu'elle cherchait, si elle a trouvé « *les chemins de la vie* » ! Son intérêt est sauvegardé. « *Se suicider, n'est-ce pas aussi tenir pour parfaitement vain l'effort constant qui donne à la vie humaine sa valeur unique au sein de la multiplicité indénombrable des êtres ?* » Les belles phrases ! Poursuite du vent ! Quelle froide prétention — et quelle froide bassesse — dans ces phrases écrites d'une main froide ! De la philosophie-caviar ! Déconnectée du monde du suicidaire, elle donne ses cinq heures de cours hebdomadaires (grassement rémunérées) pour avoir le temps d'écrire les fruits abstraits de son prétentieux cerveau et de faire la morale, avant d'aller retrouver sa marmaille qui doit manger à huit heures ses cornflakes arrosés de champagne. J'aimerais bien consulter son livre qui s'appelle *Du droit des bêtes à disposer d'elles-mêmes* ! On doit atteindre des sommets d'intelligence ! Que ne s'est-elle mariée avec milord Édouard ? De la philosophie-caviar que tout cela, rien de plus. Jamais elle n'a vu sa main moite trembler avec le canon sur la tempe ou ses jambes vaciller sur la chaise avec une corde autour du cou. Sa main tremble, ses jambes vacillent quand les truffes rehaussent le goût de ses omelettes. Madame, accrochez au-dessus de votre lit ces mots de Montherlant, extraits du *Treizième César* (cité par Georges Minois) : « *Il n'y a rien de plus mystérieux qu'un suicide. Quand j'entends expliquer les raisons de tel suicide, j'ai toujours l'impression d'être sacrilège. Car il n'y a que le suicidé qui les ait connues, et qui ait été en mesure de les comprendre : elles sont le plus souvent multiples et inextricables et hors de la portée d'un tiers.* » En paraphrasant Churchill, je vous dirai que le suicide est une chose trop sérieuse pour qu'elle soit confiée à une « philosophe » telle que vous. (Je me calme. Passons aux ouvrages suivants, ça m'apaisera.) — Viennent ensuite trois livres qui ont le même format et qui portent le même titre : *Le Suicide*. Ils sont loin d'être les moins intéressants. Le plus récent, publié chez Flammarion dans la collection « Dominos », a été écrit par deux membres de la communauté psychiatrique : François Caroli et Marie-Jeanne Guedj. L'approche est classique : dans un premier temps, elle évalue les caractères épidémiologique (décès, tentatives, moyens suicidogènes) et clinique (définitions, sens et processus, tendance suicidaire (dépression, schizophrénie, toxicomanie, alcoolisme, somatisme), causes possibles) ; puis, dans un second temps, elle cible l'adolescent, l'entourage du suicidé, ainsi que la prévention du suicide. Le chapitre que je retiendrai est en rapport avec la question : « *Existe-t-il des causes spécifiques à la tendance suicidaire ?* » Tout d'abord, les aspects cognitifs : il s'agit de comprendre les liens qui peuvent exister entre le « coping » (« *manière de faire face aux événements de vie* ») et la psychopathologie. Comment le sujet est-il affecté ? Comment gère-t-il son anxiété ? Comment cette anxiété apparaît-elle ? Il semblerait que « *le refoulement est positivement corrélé au risque suicidaire* ». Les auteurs citent ensuite l'influence des conditions de vie, dont l'isolement, qui est un « *facteur de risque considérable* », avant d'aborder le problème des violences et abus sexuels (« *il n'y a pas un jour* », admettent-ils, « *au sein d'une consultation psychiatrique, où un patient, plus souvent une patiente, n'évoque des sévices dans l'enfance, le plus souvent des sévices sexuels habituellement intrafamiliaux* »). Mais il est délicat de trancher la question du lien causal avec le suicide dans ces cas-là. L'axe biologique et ses « *études prometteuses* » n'est pas oublié : comme les dépressifs, les suicidaires ont un manque en sérotonine (dont on a parlé beaucoup plus haut). Un autre facteur de risque considéré par Caroli et Guedj est l'hérédité : y a-t-il une transmission héréditaire de la tentation au suicide ? Comme pour les autres questionnements, celui-ci reste hypothétique. Un paragraphe est dédié à l'« *injonction délirante* » qui frapperait plutôt les mélancoliques et les schizophrènes, et que l'on pourrait définir de cette façon : « *une force intérieure, perçue parfois comme venant de l'extérieur, ordonne au sujet de se tuer.* » Cette force empêcherait de conclure sur l'intention de mourir : est-elle « *réelle ou dissociée de l'ordre supposé et reçu* » ? Ce chapitre sur les causes spécifiques à la tendance suicidaire se clôt sur la question suivante : « *Existe-t-il des suicides non pathologiques ?* » La réponse, étayée par la voie euthanasique, est oui, cependant qu'« *il n'apparaît pas aujourd'hui possible d'en déduire qu'il existerait un "suicide normal"* ». Si je me suicidais, mon suicide serait-il caractérisé comme étant un suicide pathologique ? Difficile de tracer une frontière entre le normal et le pathologique (qui est par ailleurs le titre d'un livre de Georges Canguilhem — que je n'ai pas lu)... — Le deuxième *Le Suicide* est le plus ancien (1966). Édité chez PUF dans une collection (« *Initiation philosophique* ») qui n'existe plus (du moins, le suppose-je, et c'est regrettable, car vous ne le trouverez pas en librairie), il est dû à Léon Meynard, professeur agrégé de philosophie (du moins, le suppose-je aussi). Le sous-titre est alléchant : *Étude morale et métaphysique*. Je l'ai lu en 2003, comme le précédent, et les souvenirs que j'en ai encore sont flous (ce dont je me souviens le plus, c'est l'homonymie Ménard/Meynard, plus que troublante, et cette pensée — assez obscure — retrouvée : « *Le livre* Le suicide *de Meynard, est très bon. Mais il est vrai qu'il est toujours difficile de croire à toutes ces théories : l'homme qui se supprime n'a certainement aucune (ou peu s'en faut) de ces notions — et ainsi la légitimité (ou son contraire) est insubordonnée.* »). Toutefois, sans rejoindre tous les arguments de l'auteur ni en accepter la plupart des idées (j'irais jusqu'à dire que je ne les rejoins ni ne les accepte *quasiment jamais*), je pense qu'il faut le lire et qu'il figure parmi les indispensables sur le sujet. L'avant-propos prouve qu'il ne va pas gloser dans le vent comme beaucoup d'autres l'ont fait avant et après lui : « *Le sentiment de la mort domine la condition humaine. "L'homme est un animal sachant qu'il doit mourir." Prise de conscience tragique qui définit à la fois notre privilège essentiel et notre inquiétude fondamentale. Mais l'homme ne se contente pas de connaître le sort inexorable auquel il est voué. Il sait encore qu'il peut choisir l'heure fatale, décider des circonstances, prévenir un destin qui voudrait le surprendre. Possibilité angoissante mais indéniable, qui s'offre à lui dans le jeu de la vie et de la mort. Possibilité d'un acte qui soulève immédiatement la question de sa légitimité. L'homme a le pouvoir de disposer de son existence en se donnant la mort : en a-t-il le droit ? Cette prérogative de la pensée, qui fait sa nature profonde, l'autorise-t-elle à se tuer, usant ainsi d'une liberté qui se retourne contre elle-même dans un acte de destruction ?* — *L'existence nous est donnée. C'est là pour nous un fait. Tout l'existentialisme du monde n'y changera rien. Nous n'avons pas choisi d'exister ou tout au moins de vivre. Nous pouvons tout choisir, mais non pas choisir de vivre, ou de n'être pas. Le choix radical nous est interdit puisqu'il faut encore que nous existions pour opter et pour agir. "Pour penser, il faut être." Par contre nous pouvons décider d'accepter ou de refuser la vie. Inévitablement nous portons sur elle un jugement de valeur, c'est-à-dire un jugement qui lui attache un certain prix, lui attribue ou lui reconnaît un certain sens. La vie, nous pouvons estimer qu'elle ne vaut pas la peine d'être vécue ou bien au contraire, qu'elle est d'un prix inestimable. La réflexion philosophique nous invite à nous en préoccuper pour éclairer la destinée humaine en général. Mais c'est également l'affaire de chacun ; je dois me prononcer, personne ne saurait le faire à ma place. Je suis directement et personnellement engagé dans la signification que je donne à ma propre existence ou que je lui reconnais en vertu des principes qui me guident. — Ainsi, l'existence cesse d'être le fait pur et brut qu'elle était d'abord pour devenir une valeur. Valeur positive ou négative, selon que nous croyons à elle ou que nous la condamnons irrévocablement. Et que nous la considérions ainsi est chose inévitable, si la pensée promeut tout ce qu'elle touche de l'ordre de la réalité à l'ordre de la valeur. Dès lors, ce qui nous intéresse, sur ce plan, c'est moins la vie que les raisons de vivre, c'est de savoir ce qui peut donner un sens à cette vie que nous détenons sans nous l'être donnée. Nous cherchons la justification de l'existence, de la nôtre, de celle des autres : il nous faut absolument découvrir sa raison d'être, le sens caché qu'elle contient peut-être par la grâce d'une valeur qui la justifie. N'eût-elle pas de raison d'être, ce qui nous intéresse encore ce sont les fins que la vie nous permet d'atteindre ou tout au moins de viser, tout ce qui peut quand même la fonder en raison.* » Les six chapitres de ce livre, tous très bien écrits, s'attachent aux rapports du suicide avec la société, la liberté, le courage, le sacrifice, la dignité humaine et le sens de la vie. C'est un beau programme, n'est-ce pas ? Madame Chanteur aurait dû le lire, aucun doute là-dessus ! (Non pas seulement pour y reprendre les idées, mais pour apprendre la méthode. De surcroît, elle aurait été ravie de constater que Meynard l'appuie sur la plupart des points, dont celui du courage, qui n'est pas de mourir, mais de vivre, idée contre laquelle j'essaie de lutter à ma manière dans mon livre.) Meynard est spirituel à double titre : il propose une excursion bourrée de citations (ce qui n'est pas pour nous déplaire et nous montre une certaine érudition), et il en appelle à Dieu. Cette seconde spiritualité nous effraie un peu. Il conclut d'ailleurs son ouvrage par ces mots : « *Loin que l'affirmation de Dieu soit préalable à la condamnation du suicide, c'est la condamnation du suicide qui appelle nécessairement l'affirmation de Dieu. La vie humaine et la vie de chaque personne humaine trouvent leur justification dernière dans l'idée que Dieu existe et que tout ce qui existe est un rayon réfléchi de sa gloire.* » Il y aurait de quoi décrédibiliser tout ce qui précède ! C'est notamment pour ce genre de raison que je dis qu'il faut le lire *tout en faisant très attention*, car en lisant le dernier chapitre consacré au sens de la vie, Dieu est omniprésent, et on comprend, rétroactivement, combien il l'était également dans toutes les thèses de Meynard dans les chapitres précédents. Le lire, c'est bien ; garder une distance critique, c'est mieux. (C'est peut-être aussi pour cela qu'il n'est pas réédité : soutenir la philosophie en soutenant la « *Personne divine* » est périlleux et peu digne d'un « philosophe moderne ».) — Le troisième *Le Suicide* émane toujours de PUF (collection « *Que sais-je ?* »). Il est de Pierre Moron. Encore un psychiatre ! Le plan est le copié-collé de celui de Caroli et Guedj (peut-on faire autrement quand on fabrique un livre censé décrire le phénomène du suicide en une centaine de pages ?). S'il fallait choisir entre les deux, il faudrait privilégier celui de Moron, plus complet et scientifique (la bibliographie est impressionnante pour un si petit livre). Il fut l'un des premiers ouvrages liés au suicide que je lus après la mort de François. Mes souvenirs se sont effacés depuis 2001. Je ne relèverai qu'un élément de la discussion, situé au second paragraphe (« *Le sens du suicide* ») du troisième chapitre (« *Suicide et psychologie* »), et qui est intégré à « *l'intentionnalité du suicide* » (« abord phénoménologique ») : « *Si la mort en elle-même est absurde pour le vivant, le suicidant — en la posant comme devenir — lui confère un sens [...]. Ni le pathologique, ni le psychologique ne suffisent à nous livrer sa nature. La situation suicide doit être saisie dans sa totalité, dans sa pluralité causale, comprise dans la généralité des faits : à savoir une situation traumatisante, une adhérence particulière du sujet à cette situation, sorte de disposition affective elle-même, conditionnée par la prédisposition de l'individu. — La situation suicide apparaît donc en continuité avec la personne globale du suicidant, ne se "résorbe" pas dans ses causes et n'est pas non plus en dehors de l'environnement des circonstances. [...] Le suicide est toujours un geste "signifiant", exemplaire, voire ostentatoire et ainsi ne pourrait être que le fait de l'homme et non des animaux comme cela a pu être avancé. [...] Le suicide a un sens humain, la quête de la communication avec autrui et toujours latente ; on se suicide contre quelqu'un et pour quelque chose.* » — Ce que l'on peut retenir de ces trois *Le Suicide*, c'est qu'ils ne s'engagent jamais véritablement dans ce qui me préoccupe depuis le début : la *possibilité du suicide* dans sa configuration mélancolico-métaphysique, ou, pour parler en d'autres termes, la *possibilité du suicide chez un être tel que moi*. Non pas sa possibilité en acte (ses techniques), ni sa possibilité en tant que résultante d'un affect particulier, mais sa possibilité en tant qu'elle constitue la réflexion (qui peut se réaliser) d'un être-au-monde. La question : « Qu'est-ce que le suicide », est à peu de choses près équivalente à la question : « Qu'est-ce que la conscience (de la conscience) ? » Je ne veux pas prendre mon cas pour un cas exceptionnel, mais je me rends compte que mon suicide ne cadrerait pas avec toutes ces visions de « spécialistes » (qui, en prime, sont toujours là pour en parler). Je ne me suiciderais ni pour ni contre quelque chose, ni pour ni contre qui que ce fût. Mon suicide ne devrait rien signifier non plus : il n'y a rien à signifier nulle part (et c'est ce que signifie *La Perte de Sens !*). Je voudrais en premier lieu que toute réflexion philosophique sur la vie et sur la mort commençât comme commence *Le Mythe de Sisyphe*. De même qu'il ne sert à rien de bâtir des systèmes mathématiques si les axiomes n'ont pas été posés et ne sont pas identiques pour tout le monde, il ne sert à rien de bâtir des systèmes sur le monde et la vie tant que l'on n'a pas tenté d'élucider (je dis bien : « tenté ») le problème du suicide. Il faut bien sûr évoquer l'histoire, la morale, la divinité, le droit, la psychologie, *et tout le bataclan*, mais il faut se résoudre à approfondir l'élucidation en *philosophant durement*. Depuis les philosophes grecs ou romains, je n'ai pas vu, ni entendu grand-chose de nouveau et de fondamental dans le raisonnement. Bref. Je continue. — Suivent deux livres qui sont des livres « de plage », de ceux qui se rencontrent dans les rayons « bien-être » chez les libraires (et qui se vendent comme des petits pains), c'est-à-dire, notamment, imprimés avec une taille de caractères énorme (c'est destiné aux aveugles ?), des interlignes doubles nombreux et très épais, et des phrases très simples qui renvoient à la ligne dès qu'elles s'achèvent, minimisant le vocabulaire et où parfois il manque ou un sujet, et/ou un verbe, et/ou un complément. Le premier, — *Et si on parlait... du suicide des jeunes* (par Jean-Marie Petitclerc, polytechnicien de formation), — commence ainsi par : « *Un problème d'actualité — Faire reculer la violence.* » Je n'en dirai presque rien (si ce n'est que l'effort de placer le suicide sous le feu des projecteurs est toujours une louable intention). Avant de conclure son livre sur une citation de Jean-Jacques Goldman, Petitclerc écrit :

« *La confiance — Croire. Croire en soi, en sa capacité d'être acteur de sa vie. — Croire en l'autre, en sa capacité de changer. — Croire en l'avenir. Demain n'est pas forcement la copie conforme d'aujourd'hui. — Même si la pièce paraît totalement obscure, croire qu'il existe toujours un petit rai de lumière sous une porte qui donne une direction à suivre... — Avoir confiance. Faire confiance. — C'est de confiance que les adolescents ont le plus besoin. — Besoin de rencontrer des adultes qui croient en eux. — Besoin de rencontrer des adultes qui sachent témoigner d'un Dieu qui croit en eux. — Croire, espérer, aimer... C'est dans cette dynamique que se puise le goût de vivre.* » Vous comprenez mieux pourquoi je le qualifie de livre « de plage ». C'est bien de populariser la question du suicide, mais elle ne saurait se résoudre en adoptant un style aussi pauvre, assorti d'une réflexion trop légère, un peu à la manière de l'abbé Pierre (mais si c'est ce que demande le public…). Ce qui m'effraie le plus, c'est encore une fois le rapport à Dieu. Je ne serais pas surpris d'apprendre que l'auteur est un Jésuite (« *Tel est le triomphe de l'éducation jésuitique* », écrivit Stendhal : « *donner l'habitude de ne pas faire attention à des choses plus claires que le jour* »). — L'autre livre « de gare » (changeons un peu) s'intitule *Tout savoir sur le suicide pour mieux le prévenir*, et a été écrit par Pierre Satet. Là encore, il faut se méfier. Satet était en effet directeur de marketing et consultant en gestion de carrière ! Mais qu'est-il venu faire dans cette galère ? C'est simple : son fils aîné s'est suicidé, ce qui l'a conduit à fonder l'Association Suicide Écoute et l'Union nationale pour la prévention du suicide. Je vais finir par croire que pour disserter sur le suicide, il faut qu'un proche se soit suicidé (ou que l'on y ait fortement songé) ! J'aimerais savoir si la citation de Shakespeare (« *Être ou ne pas être* ») qui ouvre le bouquin, est vraiment à comprendre *existentialement*. Si c'est le cas, j'en suis heureux, car la question est — entre autres — *exactement cela*. Sans cette question, il est inutile de vouloir aller plus loin. La première chose qui m'ennuie avec ce livre, c'est le titre et son « *Tout savoir* ». « *Tout* » savoir ? C'est aller vite en besogne, mais c'est bien le genre de titre tapageur dont le public raffole. La deuxième chose qui m'ennuie, c'est le fait que l'auteur se soit investi *a posteriori* (mieux vaut tard que jamais, je sais) pour la raison que je viens de donner. Cela a tout de même un avantage : l'auteur ne se « moquera » pas des suicidés. Comme le souligne en gras la quatrième de couverture : « *Il ne s'agit pas d'être contre le suicide — tout jugement moral sur ce sujet est inacceptable — mais d'être pour sa prévention.* » (Dans le livre, on peut aussi lire : « *Courage vis-à-vis de la mort, lâcheté vis-à-vis de la vie ! On a assez entendu ce genre de propos ! Il s'agit là de jugements de valeur qui n'ont rien à faire ici et n'expliquent rien. Il n'y a ni courage ni lâcheté mais désespoir et souffrance intolérables. […] Notre seul droit est de compatir sans chercher à étiqueter.* ») Je me bornerai à passer en revue les « *quelques idées reçues* » que l'auteur passe lui-même en revue. Ces idées reçues sont très instructives et révélatrices de la manière qu'ont la plupart des gens ordinaires de penser au suicide (avec toutes les confusions et les aberrations que cela implique), et c'est aussi pourquoi ce livre trouve sa place dans ma bibliothèque. Moi-même, je n'aurais pas nécessairement été jusqu'à penser que l'on pût penser cela (l'homme est vraiment con) ! « *Parler de suicide à un suicidaire est dangereux* » (« *Faux !* » répond l'auteur) ; — « *Ceux qui se suicident sont des malades* » (« *Faux !* ») ; — « *Ceux qui en parlent ne le font pas* » (« *Faux !* ») ; — « *Le suicide est imprévisible* » (« *Faux !* ») ; — « *Le suicide est un choix individuel ; on n'y peut rien* » (« *Faux !* ») ; — « *Le suicide est héréditaire* » (« *Faux !* ») ; — « *Ceux qui avalent des comprimés ne veulent pas mourir* » et « *Ceux qui veulent se suicider emploient les grands moyens* » (« *Faux !* ») ; — « *Ceux qui font des tentatives à répétition ne se suicideront jamais* » (« *Faux !* ») ; — « *Suicidaire un jour, suicidaire toujours* » (« *Faux !* ») ; — « *Seules les personnes économiquement défavorisées se suicident* » (« *Faux !* ») ; — « *Ceux qui se suicident sont courageux* » ou « *Ceux qui se suicident sont des lâches* » (« *Faux !* ») ; — « *Les candidats au suicide sont formellement décidés à mourir* » (« *Faux !* ») ; — « *L'amélioration à la suite d'une crise suicidaire indique que le risque a disparu* » (« *Faux !* »). — Enfin, il ne faudrait pas oublier la très complète *Histoire du Suicide* (*La société occidentale face à la mort volontaire*), de l'historien Georges Minois, qui n'est pas pour me déplaire puisque, dès l'introduction, il annonce sa démarche par ces mots : « *C'est en 1600 que Shakespeare pose, dans* Hamlet, *en sa terrible simplicité, la question fondamentale :* '*Être ou ne pas être ? Voilà la question.*" *C'est cette question qui nous servira de guide.* » En effet : « *Jamais la tentation du suicide n'avait été exprimée avec tant de vérité.* » C'est d'autant plus vrai que j'aurais tout aussi bien pu écrire mon chapitre sur Hamlet en me focalisant sur l'aspect suicidaire plutôt que mélancolique… Le travail de Minois est admirable : sans prendre parti, sans jugement pseudo-philosophique à la Chanteur, il traverse les siècles et les époques et offre le meilleur panorama qui soit sur le suicide pour bien comprendre son évolution. Comme il n'est pas dans mes intentions de balayer également les grands moments de l'Histoire, je vais seulement citer l'une de ses réflexions qui figure dans sa conclusion : « *Pourtant, en dépit des innombrables traités sociologiques, on ne peut pas dire que la question ait vraiment progressé sur le plan de la compréhension depuis les philosophes des Lumières. Nous avons aujourd'hui statistiquement tous les renseignements sur le suicide, mais le problème de fond n'a guère avancé, et n'avancera pas tant qu'il sera tacitement admis comme une évidence que vivre à n'importe quel prix vaut mieux que la mort. — Le trou noir et béant de l'anéantissement révolte et fait peur, et ceux qui s'y précipitent volontairement sont réputés fous. Mais ce refus collectif et individuel n'est-il pas dicté par l'invincible répulsion de chacun à évoquer un sort dont il sait qu'il sera inéluctablement le sien ?* » Vivre à n'importe quel prix, ne pas penser à la mort, là n'est pas la réponse. Être, ou ne pas être : là est la *vraie* question — et là *sera la réponse* (si réponse il y a). L'homme, gouverné par sa cécité, fait l'autruche et stagne. — Place maintenant à deux très importants ouvrages : *Porter la main sur soi — Traité du suicide*, de l'Autrichien Jean Améry, et *Essai sur l'expérience de la mort / Le problème moral du suicide*, de l'Allemand Paul-Louis Landsberg (écrit en français). Ils auront droit chacun à leur paragraphe, qui sera agrémenté de nombreuses citations. Ce sont les deux qui m'auront le plus marqué (le premier, je l'ai lu en 2008, le second en 2002). Ce sont des joyaux inespérés pour moi, comme le fut, par exemple, *Face aux ténèbres* de William Styron. On n'est pas dans la philosophie pure ; on y mêle sa propre expérience ; on regarde autour de nous avec les yeux de son for intérieur ; on raisonne avec son cœur vivant et mort. — Le discours le plus vrai sur le suicide serait le journal intime d'un philosophe en pantoufles suicidaire, ni trop romanesque, ni trop abstrait, ni trop sérieux, ni trop léger, ni trop scientifique, ni trop mystique, qui retracerait, sur une longue période, toutes ses pensées vécues — tour à tour émotives et objectives — qui convergeraient vers le suicide qu'il décrirait jusqu'à la dernière seconde, le stylo dans la main droite et le pistolet dans la gauche.

* * * * *

Porter la main sur soi — Traité du suicide. — Jean Améry, de son vrai nom Hans Mayer, est né en 1912 et s'est suicidé en 1978. Il a connu la torture sous le régime nazi, puis a été déporté à Auschwitz. — *Porter la main sur soi* date de 1976. Autant dire son importance dans l'existence d'Améry. Mais dans le monde de l'édition, on s'en fiche : traduit en français en 1996 seulement par Actes Sud, il n'a même pas eu la « chance » de sortir en poche (en Babel), ce qui témoigne du peu d'intérêt que le peuple de France lui porte (qui pis est, vous ne le trouverez plus en librairie). Selon moi, *c'est le plus grand livre jamais écrit sur le suicide.* — Dans sa préface, Améry prévient le lecteur de la nature de son essai : « *Les considérations auxquelles nous nous livrerons ici ne lui permettront pas d'accéder aux résultats que la recherche scientifique sur le suicide, la "suicidologie", se fait fort de présenter. Il n'y apprendra donc pas dans quel pays les hommes se tuent en plus grand nombre que dans tel autre, ni pourquoi, pas plus qu'il n'aura l'occasion d'en retirer des informations substantielles sur les processus (ou les préprocessus) psychiques et sociaux qui conduisent à la mort volontaire. Il n'y trouvera pas de statistiques qui viendraient grossir le volume de son savoir, ni de représentations graphiques illustrant les découvertes scientifiques. Enfin l'auteur ne propose nulle part un modèle de suicide.* — *Le texte qui suit se situe au-delà de la psychologie et de la sociologie. Il commence là où s'arrête la suicidologie scientifique. J'ai essayé de ne pas voir la mort volontaire de l'extérieur, dans l'optique du monde des vivants ou des survivants, mais depuis le for intérieur de ceux que j'appelle suicidaires ou suicidants. Ainsi donc, une "phénoménologie de la mort volontaire" ? Ce serait placer la barre trop haut. J'ai renoncé à tous les concepts dérivés du mot* logos *et aux termes spécialisés : par décence envers la recherche positive. Et aussi par scepticisme. Certaines parties de la littérature consacrée au sujet me sont bien connues. Mais je ne m'y suis référé qu'exceptionnellement, ici et là, raison pour laquelle j'ai renoncé à une bibliographie. [...] Cela dit, la teneur essentielle de ce volume se situe au-delà de la recherche objective. Une relation intime et relativement longue avec la mort en général, la mort volontaire en particulier, une série de conversations avec des amis érudits, et certaines expériences individuelles cruciales, m'ont doté de cette autolégitimation qui doit présider à tout écrit. Certains passages pourraient laisser croire que j'ai voulu offrir une apologie de la mort volontaire. Cette fausse piste doit absolument être évitée. Tout ce qu'il pourrait y avoir ici de connotations apologétiques trahit en fait ma réaction envers certains chercheurs : ceux qui étudient le "suicide" sans connaître l'homme préoccupé par la mort volontaire. Ce qu'il ressent est absurde et paradoxal. J'ai simplement voulu comprendre les contradictions insolubles de la* condition suicidaire *et en rendre témoignage, pour autant que la langue le permette.* » Améry veut absolument affronter la question du suicide « en soi » (en résonance avec le « *soi* » que porte le titre, le « *soi* » si primordial pour un philosophe : entre noumène et individuation, il devrait toujours être l'objet d'une longue discussion dans un livre sur le suicide, ce qui n'est malheureusement jamais le cas). Autrement dit, il va à l'opposé de Durkheim et de toute sa clique. Il est clair que l'étude « sociologique » aide à « *découvrir certains faits objectifs* » sans lesquels toute étude du suicide serait plus ou moins vaine (les Grecs n'en ont pas eu besoin pour en parler), mais elle ne suffit pas. Il est clair également que le discours des psychiatres, qui sont les plus grands faiseurs de livres sur le suicide, aide à cerner certains aspects utiles pour la compréhension de l'acte et de la pensée suicidaires, mais il ne suffit pas non plus. La recherche (et son éventuelle réponse) « *se situe au-delà de la psychologie et de la sociologie* », « *au-delà de la recherche objective* ». Le cas général n'est d'aucun secours ; seul le cas particulier compte (examiner « *le for intérieur* » est ce qui importe en priorité). Dans mon cas, j'aimerais pouvoir dire que j'opère une réduction phénoménologique pour analyser le suicide. Mais c'est trop compliqué, comme Améry le reconnaît lui-même. Moi aussi, j'y ajoute mon scepticisme à l'égard de ce genre d'approche philosophique, qui serait faite par des philosophes, c'est-à-dire par « *ceux qui étudient le "suicide" sans connaître l'homme préoccupé par la mort volontaire* » (Janine Chanteur, Léon Meynard — et quelques autres). Il faut en outre avoir été *tenté* par le suicide pour « autolégitimer » ses propos à son sujet. Améry, pour sa part, a été jusqu'au bout en se suicidant, et, par conséquent, il fait partie des rares personnes à avoir écrit *autoritairement*. Ses phrases sont *crédibles*. Répétons-le : *n'a de valeur argumentative, en tant que discours sur le suicide, que le discours d'un suicidé.* Lui seul a été vraiment investi par l'idée du suicide, lui seul, parce qu'il a eu une « *relation intime et relativement longue avec la mort en général, la mort volontaire en particulier* », parce qu'il a été « *préoccupé par la mort volontaire* », a l'autorité pour écrire. À qui feriez-vous confiance sur la question des camps de concentration ? Au prisonnier qui a vécu de l'intérieur cette horreur, ou à l'historien qui s'imagine comment cela a pu être depuis son bureau en cerisier ? On pourra objecter que l'expérience intérieure peut tromper. Certes ! Mais iriez-vous dire à un rescapé des camps : « Tout ce que tu dis est très bien, mais ta subjectivité ne t'abuse-t-elle pas ? » Je ne l'oserais pas — et cela ne me viendrait pas à l'esprit de manière spontanée (bien que je sois scientifique !). Voilà : deux pages de préface et je m'envole. Le livre en compte plus de cent cinquante... (Je ne sais comment je vais faire. Dieu du ciel, je suis dans le pétrin : il me faudrait intercaler *tout le livre* ! *« S'il te plait, public, promets-le : Il faut [le] lire...* » Aussi, dépité comme je l'ai peu souvent été sur ces cruciaux dilemmes, me cantonnerai-je principalement, *sans m'en contenter* une seule seconde, au premier chapitre :) — Dès le premier chapitre (« *Avant le grand saut* »), on comprend que l'on a entre les mains un livre rare et inégalable, que l'auteur va nous amener au-delà des apparences, des préjugés, des pseudo-vérités mille fois dites. « *C'est comme si, désireux d'accéder à la clarté, on poussait une porte en bois très lourde, qui résisterait en grinçant sur ses gonds. On déploie toutes ses forces, on franchit le seuil pour échapper à l'obscurité et découvrir la lumière : au lieu de quoi on se voit plongé dans d'impénétrables ténèbres. Déconcerté et pris d'angoisse, on progresse à tâtons, repérant ici et là la présence d'objets que l'on ne peut encore identifier. Peu à peu l'œil s'habitue à la pénombre. Des contours imprécis s'y dessinent, les mains deviennent plus adroites. On se sait désormais prisonnier d'un espace que A. Alvarez, dans son très beau livre* le Dieu cruel, *appelle "le monde clos du suicide". Du suicide ? Je n'aime pas le mot, et en temps voulu j'expliquerai pourquoi. Je lui préfère l'expression* mort volontaire, *tout en n'ignorant pas que dans certains cas, souvent même, l'acte résulte d'un état d'oppressante contrainte. Pourtant, même prise de l'étau de cette contrainte, la mort volontaire est encore libre par rapport aux autres morts ; ce n'est pas un carcinome qui me dévore, un infarctus qui me terrasse ou une crise d'urémie qui me coupe le souffle. C'est moi qui porte la main sur moi, qui suis en train de mourir après avoir ingurgité des barbituriques, portés à la bouche dans un geste routinier. C'est par souci de rigueur qu'il nous faudra d'abord clarifier la question terminologique, mais au fil du discours nous nous laisserons sans doute aller à un langage quotidien plus relâché et il nous arrivera de parler de "suicide". Sui cædere, se tuer. Il est étrange que les formes latinisées vident toujours les choses de leur substance réelle. Mais elles sont d'emploi commode, j'y aurai donc recours, par facilité, dès que la réalité que j'ai en vue sera suffisamment claire. La mort volontaire sera donc appelée suicide, l'homme qui s'anéantit suicidant, et suicidaire sera celui qui couve le projet de mettre délibérément fin à ses jours, qu'il prenne l'idée au sérieux ou joue simplement avec elle. — Mais nous n'en sommes pas encore là. Nous venons seulement d'ouvrir la porte à grand-peine et de nous installer tant bien que mal dans une obscurité qu'il ne sera jamais possible d'éclairer pleinement, nous en donnerons les raisons plus loin. Pourtant des flambeaux ont déjà été allumés qui pourraient nous aider. La psychologie n'est-elle pas là pour nous aider ? La sociologie pour nous orienter ? N'existe-t-il pas depuis belle lurette une branche de la recherche qui s'appelle suicidologie et à laquelle on doit des travaux scientifiques d'envergure ? Oui, bien sûr. Ils ne me sont pas inconnus. J'en ai étudié plus d'un à fond et la lecture de ces savantes compilations m'a appris certaines choses : comment, où, pourquoi des hommes se rétractent, quelles tranches d'âge sont les plus exposées, dans quels pays on a enregistré plus ou au contraire moins de cas de suicides. Au demeurant les statistiques se contredisent souvent, ce qui offre aux suicidologues l'occasion de se livrer à de savantes querelles. Ce que j'ai appris aussi, c'est une terminologie. Suicide court-circuit. Bien trouvé. Ou bien : crise narcissique. Pas mal non plus. Ou encore : acte de vengeance. Je ne tue parce que vous ne m'avez pas aimé... Je laisserai sur vous une tache indélébile, c'est ainsi que l'a formulé le poète Drieu la Rochelle qui a fini par se tuer, non pas pour les yeux d'une bien-aimée récalcitrante, mais par peur des vengeurs de la Résistance. Tout cela est simple, il suffit de suivre attentivement la littérature spécialisée pour savoir... mais savoir quoi ? Rien. Dès que le suicide est observé comme un fait objectif, au même titre que les galaxies ou les particules élémentaires, l'observateur s'éloigne de la mort volontaire, et cet éloignement est directement proportionnel à la quantité de données et de faits qu'il rassemble. Ses catégories, méritoires sur le plan de la science, et peut-être même applicables dans la sphère thérapeutique — mais que peut bien signifier ici "thérapeutique" ? — sont des véhicules qui s'emballent et l'arrachent à l'envoûtement magique du "monde clos" — et au bout du compte la distance se mesure en années-lumière. » Pour Améry, la plupart des diagnostics ou des explications des suicidologues sont dépourvues de sens. Ce qui importe pour le suicidant ou le suicidaire, « c'est le caractère absolument et pleinement unique de sa situation, de la situation vécue qui n'est jamais totalement communicable ». L'« abîme de l'énigme de la vie » ne peut être révélé qu'en parlant « de la situation qui précède le grand saut ». Le grand saut est « l'alpha et l'oméga du problème », et ce moment est le seul qui puisse être « vécu de manière extrême, et dès lors, avec une extrême vérité ». « Mis à part la motivation psychologique ou le réseau complexe des causes psychiques qui aboutissent à l'acte indescriptible, la situation est foncièrement même dans tous les cas. Le suicidant ou le suicidaire — car il importe peu ici que la mort s'ensuive ou non — se cogne la tête aux parois où se rapprochent et s'éloignent au rythme d'un roulement de tambour, jusqu'à ce que le crâne meurtri et devenu léger comme un ballon passe au travers du mur. Il se peut qu'il ait planifié son suicide en toute sérénité et que l'acte soit simplement ce que la science au fait du phénomène appellera "suicide bilan" ; il se peut aussi qu'il y ait été acculé sous la pression brutale d'une situation extérieure devenue insupportable, auquel cas on parlera de "suicide court-circuit" ; il se peut que le suicidaire plongé dans un état de tristesse et de mélancolie ait d'abord longuement somnolé ou que, à l'inverse, il ait été d'excellente humeur dans les heures qui précédaient sa mort, comme l'attesteront des témoins : mais le moment qui précède le grand saut ôte toute pertinence à ces différences et instaure une égalité qui tient de la déraison. Les différences ne concernent donc plus que les proches, et aussi la science. [...] Mais que sait-elle au juste, la science ? Tout ce que l'on peut savoir de l'extérieur, c'est-à-dire : rien. » À celui qui, devant quelqu'un qui est prêt à faire le grand saut, s'aviserait de répondre « par un sourire ironique ou un propos savant », Améry tentera de lui faire fermer son clapet (je suis gentil) : « Je m'empresserai de le faire taire, quand bien même se serait-il brillamment distingué par ses publications suicidologiques. Le seul qui aura droit à la parole est celui qui aura déjà pénétré dans ces ténèbres-là. Pourtant tout ce qu'il en ramènera ne s'avérera jamais utile dans la clarté extérieure. Ce qu'il aura sorti des profondeurs enfouies, une fois au grand jour, lui coulera comme des grains de sable entre les doigts. Mais que lui, et lui seul, se soit trouvé sur la bonne voie, c'est-à-dire sur celle qui mène à l'événement, c'est ce que confirmera tout autre suicidaire, pourvu qu'il soit resté fidèle à lui-même, qu'il ne se soit pas renié. » « Celui qui recherche délibérément la mort [...] échappe totalement à la logique de la vie. [...] La logique vitale nous est prescrite ou, si l'on veut, elle est "programmée" dans toute réaction de la vie quotidienne. Et elle est passée dans la langue de tous les jours. "Il faut bien vivre", disent les gens, comme pour s'excuser de toutes ces petites misères qui sont leur œuvre. Mais : faut-il vraiment vivre ? Faut-il être là, du seul fait que l'on est là ? Au moment de sauter, celui qui se suicide déchire en morceaux un règlement de la nature et le jette aux pieds de l'invisible rédacteur, comme un homme d'État théâtral lancerait en direction d'un autre un traité dans lequel il ne voit plus qu'un vulgaire bout de papier. » Améry se réfère à l'absurdité, mais pas n'importe quelle absurdité : une absurdité qui se situe à un niveau élevé, « un niveau qui n'est pas psychologique » (il ajoute d'ailleurs que « toute réflexion sur la mort volontaire ne commencera que là où cesse la psychologie »). Une absurdité, en un mot, qui en appellerait à la « logique de l'Être ». Puisque « toutes les conclusions logiques que nous tirons sur la vie dans des énoncés sont toujours liées au fait même de la vie », il faudrait pouvoir s'élever d'un cran dans le niveau de réalité, un peu à la manière de ce qu'énonce le second théorème de Gödel, à savoir que l'on ne peut démontrer la cohérence d'une théorie qui s'exprimerait avec les outils issus de sa propre théorie. La logique de la vie, ou la logique de la mort, ou la logique de l'Être, est l'« infernal Impensable », car elle est trop subtile pour être communiquée à notre niveau de compréhension logique habituel. « En effet, et pour moi tout est là : l'homme qui va sauter se tient pour ainsi dire avec une jambe dans la logique de la vie, tandis que l'autre pend déjà dans la logique illogique de la mort. Mais comme la logique de la vie n'implique pas uniquement la logique immanente de la conservation de soi et de l'espèce, dont nous sommes tous tributaires, mais aussi l'autre logique élaborée à partir de la première sous forme d'abstraction d'ordre supérieur, celle qui dans sa balance soupèse l'Être et l'Étant, oppose ceci à cela et peut ainsi accéder à la connaissance d'un "vrai" logique et d'un "faux" logique, de sorte que le vrai aussi bien que le faux, comme catégories ontologiques, restent toujours sous-entendus parce qu'il n'y a pas de pont qui aille de l'Être au Non-Être, nos réflexions sur la mort ne peuvent que nous plonger dans la perplexité. Au contraire, celui qui veut sauter — et peu importe ici que, vu le plan empirique, son acte aboutisse ou laisse suspendu dans le vide le "rescapé" qu'il est devenu —, le sauteur est donc, au plein sens du terme, à moitié "de l'autre côté", comme le dira le langage métaphorique. De l'autre côté ? Mais il n'y a pas "d'autre côté". Celui qui saute accomplit l'indescriptible et le logiquement faux. Le faux, c'est la mort, lit-on chez Sartre. Il est déchiré entre la logique de la vie et la logique de la mort : c'est en cela que réside le caractère singulier et ontiquement trouble de sa situation. Il connaît la logique ou l'antilogique de la mort, même s'il ne sait rien en dire, même s'il n'y a plus de place pour elle dans le système conceptuel et langagier de la psychologie. En comparaison de cela, elle a la tâche bien facile cette psychologie du suicide qui soit dissèque le suicidaire selon une méthode terminologiquement immuable, soit, dans le meilleur des cas, l'approche avec circonspection, et pour ainsi dire sur la pointe des pieds ; d'autant plus d'ailleurs que le suicidaire sauvé sera rentré au bercail de la logique vitale dont il reparle la langue, à la grande satisfaction de la famille et de la société. On comprendra alors ce que décrivent la plupart des études sur le suicide : celui qui a voulu sauter n'a rien su de la mort, il l'a confondue avec des états de la vie.* » Toujours *impeccable,* Améry conclut son chapitre ainsi : « *Ici les frontières de ma langue ne sont plus les frontières de mon monde : mais les murs d'enceinte de celui-ci marquent l'"off-limits" de la langue. L'Être a une syntaxe logique difficile à comprendre car il porte en soi sa propre contradiction : le Non-Être. Et celui qui attire violemment à lui ce Non-Être, c'est-à-dire l'impossibilité syntaxique, devient l'homme du non-sens. Du non-sens, et non du sens délirant. Celui qui fait le saut n'est pas nécessairement en proie au délire, il n'est même pas toujours "dérangé" ou "détraqué". Le penchant pour la mort volontaire n'est pas une maladie dont on peut guérir au même titre que de la rougeole. Mais nous y reviendrons plus loin. Jusqu'ici nos yeux ne se sont faits qu'à demi à l'obscurité. Nous devons continuer à fixer, avec l'œil de l'oiseau de nuit.* » — Quand j'écrivais que *Porter la main sur soi* était « le plus grand livre jamais écrit sur le suicide », je pesais littéralement mes mots (je ne l'aurais pas souligné pour rien, mais même les soulignements sont impuissants à insister). — Les quatre autres chapitres sont respectivement intitulés : « *Dans quelle mesure la mort est-elle naturelle ?* » — « *Porter la main sur soi.* » — « *Être à soi.* » — « *Le chemin de la liberté.* » — Mon Dieu… En feuilletant le livre, je me rends vraiment compte qu'il faudrait le recopier en entier… Que faire ? que faire ? Je suis un pauvre Hamlet de comptoir ne sachant que faire. *La Perte de Sens* est-elle une thèse que je devrai soutenir ? Un jury sera-t-il là pour me sanctionner — positivement et négativement ? Quel *prière-d'insérer* ! *Ay, ay, ay… there's the rub… The big, big, big rub ! THE RUB'S RUB.* Que puis-je ? Ma parole ! « *My word!* » comme disent les nègres des îles Salomon dans leur bêche-de-mer, *pidgin* mélangeant l'anglais et le mélanésien. « *My word!* » Je ne sais que faire ! — Allez, un petit bout du deuxième chapitre, et un bout de la fin… — « *Être. Et pourquoi après tout y a-t-il quelque chose et non pas rien ? Fausse question s'il en est, on se doit de l'aborder la tête froide et de rendre à la logique ce qui lui appartient. Et pourtant, si l'on veut aller plus loin que la réflexion ludiquement perspicace, on est forcé de l'accepter et de tenter désespérément d'y répondre. Empli du dégoût de l'Être (prolifération du néant, déclare le haut lieu) et de la vie (tumeur maligne de l'Être), on se lance étant-dans-le-dégoût dans la réponse à la pseudo-question. La nausée, une des dispositions fondamentales de l'homme. On peut tout aussi peu l'escamoter que l'Éros, à la différence que celui-ci est reconnu par la société, puisqu'il correspond à la logique du vivant, tandis que celle-là,* la nausée, *est désavouée par la meute hurlante de la civilisation qui appelle à la conservation de l'espèce.* » La possibilité du suicide, écrivais-je plus haut, revient à la question de la possibilité de la conscience (et, surtout, de la conscience de la conscience, l'autoconscience). Mais la possibilité du suicide, vue sous cet angle, revient aussi à la question : qu'est-ce que l'être ? Ou : comment l'être est-il possible ? Ceux qui croient avoir répondu à la question du suicide (qui sont ceux, en règle générale et étant donné leur nombre, qui le condamnent) me font penser aux naïfs qui croient avoir répondu à la question de l'œuf ou de la poule. Ceux-là n'ont pas connu la fatigue d'être soi, la nausée, ou n'ont pas lu (ou alors succinctement) le monologue de Hamlet sur « *To be, or not to be* ». Car là sont les questions. Répondre à la question de l'être, c'est répondre à la question du suicide. (Vous remarquerez qu'il n'est pas fait mention de la morale : c'est annexe.) Qu'est-ce qu'un *trou* ? qu'est-ce qu'une *absence* ? qu'est-ce qu'un *manque* ? Pessoa, Rabbe, Styron, Casanova et Améry, sans être des philosophes ou des scientifiques de métier, auront bien mieux effleuré le problème que ces derniers. Premièrement, le problème du suicide n'est guère scientifique. Secondement, il peut difficilement être proposé à un philosophe de métier (appelons-le professeur de philosophie, puisqu'on n'en trouve plus que dans les Universités). Pourquoi ? Un professeur de philosophie, pour justifier son gagne-pain et mériter son salaire, peut se lever le matin et se dire : « Sur quoi vais-je écrire ? » — tout en cochant la liste des thèmes philosophiques. « Tiens, après la vertu et avant l'illusion, le suicide. Parlons-en. Historique. Thèse, antithèse, synthèse. Platon, Descartes, Kant. Deux cours de quatre heures. Je reprendrai des points du thème de la vertu et cela préparera le thème de l'illusion. Ce sera ça de gagné. » Il y a un proverbe mal compris qui dit : « *Charité bien ordonnée commence par soi-même.* » Littré l'explique bien : « *avant de songer à faire du bien aux autres, il faut songer à soi, à ses intérêts, à ses avantages.* » Oublions l'aspect égoïste souvent invoqué, et changeons-le : Réflexion sur le suicide bien ordonnée commence par soi-même, c'est-à-dire : avant de réfléchir au suicide en général, pense au tien. Cela ne fonctionnera cependant pas, car soit le professeur de philosophie (qui sourit, respire, marche) n'aura jamais songé au suicide *personnellement*, soit il ne verra pas pourquoi il se suiciderait, voire pourquoi quelqu'un, pris au hasard, devrait se suicider. Quel dommage ! Il se demandera pourquoi l'on est, pourquoi l'être est, mais pas pourquoi l'on se suicide, *etc.* Il faut réfléchir à l'*ipséité* du suicide. Or, sans vision eidétique, leur réflexion sera vouée à l'échec. Il faut, comme Pessoa, Rabbe, Styron, Casanova et Améry, avoir été trempé (de l'Être) jusqu'aux os ; il faut avoir connu la Nausée, non pas la nausée après avoir trop mangé, mais la nausée de *trop* exister. Et la nausée d'avoir trop existé, accompagnée de la volonté de ne pas faire durer la vieillesse… Ce que retranscrivait par exemple Paul Lafargue à soixante-et-onze ans, avant de se suicider avec sa femme : « *Sain de corps et d'esprit, je me tue avant que l'impitoyable vieillesse qui m'enlève un à un des plaisirs et les joies de l'existence et qui me dépouille de mes forces physiques et intellectuelles, ne paralyse mon énergie, ne brise ma volonté et ne fasse de moi une charge à moi et aux autres. Depuis des années, je me suis promis de ne pas dépasser les 70 années, j'ai fixé l'époque de l'année pour mon départ de la vie, et j'ai préparé le mode d'exécution pour ma résolution, une injection hypodermique d'acide cyanhydrique.* — *Je meurs avec la joie suprême d'avoir la certitude que, dans un avenir prochain, la cause pour laquelle je me suis dévoué depuis 45 ans triomphera.* » — Améry, dans son dernier chapitre, croit avoir fait le tour du sujet (du moins, il croit avoir fait le tour de son essai) : « *Il n'y a plus rien à dire.* » (D'ailleurs, on aimerait bien, sur la question du suicide, n'avoir plus rien à dire, parce que, d'une certaine manière, la logique et la dialectique étant impuissantes, il n'y a rien à en dire, de même qu'il n'y a rien à dire de l'Être, sinon qu'il est.) Et Améry continue pour conclure : « *La réflexion sur la mort volontaire n'aboutit qu'avec* elle : mais cet aboutissement sera aussi peu vécu que la mort. Tout ce qu'on peut ressentir c'est l'absurdité de la vie et de la mort, et quand celle-ci est volontaire, une absurde ivresse de liberté. Vivre cette ivresse n'est pas une piètre expérience. Car quand on en arrive là, la reconnaissance que tout était mensonger nous traverse comme l'éclair. La reconnaissance, seulement, et pourtant elle ne sert à rien dans la vie. Car quand le suicidaire s'approche du seuil d'où il sautera, il doit éviter les pièges qu'elle lui tend encore, sans quoi il ne trouvera pas le chemin de la liberté et il ne sera pas différent du détenu du KZ qui n'ose pas se précipiter sur les fils barbelés, qui voudrait encore avaler la soupe du soir, puis la chaude mixture du matin et puis encore la soupe de betteraves du midi, et ainsi de suite. Et pourtant : ces mêmes revendications de la vie ordonnent ici (et pas seulement ici) de fuir une existence privée de dignité, d'humanité et de liberté. Ainsi la mort devient-elle la vie, tout comme la vie est déjà morte à la naissance. Et voilà que du même coup la négation devient positive, même si cela ne sert à rien. La logique et la dialectique cessent de fonctionner, d'un commun accord tragi-comique. Ce qui vaut, c'est l'option du sujet. Mais ce sont les survivants qui ont raison, car que signifie être digne, humain et libre, quand on peut sourire, respirer, marcher ? Ainsi donc : ce qui vaut versus ce qui a raison ? Dignité versus condition préalable à toute existence digne ? Et humanité versus homme comme être vivant, souriant, respirant et marchant ? — Il ne va pas bien notre suicidaire, et tout n'allait pas au mieux pour notre suicidant. Nous ne devrions pas leur refuser le respect que mérite leur conduite, ni notre sympathie, d'autant que nous faisons nous-même piètre figure. Nous avons une allure lamentable, tout le monde le constatera. Ainsi allons-nous pleurer, tout bas, la tête baissée et le geste bienséant, celui qui nous a quittés dans la liberté. » — Je comprends Jean Améry. Je le pleure comme je pleure François. Ils nous ont quittés dans la liberté. Par la même occasion, je me pleure. Charité bien ordonnée...

* * * * *

Essai sur l'expérience de la mort/Le problème moral du suicide. — Paul-Louis Landsberg, Allemand né en 1901 dans une famille catholique, devint professeur de philosophie à Bonn en 1926, puis, à la montée du Nazisme, quitta l'Allemagne pour donner des cours en Espagne. En 1937, il s'installa en France. Là, il fut arrêté en 1943 par la Gestapo qui le déporta au camp d'Oranienburg, où il mourut de fatigue en 1944. Entretemps, en 1942, il dit avoir rencontré le Christ qui se révéla à lui. Ce fut en 1937 qu'il écrivit le premier de ces deux essais (*Essai sur l'expérience de la mort*), et en 1942 le second (*Le problème moral du suicide*), publié en 1946 par Jean Lacroix. — Si mes souvenirs sont bons (cela commence à devenir coriace de me rappeler tous les passages que j'ai pu inclure dans *La Perte de Sens*), j'ai cité à deux ou trois reprises l'*Essai sur l'expérience de la mort* (titre qu'aurait désapprouvé Camus, pour qui « *il n'y a pas d'expérience de la mort* », étant donné que, « *au sens propre, n'est expérimenté que ce qui a été vécu et rendu conscient* »). Je le ferai une dernière fois parce que c'est l'autre qui m'intéresse davantage ici. « *Mais l'expérience qu'a l'homme de la nécessité de sa mort n'a pourtant rien de commun avec l'hypothèse d'une mort naturelle de l'organisme. Je possède non seulement l'évidence qu'il faut mourir* une fois, *c'est-à-dire une fois atteint ce point limite de la mort naturelle, mais aussi l'évidence que je suis immédiatement devant la possibilité réelle de la mort, à chaque instant de ma vie, aujourd'hui et toujours. La mort est proche de moi.* » On le voit : il ne s'agit pas de l'expérience de la mort en tant que telle, mais de la mort à venir en tant que l'on va/doit mourir. Ce qui change, dans cet essai, c'est le point de vue de Landsberg : il y parle notamment de l'expérience *chrétienne* de la mort. Peut-être l'homme se distingue-t-il de l'animal par ce fait : il a conscience de sa mort, qui surviendra un jour, et une seule fois. Chacun de nous est un homme qui voyage avec sa propre mort à la boutonnière (je reparaphrase Rigaut). Cependant je ne suis pas sûr que l'homme normal s'en formalise : il est habitué à ne pas y penser (il fait tout pour ne pas y penser). Comme le dit Sénèque : « *Vous vivez comme si vous alliez vivre toujours, jamais votre fragilité ne vous vient à l'esprit, vous n'observez pas combien de temps est déjà passé* » (il vise en priorité « *ceux qui ne s'intéressent à rien hormis le vin et le sexe* » et « *ceux dont la vie s'est consumée au jeu de dames, aux boules, ou à se faire rôtir le corps au soleil* » !). L'ensemble des personnes songeant au suicide est inclus dans l'ensemble des personnes qui songent à la mort ; or, l'ensemble des personnes qui songent à la mort comporte très peu d'éléments ; donc il y a très peu de personnes qui songent au suicide. (Ma parole ! je n'aurais que peu de lecteurs si mon livre devait être publié !...) — Bien. Voyons un peu ce que Landsberg dit du suicide dans *Le problème moral du suicide*. (Avertissement : ce n'est pas parce que l'auteur est Chrétien que ses propos devraient être inintéressants (au contraire, par exemple, d'un certain Jean Dumas avec son *Traité du suicide ou Du meurtre volontaire de soi-même*). La preuve : *je* le cite — et *positivement*. Sa pertinence est sans commune mesure avec celle de Léon Meynard, qui pourtant ne donne pas dans la grenouille du bénitier. Pour prendre un exemple simple, Landsberg ose dire ce que la majorité des gens répugneraient à penser : « *Il y a certainement beaucoup plus de personnes qui ne se tuent pas parce qu'elles sont trop lâches pour le faire, que de gens qui se tuent par lâcheté.* » Il ne s'arrête pas à la surface des choses, et c'est ce qui fait tout le poids de ses réflexions.) Dès son entrée en la matière, Landsberg commence par la légitimité du problème posé : « *On me dira que le problème sur lequel je veux parler n'existe pas, ou, au moins, n'existe pas pour la conscience chrétienne.* » Landsberg s'insurge contre ce préjugé : frappé de ce que la morale chrétienne soit, de manière très stricte, « *la seule qui s'oppose au suicide* d'une manière absolue et sans vouloir faire d'exception », et s'avisant que « *l'horreur sacrée du suicide est un phénomène proprement et exclusivement chrétien* », il estime qu'il a le droit, voire le devoir de chercher à mieux comprendre ce qu'il croit, et d'approfondir les raisons des règles auxquelles il doit obéir. Le suicide, quel qu'il soit, étant un problème authentique, le philosophe a le droit d'en parler, quand bien même on lui dirait que « *tout a été dit à ce sujet* ». — Les Chrétiens n'acceptent pas la mort volontaire. Qu'en pensent les opposants de la morale chrétienne ? En se basant sur cette *possibilité* primordiale du suicide, ils demandent (*via* la plume de Landsberg, qui soulignera intelligemment cette « possibilité ») : « *Vous dites que la mort volontaire est interdite par la volonté de Dieu qui nous a créés. Mais, si c'est vrai, pourquoi Dieu nous a-t-il créés de telle manière que nous avons la* possibilité *de nous tuer ?* » Voici la réponse de notre philosophe : « *Cet argument est très facile à réfuter, mais il importe peut-être plus d'en apprendre quelque chose. Sa réfutation découle immédiatement du fait que tous les crimes et tous les péchés sont, d'une certaine manière, possibles à l'homme. Le même argument justifierait le meurtre et le vol. C'est justement le sens d'une défense morale que de diriger un être* libre qui a le pouvoir de faire autrement. Mais, dans le cas du suicide, il faut insister un moment sur l'importance du fait que l'homme est un être qui peut se tuer. L'homme est l'être qui peut se tuer et qui ne doit pas le faire. C'est tout autre chose que d'en être incapable. La tentation est la différence vécue entre le vertige du pouvoir et la décision du devoir. La multitude des possibilités de l'être instable, intelligent, imparfait que nous sommes, se trouve à la base de toute problématique morale. Un problème moral authentique est toujours l'immense problème que l'homme envisage d'un certain côté. Il y a peu de délits qui caractérisent aussi profondément l'abîme de la liberté et la force de cette réflexion par laquelle l'homme se rend, d'une certaine façon, maître de ses actes et de son existence même. C'est justement pour cela que l'homme vit dans le problème moral, qu'il vit aussi dans le problème de la mort volontaire. Cette tentation, dont nous avons déjà parlé, appartient au vertige de sa liberté dangereuse. Si donc le fait de pouvoir se tuer ne justifie pas le suicide, il est tout de même à la base d'un problème moral spécifiquement humain. » Que puis-je ? que dois-je ? Je peux tuer mon prochain, mais je ne le dois pas. Je peux me tuer, mais je ne le dois pas. Voilà deux situations similaires qui engagent la responsabilité morale du sujet, que tout le monde connaît, mais qui n'insistent pas suffisamment sur le caractère contingent : cela peut arriver ou ne pas arriver. Que cela puisse arriver, là est le nœud du problème qui sous-tend toute la morale de l'homme et la limite de sa liberté. Il est libre de tuer ou de se tuer, mais il ne doit pas user de cette liberté. Et c'est cette *possibilité* qui le *contraint*. En effet, s'il ne pouvait ni tuer ni se tuer, aucune de ces questions ne se poserait. L'homme ne serait pas libre, ou très peu. Parce qu'il est libre, il ne l'est plus, car cette liberté est dangereuse : il doit la contraindre. Si l'homme n'avait pas cette liberté (dont, par un *commun accord* presque devenu tacite, il n'a pas le droit d'user), la vie serait certainement pire à vivre. Au moins, il y a cette lueur de *possibilité* à l'horizon… Il n'en demeure pas moins que tout ceci reste éminemment complexe. On ne sait par quel bout le prendre… Constamment sur ses gardes dans ces délicates questions, ce n'est qu'après ce prélude que Landsberg donne sa définition du suicide qui est, sinon déroutante, du moins éloignée des définitions habituelles : « *Donnons, par acquit de conscience, ce que nous croyons être la définition juste et simple du suicide : L'acte par lequel un être humain crée volontairement ce qu'il croit être une cause efficiente et suffisante de sa propre mort.* » (On notera que les Thérèse et autres « mystiques suicidaires » semblent épargnés par cette définition.) Il y a une espèce de petit détachement entre créer sa mort et créer la cause qui va amener sa mort, comme si le suicidaire, en *croyant* trouver la mort, se *trompait* sur sa nature. L'un des arguments que combat Landsberg est l'idée aristotélicienne qui voudrait que l'homme appartînt à la patrie, à la société (dans laquelle, de fait, il n'a pas de demandé à naître), et qu'il ne devrait en aucun cas la priver de sa présence et de son activité. « *Vouloir décider par rapport à la société une question intimement personnelle, comme de savoir si j'ai le droit de me tuer ou non, c'est tout simplement antipersonnaliste. Si je meurs un peu plus tôt ou un peu plus tard, qu'est-ce que cela peut faire à la société, à laquelle, en tout cas, j'appartiens si peu de temps ? Comme souvent, saint Thomas reprend ici un argument d'Aristote, sans se rendre compte de l'esprit, profondément opposé au christianisme, qui inspire, dans les détails comme dans l'ensemble, la pensée du Stagirite. La faiblesse de l'argument social se manifeste encore plus clairement chez Kant. L'homme qui subit la tentation du suicide doit, selon lui, se demander si la maxime de sa décision pourrait devenir maxime d'une législation universelle. Mais l'homme sait bien qu'il se trouve chaque fois dans une situation particulière et qu'il est une personne unique.* » Il y avait déjà cette idée chez Améry : chaque suicide est particulier. De là l'impossibilité de décrire le suicide par des tableaux statistiques, des tendances, et toutes sortes de choses qui, parce qu'elles sont trop générales et mélangent tout, n'expliquent rien, sinon *abstraitement*. De là également l'impossibilité intrinsèque (et éternelle) de décrire correctement le suicide. *Seul celui qui s'est suicidé aura approché la vérité — dont il ne pourra témoigner.* « Approché », dis-je, puisque lui-même n'aura jamais pu « tout savoir ». Il aurait fallu qu'il eût entre les mains l'équation différentielle qui pût décrire tout son environnement et tout son être… et même là, il n'aurait pas pu trouver la solution. — L'homme vit sa vie. Pourquoi ne pourrait-il pas « vivre sa mort » (j'aurais pu écrire : « mourir sa mort », mais cela résonne comme une fausse note). Ne pourrait-on pas laisser en paix un homme qui veut la paix ? Ferait-il vraiment du mal ? « *Figurez-vous un homme qui subit très fortement la tentation du suicide. Figurez-vous qu'il perd sa famille, qu'il désespère de la société dans laquelle il doit vivre, que des souffrances cruelles s'accumulent pour le priver d'espoirs. Son présent est terrible, son avenir sombre et menacé. Si vous lui dites qu'il faut vivre pour suivre le commandement, pour ne pas pécher contre l'amour de soi-même, pour accomplir son devoir envers la société et la famille, enfin même pour ne pas décider, par sa volonté propre, une question que Dieu doit décider, je vous demande : est-ce que cela peut convaincre notre homme dans sa souffrance et dans sa misère ? Je n'hésite pas un instant à dire que non. Il trouvera ces arguments soit dérisoires, soit douteux. Il peut être retenu du suicide par des difficultés techniques, par faiblesse de volonté et lâcheté, par un certain instinct de vie ou, et cela arrive souvent, par la foi implicite à la défense divine ou, enfin, par la peur de l'Enfer. Mais les arguments traditionnels seront très probablement impuissants.* » Alors, que faut-il faire ou ne pas faire ? La réponse de Landsberg se faisait attendre. Il répond : « *Aussi, ce qu'il faut, ce ne sont pas tellement des arguments abstraits, c'est un exemple. Et là, je crois que l'exemple le plus magnifique et le plus valable existe en vérité. C'est l'exemple du Christ.* » Qu'avais-je pensé en lisant cela à l'époque ? Je ne crois pas avoir été choqué. Je repense à l'opuscule de Kant : *Conjecture sur les débuts de l'histoire de l'humanité*. En se basant sur les écrits de la Genèse, il parvient de manière admirable et irréfutable à prouver combien cette mythologie repose sur un socle solide qui explique réellement, en condensé, comment l'humanité en a émergé. En lisant ce point de vue inédit, à une période où je ne portais pas dans mon cœur la religion, je n'avais pas esquissé de sourire en coin (de toute façon, dans mes *Pensées*, j'avais écrit : « Landsberg a fait un essai splendide sur le suicide… »). Au contraire : Kant m'a ouvert les yeux sur la part de vérité que contenait ce genre de conte. De même, Landsberg m'a ouvert les yeux sur l'exégèse du Christ torturé et crucifié. « *Oui, vivre et souffrir.* » Tel fut l'exemple, proposé au monde, du Christ, qui, en souffrant, a voulu souffrir et s'offrir au monde. Souffrez, *mais* vivez. Et c'est par ce biais que le Chrétien doit tout faire pour ne pas se tuer : il doit *imiter* le Christ qui endura ses souffrances (le Christ qui est, ne l'oublions pas, un « μεσίτης », c'est-à-dire un « *séducteur* »). Landsberg, finalement, ne fait pas l'apologie du suicide. Il pointe du doigt sa complexité et engage tout un chacun à ne pas juger sévèrement ni à la va-vite. La rigidité de la morale chrétienne à l'égard du suicide s'explique par la souffrance du Christ : le Chrétien, plus qu'aucun autre, doit suivre l'exemple, et c'est pourquoi le suicide lui est refusé. (Tout en ajoutant avec Georges Minois, afin de remettre les pendules à l'heure, que « *l'événement fondateur du christianisme est un suicide* ».) — Maintenant que Landsberg a démontré comment le Christianisme en était venu à bannir le suicide, il pousse la réflexion plus avant sur la nature de celui-ci, et s'éloigne carrément des conclusions d'Améry : « *Le suicide est quelque chose de très particulier. Il est, me paraît-il, une fuite dans laquelle l'homme cherche à retrouver le Paradis perdu, au lieu de vouloir mériter le Ciel. Le désir de la mort, qui se trouve déchaîné par la volonté quand la tentation du suicide devient notre maître, est psychologiquement le désir d'une régression à l'état prénatal. Disparaître : ne plus donner de prise. Stekel et d'autres nous ont donné la psychologie la plus juste du suicide : désir de l'abîme, de la mère, du retour. Tout le processus serait à décrire en termes freudiens. Théologiquement, il s'agit, en vérité, d'une vague illusion de retour au Paradis. Le suicide rousseauiste-werthérien est même accompagné d'une prise de conscience de cette motivation obscure. À cet égard, il y aurait des textes curieux de Goethe, de Senancour, d'Amiel et d'autres, à citer. Le Christ nous guide par l'effort et la souffrance vers une plus haute lumière. Le dieu, ou plutôt la déesse du suicide nous précipite au sein obscur de la mère. En ce sens, le suicide est un infantilisme. C'est son caractère de régression qui exclut toute comparaison entre le suicide et la lutte normale de l'homme contre les souffrances.* » — Améry et Landsberg ont franchi un pas de géant dans la compréhension du mystère du suicide. Ni l'un ni l'autre ne s'embarquent dans les tentatives ordinaires d'explication ou d'élucidation qui foisonnent sur le sujet. Je crois que c'est très important : il faut sortir des sentiers battus pour cristalliser d'une autre manière, non pas le problème du suicide, mais la *nature* du suicide (ou la *nature du problème* du suicide). Il faut un métachangement dans l'esprit des gens ; il faut secouer leur cervelle. Je sais bien que c'est illusoire. Personne ne lit Améry ou Landsberg… — Et qui lit Milton ?... (Il va nous permettre de faire la transition en douceur avec la notion de suicide, — enfin, — dans la *religion*.) — Adam prend la parole : « *Eve, thy contempt of life and pleasure seems / To argue in thee somthing more sublime / And excellent then what thy minde contemnes; / But self-destruction therefore saught, refutes / That excellence thought in thee, and implies, / Not thy contempt, but anguish and regret / For loss of life and pleasure overlov'd. / Or if thou covet death, as utmost end / Of miserie, so thinking to evade / The penaltie pronounc't, doubt not but God / Hath wiselier arm'd his vengeful ire then so / To be forestall'd; much more I fear least Death / So snatcht will not exempt us from the paine / We are by doom to pay; rather such acts / Of contumacie will provoke the highest / To make death in us live.* » (« Ève, ton mépris de la vie et du plaisir semble prouver en toi quelque chose de plus sublime et de plus excellent que ce que ton âme dédaigne ; mais la destruction de soi-même, par cela qu'elle est recherchée, détruit l'idée de cette excellence supposée en toi, et implique non ton mépris, mais ton angoisse et ton regret de la perte de la vie, et du plaisir trop aimé. Ou si tu convoites la mort comme la dernière fin de la misère, t'imaginant éviter par là la punition prononcée, ne doute pas que Dieu n'ait trop sagement armé son ire vengeresse, pour qu'il puisse être ainsi surpris. Je craindrais beaucoup plus qu'une mort ainsi ravie ne nous exemptât pas de la peine que notre arrêt nous condamne à payer, et que de tels actes de contumace ne provoquassent plutôt le Très-Haut à faire vivre la mort en nous. »)

* * * * *

« Le christianisme et le suicide. — *Au temps de sa formation, le christianisme s'est servi de l'énorme désir de suicide pour en faire un levier de sa puissance : il ne garda que deux formes de suicide, les revêtit des plus hautes dignités et des plus hauts espoirs et défendit toutes les autres avec des menaces terribles. Mais le martyre et le lent anéantissement [de soi] de l'ascétisme étaient permis.* » D'où peut bien provenir ce jugement ? Du *Gai savoir* de Nietzsche. La transition entre Landsberg et Nietzsche ne pouvait être à la fois plus juste et plus osée, à ceci près que Jésus n'est pas considéré comme un martyr puisqu'« il » initia l'idée du martyre après sa mort. Se laisser mourir devrait être équivalent à se suicider (et c'est pourquoi Sancho Pança dit à don Quichotte sur son lit de mort que « *la mayor locura que puede hacer un hombre en esta vida es dejarse morir, sin más ni más, sin que nadie lo mate, ni otras manos le acaben que las de la melancolía* » (« *la pire folie que puisse faire un homme au monde est de se laisser mourir, ni plus ni moins, sans être tué de personne ni achevé d'autre main que celle de la mélancolie* »)). Ce n'est pas le cas dans la religion chrétienne. Dans la Lettre X de l'année 389, saint Augustin écrit à Nébride : « *Si une telle vie ne saurait être le partage de l'humaine nature, pourquoi éprouve-t-on quelquefois cette tranquille confiance ? pourquoi l'éprouve-t-on d'autant plus souvent qu'on adore plus ardemment Dieu dans les profondeurs sacrées de l'âme ? d'où vient que cette paix nous accompagne dans l'accomplissement même d'un acte humain, si on va de ce sanctuaire à l'action ? pourquoi, parfois, dans nos discours, nous ne redoutons pas la mort, et, dans le silence, nous allons jusqu'à la désirer ?* » Redouter la mort et la désirer… Pourquoi ? « *Cur interdum et cum loquimur, mortem non formidamus, cum autem non loquimur, etiam cupimus ?* » Saint Augustin, avec qui nous allons rester quelques instants, avait plusieurs fois goûté à la réalité de la mort, dont celle de son fils. Il raconte l'épisode de la mort d'un ami très cher (le Nébride ci-dessus) au Chapitre IV de ses *Confessions* : « *En ces premières années de mon enseignement dans ma ville natale, je m'étais fait un ami, que la parité d'études et d'âge m'avait rendu bien cher ; il fleurissait comme moi sa fleur d'adolescence. Enfants, nous avions grandi ensemble ; nous avions été à l'école, nous avions joué ensemble. […] Il s'égarait d'esprit avec moi, cet homme dont mon âme ne pouvait plus se passer. Mais vous voilà !... toujours penché sur la trace de vos fugitifs, Dieu des vengeances et source des miséricordes, qui nous ramenez à vous par des voies admirables... vous voilà ! et vous retirez cet homme de la vie ; à peine avions-nous fourni une année d'amitié, amitié qui m'était douce au delà de tout ce que mes jours d'alors ont connu de douceur ! — Quel homme pourrait énumérer, seul, les trésors de clémence dont, à lui seul, il a fait l'épreuve ? Que fîtes-vous alors, ô Dieu, et combien impénétrable est l'abîme de vos jugements ? Dévoré de fièvre, il gisait sans connaissance dans une sueur mortelle. […] Peu de jours après, en mon absence, la fièvre le reprend et il meurt. — La douleur de sa perte voila mon cœur de ténèbres. Tout ce que je voyais n'était plus que mort. Et la patrie m'était un supplice, et la maison paternelle une désolation singulière. Tous les témoignages de mon commerce avec lui, sans lui, étaient pour moi un cruel martyre. Mes yeux le demandaient partout, et il m'était refusé. Et tout m'était odieux, parce que tout était vide de lui, et que rien ne pouvait plus me dire : Il vient, le voici ! comme pendant sa vie, quand il était absent. J'étais devenu un problème à moi-même, et j'interrogeais mon cœur triste et me troublait ainsi", et elle n'imaginait rien à me répondre. Et si je lui disais : "Espère en Dieu" (Ps 41,6), elle me désobéissait avec justice, parce qu'il était meilleur et plus vrai, cet homme, deuil de mon cœur, que ce fantôme en qui je voulais espérer. Le seul pleurer m'était doux, seul charme à qui mon âme avait donné la survivance de mon ami.* » Il n'était plus tout jeune (environ quarante-cinq ans), mais cela ne l'empêcha pas d'être très meurtri. J'aurais pu citer ce passage lorsque je m'attardais sur François : le parallèle est troublant, et j'imagine que toute personne qui perd un ami se retrouve dans un tel état d'impuissance. Le point important se trouve être : « *Factus eram ipse mihi magna quæstio* », que l'on traduit par « *J'étais devenu un problème à moi-même* », et où il faut comprendre « *problème* » comme « *question* ». C'est là qu'est le « *out of joint* » de l'être. Le cœur pleure. Il ne faudrait surtout pas s'arrêter à ce quatrième chapitre. Le cinquième et le sixième parlent des larmes et de sa tristesse : « *Et maintenant, Seigneur, tout cela est passé ; et le temps a soulagé ma blessure. [...] Mais quoi de semblable dans une telle affliction, dans cette funèbre douleur où j'étais enseveli ? Je n'espérais pas le voir revivre, mes pleurs ne demandaient pas ce retour ; je gémissais pour gémir, je pleurais pour pleurer. Car j'étais malheureux, j'avais perdu la joie de mon âme. Serait-ce donc qu'affadi de regrets, dans l'horreur où je plonge une perte chère, le cœur se réveille au goût amer des larmes ? — Eh ! pourquoi toutes ces paroles ? Ce n'est pas le temps de vous interroger, mais de se confesser à vous. J'étais malheureux, et malheureux le cœur enchaîné de l'amour des choses mortelles ! Leur perte le déchire, et il sent alors cette réalité de misère qui l'opprimait avant même qu'il les eût perdues. — Voilà comme j'étais alors, et je pleurais amèrement, et je me reposais dans l'amertume. Ainsi j'étais malheureux, et cette malheureuse vie m'était encore plus chère que mon ami. Je l'eusse voulu changer, mais non la perdre plutôt que de l'avoir perdu, lui. Et je ne sais si j'eusse voulu me donner pour lui, comme on le dit, pure fiction peut-être, d'Oreste et de Pylade, jaloux de mourir l'un pour l'autre ou ensemble, parce que survivre était pour eux pire que la mort. Mais je ne sais quel sentiment bien différent s'élevait en moi ; profond dégoût de vivre et crainte de mourir. Je crois que, plus je l'aimais, plus la mort qui me l'avait enlevé, m'apparaissait comme une ennemie cruelle, odieuse, terrible ; prête à dévorer tous les hommes, puisqu'elle venait de l'engloutir. Ainsi j'étais alors ; oui, je m'en souviens. [...] Je m'étonnais de voir vivre les autres mortels, parce qu'il était mort, celui que j'avais aimé comme s'il n'eût jamais dû mourir ; et je m'étonnais encore davantage, lui mort, de vivre, moi, qui étais un autre lui-même. [...] Oui, j'ai senti que son âme et la mienne n'avaient été qu'une âme en deux corps ; c'est pourquoi la vie m'était en horreur, je ne voulais plus vivre, réduit à la moitié de moi-même. Et peut-être ne craignais-je ainsi de mourir, que de peur d'ensevelir tout entier celui que j'avais tant aimé.* » Augustin connut un « *profond dégoût de vivre* » accompagné de la « *crainte de mourir* ». Je crois que l'on peut dire que le suicide n'était pas très loin. Comme il le dit au Chapitre VII, c'était l'horreur de rester à soi-même son unique lieu, lieu de malheur où il ne pouvait rester et dont il ne pouvait sortir, c'était l'inconnu de son cœur qui ne pouvait s'enfuir de son propre cœur, c'était l'impossibilité de se précipiter hors de lui-même et de se dérober à la poursuite de lui-même… Le suicide l'aurait étreint s'il n'y avait eu cette amitié pour Dieu, le seul qui « *ne perd aucun être cher, à qui tous sont chers en celui qui ne se perd jamais* ». Il est plus facile d'avoir pour ami un immortel qu'un mortel ! Dieu ne meurt pas ; point d'affliction. Mais, les années passant et la sagesse grandissant, que pensa réellement Augustin du suicide ? Il a presque soixante ans quand il commence à rédiger *La Cité de Dieu*, et il ne l'achèvera qu'au terme de treize années. Dès le premier des vingt-deux Livres, au Chapitre XVII, il envoie la couleur : « *S'il n'est pas permis, en effet, de tuer un homme, même criminel, de son autorité privée, parce qu'aucune loi n'y autorise, il s'ensuit que celui qui se tue est homicide ; d'autant plus coupable en cela qu'il est d'ailleurs plus innocent du motif qui le porte à s'ôter la vie.* » Le premier exemple qui lui vient à l'esprit est Judas qui, en se pendant, « *a plutôt accru qu'expié le crime de son infâme trahison* ». Mais que dire alors de l'innocent ? « *Pourquoi donc un homme qui n'a point fait de mal à autrui s'en ferait-il à lui-même ? Il tuerait donc un innocent dans sa propre personne, pour empêcher un coupable de consommer son dessein, et il attenterait criminellement à sa vie, de peur qu'elle ne soit l'objet d'un attentat étranger !* » La loi chrétienne ne permet en aucun cas la mort volontaire, qu'elle reconnaît, sans faire de distinction, comme un « *homicide* ». Cette interdiction découle du précepte *absolu* : « *Tu ne tueras point.* » Le « *Tu ne tueras point* » signifie : « *tu ne tueras ni un autre ni toi-même, car celui qui se tue, tue un homme.* » Tout le monde semble concerné. Dans ce genre d'appréciation, celui qui se tue est par conséquent désindividualisé, dépersonnalisé. Dans le « Nul n'est censé ignorer la Loi », le « *Nul* », c'est tout le monde. On fait paradoxalement fi de l'individu. Je ne dis pas qu'en s'appliquant à tout le monde, il éradique l'idée que cela puisse s'appliquer à quelqu'un en particulier. Quand on limite le taux d'alcool à 0,5g par litre de sang, on ne doit pas en conclure que *tout* usager de la route soit considéré comme un danger à partir de cette valeur. C'est plutôt le contraire : on prend comme référence la personne qui, à partir de cette valeur, devient dangereuse, c'est-à-dire la plus faible. En nivelant par le bas, quand bien même tout le monde serait différent, on impose à chaque individu de cet ensemble d'être égal aux autres au regard d'une loi qui n'est d'ailleurs pas rigoureuse : pourquoi pas 0,55g, ou 0,48g ? (Sachant que cette valeur dépend du pays dans lequel on se trouve, on aura tout dit…) Une loi qui prendrait en compte la morphologie de l'individu serait déjà moins fantaisiste. Or, on ne le fait pas : ce serait trop compliqué. Tout le monde dans le même panier ! Le « *Tu* » du « Tu ne rouleras point avec 0,5g d'alcool dans le sang », n'a rien de personnel. En voulant égaliser, on inégalise. Ce phénomène est si courant que je pourrais en donner des centaines d'exemples : une société fonctionne ainsi. (Poussons le raisonnement : on me dit qu'il y a dix pourcents d'homosexuels dans la population. J'ai devant moi vingt élèves. Faut-il que j'en déduise qu'il y a deux homosexuels dans la classe ?) Pour en revenir au « *Tu ne tueras point* », le « *Tu* » ne délimite aucune identité, aucun individu. Non seulement notre liberté est rejetée au nom de celle des *autres*, mais notre intégrité est *tuée*. C'est ou tout, ou rien. Tout le monde est-il vraiment concerné ? Eh bien, non ! Augustin dit : « *Dieu lui-même a fait quelques exceptions à la défense de tuer l'homme, tantôt par un commandement général, tantôt par un ordre temporaire et personnel.* » Évidemment ! Quand on est Juif ou Chrétien, on doit bien reconnaître que le suicide ou l'idée du suicide ne sont pas absentes de la Bible. Entendons-nous bien : suicide ou martyre, suicide commandé ou suicide déguisé, suicide par procuration ou non, suicide d'un gentil ou d'un méchant, suicide dans un écrit qui est ou n'est pas dans les canons, suicide en acte ou en puissance, la question est délicate. Pour Augustin, Abraham n'a pas commis d'*homicide*, pas plus que Samson. « *Ainsi donc, sauf les deux cas exceptionnels d'une loi générale et juste ou d'un ordre particulier de celui qui est la source de toute justice, quiconque tue un homme, soi-même ou son prochain, est coupable d'homicide.* » Abraham et Samson, c'est tout ? Préparez-vous, je vais passer en revue quelques passages fort instructifs (avec les répétitions immanquables)… — « *Abimélec parvint jusqu'à la tour ; il l'attaqua, et s'approcha de la porte pour y mettre le feu. Alors une femme lança sur la tête d'Abimélec un morceau de meule de moulin, et lui brisa le crâne. Aussitôt il appela le jeune homme qui portait ses armes, et lui dit : Tire ton épée, et donne-moi la mort, de peur qu'on ne dise de moi : C'est une femme qui l'a tué. Le jeune homme le perça, et il mourut. »* (Jug 9,52-54) — « *Alors Samson invoqua l'Éternel, et dit : Seigneur Éternel ! souviens-toi de moi, je te prie ; ô Dieu ! donne-moi de la force seulement cette fois, et que d'un seul coup je tire vengeance des Philistins pour mes deux yeux ! Et Samson embrassa les deux colonnes du milieu sur lesquelles reposait la maison, et il s'appuya contre elles ; l'une était à sa droite, et l'autre à sa gauche. Samson dit : Que je meure avec les Philistins ! Il se pencha fortement, et la maison tomba sur les princes et sur tout le peuple qui y était. Ceux qu'il fit périr à sa mort furent plus nombreux que ceux qu'il avait tués pendant sa vie. »* (Jug 16,28-30) — « *Saül dit alors à celui qui portait ses armes : Tire ton épée, et m'en transperce, de peur que ces incirconcis ne viennent me percer et me faire subir leurs outrages. Celui qui portait ses armes ne voulut pas, car il était saisi de crainte. Et Saül prit son épée, et se jeta dessus. Celui qui portait les armes de Saül, le voyant mort, se jeta aussi sur son épée, et mourut avec lui. »* (1 Sam 31,4-5) « *Et il dit : Approche donc, et donne-moi la mort ; car je suis pris de vertige, quoique encore plein de vie. Je m'approchai de lui, et je lui donnai la mort, sachant bien qu'il ne survivrait pas à sa défaite. »* (2 Sam 1,9-10) — « *Saül dit alors à celui qui portait ses armes : Tire ton épée, et transperce-m'en, de peur que ces incirconcis ne viennent me faire subir leurs outrages. Celui qui portait ses armes ne voulut pas, car il était saisi de crainte. Et Saül prit son épée, et se jeta dessus. Celui qui portait les armes de Saül, le voyant mort, se jeta aussi sur son épée, et mourut. »* (1 Chr 10,4-5) — « *Pour lui [Elie], il alla dans le désert où, ayant fait une journée de marche, il s'assit sous un genêt, et demanda la mort, en disant : C'est assez ! Maintenant, Éternel, prends mon âme, car je ne suis pas meilleur que mes pères. »* (1 Rs 19,4) — « *L'un des fils des prophètes dit à son compagnon, d'après l'ordre de l'Éternel : Frappe-moi, je te prie ! Mais cet homme refusa de le frapper. Alors il lui dit : Parce que tu n'as pas obéi à la voix de l'Éternel, voici, quand tu m'auras quitté, le lion te frappera. Et quand il l'eut quitté, le lion le rencontra et le frappa. Il trouva un autre homme, et il dit : Frappe-moi, je te prie ! Cet homme le frappa et le blessa. »* (1 Rs 20,35-37) — « *Achitophel, voyant que son conseil n'était pas suivi, sella son âne et partit pour s'en aller chez lui dans sa ville. Il donna ses ordres à sa maison, et il s'étrangla. C'est ainsi qu'il mourut, et on l'enterra dans le sépulcre de son père. »* (2 Sam 17,23) — « *Zimri, voyant que la ville était prise, se retira dans le palais de la maison du roi, et brûla sur lui la maison du roi. »* (1 Rs 16,18) — « *Car il n'est pas digne de notre âge, dit-il, d'user d'une fiction qui serait cause que beaucoup de jeunes gens, s'imaginant qu'Eléazar, à l'âge de quatre-vingt-dix ans, aurait passé à la manière de vivre des païens, seraient eux-mêmes trompés par cette feinte, dont j'aurais usé pour un petit reste de cette vie corruptible, et j'attirerais par là la honte et l'exécration sur ma vieillesse. Car, alors même que j'échapperais présentement aux supplices des hommes, je ne pourrais néanmoins fuir la main du Tout-Puissant, ni pendant ma vie ni après ma mort. C'est pourquoi, en quittant courageusement la vie, je paraîtrai digne de la vieillesse ; et je laisserai aux jeunes gens un exemple de fermeté, si je souffre avec joie et avec constance une mort honorable pour nos lois très vénérables et très saintes. Ayant proféré ces paroles, il fut aussitôt traîné au supplice. Ceux qui le conduisaient, et qui peu auparavant s'étaient montrés plus doux, passèrent à la colère, à cause des paroles qu'il avait dites, et qu'ils croyaient avoir été proférées par orgueil. Lorsqu'il fut sur le point de mourir sous les coups, il soupira et dit : Seigneur, qui avez la sainte science, Vous savez clairement qu'ayant pu me délivrer de la mort, je supporte dans mon corps de rudes douleurs ; mais dans mon âme je les souffre avec joie pour Votre crainte. C'est ainsi qu'il quitta la vie, et laissant non seulement aux jeunes gens, mais aussi à toute la nation, le souvenir de sa mort, comme un exemple de vertu et de fermeté. »* (2 Mac 6,24-31) — « *Or il arriva que l'on prit aussi sept frères avec leur mère, et que le roi voulut les contraindre à manger, contre la défense de la loi, de la chair de pourceau, en les tourmentant avec des fouets et des lanières de taureau. Mais l'un d'eux, qui état l'aîné, parla ainsi : Que cherches-tu et que veux-tu apprendre de nous ? Nous sommes prêts à mourir plutôt que de violer les lois de Dieu et de nos pères. Le roi, irrité, ordonna de chauffer des poêles et des chaudières d'airain ; et dès qu'elles furent chauffées, il ordonna qu'on coupât la langue à celui qui avait parlé le premier, qu'on lui arrachât la peau de la tête, et qu'on lui coupât les extrémités des mains et des pieds, à la vue de ses frères et de sa mère. Après qu'il l'eut fait ainsi tout mutiler, il ordonna qu'on l'approchât du feu et qu'on le fît rôtir dans la poêle pendant qu'il respirait encore ; tandis qu'il y était longtemps tourmenté, les autres avec leur mère s'encourageaient mutuellement à mourir pleins de courage, en disant : Le seigneur Dieu verra la vérité, et Il sera consolé en nous, selon que Moïse l'a déclaré dans son cantique par ces paroles : Il sera consolé dans Ses serviteurs. Le premier étant donc mort de la sorte, ils amenèrent le second pour l'outrager [...]. Cependant la mère extraordinairement admirable et digne du souvenir des bons, qui, voyant périr ses sept fils en un même jour, le supportait avec courage, à cause de l'espérance qu'elle avait en Dieu, exhortait fortement chacun d'eux dans la langue de ses pères, remplie de sagesse [...]. Pour moi, comme mes frères, je livre mon corps et mon âme pour les lois de mes pères, en conjurant Dieu de Se rendre bientôt favorable à notre nation, pour que tu confesses, dans les tourments et sous les coups, qu'Il est le seul Dieu. [...] Il mourut donc à son tour dans son innocence, et confiant parfaitement dans le Seigneur. En dernier lieu, après ses fils, la mère souffrit aussi la mort. Mais nous avons assez parlé des sacrifices et des cruautés excessives. »* (2 Maccabées 7,1-7;20-21;37;40-42) — « *Mais, à cause de cela, il [Ptolémée] fut accusé auprès d'Eupator par ses amis, et s'entendait souvent appeler traître, parce qu'il avait abandonné la Chypre, que Philométor lui avait confiée, et qu'après être passé dans le parti d'Antiochus le Noble, il s'était aussi éloigné de lui, il finit sa vie par le poison. »* (2 Maccabées 10,13) — « *On accusa alors auprès de Nicanor un des anciens de Jérusalem, Razias, homme qui aimait la cité, qui était en grande réputation, et que, à cause de sa bienveillance, on appelait le père des Juifs. Durant le long temps de la séparation d'avec les païens, il s'était maintenu fermement dans le judaïsme, prêt à livrer son corps et sa vie pour y persévérer. Or Nicanor, voulant manifester la haine qu'il avait contre les Juifs, envoya cinq cents soldats pour le prendre ; car il croyait que, s'il séduisait cet homme, il porterait aux Juifs un grand coup. Mais, tandis que ces troupes s'efforçaient d'envahir sa maison, d'en briser la porte et d'y mettre le feu, comme il était sur le point d'être saisi, il se frappa de son épée, aimant mieux mourir noblement que d'être assujetti aux pécheurs, et de souffrir les outrages indignes de sa naissance. Mais comme, dans sa précipitation, il ne s'était pas donné un coup assuré, et comme les troupes s'élançaient par les portes, il courut hardiment vers la muraille, et se précipita lui-même courageusement sur les soldats ; ceux-ci s'étant promptement écartés pour n'être pas accablés de sa chute, il tomba la tête la première. Et comme il respirait encore, enflammé de courage, il se releva ; et quoique son sang coulât à grands flots et qu'il fût couvert de blessures très graves, il traversa la foule en courant ; et se tenant sur une pierre escarpée, ayant déjà perdu tout son sang, il saisit ses entrailles et les jeta de ses deux mains sur les troupes, invoquant le Dominateur de la vie et de l'âme, afin qu'Il les lui rendît un jour ; et c'est ainsi qu'il perdit la vie. »* (2 Maccabées 14,37-46) — « *Et maintenant traite-moi suivant ton bon plaisir et ordonne que me soit enlevé mon esprit pour que je quitte la face de la terre et devienne terre. Aussi bien me vaut-il beaucoup mieux mourir que vivre, parce que j'ai entendu des injures mensongères et que j'ai un grand chagrin. Seigneur, ordonne que je sois délivré de cette détresse, fais-moi aller au lieu éternel et ne détourne pas, Seigneur, ta face de moi ! Aussi bien me vaut-il beaucoup mieux mourir que voir tant de détresse dans ma vie et entendre des injures.* » (Tob 3,6) — « *En ce jour elle s'affligea intérieurement, elle pleura, et, montant à la salle haute de son père, elle voulut se pendre. Et sur de nouvelles réflexions elle dit : "De peur qu'on n'injurie mon père et qu'on ne lui dise : Tu avais une seule fille chérie, et elle s'est pendue dans son infortune. Et je ferai descendre en chagrin à l'Hadès la vieillesse de mon père. Il me vaut mieux, non me pendre, mais supplier le Seigneur de me faire mourir, afin de ne plus entendre d'injures en ma vie."* » (Tob 3,10) — « *C'est pourquoi je lui donnerai sa part avec les grands ; il partagera le butin avec les puissants, parce qu'il s'est livré lui-même à la mort [...].* » (Is 53,12) — « *Maintenant, Éternel, prends-moi donc la vie, car la mort m'est préférable à la vie. [...] Il demanda la mort, et dit : La mort m'est préférable à la vie.* » (Jon 4,3;8) — « *Judas jeta les pièces d'argent dans le temple, se retira, et alla se pendre.* » (Mt 27,5) — « *Cet homme, ayant acquis un champ avec le salaire du crime, est tombé, s'est rompu par le milieu du corps, et toutes ses entrailles se sont répandues.* » (Ac 1,18) — Voilà : cinq pleines pages de morts qui pourraient bien passer pour de purs suicides... (Où se range Augustin ? Dans quelle catégorie aurait-il rangé Ignace ? Ignace songea à se jeter dans un trou dans sa chambre ! Pour se tester et tester Dieu, il s'abstint de manger. Heureusement, Ignace pensa à Dieu, ce qui l'éloigna de la pensée du suicide. Penser à Dieu, cela permettrait de ne pas penser suicide ? (Ces gens-là pensent-ils à Dieu pour la même raison qui fait que je lis ?) Quoi qu'il en fût, après cet épisode, Ignace ne se délecta pas moins de l'idée de mourir lorsqu'un jour il tomba gravement malade... Bref. Je ne sais pas pourquoi je raconte tout ça... Peut-être pour ne pas penser au suicide !) — Selon Augustin, Lucrèce n'a pas agi en femme chrétienne en se suicidant, en ajoutant l'homicide à l'adultère. Ne compte que le « *Tu ne tueras point* », « *c'est-à-dire, tu ne tueras ni un autre ni toi-même, car celui qui se tue, tue un homme* », ce que ne permet en aucun cas la loi chrétienne. Sont exemptés ceux que l'on vient de voir, plus ceux qui « *ont entrepris des guerres par l'inspiration de Dieu, ou qui, revêtus du caractère de la puissance publique et obéissant aux lois de l'État, c'est-à-dire à des lois très-justes et très-raisonnables, ont puni de mort les malfaiteurs* » : vive les Croisades et les massacres — au nom de Dieu ! De nos jours, cela n'a guère changé : une religion a passé la main à une autre. Aux chefs guerriers qu'il commandait sur le champ de bataille, Mahomet disait parfois aux troupes : « *La victoire ou le Paradis !* » Comment voulez-vous arrêter les guerres si, comme avec le pari de Pascal, on n'a rien à perdre, mais tout à gagner ? Quelle logique infâme que ces « guerres saintes » ! Croisade, jihad : l'homme me fait vomir... — Augustin pense que la mort volontaire n'est jamais une preuve de grandeur d'âme : « *On peut admirer la grandeur d'âme de ceux qui ont attenté sur eux-mêmes, mais, à coup sûr, on ne saurait louer leur sagesse. Et même, à examiner les choses de plus près et de l'œil de la raison, est-il juste d'appeler grandeur d'âme cette faiblesse qui rend impuissant à supporter son propre mal ou les fautes d'autrui ?* » Il rejoint l'opinion de la majorité qui considère comme lui qu'« *il y a plus de force à endurer une vie misérable qu'à la fuir* ». — Il ne faut ensevelir les corps des fidèles... et la pauvre Ophélie s'en tira bien : « *Ses obsèques ont été célébrées avec toute la latitude qui nous était permise. Sa mort était suspecte, et si un ordre souverain n'avait pas prévalu sur l'usage, elle eût été placée dans une terre non bénite jusqu'à la dernière trompette. Au lieu de prières charitables, des tessons, des cailloux, des pierres eussent été jetés sur elle, et pourtant on lui a accordé les couronnes des vierges, l'ensevelissement des jeunes filles, le glas et la pompe funéraire l'escortent à son dernier séjour.* » (François aussi s'en tira bien... Il a plus ou moins échappé à l'opprobre ; il est « à l'abri ». On ne peut pas dire, tel Tirésias à Créon : « *tu retiens ici, loin des Dieux souterrains, un cadavre non enseveli et non honoré.* » Quoique l'on sache qu'il s'est suicidé, on ne sait pas, au fond, pourquoi. Mais il a eu sa sépulture, et on n'a pas eu besoin de légiférer pour le lui accorder. Imaginez qu'on ait été dans la situation dépeinte par Clemens Brentano dans l'*Histoire du brave Gaspard et de la belle Annette*, où « *ordre a été donné à tous les tribunaux de n'accorder une sépulture honorable qu'aux suicidés par mélancolie* », et où « *ceux qui se sont tués par désespoir seront envoyés à la dissection* »... Je ne comprends même pas ces arguties. Il y a de quoi en perdre son latin, comme le raconte la suite : « *C'est une loi bien singulière, dis-je, on pourrait, à propos de chaque suicide, intenter un procès pour décider s'il a eu pour cause la mélancolie ou le désespoir ; et le procès durerait si longtemps que juges et avocats tomberaient eux-mêmes dans la mélancolie et le désespoir, et finiraient sur la table de dissection.* ») — Dans ses arguments, Augustin se prévaut de Platon. Écoutons, à l'opposé, Cioran le blasphémateur : « *Pour bien mesurer le recul que représente le christianisme par rapport au paganisme, on n'a qu'à comparer les pauvretés qu'ont débitées les Pères de l'Église sur le suicide avec les opinions émises sur le même sujet par un Pline, un Sénèque et même un Cicéron.* » Mais il y a pire (ou pis) : Nietzsche et *Humain, trop humain* : « *De la mort raisonnable. — Qu'est-ce qui est plus raisonnable, arrêter la machine lorsque l'œuvre qu'on lui demandait est exécutée, — ou bien la laisser marcher jusqu'à ce qu'elle s'arrête d'elle-même, c'est-à-dire jusqu'à ce qu'elle soit abîmée ? Ce dernier procédé n'est-il pas un gaspillage des frais d'entretien, un abus des forces et de l'attention de ceux qui desservent la machine ? Ne répand-on pas inutilement ce qui ailleurs serait très nécessaire ? N'est-ce pas propager une espèce de mépris à l'égard des machines en général que d'en entretenir et d'en desservir un si grand nombre inutilement ? — Je veux parler de la mort involontaire (naturelle) et de la mort volontaire (raisonnable). La mort naturelle est la mort indépendante de toute volonté, la mort proprement déraisonnable, où la misérable substance de l'écorce détermine la durée du noyau : où, par conséquent, le geôlier étiolé, malade et hébété reste maître de déterminer le moment où doit mourir son noble prisonnier. La mort naturelle est le suicide de la nature, c'est-à-dire la destruction de l'être le plus raisonnable par la chose la plus déraisonnable qui y soit attachée. Ce n'est que si l'on se met au point de vue religieux qu'il peut en être autrement, parce qu'alors, comme de juste, la raison supérieure (Dieu) donne ses ordres, à quoi la raison inférieure doit se soumettre. Abstraction faite de la religion, la mort naturelle ne vaut pas une glorification. La sage disposition à l'égard de la mort appartient à la morale de l'avenir, qui paraît insaisissable et immorale maintenant, mais dont ce doit être un bonheur indescriptible d'apercevoir l'aurore.* » — Plus tard, marchant sur les platebandes d'Augustin, vint Thomas d'Aquin et la *Somme théologique*, plus particulièrement au *Secunda secundæ*, Question 64 (*L'homicide*), Article 5 : *Est-il permis de se tuer ?* Y figurent cinq objections qui sembleraient en faveur du suicide : « *1. Il semble que le suicide soit permis. L'homicide, en effet, n'est défendu que comme péché contre la justice. Mais il est impossible de pécher par injustice envers soi-même, ainsi que le prouve Aristote. Donc nul ne pèche en se tuant. — 2. Il est permis à celui qui détient l'autorité publique de tuer les malfaiteurs. Mais parfois il est lui-même un malfaiteur. Il est donc permis de se tuer. — 3. Il est permis de s'exposer spontanément à un péril moindre pour en éviter un plus grand, de même qu'il est permis, pour sauver tout son corps, de se couper un membre gangrené. Or il peut arriver qu'en se donnant* *la mort on évite un plus grand mal, comme serait une vie misérable ou la honte d'un péché. Il est donc permis parfois de se tuer. — 4. Samson s'est suicidé (*Jug 16,30*). Pourtant il est compté, d'après l'épître aux Hébreux (*11,32*), parmi les saints. — 5. Le deuxième livre des Maccabées (*14,41*) rapporte l'exemple de Razias qui se donna la mort, "aimant mieux périr noblement que de tomber entre des mains criminelles et de subir des outrages indignes de sa noblesse". Mais rien de noble et de courageux n'est illicite. Donc se tuer n'est pas illicite.* » Thomas ne pouvait s'arrêter en si bon chemin. Pour balayer toutes ces objections *en deux lignes*, il en appelle à Augustin qui, comme nous l'avons écrit précédemment, s'appuie sur le « *Tu ne tueras point* » et affirme que se tuer soi-même équivaut à tuer un homme (d'où l'*homicide généralisé*). La conclusion de Thomas tombe : « *Il est absolument interdit de se tuer. Et cela pour trois raisons : — 1° Tout être s'aime naturellement soi-même ; de là vient qu'il s'efforce, selon cet amour inné, de se conserver dans l'existence et de résister autant qu'il le peut à ce qui pourrait le détruire. C'est pourquoi le suicide va contre cette tendance de la nature et contre la charité dont chacun doit s'aimer soi-même. — 2° La partie, en tant que telle, est quelque chose du tout. Or chaque homme est dans la société comme une partie dans un tout ; ce qu'il est appartient donc à la société. Par le suicide l'homme se rend donc coupable d'injustice envers la société à laquelle il appartient, comme le montre Aristote. — 3° Enfin la vie est un don de Dieu accordé l'homme, et qui demeure toujours soumis au pouvoir de celui qui "fait mourir et qui fait vivre". Aussi quiconque se prive soi-même de la vie pèche contre Dieu, comme celui qui tue l'esclave d'autrui pèche contre le maître de cet esclave, ou comme pèche encore celui qui s'arroge le droit de juger une cause qui ne lui est pas confiée. Décider de la mort ou de la vie n'appartient qu'à Dieu seul, selon le Deutéronome (32,39*) : *"C'est moi qui fais mourir et qui fais vivre."* » Suivent encore cinq « *solutions* » — qui n'en sont pas. Il reprend les paroles d'Augustin et d'Aristote, mais n'ajoute rien de nouveau. — Et que dira Chateaubriand le mélancolique, quelques siècles plus tard, au Chapitre XIII du Livre 6 de la Partie 4 de son *Génie du Christianisme* ? *« C'est l'extinction absolue du sens moral qui donnait aux Romains cette facilité de mourir qu'on a si follement admirée. Les suicides sont toujours communs chez les peuples corrompus. L'homme réduit à l'instinct de la brute meurt indifféremment comme elle.* » Il explique que le suicide est provoqué dans une large mesure par la solitude, dont il aurait prouvé le caractère fondamental dans *René* : « *L'auteur y combat, en outre, le travers particulier des jeunes gens du siècle, le travers qui mène directement au suicide. C'est J.-J. Rousseau qui introduisit le premier parmi nous ces rêveries si désastreuses et si coupables. En s'isolant des hommes, en s'abandonnant à ses songes, il a fait croire à une foule de jeunes gens qu'il est beau de se jeter ainsi dans le vague de la vie. Le roman de Werther a développé depuis ce germe de poison.* » La seule solitude qui préserverait du suicide et des malheurs de la vie, serait celle qu'offrent les cloîtres. Je répondrai à Chateaubriand par la bouche de Hugo (le comble !) : « *La prise de voile ou de froc est un suicide payé d'éternité.* » — La religion ne fait que jouer à la moralisatrice. Il vaut mieux en rire qu'en pleurer, même si l'on tue en son nom. Je préfère les petites réflexions comme celle de Garson Poole dans *La fourmi électrique* de Philip K. Dick : « *Je crois que je vais me tuer, se dit-il. Mais non, je suis certainement programmé pour ne pas le faire ; pour mon propriétaire, ce serait un coûteux gaspillage à amortir. Il n'y tient sûrement pas.* » Qu'en penses-Tu, ô Dieu ?... — Je préfère également la philosophie contenue dans *L'Imitation de Jésus-Christ* : « *Heureux celui à qui l'heure de sa mort est toujours présente, et qui se prépare chaque jour à mourir !* » Ou : « *Qu'heureux et sage est celui qui s'efforce d'être tel dans la vie qu'il souhaite d'être trouvé à la mort.* » On n'y prône pas le suicide, mais le Stoïcisme. — Quand un religieux me parle de *sa* religion (qui est plus ou moins *la* religion), c'est comme si j'étais face à un représentant d'un « *peuple audacieux, le peuple au langage obscur qu'on n'entend pas, à la langue barbare qu'on ne comprend pas* » (*Is 33,19*). Il m'arrive de ne plus comprendre le suicide (si jamais je l'ai jamais compris) quand il est noyé dans les préceptes moraux de la religion : ils sont forts, les bougres !... Je perds moins la tête devant *Le grand livre de la libération naturelle par la compréhension dans le monde intermédiaire*, le fameux *Livre des morts tibétain* (ou *Bardo Thödol*), écrit par Padmasambhava au VIIIème siècle et découvert par Karma Lingpa sept siècles plus tard. (Karma Lingpa était ce que l'on appelle un « *tertön* », c'est-à-dire un « *découvreur de trésors enfouis* » : grâce à des « pouvoirs de voyance », les törtons étaient capables de trouver des « livres cachés »… des livres parfois cachés… dans leur esprit ! C'est joli ! Des hommes-livres à la Bradbury, mais aux livres innés !) Le monde décrit par le *Livre des morts tibétain* est étrange : on ne meurt jamais… Même si l'on parvient à fermer la porte de la matrice, donc à ne pas renaître (après avoir connu l'illumination), on est toujours « là ». « *Ô ! que la compassion s'exerce sur ces êtres conscients qui souffrent, / Ces êtres qui errent dans le cycle de l'existence, lourd d'illusions* » : les malheureux sont ceux qui sont encore prisonniers des chaînes de l'existence, de l'illusion, du devenir. C'est pourquoi ceux qui assistent une personne qui se meurt, prient et demandent de l'aide aux Bouddhas et aux Bodhisattvas : « *Protégez-la ! Soyez son alliée ! Sauvez-la de la grande obscurité du monde intermédiaire ! Retenez-la et faites qu'elle ne soit pas emportée par le vent rouge et rude du devenir !* » Pourquoi parlé-je de tout cela, qui n'intéresse que les poètes ? Parce qu'une partie de mon âme est poète. Et j'admire ces idées en tant que poète. Si j'avais lu ce livre peu de temps après la mort de François, il m'aurait soulagé. On y dit en effet du défunt qu'il peut nous voir sans que l'on puisse le voir, qu'il peut nous entendre l'appeler sans que l'on puisse l'entendre quand il nous appelle : « *Aussi il doit s'en aller, le cœur au désespoir. Des perceptions de sons, de rayons, de lumières s'élèvent et il est près de s'évanouir de peur, de terreur et de panique.* » Le défunt doit accepter son sort et nous le nôtre. C'est une fatalité douce, une résignation légère (du moins me le paraît-elle ainsi). La communication est coupée : tu n'y peux plus rien (le *tu* » s'adressant au défunt et au survivant). Il faut être fort. Il faut avoir une attitude digne (juive) : « *Près du cadavre, personne ne doit être autorisé à pleurer, à gémir ou à se lamenter ni même les amis ou les parents. Vous devez faire naître autant de vertu que possible.* » Paradoxalement, la souffrance est un remède à la souffrance (en attendant « mieux »). Il faut penser : « *Il se peut aussi que ceux que tu aimes l'aient incinéré, enseveli ou donné en pâture à des oiseaux ou à des bêtes. Tu auras le cœur malade et tu te verras coincé entre des blocs de pierre et de terre. Cette sorte de souffrance est la nature même du monde intermédiaire de l'existence. Même si tu trouves un corps, il n'y aura rien d'autre que de la souffrance. Aussi, abandonne cette aspiration pour un corps !* » Que se passe-t-il lorsque le défunt rencontre le seigneur de la mort ? « *Ensuite, tu éprouveras inquiétude, colère et terreur. En tremblant, tu mentiras et tu diras: "Je n'ai pas péché !" Mais alors, Yama, le Juge des Morts, dira : "Je vais regarder dans le miroir du devenir !" Quand il regardera dans le miroir du devenir, tous tes péchés et toutes tes vertus apparaîtront clairement et distinctement. Tes mensonges n'y feront rien. Yama t'attachera une corde autour du cou, et il t'emmènera. Il te coupera la tête,* t'arrachera le cœur, te videra de tes entrailles, te lèchera la cervelle, boira ton sang, dévorera ta chair et rongera tes os. Mais comme tu ne peux pas mourir même si ton corps est mis en pièces, tu revivras. Déchiqueté encore et encore, tu souffriras des douleurs infinies. » C'est ce que dirait la religion chrétienne... Mais là s'arrête le parallèle, car pour les Tibétains, « *la vacuité ne peut faire de mal à la vacuité* ». Or, ce qui vient d'être décrit est une hallucination : « *Yama n'a pas la moindre substance.* » Il suffit de ne pas mentir. Ceci n'est que le monde intermédiaire. La paix viendra. — François n'a pas été puni. Mort et vivant, il est dans l'Esprit du monde. La religion qui bannit ne l'atteint pas. La religion m'ennuie quand elle nous dit ce que l'on doit faire. « *Mais, tout considéré* », comme disait Gide, « *mieux vaut laisser le lecteur penser ce qu'il veut — fût-ce contre moi* ». — « *Purusha est l'esprit cosmique, / sans forme mais resplendissant, / le Soi de l'Univers, / il est omniprésent / et il demeure en tous, / et jamais il n'est né.* » (Muṇḍakopaniṣad)

* * * * *

« *Car celui qui voudra sauver sa vie la perdra, mais celui qui la perdra à cause de moi la sauvera.* » (*Lc* 9,24) Et si toutefois je ne veux pas venir après toi ? Et si je veux renoncer à moi-même sans me charger de ma croix ? Et si je ne veux pas te *suivre* ?

* * * * *

(Il s'est suicidé parce qu'il a bu. Il a bu parce qu'il s'est suicidé. — Il s'est suicidé parce qu'il a écouté *Grace*. Il a écouté *Grace* parce qu'il s'est suicidé. — Le dernier apéritif musical — ou la connerie au bar du coin.)

* * * * *

Un certain Monsieur P. vu par un certain Lichtenberg. — « *Quelqu'un me dit assez récemment que Monsieur P. buvait très certainement. Pourquoi donc ? Si je l'ai bien compris, il me semble que Monsieur P. voulait faire avec deux bouteilles de vin et douze verres de punch ce qu'il aurait été plus rapide d'accomplir avec un pistolet sur la tempe.* » Il me semble qu'il est plus facile de boire tout cela *afin de* se tirer une balle, et que la facilité de se tirer une balle est proportionnelle au volume ingurgité. Plus le suicidé aura bu, plus le passage à l'acte aura été facile.

* * * * *

C'est parce que le suicide est *si possible* qu'il fait si peur...

* * * * *

« *Suicide.* » — Peu de mots ont eu autant d'impact dans ma vie. La « *guerre* » n'est rien en comparaison. L'homme est un animal ; les animaux s'entretuent. La possibilité du suicide est le summum de la réflexion philosophique. S'il y avait des extraterrestres avec la conscience de la conscience, je parierais fort qu'il y eût chez eux la question du suicide. — Se retirer du monde, s'enlever à soi, retourner à la poussière : défi surhumain — *possible*.

* * * * *

Combien furent-ils à débarquer dans l'appartement de ma mère ? Ils étaient nombreux. Ça clignotait tout en bas. Du rouge, du rouge... Dans la nuit ? L'échelle télescopique était prête. — Je n'avais rien remarqué. Seul dans la loggia, la bouteille de porto achevée, je ne les avais pas entendus. Mon frère avait-il ouvert ? — Le crépitement des émetteurs-récepteurs, le brouhaha, le mouvement, comme s'ils n'avaient fait que passer, comme s'ils avaient été sur le chemin. — De leurs balcons, les voisins contemplaient-ils la scène ? Comprirent-ils la pièce qui se jouait devant eux ? Me virent-ils m'engouffrer à l'arrière du camion ? — Les aimables pompiers qui plaisantent. — Les urgences. — Le psychiatre et l'interne. — « Il faut briser la coquille. » — Je te la brise, ta coquille.

* * * * *

Exister *suffit*-il ? Celui qui veut partir n'est ni content ni contenté. « *Si vivre n'est qu'exister, qu'avons-nous besoin de vivre ?* » Oberman a-t-il raison ? Exister n'est-il pas extraordinaire ? Si ! Que l'on existe, que l'on *puisse* exister, voilà qui ne cesse de m'émerveiller. *Mourir* me surprend moins qu'*exister*. Mourir ne me surprend plus du tout depuis longtemps. Il me semble que mourir est naturel et ne peut être autrement, que tout ce qui vit doit mourir. Mais mourir par ses propres mains ! Pouvoir enfreindre la loi de la mort naturelle... Quelle est la différence entre celui qui vit naturellement et que la mort prendra quand il le faudra (vieillesse, accident, meurtre, maladie), et celui qui porte la possibilité du suicide avec lui où qu'il aille ? Leur destin est-il similaire ? Le premier vit ; le second existe. Penser au suicide remet en cause l'existence de son Moi. Il y a là un degré de perception du monde tout autre (bien plus élevé à mes yeux). « *La nécessité de mourir n'est à l'homme sage qu'une raison pour supporter les peines de la vie. Si l'on n'était pas sûr de la perdre une fois, elle coûterait trop à conserver.* » Inclus dans la nécessité de mourir, la possibilité de se tuer, — Jean-Jacques. — Redonnons la parole à Oberman : « *Il me semble que voilà beaucoup de mots pour une chose très-simple.* [...] *Je ne vois pas que mourir soit une si grande affaire ; tant d'hommes meurent sans avoir le temps d'y penser, sans même le savoir.* [...] *Je vous le répète, je n'ai point pris de résolution : mais j'aime à voir qu'une ressource infaillible par elle-même, et dont l'idée peut souvent diminuer mon impatience, ne m'est pas interdite.* » — Exister *suffit*-il ? Suffire à quoi ?

Qu'est-ce que peut nous fournir l'existence ? En quoi cela peut-il satisfaire ? Ne se place-t-on pas au-dessus de la vie quand on peut lui dire : « *Stop* » ? Pourquoi exister ? pourquoi continuer de vivre ? À quoi sert-il de prolonger la course à la mort ? Même Héraclès s'indigne : « *Vivre ? à quoi bon ? Que sert de prolonger / une existence inutile et maudite ?* » Nous courons en suivant la flèche du temps : où mène-t-elle ? « Pourquoi voulez-vous partir ? » Pourquoi auriez-vous voulu venir ? Certes, les étoiles sont belles ; certes, le nombre d'Euler est sublime ; certes... la vanité est incroyable. *Et cætera*. — À quoi la vie m'est-elle utile ? À quoi, à qui suis-je utile ? — *Écris*, Julien. — Reviens, Oberman : « *Je ne suis point l'esclave des passions, je suis plus malheureux, leur vanité ne me trompera point ; mais enfin ne faut-il pas que la vie soit remplie par quelque chose ? Quand l'existence est vide, peut-elle satisfaire ? Si la vie du cœur n'est qu'un néant agité, ne vaut-il pas mieux la laisser pour un néant plus tranquille ? Il me semble que l'intelligence cherche un résultat : je voudrais que l'on me dît quel est celui de ma vie. Je veux quelque chose qui voile et entraîne mes heures ; car je ne saurais toujours les sentir rouler si pesamment sur moi, seules et lentes, sans désirs, sans illusions, sans but. Si je ne puis connaître de la vie que ses misères, est-ce un bien de l'avoir reçue ? est-ce une sagesse de la conserver ? [...] Je suis las de mener une vie si vaine. [...] Et quand une force inévitable pèse sur moi sans relâche, comment reposerai-je, si ce n'est en me précipitant moi-même ?* — *Il faut que toute chose ait une fin selon sa nature. Puisque ma vie relative est retranchée du cours du monde, pourquoi végéter longtemps encore inutile au monde et fatigant à moi-même ? Pour le vain instinct d'exister ! [...] Je sais qu'un penchant naturel attache l'homme à la vie ; mais c'est en quelque sorte un instinct d'habitude, il ne prouve nullement que la vie soit bonne. [...] reculerai-je le terme quand il est déjà atteint ? [...] Quand la passion de toutes choses, quand ce besoin universel des âmes fortes a consumé nos cœurs ; quand le charme abandonne nos désirs détrompés, l'irrémédiable ennui naît de ces cendres refroidies : funèbre, sinistre, il absorbe tout espoir, il règne sur les ruines, il dévore, il éteint. D'un effort invincible, il creuse notre tombe, asile qui donnera du moins le repos par l'oubli, le calme dans le néant. [...] C'est un crime, me dit-on, de déserter la vie ; mais ces mêmes sophistes qui me défendent la mort, m'exposent ou m'envoient à elle. Leurs innovations la multiplient autour de moi, leurs préceptes m'y conduisent, ou leurs lois me la donnent. C'est une gloire de renoncer à la vie quand elle est bonne, c'est une justice de tuer celui qui veut vivre ; et cette mort que l'on doit chercher quand on la redoute, ce serait un crime de s'y livrer quand on la désire ! Sous cent prétextes, ou spécieux, ou ridicules, vous vous jouez de mon existence : moi seul je n'aurais plus de droits sur moi-même ? Quand j'aime la vie, je dois la mépriser ; quand je suis heureux, vous m'envoyez mourir : et si je veux la mort, c'est alors que vous me la défendez ; vous m'imposez la vie quand je l'abhorre. [...] On a prouvé, avant moi, que l'homme n'a pas le droit de renoncer à sa liberté, ou en d'autres termes, de cesser d'être homme : comment perdrait-il le droit le plus essentiel, le plus sûr, le plus irrésistible de cette même liberté, le seul qui garantisse son indépendance, et qui lui reste toujours contre le malheur ? Jusques à quand de palpables absurdités asserviront-elles les hommes ? [...] J'ai voulu savoir ce que je pouvais faire : je ne décide point ce que je ferai. Je n'ai ni désespoir, ni passion : il suffit à ma sécurité d'être certain que le poids inutile pourra être secoué quand il me pressera trop.* » Ce qui précède est extrait de la Lettre XLI, laquelle contient une note : « *Je sens combien cette lettre est propre à scandaliser. Je dois avertir que l'on verra dans la suite la manière de penser d'un autre âge sur la même question. J'ai déjà lu le passage que j'indique : il blâme le suicide, et peut-être il scandalisera tout autant que celui-ci ; mais il ne choquera que les mêmes personnes.* » Tel Oberman, je veux savoir ce que je peux faire, sans décider de ce que je ferai. Écrire sur le suicide me permet de pénétrer ce qui me pénètre. — L'acte créateur réside dans sa *possibilité*, voire dans son *actualisation*, non dans son *achèvement*.

* * * * *

Ah ! ce mot ! ce satané mot !... Que cache-t-il ? Que contient-il ? — Le temps est écoulé. Sept lettres. Suicide. S-u-i-c-i-d-e. Pas mieux. Vous avez gagné. Bravo.

* * * * *

Des images me reviennent des attentats perpétrés le 11 septembre 2001, les plus violentes que j'aie vues : des dizaines de personnes qui se jettent dans le vide... Elles n'avaient plus que deux choix : être brûlé ou sauter. On dit : de deux maux, choisir le moindre. Mais quand ces deux maux débouchent sur la mort ?... Est-ce un suicide ? Ce n'est pas exactement le cas de figure de celui qui se suicide pour éviter la torture (on ne sait pas s'il devra mourir de ses souffrances). Chamfort visait juste sans le savoir : « *La nature, en nous accablant de tant de misère et en nous donnant un attachement invincible pour la vie, semble en avoir agi avec l'homme comme un incendiaire qui mettrait le feu à notre maison, après avoir posé des sentinelles à notre porte. Il faut que le danger soit bien grand, pour nous obliger à sauter par la fenêtre.* » À cette différence près que la « *nature* » est ici remplacée par ses produits infâmes : les islamistes radicaux. — Le « vrai » suicide a une composante philosophique. C'est du cerveau et de ses réflexions que naît l'idée de la mort volontaire. La philosophie est dangereuse. Voici ce qu'écrit Rousseau dans son *Discours sur les sciences et les arts* : « *Qui voudrait en un mot passer sa vie à de stériles contemplations, si chacun ne consultant que les devoirs de l'homme et les besoins de la nature, n'avait de temps que pour la patrie, pour les malheureux et pour ses amis ? Sommes-nous donc faits pour mourir attachés sur les bords du puits où la vérité s'est retirée ? Cette seule réflexion devrait rebuter dès les premiers pas tout homme qui chercherait sérieusement à s'instruire par l'étude de la philosophie.* » La philosophie devrait avant tout être : se concentrer sur la connaissance de soi-même et sur l'apprentissage de la mort, de sa propre mort. Seuls comptent, dans un premier temps, la nature et soi-même. Chamfort dit aussi : « *En apprenant à connaître les maux de la nature, on méprise la mort ; en apprenant à connaître ceux de la société, on méprise la vie.* » Je suis persuadé que la pitié de soi-même procède de la pitié des autres (la pitié que l'on éprouve à leur égard ajoutée à la pitié que l'on suscite chez eux). — Cependant... la philosophie commençant par l'étonnement et par la curiosité, que fera celui qui n'est plus étonné, qui n'est plus curieux de rien ?... « *Je n'ai plus grande curiosité de ce que peut m'apporter encore la vie* », confesse le Gide d'*Ainsi soit-il*... « *J'ai plus ou moins bien dit ce que je pensais que j'avais à dire et je crains de me répéter. Or, le désœuvrement m'est à charge. Ce qui me retiendrait pourtant de me tuer (encore que je ne considère nullement le suicide comme*

répréhensible), c'est que certains chercheraient à voir dans cet acte une sorte d'aveu de faillite, l'aboutissement obligatoire de mon erreur. D'autres iraient penser que je me dérobe à la Grâce. Il serait difficile de faire admettre que, simplement, je suis rassasié de jours et ne sais plus à quoi employer ce peu de temps qu'il me reste à vivre. Anorexie. Face hideusement inexpressive de l'Ennui. »
La sinusoïde de l'ennui est toujours en rythme avec la cosinusoïde de la souffrance... — Se tuer au nom de sa philosophie dépasse toutes les autres formes de suicide, en particulier les suicides religieux. Notre seul conseiller doit être notre conscience, et non pas ces prêtres ou magistrats dont parle Thomas More dans son *Utopie* : « *Mais lorsque à un mal sans espoir s'ajoutent les tortures perpétuelles, les prêtres et les magistrats viennent trouver le patient et lui exposent qu'il ne peut plus s'acquitter d'aucune des tâches de la vie, qu'il est à charge à lui-même et aux autres, qu'il survit à sa propre mort, qu'il n'est pas sage de nourrir plus longtemps le mal qui le dévore, qu'il ne doit pas reculer devant la mort puisque l'existence est pour lui un supplice, qu'une ferme espérance l'autorise à s'évader d'une telle vie comme un fléau ou bien à permettre aux autres de l'en délivrer ; que c'est agir sagement que de mettre fin par la mort à ce qui a cessé d'être un bien pour devenir un mal ; et qu'obéir aux conseils des prêtres, interprètes de Dieu, c'est agir le plus pieusement et saintement. Ceux que ce discours persuade se laissent mourir de faim, ou bien sont endormis et se trouvent délivrés sans même avoir senti qu'ils meurent. On ne supprime aucun malade sans son assentiment et on ne ralentit pas les soins à l'égard de celui qui le refuse. Mourir ainsi sur le conseil des prêtres est à leurs yeux un acte glorieux. Celui en revanche qui se tue pour quelque raison qui n'a pas été approuvée par les prêtres et le sénat n'est jugé digne ni d'une sépulture ni d'un bûcher ; il est honteusement jeté dans quelque marais.* » — Il ne peut y avoir de raison de se suicider que dans la Raison, la Raison qui est nôtre. Jacopo Ortis, par exemple, ne voit pas où mettre son espérance (« *si dans la vie il n'y a que douleur* ») ailleurs que dans le néant ou dans une autre vie qui soit différente : « *J'ai donc décidé : ce n'est pas que je me haïsse moi-même désespérément, ni que je haïsse les hommes. Je cherche depuis longtemps la paix ; et le bon sens me désigne toujours la tombe.* » La société corrompue, qui a tant de raisons de nous broyer, nous pèse. Seule la nature saurait nous délasser de cette conscience qui se mortifie. Mais que faire lorsque la nature elle-même nous pèse ? Nous sommes alors comme le Lenz de Büchner : « *Si je ne pouvais pas de temps en temps escalader la montagne et admirer le paysage, et puis rentrer chez moi, aller dans le jardin, regarder par la fenêtre... je deviendrais fou ! fou ! Laissez-moi donc tranquille ! Que j'aie un peu de tranquillité maintenant, à un endroit où je me sens enfin un peu bien ! [...] On a tous besoin de quelque chose ; quand on peut trouver le repos, que demander de plus ! Toujours s'élever, lutter, rejeter pour l'éternité tout ce que l'instant procure, et toujours se priver pour parvenir à un moment de jouissance !* » Nous revoilà prisonniers du *hic et nunc* ! Prisonniers, ainsi nous sommes, dans cette tragédie pessoenne *d'ici et de maintenant* »... Hic et nunc ! rien — autre... Toujours : *hic et nunc ! hic et nunc* !... — Le problème du « *hic et nunc* » est un problème existentiel. À tous ceux qui bannissent le suicide, ces « *enfants [qui] ne connaissent point ce bris de prison qu'on nomme le suicide* », j'aimerais demander : bannissez-vous aussi le « *hic et nunc* », le « *ici* », le « *maintenant* » ? Non, parce que vous ne comprenez pas ce que cela veut dire. Vous n'avez jamais lu Pessoa ou accroché à ses pensées. Comment voulez-vous comprendre le suicide si vous ne comprenez pas la folie du « *hic et nunc* » ? Être contre le suicide revient à être contre l'immanence ou contre la transcendance : c'est complètement inepte ! Est-ce que, à tout le moins, ceux qui sont *contre le suicide* (quelle expression désastreuse !), seraient également *contre la dépression* ? Cela concerne déjà plus de monde... Il ne faut pas oublier qu'en me posant la question de la possibilité du suicide, je pose en même temps la question de la possibilité de la mélancolie ou, de façon plus simplifiée, celle de la dépression. — La mélancolie de l'étant... — L'être n'est-il plus ici quand il n'est plus présent ? — La solitude... de l'esclave de l'être. On peut ne plus supporter son voisin, son travail, son chien, ses assiettes, sa tapisserie, le centre de Nantes, le Président de la République, le football, la viande de porc... mais comment faire lorsque l'on ne supporte plus l'être ? Celui-là n'aurait pas de chance, car il n'y a qu'une seule chose que l'on ne puisse pas supporter sans vouloir aussitôt succomber : l'être, l'existence. Oui ! Quand vous ne supportez plus cette dent qui vous fait mal, vous demandez au dentiste de l'arracher et de la remplacer par une couronne en céramique (ou en métal si vous êtes trop pauvre). *Quid* de l'être ? — L'être est plus seul au monde est l'être qui ne peut plus de son être (ou d'être). Il n'en peut *mais*. Mais... Ah... Celui qui se sent seul ressentira encore plus sa solitude en songeant au suicide. Ironie du sort pour celui qui se dit : « Sors. » Il sera comme cette femme pashtoune, il écrira son « *landay* » (poème en deux vers) dans son coin : « *J'ai une fleur à la main qui se fane, / Ne sais à qui la tendre sur cette terre étrangère.* » La vie est une fleur. Dès lors qu'elle se fane, se fane la vie...

* * * * *

Il faudrait survivre ? Il faudrait, tous les jours, comme le croit Dolto, reconduire « *en tant que sujet son contrat avec son corps* » ? L'essentiel est de vivre ? San-Antonio (*Les deux oreilles et la queue*) s'interroge : « *Mais l'essentiel est de vivre, non ? Du moins, encore un peu. Car personne n'est jamais sauvé ; simplement "prolongé". Seulement, si on prenait vraiment conscience de la chose, on irait se pendre dans la première grange venue.* » Voilà le hic : prendre vraiment conscience de la chose... Il faudrait se conserver ? se donner le peine de se conserver comme on conserve un aliment dans le congélateur ? L'*Émile* le dit : « *Le sort de l'homme est de souffrir dans tous les temps. Le soin même de sa conservation est attaché à la peine. Heureux de ne connaître dans son enfance que les maux physiques, maux bien moins cruels, bien moins douloureux que les autres, et qui bien plus rarement qu'eux nous font renoncer à la vie ! On ne se tue point pour les douleurs de la goutte ; il n'y a guère que celles de l'âme qui produisent le désespoir. Nous plaignons le sort de l'enfance, et c'est le nôtre qu'il faudrait plaindre. Nos plus grands maux nous viennent de nous.* » — Misérables, nous sommes... N'est-ce pas, Victor ? « *Si quelque chose est effroyable, s'il existe une réalité qui dépasse le rêve, c'est ceci : vivre, voir le soleil, être en pleine possession de la force virile, avoir la santé et la joie, rire vaillamment, courir vers une gloire qu'on a devant soi, éblouissante, se sentir dans la poitrine un poumon qui respire, un cœur qui bat, une volonté qui raisonne, parler, penser, espérer, aimer, avoir une mère, avoir une femme, avoir des enfants, avoir la lumière, et tout à coup, le temps d'un cri, en moins d'une minute, s'effondrer dans un abîme, tomber, rouler, écraser, être écrasé, voir des épis de blé, des fleurs, des feuilles, des branches, ne pouvoir se retenir à rien, sentir son sabre inutile, des hommes sous soi, des chevaux sur soi, se débattre en vain, les os brisés par quelque ruade dans les ténèbres, sentir un talon qui vous fait jaillir les yeux, mordre avec rage des fers de chevaux, étouffer, hurler, se tordre, être là-dessous, et se dire :* tout à l'heure j'étais un vivant ! » — Je suis lucide, je suis désespéré. La vie, la mort : on dit que la mort frappe, mais la vie ne frappe-t-elle pas plus lourdement ? — Pourquoi suis-je né ? « *Dans les choses mauvaises, ce qui est coupable, c'est ce qui engendre* », écrivait Pline l'Ancien. La vie, c'est l'engendrement perpétuel. La vie amène la peine et, ajoute Philémon, « *Souvent la peine amène à la folie, / Engendre des maux incurables et / Incite parfois à quitter cette vie* ». Être en vie, c'est survivre. Quelle pénible survie ! « *[La terre] prodigue les herbes médicinales, et pour l'homme elle est toujours en enfantement* », reprend Pline. « *Quant à ce qui est des poisons, on peut croire que c'est par compassion pour nous qu'elle les a composés ; autrement, saisis par le dégoût de la vie, il faudrait ou que la faim, genre de mort le plus contraire à la bienfaisance de la terre, nous consumât lentement, ou que nous allassions soit nous briser dans les précipices, soit nous soumettre au supplice de la corde, supplice contraire à notre but, et fermant le chemin au souffle vital pour lequel on cherchait justement une issue, soit nous jeter dans les flots où les poissons nous serviront de tombeau, soit nous déchirer le corps par le tranchant du fer. — Oui, par pitié pour nous elle a produit ces substances faciles à boire, et sous l'action desquelles nous nous éteignons, le corps intact, sans perdre une goutte de sang, sans aucun effort, et paraissant nous désaltérer.* » A-t-elle pitié de nous, l'Aveugle ? Elle a plus d'un tour dans son sac et plus d'une corde à son arc... Plus efficace que la baïonnette, qui offre pourtant deux chances de mourir (par balle et par lame), elle nous offre un monde de possibilités : ce sont toutes ces vies qui nous montrent toutes les morts...

* * * * *

Les suicides dans les tours du World Trade Center sont à ranger à part. Et ceux des *camps* ? Quarante ans après Auschwitz, Primo Levi écrivit *Les naufragés et les rescapés* où il est justement question du suicide. C'est très instructif tout en balayant certaines idées reçues. Il y a eu de « *nombreux cas de suicide qui ont suivi (parfois aussitôt) la libération* », ce qui n'est pas étonnant (parce qu'« *il y avait toujours un moment critique, qui coïncidait avec une vague de réflexion sur le passé et de dépression* »). En revanche, ce qui l'est davantage, c'est le fait que « *tous les historiens des Lager, y compris les Soviétiques, se trouvent d'accord pour observer que les cas de suicide* pendant *la captivité étaient rares* ». On aurait pu croire que les conditions de détention étaient si atroces que la mort eût semblé mille fois préférable, que c'était la seule espèce d'espoir de libération. Eh bien, non. Levi propose trois explications « *qui ne s'excluent pas mutuellement* » : « *Premièrement : le suicide est un acte humain et non animal, c'est un acte médité, un choix non instinctif, pas naturel, et, dans un Lager, il y avait peu d'occasions de choisir, on vivait tout à fait comme des animaux asservis, auxquels il arrive de se laisser mourir mais qui ne se tuent pas. Deuxièmement : "nous avions autre chose à penser", selon l'expression commune. La journée était très remplie : il fallait penser à satisfaire sa faim, à se soustraire d'une façon ou d'une autre à la fatigue et au froid, à éviter les coups ; à cause de l'imminence constante de la mort, justement, le temps nous manquait pour nous concentrer sur l'idée de la mort. La notation de Svevo, dans* La conscience de Zeno*, où l'agonie du père est décrite impitoyablement — "Quand on meurt on a bien autre chose à faire qu'à penser à la mort. Tout son organisme s'employait à respirer" —, cette notation a la rudesse de la vérité. Troisièmement : dans la majeure partie des cas, le suicide naît d'un sentiment de faute qu'aucune punition n'est venue atténuer, or la dureté de la captivité était perçue comme une punition, et le sentiment de la faute (s'il y a avoir eu une faute) était relégué au second plan pour resurgir après la libération : en d'autres termes, il n'était pas nécessaire de se punir par le suicide pour une faute (vraie ou supposée) qu'on expiait déjà avec la souffrance de chaque jour.* » — La réalité est toujours moins simple qu'elle n'en a l'air (leitmotiv de *La Perte de Sens* !). — Moins d'un an après avoir publié ces lignes, Levi tombe dans les escaliers, chez lui. La thèse du suicide est acceptée par la plupart des commentateurs.

* * * * *

Eh ! déesse Ixtab, que fais-tu, — que fais-tu, ô déesse à la corde ? Pendouilles-tu en attendant de nous mener à notre terme ? Nous accompagneras-tu, nous les suicidés réprouvés ? Nous montreras-tu le chemin ? Tu es meilleure que la déesse Mélancolie, ou qu'Alouqua, ce démon femelle qui épuise les hommes et les pousse au suicide : avec toi, Ixtab, tout s'arrête. *En fin de compte*.

* * * * *

Une maxime de La Rochefoucauld va me faire parler quelques instants de Cesare Pavese : « *On peut avoir divers sujets de dégoût dans la vie, mais on n'a jamais raison de mépriser la mort ; ceux mêmes qui se la donnent volontairement ne la comptent pas pour si peu de chose, et ils s'en étonnent et la rejettent comme les autres, lorsqu'elle vient à eux par une autre voie que celle qu'ils ont choisie. [...] La nécessité de mourir faisait toute la constance des philosophes. Ils croyaient qu'il fallait aller de bonne grâce où l'on ne saurait s'empêcher d'aller ; et, ne pouvant éterniser leur vie, il n'y avait rien qu'ils ne fissent pour éterniser leur réputation, et sauver du naufrage ce qui n'en peut être garanti. Contentons-nous pour faire bonne mine de ne nous pas dire à nous-mêmes tout ce que nous en pensons, et espérons plus de notre tempérament que de ces faibles raisonnements qui nous font croire que nous pouvons approcher de la mort avec indifférence. La gloire de mourir avec fermeté, l'espérance d'être regretté, le désir de laisser une belle réputation, l'assurance d'être affranchi des misères de la vie, et de ne dépendre plus des caprices de la fortune, sont des remèdes qu'on ne doit pas rejeter. Mais on ne doit pas croire aussi qu'ils soient infaillibles. Ils font pour nous assurer ce qu'une simple haie fait souvent à la guerre pour assurer ceux qui doivent approcher d'un lieu d'où l'on tire.* » — L'auteur du journal que l'on a élégamment intitulé *Le métier de vivre*, allait sur ses quarante-deux ans lorsqu'il mit fin à ses jours en avalant une poignée de somnifères, le 27 août 1950. À l'âge de vingt-huit ans, l'*imprudent* écrivait : « *Il faut avoir éprouvé l'obsession de l'autodestruction. Je ne parle pas du suicide ; les gens comme nous, qui sont amoureux de la vie, de l'imprévu, du plaisir de "raconter", ne peuvent arriver au suicide que par imprudence.* » Ce livre, dont j'ai déjà parlé il y a longtemps, fait partie des joyaux de ma bibliothèque. Dans ma discussion, je m'étais arrêté à la date du 27 mai 1950, quand

Pavese entrait « *dans le gouffre* » et concluait : « *Il n'y a qu'une seule réponse : le suicide.* » Il nous reste à éplucher les neuf derniers jours où il consigna ses pensées qui « *ne sont pas stoïques* » (« *Et alors ?* »)… Neuf jours de journal, pas un de plus ! Neuf jours étalés du 30 mai au 18 août… Les derniers moments. Je frémis en les relisant, ces mots « *doux dans l'amer* », des « *vagues de cette mer* »… Des mots, des mots, des mots… « *Et ensuite ? et ensuite ?* » La mort. « *Pourquoi mourir ? Jamais je n'ai été aussi vivant que maintenant, jamais aussi adolescent.* » Tout doit finir. Pourquoi ? « *Rien ne s'additionne au reste, au passé. Nous recommençons toujours. — Un clou chasse l'autre. Mais quatre clous font une croix.* » Tout est consommé, tout a été accompli. Il a fait ce qu'il pouvait. « *J'ai travaillé, j'ai donné de la poésie aux hommes, j'ai partagé les peines de beaucoup.* » Il faut se suicider, il faut en finir à l'aide de ce timide homicide. Pour la première fois, il fait le bilan d'*une année non encore terminée* » : « *En dix ans, j'ai tout fait. Quand j'y pense aux hésitations de jadis. — Dans ma vie, je suis plus désespéré et plus perdu qu'alors. Qu'ai-je assemblé ? Rien. Pendant quelques années, j'ai ignoré mes tares, j'ai vécu comme si elles n'existaient pas. J'ai été stoïque. Était-ce de l'héroïsme ? Non, je n'ai pas eu de mal. Et puis, au premier assaut de l'"inquiète angoissante", je suis retombé dans les sables mouvants. Depuis mars, je m'y débats. Les noms sont sans importance. Sont-ils autre chose que des noms de hasard, des noms fortuits — sinon ceux-là, d'autres ? […] — Voilà le bilan de cette année non terminée et que je ne terminerai pas.* » L'ultime témoignage de sa plume dans le journal arrive le 18 août : « *La chose le plus secrètement redoutée arrive toujours. — J'écris : ô Toi, aie pitié. Et puis ? — Il suffit d'un peu de courage. — Plus la douleur est déterminée et précise, plus l'instinct de la vie se débat, et l'idée du suicide tombe. — Quand j'y pensais, cela semblait facile. Et pourtant de pauvres petites femmes l'ont fait. Il faut de l'humilité, non de l'orgueil. — Tout cela me dégoûte. — Pas de paroles. Un geste. Je n'écrirai plus.* » Au sujet de François, j'écrivais que, « *quoique l'on sache qu'il s'est suicidé, on ne sait pas, au fond, pourquoi* ». Il en va ainsi de tous les suicides, y compris celui de Pavese : qu'il soit question de femme, d'impuissance, ou de quoi que vous souhaitiez, je l'entends bien ; mais il faut aller au-delà, il faut aller vers le Mystère — où il n'y a rien à voir. Certes, nous recommençons toujours ; cependant je crois que tout s'additionne au reste, que nous devenons la somme de ce que nous avons été. Qu'un plus un fassent deux ou encore un, seul le « *plus* » importe (d'ailleurs, un « *moins* » ferait aussi l'affaire, car cela resterait dans le domaine de l'addition, et le retranchement ultime serait ce que l'on ajouterait au final, tel un point qu'aucune phrase ne poursuivrait). — La lucidité de Pavese est belle et me retourne. Je pourrais lire ces lignes en boucle pendant des heures, m'y replonger à tout moment de la journée. — *J'ai peur.* — J'ai peur que la chose secrètement redoutée m'arrive. C'est moi. J'écrirais : « *Ô Moi, aie pitié.* » Et quoi ? Aurais-je le courage ? Plus je désire, moins je désire. Plus la mort s'affirme, plus je la vis, plus je vis. Quand je pense au suicide, cela ne me semble pas facile. Pourtant, des cons l'ont fait et le font encore. Il faudrait non seulement de l'humilité, mais également de l'orgueil. Tout cela me dégoûte. Silence. Silence de l'être, silence de la parole, silence de l'écriture. Et j'écris encore… Un jour, peut-être, je n'écrirai plus.

* * * * *

Le *fil du rasoir* — ou de l'*impuissance*. — Les deux livres que j'ai le plus offerts sont *Lettre à un otage* (Saint-Exupéry) et *Notre besoin de consolation est impossible à rassasier* (Dagerman). Ils sont courts et intenses. Avec ce genre d'ouvrages, on comprend pourquoi quelques pages seulement peuvent bouleverser un homme. — Stig Dagerman s'est tué dans son garage à tout juste trente-et-un ans, asphyxié par les gaz d'échappement de sa voiture. — Après avoir écrit plusieurs livres, il se sent incapable d'écrire davantage. Il n'a alors que vingt-six ans. Désormais, pour lui, « *le fil du rasoir est bien étroit* » dans son duel avec la vie, qu'il livre « *chaque minute* ». Il se dit dépourvu de foi et malheureux : dépourvu de foi parce qu'il n'a reçu aucun dieu en héritage (il ne peut pas croire en des choses qui ne lui inspirent que le doute) et qu'il ne possède pas de philosophie dans laquelle il puisse se mouvoir « *comme le poisson dans l'eau ou l'oiseau dans le ciel* » ; malheureux parce qu'« *un homme qui risque de craindre que sa vie soit une errance absurde vers une mort certaine ne peut être heureux* ». Son unique certitude se résume en une phrase : « *le besoin de consolation que connaît l'être humain est impossible à rassasier.* » Il n'éprouve plus d'appétit pour la vie : où qu'il tourne le regard, la mort s'y trouve : « *dans le feu, dans tous les objets pointus qui m'entourent, dans le poids du toit et dans la masse des murs, elle se trouve dans l'eau, dans la neige, dans la chaleur et dans mon sang.* » La mort, en permanence, lui rappelle ce qu'elle veut lui faire oublier, à savoir que « *la mort est ce qu'il y a de plus proche de la vie* ». La solitude de l'écrivain est intenable. Il paie sa liberté au prix fort : l'esclavage de l'impuissance. « *Je peux remplir toutes mes pages blanches avec les plus belles combinaisons de mots que puisse imaginer mon cerveau. Étant donné que je cherche à m'assurer que ma vie n'est pas absurde et que je ne suis pas seul sur la terre, je rassemble tous ces mots en un livre et je l'offre au monde. En retour, celui-ci me donne la richesse, la gloire et le silence. Mais que puis-je bien faire de cet argent et quel plaisir puis-je prendre à contribuer au progrès de la littérature — je ne désire que ce que je n'aurai pas : confirmation de ce que mes mots ont touché le cœur du monde. Que devient alors mon talent si ce n'est une consolation pour le fait que je suis seul — mais quelle épouvantable consolation, qui me fait simplement ressentir ma solitude cinq fois plus fort !* » Sa propre mort devient la seule liberté à laquelle il puisse se raccrocher. « *Ma vie n'est pas quelque chose que l'on doive mesurer. Ni le saut du cabri ni le lever du soleil ne sont des performances. Une vie humaine n'est pas non plus une performance, mais quelque chose qui grandit et cherche à atteindre la perfection. Et ce qui est parfait n'accomplit pas de performance : ce qui est parfait œuvre en état de repos. Il est absurde de prétendre que la mer soit faite pour porter des armadas et des dauphins. Certes, elle le fait — mais en conservant sa liberté. Il est également absurde de prétendre que l'homme soit fait pour autre chose que pour vivre. Certes, il approvisionne des machines et il écrit des livres, mais il pourrait tout aussi bien faire autre chose. L'important est qu'il fasse ce qu'il fait en toute liberté et en pleine conscience de ce que, comme tout autre détail de la création, il est une fin en soi. Il repose en lui-même comme une pierre sur le sable. […] Si je veux vivre libre, il faut pour l'instant que je le fasse à l'intérieur de ces formes. Le monde est donc plus fort que moi. À son pouvoir je n'ai rien à opposer que moi-même — mais, d'un autre côté, c'est considérable. Car, tant que je ne me laisse pas écraser par le nombre, je suis moi aussi une puissance. Et mon pouvoir est redoutable tant que je puis opposer la force de mes mots à celle du monde, car celui qui construit des prisons s'exprime moins bien que celui qui bâtit la liberté. Mais ma puissance ne connaîtra plus de bornes le jour où je n'aurai plus que le silence pour défendre mon inviolabilité, car aucune hache ne peut avoir de prise sur le silence vivant. — Telle est ma seule consolation. Je sais que les rechutes dans le désespoir seront nombreuses et profondes, mais le souvenir du miracle de la libération me porte comme une aile vers un but qui me donne le vertige : une consolation qui soit plus qu'une consolation et plus grande qu'une philosophie, c'est-à-dire une raison de vivre.* » Il ne trouva pas cette consolation. CQFD.

* * * * *

J'ai sous les yeux une étude publiée en 2002 par le psychothérapeute et psychanalyste suisse Pierre-Bernard Schneider : *Les écrivains et le suicide*. Bien que ses chiffres se cantonnent à la Suisse, il est persuadé qu'ils sont applicables au reste du monde. Il démontre que les écrivains (qui « *sont des êtres affectifs, émotifs, passionnés* ») ont un taux de suicide significativement plus élevé que celui de l'ensemble de la population. « *À lire et à entendre les écrivains, écrire est dans la règle très pénible. Composer un roman ou un essai, ciseler des vers, demande des efforts décrits par certains écrivains comme surhumains.* [...] *De nombreux écrivains font ainsi part de leurs difficultés à écrire, du calvaire qu'ils doivent parcourir et de la douleur qu'ils ressentent.* [...] *L'écriture est une tâche pénible, redoutée, mais fascinante, qui n'est que rarement accomplie dans la joie et l'exaltation dionysiaque. Le "véritable" écrivain, qu'il en prenne conscience ou non, se met directement en cause intellectuellement, mais surtout affectivement. Il n'écrit que de lui-même, de sa substance la plus intime.* » Schneider, tout en citant Blanchot, Duras ou Mallarmé, met en exergue la solitude de l'écrivain (qui le lie plus vivement à la mort, à laquelle il est déjà exposé) ou l'abstraction de l'acte d'écrire (« *le graphisme de l'écriture — seule réalité sensible — ne renvoie à aucune réalité dont il serait le signe* »). Malheureusement, je ne peux que souscrire entièrement à son étude. — Quand écrire est une raison de vivre, écrire devient une raison de mourir (ou l'inverse). Écrire est une malédiction. Le temps de l'écriture est le temps de l'être. — « *Car nous allons mourir avec nos œuvres et par nos œuvres* », *dixit* Caraco.

* * * * *

Combien y a-t-il, chaque minute, dans le monde, de gens qui pensent au suicide ? Petitclerc écrit que « *près d'un adolescent sur quatre, âgé de 14 à 19 ans, reconnaît avoir eu des idées suicidaires durant les douze derniers mois de l'année* », et que « *près d'un sur dix passe à l'acte* ». Puis il ajoute (et cela me concerne davantage, même si les miens ont entre 17 et 20 ans et qu'ils sont en apprentissage, donc plus « mûrs ») : « *Quand vous faites la classe à une trentaine d'élèves* [...], *il y a au moins trois élèves qui se posent la question : "Est-ce que je vais me foutre en l'air ce soir ?"* ! » (On notera, en passant, la mauvaise habitude d'utiliser les statistiques naïvement...) — Je me rappelle certaines séquences cinématographiques où l'on entend en fond sonore la cacophonie engendrée par les prières mentales faites à chaque instant sur la Terre... Et des pensées suicidaires ? Qui n'a pas eu des pensées sur le suicide ? Même Napoléon, à ce que j'ai cru entendre dire ou cru lire, a été tenté par le suicide... Rien ne semble moins incongru que l'idée du suicide chez ce genre de personnage...

* * * * *

Et si l'on s'amusait à contrarier le Créateur ? Et si l'on se suicidait *tous* ? Tels des circoncellions, tels des lemmings (fausse légende), tels des disciples d'un gourou débile d'une secte débile, nous nous suiciderions *en masse*, tous sans exception. Les exemplaires de la Bible ou du Coran se trouveraient comme des cons... — Le couple Tuvache qui tient le « *Magasin des Suicides* » ferait une juteuse affaire, eux dont le slogan est : « *Vous avez raté votre vie ? Avec nous, vous réussirez votre mort !* » Ne le disent-ils pas eux-mêmes : « *Les statistiques de l'an dernier : un suicide toutes les quarante minutes, cent cinquante mille tentatives, douze mille morts. C'est énorme...* — *Oui, c'est énorme, le nombre de gens qui se loupent. Heureusement qu'on est là...* »

* * * * *

Que fais-je là ? Pourquoi ne mourrais-je pas ? Mais je mourrai, oui, je mourrai ! C'est inéluctable. Mourrai-je de mes propres mains ? J'en suis persuadé, et pourtant... je ne saurai pas. J'en perds la raison. — Les paroles du Dr Kennedy (dans la nouvelle *L'édifice d'orgueil*, de Jack London) pourraient-elles me convaincre ? « *Vous savez, nous sommes en quelque sorte payés pour vivre. Quand le salaire devient trop mesquin, nous abandonnons la partie — ce qui est, croyez-moi, la cause de tout suicide raisonné.* » Elles me convainquent. Mais je suis là.

* * * * *

« *Ainsi, tu découvres cet Éden convoité. Tu es là-haut, tu es inaccessible. Et que ressens-tu exactement ?* Rien. *Que vois-tu ?* Rien. *Qu'attends-tu ?* Rien. *Qu'espères-tu vivre ?* Rien. *Tu ne peux rien. Tu es mort et le néant t'a accueilli.* — *Que suis-je ici, dans cet univers d'être ?* Rien. *Que suis-je ?* — ... — François... » — Épicuriens, il n'y a rien après la mort. Il s'agit de s'entraîner à la mort. « *Faites-vous une habitude de penser que la mort n'est rien à notre égard, puisque la douleur ou le plaisir dépend du sentiment, et qu'elle n'est rien que la privation de ce même sentiment.* » Tenter l'ataraxie ? Mourir pour le destin ? — Pessoa dit que nous sommes des « *Tournesols sans cesse / Rivés au soleil* », et que « *Nous quitterons la vie / Tranquilles, forts / De nul remords, / Fût-il d'avoir vécu* ». Pourtant, il ne faut jamais interroger la vie, car « *Elle ne peut rien / Te dire* », elle « *Est au-delà des cieux* », et il faut la regarder de loin. D'où regardais-t — Mário de Sá-Carneiro ?

* * * * *

Il est difficile de me dire que ma conscience s'éteindra quand je mourrai. — Pourquoi a-t-elle été ? C'est comme si ça n'avait servi à rien. — Penser dès que je ne pourrai plus penser ? À quoi bon dire cela ? — Qui *doit* être *libre* ?

* * * * *

Se réaliser par la mort ? Hesse a-t-il raison de dire que le Bouddha, Jésus et Socrate « *aussi ne furent accomplis et pénétrés de leur omniscience qu'à un seul instant de leur vie, à l'heure de la mort* » ? que « *la mort pour eux n'a été que la dernière phase de la prise de conscience de leur pouvoir, que l'ultime don, le don parvenu enfin à son accomplissement* » ? La signification de la mort serait-elle là ? « *Il est fort possible que tout homme, à l'heure de l'agonie, soit un être qui s'accomplit, qui cesse d'aspirer à quelque chose, un être qui se donne, qui veut n'être plus rien.* » — *Se* réaliser par la mort qui se réalise ? Mais faut-il la chercher ?...

* * * * *

Hamlet ! Hamlet ! Mon frère ! — Pauvre petit John, qui écrivis à cette… Fanny : « *Hamlet's heart was full of such Misery as mine is when he said to Ophelia "Go to a Nunnery, go, go!" Indeed I should like to give up the matter at once—I should like to die. I am sickened at the brute world which you are smiling with. I hate men, and women more.* » (« Le cœur d'Hamlet était empli d'une misère semblable à la mienne quand il disait à Ophélie : *"Allez au couvent ! allez ! allez !"* — En vérité, je voudrais renoncer à tout, sur l'heure ; j'aimerais mourir ! — Je suis excédé de ce monde auquel vous souriez. Je hais les hommes et les femmes plus encore. »)

* * * * *

Comme Hamlet, je suis si fragile : je suis continuellement sur la lame d'un rasoir. Je n'y couperai pas.

* * * * *

Mourir.

* * * * *

Mourir ?

* * * * *

« *If all else fail, myself have power to die.* » (« *Si tout me fait défaut, j'ai le pouvoir de mourir.* »)

* * * * *

« *Et comment mettrait-il fin à son existence, celui qui ne peut finir une lettre ?* » Tu dis vrai, Sénèque. — Je ne sais pas.

* * * * *

« *Mourir… dormir, dormir ! peut-être rêver ! Oui, là est l'embarras. Car quels rêves peut-il nous venir dans ce sommeil de la mort, quand nous sommes débarrassés de l'étreinte de cette vie ? Voilà qui doit nous arrêter. C'est cette réflexion-là qui nous vaut la calamité d'une si longue existence.* » Depuis l'âge de dix-sept ans, je déroule dans mon esprit ces paroles. Mourir… Qu'est-ce que mourir ? Mourir me semble peu de chose — et je n'y parviens toujours pas… Mourir, ou dormir, ou rêver, ou souffrir. Je ne sais pas. J'aimerais tant mourir dans les étoiles… mes étoiles chéries… « *O Erde ! o ihr Sterne ! werde ich nirgends wohnen am Ende ?* » (« *Ô terre, et vous étoiles ! habiterai-je jamais nulle part enfin ?* ») Ainsi s'exprime, par la bouche d'Hypérion, Hölderlin le rêveur mourant. « *Depuis longtemps la majesté de l'âme sans destin m'a été plus présente que n'importe quoi d'autre ; j'ai parfois vécu en moi-même dans une splendide solitude ; je me suis habitué à secouer de moi les choses extérieures, comme autant de flocons de neige ; pourquoi dès lors irais-je redouter de chercher ce qu'on nomme la mort ? ne me suis-je pas libéré en pensée, comment pourrais-je hésiter à le faire réellement ?* » To find, or not to find, is that the question? To search? What for? — Je doute et tremble. En quoi faut-il *croire* ? Et *que* faut-il croire ? — Mourir… Je ne sais rien de la mort et je la cherche. Je doute. Je ne sais rien. Je repense à cette question que s'était posée Épictète : « *Ai-je bien, comme il convient à celui qui ne sait rien, la conscience que je ne sais rien ?* » Je ne sais pas. Ménon pourrait me demander comme il demanda à Socrate : « *Et comment t'y prendras-tu, Socrate, pour chercher ce que tu ne connais en aucune manière ? quel principe prendras-tu, dans ton ignorance, pour te guider dans cette recherche ? Et quand tu viendras à le rencontrer, comment le reconnaîtrais-tu, ne l'ayant jamais connu ?* » Ce questionnement est fertile, répondrait Socrate : « *Il n'est pas possible à l'homme de chercher ni ce qu'il sait ni ce qu'il ne sait pas ; car il ne cherchera point ce qu'il sait parce qu'il le sait et que cela n'a point besoin de recherche, ni ce qu'il ne sait point par la raison qu'il ne sait pas ce qu'il doit chercher.* » — Continuons tout de même à chercher… J'ai commencé ce chapitre avec Socrate ; je l'ai terminé avec lui.

« Ô nécessité dure ! ô pesant esclavage !
Ô sort ! je dois donc voir, et dans mon plus bel âge,
Flotter mes jours, tissus de désirs et de pleurs,
Dans ce flux et reflux d'espoir et de douleurs !

Souvent, las d'être esclave et de boire la lie
De ce calice amer que l'on nomme la vie,
Las du mépris des sots qui suit la pauvreté,
Je regarde la tombe, asile souhaité ;
Je souris à la mort volontaire et prochaine ;
Je me prie, en pleurant, d'oser rompre ma chaîne ;
Le fer libérateur qui percerait mon sein
Déjà frappe mes yeux et frémit sous ma main ;
Et puis mon cœur s'écoute et s'ouvre à la faiblesse :
Mes parents, mes amis, l'avenir, ma jeunesse,
Mes écrits imparfaits ; car, à ses propres yeux,
L'homme sait se cacher d'un voile spécieux.
À quelque noir destin qu'elle soit asservie,
D'une étreinte invincible il embrasse la vie,
Et va chercher bien loin, plutôt que de mourir,
Quelque prétexte ami de vivre et de souffrir.
Il a souffert, il souffre : aveugle d'espérance,
Il se traîne au tombeau de souffrance en souffrance,
Et la mort, de nos maux ce remède si doux,
Lui semble un nouveau mal, le plus cruel de tous. »

André Chénier, *Élégies*

Relations

« *Seul, à vingt ans, la vie était amère et triste.*
Je voyageai. Je vis les hommes, et j'en pris
En haine quelques-uns, et le reste en mépris ;
Car je ne vis qu'orgueil, que misère et que peine
Sur ce miroir terni qu'on nomme face humaine.
Si bien que me voici, jeune encore et pourtant
Vieux, et du monde las comme on l'est en sortant ;
Ne me heurtant à rien où je ne me déchire ;
Trouvant le monde mal, mais trouvant l'homme pire.
Or, je vivais ainsi, pauvre, sombre, isolé,
Quand vous êtes venue, et m'avez consolé. »

Victor Hugo, *Marion de Lorme*

Un prélude succéda à un postlude. La machine s'essouffla à l'heure dite. Petits pieds soutenant de longues et fines jambes, vous crissâtes sur le quai. Regard à droite, regard à gauche. L'ombre recouvrit l'ombre. Un sourire s'additionna à un sourire. Beaux yeux, je vous vis. Donne-toi à moi, je me donne à toi. L'air est doux, je m'enrêve. Le chemin se trace devant nous, rien que pour nous. Un ange nous surveille et lance des éclairs comme on lance du riz. Que dit-il ? Voici ton âme, ne pleure pas. Je te délivre.

* * * * *

(On n'a qu'une vie ou qu'envie / Apaiser et fuir la souffrance / D'un chat à neuf queues asservi / Du martinet qu'éloigne Clémence / Je ne cache rien en ca-rapace / Tu n'es pas une tortue-re / Je ne donne rien que mince trace / Dans cette lettre qui encore dure)

* * * * *

(Du quai d'arrivance (délivrance) / Au quai de souffrance (partance), / D'un quoi de chance (espérance) / Aux charmes de Clémence (romance), / Bondirent (haut) les cœurs (ô paravents !) séparés. / D'eux-mêmes du même aboli à remodeler / En éloignant du doigt l'ancien la mineure, / Et à l'abord évanescent des coteaux rieurs, / S'esquissant l'un dans l'autre sur l'ample herbe / (Nul n'y perd au change), — joignent leurs lèvres superbes. / Entre les deux heures d'éternité où dorment les foules, / En Païens, en Platoniciens, ils reforment la boule ; / Entre les deux corps nul souffle amer ne s'immisce : / Syllogismes de l'amour, — du bonheur sans fin les prémices ! / Ô ma Cybèle, — et ces rondes azurées sur la plage, ces rochers / Que ne crèvent que l'orange horizontalité et nos yeux ravivés ! / Puissé-je, tel ce soleil en l'eau bleutée, en toi plonger / Et de mes mains des abysses ramener nos Êtres (enlacés)… / Il y eut tant que je suspendis mon non-sûr voile ; / Il y eut tant que par tes grâces tu me vis à l'apogée / Renaître et m'élancer en ellipse autour de l'étoile / Que je regarde, enamouré, — l'étoile clémencée. / Ô ma Cybèle au doux sourire… / Des marais salants diaprés l'air, / Des antres en nombre librairiaires / Le furieux partage de l'à-lire, / Que de folies ! que de rêves !… / Le vivre du rêve… du vif rêve !… / Du matin mutin au soir dansant, — je t'aime, — / Je vis, revis, — ravi, — d'un extrême / À l'autre, d'un moi perdu m'en retrouvé, / En toi, par toi, — pour toi, — Cybèle désirée ! / Ô ma Tendre, écarte — le rideau des ans flétri ; / Je suis, non plus las, mais là, là, car je te chéris ! / Clémence… Clémence… Contemple ces points de suspension : … / Plaçons-y au goût ce qu'ils nous offrent de re-passion ! / Après l'âpre après-n'avoir-plus-cru, je veux — / Dans tes bras exaucer — mes-nos splendides vœux… / Ô ma Cybèle, si tu savais… / L'Envie mienne, — si tu savais… / … / …)

* * * * *

(D'inexorables mois damné je soupirais / Dans l'avide néant que comblait l'unique encre / Sur l'isolé radeau n'ayant que mât et qu'ancre / De monter qu'importe ou bien sombrer m'attiraient / Vers cet oubli des chants de ma vie des espoirs / Qu'à tire-d'aile fort j'ai fuis ou convoités / Héros noir que déguise en lilial l'attristé / Résigné au mal sans nom souriant d'y croire / Dès lors en mon défunt empire vint-il qu'une / Âme sans égale s'approcha de mon cœur / Et quelques gouttes d'un pur flacon d'eau de lune / Prudente y déversa jointes à la chaleur / Desquelles naquit la Fleur appelée Patience / Qu'on nomme aussi Amour Majesté Clémence)

* * * * *

Lorsque je rencontrai Clémence, ma situation vis-à-vis d'elle était à peu près la même que celle de Baudelaire vis-à-vis de sa mère vers 1860-1861, à l'époque où venait juste de finir une horrible période pleine d'impuissance et d'hypocondrie, durant laquelle l'idée du suicide le hantait à toute heure de la journée, et le persécutait, voyant là « *la délivrance absolue, la délivrance de tout* ». Je ne lui écrivis pas ma souffrance dans les termes qu'employait Baudelaire, mais l'esprit y était. « *Songe donc que depuis tant, tant d'années, je suis sans cesse au bord du suicide. Je ne te dis pas cela pour t'effrayer ; car je me sens malheureusement condamné à vivre ; mais simplement pour te donner une idée de ce que j'endure depuis des années qui pour moi ont été des siècles.* » — Comme Baudelaire, je pouvais écrire (sans le dire à Clémence) : « *Pour en revenir au suicide, une idée non pas fixe, mais qui revient à des époques périodiques, il y a une chose qui doit te rassurer. Je ne puis pas me tuer sans avoir mis mes affaires en ordre. Tous mes papiers sont à Honfleur, dans une grande confusion. Il faudrait donc, à Honfleur, faire un grand travail, et une fois là-bas, je ne pourrais plus m'arracher d'auprès de toi. Car tu dois supposer que je ne voudrais pas souiller ta maison d'une détestable action. D'ailleurs, tu deviendrais folle. Pourquoi le suicide ? Est-ce à cause des dettes ? Oui, et cependant les dettes peuvent être dominées. C'est surtout à cause d'une fatigue épouvantable, qui résulte d'une situation impossible, trop prolongée. Chaque minute me démontre que je n'ai plus de goût à la vie. Une grande imprudence a été commise par toi dans ma jeunesse. Ton imprudence et mes fautes anciennes pèsent sur moi et m'enveloppent. Ma situation est atroce. Il y a des gens qui me saluent, il y a des gens qui me font la cour, il y en a peut-être qui m'envient. Ma situation littéraire est plus que bonne. Je puis faire tout ce que je voudrai, tout sera imprimé. Comme j'ai un genre d'esprit impopulaire, je gagnerai peu d'argent, mais je laisserai une grande célébrité, je le sais,* — *pourvu que j'aie le courage de vivre. Mais ma santé spirituelle, détestable ;* — *perdue peut-être. J'ai encore des projets* — *Mon cœur mis à nu, des romans, deux drames, dont un pour le Théâtre-Français, tout cela sera-t-il jamais fait ? Je ne le crois plus. Ma situation relative à l'honorabilité, épouvantable,* — *c'est là le grand mal.* [...] *Tout à l'heure, j'en viendrai aux choses positives, c'est-à-dire actuelles ; car, en vérité, j'ai besoin d'être sauvé, et toi seule tu peux me sauver. Je veux tout dire aujourd'hui. Je suis seul, sans amis, sans maîtresse, sans chien et sans chat, à qui me plaindre ? Je n'ai que le portrait de mon père, qui est toujours muet.* — *Je suis dans cet état horrible que j'ai éprouvé dans l'automne de 1844 : une résignation pire que la fureur.* — *Mais ma santé physique, dont j'ai besoin pour toi, pour moi, pour mes devoirs, voilà encore une question ! Il faut que je t'en parle, bien que tu y fasses bien peu attention. Je ne veux pas parler de ces affections nerveuses.* » Le projet qui portait Baudelaire à l'époque était une introspection ultime. Voici comment il en parle : « Mon cœur mis à nu : *(My heart laid bare)* emprunté à Poe *(Marginalia)* : *S'il prenait à un homme ambitieux l'envie de révolutionner, d'un seul coup, l'univers de la pensée humaine, de l'opinion humaine et du sentiment humain, l'occasion est là* — *la route de la renommée immortelle s'ouvre devant lui, droite et sans embarras. Tout ce qu'il a à faire est écrire et publier un tout petit livre. Le titre devrait en être simple* — *quelques mots ordinaires* — *"Mon cœur mis à nu"* — *Mais ce petit livre devrait être* fidèle à son titre. » — Je ne sais pas, pour ma part, si j'y arriverai. Je ne me sens pas inspiré ni motivé, et n'ai pas envie de révolutionner quoi que ce soit. Baudelaire lui-même n'aura pas été loin dans son — très inachevé — *Cœur mis à nu*. Jusqu'où irai-je ? Jusqu'où parlerai-je ?... « *Que faut-il taire ? que faut-il dire ?* » me demandé-je à la suite d'Hécube.

* * * * *

Par le biais des goûts musicaux communs, je commençai à échanger des emails avec une inconnue en 2007. Elle écoutait le groupe Low. De fil en aiguille, les échanges devinrent plus personnels sans toutefois dépasser les limites de la courtoisie. Tels Pyrame et Thisbé, nous étions très proches, mais un mur nous séparait. — En 2010, elle débarqua à la gare de Cholet, armée de sa guitare et d'affaires de rechange. Elle devait ne plus jamais repartir. Elle changea radicalement ma vie. Je veux dire : *elle me sauva*. — On pourrait résumer la situation avec ces deux vers de Maurice Scève : « *Et des ce jour continuellement / En sa beaulté gist ma mort, & ma vie.* »

* * * * *

Je ne sais pas si je puis aller jusqu'à dire, comme Olenine (*Les Cosaques* de Tolstoï), qu'« *en l'aimant, je me sens une partie indivisible de tout l'heureux univers du bon Dieu* ». Depuis que Clémence est entrée dans ma vie, je vois toujours le monde de la même manière ; cependant, en me raccrochant à l'une, je me raccroche à l'autre. Tout se passe comme si elle avait réussi à me rendre heureux (heureux de l'aimer, heureux de l'avoir rencontrée, heureux qu'elle m'aime). « *Et c'est justement cela qui m'épouvante, dit Dantès, il me semble que l'homme n'est pas fait pour être si facilement heureux ! Le bonheur est comme ces palais des îles enchantées dont les dragons gardent les portes. Il faut combattre pour le conquérir, et moi, en vérité, je ne sais en quoi j'ai mérité le bonheur d'être le mari de Mercédès.* » Je crois que je mérite le bonheur d'être le compagnon de Clémence, — à la vie, à la mort, — après tous les malheurs que j'aurai connus en amour. Il fallait une compensation à toutes ces expériences, expériences qui étaient nécessaires afin que je fusse prêt (mûr à point) pour accueillir l'amour pur, l'amour que l'on ne redoute pas, l'amour qui est fait pour durer. La Providence m'écoutait enfin ! elle semblait me remercier du courage que j'avais montré face à toutes ces mésaventures. Dieu m'avait dit : « Julien, je t'envoie la femme que tu attendais depuis vingt ans. Je veux te garder un peu sur la Terre, je veux que tu connaisses l'Amour avant de mourir. Sache communier un peu avec les vivants. Prends, ceci est mon corps, ceci est mon sang, le sang de l'alliance. » Ô bonté divine ! Être presque fort comme la mort ! « *Comme tant d'autres qui ne l'avouent point, il avait toujours attendu l'impossible rencontre, l'affection rare, unique, poétique et passionnée, dont le rêve plane sur nos cœurs. N'avait-il pas failli trouver, cela ? N'était-ce pas elle qui lui aurait donné ce presque impossible bonheur ? Pourquoi donc est-ce que rien ne se réalise ? Pourquoi ne peut-on rien saisir de ce qu'on poursuit, ou n'en atteint-on que des parcelles, qui rendent plus douloureuse cette chasse aux déceptions ?* » Combien de fois ai-je failli (trouver) ?

Ce bonheur s'est réalisé et je dois me pincer pour y croire. Ce que le si bon Benassis considérait comme un « *monstre* », et que je considérais ainsi également avant *sa* venue, se transforma en « *union céleste* » : « *Je comprenais l'amour conjugal autrement que ne le comprend la plupart des hommes, et je trouvais que sa beauté, que sa magnificence gît précisément en ces choses qui le font périr dans une foule de ménages. Je sentais vivement la grandeur morale d'une vie à deux assez intimement partagée pour que les actions les plus vulgaires n'y soient plus un obstacle à la perpétuité des sentiments. Mais où rencontrer des cœurs à battements assez parfaitement isochrones, passez-moi cette expression scientifique, pour arriver à cette union céleste ? s'il en existe, la nature ou le hasard les jettent à de si grandes distances, qu'ils ne peuvent se joindre, ils se connaissent trop tard ou sont trop tôt séparés par la mort. Cette fatalité doit avoir un sens, mais je ne l'ai jamais cherché. Je souffre trop de ma blessure pour l'étudier. Peut-être le bonheur parfait est-il un monstre qui ne perpétuerait pas notre espèce.* » — Clémence, je t'aime, — je t'aimais depuis ma naissance.

* * * * *

Clémence, « *tecum uiuere amem, tecum obeam lubens* » (« *c'est avec toi que j'aimerais vivre, avec toi que je voudrais mourir* »).

* * * * *

Je trouvai enfin Dieu : le Dieu de l'Amour. — À telle enseigne que je pourrais remplacer Jésus par Clémence dans ce passage de *L'Imitation de Jésus-Christ* : « Quand Clémence est présente, tout est doux et rien ne semble difficile ; mais quand Clémence se retire, tout fatigue. — Quand Clémence ne parle pas au-dedans, nulle consolation n'a de prix ; mais si Clémence dit une seule parole, on est merveilleusement consolé. — Julien ne se leva-t-il pas aussitôt du lit où elle pleurait, lorsque Marthe lui dit : La maîtresse est là, et vous appelle ? — Heureux moment où Clémence appelle des larmes à la joie de l'esprit ! — Combien, sans Clémence, n'êtes-vous pas aride et insensible ! — Et quelle vanité, quelle folie, si vous désirez autre chose que Clémence ! Ne serait-ce pas une plus grande perte que si vous aviez perdu le monde entier ? — Que peut vous donner le monde sans Clémence ? — Être sans Clémence, c'est un insupportable enfer ; être avec Clémence, c'est un paradis de délices. — Si Clémence est avec vous, nul ennemi ne pourra vous nuire. — Qui trouve Clémence trouve un trésor immense, ou plutôt un bien au-dessus de tout bien. — Qui perd Clémence perd plus et beaucoup plus que s'il perdait le monde entier. — Vivre sans Clémence, c'est le comble de l'indigence ; être uni à Clémence, c'est posséder des richesses infinies. » Clémence fut ma madame de Mortsauf : « *Génies éteints dans les larmes, cœurs méconnus, saintes Clarisse Harlowe ignorées, enfants désavoués, proscrits innocents, vous tous qui êtes entrés dans la vie par ses déserts, vous qui partout avez trouvé les visages froids, les cœurs fermés, les oreilles closes, ne vous plaignez jamais ! vous seuls pouvez connaître l'infini de la joie au moment où pour vous un cœur s'ouvre, une oreille vous écoute, un regard vous répond. Un seul jour efface les mauvais jours. Les douleurs, les méditations, les désespoirs, les mélancolies passées et non pas oubliées sont autant de liens par lesquels l'âme s'attache à l'âme confidente. Belle de nos désirs réprimés, une femme hérite alors des soupirs et des amours perdus, elle nous restitue agrandies toutes les affections trompées, elle explique les chagrins antérieurs comme la soulte exigée par le destin pour les éternelles félicités qu'elle donne au jour des fiançailles de l'âme. Les anges seuls disent le nom nouveau dont il faudrait nommer ce saint amour, de même que vous seuls, chers martyrs, saurez bien ce que madame de Mortsauf était soudain devenue pour moi, pauvre, seul !* » Avant que Clémence n'arrivât, j'étais plus seul que je ne le fus jamais, je doutais de l'Univers, des autres, de moi-même, jusqu'à vouloir, non pas mourir, mais ne plus vivre. Rien n'avait plus de saveur, la neutralité régnait. C'était l'Ennui. — L'homme qui, sans désespérer, n'espère plus, est dans la pire des situations ; il n'oscille plus entre le oui et le non, mais entre le ni-oui et le ni-non. « Mais s'il trouve une fois son idéal de femme », écrit Balzac dans ses *Mémoires de deux jeunes mariées*, « celle entrevue dans ces songes qu'on fait les yeux ouverts ; s'il rencontre un être qui le comprenne, qui remplisse son âme et jette sur toute sa vie un rayon de bonheur, qui brille pour lui comme une étoile à travers les nuages de ce monde si sombre, si froid, si glacé ; qui donne un charme tout nouveau à son existence, et fasse vibrer en lui des cordes muettes jusque-là, je crois inutile de dire qu'il saura reconnaître et apprécier son bonheur ». Dès lors, il lui est possible, à cet homme qui se perdait, « *de s'embarquer sur cet océan* » en y mettant une grande part de son avenir.

* * * * *

Hécube disait de sa fille : « *Elle est ma joie et l'oubli de mes maux ; / elle est mon réconfort pour tant de biens perdus, / ma patrie, ma nourrice, mon bâton, mon guide sur la route.* » Telle était, telle est Clémence à mes yeux qui ont trop pleuré.

* * * * *

Dans cet univers sombre et sans pitié où l'espoir se fane avant de fleurir, la douceur de la clémence me tomba dessus et de son doigt toucha le mien, comme en la voûte michelangienne… « *Des étoiles les plus lointaines / descend sur nous une splendeur / qui attire notre désir : / c'est ce que nous nommons l'amour.* » — Et Faust trouva sa Marguerite fleurissante.

* * * * *

« *Ici-bas, deux personnes intelligentes et qui s'aiment beaucoup, se comprennent, même sans signes, seulement en se regardant.* » — « *C'est une chose incroyable comme les âmes sensibles s'entendent presque sans parler.* » — Thérèse et Denis ont raison : Clémence et moi nous comprenons sans signes. L'amour seul sourd.

* * * * *

Clémence me rendit à la vie que j'avais délaissée depuis des lustres. Elle m'extirpa du marécage où la moitié de mon corps et de mon esprit restait à la surface. La reprise de l'écriture, avec ce livre, était devenue *mon unique raison de survivre*, la dernière chose à laquelle je désirais me consacrer (avec les dangereuses limites que je m'étais fixées et que j'ai relatées au chapitre sur le tabac). Par conséquent, j'ai aujourd'hui *deux raisons de survivre*. Ce gain est énorme. Ce fut Clémence qui, alors que l'on ne s'était jamais rencontrés, me donna l'impulsion nécessaire au démarrage de ce livre. — « *Il s'est passé quelque chose d'incroyable hier.* J'ai écrit tout l'après-midi et j'ai fait une expérience terrible qui m'a plongé dans une attitude passablement mélancolique dans la soirée. Mais c'était peut-être aussi d'avoir repris pleinement la cigarette, d'avoir bu un peu trop de café, qui m'a plongé dans un malaise profond. J'ai en outre assez mal dormi cette nuit. À moins que je ne sois allé trop loin dans cette réouverture opérée en moi-même via l'écriture. Avais-je repris cette activité dans la confrontation si sérieuse que j'avais quittée depuis longtemps ? Je ne sais trop quoi en penser. J'aimerais en discuter avec toi, mais c'est infaisable comme ça. Une force me pousse à te demander de m'accompagner, mais je suppose que je ne me la représente pas comme il le faudrait. Je ne veux plus garder pour moi ce que je suis. — Ce que j'ai réalisé hier, cela faisait des mois et des mois que j'en espérais l'avènement (encore que je sois très loin de mes attentes, l'expectative me glisse à l'oreille de m'exercer solidement avant de contempler la renaissance). J'ai commencé le livre qui me travaille depuis des années, mais je sais que je devrai recommencer, je ne suis pas à l'aise. Je m'en fiche, je recommencerai cent fois sur le métier si c'est le temps à prendre pour commencer réellement. Alors j'ai suivi, dans une autre démarche expérimentale, les envolées qui tambourinaient en moi, j'ai craché les expressions et les pensées (sous forme de prérogatives, de prolégomènes) qui m'assaillaient sur le comment du pourquoi d'une réadaptation au rythme d'un écrivain, au rythme que j'ai connu et que j'avais laissé pour à demi mort. Et j'ai tenté ce matin des proses pongiennes. — Je vais m'affronter (avec ou sans affronts) pour la dernière fois (cette dernière fois pourra durer — ou s'arrêter avec moi). » — « *Grand, très grand chantier, le plus grand auquel je me sois attelé. Depuis le 3 Octobre, tous mes temps libres ou presque, y passent. En général, tous les soirs, en rentrant du taf, de 17h30 à 20h00. Tout le samedi et tout le dimanche. Le principal, c'est que j'avance. Il prend de plus en plus forme, ce livre expérimental. […] Ne pas oublier qu'il t'est dédicacé. Tu n'es pas pour rien dans ma remise en route. Je ne sais pas toujours où je vais, c'est un peu le propre de ce livre. Il est normalement préstructuré, mais je m'éloigne, je reviens, je détourne, je fuis, j'entre. J'en ai pour l'instant écrit quatre chapitres (il en comportera vraisemblablement cinq fois plus) : le prologue, l'introduction (il faut du temps pour que la machine s'enclenche et prépare), le tabac, le langage. J'en suis à celui de l'être au monde, déjà énormément avancé. Cela te paraîtra mécaniste, mais c'est ainsi que je "compte" : à la fin de la semaine, je serai dans les 45000 mots. Le nombre de pages est "relatif", mes alinéas sont "longs et lourds", j'imagine que la lecture peut être rebutante de voir ce noircissement extrême des pages, mais c'est mon mode : tant que l'idée n'est pas finie, l'alinéa ne l'est pas non plus. Le titre, pour l'instant* : La Perte de Sens (entre parenthèses). *Je l'expliquerai en détail à la fin du livre (et le "entre parenthèses" est bien entre parenthèses), mais ceux qui auraient lu un peu du roman comprendraient. (J'use beaucoup des parenthèses, la pensée se surajoute à elle-même en permanence.) Tiens, tu vois. =) Dans cette "expérience", je donne tout ce que je peux. Je me donne tel qu'en moi-même je suis. Il devra être Le livre que j'aurai pu écrire. Il est un mélange de poésie, de philosophie, de mathématiques, de plein d'autres choses encore. Il va dans tous les sens. C'est un infini condensé. (Un infini de moi.) Je cerne très bien, et de mieux en mieux à mesure que je l'écris, qu'il sera difficilement compréhensible. Mais c'est de cette expérience inouïe. Trop, j'en suis persuadé. Mais c'est ce qui le rendra particulier. En tout cas, l'écriture est là. Si je disposais de tout mon temps (autrement dit, si je ne devais pas bosser pour gagner ma croûte), ce serait bien plus fort, je crois, et il irait plus vite… mais bon. Je fais avec ce que j'ai. J'espère que tu ne prendras pas ces propos comme émanant d'un homme prétentieux… Ce n'est pas mon ambition.* » — « (*Ce titre, en m'y habituant depuis le temps, me convient de plus en plus…) Je pense vraiment que ce que je "réalise", j'ai du mal à le "réaliser" ; je suis vraiment sur les vénérables sentiers du livre que j'attendais, qu'il me tardait d'écrire (comme une justification de ma propre existence, justification d'abord pour moi, car je ne sais s'il se trouvera plus de lecteurs que je n'ai de doigts aux deux mains, à moins qu'en prime on ne m'ampute) depuis des années… Peut-être mon parcours d'écrivain, jusqu'à il y a peu, devait-il ataviquement converger vers ce non-livre !…* » — « *Voilà, j'ai énormément écrit ce weekend et j'ai dépassé en nombre de mots le plus long livre que j'avais écrit jusqu'à aujourd'hui… Qui l'eût cru ? Encore une fois, un petit merci, parce que je sens bien que tu as à moitié déclenché tout ce "retour" aux sources… que tu m'as indiqué, sans le vouloir, la route du retour… (Il est vrai que je m'y abîme un peu la santé, pour tout dire…)* » — Il y avait une oreille — inspiratrice — à mes interrogations. Je n'étais plus seul. « *Il faut que je l'avoue : je cite beaucoup, vraiment beaucoup… Et je me suis posé très sérieusement la question ce matin… Est-ce bon de citer autant ? De trouver des illustrations de mes amorces de réflexions dans ma bibliothèque et d'inclure tout ce qui m'apparaît primordial ? Je sais bien ce que je fais (ça se cale parfaitement avec mon texte), mais je me pose lourdement la question. Je m'en explique à plusieurs reprises dans mon livre… J'ai l'impression qu'il n'y a pas des masses d'exemples (qui me réconforteraient), dans la littérature, d'une entreprise pareille… Oui, les Essais de Montaigne… — Je ne sais pas si un jour ce que je fais sera publié (il me reste, si je ne compte pas l'éventuelle illisibilité de la chose, ou "nullité", tellement de pages encore à écrire, je suis si loin du but que cela me paraît presque improbable, mais bon, ce n'est pas pour cela que j'écris dans l'absolu), et j'ai eu le malheur de m'attarder ce matin, au boulot, à regarder de plus près les clauses concernant les citations, les emprunts, et les histoires de droits d'auteur, etc. Pas facile de s'y retrouver. Je ne veux pas de notes de bas de page, mais il faudrait sûrement répertorier, en index, les ouvrages cités, etc. Vendredi, j'ai par exemple entièrement cité un poème de Baudelaire. Peut-être cela ne se fait-il pas ?… C'est la première fois que je vois un "problème", et ça m'a angoissé toute la journée (je suis fatigué, de surcroît, j'espère que ça ira mieux demain)… (Si tu t'en souviens, je t'avais envoyé un mémoire où je dialogue avec Wilde ; il y a plein de citations, n'est-ce pas ? Là, ce n'est pas dérangeant, c'est un "mémoire". Dans* La perte de sens, *il y en a beaucoup moins, en proportion (j'avais fait fort), mais là, en l'occurrence, ce n'est pas ce que j'appelle académiquement une "thèse"…)* »

* * * * *

Voilà qu'à vouloir parler de Clémence, je parle de moi… Qu'y puis-je ? Sans elle, je ne serais plus ce « moi », ce « moi » que j'essaie de décrire ici. Quand je parle de moi, je parle de Clémence, de ma relation avec cet ange. —

Clémence, les mots ne seront jamais assez forts pour te remercier comme tu le mériterais. Tu m'as fait renaître. Ta disparition entraînerait la mienne, aussi sûrement que deux et deux font quatre... — Comme Olga à Oblomov, Clémence veut sans cesse me rappeler que « *le seul but, c'est de vivre* ». Car j'étais comme Oblomov : « *Quand on ne sait pas pourquoi on vit, on vit n'importe comment, au jour le jour ; on se réjouit de voir la nuit tomber et de pouvoir noyer dans le sommeil la question insidieuse des raisons pour lesquelles on a vécu, douze ou vingt-quatre heures durant ; et aussi cette autre question : pourquoi vivre le lendemain ?* » Puis, glissant doucement sur la pente de l'amour, je suis capable de me faire croire que « *la vie, la vie s'ouvre de nouveau devant moi, dans ses yeux, dans son sourire* »... Oui, oui, presque « *tout est là* ». Ah ! « *Il allait vivre, agir, bénir la vie, et la bénir, elle. Rendre un homme à la vie, quelle gloire ! La gloire du médecin qui sauve un malade dit incurable est déjà grande. Mais sauver une intelligence, une âme en perdition !* » — Telle fut Clémence, telle est l'est. Elle ressemble un peu à la madame Caroline de Zola (*L'Argent*) : « *Dès ce moment, vaincue, Mme Caroline dut s'abandonner à la force irrésistible du continuel rajeunissement. Comme elle le disait en riant parfois, elle ne pouvait être triste. L'épreuve était faite, elle venait de toucher le fond du désespoir, et voici que l'espoir ressuscitait de nouveau, brisé, ensanglanté, mais vivace quand même, plus large de minute en minute. Certes, aucune illusion ne lui restait, la vie était décidément injuste et ignoble, comme la nature. Pourquoi donc cette déraison de l'aimer, de la vouloir, de compter, ainsi que l'enfant à qui l'on promet un plaisir toujours différé, sur le but lointain et inconnu vers lequel, sans fin, elle nous conduit ? Puis, lorsqu'elle tourna dans la rue de la Chaussée-d'Antin, elle ne raisonna même plus ; la philosophe, en elle, la savante et la lettrée abdiquait, fatiguée de l'inutile recherche des causes ; elle n'était plus qu'une créature heureuse du beau ciel et de l'air doux, goûtant l'unique jouissance de se bien porter, d'entendre ses petits pieds fermes battre le trottoir. Ah ! la joie d'être, est-ce qu'au fond il en existe une autre ? La vie telle qu'elle est, dans sa force, si abominable qu'elle soit, avec son éternel espoir !* » — Moi qui ai toujours été un misérable, j'étais à l'époque un misérable, j'étais ce monseigneur Bienvenu de Hugo, j'attendais mon âme sœur. « *L'âme à tâtons cherche l'âme, et la trouve. Et cette âme trouvée et prouvée est une femme. Une main vous soutient, c'est la sienne ; une bouche effleure votre front, c'est sa bouche ; vous entendez une respiration tout près de vous, c'est elle. Tout avoir d'elle, depuis son culte jusqu'à sa pitié, n'être jamais quitté, avoir cette douce faiblesse qui vous secourt, s'appuyer sur ce roseau inébranlable, toucher de ses mains la providence et pouvoir la prendre dans ses bras, Dieu palpable, quel ravissement ! Le cœur, cette céleste fleur obscure, entre dans un épanouissement mystérieux.* » — Si j'écris, là, — *hic et nunc,* — c'est grâce à Clémence, parce qu'elle me fait vivre. Un « hic et nunc » de l'amour... L'« âme sœur », quand bien même nous divergerions sur certains thèmes. Je suis rationnel, elle ne l'est pas ; elle est religieuse, je ne le suis pas ; elle parle avec les morts, je n'y crois pas ; elle croit en la réincarnation (pour un monde meilleur), pas moi (je pencherais plutôt du côté de Rousseau : « *Ainsi nous recommençons de vivre pour recommencer de souffrir, et le sentiment de notre existence n'est pour nous qu'un sentiment de douleur.* ») ; elle embrasse les araignées, je les écrase ; elle espère, je désespère ; elle pense qu'un jour le monde sera rose, je pense que l'homme va détruire la planète ; elle devine une intention positive de la Nature, je ne vois que Volonté aveugle ; elle veut faire le bien, je n'y entends rien et pense avec Dolmancé qu'« *il n'y a de dangereux dans le monde que la pitié et la bienfaisance* », que « *la bonté n'est jamais qu'une faiblesse dont l'ingratitude et l'impertinence des faibles forcent toujours les honnêtes gens à se repentir* »... Pour moi comme pour Héraclès, « *la vie n'est pas une vraie vie, c'est une longue misère* », tandis que pour Clémence, la vie n'est pas une vraie vie, car la vraie vie adviendra après cette vie (ce que j'appelle la mort, néant). Oui, je suis très euripidien ! « *Le bonheur n'est pas fait pour nous les mortels. / La fortune a flux et reflux, favorisant celui-ci, / celui-là. Mais qui est heureux ? Personne.* » « *Tout autour de moi est souffrance.* » « *Les malheurs pour atteindre les hommes prennent toutes les formes. / Quant aux bonheurs, on en trouve avec peine un seul dans chaque vie.* » Clémence penserait comme Anna : « *Vivre comme le Seigneur nous l'a donné, cela nous suffit.* » (*Tob* 5,20) Moi, cela ne me suffit pas. Le monde tel qu'il est et tel que je le vis ne me suffit pas. Comme quoi !... L'amour ! Pour moi, « *notre vie est faite de mort* » ; pour Clémence, notre mort sera faite de vie. La vie et la mort nous unissent dans l'amour, ou l'amour nous unit dans la vie et la mort. Points de vue éloignés... qui sont proches... — « *Oui, mon malheur irréparable, / [...] C'est d'être plein, moi, fils du jour, / De la terre du cimetière, / Même quand je m'écrie : Amour !* » Mais j'aime. L'amour me meut. Clémence est ma survie. Le Marquis de *La Nuit vénitienne* s'amuse : « *Ce serait [...] ce qu'on pourrait appeler un bonheur malheureux. Eh ! eh ! [...] Ce sont deux mots qui, je crois, ne se trouvent pas souvent rapprochés... Eh ! eh !* » Un bonheur que procure Clémence au malheureux que je suis. Agrippa d'Aubigné a utilisé une expression parfaite : « *Vous bienheurez les malheureux !* » Clémence *me bienheure*.

* * * * *

« *Quant à moi, je ne me lasserai pas, et ce que j'ai écrit dans tous mes livres, ce que j'ai attesté par tous mes actes, ce que j'ai dit à tous les auditoires, à la tribune des pairs comme dans le cimetière des proscrits, à l'assemblée nationale de France comme à la fenêtre lapidée de la place des Barricades de Bruxelles, je l'attesterai, je l'écrirai, et je le dirai sans cesse : il faut s'aimer, s'aimer, s'aimer !* » — Mais alors... pourquoi écrire ce livre ? N'est-il pas aux antipodes de l'amour ? Pourquoi avoir tu la présence de Clémence pendant tout ce temps ? (Quand elle vint vivre avec moi, je n'avais en effet écrit que quelques centaines de pages de *La Perte de Sens*.) André Gorz, tout en s'excusant, s'était posé la même question dans le complément qu'il avait ajouté au *Traître*, en 2008, soit cinquante ans après la rédaction du livre : « *Ce livre devait montrer que mon engagement envers toi a été le tournant décisif qui m'a permis de vouloir vivre. Pourquoi alors n'y est-il pas question de la merveilleuse histoire d'amour que nous avions commencé de vivre sept ans plus tôt ?* » Il ne répond pas. Alors quoi ? Pourquoi ? — 1) Je dois parler de moi à toutes les époques, et toutes les époques ne furent pas avec Clémence. — 2) Quoique Clémence m'ait grandement démélancolisé, la mélancolie ne m'a pas quitté. J'en veux pour preuve ces tout derniers jours. Je suis censé être en vacances depuis une semaine. Cependant je n'arrive pas à lire (et « *ne plus lire depuis longtemps, c'est comme perdre un ami important* », dit un proverbe chinois) et je n'écris qu'à contre-cœur ; je n'ai envie de rien, je m'ennuie profondément (« *j'éprouve un grand ennui à force de lire* », même sans lire *L'Imitation*). Mon unique excitation provient d'une nouvelle lubie que je peux bien avouer ici : la Bourse. Rien de plus vain, rien de plus dangereux. J'attends fiévreusement l'ouverture à 9h00 du marché parisien, ainsi que le new-yorkais à 15h30. Globalement, je ne me sens pas bien dans mon corps et dans ma tête. Le poids du présent, le poids de mon être, m'insupportent, ou plutôt, ils me neutralisent dans mon devenir. Je ne deviens rien, ce qui explique ma difficulté à écrire ou à lire — ou à occuper l'espace et le temps. Je suis « en trop ». Chaque mot, ici, me coûte et me semble inutile. Tout me manque, je manque à tout. « *Celui qui n'a besoin de rien, tout lui manque* », dit fort à propos la sombre Marie Noël. « *But whate'er I be, nor I nor any man that but man is with nothing shall be pleased, till he be eased with being nothing.* » (« *Mais quoi que je puisse être, / Ni moi ni aucun homme qui n'est qu'un homme, / Ne sera satisfait de rien jusqu'à ce qu'il soit soulagé / De n'être rien.* ») — 3) Il est question d'*amour*. Or, toute ma vie d'amoureux, avant Clémence, fut réduite à des souffrances.

* * * * *

Les misères de l'amour. — « *J'ai à raconter à quelle occasion je fus pris d'abord de la maladie du siècle.* » Ainsi commence le troisième chapitre de la première partie de *La Confession d'un enfant du siècle*. « *Pris* » ? Pris comment ? Par la jalousie, par la perte de confiance, par l'amour déçu, trompé… par le désespoir… pour celui qui souhaite croire en la *perfection*… Et tout cela *prit* Alfred de Musset en voyant sa maîtresse faire du pied, sous la table, à l'un de ses amis… Ô douleur ! inconstance ! méfiance ! paranoïa ! infidélité ! duperie !... Ne fais pas à autrui… L'homme cherche la petite bête et aime remuer le couteau dans la plaie. Il veut croire tout en restant optimiste. L'amour peut tuer. « *Quiconque aima jamais porte une cicatrice ; / Chacun l'a dans le sein, toujours prête à s'ouvrir ; / Chacun la garde en soi, cher et secret supplice, / Et mieux il est frappé, moins il en veut guérir. / Te le dirai-je, à toi, chantre de la souffrance, / Que ton glorieux mal, je l'ai souffert aussi ?* » — Divorce de mes parents ou pas, le mariage me répugnait. Je voulais être assez fort pour suivre l'idée de Juvénal : « *Conventum tamen et pactum et sponsalia nostra / tempestate paras iamque a tonsore magistro / pecteris et digito pignus fortasse dedisti. / Certe sanus eras. Uxorem, Postume, ducis ? / Dic, qua Tisiphone, quibus exagitare colubris ? / Ferre potes dominam salvis tot restibus ullam, / cum pateant altæ caligantesque fenestræ, cum tibi vicinum se præbeat Æmilius pons ?* » (« *Et voilà que ces jours-ci tu prépares la cérémonie, le contrat de mariage et les fiançailles, tu es déjà pomponné par un maître coiffeur et peut-être lui as-tu déjà passé la bague au doigt. Pourtant, tu ne manquais pas de bon sens. Tu veux te marier, Postumus ? Dis-moi, sur quelle furie, sur quels serpents es-tu tombé ? Tu peux supporter un esclavage pareil quand il y a tant de cordes inutiles, quand il y a à l'étage de sombres fenêtres grandes ouvertes, quand le pont Æmilius est à deux pas ?* ») Nous répétons obstinément les mêmes erreurs (voir Vauvenargues). Ne dit-on pas, en versant la dernière goutte d'une bouteille : « *Pendu ou marié avant la fin de l'année ?* » Tant on considère qu'il y a une ressemblance… « *Hanging and wiving goes by destiny.* » (« *Mariage et pendaison sont au gré du hasard.* ») — En amour, les souffrances apparaissaient plus ou moins tard. Or, je m'y suis exercé maintes fois ; j'ai souffert de nombreuses fois, c'est-à-dire continûment. D'elle à elle, puis à elle, puis retour à elle, puis elle, et elle, et elle… Séleucus n'a pas tort : « *Quoi qu'en votre faveur vos pleurs obtiennent d'elles, / Il vous faudra parer leurs haines mutuelles, / Sauver l'une de l'autre, et peut-être leurs coups, / Vous trouvant au milieu, ne perceront que vous.* »

* * * * *

J'avais (à mon goût) trop aimé — sans être (à mon goût) suffisamment aimé. — Et Clémence arriva. — « *War Fähigkeit zu lieben, war Bedürfen / Von Gegenliebe weggelöscht, verschwunden ; / Ist Hoffnungslust zu freudigen Entwürfen, / Entschlüssen, rascher Tat sogleich gefunden !* » « *Le désir d'être aimé s'était éteint, / Évanoui, comme la faculté d'aimer, / Lorsque le goût d'espérer me revint / Et les projets joyeux et décidés.* ») — Goûte !

* * * * *

Clémence devait me rendre ma confiance. Enfin, l'inestimable moment arrivait : j'allais pouvoir aimer *purement* — et être aimé *purement* en retour. L'amour grand, sublime, simple. — Ô Clémence, te souviens-tu de notre conférence sur Skype ? Je passai une nuit blanche à te regarder, t'écouter, te parler, t'admirer, te désirer… Puis il y eut un silence de plusieurs jours (des mois ?). J'étais perdu, si loin de la Belgique. — Il me semble aujourd'hui que j'écoutais, seul et mélancoliquement, *Spiegel im Spiegel* d'Arvo Pärt, le cœur plein d'espoir en pensant à toi dans ce que Gide eût nommé, de part et d'autre, *La tentative amoureuse*. — « *Voici l'automne ici, Madame ; il pleut, les bois sont morts et l'hiver va venir. Je pense à vous ; mon âme est brûlante et calmée ; je suis assis auprès du feu ; près de moi sont mes livres ; je suis seul ; je pense ; j'écoute. — Reprendrons-nous comme autrefois nos beaux amours pleins de mystère ? — Je suis heureux ; je vis ; j'ai de hautes pensées.* » — Tu revins — pour l'éternité.

* * * * *

Désormais, nous ne formons qu'un. Nous ne sommes plus, toi et moi, séparément, le « *1* » de « *1+1* » ; nous sommes le résultat, le « *2* » unique. Si tu tombais dans la rivière, je sauterais aussi pour te rejoindre, comme dans cette histoire de Farid-Ud-Din' Attar : « *Un instant séparé de toi m'est un trop rude arrachement. Tu n'es pas plus que je ne suis. Ensemble est notre nom commun. Un et un en amour font un. — Le deux, c'est la séparation. Là s'insinue la mécréance. Le un, flammes mêlées du feu, ôte du cœur toute question. Corps et biens plongent dans l'Unique. Si tu hésites à renoncer au moindre atome de ta vie, Dieu n'existe pas. Toi non plus.* » — Oui : $1+1=2=1$. Dans cette équation réside notre amour surpuissant.

* * * * *

J'avais toujours pensé que trouver l'autre, c'était le perdre, et je me demandais (et me demande encore) : jusqu'à quel point faut-il comprendre (ou essayer de comprendre) l'autre ?… — Frère, père, mère, petite amie, copain, camarade, voisin, *etc.* : quoi ?... — Qui sont les autres si l'on ne sait pas d'abord qui l'on est ? L'autre est-il le même ? Suis-je le même ? Qui suis-je ? Qui sont-ils, tous ? « *Regardez-moi : vous ne me reconnaissez plus, vous croyez voir une autre personne que moi, Julien Pichavant. Regardez-moi, oui* : regardez-moi. *Vous me voyez* différent ? *J'ai peur — ou pour moi, ou pour vous. Car je crois bien que je suis toujours le même. Alors ?*… Regardez-vous… Regardez-vous… [IMPORTANT] » L'autre, est-ce l'autre ? et dois-je m'y inclure (pour moi, pour l'autre) ? — Perdu dans la masse… Si : « L'homme, fût-il autre », — alors : « L'homme futile, l'autre. » — Plus je vieillissais, plus mon expérience semblait vouloir me dire, comme Étéocle : « *Ô Zeus, qu'as-tu créé en nous créant la femme ?* »

* * * * *

(Tous ces paragraphes sont décousus et reflètent ce que furent tous ces instants de vie — et de conscience. — Remettre de l'ordre, par écrit, dans tout ce désordre des pensées. *La Perte de Sens* — désordonnée… Si je perds la perte, gagnerai-je quelque chose ?… — Je *recherche*. — Serais-je dans l'état d'âme de Wittgenstein lorsqu'il préfaça, en 1945, ses *Recherches philosophiques* ? (Livre qui, cela reste entre nous, rend plus fou que les livres de logique de Raymond Smullyan !) « *Au départ, mon intention était de rassembler tous ces matériaux en un livre de la forme duquel je me suis fait, à différents moments, des représentations différentes. Mais ce qui me paraissait essentiel était que les pensées y progressent d'un objet à l'autre en une suite naturelle et sans lacune. — Après de nombreuses tentatives infructueuses pour réunir en un tel ensemble les résultats auxquels j'étais parvenu, j'ai compris que je n'y arriverais pas, que ce que je pourrais écrire de meilleur ne consisterait jamais qu'en des remarques philosophiques, car mes pensées se paralysaient dès que j'allais contre leur pente naturelle et que je les forçais à aller dans une seule direction. — Et cela était évidemment lié à la nature même de la recherche ; car celle-ci nous contraint à parcourir en tous sens un vaste domaine de pensées. — Les remarques philosophiques de ce livre sont, en quelque sorte, des esquisses de paysage nées de ces longs parcours compliqués. — Sans cesse les mêmes points, ou presque les mêmes, ont été abordés à nouveau à partir de directions différentes, et sans cesse de nouveaux tableaux ont été ébauchés. Nombre d'entre eux dessinés de façon maladroite ou imprécise trahissaient tous les défauts d'un médiocre dessinateur. Et une fois ces tableaux-là écartés, il en restait un certain nombre qui étaient à demi réussis, mais qu'il fallait réorganiser ou même retoucher pour qu'ils présentent à l'observateur le tableau d'un paysage. — Ce livre n'est donc en réalité qu'un album.* » Un album à la Ludwig Wittgenstein, un album à la Alphonse Rabbe.)

* * * * *

Être seul, vouloir être en couple ; être en couple, vouloir être seul : tels sont les mystères de la volonté et de l'âme jamais satisfaite. Tout le contraire de ce passage biblique : « *Es-tu lié à une femme, ne cherche pas à rompre ce lien ; n'es-tu pas lié à une femme, ne cherche pas une femme.* » (1 Co 7,27) — L'amour m'a toujours attiré et effrayé. Pourquoi, sinon, ai-je écrit dans *Un certain amour (incertain)* que « *l'amour est un malheur* », « *une sale affaire* » ? Optimisme et pessimisme se relayaient déjà dans mon esprit parce que je me trouvais face à l'inconnu. L'amour contenait tout, le bien comme le mal. « *De tous les thèmes, le plus étudié fut certainement celui de l'amour, précepte orgueilleux de l'existence, ligne de fuite de l'existence, commencement et fin de la civilisation humaine, mystère et révélation, ami et ennemi, faible et fort, petit et grand, néant et infini, réel et irréel, vrai et faux, bien et mal. À lui seul, il contient les bases de la philosophie, de la sociologie ; à lui seul, il tue et procrée, détruit et engendre, disparaît et apparaît, dirige et est dirigé. C'est l'homme qui fait l'amour, comme c'est l'homme qui met au monde. Qui a mis au monde l'homme ? qui a mis au monde l'amour ? L'Amour ! L'amour est au fond d'un puits : bien insensé est celui qui voudra y sauter : il n'en reviendra pas, mais il connaîtra ce moteur incroyable : l'amour.* » Moi qui avais (et ai) toujours tout voulu savoir, j'étais désorienté. Comme dit Bartholo dans *Le Barbier de Séville* : « *Quelle rage a-t-on d'apprendre ce qu'on craint toujours de savoir !* » — À vingt-quatre ans, je m'étais fait le serment « *de ne plus jamais entretenir une relation sentimentale* » : « *Ne pas arriver au stade de la dépendance chez l'un ou l'autre, arrêter avant qu'il ne soit trop tard… Ne rien devoir… Ne pas se prendre le chignon. Ne pas s'enflammer. Ne pas se voir tout le temps.* » Ma jeunesse a été gouvernée par un désir puissant que j'ai progressivement tenté de réfréner. Devant le fait accompli, la retenue et le regret m'envahissent (j'en reparlerai plus loin). Bien souvent, aujourd'hui, je regrette d'être né et je préférerais être mort. C'est le même sentiment qu'alors, mais exacerbé. Camus notait dans ses *Carnets* : « *La tragédie n'est pas qu'on soit seul, mais qu'on ne puisse l'être. Je donnerais parfois tout au monde pour n'être plus relié par rien à l'univers des hommes. Mais je suis une partie de cet univers et le plus courageux est de l'accepter et la tragédie en même temps.* » Pour l'adolescent que j'étais et qui ne connaissait pas l'Ecclésiaste, la résignation imbibait déjà mon cœur.

* * * * *

Tel Lautréamont, « *je cherchais une âme qui me ressemblât, et je ne pouvais pas la trouver* » ; tel Lautréamont, « *je fouillais tous les recoins de la terre* » et « *ma persévérance était inutile* ». Cependant, tel Lautréamont, « *je ne pouvais pas rester seul* ». Tel Lautréamont, « *il fallait quelqu'un qui approuvât mon caractère* » ; tel Lautréamont, « *il fallait quelqu'un qui eût les mêmes idées que moi* ». — Au temps de ma quête, mon maître était Casanova. À vingt-et-un ans, j'écrivais : « *Ah ! Casanova, insuffleur de beauté incandescente qui me fortifie l'âme !... Casanova !... Épris de cette lecture, je me meurs…* » Et voici comment Casanova lui-même se décrivait à vingt-et-un ans : « *Assez riche, pourvu par la nature d'un extérieur imposant, joueur déterminé, panier percé, grand parleur toujours tranchant, point modeste, intrépide, courant les jolies femmes, supplantant les rivaux, ne connaissant pour bonne que la compagnie qui m'amusait, je ne pouvais être que haï. Étant prêt à payer de ma personne je me croyais tout permis, car l'abus qui me gênait me paraissait fait pour être brusqué.* » Visiblement, je me leurrais en croyant que l'on pouvait nous confondre, lui et moi. J'imaginais que j'étais un être libre, mais haï, et je me rassurais tant bien que mal en m'identifiant au Vénitien. Je n'étais ni libre ni haï, je n'étais pas riche, ni joueur, ni grand parleur, ni « supplanteur », ni « *prêt à payer de ma personne* », ni « *tout* permis », ni « brusqueur » au sens où il l'entend. Du reste, à l'image de Casanova, j'ai provoqué toutes les rencontres que j'ai faites. Si j'étais resté dans mon coin, je n'aurais pas connu toutes les femmes que j'ai connues. Chaque nouvelle conquête fut une expérience à part, chacune m'enrichissait à sa manière, mais jamais je ne me casais, non que je manquasse de confiance en moi, mais parce que je manquais de confiance à leur égard. Au bout d'un jour, ou d'une semaine, ou d'un mois, ou d'un an, je pleurais sur mon sort, comme si toutes étaient des monstres (et moi ?). Sur la Carte du Tendre, chaque « *elle* » et chaque « *moi* » se dirigeaient inéluctablement vers le grand Lac d'Indifférence, voire la Mer Dangereuse. Et plus je multipliais les aventures, plus s'égratignait ma foi, jusqu'au jour où je me jurai de ne plus tenter quoi que ce fût avec une femme (c'était quelque temps avant de commencer ce livre). « *Il eut sept cents princesses pour femmes et trois cents concubines ; et ses femmes détournèrent son cœur.* » (1 Rs 11,3) — Je ne désirais plus rien. J'avais étouffé tout désir en moi. C'était terminé, toutes ces fadaises. Et « *la seule vraie tristesse est l'absence de désir* », notait Charles-Ferdinand Ramuz dans son *Journal*. — Je visais un idéal que je ne trouvais pas et qui, avec le temps qui avançait, me paraissait impossible à trouver. (Pour ajouter à la difficulté, j'avais connu la trahison avec mon premier grand amour, que j'avais imputée à toutes les femmes. La nourrice de Phèdre aurait pu me demander : « *Pourquoi du crime d'une femme faire une accusation contre tout son sexe ?* » Je n'aurais su quoi répondre... Naïvement, je m'étais mis à croire que toutes les femmes étaient à mettre dans le même panier. Une autre difficulté s'était ajoutée à ce sentiment : la « pureté ». Pour reprendre Wilde (*A Woman of No Importance*) : « *Men always want to be a woman's first love. That is their clumsy vanity. We women have a more subtle instinct about things. What we like is to be a man's last romance.* » (« *Les hommes veulent toujours être le premier amour d'une femme. C'est là leur vanité maladroite. Les femmes ont un sens plus sûr des choses. Ce qu'elles veulent, c'est être le dernier amour d'un homme.* ») Irréalisable désir, à moins de fréquenter les écoles primaires...) Oh ! j'ai aimé ! mais je ne j'ai jamais aimé aussi puissamment que je l'eusse voulu. Tout avortait et imprimait une nouvelle douleur dans mon être. Je devenais cet individu dont parle Guilleragues : « *N'éprouvé-je pas qu'un cœur attendri n'oublie jamais ce qui l'a fait apercevoir des transports qu'il ne connaissait pas, et dont il était capable ; que tous mouvements sont attachés à l'Idole qu'il s'est faite ; que ses premières idées et que ses premières blessures ne peuvent être ni guéries ni effacées ; que toutes les passions qui s'offrent à son secours et qui font des efforts pour le remplir et pour le contenter, lui promettent vainement une sensibilité qu'il ne retrouve plus, que tous les plaisirs qu'il cherche, sans aucune envie de les rencontrer, ne servent qu'à lui faire bien connaître que rien ne lui est si cher que le souvenir de ses douleurs.* » — Et mon doute s'évanouit... — Julien était informe et vide : il y avait des ténèbres à la surface de l'abîme, et l'esprit de Dieu se mouvait au-dessus des eaux. Dieu dit : Que Clémence soit ! Et Clémence fut.

* * * * *

J'avais été le Raphaël de Lamartine : « *Le cœur plein de cendre, lassé de misérables et précaires attachements dont aucun, excepté celui de la pauvre Antonine, n'avait été recueilli avec une sérieuse piété dans mon souvenir ; honteux et repentant de liaisons légères et désordonnées ; l'âme ulcérée par mes fautes, desséchée et aride par le dégoût de vulgaires enivrements ; timide et réservé de caractère et d'attitude, n'ayant rien de cette confiance en soi-même qui porte certains hommes à tenter des rencontres et des familiarités aventureuses, je ne songeais ni à voir ni à être vu. Je songeais encore moins à aimer. Je jouissais au contraire avec un âpre et faux orgueil d'avoir étouffé pour jamais cette puérilité dans mon cœur, et de me suffire à moi seul pour souffrir ou pour sentir ici-bas. Quant au bonheur, je n'y croyais plus. [...] Je méprisais profondément l'amour, parce que je n'avais connu sous ce nom que ses grimaces, ses coquetteries, ses légèretés ou ses profanations [...].* » Puis la chance me « sourit » comme elle sourit à Raphaël lorsque Clémence s'immisça dans ma vie : « *En insistant sur ces sécheresses, sur ces dégoûts et sur ces découragements de ma vie, je jouissais intérieurement, car je ne les sentais déjà plus. Un seul regard m'avait renouvelé tout entier. Je parlais de moi comme d'un être mort ; un homme nouveau était né en moi.* » Renaître, et non plus « re-n'être ».

* * * * *

Comme il est cruel de quitter quelqu'un — ou de se faire quitter... À combien de reprises me suis-je rabiboché ? Tel Méléagre, je me disais : « *Ma fierté, ma raison m'ordonnent de briser, / De partir, mais comment ? La rusée est d'accord. / Mais tendres adieux me rengagent plus fort, / Et tout est renoué par son dernier baiser.* » Il n'y a pas lieu de se complimenter. Qu'il est cruel de devoir quitter quelqu'un et de ne pas le pouvoir, d'être infecté par le bacille d'Adolphe, la procrastination constantienne... Tenez, il faudrait être constant au lieu d'être Constant. De l'importance d'être constant : la constance ne devrait pas être le cadet de mes soucis. (Lecteur mallarméen : « *Tu vois, je suis un misérable, je fais des calembours. — Plains-moi.* ») — Je ne suis pas égal. Par exemple, le matin, au réveil, je suis entouré de brumes épaisses. Si je n'attends pas d'être tout à fait éveillé, ma conscience rejette tout ce qui lui apparaît. Le monde semble un obstacle infranchissable et sans intérêt (d'où ma mauvaise humeur si je croise un être vivant). Je me demande souvent si cet état est l'état naturel et vrai ou s'il n'est qu'un léger prolongement de ce que fut le sommeil et sa cohorte de cauchemars (car mes rêves sont la plupart du temps des cauchemars). S'il est naturel, alors il s'agit d'une hyperconscience qui est étouffée par le réveil complet. Par hyperconscience, j'entends la conscience de notre être-pour-la-mort, c'est-à-dire la conscience qui n'est pas encore tuée par la quotidienneté débile. Ce serait effrayant. Une lucidité extrême que l'on pourrait encore ressentir au lever, durant un petit quart d'heure de pure conscience, avant d'avoir les œillères automatiques de la « vivance ». — En clair : Suis-je le même le matin et le soir ? Serait-il possible que, le matin, je fusse rempli de haine, et le soir, d'amour ? Où se cache la vérité ? Ou la vérité loge-t-elle dans ces deux sentiments à la fois ? Pourquoi n'aimerais-je rien ni personne le matin ? Pourquoi tout m'insupporterait-il dans cet intervalle ? Sommes-nous vraiment constants de nuit comme de jour, à toute heure ? Sommes-nous le même à chaque instant ?

* * * * *

(Naguère. — « *Mais je suis seul, j'attends chaque jour, chaque heure que quelqu'un de seul, comme moi, vienne vers moi, me parle, me fasse chavirer, que je sois une miette retrouvée, que mon navire reparte voguer sur les flots d'un néant plus accueillant, que mon courage ne soit pas un courage, que mon moi soit mien, que tout, tout, soit fait ainsi, à ma manière, à la manière de ce quelqu'un ; le rêve a cela de bon : il extrait et s'extrait de lui-même…* »)

* * * * *

(Naguère. — « *J'ai, au nom de mon égoïsme, des envies plus ou moins œuvrables, réalisables, mon cœur est si souvent terrassé, émietté, je le retrouve éteint, — l'étincelle n'est qu'une image renvoyant une autre image, — je les travaille afin de retrouver ce qui fait qu'elles ont tué mon organe vital, je les assassine après les avoir inventées de toutes pièces, je les somme de revenir, de faire revenir cet élan passé — sans qu'aucune de mes motivations ne soit anéantie. Tout est, dans l'Univers, affaire de oui et de non, de pour et de contre, de blanc et de noir. Alors là, je dis oui, je ne vois ni blanc ni noir, je suis pour. Je fais mal les choses et seul moi-même puis décider de leur ignominie, de leur valeur maléfique ; mais je peux si bien faire les choses — et je le veux tant, si… C'est une connivence si coercible… Je calque mes envies… je les reflète… et je m'épanouis. Et que cela peut-il faire que je sois en vie sur des bases imaginaires ? si j'atterris sur mes pieds, sans trop de blessures (apparentes ou non), sur le sol réel ?…* »)

* * * * *

De Dolorès à Clémence, quel parcours — du combattant : combattu, con battu, con battant. — Les prénoms de celles qui ont le plus marqué ma vie : Clémence, Agnès, Carole, Marie, Gwendoline, Flamine, Aurélie, Clémence. — Bien, mal. — Mais que cela fait-il ? — « *Il suffit parfois d'une rencontre (aussi furtive soit-elle), d'un regard, d'une personne pour changer une vie. Je me dis souvent que, me concernant, tu es cette personne. Ça aussi, c'est cocasse. Et troublant. J'aurais voulu l'écrire, cette histoire. Mais le courage et le temps me manquent. Et la peur me tenaille. (Ben oui, on ne se refait pas !) — Non pas que ma vie eût été radicalement différente si je ne t'avais rencontré, et pourtant quelque chose aurait été radicalement différent. Quoi, je ne sais pas et je ne le saurai jamais. — Il y a quelques semaines, mon amant du moment (eh oui) m'a appelée alors qu'il était en déplacement. L'air complètement détaché (et un peu blasé), il m'a dit qu'il profitait de ce que son plat mettait du temps à lui être servi pour m'appeler (grand bien lui fasse). Il était à Cholet, dans un "restau sur une grande place qui ne sert, semble-t-il, à rien". Je crois bien avoir eu le plus gros fou rire de ma vie au téléphone. Le rire de l'absurde. Après j'ai pleuré. Et ensuite, j'ai ri, une fois encore… À croire que ça ne finira jamais et qu'il y aura toujours quelque chose ou quelqu'un pour te rappeler à moi ! — Je donne peu de nouvelles, je sais. Parfois je culpabilise d'être aussi peu présente pour une des personnes (j'utilise le pluriel par pudeur) qui compte le plus pour moi. Parfois j'aimerais prendre mon téléphone, t'appeler, te parler "pour de vrai" comme disent les petits, et puis je renonce pour mille raisons qui ne sont peut-être que des prétextes plus insipides les uns que les autres. — Mais le plus souvent, je me dis que c'est mieux ainsi. Ça ne m'empêche pas de penser à toi tous les jours. Sereinement. […] Finalement, ce qui compte ce n'est pas tant combien de personnes on a aimées, mais comment on a aimé… Et je te dois de m'avoir fait découvrir ce que c'était que d'aimer vraiment, totalement et inconditionnellement quelqu'un. Que cet amour suffit à lui-même. De pouvoir dire "J'ai aimé". — Si cet amour persiste, et s'il a pu coexister avec d'autres amours, aujourd'hui je me contente d'amours par défaut. C'est moins fatiguant, tellement plus simple et sécurisant… […] Après toi, j'ai cru que je ne pourrais plus jamais aimer. Je me disais : "si je réussis à surmonter ça, je ne pourrai rien connaître de pire." Et pourtant le miracle s'est produit l'an passé, à cette époque. Ça n'a pas duré longtemps et j'ai été quittée comme une merde (tu n'as pas idée, et je ne parlerai pas du contexte). Si j'ai le cœur cassé, c'est à cause de cette personne, et non à cause de toi, comme je le redoutais. La vie est étrange, n'est-ce pas ?* » C'était Aurélie (Aure). À la même époque, fin 2009, Marie m'avait envoyé un message encore plus fort. Il y avait également eu un poème, dont je retranscris les deux premiers et deux derniers quatrains : « *D'anciens vers ressurgit le souvenir lointain / De nos âmes séparées par ces rives creusées / Amèrement le concède de ma cruelle main / Aujourd'hui viens vers toi et mande ta pitié. / Hélas tu te délies, et protèges l'âme fière / Drapée d'outrages passés, de souffrances infligées / D'impossibles raisons tu condamnes mes chimères / Qui n'en sont qu'à ton cœur si froidement résigné. […] Tu parles et je n'entends que ton cœur et ta chair / Déposant à tes pieds l'offrande de ma passion / Car les mots sont trompeurs et ne muselent guère / L'ardeur irraisonnée de toute ton affection. / Ton pardon te demande, et pour le reste prends ! / Te donne sans condition et rends en reddition / Le chemin de ma vie à cet homme si grand / Mon amant éternel, en toutes ses saisons.* » Ce poème était l'écho d'un autre poème que j'avais écrit au début de notre première rupture, un très, très long poème. — Le mal que l'on m'a fait, le mal que j'ai fait… — Que voulez-vous que je vous dise ? Tout fut ainsi. Tout est ainsi. Tout sera-t-il ainsi ?… (Parenthèse qui répond à l'écho du nouvel épisode relaté au chapitre sur la mélancolie : mon hospitalisation dans l'Unité d'Accueil de Crise et de Psychotraumatologie du CHR de Cholet. Ainsi, j'écrivais : « *Que voulez-vous que je vous dise ? Tout fut ainsi. Tout est ainsi. Tout sera-t-il ainsi ?…* ») J'étais par conséquent conscient de tout cela ? Une sacrée conscience inconsciente ! Vous voyez les choses — et vous vous les cachez néanmoins. Quelle dérision ! Quelle pitié, mon bon Julien ! Tu répètes les mêmes erreurs. Comprendras-tu enfin ? Que fais-tu ? Que crois-tu ? Que mérites-tu à détruire les autres ? Il va falloir que tu travailles — *sur toi* — plus que jamais auparavant pour résoudre tes problèmes. Tu crois en avoir résolu. Pauvre de toi ! Réveille-toi ! Réveille-toi, crapule ! Tu te complais à te faire craindre ? Petit con. — *Analyse.* — En licence de philosophie, j'avais dû composer sur le célèbre « *Nul n'est méchant volontairement* ». Ma première partie commençait ainsi : « *Quel serait l'intérêt d'un individu si, produisant un mal, il en devenait malheureux ? S'il fait le mal, d'un tel point de vue, ou il ne le sait pas, aveuglément, et alors il ne ressentira finalement que les effets sur et en lui, sans souci du lésé, de la victime, ce qui lui offrira* à considérer son état : bonheur, apathie, malheur ; — ou il le sait, et là on ne pourrait affirmer de son comportement et de son action qu'ils sont la réalité d'une volonté de malheur pour lui-même, quand bien même, effectivement, il aurait conscience de faire le mal à autrui. Ainsi, synthétiquement, en reprenant ces deux voies possibles, si je fais du mal (toujours sous-entendu : je suis méchant) envers quelqu'un et que je le sais, ce ne peut être qu'en vue d'un bien, mon bien personnel et égoïste, qui sera d'autant plus grand que la souffrance occasionnée le sera. » Ma conclusion s'appuyait sur cette citation de la *Critique de la raison pratique* : « *[Les phénomènes] font connaître un enchaînement naturel, mais cet enchaînement ne rend pas nécessaire la nature mauvaise de la volonté ; il est au contraire la conséquence du choix volontaire de principes mauvais et immuables, et, par conséquent, il n'en est que plus coupable et plus punissable.* » J'ai été méchant. — Je repense à l'infirmier qui tentait de me rassurer sur ma présence dans cette chambre coupée du monde, à l'hôpital : « Ce n'est pas votre faute. » À qui la faute ? Pourquoi cette méchanceté ?...) — Vers Noël 1999, j'écrivais dans mon Journal : « *Pourquoi Agnès m'amène-t-elle continuellement dans le doute en me répétant qu'elle ne sait pas où elle en est ?... J'ai encore une fois failli partir pour de bon... Je préfère souffrir en la quittant dès maintenant que souffrir en restant et en la voyant torturée... Le suicide ?... — J'en ai assez... Je vais voir les prochaines heures... J'ai du mal à comprendre... [...] Où en suis-je ?... Si ce doit être un renversement tous les dix jours, je ne tiendrai pas... — J'avise... — Je vois...* » Le 27 septembre 1999, je me perdais dans mes éternelles interrogations morbides : « *Je recherche la femme idéale... Femme Idéale ?... Ha !* mon supplice durera-t-il éternellement ?... *Quand je la trouverai, ce sera trop beau pour être vrai — mais je ne garderai cet amour qu'un temps. Voilà le supplice* — plus grand que celui inscrit plus haut... — *Dieu... Où la trouver ?... [...] Les voies du... sont impénétrables... Ah... Ressasser... Trouver... Perdre sans perdre... Je vais en trouver, je le sais.* » — J'ai toujours recherché le grand amour. J'ai toujours voulu être aimé — et aimer en retour.

* * * * *

Mais j'ai été trahi par mon premier grand amour. « [10/10/99 :] *Vers 13h30, elle se préparait pour aller rejoindre son ex, David. [...] Elle était fatiguée (j'avais essayé de l'exciter) et elle a cru que je lui en voulais... Elle m'a reproché ma pseudo-jalousie... Elle m'avait bien expliqué, la veille, qu'il fallait qu'elle voie d'autres gens, qu'elle ne souhaitait aucune exclusivité... J'avais compris sexuellement mais ce n'est pas ça, finalement. Je ne sais pas. Cela fourmille encore dans ma tête d'une manière surréaliste... Je ne sais pas... [...] Je lui ai glissé un "Je t'aime" mais elle ne l'a pas renvoyé. Vers 1h30 (?), j'ai pris une cigarette et je suis allé fumer à côté, seul avec moi-même et avec mes idées, mes tourments, etc. [...] Par exemple, hier, quand elle est revenue de chez David, j'ai regardé si son maquillage, aux yeux, n'avait pas été défait anormalement. Je n'arrivais pas à voir... [...] Je ne sais comment gérer tout cela. Je ne crois pas qu'elle puisse me tromper : je lui impose trop de respect* — pour l'instant. *Mais ça, c'est peut-être moi qui fausse tout en perdant ma raison et mon objectivité... Je ne sais pas... Non... C'est dur... Mon cerveau est mal, en ce moment... [...] Peut-être parce qu'une telle relation, subtile, extraordinaire, insolite, démarquée, peut s'avérer dangereuse, hautement dangereuse... Et que j'aie peur d'avoir à subir un affront, de n'en pas ressortir indemne (si jamais je devais en sortir, etc.), cela me tue et me ronge...* [11/10/99 :] *Il faut faire comme si cela avait eu des chances de ne jamais être... Il faut partir du principe que c'est inouï, inespéré, et que rien ne sera jamais perdu. Si des regrets apparaissent, il faut les évacuer parce qu'ils n'ont pas lieu d'être. En parvenant à s'affranchir de telles considérations, on devient plus fort. Et la vie vaut la peine. C'est tout. C'est une vision pachanovesque* — *pichavantesque...* — Julien Pichavant... — *L'idée du suicide ne m'a jamais paru aussi séduisante que depuis ces derniers temps... Qu'est-ce que cela peut faire ?... Je veux être fou* — *sans me forcer... Je veux sauter d'un pic de 3000 mètres et retomber sur une étendue de coton... profonde... Mais de quel coton s'agit-il ?...* — *Aaaaaaahhhhh...* — *Bordel !...* » — Ma confiance se perdit — à tout jamais. (Jusqu'à Clémence...)

* * * * *

Après l'expérience « Agnès », mon cœur garda des séquelles. Je fus inguérissable (et inconsolable dans mon espoir de revoir des matins qui chantent). — « *Une femme me dit à l'oreille "Je t'aime",* — *et j'entrevois le* déchirement. » Ceci est extrait de mon recueil d'aphorismes acerbes (*Le Souci de l'âme*), plus exactement du chapitre « D'homme à femme », lequel pourrait être résumé en disant que « *la femme inspire la méfiance* ». Combien j'y suis hargneux... mais combien il est la démonstration de mon Amertume, de ma Déception, de mon Dégoût. « *J'ai connu une femme que, tour à tour, j'ai détestée et aimée ; qui m'a prouvé que l'amour existe et n'existe pas ; qui m'a fait découvrir qu'avoir un enfant est magnifique et abject ; qui m'a proposé de vivre avec elle tout m'inoculant le mal du couple. J'ai connu une femme qui m'a tué et m'a sauvé la vie, et cela, plusieurs fois ; une femme qui m'a donné un commencement et une fin.* » — « *Non, jolie dame, je ne soutiendrai nullement votre regard : les flammes de l'enfer me brûlent déjà.* » — « *Chérie...* — *Oui ?... — ... dans la douleur...* » — « *Mon père et ma mère ont été les premiers à m'insuffler l'envie de me rétracter devant le couple, le mariage... et les enfants !* » — Dans un autre chapitre, « Solitude de l'amour », j'y suis tout aussi virulent... « *Le mariage naquit de l'amour entre deux êtres ; le divorce, de l'amour* — *entre deux autres êtres.* » — « *Au sein d'un couple, deux êtres s'aiment* — *mais pas l'un l'autre.* » — « *[...] L'amour aiguise les sens, et, du rapprochement insatiable, on prend du recul* — *et on s'écarte légitimement.* » — « *L'amour est la seule connaissance qui permette de dire :* "*J'aime la vie, je suis heureux*" — *ou :* "*Je déteste la vie, je suis malheureux.*" » — « *L'amour le plus parfait du prochain, c'est le renoncement absolu de soi-même.* » — « *J'aime savoir ; pourquoi ne sais-je pas aimer ?* » — « *La mort de l'amour fait place à l'amour de la mort. Là est la vraie désillusion de l'amour.* » — « *Le bonheur conjugal se conjugue au passé.* » — J'ai mal.

* * * * *

(Jusqu'à Clémence...) — *Clémence.* — Mais rien n'est aussi simple. — « *Une aube affaiblie / Verse par les champs / La mélancolie / Des soleils couchants.* » Verlaine connut le(s) malheur(s) en amour. Qui n'a pas connu l'amour malheureux ? — Comme le dit Flaubert : « *La force est quelque chose dont on jouit en la perdant.* » C'est-à-dire, en ce qui nous concerne ici : l'amour est quelque chose dont on jouit en le perdant. J'y crois dur comme fer (en l'amour et en ce qu'il se révèle parfaitement, à rebours, quand il s'enfuit). La vérité se dévoile *a posteriori*. Si, selon Publilius Syrus, « *nimium altercando veritas amittitur* » (« *la vérité se perd par trop de disputes* »), la vérité se regagne après (après que l'eau a coulé sous les ponts). — J'aimerais écrire comme Cardenio de *Don Quichotte* : « *je vous supplie d'écouter l'histoire de mes infortunes infinies ; car après l'avoir entendue, peut-être vous épargnerez-vous la peine que vous alliez prendre à me consoler d'un mal qui n'est susceptible d'aucune consolation.* » Ce serait être présomptueux et croire que mes souffrances ne sont connues de personne d'autre. J'aimerais, quand je pleure, suivre Saint-Exupéry dans sa Citadelle : « *Ainsi, du sommet de la tour la plus haute de la citadelle, j'ai découvert que ni la souffrance ni la mort dans le sein de Dieu, ni le deuil même n'étaient à plaindre.* » Il faut croire fort dans ce « *monde qui roule dans un chaos immense de formes sans nombre et se maintient par une incessante destruction* » (Schopenhauer). Je préfère ne pas souffrir. Alors, il faut éviter de tenter le Diable du bonheur. « *Mieux vaut aller dans une maison de deuil que d'aller dans une maison de festin ; car c'est là la fin de tout homme, et celui qui vit prend la chose à cœur.* » (*Qoh 7,2*) — J'aime — et me perds. Car je n'ai plus confiance. Je suis arrivé à un âge où l'on peut me faire confiance. Cependant je ne sais plus à qui accorder ma confiance ? « *Comme un homme que sa mère console, ainsi je vous consolerai ; vous serez consolés dans Jérusalem.* » (Is 66,13) Quand bien même ce serait illusoire, je ne demande qu'une chose : être consolé, me faire croire que tout est possible sans bain de sang (moral). Je ne voudrais plus avoir à me demander *Quelle est cette merveille effroyable et divine / Où, dans l'éden qu'on voit, c'est l'enfer qu'on devine* »... Mon expérience me prouve pourtant le contraire. L'amour, comme la terre, « *enfante sans fin les fleurs qui durent peu* ». — Je ne veux plus écrire, en me changeant en Jésus : « *Mon âme est triste jusqu'à la mort* » (Mt 26,38). — Je répète inlassablement, sur ces milliers de pages, que j'affectionne le mélancolie, le suicide, l'ennui, la souffrance. Mais ce n'est pas vrai. Ce n'est pas tenable. Et si « *mes larmes sont ma nourriture jour et nuit* » (Ps 42,4), et devaient l'être éternellement, je me suiciderais. — Avant et après chaque rupture, je pouvais conclure que « *tout me manquait* » et que « *je me manquais à moi-même* » (Lamartine). Jusqu'où cela s'arrêtera-t-il ? Jusqu'à Clémence ?... (La femme de ma vie.) — (?) — Jusqu'à la démence ? La *clé* de la démence ?

* * * * *

(Jusqu'à Clémence...) — « *Who seeks, and will not take when once 'tis offer'd, shall never find it more.* » (« *Qui veut une chose, et quand elle s'offre ne la prend pas, jamais ne la trouve.* ») J'ai cherché, puis j'ai arrêté de chercher. Puis, contre toute attente, j'ai trouvé (ou retrouvé). Mais qu'ai-je trouvé ? L'amour que je croyais donner et recevoir, sans ambiguïté, en toute pureté, en toute franchise, en toute innocence cotonneuse. — Ce n'est pas mon genre de donner des indices sur le moment de l'écriture des paragraphes qui parsèment *La Perte de Sens*. En voici une exception. Nous sommes le 12 octobre 2014. Cela fait quatre ans et demi que je suis avec Clémence. Nous avons commencé à nous impliquer et à fonder un foyer : PACS, maison neuve... Je n'étais jamais allé aussi loin dans une relation. Et pour moi, c'est la dernière. Je nous vois ensemble, amoureux, jusqu'à ce que l'on meure. — Environ 1600 jours vécus ensemble, 1600 nuits passées dans le même lit (le bon Tempur !). Et quoi ? Tout semblait aller bien. Le rêve. — *Je devais avoir de la merde dans les yeux*. — Un éclatement est survenu. Une annonce, un aveu. C'était avant-hier matin. En me levant, je m'aperçois que je suis tout seul dans le lit. Je sors de la chambre, Clémence montait les escaliers. « Je vais partir », m'annonce-t-elle, comme ça, aussi simplement que si ça n'avait pas été dit. Le plus grand choc depuis au moins dix ou quinze ans. Est-ce un gag ? Ce n'est pas drôle. Si. C'est la vérité. Une crise momentanée ? Non. Elle y songe depuis un certain temps, en avait parlé à sa mère il y a un an. Des ex à elle resurgissent, elle se pose des questions. Le monde s'écroule. Rien ne sera jamais plus pur. J'aurais dû me méfier. C'est ainsi que ça fonctionne. Rien ne dure. Tout est trahison. J'ai pleuré, perdu, n'ayant rien à me raccrocher. — J'ai compris aussi, enfin, que je devais faire des efforts. Je devenais trop invivable. — Souvenez-vous. Il y a quelques pages, j'écrivais : « *Mais alors... pourquoi écrire ce livre ? N'est-il pas aux antipodes de l'amour ? Pourquoi avoir tu la présence de Clémence pendant tout ce temps ?* » Eh bien, le moment est plus ou moins venu de rattraper tout. Tout quoi ? Je ne le sais pas. La rose s'est tachée. Rien ne sera plus comme avant — si jamais ça devait tendre vers le « revenir comme avant ». Je ne sais plus où me mettre. Je mis (et misais) tout en Clémence. Enfin ma confiance s'était rétablie en amour. Se détruirait-elle à nouveau ? (Voyez mon style lorsque j'écris de manière impulsive, égarée...) Une fêlure, une fêlure. Il est toujours difficile de le reboucher. C'est fait, donc c'est fait. Trop tard. — *Désillusion*. Le seul être qui m'ait redonné confiance en la vie... ne l'a pas pu. — Cette nuit, je n'ai pas réussi à dormir. Après avoir fumé deux clopes dans mon bureau, j'ai ingéré un gros comprimé de Lexomil. — Je viens d'en ingérer un autre tandis que j'écris. — Toute la journée d'hier, j'ai eu l'impression d'être celui qui essaie de recoller les morceaux après une rupture. Mais pour quel bien ? quel profit — qui ne m'achèvera pas ? Et toute sa famille qui est au courant... — J'ai beaucoup de choses à me reprocher. Je suis trop « violent », je « bouffe » l'autre, je suis trop intransigeant. Je vais faire des efforts, de monstrueux efforts. Mais quelque chose s'est cassé. Je n'ai rien vu venir. Non, rien vu. Quelle tristesse ! Suivre aveuglément grâce à la confiance... jusqu'à la claque, la claque qui vous fait tout reconcevoir. Avant-hier, fatigué et dépité, j'ai failli pleurer devant une bande de collègues et devant une classe de BTS. — En me levant, cette nuit, je tremblais sur ma chaise. Je n'avais plus tremblé comme ça depuis Agnès et Carole (et Marie ?). — Douleur incommensurable. Et il va falloir que je lui demande des précisions, à Clémence... Cela ne brisera-t-il pas davantage le vase qui se fêle déjà ?... Où en suis-je ? Où vais-je ? Devrais-je reconsulter un psy ? reprendre des médicaments ? Ce qui me tue, c'est qu'elle doute depuis longtemps... Quoi ? Je n'en savais *rien* ! ne devinais *rien* ! Quel monde ! Sans Clémence, je me sens mort. Et peut-être reste-elle parce qu'elle le sait. — Je n'aurais jamais cru, jamais... Tout allait bien. S'écroulerait-il pour de bon ?.... — MAIS QUE SE PASSE-T-IL ?... — ... Je répète le schéma de mon père quand j'étais petit... Répéterons-nous toujours les mêmes souffrances ? Fera-t-on continuellement aux autres ce dont on a souffert par d'autres ? Quelle est cette machinerie machiavélique ?... Cette autorité conspuée, j'en serais le perpétueur ? (Père-tueur.) — Je suis redevenu un petit enfant qui pleure de la perte de la virginité de son monde aimé... — Je pleure. — « *Si malgré tout nous n'y parvenons pas, je finirai par m'en aller* », m'a-t-elle écrit. « *Mais je veux qu'on remette en cause l'édifice de certitudes qu'on a construit chacun en nous-même, je ne veux plus fonctionner par jeu d'opposition, je veux la communion, avec toi, avec mon être, avec le monde.* » Et : « *Le ressenti bien plus gênant vis-à-vis de toi, c'est quand "quelqu'un du passé" m'a contactée par mail et tenté d'ouvrir le dialogue. Sorti d'une longue relation et se souvenant qu'on s'était "croisé" il y a une dizaine d'années, chacun dans notre couple sans qu'il ne se soit rien passé. J'ai dû alors évacuer plein de vieilles émotions, plein de vieux sentiments, parce qu'il en avait générés. Un échange de mails au final comme je peux en avoir avec des amis à qui je donne le coup de pouce, l'encouragement pour dépasser l'épreuve du moment (en l'occurrence, l'aider à accepter de s'être fait larguer et de se projeter dans l'avenir avec ses propres projets). Parce que je lui ai fait comprendre qu'on ne parlerait pas fleurette. Mais je me suis posé des questions, parce que lui semblait plus attentif et bienveillant à ce que je suis que tu pouvais l'être. Quand je te parle de danger pour notre couple, c'est pour ce genre de choses qui appellent à prendre soin et cultiver la communion entre nous.* » — Ainsi, je renouerais avec le sentiment de jalousie et de trahison potentielle. Quelle horreur de se replonger dans ce que j'ai vécu de pire dans ma vie... — Il y a un an, à Bordeaux, durant ces quatre jours, a-t-elle réellement suivi son stage de Reiki ? Qu'a-t-elle fait durant tous ses moments de libre ? Pourquoi Bordeaux ? Parce qu'il y a là-bas des gens... de ces gens... — Je me souviens maintenant de m'être retenu de lui demander des détails. Elle n'avait pas l'air d'être la même là-bas, puis au retour... Mais comme, aveuglément, je lui faisais confiance... Je ne sais plus. Remuer le couteau dans la plaie... — Mon Dieu.

* * * * *

Le cauchemar de cette nuit mêlait toutes mes trahisons (celles des autres). Je confondais les visages, les noms, les phrases, comme si tout amalgame revenait au même et revêtait sa nature universelle. — Clémence m'y avait trahi. — Mort.

* * * * *

Qui suis-je ? Qui était-je ? Que suis-je devenu ? Que deviendrai-je ? — Qui est Clémence ? On dirait qu'à trente-deux ans, elle fit déjà une crise de la quarantaine... Mon dieu... — En rigolant, j'ai toujours dit que on était deux fous, deux fous à part entière. Je ne me sens pas stable. Mais j'ai toujours cru qu'elle l'était moins que moi. J'ai toujours cru, dans mes pires cauchemars, qu'elle péterait un câble et s'enfuirait comme ça. Ce n'est pas loin. Et depuis ce temps... Je ne comprends pas. — Mais je dois changer de comportement. C'est la seule qui m'ait supporté. Mais même pour elle, ça peut être maintenant intenable. — Je dois changer.

* * * * *

(*Nouveau style.* — *Je me sens fiévreusement pris à mon propre piège, les rets me laissent (délibérément) voir la lumière mais ils m'étouffent (inconsciemment) en filtrant l'air.* — *Je prends mon temps.* — *Chaque mot est un être.* — *Je ne peux pas te donner les deux autres phrases, car en écrivant celle-ci j'en oublie deux autres.* — *Mais pour qui ?* — *C'est terrible : des phrases que tu devais recevoir, j'en ai effacé deux sur trois.* — *Sans dire plus, je ne dis pas moins ; mais en disant aussi peu, je crois que rien n'est dit.* — *Je veux te dire.* — *C'est en ne t'écrivant pas (hier soir, en prenant mon bain, un carnet à la main, sans écrire, mais en réfléchissant à l'écriture) que je t'écris le plus. Mais heureusement qu'en t'écrivant, je t'écris un peu !* — *Ne pas oublier... ne pas oublier... Quoi, déjà ?* « *Ne pas oublier tout ce que je voudrais répondre* » — *sans l'oublier.* — *J'adore la force d'une idée emprisonnée par l'ellipse, ne se révélant que par un acrostiche bien étudié. Par exemple, si tu pouvais imaginer tout ce qui ressort de ma question :* « *Aimes-tu Henry James ?* » — *Ah, ces broussailles, il faut chercher !* — *Ce n'est pas un ratio d'un pour trois, mais bien d'un pour mille.* — *[Ici, j'avoue avoir supprimé un parallèle entre les stades de compréhension de l'Urinoir de Duchamp et de Dieu.]* — *Ce qui compte, c'est l'intention. L'intention dans l'œuvre d'art, et dans sa vie.* — *Je me sens parfois fatigué d'écrire.* — *J'enrage, je ne suis plus poète depuis que j'ai arrêté cette satanée cigarette (avec laquelle j'écrivais).* — *Ma poésie réticendre.* — *Conseil de lecture : le* Zibaldone, *de Leopardi. C'est tout de* « *par-ci, par-là* ». *C'est sous cet emblème que je te distille mes entremêlements de signifiants en ce samedi (car ça me dit,* — *mais ce jeu de mots est tellement éculé que je me demande si je ne vais pas l'enlever).* — *Je suis euphorique.* — *En y déposant les livres à lire (à venir), ta cheminée figure l'antre de la science, tu parsèmes vers l'âtre cet autre que tu as à prendre pour être.* — *Les miens sont (pour peu de temps, en général) dans la table de chevet,* — *au cas où, comme un boîtier d'alerte incendie qu'il faudrait briser.* — *Le feu du coin, c'est se réchauffer le cerveau, à l'inverse de la froidure de l'email,* — *en regardant les lapins par les fenêtres ?* — « *L'écriture peut-elle tuer l'émotion ?* » — *J'en doute. Si je reprends l'histoire du mille-pattes : celui qui écrit en sachant comment il écrit (dans ce survol de soi-même qui amène à l'art pour l'art, non plus au quoi mais au comment) ne peut pas se tuer dans l'acte d'écrire, et son émotion gagne du terrain, car il approche de l'en-soi des choses.* — *En revanche, l'émotion est transfigurée, elle se noircit : quand tu es pris dans le tourbillon, tu tournes, tu tournes, mais tu n'avances plus, tu y es. Je dois paraître compliqué, je vais illustrer par une phrase que j'ai écrite il y a longtemps (déjà cette peur, très gracquienne* — *et très goethéenne, dans une touche farouchement faustienne (ça en fait, des* ienne — *à rire):* Ai-je en réserve l'imagination d'une vie ? *Je sais bien que la réponse est négative, je sais bien que je dois partir tôt.* (« *Pas un livre de trop.* ») — *Mes écrits ne sont connus que de moi (si j'étire la situation, parce que ce serait mentir), mais ils ne font exister (comme un journal) : sans ce que j'ai écrit, je pourrais encore moins* prouver *quoi que ce fût !... (Cette preuve à soi-même que l'on s'existe.)* — *Si je te dis ce qui suit, me traiteras-tu d'infâme ?* — *La véritable contemplation du monde en son entier n'est possible qu'en tant que l'on est artiste ; par conséquent, les individus à même de le contempler sont en nombre restreint. L'humanité est réellement constituée de peu de sujets.*

* * * * *

Une autre question m'assaille : m'étais-je suffisamment aimé ? m'étais-je trop aimé ? À ce propos, un passage de Viktor Tausk me revient au sujet de la mélancolie : « *La* mélancolie *est justement la maladie, dont le mécanisme consiste en une* désagrégation du narcissisme psychique *dans l'abandon de l'amour porté au moi psychique.* » Selon lui, « *la séparation de la libido d'avec le moi psychique, c'est-à-dire que la justification à exister en tant que propre personne psychique est rejetée et condamnée, entraîne la réjection de la propre personne physique, la tendance à l'autodestruction corporelle.* » La mélancolie serait ainsi « *une psychose de persécution sans projection* » qui devrait « *sa structure à un mécanisme d'identification particulier* ». Or, je connus la plus intense des mélancolies entre 2008 et 2009, période qui coïncide avec l'arrêt du tabac. Plus les semaines s'écoulaient, moins la cigarette me tentait (plus je m'en libérais), cependant que le temps s'allongeait et que ma libido perdait de son intensité. Le sexe ne m'attirait plus et je ne voulais plus entendre parler d'histoire de couple. C'est bien simple : j'avais l'impression de ne plus avoir d'organe sexuel (comme pendant la prise d'antidépresseurs, quelques années plus tôt). Ça allège considérablement l'esprit tout en renforçant la mélancolie, ou plutôt l'ennui (l'*Ennui*). Est-il cependant plus doux « *d'avoir lassé les passions, de les avoir laissées en route* » ? Imiter l'autarcie stoïcienne ? J'étais littéralement mort au sexe. M'aimais-je encore ? Je ne sais pas si je peux tourner la question de la sorte. Une chose est sûre : j'étais à la fois zen et mal à l'aise. Par conséquent, à la place du « *m'aimais-je encore* », un « étais-je encore moi » serait préférable. (Le concept d'*amour* ne me convainquait plus. Il m'avait trop dégoûté. Mes raisonnements m'avaient conduit à affirmer que les hommes se mettaient en couple pour fuir la solitude, pour s'occuper et contrer l'ennui. Le mariage, n'en parlons pas ! Je devenais une sorte d'Artémis, ou peut-être une sorte de Vénus…) Faire une croix sur l'acte sexuel revient peut-être à faire une croix sur le sexe, puis sur la libido, puis sur l'« *amour porté au moi psychique* »… Entendons-nous bien : il y a sexe et sexe. Il y a le sexe à fin de procréation et il y a le sexe pour le plaisir, pour la détente, *etc.* Anecdote amusante : Aristote, s'interrogeant sur l'acte vénérien dans ses *Problèmes*, confond mélancolie et décharge : « *Pourquoi les mélancoliques sont-ils portés à l'acte vénérien ? N'est-ce pas parce qu'ils sont pleins d'air ? Or le sperme n'est qu'une sortie de l'air. Ceux donc qui ont beaucoup d'air dans leur constitution sont poussés nécessairement à désirer s'en débarrasser le plus possible ; car c'est un soulagement pour eux.* » La mélancolie s'approche beaucoup d'une dépression existentielle, d'une « impuissance ». Quel est le dépressif qui penserait à forniquer ? Il ne peut déjà pas se lever de son lit…

* * * * *

Le sexe à fin de procréation. — Je n'ai pas d'enfants. Je n'en désire pas, n'en ai jamais désiré et n'en désirerai jamais. J'en ai évoqué les raisons plus haut. « *If all were minded so, the times should cease and threescore year would make the world away.* » (« *Si chacun pensait cela, les temps finiraient et trois fois vingt ans auraient raison du monde.* ») Qu'est-ce que cela peut me faire ? Il n'est pas venu, le temps où les presque sept milliards de Terriens penseront comme moi ! Au contraire ! Regardez-moi cette croissance exponentielle ! Il y a environ 4,41 naissances par seconde dans le monde ! Ça sème ! ça sème !… Que la Nature est forte ! Elle nous écrase et nous récompense avec cette éphémère jouissance : la carotte de l'orgasme ! Il faut manger, il faut boire… et il faut se reproduire : « *Le troisième et le plus grand de nos besoins et le plus vif de nos désirs s'éveille le dernier et allume chez les hommes une sorte de folie furieuse : c'est le désir de propager leur race, qui les brûle avec une extrême violence* », écrivait Platon dans *Les Lois*. Une « *folie furieuse* » ! rien que ça ! Dans le *Timée*, il prévenait les poètes : « *En conséquence, afin que nous ne fussions pas détruits immédiatement par les maladies, et dans la crainte que la mort ne mît fin avec le temps à l'espèce humaine, ils disposèrent ce qu'on appelle le bas-ventre, pour servir de réceptacle au superflu des boissons et des aliments, et ils l'entourèrent des replis de nos intestins, de peur que la nourriture, traversant rapidement le corps, ne fit naître trop tôt le besoin de la renouveler, et, en nous rendant gourmands et insatiables, ne nous détournât de la philosophie et des muses, et de l'obéissance que nous devons à ce qu'il y a en nous de plus divin.* » Car c'est dans le « *bas-ventre* » que se situe également l'appétit sexuel. Manger ou boire est déjà assez humiliant comme ça ! S'il faut en plus ajouter la folie furieuse de ce désir sexuel… Comme dirait Diogène en train de « *se polluer sur la place publique* » : « *Plût aux dieux qu'on pût aussi apaiser la faim en se frottant le ventre.* » — Non, tout cela me dégoûte. À la suite de Charles Juliet, je pourrais écrire : « *Haine de la femme enceinte, de toute maternité. À la seule pensée que je pourrais donner la vie, je voudrais mourir.* » Ne pas faire d'enfant est un engagement moral, un impératif (surtout si l'on est un désespéré). Mais là n'est pas le pire, philosophiquement parlant… Car il y a l'« *épectase* » (mot inconnu du Littré et du TLF), du grec « ἐπέκτασις », qui signifie « *extension* », « *dilatation* », « *allongement* ». Aujourd'hui, ce terme a été détourné de deux façons, l'une théologique, l'autre sexuelle : la première décrit le « *progrès de l'homme vers Dieu* », la seconde désigne « *le fait de mourir lors de l'orgasme* ». Le progrès de l'homme vers Dieu ne nous occupe pas. En revanche, la mort… la petite mort… la mort qui, selon les mots de Kierkegaard, « *accompagne le paroxysme de la jouissance* »… cette mort nous intéresse profondément !

* * * * *

Le sexe pour le plaisir. — Celui-ci n'est pas naturel : dame Nature ne voyait pas les choses ainsi. Le sexe ayant été détourné de sa fonction première, la récompense a été détournée elle aussi. L'homme s'est rééduqué. N'étant pas père, je ne puis témoigner sur la jouissance spécifique à l'acte procréateur, mais je devine qu'elle doit être identique à toutes les jouissances. L'armée de spermatozoïdes est allée au front dans tous les cas. — Reprenons depuis le début : — 1) dame Nature a besoin que l'homme se reproduise ; — 2) elle a créé le désir dans l'organe reproducteur ; — 3) cet organe doit expulser les éléments fécondants ; 4) ce n'est pas ragoûtant ; 5) elle promet un plaisir intense si l'acte va jusqu'au bout ; 6) l'orgasme a lieu. — Voilà, c'est fait. Alors quoi ? Le désir est parti, comme s'il n'avait été qu'une illusion, c'est-à-dire que le désir est *mort*. La tactique de dame Nature a fonctionné à merveille. L'homme se repose, somnole, puis il remet son pantalon, boucle sa ceinture et vaque à d'autres occupations. Que s'est-il passé ? Il a éjaculé. Pourquoi ? Pour avoir du plaisir. Pourquoi ? Pour satisfaire inconsciemment dame Nature. Même si l'homme peut choisir son moment (au contraire des animaux), il n'est pas libre : il répond à un besoin, à une volonté qui lui est inconnue. S'il ose réfléchir à ce qu'il vient de faire, *il ne peut pas se sentir heureux*, car tout cela n'a aucun sens. Selon toute vraisemblance, Schopenhauer ne fut pas un habitué de cette sensation (à moins qu'il ne se la fût procurée en solitaire). Cela ne l'a pas empêché de faire remarquer « *qu'aussitôt après le coït, on entend ricaner le Diable* (Illico post coïtum cachinnus auditur Diaboli) ». N'avez-vous jamais, Lecteur, entendu ricaner le Diable après avoir ensemencé ? « *À la suite du travail accompli en vue de l'espèce, c'est-à-dire de la fécondation, il se produit chez tout animal un épuisement, un relâchement momentané de toutes les forces, et même, chez la plupart des insectes, une mort presque immédiate [...].* » Ce relâchement, vous le connaissez. Cependant, le rapprochez-vous de la mort ? N'avez-vous jamais été dans la peau de l'amant qui, « *après avoir enfin assouvi son désir, éprouve une prodigieuse déception et s'étonne de n'avoir pas trouvé dans la possession de cet objet si ardemment convoité plus de jouissance que dans n'importe quelle autre satisfaction sexuelle* », et qui, de ce fait, ne se trouve « *guère plus avancé qu'auparavant* » ? N'avez-vous jamais été dans la peau de l'amant plein d'amertume qui, « *après s'y complet accomplissement du grand œuvre* », trouve « *qu'il a été leurré* » en constatant l'évanouissement de l'illusion, « *cette illusion qui a fait de lui la dupe de l'espèce* » ? Coleridge résume très bien les choses : « *The still rising Desire still baffling the bitter Experience, the bitter Experience still following the gratified Desire.* » (« *Le Désir encore croissant trompe toujours l'amère Expérience, l'amère Expérience suit toujours le Désir assouvi.* ») Lorsque le Ça doit se défendre contre toute nouvelle tension, il dispose de différents moyens pour y parvenir, en particulier « *en se débarrassant [...] des substances sexuelles, ces porteurs saturés des tensions érotiques* », et que « *l'élimination de la substance sexuelle au cours de l'acte sexuel correspond, dans une certaine mesure, à la séparation entre le soma et le plasma germinatif* », ce qui, toujours d'après Freud, expliquerait « *pourquoi l'état qui suit la satisfaction sexuelle complète ressemble à la mort* ». Très tôt dans ma pauvre vie, je me suis posé la question : « *Pourquoi la* petite mort *?... Tout est là.* » Le « Tout est là » prouve que j'érigeais la question au rang de question fondamentale. Répondre à la question de la petite mort, c'est répondre au mystère de la vie. Ma philosophie n'est pas amusante aux yeux de tout le monde : elle se résume en effet à deux questions fondamentales : *le suicide et la petite mort*. — « *Omne animal post coitum triste...* » (« *Tout animal est triste après l'accouplement...* ») Je crois que cette très célèbre sentence est de Galien. (Elle est à l'origine de l'abréviation anglo-saxonne « *PCT* » (« *Post-coital tristesse* »). Les Anglo-Saxons préfèrent également dire « *petite mort* » plutôt que « *little death* ».) Je crois, dis-je, qu'elle provient de Galien, car ce n'est pas certain. Apparemment, cette forme latine est adaptée du grec, voire d'un ouvrage d'Aristote, que Galien a beaucoup analysé. La vraie phrase semblerait être : « *Post coitum omne animal triste est sive gallus et mulier* » (« *Tout animal est triste après l'accouplement, excepté le coq et la femme* »). Aristote s'était penché sur la question : « *Pourquoi l'homme est-il de tous les animaux celui qui est le plus accablé par l'acte vénérien ? — N'est-ce pas parce que c'est lui qui émet le plus de sperme comparativement à la grandeur de son corps ? [...] Pourquoi l'acte vénérien amène-t-il un abattement, et, le plus souvent, un affaiblissement sensible ? — N'est-ce pas parce que le sperme est une sécrétion qui vient de toutes les parties du corps, de telle sorte que, semblable à toutes les harmonies d'un édifice, l'organisme de tout le corps est ébranlé par la perte qu'il subit. C'est de même qu'on est affaibli quand le sang vient à sortir, ou telle autre partie, quelle qu'elle soit ; tant ce qui sort dans ce cas est indispensable au corps. Et cependant cette sécrétion, venue d'une grande quantité de nourriture, est bien peu de chose ; mais c'est comme l'amidon extrait de la farine.* » La notion de « *petite mort* » est vieille comme le monde. Pline n'avait pas rechigné non plus à émettre un avis : « *Le seul des bipèdes qui soit vivipare est l'homme ; seul aussi il se repent du premier coït : tel est donc le présage de la vie, un repentir.* » On croit l'entendre dans ces vers de Lucrèce : « *Voilà cette Vénus, cet amour si vanté, / La source du poison dont le cœur boit les charmes, / Première goutte, hélas ! d'un océan de larmes !* » Mais je constate que cette notion n'est pas si courante dans la littérature (et quand elle surgit, elle ne converge pas tout à faire avec mes conceptions). Georges Bataille n'assimile pas la petite mort à la mort, mais à une « *perte* » dès lors que « *le résultat de l'érotisme est envisagé dans la perspective du désir, indépendamment de la naissance possible d'un enfant* »). Je me demande souvent si je ne suis pas le seul à l'avoir ressentie autant de fois... Et les femmes qui acceptent de faire l'amour à contrecœur, ressentent-elles tristement le même genre d'« illusion-leurre » ?... Dans *La Philosophie dans le boudoir*, on peut lire un bout de dialogue épatant. Dolmancé, sodomisant Eugénie, éructe au moment de la jouissance : « *Sacré foutu dieu, comme j'ai du plaisir !... Ah ! c'en est fait, je n'y résiste plus... mon foutre coule... et je suis mort !* » S'il n'y avait que cela, ce serait déjà superbe. Mais c'est sans compter sur Madame de Saint-Ange, qui, en bonne éducatrice, fait cette « saillie » peu de temps après : « *Voilà les hommes, ma chère, à peine nous regardent-ils quand leurs désirs sont satisfaits ; cet anéantissement les mène au dégoût, et le dégoût bientôt au mépris.* » — Dans sa *Messe des Morts*, le poète hérétique Stanisław Przybyszewski, grand admirateur de Schopenhauer, n'y va pas non plus avec le dos de la cuillère quand il évoque le « *Geschlecht* » (au choix : « sexe », « race », « sang », « lignée » ou « espèce ») : « *Et c'est pourquoi l'âme doit périr ; la bactérie victorieuse doit mourir d'avoir phagocyté le leucocyte. — Pourtant j'aime la fonction grandiose, sacrée, où s'est volatilisé, sublimé mon sexe : ma grande âme mourante qui m'a ravi mon sexe et l'a dévoré pour en mourir. — Ainsi, je dois périr de mon sexe désagrégé, éparpillé en mille sensations suprasexuelles. — Il me faut périr car la source de lumière en moi s'est tarie, car je suis le maillon terminal d'une chaîne sans fin de transformations évolutives de ma race, car les vagues de cette évolution génésique ne peuvent aller au-delà de moi, car je suis la crête, battue des tempêtes en blanche écume, bordant son ultime vague qui s'écrasera dans un instant sur le rivage dans un bruit de ressac. — Il me faut périr car mon âme est devenue trop grande et trop gravide de mon sexe pour pouvoir enfanter un jour nouveau, rayonnant, exultant de matin, jubilant d'avenir. — Ainsi, je meurs de la stérile gravidité de mon âme. — Mais j'aime aussi mon sexe mort dont mon âme consomme les débris ; j'aime ces dernières gouttes de sang de mon entité individuelle, dans lesquelles se reflète l'Être primordial dans toute sa majesté, où s'abîment des fonds abyssaux, sa pâleur et sa faiblesse ; j'aime le sexe qui colore mes sensations auditives des teintes les plus merveilleuses, qui dirige les hallucinations gustatives sur les nerfs optiques, qui transforme en extases visionnaires mes impressions épidermiques, — et j'aime mon mal, ma folie, où se donnent à voir tant de choses d'un système doctrinal* *raffiné, ironique, d'une ironie à l'air grave et sacré.* » Przybyszewski était un individu capable d'écrire : « *Je veux ma perte.* » Je ne sais pas, quant à moi, si je *la veux*, mais, en tout état de cause, elle me fait écrire ma Perte. — Dans son plaisir à lui (celui du texte), Barthes conclurait (en nous visant, Przybyszewski et moi) : « *Tout écrivain dira donc :* fou ne puis, sain ne daigne, névrosé je suis. » À Dieu (dame Nature) ne plaise !

* * * * *

(*L'Orchidée de la Mélancolie.* — Le « *clitoris* », cette « *petite colline* » (« κλειτορίς »), et le « *vagin* », ce « *fourreau* » (« *vagina* »), et le « *testicule* », ce « *sac témoin* » (« *testiculus* »), et le « *pénis* », cette « *chose qui pend* » (« *pendeo* »), et... — Tout ça pour l'« *orgasme* », pour que ça « *gonfle* » (« ὀργάω ») !... « *Dressé* » (« *erectio* ») pour l'« *érection* » !... Que de réjouissances pour un « *grain* » (« σπέρμα ») de folie !...)

* * * * *

(Fermer les yeux après l'amour, dans le noir. Les rouvrir — et cela ne change rien, l'impuissance est donnée par le regard perdu de celui qui est puissant, mais obscur.)

* * * * *

« *Texte de jouissance : celui qui met en état de perte, celui qui déconforte (peut-être jusqu'à un certain ennui), fait vaciller les assises historiques, culturelles, psychologiques, du lecteur, la consistance de ses goûts, de ses valeurs, et de ses souvenirs, met en crise son rapport au langage.* » Voici donc *Le plaisir du texte* de Roland Barthes, notre plaisir, mon plaisir de *La Perte de Sens*. « *Avec l'écrivain de jouissance (et son lecteur) commence le texte intenable, le texte impossible. Ce texte est hors-plaisir, hors-critique, sauf à être atteint par un autre texte de jouissance : vous ne pouvez parler "sur" un tel texte, vous pouvez seulement parler "en" lui [...].* » À défaut de jouir par ici, je jouis par là. « *Pour le texte, il n'y aurait de gratuit que sa propre destruction : ne pas, ne plus écrire, sauf à être toujours récupéré.* » Affronter la petite mort du texte.

* * * * *

« *Mon Père, je m'accuse, / Et ron, ron, ron, petit patapon. / Mon Père, je m'accuse, / D'avoir tué mon chaton, / Ron, Ron, / D'avoir tué mon chaton. / — Ma fille, pour pénitence, / Et ron, ron, ron, petit patapon. / Ma fille, pour pénitence, / Nous nous embrasserons, / Ron, Ron, / Nous nous embrasserons. / — La pénitence est douce, / Et ron, ron, ron, petit patapon. / La pénitence est douce, / Nous recommencerons, / Ron, Ron, / Nous recommencerons.* »

* * * * *

« *Puis ! — qu'il me soit permis de parler au Seigneur !* » Cette injonction ecclésiastique est celle d'un vieillard idiot, plongé dans ses *remembrances*. Ce vieillard n'est autre que Rimbaud adolescent usant du ton — cru — zutique : « *Puis ! — qu'il me soit permis de parler au Seigneur ! / Pourquoi la puberté tardive et le malheur / Du gland tenace et trop consulté ? Pourquoi l'ombre / Si lente au bas ventre ?* » — Dame Nature n'avait pas non plus prévu cet autre détournement ! On n'est jamais mieux servi que par soi-même, et c'est pourquoi le plus grand nombre met la main à la pâte... — Sentir venir l'harmonie du soir... « *Voici venir les temps où vibrant sur sa tige / Chaque fleur s'évapore ainsi qu'un encensoir ; / Les sons et les parfums tournent dans l'air du soir ; / Valse mélancolique et langoureux vertige ! / Chaque fleur s'évapore ainsi qu'un encensoir ; / Le violon frémit comme un cœur qu'on afflige ; / Valse mélancolique et langoureux vertige ! / Le ciel est triste et beau comme un grand reposoir. / Le violon frémit comme un cœur qu'on afflige, / Un cœur tendre, qui hait le néant vaste et noir ! / Le ciel est triste et beau comme un grand reposoir ; / Le soleil s'est noyé dans son sang qui se fige. / Un cœur tendre, qui hait le néant vaste et noir, / Du passé lumineux recueille tout vestige ! / Le soleil s'est noyé dans son sang qui se fige... / Ton souvenir en moi luit comme un ostensoir !* » Quel est le sujet du poème de Baudelaire ? Quelle est cette tige dont la fleur s'évapore ? Quelle force mâle agite l'encensoir qui répand son parfum dans une valse mélancolique ?... Oh, nan... Qui n'a jamais, en remontant dans ses souvenirs, donné son coup d'archet frémissant ? « Pourtant », dit Freud en examinant le cas de Dostoïevski, « *nous ne trouvons aucun cas de névrose grave dans lequel la satisfaction auto-érotique de la période précoce et du temps de la puberté n'aurait joué son rôle, et les relations entre les efforts pour la réprimer et l'angoisse devant le père sont trop connues pour qu'il soit nécessaire de faire plus que les mentionner* ». — Je parle ici d'un soi-disant péché. « *Alors Juda dit à Onan : Va vers la femme de ton frère, prends-la, comme beau-frère, et suscite une postérité à ton frère. Onan, sachant que cette postérité ne serait pas à lui, se souillait à terre lorsqu'il allait vers la femme de son frère, afin de ne pas donner de postérité à son frère. Ce qu'il faisait déplut à l'Éternel, qui le fit aussi mourir.* » (Gn 38,8-10) — Le sujet est tabou, mais je note qu'il l'est de moins en moins. Pessoa n'a pas tort de faire remarquer que l'onaniste, bien qu'il paraisse abject au premier abord, se révèle, en toute rigueur, « *l'expression parfaite de la logique amoureuse* », puisqu'il est « *le seul qui ne trompe personne, ni autrui, ni lui-même* ». Si vous ne faites de mal à personne, où est le problème ? Le seul point qui — pourquoi pas ? — serait susceptible d'affliger la conscience, concerne l'extermination de ces quelques dizaines de millions de spermatozoïdes qui n'auront pas suivi la voie royale... Dans *La Nouvelle Héloïse*, Rousseau s'emporte de façon non déguisée : « *Malheureux ! de quoi jouis-tu quand tu es seul à jouir ? Ces voluptés solitaires sont des voluptés mortes.* » En revanche, dans les *Confessions*, il se montre plus *soft* et mystérieux : « *On conçoit que cette manière de faire l'amour n'amène pas des progrès bien rapides, et n'est pas fort dangereuse à la vertu de celles qui en sont l'objet. J'ai donc fort peu possédé, mais je n'ai pas laissé de jouir beaucoup à ma manière, c'est-à-dire par l'imagination. Voilà comment mes sens, d'accord avec mon humeur timide et mon esprit romanesque, m'ont conservé des sentiments purs et des mœurs honnêtes, par les mêmes goûts qui, peut-être avec un peu plus d'effronterie, m'auraient plongé dans les plus brutales voluptés.* » Rares sont les auteurs à évoquer cette manie, encore mois à la revendiquer leur. Toujours une certaine honte, qu'ils contiennent, les retient. Moi-même, j'avance sans vraiment avancer, quoique je sache pertinemment de quoi je parle. Je sais que je fermerai ce paragraphe sans dévoiler toute mon expérience. C'est ainsi. Il est souvent difficile de deviner, derrière la forme des mots, qu'il s'agit de *masturbation*. Par exemple, à peu près à la même époque que Rousseau, le Prince de Ligne, pour avouer avoir commencé à se masturber à treize ans sans concevoir que ce fût interdit par la religion, s'exprime de cette manière : « *Ce n'était pas par impiété, car j'ai toujours eu assez d'imagination pour être dévot de temps en temps, à l'article près des devoirs à en remplir. Quand il m'en prenait même des accès un peu plus forts, je m'abstenais pendant huit jours des péchés qu'on commence, quand on a été précoce, comme moi à treize ans. Mon premier confesseur me les apprit en me demandant si je les commettais.* » La nature du propos tendancieux paraît claire. Toutefois, il est plus que probable qu'en lisant ce passage trop rapidement, on ne comprenne pas vraiment de quoi il est vraiment question. Rousseau ou Ligne écrivent à la perfection et sont très clairs, sauf sur ce thème, où ils se font évasifs. Un autre épisode de la vie du Prince illustrera cette écriture prudente : « *Un jour que, champêtrement, par raffinement de volupté sur laquelle on se blase en ville, j'avais une bien belle et excellente fortune dans l'épaisseur du bois, au Prater, dans le moment le plus intéressant, un bruit affreux se fait entendre et s'approchant de nous avec la plus grande rapidité. — À peine eus-je le temps de me dire : voici enfin la punition de tous mes péchés et, entre autres, celui qui se consommait, que, quoique je regardasse à terre plutôt qu'au ciel, je vois sauter trente biches au-dessus de notre tête. — On conviendra que c'était bien de quoi arrêter le pécheur le plus* en*dur*ci. » (Pour information, il me semble que le « *dur* » d'« *endurci* » était souligné dans le texte.) À mon avis, le « *on* » et le « *nous* » sont là pour induire en erreur et nous faire croire qu'il y a une autre personne. Car pourquoi évoquer « *le pécheur* » ? À la manière pudique d'y aller dans sa description, pleine de sens cachés, j'y vois pour ma part une preuve qu'il s'agissait d'onanisme. De même, à cet endroit, juste après un fragment dans lequel il écrit qu'il croit qu'il devient « *meilleur* » : « *Hélas ! Encore bien peu. Je viens de pécher.* » Si le doute est permis chez ces deux auteurs, il ne l'est plus chez Gide. Cela n'empêche pas le texte de *Si le grain ne meurt* de verser dans la métaphore et de rester mesuré. « *Il était bien spécifié que mon renvoi de l'École n'était que provisoire. M. Brunig, le directeur des basses classes, me donnait trois mois pour me guérir de ces "mauvaises habitudes", que M. Vedel avait surprises d'autant plus facilement que je ne prenais pas grand soin de m'en cacher, n'ayant pas bien compris qu'elles fussent à ce point répréhensibles ; car je vivais toujours (si l'on peut appeler cela : vivre) dans l'état de demi-sommeil et d'imbécillité que j'ai peint. — Mes parents avaient donné la veille un dîner ; j'avais bourré mes poches des friandises du dessert ; et, ce matin-là, sur mon banc, tandis que s'évertuait M. Vedel, je faisais alterner le plaisir avec celui des pralines.* » Vous voyez, une espèce de secret plane, rien n'est développé comme il se devrait, les mots ne sont jamais crus, ils sont entourés d'un nuage de bienséance. Au sujet de l'histoire avec Mohammed, il a recours à cet expédient solitaire afin d'éliminer les gênantes et dangereuses « *tensions érotiques* » : « *J'ai souvent éprouvé par la suite combien il m'était vain de chercher à me modérer, malgré que me le conseillât la raison, la prudence ; car chaque fois que je le tentai, il me fallut ensuite, et solitairement, travailler à cet épuisement total hors lequel je n'éprouvais aucun répit, et que je n'obtenais pas à moins de frais.* » On peut saluer Gide pour sa franchise, même si elle est modérée. N'a-t-il pas couramment débattu de son penchant pour les jeunes garçons ? Bref. — Un autre auteur, encore, écrivait, presque la même année : « *Le plus souvent, la masturbation n'a été pour moi qu'une sorte d'hygiène et en aucun cas le désir d'une femme ne m'y a conduit. Certaines lectures ou certaines pensées m'ont donné cette envie de jouir après laquelle il m'était difficile de ne pas me branler (je ne me suis jamais défendu contre le plaisir), d'autres fois la simple découverte que plusieurs semaines s'étaient écoulées sans que je me sois branlé eût suffi à me faire recommencer, mais il n'y a dans la masturbation rien qui réponde au désir que je puis avoir pour une femme.* » Cet auteur, c'est Jacques Rigaut. Cela me fait penser à ce bon mot : Faire l'amour avec une femme est un bon substitut à la masturbation ; mais il faut beaucoup d'imagination. Plus on avance dans le XXème siècle, plus on a de chance de rencontrer des passages similaires. Le verbe « *branler* » est de plus en plus commun. Des écrivains comme Michel Houellebecq y sont certainement pour quelque chose (je ne peux pas m'avancer davantage : je lis rarement des contemporains). Certes, je pourrais citer Kundera. La troisième partie (sur sept, évidemment) de *La vie est ailleurs* s'intitule *Le poète se masturbe*. Oh, ne comptez pas trouver dans cette centaine de pages beaucoup de références à la masturbation proprement dite. L'écriture éthérée de Kundera est trop subtile pour qu'elle autorise des rapprochements faciles et vulgaires. « *Jusque-là, Jaromil n'avait pas connu la masturbation. Il considérait cette activité comme une chose indigne dont un homme véritable devait se garder ; c'était au grand amour qu'il se sentait destiné, pas à l'onanisme. Seulement, comment accéder au grand amour sans avoir subi une certaine préparation ? Jaromil comprit que la masturbation est cette indispensable préparation et cessa d'éprouver à son égard une hostilité de principe : elle n'était plus un misérable succédané de l'amour physique, mais une étape nécessaire pour y parvenir ; elle n'était plus l'aveu d'un dénuement, mais un degré qu'il fallait gravir pour atteindre à la richesse. — C'est ainsi qu'il exécuta (avec une fièvre de trente-huit et deux dixièmes) sa première imitation de l'acte d'amour qui le surprit en ceci qu'elle fut excessivement brève et ne l'incita nullement à pousser des cris de volupté. Il était donc à la fois déçu et rassuré : il répéta plusieurs fois l'expérimentation dans les jours qui suivirent et il n'apprit rien de nouveau ; mais il se persuadait qu'il serait ainsi de plus en plus aguerri et qu'il pourrait affronter sans crainte la jeune fille bienaimée.* » Tandis que toute cette troisième partie est placée sous le signe de la masturbation, le passage que je viens de citer en est l'unique allusion manifeste. À tous les points de vue, l'acte masturbatoire m'a toujours intéressé. À l'égal du tabac, de la mélancolie, du suicide ou de la petite mort, il a une signification plus grande qu'il n'y paraît. Selon toute vraisemblance, l'homme est le seul animal qui puisse se droguer, ressentir le malheur de l'existence, l'ennui, le mal-être, se suicider, être désemparé après le coït, ou se masturber. Comment ? pourquoi ? Cela démontre qu'il y a quelque chose qui cloche, quelque chose d'anormal. Une difficulté se présente à toutes les étapes de la vie, qu'il faut affronter avec les moyens du bord : *le sentiment du manque*, — ou, tout simplement : *le Manque*. Désemparés, nous sommes. Bien souvent, *une force nous pousse à la repousser*, à l'évacuer, à l'annuler. Que fait-on ? On tente de s'en défaire. Le contentement n'est pas de ce monde : s'il surgit, il disparaît aussitôt — et renforce le malaise. Car ce Manque équivaut à *l'Impuissance*. Pour vous faire comprendre ce que j'entends par là, je vais faire réapparaître

Kierkegaard : Masturbe-toi, tu le regretteras ; ne le fais pas, tu le regretteras également ; masturbe-toi ou non, tu regretteras l'un et l'autre ; que tu te masturbes ou que tu n'en fasses rien, tu le regretteras dans les deux cas. C'est parce que j'en arrive à de telles conclusions que je peux faire grand cas d'un acte « anodin ». Je pourrais éventuellement disserter sur les raisons qui font que l'on s'habille (ou, *a contrario*, qui font qu'il y a des nudistes) ; cependant j'y décèle moins de gravité (par rapport à l'existence), et c'est pourquoi je n'en fais rien. — Peut-on déduire des propos de Hesse, dans son *Voyage à Nuremberg*, qu'il était contenté ? « *Après de nombreuses années et maints sacrifices, j'avais tout de même réussi à me procurer une retraite d'ermite. Retiré du monde extérieur et totalement seul, j'avais pu demeurer dans ma cellule, me consacrer à mes enfantillages et à mes vices. J'avais réfléchi, rêvé, lu, peint, bu du vin, écrit. Désormais, tous mes souhaits étaient accomplis.* » (J'ai choisi ce passage en raison du « *à mes vices* », qui est malicieux autant qu'évocateur.) Hop ! seul dans ma cabane au Canada, sustenté comme il faut, prenant plaisir aux petits gestes du quotidien… Ni trop ataraxique, ni trop dévergondé, vivant à l'écart, simplement… Est-ce le bonheur ? Ce bonheur est-il durable ?... — « *Car qui sait ce qui est bon pour l'homme dans la vie, pendant le nombre des jours de sa vie de vanité, qu'il passe comme une ombre ? Et qui peut dire à l'homme ce qui sera après lui sous le soleil ?* » (*Qoh 6,12*) Personne. — La chair est triste… — Faut-il se masturber l'esprit pour ne plus se le perturber ? Ou l'inverse ? — Rimbaud terminait par un : « *et tirons-nous la queue !* » — Mes amis, ne jetez pas la pierre aux héritiers d'Onan. Je suis derrière.

* * * * *

« *Pollution…* » — Code journalistique. — (Gide et Constant avaient leur croix — et la portaient.)

* * * * *

« *Honte… Lacérer le sexe… Obsédé… — Vague à l'âme…* »

* * * * *

Pur Hamlet… Réflexion… *Mirror — or…* — « *I am myself indifferent honest, but yet I could accuse me of such things that it were better my mother had not borne me.* » (« Je suis moi-même moyennement vertueux, et pourtant je pourrais m'accuser de choses telles qu'il vaudrait mieux que ma mère ne m'eût pas mis au monde. »)

* * * * *

Une fois n'est pas coutume : en évoquant la masturbation, on ne visite qu'une partie de l'iceberg, la plus visible. L'univers des « manies » sexuelles a plus de finesse. J'ai commencé à sucer mon pouce très tôt dans mon enfance, si tôt que je ne me rappelle pas quand. Aucun suçotement n'est innocent. Pourtant, quiconque observe un enfant qui suce son pouce trouve cela charmant et attendrissant, tandis que l'on trouverait hautement répugnant la vue d'un homme (ou d'un enfant, dans une moindre mesure) en train de se masturber. Or, il n'y a peut-être pas de frontière entre les deux… Dans ses *Trois essais sur la théorie sexuelle*, Freud écrit : « *La succion voluptueuse s'accompagne d'une distraction totale de l'attention et conduit, soit à l'endormissement, soit à une réaction motrice dans une sorte d'orgasme.* » Ainsi, cela procure toujours une perte de conscience, soit en jouissant, soit en oubliant (les deux pouvant coexister). Qui plus est, cet acte, qui a plus de signification que ne le croient habituellement les gens, peut également avoir de lourdes conséquences : « *Tous les enfants ne suçotent pas. On peut supposer que les enfants qui le font sont ceux chez lesquels la signification érogène de la zone labiale est constitutionnellement renforcée. Que cette signification subsiste, et les enfants, une fois adultes, deviendront de friands amateurs de baisers, développeront un penchant pour les baisers pervers, ou, si ce sont des hommes, auront un sérieux motif pour boire et pour fumer.* » Freud appuie là où cela fait mal. On comprend mieux pourquoi ses théories demeurent inconnues du grand public (l'horreur de ne pas être le maître chez soi, le « *das Ich nicht Herr sei in seinem eigenen Haus* »). Non seulement je suçais mon pouce de la main droite, mais il y avait un cérémonial : mouiller l'un des quatre coins du mouchoir ou de la serviette avec ma salive, attendre qu'il se durcît en séchant à l'air libre, puis en caresser mon index gauche. Cette caresse devint un pincement : de l'ongle du pouce gauche, j'appuyais fortement ce coin de serviette contre l'index. Eh bien, quoique cela fasse plus d'une vingtaine d'années que j'ai cessé de sucer mon pouce (j'ai arrêté fort tard, vers la sixième ou la cinquième, je crois), j'ai toujours la marque de ces pincements sur mon index !... La raison est simple : *je n'ai jamais cessé d'y enfoncer l'ongle de mon pouce*. C'est le même mécanisme que je répète, la serviette en moins ! Je le fais inconsciemment (par habitude) et consciemment plusieurs fois par jour. Pourquoi ? Dans quelle intention ? Je suis dans l'incapacité de les découvrir toutes (c'est fait exprès, dirait Freud). Tout ce que je sais, c'est que *cela me fait du bien*. Du moins, cela me procure du plaisir comme si c'était devenu une zone érogène (je ne pense à cette érogénéité que dans l'éventualité d'une réflexion poussée sur ce phénomène, comme maintenant). Si quelqu'un imitait mon geste, *il aurait mal*. Je pince si fortement que j'arrête quand la douleur prend le dessus sur le plaisir… C'est devenu exactement ce que Freud en dit ici : « *C'est un endroit de la peau ou des muqueuses dans lequel des stimulations d'un certain type suscitent une sensation de plaisir d'une qualité déterminée.* » — J'ai d'autres manies… — Dans un autre contexte, j'ai été habitué à ce que ma mère, en venant me dire bonne nuit, me caressât le dos, de même que l'on caresserait le dos d'un bébé pour qu'il s'endormît paisiblement. J'étais comme le petit Proust : « *Ma seule consolation, quand je montais me coucher, était que maman viendrait m'embrasser quand je serais dans mon lit. Mais ce bonsoir durait si peu de temps, elle redescendait si vite, que le moment où je l'entendais monter, puis où passait dans le couloir à double porte le bruit léger de sa robe de jardin en mousseline bleue, à laquelle pendaient de petits cordons de paille tressée, était pour moi un moment douloureux. Il annonçait celui qui allait le suivre, où elle m'aurait quitté, où elle serait redescendue.* » Ce qui arriva fut du même acabit que la réflexion de Baudelaire à propos de la drogue : « *Celui qui aura recours au poison pour penser, ne pourra bientôt plus penser sans poison.* » À ceci près qu'ici, c'était plutôt : Celui qui aura recours à la caresse pour s'endormir, ne pourra bientôt plus s'endormir sans caresse. Encore aujourd'hui, la plus douce des caresses, pour moi, est la caresse du dos comme la pratiquait ma mère, surtout si c'est au moment du coucher. Cela signifie-t-il que je veuille répéter le geste maternel d'alors et retrouver ce temps perdu ? Je ne le crois pas. Selon moi, ces manies, qu'elles aient été provoquées par un tiers ou non, ont permis d'ouvrir une double porte : la porte du plaisir et la porte de l'oubli. Dans quel sens ? Dans le sens de la *distraction*, — une distraction de la *libido*. C'est à la fois simple et complexe. Il faut par exemple se souvenir de ce que Freud disait à propos de la pathologie des héros, c'est-à-dire que ce que l'on voit d'admirable en eux n'est souvent que maladie psychologique. Visant Léonard, il écrit : « *il n'est personne de si grand que ce lui soit une honte de subir les lois qui régissent avec une égale rigueur les conduites normales et pathologiques.* » Je ne me compare pas à un héros ! Je suis seulement atteint de troubles pathologiques similaires. Le travail créateur de Léonard lui fournissait « *une dérivation à son désir sexuel* », qui l'amena à sublimer sa libido. Sa précision et sa méticulosité à l'égard de ses œuvres lui permettait de refouler ses instincts. En œuvrant, on ne pense pas au reste. Ainsi, j'écris, je lis. Cela m'empêche de penser à certaines choses. Ainsi font les gens en regardant la télévision, en bricolant, en voyageant, en s'occupant de leurs enfants, *etc.* Cela fait plus ou moins longtemps que j'ai compris que l'une des raisons de ma boulimie de lectures était à rechercher du côté de la *distraction*. (Quand je m'en rendis compte, je crus que j'allais m'évanouir. Quel monde de fous !) Je ne vaux pas mieux qu'un gars qui regarde la télé toute la journée (à vrai dire, j'espère le contraire, étant donné que la lecture est une activité un peu plus intellectuelle). Cela m'évite de penser à des choses peu agréables (les « d'où viens-je ? » — « qui suis-je ? » — et autres « où vais-je ») et de repousser les invitations de la libido. Quel est le sens profond de l'injonction : « *Priez sans cesse* » (*1 Th 5,17*) ? Ne pensez à rien, voilà ce que cela veut dire. Si vous priez, vous n'avez pas le temps de penser que vous allez mourir, vous n'avez pas le temps de vouloir une bonne baise. Et je ne dis pas que c'est facile ! On voit toute la difficulté qu'il y a à occuper son esprit en priant quand on lit les tribulations du pèlerin russe… En même temps, on peut remarquer, précédant le passage de la Bible ci-dessus, ce commandement : « *Soyez toujours joyeux.* » (*1 Th 5,16*) D'abord, il y a une contradiction dans le fait de donner l'ordre d'être joyeux. Ensuite, comment la joie résiderait-elle absolument dans le fait de ne pas penser ? Le caillou est-il le plus heureux ? Mais un caillou est-il *vivant* ? C'est idiot. (Je profite de cette question pour révéler un trait de mon caractère. Pour décrire le mufle (ou le goujat), Théophraste indique : « *Heurte-t-il son pied en chemin, il est homme à se répandre en malédictions contre le caillou !* » J'ai bien peur d'agir de la sorte. Je sais que le caillou n'a aucune intention, mais cela ne m'empêche pas de l'injurier…) Bref. Prier ou lire, même *combat*. Paul Valéry le concède : « *Un livre… Un livre pour ne pas penser… Un livre, entre mon âme et moi… […] Un livre, un livre, pour ne pas m'entendre !...* » Toutefois, cette distraction ne va pas jusqu'à me permettre de faire totalement abstraction du monde environnant. Le bruit, entre autres, m'incommode à un point prodigieux (j'ai, de surcroît, une très bonne ouïe). Kant m'eût compris, lui qui, en 1775, changea de domicile à cause du chant du coq dans le jardin d'à côté, ou qui demanda que l'on fermât les fenêtres d'une prison avoisinante (cela n'a rien à voir, mais il demanda aussi à couper des arbres pour mieux voir, de sa chambre, le clocher de l'Église). Un coq ne m'importunerait pas. Par contre, la musique dégénérée (d'un dégénéré) me rend la vie impossible. Peu de choses m'énervent autant que celle-là. À notre époque, les bruits viennent de toutes les directions… (De là, aussi, ce paradoxe que Lamartine pointait du doigt : « *La vie me semble très-triste et très-vide, quoique remplie de bruit et de mouvement.* ») — Mais revenons à nos moutons. — J'ai d'autres manies… — Assez proche de la caresse dans le dos, il y a la Voix. En règle générale, je lis dans le lit jusqu'à ce que je sois fatigué. J'éteins la lampe de chevet et je mets en marche l'iPod pour écouter des émissions (France Culture, France Inter, Ciel & Espace pour la plupart) ou des humoristes (Desproges, Coluche). J'ai dû prendre cette habitude vers le collège (j'écoutais en boucle *Les 12 travaux d'Astérix* ou les sketches des Inconnus). Cette habitude est devenue quotidienne depuis plus d'une quinzaine d'années (si je n'écoute rien avant de m'endormir, c'est que je suis malade ou ailleurs que chez moi). *Chaque soir, j'écoute des gens parler.* J'arrête la lecture de l'iPod quand je sens que je sombre dans le sommeil. (Dieu soit loué, Clémence autorise cette manie.) Au-delà de l'aspect savant du « j'apprends encore en m'endormant », c'est à nouveau un moyen de se distraire (je suis un malade puisque je me distrais avec des émissions qui ne distraient généralement pas le commun des mortels : allez vous endormir avec quelqu'un qui vous raconte ce que sont les quarks, pourquoi il y eut de l'eau sur Mars ou quelle fut la vie de Francis Scott Fitzgerald !). En écoutant la Voix, je m'occupe l'esprit, et ainsi, tel Lamartine, « *je vis triste mais si occupé, ou plutôt si ennuyé, qu'une heure ne me reste pas pour penser à moi* »… C'est un besoin, une nécessité. De nouveau, l'énoncé fatidique : celui qui aura recours à la Voix pour s'endormir, ne pourra bientôt plus s'endormir sans la Voix. Je devine dans cette manie une autre cause : la peur de m'endormir, la peur de ne plus être maître de mes pensées, de ma conscience, et laisser place aux rêves, aux cauchemars. À mon avis, je dois assimiler le sommeil à la mort, et cela a fini par me terrifier. À l'instar de Paul Valéry, je m'interroge : « *Comment se peut-il que l'on ose s'endormir ?* » — J'ai d'autres manies… — Quand je m'allonge, je frétille quelques secondes. Cela arrive le plus souvent sur le ventre, position que je prends pour m'endormir, mais parfois, c'est sur le dos. D'un mouvement de la jambe gauche, je me berce le corps. On pourrait croire que je m'agite et m'excite. C'est tout le contraire. Je me calme. Cette manie est ancrée dans mes habitudes ; j'ai l'impression de ne plus en contrôler l'apparition. — J'ai d'autres manies… — Je passe mon temps (discrètement, si possible) à me curer le nez. Le nez est-il pour moi une zone érogène ? En tout cas, il faut qu'il soit propre à toute heure de la journée, que les cloisons soient parfaitement dégagées. Une amie médecin m'avait fait remarquer que ce n'était pas forcément bon puisque j'avais tendance à irriter davantage mon nez, et de telle sorte qu'il en vînt à fabriquer plus de « mucosité » et, ainsi, à renforcer le « problème ». Je ne sais pas d'où m'est venue cette manie, ni pourquoi elle perdure à ce rythme. Je m'étais fait une fois la réflexion : « *Se* curer *le nez pour se* curer *(soigner) ?...* » Mais j'avoue que je ne suis jamais allé plus loin (peut-être est-ce le but ?). (C'est risible... Dix lignes sur le curage de nez... Comme « Roland Pichenett », expert en rhinologie ! Pauvre Kundera qui se lamente en pensant que « *chacun songe à écrire un livre pour dire son inimitable et unique moi qui se cure le nez* » !...) — J'ai d'autres manies... — Une autre manie qui, pour le coup, ne laisse aucun doute sur le caractère érogène : je me gratte très souvent la zone anale (parfois sans en être conscient). Comme le rappelle Freud (ce qui n'est pas une excuse) : « *La stimulation proprement masturbatoire de la zone anale à l'aide du doigt, provoquée par une démangeaison soit d'origine centrale, soit entretenue à la périphérie, n'est nullement rare chez les enfants plus âgés.* » Que ce soit à travers les vêtements ou à même la peau, je répète ce geste tout au long de la journée... et la nuit, en dormant. — J'ai d'autres manies... ou « maniaqueries »... dont je reparlerai plus tard (au chapitre consacré à la lecture).

* * * * *

« *Mais vous, vous n'examinerez pas mes actions, car je ne vous dirai pas, avant de l'accomplir, ce que je vais faire* », dit Judith. — Certaines manies apparaissent — inopinément — durant l'enfance, d'autres durant l'adolescence, d'autres à l'âge adulte. Je soupçonne la solitude d'en favoriser les trois-quarts, d'une part parce que vous êtes libre de faire ce que bon vous semble, d'autre part parce que personne n'est là pour vous le montrer du doigt et/ou les corriger. — Justement, à propos de *solitude*... — J'ai eu des petites amies, des amis, un frère, et j'en passe, cependant que mon caractère a toujours été trempé dans la solitude. Que j'y aie été forcé ou que je l'aie été de mon plein gré, je l'ai constamment recherchée (non sans mal, par exemple ici : « [11/12/01 :] *Je n'ai pas d'amis... Il n'y a personne... Chier !...* »). Pour faire le lien entre le paragraphe précédent et celui-ci, je citerai Cicéron : « *Publius Scipion, mon fils, celui qu'on appela le premier Africain, avait accoutumé de dire, d'après Caton, qui fut presque son contemporain, que jamais il n'était moins oisif que lorsqu'il était de loisir, et moins seul que dans la solitude. Parole vraiment magnifique, digne d'un grand homme et d'un sage. Elle montre que, même dans ses heures de loisir, il réfléchissait sur les affaires et que, dans la solitude, il s'entretenait avec lui-même, de façon à n'être jamais inactif et à pouvoir se passer parfois de tout interlocuteur.* » Normalement, nul n'est plus libre que le solitaire. Il ne dépend de personne et personne ne dépend de lui. Personne ne lui cause de problème et il ne fait de mal à personne. Le Chartreux se cloître dans son cubiculum, vit sans parler, meurt sans avoir de nom sur sa tombe. L'ataraxie érémitique, l'orphanité pure du paisible convers, protégé du méchant monde extérieur qui court à cent à l'heure, m'attirerait presque. On serait enclin à croire qu'il est facile de se retirer du monde, ou, du moins, que ce fût une solution de facilité. Qui sait ? *On the other hand*, il n'est pas donné à tout le monde de supporter la solitude. Rares sont les solitaires qui ont choisi de l'être. Il faut être fort. Karl Jaspers parle même d'« *héroïsme* » à l'égard de celui qui se suffit à lui-même (car il s'agit bien de cela) : « *Tout différent est l'héroïsme proprement dit, qui est solitaire. Il ne s'appuie pas sur la communauté et ne tend pas à une gloire posthume. Qu'un être soit ainsi capable de se suffire authentiquement à soi-même, c'est peut-être un effet de l'harmonie heureuse de sa nature ; peut-être aussi se nourrit-il encore inconsciemment de la substance transmise par la tradition, puisée dans la communauté primitive dont nous venons de parler. Pourtant sa conscience ne trouve dans le monde actuel rien à quoi il puisse se tenir. Et si cet héroïsme ne sombre pas dans le néant, il indique un profond enracinement dans ce qui est, au sens propre du terme, dans ce qui, à supposer qu'on pût le formuler, serait, à la place du jugement de l'homme, le jugement de Dieu.* » Aujourd'hui, je ne sombre pas (encore) (ou plus) dans le néant, et Clémence est là. La solitude n'est donc plus d'actualité. Pourtant, en ménageant son intimité, chacun ménage aussi ses moments de solitude. Clémence et moi sommes des natures solitaires, de vrais ours. Non pas que l'on n'aime pas les autres, mais on se suffit à nous-mêmes. Une partie de la souffrance que l'on a endurée dans notre existence nous a conduits progressivement à cet état. En exagérant un peu la situation, cela ressemblerait à ce passage d'*En rade* : « *Solitaire comme il l'était, peu accessible aux physionomies nouvelles, peu liant, ayant le monde en horreur, étant enfin parvenu à réaliser les difficiles bienfaits de la réputation d'ours qu'il s'était acquise, car, las de ses refus, les gens lui évitaient, maintenant, la contrariété des excuses en ne l'invitant plus, il avait incarné son rêve de quiétude, en épousant une bonne fille sans le sou, orpheline de père et de mère, sans famille à voir, silencieuse et dévouée, pratique et probe, qui le laissait fureter, tranquille, dans ses livres, tournant autour de ses manies, les sauvegardant sans les déranger.* » Ce mode de vie mène le héros de Huysmans à ce résultat : « *Et il s'irritait devant la descente de ses souvenirs qui appuyaient, en passant, chacun, sur l'élancement de sa plaie. Était-ce sa faute s'il s'était organisé de telle façon qu'il ne pût supporter la dérive d'une vie et si, avec ses curiosités et ses engouements, il lui fallait à tout prix le repos ? Il fallait d'ailleurs bien s'avouer que, plus dans un journal, dans un livre, une phrase bizarre sur la religion, sur la science, sur l'histoire, sur l'art, sur n'importe quoi, qui s'emballe aussitôt et se précipite, tête en avant, dans l'étude, se ruant, un jour, dans l'antiquité, tendant d'y jeter la sonde, se reprenant au latin, piochant comme un enragé, puis laissant tout, dégoûté soudain, sans cause, de ses travaux et de ses recherches, se lançant, un matin, en pleine littérature contemporaine, s'ingérant la substance de copieux livres, ne pensant plus qu'à cet art, n'en dormant plus, jusqu'à ce qu'il le délaissât, un autre matin, d'une volte brusque et rêvât ennuyé, dans l'attente d'un sujet sur lequel il pourrait fondre. Le préhistorique, la théologie, la kabbale l'avaient tour à tour requis et tenu. Il avait fouillé des bibliothèques, épuisé des cartons, s'était congestionné l'intellect à écumer la surface de ces fatras, et tout cela par désœuvrement, par attirance momentanée, sans conclusion cherchée, sans but utile. À ce jeu, il avait acquis une science énorme et chaotique, plus ou moins à peu près, moins une certitude. Absence d'énergie, curiosité trop aiguë pour qu'elle ne s'écachât pas aussitôt ; manque de suite dans les idées, faiblesse du pal spirituel promptement tordu, ardeur excessive à courir par les voies bifurquées et à se lasser des chemins dès qu'on y entre, dyspepsie de cervelle exigeant des mets variés, se fatiguant vite des nourritures désirées, les digérant presque toutes mais mal, tel était son cas.* » Je n'en suis pas exactement là. — Clémence et moi laissons les autres à « *leur solitude* », expression que Jean-René Huguenin utilisa pour le titre d'un essai dans lequel il reconnaît que « *les grandes amours sont des amours de solitaires* ». — Mon métier ne me permet absolument pas d'être seul. Il m'autorise des moments de solitude, mais ils ne durent pas. Je suis confronté plusieurs heures par jour à des dizaines de jeunes dont je suis l'interlocuteur principal et avec lesquels je dois interagir sans arrêt, sans compter tous les collègues que je suis obligé de croiser. Dans le bureau que j'occupe, nous sommes quatre. Je n'y suis jamais tranquille. En outre, le téléphone (objet que je déteste) sonne constamment... Pour cet aspect des choses, j'envie Clémence qui travaille à la maison et corrige *La Libre Belgique* sur son ordinateur. Pas de mains à serrer, de faux sourires à adresser, de chef à supporter.

* * * * *

J'ai quelques amis — que je vois rarement. Une fois de temps en temps, c'est très bien. — François est mort ; Manu est en Bretagne avec sa femme et ses deux enfants ; Anthony est à Beauvais et mal en point ; Guillaume est au Havre ; Soizic est en Guadeloupe avec sa femme et ses deux enfants ; Damien est parti pour Tours ; Nicolas est le seul qui soit à proximité (au Pallet en compagnie, lui aussi, de sa femme et de ses deux enfants). Ce qu'il me faut, c'est la confiance mutuelle. De vrais amis. J'aimerais ne pas croire comme Kundera que « *ce ne sont pas les ennemis, mais les amis qui condamnent l'homme à la solitude* ». — Globalement, je ne fais pas confiance aux hommes. Je dis souvent que c'est un *monde de putes*. Minimiser les dégâts, voilà mon but. « *Où sont les hommes qui s'abstiendraient d'une injustice pour laquelle on leur garantirait le secret et l'impunité ?* » se demandait Cicéron. Ainsi va le monde... Chacun pour sa peau. Je rejoins Pascal sur ce point : « *Je mets en fait que si tous les hommes savaient ce qu'ils disent les uns des autres il n'y aurait pas 4 amis dans le monde.* » J'en ai la preuve tous les jours au boulot : chacun sort sa langue de pute et casse du sucre dans le dos de ses collègues. L'hypocrisie règne. Je suis d'ailleurs l'un des rares à dire en face ce que je pense. Au pire, je me tais (ce qui reste malgré tout une forme d'hypocrisie). Je n'apprends pas grand-chose de mes collègues. Les conversations sur le temps qu'il fait, les récits du dernier weekend, ça va un moment, d'autant plus que je n'ai pas envie, moi, de me dévoiler. Mais le pire du pire : si jamais vous parlez de vous-même, l'autre vous coupera et ramènera la conversation sur lui-même. Vous dites que vous vous êtes fait piquer par une guêpe (ce qui, en soi, n'a aucun intérêt, mais bon, il faut *faire la conversation*) ? Vous n'aurez pas fini que l'un des interlocuteurs sautera sur l'occasion pour dire qu'il a été piqué par un frelon, ou que son voisin l'a été, ou qu'il connaît quelqu'un qui connaît quelqu'un qui a été déchiqueté par un crocodile. C'est saoulant. Chacun surenchérit, tout le temps, et ramène tout à lui. Un ancien avoue, dans *L'Imitation de Jésus-Christ* : « *Toutes les fois que j'ai été dans la compagnie des hommes, j'en suis revenu moins homme que je n'étais.* » Dans ce merveilleux livre, on trouve également cet enseignement : « *Si vous n'étiez pas sorti et que vous n'eussiez pas entendu quelque bruit du monde, vous seriez demeuré dans cette douce paix : mais parce que vous aimez à entendre des choses nouvelles, il vous faut supporter ensuite le trouble du cœur.* » — L'hypocrisie ! À elle seule, elle fonde le rapport des humains entre eux. Quand vous leur demandez quel est le *pire* défaut, ils citent l'hypocrisie ! Ha ! *les hypocrites !*... On aura tout vu ! Kant a tout dit lorsqu'il dit : « *Toutefois, puisque l'honnêteté, la seule simplicité et la nature directe de la manière de penser [...] sont les moins que l'on puisse toujours exiger d'un bon caractère, et puisque, par conséquent, on ne voit pas sur quoi se fonde l'admiration que nous vouons à cet objet, il faut donc que la franchise soit la propriété dont la nature humaine se tient exactement la plus éloignée.* » (On reconnaît là les convictions qui l'avaient amené à critiquer Benjamin Constant.) — Lorsque je vois deux personnes discuter, je songe à deux hommes qui se confessent l'un à l'autre avant de mourir. Quel est l'intérêt ? Parlez à votre miroir ! — De tout cela, très peu pour moi. Je préfère être moi. Et je préfère, comme Pessoa, afin d'être moins « intranquille », « *organiser [mon] existence de façon qu'elle soit aux yeux des autres un mystère, et que ceux mêmes qui [me] connaissent le mieux [m']ignorent seulement de plus près que les autres* », puis être capable d'affirmer : « *J'ai façonné ainsi ma vie, presque sans y penser, mais avec tant d'art et d'instinct que je suis devenu pour moi-même une individualité, mienne sans doute, mais qui n'est ni clairement ni entièrement définie.* » — Les autres peuvent bien se rire de moi, cela ne m'atteint pas tant que cela. Mon orgueil m'en préserve. Plus jeune, je me serais moqué à la manière de Flaubert : « *Les imbéciles ! eux, rire de moi ! eux, si faibles, si communs, au cerveau si étroit ; moi, dont l'esprit se noyait sur les limites de la création, qui étais perdu dans tous les mondes de la poésie, qui me sentais plus grand qu'eux tous, qui recevais des jouissances infinies et qui avais des extases célestes devant toutes les révélations intimes de mon âme !* — *Moi qui me sentais grand comme le monde et qu'une seule de mes pensées, si elle eût été de feu comme la foudre, eût pu réduire en poussière ! pauvre fou !* » — Plutôt que d'avoir à supporter le monde qui parle, à écouter les petits bobos des uns et des autres, à entendre ineptie sur ineptie, je me recueille dans le silence dès que cela est faisable. Les vraies conversations se font dans le silence, « *ces conversations* », comme l'écrit Stevenson, « *paisibles et lumineuses qui sont une forme supérieure de silence, dans la tranquillité du soir partagée par des amis plongés dans leurs réflexions* ». Il vaut mieux se comprendre sans se parler qu'exciter l'incompréhension en babillant. Le meilleur ami est celui que vous comprenez et qui vous comprend dans le silence. — La constance est si dure à préserver ! « *Combien rapidement et que de fois nous changeons d'existence et de chimère !* » s'écrie Chateaubriand. « *Des amis nous quittent, d'autres leur succèdent ; nos liaisons varient : il y a toujours un temps où nous ne possédions rien de ce que nous possédons, un temps où nous n'avons rien de ce que nous eûmes. L'homme n'a pas une seule et même vie ; il en a plusieurs mises bout à bout, et c'est sa misère.* » D'où l'intérêt, le plus tôt possible, de délimiter son territoire, d'éliminer ce qui nous porte préjudice, et d'aller vers l'honnêteté. — Suis-je asocial ? suis-je misanthrope ? Ce ne sont que des mots. Le fait est que moins je fréquente mes contemporains, mieux je me porte.

* * * * *

« *[...] à nous la confusion de face [...].* » (Dan 9,7) — « *Ne sois pas trop sévère pour toi-même et ne rougis pas pour ta perte.* » (Qoh 4,22) — Le moment est venu de s'arrêter sur cette plaie qu'est le *rougissement*. À la date du 27 juillet 1998, j'avais consigné dans mon *Journal* : « *Je crois que rougir aura été la chose la plus dure de mon existence — que de choses avortées ou devenues misérables sous l'emprise du rougissement que rien — rien, sinon moi — ne pourra soigner, si tant est qu'un jour j'en sois guéri.* » Rougir, piquer un fard, s'empourprer, devenir écarlate : navrant d'être *shy* : tempes, rouge, veine, tremblement, sourire gêné... Le rougissement n'est rien d'autre qu'un malaise causé par la présence d'autrui, un malaise qui est en rapport à l'autre et à soi-même. L'innocent quinaud... Le sang qui afflue au niveau du visage, la seule partie du corps qui soit visible et que l'on regarde. Faut-il avoir l'âme sensible ! L'érythrophobie ! La peur de rougir ! Le cercle infernal ! « *Si je rougis d'avoir peur, j'ai peur de rougir.* » Valéry aurait pu retourner sa phrase : Si j'ai peur de rougir, je rougis d'avoir peur. Est-il vrai, ainsi que le dit Vercors dans *Les animaux dénaturés*, que l'on rougit quand on rencontre quelqu'un, comme si l'on craignait — perpétuellement — d'être pris en faute ? Mais quel crédit accorder alors à Rousseau, qui écrit dans l'*Émile* : « *Quiconque rougit est déjà coupable ; la vraie innocence n'a honte de rien* » ? Sans nul doute, je lui aurais foutu un coup de pied au cul lorsque j'étais collégien ! Rougir était un cauchemar. Les médecins me disaient qu'il n'y avait rien à faire, si ce n'était d'avaler quelques gélules à base d'aubépine, plante censée réduire les palpitations du cœur. Quelle poisse : soigner le rougissement à l'aide de pseudo-médicaments (homéopathiques) et les migraines ophtalmiques *a posteriori* à l'aide de caféine ! L'aubépine n'avait aucun effet, même en en prenant une poignée. Dès que je devinais l'attention qui se portait sur moi, je sentais ces paires d'yeux me regarder — et je rougissais. Je me lançais des « ne rougis pas, ne rougis pas » (tu as toujours de beaux yeux) qui ne faisaient qu'aggraver la situation. On le sent bien, quand on rougit : cœur qui s'affole, tempes qui battent, tremblements imperceptibles, visage qui chauffe, mains et front moites, yeux qui s'humidifient et semblent grossir. Invariablement, qu'on le veuille ou non, on esquisse un sourire niais. On sent qu'on ne se contrôle plus, qu'on n'est plus soi-même, qu'on ne peut stopper la montée en puissance de la honte, qu'on s'embourbe, et en prie pour que cela cesse, pour que les gens regardent ailleurs. On voudrait être ailleurs, se cacher, porter un masque. On s'agite comme Mercutio : « *Give me a case to put my visage in: a visor for a visor! what care I what curious eye doth quote deformities? Here are the beetle brows shall blush for me.* » (« *Donnez-moi un étui à mettre mon visage ! Un masque sur un masque ! Peu m'importe à présent qu'un regard curieux cherche à découvrir mes laideurs ! Voilà d'épais sourcils qui rougiront pour moi !* ») On est confus comme Juliette : « *Thou know'st the mask of night is on my face, else would a maiden blush bepaint my cheek* » (« *Tu sais que le masque de la nuit est sur mon visage ; sans cela, tu verrais une virginale couleur colorer ma joue* »). On en veut à tout le monde. Sentiment horrible ! La sagesse n'y pourrait rien faire… Le grand Pompée lui-même était atteint de ce maudit trouble, de cette infernale faiblesse ! Sénèque discute de cette imperfection avec Lucilius : « *Car aucune sagesse ne saurait enlever de l'homme physique ou moral ses imperfections originelles : ce qui est implanté en nous, ce qui naît avec nous, se modifie par l'art, mais ne peut s'extirper. J'ai vu les plus hardis mortels ne pouvoir paraître en public sans être pris d'une sueur soudaine, comme ceux que la fatigue ou une extrême chaleur accable. J'en ai vu à qui les genoux tremblaient au moment de prendre la parole ; il en est alors dont les dents s'entrechoquent, la langue balbutie, les lèvres demeurent collées l'une à l'autre. C'est de quoi les leçons ni l'usage ne guérissent jamais ; la nature manifeste là son empire et avertit même les plus forts de leur faiblesse. Outre cela, je connais encore ces subites rougeurs dont se couvrent les visages même les plus graves. Plus apparentes chez ceux qui sont jeunes comme ayant le sang plus chaud et le front moins exercé, elles ne laissent pas de se produire chez les hommes les plus consommés et chez les vieillards. Certaines gens ne sont jamais plus à craindre que lorsqu'ils ont rougi, comme s'ils avaient jeté dehors toute vergogne. Sylla devenait bien plus violent quand le sang lui était monté au visage. Nulle physionomie n'a été plus ouverte aux impressions que celle de Pompée : il ne parut jamais devant plusieurs personnes sans rougir, surtout devant des assemblées. Même chose arriva à Fabianus, introduit au sénat comme témoin, je me le rappelle ; et cette pudeur lui allait merveilleusement. C'était l'effet, non point d'un caractère timide, mais d'une situation nouvelle, dont l'inhabitude, sans désconcerter tout à fait, agit sur des natures faciles et physiquement prédisposées à s'émouvoir. Car si chez les unes le sang est plus calme ; vif et mobile chez d'autres, incontinent il se porte au visage. C'est, je le répète, ce que la sagesse n'empêchera jamais ; autrement elle tiendrait la nature même sous sa loi, si elle enrayait toute imperfection. Celles qu'on tient du hasard de la naissance et du tempérament, lors même que l'âme a longtemps et péniblement lutté pour s'en affranchir, ne nous quittent plus. On ne les étouffe pas plus qu'on ne les fait naître. Les acteurs, qui sur la scène imitent les passions, qui expriment la crainte dans ses agitations les plus vives, et l'abattement dans tous ses symptômes, n'ont d'autre moyen pour simuler la honte que de baisser la tête, prendre un ton de voix humble, fixer sur la terre des yeux à demi fermés : il ne leur est pas donné de se faire rougir, phénomène qu'on n'empêche ni ne provoque. La sagesse ne promet ni ne fait rien pour le combattre ; il ne dépend que de lui-même : il paraît contre notre volonté, comme il disparaît sans elle.* » — Quand cela a-t-il commencé ? À dix ans ? En tout cas, cela m'a incité à ne pas prendre la parole en classe et à me renfermer. Impossible de définir combien cela m'a meurtri et a freiné ma sociabilité. Combien de choses n'ai-je pas entreprises dans la crainte d'avoir à rougir ? Aujourd'hui, c'est passé, sans toutefois être définitivement parti : je ne suis pas à l'abri. Peut-être aurais-je dû m'inscrire dans une troupe de théâtre pour surmonter ce stress ? Cela m'aurait appris à montrer mon visage sans gêne… (Dans son *Traité de civilité puérile*, Érasme conseillait, entre autres, de « *paraître dans des comédies* » : « *Qu'une pudeur naturelle et ingénue colore tes joues ; n'use ni de fard ni de vermillon. Cependant il ne faut pas pousser la timidité trop loin, de manière qu'elle dégénère en sottise, en stupidité, et, comme dit le proverbe, en quatrième degré de folie. Il est, en effet, des gens chez qui cette fâcheuse disposition est si prononcée, qu'elle les fait ressembler à des idiots. On peut la combattre en habituant l'enfant à vivre avec de plus grands que lui et en l'exerçant à paraître dans des comédies.* ») Vous avez la phobie du regard de l'autre : imaginer que l'*on* vous regarde. Pour Nasio, qui reprend ici la formulation de Lacan, « un signifiant n'est signifiant que pour un autre signifiant ». Le regard de l'autre signifie autant que votre rougissement et que votre peur de rougir. La peur de rougir précède d'ailleurs le rougissement. L'autre est là, il est susceptible de vous regarder, vous avez peur de rougir — et vous rougissez. L'existence de l'autre est un cauchemar quand elle croise votre propre existence… — Le comble, avec le rougissement, c'est qu'il vous trahit quand vous souhaitez de toutes vos forces prouver que vous n'avez commis aucune faute. « *Erubuit : salva res est.* » (« *Il rougit : c'est bon signe.* ») C'est bon signe : il est démasqué ? Je voudrais croire Kant quand il écrit : « *Mais pour ce qui est de savoir si le rougissement trahit la conscience de la faute, ou plutôt un délicat sens de l'honneur, placé devant la nécessité de devoir subir même simplement le soupçon de quelque chose dont on ressentirait la honte, c'est, dans la plupart des cas, fort incertain.* » Assurément, celui qui n'a jamais connu les affres du rougissement ne peut s'en donner une idée claire. Fritz Zorn, lui, a vécu ce tourment : « *Naturellement, comme tous les êtres pudiques, j'avais aussi terriblement honte de toujours rougir et qu'apparût ainsi, clair et visible aux yeux de tous, mon sentiment le plus intime. À cause de cette peur de rougir, je provoquais alors justement cette rougeur et chaque fois, au cours d'une conversation ou pendant un cours, quand je voyais arriver un sujet qui allait me faire rougir, je me battais désespérément avec mon mouchoir pour essuyer une sueur imaginaire ou simuler des crises d'éternuements. Comme j'étais devenu hypersensible à ce point de vue, ces cruels incidents se produisaient naturellement de plus en plus fréquemment et, très souvent, je me mettais à rougir alors que ma pudeur ne l'exigeait en rien. Moi-même j'évitais naturellement, dans la mesure du possible, tous les sujets épineux, et ainsi s'accroissait le domaine de ce dont je ne pouvais pas parler et qui était effectivement "compliqué" à mes yeux.* » — Dans les romans, ce sont souvent les femmes qui rougissent. Ça leur donne du « cachet ». La femme est fragile, ça nous émeut et nous attendrit. Mais pour un homme ? Cela fait-il réellement romantique ? On voudrait être Charmide qui, rougissant, « *n'en parut d'abord que plus beau* », puis confia à Socrate : « *Il me semble [...] que la sagesse fait rougir de certaines choses, qu'elle rend l'homme sensible à la honte et qu'ainsi la sagesse n'est autre chose que la pudeur.* » — Au bout du compte, le rougissement aura été un calvaire. Je suis persuadé qu'il a bousillé une partie de ma vie (dans mes rapports avec les autres).

* * * * *

« *Je répondis : Ah ! Seigneur Éternel ! voici, je ne sais point parler, car je suis un enfant.* » (Jr 1,6) — Après ce qui a été dit au dernier paragraphe, ce que j'ai déjà consacré un très long chapitre à la question. — Pour résumer ce que je ressens d'emblée, je citerai une nouvelle fois la prodigieuse *Imitation de Jésus-Christ* : « *Je voudrais plus souvent m'être tu, et ne m'être point trouvé avec les hommes.* » Telle est ma vie, telle elle fut, telle elle sera. Je ne veux pas être consolé. Cela va en étonner plus d'un, mais saviez-vous que Rousseau était *comme moi* ? Les *Confessions* ne portent pas ce titre pour rien ! Jusqu'à l'âge de quarante ans, il était « *timide et parlant très mal* ». Que se passa-t-il à quarante ans ? Il retrouva une verve immense pendant cinq ou six ans. Puis cela redevint comme avant. « *Quelle circonstance heureuse, et quel triomphe pour moi, si j'avais su parler, et que j'eusse eu, pour ainsi dire, ma plume dans ma bouche ! Avec quelle supériorité, avec quelle facilité j'aurais terrassé ce pauvre ministre au milieu de ses six paysans ! [...] Mais quoi ! il fallait parler et parler sur-le-champ, trouver les idées, les tours, les mots au moment du besoin, avoir toujours l'esprit présent, être toujours de sang-froid, ne jamais me troubler un moment. Que pouvais-je espérer de moi, qui sentais si bien mon inaptitude à m'exprimer impromptu ?* » Les écrivains qui écrivent comme des dieux, mais qui s'expriment oralement comme des gorets, sont légion. Cela semble logique : ils ne parlent qu'à du papier, silencieusement. L'Ecclésiaste dit qu'il y a « *un temps pour se taire, et un temps pour parler* » (3,7). Pour l'écrivain, ce serait plutôt un temps pour se taire, et un temps pour se taire, ou un temps pour se taire en parlant… Le silence est le compagnon de l'écrivain. Le danger est de se taire *trop longtemps* », écrit Strindberg dans *La Sonate des spectres*, car « *il se forme en vous une nappe d'eau croupissante* ». Le silence est cependant préférable : « *dans le silence on entend les pensées et on voit le passé, le silence ne peut pas cacher… ce que cachent les paroles…* » Le silence de la pensée vaut toutes les paroles qui font vibrer l'air (« *la parole n'est qu'un écho lointain et affaibli de la pensée* », dixit Flaubert). Neuf fois sur dix, pour ne pas dire plus, les paroles ne sont bonnes qu'à faire vibrer l'air ; neuf fois sur dix, pour ne pas dire plus, je ne retiens rien d'une conversation ; neuf fois sur dix, pour ne pas dire plus, les interlocuteurs se séparent sans avoir rien appris, sans avoir gagné un seul « point d'existence ». Et le politicien ? Il est un beau parleur, c'est tout. C'est un orateur, rien de plus, un manieur du verbe. Je rappellerai les paroles de Vauvenargues : « *La plupart des grands personnages ont été les hommes de leur siècle les plus éloquents. Les auteurs des plus beaux systèmes, les chefs de partis et de sectes, ceux qui ont eu dans tous les temps le plus d'empire sur l'esprit des peuples, n'ont dû la meilleure partie de leurs succès qu'à l'éloquence vive et naturelle de leur âme. Il ne paraît pas qu'ils aient cultivé la poésie avec le même bonheur. C'est que la poésie ne permet guère que l'on se partage et qu'un art si sublime et si pénible se peut rarement allier avec l'embarras des affaires et les occupations tumultueuses de la vie : au lieu que l'éloquence se mêle partout et qu'elle doit la plus grande partie de ses séductions à l'esprit de médiation et de manège, qui font les hommes d'État et les politiques, etc.* » J'imagine les Grecs de l'Antiquité : ce devait être autre chose ! On pourrait se demander si les philosophes, de nos jours, sont les seuls à avoir une conversation constructive. Vaine question : on a affaire à des *professeurs* de philosophie, c'est-à-dire de la régurgitation de cours appris par cœur. Cela ne suffit pas. Quand est-ce que la parole est porteuse de sens ? Et qu'est-ce qu'être *porteur de sens* ? Parler de météo n'est pas porteur de sens ; ni parler de la bourse, de son chien, de ses vacances, des résultats sportifs. Si vous voulez une image moderne, la différence qui existe entre celui qui parle pour ne rien dire et celui qui parle pour dire quelque chose est comme la différence qui existe entre celui qui regarde la Lune et celui qui y est allé (j'englobe les astronautes, les ingénieurs, *etc.*). L'animal peut tout aussi bien voir la Lune que nous ; en revanche, il ne peut pas y aller. Il n'y a jamais, au grand jamais, de « connais toi toi-même » dans une discussion ordinaire. D'ailleurs, l'homme ne pense pas vraiment à ce qu'il va dire ou à ce qu'il dit. Il écoute rarement. Il se borne, sans s'en rendre compte, à faire comprendre à l'autre : « Connais-moi toi-même. » (Relire, plus haut, l'histoire de la guêpe, du frelon et du crocodile. Cela m'exaspère tant que je n'ose plus raconter une quelconque piqûre de guêpe : le frelon et le crocodile surgiront avant que je n'aie eu le temps de finir, et l'autre ramènera tout à lui et à son pseudo savoir. Avec l'expérience, j'ai appris que cela arrivait constamment. Ils ne s'appliquent pas à eux-mêmes la phrase de Goethe : « *Prendrais-je la peine de parler si quelqu'un pouvait regarder par une petite fenêtre dans ma tête, dans mon cœur, de telle sorte que celui à qui je veux énumérer par le détail mes idées, communiquer chacune de mes émotions, pouvait savoir à l'avance où je veux en venir ?* » Je peux me targuer de savoir à l'avance ce que l'autre va me dévoiler. D'ailleurs, rien n'est « dévoilé ». Du terre à terre, voilà à quoi se résume la substance des propos. — Tous ensemble, isolé. Seuls, ensemble.) L'autre n'écoute pas ce que vous dites ; il ne fait que s'écouter parler. Il se fiche de vos histoires. Du moment qu'il se sente exister en racontant sa vie, il sera satisfait. S'il s'agit d'un sujet de conversation plus intellectuel qu'une piqûre de guêpe, l'autre s'impatientera et ne sentira pas bien. J'avais écrit dans mes *Pensées*, il y a longtemps : « *On ne peut pas disserter longuement en société : plus c'est intellectuel, développé, plus l'auditoire est impatient : il n'écoute plus, etc.* — *Difficulté de s'exprimer intelligemment avec un tiers…* » Bon an, mal an, dégoûté, vous en venez à ne plus vouloir vous exprimer. Ce n'est pas la seule raison qui me fasse fuir les conversations. (À ce propos, les discussions à plusieurs sont les pires. Si l'on dépasse le chiffre de deux, cela devient bancal. À trois, par exemple, il y a toujours un déséquilibre : un contre deux, ou deux contre un.) Je tiens à sauvegarder un jardin secret, non pas par désir d'entretenir un mystère, mais parce qu'il vaut mieux ne pas se dévoiler plus que nécessaire. D'une part, cela ne regarde pas l'autre, et d'autre part, vous risquez d'être incompris, ou vos dires d'être mal interprétés (soit que vous vous en aperceviez dans le cours de la discussion, soit que l'interlocuteur déforme tout en répétant à un tiers, plus tard, ce que vous avez cru dire). Tel le Johannes Climacus de Kierkegaard, « *il ne se confiait pas et ne laissait jamais transparaître ses pensées intimes ; l'amour qu'il ressentait était trop profond pour cela ; il aurait rougi, semble-t-il, s'il en avait parlé, et il craignait que son entourage lui en apprenne trop ou pas assez* ». Si une conversation s'engage devant vous ou avec vous, il faut prendre son mal en patience. Il vaut mieux écouter. « *Sois prompt à écouter et lent à donner ta réponse.* » (*Qoh 5,11*) Il faudrait prendre exemple sur les disciples du Bouddha, qui étaient de véritables « *auditeurs* » (« *sāvakā* ») : c'était par l'écoute (répétée) que naissait leur érudition. (Mon exemple ne tient pas la route, étant donné qu'on apprend rarement de l'autre dans la vie de tous les jours.) Ne pas prendre la parole n'est pas une tâche facile. Il faut vaincre la tentation. « *Qui a un plus rude combat à soutenir que celui qui travaille à se vaincre ?* » demande Kempis. « *C'est là ce qui devrait nous occuper uniquement : combattre contre nous-mêmes, devenir chaque jour plus forts contre nous [...].* » L'homme a besoin de parler et besoin d'être écouté. Cela lui donne l'impression d'exister, d'être un humain à part entière. Inconsciemment, cela donne un sens à sa vie. Quand l'autre *vous* parle, vous *devez* l'écouter. Or, je déteste devoir quelque chose — à quelqu'un. Je veux qu'on me laisse tranquille. Je laisse bien les autres tranquilles ! — Outre ces aspects que je viens d'évoquer, un autre me travaille : la perfection. Je voudrais que ma parole fût parfaite ou, à tout le moins, qu'elle fût la représentante de ma pensée. Dans un dialogue, j'aimerais pouvoir ne penser qu'au moment de ma parole. Mais je dois en général penser aussi *avant* : *prépenser*. La parole peut-elle avoir lieu *en même temps* que la pensée ? On dirait que je suis l'un des rares à qui la pensée coûte. Et si la pensée me coûte, la parole me coûte également. Ajoutons à cela la désagréable sensation que je ne parviens pas à dire ce que je pense, que ma parole est toujours en deçà de la pensée… Sensation qui me fait croire, pendant que je parle, que je ne parle pas bien. Écrire est un pis-aller. Je comprends trop bien Joseph Grand (*La Peste*) lorsqu'il s'exclame : « *Ah ! docteur, disait-il, je voudrais bien apprendre à m'exprimer.* » Joseph Grand est en effet un écrivain, mais trop perfectionniste, si bien qu'il n'avance pas et reste sur la même phrase inlassablement corrigée. À vouloir trop bien s'exprimer, on ne sait plus s'exprimer (rengaine sur le mille-pattes danseur). Ainsi, tout en parlant (aux élèves, aux collègues, à la plupart des gens qui ne me sont pas intimes), je ne peux m'empêcher de m'observer parler (ce qui n'aide pas à bien parler, convenons-en). Malgré tout, je ne suis pas comme Kleist dans son essai *Sur l'élaboration progressive des idées par la parole* : « *Mais parce que j'ai malgré tout une obscure représentation du problème, liée de plus ou moins loin à ce que je cherche, mon esprit, quand je prends avec fougue la parole en premier et tandis que la conversation progresse, dans la nécessité de trouver une fin au commencement, éclaircit cette représentation nébuleuse en une idée d'une clarté absolue, de sorte que le raisonnement aboutit, à mon grand étonnement, au moment où ma longue phrase s'achève.* » Il faut, pour ma part, que j'aie trouvé avant de parler. Trouver en parlant relève de l'impossible, sauf à raconter des conneries. Au fond de mon cœur, j'envie des gens comme Michel Onfray ou Raphaël Enthoven. La pensée qu'Enthoven développe par la parole est limpide, élaborée, pertinente, émaillée de son immense savoir livresque. Il est capable de faire de longues phrases, d'employer un vocabulaire pointu, de poser des questions du plus grand intérêt, il écoute son interlocuteur en le regardant droit dans les yeux. Il peut parler posément, rapidement, s'emporter. Jamais il ne bafouille. (Ne pas bafouiller, ne pas buter sur des mots, voilà qui est admirable. Pierre Desproges ne bafouillait jamais non plus. Cette faculté est peut-être celle que j'admire le plus chez eux.) Moi, je réfléchis trop, mes discours sont courts ou hachés. Ma mémoire, très mauvaise, me joue des tours en m'embrouillant : je vais mettre un temps incroyable à retrouver une petite expression de pacotille… et lorsque je la trouve, je me trompe dans l'ordre des mots ou dans les mots eux-mêmes. En parlant à quelqu'un, non seulement je me regarde parler, mais je me regarde le regarder. Je regarde mon interlocuteur droit dans les yeux en me disant que c'est bien de le regarder dans les yeux plutôt que sur le côté. Certainement des vestiges des classes préparatoires où l'on avait eu un cours sur la façon de diriger les yeux quand on vous interroge : vers le haut, c'est un signe visuel, sur le côté, un signe auditif, vers le bas, un signe kinesthésique, *etc*. Si mon regard dévie, j'y pense et le corrige immédiatement afin qu'il ne puisse pas me trahir. Cela paraît idiot. Quoi qu'il en soit, en ne m'en défaisant pas, ce défaut me pourrit la vie et amplifie ma volonté de ne pas parler. « *Je suis l'auditeur solitaire ; / Et j'écoute en moi, hors de moi, / Le Je ne sais qui du mystère / Murmurant le Je ne sais quoi.* » — Pour résumer, je dirais qu'en parlant : — 1) j'ai peur de bloquer sur les mots ; — 2) j'ai peur de ne pas dire ce que je pense ; — 3) j'ai le sentiment de ne pas savoir parler ; — 4) j'ai le sentiment de ne pas être compris ; — 5) je m'écoute parler ; — 6) je me regarde parler ; — 7) je me mets à la place de celui à qui je parle ; — 8) je regrette d'avoir à parler ; — 9) j'en veux à l'autre d'avoir à parler et à me dévoiler… — « *Hélas, parole de douleur, plus mortelle pour moi que la mort elle-même.* » La perte du langage, je la vis tous les jours. Chaque mot émis m'est une corvée, m'est une douleur. — « *Voulez-vous apprendre et savoir quelque chose qui vous serve ? Aimez à vivre inconnu et à n'être compté pour rien.* »

* * * * *

« *Cieux ! prêtez l'oreille, et je parlerai ; Terre ! écoute les paroles de ma bouche. Que mes instructions se répandent comme la pluie, que ma parole tombe comme la rosée, comme des ondées sur la verdure, comme des gouttes d'eau sur l'herbe !* » (Deut 32,1-2)

* * * * *

« *L'histoire du développement intellectuel de l'enfant, c'est en bonne partie l'histoire de la socialisation progressive d'une pensée individuelle, d'abord réfractaire à l'adaptation sociale, puis de plus en plus pénétrée par les influences adultes ambiantes.* » Ce raccourci de Piaget m'est applicable, à ceci près que les « *influences adultes ambiantes* » furent néfastes (encore aujourd'hui). Tout le relationnel m'ennuie. S'il ne m'ennuie pas, il me désagrège. J'évite les gens. Ils ne me sont jamais d'aucun secours. Tout un chacun tuera son prochain pour un morceau de viande. — Les personnes qu'il est impossible d'éviter sont les parents. La maman est douce, le papa est sévère. À eux deux, ils vont vous éduquer. « *Mais Jésus répondit à celui qui le lui disait : Qui est ma mère, et qui sont mes frères ?* » (*Mt* 12,48) Qui est ma mère ? qui est mon père ? qui est mon frère ? Et qui suis-je — par rapport à eux ? Que fus-je avec eux ? que suis-je sans eux ? — Qui est la mère ? « *Loin des soins quotidiens* », nous explique Gisèle Harrus-Révidi (*Qu'est-ce que l'hystérie ?*), « *les gestes de la mère sont porteurs de messages sexuels inconscients et produisent sur le bébé un mouvement de clivage entre ce qu'ils sont censés produire (le soin) et ce qu'ils produisent en fait (la séduction). Les messages émis par la mère sont énigmatiques tant pour elle que pour l'enfant qui les reçoit. Mais cette* séduction originaire *(comme les fantasmes originaires) est à la source de la sexualité et de l'érotisation : c'est donc la mère qui séduit l'enfant en transmettant ce qu'au fond elle n'est pas consciente de transmettre.* » Ceci est le premier problème : *l'inconscience*. On met au monde inconsciemment, on élève inconsciemment, on aime inconsciemment, on corrige inconsciemment. On aurait pu m'appeler : Inconscience. S'appuyant sur les travaux de Denis Braunschweig et de Michel Fain, Harrus-Révidi poursuit : « *Chez tout enfant se produit une identification hystérique à la mère liée à un processus complexe. En effet, quand celle-ci lui touche le corps, elle fait une liaison inconsciente entre cet acte et son désir sexuel pour son partenaire. Parallèlement à ce fantasme, elle tient à l'enfant un discours particulier dont elle ne perçoit pas les implications sexuelles qui laissent une trace mnésique inconsciente, prototype même de cette identification. Sont intriqués là le corps de l'enfant, sa sexualité, le discours de la mère à l'enfant, le désir sexuel de la mère pour l'homme et l'identification de l'enfant à sa mère.* — *De cet ensemble de faits, la mère a une perception confuse tout en craignant quand même pour le psychisme de l'enfant : elle lui impose donc de dormir et par ce souhait (de le faire dormir) elle vise à le mettre à l'abri du désir qu'a le père d'elle ; elle essaie d'empêcher que se crée dans l'inconscient de l'enfant ce qu'elle est justement en train d'initier, à savoir le désir du rapport au père afin d'être à la place privilégiée de la mère.* [...] *La femme retourne donc à l'homme, transmet inconsciemment ce message à l'enfant qui s'identifie alors à son désir à elle pour un père non perçu mais assimilé à elle : c'est le passage confus d'une mère aimante et possédée à une femme désirant la mère et subitement absente.* [...] — *L'organisation hystérique de la sexualité est le vécu par l'enfant du partage de la mère et de la femme et son identification à un tiers manquant (le père qu'il ne voit pas de son lit) dénié dans sa virilité face à une mère désirante. Le dialogue (entre adultes) est supposé échapper à l'entendement d'un enfant psychiquement présent, "idéalement désexualisé" et censé ne rien comprendre aux relations sexuelles entre adultes. Ce discours mettant également l'enfant en position de "tiers exclu" et créant un véritable monde d'absents mentaux (les parents annulent l'enfant censé lui aussi être capable de les annuler), n'est pas sans empêcher ce dernier de vivre d'importants émois érotiques.* » Quels sont les parents qui, avant de mettre au monde, d'élever, d'aimer, de corriger, ont déjà réfléchi à ceci, ne serait-ce qu'à un dixième ? L'enfant ne peut pas protester. Une fois que l'acte irréparable a été commis, c'est terminé. Ils font de leur mieux, mais ce « *mieux* » ne fait qu'empirer les choses. Avoir des parents, c'est ne pas en avoir eu, ou avoir eu ce qu'il n'aurait pas fallu avoir. Je ne dis pas ça contre eux (je les aime), mais contre tous les parents. Tous des inconscients qui créent un autre inconscient qui répétera, au nom de son inconscience, d'autres inconscients. Je suis un hystérique, un névrosé. Tel Norbert de Varenne, « *je suis un être perdu* » depuis la naissance : « *Je n'ai ni père, ni mère, ni frère, ni sœur, ni femme, ni enfants, ni Dieu.* » [...] *Au fond de moi, j'ai toujours vécu seul dans une chambre remplie d'un profond et triste silence.* Comment savoir qui est ma mère si je ne sais qui je suis ? Qui est la mère ? « *Elle me baise au front, me parle tendrement, / D'une voix au son d'or mélancoliquement* », dit joliment Nelligan à propos de sa mère. Oui : et puis ?... « *Mélancoliquement* » : tout est dit. C'est très bien, les caresses et les baisers, mais cela ne fait pas un homme. Rimbaud, sans père, n'était-il pas déboussolé ? « *L'enfant se sent, selon la lenteur des caresses, / Sourdre et mourir sans cesse un désir de pleurer.* » Les parents ne devraient pas autant compter. Même maintenant, à mon âge, ils comptent tant pour moi que je pourrais dire comme Sénèque, s'ils venaient à mourir : « *Qui aurai-je pour me protéger, pour me défendre du mépris ?* » Les représentations idylliques sur la mère sont trompeuses. Par exemple, Hugo, dans sa pièce *Angelo, Tyran de Padoue* : « *Savez-vous ce que c'est que d'avoir une mère ? en avez-vous eu une, vous ? savez-vous ce que c'est que d'être enfant, pauvre enfant, faible, nu, misérable, affamé, seul au monde, et de sentir que vous avez auprès de vous, autour de vous, au-dessus de vous, marchant quand vous marchez, s'arrêtant quand vous vous arrêtez, souriant quand vous pleurez, une femme...* — *non, on ne sait pas encore ce que c'est qu'une femme,* — *un ange qui est là, qui vous regarde, qui vous apprend à parler, qui vous apprend à rire, qui vous apprend à aimer ! qui réchauffe vos doigts dans ses mains, votre corps dans ses genoux, votre âme dans son cœur ! qui vous donne son lait quand vous êtes petit, son pain quand vous êtes grand, sa vie toujours ! à qui vous dites ma mère ! et qui vous dit mon enfant ! d'une manière si douce que ces deux mots-là réjouissent Dieu !* » C'est un pur délire verbal ! On y met trop d'importance. Combien ont une épouse qui est censée être leur mère ? Est-ce idyllique, cela ? Ma mère fut mon secours et le demeure. Mais que suis-je ? Souvent, en songeant à mes difficultés à parler, je vois ma mère et ses propres difficultés. À cinquante ans, Rousseau écrivait à Malesherbes : « *Mais cette paresse est incroyable ; tout l'effarouche ; les moindres devoirs de la vie civile lui sont insupportables : un mot à dire, une lettre à écrire, une visite à faire, dès qu'il le faut, sont pour moi des supplices.* » Je n'ai rien à retrancher pour me décrire... *Je le sais*. Et tout en le sachant, cela ne change rien à l'affaire. — Et qui est le père ? « *Ma mère dit que je suis fils d'Odysseus, mais moi, je n'en sais rien, car nul ne sait par lui-même qui est son père.* » Sans rire : je ne sais pas. Dois-je penser au père que je craignais ? Dois-je penser au père qui me chantait, tandis que j'étais sur ses genoux : « *Bateau... sur l'eau... Tout le monde a chaviré... et s'est... noyé...* » Il écartait ensuite les jambes et me retenait par les mains. Dois-je penser au père étendu sur la pelouse, vomissant ? « *Noé commença à cultiver la terre, et planta de la vigne. Il but du vin, s'enivra, et se découvrit au milieu de sa tente. Cham, père de Canaan, vit la nudité de son père, et il le rapporta dehors à ses deux frères. Alors Sem et Japhet prirent le manteau, le mirent sur leurs épaules, marchèrent à reculons, et couvrirent la nudité de leur père ; comme leur visage était détourné, ils ne virent point la nudité de leur père. Lorsque Noé se réveilla de son vin, il apprit ce que lui avait fait son fils cadet. Et il dit : Maudit soit Canaan ! qu'il soit l'esclave des esclaves* *de ses frères !* » (*Gn 9,20-25*) Maudit sois-je ! Qui est mon père ? Un être qui aura eu beaucoup trop d'influence sur moi, et qui continue d'en avoir. — « [15/11/99 :] *Que de choses que je ne voudrais, pour rien au monde, faire — et que je ferai... — Tout contre mon gré... Oh, je ne devrais pas me plaindre à tort et à travers : je n'assiste pas souvent aux cours et ne m'implique pas à fond dans les projets (j'ai peur pour le béton et l'hydraulique, néanmoins), ce qui me laisse du temps libre... mais... mais merde !... Fait chier !... Ils me forcent à écrire des mots vulgaires dans mon* journal... — Bordel !... Bordel !... Bordel !... — J'en ai plus qu'assez... — Plaintes infantiles... Mais merde !... — Il n'y aurait pas mon père que je laisserais tout tomber... Il a une force inimaginable sur moi... Je ne voudrais pas le décevoir... Mais zut ! zut !... Je deviens, moi, complètement timbré... [...] Si je ne peux pas écrire parce que je n'ai pas le temps, si je ne peux pas lire parce que d'autres affaires me rendent la lecture laborieuse, si je ne peux pas voir Agnès parce que je dois rester ici et travailler, que me reste-t-il ?... Rien... Rien du tout. — Ô angoisse, je deviens misérablement fou... Je ne suis plus rien... — Je suis fatigué... de tout cela... [...] Bah ! je suis un cerveau qui complexifie tout et détourne la réalité selon ses désirs ou ses peurs — tel un maniaque, un paranoïaque, un pervers,* etc. » — Qui sont mon père et ma mère ? Ma mère, de même que mon père, voulurent revivre leur enfance à travers moi, en n'en gardant que ce qu'ils croyaient profitable et en en écartant ce qui ne l'était pas. — Jusque très tard, j'ai moins connu mes parents que mes camarades ou mes amis. — Tout cela est incompréhensible. Je ne sais pas ce que je raconte. — Dans mon premier roman (inachevé), on peut lire : « *J'ai toujours rêvé qu'une des filles avec qui je sors fût capable de deviner la plupart des éléments qui me font vivre ou rêver. Mais ce n'est qu'un rêve. Même mes meilleurs amis ne me comprennent pas au delà d'une certaine limite — et c'est dommage. Mes parents et mon frère ne m'auront jamais connu tel que je suis réellement, ils auront su m'écouter, mais n'auront jamais voulu (ou pu ?) percer les secrets qu'il y a en moi. Je n'ai jamais (si : deux fois, pour être exact) amené une seule de mes amies à la maison quand j'étais plus jeune. Il y a eu la peur qu'elle soit épiée, détaillée des pieds à la tête, acceptée ou rejetée, alors que moi seul pouvais en décider. Tout cela, malgré moi, par la force des choses, devait me faire prendre conscience d'une chose : que j'étais moins intéressant que n'importe qui d'autre et j'étais arrivé ici par erreur, que j'étais non-voulu, que j'avais été un bébé qui avait crié seul dans une clinique.* » — Je me rappelle que je pleurais ma mère quand elle m'abandonnait. « *L'enfant se sent, selon la lenteur des caresses, / Sourdre et mourir sans cesse un désir de pleurer* », dixit Rimbaud, l'éternel enfant sans père. Je tenais à ma maman comme un chiot tient à sa mère. Sacré abandonisme ! — J'arrête ce paragraphe ici. Je ne comprends plus ce que je dis.

* * * * *

« *Car un enfant nous est né, un fils nous est donné, et la domination reposera sur son épaule ; on l'appellera Admirable, Conseiller, Dieu puissant, Père éternel, Prince de la paix.* » (*Is 9,5*) — Pourquoi ne me souviens-je de rien avant mes quinze ans ? Pourquoi seules les photographies me renseigneraient-elles sur mon passé ? Pourquoi mon enfance est-elle effacée ? *Pourquoi ?...* Mon nom est Inconscience. — « *Alack, for pity! I, not remembering how I cried out then, will cry it o'er again: it is a hint that wrings mine eyes to't.* » (« *Quelle tristesse ! Je ne me souviens plus de mes larmes d'alors, mais je les veux verser derechef : pareil thème fait violence à mes yeux.* »)

* * * * *

$$C_4^2 = \frac{4!}{2!(4-2)!} = 6$$ — Pourquoi ne me souviens-je pas d'embrassades au sein des quatre membres de la famille ? Ai-je jamais vu mon père enlacer ma mère, lui lancer des « Je t'aime » ? Ai-je jamais vu ma mère enlacer mon père, lui lancer des « Je t'aime » ? Et ma mère avec mon frère ? Et mon père avec mon frère ? Et ma mère avec moi-même ? Et mon père avec moi-même ? Et mon frère avec moi-même ? Aucun souvenir. Des six combinaisons, aucune n'avait lieu. L'amour n'était pas absent du foyer, mais il ne se manifestait pas. — Pour dire bonjour ou au-revoir à nos parents, mon frère et moi écartions la tête pour éviter le baiser. Tout cela n'est-il pas étrange ? N'ayant pas eu le loisir de vivre une autre enfance sous un autre toit, je ne peux pas savoir si cela était normal ; cependant je devine qu'ailleurs les émotions s'affichent et qu'il y a des embrassades... — Armande à Clitandre : « *Et vous ne goûtez point dans ses plus doux appas, / Cette union des cœurs, où les corps n'entrent pas.* »

* * * * *

La peur de l'abandon m'a fait souffrir — et me fait encore souffrir. Sans oublier l'angoisse de l'insécurité ! Abandon, insécurité sont davantage que des mots creux : ils ont gouverné une partie de ma vie (toute ma vie, qui sait ?). De là — aussi — la mélancolie. Je ne peux que souscrire à cette idée de Huguenin, écrite à Jean Le Marchand : « *La vie n'est pas une lutte contre le malheur, contre le drame, contre la souffrance, elle est une lutte contre l'absence.* » L'absence est à l'origine du mal-être : ô ! tous ces trous incomblables... innommables...

* * * * *

(Τὰ εἰς ἑαυτόν : « *Que ta mémoire se rappelle sans cesse les questions que voici : "Quelle est la nature de l'ensemble des choses ? Quelle est ma propre nature ? Quelle relation ma nature soutient-elle avec l'autre ? Quelle partie forme-t-elle dans le tout ? Quel est ce tout dont elle fait partie ?" Et ajoute qu'il n'est personne au monde qui puisse t'empêcher jamais de faire et de dire ce qui découle comme conséquence nécessaire de la nature dont tu fais partie.* » — Où en suis-je et où vais-je ? Tabac, langage, être-au-monde, mélancolie, suicide... et là, relations. Relations de qui ? à quoi ? Ce chapitre devrait être volumineux. Or, il est ridicule à tous points de vue. Je le bâcle comme si je craignais de n'avoir pas le temps de le finir. Je voudrais m'écrier : « *Dive, thoughts, down to my soul!* » (« *Replongez-vous, pensées, au fond de mon âme !* »), mais un mur (transparent, qui plus est) se dresse devant moi. — Tieck rapporte que Novalis, à la suite d'*Henri d'Ofterdingen*, souhaitait écrire encore six autres livres (après la poésie, donc) : physique, vie civile, commerce, histoire, politique, amour. Moi, il me resterait : l'écriture, la lecture, l'art, l'alcool, la philosophie, les sciences, la psychanalyse, la religion, l'école, la vie active… et la conclusion ! M'en sortirai-je ? « *Make haste; the hour of death is expiate.* » (« Hâtons-nous : l'heure de votre mort est déjà passée. »)

* * * * *

Le clown triste. — Une chose à laquelle j'ai eu recours maintes fois et qui m'a souvent « sauvé » : *l'humour*. — Il n'y a pas une journée qui passe au CFA sans que je ne fasse rire toute la classe. Cela contraste-t-il avec le contenu de *La Perte de Sens* ? Je ne le crois pas. En lisant entre les lignes, vous y verrez de l'humour un peu partout, disséminé ici et là. L'humour ne doit pas forcément se montrer. — Après avoir longuement hésité, je vais partager deux écrits. Le premier fut déclamé au mariage d'Emmanuel Coursan. Je connus, je crois, le plus gros succès de ma vie. J'étais au milieu des très nombreux convives, debout avec un micro et mes feuilles. Tout le monde rigolait. Je fus félicité pour chacun d'entre eux. On me comparait à Desproges, on me demandait si je faisais cela souvent, si je n'avais pas pensé faire carrière ! Haha. Et Sébastien Bomard qui m'avait conseillé d'en enlever maints passages (« tout ne se dit pas à un mariage, attention »)… En fin de compte, j'avais tout dit (et en avais même improvisé d'autres). Le lecteur n'entendra pas tout (*private jokes*, références, *etc*.). Le second texte fut écrit après mon opération de 2009. — « Hommage à Manu. — *Très chère assemblée, très chère mariée, très cher Manu.* — *Mon ami, je vais essayer de te toucher par ces quelques mots,* — *et tout ce qui te touche m'habite d'un grand respect.* — *Ce qui est le plus terrible de tout ce que je vais vous avouer, c'est que ce sera véridique. À peu de choses près. Attention : c'est en vrac et ce ne sont que quelques anecdotes éparses parmi une myriade…* — *Tu sais très bien (ou tu n'es pas sans savoir) que Emmanuel signifie en hébreu: "Dieu avec nous", "Dieu parmi nous"*, — *et c'est ainsi que l'on désignait Jésus. Il faut savoir que selon moi, le plus grand cerveau de tous les temps, qu'il vente ou qu'il pleuve, s'appelait Emmanuel, de son petit nom Kant. Et que le plus beau fauteuil en osier du monde figurait sur l'affiche d'un film s'intitulant* Emmanuelle — *mais là n'est pas la question, tu es désormais marié, le parallèle était facile, il faut arrêter de penser à ça. Pouf-pouf.* — *Je fais une autre digression puisque je parle cinématographie. Manu et moi avons toujours été de fervents défenseurs du cinéma d'art et d'essai. Nous avons même eu le privilège de voir au Pathé de Saint-Herblain un long-métrage (et je pèse mes mots) qui a été interdit le lendemain de sa sortie. Hein ? Je laisse aux spécialistes le secret du titre le plus difficilement énonçable à une personne qui vend des tickets. Non, ce n'est pas* Grrrr… *mais il y a des scènes où les acteurs font* grrrr… — *La première impression que tu m'aies faite, Manu, je m'en souviens très bien, c'était durant les premiers jours de prépa, tu étais assis au premier rang (les culs tu aimais déjà lécher) et ta tête me faisait penser à une ampoule à incandescence. Pourquoi ? Je vois bien que cette ressemblance ne te plaît pas (ni à tes parents, et je le comprends), mais je te jure que ce fut ma première pensée à ton égard. La forme globale de la tête. En tout cas, tu es une ampoule à part entière : tu n'as jamais beaucoup brillé, ni manqué de culot… Et puis quoi, mince ! tu préférerais que je te comparasse à un néon (p'tit Ramzy) ? La tête à Manu, c'est de toute bôôôté…* — *Il y a des souvenirs aigus incroyables, des moments d'égarement en cours anthologiques. Certes, je me faisais de plus en plus rare, car je séchais comme un malade, mais enfin, toutes ces conneries en plein cours, en prépa ou en cycle école, elles sont surnuméraires ! Je ne devrais pas dévoiler ces choses-là en public, surtout devant M. et Mme Coursan, tes géniteurs et éducateurs officiels, mais le franc-parler a toujours été mon cheval de bataille ou mon fer de lance.* — *Les TP.* — *Manu a eu l'honneur de m'avoir en binôme sur un bon nombre de TP (travaux pratiques) ou de projets. Vous vous demandez certainement ce qui faisait le charme de notre équipe ? Avant tout une incapacité formelle de boucler une expérience avec des résultats qui collent avec la théorie. (Comme le disait Hegel : "si les faits ne correspondent pas à la théorie, tant pis pour les faits !") Nous étions célèbres, nous étions les Véronique et Davina des TP, les collants en moins (sauf pour Manu, qui les aimait roses). En électrotech, nos branchements laissaient une douce odeur de barbecue et créaient des volutes de fumée qui empêchaient les autres de voir quoi que ce fût. La devise de l'ICAM était résumée en un mot : 'Finir." Eh bien, je n'ai pas le souvenir d'avoir jamais fini ou compris un seul TP d'électrotech. Et toi ? C'était la même chose en automatique ou en électronique. Même la façon dont le prof roulait sa cigarette, on ne l'a jamais vraiment comprise (à une main sans la regarder) ; il la gardait allumée pendant les 4 heures de TP. Nous étions comme deux chercheurs qui ne savaient pas quoi chercher. Je me souviens qu'on jouait en plein TP des pièces de théâtre que je venais tout juste de créer. C'était souvent la foire, mais nous savions garder notre sérieux. Lors des espèces de TP d'analyse financière, nous réussissions, sans faire exprès, à faire couler une entreprise fictive…* — *Une particularité de Manu : il savait enflammer chacun d'entre nous lors de chaque séance de TP… Il ne manquait pas d'air,* [accent espagnol=] *toujours un p'tit pet enflammé…* — *Les cours.* — *Manu s'accrochait tout le temps et ne baissait jamais les bras, alors que moi, parfois, je baissais le pantalon (véridique). Son visage se contractait étonnamment et devenait tout rouge lors des cours de maths, comme (vous me permettrez cette évocation après avoir mangé) quand il fait ses gros besoins, mais c'était pour la raison suivante : il ne pigeait rien à l'algèbre. Le seul vestige et la seule habitude qu'il ait gardés de cette époque, c'est qu'il croit résoudre des équations quand il est sur le trône.* — *Parfois, je lisais tranquillement. Parfois, on écrivait de fausses déclarations d'amour qu'on faisait circuler dans les rangs. Combien de conneries a-t-on écrites en cours ? On inventait tout un tas de bêtises, mais on se faisait de plus en plus remarquer. J'ai même problème aujourd'hui à mon boulot : dès qu'il y a une blague de faite, on croit qu'elle vient de moi, et je suis dégoûté quand je me rends compte qu'elle est de mauvais goût et qu'on ait pu croire qu'elle était de moi. Enfin bref.* — *Même au self, le midi, Manu apostrophait le cuisinier en lui disant : "Il est frais, votre poisson ?" ou : "Vous avez des pieds de porc ? Eh bien, ça doit pas être facile pour vous de marcher…" Le cuisinier entrait dans le jeu et on aurait dit deux gamins (parce qu'il faut dire qu'ils répétaient la scène tous les jours et qu'ils connaissaient Bigard sur le bout des doigts).* — *A ce point de mon discours, vous vous demandez sûrement si j'ai déjà eu des rapports sexuels avec Manu ? Je comprends, c'est votre droit le plus strict de vous poser cette question puisque nous étions très souvent fourrés ensemble (fourrer est un peu fort, j'aurais dû choisir autre chose, vous savez, il ne faut pas la prendre au mot). Il faut savoir que Manu s'est toujours cherché longuement (sexuellement) avant de rencontrer Anaïs. Il restait sur ses arrières. Enfin bref, c'est un sujet délicat (et glissant) et il faudrait des heures pour aller au fond des choses. La seule anecdote que je connaisse à propos de la première fois entre Manu et Anaïs (Manu* déteste les filles qui couchent le premier soir, ça lui fait poireauter tout l'après-midi), c'est celle-ci : Anaïs dit à Manu : "Tu fais l'amour comme un lapin" — et Manu répond : "Pff, je vois vraiment pas comment tu peux juger quelqu'un en 30 secondes." — Pourquoi raconté-je tout cela ? Ah oui ! Vous vous demandez sûrement si j'ai déjà eu des rapports sexuels avec Manu ? Je comprends, c'est votre droit le plus strict de vous poser cette question puisque nous étions très souvent fourrés... Pouf-pouf. La réponse est oui. Avec la bouche seulement (mais je perds la mémoire avec l'âge, et peut-être avions-nous dépassé ces préliminaires). On s'est embrassés. Avec un sac plastique. Je veux dire, avec un sac plastique entre nous. Et on s'est promenés dans les rues de Nantes, main dans la main. Ce jour-là, on a véritablement compris la difficulté que doivent éprouver les homosexuels à vivre leur relation au grand jour. Nous allions de temps en temps un peu trop loin. On peut rire de tout, mais pas avec n'importe qui. Rappelle-toi, mon doux Jésus (je parle à toi, Manu, Dieu parmi nous), cette soirée dans un château, où nous avions accosté deux jeunes filles d'une manière très, très provocante (j'en vois qui salivent, mais je n'en dirai pas plus, — et cela n'a rien d'érotique, je vous rassure, seulement pour bien exposer le problème, il faudrait une grande concentration — que je n'ai plus à cette heure avancée). Nos délires nous amenaient à nous poser des questions sur nos actes, ils nous proposaient à leurs façons des morales, notamment avec ces jeunes filles, que nous n'aurions jamais tirées de nous-mêmes autrement (je parle des morales, évidemment). — Je reprends mon souffle, je bois un coup. Petit entracte de Prévert : "L'oiseau qui chante dans ma tête / Et me répète que je t'aime / Et me répète que tu m'aimes / L'oiseau au fastidieux refrain / Je le tuerai demain matin." — Cet entracte est une dédicace extrémiste envers Manu. Je rebondis sur un thème amusant, même s'il est grave en soi, je veux parler de la dyslexie. Ce poème, Manu le connaît par cœur, mais il est incapable de le réciter sans bafouiller ou inverser des syllabes ou les bouffer. On pourra en faire une démonstration peu après s'il le souhaite ! Demandez-lui de dire : "Un chasseur sachant chasser." On va se marrer une demi-heure ! — J'évoquais notre goût du cinéma en début de prise de parole, mais il ne faudrait pas non plus occulter notre goût recherché pour l'art photographique. Erwan le sait bien, lui qui n'a malheureusement pas pu assister à ce mariage honteux. (Pardon : Erwan le sait bien, lui qui n'a malheureusement pas pu assister à ce mariage, virgule, honteux de rater cette occasion formidable de se revoir.) Nous avions piqué son appareil photo et avions saisi des instants au gré de nos pauses. Le gars qui a développé les pellicules a dû halluciner. Pourtant, il doit en voir des vertes et des pas mûres (ou trop mûres, des fois !) tous les jours... — En passant, et pour continuer dans l'art ("j'adooore ce que vous faites"), l'art musical cette fois-ci, je te sais gré, mon Manu adoré, de m'avoir fait découvrir ce morceau inoubliable de 24 minutes de Pink Floyd : Atom Heart Mother. En même temps, nous nous devons de remercier Séverin (un ancien camarade) quand il nous a fait partager Spider, de System of a Down. Nous nous amusions à passer ce morceau (qui gagne en violence à chaque seconde) à un niveau sonore très élevé dans le labo matériaux de l'ICAM. C'était tellement fort que les profs n'osaient rien dire. On partait dans de bons fous rires, on essayait toujours de flirter avec la limite de ce qu'acceptaient la raison et le savoir-vivre. — Parlons aussi de l'art culinaire, que nous affectionnions sublimement, pour preuve nos envolées vers l'infini à la Pizza d'Italia, à l'époque où ils proposaient des assiettes de carpaccio de bœuf à volonté. Ils ont arrêté cette formule peu de temps après nos visites, et Manu a commencé un régime pour perdre les 9 kilos de viande qu'il avait pris (et qu'il a gardés, pardon). N'était-ce pas avec toi que j'avais sniffé une ligne de poivre ? Mon nez ressemblait à celui de Michel Galabru. — Manu adorait les pizzas, qu'il se préparait tous les jours dans sa chambre à la maison des ICAM. C'était ses variations culinaires : lundi, pizza ; mardi, pizza ; mercredi, pizza ; jeudi, pizza... Pour qu'elles tiennent toutes dans le congélateur commun, il nous louait des emplacements de pizzas. Notre pizza-rigolo. — En ce qui concerne le sport, il y eut les mémorables parties de bowling. Nous avons fait tellement de parties de bowling en dernière année de l'école que je me suis toujours demandé pourquoi, sur notre diplôme, ils n'avaient pas indiqué : "Maître en bowling." Nos projets respectifs étaient complètement occultés par cette pratique. Le tableau dans le labo était rempli de chiffres. Normal, me direz-vous, en école d'ingénieur. Oui, mais c'était tous nos scores des derniers jours ! On calculait les moyennes et les écart-types. — Puzzle Bubble est-il un sport ? Nous avons été les champions du monde du "Readyyyyy? Go!" Manu s'énervait facilement à ce jeu. Il disait tout l'après-midi : "Bon, allez, une dernière partie." — Vis-à-vis de l'alcool, mon état le démontre ce soir, il a été un catalyseur de nos aventures (attention, je n'en fais toutefois pas l'apologie). Nous étions fous sans boire, alors imaginez quand on avait un coup dans le nez. Lors des tonus (pharma, dentaire, et autres), nos coups de folie prenaient des teintes de démence. Nous nous plaisions à nous lancer des défis. Par exemple, le mémorable tonus que nous ayons fait à la Beaujoire. Dois-je avouer l'idée que j'avais lancée et que nous avons explorée dans le plein sens du terme explorer ? Ah, je ne sais pas, j'ai peur que l'assistance nous juge. Mais nous étions jeunes et insouciants, bon sang ! Nous n'avions que 22 ans... A cet âge-là, Einstein concluait sa théorie de la relativité restreinte, je vous l'accorde, mais est-ce qu'il pelotait toutes les fesses et toutes les poitrines possibles dans les soirées ? Non. Bon. Merde, ça y est, je l'ai dit. — Une fois, pour l'un des fameux tonus pharma (à la Trocardière), tu étais venu m'extirper avec force de ma chambre pour m'y emmener. (Je rappelle que Manu avait sa chambre à deux pas de la mienne, elles étaient séparées par un couloir. Alors que ma chambre était séparée de celle de Sébastien, ici présent, par une cloison, ce qui a fait que nous avons dormi à moins de trente centimètres l'un de l'autre pendant des mois.) Tu avais bien fait de me forcer à venir à ce tonus — et je t'en remercie encore aujourd'hui : j'étais sorti avec la plus belle de toutes les filles qui y étaient présentes, ce fut l'un des plus beaux trophées de ma carrière de chasseur. Si le terme de chasseur choque les plus frustes d'entre vous, j'en suis désolé, mais il faut bien dire ce qui est. Quand les gens venaient dans ma chambre, ils disaient : "C'est quoi, cette longue liste de courses remplie de prénoms ?" Et je répondais : "Les filles avec qui je suis sorti cette semaine." — J'ai été en boîte au moins deux fois avec toi, dont l'une était au Tandem, c'était après l'ICAM. Je ne dirai pas ce que tu as fait à la fermeture des portes, car ce n'est pas mon genre de balancer les gens qui embrassent les travestis. Merde, ça y est, je l'ai dit. Pouf-pouf. Je devrais me taire puisque ce soir-là, tout le monde m'a dit avant de partir que j'avais dansé un bon moment avec le sexe sorti de mon pantalon (je dois cet écart à Manu, mais je ne m'en souviens pas). — Vis-à-vis de la cigarette, il me reste deux aspects de toi. Primo : tirer quelques lattes, pour l'expérience, et sentir l'effet de la nicotine traverser tout ton corps, jusqu'aux jambes ; deuxio : quand tu m'as dit (car j'ai commencé à fumer en ICAM 1) : "Toi, tu fumes ? Ton intelligence te fait t'abaisser à cet acte vain ?" Ces paroles sont restées gravées. — J'ai des images qui restent, floues et nettes, petites et grandes... — Rappelle-toi ce verre bu au Graslin avec notre vénéré prof d'allemand, Hervé-Guy Dupas, que tu avais osé inviter suite à ton mémoire sur le rire (comme par hasard, un mémoire sur le rire), pour lequel il était ton tuteur. — Rappelle-toi nos nuits dans les montagnes, sous la tente, réveillés par les clairons et tambours des Toulousaing, Toulousaing !... Nous avions d'ailleurs remporté la victoire de ce grand rassemblement d'ICAM. — Rappelle-toi le barbecue derrière l'enceinte de l'ICAM, et cette histoire dont on ne se souvient plus trop des prémisses : tu avais téléphoné à Anissa, ici présente, pour lui donner rendez-vous... ce qui allait propulser Mickaël, ici présent, à un mariage… avec Anissa… Ça tient à rien. — Rappelle-toi nos canulars téléphoniques, innombrables : soit nous nous faisions passer pour des gens de l'INSEE, soit nous devions placer dans la conversation des mots imposés à l'avance (parachute, pantalon, civière, canoë, New York, Giscard ou pamplemousse), soit nous faisions des imitations… — Rappelle-toi les sorties ciné à l'UGC Apollo à 10F… — Rappelle-toi ton imitation de Canaguier, le prof de maths de sup, qui prouvait une fois de plus ta faculté à observer autrui (ou Benoît, ici présent, quand il mange ses céréales le matin). — Rappelle-toi cet after chez toi : je lis un San-Antonio pour m'endormir, mais le monde tourne, je me retrouve dans les toilettes et j'y passe la nuit à vomir. Pendant ce temps, tu m'entendais et tu rigolais. — Rappelle-toi aussi nos petites dissensions dans ces périodes où il semblait qu'on avait du mal à se supporter (deux maniaques ensemble, ça peut être lourd à la longue). — Rappelle-toi, fin mars 2001, notre virée au Katorza (Animal Factory) et François qui nous avait rejoints à la sortie… — Un des trucs qui me révulsaient, c'était ta propension à faire peur, à prendre par surprise. Tu voyais l'autre arriver, tu te cachais derrière un mur et tu sautais sur lui au dernier moment. Combien de fois tu m'as eu ! J'angoissais à chaque couloir. (Si tu fais ça dans une maison de retraite, on n'aura plus de problèmes pour payer les vieux avec nos impôts…) — Mes plus grands fous rires, je le confesse, ont été partagés avec toi. Souviens-t'en. Chez Benoît, à Chartres, avant de nous endormir, sur le matelas qui se dégonflait. Au mariage d'Erwan et Elodie, au cours du dîner, à table ("gaaaare au voleeeeur"). Et le plus grand d'entre tous, chez toi, un midi, devant une pizza et une bière, après le bowling. On mangeait des olives et tout a commencé quand tu as lancé : "Tiens, ma sœur aime bien les olives." — Tu as su hisser l'art de l'humour à un niveau rarement atteint. Nous ne déplorerons pas le fait que souvent, ce n'est que la partie visible de l'iceberg que les gens voient, celle qui est la plus facile et la plus vulgaire. Pour un connaisseur, Manu crée un humour qui appartient à tous les registres possibles et se situe dans tout l'iceberg. Et son plus grand mérite, c'est d'être allé jusqu'à un art pour l'art de l'humour : tu ne revendiquais pas tes chefs-d'œuvre, ils existaient sans que tu sentisses le besoin de te les approprier. En cela, tu es plus fort que moi : je veux, assez rapidement, que l'on sache que j'en suis l'auteur, sinon cela m'angoisse. — J'ai quasiment fini, j'en vois qui baillent. — Manu n'est pas à proprement parler un poète, mais il a un jour déclamé un vers, un pur alexandrin pour être exact, car séparé en deux hémistiches de six pieds, et qui résume bien sa façon de penser, qui définit sa faculté si notoire d'inventer, qui prouve tout l'art qu'il plaçait dans l'humour, qui le place au panthéon des humoristes. Voici ce vers : "Un anus bien rempli vaut mieux que deux qui proutent." — Après ce vers — et avant un autre, mais de rouge, parce que j'ai bigrement soif, je ne peux que vous remercier, Mesdames, Messieurs, Anaïs, Manu, pour votre attention. Merci. » — Second texte : « Une opération à c… ouvert. — "Ton style, c'est ton cul, c'est ton cul, c'est ton cul." Léo Ferré, Ton Style. — Voici une histoire toute simple, que je consigne sans honte, et qui restera pour moi, je le crois bien, dans les annales. Mon style est pourri, mais comme le rappelle si bien en exergue Léo Ferré… — * * * * * — Le mardi après-midi, je sens l'abcès revenir, le même qui avait éclaté trois semaines et demie plus tôt, ce qui avait reporté tout son possible à la prochaine et probable réapparition. J'appelle le CHU et on me convie aux urgences d'emblée. Je quitte le CFA après mon dernier cours (le souci du professionnel), passe par l'appartement pour y prendre l'iPod et un bouquin (Longitude, dont le thème est la localisation précise en pleine mer avant l'invention de la montre qui ne retarde pas ou du GPS, ce qui est inespéré quant à ma situation : je ne sais où je vais et je prie pour que le navire ne chavire pas, cul par-dessus tête). Je profite du moment de solitude pour faire un gros besoin — préventif. — Recta, je file aux urgences, on m'y demande ce que j'ai et on me fait patienter. — le cul entre deux chaises, si vous me permettez l'expression. Quelque vingt minutes plus tard, après avoir vainement tenté de lire (deux vieilles piaillent sans arrêt sous la télévision dont le volume sonore est à mon avis très exagéré, comme si on voulait dédramatiser les choses, alors que cela ne fait, selon moi, qu'amplifier le stress), on vient me chercher et on m'amène dans la chambre n°3. — "On va vous apporter un brancard, dit une jolie dame. — Je n'en ai pas besoin, je peux attendre debout. — Qu'est-ce que vous faites aux urgences, dans ce cas ? — On m'a dit d'y aller. — Puis-je voir votre abcès ? Déshabillez-vous." — J'obéis à contrecœur, mais le ton a été sec. D'autres personnes débarquent dans la chambre. Ils m'auscultent tous un par un. Le chef semble leur montrer quelque chose : "Vous voyez, c'est ici que se forment les canaux fistulaires… Là…" — Et eux d'opiner, au-dessus de mes fesses, en chœur : "Ah oui, d'accord…" — (Ce serait un bon début d'opéra tragicomique. Il faudrait insister sur les têtes qui s'approchent, s'éloignent dans un va-et-vient, avec des : "Les canaux, les canaux, les canaaaaauuuuux !... Ah ouiiiii, d'accooooooord, ah oui, ah oui, d'aaaaaaccord », — mêlant ténor et soprano.) — Ils me laissent seul, je passe des coups de fil. On me fait comprendre que je vais être opéré dans la soirée ou dans la nuit. Je n'avais prévu aucune affaire de rechange. Je continue de lire tranquillement Longitudes (où l'on peut, qui sait, disserter sur l'analème, — en un mot, — qui est la représentation des cercles de la sphère sur une surface plane). Mes fesses me sont un peu désagréables, la porte s'ouvre et se referme, des têtes se glissent dans l'entrebâillement (de la porte, pas de mes fesses). J'entends très bien les voix à l'accueil, les bruits dans le couloir. "Le n°4, il est encore là ? Qu'est-ce qu'il fait, l'anesthésiste ? Et le 1, monsieur Flemand ? Son bras ? Il y a monsieur Pichavant. Oui, l'abcès marge anale. N°3. Là. La marge anale, oui." Ces dernières paroles (j'aimerais en dire également, mais devant l'échafaud) ont été préférées en soulignant bien "marge anale". Je me rassure en pensant que les autre patients entendent plutôt "marginal, le marginal, Pichavant"… — Le chirurgien vient m'expliquer l'opération avec un accent turco-serbe ou polono-égyptien, — ou quelque chose d'approchant. Il parle dans sa barbe, tout bas, il roule les r, c'est difficile de le comprendre. On croirait qu'il va mourir à chaque seconde qui passe, son visage est tiré vers le sol, ses yeux pleurent comme ceux d'un chien battu. — "On va faile un tlou et y placer oune mèche. On va vous endolmil li motié de col. Ou complètement. Vous en aulez pour deux à tlois somaines, oune femelle viendla lemplacer li mèche tous les iouls chez vous." — Je n'ai pas eu plus de détails, et n'en aurai pratiquement plus, il est très laconique, le docteur Oussanoumène Touça (je change les noms à tout hasard, je veux éviter qu'ils ne me collent, en sus, un procès aux fesses). — J'attends encore. L'anesthésiste passe, fait un check-up. — "On ne vous endormira que la partie inférieure du corps en faisant une rachianesthésie. Si ça se passe mal — mais il n'y a aucune raison pour que ça se passe mal —, si ça se passe mal — mais pas de raison, ne vous inquiétez pas —, si ça se passe mal, on vous fera une anesthésie générale. Si ça se passe mal, cela va de soi." — Il repart après m'avoir interviewé (c'est le mot le plus approprié, "sondé" me semblant déplacé) durant dix minutes sans me dire quel journal publiera mes propos (allant de "avez-vous déjà été opéré ?" à "regardez-vous Dr House ?"). — L'infirmier de l'accueil me montre la douche. Il y a un pyjama un peu trop grand. Je me lave (j'ai failli confondre le savon liquide et la Bétadine) et retourne à ma chambre, en passant dans le couloir. Remarque de l'infirmier, plus tard : "Vos cheveux sont déjà secs. Ils sèchent vachement vite, c'est pratique." — (On se croirait finalement chez le coiffeur. Il fait demi-tour et s'éclipse avant que je ne puisse lui demander si le temps va se couvrir, s'il n'y a plus de saisons et si c'est vrai qu'il paraît que le dernier film avec Bruce Willis est un navet.) — La porte s'entrouvre, une tête se faufile, disparaît. —

"Nan, c'est pas lui", dit la tête, déçue amèrement de ne point trouver son condamné, — pardon : son malade. — A un autre moment, j'entends : "Le marge anale, c'est lequel ?" — (Il y a un effort, ils emploient le masculin, ne reste plus qu'un a à transformer en i. — Mais non, pas le "marge anil", vous êtes bête !) — On me branche une perfusion, je patiente, puis on m'emmène dans ma chambre. L'un des deux lits est déjà occupé par quelqu'un qui a fini son repas et qui regarde la télé située au-dessus de lui. Courtaud, il a une tête de pékinois, un cou aussi large que sa tête (mais il ne joue ni au rugby ni ne conduit de F1), un ventre de femme enceinte, une paire de moustaches entre Hitler et Groucho Marx. — "Bonjour", fais-je. — Il se retourne, me regarde, hagard, et j'aperçois un pansement à son bras. [Je me demanderai à plusieurs reprises, durant mon séjour, si l'opération qu'il avait subie n'était pas une greffe de télécommande.] — "Groml, 'jour." — Dès ses premiers mots, ce fut un gargouillement incompréhensible. Il est incapable d'en aligner deux à la suite sans baragouiner ; il les bouffe littéralement. Je passe mon temps à acquiescer sans comprendre. Sa voix est celle d'un gorille qu'on aurait castré. (On m'a mis dans la cage aux fort molles, ou quoi ?) — "Groml, 'oi ?" — J'ai compris. Évidemment, la première question, c'est la raison du séjour ici. Je lui dis "abcès", mais sa moue semble signifier qu'il constate de lui-même (il aurait donc un cerveau !) qu'il n'est pas situé à un endroit commun et visible de mon corps. Il ne dit rien de plus, ça tourne trop vite dans son ciboulot. — "Groml, z'êtes gromlou ?" — J'ai compris. — "Je suis de Cholet." — Lui me répond qu'il est Vendéen. (J'avais compris également.) — "Mon fils groml, groml, brou, ch'rie", ajoute-t-il. — Traduction : "Mon fils travaille à la Boucherie." Comprenez : le restaurant. — "Groml 'naissez ? — Qui ? dis-je. Votre fils ? — Non, n'd'dieu, groml, l'bouch'rie. — Oui, mais je n'y suis jamais allé. — Il paraît déçu. Nous nous taisons, il se remet devant TF1, comme hypnotisé. Cela vaut mieux, parce que je ne me sens pas du tout disposé à engager de telles conversations philosophiques. — Une infirmière me donne un Xanax (pas à cause de TF1, mais pour me mettre à l'aise avant l'heure de l'éviscération). Je dois passer sur le billard ce soir. Le temps commence à se distendre, les minutes, les heures filent sans que je les cerne, je me sens de plus en plus calme, détendu, zen, en dérive (j'ai fini mon livre, je sais comment me repérer au milieu de l'océan, dorénavant). Le brancardier pointe son nez et me roule jusqu'à la salle de réanimation. On me force à boire un drôle de jus parce que j'ai mangé une pomme dans l'après-midi, et surtout parce que j'ai mâchouillé un chewing-gum ("c'est pas bien"). J'urine dans le récipient en plastique ce qu'il me reste dans la vessie. C'est fou ce qu'elle peut contenir, je calcule ébahi les quantités grâce aux traits de jauge). — [Ci-joint le dialogue précédant cet acte désagréable, avec une jolie préparatrice : — "Vous devez uriner. — Je n'y arriverai pas dans ces conditions. — Ah oui, vous préférez un petit endroit calme. — Être seul avant tout. — On est habitué au petit cabinet, c'est plus intimiste. — Je pourrais être dans un grand local ou un petit cagibi, et réussir, mais j'ai seulement besoin d'être seul, sinon je suis bloqué. — Ah, d'accord. Je reviens tout de suite." — Ce fut pour moi comme un jacques-a-dit : Jacques a dit : "Urine !" Heureusement, j'étais fatigué, l'incontinence a parlé et le calvaire n'a pas eu lieu.] — L'anesthésiste qui m'avait ausculté plus tôt dans la journée vient se préparer et déballe ses outils (chirurgicaux). — Il se tourne vers une autre personne : — "On doit attendre ? — Oui. — OK." — L'attente, le fin mot dans un hôpital. (J'ai eu la chance de ne pas atterrir dans cet endroit le même jour qu'un accident de car faisant des myriades de blessés.) — Une dame est allongée, elle nécessite l'attention permanente des rares individus présents dans cette grande salle verte et aseptisée. J'ai une sueur froide en voyant cette demi-morte ressortir de l'antre où je vais la remplacer. — Enfin, on s'occupe de moi, mais c'est pour me piquer par deux fois dans le milieu du dos. C'est très froid, puis très chaud. Mes jambes s'endolorissent, deviennent bizarrement légères et lourdes, je me sens très, très, très calme. Mon électrocardiogramme est régulier, mon pouls est aux alentours de 50 ; il émet des bips lorsque ça descend en dessous. On me pousse (au train) vers la salle d'opération. "C'est à vous. Je suis l'assistant de l'opération, me dit un monsieur trentenaire aussi grand debout que moi allongé. Vous avez de la chance : excepté moi-même, vous avez quatre femmes rien que pour vous. — Oui, réponds-je. Mais j'avoue que c'est étrange. La plupart des femmes, aujourd'hui, ont d'abord vu mes fesses avant de voir mon visage. C'est cocasse, voire gênant." — On rigole sans nervosité. — "C'est une autre façon de faire, une nouvelle forme de drague, c'est tout, vous êtes avant-gardiste", conclut-il. — On me transfère du brancard vers la table d'opération, je ne sens plus mes jambes. On me demande ce que je fais, dans quel domaine je travaille. Je dis que je suis enseignant en mathématiques, entre autres. Une femme parle des fautes d'orthographe de sa fille. Je m'engage dans la conversation tandis qu'ils s'affairent autour de moi, m'écartent les jambes, les surélèvent, dressent un drap qui m'empêche de voir quoi que ce soit. — "Il faut accorder le verbe, m'entends-je dire. — Ah, vous êtes un mathématicien qui s'y connaît en français ?! — Le problème, chez les jeunes, c'est qu'ils ne lisent plus lus, fais-je. — Tout à fait, vous avez sûrement raison." — L'assistant me pince le bas du dos. Il me demande si je sens quelque chose. Je lui réponds affirmativement. — "Ne bougez pas, je vais vous rajouter un peu de ce produit…" — C'est le "ne bougez pas" qui me fait sur-le-champ sourire intérieurement. Je suis dans la peau d'un paraplégique, je ne vais pas me faire la malle, les gars ! — Trente secondes après la dose du nouveau médicament, je me sens sur un nuage. C'est phénoménal : non seulement je ne sens plus ses pincements, mais je suis shooté et euphorique. — "J'en veux d'autre, dis-je en riant. — Il ne faut pas abuser des bonnes choses. — Dites-moi : je suis positionné comme lors d'un accouchement ? — Exactement, vous pourrez savoir ce que ressentent les femmes pendant cet instant. En gros." — Pendant toute l'opération, je parle avec l'assistant, on s'esclaffe, je ne m'aperçois absolument pas qu'ils me charcutent le derrière (pour eux, c'est un voyage au centre de l'amer), à part quelques sensations sur les adducteurs, et je n'entends rien de ce qu'ils devisent dans mon… dans mon dos. Je ne me souviens pas de tout ce sur quoi je discours (j'ai un trou), mais je suis plein d'emphase. Je suis persuadé d'avoir fait de bons mots ou d'avoir lancé une blague, mais tout est flou. J'ai peut-être complètement déliré, ils m'ont peut-être retenu de force en faisant appel à cinq gaillards musclés. Quand tout est fini, en me rapatriant vers ma chambre, je lance à l'envolée, — le sourire aux lèvres, la mine béate et jouissive du drogué à mort : — "Merci à vous tous, vous avez été très gentils." — Il est minuit moins le quart. Le plus dur n'est pas l'acte chirurgical, mais le réveil, et avant tout le retour aux pénates avec mon voisin de chambre, toujours devant la télé. Est-il mort ou vivant ? C'est lui qu'il faudrait pincer pour avoir le cœur net. Ce n'est plus du temps de cerveau disponible, il n'en a pas ! — "Groml, groml, groml." Je n'arrive pas à suivre son raisonnement (si ce mot peut lui être accolé), j'écoute un peu de musique et m'endors, — pour peu de temps, malheureusement. — "N'd'dieu, groml. Groml !" chante-t-il vers 2h00. — L'énergumène s'est trompé de bouton pour la lumière : toute la pièce s'éclaire en lieu et place de sa loupiote personnelle. Je ne m'en serais pas rendu compte s'il n'avait grommelé aussi fortement. Il va aux toilettes en titubant. À peine entré, j'entends un violent jet d'eau s'abattre dans la cuvette. Pour faire discret, c'est le roi des as, l'hurluberlu — qui imite les chutes du Niagara. — "Groml", fait-il en remontant son pantalon (je l'imagine sans avoir égoutté l'engin). — Il se rallonge et se trompe à nouveau de bouton, il illumine la chambre, le con, et éructe dans sa moustache. On m'eût joué la neuvième symphonie de Beethoven dans les tympans, en son et lumière, que j'eusse mieux dormi. — Mon sommeil connaît peu de répit, les *infirmières passent régulièrement vérifier que tout va bien. (Mais si elles passent pour vérifier qu'on dort, vu qu'elles nous réveillent, elles doivent se faire de fausses idées, ce système les circonvient. Absurde.) — A 7h10, tout le monde debout (façon de parler). Le petit-déjeuner est à peine arrivé que le ventre-à-choux met la télé en marche (il la regardera jusqu'à minuit sans presque jamais déciller, en poussant des "groml" de temps en temps, que ce soit devant* La roue de la fortune *ou les informations). C'est Télé-Matin, au moins c'est pas TF1, j'ai gagné ça. — On se dit bonjour (à vrai dire, je prononce "bonjour" et lui "groml") et je remarque que son récipient est rempli d'urine et qu'il pendouille sur sa table de chevet. Quelle façon élégante d'émerger des bras de Morphée, vous en conviendrez. — Je remarque, en soulevant les draps, que je porte un slip très curieux taillé dans un filet de pêche. Mes testicules y sont comprimés et c'est d'un esthétisme douteux. — Une jeune femme entre pour faire le lit et la toilette. Visiblement, on est tous les deux gênés. — "Voulez-vous la faire seul, ou dois-je vous aider ? " — Étant donné que les soins sont à apporter majoritairement dans les zones les plus intimes, je me propose d'essayer seul, ce qui nous ravit uniment. Je ne parviendrai à me la faire que le soir (la toilette, pas la jeune demoiselle), car j'ai été maintes fois empêché par des vertiges. (Combien de fois me suis-je surpris à me dire : "J'en ai plein le cul" ?) — * * * * * — Bloc-notes final. — La télé, toute la journée, ce fut terrible. — J'ai lu, écouté de la musique, dormi, réfléchi, été pris de nausées, de vertiges. — Une infirmière m'a changé la mèche ("Il y en a 1m50, je vous assure") et m'a remis une couche (ce qu'ils appellent un pansement américain dans leur jargon de spécialiste, mais ça ressemble à une serviette hygiénique géante). — La cuisine était terrible. (Trois étoiles au guide* Euthanasia.*) Ils déposaient sur le plateau un petit menu décrivant les plats, sans lequel je n'aurais jamais su ce que j'avais mangé, et ce doit être à mon avis son utilité première. (Même mon voisin paysan n'a pas reconnu la pomme qu'on disait être une poire. Faut dire que c'était un abricot.) — Je suis reparti le lendemain, en même temps que mon condisciple (à la fois con et disciple du peuple). Mon dieu, et dire que ç'a le droit de vote... L'ultime vision que j'ai de lui, c'est celle de quelqu'un qui écoute la télé d'une oreille et qui contemple le ciel par la fenêtre. Il compte les nuages ? Dix minutes pour en compter trois, c'est une bonne moyenne. — Deux collègues m'ont rendu visite avec un livre, deux autres m'ont ramené chez moi. — Infirmières à domicile : encore deux personnes qui auront vu mon derrière de face. (Je ne saurais dire combien l'ont vu en ces quelques journées de tribulations.) Je suis allongé dans mon lit, sur le ventre, et je les aide en écartant les fesses de mes deux mains. Je suis soulagé qu'il n'y ait jamais eu de paparazzis à mes trousses, les photos eussent sali mon image ! — Légère rétention des selles, par peur et certainement due aux dérèglements du transit, qui a été prolongée pendant les trois jours qui ont suivi l'opération, mais tout est rentré dans l'ordre (bien que le chirurgien ait omis un laxatif dans l'ordonnance). Comme je l'ai dit à la première infirmière : "C'est passé comme une lettre à la poste." — Je vais me recoucher : l'anus porte conseil. — * * * * * — Oui, les histoires de cul, ça me connaît, vous pouvez me croire ! — * * * * * — J'apprends en lisant : "C'est du pus collecté dans l'espace graisseux qui entoure la partie basse du rectum (appelée canal anal). L'origine en est l'infection d'une glande située à la partie haute de ce canal anal. Ces glandes s'abouchent à la muqueuse dans des sortes de replis, les cryptes. Elles peuvent s'obstruer, s'infecter. Elles perforent alors la paroi du rectum et contaminent la graisse qui l'entoure. Cela se traduit par des douleurs, de la fièvre, souvent une tension rouge de la peau au voisinage de l'anus. Le seul traitement efficace, indispensable donc, est une intervention chirurgicale, en urgence ou semi-urgence. En son absence, même si l'abcès se rompt à la peau spontanément, même sous antibiotiques, la guérison est peu probable." — "Quoi de plus commun que de se croire deux nez au visage, et de se moquer de celui qui se croit deux trous au cul." (Diderot) — "Obscur et froncé comme un œillet violet / Il respire [...]. / C'est l'olive pâmée, et la flûte câline ; / C'est le tube où descend la céleste praline [...]." (Rimbaud) »*

* * * * *

L'enfant-clown-triste. — Mes premiers écrits ne furent pas des nouvelles fantastiques, mais des histoires humoristiques où je jouais avec les mots à la manière de Raymond Devos. Le tout premier, je crois, fut intitulé *Le 6nez affiné* : « Une année, je me suis promené dans le néant et je me suis retrouvé nez à nez avec un 6nez, né près d'un ciné. Je fis un effort pour essayer de voir plus loin que le bout du nez. Ce 6nez avait six nez nets bizarres : un nez pâle, un nez collier, un nez corse, un nez tendu, un nez gros et un nez croulé. Je me suis dit : "Pourvu que ce 6nez file !" Je savais que les 6nez prenaient le nez de tous les étrangers néfastes pour lui. Je lui ai demandé : "Ces six nez, ils sont à qui ?" Il m'a répondu : "Non, ils sont innés !" Sur ce, il me demanda mon nom. Alors je lui ai dit : "Gua, René Gua." Il n'a pas apprécié, je ne sais pas pourquoi. Je me suis dit : "N'aie pas peur." Car il ne fallait pas avoir un effroi ! Il m'a demandé mon nez. Alors, je lui ai demandé à mon tour, si on pouvait faire un échange. Il n'a pas voulu. Alors, cerné, je lui ai lancé mon nez pour lui donner et mon nez lancé fut superbe. Si ce n'est que je n'avais plus de nez. Néanmoins, cela lui faisait un nez en plus ! Ce qu'il n'avait pas imaginé, c'est que mon nez, tel un éclair, l'a calciné. — En conclusion, le 6nez affiné et ses six nez nets ici, près du ciné, coula calciné avec ses six nez et mon si regretté nez. J'étais fasciné de voir que cette face à six nez soit assassinée. En fait, le 6nez est parti, mais le ciné est resté. » Il y eut également *Alphabet* : « L'abbé, souvent insensé et indélicat, fait ses vœux dans la nef. Gérard, c'est son nom, vit dans l'église, c'est sa cache. Évidemment, il s'agit d'un cas. Il faut l'éliminer ou il sème la haine au travers de son périple. Mais c'est un dur à cuir, et il est resté humainement véreux. Il est capable de tout bluffer et se fixe toujours une manie grecque, croire que tout le monde peut lui apporter des aides. » J'épargnerai le lecteur et ne citerai pas les quelques autres...

* * * * *

Le clown qui professe. — Je dois en dire le plus possible. Ne pas me taire. Me parler, me parler *vrai*. J'ai oublié des choses que je ne retrouverai plus. Je sais des choses que je puis redire. Cela abaissera le niveau d'ensemble de mon livre. Mais je dois avoir l'honnêteté d'être authentique. Comment me peindre sans dessiner les contours et les formes qui donnent le sens du tableau ? — Mon arrivée sur Cholet m'avait permis de suivre une psychothérapie. Parler à un public et être le transmetteur du savoir fut une épreuve. Je m'en sortis bien — et m'en sors de mieux en mieux avec l'expérience. Je suis réputé pour faire des cours peu académiques (dès que l'occasion se présentera, dans un futur chapitre, j'expliquerai comment). C'est que j'essaie d'exciter leur curiosité. Et ils se souviennent tous de mes envolées. — Assez rapidement, j'avais commencé à compiler les conneries que mon chef de l'époque racontait (soit à nous, collègues, soit aux apprentis, qui me les répétaient). Ce recueil s'appelait les *Amardises*. Une certaine année, peut-être en 2008, un jeune consigna également quelques-unes de mes « folies » (conscientes, au contraire de celles de mon chef) : les *Pichavanties*. Elles ne sont pas très nombreuses, car il ne tint ce « carnet » à jour que pendant un temps plutôt limité. Je vous les sers (sans qu'elles puissent toutes être compréhensibles hors contexte) : « *En regardant un bas de pantalon, on peut deviner toute la vie du mec. — Déjà tout petit je m'amusais à faire le vent… sinon j'arrive à faire le tonnerre. — J'espère que personne n'a son père qui est curé… ? — Vaut mieux se taper 40 choses différentes plutôt que de se taper 40 fois la même chose. — J'ai l'impression de me réveiller dans un car et que quelqu'un me propose des miettes de BN alors que j'ai mal dormi. — Je reviens, je vais voir s'il y a des filles à draguer dans les couloirs. — À votre avis, bande de trous de balle ? — Faudrait que je récupère en effluves ce que j'écris, directement dans les narines. — "Blabl"… Je mets pas de "a" pour pas niquer mon crayon. — Un car de Suédoises qui échoue devant chez moi. — Chicoré, c'est un Coréen qui fait caca. — Embrasser un cul, c'est dégueulasse, mais ce serait préférable à certaines bouches. — Je donnais un cours à des petits Chinois au Japon. — Après, je vais retourner dans ma ferme avec mes chèvres. — Je sais que vous préféreriez être entre les cuisses d'une belle jeune fille plutôt que d'être en cours de maths. — Dans ma famille, on est tous pédés de père en fils… j'espère que je ne vais pas le devenir… — Les maths, c'est comme le sexe : plus c'est dur, mieux ça rentre. — Les doigts dans le nez — ou la craie dans le cul. — Moi je me permettais d'être mannequin. — On se perd moins les pinceaux. — On doit suivre un laser qui a une odeur de cochon grillé. C'est pour ça que notre chef, il peut pas le faire. — Vous savez que j'aime citer le Q. — Tous saints étaient, avant de le devenir, des gros baiseurs. — Je vous conseille d'ouvrir la porte et les fenêtres parce qu'on est en période d'exams et il y a plein de jeunes filles. — Une petite Japonaise avec une bonne paire, ça c'est excitant. — J'ai oublié le prénom de la fille que j'ai baisée samedi soir, mais je me suis souvenu que tu as fait 6 factoriel. — Pour savoir avec qui je me réveillais le matin, je tâtais l'entrejambe. — Qu'est-ce qu'on pourrait se taper ?… — J'ai sorti le sexe de mon pantalon. — Prends-moi ! je montre ma bite ! — On est vieux quand on a dépassé l'âge de ses parents… mais faut qu'ils soient morts… — Vous pensez utiliser le théorème de Britney Spears… Si vous comprenez pas, vous enlevez votre culotte et posez votre chatte dégoulinante sur la feuille. — Un homme pète 5 ou 6 litres par jour ; une femme 3 fois moins. — Une question de ce type tombe à l'examen, je veux bien me faire curé. — Y a même pas un p'tit joint qui tourne ? — Si était tous condamnés pour avoir niqué une mineure, y en a beaucoup qui seraient en prison… moi le premier. — Pour la première fois de ma vie, j'ai fait l'amour à un animal. — Je suis Jésus. — Y a plusieurs personnes en moi-même, et là tu as dû parler à une personne à l'intérieur de moi qui n'était pas moi-même… — L'autre jour, j'ai étudié la formule d'Einstein, et j'y ai trouvé une erreur.* » — Cela ne vole pas haut. — Très pipi-caca. Il ne faudrait pas s'imaginer que le niveau est toujours tel. Les jeunes ne voient le plus souvent, même en humour, que la partie visible de l'iceberg. — Mon cours mis à nu. — Un ancien élève m'avait envoyé cet email qui s'achevait par ces mots : « *En vous remerciant pour vos cours, votre culture et les quelques blagues que vous m'avez enseignées. — Je vous souhaite un bon avenir et de continuer comme vous le faites (comme de poser vos couilles sur le bureau de Baptiste !).* » — Je me livre.

* * * * *

Le clown vraiment triste. — Dans une certaine mesure, l'humour me permet de prendre du recul, de dédramatiser. Second degré, ironie, jeux de mots : j'use de toutes les formes (en évitant de plus en plus la vulgarité et la facilité). N'y a-t-il pas de tout cela chez l'Ecclésiaste, mon frère (au contraire de Job, qui est trop « sérieux »). (Suis-je orgueilleux ! On dirait Pierre Aronnax qui conclut *Vingt mille lieues sous les mers* de cette manière : « *Aussi, à cette demande posée, il y a six mille ans, par l'Ecclésiaste : "Qui a jamais pu sonder les profondeurs de l'abîme ?" deux hommes entre tous les hommes ont le droit de répondre maintenant. Le capitaine Nemo et moi.* ») Certes, j'ai revu un peu mes positions depuis ma lecture (bouleversante) du *Mot d'esprit et sa relation à l'inconscient* de Freud, mais, dans le fond, mon rapport à l'humour est demeuré très grand. Comme d'habitude, le meilleur façon d'en parler est d'aller chercher ailleurs, en l'occurrence chez Hermann Hesse dans *Le voyage à Nuremberg*. Écoutons-le : « *Beaucoup d'hommes sont condamnés à ne voir dans la vie que douleur et souffrance. Ils ne sont pas seulement victimes de leur imagination, influencés par quelque pessimisme d'ordre esthético-littéraire ; c'est un sentiment qu'ils éprouvent dans leur chair, de façon authentique. Ces hommes dont je fais malheureusement partie sont plus doués pour ressentir la douleur que la joie. Respirer, dormir, manger, digérer et accomplir le reste des fonctions animales les plus simples leur causent plus de peines et de difficultés que de plaisirs. Mais conformément aux desseins de la nature, ils possèdent en eux un instinct qui les pousse à accepter l'existence, à trouver dans la douleur quelque chose de positif, à ne pas abandonner la partie. C'est la raison qu'ils recherchent avec un appétit extraordinaire tout ce qui pourrait leur procurer un peu de joie, de distraction, de plaisir et de chaleur humaine. Voilà pourquoi, aussi, ils attribuent à toutes ces choses agréables une valeur que les hommes ordinaires, bien portants, normaux et travailleurs ne leur donnent pas. Par ce biais, la nature réussit en plus à faire naître chez eux une qualité extrêmement belle et compliquée qui inspire à presque tout le monde un certain respect : l'humour. Il arrive, en effet, que nous autres, êtres souffreteux, sensibles à l'extrême, pas assez rusés, bien trop avides de plaisirs et à l'affût de tout réconfort, nous voyions se développer en nous un tel don. C'est un cristal qui ne se forme que lorsqu'on a éprouvé des douleurs profondes et durables ; il compte en tout cas parmi les plus belles créations de l'humanité. Les souffreteux ont inventé l'humour pour supporter malgré tout leur existence pénible et même l'exalter ; mais il est cocasse de voir qu'il agit toujours sur les autres, les bien-portants, ceux qui ne souffrent pas, comme si, au contraire, il était l'explosion d'une joie de vivre et d'une gaieté totalement effrénées. Les bien-portants se tapent sur les cuisses, hurlent de rire ; mais ils sont toujours ébahis et un peu vexés lorsqu'il leur arrive de lire dans le journal que le comique X, très aimé et couronné de succès, s'est noyé de façon inexplicable dans un accès de mélancolie. [...] Lorsque aujourd'hui, subissant le poids toujours plus oppressant de mon existence, je me réfugie dans l'humour, cela n'est rien d'autre pour moi qu'une façon de donner raison à cette vie sacrée. Même si ce n'est que pour une petite heure de répit entre deux crises, je me place du côté du bouffon pour observer la prétendue réalité en essayant de tendre des passerelles fragiles et flottantes au-dessus de l'abîme qui me sépare d'elle, qui éloigne l'idéal de l'expérience. Le tragique et l'humour ne s'opposent pas ; ou plutôt, ils ne s'opposent que parce qu'ils sont si étroitement complémentaires. [...] Malgré mon désir d'être objectif, même à mes dépens, je fus contraint de répondre de la même manière que bien des fois auparavant : oui, tu as mille fois raison lorsque tu refuses*

*ce monde odieux "tel qu'il est" ; tu as raison de te laisser mourir et d'étouffer dans ce monde plutôt que de reconnaître son existence.
— Une fois de plus, je sentais violemment s'opposer en moi deux pôles de ma personnalité, je sentais osciller les passerelles aériennes au-dessus de l'abîme qui sépare le réel de l'idéal, la réalité de la beauté ; passerelles créées par l'humour. Oui, c'était cela ; grâce à l'humour, on pouvait endurer cette situation, on pouvait même supporter l'existence des gares, des casernes, des conférences littéraires. En riant, en refusant de prendre au sérieux la réalité, en ayant constamment en tête sa fragilité extrême, il devenait possible de vivre. [...] Peut-être que je cache en moi, comme je l'ai parfois pensé, quelque chose qui me rapproche d'un humoriste ; dans ce cas tout allait bien. Mais ce don n'était pas encore arrivé à maturité ; je n'avais tout simplement pas assez souffert.* » (Par ces deux dernières phrases se termine son livre.) Voilà pourquoi je cite autant : je n'aurais pas pu ajouter ou retrancher un mot de tout ce que Hesse a dit là. Tout me convient, tout retranscrit sublimement ce que j'en pense (« *et il m'est odieux* », comme Ulysse, « *de raconter de nouveau les mêmes choses* »). — Excepté l'écriture et la lecture, l'humour et l'amour sont aujourd'hui mes deux soutiens.

* * * * *

Tous, nous sommes « *liés par une même chaîne de ténèbres* » (*Sag 17,16*).

« *And, like the baseless fabric of this vision,
The cloud-capp'd towers, the gorgeous palaces,
The solemn temples, the great globe itself,
Ye all which it inherit, shall dissolve
And, like this insubstantial pageant faded,
Leave not a rack behind. We are such stuff
As dreams are made on, and our little life
Is rounded with a sleep.* »

(« *Tout de même que ce fantasme sans assises,
Les tours ennuagées, les palais somptueux,
Les temples solennels et ce grand globe même
Avec tous ceux qui l'habitent, se dissoudront,
S'évanouiront tel ce spectacle incorporel
Sans laisser derrière eux ne fût-ce qu'un brouillard.
Nous sommes de la même étoffe que les songes
Et notre vie infime est cernée de sommeil.* »)

William Shakespeare, *The Tempest*

Écriture

« Aber warum schreibst denn du ? — *A. : Ich gehöre nicht zu Denen, welche mit der nassen Feder in der Hand denken ; und noch weniger zu Jenen, die sich gar vor dem offenen Tintenfasse ihren Leidenschaften überlassen, auf ihrem Stuhle sitzend und auf's Papier starrend. Ich ärgere oder schäme mich alles Schreibens ; Schreiben ist für mich eine Nothdurft,* — *selbst im Gleichniss davon zu reden, ist mir widerlich.* — B. : *Aber warum schreibst du dann ?* — *A. : Ja, mein Lieber, im Vertrauen gesagt ; ich habe bisher noch kein anderes Mittel gefunden, meine Gedanken los zu werden.* — B.: *Und warum willst du sie los werden ?* — A. : *Warum ich will ? Will ich denn ? Ich muss.* — B.: *Genug ! Genug !* »

(« Mais toi, pourquoi écris-tu donc ? — *A : Je ne suis pas de ceux qui pensent avec la plume mouillée à la main, et moins encore de ceux qui s'abandonnent à leurs passions devant l'encrier ouvert, assis sur leur chaise et fixant le papier. Je me fâche ou j'ai honte de tout écrit ; écrire est pour moi une nécessité,* — *j'ai une répugnance à en parler même en symbole.* — B : *Mais pourquoi écris-tu alors ?* — *A* : *Hélas ! mon cher, soit dit entre nous, je n'ai pas encore trouvé jusqu'à présent d'autre moyen de me débarrasser de mes pensées.* — B : *Et pourquoi veux-tu en être débarrassé ?* — *A* : *Pourquoi je veux ? Est-ce que je veux ! J'y suis forcé.* — B : *Assez ! Assez !* »)

Friedrich Nietzsche, *Die fröhliche Wissenschaft*

Que le rien s'écrive, au-delà du rien écrit. Le tout ne m'était rien — et le rien m'est tout. Que croyez-vous que j'écrive ? L'instant, l'instance. Un mot, un point. L'écrit s'épure, ne se transmet pas : son contenant pleure tandis que son contenu hurle. Qui, ici, écrit ? Moi ? À quoi joue-t-il, ce moi ? Je me suis. Bourré, ou presque. De sens ? Qui comprendra ? Qui comprendre ? Il écrit, le mot, l'étale. Quel mot ? Quels mots ? Les mots qui constituent la phrase ? Quelle phrase ? Quelles phrases ? Les phrases qui constituent le paragraphe ? Quel paragraphe ? Quels paragraphes ? Les paragraphes qui constituent le livre ? (J'ai écrit : « *libre* », le « *b* » touchant le « *v* ».) Quel livre ? Le livre que j'écris. Avec ces phrases sans verbe. Au commencement était... Quoi ? La Parole. Et qu'était la parole ? La Parole était avec Dieu, et la Parole était Dieu. Au commencement : avec Dieu. Rien de ce que je fais n'a été fait sans elle. Elle est la vie, la vie qui est la lumière de mon existence, la lumière qui luit dans les ténèbres. Les ténèbres reçoivent-elles *ma* parole ?... Car j'écris...

* * * * *

Pourquoi écrire ? Tout écrivain s'est posé la question. Je dirais même que tout véritable écrivain se pose et se repose la question à intervalles réguliers, comme s'il n'était pas sûr de ce que cela signifie. Avant de tenter de répondre à cette question d'apparence très simple, voyons comment est défini le verbe « *écrire* ». Monsieur Littré, s'il vous plaît : « *1° Exprimer avec des lettres les sons de la parole et le sens du discours.* — *2° Inscrire.* — *3° Orthographier.* — *4° Adresser et envoyer une lettre à quelqu'un.* — *5° Rédiger, composer un ouvrage.* — *6° Terme de pratique. Exposer ses moyens dans un mémoire, dans une requête.* — *7° Marquer, indiquer.* — *8° S'écrire. Être écrit.* — *9° S'écrire chez quelqu'un, inscrire son nom chez quelqu'un à qui l'on fait visite.* » L'étymologie latine et grecque est commune : « *scribo* » et « γράφω » signifient « *graver* », « *égratigner* », « *écorcher* », « *rayer* », « *gratter* », puisque dans les premiers temps de l'écriture, les scribes entaillaient des tablettes d'argile, de cire ou de bois à l'aide d'un stylet. D'après certains, « *scribo* » est apparenté à « *scrobis* », c'est-à-dire « *trou* », « *fosse* ». Rechercher l'origine des mots est toujours une source inépuisable de découvertes fabuleuses. (En écrivant, je creuserais donc mon trou ?...) — Qu'en est-il du nom commun « *écrivain* » ? « *1° Celui qui écrit pour d'autres. Écrivain public.* — *2° Homme qui compose des livres.* — *3° Espèce de perche, poisson. Insecte nuisible, nommé aussi coupe-bourgeon.* » (Cette troisième acception est pour le moins surprenante. Le coupe-bourgeon, ou lisette, ou gribouri, ou encore eumolpe, ronge à l'état de larve les bourgeons des arbres fruitiers et des vignes. Il n'a rien à voir avec l'écrivain tel qu'on l'entend. La déformation vient du mot « *écrivin* », qui lui-même vient de « *escrippe-vin* », « *grippe-vin* ». Voici qui est réglé. Quant au poisson, je ne sais pas pourquoi on l'appelle également « *écrivain* »...)

* * * * *

Théâtre de l'écriture. — Je voudrais maintenant inventer une saynète, disons une petite pièce de théâtre en un acte et deux scènes, que j'aimerais vous faire partager. Elle nous aidera à mieux comprendre ce que j'entends par écrivain, du moins quels sont, selon moi, les quatre genres d'écrivain. Ces quatre genres seront représentés par quatre hommes : Dunamis, Théopneustos, Aisthêtês et Tektôn. Pour apporter plus de souplesse, j'ai suivi la règle de Cicéron dans *De l'amitié* : « *Pour ne pas répéter trop souvent les mots "dis-je", "dit-il", j'ai fait parler les personnages eux-mêmes de façon qu'on crût assister à l'entretien et entendre les interlocuteurs.* »

* * * * *

Acte unique. — Le soir ; une salle de restaurant ; deux tables ; lumière tamisée. Dunamis et Théopneustos sont assis face à face. — *Scène 1.* — DUNAMIS : Où en est ton livre ? — THEOPNEUSTOS : Il me devance. J'ai écrit vingt pages en deux jours. Je ne pensais vraiment pas les écrire, du moins pas sous cette forme. — DUNAMIS : Que feras-tu alors de ces pages ? — THEOPNEUSTOS : Je les incorporerai, elles sont constitutives de mon livre. Cette fièvre venue de nulle part m'a fait progresser. Je n'avais pas prévu cet intermède, mais il me plaît. — DUNAMIS : Qu'avais-tu prévu en particulier ? — THEOPNEUSTOS : Rien, à la vérité ! — DUNAMIS : Nulle idée ? — THEOPNEUSTOS : Je vais où le vent me porte, je fais confiance à mon inspiration du moment. Tu me connais : je suis dans l'incapacité de figer une ligne conductrice. Mille facettes que je récupère ici et là. Mes personnages m'emmènent où ils le désirent. Je ne les contrôle pas, je les suis. — DUNAMIS : Comment sais-tu ce qu'ils sont ? — THEOPNEUSTOS : Je ne le sais pas. Ils sont, c'est tout. Ils font partie de moi, mais ils sont extérieurs à ma conscience. Je n'agis pas, ce sont eux qui agissent. — DUNAMIS : Il faut bien que ce soit toi qui les mènes. Ils n'existent pas dans un pur néant. — THEOPNEUSTOS : Mon écriture est inconsciente. Tu ne peux imaginer tout ce que je vois d'eux quand ils m'assaillent. Ce qu'ils disent, je ne l'aurais jamais dit. — DUNAMIS : C'est une contradiction. C'est toi qui le dis, qui le leur fais dire. — THEOPNEUSTOS : Pour moi, ce n'est pas une évidence. Je sais que cela semble surnaturel, mais je ne vois pas d'explication rationnelle. — DUNAMIS : Et ton livre, de quoi parle-t-il ? — THEOPNEUSTOS : Mon livre ? De tout et de rien. Lui seul me le montrera quand je l'aurai terminé. — Dis-moi, où en est le tien ? — DUNAMIS : Il avance, il avance. Je vais bientôt l'écrire. — THEOPNEUSTOS : Tu ne l'as pas commencé ? — DUNAMIS : Il est très avancé. — THEOPNEUSTOS : Sans en avoir écrit une ligne ? — DUNAMIS : Elles sont là-dedans, elles mûrissent. Cinq ans qu'il me tient, ce livre. — THEOPNEUSTOS : De quoi parle-t-il ? — DUNAMIS : De la possibilité d'écrire. — THEOPNEUSTOS : Qu'entends-tu par la possibilité d'écrire ? — DUNAMIS : Ce qui permet d'écrire un livre quelconque. — THEOPNEUSTOS : Tu me disais qu'il y avait une contradiction dans ma façon d'écrire, et toi, tu n'écris toujours pas un livre sur la possibilité d'écrire ! — DUNAMIS : Je vais l'écrire, il me faut un peu de temps encore pour m'y mettre. Je me prépare, mais une grande partie est déjà plus ou moins écrite. — THEOPNEUSTOS : Où ? — DUNAMIS : Dans mon cerveau. Tout est presque là. Dans toute possibilité, il y a aussi une impossibilité, et c'est elle que je travaille en ne l'écrivant pas tout de suite. Toi, tu écris sans t'en rendre compte ; moi, je n'écris pas, cependant que je me rends compte de tout. — THEOPNEUSTOS : Veux-tu signifier par là que ton livre non écrit vaut plus que celui que j'écris ? — DUNAMIS : Pas du tout, tu te méprends. Nous avons seulement deux modes d'écriture opposés. Le mien est en puissance. — THEOPNEUSTOS : Aisthêtês m'a dit l'autre jour que tu te vantais de bientôt l'écrire depuis que tu as commencé d'évoquer ton projet. Quand t'y mettras-tu ? — DUNAMIS : Je t'ai répondu : dès que tout sera bien mûr, dès que tout aura assez mûri. — THEOPNEUSTOS : Appelle-moi quand cela sera, je suis curieux de lire ce que l'on peut écrire sur la possibilité d'écrire… — DUNAMIS : À ta guise. Ce sera un grand livre, je n'en doute pas. — THEOPNEUSTOS : Je ne crois que ce que je vois. Mais tant qu'il n'est que dans ton crâne, il n'est rien. — DUNAMIS : Au contraire, il est tout. Et toi, crois-tu ce que tu écris quand tu n'avais pas imaginé écrire ce que tu as écrit ? — Tiens, voilà justement Aisthêtês et Tektôn. — *Scène 2.* — AISTHETES : Dunamis et Théopneustos, vous êtes déjà là ? — DUNAMIS : Comme tu le vois, tu peux le croire ! — AISTHETES : Que veux-tu dire ? — THEOPNEUSTOS : Il me taquine, n'y prends pas garde ! Au fait, qu'as-tu produit aujourd'hui ? — TEKTON : Pas une ligne ! — AISTHETES : Laisse-moi au moins parler, Tektôn ! Pas une ligne. — TEKTON : Qu'étais-je en train de dire ? — THEOPNEUSTOS : Pas une ligne durant la matinée et l'après-midi ? — AISTHETES : Pas une ligne. Enfin, deux phrases, pour être exact. Mais je les ai supprimées. — THEOPNEUSTOS : Pourquoi cela ? — AISTHETES : Elles ne me convenaient pas. — DUNAMIS : Tu n'avances pas, par conséquent ! — AISTHETES : Et toi, Dunamis ? Avances-tu ? Goujat, ta situation est pire que la mienne. Moi, au moins, je m'y essaie, je ne reste pas là, à penser à ce que je vais écrire sans l'écrire jamais. — DUNAMIS : Moque-toi, Aisthêtês. Cela viendra et je l'écrirai d'une traite. Tu verras et je te clouerai le bec ! Je n'écris pas à la volée, comme Théopneustos. Je maîtrise en amont. — AISTHETES : Tant que je n'en verrai rien, je n'en croirai rien. — DUNAMIS : On dirait Théopneustos ! — THEOPNEUSTOS : Cher Dunamis, je ne suis pas le seul à te le faire remarquer. — DUNAMIS : Vous verrez. — AISTHETES : On verra. — Aisthêtês, pourquoi tes deux phrases ne te plaisaient-elles pas ? — AISTHETES : La forme. Les incises trop confuses. Quand je lisais à haute voix mes phrases, elles sonnaient bizarrement. C'était bancal. Les sonorités ne s'accordaient pas avec l'idée. — TEKTON : Que peuvent bien te faire les sonorités ? — AISTHETES : Elles sont primordiales. Le souci de la métrique et du son. — TEKTON : Les lecteurs se fichent de cela, ils lisent en pensée. — AISTHETES : Même en pensée, les mots ont un son. — TEKTON : Allons bon ! Tiens, as-tu entendu ? — AISTHETES : Quoi ? — TEKTON : Tu vois ! Je viens de lire un mot en pensée ! — AISTHETES : Moque-toi, mon ami. Le contenu ne tient pas sans une forme solide. Le style parfait. Le style ! Une virgule mise à sa place… — DUNAMIS : … Ne vaut pas la plus belle femme du monde ! Notre Flaubert à nous ! — AISTHETES : Merci, Dunamis. — Mais toi, Tektôn, ton livre ? Ton plan est-il réalisé ? Suis-je bête, ton ouvrage, c'est le Plan. — TEKTON : Le contenu, c'est ce qu'attend le lecteur. Une histoire, des rebondissements. Des événements, c'est ce qu'il recherche. Il ne sait pas où il va, alors que moi, je le sais. La virgule qui a demandé trois heures de travail à l'écrivain, il n'en a rien à… — AISTHETES : Il y a des amoureux de la phrase bien ciselée… — TEKTON : Mes lecteurs veulent une histoire et je dois la circonscrire à tout ce que j'avais prévu. Un tel roman ne s'écrit pas à la légère, tout doit être savamment agencé. — DUNAMIS : Tu es le contraire de Théopneustos qui ne sait jamais où il va, le pauvre ! — THEOPNEUSTOS : Si je construisais un plan, mon histoire ne tiendrait plus debout. — TEKTON : Comment ? Elle ne tient pas debout si tu ne lui as pas préparé des béquilles ! — THEOPNEUSTOS : Tout mon plaisir réside dans mon pouvoir imaginatif. Éprouves-tu quelque bonheur à écrire sans surprise ? — TEKTON : Sans surprise ? Mon roman serait raté s'il y avait de la surprise à l'écrire. Mon bonheur, c'est de respecter à la lettre ce que j'avais imaginé. — THEOPNEUSTOS : Et toi, Dunamis, trouves-tu plaisant de ne jamais écrire ? — DUNAMIS : Évidemment, en un sens, sinon j'en souffrirais. Et ce plaisir sera décuplé lorsque j'aurai à l'écrire. — AISTHETES : Vous parlez tous les trois de plaisir. Pourquoi l'écriture devrait-elle être un plaisir ? — TEKTON : C'est certain, je serais malheureux de n'écrire qu'une page par mois… et de n'en être jamais satisfait. — AISTHETES : Quand je dis que ce n'est pas forcément un plaisir, je ne dis pas non plus que c'est une souffrance. — TEKTON : Je ne te suis pas. — AISTHETES : Je veux écrire et faire la plus belle prose qui soit. — TEKTON : Qu'est-ce que la plus belle prose qui soit ? — AISTHETES : La beauté possède-t-elle une définition si claire que je puisse vous la décrire ? Je la sens, je la ressens, cela m'est suffisant. — THEOPNEUSTOS : L'écriture du ressenti. C'est joli. — AISTHETES : Vous ne comprenez rien. — DUNAMIS : Je crois qu'ici personne ne comprend l'autre. — Allons, mes amis, trinquons à l'écriture multiple. La solution est dans le verre.

* * * * *

Qui sont ces quatre personnages étranges (et aristotéliciens) ? — Dunamis est l'écrivain de la pensée. Il n'écrit pas et croit pouvoir écrire. Il représente la *puissance*, voire la *cause matérielle*. Théopneustos est l'écrivain imaginatif, spontané, qui ne pense pas. Il est censé représenter la *cause efficiente*. Aisthêtès est l'écrivain inspiré et lent. Il est à la fois poète et styliste (« virguléen »). Il représente la *cause formelle*. Enfin, Tektôn est l'écrivain de la raison, mesuré, qui planifie tout (contenu et disposition). Il est le représentant de la *cause finale*. — Il va sans dire qu'il y a eu un peu d'eux tous en moi (seul Théopneustos se fait de plus en plus rare). — Depuis quelque temps, un cinquième a fait son apparition dans ce livre : l'écrivain nul.

* * * * *

Mais pourquoi écrire ? Serait-ce pour, comme le dit Nietzsche, se débarrasser de ses pensées — sans savoir, en prime, pourquoi l'on s'en débarrasserait ? André Gide répondrait (*Les Cahiers d'André Walter*) : « *J'écris parce que j'ai besoin d'écrire — et voilà tout.* » Francis Ponge répondrait (*Plus-que-raisons*) : « *Pourquoi être écrivain ? par rancune.* » En déformant ses paroles (puisqu'il s'agit dans le texte original de lire ou d'aller au spectacle), Eugène Ionesco répondrait : « *[…] non pas pour avoir des réponses mais pour avoir d'autres questions.* » Jean-Paul Sartre a écrit ce bout de dialogue (*La Nausée*) : « *Mais… si je ne suis pas indiscret, pourquoi donc écrivez-vous, monsieur ? — Eh bien… je ne sais pas : comme ça, pour écrire. — Il a beau jeu de sourire, il pense qu'il m'a déconcertané : — Écririez-vous dans une île déserte ? N'écrit-on pas toujours pour être lu ?* » L'écrivain écrirait-il nécessairement en songeant au lecteur potentiel ? Qu'écrire soit une nécessité, cela est évident pour moi. Que cette écriture requière nécessairement un lecteur autre que moi-même, me laisse perplexe… Il faudrait en premier lieu interroger tous les écrivains publiés et leur demander ce qui compte le plus à leurs yeux : être lu ou écrire. Durant la quasi totalité de ma vie d'écrivain (je ne mets plus de guillemets, nous admettrons que j'en suis un), je n'ai recherché qu'un lecteur : moi. À titre d'exemple, mon *Journal* : des milliers de pages pour moi seul… Ce *Journal* — que je ne tiens plus — devait être un témoin, le témoignage, pour plus tard, de ce que j'aurai connu à certaines périodes de ma vie, et je *devais* y retourner parce que cela me procurait « *un bien indéniable — réconfortant* ». L'écriture comme un devoir s'est d'abord reflétée dans cette consignation du quotidien : écrire pour moi (le moi qui écrit et le moi qui lira), et, de ce fait, me confronter à moi-même. — En toute rigueur, l'autre lecteur que je vise ne pourrait être que « *mon semblable, — mon frère* ». Au 21 février 1999, on peut lire dans mon *Journal*, souligné : « Je n'écris que pour moi ou pour ceux qui se verraient en moi… » En restant optimiste, *La Perte de Sens* ne toucherait pas plus de quatre ou cinq lecteurs, mais au moins ceux-là me comprendraient comme moi je me comprends (ou crois me comprendre). Aucun éditeur ne s'endetterait pour le bon plaisir d'une poignée d'individus… et je ne suis pas Mallarmé !

* * * * *

Après toutes ces années, je ne sais toujours pas si je peux me targuer d'être un écrivain. J'ai beaucoup écrit, certes. Mais écrire pour ne pas être lu, que cela veut-il dire ? Ou bien ne ferais-je qu'écrire les livres que j'aurais voulu lire ? — J'ai, en tout cas, beaucoup réfléchi à l'acte d'écrire (*mon* acte). Je suis un peu l'écrivain qui, en écrivant, se demande sans arrêt pourquoi il écrit (en bien, en mal, neutre).

* * * * *

En lisant *La Perte de Sens (entre parenthèses)*, je souhaiterais que l'on y retrouvât « *la rosée de mon âme, les larmes de mes yeux, le sang de mes jeunes veines* » (Lamartine), la rosée, les larmes et le sang que j'y verse en l'écrivant…

* * * * *

En vrac. — « *Celui qui croit écrire n'écrit pas ; n'écrit que celui qui ne croit plus.* » — « *Si je n'écrivais pas ici ou là (carnet ou journal), j'aurais davantage peur de l'amaigrissement (amincissement) de mon écriture... Six mois sans rien de frappant, et je doute de mes capacités, de leur retour... Il faut de l'expérience pour ne plus avoir peur...* » — « *N'étant pas publié, aujourd'hui, et imaginant que je ne le serai jamais, je pense : "Oui, c'est ainsi ; c'est normal..." — Maintenant, si je pouvais aller dans le futur, si j'étais publié, vivant ou mort, je dirais : "Oui, c'est ainsi ; c'est normal..."* » — « *La force d'écrire tous les jours dans son journal — la force d'écrire, certains jours : "Rien à dire."* » — « *Un auteur qui se sent un génie : "À l'époque de Balzac, eussé-je été Balzac ?..." (Se dit-il en voyant que le niveau (valeur) a diminué jusqu'à lui...) — Voir la ressemblance plausible... Etc.* » — « *Plus le temps passe et plus je me sens triste, floué : que de temps perdu !... Si je commence un jour (?) une "carrière" d'écrivain, il sera de toute façon trop tard... Oui, car d'autres auront eu la chance de s'en occuper plus tôt... Voilà ce que je n'apprécie guère : ces gens qui ont eu (et ont encore) de la chance : du temps libre (professeurs), de l'argent (bourgeois, fils de bourgeois), des connaissances (un Genet sans Cocteau, où serait-il, combien y en aurait-il ?)... Etc. — Beurk. Ça me répugne — et me tuera.* » — « *Je suis mon propre anonymat...* » — « *L'art.* — *Le seul lecteur qu'a un écrivain, un vrai, c'est lui-même.* » — « *Je voudrais trouver des livres qui fussent comme les miens, des pensées qui fussent comme les miennes... La question fondamentale, primordiale, indispensable, absolue (vis-à-vis de moi-même), est celle-ci : suis-je le seul,* — *suis-je le seul qui voudrait lire cela ?... Mon Dieu...* » — « *L'art d'écrire est-il avant tout un art de décrire ?...* » — « *Si mes écrits devaient brûler... Plus rien... Plus rien... Le néant... La fin... Plus de livres lus ou écrits... Il y aurait un dernier sursaut : trouver le moyen de mourir sous l'impulsion.* » — « *J'ai parfois du mal à lier la forme et le contenu.* » — « *Sur mes écrits : plus j'avance, moins c'est aisé... Etc.* » — « *Il est difficile de se concentrer sur un point précis en étant "oisif", disons : dans un hamac au soleil. C'est par l'écriture surtout que cette concentration peut être effective, développante.* » — « *Si l'on n'exprime pas (écrit, oral) des pensées, sont-elles là ?...* » — « *Un artiste qui perd de sa naïveté, s'enfouit dans l'angoisse immobilisante.* » — « *Qui, après ma mort, sera capable de fouiller et de travailler sur mes écrits ?... J'ai peur de n'y voir personne. Attendre qu'un lointain descendant, dans une malle, retrouve des manuscrits ?...* » — « *Un livre exhumé, retrouvé (du moins, découvert), qui peut être édité* tel quel *; là est toute la force de l'écrivain de cet ouvrage qu'aucune correction ne pourra ternir. Œuvre déjà prête — qui contraste certainement avec les livres d'aujourd'hui, qu'il faut reprendre, retoucher, corriger, refaire après l'auteur.* » — « *Si je pouvais me lever à 6H30, prendre une douche, m'asseoir, fumer, boire le café et écrire, sans autres préoccupations !...* » — « *Sans ce que j'ai écrit, je pourrais encore moins prouver* quoi que ce fût *!...* »

* * * * *

(« *J'écrirai donc ce que tu veux, mais à ma façon.* » (Sénèque))

* * * * *

Écrire : une preuve que l'on existe ? Un acte pour se prouver que l'on existe ? Une preuve, un acte pour exister ? Au début, l'écriture ressemblait à un jeu. Très vite, elle est devenue un besoin, une douce torture, l'unique moyen d'exister, de « s'exister ». On peut douter de tout, mais on ne peut pas douter que l'on écrit. Le « Je pense, donc je suis » s'est transformé en : « J'écris, donc je suis ». Et *La Perte de Sens* est le point d'orgue de tout ce cheminement. J'en suis arrivé au stade de Kierkegaard dans son *Point de vue explicatif* : « *Dans mon œuvre, je suis arrivé à un point où il est possible, où j'éprouve le besoin et par suite considère maintenant de mon devoir de déclarer une fois pour toutes aussi franchement, aussi ouvertement, aussi catégoriquement que possible ce qu'il en est de ma production, ce que je prétends être comme auteur.* » L'œuvre qui résume l'œuvre, « *à ouvrir après ma mort* ». Pour Kierkegaard, la pensée totale de son œuvre se résumait au « *devenir chrétien* », vers lequel convergeaient tous ses écrits antérieurs. *La Perte de Sens* est l'asymptote de l'ensemble de mes écrits, l'asymptote de ce que je suis en tant qu'écrivain.

* * * * *

Il y a de la douceur dans cette souffrance de l'écriture. Le plaisir de la souffrance dans ce « *parfum à sentir* ». — « *Vous ne savez peut-être pas quel plaisir c'est : composer ! Écrire ! oh ! écrire, c'est s'emparer du monde, de ses préjugés, de ses vertus et le résumer dans un livre ; c'est sentir sa pensée naître, grandir, vivre, se dresser debout sur son piédestal, et y rester toujours.* » Qui s'excite céans ? Flaubert. « *Quand on écrit on sent ce qui doit être, on comprend qu'à tel endroit il faut ceci, à tel autre cela. On se compose des tableaux qu'on voit, on a en quelque sorte la sensation qu'on va faire éclore. On se sent dans le cœur comme l'écho lointain de toutes les passions qu'on va mettre au jour — et cette impuissance à rendre tout cela est le désespoir éternel de tous ceux qui écrivent, la misère des langues qui ont à peine un mot pour cent pensées, la faiblesse de l'homme qui ne sait pas trouver l'approchant et à moi particulièrement mon éternelle angoisse.* »

* * * * *

Je vais me défiler. Plutôt que de rentrer dans le vif du sujet, je vais pour l'instant me contenter de recopier des passages de mon *Journal* relatifs à l'écriture. Cela me donnera, je l'espère, de l'entrain, et cela donnera au lecteur une idée de ma perception des choses au fil des jours. C'est un mélange qui pourra sembler indigeste, décousu (et qui n'est qu'une goutte d'eau dans l'océan de tout ce que j'aurais pu piocher). Cependant... En toute modestie, je considère la lecture de ces pages comme un privilège : la franchise, l'honnêteté, l'intimité, l'authenticité qui se dégagent de ce fatras de mots, sont des moments rares dans la littérature. Vous me direz, après avoir tout lu, s'il s'en trouve beaucoup d'équivalents... et si vous avez été touché. (Vous ne comprendrez pas tout, mais vous devinerez.) — « [02/08/98 :] *JE JURE QUE JE VAIS ÉCRIRE UN LIVRE MONUMENTAL. MON*

LIVRE, LE LIVRE QUI MÉRITE D'ÊTRE RETENU COMME ÉTANT UN DES GRANDS LIVRES. JE JURE. [20/08/98 :] *Je veux… Je veux… Je veux ! Écrire… Lire… Écrire… Écrire ! Écrire ! Écrire ! Écrire ! Écrire !... ÉCRIRE !!!* [28/10/98 :] *Le fac-similé de Baudelaire en tête, la musique de Jeff Buckley dans les oreilles, et je plonge… je plonge verticalement dans le temps, je plonge dans une pièce sombre d'un immeuble du 19è siècle — peut-être à Londres, dans le brouillard. Quelques fiacres dehors, mais surtout cette obscurité dans la pièce, la rencontre avec soi-même. L'écriture. C'est beau et affolant. Pensées d'un opéra… Pensées de beautés…* [29/10/98 :] *Si je pouvais être riche comme Crésus, dans un endroit du monde, seul — ou accompagné élégamment —, dans une superbe maison, dans mon coin "littérature", à écrire, écrire, écrire… Pour moi… Écrire… Qu'y a-t-il de plus beau sur cette satanée terre ? Rien. Rien. Si je ne lis pas, je suis perdu, j'ai l'impression de rater quelque chose. Si je n'écris pas, je rate encore plus… mais il me faut faire plus d'efforts…* [22/11/98 :] *Qui aurait assez de générosité pour comprendre qu'il y a des gens comme Rousseau ou Gide et qui rêvent de beauté suprême, qui jouissent de mille bonheurs intimes ? Nous formons un cercle trop restreint. C'est bien simple : je crois que je n'en connais aucun. C'est affreux.* [27/11/98 :] *Est-ce que beaucoup de gens (de mon âge, d'un autre âge en général) écrivent comme moi ce qui leur passe par la tête, ce qu'il y a eu dans les récents jours ?... Dans quel but ? Inavoué ? Je suis déjà certain d'aimer la personne que je pourrais rencontrer et qui fait comme moi.* [27/11/98 :] *J'aime voir en gros plan la mine du crayon errer sur les pages, faire naître les mots. C'est une image que j'adore…* [02/01/99 :] *J'ai par ailleurs débuté* Dans la cage. *Qui, de toute la littérature, a un style s'approchant de James ? qui, dans toute la littérature, organise aussi intelligemment ses récits que James le fait ? Je ne vois pas, à ma connaissance. C'est un dieu de l'écriture, sans nul doute…* [15/02/99 :] *On ne peut séparer la musique de l'amour : "Ce sont les deux ailes de l'âme", dit Berlioz. Je suis entièrement d'accord ; j'approuve tout à fait… Je n'ai jamais écrit sans fond musical… La musique me pousse dans les contrées où je peux oser, où j'éclate ma verve enfouie, où tout rejaillit et assomme… [...] Et toutes ces musiques favorites pour écrire… Elles poussent et ma main pour faire avancer le crayon, et mon cerveau pour faire jaillir les mots… Je dirais presque que je ne fais absolument rien tout seul : c'est la musique qui le fait ; ce n'est pas moi… Que c'est beau… Prenez* Nightmares by the sea *ou* Grace *et le cœur chavire à l'envi. Mais comment définir cette puissance créatrice que fait naître la mélodie… Tenez… La plage de silence qui vient d'avoir lieu pour faire la transition entre deux chansons : j'ai entendu mon stylo bouger, la pointe crisser sur le papier fin et rêche. Tout d'un coup, il y a un léger blocage dû à cet arrêt… Tout est retourné, décaparaçonné, modifié, déréglé… C'est déconcertant… [...] Je m'explique un peu mal… Mais comme a dit Pierre François Lacenaire, je suis aussi : "Un homme qui sent tout sans pouvoir l'exprimer." Oui, c'est bien cela le pire…* [15/02/99 :] *Noircir et noircir… Qu'y a-t-il de plus beau, de plus prometteur, de plus glorifiant, de plus jouissant, de plus surnaturel, de plus réel ?... Noircir ces pages…* [16/02/99 :] *J'ai une envie d'écrire insoutenable !... Je veux écrire pendant ces trois semaines un peu spéciales… Je veux écrire — et donc m'extraire du monde… [...] Si mon écrit avance bien, peut-être ressentirai-je à nouveau cette sensation si bonne que l'on a quand on réalise une œuvre dont on sent que l'on pourra en être fier…* [21/02/99 :] *Je n'écris que pour moi ou pour ceux qui se verraient en moi…* [21/02/99 :] *J'avance encore… Mais je m'enlise dans ce que je vis… Il faut que je fasse attention… Je crois que, si jamais c'est terminé un jour (ou même si ça ne l'est pas), il ne faudra le montrer à personne — personne…* [24/02/99 :] *Depuis deux jours, je n'ai pas envie d'écrire dans ce journal : je me force à le faire et je crois que ce n'est pas bon… Mais j'en ai besoin, aussi bizarre que cela puisse paraître ; je deviens de plus en plus intime avec mon journal intime (mais* intime *est un bien grand mot). — J'ai deux consolations : je suis jeune et je suis un grand lecteur.* [09/03/99 :] *Cela grouille en moi : je veux m'enfermer dans quelque endroit reculé du monde et me mettre à écrire !... Quand je pense à Kafka ou Flaubert, mon dieu !... À la fois belle et maussade, triste et riche, vécue et décevante, généreuse et imaginaire, Leur vie !... Il y aura toujours eu quelqu'un comme moi, un Julien Pichavant : il passe son temps à lire parce que rien n'est plus beau au monde ; il passe son temps à écrire parce que rien n'est plus beau au monde ; il passe son temps à rêver, contempler, essayer de comprendre la vie… Visiter les entrailles du tout… Une soif de tout connaître !... Comme dit Annie Ernaux : "Une hâte d'avoir fini avant même d'avoir commencé." Oui ! encore oui ! Crénom !...* [10/03/99 :] *Il faut que je voie le plus large possible pour le roman que j'ai en vue… Mais voir large implique une réceptivité à tout ce qui se passe et cela me fatigue… Comme je ne fais ni n'entreprends rien à moitié… Je pourrai jamais devenir un Balzac ou un Hugo, mais un Pichavant ?... Je peux être un grand Pichavant !...* [14/04/99 :] *De loin en loin, De loin en loin… Cheng Lo… Cheng Lo… Cheng Lo… Rien ne compte à part Cheng Lo…* [24/04/99 :] *Mon dieu ! que je ne le perde pas, Cheng Lo…* [25/04/99 :] *Le journal en pâtit, le roman va en pâtir… Je suis triste au possible… Le Spleen est là, partout autour de moi… Mon dieu !... Que je voudrais être ailleurs !... Heureusement, il y a les livres si je n'ai pas la force (ou des espaces de temps nécessaires à la reprise) de continuer* De loin en loin *(faites, mon dieu, que je dispose d'un peu de temps, ne serait-ce que pour l'entretien !)…* [28/04/99 :] *J'ai écrit 3 pages et demi… Si certains se demandent ce que je fais — ils croient que je dors —, tant mieux pour eux…* [14/10/99 :] *Je voudrais n'avoir plus de contraintes, écrire et écrire, ne faire que ça… Et des livres qui font mal !...* [08/11/99 :] *Et il faut que j'écrive, le plus possible… C'est ma principale raison d'être…* [06/01/00 :] *Oui, j'ai écrit hier soir, lors du coucher. Cela m'a fait du bien. J'ai fait l'amour avec le papier, à défaut d'autre chose — choix d'amour. [...] Ah ! cette soif d'écrire, j'adore quand elle vient à moi !... Il aura fallu la gestation… du dernier roman… Et la digestion !...* [15/02/00 :] *Lucie, hier : "Quand est-ce qu'un jour tu écriras pour les autres et non plus pour toi seul ?...", quand je lui disais que je ne savais pas vraiment si je voulais être publié — et si c'était publiable…* [22/02/00 :] *Hier, j'ai appelé mon père : il a fini* Au premier songe *et a trouvé ça très impressionnant ; il a ajouté qu'il était fier de moi…* [27/02/00 :] *J'ai écrit encore de cet énigmatique* Je suis seul *(nom provisoire). — 3300 mots à ce jour… Facile à écrire… Chiant à lire ?...* [28/02/00 :] *J'ai été voir mon père… Je suis fier de l'avoir comme père, vraiment… On peut difficilement faire mieux — meilleur père !... M'a parlé du roman : très bon… même si je parle beaucoup de moi, que je "sors ma science" et que je fais l'apologie de la cigarette… Mais il était heureux de lire chaque ligne tout en sachant que c'était de moi et que, surtout, je pense, que c'était moi…* [03/03/00 :] *J'en suis à 7500 mots pour* Je suis seul *; je ne sais pas où cela va mener, mais je me défoule…* [09/03/00 :] *J'ai écrit dans les 1300 mots de* Je suis seul. *Je stagne. Peut-être devrais-je l'arrêter maintenant, je ne peux plus avancer de manière convaincante…* [10/03/00 :] *Je ne sais que penser du* Je suis seul… *Est-ce lisible, n'est-ce pas toujours la même chose ?... Dans un sens, je me dis que j'écris et que c'est toujours ça de gagné, mais… cela m'oppresse. Dès que je le pourrai, j'en sortirai quelques feuilles et demanderai l'avis d'Agnès. Si elle n'aime pas vraiment, j'en ferai une nouvelle. Sinon, je continuerai ; je pourrais continuer très longtemps, même si je ne suis pas une nature patiente… [...] Je verrai. Il faudra éviter les redites, si faciles dans ce genre de monologues exacerbés — exacerbants ?... Mais j'ai* *fait dire au narrateur qu'il y aurait des répétitions !... Facile !... Comme si l'écrivain peu doué pour les fautes (très doué, justement !) faisait en sorte que son narrateur se décharge de ses fautes d'orthographe — et les laisse... [12/03/00 :] J'ai écrit encore... [...] Je l'appellerai désormais : Amer Amen... [15/03/00 :] 16200 mots... Cela avance, c'est sympa. Difficile, étrange, mais sympa. Peut-être rébarbatif, mais sympa. [...] Écrire... écrire... écrire... La voie est ici. Continuer à parsemer ces pages de mes mots, intéressants ou non — pour moi, toujours, inévitablement, sinon, pourquoi les poser ?... [17/03/00 :] 21850 mots... Voilà pour satisfaire mon Seigneur !... [18/03/00 :] Cela me fait du bien, indéniablement, d'écrire Amer Amen, cela me libère... Je pourrais l'écrire toute ma vie, si je le pouvais... Mais je me connais... — Et je crois que je n'écrirai jamais aussi bien dans ce roman qu'en étant en plein spleen ou en ayant un trop-plein de haine abjecte... C'est mieux de se défouler ainsi que dans la réalité... [21/03/00 :] J'ai écrit aujourd'hui 30 pages... Un record, non ?... J'en suis à 33700... Je me fatigue, mais je viens d'écrire un très beau passage — fort, fort, fort... [22/03/00 :] 38000 mots... Je viens d'écrire un très long dialogue... Je ne savais pas que j'écrirais ce genre de choses... Cela rend le roman plus fort et cela ouvre d'autres portes pour le rendre plus fort, plus long... Mais j'ai peur que ce dialogue ne soit pas bien écrit, c'est-à-dire qu'il ne restitue pas la réalité dans son ton... et son contenu est très fort et j'ai peur de l'avoir pris à la légère... Mais je crois que le thème de l'amour et de la procréation est si important et si grave que mes égarements pourront être recevables... Je l'espère... [...] Nous ne faisons guère l'amour, ces temps-ci... Cela commence à me peser... mais c'est ainsi... Au moins, je crache cela dans Amer Amen... [23/03/00 :] J'ai écrit toute la matinée... Je patine un peu, je fais du sur place... Amer Amen... Quel beau titre !... Je suis fier !... 180 pages... Presque 42000 mots... Cela avance... Je pourrais l'arrêter, mais maintenant je dois poursuivre avec le semblant de rebondissement que j'ai placé... [...] Écrire dans Amer Amen me permet, vaille que vaille, d'exclamer cette haine et tout ce qui s'y apparente en configurant le présent à l'écrit — et on ne remarque rien, de l'extérieur... [24/03/00 :] Allez... Un whisky coca pour... écrire... haineusement... [...] J'ai écrit laborieusement 1500 mots... Tirés de la médiocrité. C'est mon avis... Peut-être que non. C'est mon avis, en tout cas, oui... C'est certain... L'artiste face à son travail : le plus critique de tous vis-à-vis de son œuvre... Bravo. Je ne vaux plus rien pour aujourd'hui... [25/03/00 :] En fait, j'ai écrit une lettre que vraisemblablement je ne donnerai jamais à Agnès, mais qui reprend bien les causes de mon mal-être présent, et je l'ai mise à la suite... Cela augmente le nombre de mots de Amer Amen et cela m'a servi d'expiatoire... [28/03/00 :] Et Amer Amen dans tout cela ?... Je ne sais pas. Qu'il patiente, je ne suis pas bien !... [01/05/00 :] En lisant Simenon, j'ai envie d'écrire, de continuer Amer Amen, d'être publié, de gagner ma vie en écrivant, de prouver au monde que je sais écrire moi aussi, de recevoir des lettres enflammées, d'être sollicité et de répondre non, désolé... — Ah !... Vivre en écrivant... [01/06/00 :] Parfois, je me dis que ce Journal, en devenant "énorme" — en quantité —, fera que j'aurai plus de facilité à me "détruire" au moment opportun — si jamais cela arrive, etc. [09/08/00 :] J'ai lu un peu d'Amer Amen... Il faut que je m'y remette et que je corrige les 200 premières pages... Ha ! cette lecture (re ?)... Bon sang !... [14/09/00 :] Vais-je lire en diagonale, une énième fois, le manuscrit ?... Vais-je commencer à le corriger ?... Parce que j'aurai le temps d'achever la correction ?... Et si je me remets dans l'histoire, poursuivrai-je ?... Aaahh... Le temps... Un mois sans rien, voilà ce qu'il me faut... Le temps... Je veux lire et écrire — et je ne lis pas — et je n'écris pas... [...] Impossible, je crois, de corriger (commencer à) Amer Amen... Ce serait, dans l'état où je suis, une erreur... grossière... Je pourrais le lire... Mais ce serait pour le continuer quand ?... Demain ?... [...] Au premier songe... Vaut-il quelque chose, ce livre ?... C'était comme mon Journal — et je ne peux plus écrire un autre récit tel quel... J'aurais dû le faire plus long... Mais bon... C'est déjà un "tour de force"... Et Amer Amen est dans la même lignée, en y réfléchissant bien... Mais il est différent... [...] 4H31... — Amer Amen est un sublime bouquin... (Du moins, son début...) Je le reprendrai sans mal, je crois, mais il me faudra le relire... Oui, j'en suis fier — alors même que c'est un premier jet... C'est dire que, en s'y penchant, il sera phénoménal... [26/09/00 :] Prendre du recul — prendre des distances (de la distance) face à mes écrits... Toujours écrire... S'améliorer... Toujours écrire : jure-le, nom d'un chien !... Jure-le !... Toujours écrire... Coûte que coûte... [15/10/00 :] Imaginons : je me lève tôt : j'écris toute la matinée... Je mange... Je me promène dans une propriété reculée, dans la montagne alpine, je rentre, je corrige un peu, j'écris mes lettres, toutes autres choses que le roman sur lequel je travaille, ma femme revient (si j'en ai une — parce que ce train de vie...), on mange, on se divertit, je lis... Etc. Visions magiques... N'est-ce pas ?... [07/11/00 :] Tout est réglé pour les deux semaines de vacances... Reste à ma décider de ce que je ferai exactement... J'emporterai mon carnet rouge... et j'aimerais que mon père puisse me prêter un portable : je pourrais écrire — poursuivre Amer Amen d'une certaine façon (et mon moral sied bien à ce genre d'écrit)... [...] Sophia — Fixed Water — Cette... musique... — And death comes so slow... Quelle litanie !... — Tout le monde me le dit : je suis fatigué, on me croit mort, j'ai des cernes creusés à la pelle... [...] Je bois, je fume, je bois, je fume... Un vrai écrivain des temps modernes !... [...] J'essaierai, tant que le portable ne sera pas disponible, de relire et de corriger Amer Amen... Mais je préférerais finir avant de corriger... Mais vu que je n'en sais plus que des bribes... Mmh. Heureusement que ce roman est en lui-même un capharnaüm... [10/11/00 :] Page 48 d'Amer Amen... Il est bien ce livre !... Prometteur !... [12/11/00 :] Il me reste huit pages à lire d'Amer Amen... Cela représente quatre pages de notes gribouillées. Ensuite j'établirai peut-être un plan de quelques idées pour la suite... [...] Quand je relis Amer Amen, je me dis que c'est cette voie-là que je dois suivre — et pas une autre... Mais je ne le peux pas. [...] Retournons aux vérités contenues dans Amer Amen... [13/11/00 :] Au moins, j'aurai la haine pour continuer Amer Amen. [14/11/00 :] J'ai écrit 4800 mots... Renouer ! ha !... [16/11/00 :] Depuis que j'ai commencé, mardi matin, j'ai écrit plus de 14500 mots !... Moyenne de 5000 par jour, c'est phénoménal !... [17/11/00 :] J'ai écrit 1300 mots... Je m'essouffle... Il me reste trois paragraphes consistants — et encore !... J'en aurai bientôt fini... J'en suis à presque 65000 mots. Cela aura été assez bon... J'aurais pu en faire quelque chose de plus construit... Mais je suis fatigué et j'ai envie de le terminer... [21/11/00 :] Voilà. 285 pages dans cette configuration. [26/11/00 :] J'en suis à la page 77 d'Amer Amen. Je n'aime pas corriger dans cette ambiance ce genre d'écrit... mais il faut le faire : ce sera fait. [28/11/00 :] Rien... La bière me réconforte et c'est dur à dire... — Page 125 d'Amer Amen... [...] Page 141... Amer Amen... Ce n'est pas si rapide que cela... — Il est 21H05. Encore un soir de moins ; encore un soir de plus. — J'en ai marre. La vie m'emmerde !... [...] Cigarette fumée... — Dans ces plaintes de Laforgue, je ressens cette musique qui est en moi depuis si longtemps, par intermittences... [...] Silence... [...] Silence éternel... m'effraie... [29/11/00 :] Je hais les gens. La société, l'humanité. Je ne comprends rien parce que trop. [...] Je suis le narrateur d'Amer Amen... Le silence mortifère. [26/12/00 :] J'ai laissé à l'imprimeur les quatre exemplaires d'Amer Amen... [31/12/00 :] Mon frère vient de prendre Amer Amen... Il va commencer... J'ai lu des passages à ma mère... Ça lui a fait très peur... Et quand je lui ai dit que le lecteur, quand il l'a fini, devrait* se sentir opprimé, dégoûté, qu'il lui faudrait se suicider, elle est devenue blanche... [25/02/01 :] *Mon frère a beaucoup aimé* Amer Amen — *mais il trouve cela bizarre*... [25/02/01 :] *J'ai travaillé un peu... mais ce n'est pas faramineux... Il y a un débroussaillage qui est long et éprouvant... Je n'ai encore quasiment rien écrit !...* [04/03/01 :] *Je ne fais pas exactement ce que je désirais — et je laisse davantage "parler" les citations... Mais tant pis. C'est un tour de force tout de même... J'en suis aux "conditions"...* [12/03/01 :] *J'ai attaqué la troisième partie — qui va me donner beaucoup de fil à retordre...* [25/03/01 :] *J'attaque la cinquième et dernière partie !... Quel monstre, ce mémoire !... [...] 31178 mots !... Comme je reprends du poil de la bête !... Là, depuis une dizaine de pages, je suis au mieux de ma forme !... Relativisons : c'est nettement au-dessus de ce qui précède !... mon dieu !... Je commence enfin à être fier de ce que je produis dans ce mémoire... [...] Je me sens bien, alors j'ai envie d'écrire... Depuis quelques jours, je suis même atteint de l'embolie de la création : une œuvre doit germer, je le sens... [...] J'aime ces moments (et cela se ressent naïvement, je présume) où je me sens très grand... [...] D'ailleurs, ce jour-ci pourrait être catalogué parmi les grandes pages de mon* Journal, *ne croyez-vous pas ?... (Je suis sous l'emprise du mémoire...)* [26/03/01 :] *Se lever tôt pour les autres !... Non... Pour écrire un roman : oui !... [...] Challet m'a dit que ce qu'il avait lu jusqu'à présent était sublime... Entraînant... [...] Hier, j'étais au mieux de ma forme, au mieux de moi-même : lecture, écriture, solitude... Quand je suis aux prises de la littérature de moi et pour moi, je suis pleinement moi-même, je me sens grand, fort, tumultueux, sauvagement divin... Et voilà : l'"autre" monde vient...* [28/03/01 :] *34722 mots... Cette dernière partie est bien plus dure... La plus longue... Il m'en reste encore beaucoup à dire et j'en suis à un nombre de pages équivalent aux autres parties... ou peu s'en faut...* [31/03/01 :] *Je vais travailler un peu... Ha... Un long week-end pour moi !... [...] 39554 mots... Eh bien... C'est fou !... [...] 40500 mots... Plus qu'une toute dernière partie...* (Retour aux Maîtres...) *[...] 41191 mots... Fini !... Reste à finir la correction, retaper sur l'ordinateur les changements, refaire la mise en page, tout assembler, écrire la conclusion du mémoire...* [01/04/01 :] *J'ai tiré les dix dernières feuilles du mémoire pour avoir tout sous la main — et corriger tout aujourd'hui... [...] 14H32... 1638 mots... Ah ! je suis un monstre !... Je l'imprime.* [20/06/01 :] *C'est un régal de corriger* Le Souci... *Oui !...* [21/06/01 :] *Fini de corriger... [...] avec un Rembrandt en couverture...* (Wounded-man...) *[...] Je fume, écoute* Korn... *relis* La Lyre — *ou* Au premier songe... *J'adore cela : me relire quand je suis content de ce que j'ai écrit... Il y a un secret enfoui là-dedans... Ha !... Un secret. Heureusement que je ne suis pas entouré de bouquins que j'ai écrits : je ne m'en sortirais pas, je vous le dis !...* [22/06/01 :] *Quelle part de vérité, de prescience il y a dans* La peur et le réel *et* Visions de l'effroi *!... Il y a une écriture fraîche — mais qui se cherche, j'en conviens... Ah ! les idées qui y sont contenues !... Les idées !... Les opinions... C'est inouï et j'en suis très, très fier... Inouï !... On ne pourra que m'en féliciter !... Mon dieu... Je suis content d'avoir débuté de cette façon... C'était un très bon exercice... Mon dieu... Ah ! ces soirs durant lesquels j'écrivais... presque tous les soirs, une nouvelle chaque jour... Et j'avais 16 ans !... et toutes ces* idées sombres *!...* [23/06/01 :] *Je porte les 4 livres chez l'imprimeur (qui commence à me reconnaître !)...* [...] *Elle a parcouru* La Lyre *et m'a trouvé ça superbe... De même pour* Amer Amen *: le début de la pousse à croire qu'un éditeur l'accepterait les yeux fermés...* [24/06/01 :] *Je lisais* Les Paradis artificiels... *Elle finissait un Simenon et a lu* La Lyre, *qu'elle trouvé magnifique... Elle a dit que je progressais... Toujours, je crois : il le faut !...* [25/06/01 :] *[...] je vais prendre les 3 exemplaires du* Souci de l'âme *et l'exemplaire du mémoire...* [27/06/01 :] *J'y pensais aujourd'hui : écrire à Julien Gracq... Pourquoi ne pas le faire ?... Cela n'engage à rien... Allons... J'avais quelques tournures en tête qui me semblaient parfaites...* [28/06/01 :] *Je me propose d'écrire (continuer ?) à Gracq... [...] Il ne reste plus qu'à y apposer le timbre et à l'envoyer !...* [05/07/01 :] *Faisant le compte, je ne suis pas loin des 800000 mots écrits sur l'ordinateur jusqu'à ce jour... Le million, c'est pour bientôt... Et, bien sûr, je ne compte pas le journal... qui peut-être fait à lui tout seul un million... (?...)* [09/07/01 :] *Putain, écoutez ce cri : "Je ferai une œuvre monumentale !... Une œuvre littéraro-philosophique de premier plan !..." Art, corruption, etc. [...] Alors... — Je me sens surpuissant... Quand je vois les autres, je sais que je sais plus ou mieux...* [10/07/01 :] *M'attendait à la maison une lettre de Julien Gracq arrivée aujourd'hui !... [...] La lettre de Julien Gracq est très sympathique et je lui répondrai dès que je le pourrai.* [27/07/01 :] *Ou cela : je me dis, en lisant ces livres, etc., que je devrais tout noter... écrire... et les rappeler à l'ordre au moment venu... Et je ne le fais pas... Pourquoi ?... Je crois qu'il me faudrait la quiétude totale... Je crois tout le temps... Et à 70 ans, en imaginant que j'atteigne cet âge avancé, je continuerai de me lamenter et de retarder : "Non, la quiétude n'est pas là..." Vie de sagouin !...* [31/07/01 :] *Agnès... Elle pleurait presque, il était 23H00, parce qu'elle lisait* Melos, *que cela la touchait énormément et qu'elle avait l'impression que je la connaissais très, très bien...* [02/08/01 :] *J'ai bien envie d'écrire un* La Parole de non-Dieu... *Mi-chemin entre Confucius et Zarathoustra...* [03/08/01 :] *Elle a relu une seconde fois* Melos. [04/08/01 :] *1460 mots... Paragraphe XIV... Il pourra y avoir dans les 300 paragraphes... Ce pourra être bon... Le style est lourd, il y a des répétitions, cela commence à être flou, mais c'est la parole de non-Dieu !... [...] Tout cela est incohérent, farfelu... Mais pourquoi pas ?... Tiendrai-je longtemps ?... C'est si bizarre... Tout nouveau... [...] Car pour l'instant, c'est indigeste, cela ne me fait pas grandir, ce qui est dommage...* [05/08/01 :] *Où vais-je avec ce livre ?...* [10/08/01 :] *5000 mots de* La Parole de non-Dieu... *et j'arrête pour l'instant... Ça ne mène nulle part... — J'aimerais bien commencer une interview de moi-même ("qui êtes-vous, Julien Pichavant?")... Je l'appellerai* Moi. *[...] Je ne parviens pas à écrire... Il faudrait être le matin... Mais les idées sont là !... À quand le repos de l'âme pour l'assouvissement de l'artiste ?...* [12/08/01 :] *J'ai écrit 1500 mots... dans un style à la Céline... Et c'est nul... Je n'arrive plus à écrire !... Il faudrait que je me lève très tôt, et que je ne sois pas fatigué... [...] J'ai écrit très succinctement un plan en 33 chapitres pour un livre intitulé* Un certain amour. *Je me fixe au minimum 3000 mots par partie, ce qui ferait quelque chose d'énorme... Trop difficile, peut-être... Mes visions de l'amour, de ma relation avec Agnès, etc.* [13/08/01 :] *2200 mots... Ce n'est pas la fin ni le plus beau des styles, mais cela me fait avancer... J'avais peur, au début, j'écrivais puis effaçais, incapable de trouver mes marques. D'ailleurs, je suis déçu, je n'arrive pas les trouver... Est-ce la période ?... [...] 6500 mots... Ah ! c'est parti... Et comme c'est pas mal autobiographique, c'est amusant !...* [07/12/01 :] *J'ai écrit une lettre de deux pages à Julien Gracq... Je lui parle de l'histoire du "tantôt"... J'ai été peut-être trop vindicatif... On verra... C'était pour lui écrire, après si longtemps... Le prendra-t-il bien ?...* [14/01/02 :] *Je pourrais noter tellement de choses... importantes... Mais ce ne serait plus un* journal *composé uniquement des faits et gestes, mais également une introspection maladive... Moi, en tout... C'est repoussant parce que c'est impossible...* [25/01/02 :] *Ce* journal... *Celui qui voudra en tirer des choses claires et intéressantes, devra sauter tous les moments nuls : heure précise, faits et gestes coutumiers... — Beurk. [...] Au moins, ce journal est, d'une certaine manière [...], monstrueux. Rares sont ces racontoires chez quelqu'un de mon âge... Quelle somme à la fois abstraite et concrète !...*

[14/06/02 :] *Envie d'écrire… ("*Les quatre pères*" ?...) Livre (court) sur mon père, Michael Jordan, Stephen King, Arthur Schopenhauer…* [08/09/02 :] *Cela fait un an que je n'ai pas écrit quelque chose de "grand"… J'ai en tête des sujets intéressants… À étudier. […] Mais :* ÉCRIRE… *La lecture est là, mais :* ÉCRIRE. [11/09/02 :] *Bon… Envie d'écrire… […] Deux sujets : l'un sur les "pères spirituels", jusqu'à maintenant, qui sont intervenus dans mon développement personnel… L'autre sur le journal intime d'un suicidaire réfléchi…* (Amer Amen *à la puissance mille !...) […] Sentiments ambivalents et opposés : soulagé — perplexe… Je veux me mettre tout entier dans la philosophie… Mais je ne pourrai pas travailler ici… L'ardeur du labeur proviendra d'un lieu neuf et revigorant, mon lieu d'énergie… À moi — propriété. Comment vais-je faire ?... Je n'ai pas écrit depuis un an — parce que j'étais (je suis) dans l'attente, entre deux… Je n'ai pas de chez-moi… Ici, les livres sont dans les cartons, l'espace est minuscule… Bon Dieu !... Dans un endroit sain, j'aurais pu écrire cinq livres !... Je pourrais travailler, maintenant, la philosophie au plus haut…* MERDE. *Les Conditions !... Les* Conditions !... *— Ce n'est que le* début *des* Sacrifices*… [12/09/02 :] Ah… — Je sens que chaque année je mûris : par l'écriture, par la lecture, par la pensée, par l'expérience… Tout ce qui a plus d'un ou deux ans est véritablement* dépassé, *non à l'état d'un passé révolu, mais en tant qu'étape du cheminement (de l'acheminement ?)… [17/09/02 :] Il va me falloir écrire dans un carnet spécialement conçu pour les idées philosophiques qui m'assaillent (surtout en lisant les auteurs)… Exemple : le parfait est-il plus parfait que l'imparfait ? Si le parfait concerne un quantifiable, l'imparfait est plus grand. (Voir sur quoi se base cette perfection — si elle n'est pas infinie… Tout cela, c'est du langage analytico-logique… C'est idiot.) [12/10/02 :] Envie d'écrire… De la poésie, surtout… — Envie d'un appartement !... Mes bouquins !... Merde !...* [11/11/02 :] *En fumant, en relisant des dialogues d'*Au premier songe, *je m'aperçois des idées que j'avais alors, si percutantes… [17/11/02 :] Quand je pense au bloc-notes, c'est incroyable la prolixité qui est la mienne depuis cet été, depuis que j'ai arrêté de travailler à poser les plafonds… Les carnets défilent à toute allure, surtout par les (et grâce aux) cours de philosophie, qui sont comme de petites conférences… Ça peut mener loin (au vertige)… […] En fumant la dernière cigarette, je lisais deux ou trois passages des dialogues (surtout) d'*Au premier songe. *Il y a vraiment — oui — de belles réflexions qui sont tues le temps au goût du jour (de* mon *jour) — et que j'ai trop facilement et malheureusement oubliées (qu'elles s'y trouvaient)…* [18/11/02 :] *Ah ! oui, beaucoup de choses bien dans* Au premier songe… *Je m'aperçois de la nature autobiographique de tout écrit…* [01/12/02 :] *Ah… Comme je suis fier de certains de mes écrits !... Je suis si heureux de les savoir là, existants… Ils me font exister, ils me laissent tel que je suis… Oh, mon dieu…* [23/02/03 :] *Aujourd'hui, on a été à Saint-Florent-le-Vieil !... Et, juste à côté de la maison de Gracq, où nous nous dirigions, qui sort du restaurant ?... Gracq lui-même ! (accompagné d'un monsieur)… Mon Dieu… Combien y a-t-il de chances de le voir, de l'intercepter !... Mon cœur s'est arrêté !... Etc.* [24/02/03 :] *Quand je pense au peu que j'ai écrit sur la rencontre avec Gracq !... Bah…* Journal *de merde…* [01/04/03 :] *Petit carnet — pour pauvreté des mots…* »

* * * * *

Personne ne me connaît. Celui qui supposerait que tout ce livre est un tissu de mensonges, c'est-à-dire de la pure fiction (hors théorie), aurait le droit de le faire. Avouez tout de même qu'*inventer* ces passages d'un journal serait la démonstration d'un sacré génie ! Il me plairait que l'on crût que ce n'est pas croyable…

* * * * *

Je reviens aux questions auxquelles je ne cesserai de revenir lors de ce chapitre : 1) Qu'est-ce qu'écrire ? 2) Suis-je un écrivain ? — Comme à mon habitude, je visiterai mes amis pour tenter d'y répondre. Kierkegaard est le premier ami qui me vient en tête à l'instant où j'écris. Aussi peu académique qu'il soit, son dialogue avec lui-même sur *L'équilibre entre l'esthétique et l'éthique* (dans *Enten-Eller*) est un petit bijou d'introspection de la part d'un écrivain qui réfléchit à son écriture. Ses doutes sont les miens ; ses peines, ses volontés, ses désirs, sont aussi les miens, qui ramènent toujours à la *mélancolie*… (Cela me touche d'autant plus que l'énergie pour écrire mon livre se rabougrit. Non que cela me décourage, mais je vois bien que je ne cisèle plus rien.) « *Tu travailles sans relâche, selon les circonstances, toute une journée ou pendant un mois, tu éprouves du plaisir à constater que tu as toujours la même plénitude de force qu'autrefois, tu ne prends pas de repos, "aucun diable ne peut rivaliser avec toi". Si tu travailles avec d'autres, tu les bats à plate couture. Mais, passé le mois ou les dix mois que tu considères toujours comme un maximum, tu interromps le travail, tu dis que cette histoire est terminée ; tu te retires et tu laisses le tout à l'autre, ou si tu as été tout seul à le faire tu n'en parles à personne. Alors tu te fais accroire à toi-même et aux autres que tu es dégoûté et tu te flattes de l'idée vaine que tu aurais pu continuer à travailler avec la même intensité si tu avais eu le goût de le faire. Mais s'agit là d'une énorme tromperie. Tu aurais réussi à faire ton travail, comme la plupart des autres y réussissent si tu l'avais patiemment voulu, mais tu aurais en outre appris qu'il y fallait une tout autre espèce de persévérance que celle que tu possèdes. Tu t'es donc bientôt trompé toi-même et tu n'as rien appris pour ta vie future. […] Si tu l'avais eue [la mémoire], ta vie n'aurait pas reproduit tant de fois le même phénomène, tu n'y aurais pas exécuté tant de travaux que j'appellerais des travaux de demi-heure ; je peux bien les appeler ainsi, même si tu y a mis six mois, puisque tu ne les as jamais terminés. Mais tu aimes à tromper les autres et toi-même. Si tu étais toujours aussi fort que tu l'es à l'instant de la passion, alors tu serais, on ne peut pas le nier, l'homme le plus fort que j'ai connu. Mais tu ne l'es pas et tu le sais très bien toi-même. C'est pourquoi tu te retires, tu joues presqu'à cache-cache avec toi-même et tu te reposes de nouveau jusqu'à l'indolence. […] Tu planes au-dessus de toi-même et ce que tu vois au-dessous de toi est une grande quantité d'états d'âme et de situations que tu emploies pour trouver d'intéressantes analogies avec la vie. Tu peux être sentimental, insensible, ironique, spirituel, — il faut avouer qu'à cet égard tu t'es perfectionné. […] Si on pouvait t'offrir la gloire et l'honneur, l'admiration de tes contemporains — et c'est pourtant ton point le plus faible — tu répondrais : oui, pour un peu de temps, ce serait assez bien. Au fond tu n'y aspires pas, et tu ne ferais pas un pas dans ce but. Tu comprendrais que pour que cela ait de l'importance, il faudrait que tu aies vraiment des dons supérieurs, que ce soit la vérité ; même dans ce cas la plus haut degré d'intelligence serait, dans ton esprit, quelque chose d'éphémère. […] Tu triomphes du monde lorsque tu peux faire rire les gens, leur faire pousser des cris d'allégresse et trouver plaisir en ta compagnie, — alors tu dis à toi-même : oh, si vous saviez de quoi vous riez ! — Pourtant, l'esprit ne permet pas qu'on* blasphème contre lui et les ténèbres de la mélancolie se condensent autour de toi et l'éclair d'une facétie idiote te le montre à toi-même encore plus fortement et plus terriblement. Et il n'y a rien qui te divertisse, les plaisirs du monde entier n'ont aucune importance pour toi, et bien que tu envies aux simples d'esprit leur plaisir absurde de la vie, tu ne le recherches pas. Le désir ne te tente pas. Et si triste que soit ton état, c'est en vérité un grand bonheur. [...] Imagine-toi un auteur ; il ne se demande jamais s'il trouvera un lecteur ou s'il fera œuvre utile avec son ouvrage ; il ne veut que saisir la vérité, c'est à elle seulement qu'il fait la chasse. Crois-tu qu'un tel écrivain fasse moins œuvre utile que celui dont la plume se trouve sous la surveillance et la direction de la pensée de faire œuvre utile ? » Le problème qui est le mien est résumé dans ces deux dernières phrases. L'écrivain est-il *utile* ? En quoi peut-il l'être ? Et devrait-il l'être ? Est-il là pour, comme on dit, *faire œuvre utile* ? Ne serait-il utile qu'en écrivant pour lui-même ? pour l'autre (un autre, des autres) ? Que veut dire : *écrire pour soi* ? Le journal intime appartient usuellement à la catégorie de l'écriture égoïste, celle qui ne cherche pas à se faire lire. « *Usuellement* » : il faut reconnaître qu'il y a une flopée de journaux intimes publiés du vivant de leur auteur (le pire étant André Gide, dont le journal a été édité dans la Pléiade lorsqu'il était encore en vie !). Peut-on encore parler de journal *intime* ? Certainement. (D'ailleurs, pour revenir à Gide, le journal a été expurgé avant publication.) Quel est le type d'auteur qui fait un pacte avec le public, surtout s'il s'agit d'un journal intime ? Comment cela est-il possible ? C'est très simple : dès lors que l'on sait écrire (entendez par là : que l'on n'est pas analphabète), on peut très facilement rendre compte de cet écrit et le montrer. Sans cela, il n'y aurait pas des milliers de livres nouvellement édités chaque année. Par exemple, que penser de ce qu'écrit ici Hervé Guibert ? « *L'obligation que je me fais de rendre compte de tout ce que je vois (expositions, films, pièces de théâtre) et de tout ce que je vis qui m'importe devient peut-être une sorte de folie.* » De quelle obligation parle-t-il ? D'une obligation envers soi-même ? d'une obligation envers un journal — ou un magazine — et ses lecteurs ? Est-ce uniquement pour lui ? Je le cite parce que je connais très bien cette sensation proche de la folie qui consiste à tout noter. Je l'ai fait durant des années dans mon *Journal*. Un jour passé sans relater ce que j'avais vécu et pensé était pour moi comme un jour vide, un néant. Le jour où je l'ai arrêté, j'ai traversé une période de sevrage similaire à celui qui est consécutif à l'abandon d'une drogue. Disons que j'avais déjà commencé à ralentir le rythme d'écriture, ce qui a rendu le sevrage moins difficile. Lors de cette accalmie, je passais mon temps à écrire — dans ce journal intime qui s'étiolait et se « sporadiquait » — que, justement, mon journal intime partait en fumée. J'en étais au : j'écris que je n'écris plus. N'est-ce pas également de la folie ? C'est beaucoup plus grave que d'écrire, chaque jour : « Rien à dire. » Là, la tendance serait : « Je n'écris pas, je n'écris pas, je n'écris pas... Pourquoi n'écris-je pas ? *Etc.* » Et à qui écrivais-je que je n'écrivais plus ? À qui donc, si ce n'était à moi-même ? Il faudrait être fou à lier pour penser un instant qu'un journal intime qui répète l'agonie d'une écriture qui s'écrit elle-même, pût être publié. (Ma maniaquerie à l'égard de mon *Journal* était terrible, si terrible qu'elle en renforçait son « impubliabilité ». Sur les milliers de pages manuscrites, vous ne trouverez pas une seule rature. Je m'arrangeais pour changer la tournure de la phrase, ni vu ni connu. Je me souviens même d'une fois où je me suis aperçu que j'avais sauté une page. Je ne pouvais me résoudre à l'arracher. Vous ne devinerez jamais ce que j'ai fait pour combler ce vide qui me dérangeait : j'ai rempli les deux pages vierges de titres de livres que j'avais lus et qui étaient sous mes yeux... Un psychiatre m'aurait enfermé pour moins que cela.) Allons plus loin (si c'est envisageable) : les quelques lignes que « vous » avez sous les yeux, celles que je viens présentement d'écrire, ces lignes sont-elles publiables ? Les écris-je dans ce but ? Sont-elles utiles ? C'est fort de café ! « Tiens, Pichavant a écrit un livre de trois cents pages. — De quoi parle-t-il ? — Il se demande s'il écrit vraiment ce livre. — Pardon ?... Mais *de quoi* ça parle ?... » — De quoi *ça* parle ? D'où viens-je ? où suis-je ? où vais-je ? Qu'écris-je ? Cervantès rapporte l'histoire du peintre d'Ubeda à qui l'on demande ce qu'il peint et qui répond qu'il verra bien... J'écris, j'écris, j'écris. — Avenarius et Kundera discutent : « *Qu'es-tu en train d'écrire, au juste ? — Ce n'est racontable. — Dommage.* — Pourquoi dommage ? C'est une chance. De nos jours, on se jette sur tout ce qui a pu être écrit pour le transformer en film, en dramatique de télévision ou en bande dessinée. Puisque l'essentiel, dans un roman, est ce qu'on ne peut dire que par un roman, dans toute adaptation ne reste que l'inessentiel. Quiconque est assez fou pour écrire encore des romans aujourd'hui doit, s'il veut assurer leur protection, les écrire de telle manière qu'on ne puisse pas les adapter, autrement dit qu'on ne puisse pas les raconter. » Mon livre ne peut pas avoir de quatrième de couverture... Il devrait naître mort, ce qui est inimaginable. — « Allô, Monsieur Gallimard, j'ai fini le livre. — Il est vraiment *fini* ? — Non, mais j'explique pourquoi il ne l'est pas. Je préfère vous le laisser maintenant. Vous savez ce que disait Jean Paul : "*Si on laissait une œuvre à son auteur pendant toute la durée de sa vie, il n'en finirait pas de corriger pendant tout ce temps.*" — Certes. Mais Jean Paul a aussi dit que « *même dans l'écriture, il faut se résoudre à n'arriver nulle part* ». Rappelez-moi, s'il vous plaît, le sujet du livre ? — Eh bien... Ma traversée... L'existence... Moi... Le monde... La mélancolie, le suicide. Tout tourne autour du langage qui se perd, de l'écriture qui se fait et qui se défait... J'y raconte, pour reprendre Kertész, que « *le stylo est ma pelle* », que « *je creuse ma tombe avec mon stylo* ». J'essaie de comprendre pourquoi la perte me gagne. C'est le sens de *La Perte de sens*. — ... — Monsieur Gallimard ?... — Dans ce cas, je soumettrai d'abord votre non-livre au comité de non-lecture. » — Allons, Monsieur Gallimard ne pariera pas un kopek sur la vente d'un livre qui se targue presque de ne pas être à vendre. Quand Malebranche se moque de Montaigne, il écrit : « *Mais s'il a composé son livre pour s'y peindre, il l'a fait imprimer afin qu'on le lût.* » Moi, je ne suis pas du tout à ce stade. J'essaie de me peindre dans mon livre, *mais je ne l'ai pas fait imprimer*. Il ne peut par conséquent être lu. On ne peut pas lire mon livre. Est-ce un paradoxe que j'énonce là ? Quelle folie ! quelle folie, mon Dieu ! J'écris sans l'espoir (ou le désespoir) d'être lu. Que penser de mon cas ? « *S'il est permis d'écrire des pièces que l'on ne peut jouer, je ne puis alors voir qui m'empêcherait d'écrire un livre qu'aucun homme ne pourra lire.* » Je ne sais pas à qui s'adressait cette raillerie de Lichtenberg (Claudel n'était pas né !). En tout cas, il est vrai que personne n'empêchera jamais personne d'*écrire un livre qu'aucun homme ne pourra lire* ». Mon Pessoa chéri ne disait-il pas que « *le véritable et noble destin d'un écrivain, c'est de ne rien publier* », ou mon Balzac chéri qu'un écrivain devrait être *assez spirituel pour ne rien publier* » ? Nom d'un chien... Je ne suis pas complètement fou, non ?... Huysmans se mordait les doigts d'avoir à laisser son œuvre en pâture. À tout le moins, il écrit dans *Là-bas* : « Oui, c'est notre impénitent orgueil et aussi le besoin de misérables sous qui font qu'on ne peut garder ses manuscrits à l'abri des mufles ; l'art devrait être ainsi que la femme qu'on aime, hors de portée, dans l'espace, loin ; car enfin c'est avec la prière la seule éjaculation de l'âme qui soit propre ! Aussi, lorsqu'un de mes livres paraît, je le délaisse avec horreur. Je m'écarte autant que possible des endroits où il bat sa retape. Je ne me soucie un peu de lui, qu'après des années, alors qu'il a disparu de toutes les vitrines, qu'il est à peu près mort [...]. » Bernhard aussi doute et s'interroge dans *Maîtres anciens*, lorsque Reger dit au narrateur, Atzbacher, que « *c'est aussi une grande jouissance que de ne rien publier, rien du tout* » : « *D'une part, c'est magnifique de retenir pendant toute sa vie ce qu'on appelle le travail de toute une vie et de ne pas le publier, d'autre part c'est tout aussi magnifique de publier.* » Cette dernière remarque contrebalance ce qui avait été énoncé précédemment, puisqu'il ajoute : « *À vrai dire, je ne connais pas d'écrivain ou, en tout cas, pas un homme qui écrit, qui supporte à la longue de ne pas publier ses écrits [...] Il y a des dizaines d'années que vous écrivez votre ouvrage et vous dites que vous n'écrivez cet ouvrage que pour vous-même, mais c'est épouvantable, personne n'écrit pour soi-même [...] D'ailleurs un écrivain qui ne publie rien, au fond n'est pas vraiment un écrivain.* » Délicate question ! L'argent est souvent le nœud du problème. Pourtant, un proverbe latin ne dit-il pas que « *literrae non dant panem* » (« *les lettres ne donnent pas de pain* ») ? Il faut être fort pour repousser l'appât du gain (qui, de toute façon, corrompt), il faut être fort comme madame Tourkina dans la nouvelle de Tchékhov, *Ionytch* : « *Non, répondit-elle ; je ne les publie nulle part. Je les écris et je fourre les cahiers dans une armoire. Pourquoi publier ? Nous avons de la fortune.* » (Plus jeune, je désirais être riche pour pouvoir me concentrer sur mes écrits. Je faisais la même erreur quand je lorgnais le bonheur en misant sur les chiffres du Loto. Oh ! j'aurais tout donné — et je donnerais tout pour quitter le monde de la vie active, ce monde où il faut être assis derrière un comptoir toute la journée pour manger à sa faim le soir… Mais la richesse est un obstacle. Écoutez Sénèque qui écrit à Lucilius : « *Qui veut cultiver librement son âme doit être pauvre ou vivre comme tel. Cette culture ne profite qu'au sectateur de la frugalité : or la frugalité, c'est une pauvreté volontaire. Défais-toi donc de tes vains prétextes : "Je n'ai pas encore ce qui me suffirait ; que j'arrive à telle somme, et je me donne tout à la philosophie." Eh ! c'est cette philosophie qu'il faut avant tout acquérir ; tu l'ajournes, tu la remets en dernier, elle par qui tu dois commencer. "Je veux amasser de quoi vivre !" Apprends donc aussi comment il faut amasser. Si quelque chose t'empêche de bien vivre, qui t'empêche de bien mourir ?* » Il ne faudrait : ni croire qu'avec suffisamment d'argent, on écrirait librement, ni croire qu'en écrivant suffisamment, on gagnerait beaucoup d'argent (qui nous libérerait). Dans les deux cas, l'écriture serait faiblarde, on n'y verrait pas les tripes qu'il faut pour créer une œuvre digne de ce nom. Ne pas être écrivain de métier (pas pour ce que je veux faire). Rester un humble scripteur…) — Je pense sincèrement qu'il traîne partout dans le monde des milliers de livres qui n'ont jamais été lus. Cependant ces livres ont été pour la grande majorité écrits pour être lus. C'est simplement qu'ils n'ont pas trouvé d'éditeur. Une question qui pourrait se poser à mon sujet : serais-je aigri de n'avoir publié aucun de tous mes livres ? Ainsi, on verrait ma thèse de l'« écriture sans lecteur » comme une excuse parce que je me saurais condamné à ne jamais pouvoir être publié. Peut-être y a-t-il quelque once de vérité derrière tout cela. Vanité, vanité, vanité… Que ce soit la vanité de l'homme ou la vanité des choses, la vanité est omniprésente. Pascal écrivit : « *La vanité est si ancrée dans le cœur de l'homme qu'un soldat, un goujat, un cuisinier, un crocheteur se vante et veut avoir ses admirateurs et les philosophes mêmes en veulent, et ceux qui écrivent contre veulent avoir la gloire d'avoir bien écrit, et ceux qui les lisent veulent avoir la gloire de les avoir lus, et moi qui écris ceci ai peut-être cette envie, et peut-être que ceux qui le liront...* » D'accord. Je ne contredirai certainement pas cette pensée. Et puis, je ne serais pas contre le fait de recueillir des témoignages de reconnaissance de la part de personnes qui, contentes de se reconnaître dans mes pages, se sentiraient grandies. Je ressemblerais à l'individu de la préface à *Crainte et tremblement* : « *Écrire est pour lui un luxe qui s'enrichit d'autant en plaisir et en évidence que les personnes disposées à acheter et à lire ses œuvres sont peu nombreuses. [...] à une époque où un écrivain qui veut être lu doit se préoccuper d'écrire un livre qui peut aisément être feuilleté durant la sieste [...].* » Mais pourquoi ai-je toujours été attiré par l'œuvre d'art qui se fabrique et qui n'existerait qu'en tant qu'elle se fabrique ? (Mon mémoire réalisé en dernière année d'école d'ingénieur reposait sur le titre : *Le travail de l'écrivain, finalité de l'œuvre*. En gros, la finalité d'un livre est de l'écrire. Pour reprendre les termes de Novalis : « *Der Stoff ist nicht der Zweck der Kunst, aber die Ausführung ist es.* » (« *Ce n'est pas le sujet qui est le but de l'art, c'est l'exécution.* ») Tout est dans l'intention qui s'actualise.) Imaginer un poète qui brûlerait tout poème achevé m'excite au plus haut point. Il y a un sens au-delà des apparences. Je ne dis pas que le plus beau poème est celui qui n'a jamais été écrit. Ce serait idiot. Je dis que le plus beau poème peut bien être celui que personne n'aura jamais lu à part son auteur. (Je reviendrai sur ce point.) — Je concède la difficulté qu'il y a à comprendre ce que je veux faire comprendre. Je vais reciter Pascal : « *Nous ne recherchons jamais les choses, mais la recherche des choses.* » N'est-ce pas admirable ? Si vous comprenez en un peu ce qu'il veut signifier, vous me comprenez *un peu*. Le but m'importe peu. Il n'y a pas de but dans la vie. Le chemin est tout ce qui m'intéresse. Je cherche mon chemin — et j'arrive d'autant mieux à le chercher en écrivant. Je ne sais pas ce que je cherche. C'est pourquoi je recherche ce que je recherche. Donc j'écris. J'écris : « Je ne sais pas encore ce que je vais écrire. » Cela aurait-il changé le cours des choses si je ne l'avais pas écrit ? En outre, un écrivain sait-il jamais ce qu'il va écrire ? Je suis confronté à un putain de problème ! Avec tout ce que j'écris (et tout ce que j'ai écrit), d'aucuns pourraient encore me poser la question : « Mais pourquoi écrivez-vous ? » Vous imaginez ? Avoir écrit *tout cela* pour me demander la raison de *tout cela* ! Je sais pertinemment que la critique fondamentale portée contre ce livre se limiterait à ce « pourquoi tout cela ». Mais si elle devait se limiter à cette interrogation, elle n'aurait pas lieu d'être puisque ce livre ne devrait pas exister ! Je reviens toujours à lui, mais pourquoi Pessoa enfermait-il tous ses papiers dans une malle ? Et pourquoi répugnait-il à Johannes Vermeer de vendre ses tableaux ? Et comment se fait-il que René Cardillac, ce personnage d'un récit d'Hoffmann, censé être le plus grand joaillier et orfèvre de son temps, ne veut réaliser ses bijoux que pour lui seul ? Quand on lui demande pourquoi il les fabrique, il répond qu'il les fabrique pour lui. (Si jamais il s'abaisse jusqu'à les vendre, il les vole aussitôt via jusqu'à assassiner ses clients pour les récupérer et les enfermer secrètement dans un souterrain caché…) Bref. Est-il utile que quelque chose soit utile ? Tout est relatif. Il est utile que j'écrive. En revanche, il n'est pas utile que je sois lu. Ce qui compte, c'est ce que j'aurai écrit, quand bien même ce serait d'avoir écrit que je ne parviens pas à écrire. Je me méfie, de concert avec Bachelard : « *Il y a si loin du livre imprimé au livre lu, si loin du livre lu au livre compris, assimilé, retenu !* » Dans le meilleur des cas, si cela pouvait être utile à quelqu'un, tant mieux. Le Quaker de la pièce d'Alfred de Vigny sait bien que Chatterton écrit de la poésie et qu'il est malheureux. Malgré cela, tout en désirant s'informer, il lui lance maladroitement : « *Ta vie n'est-elle donc utile à personne ?* » Le pauvre Chatterton ne peut que répondre : « *Au contraire, ma vie est de trop à tout le monde.* » En cela, je suis à l'opposé de l'utilitarisme de Stuart Mill. Je ne pense qu'à moi-même ou à quelques-uns, et en aucun cas au grand nombre. Encore une fois, je ne fais pas œuvre utile. Je m'exprime — dans le vide — de ce que je suis — et de ce que j'ai été, de ce que je serai. Artaud avouait : « *Eh bien ! c'est ma faiblesse à moi et mon absurdité de vouloir écrire à tout prix, et m'exprimer.* » J'ajouterai, en ce qui me concerne : « Pour moi. » Ce qui ne veut pas dire que ce soit de tout repos ! Comme Goethe, je pense que « *tout notre art consiste à sacrifier notre existence pour exister* ». Je suis désolé de tourner autour du pot, mais c'est *ma* seule façon d'approcher *ma* vérité (même si je ne crois pas qu'il y ait une quelconque vérité). C'est dur d'écrire ! J'en appellerai à mon autre chéri, Novalis, qui s'était absenté trop longtemps : « *Mais l'art est difficile, de cette calme considération, de cette contemplation créatrice du monde ; sa pratique exige une grave médiation incessante et une sévère sobriété ; et la récompense n'en sera point l'applaudissement des contemporains, qui ont peur de la difficulté, mais seulement la joie de savoir et de veiller, la joie d'un intime contact avec l'Univers.* » Sans être prétentieux, j'écris l'Univers, et non seulement j'écris (du moins, j'essaie d'écrire) l'Univers, mais en plus j'écris *pour* l'Univers (« *c'est pour Dieu que je travaille, et je ne veux pas d'autre récompense* », *dixit* Michel-Ange). Il n'y a pas de contradiction : moi, l'Univers, c'est du pareil au même : il est en moi, je suis en lui, il est une partie de moi, je suis une partie de lui… Je le côtoie par le langage, par l'écriture. C'est tout ce qui m'intéresse. Novalis dit d'ailleurs qu'« *un écrivain n'est en vérité qu'un passionné du langage* ». Novalis ne faisait pas qu'écrire. Il pensait à son écriture, il l'écrivait. Lui aussi cherchait et recherchait cette recherche. « *L'art d'écrire n'est pas encore inventé. Mais il est sur le point de l'être. Des fragments comme ceux-ci sont des semences littéraires. Il se peut certes que parmi elles se trouvent quelques graines stériles. Peu importe, l'essentiel est que quelques-unes lèvent !* » Être le scientifique de l'écriture n'est pas simple (« *l'encre blanchit* », comme dirait Clément Marot). C'est osé et dangereux. On peut s'y perdre. Écoutez Pessoa : « *Écrire, oui, c'est me perdre, mais tout le monde se perd, car vivre c'est se perdre.* » Pour Pessoa, « *mieux vaut écrire que risquer de vivre* ». Il lui « *faut écrire, comme on accomplit une peine* ». Il va jusqu'à assimiler l'orthographe à une personne ! L'amour du langage… qui conduit à la perte. Francis Ponge en est l'un des maîtres, en repoussant les limites de l'écriture, en la décortiquant jusqu'à la faire vaciller. Selon lui, le « *a* » de « *abricot* » doit ressembler (et faire songer) à un abricot, de même que l'accent grave de « *chèvre* » doit évoquer la barbichette… S'il n'explicite pas l'intention qu'il met dans une lettre ou dans un accent, personne d'autre que lui ne le soupçonnera. Glisser des secrets, consciemment ou inconsciemment, telle est aussi l'une des facettes de l'œuvre. Que ces secrets soient devinés n'est pas le souci. Le souci est de développer le langage, de faire en sorte qu'il soit rempli de graines… Celles-ci, à leur lecture, germeront ou ne germeront pas. Le principal est de les avoir plantées. Je suis un planteur. Je me plante, je me germe, je m'écris. Je creuse le langage. — Je bêche, je retourne la terre, je cueille, je récolte, j'enlève les mauvaises herbes, je mange. Tel Myriel, je jardine. « *Tantôt il bêchait la terre dans son jardin, tantôt il lisait et écrivait. Il n'avait qu'un mot pour ces deux sortes de travail ; il appelait cela jardiner. — L'esprit est un jardin, disait-il.* »

* * * * *

L'artiste est un solitaire. Il est seul avec son œuvre ; il est seul avec lui-même ; il est seul au monde. « *La solitude de l'écrivain, cette condition qui est son risque* », comme le dit si bien Maurice Blanchot. — J'ai commencé ce fichier le samedi 3 octobre 2009 à 18h16. Les propriétés du document me renseignent sur le temps que j'ai passé à y travailler : 78656 minutes, soit 1311 heures, soit environ 55 jours. Dans quelques semaines, cela fera 5 années que j'aurai commencé, et cela représentera 2 mois entiers d'écriture *non-stop*. Pour quelqu'un dont ce n'est pas le métier et qui ne peut assouvir ce besoin que le samedi et le dimanche matins, cela commence à faire ! (Je regrette de n'avoir pas la « chance » de pouvoir m'y consacrer « à plein-temps ». Je suis comme Mallarmé : « *J'arrive là, fatigué de mes classes, qui me* volent *cette année presque toutes mes heures, et Geneviève continue à me briser la tête avec ses cris : je n'ai qu'une seule heure de répit, celle où je m'ensevelis pour la nuit dans mes draps glacés.* » Ou ici : « *Je me suis mis sérieusement à ma tragédie d'Hérodiade : mais que c'est triste de n'être pas homme de lettres exclusivement !* ») Oui, tout ce temps dans la solitude la plus complète, face à face avec ce que je crée… Comment en suis-je arrivé là ? Mystère. Il fallait que tout cela sortît. Avouerai-je que j'écris même lorsque je n'écris pas ? En lisant, je pense à ce que je pourrais écrire. Depuis bientôt cinq ans, je vis tous les jours dans — et par — *La Perte de Sens*. Ce livre me consume et me grandit. Il doit bien y avoir un sens ! « *Quelle erreur, cher ami, de croire qu'un ouvrage dont la première idée doit remplir l'âme tout entière, puisse être composé à des heures dérobées, interrompues ! Non, le poète doit vivre tout à lui, tout à ses créations chéries.* » (Goethe) Être (juste un peu) comme le fou que décrit Gogol dans *Les Âmes mortes* ! « *Deux heures avant le dîner, il passait dans son cabinet pour s'occuper sérieusement d'un ouvrage qui devait embrasser sous tous ses rapports, civil, politique, religieux, philosophique, trancher les problèmes embarrassants, les questions que le temps lui a posées, et définir clairement un grand avenir : bref, tout… tout, et cela sous les amples formes qu'affecte le publiciste de notre temps. Mais jusqu'à cette heure la colossale entreprise est encore à l'état de simple idée ; il est vrai qu'en de rares moments, à de longs intervalles, la plume a crié et il a paru sur le papier des embryons de projet : mais tout cela est glissé, enfoui sous le papier buvard, et le futur grand publiciste s'arme d'un livre quelconque, qui ne sort plus de ses mains jusqu'au dîner. Ce livre s'ouvre, se ferme, se prend et se quitte cent fois pendant le ragoût, pendant le rôti, pendant la pâtisserie, de sorte que certains plats se refroidissent, d'autres sont remportés intacts. Ensuite vient la pipe, puis le café, puis le barine fait une partie d'échecs avec son lui-même. Ce qu'il faisait entre la partie d'échecs et le souper, c'est ce qu'il est beaucoup plus difficile de dire ; cependant je ne crois pas faire de tort au barine en insinuant l'hypothèse qu'il ne faisait rien du tout. — C'est ainsi que passait son temps dans la solitude un homme de trente-*

deux ans, que l'on peut se représenter assis des trois ou quatre heures durant, tout le jour, avec des intermittences déambulatoires de dix à douze minutes, toujours en robe de chambre et sans cravate. Il ne faisait point de promenade, d'exercice au dehors ni à pied ni à cheval, n'ouvrait pas même sa fenêtre pour aérer l'appartement, et l'admirable paysage que ne pouvait contempler de sang-froid aucun des rares hôtes qu'il recevait, n'existait réellement pas pour le maître de ces champs et de ces villages. » — Dans son étrange livre, *Le Traître*, André Gorz donne une idée du destin de l'écrivain et de son écriture. (Si Jean-Paul Sartre n'avait préfacé *Le Traître*, je n'aurais pas donné cher de sa publication. Il est heureux que de tels livres trouvent un éditeur.) « *Dix années durant il s'était cramponné à ce manuscrit. Il était parti pour résoudre tous les problèmes : n'ayant aucune certitude, sinon que les certitudes se gagnent et restent révocables, il avait cru qu'il pourrait vivre le jour où il aurait répondu à cette question : quand, comment, pour qui cela peut-il avoir un sens de vivre ? […]* Hic Rhodus, hic salta. *Il s'était promis d'inscrire ces mots dans son journal, le jour où il aurait terminé le livre. Il s'y était cramponné dix années durant ; c'était devenu sa justification. Il avait découvert que lorsqu'un homme est incapable de vivre, ou que la vie pour lui n'a pas de sens, c'est toujours l'issue qu'il s'invente : écrire sur le non-sens de la vie ; en chercher le pourquoi, les issues, démontrer qu'elles sont bouchées sauf une : cette démonstration elle-même, et le recours qu'elle offre contre l'expérience qu'elle dément. Écrire était devenu pour lui une passion ; il s'était purgé de tous les problèmes ; il les avait résolus dans l'abstrait. Et quand au bout de neuf ans, il s'était senti près de la fin, du commencement de la fin, il avait compris que l'essentiel lui échappait. L'essentiel : lui-même. Il se retrouvait net et vide. Il avait l'impression qu'il ne souffrirait même pas si ce livre (dix ans !) était refusé. Il était mort lentement, à mesure qu'il le terminait, tombé en dehors de lui ; il lui avait donné à penser pendant dix ans, mais ces ruminations ne l'avaient pas entamé. Il se retrouvait égal à ce qu'il était avant, à ceci près : il avait appris à penser sur la vie. Il n'avait pas appris à se supporter. Il s'était évadé de lui-même à force de poser ses problèmes dans l'abstrait, et il se retrouvait intact. Renvoyé à lui-même, tout était à recommencer : se tirer au clair soi-même plutôt que "l'homme en général". Cesser de croire qu'un problème puisse jamais être résolu. Retrouver cette certitude : qu'aucune philosophie ne peut dispenser de vivre, que la question persiste et qu'il faut se supporter indéfiniment. […] J'ai mis bout à bout des cogitations disparates et j'ai pensé qu'en répétant ce que j'y laissait entendre je découvrirais la Vérité. Je n'ai rien fait, sinon de l'imitation, sans comprendre. — C'est pourquoi aujourd'hui je se retrouve vide, le sol lui échappe. […] ce travail interminable n'était rien sinon une fuite stérile. […] qu'écrire est pour lui une ascèse purificatrice, une façon de s'abstraire du réel, de se faire pur esprit, de s'approprier un monde qui lui est étranger et auquel il n'a aucune part, en le niant, en le rendant inutile ; en se mettant orgueilleusement à son origine par l'action de l'expliquer, de le dissoudre en idées et en paroles. […]* Hic Rhodus, hic salta *: oui, Rhodes est ici : entre autres choses j'ai appris que je n'en aurai jamais fini de recommencer, que ma terre est cette feuille blanche, ma vie l'activité de la couvrir. J'avais cru une fois que la vie deviendrait possible quand j'aurais tout dit ; et maintenant je m'aperçois que la vie, pour moi, c'est d'écrire ; de partir chaque fois pour tout dire et de recommencer aussitôt après parce que tout reste toujours à être dit. »* Tout est dit sans être dit ; rien n'est dit tout en le disant. Il suffit de *dire* sans se préoccuper de ce que ce « *dire* » *veut dire*. Et si seulement il le suffisait… *Car il le faut*. Cette vocation de l'écriture est impitoyablement exigeante. Il faut être le croque-mort de soi-même. Qui a jamais demandé à devenir croque-mort ? à conduire un corbillard au saut du lit ? « Chouette ! Allons-y gaiement ! » Si l'on est incapable de vivre normalement, peut-on du moins mourir normalement ? Oui : en écrivant, en donnant tout pour son œuvre. Dans un article de journal, Zola dépeignit Flaubert en ces quelques mots : « *Gustave Flaubert est entré dans la littérature, comme autrefois on entrait dans un ordre, pour y vivre et y mourir. Il s'est cloîtré, mettant dix ans à écrire un ouvrage, le vivant pendant dix ans à toutes les heures, respirant, mangeant et buvant par cet ouvrage. Je ne connais pas un homme qui mérite mieux le titre d'écrivain, car il a donné son existence entière à son art.* » Donner son existence entière, n'est-ce pas mourir à quelque chose, à quelqu'un ?... — Écrire n'est pas une activité à prendre à la légère. De plus, il faut être discipliné. Lisez ce qu'Anna Strunsky dit de Jack London : « *Nul ne pouvait travailler plus longuement et plus assidûment que lui. Il avait pris pour modèle de discipline personnelle Napoléon, s'accordant seulement cinq heures de sommeil par nuit et s'éveillant à la même heure chaque matin ; il traversait la cour dès l'aube, d'un pas encore mal assuré, plaçait sa tête sous une pompe afin de bien se réveiller, puis il allait s'asseoir à sa table de travail.* » Réglé comme du papier à musique. Pour moi comme pour London (et pour beaucoup d'autres, dont Valéry), le hasard de l'emploi du temps n'a pas sa place. Seuls ceux qui ont écrit un roman comprendront. Écrire un poème, une nouvelle, *c'est à la portée de tout le monde*. Écrire un roman ou tout autre ouvrage d'au moins deux ou trois cents pages, c'est une autre affaire ! Vous ne pourrez pas vous y prendre autrement qu'en *vous disciplinant*.

* * * * *

Qu'ai-je ? L'écriture. Que fais-je ? Écrire. Où vais-je ? Là où *La Perte* me mènera. — « *L'unique bien qui lui restât, c'était sa valeur d'artiste, ce talent dont il se sentait en pleine possession. Il lui fallait se contenter d'un plaisir bien modeste, comme ceux qui n'ont pas leur place au banquet de la vie et regardent de loin les autres festoyer et vider joyeusement leurs coupes. Plaisir étrange, certes, et presque atone, mais, en fait, volupté intense que cette joie qu'il prenait à regarder, à observer et à collaborer en secret, non sans orgueil, à l'œuvre de la création ! Et c'était, en définitive, tout ce qui lui restait de son existence manquée, ce qui en faisait la valeur. Il mettait sa foi en sa solitude et ne demandait plus rien, sinon le contentement que lui procurait son travail de peintre. Dorénavant, son destin s'imposait nettement à lui, il n'avait qu'à le suivre sans le perdre des yeux, comme on suit dans le ciel un astre conducteur.* » Cet extrait de *Rosshalde* m'effraie. Car, dans l'éventualité où le trou de *La Perte* se comblerait, où irai-je ?... Que ferai-je ?... Qu'aurai-je ?... Que saurai-je ?... *La Perte de sens*.

* * * * *

Je n'ai besoin de personne en écrivant (excepté les auteurs que je cite). Je suis comme Van Gogh lorsqu'il s'adresse à Rappard : « *Pour ce qui est de votre assertion que j'ai besoin de quelqu'un qui me fasse comprendre certaines choses : c'est possible, mais il est peut-être aussi possible que je sois moi-même ce quelqu'un-là qui me fait comprendre ces choses-là, et que je puisse fort bien me passer de certaines gens, en tout cas s'ils me rebattent aussi brutalement les oreilles que vous le faites.* » Que personne ne me dise ce que j'ai à faire. Ce que j'ai à faire, je le fais. J'écris ce que je veux, de la manière qui me plaît (ou me déplaît).

* * * * *

Nulla dies sine linea. — « *Apelle* », nous raconte Pline, « *avait une habitude à laquelle il ne manquait jamais : c'était, quelque occupé qu'il fût, de ne pas laisser passer un seul jour sans s'exercer en traçant quelque trait ; cette habitude a donné lieu à un proverbe.* » — Zola avait fait peindre cette devise sur sa cheminée, pour l'avoir constamment sous les yeux. J'ai fait de même en la faisant graver sur mon iPod, objet qui, il y a encore peu de temps, m'accompagnait en permanence. C'est un autre *memento mori*.

* * * * *

Quand j'écris, je m'écris. Ceci est un lieu commun, je n'en suis pas dupe. Cela ne m'empêchera pas d'affirmer que l'on ne parle jamais que de soi-même. « *Tout ce que j'écris est en fait de l'autobiographie intérieure ; et toutes mes œuvres littéraires sont des descriptions de ma vie propre, car on ne connaît et ne vit finalement pas d'autre vie que la sienne.* » Jean Paul n'est pas le seul à exprimer ce fait, mais cette citation est l'une des plus intéressantes : « *on ne connaît et ne vit finalement pas d'autre vie que la sienne.* » On ne connaît rien d'autre ! Le *hic et nunc* de l'écrivain. Il écrit *ici et maintenant*. Il ne peut pas faire autrement ! Non content d'être prisonnier du *hic et nunc* de l'existence, il s'emprisonne davantage en rentrant dans le *hic et nunc* de la création. Cela fait deux choses à supporter. Pour se sortir du *hic et nunc* de l'existence, il y a le meurtre de soi-même ; et pour se sortir du *hic et nunc* de l'écriture, il y a l'arrêt de l'écriture. Deux suicides à proximité… On travaille pour ne pas mourir, cependant que ce travail fait mourir. (Finalement, tous mes chapitres se recoupent. On est confronté aux problèmes de l'être-au-monde, du langage, de l'addiction, de la souffrance, de la solitude, problèmes que nous avons tous explorés.) Vouloir comprendre, comprendre qu'il n'y a rien à comprendre. À propos de ce travail infernal de l'écriture et de soi-même, un auteur comme Imre Kertész ne cesse, çà et là, de remuer le couteau dans la plaie. Dans *Kaddish pour l'enfant qui ne naîtra pas*, on lit : « *Et si je ne considère pas les années qui ont suivi cela comme des années arides, désertiques, c'est uniquement parce qu'au cours de ces années, comme d'ailleurs toujours — depuis, avant et naturellement pendant mon mariage —, j'ai travaillé, oui, mon travail m'a sauvé, même si en réalité il ne m'a sauvé que pour la destruction. […] Au cours de ces années, j'ai pris conscience de la nature véritable de mon travail qui n'est pas fondamentalement rien d'autre que de creuser, continuer et finir de creuser cette tombe dont d'autres ont commencé à creuser pour moi dans les nuages, dans les vents, dans le néant.* » Il faut des années d'expérience pour comprendre pourquoi Georges Brassens dit que « dès qu'on écrit quelque chose, on est obligé de rencontrer la mort ». Le véritable écrivain, le pur écrivain ne peut pas ne pas se regarder en train d'écrire. D'un côté, le texte est le miroir de l'écrivain, et d'un autre côté, l'écrivain est le miroir du texte. L'écrivain est mis en abîme dans son texte qui est mis en abîme également. C'est, littéralement, un jeu de *réflexions*. Ce que je vais écrire est déjà contenu dans ce que je suis en train d'écrire, et ce que je suis en train d'écrire est déjà contenu dans ce que je vais écrire. L'auteur attend le texte qui lui-même attend l'auteur. Deux appels se confondent et ne forment qu'une entité : l'un n'existe pas sans l'autre. Tandis que l'écrivain *lambda* a le droit de dire : « Je suis, donc le texte est », et s'en tiendra là, — l'écrivain qui écrit avec son sang continuera en disant : « Le texte est, donc je suis », car il se fait dans le texte qui se fait en lui. Ajoutons à cela qu'écrire n'est pas une activité naturelle et nous saisirons mieux la *dangerosité* de ce dialogue (qui n'est au fond qu'un monologue). L'écriture montre un gouffre, — un abîme, le gouffre et l'abîme que l'on est. — « *L'État, c'est moi* », a dit Louis XIV. « Le Texte, c'est moi », dis-je. Parce que c'est lui ; parce que c'est moi. Je pétris le texte qui me pétrit en retour. Nous nous pétrissons *argileusement* et donnons forme au *vase sacré* (hölderlinien). Nous sommes souffrants du mal éternel : *exister*. — « *La foule a tort : l'esprit c'est le cœur ; le penseur / Souffre de sa pensée et se brûle à sa flamme. / Le poëte a saigné le sang qui sort du drame ; / Tous ces êtres qu'il fait l'étreignent de leurs nœuds ; / Il tremble en eux, il vit en eux, il meurt en eux ; / Dans sa création le poëte tressaille ; / Il est elle ; elle est lui ; quand dans l'ombre il travaille, / Il pleure, et s'arrachant les entrailles, les met / Dans son drame, et, sculpteur, seul sur son noir sommet / Pétrit sa propre chair dans l'argile sacrée ; / Il y renaît sans cesse […].* »

* * * * *

Le sportif doit boire beaucoup d'eau minérale pour éliminer les toxines. L'écrivain doit écrire beaucoup pour éliminer (c'est-à-dire détruire) et s'éliminer (c'est-à-dire se détruire). Mais éliminer quoi ? des toxines inconnues ? Et s'éliminer en vue de quoi ? de la mort ? Tout écrivain s'engage dans une perte, dans le trou de ses ténèbres. Il s'agit d'un engagement pour une cause inconnue. L'écrivain signe un pacte avec un diable qu'il n'a jamais vu. Il écrit comme si c'était la dernière chose à faire. — Dans une lettre à Eugène Lefébure (27 mai 1867), Mallarmé racontait : « *C'est bien ce que j'observe sur moi — je n'ai créé mon œuvre que par* élimination, *et toute vérité acquise ne naissait que de la perte d'une impression qui, ayant étincelé, s'était consumée et me permettait, grâce à ses ténèbres dégagées, d'avancer profondément dans la sensation des Ténèbres absolues. La destruction fut ma Béatrice.* » — Le corps doit créer des toxines — qu'il faut éliminer. Il ne faut pas chercher à comprendre.

* * * * *

Celui qui se regarde écrire, qui est conscient de chaque mot qui *s'écrit*, celui-là ne risque-t-il pas de ne plus pouvoir écrire à force de se regarder ? Eh bien, je ne cesse de me regarder écrire depuis le début de ce livre… et j'en suis là, c'est-à-dire que je suis toujours là à écrire. Le syndrome du mille-pattes est encore loin. *Cela s'écrit et je le* regarde s'écrire. Je n'y peux rien changer. Le texte est ainsi. En le changeant, il sera à nouveau « *ainsi* » (un *autre*, mais un « *ainsi* » quand même). Le lecteur ne se soucie pas de la conscience de l'auteur. Pour sa lecture soit naturelle, il n'a pas besoin d'avoir conscience de lire ni d'avoir conscience que l'auteur était conscient de ce qu'il écrivait. La plus pure lecture serait celle qui prend conscience de la conscience de l'écriture qui l'a précédée et rendue possible (en prenant garde au syndrome du mille-pattes). Imaginez ce lecteur (si tout va bien, ce lecteur, c'est vous) : il lit ce que l'auteur écrit à propos de son écriture et de la lecture de cet écrit. C'est le seul espace de communion disponible. Le langage crée un pont où le lecteur se fait écrivain, un écrivain qui se fait lecteur. Ponge a réussi à créer ce pont. C'est très fort : le lecteur, dans ce contexte, lit en même temps que l'écriture écrit : ils se retrouvent dans l'instant de l'écriture. Le lecteur est téléporté à l'endroit temporel exact où l'écrivain écrit ce qu'il est en train de lire... — Je délire ? Réfléchissez-y encore. — Je me souviens justement d'un texte qui m'avait « *téléporté* ». Ce cas est assez unique dans la philosophie. Cela se situe non pas chez Wittgenstein, mais chez Jean-Paul Sartre, dans son *Esquisse d'une théorie des émotions* : « *Or, il est certain que nous pouvons réfléchir sur notre action. Mais une opération* sur *l'univers s'exécute le plus souvent sans que le sujet quitte le plan irréfléchi. Par exemple, en ce moment, j'écris mais je n'ai pas conscience d'écrire. Dira-t-on que l'habitude m'a rendu inconscient des mouvements que fait ma main en traçant les lettres ? Ce serait absurde. J'ai peut-être l'habitude d'écrire, mais non point celle d'écrire* tels mots *dans tel ordre. D'une manière générale, il faut se méfier des explications par l'habitude. En réalité, l'acte d'écrire n'est nullement inconscient, c'est une structure actuelle de ma conscience. Seulement il n'est pas conscient* de lui-même. *Écrire, c'est prendre une conscience active des mots* en tant qu'ils naissent sous ma plume. Non pas des mots en tant qu'ils sont écrits *par moi : j'appréhende intuitivement les mots en tant qu'ils ont cette qualité de sortir* ex nihilo *et cependant de n'être pas créateurs d'eux-mêmes, d'être passivement créés. Au moment même où j'en trace un, je ne prends pas garde isolément à chacun des jambages que ma main forme : je suis dans un état spécial d'attente, l'attente créatrice, j'attends que le mot — que je sais à l'avance — emprunte la main qui écrit et les jambages qu'elle trace pour se réaliser. Et certes, je ne suis pas conscient des mots de la même façon que lorsque je lis ce qu'écrit une personne en regardant par-dessus son épaule. Mais cela ne veut pas dire que je sois conscient de moi-même écrivant. Les différences essentielles sont celles-ci : d'abord mon appréhension intuitive de ce qu'écrit mon voisin est du type "évidence probable". Je saisis les mots que sa main trace bien avant qu'elle les ait tracés complètement. Mais, au moment même où, lisant "indép...", je saisis intuitivement "indépendant", le mot "indépendant" se donne comme une réalité probable (à la manière de la table ou de la chaise). Au contraire, ma saisie intuitive des mots que j'écris me les livre comme certains. Il s'agit d'une certitude un peu particulière : il n'est pas certain que le mot "certitude" que je suis en train d'écrire va apparaître (je peux être dérangé, changer d'idée, etc.), mais il est certain que, s'il apparaît, il apparaîtra tel. Ainsi l'action constitue une couche d'objets certains dans un monde probable. Disons, si l'on veut, qu'ils sont probables en tant qu'êtres réels futurs, mais certains en tant que potentialités du monde. En second lieu, les mots qu'écrit mon voisin n'exigent rien, je les contemple dans leur ordre d'apparition successif, comme je regarderais une table ou un portemanteau. Au contraire, les mots que j'écris sont des* exigences. *C'est la façon même dont je les saisis à travers mon activité créatrice qui les constitue comme tels : ils apparaissent comme des potentialités devant être réalisées. Non pas devant être réalisées par moi. Le moi n'apparaît point ici. Je sens simplement la traction qu'ils exercent. Je sens objectivement leur exigence. Je les vois se réaliser et en même temps réclamer de se réaliser davantage. Et je puis bien penser les mots que trace mon voisin comme exigeant de lui leur réalisation : je ne sens pas cette exigence. Au contraire, l'exigence des mots que je trace est directement présente, pesante et sentie. Ils tirent et conduisent ma main. Mais non pas à la manière de petits démons vivants et actifs qui la pousseraient et tireraient en effet : ils ont une exigence passive.* Quant à *ma main j'en ai conscience, en ce sens que je la vis directement comme l'instrument par quoi les mots se réalisent. C'est un objet du monde, mais il est, en même temps, présent et vécu. Voici à présent que j'hésite : écrirai-je "donc" ou "par conséquent" ? Cela n'implique nullement un retour sur moi-même. Simplement les potentialités "donc" et "par conséquent" apparaissent — en tant que potentialités — et entrent en conflit.* » (Au contraire de Sartre, je ne veux pas faire prendre conscience de l'inconscience, mais faire prendre conscience de la conscience de cette conscience. Je sais qu'en écrivant « *brille* », je ne fais pas attention au fait qu'il y a deux « *l* », que le mot compte six lettres, qu'il soit le verbe « *briller* » conjugué à la troisième personne du singulier, *etc*. Cela ne m'intéresse pas, car cela n'a pas de sens pour moi. C'est de l'arbitraire sans conséquence. Je préfère le choix des mots, leur agencement, leur rôle, leur signification, leur raison d'être là, mon rapport à eux, ma joute avec eux, le partage de nos émotions, de nos envies, de nos impossibilités... Je suis comme Kafka : « *Tout mon corps me met en garde contre les mots ; chaque mot regarde d'abord autour de lui avant que je puisse le coucher sur le papier ; les phrases se brisent et s'éventrent devant moi, je vois leurs entrailles et je suis obligé de m'arrêter.* ») — Si tout ce que je viens d'expliquer ne rencontre toujours pas votre adhésion parce que vous voyez mal où je veux en venir ni ce que je veux dire au fond, laissez-moi argumenter un dernier moment en faisant un petit parallèle. La plupart du temps, je vis tout en pensant que je vis. Je suis sur la terrasse, assis sur une chaise, et je regarde le ciel : nuages, atmosphère, vie, conscience. Je *prends conscience* du ciel, donc des nuages, donc de l'atmosphère, donc de la vie, donc de la *conscience*. Je ne pense pas qu'aux jolis nuages. Je pense à l'Univers, à l'incroyable hasard qui a formé cette atmosphère avec 20% d'O$_2$, à l'incroyable hasard qui a retenu cette atmosphère, à l'incroyable hasard qui a placé la Terre à cette distance du Soleil, *etc*. Je pense à la possibilité de la vie, improbable, et à la possibilité de la conscience, encore plus improbable. Je pense que je pense en regardant le ciel. Ma situation dans l'Univers se justifie par la réflexion de son existence — et de la mienne. C'est un miracle. Qui, en regardant le ciel, ne peut s'empêcher de faire jaillir l'idée du Big Bang ? Je suis comme un petit enfant qui s'étonne en permanence et qui veut comprendre. Cela ne rend pas la vie facile. Je ne suis plus un enfant. Le « *comprendre* » de l'enfant, qui est insouciant par essence, et mon « *comprendre* » d'aujourd'hui, qui est gravé dans le marbre de la vanité, ne sont pas équivalents, et ils ne ressemblent même pas au « *comprendre* » habituel. Je pense que je vis en vivant comme je pense que j'écris en écrivant. D'une part : je pense, j'écris, donc je suis ; d'autre part : j'ai conscience de mon écriture, de mon existence, de mon être, de ma conscience. *Mon écrit est conscience de l'écrit.*

* * * * *

(Qui suis-je ? Qui étais-je ? Qui serai-je ? — Selon Tchouang-tseu, Ranjiu demanda à Confucius : « *Peut-on savoir ce qui fut avant l'existence de l'univers ?* » Confucius répondit : « *On le peut. Ce qui fut jadis est maintenant.* » Retour éternel ! On ne sait pas ce qui fut jadis : comment connaîtrait-on ce qui est maintenant ? — Tout éclata. « *La source jaillit, mais sans traverser l'éther (de la sphère). Elle ne pouvait être connue avant qu'un point suprême et secret ait fait éclater sa lumière sous l'action de l'ultime percée. — Au-delà de ce point, rien ne peut être connu. C'est pourquoi il est appelé* reshit, *commencement — le premier des (dix) mots par lesquels fut créé l'univers.* » Merveilleux passage du *Zohar* ! Boum ! Remerde !...)

* * * * *

(Je voudrais être heureux. Clémence fait tout ce qu'elle peut pour que je le sois. Cela ne marche pas. Au moment où j'écris (été 2014), cinq de mes six semaines de vacances sont finies. Qu'ai-je fait, à part écrire, tous les matins (« *Aurora Music amica est* » (« *L'Aurore est l'amie des Muses* »)) ? J'avais prévu de profiter de tout ce temps libre pour lire de gros ouvrages. Je ne l'ai pas fait. J'ai fait mon jogging quotidien, bu mes deux apéritifs de la journée… J'ai boursicoté et affiné mes connaissances dans ce domaine. J'ai réalisé deux ou trois travaux dans la maison. Je me suis occupé du nouveau locataire : un chiot (un cocker noir que nous avons appelé Pouchkine). Et sinon ? Rien. Le regard dans le vide, plein de pensées coulant sans cesse dans mon crâne. Une espèce de dépression avec des pensées vagues de suicide, un sentiment de ne plus exister — ou de trop exister, avec un corps trop pesant. Les derniers étés n'avaient pas été drôles. Celui-ci est peut-être le pire de mon existence. J'ai contemplé l'Ennui, la Souffrance morale. Je voudrais être heureux, mais je n'y arrive pas. Je ne peux pas l'être. — « Je sais ce qu'il te faut pour être heureux. — Ah oui ? — Oui. Rien de plus simple. Prends cette pommade. — « *Dumb* »… des laboratoires « *Idiotic* » ? — Oui. Malaxe-toi le genou avec… Alors ? — Non. Je ne ressens rien. Je ne suis pas heureux. — Je m'en doutais. Cette solution n'est pas assez radicale. On va te lobotomiser. Tu verras, ça ira mieux. *C'est sûr.* » — Ma Lyre… « *o laborum / dulce lenimen* » (« *ô douce consolation des peines* »)…)

* * * * *

Parmi les notes de Coleridge figure celle-ci : « *Je suis toujours, lorsque j'écris, d'une humeur noire. Vous allez penser que c'est la faute de mon Tempérament naturel. Hélas ! non. — C'est là le grand Problème : Ma Nature me dispose à la Joie — me pousse à l'Allégresse — et je ne peux jamais, jamais, m'y abandonner. — Je suis un vrai Tantale.* » Embourbé dans le sable mouvant du Savoir et de la Conscience… À une branche de l'arbre du Bonheur pendouille un scalpel ; à une autre, une scie circulaire miniature. Scie-toi, découpe-toi, cisaille-toi, tranche-toi, enlève *ça*…

* * * * *

Pourquoi écrire ? Si, selon la proposition de Mallarmé, « *tout, au monde, existe pour aboutir à un livre* », on passerait son temps à écrire, ce qui n'est pas le cas. Le livre est un « *instrument spirituel* », non à lire, mais à écrire. « *L'hésitation, pourtant, de tout découvrir brusquement ce qui n'est pas encore, tisse, par pudeur, avec la surprise générale, un voile.* » — Écrire parce qu'il y a la possibilité du « *dévoilement* », de l'« αληθεια ».

* * * * *

J'écris pour moi. En écrivant, je suis caché — et mon écrit demeure caché également. Je me fiche que Suétone écrive que « *occultæ musicæ nullum esse respectum* » (« *de musique cachée on ne fait point de cas* »). J'entends ma musique et cela compte plus que tout au monde. De même, je ne pense pas, comme le Varron des *Académiques* de Cicéron, que ce soit « *une folie que de faire des livres pour les cacher* ». Au contraire. Si je savais que *La Perte de Sens* devait être publié un jour, écrirais-je comme j'écris ? Serait-il agencé de la même façon ? Mon écriture serait-elle identique ? À mon avis, celui qui écrit un livre qui ne devrait pas être publié, écrit un livre *fort*, un livre de l'*être*. Si le livre que j'écris ne devait être écrit exclusivement pour moi, il ne serait pas moi, il serait un peu les autres. Et que sont les autres ? Rien, un *x*. Je ne peux pas me compromettre pour les beaux yeux d'un public que je ne visualise pas et qui, de surcroît, ne me visualiserait peut-être pas. Novalis mettait en garde contre cet aspect de dépendance au lectorat potentiel : « *Vivre de ses écrits, c'est une entreprise extrêmement dangereuse pour la véritable culture de l'esprit et pour la liberté.* » L'écrivain devrait être l'unique lecteur auquel il s'adresse. Quoi qu'il arrive, il est évidemment toujours le premier lecteur de son œuvre. Encore Novalis : « *La plupart des écrivains sont en même temps leur lecteur à l'instant où ils écrivent ; c'est pourquoi l'on voit transparaître le lecteur, si souvent, dans leurs œuvres. C'est pourquoi l'on y trouve tant de précautions critiques, tant de choses qui conviennent au lecteur, mais non pas à l'auteur. Les mots soulignés, les mots en gros caractères, les passages mis en valeur, tout ceci rentre dans le domaine d'activité du lecteur. Le lecteur met l'accent à son gré. Il fait d'un livre, en somme, ce qu'il veut.* » Descartes n'était pas la dupe non plus du danger que représente la publication : « *Mais j'ai eu depuis ce temps-là d'autres raisons qui m'ont fait changer d'opinion, et penser que je devais véritablement continuer d'écrire toutes les choses que je jugerais de quelque importance, à mesure que j'en découvrirais la vérité, et y apporter le même soin que si je les voulais faire imprimer, tant afin d'avoir d'autant plus d'occasion de les bien examiner, comme sans doute on regarde toujours de plus près à ce qu'on croit devoir être vu par plusieurs qu'à ce qu'on ne fait que pour soi-même, et souvent les choses qui m'ont semblé vraies lorsque j'ai commencé à les concevoir, m'ont paru fausses lorsque je les ai voulu mettre sur le papier, qu'afin de ne perdre aucune occasion de profiter au public, si j'en suis capable, et que si mes écrits valent quelque chose, ceux qui les auront après ma mort en puissent user ainsi qu'il sera le plus à propos ; mais que je ne devais aucunement consentir qu'ils fussent publiés* pendant ma vie, afin que ni les oppositions et controverses auxquelles ils seraient peut-être sujets, ni même la réputation telle quelle qu'ils me pourraient acquérir, ne me donnassent aucune occasion de perdre le temps que j'ai dessein d'employer à m'instruire. » L'écrivain devrait s'adresser à un lecteur, — *mort*. — Maurice Blanchot a beaucoup réfléchi à ces questions : « *Cependant, lorsque l'écrivain se porte, avec un tel entraînement, vers le souci de l'existence anonyme et neutre qu'est l'existence publique, lorsqu'il semble n'avoir plus d'autre intérêt, ni d'autre horizon, ne se préoccupe-t-il pas de ce qui ne devrait jamais l'occuper lui-même, ou seulement indirectement ?* » L'auteur recherche-t-il puissance et gloire ? Le livre à venir n'est-il pas tout ce qui compte ? Où va *sa* littérature ?... — Tout ce que j'ai écrit, je l'ai lu. Pour résumer : quand j'écris, je m'écris et je me lis (sans compter que « *quit scribit, bis legit* » (« *celui écrit lit deux fois* »)). En lisant ce que j'avais en moi, je lis en moi, je m'accouche et contemple mon bébé — qui me figure. (« *La femme, lorsqu'elle enfante, éprouve de la tristesse, parce que son heure est venue ; mais, lorsqu'elle a donné le jour à l'enfant, elle ne se souvient plus de la souffrance, à cause de la joie qu'elle a de ce qu'un homme est né dans le monde.* » (Jn, 16-21) Remplacez « femme » par « écrivain » — et dites-vous que je me souviens de la souffrance et que je ne connais pas la « *joie* » telle qu'elle est décrite.) J'écris, je lis. *En lisant en écrivant*. On peut tout aussi bien retourner ce titre de Gracq : En écrivant en lisant. Ah ! Gracq, pour qui l'écriture est « *un enjeu extrême* », vient à point nommé. Jean Pelletier écrit de lui : « *Il n'en reste que le sentiment de la nécessité et d'une organisation centrée autour d'un double mouvement, je lis et j'écris. [...] Pourquoi écrire ? Mais pour donner de la matière au rêve, à la pensée, à la fuite vers l'aboutissement des temps.* » Car que dit Gracq, cet écrivain qui avait « peur de faire un livre de trop » ? « *J'écris pour moi, même si je ne suis pas indifférent au lecteur [...] je règle un compte avec l'écriture. [...] Il y a nécessité de donner un statut définitif à cette pensée.* » Toujours au sujet de l'indissociabilité de l'écriture et de la lecture, je vais convoquer Roland Barthes (*Critique et vérité*) : « *Ainsi tourne la parole autour du livre :* lire, écrire *: d'un désir à l'autre va toute littérature. Combien d'écrivains n'ont écrit que pour avoir lu ? Combien de critiques n'ont lu que pour écrire ? Ils ont rapproché les deux bords du livre, les deux faces du signe, pour que n'en sorte qu'une parole. La critique n'est qu'un moment de cette histoire dans laquelle nous entrons et qui nous conduit à l'unité ... à la vérité de l'écriture.* » — Vais-je trop loin ? Allons-*nous* trop loin ? — Je me torture. Réfléchirais-je trop ? Le prince de Ligne, qui ne se masturbait pas que l'esprit, rangeait les écrivains dans deux catégories : les « *gens qui réfléchissent pour écrire* » et ceux « *qui écrivent pour ne pas réfléchir.* » Il se rangeait lui-même (« *un peu* ») dans la seconde : « *ceux-ci ne sont pas si bêtes, mais ceux qui les lisent le sont, à mon avis.* » N'en déplaise aux lecteurs (qui ça ?), j'appartiens aux deux catégories, voire à une troisième qui n'a pas été citée : les gens qui écrivent pour réfléchir. — On pourrait avoir envie de dire que je me sacrifie en sacrifiant mon livre. Pourquoi pas ? La vie est un sacrifice. Dans un essai intitulé *Quelques réflexions sur l'idée chrétienne de la personne*, Landsberg admet que l'on crée « *par le sacrifice* », et que cet acte créateur n'appartient qu'à la personne qui crée, laquelle est la seule à y avoir « *son existence* ». Je pourrais aussi citer Lacan quand il évoque *La lettre volée* : « *Dont l'essence est que la lettre ait pu porter ses effets [...] sans que jamais personne ait eu à se soucier de ce qu'elle voulait dire. Ce qui de tout ce qui s'écrit est le sort ordinaire.* » La feuille à laquelle je parle ne parle qu'à moi. *Nous communions* (que ce soit à travers les auteurs de ma bibliothèque ou non, car il s'agit toujours d'une communion). — « *Will no man say amen? Am I both priest and clerk? Well then, amen.* » (« *N'y a-t-il personne pour dire amen ? Suis-je à la fois le prêtre et l'enfant de chœur ? Eh bien alors, amen.* »)

* * * * *

Je m'achève en ce livre qui ne s'achève pas. — « *Car personne ici bas ne termine et n'achève [...].* »

* * * * *

Construit à partir du nom « *ditier* » (« *poème* ») en moyen français, le verbe « enditier » (ou « enditer ») signifiait « *indiquer* », « *faire connaître* », « *suggérer* », « *rédiger* », « *écrire* », « *informer* », « *renseigner* ». Mot parfait ! J'enditie. (Et l'homophonie !...)

* * * * *

J'étais excité et effrayé à la fois. Je ne tenais plus en place. Je me mourais de ne plus écrire. Et je sentais que cela remontait en moi comme une bouffée de chaleur. J'étais assailli par un besoin puissant d'écrire et, comme Kafka, je connus cette « *impression d'être un poing fermé avec des épines qui s'enfonçaient dans ma chair à l'intérieur* ». Comme Kafka, je compris que mon existence était vraiment dépendante de ma table de travail, que, si je voulais échapper à la folie, je n'avais plus le droit de m'éloigner de mon bureau, et que je devais m'y « *accrocher avec les dents* ».

* * * * *

Once upon a time — again. — Le 3 octobre 2009 à 18h16 marque le (re)commencement. J'avais dirigé les mots du prologue comme des feuilles ballottées dans un torrent. « *Pas la moindre distraction* », écrivait Gide dans *Ainsi soit-il*. « *Il pleuvait. Alors, je m'étais assis à la table d'un salon banal, devant une feuille de papier blanc, résolu à écrire n'importe quoi, pourvu que cela n'ait aucun sens.* » Il ne pleuvait pas. Ma tête et mon ventre étaient engourdis par les cigarettes. J'écrivis n'importe quoi, mais cela portait déjà un sens : le sens de la reprise. « *Écris, écris et émarge en toi ; délivre-toi, puise dans l'abandon, pars à la recherche de tes ambitions, ramène ton vouloir-créer.* » Il suffisait d'écrire pour me tester. J'espérais moins que ce que j'ai jusqu'à présent accompli. Si l'on m'avait dit que j'y serais encore cinq années plus tard, j'aurais eu du mal à y croire. Cela paraissait énorme sans devoir être *aussi énorme*. Je n'aurais jamais imaginé écrire plus d'une centaine de pages sur Hamlet ! — En ce début du mois d'octobre 2009, je me refis, me repris, me retrouvai. Un an à couver ce livre à venir. Renouer après huit ans d'abstinence ! (Le dernier livre achevé n'était-il pas *Melos*, en 2001 ?) Huit ans à maudire la société, à laquelle j'imputais la responsabilité de m'avoir fait arrêter d'écrire… M'être *tu* si longtemps… sans m'être tué… — Sur *L'Art de se taire*, l'abbé Dinouart disait notamment : « *Un homme sage et capable d'écrire, interrogé quand il prendrait donc la résolution de faire un livre ? "Ce sera, répondit-il, quand je m'ennuierai de faire autre chose, et que je n'aurai plus rien à perdre." Je laisse aux écrivains empressés le soin de développer tout le sens de cette réponse.* » Moi non plus, je n'avais plus rien à perdre. J'y engageais tout mon être. Et je m'ennuyais également, en ce sens que l'écriture avait la mission de me laisser un sursis : *écrire ou mourir*, telle était mon ambition (ou tel était mon *ultimatum*). « Écrire ou mourir » n'est pas correct : il faut lui adjoindre : « *écrire et mourir.* » (Je songe à l'apostille au *Nom de la rose*, où Umberto Eco ne se gêne pas pour proposer : « *L'auteur devrait mourir après avoir écrit. Pour ne pas gêner le cheminement du texte.* »)

* * * * *

Néanmoins, je dois continuer. Ce n'est pas fini. Selon la légende, le calligraphe chinois Wang Xizhi aurait mis quinze ans pour perfectionner son « 永 » (« yong » : « éternel »). Que sont, en comparaison, mes cinq années pour perfectionner ma « *Perte* » ?

* * * * *

J'écris pour moi, pour me débarrasser du monde et le recréer à ma façon. Je suis libre d'écrire ce que bon me semble. Tout ce qui me chante peut être couché sur le papier (et même ce qui me désenchante). Il n'y aurait que les limites du langage pour dévier mon vol ou le suspendre. Au surplus, comme le souligne Barthes, « *il n'est pas donné à l'écrivain de choisir son écriture dans une sorte d'arsenal intemporel des formes littéraires* », ce même écrivain qui est exclu « *des langages vivants* » que la Nature — qui parle — élabore. (Entre les doigts de l'écrivain, « *l'Histoire place un instrument décoratif et compromettant, une écriture qu'il a héritée d'une Histoire antérieure et différente, dont il n'est pas responsable, et qui est pourtant la seule dont il puisse user* ». C'est une tragédie : « *ainsi naît un tragique de l'écriture, puisque l'écrivain conscient doit désormais se débattre contre les signes ancestraux et tout-puissants qui, du fond d'un passé étranger, lui imposent la Littérature comme un rituel, et non comme une réconciliation.* ») — Je suis là pour écrire — en attendant d'être las d'écrire. — Voir l'écrit et mourir… J'écris — et il ne se passe rien dans mon livre. Il ne se passe rien : pas d'événements romanesques, pas d'intrigues, pas de rebondissements, pas de meurtres, pas d'histoires romantiques, pas de soucoupes volantes, rien d'invraisemblable, donc pas de « *refuge* », comme dit Racine dans sa préface à *Bérénice*, fabriqué à l'aide d'un « *grand nombre d'incidents* ». « Toute l'invention », selon lui, « *consiste à faire quelque chose de rien* », ce qui n'est pas chose si facile. (Cela dépend de la nature de ce « *rien* ». Si je prends Michaux, son « *quelque chose de rien* » n'est pas d'un grand mérite. Imitons-le tout de suite : « Il lèche ses entrailles, / Il lèche le suc des mandibules / Pleines de saveur / Saveur / Des gouffres de l'Esprit. » Cela m'a pris dix secondes. Un autre échantillon : « La philosophie de mon cœur, qui bat les effigies qui dansent sur les murs, de la chambre de la mort, la philosophie du père qui m'a démantelé (amère tapisserie) et qui crache le sang de mes dents broyées, jaunes, vertes, la philosophie de la mère, rafraîchie, car vernie, la philosophie m'alarme — de crocodile. » Trente secondes pour « michaliser » et cela ne m'a rien coûté. Racine eût ri.) Pour Rousseau aussi, « *il est aisé de réveiller l'attention, en présentant incessamment et des événements inouïs et de nouveaux visages, qui passent comme les figures de la lanterne magique* » ; « *mais* », ajoute-t-il, « *de soutenir toujours cette attention sur les mêmes objets, et sans aventures merveilleuses, cela certainement est plus difficile* ». (Fluide Glacial avait organisé un concours de la lettre la plus courte. Par amusement, j'avais participé (et gagné) : « *La lettre la plus courte supposerait que l'on n'écrivît rien. Mais serait-ce encore une lettre ? À moins que l'on ne préférât écrire 'rien' (le mot 'rien"). Mais "rien", c'est "res" en latin, qui signifie "quelque chose" (première définition du Littré). Si je n'écris rien, qu'écris-je ? (Je m'aperçois que ma lettre ne gagnera pas le concours… Bah : qui ne tente rien, n'a rien, n'est-ce pas ? Au Mieux, Movida le publie dans Fluide… ce qui me rendrait tout chose.)* » Cela avait été publié… mais expurgé ! Ce qui invalidait une partie de ce que j'avais écrit…) — Voir l'écrit et mourir… « *Qui se souviendra de vous après votre mort, et qui priera pour vous ?* » Ha ! tu es mort, « *mais du moins tes chants purs comme la voix du rossignol vivent, et sur eux le ravisseur de toutes choses, Hadès, ne portera pas la main* ». — Un petit garçon se promène dans la forêt et se perd. Il a peur, il pleure, il tremble, il meurt. — Le soir tombe, ainsi que ma mélancolie. Je crie, assis dans le fauteuil. Un tableau se décroche, poussé par la main du Diable, et tombe sur le parquet. — Caca, pipi, caca, pipi. Arrêtez votre métaphysique, c'est insupportable. — Alouette, gentille alouette, je te plumerai. Et les pattes ! Et les ailes ! Et le cou ! Et les yeux ! Et le bec ! Et la tête ! — AZERTY, mon petit, viens voir papa. QSDFGH, mon petit, n'aboie pas. WXCVBN, mon petit, mange tes croquettes. — Voyez-vous cette étoile filante ? Où ? Elle a filé. J'ai vu un pont ; j'ai vu des voitures ; j'ai vu un homme se jeter dans le vide. — Tu écris ? Oui. Tu écris quoi ? Non. — Quelle est la quantité d'huile contenue dans une cacahuète ? — Il ne s'était pas lavé depuis une semaine. Cela empestait le bureau. Il souriait béatement. Qu'as-Tu fait, mon Dieu ? Pourquoi Ton entendement a-t-il créé cet homme qui pue ? — Vous savez, toutes les fonctions que l'on étudie sont gentilles. Elles sont dérivables en tout point de $\mathbb{R}$. — Quel papier cadeau ? En haut de l'armoire ? Il n'y a qu'un tire-bouchon. Tiens ! Que fait là ce tire-bouchon ? Ce n'est pas celui que ta mère t'a offert ? Avec le manche en cep de vigne ? Non, le manche est en métal. — Où pars-tu ? Je pars bâtir des châteaux en Espagne. Dans tes rêves… — Tu as lu l'avis de recherche ? Cent mille dollars de récompense. Il a massacré l'Ukraine. Hein ?… Sous tes yeux, l'avis, là ! — « *En parlant de la sorte, j'ai uniquement cédé à la douleur que me cause la vue des égarements du monde. Je ne gagnerai peut-être que de la fatigue à écrire ces pages, où tout, du reste, est contre moi ; mais du moins mon âme en sera soulagée.* »

*****

Qu'ai-je écrit ? Ce qui a du sens pour moi. Si j'écris : « Le Soleil brille », cela a-t-il du sens ? Cela a été dit des millions de fois par des millions de gens. Qu'y a-t-il de nouveau sous ce Soleil-ci ? Rien. À quoi bon un livre « ensoleillé » ? « Le Soleil brille. Le brin d'herbe se plie. Le chat miaule. La caravane passe. » Ce sont des descriptions sans intérêt, des *tautologies*. Il est impossible de travailler ce matériau. Moi, je n'y sens rien. De manière plus générale, il y a comme une impossibilité à trouver de nouveaux thèmes, à faire de nouvelles études. Au-delà des lieux communs, tout a été fait, tout sujet a été tiré à fond. Cela me fait penser à ce vers de Valéry : « *Les temps sont accomplis, les désirs se sont tus.* » Pourtant, j'écris. Le sens de mon écrit est uniquement soutenu par le sens que je lui donne — *pour moi.* — « *If there be nothing new, but that which is / Hath been before, how are our brains beguiled, / Which, labouring for invention, bear amiss / The second burden of a former child!* » (« *S'il n'est rien de nouveau, mais si toute existence / Fut déjà, notre esprit s'abuse étrangement / Lorsque, en mal de créer, il donne en vain naissance, / Pour la seconde fois, à quelque vieil enfant.* »)

*****

La coupe et les lèvres… — « *Tant qu'on n'a rien écrit, il en est d'une idée / Comme d'une beauté qu'on n'a pas possédée : / On l'adore, on la suit ; — ses détours sont charmants. / Pendant que l'on tisonne en regardant la cendre, / On la voit voltiger ainsi qu'un salamandre ; / Chaque mot fait pour elle est comme un billet doux ; / On lui donne à souper ; — qui le sait mieux que vous ?* » La beauté se faisant parfois mélancolique et sauvage…

*****

Quel est le sens de l'écrit ? Pas le sens de ce qui est écrit ou de ce qui s'écrit, mais le sens de ce qu'il y a à écrire, le sens d'*écrire*. *La Perte de Sens* n'a-t-il, paradoxalement, de sens que pour moi ? *A priori*, oui. *A posteriori*, éventuellement. Et pour l'Autre — le Lecteur — imaginaire ? — Quelle est la part de ma vie contenue dans l'écriture ? Quelle est la part de l'écriture contenue dans ma vie ? Que se passe-t-il en moi lorsque j'ai décidé d'écrire ? Que se passe-t-il en moi lorsque j'écris ? Qui suis-je avant de « prendre une feuille » ? Qui suis-je pendant que j'écris ? Sans parler de la peur de la page blanche, que risque-je *en écrivant les premières phrases, les premiers mots* » ? Le poète hongrois János Pilinszky répond tout d'abord lui-même à cette question du risque par une autre question : « *Quelque chose d'irréparable, peut-être ?* » Ensuite, il se risque à dire que « *le sens de l'écriture véritable dépasse tout risque personnel* », et, en rejoignant une pensée que j'ai déjà évoquée il y a quelque temps, que « *tout écrivain véritable d'une certaine façon "gagne sa vie en la perdant"* ». Ceci extrait du *Journal d'un lyrique*, qui comporte de belles réflexions sur le sens et le caractère de l'écriture aux yeux de l'écrivain : « *Ce qui rend l'écriture redoutable c'est qu'elle est à la fois acte, confrontation et jugement. C'est moins et plus que notre vie. Il est stérile de confronter vie et écriture. L'écriture est une variété exceptionnellement intense de la vie, variété consciente.* — *Son rôle est double. Elle montre comment nous avons vécu jusqu'à présent et comment nous devons vivre désormais. Elle est critique de tout ce qui nous est arrivé jusque-là mais en même temps elle représente aussi pour nous la possibilité du salut. Devant le papier blanc il n'y a que notre espérance qui soit plus grande que notre peur.* — *L'enfant ressent quelque chose d'approchant sur son banc d'école : Puissions-nous ne jamais grandir ! Le malheur de l'écriture c'est d'être adulte ; elle ressemble à la douleur-malheur de la croissance. Oui parfois elle est vraiment proche-parente de la douleur corporelle. Elle est acte plus douloureux que l'acte, jugement plus significatif qu'un examen de conscience. Ce que l'écrivain pourrait peut-être différer dans sa vie, sur le papier il ne peut pas le remettre à plus tard. Voilà pourquoi il "pâlit" devant la feuille blanche. […] Seul ce qui a quoi nous avons définitivement renoncé peut être mis définitivement sur papier. Seul ce que nous avons définitivement abandonné à Dieu peut véritablement être nôtre. […] Que l'écriture reste mon pain quotidien. J'ai besoin de ce morceau de pain. Je n'ai pas d'autre nourriture.* » La nourriture terrestre d'un enfant qui n'aurait pas dû grandir, d'un adulte qui aurait voulu garder son âme d'enfant innocent. Socrate n'est jamais loin : l'écrivain est un obstétricien souffrant. Il souffre de ce qu'en faisant naître, c'est lui qu'il fait naître. Cycle diabolique de la naissance et de la renaissance ! L'écrivain reste un enfant parce qu'il vit avec le monde de l'enfance qu'il a refoulé. Comme le rappelle Karl Abraham dans son étude sur Giovanni Segantini : « *L'artiste comme le névrosé a un pied en dehors de la réalité, dans un monde imaginaire. Les fantasmes refoulés constitueront chez le névrosé les symptômes de sa maladie. Chez l'artiste, ils s'exprimeront dans ses œuvres ; mais pas seulement en elles. Car l'artiste présente toujours des traits névrotiques. Il ne parvient pas à la sublimation intégrale de ses pulsions refoulées ; une partie d'entre elles se transforme en phénomènes nerveux.* » L'enfant vit dans l'adulte écrivain. À part l'alcool, le tabac ou toute autre drogue qui pourraient calmer sa douleur ou lui faire accepter l'enjeu (ou les lui faire oublier !), l'écrivain accouche et crie comme la femme qui met au monde son enfant. Dans *L'Œuvre* de Zola, Sandoz exprime à Claude ce désarroi et cette impuissance à ne pas souffrir : « *Eh bien, moi, je m'accouche avec les fers, et l'enfant, quand même, me semble avoir horreur. […] Mon Dieu ! que d'heures terribles, dès le jour où je commence un roman ! Les premiers chapitres marchent encore, j'ai de l'espace pour avoir du génie ; ensuite, me voilà éperdu, jamais satisfait de la tâche quotidienne, condamnant déjà le livre en train, le jugeant inférieur aux aînés, me forgeant des tortures de pages, de phrases, de mots, si bien que les virgules elles-mêmes prennent des laideurs dont je souffre. Et, quand il est fini, ah ! quand il est fini, quel soulagement ! non pas cette jouissance du monsieur qui s'exalte dans l'adoration de son fruit, mais le juron du portefaix qui jette bas le fardeau dont il a l'échine cassée… Puis, ça recommence ; puis, ça recommencera toujours ; puis, j'en crèverai, furieux contre moi, exaspéré de n'avoir pas eu plus de talent, enragé de pas laisser une œuvre plus complète, plus haute, des livres sur des livres, l'entassement d'une montagne […].* » Pauvre Sisyphe ! Pauvre Prométhée ! Vingt fois sur la table d'accouchement remettez votre ouvrage… Moi qui suis né aux *forceps*, je dois bien reconnaître que j'écris également aux *forceps*, répétant le traumatisme de ma naissance dans la naissance, renouvelée à chaque séance d'écriture, de ce que je suis. (Drôle d'image : j'écarte les jambes… et j'expose mon sexe. Prostitution ? « *Prostituo* » ne signifie-t-il pas « *placer devant* », « *en avant* », « *exposer aux yeux* » ? et « *prostitutio* », « *profanation* » ? Du Pape : « *Duos habet et bene pendentes.* » (« *Il en a deux, et elles pendent bien.* ») Ne bougeons plus, l'oisillon va sortir ! Vite, une plume !)

* * * * *

Un enfant ? Freud écrivait : « *Dans certaines conditions favorables il peut encore trouver un autre moyen de passer de ses fantaisies à la réalité, au lieu de s'écarter définitivement d'elle par régression dans le domaine infantile ; j'entends que, s'il possède le don artistique, psychologiquement si mystérieux, il peut, au lieu de symptômes, transformer ses rêves en créations artistiques. Ainsi échappe-t-il au destin de la névrose et trouve-t-il par ce détour un rapport avec la réalité.* » Tout est résumé là : sous « *certaines conditions* »… Ha !… Tu peux rêver, Julien… — Rêver… Là est l'embarras… — Somerset Maugham confessait : « *La rêverie est le fondement de l'imagination créatrice ; c'est le privilège de l'artiste qu'elle ne représente pas pour lui, comme pour le commun des mortels, une fuite de la réalité, mais un moyen d'y accéder. Sa rêverie a une raison d'être. Elle lui donne un plaisir en comparaison duquel ceux des sens sont fades ; elle lui donne l'assurance de sa liberté.* » De la réalité au rêve, du rêve à la réalité : le rêve est-il réel — et *vice versa* ? Que se passa-t-il dans la tête de Flaubert lors de cette fameuse nuit où il « *écrivit l'empoisonnement de madame Bovary* » ? Maupassant raconte qu'« *il fallut aller chercher un médecin, car il défaillait, empoisonné lui-même par le rêve de cette mort, avec des symptômes d'arsenic* » ? La fiction dépassa-t-elle la réalité ? Et Balzac qui crie son « *Bianchon* » ? « *Bianchon, appelez Bianchon ! Lui seul me sauvera…* »

* * * * *

Plus j'écris, moins ce livre est lisible, moins il *s'incite lui-même* à être lu. Il est trop bizarre, trop gros. Qu'attendait Jules Romains en écrivant pendant quatorze ans *Les Hommes de bonne volonté* (vingt-huit volumes) ? Qui a lu cette fresque ? Personne ne m'en a jamais parlé…

* * * * *

Mon père avait-il ramené du bureau le Macintosh LC II avant que je ne me fisse, lors d'un entraînement au basket, une entorse à la cheville (poussé involontairement par Cédric Brément en contre-attaque), ou bien juste après ? J'ose croire que le Mac était dans ma chambre depuis peu, que je m'étais déjà familiarisé avec lui avant d'être « immobilisé ». Si mes souvenirs sont bons au sujet de cette entorse, j'ai porté un plâtre trois durant trois semaines (avec des béquilles) et les séances de rééducation avec la kinésithérapeute ont été doublées ou triplées par rapport à ce qui avait été prévu initialement (le plâtre avait été mal fait et avait bloqué la cheville dans une mauvaise position). Je me fourvoie peut-être, étant donné toutes les blessures que j'ai eues dans ma jeunesse : tendinites à répétition pendant la croissance et entorses multiples (tous les doigts des deux mains y sont passés). En tout cas, ce n'est pas la petite fracture de la rotule (survenue lors d'un saut en hauteur en classe de sport), puisque celle-ci arriva en sixième (m'obligea à porter une attelle qui tendait la jambe). Et cette fameuse entorse eut-elle lieu vers la fin d'année 1994 ? Je devais avoir environ seize ans. À la maison, on avait eu un Amstrad CPC 6128 dès 1988 (là non plus, je ne puis confirmer la date). Mon frère et moi étions des privilégiés : à l'époque, rares étaient ceux qui disposaient d'un ordinateur. J'ai appris à pianoter sur cet engin. Ainsi, lorsque le Mac débarqua dans ma chambre, je n'ai pas été dérouté. La cheville dans le plâtre m'épargnait les deux ou trois entraînements hebdomadaires et me dispensait des matches de compétition le weekend. Je me retrouvai avec du temps libre. Et c'est là que tout a commencé. Comment cela s'est-il déroulé ? Ma mémoire bloque. J'ai dû ouvrir une page de Works et me mettre tout simplement à écrire. Pourquoi ? Et quoi ? Je ne sais pas ou ne sais plus. J'étais fort imprégné de Stephen King. J'avais, comme on l'a vu plus haut, certains goûts morbides. Mon imagination était foisonnante, du moins à ce qu'il me paraît aujourd'hui. J'ai voulu raconter des histoires. Désirais-je être écrivain ? Savais-je ce que cela voulait dire ? Drieu la Rochelle visait-il juste (*Le feu follet*) ? « *Et voilà que sans le vouloir, ni le savoir, par un sursaut de l'instinct, il entrait dans le chemin au bout duquel il pouvait rejoindre les graves mystères dont il s'était toujours écarté. Puisqu'il éprouvait le bienfait imprévu, il aurait pu concevoir dès lors la fonction de l'écriture qui est d'ordonner le monde pour lui permettre de vivre.* » — Une longue série de nouvelles débutait. En tout, il y en aurait une centaine, toutes écrites sur une période d'environ un an et demi, deux ans. J'ai tendance à croire que la première était celle qui s'est intitulée *La Mort*. Impossible d'en être sûr cependant (cela semble trop beau). Supposons que ce soit elle le premier véritable écrit de ma « carrière ». Il faut m'imaginer à seize ans, assis à mon bureau, devant ce minuscule écran (douze pouces au grand maximum), à écrire : « *Je suis mort le 24 mai 1978. — Je me souviens très nettement de ce jour où la Mort est venue me chercher. Je prenais alors mon bain lorsque j'entendis la sonnette de ma porte retentir. Je me pressai de me changer pour aller ouvrir, mais la porte s'ouvrit d'elle-même quand je fus à son pied. L'être qui se tenait derrière l'embrasure de la porte me fit pousser un hurlement : c'était moi. Mon étonnement fut encore plus fort lorsqu'il s'avança, m'écarta à l'aide de son bras et me dit d'une voix que je connaissais parfaitement : — "Fermez tout de suite la porte et asseyez-vous." — Je ne pus rien dire, ne serait-ce qu'un seul mot ; j'obtempérai. Je m'assis lourdement dans le fauteuil du salon et posai fébrilement mes deux mains sur les deux bras qui saillaient du dossier. Il vint s'asseoir calmement, avec une aisance qui m'étonna, ce qui me prouva d'ailleurs que cette personne n'était pas exactement comme moi. Je m'en réjouis. Comme j'avais perdu momentanément la faculté de parler, ce fut lui qui engagea la conversation, de sa voix qui m'émerveillait, mais qui m'effrayait tout de même. "Je suis vous", dit-il. — Il m'annonça cela avec tant de facilité que je ne pus encore une fois répondre. — "Vous savez pourquoi je suis là ?" demanda-t-il.* » (Et cela continue…) Que des histoires très courtes de mort, de souffrance, de peur ! *Rien que cela !* Avais-je besoin d'expulser mes propres angoisses sous couvert de fiction ? Avais-je la volonté d'imiter Stephen King et les autres ? La plupart du temps, j'écrivais sans savoir où cela devait mener. L'histoire se précisait au fur et à mesure qu'elle s'écrivait et j'avais le don de trouver une chute impeccable (en y repensant, je m'attendris devant l'adolescent que j'étais et sa puissance imaginative, et je trouve même cela effrayant). L'un de mes tout premiers poèmes reflète très bien mon état d'esprit d'alors, très hamletien (avant que je le lusse !) : *Pourquoi, mon Dieu ? Veuillez pardonner au jeune garçon les maladresses de sa « plume »* : « *Elle est un nom, certes, mais ne signifie rien. / Pourquoi existe-t-elle ? Pourquoi une fin ? / La réponse est bien trop ardue. Je ne sais pas. / Peut-être est-elle nécessaire. Au fond de moi, / Tout, tout gigote, tout tremble, et tout pleure. / Mon esprit est perdu ; bientôt mon pauvre cœur. / Ah ! Si je pouvais l'éviter... Mon Dieu... Mon Dieu... / Moi, vulgaire créature, je ne demande pas mieux. / Encore un peu de temps, afin de réfléchir... / Je demande tout, mais surtout pas de mourir. / Mon Dieu, pourquoi avoir imaginé la mort ? / La vie suffit ; douleur, toujours douleur, encore... / Pourquoi tant de cris, de souffrances ?... Pourquoi... Dieu ? / Répondras-Tu, Père, à l'imploration des vieux ? / Je ne désire qu'une chose : revivre après la vie. / Mais cela m'effraie... Est-il bon, le Paradis ? / Tu l'as créé, tout comme la vie. Est-il pareil ? / Pareil aux pires cauchemars de notre sommeil ? / C'est ici-même ma phobie. Revoir les souffrances. / Immortel au Paradis ? Ce n'est pas une chance. / Eh bien, mon Dieu, j'ai réfléchi : je veux mourir. / Et je n'attends que le néant pour m'accueillir.* » Pensais-je vraiment ce que j'écrivais ? Parlais-je de moi ? d'un « *vieux* » que je connaissais, que je ne connaissais pas ? Le « *vieux* » était-il moi plus tard ? Ou ce « *vieux* » était-il là pour la rime ? Croyais-je réellement en la possibilité d'une vie après la mort (cela m'étonne) ? Ma conviction était-elle que la vie ne vaut pas la peine, qu'elle est remplie de souffrances ? Je m'adresse à Dieu et évoque le Paradis. Or, je n'étais pas croyant à cette époque… Je m'intéressais davantage à mon télescope et aux étoiles. Tout bien pesé, je n'étais pas malheureux, mais le germe de la souffrance, toujours inconscient, avait été introduit en moi avant même d'écrire ces deux recueils de nouvelles (*La peur et le réel* et *Visions de l'effroi*). — Quant à la qualité du style, ces premiers écrits me servirent, sans que je m'en rendisse compte, à maîtriser progressivement la langue. Je me souviens de m'être posé des questions sur la façon d'utiliser les guillemets et les tirets pour les dialogues, ou sur la délimitation des paragraphes et des alinéas. À l'école, j'avais toujours excellé en français. Écrire éleva mon niveau. Je commençai à lire en écrivain : j'étudiais la manière dont étaient construits les livres de ma bibliothèque. C'était encore balbutiant. Mes progrès se firent sentir dans mon premier roman, *Le Pays perdu*, écrit en terminale. Un roman était une tout autre affaire qu'une nouvelle ! (Je m'en étais fait la réflexion.) Mais ce n'est qu'à vingt ans que le style devint pour moi une priorité. — Écrivais-je tous les soirs en rentrant du lycée ? tout le weekend ? Mes parents sauraient-ils me répondre ? (J'en doute fort.) Le fait est que cela devint une passion, un besoin, qui ne m'a jamais quitté… — Alors, que se serait-il passé si mon père n'avait pas ramené le Mac ? si je ne m'étais pas fait d'entorse ? Mon destin était-il d'écrire, quoi qu'il arrivât ? Et puis, je n'ai toujours pas de réponse au « *pourquoi* » du commencement…

* * * * *

Dans *Au premier songe*, j'avais essayé de retranscrire ce qu'une inconnue et moi-même, à mon retour des États-Unis, nous étions racontés avant de prendre le train chacun de notre côté. J'avais évoqué ces débuts : « *J'écrivais sincèrement… C'était naturel, j'écrivais parce que c'était un besoin surgi de nulle part, parce que j'avais envie de briser mon imagination en la mettant sur le papier, je voulais me prouver qu'une telle imagination avait un sens, une utilité, bien que je ne sois en rien un utilitariste… Le soir, après les cours, je ne me forçais pas à écrire ; c'était différent d'aujourd'hui : j'écris avec un plaisir sincère… mais moins fort qu'avant ; j'écris avec des contraintes plus affirmées : je fais attention au style, je ne me soucie plus uniquement des idées… En cela, j'ai changé quasiment du jour au lendemain : l'écriture restait un exutoire, mais il me fallait viser haut… alors qu'aux tout débuts, je me focalisais sur l'idée, je composais des nouvelles très courtes à chaque idée ; cela rendait l'histoire plus intense, plus claire, et la fin éclatait, elle chamboulait tout, elle renversait les suppositions de celui qui le lisait… et qui les lit peut-être encore… (Elle* hocha la tête et je m'aperçus que le sujet de départ, la question des études, s'éloignait — mais on avait de la marge avant que nos trains ne partissent.) *C'étaient de véritables petites bombes… des* short short stories, *pour reprendre un terme inventé par l'écrivain Fredrik Brown… Une fin qui défigurait le récit en lui-même, qui contrebalançait les idées établies durant la lecture ; j'avais la volonté farouche de faire peur en prouvant qu'il ne faut jamais croire que la fin est* la fin… *qu'il y a toujours quelque chose de caché, qui peut demeurer caché, que l'on n'est pas nécessairement dans la voie que l'auteur a essayé de nous faire suivre, sans qu'on le sache… et c'est ce qui est terrible, c'est ce qui plonge le lecteur dans l'angoisse quand il sait que les prochaines nouvelles seront du même acabit, qu'il ne pourra plus faire confiance à ses intuitions, qu'il sera perdu… et il tentera tant bien que mal de deviner avant la fin ce qui pourra bien faire que l'histoire n'est pas ce que l'on pense ; il se sentira une vestige d'écrivain : l'auteur de la nouvelle tient les rênes et les ficelles de son* 'bébé'*… Rien n'est autant jouissif pour l'écrivain que les dernières phrases de ce genre de nouvelles : il les forme de manière à bouleverser… — J'aimerais bien lire certaines de ces nouvelles… Tu en as écrit beaucoup ?…* demanda-t-elle. *— J'en ai écrit une centaine à ce jour… mais cela fait longtemps que je n'en ai pas écrit de semblables ; maintenant, elles sont plus conventionnelles… mais elles frappent* tout de même*… Et je n'ai pas l'habitude de prêter de mes écrits… Et je me défendrai en disant qu'elles n'ont jamais été corrigées et qu'elles sont naïves dans la construction… Je me débrouillais pas mal, mais cela n'a rien à voir avec ma production actuelle, ce qui fait que je ne replonge jamais dans ces anciennes nouvelles… Parfois, je les jetterais bien… ou les brûlerais : elles ne sont plus un vestige d'écrivain : elles sont une semi-honte…* (Elle me fit remarquer :) *— Tu es rude avec toi-même… — Non, je ne suis pas rude avec moi-même : je le suis avec mes écrits d'antan… (Mais je suis jeune, oui…) — Ce n'est pas la même chose ? Ce que tu écris, c'est toi, cela vient de toi… Je me trompe ?… — Non plus… Mais comment te dire ?… Elles sont un premier jet et elles seraient moi-même, complètement moi-même, si je les avais vraiment finies, enfin corrigées, revues, comme lorsque l'on revoit ses propres épreuves qu'un éditeur envoie avant la mise sous presse… Mais je ne suis pas capable, la plupart du temps, de corriger : je passe à autre chose… Je devrai me résoudre à le faire si je veux être publié un jour… — Je crois que cela démontre que tu écris pour toi-même… Non ? et même que tu n'es pas prêt ou fait pour être publié, lu par d'autres que toi ou… que tes amis… — C'est vrai, en un sens… Mais je ne me dupe pas ; je ne me suis jamais fourvoyé : la fin de ce genre de distraction, c'est la publication… L'achèvement, l'aboutissement, mais rien n'est fini… Ce serait plutôt le commencement, la révélation, l'appui… Mais je n'ai pourtant pas besoin de cela… c'est complexe, c'est assez complexe…* »

* * * * *

Quand on est jeune, *les mots nous échappent*, car on ne les comprend pas encore, on n'en comprend pas l'enjeu. Rapidement, j'en suis venu à l'inverse : *j'échappe aux mots* (je ne les comprends plus).

* * * * *

À ce que je sache, il n'y avait pas de « syndrome de la page blanche ». J'étais comme un chiot turbulent et insatiable qui découvre son environnement en le reniflant, et se fait les dents en mordillant tout ce qui croise son chemin. J'écrivais sans souci du qu'en-dira-t-on, sans me préoccuper de la pureté de ma prose. C'était simple et spontané. Les idées primaient sur tout. « *Curieuse destinée que celle de l'écrivain* », écrit Borges dans une préface à un recueil de ses poèmes. « *À ses débuts, il est baroque, vaniteusement baroque. Au bout de longues années il peut atteindre, si les astres sont favorables, non pas la simplicité, qui n'est rien, mais la complexité modeste et secrète.* » Au début, vous ne partez de rien, vous êtes aussi vierge qu'une page blanche. Vous êtes, en somme, un enfant. Vous êtes maladroit, mais vous ne le savez pas encore. Malheur à vous si vous continuez d'être cet enfant, Désiré Nisard vous réduira en poudre sans reprendre son souffle (*Manifeste contre la littérature facile*) : « *Mais je n'ai aucune répugnance à définir la littérature facile toute besogne littéraire qui ne demande ni études, ni application, ni choix, ni veilles, ni critique, ni art, ni rien enfin de ce qui est difficile ; qui court au hasard, qui s'en tient aux premières choses venues, qui tire à la page et au volume, qui se contente de tout, qui note jusqu'aux moindres bruits du cerveau, jusqu'à ces demi-pensées, sans suite, sans lien, qui s'entrecroisent, se poussent, séchassent dans la boîte osseuse ; résultats tout physiques d'une surexcitation cérébrale, que les uns se donnent avec du vin, les autres avec la fumée du tabac, quelques-uns avec le bruit de leur plume courant sur le papier ; éclairs, zigzags, comètes sans queue, fusées qui ratent, auxquelles des complaisants, dont j'ai été quelquefois, ont donné le nom conciliant de fantaisies.* » Haha, ne vous inquiétez pas, je prends pour moi ce qui est situé après le premier point-virgule ! On dirait que c'est de moi dont il parle, Désiré ! Le bougre ! (Il faut remettre ce pamphlet dans le contexte historique : il fustigeait un genre de roman comme on fustigeait il y a quelques décennies ce que l'on appelait le « nouveau roman ».) Pour continuer sur une note humoristique (quoique Nisard ne voulût pas rire) et rester, si je puis m'exprimer ainsi, sur le thème de « l'enfance de l'art », je laisserai San-Antonio prodiguer ses conseils d'expert (dans *L'année de la moule*, ce qui ne l'a pas empêché, à maintes reprises, de le redire sérieusement aux journalistes qui le questionnaient sur sa façon d'écrire) : « *Les jeunes me demandent : "Je veux faire romancier, comment c'est-ce faut-il s'y prendre ?" Moi j'imperturbe pour leur répondre. "Tu commences par :* Chapitre Premier. À la ligne : Il ouvrit la porte et entra*, point. Ensuite t'as plus qu'à faire des phrases courtes et à te chatouiller le bulbe avec une plume d'autruche, et puis sous les roustons également, pour mieux faire viendre.* »

* * * * *

Qui m'a appris à écrire ? Personne. Je me suis fait tout seul. Ni mon père ni ma mère n'ont quoi que ce soit de commun avec le métier d'écrire (ils ont, en revanche, et c'est tout à leur honneur, surtout de nos jours, le plus grand souci de l'orthographe et de la grammaire). Personne, vraiment ? Ce n'est pas tout à fait exact. Ayant appris à écrire après avoir appris à lire, Stephen King a dû, de loin, m'en apprendre les rudiments. En reconsidérant le style de mes premiers écrits, je vois à l'évidence que son influence fut non négligeable. Au-delà de beaucoup de prénoms aux consonances américaines, il y a par exemple les pensées des héros écrites en italiques, ou l'usage exclusif des tirets pour les dialogues. Ce qui est certain, c'est que je ne l'ai pas appris à l'école. Au contraire… C'est là-bas qu'on vous dégoûte de lire, qu'on vous force à écrire que vous n'avez pas envie d'écrire. À l'instar de Jack London (*John Barleycorn*), « *je découvris que pour réussir dans la profession d'auteur, il me faudrait désapprendre à peu près tout ce que les professeurs de littérature de l'école secondaire et de l'Université m'avaient enseigné* ». — J'aime apprendre — et tout seul, par mes propres moyens. Ainsi, non seulement je connais un petit sentiment de fierté, mais je ne dois rien à personne et personne ne me doit rien.

* * * * *

Après avoir lâché la bride à l'*imagination* durant ces écrits « enfantins », j'y ai définitivement renoncé. Je ne dis pas que j'en manque : ce livre le prouve. Je dis que je ne veux plus raconter d'histoires (ou ne plus me raconter d'histoires ?). Je sais que Wilde a écrit que « *dès que l'art renonce à l'imagination, il renonce à vivre* ». Sans doute vise-t-il une autre imagination, celle qui va à l'encontre de la reproduction rigoureuse de la nature, qui ne transcende pas la vision directe des choses, qui n'apporte pas d'« extra », qui se contente de copier « bêtement », de juste poser un calque sur la réalité ordinaire. Sans doute ne voulait-il pas du « *Le soleil brille* » dont j'ai parlé dans un autre chapitre (une « *proposition* incomplexe », comme je la dénommais pompeusement). — Bon. Oscar. À toi d'apparaître.

* * * * *

Début 2001, deux ans et demi après avoir repris l'écriture et changé mon point de vue à son endroit, je pus commencer à rédiger mon mémoire de dernière année. Dans ma première missive destinée à Julien Gracq, j'avais calé une petite présentation : « *Je poursuis cette lettre aujourd'hui, que j'avais laissée de côté, désirant m'attacher plus ordinairement au mémoire qui me tenait à cœur, que je devais continuer d'écrire dans le cadre de l'école (je suis en école d'ingénieurs, à* l'ICAM, et les études s'achèveront dans trois jours), et qui s'intitulait Le travail de l'écrivain, la finalité de l'œuvre ou Dialogue d'appréciation des arts et de la littérature en particulier. Ce titre qui semble à la fois pompeux et évasif ne témoigne pas du contenu réel qui m'a demandé beaucoup d'abnégation ; il aura fallu que je me concentrasse sur toutes les notes que j'avais prises depuis deux ans en vue de cet essai — dans lequel, je vous le confie, vous avez la part belle, puisque je vous cite régulièrement au milieu des mots de MM. Valéry, Flaubert, Mallarmé ou Wilde, qui sont les noms qui reviennent le plus souvent avec le vôtre. Il y a également Maugham, Baudelaire, Hugo, Miller, — mais que sert d'aller vous conter tout ce qui est contenu dans ce projet, si ce n'est de rappeler que la cinquième partie a pour titre Les valeurs, ces chères valeurs de la littérature actuelle qui connaît une déchéance que vous ou Valéry n'aviez pas omis de souligner. Sur ce point, me répondit : « Le sujet de votre mémoire est surprenant, pour un élève d'une école d'ingénieurs. Mais je sais qu'il y a eu de grands remaniements dans les programmes depuis le temps lointain où j'ai fait mes études… » — Que le titre principal fût Le travail de l'écrivain, la finalité de l'œuvre, ou Le travail de l'écrivain, finalité de l'œuvre, cela importe peu. Au départ, je distinguai le « travail » de la « finalité ». Rapidement, je les confondis : le « travail » était la « finalité ». Depuis longtemps, je désirais écrire sur mes conceptions sur l'art (ou plutôt : sur la confection de l'œuvre d'art). L'occasion se présenta idéalement pour la réalisation d'un mémoire qui compterait dans le bulletin semestriel. Mon tuteur, Laurent Chalet, accepta le thème, et j'obtins la note de vingt sur vingt. En exergue, j'avais placé cette citation de Wilde : « Le premier venu peut écrire un roman en trois volumes. Il suffit, pour cela, d'une ignorance totale de la vie et de la littérature. Pour les critiques, la plus grosse difficulté me paraît celle de garder le sens de la mesure. En l'absence de tout style, on ne voit pas quelle mesure appliquer. […] Il est facile de se rendre compte, en une demi-heure, si un livre vaut quelque chose ou non. Six minutes suffisent même à quelqu'un qui a l'instinct de la forme. » Dans le préambule ajouté pour le respect académique de la présentation, j'écrivis : « Ce mémoire tranchera par sa forme, alors même que son contenu sera original et atypique, et il me faut m'attarder quelques instants sur la construction pour expliquer quel a été le choix retenu — et pour quelles raisons. Ceci est un exposé de convictions s'appuyant sur un grand nombre de citations ; ce n'est pas pour combler les lacunes savantes de celui qui l'a écrit qu'elles ont été introduites, mais plutôt pour renforcer une idée, l'étayer ou bien en déduire quelque autre pensée, etc. Les citations semblant anonymes renvoient aux notes de fin de mémoire afin d'en connaître la provenance. — Ceci est un dialogue. Il se pratique virtuellement entre l'auteur et Oscar Wilde ; ainsi, il faudra convenir de ce qui suit : — 1. Les deux protagonistes ont une très bonne connaissance de la littérature, et surtout une absolue mémoire (ou peu s'en faut) pour être capable de citer ou de retrouver un passage dans un livre. — 1 bis. Les deux protagonistes discutent dans une pièce où le choix des livres est infini — à la manière de la bibliothèque décrite dans une nouvelle de Borges. — 2. Oscar Wilde — et j'espère qu'il n'en tiendra aucune rigueur — vit encore aujourd'hui (année 2001). — Il a été préféré pour ses goûts d'esthète. — 3. Les citations seront différenciées du texte de base par un saut à la ligne et une police plus petite. » Ensuite, je pose le décor : « Oscar Wilde, que l'on décrira par OW, et l'auteur, que l'on décrira par JP, sont assis dans de grands sièges en cuir aux bras très larges. OW fume la pipe, la bourre de temps à autre. La pièce est du style victorien, les murs sont tapissés de livres aux reliures couleur marron et aux lettres dorées. Deux tableaux garnissent les espaces libres : une reproduction d'un Cézanne et une autre d'un Rembrandt. Une inscription, sur une feuille de papier simple, tirée de 1984 d'Orwell : "La liberté, c'est l'esclavage. — La guerre, c'est la paix. — L'ignorance, c'est la force." Un feu de cheminée éclaire, en plus des quelques lampes disséminées ici et là, les deux personnages. Ce sera le décor tout au long du dialogue ; le temps est réduit à une horloge silencieuse et aucun des deux protagonistes ne s'en soucie. » Maintenant, le plan que je m'étais fixé : — 1) L'œuvre : — a) Art pour art ; b) Messages ; c) Perfection ; d) Style. — 2) L'artiste : — a) Souffrance ; b) Conditions ; c) Génie ; d) L'artiste ; e) Volonté. — 3) Le travail : — a) Achèvement ; b) Travail, difficulté ; c) Facilité. — 4) La critique : — a) Médiocrité ; b) Danger ; c) Jugement. — 5) Les valeurs : — a) Déperdition ; b) Élite ; c) Retour aux maîtres, classiques. — Toujours dans le respect académique, qui veut que l'on écrive une conclusion en y incluant les apports bénéfiques de ce travail, j'écrivis ce qui suit (il ne faut pas croire que je parte de la fin par hasard : c'est une très bonne présentation de ce qui a donné naissance au mémoire et de ce qu'il contient, et, en outre, il traduit mon état d'esprit d'alors qui, à vrai dire, n'a guère changé) : « Ce mémoire, au départ et en théorie, devait davantage se matérialiser comme une étape du processus pseudo philosophique de mes pensées à l'égard de l'art. Nullement n'entrait en compte l'aspect fonctionnel qui garantissait, au final, une note donnée par le tuteur du mémoire. D'ailleurs, à l'avouer franchement, seule m'importait la valeur personnelle — au-delà d'un travail plus scolaire — du mémoire en question. Je voyais ce travail comme un essai qui serait un dégrossisage de ce que j'écrirais plus tard. Mais jamais je n'aurais eu le courage de me mettre à l'œuvre aussi complètement si je n'avais pas été poussé par une force extérieure à le réaliser. — Comment en suis-je venu à vouloir à tout prix travailler sur ce thème ? L'âge et l'expérience aidant, je ne puis m'empêcher d'imaginer qu'un système est en train de mûrir en moi, qu'une source au cœur de moi-même se revitalise chaque jour afin qu'au moment propice je sois capable, à l'image des grands penseurs, de formuler une théorie et de bâtir des concepts forgés par mes propres convictions. Et quel pouvait être le meilleur des commencements que celui de l'art en général — et de la littérature en particulier ? Depuis que j'écris, et cela remonte à ma première année de lycée, je ne cesse de plonger au plus profond de mon être : j'écris de plus en plus, je lis énormément, je cultive cette force qui se nourrit d'elle-même avec le temps qui passe, je me sens dans mon élément, je me délivre des contraintes contingentes qui composent le monde d'aujourd'hui. N'est-ce pas la meilleure introduction que de réfléchir plus amplement sur un thème qui, pour peu que l'on connaisse cette solitude de l'artiste, nous affranchit de tout, nous rend possible cette confrontation à soi-même dans un décor des plus simples ? Un silence abyssal nous assagit et nous fait poser les premiers principes nécessaires à la conceptualisation d'un œuvre. Je poursuis par atavisme la quête de la vérité de l'art. — Cet essai, qui n'est encore qu'un brouillon bien que je l'aie corrigé dans l'optique d'un avant-goût strictement réservé à moi-même et dans la promesse d'un "mémoire terminé", a véritablement commencé dès l'instant où je me suis penché sur mon travail d'écrivain, sur mes appréhensions de l'art en général, sur la perfection que j'ai recherchée dès lors. Cela doit remonter à la fin des classes préparatoires, après ces deux années où ma production littéraire a connu un vide dans son ensemble, — où, à la vérité, je n'ai lu que quelques livres. L'année suivante avec la reprise de mon journal intime qui est, je dois le dire, le seul moyen de m'obliger à écrire tous les jours que la Providence me fait vivre. J'ai repris le travail avec une espèce d'expérience acquise et une volonté de parfaire quasi révélatrices. Ma connaissance de la langue s'est fortifiée jusqu'à un point, je crois, qu'il est de plus en plus difficile de surpasser. Mais cette idée de projection qui a fini par faire l'objet de cet essai, date, quant à elle, de la fin de l'année 1998. Tout s'agençait dans mon cerveau, mon acuité se développait à une vitesse folle et il devenait intenable de garder cela pour moi. Et plus j'avançais dans mes ébauches de conceptualisation, plus je paraissais hermétique aux yeux de mes proches ou des personnes à qui j'essayais de démontrer mes convictions. Encore aujourd'hui, malgré le peu de personnes que je côtoie, je dénombre à hauteur de trois les individus qui vont dans mon sens. Cela me chagrine, mais cela a pour effet de renforcer ces convictions déjà établies, — d'autant plus que les autres personnages qui pourraient intervenir afin d'appuyer mes pensées sont tous des écrivains de génie qui avaient l'intention de s'élever plus haut qu'aucun autre (Mallarmé, Flaubert, Baudelaire, Gracq, Valéry, Miller, Sartre, Nietzsche, etc.) dans l'idée de l'art pur. Alors ce mémoire fut l'opportunité à saisir. Depuis plus de quatorze ou quinze mois, au fil de mes lectures, j'ai pris des notes en vue de mon futur projet, sans jamais, toutefois, choisir expressément des ouvrages qui seraient exclusivement liés au sujet de celui-ci. Il est vrai que Maugham, Baudelaire, Wilde, Gracq ou encore Valéry sont les noms qui resurgissent le plus souvent dans cet essai, mais c'est qu'ils étaient si pertinents que mon travail s'en trouvait plus rigide, plus à même de faire comprendre aux autres (car c'est une sorte de volonté d'expression, — montrer plus clairement ce que j'entends à propos de l'art) quelles étaient mon ambition et mon envie. J'ai ainsi amassé les notes et les points de vue durant un an, avant de commencer tout à fait le travail en lui-même : l'écriture de ces nombreuses pages. — Voici comment j'ai procédé : j'ai récupéré les notes sur des feuilles que je transportais partout avec moi dans l'espoir d'avoir, au cours des lectures, quelques passages à retenir. Je notais les numéros de page, l'auteur et le passage proprement dit. Au début de cette année, alors que je n'avais encore rien écrit, j'ai tapé tout ce que j'avais pu trouver sur l'ordinateur. Cela m'a pris beaucoup de mon temps, mais, d'un autre côté, je ne peux pas m'en plaindre : j'ai pu, de cette manière, relire et me remémorer la portée des idées. Ensuite, un travail de plus longue haleine m'attendait : structurer le tas de citations dont je disposais. (Je rappelle que ces citations n'ont jamais été puisées ailleurs que dans les livres que j'ai lus ; en aucun cas je ne suis allé voler, dans un dictionnaire, des citations toutes faites.) J'ai imaginé un plan — et je crois, sans crier au génie, que celui que j'ai conçu était de très bonne facture. J'ai donc relu (cela fait trois fois au total — et quatre quand je les reprendrai pour les placer dans l'essai) les citations pour les ranger convenablement, — le plus judicieusement possible. Je pouvais partir sur de bonnes bases : le travail le plus éprouvant avait été fait. (Mais les gens se rendraient-ils compte de la difficulté à faire tout cela ? Paradoxe : si les lecteurs potentiels ne s'aperçoivent pas de ce qu'il y a "derrière", l'essai est concluant : cela signifierait qu'il "coulât", qu'il "allât de soi".) — Vint le moment de choisir plus étroitement, avec ce qui allait être écrit, le titre de l'essai. La finalité prise seule restreignait trop l'ampleur du travail et de la démarche. Il fallait opter pour un libellé qui permît d'aboutir à la notion de déperdition de façon plus convaincante. Alors j'ai pensé au sous-titre : Appréciation des arts et de la littérature en particulier. Le terme appréciation pouvait amener à la représentation d'un processus interne qui sous-entendrait les questions de déclin et de critique. Il va sans dire que les jugements, de toutes parts, fuseraient pour une certaine homogénéité globale. Cependant, il me manquait quelque chose qui, avec du recul, pouvait simplifier (non dans le sens de superflu, de survol, mais plutôt dans celui de concrétisation) la forme — le contenant. J'ai pensé à un dialogue. Mes souvenirs de ceux de Wilde demeuraient présents dans mon esprit et je ne voyais plus ce qui pût le mieux convenir à ce genre de propos. Mais avec qui discourir ? Eh bien, le choix fut rapide : pourquoi ne pas choisir Wilde comme interlocuteur perspicace ? — Et l'entreprise fut lancée. — De quelle manière cet essai a-t-il changé quoi que ce soit ? Il m'a permis de parfaire mes idées, de les voir plus justement, d'apprécier la difficulté qu'il y a de juger absolument — et en tenant part de la subjectivité — un thème important. L'art n'est qu'une partie d'un tout (un tout qui serait du type Le monde comme volonté et comme représentation), certes, mais cette partie, en même temps, propulserait vers d'autres idéaux, d'autres ébauches théoriques qui, à la fin, construiraient un brouillon géant dont la dernière étape serait la correction ultime ("au soir de la mort"), l'agencement qui ne souffrirait plus le remaniement, qui, de l'état inachevé monterait vers un autre état, moins inachevé cette fois-ci, révélant une toute-puissance égale, de près ou de loin, à un fini. J'ai notamment conscience, a posteriori, du changement — en bien — qui s'est opéré en moi. Fort de mes convictions avant le début du travail, je me suis retrouvé nez à nez avec les mêmes convictions, plus larges, — mais plus absolues. Les personnes qui déjà étaient choquées par mes réflexions sur l'art, le seront encore plus en lisant cet essai — si jamais elles le lisent un jour. Non seulement je persévère presque obstinément dans les voies que je me suis tracées (ces réflexions dont je suis en train de parler), mais de surcroît celles-ci seront couchées sur le papier, seront claires que faire se peut. (Les débats oraux ont ceci de désagréable que les partis sont pris et que tout se dit entre sourds. Ainsi, il réside une facilité non cachée de crier haut et fort dans un écrit plutôt que dans la réalité.) Je suis allé très loin dans cet essai, mais certainement pas aussi loin que je le pourrais. Ceci sera l'affaire du temps. En ce qui concerne le bouleversement du déroulement de la construction de l'essai, je me suis aperçu que j'en arrivais pratiquement à un degré de connaissance de moi-même qui m'a permis, à un moment donné, de confronter mes convictions avec celles, par exemple, de Goethe, et de jouer sur les mots qu'il a employés pour les engager avec et contre les miens, — et en retirer quelque chose qui aille plus loin que sa propre réflexion. Ce fut un déclic : je pouvais mesurer ce que je racontais. — Tout le long de cet essai, j'ai pensé. <u>Que les médiocres prennent garde !</u> Je suis là — et définitivement là. Je construirai quelque chose de grand quand le temps me sera donné. Comme le disait Nietzsche : "Je suis une bombe." » — Héhé, je ne me prenais pas pour de la m... — Les trois conditions radicales qui, selon moi, à cette époque, définissaient l'artiste, étaient les suivantes : — 1. <u>L'artiste est solitaire</u> — et il ne crée que pour lui-même. — (Égoïsme.) 2. — <u>L'artiste souffre</u>, il ne crée pas dans le plaisir continuellement, ou dans la facilité ; il crée avec son sang. Vivre pour son art ou mourir. — (Orgueil.) — 3. — <u>L'art n'est réservé qu'aux artistes</u>, à une élite. L'artiste seul, complet, comprend l'art. — (Surhomme.) — Pour tout vous avouer, je n'en changerais pas une virgule après toutes ces années. — Il me faudrait bien intercaler de la mémoire. Mais cela pèse plus de quarante mille mots... (Et je me retrouverais parfois à me citer en train de citer un auteur qui cite un autre auteur !...) Que faire ? (Ah ! le « tout ou rien »...) Je crois que je vais faire ceci : je vais citer des passages où je parle de moi-même. (Ce ne sera pas rendre hommage à l'ensemble. Cela va tout dénaturer. Tant pis.) — « *Si la littérature est notre sujet de prédilection pour aujourd'hui, on peut imaginer le premier écrivain qui est venu au monde,* — le premier romancier, pour qu'il n'y ait aucun malentendu. *Qu'a-t-il fait, cet homme ? Il a écrit* le premier roman, *lui seul l'a fait, il n'avait aucun prédécesseur. À mon avis, celui-là, et lui seul, encore une fois, fut un écrivain au sens où nous l'acceptons dorénavant. Je me souviens parfaitement de mes premiers émois artistiques ; j'avais seize ans, et je n'avais pas encore de talent ; disons que je n'avais pas la maîtrise, que les Muses n'étaient pas encore à moi ; je ne pouvais y mettre cette part d'ego qui dimensionne notre image, qui nous rend conscient de notre travail,* de notre art. *Il me semble que je n'ai jamais été purement créatif, c'est-à-dire purement* conscient du but de mes écrits, sinon celui du plaisir d'un nouveau contact. [...] *En revenant sur cette période, mauvaise par la qualité, je me revois comme un enfant qui fait marcher son imagination sans autre intérêt. C'est plus tard que je me suis affirmé en artiste ayant perdu sa pureté (je ne vois pas quel mot peut mieux s'y référer), comme la plupart des artistes. Je dirai même :* comme tous les artistes. *Je pense à Alain, qui avait écrit :* "Je ne crois point du tout que Michel-Ange se soit mis à peindre parce qu'il avait toutes ces figures dans la tête ; car il ne dit, devant la nécessité, que ce mot : 'Mais ce n'est point mon métier.' Seulement il se mit à peindre, et les figures se montrèrent ; et c'est cela qui est peindre, j'entends découvrir ce que l'on fait." [...] *Quand j'écris un livre dont je suis fier, la perfection est atteinte ; quand je l'ai écrit et corrigé, quand je le range dans un placard, je me dis, un en relisant certaines pages, au hasard, plus tard, avec le recul dont vous parliez à l'instant, que je ne suis plus du même avis et que je trouve que cette œuvre est une abomination — ou, plus exactement, qu'elle ne valait plus ce que je croyais qu'elle valait* en l'écrivant. *Sartre l'a écrit : ce que l'on est en train d'écrire est ce qu'il y a de mieux ; dès qu'on jette un regard distant, cela s'efface. Relativité de l'autocritique. Y reviendrons-nous ? — car nous nous écartons de nouveau.* [...] *L'artiste est nécessairement souffrant, le repos de l'âme lui est inconnu, il déambule dans des couloirs où il se sent seul ; sa solitude le mange, détruit davantage ses facultés, il se perd parce qu'il ne veut pas perdre face au monde. Son monde à lui, c'est son art, ce sont ses créations.* L'artiste, s'il n'a pas son art, doit mourir. *On ne peut créer sans cracher ses tripes, sans, comme le disait Goethe, écrire avec son sang. Rainer Maria Rilke le pensait également : s'il s'était retrouvé privé de son art, d'un papier et d'un crayon, il se serait tué. — La foule ne sait pas que l'artiste, le véritable artiste, celui qui faisait la référence chez Kant, Heidegger, Comte, Nietzsche ou Lévi-Strauss, perd de lui-même tout en se gagnant — quand il crée. On ne sort pas indemne de ce simulacre de combat contre soi-même, de cet* amour pour soi-même, *pour ce qu'on fait naître. La souffrance dont parlait Nietzsche : on grandit quand on souffre. On ne s'impose pas en un tournemain, on se donne, on se détruit.* [...] *Je me sens parfois comme sombrant au plus profond d'un océan avec des boulets énormes accrochés aux pieds. C'est indicible.* [...] *Je suis si seul, si seul parfois. Je ne sais qui suit nos convictions ; nous sommes rares. Ce qui fait peur, c'est cette* relativité des discussions, *qui aboutissent généralement à des divergences d'opinions. Et ce qui est vraiment une source assez angoissant, c'est de voir que ce que je ressens, je ne le vois plus guère que dans les écrits de grands génies. Me suis-je fait* corrompre *? dois-je en déduire que je suis un de ceux-là ? C'est perturbant.* [...] *Vous savez, cette* volonté, *telle que je la nomme, n'est que le rapprochement avec cette préoccupation :* Y a-t-il une intention dans la nature ? *Sentir sourdre, comme une imposition vitale, en ce sens que si l'on n'assouvit pas cette force, en s'en servant ou en la contrecarrant, à ses risques et périls, on en meurt, on sent que l'édifice que l'on voulait construire ne sera pas ; et l'artiste fait un avec son œuvre, donc si l'œuvre n'existe pas, si l'artiste même ne peut la créer, il n'existe pas non plus en tant qu'artiste ; il n'existe tout simplement pas. C'est Baudelaire qui veut écrire son Cœur mis à nu, c'est Rousseau qui écrit Les Confessions, c'est Nietzsche qui voit son Zarathoustra comme étant le seul livre, le Livre. C'est Borges qui veut résumer la somme de toutes les littératures, du langage, en une ou deux phrases. C'est Mallarmé, enfin, pour ne citer qu'eux, qui veut...* [...] *L'auteur se sacrifie, il pose âme et son corps sur l'autel du sacrifice, il attend d'être mort s'il a accompli sa tâche.* [...] *Une œuvre terminée ? À quand le bruissement de la feuille que l'on pourrait étaler sans vergogne sur le dessus d'un bureau — de la feuille achevée ? —* Valéry *:* "Un poème n'est jamais achevé — c'est toujours un accident qui le termine, c'est-à-dire qui le donne au public. — Ce sont la lassitude, la demande de l'éditeur, la poussée d'un autre poème. — Mais jamais l'état même de l'ouvrage (si l'auteur n'est pas un sot) ne montre qu'il ne pourrait être poussé, changé, considéré comme première approximation, ou origine d'une recherche nouvelle. — Je conçois, quant à moi, que le même sujet et presque les mêmes mots pourraient être repris indéfiniment et occuper toute une vie. — 'Perfection' — c'est *travail*." *Et, en nous "servant" malencontreusement une fois de plus de notre cher poète, je rappellerai la difficulté de distinguer, pour l'écrivain qui ne mesure pas suffisamment la valeur de son livre, entre* l'achevé *et* l'encours. *Cette œuvre pourrait, si elle n'avait pas ce mot* FIN *inscrit en dernière page, rester toutefois une œuvre. Je pense notamment à Bouvard et Pécuchet, que Flaubert n'avait pas terminé.* [...] *Il est vrai que l'artiste n'est pas forcément capable de juger de l'achèvement de l'une de ses œuvres ;* jamais, *dans l'absolu, —* jamais, *— une œuvre n'est terminée.* [...] *Écoutez ce passage de Miller :* "Je suis là, menant tant bien que mal mon livre ; j'en suis tout à fait au bout, mais je suis incapable d'écrire le mot Fin. Et ça me rend malade et irrité... dégoûté... je le hais... je pense que c'est la plus ignoble merde qui ait jamais été. [...] Ce livre a été si soigneusement et si laborieusement combiné, les notations sont si nombreuses, si approfondies, que je me sens ficelé, emmuré, étouffé. Quand j'en aurai fini, j'exploserai. J'exploserai dans le livre sur Paris. Au diable la forme, le style, l'expression, et toutes ces choses qu'on dit importantes qui passionnent les critiques." *N'est-ce pas la notion de souffrance, d'abandon, de désœuvrement, qui conditionne tout artiste — car s'il est par nature plus proche du divin qu'aucun autre, il est également un homme :* imparfait. *La fin, c'est la bombe à retardement ; comment commencer une œuvre tant qu'elle n'est pas finie ? —* OW *: Ce que vous dites est pour le moins original. —* JP *:* Permettez. *Je vais vous illustrer ces propos par un événement de ma vie. Cela s'est passé il y a de cela quelques années, alors que je m'apprêtais à écrire un roman qui se base en Chine, intitulé* De loin en loin. *J'avais potassé et ingurgité tant et tant sur les coutumes chinoises, voire japonaises (asiatiques), j'étais si sûr de ce que j'allais écrire, que mon empressement à passer à l'acte était intenable. Je me laissai deux semaines pour avancer de plusieurs centaines de pages ; le roman s'était construit, dans ses grandes lignes,* grosso modo, *dans mon esprit, et il ne manquait plus que l'acte de création. La veille du premier jour de travail, je me suis endormi avec les idées des passages que j'écrirais le lendemain, comme toute élaboration qui demande de l'effort et du temps :* on écrit un roman, *un roman ne s'écrit pas de lui-même d'écrire et on ne vit que par lui. Adieu le monde tangible. (Pour l'anecdote, je ne mangeais que du riz.) Cette nuit-là, j'ai rêvé du roman. Tout se passait comme si je l'avais déjà écrit et terminé, tout le roman que j'allais écrire était en moi avant de le commencer. Cela ne me gênait pas outre mesure : on n'est pas maître de ses rêves. Mais le matin, des vestiges du rêve me sont restés en travers de la gorge. J'ai récupéré au bout de quinze minutes, croyant pertinemment que je n'y arriverais plus : c'était trop tard, le rêve avait tout éclaté ; cette impression de le voir publié avait été trop tenace.* [...] *Je connais cela ; c'était pire, en tant qu'écrivain, lorsque j'étais plus jeune : mon imagination et ma soif d'imaginer (cette sensation de créer à partir de rien, de faire naître) me taraudaient également, et sans cesse je pensais à ce que j'allais écrire par la suite, alors que j'étais encore en train d'écrire quelque chose.* [...] *L'une des solutions pour réhabiliter l'art et la langue, c'est de puiser, indéfiniment, dans les trésors classiques ; c'est d'accompagner les Maîtres dans leur contemplation, dans leur travail, dans leurs idées,* dans leur art. *Si vous écrivez :* lisez et relisez *Racine, Montesquieu, Molière, Corneille, Voiture,*

Ronsard, Goethe, Schiller, Hugo, Tolstoï, Shakespeare, James, Proust, etc. — etc. — etc. *Si vous peignez : revisitez Rembrandt, Vinci, Ingres, Géricault, Friedrich, Michel-Ange, Caravage, Van Gogh*, etc. — etc. — etc. *Si vous composez de la musique : lisez et travaillez encore les partitions, avant toute chose, de Bach, Beethoven, Mozart, Wagner, Schubert, Brahms, Berlioz, Offenbach*, etc. — etc. — etc. [...] *Je ne le répéterai jamais assez : oubliez tous les cours que vous avez eus durant votre scolarité ; ce n'était que pure fantasmagorie. Apprenez les Maîtres de votre initiative.* » — (Il est arrivé ce que je craignais : c'est nul. Je n'ai choisi qu'un millième de ce qu'il aurait fallu choisir, et ce que j'ai choisi paraît sans queue ni tête. Le résultat est pitoyable. Oublions, je vous prie...)

* * * * *

« *Cessez de vous confier en l'homme, dans les narines duquel il n'y a qu'un souffle : car de quelle valeur est-il ?* » (Is 2,22) — En m'exprimant dans un livre, je n'ai pas à combattre l'opinion de la foule. Dans mon mémoire, Wilde, double de moi-même, et moi-même, étions seuls. Pas de comptes à rendre, pas d'objections. Je pouvais me lâcher. Les Autres ne m'importunaient plus en me faisant comprendre que je les importunais avec mes visions sur l'art. Le paradoxe, c'est que je ne connais personne de plus amoureux de la littérature que moi, cependant que l'échange de moins en moins sur la littérature. Je me tais. Je parie que Stendhal pensait comme moi : « *Qu'on juge ce qui m'arrivait quand j'avais le malheur de parler littérature. Mon cousin Colomb m'a cru longtemps réellement envieux, parce que je lui disais que le Lascaris de M. Villemain était ennuyeux à dormir debout. Qu'était-ce, grand Dieu ! quand j'abordais les principes généraux !* » — De toute façon, ce qui importe n'est pas de parler de littérature ou de n'en pas parler : *c'est de ne pas parler.*

* * * * *

J'ai écrit un journal dans des dizaines de cahiers et des dizaines de carnets, de 1995 à 2005 ; j'ai écrit des milliers de pensées ; j'ai écrit des milliers de lettres (dont une de cent cinquante pages) ; j'ai écrit des centaines de poèmes ; j'ai écrit une centaine de nouvelles ; j'ai écrit une pièce de théâtre : *La chaumière du temps* ; j'ai écrit des romans : *Le Pays perdu*, « *Roman* » (inachevé), *De loin en loin* (inachevé), *Au premier songe, Amer Amen, Un certain amour* (inachevé) ; j'ai écrits des essais : *Mouvement de dépendance, Le travail de l'écrivain, finalité de l'œuvre, La Lyre, Le Souci de l'âme, Melos, La parole de non-Dieu* (inachevé) ; j'ai écrit diverses autres choses... J'ai écrit... Et j'en ai laissé en plan un grand nombre (l'art de l'inachèvement à la Stendhal, l'art de l'« *objeu* »)... Mais j'ai écrit... J'ai écrit... Et j'écris (je suis en train d'écrire) *La Perte de Sens (entre parenthèses).* — J'ai écrit et j'écris. Qu'ai-je écrit ? Pourquoi ai-je écrit ? Que fais-je quand j'écris ? Vis-je ? Ne fais-je pas le contraire de ce que les gens font dans leur vie ? Je parle, je parle, je parle — dans le vide — du monde. N'aurai-je pas davantage parlé aux feuilles qu'aux êtres humains ? Ai-je besoin de parler à ces êtres humains si j'en retire moins de choses qu'en écrivant ? Plus je les côtoie, moins j'ai envie de leur parler, plus je veux écrire, et plus j'écris, moins je veux les côtoyer. « *Et c'est parce que j'ai pigé ça, plus le temps avance, plus j'écris et plus je me tais* », aurait dit San-Antonio. — Comme l'a fait « péremptoirement » Nietzsche (*Pourquoi j'écris de si bons livres*), je pourrais passer en revue chacune de mes œuvres et en dégager les points les plus importants. Je n'en ai pas le courage.

* * * * *

(Pourquoi ai-je besoin d'écouter de la musique en écrivant ? C'est comme si tout ce que j'avais écrit l'avait été accompagné par un fond sonore. Je n'y fais pas attention, mais je sais que sans cette musique, je me sentirais « bloqué ». Est-ce un besoin comparable à celui qui précède mon endormissement, le soir ? Je rejoins tout à fait les propos de Kant dans l'*Anthropologie d'un point de vue pragmatique* : « *Même la musique, pour celui qui ne l'écoute pas en connaisseur, peut placer un poète ou un philosophe dans une disposition telle que, selon ses activités ou ses goûts, il puisse happer et même maîtriser des idées qu'il n'aurait jamais pu capter de manière si heureuse en restant seul dans sa chambre.* » Ce qui n'en rend pas moins la chose étrange...)

* * * * *

Je brûle de vous dire... — Et si je brûlais tout ? Que cela changerait-il ? J'aurais écrit ce que j'avais à écrire. « *Un homme de génie, mélancolique, misanthrope, et voulant se venger de l'injustice de son siècle, jette un jour au feu toutes ses œuvres encore manuscrites* », nous raconte Baudelaire. « *Et comme on lui reprochait cet effroyable holocauste fait à la haine, qui, d'ailleurs, était le sacrifice de toutes ses propres espérances, il répondit : "Qu'importe ? ce qui était important, c'était que ces choses fussent créées ; elles ont été créées, donc elles sont."* » En effet (si j'ose dire) : qu'importe ? Le chemin seul importait. Dans le Judaïsme, on n'étudie pas pour accumuler un savoir, on étudie pour attiser le désir d'étudier. L'étude est l'*aiguillon* (« *malmad* ») qui pousse justement à étudier. De même, n'écrirait-on pas pour attiser le désir de l'écriture ? N'appelle-t-on pas l'écriture en écrivant ? L'achèvement de l'écriture n'est pas ce que l'on recherche : c'est l'écriture qui est recherchée quand elle s'écrit. — J'ai coupé Baudelaire : laissons-le finir ce qu'il a commencé : « *Il prêtait à toute chose créée un caractère indestructible. Combien cette idée s'applique plus évidemment encore à toutes nos pensées, à toutes nos actions, bonnes ou mauvaises ! Et si dans cette croyance il y a quelque chose d'infiniment consolant, dans le cas où notre esprit se tourne vers cette partie de nous-mêmes que nous pouvons considérer avec complaisance, n'y a-t-il pas aussi quelque chose d'infiniment terrible, dans le cas futur, inévitable, où notre esprit se tournera vers cette partie de nous-mêmes que nous ne pouvons affronter qu'avec horreur ? Dans le spirituel non plus que dans le matériel, rien ne se perd. De même que toute action, lancée dans le tourbillon de l'action universelle, est en soi irrévocable et irréparable, abstraction faite de ses résultats possibles, de même toute* pensée est ineffaçable. *Le palimpseste de la mémoire est indestructible.* — Oui, lecteur, innombrables sont les poèmes de joie ou de chagrin qui se sont gravés successivement sur le palimpseste de votre cerveau, et comme les feuilles des forêts vierges, comme les neiges indissolubles de l'Himalaya, comme la lumière qui tombe sur la lumière, leurs couches incessantes se sont accumulées et se sont, chacune à son tour, recouvertes d'oubli. Mais à l'heure de la mort, ou bien dans la fièvre, ou par les recherches de l'opium, tous ces poèmes peuvent reprendre de la vie et de la force. Ils ne sont pas morts, ils dorment. On croit que la tragédie grecque a été chassée et remplacée par la légende du moine, la légende du moine par le roman de chevalerie ; mais cela n'est pas. À mesure que l'être humain avance dans la vie, le roman qui, jeune homme, l'éblouissait, la légende fabuleuse qui, enfant, le séduisait, se fanent et s'obscurcissent d'eux-mêmes. Mais les profondes tragédies de l'enfance, — bras d'enfants arrachés à tout jamais du cou de leurs mères, lèvres d'enfants séparées à jamais des baisers de leurs sœurs, — vivent toujours cachées, sous les autres légendes du palimpseste. La passion et la maladie n'ont pas de chimie assez puissante pour brûler ces immortelles empreintes. » — « Création vaut crémation », dit Polastron. Un « *m* » en guise de séparation. — Vous souvenez-vous de Nathanaël ? En guise d'avertissement, Gide lui recommande de jeter ce livre et de sortir dès qu'il l'aura lu. Puis, à la toute fin, il lance les fameux « *jette mon livre* » : « Nathanaël, à présent, jette mon livre. Émancipe-t'en. Quitte-moi. [...] Nathanaël, jette mon livre ; ne t'y satisfais point. [...] Jette mon livre ; dis-toi bien que ce n'est là qu'une des mille postures possibles en face de la vie. » Je n'oublierai jamais ces phrases puissantes. Vous souvenez-vous de l'*Épigraphe pour un Livre condamné*, de Baudelaire ? « *Lecteur paisible et bucolique, / Sobre et naïf homme de bien, / Jette ce livre saturnien, / Orgiaque et mélancolique.* » Vous souvenez-vous également de ce que je racontais du « tableau à effacer », dans le chapitre sur le suicide ? « *Je vis cela tous les jours en remplissant des tableaux entiers de formules mathématiques qui seront effacées avant la récréation. Et je puis vous assurer que j'y pense* tout le temps *: j'écris pour effacer ce que j'écris. Combien de fois me suis-je dit : "C'est absurde" ? Je ne les compte pas. C'est davantage un malaise qu'une jouissance. Lorsque j'en fais part à mes élèves, que je leur dis : "Voilà, j'efface tout, c'est comme si rien n'avait existé", — ils en rient.* » J'aimerais aller plus loin. Nathanaël doit jeter le livre après l'avoir lu — et faire une ronde pour adorer ce qu'il a brûlé. Mais moi, je veux maintenant parler de jeter le livre *après l'avoir écrit*. Le tableau n'est pas un livre. L'absurdité dont il est question est relative. Je me sens mal à l'aise dès que j'y pense, mais je n'oublie pas que c'est un vulgaire support d'un cours que je dois de toute façon donner. « *Ma tu che sol per cancellare scrivi [...].* » (« *Mais toi, qui écris seulement pour effacer [...].* ») « *Seiner Klagen Reim', in Sand geschrieben, / Sind vom Winde gleich verjagt [...].* » (« *Ses plaintes rimées, écrites sur le sable, / Sont aussitôt effacées par le vent [...].* ») En outre, le problème s'évanouirait tout à fait s'il n'était question que de vidéoprojeter un diaporama. À présent, je parle d'un véritable écrit (que l'on a soi-même écrit), d'une véritable œuvre (que l'on a soi-même créée) — à effacer, à brûler, à détruire. Je ne parle pas non plus des retouches, des phrases effacées lors de la correction (dans son travail de correction, Gracq avouait davantage retrancher qu'ajouter). Je suis par ailleurs d'accord avec, par exemple, Kundera : « *Car la volonté esthétique se manifeste aussi bien par ce que l'auteur a écrit que par ce qu'il a supprimé. Supprimer un paragraphe exige de sa part encore plus de talent, de culture, de force créatrice que de l'avoir écrit.* » Car je ne parle pas de « *supprimer un paragraphe* » ; je parle de supprimer le livre. Et je ne parle pas de supprimer le livre sous le prétexte qu'il ne convient pas (et de le reprendre à zéro). *Je parle de supprimer le livre qui était achevé, qui « convenait ».* Je dis à Nathanaël de dire à l'auteur des *Nourritures* ces mots de Francis Ponge : « *Noircissez, décriez, déchirez ce papier !* » (S'interrogeant sur l'*ardoise*, Ponge écrit « *à bien y réfléchir, c'est-à-dire peu* ») : « *Quel plaisir d'y passer l'éponge. — Il y a moins de plaisir à écrire sur l'ardoise qu'à tout y effacer d'un seul geste, comme le météore négateur qui s'y appuie à peine et qui la rend au noir.* ») Que se passe-t-il dans la tête de l'auteur qui pense détruire son œuvre ? Que se passe-t-il dans la tête de Kipling lorsqu'il écrit (*La plus belle histoire du monde*) : « *Cinq minutes après que la dernière ligne aurait été écrite, je la détruirais entièrement* » ? Que se passe-t-il dans la tête de Henry James (hormis la dépression) lorsque, en 1909, il brûle quarante années de lettres, de manuscrits, de carnets intimes ? Que se passe-t-il dans la tête de Kafka lorsque, d'abord, en 1921, il demande à Brod que tout soit brûlé sans être lu, puis, en 1922, lorsqu'il reformule sa requête en concédant que seuls sont valables cinq récits — qui doivent, en définitive, également disparaître ? Que se passe-t-il dans la tête de Lichtenberg lorsqu'il écrit : « *Mettre la dernière main à son ouvrage, cela signifie le brûler* » ? Que se passe-t-il dans la tête de Casanova lorsqu'il écrit : « *J'écris dans l'espoir que mon histoire ne verra pas le jour ; je me flatte que dans ma dernière maladie, devenu enfin sage, je ferai brûler à ma présence tous mes cahiers* » ? (Je divulgue la suite : « *Si cela n'arrive pas, le lecteur me pardonnera, quand il saura que celui d'écrire mes Mémoires fut le seul remède que j'ai cru pouvoir employer pour ne pas devenir fou ou mourir de chagrin à cause des désagréments que les coquins qui se trouvaient dans le château du comte de Waldstein à Dux m'ont fait essuyer. En m'occupant à écrire dix à douze heures par jour, j'ai empêché le noir chagrin de me tuer ou de me faire perdre la raison.* ») Que se passe-t-il dans la tête de Rabbi Nahman de Bratslav lorsqu'il écrit le *Sefer HaNisraf* (le *Livre brûlé*) et le livre parfait, le *Sefer HaGanuz* (*Le Livre caché*), et que se passe-t-il dans sa tête lorsqu'il les brûle ? (Cet homme, considéré comme un fou, affirmait qu'un livre devait être brûlé.) Que se passe-t-il dans la tête de Li Zhi lorsqu'il intitule ses livres *Livre à brûler* et *Livre à cacher* ? Et, de manière générale, que se passerait-il dans la tête de l'écrivain à qui il arriverait que les mots qu'il écrit s'effaçassent au fur et à mesure ?... Ces questions sont pour moi primordiales. Dans une vieille lettre à Clémence, j'avais fait part de mes interrogations à ce sujet : « *Et si, comme ce peintre chinois du 17ème siècle, tous les artistes se mettaient à détruire leur œuvre au moment de la préfiguration de leur achèvement (le peintre quand il songe au cadre de son tableau, l'écrivain quand il a relu et corrigé son manuscrit, le compositeur quand les partitions sont prêtes à être jouées,* etc*.), que se passerait-il ? S'ils l'avaient tous fait, que se serait-il passé ? On n'en saurait rien, si ce n'est le fait, en ce qui concerne certains d'entre eux, qu*'on sait qu*'ils ont créé. Mais, — au-delà de l'inconnaissance universelle évidente de l'œuvre d'un artiste dont on ne sait pas qu'il a créé celle-ci, — au-delà de l'oubli des rares personnes qui auraient pu contempler cette œuvre avant sa destruction (l'oubli étant constitutif de la privation en acte, de l'absence de support), — quelle est la différence objective entre un artiste qui a laissé l'objet passer à la postérité et un autre qui l'a détruit avant qu'il puisse y passer ? Comment comparer le livre produit et le livre pensé ? le livre fini et le livre indéfini ? le livre matériel et le livre immatériel ?* La question n'est pas de se représenter la *survivance du livre* (les personnages de Fahrenheit 451 sont des livres ambulants, ils sont les mots sans le support, et les œuvres continuent d'exister à condition qu'ils ne meurent pas), mais la survivance de l'*acte créateur*. *J'écris un livre et je le brûle :* que se passe-t-il, que s'est-il passé, que se passera-t-il ? Si encore je brûlais un livre que j'ai écrit, mais dont il reste un ou plusieurs exemplaires disséminés ici ou là, on pourrait arguer que je n'ai pas nui à l'objet que représente ce livre. (Le problème serait d'ailleurs tout autre si l'on évaluait un tableau calciné : les reproductions attesteraient de son existence dans le passé et tout ne serait pas perdu, sauf la matrice originale qui est distincte dans la forme, contrairement à un roman et ses impressions.) Si ce livre était unique, l'idée de ce livre survivrait-elle ou disparaîtrait-elle à jamais avec moi dans le tombeau ? La réalité d'une idée (platonicienne) du livre ne se déployant pas universellement m'est déconcertante, et je me rangerais plutôt du côté de la réalité du livre en acte (aristotélicien), c'est-à-dire de l'écriture* entéléchique. » J'écris, puis je brûle cet écrit jusqu'à ce qu'il n'y ait plus que des cendres ; je peins un tableau, puis je le lacère jusqu'à le réduire en poussière ; je compose une sonate pour violon, puis je la jette à la corbeille ; je sculpte le buste de David, puis je le renverse pour qu'il s'éclate en mille morceaux ; je prends une photographie, puis je détruis la pellicule. Que s'est-il passé ? Que se passe-t-il ? Avais-je l'intention de détruire l'œuvre avant de la commencer ? L'œuvre représente ce que contenait l'esprit. On a coutume de dire, depuis Aristote, que le bloc de marbre contient en puissance sa future forme en acte. Le tas de débris qui est la conséquence de la destruction de cette forme « finie », contient-il toujours en puissance ce qu'il *était* ? Le bloc et le tas sont-ils la même chose ? L'intention de l'artiste n'*y est*-elle pas, et/ou n'*y était*-elle pas ? Si l'artiste créait pour lui-même, il n'aurait rien à faire du produit fini. L'écrivain n'a pas le privilège du sculpteur ou du peintre. Ceux-ci ont l'unicité de l'œuvre pour eux, celui-là voit son œuvre multipliée. Une sculpture ou un tableau n'existent qu'en un seul exemplaire. Si vous les supprimez, tout est supprimé. Le livre écrit peut être imprimé et réimprimé à volonté. La pagination, la mise en forme ne modifient pas l'écrit. (À moins de s'appeler Apollinaire ou Mallarmé. Ce dernier, à propos d'*Un coup de dés jamais n'abolira le hasard*, confiait à Gide : « *Le poème s'imprime, en ce moment, tel que je l'ai conçu ; quant à la pagination, où est tout l'effet. Tel mot, en gros caractères, à lui seul, domine toute une page de blanc et je crois être sûr de l'effet. [...] La constellation y affectera, d'après des lois exactes et autant qu'il est permis à un texte imprimé, fatalement, une allure de constellation. Le vaisseau y donne de la bande, du haut d'une page au bas de l'autre, etc. : car, et c'est là tout le point de vue (qu'il me fallut omettre dans un "périodique"), le rythme d'une phrase au sujet d'un acte ou même d'un objet n'a de sens que s'il les imite et, figuré sur le papier, repris par les Lettres à l'estampe originelle, en doit rendre, malgré tout quelque chose.* » Étant donné que Mallarmé voulait « *un caractère assez serré, qui s'adaptât à la condensation du vers, mais* de l'air entre les vers, de l'espace, *afin qu'ils se détachent bien les uns des autres, ce qui est nécessaire encore avec leur condensation* », il était obligé d'être en contact étroit avec l'imprimeur.) — Je suis en admiration devant ceux qui réussissent à détruire leur œuvre après l'avoir achevée. Je ne saurais m'y résoudre. Mes écrits, par leur matérialité, sont une justification de ma vie. En les brûlant, je me brûlerais ; en les détruisant, je me détruirais. Ils ont toujours été ma chair. En outre, j'aime me relire. « *Tout ce que je fais c'est pour me faire plaisir. Si j'écris, c'est pour me lire* », avouait Flaubert. Il est d'autant plus troublant de constater que je me relis en période de déprime, comme si ce que j'avais écrit (cette *preuve*) était devenu une consolation, comme si c'était un moyen de saisir ou de ressaisir mon être que j'ai trop souvent l'impression de perdre. Cela paraîtra très narcissique. « *Peut-être l'homme* déclare-t-il simplement *supérieur ce qui est difficile pour lui, et son orgueil n'est-il que le narcissisme accru par la conscience d'une difficulté surmontée.* » Il y a une part de vérité dans ce qu'énonce ici Freud dans son *Moïse*. L'art est difficile. Me relire me permet de me consoler, ai-je dit, mais également de me rassurer : *j'ai réussi à faire ça.* (La preuve est sur le papier. Pour Mallarmé : « *toute phrase ou pensée, si elle a un rythme, doit le modeler sur l'objet qu'elle vise et reproduire, jetée à nu, immédiatement, comme jaillie en l'esprit, un peu de l'attitude de cet objet quant à tout. La littérature fait ainsi sa preuve : pas d'autre raison d'écrire sur du papier.* ») L'écriture est un combat. Pour reprendre les mots de Kierkegaard, je m'applique à travailler « *contre moi-même* », et « *seul un écrivain comprendra vraiment quelle tâche c'est de faire œuvre d'auteur, par l'esprit et par la plume* » (sans cependant se mettre « *au service de chacun* »). Ne connaissant d'auteurs que ceux qui sont rangés dans ma bibliothèque, nous sommes forcés de nous comprendre en silence. Quoi qu'il en soit, j'envie l'artiste qui crée une œuvre pour la détruire ensuite, et je l'envie d'autant plus si cette œuvre, loin d'être nulle, était au contraire parfaite. Être cet homme qui avait Jocelyn pour seul ami sur terre, qui « *veillait sur une page blanche, / Et quand elle était noire, au fond d'un vieux panier / Il la jetait* ». Créer, détruire : mouvement qui doit passer inaperçu aux yeux des autres, qui ne doit exister que dans l'esprit du créateur/destructeur. « *Devez-vous casser votre harpe et votre lyre pour trouver la musique qui est à l'intérieur ?* » demande Gibran. Oui et non. Cassez-les après avoir trouvé la musique grâce à elles. (La musique est à part : dès qu'elle a quitté l'instrument, dès que les molécules de l'air ne vibrent plus, la musique a disparu. La destruction touche de très près la création.) Un autre type de destruction qui n'en est pas tout à fait un, mais qui s'en approche, est décrit par ce passage d'une lettre de James à Stevenson : « *D'ailleurs, dès que mes productions sont achevées, ou du moins expulsées afin de gagner leur propre vie, elle semblent mortes à mes yeux.* » L'auteur fait son deuil de l'œuvre sans pour autant que celle-ci soit effectivement morte. Il la délaisse, ce qui n'est pas la même chose que la détruire. L'œuvre est publiée, la fatalité a frappé. Vous avez procréé, vous êtes père, mais vous ne reconnaissez pas vraiment votre enfant ? L'enfant vivra sans vous. Il vivra sa vie. « *Une fois que le livre est publié* », écrit Hugo, « *une fois que le sexe de l'œuvre, virile ou non, a été reconnu et proclamé, une fois que l'enfant a poussé son premier cri, il est né, le voilà, il est ainsi fait, père ni mère n'y peuvent plus rien, il appartient à l'air et au soleil, laissez-le vivre ou mourir comme il est. Votre livre est-il manqué ? tant pis. N'ajoutez pas de chapitres à un livre manqué. Il est incomplet ? il fallait le compléter en l'engendrant. Votre arbre est noué ? Vous ne le redresserez pas. Votre roman est phtisique ? votre roman n'est pas viable ? Vous ne lui rendrez pas le souffle qui lui manque. Votre drame est né boiteux ? Croyez-moi, ne lui mettez pas de jambe de bois.* » Dans la même veine, Hesse écrit : « *Il avait réalisé son œuvre et l'apôtre demeurerait dans sa beauté. Jamais cette fleur délicate ne cesserait d'éclore. Mais lui qui l'avait créée, il lui fallait maintenant prendre congé de son ouvrage, dès demain il ne lui appartiendrait plus, ne ferait plus appel à sa main, ne croîtrait plus et ne fleurirait plus sous sa caresse, ne serait plus pour lui un refuge, une consolation, ne donnerait plus à sa vie un sens. Il resterait le cœur vide. Et il lui sembla que le mieux serait de dire adieu aujourd'hui non seulement à Saint-Jean, mais aussi tout de suite au maître, à la ville, à l'art. Il n'avait plus rien à faire ici. Son âme était vide d'images auxquelles il pût donner sa vie.* » Adieu, mon œuvre ; je te salue et te quitte. Vis. Tu n'es plus *mon* œuvre, mais *une* œuvre. Passons à autre chose. À quoi ?...

* * * * *

(Que deviendront nos œuvres lorsque l'espèce humaine s'éteindra ?... Ou que deviendront-elles lorsque la Terre mourra (expansion du Soleil, météorite, etc.) ?...)

* * * * *

Avoir l'intention de créer sans que cela soit vu. J'adore tellement cette idée... J'écoute avec délectation Daniel Arasse parler de « *la boutonnière de la robe de la Vierge dans l*'Annonciation *de Filippo Lippi* », cette boutonnière qui « *est bien là* », « *si bizarre que cela puisse paraître et même si elle n'est pas faite pour être vue* ». Les « *conditions de mise en visibilité* » font découvrir aux visiteurs des détails qui ne devaient pas être vus, permettent « *de voir quelque chose que l'on n'avait pas vu auparavant, mais qui était là quand même* ». Lippi le savait, que l'on ne verrait pas la boutonnière, de même qu'Antonello de Messine savait que l'on ne verrait pas les deux colombes de son Annonciation, « *peinte pour un maître-autel d'une petite église en Sicile* ». Il y eut même des peintres qui savaient très bien que les conditions d'exposition de leurs œuvres les rendraient quasiment invisibles. Auriez-vous pu penser de vous-même qu'une telle chose fût possible ? Peindre un tableau pour qu'il ne soit pas visible ? Eh bien, je ne dis pas autre chose avec l'écriture : écrire un livre pour qu'il ne soit pas lu. Le livre écrit est le secret de l'écrivain. Nous sommes loin, très loin des raisons qui gouvernent tous les gens qui écrivent aujourd'hui (du boucher jusqu'au chauffeur de taxi). Ces raisons, Kundera va, pour les expliquer, les chercher dans la souffrance « *à l'idée de disparaître non entendu et non aperçu, dans un univers indifférent* ». Le premier venu « *veut, pendant qu'il est encore temps, se changer lui-même en son propre univers de mots* ». Celui-là, qui « *rature et barbouille à son aise* », qui est prêt à « *rimer à tour de bras* », celui-là n'est pas prêt à détruire son œuvre...

* * * * *

D'un côté, on ne détruit pas assez ; de l'autre, on crée trop. Chaque année, des centaines de romans publiés lors de la rentrée littéraire... La toile regorge d'écrits éphémères — qui y resteront disponibles jusqu'à la nuit des temps... Tout est prétexte à la publication, chacun veut conter ses histoires et les afficher aux yeux du monde. Si seulement tous les écrivains (en herbe ou confirmés) pouvaient revenir à l'époque de Gutenberg... Je leur dirais : « Tu veux publier ? Bien. Es-tu sûr de tes mots ? Ne regrettes-tu rien ? Est-ce parfait ? Oublie Internet, oublie les petites touches de ton clavier, oublie les lettres qui apparaissent sur ton écran, oublie le bouton "*Envoyer*". Tout cela est facile. Sois quelques instants un typographe. Voici la boîte appelée "*casse*", compartimentée en cassetins. Choisis les caractères fonte par fonte. Place-les ensuite sur le composteur, cette cornière métallique. Attention ! Pour que l'ordre et le sens soient respectés, tu dois les positionner tête en bas ! Quand ta ligne de caractères est terminée et ne contient pas d'erreurs, dispose-la soigneusement sur la galée, ce plateau de zinc. Recommence l'opération jusqu'à ce que la page soit remplie. Pense aux lingots pour délimiter les lignes. Insère l'ensemble dans un châssis et serre les pavés de texte en tournant la clé de clavette. Attention ! Le châssis n'a pas de fond ! Si c'est mal serré, toutes les fontes tomberont par terre et il faudra tout reprendre. Sache aussi qu'une feuille contient plus d'une page et qu'elle sera découpée avec le massicot. Dans un premier temps, tu déposeras le châssis et les fontes sur le marbre et tu l'encreras à l'aide de la balle à encrer ; dans un second temps, tu déposeras une feuille de papier sur le tympan, que tu rabattras sur la forme. Puis tu avanceras le plateau et presseras au fur et à mesure la platine pour que cela s'imprime. Abaisse bien la barre de fer ! Voilà. Répète le processus pour toutes les pages de ton livre et tu auras peut-être un exemplaire non relié avant la fin du mois ! (Si tu veux le relier, bonne chance ! Il te faudra faire de la couture !) Si tu en veux plusieurs dizaines d'exemplaires, prends une année sabbatique ! » Croyez-moi, le soi-disant écrivain comprendra sa douleur. Soit il décidera de ne plus écrire, soit il décidera de ne plus publier, soit il se relira et corrigera inlassablement son œuvre jusqu'à ce qu'elle mérite d'être reproduite. En passant par ces étapes d'une époque révolue, il y réfléchirait à deux fois avant de proposer ses écrits. Si chacun devait confectionner son œuvre avant de la proposer aux autres, on éradiquerait 99% des œuvres qui ne mériteraient pas d'être publiées. L'heureux temps où l'on avait le sens de l'écriture ! *On n'imprimait pas n'importe quoi*, c'est-à-dire que l'*on n'écrivait pas n'importe quoi*. Aujourd'hui, on écrit et publie comme on fait ses besoins (sans tirer la chasse-d'eau)...

* * * * *

Le livre écrit est le *secret* de l'écrivain. — Quel serait *Le secret de l'écrivain*, selon Buzzati ? Il imagine un écrivain qui, le suppose-t-on, aurait écrit « *douze volumes* » de « *vrais livres* », des « *chefs-d'œuvre immortels* ». Après sa mort, on décide d'ouvrir le coffre où il les avait déposés. Il y a bien là douze chemises pleines de centaines de feuillets. Qu'était-ce ? « *Sur les feuillets il n'y avait pas le moindre signe.* » — J'aime cette histoire.

* * * * *

Tout ceci me fait penser au nom, à l'anonymat, au nom d'emprunt, à la gloire. « *Un nom, c'est un moi* », dit Jean Valjean, qui ne veut pas escroquer les lettres de l'alphabet en portant un autre nom. « *Un nom, c'est un moi.* » — Monsieur Dupont publie un livre sous le nom de Dupont. Que se serait-il passé s'il l'avait publié sous le nom de Dupond ? Le livre serait le même. Et s'il l'avait publié sous l'anonymat ? Le livre serait le même. Que signifie alors le nom de l'auteur, qui n'apparaît généralement qu'en trois ou quatre endroits (couverture, tranche, quatrième de couverture) ? Le nom fait-il le livre ? Si je lis le livre de Dupont, je présume que ce livre a été écrit par Dupont. Si Dupont est inconnu, à qui ou à quoi renvoie ce Dupont ? Un livre de Hugo renvoie à Hugo, le célèbre auteur. Je puis me faire une idée de ses autres œuvres, de ses portraits. Cela renvoie à quelqu'un de connu. Je peux mettre un nom sur le livre (celui qui y est déjà). Imaginons que le livre de Dupont ne soit pas de Dupont, mais de Hugo, et que je ne le sache pas. C'est écrit Dupont sur la couverture, donc je pense qu'il est de Dupont. J'apprends qu'il est de Hugo. Que cela change-t-il ? Mon rapport à ce Dupont a-t-il été faussé ? Le livre y gagne-t-il quelque chose ? y perd-il quelque chose ? Le livre a-t-il un nom ? est-il un moi ? Vous vous dites : *Les Misérables*, c'est de Hugo. Mais savez-vous *qui* est Hugo ? Vous pensez à Hugo comme vous penseriez à Dupont. Ce sont des lettres. Si Hugo s'était appelé Dupont, vous auriez dit : le célèbre Dupont, qui a écrit *Les Misérables*. Le nom est-il un moi ? En lisant *Les Misérables*, vous penserez à Hugo, vous ferez confiance aux spécialistes et à l'histoire : c'est bien Hugo qui a composé l'ouvrage. De surcroît, c'est bien son style. L'image est floue, mais vous voyez Hugo derrière tout cela. En revanche, si c'est Dupont, un écrivain inconnu, le verrez-vous derrière ? S'il vous est complètement inconnu, auriez-vous été perturbé en apprenant qu'il s'appelle Dupond ? Il est facile d'être proche du livre ; il est difficile d'être proche de l'auteur. L'auteur, soit connu ou inconnu, reste abstrait. Il a fait le livre. Ça y est. Mais le livre ne fait pas l'auteur. En lisant *Les Misérables*, vous lisez *Les Misérables*, vous ne lisez pas « Hugo ». Hugo, quand bien même il serait connu, vous demeure inconnu, comme il demeure inconnu à une vaste majorité de lecteurs. Et ce ne sera pas en lisant sa chronologie que vous affinerez véritablement l'image que vous vous en faites. Pourquoi croyez-vous qu'il arrive que des éditeurs refusent des manuscrits d'auteurs célèbres envoyés sous un autre nom ? Parce que le nom, ne renvoyant pas à une image nette, ne valide pas l'écrit. C'est une grave question. Dans *Érostrate*, Pessoa réfléchit sur l'influence d'un nom connu : « *Qu'il s'imagine un livre de poèmes, publié aujourd'hui, signé d'un poète inconnu. Supposons que ce livre soit en fait composé de grands poèmes écrits par de grands poètes. […] Y a-t-il quelqu'un pour croire que ce critique compétent […] rédigerait davantage qu'une brève note, en caractères de six points […] ?* » Pour Pessoa, cela ne fait aucun doute que le critique n'y prêtera pas la même attention qu'il eût portée si le nom avait été connu. J'ai déjà entendu plusieurs histoires qui tournent autour de ce problème : on envoie à plusieurs éditeurs un manuscrit de Proust et ceux-ci répondent par une lettre toute préparée : « Nous sommes au regret de vous informer que votre manuscrit a été refusé par le comité de lecture, car il ne répond pas aux critères de notre maison. N'hésitez pas nous envoyer d'autres manuscrits. Cordialement… » Poe lui-même avait critiqué le système en écrivant une nouvelle, *La vie littéraire de M. Machin Truc*, dans laquelle Oppodeldoc envoie à des éditeurs de revue son œuvre qui n'est rien d'autre qu'un plagiat de Milton, Homère ou Dante, et lesdits éditeurs, ne reconnaissant pas les « génies », se moquent du style ! Aujourd'hui, le nom de l'auteur est une garantie. Cela ne devrait-il pas être le livre ? L'auteur a écrit le livre, certes, et le livre lui doit tout, mais le livre, au final, est tout ce qui compte. On ne lit pas l'auteur (et on ne le lit pas parce qu'il a étudié au Havre ou parce qu'il collectionnait des assiettes) ; on lit le livre. (Mi amer, mi sarcastique, Kierkegaard confiait : « *J'en suis convaincu : le sixième de L'Alternative, un peu de coterie, un auteur invisible, et le résultat eût été, à la longue surtout, bien autrement extraordinaire.* ») Vous chantez à la gloire de Dupont parce qu'il est indiqué que c'est Dupont qui l'a écrit. Or, un certain Dupond se cache derrière le pseudonyme Dupont. Ne devriez-vous pas plutôt chanter à la gloire de Dupond ? Qui est qui ? Qu'y a-t-il derrière le nom ? Vanité ! À qui la gloire ? Aux deux ? Keats s'emporte : « *La gloire… […] Vous, Artistes éperdus d'amour ! fous que vous êtes ! / Tirez-lui votre meilleure révérence et dites-lui adieu, / Alors, si cela lui convient, elle vous suivra.* » Elle *vous* suivra ? *Qui* ? Celui qui a écrit ? S'il est mort (ce qui est bien souvent le cas), la gloire suit le *nom*. Penser à la postérité revient à penser à ce qui arrivera quand nous ne penserons plus. À la question : « La postérité se souciera-t-elle de nous ? » — Pline Le Jeune répond : « *Je ne sais, mais nous le méritons. Je ne dis pas par notre génie (ce serait prétentieux), mais par notre application, notre travail, notre respect de la postérité. Persévérons seulement dans la voie que nous avons choisie. Si elle n'en conduit que peu aux rayons de la gloire, elle en a tiré plus d'un du silence et de l'ombre.* » Cela vaut-il la peine d'être tiré de ce silence ? *Pour qui* cela vaut-il la peine ? Ce n'est pas de Pline Le Jeune dont on se souvient, l'homme qui a vécu toutes ces expériences durant toutes ces années, l'homme qui a pensé tous ces jours, toutes ces heures, qui a dormi, mangé, pleuré, ri, marché. On se souvient de son nom plus que de tout autre chose. Les noms sont là pour nous aider à repérer. Le nom n'est pas le moi. L'auteur seul est le moi, qui reste inconnu au lecteur (quand il ne l'est pas à l'auteur lui-même !). Comme le dit très bien Nietzsche (*Ecce Homo*) : « *Das Eine bin ich, das Andre sind meine Schriften.* » (« *Je suis une chose, mon œuvre en est une autre.* ») Lecteur, me lis-tu en tant que *je suis* Pichavant ? Me lis-tu comme j'écris et me lis ? Il y a loin de la coupe aux lèvres… Si mon livre n'était pas publié sous mon nom, si je ne voyais pas le nom Pichavant estampillé quelque part, il ne serait plus le mien en tant qu'il a été écrit et qu'il sera lu. Il n'était mien qu'au temps où je l'écrivais. Car en lui donnant du Dupond, il serait à Dupond. — Martial, fais-nous réfléchir avec humour, après cette réflexion qui en aura saoulé plus d'un !… « *Fidentinus, les vers que tu lis sont les miens ; / Mais tu les lis si mal qu'ils deviennent les tiens !* » (Ce n'est pas ce que j'attendais de toi, mais je le garde.)

* * * * *

(Écris-je trop *obscurément* ? Cet obscur m'est clair, pourtant… — Que dis-tu, Albert ? « *Ceux qui écrivent obscurément ont bien de la chance : ils auront des commentateurs. Les autres n'auront que des lecteurs, ce qui, paraît-il, est méprisable.* » — *No comment.*)

* * * * *

(Lisez-vous avec trop de difficulté ? Je ne suis pas facile (dans tous les sens de l'expression). — Beethoven était « fier » de dire à qui voulait l'entendre que sa sonate n°101 (pour piano) était difficile à jouer. Il voulait même l'intituler : « *La sonate en la difficile à jouer* » ! Pourrais-je intituler mon livre : *Le livre difficile à lire* ?... — Mon langage est-il si compliqué qu'il ne parle qu'à moi-même ? Au moins, *il me permet de parler*.)

* * * * *

(Est-ce incohérent ? — Tel Huguenin, après avoir écrit une espèce de poème absurde, qui tente de rassurer le destinataire de sa lettre, je rassurerai le lecteur : « *Ce n'est pas si incohérent, tranquillisez-vous, que ce que je vous écris. C'est beaucoup plus ferme et logique. Mais la crainte de la cohérence, je la découvre dans mon ivresse même, la crainte de la cohérence est l'apanage de ceux qui n'ont pas d'inspiration. Mon inspiration, mon délire, je veux les jeter avant tout dans la précision. Dans l'exactitude. Les lancer en pleine profondeur plutôt que dans une dispersion superficielle.* » — La précision de l'incohérence : est-ce incohérent ?)

* * * * *

(Est-ce incompréhensible ? — Alors je reconvoque Huguenin, de qui je me sens si proche... — « *Je ne sais pas si je me fais bien comprendre : moi-même je me comprends très mal, j'ai l'impression de dire quelque chose que je ne comprendrai que plus tard. Un roman est une prière. Pas de roman sans humilité. Au début, tout jeune, on considère le roman comme une aventure, un voyage dans des pays exotiques, agréables à l'œil, doucement dépaysants, et qui restent à découvrir. On croit qu'on va s'amuser. On se prend pour un créateur. — Le romancier, l'écrivain ne crée pas. Ou s'il crée, se sont les petites choses, les détails extérieurs, les fioritures de style — du travail d'artisan, du petit travail manuel. Mais l'essentiel n'est pas créé. L'essentiel se reproduit seulement, se raconte avec une humble fidélité, se livre tout cru, presque avec maladresse — la maladresse de génie... Ainsi, je suis là, à ma table, dans cette salle à manger faussement aristocratique, qui joue aussi mal au salon du roi que l'Autrichienne jouait mal à la fermière, je fume une cigarette, je vous écris : qu'ai-je inventé ? J'ai ravalé pas mal de mes ambitions, de mon orgueil, de mes artifices. Maintenant, je tends vers moi-même. Oh, bien sûr, ce n'est pas un moi-même tout fait — "avec ses vices que voulez-vous... on est pas des héros", non ! Le moi qui reste à faire, à devenir, le seul naturellement.* » — Comprendre je ne sais quoi... Comprendre le mot, la phrase, que je me livre. — « *Je veux faire un livre brûlant* ».)

* * * * *

Derrière le nom se cache un auteur que nous ne pouvons pas connaître. La traduction empire la distance maintenue entre le lecteur et l'auteur. Je me suis toujours demandé ce qu'une traduction de mes écrits pourrait donner. Pour être exact, une *double traduction* : une traduction du français en anglais, par exemple, puis une autre traduction de cet anglais (issu du français) vers le français. Jusqu'à quel degré le texte serait-il déformé ? Je n'ai jamais tenté l'expérience. Il me faudrait deux traducteurs différents pour cela marchât... Une réflexion faite par le père d'Anthony me reviendra toujours en mémoire. Au début du lycée, Anthony et moi étions plongés dans la littérature anglo-saxonne (Stephen King et consort). Son père s'était étonné : « Cela ne vous dérange pas de lire des traductions ? » Sous-entendu : lui, cela le dérangeait. Et il voulait dire par là que ce n'était pas le vrai texte, que c'était une corruption du texte original. C'est tellement vrai ! Moi qui, aujourd'hui encore, répéterai les mots de Camus : « *Oui, j'ai une patrie : la langue française* », — je suis décontenancé quand j'y songe. À cette époque, j'étais trop jeune pour être l'amoureux du français que je suis devenu (et puis, je ne me prive pas, je lis bon nombre d'ouvrages traduits de diverses langues). En tout cas, dans l'idéal, il faudrait lire les livres dans leur propre langue. (C'est pourquoi je cite beaucoup dans le texte.) Je pense au rabbin Yeshaya Dalsace, membre du mouvement Massorti français, exégète de la Bible, qui affirme que *toutes* les traductions existantes de l'Ancien Testament sont *épouvantables*, des *monstruosités*. Vous imaginez ? Qui sait lire l'hébreu ? Très peu de gens. Ainsi, en lisant (ou croyant lire) la Bible, nous lisons autre chose qui n'a rien à voir. Les jeux de mots sont passés à la trappe, les mots intraduisibles sont traduits quand même, les nuances et les sonorités sont perdues. En conclusion, personne n'a lu la Bible ! Et que penser de l'autobiographie d'Ignace de Loyola ? Il raconte sa vie en espagnol à son secrétaire Camara, lequel la dicte en italien, avant que ce soit publié en latin, puis en français. On passe de l'espagnol à l'italien, de l'italien au latin, du latin au français... Quel lien y a-t-il entre l'espagnol initial et le français final ? « *Hence the vanity of translation* » (« *De là la vanité de la traduction* »), a raison de dire Shelley dans sa *Défense de la poésie*. En parlant de poésie : rien n'est plus réfractaire à la traduction que la poésie. *Il est impossible de traduire un poète*. Comment faire ? Il n'y a rien à faire. Soit vous connaissez la langue, soit vous possédez une version bilingue qui sera d'une grande aide, soit vous lisez en français en ne perdant jamais de vue que c'est une traduction. — S'il n'y avait que la traduction... Mais il y a également le traducteur. Il peut vouloir se démarquer, faire en sorte que l'on devine qu'il est le traducteur. Hérésie ! (J'ai déjà parlé de ce genre de fanfarons et n'y reviendrai pas.) Kundera, qui écrivit d'abord en tchèque, puis en français, a toujours voulu surveiller de près ses traductions. S'il y a bien quelqu'un qui s'y connaît dans cette affaire, c'est lui. Il en fait part dans *Les testaments trahis* : « *Cette tendance aussi est psychologiquement compréhensible : d'après quoi le traducteur sera-t-il apprécié ? D'après sa fidélité au style de l'auteur ? C'est exactement ce que les lecteurs de son pays n'auront pas la possibilité de juger. En revanche, la richesse du vocabulaire sera automatiquement ressentie par le public comme une valeur, comme une performance, une preuve de la maîtrise et de la compétence du traducteur.* » Prenons *Faust*. La traduction la plus célèbre est due à Gérard de Nerval. Elle est belle, simple, lyrique, poétique. Ensuite, il y a celle de Jean Malaplate en GF qui a voulu reproduire les vers, et qui est admirablement conçue. Enfin, il y a celle de Jean Amsler, chez Gallimard, qui est à la fois celle qui épouse le mieux le texte original et celle qui se lit le moins bien. Aucune de ces trois traductions, que j'ai lues, n'est parfaite. Même un compromis, où l'on garderait le meilleur que chacune des trois contient, ne fonctionnerait pas.

* * * * *

La corruption créée par la traduction est, si l'on veut, *interne* au livre. Il en existe une autre qui tiraille mon esprit depuis longtemps, *externe* cette fois-ci : *l'époque*. Si Balzac était né en 1978, comme moi, aurait-il pu concevoir sa Comédie Humaine telle qu'il l'a réellement conçue ? Si oui, aurait-elle été aussi pitoyablement écrite que tout ce que j'ai écrit ? Regarder la télévision n'aurait-il eu aucune influence sur son style ? Regardez tous ces jeunes, de nos jours, qui ne passent leur temps à tripoter leur téléphone portable, qui écoutent de la musique en en faisant profiter tout le monde. Si c'était du Mozart, passe encore. Mais non, c'est de la musique bonne à récurer les chiottes… Quelle est la probabilité que ça soit de la musique de merde sachant que le jeune est irrespectueux et capable de faire partager sa musique à tout le voisinage ? *Un*. (Quelle est la probabilité de faire entendre raison à un homme sachant que son chien aboie tout le temps ? *Zéro*. Quelle est la probabilité de faire entendre raison à un automobiliste sachant qu'il conduit comme un porc ? *Zéro*. Ceux que l'on voudrait raisonner sont justement ceux que l'on ne peut pas raisonner. Monde de putes !) Paradoxalement, le jeune ne sait plus écrire cependant qu'il écrit beaucoup (de SMS). — Balzac eût-il été Balzac ? C'est l'éternelle question du « y a plus d'saisons », ou du « c'était mieux avant », ou du « tout fout l'camp ». C'est l'apanage des grands-parents de répéter que notre époque va à vau-l'eau. Et c'était l'apanage de leurs grands-parents à eux de répéter que cela allait à vau-l'eau… « De mon temps, ça ne se passait pas comme ça. » Musset, déjà, rouspétait : « *L'esprit mâle et hautain dont la sobre pensée / Fut dans ces rudes vers librement cadencée / (Ôtez votre chapeau), c'est Mathurin Régnier, / De l'immortel Molière immortel devancier, / Qui ploya notre langue, et dans sa cire molle / Sut pétrir et dresser la romaine hyperbole ; / Premier maître jadis sous lequel j'écrivis, / Alors que du voisin je prenais les avis, / Et qui me fut montré, dans l'âge où tout s'ignore, / Par de plus fiers que moi qui l'imitent encore ; / Mais la cause était bonne, et, quel qu'en soit l'effet, / Quiconque m'a fait voir cette route, a bien fait. / Or, je me demandais hier dans la solitude : / Ce cœur sans peur, sans gêne et sans inquiétude, / Qui vécut et mourut dans un si brave ennui, / S'il se taisait jadis, qu'eût-il fait aujourd'hui ? / Alors à mon esprit se présentaient en hâte / Nos vices, nos travers, et toute cette pâte / Dont il aurait su faire un plat de son métier / À nous désopiler pendant un siècle entier : / D'abord le grand fléau qui nous rend tous malades, / Le seigneur Journalisme et ses pantalonnades, / Ce droit quotidien qu'un sot a de berner / Trois ou quatre milliers de sots, à déjeuner ; / Le règne du papier, l'abus de l'écriture, / Qui d'un plat feuilleton fait une dictature, / Tonneau d'encre bourbeux par Fréron défoncé, / Dont, jusque sur le trône, on est éclaboussé ; / En second-lieu, les mœurs, qui se croient plus sévères / Parce que nous cachons et nous rinçons nos verres, / Quand nous avons commis, dans quelque coin honteux, / Ces éternels péchés dont pouffaient nos aïeux ; / Puis nos discours pompeux, nos fleurs de bavardage, / L'esprit européen de nos coqs de village, / Ce bel art si choisi d'offenser poliment, / Et de se souffleter parlementairement ; / Puis nos livres mort-nés, nos poussives chimères, / Pâture des portiers ; et ces pauvres commères, / Qui, par besoin d'amants, ou faute de maris, / Font du moins leur besogne en pondant leurs écrits ; / Ensuite, un mal profond, la croyance envolée, / La prière inquiète, errante et désolée, / Et, pour qui joint les mains, pour qui lève les yeux, / Une croix en poussière et le désert aux cieux ; / Ensuite, un mal honteux, le bruit de la monnaie, / La jouissance brute et qui croit être vraie, / La mangeaille, le vin, l'égoïsme hébété, / Qui se berce en ronflant dans sa brutalité ; / Puis un tyran moderne, une peste nouvelle, / La Médiocrité, qui ne comprend rien qu'elle, / Qui, pour chauffer la cuve où son fer fume et bout, / Y jetterait le bronze, où César est debout [...]. Puis, un mal dangereux, qui touche à tous les crimes, / La sourde ambition de ces tristes maximes, / Qui ne sont même pas de vieilles vérités, / Et qu'on vient nous donner comme des nouveautés [...]. Certes, s'il eût parlé, ses robustes gros mots / Auraient de pied en cap ébouriffé les sots ; / Qu'il se fût abattu sur une telle proie, / L'ombre de Juvénal en eût frémi de joie, / Et, sur ce noir torrent qui mène tout à rien, / Quelques mots flotteraient, dits pour les gens de bien. / Franchise du vieux temps, muse de la patrie, / Où sont ta verte allure et ta sauvagerie ? / Comme ils tressailleraient, les paternels tombeaux, / Si ta voix douce et rude en frappait les échos ! [...] / Il eût trouvé ce siècle indigne de satire, / Trop vain pour en pleurer, trop triste pour en rire [...]*. » Toutes les époques semblent ridicules ! Si l'on peut railler *toutes* les époques, cela ne démontre-t-il pas que c'est l'homme qui est ridicule ? Combien donnerais-je pour faire ressusciter Desproges et Coluche ! On rigolerait bien ! On pourrait reprendre tous les arguments de Musset en les *améliorant technologiquement*. Qu'eût fait Balzac aujourd'hui ? Qu'eût dit Socrate en nos temps modernes ? Qu'eût fait Musset ? « *S'il se taisait jadis, qu'eût-il fait aujourd'hui ?* » Je puis également prendre les exemples plus récents, par exemple Hesse dans sa nouvelle *Le rêve du poète* : « *Cet homme écrivait toutes sortes de jolies choses, des romans, des contes et même des poèmes, et il se donnait un mal fou pour bien faire son travail. Malgré tous ses efforts, il réussissait rarement à satisfaire son ambition car, bien qu'il se considérât comme quelqu'un de modeste, il commettait une erreur dictée par la présomption : au lieu de se mesurer à l'aune des autres romanciers de son époque, il se comparait aux poètes de l'ancien temps qui avaient déjà fait leurs preuves par-delà bien des générations. Et force lui était toujours de reconnaître, à sa grande désolation, que même les pages les plus belles et les plus réussies qu'il eût jamais écrites ne valaient pas, et de loin, la phrase ou le vers le plus oublié de n'importe lequel des authentiques poètes anciens. Aussi, victime d'un désenchantement de plus en plus vif, perdit-il tout joie au travail. Et s'il lui arriva encore ici et là d'écrire quelques lignes, il ne le fit uniquement pour soulager son cœur et donner un exutoire à son insatisfaction et à sa sécheresse intérieure sous forme de critiques amères contre son époque, ce qui, bien entendu, n'améliora ni son moral ni ses qualités professionnelles.* » Cela n'a peut-être pas de sens de comparer les temps, de vouloir se téléporter à une époque plus ancienne et de regretter de n'y être pas né. Je m'en fous ! J'aurais voulu naître avec Hugo. Rien à faire d'Internet, du micro-ondes, de la télévision, du téléphone… Quoi qu'il en soit, je me sens petit face à Hugo. Très petit. Il est pour moi comme un *castreur*. J'aurais pu y mettre toute la meilleure volonté du monde, j'aurais été (et je suis) incapable de lui arriver à la cheville. Les conditions m'en ont empêché, m'en empêchent et m'en empêcheront jusqu'à ma mort. Je ne dis pas que né à son époque, mon talent eût su rivaliser avec le sien (il fut l'un des génies du 19ème siècle) ; du moins, eût-il pu en approcher… Je me souviens de mes lamentations en lisant *Cromwell*, à vingt-et-un ans. Plus haut, j'avais recopié ce passage de mon

Journal : « *Juste ceci : Hugo a 25 ans quand il finit* Cromwell *!... Mon dieu... Où en suis-je, moi ?... Guère plus loin qu'à un kilomètre : lui en était à deux mille...* » J'étais (et je suis) dans la position de l'artiste qui contemple la Joconde, et dont parle Vasari : « *Il faut reconnaître que l'exécution du tableau est à faire trembler de crainte le plus vigoureux artiste qui soit.* » Ou dans la position d'Alfred Kubin : « *Un Rembrandt, un Dürer nous élèvent par leur inconcevable perfection mais ils découragent aussi la création personnelle.* » Les esthètes regrettent le « temps jadis ». (Sauf Maupassant, qui osa dire que « *Balzac écrivait mal* » et que « *Stendhal n'écrivait pas* » !) Mais ne valait-il pas mieux qu'il y eût une Joconde, quitte à ce qu'elle nous castrât ? Elle est un moteur, elle montre jusqu'où l'on peut aller, que cela a été faisable. Dans son essai *De la naissance et du progrès des arts et des sciences*, Hume écrit : « *Si Molière et Corneille devaient à présent porter sur scène leurs productions de jeunesse, qui furent autrefois si bien accueillies, cela découragerait ces jeunes poètes de voir l'indifférence et le dédain du public.* » Il ne critique pas l'époque actuelle. Il dit au contraire qu'il faut un « *sol frais* » pour ne pas faire « *sombrer l'ardeur de la jeunesse généreuse* » et éteindre en elle toute trace d'émulation. Cela revient un peu aux propos de Vasari. Pour Hume, il ne faut pas cacher la Joconde à la jeunesse. Mais il ne faut pas forcer la jeunesse à imiter, il faut lui laisser sa liberté d'expression. Je ne suis pas totalement d'accord. En premier lieu, il faut tâcher d'imiter la Joconde pour comprendre sa perfection et, à partir de celle-ci, *la* perfection. (Ensuite, libre à la jeunesse de voler de ses propres ailes.) Il faut chercher la perfection. Qui peut le plus, peut le moins. Si j'avais moins voulu imiter Hugo que Delerm, je n'aurais rien compris. (Dans *Les Années d'apprentissage de Wilhelm Meister*, Goethe revient à plusieurs reprises sur la nécessité de chercher la perfection : « *Parce qu'un poème doit être parfait ou ne pas être ; parce que tout homme qui n'a pas les dons nécessaires pour exceller dans les arts devrait s'en abstenir et se mettre sérieusement en garde contre la tentation.* » — « *Croyez-moi, mes amis, il en est des talents comme de la vertu. Il faut les aimer pour eux-mêmes ou bien y renoncer tout à fait ; et pourtant les talents et la vertu ne sont reconnus et récompensés qu'autant que l'on peut, comme un dangereux mystère, les pratiquer en secret.* » — « *On doit se garder de cultiver un talent qu'on n'a pas l'espérance de porter à la perfection. Si loin qu'on avance, quand une fois on aura vu clairement le mérite du maître, on finira toujours par regretter amèrement le temps et les forces qu'on aura perdus à ce bousillage.* » L'apprentissage passe par l'étude approfondie des Maîtres. De la sorte, le talent, si talent il y a, exercera ses pleins pouvoirs. S'il n'y a pas de talent, mieux vaut se taire, comme le sermonne l'abbé Dinouart en souhaitant le silence chez « *un grand nombre d'auteurs, soit parce qu'ils écrivent mal, ou parce qu'ils écrivent trop* ». Dans ces cas-là, il faut se résigner, à l'exemple de ce personnage de Dostoïevski (*Les pauvres gens*) : « *Moi, je n'ai pas de talent. J'aurais beau noircir des pages et des pages, cela ne donne rien, je n'y parviens pas. J'ai déjà essayé.* » Dans ses *Mémoires*, Maugham nous dévoile ceci : « *Mais écrire était pour moi un besoin aussi naturel que respirer, je ne m'arrêtais pas pour m'interroger sur la qualité de mon style. Ce n'est que quelques années plus tard qu'il m'apparut que la littérature était un art délicat qu'on ne maîtrise qu'au prix de l'effort. Cette découverte s'impose à moi en constatant la difficulté que je rencontrais à coucher ma pensée sur le papier. Les dialogues me venaient sans peine, mais je me perdais dans un embrouillamini inextricable dès lors qu'il s'agissait d'une description. Je peinais plusieurs heures sur deux ou trois phrases que je ne parvenais pas à mettre sur pied. Je décidai de m'apprendre à écrire. Hélas, je ne connaissais personne qui fût susceptible de m'aider et je commis maintes erreurs. J'aurais gagné beaucoup de temps si j'avais eu pour guide le charmant professeur dont je viens de parler. Une telle personne m'aurait expliqué que mes dons naturels allaient dans certaine direction, qu'il fallait les cultiver dans ce sens et ne pas s'égarer dans des voies pour lesquelles je n'avais pas d'aptitude. [...] Pour mieux assimiler son style, je recopiais des passages entiers, que j'essayais ensuite de reproduire de mémoire.* » Je répète régulièrement à mes élèves qu'apprendre, c'est fournir des efforts. Sans fournir un minimum d'efforts, on n'arrive à rien. À moins d'avoir des aptitudes innées, seul le travail (acharné) paiera. Maugham écrit également : « *Un bon style ne doit laisser apparaître aucun signe d'effort. La chose écrite doit apparaître comme un accident heureux. [...] Certains pianistes possèdent, me dit-on, une telle technique innée qu'elle leur permet de jouer avec un art que la plupart des exécutants n'acquièrent qu'au prix d'un travail de tous les instants, et je suis tout disposé à croire qu'il en va de même pour certains écrivains.* » Tout le monde ne s'appelle pas Hugo, Poincaré ou Léonard ! En second lieu (je rebondis toujours sur les propos de Hume), ne pas oublier la *corruption* de la société. Art et société ne font pas bon ménage. Je ne vois pas comment, en regardant TF1 tous les soirs, on pourrait être à même d'écrire *Les Hauts de Hurlevent* ! De plus, il faut de l'énergie pour écrire, beaucoup d'énergie, et disposer de beaucoup de temps par la même occasion. Or, Russel ne dit-il pas dans son *Éloge de l'oisiveté* que « *les plaisirs des populations urbaines sont devenus essentiellement passifs* » ? Même si l'on ne veut pas « *aller au cinéma, assister à des matchs de football, écouter la radio, etc.* », on doit supporter ceux qui en parlent. Il faut à l'artiste la paix du silence. Les agitations bruyantes des fourmis peuvent le corrompre ; les cimes de l'art ne doivent pas tomber dans l'abîme des vicissitudes terrestres. (Dans sa correspondance, Beethoven se plaint souvent de cet antagonisme : « *À quelque hauteur que je me sente élevé aux moments heureux où je m'exerce dans la sphère de mon art, les événements ne cessent de me rappeler en bas sur la terre [...].* » — « *Malheureusement on n'est ramené que trop rudement des sublimes sommets de l'art à la commune superficialité des choses terrestres et humaines. Et n'est-ce pas par ceux qui nous sont le plus proches ?* » Celui qui vit parmi les trisomiques écrira de la littérature trisomique. À la troisième thèse des treize qui concernent la technique de l'écrivain, Walter Benjamin « s'injonctionne », afin de ne pas se mettre en péril : « *Cherche à éviter, dans les conditions de travail, la médiocrité de la vie quotidienne. Un demi-calme, accompagné de bruits insipides, avilit. Au contraire la compagnie d'une étude musicale ou d'un embrouillement de voix peut devenir aussi importante pour le travail que le silence perceptible de la nuit. Si celui-ci affine l'oreille intérieure, celle-là devient la pierre de touche d'un style dont l'abondance peut enfouir en elle jusqu'aux bruits excentriques.* ») — Les hommes que je considère être des génies et qui ont vécu à d'autres époques, n'étaient pas toujours, de leur vivant, considérés comme tels. Comme le rappelle Diderot dans sa *Lettre adressée à un magistrat sur le commerce de la librairie* : « *C'est le sort de presque tous les hommes de génie. Ils ne sont pas à la portée de leur siècle. Ils écrivent pour la génération suivante. Quand est-ce qu'on va rechercher leurs productions chez le libraire ? C'est quelque trentaine d'années après qu'elles sont sorties de son magasin pour aller chez le cartonnier. En mathématiques, en chimie, en histoire naturelle, en jurisprudence, et en un très grand nombre de genres particuliers, il arrive tous les jours que le privilège est expiré, que l'édition n'est pas à moitié consommée.* » Non sans ironie, Hugo, préfaçant la seconde édition de *Han d'Islande*, remerciait « *les huit ou dix personnes qui ont eu la bonté de lire son ouvrage en entier,* comme le constate le succès vraiment prodigieux qu'il a obtenu ». C'était avant ! Moi aussi je remercie la personne qui a eu la bonté de lire *La Perte de Sens* : moi-même ! (« *Non legor, non legar.* » (« *Je ne suis pas lu, je ne serai pas lu.* »))

* * * * *

La corruption de la société ne doit pas occulter la *corruption du public*, dont il procède. Je veux parler de *l'art de s'abaisser* au niveau de la masse. (Je ne discuterai pas de cette partie du public que l'on appelle *la critique*, que ce soit la critique qui avait obligé Racine à enlever une scène de *Britannicus*, ou que ce soit la critique qui rédige ses billets dans des journaux ou des magazines. Laissons aux mufles ce qui appartient aux mufles.) Si vous créez en pensant au regard, voire au jugement d'autrui, c'en est fini de la puissance de votre création. Si vous pensez : « Qu'en pensera le public ? » — c'en sera fini avant d'avoir commencé. (Ici, Platon me contredirait. Dans le *Phèdre*, il veut faire comprendre que l'écrit est un *support* dont on doit pouvoir dire qu'il n'est pas sérieux « en soi », et qu'il ne faudrait écrire que dans l'âme de l'auditeur (qui plus est, un auditeur qui serait *choisi*) : « *Celui donc qui prétend laisser l'art consigné dans les pages d'un livre, et celui qui croit l'y puiser, comme s'il pouvait sortir d'un écrit quelque chose de clair et de solide, me paraît d'une grande simplicité ; et vraiment il ignore l'oracle d'Arumon, s'il croit que des discours écrits soient quelque chose de plus qu'un moyen de réminiscence pour celui qui connaît déjà le sujet qu'ils traitent.* » Que dirait-il en me voyant écrire sur un support que moi seul suis en mesure de *recevoir* ?) Le public est dangereux. Il reflète l'ignorance. Comme l'écrivait Kierkegaard, qui semblait regretter à la fois d'avoir besoin à retrancher son existence dans un isolement absolu, et d'« *avoir soin de [se] montrer à toute heure du jour* » : « *Un auteur produit-il une œuvre d'une telle supériorité qu'on n'a jamais vu la pareille : il suffit qu'il vive comme je viens de le dire pour qu'il soit en très peu de temps à l'abri de la considération du monde et des stupides faveurs de la foule.* » Prenez l'extrême : Mallarmé. S'il n'était pas étudié au collège et au lycée, qui le lirait ? Il n'est pas lisible par le commun des mortels. Sa littérature *se mérite*. Mallarmé va *contre* le public. Il joue avec son art — et se joue de lui. Il écrit à Cazalis, en avril 1871 : « *Pour le moment, je prépare un Drame et un Vaudeville, discréditant aux yeux d'un Public attentif l'Art et la Science pour un nombre possible d'années.* » Il s'exprime pour un public averti, pour les gens de goût. En pensant au public, il n'y pense pas vraiment, car il pense à lui-même. Hamlet disait au comédien que « *l'outrance, ou l'insuffisance, même si elle fait rire l'ignorant, ne peut manquer d'affliger les gens de goût* », et que « *l'opinion d'un seul d'entre eux doit plus compter pour vous que tout un théâtre des autres* ». Que ce « *un seul* » soit d'abord l'auteur en personne ! — Si un nouveau Lautréamont apparaissait aujourd'hui, qui irait le chercher ? Qui ?... Ce serait *invendable*. À la rigueur, que se passerait-il si l'on retrouvait quelques-uns des trois cents livres perdus d'Épicure ? Hors Universités, rares seraient les acheteurs, quand bien même Épicure ne s'adresserait pas à une élite… (Je m'égare.) — (Serais-je rancunier sous prétexte que je n'ai jamais eu de public ? N'est-il pas trop facile de déprécier le public dans ces conditions ? Serais-je comme ces « *malheureux* » dont parle Huysmans, qui, parce que « *la justice littéraire n'existe pas* », se permettent d'« *exécrer le public* » alors que « *leurs vers ne sont ni meilleurs, ni pires que ceux qui se sont vendus et qui ont mené leurs auteurs à l'Institut* » ? Je ne le crois pas. J'évite le public comme la peste. J'ai l'air de m'auto-justifier, mais je vous jure que je fais fi d'autrui depuis des années et des années… — Si j'ai « *pu édifier un seul auditeur* », comme dirait Van Gogh, alors… Grand bien lui fasse — et me fasse… *Quant à la deuxième partie du problème : imaginez-vous un homme qui a quelque chose à dire et qui parle la langue que ses auditeurs comprennent ? — Alors, on constatera que le public estime que l'homme qui dit la vérité manque de "chic oratoire", il ne sera pas au goût de la majorité des auditeurs, on le traitera même d'individu "qui s'exprime difficilement" et on le méprisera pour cela. — Il pourra donc s'estimer heureux s'il a pu édifier un seul auditeur, ou quelques-uns au maximum ; ceux qui ne font pas grand cas des tirades-oratoires mais attachent de la valeur à la vérité, à l'utilité et à la nécessité des paroles qui les éclairent, agrandissent le cercle de leurs connaissances, étendent leur liberté et développent leur intelligence.* » Mes mots, on les reconnaît ; mais moi, me reconnaît-on ?... Non.)

* * * * *

Que sont les valeurs devenues ? Qu'est devenu le souci du style ? Qu'est devenu le souci de la virgule ? Qu'est devenu le souci de bien écrire ? — « Bien écrire », pour Hume, « *consiste à exprimer des sentiments qui sont naturels sans être évidents* » (« *il ne peut y avoir une définition plus juste et plus concise de l'art de bien écrire* », assure-t-il). Je ne sais plus ce que « bien écrire » veut dire. Je vois le début du XXème siècle comme annonçant la fin du style. Tout va trop vite. On n'a malheureusement plus le temps de passer une heure à polir une phrase. (Depuis longtemps, moi-même ne polis plus rien dans ce livre…) Qui, aujourd'hui, se soumet à l'ordre d'Horace ? « *[…] nonumque prematur in annum / membranis intus positis; delere licebit / quod non edideris […].* » (« *[…] renferme neuf ans ton parchemin dans la cassette ; tu pourras le détruire, tant qu'il n'aura pas vu le jour […].* ») Qui regarde la virgule amoureusement ? Qui la voit ? « *Quoi de plus minuscule qu'une virgule ?* » se demande Érasme. Quoique toute petite, cette chose « *engendre un sens hérétique* » si elle est bien maniée. Combien d'écrivains se prennent-ils pour Cyrano ? « *Impossible, Monsieur ; mon sang se coagule / En pensant qu'on y peut changer une virgule* » ? Combien d'écrivains, de nos jours ?... Le grand écrivain est *à la virgule près*. Il est exigeant. « *Maudit soit celui qui, dans les futures réimpressions de mes ouvrages, y aura changé sciemment quoi que ce soit, une phrase, ou seulement un mot, une syllabe, une lettre, un signe de ponctuation !* » Schopenhauer n'a-t-il pas raison ? (Cette menace fit d'ailleurs réagir Cioran : « *Est-ce le philosophe, est-ce l'écrivain qui fit parler ainsi Schopenhauer ? Les deux à la fois, et cette conjonction (que l'on songe au style effarant de n'importe quel ouvrage philosophique) est très rare. Ce n'est pas un Hegel qui aurait proféré malédiction semblable. Ni aucun autre philosophe de première grandeur, Platon excepté.* » N'oublions pas que Cioran n'était pas un Français d'origine. Son rapport avec la langue française changea sa façon de voir. « *Si je n'étais pas venu en France, j'aurais peut-être écrit, mais je n'aurais jamais su que j'écrivais.* » Pourquoi cela ? Parce que le concept du « bien écrire » est un concept « *strictement français* ». Il compare le français à l'allemand, où il n'y a apparemment aucun sens à dire : « C'est bien écrit. ») Baudelaire non plus n'aurait pas accepté une virgule déplacée : « *Je m'engage solennellement à la plus stricte exactitude pour les épreuves des* Paradis *et des* Fleurs. *Mais vous ne serez pas prêt.* Vous ne pourrez pas l'être. Six semaines ne sont pas assez ; *et vous savez que pour rien au monde je ne veux* d'éditions ratées, *soit au point de vue de l'élégance, soit à celui de la correction.* » Il est probable que vous ayez envie de me rétorquer : « N'en va-t-il pas ainsi pour tout écrivain ? N'est-il pas effrayé à l'idée que l'on puisse corriger son texte ? » Pas à ce degré. Posez-vous la question : La plus belle femme vaut-elle une virgule mise à sa place ? — Qu'est-ce que le degré zéro de l'écriture ? C'est *l'absence*, l'absence du regard, l'absence d'un faire. « *Partie d'un néant où la pensée semblait s'enlever heureusement sur le décor des mots* », écrit Barthes, « *l'écriture a ainsi traversé tous les états d'une solidification progressive : d'abord objet d'un regard, puis d'un faire, et enfin d'un meurtre, elle atteint aujourd'hui un dernier avatar, l'absence* » : l'absence, — donc *la perte…* — Le style, dit encore Barthes, « *n'est jamais que métaphore, c'est-à-dire équation entre l'intention littéraire et la structure charnelle de l'auteur* ». « Équation », « intention », « charnelle » : voilà des termes que j'affectionne particulièrement quand il s'agit de parler du style littéraire ! Et « *l'absence* » !…

* * * * *

L'écrivain est exigeant et intransigeant. Cela ne l'empêche pas de se contredire. Lorsque Kundera prévient : « *si le lecteur saute une seule phrase de mon roman, il ne pourra rien y comprendre* », il reconnaît qu'il est tout de même « *le plus grand sauteur de lignes et de pages* » (« *et pourtant, quel est le lecteur qui ne saute pas de lignes ?* »).

* * * * *

Le « ἀφεὶς σαυτῷ »… — J'ai le plus grand souci de moi-même et de ce livre qui est censé *me reproduire.* — « *Ne tarde donc plus à en finir* », m'enjoint Marc-Aurèle ; « *et, si tu as quelque souci de toi-même, laisse là les espérances vaines, et ne pense plus qu'à ton propre salut, tandis que tu peux encore y songer.* » — Je ne néglige pas d'observer attentivement les émotions propres de mon âme — et pourtant, il me semble que je tombe dans le malheur… Pourquoi, ô Cæsar ?…

* * * * *

Pourquoi douté-je de tout ?… La pensée de l'écrivain est-elle insaisissable, et pour cette raison, la grammaire, inutile ? Sacré Sextus Empiricus ! « *Donc, puisque toute composition, tout poème est constitué par les mots indiquant des réalités et les réalités indiquées, le grammairien, s'il possède l'art d'analyser les formules des écrivains et des poètes, aura nécessairement connaissance des mots seuls, ou des réalités sous-jacentes ou des deux à la fois. Or les réalités, il va sans dire qu'il ne les connaît pas. En effet, certaines de ces réalités sont physiques, d'autres mathématiques, d'autres médicales ou musicales, et pour traiter de réalités physiques, il faut, bien sûr être physicien, pour traiter de réalités musicales, être musicien, pour traiter de réalités mathématiques, être bien sûr mathématicien et ainsi de suite.* » — Que sais-je ? Que savons-nous ? Mon Dieu. Je sais que j'existe. Et que j'écris ?…

* * * * *

(Mon style n'est plus le même. Il se déconstruit, à mon image. Je suis un auteur qui change comme le fleuve. — Je ne porte pas qu'une histoire, *mon* histoire ; je porte un style, *mon* style.)

* * * * *

Prochain chapitre : *La Lecture.* — (« *Un écrivain qui n'aurait rien lu, vaste blague.* » Si Sollers le dit…)

* * * * *

Et il lut, puis il écrivit — ce qu'il aima.

« *Au clair de la lune,*
Mon ami Pierrot,
Prête-moi ta plume
Pour écrire un mot.
Ma chandelle est morte,
Je n'ai plus de feu ;
Ouvre-moi ta porte
Pour l'amour de Dieu.
[…]
Au clair de la lune,
On n'y voit qu'un peu.
On chercha la plume,

On chercha le feu.
En cherchant d'la sorte,
Je n'sais c'qu'on trouva ;
Mais je sais qu'la porte
Sur eux se ferma... »

Chanson anonyme

Lecture

« *Tu viens d'incendier la Bibliothèque ?*
— *Oui.*
J'ai mis le feu là.
— *Mais c'est un crime inouï !*
Crime commis par toi contre toi-même, infâme !
Mais tu viens de tuer le rayon de ton âme !
C'est ton propre flambeau que tu viens de souffler !
Ce que ta rage impie et folle ose brûler,
C'est ton bien, ton trésor, ta dot, ton héritage !
Le livre, hostile au maître, est à ton avantage.
Le livre a toujours pris fait et cause pour toi.
Une bibliothèque est un acte de foi
Des générations ténébreuses encore
Qui rendent dans la nuit témoignage à l'aurore.
Quoi ! dans ce vénérable amas des vérités,
Dans ces chefs-d'œuvre pleins de foudre et de clartés,
Dans ce tombeau des temps devenu répertoire,
Dans les siècles, dans l'homme antique, dans l'histoire,
Dans le passé, leçon qu'épelle l'avenir,
Dans ce qui commença pour ne jamais finir,
Dans les poètes ! quoi, dans ce gouffre des bibles,
Dans le divin monceau des Eschyles terribles,
Des Homères, des Jobs, debout sur l'horizon,
Dans Molière, Voltaire et Kant, dans la raison,
Tu jettes, misérable, une torche enflammée !
De tout l'esprit humain tu fais de la fumée !
As-tu donc oublié que ton libérateur,
C'est le livre ? Le livre est là sur la hauteur ;
Il luit ; parce qu'il brille et qu'il les illumine,
Il détruit l'échafaud, la guerre, la famine ;
Il parle ; plus d'esclave et plus de paria.
Ouvre un livre. Platon, Milton, Beccaria.
Lis ces prophètes, Dante, ou Shakespeare, ou Corneille ;
L'âme immense qu'ils ont en eux, en toi s'éveille ;
Ébloui, tu te sens le même homme qu'eux tous ;
Tu deviens en lisant grave, pensif et doux ;
Tu sens dans ton esprit tous ces grands hommes croître ;
Ils t'enseignent ainsi que l'aube éclaire un cloître ;
À mesure qu'il plonge en ton cœur plus avant,
Leur chaud rayon t'apaise et te fait plus vivant ;
Ton âme interrogée est prête à leur répondre ;
Tu te reconnais bon, puis meilleur ; tu sens fondre
Comme la neige au feu, ton orgueil, tes fureurs,
Le mal, les préjugés, les rois, les empereurs !
Car la science en l'homme arrive la première.
Puis vient la liberté. Toute cette lumière,
C'est à toi, comprends donc, et c'est toi qui l'éteins !
Les buts rêvés par toi sont par le livre atteints.
Le livre en ta pensée entre, il défait en elle
Les liens que l'erreur à la vérité mêle,
Car toute conscience est un nœud gordien.
Il est ton médecin, ton guide, ton gardien.
Ta haine, il la guérit ; ta démence, il te l'ôte.

> *Voilà ce que tu perds, hélas, et par ta faute !*
> *Le livre est ta richesse à toi ! c'est le savoir,*
> *Le droit, la vérité, la vertu, le devoir,*
> *Le progrès, la raison dissipant tout délire.*
> *Et tu détruis cela, toi !*
> *— Je ne sais pas lire. »*

Victor Hugo, *À qui la faute ?*

Ici, des chiffons, là, des écorces de mûrier et des bambous, que l'on faisait macérer dans l'eau avant de les broyer. On plongeait un moule dans une cuve remplie de cette pâte aqueuse. La pulpe s'y déposait tandis que l'eau s'égouttait, laissant découvrir une mince pellicule de fibres que l'on devait presser par la suite pour l'essorer tout à fait. C'était l'ancien temps. On y allait feuille par feuille. Ce papier était robuste. Aujourd'hui, la pâte de bois utilisée contient des acides qui détruisent les pages en vieillissant. — C'est le livre qui s'imprime dans le végétal, relié en basane. L'homme est poussière d'étoile, le livre est poussière de plante, poussière du vivant. Nous sommes les frères garants du savoir.

* * * * *

Me lire comme dans un livre ouvert…

* * * * *

Écrire sur les écrits à lire. — Ou *Dialogue sur un dialogue*. « *J'ai vécu peu. J'ai lu beaucoup.* » Je suis comme Borges : un boulimique de lecture. Le monde se résume au monde des livres. Alberto Manguel nous rapporte que pour Borges, « *l'essentiel de la réalité se trouvait dans les livres* », et que tout ce qui comptait, c'était « *lire des livres, écrire des livres, parler de livres* ». Manguel ajoute : « *Les conversations avec Borges […] étaient ce qu'à mon avis devraient être toutes les conversations : elles traitaient de livres et d'horlogerie des livres, de la découverte d'auteurs que je n'avais pas encore lus […].* » Borges définit le livre comme un tout. Sa bibliothèque de Babel rappelle l'infini des possibilités : toutes les solutions existent pour n'importe quel problème personnel, tout y est écrit. Et non seulement le livre est un tout, mais il est un don de Dieu : « *Je ne sais pas exactement pourquoi je crois qu'un livre nous apporte la possibilité du bonheur, disait-il. Mais je suis profondément reconnaissant pour ce miracle.* » Le livre est notre vie. — Ma vie est un livre, elle tourne autour du livre (à lire, à écrire). Je suis entouré de livres. J'ai commencé à les amonceler à l'âge de quinze ans. — J'ai toujours suivi ce conseil de Mazarin : « *Emporte toujours un livre avec toi pour passer le temps.* » Pour ne pas être pris au dépourvu, j'en transporte parfois deux ou trois dans mon cartable. — Le livre aura été mon plus fidèle ami. J'ai quatre mille amis à la maison (certains le sont plus ou moins). Les connais-je bien ? En tout cas, je les ai connus. Car tel Lichtenberg, « *j'oublie presque tout ce que je lis* », mais « *ce que je lis n'en contribue pas moins à l'entretien et au maintien de mon esprit* ». — Le livre aura fait de moi ce que je suis. Je dois les trois-quarts de mon savoir, non aux professeurs, mais aux livres. — Je sais comme Urien que « *le livre est la tentation* ». Le livre peut être dangereux, il peut vous éloigner du monde réel, vous forcer à vous désocialiser (« *je ne mettrais personne en garde contre la passion des livres, même s'ils peuvent faire à la vie une concurrence déloyale* », écrivait cet autre grand lecteur, Hesse, qui, en 1945, affirmait avoir lu plus de dix mille livres !). En se comparant à son frère qui a réussi commercialement, Loup Larsen (qui doit tout aux livres) avoue : « *Mon tort, à moi, est d'avoir mis le nez dans les livres.* » Nul n'est lecteur innocemment. (Encore Hesse : « *La lecture n'est pas une "distraction", en aucun cas, mais une concentration. Son rôle n'est pas d'entretenir des illusions sur une existence absurde, de nous étourdir par des réconforts fictifs. Elle doit au contraire nous aider à donner à notre vie un sens toujours plus élevé, toujours plus entier.* ») — Le livre offre la communion en silence. Cela me convient si bien, à moi qui n'aime pas parler… « *Moi, je lis, puisque je ne puis parler* », écrivit Zola dans un article de journal, en faisant « parler » une certaine Pandore. (C'est également l'une des raisons pour lesquelles j'écris : pouvoir parler sans parler, discuter dans le silence, sans interlocuteur. Voulez-vous que je vous parle de moi ? Lisez-moi. — Rousseau évoque dans un passage des *Confessions* une volonté similaire lorsqu'il dut expliquer à Mme la maréchale ce qu'il pensait : « *Je m'avisai d'un supplément, pour me sauver auprès d'elle l'embarras de parler : ce fut de lire.* » Pour lui, lire ce qu'il avait écrit lui épargnait le fait de « parler ». (J'ai suffisamment « parlé » de ce que la parole me coûtait. Parler me tue.)) — J'ai tout appris dans les livres. Cela ne m'empêcherait pas de répondre comme Maugham à la question du père Ensheim : « *Ainsi, vous avez lu pendant quatre ans. Où cela vous a-t-il conduit ?* — *Nulle part, dis-je.* » Tous ces livres sont en moi, et je suis dans tous ces livres lus via tout ce que j'écris. — Les livres sont mes Amis, comme ils étaient les amis d'Eugène Delacroix : « *Les livres sont de vrais amis. Leur conversation silencieuse est exempte de querelles et de divisions. Ils vous font travailler sur vous-même, et, chose rare dans les discussions avec les amis de chair et d'os, ils vous insinuent tout doucement leur avis, et vous font goûter la raison, sans que vous vous regimbiez contre son évidence et sans que vous ayez l'air d'être vaincu à vos propres yeux. Si le livre ne vaut rien, bien qu'avec des dehors spécieux, un bon esprit ne s'y trompe pas. S'il est bon, c'est un inestimable trésor, c'est une félicité de tous les moments. Combien les livres ne nous font-ils pas oublier de chagrins, par le spectacle des hommes vertueux livrés au malheur. Combien ne nous élèvent-ils pas, en nous montrant leur constance et leur grand caractère. C'est une chose qui m'étonne de voir si peu de gens qui lisent dans ce sens. Ils ne cherchent dans la lecture qu'à repaître le vide de leur esprit. Les lignes leur passent devant les yeux comme des aliments dans un gosier, pourvu qu'ils passent c'est assez. Moi, je trouve dans les livres des passages que je voudrais saisir avec autre chose qu'avec les yeux. Je sens si bien ce qu'ils me disent, je vois si bien ceux qu'ils me peignent, que je m'indigne à la fin contre cette page muette d'un vil papier qui m'a remué si fortement et qui me reste seule entre les mains et sous les sens, au lieu des êtres qu'elle m'a fait passer en revue et que j'aimais, que je connaissais ; aussi je m'afflige en voyant arriver la fin d'un livre qui m'intéresse ; je dis un éternel adieu à des amis.* » (Lettre à Achille Piron, datée du 8 Octobre 1819.) — Je mourrai avec mes amis, je mourrai avec mes livres, au milieu de ma bibliothèque. Je mourrais sans eux, sans elle. Si tout cela devait brûler... Ce serait « *un crime inouï* », un crime commis contre moi-même, par un infâme dieu ! Ma bibliothèque est « *le rayon de [mon] âme* », mon « *propre flambeau* ». Le livre est mon médecin, mon guide, mon gardien. Il guérit ma haine, m'ôte ma démence... Le livre est la richesse, ma richesse à moi. Les livres sont mes Amis. « *Mais qui s'adonne à la lecture comme on écoute un ami verra les livres s'ouvrir à lui et devenir siens. Leur substance ne s'évanouira pas, ne se perdra pas ; elle l'accompagnera, elle lui appartiendra, le réjouira et le consolera comme seuls les amis savent le faire.* » (Décidément, Hermann se montre — et se montrera à maintes reprises.)

* * * * *

« *Je vais tenter de dresser peu à peu une liste de toutes les choses qui sont certaines en moi, plus tard viendront celles qui sont dignes de foi, puis celles qui sont possibles, etc. Ce qui est certain c'est mon avidité pour les livres. Je ne veux point tant les posséder ou les lire que les voir, que me convaincre de leur existence dans la vitrine d'un libraire. S'il se trouve quelque part plusieurs exemplaires d'un même livre, chacun d'eux me ravit. C'est comme si cette avidité partait de l'estomac, comme si elle était un appétit dévoyé.* » (Kafka, *Journal*)

* * * * *

J'ai tant de choses à écrire sur la lecture ! — Le lecteur, embarrassé par tout ce que j'ai écrit sur l'écrit, le sera peut-être à nouveau en lisant ces propos sur la lecture...

* * * * *

Il y a fort longtemps (vers mes vingt ans ?), j'avais écrit mes « commandements » au sujet des livres, que j'avais sobrement intitulés *Maniaqueries fortes pour les livres*. — Voici cette étrange chose que je n'ai jamais pris le temps de retoucher et d'améliorer ou de nuancer (aujourd'hui, j'en changerais quelques idées, ou en retrancherais, ou en rajouterais). — I. — Acheter un exemplaire que l'on a déjà — pour le relire. — II. — En prendre soin et le ranger après l'avoir lu dans l'état *neuf*. — III. — Ranger en lignes parfaites (et dans un ordre déterminé) les tranches — par tailles... — IV. — Ne jamais prêter ou emprunter de livres. — V. — Reposer dans la bibliothèque un livre non achevé, savoir qu'il est là — mais que c'est *triché*... — VI. — N'acheter un livre que s'il est impeccable. — VII. — Ne pas supporter qu'un autre les touche. — VIII. — Tout le temps les vérifier, reconnaître leur place, se rassurer de leur présence. — IX. — Ne les acheter que dans un lieu accueillant. — X. — Ne pas ranger encore ceux qui sont dans la réserve (*pas lus*). Les cacher pour le moment — avant "*libération*" naturelle. — XI. — Toujours avoir un livre sur soi. — XII. — Qu'ils représentent les seuls vrais amis toujours là, les "*confidents*". — XIII. — Utiliser un marque-page de valeur (ou de non-valeur qui en a une). — XIV. — Si je suis avec une autre personne (conjoint, colocataire), ne pas mélanger les réserves des deux, *les deux bibliothèques*. — XV. — Lire ce qui n'est pas relié (qui puisse être rangé dans une bibliothèque) me gêne. — XVI. — Ne jamais prendre un livre comme objet de travail, y écrire des choses, *etc*. — XVII. — Avoir ses livres à portée de main, de regard. — XVIII. — S'il y a un marque-page, s'il a un sens, toujours le placer à l'endroit dans le livre (des deux endroits). — XIX. — Lire sans trop ouvrir pour ne pas plier la tranche dans sa longueur. — XX. — Le cérémonial qui précède chaque lecture. — XXI. — Avoir tout livre lu. — XXII. — Bien choisir la collection. — XXIII. — Ne pas rester sur un livre trop longtemps pour éviter de ne pas avoir la force de le finir. (Se méfier des gros livres.) — Quelles règles ! quelles recommandations ! Il s'agit bien de « *maniaqueries* » ! Quel fou aurait-il pu écrire ceci ? — Apparemment, je voulais vraiment aller plus loin, car j'avais ajouté : « *(Ne pas oublier, dans les Maniaqueries à propos des livres, de faire des corollaires,* etc.*, des subdivisions,* etc.*) — (Au sujet de la Maniaqueries des livres, faire un essai en disant : "D'après la règle n°XI, ceci, cela... Et puisque la règle n°X, alors... Etc.") — Le rituel pour l'avant-lecture et la lecture du* Canard enchaîné*, comme celui des livres. — Il serait intéressant (et j'en ai peur) d'analyser le fait que je ne puisse pas lire un livre qui ne soit pas à moi ou que je ne puisse pas ranger dans ma bibliothèque.* » — Ces règles pourront paraître exagérées. Mais « *exagérées* » auprès de qui ? Je suis persuadé qu'aussi grand lecteur que moi les trouverait honorables. Oserais-je, moi qui ne pêche pas, critiquer les pêcheurs dans la préparation de leurs gaules, de leurs appâts, dans le maniement de la ligne, *etc.* ? Au fil du temps, j'ai pris mes habitudes. Par exemple, cette histoire du rituel pour le *Canard enchaîné*. Je ne l'ai jamais repassé, cependant quelque chose m'a toujours eu l'envie. Cette pratique n'était pas rare dans le passé. On éliminait les plis pour lui donner plus de respect, plus de vie. Plus de vie ? J'en vois qui sourient. Pour eux, « *plus de vie* » signifie des balafres, des déchirures ou des taches. Eh bien, nous n'avons pas la même conception de ce « *plus de vie* ». Bref. Dès que je m'apprête à lire le *Canard*, je commence par la dernière page, la huitième, et je remonte ainsi jusqu'à la première. Je n'ai jamais dérogé à cette règle — et ne le pourrai jamais. Aussitôt cette page lue, je pose le journal sur le sol, je le déplie complètement et le replie selon la pliure principale, mais dans l'autre sens, ce qui fait que les pages 6 et 7 se retrouvent dos-à-dos. En le repliant, je m'applique pour que les coins se superposent parfaitement et pour ne pas avoir de bout de page qui dépasse de l'ensemble. Quant au livre, le jeu est sensiblement le même. Tout en faisant très attention, j'ouvre en grand la couverture, puis je la ramène, puis la rouvre en embarquant la première page, puis je les ramène, puis j'embarque la deuxième page et recommence l'opération jusqu'à ce que j'arrive à la première page à lire (en ayant presque à chaque fois sauté les préfaces ou ce genre de choses). J'y place soigneusement mon marque-page. Je fais de même en partant de la fin. J'ouvre en grand la quatrième de couverture, puis la rabats, puis j'embarque la dernière page pour les rouvrir, *etc.* Ensuite, je jette un œil sur la quatrième de couverture pour connaître l'auteur et le titre de l'œuvre qui illustrent le livre, puis je vérifie l'année de la première édition et celle de l'impression dudit livre, ainsi que son lieu d'impression. S'il y a une bibliographie, je la lis. Quand il y a lieu, je lis la notice chronologique si la vie de l'auteur m'est inconnue. Je ne lis quasiment jamais les quatrièmes de couverture : ou elles en disent trop, ou elles le disent mal. — À présent, revenons aux règles édictées : reprenons-les et explicitons-les. — « *I. — Acheter un exemplaire que l'on a déjà — pour le relire.* » Je ne relis jamais deux fois le même livre en tant qu'objet déjà lu. Si le désir me prend de relire un livre, j'en achète un nouvel exemplaire. Je fais en sorte de changer l'édition, mais ce n'est pas nécessaire (parfois, c'est même impossible). Cela tient surtout à mon envie d'avoir dans ma bibliothèque tous les livres (en tant qu'objets) que j'ai pu lire. Il y a aussi d'autres raisons : les dix versions de *Hamlet* que je possède représentent dix traductions différentes que je voulais explorer. J'étais obligé d'en acheter d'autres. — « *II. — En prendre soin et le ranger après l'avoir lu dans l'état neuf.* » Il m'est arrivé de ne pas réussir à lire plus que quelques pages d'un livre. Dans ces cas-là, je ne le range pas. J'aurais honte de faire figurer dans ma bibliothèque des livres que je n'ai pas lus. Je les donne ou les jette. Quoi qu'il en soit, je prends tellement soin des livres que je lis qu'en les rangeant, ils redeviennent comme les livres qu'ils furent dans leur librairie d'origine : *neufs.* Là encore, pour moi, c'est leur donner plus de vie. D'aucuns me répondront que c'est tout le contraire. Laissons-les. — « *III. — Ranger en lignes parfaites (et dans un ordre déterminé) les tranches — par tailles…* » Il est clair qu'aucun des quelque quatre mille livres (en arrondissant) de ma bibliothèque ne dépasse et que je ne supporterais pas d'imaginer que ce fût le cas. C'est pourquoi, notamment, j'avais noté dans *La Lyre* : « *Je me souviens de ce jour dernier où nous nous sommes vus physiquement ; je me souviens de son geste taquin : j'étais allé chercher la page de garde de mon mémoire et, au retour, j'avais deviné, à son air, qu'il avait fait une bêtise ; il avait tout simplement poussé l'un des livres de ma bibliothèque, lui qui savait pertinemment que mon vice premier, ma maniaquerie révélée à son paroxysme, c'était l'ordre des rangées, chaque livre ne devant en aucun cas dépasser de la ligne droite, fictivement voulue, que formaient les différentes reliures.* » Ils sont à compter sur les doigts de la main, ceux qui me connaissent bien (et me font des blagues). Celui qui ne le sait pas voudra sortir l'un des livres, l'observer, le feuilleter, et il le reposera *non aligné.* Cela me rend fou. D'ailleurs, je n'ai jamais bien compris pourquoi les gens ne se rendent pas compte qu'ils sont tous *parfaitement* alignés, ou, en tout cas, pourquoi ils ne respectent pas cette disposition en les réinsérant. À leur place, je remarquerais d'emblée la nature du rangement et la respecterais en rangeant le livre *exactement* comme il était rangé. Pour ce qui est du classement général, les poches sont à part des autres formats. Je me débrouille pour mettre ensemble — et les distinguer — les ouvrages de philosophie, de sciences, de poésie, de théâtre, de science-fiction, d'humour, *etc.* Quand faire se peut, je les range par collections, surtout pour la « fiction » : les Folio ensemble, les GF de même, les Rivages, les Mille et une Nuits, etc. Il y a en plus un côté *pratique.* J'aurais bien aimé parler livre avec Beethoven, qui écrivait : « *À propos de ma bibliothèque : les grands livres doivent être placés verticalement et de façon à ce que l'on puisse les prendre commodément.* » — « *IV. — Ne jamais prêter ou emprunter de livres.* » Encore dernièrement, un collègue m'a demandé si je pouvais lui prêter un San-Antonio. (Il faut savoir que je lui en avais offert un et qu'il l'avait lu, lui qui ne lit jamais.) J'ai été au regret de lui répondre négativement. J'ai commencé à mettre en application cette règle vers l'âge de seize ou dix-sept ans, lorsque, ayant prêté mon exemplaire de *Cujo* à mon frère, il me le rendit des semaines et des semaines plus tard dans un état déplorable. On eût dit qu'il avait été broyé par les mâchoires d'un chien ! Ce fut terrible, un choc immense. Je ne veux plus revivre ce qui s'apparente pour moi à un traumatisme. Mes livres sont mes bébés, mes amis. Je veux qu'ils soient près de moi et refuse qu'ils soient abîmés. J'ai très tôt fait mienne cette espèce de maxime que, paraît-il, le bibliophile René-Charles Guilbert de Pixérécourt avait fait insérer sur le fronton de sa bibliothèque : « *Tel est le triste sort de tout livre prêté. / Souvent il est perdu, toujours il est gâté.* » C'est d'ordinaire ce que je dis à quelqu'un qui veut que je lui prête un livre. Ma grand-mère maternelle avait commencé par tamponner ses livres avec son nom et son adresse. Cela ne suffit pas. Après des mois (ou des années) sans nouvelles, elle était obligée de courir après les livres qu'elle avait osé prêter. Certains ne lui furent jamais rendus. Tant et si bien qu'elle décida de ne plus en prêter. À ma connaissance, c'est *la seule* personne qui ait pensé comme moi… Je serais capable de tuer quelqu'un qui me rendrait mon livre écorné parce qu'il aurait jugé qu'un marque-page eût été superflu ! Je rejoins tout à fait l'abbé du *Nom de la rose*, pour qui « *le livre est créature fragile* » : « *il souffre de l'usure du temps, craint les rongeurs, les intempéries, les mains inhabiles. Si pendant cent et cent ans tout un chacun avait pu toucher nos manuscrits, la plus grande partie d'entre eux n'existerait plus. Le bibliothécaire les défend donc non seulement des hommes mais aussi de la nature, et consacre sa vie à cette guerre contre les forces de l'oubli, ennemi de la vérité.* » Même l'adorable petit Nicolas de Goscinny reconnaît que « *c'est très vilain de faire du mal à un livre* »… De même, je n'aime pas emprunter un livre. S'il le faut, je me le procurerai moi-même. À ce titre, je citerai Charles Dantzig (*Dictionnaire égoïste de la littérature française*) : « *Je n'aime pas plus les bibliothèques publiques que je n'aime qu'on me prête des livres. Un livre, c'est à soi, non par instinct de possession, mais parce que nous y découvrons un morceau de nous-mêmes.* » Et ce morceau de moi-même, je ne m'en défairais pour rien au monde (ce serait m'amputer). Aussi, je me reconnais dans ce proverbe chinois : « *Dût-il mourir de faim, le lettré ne vendrait pas ses livres.* » — « *V. — Reposer dans la bibliothèque un livre non achevé, savoir qu'il est là — mais que c'est triché…* » (Entre nous soit dit, je déteste les gens qui ont des rayons entiers de livres non lus, qui ne sont là que pour faire office de décoration.) — « *VI. — N'acheter un livre que s'il est impeccable.* » Avec le temps, j'ai un peu changé d'avis à ce sujet. D'une part, si le livre n'est plus édité depuis longtemps, ou s'il est introuvable, peu importe qu'il soit dans un triste état : au moins, je l'ai. D'autre part, une grande partie de ma bibliothèque est composée de livres d'occasion (parce que ça coûte moins cher). Néanmoins, d'une manière générale, je veux, si possible, que le livre soit *impeccable.* Combien de fois ai-je renoncé à acheter un livre parce qu'il n'était pas suffisamment *neuf* ? Pour ce point, là encore, je ne connais personne d'aussi maniaque. — « *VII. — Ne pas supporter qu'un autre les touche.* » Je dois également relativiser cette règle. Il n'empêche qu'elle est encore très prégnante en moi. Et quand il s'agit de livres d'occasion, je ne peux faire autrement : quelqu'un d'autre les a forcément touchés. J'en connais qui ne jurent que par ça : pour eux, cela signifie — encore — que le livre « a vécu ». Pas pour moi. — « *VIII. — Tout le temps les vérifier, reconnaître leur place, se rassurer de leur présence.* » Tout cela est vrai. Je suis capable de vous dire, les yeux fermés, où se trouve tel ou tel livre. Dans mon ancien appartement, on avait fait un jeu. Il devait y avoir ma cousine Marie et son compagnon Laurent, ainsi que mon autre cousine (éloignée celle-là), Gaëlle, accompagnée de Grégoire (et peut-être Clémence était-elle là). Chacun était censé choisir au hasard un livre, m'en lire un passage, et je devais deviner quel était le livre en question. Aidé par l'emplacement approximatif du livre et par mes souvenirs, je réussissais invariablement à donner le nom de l'auteur et le titre de l'œuvre. (On avait d'ailleurs joué à un autre jeu : après être allés sur Internet, ils me présentaient la photographie d'un auteur. Là aussi, je gagnais à chaque coup, quand bien même je n'aurais pas lu cet auteur…) Dans la même veine, Pline l'Ancien raconte que le Grec Charmadas récitait, comme s'il les avait lus, les livres qu'on lui désignait dans une bibliothèque. Il y a un peu de cela dans mon rapport à tout livre. — « *IX.* — *Ne les acheter que dans un lieu accueillant.* » L'endroit compte, mais j'ai exagéré cette règle. Si je fais abstraction de la rigidité de cette règle, il est indéniable que le souvenir du lieu d'achat peut se révéler charmant, dotant le livre d'un surplus d'« histoire » (personnelle). — « *X. — Ne pas ranger encore ceux qui sont dans la réserve (*pas lus*). Les cacher pour le moment — avant "libération" naturelle.* » J'ai deux endroits où j'amoncelle mes livres non lus : le placard et la table de chevet. J'ai toujours procédé ainsi : après les avoir achetés, je « cache » les livres dans ma réserve. — « *XI. — Toujours avoir un livre sur soi.* » Ne jamais être pris au dépourvu. Dans mon cartable, je trimballe jusqu'à trois ou quatre livres. J'en ai même d'autres dans l'un des tiroirs de mon bureau. Souvent, la veille, je vérifie que j'aurai assez de livres le lendemain pour ne pas me retrouver coincé. Au-delà du cartable et des tiroirs, je ne me balade jamais sans livres. Lors des récréations, des pauses, des excursions (lac de Ribou, *etc.*), j'emmène toujours avec moi un livre. Je vais jusqu'à lire en marchant !... Tel Mabeuf, le marguillier bouquiniste des *Misérables*, qui « *ne sortait jamais qu'avec un livre sous le bras et [qui] revenait souvent avec deux* ». Il m'est arrivé, durant certaines périodes, de me promener dans mon appartement avec un livre et de lire pour ne pas perdre de temps en allant d'un point à un autre. Je lisais en mangeant, en me brossant les dents… Tel Jean Valjean, alors père Madeleine, maire de Montreuil-sur-mer, qui « *prenait ses repas toujours seul, avec un livre ouvert devant lui où il lisait* ». (« *Il avait une petite bibliothèque bien faite. Il aimait les livres ; les livres sont des amis froids et sûrs.* ») — « *XII. — Qu'ils représentent les seuls vrais amis toujours là, les "confidents".* » Cela n'a pas changé. L'introduction de *La Perte de Sens* l'a bien démontré. — « *XIII. — Utiliser un marque-page de valeur (ou de non-valeur qui en a une).* » Je ne suis plus aussi exigeant avec cet aspect. Mais si le marque-page a un sens (vertical), je le positionne *toujours à l'endroit* (comme si j'étais superstitieux). Il y a des marque-pages que j'ai traînés pendant des années. Le marque-page que j'ai le plus utilisé avait été fabriqué sur-mesure à mon intention. (Je ne le décrirai pas ici.) — « *XIV. — Si je suis avec une autre personne (conjoint, colocataire), ne pas mélanger les réserves des deux,* les deux bibliothèques. » Je n'ai eu que deux occasions d'appliquer cette règle. Il est cependant clair que je ne pourrais souffrir ce mélange. — « *XV. — Lire ce qui n'est pas relié (qui puisse être rangé dans une bibliothèque) me gêne.* » Il y a eu quelques exceptions… Mais bon, cette règle est un peu farfelue. — « *XVI. — Ne jamais prendre un livre comme objet de travail, y écrire des choses,* etc. » La seule entorse à cette règle intervient quand je relève une citation : au crayon de bois, je trace un trait dans la marge pour mieux me repérer après avoir noté le numéro de page sur une feuille à part. — « *XVII. — Avoir ses livres à portée de main, de regard.* » Cela va de soi. — « *XVIII. — S'il y a un marque-page, s'il a un sens, toujours le placer à l'endroit dans le livre (des deux endroits).* » On l'a vu. — « *XIX. — Lire sans trop ouvrir pour ne pas plier la tranche dans sa longueur.* » Cette règle n'est pas toujours facile à respecter. Un livre peu épais ne pose pas de problème. Pour les plus volumineux, il y a des éditions qui compliquent les choses et il est très difficile d'empêcher qu'une marque de pliure n'apparaisse sur la tranche… — « *XX. — Le cérémonial qui précède chaque lecture.* » On l'a vu. — « *XXI. — Avoir tout livre lu.* » Voilà ce que je veux vraiment entendre par là : les premiers livres que j'ai lus avaient été empruntés (bibliothèque municipale ou CDI (Centre de Documentation et d'Information) du collège). Je les ai « rachetés » par la suite, non pour les relire, mais pour les avoir dans ma bibliothèque. Aujourd'hui, il m'en manque quelques-uns (je ne compte pas les *Oui-Oui*, ou ceux que j'ai oubliés). Et acheter tous les livres que je n'ai pas m'a épargné l'erreur commise par Gide : « *J'ai commis cette grave erreur, lorsque j'étais jeune et en mesure d'acheter, de supposer que les livres, que je déplore aujourd'hui de n'avoir pas dans ma bibliothèque, se retrouveraient toujours et qu'il suffirait de les demander au libraire. Mais allez donc chercher à vous procurer aujourd'hui la collection, devenue si précieuse, des pièces rééditées par la* Mermaid *! Et la petite collection des Dickens, des Meredith, des Hardy — pour ne parler que des Anglais.* » (Mais les avoir tous achetés m'a coûté très cher. Aujourd'hui, j'estime que la valeur de ma bibliothèque, *à neuf*, avoisine les trente-cinq mille euros… C'est un sacré budget ! Chaque année, mon treizième mois y passe… Et ne parlons pas des déménagements ! Cela en représente, des kilogrammes ! Combien d'aller-retour ai-je effectués pour amener dans ma nouvelle maison toute ma bibliothèque ? On se serait cru dans ce passage de *La Guerre et la Paix* : « *Oh ! les livres, les livres, ce qu'il y en a !* disait un autre, pliant sous le poids des armoires de la bibliothèque… *Ne me pousse pas !... Dieu que c'est lourd, mes enfants, quels livres, quels gros et beaux livres !... — Ma foi, ceux qui les ont écrits n'ont pas flâné !* […]. » Non, ils n'ont pas flâné ! — Qui est Julien Pichavant ? Ses livres. Je suis composé d'eux (et je les recompose ici). Ma vie ressemble à celle de ce personnage d'une nouvelle de Tchékhov : « *Il lit énormément et toujours avec grand plaisir. La moitié de son traitement part en achats de livres et, des six pièces de son appartement, trois sont bourrées de volumes et de vieilles revues. Ce qu'il aime surtout, ce sont les ouvrages d'histoire et de philosophie […]. Sa lecture dure toujours plusieurs heures d'affilée sans le lasser.* […]*À côté de lui, il y a toujours un carafon de vodka et un concombre salé ou une pomme marinée à même le tapis, sans assiette. Toutes les demi-heures, sans quitter son livre des yeux, il se verse un petit verre de vodka et le vide, puis, sans regarder, cherche le concombre à tâtons et le grignote.* ») — « *XXII. — Bien choisir la collection.* » S'il s'agit d'un « classique » au format poche, il se retrouvera en Folio, en GF, en Pocket, en Livre de Poche, en Rivages, en Larousse, voire en Pléiade, *etc*. Je rejette d'emblée Pocket, trop vulgaire. Ensuite, mon choix se fait en fonction de beaucoup de paramètres : prix, qualités du papier, de la reliure et de l'impression, taille de la police, mise en page, appareil critique selon les cas et les besoins (les éditions comportant des numéros de lignes m'insupportent, de même que les notes en bas de page quand elles prennent plus de place que le texte lui-même ou quand elles sont là pour les petits étudiants, c'est-à-dire quand il y a la définition de la plupart des mots)… — « *XXIII.* — *Ne pas rester sur un livre trop longtemps pour éviter de ne pas avoir la force de le finir. (Se méfier des gros livres.)* » Fort heureusement pour moi, j'ai moins peur des gros livres (peut-être parce que j'ai lu presque tout le reste et que mon rythme de lecture s'est accéléré). — Il y aurait d'autres petites *maniaqueries* à ajouter, mais le principal a été dit. À vous de vous forger votre opinion sur *mes* règles…

* * * * *

(Qui est Julien Pichavant ? « *N'est-ce pas celui qui poursuit ce qu'il sait être impossible ?* » Oui, un Confucius moderne…)

* * * * *

La Perte de Sens est un livre de livres, un livre sur les livres, un livre né grâce à l'amour des livres. J'aurais pu, tel le bibliophile Paul L. Jacob dans son préambule à *L'homme au masque de fer*, dire, pour presque tous les livres que j'ai écrits jusqu'à aujourd'hui : « *Voici un livre fait avec des livres […].* » — Les livres (et la lecture) ont toujours occupé une très grande place dans ma vie, et je n'ai pas manqué de le retranscrire dans ce que j'ai produit (*thèmes de prédilection*). Je puis en donner quelques échantillons. — Dans « *Roman* » (j'avais vingt ans) : « *J'entre. Il y a, comme toujours, beaucoup de monde. J'aime parcourir les rangées de livres, les sentir près de moi. Une seule volonté de ma part, un seul geste, et je me les approprie. J'aime tellement croiser des gens dans les rangées que j'affectionne : je ne peux pas avoir une seule mauvaise pensée envers les individus qui déambulent en même temps que moi dans une librairie. Quand bien même ils ne seraient là que pour chercher un livre à offrir, je les crois amoureux de ce qu'ils font, je suis heureux qu'ils arpentent les rayons et qu'ils effleurent de leurs doigts les volumes en pensant :* Victor Hugo, Jean-Paul Sartre, Platon, William Shakespeare, Louis Aragon, Stephen King, Henry James, William Faulkner, John Steinbeck, Hubert Reeves… *Tout livre écrit est une bonne action ; et toute personne attirée par un livre est un être bon. Je ne peux penser autre chose. Il suffit que plusieurs personnes s'arrêtent à un croisement ou devant un livre pour disserter sur un thème, un auteur, sur un titre, sur un style, et je suis comblé de joie. C'est puéril mais intense, donc c'est merveilleux.* » — « *C'est toujours ainsi : ou bien les livres que je recherche ne sont pas en stock, ou bien ils sont abîmés (la moindre égratignure me repousse et je ne prends pas le livre, même si c'est absolument celui-là que je veux, ce qui a le don de me rendre furieux parce que, la plupart du temps, ceux qui sont justement écornés sont ceux que je suis impatient d'acheter). Comme l'avait dit ce personnage dont j'ai oublié le nom :* « les livres sont des hommes. » *J'y fais attention, je les prends avec une précaution maladive, je les repose de la meilleure manière qui soit pour qu'ils restent impeccables. Je ne les considère pas comme des hommes, sûrement pas, mais je les considère comme mes plus grands amis — les plus grands amis que je connaisse : je les visite tous les jours. D'ailleurs, ils font tellement partie de moi-même que je ne les prête jamais. Chaque livre que j'ai lu et qui est rangé dans ma bibliothèque est comme un fragment plus ou moins important de ma vie et de ma personnalité (sans toutefois aller jusqu'à y voir une sorte de bovarysme de bas-étage). De la même manière, je n'emprunte jamais de livres, et ce, pour deux raisons : d'une part, je ne veux pas priver un ami d'une partie de lui-même (si ce livre en formât jamais une partie), et, d'autre part, je ne voudrais pas commettre le sacrilège de ne pas l'acheter et de ne pas le conserver parmi tous les membres de "ma famille". J'ai, à ce propos, emprunté et placé ce distique au-dessus de l'étagère du milieu dans ma bibliothèque :* 'Tel est le triste sort de tout livre prêté. / Souvent il est perdu, toujours il est gâté.' » — « *Je repasserai tout à l'heure s'il me manque des livres à acheter… Mais si je tourne trop autour, je sais que je ne l'achèterai plus parce que je me dirai qu'en fin de compte, ce n'est pas ce que je recherchais… Une librairie est dangereuse pour les individus de mon espèce : on veut tout, et à force de tout vouloir, on se démonte et on se réfugie chez soi, sans livres, ou avec les livres non lus qui s'amoncellent dans le placard et qui ne demandent qu'à en sortir pour rejoindre leurs confrères sur les belles étagères si convoitées…* » — Dans *Le Pays perdu* (j'avais dix-sept ans) : « *Qui n'a pas, tout petit, rêvé d'être accompagné, partout où l'on va, d'un petit être que l'on cacherait dans sa poche, dans son cartable, et qui serait notre confident le plus intime ? — Cette idée m'est venue après avoir rêvé, une nuit, que j'étais redevenu l'enfant que j'avais été. Je souhaitais posséder un petit ami qui pût savoir tout, qui répondît à chacune des terribles questions qui m'assaillaient quand j'étais jeune. Un petit ami qui pût exaucer quelques vœux, qui nous obéît au doigt et à l'œil. Bien sûr, c'est difficile de trouver un extra-terrestre, de nos jours ! Mais moi, j'avais un autre confident tout aussi génial : le livre. Le livre nous ouvre à la vie.* » — « *Comment vais-je mettre la main sur cette Réponse ?... — En feuilletant les livres, tout simplement, chuchota le Maître des Livres.* » — Dans *Au premier songe* (j'avais vingt-et-un ans) : « *Tu fais donc des études d'ingénieurs et tu préfères la littérature, dit-elle après qu'on se fut assis à même le sol. — Je préfère, et de loin, la littérature… — Cela fait beaucoup de temps que tu lis et que tu écris ?... — J'ai vraiment commencé en troisième… en ce qui concerne la lecture… J'ai pris le rythme et j'ai avalé livre sur livre, je n'étais jamais assouvi, je devais lire et lire, à tous les instants, même aux moments où je n'étais pas libre, pour ainsi dire… c'est-à-dire que je lisais pendant les cours… — Vraiment ?... — Personne ne voyait que je lisais ?... — Mes voisins directs seulement, précisai-je. J'ai goûté à l'écriture un an plus tard (à peu près)… Et là, je crois que c'était avec une fureur plus grande…* » — Car, comme disait Nietzsche : « *Qu'importe un livre qui ne sait même pas nous transporter au-delà de tous les livres ?* »

* * * * *

Le livre m'a fait. Je suis lecture — et écriture ; — lecteur — et écrivain. — Ne te dis pas que lire aura été inutile puisque tu dois mourir. C'est grâce aux livres que tu seras bien mort. — Moi, me dit *La voix*, dont le « *berceau s'adossait à la bibliothèque, Babel sombre* ».

* * * * *

Pensées. — « *Le seul vrai lecteur est celui qui voit la construction d'un livre, qui voit l'auteur qui l'écrit, qui se pose, avec lui, les mêmes questions de conception,* — *d'où, je le répète : est véritablement un lecteur celui qui est un écrivain.* » — « *Si je lis en tant qu'écrivain, j'écris en tête ce que je lis.* » — « *Si je possède (ou un autre) un gros ouvrage de philosophie dans ma bibliothèque, le visiteur pourra se dire que : si la tranche est abîmée, ou s'il paraît vieux, c'était pour les études ; s'il est comme neuf, il n'a pas été lu…* — Apparence. *Quand je les ai lus, ils semblent neufs, mes livres, et rares sont ceux (comme* Gorgias, *etc.) qui ont été exclusivement scolaires…* » — « *La lecture est salubre.* » — « *À bien considérer ma boulimie vertigineuse de lectures, je me demande si cette activité ne restreint pas la possibilité de l'écriture et si elle ne repousse tout simplement pas l'envie ancestrale d'écrire tous les jours. Je serais en mesure de citer quelques grands noms qui possédaient une bibliothèque immense, mais je pense à l'instant à* Leibniz, *qui résumerait à lui seul la passion et l'action contenues dans le savoir littéraire et sa rédaction : sa bibliothèque personnelle comportait plusieurs dizaines de milliers d'ouvrages, tous annotés, et sa production philosophique, scientifique et épistolaire, est telle qu'il faut des années entières à une fine équipe de chercheurs pour tout rassembler. Cela ne semble par conséquent pas être une gageure que de dire que s'éprendre de ces deux travaux à un tel rythme et dans de telles proportions, est une mission qui n'est pas impossible pour un humain,* — *et je m'en vois rassuré.* » — « *Quand je lis un livre, j'y vois des choses, d'autres choses. Celui qui regarde une carte peut y voir des pointillés quand j'y vois des isohypses… Les lettres sont des reliefs dans mon cerveau…* »

* * * * *

Journal. — « [03/08/98 :] *Ce que je n'aime pas prêter mes livres ! Même à mon père !… Je préfère les avoir* tous *auprès de moi, intacts, dernièrement ouverts par moi seul… J'en viens même à penser que s'il devait arriver un incident à mes parents, je penserais d'abord à mes livres.* [01/10/98 :] *Combien de livres méritent-ils d'être lus ? Beaucoup, ô dieu, beaucoup !… Quel bonheur, mais à chaque fois les choix sont cruels. Celui-ci ? Non, celui-là ? Le problème est de trouver un livre en parfait état (j'aurais voulu en prendre un de Sagan mais ils étaient tous fanés). Mais il y a beaucoup de livres qui sont difficiles à ouvrir, où tourner les pages implique la désagrégation de la couverture et de la tranche, où la police est trop petite, trop grande, ou illisible).* [15/10/98 :] *Je suis allé au Leclerc pour fouiner parmi les livres… ah… les livres… que c'est beau : cela me fait un bien phénoménal quand je les touche, les regarde, les pense, les envie… et de voir d'autres passionnés ainsi "chiner"… oh… c'est bon, si bon… Je voudrais tout lire !* [28/02/99 :] *Et je veux passer mes journées à lire ! Lire ! lire ! lire !… Jamais ma soif ne disparaîtra complètement* — *comment vivre dans un milieu sans livres ?… Il me faudra analyser cette démangeaison qui me caractérise si bien…* [09/03/99 :] *Je suis trop lecteur, voilà mon ennui… Il me faudrait l'être moins pour produire…* [23/10/00 :] *Lis, Julien ! Lis, Julien, lis, lis jusqu'à en mourir d'overdose, lis ! lis ! lis !… Lis !… Bon sang, il faut lire !…* [03/08/01 :] *Ah…* je n'aime pas ne pas finir un livre… [01/04/03 :] *(Cette soif de lire… Trop ?…)* »

* * * * *

Trop lire ? Certes ! J'ai plus de livres de philosophie qu'un professeur de philosophie expérimenté n'en a, j'ai plus de livres qu'un professeur de lettres n'en aura jamais dans sa vie. Je lance les paris au niveau mondial : quel homme de mon âge possède une aussi vaste bibliothèque que la mienne ? Mais il n'y a pas de quoi s'en vanter ! Cette manie cache certainement une *grave pathologie*. C'est une drogue — et les drogues ne sont jamais innocentes. Parlant de l'alcoolisme, Freud rapportait (*Deuil et Mélancolie*) : « *L'ivresse alcoolique qui appartient à la même série d'états pourra être expliquée de la même façon pour autant qu'elle est une ivresse gaie ; il s'agit vraisemblablement dans son cas d'une suppression des dépenses de refoulement, obtenue par des moyens toxiques.* » Plus loin, il ajoutait : « *Le maniaque nous démontre de façon évidente, et en partant comme un affamé en quête de nouveaux investissements d'objet, qu'il est libéré de l'objet qui l'avait fait souffrir.* » Pour moi, lire n'est pas forcément « *ce qu'il y a de plus aisé, liberté sans travail, un pur Oui qui s'épanouit dans l'immédiat* », ainsi que le fait croire Maurice Blanchot. Cependant les livres ne me font pas souffrir : ils m'empêchent de souffrir. Ils me cachent la misère du monde et ma propre misère. Et s'ils m'empêchent de souffrir, ils prouvent par la même occasion que je suis souffrant. De quoi souffré-je ? De l'existence, pardi ! Je l'ai déjà dit et redit. Ils m'offrent un répit, ils m'empêchent de penser à ma condition d'*existant*. En lisant, j'oublie et m'oublie. Je ne me répète plus sans cesse que je dois mourir. Je supprime les « *dépenses de refoulement* », je me libère de ce qui me fait souffrir.

* * * * *

À l'opposé, la lecture m'aide à me concentrer. Habituellement, je ne parviens pas à me concentrer très longtemps sur un même thème. Je ne pourrais pas jouer à un jeu de cartes où la possibilité de gagner dépendrait de la mémorisation et de la réflexion : quelles cartes sont-elles tombées ? quelles cartes les adversaires ont-ils *en probabilité* ? *Etc*. Ce n'est pas que j'en sois incapable dans l'absolu, mais je me lance de moins en moins dans ces « combats » : c'est trop éprouvant (et peut-être refuser de jouer aggrave-t-il le phénomène). Il me faut ma liberté, il faut me laisser le temps. De la même manière, je ne pourrais pas participer à Questions pour un Champion. D'une part, cela ne m'intéresse pas de faire le guignol devant un public ; d'autre part, je ne suis pas assez rapide (de toute façon, toute minuterie me stresse). C'est en lisant que je puis me concentrer sur un tout autre sujet que celui que je lis. Ma lecture et ma compréhension du texte n'en sont pas amoindries : je volette en deux endroits en même temps. Xavier de Maistre disait le contraire : « *Lorsque vous lisez un livre, monsieur, et qu'une idée plus agréable entre tout à coup dans votre imagination, votre âme s'y attache tout de suite et oublie le livre, tandis que vos yeux suivent machinalement les mots et les lignes ; vous achevez la page sans la comprendre et sans vous souvenir de ce que vous avez lu.* — *Cela vient de* ce que votre âme, ayant ordonné à sa compagne de lui faire la lecture, ne l'a point avertie de la petite absence qu'elle allait faire ; en sorte que l'autre continuait la lecture que votre âme n'écoutait plus.* » Pour moi, c'est comme si le livre était creusé par différents tunnels, dont quelques-uns me permettaient de « prendre l'air » sans toutefois quitter l'histoire que je suis en train de lire. Le livre me fait oublier le monde en tant qu'il me comprend ; il ne me fait pas oublier le monde en tant que je le comprends. Je vis littéralement à travers les livres. Je ne peux pas dire avec Stevenson, dans *Une apologie des oisifs*, que « *les livres sont certes utiles, à leur manière, mais ils sont un substitut bien insipide de la vie* ». — Le livre peut être un monde. Oui, pourquoi pas ? Il est en tout cas préférable à ce livre qu'est le monde, le monde qui fait de nous, comme dirait Henri de Marsay dans *La fille aux yeux d'or*, des bouffons qui dansons sur un précipice, le monde qui figure ce grand « *livre horrible, sale, épouvantable, corrupteur, toujours ouvert, qu'on ne fermera jamais* ».

* * * * *

Psychotique ? — Le livre est mon monde, et mon monde est le monde. — Rūmī chantait : « *Le monde est pareil à un livre, comportant des commandements cachés ; / Ton âme est sa préface, comprends bien ce mystère.* » Moi, mon monde est pareil à un livre et mon livre n'est pas pareil au monde. Le monde ne me suffit pas. Le livre, si.

* * * * *

Le lecteur est comme l'écrivain : *seul dans son coin*. — Kant a construit le monde dans sa chambre. Dans ses *Méditations métaphysiques*, Descartes va jusqu'à avouer qu'il est « *assis auprès du feu, vêtu d'une robe de chambre* » ! Xavier de Maistre ne nous offre-t-il pas son livre après avoir « *entrepris et exécuté un voyage de quarante-deux jours autour de [sa] chambre* » ? Notre « bonheur » nous suffit s'il ressemble à cela. « *Un bon feu, des livres, des plumes, que de ressources contre l'ennui !* » À nous, la joie est simple, ou, comme l'écrivait Cocteau à sa mère : « *Mes joies sont simples, puisque je les trouve dans les livres [...].* » Nous sommes les Richard III de la littérature. Nous ne lançons pas : « *A horse! A horse! My kingdom for a horse!* » Nous lançons un : « A book! A book! My kingdom for a book! » Tel Hamlet, « *je pourrais être enfermé dans une coquille de noix, et me regarder comme le roi d'un espace infini* » (« *I could be bounded in a nut shell and count myself a king of infinite space* »), pourvu que j'eusse un livre entre les mains. On répète à tout-va que les voyages forment la jeunesse. Moi, je reprendrai les paroles de Bouddha visant quelqu'un qui crut trouver le terme de l'univers en voyageant, mais qui n'y parvint pas : « *Ce n'est point par le voyage qu'on peut atteindre le bout de l'univers. J'enseigne que l'Univers, l'apparition de l'univers, la cessation de l'univers et le sentier qui conduit à la cessation de l'univers sont contenus dans ce corps long d'une aune.* » Lao-tseu dit : « *Sans franchir sa porte / on connaît l'univers. / Sans regarder par sa fenêtre / on aperçoit la voie du ciel. / Plus on va loin, / moins on connaît.* » Kempis dit aussi : « *Vous trouverez dans votre cellule ce que souvent vous perdrez au-dehors.* » À quoi bon se perdre davantage quand on se perd déjà suffisamment soi-même ? Le livre suffit. « *Nos livres peuvent suffire à l'homme impartial, toute l'expérience du globe est dans nos cabinets* », écrit Senancour dans *Oberman*.

* * * * *

En vivant à travers les livres, vis-je ? « *Certes, au jour du jugement on ne nous demandera point ce que nous avons lu, mais ce que nous avons fait ; ni si nous avons bien parlé, mais si nous avons bien vécu.* » Je suis sauvé : je ne crois pas au jour du jugement !

* * * * *

(« *Cependant je n'arrive pas à lire et n'écris qu'à contrecœur ; je n'ai envie de rien, je m'ennuie profondément* », avouais-je plus haut. À l'heure où j'écris, je suis encore dans cet état désemparé et désespéré. Jamais une période de non-lecture n'aura duré aussi longtemps, et cela m'angoisse à un point inouï. J'ai l'impression d'être dans la peau de monsieur Mabeuf : « *M. Mabeuf ouvrit sa bibliothèque, regarda longtemps tous ses livres l'un après l'autre, comme un père obligé de décimer ses enfants les regarderait avant de choisir, puis en prit un vivement, le mit sous son bras, et sortit. Il rentra deux heures après n'ayant plus rien sous le bras, posa trente sous sur la table et dit :* — *Vous ferez à dîner.* — *À partir de ce moment, la mère Plutarque vit s'abaisser sur le candide visage du vieillard un voile sombre qui ne se releva plus.* » Dieu soit loué, j'ai tous mes livres et ne suis pas obligé de les vendre. Mais ne pas lire équivaut pour moi à la mort de mon âme. Depuis la rentrée, certains collègues sont étonnés de ne plus me voir avec un livre. C'est bien qu'il y a quelque chose ! La voix de saint Augustin me crie : « *Tolle lege !* » (« *Prends ! lis !* »), mais je n'en ai plus la force (jusqu'à nouvel ordre). Un seul livre vous manque, et tout est dépeuplé... Ce serait un coup dur ! Pour reprendre les mots de Karl-des-Monts : « *N'avoir plus de livres auprès de soi, comme moi, l'habitude d'en faire ses confidents bien-aimés, inséparables, c'est comme si l'on perdait tous ses amis d'un seul coup... Quel vide immense cela laisse autour de moi !* » — Par conséquent, mon écriture du moment est celle d'un amoureux de la lecture qui ne retrouve plus ses livres, — *et se perd*. Car si le monde ne me suffit pas, et si le livre ne me suffit plus non plus, plus rien ne me suffit... *et je suis mort*.)

* * * * *

(Ai-je *trop* lu ? Ô chair ! ô chair !... Qui suis-je ? Qui fus-je ? Qui serai-je ? Que me sera-t-il permis de faire et d'espérer, c'est-a-dire de lire ?... — Tout est dans ma bibliothèque, ou peu s'en faut... — Et dire qu'il est insoutenable pour Kundera d'« *imaginer un ingénieur lisant Sophocle* » ! S'il la voyait, il dirait que ce n'est « *pas une bibliothèque d'ingénieur* » ! Qu'y puis-je ? Qui suis-je ? Un monstre ? L'Orlov de Tchékhov ? « *Il lisait avec une rapidité extraordinaire. "Dis-moi ce que tu lis et je te dirai qui tu es"* ; le dicton est peut-être vrai, mais on ne pouvait juger Orlov sur ce qu'il lisait. *C'était un vrai pêle-mêle. Philosophie, romans français, économie politique, finances, poètes nouveaux, éditions du Possrédnik, il lisait tout cela avec une égale vitesse et la même ironie dans les yeux.* » Et pourquoi y aurait-il des *critères* ? Qui suis-je si je suis tout avec mes livres qui sont tout ? Rejoins-je le rien si je n'ai plus rien à lire ?)

* * * * *

Quels sont les lecteurs idéaux ? Les écrivains. Le lecteur basique ne voit de la montre-livre que le cadran avec ses aiguilles qui tournent. Il ajuste le bracelet à son poignet et lit l'heure que la montre lui impose. Le lecteur plus évolué sent la mécanique cachée derrière les apparences : il devine les rouages. Le lecteur encore plus évolué sait comment cela fonctionne : le ressort, tendu, va entraîner l'arbre de barillet qui va lui-même entraîner le mouvement des différents pignons et des différentes roues successives jusqu'au balancier. Le lecteur idéal, quant à lui, percevra tout : esthétique, fonctionnement, calculs de la mécanique des engrenages. Le lecteur idéal est donc le concepteur et réalisateur du mécanisme. Le lecteur basique n'a pas besoin de connaître les *ressorts* de la montre : il lit l'heure et cela lui suffit. D'ailleurs, Jean Paul rappelle que « *le lecteur croit toujours que ce qu'il lit d'une traite a été fait de même* ». Il n'est pas au courant de ce qui est *en jeu*. Il subit, car il n'a aucune idée de ce qui a abouti à ce qu'il lit. C'est aussi pourquoi « *l'auteur se cultive plus vite en écrivant que ne le fait le lecteur en lisant* » : il est le créateur, le pygmalion de son œuvre. Le lecteur basique est naïf et obéissant. Il n'a pas la curiosité d'aller voir au-delà (il ne le pourrait pas : il n'en a pas la compétence). Il se trouve sur un bateau qu'il ne dirige pas. Il va d'un point A à un point B et ne se soucie pas de savoir comment cela marche. En ce sens, son esprit est pur depuis le début de son voyage, il le restera jusqu'à la fin — et après. Le lecteur-écrivain veut *comprendre*. En lisant, il est moins passif qu'actif. Le lecteur normal ne pense pas à l'auteur, encore moins à l'auteur *en train d'écrire*, et il ne sentira pas la sueur qui a coulé sur son front. « *Je te jure qu'il n'y a pas un mot qui ne m'ait coûté plusieurs heures de recherche* », confiait Mallarmé à Cazalis. Or, le lecteur normal lira le mot en une seconde et passera au suivant. Les temps sont opposés. Et non seulement Mallarmé mettait des heures à choisir son mot, mais il mettait également des heures à se les relire pour apprécier l'effet produit : « *Je suis sûr, m'étant lu les vers à moi-même, deux cents fois peut-être, qu'il est atteint.* » Ainsi, dans cette échelle des lecteurs se trouve, pour un livre donné, le Lecteur Idéal, celui qui dépasse tous les autres : l'auteur lui-même. Si une œuvre a été travaillée à fond, si son auteur y a mis tout son être, seul celui-ci est à même de la comprendre en tant que lecteur, seul celui-ci sait la lire. Voici ce que le *Shōbōgenzō* nous inculque : « *Savoir lire un sūtra, c'est savoir où est le sūtra. Le récitant est le récité, et c'est parce qu'il lit et qu'il est lu que sa vision est totale et son savoir complet.* » L'écrivain sait où est le livre. S'il n'y avait plus d'écrivains pour lire un livre, il n'y aurait plus cette « *vision* » dont parle maître Dōgen. Le monde serait moins le monde. Il n'est pas donné à tout lecteur d'avoir l'*entendement du livre*. Ce n'est pas pour rien que j'ai mystiquement dévoilé ces consignes en ouverture de *La Perte de Sens* : « *Entre tes mains tu détiens là, Lecteur, ce non-Livre — / Que j'ai non-écrit ; ainsi le non-lire est à toi ; / Non-lire n'est nullement ne pas lire, mais dé-lire ; / Il est écrit — que ceci existe en tant que pur en-lisant ; / Mes lyres pour des mots crus, résonnent à l'ana-page ; / TU DOIS, Lecteur, LIRE LENTEMENT, tel en l'alunissage ; / La phrase est infinie pesanteur, pose dont tu es la gravité ; / Tu seras docte Lectorant (Prosodiste), non plus simple Lecteur, / Pource que ta lecture, pausée, exige d'être mon écrivant ; / L'œil-alambic repasse de coin en coin, l'esprit recule en ligne, relit ; / Le sens s'élonge et l'élan statue, — tant, — et tu suivras les pas ; / Je te serai présent, car je te suis déjà présent et tu me l'es, — / Lors accroche-toi à moi, au dé-livre-moi, — car je déc(r)oche…* » Il y a des règles à respecter. On ne peut pas lire du Mallarmé en diagonale, ni lire en une seconde un vers qui lui a demandé une heure. Il ne s'agit pas de lire aussi lentement qu'un écrivain écrit, mais il faut savoir faire corps avec l'écrit en tant qu'il a été écrit : lecture et écriture ne doivent faire qu'un. Pascal mettait en garde : « *Deux infinis, milieu. — Quand on lit trop vite ou quand on lit trop doucement, on n'entend rien.* » Garder la mesure (et la suivre et la battre, comme en musique). — J'avais noté, il y a très longtemps : « *Le meilleur lecteur est écrivain. S'il ne l'est pas, qu'il imagine qu'il écrit en lisant.* » Lecture et écriture s'enchevêtrent et sont inséparables. « *L'art de lire est comme celui d'écrire* », disait Senancour : « *Les grâces et la vérité de l'expression dans la lecture sont infinies comme les modifications de la pensée : je conçois à peine qu'un homme qui lit mal, puisse avoir une plume heureuse, un esprit juste et vaste.* » Qu'est-ce que lire ? Lire est une Communion qui mène à une Compréhension. « *Lire signifie libérer l'impulsion philologique, s'affecter soi-même littérairement* », expliquait Schlegel. « *On ne peut lire de la pure philosophie ou poésie sans philologie.* » Les mots qui étaient dans l'esprit de l'auteur atterrissent dans l'esprit du lecteur. L'auteur des auteurs, c'est l'Auteur, Dieu. « *Au commencement était la Parole, et la Parole était avec Dieu, et la Parole était Dieu. — Elle était au commencement avec Dieu. — Toutes choses ont été faites par elle, et rien de ce qui a été fait n'a été fait sans elle. — En elle était la vie, et la vie était la lumière des hommes.* » *(Jn 1,1-4)* Lire, c'est renouer avec les origines de l'Homme et de l'Univers, du « λόγος ». Nous ne serons jamais que de petits lecteurs de petits auteurs, lesquels pendant nous participons de l'entendement de Dieu, car « *seuls les récits et les livres*, disait Novalis, « *doivent leur faire connaître la riche substance et les innombrables phénomènes de l'univers.* » Sans la Parole, nulle lumière ne nous éclairera ici-bas. En lisant, on lit l'auteur, et en lisant l'auteur, on lit Dieu. — Et je conclurai ce paragraphe de nouveau avec Novalis : « *Dans un livre réellement poétique, tout semble si naturel, et cependant si merveilleux. On croit que les choses ne peuvent pas être autrement, et qu'on a sommeillé jusqu'à ce jour sans voir le monde. Alors seulement s'éveille en nous un véritable sens qui le découvre.* » — Ces citations ne sont compréhensibles que par un vrai lecteur, c'est-à-dire un écrivain, un Croyant, un Voyant. — *Je me comprends. Me comprenez-vous ?*

* * * * *

Introduisons ce paragraphe de l'*amitié*, de la *consolation* et du *soutien* avec une pensée de Joubert : « *Hélas ! Ce sont les livres qui nous donnent nos plus grands plaisirs, et les hommes qui nous causent nos plus grandes douleurs. Quelquefois même les pensées consolent des choses, et les livres consolent des hommes.* » — Ô les bonnes paroles ! À la vérité, j'ai plus de rapports intimes avec un livre qu'avec tous les gens que je connais (excepté Clémence). Les livres parlent de la vie, de ma vie ; en parlant du monde, ils parlent de mon monde. J'ai assez côtoyé les hommes pour savoir que je trouverai plus de choses sur eux dans les livres qu'en les écoutant. Chaque livre m'ouvre. « *Read on this book, that show of such an exercise may color your loneliness.* » (« *Lisez ce livre, ce semblant de pitié colorera votre solitude.* ») Sage conseil donné par un père à sa fille ! Tenez, le monde étant petit, l'évocation de Shakespeare fait ramener Hugo et son *Shakespeare* : « *Vous êtes à la campagne, il pleut, il faut tuer le temps, vous prenez un livre, le premier livre venu, vous vous mettez à lire ce livre comme vous liriez le journal officiel de la préfecture ou la feuille d'affiches du chef-lieu, pensant à autre chose, distrait, un peu bâillant. Tout à coup vous vous sentez saisi, votre pensée semble ne plus être à vous, votre distraction s'est dissipée, une sorte d'absorption, presque une sujétion, lui succède, vous n'êtes plus maître de vous lever et de vous en aller. Quelqu'un vous tient. Qui donc ? ce livre.* — *Un livre est quelqu'un. Ne vous y fiez pas.* — *Un livre est un engrenage. Prenez garde à ces lignes noires sur du papier blanc ; ce sont des forces ; elles se combinent, se composent, se décomposent, entrent l'une dans l'autre, pivotent l'une sur l'autre, se dévident, se nouent, s'accouplent, travaillent. Telle ligne mord, telle ligne serre et presse, telle ligne entraîne, telle ligne subjugue. Les idées sont un rouage. Vous vous sentez tiré par le livre. Il ne vous lâchera qu'après avoir donné une façon à votre esprit. Quelquefois les lecteurs sortent du livre tout à fait transformés.* » C'est un miracle. Borges avait raison. De petites taches noires vous transportent et vous changent. Par quel miracle ? Du signifiant au signifié, du signe à l'idée, le miracle s'opère. Le livre vous parle à vous, comme si vous seul existiez, comme si ce livre seul existait avec vous. L'auteur vous unit. L'auteur (le livre) est votre *ami*. « *Un livre est quelqu'un* » : l'expression n'est-elle pas admirable ? Le livre vous a choisi comme vous l'avez choisi. Vous êtes vous-même en lisant, et vous être l'autre, celui qui l'a écrit, cet autre qui vous parle et se confie. Vous vous reconnaissez sans vous être connus ; vous vous partagez de loin l'âme du monde. Dans *L'insoutenable légèreté de l'être*, Tereza comprend : « *Pour Tereza, le livre était le signe de reconnaissance d'une fraternité secrète. Contre le monde de la grossièreté qui l'entourait, elle n'avait en effet qu'une seule arme : les livres qu'elle empruntait à la bibliothèque municipale ; surtout des romans : elle en lisait des tas, de Fielding à Thomas Mann. Ils lui offraient une chance d'évasion imaginaire en l'arrachant à une vie qui ne lui apportait aucune satisfaction, mais ils avaient aussi un sens pour elle en tant qu'objets : elle aimait se promener dans la rue avec des livres sous le bras. Ils étaient pour elle ce qu'était la canne élégante pour le dandy du siècle dernier. Ils la distinguaient des autres.* » Le livre ne vous trahira pas. Il n'a aucun intérêt à vous trahir. Il vous aime puisque vous lui donnez une chance. Les hommes, eux, trahissent. Le livre, en vous parlant de ces trahisons, ne vous blesse pas : il vous console. Il fait grandir en vous l'envie de lire et de ne plus vous immiscer parmi les traîtres ; il vous rapproche des hommes tout en vous en éloignant. « *Je passe donc mes jours loin des hommes, que j'ai voulu servir, et qui m'ont persécuté* », avouait Bernardin de Saint-Pierre. « *Je joins à ces jouissances celle de quelques bons livres qui m'apprennent à devenir meilleur. Ils font encore servir à mon bonheur le monde même que j'ai quitté ; ils me présentent des tableaux des passions qui en rendent les habitants si misérables, et par la comparaison que je fais de leur sort au mien, ils me font jouir d'un bonheur négatif.* » — Le livre, autrement dit l'auteur, est un ami qui vous console. « *Car les livres ne sont pas du tout choses mortes, mais ils contiennent en eux une puissance de vie qui les rend aussi actifs que l'âme qui les a engendrés* », écrivait John Milton en 1644 dans son *Areopagitica* (Pour la liberté d'imprimer sans autorisation ni censure) ; « *disons même qu'ils conservent comme une fiole l'essence la plus pure de l'intellect vivant qui les a produits. Je les sais aussi vifs et féconds que les dents fabuleuses du dragon ; une fois semés, ils pourraient jaillir comme autant d'hommes armés.* — *Et pourtant, sans prudence, tuer un bon livre c'est à peu près comme tuer un homme ; qui tue un homme tue une créature rationnelle, l'image de Dieu ; mais qui détruit un bon livre tue la raison elle-même, tue l'image de Dieu, dans l'œil même en quelque sorte. Bien des hommes sont des fardeaux pour la Terre ; mais un bon livre est le précieux élixir de vie d'un esprit supérieur, embaumé et recueilli dans le but d'avoir un supplément de vie après la vie.* » C'est pourquoi il faut en prendre soin. L'éditeur Pierre-Jules Hetzel avertissait au début des *Voyages et aventures du capitaine Hatteras* : « *Petits et grands, riches et pauvres, savants et ignorants, trouveront donc plaisir et profit à faire des excellents livres de M. Verne les amis de la maison et à leur donner une place de choix dans la bibliothèque de la famille.* » Le vrai lecteur est un amoureux. Il est comme Hesse, « *entouré par trois mille volumes* » qu'il continue de chérir, qu'il ne cesse de convoiter quoiqu'ils soient siens : « *Quand mes yeux commencent à me faire mal, je m'installe dans un fauteuil et regarde la faible clarté du jour s'effacer et mourir sur les parois tapissées de livres. Ou bien je vais me placer face au mur et j'examine le dos des volumes. Ce sont mes amis, je les ai conservés, ils me survivront, même si l'intérêt que je leur porte va diminuant, ils ne m'en tienne à eux, car c'est tout ce que je possède. Je les regarde, ces compagnons muets qui me sont restés fidèles par nécessité, et je pense à l'histoire de chacun d'eux.* » (Hesse lisait tellement qu'il s'amusa à dire, dans un article intitulé *Retour à la campagne*, qu'il avait fait « *fonction de lecteur par procuration pour des millions de personnes* » !) Certes, Hesse dit ici que l'intérêt qu'il leur porte va en diminuant… mais pensons aux livres de notre bibliothèque comme aux bouteilles de vin de notre cave, qui se bonifient avec l'âge… Le miracle du vin comparé au miracle du livre ! — Les livres ne vous laissent pas tomber. (À la rigueur, c'est vous qui parfois les laissez tomber, au sens propre comme au sens figuré.) Et on a tout le temps d'être avec eux, car personne ne peut nous les disputer. (C'est Cicéron qui faisait dire à Tubéron : « *J'ai tout le temps d'être avec mes livres […] car personne ne me les dispute* » (ou : « *car ils n'ont jamais d'occupations* », puisque le texte original est : « *mihi uero omne tempus est ad meos libros uacuum; numquam enim sunt illi occupati* »). — Ô livre ! ô mon âme ! — « *Deine Seele / Lag offen vor mir, wie ein schönes Buch, / Das sanft zuerst den Geist ergreift, dann tief / Ihn rührt, dann unzertrennlich fest ihn hält.* » (« *Ton âme / Était ouverte devant moi, comme un beau livre / Qui saisit d'abord doucement l'esprit, puis profondément / Le touche, puis le retient, inséparables désormais.* ») Ainsi s'exprimait Ottokar devant Agnès (dans *La famille Schroffenstein* de Kleist). — Touchez le livre, touchez son âme, et vous trouverez l'amour.

* * * * *

L'amour des bibliothèques (de ma bibliothèque). — Nul ne m'obligeait à garder tous les livres que j'ai lus. À mes débuts, j'en empruntais à la médiathèque du bourg de Basse-Goulaine, puis au fond de la classe, en école primaire, puis aux CDI du collège et du lycée. Parfois aussi, ma tante Roselyne m'en prêtait. Mais tout démarra à partir de *Bazaar*, que ma mère m'offrit lorsque j'étais en troisième, ravie de constater que je désirais lire, fût-ce un très gros livre de 678 pages serrées. (Un livre cher, car je me rappelle son insistance à me faire comprendre qu'il faudrait le lire maintenant qu'elle avait déboursé 142,50 francs (après remise, sur les 150 francs initiaux) au Forum du Livre, rue du Calvaire à Nantes.) J'ai devant moi l'exemplaire. Il est comme neuf. L'étiquette indique : « *27/10/92*. » Cela me touche. C'est donc fin octobre 1992 (ou peut-être début novembre) que mon histoire de la lecture commença pour de bon. En haut de la couverture, en rouge, s'étalent le prénom et le nom de Stephen King en majuscules. En bas, le titre, *Bazaar*, est gravé en lettres d'or. Le dessin est inquiétant, sombre : une ombre lugubre apparaît sur le seuil de la porte d'une boutique éclairée. Sur la quatrième de couverture, on peut lire : « *King ou l'art d'enraciner dans les petits faits les plus insignifiants de la vie quotidienne le suspense et l'épouvante. Bazaar est au cœur de Castle Rock, cette petite ville américaine où l'auteur a situé nombre de ses thrillers tels* Cujo, La Part des ténèbres *ou* Les Tommyknockers... *Une poudrière où s'accumulent et se déchaînent toute la violence et la démence que recèle l'âme de chacun. Jusqu'à l'implosion.* — *King ou l'art de rayer une ville de la carte par la seule force de la haine. De ces haines qui vous font mourir ou tuer.* » — Dans ma chambre de l'internat du collège Victor-Hugo, rue de Bel air, à côté de Talensac, nous étions quatre : Pierre-Yves, basketteur comme moi (son mètre quatre-vingt-dix-huit dépassait du lit), et Yann et Gildas, judokas. C'est ce dernier qui me parla de Stephen King. « Quoi ? Tu ne connais pas Stephen King ? Tu n'as jamais entendu parlé de lui ? Il faut absolument que tu lises ses bouquins. » J'étais si naïf à cette époque ! Ce sont ces camarades qui m'ouvrirent les yeux. Ce furent eux qui m'initièrent aux vêtements de marque (Oxbow, Quiksilver, Creeks, Chevignon, *etc.*). Ce fut là-bas que, indépendant de mes parents pour la première fois de ma vie, je m'émancipai et connus mon premier vrai amour (Dolorès). Je ne sais ce que je serais devenu si je n'avais pas passé cette année dans cet endroit à ce moment de ma vie. Et tout cela grâce au basket (et à mon père, qui avait fait le *forcing* pour que j'y entrasse). — Ainsi, je découvris Stephen King avec *Bazaar*, que, du reste, je lus très vite (je me souviens de ma mère affolée de voir que je lisais un bouquin à 150 francs aussi rapidement (mais je ne te remercierai jamais assez, maman, de m'avoir ouvert cette porte, car je ne l'ai plus refermée depuis tout ce temps, et qu'elle m'a fait entrer dans le monde le plus important qui soit à mes yeux).) — Je commençai à lire beaucoup : tous les Stephen King y passaient. Dans ma chambre, rue des Chênes Rouges, mon père avait suspendu aux murs deux morceaux d'étagères. Au lycée, déjà, elles étaient pleines et les rangées étaient parfaitement alignées. Je revois Julien Rinfray, un copain de mon frère, les contempler, ébahi. Il compta les livres plusieurs fois. On eût dit qu'il n'avait jamais vu de sa vie une bibliothèque aussi vaste. Pourtant, il y en avait peut-être deux ou trois cents au grand maximum. S'il voyait aujourd'hui les quatre mille disséminés sur le palier et le bureau, il s'évanouirait... Une partie de mon argent de poche filait dans l'achat des livres. J'étais comme Benjamin Franklin, cet autre dingue de la lecture, je voulais acheter tous les livres et les lire tous, quitte à manger frugalement. Lorsque ma mère partait faire les courses au Leclerc le vendredi soir, je l'accompagnais uniquement pour flâner à l'Espace Culturel. Souvent, quand elle me revenait le chariot plein, elle me demandait si j'avais vu quelque chose, si un livre m'intéressait, et elle me le payait. — Il est vrai que l'étonnement des gens est immense dès qu'ils voient tous ces livres. Sans cesse, leur première question est : « Tu as *vraiment* tout lu ? » Je m'y suis habitué. J'ai souvent répondu, sarcastique : « Non, pas vraiment ; c'est pour faire joli. » Ensuite vient la remarque sempiternelle (faite en général par ceux qui ne sont pas avides de lecture) : « Ça en fait, de l'argent ! » Oui. Trente-cinq mille euros. Comme dirait Hesse (dans un essai qui ne pouvait que me tenter d'après son titre : *De la lecture et de la possession des livres*) : « *Des milliers de gens ont peur de dépenser en livres ne serait-ce que le dixième de ce qu'il déboursent dans les brasseries et les cafés-concerts.* » Chacun son vice ! Ils sont étonnés que je n'aille pas les emprunter à la bibliothèque municipale. Je comprends cet étonnement. Je veux les acheter parce que je veux les posséder, parce que, pour reprendre encore Hesse, « *outre leur lecture, la possession des textes eux-mêmes génère ses propres joies et sa propre morale* ». Je les possède et ils me possèdent. Je les garde jalousement pour moi-même. Je ne les prêterai jamais. Si personne ne peut les consulter, cela ne me dérange aucunement. Au contraire. Ils sont à moi, pour moi ; je suis à eux, pour eux. On peut me taxer de « *bibliotaphe* », cela me conviendra parfaitement. Construit sur le grec, il signifie littéralement « livre-tombeau », et désigne soit une « *personne qui cache ses livres et ne les communique à personne* », soit la « *partie d'une bibliothèque où sont conservés les livres qui ne sortent jamais* ». Et à tous ceux, qui sont nombreux, qui ont déclaré un jour, en voyant combien ils étaient rangés impeccablement, combien tous paraissaient neufs, que mes livres ne vivaient pas, je répondrai qu'ils vivent plus qu'eux-mêmes, que je les vis plus qu'ils ne peuvent vivre quoi que ce soit. — J'aime tant ma bibliothèque que je mourrais si je la voyais brûler. Non pas parce que tout l'argent qu'elle représente partirait en fumée. Oh, non, je ne m'abaisse pas à ce genre de considération. J'en mourrais parce que chacun de ses éléments me constitue, parce que chacun de ses éléments est une fraction de mon être et de mon existence. En les admirant, il me semble que je peux répondre un peu mieux au « qui suis-je » et au « d'où viens-je ». Excepté Clémence, rien ne compte davantage que ma bibliothèque. Je ne survivrais pas sans elle. Depuis sa triste cellule, Wilde disait que la perte totale de sa bibliothèque, « *perte irréparable pour un homme de lettres* », était « *la plus affligeante pour [lui] de toutes [ses] pertes matérielles* ». (Wilde et moi sommes *frères-de-page*.) — J'aime ma bibliothèque et j'aime que l'on parle de bibliothèque. C'est pourquoi j'adore lire les auteurs qui évoquent leur bibliothèque, tels Hesse, Borges, Manguel, Miller, Dantzig... On ne parle pas assez des livres, de l'amour des livres, de l'amour pour ses livres. Peut-être aussi cela s'explique-t-il en partie parce que, écrivait Lichtenberg, « *il n'existe pas de marchandise plus étrange que les livres* ». Les livres sont étranges, car « *ils sont imprimés par des gens qui ne les comprennent pas — vendus par des gens qui ne les comprennent pas — reliés, recensés, lus par des gens qui ne les comprennent pas — et maintenant ils sont même écrits par des gens qui ne les comprennent pas* ». N'allez pas dans une librairie pour entendre des conseils de lecture d'ouvrages de Byron. Ce que le libraire doit maîtriser et avoir lu, ce sont les têtes de gondole : Marc Lévy, Amélie Nothomb et consort. Demandez : « Avez-vous *Album d'un pessimiste* ? » Le silence s'ensuivra. « Pardon ? » — La bibliothèque est mon refuge, mon savoir, ma vérité, ma confidente, mon amie, ma fontaine, mon onguent, ma liberté, mon évasion, ma raison, mon soutien, mon mystère, mon souffle, mon logos, mon intelligence. Si elle devait ressembler à une prison, elle serait une prison de la taille de l'Univers, elle serait, ni plus ni moins, la prison dans laquelle Dieu fait retentir le son de Sa voix, le labyrinthe de la foi. « *La bibliothèque se défend toute seule, insondable comme la vérité qu'elle héberge, trompeuse comme le mensonge qu'elle enserre* », dit l'abbé du *Nom de la rose*. « *Labyrinthe spirituel, c'est aussi un labyrinthe terrestre. Vous pourriez entrer et vous ne pourriez plus sortir.* » — En faisant construire ma maison, j'ai eu la chance de prier le maître d'œuvre d'aménager un coin bibliothèque. En haut des escaliers, il est écrit sur le plan : « *Coin bibliothèque.* » Quelle joie ! quel bonheur ! J'ai pu confectionner une bibliothèque sur mesure. J'ai découpé les planches de pin et les ai fixées sur chacune des cent dix équerres. Sur trois pans de mur, du sol au plafond, il y a onze niveaux espacés de vingt-et-un centimètres et d'une profondeur de quinze, ce qui représente soixante mètres linéaires qui me permettent d'y ranger pas loin de quatre mille livres en format poche. Tous les autres livres logent dans des meubles, dans le bureau où j'écris. Je suis fier de ma bibliothèque. Elle est optimisée à un point que je n'aurais jamais cru possible. À trente-quatre ans, j'aurai enfin eu la bibliothèque que je fantasmais ! J'ai pu réaliser mon rêve, avoir ma bibliothèque comme en rêvait miss Bingley dans *Orgueil et préjugés* : « *Quelle agréable manière de passer une soirée ! Nul plaisir, vraiment, ne vaut la lecture ; on ne s'en lasse jamais tandis qu'on se lasse du reste. Lorsque j'aurai une maison à moi, je serai bien malheureuse si je n'ai pas une très belle bibliothèque.* » Mon monde des livres, parfaitement ordonné… Comme le capitaine Nemo, je leur ai fabriqué une place dans mon sous-marin, et je m'y repose et m'y recueille tout autant qu'eux : « *C'était une bibliothèque. De hauts meubles en palissandre noir, incrustés de cuivres, supportaient sur leurs larges rayons un grand nombre de livres uniformément reliés. Ils suivaient le contour de la salle et se terminaient à leur partie inférieure par de vastes divans, capitonnés de cuir marron, qui offraient les courbes les plus confortables. De légers pupitres mobiles, en s'écartant ou se rapprochant à volonté, permettaient d'y poser le livre en lecture. Au centre se dressait une vaste table, couverte de brochures, entre lesquelles apparaissaient quelques journaux déjà vieux. La lumière électrique inondait tout cet harmonieux ensemble, et tombait de quatre globes dépolis à demi engagés dans les volutes du plafond. Je regardais avec une admiration réelle cette salle si ingénieusement aménagée, et je ne pouvais en croire mes yeux.* — "*Capitaine Nemo, dis-je à mon hôte, qui venait de s'étendre sur un divan, voilà une bibliothèque qui ferait honneur à plus d'un palais des continents, et je suis vraiment émerveillé, quand je songe qu'elle peut vous suivre au plus profond des mers.* — *Où trouverait-on plus de solitude, plus de silence, monsieur le professeur ? répondit le capitaine Nemo. Votre cabinet du Muséum vous offre-t-il un repos aussi complet ?* — *Non, monsieur, et je dois ajouter qu'il est bien pauvre auprès du vôtre. Vous possédez là six ou sept mille volumes…* — *Douze mille, monsieur Aronnax. Ce sont les seuls liens qui me rattachent à la terre. Mais le monde a fini pour moi le jour où mon Nautilus s'est plongé pour la première fois sous les eaux. Ce jour-là, j'ai acheté mes derniers volumes, mes dernières brochures, mes derniers journaux, et depuis lors, je veux croire que l'humanité n'a plus ni pensé, ni écrit. Ces livres, monsieur le professeur, sont d'ailleurs à votre disposition, et vous pourrez en user librement.*" — *Je remerciai le capitaine Nemo, et je m'approchai des rayons de la bibliothèque. Livres de science, de morale et de littérature, écrits en toute langue, y abondaient ; mais je ne vis pas un seul ouvrage d'économie politique ; ils semblaient être sévèrement proscrits du bord. Détail curieux, tous ces livres étaient indistinctement classés, en quelque langue qu'ils fussent écrits, et ce mélange prouvait que le capitaine du Nautilus devait lire couramment les volumes que sa main prenait au hasard.* — *Parmi ces ouvrages, je remarquai les chefs-d'œuvre des maîtres anciens et modernes, c'est-à-dire tout ce que l'humanité a produit de plus beau dans l'histoire, la poésie, le roman et la science, depuis Homère jusqu'à Victor Hugo, depuis Xénophon jusqu'à Michelet, depuis Rabelais jusqu'à madame Sand. Mais la science, plus particulièrement, faisait les frais de cette bibliothèque ; les livres de mécanique, de balistique, d'hydrographie, de météorologie, de géographie, de géologie, etc., y tenaient une place non moins importante que les ouvrages d'histoire naturelle, et je compris qu'ils formaient la principale étude du capitaine. Je vis là tout Humboldt, tout l'Arago, les travaux de Foucault, d'Henry Sainte-Claire Deville, de Chasles, de Milne-Edwards, de Quatrefages, de Tyndall, de Faraday, de Berthelot, de l'abbé Secchi, du commandant Maury, d'Agassis, etc., les mémoires de l'Académie des sciences, les bulletins des diverses sociétés de géographie, etc., et, en bon rang, les deux volumes qui m'avaient peut-être valu cet accueil relativement charitable du capitaine Nemo. […] "Monsieur, dis-je au capitaine, je vous remercie d'avoir mis cette bibliothèque à ma disposition. Il y a là des trésors de science, et j'en profiterai.* — *Cette salle n'est pas seulement une bibliothèque, dit le capitaine Nemo, c'est aussi un fumoir. […]*" » (L'amour des livres de Jules Verne ne se reflète pas uniquement dans *Vingt mille lieues sous les mers*. Par exemple, dans *Paris au XXe siècle*, ce passage est à nouveau révélateur (et il y en aurait bien d'autres) : « *Le petit salon, qui formait tout l'appartement avec la chambre à coucher, était tapissé de livres ; les murs disparaissaient derrière les rayons ; les vieilles reliures offraient au regard leur bonne couleur brunie par le temps. Les livres, trop à l'étroit, faisaient invasion dans la chambre voisine, en se glissant au-dessus des portes et dans la baie intérieure des fenêtres ; on en voyait sur les meubles, dans la cheminée et jusqu'au fond des placards entrouverts ; ces précieux volumes ne ressemblaient pas à ces livres des riches logés dans des bibliothèques aussi opulentes qu'inutiles ; ils avaient l'air d'être chez eux, maîtres au logis, et fort à leur aise, quoique empilés ; d'ailleurs, pas un grain de poussière, pas une corne à leurs feuillets, pas une tache à leur couverture ; on voyait qu'une main amie faisait chaque matin leur toilette.* » *Home sweet home !* Chez moi aussi, ils sont propres et « *maîtres au logis* »…) — Je n'ai pas souvent l'habitude d'aller chez des gens dont je découvre la maison. Et lorsque cela arrive, je vois rarement plus d'une dizaine de livres… qui sont en général du Marc Lévy ou de l'Amélie Nothomb… Je reste déçu et sur ma faim. Je suis du même bord que Semprún : « *Je jette toujours un coup d'œil sur les bibliothèques des gens chez qui je suis invité. Il semble que je suis parfois trop cavalier, trop insistant ou inquisiteur, on m'en fait le reproche. Mais les bibliothèques sont passionnantes, parce que révélatrices. L'absence de bibliothèque aussi, l'absence de livres dans un lieu de vie, qui en devient mortel.* » Montre-moi si tu lis, je te dirai qui tu es. Montre-moi ce que tu lis, je te dirai encore mieux qui tu es. Faut-il être professeur de français ou de philosophie pour posséder une bibliothèque digne de ce nom ? Faut-il être écrivain ? Collectionneur ? Femme au foyer ? Étudiant ? — Et que dire de ceux qui n'ont de livres qu'à seule fin d'*orner* leur salon ? qui en ont des tas sans les avoir lus ? Et que dire de ces faux livres qui n'ont pas de pages, qui décorent grâce à leur tranche imitant le vrai livre (on en voit chez les marchands de meubles, tel Ikea) ? Sénèque fustigerait cette façon de faire comme il fustigeait la bibliothèque d'Alexandrie : « *Quatre cent mille volumes furent brûlés à Alexandrie ; superbe monument d'opulence royale !* répéteront des enthousiastes, après Tite Live, qui appelle cela *l'œuvre de la magnificence et de la sollicitude des rois. Il n'y eut là ni magnificence ni sollicitude ; il y eut faste littéraire, que dis-je, littéraire ? ce n'est pas pour les lettres, c'est pour la montre qu'on fit ces collections ; ainsi, chez le grand nombre, chez des gens qui n'ont même pas l'instruction d'un esclave, les livres, au lieu d'être des moyens d'étude, ne font que parer des salles de festin. Achetons des livres pour le besoin seulement, jamais pour l'étalage.* — *"Mais je dépense plus honorablement de cette manière qu'en vases de Corinthe et en tableaux !"* C'est un vice en tout que l'excès. Y a-t-il à excuser l'homme qui agence le citre et l'ivoire en bibliothèque, qui va cherchant partout les œuvres bien complètes de tel auteur inconnu ou méprisé, et devant ses milliers de volumes, bâille, admirant par-dessus tout les tranches et les titres ? Aussi est-ce chez les plus studieux que tu verras tout ce qu'il y a d'orateurs et d'historiens et des cases superposées du plancher au plafond ; jusque dans les bains et les thermes, on a sa bibliothèque d'un poli parfait, comme indispensable ornement de maison. Tu pardonnerais volontiers cette manie, si elle provenait d'un excès d'amour pour l'étude ; mais ces recueils précieux, mais, avec leurs portraits, les écrits de ces divins génies s'achètent pour le coup d'œil. Ils vont décorer des murailles.* » — Ma bibliothèque est mon lieu de paix. J'aime les livres. Suis-je un bibliophile ? Certainement. Mais pas un bibliophile qui serait à la recherche de livres anciens. Hesse appartenait à cette catégorie : L'histoire du livre est ce qui importait le plus. Savoir que d'autres mains avaient tourné ces pages, longtemps auparavant, l'excitait. (Quant à moi, je préfère l'état de virginité.) « *Lorsque je me demande quelle qualité l'éventuel lecteur de ces notes pourrait m'attribuer avec le plus de raison, il me semble, d'après le contenu de mes écrits, que ce serait celle de bibliophile. C'est là, en effet, ma véritable spécialité. Du moins, je ne possède rien de plus précieux que ma bibliothèque, rien qui me rende plus heureux et dont je sois plus fier. Je me suis toujours senti plus à l'aise dans la diversité du monde des livres que dans le tourbillon de la vie, et la découverte de beaux livres anciens, l'attachement que je leur porte m'ont rendu plus heureux et plus équilibré que les tentatives que j'ai pu faire pour nouer des liens d'amitié entre ma destinée et celle des autres.* » — Vivre avec ses livres, mourir avec eux.

* * * * *

Après avoir terminé un livre, je ne le dépose pas immédiatement dans ma bibliothèque. Je l'archive dans deux bases de données. La première, « LibraryThing », est un site sur Internet. La seconde, qui est sur mon iMac, s'appelle « Bookpedia », et je peux, après synchronisation, retrouver toutes les entrées sur mon iPhone (« Pocketpedia »). Je scanne le code-barres et le logiciel va automatiquement chercher les informations sur Amazon : titre, auteur, format, dimensions, éditeur, nombre de pages, prix, année d'édition, ISBN. Il ne me reste plus qu'à indiquer la date de la dernière lecture et à les classer par genre : fiction, philosophie, poésie, sciences, théâtre, essai, religion, humour, psychologie, polar, fantastique, autobiographie, littérature, science-fiction, biographie, art, correspondance, journal, jeunesse, scolaire, histoire/géographie, divers, érotique, sociologie, économie, dictionnaire, gastronomie, informatique, bricolage, sans oublier les bandes-dessinées. Ce logiciel permet de récolter tout un ensemble d'informations transversales. Statistiquement, il m'informe du nombre de livres lus par année, du nombre de livres de chaque auteur, *et cætera*. À l'heure où j'écris, je possède 58 livres de Balzac, 56 de James, 49 de Freud, 42 de London, 41 de Hugo, 39 de San-Antonio, 36 de Verne, 33 de King, 31 de Shakespeare, 29 de Zola, 29 de Simenon, 28 de Schopenhauer, 27 de Dostoïevski, 27 de Molière, 26 de Camus, 25 de Gide, 23 de Hesse, 21 de Platon, 20 de Nietzsche, 19 de Wilde, 18 de Tolstoï, 17 de Kant, 17 de Casanova, 17 de Maupassant, 17 de Gibran, 16 de Tchékhov, 16 de Cicéron, 16 de Pessoa, 16 de Rousseau, 16 de Steinbeck, 15 de Kundera, 14 de Goscinny, 14 de Sartre, 14 de Valéry, 14 de Desproges, 14 de Sénèque, 13 de Reeves, 13 de Zweig, 13 de Bernhard, 13 de Voltaire, 12 de Musset, 12 de Saint-Exupéry, 12 de Kafka, 12 de Flaubert, 12 de Goethe, 12 de Harrison, 12 de Pichavant (oui ! ceux que j'ai imprimés sont rangés dans un coin), 12 de Stevenson, 12 de Kierkegaard, 11 de Ionesco, 11 de Racine, 11 de Wittgenstein, 11 de Corneille, 11 de Conan Doyle, 10 de Cioran, 10 de Poe, 10 d'Orwell, 10 de Guibert, 10 de Borges, 10 de Byron, 10 de Watzlawick… (Je m'arrête à 10.) — En ce qui concerne les cinq genres les plus représentés, j'ai catalogué 777 livres dans « fiction » (celui qui a le plus augmenté ces dernières années), 423 dans « philosophie » (celui qui a le moins évolué), 270 dans « poésie », 234 dans « sciences » et 223 dans « théâtre ». — (Pourquoi énuméré-je toutes ces choses-là ? Mais — pardi ! — pour les mêmes raisons qui m'ont poussé à écrire ces milliers de pages ! *Parce que*.) — Dresserai-je une liste des livres les plus importants ? Entreprise trop difficile ! (D'autant plus que je ne donne pas de note. Cette mode des notations par étoiles allant de 1 à 5, ne m'a pas encore atteint et ne m'atteindra jamais.) D'ailleurs, quantité n'a rien à voir avec qualité. Je n'ai presque pas de livres de Chénier ou de Rabbe. Pourtant, ces auteurs sont parmi mes préférés et figurent dans le « *top* » de ma bibliothèque…

* * * * *

À l'époque où je mûrissais ce livre (*La Perte de Sens*), j'avais commencé une liste des livres qui furent des *chocs* dans ma vie et la bouleversèrent chacun à leur manière. — « *Bazaar.* — *Album d'un pessimiste.* — *Le sens de la vie.* — *Introduction à la psychanalyse.* — *Ubik.* — *Métaphysique de l'amour, métaphysique de la mort.* — *Éros.* — *Martin Eden.* — *Le bruit et la fureur.* — *Album d'un pessimiste.* [Sic.] — *Quatrevingt-treize.* — *Prolégomènes à toute métaphysique future qui pourra se présenter comme science.* — … » Je m'étais arrêté là en indiquant : « *Trop long !!* » Il y en a beaucoup d'autres… *trop*.

* * * * *

Aurais-je pu être libraire ? Être libraire n'est-il pas équivalent à vivre constamment au milieu des livres, ma passion ? Ne serait-ce pas une opportunité intéressante ? une chance ? Par le passé, j'avais formé le vœu d'ouvrir un bar ou une librairie. Au sujet du bar, c'eût été pour passer la musique que j'aime (et j'aurais dû fermer, étant donné que mes goûts musicaux ne sont pas ceux du commun des mortels). Quant à la librairie, je me serais engagé à ne pas vendre de Marc Levy, et j'aurais dû mettre la clef sous la porte. Si ç'avait été une librairie d'occasion, je me serais réservé tous les livres qui m'eussent tenté et les clients n'auraient plus rien eu à se mettre sous la dent... Ma librairie rêvée serait étrange : il n'y aurait pas de livres qui font l'actualité, pas de *blockbusters* non plus. Et pour la raison que « *je n'ai rien lu de ce que l'on a imprimé depuis trente ans* » (c'est ce que Stendhal avouait à Balzac), je serais un piètre conseiller de ce qu'« il faut lire aujourd'hui » !... Et à l'heure où j'écris, le livre qui pulvérise les records de vente est dû à une certaine Valérie Trierweiler, ancienne compagne du Président de la République. Que voulez-vous ? Les journalistes fustigent le livre, et en le fustigeant, en font la réclame et augmentent le nombre de ventes en attisant la curiosité du quidam. En 2002, la décision d'interdire la publication de *Rose bonbon* avait conduit les gens à se précipiter dessus. (Il fut finalement autorisé, mais protégé par un pauvre film plastique !) En 1982, l'annonce du retrait de *Suicide mode d'emploi* avait également participé à l'écoulement rapide des stocks... En prenant leur décision, là-haut, les têtes d'œuf provoquent tout le contraire de ce qui était attendu... Ce n'est pas nouveau. Diderot avertissait déjà, dans sa *Lettre sur le commerce de la librairie*, écrite en 1763 et publiée un siècle plus tard, du danger de la condamnation d'un livre : « *Si vous autorisez par une permission tacite l'édition d'un ouvrage hardi, du moins vous vous rendez le maître de la distribution, vous éteignez la première sensation, et je connais cent ouvrages qui ont passé sans bruit, parce que la connivence du magistrat a empêché un éclat que la sévérité n'aurait pas manqué de produire. [...] Je ne discuterai point si ces livres dangereux le sont autant qu'on le crie, si le mensonge, le sophisme, n'est pas tôt ou tard reconnu et méprisé, si la vérité qui ne s'étouffe jamais, se répandant peu à peu, gagnant par des progrès presque insensibles sur le préjugé qu'elle trouve établi, et ne devenant générale qu'après un laps de temps surprenant, peut jamais avoir quelque danger réel. Mais je vois que la proscription, plus elle est sévère, plus elle hausse le prix du livre, plus elle excite la curiosité de le lire, plus il est acheté, plus il est lu. Et combien la condamnation n'en a-t-elle pas tiré par leur médiocrité condamnait à l'oubli ! Combien de fois le libraire et l'auteur d'un ouvrage privilégié, s'ils l'avaient osé, n'auraient-ils pas dit aux magistrats de la grande police : "Messieurs, de grâce, un petit arrêt qui me condamne à être lacéré et brûlé au bas de votre grand escalier ?" Quand on crie la sentence d'un livre, les ouvriers de l'imprimerie disent : "Bon, encore une édition !"* » Le monde me fait pitié. La plupart des dirigeants politiques et des journalistes ont une mémoire de poisson rouge et une culture générale d'homme des cavernes. Mais il y a pire : le public. En 2013, *Astérix chez les Pictes* est arrivé en tête des ventes de livres en France, suivi de la trilogie de *Cinquante nuances*. On trouve ensuite Dan Brown, Guillaume Musso, Marc Levy, un livre intitulé *La femme parfaite est une connasse*... En 2012, encore *Cinquante nuances de Grey*, encore Musso, Levy... En 2011, *Indignez-vous !* et encore Musso, Levy, Fred Vargas, Katherine Pancol... En 2010 ? *Indignez-vous !* Pancol, Deutsch, Musso, Levy... Doux Jésus ! je passerais mon temps à m'indigner si je devais alimenter les étalages d'une librairie, si je devais répondre à toutes ces questions émanant de tous ces « *ânes ignorants* » (l'expression, qui est vieille puisqu'elle est de John Webster, vise ceux qui « *demandent non pas de bons livres mais les dernières nouveautés* ») : « Le dernier Musso est-il bien ? Mon fils, qui est en terminale, doit étudier *Gorgias* de Platon [*sic*] : quelle est l'édition la moins chère ? Avez-vous un bouquin qui remonte le moral ? » Croyez-vous que j'aurais des questions plutôt du genre : « Les notes sur Rimbaud dans la Pléiade sont-elles de Bonnefoy ou de Claudel ? Avez-vous *Faust* avec la seconde partie ? Je cherche *Paradise Lost* pour mieux sentir la musique de la langue. Existe-t-il une édition des œuvres complètes de Byron ? Par quel Stoïcien est-il préférable de commencer ? » Haha... Gide le lucide ne s'exclamait-il pas : « *Et depuis quand a-t-on vu le lecteur moyen préférer l'exquis et le parfait au médiocre ?* » Cela doit-il pour autant me rassurer ? Hesse était retombé de son nuage peu de temps après avoir exercé le métier de libraire. Il voulait être proche des livres, mais il démissionna rapidement. Pour quelle raison ? Il s'en explique : « *Cependant, je ne manquai pas d'observer après quelque temps que, dans le domaine de la culture, une existence axée sur le seul présent et sur les nouveautés du jour est un non-sens insupportable, car la vie de l'esprit a pour condition première une référence constante au passé, à l'histoire, aux réalités anciennes et primitives.* » Le lecteur *lambda* veut de la nouveauté, du papier bien frais, il ne sait convoiter que *le livre à la mode*. On se croirait revenu au temps de Molière et des *Précieuses ridicules* (ces « *gens de qualité [qui] savent tout sans avoir jamais rien appris* »), en relisant ce que Cathos dit : « *En effet, je trouve que c'est renchérir sur le ridicule, qu'une personne se pique d'esprit et ne sache pas jusqu'au moindre petit quatrain qui se fait chaque jour ; et pour moi, j'aurais toutes les hontes du monde s'il fallait qu'on vînt à me demander si j'aurais vu quelque chose de nouveau que je n'aurais pas vu.* » Çà non, le ridicule ne tue pas ! Saloperie de mode ! saloperie de dépréciation des valeurs ! Apostume de l'esprit léthargique ! La modernité — ou la course à la nouveauté... « *On demande sans cesse de nouveaux livres* », écrivait Joubert, « *et il y a, dans ceux que nous avons depuis longtemps, des trésors inestimables de science et d'agréments qui nous sont inconnus, parce que nous négligeons d'y prendre garde. C'est le grand inconvénient des livres nouveaux : ils nous empêchent de lire les anciens.* » C'est aussi que ces trésors ne nous sont pas proposés d'emblée. Dans une librairie, les rayons croulent de tout ce qui a été publié ces dernières années. Il n'y a plus de place pour les Anciens. L'opinion de la foule suit l'opinion des journalistes. Ça se vend, donc ça se vend, donc ça se vend. Effet boule de neige qui ne repose sur rien de solide, si ce n'est le marketing. Joubert écrivait aussi : « *En littérature, et dans les jugements établis sur les auteurs, il y a plus d'opinions convenues que de vérités. Que de livres, dont la réputation est faite, ne l'obtiendraient pas, si elle était à faire !* » Je voudrais crier sur les toits : « Prenez-en de la graine ! » Ce serait peine perdue. On ne détourne pas le cours du fleuve qui s'écoule par millions de mètres cubes... C'est comme si tous les Anciens s'étaient exprimés pour des *peanuts* ! On refait tout, comme à chaque changement de gouvernement. On n'apprend pas du passé. Comte-Sponville n'invente rien. Tout se trouve chez les Grecs et les Romains depuis plus de deux millénaires. (Avec Montesquieu, « *J'avoue mon goût pour les anciens ; cette antiquité m'enchante, et je suis toujours prêt à dire avec Pline : "C'est à Athènes que vous allez, respectez les dieux."* ») Il ne fait qu'exprimer avec des mots et des tournures compréhensibles par l'acheteur potentiel sorti de son taudis intellectuel. Et qui vénère-t-on ? Comte-Sponville. Adieu, les penseurs, les vrais penseurs de l'Antiquité ! Gracq ne m'aurait pas contredit : « *En un certain sens, il existe sans doute à chaque époque deux littératures simultanées — mais ce sont des littératures qu'on peut appeler sans hésiter la haute et la basse littérature : une littérature de créateurs et une littérature de monnayeurs, qui vulgarisent pour les lecteurs attardés la production au ton d'avant hier.* » (Les lecteurs « *attardés* » le sont en partie parce qu'on les oblige à l'être.) — Combien existe-t-il de films ? Une vie ne suffirait pas à les visionner tous… Or, les seules critiques lisibles dans les magazines et les journaux concernent les films qui sortiront *la semaine prochaine*. Peut-on davantage faire vivre le spectateur dans le présent, et l'y engluer ? Il en va pareillement avec les livres. Ouvrez n'importe quel magazine littéraire, n'importe quelle page de journal consacrée à la littérature, il ne sera question que des livres *qui vont sortir pour la première fois*. Mon responsable pédagogique a régulièrement l'amabilité de me donner le supplément du *Monde* sur les livres. Je le survole toujours, dégoûté. S'il est jamais question d'Orwell ou de Zola, c'est qu'un livre *sur eux* va être publié. Il n'y en a que pour la *nouveauté*. Parmi les myriades de livres qui atterrissent dans les bureaux du service de presse, croyez-vous que les journalistes retiendront une réédition de Balzac, ou choisiront-ils le « dernier Gavalda » ? La faute aux journalistes, comme d'habitude. Ce sont eux qui *attendent* les lecteurs sans volonté ni puissance. Schopenhauer composa un petit essai, *Sur la lecture & les livres*, qu'il rangea dans ses *Parerga*. Lisez ce qu'il pense de tout cela : « *Mais quel sort plus misérable que celui de ce public bon genre qui se croit toujours obligé de lire les derniers gribouillis de cerveaux mêmes qu'ordinaires n'écrivant que pour l'argent, par conséquent toujours disponibles et fortunés, public qui doit se contenter de ne connaître que de nom les œuvres des esprits rares et supérieurs de tous temps et de toutes nations ! En particulier, la presse quotidienne bon genre constitue un moyen habile de dérober au public esthète un temps qu'il devrait accorder, pour le salut de sa culture, aux productions authentiques du genre, et qu'il accorde aux bousillages quotidiens d'esprits ordinaires.* » Rien de *nouveau* sous le Soleil ! (Dans le même essai, on trouve également ce passage qu'il est bon d'intercaler ici : « *Les ŒUVRES représentent la QUINTESSENCE d'un esprit. Celui-ci fût-il le plus grand, elles seront toujours infiniment supérieures à sa compagnie ; sur les points essentiels, elles en tiendront lieu — et, oui, la surpasseront de beaucoup. Même les écrits d'un esprit médiocre peuvent être instructifs et intéressants, comme étant sa QUINTESSENCE, le résultat, le fruit de sa pensée et de ses études, alors que sa compagnie n'est pas satisfaisante pour nous. Aussi peut-on lire des livres de gens qu'on ne trouverait aucune satisfaction à fréquenter ; et voilà pourquoi une haute culture intellectuelle nous amène peu à peu à nous intéresser presque exclusivement aux livres, et à délaisser les hommes.* ») — Sur les quatre librairies qu'il y avait dans le centre de Cholet quand j'ai débarqué, une seule a survécu, « Prologue ». Je n'y mets plus les pieds. Il n'y a jamais ce que je cherche. Pour l'anecdote, l'un des salariés, prénommé Bruno, commandait secrètement des livres de poésie ou de sciences humaines, dans le dos du gérant à qui cela ne plaisait pas. Bruno voulait qu'il y eût de « vrais » livres. Or, l'unique souhait de son chef, c'était de vendre. Les deux choses ne sont pas conciliables. Je comprends que l'on recherche un profit (pour ne pas couler, comme les autres), mais tout de même ! Quel mal y a-t-il à avoir un exemplaire des poèmes de Chénier ? Non seulement il n'y a jamais rien de ce que je cherche, mais rien ne me tente dans ce qui pourrait être imprévu. Je ne peux plus y flâner comme je flânais jadis chez Coiffard, Durance, Vent d'Ouest, la Bouquinerie du Centre. Certes, Nantes n'est pas comparable à Cholet… Ne pouvant pas me rendre tous les quatre matins dans le centre de Nantes, je préfère commander sur Amazon. Je dirais que les trois-quarts en proviennent : il y a tout ce dont je rêve, je suis livré le lendemain et les livres sont toujours impeccables. L'autre quart provient de la Bouquinerie susnommée. Une librairie devrait être un « *Temple de la Flânerie* », comme le dit si bien Erik Satie : « *Une librairie n'est-elle pas, un peu, un Temple de la Flânerie ? et je crois qu'un "ensemble" de livres dispose à pratiquer cette "section" de l'Inconscience — facilite l'éclosion de celle-ci, tout au moins. — Étrange séduction ! Ne flâne-t-on pas devant les étalages des bouquinistes par les plus mauvais temps, debout, pieds dans l'eau, vent dans l'œil ? — Qu'importe ! des livres sont devant nous ; ils nous invitent à nous reposer en les caressant du doigt et du regard — à nous oublier en eux, béatement — à mépriser les bas liens qui nous retiennent à la si vieille Misère humaine. Mémoire d'un amnésique.* » Combien d'heures n'ai-je pas passées dans les méandres des librairies ? Et aujourd'hui, j'en suis réduit à attendre l'occasion d'aller sur Nantes pour entrer fiévreusement à la Bouquinerie. Si vous me voyiez ! Je parcours toutes les étagères avec un œil averti, espérant dénicher la perle rare — à un prix réduit. Parfois, je tremble : « Oh ! il y a *ça* ! » J'en ressors souvent avec des sacs remplis de livres que je n'avais pas prévu d'acheter. C'était l'occasion, dans tous les sens du terme ! — À défaut d'être libraire, serais-je heureux en tant que bibliothécaire ? Non, ce serait la même utopie éclatée en mille morceaux. Il faudrait tout cataloguer selon la classification décimale de Dewey (des maths !). (Au moins, avec cette méthode, on n'aurait pas d'ouvrages sur les OVNIS à côté de ceux qui parlent du Big Bang !…) — J'enseigne les mathématiques et les sciences pour cette raison. Si j'avais été professeur de lettres, j'aurais été dégoûté des livres à force de devoir en parler comme « il faut » en parler. Le monde académique n'est pas le monde.

* * * * *

« *Qu'est-ce que le genre humain depuis l'origine des siècles ? C'est un liseur.* » Il ne l'est plus. « *La lecture, c'est la nourriture.* » Il ne se nourrit plus. — Peut-on comprendre l'histoire contemporaine si l'on a aucune idée de l'histoire des temps passés ? Peut-on comprendre la littérature ou les livres si l'on ne connaît que Marc Levy et Stephen King ? Le livre ne doit-il être qu'un moment d'évasion, tels le cinéma et la pêche ? De même qu'un homme « *qui n'a pas étudié le Tcheou nan et le Chao* » est, selon Confucius, « *comme un homme qui se tiendrait le visage tourné vers un mur* », de même, un homme qui n'aurait pas étudié ses classiques serait comme un homme ne voyant rien d'autre que ses pieds. — Je voudrais dire, avec Voltaire (*L'homme aux quarante écus*), qui s'indignait du fait que « *la plupart des lecteurs aiment mieux s'amuser que de s'instruire* » et que « *cent femmes lisent les Mille et une Nuits contre une qui lit deux chapitres de Locke* » : « *Que toute la France lise les bons livres. Mais malgré les progrès de l'esprit humain on lit très-peu ; et parmi ceux qui veulent quelquefois s'instruire, la plupart lisent très mal. […] Lisez, éclairez-vous ; ce n'est que par la lecture qu'on fortifie* son âme ; la conversation la dissipe, le jeu la resserre. » Je voudrais dire, avec Wagner (*Faust*) : « *Pardonnez-moi ! C'est une grande jouissance que de se transporter dans l'esprit des temps passés, de voir comme un sage a pensé avant nous, et comment, partis de loin, nous l'avons si victorieusement dépassé.* » Effrayé de m'apercevoir qu'il n'y a qu'un petit nombre de gens qui lisent, et que les autres prouvent toute l'insuffisance de leurs idées quand ils parlent (tout est *insipide*), je voudrais dire, avec l'abbé Morellet : « *Peu de gens lisent, ou lisent avec assez d'attention, pour prendre leurs opinions dans les livres, et ce sont ces lecteurs en petit nombre qui transmettent leurs idées par la voie de la conversation à tout le reste de la société.* » Je voudrais dire, avec Thoreau : « *Lisez d'abord les meilleurs livres, de peur de ne les lire jamais.* » Et avec Schopenhauer : « *Une des conditions de la lecture du bon [livre], c'est de ne pas lire le mauvais. Car la vie est trop courte, le temps et l'énergie sont limités.* » — Pour essayer de comprendre ce que j'appellerais le phénomène du « *minus-habens* » (délaisser les autorités anciennes pour tout ce que façonne l'actualité, ou tout ce qui la façonne, ce qui revient au même), il a bien fallu que je *m'y misse*. Quand on s'étonnait de voir Virgile lire Ennius, il répondait : « *Aurum in stercore quæro.* » (« *Je cherche l'or dans la boue.* ») J'ai essayé (pour savoir de quoi je parle et ne pas me moquer sans raison). Pline le Jeune disait bien : « *Nullum esse librum tam malum ut non aliqua parte prodesset.* » (« *Il n'est pas de livre si mauvais qu'il ne puisse être utile en quelque passage.* ») Et je possède de ces livres, soit qu'ils m'aient été offerts (« tiens, cadeau, le dernier Goncourt, t'es content ? »), soit que j'aie fait l'effort tout seul. Ces livres me tombaient des mains, mais je les ai gardés dans ma bibliothèque, comme, dirait l'ennuyeux seigneur Pococuranté de *Candide*, « un monument de l'antiquité, et comme des médailles rouillées qui ne peuvent être de commerce ». J'ai aussi feuilleté des livres de Levy, Musso, Pennac, Pancol, Vargas, et toutes ces sortes de têtes d'affiche, et je n'ai rien trouvé. Pas une once d'or, pas un seul passage utile. Oui, mais utile à quoi ? Ce que je recherche n'est pas ce que recherchent les autres. Je n'aurai qu'un mot : la facilité, et ce, à double titre : la facilité qu'il y a eu à écrire le livre, la facilité qu'il y a eu à lire le livre. J'illustrerai cette proposition par une citation extraite du film *Le goût des autres*, dans ce passage où Jean-Pierre Bacri assiste à une représentation de *Bérénice* : « *Oh ! putain... C'est en vers ?...* » Le cerveau n'est plus habitué depuis longtemps aux vers. L'effort qu'il faut fournir est devenu trop grand. Aujourd'hui, tout est construit autour du moindre effort. Réfléchir fait mal à la tête. Bientôt, nous redeviendrons des primates. C'est d'ailleurs le futur imaginé par Pierre Boulle : « *Une paresse cérébrale s'est emparée de nous. Plus de livres ; les romans policiers sont même devenus une fatigue intellectuelle trop grande.* » Où est passée la noblesse de l'esprit humain ? y a-t-il encore un esprit humain ? L'homme se lève, file au travail pour se débattre anti-existentiellement pendant huit heures, puis revient chez lui et allume la télévision, avant d'aller dormir, puis de se relever le lendemain matin... L'homme préfère le vacarme. Moi, le moindre bruit me dérange extrêmement, « *le bruit d'une feuille agitée [me] poursuivra* » (*Lev 26,36*). Vous ne pouvez pas savoir le silence m'est pas total. Cette même sensibilité importunait tant Schopenhauer qu'il se déchaîna dans son étude *Sur le vacarme et le bruit* : « *Sans doute il est des gens, et beaucoup, qu'un tel aveu fera sourire, étant insensibles au bruit. Mais ils sont aussi insensibles aux arguments, aux idées, à la poésie, aux œuvres d'art, bref : aux impressions intellectuelles de toute sorte ; cela est dû à la nature coriace, à la texture épaisse de leur masse cérébrale. En revanche, je trouve dans les biographies ou les déclarations personnelles de presque tous les grands écrivains — par exemple Kant, Goethe, Lichtenberg, Jean Paul — des plaintes relatives à la torture que les hommes qui pensent doivent endurer à cause du bruit, et si elles ne se rencontrent pas chez certains, c'est uniquement parce que le contexte ne les y a pas conduit. [...] de même un grand esprit, dès qu'il est interrompu, troublé, distrait, détourné de sa voie, ne peut plus rien faire qu'un esprit ordinaire.* » — L'homme était peut-être un liseur qui se nourrissait. Il ne l'est plus. Il va au plus court, au plus simple, au moindre mal. Je parle des non-lecteurs et de l'incapacité des lecteurs. (À propos d'incapacité des lecteurs, Vauvenargues avait justement écrit *Sur l'incapacité des lecteurs*. Il s'y montrait d'une virulence rare : « *Combien de gens connaissent tous les livres et tous les auteurs, sont instruits de toutes les opinions et de tous les systèmes, qui sont incapables de discerner le vrai du faux, et d'apprécier ce qu'ils lisent ! Combien d'autres se plaignent qu'on n'écrit plus rien de raisonnable, et que tous les auteurs ne font que se répéter les uns les autres, qui, s'il paraissait un ouvrage original, non-seulement ne l'approuveraient pas, mais seraient les premiers à le combattre, auraient les défauts, et à se prévaloir contre lui des négligences qu'ils pourraient s'y rencontrer ! Cette disposition trop ordinaire des esprits, l'espèce d'oubli dans lequel ont été ensevelis pendant longtemps de grands ouvrages, et l'injustice que d'assez beaux génies ont éprouvée de leurs contemporains, autorisent des hommes très-médiocres à protester contre les jugements de leur siècle, et à attendre follement de la postérité l'estime refusée à leurs ouvrages. C'est cette même incapacité des lecteurs, c'est leur mauvais goût, leur avidité pour les bagatelles, qui enhardissent et multiplient jusqu'à l'excès les livres fades et les niaiseries littéraires. Si l'art de penser et d'écrire n'est plus qu'un métier mécanique, comme l'arpentage, ou l'orfèvrerie ; si on n'y est plus engagé par le seul instinct du génie, mais par désœuvrement ou par intérêt ; s'il y a sans comparaison plus de mauvais ouvriers dans cette profession que dans les autres, il faut s'en prendre à ceux qui soutiennent ces faibles artisans et leurs faibles ouvrages, en les lisant. Cependant, de même que le grand nombre des arts inutiles prouve et entretient la richesse des États puissants, peut-être aussi que cette foule d'auteurs et d'ouvrages frivoles, qui entretiennent le luxe et la paresse de l'esprit, prouvent, à tout prendre, qu'il y a aujourd'hui plus de lumières, plus de curiosité et plus d'esprit qu'autrefois parmi les hommes.* ») Demandez à l'homme que vous rencontrez dans la rue ce qu'il prendrait avec lui s'il devait aller sur une île déserte. Il répondrait une télévision (si jamais il y avait de l'électricité, évidemment, mais il serait bien capable d'en produire en pédalant comme un hamster tournerait à bride perdue dans sa roue), ou une console de jeux vidéos, ou *Paris-Match*, ou une chèvre... — L'homme devrait s'interroger sur ses origines, son avenir, son identité, son existence. Trop dur. Passons à autre chose. Il suffirait pourtant de lire, par exemple, les *Méditations* de Descartes, pour grandir un peu et comprendre un peu mieux le monde (quitte à devenir mélancolique comme je le suis). On n'est pas obligé de lire *tous les classiques*. Écoutez l'abbé Faria dans *Le Comte de Monte-Cristo* : « *À Rome, j'avais à peu près cinq mille volumes dans ma bibliothèque. À force de les lire et de les relire, j'ai découvert qu'avec cent cinquante ouvrages bien choisis on a, sinon le résumé complet des connaissances humaines, du moins tout ce qu'il est utile à un homme de savoir. J'ai consacré trois années de ma vie à lire et à relire ces cent cinquante volumes, de sorte que je les savais à peu près par cœur lorsque j'ai été arrêté. Dans ma prison, avec un léger effort de mémoire, je me les suis rappelés tout à fait. Ainsi pourrais-je vous réciter Thucydide, Xénophon, Plutarque, Tite-Live, Tacite, Strada, Jornandès, Dante, Montaigne, Shakespeare, Spinoza, Machiavel et Bossuet. Je ne vous cite que les plus importants.* » Hommes, encore un effort si vous voulez être dignes de porter le titre d'« homme ». Il faut lire — en prenant garde de ne pas lire n'importe quoi ! Nous étions des singes. Le serons-nous à nouveau ? Ce qui importe, ce n'est pas qui est l'assassin. C'est qui nous sommes. — Ô Lettres ! vous portez bien votre nom ! Le dévoilement des Lettres... — André, viens clore mon charabia impertinent : « *Qu'un auteur, dans son cabinet, s'étudie à disposer magnifiquement d'harmonieuses périodes, c'est bien : on admire le beau diseur, on achève son livre, on le loue, on se vante de l'avoir lu, mais on ne le relit guère. L'auteur qui demeure éternellement, l'auteur qui fait l'étude et les délices de tous les âges, c'est Virgile, c'est Horace, c'est La Fontaine, c'est Montaigne, c'est enfin (car je ne veux pas entasser des noms) quiconque, sans apprêt, dit à mesure qu'il pense, écrit comme malgré lui, et pressé de l'abondance de ses idées semble contraint de leur ouvrir une issue et de les répandre dans un ouvrage ; quiconque enfin, dans la moindre chose qu'il dit, montre une vaste connaissance, une infaillible érudition de la nature, une profonde et naïve expérience du cœur humain. Quel lecteur peut quitter un livre où il se retrouve partout, un livre qu'il lui semble avoir fait lui-même, où il dit à chaque page : J'ai éprouvé cela... J'avais pensé cela mille fois... ou bien :* Oh ! que cela est vrai ! J'aurais dû le trouver ! *Il y a des sentiments si purs, si simples, des pensées si éternelles, si humaines, si nôtres, si profondément innées dans l'âme, que les âmes de tous les lecteurs les reconnaissent à l'instant ; elles se réunissent à celle de l'auteur, elles semblent se reconnaître toutes et se souvenir qu'elles ont une origine commune.* »

* * * * *

Mon responsable, cette semaine, me demandait si j'éprouvais du plaisir à travailler au CFA. Je ne savais pas quoi répondre. « *Qu'est-ce que* le plaisir ? N'y a-t-il pas *plusieurs sortes* de plaisirs ? *Faut-il éprouver* du plaisir ? » Un instant, il fut déconcentré. Par plaisir, il sous-entendait le bonheur, le fait d'être heureux. Or, les gens parlent de bonheur sans y avoir réfléchi. J'entends souvent : « Ah, oui, tiens, pourquoi suis-je heureux ? Parce que je retrouve ma famille en rentrant du boulot. Parce que je profite de la vie. Parce que j'ai un gîte, un couvert. Parce que d'autres sont plus malheureux que moi. » Je suis désolé ; cela ne m'explique rien. D'abord, plaisir et bonheur ne doivent pas être confondus. Ensuite, le bonheur saurait-il se définir par plus ou moins de tuiles, par un spermatozoïde qui a fécondé un ovule, par une assiette de haricots, par un concubinage, et se mesurer à l'aune de la détresse des autres ? Mais qu'est-ce qu'une tuile ? qu'est-ce qu'une part de camembert ? Et moi, n'éprouvé-je pas de *plaisir* ? Quel plaisir ? Non, ces questions sont vaines, vaines, vaines. « *Avec la liberté, des fleurs, des livres et la lune, qui ne serait parfaitement heureux ?* » se demande Wilde. Ah ! peut-être... Je me moque de bouts d'argile et je m'entiche de bouts de papier... Tout est relatif. Les Bédouins qui vivent au Sahara trouvent que la graisse de dromadaire est un pur délice : vous vomiriez rien qu'à la sentir... Alors, juger à l'aune de quoi ? Pour Mallarmé, l'Indicateur des Chemins de fer est comme un poème, et sa lecture est un plaisir incommensurable : « *Si tu savais quelles jouissances exquises je goûte à voir ces chiffres alignés comme des vers !* » Allez comprendre le goût des autres ! Pour certains, le plaisir se résume à dormir aux côtés d'une femme ; pour d'autres, à manger des huîtres ; pour d'autres, à se baigner dans une mer chaude ; pour d'autres encore, à gagner de l'argent... Pour Horace, c'est d'avoir tout juste assez d'argent pour vivre et des livres : « *Pour moi, cher Lollius, quand j'ai une fois regagné mon petit ruisseau de la Digence, dont l'onde abreuve le hameau de Mandèle, où le froid est toujours si vif, savez-vous bien ce que je demande aux dieux ? de conserver le peu que je possède, et moins encore ; de vivre pour moi ce que leur indulgence me réserve de jours ; de ne jamais manquer de livres, et d'avoir toujours devant moi une année de mon petit revenu, pour n'en pas être à vivre au jour la journée. Voilà tout ce qu'il faut demander à Jupiter, qui donne et retire à son gré. Qu'il m'accorde la vie et les biens nécessaires : j'attends de moi seul l'égalité d'âme.* » Pour le Wagner de *Faust*, c'est également le livre : « *J'ai souvent moi-même des moments de caprices : cependant des désirs comme ceux-là ne m'ont jamais tourmenté ; on se lasse aisément des forêts et des prairies ; jamais je n'envierai l'aile des oiseaux ; les joies de mon esprit me transportent bien plus loin, de livre en livre, de feuilles en feuilles ! Que de chaleur et d'agrément cela donne à une nuit d'hiver ! vous sentez une vie heureuse animer tous vos membres... Ah ! dès que vous déroulez un vénérable parchemin, tout le ciel s'abaisse sur vous !* » Qu'est-ce que le plaisir ? Définissez-le-moi... Si lire est un plaisir, il y a plusieurs sortes de plaisirs, de même qu'il y a plusieurs sortes de lecteurs. Barthes raconte dans *Le plaisir du texte* : « *On pourrait imaginer une typologie des plaisirs de lecture — ou des lecteurs de plaisir ; elle ne serait pas sociologique, car le plaisir n'est un attribut ni du produit ni de la production ; elle ne pourrait être que psychanalytique, engageant le rapport de la névrose lectrice à la forme hallucinée du texte. Le fétichiste s'accorderait au texte découpé, au morcellement des citations, des formules, des frappes, au plaisir du mot. L'obsessionnel aurait la volupté de la lettre, des langages seconds, décrochés, des métalangages (cette classe réunirait tous les logophiles, linguistes, sémioticiens, philologues : tous ceux pour qui le langage revient). Le paranoïaque consommerait ou produirait des textes retors, des histoires développées des raisonnements, des constructions posées comme des jeux, des contraintes secrètes. Quant à l'hystérique (si contraire à l'obsessionnel), il serait celui qui prend le texte pour de l'argent comptant, qui entre dans la comédie sans fond, sans vérité, du langage, qui n'est plus le sujet d'aucun regard critique et se jette à travers le texte (ce qui est autre chose que de s'y projeter).* » — Qu'est-ce que le plaisir ? Pour ajouter à l'embarras de mon responsable, je dis qu'il m'arrivait d'en éprouver en contemplant un brin d'herbe. Il ne comprit pas. Alors je continuai : « J'aime lever la tête et regarder les étoiles. » Il comprit mieux. (Il faut repenser à cette pensée du Zohar : « *Et le plus petit des brins d'herbe sur la terre a lui aussi une étoile qui lui est tout spécialement préposée dans le ciel.* ») Cela ne m'empêche pas de rester dubitatif quant à la notion de plaisir ou de bonheur. Il me suffit de regarder un livre qui n'est pas à moi, posé sur une table, pour que mon imagination s'emballe. C'est un plaisir minuscule, semble-t-il. Cependant je ne sais pas à quoi cela renvoie. Ce qui enflamme l'un n'enflamme pas l'autre. Vivre, si l'on veut, est universel. Connaître le plaisir ne l'est pas. Le plaisir est un besoin primitif qui a été corrompu par la conscience et la civilisation. Lorsque je lis, c'est un plaisir. Mais je sais que ce plaisir a été sublimé, déplacé. Il dérive du « plaisir » qu'a l'animal en éjaculant ou en mangeant. Je sais tout cela. Et c'est ce qui réduit mon plaisir (comparé à celui des autres). « Le plaisir de vivre » ? Par conséquent, « le plaisir de mourir » ? J'aimerais que les gens s'y arrêtassent. Ça les bassinera. — Autant en emporte le livre ! Je m'enjoue là. Tel Mallarmé, qui écrit à Huysmans : « *Le voici, ce livre unique, qui devait être fait — l'est-il bien, par vous ! — cela à nul autre moment littéraire que maintenant ! — Vraiment, fermé comme je le vois sur ma table, alors que se recueille, sous le regard, tout le trésor de ses savoirs, je ne le conçois pas autre ; vous savez, à cette heure de rêverie qui suit la lecture, quand un livre différent, presque toujours, se substitue, même à celui qu'on admire. [...] Je ne crois qu'à deux sensations de gloire [...] l'autre, de se voir, lecteur d'un livre exceptionnellement aimé, soi-même apparaître au fond des pages, où l'on était, à son insu et par une volonté de l'auteur. Vous m'avez fait connaître celle-ci, ma foi ! jusqu'au délice. »* — S'émerveiller du brin d'herbe, de l'étoile, des pages écrites, — sans savoir pourquoi. — Ne me parlez pas de plaisir… je suis derrière.

* * * * *

Le plaisir est une maladie, une pathologie. Si vous lisez à tout moment, en marchant, aux WC, dans la baignoire, dans votre lit, dans votre fauteuil, à votre bureau, dans les transports en commun, c'est qu'il y a un problème. Voici comment Cicéron dépeignit Caton : « *J'étais à Tusculum, et désirant me servir de quelques livres du jeune Lucullus, je vins chez lui pour les prendre dans sa bibliothèque, comme j'en avais l'usage. J'y trouvai M. Caton que je ne m'attendais pas à rencontrer ; il était assis et tout entouré de livres stoïciens. Vous savez qu'il avait une avidité insatiable de lecture, jusque-là que, dans le sénat même et pendant que les sénateurs s'assemblaient, il se mettait à lire, sans se soucier des vaines rumeurs qu'il exciterait dans le public, et sans dérober pourtant un seul des instants qu'il devait aux intérêts de l'État. Aussi, jouissant alors d'un loisir complet, et se trouvant dans une si riche bibliothèque, il semblait, si l'on peut se servir d'une comparaison aussi peu noble, vouloir dévorer les livres.* » Plus proche dans le temps, Jack London, dans *John Barleycorn*, rapporte : « *Je lisais tout, mais je m'attachais surtout à l'histoire, aux aventures et aux anciens voyages sur terre et sur mer. Je lisais le matin, l'après-midi et la nuit. Je lisais au lit, à table, à l'aller et au retour de l'école, je lisais aux récréations, pendant que mes camarades s'amusaient. Je commençais à avoir des tics. Je répondais à tout le monde : "Allez-vous-en ! Vous m'agacez !"* » Quiconque lira ce passage, pensera que le narrateur était malade. Je le pense aussi — *quoique je sois comme lui* (et comme Caton). Lors des pauses (récréations ou autres) au CFA, je sors fumer, un livre à la main. Je tente de m'isoler afin d'être tranquille, de ne pas être importuné dans ma lecture. Mais au cas où un collègue s'approcherait, la décence exige que je ne l'envoie pas chier. Tant et si bien que je referme le livre prestement, sans même avoir pu arrêter ma lecture en haut de la page de gauche, si possible à un alinéa, comme je le fais d'habitude. Cela m'énerve — mais rien ne transparaît de cet énervement. Pourquoi vouloir se priver de la compagnie des autres ? Parce que les autres m'ennuient et que je préfère de loin poursuivre ma lecture. Je me sens divinement bien avec un livre, quel qu'il soit, tandis qu'un semblable aura toutes les chances de m'agacer (car cela ne m'apporte rien, contrairement au livre). Le livre est mon monde tout en étant un écran contre le monde. Sans livre, je suis un orphelin angoissé. Et ceci est pathologique. Je pense comme pensait Thérèse : « *Mais les personnes privées d'un tel secours se trouvent plus exposées ; c'est pourquoi, ne pouvant puiser en elles-mêmes aucune de ces pensées fortes, elles doivent s'occuper beaucoup à la lecture. Leur voie étant semée de souffrances si cruelles, la lecture, quelque courte qu'elle soit, leur est très utile, nécessaire même, pour se recueillir et pour remplacer l'oraison mentale qu'elles ne peuvent faire. Que si le maître qui les dirige leur interdit l'usage du livre, et les force à persévérer dans l'oraison sans ce secours, il leur sera impossible de lui obéir longtemps, et elles ne feront que ruiner leur santé en s'obstinant à soutenir une lutte si pénible. [...] Jamais, durant tout ce temps, excepté quand je venais de communier, je n'osai aborder l'oraison sans un livre. Sans lui, mon âme éprouvait le même effroi que si elle avait à lutter seule contre une multitude ennemie ; l'ayant à côté de moi, j'étais tranquille. C'était une compagnie, c'était de plus un bouclier sur lequel je recevais les coups des pensées importunes qui venaient troubler mon oraison. D'ordinaire, je n'étais point dans la sécheresse, mais jamais je n'y échappais quand je me trouvais sans livre ; soudain mon âme se troublait et mes pensées s'égaraient. Avec mon livre, je les rappelais doucement, et par cette attrayante amorce j'attirais, je gouvernais facilement mon âme. Souvent je n'avais besoin pour cela que d'ouvrir le livre ; quelquefois je ne lisais que quelques lignes ; d'autres fois je lisais plusieurs pages : c'était suivant la grâce que Notre Seigneur m'accordait.* — *Des heureux commencements, il me semblait qu'avec des livres et de la solitude, aucun danger n'aurait pu me ravir un si grand bien.* » Par la suite, Thérèse réussit à se détacher du livre par un moyen auquel je ne pourrai jamais recourir : la foi. « *Lorsqu'on défendit de lire plusieurs livres traduits en castillan, j'en eus beaucoup de peine ; j'en lisais quelques-uns avec plaisir, et désormais, ne comprenant pas le latin, je m'en voyais privée. Notre Seigneur me dit : "N'en aie point de peine, je te donnerai un livre vivant." Il ne me fut pas donné alors de saisir le sens de ces paroles, parce que je n'avais pas encore eu de vision, mais, peu de jours après, il me fut facile de l'entendre. En effet, j'ai trouvé tant à penser et à me recueillir dans ce que je voyais présent, et Notre Seigneur a daigné lui-même m'instruire avec tant d'amour et de tant de manières, que je n'ai eu que très peu ou presque pas besoin de livres. Ce divin Maître a été le livre véritable où j'ai vu les vérités. Bénédiction à ce Livre vivant, qui laisse imprimé dans l'âme ce qu'on doit lire et faire, de telle sorte qu'on ne peut l'oublier.* » Au fond, cela n'est guère différent : le livre en tant que tel n'accapare plus l'esprit de Thérèse, car elle lui a substitué la prière mentale. En lisant sans arrêt, on est comme le Pèlerin russe qui prie sans cesse. On peut sans doute affirmer que toute activité est une œillère mentale, car penser à quelque chose revient à ne pas penser au reste. Je me répète : en lisant, je ne fais pas que me procurer un « plaisir » (et dieu sait que ce mot est ambigu), je ne fais pas que passer le temps, je ne fais pas qu'accumuler du savoir : je repousse avant tout la mort, la pensée de la mort. — « *Mon fils ! dès ta jeunesse choisis l'instruction et jusqu'à tes cheveux blancs tu trouveras la sagesse.* » (*Sir 6,18*) — Vous êtes malades ; nous sommes tous malades. Je suis malade parce que j'ai peur de la mort et parce que je ne comprends pas le monde. Alors je lis.

* * * * *

Console-toi, apprends — avant de mourir toi aussi. — « *L'étude a été pour moi le souverain remède contre les dégoûts de la vie, n'ayant jamais eu de chagrin qu'une heure de lecture n'ait dissipé.* » Montesquieu avait un semblant de réponse.

* * * * *

Accepter de vivre pour la raison que cela doit être ainsi ? Pouah ! Ne pas se prendre la tête à penser que nous allons mourir pour la raison que cela nous rend triste ? Pouah *bis* ! Ne pas se suicider sous le prétexte que ce n'est pas bien ? Pouah *ter* ! Pauvres Claudius que vous êtes, avec vos « *This must be so* »… — « *For what we know must be and is as common as any the most vulgar thing to sense, why should we in our peevish opposition take it to heart?* » (« *Car ce qui doit être, et est, nous le savons, aussi commun que la plus familière expérience de nos sens, pourquoi nous faudrait-il, dans notre vaine révolte, la prendre à cœur ?* ») — Pouah, pouah, pouah… — Sois Hamlet ! fût-ce pour lire des mots, des mots, des mots…

* * * * *

Le matérialisme vulgaire naît de la possession. À force d'entasser tous les livres lus dans ma bibliothèque, celle-ci démontre jour après jour ma part matérialiste. Lire suppose un objet matériel, le livre, mais tout se passe dans la tête ; tandis que le livre rangé paraît un pur objet. Il faut que je nuance : quand je regarde un livre pris au hasard dans ma bibliothèque, cela éveille tout un tas de pensées ; une toile continue de se tisser entre lui et moi, qui est invisible aux yeux de n'importe qui. Tout comme Antoine Vercors, le héros de mon premier roman, je porte en moi tous les livres lus (et non lus). Certains impriment une marque plus forte que d'autres. Retirez un livre, vous m'amputez. De même que mon corps est constitué de milliards de milliards de milliards d'atomes, mon esprit est rempli de milliers de livres, de centaines de milliers de pages… Celui qui aura recours aux livres pour vivre et exister ne pourra plus vivre ni exister sans les livres. Voilà où j'en suis, depuis des années. Un certain Wirth, qui apparaît dans une nouvelle de Hesse (*Entre amis*), se dit désolé pour lui-même, parce qu'il voudrait plus d'abstinence en tout, être moins matérialiste. À cause de quoi, principalement ? Du livre. « *Le mieux serait de pouvoir se passer de livres, mais c'est impossible* », soupire-t-il. Entendez : se passer de livres en tant qu'objets et en tant que supports potentiels de lecture. Contrairement à moi, Kafka, — qui était un très grand lecteur, un boulimique même (dans une lettre à sa sœur, il commença à écrire une liste des livres qu'il désirait, mais finalement s'arrêta en cours de route, tellement son « *avidité en matière de livres* » n'en finissait pas), — ne ressentait pas le besoin de posséder ce qu'il lisait (il ne disposait pas de beaucoup d'argent, et posséder les livres est un luxe). « *Je vais tenter de dresser peu à peu une liste de toutes les choses qui sont certaines en moi, plus tard viendront celles qui sont dignes de foi, puis celles qui sont possibles, etc.* », commence-t-il dans son *Journal*. « *Ce qui est certain, c'est mon avidité pour les livres. Je ne veux point tant les posséder ou les lire que les voir, que me convaincre de leur existence dans la vitrine d'un libraire. S'il se trouve quelque part plusieurs exemplaires d'un même livre, chacun d'eux me ravit. C'est comme si cette avidité partait de l'estomac, comme si elle était un appétit dévoyé. Les livres que je possède me donnent moins de joie que les autres, ceux de mes sœurs, en revanche, me font déjà plaisir. L'envie des posséder est un désir incomparablement plus faible, elle est presque absente.* » Je crois qu'il faut être encore plus fou qu'un lecteur fou pour vouloir *tout* posséder. Ma vie est dans le livre, au sens propre et au sens figuré. Tel Raymond Roussel, je puis aller jusqu'à éprouver — *fanatiquement* — de la jalousie : « *Demandez-moi ma vie, mais ne me demandez pas de vous prêter un Jules Verne !* J'ai un tel fanatisme pour ces œuvres que j'en suis jaloux. » Je pourrais tuer (je dis cela en exagérant, mais l'idée est là), un peu comme Prokovski, personnage de Dostoïevski (*Les pauvres gens*) : « *Il convient de dire ici qu'il ne pouvait supporter qu'on touche à ses affaires. Malheur à qui se permettrait de porter la main sur les livres !* » (Celle qui parle s'appelle Varinka, et elle vient de faire tomber, chez Prokovski, des livres de l'une de ses étagères.) — Nous autres fous et maniaques, rien ne nous échappe. Seul le bibliophile peut comprendre cette folie. Par exemple, lorsque *l'amateur-chasseur* entre chez un libraire : « *Rien ne lui échappe, ni une tache, ni une mouillure, pas même une simple piqûre, pas même un raccord dans le titre ou une rognure d'un demi-millimètre.* » (Ce passage est extrait de *L'enfer du bibliophile*, de Charles Asselineau.) Il est vrai qu'en entrant dans la Bouquinerie du Centre, à Nantes, je suis à l'affût. Tel un prédateur inspectant les alentours à la recherche de sa proie, je renifle, je surveille, je suis sur le qui-vive ; tel un chercheur d'or, je me concentre fiévreusement, mes sens sont pleinement éveillés, j'espère maladivement trouver une pépite. N'ayant pas le temps de tout regarder, ma tête balaie tout l'espace à grande vitesse. J'ai l'habitude. Aucun exemplaire rare, aucun exemplaire convoité, aucun exemplaire en parfait état ne reste caché. Je vois tout, simplement en survolant les tranches… Les gens qui m'ont vu faire vous le diront : mon comportement est celui d'un dingue. Je suis un *passionné*. La passion est dangereuse. Parfois, elle fait que vous ne pouvez plus vous maîtriser. Flaubert connaissait tout cela, sinon il n'aurait pas écrit sa nouvelle *Bibliomanie* et inventé le personnage de Giacomo le libraire : « *il avait trente ans* […] *Il était taciturne et rêveur, sombre et triste ; il n'avait qu'une idée, qu'un amour, qu'une passion, les livres. Et cet amour et cette passion le brûlaient intérieurement, lui usaient ses jours, lui dévoraient son existence.* […] *Ces nuits fiévreuses et brûlantes, il les passait dans ses livres ; il courait dans ses magasins ; il parcourait les galeries de sa bibliothèque avec extase et ravissement, puis il s'arrêtait, les cheveux en désordre, les yeux fixes et étincelants. Ses mains tremblaient en touchant les livres des rayons ; elles étaient chaudes et humides. Il prenait un livre, en retournait les feuillets, en tâtait le papier, en examinait les dorures, le couvert, les lettres, l'encre, les plis, et l'arrangement des dessins jusqu'au mot finis.* […] *Cette passion l'avait absorbé tout entier : il mangeait à peine, il ne dormait plus ; mais il rêvait des jours et des nuits entières à son idée fixe, les livres.* […] *Comme il respirait à son aise, comme il était fier et puissant lorsqu'il plongeait sa vue dans les immenses galeries où son œil se perdait dans les livres !* — *il levait la tête, des livres* — *il l'abaissait, des livres* — *à droite, à gauche, encore des livres.* » D'aucuns songeront à la folie : certes ! Plus vous prenez de ce monde, plus ce monde vous prend. Je dois aux livres ma survie ; les livres me doivent leur survie. Lorsque Montaigne discutait sur les « *trois commerces* », à savoir le commerce des « *amitiez rares et exquises* », le « *doux* » commerce des « *belles et honnestes femmes* » et le commerce des livres, il avouait pour lui-même, le plus profitable d'entre eux était *celui des livres* : « *Ces deux commerces sont fortuites, & despendans d'autruy : l'un est ennuyeux par sa rareté, l'autre se flestrit avec l'aage : ainsi ils n'eussent pas assez prouveu au besoing de ma vie. Celuy des livres, qui est le troisiesme, est bien plus seur & plus à nous. Il cede aux premiers, les autres advantages : mais il a pour sa part la constance & facilité de son service. Cettuy-cy costoye tout mon cours, & m'assiste par tout, il me console en la vieillesse & en la solitude : il me descharge du poids d'une oisiveté ennuyeuse : & me deffait à toute heure des compagnies qui me faschent : il emousse les pointures de la douleur, si elle n'est du tout extreme & maistresse. Pour me distraire d'une imagination importune, il n'est que de recourir aux Livres : ils me destournent facilement à eux, & me la desrobent. Et si ne se mutinent point, pour voir que je ne les recherche, qu'au deffaut de ces autres commoditez, plus reelles, vives & naturelles : ils me reçoivent tousjours de mesme visage. [...] Le malade n'est pas à plaindre, qui a la guarison en sa manche. En l'experience & usage de cette sentence, qui est tres-veritable, consiste tout le fruict que je tire des Livres. Je ne m'en sers en effect, quasi non plus que ceux qui ne les cognoissent poinct. J'en jouys, comme les avaritieux des tresors, pour sçavoir que j'en jouyray quand il me plaira : mon ame se rassasie & contente de ce droict de possession. Je ne voyage sans livres, ny en paix, ny en guerre. Toutesfois il se passera plusieurs jours, & des mois, sans que je les employe : Ce sera tantost, dis-je, ou demain, ou quand il me plaira : le temps court, & s'en va ce pendant sans me blesser. Car il ne se peut dire, combien je me repose & sejourne en cette consideration, qu'ils sont à mon costé pour me donner du plaisir à mon heure : & à reconnoistre, combien ils portent de secours à ma vie. C'est la meilleure munition que j'aye trouvé à cet humain voyage : & plains extremement les hommes d'entendement, qui l'ont à dire. J'accepte plustost toute autre sorte d'amusement, pour leger qu'il soit : d'autant que cettuy-cy ne me peut faillir. — Chez moy, je me destourne un peu plus souvent à ma librairie, d'où, tout d'une main, je commande mon mesnage : Je suis sur l'entree, & vois soubs moy, mon jardin, ma basse cour, ma cour, & dans la plus part des membres de ma maison. Là je feuillette à cette heure un livre, à cette heure un autre, sans ordre & sans dessein, à pieces descousues. Tantost je resve, tantost j'enregistre & dicte, en me promenant, mes songes que voicy. [...] Si quelqu'un me dit, que c'est avillir les Muses, de s'en servir seulement de jouet, & de passetemps, il ne sçait pas comme moy, combien vaut le plaisir, le jeu & le passetemps : à peine que je ne die toute autre fin estre ridicule. Je vis du jour à la journee, & parlant en reverence, ne vis que pour moy : mes desseins se terminent là. J'estudiay jeune pour l'ostentation ; depuis, un peu pour m'assagir : à cette heure pour m'esbatre : jamais pour le quest. Une humeur vaine & despensiere que j'avois, apres cette sorte de meuble : non pour en prouvoir seulement mon besoing, mais de trois pas au dela, pour m'en tapisser & parer : je l'ay pieça abandonnee. — Les Livres ont beaucoup de qualitez agreables à ceux qui les sçavent choisir : Mais aucun bien sans peine : C'est un plaisir qui n'est pas net & pur, non plus que les autres : il a ses incommoditez, & bien poisantes. L'ame s'y exerce, mais le corps, duquel je n'ay non plus oublié le soing, demeure ce pendant sans action, s'atterre & s'attriste. Je ne sçache excez plus dommageable pour moy, ny plus à eviter, en cette declinaison d'aage.* » Tout est dit, rien n'est à ajouter. C'est le meilleur des commerces, le plus sûr, mais il n'évite pas la mélancolie. Que sais-je ? Tout ce que contiennent les livres. Que deviendrai-je, en sachant ? Mélancolique. — Au bout d'un certain temps, vous saturez, vous doutez plus que jamais, vous vous délitez, vous en avez marre au risque de devenir un autre Cioran (on sait où cela mène !) : « *J'ai énormément lu dans ma jeunesse. C'était une sorte de maladie, une fuite. Si jamais la lecture est une fuite devant la vie, c'était ça ! Je me levais à trois, quatre heures du matin. Et je lisais, comme un fou ! des tas d'auteurs et pas mal de livres de philosophie, que je ne peux plus lire : je trouve ça ennuyeux, et inutile.* » — Qohélet lisait-il ? « *Du reste, mon fils, tire instruction de ces choses ; on ne finirait pas, si l'on voulait faire un grand nombre de livres, et beaucoup d'étude est une fatigue pour le corps.* » *(12,12)* — Gouffre faustien ! Gouffre mallarméen ! La chair est triste *parce que* j'ai lu tous les livres… Hélas !…

* * * * *

« *Je voudrais connaître la terre entière. Je voudrais, non pas la voir, mais l'avoir vue : car la vie est trop courte pour que je surmonte ma paresse naturelle.* » Ainsi s'exprime Senancour. J'avais moi-même écrit, un jour, dans mon *Journal* : « *J'ai envie d'avoir lu (plus que de lire !)…* » Je vais m'expliquer sur ce point, c'est-à-dire sur la liaison entre le *savoir*, l'*intérêt* et le sentiment d'*avoir vécu* par les livres (et de *vivre* par eux). — Comment les livres peuvent-ils avoir une influence si profonde sur notre psychologie ? Comme le disait Tchouang-tseu : « *Un livre n'est pas plus que des mots.* » Oui ; mais il ajoutait : « *Les mots ont une valeur. La valeur des mots, c'est l'idée. Les idées forment une suite qui ne peut être transmise par des mots.* » Paradoxe. Un livre n'est pas plus que des mots ; un livre est plus que des mots. Le Livre, c'est le Verbe, le Λόγος. L'apogée de l'évolution repose sur le livre. Écoutez Hugo : « *Cet enfant de six mille ans a été d'abord à l'école. Où ? Dans la nature. Au commencement, n'ayant pas d'autre livre, il a épelé l'univers. Il a eu l'enseignement primaire des nuées, du firmament, des météores, des fleurs, des bêtes, des forêts, des saisons, des phénomènes. Le pêcheur d'Ionie étudie la vague, le pâtre de Chaldée épelle l'étoile. Puis sont venus les premiers livres ; sublime progrès. Le livre est plus vaste encore que ce spectacle, le monde ; car au fait il ajoute l'idée.* » Le livre, par les mots, transmet l'idée, et l'idée, si elle le peut, transmet un sens. Nous sommes capables d'apercevoir la nuit étoilée depuis notre chambre. Plusieurs mondes se superposent. Une bibliothèque de quatre mille livres est un univers d'au moins quatre mille planètes habitées. « *L'existence de toute bibliothèque* », écrit Manguel, « *la mienne comprise, offre aux lecteurs une compréhension de ce qu'est vraiment le sens de leur activité, cette activité qui affronte les rigueurs du temps en ramenant dans leur présent des fragments du passé. Elle leur accorde un aperçu, si secret ou distant soit-il, de l'intelligence d'autres êtres humains et leur offre la possibilité d'en savoir plus sur leur propre condition grâce aux récits engrangés à leur usage.* » Il y a plus de choses, ami Lecteur, dans ta bibliothèque et dans tes livres, que n'en peut rêver ta caboche. Le Savoir est le Livre. Borges assurait qu'il avait « *moins appris des écoles que d'une bibliothèque* – *celle de [son] père.* » Lorsqu'il pensait « *à la terre promise, / C'est une bibliothèque [qu'il voyait]* ». Le livre est votre Maître du Savoir. Zweig, dans sa biographie d'Érasme, écrivait que « *comprendre, comprendre toujours plus était bien le vrai bonheur de ce remarquable génie* » : « *Il aimait les livres pour leur douceur et leur silence, et aussi parce qu'ils étaient incompréhensibles au vulgaire et représentaient par là un privilège pour les gens instruits, le seul qu'ils possédassent en ces temps d'injustice. L'amour des livres pouvait transformer cet homme d'ordinaire économe en un véritable prodige ; lorsqu'il cherchait à se procurer de l'argent au moyen de dédicaces, c'était souvent à seule fin de pouvoir acheter sans cesse et toujours de nouveaux classiques grecs et latins ; il n'aimait pas seulement en eux le contenu, mais encore — il fut par là un des premiers bibliophiles — il brûlait d'un amour essentiellement matériel pour l'objet lui-même, il en aimait l'exécution, la forme idéale d'un point de vue pratique et esthétique à la fois.* » Si vous aimez le livre, le livre vous aimera en retour. Cajolez-le, il vous instruira et vous consolera. (C'est ce que cherche Manguel, toujours dans *La bibliothèque, la nuit* : « *Qu'est-ce, alors, que je cherche, à la fin de l'histoire de ma bibliothèque ? — Une consolation, peut-être. Peut-être une consolation.* ») Le livre, non content de vous consoler, vous éveille à la vie. Pour moi, ne pas lire, — ou avoir peu lu, — revient à ne rien connaître des mathématiques et de la philosophie, c'est-à-dire à ne rien connaître du monde, à ne pas (vouloir) le creuser, (essayer de) le comprendre. Par conséquent, celui qui ne lit pas reste un animal. Les animaux mangent, se reproduisent, élèvent leurs petits, dorment, se reposent, vivent en communauté, communiquent, construisent des abris. Comme la majorité des hommes. Mais l'animal n'écrit pas, ne lit pas. Le livre représente la civilisation. Privé de livres, l'homme redevient singe, il meurt dans l'Esprit de l'Univers. « *Otium sine litteris mors est et hominis vivi sepultura.* » (« *Le repos sans les lettres est une espèce de mort qui met un homme tout vivant au tombeau.* ») Sénèque aurait dû étendre sa remarque à la vie tout entière : la vie sans les lettres… — A-t-on vu beaucoup de grands lecteurs être sans pitié ? Celui qui lit de la philosophie, de la poésie, ne peut pas être mauvais. C'est impossible. Ou alors il ne comprend pas ce qu'il lit. Si chacun avait lu tout Hugo, Balzac, Zola ; tout Rousseau, Voltaire, Molière, Shakespeare ; tout Sénèque, Cicéron, Marc-Aurèle ; tout Kant, tout Hume, tout Pascal ; tout Baudelaire, tout Hölderlin, si chacun, donc, avait lu tous ceux-là, ou une partie, le monde irait mieux… Je dis bien : *le monde irait mieux*… Car il faut se méfier de ceux qui ne connaissent qu'un seul livre (tel le Coran ou la Bible). Mais comment pourrait-on se méfier de quelqu'un qui retourne sans arrêt à ses poèmes de Shelley ? Celui qui se délecte de la poésie peut-il désirer la guerre ? Et en disant que le monde irait mieux, je m'y inclus et m'y exclus en même temps. Grâce au livre, le monde va mieux parce que je n'y ajoute aucun mal. Sans paraître prétentieux, je dirais que j'élève le degré de son entendement et de son raffinement. En revanche, si le monde va mieux, moi, je ne vais pas forcément mieux. Plus j'en sais, moins j'en sais. Plus je comprends, moins je comprends. De façon imagée, je pourrais évoquer la figure dont parle Tom Joad (*Les raisins de la colère*) : « *Y a un type, à Mac-Alester… un à perpette. Il passe son temps à étudier. Il est secrétaire du directeur. Il lui écrit ses lettres et des trucs comme ça. Bref, il est tout ce qu'il y a de plus calé, il connaît le droit et un tas de machins dans ce genre-là. Ben, j'lui en ai causé un jour, vu qu'il lit tellement de livres. Et il m'a dit que ça n'avançait à rien de lire des livres. Il m'a dit qu'il avait lu tout ce qu'on a écrit sur les prisons, aujourd'hui et dans l'ancien temps ; et il m'a dit qu'il comprenait encore moins maintenant qu'il avait lu tout ça qu'avant de commencer à lire. Il dit que c'est quelque chose qui remonte au diable sait quand et que personne semble capable de l'arrêter, et que personne n'a l'air d'avoir assez de jugeote pour le changer. "Ne va surtout pas te mettre à lire là-dessus, qu'il disait, parce que ça ne fera que t'embrouiller davantage et en plus tu perdras tout respect pour les types qu'est dans le gouvernement."* » Cette citation n'illustre pas tout à fait ce que je veux faire entendre, ni ne correspond à la même définition du savoir qui mène au doute, mais elle en donne l'idée. Le savoir que contiennent les livres m'ont appris que je ne savais rien. Ce savoir-là est remarquable. Plus je vieillis, plus je rejoins Socrate. J'aurai vécu pour savoir que je ne sais rien. Je crois intimement que le savoir ultime revient à savoir que l'on ne sait rien. Il faut toujours garder cet aspect dans un coin de sa tête (sans *s'entêter*). C'est sûrement pour cette raison que Pétrarque fait dire à saint Augustin : « *Et tes lectures, à quoi t'ont-elles servi ? De tout ce que tu as lu, qu'est-il demeuré dans ton esprit qui y germe et produise des fruits ? Fouille ta mémoire, et tu verras que ce que tu sais n'est qu'un ruisseau minuscule à côté de l'océan de ton ignorance. D'ailleurs, à quoi bon toutes ces connaissances si, après avoir étudié la configuration du ciel et de la terre, l'étendue de la mer, le cours des astres, les propriétés des plantes et des pierres, tous les secrets de la nature enfin, vous continuez à vous ignorer vous-mêmes ?* » (Dans ce dialogue imaginaire entre Augustin et lui-même, Pétrarque, tout en reconnaissant que « *l'intelligence, la science, l'éloquence* » ne serviraient à rien « *si elles ne pouvaient remédier aux maux de l'âme* », avoue cependant : « *Quant à mes lectures, elles ne m'ont procuré, à côté de bien peu de savoir, que des soucis.* ») C'est peut-être aussi pour la même raison que Marc-Aurèle s'exhorte à se défaire des ses livres, ici : « *Laisse donc là les livres ; ne tarde plus un instant ; car ce délai ne t'est plus permis* », — ou là : « *Quant à la soif désordonnée des livres, rejette-la bien loin de toi, afin de mourir un jour sans murmures, avec sérénité, et la vérité en partage, et le cœur plein d'une juste reconnaissance envers les Dieux.* » Car pour certains, le livre n'est pas la vie, ou, en tout cas, ne saurait s'y substituer. Je vais choquer : je ne vois, moi, la vie n'est que le livre et ne saurait s'y substituer. Sans les livres, je ne verrais pas le monde comme je le vois — et je préfère, de loin, le voir comme je le vois, quand bien même ce serait pénible à vivre. Je désire que les livres (ceux que j'ai déjà, ceux que j'aurai) m'accompagnent jusqu'à ma mort. Ma bibliothèque est un coin de paradis. J'aurais voulu vivre comme Horace voulait vivre à la fin de sa vie : « *que penses-tu, ami, que je sente et que je désire ? de conserver ce que j'ai maintenant, moins encore ; de vivre pour moi ce qui me reste à vivre, si les Dieux veulent que je vive encore ; d'avoir, pour l'année, une bonne provision de livres et de blé afin de ne point flotter, inquiet de l'incertitude de l'heure future.* »

* * * * *

Peut-on trop lire ? Sur ce sujet, Schopenhauer se montre intraitable (*Penser par soi-même*) : « *En conséquence, lire BEAUCOUP enlève à l'esprit toute élasticité, comme un poids qui pèse constamment sur un ressort ; et le plus sûr moyen de n'avoir aucune idée personnelle, c'est de prendre un livre en main dès que l'on dispose d'une minute. C'est la raison pour laquelle l'érudition rend la plupart des hommes encore plus inintelligents et stupides qu'ils ne le sont par nature, et prive leurs écrits de tout succès. Il leur arrive, comme dit Pope*, à toujours lire, de n'être jamais lus <For ever reading, never to be read>. *(Dunciade, livre III, 193-194) — Les doctes ont lu dans les livres, mais les penseurs, les génies, les flambeaux et les éclaireurs de l'humanité ont lu directement dans le livre de l'univers.* » — Moi qui prends un livre en main dès que je dispose d'une minute… Aïe. Mais toi, Arthur, d'où sors-tu toutes tes citations ? toute ta culture philosophique et littéraire ?…

* * * * *

Peut-on haïr les livres, à part les extrémistes (auteurs d'autodafés) ? — « *Je hais les livres ; ils n'apprennent qu'à parler de ce qu'on ne sait pas.* » Qui a osé prononcer ces paroles injustes et cruelles ? Un homme qui lisait beaucoup, un homme qui racontait que, durant sa jeunesse, ayant perdu le sommeil, il avait pris l'habitude de lire tous les soirs dans son lit jusqu'à ce qu'il sentît ses yeux s'appesantir : « *Alors j'éteignais ma bougie, et je tâchais de m'assoupir quelques instants qui ne duraient guère. Ma lecture ordinaire du soir était la Bible, et je l'ai lue entière au moins cinq ou six fois de suite de cette façon.* » Qui a dit cela ? Jean-Jacques ! Certes, il visait plus haut Émile, dont il ne voulait pas qu'il devînt un « *faiseur de livres* »… Mais tout de même ! Haïr les livres ! Les haïr parce qu'ils ne nous apprendraient qu'à parler de ce qu'on ne sait pas ? Qu'est-ce que c'est que cette affaire ?… « *Qu'est-ce que c'est que ça, s'il vous plaît ?* »

* * * * *

Le Révizor est une pièce de théâtre de Gogol. Dans toute pièce de théâtre sont présentés, avant qu'elle ne commence, les « fonctions » ou « attributs » des personnages. Eh bien, Gogol présente le juge Liapkine-Tiapkine de façon très étrange : « un homme qui a lu cinq ou six livres dans sa vie, ce qui lui a donné une certaine indépendance d'esprit. » Que se passerait-il, effectivement, si tout le monde avait « lu cinq ou six livres dans sa vie » ? Serait-un un bien ? Serait-ce suffisant ? Je repense souvent à cette présentation surprenante : l'homme de cinq ou six livres… Je crois que ce serait un bien… mais insuffisant. À mon avis, celui qui n'a jamais lu ne peut pas être indépendant, encore moins celui qui n'aurait lu qu'un seul livre (le plus dangereux). Seul celui qui aurait lu au moins une centaine de livres pourrait être indépendant (en variant les genres, car ne lire que des romans policiers ou d'*heroic fantasy* ne mènera pas à l'indépendance à laquelle je suis en train de songer). Ce Liapkine-Tiapkine était-il du genre à penser que « *multum legendum esse, non multa* » (« *il faut lire beaucoup ses auteurs et ne pas lire beaucoup d'auteurs* ») ? Peu importe.

* * * * *

D'après mon expérience, le véritable amour pour les livres me semble rare. À moins de n'avoir pas côtoyé les bonnes personnes, je m'imagine mal la confédération des *fous des livres* recenser un grand nombre de membres. Si bien que je m'empresse d'acheter tout livre (bon ou mauvais) qui parlerait des livres (surtout de l'amour des livres), ou tout livre sur la littérature écrit par un amoureux des livres. Évidemment, il y a Jorge Luis Borges, Alberto Manguel, Umberto Eco. Mais je pourrais également citer Henry Miller, Andrea Kerbake, Annie François, Benjamin Franklin, Bernard Pivot, Claude Gagnière, Émile Littré, François Gèze, George Steiner, Gérard Genette, Hermann Hesse, Jacques Bonnet, Julien Gracq, Richard de Bury, Roland Barthes, Simon Leys, *et alii*. — Je n'oublie pas Charles Dantzig, dont je n'ai lu qu'un seul livre : *Pourquoi lire ?* Oui : pourquoi lire ? Il est admirable d'intituler un livre *Pourquoi lire ?* Je n'ai pas pour habitude de citer mes contemporains. Il faut ici faire une exception. On pourrait reprocher à Dantzig son style passe-partout qui a pour vocation de toucher un maximum de lecteurs, mais je ne le ferai pas (même en s'abaissant ainsi, on devine qu'il n'en demeure pas moins capable de très bien écrire, et son style reste supérieur à tout ce qui se produit de nos jours). Vous allez comprendre pourquoi j'affectionne cet auteur. (De surcroît, il n'est pas dénué d'humour, ce qui ajoute au charme de ses assertions. D'ailleurs, il ricanerait peut-être en voyant mon « pavé », lui qui, s'arrêtant sur *L'homme sans qualités*, s'exclame : « *Quelle impolitesse de publier mille pages ! Quelle prétention ! Cela n'est excusable que par le génie, heureusement qu'il y en a ici.* ») — Prenons quelques exemples, grappillés çà et là… On y retrouvera les notions de savoir, d'égoïsme, d'oubli (de soi, du monde, de la mort), d'élite, de consolation, de désespoir, de solitude, de jouissance, d'utilité, d'inutilité… et de toutes ces sortes de choses dont nous avons déjà parlé. — « *On lit pour comprendre le monde, on lit pour se comprendre soi-même. Si on est un peu généreux, il arrive qu'on lise aussi pour comprendre l'auteur.* » — « *Pourquoi lire ? Pour devenir moins borné, perdre des préjugés, comprendre. Pourquoi lire ? Pour comprendre ceux qui sont bornés, ont des préjugés et aiment ne pas comprendre. L'obscurité est utile à connaître. Elle fait partie de la littérature, volontairement ou pas. On peut dire que c'est une de ses singularités et une de ses qualités.* » — « *On ne lit pas pour le livre, on lit pour soi. Il n'y a pas plus égoïste qu'un lecteur.* » — « *Un livre n'est pas fait pour les lecteurs, il n'est même pas fait pour son auteur, il n'est fait pour personne.* » — « *Même si on lit beaucoup, la quantité de lectures n'anéantit pas leur qualité.* » — « *La lecture ne console pas. D'une certaine façon, elle désespère.* » — « *Une lecture réussie, c'est aussi rare, aussi bon et laissant un souvenir aussi charmé qu'un acte sexuel bien accompli. Le lecteur couche avec sa lecture.* » — « *Lire est un acte grave qui isole. Je dirais même qu'on lit pour s'isoler.* » — « *Les gens qui ne lisent pas peuvent ressentir dans une librairie.* » — « *Je crois n'avoir jamais de ma vie croisé quelqu'un lisant un grand livre. Jamais. Personne. C'est ma stupéfaction. Elle me fait me répéter la question, pour sonner le gong aux tréfonds de ma mémoire, jamais ? personne ? mais non. À aucun lendemain de mariage, dans aucun jardin de campagne, sur aucune plage, au bord d'aucune piscine, dans aucun train, aucun avion, aucune voiture, nulle part et jamais jamais jamais, je n'ai vu qui que ce soit lire Proust, Mallarmé, Tolstoï… Qui lit les chefs-d'œuvre ?* » — « *Lire ne sert à rien. C'est bien pour cela que c'est une grande chose. Nous lisons parce que cela ne sert à rien.* » — « *Mais si, lire est indispensable, ce que beaucoup ne savent pas. Et ils vont dans la vie, respirant des poumons et suffoquant du cerveau.* » — « *Ne lisant plus, l'humanité sera ramenée à l'état naturel, parmi les animaux.* » — J'avoue que lire ce genre d'écrit me rend heureux (c'est assez rare pour le souligner !).

* * * * *

L'écrivain qui dit : « Je n'écris pas pour être lu », ressemble au lecteur qui dit : « Lire ne sert à rien. » J'adore ! Toujours, toujours, toujours dépasser les apparences…

* * * * *

L'un de mes grands regrets, l'une de mes grandes souffrances morales, c'est de me rappeler qu'un nombre incalculable de livres ont été perdus — à tout jamais. Tous ces « *volumen* » de l'Antiquité que l'on ne retrouvera jamais... Quel malheur ! Toutes ces pièces de théâtre, tous ces essais philosophiques qui ont rejoint le néant d'où ils venaient... Quelle horreur incommensurable ! Je puis vous certifier que cela me rend *malade*...

« *The body of*
B. Franklin, Printer
(Like the Cover of an Old Book
Its Contents torn Out
And Stript of its Lettering and Gilding)
Lies Here, Food for Worms.
But the Work shall not be Lost;
For it will (as he Believ'd) Appear once More
In a New and More Elegant Edition
Revised and Corrected
By the Author. »

(« *Le corps de*
B. Franklin, imprimeur,
(Tel la couverture d'un vieux livre,
dépouillé de ses feuilles,
de son titre et de sa dorure)
Repose ici, pâture pour les vers.
Mais l'ouvrage ne sera pas perdu
et reparaîtra, c'est la foi de Franklin,
dans une nouvelle édition, plus élégante,
revue et corrigée
par l'auteur. »)

Benjamin Franklin, *Épitaphe* (écrite à vingt-deux ans)

Art

« Все говорят: нет правды на земле.
Но правды нет — и выше. Для меня
Так это ясно, как простая гамма.
Родился я с любовию к искусству
[...]
Когда бы все так чувствовали силу
Гармонии! Но нет: тогда б не мог
И мир существовать; никто б не стал
Заботиться о нуждах низкой жизни;
Все предались бы вольному искусству. »

(« *Point de justice ici-bas, nous dit-on.*
Pas davantage en l'autre monde. À mes yeux
la chose est claire comme une simple gamme.
Je suis né pour l'amour de l'art
[...]
Si tous pouvaient ainsi sentir la force
de l'harmonie ! Mais non, car alors le monde
ne pourrait subsister : personne n'aurait souci
des vulgaires nécessités de l'existence ;
tous, librement, s'adonneraient à l'art. »)

Alexandre Pouchkine, *Mozart et Salieri*

Ce livre n'est peut-être, après tout, *que de l'Art*.

* * * * *

Ce livre, cette « μίμησις ».

* * * * *

Ce livre, de l'*a-création*, — pour la *complétude*.

* * * * *

Ce livre, cette « *œuvre close sur elle-même* » (Kant) d'un être clos sur lui-même, d'un « *homo pro se* » (« homme pour soi-même »).

* * * * *

Ce livre est l'*auditorium* (le lieu pour écouter les Poètes).

* * * * *

« *Ma vue sur l'art me fait progresser, j'acquiers les bases fondamentales de mon existence en tâchant de le cerner tel que je le dois intimement ; l'art est ma pierre philosophale, mon détachement, la caractérisation empirique de ma destinée, la bombe qui détruit les achoppements qui barrent ma route. Si un jour tu accompagnes mes pensées et idées sans pour autant y adhérer, je t'expliquerai les fondements de tout cela en privé ou dans un livre. — L'Art me soulève et m'élève, et j'espère que tu as de telles passions qui emplissent, telle une calcification vitale, le cœur pur d'un croyant.* » (Melos)

* * * * *

« *Peu de gens capables de* comprendre *l'art.* » Camus, armé du style des *Carnets,* donne le ton. À défaut de le comprendre, peut-on le définir ? Qu'est-ce que l'art ? Oscar Wilde « me » disait : « *Nous y venons, nous y venons, mais avant toute chose, avant d'aller plus avant dans cette étude, il faut s'entendre sur le mot qui conduira toutes nos idées, et dont l'acception ne doit pas être prise à la légère :* l'Art. *Nous ne pourrons en donner une définition complète maintenant, c'est évident, mais laissez-moi rappeler ce premier obstacle, amené par Françoise Warin, qui nous montrera d'emblée l'envergure de la difficulté :* — *"Nul ne sait ce qu'est l'art."* — *Comprenez-vous ?* » Selon Wilde (et Poe), la nature n'est pas aussi belle que l'art, ce qui laisse à penser que l'art dépasse la nature parce que l'homme qui le produit a conscience de lui-même et de la nature, ce que la nature ne peut pas faire. Wilde occupe une place spéciale dans l'histoire de l'art par ses essais surprenants et transmutatifs des conceptions habituellement admises jusqu'à son époque. La nature n'obéit pas selon ses propres règles, elle est un *fait* qu'une rigidité d'existence voue à la passivité. L'homme, par lui-même, puis l'art, érigé — encore par lui-même — comme un double de sa personne, sont les deux moyens de parvenir à une esthétique de la nature. De quelle manière ? Tout d'abord, selon l'esthète irlandais, la nature « *n'est pas une mère féconde qui nous a enfantés, mais bien une création de notre cerveau ; c'est notre intelligence qui lui donne la vie* ». Ainsi, ce prédicat anthropologique est la condition *sine qua non* d'une nature réfléchissante, — en l'occurrence une remarque hégélienne (Dieu peut Se contempler, car l'homme peut Le contempler). La nature n'est plus une force réellement agissante, elle dépend entièrement de l'art qui édicte ses lois en parfaite autonomie — et que la nature doit imiter si elle veut s'élever tant soit peu. « *Quand l'art sera plus varié, la nature le sera aussi. Qu'elle imite l'art, il ne me semble pas que son pire ennemi puisse le nier plus longtemps.* » Cette radicalisation de la signification négative de la nature élève le raisonnement jusqu'à l'intérêt *primordial* de l'art, et efface, sauvagement, la moindre existence de l'existant a-humain : « *[Les brouillards] n'eurent pas d'existence tant que l'art ne les eut pas inventés.* » (L'homme qui n'est pas artiste ou esthète, en clair, ne voit pas la nature.) On pouvait déjà rencontrer le point de vue wildien chez Ovide : « *Mais la nature, en y formant une voûte de pierres ponces et de roches légères, semble avoir imité ce que l'art a de plus parfait.* » — Poursuivons avec Schelling. Avec lui, l'art va également, sous le terme de *philosophie,* transformer la nature de la nature en la pensant, mais il ne dira pas, comme Wilde, que la nature ne crée pas ou qu'elle se place en deçà de l'art. Pour la philosophie schellingienne de la nature, il s'agit de passer de la nature comme objet (*natura naturata*) à la nature comme productivité et comme sujet (*natura naturans*). « *Philosopher sur la nature […] veut dire […] créer la nature.* » L'activité infinie de la philosophie de la nature consiste à dépasser infiniment les produits imaginaires, et, de cette manière, elle peut libérer la productivité libre de la nature, en soutenant le processus de production. La créativité de la nature est rendue possible par la philosophie que l'on mène sur elle, ou, pour être plus concis, la créativité de l'homme, libre, libère celle de la nature. Cette thèse est moins négative que celle de Wilde dans le sens où il y a une légère dépendance de la nature à l'art ; mais la nature et l'art s'expriment différemment et s'octroient une autonomie (autonomie de l'art *ergo* autonomie de la nature). — Finissons cet alinéa avec Schopenhauer : « *Puisque nous concevons plus facilement l'idée par le moyen de l'œuvre d'art que par la contemplation directe de la nature et de la réalité, il s'ensuit que l'artiste, ne connaissant plus la réalité, mais seulement l'idée, ne reproduit également dans son œuvre que l'idée pure ; il la distingue de la réalité, il néglige toutes les contingences qui pourraient l'obscurcir.* » Avec Schopenhauer se dégage une symbiose des deux approches précédentes : il divinise l'homme (dans une acception bouddhiste, non pas idéaliste à la façon de ses contemporains allemands) en le rendant pur sujet connaissant, détaché de la Volonté qui conditionne toutes choses. La philosophie de Schopenhauer, dans cette optique, implique des notions d'*expiation*, d'exutoire même, telles que la sainteté ou le sublime. L'artiste, ou le saint, en quittant sa peau d'être assujetti aux lois de la Volonté, — à laquelle la nature, elle, est liée, — en atteignant au sublime, l'état de « *connaissance pure* », — crée finalement un art qui « vole » au-dessus des règles sensibles pour toucher, sans en être, *la nature en soi* (« *pour ceux qui ont converti et aboli la Volonté, c'est notre monde actuel, ce monde si réel avec tous ses soleils et toutes ses voies lactées, qui est le néant* »). Cette difficile doctrine, empruntée à Kant et modifiée (car pour Kant, il n'y a pas d'intuition autre que sensible, donc aucune chance d'approcher l'*en soi* des choses), réalise l'union, adaptée de concepts hindous, entre la création aveugle perpétuelle de la nature et la création sublime de l'art. Il n'y a pas véritablement autonomie de la nature, mais autonomie de l'art en tant qu'il calque la nature naturante et s'en extrait en en prenant conscience. (Suivant ces arguments, Kant plaçait la poésie au-dessus de tous les arts : « *Le premier rang entre tous les arts appartient à la poésie (qui doit presque entièrement son origine au génie et qui ne se laisse guère diriger par des règles ou par des exemples). Elle étend l'esprit en mettant l'imagination en liberté, en présentant, à l'occasion d'un concept donné, parmi l'infinie variété des formes qui peuvent s'accorder avec ce concept, celle qui en lie l'exhibition à une abondance de pensées à laquelle aucune expression n'est parfaitement adéquate, et en s'élevant ainsi esthétiquement à des idées. Elle le fortifie en lui faisant sentir cette faculté libre, spontanée, indépendante des conditions de la nature, par laquelle il considère et juge la nature comme un phénomène, d'après des vues que celle-ci ne présente par elle-même dans l'expérience ni au sens ni à l'entendement, et par laquelle, par conséquent, il en fait comme un schème suprasensible.* »)

* * * * *

L'art est Être. — « *La poésie, certes, est un don du ciel, / Mais c'est un leurre dans la vie terrestre.* » Goethe nous rappelle que l'art n'est pas la vie « normale ». Et l'art n'est pas la nature, tout comme la nature n'est pas l'art. Pour moi, l'art est une *corruption* de la nature, c'est-à-dire une *sublimation*. — Le son est à l'intérieur de la musique… mais la musique est à l'intérieur du son. L'art n'ajoute rien à la nature. Tout existe déjà en elle, a de tous temps existé et existera à jamais. Elle contient toute œuvre en puissance ; elle est grosse de toutes les possibilités. L'homme artiste va partir à la recherche de ces possibilités, et ainsi se fondre dans la nature. « *La poésie est non un sens mais un état, non une compréhension mais un être* », écrivit Pavese. C'est un peu ce que je veux dire. L'homme qui n'est pas artiste n'est pas vraiment dans la nature ; il reste à la surface. L'artiste va plonger en elle. Et en plongeant dans la nature, il va apprendre à se connaître lui-même. Rimbaud confiait à Paul Demeny : « *La première étude de l'homme qui veut être poète est sa propre connaissance, entière. Il cherche son âme, il l'inspecte, il la tente, l'apprend.* » L'âme du monde se confond avec l'âme de l'homme. Là réside l'essence de l'art. L'art arrache l'être du monde, au monde. L'être arrache l'art du monde, au monde. L'art joue l'harmonie des sphères de l'Univers. L'art joue la musique de la conscience de l'être, dont le ressac dévoile la nature. L'artiste est le musicien de l'idéal puisque, comme dit Hugo, « *la poésie n'est pas dans la forme des idées, mais dans les idées elles-mêmes* », et l'artiste est le musicien de l'ontologie puisque « *la poésie, c'est tout ce qu'il y a d'intime dans tout* ». — Danse, danse, danse, danse ! — « *La musique souvent me prend comme une mer ! / Vers ma pâle étoile, / Sous un plafond de brume ou dans un vaste éther, / Je mets à la voile ; / La poitrine en avant et les poumons gonflés / Comme de la toile, / J'escalade le dos des flots amoncelés / Que la nuit me voile ; / Je sens vibrer en moi toutes les passions / D'un vaisseau qui souffre ; / Le bon vent, la tempête et ses convulsions / Sur l'immense gouffre / Me bercent. D'autre fois, calme plat, grand miroir / De mon désespoir !* » (La « musique » qu'évoque ici Baudelaire, sorte de gymnastique des ressentis, pourrait bien ressembler à sa première définition, qui est l'« *art des Muses* », la « μουσική », dont Platon dit dans l'*Alcibiade* qu'elle « *embrasse non seulement la musique proprement dite, mais aussi la poésie et la danse* ». — « *Cris, tambour, danse, danse, danse ! […] Faim, soif, cris, danse, danse, danse, danse !* » Rimbaud sait nous faire danser ! Tout se rejoint, se réunit. Vrai ! Dans un essai méconnu que vous ne trouverez que dans la Pléiade (*Sur "L'Héroïne" de Siegfried Schmid*), Hölderlin dessine cette toile d'araignée poétique qui tisse son fil d'élément en élément, d'étoile en étoile, d'être à être, et qui forme l'harmonie musicale de l'Univers : « *Car cette présentation vise tout entière à se résoudre et à déceler le contraste avec une ordonnance assez nette de pures oppositions ; ensuite en le fondant et en le motivant de manière suffisante, enfin, en mettant toutes les parties du sujet en relations mutuelles aussi parfaites que possibles ; par tous ces moyens, le poète s'efforce de donner au sujet qui, étant isolé, oscille entre les extrêmes, le développement qui le fera apparaître dans sa relation la plus pure, la plus particulière avec le tout, il ne cherchera pas tant à l'élever ou à le rendre sensible, qu'à en faire une vérité naturelle.* » — Tout se rejoint, se réunit. Vrai ! Que dit Yves Bonnefoy, en songeant à Rimbaud ? Il dit que « *le langage poétique suggère l'être* »…)

* * * * *

L'art est Philosophie. — Pour *créer*, il faut *savoir*. Savoir créer et créer par le savoir. Il faut garder une part consciente lorsque l'on crée, car il faut avoir conscience de l'Univers et de soi-même. Le passage suivant de Pessoa n'étonnera que ceux qui ne comprennent pas cela. « *Il y a plus de probabilités qu'un poète qui connaît la courbe de Gauss écrive un bon sonnet d'amour qu'un poète qui l'ignore. Le paradoxe n'est qu'apparent. Un poète qui s'est donné la peine de s'intéresser à une difficulté mathématique présente en lui-même l'instinct de la curiosité intellectuelle, et s'il a cet instinct de curiosité intellectuelle, il a certainement recueilli lors de sa vie des détails sur l'amour et les sentiments plus intéressants que ne l'aurait fait celui qui ne s'intéresse qu'au cours normal de sa petite vie — à la carotte du salaire et au bâton de la soumission. Il sera donc plus vivant, au moins dans sa poésie : ce qui explique le lien subtil qu'il y a entre une courbe de Gauss et l'Amaryllis du moment.* — *Ce sera un poète et un homme, et non pas un animal qui fait des vers.* » Le mieux serait de réunir la philosophie et l'art sans que l'un ne dominât trop fortement l'autre. Lors de sa réception à l'Académie Française, Henri Poincaré (le surhomme !), tout en rendant hommage à Sully Prudhomme, avait touché le redoutable aspect de l'art qui pense et se pense, autrement dit du penseur qui crée : « *Il est bien malheureux, l'homme qui n'est né poète et philosophe tout ensemble ; il considère les deux faces de toutes choses et pleure ainsi sur le néant de ce qu'il admire. Il est à plaindre aussi, celui qui n'est pas philosophe, car il l'est souvent aux dépens du cœur, la source de nos joies. Mais heureux le poète, si l'illusion n'est pas la pire des misères.* » Si l'art était inconscient (ou involontaire), il serait paisible, mais ce ne serait plus de l'art (même pour la bave de cheval que Néaclès produisit superbement en jetant son éponge sur le tableau, par dépit, ou Protogène, pareillement, pour représenter la bave d'un chien). Et cette conscience nécessaire est un fardeau, comme le souligne Hölderlin : « *Depuis toujours art et pensée / Ont pour salaire la douleur.* » Mais c'est bel et bien un « *don du ciel* ». L'art vient du monde, et l'artiste, après être venu une première fois *au monde*, y retourne. L'artiste découvre et fait découvrir le monde. Novalis, dans *Henri d'Ofterdingen*, fait dire au vieux mineur : « *Grâce [aux poètes], la vie et le monde me sont devenus plus clairs et plus faciles à saisir.* » Il s'agit de cette vérité que l'on nomme *a-letheia*, et que l'on a déjà vue (l'« αληθεια », le « *dé-voilement* »). L'art permet de communier avec la nature des choses. L'artiste tente coûte que coûte d'entendre la nature. C'est pourquoi Novalis pensait : « *Le vrai poète est omniscient — c'est un univers en petit.* » Et : « *Seul un artiste peut deviner le sens de la vie.* » Et encore : « *[La philosophie] nous montre ce qu'est la poésie, elle nous montre que la pensée est Une et qu'elle est Tout.* » Et encore : « *La poésie est le grand art de construction de la santé transcendantale. Le poète est donc le médecin transcendantal. […] Elle mêle tout pour le but des buts qui est le sien : élever l'homme au-dessus de lui-même.* » C'est pourquoi Chénier, également, disait : « *Tout dans la nature l'inspire et lui donne à rêver : toute la nature lui appartient... Il voit tout, il sent tout, il peint tout... depuis le cèdre jusqu'à l'hysope. Il n'est aucun objet si méconnu, si abandonné, qui ne lui fournisse quelque image nouvelle, quelque expression vivante, quelque allusion délicate, quelque emblème ingénieux... Il veut connaître la nature humaine... il s'étudie dans tous les sens... il veut que chaque homme, à tout âge, dans tous les temps, dans tous les pays, dans toutes les circonstances possibles, puisse en le lisant se retrouver dans quelque endroit de ses ouvrages, s'en appliquer quelque morceau, se dire à lui même : "Je ne suis pas seul au monde et cet auteur a pensé à moi." Comme un philosophe se vantait du pouvoir, avec de la matière et du mouvement, il fait un monde.* » — Philosophie, poésie participent du même mouvement et doivent se conjuguer ensemble. Shelley jugeait qu'il n'existe aucune distinction entre les poètes et les philosophes. (« *The distinction between poets and prose writers is a vulgar error. The distinction between philosophers and poets has been anticipated.* ») — L'art de l'art est une science, une réflexion totale. Pessoa parle de Gauss, Poincaré parle de poésie, Novalis parle en scientifique. Philosophie, sciences et art sont inséparables. Je pourrais même citer Heisenberg ! « *Seul le poète peut-être décrire, allégoriquement, le détail de ce qui s'accomplit ici* », écrit-il (dans ce qu'il est convenu d'appeler *Le manuscrit de 1942*). Il ajoute : « *Toute philosophie authentique se tient donc aussi au seuil entre la science et la poésie.* » Et si Heisenberg, spécialiste de physique quantique, se penche sur la poésie, il y a aussi l'inverse, tel Balzac, artiste, qui se penche sur la science (*Gambara*) : « *La musique est tout à la fois une science et un art. Les racines qu'elle a dans la physique et les mathématiques en font une science ; elle devient un art par l'inspiration qui emploie à son insu les théorèmes de la science.* » Quand j'évoque le nom de philosophe, j'entends philosophe *et* scientifique, voire philosophe *et* scientifique *et* poète. Philosophe, scientifique, poète sont un seul et même état, un état qui tend vers son asymptote, la complétude, qui devrait amener à la sagesse totale, à Dieu. Gide (*Le Traité du narcisse*) abondait dans ce sens : « *Le Poète est celui qui regarde. Et que voit-il ? — Le Paradis. [...] le Poète, à demi-mot, doit comprendre, — puis redire ces vérités. Est-ce que le Savant fait rien d'autre ?* » Le bon « désagrégeur » Sextus, s'emportant contre les grammairiens, reconnaissait : « *Certes, la poésie nous donne une foule de points de départ pour accéder au bonheur, c'est évident. La philosophie qui est réellement la plus puissante, la philosophie qui forme nos mœurs pousse nos premières racines dans les sentences des poètes.* » — Je pense, donc je suis. Donc je crée (ou puis créer).

* * * * *

L'art est Dieu. — La passerelle entre la divinité et nous s'appelle l'art. Platon disait que les poètes étaient possédés par les dieux ; Schopenhauer, que la musique était susceptible de nous faire percevoir la chose-en-soi ; Hugo, que « *le poète est prêtre* » (« *Dans le poète et dans l'artiste il y a de l'infini. C'est cet ingrédient, l'infini, qui donne à cette sorte de génie la grandeur irréductible* ») ; Hölderlin, que « *le premier enfant de la beauté humaine, de la beauté divine, est l'art* » ; Shelley, que « *Poetry is indeed something divine* » (« *à la fois le centre et la circonférence de la connaissance ; elle comprend toute science, et toute science doit s'y rapporter* »)… Avec l'aide de l'art, nous montons vers Dieu et Dieu descend vers nous. Le désir de l'artiste est un désir de croyance et de croissance : il croit en son art, il croît avec et par lui. Que désirait Michel-Ange, « *Parmi tant de servitudes, tant de soucis, / Tant d'idées mensongères et tant de périls / Pour l'âme* » ? Ni plus ni moins que « *sculpter ici des choses divines* ». L'artiste veut goûter aux joies de la création en jouant au petit dieu, il veut participer à la Création de Dieu. Quand Cicéron se demande ce qu'est « *la puissance créatrice* », il répond, euphorique : « *Rien de plus grand, même en dieu, ne peut se concevoir, je te l'assure !* » — Contemplez la Joconde, le David de Michel-Ange, lisez *Les Fleurs du Mal*, écoutez Beethoven ou Mozart… Dieu ne vous touche-t-il pas ?... N'êtes-vous pas émerveillé par le pouvoir de la création ? Ne sentez-vous pas la puissance divine de l'artiste ? Une espèce de folie ne vous gagne-t-elle pas ? — Melchior Grimm racontait avoir croisé un certain pianiste, « *qui aura sept ans au mois de janvier prochain* », et qui « *est un phénomène si extraordinaire qu'on a de la peine à croire ce qu'on voit de ses yeux et ce qu'on entend de ses oreilles* ». C'est tellement grand que la raison bafouille. « *C'est peu pour cet enfant d'exécuter avec la plus grande précision les morceaux les plus difficiles avec des mains qui peuvent à peine atteindre la sixte ; ce qui est incroyable, c'est de le voir jouer de tête pendant une heure de suite, et là s'abandonner à l'inspiration de son génie et à une foule d'idées ravissantes qu'il sait encore faire succéder les unes aux autres avec goût et sans confusion. [...] Je ne désespère pas que cet enfant ne me fasse tourner la tête, si je l'entends encore souvent ; il me fait concevoir qu'il est difficile de se garantir de la folie en voyant des prodiges.* » (Qui était-ce ?... Mozart !...) L'art fait tourner la tête comme le cierge faisait tourner la tête de Thérèse… — Dieu nous fait aimer l'amour.

* * * * *

L'art est Amour. — L'art mène à l'amour et l'amour mène à l'art. — « *Il n'est du moins personne qui ne devienne poète, "même s'il était auparavant étranger à la Muse", une fois qu'Éros l'a touché. De toute évidence, le fait suivant témoigne en ce sens : Éros est, de façon générale, un bon créateur en tout domaine de la création qui ressortit aux Muses. En effet, ce que l'on ne possède point ou ce que l'on ne sait pas, on ne peut ni le donner à un autre ni le lui enseigner.* » Les Grecs savaient parler de l'art et le comprenaient mieux que nous ne le comprenons. Le *Banquet* ne serait-il pas l'œuvre ultime sur l'amour, c'est-à-dire sur l'art ? — Écoutez ce passage de la *Théogonie* d'Hésiode : « *Heureux le mortel aimé des Muses ! Une douce voix coule de sa bouche. Quand vous êtes dans le malheur, dans l'affliction, que votre cœur se sèche de douleur, si un serviteur des Muses vient à chanter l'histoire des premiers humains et des bienheureux habitants de l'Olympe, vous oubliez vos chagrins, vous n'avez plus souvenir de vos maux, et soudain vous êtes changé par le divin bienfait des déesses.* » Soyez aimé des Muses, ou approchez-vous d'un homme aimé des Muses, et vous aimerez. — Au VIème siècle avant J.-C., Solon n'avait besoin que de trois choses : amour, art et vin. « *J'aime les douces faveurs de Vénus, de Bacchus et celles des Muses : elles remplissent de joie les cœurs des infortunés mortels. Vieillissez en apprenant toujours quelque chose de nouveau.* »

* * * * *

L'art est Chagrin. — « *Music to hear, why hear'st thou music sadly?* » (« *Toi, musique, te peut la musique attrister ?* ») — Certes, l'art donne l'amour, il est une communion avec la nature, avec Dieu ; mais il n'est pas le bonheur. Tout dépend de votre caractère, de votre ambition, de votre talent, de votre instrument, et de la manière dont vous envisagez votre art. Pourquoi, par exemple, Balzac dit-il dans *Ferragus* qu'« *il y a les poètes qui sentent et les poètes qui expriment* », et que « *les premiers sont les plus heureux* » ? Parce qu'il y a la dualité du cœur et de l'esprit, du sensible et de l'intelligible, du spontané et du réfléchi, de l'instinct et de l'entendement. Je ne fais pas dire à Balzac qu'il considère que les poètes qui « *sentent* » utilisent moins leur intellect que ceux qui « *expriment* » ; je ne fais qu'interpréter à mon échelle. Et il est plus facile de recevoir que de donner. Celui qui sent reçoit (avec son cœur) et peut se passer du langage humain ; celui qui exprime donne (avec son esprit) et doit utiliser le langage. Je suis en mesure d'en parler, moi qui n'ai cessé de dépeindre ma mélancolie tout au long de cet ouvrage… avec tous ces mots, toutes ces idées... J'aimerais être un poète, un vrai, un pur Poète. Mais je ne serais plus le même, et soit je souffrirais moins, soit je souffrirais davantage. Quoi qu'il en soit, les sens et l'esprit du poète sont les plus aiguisés, par conséquent, les plus coupants. Ce qui coupe, blesse ; ce qui blesse, fait mal ; ce qui fait mal, rend malheureux. « *Nous sommes les fils du Chagrin : nous sommes les poètes* », comme l'écrit tout simplement Gibran. (Ce qui vaut pour le poète vaut également pour les autres artistes.) — Finalement, la définition du poète donnée par Kierkegaard est peut-être la plus juste : « *Qu'est-ce qu'un poète ? Un homme malheureux qui cache en son cœur de profonds tourments, mais dont les lèvres sont ainsi disposées que le soupir et le cri, en s'y répandant, produisent d'harmonieux accents.* » — Ô mélancolie, belle et cruelle à la fois... — « *En ce moment, j'entendis les vagues accords de l'orgue, une harmonie triste sous un chant indéfinissable, véritables plaintes d'une âme qui veut briser ses liens terrestres. J'écoutai par tous mes sens à la fois, respirant à peine, plongé comme le capitaine Nemo dans ces extases musicales qui l'entraînaient hors des limites de ce monde.* »

* * * * *

L'art est Paradoxe. — S'il est vrai, comme le dit un jour Michel-Ange dans son *Sonnet sur un ami défunt*, que « *nul marteau n'est sans marteau forgé* », d'où est venue la première impulsion créatrice ? La création vient-elle d'une autre création ? On pourrait se demander, avec Hölderlin, « *pourquoi, dans ce temps d'ombre misérable, des poètes ?* » La question n'est plus : Qu'est-ce qu'un poète ? La question est : Pourquoi un poète ? Et la question a-t-elle, de toute façon, un *sens* ? Que cela signifie-t-il, qu'il y ait de la poésie ? Benjamin Péret dirait qu'elle est là parce qu'elle est la Vie et la Raison, parce qu'elle est l'Esprit, la Conscience, comme en témoigne cette réflexion extraite du *Déshonneur des poètes* : « *Si l'on recherche la signification originelle de la poésie, aujourd'hui dissimulée sous les mille oripeaux de la société, on constate qu'elle est le véritable souffle de l'homme, la source de toute connaissance et cette connaissance elle-même sous son aspect le plus immaculé. En elle se condense toute la vie spirituelle de l'humanité depuis qu'elle a commencé de prendre conscience de sa nature ; en elle palpitent maintenant ses plus hautes créations et, terre à jamais féconde, elle garde perpétuellement en réserve les cristaux incolores et les moissons de demain.* » Tant et si bien que se poser la question de l'origine et de la signification de la poésie, revient à se poser la question de l'origine et de la signification de la vie... ce que tente justement d'exprimer la poésie. Le serpent se mange la queue et cela débouche sur un paradoxe. Goethe écrivit : « *L'art est un médiateur de l'indicible ; vouloir s'en faire le médiateur à son tour par des mots semble donc insensé. Cependant lorsque nous nous y efforçons, l'entendement retire maint bénéfice, qui en retour profite aussi à la faculté créatrice.* » La fonction de la poésie est inconnue, et ainsi en va-t-il de toute œuvre d'art. D'où cet aphorisme de Schopenhauer : « *L'un des traits caractéristiques de l'œuvre géniale, c'est d'être inutile [...].* » D'où cet autre aphorisme de Wilde : « *All art is quite useless.* » (« *L'Art est tout à fait inutile.* ») Alors, quel est le but de l'art ? Wilde se montre là aussi percutant (comme dans toute sa préface au *Portrait de Dorian Gray*) : « *To reveal Art and conceal the artist is Art's aim.* » (« Révéler l'Art en cachant l'artiste, tel est le but de l'Art. ») Le serpent ne se remange-t-il pas la queue ? L'art se suffirait à lui-même en s'auto-définissant et en faisant abstraction de son créateur. Ha ! très bien ! parfait ! N'est-ce pas notre monde qui est évoqué ici ? Notre Terre qui file à sa vitesse de croisière sans se soucier de quoi que ce soit, qui file sans plus être reliée à l'instant de sa création ? De même pour nous, les hommes. Nous avons été créés et l'avons oublié. — Toucher l'art, pour toucher la création. Ainsi, sa fonction est circonscrite au mystère. Elle est un mystère — et nous voulons découvrir ce qui se cache derrière ce mystère, quand même nous serions nous-mêmes mystérieux. L'art est une recherche, un chemin à suivre pour *découvrir*. Découvrir quoi ? Mystère. Ou *vérité*. Ou *mensonge* (beauté du mensonge). C'est ce que pense Wilde : « *La conclusion dernière, c'est que le mensonge, affirmation de belles choses inexactes, est le but même de l'art.* » Hume aussi voit les choses sous cet angle : les poètes sont « *menteurs de profession* » (« *liars by profession* »). Il étaye son point de vue en ajoutant : « *Les poètes ont formé ce qu'ils appellent un système poétique des choses qui, quoique ni eux-mêmes, ni les lecteurs, n'y croient, est couramment estimé être un fondement suffisant à toute fiction. [...] Nous pouvons observer que la poésie a le même effet à un moindre degré, et c'est un point commun à la poésie et à la démence que la vivacité qu'elles donnent aux idées ne dérive pas des situations ou des connexions particulières des objets de ces idées, mais vient du tempérament présent et des dispositions présentes de la personne.* » — La vie est un songe que chante le poète, car nous évoluons dans le mystère du théâtre du monde, qui restera éternellement secret — et paradoxe. Le poète peut dire comme Soothsayer : « *In Nature's infinite book of secrecy a little I can read* » (« Dans le secret de la Nature je sais quelque peu lire ») : tout est dans le « *a little* », et ce « *little* » est beaucoup. Qu'il sente ou exprime, le poète aura du moins ouvert l'œil (et fait ouvrir les autres yeux) en contemplant la Création. Hugo, vivant entre les rayons et les ombres, marchait sur les tréteaux de ce globe : « *Quand je rêve sur la falaise, / Ou dans les bois, les soirs d'été, / Sachant que la vie est mauvaise, / Je contemple l'éternité.* » Pour lui, « *toute la vie est un secret, une sorte de parenthèse énigmatique entre la naissance et l'agonie, entre l'œil qui s'ouvre et l'œil qui se ferme* ». Qu'est-ce que le poète ? Que fait-il ? Que reçoit-il ? Que donne-t-il ? Rien. Tout. Le poète est riche du monde, de l'infini, du néant. — « *Tout recommence avec le nouveau poète, et en même temps rien n'est interrompu. Chaque nouveau génie est abîme. Pourtant il y a tradition. Tradition de gouffre à gouffre, c'est là, dans l'art comme dans le firmament, le mystère ; et les génies communiquent par leurs effluves comme les astres. Qu'ont-ils de commun ? Rien. Tout.* »

* * * * *

« *Dieu donna à Salomon de la sagesse, une très grande intelligence, et des connaissances multipliées comme le sable qui est au bord de la mer.* » (*1 Rs 4,29*) — « *Il a prononcé trois mille sentences, et composé mille cinq cantiques. Il a parlé sur les arbres, depuis le cèdre du Liban jusqu'à l'hysope qui sort de la muraille ; il a aussi parlé sur les animaux, sur les oiseaux, sur les reptiles et sur les poissons.* » (*4,32-33*) — « *Le roi Salomon fut plus grand que tous les rois de la terre par les richesses et par la sagesse.* » (*10,23*)

*****

L'art est Intention. — *L'artiste est solitaire* — et il ne crée que pour lui-même. — (*Égoïsme*.) — Quelle pourrait être la différence entre deux photographies, l'une prise sans intention (accident), l'autre prise avec intention (viser), ces deux photographies étant *parfaitement identiques* ? (Variations de l'accident : Si l'accident est perçu, que cela change-t-il ?...) — Longtemps, je me suis posé la question. Hervé Guibert, en tant que photographe, se la posait : « *La photo qu'un autre que moi pourrait faire, qui ne tient pas au rapport particulier que j'ai avec tel ou tel, je ne veux pas la faire.* » Car quel aurait été le changement ? quelle aurait été la différence ? *L'intention*. (Sans doute, la photographie est-elle est un art à part entière. S'il suffisait de mettre continuellement l'appareil en mode « rafale », tout le photographiable serait photographié (j'entends : le photographiable naturel, pas le photographiable préparé, comme lors d'une séance). Guibert ajoutait à ce propos : « *Je me défendrai toujours d'être un photographe : cette attraction me fait peur, il me semble qu'elle peut vite tourner à la folie, car tout est photographiable, tout est intéressant à photographier, et d'une journée de sa vie on pourrait découper des milliers d'instants, des milliers de petites surfaces, et si l'on commence pourquoi s'arrêter ?* » Ce qui m'intéresserait, dans cet art, serait, encore une fois, le fait de prendre une photo et *de la cacher ou de la détruire.* Que la photographie, en tant que support, fût un palimpseste. — En termes de probabilités, il est impossible de rencontrer en littérature deux phrases strictement identiques. Mais supposons que deux auteurs aient écrit : « Le Soleil brille. » Est-ce la même phrase ? En apparence, oui. Cependant il doit y avoir un monde entre les deux visions des deux auteurs, entre les deux *intentions*. Paul Valéry me rejoint sur ce point : « *Quand l'ouvrage a paru, son interprétation par l'auteur n'a pas plus de valeur que toute autre par qui que ce soit. — Si j'ai fait le portrait de Pierre, et si quelqu'un trouve que mon ouvrage ressemble à Jacques plus qu'à Pierre, je ne puis rien lui opposer — et son affirmation vaut la mienne. — Mon intention n'est que mon intention et l'œuvre est l'œuvre.* » Autrement dit, l'intention ne se situe pas, comme on pourrait faussement le croire, dans le but, mais dans le chemin. L'intention se situe moins dans le produit fini que dans le produit en train de se faire. L'intention est dans le travail qui s'effectue, l'œuvre qui se construit (« *Toute œuvre d'art, grande ou mineure, dépend entièrement, et jusqu'aux détails les plus infimes, de sa conception* », *dixit* Goethe). J'aimerais citer des centaines de passages de Valéry pour m'aider à faire comprendre ce que je ressens. Par exemple, celui-ci : « *Dans le très beau style, la phrase se dessine — l'intention se dessine — les choses demeurent spirituelles. — En quelque sorte, la parole demeure pure comme la lumière quoi qu'elle traverse et touche. Elle laisse des ombres calculables. Elle ne se perd pas dans les couleurs qu'elle provoque.* » — Mon intention, en écrivant *La Perte de Sens*, se dessine *en l'écrivant*. Mon intention est pure : elle ne dépend pas d'un public éventuel : elle ne dépend que de moi.

*****

L'art est Exigence. — *L'artiste souffre*, il ne crée pas dans le plaisir continuellement, ou dans la facilité ; il crée avec son sang. Vivre pour son art ou mourir. — (*Orgueil*.) — Commençons avec légèreté : « *La peinture à l'huile / C'est bien difficile / Mais c'est bien plus beau / Que la peinture à l'eau.* » Je ne connais pas l'auteur de cette comptine que les enfants chantent, mais elle annonce gentiment ce lien entre art et souffrance, beauté et difficulté. Toujours avec la même apparente légèreté, je pourrais citer Frédéric Dard et son incroyable *Histoire de France* : « *Et puis faut se défendre contre les copieurs. Picasso, c'est pas dur à reproduire, mais essaie de te refarcir la Joconde pour voir ! Tu peux user ta boîte d'aquarelle, mec, et te dévitaminer le système nerveux avant d'obtenir un résultat !* » Plus prosaïquement, dans *La leçon de Balzac*, Henry James affirme qu'« *il n'existe pas d'art convaincant qui ne coûte une fortune* ». À la toute fin de l'*Éthique*, Spinoza écrit : « *Et sane arduum debet esse quod adeo raro reperitur. [...] Sed omnia præclara tam difficilia quam rara sunt.* » (« *Et cela certes doit être ardu qui est trouvé si rarement. [...] Mais tout ce qui est beau est difficile autant que rare.* ») La recherche de la beauté est ardue et exige une force incommensurable. Comme le dit Théophile Gautier : « *Oui, l'œuvre sort plus belle / D'une forme au travail / Rebelle, / Vers, marbre, onyx, émail.* » — Au VIème siècle après J.-C., l'écrivain chinois Xie He énonça les « *Six Canons ou règles de la peinture* » : « *I. — Vitalité rythmique ou rythme spirituel exprimé dans le mouvement de la vie. — II. — Art d'exprimer les os ou structure anatomique au moyen du pinceau. — III. — Le dessin des formes correspondant aux formes naturelles. — IV. — Distribution appropriée de la couleur. — V. — Composition et subordination, ou groupement d'après la hiérarchie des objets. — VI. — Transmission des modèles classiques.* » D'aucuns s'offusqueront de cette rigidité, de ces règles qui encadrent l'art. Ils oublient que l'art ne s'improvise pas. Vous ne pouvez pas vous réveiller un matin et vous dire : « Tiens, je vais peindre », et espérer égaler la perfection de la Joconde. Il faut travailler et s'épuiser dans ce travail. L'œuvre d'art ne vient pas sonner à la porte comme par enchantement, encore moins le chef-d'œuvre. Votre art ne *sera* que si vous *y êtes* totalement, si votre être s'y fond intégralement. De même, comme disait Hölderlin dans *Hypérion*, qu'« *on ne laisse pas prospérer et mûrir l'unité de la totalité des dimensions de l'homme, la beauté, avant qu'il se soit cultivé et développé* », de même, on ne crée pas une œuvre d'art avant de s'être perfectionné jusqu'aux limites de ses forces et de son talent. (Confucius a dit : « *Comment un homme dépourvu des vertus qui sont propres à l'homme peut-il accomplir les cérémonies ? Comment un homme dépourvu des vertus qui sont propres à l'homme peut-il cultiver la musique ?* ») C'est pourquoi il faut se fixer des règles et connaître les principales. On n'écrit pas avec un violon, on ne peint pas la Joconde avec un rouleau. (Voire : on ne joue pas au violon si le violon ne correspond pas à vos attentes. « *Jouer sur un bon instrument ou ne pas jouer du tout, telle est ma devise* », avouait Beethoven dans une lettre adressée à Johann Andreas Streicher.) Ceci est valable pour la plupart des professions : un courtier en assurances ne saura pas fabriquer un barrage ou dimensionner une centrale nucléaire, et même s'il y consacrait tout son temps pour apprendre, il ne serait pas certain qu'à la fin de sa vie il en fût capable. Ah ! il est plus facile d'essayer d'écrire un poème que de résoudre un système d'équations ! Pour quelqu'un qui a appris à écrire dès son plus jeune âge, composer un poème n'est pas une tâche insurmontable (le résultat sera certainement nul). En revanche, pour quelqu'un qui a appris à compter dès son plus jeune âge, résoudre un système d'équations sera une autre paire de manches ! Moi-même, j'ai pris conscience de mes limites intellectuelles en mathématiques. Arrivé à un certain niveau, il faut savoir s'avouer vaincu et s'arrêter. Cela ne mènerait à rien, quand bien même on y passerait sa vie. — Ce qui m'amène à l'alinéa suivant.

* * * * *

L'art est Exclusivité. — *L'art n'est réservé qu'aux artistes*, à une élite. L'artiste seul, complet, comprend l'art. — (*Surhomme.*) — « *Le talent poétique est tout autant donné au paysan qu'au chevalier. Il importe seulement que chacun assume son propre état et le traite selon son rang.* » Goethe a tout résumé. Chacun *a* sa place, mais chacun *à* sa place. C'est ce sur quoi insiste Pline l'Ancien en parlant d'Apelle : « *Ne supra crepidam sutor iudicaret.* » (« *Un cordonnier n'a pas à juger au-dessus de la sandale.* ») La Poésie (avec une majuscule) aux Poètes (avec une majuscule) ! Car, comme le dit Heidegger, « *seul le poète est véritablement familier du poème et fié à la poésie* ». Il faut être un élu : « *Aller jusqu'aux extrémités de son art et, plus encore, de son être, telle est la loi de quiconque s'estime tant soit peu* élu. » (Cioran) Que le plombier change le joint du robinet, rien de plus naturel. Qu'il s'amuse, à ses heures perdues, à composer des poèmes, pourquoi pas ? Mais qu'il égale Hugo, impossible, à moins d'être un élu ! Qu'il fasse partager ses créations à son entourage, pourquoi pas ? Mais il faut qu'il sache que « *le bon, le beau n'a pas besoin d'un public* » (Beethoven). — Je sais bien que cette conception de l'art a de quoi choquer. (J'avoue que je ne me sens pas d'attaque pour développer ce thème et l'étudier sous toutes les coutures. J'aurais l'impression d'une redite après tout ce que j'ai déjà exprimé dans mon mémoire sur le travail de l'écrivain…) Pour prolonger cette analogie du « système d'équations » : quelqu'un aurait-il pu arriver à l'équation $E=mc^2$ sans avoir étudié les mathématiques ? la physique ? Newton ? sans avoir observé (et réfléchi sur) le monde ? Et pourtant, quoi de plus « universel » que l'énergie, la lumière et la matière ? Chacun les sent, les comprend, mais de là à parvenir à $E=mc^2$, il y a un fossé infini ! Pour moi, $E=mc^2$ est une Joconde. — Le Soleil brille… — En effet, Pétrone, « *le soleil brille pour tous* » (« *Sol omnibus lucet* »). — Allez, je terminerai par Schopenhauer et ses *Parerga* : « *Comme le soleil a besoin d'un œil pour voir sa lumière, la musique d'une oreille pour entendre ses notes, de même la valeur des chefs-d'œuvre, en art comme en science, est déterminée par l'esprit qui est leur égal, auquel ils s'adressent. Seul un tel esprit possède le mot de passe magique qui éveille et fait apparaître les esprits captifs dans ces œuvres. L'homme ordinaire se tient devant elles comme devant une sorte d'armoire magique fermée, ou devant un instrument dont il ne sait pas jouer, dont il ne tire donc que des sons incohérents, quelque illusion qu'il aime à se faire à ce sujet.* »

* * * * *

L'art est Langage. — Et, une fois n'est pas coutume, je commencerai avec Schopenhauer et ses *Parerga* : « *Quant à la poésie, impossible de la TRADUIRE.* » Quel que soit l'art que l'on choisisse, celui-ci possède un langage. Il y a communication : entre l'artiste et son œuvre, entre l'œuvre et le « public ». Le langage est le vecteur primordial de l'art. Si celui-ci est dénaturé, l'œuvre est elle-même dénaturée. « *Thought and language are to the artist instruments of an art.* » (« *Pour l'artiste, la pensée et le langage sont les instruments d'un art.* ») Cette remarque de Wilde paraît être une évidence. Si elle en était effectivement une, je n'aurais pas écrit que « *L'art est Langage* ». Il faut savoir parler ce langage — et l'entendre. Ensuite… Mystère ! « *À quoi la musique fait appel en nous, il est difficile de le savoir* », dit Cioran ; « *ce qui est certain, c'est qu'elle touche une zone si profonde que la folie elle-même n'y saurait pénétrer* ». Toutefois, rien n'interdit d'écouter de la musique, de lire un poème ou de contempler un tableau sans vraiment connaître ces langages. Quelque chose d'indicible peut nous happer. Je crois que c'est la musique qui sait le mieux communiquer sa beauté originale à l'âme, que cette âme maîtrise le langage ou non. « *J'aime ces chants dont je ne comprends point les paroles* », confie Senancour. On peut saisir la beauté sans la comprendre. (Mais pas la créer.)

* * * * *

L'art est Vécu. — Mallarmé, qui voyait dans la Poésie la « *seule occupation qui soit digne d'un homme* », définissait ladite Poésie comme étant « *l'expression, par le langage humain ramené à son rythme essentiel, du sens mystérieux des aspects de l'existence : elle doue ainsi d'authenticité notre séjour et constitue la seule tâche spirituelle* ». L'art est une *raison de vivre*, quand il n'en est pas *la* raison. Vivre pour l'art, l'art pour vivre. L'art est une preuve de notre existence, il nous en sort pas *la* raison. Vivre pour l'art, l'art pour vivre. L'art est une preuve de notre existence, il nous en désennuie (« *L'art n'est pas fait pour ennuyer* », lit-on dans Zola). En faisant croire que j'ai perdu le sens de toutes choses, je mens : il y a l'amour (de Clémence) et l'art. « *Ah, que serait notre existence sans la musique !* » s'exclame Hesse. Oui ! Ah ! que serait mon existence sans la musique, la peinture, l'écriture ! Créer, créer, sentir, exister. Alors oui, je passe beaucoup de temps à écrire, et quand je n'écris pas, j'ai au fond de moi les vestiges de cette écriture qui s'est effectuée et qui sommeille encore. Si tout s'effaçait maintenant, je n'y survivrais pas. Je veux continuer de me prouver que j'existe (que je souffre ou non). En 1796, Hölderlin déclara à son frère : « *Le besoin de produire de nous-mêmes quelque chose qui demeure après nous est au fond tout ce qui nous attache à la vie.* » Je suis d'accord, mais dans le sens individuel, personnel, égoïste. Le public n'a rien à faire dans mon existence de créateur. Je vais me répéter : l'œuvre d'art, même si elle a été détruite après avoir été conçue, même si elle n'a été vue que par son concepteur, cette œuvre d'art, dis-je, *a été*. Et non seulement elle a été, mais elle est et elle sera, elle est constitutive de l'Univers, qui est l'ensemble des choses et des faits, de la matière qui change d'aspect, de l'esprit contenu dans l'Esprit. Je suis Julien Pichavant et je suis débris d'étoiles. Passé, présent et futur ne font qu'un. Je préfère, tel un escargot, laisser la trace de la bave de *La Perte de Sens* dans l'Esprit de l'Univers… et non celle des images de TF1. — « *Les rapports de la littérature et de la vie. Trouver ma voie sur ce terrain.* » Que veut dire Etty Hillesum en notant cela ? Qu'il y a, en lisant, en écrivant, une existence à trouver, à prouver, à se prouver. Pour reprendre le cri de Virginia Woolf : « *À quoi sert le reste ?* » (« *Seigneur, comme je vous envie, vous les Poètes ! À quoi sert le reste ?* »)

* * * * *

Soyons les Disciples à Saïs… — « *Il n'y a que les poètes qui aient senti ce que la Nature peut être pour l'homme [...] ; les poètes dont on peut dire encore ici, que l'humanité se trouve en eux dans sa résolution parfaite et qu'à travers leurs transparences de cristal et leur mobilité, pure en toutes ses variations infinies, chaque sensation se propage de tous côtés. Ils trouvent tout dans la Nature. [...] Ils ne savent pas quelles forces sont soumises, quels mondes leur doivent obéir. N'est-il donc pas vrai que pierres et forêts obéissent à la musique et que, domptées par elle, elles se plient à toute volonté comme des animaux domestiques ? Les plus belles fleurs ne fleurissent-elles pas réellement autour de l'aimée et ne se font-elles pas une joie de la parer ? Le ciel ne devient-il pas plus serein pour elle, et plus égale la mer ? La Nature tout entière n'exprime-t-elle pas, aussi bien que font le visage et le geste, le pouls et les couleurs, l'état où se trouve quelqu'un de ces êtres supérieurs et admirables que nous nommons les hommes ? Le roc, dès le moment que je lui parle, ne devient-il pas un authentique* tu *? Et que suis-je d'autre moi-même, lorsque mélancoliquement je regarde dans ses ondes où mes pensées se perdent dans son doux écoulement, si ce n'est le fleuve lui-même ? Seul un cœur calme et gonflé de jouissance peut comprendre le monde : des plantes, un enfant joyeux, seul, ou un sauvage, peut comprendre les animaux. Que quelqu'un ait jamais compris les pierres et les étoiles, je n'en ai pas connaissance ; mais il a fallu certainement que celui-là fût un être sublime. C'est seulement en ces statues qui sont demeurées, vestiges d'un temps tombé en ruine de la splendeur du genre humain, qu'apparaissent comme une lumière l'esprit profond et une si rare compréhension du monde minéral ; et celui, méditatif, qui les contemple, se sent envahir par une écorce de pierre qui le recouvre et qui semble croître vers l'intérieur. Car le sublime pétrifie ; aussi ne nous est-il pas permis de nous étonner devant le sublime de la Nature et devant ses actions, ni de savoir chercher où il se trouve. Ne se pourrait-il pas que la Nature fût devenue pierre à la vue de Dieu ? ou bien qu'elle se fût pétrifiée dans son effroi devant la venue des hommes ? [...] Pour comprendre la Nature, on doit la laisser, intérieurement, se former selon sa propre logique, se développer en toute son intégrité. On doit, dans cette entreprise, ne se laisser déterminer que par le grand désir, la divine aspiration vers ces êtres qui nous ressemblent, et par les conditions qui nous sont nécessaires pour les entendre ; car la Nature tout entière ne se peut concevoir et comprendre que comme instrument d'accord et moyen d'intelligence, entre eux, pour des êtres doués de raison. L'homme, en pensant, retourne à la fonction originelle de son être, à la méditation créatrice ; il revient à ce point où créer et savoir se tiennent le plus merveilleusement embrassés l'un l'autre et en rapports réciproques, à ce moment, créateur entre tous, de la Jouissance essentielle, de la profonde et intérieure autoconception. Et si maintenant il se livre tout à fait à la contemplation de ce phénomène primordial, s'il s'y abîme tout entier, alors devant lui se déploie, comme un spectacle sans mesure dans un temps et dans un espace nouveaux, l'histoire de la création de la Nature ; et chaque point qui s'arrête, se fixe dans la fluidité infinie, lui est une révélation nouvelle du génie de l'amour, un nouveau mariage du toi et du moi. La description faite avec soin de cette histoire du monde, intérieurement, est la véritable théorie de la Nature ; par la liaison en soi et la continuité de son monde spirituel, et par son harmonie avec l'Univers, se dessine de soi-même un système de pensée qui se fait l'image exacte et la formule de l'Univers. Mais l'art est difficile, de cette calme considération, de cette contemplation créatrice du monde ; sa pratique exige une grave méditation incessante et une sévère sobriété ; et la récompense n'en sera point l'applaudissement des contemporains, qui ont peur de la difficulté, mais seulement la joie de savoir et de veiller, la joie d'un intime contact avec l'Univers.* »

* * * * *

L'art est Doute. — Suis-je un *artiste* ? Que fais-je réellement ? *La Perte de Sens* est-elle est une œuvre d'*art* ? À mes yeux, oui. Oh, comparé à Victor Hugo, je ne suis rien. (Je suis moins fier que Thamyris, que les Muses ont mutilé pour avoir osé se croire plus fort qu'elles.) Suis-je un artiste ? Qu'est-ce qu'un artiste ? Un homme qui *doute*, qui doute de ses rapports avec la vie, de ses rapports avec son art. Un homme qui doute et qui *croit*. En me raccrochant à mon « art », je me raccroche à la vie. J'y mets mon être, et ce, depuis une vingtaine d'années. Je n'ai guère changé depuis cette époque. J'ai continué parce que je me sentais *impliqué* tout entier et que j'y ai *cru*. Dans la *Vie de Henry Brulard*, Stendhal confessait : « *Mon idée sur le beau littéraire, au fond, est la même qu'en 1796, mais chaque six mois elle se perfectionne, ou, si l'on veut, elle change un peu. — C'est le travail unique de toute ma vie.* » Comment l'art auquel vous travaillez pourrait-il ne rien signifier s'il est partie intégrante de votre vie ? Une force invisible fait naître la vie et pousse à vivre, et vivre devient à son tour une force qui pousse à écrire. Mais qu'est-ce que cette force ? Mystère. Métaphysique. On ne saura jamais. On est réduit à persévérer et à *douter*. La curiosité me fait penser et le doute me fait écrire. Je suis un alpiniste qui croirait voir une montagne et qui devinerait son sommet. Il veut l'escalader. Pourquoi ? Pour arriver en haut ? Pour le plaisir de grimper ? Pour admirer la vue ? Pour se jeter dans le vide ? Pour se dire qu'il a réussi ? Pour se tester ? Pour savoir s'il en est capable ? Pour se prouver qu'il existe ? Pour rêver ? Pour comprendre qui il est ? Pour se découvrir ? Pour se sentir vivant ? Pour se sentir mortel ? Pour se perfectionner ? Pour le plaisir ? Pour la souffrance ? Pour être heureux ? Pour être malheureux ? Pour sourire ? Pour pleurer ? Pour se rassurer ? Pour le risque ? Pour vaincre sa peur ? Pour la beauté du geste ? Pour rien ? Pour faire quelque chose, peu importe quoi ? Pour passer le temps ? Pour fuir ? Pour aller d'un point A à un point B ? Pour l'ajouter à un palmarès ? Pour être dans le journal ? Pour la gloire ? Pour l'inconnu ? Pour imiter quelqu'un ? Pour conseiller les autres ? Pour aider les autres ? Pour méditer ? Pour ne pas penser ? Veut-il escalader pour escalader ? Que se passera-t-il quand il sera redescendu ? À quoi cela l'aura-t-il avancé ? Doute, doute, doute. Et pourtant, ce doute n'immobilise pas, il fait au contraire avancer. — Le peintre Bongrand, devant Claude et Jory, fait également part de ses doutes : « *Ça vous étonne, mais il y a des jours où je me demande si je vais savoir dessiner un nez… Oui, à chacun de mes tableaux, j'ai encore une grosse émotion de débutant, le cœur qui bat, une angoisse qui sèche la bouche, enfin un trac abominable. [...] Je vous l'ai dit vingt fois qu'on débutait toujours, que la joie n'était pas d'être arrivé là-haut, mais de monter, d'en être encore aux gaietés de l'escalade. Seulement, vous ne comprenez pas, vous ne pouvez pas comprendre,* il faut y passer soi-même… Songez donc ; on espère tout, on rêve tout. C'est l'heure des illusions sans bornes : on a de si bonnes jambes, que les plus durs chemins paraissent courts ; on est dévoré d'un tel appétit de gloire, que les premiers petits succès emplissent la bouche d'un goût délicieux. Quel festin, quand on va pouvoir rassasier son ambition ! et l'on y est presque, et l'on s'écorche avec bonheur ! Puis, c'est fait, la cime est conquise, il s'agit de la garder. Alors, l'abomination commence, on a épuisé l'ivresse, on la trouve courte, amère au fond, ne valant pas la lutte qu'elle a coûté. Plus d'inconnu à connaître, de sensations à sentir. L'orgueil a eu sa ration de renommée, on sait qu'on a donné ses grandes œuvres, on s'étonne qu'elles n'aient pas apporté des jouissances plus vives. Dès ce moment, l'horizon se vide, aucun espoir nouveau ne vous appelle là-bas, il ne reste qu'à mourir. Et pourtant on se cramponne, on ne veut pas être fini, on s'entête à la création comme les vieillards à l'amour, péniblement, honteusement… Ah ! l'on devrait avoir le courage et la fierté de s'étrangler, devant son dernier chef-d'œuvre ! » Derrière Bongrand se tient Zola. Derrière Zola je me tiens. Voilà une cordée ! Je ne suivrai pas Zola jusqu'au sommet… Mon sommet à moi sera à mi-chemin, mais j'y serai, *j'y aurai été*.

* * * * *

L'art est Silence. — L'œuvre repose à mes pieds. Je ne dis rien, elle ne dit rien. Elle pourrait être réduite à néant. Elle est silence. Elle est comme le haïku dont parle Roland Barthes, une « *boucle gracieuse* » qui s'enroule sur elle-même : « *le sillage du signe qui semble avoir été tracé, s'efface : rien n'a été acquis, la pierre du mot a été jetée pour rien : ni vagues ni coulée du sens.* » L'œuvre est là sans être là. Nous ne connaissons que la surface des choses. De même qu'en lisant le journal, nous passons à côté de tout l'essentiel, de tout ce qui meut le monde et le constitue, de même en contemplant l'art, nous sommes devant un infini qui nous échappe et dont nous ne récoltons qu'une infime partie. Il y a eu Hugo, Shakespeare, Léonard, Beethoven… Et les autres ? Ceux qui n'ont pas eu l'ambition ? ceux dont les créations ont été perdues ? Comme Poe, je me pose la question : « *Et ainsi ne pouvons-nous pas supposer qu'il a existé bien des génies beaucoup plus grands que Milton, qui sont restés volontairement "muets et inglorieux"* ? » Comme Pessoa, je m'attriste : « *Ah ! mon amour, quelle gloire que celle des œuvres perdues qu'on ne retrouvera jamais, des traités qui ne sont plus aujourd'hui que des titres, des bibliothèques réduites en cendres, et des statues mises en pièces ! — Comme ils sont sanctifiés d'Absurde, les artistes qui ont brûlé une œuvre splendide […].* » Ces œuvres magnifient le silence par leur présence oubliée. Qu'il est beau, tout cet art qui fut ! Qu'il a raison, Freud (*Passagèreté*) : « *À supposer que vienne un temps où les tableaux et les statues que nous admirons aujourd'hui se soient désagrégés, ou que vienne après nous une race d'hommes qui ne comprenne plus les œuvres de nos poètes et de nos penseurs, voire une époque géologique dans laquelle tout ce qui vit sur terre soit devenu muet, la valeur de tout ce beau et de tout ce parfait est déterminée uniquement par sa significativité pour notre vie de sensation, elle n'a même pas besoin de durer plus longtemps que ne le fait cette dernière et elle est par là indépendante de la durée temporelle absolue.* » — La Terre mourra. Bien avant, les hommes seront morts — et leurs œuvres avec eux. « *Qui sait si le monde durera encore trois semaines !* » s'étonne même Figaro. Mais nous, poètes, dans notre art à nous d'aimer, « *dédaignant le forum, nous ne recherchons que l'ombre et le repos* ». — Du silence est né l'art qui retournera au silence. L'Univers a accueilli l'homme et Se réjouit de l'art qu'il aura fait naître comme Lui-même aura fait naître l'homme. L'Univers sourit, bienveillant, ému de cette quête divine *insensée*.

* * * * *

« *Ce n'est pas un mince présent / D'un poète que ce papier blanc.* » Ainsi, Martial répond à notre question.

« Οὐ παύσομαι τὰς Χάριτας
Μούσαις συγκαταμειγνύς,
ἁδίσταν συζυγίαν.
μὴ ζῴην μετ' ἀμουσίας,
αἰεὶ δ' ἐν στεφάνοισιν εἴην.
Ἔτι τοι γέρων ἀοιδὸς
κελαδεῖ Μναμοσύναν·
ἔτι τὰν Ἡρακλέους
καλλίνικον ἀείδω.
Παρά τε Βρόμιον οἰνοδόταν
παρά τε χέλυος ἑπτατόνου
μολπὰν καὶ Λίβυν αὐλόν·
οὔπω καταπαύσομεν
Μούσας, αἵ μ' ἐχόρευσαν. »

(« *Je veux, tout au long de mon âge,
unir les Grâces avec les Muses,
délicieuse alliance.
Je ne saurais vivre sans elles,
vivre sans leurs couronnes.
Le poète a vieilli, mais sa chanson retentira encore.*

Pour louer Mnémosyne et les victoires d'Héraclès,
Bromios toujours me donne son vin ;
voici la cithare aux sept cordes, la flûte de Lybie.
Il n'est pas temps pour moi de renoncer aux Muses,
qui m'ont admis parmi leurs chœurs. »)

Euripide, *La Folie d'Héraclès*

Alcool

« *Celui qui boit, comme a chanté Nicandre,*
De l'Aconite, il a l'esprit troublé,
Tout ce qu'il voit lui semble estre doublé,
Et sur ses yeux la nuit se vient espandre.

Celui qui boit de l'amour de Cassandre,
Qui par ses yeux au cœur est ecoulé,
Il perd raison, il devient afolé,
Cent fois le jour la Parque le vient prendre.

Mais la chaut vive, ou la rouille, ou le vin
Ou l'or fondu peuvent bien mettre fin
Au mal cruel que l'Aconite donne :

La mort sans plus a pouvoir de garir
Le cœur de ceux que Cassandre empoisonne,
Mais bien heureux qui peut ainsi mourir. »

Pierre de Ronsard

Tout est vin. — Le raisin est raison.

* * * * *

(*Cette eau, c'est mon vin, / C'est mon pleur du vain.*)

* * * * *

Crions : « εὐ οἴ » ! Évoé ! Évoé ! Évoé ! (C'est le « *cri que l'on faisait entendre dans les orgies, pour invoquer Bacchus* » (Littré).) — « *Come, thou monarch of the vine, plumpy Bacchus with pink eyne! In thy fats our cares be drown'd, with thy grapes our hairs be crown'd. Cup us till the world go round, cup us till the world go round!* » (« *Viens, monarque du vin, girond Bacchus à l'œil rose ! Noie nos soucis dans tes cuves, couronne-nous de tes grappes. Buvons, que le monde en tourne, tourne, buvons, que le monde en tourne en rond !* »)

* * * * *

Horace assure que « *dissipat Euhius curas edacis* » (« *Évius dissipe les soucis rongeurs* »). — Évius n'est autre que Bacchus. — Et « *sic tu sapiens finire memento tristitiam uitaeque labores molli, Plance, mero, seu te fulgentia signis* » (« *ainsi, dans ta sagesse, souviens-toi de mettre fin à la tristesse de la vie et à ses peines, Plancus, à l'aide d'une légère ivresse* ») ; « *siccis omnia nam dura deus proposuit neque mordaces aliter diffugiunt sollicitudines* » (« *le Dieu réserve tous les maux à ceux qui ne boivent pas, car les âpres inquiétudes ne se dissipent pas autrement* »).

* * * * *

Telle la parole de l'ivrogne, ma parole sera décousue, éparse, désordonnée, en soi, autonome, ailleurs.

* * * * *

Parler de l'alcool. — C'était le duel de Jean Paul : « *décrire la tonnelle ou en profiter ?* »

* * * * *

Ainsi, « *alcohol* » serait espagnol et signifierait « *antimoine* », puis aurait dévié vers « *très fine poudre* » (entendu : d'antimoine) ? — De la poussière, en quelque sorte, comme tout le reste, — d'étoile.

* * * * *

Sentons le centon. Je ne puis faire autrement.

* * * * *

(*Les mêmes mots, les mêmes phrases,* / *Chaque fois, chaque temps, ineptes ;* / *Les mêmes idées, les mêmes concepts,* / *De la mélancolie à l'extase.* / — *Sus à la vermine m'attaquant !* / — *Revigore-toi ! réchauffe-toi !* / *Pense, ne pense plus, mais crois !* / *Que ce soit où, comment ou quand...* / *Tu bois, ne bouges plus, et réfléchis :* / *Es-tu mort ? veux-tu mourir là ?* / *Il te reste tant avant d'être las !* / *Tu sirotes, cadavre avachi !* » / « *Alors, aidez-moi, bon sang !* / — *Nous n'aidons pas les crapules.* / *Tu es vil, zéro, fini, nul !* / — *Alors... Je pars !...* / — *Va !...* / — *En pensant...* » / *Y a-t-il une morale à l'histoire ?* / *Nous pourrions chercher mille jours,* / *Ce serait crier à un sourd...* / *La morale ? Tout n'est blanc, que noir !...*)

* * * * *

Les Russes sont connus pour être de grands buveurs (de Vodka). Ils ont un proverbe : « *Ivre, mais intelligent : deux avantages.* » (Ou : « *Ivre, mais malin : deux qualités.* ») — Ils encaissent bien. — Aux bagnes sibériens, le forçat trimait pendant des mois pour amasser un pécule dérisoire qu'il dilapidait en une soirée pour boire et se saouler à la vodka coupée. C'est cette perspective qui maintenait sa vigueur au travail, le faisait rêver.

* * * * *

(*Tu ronges ton aspect en en usant...* / *Ces deux faces de ton moi vieillissant,* / *La liqueur et le son...* — *L'eau, le silence !...* / *Que sert de revoir le passé s'il te lance ?...* / *Tu sais qu'étouffer est pour toi... et le reste !...* / *Construis-toi léger, non pas lourd, mais leste !...* / *Tu ne nous écoutes plus, tu attends du balcon* / *Ce geste... qui te rendra... là où nous étions !...*)

* * * * *

Pourquoi boire ? Peut-être, comme dirait Tolstoï au sujet des *Plaisirs vicieux* : « *Boire d'abord pour se donner du courage.* » — Homère nous conte son histoire de l'Odyssée : « *Et alors j'ordonnai à mes chers compagnons de rester auprès de la nef et de la garder. Et j'en choisis douze des plus braves, et je partis, emportant une outre de peau de chèvre, pleine d'un doux vin noir que m'avait donné Maron, fils d'Évanthès, sacrificateur d'Apollon, et qui habitait Ismaros, parce que nous l'avions épargné avec sa femme et ses enfants, par respect. Et il habitait dans le bois sacré de Phoibos Apollôn ; il me fit de beaux présents, car il me donna sept talents d'or bien travaillés, un cratère d'argent massif, et, dans douze amphores un vin doux, pur et divin, qui n'était connu dans sa demeure ni de ses serviteurs, ni de ses servantes, mais de lui seul, de sa femme et de l'Intendante. Toutes les fois qu'on buvait ce doux vin rouge, on y mêlait, pour une coupe pleine, vingt mesures d'eau, et son arôme parfumait encore le cratère, et il eût été dur de s'en abstenir. Et j'emportai une grande outre pleine de ce vin, et des vivres dans un sac, car mon âme courageuse m'excitait à m'approcher de cet homme géant, doué d'une grande force, sauvage, ne connaissant ni la justice ni les lois.* » Le courage du vin ou le vin du courage ?...

* * * * *

Pourquoi boire ? Pourquoi pas ? Pour Tchékhov, par la bouche d'Anna Pétrovna : « *Qu'on boive ou qu'on ne boive pas, au bout du compte, on est mort, non ? Alors buvons, c'est toujours ça de pris !* »

* * * * *

(*Besoin dans le verre,* / *L'envie est sous terre.* / *Viens goûter, mon frère,* / *Car je sais y faire.*)

* * * * *

Pourquoi boire ? Pour oublier. — « *La pauvre vie s'évertue à nous donner des soucis,* / *Chasser les soucis, c'est le fait du raisin.* » (Goethe s'en fait l'échanson.) — « *Moi aussi, mes amis, dit Socrate, je suis tout à fait d'avis que nous buvions. Car je reconnais que le vin en arrosant les âmes endort les chagrins, comme la mandragore endort les hommes, et qu'il éveille les bons sentiments comme l'huile anime la flamme. Il me semble qu'il en est de nos corps comme des plantes qui croissent en terre. Que le dieu les arrose trop abondamment, elles ne peuvent ni lever ni s'ouvrir au souffle des brises ; si au contraire elles ne boivent que juste assez pour leur satisfaction, elles lèvent fort bien, poussent, fleurissent et arrivent à fruit.* » — « *Avec le vin ne fais pas le brave, car le vin a perdu bien des gens. La fournaise éprouve la trempe de l'acier, ainsi le vin éprouve les cœurs dans un tournoi de fanfarons. Le vin c'est la vie pour l'homme, quand on en boit modérément. Quelle vie mène-t-on privé de vin ? Il a été créé pour la joie des hommes. Gaîté du cœur et joie de l'âme, voilà le vin qu'on boit quand il faut et à sa suffisance. Amertume de l'âme, voilà le vin qu'on boit avec excès, par passion et par défi. L'ivresse excite la fureur de l'insensé pour sa perte, elle diminue sa force et provoque* les coups. » (*Sir 31,25-30*) — Dans un crépuscule, jusqu'à oublier l'oubli… « *Vivons donc ! et buvons, du soir jusqu'au matin, / Pour l'oubli de nous-même !* »

* * * * *

(*Ainsi, le refuge est la boisson ? / Noie plutôt tes cauchemars / Dans l'amour ou la passion, / Sans quoi, tu sais, le départ…*)

* * * * *

Pourquoi boire ? Vouloir être heureux — et devenir malheureux ? Non : *redevenir* malheureux. — Triste pour le vin qui « détriste », attriste. Où est le juste milieu ? — Et comment cela commence-t-il ? Comment cela continue-t-il ? Comment cela finit-il ? — Pavese, qu'en dis-tu, de ce vin triste ? Le cherche-t-on, le vin triste, pour n'être plus triste ? Où va-t-on ? Que trouve-t-on ? L'a-t-on cherché ? Que gagne-t-on ? Que perd-on ? « *Le plus dur c'est de s'asseoir sans se faire remarquer. / Le reste vient tout seul. Trois gorgées / et puis l'envie renaît de penser solitaire. / Un décor de lointains qui bourdonnent se découvre / soudain, / chaque chose se perd, et être né et regarder son verre, / ça devient un miracle. Le travail / (l'homme seul ne peut pas s'empêcher de penser au travail) / redevient le destin très ancien qu'il est beau de souffrir / pour pouvoir y penser. Puis, douloureux, les yeux / se fixent dans le vide, comme ceux d'un aveugle. / Si cet homme se lève et qu'il rentre pour dormir, / il a l'air d'un aveugle qui a perdu son chemin. / N'importe qui pourrait déboucher d'une rue / et le rouer de coups. / Une femme pourrait déboucher et s'étendre dans la rue, / jeune et belle, couchée sous un autre homme, gémissante / comme jadis une femme gémissait avec lui. / Mais cet homme ne voit rien. Il rentre pour dormir / et la vie n'est qu'un silence qui bourdonne. / À le déshabiller cet homme, on ne voit que des membres épuisés, / et un peu de poil brutal, ça et là. Dirait-on / que des veines où jadis la vie était ardente / courent tièdes en cet homme ? / Personne ne croirait que jadis une femme / ait caressé ce corps et embrassé ce corps, qui frissonne, / et l'ait baigné de larmes, / maintenant que rentré pour dormir, / l'homme n'y parvient pas mais gémit.* » — Se brutaliser contre une vie qui brutalise ?

* * * * *

Verse-m'en une larme… en écoutant la sonate de Beethoven… — Une larme de Lamartine : « *Le sublime lasse, le beau trompe, le pathétique seul est infaillible dans l'art. Celui qui sait attendrir sait tout. Il y a plus de génie dans une larme que dans tous les musées et dans toutes les bibliothèques de l'univers. L'homme est comme l'arbre qu'on secoue pour en faire tomber ses fruits : on n'ébranle jamais l'homme sans qu'il en tombe des pleurs.* »

* * * * *

Pourquoi boire ? Sentir, ressentir. Un tout, le tout. — Hesse, dans son premier roman, *Peter Camenzind*, offrait ce panégyrique : « *Ce à quoi mon père, en son temps, n'avait pas réussi, cette détresse amoureuse y parvint : elle fit de moi un buveur. — Ce fut là, pour ma vie et mon caractère, chose plus importante que tout ce que j'ai raconté jusqu'ici. Le dieu fort et doux devint pour moi un ami fidèle et il l'est resté. Qui donc est aussi puissant que lui ? Qui est aussi beau, aussi fantasque, aussi enthousiaste, joyeux et mélancolique ? C'est un héros et un magicien. C'est un séducteur, frère d'Éros. L'impossible est en son pouvoir. Il emplit de pauvres cœurs humains de beaux et merveilleux poèmes. Du paysan, du solitaire que j'étais, il a fait un roi, un poète, un sage. Il charge de nouveaux destins des barques qui se sont vidées sur le fleuve de la vie et ramène les naufrages dans des courants qui les emportent, à toute vitesse, à travers l'existence. — C'est tout cela, le vin. Mais il en est de lui comme de tout ce qui a du prix, dons et arts : il veut être aimé, recherché, compris et conquis à grand effort. Bien peu en sont capables, et c'est par milliers qu'il mène les hommes à leur perte. Il en fait des vieillards, il les tue et éteint en eux la flamme de l'esprit. Mais ses favoris, il les invite à ses fêtes et leur construit des arcs-en-ciel, des ponts qui mènent aux îles fortunées. Il glisse des coussins sous leurs têtes, quand ils sont las et les enserre, quand ils sont en proie à la tristesse, de ses bras doux et bons, comme un ami et comme une mère qui console. Il transforme les embarras de la vie en mythes sublimes et joue sur sa harpe puissante le chant de la création. — Et puis, c'est aussi un enfant aux longues boucles soyeuses, aux épaules étroites, aux membres frêles. Il se serre sur votre cœur, levant son pâle visage vers le vôtre, vous regardant de ses bons grands yeux naïfs et rêveurs au fond desquels ruissellent, au sein de la primitive innocence, les souvenirs enfantins du Paradis du Bon Dieu, dans toute leur fraîcheur et tout leur éclat, comme une eau qui vient de sourdre au fond des bois. — Et il ressemble aussi, ce dieu délicieux, à un fleuve qui s'écoule profond et tumultueux à travers la nuit de printemps. Et il ressemble à une mer qui berce sur la fraîcheur de ses vagues le soleil et la tempête. — Quand il s'entretient avec ses favoris, alors déferle en eux, parmi les frissons, la mer en furie du mystère, du souvenir, de la poésie, des pressentiments, dominant tous les autres bruits. Le monde connu devient minuscule et perd sa réalité et l'âme se précipite, tremblante de joie et d'angoisse, dans les espaces vierges de l'inconnu où tout est étranger et pourtant familier et dont la langue est celle de la musique, celle des poètes et du rêve.* »

* * * * *

(« *L'homme est mauvais, / Tout comme nous. / Les jeux sont faits, / Repose tes genoux. / Ingénieur ? trop tard. / Professeur ? mal parti. / Alors quoi, clochard ?* » / — *Rêve de poète maudit.*)

* * * * *

Comment cela commença-t-il ? Mon frère, qui a trente-trois ans, n'a jamais bu une goutte d'alcool. Moi-même, jusqu'à l'âge de vingt-et-un ans, n'avais jamais touché (ou très peu) à un verre d'alcool. C'est venu peu de temps après la pipe, le cigare et la cigarette. Ces substances-là sont liées, comme si l'une entraînait l'autre. Il me semble que le café bu en quantité significative date également de cette époque. Mon père, qui a toujours apprécié le bon vin, a, semble-t-il, essayé de retarder autant que possible notre apprentissage de l'alcool. C'était une bonne résolution. Mais ce « retard » n'a-t-il pas provoqué l'excès quand j'ai réellement commencé ? Mon frère prouve qu'il y a peu de chances que ce soit ainsi qu'il faille considérer les événements. — Je crois voir plusieurs étapes. Après les classes préparatoires, ce fut comme une liberté retrouvée. Je me remis à lire, à écrire, à sortir. J'accompagnai les camarades dans quelques soirées arrosées. D'après mes souvenirs, cela consistait essentiellement en bières. Cela ne m'empêcha pas de finir « beurré », de passer la nuit accroché à la cuvette des WC, le doigt dans la bouche, à expulser jusqu'à la bile… — Lorsque nous allâmes aux États-Unis, avec Anthony, je savais me contrôler. Lui, non. Un jour, il but tant qu'il ne put nous accompagner, Laurent, Luis et moi, à un gala organisé par l'Alliance Française. Cela m'avait laissé tout songeur, de voir Anthony dans cet état-là… — Une étape majeure fut le divorce des parents. Ce fut, non pas une « *liberté retrouvée* », mais une libération inédite, le sens où une barrière morale tombait. Le côté « sévère » de mon éducation s'en trouvait chamboulé. Et il y eut cet épisode que je relate dans *La Lyre*. À quel point m'ébranla-t-il ? M'ébranle-t-il encore aujourd'hui ? « *Il y a une semaine, mon père m'a appelé ; le timbre de sa voix sortait d'une tombe ; sa propension à ne plus croire en sa malchance, en ses malheurs cumulés depuis deux ans, semblait elle-même morte. Que faire ? J'ai eu des visions du passé : lui étendu sur la pelouse, à Basse-Goulaine, ivre par l'association des somnifères et de l'alcool, le médecin qui vient et qui demande, avant que l'ambulance n'arrive sur les lieux, sombrement : "Dois-je considérer, monsieur Pichavant, que c'est une tentative de suicide ?" Mon père, très au-dessus, très loin, perdu aux confins d'un monde de l'au-delà : "Non, non… non…" Mon père, l'exemple, mon père, la personne qui compte le plus au monde à mes yeux, mon père, l'homme si sobre que je connais, — mon père en avait été réduit à faire cela ; ma mère, la séparation n'y étaient pas pour peu. Et voilà que cela recommence : il voit le monde en noir — mais il a de quoi ! Et je me retrouve de nouveau dans une impasse, car sur les cinq personnes qui me sont les plus proches, quatre vraisemblablement ne se portent pas bien : François est mort ; mon père nourrit des sentiments suicidaires ; Carole R., ne réussissant pas à échapper à son ex petit ami, nourrit des sentiments identiques (mais, me confie-t-elle, "il n'y a rien à craindre") ; que reste-t-il ?… J'en suis également.* » Il y a beaucoup à dire sur ce passage. Mon père, sur son piédestal, le maître. L'exemple à suivre : pour le meilleur… et pour le pire. Si François a pu se suicider, je peux le faire ; si mon père peut être réduit à cela, je le peux ?... Ah, ce « non » qui s'enfuit, guttural (ce *non du père*), qui se perd… Qui, ce père ? Et ce François qui est mort et dont je dis qu'il est « *proche* », comme s'il était encore auprès de moi… Et moi-même, me compté-je parmi mes proches ?... Comme par un dédoublement, je m'observe de haut, de loin ?... « *J'en suis* » ? Je les suis ? — Une autre étape fut celle, bachique, des sorties entre coéquipiers du club de basket de Basse-Goulaine. Presque tous les vendredis soirs, après l'entraînement, on se retrouvait chez l'un d'entre eux, et on buvait pour se préparer à aller en boite de nuit. Ce n'était pas à proprement parler des orgies, mais cela y ressemblait. Je me souviens notamment d'avoir, un certain soir, enchaîné si rapidement les whisky-coca que je ne pus rester debout plus longtemps et m'affalai. Même allongé par terre, au pied d'un arbre, cela continuait de tanguer vertigineusement… et je vomissais, tout en me promettant de ne jamais recommencer. Mais cela recommença de nombreuses fois. (Un autre jour, je rentrai au milieu de la nuit et tentai de me coucher. Peine perdue. Cela vacillait tellement que j'ouvris la fenêtre et les volets et vomis sur le gravier du jardin. En me retournant, je vis que ma mère était sur le seuil de la porte de ma chambre. Elle me demanda à peu près : « Tout va bien ? » Et je répondis d'un ton d'outre-tombe : « Oui, tu vois. » La honte…) Toutes ces saouleries n'étaient pas à mettre au compte de la mélancolie. Le mal-être y avait sa part de responsabilité, certes, mais ce n'était rien comparé à ce qui allait suivre. (Ce ne sont pas uniquement l'amusement et le défoulement qui motivent ce genre d'activité chez les jeunes. L'oubli, l'inconscience, la tristesse sont quelques-unes des causes inavouées. La raison de ces valses maudites de l'esprit et du corps, c'est la recherche paradoxale de l'inhibition et de la désinhibition.) En clair, je ne buvais pas vraiment au nom d'une « dépression ». Pas encore. Je ne faisais que m'initier au poison. — Puis je rencontrai Agnès. D'abord, avant le premier rendez-vous, je m'envoyai quelques rasades (de whisky ?) sur le parking de la Petite Hollande. Voici ce que j'en dis dans *Melos* : « *Boire motivait ma peur ; — il n'est jamais trop tard : une part de l'alcool ingurgité, ce fameux soir de la fin de septembre, devait conditionner mon état face à la nouveauté que je ne savais par quel bout prendre.* — Amen. » Par la suite, le couple s'étant constitué, nous profitâmes de la bonne chair : « Le vin nous grise. — *J'ai commencé de boire de l'alcool assez tard dans ma jeune vie, et il en est davantage à l'égard du vin. C'est toi qui m'y disposas clairement, par un petit bonhomme de chemin, et nous ne cessions (mais nous le poursuivons aujourd'hui) de légiférer de nouvelles exigences en fonction, d'une part, de nos goûts, et d'autre part, de nos inclinations dues à l'expérience, qui se manifestaient toujours selon le souci de boire bien, et, surtout, de boire du très bon vin. Tu avais débuté ces parties avant moi, mais je te donnai l'envie de te prostituer toujours plus pour elles, et en ma compagnie, jusqu'à ce qu'on y mît le prix qu'il fallait. — Ta petite bouche affriolante qui s'humecte de vin rouge, tes yeux qui sursautent inconsciemment par l'entremise du poison vital, tout cela me grise tout autant que me grise l'unique breuvage.* — Tu me grises. » Tous ces restaurants… « *Ce bourgogne au Chiwawa, dont je ne cessais plus de parler après l'avoir bu, causant chez toi ce petit sourire de compassion, d'énervement bien intentionné.* — Ah ! je t'adore !… — Je le jure : *leurs serveurs devront en sortir une nouvelle bouteille et,* — bon sang, je n'en démordrai pas ! — *verser le vin couleur rouille dans une carafe luxueuse… pour remplir ces verres que l'on ne prête qu'aux seuls rois…* » « *Je redemande une invitation au Chiwawa ; j'y veux boire ce bourgogne, j'y veux mourir de plaisir de te sentir, comme la dernière fois que nous y allâmes.* — Il avait été dit dans la Bible cette phrase que l'on a déformée : Bonum vinum laetificat cor hominis *(Le bon vin réjouit le cœur de l'homme).* » « *La bouteille est entamée, elle ne résistera pas longtemps à nos assauts répétés ; tu éclates :* "On en ouvre une autre, soyons fou ; c'est moi qui commande !…" *Je t'adore, je te vénère, je t'acclame quand le vin proposé a des chances d'être aussi bon que toi.* » « *Te regarder au travers d'un verre rempli au tiers d'un vin rouge couleur rouille, que l'âge a bonifié, c'est te déguster avant l'heure, c'est retarder le plaisir inavoué d'avoir davantage que cette liqueur excitante.* »

Mais il y eut des excès dans des moments d'abandon mélancolique et suicidaire. Je le rappelle dans *La Lyre* : « *Il y a un an et demi, je me suis assis sur le toit chez Agnès, après avoir bu une bouteille de Muscat ; je réfléchissais — mais je savais que non, ce n'était pas maintenant, mon courage n'était pas assez présent — et ne le serait vraisemblablement jamais.* » Mais, de même que, tout jeune, j'écrivais des nouvelles sur la mort sans savoir au juste en quoi elle consistait et ce qu'elle représentait à mes yeux ; de même que, avant la mort de François, je voyais le mot « *suicide* » sans l'entendre (sans qu'il renvoyât à quelque chose de précis, de non abstrait) ; de même, j'écrivais à cette époque *Amer Amen* sans comprendre parfaitement ma relation à l'alcool. « *L'alcool, en dernier recours (ces* derniers recours, *alarmants, là, toujours,* pour toujours)*, aide, donne du monde un aperçu moins morne, — rapproche de la réalité ?... Non, jamais. J'ai arrêté de fumer pour les mêmes raisons qui font que je ne veux pas devenir dépendant de substances qui aggravent la faculté de penser, la forme physique du corps. Tous ces neuromédiateurs qui rendent les neurones quasi aphones, — très peu pour moi. Mais un peu d'alcool servirait d'œillères. J'en réponds souvent : le recul nécessaire face à toute situation, nouvelle ou ordinaire, changeante ou immobile, fatale ou hasardeuse, n'est possible que si l'on entretient une* indifférence critique *avec le tout qui nous environne. Perception extraordinaire qui peut bien égaler, en impression directe, les visions changeantes, transmuantes. Rien de diffamant à être indifférent de l'extérieur, à regarder d'un même tout toutes les nuances, à s'extraire de soi-même (surtout si le recul doit être pris pour nous-même), à adopter l'attitude du philosophe éloigné des préjugés, des croyances, des connaissances superficielles —* à devenir un autre. *L'œil qui n'est pas le nôtre ; le jugement qui le sera. Car le philosophe, que fait-il ? — Le bon philosophe ? — (J'ai bu cinq grosses rasades de whisky. La bouteille est près de moi, vide ou presque, et je n'ai plus de coca — ah ! pour le couper. Soyons sauvages, cela nous rendra civilisés.)* » Alors quoi ? Boire pour jouer — ou ne plus jouer — au philosophe ? Boire à cause de la peur de boire ? — Puis il y eut le stage à Paris, puis le décès de François, puis le « chômage ». Cela monta *crescendo*. Déjà, pour me donner du courage, je buvais du whisky avant d'appeler pour les annonces d'appartements à louer sur Paris. C'était vers avril-mai 2000. À cette époque (voire encore aujourd'hui !), je n'étais pas libéré de ma mère (et de mon père), je veux dire de la déresponsabilisation que mes parents m'avaient toujours « inculquée ». Je n'avais pas appris à me débrouiller pour moi-même, tout seul. Tout m'avait toujours été servi (sur un plateau d'argent). En tout cas, le pire du pire fut atteint à partir de septembre 2001. Pas de boulot. Des entretiens qui ne débouchaient sur rien. (J'ai déjà touché deux mots à ce sujet avec la « *Feuille de malchance* ».) Ce fut là que je m'engouffrai dans l'alcoolisme. Ce fut à ce moment-là de ma vie que *je me mis vraiment à boire*. Je n'avais pas beaucoup d'argent, mais je m'achetai mes premières bouteilles de whisky. Je les buvais en cachette (elles étaient cachées dans mon sac de sport Adidas, sous les fringues). Il n'était pas rare qu'à 8H00 (du matin), je fusse déjà en train de siroter du whisky-coca tout en regardant les offres d'emploi. Quelle époque désastreuse ! Mais elle ne fut pas la dernière ! Je recopie quelques passages de mon *Journal* de cette période : « [03/05/00 :] *J'ai bu un whisky-coca (attention : ma mère ne doit pas s'apercevoir que le contenu de la bouteille baisse...) [...].* [11/12/01 :] *Je m'offre un apéritif (whisky-coca) et des gâteaux... [...] L'alcool, redoublé par la bonne chanson, me fait un bien incroyable, mais me* précipite léthargiquement*... Boire et voir le monde... Ou sombrer... — J'ai envie d'écrire...* [05/01/02 :] *J'ai un certain cafard... Le retour en France, les mains vides, le compte vide, les envies vides... [...] Angoisse : je deviens alcoolique, — c'est ce que je crois... Je ne suis pas dépendant, mais dès que je vais mal, je veux me soûler...* [07/01/02 :] *Malheur : je me suis pris une grosse rasade de whisky et cela ne fait pas beaucoup d'effet... J'ai peur.* [08/01/02 :] *Malheur !... J'ai envie de m'acheter de l'alcool... me noyer en lui pour faire disparaître les tracas (Tracas) du monde... — Malheur !... Cioran me parle, je l'écoute... et je veux détruire les espérances !... [...] Boire et réfléchir...* [09/01/02 :] *Pour oublier... Boire... écouter Pearl Jam... noter dans mon carnet ce qui me vient... — Avec du discernement, je me sens perdu. [...] Bu toute la bouteille...* [11/01/02 :] *Je crois que je deviens alcoolique... — Je deviens soûl... [...] Je suis quasiment soûl... La belle histoire !... — Hahahaha !... [...]* FRANÇOIS*... [...] Alcool... trop fort...* [07/04/02 :] *À boire, sans lire, dans le clic-clac, écoutant de la musique ensorcelante, à réfléchir dans les nuées de l'alcool à ce que vaut ceci, cela... à "penser le poids" de mon existence, son intérêt, etc. — Quelle affreuse solitude de l'homme adonné à cette solitude !... Car il n'y a pas de solitude dure, seulement une solitude évasive qui met en contact nos pires pensées...* [09/04/02 :] *À la banque... [...] Je suis à 400€... [...] Je fume... Je bois... (Pas trop... Si je veux faire un footing...) — Dieu que dieu me tue !... Flagellation. [...] Je bois... Pourquoi ?!?... [...] Je suis amorphe... Le regard vide errant ici ou là ; j'écoute de la musique...* [10/04/02 :] *Le whisky me rend mou... Mais avec cette pointe d'indifférence qui (sans rendre arrogant) m'enlève au monde... Ça me fait peur : je ne suis en aucun cas malade... Simplement, je suis amorphe (l'habitude)... Dure réalité !... (Noter que cela me réconforte...) [...] Je commence (sans en être fier) à comprendre ce que c'est que d'être ivre sans que les autres s'en rendent compte... — Cela agit-il comme les antidépresseurs ?... [...] Car, dans ce cas-là, je n'en veux pas : l'activité cérébrale est réduite... — Silence.* [12/04/02 :] *Bon... alors quoi ?... [...] Putain... Que c'est chiant, l'indéterminisme !... — (La bouteille est finie.)* [13/04/02 :] *Je ne vais pas bien du tout... (Ça ne change guère...) — Il faut que je m'évade — par tous les moyens... — Triste destinée.* [18/04/02 :] *16H43 et beaucoup de whisky-coca plus tard...* [21/04/02 :] *Hier, j'avais bu deux whisky-coca chez les Lagadec, et deux ou trois verres de rosé... Deux whisky-coca chez Mme Douault... Une pinte de Guinness... Trois ou quatre babies de liqueur chez Soizic...* [22/04/02 :] *Acheté Clan Campbell...* [23/04/02 :] *En lisant la troisième conférence de Russell, je regarde la moquette et je crois me dissoudre : le monde est ébranlé, il vacille... Cet objet "fixe" est-il fixe ?... Etc. — Ce sont ces idées qui, à l'instar de celles de Dick, font bouger les choses de manière tout à fait folle : le monde réel est-il réel ?... Ma mère aurait dit à Carole qu'elle voyait que les bouteilles se vidaient... Elle s'inquiétait... Mais le pas à franchir : m'en parler... [...] Mon Dieu... Que fais-je ?... Je bouffe ma vie !... La jeunesse !... Je tue l'homme dans le jeune !...* [02/05/02 :] *Je suis blindé à l'alcool... Beurk. Situation diabolique. [...] (Trop d'alcool aujourd'hui : attention.)* [15/12/02 :] *Je me remets à boire, ou quoi ?... — Mon Dieu... [...] (Coup dans le nez... Je joue au comédien... Seul... Tel un fou...) — Je voudrais connaître le bonheur... — Un feu de cheminée... — Plus de rhum... Un peu de whisky ?... [...] Après rhum, bière, rhum, rhum, maintenant whisky... — AU SECOURS. [...] Je replonge... Je rebois... Satané Dimanche !... — Je replonge. — Ha !... [...] Nouveau whisky... [...] Un boulot où je serai bon, même bourré... Artiste. Etc.* [29/04/02 :] *Ma mère me voir, écrire comme ça... Dans les pommes de l'alcool... — Mort... comme à celle de François... — Pitié. — Je suis comme envoûté. SEUL. [...] Rien... Seul... Envie de mourir... Personne... Merde. [...] Bandes de nuls !... [...] L'alcool qui donne cette envie de* mourir...

[...] TRISTESSE. *[...] Vomi un peu... (Du sang...) [...] Marie a rappelé... J'étais très mal...* — *Elle arrive, je crois...* — *PITIÉ... [...] Si Marie vient... Pitié...* — *Combien de temps avant de redevenir* à jeun *?...* — *Bon... STOP. [16/12/02 :] Hier !... Catastrophe... Tellement bu !... Je suis allé trop loin... J'ai craché un peu de sang...* » Pour donner une idée encore plus nette (et plus « propre ») de ce qui m'agitait, je vais également recopier un bout d'une lettre datée du 29 avril 2002, envoyée à ma petite amie d'alors, Carole : « *Comme je te l'ai dit, j'ai le sentiment d'avoir trop longuement, par le passé, médité sur ces thèmes qui me rendent malheureux. Ainsi, comme il en va avec l'alcool, je me cache, de façon malhonnête, ce qui se passe, je veux passer outre, je me fais croire que cela sera mieux, j'attends un jour libérateur, une occasion à prendre ; en clair : je veux avoir la foi. Et qui dit foi, dit, à l'instar de la passion, une perte non raisonnée de la réalité, un engouement trop prononcé. Ce qui m'a fait perdre les pédales à maintes reprises depuis mon diplôme : jamais, je n'en doute pas, je n'ai reçu autant de claques, et ceci, ramené à cette puissance d'ego dangereuse, m'a coûté cher : j'ai chuté. Je ne contrôle pas cela, parce qu'il y a les contingences et que je me surévalue parfois. Quand j'évoque le contrôle, cela participe de la volonté de voir tout en blanc (pureté). (Même en se donnant les moyens, on peut ne parvenir à rien. Je crois que je ne suis pas maître de mon destin. La vie est ainsi faite que des propositions peuvent être données, que des événements, prévus ou pas, peuvent nous intercepter, mais que presque jamais, quand bien même les volitions seraient plausibles, réalisables, pas trop folles, nous n'aurons ce qui serait le mieux pour notre bien-être. Maîtriser son destin est une infamie, un mensonge éhonté, un culte d'apparat, un signe de dégénérescence, une ignorance et scientifique et métaphysique. "Prendre son destin en main" ne veut rien dire, pour peu qu'on y jette un œil aguerri.) [...] Je ne vis plus dans cet univers ; dans tous les cas, j'essaierai de vivre pour moi-même sans l'aide des autres. Ces derniers sont si peu intègres (par mon expérience) que je doute en tout ; c'est uniquement dans ce schéma que je suis très cartésien. En clair : on ne peut compter que sur soi. [...] Toi, tu peux rencontrer des collègues qui, avec quelques affinités qui les démarquent, te procureront un bien considérable ; mais moi, je suis coincé : vivre pour moi-même, vivre mon art sans le secours d'aucun individu, et me frotter à la vie active, ce sont des ambivalences. Un des recruteurs m'avait annoncé à deux reprises que j'étais en contradiction en rapport à deux choses particulières. C'est dans le sens : être et ne pas être. [...] Si j'ai changé ? C'est une part de l'empirisme qui l'énonce. Je n'ai rien d'inné qui soit calculable. Et si mes expériences multiples dans tant de domaines, travaillées, ébauchées, les coups du sort, etc., sont importantes, j'espère que je garde l'intégrité de mon être. Je n'ai guère changé du tout ou tout ; je crois qu'il n'y a jamais eu de changement extraordinaire depuis que j'ai quinze ans. Je pourrais, avec une certaine prétention, voire une présomption, avouer que je suis fidèle à moi-même depuis la nuit des temps. Mais comment le voir ou le vérifier ? Si je me regarde tous les jours dans la glace, je ne verrai pas que je change physiquement, par exemple. Quand je grandissais à vue d'œil, je ne le voyais pas, mais le fait est que je dépassais tous les garçons de ma classe. La mort de François est certainement la plus grande épreuve que je n'ai toujours pas digérée. Elle s'est un peu effacée avec le temps, comme toute chose, mais c'est difficile. Mes visions changent ou s'extrémisent plus avec le happening : divorce, comportement, famille, travail, etc. L'art, pour choisir un cas de plaisir et des souffrances associées, est de plus en plus pur en moi ; je dois travailler, je veux la perfection et je ralentis. Tout allait mieux quand j'écrivais, à mes débuts, il y a cela, à ce qu'il me semble, une éternité. Cela coulait, je ne me posais pas de questions, je désirais raconter des histoires, cracher cette imagination (et déjà c'était pour moi seul), — et tu verras, en lisant peut-être un jour quelques-unes de ces nouvelles, que je n'étais pas au stade de l'achèvement, de la recherche de quelque chose d'artistique au sens où je l'entends aujourd'hui. Et puis, lire de tous les auteurs, de toutes les théories, sans me corrompre, mais en m'affirmant, me donne des visions qui complètent, qui me complètent. Je ne pourrai pas peindre si je ne sais pas ce qu'est un pinceau. Je ne pourrai pas lancer le mot liberté si je ne sais pas ce que c'est (et c'est pourquoi je n'aime pas les jeunes qui, n'ayant que de pauvres bases intellectuelles, s'appuient sur leurs instincts ou suivent ce qu'il est bon de suivre aux yeux de la masse, de l'opinion, s'attachent à la politique et croient comprendre que... etc., alors que les questions sont trop complexes. Mais en partant de ce principe, on ne ferait plus rien, il est vrai, mais c'est la démocratie. Et sur ce point entre parenthèses, tu n'es pas d'accord, de toute façon). [...] Je vis, surtout depuis quelques mois, dans la pure abstraction qui est le lot de la contemplation intérieure. Ce ne sont pas les étoiles que je regarde languissamment, ce sont les pensées assujetties aux soubresauts de mon âme. [...] Finalement, engoncé dans cet univers de réflexion invariable, je soustrais les contingences du monde de mon système égoïste. Si je devais contempler la nature, je serais mieux avec de la musique entraînante, ensorcelante ; si je devais réfléchir à ma métaphysique (et, par extension, à celle des autres, à celle de l'homme, ce qui n'est pas une mince affaire), je m'allongerais dans un hamac, bercé par cette même musique et le vent, ou par les mouvements silencieux. Or, qu'est-ce qui devient préjudiciable dans un tel état ? L'abandon, la perte de la perception des mouvances normales d'ici-bas. Un monde intellectualisé se différencie par trop et crée un malaise : la pensée tue la pensée proportionnellement à sa quantité et sa qualité. Ainsi, mon univers, privé du normal, est absolu en relativisant selon un seul repère : le mien. Je provoque une dissension qu'il faut juguler. C'est à se taper le crâne contre le mur. Je suis empêtré dans de la théorie ; je me laisse juger de ma pratique passée en l'admettant pour définitive et guère plus susceptible d'être augmentée ou affinée. "Pour gagner, je dois perdre." Peut-être est-ce là le dilemme crucial et ténébreux. Je gagne pour moi (en égoïste) et je perds pour les autres (en altruiste). Tout ceci ne doit pas être très clair à tes yeux. Ma maniaquerie désapprouve d'écrire une lettre comme si ce devait être un "véritable" écrit : cela doit suivre le mouvement des pensées, aussi arbitraire qu'il puisse être (je ne corrige pas). [...] Je repense à [mon père] quand je bois de l'alcool : il a essayé, à tout prix, de retarder l'âge auquel je commencerais d'en boire.* » — Après que ma mère eut vendu la maison de Basse-Goulaine, nous atterrîmes, avec mon frère, sur l'île Beaulieu, dans ce fameux appartement situé au quatorzième étage... Vue imprenable sur le sud de Nantes, au bord de la Loire... 2002 à 2005 : trois années de cauchemar. Fac de philo, fac de maths, petits boulots pour survivre (mais j'avais la chance de ne pas payer de loyer : éternelle *déresponsabilisation*). Je buvais encore énormément. Je cachais les bouteilles dans un petit meuble, dans la chambre. (Ma mère n'était pas souvent là. Elle avait un copain qui habitait dans l'immeuble d'à côté. Mon frère, je crois, ne pigeait rien de ce qui arrivait.) Quelles quantités d'alcool ai-je pu ingurgiter ? Ça dépasse l'entendement. Je continuais de jeter ma gourme sans la jeter. (Avec Nicolas, nous nous rappelons « nostalgiquement » mes frasques d'homme perdu : je circulais (avec mon AX dans les rues de Nantes, pour aller le rejoindre à la résidence universitaire), la cigarette dans une main, une bière dans l'autre. J'achetais souvent un pack de Königsberg (la bière la moins chère) et arrivais chez Nico qui s'étonnait de ce que le pack fût bien entamé — et entamé dans la voiture, *pendant le voyage*. Mon Dieu... Et quand je songe à la façon de m'éclater... Notamment avec mes « Bon, on va faire un jeu »... Jeux enfantins, jeux de vilain, mais grisants...) À la fac de maths, je passais plus de temps au bar, à boire de la bière, qu'en cours...

Quelle horreur, ce jour du partiel en histoire des mathématiques. Je quittai l'épreuve au bout d'une demi-heure. C'était le matin — mais j'étais ivre. La pauvre prof, qui m'appréciait beaucoup, était désolée pour moi. Elle avait tout compris. — Ainsi, les mois s'écoulèrent tandis que je m'écroulais progressivement… Jeanne-Marie, Lore, Marie, Flamine, Gwendoline, Aurélie ne purent rien pour moi. — Urgences, Adler, psychiatres, médicaments… et toujours l'alcool… — Les « aphorismes » et pensées qui suivent, tirés de mes *Carnets* de notes, s'échelonnent tout au long de ces trois années… — « Pour gagner, je dois boire… et si je bois, je perds… — Ah !… » — « *Silence. — Un homme, une femme. "Comment s'aimer ?" Silence. — L'homme prend son verre et le verse dans le verre de la femme. — Silence. Il boit. — Silence. — La femme boit. — FIN.* » — « *Affronter l'homme, certes ; — mais à l'aide de l'alcool !… Malheur à nous, les porteurs d'idées !…* » — « *L'alcool soulage la conscience trop aiguë de celui qui est très fort. (Par conséquent, je ne parle pas des pauvres d'esprit alcooliques.)* » — « *L'expression connue : "Je bois pour oublier que je bois"* — est le résumé de la vie. — *"Je vis pour oublier que je vis — ou que je vais mourir…"* » — « *Si l'alcool rend heureux, c'est qu'on est malheureux. Si l'alcool rend malheureux, c'est qu'on est malheureux. —* Qui boit est foncièrement malheureux. » — « *Il faut, ainsi, que j'aie vraiment bu pour que je puisse gouverner le monde et moi-même. —* Fausseté alors de cette vie quand on est proche de la mort. Cette mort proche que l'on sent comme la vraie vie. » — « I. — *Ami, remplis mon verre…* — II. — *Mais j'ai mal d'être moi…* — III. — *Buvons à plein chagrin…* » — « *"… qui, tel un noble vin, à la fin met en feu et porte à la méditation…"* (*La Naissance de la tragédie.*) » — « *Si je pouvais être soûl pour ce qui concerne le monde — et être encore sobre pour ce qui me concerne (ce que je veux).* » — « *Dieu, enferme-moi avec moi-même et une bouteille de whisky. Je ne sais et ne veux affronter le Monde.* » — « *Être alcoolique à 23, 24, 25 ans… La partie semble déjà perdue…* » — « *Quand on est soûl, on est vrai. — Quel malheur ! quelle fatalité !… —* Qu'est-ce que ce monde ?… » — « *Je ne peux pas prendre de médicaments :* il y a l'alcool… » — « *Les antidépresseurs ?… L'alcool suffit à cette peine.* » — « *Avant : je faisais du sport, n'étais pas anxieux, ne fumais pas, ne buvais pas. Maintenant : je ne fais plus de sport, je suis anxieux, je fume, je bois. — Après ?… Mon dieu…* » — « *Plus je bois, plus je fume, plus je… — Non.* » — « *Oui, on l'on arrive au : "Je bois pour oublier que je bois"* — la fin est — hélas — proche et affable… » — « *Un verre vide, c'est souvent un homme plein.* » — « *L'alcool se goûte pour goûter le monde ; se boit pour boire le monde ; soûle pour soûler notre monde… Si nous sommes ivres, alors le monde l'est aussi…* » — « *Pourrai-je encore écrire — sans alcool ?…* » — « *Sentir les envies qui sont comme des besoins, la nuit : le tabac ou l'alcool…* » — « *Celui qui en vient à ne plus être capable de vivre que par le biais du tabac, de l'alcool ou de la drogue, devient asocial, non pas parce que la société lui est ignoble, mais parce que lui semble ignoble devant la société…* » — « *Celui qui commande un double whisky est deux fois plus malheureux…* » — « *Avoir un peu d'alcool pour enlever cet épanchement sensible,* etc. » — « *C'est vrai qu'il faut être soul être alcoolique. —* De là, les fumeurs d'herbe sont des enfants. » — « *Je ne sais plus si c'est un journal ou non. —* Avec l'alcool, je me retiens — et je me lâche. Etc. ». « La nostalgie me conduit à la névrose, au repliement sur moi-même ; la nostalgie est une façon abusive de me contempler, non pas par narcissisme, mais par digression, par déguisement, par différentiation (extraction du moi en lui-même) : ce n'est que regret, qu'abandon, qu'atrophie du monde extérieur. Le moi s'exclame en silence ; c'est le début des méditations cartésiennes, avec cette nuance : — il y a un passé, je sais tout, ou presque tout. — Je me relis sans cesse (dans les moments de mal-être, de dépression), je m'apprends et me réapprends moi-même, comme pour me rappeler qui je suis, ce que je suis : je me veux par cœur. » — L'alcoolisme pur et dur guettait… (J'avais écrit à Aurélie, en mars 2005 : « […] cependant que je ne me suis jamais drogué qu'à l'alcool (quelques pétards ici ou là, beaucoup de cigarettes)... et seul. C'est pourquoi à certains moments de ma vie (ces cinq dernières années), j'ai eu peur de devenir alcoolique. C'est toujours en filigrane, — si j'ose dire. ») — Mais… — Vint mon embauche *in extremis* au CFA de Cholet. « In extremis », car l'été 2005 faillit signer ma perte. Monsieur Loirat avait largement augmenté la dose d'antidépresseurs, et Monsieur Jubert tenait à ce que l'on se vît plusieurs fois par semaine. Mon « salut » fut cette embauche. Sans elle, j'eusse traversé la plus sombre de toutes les plus sombres périodes de ma vie… Imaginez ! J'avais coulé tant de fois… et là, c'eût été pire ! (À Aure, le 23 août, j'avais décrit l'apocalypse qui couvait : « Hi, — *Dans les limbes d'une radiesthésie, il opère ainsi but… Tout revient, c'est-à-dire rien n'arrive. J'ai pris rendez-vous avec mon psy-médicamenteux, je me remémore la séance d'anthologie d'hier soir avec mon psy-lacanien... J'en ai marre. Je repense sincèrement et sérieusement au suicide, même (!!!!!!!) avec les antidépresseurs que je prends... Il faut dire que je me remets à boire, mais quand même... —* Ce matin, au rectorat, on m'annonce qu'on place les titulaires, de plus en plus nombreux, en priorité. Puis ceux qui sont non-titulaires dans le système depuis un temps. Puis moi, éventuellement : il faut que je demande à partir du 15 septembre (!!!!!!!!!!!!!!!!!!!)... Je n'en peux plus. Mon compte en banque devient une peau de chagrin, je ne peux plus me faire plaisir, je n'ai plus envie d'Acadomia... Etc. — Un ingénieur-philosophe-mathématicien-etc.-etc. ne vaut rien. Pitié de Moi, pitié des Autres. — Ce n'est pas drôle. Il a fallu que je rencontrasse une femme qui est tout autant l'objet de mon spleen vengeur de la vie surfaite aux valeurs défaites. Tu es si loin... Je suis si loin, perdu au milieu de mon océan nauséabond de merde. Je crois que : je n'ai plus envie de rien. Je crois que : je ne vois rien à l'horizon. —* Hier soir, je dis à mon psy : Pour la première fois de ma vie, rien n'est pour moi réalisable. Pour la première de ma vie (c'est pour dire), je sombre avec rien autour. RIEN. JE SUIS SEUL. SEUL. SEUL. SEUL. Il faut payer mon psy pour qu'il soit là. Mon oncle habite aux States. Toi, tu es loin… — *Tu parlais de "clef". Bon dieu, hier soir, j'étais tellement dérouté devant le psy que j'ai eu plusieurs clefs. J'ai enfin compris que je ne pourrai rien faire. Sauf barboter dans cette mare putride quelques jours... Ha !... le Juju divin revient... L'Abject !... Le Sempiternel !...* Très FRANCHEMENT, c'est soit des médicaments et la déchéance, soit des médicaments et la larvité. Je demande à déchoir davantage, ou à larviser... Vendredi prochain, psy ; jeudi, psy... Je ne fais que ça... Je me suis permis d'acheter, tout à l'heure, *désœuvré, La folie privée d'André Green ; du désœuvrement de ceux qui sont sur la borderline, comme il en parle... —* MARRE. PUTAIN !!!!!!!!!! MARRE. *L'antidote de la vie ? Death. Si, pour avoir compris la vie, il faut mourir, autant mourir... Je me laisse aller...* NÉVROSE *comme personne parmi les intellos.* NÉVROSE *de mes couilles...* JE CHIE SUR MES PARENTS, SUR MON ENTOURAGE, SUR LES GENS... JE LEUR CHIE A LA GUEULE, CES NIAIS DE LA VIE... IOM, *le Juju renversé »* — Je pleurais, je me lamentais, je marchais « déchaussé et nu », je poussais « *des cris comme le chacal, et des gémissements comme l'autruche »* (Mic 1,8).) — En débarquant à Cholet, j'essayai de faire table rase du passé « déviant ». Enfin, l'indépendance ! l'indépendance financière et un logement pour moi tout seul ! Je décidai d'arrêter brutalement l'antidépresseur et, contre l'avis de Monsieur Jubert, d'arrêter l'analyse par la même occasion. (Tout se déroula plutôt bien. — J'étais censé être avec Flamine. Nous rompîmes en janvier 2007. Ce fut dur. Ensuite, en ce qui concerne les relations sentimentales (ou pas), ce fut n'importe quoi. Je sortis très souvent avec Damien et Candice. Je renouai avec les boites de nuit. Je sortis avec des filles très jeunes… C'était une libération malsaine… Je revis Marie, Aurélie… Durant quelques mois, j'avais trois petites amies qui n'en savaient rien…) — De 2007 à 2009, je passais mon temps libre à écouter de la musique, rivé sur mon écran d'ordinateur… Je buvais verre de kir sur verre de kir. J'achetais le vin blanc par cubis de cinq litres. Commencèrent les *comas éthyliques*… J'en connus plusieurs. Ce fut nouveau pour moi. J'enquillais les verres sans m'en rendre compte jusqu'à dépasser les bornes. Je ne comprenais que le lendemain… J'ai retrouvé cette lettre d'octobre 2007 adressée à Aurélie (je signale qu'à ce moment-là, j'avais arrêté de fumer, que ma grand-mère maternelle était gravement malade et que j'avais passé une partie de l'été à La Turballe) : « *En ce moment, la forme est au plus bas, mais elle est sourde. C'est une douleur encore une fois qui est là, que je ne sens pas. — Je n'ai besoin de personne. Je dois me battre tout seul puisque je suis parfois mon propre démon. L'obstacle que je rencontre pour toute chose, c'est moi-même, forcément. — J'ai atteint le tréfonds samedi. Et là, c'est grave. J'ai bu énormément, sans me rendre compte du rythme. Je n'ai pas vomi, ni titubé. J'ai bien dormi, à ce que j'ai cru. Mais je ne me souviens de plus rien. Un noir complet. J'encaisse trop bien l'alcool, depuis toutes ces années, le corps ne me dit plus rien. C'est le cerveau qui pleure maintenant sans rien dire. Je crois que j'ai connu un coma éthylique. C'est terrible. Peut-être que deux verres de plus, c'était terminé, j'en sais rien. Je ne me souviens de rien de 16H00 peut-être au lendemain. — J'avais même le combiné sur ma table de chevet. Ai-je appelé quelqu'un ? Voulais-je appeler quelqu'un ? J'en sais rien, rien du tout. — Ce n'est pas que je sois malheureux. Mais je crois que je fatalise en tranquillité. En ce moment, je me sens léger parce que je rencontre ma contradiction.* » (Je suis persuadé que cet abus d'alcool compensait l'arrêt du tabac. Il fallait quelque chose, remplacer la drogue. De même que boire amène à fumer, ne pas fumer amène à boire.) Ce fut après le premier coma que je décidai d'afficher, en face de l'endroit où j'avais le plus de chance de me trouver, cette citation de Vauvenargues : « *Nous sommes consternés de nos rechutes, et de voir que nos malheurs mêmes n'ont pu nous corriger de nos défauts.* » Ce qui ne changea rien à l'affaire. — Puis, à partir de 2009, je me calmai. Car Clémence apparut. — *Clémence.*

* * * * *

(*Dérisoire nectar du soir / Piètre matinale mélopée / Burlesque et belle de moire / Voilà bien douze heures happées*)

* * * * *

(Qu'est-ce que ce « *je me veux par cœur* » ? Dès 2001, dans mes moments de solitude et d'alcoolisation, je pris l'habitude de *me relire*. J'avais fait imprimer et relier quelques-uns de mes écrits. Je les feuilletais pour *me rassurer, me prouver que j'avais existé*, que j'avais été *capable de faire cela*. Loin de m'aider, ça m'enfonçait. Je me tournais autour, centrais tout autour de moi. Attitude sadomasochiste. — L'écriture, en tant que preuve, recherche de sens dans le désarroi complet.)

* * * * *

(*Si cet être-seul me perd (?) aux soucis d'hier, / C'est de la Nostalgie, qui bat son pavillon, / Jour après jour, sans trêve — et creuse ses sillons, / M'appelle au passé pour me saigner et me plaire. /* « *Offre-moi une condition humaine / D'atours égoïstes et sans Autruis ; / Laisse-moi solitaire avec ma haine. / Je pars, je m'évanouis, je vais, je fuis.* »)

* * * * *

Pourquoi boire ? Plus je vieillis, plus les réveils sont douloureux après une soirée moyennement arrosée. Le corps ne tient plus. Est-ce pour cette raison que les cuites de la jeunesse ne sont plus envisageables ? Est-ce pour cette raison que l'on boit avec modération ? La peur de la gueule de bois ? De même que les suicides seraient plus nombreux si l'on pouvait actionner un petit bouton permettant d'en finir sans douleur, de même, les ivresses seraient-elles plus nombreuses s'il n'y avait pas la pénible *récupération* ? Faut-il qu'il y ait toujours *un prix à payer* ? Quel est le prix de la réalité ? Quel est le prix de la volonté de se sentir mieux ? « *Nul être humain ne s'est encore senti complètement heureux dans le présent* », dit Schopenhauer. Pourquoi ? Parce qu'« *il faudrait pour cela être saoul* ». Les gens recherchent-ils ce qui peut leur nuire ? Non. « *Leur cœur aura la joie que donne le vin […].* » (Zach 10,7) Pourquoi le fumeur, qui connaît les risques, les accepte-t-il ? Pourquoi le buveur, qui connaît les risques, les accepte-t-il ? Pour leur bien — qui est un mal. — L'alcool et le tabac font crever. Cependant… « *Plus d'alcool, plus de tabac, autant crever tout de suite.* » (Strindberg)

* * * * *

In vino veritas. — « *Écoutez-moi maintenant, toi, Eumaios, et vous, ses compagnons, afin que je vous parle en me glorifiant, car le vin insensé m'y pousse, lui qui excite le plus sage à chanter, à rire, à danser, et à prononcer des paroles qu'il eût été mieux de ne pas dire ; mais dès que j'ai commencé à être bavard, je ne puis rien cacher.* » — Boire jusqu'à être doucement grisé, c'est-à-dire sans aller jusqu'à l'ivresse, m'a toujours paru être un moyen de *dégager la vue*, de voir au-delà de la première apparence des choses, de renouer avec les pensées que la quotidienneté maintient inconscientes. Comme si l'alcool ouvrait les yeux, faisait approcher de la *vérité*. Pascal lui-même le reconnaît (que j'imagine pourtant d'une sobriété exemplaire) : « *Trop et trop peu de vin. Ne lui en donnez pas : il ne peut trouver la vérité. Donnez-lui en trop : de même.* » Tout est dans la mesure : ni trop ni trop peu. Les œillères disparaissent. C'est une sorte de *liberté*. Lors de la beuverie de joyeux compagnons, dans *Faust*, on entend : « *Vive la liberté, vive aussi la bouteille !* »

* * * * *

Conscience du (par le) vin. — D'un côté, voir les choses à nu et être content ; de autre, oublier que l'on a vu ces choses, ou oublier les choses que l'on voit sans avoir bu. Dans sa *Romance du vin*, Nelligan s'emporte : « *Je suis gai ! je suis gai ! Dans le cristal qui chante, / Verse, verse le vin ! verse encore et toujours, / Que je puisse oublier la tristesse des jours, / Dans le dédain que j'ai de la foule méchante !* » Oui, mais… dans son *Banquet macabre*, il est plutôt dans l'apitoiement : « *Versez le vin funèbre aux verres par longs flots, / Et buvons à la Mort dans leurs crânes, poètes, / Pour étouffer en nous la rage des sanglots !* » Si, comme le rappelle l'Uriel de Strindberg, avec « *une goutte de vin* », les hommes « *voient ce qui est* », Dieu reste menaçant : « *Les insensés ! ils ne savent pas que j'ai doué leur plante d'étranges vertus : la folie, le sommeil et l'oubli. Avec elle ils ne sauront plus ce qu'ont vu leurs yeux.* » — Pessoa, grand buveur, a vanté un nombre incalculable de fois les vertus du vin… Ici : « *Ah, bois, bois, bois, jusqu'à en oublier / Le comment, d'où, vers où, où et pourquoi !* » Là : « *Avec le vin aussi je verse dans la coupe / L'oubli : j'en serai tout joyeux, puisque la bonne / Fortune ignore. Quel souvenir, / Quelle prescience, font sourire ? / Faisons-nous, non la vie, mais l'âme pour le moins / Des bêtes, grâce à la pensée : bien à l'abri / Au creux de l'impalpable destinée / Qui n'a pas plus d'espoir que mémoire. / Mortelle, ma main porte à mes lèvres mortelles / Le vin passager en sa coupe frêle, et j'ai / Les yeux gris de buée, eux qui / Sont faits pour ne plus voir.* » Tout le paradoxe des drogues rejaillit ici pour celui qui les convoite, car il doit aussi les *subir*. Pour se délivrer grâce à l'alcool, le buveur doit s'en faire l'esclave. « *Bacchus a donné aux hommes la joie et la douleur. Celui qui boit sans mesure trouve la folie dans son ivresse. Le vin enchaîne à la fois ses mains, ses pieds, sa langue et son esprit par des liens invincibles, et le doux sommeil aime à fermer ses paupières.* » Certes, Hésiode met en garde celui qui boirait « *sans mesure* », mais où fixer la limite ? Il faut en profiter et « *bien boire* » tout en sachant dire « *assez* », ainsi que nous l'explique Molière : « *Buvons, chers amis, buvons : / Le temps qui fuit nous y convie ; / Profitons de la vie / Autant que nous pouvons. / Quand on a passé l'onde noire, / Adieu le bon vin, nos amours ; / Dépêchons-nous de boire, / On ne boit pas toujours. […] Et ce n'est qu'à bien boire / Que l'on peut être heureux. / Sus, sus, du vin partout, versez, garçons, versez, / Versez, versez toujours, tant qu'on vous dise assez.* »

* * * * *

Ô Bacchus — ô Liber pater — ô Dionysos. — Tenez ! ceci est mon sang… — Libation. Bacchanale. Folie à la Sardanapale, sur le tombeau duquel on avait gravé : « *Étranger, mange, bois et profite de la vie, car tout le reste ne vaut pas grand-chose.* » — Du satyre et du silène à la mort. — Le Roi s'amuse ! « *Tout pouvoir, tout vouloir, tout avoir ! Triboulet ! / Quel plaisir d'être au monde, et qu'il fait bon de vivre ! / Quel bonheur !* » — « *Je crois bien, sire, vous êtes ivre !* » — Tristesse du sobre, larme des sens : buvons — contre la perte — du Lacryma Christi… — Folie… Sagesse… Si se « *mêle une courte folie à ta sagesse* », tu t'oublieras vaporeusement. « *Il est doux de s'oublier par moment.* » Ainsi parla Horace à Virgile.

* * * * *

Combien de Nazis œuvraient-ils sous l'empire de l'alcool ? — Trop boire anticipe le meurtre ; l'idée du meurtre supportée par l'alcool. — « *Car du vin, tu le sais, la téméraire ardeur / Souvent à l'excès même enhardit la pudeur* » ? En Chénier… — Iniquité.

* * * * *

L'alcool est un bien et un mal, il soigne, guérit, et rend malade, tue. À un endroit de son *Histoire naturelle*, Pline l'Ancien défend la cause du vin en écrivant sur ses propriétés médicinales ; à un autre, il l'attaque : « *Le lendemain, l'haleine a l'odeur d'un tonneau ; tout est oublié et la mémoire est morte. C'est ce qu'ils appellent enlever la vie ; et tandis que chacun ne perd que le jour qui s'est écoulé, eux perdent aussi celui qui va venir.* » — C'est mal d'être bien. — Mal : « *Malheur à ceux qui de bon matin courent après les boissons enivrantes, et qui bien avant dans la nuit sont échauffés par le vin !* » (Is 5,11) Bien : « *Venez, je vais chercher du vin, et nous boirons des liqueurs fortes ! Nous en ferons autant demain, et beaucoup plus encore !* » (Is 56,12) Dieu est malveillant : « *J'ai été seul à fouler au pressoir, et nul homme d'entre les peuples n'était avec moi ; je les ai foulés dans ma colère, je les ai écrasés dans ma fureur ; leur sang a jailli sur mes vêtements, et j'ai souillé tous mes habits.* » (Is 63,1-6) Dieu est bienveillant : « *En ce jour-là, chantez un cantique sur la vigne. Moi l'Éternel, j'en suis le gardien, je l'arrose à chaque instant ; de peur qu'on ne l'attaque, nuit et jour je la garde.* » (Is 27,2-3) — Il y a de quoi devenir fou !… Prier au nom de quoi ?… Nom de Dieu !… Dieu nous enjoint à boire… à vomir… « *Tu leur diras : Ainsi parle l'Éternel des armées, le Dieu d'Israël : Buvez, enivrez-vous, et vomissez, et tombez sans vous relever, à la vue du glaive que j'enverrai au milieu de vous ! Et s'ils refusent de prendre de ta main la coupe pour boire, dis-leur : Ainsi parle l'Éternel des armées : Vous boirez !* » (Jr 25,27-28) — Boire la coupe jusqu'à la lie… — Qui priera au nom de la guerre ? Qui aimerait vomir ?… Mais combien boivent jusqu'à en vomir ?… — Il n'est pas donné à tout le monde de se modérer. À juste titre, Hermann Hesse écrivait : « *Le vin fournit une compensation, il console, apaise, il est un dispensateur de rêves et représente en tant que lui une divinité bien plus noble et belle que voudraient nous le faire croire aujourd'hui ses nombreux détracteurs. Cependant, il n'est pas destiné à tout le monde.* » — C'est un mal, mais un bien. « Ce paradoxe est bien développé par Platon dans ses *Lois*. « *L'Athénien : Voici ce que je te demande : est-ce que l'effet du vin n'est pas d'intensifier nos plaisirs, nos peines, nos colères et nos amours ?* — *Clinias : Oui, et de beaucoup.* — *L'Athénien : Et nos sensations, notre mémoire, nos opinions, nos pensées n'en deviennent-elles pas aussi plus fortes, ou plutôt n'abandonnent-elles pas l'homme qui s'est gorgé de vin jusqu'à l'ivresse ? — Clinias : Elles l'abandonnent entièrement. — L'Athénien : N'arrive-t-il pas au même état d'âme que lorsqu'il n'était encore qu'un petit enfant ? — Clinias : Sans doute. — L'Athénien : Alors il n'est plus du tout maître de lui. — Clinias : Plus du tout. — L'Athénien : Ne pouvons-nous pas dire qu'il est alors dans l'état le plus mauvais ? — Clinias : Le plus mauvais de beaucoup.* » Après avoir mené l'entretien à tambour battant, socratiquement, l'Athénien ne s'arrête pas en si bon chemin. Il renverse aussitôt les valeurs et surprend son interlocuteur : « *N'a-t-il pas une vertu opposée à celui dont nous venons de parler, qui rend tout de suite l'homme qui en a bu plus gai qu'il n'était avant ; qui fait que, plus il y goûte, plus il se remplit de belles espérances et de l'idée de sa puissance ; qui à la fin le fait parler avec une franchise et une liberté entière, dans la persuasion qu'il est sage, et qui lui ôte toute espèce de crainte, au point qu'il n'hésite pas à dire ni à faire tout ce qui lui passe par la tête ! […] Les autres disent, ce semble, que Dionysos a donné le vin aux hommes pour se venger d'eux, en les mettant en folie ; mais le discours que nous tenons à présent fait voir qu'il nous a été donné comme remède en vue du contraire, pour mettre dans nos âmes la pudeur et dans nos corps la santé et la force.* » — Qui est le meilleur conseiller ? Quels conseils suivre ? Rūmī s'en contrefiche : « *Qu'ai-je à faire de conseils ? Ô échanson, fais circuler la coupe. / Verse à l'âme, ô échanson, ce vin qui donne la vie, / Mets dans ma main cette coupe de vie, ô toi, secours des amoureux !* » Il ne désire qu'une chose : que l'échanson « *verse le vin en abondance, afin que s'évanouisse cet état qui balance entre la crainte et l'espoir* », afin que se détruise la pensée : « *qu'avons-nous à faire d'elle ?* » Rūmī était comme Omar Khayyām… ou comme la poétesse chinoise Li Qingzao : « *Je ne remplis pas jusqu'au bord / ma coupe de ce vin généreux, / couleur d'ambre. / La tête encore claire, / je veux jouir / de mon allégresse. […] Quelques tasses de ce vin léger, / Que peuvent-elles contre le soir / et les rafales furieuses du vent ?* » Et cet autre poète chinois, Bao Zhao, dont les soupirs se suivaient « *jusqu'à l'aube / Du matin jusqu'au soir, tristesse, souffrance* » : « *J'avance mes œuvres et dévoile mes pensées / Puis retourne au vin qui panse mes plaies.* » Et Shabestarî ! « *Le vin pur est ce qui te purifie / De la tache de l'existence au moment de l'ivresse. / Bois, et guéris-toi de la froideur du cœur, / Car l'homme ivre vaut mieux que le "bien pensant". / Pour celui qui demeure loin du portail de la Réalité suprême, / Le voile de l'obscurité est préférable au voile de la lumière.* » — Le vin est de toutes les contrées, de toutes les époques, de toutes les religions. — Et tous les dieux créèrent la vigne. — Dans *Les Bacchantes* d'Euripide, Tirésias raconte : « *Ce dieu nouveau, que tu tournes en ridicule, toi, je ne saurais dire avec quelle grandeur il régnera sur la Grèce. Il y a deux divinités, ô jeune homme, qui tiennent le premier rang chez les hommes. L'une est la déesse Déméter, ou la Terre, donne-lui le nom que tu voudras ; c'est elle qui d'aliments solides nourrit les mortels. L'autre s'est placée de pair avec elle : c'est le fils de Sémélé ; il a trouvé un breuvage, le jus de la grappe, et l'a introduit parmi les mortels pour délivrer les malheureux hommes de leurs chagrins en les abreuvant de la liqueur de la vigne. Le sommeil, l'oubli de leurs maux quotidiens, voilà son présent ; il n'y a pas d'autre remède à leurs peines.* »

* * * * *

Dieu voulait-il nous rendre fous en nous accordant la boisson ? Quel est ce Dieu qui donne *cette* vie ? Grantaire dirait que ce Dieu est un *misérable* « *je ne sais qui* » : « *Je voudrais boire. Je désire oublier la vie. La vie est une invention hideuse de je ne sais qui. Cela ne dure rien et cela ne vaut rien. On se casse le cou à vivre. La vie est un décor où il y a peu de praticables. Le bonheur est un vieux châssis peint d'un seul côté.* » — Dans les livres de Tennessee Williams, ça boit beaucoup, ça s'alcoolise *à la folie*. « *Brick : Il me manque quelque chose.* — Grand-père : *Quoi ?* — Brick : *Le… clic.* — Grand-père : *Le clic ? Quel clic ?* — Brick : *Un petit claquement sec dans le fond de ma tête, qui me donne la paix.* — Grand-père : *Qu'est-ce que tu me chantes là ?* — Brick : *C'est purement mécanique.* — (Il boit.) — Grand-père : *Qu'est-ce qui est mécanique ?* — Brick : *Ce petit claquement sec qui me donne la paix. Je suis forcé de boire jusqu'à ce que ça se déclenche. Oui, purement mécanique, comme un… comme un...* (Il boit.) — Grand-père : *Comme un… quoi ?* — Brick, porte son verre à son front : *Comme un commutateur, qui éteint dans ma tête une lumière étouffante et allume une lumière nouvelle, toute fraîche, et alors, j'ai la paix.* — Grand-père : *Tu en es là, vraiment ? Mais tu es alcoolique !* — Brick : *Oui, je suis alcoolique.* » — Clic, clac, clic, clac ; tic, tac, tic, tac… Goutte, goûte ; tant, temps…

* * * * *

Dormir, ou peut-être rêver… N'est-ce pas, Tibulle ? « *Adde merum uinoque nouos conpesce dolores, / Occupet ut fessi lumina uicta sopor, / Neu quisquam multo percussum tempora baccho / Excitet, infelix dum requiescit amor.* » (« *Verse encore ! dans le vin apaise mes douleurs neuves, pour que mes yeux vaincus enfin par la fatigue s'abandonnent au sommeil, et, quand Bacchus aura largement envahi mes tempes, que nul ne me réveille, dans le repos de mon triste amour !* ») — Dormir, rêver… Buvons ! buvons ! — « *Buvons ! buvons !* » s'écrie Alcée. « *Pourquoi attendre l'heure des flambeaux, l'éclat du jour ne nous suffit-il pas ? Bacchus, le joyeux fils de Jupiter et de Sémélé, nous a donné le vin pour noyer nos peines dans l'oubli. Emplissez cette coupe, emplissez-la jusqu'au bord ; inondez votre cœur de ce doux nectar : voici l'heure où va paraître l'astre qui dévore les champs. Nous sommes au temps le plus enflammé de l'année. Nos prairies dévorées par la soif invoquent la pluie. C'est l'instant de nous enivrer : c'est l'instant de forcer les plus sobres à boire à longs traits. Amis, plantons, plantons la vigne de préférence à tout autre arbre.* » — Plante-toi.

* * * * *

Il y a un temps pour tout. L'Ecclésiaste ? Cholem Aleikhem ! « *Tout homme raisonnable doit savoir qu'il est un temps pour chaque chose : un temps pour boire et un temps pour s'éloigner de la boisson.* »

* * * * *

Moi, ce n'est pas *L'épopée du buveur d'eau* (je ne suis pas Nietzsche). Ce serait plutôt, pour reprendre l'idée que proposa à Jack London sa femme Charmian : *Mémoires d'un buveur*. — Il faut lire *John Barleycorn*. — « *Il m'avait donc fallu vingt ans d'un apprentissage à contrecœur pour imposer à mon organisme une tolérance rebelle et ressentir au tréfonds de moi-même le désir de l'alcool. — Je dépeignis mes premiers contacts avec lui, j'avouai mes premières ivresses et mes révoltes, en insistant sur la seule chose qui, en fin de compte, avait eu raison de moi : la facilité de se procurer ce poison. [...] De tempérament, j'ai le cœur sain et l'esprit enjoué. Cependant, quand je me promène en compagnie de John Barleycorn, je souffre toutes les tortures du pessimisme intellectuel. — Et pourtant, m'empresserai-je d'ajouter (je m'empresse toujours d'ajouter quelque chose), il faut rendre son dû à John Barleycorn. Il dit crûment la vérité, et c'est là le malheur. Les prétendues vérités de la vie sont fausses. Elles sont des mensonges essentiels qui la rendent possible, et John Barleycorn leur inflige son démenti. [...] Mais à l'être imaginatif, John Barleycorn envoie les impitoyables syllogismes spectraux de la raison pure. Il examine la vie et toutes ses futilités avec l'œil d'un philosophe allemand pessimiste. Il transperce toutes les illusions, transpose toutes les valeurs. Le bien est mauvais, la vérité est un trompe-l'œil et la vie une farce. Des hauteurs de sa calme démence, il considère avec la certitude d'un dieu que toute l'existence est un mal. Sous la lueur claire et froide de sa logique, épouse, enfants et amis révèlent leurs déguisements et supercheries. Il devine ce qui se passe en eux, et tout ce qu'il voit, c'est leur fragilité, leur mesquinerie, leur âme sordide et pitoyable. Ils ne peuvent plus se jouer de lui. Ce sont de misérables petits égoïsmes, comme tous les autres nains humains ; ils se trémoussent au gré d'une danse éphémère à travers la vie, dépourvus de liberté, simples marionnettes du hasard. Lui-même est comme eux ; il s'en rend compte, mais avec une différence, pourtant : il voit, il sait. Il connaît son unique liberté : il peut avancer le jour de sa mort. [...] Et voici que John Barleycorn s'avance avec la malédiction qu'il inflige à l'homme d'imagination, débordant de vie et du désir de vivre. John Barleycorn envoie sa raison pure, blanche messagère d'une vérité située par-delà la vérité, aux antipodes de la vie, d'une vérité cruelle et déserte comme les espaces interstellaires, immobile et glacée comme le zéro absolu, étincelante sous les cristallisations de l'évidence irréfutable et de l'indéniable fait. John Barleycorn refuse de laisser rêver le rêveur, il dissipe en brouillard le paradoxe de l'existence, jusqu'à ce que sa victime s'écrie, comme dans La Cité de l'épouvantable nuit : "Notre vie est une duperie, notre mort un abîme de noirceur." Et quand la victime en est à ce point d'horrible intimité, ses pieds sont engagés sur le sentier de la mort.* » — Je me sens proche de Jack London. Il ne jettera pas la pierre au mendiant qui fait l'aumône pour se procurer de l'alcool. À celui qui est totalement démuni, il reste une consolation, un refuge, une bouillotte spirituelle, un élixir d'oubli : l'alcool. En plongeant dans les bas-fonds, London y a vu la misère et les ravages de la boisson. Mais il les comprend. « *Et puis il y a aussi cette insécurité de bonheur, cette précarité de l'existence et cette peur devant l'avenir — les voilà, les facteurs bien puissants qui entraînent les gens à boire. [...] Il est inutile de venir prêcher la tempérance et l'antialcoolisme à ces gens. L'habitude de boire peut être la cause de plusieurs misères, mais elle est par contre l'effet de plusieurs autres misères qui ont précédé cette habitude. Les avocats de la tempérance peuvent prêcher en toute bonne foi sur les méfaits de l'alcoolisme, tant qu'ils n'auront pas fait disparaître les autres méfaits, ceux qui amènent les hommes à boire, on n'aura pas progressé et la boisson et son cortège de misères subsisteront.* » Zola (le journaliste) justifiait cet aspect sociétal de manière similaire : « *Le vin est nécessaire au travailleur surmené. C'est le labeur sans trêve qui jette l'ouvrier dans le vin ; c'est la misère aussi, toutes les causes qui débilitent et qui le poussent à chercher ailleurs des forces factices. Quand l'homme est changé en machine, quand on ne lui demande plus que le rôle d'un engrenage ou d'un piston, il faut lui tolérer le vin, le vin qui rend puissant, qui met du cœur au ventre.* »

* * * * *

« Освободясь от пробки влажной, / Бутылка хлопнула ; вино / Шипит. » (« *Le bouchon saute avec fracas. / Le vin se sent libre, il écume, / Il pétille.* ») Joie enfantine de Pouchkine, joie d'*Eugène Onéguine*. — Lorsque, le soir, après une journée de travail, sonne l'heure de l'apéritif, je me sens d'un coup plus léger. Les muscles se relâchent, les neurones soufflent, mon être se donne du répit. Héraclès me chuchote que « *le va-et-vient de la coupe aux lèvres / [me] conduira ailleurs qu'à l'humeur noire et au souci* ». Quand on goûte au vin de façon modérée, celui-ci agit comme un anxiolytique. Comme disait Alfred de Musset : « *Ô Dieu ! une grappe de raisin écrasée sous la plante des pieds suffit pour disperser les soucis les plus noirs, et pour briser tous les fils invisibles que les génies du mal tendent sur notre chemin.* » C'est le repos mérité du guerrier. Après l'effort, le réconfort. Qui prétendrait le contraire ? Figaro fait rimer « *vin* » et « *chagrin* » pour les éloigner : « *Bannissons le chagrin, / Il nous consume : / Sans le feu du bon vin, / Qui nous rallume, / Réduit à languir, / L'homme, sans plaisir, / Vivrait comme un sot, / Et mourrait bientôt.* » Le vin réchauffe le cœur, réconforte l'esprit en déposant une petite brume autour de nous, en émoussant la réalité qui parfois nous déchire. Cette recette est vieille comme le monde. Six cents ans avant la venue du Christ, Alcée de Mytilène la conseillait déjà : « *Jupiter nous inonde des pluies glaciales par torrents, le ciel est obscurci par tous les frimas, bientôt l'hiver enchaînera le cours des fleuves impétueux. Chassons ce triste hiver en faisant briller nos foyers d'une flamme étincelante, en remplissant nos coupes du vin le plus délicieux.* » — Le soir, en allant au lit, j'emporte avec moi un fond de liqueur, le plus souvent de la Chartreuse verte, ma préférée. Le verre contient l'équivalent de trois ou quatre petites gorgées. C'est peu, mais c'est suffisant : c'est délicieux, ça requinque. Ça ne désaltère pas le corps, mais la tête. Loin de moi, par exemple, l'idée de vouloir m'enivrer ou de suivre Enobarbus : « *Mine, and most of our fortunes, to-night, shall be—drunk to bed.* » (« *Ma bonne aventure à moi et à la plupart ce soir sera de nous mettre au lit saouls.* ») Je ne cherche pas l'ivrognerie… La Chartreuse est mon « *nightcap* ». — Pour supporter la vie, pour supporter sa propre vie, voire *se* supporter, un peu d'élixir ne peut pas faire de mal. « *On croit qu'on ne peut pas vivre dans ce monde, et puis on boit un coup, et on tient le coup* », dit Moukhairov à Tarantiev dans *Oblomov*. — Du faible au fort, du pauvre qui vit dans la misère jusqu'à l'empereur, en passant par les âmes de vainqueur, tout le monde boit pour affronter la vie. C'est ce que Senancour dit ici : « *Une âme forte, occupée de grandes choses, trouve dans leur habitude une activité plus digne d'elle en les gouvernant selon l'ordre. Le vin ne peut que la reposer. Autrement pourquoi tant de héros de l'histoire ? pourquoi tant de gouvernants ? pourquoi des maîtres du monde auraient-ils bu ?* »

* * * * *

Y renoncer ? Ce serait renoncer à une passion. Or, « *les passions sont toujours vivantes dans ceux qui y veulent renoncer* », prévient Pascal. — L'abus d'alcool est dangereux pour la santé, à consommer avec modération. La passion des instances publiques...

* * * * *

Qui était le plus perfide ? Le cyclope ? le vin ? Ulysse ? Les deux derniers. — Voilà ce qui arrive avec l'ivresse : un pieu dans l'unique œil — et un mal de crâne terrible. — Une migraine ophtalmique.

* * * * *

« *Même quand la viande est abondante, il ne doit pas manger plus de viande que de riz. Pour le vin, par contre, il n'y a pas de limite, du moment qu'il garde sa tête.* » (Confucius, *Entretiens* 10.8)

* * * * *

« *Bois ta coupe seul, et bois-la avec enthousiasme. / Lève-la haut au-dessus de ta tête et bois-la tout entière à la santé de ceux qui boivent seuls.* » Que penser de ce bout de poème de Khalil Gibran ? Que penser de celui qui boit seul ? N'est-ce pas triste ? Tant qu'il n'y a pas d'excès, ou tant que ces excès ne sont pas quotidiens, je ne vois pas où est le problème. Mieux vaut être heureux tout seul que malheureux avec les autres. Et si l'absorption de la dive boisson ouvre les champs de la méditation, pourquoi s'en priverait-on ? On ne médite qu'en la solitude. Certes, il peut être agréable de dire, avec Alcée : « *Bois, mon Mélanippus, et oublie avec moi.* » Mais c'est Goethe qui a raison : « *Quand je suis seul à table, / Où pourrais-je être mieux ? / Mon vin, / Je le bois seul ; / Nul ne m'impose de contrainte, / J'ai ainsi mes pensées tout à moi.* » Avoir toutes ses pensées à soi : phénomène rare dans cette société où tout va à cent à l'heure. Vous ne vous apaiserez jamais au milieu du tumulte. Vous ne serez à l'abri que chez vous, dans votre fauteuil, dans votre jardin. Buvez votre verre dans un coin. Soulagez-vous. Entrez en vous-même. Une vérité jaillira. C'est le propre du « *In vino veritas* ». Écoutez Kierkegaard : « *Constantin avait désigné le symbole de la fête par les mots :* in vino veritas, *pour indiquer ainsi qu'il serait permis, non seulement de tenir des conversations, mais aussi des discours, mais que ceux-ci ne devaient pas se faire sans qu'on soit* in vino, *et qu'aucune autre vérité que celle qui se trouve* in vino *n'y devait être proclamée, le vin étant la défense de la vérité, comme la vérité celle du vin.* » Les autres ne vous aideront pas à trouver votre vérité. Cachez-vous, buvez un coup et méditez. Écoutez Simenon dans *Lettre à mon juge* : « *Je ne vous dirai pas que ce sont les meilleurs qui boivent, mais que ce sont ceux, à tout le moins, qui ont entrevu quelque chose, quelque chose qu'ils ne pouvaient pas atteindre, quelque chose dont le désir leur faisait mal jusqu'au ventre [...].* » — Mais restez sobre. Ne visez qu'une griserie « innocente ». Un verre, ça va ; deux verres, ça va ; trois verres, bonjour les dégâts, a-t-on coutume de dire. — L'excès fait tout perdre. Ce n'est pas pour rien que les religions déconseillent l'alcool. Il faut rester maître de soi-même.

* * * * *

Pourquoi l'expression « *eau-de-vie* » ? Elle vient du latin « *aqua vitæ* ». Ne la produit-on pas à partir de la distillation d'un liquide issu de raisin, de pomme de terre, de céréales, de canne à sucre, de pomme, de poire, de cerise ? Tous ces fruits, légumes, toute cette nourriture que nous devons manger pour maintenir notre corps *en vie* ? — À la vie, à la mort. Maintenir en vie avant de mourir. — « *Déjà ma tête se couronne de cheveux blancs. Enfant, apporte-moi de l'eau et du vin écumant : il plonge mon âme dans l'oubli des peines. Bientôt après tu me couvriras d'un linceul : les morts n'ont plus de désirs.* » (Anacréon)

* * * * *

Depuis cette époque où j'ai commencé à boire furieusement et avec excès, j'ai toujours cru que je finirais alcoolique, que l'alcool aurait raison de moi. Ce jour n'est pas arrivé. Pour combien de temps ?... — Quand je pense à ma tante Patricia, sœur de mon père... — Surtout, quand je pense à Anthony... Ô terrifique pouvoir ! Anthony, en cure de désintoxication... quand il ne séjourne pas en hôpital psychiatrique... (On lui a diagnostiqué une bipolarité.) — L'alcool fait des ravages. Malheur à celui qui, le matin, en se levant, tremble avant la première gorgée.

* * * * *

Combien d'écrivains alcooliques ? Une palanquée ! Je ne me proposerai même pas de citer tous ceux que je connais, tant la liste présumée m'effraie... — Quand il composait *Pour qui sonne le glas*, Hemingway n'était pas encore l'alcoolique invétéré qu'il deviendrait. Il y a ce passage qui sonne le glas du futur : « *De tous les hommes, le pire, c'est l'ivrogne. [...] Mais l'ivrogne pue et vomit dans son propre lit et il dissout ses organes dans l'alcool.* » Qui sommes-nous ? Portons-nous en puissance le goût pour l'autodestruction ? Est-ce inscrit ? Est-ce fatal ? — Dans son *Traité des excitants modernes*, Balzac écrivait : « *En qualité de buveur d'eau, préparé peut-être à cet assaut par ma longue habitude du café, le vin n'a pas la moindre prise sur moi, quelque quantité que ma capacité gastrique me permette d'absorber. [...]*

Dix-sept bouteilles vides assistaient à sa défaite. Comme il m'avait obligé de fumer deux cigares, le tabac eut une action dont je m'aperçus en descendant l'escalier. »

* * * * *

L'éthanol, petite molécule ! $CH_3\text{-}CH_2\text{-}OH$: du carbone, de l'hydrogène, de l'oxygène. Lumière stellaire ! Constituant du vivant... — Une chose parmi les choses, dont Ponge tira (quand le vin est tiré...) ce bout de pièce :
« *Le bras verse au fond de l'estomac une flaque froide, d'où s'élève aussitôt quelque chose comme un serviteur dont le rôle consisterait à fermer toutes les fenêtres, à faire la nuit dans la maison ; puis à allumer la lampe. — À enclore le maître avec son imagination. — La dernière porte claquée résonne indéfiniment et, dès lors, l'amateur de vin rouge marche à travers le monde comme dans une maison sonore, où les murs répondent harmonieusement à son pas, — Où les fers se tordent comme des tiges de liseron sous le souffle émané de lui, où tout applaudit, tout résonne d'applaudissement et de réponse à sa démarche, son geste et sa respiration. — L'approbation des choses qui s'y enlacent alourdit ses membres. Comme le pampre enlace un bâton, un ivrogne un réverbère, et réciproquement. Certainement, la croissance des plantes grimpantes participe d'une ivresse pareille. [...] Comme de toutes choses, il y a un secret du vin ; mais c'est un secret qu'il ne garde pas. On peut le lui faire dire : il suffit de l'aimer, de le boire, de le placer à l'intérieur de soi-même. Alors il parle. — En toute confiance, il parle. »*

* * * * *

« *Car, comme il est nuisible de boire toujours du vin ou toujours de l'eau, et qu'il est délicieux d'en user successivement ; de même, un discours ne plairait pas aux lecteurs, s'il était toujours parfait. Je terminerai donc ici.* » (*2 Mac 15,40*)

* * * * *

In fine, — *veritas*.

« *La planète suivante était habitée par un buveur. Cette visite fut très courte, mais elle plongea le petit prince dans une grande mélancolie :*
— Que fais-tu là ? dit-il au buveur, qu'il trouva installé en silence devant une collection de bouteilles vides et une collection de bouteilles pleines.
— Je bois, répondit le buveur, d'un air lugubre.
— Pourquoi bois-tu ? lui demanda le petit prince.
— Pour oublier, répondit le buveur.
— Pour oublier quoi ? s'enquit le petit prince qui déjà le plaignait.
— Pour oublier que j'ai honte, avoua le buveur en baissant la tête.
— Honte de quoi ? s'informa le petit prince qui désirait le secourir.
— Honte de boire ! acheva le buveur qui s'enferma définitivement dans le silence.
Et le petit prince s'en fut, perplexe.
"Les grandes personnes sont décidément très très bizarres", se disait-il en lui-même durant le voyage. »

Antoine de Saint-Exupéry, *Le petit Prince*

Philosophie

« *Qual è 'l geomètra che tutto s'affige
per misurar lo cerchio, e non ritrova,
pensando, quel principio ond' elli indige [...]*. »

(« *Tel est le géomètre attaché tout entier
à mesurer le cercle, et qui ne peut trouver,
en pensant, le principe qui manque [...]*. »

Dante Alighieri, *Divina Commedia* (*Paradiso*)

« ἕως ζῇς, ἕως ἔξεστιν, ἀγαθὸς γενοῦ. » (« *Pendant que tu vis, pendant que tu le peux encore, deviens homme de bien.* ») — Ô Marc-Aurèle !... — « *Le temps que dure la vie de l'homme n'est qu'un point ; son être est dans un perpétuel écoulement ; ses sensations ne sont que ténèbres. Son corps composé de tant d'éléments est la proie facile de la corruption ; son âme est un ouragan ; son destin est une énigme obscure ; sa gloire un non-sens. En un mot, tout ce qui regarde le corps est un fleuve qui s'écoule ; tout ce qui regarde l'âme n'est que songe et vanité ; la vie est un combat, et le voyage d'un étranger ; et la seule renommée qui nous attende après nous, c'est l'oubli. Qui peut donc nous diriger au milieu de tant d'écueils ? Il n'y a qu'un seul guide, un seul, c'est la philosophie.* »

* * * * *

Dantès demanda : « *Mais ne peut-on apprendre la philosophie ?* » L'abbé Faria répondit : « *La philosophie ne s'apprend pas ; la philosophie est la réunion des sciences acquises au génie qui les applique : la philosophie, c'est le nuage éclatant sur lequel le Christ a posé le pied pour remonter au ciel.* » — La philosophie est aussi tout ce qu'elle ne contient pas. Un lieu commun veut que tout ce qui n'est pas de la philosophie, soit encore de la philosophie. Je ne crois pas que les gens comprennent vraiment la portée de cette idée. (Se rappeler ce que le spécialiste en maximes, Chamfort, disait au début de son ouvrage : « *Les Maximes, les Axiomes sont, ainsi que les Abrégés, l'ouvrage des gens d'esprit qui ont travaillé, ce semble, à l'usage des esprits médiocres ou paresseux. Le paresseux s'accommode d'une maxime qui le dispense de faire lui-même les observations qui ont mené l'auteur de la maxime au résultat dont il fait part à son lecteur. Le paresseux et l'homme médiocre se croient dispensés d'aller au delà, et donnent à la maxime une généralité que l'auteur, à moins qu'il ne soit lui-même médiocre, ce qui arrive quelquefois, n'a pas prétendu lui donner. L'homme supérieur saisit tout d'un coup les ressemblances, les différences qui font que la maxime est plus ou moins applicable à tel ou tel cas, ou ne l'est pas du tout.* ») Il existe un grand nombre d'aphorismes qui disent tout et son contraire, tel celui de Fichte : « *Vivre, c'est ne pas philosopher ; philosopher, c'est ne pas vivre.* » Il y a dans tout ceci à boire et à manger. Pascal est plus près de la vérité : « *Se moquer de la philosophie, c'est vraiment philosopher.* » (Et il faut se garder de tout accepter sans broncher. L'esprit critique est indispensable. Un jour, Pascal écrivit que « *le pyrrhonisme est le vrai* ». Or, il avait projeté d'écrire « contre le pyrrhonisme » !) Que conclure de cette proposition de Wittgenstein ? « *La plupart des propositions et des questions qui ont été écrites touchant les matières philosophiques ne sont pas fausses, mais sont dépourvues de sens.* » Sa proposition fait-elle partie de ces propositions incriminées ?... — Ainsi, il faut savoir se détacher et se retenir de tout définir — à l'emporte-pièce. Les sources inépuisables font perdre la tête. Comme dirait Lucien : « *Pour la philosophie, plus tu en prends, plus il en reste.* »

* * * * *

(Mouffetard moufte : « *Voici le dernier mot de la philosophie :* / *Toutes les femmes font tous les hommes cocus.* » Chacun voit midi à sa porte !)

* * * * *

Le « γνῶθι σεαυτόν », qui est à la base de la philosophie socratique, est effrayant. *Se* connaître ? « *Il faut se connaître soi-même* », dit Pascal, comme si c'était un ordre sacré. « *Quand cela ne servirait pas à trouver le vrai, cela au moins sert à régler sa vie, et il n'y a rien de plus juste.* » Mais on se sent parfois bien seul pour *se* mesurer à *soi-même*, car ce serait oublier ce « *troisième démenti [...] infligé à la mégalomanie humaine par la recherche psychologique* » : « *montrer au moi qu'il n'est seulement pas maître dans sa propre maison, qu'il en est réduit à se contenter de renseignements rares et fragmentaires sur ce qui se passe, en dehors de sa conscience, dans sa vie psychique.* » — Qui suis-je quand j'essaie de *me* réfléchir ? On ne peut y arriver seul. Socrate est là pour faire accoucher de ce que nous ne savons pas que nous savons ; Freud est là pour faire remonter à la surface ce que nous avons su. Il faut de l'aide. Venez, ô mes amis ! mes amis qui m'ont fait penser...

* * * * *

Connais-toi toi-même. — Par la connaissance est abolie la volonté elle-même : ceci est la liberté (selon Schopenhauer). De même, Sénèque dit à Lucilius que la servitude philosophique est la liberté. — Nous qui pensons, qui nous élevons au-dessus de notre condition, qui essayons de comprendre l'essence du monde, nous sommes les esclaves de notre liberté.

* * * * *

L'entreprise n'est-elle pas vaine ? Selon Goethe : « *Tout ce qui est sage a été pensé : il faut seulement essayer de le penser à nouveau.* » — Voire... — Raccrochons-nous plutôt à la belle et juste expression employée par Schopenhauer : « *Aussi la tâche consiste-t-elle moins à voir ce que personne n'a encore vu, qu'à penser, en face de ce que chacun voit, ce que personne n'a encore pensé.* »

* * * * *

La philosophie est partout, y compris dans un livre de San-Antonio (*Circulez ! Y'a rien à voir*) : « *Ce que je peux y philosopher, t'as aucune idée ! Je passe toute la vie en revue. La mienne, celle des autres. La vie du monde ! Tout ! Le plus curieux c'est que je ne m'ennuie pas. Une forme de nirvana. Je combine bien l'inutilité de tout, si superbe qu'elle m'émeut tout de même. La vanité des choses, des gens. Notre inexorable dégradation, à l'Univers et à nous. La manière que ça finira fatalement par se dissoudre. Et alors ne restera plus que Dieu, vainqueur au finish.* » Dard avait le sens de la formulation ! — Que les choses n'aient aucun sens — leur donne un sens.

* * * * *

« *Philosophie* », « *philosophia* », « φιλοσοφία ». Selon Bailly, c'est l'« *amour de la science*, d'où *recherche, étude* ou *pratique d'un art* ou *d'une science* ; d'où *la science, la culture intellectuelle elle-même* ». C'est la « *recherche de l'essence des choses de la nature, recherche de la vérité* ». Le terme « σοφία » renvoie à la fois à « *savoir* », « *science* », et à « *sagesse* », voire à « *habileté* ». La philosophie est l'amour du savoir *et* de la sagesse. Savoir, c'est être sage ; être sage, c'est savoir. Être philosophe : avoir le goût des choses de l'esprit — Celui qui n'est pas philosophe, n'est pas digne de la conscience qu'il a reçue de Dieu. — Un jeune homme dit un jour à Diogène : « *Je ne suis pas fait pour la philosophie.* » Diogène lui répondit : « *Pourquoi vis-tu, si tu ne cherches pas à bien vivre ?* »

* * * * *

Dans sa lettre-préface aux *Principes de la philosophie*, Descartes évalue pour nous la nécessité d'être philosophe dans la vie : « *J'aurais voulu premièrement y expliquer ce que c'est que la philosophie, en commençant par les choses les plus vulgaires, comme sont : que ce mot* philosophie *signifie l'étude de la sagesse, et que par la sagesse on n'entend pas seulement la prudence dans les affaires, mais une parfaite connaissance de toutes les choses que l'homme peut savoir, tant pour la conduite de sa vie que pour la conservation de sa santé et l'invention de tous les arts ; et qu'afin que cette connaissance soit telle, il est nécessaire qu'elle soit déduite des premières causes, en sorte que pour étudier à l'acquérir, ce qui se nomme proprement philosopher, il faut commencer par la recherche de ces premières causes, c'est-à-dire des principes ; et que ces principes doivent avoir deux conditions : l'une, qu'ils soient si clairs et si évidents que l'esprit humain ne puisse douter de leur vérité, lorsqu'il s'applique avec attention à les considérer ; l'autre, que ce soit d'eux que dépende la connaissance des autres choses, en sorte qu'ils puissent être connus sans elles, mais non pas réciproquement elles sans eux ; et qu'après cela il faut tâcher de déduire tellement de ces principes la connaissance des choses qui en dépendent, qu'il n'y ait rien en toute la suite des déductions qu'on en fait qui ne soit très manifeste. Il n'y a véritablement que Dieu seul qui soit parfaitement sage, c'est-à-dire qui ait l'entière connaissance de la vérité de toutes choses ; mais on peut dire que les hommes ont plus ou moins de sagesse à raison de ce qu'ils ont plus ou moins de connaissance des vérités plus importantes. Et je crois qu'il n'y a rien en ceci dont tous les doctes ne demeurent d'accord. — J'aurais ensuite fait considérer l'utilité de cette philosophie, et montré que, puisqu'elle s'étend à tout ce que l'esprit humain peut savoir, on doit croire que c'est elle seule qui nous distingue des plus sauvages et barbares, et que chaque nation est d'autant plus civilisée et polie que les hommes y philosophent mieux ; et ainsi que c'est le plus grand bien qui puisse être en un État que d'avoir de vrais philosophes. Et outre cela que, pour chaque homme en particulier, il n'est pas seulement utile de vivre avec ceux qui s'appliquent à cette étude, mais qu'il est incomparablement meilleur de s'y appliquer soi-même ; comme sans doute il vaut beaucoup mieux se servir de ses propres yeux pour se conduire, et jouir par même moyen de la beauté des couleurs et de la lumière, que non pas de les avoir fermés et suivre la conduite d'un autre ; mais ce dernier est encore meilleur que de les tenir fermés et n'avoir que soi pour se conduire. C'est proprement avoir les yeux fermés, sans tâcher jamais de les ouvrir, que de vivre sans philosopher ; et le plaisir de voir toutes les choses que notre vue découvre n'est point comparable à la satisfaction que donne la connaissance de celles qu'on trouve par la philosophie ; et, enfin, cette étude est plus nécessaire pour régler nos mœurs et nous conduire en cette vie, que n'est l'usage de nos yeux pour guider nos pas. Les bêtes brutes, qui n'ont que leur corps à conserver, s'occupent continuellement à chercher de quoi le nourrir ; mais les hommes, dont la principale partie est l'esprit, devraient employer leurs principaux soins à la recherche de la sagesse, qui en est la vraie nourriture ; et je m'assure aussi qu'il y en a plusieurs qui n'y manqueraient pas, s'ils avaient espérance d'y réussir, et qu'ils sussent combien ils en sont capables. Il n'y a point d'âme tant soit peu noble qui demeure si fort attachée aux objets des sens qu'elle ne s'en détourne quelquefois pour souhaiter quelque autre plus grand bien, nonobstant qu'elle ignore souvent en quoi il consiste. Ceux que la fortune favorise le plus, qui ont abondance de santé, d'honneurs, de richesses, ne sont pas plus exempts de ce désir que les autres ; au contraire, je me persuade que ce sont eux qui soupirent avec le plus d'ardeur après un autre bien, plus souverain que tous ceux qu'ils possèdent. Or, ce souverain bien considéré par la raison naturelle sans la lumière de la foi, n'est autre chose que la connaissance de la vérité par ses premières causes, c'est-à-dire la sagesse, dont la philosophie est l'étude. Et, parce que toutes ces choses sont entièrement vraies, elles ne seraient pas difficiles à persuader si elles étaient bien déduites.* »

* * * * *

« À quoi sert la philosophie ? » Quand j'entends cette question, je me retourne dans la tombe de mon esprit. Elle m'irrite autant que celle-ci, encore plus commune : « Ça sert à quoi, les maths ? » Pour les hommes, il faut toujours que *quelque chose serve à quelque chose*. Voulez-vous devenir sage ? savant ? — « *[...] quiconque voudra s'appliquer à lire mes ouvrages sur la philosophie, trouvera qu'il n'y a point de matière dont on puisse retirer plus d'avantage* », écrivait Cicéron dans le *De finibus*. Il ajoutait, dans le *De Officiis* : « *Dans la situation douloureuse présente, je trouve du moins cet avantage de pouvoir traiter par écrit des sujets que mes concitoyens connaissent imparfaitement et qui méritent fort d'être connus. Qu'y a-t-il en effet, par les dieux, de plus désirable que la sagesse, qu'y a-t-il qui vaille mieux qu'elle, qui soit meilleur pour l'homme et plus digne de lui ? On appelle philosophes ceux qui la recherchent et la philosophie n'est autre chose qu'un effort vers la sagesse. Telle qu'elle a été définie par les anciens philosophes, c'est la science des choses divines et humaines et des causes qui les déterminent et je ne vois pas ce qui peut paraître louable à qui en blâme l'étude.* » Tenez bien cela ! — Et à quoi sert un philosophe ? Eh bien, à vous conduire vers cette sagesse. Tout seul, vous auriez du mal et perdriez du temps. Le philosophe est le flambeau qui nous éclaire dans le labyrinthe obscur de l'existence. Sans lui, on errerait. (D'ailleurs, comme le dit Roland Jaccard après avoir parlé de Wittgenstein : « *Il y a toujours plus de choses à retenir d'un philosophe que de sa philosophie.* » C'est-à-dire que la philosophie d'un philosophe peut être dépassée par le personnage lui-même.) — Balzac avait noté cette citation de Napoléon : « *On ne peut rien faire d'un philosophe.* » Et cette autre : « *Un bon philosophe fait un mauvais citoyen.* » Haha ! Prenez un mathématicien, un philosophe ou bien un poète : à quoi servent-ils ? À « rien ». À rien du tout. Ils ne vous serviront pas à commander une baguette de pain, ni à gagner au loto, ni à vous réconcilier avec votre conjoint, ni à mieux jouer au football, ni à exciter votre libido. Voilà pourquoi notre cher Chamfort a écrit : « *C'est peut-être pour cela que personne ne s'intéresse à la fortune d'un philosophe : il n'a pas les passions qui émeuvent la Société. On voit qu'on ne peut presque rien faire pour son bonheur, et on le laisse là.* » Car, de surcroît, le bonheur du philosophe a peu à voir avec celui du premier venu.

* * * * *

Que dire de la philosophie ? Si j'en parle, je philosopherai. Parler de philosophie revient à philosopher sur la philosophie. De plus, rappelait Schlegel, « *il n'y a aucun objet sur lequel on philosophe aussi rarement que la philosophie* ». Lorsque j'évoque la philosophie, je donne la même définition que Montaigne (qui n'était pas le seul) : *philosopher, c'est apprendre à mourir.* On me regarde avec de gros yeux ronds. *Mais non, penser à la mort est horrible ; pensons à autre chose.* Que cette façon de définir la philosophie est rebutante pour les non-philosophes ! C'est pourtant ma préférée, celle que je trouve la plus juste. Chamfort (encore lui !) ricanera un brin : « *Pourquoi donc, disait mademoiselle de ..., âgée de douze ans, pourquoi cette phrase : Apprendre à mourir ? je vois qu'on y réussit très bien dès la première fois.* » Du moins cette enfant a-t-elle plus d'esprit que la plupart des hommes... (La vérité sort de la bouche des enfants.)

* * * * *

Avant d'apprendre à mourir, il faut *apprendre à apprendre*. — Aujourd'hui, dans les couloirs de l'Éducation Nationale, c'est *la* question que se posent les experts en pédagogie (on parle même d'« ingénieur en pédagogie »). Ne parvenant pas à juguler la tendance baissière du niveau scolaire des jeunes, ils inventent des conceptualisations très abstraites. D'une part, presque personne ne lit les ouvrages qui y sont consacrés, et d'autre part, lesdits ouvrages sont écrits dans un langage peu compréhensible et il est difficile d'en tirer des enseignements qui *puissent être mis en pratique*. (J'en ai moi-même lu plusieurs, dont *Apprendre... oui, mais comment*, du « gourou » Philippe Meirieu.) Dans le cadre de mon travail, j'ai dû aller voir, au Mans, une conférence donnée par l'un de ces « ingénieurs en pédagogie ». Beaucoup de mots compliqués, beaucoup d'abstraction, beaucoup de « il faudrait que ». Ce monsieur, qui devait très bien gagner sa vie, raconta à son auditoire *comment il fallait enseigner*. Lors des questions qui suivirent son exposé, il fit cette réponse à une collègue : « Je ne saurais vous conseiller sur ce point. Vous savez, je n'ai jamais enseigné. » Je vous le jure ! Voilà la morale de l'histoire : de là-haut, des gens vous imposent des méthodes qu'ils ne comprennent pas à la lueur de la réalité. — Avant de s'acharner à apprendre à apprendre à des collégiens ou des lycéens, il serait souhaitable qu'ils commençassent par apprendre... Non ?... Ah ! chers lecteurs qui ne connaissez rien de l'envers du décor de l'Éducation Nationale, vous vomiriez si vous passiez du côté obscur de la force... *À chaque réforme* que j'ai pu connaître, j'ai vu qu'ils choisissaient, *là-haut*, la pire des solutions. — Nous sommes dans un système trop fermé — et qui ne se comprend pas (voire : qui ne comprend pas). C'est le syndrome du « thèse-antithèse-synthèse ». N'allez pas plus loin. Perdez tout espoir de voir émerger l'intelligence, d'un côté comme de l'autre. Si vous ne jouez pas au jeu du « thèse-antithèse-synthèse », vous récolterez une bulle à votre dissertation. De même, ne vous amusez pas trop à citer Nietzsche ou Schopenhauer à l'Université, ce serait mal vu. Il existe des lois tacites dangereuses à enfreindre. — Ce qui m'étonne le plus, ce n'est pas que certains terminaliens en arrivent *tout de même* à aimer les cours de philosophie, c'est que les professeurs de philosophie soient contentés par le système. — Nietzsche avait raison de sécher les cours... Il est malheureux qu'une partie de votre éducation soit faite par des universitaires. (Bertrand Russel ne me contredira pas : « *La vie universitaire est si différente de la vie dans le monde commun que les hommes qui vivent dans un tel milieu n'ont généralement aucune notion des problèmes et des préoccupations des hommes et des femmes ordinaires.* »)

* * * * *

La méthode ! « *Le bon sens est la chose du monde la mieux partagée ; car chacun pense en être si bien pourvu que ceux même qui sont les plus difficiles à contenter en toute autre chose n'ont point coutume d'en désirer plus qu'ils en ont. En quoi il n'est pas vraisemblable que tous se trompent : mais plutôt cela témoigne que la puissance de bien juger et distinguer le vrai d'avec le faux, qui est proprement ce qu'on nomme le bon sens ou la raison, est naturellement égale en tous les hommes ; et ainsi que la diversité de nos opinions ne vient pas de ce que les uns sont plus raisonnables que les autres, mais seulement de ce que nous conduisons nos pensées par diverses voies, et ne considérons pas les mêmes choses. Car ce n'est pas assez d'avoir l'esprit bon, mais le principal est de l'appliquer bien. Les plus grandes âmes sont capables des plus grands vices aussi bien que des plus grandes vertus ; et ceux qui ne marchent que fort lentement peuvent avancer beaucoup davantage, s'ils suivent toujours le droit chemin, que ne font ceux qui courent et qui s'en éloignent.* » — Il faudrait que chacun pût passer une fois dans sa vie par le doute cartésien : « *Je ne dirai rien de la philosophie, sinon que, voyant qu'elle a été cultivée par les plus excellents esprits qui aient vécu depuis plusieurs siècles, et que néanmoins il ne s'y trouve encore aucune chose dont on ne dispute, et par conséquent qui ne soit douteuse, je n'avais point assez de présomption pour espérer d'y rencontrer mieux que les autres ; et que, considérant combien il peut y avoir de diverses opinions touchant une même matière, qui soient soutenues par des gens doctes, sans qu'il y en puisse avoir jamais plus d'une seule qui soit vraie, je réputais presque pour faux tout ce qui n'était que vraisemblable.* » Ne rien admettre comme acquis. Toujours observer en critique et penser que l'on ne voit que la partie visible de l'iceberg.

* * * * *

En classe de terminale, il y eut enfin un cours de philosophie. J'attendais ce moment avec impatience. L'été qui précéda la rentrée, Jacqueline, une cousine de ma mère, professeur de philo, me conseilla la lecture du *Monde de Sophie*, de Jostein Gaarder. Ce fut une très bonne idée, une façon très didactique de contempler l'ensemble de l'histoire de la pensée. (Au cours de cette discussion, je lui avais demandé ce que racontait la philosophie d'Aristote. J'avais fini *Le Monde des Ã*, d'Alfred Elton van Vogt, c'est-à-dire « Le Monde des non-A », ou « Le Monde des non-aristotéliciens ». Je ne comprenais pas tout. Un univers inconnu se présentait à moi.) — Si mes souvenirs sont exacts, mon professeur de philo s'appelait Mademoiselle Duflot de Saint-Amand. J'avais obtenu la meilleure note au premier devoir et elle attendait beaucoup de moi. Mais je suis resté dans mon coin (quand je ne faisais pas le pitre). J'ai lu seul le bouquin qui servait de support au cours. Pourquoi participais-je de moins en moins alors que cette matière m'intéressait au plus haut point ? Je crois que c'était tout le côté pédagogique qui m'ennuyait. Devoir respecter les règles (thèse, antithèse, synthèse), devoir suivre la chronologie, devoir étudier les philosophes plus que la philosophie, devoir se rendre compte que les philosophes passaient une bonne partie de leur temps à se réfuter les uns les autres (et Valéry avait raison de faire remarquer : « *Si l'on réfute un Platon, un Spinoza, ne restera-t-il donc rien de leurs étonnantes constructions ? Il n'en reste absolument rien, s'il n'en reste des œuvres d'art* »). J'imaginais que l'on eût parlé de la mort, de la liberté, de l'éthique ; mais on ne faisait que suivre les idées des philosophes sur ces thèmes. Je reprochais à ce système l'abord trop historique, pas assez philosophique. Le livre que l'on étudia en détail fut le *Gorgias* (terminale S oblige). Il suffit de lire la *Seconde considération intempestive* de Nietzsche pour s'apercevoir que le système est immuable. Depuis un siècle et demi, rien n'a changé dans l'approche académique : « *Voici, à peu près, les termes de ce canon uniforme : le jeune homme commencera son éducation en apprenant ce que c'est que la culture, il n'apprendra pas ce que c'est que la vie, à plus forte raison, il ignorera l'expérience de la vie. Cette science de la culture sera infusée au jeune homme sous forme de science historique, c'est-à-dire que son cerveau sera rempli d'une quantité énorme de notions tirées de la connaissance très indirecte des époques passées et des peuples évanouis et non pas de l'expérience directe de la vie. Le désir du jeune homme d'apprendre quelque chose par lui-même et de faire grandir en lui un système vivant et complet d'expériences personnelles, un tel désir est assourdi et, en quelque sorte, grisé par la vision d'un mirage opulent, comme s'il était possible de résumer en soi, en peu d'années, les connaissances les plus sublimes et les plus merveilleuses de tous les temps et en particulier des plus grandes époques. C'est la même méthode extravagante qui conduit nos jeunes artistes dans les cabinets d'estampes et les galeries de tableaux, au lieu de les entraîner dans les ateliers des maîtres et avant tout dans le seul atelier du seul maître, la nature. Comme si, en promeneur hâtif dans les jardins de l'histoire, on pouvait apprendre des choses du passé, leurs procédés et leurs artifices, tout comme si la vie elle-même n'était pas un métier qu'il faut apprendre à fond, qu'il faut réapprendre sans cesse, qu'il faut exercer sans ménagement, si l'on ne veut pas qu'elle donne naissance à des mazettes et à des bavards !* » — J'eus seize au baccalauréat. — En tout et pour tout, je lus très peu de livres de philosophie jusqu'au bac, dont le *Dictionnaire philosophique* de Voltaire, les *Pensées* de Pascal et *L'Existentialisme est un humanisme*, de Sartre. — Ensuite, dès l'âge de vingt ans, soit après les classes préparatoires (qui m'avaient laissé peu de temps pour lire), je m'attelai à rattraper le retard et me jetai dans Nietzsche. — Puis je rencontrai Agnès, qui était à l'époque vacataire en philosophie sur l'académie de Nantes (elle eut son CAPES en 2002, un an après notre séparation). Je lus de plus en plus : Nietzsche, Sartre, Sénèque, Schopenhauer, Spinoza, Épicure, Platon, Camus, Aristote, Kant, Leibniz, Kierkegaard, Cioran, La Mettrie, Descartes, Russell, Diderot, Husserl, Wittgenstein... — Et arriva l'année de licence à l'université. Je suivis tous les cours du premier semestre, mais séchai la plupart de ceux du second (d'une part, étant donné que l'on m'avait refusé une bourse, je devais travailler à la Redoute ou à Acadomia pour subvenir à mes besoins, d'autre part, les professeurs m'agaçaient assez souvent et, encore une fois, le côté trop pédagogique m'indignait). Néanmoins, je me débrouillai très bien. Lors des premiers partiels, je me souviens d'avoir eu à composer sur le sujet : *« Quel est l'intérêt de désigner d'une seule expression : "Vouloir ceci", un ensemble d'événements différents ? »* Cette dissertation me valut un quinze, comme on va le lire dans cet extrait de journal : « [03/03/03 :] *Ici : Fac… Les notes sont tombées… Outre le 11 sur* Leibniz*, j'ai eu 13 en* anglo-saxonne *(meilleure note),* 15 en volonté *(meilleure note),* 12 en esthétique *(un peu dégoûté) et* 8 à l'oral sur Épicure *(complètement dégoûté : salaud de Müller ! (quand je pense que Hume aurait dit ce que j'y avais dit !))…* » Aux seconds partiels, il y avait eu, en métaphysique : « *Peut-on considérer le sujet comme un simple point de vue sur le monde ?* » (« [01/07/03 :] *J'ai la licence avec mention AB !… (13 en* Renaissance, en Anglais *; 12 en* Médiéval *; 14 en* Esthétique spéciale *; 10 en* Phénoménologie *; 13 en* Métaphysique…*)* ») — Mon but était de décrocher le CAPES. Je le passai une fois (le centre d'examen se trouva être mon ancien lycée, La Herdrie !). Deux épreuves de six heures chacune : une dissertation (« *L'expérience* ») et un commentaire (texte de Kant). À Aure, j'avais écrit : « *Je trouve tes plans très bons. Pour l'expérience, tu as bien axé les trois temps : deux positions, expérimentale et/ou subjective, — et le dépassement : limites. C'est bien joué pour l'étude alinéaire du texte de Kant : je n'ai pas osé. — Mon plan, rapidement, de la dissertation : 1) L'expérience du monde (objectale) : Généalogie de l'expérience du monde, possibilité d'une expérience, faiblesses (Heidegger, Sartre, Berkeley, Aristote, Kant, Hume, Spinoza, Wittgenstein, Poincaré) ; 2) L'expérience de soi (subjectale) : Généalogie, de soi à soi, pour soi, en soi, autrui, faiblesses (Socrate, Descartes, Pascal, Augustin, Montaigne, Piaget, Lacan, Adler, Kant, Spinoza, Schopenhauer, Husserl, Sartre, Rousseau, La Mettrie) ; 3) L'expérience en Sciences, en Art et en Religion (Pythagore, Aristote, Galilée, Kepler, Einstein, Heisenberg, Baudelaire, James, Musset)…* » Nous étions un bon millier à passer le CAPES de philosophie cette année-là — pour *soixante* places disponibles ! (Deux années plus tard, il n'y avait plus de places, seulement pour l'agrégation, autant dire pour les normaliens.) J'eus six et six, ce qui me fit approcher de la limite pour l'admissibilité (aux alentours de sept). J'étais furieux. « *Moi, j'ai eu 6 et 6… C'est n'importe quoi, même si j'y suis allé les mains dans les poches. La philo, vu le peu de places disponibles, est une véritable hérésie académique. C'est pourquoi je m'étais tourné vers les maths… La philo, si aléatoire, si truquée (puisque tu m'avoues que tu pourrais avoir plus de chances si tu te donnais à tel prof de la commission (beurk), — et qu'il y avait des fuites de merde, ce qui est grave), me déglingue. Vive les maths !… La philo, tu pourras la faire toute seule… si tu es prof de français… Tu peux concourir, en plus. Je ne sais pas pourquoi tu crois ne pas pouvoir le tenter. Tu as eu ta licence de philo. Tu peux même passer le capes de maths… c'est pour dire !… Dès que tu as une licence, tu peux passer tout capes… même le capes de cul…* » — Les années passant, je multipliai mes lectures de philosophie. La philosophie ne m'a jamais quitté. À un moment, j'avais même lu davantage de philosophie que d'ouvrages de fiction… Aujourd'hui, je puis dire que j'ai tout lu (ou presque) : tout Kant, tout Rousseau, tout Nietzsche, tout Schopenhauer, tout Descartes, tout Cioran, tout Camus, tout Hume, tout Cicéron, tout Sénèque, tout Platon, tout Wittgenstein, tout Kierkegaard, *etc.*, *etc.* Il en reste un peu… fort heureusement. Tel Faust, *« je sais déjà beaucoup, mais voudrais tout savoir ! »* Il y a une douleur dans le fait d'apprendre tant et plus, mais il s'y mêle une incomparable jouissance. Comme disait Mallarmé : « Apprendre et jouir, *tout est là. Jouir, moralement pour les uns, et pour ceux qui ne savent pas, physiquement.* »

* * * * *

La philosophie m'a réveillé ; la philosophie m'a éveillé. Et je comprends parfaitement Kant quand il affirmait que Rousseau l'avait réveillé de son *sommeil dogmatique*. Le chapitre 2 du livre IV du *Contrat social*, par exemple, m'avait moi-même réveillé. Il s'agissait de « *suffrages* », mais je me rappelle du choc que je reçus… Je reçus d'ailleurs bien d'autres chocs. Quand je pense à Nietzsche, quand je pense à l'avant-propos de son *Ecce Homo*, quelle source vertigineuse, enthousiaste, triste, grandiose, grisante, lyrique, euphorique, orgueilleuse, terrible, dépressive ! « *Qui sait respirer l'air de mes écrits sait que c'est un air des hauteurs, un air mordant. Il faut être fait pour y vivre, sans quoi le péril est grand d'y prendre froid. La glace est proche, la solitude effrayante — mais comme les choses y baignent paisiblement dans la lumière ! Comme on y respire librement ! […] La philosophie, telle que je l'ai toujours comprise et vécue, consiste à vivre volontairement dans les glaces et sur les cimes — à rechercher tout ce qui dans l'existence dépayse et fait question, tout ce qui, jusqu'alors, a été mis au ban par la morale.* »

* * * * *

Si Kant est le philosophe qui m'a le plus « réveillé », Schopenhauer est celui qui m'a le plus touché. Sa philosophie n'est pas engageante : elle ne chante pas le bonheur qu'il y a d'être là. Mais elle me paraît être la plus *vraie*. — Pourquoi aurait-elle ému Einstein ou Schrödinger si elle n'était que noirceur ? Dans *Comment je vois le monde*, Einstein dit que « *le bouddhisme organise les données du cosmos que les merveilleux textes de Schopenhauer nous ont appris à déchiffrer* ». (Le bouddhisme n'est-il d'ailleurs pas, en un certain sens, *noir* ?) Ailleurs, Einstein dit aussi : « *Jeune, j'ai été frappé par la maxime de Schopenhauer : "L'homme peut certes faire ce qu'il veut mais il ne peut pas vouloir ce qu'il veut" ; et aujourd'hui face au terrifiant spectacle des injustices humaines, cette morale m'apaise et m'éduque.* » — Plus que tout autre penseur, Schopenhauer aura été mon Maître.

* * * * *

Qui lit les philosophes ? — (*Qui me lira ?*) — Me revient une anecdote. Une quinzaine ou une vingtaine d'années après la parution de *L'Être et le Néant*, un lecteur s'indigna auprès des éditions Gallimard : il avait constaté qu'il manquait une quinzaine de pages vers la page 400. Gallimard se confondit en excuses et renvoya un nouvel exemplaire. Même problème ! Il manquait toujours des pages ! Pendant tout ce temps, pratiquement personne n'avait rien remarqué, autrement dit, personne n'avait été jusqu'à cette page 400 !... — Qui a lu la *Phénoménologie de l'Esprit* jusqu'au bout ?... Qui a lu en entier *Être et Temps* ?... ou la *Critique de la Raison pure* ?... Qui a lu la *vraie* philosophie (Platon, Descartes, Kant...) en dehors des extraits « académiques » que l'on croise sans cesse sur le chemin scolaire ?... Cela tient au fait que la philosophie n'est pas d'un accès facile, et aussi, comme le soulignait Camus, que « *nous n'avons pas de philosophies, mais seulement des commentaires* » (ce qui rejoint ce que je disais des cours de terminale : nous ne philosophons pas, nous commentons les philosophes). Mais il ne faudrait pas oublier non plus que peu de gens pensent ou veulent faire l'effort de penser (« *Le genre humain pensant, c'est-à-dire la cent millième partie du genre humain tout au plus* », raillait Voltaire).

* * * * *

Et que dire de *Être et Temps* ?... Il m'a fallu le lire lentement, très, très lentement. Sa difficulté est redoutable. Cela fait déjà cinq ans que je l'ai terminé. Je n'ai pas reçu d'autre coup de massue en philosophie depuis ce moment. J'ai été bouleversé comme rarement (comme Maurice Blanchot quand il le lut à vingt-et-un ans). Mais il faut se donner la peine, ne pas avoir peur.

* * * * *

Triste constat : La philosophie est négligée. Pourtant, elle seule est capable de nous guider ! C'est ce que nous Cicéron nous prie de croire dans ses *Tusculanes* (V, II) : « *Pour nous guérir de cette erreur, et de tant d'autres, recourons à la philosophie. Entraîné autrefois dans son sein par mon inclination, mais ayant depuis abandonné son port tranquille, je m'y suis enfin venu réfugier, après avoir essuyé la plus horrible tempête. Philosophie, seule capable de nous guider ! Ô toi qui enseignes la vertu, et qui domptes le vice ! que ferions-nous, et que deviendrait le genre humain sans ton secours ? C'est toi qui as enfanté les villes, pour faire vivre en société les hommes, auparavant dispersés. C'est toi qui les as unis, premièrement par la proximité du domicile, ensuite par les liens du mariage, et enfin par la conformité du langage et de l'écriture. Tu as inventé les lois, formé les mœurs, établi une police. Tu seras notre asile ; c'est à ton aide que nous recourons ; et si dans d'autres temps nous nous sommes contentés de suivre en partie tes leçons, nous nous y livrons aujourd'hui tout entiers, et sans réserve. Un seul jour, passé suivant tes préceptes, est préférable à l'immortalité de quiconque s'en écarte. Quelle autre puissance implorerions-nous plutôt que la tienne, qui nous a procuré la tranquillité de la vie, et qui nous a rassurés sur la crainte de la mort ?* On est bien éloigné, cependant, de rendre à la philosophie l'hommage qui lui est dû. Presque tous les hommes la négligent : plusieurs l'attaquent même. Attaquer celle à qui l'on doit la vie, quelqu'un ose-t-il donc se souiller de ce parricide ? Porte-t-on l'ingratitude au point d'outrager un maître qu'on devrait au moins respecter, quand même on n'aurait pas trop été capable de comprendre ses leçons ? J'attribue cette horreur à ce que les ignorants ne peuvent, au travers des ténèbres qui les aveuglent, pénétrer dans l'antiquité la plus reculée, pour y voir que les premiers fondateurs des sociétés humaines ont été des philosophes. *Quant au nom, il est moderne ; mais pour la chose même, nous voyons qu'elle est très ancienne.* » — « À quoi sert la philosophie ? » me demandez-vous encore ? Vous osez ?... Comment osez-vous ?... — Pour Platon (*La République*), les natures philosophes se reconnaissent en ce qu'« *elles ne cessent d'être amoureuses du savoir capable de leur donner une vision de l'essence qui ne cesse d'être, sans errer sous l'effet de la naissance et de la corruption* ». Petite légion d'amoureux isolés ! « Petite », car « *il est impossible que la masse soit philosophe* », et « isolés », car « *il est inévitable que ceux qui philosophent soient désapprouvés par la masse* »... Quand on n'a que l'amour... — « *Comme il parlait ainsi pour sa justification, Festus dit à haute voix : Tu es fou, Paul ! Ton grand savoir te fait déraisonner. Je ne suis point fou, très excellent Festus, répliqua Paul ; ce sont, au contraire, des paroles de vérité et de bon sens que je prononce.* » (*Ac 26,24-25*)

* * * * *

Pour certains, la philosophie se confond avec la religion (*leur* religion). « *Prenez garde que personne ne fasse de vous sa proie par la philosophie et par une vaine tromperie, s'appuyant sur la tradition des hommes, sur les rudiments du monde, et non sur Christ.* » (*Col 2,8*) La religion (la juive, la chrétienne, la musulmane) est le refuge de ceux qui ne peuvent goûter la philosophie. Si, pour les philosophes, « *la philosophie sert d'antidote à la tristesse* » (Cioran), la religion sert d'antidote à la tristesse des croyants. En témoigne cette lettre de Lamartine : « *Il n'y a qu'un moyen contre toutes ces tristesses de la vie, c'est de croire de plus en plus fermement en Dieu et de l'appeler à son aide tout heure et à toute pensée. Or, pour y croire, il n'y a qu'à contempler son œuvre qui parle si clairement de lui, soit dans la nature matérielle organisée, soit dans l'histoire, soit dans l'humanité. Moins je crois à présent à la parole de l'homme, plus je crois à celle de Dieu dans ses œuvres et dans notre intelligence.* » — Prenez garde à ceux qui ne s'appuient *que* sur le Christ et sur Mahomet. — Ô Philosophie, plus forte que l'Éternel ! « *L'Éternel est avec vous quand vous êtes avec lui ; si vous le cherchez, vous le trouverez ; mais si vous l'abandonnez, il vous abandonnera.* » (*2 Chr 15,2*)

* * * * *

« *A quella luce cotal si diventa, che volgersi da lei per altro aspetto è impossibil che mai si consenta [...].* » (« *À cette lumière on devient tel que se détourner d'elle pour une autre vision est impossible à jamais consentir [...].* ») — Je retourne continuellement aux Grecs (et aux Latins). Là est ma patrie, l'exemple à suivre. On n'a guère inventé ni découvert de choses extraordinaires depuis (à part Kant). Si l'on pouvait les imiter ! si l'on pouvait baser notre système éducatif sur le leur ? Non ! on fait tout le contraire... Malheur à nous ! « *Nous tâtonnons comme des aveugles le long d'un mur, nous tâtonnons comme ceux qui n'ont point d'yeux ; nous chancelons à midi comme de nuit, au milieu de l'abondance nous ressemblons à des morts.* » (*Is 59,10*) — Je n'ai pas besoin d'autre chose que des Grecs. (Et pas besoin d'autre chose que ce dont ils avaient besoin !) C'était la *pure philosophie*, la *belle philosophie*. Il y eut plus de philosophie, mon cher, dans la Grèce antique, que n'en rêveraient nos « philosophes » modernes... Il y a plus de philosophie dans ces vers d'Euripide que dans tout volumineux essai qu'un contemporain lâcherait dans les librairies : « *Que faut-il aux mortels en dehors de deux choses : / L'épi de Déméter, un filet d'eau à boire, / Aliments qui nous sont naturellement offerts ?* » (Et dire que ce n'est qu'un fragment d'une pièce inconnue ! On a tant perdu de cette époque admirable... tandis que l'on ne perd, *unfortunately*, rien de la nôtre... Nous sommes submergés de merde...) — « *Il me dit trois mots en latin, / Il me dit trois mots en latin, / Que les hommes ne valent rien ; / Gentil coq'licot, mesdames, / Gentil coq'licot nouveau.* » — « Philosophes » d'aujourd'hui ! En reprenant le soufflet lancé par Heidegger, qui venait de recevoir les *Écrits* de Lacan (« *Le psychiatre a besoin d'un psychiatre* »), je leur dirais bien : Le philosophe a besoin d'un philosophe ! Les « philosophes » ne sont que de vulgaires « profs de philo » ! Comme le rappelait Cioran, on ne devrait enseigner « *la philosophie que dans l'agora, dans un jardin ou chez soi* » : « *La chaire est le tombeau du philosophe, la mort de toute pensée vivante, la chaire est l'esprit en deuil.* » — Quand, à la radio, j'entends parler un « philosophe », je songe souvent aux cours que j'ai suivis, et je me rappelle la Fusée du conte pour enfants (d'Oscar Wilde), qui se pavane : « *J'aime à m'entendre parler. C'est l'un de mes plus grands plaisirs. J'ai souvent de longues conversations avec moi-même, et je suis si intelligente que parfois je ne comprends pas un seul mot de ce que je dis.* — *Vous devriez alors faire un cours de philosophie, dit la libellule.* » — « *Quelle race est digne d'honneur ? La race de l'homme. [...] Quelle race est digne de mépris ? La race de l'homme.* » (*Sir* 10,19)

* * * * *

Tout ce qui est pensé a été pensé par les Grecs. On retrouve chez les Stoïciens ou les Épicuriens l'idée du Big-Bang, l'idée des atomes (voire des intuitions de la thermodynamique et de son second principe !)... Non qu'ils fussent des devins : ils réfléchissaient. — Wittgenstein, à sa proposition *4.112* du *Tractatus*, affirme que « *le but de la philosophie est la clarification logique des pensées* ». J'aimerais le contredire à ma façon : la philosophie, c'est le but de la clarification logique des pensées.

* * * * *

« *L'homme est semblable à un souffle, / Ses jours sont comme l'ombre qui passe.* » (Ps *144,4*) — Nous sommes peu de choses. Regardez le ciel et vous connaîtrez l'humilité. — Nous sommes fragiles. Palladas n'oubliait pas sa condition de mortel : « *Nous ne vivons, tous tant que nous sommes, et ne voyons la lumière du soleil que parce que nous aspirons un air léger et imperceptible ; instruments animés par des haleines vivifiantes. Si l'on vient à arrêter avec le doigt cette faible respiration, nous voilà morts, et notre âme s'échappe. Tel est notre néant ; et pourtant nous nous gonflons d'orgueil, nous qu'un petit souffle d'air fait vivre.* » — Comprendre notre petitesse nous aide à devenir sage. C'est le bonheur d'être triste. Écoutons Solon résumer la frêle et éphémère existence : « *L'enfant dans les sept premières années de sa vie voit croître toutes ses dents. Quand le ciel lui a donné sept autres années, les marques de la puberté lui annoncent qu'il peut devenir père à son tour. Dans le troisième âge ses membres s'accroissent ; un léger duvet d'une couleur indécise orne son menton. À vingt-huit ans toute sa force est venue ; à cette époque la vertu paraît dans tout son éclat. À l'âge de trente-cinq ans il est mûr ; il est temps qu'il connaisse l'amour si désiré. À quarante-deux ans son âme est portée aux grandes choses ; ce qui est vil ne lui inspire que du dégoût. À quarante-neuf ans il a la plénitude de l'intelligence et de l'art de bien dire. À cinquante-six ans il possède encore ces heureux dons. Il peut encore à soixante-trois ans, mais il s'affaiblit : sa vertu, sa sagesse, son éloquence diminuent. Hélas ! parvenu à sa soixante-dixième année, ce n'est plus qu'un fruit mûr pour tomber dans la mort.* » L'homme est un petit tout dans un grand rien (ou un petit rien dans un grand tout). Ces pensées n'empêchaient pas Solon d'être jour après jour avide de nouvelles connaissances, même dans sa vieillesse. Ce qui fit dire à Cicéron (*De la vieillesse*) : « *On peut donc s'attacher aux travaux de l'esprit et, quand on a des connaissances, qu'on s'est donné la formation qui convient, cet attachement va en se fortifiant avec l'âge de façon à justifier cette belle pensée exprimée par Solon dans un vers déjà cité ; en vieillissant, j'acquiers tous les jours beaucoup de connaissances. Nul plaisir ne l'emporte sur ces joies de l'esprit.* »

* * * * *

Tout reviendra au néant où nous étions. C'est ma consolation, comme celle que reçut Marcia, après la mort de son fils, de la part de Sénèque : « *Je bornais ma gloire à tracer les annales d'un siècle, d'un coin retiré du monde, les faits d'une poignée d'hommes : que de siècles maintenant, quelle suite et quel enchaînement de générations dans toute la somme des années je suis maître de contempler ! Je puis voir quels empires doivent naître et quels doivent s'écrouler, la chute de cités fameuses, les nouvelles incursions des mers. Car, si tu peux trouver à tes regrets une consolation dans la commune destinée, sache que rien de ce qui est ne doit demeurer en place. Le temps abattra tout, emportera tout avec lui, et se jouera non seulement des hommes, cette portion si chétive de son capricieux empire, mais des lieux, des contrées entières, des grandes divisions du globe, balayera des montagnes, fera plus loin surgir dans les airs des rochers inconnus, absorbera des mers, déplacera le cours des fleuves, et rompant les communications des peuples, dissoudra les sociétés et la grande famille des humains. Ailleurs il engloutira des villes dans des gouffres béants, où le sol s'ébranlera pour les renverser : de ses flancs s'exhalera la peste ; l'inondation couvrira les terres habitées ; tout être vivant périra dans le monde submergé ; et une vaste conflagration viendra dévorer et réduire en cendres ceux qu'auront épargné les eaux. Et lorsque l'heure sera venue où la création doit s'éteindre pour se renouveler, elle-même se brisera par ses propres forces ; les astres heurteront les astres ; toute matière s'embrasera, et tous ces grands luminaires, qui brillent dans un si bel ordre, formeront la flamme d'un seul incendie. Nous aussi, âmes fortunées, qui avons pour lot l'éternité, quand il semblera bon à Dieu de refondre cet univers, dans l'immense écroulement, nous-mêmes, faibles débris de plus, nous rentrerons au sein des éléments primordiaux. Heureux ton fils, ô Marcia ! il est déjà initié à ces mystères !* » Après nous, le déluge ; après nous, le cataclysme ; après nous, le *Big Crunch*...

Ce sera le vrai crépuscule des dieux... — Chantons en chœur avec les scaldes qui écrivirent la *Völuspá* : « Le Soleil s'éteint, la nuit s'étend, / les étoiles cessent de briller, / la terre sombre dans l'océan / et le feu monte aux cieux en piliers. »

« Messagère de mort, la fièvre dévorante brûle mes entrailles, et je sens que dans peu de jours, dans quelques heures peut-être, il ne me faudra plus, ô terre aimée de la Grèce, qu'un funèbre asile dans ton sein...
[...]
Amis, je vais bientôt mourir ; mais s'il existe quelque chose de nous, si tout notre être n'est pas périssable, demandez aux dieux une place pour moi dans le paradis des poètes et des guerriers.
[...]
Chantez, faites mon nom immortel ; chantez, car je n'ai aimé que la gloire : chantez, filles célestes du midi, pour un enfant du nord ; mêlons ensemble, confondons la vague mélodie des harpes ossianiques, avec les accents plus précis et plus sonores des muses du midi. Et moi aussi, je saisirai la lyre d'or immortelle ; dans cet éclatant séjour où triomphe à jamais la gloire, je me ferai une langue de tous les sons que les oreilles des hommes n'ont jamais entendus.
[...]
Je vous aime, ô Grecs ! vous êtes un peuple jeune, et vous passez pour vous purifier à travers les flammes d'un incendie. C'est parmi vous que je suis venu, hommes de sacrifice et de courage, qui recommencez vos destinées par l'épée et par la valeur. Hellènes, braves Hellènes, c'est parmi vous !
Et parmi vous, je suis content de mourir. Creusez-moi un étroit asile dans le sein de cette terre aimée jadis des dieux et de la liberté. Placez sur mes os une simple pierre arrachée aux flancs du mont Pholoé, et que ton épée, ô Mavrocordato, y trace ce seul mot : Byron, ce nom suffit. »

Alphonse Rabbe, *Adieux de Lord Byron à la Vie*

Sciences

« *Moi qui passe et qui meurs, je vous contemple étoiles !*
La terre n'étreint plus l'enfant qu'elle a porté.
Debout, tout près des dieux, dans la nuit aux cent voiles,
Je m'associe, infime, à cette immensité ;
Je goûte, en vous voyant, ma part d'éternité. »

Ptolémée

« *Ah ! ne jamais sortir des Nombres et des Êtres !* » s'écriait Baudelaire dans son *gouffre* ! — Qu'est-ce que la *raison* ? C'est la « *ratio* » : calcul, supputation, et au-delà : *faculté* de raisonner, de calculer. C'est la raison synonyme de jugement, d'intelligence. Divines proportions ! Relations universelles ! Comme le disait Novalis, « *la mathématique pure, c'est l'aperception de la raison, en tant qu'univers* ». La raison, c'est l'Univers, car l'Univers existe grâce à elle.

* * * * *

Ô mathématiques sévères, ô clé du monde, ô sésame de l'universel, ô logique des phénomènes, ô conscience des lois ! — Homme, compte sur elles, compte sur les mathématiques si tu veux comprendre et n'être pas insensé ! Étudie les sévères mathématiques et chante de concert avec le poète : « *Ô mathématiques sévères, je ne vous ai pas oubliées, depuis que vos vivantes leçons, plus douces que le miel, filtrèrent dans mon cœur, comme une onde rafraîchissante. J'aspirais instinctivement, dès le berceau, à boire à votre source, plus ancienne que le soleil, et je continue encore de fouler le parvis sacré de votre temple solennel, moi, le plus fidèle de vos initiés. Il y avait du vague dans mon esprit, un je ne sais quoi épais comme de la fumée ; mais, je sus franchir religieusement les degrés qui mènent à votre autel, et vous avez chassé ce voile obscur, comme le vent chasse le damier. Vous avez mis, à la place, une froideur excessive, une prudence consommée et une logique implacable. À l'aide de votre lait fortifiant, mon intelligence s'est rapidement développée, et a pris des proportions immenses, au milieu de cette clarté ravissante dont vous faites présent, avec prodigalité, à ceux qui vous aiment d'un sincère amour. Arithmétique ! algèbre ! géométrie ! trinité grandiose ! triangle lumineux ! Celui qui ne vous a pas connues est un insensé ! Il mériterait l'épreuve des plus grands supplices ; car, il y a du mépris aveugle dans son insouciance ignorante ; mais, celui qui vous connaît et vous apprécie ne veut plus rien des biens de la terre, se contente de vos jouissances magiques ; et, porté sur vos ailes sombres, ne désire plus que de s'élever, d'un vol léger, en construisant une hélice ascendante, vers la voûte sphérique des cieux. La terre ne lui montre que des illusions et des fantasmagories morales ; mais vous, ô mathématiques concises, par l'enchaînement rigoureux de vos propositions tenaces et la constance de vos lois de fer, vous faites luire, aux yeux éblouis, un reflet puissant de cette vérité suprême dont on remarque l'empreinte dans l'ordre de l'univers. Mais, l'ordre qui vous entoure, représenté surtout par la régularité parfaite du carré l'ami de Pythagore, est encore plus grand ; car, le Tout-Puissant s'est révélé complètement, lui et ses attributs, dans ce travail mémorable qui consista à faire sortir, des entrailles du chaos, vos trésors de théorèmes et vos magnifiques splendeurs. Aux époques antiques et dans les temps modernes, plus d'une grande imagination humaine vit son génie, épouvanté, à la contemplation de vos figures symboliques tracées sur le papier brûlant comme autant de signes mystérieux, vivants d'une haleine latente, que ne comprend pas le vulgaire profane et qui n'étaient que la révélation éclatante d'axiomes et d'hiéroglyphes éternels, qui ont existé avant l'univers et qui se maintiendront après lui. Elle se demande, penchée vers le précipice d'un point d'interrogation fatal, comment se fait-il que les mathématiques contiennent tant d'imposantes grandeurs et tant de vérité incontestable tandis que, si elle les compare à l'homme, elle ne trouve en ce dernier que faux orgueil et mensonge. Alors, cet esprit supérieur, attristé, auquel la familiarité noble de vos conseils fait sentir davantage la petitesse de l'humanité et son incomparable folie, plonge sa tête, blanchie, sur une main décharnée et reste absorbé dans des méditations surnaturelles. Il incline ses genoux devant vous, et sa vénération rend hommage à votre visage divin comme à la propre image du Tout-Puissant. Pendant mon enfance, vous m'apparûtes, une nuit de mai, aux rayons de la lune, sur une prairie verdoyante, aux bords d'un ruisseau limpide, toutes les trois égales en grâce et en pudeur, toutes les trois pleines de majesté comme des reines. Vous fîtes quelques pas vers moi, avec votre longue robe, flottante comme une vapeur et vous m'attirâtes vers vos fières mamelles, comme un fils béni. Alors j'accourus avec empressement, mes mains crispées sur votre blanche gorge je me suis nourri, avec reconnaissance, de votre manne féconde, et j'ai senti que l'humanité grandissait en moi, et devenait meilleure. Depuis ce temps, ô déesses rivales, je ne vous ai pas abandonnées. Depuis ce temps, que de projets énergiques, que de sympathies, que je croyais avoir gravées sur les pages de mon cœur, comme sur du marbre, n'ont-elles pas effacées lentement de ma raison désabusée, leurs lignes configuratives, comme l'aube naissante efface les ombres de la nuit ! Depuis ce temps, j'ai vu la mort, dans l'intention, visible à l'œil nu, de peupler les* tombeaux, ravager les champs de bataille, engraissés par le sang humain et faire pousser des fleurs matinales par-dessus les funèbres ossements. Depuis ce temps, j'ai assisté aux révolutions de notre globe ; les tremblements de terre, les volcans, avec leur lave embrasée, le simoun du désert et les naufrages de la tempête ont eu ma présence pour spectateur impassible. Depuis ce temps, j'ai vu plusieurs générations humaines élever, le matin, ses ailes et ses yeux, vers l'espace, avec la joie inexpériente de la chrysalide qui salue sa dernière métamorphose, et mourir, le soir, avant le coucher du soleil, la tête courbée, comme des fleurs fanées que balance le sifflement plaintif du vent. Mais, vous, vous restez toujours les mêmes. Aucun changement, aucun air empesté n'effleure les rocs escarpés et les vallées immenses de votre identité. Vos pyramides modestes dureront davantage que les pyramides d'Égypte, fourmilières élevées par la stupidité et l'esclavage. La fin des siècles verra encore debout sur les ruines des temps, vos chiffres cabalistiques, vos équations laconiques et vos lignes sculpturales siéger à la droite vengeresse du Tout-Puissant, tandis que les étoiles s'enfonceront, avec désespoir, comme des trombes, dans l'éternité d'une nuit horrible et universelle, et que l'humanité grimaçante, songera à faire ses comptes avec le jugement dernier. Merci, pour les services innombrables que vous m'avez rendus. Merci, pour les qualités étrangères dont vous avez enrichi mon intelligence. Sans vous, dans ma lutte contre l'homme, j'aurai peut-être été vaincu. Sans vous, il m'aurait fait rouler dans le sable et embrasser la poussière de ses pieds. Sans vous, avec une griffe perfide, il aurait labouré ma chair et mes os. Mais, je me suis tenu sur mes gardes, comme un athlète expérimenté. Vous me donnâtes la froideur qui surgit de vos conceptions sublimes, exemptes de passion. Je m'en servis pour rejeter avec dédain les jouissances éphémères de mon court voyage et pour renvoyer de ma porte les offres sympathiques, mais trompeuses, de mes semblables. Vous me donnâtes la prudence opiniâtre qu'on déchiffre à chaque pas dans vos méthodes admirables de l'analyse, de la synthèse et de la déduction. Je m'en servis pour dérouter les ruses pernicieuses de mon ennemi mortel, pour l'attaquer, à mon tour, avec adresse, et plonger, dans les viscères de l'homme, un poignard aigu qui restera à jamais enfoncé dans son corps ; car, c'est une blessure dont il ne se relèvera pas. Vous me donnâtes la logique, qui est comme l'âme elle-même de vos enseignements, pleins de sagesse ; avec ses syllogismes, dont le labyrinthe compliqué n'en est que plus compréhensible, mon intelligence sentit s'accroître du double ses forces audacieuses. À l'aide de cet auxiliaire terrible, je découvris, dans l'humanité, en nageant vers les bas-fonds, en face de l'écueil de la haine, la méchanceté noire et hideuse, qui croupissait au milieu de miasmes délétères, en s'admirant le nombril. Le premier, je découvris, dans les ténèbres de ses entrailles, ce vice néfaste, le mal ! supérieur en lui au bien. Avec cette arme empoisonnée que vous me prêtâtes, je fis descendre, de son piédestal, construit par la lâcheté de l'homme, le Créateur lui-même ! Il grinça des dents et subit cette injure ignominieuse ; car, il avait pour adversaire quelqu'un de plus fort que lui. Mais, je le laisserai de côté, comme un paquet de ficelles, afin d'abaisser mon vol... Le penseur Descartes faisait, une fois, cette réflexion que rien de solide n'avait été bâti sur vous. C'était une manière ingénieuse de faire comprendre que le premier venu ne pouvait pas sur le coup découvrir votre valeur inestimable. En effet, quoi de plus solide que les trois qualités principales déjà nommées qui s'élèvent, entrelacées comme une couronne unique, sur le sommet auguste de votre architecture colossale ? Monument qui grandit sans cesse de découvertes quotidiennes, dans vos mines de diamant, et d'explorations scientifiques, dans vos superbes domaines. Ô mathématiques saintes, puissiez-vous, par votre commerce perpétuel, consoler le reste de mes jours de la méchanceté de l'homme et de l'injustice du Grand-Tout ! »

* * * * *

La science fait peur. Qui est celui que n'effraient pas les mathématiques ? La plupart d'entre nous en avons des souvenirs noirs... Et pourtant ! pourtant ! Tout le monde connaît ces vers de Hugo : « *Temps sombre ! Enfant ému du frisson poétique, / Pauvre oiseau qui heurtais du crâne mes barreaux, / On me livrait tout vif aux chiffres, noirs bourreaux ; / On me faisait de force ingurgiter l'algèbre ; / On me liait au fond d'un Boisbertrand funèbre ; / On me tordait, depuis les ailes jusqu'au bec, / Sur l'affreux chevalet des X et des Y ; / Hélas ! on me fourrait sous les os maxillaires / Le théorème orné de tous ses corollaires ; / Et je me débattais, lugubre patient / Du diviseur prêtant main-forte au quotient. / De là mes cris.* » Horreur et damnation ! Les cours de mathématiques ont été un calvaire ! Pourquoi ? Vous ne les rattachez à rien. On ne vous a pas aidés à les comprendre et à les aimer. Vos professeurs n'ont pas réussi leur mission. Ce n'est pas votre faute. — « *Ainsi quand je vous dirais que l'univers n'est que Nombre et Mouvement, vous voyez que déjà nous parlerions un langage différent. Je comprends l'un et l'autre, et vous ne les comprenez point.* » Ce passage de Balzac, dans *Séraphita*, dit à peu près tout. — N'oublions pas que « μαθηματικά », chez les Grecs, pouvait renvoyer à l'astronomie... — Les mathématiques et la science en général paraissent insaisissables, inaccessibles, telles les étoiles dans le ciel : « *Les étoiles éveillent une certaine vénération, car bien que toujours présentes, elles demeurent inaccessibles* », écrivait Ralph Emerson.

* * * * *

Que devient l'enseignement des mathématiques aujourd'hui ? On allège les programmes, on préfère le but au chemin, on envoie sur le front des jeunes professeurs qui ne comprennent pas très bien le fond et le pouvoir de la matière qu'ils sont censés enseigner. Il manque des maîtres et des disciples courageux. L'Éducation Nationale fait tout pour rétrécir l'entendement de la jeunesse. (Je m'indigne, mais il y a de quoi ! Je suis forcé de revenir au « c'était mieux avant ». Je suis comme Grégoire Gérard, dans *Le Curé de village* : il crache sur le fonctionnement du système éducatif (surtout des hautes études), désabusé par les personnalités qu'on y forme.) — Dans son *Discours sur les sciences et les arts*, Rousseau soulignait : « *Il n'a point fallu de maîtres à ceux que la nature destinoit à faire des disciples. Les Verulams, les Descartes & les Newtons, ces Précepteurs du Genre-humain, n'en ont point eu eux-mêmes ; & quels guides les eussent conduits jusqu'où leur vaste génie les a portés ? Des Maîtres ordinaires n'auroient pu que rétrécir leur entendement en le resserrant dans l'étroite capacité du leur : C'est par les premiers obstacles qu'ils ont appris à faire des efforts, et qu'ils se sont exercés à franchir l'espace immense qu'ils ont parcouru.* » — Maudites sociétés !

* * * * *

Même si elle est accompagnée par l'abbé, Hélène a peur (*Une page d'amour*) : « *Ils se turent, les yeux toujours levés, éblouis et pris d'un léger frisson en face de ce fourmillement d'astres qui grandissait. Derrière les milliers d'étoiles, d'autres milliers d'étoiles apparaissaient, et cela sans cesse, dans la profondeur infinie du ciel. C'était un continuel épanouissement, une braise attisée de mondes brûlant du feu calme des pierreries. La voie lactée blanchissait déjà, développait ses atomes de soleil, si innombrables et si lointains qu'ils ne sont plus, à la rondeur du firmament, qu'une écharpe de lumière.* — Cela me fait peur, dit Hélène à voix très basse. — *Et elle pencha la tête pour ne plus voir, elle ramena ses regards sur le vide béant où Paris semblait s'être englouti. Là, pas une lueur encore, la nuit complète également épandue ; un aveuglement de ténèbres.* » La peur est la première source du savoir. — « *Per aspera ad astra* » (« *Par des sentiers ardus jusqu'aux étoiles* »), allons vers notre mère, notre père, nos mères, nos pères célestes. — Lorsqu'elle finit son long voyage, la lumière des étoiles ne s'éteint pas dans mes yeux. Une autre étoile naît dans mon cœur et me console. Et ainsi, l'étoile primitive renaît.

* * * * *

Si nous n'allons pas à elles, qu'au moins celles-ci viennent à nous ! « Seng Tchao : *La lune claire et sereine brille si haut dans le ciel !* — Shû : *Parce qu'elle est très loin au-dessus de toi.* — Sen Tchao : *Je vous en prie, Maître, aidez-moi à m'élever vers elle.* — Shû : *Pourquoi veux-tu l'atteindre ? Ne vient-elle pas à toi ?* » — Zazen.

* * * * *

« *C'est l'observation du jour et de la nuit, ce sont les révolutions des mois et des années, qui ont produit le nombre, fourni la notion du temps, et rendu possible l'étude de la nature de l'univers. Ainsi, nous devons à la vue la philosophie elle-même, le plus noble présent que le genre humain ait jamais reçu et puisse recevoir jamais de la munificence des dieux. Voilà ce que j'appelle le plus grand bien de la vue.* » — À la suite du *Timée* de Platon, et en accompagnant d'autres écrits amoureux, *observons le ciel étoilé.* — Juste au-dessus de nous… — Ne regardons pas le doigt qui montre le ciel… — Comme Camus, « *j'aime la nuit et le ciel, plus que les dieux des hommes* ». — Tout ce qui compte est ce noir piqueté d'*incalculables* soleils… — « *O gloriöse stelle, o lume pregno di gran virtù […].* » (« *Ó étoiles glorieuses, ô lumière pleine de grande vertu […].* ») — Saviez-vous que Kant, notre philosophe bien-aimé, fit sa thèse sur les galaxies ? Dès le début, il voulut avoir le nez dans les étoiles, c'est-à-dire comprendre d'où l'on vient. La philosophie commence là. Il avouait, dans la *Critique de la Raison pratique* : « *Deux choses remplissent l'âme d'une admiration et d'un respect toujours renaissants qui s'accroissent à mesure que la pensée y revient plus souvent et s'y applique davantage : le ciel étoilé au dessus de nous, la loi morale au-dedans. Je n'ai pas besoin de les chercher et de les deviner comme si elles étaient enveloppées de nuages ou situées hors de mon horizon, dans une région inaccessible ; je les vois devant moi et je les rattache immédiatement à la conscience de mon existence. De la place que j'occupe dans le monde extérieur, je suis en rapport, dans l'immense espace, avec les systèmes célestes dont l'innombrable multitude réduit infiniment l'importance de la créature animale que je suis. D'un autre côté, mon moi, ma personnalité, me font participer d'un monde invisible, qui possède l'infinité véritable, et dont la loi suprême m'affranchit de la vie sensible et animale pour me conférer, par delà les limites de l'existence terrestre, une destinée sans fin.* » Quelle aubaine que la nuit soit là, déployant cet univers de points scintillants qui suscitent à la fois notre curiosité, notre admiration, et qui nous donnent le vertige de l'infini… — « *L'observation, la contemplation de la nature est pour l'âme et pour l'esprit une sorte d'aliment naturel* », racontait Cicéron dans les *Académiques*. « *Nous nous élevons, notre âme s'élargit, la chose humaine devient pour nous négligeable, quand notre pensée s'applique à la considération du ciel et des corps célestes, nous sommes portés à mépriser nos mesquins intérêts terrestres. Les grands problèmes, qui sont aussi les plus obscurs, nous attirent et il y a plaisir à en chercher la solution.* » Car, disait-il aussi dans *L'Orateur*, la « *philosophie qui interroge la nature* » est une « *mine à exploiter pour l'orateur* ». On ne peut parler qu'à la condition d'avoir compris, et l'on ne peut avoir compris sans avoir consacré une longue étude à la contemplation de la nature. C'est ainsi que l'on acquiert les méthodes philosophiques, que l'on parvient à « *classer les objets par genres et par espèces, à les préciser par la définition, à les coordonner par les divisions, à démêler le vrai du faux, à déduire les conséquences, à signaler une contradiction, à relever une équivoque* ». Afin d'éclairer l'esprit, afin d'agrandir le cercle des idées, il faudrait, selon Cicéron, avoir, comme Périclès, une teinture des sciences naturelles. Sinon, comment descendrait-on « *des choses du ciel aux choses d'ici-bas, sans en rapporter une habitude de grandeur et d'élévation qui se reproduirait dans sa pensée et son langage* » ? La grandeur du ciel, de ce que l'on voit et de ce que l'on ne voit pas (et devine), la grandeur de tout ceci nous élève, nous fait prendre de la hauteur, nous ramène à notre condition, nous rend plus humble. Dans *La République*, Cicéron rapportait ces mots de Scipion : « *Je le vois, dit l'Africain, tu contemples encore la demeure et le séjour des hommes. Mais si la terre te semble petite, comme elle est en effet, relève tes yeux vers ces régions célestes ; méprise toutes les choses humaines.* » — Que sont ces espaces infinis ? M'effraieraient-ils tant que cela ? Pascal : « *Par l'espace l'univers me comprend et m'engloutit comme un point : par la pensée je le comprends.* » De même, Hypérion se fond dans cette intercompréhension : « *La nuit étoilée était désormais mon élément.* » Compréhension, fusion, peur, amour. Amour avec un grand A. « *Nous nous reconnaîtrons dans le ciel étoilé. Qu'il soit le signe qui nous lie, aussi longtemps que nos lèvres se tairont.* » Nous ne nous possédons pas nous-mêmes, nous ne possédons pas les étoiles, mais nous sommes possédés par les étoiles, et elles nous invitent à nous posséder. Que dit Pierre dans *La Guerre et la Paix* en plongeant « *son regard dans ce firmament où scintillaient à cette heure des myriades d'étoiles* » ? Il dit : « *Et tout cela est à moi, pensait-il, tout cela est en moi, tout cela c'est moi !…* » — J'approuve à cent pour cent cette recommandation de Novalis : « *Il faut que l'astronomie devienne la base de toutes les sciences physiques.* » La réflexion ne commence pas au niveau des pieds et du bitume : elle réside dans l'espace qui est au-dessus de notre tête. Nulle part où aller — que là où l'on ne peut aller nulle part. — Il y a autant d'étoiles que de merveilleux passages chantant les louanges du ciel ! Le ciel — vaste steppe sombre — est un *memento mori*, comme le rappelle ici Tchékhov : « *Quand nous regardons longuement le ciel immense, nos idées et notre âme se fondent dans la conscience de notre solitude. Nous nous sentons irréparablement seuls, et tout ce que nous tenions auparavant pour familier et cher s'éloigne indéfiniment et perd toute valeur. Les étoiles, qui nous regardent du haut du ciel depuis des milliers d'années, le ciel incompréhensible lui-même et la brume, indifférents à la brièveté de l'existence humaine, lorsqu'on reste en tête à tête avec eux et qu'on essaie d'en comprendre le sens, accablent l'âme de leur silence ; on se prend à songer à la solitude qui attend chacun de nous dans la tombe, et la vie nous apparaît dans son essence, désespérée, effrayante...* » (Vaste steppe sombre, qui, « *si l'éclat des astres doublait* », « *deviendrait ténèbres pour l'éternité* », *dixit* Goethe.) — Cicéron, encore (il n'est pas étonnant de voir que mes auteurs fétiches sont aussi des férus de « philosophie astronomique ») : « *Qu'il est attrayant pour un sage, de passer ainsi ses jours et ses nuits ; de contempler les mouvements et les conversions du ciel ; d'y apercevoir un nombre infini d'étoiles fixes, dont la marche s'accorde avec celle de la voûte céleste ; de les distinguer des sept autres astres toujours errants, et dont néanmoins la course est si réglée et si certaine ; de pouvoir enfin marquer les différences qui sont entre ces astres, et de supputer quelles sont leurs distances, soit à leur égard, soit par rapport à nous. Par ces découvertes, les anciens furent excités à pousser leurs recherches encore plus loin.* » Il s'interroge : « *Et qu'y a-t-il de plus doux qu'un loisir consacré aux lettres, je veux dire qu'on emploie à sonder les grandeurs infinies de la nature, et à bien connaître le ciel, la terre, les mers ?* » Telle est l'une des interrogations primordiales qui devrait sans cesse nous poursuivre. — Infini ! Infini ! nous essayons de te tenir entre nos mains de fourmis ! — Ô Hugo, planeur dans l'infini ! planeur dans ce beau chapitre intitulé « *Sub umbra* » ! « *Les engrenages en mouvement continuent, sans répondre à l'homme, leur révolution impassible. Le ciel étoilé est une vision de roues, de balanciers et de contrepoids. C'est la contemplation suprême, doublée de la suprême méditation. C'est toute la réalité, plus toute l'abstraction. Rien au-delà. On se sent pris. On est à la discrétion de cette ombre. Pas d'évasion possible. On se voit dans l'engrenage, on est partie intégrante d'un Tout ignoré, on sent l'inconnu qu'on a en soi fraterniser mystérieusement avec un inconnu qu'on a hors de soi. Ceci est l'annonce sublime de la mort. Quelle angoisse, et en même temps quel ravissement ! Adhérer à l'infini, être amené par cette adhérence à s'attribuer à soi-même une immortalité nécessaire, qui sait ? une éternité possible, sentir dans le prodigieux flot de ce déluge de vie universelle l'opiniâtreté insubmersible du moi ! regarder les astres et dire : je suis une âme comme vous ! regarder l'obscurité et dire : je suis un abîme comme toi !* » L'harmonie des sphères est toute la poésie. Le poète de l'Univers est le vrai poète, l'unique. « *Dans les sections coniques, dans les logarithmes, dans le calcul différentiel et intégral, dans le calcul des probabilités, dans le calcul infinitésimal, dans le calcul des ondes sonores, dans l'application de l'algèbre à la géométrie, l'imagination est le coefficient du calcul, et les mathématiques deviennent poésie.* » — Ces engrenages pour une danse cosmique, ces rondes éternelles qui imbriquent chaque élément : quelle merveille ! quelle force ! quelle audace de Dieu ! Encerclés nous sommes, — fragiles, — dans un cycle solide. Nous nous *purifions*, pour reprendre l'expression de Marc-Aurèle : « *Étudier le cours des astres, en se disant qu'on est emporté avec eux dans leur cercle, et penser souvent aux permutations des éléments les uns dans les autres. Des considérations de cet ordre purifient la vie terrestre de ses souillures.* » — Comment ne pas sentir l'âme religieuse du ciel, tel Jocelyn ? « *La nuit tombait ; des cieux la sombre profondeur / Laissait plonger les yeux dans l'espace sans voiles, / Et dans l'air constellé compter les lits d'étoiles, / Comme à l'ombre du bord on voit sous des flots clairs / La perle et le corail briller au fond des mers.* » Comment ne pas se convertir à la religion du ciel ? Ô Dieu ! « *Celles-ci, leur disais-je, avec le ciel sont nées ; / Leur rayon vient à nous sur des millions d'années ! / Des mondes, que peut seul peser l'esprit de Dieu, / Elles sont les soleils, les centres, le milieu ; / L'océan de l'éther les absorbe en ses ondes / Comme des grains de sable, et chacun de ces mondes / Est lui-même un milieu pour des mondes pareils / Ayant ainsi que nous leur lune et leurs soleils, / Et voyant comme nous des firmaments sans terme / S'élargir devant Dieu sans que rien ne le renferme ; / Celles-là, décrivant des cercles sans compas, / Passèrent une nuit, ne repasseront pas. / Du firmament entier la page intarissable / Ne renfermerait pas le chiffre incalculable / Des siècles qui seront écoulés jusqu'au jour / Où leur orbite immense aura fermé son tour. / Elles suivent la courbe où Dieu les a lancées ; / L'homme, de son néant, les suit par ses pensées... / Et ceci, mes enfants, suffit pour vous prouver / Que l'homme est un esprit, puisqu'il peut s'élever, / De ce point de poussière et des ombres humaines, / Jusqu'à ces cieux sans fond et ces grands phénomènes. / Car voyez, mesurez, interrogez vos corps ; / Pour monter à ces feux faites tous vos efforts ! / Vos pieds ne peuvent pas vous porter sur ces ondes ; / Votre main ne peut pas toucher, peser ces mondes ; / Dans les replis des cieux quand ils sont disparus, / Derrière leur rideau votre œil ne les voit plus ; / Nulle oreille n'entend sur le mer infinie / De leurs vagues d'éther l'orageuse harmonie ; / Le souffle de leur vol ne vient pas jusqu'à nous ; / Sous le dais de la nuit ils vous semblent des clous. / Et l'homme cependant arpente cette voûte ; / D'avance, à l'avenir nous écrivons leur route ; / Nous disons à celui qui n'est pas encor né / Quel jour au point du ciel tel astre ramené / Viendra de sa lueur éclairer l'étendue, / Et rendre au firmament son étoile perdue. / Et qu'est-ce qui le sait ? et qu'est-ce qui l'écrit ? / Ce ne sont pas vos sens, enfants ! c'est donc l'esprit ! / C'est donc cette âme immense, infinie, immortelle, / Qui voit plus que l'étoile, et qui vivra plus qu'elle !...* » — Avec ou sans mon télescope, je pleure en contemplant mes origines. Je prie et me dis, comme Sénèque : « *Pourvu donc que ce spectacle dont mes yeux sont insatiables ne me soit pas ravi ; pourvu que je puisse contempler la lune et le soleil, observer à l'œil les autres astres, leur lever, leur coucher, leurs distances, rechercher les causes de leur marche tantôt plus rapide et tantôt plus lente, observer au sein de la nuit ces millions de points lumineux dont les uns demeurent fixes, et les autres, sans fournir un long cours, roulent toujours dans la même orbite ; ceux-ci jaillissant tout à coup, ceux-là qui avec une traînée de flamme éblouissante semblent tomber du ciel ou dont les longs sillons de lumière vont traversant l'espace ; pourvu que j'habite au centre de ces merveilles, initié aux immortels secrets autant qu'un homme peut l'être, et que mon âme, sœur de ces merveilles qu'elle aspire à contempler, ne descende pas de sa sublime sphère, que m'importe quelle boue foulent mes pieds ?* » — Comme le narrateur de *La machine à explorer le temps*, « la contemplation de ces étoiles *[efface]* soudain mes inquiétudes et toutes les gravités de la vie terrestre. » — Quand je tombe sur un roman tel que *Le Lys dans la vallée*, c'est-à-dire un roman tout imprégné d'étoiles, j'exulte. Chaque page tournée est une promesse de nouvelles étoiles... Je lis : « *Un soir, tranquillement blotti sous un figuier, je regardais une étoile avec cette passion qui saisit les enfants, et à laquelle ma précoce mélancolie ajoutait une sorte d'intelligence sentimentale.* » Je tourne les pages et lis : « *Que faisiez-vous donc là ? me dit-elle. — Je regardais une étoile. — Vous ne regardiez pas une étoile, dit ma mère qui nous écoutait du haut de son balcon, connaît-on l'astronomie à votre âge ?* » Je tourne les pages et lis : « *Mais châtiment horrible ! je fus persiflé sur mon amour pour les étoiles, et ma mère me défendit de rester au jardin le soir.* » Je tourne les pages et lis : « *J'eus donc souvent le fouet pour mon étoile. Ne pouvant me confier à personne, je lui disais mes chagrins dans ce délicieux ramage intérieur par lequel un enfant bégaie ses premières idées, comme naguère il a bégayé ses premières paroles. À l'âge de douze ans, au collège, je la contemplais encore en éprouvant d'indicibles délices, tant les impressions reçues au matin de la vie laissent de profondes traces au cœur.* » Je tourne les pages et lis : « *Tombée des steppes bleus où je l'admirais, ma chère étoile s'était donc faite femme en conservant sa clarté, ses scintillements et sa fraîcheur.* » Je tourne les pages et lis : « *N'avons-nous pas, comme les Mages, suivi la même étoile ?* » Je tourne les pages et lis : « *[…] et si vous êtes venu ici, peut-être y êtes-vous amené par une de ces célestes étoiles qui brillent dans le monde moral, et qui conduisent vers le tombeau comme vers la crèche…* » Je tourne les pages et lis : « *L'abbé de Dominis me regarda comme pour me répéter : — N'ai-je pas dit que l'étoile se lèverait brillante ?* » — Et il ne suffit pas de voir les étoiles, il faut se les approprier, s'en faire des amies. C'est ce que veut faire comprendre Nietzsche : « *So lange du noch die Sterne fühlst als ein „Über-dir", fehlt dir noch der Blick des Erkennenden.* » (« *Le sage en tant qu'astronome. — Aussi longtemps que tu sentiras les étoiles "au-dessus" de toi, tu ne posséderas pas le regard de la connaissance.* ») — Malgré tous ces exemples qui prouvent que le ciel contient tout ce que l'on cherche, il existe des détracteurs. Pline l'Ancien, entre autres : « *Folie, pure folie, de vouloir sortir du monde et d'en scruter l'extérieur, comme si l'intérieur en était déjà tellement connu !* »

* * * * *

Cette symphonie, ce rythme universel ! Procession de boules géantes — si petites en regard du reste ! Ô Soleil, délivre-nous du mal ! Je vous aime toutes, planètes ; je t'aime, Soleil… « *Car la vie des planètes est-elle autre chose qu'un culte du soleil ?* » se demandait Novalis. — Si vous voulez comprendre le monde des humains, le monde terrien, étudiez les sciences physiques et les mathématiques. « *Ce n'est pas non plus sans raison qu'on a rendu le même honneur à la physique* », dit Cicéron ; « *car celui qui veut vivre conformément à la nature doit connaître d'abord les lois et l'économie du monde. On ne peut juger sainement des biens et des maux si l'on n'a une entière connaissance de la nature et de la vie des Dieux ; si l'on ne sait qu'il y a ou qu'il n'y a pas d'harmonie entre l'homme et l'univers, et si l'on ne possède bien les anciens préceptes des sages, qui ordonnent "d'obéir au temps, de prendre Dieu pour modèle, de se connaître soi-même, d'éviter tout excès". Sans le secours de la physique, on ne peut bien comprendre tout ce que signifient ces excellentes maximes. Ce n'est aussi qu'en la connaissant à fond qu'on peut savoir combien la nature conspire au maintien de la justice et à l'entretien des amitiés et de toutes les affections qui lient les hommes. Ce n'est enfin que par une étude approfondie de la nature qu'on peut parvenir à comprendre quelle doit être notre piété envers les Dieux, et quelles grâces nous leur devons rendre.* » Vouez un culte à la Nature ! C'est un ordre ! Le reste n'est que babouineries ! — « *Notre effort pour penser la réalité doit, sous peine d'échec, intégrer tous les acquis de la science moderne* », ajouterait Hubert Reeves.

* * * * *

Claude Bernard avait repris Hugo : « *L'art, c'est moi ; la science, c'est nous.* » Belle citation…

* * * * *

Je dois parler *mathématiquement* et *artistiquement*. — Peut-être est-ce là une façon pour moi de me détourner du vulgaire. (Ou pour ne pas succomber à ma libido ! Freud disait en effet que « *les mathématiques jouissent de la plus haute réputation pour faire diversion à la sexualité* » ! Et le docteur Behrens, dans *La montagne magique*, pensait pour sa part que « *s'occuper des mathématiques* » était « *le meilleur remède contre la concupiscence* » !...) — Pourquoi, vous demanderez-vous, impliqué-je autant les mathématiques dans la compréhension du monde ? Je me souviens de ce conte de Zola (*Aventures du grand Sidoine et du petit Médéric*), où Médéric, évoquant l'astronomie (qui « *enseigne que la Terre est un grain de poussière jeté dans l'immensité* »), dit à Sidoine : « *D'ailleurs, je ne m'appesantirai pas sur cette branche des connaissances humaines ; je te sais modeste, peu curieux de formules mathématiques. Mais, si tu avais le moindre orgueil, il me faudrait bien, pour te guérir de cette vilaine maladie, te faire entrevoir, chiffres en mains, les effrayantes vérités de l'espace. Un homme, si fou qu'il puisse être, quand il considère les étoiles par une nuit claire, ne saurait conserver une seconde la sotte pensée d'un Dieu créant l'univers, pour le plus grand agrément de l'humanité. Il y a là, au front du ciel, un démenti éternel à ces théories mensongères qui, considérant l'homme seul dans la création, disposent des volontés de Dieu à son égard, comme si Dieu avait à s'occuper uniquement de la terre. Les autres mondes, qu'en fait-on ? Si l'œuvre a un but, toute l'œuvre ne sera-t-elle pas employée à atteindre ce but ? Nous, les infiniment petits, apprenons l'astronomie pour savoir quelle place nous tenons dans l'infini. Regarde le ciel, mon mignon, regarde-le bien. Tout géant que tu es, tu es au-dessus de la tête l'immensité avec ses mystères. Si jamais il te prenait la malencontreuse idée de philosopher sur ton principe et sur ta fin, cette immensité t'empêcherait de conclure.* » Sidoine est excité par les propos de Médéric ; il veut « *apprendre les mathématiques* ». Mais Médéric lui répond : « *Les mathématiques, mon mignon, ont fait bien des ingrats. Je consens cependant à te faire goûter à ces sources de toutes vérités. La saveur en est âpre ; il faut de longs jours pour que l'homme s'habitue à la divine volupté d'une éternelle certitude. Car sache-le, les sciences exactes donnent seules cette certitude vainement cherchée par la philosophie.* » La philosophie devrait être la seule occupation de l'homme. Mais la philosophie sans les mathématiques est vaine, de même que les mathématiques sans la philosophie sont vaines. Qui essaie, en mathématiques, de comprendre ailleurs ? de comprendre la raison ? de comprendre pourquoi l'on doit comprendre ? *Etc.* Qui essaie, en philosophie, de comprendre les nombres, la logique ? Pascal, à la fois mathématicien et philosophe, affirmait « *que nous voyons par expérience qu'entre esprits égaux et toutes choses pareilles, celui qui a de la géométrie l'emporte et acquiert une vigueur toute nouvelle* ». (En ce sens, Schopenhauer n'était pas mathématicien : « *Car l'homme sans imagination ne connaît d'autre intuition que l'intuition réelle des sens, et jusqu'au moment de la posséder, il doit ronger des concepts et des abstractions, qui ne sont pourtant que les écorces et les enveloppes, non le noyau de la connaissance. Il ne pourra jamais rien faire de grand, sauf peut-être dans le calcul et dans les mathématiques.* » Il osa écrire *Sur la méthodologie des mathématiques*, sans véritablement savoir de quoi il parlait… Car les mathématiques demandent plus d'imagination que n'importe quelle autre matière…) — Novalis, philosophe imprégné de mathématiques, reconnaissait que « *la vie supérieure est mathématique* », que la Mathématique « *est la preuve irréfutable de l'idéalisme de la nature* ». Pour lui, « *tous les envoyés divins doivent être des mathématiciens* ». (Pope s'émerveillait : « *Who made the spider's parallel design, / Sure as de Moivre, without rule or line?* » (« *Qui apprit à l'araignée à dessiner des parallèles avec autant de justesse que de Moivre, sans règles et sans lignes ?* »)) Novalis comprenait, à l'instar de Paul Valéry, que l'exploration des mathématiques était le seul moyen d'avancer le plus loin possible dans la raison. Tout le monde a besoin des mathématiques, même un chevalier errant comme Don Quichotte : « *Il doit savoir les mathématiques, car il en aura besoin à chaque pas.* » Si cela était faisable, je prendrais un hygiaphone et crierais « léonardement » : « *Ô vous, étudiants, étudiez les mathématiques et n'édifiez point sans fondations* » ! — Le Nombre ! Un, deux, trois... Tout est nombre. « *Sans le nombre, pas de science ; sans le nombre, pas de poésie. La strophe, l'épopée, le drame, la palpitation tumultueuse de l'homme, l'explosion de l'amour, l'irradiation de l'imagination, toute cette nuée avec ses éclairs, la passion, le mystérieux mot Nombre régit tout cela, ainsi que la géométrie et l'arithmétique. En même temps que les sections coniques et le calcul différentiel et intégral, Ajax, Hector, Hécube, les Sept Chefs devant Thèbes, Œdipe, Ugohn, Messaline, Lear et Priam, Roméo, Desdemona, Richard III, Pantagruel, le Cid, Alceste, lui appartiennent ; il part de Deux et Deux font Quatre, et il monte jusqu'au lieu des foudres.* » — Le poète est un savant tout autant que le savant est un poète. C'est en partie pourquoi Novalis fut si grand et visionnaire. Ainsi que le rappelait Zola : « *Qu'on le remarque, le savant et le poète, de nos jours encore, partent du même point. Tous deux se trouvent en présence du monde, tous deux s'imposent pour tâche d'en connaître les secrets ressorts et essaient de donner dans leurs œuvres une idée de l'harmonie universelle.* » De ce fait, « *les cieux de Dante ne sont plus* ». Il n'y a de place que pour la poésie, qui « *chante les cieux de Laplace, plus vastes et plus sublimes* »...

* * * * *

« *Il est dans l'équation bien ordonnée une eurythmie tout esthétique qui me séduit pour elle-même* », écrivait Gide dans *Les Cahiers d'André Walter*. Même un non mathématicien peut sentir tout le degré poétique que recèlent les mathématiques. De même, Stendhal, que « *la passion pour les mathématiques* » accaparait tellement qu'il plaignait « *la demi-heure qu'il faudrait perdre* » pour faire couper ses cheveux trop longs, reconnaissait dans sa *Vie de Henry Brulard* leur caractère éminemment pur : « *De plus j'aimais, et j'aime encore, les mathématiques pour elles-mêmes, comme n'admettant pas l'hypocrisie et le vague, mes deux bêtes d'aversion.* » La douceur des mathématiques n'est rien d'autre que le reflet de la douceur de la procession des astres dans le silence infini de l'Univers.

* * * * *

« Mathématique. — *Nous voulons, autant que cela est possible, introduire dans toutes les sciences la finesse et la sévérité des mathématiques, sans nous imaginer que par là nous arriverons à connaître les choses, mais seulement pour* déterminer *nos relations humaines avec les choses. La mathématique n'est que le moyen de la science générale et dernière des hommes.* » (Nietzsche, *Le gai savoir*)

* * * * *

1. — Mathématiques. — Celui qu'investissent les « μαθηματικός » est aussi celui « *qui aime apprendre* ». Son apprentissage (« μάθημα ») remonte au temps des Grecs, d'où tout provient. — α, β, γ, δ, ε, ζ, η, θ, ι, κ, λ, μ, ν, ξ, ο, π, ρ, ς, σ, τ, υ, φ, χ, ψ, ω — Α, Β, Γ, Δ, Ε, Ζ, Η, Θ, Ι, Κ, Λ, Μ, Ν, Ξ, Ο, Π, Ρ, Σ, Τ, Υ, Φ, Χ, Ψ, Ω — Écoutez la parole de π-chavant...

* * * * *

2. — Comprendre le monde. — Qu'est-ce que l'homme « *polymathe* » (« πολυμαθής ») ? C'est une « *personne qui a étudié beaucoup de sciences différentes* ».

* * * * *

3. — La nature parle en langage mathématique. — Que fait Galilée avec sa lunette ? Il lit. — « *La philosophie est écrite dans ce livre gigantesque qui est continuellement ouvert à nos yeux (je parle de l'Univers), mais on ne peut le comprendre si d'abord on n'apprend pas à comprendre la langue et à connaître les caractères dans lesquels il est écrit. Il est écrit en langage mathématique, et les caractères sont des triangles, des cercles, et d'autres figures géométriques, sans lesquelles il est impossible d'y comprendre un mot. Dépourvu de ces moyens, on erre vainement dans un labyrinthe obscur.* »

* * * * *

4. — Du caillou à la Raison — ou tout ce qui compte. — Savoir déchiffrer le monde. — Compter avec les « *cailloux* » (« *calculus* »), mesurer le « *ratio* » (« *proportion* », « *rapport* », « *raison* »). Faire appel à la « *Raison* » (« *faculté intellectuelle par laquelle l'homme connaît, juge et se conduit* »). Établir des rapports, garder la proportion, discerner grâce au « λόγος » (« *parole* », « *raison* »), c'est-à-dire la « *logique* » (« *science qui a pour objet les procédés du raisonnement* »). — En fond : la pose du penseur, par Rodin.

* * * * *

5. — **Le langage mathématique — l'hermétisme mallarméen.** — Les quatre domaines des dieux, les quatre lieux qui permettent d'atteindre à la compréhension du monde, requièrent que l'on parle leur langue : mathématiques, philosophie, poésie, musique. Je recopie le passage de Mallarmé déjà cité dans ce livre : « *Ouvrons à la légère Mozart, Beethoven ou Wagner, jetons sur la première page de leur œuvre un œil indifférent, nous sommes pris d'un religieux étonnement à la vue de ces processions macabres de signes sévères, chastes, inconnus. Et nous refermons le missel vierge d'aucune pensée profanatrice. — J'ai souvent demandé pourquoi ce caractère nécessaire a été refusé à un seul art, au plus grand. Celui-là est sans mystère contre les curiosités hypocrites, sans terreur contre les impiétés, ou sous le sourire et la grimace de l'ignorance et de l'ennemi. — Je parle de la poésie. […] Ainsi les premiers venus entrent de plain-pied dans un chef-d'œuvre, et depuis qu'il y a des poètes, il n'a pas été inventé, pour l'écartement de ces importuns, une langue immaculée, — des formules hiératiques dont l'étude aride aveugle le profane et aiguillonne le patient fatal ; — et ces intrus tiennent en façon de carte d'entrée une page de l'alphabet où ils ont appris à lire !* » De même, je recopie les deux formules du théorème de Green-Ostrogradsky :

$$\iiint_{(\tau)} \mathrm{div}\vec{G}(M)\mathrm{d}\tau = \oiint_{(\Sigma)} \langle \vec{G}(N), \vec{n}(N) \rangle \mathrm{d}\Sigma \text{ et :} \iint_{\sigma} \langle \overrightarrow{\mathrm{rot}}\vec{G}(N), \vec{n}(N) \rangle \mathrm{d}\sigma = \oint_{(\Gamma^+)} \vec{G}(M)\mathrm{d}l \cdot$$

— Passez votre chemin si vous ne comprenez pas… Vous ne pourrez pas embrasser l'Idée, « *l'essence de l'humanité, en dehors de toute relation, en dehors du temps* », « *l'adéquate objectité de la chose en soi, à son degré le plus haut* »…

* * * * *

6. — **Maths ⇔ Philo** — φιλοσοφία : amour du savoir, de la sagesse. — La philosophie est philomathique. — Le *Tractatus logico-philosophicus* en est une démonstration. — « *Wovon man nicht sprechen kann, darüber muß man schweigen.* » — « *La vérité des pensées qui sont communiquées ici me paraît intangible et définitive. J'estime, par conséquent, avoir définitivement résolu, pour l'essentiel, les problèmes.* » — Grâce aux mathématiques.

* * * * *

7. — **Maths ⇔ Philo.** — Tous ces noms !… — Zénon, Pythagore, Ératosthène, Aristote, Mersenne, Descartes, Pascal, Spinoza, Leibniz, Boèce, Kant, Galilée, Newton, Thalès, Cues, Fermat, Platon, Gassendi, d'Alembert, Lamennais, Cournot, Hegel, Berkeley, Valéry, Bruno, Popper, Kolman, Whitehead, Heisenberg, Kuhn, Laplace, Mach, Schrödinger, Bachelard, Peirce, Husserl, Bergson, Russell, Frege, Bohr, Poincaré… Et le Cercle de Vienne (Schlick, Gödel, Carnap…) ; et Carroll ; et le groupe de l'OuLiPo…

* * * * *

8. — **Spinoza.** — Avant le *Tractatus*, il y eut l'*Éthique*, « *démontrée selon la méthode géométrique et divisée en cinq parties* ». Il y était traité : I) de Dieu ; — II) de la Nature et de l'Origine de l'Esprit ; — III) de l'Origine et de la Nature des Sentiments ; — IV) de la Servitude humaine, ou des Forces des Sentiments ; — V) de la Puissance de l'Entendement, ou de la Liberté humaine. — Tout cela, à l'aide de définitions, d'axiomes, de propositions, de démonstrations, de lemmes, de corollaires, de scolies…

* * * * *

9. — **Dieu est ce qu'il n'est pas** — La démarche apophatique. — « *Je suis celui qui suis* » (*Ex 3,14*) — [Joli, le « 3,14 » !] — Si l'on ne peut pas dire ce que quelque chose est, du moins peut-on essayer de dire ce qu'elle n'est pas. Il y a tant de chemins qui mènent à la vérité — ou à la non-vérité ! Dichotomie, tiers exclu, identité, *calculus ratiocinator*, crible, au moins (au plus)… — $\neg(\exists x, P(x)) \longleftrightarrow \forall x, \neg P(x)$ — Sherlock Holmes : « *How often have I said to you that when you have eliminated the impossible, whatever remains, however improbable, must be the truth?* » — Que risque-t-on ? Le pari pascalien : « *Vous avez deux choses à perdre : le vrai et le bien, et deux choses à engager : votre raison et votre volonté, votre connaissance et votre béatitude ; et votre nature a deux choses à fuir : l'erreur et la misère. Votre raison n'est pas plus blessée, en choisissant l'un que l'autre, puisqu'il faut nécessairement choisir. Voilà un point vidé. Mais votre béatitude ? Pesons le gain et la perte, en prenant croix que Dieu est. Estimons ces deux cas : si vous gagnez, vous gagnez tout ; si vous perdez, vous ne perdez rien. Gagez donc qu'il est, sans hésiter.* »

* * * * *

10. — **Dieu existe-t-il ?** — Les preuves ontologiques. — Ils ont tous essayé : Cantorbéry, Descartes, Spinoza, Leibniz, Gödel… Prenons ce dernier (sous la forme non symbolique) : « *Définition 1 : x est semblable à Dieu si et seulement si x contient comme propriétés essentielles toutes les propriétés qui sont positives. — Définition 2 : A est une essence de x si et seulement si pour chaque propriété B, si x contient B alors A entraîne nécessairement B. — Définition 3 : x existe nécessairement si et seulement si chaque essence de x est nécessairement exemplifiée. — Axiome 1 : Toute propriété entraînée par — c'est-à-dire impliquée uniquement par — une propriété positive est positive. — Axiome 2 : Une propriété est positive si et seulement si sa négation n'est pas positive. — Axiome 3 : La propriété d'être semblable à Dieu est positive. — Axiome 4 : Si une propriété est positive, alors elle est positive nécessairement. — Axiome 5 : L'existence nécessaire est positive. — Axiome 6 : Pour toute propriété P, si P est positive, alors d'être nécessairement P est positive. — Théorème 1 : Si une propriété est positive, alors elle est consistante, c'est-à-dire exemplifiée possiblement. — Théorème 2 : La propriété d'être semblable à Dieu est consistante. — Théorème 3 : Si quelque chose est semblable à Dieu, alors la propriété d'être semblable à Dieu est une essence de cette chose. — Théorème 4 : Nécessairement, la propriété d'être semblable à Dieu est exemplifiée.* » — Bon sang ! n'avait-il pas eu l'occasion de lire

Kant ?... Thèse : « *le monde implique quelque chose qui, soit comme sa partie, soit comme sa cause, est un être absolument nécessaire* » ; antithèse : « *il n'existe nulle part aucun être absolument nécessaire, ni dans le monde ni hors du monde, comme en étant la cause.* »

* * * * *

11. — Allégorie de la caverne — Platon, *La République*, Livre VII, 514 à 526 (dialogue entre Socrate et Glaucon). — « *Maintenant, repris-je, représente-toi de la façon que voici l'état de notre nature relativement à l'instruction et à l'ignorance. Figure-toi des hommes dans une demeure souterraine, en forme de caverne, ayant sur toute sa largeur une entrée ouverte à la lumière ; ces hommes sont là depuis leur enfance, les jambes et le cou enchaînés, de sorte qu'ils ne peuvent bouger ni voir ailleurs que devant eux, la chaîne les empêchant de tourner la tête ; la lumière leur vient d'un feu allumé sur une hauteur, au loin derrière eux ; entre le feu et les prisonniers passe une route élevée : imagine que le long de cette route est construit un petit mur, pareil aux cloisons que les montreurs de marionnettes dressent devant eux, et au-dessus desquelles ils font voir leurs merveilles. [...] Et si, repris-je, on l'arrache de sa caverne par force, qu'on lui fasse gravir la montée rude et escarpée, et qu'on ne le lâche pas avant de l'avoir traîné jusqu'à la lumière du soleil, ne souffrira-t-il pas vivement, et ne se plaindra-t-il pas de ces violences ? Et lorsqu'il sera parvenu à la lumière, pourra-t-il, les yeux tout éblouis par son éclat, distinguer une seule des choses que maintenant nous appelons vraies ? [...] Veux-tu donc que nous examinions maintenant de quelle manière se formeront des hommes de ce caractère, et comment on les fera monter vers la lumière, comme certains sont montés, dit-on, de l'Hadès au séjour des dieux ? [...] Cela ne sera pas, apparemment, un simple tour de palet ; il s'agira d'opérer la conversion de l'âme d'un jour aussi ténébreux que la nuit vers le jour véritable, c'est-à-dire de l'élever jusqu'à l'être ; et c'est ce que nous appellerons la vraie philosophie. [...] Il faut donc examiner quelle est, parmi les sciences, celle qui est propre à produire cet effet. [...] Quelle pourrait bien être une de ces sciences que nous cherchons et qui conduisent naturellement à la pure intelligence ; mais personne n'en use comme il faudrait, quoiqu'elle soit parfaitement propre à élever jusqu'à l'être. [...] Et j'aperçois maintenant, après avoir parlé de la science des nombres, combien rien de cette étude n'est belle et utile, sous bien des rapports, à notre dessein, à condition qu'on l'étudie pour connaître et non pour trafiquer. — Qu'admires-tu donc si fort en elle ? — Ce pouvoir, dont je viens de parler, de donner à l'âme un vigoureux élan vers la région supérieure, et de l'obliger à raisonner sur les nombres en eux-mêmes, sans jamais souffrir qu'on introduise dans ses raisonnements des nombres visibles et palpables. [...] Tu vois ainsi, mon ami, que cette science a l'air de nous être vraiment indispensable, puisqu'il est évident qu'elle oblige l'âme à se servir de la pure intelligence pour atteindre la vérité en soi. — Oui, elle est remarquablement propre à produire cet effet. — Mais n'as-tu pas observé que les calculateurs-nés sont naturellement prompts à comprendre toutes les sciences, pour ainsi dire, et que les esprits lourds, lorsqu'ils ont été exercés et rompus au calcul, même s'ils n'en retirent aucun autre avantage, y gagnent au moins celui d'acquérir plus de pénétration. — C'est incontestable, dit-il. — Au reste, il serait difficile, je pense, de trouver beaucoup de sciences qui coûtent plus à apprendre et à pratiquer que celle-là.* »

* * * * *

12. — Pourquoi avait-on fait écrire, devant l'Académie : « *Que nul n'entre ici s'il n'est géomètre* » ? — Pourquoi Léonard avertissait-il : « *Qu'il ne me lise pas celui qui n'est pas mathématicien, car je le suis toujours dans mes principes* » ?

* * * * *

13. — La Méthode — (Discours de) — Pour bien conduire sa raison, et chercher la vérité dans les sciences. — Les quatre principes généraux de la méthode par Descartes (qui se plaisait « *surtout aux mathématiques, à cause de la certitude et de l'évidence de leurs raisons* ») : 1) « *ne recevoir jamais aucune chose pour vraie, que je ne la connusse évidemment être telle : c'est-à-dire, d'éviter soigneusement la précipitation et la prévention ; et de ne comprendre rien de plus en mes jugements, que ce qui se présenterait si clairement et si distinctement à mon esprit, que je n'eusse aucune occasion de le mettre en doute* » ; — 2) « *diviser chacune des difficultés que j'examinerais, en autant de parcelles qu'il se pourrait, et qu'il serait requis pour les mieux résoudre* » ; — 3) « *conduire par ordre mes pensées, en commençant par les objets les plus simples et les plus aisés à connaître, pour monter peu à peu, comme par degrés, jusques à la connaissance des plus composés ; et supposant même de l'ordre entre ceux qui ne se précèdent point naturellement les uns les autres* » ; — 4) « *faire partout des dénombrements si entiers, et des revues si générales, que je fusse assuré de ne rien omettre* ». — Telle est la démarche. S'en imprègne qui pourra. « *Au reste, afin que ceux qui ne connaissent pas la force des démonstrations mathématiques, et ne sont pas accoutumés à distinguer les vraies raisons des vraisemblables, ne se hasardent pas de nier ceci sans l'examiner [...].* » — Et ensuite, penser — donc être celui qui pense.

* * * * *

14. — L'accep(ta)tion du monde — Les mots, l'ordre, la ponctuation. — Pour Flaubert, « *la plus belle femme du monde ne vaut pas une virgule mise à sa place* ». La même rigueur prévaut en mathématiques. Si vous ne savez pas faire la différence entre : $\exists n \in \mathbb{N}, \forall p \in \mathbb{N}, p \leq n$ et $\forall n \in \mathbb{N}, \exists p \in \mathbb{N}, p \leq n$, n'allez surtout pas plus loin ! Les mathématiques font aimer la précision du langage. — Les « si et seulement si », les renversements... Les « si... alors »... $A \Rightarrow B$ ou $\neg B \Rightarrow \neg A$...

* * * * *

15. — L'invention mathématique — (Indignez-vous). — Mais à quoi pense Poincaré, confortablement assis dans son cabinet de travail ?... « *Un premier fait doit nous étonner, ou plutôt devrait nous étonner, si nous n'y étions si habitués. Comment se fait-il qu'il y ait des gens qui ne comprennent pas les Mathématiques ? Si les Mathématiques n'invoquent que les règles*

de la Logique, celles qui sont acceptées par tous les esprits bien faits, si leur évidence est fondée sur des principes qui sont communs à tous les hommes et que nul ne saurait nier sans être fou, comment se fait-il qu'il y ait tant de personnes qui y soient totalement réfractaires ? — Que tout le monde ne soit pas capable d'invention, cela n'a rien de mystérieux. Que tout le monde ne puisse retenir une démonstration qu'il a apprise autrefois, passe encore. Mais que tout le monde ne puisse pas comprendre un raisonnement mathématique au moment où on le lui expose, voilà qui paraît bien surprenant quand on y réfléchit. Et pourtant ceux qui ne peuvent suivre ce raisonnement qu'avec peine sont en majorité ; cela est incontestable, et l'expérience des maîtres de l'enseignement secondaire ne me contredira certes pas. »

* * * * *

16. — Êtes-vous au point ?

* * * * *

17. — Calculs basiques… — Seriez-vous capable de calculer, à la main, une division, une multiplication, une soustraction ? Je vous donne 540/23, ou 540×33, ou 540−382 : arriveriez-vous à les résoudre proprement ? Ne parlons pas de calculer une valeur approchée de $e^{0,1}$, ou ln(0,99), ou √2… Pour les deux premières, il faudrait s'y connaître en développements limités au voisinage de 0 ($e^x=1+x+…+x^n/n!+x^n\varepsilon(x)$, etc.) ; pour la troisième, il faudrait avoir entendu parler de la construction géométrique mise au point par Descartes, ou se servir de la méthode de Héron : $x_{n+1}=(a-x_n)/(x_n-1)$.

* * * * *

18. — Le monde se décime — Ou comment faire des pieds et des mains en comptant. — Vous êtes-vous jamais posé la question sur la raison du découpage du temps par paquets de « 60 » ? Pourquoi 60 minutes ? Pourquoi 60 secondes ? Et pourquoi 24 heures ? — Aviez-vous remarqué que 60 est divisible par 30, 20, 15, 12, 10, 5, 4, 3 et 2 ? Connaissez-vous beaucoup de nombres (pas trop grands) qui aient autant de diviseurs ? Pratique ! Et 24 ? Divisible par 12, 8, 6, 4, 3, 2… — En lisant *La République*, on constate que Platon place très haut l'importance des mathématiques (notamment la géométrie). Le philosophe doit en être imprégné. Il y a ce passage, dans *Les Lois*, qui nous expose l'intérêt des diviseurs : « *Passons maintenant aux lois et commençons par la religion. Mais il faut d'abord reprendre notre nombre de cinq mille quarante et toutes les divisions commodes qu'il nous a offertes et qu'il nous offre encore, soit qu'on le prenne en son entier ou qu'on n'en prenne que la douzième partie, qui est le nombre des familles de chaque tribu et le produit de vingt et un par vingt. Comme le nombre entier se divise en douze parties, celui de la tribu se divise aussi en douze, et l'on doit regarder chaque partie comme un droit sacré de la Divinité, parce qu'elles répondent aux mois et à la révolution annuelle de l'univers. Ainsi l'État tout entier est sous la direction du principe divin qu'il porte en lui et qui en consacre les parties. Il est possible que certains législateurs aient fait des divisions plus correctes que d'autres et consacré une distribution plus heureuse. Pour nous, nous prétendons avoir fait la plus correcte, en choisissant le nombre de cinq mille quarante, vu qu'il a pour diviseurs tous les nombres depuis un jusqu'à douze, hormis onze ; encore est-il très facile d'y remédier ; car, si on laisse de côté deux familles sur le nombre total, il devient sain de part et d'autre (c'est-à-dire qu'il a deux diviseurs exacts, 11 et 458).* »

* * * * *

19. — %. — « J'ai entendu dire que le gouvernement voulait taxer l'ignorance mathématique. C'est drôle, je pensais que c'était le rôle de la loterie ! »

* * * * *

20. — %. — *Exemple n°1.* — Votre salaire subit 2 augmentations successives de 10% chacune. Quel est le pourcentage d'augmentation global ? — *Exemple n°2.* — Votre salaire subit 2 baisses successives de 10% chacune. Quel est le pourcentage de baisse global ? — *Exemple n°3.* — Le Président dit : « Les prix de l'immobilier avaient grimpé de 10%, mais ils ont reperdu 10%. C'est comme si rien n'avait changé. » Qu'en pensez-vous ? — *Exemple n°4.* — Le Président dit : « En 2007, l'inflation était de 2%. En 2008, 2% ; en 2009, 2% ; en 2010, 2% ; et en 2011, 2%. Avec moi, l'inflation n'a pas augmenté. Je m'en félicite. » Qu'en pensez-vous ? — *Exemple n°5.* — Le prix d'un produit augmente de 100%. Il est multiplié par 2. Et s'il augmente de 200% ? — *Exemple n°6.* — Une entreprise a augmenté ses tarifs de 1% en 2005, de 5% en 2006, de 10% en 2007. Quel est le pourcentage moyen d'augmentation annuel ? (Ce n'est pas une moyenne arithmétique, mais géométrique. De même, la moyenne des vitesses est une moyenne harmonique : un aller à 40 km/h, puis un retour à 60 km/h, cela donne une moyenne de… 48 km/h !) — *Exemple n°7.* — La dette de la France, qui avait augmenté de 15% l'an passé, n'a augmenté cette année que de 14%. Le Président dit : « Je m'en félicite. » Qu'en pensez-vous ? — *Exemple n°8.* — J'achète un produit à 100 € TTC. Quel était le prix HT avant la TVA à 19,6% ? — *Exemple n°9.* — En 2000, il y avait 10% de chômeurs. En 2005, il n'y en a plus que 9,57%. Le Président dit : « Je m'en félicite. » Qu'en pensez-vous ? (Imaginez qu'en 2000, il y ait 4000000 de chômeurs pour une population active de 40000000, et qu'en 2005, il y ait 4400000 chômeurs pour une population active de 46000000. On est bien passé de 10% à 9,57% de la population active totale, mais, tandis que cette dernière augmentait de 15%, celle des chômeurs augmentait de 10% !...) — *Exemple n°10.* — Visuellement, la différence entre un graphique dont les ordonnées sont en valeur absolue, et un autre dont les ordonnées sont en pourcentage d'augmentation ou de

diminution… — *Exemple n°11.* — Je me rappelle un certain jour, au CFA, où je remarquai que l'on avait affiché dans la salle des photocopieurs un diagramme montrant l'évolution du nombre de photocopies effectuées en 2007, 2008 et 2009. L'axe des ordonnées commençait à 1700000. L'illusion était si saisissante que l'on croyait que cela avait brutalement chuté en 2009. Que nenni ! Il suffisait de tout remettre à l'échelle, en partant de 0, pour constater que les trois bâtons faisaient presque la même hauteur… Je me vis obligé d'imprimer un nouveau graphique afin de désabuser les plus naïfs d'entre mes collègues. — *Exemple n°12.* — Connaissez-vous le paradoxe de Simpson ? Imaginons que l'on effectue deux tests afin de mesurer l'efficacité d'un médicament. Au premier test, le médicament marche dans 66% des cas, le placebo dans seulement 60%. Au second test, le médicament arrive encore en tête avec 90% de succès, tandis que le placebo n'obtient que 86%. Conclusion ? En totalisant les deux tests, on réalise que le médicament, en moyenne, obtient 82% de succès, et le placebo, 84%. Que s'est-il passé ? Tout dépend du nombre de cas testés ! Les charlatans aiment bien utiliser ce paradoxe pour embrouiller les gens… — *Exemple n°13.* — En théorie des probabilités, on peut mesurer des intervalles de confiance. Cela sert notamment lors des sondages pour des élections. Voici la petite formule : $I = \left[p - t_\alpha \sqrt{\frac{p(1-p)}{n}} ; p + t_\alpha \sqrt{\frac{p(1-p)}{n}} \right]$. Que signifie-t-elle ? Selon la taille de l'échantillon sondé, la fourchette d'erreur est plus ou moins importante. Par exemple, si l'on accorde une confiance de 95% aux résultats, un candidat qui serait crédité de 40% d'intentions de votes, devrait, *a priori*, recueillir 40% plus ou moins : 1,36% (sur un échantillon de 5000 personnes interrogées), 3,04% (sur 1000), 4,29% (sur 500), 6,79% (sur 200) ! En général, les instituts de sondage omettent de nous apporter ces précisions ! Imaginons qu'un candidat obtienne 40% des suffrages parmi 500 sondés : en réalité, il y a 95% de chances qu'il fasse entre 35,71% et 44,29% (et je ne tiens pas compte de l'honnêteté des sondés) ! Et les journalistes osent gloser pendant des heures sur un candidat qui aurait gagné ou perdu un point entre deux sondages ! — *Exemple n°14.* — Représentez-vous un diagramme de dispersion de l'espérance de vie à la naissance en fonction de la consommation d'alcool par pays. On remarquerait le fait bizarre suivant : plus on boit, plus on vit vieux. Comment cela se fait-il ? La France ou les États-Unis figurent parmi ceux-là. Normal : leurs habitants sont riches, ils peuvent facilement se procurer de l'alcool et en boire autant qu'ils en veulent. De plus, ils disposent d'un système de santé perfectionné qui leur permettra de survivre à leurs maladies. À l'opposé, les habitants de pays comme le Nigéria ou l'Éthiopie boivent très peu (peu d'alcool disponible, pas d'argent pour en acheter), et ils ne disposent pas des moyens des pays riches pour se soigner… Il faut monter d'un cran dans l'étude des phénomènes, aller dans une dimension supérieure, se méfier des apparences.

* * * * *

21. — 4 questions anodines. — a) Vous avez 20 chaussettes de 3 couleurs dans un tiroir. Combien faudra-t-il en tirer (sans regarder) pour être sûr d'avoir une paire de la même couleur ? — b) Vous vous regardez dans un miroir et vous voyez votre poitrine tout en bas de celui-ci. Que se passe-t-il quand vous reculez ? Irez-vous jusqu'à voir votre nombril ? — c) La température passe de 10°C à 20°C. Que peut-on en déduire (si ce n'est qu'elle a augmenté et qu'il fait plus chaud) ? A-t-elle « doublé » ? — d) Un nénuphar double de surface chaque jour. Au bout de 30 jours, il recouvre la totalité de l'étang. Au bout de combien de jours recouvrait-il la moitié de la surface de cet étang ?

* * * * *

22. — Le cerveau s'embrouille. — Un terrain de foot mesure 100 mètres de long. À chaque extrémité, on attache une corde de 101 mètres. Les joueurs, en entrant sur le terrain, pourront-ils passer sous la corde si celle-ci est soulevée au milieu ? (Largement : avec le théorème de Pythagore, on montre que cela fera un peu plus de 7 mètres !) — Autre problème : une corde fait le tour de la Terre. On décide de l'élever d'un mètre. Quelle longueur doit-on ajouter à la corde ? (6,28m !)

* * * * *

23. — Ce qui paraît compliqué est simple — ou le rasoir d'Ockham. — a) Il y a 128 joueurs de tennis qui sont inscrits à un tournoi. Combien y aura-t-il de matches en tout ? (Au lieu de les compter, dites-vous qu'à chaque match, il y a un perdant. Or, il y aura 127 perdants…) — b) Deux trains séparés de 100km foncent l'un vers l'autre à la vitesse de 50km.h^{-1}. Une mouche vole d'un train à l'autre à la vitesse de 86km.h^{-1}. Quelle distance aura-t-elle parcourue jusqu'à ce qu'elle se fasse écraser (et que les trains se percutent) ? (Au lieu d'imaginer une somme gigantesque, pensez au fait que les trains se rencontreront au bout d'une heure…) — c) Imaginons cent fourmis marchant à la vitesse d'1m.min^{-1} dans un tube d'1m de long. Elles ne peuvent se croiser, et à chaque fois qu'elles se rencontrent, elles font demi-tour. Au bout de combien de temps seront-elles toutes sorties du tube ? (Rien ne ressemble autant à une fourmi qu'une autre fourmi. Dites-vous qu'une fourmi, lorsqu'elle en rencontre une autre, *prend sa place*…) — d) Calculez la somme des entiers de 1 à 100 (1+2+3+4+…+97+98+99+100). (Tel le petit Gauss, remarquez que 1+100=101, 2+99=101, 3+98=101, *etc.*) — e) Mesure politique. Les femmes peuvent avoir autant de garçons qu'elles le désirent et doivent cesser toute procréation après la première fille. Quelle sera la proportion de garçons et de filles ? (Mettez-vous à la place de

la sage-femme qui accueillera toutes les femmes enceintes. Quoi qu'il arrive pour elle, il y aura une chance sur deux pour que l'enfant soit un garçon ou une fille…)

* * * * *

24. — 1=2 — Ou gare à ce que vous faites ! — Si tout est permis…. — (J'en ai déjà parlé.)

* * * * *

25. — Qui peut faire des maths ?

* * * * *

26. — Le monde n'est pas égal — Ou les extrahumains. — Grigori Perelman, Srinivasa Ramanujan, Daniel Tammet : trois « monstres ». Perelman a résolu la conjecture de Poincaré et a refusé la médaille Fields qu'on lui décernait, ainsi que le prix Clay (un million de dollars). Il vit à l'écart du système. On ne le voit jamais faire d'apparition publique et rares sont les photos de lui. — Ramanujan apprit les mathématiques dans son coin. Des formules prodigieuses lui venaient en rêve, telle celle-ci : $\dfrac{1}{\pi} = \dfrac{2\sqrt{2}}{9801} \sum_{n=0}^{\infty} \dfrac{(4n)!(1103 + 26390n)}{(n!)^4 (396)^{4n}}$. Il en a « découvert » des centaines, dont la démonstration de quelques-unes donnent du fil à retordre aux meilleurs mathématiciens d'aujourd'hui. — Tammet a appris par cœur les 22514 premières décimales de pi. Quand on lui demande comment il s'y prend, il répond que sa méthode est simple : il assigne à chaque chiffre une couleur…

* * * * *

27. — Le monde n'est pas égal (bis) — Ou les précoces. — Blaise Pascal, Évariste Galois, Niels Abel, Carl Friedrich Gauss. — Galois mourut à 20 ans, Abel à 26. Pascal inventa la Pascaline à 18 ans. À 16 ans, il avait déjà publié un important traité de géométrie projective. À 11 ans, il redémontrait une proposition d'Euclide…

* * * * *

28. — Échec (et mat(hs)). — Txe4 Txe5 22. Txg4 Tde8 23. Cf3 Dxc4+ 24. bxc4 Te2 25. Fxd4 Txa2 26. Tg7 a5 27. Txf7 Tc2 28. g4 a4 29. g5 a3 30. Txh7 a2 31. Th8 Txh8 32. Fxh8 Txc4 33. h3 c5 34. Ce1 Tc1 35. g6 Rd7 36. Fb2 Re6 37. h4 c4 38. h5 c3 39. Fxc1 a1D 40. Cd3. — Si mes souvenirs sont bons, le grand champion d'échecs Bobby Fischer passait son temps à lire des comics (Spiderman, *etc.*). De même, si mes souvenirs ne me jouent pas de tours, je crois me rappeler un reportage vu à la télévision, sur Garry Kasparov. Il s'entraînait comme un sportif de haut niveau : physiquement, car il courait, et cérébralement en exerçant sa mémoire. — Les grands joueurs d'échecs sont des êtres exceptionnels. Je recopie ici un article du Parisien sur Magnus Carlsen, le plus grand joueur actuel : « *Carlsen, surnommé le Mozart des échecs, s'astreint à une vie d'ascète. Pour se préparer aux championnats du monde, il s'est mis au vert pendant un mois. Son entraîneur en chef et des experts de chaque secteur du jeu l'ont préparé méticuleusement. Le jeune Norvégien veille aussi à sa condition physique. Il pratique la natation et réalise quotidiennement des exercices cardio-vasculaires. Une condition sine qua non pour pouvoir s'asseoir devant son adversaire cinq ou six heures d'affilée. Son alimentation est surveillée. Deux chefs norvégiens lui préparent des petits plats et veillent à lui éviter toute allergie. — Quant aux échecs en eux-mêmes, Carlsen fait figure de joueur "à l'ancienne". Contrairement à beaucoup de ses collègues de la même génération, il ne puise pas son expérience des parties contre l'ordinateur, mais des livres d'échecs et des parties disputées par ses glorieux aînés. "Il a en tête des milliers de matchs, du premier au dernier coup", explique au "Parisien Magazine" Laurent Vérat, directeur de la Fédération française des échecs. Grâce à une mémoire phénoménale, il est capable d'anticiper jusqu'à vingt coups d'avance ou de mener dix parties simultanément les yeux bandés. Souvent comparé à l'Américain Bobby Fischer, qui a sombré dans la folie, Carlsen répond en invoquant sa vie "équilibrée", celle d'un jeune homme "comme les autres" qui, à bientôt 23 ans, gagne 1 million d'euros par an... Les échecs, eux, se sont trouvés l'ambassadeur rêvé… »*

* * * * *

29. — Et vous, êtes-vous exceptionnel ? — La bosse des maths (?). — Considérez trois lignes de trois points alignés, formant ainsi un carré de neuf points. Parviendrez-vous à relier les neuf points en quatre traits sans lever le crayon ? Si oui, vous êtes « exceptionnel », vous vous élevez au-dessus du commun des mortels. (Le génie qui ne sait pas qu'il l'est. Le génie avec qui vous vivez, sans le savoir. — Je repense à ce passage d'un texte de Stephen Leacock, humoriste que j'adore : « *Plus d'un homme a connu l'amère déception, s'étant marié, de découvrir que l'élue de son cœur ne savait pas résoudre une équation du second degré, et il se voit dans l'obligation de passer ses jours en compagnie d'une épouse qui ignore que $x^2+2xy+y^2$ est équivalent — ou, je pense, presque équivalent — à $(x+y)^2$.* »)

* * * * *

30. — La logique et le QI — Parfois, ça dépend. — Avoir la bosse des maths (une protubérance à la Elephant Man ?), cela implique-t-il de réussir un test de QI ? Avoir un gros QI signifie-t-il que vous êtes bon en maths, que vous êtes réellement intelligent ? Il y a toujours quelqu'un dans la salle pour faire remarquer que ce test ne

veut rien dire, qu'il n'évalue qu'une partie de ce que l'on appellerait l'« intelligence ». Peut-être. Réussir à un test de QI revient à avoir de la suite dans les idées (ou des idées de suite). Par exemple, quel nombre faut-il ajouter à la suite 1, 2, 3, 4, 5, pour que cela soit « logique » ? Tout le monde dira : 6. Bien. Plus compliqué : 1, 2, 4, 8, 16 ? Ou : 1, 2, 3, 5, 8 ? Ou : 1, 2, 4, 7, 11 ? — Il m'a souvent semblé qu'il pouvait y avoir plusieurs possibilités, selon l'esprit tordu qui visualise les choses. Celui qui sait ce qu'est une interpolation lagrangienne peut s'en sortir pour toutes ces histoires de « suite logique ». Prenons la suite : 1, 2, 3, 4, 5. Logiquement, cela devrait être 6. Cela dépend. Avec le polynôme de Lagrange suivant, on peut trouver 7 en remplaçant successivement les x par 1, 2, 3, 4, 5, 6 ! $P(x)=x^5/120-x^4/8+17x^3/24-15x^2/8+197x/60-1$. Celui qui trouve 7 de cette façon-là n'est-il pas bigrement plus « intelligent » que celui qui répond 6 ?...

* * * * *

31. — Devenir Pythagoricien — (Chut !). — Si vous aviez voulu entrer dans la secte très fermée des Pythagoriciens, il eût fallu passer une épreuve redoutable : observer le silence (complet) durant sept années. Mais vous n'auriez pas été sorti d'affaire pour autant après cet exploit : car si vous aviez fait valoir que la diagonale d'un carré de côtés 1 est « exprimable », vous eussiez fini englouti par la marée montante, attaché au bas d'une falaise... Pythagore, qui aimait que tout tombât « rond » (pensons aux triplets pythagoriciens : (3, 4, 5), *etc.*), ne voulait pas croire en $\sqrt{2}$... — Ah ! mourir pour une pauvre racine...

* * * * *

32. — Le monde est irrationnel — Ou comment démontrer par l'absurde. — Peut-on trouver a et b (premiers entre eux) tels que : $\sqrt{2}=a/b$? Non. On le prouve par une *reductio ad absurdum*. Supposons a impair. En mettant au carré : $2b^2=a^2$. Donc a^2 est pair, c'est-à-dire a est pair. C'est absurde. Supposons maintenant a pair. On peut écrire que $a=2k$. Ainsi : $2b^2=(2k)^2=4k^2$, autrement dit : $b^2=2k^2$, et b est pair. Ceci est absurde puisque a et b sont premiers entre eux. En conclusion, $\sqrt{2}$ est irrationnel.

* * * * *

33. — Le monde n'est pas linéaire — (Ou si peu). — Le monde serait plus simple s'il l'était ! Toutefois, même s'il ne l'est pas, les gens le jugent tel (comme disait Descartes : « *Le bon sens est la chose du monde la mieux partagée : car chacun pense en être si bien pourvu, que ceux même qui sont les plus difficiles à contenter en toute autre chose, n'ont point coutume d'en désirer plus qu'ils en ont* »). On voudrait tout transformer en « produit en croix ». Imaginons quelqu'un qui lave sa voiture : il met une heure à le faire. Si un ami était venu lui prêter main forte, ils auraient mis deux fois moins de temps, n'est-ce pas ? Et à trois ? Trois fois moins de temps, certainement. Mais à cinquante ?... Cinquante fois moins ?...

* * * * *

34. — Le monde n'est pas linéaire — (euclidiennement parlant). — Euclide nous apprenait que : « *Par un point extérieur à une droite, il passe toujours une parallèle à cette droite, et une seule.* » En est-on sûr ? Il faudra attendre Lobatchevski et Riemann pour comprendre que ce n'est pas exact, le premier avec sa géométrie hyperbolique (par un point passent une infinité de droites parallèles), le second avec sa géométrie elliptique (par un point ne passe aucune droite parallèle). — Notre cerveau a la vue courte ! (Celui de Hume ne l'avait pas, lui qui avait eu l'intuition des espaces non euclidiens : « *Il est impossible à l'œil de déterminer si les angles d'un chiliogone sont égaux à 1996 angles droits, ou de faire une conjecture qui approche cette proportion ; mais quand il détermine que deux lignes droites ne peuvent coïncider, que nous ne pouvons tracer plus d'une seule droite entre deux points donnés, ses erreurs ne peuvent jamais être de quelque conséquence. Et c'est [là] la nature et la fonction de la géométrie que de nous élever à des apparences telles qu'en raison de leur simplicité, elles ne peuvent nous induire en erreur considérable.* »)

* * * * *

35. — Ce qui paraît simple est compliqué — Dernier théorème de Fermat. — Voici un énoncé qui est des plus simples : Il n'existe pas de nombres entiers non nuls x, y et z tels que : $x^n+y^n=z^n$, dès que n est un entier strictement supérieur à 2 (le cas $n=2$ est d'ailleurs une version du théorème de Pythagore). — Pour l'anecdote, Fermat disait avoir la démonstration (mais qu'il n'avait pas assez de place dans la marge pour l'écrire). Or, pendant trois siècles, les plus grands mathématiciens se sont cassé les dents sur ce théorème ! Andrew Wiles, qui l'a démontré en 1994, a utilisé les mathématiques les plus modernes et les plus pointues pour réaliser son exploit. Cela tient en 140 pages ! Et c'est bourré de : $\rho_{E,l x}\big|G_{Q^p} \cong \begin{pmatrix} \chi_l & * \\ 0 & 1 \end{pmatrix} \otimes \delta$!

* * * * *

36. — Le monde est impénétrable — Ou le 421 de Dieu. — Prenez la conjecture de Syracuse : $u_{n+1}=u_n/2$ si u_n est pair ou $u_{n+1}=3u_n+1$ si u_n est impair. Les plus grands mathématiciens actuels n'osent pas s'y attaquer tant ils

pressentent que la difficulté à la résoudre est presque insurmontable. Pourtant, un enfant comprendrait le problème : en choisissant n'importe quel nombre, si vous suivez la règle précédente, vous finirez par tomber sur 4, 2, 1. Immanquablement. Cela a été vérifié pour tout nombre $N < 1{,}25 \times 2^{62}$. On pourrait supposer que ça marchera tout le temps. On n'en sait rien tant que cela n'a été *démontré*.

* * * * *

37. — 2+2=4 — Est-ce si évident ? — Évidemment : non ! (J'en ai déjà parlé.) Il faut au moins se mettre d'accord pour croire que les trois égalités suivantes sont *vraies* : 1+1=2, 2+1=3 et 3+1=4… Voilà sur quoi reposent (presque) toutes les mathématiques… — J'aime demander à mes élèves : « Êtes-vous sûrs que un et un font deux ? » Pour eux, c'est une vérité acquise. Alors je titille leur esprit : « Si je vous coupe un bras, êtes-vous toujours un ? Ou êtes-vous devenu deux ? Jusqu'où restez-vous un ? » On prolonge la discussion et un léger doute commence à les habiter petit à petit. Bingo ! ils réfléchissent.

* * * * *

38. — Déchiffrer le monde (logique). — Je me répète : sans maths, pas de compréhension juste du monde.

* * * * *

39. — Déduction & curiosité — Ou l'art du détective. — Observation, déduction, science : tout est là. Il faut jouer au Sherlock Holmes. Dans *Une étude en rouge*, le docteur Watson retranscrit un passage d'un livre intitulé *Le livre de la vie*, où l'auteur pense que quiconque possède « *certaines habitudes d'observation et d'analyse* » doit aboutir « *à des conclusions aussi mathématiques que celles d'Euclide dans ses célèbres théorèmes* » : « *Qu'on donne une simple goutte d'eau à un homme vraiment pourvu d'un esprit logique et il sera capable d'en déduire l'existence de l'océan Atlantique ou de la cataracte du Niagara, sans avoir jamais eu auparavant la moindre idée de l'un et de l'autre. C'est ainsi que la vie de chaque homme n'est qu'une longue chaîne dont il suffit de connaître un seul anneau pour pouvoir reconstituer tous les autres. Il en est des facultés de déduction et d'analyse comme de toutes les sciences en général ; on ne peut les acquérir que par une étude patiente et approfondie, et jamais vie humaine ne sera assez longue pour permettre à un mortel d'atteindre, en ce genre, à la perfection suprême.* » Quel est le secret de Sherlock Holmes ? Je dis qu'il faut jouer au Sherlock Holmes… et pourtant… son savoir en littérature, en philosophie et en astronomie est absolument nul ! « *Sherlock Holmes—his limits. — 1. Knowledge of Literature.—Nil. — 2. Knowledge of Philosophy.—Nil. — 3. Knowledge of Astronomy.—Nil. — 4. Knowledge of Politics.—Feeble. — 5. Knowledge of Botany.—Variable. Well up in belladonna, opium, and poisons generally. Knows nothing of practical gardening. — 6. Knowledge of Geology.—Practical, but limited. Tells at a glance different soils from each other. After walks has shown me splashes upon his trousers, and told me by their colour and consistence in what part of London he had received them. — 7. Knowledge of Chemistry.—Profound. — 8. Knowledge of Anatomy.—Accurate, but unsystematic. — 9. Knowledge of Sensational Literature.—Immense. He appears to know every detail of every horror perpetrated in the century. — 10. Plays the violin well. — 11. Is an expert singlestick player, boxer, and swordsman. — 13. Has a good practical knowledge of British law.* » (« *Sherlock Holmes — Ses limites. — 1. Connaissances en Littérature : Néant. — 2. Connaissances en Philosophie : Néant. — 3. Connaissances en Astronomie : Néant. — 4. Connaissances en Politique : Faibles. — 5. Connaissances en Botanique : Médiocres, connaît bien la belladone, l'opium et les poisons en général. Ignore tout du jardinage. — 6. Connaissances en Géologie : Pratiques, mais limitées. Dit au premier coup d'œil les différentes espèces de sol ; après certaines promenades a montré des taches sur son pantalon et m'a dit, en raison de leur couleur et de leur consistance, de quelle partie de Londres elles provenaient. — 7. Connaissances en Chimie : Très fort. — 8. Connaissances en Anatomie : Précis, mais sans système. — 9. Connaissances en Littérature passionnelle : Immenses. Il semble connaître tous les détails de toutes les horreurs commises pendant ce siècle. — 10. Joue bien du violon. — 11. Est un maître à la canne, à la boxe et à l'épée. — 12. Bonne connaissance pratique de la loi anglaise.* ») Comme quoi, c'est de la fiction !

* * * * *

40. — Mesurer le rayon de la Terre avec un bâton — (au 3ème siècle avant J.-C.). — Ératosthène : voilà bien un génie ! Un « vrai » Sherlock Holmes ! Grâce à l'ombre projetée par un vulgaire bâton (frappé par les rayons du soleil pendant le solstice d'été), il en déduisit, en s'appuyant sur la distance entre Alexandrie et Syène (où les rayons arrivaient perpendiculairement au sol), le rayon de la Terre ! Non seulement il fallait émettre l'hypothèse que la Terre fût ronde, mais, de surcroît, il ne se trompa pas de beaucoup… Rien n'est impossible à qui raisonne bien !

* * * * *

41. — Mesurer la vitesse de la lumière avec une lunette — Io, man ! Tu es en retard de 22 minutes ! — Un autre génie : Ole Christensen Rømer, astronome danois du 17ème siècle. En observant Io, un des satellites de Jupiter, il s'aperçut que celui-ci apparaissait parfois en retard. Ce retard était dû à la vitesse de la lumière, qui est finie ! La lumière devait franchir la distance qui séparait Io de la Terre…

* * * * *

42. — **Induction** — Ou comment y aller doucement. — Prenons un gâteau. Supposons que l'on puisse le couper sans forcément que le couteau passe par le centre du cercle. Un coup de couteau : 2 parts au maximum. Deux coups de couteau : 4 part au maximum. *Etc.* Et en 13 coups ?... N'essayez pas de construire des traits, cela devient quasiment impossible au bout de 4 ou 5. (Il faut trouver la logique en s'intéressant aux premiers cas.) — Du particulier au général : ô puissance des mathématiques !...

* * * * *

43. — **Le monde est beau.** — φ — Ô Phidias ! — On peut lire, dans les *Éléments* d'Euclide : « *Une droite est dite coupée en extrême et moyenne raison lorsque la droite totale est au plus grand segment comme le plus grand segment est au plus petit.* » Cette proportion s'appelle le *nombre d'or* : $\varphi = (1+\sqrt{5})/2 \approx 1{,}618\ldots$ C'est l'une des deux solutions de l'équation du second degré : $x^2 - x - 1 = 0$. En remaniant l'équation, on se rend compte que le nombre d'or élevé au carré est égal à lui-même plus un, et que son inverse est égal à lui-même moins un. Une autre particularité remarquable qui en découle est la fraction continue qui en donne une valeur approchée, d'autant plus précise que vous la prolongez : $1 + \cfrac{1}{1 + \cfrac{1}{1 + \ldots}}$. — On retrouve le nombre d'or un peu partout. Les Grecs l'utilisaient en art, en architecture. Ils pensaient qu'il représentait la *divine proportion*. Par exemple, un rectangle d'or est un rectangle dont le rapport de la longueur sur la largeur est égal au nombre d'or. À ce qu'il paraît, si vous présentez à un public composé de personnes variées un certain nombre de rectangles aux proportions toutes différentes, et que vous leur demandez de choisir celui qui leur paraît le plus « harmonieux », le plus « beau », le plus « élégant », il y a des chances pour qu'elles vous répondent que c'est celui qui est proportionné selon le nombre d'or. — Leonardo Fibonacci, en 1202, avait étudié la reproduction des lapins : « *Un homme met un couple de lapins dans un lieu isolé de tous les côtés par un mur. Combien de couples obtient-on en un an si chaque couple engendre tous les mois un nouveau couple à compter du troisième mois de son existence ?* » Il vit qu'à chaque génération, le nombre de couples produisait la suite : 1, 1, 2, 3, 5, 8, 13, 21... C'est une suite du type : $u_{n+2} = u_{n+1} + u_n$. Pour avoir le nouveau terme, il suffit d'additionner les deux précédents. Eh bien, si vous calculez la limite de u_{n+1}/u_n lorsque n tend vers $+\infty$, vous tomberez sur... le nombre d'or φ ! — Si vous additionnez les termes sur une diagonale du triangle de Pascal, vous reconnaîtrez aussi les nombres de la suite de Fibonacci... — Il apparaît dans les spirales des pommes de pin, des tournesols, sur les feuilles des tiges, *et cætera*. (Il faut toutefois faire attention au fantasme qui consiste à trouver un nombre donné partout. En prenant toutes les mesures que je veux, je vous trouve π où je le désire ! Je renvoie au §45 suivant.)

* * * * *

44. — **Le triangle de Pascal** — Tout entendre, ou ne pas tout entendre, telle est la question. — Que l'on puisse mêler les dérivées aux développements algébriques est pour le moins sublime : $(fg)^{(n)} = \sum_{k=0}^{n} \binom{n}{k} f^{(k)} g^{(n-k)}$ et $(x+y)^n = \sum_{k=0}^{n} \binom{n}{k} x^{n-k} y^k$ se ressemblent comme deux gouttes d'eau. Et qu'il faille construire le « triangle de Pascal » pour retrouver les coefficients $\binom{n}{k}$ n'en est pas moins admirable ! Et que l'on retrouve ce même terme en probabilités est quelque chose de divin. Car $\binom{n}{k}$, qui est égal à $n!/(k!(n-k)!)$, représente le nombre de combinaisons possibles quand on range *k* objets parmi *n*... (En parlant de triangle, connaissez-vous la suite audioactive de Conway ? Sur la première ligne, on a : 1. Sur la deuxième : 11. Sur la troisième : 21. Sur la quatrième : 1211. Sur la cinquième : 111221. Sur la sixième : 312211. Sauriez-vous dire de quoi sera composée la septième et les suivantes ?)

* * * * *

45. — **Les fantasmes** — Ou comment trouver ce que l'on cherche — (la sérendipité psychotico-numérologique). — L'effet Barnum relève de l'auto-persuasion dont est capable un individu. Si votre astrologue vous annonce que vous aurez un accident dans une voiture rouge, vous ferez tout pour en être convaincu, et vous éviterez de monter dans une voiture rouge. Jusqu'à ce que vous ayez un accident dans une voiture verte… Ou alors un graphologue vous décrit comme quelqu'un qui n'aime pas l'hypocrisie, et vous vous dites : « Mais oui, c'est exactement cela ! Il a raison ! C'est moi ! » — C'est la même histoire pour le livre : *La Bible : le Code secret*. En recombinant l'ordre des lettres de la Bible, on est censé retrouver des événements cachés (notamment du passé et du futur). Il y aurait un code à la Nostradamus. — J'entends beaucoup parler de nombres qui réapparaîtraient dans les constructions des pyramides égyptiennes… Mais là aussi, le doute doit s'installer avant toutes choses. Si vous n'êtes pas capable de prendre du recul grâce à de solides bases en mathématiques, vous pourriez bien sombrer dans la paranoïa… Comme dans *Le Roman politique* de Sterne, chacun y voit sa clef !... — À celui qui me dirait, comme le Ned de *Vingt mille lieues sous les mers* : « *Oh ! les chiffres ! répliqua Ned. On fait ce qu'on veut avec les chiffres !* » — je répondrais : « *En affaires, Ned, mais non en mathématiques.* »

*****

46. — ψ — (bis) — Verre à moitié plein ou à moitié vide : 2 façons de voir (ou boire) — Espérance mathématique : la peur de perdre quand on est (presque) sûr de gagner. — Toujours dans le pouvoir de la suggestion… Allez faire un saut sur le site Internet de l'Observatoire Zététique, au dossier : « *Le pouvoir de la suggestion… ou comment notre cerveau perçoit les images…* » Tout est visuel. C'est très instructif. Le cerveau nous illusionne selon dix principes : « *1. Le principe de prégnance (probablement le plus important) autrement appelé "principe de bonne forme". Il constitue dans la majorité des cas la recherche automatique d'une organisation de l'environnement la meilleure possible, simple et stable.* — *2. Le principe de simplicité. Lors de la perception, les éléments sont organisés de la manière la plus simple possible pour les rendre compréhensibles. Simple est à entendre en termes de nombre d'informations nécessaires pour encoder l'information.* — *3. Le principe de destin commun ou de proximité. Le regroupement des objets s'opère en fonction de leur proximité spatiale.* — *4. Le principe de continuité. C'est la tendance naturelle à suivre la direction suggérée par un arrangement d'objets. En effet, des points rapprochés tendent à représenter des formes lorsqu'ils sont perçus, nous les percevons d'abord dans une continuité, comme des prolongements les uns par rapport aux autres.* — *5. Le principe de fermeture. Des formes ouvertes nous apparaissent incomplètes et on a tendance à les fermer. On est capable de fermer une figure connue avec seulement quelques indices.* — *6. Le principe de similitude. Le système perceptif a tendance à regrouper prioritairement les informations qui se ressemblent en termes de contenu ou de forme. Les groupements peuvent s'opérer selon plusieurs attributs : les couleurs, la taille, l'orientation, la symétrie, la synchronicité, les formes, etc.* — *7. Le principe de différenciation figure-fond. Ce processus est en lien avec la perception de profondeur. Pour être perçue, une figure doit se différencier de son environnement.* — *8. Le principe de symétrie, d'équilibre. Un objet apparaît incomplet s'il n'est pas symétrique.* — *9. Le principe d'unité, d'harmonie. Les éléments sont préférablement organisés comme résultant d'un arrangement logique que comme l'issue du hasard.* — *10. Le principe de correspondance isomorphique. L'interprétation des images se fait généralement en fonction des expériences passées, de ce qui est familier.* » — Cela rejoint aussi l'exemple célèbre suivant : citez un outil et une couleur. La plupart des gens, sinon tous, répondront : « marteau rouge. » C'est dire si nous sommes « déterminés » !…

*****

47. — Le monde est premier — Où l'on parlera de crocodile, de hasard, de sexe, de banque, d'un million de dollars et de la mort. — 2, 3, 5, 7, 11, 13, 17, 19, 23, 29, 31, 37, 41, 43, 47, 53, 59, 61, 67, 71, 73, 79, 83, 89, 97, 101, 103, 107, 109, 113, 127, 131, 137, 139, 149, 151, 157, 163, 167, 173, 179, 181, 191, 193, 197, 199, 211, 223, 227, 229, 233, 239, 241… — Pourquoi ces nombres bizarres, divisibles par 1 et par eux-mêmes uniquement, sont-ils à la base de toutes les mathématiques ? Pourquoi pourrait-on même remplacer « *entiers* » par « *premiers* » dans la formule de Leopold Kronecker : « *Dieu a fait les nombres entiers, tout le reste est l'œuvre de l'homme* » ? (« *Die ganzen Zahlen hat der liebe Gott gemacht, alles andere ist Menschenwerk.* ») — J'ai eu l'occasion de jouer avec le jouet suivant : un crocodile a la gueule ouverte, il montre ses dents. Chacun des joueurs doit appuyer sur une dent : s'il n'a pas de chance, la gueule se referme ; sinon, il passe son tour. Je n'ai pas pu ouvrir la bête pour étudier le mécanisme. Ce devait être un mécanisme d'engrenages relativement simple. L'intérêt, c'est que l'on ait l'impression que chaque dent est choisie au hasard à chaque nouvelle partie. Mais quelqu'un qui observerait sérieusement le « hasard » supposé, se rendrait compte que la série se répète : d'abord la dent 2, puis la 5, puis la 1, puis la 3, *etc*. L'homme ne sait pas fabriquer un pur hasard. Si la série se répète au bout d'un million de coups, il conclura à un hasard, mais ce n'est pas le cas. Dans le cas du crocodile, les roues ayant un nombre limité de dents, il faudrait faire en sorte que ces nombres de dents fussent des nombres premiers entre eux (c'est-à-dire qu'ils n'eussent pas de diviseur commun). Prenons le cas simple suivant : une roue à 2 dents et l'autre à 3. Il faut attendre 2×3=6 tours pour que deux dents se rencontrent à nouveau. Pour prendre un exemple parlant (et justifier l'histoire de « sexe »), imaginons qu'un homme et une femme aient leurs rapports sexuels régis selon cette règle : l'homme ne veut faire l'amour qu'un jour sur deux, la femme, un jour sur trois. Notons « HO » pour signifier « Homme Oui », « HN » pour « Homme Non », *etc*. Au premier jour, ils font l'amour : (HO, FO). Au deuxième jour : (HN, FN) ; troisième jour : (HO, FN) ; quatrième jour : (HN, FO) ; cinquième jour : (HO, FN) ; sixième jour : (HN, FN) ; septième jour : (HO, FO). En prenant deux nombres premiers entre eux, on minimise les rapports sexuels. C'est le même phénomène avec les dents du crocodile. (Des animaux font des apparitions cycliques selon le même principe, afin d'éviter, autant que faire se peut, les prédateurs. Mère Nature est ingénieuse !) — Pourquoi les nombres premiers sont-ils si importants ? Pourquoi peut-on dire qu'ils comptent plus que les entiers ? Parce qu'ils sont, je l'ai déjà dit, à la base de tous les nombres. Tout nombre est décomposable en puissances de facteurs premiers. Exemples : $8=2^3$, $15=3\times5$, $20=2^2\times5$, *etc*. N'est-ce pas fou ?... Que nous cache Dieu derrière tout cela ?... Il est à la portée de tout le monde de s'émerveiller de la beauté et de l'étrangeté de la chose… Monde mystérieux ! magique ! Ce que je viens d'expliquer au sujet des nombres premiers n'est qu'une goutte d'eau dans l'océan des faits remarquables dont ils sont l'origine ! Savez-vous quel est le nombre $\pi(x)$ de nombres premiers jusqu'à un nombre x ? Ces nombres semblent dispersés de façon erratique, au bon vouloir de Dieu, mais il existe néanmoins un théorème qui stipule que $\pi(x)$ est équivalent, à l'infini, au rapport de x sur $\ln(x)$. On est cependant loin de tout comprendre sur cette répartition. Si un jour l'hypothèse de Riemann est prouvée, un grand pas sera franchi dans la compréhension de la répartition des nombres premiers. Si quelqu'un y parvient, non seulement il recevra un prix d'un million de dollars, mais en plus il sera capable de casser tous les systèmes de cryptage (qui reposent sur les nombres premiers) en tournemain. Si cela tombe entre de mauvaises mains, nous pourrions connaître un cataclysme… La mort.

* * * * *

48. — **Hypothèse de Riemann** — Le plus grand problème au monde — (Le facteur ne sonnera qu'une fois). — Tout se joue avec les zéros de la fonction zêta de Riemann : $\zeta(s) = \sum_{n=1}^{\infty} \frac{1}{n^s} = \prod_{p \text{ premier}} \frac{1}{1-p^{-s}}$. Je n'entrerai pas dans les détails : c'est suffisamment compliqué comme cela. Je dirai que, posé $\eta(s) = \sum_{n=1}^{\infty} \frac{(-1)^n}{n^s}$ avec $s \in \mathbb{C}$, a-t-on, si $\eta(s)=0$ et $0<\mathfrak{R}(s)<1$: $\mathfrak{R}(s)=1/2$? — Nous ne le savons pas — et ne le saurons peut-être jamais. — On sait que le nombre *N(n)* de facteurs premiers d'un nombre *n* est à peu près égal à ln(ln(*n*)), mais on ne sait pas si tout nombre pair peut être écrit comme somme de deux nombres premiers (conjecture de Goldbach), ou s'il existe une infinité de nombres premiers jumeaux (deux nombres premiers sont jumeaux s'ils ne séparés que d'une unité, par exemple : 11 et 13, 17 et 19, *etc*.).

* * * * *

49. — **La médaille Fields** — Le Nobel des mathématiciens. — Il n'existe pas de prix Nobel pour les mathématiciens. À la place, il y a la médaille Fields, décernée tous les quatre ans à un, deux ou trois mathématiciens qui doivent avoir moins de quarante ans l'année de la réception du prix. Elle rapporte 10000€ au lauréat : une paille. Sur l'avers de la médaille apparaît Archimède en relief, et on peut lire en grec : « *De la sphère et du cylindre*. » Sur le revers, on peut lire en latin : « *Les mathématiciens s'étant rassemblés du monde entier ont remis cette récompense en raison de remarquables écrits.* »

* * * * *

50. — **Les problèmes du 3ème millénaire.** — Le mécène Landon Clay a créé en 1998 le Clay Mathematics Institute qui récompensera le mathématicien qui résoudra l'un des six problèmes suivants (avec, à la clef, un million de dollars) : hypothèse de Riemann (constitue aussi l'un des 23 problèmes de Hilbert) ; — conjecture de Poincaré (résolue en 2003) ; — Problème P=NP ; — conjecture de Hodge ; conjecture de Birch et Swinnerton-Dyer ; équations de Navier-Stokes ; équations de Yang-Mills. — Ce sont des problèmes très importants, mais très difficiles à démontrer (voire impossibles ?). — Parmi ceux-là figure donc le problème P=NP, autrement appelé problème du voyageur de commerce (ou de planification des tâches). Imaginons un voyageur de commerce qui doit passer par 10 villes. Le but est de trouver le parcours optimal, c'est-à-dire celui qui lui fait dépenser le moins de temps et d'essence. Cela paraît facile, mais il n'en est rien. S'il visite 10 villes, il y a 10! possibilités, soit 3628800 parcours ! Un ordinateur en viendrait à bout en peu de temps. Mais imaginez 20 villes : 20!=2432902008176640000 parcours. Si vous aviez un ordinateur capable de réaliser un milliard de calculs par secondes, il vous faudra attendre 77 années avant qu'il n'ait épuisé toutes les possibilités ! On dit que le temps de calcul est polynomial (P). Peut-on ramener ce temps de calcul à un calcul non polynomial (NP) ? Là est toute la question. Cela ferait gagner des sommes astronomiques à tout un tas d'entreprises… (On a du mal à s'imaginer de tels nombres. J'aime sortir notamment cet exercice pour faire cogiter mes BTS : soit une feuille de papier d'épaisseur 0,1mm : combien de fois faut-il la plier pour aller sur la Lune (qui est située à environ 380000km de la Terre) ? Le résultat est : ln(380000/0,1×10⁻⁶)/ln(2), soit : 42 fois (« seulement ») ! — Et cet autre exercice : combien y a-t-il de façons de disposer chacun d'entre nous dans la classe ? Si chaque configuration prenait deux minutes, combien de temps faudrait-il ? Prenons une classe de vingt individus. Cela fera 20!=2432902008176640000 configurations, donc (2432902008176640000×2)/(60×24×365)≈35226856 années.)

* * * * *

51. — D'où viens-je ? Où vais-je ? Qui suis-je ? — γνῶθι σεαυτόν — Ha !...

* * * * *

52. — **À quoi ça sert, les maths ?** — (100 raisons si vous n'avez toujours pas compris). — L'éternelle question posée par tout le monde : « À quoi ça sert, les maths ? » — Un collègue avoue répondre : « À être moins con. » J'étais tombé sur un site qui recensait « *100 raisons* ». Je n'en choisirai que deux : #2 : Réponse « miroir miroir » : Et toi, à quoi tu sers ? #94 : Réponse nietzschéenne : À nuire à la bêtise. — Sans plaisanter (ni être prétentieux), je parviens à leur faire comprendre un minimum de choses. Tous les professeurs de mathématiques savent-ils répondre ? Rien de moins sûr (malheureusement)… — Certes : « à être moins con » est une excellente réponse. Cela me fait penser à Pascal : « *L'homme est visiblement fait pour penser. C'est toute sa dignité et tout son mérite ; et tout son devoir est de penser comme il faut. Or l'ordre de la pensée est de commencer par soi, et par son auteur et sa fin. — Or à quoi pense le monde ? jamais à cela, mais à danser, à jouer du luth, à chanter, à faire des vers, à courir la bague, etc., à se battre, à se faire roi, sans penser à ce que c'est qu'être roi et qu'être homme.* » — Pourquoi n'apprendrait-on pas gratuitement ? Pourquoi n'apprendrait-on pas sans y voir une utilité quelconque ? une application dans la vie courante ? Méditons ces paroles de Thomas Young : « *The nature of light is a subject of no material importance to the concern of life or to the practice of the arts, but it is in many other respects extremely interesting, especially as it tends to assist our views both of the nature of our*

sensations, and of the constitution of the universe at large. » (« *La nature de la lumière est un sujet sans importance du point de vue de la vie courante ou professionnelle, mais extrêmement intéressant par ailleurs, en ce qu'il nous aide à comprendre la nature de nos sensations et la constitution de l'univers en général.* ») (Je songe à la couleur jaune, quand elle est l'addition du bleu et du vert. Le jaune est-il monochromatique ou non ? Qu'est-ce alors que le jaune si rien ne permet de prévoir que les deux longueurs d'onde du bleu et du vert nous feront « voir » du « jaune » ? Qui s'est posé la question ?) Et pourquoi n'apprendrait-on pas pour le bonheur d'apprendre ? Sachons nous différencier du singe. Soyons redevables à Dieu de pouvoir *essayer* de comprendre le monde dans lequel il nous a parachutés de force. Écoutez plutôt les paroles sage d'Einstein (*Sur la théorie de la gravitation généralisée*) : « *Et pourquoi même imaginons-nous des théories ? La réponse […] est simple : parce que nous avons de la joie à "comprendre" […]. Il existe une passion de comprendre comme il existe une passion pour la musique.* » — « *M'interdiras-tu la contemplation de la nature ?* » demandait Sénèque à Lucilius ; « *m'arracheras-tu à ce bel ensemble pour me réduire à un coin du tableau ? Ne puis-je m'enquérir de quelle manière tout a pris commencement, qui a donné la forme aux choses, qui les a classées toutes en les dégageant de cette masse unique, de l'inerte matière qui les enveloppait ? Quel fut l'architecte du monde où je suis ? Quelle intelligence a fixé des lois et un ordre à cette immensité, rassemblé ce qui était épars, séparé ce qui était confus, donné une face distincte à tout ce qui gisait dans l'informe chaos ? D'où cet océan de clarté jaillit-il ? Est-ce un feu ou quelque chose de plus lucide encore ? Ne puis-je sonder ces merveilles ? J'ignorerais d'où je suis descendu, si je ne verrai qu'une fois ce monde ou si je renaîtrai plusieurs fois ; où j'irai au sortir d'ici ; quel séjour est réservé à l'âme affranchie des lois de l'humaine servitude ! Me défendre tout commerce avec le ciel, c'est m'ordonner de vivre le front baissé.* » — Ce qui ne l'empêche pas de se dire : « *"À quoi, diras-tu, ces subtilités me serviront-elles ?" Puisque tu le demandes, à rien.* »

* * * * *

53. — Le monde est le monde — Ou la tautologie — (Ou le syndrome de Laurent Blanc : « Il fallait gagner »). — L'information existe-t-elle ? Si j'écris : « 1=1 », qu'ai-je dit ? qu'ai-je voulu dire ? qu'ai-je fait comprendre ? Toutes les mathématiques reposent sur un « 1=1 ». Toute proposition mène à une autre proposition par une égalité. Si vous pensez que mon « 1=1 » ne convient pas, prenez le théorème de Pythagore : $a^2+b^2=c^2$. Qu'ai-je apporté comme information ? Rien : ce n'est qu'une égalité. Comme le disait Wittgenstein (*Tractatus*, 6.126) : « *La démonstration des propositions logiques consiste en ce que nous l'engendrons à partir d'autres propositions logiques par applications successives d'opérations déterminées, lesquelles produisent toujours de nouvelles tautologies à partir des premières.* » Tout est *évident* (ou le paraît). Il évident que 1=1, que 2=2, que 2+2=4. Il est évident que l'entraîneur d'une équipe de football « joue la gagne ». Alors à quoi bon l'interviewer ? — Le paradoxe est vertigineux : chaque étape d'une démonstration mathématique fait revenir au point de départ… et pourtant, on avance… Que j'aime les mathématiques ! Avec elles, on va vers le noyau des choses… vers une espèce de vérité plus forte que toutes les autres vérités…

* * * * *

54. — La vérité. — « *La plupart de nos contemporains sont de pseudo-scientifiques qui mêlent vérité et mensonge.* » (Omar Khayyām) — Ἐν οἴνῳ ἀλήθεια. (*In vino veritas.*) — De FALSE à TRUE, de TRUE à FALSE. Se méfier, encore et encore…

* * * * *

55. — Sondages particuliers — (méfiance). — 43% des femmes avouent avoir connu 1 partenaire, contre 21% chez les hommes. 9% des femmes avouent avoir connu de 6 à 14 partenaires, contre 22% chez les hommes. *Etc.* Cherchez l'erreur. La vérité mathématique est toujours vraie ; la vérité de l'homme peut varier…

* * * * *

56. — Je ne crois que ce que je vois. — « *Si je ne vois dans ses mains la marque des clous, et si je ne mets mon doigt dans la marque des clous, et si je ne mets ma main dans son côté, je ne croirai point.* » (Jn 20,25) — « *Parce que tu m'as vu, tu as cru. Heureux ceux qui n'ont pas vu, et qui ont cru !* » (Jn 20,29) — Souvenez-vous de l'échange d'acrostiches entre George Sand et Alfred de Musset. Celle-ci avait également fait parvenir une lettre dont le message, si vous sautez une ligne sur deux, se transforme impudiquement… (Le début est : « *Je suis très émue de vous dire que j'ai / bien compris l'autre soir que vous aviez / toujours une envie folle de me faire / danser. Je garde le souvenir de votre / baiser et je voudrais bien que ce soit / là une preuve que je puisse être aimée / par vous. Je suis prête à vous montrer mon / affection toute désintéressée et sans cal- / cul, et si vous voulez me voir aussi / vous dévoiler sans artifice mon âme / toute nue, venez me faire une visite.* ») Sur la même lignée, Sade devait crypter ses messages quand il séjournait en prison. (Le début est : « *J'ai une envie de vous gronder étonnante : cette manière dont vous enfilez qui ne dit mot est affreuse, et en vérité,* passe tout ce qu'on *peut imaginer. Avec vous, on ne sait jamais ce qu'on peut croire, et cela est atroce. En réfléchissant, je vois que ça n'est pas étonnant* […]. » J'ai souligné.) — Penser à l'iceberg dans sa partie immergée.

* * * * *

57. — Chiffrement/Déchiffrement — n=pq. — J'aimerais vous parler de la cryptographie asymétrique. Mais là aussi, j'ai peur de m'embarquer dans des raisonnements qui dépasseront en difficulté tout ce que j'ai pu écrire

dans ce livre. C'est dommage : tous les jours, nous utilisons Internet, et tout, sur Internet, est crypté de cette manière. La cryptographie est une question si primordiale que les couloirs de la National Security Agency sont remplis de purs mathématiciens. La NSA est en effet le premier employeur de mathématiciens au monde ! — Quoi qu'il en soit, comme je l'ai écrit plus haut, sachez que ce système repose sur les multiplications de nombres premiers énormes (plusieurs centaines, voire milliers de chiffres).

* * * * *

58. — La vérité ? — Je suis un menteur. — Paradoxe de Russell : L'ensemble des ensembles n'appartenant pas à eux-mêmes appartient-il à lui-même ? — $y = \{x \mid x \notin x\}$. — Je suis un barbier qui ne rase que les gens qui ne se rasent pas eux-mêmes. Comment fais-je ? Me rasé-je moi-même ? — Dans la même veine, il y a cette histoire : un homme est capturé par des indigènes qui lui proposent ceci : « Vous pouvez faire une dernière déclaration qui déterminera la manière dont vous mourrez ! Si votre énoncé est faux nous vous ferons bouillir dans de l'eau ! Si votre énoncé est vrai vous serez frit dans de l'huile ! » L'homme s'en sort en disant : « Je serai bouilli dans de l'eau. » Malin, n'est-il pas ?

* * * * *

59. — Méfiez-vous des impostures. — Lorsque Sokal et Bricmont avaient fait publier — dans une revue soi-disant sérieuse — leur article : *Transgresser les frontières : vers une herméneutique transformative de la gravitation quantique*, — personne ne s'était aperçu de la supercherie. Cela en disait long sur les impostures qui devaient pulluler dans les milieux scientifiques… — Les imposteurs qui passent pour d'honnêtes spécialistes sont ceux que l'on voit dans les médias : les frères Bogdanov (et leurs mathématiques d'avant le Big Bang), Bernard-Henri Lévy (et notamment sa bibliographie botulesque), Claude Allègre (et son optimisme climatique), Élisabeth Tessier (et son titre de docteur par piston)… La plupart des gens pensent que les Bogdanov font autorité. Demandez-leur de citer un scientifique connu : ils vous citeront les Bogdanov. Demandez-leur de citer un philosophe : ils vous citeront BHL. Rien de moins scientifique qu'un Bogdanov, rien de moins philosophe que BHL. — Dans le tas, il y a des fumistes rigolos (mais qui ne se prétendent ni scientifiques ni philosophes) : Jean-Claude van Damme, pour ne citer que lui (« *Beh dans notre monde à nous un plus un égale deux, deux plus deux égale quatre, comme ça on devient selfish, on prend du pognon et on partage pas. Mais si un plus un égale un, on peut-être on plus un égale onze, et ça c'est beau !* »). Il y en a de beaucoup moins rigolos, à l'instar d'Hitler : « *C'est un trait caractéristique de notre époque matérialiste que notre enseignement se tourne toujours plus exclusivement vers les disciplines utilitaires : mathématiques, physique, chimie, etc. Certes, ces connaissances sont utiles à une époque où règnent la technique et la chimie, et où la vie quotidienne en fournit les preuves les plus évidentes. Il y aurait pourtant danger à ce que la culture générale d'une nation repose toujours exclusivement sur elles. Au contraire, cette culture doit toujours tenir compte d'un idéal.* ») — Prenez garde : la fumisterie règne à tous les étages… Et lisez à l'occasion Bourdieu pour vous en convaincre : « *Rabat-joie ou trouble-fête, le sociologue met en question l'automystification mystificatrice de la conviction, du désintéressement, de la gratuité à travers laquelle s'exerce la domination spécifique des intellectuels. Non pour s'affirmer au-delà et au-dessus des intérêts et des stratégies. Celui qui sait et professe que l'autorité n'est qu'une imposture légitime n'est pas le mieux placé pour prétendre tirer quelque autorité de la dénonciation de l'imposture. Il ne peut rien espérer de mieux qu'un monde où les augures pourraient ouvertement se regarder en riant.* »

* * * * *

60. — Le monde est un art — Ou les imbrications. — Tous les volumes peuvent être constitués d'imbrications de cinq solides « dés » (les solides de Platon) : tétraèdre, cube, octaèdre, dodécaèdre, icosaèdre. Il n'existe que dix-sept groupes de symétrie. — Qu'est-ce qu'un ballon de foot ? C'est une espèce de sphère fabriquée à partir de vingt hexagones et douze pentagones. — Pourquoi les alvéoles que fabriquent les abeilles sont-elles en forme d'hexagone ? Pour une même surface, on démontre que l'hexagone est le polygone régulier offrant le plus petit périmètre. Ainsi, les abeilles utilisent le minimum de cire et font des économies ! (De plus, cette structure est très résistante.) — Il y aurait beaucoup d'autres choses à ajouter… mais je n'en ai pas la patience ni la force : Escher, tas d'oranges, maillage des logiciels de 3D, jeux de stratégie…

* * * * *

61. — Perspectives. — Apparue seulement au XVème siècle, la perspective a connu une merveilleuse histoire. J'écris « *la* », mais il en existe plusieurs : perspective curviligne, perspective conique (ou monofocale centrée), perspective axonométrique… Je recopie un passage d'une page de Wikipédia : « *Les perspectives spatiales formalisées depuis la Renaissance n'ont pas toujours existé et ne sont pas les ultimes. Elles se distinguent par leur rigueur mathématique et ont certaines caractéristiques communes : 1. une vision monoculaire ; — 2. la projection d'une partie de l'espace sur une surface, le "tableau" ; — 3. le peintre est immobile, la scène est immobile, le spectateur est immobile (on ne décrit pas l'histoire, la Storia, mais l'espace, l'ensemble des lieux) ; — 4. le peintre a le bras aussi long que l'on veut ; — 5. l'œil du peintre n'a aucune limitation d'angle de vision, bien qu'il voie "devant" ; — 6. l'œil du spectateur est censé être situé à la même position que l'œil du peintre (attitude moderne : les tableaux sacrés ayant été peints pour être posés haut sur les autels ou suspendus).* » — Ainsi, quand vous regardez un tableau, admirez-vous en même temps, sans en avoir conscience, de belles mathématiques (de l'infini). Il faut être *perspicace* pour s'en rendre compte (« *perspicace* » est dérivé étymologiquement du verbe

« *perspicere* », qui signifie « *regarder à travers* », « *regarder attentivement* »). — L'art de la proportion, la « *commensuratio* » (« *égalité de mesure* »), était le nom qu'on employait avant d'utiliser « *perspective* ». Tout est mathématique.

* * * * *

62. — Les maths au Musée — (d'Art et d'Histoire de Cholet). — François Morellet est né à Cholet. À l'heure où j'écris ces lignes, il est toujours en vie. Il ne craint pas d'utiliser les mathématiques dans ses œuvres. On peut faire de l'art avec les mathématiques. Les titres de ses créations le prouvent : π *strip-teasing, 1=90°* ; *Répartition aléatoire de triangles suivant les chiffres pairs et impairs d'un annuaire de téléphone* ; *Répartition aléatoire de quarts de cercle* ; *Carré à demi libéré n°1*… — Allez y faire un tour !

* * * * *

63. — Illusions. — Sur quoi reposent la plupart des illusions d'optique sophistiquées ? Sur les mathématiques. Il suffit de lire le *Traité des propriétés projectives des figures*, que Jean-Victor Poncelet écrivit dans sa cellule après avoir été fait prisonnier à la bataille de Krasnoï. Vous y découvrirez quelques secrets utilisés par les artistes téméraires. — Quoi qu'il en soit, croyez-vous que les stéréogrammes se fassent sans calculs ? qu'une anamorphose se dessine sans préparation ? Ne soyez pas naïf.

* * * * *

64. — Le monde est musical — Ou comment les fractions dirigent la musique — (Et pourquoi de la musique plutôt que du bruit ?). — Je ne suis malheureusement pas musicien pour un sou. N'espérez pas que j'aille loin dans l'explication mathématique de la musique. Je sais que dans la gamme pythagoricienne majeure antique, une corde pincée produira un do, que cette corde réduite de moitié produira un sol, un ré si elle est réduite à 1/8 de la longueur originale, un mi à ¼, un fa à 1/3, un la à 2/3, un si à 7/8. Kepler avait même fait correspondre ces valeurs aux positions des planètes.

* * * * *

65. — Ça ondule avec Fourier — Tout entendre, ou ne pas tout entendre, telle est la question. — Je renvoie le lecteur à la partie où je parlais de la série de Fourier : $f(t) = \sum_{n=0}^{\infty} \frac{1}{(2n+1)} \sin[(2n+1)\pi t]$. (Celle-ci reproduit le son d'un hautbois, qui est un signal carré.) Pour $n=0$, on a le fondamental d'amplitude 1 et de fréquence f. Pour $n=1$, on a l'harmonique de rang 3, d'amplitude 1/3 et de fréquence $3f$; pour $n=2$, l'harmonique de rang 5 d'amplitude 1/5 et de fréquence $5f$; *etc.* Je tenais à revenir sur cette série afin d'évoquer la modélisation de l'acte sexuel. Cela intéresse au plus haut point mes élèves. Ils sont captivés lorsque je délire là-dessus. Que cette formule compliquée puisse être considérée sous l'angle du sexe les rend cois : quoi ? elle intervient dans l'étude des onduleurs en électricité, elle explique toute la musique, et en plus, *elle est là quand on baise* ? Supposons que la pointe de votre sexe soit imbibée d'encre. Posez-la sur une bande de papier qui se déroule perpendiculairement à votre mouvement de va-et-vient. Si votre rythme est naturel, une sinusoïde se dessinera. Maintenant, si votre rythme est saccadé, c'est-à-dire si vous avancez violemment, attendez, puis reculez violemment, vous verrez apparaître un signal carré. Or, ce signal est bourré d'harmoniques de rang impair. Si l'on décompose votre mouvement, tout se passe comme s'il était constitué d'une infinité de sinusoïdes : la principale (le fondamental, à la fréquence de base de votre mouvement de va-et-vient), puis les secondaires (harmoniques d'amplitude de plus en plus petite et de fréquence de plus en plus grande). Autrement dit, en décomposant votre style « violent » de baise, il se trouve qu'il est étonnamment varié, tout en finesse ! (J'aurais pu parler du signal triangulaire, que l'on visualise en jouant au violon : ici, le mouvement de va-et-vient se fait à vitesse constante et on doit reculer dès que l'on arrive sur la butée…) — Alors ? Donnez-vous raison à Balzac quand il dit, dans *Massimilla Doni*, que « *les plus belles inventions de la Mathématique n'ajoutent pas grand'chose à la somme de nos jouissances* » ?

* * * * *

66. — Ça ondule avec Fourier — Et la chauve-souris ne s'en prive pas ! — (J'ai appris ce qui suit en lisant *Oiseaux, merveilleux oiseaux*, d'Hubert Reeves.) — La chauve-souris est capable de décomposer les sons (émis et reçus) en séries de Fourier ! Son cri de 30kHz (bande des ultrasons), voyageant à la vitesse de 340m.s^{-1}, est modulable en amplitude (AM) et en fréquence (FM). Elle peut affiner la qualité de l'image grâce à son gosier qui contrôle les harmoniques : pour les objets proches, elle s'occupe du fondamental ; pour les objets éloignés, des autres rangs. Elle estime la distance de sa proie par décalage du temps (FM). La direction de la proie lui est donnée par le décalage qui existe entre la réception du son dans une oreille et la réception du même son dans l'autre (précision à 10^{-3}s). La hauteur de la proie lui est fournie par le retard de la réflexion dans le cornet (précision à 10^{-6}s). Elle connaît également la vitesse de la proie par effet Doppler (AM) (précision à 99%). Enfin, elle connaît la nature de la proie par effet Doppler (FM) également, selon fréquence du battement d'ailes. — C'est tout simplement impressionnant.

* * * * *

67. — ψ — (chologie, -chanalyse). — Je ne reviendrai pas sur les travaux de Lacan ou de Watzlawick. Rappelons une phrase de ce dernier : « *Nous soulignerons aussi souvent que possible l'affinité de nos hypothèses avec les mathématiques* », — et ne soyons pas étonnés de croiser chez le premier des formules du type : $\frac{S}{S'_1} \cdot \frac{S'_2}{x} \rightarrow S\left(\frac{I}{S''}\right)$. — (Toujours dans le domaine de la psychologie : soit un sac rempli de 1000000 de petits papiers dans lequel vous devez plonger votre main pour en ressortir un. Premier cas de figure : il y a 999999 billets qui vous font perdre 1€ et 1 billet qui vous fait gagner 1000000€. Second cas de figure : il y a 999999 billets qui vous font gagner 1€ et 1 billet qui vous fait perdre 1000000€. Dans les deux cas, l'espérance mathématique est à peu près nulle, c'est-à-dire que sur une infinité de parties, vous ne perdrez ni ne gagnerez rien en moyenne. Joueriez-vous aux deux ? Au premier, on ne risque pas grand-chose. Au second, on risque beaucoup, même si la probabilité est très faible de perdre. Peu de gens voudront jouer au second. Et pourtant, parmi eux, beaucoup jouent au Loto…)

* * * * *

68. — Être, ou ne pas être. — D'aucuns pensent (sur quoi se basent-ils ?) que le livre que lit gravement Hamlet (« *words, words, words* ») lorsque Polonius arrive à lui, n'est autre que le *De consolatione* de Jérôme Cardan, le mathématicien qui a écrit le célèbre *Ars Magna*. — Hamlet aimait-il les maths ?

* * * * *

69. — Le monde est mélancolique. — « *J'ai dit en mon cœur : Voici, j'ai grandi et surpassé en sagesse tous ceux qui ont dominé avant moi sur Jérusalem, et mon cœur a vu beaucoup de sagesse et de science. — J'ai appliqué mon cœur à connaître la sagesse, et à connaître la sottise et la folie ; j'ai compris que cela aussi c'est la poursuite du vent. — Car avec beaucoup de sagesse on a beaucoup de chagrin, et celui qui augmente sa science augmente sa douleur.* » — Conscience de la conscience, conscience malheureuse. — Réflexion — et réflexion. — Pourquoi Martin Luther a-t-il dit : « *Mathematik macht Leute traurig* » (« *Les mathématiques rendent les gens tristes* ») ? Tout simplement pour la raison suivante : elles vous font aller *au cœur des choses* (et de façon assez froide et assez impersonnelle). À quoi pense l'ange de Dürer ? Il tient son compas et semble regarder, très mélancoliquement, au loin, les fatidiques lettres prisonnières de l'arc-en-ciel… — « *La vie donc oscille, comme un pendule, de droite à gauche, de la souffrance à l'ennui.* » En apprenant les mathématiques, vous ne voyez plus le monde comme les autres individus : vous voyez le monde tel qu'il est, ultra rigide et sans but. Quelle est la différence entre celui qui contracte un prêt sans comprendre comment tout est calculé, et celui qui en comprend tous les calculs ? Les deux se font enculer, et ils savent par qui. Mais seul le mathématicien sait comment. (À moins que cette omniscience ne le ravisse… Novalis le jugeait ainsi : « *Seuls les mathématiciens sont heureux. Le mathématicien sait tout. Il pourrait tout, s'il ne le savait.* »)

* * * * *

70. — Le monde est grand — (et vide). — Encore un thème que j'ai déjà amplement étudié plus haut. — Tout va si vite ! En tournant avec la Terre autour de son axe de rotation, nous évoluons à la vitesse de 1200km.h^{-1}. La Terre elle-même tourne autour du Soleil à la vitesse de 30km.s^{-1}, qui lui-même tourne autour de notre galaxie à 250km.s^{-1}, qui elle-même tourne autour de notre amas de galaxies à 600km.s^{-1}, *etc.*

* * * * *

71. — Exercice bizarre — (de fin). — Quelles seraient les dimensions du cube qui permettrait de loger tous les êtres humains ? — Supposons qu'un être humain moyen n'ait besoin d'occuper qu'un volume de 0,50×0,50×2=0,5m³. Disons que la population comporte sept milliards d'individus. Cela fait un volume total de $7.10^9 \times 0,5 = 3,5.10^9$ m³. Prenons la racine cubique du résultat : $(3,5.10^9)^{1/3} = 1,5$km. Voilà ! L'humanité entière tiendrait aisément dans un cube d'un kilomètre et demi de côtés ! La réponse est étonnante (et se poser la question ne l'est pas moins) !

* * * * *

72. — Le monde est vieux — Calendrier cosmique de Carl Sagan. — J'aime bien l'idée de Sagan : comprimer l'histoire de l'Univers dans une année. En voici quelques événements : « *1er janvier : Big Bang ; — 1er mai : formation de la Voie lactée ; — 9 septembre : formation du système solaire ; — 14 septembre : formation de la Terre ; — 25 septembre : origines de la vie sur Terre.* » Ensuite, cela se déroule au mois de décembre : « *1er : formation d'une atmosphère terrestre dotée de dioxygène ; — 17 : premiers invertébrés ; — 19 : poissons et premiers vertébrés ; — 20 : premières plantes sur la terre ferme ; — 22 : premiers amphibiens et insectes volants ; — 23 : premiers arbres et reptiles ; — 25 : apparition des dinosaures ; — 26 : premiers mammifères ; — 27 : premiers oiseaux ; — 30 : Fin du crétacé, disparition des dinosaures.* » Puis survient le 31 décembre : « *12h : apparition des cétacés et des primates ; — 18h : apparition des mammifères géants ; — 21h : apparition de l'australopithèque ; — 23h50 : domestication du feu ; — 23h56 : apparition de l'Homo sapiens ; — 23h58 : apparition de l'homme de Cro-Magnon.* » Enfin, au 31 décembre à 23h59 : « *51s : invention de l'alphabet ; — 56s : naissance de Jésus de*

Nazareth ; — *59s* : *période de la Renaissance.* » Et minuit pile : aujourd'hui. — Qu'êtes-vous, cousins éphémères ? À peine la larve éclose, le papillon meurt. — Et vous vous dites, tous les jours : « Je n'ai pas le temps ! »

* * * * *

73. — Rien ne sert de courir, ô zélé — Zénon d'Élée. — Achille poursuivant la tortue, la rattrapera-t-il ? Il y aura bien un moment où il lui restera à parcourir la moitié de la distance qui le séparait de la tortue, puis le quart, le huitième, *etc*. Oui, mais il ne la rattrapera par conséquent jamais. Cela ne fera jamais *zéro*. Quel paradoxe ! S'il lui reste toujours une distance quelconque à parcourir (aussi infime soit-elle), ne pourra-t-il jamais la toucher ? En tout cas : $\sum_{n=1}^{+\infty} \frac{1}{2n} = 2$, un résultat qui est fini. (Je ne me priverai pas de vous donner un résultat encore plus extraordinaire : $\sum_{n=1}^{+\infty} \frac{1}{n^2} = \frac{\pi^2}{6}$.) — Les questions sur les limites sont toujours très ardues pour notre cerveau si limité… (Mais « *l'homme qui sait reconnaître les limites de son intelligence est au plus près de la perfection* », écrivait Goethe.)

* * * * *

74. — Du scotch double-face-en-une — Du Ruban de Möbius à la Bouteille de Klein. — L'infini peut se trouver « à portée d'entendement » : découpez une lamelle de papier, retournez-la en rejoignant les bords et collez-les : vous avez un objet à une seule face ! C'est pourquoi les fourmis d'Escher parcourront le même chemin cycliquement, à l'infini ! (Petit bricolage amusant à ce propos : tracez au préalable une ligne au milieu de la lamelle, refaites un ruban de Möbius, puis découpez à l'aide d'une paire de ciseaux ce trait. Vous verrez que vous reviendrez au point de départ sans avoir basculé sur l'autre face (du moins, en basculant sans vous en rendre compte) ! Et vous aurez un nouveau ruban de Möbius entre les mains, deux fois plus grand ! Recommencez cette dernière expérience, mais en traçant cette fois-ci deux traits parallèles de telle sorte que la largeur du ruban soit partagée en trois parties égales. Redécoupez en partant de l'un des deux traits. Là aussi, sans vous en rendre compte, vous allez passer d'un trait à l'autre comme par magie ! Au final, vous obtiendrez deux rubans prisonniers l'un dans l'autre !) — Pour la bouteille de Klein, c'est une autre paire de manches. En effet, c'est un objet en quatre dimensions… Quand on essaie de la représenter en 3D, on comprend qu'il n'y a, là aussi, qu'une seule face, qu'un seul bord…

* * * * *

74. — La topologie — Ou l'art de déformer sans que ça déchire. — (Je saute ce paragraphe : presque tout y serait visuel.)

* * * * *

75. — Le monde est en n dimensions — Ou vivre dans l'invisible. — En mathématiques, on ne se cantonne pas aux cas particuliers : dimension 2, dimension 3… On généralise en dimension n. Vous me direz : à quoi cela sert-il d'aller plus loin que les trois dimensions spatiales que l'on connaît déjà ? Il y a longtemps, j'avais démontré que l'on pouvait facilement considérer le monde en six dimensions. De toute façon, nous vivons dans un monde qui comporte au moins quatre dimensions : il ne faudrait pas oublier le temps ! (Les habitants de *Flatland*, eux, n'en connaissent que trois : deux spatiales et une temporelle.) Lorsque les sondes nous envoient des photos de Saturne ou de Jupiter, elles le font sous forme de matrices à vingt-quatre dimensions (inutile d'essayer de se les représenter) ! Vous voyez : il est primordial de comprendre les objets en n dimensions… — Laissez-moi vous faire approcher de la quatrième dimension… Prenons un crayon (dont un bout est caractérisé par sa mine) et faisons l'hypothèse qu'il est en dimension 1 (pas d'épaisseur). Celui-ci coulisse dans un monde en dimension 1 (pensez à un tube). Comment faire pour qu'il devienne son propre symétrique (la mine dans l'autre sens) ? Il faudrait le retourner dans un espace de dimension 2. Prenons maintenant une feuille de papier (dimension 2) qui évolue sur un plan (dimension 2). Comment trouver son symétrique (le recto devient le verso et le verso, le recto) ? Il faudrait le retourner dans un espace de dimension 3. Prenons ma main droite (dimension 3) qui évolue dans l'espace (dimension 3). Comment trouver son symétrique (qu'elle devienne une main gauche) ? Si vous avez bien suivi, il faudrait la retourner dans un espace de dimension 4 ! C'est infaisable en réalité, mais le raisonnement doit vous aider à comprendre la logique qui opère entre les différentes dimensions… Autre exemple : un objet de dimension 1 qui traverserait un plan laisserait un point (dimension 0) comme trace ; un objet de dimension 2 laisserait un segment (dimension 1) ; un objet de dimension 3 laisserait une surface (dimension 2) ; un objet de dimension 4 laisserait… un volume (dimension 3) ! Pour prolonger ce dernier exemple, imaginez un saucisson idéalisé en dimension 1 : une tranche sera en dimension 0. Pour un saucisson en 2D, une tranche sera en 1D. Pour un saucisson en 3D (celui que nous connaissons !), une tranche sera en 2D. Eh bien, si vous disposiez d'un saucisson en 4D, une tranche serait en 3D ! Autrement dit, — toujours en exagérant pour les besoins de la cause, — vous auriez un nouveau saucisson !

* * * * *

76. — **Les fractales** — Quand voyager sur les côtes bretonnes permet de mieux comprendre les feuilles ou le cœur. — En parlant de dimensions, les fractales en ont des bizarres. Le flocon de Koch est en dimension non entière ! Celle-ci est égale à 2ln(2)/ln(3)≈1,26. Le principe simplifié des fractales est celui de la répétition d'un motif quand on modifie l'échelle. Si vous zoomez sur une fractale, vous retrouverez le même motif de départ (de même qu'en zoomant sur les côtes bretonnes, vous retrouverez les mêmes singularités qu'au départ). Pour dessiner un flocon de Koch, on part d'un triangle équilatéral de côté 1. Sur chacun des trois côtés, on rajoute un autre triangle équilatéral (de côté 1/3). Et on répète l'opération *ad infinitum*. Assez rapidement, cela ressemble à un flocon. Celui-ci a une propriété intéressante : sa surface est finie, mais son périmètre tend vers l'infini ! Cette propriété est reprise par la Nature. Pour un volume fini, la surface tend vers l'infini : ceci permet à une feuille d'interagir avec le monde extérieur de façon optimale, ou aux organes de notre corps d'être plus robustes…

* * * * *

77. — **La lemniscate** — L'infini en moyenne. — Comment dessiner un beau symbole ∞ ? Prenez deux points opposés distants de *a* par rapport à l'origine d'un repère. L'ensemble des points M qui vérifient MA.MB=a^2 dessineront un bel infini… Vous seriez sidéré devant toutes les propriétés de ce petit objet mathématique, en particulier celle qui relie la moyenne arithmético-géométrique et la longueur de la lemniscate…

* * * * *

78. — **Le monde est à la limite.** — La définition du nombre dérivé en un point a est : $f'(a) = \lim_{h \to 0} \frac{f(a+h) - f(a)}{h}$ (« lim » est l'abrégé de « limite »). La formule de l'intégrale calculée avec une somme de Riemann est : $\int_a^b f(x)dx = \lim_{n \to +\infty}\left(\frac{b-a}{n}\sum_{k=1}^n f\left(a + k\frac{b-a}{n}\right)\right)$. Et ainsi de suite. D'où la phrase de Hermann Weyl : « *Les mathématiques sont la science de l'infini.* » Quand mes élèves me demandent : « Où trouve-t-on les limites ? » — je leur réponds : « Dans toutes les mathématiques ! » Il est troublant que notre monde s'explique par l'infini — que l'on ne peut jamais atteindre !...

* * * * *

79. — **Le monde est infini** — C'est encore loin ? — ∀ε>0, ∃η>0, $|x-a|<\eta \Rightarrow |f(x)-L|<\varepsilon$ — « *The infinite! No other question has ever moved so profoundly the spirit of man.* » (David Hilbert) — En 1600, Giordano Bruno finissait sa vie sur un bûcher parce qu'il avait, entre autres, osé parler d'infini… Greg Cantor (à force d'étudier les infinis ?) est mort plus ou moins fou… J'invite le lecteur à relire toute ma partie qui lui est dédiée (et les histoires d'*aleph*). On croirait entendre Chrysale (qui est pourtant fort sympathique au demeurant) : « *Ne point aller chercher ce qu'on fait dans la lune, / Et vous mêler un peu de ce qu'on fait chez vous, / Où nous voyons aller tout sens dessus dessous. [...] Et l'on sait tout chez moi, hors ce qu'il faut savoir. / On y sait comme vont lune, étoile polaire, / Vénus, Saturne, et Mars, dont je n'ai point affaire ; / Et dans ce vain savoir, qu'on va chercher si loin, / On ne sait comme va mon pot dont j'ai besoin.* » La compréhension de l'Univers n'est pas pour les femmes savantes. L'excuse toute prête de ceux qui pensent qu'il n'y a rien à faire « là-haut », qu'il ne sert à rien d'envoyer des satellites en orbite ou des hommes sur la Lune, c'est à dire qu'il vaudrait mieux s'occuper des problèmes que rencontrent les hommes sur la Terre. Ils voudraient que l'on dépensât ces sommes « astronomiques » pour sauver le monde. Jamais ils ne songent un instant à essayer de savoir qui ils sont, d'où ils viennent et où ils iront. Ils veulent vivre sans se soucier du pourquoi ni du comment. Ils sont comme des enfants qui se ficheraient de rencontrer leur père ou leur mère… Ne leur demandez pas de regarder la voûte céleste : cela ne les intéresse pas. Et même, si comme dit Thoreau, « *à la vérité, les étoiles ont été créés pour consoler l'homme* », ils ne sont jamais consolés. Ah ! laissons-les… Qu'ils aillent passer leur IRM sans savoir que cette technologie, qui les sauvera peut-être, est née de la conquête de l'espace… *De l'observation des étoiles sont principalement venus les instruments intellectuels indispensables au développement de la technique moderne.* » C'est Einstein qui l'affirme ! Et il est mort en 1955 ! *Etc*. Rejoignons donc Cicéron et formons le petit groupe de ceux qui connaissent le *souci de l'âme* : « *Quelle utilité ou quel fruit nous proposons-nous lorsque nous voulons pénétrer dans les mystères de la nature, connaître les causes du mouvement des astres et de tous les phénomènes célestes ? Et qui a jamais été élevé avec tant de rusticité, qui a jamais eu tant d'aversion pour l'étude de la nature, et un éloignement si farouche pour des connaissances dignes de l'homme, qu'à moins d'en retirer quelque plaisir ou quelque intérêt, il ne voulût ni s'en instruire, ni en faire la moindre estime ?* » — Et comme tu as raison, Sénèque, de t'emporter ! « *Mais ôtez-leur ces propriétés, le soleil en serait-il moins un spectacle admirable pour l'œil de l'homme ? ne fît-il que passer devant nos regards, en mériterait-il moins nos adorations ? Et la lune serait-elle aussi moins digne de notre contemplation, quand ce ne serait qu'un astre impuissant et oisif roulant sur nos têtes ? Et le ciel même, lorsque, pendant la nuit il verse sur nous ses feux, et qu'il resplendit de ses innombrables étoiles, quel œil ne fixe-t-il pas sur sa magnificence ? Quel homme, à la vue de si grandes merveilles, songe à l'utilité qu'elles nous apportent ? Regardez rouler dans les hauteurs silencieuses du ciel ces astres qui, sous une immobilité apparente, nous dérobent leur inconcevable vitesse ; que de grands effets s'accomplissent dans le cours d'une de ces nuits que vous observez pour distinguer et calculer les jours ! que de choses se passent au milieu de ce silence ! quelle longue série de destinées se déploie dans les limites d'une seule zone ! Et ces mondes, que vous croyez répandus çà et là pour l'ornement, ont chacun leur œuvre à accomplir. Car il ne faut pas vous imaginer qu'il n'y en ait que sept qui marchent, et que le reste soit attaché à la voûte céleste ; notre œil ne peut saisir le mouvement que d'un petit nombre : mais plus loin, dans des espaces inaccessibles à nos regards, d'innombrables dieux vont et reviennent dans l'espace. Et parmi ceux qu'atteignent nos regards, la plupart suivent une marche mystérieuse, et dérobent leurs mouvements à notre intelligence. Quoi donc ! vous*

ne seriez pas émerveillé du spectacle imposant de ce vaste ensemble, quand bien même il n'y aurait pas là ce qui vous fait mouvoir, ce qui vous protège, ce qui vous donne la vie, ce qui vous conserve, ce qui vous anime de son souffle ! » — Sentiment divin... que goûtait Ignace : « *Une partie de son temps il la passait à écrire, l'autre à faire oraison. Et la plus grande consolation qu'il recevait était de regarder le ciel et les étoiles, ce qu'il faisait souvent et pendant longtemps, parce qu'il éprouvait à cette vue une très grande énergie à servir Notre Seigneur.* » — L'immensité est à moi. Quand il n'y aurait que la beauté, celle-ci me serait tout. Je vous aime, étoiles, je vous aime plus que tout au monde ! Ô *mes* étoiles !... — « *Parfois, lorsque tout dort, je m'assieds plein de joie / Sous le dôme étoilé qui sur nos fronts flamboie ; / J'écoute si d'en haut il tombe quelque bruit ; / Et l'heure vainement me frappe de son aile / Quand je contemple, ému, cette fête éternelle / Que le ciel rayonnant donne au monde la nuit ! / Souvent alors j'ai cru que ces soleils de flamme / Dans ce monde endormi n'échauffaient que mon âme ; / Qu'à les comprendre seul j'étais prédestiné ; / Que j'étais, moi, vaine ombre obscure et taciturne, / Le roi mystérieux de la pompe nocturne ; / Que le ciel pour moi seul s'était illuminé !* » — Amour.

* * * * *

Amour. — Soyons jaloux du ciel ! soyons jaloux de celui qu'absorbe l'infini des étoiles ! — « *Quand tu considères les astres, cher Aster, je voudrais être le ciel, pour te voir avec autant d'yeux qu'il y a d'étoiles.* » (Épigramme de Platon rapportée par Laërce.)

* * * * *

Je voudrais, tel Cyrano, attacher « *autour de moi quantité de fioles pleines de rosée* », afin de m'élever et de me trouver « *au-dessus des plus hautes nuées* », et rejoindre la Lune, l'Espace, les Planètes, les Étoiles... Je voudrais croire qu'il y eût des mondes autres que le nôtre, d'autres planètes avec d'autres êtres... « *Quant à moi, bien loin de consentir à l'insolence de ces brutaux, je crois que les planètes sont des mondes autour du soleil, et que les étoiles fixes sont aussi des soleils qui ont des planètes autour d'eux, c'est-à-dire des mondes que nous ne voyons pas d'ici à cause de leur petitesse, et parce que leur lumière empruntée ne saurait venir jusqu'à nous.* » — Je voudrais, tel Fontenelle, croire que rien n'intéressât davantage mes congénères « *que de savoir comment est fait ce monde que nous habitons, s'il y a d'autres mondes semblables, et qui soient habités aussi* » (« *mais après tout, s'inquiète de tout cela qui veut* »). En levant les yeux, on rêve, car « *la vue de toutes ces étoiles semées confusément, et disposées au hasard en mille figures différentes, favorise la rêverie, et un certain désordre de pensées où l'on ne tombe point sans plaisir* ». Hélas ! je me suis aussi « *mis dans la tête que chaque étoile pourrait bien être un monde* ». On ne pourrait « *concevoir que ces grands corps auraient été faits pour n'être point habités, que ce serait là leur condition naturelle, et qu'il y aurait une exception justement en faveur de la terre toute seule* ». Qu'y croie celui qui voudra le croire. « *Enfin tout est vivant, tout est animé ; mettez toutes ces espèces d'animaux nouvellement découvertes, et même toutes celles que l'on conçoit aisément qui sont encore à découvrir, avec celles que l'on a toujours vues, vous trouverez assurément que la terre est bien peuplée, et que la nature y a si libéralement répandu les animaux, qu'elle ne s'est pas mise en peine que l'on en vît seulement la moitié. Croyez-vous qu'après qu'elle a poussé ici sa fécondité jusqu'à l'excès, elle a été pour toutes les autres planètes d'une stérilité à n'y rien produire de vivant ?* » — Ce doit être mon côté mathématicien... qui aime. Fontenelle ne dit-il pas que « *les raisonnements de mathématique sont faits comme l'amour* » ? En effet : « *Vous ne sauriez accorder si peu de chose à un amant que bientôt après il ne faille lui en accorder davantage, et à la fin cela va loin. De même accordez à un mathématicien le moindre principe, il va vous en tirer une conséquence, qu'il faudra que vous lui accordiez aussi, et de cette conséquence encore une autre ; et, malgré vous-même, il vous mène si loin, qu'à peine le pouvez-vous croire.* »

* * * * *

80. — Le monde est indémontrable — Les axiomes ne suffisent pas. — « *Dieu existe puisque l'univers mathématique est cohérent, mais le Diable existe puisque l'on ne peut pas le prouver.* » (André Weil) — D'après Wikipédia, on peut donner une version simplifiée du premier théorème d'incomplétude de Gödel ainsi : « *Dans n'importe quelle théorie récursivement axiomatisable, cohérente et capable de "formaliser l'arithmétique", on peut construire un énoncé arithmétique qui ne peut être ni prouvé ni réfuté dans cette théorie.* » (Je ne m'étendrai pas là-dessus, je l'ai déjà fait. Faisons une dernière fois remarquer la puissance de cette théorie : on peut démontrer qu'un théorème est ou n'est pas démontrable !)

* * * * *

81. — Récurrence — Ou la puissance de la démonstration. — On va prouver que la somme des n premiers entiers impairs est égale au carré de n : $1+3+...+(2n-3)+(2n-1)=n^2$. Pour $n=1$, c'est évident. Supposons que cela soit vrai au rang n. Au rang $n+1$, cela donne : $1+3+...+(2(n+1)-3)+(2(n+1)-1)$, soit : $1+3+...+(2n-1)+(2n+1)$, ou encore : $n^2+(2n+1)$, qui est égal à $(n+1)^2$. Voilà, on l'a démontré pour tout n. Cela marchera *jusqu'à l'infini*... Doutez-vous encore de la puissance des maths ?...

* * * * *

82. — Parabole, hyperbole, ellipse — Il n'y a pas que Jésus qui nous éclaire en parlant en x^2. — Avec une lampe torche, selon que vous éclairerez un mur de face ou sur le côté, vous obtiendrez facilement un cercle, une parabole, une hyperbole ou une ellipse. Ces formes ont de multiples propriétés que nous retrouvons dans la Nature ou que nous utilisons en pratique : les antennes paraboliques, les phares de voitures ou les fours solaires utilisent le fait que tous les rayons parallèles qui atteignent le creux de la parabole convergent, après

réflexion, vers un même point appelé foyer. Pour l'ellipse, tout rayon émis par l'un des deux foyers se dirigera, après réflexion, vers l'autre foyer (phénomène que l'on peut vérifier dans certaines stations de métro à Paris : de chaque côté de la voie, deux usagers peuvent se parler sans élever la voix). Les châteaux d'eau ou les cheminées des centrales nucléaires ont une forme hyperbolique. Cela tient surtout au fait que, pour une quantité de matière faible, ils sont plus solides par rapport à d'autres formes (on peut construire un hyperboloïde à l'aide de segments qui rejoignent chaque base).

* * * * *

83. — Statistiques — Probabilités. — Entrons dans un monde surprenant, souvent contre-intuitif, et splendide…

* * * * *

84. — Fabriquer le hasard ? — Le plus simple générateur de « pseudo-hasard » que je connaisse est le suivant : $x_{n+1} \equiv ax_n + b \pmod{c}$. Pourquoi « *pseudo* » ? Quand bien même vous choisiriez très judicieusement a, b et c, vous retomberez sur les mêmes séries de nombres en attendant le temps qu'il faut (qui peut être très grand). Essayons avec de petit nombres : $a=1$, $b=2$, $c=3$. Commençons avec 4 : $1 \times 4 + 2 \equiv 0 \pmod{3}$; $1 \times 0 + 2 \equiv 2 \pmod{3}$; $1 \times 2 + 2 \equiv 1 \pmod{3}$; et on retombe sur 1… Tout le monde s'apercevra rapidement que cela se répète : 1, 0, 2, 1, 0, 2… Si vous choisissez de grands nombres, vous aurez peut-être des séries qui ne se répèteront qu'après des centaines de générations, et on croira que c'est le « hasard »… — Il existe deux façons de mélanger des cartes : à la française (une main dépose successivement dans l'autre de petits paquets, à gauche, à droite, *etc.*) ou à l'américaine (deux tas égaux se fondent en un seul, chaque carte de l'un se retrouvant sur ou sous une carte de l'autre). À l'américaine, faites deux mélanges extérieurs ou intérieurs parfaits : les cartes semblent déjà bien battues. Mais voici ce qui est remarquable : faites subir exactement huit mélanges extérieurs parfaits à un paquet de cinquante-deux cartes et le paquet reviendra à son état initial ! (Tandis qu'en le battant sept fois imparfaitement, cela conduit au hasard total !)

* * * * *

85. — Fabriquer le chaos ? — Edgar Poe était fasciné par les incommensurables grandeurs que l'esprit commun ne peut imaginer : tailles des astres, distances, *etc*. Non seulement il avait été sur la piste de la réponse à l'antique problème du « *pourquoi la nuit est-elle noire ?* » — mais il avait écrit une série de conférences *Sur la cosmogonie*, (le texte a été perdu). Dans *Eureka*, il avait noté : « *Si je m'avise de déplacer, ne fût-ce que de la trillionième partie d'un pouce, le grain microscopique de poussière posé maintenant sur le bout de mon doigt, quel est le caractère de l'action que j'ai eu la hardiesse de commettre ? J'ai accompli un acte qui ébranle la Lune dans sa marche, qui contraint le Soleil à n'être plus le soleil, et qui altère pour toujours la destinée des innombrables myriades d'étoiles qui roulent et flamboient devant la majesté de leur Créateur.* » — Entre les deux générateurs de nombres suivants, la différence est plus grande qu'il n'y paraît : $x_{n+1} = x_n + 10n$ et $x_{n+1} = x_n \times 10^n$. Comment cela ? Où veux-je en venir ? En prenant la première formule et en partant de deux nombres assez voisins, les écarts à chaque itération ne seront pas énormes, comparés à la seconde formule. Cette dernière ne connaîtra aucune pitié : une petite variation au départ aura une répercussion gigantesque sur les effets (un peu comme l'effet boule de neige : les quelques flocons vont devenir un gros amas). Petite cause : grands effets. C'est également l'effet papillon : un petit battement d'ailes provoquera une tempête à l'autre bout de la Terre (c'est exagéré, mais cela donne une idée). La solution du problème des trois corps réside dans une série infinie qui converge très lentement, ce qui rend impossible tout calcul en un temps fini. La moindre perturbation a des conséquences immenses. C'est la raison pour laquelle vous ne sauriez viser juste en réalisant plus de six ou sept bandes au billard. Les petites variations de direction de la boule lorsqu'elle tape une bande (poussière, irrégularité, spin), additionnées les unes aux autres, impliquent des effets imprévisibles… Citons Poincaré : « *Une cause très petite, qui nous échappe, détermine un effet considérable que nous ne pouvons pas ne pas voir, et alors nous disons que cet effet est dû au hasard.* » — « *Si tu retires un atome de sa place, / L'univers tout entier tombera en ruine.* » (Shabestarî)

* * * * *

86. — Équilibre de Nash — Stratégie. — Tout le monde a, un jour, joué au « *shifumi* » (pierre-feuille-ciseaux). Si vous jouiez contre une machine intelligente, vous ne feriez pas le poids. Elle analyserait votre stratégie, quand bien même vous penseriez n'en pas avoir (on rejoint toute la difficulté de créer du hasard : si vous demandez à plusieurs personnes de remplir au hasard une grille de Loto, ce ne sera pas vraiment un hasard parce qu'elles essaieront inconsciemment de répartir équitablement les croix sur toute la grille, et un grand nombre d'individus auront joué la même combinaison). Ainsi, la machine finirait par vous battre. Le problème, qui découle de la notion d'équilibre de Nash, revient au problème du pénalty : vous faites croire au goal que vous allez tirer à gauche ; le goal voit que vous avez l'intention de tirer à gauche, mais il suppose que vous bluffez et s'attend à ce que vous tiriez à droite ; mais vous, vous pensez qu'il a compris que vous bluffez et vous décidez de tirer à gauche ; de son côté, le goal saisit que vous avez saisi qu'il a saisi, et se dit que finalement vous allez tirer à gauche… *Etc*. (Soit dit en passant, si le goal en face de vous réagit vraiment au hasard, la meilleure stratégie pour marquer le but consiste à tirer vraiment au hasard.) Au shifumi, c'est pareil, sauf que l'adversaire tentera de

découvrir votre stratégie, et plus vous jouerez, plus il affinera ses conclusions. Le théorème du prisonnier évoque à peu près les mêmes principes.

* * * * *

87. — **Le monde est probable** — (Au petit bonheur la chance). — La majorité des probabilités se calcule à l'aide du fameux point d'exclamation, que l'on appelle « *factoriel* ». La définition est : $n! = 1 \times 2 \times 3 \times \ldots \times (n-2) \times (n-1) \times n$. (À l'infini, on a l'équivalence avec la formule de Stirling : $n! \underset{+\infty}{\sim} \sqrt{2\pi n} \left(\dfrac{n}{e}\right)^n$, l'une des plus belles formules qu'il m'ait été donné de voir.) — La probabilité de gagner à l'Euro Millions est : $\dfrac{C_5^5 \times C_2^2}{C_{50}^5 \times C_{11}^2}$, soit 1 chance sur 116531800. Imaginez-vous dans un avion qui survolerait au hasard le territoire regroupant la France et l'Espagne. Vous disposez d'un annuaire contenant tous les noms de tous les habitants des deux pays. Vous choisissez un nom au hasard. Ensuite, vous sautez en parachute : la première personne que vous rencontrez est celle que vous aviez choisie… Croyez-vous que cela soit probable ? C'est à peu près la même probabilité que celle de gagner à l'Euro Millions…

* * * * *

88. — **Le monde est contre-intuitif** — Quelques probabilités inconvenantes ou contrariantes. — Je vais à présent piocher dans les exemples qui « font mal ». — Le paradoxe des 3 portes (ou jeu du Monty Hall). Ce problème est né d'un jeu télévisé où un joueur espère gagner une voiture cachée derrière l'une des trois portes placées devant lui. Après qu'il a choisi une porte, le présentateur qui sait où se trouve la voiture, ouvre une seconde porte (où la voiture n'est pas). Le joueur devrait-il rester sur son premier choix ? changer et aller à l'autre porte non ouverte ? La plupart des candidats se diraient qu'il y a une chance sur deux pour que la voiture fût derrière l'autre porte. De fait, ils ne bougent pas. Erreur ! En restant devant la première porte choisie, ils ont une chance sur trois de récupérer la voiture, tandis que s'ils changent, ils auront deux chances sur trois ! La démonstration occuperait trop de place, mais laissez-moi vous faire comprendre le problème dans ses grandes lignes. S'il y avait un million de portes, le présentateur ouvrirait neuf cent quatre-vingt-dix-neuf mille neuf cent quatre-vingt-dix-huit portes (censées ne pas contenir la voiture) et en laisserait une fermée. Changeriez-vous de position ? Certainement ! — Le paradoxe des anniversaires. Quelle est la probabilité que dans une assemblée de n personnes, au moins deux personnes aient leur anniversaire le même jour ? Il y a 365^n possibilités en tout. Si nous calculons la probabilité que personne n'ait son anniversaire le même jour, cela donne : $A_{365}^n / 365^n$. Celle que l'on recherche est le contraire, soit : $1 - A_{365}^n / 365^n$. En remplaçant n par 23, on trouve 50,7%. Il y a plus d'une chance sur deux que, dans une assemblée de 23 personnes, au moins deux personnes aient leur anniversaire le même jour dans l'année ! Pour 40, la probabilité est déjà de 89,1% ; pour 68, elle est de 99,9%. — En cassant un bout de bois en trois morceaux, quelle est la probabilité de faire un triangle en les rejoignant ? Beaucoup pensent qu'on est sûr de pouvoir faire un triangle. Réponse : une chance sur quatre ! (Ou $\ln(2) - 0,5$ selon la façon d'aborder la chose.) — S'il y a n portemanteaux et que l'on mélange les n manteaux qui y sont accrochés, quelle est la probabilité qu'au moins un manteau se retrouve à l'emplacement initial ? À peu près 63% de chance (si n est suffisamment grand)… Le problème posé est simple : la résolution est en revanche extrêmement compliquée ! (Il faut faire appel à la formule d'inclusion-exclusion de Poincaré.) — Madame Dupont a deux enfants, dont une fille. Quelle est la probabilité pour que l'autre soit un garçon ? Il y a quatre façons d'avoir deux enfants (dans l'ordre) : garçon, puis garçon ; garçon, puis fille ; fille, puis fille ; fille, puis garçon. Dans notre exercice, nous rejetons « *garçon, puis garçon* ». Il reste trois possibilités, dont deux qui sont solutions. Ainsi, la réponse est : 2 chances sur 3 ! — Toujours se méfier de ce que notre cerveau croit percevoir ! C'est comme cette blague : « *Un homme s'est noyé en traversant une rivière de profondeur moyenne de 30cm.* » Si l'on n'a pas d'esprit critique, on ne comprend rien et tout semble aberrant. — Tenez, une autre blague : « *Un statisticien est interpellé par les douanes à l'aéroport. Il transporte une bombe. Il s'explique : "Il y a 1 chance sur 1000 qu'un avion porte une bombe. Je suis rassuré en amenant une : ça ne laissera qu'1 chance sur 1000000 pour qu'il y en ait 2, maintenant."* » — Une dernière, pour la route : « *Un statisticien, un mathématicien et un physicien vont à la chasse au caribou dans le grand nord. Le mathématicien tire et rate le caribou de 3 mètres à droite. Le physicien, tenant compte du vent, tire plus à gauche et rate le caribou de trois mètres à gauche. Le statisticien, à ce moment, saute de joie en criant : "On l'a eu ! On l'a eu !"* »

* * * * *

89. — **Le monde est petit** — Ou la théorie des 6 poignées de main. — La première fois que j'entendis parler de cette théorie, elle impliquait Jacques Chirac. Elle stipulait qu'on n'était à guère plus de six poignées de main de lui. Que cela veut-il dire ? Cela veut dire que l'on a déjà serré la main de quelqu'un qui a serré la main de quelqu'un qui a serré la main de quelqu'un qui a serré la main de quelqu'un qui a serré la main de quelqu'un qui a serré la main de Jacques Chirac. Et ceci vaut pour le monde entier. Si la population compte six milliards d'individus et si, dans notre entourage, trente personnes nous sont très proches, nous sommes tous à 6,6 poignées de main de n'importe qui dans le monde : $\ln(6.10^9)/\ln(30)$. (Ami lecteur, nous ne sommes pas si éloignés que cela…) — Ces considérations démystifient quelque peu l'histoire de l'expression « *le monde est petit* ». Vous allez à New York

et vous croisez votre ancien voisin ? Est-ce extraordinaire ? Pas du tout. — « Quelle coïncidence », entend-on parfois face à un événement étonnant. « Untel est décédé alors que j'ai rêvé de lui cette semaine. C'était un rêve prémonitoire. » Chaque jour contient en puissance son lot d'événements plus ou moins probables. L'exemple qui suit est tiré d'un livre de Rob Eastaway (*Pourquoi les bus arrivent-ils toujours par trois ?*). Prenons le cas d'événements ayant 1 chance sur 1000000 d'arriver (plutôt improbable). Supposons que, dans une journée, il y ait 100 occasions qu'un tel événement survienne. Quelle est la probabilité qu'il ne survienne pas ? $0,999999^{100} \approx 0,9999$. Quelle est maintenant la probabilité qu'il ne survienne pas dans la semaine ? $0,9999^{7} \approx 0,9993$. Et sur une année ? $0,9993^{52} \approx 0,964$. Et sur vingt ans ? $0,964^{20} \approx 0,48$. En résumé, il y a plus d'1 chance sur 2 que survienne, sur une période de 20 ans, un événement ayant 1 chance sur 1000000 de survenir un jour donné ! Où est la coïncidence ? (Je pense à ma mère : elle est née le 18 avril 1955, le jour de la mort d'Einstein ! Quelle coïncidence ! C'est un signe !)

* * * * *

90. — Le monde est normal — Ou pourquoi c'est normal de dire : « C'est normal. » — Ne vous avisez pas de parler de « normalité » en société : il y aura toujours quelqu'un pour vous envoyer chier en disant : « C'est quoi, la normalité ? » Comme si rien ne pouvait être défini comme anormal (ou normal) ! Pourquoi ne pourrions-nous pas comparer les choses à l'aune d'un type standard ? Pourquoi n'y aurait-il pas d'étalon ? Les gens n'aiment pas qu'on les mette dans des cases. Pour répondre à tous ces ignares, il suffit d'étudier la loi normale (ou loi de Laplace-Gauss), la fameuse « courbe en cloche » qui modélise un nombre incalculable de phénomènes, et dont l'équation est $f(x) = \dfrac{1}{\sigma\sqrt{2\pi}} e^{-\frac{1}{2}\left(\frac{x-m}{\sigma}\right)^2}$. — Prenez une pièce de monnaie et lancez-la cent fois. Quelle est la probabilité de faire cinquante « pile » (ou cinquante « face ») ? Pour calculer cette probabilité, on fait appel à la loi binomiale. Dès lors qu'il n'y a que deux issues et que les tirages sont indépendants, celle-ci fonctionne. Cela donne : $P(X=50) \approx 8\%$. Pas facile, n'est-ce pas ? Faire exactement 50-50 est la plus forte probabilité, mais peut-être ferez-vous parfois 49-51 ou 51-49, *etc*. En gros, toutes les 100 fois que vous lancerez 100 fois une pièce de monnaie, vous aurez obtenu 8 fois exactement 50 « pile ». Sous certaines conditions, cette loi binomiale peut être approchée par la loi normale (qui a l'avantage d'avoir une variable aléatoire qui ne prend pas que des valeurs entières). La répartition des tailles des individus ? Une loi normale. La répartition des gens sur une plage ? Une loi normale. Citez-moi n'importe quel phénomène, il y a des chances pour qu'il soit modélisable par une loi normale… Elle est partout. Si je note m la moyenne et σ l'écart-type, je sais que 68% de la population appartient à l'intervalle $[m-\sigma\,;m+\sigma]$, 95% à l'intervalle $[m-2\sigma\,;m+2\sigma]$, et 99% à l'intervalle $[m-3\sigma\,;m+3\sigma]$. On ne peut pas y échapper. Supposons que la moyenne des tailles en France soit de 1,75m et que l'écart-type soit de 0,05m. Alors on peut être sûr que 68% des individus mesurent entre 1,70m et 1,80m, que 95% des individus mesurent entre 1,65m et 1,85m, et que 99% des individus mesurent entre 1,60m et 1,90m. Ainsi, il reste de la place pour les tout petits ou les très grands. Il n'est pas anormal de faire 2,10m puisque 1% de la population fait moins de 1,60m ou plus de 1,90m. Si 10% de la population mesurait plus de 2,10m, là, ce serait anormal (façon de parler). N'en déplaise à certains, nous rentrons tous dans des cases prédéfinies. Nous sommes tous, en moyenne, ce que nous devions être. — Lao-tseu disait déjà : « *Le monde n'a pas de normes, / car le normal peut se faire anormal.* » — Tout est normal.

* * * * *

91. — Le monde est normal — (bis) — Ou pourquoi le normal fait mal — Et pourquoi ne pas discriminer, c'est discriminer. — Les maths ne posent pas de problèmes… (Il n'y a pas de violence. Ou alors seulement quand e^x explose $\ln(x)$…) Voit-on des gens crier dans la rue : « Non aux équations du second degré ! » (De même en philo : « Non à la réduction phénoménologique ! ») — La démagogie et l'hypocrisie dominent le monde. Et à force de tout vouloir « normaliser » (au sens vulgaire), rien n'a plus de valeur. Il n'y a plus de darwinisme. Il faut faire attention à ce que l'on dit. Dans ce sketch de Desproges, il y a plus de bon sens que l'on ne voudrait le croire : « *Mes chers amis, — C'est avant tout en tant que président de l'Association des Non-Handicapés de France que je m'adresse à vous ce soir. — C'est vers vous, les non-vieux, les non-jeunes, les non-chômeurs, les non-femmes, les non-affamés, les non-émigrés, les non-homosexuels, les non-infirmes, les non-mongoliens, c'est vers vous que vont ce soir toutes mes pensées. — Nous formons dans ce pays, mes chers amis, une minorité, certes, mais cette minorité, comme les autres minorités, a le droit de se faire entendre. Et pour cela, nous devons nous unir et montrer au monde que nous existons. Avec nos différences, certes, mais ces différences, les autres doivent, au nom de la solidarité nationale, les reconnaître et les accepter.* » Dans la même veine, il y avait la déclaration de candidature de Coluche à la présidentielle de 1981 : « *J'appelle les fainéants, les crasseux, les drogués, les alcooliques, les pédés, les femmes, les parasites, les jeunes, les vieux, les artistes, les taulards, les gouines, les apprentis, les Noirs, les piétons, les Arabes, les Français, les chevelus, les fous, les travestis, les anciens communistes, les abstentionnistes convaincus, tous ceux qui ne comptent pas pour les hommes politiques à voter pour moi, à s'inscrire dans leurs mairies et à colporter la nouvelle. — Tous ensemble pour leur foutre au cul avec Coluche. — Le seul candidat qui n'a aucune raison de vous mentir !* » — Je me sens seul. Avez-vous déjà fait attention aux « journées mondiales » ? Chaque jour a sa fête, sa commémoration, son hommage. Voici un florilège qui s'étale sur quinze jours seulement (du 1er au 15 février) : Journée internationale du sport féminin, Journée mondiale des zones humides, Journée nationale des DIP, Journée mondiale contre le cancer, Journée mondiale du Nutella, Journée mondiale sans téléphone mobile, Journée internationale contre les mutilations génitales, Journée européenne du 112, Journée européenne de l'épilepsie, Journée mondiale des

malades, Journée mondiale pour un internet plus sûr, Journée internationale des enfants soldats, Journée mondiale de la radio, Journée internationale de sensibilisation aux cardiopathies congénitales, Journée internationale du Syndrome d'Angelman… Sur les centaines de dates, aucune ne me concerne ! Oui, je me sens seul. On m'a oublié. On linéarise tout, on lisse tout. Paradoxalement, en voulant compter tout le monde, on oublie ceux que l'on ne compte pas. Cela devient une hérésie. On ne pense pas à moi, qui suis trop « normal ». Sauf pour les impôts. Les riches les évitent, les pauvres sont aidés. Moi, je paie plein-pot. (Sur les réseaux sociaux circule une anecdote qui est fausse, mais qui s'applique parfaitement à mon propos. Colbert et Mazarin discutent. Ils doivent trouver de l'argent. Ils se proposent de créer un nouvel impôt. Cet impôt ne concernera pas les pauvres, qui sont déjà pauvres, ni les riches, qui font vivre l'économie. Restent ceux qui sont entre les deux…) Dans cette démocratie, je dois subir le poids des autres, je dois suivre leur intérêt. Tout est normalisé. La non-discrimination est la plus horrible des discriminations. Prenons l'affaire de la parité en politique. Il faut, dit-on, qu'il y ait autant d'hommes que de femmes. Que devient cette égalité imposée si l'on se rend compte que 80% des personnes qui font de la politique sont des hommes ? Ce n'est plus du tout égalitaire ! De toute façon, les deux plus gros partis français, qui devraient montrer l'exemple, reçoivent des amendes parce qu'ils ne respectent pas cette règle. (Les seuls à la respecter sont les petits partis. On pourrait les féliciter. Que nenni ! Ils appliquent la règle à la lettre pour survivre : en effet, il y a une belle prime à la clef…) Et que dire de la parité au cinéma ? S'il y a un 20% de noirs, 10% d'hispaniques, il faudra, sur dix acteurs, embaucher deux noirs et un hispanique. N'est-ce pas ridicule ? Derrière tout cela se cache l'hypocrisie. De même, quand on vous dit qu'il faut faire des enfants, ce n'est pas pour les beaux yeux de l'Etat : c'est pour payer les retraites. En parlant de retraites : on la recule sous prétexte que l'espérance de vie augmente. Mais si vous avez dix années de plus à vivre en n'ayant plus toute votre tête, ou si vous êtes dépendant, maintenu en vie par une sonde, où est l'intérêt ? Ce ne sont que des aberrations. Tout comme les lois. Tout ce qui est légal n'est pas forcément juste. Le commandement « Tu ne tueras point » n'est pas une loi universelle. Elle ne vaut que pour éviter que tout le monde s'entretue. De nos jours, on n'a plus le temps de lire les interminables articles qui concernent les conditions d'acceptation de telle ou telle inscription à un service (ouvrir un compte sur Facebook, sur iCloud, *etc*.). L'organisme devant protéger ses arrières dans *tous les cas de figure*, toutes les possibilités sont évoquées. Ce n'est pas pour notre bien, mais pour le leur. Pourquoi y a-t-il des mises en garde pour les femmes enceintes sur les bouteilles d'alcool ? Quelle femme enceinte irait boire de l'alcool ? Cette étiquette ne concerne qu'une infime minorité de personnes : les femmes qui sont assez connes pour boire quand même. Celles-ci ne pourront pas attaquer le fabricant en justice, puisqu'elles auront *été prévenues*. Ce n'est pas pour le bien de ces femmes, mais pour le bien des fabricants. Même chose pour les « fumer tue », les « manger-bouger », les « jouer peut devenir une addiction ». Ce sont les minorités qui dirigent. Comment est fixé le taux d'alcoolémie maximum autorisé ? En se calant sur la personne qui supporte le moins bien l'alcool. Peut-être que 99% de la population supporte très bien d'avoir 0,5g d'alcool par litre de sang. On s'en fout, du moment qu'il reste 1% qui ne le supportera pas. Messieurs et mesdames, les constitutions les plus faibles vous dictent ce que vous devez faire. Il n'y aurait qu'une personne à ne pas supporter ce taux, vous seriez tous concernés. Risque zéro ! Tout le monde au niveau du plus faible ! Il faut s'adapter « anti-darwinement » ! Vous n'êtes pas à l'aise en allant faire vos courses parce que vous avez l'impression que le vigile vous surveille ? Mais pourquoi est-il là ? Parce que *quelques rares* individus sont susceptibles de voler. Et vous morflez pour eux. (De surcroît, dans le montant des produits que vous achetez, une part du salaire du vigile est comprise…) — Il faut tout normaliser, ne choquer personne. Pas de crèche devant les mairies, vous risqueriez d'attirer les foudres des Musulmans. Finis les termes « aveugle », « vieux », « pays pauvre », « noir ». Il faut les remplacer par « non-voyant », « personne du troisième âge », « pays en voie de développement », « personne de couleur ». Un aveugle est une personne comme les autres. Mais à force de nous le seriner, ce sont les personnes comme les autres qui ne sont plus des personnes comme les autres… Terminée, la « Loire-Inférieure » : place à la « Loire-Atlantique » ! Terminé, le « ministère de la Guerre » : place au « ministère de la Défense » ! Adieu, « homme de ménage » : bienvenue, « technicien de surface » ! Adieu, « caissière » : bienvenue, « opératrice » ! — Les meilleurs ne gagnent plus. Les plus faibles règnent. Et en se réunissant, ils gagnent toujours. Que sont les grèves à la SNCF ou à EDF ? Des prises d'otage ! Ils ont raison, les goujats, de ne pas se priver : ils obtiendront « gain de cause », vu qu'ils emmerderont tout le monde. Moi, si je fais grève, tout le monde s'en battra les couilles avec une pelle à tarte. De fait, mon salaire n'augmente pas. — La masse suit la masse. La masse achète les livres qui sont en tête de gondole… — Ah ! je pourrais déblatérer pendant des heures sur tous ces thèmes ! Ce que je dis ne plaira pas aux institutions ! (Eh ! si jamais ce livre est publié et qu'il se trouve des gens qui s'indignent, ses ventes exploseront !) — Un pour tous, tous pour un. — On se fout de votre gueule.

* * * * *

92. — Prédire le passé — (et abuser ou s'abuser, comme d'hab'). — Le 24 octobre 2012, le magazine *Science & Vie* avait écrit, en une : « *La formule qui décrypte le monde.* — *Elle révolutionne toutes les sciences.* » Rien que cela ! Quelle pouvait bien être cette formule ? La formule du théorème de Bayes : $P_B(A) = \dfrac{P(A \cap B)}{P(A \cap B) + P(\overline{A} \cap B)}$, basé sur les probabilités conditionnelle : $P_A(B) = \dfrac{P(A \cap B)}{P(A)}$ (probabilité que B se réalise sachant que A est réalisé). Selon *Science & Vie*, elle intervient dans la compréhension de l'évolution des espèces, de l'origine génétique des maladies, des propriétés de la matière, des catastrophes naturelles, de l'avenir du climat, des secrets du vivant, des mystères de l'univers, et permet de faire le tri parmi les vérités scientifiques… — On oublie souvent l'interdépendance des événements. Que peut-on inférer de l'assertion : « *La grande majorité des délinquants sont noirs ou*

arabes » ? Est-on noir ou arabe si l'on est délinquant ? ou est-on délinquant si l'on est noir ou arabe ? Ce n'est pas la même chose. De même, que doit-on conclure de cette statistique : « *Les trois-quarts des suicidés étaient dépressifs* » ? On pourrait croire que le fait d'être dépressif déboucherait sur le suicide trois fois sur quatre, autrement dit que le suicide concernerait les trois quarts des dépressifs. Certainement pas : il y a beaucoup plus de dépressifs que de suicidés. C'est tout simplement que la population des suicidés contenait plus de dépressifs que les autres populations. — Ce qui est génial, avec le théorème de Bayes, c'est qu'il permet de « prédire le passé ». Un exemple : « Michel range ses chaussettes noires et blanches dans 2 tiroirs. Dans le tiroir n°1, il y a 3 chaussettes noires et 5 blanches. Dans le tiroir n°2, il y a 6 chaussettes noires et 9 blanches. Il prend une chaussette au hasard : elle est blanche. Quelle est la probabilité qu'elle vienne du tiroir n°1 ? » Très souvent, les résultats vont à l'encontre de l'intuition. C'est vraiment un outil ultra puissant. De là à dire que c'est « *la formule qui décrypte le monde* »… (*Science & Vie* aime les titres tape-à-l'œil pour des raisons mercantiles.)

* * * * *

93. — Test du Khi 2 — Le dé est-il truqué ? — χ^2 — Comment déjouer ceux qui se foutent de votre gueule ? En faisant des mathématiques ! En lançant un dé, on obtient : 88 fois 1, 109 fois 2, 107 fois 3, 94 fois 4, 105 fois 5 et 97 fois 6. Le dé est-il truqué ? À l'aide du test du χ^2, vous pouvez être sûr à 95% qu'il ne l'est pas. *Etc.*

* * * * *

94. — Une bien belle démonstration — De la loi binomiale vers la loi de Poisson. — J'ai parlé de la loi normale, qui était une approximation de la loi binomiale. Il y a une autre loi qui approche la loi binomiale : la loi de Poisson, qui s'écrit comme suit : $P(X=k) = e^{-\lambda} \frac{\lambda^k}{k!}$. Le passage de $P(X=k) = C_n^k p^k (1-p)^{n-k}$ à $P(X=k) = e^{-\lambda} \frac{\lambda^k}{k!}$ est très beau. En réécrivant la loi binomiale, on a : $\frac{\lambda^k}{k!} \times \frac{n(n-1)\ldots(n-k+1)}{n^k} \times \left(1-\frac{\lambda}{n}\right)^n \times \left(1-\frac{\lambda}{n}\right)^{-k}$. Or, le deuxième facteur tend vers 1 lorsque n tend vers l'infini, le troisième vers $e^{-\lambda}$, et le quatrième vers 1. CQFD. C'est l'une de mes démonstrations préférées.

* * * * *

95. — Tous au casino ? — Ne vous prenez pas pour un géant. — « *Man can believe the impossible, but can never believe the improbable.* » (Oscar Wilde) — Y a-t-il des techniques pour gagner au casino ? Il existe tout un tas de martingales : la martingale classique, la grande martingale, la Piquemouche, la Whittacker, la pyramide d'Alembert, la contre d'Alembert, le paroli, la martingale américaine, la martingale hollandaise, la Labouchère, la Labouchère inversée… — Vous décidez de miser 1000€ à la roulette et de repartir avec 10€ de plus-value. Vous jouez 10€ sur le rouge. Il tombe, vous gagnez 20€ (c'est bon, cela fait 1010€). Vous perdez, il vous reste 990€. Vous doublez votre mise, soit 20€. Il tombe (c'est bon, vous arrêtez, vous avez 1010€). Vous perdez, il vous reste 970€. *Etc.* Avec cette martingale, vous avez de grandes chances de gagner. Mais cela marche d'autant mieux que la mise de départ est grande et que le gain que vous espérez gagner est petit. (Et je n'ai pas compté le 0 qui fait que la banque gagne à coup sûr et que la probabilité n'est plus de 50-50.) — En fait, il existe une théorie « sûre » : La théorie de l'arrêt optimal (autrement dit : ne pas jouer du tout). C'est le seul moyen de ne pas se faire plumer. Dans l'introduction du « Que sais-je ? » sur *La probabilité, le hasard et la certitude*, Paul Deheuvels explique : « *Nous nous poserons la question que tout joueur se pose, à savoir, s'il est réellement possible d'y gagner de l'argent à l'aide d'un système, ou d'une martingale. La réponse que nous donnerons à cette interrogation sera à peu près la suivante : il est possible, à condition de risquer beaucoup, de gagner peu, avec une quasi certitude, à condition de ne le faire qu'une fois, et de ne jamais recommencer. Nous verrons d'ailleurs que le plus intelligent est encore de ne pas jouer du tout, ce qui se démontre par un raisonnement mathématique sans ambiguïté, mais qui ne dissuadera, sans doute pas, les joueurs les plus passionnés.* » Vous aurez été prévenu ! Mais si vous ne le croyez pas, je ne pourrai pas vous le prouver : les mathématiques en question sont trop ardues. Encore une fois, si vous n'avez aucune connaissance en maths, vous ne comprendrez pas « convenablement » le monde dans lequel vous vivez.

* * * * *

96. — Un coup de dé jamais n'abolira le hasard. — S'il s'agit d'en découdre avec les dés… — Rien de plus simple qu'un jeu de dés… Et pourtant, le grand Emile Borel écrivait : « *Le jeu de pile ou face, dont le principe est si simple, possède un très grand caractère de généralité et conduit, lorsqu'on l'étudie en détail, aux mathématiques les plus élevées.* » — « *C'était le nombre* », nous dit Mallarmé. Existât-il… Commençât-il… et cessât-il… Se chiffrât-il… Illuminât-il… — Ô hasard ! Ce serait le hasard…

* * * * *

97. — **L'expérience de Buffon** — *Ou comment trouver pi grâce à une aiguille.* — On retrouve π un peu partout. Lancez une aiguille sur un parquet et comptez le nombre de fois que celle-ci coupe la jointure entre deux lames. Connaissant la longueur L de l'aiguille et la largeur D d'une lame, Georges-Louis Leclerc de Buffon avait démontré que la probabilité P pour que l'aiguille coupât la jointure est $P=2L/\pi D$. Un certain Wolf, en 1850, s'est amusé à lancer cinq mille fois l'aiguille et a trouvé une approximation de π≈3,1596. — La méthode dite de Monte-Carlo, assez similaire, peut donner une idée de la surface d'une étendue d'eau en comptant la proportion de boulets de canon qui tombent dans l'eau par rapport à celle de ceux qui tombent à côté.

* * * * *

98. — **Se faire piéger par le hasard** — *Ou comment un logarithme fait la morale.* — Si vous lisez un journal ou écoutez une station de radio, vous lirez ou entendrez des nombres. Mais saviez-vous que ces nombres ne contiendront pas dans une même proportion les chiffres allant de 1 à 9 ? Il y aura à peu près 30% de 1, 18% de 2, 12% de 3, *etc*. C'est ce que l'on appelle la loi de Benford, donnée par la formule : $f=\log_{10}(1+1/d)$. Les contrôleurs du fisc utilisent cette technique pour savoir si des comptes ont été falsifiés. Si vous vous amusez à écrire au hasard des résultats d'opérations financières sur une page, il y a peu de chances que vous suiviez une loi de Benford — et vous serez démasqué. Votre hasard n'est pas un pur hasard. Mais alors pourquoi cette irrégularité ? Il semblerait que cela provînt du caractère exponentiel des nombres que nous croisons dans la vie.

* * * * *

99. — **Le dernier souffle de César** — « *Tu quoque mi fili.* » — À son dernier souffle, César expira 1 litre d'air. Si l'on compte 22,4 litres d'air par mole d'air, et sachant qu'il y a $6,02.10^{23}$ molécules par mole, et sachant, en outre, que l'atmosphère terrestre contient 7.10^{21} litres d'air, combien de molécules du dernier souffle de César aspirons-nous en moyenne (en supposant qu'elles sont uniformément réparties dans toute l'atmosphère !) ? Faisons les calculs. César a expulsé $6,02.10^{23}/22,4=2,69.10^{22}$ molécules d'air, ce qui, rapporté au nombre de litres présents dans l'atmosphère, donne une densité de : $2,69.10^{22}/7.10^{21}=3,84$ molécules par litre d'air. À raison d'une inspiration d'un demi-litre, nous ingurgitons à chaque fois environ 2 molécules issues du dernier souffle de César…

* * * * *

100. — **NBA** — *Random Walk Picture of Basketball Scoring.* — Deux mathématiciens, Alan Gabel et S. Redner, ont fait paraître en 2012 une étude portant sur l'analyse de 6087 matches de NBA. Quelques-unes de leurs conclusions sont « étonnantes ». Au-delà de certains aspects évidents, telle la courbe de Gauss représentant le nombre total de points inscrits lors d'une rencontre, j'ai relevé certaines « lois ». La première montre que, pour une équipe en train de perdre, la probabilité de scorer est d'autant plus grande que la différence de points entre elle et l'adversaire est grande (et inversement, pour une équipe en train de gagner, la probabilité de scorer est d'autant plus petite que la différence de points entre elle et l'adversaire est grande). C'est ce que l'on appelle le processus d'Ornstein-Uhlenbeck : tout se passe comme si une force de rappel agissait (qui peut en partie s'expliquer par le fait que l'équipe qui perd franchement n'a plus rien à perdre et que l'équipe qui gagne se relâche). Ensuite, un autre graphique dont l'ordonnée est logarithmique, nous fait voir une parfaite droite décroissante représentant la probabilité de marquer x points d'affilée pour l'une des deux équipes. Mon graphique préféré montre la variance dans la différence de score en fonction de la durée du match : nous observons une pure droite jusqu'à deux minutes trente de la fin. Autrement dit, deux équipes sont, en moyenne, au coude-à-coude presque tout le match et *tout se joue dans les 150 dernières secondes*, ce qui signifie clairement qu'un match n'est jamais joué avant les 150 dernière secondes (et qu'on pourrait vaquer à d'autres occupations pendant ce temps-là). C'est triste, mais c'est comme ça. Dans deux autres graphiques, la loi arc sinus montre fièrement son nez, l'un pour le pourcentage de victoires en fonction du rang dans le classement, qui est linéaire pour les trois-quarts des équipes du milieu de classement, et courbé pour les tout premiers et les tout derniers, l'autre pour la probabilité de mener au score durant un temps déterminé (qui est exactement la courbe de la densité de probabilité d'arc sinus : ou bien une équipe mène presque tout le match, ou bien le score est très serré). Ce second graphique est nuancé par un autre qui montre la probabilité de changement de leader au cours d'un match : il y a peu de chances d'en voir beaucoup. Tout ceci fait penser au théorème du scrutin, qui s'énonce ainsi : Si deux candidats risquent de recevoir à peu près le même nombre d'intentions de votes, la probabilité, lors du dépouillement, pour que l'un des deux soit en tête plus des trois quarts du temps est de 67%. Ainsi, si l'un des deux candidats commence à prendre la tête, il y a peu de chances qu'il se fasse rattraper. C'est la même chose lors d'un match de basket entre deux équipes de niveau à peu près équivalent. Tout ceci découle des théories mathématiques sur les marches aléatoires. Imaginez que vous lanciez une pièce de monnaie : vous comptez +1 si c'est face, −1 si c'est pile. Une fois que le jeu a commencé, vous resterez avec une forte probabilité du côté des nombres positifs (ou négatifs). Suis-je en train de dire qu'un match de basket se joue à pile ou face ? Quasiment. Non seulement il se joue à pile ou face, mais seules les deux dernières minutes déterminent le vainqueur…

* * * * *

101. — **La vie de tous les jours.** — Les maths nous envahissent…

102. — Vous utilisez des grosses formules tous les jours. — Qui, *quotidiennement*, ne va pas faire un tour sur Google ? Qui sait comment fonctionne un moteur de recherche ? Google utilise un algorithme (nommé « *Page-Rank* ») qui calcule d'énormes matrices stochastiques. Les outils en jeu sont du type : $\|w_1\| = \sum_{j=1}^{n} a_j v_j = \left| \sum_{j=1}^{n} a_j v_j \right| \leq \sum_{j=1}^{n} |a_j| \|v_j\| \leq ...$ — On possède tous un ordinateur. Les Anglais disent : « *computer* », qui vient du latin « *computare* » : « *calculer* ».

* * * * *

103. — L'impact des formules. — Est-il besoin de rappeler les conséquences d'une si petite formule : E=mc² ? Mais connaissez-vous les conséquences de celle-ci, plus costaude en apparence : $\frac{\partial P(r,t)}{\partial t} + \frac{\partial P(r,t)}{\partial r} = -\mu(r,t)P(r,t) + W(r,t)$? Évidemment, non. Dès lors que cela devient un peu trop abstrait, personne ne répond plus présent. Merci à Dieu d'avoir conçu un monde en partie basé sur des formules compréhensibles par un gamin de six ans. Sinon, personne ne comprendrait rien à rien. Il est si facile de se cantonner à la facilité… Bref. La dernière formule a été développée par un Chinois : Song Jian. Elle est à l'origine de la décision du gouvernement chinois de mener sa politique de l'enfant unique pour contrôler la démographie du pays. Sans cette politique, la Terre serait aujourd'hui dans un grand pétrin : les Chinois eussent été beaucoup trop nombreux. Les Occidentaux voient cette initiative d'un mauvais œil, la considérant souvent comme abjecte (mais ils ne font pas un seul effort de réflexion). Il n'en va pas ainsi pour les Chinois : ils en sont fiers. Tout est différence de point de vue.

* * * * *

104. — Le monde est peu vulgarisable — Ou l'art du vulgaire de parler quand il n'y connaît rien. — « *Les règles de grammaire sont simplement humaines : de là vient que le diable même parle un mauvais latin quand il sort des possédés.* » (Lichtenberg) — Certes, il sera difficile de faire comprendre au premier venu une leçon sur les paramètres de Langlands et la cohomologie des champs de G-chtoucas. Chacun dans sa spécialité. Mais alors pourquoi, sous prétexte que tout le monde a un téléphone portable, le premier venu se sent capable de déclamer : « Mon cpu 1.6 GHz quad-core ARM Cortex-A15 a un meilleur GFXBench 3.0 que ton 1.3 GHz dual-core (64-bit) » ? (Je vise ici les guéguerres entre pro Apple et pro Samsung, très à la mode aujourd'hui.) Tous ces gens-là parlent de choses qu'ils ne connaissent absolument pas. À les entendre, on jurerait qu'envoyer une sonde sur Vénus est une formalité ! Ah ! la vilaine bête gonflée d'orgueil qu'est l'homme ! (Avec la prolifération des tribunes libres sur Internet, chacun peut hargneusement (et sans risque, ô les lâches) ajouter son grain de sel… Quelle horreur ! L'opinion qui se déverse en torrents… L'imbécillité qui attaque tel un virus…) Hilbert citait Gergonne : « *Une théorie mathématique ne doit être regardée comme parfaite que si elle a été rendue tellement claire qu'on puisse la faire comprendre au premier individu rencontré dans la rue.* » Bon courage !

* * * * *

105. — Le monde n'est pas pour tout le monde — (il est pour les têtes d'ampoule). — Je renvoie à ma logorrhée sur les puissances active et réactive en électricité…

* * * * *

106. — Le monde est rigolo — Ou comment rajeunir, s'alourdir et rapetisser en courant vers le centre de la Terre. — Je renvoie à mon autre logorrhée sur la théorie de la relativité…

* * * * *

107. — Le cosinus hyperbolique — La chaînette en or est brillante. — Suspendez une chaîne entre vos mains. Contrairement à ce que l'on pourrait penser, ce n'est pas une parabole, mais un cosinus hyperbolique : $\cosh(x)=(e^x+e^{-x})/2$. Encore la fonction exponentielle ! Quand, par exemple, les ingénieurs construisent un téléphérique, ils doivent tenir compte de tous ces petits e… — Pourquoi le terme « *cosinus* » ? En raison de la belle formule d'Euler : $\cos(x)=(e^{ix}+e^{-ix})/2$. On y remarque la présence du nombre imaginaire i. Que le cosinus, si réel, soit défini par un nombre qui n'existe pas, voilà qui est sensationnel, n'est-ce pas !

* * * * *

108. — **La clothoïde** — *Ou comment conduire confortablement.* — Cette courbe paramétrée s'écrit :
$\begin{cases} x(s) = a\int_0^s \cos t^2 dt \\ y(s) = a\int_0^s \sin t^2 dt \end{cases}$. Cela pique les yeux du non-initié. La propriété la plus importante de cette clothoïde est qu'elle suit « *une trajectoire qui, parcourue à vitesse constante, est telle que sa courbure varie linéairement* ». Elle permet, à vitesse constante, de tourner le volant d'une automobile progressivement, car la force centrifuge varie linéairement. C'est pourquoi on la retrouve pour les routes (échangeurs), les voies ferrées, les montagnes russes… Prendre un virage selon un arc de cercle serait plus violent et moins confortable.

* * * * *

109. — **Orthodromie, loxodromie** — *Ou pourquoi le chemin le plus court ne semble pas être le plus court.* — L'inégalité de Minkowski (AC≤AB+BC) serait-elle mise en défaut ? — Vous prenez l'avion pour aller de Paris à New York. Vous observez le paysage. Tout d'un coup, vous voyez au loin l'Alaska. Que se passe-t-il ? Et New York ? Sur la carte (en projection de Mercator classique), vous voyez bien que l'on ne devrait pas apercevoir l'Alaska. Eh bien, vous vous trompez. Si vous aviez regardé la carte en projection gnomonique (basée sur le pôle Nord), et si vous aviez tracé un trait, vous auriez compris que le chemin le plus court pour aller vers New York est celui qui se dirige vers l'Alaska. Il faut prendre la route orthodromique et non la route loxodromique. En effet, en voyageant sur une sphère, le chemin le plus court est celui qui relie les deux points selon un arc du grand cercle (qui fait le tour de la Terre, et dont le diamètre, par conséquent, est celui de la Terre).

* * * * *

110. — **Calcul différentiel** — *Ça ondule avec Fourier* — *Le passage à l'acte.* — Je n'en ai pas fini avec l'acte sexuel décrit plus haut. Ici, il ne s'agira plus de série de Fourier, mais d'équation différentielle du deuxième ordre : $ay'' + by' + cy = d$. Dans cette équation sont reliées la position y, la vitesse y' (dérivée) et l'accélération y'' (dérivée de la dérivée). Selon la valeur du discriminant de l'équation caractéristique, il y aura trois solutions possibles : $y(x) = \lambda e^{r_1 x} + \mu e^{r_2 x}$ ou $y(x) = (\lambda x + \mu) e^{r x}$ ou $y(x) = [\lambda \cos(\beta x) + \mu \sin(\beta x)] e^{\alpha x}$. Prenons un point situé sur le sexe d'un homme : celui-ci a une position, une vitesse et une accélération. Pour décrire son mouvement, on doit résoudre une équation différentielle du deuxième ordre. Il vaudrait mieux pour cet homme que la solution ne fût pas l'une des deux premières exposées ci-dessus : en gros, cela voudrait dire que l'acte se terminera très rapidement (éjaculation précoce). En revanche, la troisième est « parfaite » : si $\alpha = 0$, son mouvement sera une belle sinusoïde, bien représentative d'un acte sexuel normal. Mais le plus rigolo, c'est que cette solution-là, la meilleure, ne peut être trouvée qu'en faisant appel au nombre imaginaire puisque le discriminant de l'équation caractéristique est strictement inférieur à zéro ! Encore ce nombre qui n'est pas censé exister ! La puissance de l'imaginaire lorsque l'on s'ébat !... Je trouve la morale de cette histoire amusante !

* * * * *

111. — **Les lynx mangent les lapins** — *Et les lapins ne nourrissent plus les lynx.* — Il y a deux siècles, le modèle de l'évolution de la population selon Malthus était décrit par une équation différentielle. (Aujourd'hui, on lui préfère plutôt le modèle de Verhulst (fonction logistique), en forme de S (sigmoïde).) — Les équations différentielles sont également utilisées pour décrire l'évolution d'un écosystème. On utilise pour cela les équations de Lotka-Volterra (modèle proie-prédateur). Imaginez les lynx et des lapins évoluant dans un système fermé. Les lynx mangeront les lapins. Mais s'ils mangent trop de lapins, ces derniers vont manquer, et les lynx ne disposeront plus d'assez de nourriture. Leur population va baisser, tandis que celle des lapins va augmenter par manque de prédateurs. Et le cycle se poursuit lorsqu'il est en équilibre. Changez une variable, ne serait-ce que d'une virgule, et le cycle peut se briser et mener à l'extinction de l'une des deux espèces (et, logiquement, l'autre). — C'est l'homme qui est responsable des changements de tout écosystème. S'il continue de s'en mêler, il n'y aura plus d'espèces végétales et animales… et plus d'hommes. Si vous voulez avoir froid dans le dos, allez jeter un œil à la liste rouge des espèce menacées (« *The IUCN Red List of Threatened Species* »). Combien d'espèces déjà éteintes ! combien sur le point de s'éteindre ! Tout ça à cause de l'homme… Éradiquez les abeilles — et vous vous condamnerez… — On épuise le monde, qui nous épuisera. — L'homme attend d'être au pied du mur, quand il sera définitivement trop tard. Cela n'aura pas été faute de le prévenir ! Dans *Les Indes noires*, publié en 1877, Jules Verne imaginait ce dialogue : « *Sans doute, Harry, mais il faut avouer, cependant, que la nature s'est montrée prévoyante en formant notre sphéroïde plus principalement de grès, de calcaire, de granit, que le feu ne peut consumer !* — *Voulez-vous dire, monsieur Starr, que les humains auraient fini par brûler leur globe ?...* — *Oui ! Tout entier, mon garçon, répondit l'ingénieur. La terre aurait passé jusqu'au dernier morceau dans les fourneaux des locomotives, des locomobiles, des steamers, des usines à gaz, et, certainement, c'est ainsi que notre monde eût fini un beau jour !* » Il y a plus de cent ans, Jack London, dans de nombreux essais (*L'humanité en marche*, *Le sel de la terre*, etc.), se révélait lui aussi visionnaire en essayant d'alarmer à ce sujet et en renvoyant à Malthus. Le pessimisme ne paie pas.

* * * * *

112. — La calculatrice — De l'usage de la calto — À quoi ça sert ? — Dès qu'il y a un petit calcul tout bête, chacun prend sa calculatrice pour suppléer au cerveau frileux (ça lui coûte trop d'efforts). J'ai toujours dit que s'il y avait bien une matière pour laquelle il ne sert à rien d'avoir recours à une calculatrice, c'étaient les mathématiques. Lao-tseu faisait remarquer : « *Calculer bien, c'est calculer sans avoir recours ni aux baguettes ni aux tablettes.* » — Mes élèves sont friands de la calculatrice : ils se reposent sur elle, s'en servent comme d'une béquille absolue. Alors, exaspéré, je leur lis ce passage de Pascal en les comparant à l'« *ignorant* » : « *[…] j'expose au public une petite machine de mon invention, par le moyen de laquelle seul tu pourras, sans peine quelconque, faire toutes les opérations de l'arithmétique, et te soulager du travail qui t'a souvent fatigué l'esprit lorsque tu as opéré par le jeton ou par la plume. — […] le plus ignorant y trouve autant d'avantage que le plus expérimenté : l'instrument supplée au défaut de l'ignorance ou du peu d'habitude, et, par des mouvements nécessaires, il fait lui seul, sans même l'intention de celui qui s'en sert, tous les abrégés possibles à la nature, et à toutes les fois que les nombres s'y trouvent disposés.* »

* * * * *

113. — Le monde est compliqué — Ou la simplicité au placard. — Parfois, la calculatrice (du moins, l'ordinateur) est indispensable. C'est le cas pour le théorème des quatre couleurs. Est-il possible, en n'utilisant que quatre couleurs différentes, de colorier une carte sans que deux régions ayant une frontière en commun ne soient de la même couleur ? Ce théorème fut démontré en 1976 par Appel et Haken. Après avoir trouvé les 1478 configurations inévitables, ils ont lancé les calculs sur un ordinateur pour vérifier que cela marchait bien : cela a nécessité 1200 heures de calculs ! C'était le seul moyen de démontrer le théorème. En 1997, Robertson a simplifié le problème en le circonscrivant à 644 configurations. Cela n'en demanda pas moins d'énormes calculs… — Ce cas n'est pas isolé. La démonstration de la conjecture de Kepler, par exemple, en 2014, a également eu recours à l'informatique. (Cette conjecture pourrait être appelée : optimisation du tas d'oranges. Comment arranger les oranges pour que le tas comporte le moins d'espaces vides ? La réponse est celle qui est utilisée par la plupart des marchands d'oranges : on colle trois oranges en triangle et on en pose une autre dans le creux. On démontre que la densité atteinte, qui est maximale, vaut environ 74%.)

* * * * *

114. — Nombres complexes — Le monde n'existe pas. — Le nombre imaginaire i est tel que $i^2=-1$ (on peut simplifier en disant : $i=\sqrt{-1}$). Ce nombre n'existe pas. Cependant, on le croise à tous les coins de rue des sciences. Sans lui, les calculs seraient beaucoup plus compliqués. Il inspire le respect. Le grand Gauss avait lui-même avoué : « *Le vrai sens de $\sqrt{-1}$ se révèle vivement devant mon âme, mais il sera très difficile de l'exprimer en mots, qui ne peuvent donner qu'une image suspendue dans l'air.* » Et Leibniz considérait les nombres complexes (qui ont une partie réelle et une partie imaginaire : $z=a+ib$) comme « *des monstres du monde des idées* », des entités « *presque amphibies entre l'être et le non-être* » (« *analyseos miraculo, idealis mondi monstro, pene inter Ens et non Ens amphibium quo radicem imaginariam apellamus* »). — Les quaternions sont une forme plus élaborée des nombres complexes. Ils s'écrivent : $Q=a1+bi+cj+dk$, avec $i^2=j^2=k^2=ijk=-1$. Ils sont omniprésents dans la conception de jeux vidéo utilisant un moteur 3D. (Un concepteur de jeux vidéo doit avoir de très bonnes connaissances en informatique *et* en mathématiques.)

* * * * *

115. — La plus belle formule du monde. — De l'avis de la majorité des mathématiciens, la plus belle formule est celle qui relie le nombre d'Euler, le nombre imaginaire, pi et l'unité : $e^{i\pi}=-1$. Si vous aussi vous la trouvez belle par-dessus tout, vous êtes sur la bonne voie ! Sinon, je baisserai la tête en citant Pessoa : « *Le binôme de Newton est aussi beau que la Vénus de Milo. / Le hic, c'est que peu de gens sont à même de s'en rendre compte.* »

* * * * *

116. — Physique — Le monde n'est jamais fini. — On passe de paradigme en paradigme : Newton avait raison (à son échelle), Einstein a raison (jusqu'à quand ?). La science doit aussi nous apprendre l'humilité. Rien n'est sûr dans notre bas-monde…

* * * * *

117. — Galilée et l'isochronisme. — Du haut de la tour de Pise (selon la légende), Galilée avait montré que deux corps de masses différents atteignaient le sol en même temps. (Combien de gens, aujourd'hui, croient encore que le plus « lourd » arrivera le premier ? Je ne dis pas ça sans preuve : une bonne partie de mes élèves — à qui je soumets pour la première fois ce problème — le pense.) La chute du corps ne dépend que de son accélération, qui est égale à l'accélération de la pesanteur, qui est constante. — Mais ce n'est pas de cela que je veux parler. Galilée avait démontré que, pour petites oscillations, la période d'un pendule est : $T=2\pi(l/g)^{0,5}$. Malheureusement, cela ne marche plus si l'angle de départ avec la verticale est trop grand. Huygens allait remédier à cela et, par la même occasion, donner naissance à des horloges précises. C'est en s'intéressant à la cycloïde qu'il y parvint. (La cycloïde est la courbe que dessinerait un réflecteur non loin du pneu d'un vélo qui roule. Cela forme des arches.) Quand vous lâcher une bille en haut d'une rampe droite, elle arrive en bas en x secondes. C'est la plus

rapide, mais il existe un autre chemin brachistochrone (pour y arriver aussi rapidement) : il faut lâcher la bille sur un arc de cycloïde qui relie le point de départ et le point d'arrivée (courbe isochrone : le corps tombe à vitesse constante). En se basant sur cette propriété et en construisant la développée de la cycloïde, Huygens parvint à fabriquer un pendule dont la période est constante et que l'on peut lâcher d'où l'on veut… (En fait, le fil du pendule vient buter contre cette développée.)

* * * * *

118. — **Le poids de l'ὀργασμός** — **Ou comment Bernoulli réjouit.** — En dynamique des fluides, l'état d'un fluide entre deux points 1 et 2 est décrit par la formule de Bernoulli : $v_1^2/2g+p_1/\varrho g+z_1+H_{pompe}=v_2^2/2g+p_2/\varrho g+z_2+\sum h_i$. Je n'entrerai pas dans les détails de cette formule. Je me suis amusé, un jour, à *calculer la masse de l'orgasme*. « Quoi ! » vous écriez-vous. « Qu'est-ce qu'il nous raconte là ? » En simplifiant (pas de pompe, pas de pertes de charge) : $H_{pompe}\approx\sum h_i\approx 0$, ce qui nous ramène à : $p_1=p_{atm}+\varrho gh+\varrho v_2^2/2$. En prenant $\varrho\approx 1000$ kg.m^{-3} comme masse volumique du sperme, $h\approx 0,20$m comme hauteur (du point le plus bas du sexe au plus haut), $p_{atm}=10^5$Pa comme pression atmosphérique, $v_2\approx 10$m.s^{-1} comme vitesse d'éjaculation du sperme, $d=0,005$m comme diamètre de l'urètre, $g\approx 10$m.s^{-2} comme intensité de la pesanteur, et en utilisant la relation entre la pression, le poids et la surface ($P=p_1\times S$), j'obtiens : $m\approx P/g\approx 30$g. L'orgasme est équivalent à 30 grammes. Cela revient à dire que l'éjaculation a lieu en apposant virtuellement une masse de 30 grammes en bas du sexe. Vous appuyez — et pschitt ! — Lorsque je discute de ça avec mes élèves, je ne manque pas de leur apprendre qui était le dieu Priape… (Farfelus, mes cours ?... Antiacadémiques, plutôt. « *Qui peut extraire une vérité neuve d'un savoir ancien a qualité pour enseigner* », disait Confucius.)

* * * * *

119. — **La forme idéale d'une maison performante** — **Ou le syndrome de la goutte d'eau.** — La Nature veut dépenser le moins d'énergie possible. C'est le principe de moindre action : la Nature fait tout pour s'économiser. — Observations : la surface libre de l'eau dans un tube forme un ménisque près des bords ; les poils d'un pinceau sec se rassemblent lorsqu'ils sont mouillés ; une aiguille fine en acier flotte à la surface de l'eau ; l'eau monte dans un capillaire alors que le mercure descend ; une plaque de verre adhère très fortement à une surface plane lorsque celle-ci est mouillée ; une lame de savon prend une forme telle que sa surface soit minimale ; le gerris marche sur l'eau… Conclusions : la surface libre d'un liquide tend à se contracter spontanément de façon à acquérir une aire minimale (la surface d'un liquide se comporte un peu comme la membrane tendue d'un ballon). Chaque élément du liquide est attiré par les autres, mais ceci n'est pas compensé à la surface (d'où une tension). Ce phénomène de tension superficielle est à l'origine de la forme ronde des gouttes d'eau. Pour un volume donné, la surface la plus petite est celle d'une sphère (c'est ce que l'on appelle « *isopérimétrie* »). Ainsi est faite dame Nature. Ainsi en a voulu Dieu. Par conséquent, la maison qui offre le moins de surface avec l'extérieur, et minimise les déperditions thermiques, est une maison ronde.

* * * * *

120. — **Si nous étions des souris…** — **Longueur, surface, volume.** — J'ai appris l'anecdote suivante en écoutant Roland Lehoucq qui se proposait d'évaluer la cohérence scientifique du film *Chérie, j'ai rétréci les gosses*. Voici les données : Nous mangeons surtout pour compenser les pertes thermiques avec le milieu ambiant (proportionnelles à la surface). L'énergie nécessaire à maintenir la température interne est produite par une activité métabolique qui occupe le volume du corps. Or, nous sommes vingt fois plus grands qu'une souris… et quatre cents fois plus surfaciques… et huit mille fois plus volumiques… — Il faudrait par conséquent que nous passassions notre vie à manger pour compenser les pertes thermiques…

* * * * *

121. — **Le monde est irréversible** — **Le chaud aime le froid, et puis c'est comme ça.** — Dieu l'a voulu ainsi de ce côté-là également : le chaud va vers le froid. De plus, l'énergie se dégrade (et ça fait désordre !). — Je n'en dirai pas davantage. J'ai consacré un paragraphe à l'entropie plus haut.

* * * * *

122. — **Le monde est incertain** — « *Ô lumière ! ô nuage ! ô profondeur horrible ! / Que suis-je ? où suis-je ? où vais-je ? et d'où suis-je tiré ?* » — Qu'est-ce que le principe d'incertitude de Heisenberg (ou principe d'indétermination) ? C'est : $\Delta A.\Delta B \geq \frac{1}{2}\left|\left\langle\left[\hat{A},\hat{B}\right]\right\rangle_\gamma\right|$. Autrement dit : on ne peut pas connaître simultanément la position et la vitesse d'une particule donnée. Pour faire comprendre cela à l'aide d'une image très vulgaire, la situation est la suivante : quand vous observez un avion dans le ciel, le fait que vous l'observiez ne modifie pas son comportement. Dans l'infiniment petit, les choses ne se passent pas ainsi : si vous observez une particule, vous modifiez son comportement. Vous ne pouvez pas observer la particule telle qu'elle serait si vous ne l'observiez pas… Cela rejoint un peu la notion de « presque sûrement » en théorie des probabilités. — Le monde nous échappe.

* * * * *

123. — Quand le chat est mort ou vivant. — C'est le problème imaginé par Schrödinger. Sur Wikipédia, je lis : « *Un chat est enfermé dans une boîte avec un flacon de gaz mortel et une source radioactive. Si un compteur Geiger détecte un certain seuil de radiations, le flacon est brisé et le chat meurt. Selon l'interprétation de Copenhague, le chat est à la fois vivant et mort. Pourtant, si nous ouvrons la boîte, nous pourrons observer que le chat est soit mort, soit vivant.* » Mis sous équation : $(1/\sqrt{2}).(|\text{mort}\rangle + |\text{vivant}\rangle)$. — Je suis vivant — et vous êtes morts.

* * * * *

(*Le théorème de Pythagore ou de Thalès ? — D'un côté, l'hypoténuse, de l'autre, les parallèles. Les mathématiques, au début, c'était dénombrer avec des cailloux, de la petite arithmétique avec des quotients et parfois des nombres irrationnels. Après, il y a eu les figures, les segments, les polygones (pentagone, hexagone, etc.), les cylindres, et les barycentres. Puis, on a construit des courbes dans des repères avec les abscisses et les ordonnées. Ah ! les ellipses, les sinusoïdes, les polynômes ! Les symétries des fonctions paires, impaires ! Il y a eu l'infini et ses asymptotes, la fonction exponentielle qui éclate la fonction logarithme. Puis le calcul différentiel, les dérivées et les coefficients directeurs des tangentes, les intégrales et les aires. Puis les probabilités et ses lois. On factorise, on développe, on cherche le discriminant. — Les maths existent-elles ou ne sont-elles qu'une hypothèse ?*)

* * * * *

Le but des mathématiques est de nous montrer un chemin (quand ce n'est pas *le* chemin). *Où* le chemin nous mène importe peu. La morale des mathématiques est un peu la morale de mon livre. *La Perte de Sens (entre parenthèses)*, tout en racontant l'histoire de la Perte, met celle-ci entre parenthèses. Tout ce que j'écris est entre parenthèses. Ce qu'il y a au-delà des parenthèses ne m'attire pas. — La perte d'intérêt ne l'est plus quand on connaît l'intérêt de la perte. — « *Bienheureux celui, qui ayant appris à triompher de toutes les passions, met son énergie dans l'accomplissement des tâches qu'imposent la vie sans s'inquiéter du résultat* », écrivait Beethoven. « *Le but de ton effort doit être l'action, et non ce qu'elle donnera. Ne sois pas de ceux qui, pour agir, ont besoin de ce stimulant : l'espoir de la récompense. Ne laisse pas tes jours dans l'oisiveté. Sois laborieux, accomplis ton devoir, sans te soucier du résultat bon ou mauvais ; cette indifférence ramènera ton attention vers les considérations spirituelles. Cherche un refuge dans la sagesse seule, car s'attacher aux résultats est cause de malheur et de misère. Le vrai sage ne s'occupe pas de ce qui est bon ou mauvais dans ce monde. Raisonne toujours dans ce sens : c'est le secret de la vie.* »

« *Ó vertu ! Science sublime des âmes simples, faut-il donc tant de peines et d'appareil pour te connoître ? Tes principes ne sont-ils pas gravés dans tous les cœurs, & ne suffit-il pas pour apprendre tes Loix de rentrer en soi-même & d'écouter la voix de sa conscience dans le silence des passions ? Voilà la véritable Philosophie, sachons nous en contenter ; & sans envier la gloire de ces hommes célèbres qui s'immortalisent dans la République des Lettres, tâchons de mettre entre eux & nous cette distinction glorieuse qu'on remarquoit jadis entre deux grands Peuples ; que l'un savoit bien dire, & l'autre bien faire.* »

Jean-Jacques Rousseau, *Discours sur les sciences et les arts*

Sagesse

« *Was wär ich ohne dich gewesen ?*
Was würd' ich ohne dich nicht seyn ?
Zu Furcht und Aengsten auserlesen,
Ständ' ich in weiter Welt allein.
Nichts wüßt' ich sicher, was ich liebte,
Die Zukunft wär ein dunkler Schlund ;
Und wenn mein Herz sich tief betrübte,
Wem thät' ich meine Sorge kund ?

Einsam verzehrt von Lieb' und Sehnen,
Erschien' mir nächtlich jeder Tag ;
Ich folgte nur mit heißen Thränen
Dem wilden Lauf des Lebens nach.
Ich fände Unruh im Getümmel,
Und hoffnungslosen Gram zu Haus.
Wer hielte ohne Freund im Himmel,
Wer hielte da auf Erden aus ?

[...]

Das Leben wird zur Liebesstunde,
Die ganze Welt sprüht Lieb' und Lust.
Ein heilend Kraut wächst jeder Wunde,
Und frey und voll klopft jede Brust.
Für alle seine tausend Gaben
Bleib' ich sein demuthvolles Kind,
Gewiß ihn unter uns zu haben,
Wenn zwey auch nur versammelt sind.

[...]

Da kam ein Heiland, ein Befreyer,
Ein Menschensohn, voll Lieb' und Macht
Und hat ein allbelebend Feuer
In unserm Innern angefacht.
Nun sahn wir erst den Himmel offen
Als unser altes Vaterland,
Wir konnten glauben nun und hoffen.
Und fühlten uns mit Gott verwandt. »

(« *Sans Toi, qu'aurait été ma vie,*
Et sans Toi que me serait-elle ?
Tout seul au monde, abandonné,
J'y vivrais d'angoisse et d'effrois.
Rien à aimer qui me soit sûr ;
Comme avenir, un grand trou noir.
Et quand mon cœur serait en peine
À qui dirais-je mon chagrin ?

Rongé d'amour, et triste, et seul,
Les jours, pour moi, seraient des nuits ;
Je ne suivrais que dans les pleurs
Le cours brutal de l'existence,
Trop bousculé dans la cohue,
Chez moi, désespérément seul.
Qui tiendrait sans ami au ciel,

Qui donc pourrait tenir sur terre ?

[...]

La vie est là, toute en heures d'amour ;
C'est un chant d'amour que dit l'univers.
Pour chaque mal, croît l'herbe qui guérit,
Et tous les cœurs, libres enfin, respirent.
Pour le don de Ses mille grâces,
Je reste Son très humble enfant
Assuré qu'Il est là toujours
Où l'on s'assemble, fût-ce à deux.

[...]

Un Sauveur nous vint, un Libérateur
Plein de force et d'amour, un Fils de l'Homme
Qui fit flamber en notre sein
Un feu tout vivificateur.
Alors nous le vîmes s'ouvrir,
Le ciel, notre ancienne patrie,
Et nous avons pu croire et espérer,
Nous sentir avec Dieu apparentés. »)

Novalis, *Geistliche Lieder*

INRI. — Matthias Grünewald te peignit les doigts crispés vers le ciel, les pieds recroquevillés. La couronne d'épines te fait-elle mal ? Ô croix révélée par le corps maigre ! Ô saintes pleureuses, priez pour lui ! — Mihály Munkácsy fait retirer l'échelle, mais tu regardes vers le très-haut, pour grimper plus loin. — Il y a le terrestre et il y a l'extraterrestre. — « *Vivez sur la terre comme un voyageur et un étranger à qui les choses du monde ne sont rien* », nous dit *L'Imitation de Jésus-Christ*. — Tout se passe ici, au-dessus du ciel, dans l'infini de la sagesse. — « *[La sagesse] est, en effet, plus belle que le soleil, elle surpasse toutes les constellations, comparée à la lumière, elle l'emporte.* » (*Sag 5,13*)

* * * * *

Je ne suis d'aucune obédience, si ce n'est celle du Ciel, c'est-à-dire de la Nature. Le monde dans lequel je vis fait partie de la Nature : il peut bien être misérable, il n'en garde pas moins son caractère divin. « *Souvent, le monde intime est vu clos, nuageux, / L'esprit de l'homme empli de doutes, de chagrin ; / La splendide nature alors égaie ses jours, / Tenant au loin le doute et sa sombre question.* » Tel est ce fragment d'un poème de Hölderlin (qu'il data « 1671 » !), et tel est mon sentiment. La Nature justifie le monde, mais rien ne justifie la Nature. Or, l'homme a de tout temps voulu justifier le monde dans lequel il vit, et voulu se justifier par la même occasion. Pour cela, il inventa des dieux. « *Ah ! mortels malheureux* », s'écriait Lucrèce, « *en livrant l'univers / Aux dieux par vous armés d'inexorables haines, / De quel surcroît de maux vous aggraviez vos peines ! / Que vous nous prépariez de poignantes douleurs, / Et pour nos descendants quelle source de pleurs !* » En créant ses dieux, l'homme a cru trouver un sens à sa vie, combler le vide de son âme, combattre l'ennui, trouver une raison à ses souffrances. D'où ces phrases de Schopenhauer : « *Toutefois, si empressés que soient les soucis, petits et grands, à remplir la vie, à nous tenir tous en haleine, en mouvement, ils ne réussissent point à dissimuler l'insuffisance de la vie à remplir une âme, ni le vide et la platitude de l'existence, non plus qu'ils n'arrivent à chasser l'ennui, toujours aux aguets pour occuper le moindre vide laissé par le souci. De là vient que l'esprit de l'homme, n'ayant pas encore assez des soucis, des chagrins et des occupations que lui fournit le monde réel, se fait encore de mille superstitions diverses un monde imaginaire, s'arrange pour que ce monde lui donne cent maux et absorbe toutes ses forces, au moindre répit que lui laisse la réalité : car ce répit, il n'en saurait jouir. C'est tout naturellement ce qui arrive aux peuples auxquels la vie est facile, grâce à un climat et à un sol cléments, ainsi d'abord chez les Hindous, puis chez les Grecs, chez les Romains, et, parmi les modernes, chez les Italiens, chez les Espagnols, etc.* — *L'homme se fabrique, à sa ressemblance, des démons, des dieux, des saints ; puis il leur faut offrir sans cesse sacrifices, prières, ornements pour leurs temples, vœux, accomplissements de vœux, pèlerinages, hommages, parures pour leurs statues, et le reste. Le service de ces êtres s'entremêle perpétuellement à la vie réelle, l'éclipse même : chaque événement devient un effet de l'action de ces êtres ; le commerce qu'on entretient avec eux remplit la moitié de la vie, nourrit en nous l'espérance, et, par les illusions qu'il suscite, nous devient parfois plus intéressant que le commerce des êtres réels. C'est là l'effet et le symptôme d'un besoin vrai de l'homme, besoin de secours et d'assistance, besoin d'occupation pour abréger le temps : sans doute souvent le résultat va directement contre le premier de ces besoins, puisque, en chaque conjoncture fâcheuse ou périlleuse, il nous fait consumer un temps et des ressources qui auraient leur emploi ailleurs, en prières et offrandes ; mais il n'en est que plus favorable à l'autre besoin, grâce à ce commerce fantastique avec un monde rêvé : c'est là le bénéfice qu'on tire des superstitions, et il n'est pas à dédaigner.* »

* * * * *

Et « *ancor dirò, perché tu veggi pura la verità che là giù si confonde, equivocando in sì fatta lettura* » (« *je te dirai encore, pour que tu voies la vérité pure, que là-bas on confond en équivoquant dans la lecture* »). — La religion devrait être synonyme de sagesse. Le plus souvent, elle est synonyme de superstition, d'intolérance, d'ignorance, de violence. Chaque religion s'attache à ses textes sacrés et s'applique à les interpréter à la virgule près, quand bien même cela ne voudrait rien dire. L'interprétation est très dangereuse, car elle équivaut à *conjecturer*. — Un texte religieux ne devrait pas être utilisé dogmatiquement, fantastiquement, mais pacifiquement, « *d'une façon didactique et sentimentale* » (Goethe).

* * * * *

L'intolérance est le premier moteur des croyants normaux. Déjà, au Vème siècle, Euripide avait été obligé de changer le début de sa pièce *Mélanippe* pour ne pas offusquer les autorités religieuses. Pourquoi ? Il avait d'abord écrit : « *Zeus, qui es-tu donc ? car je ne sais rien de toi sinon ton nom.* » Cela ne plut pas. Quoi ? on ne saurait rien de Zeus ? Blasphème ! Euripide changea : « *Ô Zeus, ainsi nommé selon la vérité.* » Ah ! c'est mieux. — Hérétiques, ceux qui crient « hérésie » ! Il ne faut pas s'incliner devant Dieu, mais devant l'Être. — Chacun veut *sa* religion (pas la sienne, mais celle qu'on lui impose). Peut-être avez-vous déjà entendu parler de *Sim City*, le jeu vidéo ? En partant de rien, essayez de créer un monde, n'importe quel monde : quelle que soit votre stratégie, il faudra une religion (ou plusieurs). Si l'on pouvait visiter d'autres systèmes solaires où vivraient des créatures « intelligentes », on s'apercevrait qu'elles auraient elles aussi leurs dieux. Devant l'énigme que représente pour nous l'Univers, il faut faire naître une religion à laquelle il est facile de se raccrocher.

* * * * *

L'ignorance est le deuxième moteur des croyants normaux. L'homme n'aime pas ne pas comprendre. À la toute fin de *L'Imitation de Jésus-Christ*, l'auteur écrit : « *Si les œuvres de Dieu étaient telles que la raison de l'homme pût aisément les comprendre, elles cesseraient d'être merveilleuses et ne pourraient être appelées ineffables.* » L'impénétrabilité des voies du Seigneur est une merveilleuse excuse. N'allons pas plus loin, chers frères. Tout est mystérieux parce que c'est la création de Dieu, qui est ineffable. — L'homme n'est pas à l'aise. — Il ne lui vient pas à l'idée que la Bible ou le Coran ont été écrits par des gens comme tout le monde, mais très habiles en tant que conteurs. Pourquoi personne ne prend-il pas à la lettre une histoire de Walt Disney ? Et si tout cela n'était qu'un vaste mensonge ? Un mensonge fait sur-mesure pour des gens qui aiment se mentir à eux-mêmes ? Les croyants sapent la franchise. Kant, en devisant *Sur l'échec de tout essai philosophique en matière de théodicée*, n'a pas de pitié pour ces moutons ignares : « *Ainsi celui qui se dit à lui-même [...] qu'il croit, sans même avoir peut-être jeté en lui-même ne serait-ce qu'un regard pour savoir s'il a effectivement conscience de cette créance ou encore de cette créance à un tel degré, ment-il [...].* » — Les auteurs de la Bible et du Coran sont des êtres comme vous et moi. Et encore ! Gibbon s'interrogeait : « *Si la composition du Coran surpasse les facultés de l'homme, à quelle intelligence supérieure faut-il attribuer l'*Iliade *d'Homère et les* Philippiques *de Démosthène ?* » La Bible ou le Coran sont admirables, certes, mais que faites-vous de Shakespeare, de Hugo ?...

* * * *

La superstition est le troisième moteur des croyants normaux. « *Lorsqu'ils entendirent parler de résurrection des morts, les uns se moquèrent, et les autres dirent : Nous t'entendrons là-dessus une autre fois.* » (*Ac* 17,32) Ainsi Paul prêchait-il les Athéniens, en parlant de Jésus. Évidemment, si la résurrection est possible, qu'est-ce qui ne l'est pas ? Si c'est possible, tout est possible (selon les limites de l'imagination). Et si tout est possible, la religion permet au croyant de croire en tout ce qu'il désire. Dans *L'avenir d'une illusion*, Freud décrit très bien ce problème : « *Nous arrivons ainsi à cette singulière conclusion : de tout notre patrimoine culturel, c'est justement ce qui pourrait avoir pour nous le plus d'importance, ce qui a pour tâche de nous expliquer les énigmes de l'univers et de nous réconcilier avec les souffrances de la vie, c'est justement cela qui est fondé sur les preuves les moins solides.* » — Aujourd'hui, nous avons beaucoup avancé dans la compréhension de notre Univers. Cela n'empêche pas la majorité de l'humanité de rester fixée sur des préceptes vieux de plusieurs centaines d'années, voire de plusieurs millénaires. Or, comme le dit Freud, « *une personne qui, pendant des décennies, a pris des narcotiques ne peut naturellement plus dormir si l'on vient à l'en priver* ». La religion est devenue l'opium du peuple. Le croyant est déçu de la vie ; sinon, il n'irait pas chercher ailleurs ses raisons de vivre. « *En notre temps, la névrose tient la place du couvent où se retiraient tous les individus que la vie avait déçus, ou qui se sentaient trop faibles pour la vie* », ajoutait Freud, lors de ses conférences données sur le territoire américain. — Superstition et mysticisme veulent dire la même chose. Il n'y a rien de rationnel dans l'usage de la religion qu'en font les croyants. (Rien de mathématique, si vous me permettez l'expression.) Je rejoins ainsi les arguments de Paul Souday dans sa biographie sur Paul Valéry : « *Au contraire, l'intellectualisme, qui mène à ces thèses ou hypothèses transcendantales, devient la seule méthode vraiment sûre et féconde dans les deux grandes divisions du domaine positif, qui sont la science et l'art ou le connaître et le construire. Il n'y a de connaissance qu'intellectuelle ou rationnelle, puisque la mystique exclut toute démonstration et tout contrôle. L'intellectualisme constructif est seul capable d'édifier des œuvres esthétiques qui atteignent leur but, des maisons qui soient d'aplomb, et des civilisations qui ne s'écroulent pas, puisque tout cela est soumis à des conditions objectives qui ne peuvent être discernées que par l'intelligence.* » — Ne croire que ce que l'on voit ?... Voyez-vous « 1=2 » ? — Contre la divination, Cicéron recommandait de faire appel à son esprit critique : « *Tu me permettras cette première observation : il n'est pas digne d'un philosophe, à mon sens, de s'appuyer sur des témoignages qui peuvent être vrais par rencontre et aussi bien falsifiés ou forgés par des personnes de mauvaise foi ; c'est par des arguments rationnels qu'il faut prouver ce qu'on avance, non par des faits, surtout quand il est permis de ne pas y croire.* » — Que les hommes soient un peu critiques, nom de Dieu !

* * * * *

La violence est le quatrième moteur des croyants normaux. Au sujet de l'ignorance, Pascal s'exprimait admirablement : « *Le monde juge bien des choses, car il est dans l'ignorance naturelle qui est le vrai siège de l'homme. Les sciences ont deux extrémités qui se touchent, la première est la pure ignorance naturelle où se trouvent tous les hommes en naissant, l'autre extrémité est celle où arrivent les grandes âmes qui ayant parcouru tout ce que les hommes peuvent savoir trouvent qu'ils ne savent rien et se rencontrent en cette même ignorance d'où ils étaient partis, mais c'est une ignorance savante qui se connaît.* » Mais pourquoi écrivit-il : « *Nous naissons si contraires à cet amour de Dieu et il est si nécessaire qu'il faut que nous naissions coupables, ou Dieu serait injuste* » ? Pourquoi l'Être suprême devrait-il être juste ou injuste ? Pour reprendre le titre d'un livre de Kierkegaard, tout cela mène à un *Évangile des souffrances*. Non content de souffrir naturellement, l'homme veut *faire souffrir*. Il est un animal sans raison. Il veut vivre avec les dieux et mourir avec ses congénères ? Sophocle reconnaissait que « *beaucoup de choses sont admirables, mais [que] rien n'est plus admirable que l'homme* ». Que penser de ceux qui combattent les autres hommes, de tous ces intégristes ? Ne sommes-nous pas tous frères ? Dieu voulut-il nous accorder la bestialité, nous faire revenir à l'état de singe ? Si Dieu nous a légué quelque chose, c'est bien, comme dirait Marc-Aurèle, « *l'entendement et la raison* » : « *Or celui-là vit avec les Dieux qui, sans jamais défaillir, leur présente son âme satisfaite des destinées qui lui sont réparties, exécutant tout ce que veut le génie [ou démon] que Jupiter a donné à chaque homme pour protecteur et pour guide, parcelle détachée de lui-même. Et ce génie, c'est l'entendement et la raison accordée à chacun de nous.* » — Est-ce Dieu le méchant ? ou est-ce nous-mêmes ? « *La mort sera préférable à la vie pour tous ceux qui resteront de cette race méchante, dans tous les lieux où je les aurai chassés, dit l'Éternel des armées.* » (Jr 8,3) « *Je ne prends aucun plaisir en vous, dit l'Éternel des armées, et les offrandes de votre main ne me sont point agréables.* » (Mal 1,10) « *C'est pourquoi ainsi parle l'Éternel sur les prophètes qui prophétisent en mon nom, sans que je les aie envoyés, et qui disent : Il n'y aura dans ce pays ni épée ni famine : Ces prophètes périront par l'épée et par la famine.* » (Jr 14,15) — Pardonne-nous...

* * * * *

Celui qui a une religion se console grâce à elle. Elle ne repose sur rien d'autre que sur la foi, qui ne repose elle-même que sur l'inconnu. Mais ceux qui n'ont aucune religion seraient comme le bouvier d'Homère, un bouvier qui ne croit pas en Zeus et qui dirait : « *Père Zeus, aucun des Dieux n'est plus cruel que toi, car tu n'as point pitié des hommes que tu as engendrés toi-même pour être accablés de misères et d'amères douleurs !* »

* * * * *

La religion devrait être synonyme de sagesse. Mais la sagesse n'est pas synonyme de religion. La sagesse, à mes yeux, c'est, par exemple, l'enseignement de Confucius, quand il dit, ici : « *La loi que le ciel a mise dans le cœur de l'homme s'appelle la loi naturelle. L'observation de la loi naturelle s'appelle la voie.* » Ou là : « *Toute la sagesse consiste à se perfectionner soi-même et à aimer les autres comme soi-même.* » Et là : « *Un disciple de la sagesse qui recherche le bien être n'est pas un véritable disciple de la sagesse.* » — Maître Eckhart voyait dans le pur détachement (de toute chose créée) « *la plus belle et la plus haute des vertus* ». Le détachement, la sérénité, l'intelligence devraient êtres vos « armes ». « *Le vide, le calme, l'insipidité, l'indifférence, la solitude et l'inaction* », expliquait Tchouang-tseu, « *sont le niveau de l'univers, la perfection de la Voie et de son Efficace* ». Je préfère la voie orientale aux voies (et aux voix) occidentales... — « *La sagesse et l'intelligence sont une source de salut [...].* » (Is 33,6)

* * * * *

Qu'est-ce que la sagesse ? C'est, dit Sénèque, « *quoi qu'il arrive, de ne s'indigner de rien, de savoir que ce qui paraît nous blesser rentre dans le plan de conservation universelle et dans l'ordre des phénomènes qui assurent la marche et le rôle de la création* ».

* * * * *

[Il manque des pages. Dieu seul sait où elles sont...]

« *Embrasse-moi. Vois-tu, mort, tu m'aimeras mieux.*
J'aurai dans ta mémoire une place sacrée. »

Victor Hugo, *Marion de Lorme*

Conclusion

« *My task is done — my song hath ceased — my theme*
Has died into an echo; it is fit
The spell should break of this protracted dream.
The torch shall be extinguished which hath lit
My midnight lamp — and what is writ, is writ — »

(« *Ma tâche est faite ; mon chant a cessé, mon thème*
S'est éteint dans un écho ; il convient
Que l'enchantement de ce trop long rêve se brise.
La torche doit s'éteindre qui avait allumé
ma lampe de minuit ; et ce qui est écrit est écrit. »)

Lord Byron, *Childe Harold*

Tout a une fin. — La fin arrive, *elle est arrivée.*

* * * * *

Vie de chien. — Je ne sais pas si je vais mieux. Je suis sous médicaments. Pouchkine compte de plus en plus dans ma vie et il est le rayon de soleil que j'attendais ces derniers mois. J'étais loin de me douter que la présence d'un chien me ressusciterait. Un jour passe et je l'aime davantage. Je pourrais, comme Bernardin de Saint-Pierre, lui écrire une espèce d'*Éloge historique et philosophique de mon ami* : « *Il n'eut qu'un objet dans ce voyage, celui de me plaire. S'il me voyait triste, il venait se jeter sur mes genoux, et, par ses murmures, semblait m'inviter à de plus douces pensées : il s'étudiait à faire passer sa joie dans mon âme. Par une incroyable sagacité, il connaissait les différents degrés d'attachement que les passagers avaient pour moi ; en sorte que, par les caresses qu'il faisait à ceux qui m'approchaient, je pouvais m'assurer du degré de leur amitié. — Moi-même, cher Favori, ne vous ai-je pas rendu caresse pour caresse, amitié pour amitié ? N'avons-nous pas eu toujours le même lit, les mêmes promenades, la même table ? Souvent n'avons-nous pas bu dans le même verre ? Quel soin n'eus-je pas de vous dans les tempêtes, et dans le voyage que nous fîmes à pied autour de l'île !* [...] *Hélas ! Je m'affligeais quelquefois à votre sujet, en pensant que je vous avais vu petit, et que déjà je vous voyais sur le retour, tandis que j'étais jeune encore. Je me plaignais à la nature, qui vous avait donné à moi pour ami et pour compagnon de mes courses, de ne nous avoir pas fait présent d'une vie d'une égale durée ; comme s'il pouvait y avoir des amitiés parfaites dans une carrière si courte. Je pensais souvent à ce que je ferais lorsque vous seriez vieux, aveugle, ne pouvant plus marcher : je pensais que je vous porterais dans mes bras, et que, quelque mauvaise que fût ma fortune, je serais encore assez heureux pour faire le bonheur d'un ami.* » — Pouchkine existe, donc j'existe. Clémence existe, donc j'existe. *La Perte de Sens* existe, donc j'existe. Dieu m'a *permis* de les rencontrer. Comme l'écrivait malicieusement Dard : « *Déjà heureux que le Seigneur nous ait permis, j'entends par là, créés. Certes, c'est chiant d'être vivant, mais comme il doit être démoralisant de ne pas exister.* » — Être, ou ne pas être, là est la question. — Sont-ils ? Suis-je ? Mon livre est-il ? — Pourquoi ? Pourquoi *quoi* ? Mille *pourquoi* ballotent dans mon esprit... — Pour le grand-père Gillenormand des *Misérables*, « *il est impossible de s'imaginer que Dieu nous ait faits pour autre chose que ceci : idolâtrer, roucouler, adoniser, être pigeon, être coq, becqueter ses amours du matin au soir, se mirer dans sa petite femme, être fier, être triomphant, faire jabot* », et il ajoute : « *voilà le but de la vie.* » — L'amour est-il le seul salut ? la seule compensation ? le seul refuge ? Est-ce un pis-aller ? un but ? la meilleure des compromissions de l'être ?... « *Ces félicités sont les vraies. Pas de joie hors de ces joies-là. L'amour, c'est l'unique extase. Tout le reste pleure. — Aimer ou avoir aimé, cela suffit. Ne demandez rien ensuite. On n'a pas d'autre perle à trouver dans les plis ténébreux de la vie. Aimer est un accomplissement.* » — Être, ou ne pas être. Aimer et être aimé.

* * * * *

« *You may my glories and my state depose, but not my griefs; still am I king of those.* » (« *Vous pouvez déposer ma gloire et ma dignité, pas mes chagrins. Ceux-là, j'en suis toujours le roi.* »)

* * * * *

Cela s'arrête. — S'il est vrai, comme le dit Nerval, que « *cela commence par le désespoir et [que] cela finit par la résignation* », puis-je conclure, — moi le désespéré, — que je suis résigné ? Certes. Je l'ai toujours été et le suis chaque jour davantage. Puis-je affirmer, tel Bao Zhao : « *J'espérais me consoler par ce long chant, / Mais je n'ai fait qu'accroître ma peine* » ? Premièrement, je n'ai jamais eu l'ambition de me consoler en écrivant ce livre. Je n'ai jamais été naïf à ce point et il me semble que je l'ai prouvé tout au long de ces pages. (Joseph-Marie Loaisel de Tréogate croyait, dans ses *Soirées de Mélancolie*, qu'il était « *triste & sombre* » par la faute d'« *un motif puissant* », d'« *une cause invincible qui [l'éloignait] des jeux & des ris* », et qu'il parviendrait peut-être, à force de répandre ses regrets, à les adoucir et à faire la place « *à des idées plus calmes & moins nébuleuses* ». Quant à moi, je n'en suis plus là.) Deuxièmement, je n'ai pas forcément accru ma peine. Je l'ai circonscrite, j'ai essayé de la comprendre, non de l'amplifier. Au début, je redoutais de ne pas réussir à *tout écrire*, puis, quand je vis que la machine s'était mise en branle et allait continuer bon gré, mal gré, j'eus peur de finir mon « projet ». Bien des fois, je me suis dit, comme Bossuet dans son *Sermon sur l'ambition* : « *il tâche, autant qu'il peut, que le fruit de son travail n'ait point de fin* », — mais avec cette nuance : c'était moins le fruit de mon travail qui m'importait que le travail lui-même (car pour moi, le fruit, c'est le travail, ainsi que je l'ai déjà expliqué). Peu importe que l'ouvrage subsiste après l'avoir fini. Ce qui compte, c'est qu'il ait été *se faisant*. (Chemin faisant…)

* * * * *

« *Et je cesse d'écrire, simplement parce que je cesse d'écrire.* » (Pessoa) — Je mets la clef sous la porte. Il faut savoir dire « stop ». Si je me mets à penser aux mots de Lucain, c'est-à-dire que « *nil actum [...] si quid superesset agendum* » (« *rien n'est fait si quelque chose reste à faire* »), alors je ne m'arrêterai jamais. Cela est devenu trop dangereux. Je ne sais pas de quoi sera fait l'avenir sans ce livre, mais je dois finir. Kant n'aurait pas fini la *Critique de la Raison pure* s'il s'était lui aussi laissé bercer indéfiniment.

* * * * *

J'ai d'abord écrit pour moi. Et peut-être, de loin, « *pour des inconnus que je souffre ou que j'aime* » (Faust). Mais au final, je crois bien que j'aurai joué « *a play before empty benches, not existing for anybody* » (« *une pièce de théâtre devant des bancs vides, n'existant pour personne* ») (tel est le sentiment de Schrödinger à propos du monde dans lequel nous évoluons). — Serai-je lu ? ou bien tout ceci n'aura-t-il été lu que par moi-même, en l'écrivant ? Et si mon livre est lu, sera-t-il apprécié ? sera-t-il compris ? Faut-il être compris ? Peut-on être compris ? Pourquoi Kierkegaard aurait-il écrit : « *De plus, je suis convaincu que, si jamais Mozart me devenait tout à fait compréhensible, il me deviendrait en même temps, et seulement alors, parfaitement incompréhensible* » ? Existe-t-il un décalage entre ce que j'ai écrit et ce que je suis ? Entré-je en conflit avec les autres ? Il est vrai que je me sens *à part*. J'en tire une certaine fierté. « *C'est un privilège que de vivre en conflit avec son temps* », rappelait Cioran. « *À chaque moment on est conscient qu'on ne pense pas comme les autres. Cet état de dissemblance aigu, si indigent, si stérile qu'il paraisse, possède néanmoins un statut philosophique, qu'on chercherait en pure perte dans les cogitations accordées aux événements.* » — Je garde mon orgueil. Pourquoi ? Parce que je sais que mon livre *se mérite*. De quel droit osé-je dire cela ? Que cela peut-il faire ? J'emmerde le lecteur qui ne me suit pas. (S'il ne me suit pas, il n'est de toute façon pas *mon lecteur*. « *Pour qu'un livre ait de l'efficacité* », notait Henri Roorda, « *il faut que l'auteur et le lecteur le pensetont simultanément*.) — A-t-on reproché à Gide ce qu'il avait écrit dans le *Journal des Faux-Monnayeurs* ? « *Puis, mon livre achevé, je tire la barre, et laisse au lecteur le soin de l'opération ; addition, soustraction, peu importe : j'estime que ce n'est pas à moi de la faire. Tant pis pour le lecteur paresseux : j'en veux d'autres. Inquiéter, tel est mon rôle. Le public préfère toujours qu'on le rassure.* » (C'était Gide, je vous l'accorde, et je ne suis *que* Pichavant.)

* * * * *

Quel était le but de tout cela ? À l'instar de Pierre, dans *Guerre et Paix*, je n'ai pas de but dans la vie : « *De but dans la vie, il n'en avait pas, et cette indifférence, qui jadis faisait son tourment, lui procurait maintenant la sensation d'une liberté sans limite.* » Je crois aussi, comme Goethe, que « *le but de la vie est la vie elle-même* ». Il ne faut pas chercher plus loin. Aurais-je écrit en vain ? La question n'est pas là. On s'en fout. « *Vaudrait-il pas mieux ne rien faire, — Qu'il n'y eût point création ?* » Création de quoi ? J'ai réarrangé les atomes. (Et encore ! ce n'est pas moi qui les *contrôle*…) Les atomes ont formé ces pages sur lesquelles repose cette encre. Qu'est-il besoin d'aller *plus loin* ? Qu'il me suffise d'avoir écrit, d'avoir déversé ce que je contenais. Je ne sais plus ce que j'ai dit, mais je l'ai dit courageusement. J'ai sué. Je rejoins Pessoa l'intranquille : « *Avec quelle vigueur d'une âme fermée sur elle-même ai-je écrit page après page ces textes reclus, vivant syllabe par syllabe la magie fausse, non pas de ce que j'écrivais, mais de ce que je croyais écrire !* » Et je rejoins partiellement Hume, au Livre II du Traité de la nature humaine : « *Upon this head I shall make a general remark, which may be useful on many occasions, viz. that where the mind pursues any end with passion; though that passion be not derived originally from the end, but merely from the action and pursuit; yet by the natural course of the affections, we acquire a concern for the end itself, and are uneasy under any disappointment we meet with in the pursuit of it.* » (« *Sur ce point, je ferai une remarque générale qui peut être utile en de nombreuses occasions, à savoir que, quand l'esprit poursuit un but avec passion, quoique la passion ne dérive pas originellement du but mais simplement de l'action et de la poursuite, pourtant, par le cours naturel des affections, nous avons le souci du but lui-même et nous éprouvons du déplaisir quand nous avons à subir une déception dans la poursuite de ce but.* ») Mais, contrairement à ce que dit Hume, il n'y a pas de *fin* (dans tous les sens du terme). Et je ne crois pas, comme le dit Barthes, que le livre fasse le sens et que le sens fasse la vie. Si la vie n'a pas de sens, mon livre n'en a pas non plus.

* * * * *

« *J'aimerais ne plus parler.* » Ce n'est pas moi qui le dis, c'est Confucius. — J'ai trop parlé.

* * * * *

Je n'ai pas fait mes humanités, et pourtant il y a dans ces pages du grec et du latin. Je n'ai appris que l'anglais et l'allemand à l'école, et pourtant il y a de l'italien, du chinois, du russe, de l'hébreu… Je ne maîtrise pas toutes ces langues. Je fais ce que je peux. — J'ai été un autodidacte dans un grand nombre de matières, des matières pour la plupart inutiles aux yeux des gens. Je me souviens à ce propos du second calender des *Mille et Une Nuits* qui dit au tailleur qu'il est grammairien, poète, et qu'il écrit parfaitement bien. Le tailleur lui réplique : « *Avec tout ce que vous venez de dire [...], vous ne gagnerez pas dans ce pays-ci de quoi vous avoir un morceau de pain ; rien n'est ici plus inutile que ces sortes de connaissances.* » Que voulez-vous !

* * * * *

Il y a des citations à n'en plus finir. (Je dois cependant finir mes tirades amphibologiques !) — Mon écrit est-il l'écrit des auteurs que je cite ? Je les tire du néant. Je ne veux pas dire par là qu'ils demeurent dans le néant. Je ne parle pas de *leur* néant, mais du *mien*. Il faut bien que je les aie lus, tous ces auteurs et tous ces livres. Je les extirpe d'eux-mêmes et de moi-même. Ils revivent. Mon livre n'est pas un amas désordonné de citations. Elles s'imbriquent comme dans un puzzle diffus et définissent quelque chose. « *Par ce qui ne prend corps que d'être la trace d'un néant et dont le support dès lors ne peut s'altérer, le concept, sauvant la durée de ce qui passe, engendre la chose* », écrivit Lacan. — Ces citations sont à la fois en moi et hors de moi, de moi et d'eux, pour moi et pour eux. Pour reprendre Gide (*Les Cahiers d'André Walter*) : « *C'est très amusant, cette course ; on fournit tout soi-même, parieur, lutteur, adversaire.* — *Le prix, ce sera le repos, le repos après l'œuvre faite.* » C'est pas faux ! Les citations me venaient (et me viennent) comme par magie. (Je les avais toutes notées dans un fichier à part, et n'en avais oublié aucune.) Nietzsche a écrit dans *Aurore* : « *Nous exprimons toujours nos pensées avec les mots que nous avons sous la main. Ou, pour exprimer tous mes soupçons : à chaque instant nous ne formons que la pensée pour laquelle nous avons précisément sous la main les mots qui sont capables de l'exprimer approximativement.* » Ces mots que j'avais sous la main étaient les mots d'un autre, de plusieurs autres. Et j'ai écrit en fonction de cela. J'écrivais pour elles en même temps qu'elles écrivaient pour moi.

* * * * *

Qu'est-ce que la perte ? — « *Où ne manque-t-il pas quelque chose en ce monde ?* » fait remarquer Méphistophélès. Il peut s'agir de cela, car de la perte au manque (et *vice versa*), il n'y a qu'un pas. « *J'ai perdu* » peut parfois être synonyme de « *j'ai manqué* ». La perte, pour moi, revient au deuil. Starobinski exprimait très bien ce rapport : « *le sentiment mélancolique n'a de cesse qu'il ne trouve un objet auquel appliquer son travail, fixant le sens de la perte sur toute image qui accepte de lui renvoyer la justification de son propre deuil [...].* » — Qu'est-ce que la perte ? Un deuil continu. (Marie Noël aurait dit : « *L'expérience n'est qu'une perte continue.* ») Un deuil de quoi ? Qu'en sais-je ? Un deuil de l'existence. Un deuil de mon livre à écrire, qui s'écrit, qui va s'arrêter. *La Perte de Sens* me renvoyait à ma perte de sens. Comme s'il n'avait pas fallu *perdre cette perte*, je la fixais en l'écrivant. La perte est en moi. C'est ce que dit Hypérion : « *Was ist Verlust, wenn so der Mensch in seiner eignen Welt sich findet ? In uns ist alles !* » (« *Que signifie le mot perte, quand l'homme se trouve ainsi au sein de son propre monde ? Tout est en nous-mêmes.* ») Tout est en nous-mêmes — et rien ne l'est. Ai-je réussi à prouver quoi que ce fût en écrivant plus de trois mille pages ? Ai-je réussi à *me prouver* quoi que ce fût ? Oui : j'ai écrit tout cela. D'un côté, c'est vain ; d'un autre côté, *j'y suis tout entier*. Dans ce pari, j'ai engagé ma raison et ma volonté, ma connaissance et ma béatitude. J'ai pris croix que mon écrit est. Si je gagne, je gagne tout ; si je perds, je perds rien. Sans hésiter, je gage que *La Perte de Sens* (entre parenthèses) est. « *Gain ou perte : en l'un et l'autre / apprenez à vous complaire !* » pensait par exemple Hadewijch d'Anvers. Je ne sais si je me complais. En tout cas, je comprends parfaitement Charles Juliet : « *Là où il y a perte, il y a gain. Lequel conduit toujours à un plus grand dépouillement.* » Chacun porte ses pertes, ses manques, ses vides, ses trous, ses privations, — ses « déficits ». « *L'expression favorite de la neurologie est "déficit"* », nous apprend Oliver Sacks dans l'Introduction au chapitre intitulé *Pertes* dans *L'homme qui prenait sa femme pour un chapeau* : « *par ce terme, on entend une détérioration ou incapacité de la fonction neurologique : perte de parole, de langage, de mémoire, de vision, de dextérité, perte d'identité et une myriade d'autres défaillances ou pertes de fonctions ou facultés spécifiques. Pour désigner toutes ces dysfonctions (autre terme qu'on affectionne), nous avons toutes sortes de mots privatifs — aphonie, aphémie, aphasie, alexie, apraxie, agnosie, amnésie, ataxie — un mot pour chacune des fonctions neurales ou mentales dont les patients, par le biais de la maladie, d'une blessure ou d'un manque dans le développement, peuvent se trouver partiellement ou totalement privés.* » — Oui, Ausiàs March, les « *pèrdues són en nombre més que els guanys* » (« *pertes sont en nombre plus que les gains* »), et « *n esguard del ver lo seny és oradura* » (« *eu égard au vrai le sens est folie* »)… — Entre l'être et le temps, entre mon être et mon temps, je me suis *fait*. J'ai connu la perte, mais je ne me suis pas perdu dans le On. — La perte — *de sens*. Quel sens ? À quelle aune puis-je mesurer la valeur du sens ? J'ai essayé de vous montrer que pour se donner une idée du monde la moins brouillée possible, il fallait notamment recourir aux mathématiques. En effet, les scientifiques, dont la vie est dédiée à la *recherche*, doivent sans cesse creuser, fouiller, défricher, déchiffrer. Ils vont jusqu'aux limites de la raison. Leur point de vue est important. Par exemple, Schrödinger (schopenhauerien) : « *No natural happening is in itself either good or bad, nor is it in itself either beautiful or ugly. The values are missing, and quite particularly meaning and end are missing. Nature does not act by purposes.* [...] *The more attentively we watch it, the more aimless and foolish it appears to be. The show that is going on obviously acquires a meaning only with regard to the mind that contemplates it.* » (« *Aucun événement n'est en lui-même bon ou mauvais, beau ou laid. Les valeurs manquent, et en particulier le sens et la finalité manquent. La nature n'agit pas par objectifs.* [...] *Plus nous observons attentivement ce déploiement apparent, plus il semble être à la fois sans but et insensé. Le spectacle qui se déroule n'acquiert de toute évidence une signification que par rapport à l'esprit qui le contemple.* ») Ou Heisenberg : « *Dans cette mesure, nous devons et nous pouvons toujours, en tant qu'hommes, croire au sens de la vie, même si nous nous rendons compte que le mot de sens est seulement un mot du langage humain auquel nous ne pouvons guère prêter d'autre sens que celui précisément que notre confiance légitime.* [...] *On ne peut donc parler du sens de la vie dans le langage de la science que comme le fait Bohr : "Le sens de la vie consiste en ceci que cela n'a aucun sens de dire que la vie n'a aucun sens."* » C'est la même rengaine : dès que l'on touche une espèce de vérité, le paradoxe ou la contradiction s'installent. Que le sens ait un sens, que le sens soit qu'il n'y ait pas de sens, ou qu'il n'y ait aucun sens à dire qu'il y a un sens ou qu'il n'y en a pas, on ne s'en sort pas. Ce sont des mots, des mots, des mots... Philip K. Dick a raison de dire, dans *SIVA* : « *On aurait affaire à un paradoxe zen. Ce qui n'a pas de sens est ce qui a le plus de sens.* » Et la transition avec Barthes se fait tout naturellement, lui qui appelle « *satori* » la « *perte de sens* ». Ce qui semble faire le plus sens est ce qui le fait le moins. C'est une expérience d'illumination qui porte un sens qui se perd quand on le tient. On comprend sans comprendre... — Puis-je, tel Nietzsche (*L'Antéchrist*), être encore plus radical ? Car il écrit : « *Vivre de telle sorte qu'il n'y ait plus de sens à vivre, voilà ce qui devient alors le "sens" de la vie...* » Et « *est-ce le sens* », comme dit Goethe, « *qui crée et qui fait vivre ?* » Mais quel sens ? quel sens !... — Autant converser avec le poète de Hesse ! « *Que de questions vous me posez là ! Vous ne savez pas encore que l'homme est la seule créature qui prête un sens aux choses ? Pour la nature tout entière, un chêne est un chêne, le vent est le vent, le feu est le feu. Mais pour l'homme, tout est différent, tout a un sens, tout est complexe ! Tout lui devient sacré, tout lui devient symbole. Un meurtre est un exploit, une épidémie le doigt de Dieu, une guerre un facteur d'évolution. Comment, dans un tel contexte, un poète pourrait-il n'être qu'un poète ? Non, lui aussi, il est symbole, il est monument, il est messager.* » À chacun sa direction... son sens... et son empire. « *Toutes les choses que vous voulez que les hommes vous fassent, faites-leur aussi de même* », écrivit Tolstoï. « *Tel est pour moi le sens de la vie, et je n'en vois pas de plus élevé.* [...] *À chacun sa voie pour atteindre la vérité. Pour moi, je puis dire, tout au moins, que je répands dans mes écrits, non de vaines paroles, mais cela même qui fait toute ma vie, tout mon bonheur, et qui m'accompagnera dans la mort.* » — Vers la toute fin du *Nom de la rose*, Guillaume de Baskerville admet que « *l'ordre que notre esprit imagine est comme un filet, ou une échelle, que l'on construit pour atteindre quelque chose* » : « *Mais après, on doit jeter l'échelle, car l'on découvre que, si même elle servait, elle était dénuée de sens.* » — Mon livre est une échelle qui m'a fait atteindre... une autre échelle. Un chemin vers un autre chemin. Je n'ai pas abdiqué, même si j'ai été le roi de moi seul (n'est-ce pas, Pessoa ?).

* * * * *

Pourquoi *La Perte de Sens (entre parenthèses)* ? Pourquoi ce titre peu vendable ? (« *Ne te méprends pas, Nathanaël, au titre brutal qu'il m'a plu de donner à ce livre* », oserais-je « nourriture-terrestrer ».) Le « *de* » est énigmatique. Et pourquoi pas : *La Perte du Sens (entre parenthèses)* ou *La Perte des Sens (entre parenthèses)* ? Premièrement, il ne peut y avoir un seul sens (si jamais il y en a), et si j'avais écrit « *des* », on aurait pensé exclusivement aux organes des sens (le « *sensuum amissionem* » vu par Cicéron, que l'on peut traduire par « *la perte des sens* », c'est-à-dire « *l'inertie des organes* », ce qui n'est donc pas ce que j'entends). Deuxièmement, il faut penser au livre de Balzac : *Le Curé de village*. Le « *de* » indétermine. Peu importe le village. Et en ce qui nous concerne, peu importe le sens. Le « *(entre parenthèses)* » signifie plusieurs choses. Premièrement, il indique que la « *perte de sens* » n'est pas le sujet principal, que cette soi-disant « *perte* » peut être mise « *entre parenthèses* ». Deuxièmement, il autorise à penser que ladite « *perte* » est suspendue indéfiniment (le temps que le livre s'écrive). Troisièmement, il implique une mise en abyme puisque le « *entre parenthèses* » est entre parenthèses. Le titre se referme sur lui-même, comme si le livre s'épuisait avant de commencer. (Je sais que c'est difficile à comprendre. J'ai tout simplement voulu introduire le paradoxe de Russel sur les ensembles qui se contiennent eux-mêmes. Mon livre se contient lui-même. Où que vous jetiez un œil, c'est un précipice. Si vous osez vous y lancer, *vous retomberez au point d'où vous êtes tombé.*) Je veux que le lecteur se mette à ma place et se dise : « *I am so lated in the world that I Have lost my way for ever.* » (« *Je suis si attardé en ce monde que j'ai perdu ma route à tout jamais.* ») De plus, le « *sens* » est à prendre dans tous les *sens* : signification, direction, sensitivité, sensibilité. C'est encore une mise en abyme, car pour l'expliquer, il faut avoir recours à lui. C'est un livre de l'impossible. « *Den lieb ich, der Unmögliches begehrt.* » (« *J'aime celui qui cherche l'impossible.* ») Et cet impossible, je l'ai rendu possible. (Tel Cicéron, « *je dirais que j'ai atteint la perfection en ce genre, si je le croyais moi-même, et si la crainte d'être taxé de présomption n'arrêtait la vérité sur mes lèvres* ».)

* * * * *

Je suis *en miettes*, bon à ramasser à la petite cuillère. « *Une énorme fatigue m'accable. D'origine psychique vraisemblablement, qui pourrait sembler ne pas avoir de cause mais dont, moi, je connais la cause : la certitude ou presque que tout est vain.* » Je connais cette fatigue dont parle Ionesco, une fatigue intellectuelle qui vous broie le cerveau, puis les muscles du corps, à force d'essayer de comprendre, à force de croire que l'on avance sans avancer : « *Pourquoi donc me suis-je donnée tant de peine si ma propre littérature, c'est-à-dire l'investigation de ce qu'on appelle soi-même et de ce qu'on appelle le réel, ne m'a pas fait avancer d'un pas dans la connaissance, l'illumination ou la sérénité.* » — Sentir que la mort approche, quelle horreur incompréhensible. À quoi aura servi tout ce savoir ?... « *Tout ce que je sais maintenant, je le sais depuis l'âge de six ans ou de sept ans : l'âge de raison. — Les livres que j'ai lus, de littérature ou de philosophie, mais surtout de littérature, car j'ai une intelligence plus concrète qu'abstraite, un esprit inapte pour la science, les livres, les paroles des autres, les monuments et œuvres d'art, l'agitation politique n'ont jamais fait que renforcer, appuyer, ce que j'ai su depuis presque toujours : on ne peut rien savoir sauf que la mort est là qui guette ma mère, ma famille, moi.* » Et moi qui ne suis pas « *inapte pour la science* » ! Horreur et damnation ! — Je m'épuise… Je me suis épuisé — en vain ? — « *Je sais, de mieux en mieux, moi, quelle est la raison de cet épuisement : c'est le doute, c'est l'éternelle question "à quoi bon" enracinée dans mon esprit depuis toujours, que je ne puis déloger.* » — « *Il est impossible d'y comprendre quelque chose. Tout ceux qui s'imaginent qu'ils y comprennent quelque chose sont bornés. Ce n'est que lorsque je dis que tout est incompréhensible que je suis le plus près possible de comprendre la seule chose qu'il nous soit donné de comprendre.* »

* * * * *

Suis-je fou ? — Je demanderai, comme le narrateur d'un récit de H.G. Wells : « *I appeal to the reader, whether there is any trace of insanity in the style or method, of the story he has been reading.* » (« *J'en appelle au lecteur : y a-t-il dans le style et la disposition de l'histoire qu'il vient de lire la moindre trace de trouble cérébral ?* ») Suis-je fou ? Ai-je l'air d'être fou ? Serais-je fou après avoir écrit tout cela ? Un fou peut-il écrire ce que j'ai écrit ? Un fou peut-il écrire autant ? Peut-être ! Je ne suis pas fou avec moi-même, et je ne me considère absolument pas comme un fou. Je cherche à me connaître (j'ai cherché et je continuerai de chercher après avoir bouclé mon « travail »). Il faut tout de même « *redouter l'analyse de soi* » quand on cherche trop à se connaître (*dixit* Gide). Le jeu en vaut de toute manière la chandelle. C'est pourquoi j'admire tant la psychanalyse et que je la trouve si importante. Celui qui la délaisse se délaisse. Je rappelle ces mots de Lacan dans *Fonction et champ de la parole et du langage* : « *De toutes celles qui se proposent dans le siècle, l'œuvre du psychanalyste est peut-être la plus haute parce qu'elle y opère comme médiatrice entre l'homme du souci et le sujet du savoir absolu.* » La recherche de qui nous sommes, tel devrait être notre seul intérêt, notre seul souci, tout en sachant que c'est *peine perdue*. À tout le moins aura-t-on avancé quelque peu… Mais qu'est-ce qu'« avancer » ?… La psychanalyse est un moyen, pas une fin, et elle ne peut *suffire à nous contenter*. Zweig, dans son essai sur Freud, vise juste : « *Pour l'âme affamée de croyance, la froide et lucide raison, la rigueur, le réalisme de la psychanalyse n'est pas un aliment. Elle apporte des expériences, sans plus ; elle peut donner une explication des réalités, mais non de l'univers, auquel elle n'attribue aucun sens. Là est sa limite. Elle a su, mieux que n'importe quelle méthode spirituelle antérieure, rapprocher l'homme de son propre Moi, mais non pas — ce qui serait nécessaire pour la satisfaction totale du sentiment — le faire sortir de ce Moi. Elle analyse, sépare, divise, et montre à toute vie son sens propre, mais elle ne sait pas regrouper les mille et mille éléments et leur donner un sens commun.* » — *Hic et nunc ! Hic et nunc !* — Ô corps, sors de cet esprit ! ô esprit, sors de ce monde ! ô monde, sors de ce corps ! — « *Rien ne se manifeste hors de l'esprit* », est-il écrit dans *Le Livre des morts tibétain*. Esprit, es-tu là ?... — Pourquoi l'homme existe-t-il ? Ou plutôt : pour quoi l'homme existe-t-il ? Dans le Tanya, un écrit hassidique, il est dit que « *le but de la création de l'homme dans ce monde-ci est d'être soumis à toutes ces expériences, et de découvrir ce qui se trouve réellement au plus profond de lui* ». On a été jeté là. Oui. Et alors ? Alors utilise ce que tu as : ton intelligence. Et n'oublie pas que tout est vanité. Tu seras sage. Sage comme Oscar Wilde dans sa cellule : « *Mais reconnaître que l'âme de l'homme est inconnaissable est le suprême accomplissement de la sagesse. Le mystère final est soi-même. Quand on a pesé le soleil dans la balance, et mesuré les étapes de la lune et tracé les sept cieux, étoile par étoile, il y a encore soi-même. Qui peut calculer l'orbite de son âme ?* » — Pour parvenir à reconnaître qu'il n'y a rien à connaître, c'est-à-dire pour se connaître, on a besoin d'aide : le psychanalyste. Mais celui-ci est payant — et la Sécurité Sociale ne voudrait pas dégonfler son porte-monnaie pour votre bon plaisir. Se connaître soi-même a un prix : le temps passé à écrire, à méditer ; la souffrance que l'on peut y rencontrer… et le prix de la séance.

* * * * *

Dévoiler. — Je ne sais pas ce qu'est la vérité, je ne la connais pas. — Écoutez Joubert : « *La grâce de la vérité est d'être voilée. Les sages ont toujours parlé en énigmes, et les énigmes d'un moment sont un grand moyen d'instruction ; nous aimons celle qui en résulte, parce que nous l'avons produite ; le mot appartient au lecteur qui l'a cherché, comme à l'auteur qui l'a placé. Toute vérité nue et crue n'a pas assez passé par l'âme, pas assez roulé dans notre tête ; l'intelligence ne l'a pas assez épurée, le cœur assez imbibée de ses sucs, l'imagination assez parée de ses livrées. L'esprit n'a fait que l'équarrir, comme une pièce de bois que la première main a dégrossie. La vérité, ou plutôt la matière où elle se trouve, doit être maniée et remaniée, jusqu'à ce qu'elle devienne clarté, air, lumière, forme, couleur.* »

* * * * *

J'ai voulu me connaître. — J'ai commencé par penser comme Boileau : « *Je songe à me connoître, et me cherche en moi-même. / C'est là l'unique étude où je veux m'attacher.* » Puis je termine en pensant comme lui à nouveau : « *C'est au repos d'esprit que nous aspirons tous ; / Mais ce repos heureux se doit chercher en nous.* »

* * * * *

Ma dissection est finie. J'ai ouvert mes entrailles. Je les referme. Tel Diafoirus, je vous ai invité à venir voir, pour vous divertir, la dissection d'un homme, sur laquelle (et sur lequel) j'ai dû raisonner. Pensez-vous, avec Toinette, que le divertissement a été agréable ? « *Il y en a qui donnent la comédie à leurs maîtresses ; mais donner une dissection est quelque chose de plus galant.* »

* * * * *

Philosophez ! philosophez, mes amis ! philosophez comme Cicéron… — « *Et comme c'est notre ami Brutus, qui m'a non seulement engagé, mais en quelque manière provoqué à écrire sur des matières philosophiques, il est juste de lui dédier aussi ces cinq traités. Je ne saurais dire quel fruit en retireront les autres. Pour moi, dans les plus cruelles situations de ma vie, et dans les divers chagrins qui m'environnent de toutes parts, je n'ai trouvé que cette seule consolation.* »

* * * * *

Puis-je reprendre Huysmans, qui reprenait Barbey d'Aurevilly : « *Après un tel livre, il ne reste plus à l'auteur qu'à choisir entre la bouche d'un pistolet ou les pieds de la croix* » ? Sera-ce fait ? — J'ai créé. J'ai créé mon histoire. Je suis encore en vie. J'aimerais dire, comme Camus : « *En tant que créateur j'ai donné vie à la mort elle-même. C'est là tout ce que j'avais à faire avant de mourir.* »

* * * * *

Je peux enfin écrire, comme Ponge dans *Le savon* : « *Voilà le livre bouclé* », et : « *Son sort ne dépend plus que de la nature matérielle dont ces dignes et leur support font partie.* » Je peux enfin écrire, comme Ponge (encore) dans un poème : « *Le soleil en quelque façon titre la nature. Voici de quelle façon. — Il l'approche nuitamment par en dessous. Puis il paraît à l'horizon du texte, s'incorporant un instant à sa première ligne, dont il se détache d'ailleurs aussitôt. Et il y a là un moment sanglant. — S'élevant peu à peu, il gagne alors au zénith la situation exacte du titre, et tout alors est juste, tout se réfère à lui selon des rayons égaux en intensité et en longueur. — Mais dès lors il décline peu à peu, vers l'angle inférieur droit de la page, et quand il franchit la dernière ligne, pour replonger dans l'obscurité et le silence, il y a là un nouveau moment sanglant. — Rapidement, alors l'ombre gagne le texte, qui cesse bientôt d'être lisible. — C'est alors que le* tollé *nocturne retentit.* »

* * * * *

« *Je me borne à signaler la difficulté sans prétendre la résoudre ; je terminerai donc sur un grand point d'interrogation. Aussi bien est-il intéressant de poser des problèmes, même quand la solution en semble bien lointaine.* » (Poincaré, *Science et Méthode*)

* * * * *

?

« 同於道者，道亦樂得之
同於德者，德亦樂得之
同於失者，失亦樂得之. »

« *Qui va vers le Tao, le Tao l'accueille.*
Qui va vers la Vertu, la Vertu l'accueille.
Qui va vers la perte, la perte l'accueille. »

Lao-tseu, 道 德 經 (*Tao Te King*)

Épilogue

« Прости ж и ты, мой спутник странный,
И ты, мой верный Идеал,
И ты, живой и постоянный,
Хоть малый труд. Я с вами знал
Всё, что завидно для поэта :
Забвенье жизни в бурях света,
Беседу сладкую друзей. »

(« *Adieu, bizarre compagnon.*
Adieu, mon fidèle idéal.
Adieu, travail toujours présent
Et vivant. Vous m'avez donné
Tout ce que désire un poète :
Oublier la vie orageuse
Et parler avec des amis. »)

Alexandre Pouchkine, *Eugène Onéguine*

Ô livre, tu fus mon ami. Ô mes amis, vous fûtes mon livre. (Ô pauvre de moi…)

* * * * *

« *Acta est fabula* » (« *Le spectacle est terminé* »). L'auguste spectacle !

* * * * *

Qu'ai-je appris ? N'ai-je pas appris ce que j'ai dit ? — Je croyais ne plus pouvoir écrire ni parler. Désormais, tel Artaud, « *je suis celui qui connaît les recoins de la perte* ».

* * * * *

Qu'ai-je appris ? J'ai appris ce qu'apprit Shabestarî : « *L'Essence divine est dépourvue du* où, *du* comment, *du* pourquoi. »

* * * * *

Qu'ai-je appris ? Qu'avais-je tant voulu apprendre en commençant ? — Que me souffles-tu, ô Hypérion ? « *Glaube mir, Du hättest nie das Gleichgewicht der schönen Menschheit so rein erkannt, hättest Du es nicht so sehr verloren gehabt.* » (« *Crois-moi, tu n'aurais jamais si purement connu l'équilibre de la belle humanité, si tu ne l'avais tant perdu.* ») Merci de me rassurer…

* * * * *

Qu'ai-je appris ? « *Du reste l'homme est si injuste, si oublieux du terme où il marche, où chacune de ses journées le pousse, qu'il s'étonne de la moindre perte, lui qui doit tout perdre en un jour. Sur quelque objet que tu fasses graver : Ceci m'appartient, cet objet peut être chez toi, il n'est pas à toi ; rien de solide pour l'être débile, pour la fragilité rien d'éternel et d'indestructible. C'est une nécessité de périr aussi bien que de perdre ; et ceci même, comprenons-le bien, console un esprit juste : il ne perd que ce qui doit périr.* » J'ai appris ce que Sénèque avait appris et apprenait à Lucilius.

* * * * *

Je ne sais pas. Je ne sais rien.

* * * * *

Qu'ai-je appris ? « *Il me fut dit, par qui, je l'ignore, que ce qui était alors uniquement en mon pouvoir était de comprendre que je ne pouvais rien comprendre* », avouait Thérèse. Je l'avoue à mon tour !

* * * * *

Ce livre est autotélique : sa fin est en lui-même. Tel était mon but.

* * * * *

Ce livre s'appelle « *Je suis* ». Il est celui qui est, il est ce qu'il est, il est parce qu'il est, il sera ce qu'il sera, il sera celui qui suis. Il est celui qui est par lui-même, celui qui est éternellement.

* * * * *

Ce livre sur la perte causera-t-il ma perte quand j'aurai écrit : « FIN » ? Bénirai-je, comme Antiochus dans *Rodogune*, « *le ciel d'une perte si grande* » ? L'avenir — que je ne connais pas — en témoignera. — « *Une heure d'épreuve fait oublier le bien-être et c'est à sa dernière heure que les œuvres d'un homme sont dévoilées. Ne vante le bonheur de personne avant la fin, car c'est dans sa fin qu'on se fait connaître.* » (*Sir* 11,27-28)

* * * * *

Je pourrais continuer… ce travail de l'incessance. — « *Mieux vaut renoncer / que tenir un bol plein d'eau.* […] *"L'œuvre une fois accomplie, retire-toi", / telle est la loi du ciel.* » Et comme Lao-tseu, je ne vénère rien moins que le ciel. Que voguent les étoiles que mon âme suivra amoureusement ! Que les caractères qui composent *La Perte de Sens (entre parenthèses)* forment une procession d'étoiles cheminant dans le silence infini des espaces… — J'en appelle à Freud : « *Il pourra alors rester conservé dans le secret jusqu'à ce que vienne le temps où il pourra oser aller à la lumière sans risque, ou jusqu'à ce qu'on puisse dire à quelqu'un qui sera parvenu aux mêmes conclusions et aux mêmes vues : "Il y eut déjà quelqu'un, en des temps plus obscurs, qui pensa la même chose que vous."* »

* * * * *

Si j'étais orgueilleux, je conclurais à la manière d'Ovide dans ses *Métamorphoses* : « *Enfin, je l'ai achevé cet ouvrage que ne pourront détruire ni la colère de Jupiter, ni les flammes, ni le fer, ni la rouille des âges ! Qu'il arrive quand il voudra ce jour suprême qui n'a de pouvoir que sur mon corps, et qui doit finir de mes ans la durée incertaine : immortel dans la meilleure partie de moi-même, je serai porté au-dessus des astres, et mon nom durera éternellement. Je serai lu partout où les Romains porteront leurs lois et leur empire ; et s'il est quelque chose de vrai dans les présages des poètes, ma renommée traversera les siècles ; et, par elle, je vivrai.* » Mais suis-je orgueilleux ?...

* * * * *

Il faut savoir s'arrêter et dire, tel Rūmī : « *Laisse le papier, brise le calame.* » Il faut avoir la force d'écrire, à la fin de cette espèce d'éducation sentimentale : « *Et ce fut tout.* »

* * * * *

Malheureux qui, comme Ulysse, a fait un long voyage… Je me suis sondé sur mon malheur, mais je n'ai regagné aucune patrie. — J'angoisse à l'idée de quitter ce livre. Ne serait-ce pas quitter mon âme ? Ô miroir ! — Cinq ans et demi ! soixante-six mois ! Presque tous les samedis et dimanches matins… pour faire quoi, dorénavant ?... À la place de ce *vide* ? — Béance…

* * * * *

« *Et ici je m'arrête, ne trouvant plus ni fin, ni commencement, / ni comparaison qui puisse justifier les paroles.* » — Hadewijch d'Anvers a trouvé le courage de se taire. — Dieu, viens à mon aide, avant que je ne perde le sens.

* * * * *

Aurais-je pu croire à l'aboutissement de ce livre ? Je n'y ai jamais tout à fait cru. Et cependant… tel est le résultat. Je l'ai achevé. Mes premiers mots avaient été : « *Nul incipit — pour un livre inchoatif ; — lancement préambulatoire ! Au commencement, il n'y avait* rien. » Devrais-je maintenant écrire : « *Nul excipit — pour un livre terminatif ; — atterrissage post-ambulatoire ! À l'aboutissement, il n'y a* rien » ?

* * * * *

Le plus dur est fait. D'ailleurs, le plus dur fut de commencer. J'étais face à ce non-livre comme Littré au début de la rédaction de son dictionnaire : « *Justement je débutais par la préposition à, qui est le mot le plus difficile, je crois, de tout le dictionnaire.* » Il parlait de « *malchance de l'ordre alphabétique* » ! Moi, j'avais *tout* à dire ! Et il ne me reste plus rien…

* * * * *

(*Entre tes mains tu détenais là, Lecteur, ce non-Livre* — / *Que j'ai non-écrit ; ainsi le non-lire est à toi ;* / *Non-lire n'est nullement ne pas lire, mais dé-lire ;* / *Il est écrit — que ceci ait existé en tant que pur en-lisant ;* / *Mes lyres pour des mots crus, résonnaient à l'ana-page ;* / *TU DEVAIS, Lecteur, LIRE LENTEMENT, tel en l'alunissage ;* / *La phrase était infinie pesanteur, pose dont tu fus la gravité ;* / *Tu devins docte Lectorant (Prosodiste), non plus simple Lecteur,* / *Pource que ta lecture, pausée, exigeait d'être mon écrivant ;* / *L'œil-alambic repassait de coin en coin, l'esprit reculait en ligne, relisait ;* / *Le sens s'élongeait et l'élan statuait, — tant, — et tu suivais le pas ;* / *Je t'étais présent, car je t'étais déjà présent et tu me l'étais, — :* / *Lors accroche-toi encore à moi, au dé-livre-moi, — car je déc(r)oche…*)

* * * * *

Ainsi que se finissent ainsi la plupart des sūtras du Bouddha : « *La Conduite sublime est vécue. Ce qui doit être achevé est achevé, plus rien ne demeure à accomplir.* »

* * * * *

Je ne sais pas. Je ne sais rien. (*Bis.*)

* * * * *

« *O Jupiter, how weary are my spirits!* » (« *Ô Jupiter, que mon âme a de lassitude !* ») — Je fais comme il me plaît (?). — Mon écrit se diluait trop dans les citations de mes auteurs fétiches… Brisons le carnage. — Même l'omniscient et babillard barbier des *Mille et une Nuits* doit cesser de barber et de raser… et briser son astrolabe ! Prends exemple sur San-A : « *Bon, je gaze, pas te faire tarter avec de la barbe à papa, comme j'en sais des certains qui n'écrivent que pour causer ; quand je pense qu'on abat des arbres pour recueillir leurs incohérences, merde ! On ferait mieux de les y suspendre par le cou.* » Champagne pour tout le monde !

* * * * *

Il ne faudra pas me tuer comme on a tué André Chénier. — Ne touchez pas à mon œuvre. — « *Il faudra qu'on me laisse vivre* / *Après m'avoir fait tant mourir.* […] *Parjures infracteurs des lois,* / *Corrupteurs des plus belles âmes,* / *Effroyables meurtriers des rois,* / *Ouvriers de couteaux et de flammes,* / *Pâles prophètes de tombeaux,* / *Fantômes, loup-garoux, corbeaux,* / *Horrible et venimeuse engeance :* / *Malgré vous, race des enfers,* / *À la fin j'aurai la vengeance* / *De l'injuste affront de mes fers.* » (Théophile de Viau) — « *Je suis tel quel* », écrivait Lamartine dans une lettre ; « *malade, triste, seul et persécuté par mes amis autant que par mes ennemis, mais je persiste dans ma résolution d'être impopulaire et méconnu longtemps* ». Qui vivra, verra.

* * * * *

« *Je le déclare à quiconque entend les paroles de la prophétie de ce livre : Si quelqu'un y ajoute quelque chose, Dieu le frappera des fléaux décrits dans ce livre ; et si quelqu'un retranche quelque chose des paroles du livre de cette prophétie, Dieu retranchera sa part de l'arbre de la vie et de la ville sainte, décrits dans ce livre.* » (*Ap 22,18-19*)

* * * * *

Au moment même où j'écrivais ces lignes, Clémence m'a quitté. (Je ne comprends pas pourquoi. Je suis tout seul avec Pouchkine — qui, ironie du sort, a ouvert ce prologue.) — À mon tour de la quitter — en quittant le monde. — Adieu.

* * * * *

That's all folks.

« *Si vivre est un devoir, quand je l'aurai bâclé,*
Que mon linceul au moins me serve de mystère.
Il faut savoir mourir, Faustine, et puis se taire :

Mourir comme Gilbert en avalant sa clé. »

Paul-Jean Toulet

Je remercie chaleureusement Aurélie Picard et Alice Darlington

INDEX ONOMASTIQUE (NON EXHAUSTIF)

Abélard, Pierre, 218, 331
Abhayadatta, 183
Abraham, Karl, 41, 90, 148, 328, 413, 454, 526, 565, 637, 698
Adamov, Arthur, 582
Adams, Douglas, 395, 582
Adler, Alfred, 185, 219, 363, 416, 454, 460, 464, 474, 497, 498, 565, 603, 626, 755, 766
Akutagawa, Ryūnosuke, 117, 159, 481, 582
Alain, 197, 262, 285, 306, 330, 464, 474, 576, 704
Allais, Alphonse, 42, 107, 341
Allen, Woody, 43, 124
Ameisen, Jean-Claude, 531, 585
Améry, Jean, 48, 582, 585, 630, 631, 635
Amiel, Henri-Frédéric, 159, 636
Andersen, Hans Christian, 159, 325
Angot, Michel, 162
Anouilh, Jean, 92
Apollinaire, Guillaume, 74, 160, 170, 178, 180, 354, 579, 707
Apulée, 121
Aragon, Louis, 74, 721
Arasse, Daniel, 110, 333, 708
Aristophane, 46, 294, 460, 503
Aristote, 57, 58, 62, 70, 77, 80, 95, 97, 105, 120, 142, 160, 163, 173, 175, 214, 218, 258, 288, 349, 376, 387, 408, 480, 513, 533, 580, 596, 608, 635, 639, 661, 662, 707, 765, 776
Arnold, Matthew, 145, 159, 367
Artaud, Antonin, 5, 122, 125, 133, 150, 152, 156, 157, 161, 558, 568, 585, 691, 814
Asimov, Isaac, 212, 258
Asselineau, Charles, 73, 734
Aubigné, Agrippa d', 8, 159, 309, 396, 653
Auden, W.H., 75
Aulu-Gelle, 62, 140, 286, 541
Aurevilly, Jules Barbey d', 813
Auster, Paul, 188
Austin, John Langshaw, 83
Ávila, Thérèse d', 16, 141, 160, 331, 465, 534, 582
Bachelard, Gaston, 691, 776
Bacon, Francis, 23, 120, 310, 572
Bailly, Sébastien, 763
Balzac, Honoré de, 9, 31, 32, 37, 91, 139, 146, 168, 184, 221, 270, 278, 281, 295, 316, 342, 367, 397, 433, 439, 466, 498, 516, 526, 568, 570, 608, 651, 684, 685, 689, 699, 711, 728, 729, 736, 742, 744, 760, 764, 771, 788, 811
Barbellion, Wilhelm Nero Pilate, 277
Barthes, Roland, 51, 84, 88, 160, 377, 398, 424, 513, 531, 663, 696, 697, 714, 732, 737, 747, 810, 811
Bataille, Georges, 184, 362, 420, 491, 619, 662
Baudelaire, Charles, 8, 31, 36, 39, 40, 42, 43, 47, 59, 65, 70, 89, 107, 124, 132, 157, 159, 162, 171, 178, 180, 189, 199, 220, 293, 316, 329, 353, 370, 416, 438, 448, 538, 542, 547, 562, 605, 619, 650, 652, 663, 666, 685, 702, 705, 713, 736, 741, 766, 770
Beaumarchais, Pierre-Augustin Caron de, 160, 368
Beccaria, Cesare, 591, 716
Beckett, Samuel, 107
Beckford, William, 159, 582
Beethoven, Ludwig van, 3, 47, 63, 107, 120, 160, 199, 213, 284, 366, 425, 511, 573, 677, 705, 710, 712, 719, 742, 744, 745, 747, 751, 776, 803
Bellay, Joachim du, 70, 79, 149, 188, 563
Ben Sira, 141, 275, 516
Benchley, Robert, 33, 483
Benjamin, Walter, 3, 160, 245, 372, 399, 403, 514, 571, 582, 590, 668, 712, 726, 737, 738, 743
Bergerac, Cyrano de, 25, 75, 217
Bergson, Henri, 218, 389, 427, 776
Berkeley, George, 96, 124, 766, 776
Bernard, Claude, 283, 774
Berne, Mauricette, 595
Bernhard, Thomas, 2, 26, 59, 106, 160, 268, 398, 690, 728
Binet, Charles, 128
Blake, William, 160, 183
Blanchot, Maurice, 9, 47, 81, 92, 126, 160, 646, 691, 696, 722, 767
Bloch, Robert, 258
Blok, Alexandre, 94, 160, 162
Boèce, 280, 370, 776
Boétie, Étienne de, 528, 529
Bohr, Niels, 83, 776, 811
Bonnefoy, Yves, 217, 483, 729, 741
Bonnet, Jacques, 737
Borel, Petrus, 7, 70, 317, 483, 527, 582, 598, 609, 797
Borges, Jorge Luis, 23, 32, 59, 106, 229, 424, 543, 701, 702, 717, 725, 726, 728, 735, 737
Borowski, Louis Ernest, 582
Bossert, Adolphe, 360
Bossuet, 239, 275, 408, 441, 500, 528, 731, 809
Botul, Jean-Baptiste, 105
Boulgakov, Mikhaïl, 582
Boulle, Pierre, 731

Bourdieu, Pierre, 75, 83, 377, 787
Bradbury, Ray, 26, 91, 258, 640
Brassens, Georges, 511, 693
Braud, François, 535, 585
Brautigan, Richard, 582
Brecht, Bertolt, 572
Brentano, Clemens, 146, 160, 639
Breton, André, 124, 132, 538, 557
Breuer, Henry, 459
Broch, Henri, 128, 268
Brod, Max, 6, 78, 324, 426, 542, 611, 706
Brontë, Emily, 160, 312
Brooke, Rupert, 314
Brown, Fredric, 258, 570, 582, 619, 700, 729
Browning, Robert, 229
Bruno, Giordano, 18, 60, 97, 163, 176, 360, 405, 438, 791
Büchner, Georg, 242, 375, 643
Burton, Robert, 3, 172, 173, 175, 216, 282, 375, 439, 499, 582
Buzzati, Dino, 160, 200, 206, 258, 708
Byron, George Gordon Lord, 26, 89, 112, 140, 160, 178, 203, 207, 217, 308, 309, 312, 315, 320, 328, 364, 396, 407, 448, 486, 519, 588, 726, 728, 729, 769, 808
Campbell, 753
Camus, Albert, 9, 12, 47, 115, 124, 160, 180, 194, 233, 258, 280, 330, 344, 363, 392, 398, 404, 408, 443, 448, 485, 498, 507, 510, 527, 532, 542, 552, 559, 579, 585, 594, 598, 609, 619, 634, 655, 710, 728, 740, 765, 767, 772, 813
Cantorbéry, Anselme de, 334
Caraco, Albert, 155, 160, 392, 565, 582, 646
Caroli, François, 585, 628
Carpio, Félix Lope de Vega, 160
Carr, Allen, 43
Carr, Caleb, 43
Carré, Patrick, 788
Carroll, Lewis, 120, 776
Casanova, Giacomo, 30, 146, 159, 173, 283, 299, 355, 398, 497, 528, 585, 599, 609, 624, 633, 655, 706, 728
Celan, Paul, 160, 582
Céline, Louis-Ferdinand, 220
Cervantès, Miguel de, 327, 689
Cézanne, Paul, 702
Chamfort, 2, 47, 175, 264, 285, 364, 449, 540, 582, 610, 642, 762, 764
Chateaubriand, François-René de, 31, 32, 285, 312, 383, 400, 422, 486, 491, 538, 640, 668
Chatterton, Thomas, 160, 308, 312, 315, 407, 491, 527, 582, 621, 691
Chénier, André, 66, 75, 89, 139, 179, 181, 277, 313, 506, 648, 728, 730, 741, 757, 816
Chesterton, Gilbert Keith, 44
Chevalier, André, 181, 310, 382
Christensen, Marie-Hélène, 782
Christie, Agatha, 117
Cicéron, 97, 168, 175, 186, 223, 260, 263, 275, 314, 331, 371, 389, 403, 422, 433, 443, 480, 499, 502, 517, 527, 533, 551, 610, 639, 667, 668, 682, 695, 725, 728, 733, 736, 742, 764, 766, 767, 768, 772, 774, 806, 811, 813
Cioran, Emil Michel, 2, 6, 22, 23, 44, 107, 155, 171, 186, 266, 273, 320, 326, 360, 415, 443, 448, 461, 468, 510, 527, 534, 538, 577, 598, 621, 639, 713, 728, 735, 745, 753, 765, 767, 768, 809
Claudel, Paul, 222, 485, 689, 729
Clément, Thierry, 33, 195, 208, 333, 355, 374, 427, 499, 517, 604, 691
Clézio, Jean-Marie Gustave, 92
Cobain, Kurt, 574
Cocteau, Jean, 44, 160, 684, 723
Coelho, Paulo, 582
Cohen, Albert, 92, 514
Coleridge, Samuel-Taylor, 79, 160, 219, 273, 313, 441, 526, 527, 662, 695
Colette, 31
Collins, William Wilkie, 144
Collodi, Carlo, 160, 212, 374
Coluche, 420, 666, 711, 795
Confucius, 56, 58, 136, 160, 498, 687, 695, 721, 730, 744, 760, 802, 807, 810
Conrad, Joseph, 159, 196, 398, 435
Constant, Benjamin, 160, 399, 403, 514, 590, 668
Corbière, Tristan, 39
Corneille, Pierre, 28, 79, 179, 195, 214, 234, 376, 441, 704, 712, 716, 728
Corréard, Alexandre, 298
Cousin, Victor, 141, 391
Crane, Hart, 483, 582, 621
Crane, Stephen, 160
Crébillon fils, 399
Crevel, René, 160, 582
Dac, Pierre, 78, 104
Dagerman, Stig, 159, 465, 474, 500, 582, 645
Dante, 16, 28, 59, 61, 160, 171, 193, 213, 274, 321, 327, 416, 464, 480, 539, 709, 716, 731, 775
Dantzig, Charles, 719, 726, 737
Dard, Frédéric, 380, 744
Darwin, Charles, 160, 259, 389, 431
Debord, Guy, 3, 160
Defoe, Dianel, 160
Deheuvels, Paul, 797
Delacroix, Eugène, 92, 160, 171, 244, 484, 717
Delahaye, Jean-Paul, 489
Delerm, Philippe, 460, 712
Démosthène, 314, 806
Desbordes-Valmore, Marceline, 160, 424, 609
Descartes, René, 60, 62, 79, 98, 111, 160, 163, 175, 236, 256, 279, 282, 326, 340, 341, 362, 390, 408, 533, 558, 633, 695, 723, 731, 763, 765, 767, 771, 776, 777, 778, 781
Desproges, Pierre, 3, 158, 308, 323, 345, 367, 393, 413, 510, 543, 609, 621, 666, 671, 674, 711, 728, 795

Devos, Raymond, 78, 678
Dick, Philip K., 3, 8, 26, 131, 159, 193, 198, 212, 258, 284, 362, 390, 640, 728, 753, 811
Dickens, Charles, 584, 720
Dickinson, Emily, 500
Diderot, Denis, 174, 178, 320, 415, 430, 480, 613, 678, 712, 729, 765
Dinouart, Abbé, 92, 697, 712
Dolto, Françoise, 56, 332, 419, 643
Donne, John, 8, 25, 160, 175, 371, 439, 541, 585
Dostoïevski, Fédor Mikhaïlovitch, 50, 68, 80, 107, 133, 146, 157, 159, 161, 190, 200, 220, 270, 319, 328, 340, 357, 361, 392, 396, 523, 542, 599, 609, 617, 663, 712, 728, 734
Doyle, Sir Arthur Conan, 398, 728
Drillon, Jacques, 39
Duchamp, Marcel, 660
Dumas fils, Alexandre, 158
Dumas, Alexandre, 9, 68, 160, 217, 288, 448, 538, 567
Dumont, Jean-Paul, 387, 448
Duras, Marguerite, 460, 646
Durkheim, Émile, 546, 559, 585, 625, 631
Duval, Joyce, 245
Eastaway, Rob, 795
Eckhart, maître, 807
Eco, Umberto, 2, 6, 26, 527, 697, 737
Ehrenberg, Alain, 464, 474
Einstein, Albert, 3, 39, 47, 83, 99, 106, 123, 131, 266, 279, 359, 390, 412, 582, 589, 618, 675, 679, 766, 786, 791, 795, 801
Eliade, Mircea, 295, 588
Emerson, Ralph, 59, 160, 771
Emmanuel, Dion, 3, 33, 104, 105, 120, 160, 223, 556, 576, 590, 674
Épictète, 141, 235, 403, 498, 517, 548, 613, 647
Érasme, 23, 116, 137, 236, 375, 415, 669, 713, 735
Ernaux, Annie, 305, 685
Eschyle, 234, 311, 317, 327, 410, 571
Euripide, 116, 128, 236, 333, 422, 465, 479, 527, 551, 607, 748, 758, 768, 806
Falkner, John Meade, 492
Faulkner, William, 43, 160, 721
Fénelon, 504
Ferenczi, Sándor, 130, 160, 301, 565
Fichte, Johann Gottlieb, 124, 222, 391, 762
Fitzgerald, Francis Scott, 43, 171, 369, 461, 666
Flaubert, Gustave, 6, 31, 35, 79, 118, 159, 175, 206, 244, 265, 296, 316, 319, 328, 353, 377, 398, 420, 486, 540, 658, 668, 670, 682, 684, 685, 692, 699, 702, 707, 728, 734, 777
Fontanier, Pierre, 246
Fontenelle, 44, 380, 480, 792
Foscolo, Ugo, 221, 378
François Gèze, 737
François, Annie, 737
Franklin, Benjamin, 571, 726, 737, 738
Frege, Gottlob, 57, 67, 82, 108, 776
Freud, Sigmund, 3, 41, 59, 106, 112, 119, 131, 136, 146, 174, 184, 195, 202, 208, 222, 258, 265, 280, 282, 291, 331, 351, 362, 392, 397, 413, 430, 449, 451, 454, 459, 495, 498, 499, 558, 564, 565, 589, 662, 663, 665, 679, 699, 707, 722, 728, 747, 763, 774, 806, 812, 815
Fromentin, Eugène, 19, 377
Gaarder, Jostein, 765
Gadenne, Paul, 92
Gagnière, Claude, 24, 620, 737
Galilée, 133, 345, 480, 546, 766, 775, 776, 801
Gandhi, 89, 160, 423
Garnier, Robert, 325, 489
Gary, Romain, 160, 409, 575, 582
Gautier, Théophile, 57, 73, 86, 215, 244, 313, 435, 482, 486, 508, 744
Genet, Jean, 160, 684
Genette, Gérard, 737
Gibbon, Edward, 160, 806
Gibran, Khalil, 50, 79, 90, 126, 133, 159, 195, 249, 269, 314, 329, 355, 473, 555, 707, 728, 743, 760
Gide, André, 7, 13, 21, 31, 36, 88, 107, 120, 125, 160, 163, 221, 299, 316, 362, 392, 398, 400, 470, 487, 504, 512, 513, 539, 606, 620, 641, 642, 654, 664, 665, 683, 685, 689, 696, 706, 720, 728, 729, 742, 775, 809, 810, 812
Gilbert, Nicolas, 188, 313, 418, 582
Giotto, 404
Goethe, Johann Wolfgang von, 32, 86, 90, 96, 134, 178, 182, 199, 207, 217, 298, 308, 309, 313, 315, 331, 358, 359, 417, 429, 486, 514, 526, 589, 607, 612, 619, 636, 670, 691, 703, 712, 728, 731, 740, 743, 744, 745, 750, 760, 763, 773, 790, 806, 809, 811
Gogh, Vincent, 46, 120, 133, 152, 156, 157, 159, 161, 475, 479, 481, 484, 527, 583, 585, 692, 705, 713
Gontcharov, Ivan, 159
Gorki, Maxime, 160
Gorz, André, 653, 692
Goscinny, René, 719, 728
Gould, Glenn, 470, 576, 582
Gounelle, Laurent, 584
Gourmont, Remy de, 366
Gracq, Julien, 2, 91, 171, 316, 368, 397, 451, 487, 687, 696, 701, 706, 730, 737
Grant, Charles L., 328
Green, André, 755
Green, Julien, 160
Grimbert, Philippe, 41
Grimm, Jacob, 160
Grimm, Melchior, 263, 742
Grimm, Wilhelm, 160
Grunberger, Béla, 208, 566
Guibert, Hervé, 277, 297, 324, 398, 689, 728, 744
Guilbert, Michel, 719
Guilleragues, 656
Guimard, Paul, 518

Guitry, Sacha, 25, 42, 486
Hadewijch d'Anvers, 810, 815
Hadot, Pierre, 506
Hall, Edward Twitchell, 131, 794
Hallâj, Husayn Mansûr, 79
Hardy, Thomas, 242, 497, 528, 598, 720
Harrison, Jim, 31, 728
Harrus-Révidi, Gisèle, 672
Hart, George, 483, 582, 621
Hawthorne, Nathaniel, 159
Hebbel, Friedrich, 543
Hegel, G.W.F., 55, 59, 63, 71, 243, 261, 351, 359, 413, 430, 460, 552, 579, 674, 713, 776
Heidegger, Martin, 23, 32, 64, 66, 74, 79, 96, 108, 191, 230, 385, 391, 410, 498, 533, 571, 704, 745, 766, 768
Heine, Henri, 138, 178
Hemingway, Ernest, 43, 160, 429, 471, 527, 576, 582, 760
Héraclite, 23, 62, 113, 168, 278
Herbert, James, 191, 258, 482
Heredia, José-Maria De, 95, 159
Hérodote, 102
Hésiode, 143, 354, 589, 742, 757
Hesse, Hermann, 5, 7, 77, 106, 192, 217, 262, 369, 400, 414, 461, 519, 560, 605, 647, 665, 679, 707, 711, 717, 725, 726, 728, 729, 734, 737, 745, 751, 757, 811
Hessel, Stéphane, 582, 590
Hilbert, David, 785, 791, 799
Hillesum, Etty, 25, 89, 513, 745
Hippocrate, 120, 169, 173, 282, 337, 607
Hoffmann, Ernst Theodor Amadeus, 159, 167, 206, 211, 221, 258, 480, 690
Hofmannsthal, Hugo von, 481
Hölderlin, Friedrich, 16, 57, 64, 65, 67, 72, 77, 79, 92, 106, 115, 133, 147, 148, 149, 155, 157, 159, 161, 181, 183, 254, 265, 313, 326, 354, 367, 427, 451, 482, 491, 503, 514, 522, 589, 622, 647, 736, 741, 742, 743, 744, 745, 805
Homère, 46, 121, 128, 138, 158, 283, 327, 350, 409, 480, 502, 518, 709, 727, 750, 806, 807
Hopkins, Gerard Manley, 89, 239
Horace, 17, 88, 89, 124, 247, 336, 403, 415, 428, 441, 507, 516, 582, 713, 732, 736, 749, 757
Houang-po, 340
Houei-hai, 19, 56
Houellebecq, Michel, 664
Hugo, Victor, 2, 5, 17, 30, 31, 44, 55, 70, 73, 76, 88, 91, 112, 120, 125, 146, 160, 178, 183, 196, 217, 264, 292, 314, 315, 316, 320, 322, 327, 344, 354, 378, 388, 397, 402, 413, 431, 436, 442, 448, 457, 484, 491, 506, 526, 537, 548, 568, 570, 572, 619, 627, 640, 649, 653, 672, 685, 702, 707, 709, 711, 721, 725, 727, 728, 735, 741, 742, 743, 745, 746, 747, 771, 773, 774, 806, 807
Huguenin, Jean-René, 27, 37, 373, 667, 673, 710
Hume, David, 97, 109, 112, 123, 155, 160, 171, 264, 282, 316, 320, 328, 346, 395, 412, 441, 470, 533, 582, 596, 602, 712, 713, 736, 743, 766, 781, 809
Husserl, Edmund, 180, 765, 776
Huston, Nancy, 545
Huxley, Aldous, 264
Huysmans, Joris-Karl, 6, 66, 106, 144, 160, 179, 296, 361, 423, 466, 667, 689, 713, 732, 813
Ikkyû, 130
Ionesco, Eugène, 8, 22, 76, 160, 191, 371, 417, 499, 683, 728, 811
Jaccard, Roland, 6, 124, 393, 585, 624, 764
Jaccottet, Philippe, 133
James Whistler, 206
James, Henry, 35, 107, 200, 206, 252, 316, 376, 660, 706, 721, 744
Jammes, Francis, 160
Jane, Calamity, 527
Jankélévitch, Vladimir, 112, 236, 388, 564
Jason, 198
Jaspers, Karl, 97, 667
Jean Paul, 43, 106, 108, 329, 506, 542, 689, 693, 724, 731, 749
Johnson, Samuel, 24, 374
Jonas, Hans, 274, 585, 624
Jones, Terry, 253
Jonson, Ben, 23, 160
Joubert, Joseph, 81, 92, 232, 321, 503, 619, 725, 729, 812
Joyce, James, 66, 117, 616
József, Attila, 159, 582
Juliet, Charles, 7, 14, 47, 79, 125, 160, 542, 620, 661, 810
Jung, C. G., 109, 191, 211, 292, 456
Juvénal, 141, 168, 285, 327, 590, 654, 711
Kafka, Franz, 2, 6, 11, 31, 76, 78, 106, 144, 171, 201, 206, 254, 263, 303, 307, 319, 322, 327, 426, 535, 542, 568, 611, 685, 694, 696, 706, 718, 728, 734
Kandinsky, Wassily, 106
Kant, Emmanuel, 3, 28, 33, 67, 79, 96, 105, 108, 114, 116, 160, 163, 171, 177, 187, 223, 262, 288, 316, 325, 341, 351, 359, 397, 404, 412, 432, 454, 482, 487, 498, 504, 514, 550, 558, 590, 633, 635, 666, 668, 669, 674, 704, 705, 716, 723, 728, 731, 736, 739, 740, 765, 766, 767, 772, 776, 777, 806, 809
Karl-des-Monts, 153, 723
Kaus, Otto, 146
Kawabata, Yasunari, 159, 582
Keats, John, 75, 143, 160, 178, 181, 221, 313, 709
Kempis, Thomas à, 90, 237, 290, 334, 378, 415, 446, 671, 723
Kertész, Imre, 48, 426, 689, 693
Kierkegaard, Søren, 63, 71, 76, 79, 90, 128, 160, 168, 170, 172, 175, 179, 183, 197, 221, 259, 266, 274, 295, 316, 325, 358, 405, 411, 440, 443, 465, 467, 497, 504, 527, 531, 533, 589, 598, 661, 665, 671, 684, 688, 707, 709, 713, 728, 743, 760, 765, 807, 809
King, Stephen, 3, 187, 196, 205, 206, 258, 362, 457, 459, 621, 688, 699, 701, 710, 721, 726, 730
Kipling, Rudyard, 706
Klein, Melanie, 454, 461, 565
Kleist, Heinrich von, 106, 133, 160, 171, 236, 527, 582, 598, 671, 725
Koestler, Arthur, 48, 417, 582
Kovalevskaïa, Sophie, 393
Kraus, Karl, 160
Kubin, Alfred, 159, 712
Kuhn, Thomas, 431, 776
Kundera, Milan, 2, 59, 221, 268, 282, 364, 425, 429, 465, 590, 664, 667, 668, 689, 706, 708, 710, 714, 723, 728

Lacan, Jacques, 2, 41, 56, 57, 59, 64, 80, 96, 110, 116, 132, 133, 136, 161, 213, 223, 289, 343, 453, 498, 565, 669, 696, 766, 768, 789, 810, 812
Laclos, Pierre Choderlos de, 619
Laërce, Diogène, 29, 62, 80, 168, 247, 331, 344, 436, 453, 551, 792
Lafargue, Paul, 374, 582, 633
Laforgue, Jules, 18, 38, 93, 106, 160, 177, 180, 221, 317, 332, 405, 475, 686
Lamartine, Alphonse de, 54, 74, 89, 96, 98, 120, 178, 221, 257, 260, 316, 328, 354, 383, 425, 433, 486, 589, 607, 656, 659, 666, 683, 751, 767, 816
Landolfi, Tommaso, 83, 160, 423, 458
Landsberg, Paul-Louis, 157, 372, 513, 585, 591, 630, 634, 636, 696
Lao-tseu, 20, 54, 58, 91, 126, 141, 419, 498, 723, 795, 801, 813, 815
Larousse, Pierre, 721
Lassailly, Charles, 585
Latouche, Serge, 252
Leacock, Stephen, 780
Leblanc, Maurice, 582
Lehoucq, Roland, 802
Leibniz, G.-W., 57, 62, 98, 160, 181, 264, 326, 341, 351, 362, 403, 434, 505, 533, 546, 562, 722, 765, 776, 801
Leiris, Michel, 57, 528, 532
Léna, Pierre, 375
Lenz, J.M.R., 609, 643
Leopardi, Giacomo, 25, 89, 120, 198, 207, 230, 312, 331, 357, 369, 388, 435, 439, 474, 600, 660
Lermontov, Michel, 160
Lesage, Alain-René, 27, 160
Lessing, Gotthold Ephraim, 403
Levé, Édouard, 585
Levi, Primo, 48, 324, 582, 644
Lévi-Strauss, Claude, 704
Lewis, Roy, 120, 308, 315, 582, 611
Leys, Simon, 51, 260, 737
Lichtenberg, Georg, 37, 580, 603, 607, 641, 689, 706, 717, 726, 731, 799
Ligne, Prince de, 435, 611, 664
Link, Marcel, 191
Lisle, Leconte de, 139, 354
Liszt, Franz, 215
Littré, Émile, 24, 30, 173, 323, 386, 737
Locke, John, 730
London, Jack, 21, 38, 48, 91, 160, 189, 342, 377, 482, 520, 527, 540, 554, 563, 582, 627, 646, 692, 701, 728, 733, 759, 782, 800
Lorenz, Konrad, 131
Louÿs, Pierre, 160
Lovecraft, Howard P., 115, 160, 197, 260
Lowry, Malcolm, 33, 76, 313, 582
Loyola, Ignace de, 279, 480, 710
Lucrèce, 97, 125, 141, 152, 168, 187, 196, 239, 294, 320, 327, 388, 403, 525, 538, 548, 553, 572, 582, 614, 639, 662, 805
Machado, Antonio, 159, 582
Machiavel, 23, 480, 552, 731
Maier, Corinne, 374
Maistre, Xavier de, 722, 723
Majrouh, Sayd Bahodine, 585
Malebranche, Nicolas, 98, 111, 345, 372, 431, 689
Malherbe, François de, 32, 312
Mallarmé, Stéphane, 31, 35, 44, 48, 52, 58, 61, 65, 70, 71, 73, 79, 92, 129, 133, 149, 150, 155, 157, 159, 161, 202, 229, 275, 281, 289, 329, 398, 416, 482, 487, 491, 570, 646, 683, 691, 693, 695, 702, 707, 713, 724, 732, 737, 745, 766, 776, 797
Malthus, Thomas Robert, 424, 800
Manguel, Alberto, 7, 9, 26, 485, 717, 726, 735, 737
Mann, Klaus, 277, 527, 582
Mann, Thomas, 106, 215, 374, 725
Manson, Marilyn, 295, 576
Marc-Aurèle, 28, 98, 130, 160, 243, 282, 365, 403, 435, 478, 498, 517, 547, 548, 714, 736, 762, 773, 807
March, Ausiàs, 115, 160, 473, 573, 607, 810
Marlowe, Christopher, 421, 507
Marot, Clément, 33, 195, 355, 427, 499, 517, 518, 604, 691
Martial, 421, 541, 609, 709, 747
Marvell, Andrew, 91, 160, 276
Marx, Groucho, 22, 308, 677
Marx, Karl, 269
Matheson, Richard, 258, 468
Maugham, William Somerset, 160, 398, 519, 699, 702, 712, 717
Maupassant, Guy de, 79, 106, 116, 159, 178, 189, 206, 244, 258, 316, 326, 360, 389, 398, 425, 440, 553, 574, 590, 699, 712, 728
Mazarin, Cardinal Jules, 80, 271, 717, 796
Melville, Herman, 3, 8, 159, 489
Ménard, Pierre, 498, 508, 517, 525, 576, 628
Mencius, 26
Merleau-Ponty, Maurice, 103, 111
Mettrie, Julien Offray de, 281, 295, 365, 399, 505, 765
Meynard, Léon, 546, 585, 628, 631, 634
Meyrink, Gustav, 610
Michaux, Henri, 151, 261, 266, 460, 697
Michel-Ange, 160, 226, 466, 526, 691, 704, 742, 743
Mickiewicz, Adam, 112, 160
Mill, John Stuart, 265, 691
Miller, Henry, 7, 67, 327, 702, 726, 737
Milton, John, 17, 176, 254, 263, 312, 636, 709, 716, 725, 747
Minois, Georges, 585, 621, 622, 628, 635
Mishima, Yukio, 581, 582
Molière, 138, 159, 174, 231, 308, 368, 465, 480, 503, 561, 704, 711, 716, 728, 729, 736, 757
Momus, Éric, 193
Monestier, Martin, 583, 585
Monod, Jacques, 282
Monroe, Marilyn, 295, 528, 536

Montaigne, Michel Eyquem de, 3, 24, 30, 55, 148, 168, 175, 196, 236, 294, 358, 360, 480, 499, 506, 528, 529, 542, 552, 563, 616, 652, 689, 731, 734, 764, 766
Montesquieu, Charles de, 8, 125, 160, 217, 525, 539, 704, 729, 733
Montherlant, Henry de, 374, 527, 582, 628
Morand, Paul, 245
Morellet, 731, 788
Morfaux, Louis-Marie, 174
Mörike, Eduard, 160, 498
Morin, Edgar, 281
Moron, Pierre, 585, 629
Morris, 572, 582
Mozart, Wolfgang-Amadeus, 63, 71, 91, 107, 213, 484, 579, 599, 705, 711, 739, 742, 776, 780, 809
Murphy, John J., 80, 267
Musil, Robert, 299
Musset, Alfred de, 9, 20, 61, 74, 78, 125, 131, 160, 178, 180, 181, 263, 315, 325, 354, 370, 398, 413, 480, 490, 517, 528, 579, 654, 711, 728, 759, 766, 786
Nāgārjuna, 582
Narek, Grégoire de, 145, 160
Nasio, J.-D., 669
Nelligan, Émile, 64, 79, 106, 137, 330, 354, 439, 485, 672, 757
Nerval, Gérard de, 31, 70, 145, 159, 170, 178, 213, 417, 486, 527, 575, 582, 607, 710, 809
Nicolas de Cues, 154, 280
Nietzsche, Friedrich, 2, 20, 25, 33, 40, 50, 60, 64, 67, 91, 106, 111, 112, 118, 130, 157, 159, 171, 183, 195, 199, 201, 216, 229, 265, 290, 312, 319, 332, 349, 360, 390, 398, 408, 449, 467, 486, 503, 524, 527, 533, 552, 557, 590, 598, 603, 605, 616, 636, 681, 683, 703, 705, 709, 721, 728, 759, 765, 766, 774, 775, 810, 811
Nisard, Désiré, 701
Noailles, Anna de, 21, 542
Noël, Marie, 91, 406, 654, 810
Nostradamus, 337, 783
Nothomb, Amélie, 727
Novalis, 2, 5, 58, 59, 61, 67, 106, 135, 159, 221, 315, 351, 390, 404, 426, 518, 519, 532, 598, 608, 674, 690, 695, 724, 741, 770, 772, 774, 789, 805
Olievenstein, Claude, 52
Onfray, Michel, 671
Orléans, Charles d', 160, 170, 277, 339, 353
Orwell, George, 48, 51, 203, 324, 331, 344, 398, 427, 435, 702, 728, 730
Overbeck, Franz, 157, 352
Ovide, 29, 38, 208, 273, 296, 551, 740, 815
Pagès, Frédéric, 105
Pagnol, Marcel, 382
Pajak, Frédéric, 160, 349
Palante, Georges, 582
Pansaers, Clément, 374
Parker, Dorothy, 570
Pascal, Blaise, 22, 47, 120, 159, 223, 333, 780
Pasolini, Pier Paolo, 423
Patorni, Aurèle, 160
Pavese, Cesare, 42, 90, 121, 160, 161, 196, 319, 324, 348, 349, 474, 547, 582, 608, 644, 741, 751
Pearl Jam, 576, 753
Péladan, Joséphin, 294
Pelletier, Jean, 696
Pennac, Daniel, 731
Perec, Georges, 2, 9, 159, 437
Perelman, Sidney-Joseph, 780
Péret, Benjamin, 743
Périer, Gilberte, 333
Perrault, Charles, 159
Pessoa, Fernando, 6, 23, 35, 46, 53, 78, 79, 89, 107, 124, 127, 128, 132, 133, 154, 157, 159, 161, 178, 225, 348, 365, 423, 428, 466, 497, 542, 615, 619, 626, 633, 643, 646, 663, 668, 689, 709, 728, 741, 747, 757, 801, 809, 811
Peter, Laurence, 258, 298, 582, 751
Petitclerc, Jean-Marie, 585, 629, 646
Pétrarque, 8, 159, 173, 181, 188, 284, 328, 480, 482, 524, 736
Pétrone, 245, 280, 572, 582, 599, 745
Philippe, Rose, 41, 133, 234, 321, 347, 582, 608, 764
Piaget, Jean, 672, 766
Pichenett, Roland, 667
Pigeaud, Jackie, 175, 460
Pilinszky, Janos, 91, 698
Pivot, Bernard, 737
Planck, Max, 99
Plath, Sylvia, 122, 160, 582, 609, 611, 621
Platon, 11, 17, 26, 46, 140, 148, 175, 182, 255, 258, 264, 283, 294, 331, 344, 367, 397, 430, 455, 480, 502, 533, 539, 551, 606, 612, 619, 633, 639, 661, 713, 716, 721, 728, 741, 742, 757, 765, 767, 772, 776, 777, 778, 787, 792
Pline l'Ancien, 596
Pline le Jeune, 731
Plotin, 552
Plutarque, 20, 23, 90, 214, 222, 292, 422, 527, 541, 723, 731
Podach, Erich F., 157
Poe, Edgar Allan, 3, 91, 159, 189, 199, 206, 211, 258, 323, 459, 538, 650, 709, 728, 740, 747, 793
Poincaré, Henri, 99, 107, 111, 280, 341, 390, 712, 741, 766, 776, 777, 780, 785, 793, 794, 813
Polastron, Lucien X., 310, 706
Ponge, 5, 23, 35, 56, 70, 72, 74, 77, 213, 256, 281, 683, 691, 694, 706, 761, 813
Ponge, Francis, 5, 23, 35, 56, 70, 72, 74, 77, 213, 256, 281, 683, 691, 694, 706, 761, 813
Pontalis, Jean-Bertrand, 20, 112, 499, 621
Ponte, Lorenzo Da, 254
Pope, Alexander, 108, 112, 141, 158, 238, 280, 356, 424, 431, 437, 441, 604, 736, 775
Porte, Alain, 145
Pouchkine, Alexandre, 153, 373, 409, 478, 695, 739, 759, 808, 816
Prévert, Jacques, 16, 70, 219, 460, 675
Prévost, Antoine François, 160
Proust, Marcel, 9, 27, 31, 120, 146, 160, 398, 402, 665, 705, 709, 737

Prudence, 138
Przybyszewski, Stanislas, 568, 662
Queneau, Raymond, 24, 66
Quevedo, Francisco De, 159, 330, 606
Quincey, Thomas de, 39, 293
Quiroga, Horacio, 160, 582
Rabbe, Alphonse, 5, 39, 125, 155, 159, 168, 171, 324, 383, 417, 446, 448, 527, 537, 539, 541, 579, 582, 585, 598, 633, 655, 728, 769
Rabelais, François, 168, 327, 386, 460, 503, 727
Racine, Jean, 159
Rank, Otto, 183
Ray, Jean, 26, 91, 258
Raymond, Didier, 24, 66, 78, 99, 159, 366, 582, 655, 678, 734
Reeves, Hubert, 198, 269, 498, 721, 728, 774, 788
Reich, Wilhem, 388
Remarque, Erich Maria, 91
Renan, Ernest, 154, 275, 414
Renard, Jules, 189, 313
Renzulli, Michel, 310
Ribera, 169
Rice, Anne, 171
Rigaut, Jacques, 20, 55, 88, 124, 270, 557, 582, 598, 609, 621, 634, 664
Riley, Andy, 585
Rilke, Rainer Maria, 159, 443, 510, 527, 704
Rimbaud, Arthur, 23, 70, 80, 107, 119, 124, 158, 159, 180, 220, 275, 317, 353, 381, 390, 448, 481, 483, 490, 598, 663, 672, 678, 729, 741
Rival, Michel, 576
Rochefoucauld, François de La, 133, 242, 282, 361, 644
Rochelle, Pierre Drieu, 527, 582, 632, 699
Rodenbach, Georges, 92, 242
Ronsard, Pierre de, 119, 160, 243, 255, 338, 412, 599, 610, 705
Roorda, Henri, 5, 160, 544, 545, 582, 585, 809
Rosales, Guillermo, 324
Rostand, Edmond, 75, 133
Roth, Philip, 159
Rotrou, Jean, 231
Rousseau, Jean-Jacques, 7, 24, 30, 31, 47, 56, 80, 124, 134, 159, 171, 179, 181, 183, 221, 275, 280, 298, 316, 319, 320, 323, 325, 358, 366, 393, 398, 413, 435, 460, 480, 506, 552, 613, 622, 640, 642, 653, 663, 669, 670, 672, 685, 697, 704, 717, 728, 736, 766, 771, 803
Roy, Eugène Le, 243, 308, 315, 582
Russell, Bertrand, 108, 374, 386, 496, 753, 765, 776, 787
Rutebeuf, 79, 242, 323
Sá-Carneiro, Mário de, 132, 159, 582, 589, 646
Sacks, Oliver, 810
Sade, Marquis de, 98, 225, 263, 326, 560, 613, 786
Safranski, Rüdiger, 362
Sagan, Françoise, 47, 722, 789
Saint Augustin, 30, 31, 80, 90, 112, 229, 636
Saint-Denys Garneau, Hector de, 77
Sainte-Beuve, Charles-Augustin, 159, 383, 400, 448
Saint-Pierre, Bernardin de, 27, 138, 264, 354, 480, 725, 808
Salem, Lionel, 260
Salluste, 117
Salomé, Jacques, 584
Samosate, Lucien de, 21, 283
San-Antonio, 33, 75, 380, 503, 643, 676, 701, 705, 719, 728, 763
Sand, George, 74, 120, 131, 160, 244, 313, 316, 383, 706, 727, 786
Sapphô, 89, 143, 170, 507, 582
Sartre, Jean-Paul, 11, 97, 107, 117, 146, 160, 173, 178, 207, 255, 258, 269, 281, 332, 387, 398, 410, 438, 447, 527, 552, 632, 683, 692, 694, 703, 721, 728, 765
Satet, Pierre, 585, 630
Satie, Erik, 38, 498, 730
Scarron, Paul, 27, 32, 160
Scève, Maurice, 8, 236, 462, 507, 650
Schiller, Friedrich von, 32, 106, 134, 178, 234, 491, 705
Schlegel, Friedrich, 140, 326, 376, 503, 724, 764
Schmitt, Éric-Emmanuel, 441
Schneider, Michel, 586, 646
Schnitzler, Arthur, 599
Schopenhauer, Arthur, 9, 27, 31, 35, 39, 55, 62, 71, 105, 120, 124, 131, 141, 160, 163, 168, 171, 177, 188, 206, 220, 261, 273, 275, 282, 294, 310, 319, 320, 322, 327, 349, 350, 359, 388, 399, 413, 430, 449, 451, 454, 467, 498, 510, 525, 527, 528, 531, 533, 542, 544, 563, 577, 589, 594, 599, 600, 602, 606, 607, 618, 659, 662, 688, 713, 728, 730, 731, 736, 740, 742, 743, 745, 756, 763, 765, 766, 774, 805
Schrödinger, Erwin, 106, 386, 766, 776, 803, 809, 811
Segond, Louis, 273, 275, 333
Semprun, Jorge, 122
Senancour, 183, 378, 448, 612, 636, 723, 724, 735, 745, 759
Sénèque, 12, 22, 23, 29, 44, 46, 51, 90, 95, 124, 135, 164, 174, 235, 268, 330, 362, 403, 405, 412, 431, 441, 443, 466, 479, 480, 498, 504, 517, 522, 524, 527, 533, 538, 548, 551, 552, 582, 593, 596, 634, 639, 647, 669, 672, 684, 690, 727, 728, 736, 763, 765, 768, 773, 786, 807, 814
Servan-Schreiber, David, 584
Sextus Empiricus, 111, 282, 386, 416, 553, 714
Shakespeare, William, 5, 16, 28, 33, 57, 72, 80, 89, 153, 178, 189, 201, 207, 213, 216, 255, 310, 325, 361, 484, 491, 519, 542, 568, 598, 630, 680, 705, 716, 721, 725, 728, 731, 736, 747, 806
Shelley, Mary, 212, 258
Shelley, Percy Bysshe, 165, 483
Sicile, Diodore de, 143
Simenon, Georges, 159, 492, 585, 686, 728, 760
Smullyan, Raymond M., 655
Sollers, Philippe, 472, 474, 714
Sophocle, 92, 140, 188, 222, 296, 433, 465, 480, 527, 540, 596, 723, 807
Souday, Paul, 806
Spinoza, Baruch, 38, 54, 97, 109, 112, 125, 163, 164, 174, 189, 238, 279, 331, 343, 362, 405, 439, 509, 513, 533, 552, 556, 593, 731, 744, 765, 776
Staël, Madame de, 159, 582, 585, 618, 622

Starobinski, Jean, 132, 172, 175, 810
Steinbeck, John, 386, 398, 530, 554, 721, 728
Steiner, George, 737
Steinmetz, Jean-Luc, 486
Stekel, Wilhelm, 636
Stendhal, 30, 111, 120, 128, 153, 160, 185, 217, 396, 434, 436, 454, 481, 482, 500, 598, 630, 705, 712, 729, 746, 775
Sterne, Laurence, 43, 110, 431, 569, 647, 774, 783
Stevenson, Robert Louis, 35, 218, 374, 535, 585, 621, 668, 707, 723, 728
Stifter, Adalbert, 582
Straub, Peter, 258, 298
Strauss, Leo, 392
Strindberg, August, 20, 106, 157, 159, 169, 274, 276, 599, 611, 670, 756, 757
Stuart, Marie, 265, 480, 596, 691
Styron, William, 409, 460, 630, 633
Suétone, 695
Svevo, Italo, 43, 44, 374, 644
Swift, Jonathan, 160, 420
Tabucchi, Antonio, 155
Tagore, Rabindranath, 80, 92, 159
Talleyrand, 80, 88, 235, 396, 399
Tammet, Daniel, 780
Tarchetti, Iginio Ugo, 381
Tausk, Viktor, 212, 661
Taylor, Kathrine Kressmann, 219
Tchékhov, Anton Pavlovitch, 3, 37, 106, 260, 271, 369, 493, 495, 567, 690, 720, 724, 728, 750, 772
Tchouang-tseu, 125, 212, 260, 356, 371, 695, 735, 807
Térence, 98, 236, 414, 434, 460
Terré, Catherine, 585, 627
Teulé, Jean, 585
Thackeray, William-Makepeace, 275
Théophraste, 525, 666
Thomas, Dylan, 621
Thoreau, Henry-David, 435, 456, 731, 791
Tibulle, 188, 758
Tieck, Ludwig, 674
Tolkien, J.R.R., 42, 191, 258
Tolstoï, Léon, 22, 39, 49, 106, 159, 179, 214, 434, 491, 499, 525, 561, 585, 587, 590, 604, 624, 650, 705, 728, 737, 750, 811
Tome, 528
Toole, John Kennedy, 582
Toukârâm, 354
Toulet, Paul-Jean, 160
Trakl, Georg, 160, 180, 437, 582
Trégoate, Joseph-Marie Loaisel de, 809
Turing, Alan, 582, 620
Twain, Mark, 46, 160
Tynianov, Iouri, 47
Vaché, Jacques, 582
Valéry, Paul, 22, 46, 63, 66, 70, 80, 125, 196, 210, 258, 281, 316, 387, 412, 583, 666, 744, 775, 806
Van Vogt, A.E., 258
Vargas, Fred, 128, 729, 731
Vasari, Giorgio, 712
Vauvenargues, 52, 126, 168, 270, 457, 463, 619, 654, 670, 731, 756
Vega, Félix Lope de, 160
Vercors, 282, 404, 669, 734
Verhaeren, Émile, 73, 162, 513
Verlaine, Paul, 63, 160, 177, 180, 326, 377, 417, 483, 658
Verne, Jules, 2, 27, 92, 205, 328, 492, 725, 727, 728, 734, 800
Vesaas, Tarjei, 516
Vialatte, Alexandre, 2
Viau, Théophile de, 313, 479, 816
Vidocq, Eugène-François, 153
Vigny, Alfred de, 120, 160, 177, 308, 309, 313, 357, 383, 407, 691
Villon, François, 158, 160, 474
Vincent, Jean-Didier, 3, 120, 152, 159, 479, 527, 583, 584
Vinci, Léonard de, 111, 150, 160, 281, 441, 480, 543, 705
Virgile, 91, 138, 171, 234, 389, 397, 413, 460, 478, 480, 508, 516, 540, 549, 731, 757
Voltaire, 24, 47, 107, 120, 133, 159, 177, 198, 234, 264, 280, 320, 342, 379, 400, 405, 414, 486, 508, 527, 562, 572, 624, 716, 728, 730, 736, 765, 767
Wagner, Richard, 63, 71, 120, 160, 192, 196, 216, 359, 499, 705, 731, 732, 776
Waiblinger, Wilhelm, 138
Walther, Ingo F., 387
Watzlawick, Paul, 275, 495, 728, 789
Wedekind, Frank, 540, 609
Weininger, Otto, 541
Wells, Herbert George, 129, 191, 258, 269, 374, 520, 582, 812
Werber, Bernard, 460, 513
Weyl, Hermann, 791
Whitehead, Henry S., 67, 496, 776
Whitman, Walt, 204, 460, 611
Wiener, Norbert, 68
Wiesel, Elie, 78
Wilde, Oscar, 36, 42, 52, 78, 106, 108, 171, 202, 218, 337, 369, 393, 398, 507, 568, 606, 652, 656, 701, 702, 705, 726, 728, 732, 740, 743, 745, 768, 797, 812
Williams, Tennessee, 758
Wilson, Anne, 201, 532
Winnicott, Donald, 41, 208
Winter, Jean-Pierre, 297
Wittgenstein, Ludwig, 5, 20, 59, 65, 67, 78, 88, 106, 108, 111, 123, 160, 163, 171, 196, 345, 411, 506, 555, 561, 589, 604, 627, 655, 694, 728, 762, 764, 765, 768, 786
Woolf, Virginia, 31, 120, 160, 242, 582, 746

Wordsworth, William, 159
Xénophon, 504, 727, 731
Yourcenar, Marguerite, 160, 377
Zhao, Bao, 758, 809
Zi, Xun, 25, 492
Zola, Émile, 5, 14, 106, 138, 146, 159, 221, 271, 316, 388, 421, 444, 490, 502, 517, 603, 653, 692, 693, 698, 717, 728, 730, 736, 745, 747, 759, 774
Zorn, Fritz, 233, 277, 324, 669
Zweig, Stefan, 106, 247, 259, 507, 509, 527, 575, 582, 728, 735, 812

SOMMAIRE

NOTICE	1
PROLOGUE	11
INTRODUCTION	19
TABAC	35
LANGAGE	54
ÊTRE AU MONDE	94
MÉLANCOLIE	166
SUICIDE	501
RELATIONS	649
ÉCRITURE	681
LECTURE	716
ART	739
ALCOOL	749
PHILOSOPHIE	762
SCIENCES	770
SAGESSE	804
CONCLUSION	808
ÉPILOGUE	814
INDEX	819

© Julien Pichavant, 2015

ISBN : 979-8320485690

Le Code de la propriété intellectuelle interdit les copies ou reproductions destinées à une utilisation collective. Toute représentation ou reproduction intégrale ou partielle faite par quelque procédé que ce soit, sans le consentement de l'auteur ou de ses ayants cause, est illicite et constitue une contrefaçon sanctionnée par les articles L335-2 et suivants du Code de la propriété intellectuelle.

Printed in France by Amazon
Brétigny-sur-Orge, FR

20061041R00469